JN209213

日外アソシエーツ

The Dictionary of People in Japanese History Searched by the First Name
2

Revised Edition

Compiled by

Nichigai Associates, Inc.

本書はディジタルデータでご利用いただくことができます。詳細はお問い合わせください。

●編集担当● 児山 政彦

刊行にあたって

様々な分野の人名事典が刊行されているが、そのほとんどは人名を姓から引くことが前提となっている。しかし近世以前の史料に名だけが記載されている日本史上の人物や、画家や文人など雅号や名のほうがよく知られている人物は多い。こうした人物について調査する場合は、最初にその人の“姓”にあたるものがわかっていないと事典類から情報を得ることが難しい。

弊社では2002年に延べ8万件もの人名を収録した「新訂増補　名前から引く人名辞典」を刊行し、おかげさまで大方の好評を博した。しかし刊行から15年以上が経過し、その後弊社が収集を続けてきた人物データも膨大な量となってきたことから、ここに内容を一新した追補版を刊行する。編集に際しては原則として前版に未収録の人物を対象とした。官人、武将、僧侶、地方の文人など、別名を含めた収録人名件数は延べ6.5万である。基本的な内容は前版を踏襲し、収録対象は近世以前の歴史上の人物とした。前版とあわせれば姓のわからない歴史人名延べ14.5万人が名前から検索可能となる。

編集にあたっては誤りのないよう努めたが、不十分な点もあるかと思われる。お気づきの点はご指摘願いたい。本書が前版にも増して、人物調査の一助となれば幸いである。

2018年8月

日外アソシエーツ

凡 例

1．本書の概要

本書は、近世以前の歴史上の人物、名や雅号で記憶される画家や役者、文人など芸術分野の人物を、名の五十音順に排列した「名前から引く人名辞典」である。

2．収録対象

主に近世までの歴史上の人物で、前版未収録者を対象とした。伝説・物語上の人名や神名は原則収録しなかった。

3．見出し

⑴ 次のものを見出しとした。

1）近世以前の苗字や名字、氏に対する名、諱、通称など

2）明治以降の姓に対する名

3）芸名、筆名、雅号、画号、俳名、狂名などの号名

⑵ 同表記異読みの見出しがある場合は、それらを相互に指示した。

〈例〉

明信　あきのぶ　⇔みょうしん

明信　みょうしん　⇔あきのぶ

4．人　物

見出しと表記・読みとも同一の名を持つ人物を集め、姓表記・姓の読み・名、生没年、活躍時代と肩書・身分・職業などを記載した。同一名の下に同一人物の別姓がある場合、肩書などの記載を省略した。

〈例〉

景綱　かげつな

景綱　室町時代の出雲吉井派の刀匠

赤井（あかい）景綱　戦国時代の葛西晴信の家臣

伊藤（いとう）景綱　藤原景綱に同じ

遠山（とうやま）景綱　？～1648　江戸前期の旗本

5．排　列

⑴ 見出し

1）漢字表記・仮名表記のいかんに関わらず、すべて読みの五十音順に排列した。

2）読みが同一の場合は、見出し表記の文字種がひらがな、カタカナ、漢字の順に排列した。

⑵ 人　物

1）見出しの下は、姓の読みの五十音順に排列した。

2）姓の読みが同一の場合は、活躍時代の古い順に排列した。

3）世系がある時は世系順に排列した。

【あ】

愛阿　あいあ
愛阿　戦国時代の僧、連歌師

愛海　あいかい
菫庵(すみれあん)愛海　1828～1897　江戸末期・明治期の俳人

愛軒　あいけん
恒松(つねまつ)愛軒　1842～1903　江戸後期～明治期の漢詩人
横山(よこやま)愛軒　?～1835　江戸後期の茶道家、津和野藩茶道頭

愛子　あいこ
小野(おの)愛子　1804～1865　江戸後期・末期の歌人
鮫島(さめじま)愛子　1834～1914　江戸末期～大正期の職業婦人の先覚者、社会事業家
藤倉(ふじくら)愛子　1829～1902　江戸後期～明治期の歌人

愛山　あいざん
野崎(のざき)愛山　江戸末期・明治期の日本画家

埃二　あいじ
渾大坊(こんだいぼう)埃二　渾大防埃二に同じ
渾大防(こんだいぼう)埃二　1840～1913　江戸末期～大正期の実業家

愛日斎　あいじつさい
古屋(ふるや)愛日斎　1731～1798　江戸中期・後期の儒者

愛寿丸　あいじゅまる
小野(おの)愛寿丸　室町時代の日御崎社検校

愛次郎　あいじろう
沼尻(ぬまじり)愛次郎　1856頃～?　江戸末期の新撰組隊士

藹臣　あいしん
平野(ひらの)藹臣　1786～1839　江戸中期・後期の漢学者

愛生　あいせい
堀(ほり)愛生　江戸中期の蘭学者

愛川　あいせん
増岡(ますおか)愛川　1837～1913　江戸末期～大正期の公益家

愛染院　あいぜんいん
愛染院　戦国時代の供僧・別当

愛増　あいぞう
津田(つだ)愛増　安土桃山時代の織田信長の家臣

藹村　あいそん
寺崎(てらさき)藹村　1817～1892　江戸後期～明治期の豪商、俳人

愛太郎　あいたろう
村田(むらた)愛太郎　1844～1924　江戸末期～大正期の由宇村の庄屋

愛竹　あいちく
小本(おもと)愛竹　1807～1904　江戸末期・明治期の南部藩士。俳人

靄墩　あいとん
清川(きよかわ)靄墩　江戸後期の漢学者

愛之助章庸　あいのすけあきつね
野口(のぐち)愛之助章庸　1826～1918　江戸末期～大正期の剣術家

愛平　あいへい
小河(おがわ)愛平　?～1582　安土桃山時代の織田信長の家臣

青蒜　あおひる
青蒜　飛鳥時代の津軽の蝦夷の族長

桜男法師　あおほうし
桜男法師　江戸後期の僧侶

青人　あおんど
上島(うえじま)青人　?～1740　江戸中期の伊丹俳人

蛙我　あが
明石(あかし)蛙我　1726～1798　江戸中期の俳人

赤城山人　あかぎさんじん
赤城山人　江戸後期の戯作者

明石　あかし
鎌崎(かまさき)明石　?～1578　安土桃山時代の女性。江馬時盛家臣の鎌崎与治の妹。兄の命を受け諏訪城で江馬時盛を殺害

明石姫君　あかしのひめぎみ
明石姫君　戦国時代の明石之御娘。里見氏家中

県　あがた
市村(いちむら)県　1772～1845　江戸後期の江戸幕府勘定奉行付奉行
衣(えの)県　奈良時代の豪族

県麻呂　あがたまろ
田辺(たなべの)県麻呂　奈良時代の官人
山田(やまだの)県麻呂　奈良時代の明法博士

県守　あがたもり
笠(かさの)県守　上代の「日本書紀」にみえる豪族
笠臣(かさのおみ)県守　上代の吉備国の豪族
多治比(たじひの)県守　668～737　奈良時代の公卿。左大臣嶋の子

赤人　あかつちゅ　⇔あかひと
津堅(つけん)赤人　江戸後期の棒術の達人

赤之御膳　あかのごぜん
赤之御膳　?～1857　江戸後期・末期の狂歌作者

アカハチ
オヤケ(おやけ)アカハチ　?～1500　戦国時代の琉球人。宮古・八重山に統一政権をめざし住民の期待を集めた英雄

赤人　あかひと　⇔あかつちゅ
出雲部(いずもべの)赤人　奈良時代の官人
山部宿祢(やまべのすくね)赤人　奈良時代の万葉歌人

赤姫皇女　あかひめのこうじょ
赤姫皇女　上代の女性。継体天皇の皇女

あき
山崎(やまざき)あき　1842～1907　江戸後期～明治期の産婆

あ

安芸　あき
安芸　平安後期の箏の名手
島森（しまもり）安芸　？～1591　戦国・安土桃山時代の島守の館主
荘村（しょうむら）安芸　安土桃山時代の織田信長の家臣

安岐　あぎ
真田（さなだ）安岐　？～1649　安土桃山・江戸前期の女性。真田幸村の妻

章家　あきいえ
藤原（ふじわら）章家　平安後期の官人

明家　あきいえ
荒木田（あらきだ）明家　平安後期の官人

秋男　あきお
多々良公（たたらのきみ）秋男　846～？　平安前期の人。任那国王、利久牟王の後と伝える

秋雄　あきお
遠胆沢（とおいざわの）秋雄　平安前期の近江国の俘囚

名臣　あきおみ
神代（かみしろ）名臣　江戸後期・末期の医者・国学者

顕香　あきか
北条（ほうじょう）顕香　鎌倉後期の武士

顕景　あきかげ
長尾（ながお）顕景　戦国時代の山内上杉氏の家臣
北条（ほうじょう）顕景　？～1317　鎌倉後期の武士

明景　あきかげ
山木（やまき）明景　1656～1730　江戸前期・中期の代官

顕量　あきかず
町（まち）顕量　戦国時代の土佐一条家家臣。町顕基の猶子

秋和　あきかず
矢野（やの）秋和　江戸末期の蘭学者

章員　あきかず
粟田（あわたの）章員　平安後期の官人

礼数　あきかず
大蔵（おおくらの）礼数　？～954　平安中期の算博士

顕方　あきかた
藤原（ふじわら）顕方　平安後期の公家・歌人

明賢　あきかた　⇔みょうけん
大和（おおやまとの）明賢　平安中期の官人
藤原（ふじわらの）明賢　平安中期の官人
源（みなもと）明賢　平安後期の公家・歌人

明兼　あきかね
忌部（いんべの）明兼　平安後期の官人

顕清　あききよ
源（みなもとの）顕清　平安後期の武将

光清　あききよ　⇔こうしょう, こうせい, みつきよ
江口（えぐち）光清　？～1600　安土桃山時代の畑谷城主

顕国　あきくに
顕国〔1代〕　南北朝時代の刀工
顕国〔2代〕　南北朝時代の刀工
顕国〔3代〕　室町時代の刀工
源（みなもと）顕国　1083～1121　平安後期の公家・歌人

明国　あきくに
源（みなもとの）明国　平安後期の武士。左衛門尉源頼綱の子

顕子　あきこ
藤原（ふじわらの）顕子　平安後期の女房。藤原経房の妻

昭子　あきこ
鴨脚（いちょう）昭子　江戸末期の命婦。「鴨脚昭子日記」を著す
源（みなもとの）昭子　平安中期の女性。貞信公藤原忠平の妻

章子　あきこ
千葉（ちば）章子　江戸中期の和算家

明子　あきこ
南部（なんぶ）明子　1836～1903　江戸後期～明治期の歌人

韶子　あきこ
有馬（ありま）韶子　1825～1913　江戸後期～明治期の歌人

光子女王　あきこじょおう
光子女王　1819～1906　江戸後期～明治期の女性。孝仁親王の第3王女

秋貞　あきさだ
上（うえの）秋貞　平安前期の鎌倉郡の人

章定　あきさだ
橘（たちばなの）章定　平安後期の楽人

秋郷　あきさと
和田（わだ）秋郷　江戸後期の国学者

秋里　あきさと　⇔しゅうり
近藤（こんどう）秋里　1789～1866　江戸後期・末期の黒島神社祠官

鑑実　あきざね
橋爪（はしづめ）鑑実　戦国時代の大内氏・大友氏の家臣

顕実　あきざね　⇔けんじつ
北条（ほうじょう）顕実　1273～1327　鎌倉後期の武士

秋実　あきざね
伴（ともの）秋実　平安前期の伴善男の僕従の一人
西田（にしだ）秋実　江戸末期の国学者

章実　あきざね　⇔しょうじつ
章実　平安後期の刀工

明実　あきざね
源（みなもと）明実　平安後期の歌人

明真　あきざね
小杉（こすぎ）明真　1798～1877　江戸後期～明治期の歌人

顕重　あきしげ
大石（おおいし）顕重　？～1514　戦国時代の関東

管領山内上杉氏の家臣
源（みなもとの）顕重　平安後期の神官。村上源氏雅俊の子

顕繁　あきしげ
毛呂（もろ）顕繁　戦国・安土桃山時代の武蔵国衆

章重　あきしげ
中原（なかはらの）章重　平安後期の明法博士

章成　あきしげ　⇔あきなり
豊原（とよはらの）章成　平安後期の官人

章茂　あきしげ
中原（なかはら）章茂　南北朝・室町時代の明法家

詮繁　あきしげ
渡瀬（わたらせ）詮繁　？～1595　戦国・安土桃山時代の遠江横須賀城城主

顕季　あきすえ
毛呂（もろ）顕季　戦国時代の武蔵国衆

昭季　あきすえ
菅原（すがわらの）昭季　平安後期の官人

顕允　あきすけ
中川（なかがわ）顕允　江戸後期の藩士

秋佐　あきすけ
弓削（ゆげの）秋佐　平安前期の役人

秋輔　あきすけ
川村（かわむら）秋輔　1754～1820　江戸中期・後期の国学者

詮扶　あきすけ
三刀屋（みとや）詮扶　室町時代の飯石郡三刀屋郷地頭

明資　あきすけ
那須（なす）明資　戦国時代の上那須家当主

明輔　あきすけ
上村（うえむら）明輔　1760～1839　江戸中期・後期の医師・茶人
大中臣（おおなかとみの）明輔　999～1060　平安中期・後期の官人

章澄　あきずみ　⇔のりずみ
中原（なかはら）章澄　1224～？　鎌倉前期・後期の明法家《中原章澄》

明純　あきずみ
岩松（いわまつ）明純　戦国時代の上野国衆

秋田　あきた
宇自可（うじかの）秋田　平安前期の官人

顕孝　あきたか　⇔けんこう
田母神（たもがみ）顕孝　江戸後期の藩士

顕隆　あきたか
大森（おおもり）顕隆　戦国時代の相模国小田原城主だった大森氏の一族

昭香　あきたか
石井（いしい）昭香　1713～1803　江戸中期の武士

昭鷹　あきたか
藤原（ふじわらの）昭鷹　平安中期の人。藤原道長邸の金銀を盗んだ犯人

章堯　あきたか
河合（かわい）章堯　江戸中期の藩士

詮高　あきたか
斯波（しば）詮高　1476～1549　戦国時代の陸奥高水寺斯波家当主

明教　あきたか　⇔みょうきょう
加藤（かとう）明教　？～1731　江戸中期の旗本

秋武　あきたけ
高橋（たかはしの）秋武　平安後期の官人

顕忠　あきただ
中川（なかがわ）顕忠　1774～1815　江戸中期・後期の藩士

光惟　あきただ
志村（しむら）光惟　1596～1614　安土桃山・江戸前期の城将

秋忠　あきただ
金田（かねだ）秋忠　1851～1868　江戸末期の健武隊伍長

章尹　あきただ
森川（もりかわ）章尹　1670～1762　江戸前期・中期の神職・歌人

明竜　あきたつ
左脇（さわき）明竜　江戸後期の装剣金工

顕胤　あきたね
森（もり）顕胤　1715頃～1785　江戸中期の白川家学頭

秋田夫人　あきたふじん
秋田夫人　1586～1651　安土桃山・江戸前期の女性。野中兼山の母

飽田麻呂　あきたまろ
粟田（あわたの）飽田麻呂　平安前期の入唐留学生

昭足　あきたり　⇔あきたる
秋篠（あきしの）昭足　？～1877　江戸後期～明治期の大塩平八郎の縁者

昭足　あきたる　⇔あきたり
秋篠（あきしの）昭足　？～1877　江戸後期～明治期の大塩平八郎の縁者《秋篠昭足》

顕親　あきちか
小槻（おつきの）顕親　平安中期の官人
源（みなもとの）顕親　1088～1160　平安後期の官人

秋近　あきちか
紀（きの）秋近　平安中期の官人

章親　あきちか
安倍（あべの）章親　954～1026　平安中期の陰陽寮の官人
高階（たかしなの）章親　平安後期の官人

明親　あきちか
大中臣（おおなかとみ）明親　平安後期・鎌倉前期の歌人

昆次　あきつぐ
三浦（みうら）昆次　1779～1849　江戸中期・後期の勝山藩第4代藩主

顕綱　あきつな
小野寺（おのでら）顕綱　戦国時代の足利長尾氏の同心衆

あ

章綱 あきつな ⇔まさつな
藤原（ふじわらの）章綱 平安後期の官人

明綱 あきつな
宇都宮（うつのみや）明綱 1443～1463 室町時代の下野の大名

陽綱 あきつな
佐々木（ささき）陽綱 ？～1871 江戸後期～明治期の医者・篆刻家

顕経 あきつね
千種（ちくさ）顕経 ？～1377 南北朝時代の公家・歌人

彰常 あきつね
野附（のつき）彰常 1825～1892 江戸後期～明治期の教育功労者
野附（のづき）彰常 野附彰常に同じ
山路（やまじ）彰常 ？～1881 江戸後期～明治期の天文暦学者

章経 あきつね ⇔あきのり
中原（なかはら）章経 平安時代の歌人
藤原（ふじわらの）章経 ？～1066 平安後期の官人
源（みなもとの）章経 平安中期の官人

明恒 あきつね
藤原（ふじわら）明恒 江戸中期・後期の香道家
古田（ふるた）明恒 1753～？ 江戸中期の幕臣

顕連 あきつら
佐波（さわ）顕連 ？～1350 鎌倉後期・南北朝時代の石見の武将

秋連 あきつら
小田切（おだぎり）秋連 戦国時代の武田氏の家臣

明照 あきてる
明照 江戸末期の刀工

顕遠 あきとう
高階（たかしなの）顕遠 平安後期の官人

章任 あきとう
紀（きの）章任 平安中期の官人
源（みなもとの）章任 平安中期の官人

明任 あきとう
菅原（すがわらの）明任 平安中期の官人

秋時 あきとき
吉江（よしえ）秋時 平安後期の官人
丸部（わにべの）秋時 平安後期の官人

章言 あきとき ⇔しょうげん
中原（なかはら）章言 南北朝時代の歌人

明時 あきとき
雀部（さささきべの）明時 平安中期の官人

晟時 あきとき
松井（まつい）晟時 ？～1707 江戸前期・中期の藩士

章俊 あきとし
藤原（ふじわらの）章俊 平安後期の官人

丹斎 あきとし
桐山（きりやま）丹斎 1554～1625 戦国～江戸前期の小寺職隆・黒田孝高の家臣

明俊 あきとし
中原（なかはらの）明俊 平安後期の官人

明利 あきとし
市川（いちかわ）明利 江戸後期の和算家
藤原（ふじわらの）明利 平安中期の官人

顕朝 あきとも
北条（ほうじょう）顕朝 鎌倉後期の武士

秋友 あきとも
紀（きの）秋友 平安中期の官人

昭友 あきとも
稲垣（いながき）昭友 ？～1728 江戸中期の旗本

彬智 あきとも
鍋島（なべしま）彬智 1835～1899 江戸後期～明治期の神職

明知 あきとも
藤原（ふじわらの）明知 平安中期の官人

詮直 あきなお
斯波（しば）詮直 戦国時代の武将

顕長 あきなが
本庄（ほんじょう）顕長 戦国時代の本庄繁長の長子

昭永 あきなが
松下（まつした）昭永 1721～1797 江戸中期・後期の幕臣

詮長 あきなが
間部（まなべ）詮長 ？～1766 江戸中期の西の丸書院番

顕業 あきなり
北条（ほうじょう）顕業 鎌倉後期の武士

顕成 あきなり ⇔けんじょう
顕成 1635～1676 江戸前期の俳人
阿知子（あちし）顕成 1635～1676 江戸前期の連歌師
阿知子（あちし）顕成 顕成に同じ
北畠（きたばたけ）顕成 ？～1402 南北朝・室町時代の波岡（浪岡）御所・北畠氏の祖
白川（しらかわ）顕成 1584～1618 安土桃山・江戸前期の公家
前野（まえの）顕成 1772～1847 江戸中期・後期の中老職、文人

秋成 あきなり
藤井（ふじいの）秋成 平安後期の官人

照苗 あきなり
井口（いぐち）照苗 1704～1763 江戸中期の武士

章成 あきなり ⇔あきしげ
大江（おおえの）章成 平安後期の官人
中原（なかはら）章成 1669～1688 江戸前期の官人

明業 あきなり
藤原（ふじわらの）明業 平安後期の官人

明成 あきなり
坂上（さかのうえ）明成 南北朝時代の公家・明法家

顕成王 あきなりおう
白川（しらかわ）顕成王 1574～1618 安土桃山・江戸前期の神祇伯。父は神祇伯雅朝王

秋庭　あきにわ
秦常（はたつねの）秋庭　700～？　飛鳥時代の右京八条一坊の戸主
引田（ひけたの）秋庭　飛鳥時代の官人

秋主　あきぬし
大丘（おおおかの）秋主　平安時代の武蔵国司
吉田（よしだ）秋主　1794～1857　江戸後期・末期の機業家

秋野　あきの
宇賀古（うかこの）秋野　平安前期の俘囚の長

秋野王　あきのおう
秋野王　奈良時代の女王

安芸守信就　あきのかみのぶなり
佐久間（さくま）安芸守信就　1646～1725　江戸前期・中期の38代長崎奉行

昆信　あきのぶ
佐藤（さとう）昆信　1747～1800　江戸中期・後期の富豪

彰信　あきのぶ
小田（おだ）彰信　江戸後期の幕臣
関根（せきね）彰信　江戸末期の和算家、新田藩士

章信　あきのぶ
藤原（ふじわらの）章信　平安中期の官人

詮信　あきのぶ　⇔のりのぶ
桃井（もものい）詮信　南北朝時代の武家・歌人

聴信　あきのぶ
柳沢（やなぎさわ）聴信　1754～1832　江戸中期・後期の佐渡奉行、田安家家老

明延　あきのぶ
五百木部（いおきべの）明延　平安後期の官人

明順　あきのぶ　⇔みょうじゅん
高階（たかしなの）明順　？～1009　平安中期の官人

明信　あきのぶ　⇔みょうしん
池田（いけだ）明信　？～1842　江戸後期の材木・薪炭の運送業
湯浅（ゆあさ）明信　？～1822　江戸中期・後期の藩士

顕則　あきのり
赤松（あかまつ）顕則　南北朝・室町時代の武将・歌人

秋告　あきのり
林（はやし）秋告　？～1814　江戸中期・後期の歌人

昭矩　あきのり
塩田（しおだ）昭矩　1701～1768　江戸中期の藩士・柔術家

昭悳　あきのり
桜井（さくらい）昭悳　1845～1917　江戸末期～大正期の牧師

章経　あきのり　⇔あきつね
藤原（ふじわらの）章経　？～1091　平安後期の官人

明言　あきのり
高松（たかまつ）明言　1800～1873　江戸後期～明治期の歌人

明則　あきのり
西田（にしだ）明則　1827～1906　江戸後期～明治期の土木建築技術者

明徳　あきのり　⇔めいとく
永持（ながもち）明徳　1845～1904　江戸後期～明治期の幕臣
善波（よしなみ）明徳　江戸後期の歌人

明範　あきのり
平（たいらの）明範　平安中期の官人

詮春　あきはる
細川（ほそかわ）詮春　1330～1367　鎌倉後期・南北朝時代の武将

明治　あきはる
加藤（かとう）明治　？～1711　江戸前期・中期の旗本

章尚　あきひさ
桧垣（ひがき）章尚　南北朝時代の神職

明久　あきひさ
武内（たけうち）明久　1487～1558　戦国時代の神職

顕秀　あきひで　⇔けんしゅう
足立（あだち）顕秀　戦国時代の上杉氏家臣
北条（ほうじょう）顕秀　？～1333　鎌倉後期の武士

秋豪　あきひで
三淵（みつぶち）秋豪　？～1574　戦国・安土桃山時代の織田信長の家臣

表秀　あきひで
三輪（みわ）表秀　1737～1809　江戸中期・後期の歌人

証人　あきひと
白猪臣（しらいのおみ）証人　奈良時代の地方豪族

昭平　あきひら　⇔てるひら
横尾（よこお）昭平　1698～1783　江戸中期の幕臣《横尾昭平》

覚広　あきひろ　⇔さとひろ
神保（じんぼ）覚広　戦国時代の越中の国人

顕広　あきひろ
白川（しらかわ）顕広　1095～1180　平安後期の公家

章広　あきひろ
粟田（あわたの）章広　平安後期の官人
大津（おおつ）章広　南北朝時代の得田章仲の代官

章弘　あきひろ
小槻（おづき）章弘　1674～1717　江戸前期・中期の公家

明弘　あきひろ
大山（おおやま）明弘　1841～1910　江戸後期～明治期の一関藩刀工

秋房　あきふさ
岩崎（いわさき）秋房　1687？～1753　江戸前期・中期の金ケ崎領主大町主計の家中、中西流和算青木長由の門人

章房　あきふさ
得田（とくだ）章房　南北朝時代の武将

在藤 あきふじ
賀茂(かも)在藤 鎌倉時代の陰陽家・暦学者・歌人
顕将 あきまさ
山上(やまがみ)顕将 戦国時代の武士
顕昌 あきまさ ⇔けんしょう
三田(みた)顕昌 戦国時代の武蔵国衆三田氏宗の二男

顕政 あきまさ
北条(ほうじょう)顕政 鎌倉後期の武士
秋全 あきまさ
清水(しみず)秋全 1706~1766 江戸中期の藩士・国学者
章政 あきまさ
内藤(ないとう)章政 ?~1664 江戸前期の旗本
章方 あきまさ
高階(たかしなの)章方 平安後期の官人
証政 あきまさ
渡辺(わたなべ)証政 江戸中期の地誌家
乗方 あきまさ
源(みなもとの)乗方 ?~1046 平安中期の官人
詮政 あきまさ ⇔のりまさ
長沼(ながぬま)詮政 江戸後期の和算家
長沼(なかぬま)詮政 長沼詮政に同じ
白政 あきまさ
長田(おさだ)白政 1569~1650 江戸前期の旗本
明雅 あきまさ
西川(にしかわ)明雅 1778~1830 江戸中期・後期の郷土史家
明政 あきまさ
高階(たかしなの)明政 平安後期の官人
明理 あきまさ
平(たいらの)明理 平安中期の官人
十市(とおちの)明理 平安中期の官人
源(みなもとの)明理 平安中期の官人
朗昌 あきまさ
乾(いぬい)朗昌 ?~1650 江戸前期の武士
顕益 あきます
北条(ほうじょう)顕益 ?~1333 鎌倉後期の武士
秋益 あきます
安西(あんざい)秋益 平安後期の武士
詮益 あきます
毛利(もうり)詮益 1629~1687 江戸前期の藩士
秋丸 あきまろ
穴(あなの)秋丸 奈良時代の盗賊
秋磨 あきまろ
秋磨 ?~1819 江戸中期・後期の俳人
秋麻呂 あきまろ
弓削(ゆげの)秋麻呂 奈良時代の官人
明海 あきみ ⇔みょうかい
山中(やまなか)明海 1755~1807 江戸中期・後期の本草家
あきみち
小槻(おつきの)あきみち 平安中期の官人
光通 あきみち ⇔みつとお
小野寺(おのでら)光通 1725~1800 江戸中期・後期の慈善家・文化人
昭通 あきみち
小野崎(おのざき)昭通 1569~1630 安土桃山・江戸前期の佐竹氏の家臣
明往 あきみち
加藤(かとう)明往 ?~1701 江戸中期の旗本
明通 あきみち ⇔みょうつう
小野(おのの)明通 平安中期の官人
藤原(ふじわらの)明通 平安中期の官人。父は理明
藤原(ふじわらの)明通 平安中期の検非違使
顕光 あきみつ
柴田(しばた)顕光 1838~1913 江戸末期~大正期の神職
証光 あきみつ
都賀(つが)証光 室町時代の都賀郷領主
堯光 あきみつ
戸田(とだ)堯光 ?~1547 戦国時代の田原城主
秋峰 あきみね
紀(きの)秋峰 平安前期の歌人
顕宗 あきむね
小宮(こみや)顕宗 戦国時代の武蔵国衆
顕統 あきむね
北畠(きたばたけ)顕統 南北朝時代の公家・歌人
章棟 あきむね
平(たいら)章棟 室町時代の武家・連歌作者
明宗 あきむね ⇔みょうしゅう
鷹栖(たかす)明宗 ?~1613 安土桃山・江戸前期の藩士・連歌作者
明致 あきむね
善波(よしなみ)明致 江戸中期の歌人
顕村 あきむら
北畠(きたばたけ)顕村 1555~1578 戦国・安土桃山時代の武将
顕茂 あきもち
北条(ほうじょう)顕茂 鎌倉後期の武士
秋持 あきもち
物部(もののべの)秋持 奈良時代の防人
顕基 あきもと
野田(のだ)顕基 鎌倉後期の武士
顕元 あきもと
大江(おおえ)顕元 鎌倉後期の武士
顕祖 あきもと
信夫(しのぶ)顕祖 1765~1832 江戸中期・後期の国学者・儒学者
章基 あきもと
紀(きの)章基 平安後期の算師
章職 あきもと
中原(なかはら)章職 鎌倉時代の明法家
白元 あきもと
永井(ながい)白元 1572~1654 安土桃山・江戸前期の幕臣

鑑盛 あきもり
蒲池(かまち)鑑盛 1520〜1578 戦国・安土桃山時代の武将

顕盛 あきもり
田所(たどころ)顕盛 1571〜1663 江戸前期の田辺町大年寄・田辺組大庄屋

在盛 あきもり
賀茂(かも)在盛 1412〜1479 室町・戦国時代の陰陽家、暦学者

明盛 あきもり
各務(かがみ)明盛 平安後期の官人

顕泰 あきやす
成田(なりた)顕泰 ?〜1524 戦国時代の武蔵国衆

秋山夫人 あきやまふじん
秋山夫人 戦国時代の女性。甲斐武田氏の家臣秋山虎康の娘。徳川家康の五男・武田信吉の母

顕行 あきゆき
星合(ほしあい)顕行 ?〜1735 江戸中期の旗本

顕之 あきゆき
小寺(おでら)顕之 1778〜1813 江戸後期の詩人
小寺(こでら)顕之 小寺顕之に同じ

章行 あきゆき
高階(たかしなの)章行 平安中期の官人
中原(なかはら)章行 平安後期の明法家

詮之 あきゆき
間部(まなべ)詮之 ?〜1730 江戸中期の旗本

明之 あきゆき ⇔てるゆき, めいし
加藤(かとう)明之 江戸後期の和算家

明世 あきよ
坂上(さかのうえ)明世 室町時代の公家・明法家

蛙鏡 あきょう
今井(いまい)蛙鏡 江戸中期の俳人

覚嘉 あきよし
神原(かんばら)覚嘉 江戸前期・中期の和算家

顕義 あきよし
北条(ほうじょう)顕義 鎌倉後期の武士

顕吉 あきよし
長尾(ながお)顕吉 戦国時代の武士。越後上田の長尾氏当主

顕能 あきよし
藤原(ふじわらの)顕能 1107〜1139 平安後期の官人。権中納言顕隆の二男

顕良 あきよし
藤原(ふじわらの)顕良 平安後期の官人

秋良 あきよし ⇔しゅうりょう
臼田(うすだ)秋良 1801〜1884 江戸後期〜明治期の国学者

昭美 あきよし
鳥居(とりい)昭美 ?〜1803 江戸中期・後期の藩士・俳人

明慶 あきよし ⇔としのり, めいけい
氏家(うじいえ)明慶 江戸中期の和算家

明良 あきよし
田口(たぐち)明良 江戸後期の書肆

晨善 あきよし
田井(たい)晨善 1845〜1890 江戸後期〜明治期の弘前最初の写真家

顕頼 あきより
結城(ゆうき)顕頼 戦国時代の武将

秋頼 あきより
紀(きの)秋頼 平安後期の大和国添上郡の人。案主

明頼 あきより
高階(たかしな)明頼 平安後期の公家・歌人

顕 あきら
小西(こにし)顕 江戸後期の藩士

晃 あきら
上野(うえの)晃 1834〜1887 江戸後期〜明治期の自治功労者

彰 あきら
香山(かやま)彰 香山彰に同じ
香山(こうやま)彰 1749〜1795 江戸中期の漢学者

章 あきら
猪狩(いがり)章 1838〜1906 江戸後期〜明治期の官吏
中原(なかはら)章 ?〜1790 江戸中期・後期の歌人
藤原(ふじわら)章 江戸中期の「筑川先生記事」の著者

明 あきら ⇔あきらか
大須賀(おおすが)明 ?〜1892 江戸末期・明治期の医師
寺沢(てらさわ)明 1810〜? 江戸後期の国学者
福田(ふくだ)明 江戸末期・明治期の数学者
来(らい)明 江戸前期の漢学者
渡辺(わたなべ)明 江戸後期の国学者

皎 あきら
天野(あまの)皎 1851〜1897 江戸後期〜明治期の実業家、教育者、官吏、ジャーナリスト

明 あきらか ⇔あきら
掃守(かにもりの)明 ?〜836 平安前期の遣唐使船

悪五郎 あくごろう
土岐(とき)悪五郎 ?〜1352 南北朝時代の足利義詮の家臣

悪四郎 あくしろう
樽見(たるみ)悪四郎 南北朝時代の武士

阿久多 あくた
新家(にいのみの)阿久多 飛鳥時代の豪族

安久多 あくた
生江臣(いくえのおみ)安久多 奈良時代の人。尾張国分寺に献上物を上納

あぐり
松尾(まつお)あぐり 戦国時代の女性。甲斐武田信廉の娘

阿久利 あぐり
松尾(まつお)阿久利 戦国時代の女性。甲斐武田信廉の娘《松尾あぐり》

あ

明長　あけなが
山田(やまだ)明長　?～1266　鎌倉前期・後期の人。勝川村に地蔵寺を建立

阿古祇　あこぎ
県犬養(あがたのいぬかいの)阿古祇　平安中期の官人

阿古局　あこのつぼね
阿古局　1580～1615　安土桃山・江戸前期の女性。伊勢兵庫頭貞景の長女。秀頼の上臈として出仕。大坂城では淀殿に仕えた

阿子丸仙人　あこまるせんにん
阿子丸仙人　上代の天台宗の僧

阿古麻呂　あこまろ
漢部(あやべの)阿古麻呂　奈良時代の農民

阿古売　あこめ
穴太部(あなほべの)阿古売　奈良時代の多産女性

阿古也の聖　あこやのひじり
阿古也の聖　平安中期の比叡山にゆかりの勧進聖

アサ
内野(うちの)アサ　江戸後期の女性。村上絣の創始者

朝家　あさいえ
藤原(ふじわら)朝家　平安後期の公家・歌人

浅井王　あさいおう
浅井王　奈良時代の官人

浅右衛門　あさえもん
小夫(おぶ)浅右衛門　?～1694　江戸前期・中期の剣術家。小夫流祖
小森(こもり)浅右衛門　?～1721　江戸中期の剣術家
清水(しみず)浅右衛門　江戸中期・後期の製油業
吉沢(よしざわ)浅右衛門　1835～1893　江戸後期～明治期の葛生銀行頭取

浅衛門　あさえもん
渡井(わたい)浅衛門　江戸時代の剣術家。東軍流

朝右衛門　あさえもん
吉田(よしだ)朝右衛門　1795～1883　江戸後期～明治期の人形遣い

浅尾　あさお
浅尾　?～1749　江戸中期の女性。前田吉徳側室お貞の方の娘付き女中。加賀騒動の中心人物

朝生　あさおい
大戸(おおへの)朝生　平安前期の雅楽師

安盛　あさか
矢野(やの)安盛　江戸中期の砲術家

朝風　あさかぜ
井上(いのうえ)朝風　江戸末期の歌人

朝猟　あさかり
藤原(ふじわらの)朝猟　?～764　奈良時代の陸奥出羽按察使兼鎮守将軍で雄勝城完成の当事者

浅吉　あさきち
三好(みよし)浅吉　1821～1874　江戸後期～明治期の模範農民

朝吉　あさきち
伊勢屋(いせや)朝吉　1825～1907　江戸後期～明治期の函館貿易商人4人の1人
村上(むらかみ)朝吉　1841～1888　江戸後期～明治期の人。雲州算盤の珠削りの手回しろくろを考案

朝倉君　あさくらのきみ
朝倉君　上代の豪族

あさ子　あさこ
河原(かわはら)あさ子　江戸末期・明治期の女性

朝貞　あささだ　⇔ちょうてい, ともさだ
名越(なごえ)朝貞　鎌倉後期の武家・歌人

朝三郎　あささぶろう
吉田(よしだ)朝三郎　江戸末期の韮山代官江川氏の手代

浅茅　あさじ
塚原(つかはら)浅茅　1844～1918　江戸末期～大正期の古田学校37年間勤務の郷先生、国学者

浅二　あさじ
武井(たけい)浅二　?～1842　江戸後期の侠客

麻自　あさじ　⇔まじ
金刺舎人(かなさしとねり)麻自　奈良時代の人《金刺舎人麻自》

浅七　あさしち
浅七　1748～?　江戸中期・後期の孝子
笠井(かさい)浅七　1743～1831　江戸後期の土地造成・開発事業家

浅次郎　あさじろう
安村(やすむら)浅次郎　江戸末期・明治期の陶工

浅蔵　あさぞう
木村(きむら)浅蔵　江戸末期の従者。1860年遣米使節に随行しアメリカに渡る

晁高　あさたか
宇治田(うじた)晁高　1693～1743　江戸中期の武士

朝尹　あさただ
藤原(ふじわら)朝尹　鎌倉後期・南北朝時代の公家・歌人

浅太郎　あさたろう
板割(いたわりの)浅太郎　?～1842　江戸後期の侠客・国定忠次の子分
吉沢(よしざわ)浅太郎　1857～1908　江戸末期・明治期の戸長、葛生銀行頭取、佐野鉄道社長

麻太郎　あさたろう
泉(いずみ)麻太郎　1840～1871　江戸後期～明治期の算学者

朝妻王　あさづまおう
朝妻王　奈良時代の長屋王の子

朝仲　あさなか
藤原(ふじわら)朝仲　?～1184?　平安後期の公家・歌人

浅之丞　あさのじょう　⇔せんのじょう
浅之丞　1724～1763　江戸中期の義民。上田藩で起こった百姓一揆「宝暦騒動」の首謀者

浅之助　あさのすけ
雨森（あまもり）浅之助　1756〜1811　江戸中期・後期の熊本藩士
朝早　あさはや
芝庵（しばあん）朝早　1767〜1854　江戸後期の地方狂歌作者
旭　あさひ
高橋（たかはし）旭　江戸末期の和算家
朝英　あさひで　⇔ちょうえい
度会（わたらい）朝英　南北朝時代の神職・歌人
朝日阿闍梨　あさひのあじゃり
朝日阿闍梨　南北朝時代以前の僧侶・連歌作者
朝日巫女　あさひのみこ
朝日巫女　安土桃山時代の巫女
朝日教貞　あさひのりさだ
斎藤（さいとう）朝日教貞　戦国時代の幕府奉公衆
朝日持清　あさひもちきよ
斎藤（さいとう）朝日持清　戦国時代の幕府奉公衆
東人　あざまひと　⇔あずまひと，あずまんど，あづまひと，あづまびと
紀（きの）東人　平安前期の官吏《紀東人》
呰麻呂　あざまろ
伊治公（いじのきみ）呰麻呂　奈良時代の上治郡大領
置井出（おきいでの）呰麻呂　平安時代の蝦夷
伊治公（これはりのきみ）呰麻呂　伊治公呰麻呂に同じ
朝村　あさむら　⇔ともむら
伊達（だて）朝村　南北朝時代の公家・歌人
呰女　あさめ
巨勢（こせの）呰女　奈良時代の女性
朝元　あさもと
菅原（すがわら）朝元　南北朝時代の官人・歌人
藤原（ふじわらの）朝元　？〜1031　平安中期の官人
浅藪　あさやお
砂原（すなはら）浅藪　1770〜1844　江戸中期・後期の狂歌師
朝頼　あさより
藤原（ふじわら）朝頼　平安中期の公家・歌人。定方の子
按司　あじ
伊敷索（いしきなわ）按司　室町時代の伊敷索城の城主
糸数（いとかず）按司　南北朝時代の宮古の英雄
江洲（えす）按司　？〜1472　室町・戦国時代の人。尚泰久王の子
大城（おおぐすく）按司　南北朝時代の人。真姓の始祖。伝説によれば大里城主に攻め滅ぼされ自害
久場嘉（くばか）按司　室町時代の豪族
中城（なかぐすく）按司　室町時代の久米島の按司
名護（なご）按司　鎌倉後期の名護按司
西銘（にしめ）按司　南北朝時代の西銘村領主
茂知附（もちづき）按司　室町時代の勝連城の按司
足鏡別王　あしかがみわけのおう
足鏡別王　上代の人。日本武尊の子
蘆国　あしくに
浅山（あさやま）蘆国　？〜1818　江戸後期の画家
足島　あししま
忌部（いんべ）足島　奈良時代の人
葦田王　あしだおう
葦田王　奈良時代の皇族
安志詫　あしたく
安志詫　奈良時代の種子島熊毛郡の大領
足長　あしなが
秦（はたの）足長　奈良時代の中級官人
葦原　あしはら
周防凡直（すおうのおおしのあたい）葦原　奈良時代の周防国周防郡地方の富豪
足人　あしひと　⇔たりひと，たるひと
波多部（はたべ）足人　奈良時代の板野郡井隅郷の戸主
葦辺　あしべ
松尾（まつお）葦辺　1847〜1876　江戸後期〜明治期の神職
芦丸　あしまる
芦丸　江戸後期の雑俳点者
芦麿　あしまろ
豊岡（とよおか）芦麿　江戸後期の絵師
味村　あじむら
佐太（さだの）味村　奈良時代の官人
阿闍梨　あじゃり
永金（ようきん）阿闍梨　鎌倉時代の僧
阿闍梨昌禅　あじゃりしょうぜん
播磨（はりまのや）阿闍梨昌禅　南北朝時代の綿問屋
阿人　あじん　⇔おかんど
江原（えばら）阿人　江戸中期・後期の俳人
阿誰　あすい
阿誰　？〜1772　江戸中期の俳人
蛙水　あすい
柴田（しばた）蛙水　？〜1827　江戸中期・後期の俳人
阿誰一　あすいいち
山崎（やまざき）阿誰一　江戸前期の将棋士
明日香釆女　あすかのうねめ
明日香釆女　平安中期の歌人
飛鳥麻呂　あすかまろ
越智（おちの）飛鳥麻呂　奈良時代の伊予国越智郡の大領
梓　あずさ
川畑（かわはた）梓　1832〜1908　江戸末期・明治期の蚕糸講習所御用掛
東雄　あずまお　⇔とうゆう，はるお
福島（ふくしま）東雄　1737〜1803　江戸中期・後期の郷土史家
東人　あずまひと　⇔あざまひと，あずまんど，あづまひと，あづまびと
県犬養（あがたのいぬかいの）東人　飛鳥時代の官人
石川（いしかわの）東人　奈良時代の官人
紀（きの）東人　平安前期の官吏

林(はやしの)東人　平安前期の官人

東麻呂　あずままろ　⇔あづままろ

安倍信夫臣(あべのしのぶのおみ)東麻呂　平安前期の信夫郡の人

為奈(いなの)東麻呂　奈良時代の官人

安頭麻呂　あずまろ

丈部路(はせつかべのみちの)安頭麻呂　712～?　奈良時代の人。下級官吏丈部路石勝の子

東人　あずまんど　⇔あざまひと, あずまひと, あづまひと, あづまびと

生江臣(いくえのおみ)東人　奈良時代の足羽郡の豪族

安曇王　あずみおう

安曇王　奈良時代の官人。父は廬原王

阿清　あせい

阿清　平安時代の遊行僧

蛙井　あせい

桜木(さくらぎ)蛙井　1702～?　江戸中期の随筆家

福隅軒(ふくぐうけん)蛙井　江戸中期の浮世草子作者・洒落本作者

按察局　あぜちのつぼね

按察局　南北朝時代の女性。後円融天皇の後宮

阿世王　あせのおう

阿世王　平安中期の官人

浅生村の伊七郎　あそうむらのいしちろう

浅生村の伊七郎　?～1875　江戸後期～明治期のばんどり騒動の副首領格の人物《伊七郎》

阿曽宮　あそのみや

阿曽宮　南北朝時代の皇族。大覚寺統の皇子

阿曽麻呂　あそまろ

坂本(さかもとの)阿曽麻呂　奈良時代の官人

朝臣　あそみ　⇔あそん

阿倍(あべの)朝臣　飛鳥・奈良時代の女性。長屋王の妃

高橋(たかはしの)朝臣　飛鳥・奈良時代の官人。万葉歌人

蛙村　あそん

今村(いまむら)蛙村　?～1845　江戸後期の俳人

朝臣　あそん　⇔あそみ

道守(みちもりの)朝臣　飛鳥時代の讃岐国司

直　あたい　⇔あたえ, すなお, ただし, ちょく, なお

県(あがたの)直　平安後期の摂津国の相撲人

強頸(こわくびの)直　奈良時代の土木技術者

豊国(とよくにの)直　上代の豊国の豪族

与　あたい　⇔あたう, あとう

秋元(あきもと)与　1801～1885　江戸後期～明治期の喜連川藩士、藩儒

与　あたう　⇔あたい, あとう

源(みなもとの)与　平安後期の武士。源頼政の配下

直　あたえ　⇔あたい, すなお, ただし, ちょく, なお

稚子(わくごの)直　飛鳥時代の伊甚国造

費人立　あたえひとたち

長(ながの)費人立　飛鳥時代の勝浦郡領

安宅　あたか　⇔あんたく, やすいえ, やすおり

谷口(たにぐち)安宅　江戸後期の藩士・和算家

阿沢　あたく

東(あずま)阿沢　江戸中期の俳人

安達之介　あだちのすけ

上田(うえだ)安達之介　1853～?　江戸後期・末期の新撰組隊士《上田安達之助》

安達之助　あだちのすけ

上田(うえだ)安達之助　1853～?　江戸後期・末期の新撰組隊士

阿茶　あちゃ

阿茶　1766～1781　江戸中期の浄土真宗の僧

阿茶子　あちゃこ

阿茶子　安土桃山・江戸前期の女性。前田利家の娘麻阿姫の侍女

阿茶の局　あちゃのつぼね

阿茶の局　江戸前期の女性。徳川家康の側室

篤家　あついえ

北条(ほうじょう)篤家　鎌倉後期の武士

篤興　あつおき

上杉(うえすぎ)篤興　1788～1844　江戸後期の庄屋、国学者

厚方　あつかた

紀(きの)厚方　平安中期の石清水権俗別当

敦方　あつかた

下毛野(しもつけぬの)敦方　平安後期の近衛府の府生

篤兼　あつかね

重久(しげひさ)篤兼　南北朝時代の武将

敦清　あつきよ

大中臣(おおなかとみの)敦清　?～1118　平安後期の造宮使親長の子

下毛野(しもつけぬの)敦清　平安後期の官人

淳国　あつくに

源(みなもと)淳国　平安後期の公家・歌人

敦国　あつくに

大江(おおえの)敦国　平安後期の官人

藤原(ふじわらの)敦国　室町時代の公家

厚子　あつこ

安倍(あべの)厚子　平安前期の官人

因幡(いなばの)厚子　平安中期の陪膳采女

灌子　あつこ　⇔かんし

藤原(ふじわらの)灌子　平安中期の女房・歌人《藤原灌子》

厚定　あつさだ

高畠(たかばたけ)厚定　1753～1810　江戸中期・後期の藩士

篤貞　あつさだ

北条(ほうじょう)篤貞　鎌倉後期の武士

敦貞　あつさだ

下毛野(しもつけぬの)敦貞　平安後期の随身。藤原師実の随身

知久（ちく）敦貞　南北朝時代の南朝方の武将

篤実　あつざね
川畑（かわばた）篤実　江戸後期の「松操和歌集」の編纂者

厚　あつし
丹羽（にわ）厚　江戸後期の人。「淑慎斎先生書話」の編者

篤　あつし
加門（かもん）篤　江戸末期の医師
辻村（つじむら）篤　江戸後期の医者・歌人
三島（みしま）篤　江戸中期の歌学者
渡辺（わたなべ）篤　1846～1915　江戸後期～大正期の京都見廻組御雇

惇　あつし　⇔じゅん
中台（なかだい）惇　1776～1854　江戸中期～末期の藩士

腆　あつし
斯波（しば）腆　1844～1900　江戸末期・明治期の初代三島村長、愛媛県会議員
渡辺（わたなべ）腆　1858～1904　江戸末期・明治期の高崎藩士族、自由民権運動家、県議会議員

厚茂　あつしげ
小野（おの）厚茂　江戸末期の町吏

篤成　あつしげ　⇔あつなり
花岡（はなおか）篤成　1807～1875　江戸末期の勤王家

篤茂　あつしげ
藤原（ふじわらの）篤茂　平安中期の官吏、漢詩人

敦重　あつしげ
下毛野（しもつけぬの）敦重　平安後期の官人

敦季　あつすえ
下毛野（しもつけぬの）敦季　？～1097　平安後期の近衛府の下級官人

敦輔　あつすけ
藤原（ふじわらの）敦輔　平安後期の官人

厚高　あつたか
清原（きよはらの）厚高　平安中期の官人

敦隆　あつたか
橘（たちばなの）敦隆　藤原敦隆に同じ
藤原（ふじわらの）敦隆　？～1120　平安後期の官吏、歌人

敦武　あつたけ
下毛野（しもつけぬの）敦武　平安後期の賭弓の射手

篤忠　あつただ
富田（とみた）篤忠　江戸後期の和算家、高崎藩士
藤原（ふじはら）篤忠　江戸時代の母里藩金工

積胤　あつたね
高橋（たかはし）積胤　江戸後期の和算家

篤胤　あつたね
千葉（ちば）篤胤　江戸中期の神職

篤見　あつちか
久保（くぼ）篤見　1820～？　江戸後期・末期の国学者

篤親　あつちか
三井（みつい）篤親　1818～1879　江戸後期～明治期の眼科医

敦周　あつちか
藤原（ふじわらの）敦周　1128～1183　平安後期の官人

敦親　あつちか
藤原（ふじわらの）敦親　平安中期の検非違使

淳経　あつつね
紀（きの）淳経　平安中期の官人

敦経　あつつね
藤原（ふじわら）敦経　平安後期の公家・歌人。茂明の子

敦遠　あつとお
高階（たかしなの）敦遠　平安後期の官人

厚時　あつとき
石寸（いわき）厚時　平安中期の官人

篤時　あつとき
北条（ほうじょう）篤時　鎌倉時代の武士
北条（ほうじょう）篤時　？～1292　鎌倉後期の武士

敦時　あつとき
下毛野（しもつけぬの）敦時　平安後期の近衛府官人
北条（ほうじょう）敦時　鎌倉後期の武士

衆利　あつとし
関（せき）衆利　1673～1705　江戸前期・中期の津山森藩主の一門で5代目藩主候補

敦敏　あつとし
藤原（ふじわら）敦敏　912～947　平安中期の公家・歌人

敦利　あつとし
下毛野（しもつけぬの）敦利　1074～1146　平安後期の近衛府の将監
向山（むこうやま）敦利　鎌倉後期の武士

淳中　あつなか
菅原（すがわら）淳中　平安後期の官人

敦仲　あつなか
藤原（ふじわら）敦仲　平安後期の公家・歌人
藤原（ふじわらの）敦仲　平安後期の官人

篤長　あつなが
北条（ほうじょう）篤長　鎌倉後期の武士

厚生　あつなり
朝夷（あさいな）厚生　1748～1829　江戸中期・後期の武士

篤成　あつなり　⇔あつしげ
加藤（かとう）篤成　1825～1855　江戸末期の歌人

敦之助　あつのすけ
清水（しみず）敦之助　1796～1799　江戸後期の三卿清水家の2代当主

篤信　あつのぶ
栗山（くりやま）篤信　1828～1859　江戸後期・末期の探検家
杉山（すぎやま）篤信　1794～1847　江戸後期の医者

惇叙　あつのぶ
奥村（おくむら）惇叙　1802～1846　江戸後期の藩士

あ

あ

敦山　あつのぶ
土岐(とき)敦山　1599〜1683　安土桃山・江戸前期の医者
厚徳　あつのり
林(はやし)厚徳　1828〜1890　江戸後期〜明治期の藩士
醇徳　あつのり
片岡(かたおか)醇徳　1628〜1709　江戸前期・中期の郷土史家
篤記　あつのり
石川(いしかわ)篤記　江戸後期の国学者
篤敬　あつのり　⇔とっけい
久田(ひさた)篤敬　1684〜1756　江戸前期・中期の藩士
篤則　あつのり
八田(はった)篤則　1661〜1724　江戸前期・中期の岡山藩士・兵学者
敦憲　あつのり
藤原(ふじわらの)敦憲　平安後期の官人
敦久　あつひさ
下毛野(しもつけぬの)敦久　?〜1099　平安後期の官人。藤原師実の随身
充秀　あつひで
浅井(あさい)充秀　?〜1595　戦国・安土桃山時代の織田信長の家臣
東方王　あづまおう
東方王　奈良時代の官人
厚正　あつまさ
伊豆(いずの)厚正　平安中期の官人
篤雅　あつまさ
山辺(やまべ)篤雅　江戸中期の医者
敦政　あつまさ
高階(たかしなの)敦政　?〜1153　平安後期の官人
東人　あづまひと　⇔あざまひと, あずまひと, あずまんど, あづまびと
当麻(たぎまの)東人　奈良時代の官人
船(ふねの)東人　奈良時代の官人
余(よの)東人　奈良時代の造法華寺判官
東人　あづまびと　⇔あざまひと, あずまひと, あずまんど, あづまひと
楢原造(ならはらのみやつこ)東人　奈良時代の地方官吏
東麻呂　あづままろ　⇔あずままろ
安倍(あべの)東麻呂　奈良時代の官人。陸奥国の人
厚積　あつみ
富田(とみた)厚積　1836〜1907　江戸後期〜明治期の教育家
当見　あつみ
押田(おしだ)当見　江戸中期の著述家。「武家玄元宝鑑」を執筆
篤通　あつみち
平沢(ひらさわ)篤通　戦国時代の佐竹氏の家臣
篤光　あつみつ
新井(あらい)篤光　?〜1809　江戸中期・後期の漢学者
暖茂　あつもち
吉田(よしだ)暖茂　1739〜1787　江戸中期の藩士・弓術家
篤用　あつもち
税所(さいしょ)篤用　鎌倉時代の武将
篤保　あつやす
石坂(いしざか)篤保　1848〜1922　江戸末期〜大正期の陸軍軍医監、洋方医
厚行　あつゆき
伊香子(いかご)厚行　平安前期・中期の神職、歌人
淳行　あつゆき
伊香(いかがの)淳行　伊香淳行に同じ
伊香(いかの)淳行　平安前期の官人
篤如　あつゆき
藤原(ふじわら)篤如　平安中期の神職
篤之　あつゆき
浅香(あさか)篤之　江戸後期の武士
敦幸　あつゆき
知久(ちく)敦幸　鎌倉時代の伴野庄の地頭
敦行　あつゆき
久世(くぜ)敦行　江戸後期の本草家
充美　あつよし
井関(いぜき)充美　1736〜1807　江戸中期・後期の神職、国学者
篤好　あつよし
井上(いのうえ)篤好　1684〜1735　江戸前期・中期の神道家
牧野(まきの)篤好　1846〜1923　江戸末期〜大正期の種子島糖業指導員、熊毛郡長
敦慶親王家大和　あつよししんのうけのやまと
敦慶親王家大和　平安中期の女房・歌人
敦頼　あつより
菅野(すがのの)敦頼　平安中期の官人
宛　あつる
源(みなもとの)宛　平安中期の兵(地方軍事貴族)
当人　あてひと　⇔まさひと
久米部(くめべの)当人　?〜816?　奈良・平安前期の上総国夷灊郡の税長
安堤麻呂　あてまろ
日下部(くさかべの)安堤麻呂　奈良時代の官人
与　あとう　⇔あたい, あたう
渡辺(わたなべの)与　平安後期の武士。源頼政の配下《源与》
阿刀王　あとおう
阿刀王　?〜763　奈良時代の官人。安都王とも
阿徳　あとく
阿徳　江戸後期の俳人
兄　あに
漆部(ぬりべの)兄　飛鳥時代の官吏
兄麻呂　あにまろ　⇔えまろ, しげまろ
大伴宿弥(おおとものすくね)兄麻呂　飛鳥時代の尾張守、美作守、美乃守

阿忍　あにん
阿忍　鎌倉時代の伊甘郷地頭、石見安国福園寺の開基

阿奴志己　あぬしき
胆沢（いさわの）阿奴志己　平安前期の俘囚

姉子　あねのこ
山村（やまむらの）姉子　平安後期の女性。山城国相楽郡賀茂郷に私領を所有していた

彼御方　あのおんかた
彼御方　平安後期の女性。平重盛の妻、平時信の娘

安努君広島　あののきみひろしま
安努君広島　奈良時代の大領

安八萬王　あはちまのおう
安八萬王　？～719　奈良時代の官人

阿彦　あひこ
阿彦　上代の凶賊
植松（うえまつ）阿彦　1769～1837　江戸後期の俳人

阿弭古　あびこ
阿弭古　上代の依網屯倉の人

我孫馬養　あびこうまかい
葛江（ふじえの）我孫馬養　上代の地方豪族

奴阿比多　あひた
斯波（しなの）奴阿比多　上代の百済の外交官

阿仏房　あぶつぼう
阿仏房　？～1279　鎌倉前期の日蓮宗の僧

阿閉麻呂　あへまろ
紀（きの）阿閉麻呂　？～674　飛鳥時代の豪族

阿満　あま
菅原（すがわらの）阿満　平安前期の贈太政大臣道真の子

安万　あま
安万　奈良時代の絵師

海人　あま
高氏（たかのうじの）海人　奈良時代の官人。万葉歌人

海子　あまこ　⇔かいし
淡海（おうみの）海子　平安前期の人

天地根　あまちね
橙果亭（とうかいてい）天地根　江戸後期の狂歌作者

周　あまね
藤沢（ふじさわ）周　江戸後期の本草家

天広　あまひろ
天広　戦国時代の刀工

尼麿　あままろ
小長谷部（おはつせべの）尼麿　奈良時代の農民

阿禰陁　あみだ
志我閇（しがべの）阿禰陁　奈良時代の陰陽師

網彦　あみひこ
浜辺（はまべ）網彦　江戸後期の鎌倉の狂歌師

蛙鳴　あめい
蛙鳴　江戸後期の俳人

天韓襲命　あめのからそのみこと
天韓襲命　上代の波多国造

天帯根命　あめのたらしねのみこと
天帯根命　上代の「旧事本紀」にみえる景行天皇の皇子

阿耶男　あやお
凡海（おおしのあまの）阿耶男　奈良時代の人。調塩2斗を献上した

綾雄　あやお
鈴木（すずき）綾雄　1818～1863　江戸後期・末期の俳人

文雄　あやお　⇔ふみお, もんおう
大藪（おおやぶ）文雄　1838～1902　江戸末期・明治期の神職

阿やく局　あやくのつぼね
阿やく局　戦国時代の里見家女房

絢子　あやこ
棚橋（たなはし）絢子　1839～1939　江戸末期～昭和期の教育者

綾子　あやこ
富田（とみた）綾子　1840～1862　江戸末期の富田礼彦の2女

安益子　あやこ
古屋（ふるや）安益子　1829～1906　江戸末期の女流歌人

操子女王　あやこじょおう　⇔そうしじょおう
操子女王　850～？　平安前期の女性。忠良親王の王女《操子女王》

綾真　あやざね
紀（きの）綾真　平安中期の官人

綾繁　あやしげ
小林（こばやし）綾繁　？～1841　江戸後期の文人

綾綱　あやつな
井上（いのうえ）綾綱　1803～1870　江戸後期～明治期の狂歌師

斐成　あやなり
小林（こばやし）斐成　江戸後期の国学者

文通　あやのとおる
幡（はたの）文通　飛鳥時代の官人。遣新羅大使《幡通》

漢皇子　あやのみこ
漢皇子　飛鳥時代の皇極・斉明天皇の皇子

絢彦　あやひこ
石橋（いしばし）絢彦　1852～1932　江戸後期～昭和期の幕臣、土木技術者

郁彦　あやひこ
福田（ふくだ）郁彦　1832～1918　江戸末期～大正期の羽黒神社神職・歌人

綾平　あやひら
松尾（まつお）綾平　1816～1886　江戸後期～明治期の国学者・神職

綾丸　あやまる
文狂亭（ぶんきょうてい）綾丸　江戸後期の人情本作者

綾麿　あやまろ
歌垣（うたがき）綾麿　1800～1853　江戸後期の大

名・狂歌作者
あやめ
片岡（かたおか）あやめ　1784〜1824　江戸中期・後期の歌舞伎役者
文宝　あやよし　⇔ぶんぽう
大地（おおち）文宝　1777〜1827　江戸中期・後期の藩士
斐　あやる
小泉（こいずみ）斐　1770〜1854　江戸末期の画人
阿宥　あゆう
阿宥　？〜1395　室町時代の真言宗僧侶
安遊麻呂　あゆまろ
大中臣（おおなかとみの）安遊麻呂　奈良時代の官人
荒海　あらうみ
葛井（ふじいの）荒海　奈良時代の官人
荒右衛門　あらえもん
荒見崎（あらみさき）荒右衛門　1721〜1771　江戸中期の力士
荒雄　あらお
荒雄　奈良時代の漁師
麁鹿火　あらかひ
物部（もののべの）麁鹿火　？〜536　上代の豪族
荒吉　あらきち
野田（のだ）荒吉　江戸末期の白上焼陶工
荒五郎　あらごろう
八波（やなみ）荒五郎　？〜1568　安土桃山時代の武士
あら鹿　あらしか
あら鹿　安土桃山時代の織田信長の家臣
荒四郎　あらしろう
堀江（ほりえ）荒四郎　？〜1759　江戸中期の旗本
荒次郎　あらじろう
荒木（あらき）荒次郎　？〜1869　江戸末期の志士
向田（むくた）荒次郎　平安後期の在地領主
新　あらた　⇔しん
河原田（かわらだ）新　1854〜1892　江戸末期・明治期の代言人、愛媛県会議員
鈴木（すずき）新　1816〜1883　江戸後期〜明治期の国学者・歌人
荒田皇女　あらたのひめみこ
荒田皇女　上代の女性。誉田（応神）天皇皇女
糠手　あらて
坂本（さかもとの）糠手　飛鳥・奈良時代の豪族
荒当　あらと
竹田部（たけだべの）荒当　奈良時代の甘楽郡の人
荒山　あらやま
宇治部（うじべの）荒山　奈良時代の官人
有秋　ありあき
小治田（おはりだの）有秋　小治田有秋に同じ
小治田（おわりだの）有秋　？〜970　平安中期の官人、楽人
堀尾（ほりお）有秋　？〜1805　江戸中期・後期の医者
有章　ありあき
源（みなもとの）有章　？〜1064　平安後期の官人
有家　ありいえ
藤原（ふじわらの）有家　平安中期の官人
源（みなもとの）有家　平安後期の官人
在氏　ありうじ
畠山（はたけやま）在氏　戦国時代の武将
有氏　ありうじ
一宮（いちのみや）有氏　戦国時代の甲斐都留郡西原の国衆。一宮武田氏の当主
藤原（ふじわら）有氏　南北朝時代の公家・歌人
有栄　ありえ　⇔ありひで
津田（つだ）有栄　1678〜1761　江戸前期・中期の藩士
有柯　ありえだ
我孫（あびこの）有柯　平安中期の官人
有右衛門　ありえもん
葛西（かさい）有右衛門　？〜1695　江戸前期・中期の人。柏村桑野木田葛西家の初代
在雄　ありお
新井（あらい）在雄　江戸中期・後期の国学者
有緒　ありお
小槻（おつきの）有緒　平安前期の近江国栗太郡の人
有雄　ありお
飛鳥戸（あすかべの）有雄　平安前期の官人
甲斐（かい）有雄　1829〜1909　江戸後期〜明治期の社会福祉事業家
有興　ありおき
由岐（ゆき）有興　？〜1582　戦国・安土桃山時代の海部郡由岐城主
和気（わけの）有興　鎌倉時代の医師
有蔭　ありかげ
藤原朝臣（ふじわらのあそん）有蔭　824〜885　平安前期の官人
有景　ありかげ　⇔ゆうけい
井上（いのうえ）有景　安土桃山時代の武将
大江（おおえの）有景　平安後期の官人
在一　ありかず
箕曲（みのわ）在一　1813〜1868　江戸後期・末期の神職
在数　ありかず
唐橋（からはし）在数　1448〜1496　室町・戦国時代の公家・連歌作者
有一　ありかず　⇔ゆういち
杉木（すぎき）有一　1825〜1892　江戸後期〜明治期の名主
有賢　ありかた
浅井（あさいの）有賢　平安中期の官人
有象　ありかた
中原（なかはらの）有象　902〜？　平安中期の明経道学者
有方　ありかた　⇔ゆうほう
源（みなもと）有方　南北朝時代の連歌作者
弓削（ゆげの）有方　平安中期の官人

有兼 ありかね
藤原(ふじわらの)有兼 平安後期の官人
在上 ありかみ
掃守(かにもりの)在上 平安中期の官吏
有公 ありきみ
北条(ほうじょう)有公 ?～1333 鎌倉後期の武士
在清 ありきよ
箕曲(みのわ)在清 江戸前期の暦算家
有清 ありきよ
中原(なかはら)有清 平安後期の官人
藤原(ふじわらの)有清 平安後期の官人
在国 ありくに
藤原(ふじわらの)在国 943～1011 平安中期の公卿
有国 ありくに
今佐(いまさの)有国 平安中期の官人
武蔵(むさし)有国 平安後期の武士。平家方の侍大将
有邦 ありくに
川越(かわごえ)有邦 1790～1827 江戸後期の医者
有佐王 ありさおう
有佐王 平安前期の官人
有貞 ありさだ
紀(きの)有貞 平安前期の官人
紀(きの)有貞 平安後期の官人
伴(ともの)有貞 平安後期の藤原師通家の家令
中原(なかはら)有貞 平安後期の官人
有定 ありさだ
飯田(いいだ)有定 江戸後期の旗本
伴(ともの)有定 平安後期の検非違使
藤原(ふじわら)有定 1043～1094 平安中期・後期の公家・歌人
有郷 ありさと
金子(かねこ)有郷 1845～1922 江戸末期～大正期の神職、国学者
本居(もとおり)有郷 1804～1852 江戸後期の国学者
在実 ありざね
賀茂(かも)在実 平安中期の賀茂氏中興の祖
有実 ありざね
大江(おおえの)有実 平安後期の官人
有真 ありざね ⇔ゆうしん
中原(なかはら)有真 平安後期の官人
文屋(ぶんやの)有真 平安前期の官人
有孚 ありざね ⇔ゆうふ
横川(よこかわ)有孚 江戸後期の医者
在重 ありしげ
朝倉(あさくら)在重 1545～1615 戦国～江戸前期の駿河国柿島村の土豪
在茂 ありしげ
菅原(すがわらの)在茂 1121～1200 平安後期・鎌倉前期の学者
有重 ありしげ
飯田(いいだ)有重 ?～1681 江戸前期の旗本
入来院(いりきいん)有重 ?～1281 鎌倉前期・後期の武士
平(たいらの)有重 平安後期の武士
有茂 ありしげ
巨勢(こせの)有茂 鎌倉時代の画家
有季 ありすえ
糟屋(かすや)有季 ?～1203 鎌倉前期の武将
紀(きの)有季 平安後期の官人
文屋(ふんや)有季 平安前期の公家・歌人
文室(ふんやの)有季 平安前期の人。「古今集」に一首入集
源(みなもとの)有季 平安後期の飛騨守
有佐 ありすけ ⇔ゆうさ
藤原(ふじわら)有佐 ?～1131 平安後期の公家・歌人
有資 ありすけ
四条(しじょう)有資 南北朝時代の南朝方の公家
有助 ありすけ
大中臣(おおなかとみの)有助 平安後期の高陽院庁主典代
有輔 ありすけ
藤原(ふじわらの)有輔 平安後期の官人
御春(みはる)有輔 平安前期の官人、歌人
有園 ありその
植松(うえまつ)有園 1829～1882 江戸後期～明治期の神職
有貴 ありたか
脇(わき)有貴 江戸後期の漢学者
有孝 ありたか
内蔵(くらの)有孝 平安中期の官人
山田(やまだ)有孝 江戸後期の故実家
有高 ありたか
近藤(こんどう)有高 ?～1338 鎌倉後期・南北朝時代の武家、歌人
有鷹 ありたか
鱸(すずき)有鷹 ?～1840 江戸後期の国学者、画人
有隆 ありたか
赤星(あかぼし)有隆 ?～1333 鎌倉後期の武将
小野(おのの)有隆 平安後期の官人
北条(ほうじょう)有隆 鎌倉後期の武士
有武 ありたけ
紀(きの)有武 平安中期の官人
永淵(ながぶち)有武 1715～1784 江戸中期の歌人
在忠 ありただ
賀茂(かもの)在忠 平安後期の官人
有忠 ありただ ⇔ともただ
土屋(つちや)有忠 ?～1879 江戸後期～明治期の国学者
藤原(ふじわらの)有忠 平安後期の官人
松田(まつだ)有忠 ?～1247 鎌倉時代の能義郡安来庄地頭
源(みなもとの)有忠 平安後期の官人。父は有宗

あ

有胤　ありたね
高橋(たかはし)有胤　?〜1860　江戸後期・末期の神職

在哉　ありちか
渡部(わたなべ)在哉　?〜1742　江戸中期の金工家

有近　ありちか
中臣(なかとみの)有近　?〜1092　平安後期の春日社司

有親　ありちか
入江(いりえ)有親　江戸中期の漢詩人
世良田(せらだ)有親　室町時代の武将
藤原(ふじわら)有親　平安中期の公家・歌人
藤原(ふじわらの)有親　平安中期の官人。父は守仁
不破(ふわ)有親　1798〜1858　江戸後期・末期の藩士

有隣　ありちか　⇔ゆうりん
紀(きの)有隣　平安中期の官人
保科(ほしな)有隣　1858〜1879　江戸末期・明治期の会津藩家老西郷頼母近悳の長男

有綱　ありつな
足利(あしかが)有綱　平安後期の武士
伊豆(いず)有綱　?〜1186　平安後期の武将
大原(おおはら)有綱　平安後期の刀工
藤原(ふじわら)有綱　?〜1082　平安中期・後期の漢学者・漢詩人・歌人
戸矢子(へやこ)有綱　平安後期・鎌倉前期の武士。都賀郡戸矢子保の領主

在躬　ありつね
菅原(すがわらの)在躬　平安中期の学者

有経　ありつね
大江(おおえの)有経　平安後期の散位。大江仲子と領有をめぐって争う

有恒　ありつね
木村(きむら)有恒　1851〜1920　江戸末期〜大正期の軍人・陸軍中将
杉木(すぎき)有恒　江戸後期の名主
中川(なかがわ)有恒　江戸後期の書肆
三浦(みうら)有恒　江戸後期・末期の眼科医

有常　ありつね　⇔ゆうじょう
紀(き)有常　815〜877　平安前期の歌人
小出(こいで)有常　1835〜?　江戸後期の幕臣
関本(せきもと)有常　江戸後期の和算家。『関流算法当用歌車』を刊行
波多野(はたの)有常　鎌倉前期の武将
深見(ふかみ)有常　1849〜?　江戸末期・明治期の鹿児島県士族

有亘　ありつね
野村(のむら)有亘　1711〜1770　江戸中期の幕臣

有連　ありつら
小野(おのの)有連　平安中期の官人

有任　ありとう
紀(きの)有任　平安後期の官人
藤原(ふじわらの)有任　平安中期の官人

有時　ありとき
大江(おおえの)有時　平安後期の官人
刑部(おさかべの)有時　平安中期の官人
藤原(ふじわら)有時　平安中期の公家・歌人。恒興の子
北条(ほうじょう)有時　鎌倉後期の武士

有俊　ありとし　⇔ゆうしゅん
藤原(ふじわらの)有俊　1037〜1102　平安中期・後期の官人。式部大輔文章博士実綱の二男

有年　ありとし
興世(おきよの)有年　平安前期の人。藤原元利万侶が新羅国王に通謀した事件に関わる
近藤(こんどう)有年　1823〜1902　江戸後期〜明治期の歌人
藤原(ふじわらの)有年　平安前期の官人。南家陸奥守高扶の子

有飛　ありとび
鱸(すずき)有飛　1756〜1813　江戸中期・後期の国学者

有富　ありとみ
有富　平安中期の下級官人。障子絵を得意とした
川(かわの)有富　平安中期の官人

有福　ありとみ　⇔ありよし
車持(くるまもちの)有福　平安中期の官人

有朝　ありとも
野介(ののすけ)有朝　平安後期の周防国玖珂郡南部地方の在地領主

有友　ありとも
阿刀(あとの)有友　平安後期の官人
紀(きの)有友　?〜880　平安前期の従五位下宮内少輔

有倫　ありとも
飯田(いいだ)有倫　?〜1810　江戸中期・後期の医者・漢学者

有直　ありなお
丹治(たじひの)有直　平安後期の武士
勅使河原(てしがわら)有直　平安後期の武蔵国丹党の武士
逸見(へみ)有直　?〜1439　室町時代の武将
北条(ほうじょう)有直　鎌倉後期の武士

在中　ありなか
都(みやこの)在中　平安中期の漢詩人

有仲　ありなか
大江(おおえの)有仲　平安後期の官人
源(みなもと)有仲　平安後期・鎌倉前期の公家、歌人

有永　ありなが
文室(ぶんやの)有永　平安中期の官人

有長　ありなが
大中臣(おおなかとみの)有長　1116〜1182　平安後期の六条・高倉朝の伊勢大神宮司

在夏　ありなつ
菅原(すがわら)在夏　鎌倉後期・南北朝時代の官人・歌人

有業　ありなり
藤原(ふじわら)有業　?〜1132　平安後期の公家・歌人

有成　ありなり　⇔ゆうせい
飛鳥戸(あすかべの)有成　平安前期の官人
淡海(おうみの)有成　平安前期の官人

有生　ありなり
朝原(あさはらの)有生　平安中期の官人

有子　ありね
廬原(いおはらの)有子　平安前期の遣唐使

在信　ありのぶ
人見(ひとみ)在信　1751～?　江戸中期の幕臣

有信　ありのぶ
浅田(あさだ)有信　1797～1851　江戸後期の報徳伝導者
狩野(かのう)有信　1606～?　江戸前期の画家
日下部(くさかべの)有信　平安中期の官人
菅原(すがわら)有信　鎌倉時代の御家人
福原(ふくはら)有信　1848～1924　江戸後期～大正期の実業家
藤原(ふじわら)有信　1040～1099　平安中期・後期の公家・歌人・漢詩人
藤原(ふじわらの)有信　平安中期の官人
若林(わかばやし)有信　1821～1895　江戸末期・明治期の教育行政家。1等学区取締

在憲　ありのり
賀茂(かもの)在憲　1102～1182　平安後期の陰陽・暦家

有儀　ありのり
柏淵(かしぶち)有儀　1722～1771　江戸中期の武芸家

有教　ありのり
藤原(ふじわらの)有教　平安後期の武士。平経正の家臣
摩島(まじま)有教　?～1744　江戸中期の隠れキリシタン

有範　ありのり
千秋(せんしゅう)有範　鎌倉前期の海東荘地頭
日野(ひの)有範　平安後期の官人

有法　ありのり
興世(おきよの)有法　平安前期の官人

有春　ありはる
安倍(あべの)有春　平安中期の官人

在久　ありひさ
森(もり)在久　江戸後期の華道家

有久　ありひさ
伴(ともの)有久　平安後期の官人
藤木(ふじき)有久　1596～1668　安土桃山・江戸前期の神職

有尚　ありひさ
億岐(おき)有尚　1857～1888　江戸末期・明治期の隠岐騒動の自治政府長老
豊岡(とよおか)有尚　1654～1682　江戸前期の公家

在豪　ありひで
小岩(こいわ)在豪　江戸中期の藩士

在秀　ありひで
唐橋(からはし)在秀　1710～1740　江戸中期の公家

有栄　ありひで　⇔ありえ
紀(きの)有栄　平安後期の官人

有秀　ありひで
北条(ほうじょう)有秀　鎌倉時代の武士

在平　ありひら
高階(たかしなの)在平　平安中期の官人

有平　ありひら
有平　江戸前期の加賀の刀工

有弘　ありひろ
越生(おごせ)有弘　鎌倉時代の武蔵武士・御家人

有裕　ありひろ
山田(やまだ)有裕　1785～1873　江戸中期～明治期の書家

有総　ありふさ
紀(きの)有総　平安前期の官人

有房　ありふさ
藤原(ふじわらの)有房　鎌倉時代の画家

有藤　ありふじ
佐藤(さとう)有藤　江戸後期・末期の国学者

有文　ありぶみ　⇔ありふん, ゆうぶん
長谷川(はせがわ)有文　1763～1807　江戸中期・後期の藩士

有文　ありふん　⇔ありぶみ, ゆうぶん
藤原(ふじわら)有文　平安中期の公家・歌人

在匡　ありまさ
菅原(すがわら)在匡　鎌倉時代の官人・歌人

在昌　ありまさ
紀(きの)在昌　平安中期の漢詩人

在政　ありまさ
田中(たなか)在政　1819～1875　江戸後期～明治期の和算家

有政　ありまさ
北条(ほうじょう)有政　鎌倉時代の武士
北条(ほうじょう)有政　?～1333　鎌倉後期の武士
源(みなもと)有政　平安後期の公家・歌人

有正　ありまさ
有正　平安中期の刀工
刑部(おさかべの)有正　平安中期の鎰取

有益　あります
速水(はやみ)有益　1513～?　戦国時代の公家広橋家の侍、申次
日高(ひだか)有益　安土桃山時代の下七島中之島の郡司

有馬のおふじ　ありまのおふじ
有馬のおふじ　江戸時代の女性。摂津国有馬温泉の湯女

阿利真公　ありまのきみ
阿利真公　上代の豪族

在麻呂　ありまろ
石川(いしかわの)在麻呂　奈良時代の官人

有萬呂　ありまろ
安倍(あべの)有萬呂　奈良時代の官人

有味　ありみ
安西（あんざい）有味　？〜1582　戦国・安土桃山時代の武田氏の家臣

在通　ありみち
賀茂（かもの）在通　平安後期の官人

有道　ありみち
安倍（あべの）有道　平安前期の官人
飯田（いいだ）有道　1687〜1749　江戸前期・中期の幕臣
大江（おおえの）有道　平安中期の官人
藤井（ふじいの）有道　平安後期の官人

有光　ありみつ
直（あたいの）有光　平安中期の官人
石川（いしかわ）有光　1037〜1086　平安後期の石川郡の豪族
石川（いしかわの）有光　源有光に同じ
大江（おおえの）有光　平安後期の官人
藤原（ふじわらの）有光　1099〜1177　平安後期の官人
源（みなもとの）有光　平安後期の豪族

在六　ありむつ
箕曲（みのわ）在六　1773〜1831　江戸中期・後期の暦算家

在宗　ありむね
紀（きの）在宗　平安前期の官人

有宗　ありむね
凡河内（おおしこうちの）有宗　平安中期の官人
源（みなもと）有宗　平安後期の公家・歌人

有基　ありもと
津守（つもり）有基　？〜1135　平安後期の神職・歌人
北条（ほうじょう）有基　鎌倉後期の武士

有元　ありもと
大江（おおえの）有元　源有元に同じ
源（みなもとの）有元　平安後期の学者

存守　ありもり
内藤（ないとう）存守　1831〜1902　江戸後期〜明治期の神職・国学者

有守　ありもり
淡海（おうみの）有守　平安前期の官人
紀（きの）有守　平安前期の紀伊国造

有安　ありやす
中原（なかはら）有安　平安後期の飛騨国司

有泰　ありやす
北条（ほうじょう）有泰　鎌倉時代の武士

有保　ありやす
紀（きの）有保　平安後期の官人

有行　ありゆき
有行　平安後期の刀工
安倍（あべの）有行　平安後期の陰陽師

有之　ありゆき
安倍（あべの）有之　平安前期の官人

有世　ありよ
紀（きの）有世　平安中期の官人

有義　ありよし
大原（おおはらの）有義　平安中期の官人
小西（こにし）有義　？〜1895　江戸末期・明治期の教育者
富塚（とみつか）有義　1757〜1791　江戸中期・後期の藩士
北条（ほうじょう）有義　？〜1263　鎌倉前期・後期の武士

有吉　ありよし
宇治（うじの）有吉　平安後期の官人

有好　ありよし
藤原（ふじわら）有好　平安中期の公家・歌人

有福　ありよし　⇔ありとみ
大秦（おおはたの）有福　平安中期の官人

有良　ありよし　⇔ゆうりょう
黒田（くろだ）有良　江戸末期の和算家

有頼　ありより
紀（きの）有頼　平安後期の官人

有仍　ありより
小出（こいで）有仍　？〜1712　江戸中期の旗本

阿林　ありん
山田（やまだ）阿林　平安中期の書家

有加一乃末陪　あるかいちのまえ
有加一乃末陪　平安中期の女性。奥州藤原氏初代清衡の母

安房　あわ
下島（しもじま）安房　江戸後期の愛甲郡煤ヶ谷村の杣職
平田（ひらた）安房　江戸中期の装剣金工

淡路　あわじ
淡路　平安中期の女房
くしま（くしま）淡路　戦国時代の武将。武田家臣
軍多利（ぐんだり）淡路　江戸後期の愛甲郡上古沢村五頭稲荷社祠官
不来方（こずかた）淡路　安土桃山時代の不来方城城主、盛岡城の先住者
斎藤（さいとう）淡路　？〜1623　安土桃山・江戸前期の町役人
田中（たなか）淡路　戦国時代の武将。武田家臣
矢島（やじま）淡路　安土桃山時代の武士
矢部（やべ）淡路　？〜1600　安土桃山時代の浄運寺を建立

淡路守長正　あわじのかみながまさ
納（おさめ）淡路守長正　江戸前期の武士。大坂の陣で籠城

阿波蘇　あわそ
爾散南公（にさなのきみ）阿波蘇　上代の北奥の蝦夷族長の一人

粟田香櫛娘　あわたのかくしのいらつめ
粟田香櫛娘　飛鳥時代の女性。舒明天皇の后

阿波入道　あわにゅうどう
坂西（ばんざい）阿波入道　？〜1575　安土桃山時代の武田氏の家臣

阿波守氏信　あわのかみうじのぶ
石尾（いしお）阿波守氏信　1669〜1708　江戸前期・

中期の37代長崎奉行
阿波守景彪　あわのかみかげあつ
田付(たつけ)阿波守景彪　1683～1755　江戸前期・中期の50代長崎奉行
安房守忠明　あわのかみただあきら
内藤(ないとう)安房守忠明　?～1862　江戸後期・末期の103代長崎奉行
阿波局　あわのつぼね
阿波局　鎌倉前期の女性
粟人　あわひと
尾張(おわりの)粟人　平安前期の官人
粟麻呂　あわまろ
粟麻呂　奈良時代の種子島能満郡の少領
安曇(あずみの)粟麻呂　平安前期の官人
安曇部(あづみべ)粟麻呂　奈良時代の人
阿刀(あとの)粟麻呂　平安前期の官人
粟持　あわもち
巨勢(こせの)粟持　飛鳥時代の官人
安依　あんい　⇔やすより
嵩原(たけはら)安依　1651～1697　江戸前期・中期の琉球の三司官
安倚　あんい　⇔あんき
池城(いけぐすく)安倚　1669～1710　江戸前期・中期の琉球の三司官、歌人《池城安倚》
安毓　あんいく
安毓　平安前期の南都の僧
安雲　あんうん
安雲　平安前期の四天王寺の別当
安慧　あんえ　⇔あんね
安慧　795～868　平安前期の僧。天台座主
安慧　1819～1901　江戸後期～明治期の浄土真宗の僧
安英　あんえい　⇔やすひで, やすふさ
本多(ほんだ)安英　?～1858　江戸末期の幕臣
安遠　あんえん　⇔やすとお
安遠　842～923　平安前期・中期の三論宗の僧
安快　あんかい
安快　?～983?　平安中期の元興寺三論宗の学僧
安海　あんかい　⇔やすみ
安海　1820～1886　江戸後期～明治期の僧侶
井上(いのうえ)安海　?～1890　江戸後期～明治期の俳人
安嘉門院甲斐　あんかもんいんのかい
安嘉門院甲斐　鎌倉時代の女房・歌人
安嘉門院左衛門督局　あんかもんいんのさえもんのかみのつぼね
安嘉門院左衛門督局　鎌倉前期の女院安嘉門院の女房
安嘉門院宣旨局　あんかもんいんのせんじのつぼね
安嘉門院宣旨局　鎌倉前期の女院安嘉門院の女房
安嘉門院大弐　あんかもんいんのだいに
安嘉門院大弐　鎌倉時代の女房・歌人
安嘉門院高倉　あんかもんいんのたかくら
安嘉門院高倉　鎌倉時代の女房・歌人
安嘉門院内侍局　あんかもんいんのないしのつぼね
安嘉門院内侍局　鎌倉前期の女院安嘉門院の女房
安勧　あんかん
春山(はるやま)安勧　1851～1921　江戸末期～大正期の銀行頭取
安環　あんかん
安環　江戸中期の浄土真宗の僧
安基　あんき
新城(あらぐすく)安基　?～1567　戦国・安土桃山時代の琉球の三司官
安軌　あんき
安軌　813～881　平安前期の東大寺僧
安倚　あんき　⇔あんい
池城(いけぐすく)安倚　1669～1710　江戸前期・中期の琉球の三司官、歌人
安休斎　あんきゅうさい
野中(のなか)安休斎　戦国時代の商人。上総国天羽郡嶺下郷の鋳物師
安慶　あんけい　⇔やすよし
安慶　平安中期の律僧
安健　あんけん
佐渡山(さどやま)安健　1806～1865　江戸後期・末期の絵師
安憲　あんけん
池城(いけぐすく)安憲　1635～1695　江戸前期・中期の池城毛氏の6世
安興　あんこう　⇔やすおき
安興　江戸中期の日蓮宗の僧
安孝　あんこう　⇔やすたか
野村(のむら)安孝　1700～1772　江戸中期の宜野湾間切野村地頭職
安恒　あんこう
安里(あさと)安恒　1838～?　江戸後期～明治期の武道家
糸洲(いとす)安恒　1831～1915　江戸末期～大正期の空手の達人
安斎　あんさい
渋谷(しぶや)安斎　1851～1911　江戸後期～明治期の医師
山口(やまぐち)安斎　江戸中期の医者
安西　あんさい
安西　1640～1710　江戸前期の浄土宗の僧
安左衛門　あんざえもん　⇔やすざえもん
安左衛門　戦国時代の武士
月光(げっこう)安左衛門　戦国時代の武将。武田家臣
安察　あんさつ
野村(のむら)安察　1674～1753　江戸前期・中期の宜野湾間切野嵩地頭職
安山　あんざん
河野(こうの)安山　1674～1738　江戸前期・中期の俳人

案山子　あんざんし
村雨(むらさめ)案山子　1849～1919　江戸末期の吉田藩士

安之　あんし　⇔やすゆき
安之　1499～1559　戦国時代の僧。曹洞宗万年山大泉寺第4世の住持

安執　あんしつ
久志(くし)安執　1742～1790　江戸中期・後期の座楽の名手
嵩原(たけはら)安執　1756～1811　江戸中期・後期の琉球の三司官

安重　あんじゅう　⇔やすしげ
内海(うつみ)安重　江戸前期の俳人

安昌　あんしょう　⇔やすまさ
久志(くし)安昌　1767～1813　江戸中期・後期の楽師、賛議官

安祥　あんしょう
桑(くわ)安祥　江戸中期の儒者

安章　あんしょう　⇔やすあき
小波蔵(こはぐら)安章　1832～1886　江戸後期～明治期の画家

安詳　あんしょう
太工廻(だくじゃく)安詳　1791～1851　江戸後期の歌人。沖縄三十六歌仙の一人

安性　あんしょう
安性　平安後期・鎌倉前期の僧侶、歌人

安乗　あんじょう
友寄(ともよせ)安乗　1677～1734　江戸前期・中期の〈平敷屋・友寄事件〉の主謀者

安定　あんじょう　⇔やすさだ
安定　1677～1737　江戸前期・中期の浄土真宗本願寺派の学僧

安縄　あんじょう　⇔やすなわ
上野(うえの)安縄　1779～1849　江戸中期・後期の藩付家老

安信　あんしん　⇔やすのぶ
喜友名(きゆな)安信　1831～1892　江戸後期～明治期の蔵元絵師

安心　あんしん
足立(あだち)安心　江戸前期・中期の医者

安真　あんしん
安真　？～998　平安中期の天台僧
竹内(たけうち)安真　1789～1853　江戸後期の府内藩校の儒官

安勢　あんせい
安勢　828～909　平安前期・中期の興福寺の僧

安星　あんせい
惣印軒(そういんけん)安星　戦国時代の今川家雑掌

安正　あんせい　⇔やすまさ
白根(しらねの)安正　平安中期の備前鍛冶《白根安生》

安生　あんせい
白根(しらねの)安生　平安中期の備前鍛冶

安静　あんせい
安静　平安後期の大宰府天満宮の別当寺安楽寺の僧侶
荻野(おぎの)安静　？～1676　江戸前期の俳人

安栖斎　あんせいさい
真島(まじま)安栖斎　安土桃山時代の真島流眼科術の医家

安節　あんせつ
岡(おか)安節　1644～1727　江戸前期の藩儒(朱子学)

安仙　あんせん
狩野(かのう)安仙　？～1718　江戸前期・中期の画家

安詮　あんせん
林田(はやしだ)安詮　戦国時代の下総国本佐倉城主千葉氏の家臣

安孫　あんそん
中川(なかがわ)安孫　江戸前期の代官

安泰　あんたい
岡本(おかもと)安泰　戦国時代の里見氏の家臣

安宅　あんたく　⇔あたか, やすいえ, やすおり
鶴岡(つるおか)安宅　1835～1872　江戸後期～明治期の郷土史家

安治　あんち　⇔やすじ, やすはる
恩納(おんな)安治　江戸中期の王府から宮古・八重山に派遣された検使

安知　あんち
長陽堂(ちょうようどう)安知　江戸中期の浮世絵師

安忠　あんちゅう　⇔やすただ
植村(うえむら)安忠　戦国時代の松平家の家臣

安張　あんちょう
橋口(はしくち)安張　江戸前期の刀工

安鶴　あんつる
栄寿軒(えいじゅけん)安鶴　1811～1872　江戸後期～明治期の芸人

安亭　あんてい
石川(いしかわ)安亭　1773～1801　江戸中期・後期の儒者

安貞　あんてい　⇔やすさだ
前田(まえだ)安貞　江戸末期・明治期の眼科医
桃井(もものい)安貞　江戸後期の医者
湯川(ゆかわ)安貞　1757～1798　江戸中期・後期の医者

安適　あんてき
原(はら)安適　江戸前期・中期の医師、歌人

安道　あんどう　⇔やすみち
湯川(ゆかわ)安道　江戸後期の医者

アントニオ
原田(はらだ)アントニオ　江戸前期の国字本の出版者

安慧　あんね　⇔あんえ
安慧　795～868　平安前期の僧。天台座主《安慧》

安然　あんねん
安然　841～？　平安前期・中期の天台宗の僧

安能　あんのう
安能　?～1186　平安後期の筑前国安楽寺の別当
安美　あんび　⇔やすよし
松本(まつもと)安美　1722～1764　江戸中期の儒者
安平　あんぺい　⇔やすひら, やすへい
尾形(おがた)安平　1832～1897　江戸後期～明治期の公益家《尾形安平》
野嵩(のだけ)安平　1635～1685　江戸前期の宜野湾間切仮総地頭職
安豊　あんぽう　⇔やすとよ
佐渡山(さどやま)安豊　1852～1897　江戸後期～明治期の絵師
安邦　あんぽう
上野(うえの)安邦　1732～1793　江戸中期・後期の藩付家老
安満　あんまん
美里(みさと)安満　1669～1744　江戸前期・中期の琉球の三司官
安茂　あんも
高(こう)安茂　飛鳥時代の五経博士
安頼　あんらい　⇔やすより
池城(いけぐすく)安頼　1558～1623　戦国～江戸前期の池城毛氏の3世
安楽　あんらく
安楽　?～1207　鎌倉前期の浄土宗の僧
安良　あんりょう　⇔やすよし
山本(やまもと)安良　江戸後期の医師、儒者

【い】

惟庵　いあん
惟庵　?～1880　江戸後期～明治期の僧侶
意安　いあん
三宅(みやけ)意安　江戸中期の医者
為以　いい　⇔ためとも
荒井(あらい)為以　江戸中期の和算家
飯入根　いいいりね
出雲(いずも)飯入根　上代の人。出雲大神の神宝を崇神天皇に献上した
惟一　いいち　⇔これかず
岩淵(いわぶち)惟一　1838～1917　江戸末期～大正期の第五十九銀行頭取
為一　いいつ　⇔ためかず
中村(なかむら)為一　江戸後期の漢学者
飯成　いいなり
呉原(くれはらの)飯成　奈良時代の東大寺領東市荘領
飯野王　いいののおう
飯野王　奈良時代の官人
飯蓋　いいふた
近江(おうみの)飯蓋　飛鳥時代の新羅副将軍
飯麻呂　いいまろ
新羅(しらぎの)飯麻呂　奈良時代の画工司画師
田中(たなかの)飯麻呂　奈良時代の官人
飯室　いいむろ
飯室　江戸後期の陶工
異寅　いいん
一東(いっとう)異寅　1614～1698　江戸前期・中期の僧。円祥山大安寺を開山
伊右衛門　いうえもん　⇔いえもん
鎌田(かまだ)伊右衛門　江戸時代の新田開発者
永長(ながおさ)伊右衛門　江戸中期の出水郡出水郷米之津の郷士
吉沢(よしざわ)伊右衛門　1800～1872　江戸後期～明治期の慈善公益家
猪右衛門　いうえもん　⇔いえもん
池田(いけだ)猪右衛門　?～1877　江戸後期～明治期の伊佐村の酒屋
唐松(からまつ)猪右衛門　江戸時代の庄屋
佑賢　いうけん　⇔すけかた
桑田(くわだ)佑賢　1820～1906　江戸後期～明治期の宗教家
惟雲　いうん
山田(やまだ)惟雲　1712～1780　江戸中期の商家・漢学者
家明　いえあきら
藤原(ふじわらの)家明　平安後期の官人
家氏　いえうじ
下条(しもじょう)家氏　1480～1534　戦国時代の信濃国鈴岡小笠原氏の家臣
家雄　いえお
紀(きの)家雄　平安前期の官人
藤原(ふじわらの)家雄　799～832　平安前期の人。緒嗣の長子
伊栄温　いえおん
永江(ながえ)伊栄温　1844～1920　江戸末期～大正期の大島紬業者
家景　いえかげ
三分一所(さんぶいっしょ)家景　戦国～江戸前期の武将
舎景　いえかげ
平(たいら)舎景　1723～?　江戸中期の神道家
家賢　いえかた
深匂(ふかわ)家賢　鎌倉前期の加地荘の領家藤原信成の家人
家勝　いえかつ
大久保(おおくぼ)家勝　1589～1670　戦国～江戸前期の水野長勝の臣
加藤(かとう)家勝　?～1614　安土桃山・江戸前期の武士、連歌作者
佐久間(さくま)家勝　安土桃山時代の織田信長の家臣
松平(まつだいら)家勝　戦国時代の人。丸根松平氏
家包　いえかぬ　⇔いえかね
多胡(たこ)家包　平安後期の上野国多胡庄の武士

い

家兼　いえかね
平井(ひらい)家兼　安土桃山時代の武将
家包　いえかね　⇔いえかぬ
石垣(いしがき)家包　戦国時代の道者
家清　いえきよ
進藤(しんどう)家清　戦国時代の上杉輝虎(謙信)の家臣
坊門(ぼうもん)家清　1291〜1354　鎌倉後期・南北朝時代の公家
源(みなもと)家清　鎌倉時代の公家・歌人
宅清　いえきよ　⇔たくせい
大橋(おおはし)宅清　江戸前期の和算家《大橋宅清》
家国　いえくに
足利(あしかが)家国　戦国時代の古河公方の一族
大江(おおえの)家国　平安後期の官人
舎熊　いえくま
梶原(かじわら)舎熊　1723〜1801　江戸中期・後期の神職
平(たいら)舎熊　1724〜1801　江戸中期・後期の神職。飛驒一宮水無神社大宮司
家子　いえこ
藤原(ふじわらの)家子　?〜1117　平安後期の女官
家貞　いえさだ
家貞　安土桃山時代の出雲忠貞派の刀匠
家貞　安土桃山時代の刀工
家貞　江戸前期の刀工
家貞　1652〜1722　江戸前期・中期の平野神社禰宜
加治(かじ)家貞　?〜1333　鎌倉後期の武蔵武士
斯波(しば)家貞　鎌倉後期の武士
堀口(ほりぐち)家貞　鎌倉時代の武士
森脇(もりわき)家貞　戦国時代の横田庄総代官、尼子氏奉行人
家定　いえさだ
坪内(つぼうち)家定　1564〜1648　安土桃山・江戸前期の織田信長の家臣
藤原(ふじわらの)家定　?〜1100　平安後期の官人
家敏　いえさと
福原(ふくはら)家敏　戦国時代の別所則治の家臣
家実　いえざね
藤原(ふじわらの)家実　?〜1077　平安後期の官人
源(みなもとの)家実　平安後期の官人
家重　いえしげ
家重　戦国時代の武士
入野(いりの)家重　?〜1520　戦国時代の入野郷国人
金子(かねこ)家重　?〜1333　鎌倉後期の武士
末木(すえき)家重　?〜1587　戦国・安土桃山時代の甲斐八田村の地下人・商人
馬庭(まにわ)家重　戦国時代の上野国緑埜郡高山庄の領主高山氏の被官
源(みなもとの)家重　平安後期の官人
山田(やまだ)家重　鎌倉時代の御家人
家成　いえしげ　⇔いえなり
小中(こなか)家成　戦国時代の上杉氏の家臣
家繁　いえしげ
安中(あんなか)家繁　戦国時代の上野国衆
宅重　いえしげ
飯田(いいだ)宅重　安土桃山時代の織田信長の家臣
家嶋　いえしま
小槻山(おつきやまの)家嶋　平安前期の官人
一枝巣　いえす　⇔いっしそう
鷦鷯(さざき)一枝巣　1818〜1872　江戸末期の漢学者《鷦鷯一枝巣》
家季　いえすえ
安東(あんどう)家季　南北朝時代の武士。安東氏の一族、宗季の2子
加治(かじ)家季　?〜1205　鎌倉前期の武蔵武士
家資　いえすけ
大江(おおえの)家資　平安後期の官人
平(たいらの)家資　平安後期の武士。平家の家人
家助　いえすけ
家助　室町時代の長船派の刀工
長田(ながた)家助　戦国時代の大工棟梁
家輔　いえすけ
藤原(ふじわらの)家輔　平安後期の官人
家祐　いえすけ
伊東(いとう)家祐　戦国時代の武士。北条氏家臣
家住　いえずみ
小野(おの)家住　1619〜1706　江戸前期・中期の日向国倉岡郷の士
新山(にいやま)家住　戦国時代の備中国の武将
家純　いえずみ
筧(かけい)家純　?〜1600　安土桃山時代の富来城主
家高　いえたか
金子(かねこ)家高　?〜1213　鎌倉前期の武蔵武士
福本(ふくもと)家高　室町時代の武士・備中国新見庄の庄官
家隆　いえたか
今村(いまむら)家隆　?〜1864　江戸末期の田辺与力
南保(なんぼ)家隆　平安後期の在地領主
藤原(ふじわらの)家隆　平安後期の官人
家雅　いえただ
慶徳(けいとく)家雅　1724〜1791　江戸中期・後期の神職
家忠　いえただ
家忠　鎌倉前期の福岡一文字派の刀工
家忠　?〜1661　江戸前期の加賀国江沼郡大聖寺の刀工
中条(ちゅうじょう)家忠　安土桃山時代の織田信長の家臣
怒賀(ぬかが)家忠　戦国時代の山室氏勝の宿老
橋口(はしぐち)家忠　鎌倉時代の薩摩国市来院河上名主
家能　いえただ　⇔いえよし
中山(なかやま)家能　安土桃山時代の武将
家尹　いえただ　⇔いえまさ
藤原(ふじわらの)家尹　?〜1387　南北朝時代の

公家・歌人・連歌作者《月輪家尹》

家胤　いえたね

千葉(ちば)家胤　?～1590　戦国・安土桃山時代の清水馬場城城主で葛西氏家臣

家親　いえちか

佐田(さだ)家親　1845～1911　江戸後期～明治期の維新の志士

以悦　いえつ

和田(わだ)以悦　1596～1679　安土桃山・江戸前期の歌人

家継　いえつぐ

家継　室町・戦国時代の武田氏家臣
海(あまの)家継　平安前期の官人
粟田(あわたの)家継　平安前期の画工
勇山(いさやまの)家継　平安前期の学者
紀(きの)家継　奈良時代の官人
佐伯(さえきの)家継　奈良時代の官人
平(たいらの)家継　平安後期の相撲人
若江(わかえ)家継　平安前期の医師

家次　いえつぐ

家次　南北朝時代の備中青江の刀工
家次　室町時代の刀工
家次　戦国時代の刀匠
家次　戦国時代の古河公方足利成氏の家臣
家次　戦国時代の相模の甲冑師
家次　江戸末期の刀匠
植村(うえむら)家次　1567～1599　安土桃山時代の武将
大河(おおかわ)家次　戦国時代の武士。毛倉野の在地支配者
風間(かざま)家次　戦国時代の婦負郡斎藤氏の被官
川辺(かわべ)家次　1592～1674　江戸前期の足柄下郡酒匂村漁業川辺家初代
桑原(くわばら)家次　安土桃山時代の織田信長の家臣
五郎左衛門尉(ごろうざえもんのじょう)家次　戦国時代の伊豆逆川の小代官の中間
鎮目(しずめ)家次　戦国時代の武田氏の家臣
篠田(しのだ)家次　戦国時代の千葉親胤・胤富の家臣
曽根(そね)家次　1576～1622　安土桃山・江戸前期の代官
中林(なかばやし)家次　室町時代の金屋鋳物師
西河(にしかわ)家次　戦国時代の大工。伊豆南部で活動
早田(はやた)家次　?～1628　江戸前期の甲冑師
伴(ばん)家次　安土桃山・江戸前期の武士
樋口(ひぐち)家次　安土桃山・江戸前期の代官
山岡(やまおか)家次　安土桃山時代の織田信長の家臣
山本(やまもと)家次　戦国時代の北条氏の家臣

宅次　いえつぐ

飯田(いいだ)宅次　1555～1617　戦国～江戸前期の織田信長の家臣

家綱　いえつな

凡(おおしの)家綱　平安後期の安芸国山方郡志道領の地主
手越(てごし)家綱　鎌倉時代の駿河国有度郡手越村の武士
蓮池(はすいけ)家綱　平安後期の武士
藤原(ふじわら)家綱　平安後期の公家・歌人
藤原(ふじわらの)家綱　平安後期の文章生

家経　いえつね

藤原(ふじわらの)家経　平安後期の武士

い

家照　いえてる

毛受(めんじょう)家照　1559～1583　戦国・安土桃山時代の武将

舎暉　いえてる

泉(いずみ)舎暉　1755～1834　江戸中期・後期の神職

家任　いえとう

安倍(あべの)家任　平安後期の武将
藤原(ふじわらの)家任　平安中期の検非違使

家時　いえとき

姉小路(あねがこうじ)家時　?～1236　鎌倉前期の姉小路師平の父。小一条左大臣藤原師尹の9代目
藤原(ふじわらの)家時　平安後期の篤子内親王家別当
北条(ほうじょう)家時　1312～1333　鎌倉後期の評定衆
源(みなもと)家時　平安後期の公家・歌人

家俊　いえとし

紀(きの)家俊　平安中期の官人
富部(とべ)家俊　?～1181　平安後期の信濃国の武士

家刀自女　いえとじめ

出雲(いずもの)家刀自女　平安前期の内教坊の女孺

家知　いえとも

今村(いまむら)家知　?～1652　江戸前期の武士

家友　いえとも

安芸(あき)家友　1562～1634　江戸前期の人。土佐の御用紙・成山七色紙創始者の一人
駒井(こまい)家友　戦国時代の武田氏の家臣
杉村(すぎむら)家友　1704～1766　江戸中期の神職・俳人
藤原(ふじわらの)家友　平安後期の官人

家豊　いえとよ

木曽(きそ)家豊　1451～1483　室町・戦国時代の信濃国衆

家直　いえなお

飯篠(いいざさ)家直　?～1488　戦国時代の兵法家

家仲　いえなか

大江(おおえの)家仲　?～1159　平安後期の官吏。左兵衛尉
高階(たかしな)家仲　平安後期・鎌倉前期の公家、歌人
藤原(ふじわらの)家仲　平安後期の官人

家長　いえなが

家長　戦国時代の武士
家長　江戸末期・明治期の刀工
朝倉(あさくらの)家長　奈良時代の官人
朝倉公(あさくらのきみ)家長　平安前期の豪族
大窪(おおくぼ)家長　戦国時代の一向一揆の将

い

小笠原（おがさわら）家長　？～1490　室町・戦国時代の信濃国松尾小笠原氏の当主
小野（おの）家長　鎌倉時代の薩摩国伊集院大田の地頭
紀（きの）家長　平安前期の官人
庄（しょう）家長　平安時代の武将
荘（しょう）家長　庄家長に同じ
豊村（とよむらの）家長　？～803　奈良・平安前期の大学助教
遊佐（ゆさ）家長　室町時代の越中守護代
横地（よこち）家長　1051～1124　平安後期の武士
若林（わかばやし）家長　？～1582　戦国・安土桃山時代の上杉氏の家臣

家業　いえなり
藤原（ふじわらの）家業　平安中期の官人
宮城（みやぎ）家業　鎌倉時代の御家人

家成　いえなり　⇔いえしげ
石川（いしかわ）家成　1534～1609　戦国・安土桃山時代の武将
上野（うえの）家成　戦国時代の越後の国人。上杉謙信・景勝家臣
大中臣（おおなかとみの）家成　平安後期の官人
岡（おか）家成　？～1670　江戸前期の武士
息長（おきながの）家成　平安前期の官人
里見（さとみ）家成　戦国時代の人。家兼の子
中臣（なかとみの）家成　平安前期の礪波郡司

家主　いえぬし　⇔やかぬし，やぬし
大原（おおはらの）家主　奈良時代の官人
角（つぬの）家主　奈良時代の遣新羅使

家二嬢　いえのおといらつめ
坂上（さかのうえの）家二嬢　奈良時代の女性。大伴駿河麻呂の妻

屋信　いえのぶ
波多野（はたの）屋信　1683～1742　江戸前期・中期の神職

家信　いえのぶ
上松（あげまつ）家信　戦国時代の武士
網代（あじろ）家信　平安時代の武将。大見成家・八幡行氏の首を最勝院に葬ったといわれる
藤原（ふじわらの）家信　平安後期の官人。父は長房
藤原（ふじわらの）家信　平安後期の官人

家規　いえのり
為田（ためだ）家規　1676～1755　江戸前期・中期の歌人

家芸　いえのり
山本（やまもと）家芸　安土桃山時代の加賀一向一揆の首領

家範　いえのり
赤松（あかまつ）家範　鎌倉時代の武士
藤原（ふじわらの）家範　1048～1123　平安中期・後期の官人

家治　いえはる
宇野（うの）家治　？～1567　戦国・安土桃山時代の北条氏の家臣
木下（きのした）家治　江戸前期の仙石忠俊の傅役

家春　いえはる
富樫（とがし）家春　鎌倉後期の武将

宅彦　いえひこ
松木（まつき）宅彦　1758～1818　江戸中期・後期の神職

家久　いえひさ
芥田（あくた）家久　1520～1580　戦国・安土桃山時代の統領職
伊賀（いが）家久　安土桃山時代の備前国の武将
石川（いしかわ）家久　戦国時代の備中国の武将
糸井（いとい）家久　戦国時代の佐竹氏の家臣
岩瀬（いわせ）家久　戦国時代の三河国大塚郷の領主
浮田（うきた）家久　戦国・安土桃山時代の宇喜多直家の家臣
長田（おさだ）家久　安土桃山時代の武将
庄司（しょうじ）家久　戦国時代の安房国の大工棟梁
藤原（ふじわら）家久　江戸前期の刀工

家平　いえひら
藤原（ふじわらの）家平　平安後期の官人

家広　いえひろ
家広　江戸時代の加賀の刀工
生駒（いこま）家広　？～1501　室町・戦国時代の小折村における生駒家初代の人物
蔭山（かげやま）家広　？～1562　戦国・安土桃山時代の北条氏の家臣
松平（まつだいら）家広　戦国時代の桜井松平氏・徳川氏の家臣

家弘　いえひろ
家弘　？～1758　江戸中期の加賀の刀工
簗瀬（やなせ）家弘　戦国時代の三河国衆

家熙　いえひろ
姉小路（あねがこうじ）家熙　室町時代の飛騨国司。小鷹利家の之綱の父か

宅弘　いえひろ
金子（かねこ）宅弘　1815～1847　江戸後期の藩士

家房　いえふさ
藤原（ふじわらの）家房　平安後期の官人

家昌　いえまさ
河野（こうの）家昌　安土桃山時代の武田勝頼の家臣
八重森（やえもり）家昌　戦国・安土桃山時代の武田氏の家臣

家政　いえまさ
大庭（おおば）家政　鎌倉時代の武将
大見（おおみ）家政　平安後期の武家
大見（おおみ）家政　平安末期の武家
金子（かねこ）家政　鎌倉時代の武士
北条（ほうじょう）家政　鎌倉後期の武士

家正　いえまさ　⇔かせい
家正　安土桃山時代の刀工

家尹　いえまさ　⇔いえただ
月輪（つきのわ）家尹　？～1387　南北朝時代の公家・歌人・連歌作者

家麻呂　いえまろ
安倍（あべの）家麻呂　奈良時代の上野守
蔵垣（くらがきの）家麻呂　奈良時代の官人

家躬　いえみ
藤原（ふじわら）家躬　鎌倉時代の公家・連歌作者
家通　いえみち
藤原（ふじわらの）家通　1056〜1116　平安後期の廷臣
家道　いえみち
津嶋（つしまの）家道　津家道に同じ
津（つの）家道　奈良時代の官人
宅道　いえみち
岩井（いわい）宅道　1839〜1882　江戸後期〜明治期の神職
家光　いえみつ
越智（おちの）家光　平安後期の官人
寒川（さむかわ）家光　室町時代の東寺領山城国乙訓郡上久世荘の公文代
塩谷（しおや）家光　?〜1213　鎌倉前期の武蔵武士
橘（たちばなの）家光　平安後期の官人
戸田（とだ）家光　1474〜1502　戦国時代の田原戸田一族
長野（ながの）家光　南北朝時代の能登の武将
奈良井（ならのい）家光　戦国・安土桃山時代の木曽氏の家臣
肥後（ひご）家光　?〜1333　鎌倉後期の越中守護代
藤原（ふじわらの）家光　平安後期の官人
遊佐（ゆさ）家光　室町時代の越中国守護代
家満　いえみつ
黒田（くろだ）家満　1765〜1805　江戸中期・後期の歌人、下郡役
家宗　いえむね
益子（ましこ）家宗　戦国時代の益子氏当主
源（みなもとの）家宗　平安中期の官人。陸奥守源頼清の子
家基　いえもと
大神（おおがの）家基　平安後期の武士
大野（おおのの）家基　平安後期の豊後大神氏系武将
家盛　いえもり
家盛　室町時代の長船派の刀工
赤松（あかまつ）家盛　室町時代の武将
大村（おおむら）家盛　戦国時代の備前の国人
佐久間（さくま）家盛　鎌倉時代の武士
平（たいらの）家盛　?〜1149　平安後期の軍事貴族
伊右衛門　いえもん　⇔いうえもん
伊右衛門　江戸中期の気仙郡立根村肝入
石原（いしわら）伊右衛門　1703〜1776　江戸中期の藩士
岩淵村（いわぶちむら）伊右衛門　江戸中期の利賀谷組の十村
上野（うわの）伊右衛門　1735〜1808　江戸中期・後期の町人俳人として活躍
太田（おおた）伊右衛門　1724〜？　江戸中期の庄内藩家老
大谷（おおたに）伊右衛門　？〜1805　江戸中期・後期の駿府七間町一丁目の商人
岡田（おかだ）伊右衛門　江戸時代の魚津郡代
闕野屋（がけのや）伊右衛門　江戸前期の加賀国石川郡泉野新村の農民、開拓者
川口（かわぐち）伊右衛門　江戸前期の改役人
川崎屋（かわさきや）伊右衛門　？〜1720　江戸前期・中期の組合頭、蔵宿
川辺（かわべ）伊右衛門　江戸後期の橘樹郡久地村民
五味（ごみ）伊右衛門　江戸前期の真鶴村名主
篠村（しのむら）伊右衛門　1801〜1868　江戸末期の近江商人
竹内（たけのうち）伊右衛門　1795〜1849　江戸後期の俳人
竹内（たけのうち）伊右衛門　1824〜1899　江戸後期〜明治期の素封家
田部（たべ）伊右衛門　？〜1774　江戸中期の古法学者
玉川（たまがわ）伊右衛門　江戸中期の武士
中村（なかむら）伊右衛門　江戸末期の木綿買継商人・問屋
納屋（なや）伊右衛門　江戸中期の川内村の廻船問屋
西尾（にしお）伊右衛門　江戸時代の東海道鳴海宿本陣
林（はやし）伊右衛門　？〜1702　江戸前期・中期の庄内藩家老
柊屋（ひいらぎや）伊右衛門　江戸前期の京都糸割符商人
細倉（ほそくら）伊右衛門　江戸後期・末期の幕臣
三田（みた）伊右衛門　江戸後期の橘樹郡上作延村民
山下（やました）伊右衛門　1664〜1733　江戸前期・中期の代官
渡辺（わたなべ）伊右衛門　1760〜1818　江戸中期・後期の機業家
伊衛門　いえもん
玉屋（たまや）伊衛門　江戸中期の町医。「あやつり芝居」を興行
猪右衛門　いえもん　⇔いうえもん
倉内（くらうち）猪右衛門　1792〜1852　江戸後期の桑田郡宮島村島の人
藤田（ふじた）猪右衛門　江戸前期の藩士・兵法家
水野（みずの）猪右衛門　江戸前期の武士。大坂の陣で籠城。落城後、尾張徳川家の与力
以右衛門教信　いえもんのりのぶ
桃井（もものい）以右衛門教信　江戸前期の豊臣秀頼・松平忠直の家臣
家安　いえやす
家安　平安時代の刀工
佐奈多（さなだ）家安　1123〜1180　平安後期の相模国の武士
家行　いえゆき
有道（ありみち）家行　上代の在地豪族
藤原（ふじわらの）家行　平安後期の官人
源（みなもとの）家行　平安後期の官人
家之　いえゆき
浅井（あさい）家之　江戸中期の神道家
家栄　いえよし
賀茂（かも）家栄　1066〜1136　平安後期の陰陽家・暦学者
家喜　いえよし
山川（やまかわ）家喜　戦国時代の武田氏の家臣

家義　いえよし
三宅（みやけ）家義　1548〜1619　戦国〜江戸前期の黒田氏の家臣

家吉　いえよし
家吉　戦国時代の相模の甲冑師
跡部（あとべ）家吉　戦国・安土桃山時代の上野国衆。倉賀野城主
内田（うちだ）家吉　平安後期の武士
膳伴公（かしわでのともものきみ）家吉　平安時代の豊後国大分郡擬少領
河原崎（かわらざき）家吉　安土桃山時代の織田信長の家臣
田村（たむら）家吉　？〜1396　南北朝・室町時代の武士
中山（なかやま）家吉　江戸前期の槍術家
山下（やました）家吉　安土桃山時代の武田勝頼の家臣

家慶　いえよし
秋山（あきやま）家慶　安土桃山時代の織田信長の家臣

家能　いえよし　⇔いえただ
中山（なかやま）家能　安土桃山時代の武将《中山家能》

宅吉　いえよし
金光（こんこう）宅吉　1854〜1893　江戸末期・明治期の宗教家

家頼　いえより
都野（つの）家頼　？〜1597　安土桃山時代の都野郷領主

以燕　いえん　⇔もちやす
谷（たに）以燕　1774〜1824　江戸後期の暦算家

惟琰　いえん
隠山（いんざん）惟琰　1751〜1814　江戸後期の僧侶

五百国　いおくに　⇔いほくに
三国真人（みくにのまひと）五百国　奈良時代の人。高市連黒人の歌を伝誦

魚福　いおさき
大原（おおはらの）魚福　平安前期の官人

五百嶋　いおしま
香取連（かとりのむらじ）五百嶋　奈良時代の豪族
中臣（なかとみの）五百嶋　中臣熊凝五百嶋に同じ
中臣熊凝（なかとみのくまごりの）五百嶋　奈良時代の官人

五百足　いおたり
大窪（おおくぼの）五百足　奈良時代の唱歌師

魚取　いおとり
大中臣（おおなかとみの）魚取　平安前期の官人

魚名　いおな
紀（きの）魚名　平安前期の女性。桓武天皇女御

魚成　いおなり
大春日（おおかすがの）魚成　平安前期の官人

廬原王　いおはらおう
廬原王　奈良時代の官人

庵丸　いおまる
山口（やまぐち）庵丸　江戸後期の狂歌作者

魚麻呂　いおまろ　⇔うおまろ
石川（いしかわの）魚麻呂　平安前期の官人

五百麿　いおまろ
肥（ひの）五百麿　平安前期の志麻郡大領

五百世　いおよ
岡崎（おかざき）五百世　1817〜1890　江戸後期〜明治期の歌人・神官
春日（かすがの）五百世　奈良時代の官人

五百依　いおより
田部直（たべのあたえ）五百依　723〜？　奈良時代の久米郡石井郷戸主田部直足国の戸口

伊織　いおり
荒川（あらかわ）伊織　江戸後期の幕臣
五十嵐（いがらし）伊織　江戸末期の新撰組隊士
稲葉（いなば）伊織　江戸前期の武士。大坂の陣で籠城。後に松平直政に出仕
太平（おおひら）伊織　1838〜1916　江戸末期〜大正期の亀田藩家老
笠井（かさい）伊織　1827〜1861　江戸末期の草莽の士
兼田（かねだ）伊織　江戸末期の地下
田中（たなか）伊織　？〜1863　江戸後期・末期の新撰組隊士
虎屋（とらや）伊織　江戸中期の商家
西川（にしかわ）伊織　？〜1869　江戸後期の橘樹郡堀之内村民
古楯（ふるだて）伊織　1766〜1845　江戸中期・後期の鍛冶丁焼の創始者
水野（みずの）伊織　1586〜1657　江戸前期の武士
山岡（やまおか）伊織　？〜1857　江戸後期・末期の幕臣
依田（よだ）伊織　1681〜1764　江戸前期・中期の学者
和田（わだ）伊織　安土桃山時代の武将

伊織政重　いおりまさしげ
櫛橋（くしはし）伊織政重　？〜1652　江戸前期の黒田長政の家臣

伊織政師　いおりまさのり
辻本（つじもと）伊織政師　？〜1614　江戸前期の大和国宇智郡阪合部郷中村の人。大坂の陣で籠城

伊織頼元　いおりよりもと
能勢（のせ）伊織頼元　江戸前期の豊臣秀頼の家臣

揖賀　いか
海（あまの）揖賀　奈良時代の官人

鬒窩　いか
却（きゃく）鬒窩　江戸中期の本草家

伊賀　いが
小野寺（おのでら）伊賀　1550〜1622　戦国〜江戸前期の葛西氏家臣
熊谷（くまがい）伊賀　江戸前期の藩米の販売、永楽銭貸方
高橋（たかはし）伊賀　江戸前期の奉行
若杉（わかすぎ）伊賀　江戸後期の足柄下郡小竹村陰陽師

伊覚　いかく
伊覚　平安後期の東大寺僧
為角　いかく
為角　江戸中期の俳人
維岳　いがく　⇔これたけ
荒木(あらき)維岳　?～1767　江戸中期の書家
伊加古　いかこ
伊加古　平安前期の蝦夷の族長
伊香真人　いかごのまひと
甘奈備(かむなびの)伊香真人　奈良時代の皇族。敏達天皇の裔、万葉歌人
伊賀入道　いがにゅうどう　⇔いがのにゅうどう
伊東(いとう)伊賀入道　戦国時代の武士。北条氏家臣
伊賀守信利　いがのかみのぶとし
真田(さなだ)伊賀守信利　1635～1688　江戸前期の沼田真田氏の5代藩主
伊賀守信福　いがのかみのぶとみ
高尾(たかお)伊賀守信福　1737～1803　江戸中期・後期の74代長崎奉行
伊賀少将　いがのしょうしょう
伊賀少将　平安中期の女房・歌人
伊賀局　いがのつぼね
伊賀局　南北朝時代の女官。楠木正儀の妻
伊賀入道　いがのにゅうどう　⇔いがにゅうどう
波多野(はたの)伊賀入道　戦国時代の相模の国人領主
伊加麻呂　いかまろ
中臣(なかとみの)伊加麻呂　奈良時代の官人
伊加万呂　いかまろ
黄文(きぶみの)伊加万呂　奈良時代の官人
伊可麻呂　いかまろ
高安(たかやすの)伊可麻呂　奈良時代の官人
伊賀麻呂　いがまろ
凡直(おおしのあたえ)伊賀麻呂　奈良時代の安芸郡司
五十日虫　いかむし
曽禰(そねの)五十日虫　?～774　奈良時代の女官
惟寛　いかん
惟寛　?～1854　江戸後期・末期の画僧
意看　いかん
東宮(とうぐう)意看　江戸前期の歌人
怡顔斎　いがんさい
中神(なかがみ)怡顔斎　1738～1794　江戸中期・後期の鹿児島城下士
壱岐　いき
角井(かくい)壱岐　江戸中期の大工
伊伎挙政　いきのたかまさ
卜部(うらべ)伊伎挙政　1001～1079　平安中期・後期の月読官長官
伊伎春元　いきのはるもと
卜部(うらべ)伊伎春元　974～1034　平安中期の官人
伊伎守風　いきのもりかぜ
卜部(うらべ)伊伎守風　平安中期の月読禰宜
印岐美命　いきみのみこと
印岐美命　上代の遠淡海国造。物部連の祖伊香色雄命の子
以休　いきゅう
長森(ながもり)以休　1684～1753　江戸前期・中期の漢学者
意汲　いきゅう
意汲　戦国時代の佐竹氏の右筆
維恭　いきょう
伊藤(いとう)維恭　1748～1816　江戸中期・後期の町医
伊堯　いぎょう
伊堯　?～1622　安土桃山・江戸前期の曹洞宗の僧
意楽　いぎょう
意楽　1465～1518　室町・戦国時代の僧。相模の清浄光寺22代遊行上人
意行　いぎょう
意行　江戸前期の俳人
郁　いく
筒井(つつい)郁　江戸中期の明清楽奏者
彧　いく
宮崎(みやざき)彧　江戸後期の医者
以空　いくう
不遠寺(ふおんじ)以空　?～1707　江戸中期の僧。高山市の不遠寺2世
幾右衛門　いくえもん
幾右衛門　江戸後期の足柄下郡国府津村舟主
伊達(だて)幾右衛門　江戸中期の武士
郁翁　いくおう
郁翁　江戸前期の俳人
郁賀　いくが
郁賀　江戸後期の俳人
山口(やまぐち)郁賀　江戸後期の俳人
郁子　いくこ
小田(おだ)郁子　江戸後期の歌人
幾子　いくこ
網谷(あみや)幾子　1814～1892　江戸後期～明治期の女性。歌人中島歌子の母
生子　いくこ
小野(おのの)生子　平安中期の官人
軍　いくさ
大宅(おおやけの)軍　飛鳥時代の武将
育斎　いくさい
富田(とみだ)育斎　1706～1794　江戸中期・後期の藩士・漢学者
幾三郎　いくさぶろう
一柳(いちやなぎ)幾三郎　1855～1923　江戸末期～大正期の宮大工
今井(いまい)幾三郎　1836～1908　江戸末期・明治期の能楽師シテ方
木村(きむら)幾三郎　1806～1855　江戸後期・末期の藩士

中島(なかじま)幾三郎 1858〜1924 江戸末期〜大正期の印刷技術者

郁繍 いくしゅう
虎云(こうん)郁繍 ?〜1828 江戸後期の曹洞宗の僧

幾次郎 いくじろう
坂本(さかもと)幾次郎 1843〜1918 江戸末期〜大正期の漁師

幾治良 いくじろう
金子(かねこ)幾治良 1841〜1918 江戸末期〜大正期の勧業家

郁蔵 いくぞう
宮地(みやぢ)郁蔵 1768〜1822 江戸中期・後期の医師、本草学者

幾太 いくた
土江(つちえ)幾太 1727〜1802 江戸中期・後期の庄屋・与頭・下郡役。新田開発に尽くす
森広(もりひろ)幾太 1725〜1800 江戸中期・後期の神門郡の与頭、下郡

昱太郎 いくたろう
斎藤(さいとう)昱太郎 1844〜? 江戸末期の国学徒

幾野右衛門 いくのえもん
戸村(とむら)幾野右衛門 江戸時代の八戸藩士

幾之允 いくのじょう
児島(こじま)幾之允 1836〜1877 江戸末期・明治期の寺子屋師匠

幾之丞 いくのじょう
幾之丞 江戸後期のキュウリ促成栽培の元祖
船頭(せんどう)幾之丞 江戸中期の園芸家。高知促成野菜の指導者

育之進 いくのしん
中山(なかやま)育之進 江戸後期の治水功労者

幾之進 いくのしん
中山(なかやま)幾之進 1825〜1885 江戸後期〜明治期の剣術家。柳剛流中山派
森山(もりやま)幾之進 江戸末期の三輪村の畔頭役、寺子屋師匠

郁之助 いくのすけ
堀内(ほりうち)郁之助 1854〜1871 江戸末期・明治期の画家、教育者

幾之介 いくのすけ
松山(まつやま)幾之介 ?〜1864 江戸後期・末期の新撰組隊士《松山幾之助》

幾之助 いくのすけ
松山(まつやま)幾之助 ?〜1864 江戸後期・末期の新撰組隊士

幾久 いくひさ
春廼家(はるのや)幾久 江戸末期の商家・噺本作者

幾兵衛 いくべえ
加藤(かとう)幾兵衛 ?〜1865 江戸後期の足柄上郡狩野村名主

郁芳門院の侍の長 いくほうもんいんのさぶらいのおさ
郁芳門院の侍の長 平安後期の隠遁者

郁芳門院宣旨 いくほうもんいんのせんじ
郁芳門院宣旨 平安中期の女房・歌人

幾松 いくまつ
種市(たねいち)幾松 ?〜1845 江戸後期の用水堰の開発者

生馬又三郎 いくままたさぶろう
はまの宮(はまのみや)生馬又三郎 戦国時代の紀伊国熊野の御師

幾丸 いくまる
一交斎(いっこうさい)幾丸 江戸末期・明治期の絵師

幾弥 いくや
小沢(おざわ)幾弥 1852〜1868 江戸後期・末期の二本松少年隊士

生安 いくやす ⇔せいあん
末広(すえひろ)生安 江戸前期の漢学者

依兮 いけい
依兮 1746〜1801 江戸中期・後期の俳人

意慶 いけい
山内(やまうち)意慶 江戸前期の坊主。医者

医圭 いけい
馬淵(まぶち)医圭 江戸中期の温泉研究家

渭継尼 いけいに
渭継尼 戦国時代の東慶寺(鎌倉)住職。松岡殿。小弓公方足利義明の妹

池田君 いけだのきみ
池田君 上代の豪族

池長 いけなが
巨勢(こせの)池長 奈良時代の官人

池端御前 いけのはたごぜん
池端御前 江戸後期の女性。加賀藩第12代藩主前田斉広の娘

池辺王 いけのべのおおきみ
池辺王 奈良時代の万葉歌人。天智天皇の曽孫

池麻呂 いけまろ
池麻呂 奈良時代の奴

池守 いけもり
宇佐公(うさのきみ)池守 奈良時代の宇佐宮司
中臣(なかとみの)池守 奈良時代の官人

威軒 いけん
宗(そう)威軒 戦国時代の甲斐武田一族穴山信君・勝千代の家臣

惟賢 いけん ⇔これかた, ゆいけん
惟賢 1289〜? 鎌倉後期・南北朝時代の天台宗の僧《惟賢》

惟顕 いけん
戸沢(とざわ)惟顕 1710〜1773 江戸中期の儒者

維顕 いけん
三矢(みつや)維顕 1845〜1895 江戸後期〜明治期の戸長

意玄 いげん
藤宮(ふじみや)意玄 江戸前期の太鼓方葛野流能楽師、藩能役者

倚彦　いげん
倚彦　江戸中期の俳人
意校　いこう
萩原(はぎわら)意校　1767〜1828　江戸中期・後期の歌人・俳人
維衡　いこう
尚(しょう)維衡　1494〜1540　戦国時代の向姓小禄御殿の始祖
渭虹　いこう
渭虹　1754〜1834　江戸中期・後期の武士・俳人《土肥秋窓》
亥孝太　いこうた
水谷(みずたに)亥孝太　1844〜1882　江戸後期〜明治期の遊奇隊員、郡長
伊五右衛門　いごえもん
吹田(すいた)伊五右衛門　江戸中期の北閉伊五か浦熨斗鮑支配人
伊高岐那　いこきな
伊高岐那　飛鳥時代の蝦夷の人
唯今　いこん
上田(うえだ)唯今　?〜1806　江戸後期の心学者
維佐　いさ
成瀬(なるせ)維佐　1660〜1699　江戸前期の学者。和文の教訓書『唐錦』13巻を著した
惟済　いさい　⇔ゆいせい
惟済　平安前期の僧侶・歌人
意斎　いさい
太田(おおた)意斎　江戸前期の武士。大坂の陣で籠城
御園(みその)意斎　安土桃山時代の鍼術医
椅斎　いさい
答島(こたじま)椅斎　1821〜1881　江戸後期〜明治期の儒学者
畏斎　いさい
宮崎(みやざき)畏斎　1772〜?　江戸中期・後期の儒者
彝斎　いさい
斎藤(さいとう)彝斎　1764〜1821　江戸中期・後期の藩士、漢学者
韋斎　いさい
浅羽(あさば)韋斎　江戸後期の砲術家
伊左衛門　いざえもん
小栗(おぐり)伊左衛門　1731〜1794　江戸中期・後期の剣術家。忠也派一刀流
菊田(きくた)伊左衛門　1844〜1911　江戸後期〜明治期の芝居興行主
小高(こだか)伊左衛門　江戸後期の農家、園芸家
小林(こばやし)伊左衛門　1723〜1783　江戸中期の烏川柳瀬渡船の創始者
近藤(こんどう)伊左衛門　1742〜1821　江戸中期・後期の津山松平藩士
綿屋(わたや)伊左衛門　江戸末期の木綿買継商人・問屋
功　いさお
酒井(さかい)功　1843〜1884　江戸後期〜明治期の実業家
三浦(みうら)功　1850〜1919　江戸後期〜大正期の海軍軍人
勇雄　いさお
大谷(おおたに)勇雄　1833〜1868　江戸後期・末期の新撰組隊士
清子　いさぎよいこ　⇔いさぎよきこ, きよいこ, きよこ, せいし
清子　平安中期の歌人《清子》
清子　いさぎよきこ　⇔いさぎよいこ, きよいこ, きよこ, せいし
清子　平安中期の歌人
意朔　いさく
意朔　江戸前期の俳諧師
有吉(ありよし)意朔　1757〜1805　江戸中期・後期の医師
伊左子　いさご
清風亭(せいふうてい)伊左子　江戸後期の狂歌作者
伊佐西古　いさしこ
胆沢(いさわの)伊佐西古　奈良・平安前期の胆沢蝦夷の族長
一札　いさつ
一札　江戸前期の俳人
伊三郎　いさぶろう
石川(いしかわ)伊三郎　1836〜?　江戸後期〜明治期の散髪屋
岡部(おかべ)伊三郎　1848〜1916　江戸末期〜大正期の更正保護事業の先覚者
荻野(おぎの)伊三郎〔4代〕　1828〜1873　江戸後期〜明治期の歌舞伎俳優
斎田(さいだ)伊三郎　1804〜1868　江戸後期・末期の陶工
島村(しまむらの)伊三郎　1790〜1834　江戸後期の侠客
鈴木(すずき)伊三郎　1820〜1890　江戸末期・明治期の幕府海軍の航海士
西川(にしかわ)伊三郎〔4代〕　?〜1871　江戸後期〜明治期の人形遣い
西田(にしだ)伊三郎　1854〜1907　江戸末期・明治期の大工棟梁
堀本(ほりもと)伊三郎　江戸後期の寺子屋の師匠
宮坂(みやさか)伊三郎　1738〜1810　江戸中期・後期の人。諏訪湖に河口湖の小海老を放流
イザベル
奈多(なた)イザベル　戦国時代の女性。大友宗麟の正室
勇　いさむ
小俣(おまた)勇　1840〜1914　江戸後期〜大正期の和算家
清野(きよ)勇　1851〜1926　江戸後期〜大正期の眼科医
小西(こにし)勇　江戸後期の藩士
女鹿(めが)勇　1826〜1908　江戸後期〜明治期の故実家・藩士
以三　いさん
津軽(つがる)以三　戦国・安土桃山時代の医師

西(にし)以三　?～1698　江戸前期・中期の医者

為山　いさん　⇔いざん
井上(いのうえ)為山　1716～1755　江戸中期の漢学者

為山　いざん　⇔いさん
井上(いのうえ)為山　1716～1755　江戸中期の漢学者《井上為山》

伊三太　いさんた
井上(いのうえ)伊三太　江戸時代の徳島藩士

惟氏　いし
惟氏　平安前期の漢詩人

石　いし
秦人(はたひと)石　奈良時代の那賀郡出水郷の戸主

懿子　いし　⇔よしこ
藤原(ふじわらの)懿子　1116～1143　平安後期の女性。後白河天皇の妃

石河　いしかわ
高階(たかしなの)石河　784～842　奈良・平安前期の官人

石川　いしかわ
宗我(そがの)石川　上代の記・紀にみえる豪族

石太郎　いしたろう
中条(ちゅうじょう)石太郎　1847～1900　江戸後期～明治期の漁業家

伊七　いしち
風間(かざま)伊七　1821～1907　江戸後期～明治期の製糸業
菅原(すがわら)伊七　?～1831　江戸後期の開拓功労者

伊七郎　いしちろう
伊七郎　?～1875　江戸後期～明治期のばんどり騒動の副首領格の人物

石童丸　いしどうまる
石童丸　?～1184　平安後期の人。「平家物語」に平維盛の童として登場

伊舟　いしゅう
竹沢(たけざわ)伊舟　江戸後期の絵師

維秀　いしゅう
維秀　江戸中期の浄土真宗の僧

維戢　いしゅう
佐久間(さくま)維戢　江戸末期の藩士

以十　いじゅう
以十　江戸中期の画家

伊春　いしゅん
尾形(おがた)伊春　?～1573　室町時代の武士

慰俊　いしゅん
慰俊　戦国時代の画家

以春軒　いしゅんけん
以春軒　戦国時代の穴山梅雪の家臣

為笑　いしょう
為笑　江戸中期の画家

維章　いしょう　⇔これあき
維章　江戸中期の僧、俳人
横田(よこた)維章　江戸中期・後期の国学者

倚松　いしょう
倚松　1699～1771　江戸中期の俳人

為杖　いじょう
為杖　江戸中期の俳諧・雑俳点者
斎藤(さいとう)為杖　江戸中期の俳諧・雑俳点者

葦津　いしん
葦津　1717～1769　江戸中期の臨済禅僧《葦津慧隆》

以親　いしん　⇔もちちか, ゆきちか
渡辺(わたなべ)以親　1795～?　江戸後期の測量家・和算家《渡辺以親》

意深　いしん
石田(いしだ)意深　江戸前期の俳人

為仁　いじん
小松(こまつ)為仁　1809～1861　江戸後期の医者

伊豆　いず
池穴(いけあな)伊豆　江戸前期の紀伊国牟婁郡熊野本宮大社の神官
上遠野(かどうの)伊豆　1721～1795　江戸中期・後期の剣術家。願立流
兼平(かねひら)伊豆　?～1646　江戸前期の2代弘前藩主津軽信枚

渭水　いすい
松川(まつかわ)渭水　1775～1843　江戸中期・後期の井栗の大庄屋

韋吹　いすい
韋吹　?～1744　江戸中期の俳人

厳雄　いずお
荻原(おぎはら)厳雄　1836～1924　江戸末期～大正期の歌人

厳夫　いずお
加部(かべ)厳夫　1849～1922　江戸末期～大正期の神祇官、教育者、郷土史家

厳雄　いずお
荻原(おぎわら)厳雄　1836～1924　江戸末期～大正期の歌人《荻原厳雄》

斎　いずき　⇔いつき
高橋(たかはし)斎　1843～1921　江戸末期～大正期の酒造業

伊助　いすけ
桜井(さくらい)伊助　1807～1879　江戸後期～明治期の商業
塙(はなわ)伊助　1758～1805　江戸中期・後期の能書家
松川(まつかわ)伊助　江戸前期・中期の養禽家

伊輔　いすけ　⇔これすけ
若竹(わかたけ)伊輔　江戸中期の浄瑠璃作者

井伊助　いすけ
加賀(かがい)井伊助　1830～1880　江戸後期～明治期の料亭「花外楼」主人

猪助　いすけ
野呂(のろ)猪助　安土桃山時代の武田氏の家臣

伊佐直重　いすけなおしげ
杉原(すぎはら)伊佐直重　?～1615　江戸前期の人。杉原次郎左衛門尉重吉の三男。大坂の陣で

籠城

泉尹 いずただ

堀田(ほった)泉尹 1745〜1829 江戸中期・後期の和算家、津和野藩士

伊豆千代丸 いずちよまる

武田(たけだ)伊豆千代丸 室町時代の武士

伊豆局 いずのつぼね

伊豆局 鎌倉前期の地頭

以豆美 いずみ

石井(いしい)以豆美 1840〜1914 江戸末期〜大正期の神官・教育者

厳水 いずみ ⇔げんすい

井野邊(いのべ)厳水 1836〜1902 江戸後期〜明治期の国学者《井野辺厳水》

和泉 いずみ

池田(いけだ)和泉 ?〜1579 戦国・安土桃山時代の織田信長の家臣

伊波(いなみ)和泉 戦国時代の北条氏の家臣

入沢(いりさわ)和泉 1512〜1596 戦国・安土桃山時代の越本の地侍

遠藤(えんどう)和泉 1844〜? 江戸後期〜明治期の義人

大庭(おおば)和泉 江戸後期〜明治期の神職

体阿弥(たいあみ)和泉 江戸中期の鋳物屋

長南(ちょうなん)和泉 江戸前期の上総国長南領主

土屋(つちや)和泉 戦国時代の4代小机城主北条氏光の家臣

番(ばん)和泉 1603〜1657 江戸前期の武士

前島(まえじま)和泉 戦国時代の武将。武田家臣

丸山(まるやま)和泉 安土桃山時代の信濃国筑摩郡会田の土豪

三沢(みさわ)和泉 戦国時代の甲斐国八代郡の土豪

村串(むらくし)和泉 戦国時代の代官。伊豆郡代清水氏の一族右京亮の手代

柳川(やながわ)和泉 江戸後期の足柄下郡今井村民

矢淵(やぶち)和泉 安土桃山時代の信濃国筑摩郡明科の土豪

山下(やました)和泉 ?〜1774 江戸中期の神主(宮村の水無神社)

和泉勝宣 いずみかつのぶ

川崎(かわさき)和泉勝宣 ?〜1615 江戸前期の武士。大坂の陣で籠城

和泉太夫 いずみだゆう

豊竹(とよたけ)和泉太夫 ?〜1770 江戸中期の浄瑠璃語り師

和泉入道 いずみにゅうどう

大野(おおの)和泉入道 戦国時代の上総の鋳物師

和泉守 いずみのかみ

矢野(やの)和泉守 ?〜1614 安土桃山・江戸前期の武将《矢野正倫》

和泉守重吉 いずみのかみしげよし

吉村(よしむら)和泉守重吉 室町時代の大工

和泉守信程 いずみのかみのぶきよ

松浦(まつうら)和泉守信程 1736〜1813 江戸中期・後期の69代長崎奉行

和泉守信政 いずみのかみのぶまさ

夏目(なつめ)和泉守信政 1712〜1773 江戸中期の62代長崎奉行

和泉守政憲 いずみのかみまさのり

筒井(つつい)和泉守政憲 1779〜1859 江戸中期〜末期の87代長崎奉行

和泉掾 いずみのじょう

出雲寺(いずもじ)和泉掾〔1代〕 ?〜1631 安土桃山・江戸前期の本屋

和泉介 いずみのすけ

吉川(よしかわ)和泉介 安土桃山時代の塗師頭

出雲 いずも

出雲 平安中期の歌人

出雲 平安後期の歌人

出雲 江戸前期の仏師

秋保(あきほ)出雲 江戸前期の最上氏遺臣

磯部(いそべ)出雲 1790〜1839 江戸後期の神職

市田(いちだ)出雲 江戸時代の薩摩藩の江戸家老

須長(すなが)出雲 江戸末期の草莽の士

関谷(せきや)出雲 ?〜1841 江戸後期の宮大工

千野(ちの)出雲 戦国時代の武将。武田家臣

塚本(つかもと)出雲 江戸中期の大工棟梁

守屋(もりや)出雲 江戸後期の三浦郡堀内村森戸明神神主

山口(やまぐち)出雲 江戸後期の大住郡曽屋村民

吉岡(よしおか)出雲 ?〜1612 江戸前期の代官

出雲聖人 いずもしょうにん

出雲聖人 平安後期の念仏聖。四天王寺周辺で活躍

出雲守氏孟 いずものかみうじたけ

戸田(とだ)出雲守氏孟 1738〜1785 江戸中期の67代長崎奉行

出雲守勝政 いずものかみかつまさ

土方(ひじかた)出雲守勝政 1773〜1836 江戸中期・後期の89代長崎奉行

出雲守永倫 いずものかみながとも

渡辺(わたなべ)出雲守永倫 1668〜1729 江戸前期・中期の45代長崎奉行

伊勢 いせ

飯沼(いいぬま)伊勢 江戸後期の大住郡戸川村天王社祠官

小平(こだいら)伊勢 戦国時代の武将。武田家臣

須崎(すざき)伊勢 江戸後期の大住郡北矢名大工

平野(ひらの)伊勢 江戸末期の神職

森(もり)伊勢 ?〜1774 江戸中期の飛騨一之宮神主

山下(やました)伊勢 戦国時代の武将。武田家臣

吉岡(よしおか)伊勢 江戸後期の愛甲郡温水村吾妻権現社祠官

以成 いせい ⇔ゆきなり

進藤(しんどう)以成 1843〜1890 江戸後期〜明治期の漢学者

意精 いせい

意精 戦国時代の画家

医生 いせい

杏林庵(きょうりんあん)医生 江戸中期の医者

怡成　いせい
小崎（こざき）怡成　江戸末期の漢学者

韋静　いせい
韋静　江戸後期の俳人

以清斎　いせいさい
平山（ひらやま）以清斎　戦国時代の武蔵国衆

伊勢右衛門　いせえもん
伊勢右衛門　1771～1823　江戸中期・後期の文政一揆の咎人

伊勢雄　いせお
直（あたいの）伊勢雄　平安前期の官人

伊勢亀　いせがめ
壬生（みぶ）伊勢亀　1581～1665　安土桃山・江戸前期の女性。鹿沼城主壬生義雄の娘

意碩　いせき
人見（ひとみ）意碩　江戸時代の庄内藩医

維碩　いせき
羽山（はやま）維碩　1808～1878　江戸後期～明治期の医学者

伊勢吉　いせきち
太田（おおた）伊勢吉　1797～1873　江戸末期の鍛冶工

いせ子　いせこ
小笠原（おがさわら）いせ子　1745～？　江戸中期の女性。豊前小倉藩士の妻、「幾佐良喜乃日記」を執筆

伊勢子　いせこ
甘南備（かんなびの）伊勢子　？～883　平安前期の官人

伊勢治　いせじ
太田（おおた）伊勢治　1797～1873　江戸末期の鍛冶工《太田伊勢吉》

伊勢武　いせたけ
御倉（みくら）伊勢武　1836～1863　江戸後期・末期の新撰組隊士

為拙　いせつ
為拙　1744～1830　江戸中期・後期の曹洞宗の僧

伊勢守久包　いせのかみひさかね
柳生（やぎゅう）伊勢守久包　1795～1856　江戸後期・末期の97代長崎奉行

伊勢守広正　いせのかみひろまさ
久世（くぜ）伊勢守広正　1799～1846　江戸後期の94代長崎奉行

伊勢守守久　いせのかみもりひさ
高木（たかぎ）伊勢守守久　1599～1679　江戸前期の旗本

伊勢守義也　いせのかみよしなり
大嶋（おおしま）伊勢守義也　1660～1723　江戸前期・中期の33代長崎奉行

伊勢之助　いせのすけ
石垣（いしがき）伊勢之助　？～1874　江戸後期～明治期の肝入

伊世中将　いせのちゅうじょう
伊世中将　平安時代の歌人

伊勢松　いせまつ
伊勢ヶ崎（いせがさき）伊勢松　？～1828　江戸後期の相撲力士

伊勢麻呂　いせまろ
賀茂（かもの）伊勢麻呂　平安前期の官人

以仙　いせん
以仙　1605～？　江戸前期の俳人
高滝（たかたき）以仙　以仙に同じ

以船　いせん
以船　平安前期の人。入唐求法のため正税稲1000束を賜わった

伊川　いせん
宇治（うじ）伊川　1746～1820　江戸後期の歌人

意仙　いせん
松前（まつまえ）意仙　？～1701　江戸前期・中期の僧侶

意泉　いせん
朝野（あさの）意泉　安土桃山時代の織田信長の家臣

為仙　いせん　⇔ためのり
加藤（かとう）為仙　江戸中期の医師

渭川　いせん
市川（いちかわ）渭川　1745～1794　江戸中期・後期の俳人

イソ
田中（たなか）イソ　1852～？　江戸後期～明治期のススキノ遊郭の妓楼「昇月楼」経営者

磯　いそ
小野（おの）磯　？～1851　江戸後期の山岡鉄舟の母
金森（かなもり）磯　？～1649　江戸前期の女性。金森重頼の娘で織田長頼の妻
鈴木（すずき）磯　1777～1850　江戸中期・後期の女性。鈴木石橋の妻
津久井（つくい）磯　1838～1919　江戸末期～大正期の群馬県産婆会設立者

惟草　いそう
惟草　？～1853　江戸後期の俳人《惟草庵寥岱》

伊蔵　いぞう
竹川（たけかわ）伊蔵　江戸末期の蓬萊海苔養殖の祖

伊惣右衛門　いそうえもん
鈴木（すずき）伊惣右衛門　江戸時代の豪商

伊三房　いそうぼう
五藤（ごとう）伊三房　1773～1843　江戸中期・後期の俳人

磯右衛門　いそえもん
沖津風（おきつかぜ）磯右衛門　1752～1800　江戸中期・後期の力士
佐々木（ささき）磯右衛門　1846～1912　江戸後期～明治期のノリ養殖、干エビ製造業者
中之宿村（なかのしゅくむら）磯右衛門　？～1795　江戸中期の義民。中之宿村の百姓

磯吉　いそきち
佐々木（ささき）磯吉　？～1847　江戸後期の大蒲新田の開発者
中村（なかむら）磯吉　江戸末期・明治期の篤農家
福村（ふくむら）磯吉　江戸末期の三河吉田藩士。

1860年遣米使節に随行しアメリカに渡る
以足 いそく
宮永(みやなが)以足 1821〜1890 江戸後期〜明治期の俳人
伊束 いそく
伊束 安土桃山時代の僧侶
夷則 いそく
夷則 江戸後期の俳人
意足 いそく
春日(かすが)意足 戦国時代の水内郡篠平城を本拠とする国衆
為足 いそく ⇔ためたり
松本(まつもと)為足 安土桃山時代の織田信長の家臣
維則 いそく ⇔これのり
西田(にしだ)維則 ?〜1765 江戸中期の儒者
磯子 いそこ
津久井(つくい)磯子 1838〜1919 江戸末期〜大正期の群馬県産婆会設立者《津久井磯》
磯五郎 いそごろう
米谷(こめたに)磯五郎 江戸後期の茶業者
関口(せきぐち)磯五郎 1818〜1882 江戸末期・明治期の上谷新田の雛人形商
五十五郎 いそごろう
西村(にしむら)五十五郎 1855〜? 江戸末期の新撰組隊士
勤 いそし ⇔つとむ
魚住(うおずみ)勤 1817〜1880 江戸後期〜明治期の肥後勤王党志士
谷(たに)勤 1835〜1895 江戸末期・明治期の武士、歌人
磯治 いそじ
磯治 ?〜1753 江戸中期の漂流民
磯七 いそしち
磯七 1758〜1850 江戸中期・後期の妙好人《礒七》
礒七 いそしち
礒七 1758〜1850 江戸中期・後期の妙好人
石嶋 いそしま ⇔いわしま
私部(きさきべの)石嶋 奈良時代の防人
磯女 いそじょ
諏訪(すわ)磯女 ?〜1852 江戸後期の狂歌師
磯次郎 いそじろう
寺岡(てらおか)磯次郎 江戸後期の陶工
磯太夫 いそだゆう
豊竹(とよたけ)磯太夫〔1代〕 ?〜1792 江戸中期の義太夫節太夫
石足 いそたり ⇔いわたり
門部連(かどべのむらじ)石足 奈良時代の官人。万葉歌人
私(きさいの)石足 奈良時代の人
磯太郎 いそたろう
郡(こおり)磯太郎 1859〜? 江戸末期・明治期の鏡台製造
磯永 いそなが
大和(やまとの)磯永 平安後期の官人
磯浪 いそなみ
物部(もののべの)磯浪 奈良時代の官人
磯成 いそなり
紀(きの)磯成 平安後期の紀伊国の御館人
礒根 いそね
安倍(あべの)礒根 平安前期の正倉院開扉の勅使
磯野 いその
佐藤(さとう)磯野 1849〜1902 江戸後期〜明治期の孝子
磯の子 いそのこ
岩下(いわした)磯の子 江戸後期・末期の歌人、画家
磯之進 いそのしん
白井(しらい)磯之進 江戸後期の藩士
磯八 いそはち
千葉(ちば)磯八 1801〜1848 江戸後期の人。地方開発に尽くす
礒藤 いそふじ
荒田(あらたの)礒藤 平安後期の官人
磯平治 いそへいじ
伊東(いとう)磯平治 1832〜1901 江戸後期〜明治期の事業家、政治家
磯部小紲 いそべおつな
宇治土公(うじつちぎみ)磯部小紲 平安前期の神職
磯丸 いそまる ⇔いそまろ
糟谷(かすがや)磯丸 1764〜1848 江戸中期・後期の歌人
糟谷(かすや)磯丸 糟谷磯丸に同じ
磯丸 いそまろ ⇔いそまる
糟谷(かすや)磯丸 1764〜1848 江戸中期・後期の歌人《糟谷磯丸》
礒麿 いそまろ
大枝(おおえ)礒麿 平安前期の漢詩人
磯守 いそもり
大中臣(おおなかとみの)磯守 ?〜894 平安前期の祭主(16代)。大中臣二門出身
神主(かんぬしの)磯守 奈良時代の伊勢大神宮禰宜
石守 いそもり
三野連(みののむらじ)石守 奈良時代の従者。大伴旅人に仕官
意尊 いそん
意尊 平安後期の僧侶・歌人
為大 いだい
為大 江戸後期の俳人
伊太夫 いだいう ⇔いだゆう
岡田(おかだ)伊太夫 江戸後期の大住郡大山阿夫利神社祠官
井高 いたか
荒田(あらたの)井高 平安前期の熱田神宮の祝
胆武別命 いたけるわけのみこと
胆武別命 上代の記・紀にみえる垂仁天皇の皇子

伊太須　いたす
忍海(おしのうみの)伊太須　奈良時代の女孺

伊多治　いたち
佐伯(さえきの)伊多治　奈良時代の武将

木蓮子　いたび
難波(なにわの)木蓮子　飛鳥時代の官人

木連　いたび
良岑(よしみねの)木連　804～849　平安前期の大納言安世の一男

伊太夫　いだゆう　⇔いだいう
熊谷(くまがい)伊太夫　江戸末期の老平村名主
永冨(ながどみ)伊太夫　1746～1828　江戸中期・後期の豊浦郡黒井上村・黒井下村庄屋

猪太夫　いだゆう
石川(いしかわ)猪太夫　1825～1894　江戸後期～明治期の剣士
岡崎(おかざき)猪太夫　江戸前期の武士

格　いたる　⇔まさる
魚住(うおずみ)格　1831～1894　江戸後期～明治期の眼科医

至　いたる
源(みなもとの)至　平安前期の公卿

伊太郎　いたろう
石川(いしかわ)伊太郎　江戸末期の新撰組隊士
設楽(したら)伊太郎　江戸後期の榛沢郡末野村荒川河岸問屋、名主
成田(なりた)伊太郎　1828～1889　江戸後期～明治期の津軽の塗師
長谷川(はせがわ)伊太郎　江戸時代の宮大工
丸大屋(まるだいや)伊太郎　1766～1841　江戸中期・後期の藍商
依岡(よりおか)伊太郎　1842～1894　江戸後期～明治期の実業家

伊知　いち
塩見(しおみ)伊知　1710～1732　江戸中期の女性。松平正容の側室

市　いち
和泉(いずみ)市　1817～1889　江戸後期～明治期の箏曲家

一阿　いちあ
一阿　江戸後期の俳人
河本(こうもと)一阿　1728～1796　江戸中期の読書人《河本侗居》
立川(たちかわ)一阿　江戸後期の俳人

一蛙　いちあ
横井(よこい)一蛙　江戸後期の俳人

一握　いちあく
斎藤(さいとう)一握　1743～1804　江戸中期・後期の和算家

一阿弥陀仏　いちあみだぶつ
一阿弥陀仏　?～1293　鎌倉後期の僧

一庵為宗　いちあんためむね
小笠原(おがさわら)一庵為宗　江戸前期の2代長崎奉行

櫟　いちい
為貞(ためさだ)櫟　江戸末期の神職

市入命　いちいりのみこと
市入命　上代の高志国造

一宇　いちう
一宇　江戸中期の僧侶・俳人
増田(ますだ)一宇　江戸中期の琴曲家

一雨　いちう
安田(やすだ)一雨　1740～1828　江戸中期・後期の俳人

一右衛門　いちうえもん　⇔いちえもん
鵜沢(うざわ)一右衛門　戦国時代の上総東金城(東金市)主・酒井氏の家臣

市右衛門　いちうえもん　⇔いちえもん
青野屋(あおのや)市右衛門　江戸後期の商人
木暮(こぐれ)市右衛門　?～1757　江戸中期の義民
辰巳(たつみ)市右衛門　江戸時代の尾張藩御用紙漉師
中川(なかがわ)市右衛門　?～1800　江戸中期・後期の愛知県鳥森村の庄屋
吉野(よしの)市右衛門　?～1761　江戸中期の新田開拓者

市右衛門宗敬　いちうえもんむねたか
吉田(よしだ)市右衛門宗敬　1739～1813　江戸中期の下奈良村名主・酒造家《吉田宗敬》

市右衛門宗親　いちうえもんむねちか
吉田(よしだ)市右衛門宗親　1816～1868　江戸後期・末期の幡羅郡下奈良村名主

市右衛門宗敏　いちうえもんむねとし
吉田(よしだ)市右衛門宗敏　1783～1844　江戸後期の下奈良村名主《吉田宗敏》

市右衛門宗以　いちうえもんむねとも
吉田(よしだ)市右衛門宗以　1703～1792　江戸中期の下奈良村の在郷商人《吉田宗以》

一雲　いちうん
一雲　戦国時代の北条氏の家臣
一雲　安土桃山時代の画家
小田切(おだぎり)一雲　1630～1706　江戸前期・中期の剣術家

一雲斎　いちうんさい
跡部(あとべ)一雲斎　戦国・安土桃山時代の甲斐国河内の武士
伊能(いのう)一雲斎　江戸末期の宝蔵院流槍術の名人

一栄　いちえい
高野(たかの)一栄　?～1725　江戸前期・中期の川船問屋、川役人

一右衛門　いちえもん　⇔いちうえもん
一右衛門　?～1568?　戦国・安土桃山時代の石切棟梁
新開(しびらき)一右衛門　新開一右衛門に同じ
新開(しんびらき)一右衛門　安土桃山時代の織田信長の家臣
中野(なかの)一右衛門　戦国時代の人。伊豆弥勒寺住人

一衛門 いちえもん
一衛門 安土桃山時代の信濃国筑摩郡井堀・高の土豪

市右衛門 いちえもん ⇔いちうえもん
市右衛門 江戸後期の田原村庄屋
石渡(いしわた)市右衛門 江戸後期の三浦郡中里村民
伊藤(いとう)市右衛門 江戸時代の乾物屋
小方(おがた)市右衛門 江戸後期の室津浦の年寄・庄屋
奥村(おくむら)市右衛門 江戸中期の金沢藩の御大小将組頭
尾崎(おざき)市右衛門 1829〜1915 江戸末期〜大正期の社会運動家
小高(おだか)市右衛門 江戸前期の都筑郡小高新田の開発者
菊田(きくた)市右衛門 江戸中期の剣術家。新陰流
菊池(きくち)市右衛門 1822〜1886 江戸後期〜明治期の和賀郡下江釣子村の農民
熊原(くまはら)市右衛門 江戸中期の元金森家士
五福村(ごふくむら)市右衛門 江戸時代の富山藩の十村役
斎藤(さいとう)市右衛門 江戸後期の三浦郡大津村名主
坂本(さかもと)市右衛門 1827〜1903 江戸後期〜明治期の柔術家
佐藤(さとう)市右衛門 1771〜1825 江戸中期・後期の素封家
佐野(さの)市右衛門 戦国・安土桃山時代の駿河国上稲子もしくは下稲子郷の土豪?
下沢(しもざわ)市右衛門 ?〜1661 江戸前期の板柳地方の開発者
須藤(すどう)市右衛門 安土桃山時代の武士
須藤(すどう)市右衛門 江戸前期の三島代官五味豊法の手代
津田(つだ)市右衛門 江戸中期の装剣金工
坪井(つぼい)市右衛門 江戸前期の伏見市街の開発者
中村(なかむら)市右衛門 江戸前期の丹波の人。大坂の陣で籠城
葉山(はやま)市右衛門 江戸後期の三浦郡堀内村名主
原(はら)市右衛門 戦国時代の武士
疋田(ひきだ)市右衛門 1621〜1666 江戸前期・中期の出羽庄内藩家老
日野や(ひのや)市右衛門 江戸前期の京都糸割符商人
町方村(まちかたむら)市右衛門 江戸後期の義民。小八賀町方村の人
三浦(みうら)市右衛門 1607〜1669 江戸前期の藩士

市衛門 いちえもん
市衛門 安土桃山時代の信濃国安曇郡宮本の代官
市衛門 安土桃山時代の信濃国筑摩郡井堀・高の土豪
市衛門 安土桃山時代の信濃国筑摩郡会田の土豪
花見(けみ)市衛門 安土桃山時代の信濃国筑摩郡花見の土豪

市右衛門重正 いちえもんしげまさ
桑山(くわやま)市右衛門重正 1546〜1615 戦国〜江戸前期の豊臣秀吉の馬廻

一右衛門尉 いちえもんのじょう
松本(まつもと)一右衛門尉 戦国・安土桃山時代の上野国衆和田氏の家臣

市右衛門尉 いちえもんのじょう
秋山(あきやま)市右衛門尉 戦国時代の武田氏の家臣
前島(まえじま)市右衛門尉 戦国・安土桃山時代の駿河国天間の土豪。駿河衆

一烟 いちえん
一烟 江戸前期の俳人

一焉 いちえん
一焉 江戸中期の俳人

一円軒 いちえんけん
広瀬(ひろせ)一円軒 ?〜1906 江戸末期・明治期の花道家

一円斎 いちえんさい
田中(たなか)一円斎 江戸中期の茶人

一応 いちおう
黙僊(もくせん)一応 ?〜1844 江戸後期の岐阜市の定恵寺13世

一翁 いちおう ⇔かつおい
春秋庵(しゅんじゅうあん)一翁 江戸中期の茶人
春竜軒(しゅんりゅうけん)一翁 江戸末期・明治期の華道家

一謳軒 いちおうけん
一謳軒 安土桃山時代の医師・薬師

一峨 いちが
一峨 ?〜1826 江戸中期・後期の俳人

一学 いちがく
鎌田(かまた)一学 江戸後期の心学者
清野(きよ)一学 1827〜1899 江戸後期〜明治期の眼科医
清水(しみず)一学 1677〜1703 江戸前期・中期の武士
徳原(とくばら)一学 ?〜1894 江戸末期・明治期の上松村各神社の神官
中嶋(なかじま)一学 江戸時代の八戸藩士
長山(ながやま)一学 ?〜1773 江戸後期の医師

一岳 いちがく
大久保(おおくぼ)一岳 江戸後期・末期の画家

一楽 いちがく ⇔いちらく
加藤(かとう)一楽 江戸前期の放鷹家

一鶚 いちがく
一鶚 ?〜1616 安土桃山・江戸前期の禅僧
中立(ちゅうりつ)一鶚 室町時代の臨済宗の僧
中村(なかむら)一鶚 江戸末期の代官

一岳軒 いちがくけん
一岳軒 戦国時代の木曽氏の家臣

一雅禅師 いちがぜんじ
一雅禅師 1341〜1395 南北朝・室町時代の臨済宗の僧、淡路円鏡寺の開山

い

い

一勝　いちかつ
石川（いしかわ）一勝　？～1614　江戸前期の旗本

市鹿文　いちかや
市鹿文　上代の女性。熊襲の首長の娘

一奇　いちき　⇔いっき
一奇　江戸後期の俳人《安西一奇》

市清　いちきよ
清原（きよはらの）市清　平安後期の官人

一漁　いちぎょ
一漁〔1代〕　？～1735　江戸中期の俳人
一漁〔2代〕　江戸中期の俳人。初世の子
一漁〔3代〕　江戸中期の俳人
一漁〔4代〕　江戸後期の俳人
下村（しもむら）一漁　一漁〔4代〕に同じ
須田（すだ）一漁　一漁〔3代〕に同じ
鶴海（つるみ）一漁〔1代〕　一漁〔1代〕に同じ
鶴海（つるみ）一漁〔2代〕　一漁〔2代〕に同じ

一魚　いちぎょ
一魚　1755～1840　江戸中期・後期の俳人
金井（かない）一魚　1756～1840　江戸中期・後期の俳人

一吟　いちぎん
一吟　江戸中期の俳人

為竹　いちく
岡本（おかもと）為竹　1677～1762　江戸前期・中期の医師

一九　いちく　⇔いっく
羽尻（はじり）一九　江戸中期の丹後縮緬創業の後援者

一具　いちぐ
一具庵（いちぐあん）一具　？～1853　江戸後期の楯岡生まれの俳人

市五郎兵衛尉　いちごろうびょうえのじょう
市五郎兵衛尉　戦国時代の真嶋郡の国人

市左衛門　いちさえもん　⇔いちざえもん
柳井（やない）市左衛門　？～1867　江戸末期の石炭問屋

一左衛門　いちざえもん
志津野（しづの）一左衛門　戦国時代の武士。北条氏家臣
西与（にしよ）一左衛門　1650～1711　江戸前期・中期の代官

市左衛門　いちざえもん　⇔いちさえもん
青木（あおき）市左衛門　江戸前期の武士。大坂の陣で籠城
赤崎（あかさき）市左衛門　江戸前期の河辺郡坊津の漁民
有賀（ありが）市左衛門　江戸前期・中期の大庄屋
安藤（あんどう）市左衛門　1791～1860　江戸後期・末期の大住郡小鍋島名主
池谷（いけや）市左衛門　江戸中期の駿河国駿東郡湯船村の名主
糸や（いとや）市左衛門　江戸前期の京都糸割符商人
岩瀬（いわせ）市左衛門　？～1634　安土桃山・江戸前期の同心
大沢（おおさわ）市左衛門　1794～1843　江戸後期の大住郡片岡村旗本知行所名主
沖（おき）市左衛門　？～1833　江戸後期の三崎村義倉創始者
折井（おりい）市左衛門　1564～1614　安土桃山・江戸前期の甲州武田氏の旧臣・武川衆の頭領
片山（かたやま）市左衛門　戦国時代の鋳物師
加藤（かとう）市左衛門　安土桃山時代の織田信長の家臣
北市村（きたいちむら）市左衛門　江戸前期の十村役
久次米（くじめ）市左衛門　1639～1710　江戸前期・中期の藍商
国府（こくふ）市左衛門　？～1582　戦国・安土桃山時代の織田信長の家臣
鎮目（しずめ）市左衛門　1564～1627　安土桃山・江戸前期の佐渡奉行
篠田（しのだ）市左衛門　1839～1899　江戸後期～明治期の実業家
渋江（しぶえ）市左衛門　江戸中期の桑原吉松郷の郷士
柘植（つげ）市左衛門　安土桃山・江戸前期の武士
土屋（つちや）市左衛門　江戸前期の縄請人
中里（なかざと）市左衛門　1842～1899　江戸後期～明治期の葉山島村里長、同戸長、川尻村外三か村連合戸長
長瀬（ながせ）市左衛門　？～1774　江戸中期の義民・名主
長門屋（ながとや）市左衛門　？～1756　江戸中期の五色素麵創始者
野田村（のだむら）市左衛門　江戸前期の加賀藩の十村肝煎役
平田（ひらた）市左衛門　江戸前期の鐔工
福島（ふくしま）市左衛門　江戸前期の眼科医
村井（むらい）市左衛門　江戸中期の豪商・俳諧師
渡辺（わたなべ）市左衛門　江戸中期の茶人・吉田藩士

市左衛門尉　いちざえもんのじょう
折井（おりい）市左衛門尉　1533～1590　戦国・安土桃山時代の武士
国府（こくふ）市左衛門尉　？～1582　戦国・安土桃山時代の織田信長の家臣《国府市左衛門》

市左衛門正弘　いちざえもんまさひろ
下方（しもかた）市左衛門正弘　？～1615　江戸前期の武士。大坂の陣で籠城

市作　いちさく
田中（たなか）市作　1839～1897　江戸後期～明治期の宗教家
鶴沢（つるざわ）市作　1845～1919　江戸末期～大正期の浄瑠璃三味線方

一山　いちざん　⇔いつざん
左（ひだり）一山　1804～1857　江戸後期・末期の彫刻家

一実　いちじつ
一実　江戸中期の俳人

壱志王　いちしのおう
壱志王　奈良時代の官人。施基皇子の子

壱志姫王 いちしひめおう
壱志姫王 飛鳥時代の女性。弘文天皇(大友皇子)皇女

一寿 いちじゅ
里松庵(りしょうあん)一寿〔1代〕 江戸後期の華道家

一樹 いちじゅ
一樹 江戸後期の俳人
千松庵(せんしょうあん)一樹 江戸後期の華道家

一十竹 いちじゅうちく
一十竹 江戸中期の俳諧師

市十郎 いちじゅうろう
山田(やまだ)市十郎 1830～1896 江戸後期～明治期の庭師

一順 いちじゅん
勝沢(かつざわ)一順 1800～? 江戸後期の医者

一条 いちじょう
一条 平安前期の女房・歌人
一条 ?～1183 平安後期の女性。大蔵卿源師隆の娘
遊義門院(ゆうぎもんいん)一条 南北朝時代の女性。後醍醐天皇の宮人

一条殿局 いちじょうどののつぼね
一条殿局 鎌倉前期の女性。後嵯峨天皇の後宮

市次郎 いちじろう
雑賀(さいが)市次郎 江戸後期の三浦郡大津村民
諏訪(すわ)市次郎 ?～1868 江戸後期・末期の新撰組隊士《諏訪市二郎》

市二郎 いちじろう
諏訪(すわ)市二郎 ?～1868 江戸後期・末期の新撰組隊士

一助 いちすけ ⇔かずすけ
柳原(やなぎはら)一助 安土桃山時代の信濃国筑摩郡麻績北条の土豪

壱助 いちすけ
津田(つだ)壱助 ?～1782 江戸中期の学者

市介 いちすけ
市介 安土桃山時代の信濃国安曇郡草深の土豪
神戸(かんべ)市介 ?～1569 戦国・安土桃山時代の織田信長の家臣

市助 いちすけ
市助 安土桃山時代の信濃国筑摩郡井堀・高の土豪
五ケ山(ごかやま)市助 江戸前期の加賀藩の五ケ山支配の十村役
佐伯(さえき)市助 ?～1569 戦国・安土桃山時代の小田原北条の家臣
荘(しょう)市助 安土桃山時代の織田信長の家臣
杉崎村(すぎさきむら)市助 江戸中期の義民。杉崎村の人
根尾(ねお)市助 安土桃山時代の織田信長の家臣
林(はやし)市助 安土桃山時代の織田信長の家臣

一三 いちぞう
武井(たけい)一三 1840～1896 江戸後期～明治期の教育者
土屋(つちや)一三 1843～1907 江戸後期～明治期の開拓者

市蔵 いちぞう
市蔵 江戸後期の漂流民、天寿丸乗組員。1850年アメリカに渡る
大竹(おおたけ)市蔵 江戸時代の庄内藩職人
織田(おだ)市蔵 1832～? 江戸後期の旗本
河上(かわかみ)市蔵 1848～1926 江戸末期～大正期の宗教家
北村(きたむら)市蔵 1840～1902 江戸後期～明治期の刀匠
渚村(なぎさむら)市蔵 江戸中期の野麦近道改修の功労者

市造 いちぞう
渡辺(わたなべ)市造 1854頃～1908 江戸末期・明治期の新撰組隊士

市太夫 いちだいう ⇔いちだゆう
小林(こばやし)市太夫 江戸後期の大住郡伊勢原村神事舞太夫
古家(ふるや)市太夫 江戸後期の大住郡平塚宿住の神事舞太夫

市太夫 いちだゆう ⇔いちだいう
鶴沢(つるざわ)市太夫 1844～1917 江戸末期～大正期の義太夫師
疋田(ひきだ)市太夫 ?～1762 江戸中期の中老
松井(まつい)市太夫 江戸中期の狂言方
山本(やまもと)市太夫 江戸前期の古座浦庄屋

市太郎 いちたろう
阿部(あべ)市太郎 1840～1923 江戸末期～大正期の金巾製造に成功した実業家
伊吹(いぶき)市太郎 1836～1890 江戸後期～明治期の因幡二十士の1人
近江屋(おうみや)市太郎 江戸後期の八戸の商人
奥(おく)市太郎 1821～1891 江戸後期～明治期の歌人、政治家
木村(きむら)市太郎 ?～1908 江戸末期・明治期の水音社系の俳人
谷藤(たにふじ)市太郎 1846～1922 江戸末期～大正期の包装資材・厨房器具販売業
寺尾(てらお)市太郎 江戸後期の川名焼創案者
響升(ひびきます)市太郎 ?～1859 江戸後期・末期の力士
平野(ひらの)市太郎 1832～1915 江戸後期～大正期の孝子
松下(まつした)市太郎 江戸末期・明治期の陶工

一伝斎 いちでんさい
浅山(あさやま)一伝斎 1610～1687 江戸前期の剣術家

一堂 いちどう
赤沢(あかざわ)一堂 1796～1847 江戸後期の漢学者

一道 いちどう ⇔かずみち
一道 ?～1618 江戸前期の浄土宗の僧

市内 いちない
山川(やまかわ)市内 江戸中期の弓術家

一二斎 いちにさい
藤井(ふじい)一二斎 江戸前期の武士。大坂の陣

で籠城。大野治房の配下
市二三　いちにさん
高麗井(こまい)市二三　江戸後期の戯作者
一入　いちにゅう
一入　?～1704　江戸前期・中期の国学者、歌人
一入子　いちにゅうし
一入子　安土桃山・江戸前期の俳諧作者
一如　いちにょ
田中(たなか)一如　1769～1846　江戸中期・後期の松山心学の祖
一人　いちにん
五柳園(ごりゅうえん)一人　江戸後期の狂歌作者
一念　いちねん
一念　?～1858　江戸後期の時宗の僧
他阿(たあ)一念　一念に同じ
一念坊　いちねんぼう
一念坊　?～1670　江戸前期の僧
一之丞　いちのじょう
野口(のぐち)一之丞　安土桃山時代の信濃国筑摩郡野口の土豪
市丞　いちのじょう
落合(おちあい)市丞　戦国時代の武士
市之允　いちのじょう　⇔いちのすけ
落合(おちあい)市之允　戦国時代の武将。武田家臣
市之丞　いちのじょう
稲葉(いなば)市之丞　安土桃山時代の織田信長の家臣
江見(えみ)市之丞　?～1579　安土桃山時代の武士
大島(おおしま)市之丞　1573～?　安土桃山・江戸前期の武士
千葉(ちば)市之丞　1841～1908　江戸後期～明治期の教育者
中根(なかね)市之丞　?～1582　戦国・安土桃山時代の織田信長の家臣
松平(まつだいら)市之丞　?～1782　江戸中期の庄内藩士
由井(ゆい)市之丞　戦国時代の武将。武田家臣
由布(ゆふ)市之丞　1805～1884　江戸後期～明治期の剣術家。家川念流
市之允重昌　いちのじょうしげまさ
米村(よねむら)市之允重昌　1594～1660　安土桃山・江戸前期の大野治長の家老米村六兵衛の子
市之進　いちのしん
川崎(かわさき)市之進　1729ごろ～1778　江戸中期の大森代官
里見(さとみ)市之進　?～1655　江戸前期の金森左京家の家士
武(たけ)市之進　江戸後期の大住郡大山阿夫利神社祠官
田中(たなか)市之進　江戸中期の測量家
野々村(ののむら)市之進　江戸末期の従者。1860年遣米使節に随行しアメリカに渡る
堀内(ほりうち)市之進　1747～1838　江戸中期・後期の庄屋
市之允　いちのすけ　⇔いちのじょう
高(こう)市之允　?～1582　安土桃山時代の武人
市之助　いちのすけ
市之助　安土桃山時代の信濃国筑摩郡生野の土豪
栗田(くりた)市之助　江戸後期の西条藩上屋敷の鉄砲指南役
瀬本(せもと)市之助　江戸前期の太鼓方金春流能楽師
一馬　いちば　⇔かずま
貞松斎(ていしょうさい)一馬　1827～1900　江戸後期～明治期の華道師範
一兵衛　いちひょうえ
小林(こばやし)一兵衛　戦国時代の甲斐郡内の土豪
市兵衛　いちびょうえ　⇔いちべえ
高橋(たかはし)市兵衛　?～1617　江戸前期の武士。大坂の陣で籠城
谷(たに)市兵衛　?～1615　江戸前期の伊東長次の中小姓
三宅(みやけ)市兵衛　?～1615　江戸前期の武士。大坂の陣で籠城
市兵衛直貞　いちびょうえなおさだ
大庭(おおば)市兵衛直貞　江戸前期の医師
市兵衛信成　いちびょうえのぶしげ
杉森(すぎもり)市兵衛信成　?～1655　江戸前期の豊臣秀吉・秀頼・稲葉正則の家臣
市兵衛　いちべえ　⇔いちびょうえ
池田屋(いけだや)市兵衛　江戸後期の両替商
石野(いしの)市兵衛　江戸中期の文人
漆屋(うるしや)市兵衛　江戸前期の京都糸割符商人
大塚屋(おおつかや)市兵衛　江戸末期の八戸の商人
賀長(がちょう)市兵衛　江戸中期の都賀郡上稲葉村の義人
加藤(かとう)市兵衛　1841～1903　江戸末期・明治期の岐阜県会議員
吉文字屋(きちもんじや)市兵衛　1721～1793　江戸中期・後期の書肆
吉文字屋(きちもんじや)市兵衛〔2代〕　江戸中期の書肆
七屋(しちや)市兵衛　江戸前期の京都糸割符商人
高田(たかだ)市兵衛　江戸末期の酒造業
田中(たなか)市兵衛　1791～1867　江戸後期・末期の前橋藩向領33か村大総代
筑紫(つくし)市兵衛　?～1639　江戸前期の馬術家
津田(つだ)市兵衛　江戸前期の隈田組与力
土屋(つちや)市兵衛　江戸前期の剣術家
鍋屋(なべや)市兵衛　江戸前期の鋳物師
野田(のだ)市兵衛　1847～1919　江戸末期～大正期の実業家
服部(はっとり)市兵衛　江戸前期の庄屋、平島新田開発者
布川(ふかわ)市兵衛　1853～1914　江戸末期～大正期の農業・煙草小売業
藤屋(ふじや)市兵衛　江戸前期の長崎問屋
真壁屋(まかべや)市兵衛　江戸前期の豪商。仙台味噌の創始者
村上(むらかみ)市兵衛　1704～1792　江戸中期・

後期の剣術家。円明流
村川(むらかわ)市兵衛　江戸前期の米子の特権商人
万屋(よろずや)市兵衛　江戸前期の京都糸割符商人

市兵衛尉盛次　いちべえのじょうもりつぐ
桜沢(さくらさわ)市兵衛尉盛次　1592～1659　安土桃山・江戸前期の鋳物師

一卜斎　いちぼくさい
小松(こまつ)一卜斎　安土桃山時代の剣術家

市正　いちまさ
国府(こう)市正　？～1582　安土桃山時代の備中国の武将

市松　いちまつ
石原(いしはら)市松　1852～？　江戸後期～明治期の実業家
水口(みずぐち)市松　1824頃～1868　江戸後期・末期の新撰組隊士

一丸　いちまる
十方舎(じっぽうしゃ)一丸　江戸後期の戯作者

一麿　いちまろ
石橋(いしばし)一麿　？～1778　江戸中期の俳人、戯作者

市万呂　いちまろ
桑楊庵(そうようあん)市万呂　江戸後期の狂歌作者

一幡　いちまん
一幡　1198～1203　鎌倉前期の鎌倉幕府2代将軍源頼家の子

一味斎　いちみさい
吉岡(よしおか)一味斎　安土桃山時代の剣術家

市光　いちみつ
飯高(いいだかの)市光　平安中期の官人

一夢　いちむ
姉川(あねがわ)一夢　1656～？　江戸前期・中期の地誌編さん者

一無斎　いちむさい
大井(おおい)一無斎　江戸前期の絵師

一鳴　いちめい
鈴木(すずき)一鳴　？～1818　江戸中期・後期の藩士・漢学者

一毛　いちもう
池田(いけだ)一毛　？～1844　江戸後期の能書家

一毛斎　いちもうさい
中居林(なかいばやし)一毛斎　1674～1741　江戸前期・中期の剣術指南役

市守　いちもり
柿本(かきのもとの)市守　奈良時代の官人
秀能井(ひでのい)市守　江戸前期の神職

市弥　いちや
松村(まつむら)市弥　1840～1892　江戸後期～明治期の幕府領であった伊那郡売木村の最後の名主

一安　いちやす　⇔かずやす
田原(たはら)一安　1756～1859　江戸中期～末期の眼科医

以忠　いちゅう　⇔これただ
奈古屋(なごや)以忠　1702～1781　江戸中期の儒者《奈古屋大原》

惟沖　いちゅう
小西(こにし)惟沖　1771～1854　江戸中期～末期の社倉創設者

一有　いちゆう
一有　？～1703　江戸前期・中期の俳人

一雄　いちゆう　⇔かずお
一雄　江戸前期の浄土真宗の僧

以中坊　いちゅうぼう
松沢(まつざわ)以中坊　？～1810　江戸中期・後期の俳人

為蝶　いちょう
為蝶　1749～1820　江戸中期・後期の俳人
井本(いもと)為蝶　1749～1820　江戸中期・後期の文人

一葉　いちよう
千菊園(せんきくえん)一葉　江戸後期の狂歌作者

一陽　いちよう　⇔かずあき
佐々木(ささき)一陽　1787～1855　江戸中期～末期の幕臣・歌人《佐々木一陽》
関(せき)一陽　江戸中期の漢学者
李(り)一陽　1635～1700　江戸前期の朱子学派藩儒学者

為直　いちょく　⇔ためなお
篠本(ささもと)為直　江戸中期の代官

一楽　いちらく　⇔いちがく
一楽　1678～？　江戸前期・中期の浄瑠璃史家
太田(おおた)一楽　江戸中期の茶人
中原(なかはら)一楽　江戸末期の狂歌師

一柳　いちりゅう
山崎(やまざき)一柳　1749～1784　江戸中期の俳人

一竜　いちりゅう
多々良(たたら)一竜　江戸前期の軍記作者

一麟　いちりん
中村(なかむら)一麟　1827～1900　江戸後期～明治期の旧藩士

一礼　いちれい
一礼　江戸前期・中期の俳人

一鷺　いちろ
一鷺　？～1730　江戸中期の俳諧作者

一路　いちろ
一路　？～1759　江戸中期の浄土宗の僧・俳人

一楼　いちろう
一楼　江戸後期の俳人

一郎　いちろう
漢(あや)一郎　漢一郎に同じ
岩崎(いわさき)一郎　1844～1871　江戸後期～明治期の新撰組隊士
柏尾(かしお)一郎　江戸末期の新撰組隊士
漢(かん)一郎　1838～1868　江戸後期・末期の新撰組隊士
高木(たかぎ)一郎　江戸後期の飛騨郡代の田口五郎左衛門の用人
田村(たむら)一郎　1843～？　江戸後期・末期の新撰組隊士

常見（つねみ）一郎　1821〜1869　江戸末期の浪士組三番組隊長。神道無念流の剣客
南野（のうの）一郎　1828〜1894　江戸後期〜明治期の奇兵隊士
野村（のむら）一郎　1832〜1879　江戸末期・明治期の公共事業家、茶業家
林（はやし）一郎　江戸末期・明治期の人。西南戦争では陸軍7番大隊6番小隊長、初代国分村長
前川（まえかわ）一郎　1858〜？　江戸末期の学海指針社創業者
三品（みしな）一郎　1841〜1868　江戸後期・末期の新撰組隊士
渡部（わたなべ）一郎　1837〜1898　江戸後期〜明治期の洋学者

市郎　いちろう
市郎　？〜1823　江戸中期・後期の文政一揆の咎人
柴田（しばた）市郎　？〜1863　江戸後期・末期の庄内藩士

市郎右衛門　いちろううえもん　⇔いちろうえもん, しろううえもん
河内屋（かわちや）市郎右衛門　江戸前期の城端町町年寄

一郎右衛門　いちろうえもん
矢吹（やぶき）一郎右衛門　江戸前期の教育者

市郎右衛門　いちろうえもん　⇔いちろううえもん, しろううえもん
市郎右衛門　江戸前期の漁民
市郎右衛門　江戸後期の津久井県若柳村組頭
阿部（あべ）市郎右衛門　1683〜1768　江戸前期・中期の牡鹿郡長渡浜の肝入
石川（いしかわ）市郎右衛門　？〜1696　江戸前期・中期の藩士
糸屋（いとや）市郎右衛門　江戸前期の町人
岡島（おかじま）市郎右衛門　1756〜1823　江戸中期・後期の藍商
櫛引（くしびき）市郎右衛門　江戸中期の市川新田の開発者
黒田（くろだ）市郎右衛門　1802〜1860　江戸後期・末期の剣術家。今枝流
黒谷（くろだに）市郎右衛門　1771〜1845　江戸中期・後期の庄内藩士
小池（こいけ）市郎右衛門　江戸時代の秩父郡皆野村の名主
佐野（さの）市郎右衛門　江戸後期の愛甲郡川入村名主
下梅沢村（しもうめざわむら）市郎右衛門　江戸前期の加賀藩の十村分役山廻役
田坂（たさか）市郎右衛門　1829〜1869　江戸後期〜明治期の義民
長田（ながた）市郎右衛門　江戸前期の京都糸割符商人
名丸村（なまるむら）市郎右衛門　江戸中期の富商・名丸村の名主
西村（にしむら）市郎右衛門　1809〜1867　江戸時代の京都の本屋
西村（にしむら）市郎右衛門　？〜1705　江戸中期の義民
林（はやし）市郎右衛門　1592〜1669　安土桃山・江戸前期の剣術家。円明流
林（はやし）市郎右衛門　江戸中期の庄内藩家老
俣野（またの）市郎右衛門　1838〜1883　江戸後期〜明治期の旧藩士
湊（みなと）市郎右衛門　？〜1668　江戸前期の八戸藩の初代家老
山形屋（やまがたや）市郎右衛門　江戸前期・中期の江戸の版元

一郎左衛門　いちろうざえもん
小林（こばやし）一郎左衛門　1649〜1709　江戸前期・中期の剣術家《小林養仲》
能見（のみ）一郎左衛門　江戸後期の但馬の心学者

市郎左衛門　いちろうざえもん
市郎左衛門　江戸後期の足柄下郡国府津村の名主
出浦（いでうら）市郎左衛門　1806〜1887　江戸後期〜明治期の寺子屋師匠
宇夫方（うぶかた）市郎左衛門　江戸中期の藩士
笠原（かさはら）市郎左衛門　江戸後期の久良岐郡最戸村名主
河口（かわぐち）市郎左衛門　江戸前期の徳地の庄屋
栗原（くりはら）市郎左衛門　1832〜1916　江戸後期〜大正期の御蔵島役人
小島（こじま）市郎左衛門　江戸時代の孝子
鈴木（すずき）市郎左衛門　1798〜1886　江戸後期〜明治期の芳賀郡亀山村の豪農。自宅に手習塾開設
沼沢（ぬまざわ）市郎左衛門　1729〜1808　江戸中期・後期の剣術家。真影山流
森田（もりた）市郎左衛門　江戸後期の本庄宿の名主

市郎治　いちろうじ
玉井（たまい）市郎治　1752〜1818　江戸中期・後期の養蚕家

一郎太夫　いちろうだゆう
青木（あおき）一郎太夫　1786〜1859　江戸中期〜末期の剣術家。念首座流

市郎兵衛　いちろうべえ　⇔いちろべえ
市郎兵衛　江戸後期の中村庄屋
磐根（いわね）市郎兵衛　1795〜1849　江戸後期の豪商・一関藩士
植木（うえき）市郎兵衛　江戸前期の大坂蔵屋敷役人
宇垣（うがき）市郎兵衛　安土桃山時代の武将《宇垣市郎兵衛》
川口（かわぐち）市郎兵衛　1653〜1681　江戸前期の義民《川口市郎兵衛》

一露斎　いちろさい
月岡（つきおか）一露斎　安土桃山時代の剣術家

一郎兵衛　いちろべえ
橋本（はしもと）一郎兵衛　江戸後期の高座郡本郷村の名主

市良兵衛　いちろべえ
角田（つのだ）市良兵衛　1853〜1908　江戸後期〜明治期の綿布の仲買業

市郎兵衛　いちろべえ　⇔いちろうべえ
阿部（あべ）市郎兵衛　1794〜1856　江戸時代の近江商人

飯田(いいだ)市郎兵衛　戦国時代の醸造家。野田醤油の創始者
今井(いまい)市郎兵衛　江戸後期の三浦郡横須賀村組頭
宇垣(うがき)市郎兵衛　安土桃山時代の武将
梅村(うめむら)市郎兵衛　江戸中期の書肆
岡(おか)市郎兵衛　1816～1892　江戸後期～明治期の私塾経営者
川口(かわぐち)市郎兵衛　1653～1681　江戸前期の義民
高橋(たかはし)市郎兵衛　江戸時代の新庄藩の刀匠
玉屋(たまや)市郎兵衛　江戸後期の花火師
天王寺屋(てんのうじや)市郎兵衛　江戸中期の書肆
浜田(はまだ)市郎兵衛　1729～1801　江戸中期・後期の剣術家。新陰流
表紙屋(ひょうしや)市郎兵衛　江戸前期の書肆

市郎平衛　いちろべえ
富永(とみなが)市郎平衛　江戸前期の通事

市若　いちわか
市若　安土桃山時代の織田信長の家臣

胆津　いつ
白猪史(しらいのふひと)胆津　上代の中央官人

逸淵　いつえん
久米(くめ)逸淵　1790～1861　江戸後期・末期の俳人
児玉(こだま)逸淵　久米逸淵に同じ

逸翁　いつおう
石川(いしかわ)逸翁　江戸末期・明治期の画家
久須美(くすみ)逸翁　1789～1865　江戸後期・末期の小島谷の豪族
中村(なかむら)逸翁　1748～1785　江戸中期の相学家

一介　いっかい
大中(だいちゅう)一介　1447～1532　室町・戦国時代の高僧

一芥　いっかい
松田(まつだ)一芥　1833～1885　江戸後期～明治期の札幌の牛乳販売の草分け

一覚　いっかく
一覚　戦国時代の時宗の僧・連歌作者
春山(はるやま)一覚　1844～1917　江戸末期～大正期の僧

逸客　いっかく
黄化(こうか)逸客　江戸後期の戯作者

一幹　いっかん
一幹　?～1789　江戸中期・後期の俳人

一貫　いっかん　⇔かずつら, ひとつら
片山(かたやま)一貫　1825～1902　江戸末期の漢学者
鈴木(すずき)一貫　1759～1824　江戸中期・後期の眼科医
米田(よねだ)一貫　江戸中期の心学者・医者

一閑　いっかん
蘆沢(あしざわ)一閑　1784～1859　江戸中期～末期の藩士
井上(いのうえ)一閑　1662～1720　江戸中期の儒者
高橋(たかはし)一閑　江戸前期の人。旧佐土原藩啓学の祖
田中(たなか)一閑　?～1700　江戸前期・中期の加賀藩士
谷口(たにぐち)一閑　江戸末期の眼科医
吉田(よしだ)一閑　江戸中期の剣術家。タイ捨流

壱叶　いっかん
壱叶　?～1601　安土桃山時代の女性。池田長門守の娘とされ、室賀信俊に嫁いだ

一貫堂　いっかんどう
伊庭(いば)一貫堂　1786～1869　江戸中期～明治期の漢学者

一奇　いっき　⇔いちき
安西(あんざい)一奇　江戸後期の俳人
柴田(しばた)一奇　1841～1920　江戸末期～大正期の写真家

一記　いっき
堀田(ほった)一記　1835～1889　江戸後期～明治期の教育者
松原(まつばら)一記　?～1895　江戸末期・明治期の和算家

逸記　いっき
山本(やまもと)逸記　江戸後期の漢方本草学者

斎　いつき　⇔いずき
古川(ふるかわ)斎　1811～1870　江戸後期～明治期の医者

斎院　いつき
村田(むらた)斎院　江戸時代の武士

斎宮　いつき　⇔さいぐう
川村(かわむら)斎宮　江戸前期の加藤嘉明の家臣河村権七の弟
古田(ふるた)斎宮〔1代〕　安土桃山・江戸前期の茶人
古田(ふるた)斎宮〔3代〕　江戸前期の茶人
古田(ふるた)斎宮〔4代〕　江戸前期・中期の茶人

一菊　いっきく
一菊　江戸中期の俳人

一匊　いっきく
一匊　江戸中期の俳人《一菊》

一熙斎　いっきさい
江刺家(えさしか)一熙斎　安土桃山時代の武士

一居　いっきょ
河本(こうもと)一居　1660～1747　江戸中期の商人
柳条亭(りゅうじょうてい)一居　1845～1907　江戸末期・明治期の狂歌師

逸漁　いつぎょ
逸漁　江戸中期の俳人

一響　いっきょう
一響　南北朝時代の僧侶・歌人

一曲　いっきょく
万松斎(ばんしょうさい)一曲〔1代〕　江戸後期の華道家
万松斎(ばんしょうさい)一曲〔2代〕　江戸後期の

華道家
万松斎(ばんしょうさい)一曲〔3代〕 江戸後期の華道家
一極斉 いっきょくさい
長谷川(はせがわ)一極斉 1835～1912 江戸後期～明治期の花道家。松月堂古流
一均 いっきん
恩田(おんだ)一均 1696～1789 江戸中期・後期の佐賀藩の学者
一九 いっく ⇔いちく
十返舎(じっぺんしゃ)一九〔2代〕 江戸後期・末期の戯作者
浪華(なにわ)一九 江戸後期の咄本作者
厳島内侍腹姫君 いつくしまのないしばらのひめぎみ
厳島内侍腹姫君 平安後期の女性。厳島内侍の娘《御子姫君》
一家 いっけ ⇔かずいえ
小木曽(おぎそ)一家 1816～1896 江戸後期～明治期の大野瀬村の庄屋
一恵 いっけい
翫月庵(がんげつあん)一恵 江戸末期の華道家
一慶 いっけい ⇔かずよし
若林(わかばやし)一慶 江戸後期の書家
一憩 いっけい
一憩 江戸中期の浄土真宗の僧
一敬 いっけい
並河(なみかわ)一敬 江戸前期の医者
細井(ほそい)一敬 江戸中期の茶人
一景 いっけい
一景 室町・戦国時代の僧侶
塚田(つかだ)一景 ?～1899 江戸末期・明治期の金沢の俳人
秦(はた)一景 ?～1686 江戸前期の俳人。松山藩御用商人
秦(はた)一景 ?～1686 江戸前期の貞門の俳人
一渓 いっけい
渡辺(わたなべ)一渓 1780～? 江戸中期・後期の幕臣・歌人
一兮 いっけい
一兮 1831～1868 江戸後期・末期の俳人
一蕙 いっけい
足立(あだち)一蕙 江戸後期の俳人
一見 いっけん
一見 1640～1690 江戸前期・中期の俳人、狂歌作者
佐藤(さとう)一見 江戸後期の本草家
一虎 いっこ
長井(ながい)一虎 安土桃山時代の武将
一興 いっこう
斉藤(さいとう)一興 1759～1823 江戸末期の漢学者
一候 いっこう
尼ケ崎(あまがさき)一候 江戸時代の富商
一光 いっこう
片岡(かたおか)一光 江戸末期の陶工
土谷(つちや)一光〔2代〕 1850～1924 江戸後期～大正期の陶工
日巌(にちがん)一光 室町時代の臨済宗の僧
横萩(よこはぎ)一光〔2代〕 土谷一光〔2代〕に同じ
一公 いっこう
本元(ほんげん)一公 室町時代の安国寺塔頭の南陽軒主
一向 いっこう
一向 1239～1287 鎌倉後期の念仏僧
一江 いっこう
和田(わだ)一江 1719～1785 江戸中期の漢学者
一耕 いっこう
土肥(どひ)一耕 江戸後期の俳諧師
逸香 いっこう
逸香 江戸後期の俳人
乙孝 いつこう ⇔おとたか
乙孝 江戸前期・中期の俳人《乙孝》
一国斎 いっこくさい
金城(きんじょう)一国斎〔2代〕 江戸後期の漆工
金城(きんじょう)一国斎〔3代〕 1829～1915 江戸後期～明治期の漆工
一左 いっさ
一左 江戸後期の俳人
一砂 いっさ
一砂 1636～? 江戸前期の俳人
一蓑 いっさ
伊藤(いとう)一蓑 安土桃山・江戸前期の武将
一哉 いっさい
一哉 江戸末期の俳人
一斎 いっさい
伊勢(いせ)一斎 1762～? 江戸後期の収集家
佐々部(ささべ)一斎 1575～? 安土桃山・江戸前期の武家
真実庵(しんじつあん)一斎 江戸前期・中期の茶人、華道家
手塚(てづか)一斎 ?～1852 江戸後期の藩士・漢学者
富森(とみのもり)一斎 江戸中期の著述家
竜(りょう)一斎 ?～1795 江戸後期の御典医
一載 いっさい
豊田(とよだ)一載 江戸中期・後期の心学者
一斉 いっさい
一斉 ?～1781 江戸中期の俳人
大神(おおみわの)一斉 平安中期の宇佐八幡宮大宮司
逸斎 いっさい ⇔いつさい
安福(あぶく)逸斎 1680～1763 江戸前期・中期の儒者、歌人
粟田(あわた)逸斎 1790～1843 江戸後期の漢詩人
小河(おがわ)逸斎 1827～1900 江戸後期～明治期の藩士

馬場(ばば)逸斎　江戸後期の漢学者
樋口(ひぐち)逸斎　1812〜1877　江戸後期〜明治期の書家
山田(やまだ)逸斎　江戸中期の茶人

佚斎　いっさい
丹羽(にわ)佚斎　江戸中期の戯作者

逸斎　いつさい　⇔いっさい
本間(ほんま)逸斎　江戸後期・末期の眼科医

一作　いっさく
小川(おがわ)一作　1843〜？　江戸後期・末期の新撰組隊士
福良(ふくら)一作　1851〜1901　江戸後期〜明治期の教育者
牧(まき)一作　1757〜1835　江戸中期・後期の碩学

逸作　いっさく　⇔いつさく
三島(みしま)逸作　江戸後期の韮山代官江川氏の手代

逸作　いつさく　⇔いっさく
吉田(よしだ)逸作　1852〜1902　江戸後期〜明治期の上今泉の自治功労者

一山　いつざん　⇔いちざん
一山　？〜1637　江戸前期の浄土宗の僧

逸山　いつざん
逸山　江戸後期の俳人

佚山　いつざん　⇔ちつざん
佚山　江戸後期の僧、書家

一四　いっし
西川(にしかわ)一四　1709〜1746　江戸中期の俳人

一志　いっし
村山(むらやま)一志　江戸時代の俳人。塩田庄屋

一止　いっし
一止　1792〜1869　江戸後期〜明治期の俳人

一之　いっし　⇔かずゆき
一之　1747〜1829　江戸中期・後期の俳人、医者
一之　1820〜1884　江戸後期〜明治期の俳人
白井(しらい)一之　1821〜1884　江戸後期の俳人
須田(すだ)一之　1747〜1829　江戸中期の医師、俳人

逸二　いつじ
二宮(にのみや)逸二　？〜1862　江戸後期・末期の洋学者

一枝巣　いっしそう　⇔いえす
鷦鷯(ささき)一枝巣　1818〜1872　江戸末期の漢学者

一種　いっしゅ
一種　江戸後期の俳人

一炷　いっしゅ
初音楼(はつねろう)一炷　江戸後期の戯作者

一州　いっしゅう
春柳庵(しゅんりゅうあん)一州　江戸後期の華道家

一洲　いっしゅう
一洲　江戸中期の俳人

一舟　いっしゅう
一舟　戦国時代の永禄頃の人
三浦(みうら)一舟　1790〜1860　江戸後期・末期の藩士

聿修　いっしゅう
聿修　？〜1845　江戸後期の俳人

一秀軒　いっしゅうけん
岸(きし)一秀軒　1782〜1849　江戸中期・後期の花道家

い

逸女　いつじょ
後藤(ごとう)逸女　1814〜1883　江戸後期〜明治期の歌人

一咲　いっしょう
古屋(ふるや)一咲　1655〜1728　江戸前期・中期の甲州元禄俳壇の指導者

一笑　いっしょう
一笑　江戸前期の俳諧作者

一正　いっしょう　⇔かずまさ
神浜(みはま)一正　1838〜1917　江戸後期〜大正期の彫刻家

一嘯　いっしょう
所縁亭(しょえんてい)一嘯〔1代〕　江戸後期の華道家
所縁亭(しょえんてい)一嘯〔2代〕　江戸後期の華道家

逸勝　いつしょう
森(もり)逸勝　1827〜1892　江戸後期〜明治期の医師

一職　いっしょく
馬場(ばば)一職　1765〜1831　江戸末期の剣客

逸治郎　いつじろう
岡田(おかだ)逸治郎　1840〜1909　江戸末期・明治期の実業家、政治家

一心　いっしん　⇔かずただ
一心　1771〜1883　江戸後期〜明治期の木曽御岳の行者

一真　いっしん
片山(かたやま)一真　江戸中期の漢学者
後藤(ごとう)一真　1843〜1890　江戸後期〜明治期の水利開発者

一親　いっしん
井上(いのうえ)一親　1840〜1907　江戸後期〜明治期の人。中央官界で活躍

一心斎　いっしんさい
池田(いけだ)一心斎　江戸後期の大名
戸田(とだ)一心斎　1810〜1871　江戸後期〜明治期の剣術家。直心影流
中村(なかむら)一心斎　1782〜1854　江戸中期〜末期の剣術家。不二心流祖

一水　いっすい
木村(きむら)一水　江戸中期の仙台の俳人
劉(りゅう)一水　？〜1658　江戸前期の人。劉一水を祖とする彭城の本家初代

一清　いっせい　⇔かずきよ
一清　？〜1368　鎌倉後期・南北朝時代の臨済宗の僧
一清　江戸末期の俳人

伊藤（いとう）一清　江戸後期の俳人
一誠　いっせい　⇔かずのぶ
長野（ながの）一誠　1834〜1912　江戸後期〜明治期の地域振興功労者
一青　いっせい
一青　？〜1801　江戸中期・後期の俳人
一蜻　いっせい
英（はなぶさ）一蜻　1839〜1916　江戸末期〜大正期の画家
一川　いっせん
竹村（たけむら）一川　？〜1906　江戸末期・明治期の金沢の俳人
一扇　いっせん
一扇　1794〜1830　江戸後期の俳諧師
一撰　いっせん
甘地（あまし）一撰　甘地一撰に同じ
甘地（あまぢ）一撰　1843頃〜？　江戸後期・末期の新撰組隊士
一泉　いっせん
玉虹楼（ぎょくこうろう）一泉　江戸後期の戯作者
一線　いっせん
万回（ばんかい）一線　？〜1756　江戸中期の曹洞宗の僧
一僊　いっせん
岩本（いわもと）一僊　1819〜1868　江戸後期・末期の画家
一鼠　いっそ
一鼠　1730〜1782　江戸中期の俳人
井上（いのうえ）一鼠　1730〜？　江戸中期の俳諧師
一宗　いっそう
藤（とう）一宗　江戸中期・後期の彫師
一双　いっそう
金原（きんばら）一双　1834〜？　江戸末期の藩金工師
一窓　いっそう
花月庵（かげつあん）一窓　1845〜1922　江戸末期〜大正期の茶人
一草　いっそう
一草　1732〜1819　江戸中期・後期の俳人
一叟　いっそう
一叟　？〜1817　江戸中期・後期の俳人
一叟〔1代〕　1734〜1801　江戸中期・後期の俳人
一叟〔4代〕　1777〜1857　江戸中期〜末期の俳人
一対局　いったいのつぼね
一対局　室町時代の女性。足利義政の側室
一宅　いったく
照井（てるい）一宅　1819〜1881　江戸後期〜明治期の儒者
厳足　いつたり
和田（わだ）厳足　1787〜1853　江戸中期・後期の熊本藩士
一中　いっちゅう
一中　江戸末期の俳人
都（みやこ）一中　1650〜1724　江戸中期の浄瑠璃太夫
一朝　いっちょう
一朝　江戸後期の俳人
信松斎（しんしょうさい）一朝　江戸前期・中期の茶人、華道家
一蝶　いっちょう
為永（ためなが）一蝶　江戸中期の歌舞伎作者
一釣　いっちょう
一釣　江戸末期の俳人
一鵰　いっちょう
巌松斎（がんしょうさい）一鵰　1791〜1868　江戸後期・末期の華道家
一鎮　いっちん
一鎮　鎌倉後期・南北朝時代の時宗の僧
一通　いっつう
一通　江戸中期の俳人
一貞　いってい　⇔かずさだ
一貞　江戸前期の俳人
岸松斎（がんしょうさい）一貞　江戸中期の華道家
一堤　いってい
貞月斎（ていげつさい）一堤　？〜1865　江戸後期・末期の華道家
一定　いってい
一定　江戸中期の俳人
一滴　いってき
大塚（おおつか）一滴　1729〜1818　江戸中期・後期の剣術家。二天一流
戸矢（とや）一滴　江戸後期の盆石家
一鉄　いってつ
一鉄　江戸前期の俳人
一桐　いっとう
一桐　江戸前期・中期の俳諧作者
一塘　いっとう
大塚（おおつか）一塘　1843〜1923　江戸末期〜大正期の私塾師匠・花形塾師匠
一桃　いっとう
一桃　1767〜1838　江戸中期・後期の俳人
一棟　いっとう
一棟　江戸前期・中期の俳人
一刀斎　いっとうさい
伊東（いとう）一刀斎　江戸前期の剣術家、一刀流の祖
伊藤（いとう）一刀斎　伊東一刀斎に同じ
難波（なんば）一刀斎　江戸前期の剣術家
一刀司　いっとうじ
畑野（はたの）一刀司　1807〜1845　江戸後期の剣術家。直心影流
一得　いっとく
岡田（おかだ）一得　？〜1870　江戸後期〜明治期の画家
一徳　いっとく　⇔かずのり
塙（はなわ）一徳　江戸中期の医師
一徳斎　いっとくさい
奈良（なら）一徳斎　1762〜1846　江戸中期・後期の医師

五倫　いつとも
小野(おのの)五倫　平安中期の官人

一音　いっとん
仏海(ぶっかい)一音　?〜1769　江戸中期の曹洞宗の僧

伊豆守祐邦　いづのかみすけくに
河津(かわづ)伊豆守祐邦　1821〜1873　江戸後期〜明治期の125代長崎奉行

一巴　いっぱ
橋本(はしもと)一巴　?〜1558　戦国時代の織田信長の家臣

一栢　いっぱく
谷野(たにの)一栢　戦国時代の南都の僧医

一帆斎　いっぱんさい
吉田(よしだ)一帆斎　1742〜1811　江戸中期・後期の剣術家。忠也派一刀流

一瓢　いっぴょう
川原(かわはら)一瓢　1771〜1840　江戸中期の俳僧
塙(はなわ)一瓢　1773〜1852　江戸中期・後期の儒者

一豹　いっぴょう
倉下(くらした)一豹　江戸時代の文人

一斧　いっぷ
一斧　江戸中期の俳人
朝倉(あさくら)一斧　江戸中期の俳人

逸芙　いっぷ
関根(せきね)逸芙　1809〜1871　江戸後期〜明治期の俳人

一風　いっぷう
一風　江戸前期の俳人

一平　いっぺい　⇔かずひら
一平　江戸前期の俳人
牧野(まきの)一平　1841〜1910　江戸後期〜明治期の実業家、歌人
三樹(みき)一平　1859〜1924　江戸末期〜大正期の出版人

逸平次　いっぺいじ
三宅(みやけ)逸平次　1830〜1906　江戸後期〜明治期の教育者

一平安代　いっぺいやすよ
玉置(たまおき)一平安代　1680〜1728　江戸中期の刀匠。主馬首

逸兵衛　いつべえ
湊(みなと)逸兵衛　1804〜1858　江戸後期・末期の村久砂子鉄山の試吹御用懸、鉄山差配役

一宝　いっぽう
金鈴舎(きんれいしゃ)一宝　江戸後期の狂歌師

一峰　いっぽう
磯(いそ)一峰　江戸前期・中期の藩士
西(にし)一峰　1551〜1638　戦国〜江戸前期の島津義弘の家臣、通訳

一放　いっぽう
富田(とだ)一放　安土桃山・江戸前期の剣術家

一方　いっぽう
一方　江戸中期の俳人
小川(おがわ)一方　江戸時代の医師
篠野(ささの)一方　1798〜1864　江戸後期・末期の医者、狂歌作者

一法　いっぽう
一法　1663〜1725　江戸中期の時宗の僧。清浄光寺25世
他阿(たあ)一法　1664〜1725　江戸中期の遊行49代上人

一芳　いっぽう
多田(ただ)一芳　江戸中期の読本作者

一蜂　いっぽう
河曲(かわふ)一蜂　1641〜1725　江戸前期・中期の俳人

一鳳　いっぽう
一鳳　1799〜1881　江戸後期〜明治期の俳諧作者
松原(まつばら)一鳳　1763〜1845　江戸中期・後期の医者
水川(みずかわ)一鳳　1848〜1908　江戸末期・明治期の画家

一歩斎　いっぽさい
野崎(のざき)一歩斎　江戸後期の心学者

一甫斎　いっぽさい
佐藤(さとう)一甫斎　?〜1590　戦国・安土桃山時代の武士。武田家臣

一本　いっぽん
一本　1680〜1755　江戸前期・中期の力士、庄屋

逸民　いつみん
島田(しまだ)逸民　1836〜1918　江戸末期〜大正期のジャーナリスト

逸郎泰靖　いつろうたいせい
山中(やまなか)逸郎泰靖　1827〜1888　江戸末期の弘前藩家老

一和　いつわ
一和　江戸前期の俳人

猪手　いて
土師連(はじのむらじ)猪手　飛鳥時代の豪族

韋提　いで
那須直(なすのあたい)韋提　?〜700　飛鳥時代の古代那須地方の豪族、那須国造

以貞　いてい　⇔もちさだ
中村(なかむら)以貞　1729〜1766　江戸中期の著述家

為鼎　いてい
九峰(きゅうほう)為鼎　江戸中期の曹洞宗の僧

井手尼　いでのあま
井手尼　平安中期の女房・歌人

井出尼　いでのあま
井出尼　平安中期の女房・歌人《井手尼》

出羽　いでは　⇔でわ
出羽　平安中期・後期の女房・歌人

惟伝　いでん
淵(ふち)惟伝　1717〜1786　江戸中期の会津藤樹学者

い

意伝 いでん
意伝 江戸前期の浄土宗の僧
いと
西郷(さいごう)いと 1843〜1922 江戸末期〜大正期の女性。西郷隆盛の妻
畏堂 いどう
小林(こばやし)畏堂 ?〜1866 江戸後期・末期の漢学者
貽堂 いどう
安孫子(あびこ)貽堂 江戸後期の漢詩人
伊藤左衛門尉 いとうざえもんのじょう
高木(たかぎ)伊藤左衛門尉 戦国時代の信濃国諏訪郡高木の土豪
いとう御上 いとうのおうえ
いとう御上 戦国時代の女性。尼子経久の娘、国造北島雅孝の妻
伊刀王 いとおう
伊刀王 奈良時代の官人
伊刀王 奈良時代の皇族。天平宝字元年(757)殺人の罪により陸奥に流された
意徳 いとく ⇔もとのり
田中(たなか)意徳 ?〜1658 江戸前期の洋医
為徳 いとく ⇔ためのり
甘利(あまり)為徳 江戸末期の幕臣
彝徳 いとく ⇔つねのり
秋山(あきやま)彝徳 江戸後期の和算家
維徳軒 いとくけん
伊達(だて)維徳軒 1753〜1826 江戸後期の紀州の医師
糸成 いとなり
星野(ほしの)糸成 1771〜1856 江戸中期〜末期の歌人・書家
糸主 いとぬし
紀(きの)糸主 平安中期の官人
伊刀女王 いとのじょおう
伊刀女王 奈良時代の官人
糸姫 いとひめ
徳川(とくがわ)糸姫 1626〜1674 江戸前期の女性。徳川義直の娘
糸平 いとひら
小槻(おつきの)糸平 886〜970 平安前期・中期の官人
伊度麻呂 いとまろ
中臣(なかとみの)伊度麻呂 奈良時代の官人。父は東人
糸若 いとわか
糸若 江戸前期の掃除頭
稲石 いないし
稲石 安土桃山時代の女性。宮古の下地大首里大屋子真栄の夫人
稲直 いなお
足立(あだち)稲直 1799〜1821 江戸後期の国学者
稲夫 いなお
池田(いけだ)稲夫 1838〜1904 江戸後期〜明治期の地方政治家
田舎小僧 いなかこぞう
田舎小僧 1750〜1785 江戸中期の盗賊
稲城 いなき
寺田(てらだ)稲城 江戸末期・明治期の教育者、歌人
稲置 いなき
堀川(ほりかわ)稲置 1760〜? 江戸中期・後期の医者・国学者
禰郷 いなさと
長沼(ながぬま)禰郷 1844〜1895 江戸後期〜明治期の直心影流剣士
稲蔵 いなぞう
飯富(おぶ)稲蔵 戦国時代の武士。虎昌の子息ではないかと考えられている
田中館(たなかだて)稲蔵 1838〜1883 江戸後期〜明治期の福岡代官所物書役、福岡村戸長、二戸郡2代目郡長
稲足 いなたり
置始(おきそめの)稲足 奈良時代の官人
稲手 いなで
紀(きの)稲手 奈良時代の官人
稲刀自女 いなとじめ
矢田部(やたべの)稲刀自女 平安前期の人
稲主女 いなぬしめ
稲主女 732〜772 奈良時代の婢
伊奈局 いなのつぼね
伊奈局 ?〜1615 江戸前期の女性。大坂城の女房衆
因幡 いなば
因幡 平安前期の歌人
因幡 平安中期の女性。橘行頼の女。藤原信長の乳母
因幡 平安中期・後期の女性。源実基の女。四条宮の女房
近藤(こんどう)因幡 室町時代の武士
近藤(こんどう)因幡 江戸後期の神職
守屋(もりや)因幡 江戸後期の橘樹郡神奈川宿民
八重森(やえもり)因幡 戦国時代の武将。武田家臣
湯川(ゆかわ)因幡 ?〜1631 江戸前期の足柄上郡中川村名主
和田(わだ)因幡 江戸前期の人。伊達政宗の命により、仙台藩内に木苗園を設けた
稲葉太夫 いなばだゆう
竹本(たけもと)稲葉太夫 江戸後期の大坂文楽の人形遣い
因幡入道 いなばにゅうどう
飯尾(いのう)因幡入道 戦国時代の阿波・三河守護細川成之の家臣
遠山(とおやま)因幡入道 戦国時代の北条氏の家臣
因幡守永親 いなばのかみながちか
伊丹(いたみ)因幡守永親 1580〜1628 安土桃山・江戸前期の武士

因幡守正定　いなばのかみまささだ
成瀬(なるせ)因幡守正定　1752～1806　江戸中期・後期の79代長崎奉行
因幡守安明　いなばのかみやすあきら
細井(ほそい)因幡守安明　1670～1736　江戸前期・中期の46代長崎奉行
稲葉正往室清　いなばまさずみしつきよ
稲葉正往室清　?～1670　江戸前期の女性。小田原城主稲葉正往の後室
稲葉正則室富子　いなばまさのりしつとみこ
稲葉正則室富子　?～1664　江戸前期の女性。毛利秀元の娘
稲人　いなひと　⇔いなんど
上毛野(かみつけぬの)稲人　平安前期の官人
猪名部王　いなべのおう
猪名部王　奈良時代の皇族。天平宝字元年(757)豊野真人の姓を賜わる
猪名部王　奈良時代の皇族。天平勝宝3年(751)三島真人姓を賜う
稲丸　いなまる
三枡(みます)稲丸　1834～1858　江戸後期・末期の歌舞伎役者
謂奈麻呂　いなまろ
安倍(あべの)謂奈麻呂　?～809?　平安前期の官人
稲麿　いなまろ
蚕桑園(さんそうえん)稲麿　江戸後期の養蚕家
西尾(にしお)稲麿　1805～1857　江戸後期の歌人
伊波　いなみ
伊波　戦国時代の北条氏の家臣
稲村　いなむら
秦(はたの)稲村　奈良時代の画師
稲依別王　いなよりわけのおう
稲依別王　上代の日本武尊の子
渭南　いなん
渭南　江戸後期の俳人
神河(かみかわ)渭南　1801～1864　江戸後期・末期の医者
稲人　いなんど　⇔いなひと
秋田(あきた)稲人　江戸末期の儒者
いぬ
松葉(まつば)いぬ　1676～1690　江戸前期・中期の歌人
犬甘　いぬかい
大伴宿禰(おおとものすくね)犬甘　?～762　奈良時代の大伴氏の一族
犬養　いぬかい
阿倍(あべの)犬養　奈良時代の官人
大伴(おおともの)犬養　?～762　奈良時代の官人
多(おおの)犬養　奈良時代の官人
大野(おおのの)犬養　平安前期の山城国の人。延暦15年(796)右京に貫付
多治比(たじひの)犬養　奈良時代の官人
犬千世　いぬちよ
遠山(とおやま)犬千世　戦国時代の北条氏の家臣
犬千代　いぬちよ
跡部(あとべ)犬千代　安土桃山時代の穴山家臣
武田(たけだ)犬千代　1523～1529　戦国時代の武田信虎の次子
戌千代　いぬちよ
武田(たけだ)戌千代　1523～1529　戦国時代の武田信虎の次子《武田犬千代》
犬房丸　いぬぼうまる
犬房丸　鎌倉時代の武士
犬女　いぬめ
犬女　鎌倉時代の女性。小早川氏が領有した安芸国豊田郡梨子羽郷の一期領主
稲子　いねこ
飛鳥部(あすかべの)稲子　平安前期の官人
稲長　いねなが　⇔とうちょう
大宅(おおやけの)稲長　平安前期の丹波国桑田郡の擬主政
丹比(たじひの)稲長　奈良時代の官人
丹比新家(たじひのにいのみの)稲長　奈良時代の官人
稲坊　いねぼう
稲坊　江戸中期の戯作者・狂歌作者
稲麻呂　いねまろ
下毛野(しもつけぬの)稲麻呂　?～768　奈良時代の官人
林(はやしの)稲麻呂　奈良時代の官人
依然　いねん
暁烏(あけがらす)依然　?～1893　江戸後期～明治期の真宗大谷派の僧
伊能　いの
滝本(たきもと)伊能　1838～1860　江戸末期の女性。大老井伊直弼を襲撃した水戸浪士団の指導者関鉄之介の妾
伊之助　いのすけ
伊之助　1696～1757　江戸中期の孝子
石井(いしい)伊之助　江戸末期の新撰組隊士
太田(おおた)伊之助　江戸時代の篤行家
工藤(くどう)伊之助　江戸後期の代庄屋
式守(しきもり)伊之助　1739～1822　江戸時代の立行司
式守(しきもり)伊之助〔2代〕　江戸中期・後期の行司
式守(しきもり)伊之助〔3代〕　1775～1832　江戸中期・後期の行司
式守(しきもり)伊之助〔4代〕　江戸後期の行司
式守(しきもり)伊之助〔5代〕　?～1850　江戸後期の行司
式守(しきもり)伊之助〔6代〕　1814～1880　江戸後期～明治期の行司
玉置(たまおき)伊之助　江戸末期の新撰組隊士
中村(なかむら)伊之助　1846～1924　江戸末期～大正期の植物研究家
深沢(ふかざわ)伊之助　1820～1889　江戸後期～明治期の鋸の製造家
猪介　いのすけ
毛屋(けや)猪介　?～1574　戦国・安土桃山時代

の織田信長の家臣
駒井(こまい)猪介　安土桃山・江戸前期の代官
猪之助　いのすけ
長坂(ながさか)猪之助　？～1843　江戸後期の庄内藩士
吉井(よしい)猪之助　1806～1841　江戸後期の弓術家
猪万呂　いのまろ　⇔いまろ
勾(まがりの)猪万呂　奈良時代の工匠
以葩　いは
和田(わだ)以葩　1612～？　江戸前期の歌人
夷柏　いはく
夷柏　1766～1814　江戸中期・後期の俳人
夷白　いはく
夷白　1797～1868　江戸後期・末期の俳諧師
意伯　いはく
石井(いしい)意伯　1674～1733　江戸前期・中期の医者
西巖(さいがん)意伯　？～1562　戦国・安土桃山時代の臨済宗の僧
渭白　いはく
川上(かわかみ)渭白　1736～1821　江戸中期・後期の茶人
以八　いはち
以八　1539～1614　戦国～江戸前期の浄土宗の傑僧
伊八　いはち
助川(すけがわ)伊八　1748～1805　江戸中期・後期の剣術家。真景流
清田(せいた)伊八　江戸後期の大住郡須賀村民
深谷(ふかや)伊八　？～1870　江戸後期～明治期の篤農家
宮崎(みやざき)伊八　1759～1853　江戸中期・後期の文人
為八　いはち　⇔ためはち
吉野屋(よしのや)為八　江戸後期の版元
伊八郎　いはちろう
武志(たけし)伊八郎　1751～1824　江戸後期の彫刻家
戸倉(とくら)伊八郎　江戸末期・明治期の洋学者
猪兵衛　いひょうえ
吉田(よしだ)猪兵衛　1592～1660　安土桃山・江戸前期の長宗我部盛親・福島正則の家臣
井広　いひろ
浅井(あさい)井広　？～1582　戦国・安土桃山時代の織田信長の家臣《浅井清蔵》
猪臥入道　いふせにゅうどう
山名(やまな)猪臥入道　室町時代の武将
以文　いぶん
青木(あおき)以文　1774～1855　江戸中期～末期の寺子屋師匠
萎文　いぶん
園亭(えんてい)萎文　1841～1914　江戸末期～大正期の俳人
伊平　いへい
岡野(おかの)伊平　1825～1886　江戸後期～明治期の狂歌師、新聞記者
藤井(ふじい)伊平　1775～1830　江戸中期・後期の素封家
三川(みかわ)伊平　江戸末期の商人
為平　いへい　⇔ためひら
石原(いしはら)為平　1717～1788　江戸中期・後期の商家
維平　いへい
中原(なかはら)維平　1832～1908　江戸後期～明治期の勤王の志士
伊兵衛　いへえ　⇔いべえ
伊兵衛　江戸中期の漂流民
伊兵衛　江戸後期の人。津久井県青山村百姓代
浅利(あさり)伊兵衛　1656～1718　江戸前期・中期の剣術家。当田流、林崎新夢想流居合術
新屋(あたらしや)伊兵衛　江戸前期の商人
荒井(あらい)伊兵衛　1840～？　江戸後期～明治期の醸造家
飯塚(いいづか)伊兵衛　1726～1794　江戸中期の美作国倉敷代官
池田(いけだ)伊兵衛　江戸末期の加美郡小野田本郷大肝入
石川(いしかわ)伊兵衛　江戸後期の商人
石橋(いしばし)伊兵衛　1714～1781　江戸中期の人。気仙郡赤崎村の旧家石橋家の7代目
石原(いしわら)伊兵衛　1668～1720　江戸前期・中期の中老
泉や(いずみや)伊兵衛　江戸前期の京都糸割符商人
伊藤(いとう)伊兵衛〔3代〕　？～1719？　江戸前期の園芸家
井上(いのうえ)伊兵衛　江戸後期の高座郡下溝村民
井花(いはな)伊兵衛　1822～1907　江戸末期・明治期の実業家
植木屋(うえきや)伊兵衛　江戸中期の植木職人
片岡(かたおか)伊兵衛　？～1698　江戸前期・中期の剣術家。無住心剣流
神尾(かんお)伊兵衛　江戸前期の武士
岸和田(きしわだ)伊兵衛　江戸後期の武士
木村(きむら)伊兵衛　安土桃山時代の弓術家
後藤(ごとう)伊兵衛　1808～1865　江戸後期・末期の慈善家
柴屋(しばや)伊兵衛　？～1787　江戸中期の伏見町人
下条(しもじょう)伊兵衛　江戸後期の武士
鈴木(すずき)伊兵衛　江戸後期の三浦郡長浦村民
鶴屋(つるや)伊兵衛　江戸後期の商人。鶴屋吉信の創業者
東国屋(とうごくや)伊兵衛　江戸後期の水鳥問屋
内藤(ないとう)伊兵衛　江戸中期の遠江国榛原郡川崎町村の廻船業者
西谷(にしや)伊兵衛〔1代〕　1713～1779　江戸中期の尾上村の酒造家
根岸(ねぎし)伊兵衛　江戸中期の大塚村の名主
長谷川(はせがわ)伊兵衛　1647～？　江戸前期の上方代官
服部(はっとり)伊兵衛　？～1858　江戸後期・末期の庄内藩付家老

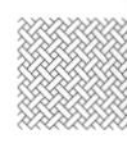

藤井（ふじい）伊兵衛　?～1834　江戸後期の素封家
町方村（まちかたむら）伊兵衛　1702～1774　江戸中期の義民。小八賀町方村の百姓
三矢（みつや）伊兵衛　1747～1804　江戸中期・後期の儒学者
三好（みよし）伊兵衛　江戸後期の操り人形師
柳原（やなぎはら）伊兵衛　1842～1913　江戸末期～大正期の吉田港の建設計画者
和久屋（わくや）伊兵衛　江戸前期の京都糸割符商人
渡辺（わたなべ）伊兵衛　江戸前期の加賀藩の扶持人大工

伊兵衛　いべえ　⇔いへえ
伊兵衛　江戸中期の薩摩国上甑島里村の橋口屋敷名頭
増淵（ますぶち）伊兵衛　?～1825　江戸後期の宇都宮の豪商。丸井屋5代目

伊部王　いべおう
伊部王　奈良時代の官人

惟宝　いほう
惟宝　1663～1726　江戸前期・中期の真言宗の僧

惟芳　いほう
本荘（ほんじょう）惟芳　江戸中期の「一日百詠」の著者

渭北　いほく
右江（みぎえ）渭北　1703～1755　江戸中期の俳人

以朴　いぼく
朝枝（あさえだ）以朴　?～1686　江戸中期の岩国藩士・医者

五百国　いほくに　⇔いおくに
薗臣（そののおみ）五百国　奈良時代の地方官人

伊保佐　いほさ
工藤（くどう）伊保佐　江戸後期の神官

今あこ　いまあこ
今あこ　平安前期の歌人

今子　いまあこ　⇔いまこ
今子　平安前期の歌人《今あこ》

今阿弥　いまあみ
今阿弥　戦国時代の吏僚。北条氏に仕えた

今右衛門　いまえもん
山内（やまうち）今右衛門　江戸中期の高山の地役人

今雄　いまお
刈田首（かりたのおびと）今雄　平安前期の阿波博士
坂上（さかのうえ）今雄　平安前期の漢詩人

今影　いまかげ
紀（きの）今影　平安前期の官人

今樹　いまき
紀（きの）今樹　平安前期の名草郡司

今城　いまき
大原真人（おおはらまひと）今城　奈良時代の上野国司、今城王。万葉歌人

今木　いまき
今木　平安前期の女官、歌人

今子　いまこ　⇔いまあこ
今子　平安前期の女性。宇多天皇に仕えた。亭子院の今子ともいう

神門（かんどの）今子　平安前期の女官か

今貞　いまさだ
飛鳥戸（あすかべの）今貞　平安前期の官人

今重　いましげ
秦（はたの）今重　平安後期の官人

今輔　いますけ
大久保（おおくぼ）今輔　1757～1834　江戸中期・後期の奉行

今武　いまたけ
忌部（いんべの）今武　平安中期の官人

今嗣　いまつぐ
御室（みむろの）今嗣　平安前期の官人

今常　いまつね
小野（おのの）今常　平安前期の官人

今出河院権中納言　いまでがわいんのごんちゅうなごん
今出河院権中納言　鎌倉時代の女房・歌人

今長　いまなが
藤井（ふじいの）今長　平安後期の官人

今成　いまなり
清原（きよはらの）今成　平安後期の官人

今也　いまなり
待名斎（まちなさい）今也　江戸後期の黄表紙作者

今古　いまふる
新津（にいつ）今古　1815～1890　江戸後期～明治期の俳諧の宗匠
道（みちの）今古　平安前期の女性

今麻呂　いままろ
大中臣（おおなかとみの）今麻呂　奈良時代の官人

今麿　いままろ
紀（きの）今麿　平安前期の紀伊国在田郡の刀禰

今道　いまみち
砺波（となみ）今道　江戸中期の国学者
布留（ふる）今道　平安前期の官人、歌人

今虫　いまむし
国見（くにみの）今虫　奈良時代の天文博士

今吉　いまよし
飛鳥戸（あすかべの）今吉　平安中期の人。長保1年大和国城下郡東郷早米使藤原良信を殺害した犯人
秦人（はたひとの）今吉　843～?　平安前期の人。新羅系渡来者の子孫

猪麻呂　いまろ
語臣（かたりのおみ）猪麻呂　飛鳥時代の出雲国の人

猪万呂　いまろ　⇔いのまろ
宋宜部（そがべの）猪万呂　奈良時代の新屋郷の上戸

忌寸　いみき
志賀（しが）忌寸　江戸中期の神道家

維明　いめい　⇔これあき
維明　1731～1808　江戸中期の画僧
広島（ひろしま）維明　江戸中期の画家

芋助　いもすけ
発田（ほった）芋助　江戸中期の戯作者

妹女　いもめ
久米舎人（くめのとねり）妹女　奈良時代の女性

い

弥清　いやきよ
紀（きの）弥清　平安前期の官人
弥継　いやつぐ
大伴（おおともの）弥継　平安前期の官人
弥嗣　いやつぐ
伴（ともの）弥嗣　761〜823　平安前期の官人
弥福　いやとみ
多治（たじひの）弥福　平安中期の官人
弥成　いやなり
大枝（おおえの）弥成　平安前期の官人
礼光　いやみつ
坂上（さかのうえの）礼光　平安後期の官人
伊予　いよ
伊予　鎌倉後期の女房・歌人
青木（あおき）伊予　江戸後期の大住郡大山阿夫利神社祠官
石田（いしだ）伊予　安土桃山時代の織田信長の家臣
幸阿弥（こうあみ）伊予　江戸中期の蒔絵師
土屋（つちや）伊予　？〜1826　江戸中期・後期の山梨郡上栗原村白山神社の神主
宮崎（みやざき）伊予　江戸後期の津久井県寸沢嵐村日天宮神主
伊与　いよ
北代（きただい）伊与　1804〜1865　江戸後期・末期の女性。坂本龍馬の継母
渭陽　いよう
谷口（たにぐち）渭陽　1842〜1862　江戸後期・末期の漢学者
伊与吉　いよきち
北沢（きたざわ）伊与吉　1838〜1915　江戸末期〜大正期の医師
イヨノ
田雑（たぞう）イヨノ　1825〜1913　江戸末期〜大正期の教育者
伊予守輝高　いよのかみてるたか
新井（あらい）伊予守輝高　？〜1480　室町・戦国時代の武士
伊予守直義　いよのかみなおよし
松山（まつやま）伊予守直義　1737〜1821　江戸中期・後期の85代長崎奉行
伊予守正守　いよのかみまさもり
福島（ふくしま）伊予守正守　江戸前期の福島正則・豊臣秀頼の家臣
伊予守正行　いよのかみまさゆき
玉川（たまがわ）伊予守正行　？〜1652？　江戸前期の近江国高島郡新庄城主
伊予守義熙　いよのかみよしひろ
山名（やまな）伊予守義熙　江戸前期の豊臣秀頼の家臣
伊予守吉安　いよのかみよしやす
野々村（ののむら）伊予守吉安　？〜1615　江戸前期の豊臣秀吉の家臣
伊予坊　いよぼう
伊予坊　南北朝時代の武士
伊与麻呂　いよまろ
佐味（さみの）伊与麻呂　奈良時代の官人
伊余門　いよもん
水毛生（みもう）伊余門　1815〜1890　江戸末期・明治期の農事指導者
入石　いりいわ
三宅（みやけの）入石　飛鳥時代の遣新羅使
入江　いりえ
菊池（きくち）入江　1837〜1900　江戸後期〜明治期の寺子屋師匠として活躍
入習軒　いりしゅうけん
入習軒　？〜1751　江戸中期の漢学者
以立　いりつ
清地（きよち）以立　1663〜1729　江戸前期・中期の医者・漢学者
入兵衛　いりべえ
入野（いりの）入兵衛　1690〜？　江戸中期の河辺郡鹿篭浦の漁師
為流　いりゅう
志倉（しくら）為流　？〜1886　江戸後期〜明治期の俳人
入鹿　いるか
粟田（あわたの）入鹿　平安前期の官人
入鹿麻呂　いるかまろ
和（やまとの）入鹿麻呂　平安前期の神祇伯
入間坊　いるまぼう
入間坊　江戸後期の入間川村延命寺の当山派修験者
威烈　いれつ
憲幢（けんどう）威烈　1759〜1829　江戸中期・後期の臨済宗の僧
色経　いろつね
赤染（あかぞめの）色経　平安後期の官人
いろは
袖崎（そでさき）いろは　江戸中期の歌舞伎役者
芳沢（よしざわ）いろは　1755〜1810　江戸中期・後期の歌舞伎役者、京坂若女形
伊呂売　いろめ
葛城之野（かつらぎのの）伊呂売　上代の女性。誉田（応神）天皇妃
伊和　いわ
伊和　江戸後期の女性。津久井県佐野川村八郎左衛門の妻
岩　いわ
毛利（もうり）岩　？〜1582　戦国・安土桃山時代の織田信長の家臣
祝緒　いわいお
祝緒　平安後期の女房
岩右衛門　いわえもん
鯨ケ洞（えぞがほら）岩右衛門　江戸中期の力士
巌　いわお
石塚（いしづか）巌　江戸末期の偽新撰組隊士
今橋（いまはし）巌　？〜1899　江戸末期の志士
岩佐（いわさ）巌　1852〜1899　江戸後期〜明治期の鉱山学者、技師

木下(きのした)巌　1843～1868　江戸後期・末期の新撰組隊士
清水(しみず)巌　1733～1810　江戸中期・後期の彫刻家

岩男　いわお
鳥居(とりい)岩男　1739～1816　江戸後期の剣術家、宇都宮藩士

岩尾　いわお
込山(こみやま)岩尾　江戸後期の大住郡東田原村陸右衛門妻

石雄　いわお
小野(おのの)石雄　平安前期の武人、官人

石垣　いわがき
物部(もののべの)石垣　平安後期の官人

石勝　いわかつ
石勝　平安前期の飛騨国造

岩吉　いわきち
鹿島(かじま)岩吉　1816～1885　江戸後期～明治期の大工
本多(ほんだ)岩吉　江戸末期の新撰組隊士

磐城王　いわきのおう
磐城王　上代の允恭天皇の皇孫
磐城王　奈良時代の官人

磐城別　いわきわけ
磐城別　上代の「日本書紀」にみえる垂仁天皇の孫

石国　いわくに
賀屋(かやの)石国　平安後期の官人
秦(はたの)石国　平安後期の官人
早部(はやべの)石国　平安後期の官人

盤具母礼　いわぐのもれ
盤具母礼　？～802　平安前期の陸奥国胆沢の蝦夷首長

岩蔵姫君　いわくらのひめぎみ
岩蔵姫君　鎌倉後期の歌人

岩子　いわこ
岩子　1710～1790　江戸中期・後期の女性。花岡島津家2代久尚の後室

石子　いわこ
小野(おのの)石子　平安前期の官人

岩五郎　いわごろう
岩五郎　江戸末期の刈田郡白石の人
近藤(こんどう)岩五郎　1845～1866　江戸後期・末期の加賀藩士

石前　いわさき
県主(あがたぬしの)石前　奈良時代の官人
猪名(いなの)石前　？～714　飛鳥・奈良時代の官人
宍人(ししひとの)石前　奈良時代の武蔵国の郡司
竪部(たてべの)石前　奈良時代の官人
贄首(にえのおびと)石前　奈良時代の地方豪族
桧前(ひのくまの)石前　奈良時代の防人

巌治　いわじ
工藤(くどう)巌治　江戸末期の藩士・洋学者

岩下　いわした
岩下　戦国・安土桃山時代の信濃国筑摩郡会田の国衆。虚空蔵山城(会田城)主

石嶋　いわしま　⇔いそしま
河内(かわちの)石嶋　奈良時代の画師

磐嶋　いわしま
楢(ならの)磐嶋　飛鳥時代の人。「日本霊異記」に見られる

石代　いわしろ
下毛野(しもつけぬの)石代　奈良時代の官人

岩次郎　いわじろう
伊藤(いとう)岩次郎　1858～1920　江戸末期～大正期の誠之堂主人
大坪(おおつぼ)岩次郎　1859～？　江戸末期・明治期の寄留商人
奥井(おくい)岩次郎　？～1842　江戸後期の義民
加納(かのう)岩次郎　1764～1796　江戸中期・後期の藍商
郷原(ごうばら)岩次郎　1858～1912　江戸末期・明治期の篤農家
鈴木(すずき)岩次郎　江戸末期の従者。1860年遣米使節に随行しアメリカに渡る
竹林(たけばやし)岩次郎　1829～1878　江戸後期～明治期の剣術家。武蔵流

石末　いわすえ
清原(きよはらの)石末　平安後期の官人

岩蔵　いわぞう
杉山(すぎやま)岩蔵　1839～1890　江戸後期～明治期の剣術家。直心影流

石竹　いわたけ
秦忌寸(はたのいみき)石竹　奈良時代の官人

石田王　いわたのおう　⇔いわたのおおきみ
石田王　飛鳥時代の丹生王・山前王の歌に詠まれた人《石田王》

石田王　いわたのおおきみ　⇔いわたのおう
石田王　飛鳥時代の丹生王・山前王の歌に詠まれた人

石足　いわたり　⇔いそたり
飽田(あくたの)石足　726～？　奈良時代の河内国渋川郡賀美郷の戸主、写経所経師

岩太郎　いわたろう
前田(まえだ)岩太郎　1845～？　江戸後期・末期の新撰組隊士

石常　いわつね
大秦(おおはたの)石常　平安後期の官人

石角　いわつの
鴨(かもの)石角　奈良時代の官人

石行　いわつら
阿倍(あべの)石行　奈良時代の官人

石伴　いわとも
仲(なかの)石伴　？～764　奈良時代の官人

石長　いわなが
大原(おおはらの)石長　平安中期の官人

石成　いわなり
安曇(あずみの)石成　奈良時代の官人
阿刀(あとの)石成　平安前期の官人
清原(きよはらの)石成　平安後期の官人

路（みちの）石成　奈良時代の官人

石主　いわぬし
大野（おおのの）石主　奈良時代の官人

石根　いわね
中臣（なかとみの）石根　奈良時代の官人

盤根　いわね
小野（おの）盤根　1833〜1889　江戸後期〜明治期の弘前八幡宮宮司、国学者

磐根　いわね
阿部（あべ）磐根　1792〜1855　江戸後期・末期の国学者
小野（おの）磐根　1833〜1889　江戸後期〜明治期の神職
松川（まつかわ）磐根　1848〜1907　江戸後期〜明治期の地方政治家・教育者

岩之丞　いわのじょう
倉見（くらみ）岩之丞　1859〜1911　江戸末期・明治期の農業技術者
斎藤（さいとう）岩之丞　1799〜1888　江戸後期〜明治期の教育者

岩之助　いわのすけ
若松（わかまつ）岩之助　1729〜1766　江戸中期の力士

岩坊　いわのぼう
岩坊　？〜1387　南北朝時代の真言宗の僧

石淵王　いわふちおう
石淵王　奈良時代の官人

石正　いわまさ
雄橋（おはしの）石正　奈良時代の官人

岩松　いわまつ　⇔がんしょう
杉原（すぎはら）岩松　1849〜1906　江戸後期〜明治期の花道家

石松　いわまつ
巫部（かんなぎべの）石松　平安後期の山城国石垣荘の住人。天喜4年（1056）不当を訴える

石丸　いわまろ
河原（かわらの）石丸　平安中期の人。東大寺領因幡国高庭荘で、謀書を以て地子の領知を妨げた

石見　いわみ
県（あがた）石見　江戸末期・明治期の神職
有沢（ありさわ）石見　？〜1569　安土桃山時代の安芸国虎の老臣
滝本（たきもと）石見　江戸中期の加賀国能美郡小松町の鋳工
亘理（わたり）石見　1683〜1742　江戸前期・中期の剣術家。四兼流ほか

已波美　いわみ
物部（もののべの）已波美　平安前期の人

石見守　いわみかみ
今沢（いまざわ）石見守　戦国時代の府中八幡神社の神主

石見守成允　いわみのかみしげみつ
荒尾（あらお）石見守成允　1801〜1861　江戸後期・末期の108代長崎奉行

石見守貴強　いわみのかみたかます
松平（まつだいら）石見守貴強　1742〜1799　江戸中期・後期の76代長崎奉行

石見守昌新　いわみのかみまさもと
徳永（とくなが）石見守昌新　江戸末期の124代長崎奉行

石見守吉勝　いわみのかみよしかつ
水原（みわら）石見守吉勝　？〜1615　江戸前期の豊臣秀吉の家臣

石村　いわむら
大蔵（おおくらの）石村　奈良時代の官人

岩室坊　いわむろぼう
岩室坊　安土桃山時代の織田信長の家臣

石女　いわめ
内蔵（くらの）石女　平安中期の筑前国志麻郡板持荘の住人

寅　いん
桃井（もものいの）寅　江戸中期の医師。「嶺丘白牛酪考」の著者

因悦　いんえつ
西俣（にしまた）因悦　江戸前期・中期の囲碁棋士

院円　いんえん
院円　平安後期・鎌倉前期の仏師

胤海　いんかい
胤海　1613〜1689　江戸前期・中期の天台宗の僧、歌人

院海　いんかい
院海　平安後期・鎌倉前期の仏師

院寛　いんかん
院寛　鎌倉前期の仏師

隠求　いんきゅう
永井（ながい）隠求　1689〜1740　江戸中期の漢学者

員九　いんく
員九　江戸中期の俳人

胤矩　いんく
胤矩　江戸中期の俳諧師

院救　いんぐ
院救　989〜1041　平安中期の石清水八幡宮の別当

胤憲　いんけん　⇔たねのり
胤憲　南北朝時代以前の連歌作者

印玄　いんげん
金剛仏子（こんごうぶっし）印玄　鎌倉時代の画家

院源　いんげん
院源　951〜1028　平安中期の天台宗の僧。天台座主26世

印孝　いんこう
印孝　室町・戦国時代の日蓮宗の僧、連歌作者

院康　いんこう
院康　平安後期・鎌倉前期の院派仏師

蚓候　いんこう
溝岳散人（こうがくさんじん）蚓候　江戸中期の談義本作者

院豪　いんごう
院豪　鎌倉後期の仏師
院厳　いんごん
院厳　平安後期の僧。醍醐寺釈迦堂阿闍梨
因砂　いんさ
井上（いのうえ）因砂　1785～1829　江戸中期・後期の囲碁棋士
寅斎　いんさい
山本（やまもと）寅斎　江戸中期の漢学者
筠斎　いんさい
牟田口（むだぐち）筠斎　1782～1855　江戸中期～末期の漢学者
因策　いんさく
松野（まつの）因策　1792～1842　江戸後期の華岡青洲に学んだ弘前藩医
飲子　いんし
三津（みつ）飲子　江戸中期の浄瑠璃作者
印持　いんじ
印持　？～1870　江戸後期～明治期の浄土真宗の僧
印寿　いんじゅ
大橋（おおはし）印寿　1744～1799　江戸中期・後期の将棋棋士《大橋宗桂〔9代〕》
贇周　いんしゅう
井田（いだ）贇周　江戸中期の和算家
院俊　いんしゅん
院俊　1179？～？　鎌倉前期の仏師
印順　いんじゅん
桐谷（きりだに）印順　1818～1889　江戸後期～明治期の僧
院勝　いんしょう
院勝　平安後期の仏師
院定　いんじょう
院定　平安後期・鎌倉前期の仏師
殷乗　いんじょう
後藤（ごとう）殷乗　1621～1689　江戸前期・中期の装剣金工
音吹　いんすい　⇔おんすい
音吹　江戸中期の僧。福野町弥勒山安居寺の10世住職
因静　いんせい
因静　1725～1791　江戸中期・後期の浄土宗の僧
殷成　いんせい
川合（かわい）殷成　1648～1732　江戸中期の寺子屋師匠
因石　いんせき
三谷（みたに）因石　1699～1765　江戸中期の俳人
因碩　いんせき
大塚（おおつか）因碩　1831～1904　江戸後期～明治期の囲碁棋士
松本（まつもと）因碩　1831～1891　江戸後期～明治期の囲碁棋士
因宗　いんそう
保坂（ほさか）因宗　江戸前期の測量家
允中　いんちゅう
高津（たかつ）允中　1746～1808　江戸中期・後期の私塾経営者
因長　いんちょう
林（はやし）因長　1690～1745　江戸中期の囲碁棋士
引蝶　いんちょう
引蝶　1723～1799　江戸中期・後期の俳諧師
胤定　いんてい　⇔たねさだ
井田（いだ）胤定　安土桃山時代の上総国の在地領主、代官
院応　いんのう
院応　南北朝時代の仏師
院能　いんのう
院能　平安後期・鎌倉前期の仏師
殷富門院尾張　いんぷもんいんのおわり
殷富門院尾張　平安後期の女房・歌人
殷富門院新中納言　いんぷもんいんのしんちゅうなごん
殷富門院新中納言　平安後期の女房・歌人
允釐　いんり
金井（かない）允釐　1837～1886　江戸後期～明治期の旧藩士
尹里　いんり
尹里　？～1761　江戸中期の俳人
隠竜　いんりょう
隠竜　？～1651　江戸前期の僧侶

【う】

う

迂莽　うあん
岡（おか）迂莽　1773～1837　江戸末期の詩人
宇一　ういち
遠田（おんだ）宇一　1851～1894　江戸後期～明治期の秩父事件に活躍
兎一　ういち
柴山（しばやま）兎一　1856～？　江戸末期・明治期の養蚕家
宇逸　ういつ
宇逸　1799～1872　江戸後期～明治期の俳人
宇右衛門　ううえもん　⇔うえもん
中島（なかじま）宇右衛門　1726～1800　江戸中期・後期の郡馬郡大久保村の名主
卯室　ううん
卯室　？～1830　江戸後期の俳人
卯堂　ううん
卯堂　江戸中期の俳人
上右衛門　うええもん
中根（なかね）上右衛門　江戸中期の京都銀座役人
上足　うえたり　⇔かみたり
大伴宿禰（おおとものすくね）上足　奈良時代の上野介

う

右衛門尉貞行　うえのもんのじょうさだゆき
工藤（くどう）右衛門尉貞行　南北朝時代の津軽田舎郡の豪族

右衛門　うえもん　⇔えもん
右衛門　平安中期の女房・歌人
伊丹（いたみ）右衛門　戦国時代の武将
岡石（おかいし）右衛門　1813～1895　江戸後期～明治期の村政功労者
春日（かすが）右衛門　安土桃山時代の武士
木内（きうち）右衛門　平安後期の武士
神藤（しんどう）右衛門　安土桃山時代の織田信長の家臣
武田（たけだ）右衛門　江戸時代の武士
原田（はらだ）右衛門　？～1629　江戸前期の僚吏

宇右衛門　うえもん　⇔ううえもん
井戸（いど）宇右衛門　？～1603　安土桃山時代の津山森藩の重臣
井上（いのうえ）宇右衛門　1820～1888　江戸末期・明治期の農民
大場（おおば）宇右衛門　1622～1683　江戸前期の庄内藩士
岡崎（おかざき）宇右衛門　江戸後期の鎌倉鶴岡八幡宮大工棟梁
亀井（かめい）宇右衛門　？～1781　江戸中期の大住郡下谷村名主
佐々木（ささき）宇右衛門　1849～1909　江戸後期～明治期の長井の製糸業育成振興に力のあった実業家
樹下（じゅげ）宇右衛門　？～1840　江戸後期の心学者
中島（なかじま）宇右衛門　1726～1800　江戸中期・後期の郡馬郡大久保村の名主《中島宇右衛門》
根津（ねづ）宇右衛門　江戸前期の侍。甲府宰相綱重に仕えた
星崎（ほしざき）宇右衛門　江戸後期の足柄下郡矢作村名主
薬師寺（やくしじ）宇右衛門　？～1688　江戸前期の自覚流の砲術家

卯右衛門　うえもん
大坪屋（おおつぼや）卯右衛門　江戸中期の高山の町人
柏屋（かしわや）卯右衛門　？～1777　江戸中期の高山の人
金沢（かなざわ）卯右衛門　1828～1881　江戸後期～明治期の地域奉仕家
三村（みむら）卯右衛門　1826～1882　江戸後期～明治期の漆工家・高岡錆絵の創始者

鵜右衛門　うえもん
片岡（かたおか）鵜右衛門　安土桃山時代の織田信長の家臣

夘右衛門　うえもん
延塚（のぶづか）夘右衛門　1782～1836　江戸中期・後期の小倉藩士

右衛門五郎　うえもんごろう
右衛門五郎　江戸中期の高野山寺領清水村庄屋

右衛門三郎　うえもんさぶろう
粟飯原（あいはら）右衛門三郎　戦国時代の千葉勝胤（号輪覚）の家臣。左近将監の子

右衛門大夫　うえもんたゆう　⇔うえもんのたいふ，うえもんのだいぶ，えもんのだいぶ
高（こう）右衛門大夫　戦国時代の古河公方足利義氏の家臣

右衛門少輔　うえもんのしょう
上原（うえはら）右衛門少輔　安土桃山時代の織田信長の家臣

右衛門尉　うえもんのじょう　⇔えもんのじょう
粟飯原（あいはら）右衛門尉　戦国時代の千葉胤直（常瑞）の家臣
飯羽間（いいばさま）右衛門尉　？～1582　戦国・安土桃山時代の織田信長の家臣
今田（いまだ）右衛門尉　戦国時代の備前国の武将
小川（おがわ）右衛門尉　南北朝時代の祖谷山の武士
楢原（ならはら）右衛門尉　1518～1583　安土桃山時代の織田信長の家臣
府馬（ふま）右衛門尉　戦国時代の千葉胤富の家臣
堀内（ほりうち）右衛門尉　戦国時代の井田因幡守の家臣

右衛門尉兵衛　うえもんのじょうびょうえ
花井（はない）右衛門尉兵衛　安土桃山時代の織田信長の家臣

右衛門佐　うえもんのすけ　⇔えもんのすけ
右衛門佐　平安後期の歌人
右衛門佐　1105～？　平安後期の女性。待賢門院、後白河天皇の女房
右衛門佐　平安後期の女流歌人
安藤（あんどう）右衛門佐　？～1570　戦国・安土桃山時代の織田信長の家臣

右衛門大夫　うえもんのたいふ　⇔うえもんたゆう，うえもんのだいぶ，えもんのだいぶ
一宮（いちのみや）右衛門大夫　？～1586？　戦国・安土桃山時代の織田信長の家臣
香川（かがわ）右衛門大夫　安土桃山時代の織田信長の家臣

右衛門大夫　うえもんのだいぶ　⇔うえもんたゆう，うえもんのたいふ，えもんのだいぶ
一宮（いちのみや）右衛門大夫　？～1586？　戦国・安土桃山時代の織田信長の家臣《一宮右衛門大夫》

植安　うえやす
埴原（はいばら）植安　？～1598　安土桃山時代の織田信長の家臣《埴原常安》

ウエントウク
菊地（きくち）ウエントウク　？～1893　江戸後期～明治期の網走地方アイヌ民族の最後の首長

魚麻呂　うおまろ　⇔いおまろ
内（うちの）魚麻呂　奈良時代の官人

宇鹿　うか　⇔うろく
西田（にしだ）宇鹿　1669～1732　江戸前期・中期の俳人

烏涯　うがい
坂上（さかがみ）烏涯　1703〜1784　江戸中期の漢学者
宇迦都久怒　うかづくぬ
宇迦都久怒　上代の出雲国造
浮　うかぶ
源（みなもとの）浮　？〜933　平安前期・中期の公家、歌人
有願　うがん
有願　1737〜1808　江戸中期・後期の僧
宇吉　うきち
井坂（いさか）宇吉　井阪宇吉に同じ
井阪（いさか）宇吉　1845〜1899　江戸末期・明治期の本草学者
小笠原（おがさわら）宇吉　江戸時代の八戸藩お抱えの刀鍛冶
岸（きし）宇吉　1839〜1910　江戸末期・明治期の長岡商人。長岡の発展を主導
若松（わかまつ）宇吉　江戸後期の日置郡市来郷の人
卯吉　うきち
清水（しみず）卯吉　江戸末期の新撰組隊士
三井の（みついの）卯吉　？〜1857　江戸後期・末期の岡っ引き
卯吉郎　うきちろう
野口（のぐち）卯吉郎　？〜1886　江戸後期〜明治期の儒学者・神官
宇橘　うきつ
鈴木（すずき）宇橘　？〜1883　江戸後期〜明治期の生糸貿易商
雨橘　うきつ
雨橘　1680〜1740　江戸前期・中期の俳人
季平　うきへい
愛甲（あいこ）季平　江戸中期の儒者
右京　うきょう
右京　平安中期の女官
宇佐美（うさみ）右京　江戸後期の大住郡曽屋村宇佐八幡宮神主
大木（おおき）右京　江戸前期の仏師
大塚（おおつか）右京　江戸後期の仏師
小笠原（おがさわら）右京　江戸後期の大住郡大山阿夫利神社祠官
神崎（かんざき）右京　1721〜1789　江戸中期・後期の孝子
西郷（さいごう）右京　戦国時代の小田原北条氏の家臣、御馬廻衆
篠岡（ささおか）右京　？〜1615　江戸前期の武士。大坂の陣で籠城
田辺（たなべ）右京　江戸後期の大住郡三宮村三宮明神社家
長山（ながやま）右京　江戸後期の工匠
鵜崎（みさざき）右京　平安後期の鵜崎館主
宇喬　うきょう
宇喬　？〜1837　江戸後期の俳人
宇橋　うきょう
宇橋　1768〜1829　江戸中期・後期の俳人
右京太夫　うきょうだいぶ
中尾（なかお）右京太夫　戦国時代の千葉氏家臣
右京大夫局　うきょうだいぶのつぼね
右京大夫局　？〜1615　江戸前期の女性。豊臣秀頼の乳母
右京進　うきょうのじょう　⇔うきょうのしん
舘野（たての）右京進　戦国時代の下総結城氏の家臣
右京進　うきょうのしん　⇔うきょうのじょう
石井（いしい）右京進　？〜1575　安土桃山時代の真田家臣
一場（いちば）右京進　江戸時代の沼田藩士
塩田（しおだ）右京進　？〜1494　戦国時代の武田氏の家臣
富坂（とみさか）右京進　安土桃山時代の武将
水野（みずの）右京進　安土桃山時代の織田信長の家臣
右京進入道　うきょうのしんにゅうどう
遠山（とおやま）右京進入道　安土桃山時代の御寮織手
右京介　うきょうのすけ
小林（こばやし）右京介　安土桃山時代の武田氏の家臣
右京助　うきょうのすけ
野村（のむら）右京助　戦国時代の結城氏の家臣
長谷川（はせがわ）右京助　戦国時代の大工棟梁
右京亮　うきょうのすけ
粟屋（あわや）右京亮　安土桃山時代の織田信長の家臣
井出（いで）右京亮　戦国時代の今川氏の家臣
伊藤（いとう）右京亮　戦国時代の信濃国高井郡坂田郷の国衆
小川（おがわ）右京亮　江戸前期の最上氏遺臣
白神（しらが）右京亮　室町時代の武将
高宮（たかみや）右京亮　？〜1571　戦国・安土桃山時代の織田信長の家臣
竹沢（たけざわ）右京亮　南北朝時代の武蔵武士
舘野（たての）右京亮　戦国時代の下総結城氏の家臣
寺田（てらだ）右京亮　戦国時代の井田因幡守の家臣
遠山（とおやま）右京亮　戦国時代の武田氏の家臣
根尾（ねお）右京亮　1534〜1582　戦国・安土桃山時代の本巣郡根尾谷の豪族
菱川（ひしかわ）右京亮　安土桃山時代の武将
人見（ひとみ）右京亮　戦国時代の多賀谷氏の家臣
法木（ほうぎ）右京亮　戦国時代の里見義頼の家臣
宮内（みやうち）右京亮　戦国時代の千葉胤富の家臣
右京亮家祥　うきょうのすけいえみち
森（もり）右京亮家祥　江戸前期の武士。大坂の陣で籠城
右京亮入道　うきょうのすけにゅうどう
佐野（さの）右京亮入道　戦国時代の駿河国上稲子もしくは下稲子郷の土豪？
右京大夫　うきょうのだいぶ
右京大夫　平安後期の歌人
烏旭　うきょく
石出（いしで）烏旭　江戸後期の俳人

宇屈波宇　うくはう
宇漢米公(うかめのきみ)宇屈波宇　奈良時代の蝦夷首長
羽霓　うげい
田辺(たなべ)羽霓　1791～1872　江戸末期の俳人
請安　うけやす
雄原(おはら)請安　江戸後期の藤沢宿民

右源次　うげんじ
阿部(あべ)右源次　1819～1897　江戸後期～明治期の剣術家。直心影流
烏光　うこう
烏光　?～1774　江戸中期の俳諧師
烏江　うこう
和田(わだ)烏江　江戸中期の書家・藩士
羽紅　うこう
野沢(のざわ)羽紅　江戸前期・中期の俳人
雨岡　うこう
雨岡　1744～1811　江戸中期・後期の俳人
吉田(よしだ)雨岡　江戸後期の町方与力、文人
雨考　うこう
石井(いしい)雨考　1749～1827　江戸中期・後期の俳人
雨行　うこう
雨行　江戸中期の俳人
鵜江　うこう
鵜江　江戸中期の俳人
烏黒　うこく
川村(かわむら)烏黒　1838～1906　江戸後期～明治期の日本画家、司法官、俳人
烏谷　うこく
烏谷　江戸後期の俳人
雨谷　うこく
川村(かわむら)雨谷　1838～1906　江戸後期～明治期の日本画家、司法官、俳人《川村烏黒》
右駒　うこま
酒井(さかい)右駒　1842～1868　江戸末期の彰義隊剣士
右近　うこん
右近　室町時代の刀工
右近　安土桃山時代の信濃国筑摩郡刈谷原の土豪
赤沢(あかざわ)右近　安土桃山時代の織田信長の家臣
阿久津(あくつ)右近　江戸前期の武士
伊介(いかい)右近　戦国時代の里見氏家臣。百人衆の1人
伊沢(いさわ)右近　戦国時代の武将
岩淵(いわぶち)右近　1573～1646　安土桃山・江戸前期の葛西氏の家臣
上田(うえだ)右近　1798～1876　江戸後期～明治期の養福寺6代目住職で中興の祖
牛丸(うしまる)右近　安土桃山時代の飛州小鷹利城主の牛丸豊前守(備前守)の子
内海(うつみ)右近　江戸後期の淘綾郡二宮村吾妻宮神主
岡田(おかだ)右近　安土桃山時代の織田信長の家臣
葛山(かずらやま)右近　?～1582　安土桃山時代の武田信豊の家臣
後藤(ごとう)右近　安土桃山時代の検地役人
後藤(ごとう)右近　江戸前期の仏師
塩飽(しあく)右近　鎌倉後期の武士
諏訪(すわ)右近　戦国時代の武将。武田家臣
高(たか)右近　安土桃山時代の能登国鳳至郡中村の十村役
高梨(たかなし)右近　江戸後期の大住郡下島村鎮守八幡宮神職
多賀之(たがの)右近　江戸前期の武士。大坂の陣で籠城
筑紫(ちくし)右近　江戸時代の旗本
峠(とうげ)右近　戦国時代の画家
二宮(にのみや)右近　戦国時代の北条氏の家臣
福武(ふくたけ)右近　1752～1823　江戸中期の歌人
三浦(みうら)右近　戦国時代の武将。武田家臣
村井(むらい)右近　江戸前期の豊臣秀頼の家臣
山澄(やまずみ)右近　1811～1865　江戸後期・末期の尾張藩士
吉岡(よしおか)右近　?～1648　江戸前期の代官
米内(よない)右近　安土桃山時代の南部家臣
右厳　うごん
右厳　1186～1275　平安後期～鎌倉後期の律僧
右近右衛門　うこんえもん
佐藤(さとう)右近右衛門　?～1565　戦国・安土桃山時代の織田信長の家臣
右近重年　うこんしげとし
吉田(よしだ)右近重年　1564～1634　安土桃山・江戸前期の武士。長宗我部元親の家臣吉田左衛門佐孝俊の長男
右近将監　うこんしょうげん
後藤(ごとう)右近将監　戦国時代の北条氏の家臣
右近次郎　うこんじろう
田中(たなか)右近次郎　戦国時代の上総国一宮玉前神社(長生郡一宮町)の神主
右近大夫　うこんだゆう　⇔うこんのたいふ, うこんのだいぶ
中条(ちゅうじょう)右近大夫　?～1678　江戸前期の農村指導者
右近尉　うこんのじょう
三井(みつい)右近尉　戦国・安土桃山時代の甲斐国巨摩郡八幡郷の土豪
右近允　うこんのじょう
上田(うえだ)右近允　安土桃山・江戸前期の甲斐国巨摩郡河内西島の土豪
本田(ほんだ)右近允　戦国時代の上杉氏の家臣
望月(もちづき)右近允　安土桃山・江戸前期の甲斐国八代郡河内楠甫村の土豪
右近丞　うこんのじょう
興津(おきつ)右近丞　戦国時代の北条氏家臣。江戸衆。興津加賀守の一族か。太田新六郎康資の寄子
佐野(さの)右近丞　安土桃山時代の駿河国油野郷の人

渋江(しぶえ)右近丞　戦国時代の富士山河口浅間神社所属の御師
中村(なかむら)右近丞　戦国時代の武将。武田家臣

右近将監直勝　うこんのしょうげんなおかつ
湯浅(ゆあさ)右近将監直勝　?～1633　江戸前期の豊臣秀吉・秀頼の家臣

右近進　うこんのしん
大窪(おおくぼ)右近進　戦国時代の武将。武田家臣

右近助　うこんのすけ
市川(いちかわ)右近助　戦国時代の南牧谷砥沢村の土豪
菅沼(すがぬま)右近助　戦国時代の三河国衆。長篠菅沼当主
曽祢(そね)右近助　戦国時代の武田氏の家臣
三浦(みうら)右近助　?～1581　安土桃山時代の武士

右近大夫　うこんのたいふ　⇔うこんだゆう，うこんのだいぶ
高木(たかぎ)右近大夫　安土桃山時代の武士。織田信長家臣

右近大夫　うこんのだいぶ　⇔うこんだゆう，うこんのたいふ
高木(たかぎ)右近大夫　安土桃山時代の武士。織田信長家臣《高木右近大夫》

右近内侍　うこんのないし
右近内侍　平安中期の女性。花山天皇の乳母

右近頼直　うこんよりなお
松浦(まつうら)右近頼直　江戸前期の人。長崎甚左衛門の女婿

迂斎　うさい
三浦(みうら)迂斎　1703～1767　江戸中期の庄屋
吉村(よしむら)迂斎　1749～1805　江戸中期・後期の漢詩人、儒者

宇左衛門　うざえもん
生江(いくえ)宇左衛門　江戸時代の和算家
駐春亭(ちゅうしゅんてい)宇左衛門　江戸後期の遊女屋・料理店主人
豊田(とよだ)宇左衛門　1852～?　江戸後期～明治期の金融業者
内藤(ないとう)宇左衛門　江戸中期の庄内藩家老

卯左衛門　うざえもん
衣笠(きぬがさ)卯左衛門　1825～1873　江戸末期の武士

卯佐吉　うさきち
浮田(うきだ)卯佐吉　1844～1911　江戸後期～明治期の実業家

莵皇子　うさぎのおうじ
莵皇子　上代の「日本書紀」にみえる継体天皇の皇子《兔皇子》

兔皇子　うさぎのおうじ
兔皇子　上代の「日本書紀」にみえる継体天皇の皇子

芋作　うさく
平岡(ひらおか)芋作　?～1903　江戸末期・明治期の陸軍軍人

御先按司　うさちあじ
川端(かわばた)御先按司　南北朝時代の平安座城初代城主

宇佐津彦　うさつひこ
宇佐津彦　上代の宇佐地方の豪族の兄妹《宇沙都比古》

宇沙都比古　うさつひこ
宇沙都比古　上代の宇佐地方の豪族の兄妹

宇佐津姫　うさつひめ
宇佐津姫　上代の宇佐地方の豪族の兄妹《宇沙都比売》

宇沙都比売　うさつひめ
宇沙都比売　上代の宇佐地方の豪族の兄妹

右左則　うさのり
町田(まちだ)右左則　江戸後期の与人

宇三郎　うさぶろう
戸出(とで)宇三郎　1853～1918　江戸末期～大正期の医師

卯三郎　うさぶろう
関口(せきぐち)卯三郎　1847～1923　江戸後期の剣術家

烏山　うざん
太田(おおた)烏山　1782～1851　江戸中期の武士

雨山　うざん
高橋(たかはし)雨山　1837～1910　江戸後期～明治期の杉久保の画家

有山　うざん
安藤(あんどう)有山　江戸後期の寺子屋師匠

宇三太　うさんた
宇三太　江戸中期の黄表紙作者

宇志　うし
平群(へぐりの)宇志　飛鳥時代の征新羅副将軍

牛　うし
山部(やまべの)牛　?～702　飛鳥時代の豊後国戸籍(正倉院文書)に見える戸の戸主

氏昭　うじあき
津守(つもり)氏昭　室町・戦国時代の神職
西池(にしいけ)氏昭　1566～1631　安土桃山・江戸前期の神職・連歌作者

氏章　うじあき
村田(むらた)氏章　1757～1830　江戸中期・後期の藩士

氏明　うじあき
河津(かわつ)氏明　南北朝時代の武将
丹羽(にわ)氏明　?～1753　江戸中期の武士
番(ばん)氏明　江戸前期の武士

氏朝　うじあさ　⇔うじとも
藤波(ふじなみ)氏朝　1803～1875　江戸後期～明治期の神職

氏家　うじいえ
市来(いちき)氏家　南北朝時代の武将

氏雄　うじお
安倍(あべの)氏雄　平安前期の官人
大枝(おおえの)氏雄　平安前期の官人

宇遅王　うじおう
宇遅王　飛鳥時代の敏達天皇の皇子
氏興　うじおき
小浜(おばま)氏興　1843～1913　江戸末期～大正期の人。西南戦争の薩軍の一人。塩田経営者、工業従弟学校を創設
藤波(ふじなみ)氏興　1371～1451　南北朝・室町時代の神職
牛抱　うしおだ
牧野(まきの)牛抱　江戸前期の本多忠刻・稲葉正勝の家臣
牛飼　うしかい
都努(つのの)牛飼　奈良時代の以前の官人
牛養　うしかい
穴太(あのうの)牛養　平安前期の官人
阿倍(あべの)牛養　奈良時代の東大寺写経所校生
石川(いしかわの)牛養　奈良時代の官人
小野(おのの)牛養　？～739　奈良時代の官人
多治比(たじひの)牛養　奈良時代の官人
守部(もりべの)牛養　奈良時代の官人
氏和　うじかず
北条(ほうじょう)氏和　1818～？　江戸後期の幕臣
牛勝　うしかつ
土師(はじの)牛勝　奈良時代の人。大仏開眼供養に楯伏舞の舞頭を奉仕
氏勝　うじかつ　⇔うじまさ
山室(やまむろ)氏勝　戦国時代の上総国武射郡飯櫃城の城主
氏門　うじかど
河野(こうの)氏門　1558～1582　戦国・安土桃山時代の織田信長の家臣
氏兼　うじかぬ
一色(いっしき)氏兼　？～1435　室町時代の歌人
氏上　うじかみ
大伴(おおとも)氏上　平安前期の漢詩人
氏河　うじかわ
県犬養(あがたのいぬかいの)氏河　平安前期の官人
氏清　うじきよ
丹羽(にわ)氏清　1485？～1559　戦国時代の織田信長の家臣
牛御　うしご
牛御　戦国時代の女性。日向是吉の母
氏子　うじこ
水無瀬(みなせ)氏子　江戸前期の女性。後水尾天皇の皇妃
丑五郎　うしごろう
津田(つだ)丑五郎　1845～1869　江戸後期～明治期の新撰組隊士
氏貞　うじさだ
二階堂(にかいどう)氏貞　南北朝時代の鎌倉府政所執事
氏定　うじさだ
藤原(ふじわら)氏定　南北朝時代の公家・歌人
北条(ほうじょう)氏定　戦国時代の武将
氏郷　うじさと　⇔しごう
宗像(むなかた)氏郷　室町時代の神職
氏実　うじざね
黒川(くろかわ)氏実　室町時代の国人領主
富田(とみた)氏実　1543～1591　戦国・安土桃山時代の蘆名氏の家臣
氏栄　うじしげ
三井(みつい)氏栄　江戸末期の武士
氏重　うじしげ
氏重　室町時代の刀工
高坂(こうさか)氏重　高坂氏重に同じ
高坂(たかさか)氏重　南北朝時代の武蔵武士
原田(はらだ)氏重　戦国時代の福谷城城主
本間(ほんま)氏重　？～1574　安土桃山時代の武士
氏成　うじしげ　⇔うじなり
古川(ふるかわ)氏成　1660～1715　江戸前期・中期の代官
氏繁　うじしげ
藤原(ふじわらの)氏繁　鎌倉後期の飛騨守
由良(ゆら)氏繁　1567～1582　安土桃山時代の上野国衆
丑次郎　うしじろう
土田(つちだ)丑次郎　1781～1824　江戸中期・後期の軍学者
牛助　うしすけ　⇔うしのすけ
長田(ながた)牛助　江戸前期の浪人
氏資　うじすけ
那須(なす)氏資　戦国時代の上那須家当主
氏輔　うじすけ
永弘(ながひろ)氏輔　戦国時代の神官、武士
北条(ほうじょう)氏輔　1781～1829　江戸中期・後期の武士
松本(まつもと)氏輔　？～1574　安土桃山時代の蘆名四天宿老の1人
吉弘(よしひろ)氏輔　南北朝時代の武将
氏祐　うじすけ
浅野(あさの)氏祐　江戸後期の横須賀製鉄所委員
丹羽(にわ)氏祐　1765～1821　江戸中期・後期の心学者
氏純　うじずみ　⇔しじゅん
神保(じんぼ)氏純　戦国時代の越中の武将
多羅尾(たらお)氏純　1778～1835　江戸中期・後期の幕臣
村田(むらた)氏純　1713～1788　江戸中期・後期の藩士
氏誉　うじたか
荻(おぎ)氏誉　？～1398　南北朝・室町時代の初代北松野城主
氏隆　うじたか
北条(ほうじょう)氏隆　？～1609　安土桃山・江戸前期の武士
氏堯　うじたか
葛山(かずらやま)氏堯　戦国時代の駿河国駿河郡の在地領主
北条(ほうじょう)氏堯　1522～1562　安土桃山時

代の武将

氏武 うじたけ
石尾(いしお)氏武 1753～? 江戸中期の幕臣
和田(わだ)氏武 江戸後期の藩士

氏孟 うじたけ
戸田(とだ)氏孟 1738～1785 江戸中期の幕臣

氏忠 うじただ
荒木田(あらきだ)氏忠 1228～1275 鎌倉前期・後期の神職、歌人
一宮(いちのみや)氏忠 戦国時代の上野国衆
私(きさいの)氏忠 平安中期の官人

氏理 うじただ ⇔うじまさ
伊賀(いが)氏理 1817～1888 江戸後期～明治期の土佐藩家老

氏胤 うじたね
藤波(ふじなみ)氏胤 ?～1675 江戸前期の神職

氏足 うじたり
岡本(おかもと)氏足 1790～1840 江戸後期の神職、書家

氏親 うじちか
江間(えま)氏親 江戸中期の兵学者
本田(ほんだ)氏親 南北朝時代の武将

宇七兵衛 うしちべえ
永井(ながい)宇七兵衛 江戸中期の庄屋

氏継 うじつぐ
森(もり)氏継 江戸後期の和算家
和(やまとの)氏継 平安前期の官人

氏次 うじつぐ
鵜殿(うどの)氏次 ?～1649 江戸前期の武将
斎藤(さいとう)氏次 戦国時代の武士。北條氏邦旧臣
富岡(とみおか)氏次 ?～1646 江戸前期の武士

氏綱 うじつな
小川(おがわ)氏綱 江戸前期の代官
佐野(さの)氏綱 鎌倉後期・南北朝時代の武士
馬来(まき)氏綱 ?～1391 室町時代の馬木郷領主
松下(まつした)氏綱 ?～1640 江戸前期の武士

氏経 うじつね
荒木田(あらきだ)氏経 ?～1104 平安後期の神官
戸田(とだ)氏経 ?～1681 江戸前期の初代大垣新田藩主

氏常 うじつね
印東(いんとう)氏常 戦国時代の古河公方の家臣

牛貫 うしつら
蒙々斎(もうもうさい)牛貫 江戸後期の狂歌作者

氏貫 うじつら
藤波(ふじなみ)氏貫 南北朝・室町時代の神職

氏秀 うじつら ⇔うじひで
藤波(ふじなみ)氏秀 1478～1554 戦国時代の神職・連歌作者

氏連 うじつら
氏連 1841～1924 江戸末期～大正期の刀工、海軍機関大佐

氏照 うじてる
赤松(あかまつ)氏照 ?～1670 江戸前期の旗本

氏任 うじとう
蔵(くらの)氏任 平安中期の官人

氏時 うじとき
北条(ほうじょう)氏時 ?～1531 戦国時代の北条氏の一族

氏辰 うじとき
紀(き)氏辰 1656～1711 江戸前期・中期の公家、神職

氏俊 うじとし
尾崎(おざき)氏俊 戦国時代の上野国衆国峰小幡氏の家臣

氏利 うじとし
粟生(あお)氏利 1630～1713 江戸前期の武士
戸田(とだ)氏利 ?～1698 江戸前期・中期の第2代大垣新田藩主

氏富 うじとみ
藤波(ふじなみ)氏富 1607～1687 江戸前期の神職

氏侍 うじとも
賀茂(かも)氏侍 1633～1702 江戸前期・中期の神職

氏知 うじとも
織田(おだ)氏知 南北朝時代の土豪

氏朝 うじとも ⇔うじあさ
古川(ふるかわ)氏朝 1806～1877 江戸後期～明治期の和算家、幕臣
結城(ゆうき)氏朝 室町時代の武将

氏豊 うじとよ
山名(やまな)氏豊 ?～1580 安土桃山時代の武将。南条氏家臣

氏直 うじなお
平田(ひらた)氏直 江戸前期の装剣金工
源(みなもと)氏直 南北朝時代の歌人

氏永 うじなが
秋篠(あきしのの)氏永 平安前期の官人
紀(きの)氏永 平安前期の右京三条四坊の戸主従八位下紀朝臣門成の戸口。蔭孫
丹墀(たじひの)氏永 平安前期の官人
物部(もののべの)氏永 平安前期の盗賊の頭目

氏長 うじなが
荒木田(あらきだ)氏長 ?～1001 平安中期の神官
下条(しもじょう)氏長 ?～1582 戦国・安土桃山時代の甲斐武田晴信・勝頼の家臣

氏命 うじなが
藤波(ふじなみ)氏命 1825～1904 江戸後期～明治期の神職

氏業 うじなり
長野(ながの)氏業 1546～1566 戦国・安土桃山時代の上野国衆。箕輪長野氏一族

氏成 うじなり ⇔うじしげ
氏成 鎌倉後期・南北朝時代の公家、歌人
直(あたいの)氏成 平安前期の対馬国下県郡の擬大領
神門(かんとの)氏成 平安前期の武官
讃岐(さぬきの)氏成 平安中期の官人

氏主　うじぬし
安倍(あべの)氏主　794〜858　奈良・平安前期の官人。友上の子
大春日(おおかすがの)氏主　平安前期の暦博士
御船(みふねの)氏主　平安前期の明経道の学者

丑之助　うしのすけ
千葉(ちば)丑之助　1853〜1919　江戸末期〜大正期の篤志家
三井(みつい)丑之助　1841〜？　江戸後期・末期の新撰組隊士

牛助　うしのすけ　⇔うしすけ
寺島(てらしま)牛助　戦国時代の土豪

牛之介　うしのすけ
金松(かねまつ)牛之介　安土桃山時代の織田信長の家臣

牛之助　うしのすけ
青木(あおき)牛之助　1843〜1923　江戸末期〜大正期の千町無田開拓の祖
青地(あおち)牛之助　？〜1663　江戸前期の豊臣家の家臣
寺島(てらじま)牛之助　戦国・安土桃山時代の武士
鳥山(とりやま)牛之助　1588〜1666　安土桃山・江戸前期の2代目三河国代官
弓削(ゆげ)牛之助　安土桃山時代の織田信長の家臣

氏信　うじのぶ
石尾(いしお)氏信　1669〜1708　江戸前期・中期の幕臣
岡(おか)氏信　1789〜1869　江戸後期〜明治期の津山松平藩の中庄屋
北条(ほうじょう)氏信　？〜1570　戦国・安土桃山時代の武士。3代小机城主、駿河国蒲原城将

氏暢　うじのぶ
村田(むらた)氏暢　1741〜1777　江戸中期の藩士

氏紀　うじのり
岩瀬(いわせ)氏紀　1755〜1829　江戸中期・後期の幕臣

氏詮　うじのり
氏詮　1819〜1889　江戸後期〜明治期の刀工
中嶋(なかじま)氏詮　1819〜1889　江戸後期〜明治期の刀匠

氏徳　うじのり
賀茂(かも)氏徳　1619〜1692　江戸前期・中期の神職

氏範　うじのり
荒木田(あらきだ)氏範　1012〜1085　平安中期・後期の神官
戸田(とだ)氏範　?〜1860　江戸後期・末期の幕臣
野田(のだ)氏範　戦国時代の古河公方足利成氏の家臣
平田(ひらた)氏範　安土桃山時代の武士

氏温　うじはる
赤沢(あかざわ)氏温　1842〜1920　江戸後期〜明治期の歌人

氏春　うじはる
上杉(うえすぎ)氏春　？〜1417　南北朝・室町時代の武将
福島(くしま)氏春　戦国時代の今川氏の家臣
富樫(とがし)氏春　南北朝時代の武将

氏晴　うじはる
大館(おおだち)氏晴　1756〜1838　江戸中期・後期の故実家

氏張　うじはる
丹羽(にわ)氏張　1699〜1781　江戸中期の剣術家《丹羽織江》

氏久　うじひさ
賀茂(かも)氏久　1211〜1288　鎌倉前期・後期の神職、歌人
末武(すえたけ)氏久　？〜1471　室町・戦国時代の武将
丹羽(にわ)氏久　戦国時代の徳川家奉行人
堀内(ほりうち)氏久　1595〜1657　安土桃山・江戸前期の武将

氏之　うじひさ　⇔うじゆき
賀茂(かも)氏之　1595〜1662　安土桃山・江戸前期の神職

氏英　うじひで
北条(ほうじょう)氏英　1666〜1727　江戸前期・中期の幕臣
村田(むらた)氏英　江戸後期の藩士

氏秀　うじひで　⇔うじつら
岡本(おかもと)氏秀　安土桃山時代の武将
岸(きし)氏秀　？〜1558　安土桃山時代の武将
武田(たけだ)氏秀　戦国時代の武将。武田氏康の第7子、武田信玄の養子、幻庵の娘聟
藤原(ふじわら)氏秀　南北朝時代の連歌作者
北条(ほうじょう)氏秀　？〜1583　戦国・安土桃山時代の武士

氏人　うじひと
石川(いしかわの)氏人　？〜764　奈良時代の官人

氏平　うじひら
大泉(おおいずみ)氏平　鎌倉前期の地頭
北条(ほうじょう)氏平　1637〜1704　江戸前期・中期の幕臣

氏広　うじひろ
岡本(おかもと)氏広　1820〜1869　江戸後期〜明治期の国学者・歌人
吉良(きら)氏広　？〜1609　戦国時代の武蔵世田谷城の城主
結城(ゆうき)氏広　1451〜1481　室町・戦国時代の下総結城氏当主

氏弘　うじひろ
神保(じんぼ)氏弘　室町・戦国時代の武家・連歌作者

牛袋聖　うしぶくろのひじり
牛袋聖　室町時代の僧侶

氏房　うじふさ
大中臣(おおなかとみの)氏房　平安中期の官人
志賀(しが)氏房　南北朝時代の地頭
北条(ほうじょう)氏房　江戸後期の大住郡比々多村比々多神社三宮明神大祝部
山名(やまな)氏房　1764〜？　江戸中期の幕臣

氏冬　うじふゆ
吉見(よしみ)氏冬　江戸前期の兵法家

牛兵衛　うしべえ
下田(しもだ)牛兵衛　江戸前期の武将

牛法師丸　うしほうしまる
平子(たいらく)牛法師丸　戦国時代の武士。上杉氏の家臣

氏勝　うじまさ　⇔うじかつ
藤波(ふじなみ)氏勝　?～1668　江戸前期の神職

氏昌　うじまさ
石尾(いしお)氏昌　1772～?　江戸中期の幕臣
古川(ふるかわ)氏昌　1834～1896　江戸後期～明治期の和算家、幕臣
森川(もりかわ)氏昌　?～1831　江戸後期の幕臣

氏政　うじまさ
藤原(ふじわら)氏政　南北朝時代の連歌作者

氏正　うじまさ
忌部(いんべの)氏正　平安中期の官人

氏理　うじまさ　⇔うじただ
内島(うちがしま)氏理　?～1585　安土桃山時代の白川郷保木脇の帰雲城主。氏利の子

氏益　うじます
県(あがたの)氏益　平安前期の官人

丑松　うしまつ
暗闇の(くらやみの)丑松　江戸時代の河竹黙阿弥「天衣紛上野初花」や長谷川伸「暗闇の丑松」のモデル
大黒屋(だいこくや)丑松　1819～1883　江戸後期～明治期の商人
水野(みずの)丑松　1852～1914　江戸末期～大正期の菓子業経営者

氏丸　うじまる
阿保(あぼの)氏丸　平安前期の官人

牛麻呂　うしまろ
磯部(いそべの)牛麻呂　奈良時代の甘楽郡の人。物部公
建部(たけべの)牛麻呂　奈良時代の人

宇治麻呂　うじまろ
木勝(きかつの)宇治麻呂　平安前期の山城国紀伊郡深草郷長

氏麻呂　うじまろ
大枝(おおえの)氏麻呂　平安前期の官人
折戸(おりと)氏麻呂　江戸中期の国学者

氏道　うじみち
有道(ありみちの)氏道　平安前期の官人

氏光　うじみつ
今峰(いまみね)氏光　南北朝時代の武将
土岐(とき)氏光　南北朝時代の武将・歌人
北条(ほうじょう)氏光　?～1590　戦国・安土桃山時代の武士。4代小机城主、大平城将・足柄城将

氏満　うじみつ
石野(いしの)氏満　1553～1606　戦国～江戸前期の織田信長の家臣

氏宗　うじむね
大友(おおとも)氏宗　南北朝時代の武士
三田(みた)氏宗　戦国時代の地方豪族・土豪

氏村　うじむら
秦忌寸(はたのいみき)氏村　鎌倉後期の武士
三木(みき)氏村　1294～1365　鎌倉後期・南北朝時代の勤王家

氏元　うじもと
大江(おおえ)氏元　南北朝時代の歌人
岡本(おかもと)氏元　?～1590　戦国・安土桃山時代の里見氏の家臣
木曽(きそ)氏元　戦国時代の里見義実の家臣

氏守　うじもり
藤波(ふじなみ)氏守　江戸前期の神職・歌人
松沢(まつざわ)氏守　1786～?　江戸中期・後期の藩士

氏盛　うじもり
秋保(あきう)氏盛　1744～1799　江戸中期・後期の御国許御纅合方主宰
市田(いちだ)氏盛　戦国時代の武蔵国衆
二階堂(にかいどう)氏盛　室町時代の鎌倉府政所執事

氏師　うじもろ
高(こう)氏師　戦国時代の古河公方の家臣

雨雀　うじゃく
雨雀　1825～1887　江戸後期～明治期の俳諧師

氏安　うじやす
秦(はた)氏安　平安中期の官人
平田(ひらた)氏安　江戸前期の装剣金工

氏康　うじやす
雨森(あめのもり)氏康　1560～1638　江戸前期の土佐藩士

氏泰　うじやす
安保(あぼ)氏泰　安保氏泰に同じ
安保(あぼう)氏泰　室町・戦国時代の武将、連歌作者

氏寧　うじやす
戸田(とだ)氏寧　1776～1839　江戸中期・後期の幕臣

氏山　うじやま
大(おおの)氏山　奈良時代の官人

羽州　うしゅう
羽州　1827～1914　江戸後期～明治期の俳人《羽洲》

羽洲　うしゅう
羽洲　1827～1914　江戸後期～明治期の俳人

雨什　うじゅう
雨什　1740～1813　江戸中期・後期の俳人、狂歌作者
生方(うぶかた)雨什　?～1813　江戸中期・後期の俳人

氏行　うじゆき
小川(おがわ)氏行　?～1649　江戸前期の幕臣
二階堂(にかいどう)氏行　安土桃山時代の武将

氏之　うじゆき　⇔うじひさ
荒木田(あらきだ)氏之　鎌倉後期の神職・歌人

氏世　うじよ
紀(きの)氏世　平安前期の大和国平群郡の刀禰
烏掌　うしょう
烏掌　江戸後期の俳人
雨蕉　うしょう
長谷(はせ)雨蕉　1785〜1854　江戸中期〜末期の儒者

芋丈　うじょう
芋丈　江戸末期の俳人
氏喜　うじよし
日下(くさか)氏喜　1695〜?　江戸中期の商家
氏義　うじよし
一宮(いちのみや)氏義　戦国時代の武田氏の家臣
源(みなもと)氏義　鎌倉後期の武士
宮原(みやはら)氏義　1679〜1715　江戸前期・中期の幕臣
氏吉　うじよし
忍海(おしのうみの)氏吉　平安中期の丹波国大山荘の荘官
海部(かいふ)氏吉　南北朝・室町時代の刀匠
北条(ほうじょう)氏吉　室町時代の武将
吉村(よしむら)氏吉　安土桃山時代の織田信長の家臣
氏能　うじよし
宗像(むなかた)氏能　平安中期の第4代筑前宗像宮司
氏良　うじよし
荒木田(あらきだ)氏良　1152〜1222　平安後期・鎌倉前期の神職、歌人
氏縁　うじより
関口(せきぐち)氏縁　1505〜1560　戦国・安土桃山時代の今川氏重臣
氏従　うじより
横山(よこやま)氏従　1637〜1706　江戸前期・中期の藩士
氏倚　うじより
戸田(とだ)氏倚　1773〜1837　江戸中期・後期の幕臣
羽人　うじん
羽人　1785〜1872　江戸中期〜明治期の俳人
烏水　うすい
烏水　江戸後期の俳人
烏翠　うすい
烏翠　江戸後期の俳人
禹水　うすい
禹水　江戸後期の俳人
四月若麿　うずきわかまろ　⇔うづきわかまろ
三雲(みぐも)四月若麿　?〜1892　江戸後期〜明治期の神職《三雲四月若麿》
薄雲　うすぐも
薄雲　?〜1780　江戸中期の名妓
右助　うすけ
槌谷(つちや)右助　江戸後期の商人。柿羊羹を創製
中村(なかむら)右助　江戸中期の商人
簿墨　うすずみ
燕石斎(えんせきさい)簿墨　?〜1834　江戸後期の書家
雨声　うせい
不乾斎(ふけんさい)雨声　江戸後期の戯作者
雨石　うせき
雨石　江戸後期の俳人
石井(いしい)雨石　江戸後期の俳人
羽節　うせつ
高木(たかぎ)羽節　江戸中期の書家
烏川　うせん
烏川　江戸中期の俳人
宮下(みやした)烏川　?〜1753　江戸中期の俳人
羽扇　うせん
羽扇　?〜1779　江戸中期の遊廓塩越屋の主人
右膳　うぜん
竹内(たけのうち)右膳　1842〜1908　江戸後期〜明治期の開墾場経営者
山中(やまなか)右膳　1804〜1877　江戸末期の和算家
迂巣　うそう
小河(おがわ)迂巣　1773〜1819　江戸後期の医者
卯蔵　うぞう
熊野(くまの)卯蔵　1856〜1905　江戸末期・明治期の侠客
宇蘇弥奈　うそみな
邑良志別君(おらしべのきみ)宇蘇弥奈　奈良時代の人。『続日本紀』に名前が見える
雅楽　うた
永井(ながい)雅楽　江戸後期の大住郡三之宮村比々多神社守護職
宇太夫　うだいう
佐久間(さくま)宇太夫　江戸後期の大住郡大山阿夫利神社祠官
宇多次郎　うたじろう
馬橋(うまはし)宇多次郎　1816〜1894　江戸後期〜明治期の寺子屋師匠・修験
転　うたた
秀島(ひでしま)転　1832〜1904　江戸末期・明治前期の佐賀藩士、海軍軍人
宮川(みやがわ)転　江戸末期の新撰組隊士
歌種　うたたね
手枕(たまくらの)歌種　江戸後期の狂歌作者・戯作者
歌名　うたな
藤沢(ふじさわ)歌名　1770〜1834　江戸中期・後期の歌人
雅楽允　うたのじょう
勝屋(しょうや)雅楽允　?〜1669　江戸前期の三隅下村庄屋役
雅楽丞　うたのじょう
小林(こばやし)雅楽丞　戦国時代の武将。武田家臣
歌之助　うたのすけ
信太(しだ)歌之助　1837〜?　江戸後期の幕臣

雅楽介　うたのすけ
絵屋(えや)雅楽介　安土桃山時代の画家
小岩井(こいわい)雅楽介　江戸前期の大坂城士

雅楽助　うたのすけ
岩瀬(いわせ)雅楽助　戦国時代の三河国の国衆。牧野氏の被官
岩本(いわもと)雅楽助　江戸後期の小田原新宿町の神事舞太夫
岡部(おかべ)雅楽助　戦国時代の駿河衆
尾沼(おぬま)雅楽助　戦国時代の駿河国庵原郡の土豪
志賀(しが)雅楽助　戦国時代の上総小西城主原氏の家臣
篠田(しのだ)雅楽助　戦国時代の千葉胤富の家臣
高城(たかぎ)雅楽助　戦国時代の上総国山倉城(市原市)の城主
高田(たかだ)雅楽助　安土桃山時代の織田信長の家臣
長根(ながね)雅楽助　戦国時代の武将
花井(はない)雅楽助　戦国時代の松平氏の家臣
本保(ほんぽ)雅楽助　江戸時代の加賀藩士
三浦(みうら)雅楽助　?～1581　安土桃山時代の高天神籠城衆
矢島(やじま)雅楽助　安土桃山時代の信濃国諏訪郡の社家衆
横井(よこい)雅楽助　安土桃山時代の織田信長の家臣
吉野(よしの)雅楽助　戦国時代の古河公方足利義氏の家臣
和根(わね)雅楽助　?～1581　安土桃山時代の高天神籠城衆

歌丸　うたまる
歌丸　1828～1902　江戸末期・明治期の落語家
東仙堂(とうせんどう)歌丸　1769～1834　江戸後期の地方狂歌作者

右太夫　うだゆう　⇔みぎだゆう
岡本(おかもと)右太夫　江戸中期の人。タケノコ栽培の先駆者

歌好　うたよし
浮世(うきよ)歌好　江戸後期の大坂の絵師

宇太郎　うたろう
宇和川(うわがわ)宇太郎　1856～1902　江戸末期・明治期の三内村長、愛媛県会議員

迂太郎　うたろう
岩館(いわだて)迂太郎　1845～1918　江戸末期～大正期の旧福岡通御給人

卯太郎　うたろう
佐々木(ささき)卯太郎　1848～1920　江戸末期～大正期の呉服太物商

雅楽郎　うたろう
田中(たなか)雅楽郎　江戸後期の医者

雨譚　うたん
雨譚　江戸時代の雑俳作者
小山(こやま)雨譚　江戸中期の川柳作者

右団次　うだんじ
市川(いちかわ)右団次〔3代〕　1843～1916　江戸末期～大正期の外連歌舞伎の大家

内子　うちこ
紀(きの)内子　平安前期の官人

内直　うちなお
加茂(かも)内直　1814～1856　江戸後期・末期の神職

内成　うちなり
橘(たちばなの)内成　平安中期の官人

内避高国避高松屋種　うちひこくにひこまつやたね
内避高国避高松屋種　上代の人。周防国佐波郡地方の首長沙麼県主の祖

内平　うちひら
松岡(まつおか)内平　1786～1849　江戸中期・後期の国学者

内弘　うちひろ
小池(こいけ)内弘　1832～1877　江戸後期～明治期の神官

内麻呂　うちまろ
県犬養(あがたのいぬかいの)内麻呂　奈良時代の官人

右仲　うちゅう
川上(かわかみ)右仲　?～1813　江戸中期・後期の佐倉炭開発者

宇中　うちゅう
和田(わだ)宇中　江戸前期・中期の加賀国能美郡小松町の俳人

内弓　うちゆみ
高(こうの)内弓　奈良時代の渤海留学生

烏頂　うちょう
烏頂　江戸後期の俳人

羽長　うちょう
清水(しみず)羽長　江戸末期の医者

羽長坊　うちょうぼう
羽長坊　1724～1802　江戸中期・後期の蕉風美濃派の俳人
西田(にしだ)羽長坊　1724～1802　江戸中期・後期の俳人

団扇屋　うちわや
団扇屋　戦国時代の吉田の富士山御師

四月若麿　うづきわかまろ　⇔うずきわかまろ
三雲(みぐも)四月若麿　?～1892　江戸後期～明治期の神職

寵　うつく
寵　平安前期の歌人

全敷女　うつしきめ
物部文連(もののべのあやのむらじ)全敷女　平安前期の貞女

全成　うつなり　⇔またなり,みななり
五百木部(いおきべの)全成　平安前期の医師

靭太夫　うつぼだゆう
豊竹(とよたけ)靭太夫〔2代〕　?～1883　江戸末期・明治期の義太夫節太夫

う

内海　うつみ
黒木（くろき）内海　1832〜1919　江戸後期〜大正期の神職
雨鼎　うてい
植木（うえき）雨鼎　1786〜1838　江戸中期・後期の医者・漢学者
右稲　うとう
右稲　江戸中期の俳人
雨塘　うとう
小河原（おがわら）雨塘　1758〜1832　江戸中期・後期の俳人
于当　うとう
三津川（みつかわ）于当　1763〜1829　江戸中期・後期の俳人
迂堂　うどう
真山（まやま）迂堂　1822〜1881　江戸後期〜明治期の漢学者
卯時　うどき
月花（つきはな）卯時　江戸後期の狂歌師
右内　うない
再名生（さいみょう）右内　1848〜1914　江戸末期〜大正期の武士
宇内　うない
服部（はっとり）宇内　江戸中期の道具屋、旧赤穂藩士
菟名古夫人　うなこのぶにん
菟名古夫人　飛鳥時代の女性。敏達天皇夫人
宇根　うーに
祖平（しびら）宇根　江戸前期の人か
宇庭　うにわ
土師（はじの）宇庭　奈良時代の官人
自惚　うぬぼれ
黄山（きやま）自惚　江戸中期の絵師・戯作者
畦臣　うねおみ
富田（とみた）畦臣　1756〜1828　江戸中期・後期の兵法家
采女　うねめ
有沢（ありさわ）采女　1561〜1631　安土桃山・江戸前期の武将
猪股（いのまた）采女　安土桃山時代の武将
上野（うえの）采女　江戸前期の長宗我部盛親の小姓組頭
越後（えちご）采女　戦国時代の吏僚。北条氏忠に属す
近江（おうみの）采女　平安時代の女房・歌人
大村（おおむら）采女　戦国時代の北条氏の家臣
奥（おく）采女　戦国時代の武蔵鉢形城主北条氏邦の奉行人
北原（きたはら）采女　1701〜1770　江戸中期の会津藩家老
金（きん）采女　1567〜1655　安土桃山・江戸前期の戦国武士
下条（げじょう）采女　安土桃山時代の武士。上杉氏家臣
佐位（さいの）采女　上代の女性。豪族の娘
真田（さなだ）采女　江戸前期の武士。大坂の陣で籠城
瀬下（せしも）采女　安土桃山時代の武田氏の家臣、上野国惣社領の領主
高梨（たかなし）采女　？〜1615　江戸前期の真田大助の家老
長山（ながやま）采女　江戸後期の足柄上郡河村向原番匠
三輪（みわ）采女　江戸前期の武士。大坂の陣で籠城。後に松平康重に仕官
守安（もりやす）采女　？〜1567　安土桃山時代の武士
釆女　うねめ
蚊屋（かやの）釆女　飛鳥時代の吉備の釆女
賀陽（かやの）采女　奈良時代の采女
沢（さわ）采女　江戸末期の新撰組隊士
采女王　うねめのおう
采女王　奈良時代の和気王の子
采女正　うねめのじょう
諏方（すわ）采女正　？〜1582　安土桃山時代の信濃国諏方氏の一族。諏訪頼豊の子
采女正重興　うねめのしょうしげおき
竹中（たけなか）采女正重興　？〜1634　安土桃山・江戸前期の6代長崎奉行
采女佐　うねめのすけ
印東（いんとう）采女佐　戦国時代の里見氏家臣
宇之　うの
彫（ほり）宇之　江戸末期・明治期の彫物師
宇之吉　うのきち
出口（でぐち）宇之吉　1831〜1905　江戸後期〜明治期の機具師
卯之助　うのすけ
佐々木（ささき）卯之助　1794〜？　江戸後期の旗本
宇白　うはく
宇白　江戸中期の俳人
右八　うはち
古川（ふるかわ）右八　江戸中期の飛騨の人。郡代の大原亀五郎の元締
卯八　うはち
菅原（すがわら）卯八　？〜1796　江戸後期の大工
右兵衛　うひょうえ　⇔うへえ
砂金（いさご）右兵衛　？〜1628　安土桃山・江戸前期の川崎町の開祖
村岡（むらおか）右兵衛　？〜1570　戦国・安土桃山時代の宮城郡村岡城城主
宇兵衛正方　うひょうえまさかた
外池（とのいけ）宇兵衛正方　1766〜1837　江戸中期・後期の武茂郷馬頭村住、交易商
大主　うふしゅ　⇔うふぬし, おおぬし
長田（なあた）大主　1456〜1517　室町・戦国時代の八重山頭職
マカマト（まかまと）大主　江戸前期の流人。綿花の製法を八重山に伝えた
有物　うぶつ
有物　？〜1841　江戸後期の俳人

大殿　うぶとうぬ　⇔うぶどうぬ, うぷとぅぬ
砂川(うるか)大殿　戦国時代の人。宮古の造船技術の創始者
川満(かわみつ)大殿　戦国時代の宮古島下地地方の首長

大殿　うぶどうぬ　⇔うぶとうぬ, うぷとぅぬ
大立(うぶだてい)大殿　室町時代の宮古島主長

大殿　うぷとぅぬ　⇔うぶとうぬ, うぶどうぬ
川満(かわみつ)大殿　戦国時代の宮古島下地地方の首長《川満大殿》
川満(かーんつ)大殿　戦国時代の宮古島下地地方の首長《川満大殿》

大主　うふぬし　⇔うふしゅ, おおぬし
伊是名(いぜな)大主　室町時代の平安座城城主
仲順(ちゅんじゅん)大主　南北朝時代の人。義本王をかくまったとされる

大親　うふや　⇔おおおや
安里(あさと)大親　室町時代の中城間切の大城掟
王農(おうのう)大親　戦国・安土桃山時代の人。城岳から奥武山にかけての領主

大人　うぷんとう　⇔たいじん
佐多(さーた)大人　南北朝時代の宮古の有力者

宇兵衛　うへい　⇔うへえ
川端(かわばた)宇兵衛　1810〜1882　江戸後期〜明治期の上植木村の名主
伏見屋(ふしみや)宇兵衛　江戸後期の絵師

宇平　うへい
加納(かのう)宇平　1857〜？　江戸末期・明治期の大阪事件に連座

右平次　うへいじ
関名(せきな)右平次　安土桃山時代の検地役人

右平治　うへいじ
高尾(たかお)右平治　1834〜1916　江戸末期〜大正期の武道家

宇平太　うへいた
深山(みやま)宇平太　江戸時代の幕臣

右兵衛　うへえ　⇔うひょうえ
近藤(こんどう)右兵衛　戦国時代の里見氏家臣
柳川(やながわ)右兵衛　？〜1834　江戸後期の宮大工

宇兵衛　うへえ　⇔うへい
宇兵衛　江戸前期の大工
宇兵衛　1776〜？　江戸中期・後期の人。文政一揆の咎人
今城(いまじょう)宇兵衛　1704〜1734　江戸中期の治水家
上田(うえだ)宇兵衛　1825〜1873　江戸末期の武士
小川(おがわ)宇兵衛　江戸中期の農民
小野(おの)宇兵衛　江戸中期の豪商
加藤(かとう)宇兵衛　江戸後期の陶工。高遠焼の創始者
川口屋(かわぐちや)宇兵衛　江戸末期の地本問屋
来生(きすぎ)宇兵衛　江戸中期・後期の植林功労者
鈴木(すずき)宇兵衛　江戸末期の木綿買継商人・問屋
仲村(なかむら)宇兵衛　江戸前期・中期の貿易商
錦屋(にしきや)宇兵衛　江戸前期の織物匠
袋屋(ふくろや)宇兵衛　江戸前期の京都糸割符商人
藤田(ふじた)宇兵衛　？〜1678　江戸前期の仙台藩士
町野(まちの)宇兵衛　江戸時代の庄内藩付家老
道盛(みちもり)宇兵衛　1777〜1855　江戸中期〜末期の浜坂針の仕入れ問屋の元祖

卯兵衛　うへえ
辻屋(つじや)卯兵衛　江戸中期の町組頭
二村(ふたむら)卯兵衛　江戸末期の富豪・高山県の吏員

有兵衛　うへえ
竹内(たけうち)有兵衛　？〜1691　江戸中期の大工

烏峰　うほう
楠瀬(くすのせ)烏峰　1838〜1895　江戸後期〜明治期の医師

馬　うま
山人部(やまひとべ)馬　奈良時代の農民

馬養　うまかい
為奈(いなの)馬養　奈良時代の官人
調(つきの)馬養　奈良時代の官人
船木(ふなきの)馬養　奈良時代の官人

馬借　うまかり
紀(きの)馬借　奈良時代の官人

馬作　うまさく　⇔まさく
印具(いんぐ)馬作　1843〜1900　江戸後期〜明治期の新撰組隊士《印具馬作》

馬次郎　うまじろう
東(あずま)馬次郎　安土桃山時代の織田信長の家臣

馬二郎　うまじろう
西(にし)馬二郎　安土桃山時代の織田信長の家臣

右馬助　うますけ　⇔うまのすけ
仁科(にしな)右馬助　南北朝時代の南朝方の武将

右馬太　うまた
相島(おおしま)右馬太　1812〜1882　江戸後期〜明治期の剣術家。一刀流

午足　うまたり
物部君(もののべのきみ)午足　上代の豪族

右馬太郎　うまたろう
赤桐(あかぎり)右馬太郎　戦国時代の商人。湯浅醤油を初めて大坂に出荷
角屋(すみや)右馬太郎　江戸中期の湯浅村の醤油屋

馬長　うまなが
海部(あまべ)馬長　奈良時代の人。平城宮出土木簡に板野郡井隈郷の戸主として見える
海部(かいふ)馬長　海部馬長に同じ
上毛野(かみつけぬの)馬長　奈良時代の官人
羽栗(はぐりの)馬長　平安前期の官人

馬主　うまぬし
中臣丸朝臣(なかとみのわにのあそん)馬主　奈良時代の上野介
丸(わにの)馬主　奈良時代の官人

右馬頭　うまのかみ
織田（おだ）右馬頭　安土桃山時代の織田信長の家臣
東禅寺（とうぜんじ）右馬頭　？～1588　戦国・安土桃山時代の勇士

右馬尉　うまのじょう
恒岡（つねおか）右馬尉　戦国時代の岩付城主北条氏房の家臣

右馬允　うまのじょう　⇔うまのすけ，うめのすけ
粟飯原（あいはら）右馬允　戦国時代の千葉胤富の家臣
伊東（いとう）右馬允　戦国時代の北条氏の家臣
入江（いりえ）右馬允　平安後期の武士
金（こん）右馬允　安土桃山時代の藤島一揆の旗頭《金右馬丞》
佐々木（ささき）右馬允　？～1591　戦国・安土桃山時代の気仙郡田茂山城城主
菅谷（すげのや）右馬允　？～1569　戦国・安土桃山時代の常陸小田氏の家臣
千野（ちの）右馬允　戦国時代の信濃国諏訪郡の国衆
根々井（ねねい）右馬允　戦国時代の武田氏の家臣
万年（まんねん）右馬允　鎌倉時代の武士

右馬充　うまのじょう
高橋（たかはし）右馬充　安土桃山時代の備中国の武将

右馬丞　うまのじょう
江馬（えま）右馬丞　？～1580　戦国・安土桃山時代の武田家臣
荻原（おぎわら）右馬丞　戦国時代の武士
金（こんの）右馬丞　安土桃山時代の藤島一揆の旗頭
瀬戸（せと）右馬丞　戦国時代の武田氏の家臣

右馬之丞　うまのじょう
前島（まえしま）右馬之丞　？～1782　江戸中期の伊那郡大河原村の名主

右満允　うまのじょう
赤松（あかまつ）右満允　鎌倉後期の武士

右馬允　うまのすけ　⇔うまのじょう，うめのすけ
芦田（あしだ）右馬允　安土桃山時代の武将

右馬介　うまのすけ
大口（おおぐち）右馬介　戦国時代の武士
高木（たかぎ）右馬介　江戸前期の大力家

右馬助　うまのすけ　⇔うますけ
市川（いちかわ）右馬助　戦国時代の上野国南牧谷羽沢村の土豪
岩井（いわい）右馬助　戦国時代の武将。武田家臣
香取（かとり）右馬助　戦国時代の下総国大戸庄内の在地領主・土豪か
高橋（たかはし）右馬助　？～1575　安土桃山時代の武田氏の家臣、小山田昌成の被官。佐久郡の領主
高山（たかやま）右馬助　1560～1619　安土桃山・江戸前期の武田氏の家臣
田屋（たや）右馬助　江戸前期の武士。大坂の陣で籠城。後、徳川頼宣に仕えた
千野（ちの）右馬助　戦国時代の信濃国諏訪郡の国衆
仁科（にしな）右馬助　南北朝時代の南朝方の武将《仁科右馬助》
西谷（にしのや）右馬助　戦国時代の上野国衆岩松氏一族
野田（のだ）右馬助　戦国時代の古河公方足利高基・晴氏の重臣
二見（ふたみ）右馬助　戦国時代の北条氏の家臣
逸見（へんみ）右馬助　戦国時代の武士。足利頼淳の家臣
三浦（みうら）右馬助　戦国時代の武将。武田家臣
柳下（やぎした）右馬助　戦国時代の北条氏の家臣
簗田（やなだ）右馬助　戦国時代の古河公方足利義氏の家臣
矢野（やの）右馬助　戦国時代の武士。北条氏家臣
山口（やまぐち）右馬助　戦国時代の人
山宮（やまみや）右馬助　戦国時代の甲斐武田晴信・勝頼の家臣

右馬之助　うまのすけ
逸見（へんみ）右馬之助　戦国時代の足利頼淳の家臣

右馬亮　うまのすけ
小山（おやま）右馬亮　戦国時代の小山一族の有力武将

午之助　うまのすけ
奥田（おくだ）午之助　1854～1868　江戸末期の二本松少年隊士

馬之助　うまのすけ
柏尾（かしお）馬之助　1837～？　江戸後期の新徴組隊士

馬之丞　うまのすけ
上田（うえだ）馬之丞　江戸末期の新撰組隊士

右馬大允　うまのだいじょう
滋賀（しが）右馬大允　？～1863　江戸末期の徳大寺家家士

右馬大夫　うまのたいふ
堀田（ほった）右馬大夫　？～1609　安土桃山時代の織田信長の家臣

馬麻呂　うままろ
穴太（あのうの）馬麻呂　平安前期の官人

宇麻呂　うまろ
小長谷部（おはつせべの）宇麻呂　奈良時代の邑楽郡の人。大伴部

宇美　うみ
多治比（たじひの）宇美　奈良時代の官人
多治比真人（たじひのまひと）宇美　奈良時代の武蔵国司

海明　うみあけ
粟田（あわたの）海明　平安中期の官人

海継　うみつぐ
志我部（しがべの）海継　平安前期の鋳工

海弘　うみひろ
刑部（おさかべの）海弘　平安前期の大和国添下郡矢田郷の保証刀禰

梅　うめ
河西（かわにし）梅　？～1803　江戸後期の勇払開拓移民

服部（はっとり）梅　1845～1907　江戸後期～明治期の女性。西南戦争に従軍した服部喜寿の妻

雨銘　うめい

雨銘　1743～1822　江戸中期・後期の俳人

梅市　うめいち

梅市　？～1829　江戸後期の女流俳人

梅尾　うめお

梅尾　1809～1883　江戸後期の老女

梅王丸　うめおうまる

里見（さとみ）梅王丸　？～1622　安土桃山・江戸前期の里見義弘の子

梅川　うめがわ

梅川　江戸中期の女性。大坂新町槌屋の抱え遊女

梅吉　うめきち

清重（きよしげ）梅吉　1849～1875　江戸後期～明治期の数学者

竹尾（たけお）梅吉　江戸後期の足柄上郡谷ヶ村名主

谷田部（やたべ）梅吉　1857～1903　江戸末期・明治期の数学者

梅国　うめくに　⇔ばいこく

寿暁亭（じゅぎょうてい）梅国　江戸後期の画家

梅子　うめこ

津田（つだ）梅子　江戸中期の歌人

梅三郎　うめさぶろう

奥寺（おくでら）梅三郎　？～1887？　江戸後期～明治期の公立小学校大野学校の第3代校長

梅次郎　うめじろう

田中（たなか）梅次郎　1841～？　江戸後期・末期の新撰組隊士

梅蔵　うめぞう

青木（あおき）梅蔵　江戸末期の幕臣。1864年遣仏使節に随行しフランスに渡る

梅太郎右衛門　うめたろううえもん

夏（なつ）梅太郎右衛門　？～1764　江戸中期の義人

梅之丞　うめのじょう

布袋屋（ほていや）梅之丞　江戸時代の京都の歌舞伎の名代

右馬允　うめのすけ　⇔うまのじょう，うまのすけ

近藤（こんどう）右馬允　江戸後期の神職

梅信　うめのぶ　⇔ばいしん

雲井園（くもいえん）梅信　江戸末期の狂歌作者

梅の坊　うめのぼう

梅の坊　江戸前期の紀伊国牟婁郡熊野本宮大社の神官

梅八　うめはち

増田（ますだ）梅八　1853～1926　江戸末期～大正期の静岡県吏員

梅彦　うめひこ

手島（てじま）梅彦　1766～1803　江戸中期・後期の俳諧師

梅秀　うめひで

春友亭（しゅんゆうてい）梅秀　？～1907頃　江戸末期・明治期の狂歌作者

梅干丸　うめぼしまる

壺中庵（こちゅうあん）梅干丸　江戸後期の狂歌作者

梅丸　うめまる

梅丸　1736～1784　江戸中期の日蓮宗の僧・俳人《日藻》

梅麿　うめまる

墨春亭（ぼくしゅんてい）梅麿　江戸後期の戯作者・絵師・狂歌作者

梅世　うめよ

青陽館（せいようかん）梅世　江戸後期の狂歌作者

右門　うもん

後藤（ごとう）右門　江戸後期の淘綾郡国府新宿六所明神社社人

田中（たなか）右門　江戸中期の人。阿久根ボンタン栽培者

戸塚（とつか）右門　江戸後期の淘綾郡国府本郷村民

内藤（ないとう）右門　江戸後期・末期の幕臣

西谷（にしたに）右門　1822～1889　江戸末期・明治期の殖産家

禹門　うもん

加藤（かとう）禹門　1687～1751　江戸中期の儒医

敬川のお鶴　うやがわのおつる

敬川のお鶴　江戸中期の烈女《お鶴》

大屋子　うーやく

黒島首里（くろしましゅり）大屋子　江戸後期の人。黒島立て直しの功績により王府から褒賞された

浦右衛門　うらえもん

浦右衛門　江戸後期の足柄下郡福浦村名主

佐々木（ささき）浦右衛門　1667～1746　江戸前期・中期の砲術家

露木（つゆき）浦右衛門　江戸後期の足柄下郡福浦村名主

苫ヶ島（とまがしま）浦右衛門　1745～1792　江戸中期・後期の力士

鰭之山（ひれのやま）浦右衛門　1733～1756　江戸中期の力士

宇羅女　うらじょ

大橋（おおはし）宇羅女　江戸末期の女流歌人

浦之助　うらのすけ

相引（あいびき）浦之助　？～1763　江戸中期の力士

荒礒（あらいそ）浦之助　江戸中期の藩御抱力士

紅（くれない）浦之助　1658～1727　江戸前期・中期の力士

佐藤（さとう）浦之助　1658～1727　江戸前期・中期の支配御番外士

占部　うらべ

多治比（たじひの）占部　奈良時代の官人

占正　うらまさ

玉光舎（ぎょくこうしゃ）占正　江戸後期の狂歌作者

浦丸　うらまろ

飛鳥戸（あすかべの）浦丸　平安前期の官人

烏栗　うりつ

烏栗　江戸中期の俳諧作者。来川氏

瓜作　うりつくり

佐伯（さえきの）瓜作　奈良時代の官人

瓜坊　うりぼう
瓜坊　江戸後期の俳諧作者。杜多氏
雨柳　うりゅう
長谷川(はせがわ)雨柳　?～1789　江戸中期・後期の俳人
有柳　うりゅう　⇔ゆうりゅう
有柳　1809～1893　江戸後期～明治期の俳諧師
野口(のぐち)有柳　1809～1893　江戸後期～明治期の俳諧師
樋口(ひぐち)有柳　江戸後期の浦賀湊の商人
雨林　うりん
津村(つむら)雨林　1774～1832　江戸後期の喜連川藩絵師
砂川　うるか
蒲戸(かまど)砂川　江戸末期の人。アコーメー事件で王府に直訴した5人の百姓の代表者
雨路　うろ
矢彦(やひこ)雨路　1832～1920　江戸末期～大正期の俳人
迂郎　うろう
古沢(ふるさわ)迂郎　1847～1911　江戸後期～明治期の土佐藩下士
雨楼　うろう
柳沢(やなぎさわ)雨楼　?～1874　江戸後期～明治期の書家
宇鹿　うろく　⇔うか
宇鹿　1669～1732　江戸前期・中期の俳人
露住　うろずみ
榎雨(えのき)露住　江戸中期の狂歌作者
雲阿　うんあ
雲阿　1808～1880　江戸後期～明治期の神職・僧侶
雲庵　うんあん
雲庵　江戸前期の著述家。「北越軍記」を執筆
古直坊(こちょくぼう)雲庵　?～1849　江戸末期の俳人
武谷(たけや)雲庵　1702～1765　江戸中期の医者・漢詩人
芸庵　うんあん
柴田(しばた)芸庵　江戸後期の医者
柴田(しばた)芸庵〔2代〕　1773～1830　江戸中期・後期の漢方医、長岡藩医
柴田(しばた)芸庵〔3代〕　?～1854　江戸後期・末期の漢方医、長岡藩医
原(はら)芸庵〔2代〕　?～1776　江戸中期の医師
運右衛門　うんうえもん　⇔うんえもん
吉岡(よしおか)運右衛門　1812～1891　江戸後期～明治期の用水路改修者
芸々　うんうん
老杉閣(ろうさんかく)芸々　1808～1891　江戸後期～明治期の僧
雲永房則　うんえいふさのり
永原(ながはら)雲永房則　1831～1891　江戸末期・明治期の陶工《永原与蔵〔3代〕》
運右衛門　うんえもん　⇔うんうえもん
出羽ノ海(でわのうみ)運右衛門　1757～1809　江戸後期の力士
運円　うんえん
運円　南北朝時代の僧侶・歌人
耘煙斎　うんえんさい
田淵(たぶち)耘煙斎　1837～1906　江戸後期～明治期の宮大工
運応　うんおう
高田(たかだ)運応　1716～1804　江戸中期・後期の仏師
雲翁　うんおう
雲翁　江戸中期の真言宗の僧
雲臥　うんが
証誉(しょうよ)雲臥　1642～1710　江戸前期・中期の浄土宗の僧
雲雅　うんが
雲雅　鎌倉後期・南北朝時代の天台宗の僧、歌人
運海　うんかい
野上(のがみ)運海　1829～1904　江戸末期・明治期の僧
雲快　うんかい
雲快　鎌倉前期の天台宗の僧
雲外　うんがい
馬杉(ますぎ)雲外　1833～1899　江戸末期・明治期の漢詩人
米村(よねむら)雲外　1827～1887　江戸後期～明治期の蒔絵師
雲崖　うんがい
荻田(おぎた)雲崖　1831～1873　江戸末期の書家《荻田雲涯》
小野(おの)雲崖　1815～1859　江戸末期の画家
雲涯　うんがい
荻田(おぎた)雲涯　1831～1873　江戸末期の書家
小松(こまつ)雲涯　1831～1919　江戸末期～大正期の日本画家
柴田(しばた)雲涯　1812～1883　江戸後期～明治期の画家
雲蓋　うんがい
雲蓋　1795～1860　江戸後期・末期の浄土真宗の僧
運覚　うんかく
運覚　鎌倉前期の仏師。定覚の子
雲鶴　うんかく
雲鶴　江戸中期の僧侶・歌人
杉林(すぎばやし)雲鶴　江戸後期の書家
雲岳　うんがく
飯島(いいじま)雲岳　江戸時代の松江藩お抱え絵師
雲漢　うんかん
中谷(なかたに)雲漢　1812～1877　江戸後期～明治期の漢学者
雲巌　うんがん
山田(やまだ)雲巌　1820～1886　江戸末期の漢学者
雲気　うんき
丹羽(にわ)雲気　1723～1800　江戸中期・後期の儒者

雲居 うんきょ ⇔うんご
雲居 ？～1867 江戸末期の画僧

雲堯 うんぎょう
泰山（たいさん）雲堯 ？～1648 安土桃山・江戸前期の浄土宗の僧

雲華 うんげ
末広（すえひろ）雲華 1772～1850 江戸中期・後期の真宗の僧

雲慶 うんけい
雲慶 平安後期の仏師

雲景 うんけい
雲景 南北朝時代の修験者

雲渓 うんけい
雲渓 1830～1901 江戸末期・明治期の画僧
山本（やまもと）雲渓 1780～1861 江戸中期～末期の画家・医師
和田（わだ）雲渓 1782～1832 江戸中期・後期の書家

雲結峰 うんけっぽう
高梨（たかはし）雲結峰 江戸後期の画家

蘊賢 うんけん
蘊賢 南北朝時代の僧侶・歌人

雲居 うんご ⇔うんきょ
雲居 1582～1659 安土桃山・江戸前期の僧侶
希膺（きおう）雲居 1582～1659 安土桃山・江戸前期の高僧

雲根 うんこん
山本（やまもと）雲根 江戸後期の医者

雲左 うんさ
雲左 1767～1840 江戸中期・後期の俳人。日蓮宗の僧

雲斎 うんさい
中瑞（なかずい）雲斎 1808～1871 江戸末期の志士

雲在 うんざい
長阪（ながさか）雲在 1848～1906 江戸末期・明治期の画家

雲山 うんざん
雲山 1274～1344 鎌倉後期・南北朝時代の禅僧
有木（ありき）雲山 江戸中期の医者・漢学者
高橋（たかはし）雲山 ？～1881 江戸末期の画家
永瀬（ながせ）雲山 1830～1892 江戸後期～明治期の日本画家
宮沢（みやざわ）雲山 1780～1852 江戸中期・後期の漢詩人

雲史 うんし
雲史 ？～1794 江戸後期の俳諧作者

雲士 うんし
吉村（よしむら）雲士 1779～1830 江戸後期の俳人

雲子 うんし
雲子 江戸後期の俳人

雲次 うんじ ⇔くもつぐ
雲次 南北朝時代の刀工

雲室 うんしつ
雲室 ？～1622 江戸中期・後期の南画僧

雲岫 うんしゅう ⇔うんゆう
雲岫 江戸前期の僧侶
青木（あおき）雲岫 ？～1778 江戸中期の漢学者
河田（かわだ）雲岫 1813～1864 江戸末期の画家

温洲 うんしゅう
尾藤（びとう）温洲 1716～1780 江戸中期の儒学者

雲重 うんじゅう
雲重 南北朝時代の雲派の刀工

運十郎 うんじゅうろう
高橋（たかはし）運十郎 1833～1908 江戸後期～明治期の仙台藩の国産方の御用

運昭 うんしょう
運昭 885～？ 平安前期・中期の天台僧

雲樵 うんしょう
井上（いのうえ）雲樵 1822～1880 江戸末期の画家
笠原（かさはら）雲樵 1810～1882 江戸後期～明治期の画家

雲章 うんしょう
松山（まつやま）雲章 1805～1879 江戸末期の津軽の画人

雲生 うんしょう ⇔くもお
雲生〔2代〕 南北朝時代の刀工

雲聖 うんしょう
雲聖 ？～1323 鎌倉後期の天台宗の僧・歌人

雲上 うんじょう ⇔くもがみ
雲上 鎌倉時代の刀工

雲丈 うんじょう
岸本（きしもと）雲丈 1749～1807 江戸後期の医者

雲城 うんじょう
古屋（ふるや）雲城 ？～1882 江戸後期～明治期の私塾経営者

運四郎 うんしろう
石原（いしはら）運四郎 1841～1876 江戸後期～明治期の神職

運真 うんしん
運真 ？～925 平安前期・中期の僧

雲水 うんすい
頭陀楽（ずだらく）雲水 江戸後期の滑稽本作者

雲晴 うんせい
雲晴 江戸中期の真言宗の僧

雲石 うんせき
荒木（あらき）雲石 1843～1926 江戸末期～大正期の画家
内海（うつみ）雲石 ？～1849 江戸後期の漢学者
小森（こもり）雲石 1822～1891 江戸後期の都賀郡塩山村の名主、剣術家

雲仙 うんせん ⇔うんぜん
三好（みよし）雲仙 1812～1895 江戸末期の画家《三好雲仙》

雲川　うんせん
中山(なかやま)雲川　?〜1832　江戸後期の画家
目賀多(めがた)雲川　?〜1714　江戸前期・中期の画家

雲扇　うんせん
雲扇　江戸中期の俳人
井上(いのうえ)雲扇　江戸中期の俳人

雲泉　うんせん
筒井(つつい)雲泉　江戸後期の絵師

雲仙　うんぜん　⇔うんせん
笠原(かさはら)雲仙〔2代〕　1686〜1743　江戸前期・中期の医師
笠原(かさはら)雲仙〔4代〕　1755〜1831　江戸中期・後期の医師
三好(みよし)雲仙　1812〜1895　江戸末期の画家

雲禅　うんぜん
雲禅　南北朝時代の僧侶・歌人

雲僊　うんぜん
高宮(たかみや)雲僊　1761〜1826　江戸後期の宇都宮の書家

雲巣　うんそう
根岸(ねぎし)雲巣　1772〜1851　江戸中期・後期の寺子屋師匠

雲窓　うんそう
佐久間(さくま)雲窓　1801〜1884　江戸後期〜明治期の南画家

運蔵　うんぞう
松田(まつだ)運蔵　1791〜1862　江戸後期・末期の和算家

雲岱　うんたい
斎田(さいた)雲岱　1801〜1858　江戸後期・末期の博物画家

雲帯　うんたい
雲帯　?〜1868　江戸後期・末期の俳人

雲台　うんたい　⇔うんだい
欧陽(おうよう)雲台　?〜1646　江戸前期の人。欧陽雲臺を祖とする陽氏の開祖

雲台　うんだい　⇔うんたい
吉見(よしみ)雲台　?〜1869　江戸後期〜明治期の蘭方医・長岡藩医

芸台　うんだい
岡(おか)芸台　江戸中期の儒者

雲沢　うんたく
大江(おおえ)雲沢　1822〜1899　江戸後期〜明治期の中津藩医

運太夫　うんだゆう
門崎(かんざき)運太夫　1721〜1779　江戸中期の兵学家《門崎盛時》

雲潭　うんたん
大野(おおの)雲潭　1821〜1877　江戸末期・明治期の画家

雲柱　うんちゅう
瀬上(せがみ)雲柱　江戸中期の俳人

運朝　うんちょう
運朝　南北朝時代の仏師

運長　うんちょう
運長　江戸中期の仏師

雲蝶　うんちょう
雲蝶　1694〜1756　江戸中期の俳人
石川(いしかわ)雲蝶　1814〜1883　江戸後期〜明治期の彫刻家

雲頂　うんちょう
雲頂　1679〜1753　江戸前期・中期の浄土宗の僧

雲亭　うんてい
大谷(おおたに)雲亭　1837〜1886　江戸後期〜明治期の画家
山口(やまぐち)雲亭　江戸後期の医者

雲程　うんてい
岡部(おかべ)雲程　1822〜1899　江戸後期〜明治期の画家

雲哲　うんてつ
雲哲　江戸前期の日蓮宗の僧侶

雲東　うんとう
黒岩(くろいわ)雲東　江戸中期の漢学者

雲涛　うんとう
神山(かみやま)雲涛　1813〜?　江戸後期の八戸藩医
行田(なめた)雲涛　1798〜1853　江戸後期の画家
水落(みずおち)雲涛　1813〜1875　江戸後期〜明治期の医者・漢詩人

雲洞　うんとう　⇔うんどう
野村(のむら)雲洞　江戸時代の書家

雲堂　うんどう
雲堂　1661〜1730　江戸前期・中期の俳人
川勝(かわかつ)雲堂　雲堂に同じ
長田(ながた)雲堂　1849〜1922　江戸後期〜大正期の日本画家

雲洞　うんどう　⇔うんとう
岡田(おかだ)雲洞　1796〜1869　江戸後期〜明治期の漢学者・画家
中目(なかめ)雲洞　1832〜1880　江戸後期〜明治期の眼科医
前田(まえだ)雲洞　1746〜1832　江戸中期・後期の儒者

雲南　うんなん
横山(よこやま)雲南　1814〜1880　江戸後期〜明治期の日本画家

雲八光義　うんぱちみつよし
大島(おおしま)雲八光義　安土桃山時代の武将

運八郎　うんぱちろう
鈴木(すずき)運八郎　1686〜?　江戸前期の武士、勘定
長谷川(はせがわ)運八郎　?〜1882　江戸後期〜明治期の剣術家。無刀流

運平　うんぺい
陶山(すやま)運平　1809〜1885　江戸後期〜明治期の竿師
布野(ふの)運平　江戸末期の洋学教授《布野雲平》

雲平　うんぺい
布野(ふの)雲平　江戸末期の洋学教授

芸平　うんぺい
沼田(ぬまた)芸平　1829～1890　江戸後期～明治期の蘭学者、啓蒙思想家
運兵衛　うんべえ
榊原(さかきばら)運兵衛　江戸後期の出雲千歯の製造者
雲歩　うんぽ
雲歩　1628～1698　江戸前期・中期の曹洞宗の僧
行巌(こうがん)雲歩　1628～1699　江戸前期・中期の僧
雲鵬　うんほう　⇔うんぽう
勝田(かつた)雲鵬　江戸中期の漢学者《勝田雲鵬》
雲峰　うんぽう
居初(いそめ)雲峰　1678～1749　江戸前期・中期の俳人
鈴木屋(すずきや)雲峰　江戸後期の俳人
竹原(たけはら)雲峰　江戸中期の絵師
細川(ほそかわ)雲峰　1812～1876　江戸後期～明治期の画家
雲鵬　うんぽう　⇔うんほう
小野(おの)雲鵬　1796～1856　江戸末期の画家
勝田(かつた)雲鵬　江戸中期の漢学者
雲夢　うんむ
沢辺(さわべ)雲夢　江戸中期の歌人、松本藩医
雲溟　うんめい
舟越(ふなこし)雲溟　1833～1874　江戸後期～明治期の画家
雲門　うんもん
増野(ますの)雲門　1718～1763　江戸中期の儒者
雲岫　うんゆう　⇔うんしゅう
河田(かわだ)雲岫　1813～1864　江戸末期の画家《河田雲岫》
雲楽山人　うんらくさんじん
雲楽山人　1761～？　江戸中期・後期の武士、戯作者、狂歌師
雲里　うんり
新田(にった)雲里　？～1857　江戸後期・末期の俳人
雲裡坊　うんりぼう
雲裡坊　1692～1761　江戸中期の蕉風俳諧の宗匠
雲林　うんりん
浦屋(うらや)雲林　1840～1898　江戸後期～明治期の漢学者
岡西(おかにし)雲林　？～1844　江戸末期の医師
雲琳　うんりん
児島(こじま)雲琳　江戸後期の医者
雲隣　うんりん
青山(あおやま)雲隣　1770～1819　江戸中期・後期の画家
雲麟　うんりん
竹村(たけむら)雲麟　江戸後期の絵師
雲嶙　うんりん
垣内(かきうち)雲嶙　1846～1919　江戸後期～大正期の日本画家
雲嶺　うんれい
五十嵐(いがらし)雲嶺　江戸末期の町絵師
三島(みしま)雲嶺　？～1828　江戸後期の画家
雲鈴　うんれい
摩詰庵(まきつあん)雲鈴　1674～1751　江戸前期・中期の俳人
吉井(よしい)雲鈴　1674～1751　江戸前期・中期の俳人
雲嶺院　うんれいいん
雲嶺院　？～1649　江戸前期の女性。金森重頼の妻で重照の母
雲浪　うんろう
井口(いぐち)雲浪　1731～1818　江戸後期の遊俳
雲郎　うんろう
雲郎　？～1792　江戸中期・後期の俳人、歌人
坂本(さかもと)雲郎　1722～1792　江戸中期・後期の俳人
雲鹿　うんろく
雲鹿　江戸中期の俳人

【え】

ゑい
後藤(ごとう)ゑい　1820～1892　江戸後期～明治期の中野絣縦絣織方法創案者
渋沢(しぶさわ)えい　1811～1874　江戸後期～明治期の社会救恤家
栄　えい　⇔さかえ
坂本(さかもと)栄　？～1845　江戸後期の女性。坂本龍馬の次姉
英　えい　⇔はなぶさ
沢田(さわだ)英　江戸中期の藩士
璟　えい
蔡(さい)璟　1426～1486　室町・戦国時代の人。久米村蔡氏の3世
栄庵　えいあん
安達(あだち)栄庵　江戸中期の医者
足立(あだち)栄庵　1693～1769　江戸中期の医家。大矢尚斎の師匠
大谷(おおたに)栄庵　1775～1835　江戸中期・後期の天台宗の僧・書家
松尾(まつお)栄庵　江戸時代の石州津和野藩医
英安　えいあん　⇔ひでやす
小辰(こたつ)英安　江戸後期の漢方医
英一　えいいち　⇔てるいち, てるかず, ひでかず
黒沢(くろさわ)英一　1774～1843　江戸中期・後期の検校
永胤　えいいん　⇔ながたね, よういん
永胤　平安中期の天台宗の僧・歌人
叡運　えいうん
叡運　1848～1917　江戸末期～大正期の僧侶
栄運　えいうん
栄運　南北朝時代の天台宗の僧・歌人

日琠(にっちょう)栄運　1685〜1739　江戸前期・中期の僧
永運　えいうん
永運　南北朝時代の僧、連歌師
栄永　えいえい
大藤(だいとう)栄永　?〜1552?　戦国時代の北条氏の家臣

永翁　えいおう
狩野(かのう)永翁　1731〜1805　江戸中期・後期の画家
鋭翁　えいおう
浦野(うらの)鋭翁　1827〜1899　江戸後期〜明治期の漢学者、教育者
栄恩　えいおん
専念寺(せんねんじ)栄恩　江戸前期の高山市の専念寺4世中興
睿荷　えいか
睿荷　平安中期の僧侶。叡山西塔の武芸僧
永我　えいが
永我　?〜1764　江戸中期の俳人
英雅　えいが
英雅　?〜1867　江戸後期・末期の大里郡妻沼町の名利歓喜院住職で私塾両宜塾の創始者
叡海　えいかい
叡海　室町時代の僧侶
栄懐　えいかい
栄懐　南北朝時代の真言宗の僧・連歌作者
栄海　えいかい
七位坊(しちいぼう)栄海　?〜1725　江戸前期・中期の僧
永海　えいかい
永海　江戸前期の画僧
叡覚　えいかく
叡覚　1025?〜?　平安中期・後期の僧侶、歌人
栄覚　えいかく
空観(くうかん)栄覚　1403〜1492　室町・戦国時代の僧
永覚　えいかく　⇔ようがく
永覚　1832〜1895　江戸後期〜明治期の浄土真宗の僧
大牛(だいぎゅう)永覚　1606〜1684　江戸前期の僧侶
栄学　えいがく
佐久間(さくま)栄学　1729〜1773　江戸中期の狩野派の画家
永嘉門院周防　えいかもんいんのすおう
永嘉門院周防　鎌倉後期の女房・歌人
栄寛　えいかん
西川(にしかわ)栄寛　1817〜1880　江戸後期〜明治期の僧
永歓　えいかん
瀬戸(せと)永歓　戦国時代の鋳物師
永閑　えいかん
小幡(おばた)永閑　室町時代の連歌師
英巌　えいがん
英巌　江戸後期の浄土真宗の僧
栄記　えいき
友田(ともだ)栄記　1856〜1876　江戸末期・明治期の神職
永機　えいき
穂積(ほづみ)永機　1777〜1852　江戸中期・後期の俳人
詠帰　えいき
萩原(はぎわら)詠帰　?〜1796　江戸中期・後期の俳人
渡辺(わたなべ)詠帰　1811〜1877　江戸後期〜明治期の漢学者
栄吉　えいきち
栄吉　江戸末期の浜ノ瀬村の民
魚屋(さかなや)栄吉　江戸末期の地本問屋
里見(さとみ)栄吉　1836〜?　江戸末期・明治期の医者
奈良(なら)栄吉　?〜1870　江戸後期〜明治期の人形師
藤川(ふじかわ)栄吉　1848〜?　江戸後期・末期の新撰組隊士?
若田(わかた)栄吉　1851〜1919　江戸後期〜明治期の新撰組隊士
永吉　えいきち　⇔ながよし
蒲生(がもう)永吉　1808〜1879　江戸後期〜明治期の眼科医
森(もり)永吉　江戸後期の陶工
英吉　えいきち　⇔ひでよし
尾原(おばら)英吉　江戸末期・明治期の人。旧西尾藩士
栄久　えいきゅう
横山(よこやま)栄久　1779〜1848　江戸中期・後期の医師
栄教　えいきょう
矢野(やの)栄教　1730〜1799　江戸中期・後期の画家
穎教　えいきょう
穎教　奈良時代の僧、薬師寺寺主
裔翹　えいぎょう
裔翹　鎌倉後期・南北朝時代の臨済宗の僧
栄玉　えいぎょく
琢斎(たくさい)栄玉　江戸後期の画家
栄金　えいきん
松平(まつだいら)栄金　戦国時代の人。岡崎松平氏
叡空　えいくう
叡空　?〜1179　平安後期の天台宗の学僧。法然の師
栄薫　えいくん
小沢(おざわ)栄薫　江戸時代の松山城織田藩家臣
永薫　えいくん
高庵(こうあん)永薫　?〜1587　戦国時代の曹洞宗僧侶
栄芸　えいげい
和多坊(わたぼう)栄芸　戦国時代の鰐淵寺北院の

僧侶

英賢　えいけん　⇔ひでかた
英賢　鎌倉前期の真言宗の僧

永元　えいげん
狩野(かのう)永元　?～1704　江戸中期の日本画家

永厳　えいげん
太田(おおた)永厳　戦国時代の扇谷上杉氏の家宰太田氏の当主

永源　えいげん　⇔ようげん
永源　平安中期・後期の三論宗の僧、歌人

永玄　えいげん
狩野(かのう)永玄　?～1729　江戸前期・中期の狩野派の画家

影幻院　えいげんいん
影幻院　1817～1817　江戸後期の徳川家斉の十七男

栄子　えいこ　⇔えいし, よしこ
あしやの(あしやの)栄子　江戸末期の女性。筑前国遠賀郡芦屋の商家の妻女、「不知火日記」を執筆

永子　えいこ
伊藤(いとう)永子　1827～1861　江戸後期・末期の女性。伊東屋11代当主

英怙　えいこ
英怙　安土桃山時代の連歌師。石井氏

栄吾　えいご
上松(うえまつ)栄吾　1800～1854　江戸後期・末期の稲作改良の篤農家

栄光　えいこう　⇔ひでみつ
北村(きたむら)栄光　1825～1893　江戸後期～明治期の医師・文人

永耕　えいこう
狩野(かのう)永耕　1817～1879　江戸後期～明治期の日本画家

永杲　えいこう
東輝(とうき)永杲　?～1542　戦国時代の臨済宗の僧

英弘　えいこう
赤岩寺(せきがんじ)英弘　?～1902　江戸後期～明治期の歌僧

英洪　えいこう
英洪　1707～?　江戸中期の天台宗の僧

裔綱　えいこう
裔綱　鎌倉後期・南北朝時代の臨済宗の僧

瑩光院　えいこういん
瑩光院　1799～1800　江戸後期の女性。徳川家斉の七女

栄済　えいさい
今枝(いまえだ)栄済　江戸中期の本草家

栄斎　えいさい
栄斎　安土桃山時代の人。伊久留了意を助けた

永済　えいさい
永済　平安後期・鎌倉前期の注釈家
西生(にしなり)永済　戦国時代の隠士

英斎　えいさい
竹口(たけぐち)英斎　?～1798　江戸中期・後期の山陵史研究の先覚者
長島(ながしま)英斎　江戸末期の書家・歌人

贏斎　えいさい
吉益(よします)贏斎　1767～?　江戸中期・後期の医者

栄左衛門　えいざえもん
楢林(ならばやし)栄左衛門　1773～1837　江戸中期・後期の代々蘭通詞
吉川(よしかわ)栄左衛門　1742～1824　江戸中期・後期の岩鼻陣屋初代の代官

栄左衛門真忠　えいざえもんしんちゅう
深川(ふかがわ)栄左衛門真忠　1832～1889　江戸末期・明治期の実業家

栄作　えいさく
上原(うえはら)栄作　?～1868　江戸後期・末期の新撰組隊士

衛作　えいさく
水原(みずはら)衛作　1842～1885　江戸後期～明治期の庭師

永三郎　えいさぶろう
浜崎(はまざき)永三郎　1848～?　江戸後期～明治期の株式仲買人

栄三郎　えいざぶろう
石井(いしい)栄三郎　江戸後期の三浦郡公郷村民
斉藤(さいとう)栄三郎　1824～1898　江戸後期の陶業家
中村(なかむら)栄三郎　江戸後期の寺子屋師匠・儒者
鷲尾(わしお)栄三郎　1828～1902　江戸後期～明治期の庄屋

鍈三郎　えいざぶろう
山高(やまたか)鍈三郎　1844～1919　江戸後期～大正期の遊撃隊士

栄算　えいさん
栄算　鎌倉後期の僧侶・歌人

永算　えいさん
永算　南北朝時代の僧

映山　えいざん
福原(ふくはら)映山　1735～1768　江戸中期の医師、儒者《福原承明》

栄山　えいざん
田代(たしろ)栄山　1858～1902　江戸後期の足柄上郡狩野村民

英山　えいざん
茂詰(もづめ)英山　江戸末期の医師

栄子　えいし　⇔えいこ, よしこ
藤原(ふじわらの)栄子　鎌倉時代の女性。京極院の母

盈子　えいし
小槻(おづき)盈子　戦国時代の女房

英紫　えいし
汪(おう)英紫　南北朝時代の琉球の人。山南王承察度の叔父

衛士　えいし　⇔えじ
加賀山(かがやま)衛士　1714～1787　江戸中期の

儒学者
竹内(たけうち)衛士　1767〜1821　江戸中期・後期の弘前藩士
武内(たけうち)衛士　?〜1746　江戸中期の藩士

栄司　えいじ
高橋(たかはし)栄司　?〜1885　江戸末期・明治期の海軍軍人

栄治　えいじ
戸田(とだ)栄治　江戸後期の書家・書肆
野上(のがみ)栄治　1828〜1906　江戸後期〜明治期の教育者
山岡(やまおか)栄治　1843〜1868　江戸後期・末期の二本松藩士

永爾　えいじ
金山(かなやま)永爾　1775〜1851　江戸中期・後期の医師

英司　えいじ
新井(あらい)英司　江戸時代の蒔田村の豪農

英慈　えいじ
英慈　1268〜1313　鎌倉後期の英祖王統3代目の王と伝えられる人物

衛次　えいじ
糟尾(かすお)衛次　江戸時代の児玉郡金屋村の医師

英慈王　えいじおう
英慈王　1268〜1313　鎌倉後期の琉球の王

栄七　えいしち
岸本(きしもと)栄七　1855〜1931　江戸末期〜昭和期の盛文館創業者

叡実　えいじつ
叡実　平安中期の法華持経者

栄寿　えいじゅ
池原(いけはら)栄寿　1840〜1905　江戸後期〜明治期の地頭代
河野(かわの)栄寿　江戸時代の画家
川村(かわむら)栄寿　1736〜1784　江戸中期の儒者

永寿　えいじゅ
栗田(くりた)永寿〔1代〕　戦国時代の善光寺別当
若松(わかまつ)永寿　1759〜1790　江戸中期・後期の官人

栄宗　えいしゅう
栄宗　?〜1354　鎌倉後期・南北朝時代の僧侶

栄秀　えいしゅう
田村(たむら)栄秀　江戸前期の書肆・浮世草子作者

永集　えいしゅう
雲壑(うんかく)永集　?〜1717　江戸前期・中期の臨済宗の僧

永脩　えいしゅう
江川(えがわ)永脩　1826〜1901　江戸後期〜明治期の幕臣

英秀　えいしゅう
英秀　江戸前期・中期の真言宗の僧
静斎(せいさい)英秀　江戸後期の絵師

瀛洲　えいしゅう
石山(いしやま)瀛洲　江戸中期の医者・漢学者

栄重　えいじゅう
味酒(うまさけの)栄重　戦国時代の勾当坊の21代目当主
解良(けら)栄重　1810〜1859　江戸後期・末期の国上村牧ヶ花の庄屋

永祝　えいしゅく
宮良(みやら)永祝　1723〜1771　江戸中期の武道家

叡俊　えいしゅん
叡俊　平安後期の比叡山の僧。系譜未詳
叡俊　鎌倉後期の僧侶・歌人

栄俊　えいしゅん
栄俊　1529〜?　戦国時代の真言宗僧侶

永春　えいしゅん　⇔ながはる
長谷川(はせがわ)永春　江戸中期の浮世絵師

英俊　えいしゅん
上野(うえの)英俊　1847〜1913　江戸末期〜大正期の僧侶

英春　えいしゅん　⇔ひではる
栗岩(くりいわ)英春　1815〜1900　江戸後期〜明治期の医師
泉蝶斎(せんちょうさい)英春　江戸後期の絵師

英舜　えいしゅん
千原(ちはら)英舜　1812〜1890　江戸後期〜明治期の蘭方医

栄順　えいじゅん
和賀井(わがい)栄順　江戸末期・明治期の私塾経営者

永淳　えいじゅん
石田(いしだ)永淳　江戸前期の画家

永純　えいじゅん
永純　安土桃山時代の連歌作者

永順　えいじゅん
永順　戦国時代の武田家の右筆
南光院(なんこういん)永順　?〜1858　江戸後期・末期の修験者

英純　えいじゅん
萩原(はぎはら)英純　1707〜1789　江戸中期・後期の治水功労者

英順　えいじゅん
寂用(じゃくよう)英順　1516〜1614　戦国〜江戸前期の曹洞宗幻派の禅僧

英俊一　えいしゅんいち
芦原(あしはら)英俊一　江戸後期の医者

栄春斎　えいしゅんさい
櫛橋(くしはし)栄春斎　?〜1765　江戸中期の画家

永俊尼　えいしゅんに
永俊尼　?〜1648　江戸前期のキリシタン

永助　えいじょ　⇔えいすけ, ようじょ
永助　平安時代の僧

永恕　えいじょ
狩野(かのう)永恕　三谷永恕に同じ
三谷(みたに)永恕　?〜1761　江戸中期の画家

栄昭 えいしょう
栄昭 鎌倉後期の僧侶・歌人
栄松 えいしょう
香川(かがわ)栄松 江戸末期・明治期の棋士
二木(ふたき)栄松 1853～1888 江戸後期～明治期の教育者
栄章 えいしょう
明野(あけの)栄章 1835～1904 江戸後期～明治期の和算家
栄性 えいしょう
栄性 ?～1837 江戸後期の新義真言宗の僧
永昌 えいしょう ⇔ながまさ
富樫(とがし)永昌 1833～1913 江戸末期～大正期の孝子
永祥 えいしょう
狩野(かのう)永祥 ?～1886 江戸後期～明治期の禁裏御絵師
瑛昌 えいしょう
土岐(とき)瑛昌 江戸後期の画家
英松 えいしょう
伸斎(しんさい)英松 江戸後期の絵師
恵玿 えいしょう ⇔えしょう
恵玿 1822～1880 江戸末期・明治期の禅僧《恵玿》
慧紹 えいしょう
鈍渓(とんけい)慧紹 ?～1832 江戸後期の萩原町の禅昌寺19世
永成 えいじょう ⇔ながなり，ようじょう
永成 平安中期の僧侶・歌人
永成 南北朝・室町時代の天台宗の僧
永定 えいじょう ⇔ながさだ
宮良(みやら)永定 江戸前期の人。八重山キリシタン事件に連座して処刑された
永四郎 えいしろう
森田(もりた)永四郎 江戸後期の韮山代官江川氏の手代
英四郎 えいしろう
小曽根(こそね)英四郎 1840～1890 江戸後期～明治期の海援隊士
栄次郎 えいじろう
飯田(いいだ)栄次郎 1851～1924 江戸末期～大正期の日本聖公会司祭
岡(おか)栄次郎 ?～1839 江戸末期の棋士
角井(かくい)栄次郎 江戸後期の三浦郡大津村民
治部(じぶ)栄次郎 1828～1894 江戸後期～明治期の実業家・地主
森川(もりかわ)栄次郎 1839～1903 江戸後期～明治期の金屋の石工
栄治郎 えいじろう
石渡(いしわた)栄治郎 ?～1875 江戸末期・明治期の幕臣
木庭(こば)栄治郎 江戸末期の仙台藩留学生。1867年勝小鹿に同行しアメリカに渡る
前田(まえだ)栄治郎 1841～1917 江戸末期～大正期の北海道釧路の開発者
栄二郎 えいじろう
東浦(ひがしうら)栄二郎 1848～1890 江戸後期～明治期の人。印刷・出版の普及に貢献
永次郎 えいじろう
貞弘(さだひろ)永次郎 1815～1892 江戸後期～明治期の孝子
叡信 えいしん
叡信 平安後期の勧修寺の僧
栄信 えいしん ⇔ひでのぶ，まさのぶ
亀屋(かめや)栄信 江戸前期の京都糸割符商人
栄心 えいしん
栄心 ?～1546 戦国時代の天台宗の僧
英信 えいしん ⇔ひでのぶ
雲鯨斎(うんげいさい)英信 江戸中期の絵師
菊川(きくかわ)英信 江戸後期の画家
英心 えいしん
吸江(きゅうこう)英心 ?～1555 戦国時代の曹洞宗雲岫派の僧
栄心斎 えいしんさい
難波(なんば)栄心斎 1763～1828 江戸中期・後期の医師
栄晋斎 えいしんさい
栄晋斎 室町時代の画僧
栄助 えいすけ
今村(いまむら)栄助 江戸末期の木綿買継商人、問屋
佐々木(ささき)栄助 1813～1887 江戸後期～明治期の遠田郡北方大肝入
陶山(すやま)栄助 江戸後期の淘綾郡小田村の旗本間宮庄五郎知行所名主
本郷(ほんごう)栄助 ?～1883 江戸後期～明治期の刀匠
牧野(まきの)栄助 1827～1904 江戸後期～明治期の農民
松平(まつだいら)栄助 1849～? 江戸後期・末期の新撰組隊士
宮本(みやもと)栄助 江戸中期の眼科医
矢島(やじま)栄助 1836～1905 江戸後期～明治期の製糸業者
永助 えいすけ ⇔えいじょ，ようじょ
三橋(みつはし)永助 江戸後期の仏師
英輔 えいすけ
矢作(やはぎ)英輔 1813～1881 江戸後期～明治期の教育者
英碩 えいせき
中村(なかむら)英碩 1784～1863 江戸中期～末期の医師
映雪 えいせつ
赤岩寺(せきがんじ)映雪 江戸後期の俳僧
永雪 えいせつ
石田(いしだ)永雪 江戸中期の画家
英仙 えいせん
英仙 江戸前期・中期の真言宗の僧、神道家
英川 えいせん
野沢(のざわ)英川 江戸後期の画家

え

英泉　えいせん
甘露(かんろ)英泉　江戸前期・中期の曹洞宗の僧
栄禅　えいぜん
栄禅　鎌倉前期の僧侶・歌人
永暹　えいぜん
永暹　?～1109　平安後期の新義真言宗の僧
英禅　えいぜん
英禅　南北朝時代の真言宗の僧
永崇　えいそう
就山(じゅざん)永崇　1462～1508　室町・戦国時代の臨済宗の僧
永相　えいそう
高木(たかぎ)永相　江戸前期の画家
栄蔵　えいぞう
片山(かたやま)栄蔵　1785～?　江戸中期・後期の藩士
佐藤(さとう)栄蔵　江戸末期の従者。1860年遣米使節に随行しアメリカに渡る
三浦(みうら)栄蔵　1821～1897　江戸後期～明治期の料理人
瑛三　えいぞう
姫田(ひめた)瑛三　江戸末期・明治期の医者
英蔵　えいぞう
吉川(よしかわ)英蔵　江戸後期の大住郡神戸村木陰明神神主
衛足　えいそく
大貫(おおぬき)衛足　1742～1809　江戸中期・後期の俳人
栄存　えいそん
山口(やまぐち)栄存　江戸後期の鎌倉鶴岡八幡宮の承仕
英孫　えいそん
百済(くだらの)英孫　奈良・平安前期の官吏
永尊親王　えいそんしんのう
永尊親王　鎌倉前期の皇族・園城寺円満院門跡。後二条天皇の皇子
栄宅　えいたく
原(はら)栄宅　江戸中期の講釈師
栄太郎　えいたろう
清水(しみず)栄太郎　江戸後期の歌人
宮島(みやじま)栄太郎　1842～1905　江戸末期・明治期の果樹園芸家
英太郎　えいたろう　⇔ひでたろう
服部(はっとり)英太郎　江戸末期の新撰組隊士
鍈太郎　えいたろう
服部(はっとり)鍈太郎　江戸末期の新撰組隊士《服部英太郎》
栄智　えいち
人見(ひとみ)栄智　江戸中期の大洲藩士
永知　えいち
瀬川(せがわ)永知　江戸中期の画家
栄中　えいちゅう
佐藤(さとう)栄中　1835～1890　江戸後期～明治期の鑑定家
永忠　えいちゅう　⇔ながただ, ようちゅう
永忠　742～816　奈良・平安前期の三論集の入唐僧
映澄　えいちょう
盤若院(ばんじゃくいん)映澄　江戸中期の修験者
栄朝　えいちょう
栄朝　1164～1247　平安後期・鎌倉前期の臨済宗の僧
栄長　えいちょう
栄長　?～1735　江戸中期の僧侶
栄昶　えいちょう
木食上人(もくじきしょうにん)栄昶　1680～1754　江戸前期・中期の僧侶
英直　えいちょく
狭間(はざま)英直　南北朝時代の武士
栄貞　えいてい　⇔ひでさだ
大川(おおかわ)栄貞　?～1859　江戸後期・末期の足利の和算家。最上流
小川(おがわ)栄貞　1763～1827　江戸末期の歌人《小川栄貞》
永貞　えいてい　⇔ながさだ, のぶさだ
石(せき)永貞　江戸後期の文人。「杉田紀行」の著者
栄哲　えいてつ
楢林(ならばやし)栄哲　1737～1797　江戸中期・後期の医者
英鉄　えいてつ
大木(おおき)英鉄　1638～1668　江戸前期の狩野派の画家
栄道　えいどう
曽根(そね)栄道　江戸末期の和算家
英同　えいどう
英同　1665～1742　江戸前期・中期の真言宗の僧
栄得　えいとく
小川(おがわ)栄得　江戸後期の儒医
永徳　えいとく
狩野(かのう)永徳〔2代〕　1739～1794　江戸中期・後期の絵師
英得　えいとく
一陽軒(いちようけん)英得　江戸後期の絵師
英徳　えいとく
松本(まつもと)英徳　1830～1900　江戸後期～明治期の歌人
英督　えいとく
斎藤(さいとう)英督　1814～?　江戸後期～明治期の代官、大蔵省職員
衛如　えいにょ
長井(ながい)衛如　?～1561　安土桃山時代の武将
栄任　えいにん
栄任　安土桃山・江戸前期の商家、連歌作者
永寧　えいねい
足立原(あだちはら)永寧　1784～1883　江戸後期～明治期の八菅修験
栄然　えいねん
栄然　1172～1259　平安後期～鎌倉後期の真言宗

の僧

永年 えいねん ⇔ながとし
安東(あんどう)永年 1778〜1832 江戸後期の熊本藩士・画家
白瀬(しらせ)永年 1775〜1803 江戸中期・後期の医者

栄之丞 えいのじょう
安積(あづみ)栄之丞 1836〜? 江戸後期の排水路開削者

栄之助 えいのすけ
市川(いちかわ)栄之助 1831〜1872 江戸末期の日本語教師、キリスト教殉難者
小松(こまつ)栄之助 1813〜1896 江戸後期〜明治期の謡曲を好み、中尊寺邑観喜坊で学ぶ
島内(しまうち)栄之助 江戸末期の佐賀藩士。1860年遣米使節に随行しアメリカに渡る

永之介 えいのすけ
川村(かわむら)永之介 1841〜1909 江戸後期〜明治期の蚕業功労者

英之助 えいのすけ
内藤(ないとう)英之助 江戸後期・末期の幕臣

永派 えいは
森本(もりもと)永派 戦国・安土桃山時代の武田氏使僧

栄伯 えいはく
上村(うえむら)栄伯 江戸後期の眼科医

栄八 えいはち
石井(いしい)栄八 江戸後期の橘樹郡宮内村民
内山(うちやま)栄八 江戸末期の新撰組隊士
佐藤(さとう)栄八 1829〜1901 江戸後期〜明治期の実業家
本木(もとき)栄八 1819〜1878 江戸後期〜明治期の道路開拓者

永八朗 えいはちろう
田口(たぐち)永八朗 1834〜1911 江戸後期〜明治期の剣術家。鏡新明智流

叡美 えいび
叡美 江戸後期の俳人・医者

永孚 えいふ
滕(とう)永孚 江戸中期の書家
村田(むらた)永孚 ?〜1899 江戸末期・明治期の地方産業指導者

衛夫 えいふ
加藤(かとう)衛夫 1755〜1819 江戸中期・後期の庄内藩家老

永福門院小兵衛督 えいふくもんいんのこひょうえのかみ
永福門院小兵衛督 鎌倉後期の女房・歌人

永福門院治部卿 えいふくもんいんのじぶきょう
永福門院治部卿 鎌倉後期の女房・歌人

永福門院二条 えいふくもんいんのにじょう
永福門院二条 鎌倉後期の女房・歌人

永孚緝熈 えいふまさひろ
津軽(つがる)永孚緝熈 1773〜1828 江戸中期・後期の弘前藩家老

盈文 えいぶん ⇔みつふみ
関(せき)盈文 江戸中期・後期の博物学者、漢学者

永遍 えいへん
永遍 室町時代の真言宗の僧

永弁 えいべん ⇔ようべん
永弁 1626〜? 江戸前期の華厳宗の僧

栄甫 えいほ
田村(たむら)栄甫 1733〜1810 江戸中期の郷土画家

栄宝 えいほう
栄宝 南北朝時代の僧侶・歌人

永豊 えいほう
稲津(いなづ)永豊 1801〜1851 江戸後期の和算家
久子(くす)永豊 1789〜1847 江戸後期の遠野漢学中興の祖といわれる漢学者

永朴 えいぼく
上田(うえだ)永朴 江戸前期・中期の画家

栄馬 えいま
藤田(ふじた)栄馬 1835〜1909 江戸後期〜明治期の実業家

英明 えいみょう ⇔えいめい, ひであき, ひであきら
英明 ?〜1756 江戸中期の真言宗の僧

永明 えいめい ⇔ながあき
溝口(みぞぐち)永明 1786〜1850 江戸後期の書家

英明 えいめい ⇔えいみょう, ひであき, ひであきら
大川(おおかわ)英明 1837〜1898 江戸後期〜明治期の地方自治功労者

栄宥 えいゆう
栄宥 江戸中期の真言宗の僧

永璵 えいよ
東陵(とうりょう)永璵 1285〜1365 鎌倉後期・南北朝時代の中国の渡来禅僧

英璵 えいよ
玉隠(ぎょくいん)英璵 1432〜1524 室町時代の禅僧

栄耀尼 えいように
栄耀尼 鎌倉時代の傀儡

永陽門院左京大夫 えいようもんいんのさきょうのだいぶ
永陽門院左京大夫 鎌倉後期の女房・歌人

永艃 えいり
武川亭(ぶぜんてい)永艃 江戸後期の絵師

英里 えいり
小田島(おだしま)英里 1767〜1837 江戸中期・後期の俳人

永陸 えいりく
多羅尾(たらお)永陸 江戸前期・中期の画家

英陸 えいりく
岡田(おかだ)英陸 1811〜1885 江戸後期〜明治期の芳賀郡秋場村名主、私塾経営者

え

永隆　えいりゅう　⇔ながたか
虎山(こざん)永隆　1403～1442　室町時代の僧
英隆　えいりゅう
稲村(いなむら)英隆　1838～1910　江戸後期～明治期の真言宗僧侶
英竜　えいりゅう
服部(はっとり)英竜　1842～1905　江戸末期・明治期の日本画家
栄綾　えいりょう
鳥喜斎(ちょうきさい)栄綾　江戸後期の浮世絵師
盈亮　えいりょう
加治(かじ)盈亮　江戸中期の武道家
永琳　えいりん
狩野(かのう)永琳　1767～1808　江戸中期・後期の日本画家
永麟　えいりん
清原(きよはら)永麟　1836～1890　江戸後期～明治期の絵師
英琳　えいりん
島(しま)英琳　江戸後期の絵師
英露　えいろ
秀島(ひでしま)英露　1764～1833　江戸中期・後期の園芸家
恵雲　えうん
恵雲　飛鳥時代の僧侶
恵雲　奈良時代の渡来僧。鑑真に従って来日した
恵雲　平安前期の唐僧
懐円　ええん　⇔かいえん
懐円　平安中期の天台宗の僧・歌人《懐円》
恵円　ええん
不遠寺(ふおんじ)恵円　?～1664　江戸前期の僧。高山市の不遠寺3世
恵隠　えおん
志賀(しがの)恵隠　飛鳥時代の学問僧
恵海　えかい
恵海　1798～1854　江戸後期・末期の浄土真宗の僧
観月庵(かんげつあん)恵海　1753～1823　江戸中期・後期の茶人
慧海　えかい
慧海　1659～1718　江戸前期・中期の真言宗の僧
慧開　えかい
棲智(せいち)慧開　?～1775　江戸中期の曹洞宗の僧
慧鎧　えがい
慧鎧　?～1781　江戸中期の浄土真宗の僧
慧鎧　?～1874　江戸後期～明治期の浄土真宗の僧
会覚　えかく
会覚　?～1707　江戸前期・中期の僧侶
恵岳　えがく
恵岳　1760～1827　江戸中期・後期の僧、歌人
玄定(げんてい)恵岳　?～1850　江戸後期の曹洞宗の僧
江上　えがみ
江上　戦国時代の甲斐国下山の人。穴山家臣か
慧鑑　えかん
慧鑑　1706～1763　江戸中期の真言宗の僧
恵含　えがん
恵含　江戸中期・後期の天台宗の僧
益　えき　⇔すすむ, まさる, ます
小泉(こいずみ)益　江戸中期の眼科医
杉浦(すぎうら)益　江戸中期の漢学者
中岡(なかおか)益　江戸後期の医者
繹　えき
武田(たけだ)繹　江戸中期の漢学者
懐義　えぎ
天菴(てんあん)懐義　1295～1371　鎌倉後期・南北朝時代の曹洞宗の僧
益庵　えきあん
安中(あんなか)益庵　江戸中期の医師
丹波(たんば)益庵　江戸前期の医師
渡部(わたなべ)益庵　1627～1688　江戸前期の医者
益翁　えきおう
亀山(かめやま)益翁　1791～1846　江戸後期の医家
高滝(たかたき)益翁　江戸前期の『大坂八百韻』の編集者
慧菊　えきく
允芳(いんぽう)慧菊　?～1553　戦国時代の臨済宗の僧
益斎　えきさい
阿部(あべ)益斎　?～1854　江戸後期の医者・教育者
大熊(おおくま)益斎　1769～1831　江戸後期の医師
富取(とみとり)益斎　?～1822　江戸中期・後期の篆刻家
鷲津(わしづ)益斎　1804～1842　江戸後期の漢学者
駅次　えきじ
鈴木(すずき)駅次　1851～?　江戸後期～明治期の実業家
益昌　えきしょう
壇(だん)益昌　江戸後期の和算家
易助　えきすけ
杉村(すぎむら)易助　?～1818　江戸中期・後期の儒学者
恵吉　えきち　⇔けいきち
玉置(たまき)恵吉　?～1793　江戸後期の津山藩札元・篤志家
中村(なかむら)恵吉　?～1772　江戸中期の塗櫛製造の創始者《中村恵吉》
易堂　えきどう
寺西(てらにし)易堂　1826～1916　江戸末期～大正期の教育者
益道　えきどう
児玉(こだま)益道　江戸前期の武士、歌人
亦堂　えきどう
松浦(まつうら)亦堂　1811～1883　江戸末期・明

治期の儒者

亦夢　えきむ
亦夢　江戸後期の俳人

益友　えきゆう
竹村(たけむら)益友　江戸前期の俳諧作者
武村(たけむら)益友　江戸前期・中期の俳人

恵教　えきょう　⇔けいきょう
恵教　1780～1843　江戸中期・後期の茶道家
山内(やまうち)恵教　1811～1888　江戸後期～明治期の僧
蓮乗院(れんじょういん)恵教　1778～1843　江戸中期・後期の清水寺御重塔再建勧進僧。茶道三斎流古門堂派開祖

慧暁　えきょう　⇔えぎょう
原田(はらだ)慧暁　1681～1727　江戸前期・中期の僧

恵凝　えぎょう
恵凝　江戸後期の浄土真宗の僧

恵暁　えぎょう
恵暁　1085～？　平安後期の興福寺僧

恵行　えぎょう
恵行　奈良時代の越中国分寺の学僧

恵顒　えぎょう
鼇山(ごうざん)恵顒　？～1759　江戸中期の画僧

慧暁　えぎょう　⇔えきょう
慧暁　1677～？　江戸中期の浄土真宗の僧

亦蘭　えきらん
伊藤(いとう)亦蘭　1753～1791　江戸後期の古義学派藩儒学者

懐空　えくう
懐空　1000～1091　平安中期・後期の天台宗延暦寺僧

恵空　えくう
恵空　1643～1691　江戸前期・中期の僧
寂然(じゃくねん)恵空　江戸時代の曹洞宗の僧

江口の君　えぐちのきみ
江口の君　鎌倉時代の江口の里の長

江口君　えぐちのきみ
江口君　平安後期の摂津国江口を本拠地とする遊女の長者

江口の妙　えぐちのたえ
江口の妙　平安後期の遊女

殖栗皇子　えぐりのおうじ
殖栗皇子　飛鳥時代の皇族

慧恵　えけい
慧恵　平安後期の僧

恵月　えげつ
恵月　1797～1863　江戸末期の浄土真宗の僧《慧月》

慧月　えげつ
慧月　1797～1863　江戸末期の浄土真宗の僧

恵倹　えけん
木崟(ぼくかん)恵倹　1664～1744　江戸前期・中期の臨済宗の僧

恵剣　えけん
恵剣　鎌倉後期・南北朝時代の真言僧

恵見　えけん
恵見　1763～1841　江戸中期の真宗大谷派の僧

恵賢　えけん
真法(しんぽう)恵賢　1657～1753　江戸前期・中期の八戸和算(数学)の開祖

慧玄　えげん
慧玄　江戸中期の曹洞宗の僧

恵興　えこう
恵興　奈良時代の弘福寺の僧

恵航　えこう
恵航　江戸中期の天台宗の僧
恵航　？～1829　江戸後期の浄土真宗の僧

恵香　えこう
梅岳(ばいがく)恵香　1685～1764　江戸前期・中期の曹洞宗の僧

慧晃　えこう
慧晃　？～1776　江戸中期の浄土真宗の僧

慧洪　えこう
慧洪　江戸中期の曹洞宗の僧

慧航　えこう
慧航　？～1829　江戸後期の浄土真宗本願寺派学僧
西念寺(さいねんじ)慧航　？～1829　江戸後期の僧

恵光房律師　えこうぼうりっし
恵光房律師　平安後期の僧

恵厳　えごん
恵厳　江戸中期の天台宗の僧

慧厳　えごん
慧厳　？～1861　江戸後期・末期の僧
香林(こうりん)慧厳　？～1468　室町・戦国時代の臨済宗の僧

慧済　えさい
了庵(りょうあん)慧済　？～1575　戦国・安土桃山時代の曹洞宗の僧

恵尺　えさか
大分君(おおきだのきみ)恵尺　上代の豪族

恵燦　えさん
説三(せっさん)恵燦　戦国時代の府中円光院住職

衛士　えじ　⇔えいし
鉄(てつ)衛士　江戸中期の兵学者

江島　えじま
江島　1681～1741　江戸中期の大奥御年寄。「江島事件」の人物

懐寿　えじゅ　⇔かいじゅ
懐寿　970～1026　平安中期の天台宗の僧・歌人《懐寿》

慧淑　えしゅく
慧淑　江戸中期の真言律宗の僧

恵俊　えしゅん
恵俊　室町時代の僧、連歌師

懿春　えしゅん
柳田(やなぎた)懿春　1803～1885　江戸後期～明治期の上三川村の私塾玉柳軒塾主。権少講議(神

官)、槍術家

恵勝　えしょう
恵勝　奈良時代の薬師寺の僧

恵照　えしょう
恵照　江戸前期の真言宗の僧

恵章　えしょう
恵章　平安後期の僧侶・歌人

恵荘　えしょう
西野(にしの)恵荘　1780～1850　江戸中期・後期の僧

恵玿　えしょう　⇔えいしょう
恵玿　1822～1880　江戸末期・明治期の禅僧

慧照　えしょう
霊泉(れいせん)慧照　1707～1783　江戸中期の曹洞宗の僧

恵青　えじょう
藍田(らんでん)恵青　戦国・安土桃山時代の僧。甲府・東光寺の中興開山

懐真　えしん
懐真　1007～1094　平安中期・後期の興福寺僧

恵信　えしん
恵信　1114～1171　平安後期の興福寺僧

恵心　えしん
恵心　？～1575　戦国・安土桃山時代の僧侶

恵新　えしん
恵新　奈良時代の東大寺の僧

懐尋　えじん　⇔かいじん
懐尋　1059～？　平安後期の法相宗の僧・歌人《懐尋》

恵深　えじん
恵深　？～1270　鎌倉前期・後期の僧侶

恵信僧都　えしんそうず
恵信僧都　平安後期の僧。興福寺別当

恵水　えすい
洞天(とうてん)恵水　1634～1710　江戸前期・中期の臨済宗の僧

恵鮮　えせん
正琳寺(しょうりんじ)恵鮮　1828～1903　江戸後期～明治期の僧。渥美郡吉田垉六町(豊橋市花園町)裂網山正琳寺14世

慧璿　えせん
玉渓(ぎょっけい)慧璿　？～1352　鎌倉後期・南北朝時代の臨済宗の高僧

恵禅　えぜん
霊屋(れいおく)恵禅　江戸時代の曹洞宗の僧

恵祖　えそ
恵祖　上代の伊祖按司

慧聡　えそう　⇔けいそう
鈍庵(どんあん)慧聡　？～1297　鎌倉後期の僧

会俗　えぞく
会俗　？～929　平安前期・中期の石清水別当

恵尊　えそん
恵尊　飛鳥時代の画僧

材君　えだきみ
東部(あずまべの)材君　平安中期の官人

枝重　えだしげ
紀(きの)枝重　平安後期の官人

枝栖　えだすみ
枝栖　1739頃～？　江戸中期の漢詩作者・俳諧作者

役民　えだちのたみ
役民　飛鳥時代の人。藤原宮造営の長歌を創作

恵達　えたつ
恵達　平安前期の薬師寺の僧

枝永　えだなが
平(たいらの)枝永　平安後期の検非違使

枝久　えだひさ
紀(きの)枝久　平安後期の官人

枝実　えだみ
鵜飼(うかい)枝実　1776～1835　江戸中期・後期の岡藩士

枝光　えだみつ
紀(きの)枝光　平安後期の官人

兄多毛比命　えたもひのみこと
兄多毛比命　上代の无邪志国造

恵探　えたん
玄広(げんこう)恵探　1517？～1536　戦国時代の華蔵山遍照光寺の僧

恵湛　えたん
恵湛　？～1733　江戸中期の禅僧

恵端　えたん
恵端　1642～1721　江戸前期・中期の臨済宗の僧で正受庵主

慧単　えたん
千山(せんざん)慧単　1769～1813　江戸中期・後期の臨済宗の僧

慧湛　えたん
光澄(こうちょう)慧湛　1638～1706　江戸前期・中期の曹洞宗の僧

恵団　えだん
大冥(たいめい)恵団　江戸後期の臨済宗の僧

ゑち
小出(こいで)ゑち　？～1821　江戸後期の女性。15代飛騨の郡代の小出照方の妻

依智王　えちおう
依智王　奈良時代の官人

越後　えちご
越後　平安後期の輔仁親王に仕えた女房。「千載集」に収録
越後　平安後期の女流歌人。藤原季綱の娘
越後　平安後期の女流歌人
越後　戦国時代の熊野先達
青木(あおき)越後　戦国時代の松平氏の重臣
海老原(えびはら)越後　戦国時代の常陸下妻多賀谷氏の家臣
三宮家(さんのみやけの)越後　平安後期の女房・歌人
島田(しまだ)越後　江戸前期の奈良の興福寺一条院の衆徒

長瀬(ながせ)越後　江戸後期の相撲行司
南部(なんぶ)越後　江戸前期の武将
長谷川(はせがわ)越後　江戸中期の大工棟梁
蛭川(ひるかわ)越後　?~1445　室町時代の僧

越後四郎　えちごしろう
江馬(えま)越後四郎　鎌倉時代の武士

越前　えちぜん
越前　平安後期の女房。越前守源経宗の娘
越前　鎌倉前期の女流歌人。大中臣公親の娘
大宮(おおみやの)越前　平安中期・後期の女房・歌人
恩田(おんた)越前　安土桃山時代の部将
小井弖(こいで)越前　戦国時代の武将。武田家臣

越前入道　えちぜんにゅうどう
江馬(えま)越前入道　鎌倉後期の武士

越前守和澄　えちぜんのかみまさずみ
宮城(みやぎ)越前守和澄　1637~1696　江戸前期・中期の29代長崎奉行

恵中　えちゅう
恵中　1628~1703　江戸前期・中期の僧、仮名草子作者
草庵(そうあん)恵中　恵中に同じ

恵鎮　えちん
恵鎮　1281~1356　鎌倉後期・南北朝時代の天台宗の僧、歌人
定渓(じょうけい)恵鎮　江戸後期~明治期の禅僧

恵椿　えちん
僊林(せんりん)恵椿　戦国時代の曹洞宗の僧

慧鎮　えちん
円観(えんかん)慧鎮　1281~1356　南北朝時代の近江出身の天台僧

慧通　えつう
慧通　?~1746　江戸中期の僧・歴史家

悦可　えつか
鈴木(すずき)悦可　安土桃山・江戸前期の豊臣秀吉の右筆

悦巌　えつがん
悦巌　?~1762　江戸中期の僧

越渓　えっけい
越渓　1757~1836　江戸末期・明治期の禅僧
増村(ますむら)越渓　1846~1871　江戸後期~明治期の文人

悦斎　えっさい
小野(おの)悦斎　1816~1886　江戸後期~明治期の佐賀関町早吸日女神社神官

悦春　えつしゅん
悦春　江戸前期の俳諧作者

悦乗　えつじょう
後藤(ごとう)悦乗　1642~1708　江戸前期・中期の装剣金工

越人　えつじん
佐分利(さぶり)越人　?~1702　江戸前期・中期の俳人

悦水　えっすい
悦水　江戸中期の俳人・僧侶

悦叟　えつそう
辰馬(たつうま)悦叟　1834~1920　江戸末期~大正期の酒造家

悦三　えつぞう
荒井(あらい)悦三　1796~1873　江戸後期~明治期の僧侶

越中　えっちゅう
越中　平安後期の歌人
越中　江戸前期の遊女。「越中ふんどし」の発明者
跡部(あとべ)越中　戦国時代の武将。武田家臣
安倍(あべ)越中　江戸前期の奉行
萩野(はぎの)越中　戦国時代の玉縄城主北条氏勝の家臣
村上(むらかみ)越中　?~1631　江戸前期の岡山藩士、金沢藩士、備中松山藩士
村山(むらやま)越中　江戸前期の武士
渡辺(わたなべ)越中　江戸前期の武士

越中入道　えっちゅうにゅうどう
沼田(ぬまた)越中入道　室町時代の武将

越中守高清　えっちゅうのかみたかきよ
進(しん)越中守高清　?~1614　江戸前期の羽衣石南条氏の家臣

越中守政崇　えっちゅうのかみまさたか
米津(よねづ)越中守政崇　1724~1784　江戸中期の久喜藩主。政容の子

悦弥太　えつやた
沢田(さわだ)悦弥太　1848~1874　江戸後期~明治期の赤坂喰違事件の刑死者

悦人　えつんど
竹村(たけむら)悦人　1814~1862　江戸後期・末期の三戸給人、私塾経営者

恵徹　えてつ
恵徹　奈良時代の僧

慧天　えてん
慧天　江戸前期の浄土宗の僧

恵灯　えとう
堀田(ほった)恵灯　江戸時代の僧

慧統　えとう
宗綱(しゅうこう)慧統　?~1439　室町時代の臨済宗の僧

恵頓　えとん
恵頓　1725~1785　江戸中期の浄土宗の僧

柄成　えなり
紀(きの)柄成　平安前期の官人

恵忍　えにん
恵忍　江戸中期の浄土真宗の僧

恵範　えはん
恵範　1461~?　戦国時代の真言宗の僧

慧範　えはん
日旋(にっせん)慧範　江戸中期の曹洞宗の僧

吉彦　えひこ　⇔よしひこ
加藤(かとう)吉彦　1762~?　江戸中期・後期の国学者

兄彦皇子　えひこのおうじ
吉備(きびの)兄彦皇子　上代の記・紀にみえる景

行天皇の皇子

海老助　えびすけ

大橋(おおはし)海老助　安土桃山時代の北伊豆一帯を支配していた小代官、江間・内浦を支配

穎長　えひと

多治比(たじひ)穎長　平安前期の漢詩人

兄人　えひと

小治田(おはりだの)兄人　奈良時代の官人

賀陽臣(かやのおみ)兄人　奈良時代の下級官人

恵弁　えべん

恵弁　?～1768　江戸中期の浄土真宗の僧

慧鳳　えほう

慧鳳　1688～1768　江戸前期・中期の真言律宗の僧

恵昉　えぼう

大休(だいきゅう)恵昉　1714～1774　江戸中期の僧侶

大休(たいきゅう)恵昉　大休恵昉に同じ

慧梵　えぼん

竺源(じくげん)慧梵　1361～?　南北朝・室町時代の臨済宗の僧、歌人

兄麻呂　えまろ　⇔あにまろ, しげまろ

物部(もののべの)兄麻呂　飛鳥時代の武蔵国造

慧満　えまん

慧満　江戸後期の浄土宗の僧

江見河原入道　えみがわらにゅうどう

江見河原入道　室町時代の物語僧

毛人　えみし

大中臣(おおなかとみの)毛人　平安前期の十七代祭主。大中臣二門出身

上毛野胆沢公(かみつけぬいさわのきみ)毛人　平安前期の江刺郡擬大領

中臣(なかとみの)毛人　奈良時代の神祇官人

三家(みやけの)毛人　奈良時代の人。金井沢碑を建立

慧密　えみつ

蔵雲(ぞううん)慧密　?～1733　江戸中期の曹洞宗の僧

慧苗　えみょう

天産(てんさん)慧苗　?～1803　江戸中期・後期の曹洞宗の僧

慧明　えみょう

慧明　1732～1795　江戸中期・後期の天台宗の僧

笑　えむ

山中(やまなか)笑　1850～1928　江戸後期～昭和期の幕臣、牧師、民俗学者《山中共古》

右衛門八　えもはち

岩井(いわい)右衛門八　江戸時代の堀之内村の農民

衛守　えもり

遠藤(えんどう)衛守　江戸後期の高座郡遠藤村御嶽明神神主

田多(たた)衛守　江戸後期の大住郡大山寺番匠

長浜(ながはま)衛守　1840～1926　江戸末期～大正期の硫黄島の硫黄採掘者、漁師、熊野神社神官

二階堂(にかいどう)衛守　1836～1868　江戸後期・末期の二本松藩士

右衛門　えもん　⇔うえもん

甘利(あまり)右衛門　?～1582　安土桃山時代の武田信豊の被官

岩間(いわま)右衛門　安土桃山・江戸前期の武田氏甲府城下の畳刺し職人頭

先光(さきみつ)右衛門　1836～1899　江戸後期～明治期の駿府浅間神社の神主

平野(ひらの)右衛門　戦国時代の豪族。鍋山氏の祖

衛門　えもん

尾形(おがた)衛門　1855～1895　江戸末期・明治期の武道家

荻野(おぎの)衛門　?～1868　江戸末期・明治期の医者

中里(なかざと)衛門　江戸末期・明治期の宇都宮二荒山神社神官

中舘(なかだて)衛門　1819～?　江戸後期・末期の家士・教師

恵文　えもん

荊州(けいしゅう)恵文　?～1649　江戸前期の僧

恵門　えもん

恵門　江戸後期・末期の僧

ゑもん五郎　えもんごろう

上山(うえやま)ゑもん五郎　南北朝時代の武将

右衛門四郎　えもんしろう

星屋(ほしや)右衛門四郎　戦国時代の土豪

右衛門太郎　えもんたろう

中村(なかむら)右衛門太郎　戦国時代の今川家の家臣。遠江国宇布見の水運業者

衛門太郎　えもんたろう

釣井(つるい)衛門太郎　室町時代の備前焼陶工

右衛門尉　えもんのじょう　⇔うえもんのじょう

浅利(あさり)右衛門尉　戦国時代の人。永禄10年下之郷起請文を小幡信尚に提出。小幡氏の被官か

跡部(あとべ)右衛門尉　?～1575　安土桃山時代の武田氏の家臣

阿部(あべ)右衛門尉　戦国・安土桃山時代の甲斐国巨摩郡竜地村の土豪

飯狭間(いいばさま)右衛門尉　?～1582　戦国・安土桃山時代の織田信長の家臣《飯羽間右衛門尉》

石巻(いしまき)右衛門尉　戦国時代の北条氏の家臣

岩手(いわで)右衛門尉　?～1582　安土桃山時代の武田氏の家臣

大平(おおひら)右衛門尉　戦国時代の武士

小幡(おばた)右衛門尉　戦国時代の上野国衆。憲重の先祖

栗原(くりはら)右衛門尉　安土桃山時代の武田氏の家臣

諏方(すわ)右衛門尉　戦国時代の武田氏の家臣。信濃国諏訪郡尾口郷の人

右衛門丞　えもんのじょう

小沢(おざわ)右衛門丞　安土桃山時代の信濃国筑摩郡会田の番匠

右衛門介　えもんのすけ

宇野(うの)右衛門介　?～1659　江戸前期の武士。大坂の陣で籠城

右衛門佐　えもんのすけ　⇔うえもんのすけ
太田(おおた)右衛門佐　江戸前期の豊臣秀頼の家臣
小寺(こでら)右衛門佐　江戸前期の武士。大坂の陣で籠城
保科(ほしな)右衛門佐　安土桃山時代の信濃国伊那郡の武士
本間(ほんま)右衛門佐　戦国時代の古河公方の家臣
茂呂(もろ)右衛門佐　戦国時代の上野国衆

右門佐　えもんのすけ
吉良(きら)右門佐　江戸前期の紀伊国名草郡岩橋村湯橋荘の人。大坂の陣で籠城

右衛門佐堯煕　えもんのすけたかひろ
山名(やまな)右衛門佐堯煕　1558〜？　戦国〜江戸前期の但馬守護山名右衛門督祐豊入道宗詮の惣領

右衛門大夫　えもんのだいぶ　⇔うえもんたゆう, うえもんのたいふ, うえもんのだいぶ
渋江(しぶえ)右衛門大夫　？〜1524　戦国時代の武蔵国衆

右衛門兵衛氏治　えもんひょうえうじはる
堀内(ほりうち)右衛門兵衛氏治　？〜1655　江戸前期の堀内安房守氏善の惣領。藤堂高虎に仕官

恵瑶　えよう
恵瑶　奈良時代の東大寺の僧

恵雍　えよう
周伯(しゅうはく)恵雍　1550〜？　戦国時代の西禅寺の住持。後、岩国永興寺住持

慧隆　えりゅう
葦津(いしん)慧隆　1717〜1769　江戸中期の臨済禅僧

恵亮　えりょう
恵亮　？〜859　平安前期の僧《慧亮》

恵梁　えりょう
斯経(しきょう)恵梁　江戸中期の臨済宗の僧

慧亮　えりょう
慧亮　？〜859　平安前期の僧

慧梁　えりょう
斯経(しきょう)慧梁　1723〜1787　江戸中期の禅僧

恵林　えりん
竹翁(ちくおう)恵林　？〜1804　江戸後期の高山市の大隆寺中興3世

恵隣　えりん
恵隣　飛鳥時代の僧

恵蓮　えれん
廉渓(れんけい)恵蓮　？〜1725　江戸中期の金山町の林泉寺の中興開山

淵　えん　⇔ふち
羽栗(はぐり)淵　1820〜1879　江戸末期の歌人

婉　えん
婉　江戸中期の女性。泥棒4人を殺傷

円阿　えんあ
鹿尾庵(じんびあん)円阿　江戸中期の狂歌作者

円阿弥　えんあみ
円阿弥　戦国時代の大鋸
円阿弥　戦国時代の岩付城主北条氏房の家臣
円阿弥　安土桃山時代の武田氏の家臣、菊姫の付家臣

円庵　えんあん
安達(あだち)円庵　1837〜1885　江戸後期〜明治期の医師

捐庵　えんあん
小野(おの)捐庵　1804〜1862　江戸後期・末期の漢学者

円一　えんいち
円一　1848〜1868　江戸後期・末期の尊攘運動家

円胤　えんいん
円胤　鎌倉後期の浄土宗の僧・歌人

円雲　えんうん
円雲　？〜1182　平安後期の天台僧

円恵　えんえ
円恵　？〜1376頃　南北朝時代の真言宗の僧・連歌作者

延恵　えんえ
延恵　1418〜？　室町時代の法相宗の僧・修験僧

円郢　えんえい
東洲(とうじゅう)円郢　鎌倉後期・南北朝時代の曹洞宗の僧

円右衛門　えんえもん
淵沢(ふちさわ)円右衛門　？〜1871　江戸後期〜明治期の寒冷地農書「軽邑耕作鈔」の著者

衍々子　えんえんし
臼田(うすだ)衍々子　？〜1756　江戸中期の漢学者

円応　えんおう
円応　？〜1837　江戸後期の烏山・天性寺住職

莚屋　えんおく
加藤(かとう)莚屋　江戸前期の軍学者

円嘉　えんか
円嘉　鎌倉前期の天台宗の僧・歌人

円懐　えんかい
円懐　鎌倉後期の僧侶・連歌作者

円海　えんかい
円海　鎌倉後期の天台宗の僧・連歌作者
円海　江戸前期の浄土真宗の僧《月感》
円海　？〜1719　江戸前期・中期の僧

円覚　えんかく
円覚　平安前期の僧

延覚　えんかく
延覚　1076〜？　平安後期の興福寺僧

燕格　えんかく
秦(はた)燕格　1732〜1799　江戸中期・後期の日本画家

円学　えんがく
渡津(わたづ)円学　1828〜1915　江戸末期〜大正期の多美河津神社社掌・菟足神社祠官

円勧　えんかん
慧鎮(えちん)円勧　1281〜1356　鎌倉後期・南北

朝時代の天台系の律僧

円観　えんかん
円観　?～1062　平安中期・後期の念仏往生者

延喜皇后宮大輔　えんぎこうごうぐうのたいふ
延喜皇后宮大輔　平安中期の女房・歌人

円玖　えんきゅう
円玖　1546～1625　戦国～江戸前期の僧侶・連歌作者

炎郷　えんきょう
白瀬(しらせ)炎郷　江戸後期の延岡藩士

遠謦　えんきょう
中田(なかだ)遠謦　1816～1894　江戸後期～明治期の日本画家

円行　えんぎょう
円行　?～1819　江戸中期・後期の僧

円教斎　えんきょうさい
円教斎　戦国時代の経師

援琴　えんきん
北村(きたむら)援琴　江戸中期の作庭家

円空　えんくう
円空　?～1760　江戸中期の浄土真宗の僧

延空　えんくう
延空　890～967　平安前期・中期の興福寺法相宗の学僧

円慶　えんけい
円慶　戦国時代の仏師
円慶　1655～1750　江戸前期・中期の大山寺智蔵院の僧

円桂　えんけい
円桂　1714～1767　江戸中期の臨済宗の僧《円桂祖純》

演冏　えんけい
演冏　?～1823　江戸中期・後期の浄土宗の僧

煙炯　えんけい
伊藤(いとう)煙炯　1784～1857　江戸中期～末期の絵師

煙烱　えんけい
伊藤(いとう)煙烱　1784～1857　江戸中期～末期の絵師《伊藤煙烱》

淵慶　えんけい
淵慶　安土桃山時代の法相宗の僧・連歌作者

円憲　えんけん
円憲　平安後期の僧
円憲　1197～1251　鎌倉前期・後期の法相宗の僧

延憲　えんけん
延憲　平安前期・中期の僧、貞観寺座主
延憲　平安中期の僧

縁憲　えんけん
縁憲　南北朝時代の法相宗の僧

円元　えんげん
円元　1173～1239　平安後期・鎌倉前期の天台宗の僧

円玄　えんげん
円玄　平安後期の僧侶・歌人

遠湖　えんこ
司馬(しば)遠湖　1812～1878　江戸後期～明治期の漢学者

袁胡　えんこ
糸井部(いといべの)袁胡　奈良時代の甘楽郡の人。大判部

円光　えんこう
円光　鎌倉後期の真言宗の僧
円光　?～1420　南北朝・室町時代の僧
安東(あんどう)円光　鎌倉後期の武士

淵光　えんこう
関山(せきやま)淵光　?～1780　江戸中期の高座郡当麻村名主《関山宗右衛門》

円光院殿　えんこういんでん
円光院殿　1521～1570　戦国・安土桃山時代の女性。武田晴信の二番目の正室

円五郎　えんごろう
小松(こまつ)円五郎　江戸中期の開拓者

猿左　えんさ
戸谷(とや)猿左　1724～1801　江戸中期の俳人

円斎　えんさい
梅本(うめもと)円斎　江戸前期の生け花家
園田(そのだ)円斎　1808～1891　江戸後期～明治期の剣術家。神陰流

円西　えんさい
円西　鎌倉後期の仏師
蓮勝寺(れんしょうじ)円西　戦国時代の荘川村の蓮勝寺の開基

垣斎　えんさい
小泉(こいずみ)垣斎　江戸中期の医者・漢学者

沇斎　えんさい
岡本(おかもと)沇斎　江戸末期・明治期の国学者

円策　えんさく
円策　?～1725　江戸前期・中期の浄土真宗の僧

円三郎　えんざぶろう
松本(まつもと)円三郎　1853～1917　江戸末期～大正期の馬車会社「万里軒」の設立に参与

猿山　えんざん
戸谷(とや)猿山　1684～1732　江戸中期の俳人

延子　えんし
定(てい)延子　江戸中期の博物学者

燕士　えんし
燕士　1721～1796　江戸中期・後期の俳諧師

燕志　えんし
東(あずま)燕志　江戸中期の俳人

艶士　えんし
横田(よこた)艶士　?～1712　江戸前期・中期の俳人

筵史　えんし
筵史　1773～1846　江戸中期・後期の俳人

円二　えんじ
村上(むらかみ)円二　?～1850　江戸後期の寺子屋師匠

燕時　えんじ
呉(ご)燕時　江戸前期の医師
縁侍　えんじ
岡本(おかもと)縁侍　戦国時代の故実家
円実　えんじつ
円実　1138～？　平安後期の僧。平清盛の側近
楢谷寺(ゆうこくじ)円実　？～1525　戦国時代の清見村の楢谷寺2世
延子内親王家大夫　えんしないしんのうけのだいぶ
延子内親王家大夫　鎌倉後期の女房・歌人
猿雀　えんじゃく
猿雀　江戸末期の絵師
円種　えんしゅ
円種　1235～？　鎌倉前期・後期の天台僧
円寿　えんじゅ
青竜寺(せいりゅうじ)円寿　？～1856　江戸後期の歌僧
円周　えんしゅう
嶌田(しまだ)円周　江戸末期・明治期の和算家
延宗　えんしゅう
岡吉(おかよし)延宗　江戸後期の商家
炎洲　えんしゅう
雨森(あめのもり)炎洲　1739～1814　江戸中期・後期の漢詩人
遠舟　えんしゅう
遠舟　1653～？　江戸前期・中期の俳人
和気(わけ)遠舟　1653～？　江戸前期・中期の俳諧師
和気(わけ)遠舟　遠舟に同じ
円従　えんじゅう
円従　1811～1883　江戸後期の僧侶
円首座　えんしゅそ
円首座　？～1582　安土桃山時代の武田氏の家臣
円珠尼　えんじゅに
円珠尼　？～1582　戦国・安土桃山時代の女性。尼僧
円俊　えんしゅん
円俊　鎌倉後期の僧侶・歌人
円俊　南北朝・室町時代の天台宗の僧
円遵　えんじゅん
言如(ごんにょ)円遵　1560～1637　安土桃山・江戸前期の臨済宗の僧
円順　えんじゅん
藤田(ふじた)円順　江戸後期の鎌倉鶴岡八幡宮の承仕
円恕　えんじょ
円恕　1673～1733　江戸前期・中期の天台宗の僧
円舒　えんじょ
竜門(りゅうもん)円舒　1754～1828　江戸中期・後期の博多承天寺の僧
円勝　えんしょう
円勝　南北朝時代の仏師
円昭　えんしょう
円昭　平安中期の僧
円昭　南北朝時代の僧侶・歌人
円照　えんしょう
円照　1000～1047　平安中期の僧
円照　南北朝時代の僧侶・歌人
天瑞(てんずい)円照　江戸前期・中期の僧
西原(にしはら)円照　1840～1907　江戸後期～明治期の浄土真宗本願寺派僧侶
円性　えんしょう
中沢(なかざわ)円性　鎌倉時代の御家人
円聖　えんしょう
円聖　1664～1747　江戸前期・中期の天台宗の僧
円乗　えんじょう
高田(たかだ)円乗　江戸後期の絵師
宴乗　えんじょう
二条(にじょう)宴乗　戦国・安土桃山時代の坊官
延乗　えんじょう
後藤(ごとう)延乗　1721～1784　江戸中期の装剣金工
延晟　えんじょう
延晟　？～933　平安前期・中期の石清水別当
円常院　えんじょういん
円常院　1822～1822　江戸後期の徳川家慶の三男
円次郎　えんじろう
土岐(とき)円次郎　江戸後期の村役人
仁科(にしな)円次郎　1806～1892　江戸後期～明治期の僧侶
円信　えんしん
円信　1004～1053　平安中期・後期の天台宗延暦寺僧
円心　えんしん
野口(のぐち)円心　1726～1806　江戸中期・後期の宗教家・社会事業家
円深　えんしん
円深　平安中期の画僧
宴深　えんしん
宴深　1301～1334　室町時代の僧
延信　えんしん
白川(しらかわ)延信　平安中期の公家
延深　えんしん
延深　平安後期の絵仏師
延真　えんしん　⇔のぶまさ
延真　鎌倉時代の天台宗の僧・歌人
猿人　えんじん　⇔さるひと
猿人　？～1883　江戸後期～明治期の狂歌師・俳人
円水　えんすい
円水　江戸中期の雑俳点者
円随　えんずい
安倍(あべの)円随　平安後期の陰陽権助
園瑞　えんずい
晃天(こうてん)園瑞　？～1776　江戸中期の僧。野沢菜を育成

え

円助　えんすけ
安村（やすむら）円助　江戸中期の京都銀座大黒常是役所の手代
吉川（よしかわ）円助　江戸後期の大原亀五郎の手代

圓助　えんすけ
永野（ながの）圓助　江戸末期の時計師

円世　えんせい
円世　鎌倉後期の僧侶・歌人

円勢　えんせい
円勢　1810～1863　江戸後期・末期の浄土真宗の僧

延清　えんせい　⇔のぶきよ
志水（しみず）延清　1666～1734　江戸前期・中期の俳人

円説　えんぜい
仲ノ坊（なかのぼう）円説　江戸前期の事業家

延政門院一条　えんせいもんいんのいちじょう
延政門院一条　鎌倉後期の女房・歌人

円石　えんせき
楠田（くすだ）円石　江戸前期の剣術家。武蔵流

燕石　えんせき
燕石　1625～1660　江戸前期の俳人
富永（とみなが）燕石　1625～1660　江戸前期の俳人
富永（とみなが）燕石　燕石に同じ

延雪　えんせつ
郭（かく）延雪〔1代〕 1692～1765　江戸中期の医師
郭（かく）延雪〔2代〕 1742～1799　江戸後期の藩医師

淵泉　えんせん
青柳（あおやぎ）淵泉　1840～1883　江戸後期～明治期の医師

円善　えんぜん
円善　鎌倉時代の浄土真宗の僧

延全　えんぜん
延全　鎌倉後期の天台宗の僧・歌人

円蔵　えんぞう
円蔵　江戸後期の鍛冶
岡田（おかだ）円蔵　1830～1895　江戸後期～明治期の中島新田開拓の祖
田中（たなか）円蔵　1774～1851　江戸中期・後期の宮大工
服部（はっとり）円蔵　？～1811　江戸中期・後期の庄内藩家老
星野（ほしの）円蔵　江戸後期の政治家

円造　えんぞう
星野（ほしの）円造　1831～1915　江戸末期～大正期の座間入谷村戸長

延蔵　えんぞう
松波（まつなみ）延蔵　1804～1865　江戸後期・末期の津山松平藩士

円琮院　えんそういん
円琮院　1806～1806　江戸後期の女性。徳川家斉十四女

烟村　えんそん
鳥越（とりごえ）烟村　江戸後期の画家

円泰　えんたい
牧野（まきの）円泰　1650～1729　江戸中期の惣社の神官、剣術家

延太夫　えんだゆう
高崎（たかさき）延太夫　江戸時代の八戸藩士

円太郎　えんたろう
中沼（なかぬま）円太郎　？～1836　江戸後期の漢学塾「隠岐看農軒」の創立者

円旦　えんたん
周南（しゅうなん）円旦　？～1647　江戸前期の臨済宗の僧

円潭　えんたん
円潭　1817～1901　江戸後期～明治期の画僧

円智　えんち
円智　江戸前期の浄土真宗の僧
円智　1639～1721　江戸前期・中期の浄土宗の僧

焉知　えんち
速水（はやみ）焉知　1817～1894　江戸後期～明治期の茶人

円仲　えんちゅう
黒川（くろかわ）円仲　？～1635　安土桃山・江戸前期の商人。虎屋の中興の祖

円忠　えんちゅう
円忠　？～1473　室町時代の禅僧
諏訪（すわ）円忠　1295～1364　鎌倉後期・南北朝時代の北条氏の被官
吉見（よしみ）円忠　鎌倉後期・南北朝時代の僧侶

円澄　えんちょう
円澄　771～836　平安前期の天台宗の僧
湛堂（たんどう）円澄　？～1704　江戸前期・中期の曹洞宗の僧
長尾（ながお）円澄　1859～1922　江戸末期～大正期の僧侶、園芸家

円朝　えんちょう
円朝　1272～？　鎌倉後期の天台宗の僧・歌人

円長　えんちょう
天岩（てんがん）円長　？～1748　江戸中期の曹洞宗の僧

延珍　えんちん
延珍　890～961　平安前期・中期の興福寺僧

円通　えんつう
円通　1643～1726　江戸前期・中期の僧

淵貞　えんてい
山川（やまかわ）淵貞　1833～1878　江戸後期～明治期の眼科医

袁丁　えんてい
森川（もりかわ）袁丁　1744～1831　江戸中期・後期の俳人

円道　えんどう
円道　鎌倉後期の僧侶・歌人
河江（かわえ）円道　南北朝時代の武士

延徳　えんとく
明星（みょうじょう）延徳　1855～1895　江戸末期・明治期の医師

円爾　えんに
円爾　1202〜1280　鎌倉前期の臨済宗の僧侶

燕日　えんにち
松本(まつもと)燕日　江戸後期の和算家

円入　えんにゅう
円入　江戸中期の俳人

円如　えんにょ
円如　平安前期の僧
円如　?〜1855　江戸中期・後期の天台宗の僧

円忍　えんにん
円忍　?〜1677　江戸前期の真言宗僧

縁忍　えんにん
縁忍　平安後期の天台宗の僧・歌人

延年　えんねん　⇔のぶとし
山澄(やまずみ)延年　江戸後期の医師、本草家
余(よ)延年　1745〜1819　江戸中期・後期の文人

円之助　えんのすけ
八島(やしま)円之助　江戸中期の力士

円範　えんはん
円範　鎌倉時代以前の僧侶・歌人。「続拾遺和歌集」に入集

艶美　えんび
在原(ありわら)艶美　江戸中期の戯作者

偃武　えんぶ
吉田(よしだ)偃武　江戸後期の画家

円平　えんぺい
松岡(まつおか)円平　1808〜1865　江戸後期・末期の文筆家・俳人

延平　えんぺい　⇔えんぺえ, のぶひら
大蔵(おおくら)延平　1826〜1897　江戸後期〜明治期の山中村戸長

延平　えんぺえ　⇔えんぺい, のぶひら
小野寺(おのでら)延平　1851〜1925　江戸末期〜大正期の素封家

煙浦　えんぽ
荻野(おぎの)煙浦　1828〜1900　江戸後期の画家・収集家

淵輔　えんぽ
高原(たかはら)淵輔　江戸中期の漢学者

延宝　えんほう
延宝　奈良時代の僧、山階寺寺主

円満院　えんまんいん
円満院　?〜1491　室町・戦国時代の女性。堀越公方足利政知の室

円妙　えんみょう
円妙　?〜1738　江戸中期の真言律宗の僧

円明　えんみょう　⇔えんめい
亀山(かめやま)円明　1853〜1917　江戸末期〜大正期の僧

円明　えんめい　⇔えんみょう
円明　1784〜1845　江戸後期の僧
後藤(ごとう)円明　1852〜1914　江戸末期〜大正期の書家

延命　えんめい
延命　1796〜1819　江戸後期の修験者、甲斐駒ヶ嶽の開山

延明門院大夫　えんめいもんいんのだいぶ
延明門院大夫　鎌倉後期の女房・歌人

円弥　えんや
中島(なかじま)円弥　江戸末期の藩士

円勇　えんゆう
円勇　鎌倉時代の天台宗の僧・歌人

園猷　えんゆう
大徳寺(だいとくじ)園猷　江戸後期の歌人

淵瀬　えんらい
淵瀬　江戸中期の俳人

園里　えんり
佐野(さの)園里　1830〜1885　江戸末期の漢学者

円立　えんりつ
円立　江戸前期の俳人

円隆　えんりゅう
円隆　1795〜1871　江戸後期〜明治期の僧
新田(にった)円隆　1769〜1833　江戸中期・後期の新田宿村諏訪明神別当。本山修験新田山寿命院7世

円竜　えんりゅう
白鳥(しらとり)円竜　1832〜1904　江戸後期〜明治期の僧職で学者

淵竜　えんりゅう
淵竜　1777〜1840　江戸中期・後期の俳人
玄峯(げんぽう)淵竜　1643〜?　江戸前期の曹洞宗の僧

円良　えんりょう
円良　平安後期・鎌倉前期の天台僧

円陵　えんりょう
高(こう)円陵　1714〜?　江戸中期の漢学者

延陵　えんりょう
佐藤(さとう)延陵　江戸後期の漢学者
関(せき)延陵　江戸後期の医者
藤井(ふじい)延陵　?〜1763　江戸中期の漢学者
町田(まちだ)延陵　1743〜1806　江戸中期・後期の書家

延林　えんりん
谷川(たにがわ)延林　1562〜1627　安土桃山・江戸前期の華道家

烟林　えんりん
酒井(さかい)烟林　1798〜1850　江戸後期の能書家

円蓮　えんれん
円蓮　鎌倉後期の僧侶・歌人

円廊　えんろう
一誉(いちよ)円廊　江戸中期の僧。八戸朔日町の来迎寺15世和尚

お

【お】

お愛の御方　おあいのおかた
お愛の御方　？～1615　江戸前期の豊臣秀頼の妾とあるが実否不明

於安　おあん
於安　江戸前期の女性。「おあむ物語」の口述者

甥　おい
上毛野朝臣（かみつけぬのあそん）甥　奈良時代の人。調布一端を貢進

阿石　おいし
石川（いしかわ）阿石　？～1863　江戸後期・末期の女性

老刀自　おいとじ
上野佐位朝臣（かみつけぬのさいのあそん）老刀自　奈良時代の女官
上毛野佐位朝臣（かみつけのさいのあそん）老刀自　奈良時代の豪族
桧前君（ひのくまのきみ）老刀自　奈良時代の采女

生永　おいなが
紀（きの）生永　平安前期の官人

甥麻呂　おいまろ
安倍（あべの）甥麻呂　平安前期の官人

お岩　おいわ
川島屋（かわしまや）お岩　江戸時代の根津の遊女
堤灯屋（ちょうちんや）お岩　江戸後期の女性。堤燈屋の女房

央　おう　⇔てる, なか
菊地（きくち）央　1847～1868　江戸後期・末期の新撰組隊士《菊池央》

往阿弥陀仏　おうあみだぶつ
往阿弥陀仏　鎌倉前期・後期の念仏僧か

鷗庵　おうあん
佐野（さの）鷗庵　戦国時代の甲斐武田一族穴山信君の家臣

織右衛門　おううえもん　⇔おりえもん
柳下（やぎした）織右衛門　1849～1904　江戸後期～明治期の神職

応雲　おううん
応雲　1334～1402　南北朝・室町時代の有職家

翁右衛門　おうえもん
土方（ひじかた）翁右衛門　1746～1803　江戸中期・後期の庄内藩家老

王屋　おうおく
富田（とみだ）王屋　1728～1776　江戸中期の藩士・漢学者

応魁　おうかい
金（きん）応魁　1579～1620　安土桃山・江戸前期の具志親雲上

桜崖　おうがい
津田（つだ）桜崖　江戸後期の国学者

応覚　おうかく
応覚　1050～1128　平安中期・後期の僧

横斂　おうかん
市原（いちはら）横斂　安土桃山・江戸前期の眼科医

王起　おうき
後部（こうほう）王起　奈良時代の官人

扇女　おうぎじょ　⇔せんじょ
扇女　江戸中期の俳人

鴨脚　おうきゃく
井上（いのうえ）鴨脚　1797～1872　江戸後期～明治期の漢学者

鶯居　おうきょ
奥平（おくだいら）鶯居　1809～1890　江戸後期～明治期の俳諧宗匠・松平藩筆頭家老

鶯郷　おうきょう
佐々木（ささき）鶯郷　1820～1879　江戸末期の画人

王渓　おうけい
両角（もろずみ）王渓　1796～1859　江戸後期の丹波亀山藩校教授

桜渓　おうけい
鈴木（すずき）桜渓　1733～1804　江戸中期・後期の藩士

黄軒　おうけん
鈴木（すずき）黄軒　江戸後期の儒者

桜戸　おうこ
田窪（たくぼ）桜戸　1853～1909　江戸末期・明治期の神職・歌人

応其　おうご
木食（もくじき）応其　1536～1608　戦国・安土桃山時代の真言宗の僧
木食上人（もくじきしょうにん）応其　木食応其に同じ

応亨斎　おうこうさい
柴（しば）応亨斎　江戸中期の相法家

鶯谷　おうこく
石川（いしかわ）鶯谷　1812～1878　江戸末期の俳人

欧沙　おうさ
三浦（みうら）欧沙　1790～1834　江戸後期の漢方医、漢学者

往斎　おうさい
亘理（わたり）往斎　1769～1844　江戸中期・後期の兵学者

鶯斎　おうさい
梅の本（うめのもと）鶯斎　江戸後期・末期の絵師

応山　おうざん
三好（みよし）応山　1792～1849　江戸後期の日本画家

鶯山　おうざん
長（ちょう）鶯山　江戸中期の漢学者

鶯室　おうしつ
鶯室　1814～1865　江戸後期・末期の俳人

往寿　おうじゅ
魚住（うおずみ）往寿　？～1715　江戸前期・中期の神職

鷗洲　おうしゅう
鷗洲　？～1869　江戸後期～明治期の俳人
藤田(ふじた)鷗洲　江戸中期の漢詩人
応住　おうじゅう
応住　1662～1740　江戸前期・中期の真言律宗の僧
鶯宿　おうしゅく
鶯宿　江戸後期・末期の俳人
桜所　おうしょ
石川(いしかわ)桜所　1822～1880　江戸末期・明治期の医者。陸軍軍医
三浦(みうら)桜所　1790～1834　江戸後期の医者・漢学者
鷗笑　おうしょう
鷗笑　？～1777　江戸中期の俳人
応瑞　おうずい
蔡(さい)応瑞　1651～1707　江戸前期・中期の文人で風水師
応助　おうすけ
上野(うえの)応助　1850～1916　江戸末期～大正期の与論島東間切麦屋村戸長
翁助　おうすけ
沖(おき)翁助　江戸時代の文人。「鼠の巣」を執筆
杉村(すぎむら)翁助　1778～1811　江戸中期・後期の庄内藩士
多田(ただ)翁助　1739～1806　江戸中期・後期の家老(膳所)
松宮(まつみや)翁助　江戸前期の勇士
和田(わだ)翁助　江戸後期の橘樹郡上野川村影向寺領名主
応政　おうせい
智荘厳院(ちそうげんいん)応政　？～1615　江戸前期の高野山僧徒
黄仲祥　おうちゅうしょう
横山(よこやま)黄仲祥　1814～1880　江戸後期～明治期の日本画家《横山雲南》
央鳥　おうちょう
野本(のもと)央鳥　1833～1882　江戸末期・明治期の俳人
応通　おうつう
応通　？～1318　鎌倉後期の僧
応汀　おうてい
応汀　江戸後期の俳人・神職
桜亭　おうてい
丸田(まるた)桜亭　1812～1872　江戸後期～明治期のつむぎ商、文人
桜顚　おうてん
高林(たかばやし)桜顚　？～1888　江戸後期～明治期の歌人
応伝　おうでん
霊感(れいかん)応伝　？～1738　江戸中期の僧侶
桜塘　おうとう
井上(いのうえ)桜塘　江戸末期・明治期の漢学者
黄年　おうねん
黄年　1777～1853　江戸中期・後期の俳人、僧侶
応之助　おうのすけ
大野(おおの)応之助　1821～1876　江戸後期～明治期の剣術家。西岡是心流
欧波　おうは
佐藤(さとう)欧波　1815～1859　江戸後期・末期の画家
王部　おうぶ
富田(とみた)王部　江戸後期の鶴岡八幡宮の巫女
翁平　おうへい
富田(とみた)翁平　1842～1913　江戸後期～明治期の剣術家。鏡新明智流
鶯甫　おうほ
酒井(さかい)鶯甫　1808～1841　江戸後期の淋派系画家
お馬　おうま
お馬　1839～1903　江戸末期・明治期の上女中。坊僧と恋愛し国境越えをし関所破りで逮捕
意宇麻呂　おうまろ
阿倍(あべの)意宇麻呂　奈良時代の官人
意宇麿　おうまろ
熊野(くまの)意宇麿　1837～？　江戸後期・末期の神職
近江　おうみ　⇔きんこう
児玉(こだま)近江　江戸中期の面打師
寺内(てらうち)近江　江戸前期の代官
虎屋(とらや)近江　江戸中期の菓子匠
西村(にしむら)近江　江戸後期の商人
星野(ほしの)近江　江戸末期の武士
淡海　おうみ
尾張(おわりの)淡海　奈良時代の官人
山代(やましろの)淡海　平安前期の人。東山珍皇寺(愛宕寺)の建立者
鴨眠　おうみん
池本(いけもと)鴨眠　1790～1846　江戸後期の歌人
応陽　おうよう
佐々木(ささき)応陽　1778～1853　江戸末期の画人
王洋　おうよう
十一(といち)王洋　1831～1897　江戸後期～明治期の南画家
欧里　おうり
閑日庵(かんじつあん)欧里　？～1853　江戸後期の俳人
鷗里　おうり
鷗里　？～1853　江戸後期の俳人
鶯笠　おうりつ
鶯笠　？～1845　江戸後期の俳人
鶯笠　おうりつ　⇔おうりゅう
塩坪(しおつぼ)鶯笠　1819～1894　江戸末期・明治期の俳人
応竜　おうりゅう
北郷(きたごう)応竜　江戸時代の一関藩士・画家
鶯笠　おうりゅう　⇔おうりつ
鶯笠　1819～1894　江戸末期・明治期の俳人《塩坪

鶯笠》

応令　おうれい

植松(うえまつ)応令　1774〜1831　江戸中期・後期の駿河国駿東郡原宿の素封家植松本家の7代当主

於保　おお

長谷(はせの)於保　奈良時代の官人

邑阿自　おおあじ

邑阿自　飛鳥時代の靫部

大阿弥　おおあみ

竹田(たけだ)大阿弥　?〜1614　江戸前期の豊臣秀頼の同朋

大炊　おおい

稲葉(いなば)大炊　江戸前期の武士。大坂の陣で大野治長組に所属

長谷川(はせがわ)大炊　安土桃山・江戸前期の豊臣秀長・秀俊・福島兵部少輔の家臣

山中(やまなか)大炊　戦国時代の武将

若林(わかばやし)大炊　戦国時代の座間郷地頭

大井王　おおいおう

大井王　奈良時代の官人

大炊左衛門尉　おおいざえもんのじょう

萱沼(かやぬま)大炊左衛門尉　戦国時代の武士。武田氏家臣

諏訪部(すわべ)大炊左衛門尉　安土桃山時代の甲斐国河内谷の土豪

大石王　おおいしおう

大石王　飛鳥時代の皇族

大炊助　おおいのかみ　⇔おおいのすけ

中島(なかしま)大炊助　?〜1567　安土桃山時代の武将《中島大炊介》

大炊允　おおいのじょう

網代(あじろ)大炊允　戦国時代の里見義弘の家臣

小井弖(こいで)大炊允　戦国時代の信濃国伊那郡小出郷の土豪?

千野(ちの)大炊允　戦国・安土桃山時代の信濃国諏訪郡の国衆

大炊介　おおいのすけ

中島(なかしま)大炊介　?〜1567　安土桃山時代の武将

大炊助　おおいのすけ　⇔おおいのかみ

大炊助　戦国時代の甲斐都留郡西原の国衆一宮武田氏の被官

朝倉(あさくら)大炊助　安土桃山時代の織田信長の家臣

稲田(いなだ)大炊助　安土桃山時代の織田信長の家臣

岩上(いわかみ)大炊助　戦国時代の小山高朝・秀綱の家臣

糟谷(かすや)大炊助　戦国時代の能登守の子。上総勝浦城(勝浦市)主・正木時忠の家臣。正木一門か。一宮城(長生郡一宮町)の城主と伝える

勝田(かつた)大炊助　戦国時代の岩付城主北条氏房の家臣

来住野(きしの)大炊助　戦国時代の北条氏照の家臣

佐野(さの)大炊助　戦国時代の上野国衆

渋垂(しぶたれ)大炊助　戦国時代の古河公方の家臣

島崎(しまざき)大炊助　戦国時代の千葉満胤の家臣。のち鎌倉公方足利持氏の近臣

菅生(すげおい)大炊助　南北朝時代の武士

関根(せきね)大炊助　?〜1622　江戸前期の土豪

原(はら)大炊助　安土桃山時代の代官

淵名(ふちな)大炊助　戦国時代の足利長尾氏の家臣

不破(ふわ)大炊助　安土桃山時代の織田信長の家臣

洞毛(ほらげ)大炊助　戦国時代の高城胤辰の家臣

三宅(みやけ)大炊助　安土桃山時代の武将

山口(やまぐち)大炊助　戦国時代の北条氏の家臣

山中(やまなか)大炊助　戦国時代の北条氏の家臣

大炊之介　おおいのすけ

佐久間(さくま)大炊之介　戦国時代の里見氏家臣

大井夫人　おおいふじん

大井夫人　1497〜1552　戦国時代の女性。武田信虎の正室。信玄の母《瑞雲院殿》

大炊兵衛　おおいべえ

黒川(くろかわ)大炊兵衛　?〜1676　江戸前期の湯之元温泉の開発者

大炊女　おおいめ

浄円寺(じょうえんじ)大炊女　1825〜1875　江戸後期〜明治期の歌人

大娘子皇女　おおいらつこのこうじょ

大娘子皇女　上代の継体天皇の子

大郎女　おおいらつめ

橘(たちばなの)大郎女　上代の女性。允恭天皇の皇女

大石　おおいわ

和珥部(わにべの)大石　飛鳥・奈良時代の官吏

大魚　おおうお　⇔たいぎょ

秦(はたの)大魚　奈良時代の官人

船(ふねの)大魚　奈良時代の官人

大姥の局　おおうばのつぼね

大姥の局　安土桃山時代の女性。徳川秀忠の乳人

大浦　おおうら

間人宿禰(はしひとのすくね)大浦　上代の万葉歌人

大兄　おおえ

秦(はたの)大兄　飛鳥時代の備前国の技能者

大枝　おおえだ

紀(きの)大枝　平安前期の官人

大岡　おおおか

大岡　安土桃山時代の信濃国筑摩郡井堀・高の土豪

大丘　おおおか　⇔たいきゅう

安曇(あずみの)大丘　平安前期の官人

大小橋命　おおおばせのみこと

大小橋命　181〜265　上代の豪族

大親　おおおや　⇔うふや

湯湾(ゆわん)大親　戦国時代の奄美大島笠利の支配者

大顔　おおかお

大顔　平安中期の女性。村上天皇皇子具平親王が寵愛した自家の雑仕女

大垣　おおがき

建部(たけるべの)大垣　奈良時代の孝子

正蔭　おおかげ　⇔まさかげ
中臣（なかとみ）正蔭　1804〜1863　江戸後期・末期の歌人・狂歌作者

大梶　おおかじ
民（たみの）大梶　奈良時代の官人

大方　おおかた　⇔たいほう, だいほう
山木（やまき）大方　？〜1586　戦国・安土桃山時代の女性。堀越六郎の正室《山木大方》

大門　おおかど
宮崎（みやざき）大門　1805〜1861　江戸後期・末期の神官

大唐　おおから　⇔たいとう
矢集（やずめの）大唐　奈良時代の官人

大川　おおかわ
賀茂（かもの）大川　奈良時代の官人

大川按司　おおかわあじ
安慶名（あげな）大川按司　南北朝時代の安慶名城の築城者

巨城　おおき
源（みなもと）巨城　平安中期の公家・歌人

大吉備津彦命　おおきびつひこのみこと
大吉備津彦命　上代の皇族

大吉備諸進命　おおきびのもろすすみのみこと
大吉備諸進命　上代の「古事記」にみえる孝安天皇の皇子

正親町院右京大夫　おおぎまちいんのうきょうのだいぶ
正親町院右京大夫　鎌倉時代の女房・歌人

大伯　おおく
置始（おきそめの）大伯　飛鳥時代の遣唐使判官

大串　おおぐし
大串　戦国時代の越後三ヶ津の代官

大城　おおぐすく
鬼（おに）大城　室町時代の武将

大国　おおくに
大宅（おおやけの）大国　？〜737　奈良時代の官人
大宅朝臣（おおやけのあそん）大国　？〜737　飛鳥・奈良時代の上野守、摂津守
息長（おきながの）大国　奈良時代の官人
坂上（さかのうえの）大国　奈良時代の官人
丸子部（まろこべの）大国　奈良時代の相模餘綾郡の人

大久保　おおくぼ
大久保　戦国時代の武士。安藤良整の被官、伊豆西浦の在地支配者

大久保忠常室千　おおくぼただつねしつせん
大久保忠常室千　？〜1643　江戸前期の女性。武蔵騎西城主大久保忠常室

大蔵　おおくら　⇔たいぞう, だいぞう
阿部（あべ）大蔵　戦国時代の松平家重臣、奉行人
奥秋（おくあき）大蔵　戦国時代の武田氏家臣
清水（しみず）大蔵　1582〜1614　安土桃山・江戸前期の第七代清水城主
伊達（だて）大蔵　1666〜1709　江戸前期・中期の藩士
藤田（ふじた）大蔵　戦国時代の小田原北条氏の家臣

大蔵右衛門尉　おおくらえもんのじょう
小河原（おがわら）大蔵右衛門尉　戦国時代の川口の富士山御師

大蔵卿　おおくらきょう
遊義門院（ゆうぎもんいんの）大蔵卿　鎌倉後期の女房・歌人

大蔵卿局　おおくらきょうのつぼね
大蔵卿局　？〜1615　安土桃山・江戸前期の女性。淀君の乳母

大蔵茂氏　おおくらしげうじ
吉田（よしだ）大蔵茂氏　1588〜1644　安土桃山・江戸前期の弓術家

大蔵少輔千秋　おおくらしょうゆうちあき
金沢（かなざわ）大蔵少輔千秋　1765〜1822　江戸中期・後期の86代長崎奉行

大蔵丞　おおくらのじょう
宇佐美（うさみ）大蔵丞　戦国時代の武将
相馬（そうま）大蔵丞　戦国時代の古河公方の家臣
中島（なかじま）大蔵丞　戦国時代の奉行人
堀江（ほりえ）大蔵丞　戦国時代の小弓公方足利義明の家臣

大児臣　おおごのおみ
大児臣　上代の豪族

大宰相　おおさいしよう
大宰相　平安中期の女性。三条天皇中宮藤原妍子の女房

大坂王　おおさかおう
大坂王　奈良時代の皇族

大坂小上臈の御方　おおざかこじょうろうのおかた
大坂小上臈の御方　江戸前期の大坂城の女房衆

大坂大上臈の御方　おおざかだいじょうろうのおかた
大坂大上臈の御方　江戸前期の大坂城の女房衆

大崎　おおさき
大崎　江戸後期の大奥女中

祖父　おおじ
引田（ひけたの）祖父　飛鳥時代の官人

伯　おおじ　⇔おじ
多治比（たじひの）伯　奈良時代の官人

大食　おおじき
海（あまの）大食　奈良時代の官人

大島　おおしま
他田舎人（おさだのとねり）大島　奈良時代の古代小県郡の人。『万葉集』巻20に載る防人歌の作者

大嶋　おおしま
池辺（いけのべの）大嶋　奈良時代の官人

祖父麻呂　おおじまろ
大伴（おおともの）祖父麻呂　奈良時代の官人
丈部路（はせつかべのみちの）祖父麻呂　709〜？　飛鳥・奈良時代の人。下級官吏丈部路石勝の子

大隅　おおすみ
石山（いしやま）大隅　江戸後期の里神楽師

お

市川（いちかわ）大隅　？～1575　安土桃山時代の武田氏の家臣
遠藤（えんどう）大隅　江戸前期の武士。大坂の陣で籠城
長田（おさだ）大隅　戦国時代の武将。武田家臣
春日（かすが）大隅　室町・戦国時代の石和の大百姓
鍛冶（かぬちの）大隅　奈良時代の学者
関谷（せきや）大隅　戦国時代の北条氏忠の家臣
田辺（たなべの）大隅　飛鳥時代の人。藤原不比等を養育
丹野（たんの）大隅　江戸前期の女川組最初の大肝入
兵藤（ひょうどう）大隅　江戸前期の仙台今市の開拓者
平内（へいのうち）大隅　江戸後期の幕臣・工匠・和算家《平内廷臣》

大純　おおすみ
紀（きの）大純　奈良時代の官人

大隅守頼之　おおすみのかみよりゆき
能勢（のせ）大隅守頼之　江戸末期の123代長崎奉行

大酢別皇子　おおすわけのおうじ
大酢別皇子　上代の「日本書紀」にみえる景行天皇の皇子

大関　おおせき
大伴（おおともの）大関　平安前期の官人

大勢頭部　おおせどべ
大勢頭部　江戸前期の王府の女官

大竹屋　おおたけや
大竹屋　戦国時代の上吉田宿の御師

大田親王　おおたしんのう
大田親王　793～808　奈良・平安前期の桓武天皇の皇子

大館御前　おおだてごぜん
大館御前　1592～1623　安土桃山・江戸前期の女性。2代弘前藩主津軽信枚の側室で、3代藩主信義の生母

大足　おおたり
安曇（あずみの）大足　奈良時代の官人
紀（きの）大足　平安前期の官人
坂本（さかもとの）大足　奈良時代の官人
白猪臣（しらいのおみ）大足　奈良時代の地方豪族
高向（たかむこの）大足　飛鳥時代の官人

邑知王　おおちのおおきみ
邑知王　奈良時代の皇族。二品長親王の第七皇子

大継　おおつぐ
藤原（ふじわらの）大継　？～810　奈良・平安前期の官人。京家麻呂の孫、参議浜成の子

大音　おおと　⇔だいおん
紀（きの）大音　飛鳥・奈良時代の豪族

大歳　おおとし
朝妻金作（あさづまのかねつくりの）大歳　奈良時代の官人

大富売　おおとめ
長直（ながのあたえ）大富売　平安前期の節婦

大友主　おおともぬし
大友主　上代の「日本書紀」にみえる豪族

大伴女郎　おおとものいらつめ
大伴女郎　奈良時代の女性。大伴旅人の妻

大伴王　おおとものおう
大伴王　飛鳥時代の官人
大伴王　奈良時代の官人

大名　おおな
当麻（たぎまの）大名　奈良時代の官人

大成　おおなり　⇔たいせい
凡直（おおしのあたえ）大成　上代の伊予国の豪族
凡直（おおしのあたえ）大成　奈良時代（8世紀）の郡領家
宍戸（ししど）大成　1787～1856　江戸中期～末期の藩士・国学者
弓削（ゆげの）大成　奈良時代の官人

大主　おおぬし　⇔うふしゅ，うふぬし
佐銘川（さめがわ）大主　室町時代の人。尚思紹の父
鮫川（さめがわ）大主　佐銘川大主に同じ

大沼田　おおぬまた
大伴（おおともの）大沼田　飛鳥時代の官人

大野　おおの
坂上（さかのうえの）大野　平安前期の政治家

大野王　おおのおう
大野王　？～737　奈良時代の皇族

大野君　おおののきみ
大野君　上代の有力豪族

大葉枝皇子　おおはえのおうじ
大葉枝皇子　上代の記・紀にみえる応神天皇の第7皇子

大庭王　おおばおう
大庭王　？～818　奈良・平安前期の上野守

大汀　おおはま
神戸（かんべ）大汀　1826～1881　江戸末期・明治期の武士、神職

大原　おおはら　⇔たいげん，たいはら
史氏（ふひとうじの）大原　奈良時代の官人。万葉歌人

大広　おおひろ
安宿（あすかの）大広　奈良時代の官人

大淵　おおぶち
大伴若宮（おおとものわかみやの）大淵　721～？　奈良時代の写経生・校生

大舫　おおふね
大江（おおえの）大舫　平安前期の官人

大政　おおまさ
大政　1832～1881　江戸末期・明治期の侠客

多磨　おおまろ
丸子（まりこの）多磨　奈良時代の鎌倉郡の上丁

太麻呂　おおまろ　⇔たまろ
佐伯（さえきの）太麻呂　？～711　飛鳥時代の官人《佐伯太麻呂》

大摩侶　おおまろ
忍坂（おしさかの）大摩侶　飛鳥時代の人。壬申の乱の近江方の将軍

大麻呂　おおまろ
県犬養(あがたのいぬかいの)大麻呂　奈良時代の官人
土師(はじの)大麻呂　飛鳥・奈良時代の官人
丈部直(はせつかべのあたい)大麻呂　奈良時代の防人

大万呂　おおまろ
漢人(あやひと)大万呂　728〜?　奈良時代の渡来系氏族

大道　おおみち　⇔だいどう
大道　江戸末期の刀工
志氏(しのうじの)大道　奈良時代の官吏
宮沢(みやざわ)大道　1845〜1915　江戸後期〜大正期の神職

近江守親義　おおみのかみちかよし
大橋(おおばし)近江守親義　江戸中期の55代長崎奉行

大虫　おおむし
安宿(あすかの)大虫　奈良時代の官人

大宗　おおむね
中臣鹿島(なかとみのかしまの)大宗　奈良時代の常陸国鹿島神社の祝

大村　おおむら
伊奈真人(いなのまひと)大村　662〜707　飛鳥時代の国司
韓国(からくにの)大村　奈良時代の官人

大宅　おおやけ
委文(しどりの)大宅　奈良時代の造東大寺司の絵師

大宅王　おおやけのおう
大宅王　奈良時代の人。藤原仲麻呂追討の功により従五位下に叙された

大八椅命　おおやはしのみこと
大八椅命　上代の斐陀国造

大山　おおやま
高麗(こまの)大山　?〜762　奈良時代の官人
背奈(せなの)大山　奈良時代の官人、渤海大使

大湯坐王　おおゆえのおう
大湯坐王　奈良時代の官人

大頼　おおより
宗岳(むねおか)大頼　平安前期の官人、歌人

隠賀　おが
宇漢米公(うかめのきみ)隠賀　奈良時代の人。蝦夷の開明化に尽力

岡上　おかうえ
佐伯宿禰(さえきのすくね)岡上　奈良時代の上野介

岡右衛門　おかえもん
鼠ケ関(ねずがせき)岡右衛門　?〜1760　江戸中期の力士
根津ケ関(ねづがせき)岡右衛門　?〜1759　江戸中期の力士
原賀(はらが)岡右衛門　?〜1860　江戸末期の長岡図書の近侍

意佳子　おかこ
藤原(ふじわらの)意佳子　平安前期の女性。藤原良世の娘

男笠　おがさ
安倍(あべの)男笠　753〜826　奈良・平安前期の官人
山辺(やまべの)男笠　奈良時代の官人

岡前来目　おかざきのくめ
紀(きの)岡前来目　?〜465　上代の豪族

岡持　おかじ
岡持　?〜1813　江戸中期・後期の俳人、狂歌師

小楫　おかじ
船(ふねの)小楫　奈良時代の官人

雄風王　おかぜおう
雄風王　814〜855　平安前期の万多親王の第4子

少勝雄　おかつお
伴(ともの)少勝雄　平安前期の官人

岡継　おかつぐ
紀(きの)岡継　平安前期の官人

岡富　おかとみ
県犬養(あがたのいぬかいの)岡富　平安後期の官人

岡之丞　おかのじょう
岩井(いわい)岡之丞　江戸前期の京都糸割符商人

岡之助　おかのすけ
西河(にしかわ)岡之助　江戸中期の歌舞伎役者、女形

小鹿火　おかひ
紀臣(きのおみ)小鹿火　上代の中央豪族

岡本天皇　おかもとのすめらみこと
岡本天皇　飛鳥時代の女性。舒明天皇か斉明天皇とされる人

丘守　おかもり
今井(いまい)丘守　1779〜1839　江戸中期・後期の山梨郡今井村の豪農

岡良　おかよし
大中臣(おおなかとみの)岡良　平安前期の官人

小川六郎右衛門　おがわろくろうえもん
小川六郎右衛門　戦国時代の甚右衛門の一族

阿人　おかんど　⇔あじん
藤川(ふじかわ)阿人　1815〜1877　江戸後期〜明治期の俳人

隠岐　おき
木曽(きそ)隠岐　戦国時代の里見義頼・義康の家臣
南条(なんじょう)隠岐　江戸前期の南条中務の伯父。大坂籠城中、内通

阿紀伊　おきい
阿紀伊　平安後期の三仏寺城主の飛騨守藤原景家の妻

沖右衛門　おきうえもん　⇔おきえもん
勅使河原(てしがわら)沖右衛門　1721〜1804　江戸中期の笹原新田筋の新堰開発者

興氏　おきうじ
安倍(あべの)興氏　平安前期の官人

興海　おきうみ
凡海(おおしのあまの)興海　平安中期の官人

沖右衛門　おきえもん　⇔おきうえもん
相引(あいびき)沖右衛門　江戸中期の藩御抱力士

秋津風（あきつかぜ）沖右衛門　1797～1838　江戸後期の八戸南部侯お抱えの江戸力士
秋津風（あきつかぜ）沖右衛門　1797～？　江戸後期の力士
岩島（いわしま）沖右衛門　江戸中期の韮山代官江川氏の手代

荻右衛門　おぎえもん
渡辺（わたなべ）荻右衛門　1778～1838　江戸中期・後期の藩士

興景　おきかげ
小早川（こばやかわ）興景　1519～1543　戦国時代の武将

興兼　おきかね
三隅（みすみ）興兼　戦国時代の三隅郷領主

興実　おきざね
河原（かわはら）興実　？～1620　安土桃山・江戸前期の浅野家臣

興繁　おきしげ
依田（よだ）興繁　戦国時代の信濃佐久郡の国衆

興茂　おきしげ
文室（ぶんやの）興茂　平安中期の官人

おきた
浪花屋（なにわや）おきた　江戸後期の女性。茶屋浪花屋の娘で「寛政の二美人」の一人

沖太　おきた
鎌田（かまた）沖太　1845～？　江戸後期～明治期の埼玉県官吏

興忠　おきただ
荒木田（あらきだ）興忠　？～981　平安中期の神職
伴（ともの）興忠　平安中期の官人

興竜　おきたつ
池田（いけだ）興竜　江戸前期の徳島藩家老

荻田王　おぎたのおう
荻田王　奈良時代の官人

息足　おきたり
飯高（いいだかの）息足　奈良時代の官人

奥継　おきつぐ
石上（いそのかみの）奥継　奈良時代の官人

興嗣　おきつぐ
藤原（ふじわらの）興嗣　平安前期の官人

沖面　おきつら
一榎庵（いっかあん）沖面　江戸後期の狂歌作者

興時　おきとき
阿閇（あべの）興時　平安中期の官人

興俊　おきとし
大江（おおえ）興俊　平安前期の歌人

老人　おきな　⇔おゆひと
坂上（さかのうえの）老人　奈良時代の官人

老夫　おきな
石川朝臣（いしかわのあそみ）老夫　奈良時代の万葉歌人

興寿　おきなが
八剣（やつるぎ）興寿　1801～1853　江戸後期の神職

興長　おきなが
逸見（へんみ）興長　1828～？　江戸後期・末期の八戸藩士

息長田別命　おきながたわけのみこ
息長田別命　上代の成務天皇の甥、日本武尊の妃、近淡海の子

息長真手王　おきながのまてのおおきみ
息長真手王　上代の皇族

起業　おきなり　⇔きぎょう
山口（やまぐち）起業　1831～1886　江戸末期・明治期の神宮学者、国学者

沖之助　おきのすけ
黒柳（くろやなぎ）沖之助　1854～1905　江戸末期・明治期の鎌鍛冶

意誠　おきのぶ　⇔もとのぶ
田沼（たぬま）意誠　1721～1773　江戸中期の一橋家家老

興宣　おきのぶ
柴田（しばた）興宣　江戸中期の神職

起徳　おきのり
土屋（つちや）起徳　？～1854　江戸後期・末期の布志名焼陶工

興矩　おきのり
伊藤（いとう）興矩　？～1646　江戸前期の本陣、大年寄

興治　おきはる
鳥居（とりい）興治　1668～1742　江戸前期・中期の藩士

興春　おきはる
金刺（かなさし）興春　？～1483　戦国時代の諏訪下社大祝、武将

意久　おきひさ
津金（つがね）意久　1521～1575　戦国・安土桃山時代の甲斐国巨摩郡津金郷の土豪

興久　おきひさ
塩冶（えんや）興久　1497～1534　戦国時代の武将

奥人　おきひと
播美（はみの）奥人　奈良時代の官人

興房　おきふさ
伊勢（いせ）興房　平安前期の官人

興昌　おきまさ
青柳（あおやぎ）興昌　？～1748　江戸中期の安蘇郡戸室村の画家
松下（まつした）興昌　江戸後期の和算家

沖麿　おきまろ
矢作（やはぎ）沖麿　1833～1869　江戸後期～明治期の幕臣

息麻呂　おきまろ
田部（たべの）息麻呂　奈良時代の官人

雄公　おきみ
阿倍磐城臣（あべのいわきのおみ）雄公　平安前期の磐城郡司

興道　おきみち
小野（おのの）興道　平安前期の官人

三宅（みやけ）興道　江戸中期の藩士
宮崎（みやざき）興道　江戸後期の医者

息道　おきみち
安部朝臣（あべのあそん）息道　？～774　奈良時代の上野介

興光　おきみつ
高橋（たかはし）興光　1503～1529　戦国時代の武将。安芸・石見国人高橋氏の当主
三善（みよし）興光　平安中期の官人

意致　おきむね
田沼（たぬま）意致　1741～1796　江戸中期・後期の幕臣、一橋家老

興棟　おきむね
仁保（にお）興棟　？～1519　戦国時代の大内氏武将

興行　おきゆき
安倍朝臣（あべのあそん）興行　平安前期の上野介

興之　おきゆき
紀（き）興之　江戸末期の地誌作者
中西（なかにし）興之　江戸後期の神職

興世　おきよ
藤原（ふじわらの）興世　？～891　平安前期の官人

興祥　おきよし
中川（なかがわ）興祥　？～1732　江戸中期の旗本

興美　おきよし
凡海（おおしのあまの）興美　平安中期の官人
忍海（おしのうみの）興美　平安中期の官人

興頼　おきより
日奉（ひまつりの）興頼　平安中期の官人

お銀　おぎん
お銀　1785～1862　江戸中期～末期の女性。三宅備後守康友の侍女、三宅友信の母

少咋　おくい
尾張（おわりの）少咋　奈良時代の官吏

屋烏　おくう
石井（いしい）屋烏　1755～1830　江戸中期の俳人
八千房（はっせんぼう）屋烏　1755～1830　江戸中期・後期の俳人

億右衛門　おくえもん
関ノ戸（せきのと）億右衛門　1735～1782　江戸後期の力士

奥生　おくお　⇔おくなり
大中臣（おおなかとみの）奥生　872～939　平安前期・中期の祭主。父は二門の利常

奥雄　おくお
春海（はるみの）奥雄　平安前期の官人

奥七　おくしち
山県（やまがた）奥七　江戸中期の韮山代官江川氏の手代

奥高　おくたか
紀（きの）奥高　平安前期の官人

奥手麻呂　おくてまろ
紀（きの）奥手麻呂　平安前期の官人

奥生　おくなり　⇔おくお
大中臣（おおなかとみの）奥生　872～939　平安前期・中期の祭主。父は二門の利常《大中臣奥生》

奥之丞　おくのじょう
原尻（はらじり）奥之丞　1711～1759　江戸中期の人。宝暦の岡藩強訴事件の首謀者
吉田（よしだ）奥之丞　1791～？　江戸後期の剣術家。天真白井流

奥之助　おくのすけ
酒井（さかい）奥之助　1802～1865　江戸後期・末期の庄内藩家老

お熊　おくま
白子屋（しらこや）お熊　江戸中期の女性。夫の殺害を謀り死罪となった

億麿　おくまろ
億麿　江戸前期・中期の俳諧作者

屋苗　おくみょう
屋苗　江戸後期の曹洞宗の僧

お倉　おくら
富貴楼（ふうきろう）お倉　1836～1910　江戸末期・明治期の料亭女将

小倉　おぐら
尾張（おわりの）小倉　？～749　奈良時代の女官

小椋女　おぐらめ
伴部（とものべの）小椋女　平安前期の貞婦

億計皇子　おけのおうじ
億計皇子　上代の皇子。『古事記』『日本書紀』『播磨国風土記』に見える

弘計皇子　おけのおうじ
弘計皇子　上代の皇子。『古事記』『日本書紀』『播磨国風土記』に見える

於期　おご
永井（ながい）於期　江戸前期の庄内藩勝手女中

於広　おこう
原見（はらみ）於広　江戸末期の女性。日高郡大又村庄屋の娘

興志　おこし　⇔こごし
大神（おおみわの）興志　奈良時代の官人
蘇我（そがの）興志　？～649　飛鳥時代の人。父は蘇我倉山田石川麻呂《蘇我興志》

乎己志　おこし
尾張（おわりの）乎己志　飛鳥時代の官人

お琴の方　おことのかた
お琴の方　？～1855　江戸後期・末期の女性。徳川家慶の側室

興　おこる
粟田（あわたの）興　平安中期の官人

おこん
藤田（ふじた）おこん　江戸前期の女性。船井郡上和知村の農民猪兵衛の妻

お紺　おこん
江戸節（えどぶし）お紺　江戸後期の女性。怪談「江戸節お紺」のモデル

おこんの方　おこんのかた
おこんの方　1682～1766　江戸前期・中期の女性。徳川家宣の側室

乎佐　おさ
前君（さきのきみの）乎佐　奈良時代の薩摩国薩摩郡の少領

おさいの方　おさいのかた
おさいの方　？～1684　江戸前期の女性。初代尾張藩主徳川義直の側室

於佐衛　おさえ
於佐衛　1781～1849　江戸中期・後期の女性。徳川治宝の側室

長興　おさおき　⇔ちょうこう, ながおき
佐久間（さくま）長興　1810～1873　江戸後期～明治期の幕臣

忍坂王　おさかおう　⇔おさかのおおきみ, おしさかおう
忍坂王　奈良時代の官吏

長勝　おさかつ　⇔ちょうしょう, ながかつ
田宮（たみや）長勝　？～1645　江戸前期の武士、剣術家《田宮長勝》

忍坂王　おさかのおおきみ　⇔おさかおう, おしさかおう
忍坂王　奈良時代の官吏《忍坂王》

他田　おさだ
内（うちの）他田　平安前期の官人

他田王　おさだおう
他田王　奈良時代の官人

長田麻呂　おさだまろ
紀（きの）長田麻呂　755～825　奈良・平安前期の官人

長呂　おさとも
有賀（ありが）長呂　？～1628　江戸前期の武士

壮麻呂　おさのまろ
阿倍会津臣（あべあいづおみ）壮麻呂　？～789　奈良時代の征夷軍の一員

長人　おさひと　⇔ながひと
安都（あとの）長人　奈良時代の官人

袁邪本王　おざほのみこ
袁邪本王　上代の「古事記」にみえる開化天皇の皇子

長丸　おさまる
新田園（しんでんえん）長丸　？～1817　江戸中期・後期の狂歌師

修　おさむ　⇔しゅう
伊谷（いのや）修　1837～1909　江戸後期～明治期の初代上伊那部長
玉置（たまき）修　1834～1898　江戸後期～明治期の津山松平藩最後の大年寄役
成石（なるいし）修　1818～1870　江戸後期～明治期の関宿藩士
牧山（まきやま）修　江戸末期の医師。1860年咸臨丸の医師としてアメリカに渡る

畜　おさむ
矢野（やの）畜　江戸後期の歌人

脩　おさむ
小林（こばやし）脩　江戸後期の医者
佐久間（さくま）脩　江戸後期の和算家
源（みなもとの）脩　？～960　平安中期の宮内卿覚の子

長幸　おさゆき　⇔ちょうこう
小笠原（おがさわら）長幸　1746～1812　江戸中期・後期の幕臣

小沢坊　おざわぼう
小沢坊　戦国時代の吉田の富士山御師

伯　おじ　⇔おおじ
県犬養（あがたのいぬかいの）伯　奈良時代の官人

小鹿　おしか
百済寺（くだらじ）小鹿　安土桃山時代の力士

忍国　おしくに
川原田（かわらたの）忍国　奈良時代の官人

忍坂王　おしさかおう　⇔おさかおう, おさかのおおきみ
忍坂王　奈良時代の官吏《忍坂王》

忍坂麻呂　おしさかまろ
文室（ふんやの）忍坂麻呂　奈良時代の官人

忍立　おしたつ
海（あまの）忍立　奈良時代の官人

押人　おしと　⇔おしひと
遠田公（とおだのきみ）押人　平安前期の遠田郡に住んだ俘囚集団の首長

小稲　おしね
田中（たなか）小稲　1840～1896　江戸後期～明治期の新潟の文人

忍之別皇子　おしのわけのおうじ
忍之別皇子　上代の記・紀にみえる景行天皇の皇子

押人　おしひと　⇔おしと
大伴部（おおともべの）押人　奈良時代の俘囚

忍古彦　おしふるひこ
宇野（うの）忍古彦　？～1885　江戸後期～明治期の隠岐の漢学者

男嶋　おしま　⇔おじま
石上部（いそのかみべの）男嶋　奈良時代の官人

男嶋　おじま　⇔おしま
上毛野坂本朝臣（かみつけのさかもとのあそん）男嶋　奈良時代の豪族

推理　おしまさ
大中臣（おおなかとみの）推理　平安中期の官人

おしま志摩　おしましま
おしま志摩　安土桃山時代の信濃国筑摩郡青柳の土豪

押松　おしまつ
押松　鎌倉前期の従者

伯麻呂　おじまろ　⇔はくまろ
県犬養（あがたのいぬかいの）伯麻呂　奈良時代の官人
文（ふみの）伯麻呂　奈良時代の官人

押山　おしやま
穂積（ほづみの）押山　上代の記・紀にみえる豪族《穂積忍山》

忍山　おしやま
石上部（いしかみべの）忍山　696〜？　飛鳥・奈良時代の優婆塞
穂積（ほづみの）忍山　上代の記・紀にみえる豪族

於尉　おじょう
於尉　？〜1634　安土桃山・江戸前期の女性。尾張藩祖義直の側室

おせん
樽屋（たるや）おせん　江戸時代の姦通事件の人物

お仙　おせん
笠森（かさもり）お仙　江戸中期・後期の女性。江戸谷中笠森稲荷門前の水茶屋の娘、美女として知られる

於仙　おせん
於仙　戦国時代の女性。奥平信昌の娘。大久保忠常の正室

遅道　おそみち
紀之（きの）遅道　江戸後期の狂歌作者・滑稽本作者

お染　おそめ
津の国屋（つのくにや）お染　江戸末期の女性。講談「安政三組盃」のモデル

小鯛王　おだいおう　⇔おだいのおおきみ
小鯛王　奈良時代の歌人

小鯛王　おだいのおおきみ　⇔おだいおう
小鯛王　奈良時代の歌人《小鯛王》

小田王　おだおう　⇔おだのおおきみ
小田王　奈良時代の官人《小田王》

おたか
上根本村（かみねもとむら）おたか　江戸後期の女性。兄の仇討ちをした

お高　おたか
お高　1729〜1792　江戸中期・後期の雑俳点者、商家

小鷹　おだか
物部（もののべの）小鷹　723〜？　奈良時代の画工

小滝四郎　おだきしろう
二階堂（にかいどう）小滝四郎　戦国時代の上総国伊北庄小滝の在地領主

お竹　おたけ
佐久間の（さくまの）お竹　江戸前期の女性。日本橋大伝馬町の名主佐久間勘解由の下女

乎多須　おたす
出雲（いずもの）乎多須　687〜？　飛鳥・奈良時代の農民

雄忠　おただ
小坂（おさか）雄忠　？〜1680　江戸前期の幕臣

小楯　おたて　⇔おだて
久米部（くめべの）小楯　上代の播磨国司。山部連の祖とされる

小楯　おだて　⇔おたて
来目部（くめべの）小楯　上代の政治家

小田王　おだのおおきみ　⇔おだおう
小田王　奈良時代の官人

男玉　おたま
粟田（あわたの）男玉　奈良時代の官人

小玉女　おたまめ
賀陽臣（かやのおみ）小玉女　奈良時代の人

おたよ
お多福（おたふく）おたよ　江戸中期の女性。大福餅の考案者

小足　おたり
上毛野（かみつけぬの）小足　？〜709　飛鳥時代の官人

男足　おたり
秋篠（あきしのの）男足　平安前期の官人
坂本（さかもとの）男足　奈良時代の官人
田部（たべの）男足　奈良時代の官人

彼方　おちかた
村氏（むらのうじの）彼方　奈良時代の官人。万葉歌人

越知人　おちひと
石川（いしかわ）越知人　平安前期の漢詩人

越智人　おちひと
石川（いしかわの）越智人　平安前期の官人

御ちやあ　おちゃあ
御ちやあ　？〜1615　江戸前期の大坂城の女房衆

お長　おちょう
お長　？〜1721　江戸前期・中期の出雲初のタバコ栽培者

乙石左衛門尉　おついしさえもんのじょう
糟屋（かすや）乙石左衛門尉　鎌倉時代の在地領主

乙因　おついん
乙因　？〜1807　江戸中期・後期の俳人
美濃屋（みのや）乙因　1755〜1807　江戸中期・後期の俳人

乙雨　おつう
大野（おおの）乙雨　？〜1867　江戸後期・末期の俳人

乙芽　おつが
乙芽　江戸末期の俳人

乙外　おつがい
乙外　江戸中期の俳人

乙貫　おつかん
乙貫　江戸中期の俳人

小月　おづき
若湯坐（わかゆえの）小月　奈良時代の官人

小槻山君　おづきやまのきみ
小槻山君　上代の氏族

緒継　おつぐ
和気朝臣（わけのあそん）緒継　？〜836　平安前期の女官

雄継　おつぐ
安墀（あずちの）雄継　平安前期の官人

乙語　おつご
佐方（さかた）乙語　1701〜1767　江戸中期の俳人

乙治　おつじ　⇔おとじ
鈴木（すずき）乙治　江戸末期の新撰組隊士《鈴木

乙治》

越宗　おっしゅう　⇔おつしゅう

蘭陵（らんりょう）越宗　？～1779　江戸中期の曹洞宗の僧

越州　おっしゅう

仏燈（ぶっとう）越州　？～1796　江戸中期の僧。神岡町の洞雲寺10世

越宗　おつしゅう　⇔おっしゅう

仏灯（ぶっとう）越宗　？～1796　江戸中期・後期の曹洞宗の僧

乙人　おつじん

乙人　1784～1859　江戸中期～末期の俳人

熊谷（くまがい）乙人　1799～1860　江戸後期の俳人

松永（まつなが）乙人　1784～1853　江戸中期・後期の利根の俳人

乙鼠　おつそ

乙鼠　1733～1767　江戸中期の俳人

乙堂　おつどう

乙堂　江戸後期の俳人

小常　おつね

酒井勝（さかいのすぐり）小常　奈良時代の流人

乙良　おつら

乙良　1791～1864　江戸後期・末期の俳諧作者

お鶴　おつる

お鶴　江戸中期の烈女

お伝　おでん

高橋（たかはし）お伝　1850～1879　江戸末期・明治期の女囚。29歳で処刑された。仮名垣魯文の『高橋阿伝夜叉譚』によってその生涯が語られる

於菟　おと

千野（ちの）於菟　江戸末期の神職

乙　おと

乙　平安前期の女房・歌人

壬生（みぶの）乙　平安前期の歌人。「古今集」に一首入集

乙魚　おといお

紀（きの）乙魚　平安前期の紀伊国名草郡真川郷の刀禰

音右衛門　おとうえもん　⇔おとえもん

時津風（ときつかぜ）音右衛門　？～1781　江戸中期の大相撲力士

鷲ヶ浜（わしがはま）音右衛門　江戸後期の力士

乙兄　おとえ

多治比（たじひの）乙兄　奈良時代の官人

乙枝　おとえ

大枝（おおえの）乙枝　平安前期の女性。藤原良相の妻

音右衛門　おとえもん　⇔おとうえもん

音右衛門　江戸末期の芝・峯・大川各村兼帯庄屋

川辺（かわべ）音右衛門　？～1721　江戸中期の大工

関の戸（せきのと）音右衛門　江戸後期の力士

弟雄　おとお

安倍（あべの）弟雄　平安前期の官人

乙加志　おとかし

阿倍（あべの）乙加志　奈良時代の官人

乙上　おとがみ

出雲（いずもの）乙上　平安前期の官人

乙吉　おときち

立川（たちかわ）乙吉　江戸後期の仏師

音吉　おときち

赤羽（あかば）音吉　赤羽音吉に同じ

赤羽（あかばね）音吉　1843～1868　江戸後期・末期の新撰組隊士

荒（あら）音吉　江戸後期の武士

立原（たちはら）音吉　1776～？　江戸中期・後期の農民

萩原（はぎわら）音吉　1817～1881　江戸後期～明治期の組合製糸碓氷社の創立者の一人

乙訓王　おとくにおう

乙訓王　奈良時代の皇族

第二男　おとご

大使之（おおきつかいの）第二男　奈良時代の官人。阿倍朝臣継麻呂の二男

音五郎　おとごろう

宮川（みやがわ）音五郎　1830～1871　江戸後期～明治期の人。天然理心流門人

乙治　おとじ　⇔おつじ

鈴木（すずき）乙治　江戸末期の新撰組隊士

乙四郎　おとしろう

川田（かわだ）乙四郎　江戸末期の土佐勤王党員

音次郎　おとじろう

白井（しらい）音次郎　？～1906　江戸末期・明治期の幕臣

高田（たかた）音次郎　1849～1915　江戸末期～大正期の実業家

高田（たかだ）音次郎　高田音次郎に同じ

弥勒寺（みろくじ）音次郎　1799～1869　江戸後期～明治期の宮大工、彫工

弟澄　おとずみ

安倍（あべの）弟澄　平安前期の官女

乙蔵　おとぞう

丹下（たんげ）乙蔵　江戸後期の農民

乙造　おとぞう

松沢（まつざわ）乙造　江戸末期の新撰組隊士

乙孝　おとたか　⇔いつこう

乙孝　江戸前期・中期の俳人

音高　おとたか

砧（きぬた）音高　江戸後期の狂歌作者

弟武彦命　おとたけひこのみこと

弟武彦命　上代の相武国造

音足　おとたり

榎本（えのもとの）音足　奈良時代の官人

乙千世丸　おとちよまる

乙千世丸　安土桃山時代の信濃国筑摩郡会田の土豪

音恒　おとつね

源（みなもとの）音恒　平安前期の皇族

音門　おとど
高橋(たかはし)音門　江戸中期の藩士
弟友　おととも
藤原(ふじわらの)弟友　奈良時代の官吏
乙名　おとな
石上(いそのかみの)乙名　平安前期の官人
弟直　おとなお
文室真人(ふんやのまひと)弟直　770〜830　奈良・平安前期の上野守
乙長　おとなが　⇔くにのぶ
県(あがたの)乙長　平安中期の官人
音成　おとなり
礒(きぬた)音成　江戸中期・後期の洒落本作者・狂歌作者
弟庭　おとにわ
石川(いしかわの)弟庭　平安前期の官人
弟野王　おとのおう
弟野王　772〜833　奈良・平安前期の官人
弟日　おとひ
弟国部(おとくにべの)弟日　飛鳥時代の荒城郷の人
乙彦　おとひこ
岡崎(おかざき)乙彦　江戸時代の富山藩士、国学者
弟彦　おとひこ
弟彦　上代の吉備の豪族
角田(つのだ)弟彦　1840〜1920　江戸末期〜大正期の歌人
弟彦王　おとひこおう　⇔おとひこのおおきみ
弟彦王　上代の皇族
弟彦王　おとひこのおおきみ　⇔おとひこおう
弟彦王　上代の皇族《弟彦王》
乙駈刀自　おとひずめとじ
物部君(もののべのきみ)乙駈刀自　奈良時代の下贄郷高田里の人。金井沢碑を建立
弟人　おとひと
石川(いしかわの)弟人　奈良時代の官人
乙瓢　おとひょう
乙瓢　?〜1887　江戸後期〜明治期の俳人
弟枚　おとひら
大中臣(おおなかとみの)弟枚　平安前期の官人
弟広　おとひろ
尾張宿禰(おわりのすくね)弟広　平安前期の郡司
弟総　おとふさ
武蔵(むさしの)弟総　平安前期の武蔵国の豪族
乙平　おとへい
神保(じんぼ)乙平　1812〜1880　江戸後期〜明治期の儒者
乙麻呂　おとまろ
大宅(おおやけの)乙麻呂　727?〜?　奈良時代の優婆塞
丈部路(はせつかべのみちの)乙麻呂　714〜?　奈良時代の人。下級官吏丈部路石勝の子
秦井手(はたいでの)乙麻呂　奈良時代の豪族
秦(はたの)乙麻呂　平安前期の人。越前国荒道山道を造成
三家人部(みやけひとべの)乙麻呂　平安前期の山田郡人
乙万呂　おとまろ
宇治部(うじべの)乙万呂　奈良時代の備前国の人
私部(きさいべの)乙万呂　奈良時代の皇后の封民
曽禰(そねの)乙万呂　奈良時代の桑原荘の田使
家部(やかべの)乙万呂　奈良時代の画師
弟麻呂　おとまろ
紀(きの)弟麻呂　奈良時代の官人
当麻(たぎまの)弟麻呂　奈良時代の官人
おとみ
絹屋(きぬや)おとみ　江戸中期の女性。江戸本郷の絹屋彦兵衛の三女
乙美　おとみ
能登臣(のとのおみ)乙美　奈良時代の官人。万葉歌人
弟見　おとみ
飛鳥部(あすかべの)弟見　奈良時代の官人
飛鳥戸造(あすかべのみやつこ)弟見　奈良時代の飛騨守
弟美　おとみ
木部(きべ)弟美　1850〜1882　江戸後期〜明治期の言論人
弟道　おとみち
石川(いしかわの)弟道　平安前期の官人
弟岑　おとみね
賀茂(かもの)弟岑　平安前期の官人
乙三野　おとみの
賀陽朝臣(かやのあそん)乙三野　平安前期の女官
乙目　おとめ
辛島勝(からしまのすぐり)乙目　上代の女性。朝鮮半島渡来系の豊前辛島シャーマンの始祖
丁女　おとめ
稲寸(いなき)丁女　飛鳥時代の女性。稲置姓
娘子　おとめ
出雲(いずもの)娘子　飛鳥時代の采女
依羅(よさみの)娘子　奈良時代の女性。柿本人麻呂の石見国在任中の妻
弟守　おともり
大中臣(おおなかとみの)弟守　平安前期の官人
乙也　おとや
乙也　1809〜1872　江戸後期〜明治期の俳諧師
乙安　おとやす
多治比(たじひの)乙安　奈良時代の官人
弟弓　おとゆみ
日置(へきの)弟弓　奈良時代の那賀郡司
お豊　おとよ
五福屋(ごふくや)お豊　江戸中期の女性。江戸本町の道具屋の娘
乎刀良　おとら
物部(もののべの)乎刀良　奈良時代の防人
お仲　おなか
お仲　?〜1850　江戸後期の鶏飯屋の飯盛女
古代の(こだいの)お仲　江戸末期の餅屋の女主人

お

お夏　おなつ
お夏　？～1860　江戸後期・末期の煙草製造

阿南　おなみ
肝付（きもつき）阿南　戦国時代の女性。島津日新斎（忠良）の娘で肝付兼続の妻

遠那理　おなり
多田屋（ただや）遠那理　戦国時代の女性。八重山初代大阿母職

男也　おなり
多賀（たが）男也　1853～？　江戸後期・末期の新撰組隊士
野村（のむら）男也　1751～1825　江戸中期・後期の八戸藩士

鬼馬　おにうま　⇔きめ
藤巻（ふじまき）鬼馬　1779～1868　江戸末期の俳人

小贄　おにえ
小野（おのの）小贄　奈良時代の官人

鬼勝　おにかつ
蓮井（はすい）鬼勝　江戸前期の藩御抱力士

鬼玄丹　おにげんたん
鬼玄丹　江戸前期の盗賊

鬼源兵衛　おにげんべえ
鬼源兵衛　江戸時代の羽村堰建設の功労者

鬼虎　おにとら
鬼虎　戦国時代の人。宮古島の酋長仲宗根豊見親によって誅伐された

雄能麻呂　おのうまろ　⇔おのまろ
安倍朝臣（あべのあそん）雄能麻呂　？～826　奈良・平安前期の上野守

小野右衛門　おのえもん
田原（たはら）小野右衛門　1776～1855　江戸中期～末期の和算家

斧吉　おのきち
岡田（おかだ）斧吉　？～1869　江戸末期・明治期の武士
野田（のだ）斧吉　？～1835　江戸後期の幕臣

斧作　おのさく
三宅（みやけ）斧作　江戸後期・末期の幕臣

鉄次郎　おのじろう
菅原（すがわら）鉄次郎　1846～1882　江戸後期～明治期の自治功労者

斧太郎　おのたろう
都甲（つこう）斧太郎　江戸後期・末期の幕臣

小野宮尼公　おののみやのにこう
小野宮尼公　1036～1134　平安中期・後期の女性。名邸小野宮を伝領した

斧麿　おのまろ
斧麿　江戸中期の雑俳点者

雄能麻呂　おのまろ　⇔おのうまろ
安倍（あべの）雄能麻呂　平安前期の官人

小椅君　おばしのきみ
小椅君　上代の人。神武天皇が日向国で娶った阿比良比売の兄

お初　おはつ
鏡山（かがみやま）お初　1701～？　江戸中期の歌舞伎「加賀見山旧錦絵」のモデル

小林　おばやし
山背直（やましろのあたい）小林　奈良時代の天武天皇の舎人

お久　おひさ
お久　？～1561　戦国・安土桃山時代の女性。松平信忠の娘

帯足　おびたり
下毛野（しもつけぬの）帯足　奈良時代の官人

お秀　おひで
重清の（しげきよの）お秀　江戸中期の義民

男人　おひと　⇔おびと
大伴（おおともの）男人　飛鳥時代の官人
能登（のとの）男人　奈良時代の画師

雄人　おひと
遠田君（とおだのきみ）雄人　奈良時代の遠田郡に住んだ俘因集団の首長

首　おびと　⇔はじめ
調使（つきの）首　奈良時代の官吏

男人　おびと　⇔おひと
宇努首（うのの）男人　奈良時代の豊前国の国守

首名　おびとな
大伴（おおともの）首名　奈良時代の遣唐判官
大日奉舎人（おおひまつりのとねり）首名　平安前期以前の漢学者。「経国集」に入集
神主（かんぬしの）首名　奈良時代の伊勢大神宮禰宜
道（みちの）首名　7世紀後半～718　奈良時代の官僚。大宝律令の編集に携わる

首麻呂　おびとまろ
商長（あきのおさの）首麻呂　奈良時代の防人
大伴部（おおともべの）首麻呂　奈良時代の相模鎌倉郡方瀬郷の戸主
坂田部（さかたべの）首麻呂　奈良時代の防人

意比麻呂　おびまろ
安倍（あべの）意比麻呂　奈良時代の官人

於平　おひら
於平　？～1603　安土桃山時代の女性。島津義久の長女

雄広磨　おひろまろ
大原（おおはらの）雄広磨　？～875　平安前期の右衛門火長

雄淵　おぶち
松岡（まつおか）雄淵　1701～1783　江戸中期の神道家

大原皇女　おほはらのひめみこ
大原皇女　上代の女性。誉田（応神）天皇皇女。『古事記』には大原郎女

お松　おまつ
お松　江戸前期の女性。寛文2年ごろの治水工事にあたって人柱とされた

乎麻呂　おまろ
和気（わけの）乎麻呂　奈良時代の美作・備前両国の国造

乎麻呂岐太　おまろきだ
紀（きの）乎麻呂岐太　飛鳥・奈良時代の中央豪族
阿万　おまん
鳥屋尾（とやお）阿万　江戸前期の出雲大社巫女、神楽の名手
意美　おみ
加米乃（かめの）意美　上代の周防国造
於三重　おみえ
於三重　？～1761　江戸中期の飯岡村領主
小水麿　おみずまろ
安倍（あべの）小水麿　平安時代の上野国司
臣足　おみたり
息長（おきながの）臣足　奈良時代の官人
オミノ
小島屋（こじまや）オミノ　江戸中期の女性。廻船・米穀問屋の豪商小島屋の経営者
臣人　おみひと
阿倍（あべの）臣人　飛鳥時代の豪族
小耳　おみみ
多治比（たじひの）小耳　奈良時代の人。藤原仲麻呂追討の功があった
お美代の方　おみよのかた
お美代の方　江戸後期～明治期の女性。11代将軍徳川家斉の側室
小陸奥　おむつ
横田（よこた）小陸奥　？～1575　安土桃山時代の武田氏の家臣
雄宗　おむね
笠（かさの）雄宗　奈良時代の官人
下野（しもつけ）雄宗　平安前期の歌人
御室　おむろ
安那（あなの）御室　奈良時代の采女
小室　おむろ
大伴（おおともの）小室　奈良時代の官人
祖足　おやたり
阿倍（あべの）祖足　奈良時代の官人
榎井（えのいの）祖足　奈良時代の官人
河内（かわちの）祖足　奈良時代の官人
祖継　おやつぐ
秋篠（あきしのの）祖継　平安前期の官人
越智（おちの）祖継　平安前期の伊予国の人。延暦18年（799）本貫を左京に移す
祖人　おやひと
田口（たぐちの）祖人　奈良時代の官人
親部　おやべ
真むた（まむた）親部　室町時代の人。嘉手苅家の祖
小山芳姫　おやまよしひめ
小山芳姫　？～1382　南北朝時代の女性。武将小山義政の妻
祖麻呂　おやまろ
高橋（たかはしの）祖麻呂　奈良時代の官人
財田（たからだの）祖麻呂　平安前期の地方豪族
老　おゆ
穴太（あのうの）老　奈良時代の官人
伊勢（いせの）老　奈良時代の官人《中臣伊勢子老》
息長（おきながの）老　？～712　飛鳥・奈良時代の遣新羅使
春日蔵首（かすがのくらびと）老　奈良時代の下野国司
川上（かわかみの）老　奈良時代の防人
佐伯（さえきの）老　奈良時代の官人
佐太（さだの）老　奈良時代の官人
高氏（たかのうじの）老　奈良時代の官人。万葉歌人
当麻（たぎまの）老　奈良時代の官人
間人連（はしひとのむらじ）老　上代の遣唐使判官
穂積朝臣（ほづみのあそん）老　？～749　飛鳥・奈良時代の万葉の歌人
阿雪　おゆき
阿雪　平安後期の女性。六波羅の検非違使・緒方四郎良盛は悪源太義平を追って飛騨路に入った
老人　おゆひと　⇔おきな
朝明（あさあけの）老人　奈良時代の官人
穂積（ほづみの）老人　奈良時代の官人
老麻呂　おゆまろ
神社忌寸（かみこそのいみき）老麻呂　奈良時代の万葉歌人
高橋（たかはしの）老麻呂　奈良時代の遣渤海使
老末呂　おゆまろ
若倭部連（わかやまとべのむらじ）老末呂　飛鳥時代の遠江国渕評竹田里の人。伊場遺跡出土木簡に名が見える
お芳　およし
お芳　江戸末期の女性。徳川慶喜の愛妾
阿米　およね
念仏（ねんぶつ）阿米　1752～1758　江戸中期の霊能者
於米　およね
於米　1791～1852　江戸後期の女性。都濃郡徳山の町人金右衛門の娘
男依　おより
榊原（さかきばら）男依　江戸中期の剣術家。一刀流
小里　おり
小里　戦国時代の美濃遠山氏に属した国衆
織衛　おりえ
甲斐（かい）織衛　1850～？　江戸末期・明治期の教育者
玉城（たまき）織衛　1818～？　江戸後期の新徴組隊士
横田（よこた）織衛　江戸後期の神職
依田（よだ）織衛　1836～？　江戸後期・末期の新撰組隊士
織江　おりえ
井上（いのうえ）織江　江戸時代の萩藩大組の藩士
丹羽（にわ）織江　1699～1781　江戸中期の剣術家
船橋屋（ふなばしや）織江　江戸後期の商家
織右衛門　おりえもん　⇔おううえもん
上野（うえの）織右衛門　1750～1807　江戸中期の出羽松山藩家老
小川（おがわ）織右衛門　江戸後期の三浦郡大津村名主代

戸川(とがわ)織右衛門　?～1796　江戸中期・後期の剣術家。田宮流
中島(なかじま)織右衛門　1571～1650　安土桃山・江戸前期の佐久市香坂宮の平の開墾者

織衛門　おりえもん
大高(おおたか)織衛門　江戸後期の水戸城下の豪商

折右衛門　おりえもん
七ツ森(ななつもり)折右衛門　江戸中期の力士
野沢(のざわ)折右衛門　江戸末期の沼田藩士

織蔵　おりぞう
宮武(みやたけ)織蔵　1837～?　江戸後期・末期の新撰組隊士

折主　おりぬし
便游舎(べんゆうしゃ)折主　江戸後期の狂歌作者

織之助　おりのすけ
正木(まさき)織之助　1843～?　江戸後期・末期の新撰組隊士
丸野(まるの)織之助　江戸末期・明治期の教育者
皆川(みながわ)織之助　1825～1896　江戸後期～明治期の剣術家。神道無念流

織部　おりべ
有沢(ありざわ)織部　?～1674　江戸前期の雲藩家老
井口(いのくち)織部　安土桃山時代の甲斐国巨摩郡井口郷の土豪
内ケ崎(うちがさき)織部　?～1665　江戸前期の鶴巣館館主黒川安芸守晴氏の家老
大井田(おおいだ)織部　江戸前期の剣術家。両剣時中流の祖
小川(おがわ)織部　戦国時代の川越鋳物師
奥平(おくだいら)織部　江戸前期の桑久保村の地頭、市ノ堀開削の指導者
鎌田(かまた)織部　戦国時代の武将。武田家臣
沢田(さわだ)織部　江戸中期の漢学者
瀬川(せがわ)織部　戦国時代の伊豆三嶋社在庁
関根(せきね)織部　江戸前期の武士
辰野(たつの)織部　安土桃山時代の武田氏の家臣。信濃国伊那郡辰野の人物か
長岡(ながおか)織部　1801～1884　江戸末期・明治期の水戸浪士。神道無念流の剣士
乃美(のみ)織部　江戸後期の萩藩士
福長(ふくなが)織部　戦国時代の伊豆の小代官
牧野(まきの)織部　江戸前期の武士
松井(まつい)織部　戦国時代の北条氏の家臣
松平(まつだいら)織部　江戸末期の武士
松本(まつもと)織部　安土桃山時代の検地役人
宮の下(みやのした)織部　安土桃山時代の信濃国筑摩郡安坂の土豪
矢島(やじま)織部　戦国時代の武将。武田家臣
山田(やまだ)織部　1726～1762　江戸中期の徳島藩家老
和田(わだ)織部　?～1680　江戸前期の舟運水路開削の立案者
渡辺(わたなべ)織部　1535～1609　戦国～江戸前期の徳川家康の船手

織兵衛　おりべえ
井上(いのうえ)織兵衛　江戸前期の秩父郡下吉田村の名主

織部正　おりべのしょう
岩田(いわた)織部正　1826～1907　江戸末期の旗本《岩田通徳》

織部尉　おりべのじょう
三宅(みやけ)織部尉　?～1674　江戸前期の相去百人町の軽臣の組頭

織部丞　おりべのじょう
西村(にしむら)織部丞　戦国時代の種子島の村長
松本(まつもと)織部丞　安土桃山時代の検地役人
矢島(やじま)織部丞　戦国時代の信濃国諏訪郡の社家衆

織部佑　おりべのすけ
穂坂(ほさか)織部佑　戦国時代の武将。武田家臣

織部亮　おりべのすけ
坂西(ばんざい)織部亮　?～1582　安土桃山時代の信濃国伊那郡飯沼城主

於柳　おりゅう
浅川(あさかわ)於柳　1722～1757　江戸中期の女性。飯岡義斎の妻

おりん
徳田の(とくだの)おりん　江戸前期の女性。加賀藩祖前田利家の側室

オロキセ
オロキセ　1783～?　江戸後期の羅処和島アイヌ

お呂久　おろく
お呂久　?～1677　江戸前期の女性。佐川国老深尾家2代目出羽重昌の側室

お六　おろく
お六　江戸中期の女性。旅篭を営むかたわら木櫛の製造に従事

於六　おろく
於六　1597?～1625　安土桃山・江戸前期の女性。徳川家康の側室

尾張　おわり
尾張　平安後期の歌人
尾張　平安後期の女房。尾張守高階為遠の娘
尾張　平安後期の女房。刑部少輔藤原家基の娘
尾張　平安後期の女房・歌人《前斎院尾張》
尾張　平安後期の女房・歌人《殷富門院尾張》
飯塚(いいづか)尾張　戦国時代の武士。北条氏忠家臣
渡部(わたなべ)尾張　南北朝時代の人

尾張王　おわりおう
尾張王　奈良時代の官人

尾張入道　おわりにゅうどう
小林(こばやし)尾張入道　戦国時代の甲斐都留郡小山田氏の家臣

尾張内侍　おわりのないし
尾張内侍　平安後期・鎌倉前期の琵琶の名手

尾張麻呂　おわりまろ
久米(くめの)尾張麻呂　飛鳥時代の官人

恩賀　おんが
恩賀　平安前期の僧侶

遠慶　おんきょう
遠慶　1785～1822　江戸中期・後期の真宗大谷派の僧
無漏田（むろた）遠慶　1800～1880　江戸後期～明治期の僧
温郷　おんきょう
飯島（いいじま）温郷　江戸後期の歌人
轀玉　おんぎょく
浅野（あさの）轀玉　江戸中期の医者
音空　おんくう
音空　？～1876　江戸後期～明治期の浄土宗の僧
温故　おんこ
温故　？～1761　江戸中期の俳人
飲光　おんこう
飲光　1718～1804　江戸中期・後期の僧侶、サンスクリット研究家
音竺　おんじく
清蔭（せいいん）音竺　？～1830　江戸中期・後期の僧
恩叔　おんしゅく
恩叔　江戸前期の僧侶
音吹　おんすい　⇔いんすい
音吹　？～1736　江戸中期の福野俳人
穏禅　おんぜん
泰岳（たいがく）穏禅　？～1798　江戸中期・後期の曹洞宗の僧
温叟　おんそう
矢部（やべ）温叟　江戸末期・明治期の漢学者・藩士
恩竹　おんちく
谷脇（たにわき）恩竹　1693～1762　江戸中期の俳人。商人
温哲　おんてつ
永原（ながはら）温哲　？～1742　江戸中期の医者

【か】

稚　が
稚　？～1736　江戸中期の俳人
魁　かい
間宮（まみや）魁　1854～？　江戸末期の幕臣
甲斐　かい
甲斐　平安後期の大皇太后藤原寛子に仕えた女官。『詞花和歌集』に載る
四条宮（しじょうのみやの）甲斐　平安中期の女房・歌人
獬　かい
広川（ひろかわ）獬　江戸後期の医者
快庵　かいあん
青地（あおじ）快庵　？～1800　江戸後期の藩医、儒学者
大森（おおもり）快庵　1797～1849　江戸後期の儒者
魁庵　かいあん
行田（なめた）魁庵　1812～1874　江戸後期～明治期の画家
槐庵　かいあん
藤井（ふじい）槐庵　江戸時代の忍藩儒員・進修館教授
堀（ほり）槐庵　？～1667　江戸前期の漢学者
丯庵　かいあん
井上（いのうえ）丯庵　江戸中期の漢学者
晦逸　かいいつ
石井（いしい）晦逸　1831～1873　江戸後期～明治期の美作勝山藩の教育者
海印　かいいん
海印　1712～1786　江戸中期の僧《海印律師》
仏山（ぶっさん）海印　？～1802　江戸後期の僧。高山市の雲竜寺24世
芥隠　かいいん
芥隠　？～1495　室町・戦国時代の臨済宗の僧
海印律師　かいいんりっし
海印律師　1712～1786　江戸中期の僧
介宇　かいう
野呂（のろ）介宇　1776～1855　江戸後期の武士
快雨　かいう
矢上（やがみ）快雨　江戸後期の漢学者
快運　かいうん
快運　？～1787　江戸中期の新義真言宗の僧
三宅（みやけ）快運　1835～1890　江戸後期～明治期の宗教家
改雲　かいうん
吉川（よしかわ）改雲　1724～1766　江戸中期の歌人
海雲　かいうん
海雲　1736～1827　江戸中期の僧
祥水（しょうすい）海雲　1738～1827　江戸中期・後期の僧、漢詩人
貫名（ぬきな）海雲　？～1887　江戸後期～明治期の書家
補陀落（ふだらく）海雲　1825～1891　江戸後期～明治期の僧侶
海恵　かいえ
海恵　1172～1207　平安後期・鎌倉前期の僧
開益　かいえき
開益　？～1684　江戸前期の鰺ケ沢町法王寺の開祖
快円　かいえん
快円　1483～1548　戦国時代の僧
懐円　かいえん　⇔ええん
懐円　平安中期の天台宗の僧・歌人
懐円　1746～1825　江戸中期・後期の真言宗の僧
海円　かいえん
無一坊（むいちぼう）海円　江戸中期の剣術家
槐園　かいえん
喜多村（きたむら）槐園　1769～？　江戸中期・後期の医者
快翁　かいおう
快翁　1479～1569　戦国・安土桃山時代の阿久比

草木の正盛寺開山

海欧　かいおう
菱田(ひしだ)海欧　1836～1895　江戸後期～明治期の大垣藩士

愷翁　がいおう
宇井(うい)愷翁　1702～1759　江戸中期の漢学者

快温　かいおん
快温　?～1695　江戸中期の俳諧作者

快音　かいおん
孤山軒(こざんけん)快音　江戸時代の華道家

快雅　かいが
快雅　鎌倉前期の天台宗の僧・歌人
快雅　1799～1855　江戸後期・末期の僧、文化財保護功労者

快覚　かいかく
快覚　平安中期・後期の天台宗の僧、歌人

戒覚　かいかく
戒覚　平安中期・後期の天台宗の僧

快岳　かいがく
快岳　?～1615　安土桃山・江戸前期の僧

海侃　かいかん　⇔かいがん
海侃　1770～1843　江戸後期の天台宗僧侶《海侃》

海侃　かいがん　⇔かいかん
海侃　1770～1843　江戸後期の天台宗僧侶

快季　かいき
快季　室町時代の真言宗の僧

海嶠　かいきょう
青木(あおき)海嶠　1835～1866　江戸後期・末期の漢詩人
伊藤(いとう)海嶠　1763～1818　江戸中期・後期の漢学者
玉井(たまい)海嶠　1817～1862　江戸後期・末期の医者、漢詩人

海旭　かいきょく
小泉(こいずみ)海旭　1750～1831　江戸中期・後期の「栗棘蓬」の著者

快慶　かいけい
快慶　?～1703　江戸前期・中期の僧

開軒　かいけん
伊藤(いとう)開軒　1819～1899　江戸後期～明治期の儒者

快元　かいげん
快元　1487～?　戦国時代の鶴岡八幡宮供僧
不動院(ふどういん)快元　江戸前期の真言僧

戒言　かいげん
戒言　?～1791　江戸中期・後期の天台宗の僧、歌人

戒光　かいこう
戒光　?～1806　江戸中期・後期の禅僧、書家

嶰谷　かいこく
西森(にしもり)嶰谷　1818～1883　江戸後期～明治期の書家、漢学者

卦斎　かいさい
高橋(たかはし)卦斎　1796～1852　江戸後期の藩士

戒作　かいさく
真辺(まなべ)戒作　1848～1879　江戸後期～明治期の土佐藩士

快山　かいざん
感応院(かんのういん)快山　?～1831　江戸後期の花里天満社の社僧

晦山　かいざん
佐々木(ささき)晦山　江戸前期・中期の書家

海山　かいざん
海山　?～1837　江戸後期の僧侶

皆山　かいざん
坂本(さかもと)皆山　江戸後期の医者
深海(ふかみ)皆山　1814～1870　江戸末期の丹波亀山藩医

槐山　かいざん
黒沼(くろぬま)槐山　1824～1891　江戸後期～明治期の画家

海子　かいし　⇔あまこ
佐伯(さえきの)海子　平安前期の女性。光孝天皇の宮人

槐市　かいし
中尾(なかお)槐市　1669～1731　江戸前期・中期の俳人

外史　がいし
如淵(じょえん)外史　江戸後期の戯作者

快識　かいしき
快識　?～1867　江戸末期の新義真言宗の僧

海実　かいじつ
海実　戦国時代の神職。箱根大権現社第39世別当

戒寂　かいじゃく
戒寂　平安中期の僧

海若　かいじゃく
寺本(てらもと)海若　江戸後期の書家

懐寿　かいじゅ　⇔えじゅ
懐寿　970～1026　平安中期の天台宗の僧・歌人

戒珠　かいじゅ
竜崎(りゅうざき)戒珠　1763～1849　江戸中期・後期の地方文人

海寿　かいじゅ
海寿　江戸中期の俳人

戒秀　かいしゅう
戒秀　?～1015　平安中期の天台宗の僧・歌人

海州　かいしゅう
林(はやし)海州　1808～1878　江戸後期～明治期の僧侶
吉村(よしむら)海州　江戸後期の和算家

懐俊　かいしゅん
懐俊　平安後期の僧。上醍醐松本房の阿闍梨

快順　かいじゅん
快順　平安後期の名東郡延命院の僧侶
恒山(こうざん)快順　?～1763　江戸中期の曹洞宗の僧

戒順　かいじゅん
戒順　室町時代の僧
皆遵　かいじゅん
皆遵　江戸中期の浄土真宗の僧
快勝　かいしょう
快勝　戦国時代の法相宗の僧・連歌作者
海縄　かいじょう
海縄　平安後期・鎌倉前期の仏師
快心　かいしん
快心　戦国時代の画家
快慎　かいしん
遊佐（ゆさ）快慎　1815～1891　江戸後期～明治期の医師
快深　かいしん
快深　南北朝時代の新義真言宗の僧
戒信　かいしん
戒信　1020～1087　平安中期・後期の石清水別当
介人　かいじん
三原（みはら）介人　1846～1926　江戸末期～大正期の教育者
懐深　かいじん
懐深　平安後期の僧。上醍醐別当
懐尋　かいじん　⇔えじん
懐尋　1059～？　平安後期の法相宗の僧・歌人
界輔　かいすけ
飯塚（いいづか）界輔　1789～1860　江戸後期・末期の寺子屋師匠
誨輔　かいすけ
加藤（かとう）誨輔　1816～1892　江戸後期～明治期の儒者
加伊寿御前　かいずごぜん
加伊寿御前　南北朝時代の女性。津軽田舎郡の豪族工藤右衛門尉貞行の長女
快盛　かいせい
南光院（なんこういん）快盛　1644～1706　江戸前期・中期の修験者
戒仙　かいせん
戒仙　平安中期の天台宗の僧・歌人
海泉　かいせん
海泉　1151～1234　平安後期・鎌倉前期の浄土宗の僧侶
契選　かいせん
文挙（ぶんきょ）契選　室町時代の曹洞宗の僧
快善　かいぜん
快善　1634～1701　江戸前期・中期の僧侶
戒全　かいぜん
戒全　1790～1857　江戸後期の浄土宗の僧
開善寺　かいぜんじ
開善寺　江戸後期の陶工
快宗　かいそう
快宗　江戸中期の僧侶・連歌作者
槐窓　かいそう
緒方（おがた）槐窓　？～1732　江戸中期の漢学者
海蔵　かいぞう
海蔵　江戸中期の天台宗の僧
海造　かいぞう
小沢（おざわ）海造　1837～1902　江戸後期～明治期の地方自治功労者
快存　かいそん　⇔かいぞん
快存　1670～1753　江戸前期・中期の宗教家
快尊　かいそん
快尊　平安後期・鎌倉前期の仏師
海尊　かいそん
常陸坊（ひたちぼう）海尊　平安後期の伝説的人物
快存　かいぞん　⇔かいそん
快存　1671～1753　江戸前期・中期の時宗の僧
凱村　がいそん
馬場（ばば）凱村　1842～？　江戸末期の俳人
快台　かいだい
快台　1762～1848　江戸中期・後期の俳人
太一庵（たいちあん）快台　1763～1848　江戸中期・後期の存古斉2世、俳人
嘉一　かいち
神原（かんばら）嘉一　江戸中期の津久井郡日連村生まれの和算家
嘉一兵衛　かいちべえ
岩崎（いわさき）嘉一兵衛　？～1898　江戸末期・明治期の私設消防団岩崎組の創始者
快忠　かいちゅう
快忠　？～1341　鎌倉後期・南北朝時代の榛名山座主
快澄　かいちょう
快澄　1760～？　江戸中期・後期の真言宗の僧
嘉一郎　かいちろう
井口（いのくち）嘉一郎　1812～1884　江戸後期～明治期の藩士
嘉市郎　かいちろう
臼井（うすい）嘉市郎　江戸中期の俳人
介亭　かいてい
介亭　？～1832　江戸後期の俳諧作者
林（はやし）介亭　1754～1832　江戸中期・後期の俳人
塊亭　かいてい
松尾（まつお）塊亭　1732～1815　江戸後期の武士、俳人
快伝　かいでん
法印（ほういん）快伝　江戸前期の揖宿郡指宿郷の僧侶
海東　かいとう
日山（にっさん）海東　江戸中期の曹洞宗の僧
快道　かいどう
快道　1846～1923　江戸末期～大正期の僧。真言宗醍醐派管長
林常房（りんじょうぼう）快道　1751～1810　江戸中期・後期の学僧
海棠　かいどう
一睡亭（いっすいてい）海棠　？～1801　江戸中期・

後期の狂歌作者
槐堂　かいどう
槐堂　1772～1848　江戸後期の俳人
安井(やすい)槐堂　江戸後期の漢詩人・庄屋
海徳　かいとく
山本(やまもと)海徳　1702～1745　江戸中期の俳人
海南　かいなん
関(せき)海南　1705～1763　江戸中期の漢学者・医者
野間(のま)海南　1854～1906　江戸末期・明治期のジャーナリスト
快能　かいのう
快能　?～1380　南北朝時代の鶴岡八幡宮の少別当
甲斐守直澄　かいのかみなおずみ
加々爪(かがづめ)甲斐守直澄　1610～1685　江戸前期の土佐藩預人《加賀爪直澄》
甲斐守昌寿　かいのかみまさひさ
朝比奈(あさひな)甲斐守昌寿　1813～1862　江戸後期・末期の113代長崎奉行
甲斐守昌広　かいのかみまさひろ
朝比奈(あさひな)甲斐守昌広　?～1905　江戸末期・明治期の120代長崎奉行
甲斐の祐天　かいのゆうてん
甲斐の祐天　?～1863　江戸後期・末期の甲府元柳町の修験者
介眉　かいび
田中(たなか)介眉　1814～?　江戸後期・末期の画家
快旻　かいびん
快旻　?～1566　戦国・安土桃山時代の真言宗の僧
快弁　かいべん
快弁　1697～1780　江戸中期の真言宗の僧
戒明　かいみょう　⇔かいめい
戒明　?～850　平安前期の薬師寺の僧《戒明》
快明　かいめい
快明　1805～1832　江戸後期の真言宗の僧
戒明　かいめい　⇔かいみょう
戒明　?～850　平安前期の薬師寺の僧
海門　かいもん
上野(うえの)海門　1686～1744　江戸前期・中期の漢学者
快祐　かいゆう
快祐　平安後期・鎌倉前期の仏師
快祐　戦国時代の相模国の熊野先達
快雄　かいゆう
奥田(おくだ)快雄　江戸時代の山伏
海雄　かいゆう　⇔ひろお
海雄　?～1867　江戸末期の僧
界誉　かいよ
尊体寺(そんたいじ)界誉　戦国時代の尊体寺の2世住持
洄瀾　かいらん
堀(ほり)洄瀾　江戸中期の医者
槐里　かいり
原(はら)槐里　1809～1880　江戸末期の医師
回隆　かいりゅう
回隆　?～1704　江戸前期・中期の浄土宗の僧
快立　かいりゅう
達古(たつこ)快立　1730～1802　江戸中期・後期の医師
海量　かいりょう
佐々木(ささき)海量　1733～1817　江戸後期の浄土真宗の僧侶
快倫　かいりん
快倫　1576～1644　安土桃山・江戸前期の天台宗の僧
海楼　かいろう
浅井(あさい)海楼　1720～1772　江戸中期の儒者
可因　かいん
可因　?～1799　江戸中期・後期の俳人
司馬(しば)可因　可因に同じ
花隠　かいん
島(しま)花隠　1780～?　江戸中期・後期の幕臣・本草家
可宇　かう
金森(かなもり)可宇　?～1656　江戸前期の女性。金森頼直の娘
加右衛門　かうえもん　⇔かえもん
小島(おじま)加右衛門　江戸時代の仙台藩の御普請司《小島加右衛門》
嘉右衛門　かうえもん　⇔かえもん
篠原(しのはら)嘉右衛門　戦国時代の里見氏家臣と伝える
可運　かうん
黒石(くろいし)可運　?～1626　安土桃山・江戸前期の別所重棟の家臣。大坂の陣で籠城
稼雲　かうん
吉田(よしだ)稼雲　1827～1875　江戸末期・明治期の文人
臥雲　がうん
臥雲　?～1742　江戸中期の浄土宗の僧
臥雲　?～1784　江戸中期の俳人
臥雲禅師　がうんぜんし
臥雲禅師　江戸末期の福昌寺住職。曹洞宗大本山越前永平寺住職。孝明天皇の侍講
可雲坊　かうんぼう
武田(たけだ)可雲坊　1752～1835　江戸中期・後期の俳人、医師
可栄　かえい
可栄　江戸後期～明治期の俳人
柯影　かえい
関根(せきね)柯影　江戸中期の彫工
何右衛門　かえもん
大井(おおい)何右衛門　?～1614　江戸前期の武士。大坂の陣で籠城
加右衛門　かえもん　⇔かうえもん
岡部(おかべ)加右衛門　江戸前期の毛利吉政の家来

小島（おじま）加右衛門　江戸時代の仙台藩の御普請司
川崎（かわさき）加右衛門　？～1615　江戸前期の伊東長次の従弟
斎藤（さいとう）加右衛門　？～1651　安土桃山・江戸前期の生駒一正・徳川頼宣・池田光政の家臣
水野（みずの）加右衛門　江戸前期の武士。大坂の陣で籠城

嘉右衛門　かえもん　⇔かうえもん
浅山（あさやま）嘉右衛門　？～1757　江戸中期の八戸藩士。「真法弟算記」の編者
剣持（けんもち）嘉右衛門　1810～1889　江戸後期～明治期の宮大工
佐々木（ささき）嘉右衛門　江戸後期の人。小浜藩に出仕した
高谷（たかたに）嘉右衛門　江戸前期の京都糸割符商人
高屋（たかや）嘉右衛門　江戸前期の京都糸割符商人
野崎（のざき）嘉右衛門　江戸中期の広須木作新田の大庄屋
土方（ひじかた）嘉右衛門　？～1698　江戸前期の出羽松山藩家老
土方（ひじかた）嘉右衛門　？～1703　江戸前期・中期の庄内藩家老
土方（ひじかた）嘉右衛門　？～1754　江戸中期の庄内藩家老
土方（ひじかた）嘉右衛門　？～1864　江戸後期・末期の庄内藩家老
札場（ふだば）嘉右衛門〔1代〕　江戸中期の陶工
増田（ますだ）嘉右衛門　江戸末期の屛風山再興の功労者
丸山（まるやま）嘉右衛門　？～1855　江戸後期・末期の剣術家。直心影流
木綿屋（もめんや）嘉右衛門　江戸末期の漆芸家
山岸（やまぎし）嘉右衛門　？～1864　江戸後期・末期の庄内藩付家老
山田（やまだ）嘉右衛門　安土桃山時代の能面師

賀右衛門　かえもん
古沢（こざわ）賀右衛門　江戸中期の気仙郡田茂山村の肝入

可円　かえん
可円　1693～1780　江戸中期の浄土宗の僧、歌人

夏園　かえん
御厨（みくりや）夏園　？～1722　江戸前期・中期の画家

樺園　かえん
浅井（あさい）樺園　1828～1883　江戸後期～明治期の医者

花翁　かおう
花翁　江戸中期の雑俳点者
林（はやし）花翁　？～1744　江戸中期の武芸家・地誌作者

菓翁　かおう
遠藤（えんどう）菓翁　1830～1914　江戸後期～大正期の俳人

㘴翁禅師　かおうぜんじ
㘴翁禅師　1546～1625　戦国～江戸前期の臨済宗の僧

鹿乙　かおつ
唐沢（からさわ）鹿乙　1756～1825　江戸中期の俳人

かほ世　かおよ
岩井（いわい）かほ世　？～1857　江戸後期・末期の加茂市出身の歌舞伎役者《岩井顔世》

顔世　かおよ
岩井（いわい）顔世　？～1857　江戸後期・末期の加茂市出身の歌舞伎役者

薫　かおる　⇔くん
大金（おおがね）薫　1846～1919　江戸末期～大正期の那須郡小砂の篤農家、実業家
菊池（きくち）薫　江戸後期・末期の「遠野往来」の著者
橘（たちばな）薫　1848～？　江戸末期・明治期の実業家

香　かおる
橘（たちばな）香　？～1798　江戸中期・後期の詩人

加賀　かが
加賀　？～985　平安中期の女性。円融天皇の乳母
加賀　平安後期の歌人
加賀　1124～1156　平安後期の女房
加賀　江戸前期の仏師
加賀　1629～？　江戸前期の仏師
加賀少納言　平安中期の女房・歌人
岡田（おかだ）加賀　戦国時代の美作国の真島注連太夫座太夫頭
田所（たどころ）加賀　？～1574　戦国・安土桃山時代の磯部村の旧家新兵衛の先祖
辻（つじ）加賀　？～1647　江戸前期の武士
野田（のだ）加賀　1449～1534　室町・戦国時代の人。閉伊郡甲子村の開拓にあたる
藤松（ふじまつ）加賀　安土桃山時代の信濃国筑摩郡会田の土豪
三カ尻（みかじり）加賀　安土桃山時代の武士

花海　かかい
花海　江戸末期の俳人

花外　かがい
花外　江戸後期の俳人
川上（かわかみ）花外　1842～1898　江戸後期～明治期の俳人

霞外　かがい
浅野（あさの）霞外　1802～1865　江戸後期・末期の画人

雅海　がかい
琴通舎（きんつうしゃ）雅海　1823～1906　江戸末期・明治期の狂歌師

花岳　かがく
神蔵（かみくら）花岳　1779～1842　江戸中期・後期の画家

花咢　かがく
若山（わかやま）花咢　江戸中期の兵学者

か

華岳　かがく
華岳　江戸後期の俳人
加賀入道　かがにゅうどう
渋江（しぶえ）加賀入道　南北朝時代の武士
加賀守正栄　かがのかみまさなが
新見（しんみ）加賀守正栄　1718〜1776　江戸中期の61代長崎奉行
加賀守政通　かがのかみまさみち
河野（こうの）加賀守政通　？〜1457　室町時代の武将
加賀守喜行　かがのかみよしゆき
田口（たぐち）加賀守喜行　？〜1853　江戸後期の96代長崎奉行
加賀之助　かがのすけ
竹内（たけのうち）加賀之助　江戸前期の剣術家
迦賀彦　かがひこ
小町谷（こまちや）迦賀彦　1857〜1905　江戸末期・明治期の教育者
各務氏　かがみし
各務氏　江戸後期の女性。淀殿の侍女。後に京極高知の側妾
鏡麻呂　かがみまろ
当麻（たぎまの）鏡麻呂　奈良時代の官人
柿右衛門　かきえもん
酒井田（さかいだ）柿右衛門〔3代〕 1623〜1672　江戸前期の陶工
酒井田（さかいだ）柿右衛門〔6代〕 1691〜1735　江戸中期の陶工
酒井田（さかいだ）柿右衛門〔11代〕 1845〜1917　江戸後期〜大正期の陶芸家
鍵二郎　かぎじろう
増山（ますやま）鍵二郎　江戸末期の韮山代官江川氏の手代
嘉吉　かきち
赤池（あかいけ）嘉吉　？〜1842　江戸後期の棋士
菊屋（きくや）嘉吉　1829〜1892　江戸後期〜明治期の室積浦の畔頭
鎰万呂　かぎまろ
民（たみの）鎰万呂　奈良時代のいかだ師
嘉喜門院大蔵卿　かきもんいんのおおくらきょう
嘉喜門院大蔵卿　南北朝時代の女房・歌人
可休　かきゅう
可休　江戸前期・中期の俳人
可九　かきゅう
可九　江戸後期の俳人
可玖　かきゅう
可玖　江戸前期・中期の俳人
柯求　かきゅう
杉若（すぎわか）柯求　？〜1704　江戸中期の歌人
臥牛　がぎゅう
千村（ちむら）臥牛　1797〜1857　江戸後期の商人
可興　かきょう
可興　1759〜1823　江戸中期・後期の俳人
荷暁　かぎょう
斎藤（さいとう）荷暁　1742〜1803　江戸中期・後期の俳人
我竟　がきょう
我竟　？〜1867　江戸後期・末期の俳人
雅喬　がきょう
島田（しまだ）雅喬　江戸末期の画家
瓦鏡　がきょう
瓦鏡　1762〜1851　江戸中期・後期の狂歌が巧みな和尚
琡暁　がぎょう
高木（たかぎ）琡暁　1842〜1905　江戸末期・明治期の俳人
瓦鏡和尚　がきょうおしょう
瓦鏡和尚　1703〜1792　江戸中期・後期の八戸の禅僧
可吟　かぎん
可吟　江戸中期の俳人
かく
田中（たなか）かく　1859〜1953　江戸末期〜昭和期の田中一誠堂女主人
恪　かく
林（はやし）恪　江戸末期の清須宿本陣主
学　がく　⇔まなぶ
浅野（あさの）学　1822〜1884　江戸後期〜明治期の備前藩士・医学館督事
覚阿　かくあ
覚阿　1141〜？　平安後期の真言宗の僧
覚阿　室町・戦国時代の時宗の僧、連歌作者
覚阿　戦国時代の僧侶・連歌作者
覚阿　江戸中期の高僧
格庵　かくあん
永田（ながた）格庵　？〜1660　江戸前期の儒者
格菴　かくあん
細井（ほそい）格菴　？〜1833　江戸後期の眼科医
覚安　かくあん
細井（ほそい）覚安　1761〜1844　江戸中期・後期の眼科医
覚庵　かくあん
梅村（うめむら）覚庵　江戸前期の京都下京年寄
覚為　かくい
覚為　南北朝時代の天台宗の僧・歌人
格一　かくいち
笠原（かさはら）格一　1852〜1910　江戸後期〜明治期の実業家
覚一　かくいち
大江（おおえ）覚一　鎌倉後期の武士
覚一郎　かくいちろう
土屋（つちや）覚一郎　1828〜1912　江戸後期〜明治期の畜産家
果空　かくう
果空　？〜1623　安土桃山・江戸前期の浄土宗の僧
覚右衛門　かくうえもん　⇔かくえもん
中川（なかがわ）覚右衛門　1720〜1797　江戸中期・

後期の大庄屋
角右衛門　かくうえもん　⇔かくえもん
藤井(ふじい)角右衛門　?～1709　江戸前期・中期の浮石村の椙杜元世領の庄屋
湯本(ゆもと)角右衛門　江戸前期の草津温泉の湯宿経営者
覚雲　かくうん
覚雲　江戸前期・中期の浄土宗の僧
鶴雲　かくうん
寺尾(てらお)鶴雲　?～1732　江戸中期の漢学者
覚雲軒　かくうんけん
下曽根(しもそね)覚雲軒　戦国時代の武将。武田家臣
覚恵　かくえ
二宮(にのみや)覚恵　?～1307　鎌倉後期の武士
覚瑛　かくえい
覚瑛　?～1826　江戸中期・後期の浄土真宗の僧
覚英　かくえい
万林(ばんりん)覚英　1655～1736　江戸前期・中期の曹洞宗の僧
廓英法師　かくえいほうし
廓英法師　?～1782　江戸中期の歌人
覚右衛門　かくえもん　⇔かくうえもん
覚右衛門　江戸前期の太地村庄屋
秋田屋(あきたや)覚右衛門　江戸中期の深浦湊の船問屋
及川(おいかわ)覚右衛門　安土桃山・江戸前期の武士
中里(なかさと)覚右衛門〔2代〕　江戸時代の八戸藩士、軍学者
村田(むらた)覚右衛門　?～1843　江戸後期の儒者
角右衛門　かくえもん　⇔かくうえもん
菊池(きくち)角右衛門　江戸末期の武士
小岩(こいわ)角右衛門　江戸前期の武士。大坂の陣で籠城
戸野口(とのぐち)角右衛門　?～1639　安土桃山・江戸前期の切支丹
星野(ほしの)角右衛門　?～1791　江戸中期・後期の剣術家。伯耆流ほか
松井(まつい)角右衛門　安土桃山・江戸前期の大工
宮田(みやた)角右衛門　1839～1892　江戸後期～明治期の庄屋
湯浅(ゆあさ)角右衛門　?～1640　江戸前期の池田光政の家臣
覚円　かくえん
覚円　平安後期・鎌倉前期の仏師
覚円　1277～1340　鎌倉後期・南北朝時代の法相宗の僧、歌人
覚延　かくえん
覚延　鎌倉前期の真言宗の僧・歌人
覚縁　かくえん
覚縁　平安後期・鎌倉前期の仏師
覚淵　かくえん
覚淵　平安後期の走湯山(伊豆山権現)の住侶
廓翁　かくおう
法雲寺(ほううんじ)廓翁　江戸前期・中期の眼科医
覚応　かくおう
覚応　平安後期の僧
覚翁　かくおう
覚翁　江戸中期の臨済宗の僧
鶴翁　かくおう
鶴翁　戦国時代の僧侶
壺井(つぼい)鶴翁　1657～1735　江戸前期・中期の有識故実の大家
永良(ながら)鶴翁　安土桃山時代の武士
覚音　かくおん
覚音　?～1842　江戸後期の僧
覚音　1791～1864　江戸後期・末期の浄土真宗の僧
覚雅　かくが
覚雅　1090～1146　平安後期の三論宗の僧・歌人
覚懐　かくかい
覚懐　南北朝時代の法相宗の僧・歌人
覚海　かくかい
覚海　1107～1184　平安後期の醍醐寺の僧
学海　がくかい　⇔がっかい
長谷川(はせがわ)学海　1820～1882　江戸末期の漢学者
覚観　かくかん
覚観　平安後期の寺門派の僧
覚観　平安後期の僧。広隆寺の阿闍梨
覚巌　かくがん
覚巌　1778～1856　江戸中期～末期の僧
覚基　かくき
覚基　1068～1142　平安後期の園城寺僧
覚基　1074～?　平安後期の延暦寺僧
覚久　かくきゅう
覚久　1284～?　鎌倉後期の僧
貉丘　かくきゅう
峯(みね)貉丘　岑貉丘に同じ
岑(みね)貉丘　1732～1818　江戸中期・後期の医師
覚斅　かくきょう　⇔かくこう
覚斅　鎌倉時代の僧
覚暁　かくぎょう
覚暁　1115～1173　平安後期の真言僧
角行　かくぎょう
角行　1541～1646　戦国～江戸前期の富士講の創始者
覚欣　かくきん
浜名(はまな)覚欣　?～1417　南北朝・室町時代の白岩の長谷寺堂守
覚空　かくくう
覚空　?～1029　平安中期の延暦寺僧
覚空　南北朝時代の僧侶・歌人
覚家　かくけ
覚家　1327～?　鎌倉後期・南北朝時代の法相宗の僧、歌人
鶴渓　かくけい
佐野(さの)鶴渓　1801～1877　江戸後期～明治期

の医者

確軒　かくけん

林（はやし）確軒　1687〜1743　江戸前期・中期の漢学者

覚権　かくけん

叔衡（しゅくこう）覚権　室町時代の五山文学僧

覚賢　かくけん

覚賢　？〜1306　鎌倉後期の律宗の僧

廓元　かくげん

春鴬（しゅんおう）廓元　江戸中期の僧

覚源　かくげん

覚源　1215？〜？　鎌倉前期・後期の天台宗の僧、歌人

覚玄　かくげん

覚玄　1597〜1661　江戸前期の浄土宗の僧

覚玄　？〜1770　江戸中期の僧

覚玄　1734〜？　江戸中期の天台宗の僧

覚沅　かくげん

東明（とうみょう）覚沅　？〜1758　江戸中期の臨済宗の僧

学賢　がくけん

魏（ぎ）学賢　1806〜1850　江戸後期の文人

楽軒　がくけん　⇔らくけん

飯田（いいだ）楽軒　1736〜1787　江戸中期の漢学者

学源　がくげん

魏（ぎ）学源　1793〜1843　江戸後期の『新集科律』の編集者

覚綱　かくこう

覚綱　平安後期・鎌倉前期の天台宗の僧、歌人

覚斅　かくこう　⇔かくきょう

覚斅　鎌倉時代の僧《覚斅》

鶴皐　かくこう

清田（せいた）鶴皐　江戸後期の儒者

覚豪　かくごう

覚豪　？〜1148？　平安後期の延暦寺僧

覚豪　南北朝時代の僧侶・連歌作者

覚厳　かくごん

覚厳　平安後期・鎌倉前期の仏師

確斎　かくさい

武内（たけうち）確斎　1770〜1826　江戸後期の戯作者・漢詩人

間（はざま）確斎　1786〜1838　江戸後期の天文学者

革斎　かくさい

杉生（すぎう）革斎　1798〜1852　江戸後期の医師

鶴斎　かくさい

鶴斎　江戸後期の画家

恪斎　かくさい

北圃（きたばたけ）恪斎　1731〜1782　江戸中期の漢学者・書肆

覚左衛門　かくざえもん

覚左衛門　江戸後期の足柄上郡菖蒲村名主

小野沢（おのざわ）覚左衛門　江戸前期の新田開発功労者

中村（なかむら）覚左衛門　？〜1704　江戸前期・中期の藩士

橋本（はしもと）覚左衛門　1687〜1745　江戸中期の家臣、幕臣

日比（ひび）覚左衛門　安土桃山・江戸前期の豊臣秀吉・秀頼の家臣

平岩（ひらいわ）覚左衛門　江戸時代の人。常滑の瀬木山遠見番所に勤めた

松村（まつむら）覚左衛門　江戸前期の豊臣秀頼・藤堂高虎の家臣

和田（わだ）覚左衛門　戦国時代の武将

角左衛門　かくざえもん

角左衛門　1693〜1711　江戸中期の吉敷郡長野村の農民

田代（たしろ）角左衛門　1785〜1835　江戸中期・後期の漁業家

長尾（ながお）角左衛門〔5代〕　1825〜1902　江戸後期〜明治期の村役人

松尾（まつお）角左衛門　江戸末期の武士

三宅（みやけ）角左衛門　安土桃山時代の加藤氏の家臣。並河志摩守の麾下

村瀬（むらせ）角左衛門　江戸前期の武士。大坂の陣で籠城。後、松平定勝に仕えた

革左衛門　かくざえもん

新田（にった）革左衛門　？〜1864　江戸後期・末期の新撰組隊士

覚参　かくさん

覚参　1610〜1672　江戸前期の曹洞宗の僧

覚算　かくさん

覚算　南北朝・室町時代の社僧

鶴山　かくざん

亀田（かめだ）鶴山　1768〜1834　江戸中期・後期の商家

畑（はた）鶴山　1748〜1827　江戸中期・後期の儒者、医師

山梨（やまなし）鶴山　1781〜1839　江戸後期の画家。庵原三山の一人

学山　がくざん

石原（いしはら）学山　1843〜1888　江戸後期〜明治期の画家、教育者

覚山天誉上人　かくざんてんよしょうにん

覚山天誉上人　1563〜1624　安土桃山・江戸前期の高僧、足利の子孫

客子　かくし

客子　鎌倉後期・南北朝時代の女房、歌人

嘉久治　かくじ

若林（わかばやし）嘉久治　江戸後期の石工

格治　かくじ

入沢（いりさわ）格治　1847〜1920　江戸末期〜大正期の林業家

覚次　かくじ

西山（にしやま）覚次　1858〜？　江戸末期・明治期の実業家・政治家

覚治　かくじ

鈴木（すずき）覚治　1828〜1898　江戸後期〜明治

期の比企郡高坂村の名主

覚実 かくじつ
覚実 1052〜1093 平安後期の園城寺の僧
覚実 1069〜？ 平安後期の天台宗延暦寺僧
覚実 1310〜1351 鎌倉後期・南北朝時代の僧

覚守 かくしゅ
覚守 鎌倉後期の天台宗の僧・歌人

鶴寿 かくじゅ ⇔つるじゅ
栗田(くりた)鶴寿 1551？〜1581 戦国・安土桃山時代の信濃国衆
小井弖(こいで)鶴寿 戦国時代の信濃国伊那郡小出郷の土豪

角洲 かくしゅう
加古(かこ)角洲 江戸後期の医者

赫州 かくしゅう
渥美(あつみ)赫州 1792〜？ 江戸後期の藩士

鶴洲 かくしゅう
井上(いのうえ)鶴洲 江戸後期の漢学者
佐沢(さざわ)鶴洲 ？〜1873 江戸後期〜明治期の医者

霍洲 かくしゅう
遠藤(えんどう)霍洲 1789〜1851 江戸末期の折衷学派藩儒学者

虢州 かくしゅう
秋山(あきやま)虢州 江戸中期の医者

学秀 がくしゅう
奇峰(きほう)学秀 ？〜1739 江戸中期の僧、仏師

覚十郎 かくじゅうろう
岡本(おかもと)覚十郎 江戸末期の武士

額十郎 がくじゅうろう
実川(じつかわ)額十郎〔2代〕 1813〜1863 江戸末期の歌舞伎役者

覚寿尼 かくじゅに
覚寿尼 平安前期の尼。菅原道真の姨

覚俊 かくしゅん
覚俊 平安中期・後期の真言宗の僧
覚俊 1059〜？ 平安後期の僧侶・歌人。藤原重房の子
覚俊 ？〜1178 平安後期の僧

覚淳 かくじゅん
聞名寺(もんみょうじ)覚淳 1273〜1353 鎌倉後期・南北朝時代の聞名寺の開祖

覚潤 かくじゅん
林(はやし)覚潤 1828〜1902 江戸後期〜明治期の日光輪王寺大僧正

覚順 かくじゅん
内山(うちやま)覚順 ？〜1783 江戸中期の本草学者

覚諄 かくじゅん
覚諄 1762〜1847 江戸中期・後期の僧侶

確所 かくしょ
結城(ゆうき)確所 1769〜？ 江戸中期・後期の漢学者

覚勝 かくしょう
覚勝 1279〜1345 鎌倉後期・南北朝時代の僧侶、連歌作者

覚昭 かくしょう
覚昭 ？〜1308 鎌倉後期の僧

覚照 かくしょう
覚照 1797〜1848 江戸後期の浄土真宗の僧

覚証 かくしょう
覚証 ？〜1258 鎌倉前期・後期の僧。西方寺中興の開基

覚盛 かくしょう ⇔かくじょう
覚盛 鎌倉前期の天台宗の僧・歌人《覚盛》

覚乗 かくじょう
覚乗 1150〜？ 平安後期の興福寺僧
後藤(ごとう)覚乗 1589〜1656 安土桃山・江戸前期の装剣金工

覚城 かくじょう
覚城 1685〜1754 江戸前期・中期の僧

覚盛 かくじょう ⇔かくしょう
覚盛 鎌倉前期の天台宗の僧・歌人

覚定 かくじょう
覚定 1607〜1661 江戸前期の僧

角上 かくじょう
三上(みかみ)角上 1675〜1747 江戸前期・中期の僧、俳人

角丈 かくじょう
角丈 ？〜1849 江戸後期の浄土真宗の僧・俳人

鶴城 かくじょう
佐藤(さとう)鶴城 江戸後期・末期の医者、漢学者

覚勝院 かくしょういん
覚勝院 戦国時代の真言宗の僧

鶴松院 かくしょういん
鶴松院 戦国時代の女性。吉良氏朝正室

覚四郎 かくしろう
明石(あかし)覚四郎 江戸末期の新撰組隊士

角次郎 かくじろう
尾崎(おざき)角次郎 江戸後期の足柄下郡飯田岡村の大工
吉村(よしむら)角次郎 1844〜1921 江戸末期〜大正期の実業家

覚信 かくしん
覚信 1312〜1381 鎌倉後期・南北朝時代の天台宗の僧、歌人

覚審 かくしん
覚審 平安後期の天台宗の僧・歌人

覚心 かくしん
覚心 1069〜1141 平安後期の園城寺僧
覚心 平安後期の醍醐・高野の住僧

覚深 かくじん
覚深 南北朝時代の僧侶・歌人

覚尋 かくじん
覚尋 1131〜？ 平安中期・後期の天台宗の僧。天台座主35世

学心 がくしん
学心 江戸後期の浄土真宗の僧

か

か

楽真　がくしん
高川（たかがわ）楽真　1793〜1852　江戸後期の医者・漢学者
隔水　かくすい
若林（わかばやし）隔水　江戸中期の装剣金工
鶴水　かくすい
永良（ながら）鶴水　安土桃山時代の武士
横山（よこやま）鶴水　江戸後期の漢学者
廓瑞　かくずい
鳳天（ほうてん）廓瑞　江戸前期の曹洞宗の僧
格助　かくすけ
中西（なかにし）格助　1744〜1828　江戸後期の熊本藩士
角介　かくすけ
神（じん）角介　戦国時代の下総国東庄貝塚村（香取市）の土豪・地侍
角助　かくすけ
駒木（こまぎ）角助　江戸時代の鹿踊創始者
鶴声　かくせい
鶴声　江戸中期の俳人
覚性院　かくせいいん
覚性院　1826〜1827　江戸後期の徳川家慶の六男
覚仙　かくせん
覚仙　1068〜1151　平安後期の園城寺僧
覚詮　かくせん
覚詮　？〜1243　鎌倉前期の天台宗僧侶
覚暹　かくせん
覚暹　1025〜1123　平安中期・後期の僧
鶴羨　かくせん
鶴羨　1844〜1920　江戸後期〜大正期の俳諧作者
鶴銭　かくせん
鶴銭　江戸中期の俳人
覚然　かくぜん
本覚寺（ほんがくじ）覚然　江戸前期の僧。白川村の本覚寺の開基
覚禅　かくぜん
覚禅　鎌倉前期の法相宗の僧・歌人
岳泉　がくせん
山形（やまがた）岳泉　1852〜1923　江戸末期〜大正期の弘前の画家
学禅　がくぜん
入沢（いりさわ）学禅　1854〜1873　江戸末期・明治期の僧侶
学善坊　がくぜんぼう
学善坊　戦国時代の大山寺の修験者
覚禅房胤栄　かくぜんぼういんえい
覚禅房胤栄　1521〜1607　戦国〜江戸前期の宝蔵院流鎌槍術の元祖
覚宗　かくそう
覚宗　？〜1271　鎌倉前期・後期の真言宗の僧、歌人
鶴巣　かくそう
野崎（のざき）鶴巣　？〜1872　江戸末期の日本画家
鶴叟　かくそう
鶴叟　1780〜1867　江戸中期〜末期の俳人
廓三　かくぞう
廓三　1594〜1626　安土桃山・江戸前期の僧
格蔵　かくぞう
広瀬（ひろせ）格蔵　江戸末期の従者。1860年遣米使節に随行しアメリカに渡る
覚蔵　かくぞう
原（はら）覚蔵　1835〜1879　江戸末期の阿波藩士
森（もり）覚蔵　？〜1841　江戸後期の幕臣
角三　かくぞう
大津（おおつ）角三　安土桃山時代の検地役人
角蔵　かくぞう
菅屋（すがや）角蔵　？〜1582　戦国・安土桃山時代の織田信長の家臣
曽根（そね）角蔵　1828〜1891　江戸後期〜明治期の里正
戸叶（とかの）角蔵　1845〜1923　江戸末期〜大正期の足利町の織物買継商
蠖蔵　かくぞう
新見（しんみ）蠖蔵　1813〜？　江戸末期の幕臣《新見蠼蔵》
蠼蔵　かくぞう
新見（しんみ）蠼蔵　1813〜？　江戸末期の幕臣
覚尊　かくそん
覚尊　1159〜1199　平安後期・鎌倉前期の園城寺僧
覚尊　江戸中期の天台宗の僧
覚存　かくぞん
覚存　江戸時代の日蓮宗の僧
覚太夫　かくだゆう
黒沢（くろさわ）覚太夫　1771〜1835　江戸中期・後期の山中領中山郷の大総代名主
覚大夫正吉　かくだゆうまさよし
畑（はた）覚大夫正吉　？〜1660　江戸前期の武士。大坂の陣で籠城。後に稲葉正勝の家老職
格太郎　かくたろう
加来（かく）格太郎　1840〜1915　江戸末期〜大正期の殖産家
覚潭　かくたん
日照坊（にっしょうぼう）覚潭　江戸時代の僧
覚智　かくち
覚智　1105〜1184　平安後期の園城寺僧
覚朝　かくちょう
覚朝　江戸前期の高山市の飯山寺の僧
覚超　かくちょう
覚超　？〜1034　平安中期の天台宗の僧
覚長　かくちょう
覚長　1110〜？　平安後期の興福寺僧
覚珍　かくちん
覚珍　1099〜1175　平安後期の興福寺僧
鶴亭　かくてい
五字庵（ごじあん）鶴亭　1722〜1785　江戸中期の画僧
根岸（ねぎし）鶴亭　1776〜1846　江戸中期・後期

の国学者
鶴汀　かくてい
中浜(なかはま)鶴汀　1793〜1870　江戸後期〜明治期の絵師
学鼎　がくてい
長柄(ながら)学鼎　1845〜1911　江戸後期〜明治期の医師
覚灯　かくとう
佐伯(さえき)覚灯　1853〜1914　江戸末期〜大正期の僧、女子教育の先駆者
廓堂　かくどう
菊地(きくち)廓堂　1799〜1830　江戸後期の儒者《菊地幽軒》
拡堂　かくどう
宮崎(みやざき)拡堂　1819〜1869　江戸後期の漢学者
覚道　かくどう
覚道　江戸後期の和算家
黒瀬(くろせ)覚道　室町時代の土豪
長沼(ながぬま)覚道　1857〜？　江戸末期の政治家
鶴堂　かくどう
高麗(こま)鶴堂　江戸末期の郷土画家
塩路(しおじ)鶴堂　？〜1849　江戸後期の絵師
廓呑　かくどん
廓呑　？〜1654　江戸前期の浄土宗の僧
覚日　かくにち
覚日　鎌倉後期・南北朝時代の女性。出雲・隠岐両国守護塩冶高貞の姉
覚入　かくにゅう
覚入　1007〜1093　平安中期・後期の往生人
学如　がくにょ
学如　1716〜1773　江戸中期の真言宗の僧
廓忍　かくにん
廓忍　1775〜1838　江戸中期・後期の浄土真宗の僧
覚仁　かくにん
地安坊(ちあんぼう)覚仁　平安中期の遠江国般若院の学頭
覚忍　かくにん
覚忍　910〜991　平安中期の天台宗の僧
覚忍軒　かくにんけん
金沢(かなざわ)覚忍軒　1674〜1752　江戸前期・中期の剣術家。三和無敵流祖
覚念　かくねん
覚念　？〜1309　鎌倉後期の浄土真宗の僧
鶴年　かくねん
赤松(あかまつ)鶴年　江戸後期の画家
江森(えもり)鶴年　江戸後期の俳人
覚之丞　かくのじょう
野沢(のざわ)覚之丞　江戸前期の書家。附馬牛野沢氏初代
丸山(まるやま)覚之丞　？〜1707　江戸前期・中期の義民
角之丞　かくのじょう
井上(いのうえ)角之丞　江戸前期の人。愛甲郡宮ヶ瀬村の草創
原田(はらだ)角之丞　江戸前期の長宗我部元親・長宗我部盛親の家臣
霍之丞　かくのじょう
大塚(おおつか)霍之丞　1843〜1905　江戸後期〜明治期の彰義隊士
角之丞貞信　かくのじょうさだのぶ
大橋(おおはし)角之丞貞信　？〜1615？　安土桃山・江戸前期の武将《大橋貞信》
角之助　かくのすけ
久野(くの)角之助　戦国時代の武将。武田家臣
覚派　かくは
小田(おだ)覚派　？〜1558　戦国時代の蓮池小曲城主
学半　がくはん
山本(やまもと)学半　1805〜1853　江戸後期の儒者
格非　かくひ
秋葉(あきば)格非　江戸末期の漢詩人
角兵衛　かくびょうえ　⇔かくべい, かくべえ
伊庭(いば)角兵衛　？〜1615　江戸前期の豊臣秀頼の家臣
向(むかい)角兵衛　江戸前期の黒田孝高・田丸直茂・町野幸和・加藤嘉明・明成・保科正之の家臣
覚兵衛経朝　かくびょうえつねとも
生田(いくた)覚兵衛経朝　江戸前期の荒木村重・豊臣秀頼の家臣
覚敏　かくびん
覚敏　平安後期の東大寺僧
覚兵衛　かくへい　⇔かくべい, かくべえ
飯田(いいだ)覚兵衛　江戸後期の韮山代官江川氏手代
覚兵衛　かくべい　⇔かくへい, かくべえ
玉川(たまがわ)覚兵衛　？〜1872　江戸後期〜明治期の商人
覚平　かくべい　⇔かくへい
添野(そえの)覚平　1827〜1891　江戸後期〜明治期の殖産家
角兵衛　かくべい　⇔かくびょうえ, かくべえ
北村(きたむら)角兵衛　？〜1706　江戸前期・中期の漁業家
覚兵衛　かくべえ　⇔かくへい, かくべい
飯沼(いいぬま)覚兵衛　1725〜1809　江戸中期・後期の安曇郡長尾組二木村の庄屋
長内屋(おさないや)覚兵衛　江戸後期の米問屋
河野(かわの)覚兵衛〔1代〕　？〜1717　江戸前期・中期の薩摩国山川の豪商
河野(かわの)覚兵衛〔8代〕　江戸末期の薩摩国山川の豪商
斉藤(さいとう)覚兵衛　？〜1613　安土桃山・江戸前期の豪農
清水屋(しみずや)覚兵衛　江戸末期の給人、商人
田中(たなか)覚兵衛　江戸前期の浪人
得能(とくのう)覚兵衛　江戸後期の庄屋
豊田(とよた)覚兵衛　1820〜1862　江戸後期・末期の出水郡長島郷士

仲(なか)覚兵衛 1715～1800 江戸中期・後期の骨粉製造業
松本(まつもと)覚兵衛 1826～1897 江戸後期～明治期の治水家
向山(むこうやま)覚兵衛 1693～1776 江戸中期の剣術家。太子流
村上(むらかみ)覚兵衛 1670～1732 江戸前期・中期の肝入

角兵衛 かくべえ ⇔かくびょうえ, かくべい
栖原(すはら)角兵衛〔5代〕 1731～1793 江戸中期・後期の漁業家、商人
栖原(すはら)角兵衛〔6代〕 1753～1817 江戸中期・後期の商人、漁業家
栖原(すはら)角兵衛〔8代〕 1808～1854 江戸後期・末期の商人、漁業家
栖原(すはら)角兵衛〔9代〕 1812～1857 江戸後期・末期の商人、漁業家

角兵衛信義 かくべえのぶよし
栖原(すはら)角兵衛信義 1779～1851 江戸中期・後期の蝦夷地、樺太の開発者

覚遍 かくへん
覚遍 江戸前期の止上神社の神舞面作者

覚弁 かくべん
覚弁 1132～1199 平安後期・鎌倉前期の興福寺権別当。藤原俊成の子

鶴歩 かくほ
鶴歩 1685～1738 江戸前期・中期の俳諧師

鶴甫 かくほ
中里(なかざと)鶴甫 1718～1801 江戸中期・後期の医者

学圃 がくほ
井土(いど)学圃 1782～1862 江戸中期～末期の儒者

覚宝 かくほう
覚宝 1821～1879 江戸後期～明治期の真言宗の僧

覚峰 かくほう
覚峰 ?～1815 江戸中期・後期の僧

鶴峰 かくほう
松原(まつばら)鶴峰 江戸前期の儒者

鶴峯 かくほう
阿部(あべ)鶴峯 1813～1880 江戸後期～明治期の絵師
井上(いのうえ)鶴峯 1850～1919 江戸後期～大正期の彫刻家
那波(なは)鶴峯 1796～1858 江戸後期・末期の漢学者

格馬 かくま
岡(おか)格馬 1810～? 江戸後期の剣術家。小野派一刀流

覚満 かくまん
覚満 1214～? 鎌倉前期・後期の真言宗の僧

覚卍 かくまんじ
覚卍 ?～1437 室町時代の僧侶

覚満禅師 かくまんぜんじ
覚満禅師 鎌倉後期の僧。松島円福寺の5世住持

覚明 かくみょう
覚明 1156～1241 平安後期・鎌倉前期の僧。康楽寺の開基
覚明 1272～? 鎌倉後期・南北朝時代の僧

鶴鳴 かくめい
岡田(おかだ)鶴鳴 1750～1800 江戸中期・後期の儒者
九皐庵(きゅうこうあん)鶴鳴 江戸後期の「紀之柴折」の著者

学門 がくもん
学門 平安前期の戸隠寺開山。初代別当

覚弥 かくや
永井(ながい)覚弥 1683～1752 江戸前期・中期の剣術家。新陰流

学弥 がくや
長坂(ながさか)学弥 江戸末期の武士

覚瑜 かくゆ
覚瑜 1158～1233 平安後期・鎌倉前期の天台宗の僧

覚有 かくゆう
覚有 平安後期の大仏師

覚祐 かくゆう
覚祐 鎌倉後期の僧。神岡町の小萱薬師堂の堂主
中坊(なかのぼう)覚祐 戦国時代の武家・連歌作者

覚雄 かくゆう
権行院(ごんぎょういん)覚雄 江戸時代の武道家

覚融 かくゆう
覚融 1473～1555 戦国時代の真言宗の僧

覚誉 かくよ
覚誉 1068～? 平安後期の法相宗の僧・歌人
覚誉 ?～1562 戦国・安土桃山時代の僧
覚誉 江戸中期の浄土宗の僧
南海(なんかい)覚誉 戦国時代の杵築大社初代常設本願

廓容 かくよう
江川(えがわ)廓容 江戸末期の書家

覚養 かくよう
大西(おおにし)覚養 ?～1578 戦国・安土桃山時代の武将

鶴幼 かくよう
外崎(とのさき)鶴幼 1828～1900 江戸末期・明治期の津軽の画家

岳陽 がくよう
阿部(あべ)岳陽 1752～1805 江戸中期・後期の医者、漢学者

鶴立 かくりつ
河上(かわかみ)鶴立 1827～1899 江戸末期・明治期の僧。浄土真宗西法寺

覚隆 かくりゅう
覚隆 平安後期の寺門派の僧
覚隆 平安後期・鎌倉前期の僧

鶴立斎 かくりゅうさい
田鎖(たぐさり)鶴立斎 1773～1829 江戸中期・後期の絵師

鶴陵　かくりょう
伊達（だて）鶴陵　1796〜1865　江戸後期・末期の能書家

覚林　かくりん
覚林　？〜1822　江戸中期・後期の僧侶

鶴林　かくりん
池辺（いけべ）鶴林　？〜1748　江戸中期の藩士・漢学者

覚蓮　かくれん
覚蓮　1142〜？　平安後期の歌人《覚連》

覚連　かくれん
覚連　1142〜？　平安後期の歌人

角呂　かくろ
角呂　江戸中期の俳諧師

学魯　がくろ
石原（いしはら）学魯　？〜1698　江戸前期・中期の人。著書に「拾翠集」

岳輅　がくろ
岳輅　？〜1821　江戸中期・後期の俳人。浄土真宗の僧

覚郎　かくろう
園木（そのぎ）覚郎　？〜1800　江戸中期・後期の兵学者

覚和　かくわ
覚和　鎌倉後期の真言宗の僧

角和　かくわ
三好（みよし）角和　？〜1774　江戸中期の庄内藩士

景晃　かげあき
香川（かがわ）景晃　1762〜1836　江戸中期・後期の岩国藩家老

景秋　かげあき
村田（むらた）景秋　1824〜1910　江戸後期〜明治期の竈戸八幡宮の神官

景昭　かげあき
海老原（えびはら）景昭　1808〜1870　江戸末期の津山松平藩士
中条（ちゅうじょう）景昭　1827〜1896　江戸後期〜明治期の幕臣、牧之原開拓者

景信　かげあき　⇔かげのぶ
酒匂（さかわ）景信　1850〜1891　江戸後期〜明治期の軍人

景明　かげあき　⇔かげあきら，けいめい
大神（おおが）景明　1617〜1684　江戸前期の楽人
俣野（またの）景明　1838〜1883　江戸後期〜明治期の藩士

景煥　かげあき
富田（とだ）景煥　1779〜1838　江戸中期・後期の藩士・漢学者

景顕　かげあきら
山岡（やまおか）景顕　1669〜1740　江戸前期・中期の佐渡奉行

景審　かげあきら
平（たいら）景審　1794〜1872　江戸後期〜明治期の神職

景明　かげあきら　⇔かげあき，けいめい
源（みなもと）景明　平安中期の公家・歌人

景淳　かげあつ
吉江（よしえ）景淳　1546〜1626　戦国〜江戸前期の上杉氏・武田氏の家臣。越後根知城将

景彪　かげあつ　⇔かげみつ
田付（たつけ）景彪　1683〜1755　江戸前期・中期の長崎奉行

か

佳兮　かけい
豊嶋（としま）佳兮　？〜1834　江戸後期の鰺ケ沢出身の医師

可卿　かけい
可卿　江戸中期の俳人。万治3（1660）年から元禄13（1700）年刊俳諧撰集入集があり

可敬　かけい　⇔よしのり
夏目（なつめ）可敬　1807？〜1862　江戸後期・末期の吉田上伝馬町の金物商

可兮　かけい
可兮　1726〜1797　江戸中期・後期の俳人

華渓　かけい
奥平（おくだいら）華渓　江戸中期の漢詩人

蝦芸　かげい
蝦芸　1721〜1791　江戸中期・後期の俳人。浄土真宗の僧

景井　かげい
谷（たに）景井　1798〜1870　江戸後期〜明治期の藩士・国学者

臥渓　がけい
井出（いで）臥渓　1644〜？　江戸前期の書家《井出松翠》

賀慶　がけい
松本（まつもと）賀慶　1790〜1860　江戸後期・末期の和算家

景家　かげいえ
跡部（あとべ）景家　？〜1466　室町時代の甲斐守護代
水原（すいばら）景家　？〜1506　室町・戦国時代の越後白河荘の国人
乃木（のぎ）景家　鎌倉前期・後期の意宇郡乃木保地頭

花桂宗誉禅定尼　かけいそうえいぜんじょうに
花桂宗誉禅定尼　安土桃山時代の女性。初代政信の室、山角康定の娘

景氏　かげうじ
尾藤（びとう）景氏　鎌倉時代の武士

景海　かげうみ
楢崎（ならさき）景海　1821〜1897　江戸後期〜明治期の藩士・歌人

景楨　かげえだ
河北（かわきた）景楨　江戸中期の漢学者

景雄　かげお　⇔けいゆう
恵川（えがわ）景雄　江戸後期・末期の和算家
甫喜山（ほきやま）景雄　1828〜1884　江戸後期〜明治期の国学者

景興　かげおき
小野(おのの)景興　平安中期の官人
景員　かげかず
朝倉(あさくら)景員　1724〜1768　江戸中期の尾張藩士、国学者
深井(ふかい)景員　1849〜1917　江戸末期〜大正期の教育者
藤原(ふじわらの)景員　平安後期の武士
景賢　かげかた　⇔かげたか
二見(ふたみ)景賢　1829〜1904　江戸後期〜明治期の淘綾郡山西村川匂神社35代神主
景廉　かげかど
藤原(ふじわらの)景廉　1142〜1221　平安後期・鎌倉前期の武士
景兼　かげかね
大江(おおえの)景兼　平安後期の官人
清原(きよはらの)景兼　平安後期の官人
見坊(けんぼう)景兼　1681〜1758　江戸前期・中期の藩士
景国　かげくに
大江(おおえの)景国　平安後期の武士
小林(こばやし)景国　1796〜1881　江戸末期の足利の刀工
村上(むらかみ)景国　1546〜1592　戦国時代の武将
景前　かげさき
遠山(とおやま)景前　?〜1556　戦国時代の武士。松平氏家臣
景貞　かげさだ
団(だん)景貞　1650〜1713　江戸前期・中期の幕臣
景定　かげさだ
小幡(おばた)景定　戦国時代の宇田城主
内藤(ないとう)景定　?〜1534　戦国時代の武将
向山(むこうやま)景定　鎌倉後期の武士
景里　かげさと
清原(きよはらの)景里　平安後期の官人
景祁　かげさと
富永(とみなが)景祁　1702〜1767　江戸中期の代官
景実　かげざね
朝倉(あさくら)景実　1625〜1683　江戸前期の軍法家
清原(きよはら)景実　鎌倉後期の公家・歌人
清原(きよはらの)景実　平安後期の官人
前下司(ぜんげす)景実　鎌倉前期・後期の美作国東部の在地武士
藤原(ふじわらの)景実　平安後期の官人
景重　かげしげ
片桐(かたぎり)景重　平安後期の武将
加藤(かとう)景重　1850〜1924　江戸末期〜大正期の篤学者
近藤(こんどう)景重　江戸後期の役人。伊豆の長崎村の近藤屋敷に住した
遠山(とおやま)景重　?〜1617　安土桃山・江戸前期の地下小旗本3代目
秦(はた)景重　室町時代の鋳物師
源(みなもとの)景重　平安後期の信濃国伊那郡片切郷の武士
景成　かげしげ
鎌倉(かまくら)景成　平安中期の武士
兼助　かけすけ　⇔かねすけ
福田(ふくだ)兼助　1830〜1878　江戸後期〜明治期の寺子屋の教育者
景右　かげすけ
平(たいら)景右　南北朝時代の連歌作者
景仰　かげすけ
深町(ふかまち)景仰　江戸後期の藩士
景佐　かげすけ
大江(おおえの)景佐　平安後期の官人
景資　かげすけ
大江(おおえの)景資　鎌倉前期の官人
景助　かげすけ　⇔けいすけ
篠山(ささやま)景助　安土桃山時代の織田信長の家臣
簗田(やなだ)景助　戦国時代の足利安王丸・春王丸の家臣
景弼　かげすけ
長尾(ながお)景弼　1839〜1895　江戸後期〜明治期の博聞社創業者
景祐　かげすけ　⇔けいゆう
渋川(しぶかわ)景祐　1787〜1856　江戸中期〜末期の天文暦術家
景住　かげずみ
菊池(きくち)景住　江戸前期の藩士
景純　かげずみ
後閑(ごかん)景純　?〜1562　戦国時代の武将
富田(とだ)景純　江戸末期の藩士・兵法家
景敬　かげたか　⇔かげのり
平(たいら)景敬　江戸中期の神職
景賢　かげたか　⇔かげかた
上田(うえだ)景賢　江戸中期の漢学者
景孝　かげたか
長尾(ながお)景孝　戦国時代の人。総社系高津長尾
景高　かげたか
釜萢兵部(かまやちひょうぶ)景高　?〜1647　江戸前期の開拓者。釜萢兵部の子
近藤(こんどう)景高　?〜1789　江戸中期・後期の兵法家
芳賀(はが)景高　?〜1497　室町・戦国時代の宇都宮氏の重臣
景尊　かげたか
布施(ふせ)景尊　戦国時代の北条氏照の重臣
景隆　かげたか
香川(かがわ)景隆　?〜1783　江戸中期の石見の歌人、画家
加藤(かとう)景隆　?〜1579　安土桃山時代の織田信長の家臣《加藤資景》
景斉　かげただ
藤原(ふじわらの)景斉　?〜1023　平安中期の官人
景忠　かげただ
佐久間(さくま)景忠　?〜1711　江戸前期・中期

か

の兵法家
山岡（やまおか）景忠　1638〜1698　江戸前期の旗本

景胤　かげたね
朝倉（あさくら）景胤　？〜1575　戦国・安土桃山時代の織田信長の家臣
臼井（うすい）景胤　戦国時代の下総臼井城（佐倉市）の城主。俊胤の子

景種　かげたね
原田（はらだ）景種　？〜1614　安土桃山・江戸前期の明知城城主

景周　かげちか
深井（ふかい）景周　1760〜1832　江戸中期・後期の武道家

景親　かげちか
岡上（おかのぼり）景親　？〜1633　江戸前期の幕臣、代官
岡上（おかのぼり）景親　？〜1661　江戸前期の幕臣、代官
加藤（かとう）景親　？〜1628　江戸前期の旗本
清原（きよはらの）景親　平安後期の官人
日畑（ひはた）景親　？〜1582　安土桃山時代の武将

華月　かげつ
全久院（ぜんきゅういん）華月　？〜1876　江戸後期〜明治期の茶人・画僧

臥月　がげつ
佐武（さたけ）臥月　江戸後期の画家

荷月翁　かげつおう
荷月翁　1726〜1813　江戸中期・後期の茶人

景継　かげつぐ
甘糟（あまかす）景継　？〜1611　戦国〜江戸前期の越後上杉氏の部将
草苅（くさかり）景継　？〜1575　安土桃山時代の武将

景次　かげつぐ
宮崎（みやざき）景次　1560〜1637　安土桃山・江戸前期の代官

景紹　かげつぐ
山科（やましな）景紹　室町・戦国時代の医師

花月堂　かげつどう
山田（やまだ）花月堂　1732〜1799　江戸中期の俳人

景綱　かげつな
景綱　室町時代の出雲吉井派の刀匠
赤井（あかい）景綱　戦国時代の葛西晴信の家臣
伊藤（いとう）景綱　藤原景綱に同じ
小野寺（おのでら）景綱　戦国時代の足利長尾氏の同心衆
加地（かぢ）景綱　南北朝時代の武将
四方田（しほうでん）景綱　鎌倉時代の武士
遠山（とうやま）景綱　？〜1648　江戸前期の旗本
藤原（ふじわらの）景綱　平安後期の武将
渡辺（わたなべ）景綱　江戸前期・中期の砲術家

景経　かげつね
天野（あまの）景経　鎌倉時代の御家人

景恒　かげつね
御厨（みくりや）景恒　1699〜1775　江戸中期の医者
源（みなもとの）景恒　鎌倉時代の相模鋳物師

景連　かげつら
朝山（あさやま）景連　南北朝時代の備後国守護、神門郡朝山郷地頭

景俊　かげとし
藤原（ふじわら）景俊　平安後期の武士

景年　かげとし
歌川（うたがわ）景年　江戸後期の絵師

景利　かげとし
小幡（おばた）景利　1710〜1768　江戸中期の幕臣
加藤（かとう）景利　安土桃山時代の織田信長の家臣
田付（たつけ）景利　1619〜1685　江戸前期の幕臣・砲術家

景福　かげとみ
小嶋（こじま）景福　江戸後期の武道家
長尾（ながお）景福　江戸後期の和算家

景朝　かげとも
秋元（あきもと）景朝　1525〜1587　戦国・安土桃山時代の武将

景友　かげとも　⇔けいゆう
友寄（ともよせ）景友　1595〜1663　安土桃山・江戸前期の薩摩の人。琉球へ藍染の技法を伝えた《友寄景友》

景豊　かげとよ
伊達（だて）景豊　室町時代の武家・連歌作者

景直　かげなお
稲垣（いながき）景直　江戸中期の庄屋
三分一所（さんぶいっしょ）景直　江戸中期の藩士
椎名（しいな）景直　？〜1581？　安土桃山時代の武将
沼本（ぬもと）景直　安土桃山時代の武将

景長　かげなが
因幡（いなば）景長　南北朝時代の刀工
片倉（かたくら）景長　1630〜1681　江戸前期の一家白石城主片倉氏3代
山本寺（さんぼんじ）景長　？〜1582　戦国・安土桃山時代の越後守護上杉氏一門、不動山城主
大藤（だいとう）景長　戦国時代の北条氏の家臣
山岡（やまおか）景長　1569〜1620　安土桃山・江戸前期の幕臣
山吉（やまよし）景長　？〜1611　安土桃山・江戸前期の武士。上杉謙信・景勝の家臣

蔭成　かげなり
和気（わけの）蔭成　1230〜1281　鎌倉前期・後期の医師

蔭信　かげのぶ
石井（いしい）蔭信　？〜1835　江戸後期の歌人。国学、歌道の普及者

懐信　かげのぶ
源（みなもとの）懐信　？〜1030　平安中期の官人。藤原実資家の家司

景延　かげのぶ
加藤(かとう)景延　?～1599　安土桃山時代の織田信長の家臣
衣笠(きぬがさ)景延　1547～1631　戦国～江戸前期の武将

景信　かげのぶ　⇔かげあき
内馬場(うちのばば)景信　?～1689　江戸前期・中期の仙台藩士
黒金(くろがね)景信　戦国時代の上杉謙信・景勝の家臣
中山(なかやま)景信　戦国時代の武将

景陳　かげのぶ
友寄(ともよせ)景陳　1558～1646　戦国～江戸前期の薩摩の人で旧名酒匂四郎右衛門景陳(平姓家譜)

景舒　かげのぶ
藤原(ふじわらの)景舒　平安中期の官人

景軌　かげのり
打它(うつだ)景軌　?～1670　江戸前期の歌人

景儀　かげのり
発智(ほっち)景儀　?～1488　室町・戦国時代の越後薮神の国人。守護上杉氏家臣

景教　かげのり
杉(すぎ)景教　戦国時代の武将

景敬　かげのり　⇔かげたか
桜田(さくらだ)景敬　1827～1899　江戸後期～明治期の武芸家

景憲　かげのり
山崎(やまざき)景憲　江戸末期の藩士・兵法家

景則　かげのり
景則〔1代〕　鎌倉時代の刀工
岸(きし)景則　?～1595　戦国・安土桃山時代の武士
遠山(とうやま)景則　?～1688　江戸前期の旗本

景徳　かげのり
小俣(おまた)景徳　1814～1895　江戸後期～明治期の幕臣

景範　かげのり
片倉(かたくら)景範　1838～1902　江戸後期～明治期の登別・白石の士族開拓団の旧主
野田(のだ)景範　?～1624　安土桃山・江戸前期の古河公方の家臣
船越(ふなこし)景範　1751～?　江戸中期の幕臣

景式王　かげのりおう
景式王　平安前期の歌人

景治　かげはる
石井(いしい)景治　1492～1545　戦国時代の佐竹氏の家臣
加治(かじ)景治　江戸前期の武将
小塚(こつか)景治　江戸前期の藩士・弓術家

景春　かげはる
多治部(たじべ)景春　安土桃山時代の武将

景晴　かげはる
伊能(いのう)景晴　1808～1886　江戸後期～明治期の公共事業家
宮原(みやはら)景晴　?～1624　安土桃山・江戸前期の出水郡高尾野郷の地頭

景東　かげはる
長尾(ながお)景東　1721～?　江戸中期の幕臣

鶏彦　かけひこ
長尾(ながお)鶏彦　1791～1842　江戸後期の郷士、歌人

景彦　かげひこ
津田(つだ)景彦　江戸後期の藩士

景久　かげひさ
梶原(かじわら)景久　安土桃山時代の織田信長の家臣
賀茂(かも)景久　鎌倉後期の神職・歌人
諸岡(もろおか)景久　江戸前期の武芸家

景寿　かげひさ
半田(はんだ)景寿　1772～?　江戸中期の幕臣

景秀　かげひで
土岐原(ときはら)景秀　戦国時代の土岐原氏の当主、山内上杉氏家臣

景衡　かげひら
平(たいら)景衡　鎌倉前期の御家人
曲淵(まがりぶち)景衡　1675～1733　江戸前期・中期の武士

景平　かげひら
景平　江戸前期の加賀の刀工
俣野(またの)景平　鎌倉時代の幕府御家人

景寛　かげひろ
高林(たかばやし)景寛　?～1881　江戸後期～明治期の加賀藩士

景広　かげひろ
鵜沼(うぬま)景広　鎌倉後期の武士
遠山(とおやま)景広　?～1582　戦国・安土桃山時代の武田家臣
服部(はっとり)景広　江戸中期の岡崎宿伝馬町本陣
原(はら)景広　?～1499　室町・戦国時代の武士。弥富原氏当主

景弘　かげひろ
赤川(あかがわ)景弘　安土桃山時代の織田信長の家臣
金刺(かなさしの)景弘　南北朝時代の武蔵国の鋳物師
永田(ながた)景弘　安土桃山時代の織田信長の家臣
中原(なかはらの)景弘　平安後期・鎌倉前期の官吏

景総　かげふさ
長尾(ながお)景総　戦国時代の人。総社系高津長尾

景房　かげふさ
藤原(ふじわら)景房　鎌倉時代の武家・歌人
二見(ふたみ)景房　1785～1869　江戸後期の淘綾郡山西村二ノ宮明神社34代神主

景文　かげふみ
三上(みかみ)景文　1789～?　江戸後期の官人

蔭正　かげまさ
兼清(かねきよ)蔭正　1810～1839　江戸後期の国学者

影正 かげまさ
亀ヶ森(かめがもり)影正 1811〜1886 江戸後期〜明治期の教育者

景剛 かげまさ
海老原(えびはら)景剛 1805〜1878 江戸末期の志士

景政 かげまさ
平(たいらの)景政 平安後期の相模武士
遠山(とおやま)景政 1570〜1616 安土桃山・江戸前期の近江国の代官

景正 かげまさ
加藤(かとう)景正 1569〜1630 安土桃山・江戸前期の旗本

景理 かげまさ
大江(おおえの)景理 963〜1028 平安中期の衛門府官人

景益 かげます
平(たいらの)景益 平安後期・鎌倉前期の武士

景松 かげまつ
歌川(うたがわ)景松 江戸後期の絵師

蔭麻呂 かげまろ
下道(しもつみちの)蔭麻呂 奈良時代の官人

景露 かげみち
曲淵(まがりぶち)景露 1758〜1835 江戸中期・後期の幕臣

景盈 かげみつ
石井(いしい)景盈 1568〜1589 安土桃山時代の佐竹氏の家臣

景光 かげみつ
長船(おさふね)景光 鎌倉後期の備前長船派刀工
小野(おの)景光 平安中期の神職
菊池(きくち)景光 安土桃山・江戸前期の平清水村の領主
延原(のぶはら)景光 安土桃山時代の武将
藤原(ふじわらの)景光 平安後期の武将
源(みなもとの)景光 平安中期の官人

景充 かげみつ
近藤(こんどう)景充 江戸後期の兵法家

景満 かげみつ
滝沢(たきざわ)景満 1141〜1233 平安後期・鎌倉前期の神官

景彪 かげみつ ⇔かげあつ
田付(たつけ)景彪 1683〜1755 江戸前期・中期の長崎奉行《田付景彪》

景宗 かげむね
清原(きよはらの)景宗 平安後期の官人
小早川(こばやかわ)景宗 南北朝時代の安芸国竹原の武士
平(たいらの)景宗 平安後期の武士
遠山(とおやま)景宗 江戸前期の武士。長野遠山家の祖
発知(ほっち)景宗 鎌倉時代の武士

景村 かげむら
千村(ちむら)景村 1826〜1885 江戸後期〜明治期の歌人
豊島(としま)景村 南北朝時代の武将

景茂 かげもち
大神(おおが)景茂 1292〜1376 鎌倉後期・南北朝時代の楽人
加藤(かとう)景茂 安土桃山時代の織田信長の家臣
城(じょう)景茂 1522〜1587 安土桃山・江戸前期の武士

蔭基 かげもと
藤原(ふじわら)蔭基 平安前期の公家・歌人

景基 かげもと
津守(つもり)景基 平安後期の神職・歌人

景元 かげもと
忌部(いんべ)景元 江戸後期の大住郡大山阿夫利神社の師職
山岡(やまおか)景元 1640〜1713 江戸前期・中期の幕臣

景盛 かげもり
芥川(あくたがわ)景盛 戦国時代の武将・連歌作者
粟井(あわい)景盛 室町時代の武将
清原(きよはらの)景盛 平安後期の官人
布施(ふせ)景盛 江戸前期の旗本
由木(ゆぎ)景盛 1542?〜1612 戦国〜江戸前期の北条氏照の奉行人

景安 かげやす
景安 鎌倉時代の刀工
天羽(あもう)景安 ?〜1682 江戸前期の代官

景恭 かげやす ⇔けいきょう
山岡(やまおか)景恭 江戸末期の幕臣

景康 かげやす
大町(おおまち)景康 戦国時代の足羽南郡大町村の国人

景泰 かげやす
朝倉(あさくら)景泰 安土桃山時代の織田信長の家臣
浦上(うらかみ)景泰 室町時代の武士
小田原(おだわら)景泰 鎌倉時代の武将
立石(たていし)景泰 ?〜1499 室町時代の武将

景保 かげやす
富坂(とみさか)景保 室町時代の武士

勘ヶ由 かげゆ
花上(はなうえ)勘ヶ由 江戸後期の愛甲郡中荻野村大工

勘解由 かげゆ
天羽(あもう)勘解由 江戸時代の剣術家。天羽流の祖
新井(あらい)勘解由 ?〜1609 戦国時代の武士
安藤(あんどう)勘解由 戦国時代の千葉氏の家臣
岩山(いわやま)勘解由 ?〜1792 江戸中期・後期の八戸藩士
大熊(おおくま)勘解由 ?〜1781 江戸中期の武士
大蔵(おおくら)勘解由 ?〜1782 江戸中期の神職・書家
岸(きし)勘解由 江戸前期の豊臣秀頼の家臣
笹森(ささもり)勘解由〔1代〕 戦国時代の人。藩境大間越関を守った。笹森家の先祖
鈴木(すずき)勘解由 戦国時代の鳩谷の有力農民

関（せき）勘解由　安土桃山・江戸前期の武士
多田（ただ）勘解由　江戸後期の大住郡粟久保村鎮守第六天社神主
玉井（たまのい）勘解由　？～1834　江戸後期の藩士
丹羽（にわ）勘解由　？～1627　江戸前期の豊臣秀頼・藤堂高虎の家臣
野呂（のろ）勘解由　安土桃山時代の床舞館館主
廿枝（はたえだ）勘解由　江戸前期の長宗我部盛親の家臣
毛利（もり）勘解由　江戸前期の毛利輝元の旧臣と思われる
和田（わだ）勘解由　戦国時代の番匠

勘解由家範　かげゆいえのり
中山（なかやま）勘解由家範　？～1590　戦国時代の武蔵西部地方の武士

勘解由衛門　かげゆえもん
かけみ（かけみ）勘解由衛門　安土桃山時代の信濃国筑摩郡小芹・大久保・花見の土豪

影之　かげゆき
佐原（さわら）影之　1630～1690　江戸前期・中期の関東代官

景行　かげゆき
浦上（うらかみ）景行　戦国時代の備前国の武将
長尾（ながお）景行　戦国時代の越後国衆
毛利（もうり）景行　？～1213　鎌倉前期の武将

景幸　かげゆき
羽尾（はねお）景幸　戦国時代の吾妻郡羽尾城主

景之　かげゆき
恵川（えがわ）景之　江戸後期・末期の和算家

勘解由左衛門　かげゆさえもん　⇔かげゆざえもん
橋本（はしもと）勘解由左衛門　戦国時代の下野小山氏の家臣

勘解由左衛門　かげゆざえもん　⇔かげゆさえもん
秋元（あきもと）勘解由左衛門　戦国時代の秋元上野の子。里見氏家臣。上総久留里城代
稲生（いなお）勘解由左衛門　？～1569　戦国・安土桃山時代の織田信長の家臣
稲葉（いなば）勘解由左衛門　江戸前期の最上氏遺臣
大橋（おおはし）勘解由左衛門　安土桃山時代の剣術家
小幡（おばた）勘解由左衛門　戦国時代の北条氏の家臣
川合（かわい）勘解由左衛門　1705～1751　江戸中期の前橋藩酒井家重臣
高橋（たかはし）勘解由左衛門　安土桃山時代の富士山河口浅間神社所属の御師か
豊島（としま）勘解由左衛門　戦国時代の武士
中島（なかじま）勘解由左衛門　安土桃山時代の織田信長の家臣
本間（ほんま）勘解由左衛門　戦国時代の槍術家
遊佐（ゆさ）勘解由左衛門　安土桃山時代の織田信長の家臣

勘解由左衛門尉　かげゆさえもんのじょう　⇔かげゆざえもんのじょう
豊嶋（としま）勘解由左衛門尉　戦国時代の武士
本間（ほんま）勘解由左衛門尉　戦国時代の武士。下野壬生氏の家臣

勘解由左衛門尉　かげゆざえもんのじょう　⇔かげゆさえもんのじょう
上原（うえはら）勘解由左衛門尉　？～1548　戦国時代の北条氏の家臣
小泉（こいずみ）勘解由左衛門尉　戦国時代の駿河国安倍郡入島郷の土豪
諏方（すわ）勘解由左衛門尉　安土桃山時代の諏訪大社社家衆
豊島（としま）勘解由左衛門尉　戦国時代の石神井・練馬両城の城主
豊島（としま）勘解由左衛門尉　戦国時代の下総国夏見郷（船橋市）の領主

勘解由介　かげゆのすけ
飯島（いいじま）勘解由介　戦国時代の信濃国伊那郡の国衆？

景与　かげよ
矢葺（やぶき）景与　1687～1764　江戸前期・中期の幕臣

景嘉　かげよし
朝倉（あさくら）景嘉　安土桃山時代の織田信長の家臣

景毅　かげよし
梶原（かじわら）景毅　1806～1837　江戸後期の藩士

景義　かげよし
篠山（ささやま）景義　1755～1817　江戸中期・後期の幕臣、代官、佐渡奉行
西村（にしむら）景義　1728～1760　江戸中期の本草家
沼田（ぬまた）景義　1540～1581　戦国・安土桃山時代の武士《沼田平八郎景義》

景吉　かげよし　⇔けいきち
市河（いちかわ）景吉　戦国時代の武将。武田家臣
市川（いちかわ）景吉　戦国時代の上野国衆国峰小幡氏の家臣
紀（きの）景吉　平安中期の勧堂院案主
深井（ふかい）景吉　1534～1611　戦国時代の土豪
村上（むらかみ）景吉　？～1803　江戸中期・後期の医師《村上玄治》

景欽　かげよし
佐々木（ささき）景欽　1783～1831　江戸中期・後期の歌人

景慶　かげよし
天羽（あもう）景慶　江戸前期の代官
藤原（ふじわら）景慶　江戸前期の「石清水放生会私記」の著者

景好　かげよし
加藤（かとう）景好　安土桃山時代の織田信長の家臣

景祥　かげよし
蓮沼（はすぬま）景祥　1736～？　江戸中期の藩士

景美　かげよし
内藤（ないとう）景美　江戸後期の藩士

景良　かげよし
中原（なかはらの）景良　平安後期の官人
景依　かげより
景依　鎌倉時代の刀工
景頼　かげより
大森（おおもり）景頼　江戸時代の国学者・岡山藩士
菊池（きくち）景頼　江戸前期の横田城代
千村（ちむら）景頼　戦国時代の木曽氏の家臣
花県　かけん
花県　？～1829　江戸後期の俳人
嘉言　かげん　⇔よしこと
嘉言　？～1786　江戸中期の俳人
霞巌　かげん
森（もり）霞巌　1842～1908　江戸後期～明治期の日本画家
笳言　かげん
中沢（なかざわ）笳言　？～1879　江戸後期～明治期の俳人
花厳院　かげんいん
花厳院〔20代〕 1698～1753　江戸中期の盛岡藩三戸支配頭の修験者
加興　かこう
加興　江戸中期の医師
可交　かこう
生方（うぶかた）可交　1808～1887　江戸後期～明治期の俳人
可候　かこう
滝沢（たきざわ）可候　1759～1817　江戸後期の俳人
可厚　かこう
可厚　江戸後期の俳人
夏口　かこう
夏口　？～1849　江戸後期の画家
花好　かこう
保原（ほばら）花好　？～1903　江戸末期・明治期の俳人
霞江　かこう
丸山（まるやま）霞江　1701～1764　江戸中期の俳人
臥高　がこう
臥高　江戸前期・中期の俳諧作者
華光院　かこういん
華光院　1756～1757　江戸中期の女性。徳川家治長女
窩光端　かこうたん
風月（ふうげつ）窩光端　江戸前期の連歌作者
歌校亭　かこうてい
鈴木（すずき）歌校亭　1737～1811　江戸中期の民間科学者、教育者
我黒　がこく
我黒　1640～1710　江戸前期・中期の俳人
中尾（なかお）我黒　我黒に同じ
霞谷山人　かこくさんじん
霞谷山人　江戸中期の博学家

寡斎　かさい
近藤（こんどう）寡斎　1818～1879　江戸後期～明治期の漢学者
雅斎　がさい
平井（ひらい）雅斎　？～1804　江戸中期・後期の書家
嘉左衛門　かさえもん　⇔かざえもん
藤崎（ふじさき）嘉左衛門　1824～1890　江戸後期～明治期の和算家
佳左衛門　かざえもん
中原（なかはら）佳左衛門　江戸後期の鹿児島城下士
加左衛門　かざえもん
太田（おおた）加左衛門　江戸前期の鉱山業
大原（おおはら）加左衛門　安土桃山・江戸前期の筒井順慶の家臣
尾池（おのいけ）加左衛門　？～1615　江戸前期の武士。大坂の陣で籠城
鈴木（すずき）加左衛門　江戸後期の橘樹郡小杋村民
原田（はらだ）加左衛門　？～1615　江戸前期の大野治房の旗奉行
日笠（ひかさ）加左衛門　？～1665　江戸前期の日笠紙の技術者・経営者
山本（やまもと）加左衛門　？～1770　江戸中期の庄屋・義人
嘉左衛門　かざえもん　⇔かさえもん
青山（あおやま）嘉左衛門　1837～1916　江戸末期～大正期の漁業家
大西（おおにし）嘉左衛門　1772～1834　江戸後期の岡山藩士
永嶺（ながみね）嘉左衛門　？～1710　江戸時代の開発事業家
長嶺（ながみね）嘉左衛門　永嶺嘉左衛門に同じ
嘉作　かさく
青野（あおの）嘉作　1837～1903　江戸後期～明治期の志太土人形の創始者
笠成　かさなり
安倍（あべの）笠成　奈良時代の官人
風早禅師　かざはやのぜんじ
風早禅師　平安後期の僧
賀佐麻呂　かさまろ
佐味（さみの）賀佐麻呂　奈良時代の官人
笠麻呂　かさまろ
小長谷部（おはつせべの）笠麻呂　奈良時代の防人
簀秦（すはたの）笠麻呂　平安前期の官人
高松（たかまつの）笠麻呂　奈良時代の官人
笠麿　かさまろ
小長谷部（おはつせべの）笠麿　奈良時代の防人《小長谷部笠麻呂》
賁　かざる
津田（つだ）賁　江戸後期の漢学者
佳山　かさん
中村（なかむら）佳山〔1代〕 ？～1788　江戸中期・後期の俳人
中村（なかむら）佳山〔2代〕 江戸中期・後期の俳人

か

花讃　かさん
花讃　?～1830　江戸後期の俳人
華産　かさん
岫雲亭(しゅううんてい)華産　江戸中期の狂歌作者
禾山　かざん
禾山　江戸後期・末期の俳人
禾山　1837～1917　江戸後期～大正期の臨済宗の僧
華山　かざん
伊東(いとう)華山　1744～1809　江戸中期・後期の漢学者
及川(おいかわ)華山　1728～1788　江戸中期・後期の書家
熊本(くまもと)華山　1714～1752　江戸中期の儒者
霞山　かざん
霞山　1788～1872　江戸後期～明治期の僧
上野(うえの)霞山　1713～1791　江戸中期・後期の漢学者
小川(おがわ)霞山　1806～1868　江戸後期・末期の医師
峨山　がざん
井上(いのうえ)峨山　1786～1831　江戸中期・後期の漢学者
大守(おおもり)峨山　1830～1895　江戸末期・明治期の画家
林(はやし)峨山　1783～1862　江戸中期～末期の神職
山田(やまだ)峨山　江戸後期の画家
峩山　がざん
松井(まつい)峩山　江戸後期の画家
花山院家賢家中納言　かざんいんいえかたけのちゅうなごん
花山院家賢家中納言　南北朝時代の女房・歌人
花紫　かし
玉楼(ぎょくろう)花紫　江戸後期の「梓物語」の著者
賀子　かし　⇔がし
賀子　江戸前期の俳人《斎藤賀子》
梶　かじ
山田(やまだ)梶　1779～1818　江戸後期の婦人
鍛冶　かじ
若神子(わかみこ)鍛冶　戦国時代の甲斐巨摩郡若神子郷在住の村鍛冶
賀子　がし　⇔かし
賀子　江戸前期の俳人
斎藤(さいとう)賀子　江戸前期の俳人
紅葉庵(もみじあん)賀子　江戸中期の俳諧師
橿男　かしお
古木(ふるき)橿男　1842～1880　江戸後期～明治期の人。隠岐騒動の中心人物
梶子　かじこ
梶子　江戸前期・中期の歌人
嘉七　かしち
岡田屋(おかだや)嘉七　江戸後期・末期の書肆
隈田(くまだ)嘉七　1835～1901　江戸末期・明治期の検校
福島屋(ふくしまや)嘉七　江戸末期の商家
嘉七郎　かしちろう
浅井(あさい)嘉七郎　?～1885　江戸後期の寺子屋師匠
正田(しょうだ)嘉七郎　1828～1880　江戸後期～明治期の剣術家。直心影流
鶴見(つるみ)嘉七郎　江戸中期の彫師
梶継　かじつぐ
紀(きの)梶継　平安前期の官人
梶之助　かじのすけ
根来(ねごろ)梶之助　1853～1868　江戸後期・末期の二本松少年隊士
両国(りょうごく)梶之助　?～1708　江戸前期・中期の力士
瓜州　かしゅう
野村(のむら)瓜州　1717～1811　江戸中期・後期の歌人・俳人
佳周　かしゅう
佳周　江戸中期の俳人
可秋　かしゅう
丸山(まるやま)可秋　1840～1906　江戸後期～明治期の俳人
嘉重　かじゅう　⇔よししげ
古曳(こびき)嘉重　江戸後期の陶工
宮崎(みやざき)嘉重　1853～1916　江戸末期～大正期の自由民権運動家
歌十　かじゅう
歌十　江戸前期・中期の俳諧作者
雅修　がしゅう
源(みなもと)雅修　江戸中期の画家
嘉十郎　かじゅうろう
服部(はっとり)嘉十郎　1845～1880　江戸後期～明治期の公益事業家
矢崎(やざき)嘉十郎　1819～1904　江戸後期～明治期の農政家
華儒園　かじゅえん
華儒園　江戸後期の俳人
花叔　かしゅく
春日(かすが)花叔　1774～1824　江戸中期・後期の俳人
可俊　かしゅん
可俊　江戸前期の俳人
可春　かしゅん　⇔よしはる
天野(あまの)可春　1832～1918　江戸後期～大正期の幕臣
可順　かじゅん
谷村(たにむら)可順〔4代〕　?～1893　江戸後期～明治期の茶人
何処　かしょ
何処　?～1731　江戸中期の俳諧作者
可松　かしょう
可松　江戸後期の俳人
可笑　かしょう
青木(あおき)可笑　1825～1881　江戸後期～明治

期の漢学者、詩人
南峯(なんぽう)可笑　江戸後期の画家
夏蕉　かしょう
寺島(てらしま)夏蕉　1777〜1857　江戸後期の俳人
霞梢　かしょう
霞梢　江戸後期の俳人
霞樵　かしょう
角田(つのだ)霞樵　1789〜1849　江戸後期の教育者、俳人
可常　かじょう
可常　江戸前期の俳人
花城　かじょう
三橋(みはし)花城　1749〜1831　江戸中期・後期の俳人
霞城　かじょう
竹中(たけなか)霞城　？〜1869　江戸後期〜明治期の医者
牧江(まきえ)霞城　江戸後期の漢学者
雅松　がしょう
雅松　江戸後期の俳人
林(はやし)雅松　江戸時代の曽於郡国分郷の俳人
賀静　がじょう
賀静　887〜967　平安前期・中期の天台宗の僧
雅静　がじょう
雅静　？〜1005　平安中期の法相宗の僧
華成院　かじょういん
華成院　1815〜1817　江戸後期の徳川家斉の二十四女
夏昌斎　かしょうさい
小川(おがわ)夏昌斎　戦国時代の上野国衆
家職　かしょく
馬場(ばば)家職　1532〜1608　江戸前期の武将
嘉四郎　かしろう
村上(むらかみ)嘉四郎　1814〜1901　江戸後期〜明治期の侠客
柏舎正寿尼　かしわやせいじゅに
柏舎正寿尼　江戸後期の歌人
賀親　がしん
古波蔵(こはぐら)賀親　江戸前期の親雲上
雅真　がしん
雅真　？〜999　平安中期の真言宗の僧、高野山初代検校
一在　かずあき
長尾(ながお)一在　？〜1647　江戸前期の武士
一明　かずあき
猪子(いのこ)一明　1609〜1669　江戸前期の駿府町奉行
角田(つのだ)一明　戦国時代の安房国長狭郡葛崎城(浜荻要害/鴨川市)の城代
土倉(とくら)一明　1698〜1725　江戸中期の武人
一陽　かずあき　⇔いちよう
佐々木(ささき)一陽　1787〜1855　江戸中期〜末期の幕臣・歌人
積章　かずあき
町田(まちだ)積章　江戸後期の和算家
和明　かずあき
前田(まえだ)和明　1802〜？　江戸後期の藩士
画水　がすい
石田(いしだ)画水　江戸時代の俳人
一家　かずいえ　⇔いっけ
長谷川(はせがわ)一家　？〜1628　安土桃山・江戸前期の砲術家
霞水翁　かすいおう
霞水翁　1759〜1791　江戸後期の歌人
数一　かずいち
山中(やまなか)数一　江戸後期の和算家
数右衛門　かずうえもん　⇔かずえもん
本間(ほんま)数右衛門　？〜1757　江戸中期の豪商
一衛　かずえ
花垣(はながき)一衛　江戸後期の国学者・歌人
加守衛　かずえ
武藤(むとう)加守衛　1838〜1894　江戸後期〜明治期の勤王の志士・牧師
主計　かずえ
浅野(あさの)主計　江戸後期の医者
伊東(いとう)主計　1841〜？　江戸後期・末期の新撰組隊士
太田(おおた)主計　江戸後期の医者
奥田(おくだ)主計　江戸前期の硯切方
尾崎(おざき)主計　江戸後期の大住郡大山阿夫利神社祠官
片岡(かたおか)主計　戦国時代の駿河国駿東郡大平郷の土豪
鈴木(すずき)主計　江戸後期の医者
野中(のなか)主計　江戸後期の大住郡三宮村三宮大明神社家
坂西(ばんざい)主計　？〜1575　安土桃山時代の武田氏の家臣
本庄(ほんじょう)主計　？〜1728　江戸前期・中期の久留米藩郡方総裁判
松永(まつなが)主計　江戸末期の新撰組隊士
毛利(もうり)主計　1830〜1873　江戸後期の萩藩奉行
矢島(やじま)主計　1775〜1832　江戸中期・後期の書家・殖産家
主税　かずえ　⇔ちから
石坂(いしざか)主税　江戸後期の高座郡浜ノ郷村鶴嶺八幡宮神主
万衛　かずえ
三浦(みうら)万衛　1830〜1904　江戸後期〜明治期の銀行頭取
主計忠行　かずえただゆき
木村(きむら)主計忠行　？〜1637　江戸前期の前田利長の小姓
主計頭一信　かずえのかみかずのぶ
安部(あべ)主計頭一信　1695〜1771　江戸中期の52代長崎奉行

主計介　かずえのすけ
大原(おおはら)主計介　戦国時代の美作国中央部の在地武士
主計助　かずえのすけ
長南(ちょうなん)主計助　戦国時代の上総長南氏の一族か
富田(とみた)主計助　安土桃山時代の多胡郡石上郷の土豪
主計佑　かずえのすけ
諏方(すわ)主計佑　安土桃山時代の諏訪大社社家衆
数右衛門　かずえもん　⇔かずうえもん
小宮(こみや)数右衛門　江戸後期の橘樹郡今井村名主
中川(なかがわ)数右衛門　江戸前期の砲術家
七森(ななもり)数右衛門　江戸中期の武芸者
福永(ふくなが)数右衛門　1853～1921　江戸末期～大正期の火消「せ組」頭
一雄　かずお　⇔いちゆう
恵藤(えとう)一雄　江戸前期の国学者
尾原(おばら)一雄　1824～1881　江戸後期～明治期の松江藩士、松江藩軍務局大参事
永山(ながやま)一雄　1850～1876　江戸後期～明治期の神職
和雄　かずお　⇔にぎお
香取(かとり)和雄　1684～1737　江戸前期・中期の神職
春日　かすが　⇔はるひ
春日　平安後期の女性。藤原敦良の女。藤原頼定の女按察典侍を生む
山辺(やまべの)春日　?～793　奈良時代の内舎人《山辺春日》
和蔭　かずかげ
加茂(かも)和蔭　江戸後期の鎌倉鶴岡八幡宮の楽人
和兼　かずかね
周布(すふ)和兼　室町時代の周布郷領主
春日皇子　かすがのおうじ　⇔かすがのみこ
春日皇子　飛鳥時代の敏達天皇の皇子
春日王　かすがのおおきみ
春日王　奈良時代の皇族。志貴皇子の子
春日皇子　かすがのみこ　⇔かすがのおうじ
春日皇子　飛鳥時代の敏達天皇の皇子《春日皇子》
一清　かずきよ　⇔いっせい
井坂(いさか)一清　江戸後期の書家
員清　かずきよ
橋本(はしもと)員清　江戸前期の武士
林(はやし)員清　?～1575　戦国・安土桃山時代の織田信長の家臣
和清　かずきよ
中山(なかやま)和清　1765～1829　江戸中期・後期の藩士・兵学者
何助　かすけ
小守(こもり)何助　安土桃山時代の武人
加助　かすけ
池田(いけだ)加助　江戸後期の越中の神代石他蒐集家
嘉介　かすけ
楽只亭(らくしてい)嘉介　江戸後期の陶工
嘉助　かすけ
嘉助　江戸後期の彫師
嘉助　江戸末期の津久井県若柳村の農間諸商い渡世人
河内屋(かわちや)嘉助　江戸末期の書肆
小守(こもり)嘉助　安土桃山時代の武人《小守何助》
鈴木(すずき)嘉助　1848～1925　江戸後期～大正期の漆芸家
前田(まえだ)嘉助　江戸末期の心学者
賀助　かすけ
和田(わだ)賀助　戦国時代の武将。武田家臣
賀介　がすけ　⇔がのすけ
猪子(いのこ)賀介　安土桃山時代の織田信長の家臣
数子　かずこ
藤原(ふじわらの)数子　平安前期の女性。藤原沢子の母
上総　かずさ
八戸(はちのへ)上総　1768～1840　江戸中期・後期の盛岡南部氏の家老
一貞　かずさだ　⇔いってい
宮寺(みやでら)一貞　1791～?　江戸後期の幕臣・和算家
和鼎　かずさだ
成島(なるしま)和鼎　1720～1808　江戸中期・後期の学者
量実　かずさね
小槻(おづき)量実　?～1366　鎌倉後期・南北朝時代の公家・連歌作者
上総侍従　かずさのじじゅう
上総侍従　平安後期の女房・歌人
上総介　かずさのすけ
小場(おば)上総介　戦国時代の佐竹氏の一族
神崎(こうざき)上総介　戦国時代の下総神崎の領主
松田(まつだ)上総介　戦国・安土桃山時代の北条氏・武田氏の家臣
安田(やすだ)上総介　1557～1622　戦国～江戸前期の部将
上総乳母　かずさのめのと
上総乳母　平安中期の女房・歌人
一重　かずしげ
石原(いしはら)一重　1562～1633　安土桃山・江戸前期の幕臣
一成　かずしげ　⇔かずなり
岸本(きしもと)一成　1730～?　江戸中期の幕臣
野口(のぐち)一成　1559～1643　戦国～江戸前期の武将。黒田氏家臣
員成　かずしげ
大宇羽西(おおうはにし)員成　平安後期の人。天喜4年伊佐奈岐宮物忌で、昇殿供奉のついでに御衾を盗み逮捕された
和重　かずしげ　⇔わじゅう
堤(つつみ)和重　1849～1913　江戸末期～大正期

の地方自治功労者《堤和重》

嘉寿女 かずじょ
中島（なかじま）嘉寿女 江戸末期の歌人

和四郎 かずしろう
近藤（こんどう）和四郎 江戸後期の代官

員季 かずすえ
大伴（おおともの）員季 平安中期の武士

一助 かずすけ ⇔いちすけ
板屋（いたや）一助 1716〜1782 江戸中期の考証家、郷土史家

一純 かずすみ
寺尾（てらお）一純 江戸中期の藩士

一孝 かずたか
富田（とみた）一孝 江戸後期の藩士

和高 かずたか
牧野（まきの）和高 江戸前期の藩士

一心 かずただ ⇔いっしん
庄林（しょうばやし）一心 ？〜1631 江戸前期の武将

一忠 かずただ
小島（こじま）一忠 安土桃山時代の武士
高木（たかぎ）一忠 ？〜1757 江戸中期の旗本

一唯 かずただ
山内（やまうち）一唯 1600〜1663 江戸前期の旗本

数高 かずただ
宗岡（むねおかの）数高 平安中期の官人

一胤 かずたね
塩田（しおだ）一胤 江戸中期の和算家

和種 かずたね
上原（うえはら）和種 1813〜1892 江戸後期〜明治期の神職

一為 かずため
金森（かなもり）一為 ？〜1579 戦国・安土桃山時代の織田信長の家臣《金森甚七郎》

和太郎 かずたろう ⇔わたろう
大橋（おおはし）和太郎 1858〜1894 江戸末期・明治期の医者。宇都宮藩士大橋氏良の長子

一承 かずつぐ
塩田（しおた）一承 江戸時代の和算家。著書に『中学算法勿憚鈔』など

数次 かずつぐ
好本（よしもと）数次 1797〜1871 江戸後期〜明治期の和算家

一貫 かずつら ⇔いっかん, ひとつら
黒田（くろだ）一貫 ？〜1698 江戸前期・中期の藩士

数遠 かずとお
紀（きの）数遠 平安中期の官人

一利 かずとし
黒田（くろだ）一利 ？〜1750 江戸中期の藩士
戸田（とだ）一利 1564〜1638 安土桃山・江戸前期の剣術家
野尻（のじり）一利 1590〜1680 江戸前期の武士

一富 かずとみ
清水（しみず）一富 1796〜1864 江戸後期・末期の能書家

一知 かずとも
浦江（うらえ）一知 1834〜1899 江戸後期〜明治期の神官、国学者
堀田（ほった）一知 1784〜1852 江戸中期・後期の幕臣

和直 かずなお
小林（こばやし）和直 1805〜1881 江戸後期〜明治期の和算家、米沢藩士

か

多仲 かずなか ⇔たちゅう
入江（いりえ）多仲 ？〜1722 江戸中期の武士

運寿 かずなが
佐野（さの）運寿 ？〜1744 江戸中期の旗本

量夏 かずなつ
津守（つもり）量夏 南北朝時代の神職・歌人

一成 かずなり ⇔かずしげ
土倉（とくら）一成 1612〜1688 江戸前期の武人

数成 かずなり
布施（ふせの）数成 平安中期の官人

和成 かずなり
山内（やまうち）和成 1610〜1670 江戸前期の土佐藩家老

一信 かずのぶ
恩田（おんだ）一信 江戸前期の歌人
逸見（へんみ）一信 江戸後期の絵師

一誠 かずのぶ ⇔いっせい
黒田（くろだ）一誠 ？〜1787 江戸中期の藩士

一宣 かずのぶ
革島（かわしま）一宣 1509？〜1581 戦国・安土桃山時代の織田信長の家臣

員信 かずのぶ
尾張（おわりの）員信 平安後期の官人
尾張宿禰（おわりのすくね）員信 ？〜1045？ 平安中期の熱田大宮司

数延 かずのぶ
増田（ますだ）数延 江戸後期の和算家

和信 かずのぶ
乾（いぬい）和信 ？〜1585 戦国・安土桃山時代の山内一豊の家臣

弌審 かずのぶ
有沢（ありざわ）弌審 江戸後期の茶道家。不昧流

一則 かずのり
運寿（うんじゅ）一則 1839〜1910 江戸後期〜明治期の刀工

一徳 かずのり ⇔いっとく
岡部（おかべ）一徳 1715〜1791 江戸中期・後期の幕臣

員矩 かずのり
沢田（さわだ）員矩 江戸中期の京都の森謹斎の門人

算則 かずのり
松平（まつだいら）算則 戦国時代の人。岩津松平氏

か

数紀　かずのり
藤原(ふじわらの)数紀　1683～1753　江戸前期・中期の公家

量令　かずのり
村井(むらい)量令　江戸後期の幕臣

一春　かずはる
黒田(くろだ)一春　?～1700　江戸前期・中期の藩士

一彦　かずひこ
甲斐(かい)一彦　江戸末期の神道家

三彦　かずひこ
梅田(うめだ)三彦　江戸後期・末期の歌人

員久　かずひさ
三浦(みうら)員久　戦国時代の今川氏・武田氏の家臣

胤永　かずひさ　⇔たねなが
秋月(あきづき)胤永　1824～1900　江戸後期～明治期の会津藩士《秋月胤永》

量久　かずひさ
森(もり)量久　室町時代の神職

和久　かずひさ
菊地(きくち)和久　1779～1852　江戸後期の伊方八幡神社神主

籌久　かずひさ
松本(まつもと)籌久　?～1857　江戸後期・末期の和算家

一秀　かずひで　⇔かつひで
梶川(かじかわ)一秀　1538～1579　戦国・安土桃山時代の織田信長の家臣

一平　かずひら　⇔いっぺい
佐治(さじ)一平　江戸前期の和算家

一馬　かずま　⇔いちば
岡本(おかもと)一馬　1812～1899　江戸後期～明治期の神官

計馬　かずま
吉羽(よしば)計馬　1817～1863　江戸後期・末期の延岡藩西洋砲術師範

主馬　かずま　⇔しゅめ, とのめ
鈴木(すずき)主馬　?～1569　戦国・安土桃山時代の織田信長の家臣
鈴村(すずむら)主馬　?～1569　安土桃山時代の織田信長の家臣

数馬　かずま
有馬(ありま)数馬　安土桃山時代の武将
伊藤(いとう)数馬　江戸中期・後期の医者
今井(いまい)数馬　1743～1811　江戸中期・後期の西尾藩松平氏の家老職
小田(おだ)数馬　?～1868　江戸後期・末期の新撰組隊士
加納(かのう)数馬　江戸中期の仏師
喜多(きた)数馬　江戸中期のシテ方喜多流能楽師
桜井(さくらい)数馬　?～1868　江戸後期・末期の新撰組隊士
新宮(しんぐう)数馬　江戸後期の大住郡大山阿夫利神社祠官
戸田(とだ)数馬　?～1883　江戸後期～明治期の神職
宮川(みやがわ)数馬　?～1868　江戸後期・末期の新撰組隊士
宮川(みやかわ)数馬　宮川数馬に同じ
渡辺(わたなべ)数馬　江戸前期の豊臣秀頼の家臣

一匡　かずまさ
中村(なかむら)一匡　1774～1821　江戸中期・後期の国学者

一政　かずまさ
秋元(あきもと)一政　戦国時代の直家の子
浅井(あさい)一政　?～1645　江戸前期の浅井長政の一族
川北(かわきた)一政　1558～1627　江戸前期の武士

一正　かずまさ　⇔いっしょう
島(しま)一正　1548～1626　戦国～江戸前期の織田信長の家臣
高田(たかだ)一正　江戸後期の和算家、二本松藩士
長坂(ながさか)一正　1582～1647　江戸前期の旗本

員昌　かずまさ
尾崎(おざき)員昌　江戸末期の和算家

員正　かずまさ
五十嵐(いがらし)員正　江戸末期の和算家
凡河内(おおしこうちの)員正　平安中期の官人

嘉須美　かずみ
堀内(ほりうち)嘉須美　1723～1807　江戸中期・後期の剣道家

一道　かずみち　⇔いちどう
図森(ずもり)一道　江戸時代の和算家

三理　かずみち
斎藤(さいとう)三理　江戸後期・末期の幕臣

数道　かずみち
笠(かさの)数道　平安前期の官人

和光　かずみつ
三室戸(みむろと)和光　1843～?　江戸後期・末期の子爵、神宮大宮司

和三　かずみつ
山内(やまうち)和三　1563～1633　安土桃山・江戸前期の土佐藩家老

和充　かずみつ
宮城(みやぎ)和充　1634～1691　江戸前期・中期の幕臣

一元　かずもと
角田(つのだ)一元　戦国時代の安房国長狭郡葛崎城代
富田(とみた)一元　1696～1767　江戸中期の藩士

員職　かずもと
尾張(おわり)員職　平安後期の熱田大宮司

千本　かずもと
紀(きの)千本　平安前期の紀伊国の人

一守　かずもり
小浦(こうら)一守　?～1615　安土桃山・江戸前期の戦国の武将

賀須夜　かすや
朝来(あさこの)賀須夜　奈良時代の官人

一安　かずやす　⇔いちやす
津田(つだ)一安　?～1576　戦国・安土桃山時代の織田信長の家臣
中野(なかの)一安　1526?～1598　戦国・安土桃山時代の織田信長の家臣

弌悳　かずやす
有沢(ありざわ)弌悳　?～1775　江戸中期の茶道家。不昧流

一之　かずゆき　⇔いっし
鈴木(すずき)一之　1602～1675　江戸前期の旗本
中村(なかむら)一之　1829～?　江戸後期の幕臣

千世　かずよ
紀(きの)千世　奈良時代の官人

一賀　かずよし
山崎(やまさき)一賀　江戸後期の装剣金工

一吉　かずよし　⇔かつよし
横山(よこやま)一吉　?～1604　江戸前期の旗本

一慶　かずよし　⇔いっけい
桑山(くわやま)一慶　1663～1730　江戸前期・中期の幕臣

一好　かずよし
花井(はない)一好　江戸後期の幕府与力

万嘉　かずよし
竹村(たけむら)万嘉　1597～1636　安土桃山・江戸前期の石見銀山奉行

和義　かずよし
伊藤(いとう)和義　1844～1864　江戸後期・末期の藩士
斯波(しば)和義　南北朝時代の武将・歌人

和由　かずよし
平岡(ひらおか)和由　1584～1641　安土桃山・江戸前期の幕臣

和順　かずより
竹中(たけなか)和順　1732～?　江戸中期の藩士

葛城皇子　かずらきのおうじ
葛城皇子　上代の欽明天皇の皇子

葛王　かずらのおおきみ
葛王　奈良・平安前期の女性。三嶋王の王女

縵麿　かずらまろ
大春(おおはるの)縵麿　平安前期の紀伊国那賀郡の保証刀禰

葛山　かずらやま　⇔かつざん
葛山　安土桃山時代の人。武田氏滅亡後、信玄の娘信松尼を頼ってきた人物のひとり

何声　かせい
何声　1708～1768　江戸中期の俳人

夏静　かせい
夏静　1804～1892　江戸後期～明治期の僧侶

家正　かせい　⇔いえまさ
片切(かたぎり)家正　安土桃山・江戸前期の代官

花盛　かせい　⇔はなもり
島田(しまだ)花盛　江戸後期の碁の指導者

鍋盛　かせい
下郷(しもさと)鍋盛　1713～1790　江戸中期・後期の商家、俳人

雅生　がせい
立川(たちかわ)雅生　江戸後期の漢学者

化石　かせき
小野(おの)化石　?～1818　江戸中期・後期の津軽一帯で活躍した俳諧宗匠

花石　かせき
花石　江戸末期の俳人

華石　かせき
赤木(あかぎ)華石　江戸末期の画人
渡辺(わたなべ)華石　1852～1930　江戸後期～昭和期の日本画家

可雪　かせつ
妻屋(つまや)可雪　?～1765　江戸後期の歌人

珂雪　かせつ
珂雪　1745～1814　江戸中期・後期の俳人

歌泉　かせん
安藤(あんどう)歌泉　1836～1889　江戸末期の寺子屋師匠

花仙　かせん
花仙　?～1771　江戸中期の俳人

花千　かせん
花千　?～1771　江戸中期の俳人《花仙》

霞川　かせん
山岡(やまおか)霞川　江戸後期の養蚕家

哥川　かせん
哥川　江戸中期の俳人
豊田屋(とよだや)哥川　江戸中期の俳人

可全　かぜん
大村(おおむら)可全　1635～1689　江戸前期の商人、俳諧作者
津田(つだ)可全　1753～1826　江戸中期の医師

嘉善　かぜん
森(もり)嘉善　1754～1806　江戸中期・後期の医者

果然　かぜん
果然　江戸中期の俳人

我泉　がせん
我泉　1733～1807　江戸中期・後期の俳人

可宗　かそう
大方(おおかた)可宗　江戸後期の俳人

嘉三　かぞう
敦賀屋(つるがや)嘉三　江戸中期・後期の戯作者
日野(ひの)嘉三　1800～1863　江戸後期・末期の教育家

嘉蔵　かぞう
岡本(おかもと)嘉蔵　1828～1889　江戸後期～明治期の篤志家
片桐(かたぎり)嘉蔵　?～1841　江戸後期の宮城郡熊ヶ根村の肝入検断
田子ノ浦(たごのうら)嘉蔵　1764～1808　江戸中期・後期の力士
林(はやし)嘉蔵　1747～1805　江戸中期の小田原藩士

村松（むらまつ）嘉蔵　1845～1909　江戸後期～明治期の茶業振興家

賀蔵　かぞう

今井（いまい）賀蔵　戦国時代の武将。武田家臣

嘉惣治　かそうじ

古里（ふるさと）嘉惣治　1651？～1675　江戸前期の義民

花足　かそく

岩下（いわした）花足　1755～1835　江戸後期の俳人

柯則　かそく

柯則　1728～1802　江戸中期・後期の俳人

可足僧正　かそくそうじょう

可足僧正　1649～1709　江戸前期・中期の僧

可尊　かそん

宝雪庵（ほうせつあん）可尊　1799～1886　江戸後期～明治期の俳人

可村　かそん

石田（いしだ）可村　1852～1920　江戸末期～大正期の数奇者

花邨　かそん

岡田（おかだ）花邨　1814～1862　江戸後期・末期の医者

荷村　かそん

上田（うえだ）荷村　1825～？　江戸後期・末期の能登国珠洲郡折戸村に住んだ十村役

華村　かそん

星野（ほしの）華村　1822～1863　江戸末期の儒学者

華邨　かそん

佐久間（さくま）華邨　江戸後期の漢学者

霞村　かそん

大塩（おおしお）霞村　1785～1837　江戸中期・後期の画家

田口（たぐち）霞村　江戸後期の書家

賢朗　かたあき

建部（たけべ）賢朗　1718～？　江戸中期の幕臣

嘉太夫　かだいう　⇔かだゆう

笹子（ささご）嘉太夫　江戸後期の大住郡大山阿夫利神社祠官

片堅石命　かたいしのみこと

片堅石命　上代の珠流河国造

堅石　かたいわ

粟田（あわたの）堅石　奈良時代の官人

津嶋（つしまの）堅石　飛鳥時代の遣新羅副使

堅石女　かたいわめ

安都（あとの）堅石女　奈良時代の女性。井上内親王の廃后事件で配流

賢兼　かたかね

大庭（おおば）賢兼　1523～？　戦国・安土桃山時代の武将・歌人

賢樹　かたき

小暮（こぐれ）賢樹　1788～1861　江戸後期・末期の国学者・医者

可多子　かたこ

藤原（ふじわらの）可多子　平安前期の女性。春日・大原野神社の斎女

賢子　かたこ

藤原（ふじわらの）賢子　999？～1082　平安中期の女官、歌人

俊賢子　かたこ

小野（おのの）俊賢子　平安前期の官人

確　かたし

景山（かげやま）確　？～1891　江戸末期の武士

堅　かたし　⇔けん

源（みなもと）堅　江戸前期の歌人

賢重　かたしげ

堀江（ほりえ）賢重　室町・戦国時代の武将・連歌作者

堅磐　かたしわ

日鷹（ひたかの）堅磐　上代の「日本書紀」にみえる雄略天皇の使者

良屋　かたすえ

佐原（さわら）良屋　1751～？　江戸中期・後期の幕臣

県隆　かたたか

小浜（おはま）県隆　？～1757　江戸中期の旗本

賢敬　かたたか

山田（やまだ）賢敬　江戸中期の「山田世譜」の校訂者

華達　かたつ

華達　奈良時代の薬師寺の僧

賢朝　かたとも

松田（まつだ）賢朝　室町時代の備前国の武士

賢豊　かたとよ

建部（たけべ）賢豊　1618～1690　江戸前期・中期の幕臣

堅魚　かたな

徳弘（とくひろ）堅魚　1732～1763　江戸中期の歌人

質直　かたなお　⇔ただなお

滝川（たきがわ）質直　1822～1880　江戸後期～明治期の和算家

方業　かたなり

長野（ながの）方業　戦国時代の上野国衆。箕輪長野一族

堅庭　かたにわ

清家（せいけ）堅庭　1814～1877　江戸末期・明治期の伊予の神職

方主　かたぬし

猪熊（いのくま）方主　1803～1877　江戸後期～明治期の神職

片野尼　かたのあま

片野尼　平安中期の歌人

交野女　かたののおんな

交野女　平安中期の歌人

賢信　かたのぶ

狩野（かのう）賢信　1729～1780　江戸中期の画家

賢久 かたひさ
須川(すがわ)賢久 江戸末期・明治期の洋学者
乾弘 かたひろ
千野(せんの)乾弘 1740〜1776 江戸中期の医者・和算家
賢広 かたひろ
小島(こじま)賢広 1586〜1667 安土桃山・江戸前期の幕臣
堅房 かたふさ
松平(まつだいら)堅房 1734〜1773 江戸中期の糸魚川藩5代藩主
堅丸 かたまる
千首楼(せんしゅろう)堅丸 江戸後期の狂歌作者
方麻呂 かたまろ
忌部連(いんべのむらじ)方麻呂 奈良時代の人
三財部毗登(みたからべのひと)方麻呂 奈良時代の備前国の人
方満 かたみつ
沢(さわ)方満 戦国時代の大和宇陀郡の在地領主
賢盛 かたもり
進藤(しんどう)賢盛 安土桃山時代の織田信長の家臣
嘉太夫 かだゆう ⇔かだいう
木村(きむら)嘉太夫 ?〜1728 江戸中期の武士
古河(ふるかわ)嘉太夫 1678〜1764 江戸前期・中期の古河屋初代
形幸 かたゆき
三科(みしな)形幸 戦国時代の武将。武田家臣
賢宜 かたよし
江良(えら)賢宜 戦国時代の陶氏の家臣
佳太郎 かたろう
伊東(いとう)佳太郎 1763〜1845 江戸中期・後期の肝属郡高山郷の郷士年寄
嘉太郎 かたろう
団野(だんの)嘉太郎 江戸中期の石工
華潭 かたん
辻(つじ)華潭 1827〜1888 江戸末期・明治期の官吏
勝臣 かちおみ ⇔かちおむ, かつおみ
藤原(ふじわらの)勝臣 平安前期の公家・歌人《藤原勝臣》
勝臣 かちおむ ⇔かちおみ, かつおみ
藤原(ふじわら)勝臣 平安前期の公家・歌人
可竹 かちく
平田(ひらた)可竹 1665〜1728 江戸前期・中期の藩士・兵法家
花竹 かちく
伊藤(いとう)花竹 1805〜1881 江戸末期の画家
何中 かちゅう
何中 江戸中期の俳人
嘉仲 かちゅう
中島(なかじま)嘉仲 1844〜1924 江戸末期〜大正期の地域功労者
歌鳥 かちょう
歌鳥 1686〜1731 江戸前期・中期の僧、俳人
河鳥 かちょう
都曲園(ときょくえん)河鳥 1778〜1848 江戸中期・後期の狂歌作者
我蝶 がちょう
松崎(まつざき)我蝶 1822〜1891 江戸後期〜明治期の俳人・僧侶
賀朝 がちょう
賀朝 平安前期の天台宗の僧・歌人
久米田(くめだ)賀朝 江戸中期の医師、俳人
雅晁 がちょう
雅晁 1779〜1862 江戸中期〜末期の俳人
瓦長 がちょう
瓦長 江戸中期の俳人
勝 かつ ⇔すぐる, まさる
渡辺(わたなべ)勝 ?〜1619 江戸前期の旗本
一照 かつあき
山内(やまうち)一照 ?〜1620 安土桃山・江戸前期の初代本山城付き家老
克明 かつあき ⇔よしあき
慶徳(けいとく)克明 江戸中期の神職
勝章 かつあき
勢多(せた)勝章 戦国時代の善徳寺の外護者
勝明 かつあき
荻原(おぎわら)勝明 1509〜1581 戦国・安土桃山時代の武田家臣
岸(きし)勝明 1740〜1815 江戸中期・後期の藩士
山内(やまのうち)勝明 1847〜1912 江戸後期〜明治期の幕臣
克章 かつあきら
藤田(ふじた)克章 ?〜1835 江戸後期の医師
勝有 かつあり
北角(きたずみ)勝有 江戸中期の幕臣
克庵 かつあん ⇔こくあん
高橋(たかはし)克庵 江戸後期の漢学者《高橋克庵》
勝夷 かつい ⇔しょうい
衛藤(えとう)勝夷 1790〜1831 江戸後期の細川藩の絵師《衛藤勝夷》
勝家 かついえ
堀田(ほった)勝家 安土桃山時代の織田信長の家臣
明珍(みょうちん)勝家 戦国時代の甲冑師。相模国で活動
毛利式部(もりしきぶ)勝家 1600〜1615 安土桃山・江戸前期の毛利豊前守吉政の嫡男
勝石 かついし ⇔かついわ
道公(みちのきみ)勝石 奈良時代の越前国加賀郡の少領《道公勝石》
勝石 かついわ ⇔かついし
道公(みちのきみ)勝石 奈良時代の越前国加賀郡の少領
勝右衛門 かつえもん ⇔しょうえもん
一木(いちき)勝右衛門 江戸中期の和算家
金屋(かなや)勝右衛門 江戸前期の商人

か

郷(ごう)勝右衛門　1751～1799　江戸中期・後期の弓術家
祖谷村(そたにむら)勝右衛門　江戸前期の十村肝煎役
栃屋(とちや)勝右衛門　江戸末期の木綿買継商人・問屋

勝雄　かつお　⇔かつたけ
大伴(おおともの)勝雄　776～832　奈良・平安前期の官吏
伴(ともの)勝雄　776～831　奈良・平安前期の官人

一翁　かつおい　⇔いちおう
大原(おおはら)一翁　？～1580　戦国・安土桃山時代の長連竜の家臣

勝岡　かつおか
勝岡　平安中期の力士

勝阜　かつおか　⇔かつたか
水谷(みずのや)勝阜　1660～1733　江戸前期・中期の幕臣

勝興　かつおき
岩崎(いわさき)勝興　1814～？　江戸後期・末期の歌人
臼田(うすだ)勝興　安土桃山時代の武田氏の家臣
柴田(しばた)勝興　1612～1682　江戸前期の武士、歌人
福富(ふくとみ)勝興　安土桃山・江戸前期の画家
真野(まの)勝興　1667～1721　江戸前期・中期の代官
山内(やまうち)勝興　1711～1716　江戸中期の窪川土居付き家老

堅魚麻呂　かつおまろ
県犬養(あがたのいぬかいの)堅魚麻呂　奈良時代の官人

勝臣　かつおみ　⇔かちおみ, かちおむ
藤原(ふじわらの)勝臣　平安前期の公家・歌人《藤原勝臣》

学海　がっかい　⇔がくかい
長谷川(はせがわ)学海　1820～1882　江戸末期の漢学者《長谷川学海》

勝景　かつかげ
長江(ながえ)勝景　？～1591　戦国・安土桃山時代の桃生郡西部の深谷保の領主

雄翟　かつかね
吉田(よしだ)雄翟　1587～1658　安土桃山・江戸前期の庄屋

勝強　かつきよ　⇔かつより
戸田(とだ)勝強　1821～1878　江戸後期の旗本

勝清　かつきよ　⇔しょうせい
小田(おだ)勝清　？～1564　安土桃山時代の武将
木村(きむら)勝清　1586～1658　安土桃山・江戸前期の幕臣
黒川(くろかわ)勝清　1780～1856　江戸中期～末期の神職
坂口(さかぐち)勝清　江戸前期の武人
椎崎(しいざき)勝清　戦国時代の上総椎崎城(山武市)の城主

勝国　かつくに
勝国〔1代〕　？～1672　江戸前期の刀工
後藤(ごとう)勝国　？～1498　安土桃山時代の武将

勝都　かつくに
渥美(あつみ)勝都　1789～1853　江戸後期の武士

葛古　かつこ　⇔くずふる
葛古　1793～1880　江戸後期～明治期の俳人

勝子　かつこ
池田(いけだ)勝子　1704～1733　江戸中期の婦人
小津(おづ)勝子　1705～1768　江戸中期の女性。本居宣長の母
古川(ふるかわ)勝子　池田勝子に同じ

勝五郎　かつごろう
勝五郎　江戸中期の三葛村百姓の倅
勝五郎　江戸後期の村役人
緒川(おがわ)勝五郎　？～1855　江戸後期・末期の人。清水次郎長の子分
藤田(ふじた)勝五郎　？～1861　江戸後期・末期の中屋藤田家五代の当主

活斎　かっさい
服部(はっとり)活斎　江戸中期の医者・本草家

葛才　かつさい
葛才　？～1766　江戸中期の俳人

勝左衛門　かつざえもん　⇔しょうざえもん
福本(ふくもと)勝左衛門　江戸後期の三浦郡金谷村名主

勝貞　かつさだ
勝貞　平安後期の出雲の刀匠
勝貞　安土桃山時代の刀工
勝貞　江戸前期の刀工
宮田(みやた)勝貞　？～1729　江戸中期の甲冑師。鐔工宮田家の5代目

勝定　かつさだ
金田一(きんだいち)勝定　1848～1920　江戸後期～大正期の和算家
椎名(しいな)勝定　戦国時代の千葉勝胤・昌胤の家臣
柴田(しばた)勝定　安土桃山時代の織田信長の家臣
坪内(つぼうち)勝定　1516～1609　戦国～江戸前期の織田信長の家臣
平賀(ひらが)勝定　？～1871　江戸末期・明治期の幕臣
松平(まつだいら)勝定　江戸末期の幕臣

勝三郎　かつさぶろう　⇔しょうさぶろう
逸見(いつみ)勝三郎　1830～1868　江戸後期・末期の新撰組隊士
菅野(すがの)勝三郎　江戸後期の藩士
秦(はた)勝三郎　1802～1868　江戸後期・末期の剣術家。三陰流祖
馬場(ばば)勝三郎　江戸後期・末期の幕臣

葛山　かつざん　⇔かずらやま
三浦(みうら)葛山　1794～1854　江戸後期・末期の漢学者、藩士

筈山　かつざん
矢野(やの)筈山　1780～1845　江戸中期・後期の絵師

一二　かつじ
杉岡(すぎおか)一二　1800～1873　江戸後期～明治期の俳人
勝次　かつじ　⇔かつつぐ
野鳥(のとり)勝次　1825～1894　江戸後期～明治期の和算家
勝治　かつじ
赤間(あかま)勝治　1778～1852　江戸中期・後期の剣術家。影山流
西条(さいじょう)勝治　1846～1923　江戸末期～大正期の実業家
勝重　かつしげ
勝重　戦国時代の刀工
勝重　江戸前期の加賀の刀工
牛込(うしごめ)勝重　1550～1615　戦国～江戸前期の北条氏の家臣
駒井(こまい)勝重　?～1656　江戸前期の旗本
柴田(しばた)勝重　?～1503　室町・戦国時代の武士。足利9代将軍義尚家臣。尾張一色城城主
柴田(しばた)勝重　1579～1632　安土桃山・江戸前期の仙川領主
行方(なめかた)勝重　江戸前期の幕府代官
丹羽(にわ)勝重　?～1643　江戸前期の武士
平野(ひらの)勝重　1668～1739　江戸前期・中期の代官
福島(ふくしま)勝重　?～1674　江戸前期の幕臣
堀内(ほりうち)勝重　江戸前期の藩士
水内(みずうち)勝重　1779～1840　江戸後期の歌人
水越(みずこし)勝重　戦国・安土桃山時代の武将
八剣(やつるぎ)勝重　1676～1723　江戸前期・中期の上総国木更津八幡宮の祀職
若山(わかやま)勝重　江戸中期の兵学者・砲術家
勝成　かつしげ　⇔かつなり, しょうせい
飽馬(あきま)勝成　?～1352　南北朝時代の武人
小笠原(おがさわら)勝成　1606～1676　江戸前期の武士
勝繁　かつしげ
鮎川(あゆかわ)勝繁　戦国時代の武田氏の家臣
長坂(ながさか)勝繁　?～1565　安土桃山時代の武田義信の側近
山角(やまかど)勝繁　1673～1730　江戸前期・中期の幕臣
勝茂　かつしげ
駒井(こまい)勝茂　?～1666　江戸前期の旗本
細井(ほそい)勝茂　?～1687　江戸前期の旗本
松平(まつだいら)勝茂　?～1533　戦国時代の武将
雄重　かつしげ
沢井(さわい)雄重　?～1608　安土桃山・江戸前期の織田信長の家臣
勝七　かつしち　⇔しょうしち
安東(あんどう)勝七　?～1656　江戸前期の武士
鶴沢(つるざわ)勝七　江戸末期・明治期の三絃の名手
勝品　かつしな
吉田(よしだ)勝品　1809～1890　江戸末期の和算家・男衾郡勝呂村名主《吉田源兵衛》
勝十郎　かつじゅうろう
大桶(おおおけ)勝十郎　1852～1868　江戸後期・末期の二本松少年隊士
神谷(かみや)勝十郎　1833～1868　江戸末期の旗本
克譲　かつじょう　⇔こくじょう
津久井(つくい)克譲　1808～1870　江戸後期～明治期の医者
勝次郎　かつじろう　⇔しょうじろう
菅屋(すがや)勝次郎　?～1582　戦国・安土桃山時代の織田信長の家臣
勝二郎　かつじろう
岩崎(いわさき)勝二郎　1849～?　江戸後期・末期の新撰組隊士
佐々木(ささき)勝二郎　江戸末期の新撰組隊士?
勝資　かつすけ
庄(しょう)勝資　?～1576　戦国時代の備中国の武将
勝助　かつすけ
安藤(あんどう)勝助　1789～1865　江戸後期・末期の武士、陶工
一甫　かづすけ
猪子(いのこ)一甫　?～1798　江戸後期の書院番
勝澄　かつずみ
木村(きむら)勝澄　1777～?　江戸中期の代官
勝三　かつぞう
木下(きのした)勝三　1848～?　江戸後期・末期の新撰組隊士《木下勝蔵》
中司(なかつか)勝三　?～1902　江戸末期・明治期の大地主
勝蔵　かつぞう
勝蔵　江戸末期の新撰組隊士
伊丹屋(いたみや)勝蔵　1776～1859　江戸中期～末期の藍商
木下(きのした)勝蔵　1848～?　江戸後期・末期の新撰組隊士
小山(こやま)勝蔵　江戸後期の高座郡下溝村番匠
白井(しらい)勝蔵　1831～1897　江戸後期～明治期の永久丸の水主
竹内(たけうち)勝蔵　1832～1889　江戸後期～明治期の生糸商
辻(つじ)勝蔵　1847～1929　江戸後期～昭和期の陶工
勝造　かつぞう
青木(あおき)勝造　?～1905　江戸末期・明治期の厚木商人
後藤(ごとう)勝造　1848～1915　江戸末期～大正期の観光産業の開拓者
中村(なかむら)勝造　1843～1895　江戸末期・明治期の剣術家
三尾母(みおも)勝造　1826～1890　江戸後期～明治期の下毛郡三尾母村・小友田村庄屋
勝太　かつた　⇔しょうた
田島(たじま)勝太　安土桃山時代の金森家臣
渡辺(わたなべ)勝太　1830～1883　江戸後期～明

治期の篤志家
勝孝　かつたか
山路(やまじ)勝孝　江戸後期の回船問屋
勝皐　かつたか　⇔かつおか
井深(いぶか)勝皐　1696〜1768　江戸中期の和算家
勝隆　かつたか
伊賀(いが)勝隆　室町〜安土桃山時代の武将
遂高　かつたか
坂上(さかのうえの)遂高　?〜940　平安前期・中期の平将門の与党
勝武　かつたけ
戸田(とだ)勝武　1650〜1724　江戸前期・中期の藩士
勝雄　かつたけ　⇔かつお
溝口(みぞぐち)勝雄　1772〜1828　江戸中期・後期の幕臣
勝忠　かつただ
藤井(ふじい)勝忠　?〜1695　江戸中期の幕臣
山下(やました)勝忠　江戸前期の旗本
勝胤　かつたね
椎名(しいな)勝胤　戦国時代の武将
白井(しらい)勝胤　安土桃山時代の織田信長の家臣《白井民部少輔》
勝為　かつため
細井(ほそい)勝為　1696〜1759　江戸中期の幕臣
克太郎　かつたろう
時尾(ときお)克太郎　1817〜1862　江戸後期・末期の宗教家。黒住宗忠七高弟の1人
勝太郎　かつたろう
加々爪(かがづめ)勝太郎　?〜1868　江戸末期の新撰組隊士
国富(くにとみ)勝太郎　1846〜1889　江戸後期〜明治期の大工
守屋(もりや)勝太郎　1819〜1884　江戸末期の庄屋役
山田(やまだ)勝太郎　1857〜1912　江戸末期・明治期の公益家
勝親　かつちか
大輪(おおのわ)勝親　戦国時代の武将。武田家臣
大和(おわ)勝親　戦国時代の信濃国諏訪郡大和郷の土豪
武田(たけだ)勝親　1581〜1683　安土桃山・江戸前期の武田氏の家臣
松平(まつだいら)勝親　戦国時代の日野家領近江国菅浦・大浦両庄の代官
勝茲　かつちか
佐久間(さくま)勝茲　1669〜1691　江戸前期・中期の大名
勝千代　かつちよ
穴山(あなやま)勝千代　1572〜1587　安土桃山時代の武士。穴山家の嫡男
武田(たけだ)勝千代　穴山勝千代に同じ
勝継　かつつぐ
日佐(おさの)勝継　平安前期の官人
勝次　かつつぐ　⇔かつじ
友山(ともやま)勝次　江戸末期の代官
中川(なかがわ)勝次　?〜1694　江戸前期・中期の彫工
勝綱　かつつな
葉山(はやま)勝綱　?〜1627　江戸前期の旗本
勝連　かつつら
赤井(あかい)勝連　戦国・安土桃山時代の武士
且昭　かつてる
片桐(かたぎり)且昭　?〜1688　江戸前期の武士
勝英　かつてる
戸田(とだ)勝英　1766〜?　江戸中期・後期の鷹匠頭
勝輝　かつてる
太田(おおた)勝輝　?〜1700　江戸中期の代官
勝照　かつてる
朝比奈(あさひな)勝照　?〜1640　江戸前期の旗本
真野(まの)勝照　1715〜1781　江戸中期の代官
活堂　かつどう
今村(いまむら)活堂　?〜1861　江戸後期・末期の漢詩人
活道　かつどう
渡辺(わたなべ)活道　江戸後期の医者
活東子　かっとうし
岩本(いわもと)活東子　1841〜1916　江戸後期〜明治期の書肆
勝言　かつとき
姉小路(あねがこうじ)勝言　室町時代の飛騨国司
勝時　かつとき
木村(きむら)勝時　1816〜?　江戸後期の代官
都筑(つづき)勝時　?〜1600　江戸前期の旗本
中山(なかやま)勝時　?〜1582　戦国・安土桃山時代の織田信長の家臣
水谷(みずのや)勝時　1663〜1714　江戸前期の武士
勝才　かつとし
辻(つじ)勝才　?〜1730　江戸中期の藩士・漢学者
勝俊　かつとし
藤丸(ふじまる)勝俊　?〜1582　戦国・安土桃山時代の武士。上杉氏家臣
勝隼　かつとし
野沢(のざわ)勝隼　江戸後期の藩士・兵法家
勝利　かつとし
神代(くましろ)勝利　1511〜1565　戦国・安土桃山時代の武将
齋藤(さいとう)勝利　?〜1860　江戸末期の津軽藩藩士
菅沼(すがぬま)勝利　?〜1630　江戸前期の旗本
勝宝　かつとみ
安倍(あべ)勝宝　?〜1582　戦国・安土桃山時代の加賀守
勝徵　かつとも
秋田(あきた)勝徵　江戸中期の藩士
勝友　かつとも
佐久間(さくま)勝友　1616〜1642　江戸前期の

大名
角田(つのだ)勝友　1775〜1839　江戸中期・後期の小諸藩の藩学明倫堂の創立功労者

勝豊　かつとよ
佐久間(さくま)勝豊　1635〜1685　江戸前期の大名

勝尚　かつなお
関(せき)勝尚　1756〜？　江戸中期の幕臣

勝直　かつなお
榊原(さかきばら)勝直　？〜1699　江戸前期の旗本
豊島(としま)勝直　？〜1662　江戸前期の代官
禰津(ねつ)勝直　戦国時代の武将
松波(まつなみ)勝直　？〜1607　江戸前期の旗本
水野(みずの)勝直　1649〜1706　江戸前期・中期の幕臣
山角(やまかど)勝直　？〜1701　江戸前期の旗本
余語(よご)勝直　安土桃山時代の織田信長の家臣

勝永　かつなが
勝永　戦国時代の出雲の刀匠

勝長　かつなが
大岩(おおいわ)勝長　1796〜1865　江戸後期・末期の藩士
曽根(そね)勝長　戦国時代の甲斐武田晴信の家臣
内記(ないき)勝長　安土桃山時代の奉行人
細井(ほそい)勝長　？〜1732　江戸中期の旗本
前野(まえの)勝長　？〜1585　戦国・安土桃山時代の織田信長の家臣
松平(まつだいら)勝長　1737〜1811　江戸中期・後期の武士
水野(みずの)勝長　？〜1666　江戸前期の旗本
山角(やまかど)勝長　？〜1614　江戸前期の大住郡酒井村領主
山添(やまぞえ)勝長　江戸後期の国学者

勝命　かつなが
柴田(しばた)勝命　1686〜1756　江戸前期・中期の武士、勘定

克成　かつなり
田村(たむら)克成　江戸後期の藩士

勝成　かつなり　⇔かつしげ, しょうせい
飯高(いいだか)勝成　1655〜1715　江戸前期・中期の幕臣
久保田(くぼた)勝成　？〜1648　安土桃山時代の武士
杉浦(すぎうら)勝成　？〜1688　江戸前期の幕臣
松木(まつき)勝成　？〜1680　江戸前期の代官、勘定奉行
牟礼(むれい)勝成　？〜1635　江戸前期の旗本
茂市(もいち)勝成　1674？〜1730　江戸中期の人。宮古代官所に出仕

勝生　かつなり
由比(ゆい)勝生　1636〜1719　江戸前期・中期の藩士

勝也　かつなり
成瀬(なるせ)勝也　？〜1670　江戸前期の旗本

葛尼　かつに
油屋(あぶらや)葛尼　江戸後期の俳人

勝之丞　かつのじょう
吉田(よしだ)勝之丞　1813〜1868　江戸後期・末期の剣術家。柳剛流

勝之進　かつのしん
天海(あまみ)勝之進　江戸末期の新撰組隊士《天海勝之助》
石井(いしい)勝之進　？〜1850　江戸後期の幕臣
梅戸(うめど)勝之進　江戸末期の新撰組隊士
加々爪(かがつめ)勝之進　？〜1868　江戸後期・末期の新撰組隊士
久徳(きゅうとく)勝之進　江戸中期の武道家
木幡(こばた)勝之進　江戸末期の新撰組隊士
木幡(こわた)勝之進　木幡勝之進に同じ
福田(ふくだ)勝之進　1843〜？　江戸後期・末期の新撰組隊士
藤田(ふじた)勝之進　1831〜1868　江戸後期・末期の商人

勝之介　かつのすけ
池田(いけだ)勝之介　安土桃山時代の織田信長の家臣

勝之助　かつのすけ
天海(あまみ)勝之助　江戸末期の新撰組隊士
岩本(いわもと)勝之助　？〜1877　江戸後期〜明治期の海軍軍人。1868年留学のためイギリスに渡る
木村(きむら)勝之助　天海勝之助に同じ

克信　かつのぶ
狩野(かのう)克信　？〜1777　江戸中期の画家《狩野洞寿》

勝延　かつのぶ　⇔しょうえん
上杉(うえすぎ)勝延　江戸前期の人。上杉綱憲の五男

勝信　かつのぶ
石田(いしだ)勝信　江戸末期の文人。「天賜御文具由緒書之写」を著す
伊丹(いたみ)勝信　？〜1642　江戸前期の旗本
稲葉(いなば)勝信　？〜1730　江戸中期の幕臣
近藤(こんどう)勝信　江戸中期の絵師
成田(なりた)勝信　1667〜1731　江戸中期の江戸城火の番
梅祐軒(ばいゆうけん)勝信　江戸中期の画家
溝口(みぞぐち)勝信　江戸後期の和算家
藪(やぶ)勝信　1671〜1721　江戸中期の武士、幕臣

克徳　かつのり
益田(ますだ)克徳　1852〜1903　江戸後期〜明治期の実業家

勝義　かつのり　⇔かつよし, しょうぎ
水野(みずの)勝義　江戸中期の武芸家

勝教　かつのり　⇔しょうきょう
木村(きむら)勝教　江戸後期・末期の幕臣、関東郡代、勘定奉行《木村勝教》

勝伯　かつのり
杉山(すぎやま)勝伯　江戸後期の国学者

葛陂　かっぱ　⇔かつは
菊谷(きくたに)葛陂　江戸後期の画家

か

葛陂　かつは　⇔かっぱ
山口（やまぐち）葛陂　江戸後期の漢詩人
勝春　かつはる
湯川（ゆかわ）勝春　1572～1632　安土桃山・江戸前期の戦国末の士豪・浅野家臣
克久　かつひさ
桑村（くわむら）克久　1694～？　江戸中期の装剣金工
勝久　かつひさ
粟屋（あわや）勝久　安土桃山時代の織田信長の家臣
神前（こうざき）勝久　1578～1652　安土桃山・江戸前期の浅野代官・頼宣代官
細川（ほそかわ）勝久　安土桃山時代の武将
松平（まつだいら）勝久　江戸後期・末期の幕臣
村山（むらやま）勝久　戦国時代の武田氏の家臣
牟礼（むれ）勝久　1636～1708　江戸前期・中期の幕臣
山内（やまうち）勝久　1581～1652　安土桃山・江戸前期の窪川城付き家老
一秀　かつひで　⇔かずひで
池田（いけだ）一秀　1773～1841　江戸中期・後期の刀工
勝栄　かつひで　⇔かつよし
小林（こばやし）勝栄　1793～1873　江戸末期の算学者
勝秀　かつひで
山屋（やまや）勝秀　？～1763　江戸中期の藩士
勝平　かつひら
尾関（おぜき）勝平　安土桃山・江戸前期の織田信長の家臣
克寛　かつひろ
大野木（おおのぎ）克寛　1699～1754　江戸中期の藩士
久野（くの）克寛　江戸後期の古銭学者
勝広　かつひろ
勝広　1798～1855　江戸後期・末期の刀工
香川（かがわ）勝広　1853～1917　江戸後期～大正期の彫金家
北条（きたじょう）勝広　戦国時代の上野国衆
勝房　かつふさ
加津野（かずの）勝房　戦国時代の武田氏の家臣
柴田（しばた）勝房　1751～1806　江戸中期・後期の幕臣
高井（たかい）勝房　1794～1865　江戸後期・末期の神職
田上（たがみ）勝房　江戸前期の馬術家
武田（たけだ）勝房　戦国時代の上総国の真里谷武田氏一族
戸田（とだ）勝房　1665～1722　江戸前期・中期の幕臣
三輪（みわ）勝房　？～1348　鎌倉後期・南北朝時代の大神神社の大神主
勝文　かつふみ
磯部（いそべ）勝文　1629～1693　江戸前期・中期の久留米藩士
勝兵衛　かつべえ　⇔しょうべえ
小足（おたり）勝兵衛　？～1637　安土桃山・江戸前期の浅野家臣
北沢（きたざわ）勝兵衛　1793～1869　江戸後期～明治期の心学者
榊原（さかきばら）勝兵衛　1840～？　江戸後期～明治期の船員
勝馬　かつま
蔭山（かげやま）勝馬　1766～1837　江戸中期・後期の藩士
克正　かつまさ
中村（なかむら）克正　1679～1751　江戸前期・中期の藩士
勝昌　かつまさ　⇔しょうしょう
白井（しらい）勝昌　？～1714　江戸前期の旗本
福田（ふくだ）勝昌　安土桃山時代の武将
勝政　かつまさ
木村（きむら）勝政　1674～1748　江戸前期・中期の兵法家
後藤（ごとう）勝政　？～1535　安土桃山時代の武将
杉田（すぎた）勝政　1622～1660　江戸前期の代官
野村（のむら）勝政　戦国時代の武田氏の家臣
土方（ひじかた）勝政　1773～？　江戸中期の幕臣
藤林（ふじばやし）勝政　1579～1626　安土桃山・江戸前期の幕臣
前場（まえば）勝政　？～1644　江戸前期の旗本
松田（まつだ）勝政　1590～1653　安土桃山・江戸前期の幕臣
松平（まつだいら）勝政　1573～1635　安土桃山・江戸前期の武将、旗本
的場（まとば）勝政　？～1699　江戸前期の武士
溝口（みぞくち）勝政　？～1575　戦国・安土桃山時代の武将
渡辺（わたなべ）勝政　江戸中期の陶工
勝正　かつまさ
駒井（こまい）勝正　1543～1595　江戸前期の旗本
土屋（つちや）勝正　？～1644　江戸前期の幕臣
豊島（としま）勝正　江戸前期の代官
中川（なかがわ）勝正　？～1819　江戸中期・後期の彫工
林（はやし）勝正　？～1650　江戸前期の幕臣
克復　かつまた
今井（いまい）克復　1820～1911　江戸後期～明治期の歌人
勝全　かつまた
戸祭（とまつり）勝全　1707～1769　江戸中期の武士、兵法家
勝麻呂　かつまろ
吉弥侯部（きみこべの）勝麻呂　平安前期の俘囚
かつみ
藤原（ふじわら）かつみ　平安中期の女房・歌人
克己　かつみ
辻（つじ）克己　1806～1869　江戸後期～明治期の庄内藩付家老
中山（なかやま）克己　1846～1913　江戸末期～大正期の教育者

克巳　かつみ
岡田(おかだ)克巳　江戸末期の新撰組隊士
勝海　かつみ　⇔しょうかい
神崎(かんざき)勝海　1841～?　江戸後期・末期の神職
勝看　かつみ
土倉(とくら)勝看　1572～1637　江戸前期の武人
勝道　かつみち　⇔しょうどう
勝道　安土桃山時代の刀工
勝富　かつみち
水谷(みずのや)勝富　1715～1791　江戸中期・後期の幕臣
勝峯　かつみね
久保(くぼ)勝峯　1726～1788　江戸中期・後期の代官
長谷川(はせがわ)勝峯　1663～1703　江戸前期・中期の代官
葛民　かつみん
日野(ひの)葛民　?～1856　江戸後期の医者
勝宗　かつむね
朝岡(あさおか)勝宗　1605～1655　江戸前期の代官
勝基　かつもと
後藤(ごとう)勝基　1538～1579　戦国・安土桃山時代の武将
西川(にしかわ)勝基　江戸前期の和算家
勝元　かつもと
太田(おおた)勝元　江戸中期の八丁味噌太田屋の当主
後藤(ごとう)勝元　戦国時代の上杉氏の家臣
長尾(ながお)勝元　江戸後期の藩士
真野(まの)勝元　1742～1789　江戸中期・後期の代官
勝務　かつもと
細井(ほそい)勝務　?～1713　江戸中期の旗本
勝守　かつもり
柴田(しばた)勝守　江戸末期の武士
勝盛　かつもり
大島(おおしま)勝盛　江戸前期の足柄上郡井ノ口村民
上林(かんばやし)勝盛　1594～1656　安土桃山・江戸前期の山城国宇治郷代官、製茶業
国分(こくぶ)勝盛　戦国時代の武将。朝胤の子
堀尾(ほりお)勝盛　安土桃山時代の織田信長の家臣
山田(やまだ)勝盛　1538～1574　戦国・安土桃山時代の織田信長の家臣
余語(よご)勝盛　安土桃山時代の織田信長の家臣《余語勝直》
活文　かつもん
活文　1775～1845　江戸中期・後期の学僧
勝安　かつやす
松波(まつなみ)勝安　1581～1645　安土桃山・江戸前期の代官
勝易　かつやす
松平(まつだいら)勝易　1623～1680　江戸前期の旗本。駿府城代
勝康　かつやす
阿川(あがわ)勝康　1456～?　室町・戦国時代の武将、連歌作者
勝泰　かつやす
那古屋(なごや)勝泰　安土桃山時代の織田信長の家臣《那古屋弥五郎》
勝寧　かつやす
大津(おおつ)勝寧　?～1718　江戸中期の旗本
勝山　かつやま　⇔しょうざん
勝山　1754～1836　江戸中期・後期の女性
堀尾(ほりお)勝山　?～1608　安土桃山・江戸前期の女性。堀尾金助・忠氏の姉
克征　かつゆき
大野木(おおのぎ)克征　江戸末期の藩士
克之　かつゆき
長崎(ながさき)克之　江戸中期の商人
勝行　かつゆき
稲葉(いなば)勝行　1656～1697　江戸前期・中期の幕臣、代官
井上(いのうえ)勝行　1807～1893　江戸後期～明治期の長州藩士
根本(ねもと)勝行　戦国時代の鋳物師。佐竹氏の家臣
勝之　かつゆき
渥美(あつみ)勝之　?～1709　江戸中期の西条藩家臣
木村(きむら)勝之　1730～1799　江戸中期・後期の代官
勝世　かつよ
花形(はながた)勝世　?～1685　江戸前期の幕臣、代官
一吉　かつよし　⇔かずよし
山内(やまうち)一吉　1550～1604　戦国～江戸前期の戦国武将。初代窪川城付き家老
勝栄　かつよし　⇔かつひで
関(せき)勝栄　1691～1744　江戸中期の代官
勝佳　かつよし
金子(かねこ)勝佳　江戸後期の鎌倉鶴岡八幡宮社人
勝義　かつよし　⇔かつのり, しょうぎ
大石(おおいし)勝義　江戸後期の鎌倉鶴岡八幡宮伶人
百済(くだらの)勝義　779～855　平安前期の公卿
勝吉　かつよし
大嶋(おおしま)勝吉　戦国時代の下総結城氏の家臣
後藤(ごとう)勝吉　安土桃山時代の武士
酒井(さかい)勝吉　?～1684　江戸前期の武士
宝生(ほうしょう)勝吉　1558～1630　戦国～江戸前期の能役者シテ方
本郷(ほんごう)勝吉　1597～1655　安土桃山・江戸前期の幕臣
前原(まえはら)勝吉　江戸前期の神職
的場(まとば)勝吉　江戸前期の武士
勝善　かつよし
和田(わだ)勝善　1779～1842　江戸中期・後期の

代官

勝能　かつよし

水谷（みずのや）勝能　1626～1680　江戸前期の旗本・小坂部水谷氏初代当主

勝美　かつよし

的場（まとば）勝美　1798～1877　江戸後期～明治期の藩士・国学者

勝彦　かつよし

水野（みずの）勝彦　1686～1740　江戸前期・中期の幕臣

勝芳　かつよし

松村（まつむら）勝芳　1741～1817　江戸中期・後期の剣術家・俳人

勝由　かつよし

伊与田（いよだ）勝由　江戸後期の香道家

小谷（こたに）勝由　1685～1760　江戸中期の弓術家

佐野（さの）勝由　？～1710　江戸中期の旗本

藤沼（ふじぬま）勝由　1640～1708　江戸前期・中期の幕臣

勝令　かつよし

松波（まつなみ）勝令　1625～1706　江戸前期・中期の但馬国生野代官

雄吉　かつよし

前野（まえの）雄吉　1526～1601　戦国・安土桃山時代の武将

勝因　かつより

加藤（かとう）勝因　江戸時代の和算家

勝強　かつより　⇔かつきよ

桜井（さくらい）勝強　1745～1828　江戸中期・後期の幕臣

勝頼　かつより

角田（つのだ）勝頼　安土桃山時代の織田信長の家臣

勝良　かつら

玉木（たまき）勝良　1790～1841　江戸後期の歌人

葛城王　かつらぎおう

葛城王　飛鳥時代の敏達天皇の皇子

葛城王　飛鳥時代の人。母は佐富女王

葛木麻呂　かつらぎまろ

坂合部（さかいべの）葛木麻呂　奈良時代の官人

葛路　かつろ

葛路　江戸後期の俳人

可亭　かてい

可亭　江戸後期の歌人

黒木（くろき）可亭　1768～1820　江戸中期・後期の眼科医

真野（まの）可亭　江戸後期の国学者

可庭　かてい

可庭　江戸後期の俳人

稼亭　かてい

羽仁（はに）稼亭　？～1865　江戸後期・末期の美祢郡大田村在郷武士

林（はやし）稼亭　1824～1905　江戸後期～明治期の文芸家

華亭　かてい

五十嵐（いがらし）華亭　1780～1850　江戸中期・後期の画家

霞亭　かてい

室田（むろた）霞亭　江戸後期の医者

吉成（よしなり）霞亭　1807～1869　江戸後期～明治期の画家

柯亭　かてい

海野（うんの）柯亭　江戸後期の画家

柯庭　かてい

中瀬（なかせ）柯庭　1688～1768　江戸前期・中期の武士

葭亭　かてい

吉成（よしなり）葭亭　1807～1869　江戸後期～明治期の画家《吉成霞亭》

可笛　かてき

太田（おおた）可笛　1752～1815　江戸中期・後期の俳人

柯笛　かてき

武田（たけだ）柯笛　1802～1868　江戸後期・末期の画家

花天　かてん

花天　1693～1721　江戸中期の俳諧作者。森本氏

可伝　かでん

芳賀（はが）可伝　1854～1879　江戸末期・明治期の人。郵便制度創業期の功労者

下田翁　かでんおう

蘆沢（あしざわ）下田翁　江戸時代の漢学者

嘉伝太　かでんた

塚村（つかむら）嘉伝太　1742～1799　江戸中期・後期の里正・県吏・歌人

佳棠　かとう

佳棠　江戸中期・後期の俳諧作者

可董　かとう

蓑内（みのうち）可董　？～1803　江戸中期・後期の俳人

可透　かとう

可透　1682～1734　江戸前期・中期の天台宗の僧

花陶　かとう

花陶　江戸後期の俳人

荷豆　かとう

荷豆　江戸後期の俳人

賀藤　かとう

賀藤　戦国時代の宮前下町奉行・問屋

可堂　かどう

井上（いのうえ）可堂　1802～1840　江戸末期の篆刻家

可道　かどう

宇井（うい）可道　1837～1922　江戸末期～大正期の歌人

稼堂　かどう

依田（よだ）稼堂　1849～1914　江戸末期～大正期の漢学者

花堂　かどう
大津寄(おおつき)花堂　1806～1882　江戸末期の村吏
松尾(まつお)花堂　江戸後期の絵師
華堂　かどう
上田(うえだ)華堂　江戸後期の画家
過道　かどう
得月庵(とくげつあん)過道　江戸末期・明治期の僧、華道家
霞堂　かどう
武内(たけうち)霞堂　1792～1828　江戸後期の漢学者
霞洞　かどう
市川(いちかわ)霞洞　1815～1890　江戸後期～明治期の漢学者
葭堂　かどう
葭堂　江戸末期の俳人
蝸堂　かどう
松永(まつなが)蝸堂　1838～1919　江戸後期～大正期の俳人・連句作者
嘉藤治　かとうじ
有賀(ありが)嘉藤治　?～1820　江戸中期・後期の剣術家。林崎夢想流
熊谷(くまがい)嘉藤治　1774～1849　江戸中期・後期の馬産振興者
廉子　かとこ　⇔やすこ, れんし
藤原(ふじわらの)廉子　1301～1359　鎌倉後期・南北朝時代の女性。後醍醐天皇の准后
門太郎　かどたろう
富沢(とみざわ)門太郎　?～1743　江戸中期の歌舞伎役者
門継　かどつぐ
穴太(あのうの)門継　平安前期の官人
清峯(きよみねの)門継　782～855　奈良・平安前期の官吏
門成　かどなり
紀(きの)門成　平安前期の官人
丹墀(たじひの)門成　?～853　平安中期の官人
角丸　かどまる
吉田(よしだ)角丸　江戸中期の浄瑠璃作者
門守　かどもり
紀(きの)門守　奈良時代の官人
廉之　かどゆき　⇔きよし
小寺(こでら)廉之　1782～1849　江戸後期の漢学者
鹿取　かとり
浅野朝臣(あさのあそん)鹿取　774～843　奈良・平安前期の上野介、左近衛少将、内蔵頭
花遁　かとん
松永(まつなが)花遁　1782～1848　江戸中期・後期の商家・漢詩人
かな
加藤(かとう)かな　1853～1913　江戸末期～大正期の節婦
加那　かな
大浜(おおはま)加那　1845～1896　江戸後期～明治期の八重山大浜間切登野城の平民
嘉内　かない
接待(せったい)嘉内　江戸時代の八戸藩士
鼎　かなえ　⇔てい
石郷岡(いしごうおか)鼎　江戸時代の洋学者
喜多村(きたむら)鼎　江戸後期の医者
森(もり)鼎　1791～1850　江戸後期の藩士・漢学者
金岡　かなおか
笠(かさ)金岡　平安前期の歌人
金木　かなき　⇔かなぎ
山本(やまもと)金木　1826～?　江戸後期の『雲見神社参詣記』の著者
金木　かなぎ　⇔かなき
山本(やまもと)金木　1826～1906　江戸末期・明治期の神職
嘉奈子　かなこ
中川(なかがわ)嘉奈子　江戸後期の歌人
金太理　かなたり
神宅臣(みやけのおみ)金太理　奈良時代の秋鹿郡の人
兼継　かなつぐ　⇔かねつぐ
卜部(うらべの)兼継　平安後期の神祇官人
要人　かなと　⇔かなめ, ようじん
黒田(くろだ)要人　江戸後期の武士
加那刀自　かなとじ
他田君(おさだのきみ)加那刀自　奈良時代の下賛郷高田里の人。金井沢碑を建立
要　かなめ
角田(かくた)要　1834～?　江戸後期～明治期の壬生藩士
渡辺(わたなべ)要　1855～1920　江戸末期～大正期の畜牛改良功労者
要人　かなめ　⇔かなと, ようじん
池田(いけだ)要人　1709～1787　江戸中期の藩士
鹿目介　かなめのすけ
宮崎(みやざき)鹿目介　?～1576　戦国・安土桃山時代の織田信長の家臣
要盛　かなもり
小倉(おぐら)要盛　江戸前期の浅井家・豊臣秀頼の家臣
金弓　かなゆみ
大宅(おおやけの)金弓　飛鳥時代の官人
玉造(たまつくりの)金弓　奈良時代の官人
可成　かなり
加藤(かとう)可成　1839～1911　江戸後期～明治期の板垣退助の断金隊に加わり会津戦争に参加
可也　かなり
馬来(まき)可也　1829～1892　江戸後期～明治期の美祢郡嘉万村在郷武士
蟹子丸　かにこまる
文々舎(ぶんぶんしゃ)蟹子丸　江戸後期の狂歌師
文々舎(ぶんぶんしゃ)蟹子丸〔2代〕　江戸後期の狂歌師

蟹丸　かにまる
蘆原(あしはら)蟹丸　江戸中期・後期の狂歌作者
金盛豊見親　かにむりとぅゆみや
仲屋(なかや)金盛豊見親　戦国・安土桃山時代の宮古島の主長
蟹守　かにもり
五味(ごみ)蟹守　1735～1836　江戸中期・後期の俳人
可入　かにゅう
神戸(かんべ)可入　江戸前期の俳人
我入　がにゅう
入我亭(にゅうがてい)我入　江戸中期の浄瑠璃作者・歌舞伎作者
香沼姫　かぬまひめ
香沼姫　?～1617　江戸前期の女性。堀越六郎の娘
兼　かね
兼　?～1696　江戸前期の女性。金森重頼の娘で備中足守領主・木下淡路守利貞の妻
兼章　かねあき
卜部(うらべ)兼章　1677～1709　江戸前期・中期の神職
吉田(よしだ)兼章　卜部兼章に同じ
兼紹　かねあき
兼紹　江戸後期の刀工
兼明　かねあき
高天神(たかてんじん)兼明　室町時代の刀工
厳昭　かねあき
角倉(すみのくら)厳昭　?～1645　江戸前期の嵯峨角倉家の祖
包髙　かねあき　⇔かねたか
蔭山(かげやま)包髙　1682～1751　江戸前期・中期の出羽国尾花沢代官
兼篤　かねあつ
肝付(きもつき)兼篤　戦国時代の薩摩国給黎郡領主
兼敦　かねあつ
漆原(うるしはら)兼敦　鎌倉時代の御家人
兼有　かねあり　⇔けんゆう
漆原(うるしはら)兼有　鎌倉時代の御家人
穎娃(えい)兼有　?～1571　戦国・安土桃山時代の武士
兼家　かねいえ
井尻(いじり)兼家　南北朝時代の大家西郷地頭
鳥越(とりごえ)兼家　南北朝時代の鳥居郷鳥越村地頭
兼氏　かねうじ
兼氏　鎌倉後期・南北朝時代の美濃の刀工
周布(すふ)兼氏　南北朝時代の周布郷地頭
源(みなもと)兼氏　鎌倉時代の公家・歌人
兼翁　かねおう
八馬(はちうま)兼翁　1839～1918　江戸末期～大正期の海運功労者《八馬兼介》
兼丘　かねおか
伊集院(いじゅういん)兼丘　?～1774　江戸中期の藩士・歌人
兼起　かねおき
卜部(うらべ)兼起　1618～1657　江戸前期の神職
吉田(よしだ)兼起　卜部兼起に同じ
兼興　かねおき　⇔かねき
姉帯(あねたい)兼興　?～1591　戦国時代の姉帯城城主
大中臣(おおなかとみの)兼興　972～1047　平安中期の祭主(32代)。父は一門の春日宮神主理平《大中臣兼輿》
兼屋　かねおく
肝付(きもつき)兼屋　江戸前期の薩摩国給黎郡喜入郷の領主
兼景　かねかげ
安倍(あべの)兼景　平安後期の官人
兼員　かねかず
永安(ながやす)兼員　鎌倉後期の永安別符地頭
金方　かねかた
大宅(おおやけの)金方　平安中期の大和国添上郡の郡老
清原(きよはらの)金方　平安後期の官人
兼賢　かねかた
穎娃(えい)兼賢　1531～1569　戦国・安土桃山時代の武将
兼方　かねかた
秦(はた)兼方　1036～?　平安中期・後期の官人、歌人
益田(ますだ)兼方　南北朝時代の石見守護
兼勝　かねかつ
上坂(かみさか)兼勝　江戸中期の書肆
兼雄　かねかつ
鳥屋尾(とやお)兼雄　南北朝時代の石見権守
周勝　かねかつ　⇔ちかかつ
大道寺(だいどうじ)周勝　?～1562?　戦国・安土桃山時代の北条氏の家臣
兼興　かねき　⇔かねおき
大中臣(おおなかとみの)兼興　972～1047　平安中期の祭主(32代)。父は一門の春日宮神主理平
兼吉　かねきち　⇔かねよし
荻原(おぎわら)兼吉　1851～1915　江戸末期～大正期の自治功労者
岸田(きしだ)兼吉　江戸末期の新撰組隊士
深津(ふかつ)兼吉　江戸末期・明治期の根崎蜜柑栽培者
兼公　かねきみ
大家(おおえ)兼公　戦国時代の武士、石見大江高山城主
金清　かねきよ　⇔きんせい
金清　江戸後期の刀工
兼清　かねきよ
兼清　戦国時代の刀工
兼清　江戸前期の刀工
兼清　江戸中期の細工師
大隅(おおすみ)兼清　戦国時代の料理方
川前(かわさき)兼清　平安後期の官人
紀(きの)兼清　平安中期の石清水権別当。兼輔の子

清原（きよはらの）兼清　平安後期の官人
橘（たちばなの）兼清　平安後期の検非違使
藤原（ふじわらの）兼清　平安後期の検非違使

包清　かねきよ
立石（たていし）包清　江戸後期の藩士

兼久　かねく　⇔かねひさ
浦（うら）兼久　南北朝時代の人。父の仇討ちをした

懐国　かねくに
藤原（ふじわら）懐国　1341〜1374　南北朝時代の歌人

兼国　かねくに
卜部（うらべの）兼国　平安後期の官人
尾張（おわりの）兼国　平安中期の官人
源（みなもとの）兼国　平安中期の官人

兼邦　かねくに
卜部（うらべ）兼邦　室町・戦国時代の神職
吉田（よしだ）兼邦　戦国時代の吉田卜部氏。兼名の子

懐邦親王　かねくにしんのう
懐邦親王　室町時代の後村上天皇第6皇子

兼子　かねこ　⇔けんし
藤原（ふじわらの）兼子　1050〜1133　平安中期・後期の女性。堀河天皇の乳母
藤原（ふじわらの）兼子　1152〜1201　平安後期・鎌倉前期の女性。九条兼実の妻

周子　かねこ　⇔しゅうし, ちかこ
鍋島（なべしま）周子　1761〜1834　江戸中期・後期の歌人

兼理　かねこと　⇔かねまさ
益田（ますだ）兼理　？〜1431　室町時代の武将

包子内親王　かねこないしんのう
包子内親王　？〜889　平安前期の女性。清和天皇皇女

兼五郎　かねごろう　⇔けんごろう
小泉（こいずみ）兼五郎　江戸末期・明治期の彫師

兼先　かねさき
兼先　江戸前期の刀工
兼先　江戸後期の刀工

兼貞　かねさだ
兼貞　戦国時代の石見の刀匠
県（あがたの）兼貞　平安後期の相撲人
卜部（うらべ）兼貞　平安後期・鎌倉前期の神祇官人
岡本（おかもと）兼貞　戦国時代の石見国三宮の大祭天石門彦神社神主
平（たいら）兼貞　南北朝時代の連歌作者
藤原（ふじわらの）兼貞　平安中期の官人
北条（ほうじょう）兼貞　?〜1333　鎌倉後期の武士

兼定　かねさだ
兼定　江戸中期の装剣金工
兼定〔1代〕　1529〜1625　戦国〜江戸前期の会津の刀匠
兼定〔新刀初代〕　安土桃山時代の刀工
兼定〔新刀2代〕　江戸前期の刀工
兼定〔新刀3代〕　江戸前期の刀工
兼定〔新刀4代〕　江戸中期の刀工
兼定〔新刀5代〕　江戸中期の刀工
兼定〔新刀6代〕　江戸中期の刀工
英保（あぼ）兼定　安土桃山時代の歌人。「古哥雑哥小夜枕」を兄・英保兼行と共著
卜部（うらべの）兼定　平安後期の官人
大田（おおた）兼定　平安後期の武士
周布（すふ）兼定　鎌倉時代の周布郷地頭。周布氏初代
藤原（ふじわらの）兼定　平安後期の官人

か

賢貞　かねさだ
斎藤（さいとう）賢貞　江戸時代の箱館の幕府医師、弘前藩医

金里　かねさと
日前（ひさきの）金里　1097〜？　平安後期の尾張国人

兼郷　かねさと
漆原（うるしはら）兼郷　鎌倉時代の御家人
穎娃（えい）兼郷　室町時代の武将、伴姓頴娃氏の2代

兼里　かねさと
桜井（さくらい）兼里　1629〜1683　江戸前期の公家

兼実　かねざね
藤原（ふじわらの）兼実　1044？〜？　平安中期の官人

兼三郎　かねさぶろう　⇔けんざぶろう
若井（わかい）兼三郎　1834〜1908　江戸後期〜明治期の美術商。1873年ウィーン万国博覧会に随行しオーストリアに渡り、1878年パリ万国博覧会に出店のためフランスに渡る

金重　かねしげ
金重　安土桃山時代の刀工
塚越（つかこし）金重　江戸後期の和算家

兼重　かねしげ
兼重　1816〜1862　江戸後期・末期の加賀の刀工
石川（いしかわ）兼重　江戸前期・中期の彫金家
紀（きの）兼重　平安中期の官人
紀（きの）兼重　平安後期の官人
桜島（さくらじまの）兼重　平安後期の官人
平（たいらの）兼重　平安後期の官人
中臣（なかとみ）兼重　平安後期の随身

兼成　かねしげ　⇔かねなり
坂上（さかのうえの）兼成　？〜1162　平安後期の明法家
薬丸（やくまる）兼成　？〜1603　安土桃山時代の武将

兼繁　かねしげ
卜部（うらべ）兼繁　南北朝時代の神職・連歌作者

兼茂　かねしげ
卜部（うらべ）兼茂　鎌倉前期の神職
菅原（すがわらの）兼茂　平安中期の官人
広橋（ひろはし）兼茂　1636〜1687　江戸前期の公家

金寿丸　かねじゅまる
北条（ほうじょう）金寿丸　鎌倉後期の武士

兼寿丸　かねじゅまる
北条(ほうじょう)兼寿丸　鎌倉後期の武士

兼次郎　かねじろう　⇔けんじろう
弘光(ひろみつ)兼次郎　1854～？　江戸末期・明治期の製紙技術家

兼季　かねすえ
紀(きの)兼季　平安後期の官人
平(たいらの)兼季　平安後期の官人
益田(ますだ)兼季　鎌倉前期の地頭。益田氏第5代当主

包末　かねすえ
包末　平安後期の刀工

兼介　かねすけ
八馬(はちうま)兼介　1839～1918　江戸末期～大正期の海運功労者

兼資　かねすけ
藤原(ふじわらの)兼資　平安中期の官人
源(みなもと)兼資　960～1002　平安中期の公家・歌人

兼助　かねすけ　⇔かけすけ
三浦(みうら)兼助〔1代〕　1856～1917　江戸末期～大正期の其中堂創業者

兼輔　かねすけ
紀(きの)兼輔　？～1029　平安中期の官人。安遠の子
紀(きの)兼輔　平安中期の官人

兼祐　かねすけ
吉川(きっかわ)兼祐　戦国時代の津淵村領主
永安(ながやす)兼祐　鎌倉時代の在地領主

鐘輔　かねすけ
斎藤(さいとう)鐘輔　1802～？　江戸後期の書家

包助　かねすけ
包助　平安後期の刀工

包輔　かねすけ
多田(ただ)包輔　江戸後期の占卜家

兼角　かねずみ
兼角〔1代〕　南北朝時代の刀工

兼澄　かねずみ
大妻(おおづま)兼澄　？～1239　鎌倉前期の武人

兼尭　かねたか
樋口(ひぐち)兼尭　1668～1715　江戸前期・中期の代官

兼孝　かねたか
紀(きの)兼孝　平安後期の石清水八幡宮神主
源(みなもと)兼孝　鎌倉時代の公家・歌人

兼高　かねたか
兼高　江戸前期の刀工
藤原(ふじわらの)兼高　益田兼高に同じ
益田(ますだ)兼高　平安後期・鎌倉前期の武将

兼隆　かねたか
橘(たちばなの)兼隆　平安後期・鎌倉前期の豪族
辻(つじ)兼隆　江戸後期の鎌倉鶴岡八幡宮の楽人

兼堯　かねたか
益田(ますだ)兼堯　？～1485　室町・戦国時代の武将。応仁の乱で東軍に属する

周孝　かねたか
吉田(よしだ)周孝　戦国時代の武将

包高　かねたか
立花(たちばな)包高　1743～1812　江戸中期・後期の藩士
古坂(ふるさか)包高　1711～1785　江戸中期の幕臣

包■　かねたか　⇔かねあき
神尾(かみお)包■　1685～1754　江戸前期・中期の幕臣

金全　かねたけ
江原(えはら)金全　？～1617　江戸前期の旗本

兼武　かねたけ
薬丸(やくまる)兼武　1775～1835　江戸中期・後期の剣客

懐尹　かねただ
藤原(ふじわらの)懐尹　平安中期の官人

金忠　かねただ
梅津(うめづ)金忠　1671～1725　江戸前期・中期の藩士・兵法家

兼忠　かねただ　⇔けんちゅう
出雲(いずも)兼忠　平安後期の杵築大社国造
卜部(うらべ)兼忠　平安中期の神祇官人
平(たいらの)兼忠　？～1012？　平安中期の軍事貴族
中臣(なかとみの)兼忠　平安後期の随身
丸茂(まるも)兼忠　鎌倉後期・南北朝時代の美濃郡丸茂別符地頭

兼胤　かねたね
益田(ますだ)兼胤　鎌倉後期の石見守護
源(みなもと)兼胤　鎌倉時代の公家・歌人

兼種　かねたね
光井(みつい)兼種　戦国時代の武士

鐘太夫　かねだゆう
竹本(たけもと)鐘太夫　1828～1882　江戸後期～明治期の義太夫語り

兼懐　かねちか
橘(たちばなの)兼懐　平安中期の官人

兼近　かねちか
兼近　江戸末期の刀工
中臣(なかとみの)兼近　平安後期の随身

兼親　かねちか
石上(いそのかみの)兼親　平安後期の官人
卜部(うらべ)兼親　平安中期・後期の神祇官人
北原(きたはら)兼親　室町時代の武将
白河(しらかわ)兼親　戦国時代の土佐一条家諸大夫
藤原(ふじわらの)兼親　？～1007　平安中期の官人

金次　かねつぐ　⇔きんじ
金次　南北朝時代の備後三原派の刀工

兼継　かねつぐ　⇔かなつぐ
兼継〔1代〕　室町時代の刀工
兼継〔2代〕　戦国時代の刀工
兼継〔3代〕　戦国時代の刀工
福光(ふくみつ)兼継　鎌倉後期の福光郷上村地頭
山田(やまだ)兼継　鎌倉前期の越後への流人

兼次　かねつぐ
兼次　戦国時代の刀工
紀(きの)兼次　平安後期の官人
樋口(ひぐち)兼次　江戸前期の和算家

周次　かねつぐ　⇔しゅうじ
坂西(ばんざい)周次　?～1562　戦国・安土桃山時代の武田家臣

包次　かねつぐ
大中臣(おおなかとみの)包次　平安後期の官人

金綱　かねつな
坂合部(さかいべの)金綱　奈良時代の官人

兼綱　かねつな
兼綱　南北朝時代の石見の刀匠
兼綱　室町時代の石見の刀匠
兼綱〔1代〕　南北朝時代の刀工
兼綱〔2代〕　南北朝時代の刀工
兼綱〔3代〕　戦国時代の刀工
兼綱〔4代〕　戦国時代の刀工
斎藤(さいとう)兼綱　?～1287　鎌倉前期・後期の藻原寺の開基
野々山(ののやま)兼綱　1591～1667　安土桃山・江戸前期の幕臣
広橋(ひろはし)兼綱　1315～1381　鎌倉後期・南北朝時代の公家、歌人
藤原(ふじわら)兼綱　988～1058　平安中期・後期の公家・歌人

兼綱王　かねつなおう
兼綱王　1118～1135　平安後期の村上天皇の後裔

兼経　かねつね　⇔けんきょう
中臣(なかとみ)兼経　平安後期の随身

兼常　かねつね
兼常　戦国時代の刀工
兼常　江戸前期の刀工
兼常　江戸後期の刀工

兼任　かねとう
紀(きの)兼任　平安中期の官人。兼輔子
惟宗(これむねの)兼任　平安中期の官人
津曲(つまがり)兼任　戦国時代の薩摩国指宿地頭
藤原(ふじわらの)兼任　平安中期の官人
三善(みよしの)兼任　平安後期の陰陽師

周任　かねとう
田沢(たざわ)周任　?～1857　江戸後期・末期の幕臣

兼遠　かねとお
阿刀(あとの)兼遠　平安中期の官人
紀(きの)兼遠　鎌倉前期の官人
橘(たちばなの)兼遠　?～1099　平安後期の藤原師実家の家司
中原(なかはらの)兼遠　?～1181　平安後期の武士
中原(なかはらの)兼遠　平安後期の官人

兼時　かねとき
安倍(あべの)兼時　平安後期の官人
安倍(あべの)兼時　平安後期の天文権博士
尾張(おわりの)兼時　平安中期の官人
清原(きよはらの)兼時　平安中期の官人
中原(なかはらの)兼時　平安後期の官人
益田(ますだ)兼時　鎌倉前期の御家人。益田氏第6代当主

兼辰　かねとき
兼辰　江戸前期の刀工

兼俊　かねとし
卜部(うらべ)兼俊　平安後期の神職
坂上(さかのうえの)兼俊　平安後期の官人
竹屋(たけや)兼俊　?～1447　室町時代の公家
源(みなもとの)兼俊　平安後期の官人

兼利　かねとし
諏訪(すわ)兼利　1614～1687　江戸前期の藩士・歌人

兼富　かねとみ
卜部(うらべ)兼富　吉田兼富に同じ
吉田(よしだ)兼富　?～1438　室町時代の神祇官人

金朝　かねとも
茂呂(もろ)金朝　1783～1847　江戸中期・後期の絵師

兼朝　かねとも
源(みなもと)兼朝　鎌倉時代の公家・歌人

兼友　かねとも
卜部(うらべ)兼友　鎌倉前期の神職
穎娃(えい)兼友　1529～1548　戦国時代の武将

兼倫　かねとも　⇔かねみち
平(たいらの)兼倫　平安後期の官人
美努(みぬの)兼倫　平安中期の官人

兼豊　かねとよ　⇔けんぽう
兼豊　1831～1866　江戸後期・末期の加賀の刀工
卜部(うらべ)兼豊　1305～1376　鎌倉後期・南北朝時代の神職
鹿屋(かのや)兼豊　戦国時代の武士

兼魚　かねな
卜部(うらべ)兼魚　1620～?　江戸前期の神職

兼直　かねなお
今井(いまい)兼直　1641～1706　江戸前期・中期の代官
末元(すえもと)兼直　鎌倉後期の武将

兼仲　かねなか
卜部(うらべの)兼仲　平安後期の官人
紀(きの)兼仲　平安後期の石清水八幡宮俗別当・神主
周布(すふ)兼仲　室町時代の周布郷領主
福屋(ふくや)兼仲　鎌倉時代の福屋郷地頭
藤原(ふじわらの)兼仲　1037～1085　平安中期・後期の官人

兼永　かねなが
兼永　南北朝時代の刀工
兼永　戦国時代の刀工

兼長　かねなが
兼長　江戸前期の刀工
兼長〔1代〕　室町時代の刀工
兼長〔2代〕　戦国時代の刀工
卜部(うらべの)兼長　平安後期の人。亀卜得業生。兼俊の子
日下部(くさかべの)兼長　平安後期の官人

益田(ますだ)兼長　鎌倉後期の地頭。益田氏第7代当主

包長　かねなが

包長　江戸前期の刀工

兼夏　かねなつ

卜部(うらべ)兼夏　鎌倉後期の神職

金成　かねなり

佐伯(さえきの)金成　?～838　平安前期の遣唐第一船の船師

金生　かねなり

麻田(あさだの)金生　奈良時代の官人

兼済　かねなり

卜部(うらべの)兼済　平安後期の中宮宮主

兼成　かねなり　⇔かねしげ

藤原(ふじわらの)兼成　平安中期の官人

鋳也　かねなり

中薬研(ちゅやげん)鋳也　江戸時代の狂歌師

易信　かねのぶ

飯田(いいだ)易信　1752～1806　江戸中期・後期の幕臣

兼延　かねのぶ

大屋(おおや)兼延　江戸後期の著述家。「陶犬新書」の著者

志賀(しが)兼延　南北朝時代の刀工

兼信　かねのぶ

兼信　江戸後期の加賀の刀工

紀(きの)兼信　平安後期の官人

藤原(ふじわらの)兼信　1043～?　平安中期・後期の官人

藤原(ふじわらの)兼信　平安後期の官人

藤原(ふじわらの)兼信　1294～?　鎌倉後期・南北朝時代の公卿

三隅(みすみ)兼信　鎌倉時代の在地領主、三隅氏初代

源(みなもとの)兼信　平安後期の武士

三善(みよしの)兼信　平安後期の官人

兼宣　かねのぶ

源(みなもとの)兼宣　平安中期の官人

兼陳　かねのぶ

東儀(とうぎ)兼陳　1673～1754　江戸前期・中期の楽人

薬丸(やくまる)兼陳　江戸前期の示現流の創始者東郷重位の高弟。薬丸自顕流創始者

全延　かねのぶ

本間(ほんま)全延　1812～1872　江戸後期～明治期の義人

愛則　かねのり

戸村(とむら)愛則　1795～1873　江戸後期の美作国勝山藩の家老

兼教　かねのり

福光(ふくみつ)兼教　戦国時代の石見の武士

兼則　かねのり

兼則　戦国時代の刀工

綾(あやの)兼則　平安中期の官人

大江(おおえの)兼則　平安後期の官人

春日山(かすがやま)兼則　安土桃山時代の刀工

秦(はたの)兼則　平安後期の随身

兼伯　かねのり

肝付(きもつき)兼伯　江戸時代の藩士

鉄教　かねのり

野沢(のざわ)鉄教　1814～1875　江戸後期～明治期の神道家

包教　かねのり

横井(よこい)包教　江戸後期の茶人・和算家

兼治　かねはる

小槻(おづき)兼治　?～1418　南北朝・室町時代の公家・歌人

吉田(よしだ)兼治　1565～1616　安土桃山・江戸前期の神道家

兼春　かねはる

兼春　平安後期の楽人集団の長

水野(みずの)兼春　南北朝時代の人。新居村を拓いた水野良春の子

兼晴　かねはる

飯尾(いいお)兼晴　1611～1646　江戸前期の武士

兼久　かねひさ　⇔かねく

兼久　室町時代の刀工

兼久　戦国時代の出雲の刀匠

兼久　戦国時代の石見の刀匠

兼久　戦国時代の刀工

大橋(おおはし)兼久　1845～?　江戸後期～明治期の弁護士、自由民権活動家

桑原(くわばら)兼久　戦国時代の木曽氏の家臣

秦(はた)兼久　平安後期の官人、歌人

益田(ますだ)兼久　鎌倉後期の石見守護

兼栄　かねひで

小原(こはら)兼栄　戦国時代の武士。益田氏家臣の石見津毛郷代官

兼英　かねひで

茂木(もぎ)兼英　江戸後期の和算家

吉田(よしだ)兼英　1595～1671　安土桃山・江戸前期の吉田神道の神祇管領長上

兼秀　かねひで

凡(おおしの)兼秀　平安中期の官人

兼衡　かねひら　⇔かねひろ

藤原(ふじわらの)兼衡　平安後期の官人

兼平　かねひら

生江(いくえの)兼平　平安中期の官人

大春日(おおかすがの)兼平　947～?　平安中期の強盗

清原(きよはらの)兼平　平安後期の官人

忽那(くつな)兼平　鎌倉前期の在地勢力

藤原(ふじわらの)兼平　875～935　平安前期・中期の官人

藤原(ふじわらの)兼平　平安中期の官人

藤原(ふじわらの)兼平　平安後期の官人

周平　かねひら　⇔しゅうへい

山本(やまもと)周平　1750～1814　江戸中期・後期の久留米藩の豪商

兼広　かねひろ
萩原（はぎわら）兼広　鎌倉前期の弁済使
秦（はたの）兼広　平安後期の官人
福屋（ふくや）兼広　鎌倉時代の石見国の福屋郷地頭。福屋氏の祖

兼弘　かねひろ
卜部（うらべの）兼弘　平安後期の官人
肝付（きもつけ）兼弘　1839〜？　江戸末期の愛媛県官吏・和気温泉久米郡長
益田（ますだ）兼弘　鎌倉後期の惣領。益田氏第8代当主

兼洪　かねひろ
穎娃（えい）兼洪　1506〜？　戦国時代の武将

兼衡　かねひろ　⇔かねひら
卜部（うらべの）兼衡　平安後期の当今の宮主

包広　かねひろ
馬場（ばば）包広　1674〜1758　江戸前期・中期の幕臣
前野（まえの）包広　江戸末期の国学者

兼房　かねふさ
藤原（ふじわらの）兼房　1001〜1069　平安中期・後期の官人、歌人

兼藤　かねふじ
卜部（うらべ）兼藤　1240〜1261　鎌倉前期・後期の神祇官人
肝付（きもつき）兼藤　鎌倉時代の武将

兼文　かねふみ　⇔かねぶみ
猪鹿倉（いがくら）兼文　1851〜1899　江戸後期〜明治期の警視庁書記、警察部長、内務部長
西村（にしむら）兼文　1829〜1896　江戸後期〜明治期の寺侍・著述家

兼文　かねぶみ　⇔かねふみ
高橋（たかはし）兼文　戦国時代の神職

兼冬　かねふゆ
井村（いのむら）兼冬　南北朝時代の三隅郷井村領主

兼将　かねまさ
薬丸（やくまる）兼将　？〜1577　安土桃山時代の武将

兼政　かねまさ
卜部（うらべ）兼政　？〜1131　平安後期の神祇官人
穎娃（えい）兼政　室町時代の武将、伴姓頴娃氏の初代
亨風（きょうふう）兼政　江戸時代の修験者
平（たいらの）兼政　平安後期の武士
宮道（みやじの）兼政　平安後期の武士

兼正　かねまさ
淡海（おおみの）兼正　平安中期の盗人

兼当　かねまさ
兼当　戦国時代の刀工
東儀（とうぎ）兼当　1669〜1729　江戸前期・中期の楽人

兼理　かねまさ　⇔かねこと
立野（たつのの）兼理　平安中期の絵所絵師

周政　かねまさ
武津（ふかつ）周政　1826〜1900　江戸後期〜明治期の歌人

金桝　かねます
金桝　1853〜1886　江戸後期〜明治期の義太夫三味線方

兼益　かねます
卜部（うらべ）兼益　鎌倉時代の神祇官人

兼前　かねます
卜部（うらべ）兼前　南北朝時代の神職・連歌作者

兼松　かねまつ
小林（こばやし）兼松　1853〜1920　江戸末期〜大正期の農業家

金万　かねまん
金万　南北朝時代の鍛冶業

兼三　かねみ　⇔かねみつ
藤原（ふじわら）兼三　平安前期・中期の公家・歌人

懐通　かねみち
藤原（ふじわら）懐通　南北朝時代の公家・歌人

兼道　かねみち
藤原（ふじわら）兼道　？〜1672　江戸前期の大坂の刀工

兼倫　かねみち　⇔かねとも
依知秦（えちはたの）兼倫　平安中期の官人

包径　かねみち
斎藤（さいとう）包径　江戸後期の和算家

兼光　かねみつ
岩国（いわくに）兼光　平安後期の平家方の有力豪族
肝付（きもつき）兼光　？〜1483　室町・戦国時代の武将
桑名（くわな）兼光　平安後期の官人
藤原（ふじわら）兼光　南北朝時代の建武政府の官吏、土佐守。藤原秀郷の後裔光政の子
藤原（ふじわらの）兼光　平安中期の武将。鎮守府将軍
源（みなもと）兼光　？〜966？　平安中期の公家・歌人

兼三　かねみつ　⇔かねみ
肝付（きもつき）兼三　戦国・安土桃山時代の武将。加治木城主

兼参　かねみつ
江尾（えのお）兼参　？〜1878　江戸後期〜明治期の国学者

兼充　かねみつ
藤井（ふじい）兼充　1660〜1716　江戸前期・中期の公家

包光　かねみつ
包光　戦国時代の刀工

兼宗　かねむね
卜部（うらべの）兼宗　平安後期の宮主
乙吉（おとよし）兼宗　鎌倉時代の乙吉・土田村地頭
周布（すふ）兼宗　鎌倉後期・南北朝時代の周布郷地頭
藤原（ふじわらの）兼宗　平安中期の官人
源（みなもとの）兼宗　平安後期の官人

兼心　かねむね
穎娃（えい）兼心　1454〜1532　室町・戦国時代の

武将

金村　かねむら
長尾(ながおの)金村　奈良時代の官人

兼村　かねむら
三隅(みすみ)兼村　鎌倉時代の在地領主、三隅氏第2代惣領

兼基　かねもと
卜部(うらべの)兼基　平安後期の官人
岸良(きしら)兼基　?～1279　鎌倉前期・後期の弁済使職
平(たいらの)兼基　平安後期の地方官人

兼元　かねもと
鳥居(とりい)兼元　南北朝時代の鳥居郷地頭

兼固　かねもと
肝付(きもつき)兼固　戦国時代の大隅国溝辺領主

兼職　かねもと
卜部(うらべの)兼職　平安後期の官人
平(たいらの)兼職　平安後期の官人
高階(たかしなの)兼職　平安後期の官人

包元　かねもと
桜井(さくらいの)包元　平安後期の官人

兼守　かねもり
大田部(おおたべの)兼守　平安中期の官人

兼盛　かねもり
三隅(みすみ)兼盛　鎌倉時代の三隅郷地頭

包盛　かねもり
若林(わかばやし)包盛　?～1645　江戸前期の旗本

兼安　かねやす
藤原(ふじわらの)兼安　平安中期の官人

兼康　かねやす
兼康　鎌倉時代の画家
卜部(うらべ)兼康　平安後期の神祇官人
平(たいらの)兼康　平安後期の武士。平家の家臣
源(みなもと)兼康　鎌倉前期の公家・歌人

兼泰　かねやす
源(みなもと)兼泰　鎌倉時代の公家・歌人

兼保　かねやす
和泉(いずみ)兼保　鎌倉時代の薩摩国和泉郡・給黎郡の郡司

兼愷　かねやす
伊集院(いじゅういん)兼愷　1786～1855　江戸中期～末期の歌人

包保　かねやす
包保〔1代〕　江戸前期の刀工
包保〔2代〕　江戸前期の刀工

懐之　かねゆき
狩谷(かりや)懐之　1804～1856　江戸後期・末期の漢学者

兼幸　かねゆき
北原(きたはら)兼幸　平安後期の弁済使
丸茂(まるも)兼幸　南北朝時代の長野庄内美濃郡安富郷・丸茂別府地頭

兼行　かねゆき
英保(あぼ)兼行　安土桃山時代の歌人。「古哥雑哥小夜枕」を弟・英保兼定と共著
卜部(うらべの)兼行　平安後期の延春門院宮主
落合(おちあい)兼行　中原兼行に同じ
小幡(おばた)兼行　戦国時代の武将。武田家臣
中原(なかはらの)兼行　平安後期の武士。木曽義仲の配下
淵名(ふちな)兼行　平安後期の上野国淵名荘の豪族

兼之　かねゆき
伴(ばん)兼之　1858～1877　江戸末期・明治期の戦士

懐世　かねよ
藤原(ふじわら)懐世　鎌倉後期の公家・歌人

金吉　かねよし
金光(こんこう)金吉　1845～1907　江戸後期～明治期の宗教家・金光教副管長

金善　かねよし
小野(おの)金善　平安前期の人。坂上田村麻呂の東征に従軍

兼義　かねよし
兼義　室町時代の石見の刀匠
兼義　室町時代の刀工
奥村(おくむら)兼義　1856～1929　江戸末期～昭和期の和算家
佐竹(さたけ)兼義　?～1355　鎌倉後期・南北朝時代の武家、連歌作者
北条(ほうじょう)兼義　鎌倉時代の武士

兼吉　かねよし　⇔かねきち
安倍(あべの)兼吉　平安後期の官人。父は円弼

兼祥　かねよし
兼祥　戦国時代の刀工

兼善　かねよし
余目(あまるめ)兼善　江戸後期の国学者
五木(いつき)兼善　1843～?　江戸後期・末期の官吏、神職

兼由　かねよし
久世(くぜ)兼由　1687～1765　江戸前期・中期の郷土史家

兼良　かねよし
卜部(うらべの)兼良　平安後期の宮主
加茂(かも)兼良　江戸後期の鎌倉鶴岡八幡宮伶人
九条(くじょう)兼良　藤原兼良に同じ
藤原(ふじわらの)兼良　1167～1221　平安後期・鎌倉前期の官人。藤原兼房の子

抱義　かねよし　⇔もちよし
新井(あらい)抱義　1771～?　江戸中期・後期の幕臣

兼頼　かねより　⇔けんらい
紀(きの)兼頼　平安後期の官人
秦(はたの)兼頼　平安後期の近衛府の下級官人

兼若　かねわか
辻村(つじむら)兼若　?～1628?　江戸前期の刀工。「加賀正宗」と呼ばれた

可然　かねん
平松(ひらまつ)可然　江戸中期の儒者

鹿野　かの　⇔ろくや
正宗(まさむね)鹿野　1794～1880　江戸後期～明

治期の歌人

花農　かのう

三田（みた）花農　江戸末期の医者

叶　かのう

市川（いちかわ）叶　江戸後期の考証家

狩野介　かのうのすけ

狩野介　平安時代の伊豆国狩野荘の在地領主

狩野介　？～1570　戦国・安土桃山時代の北条氏の家臣

春日（かすが）狩野介　安土桃山時代の信濃水内郡の国衆

嘉之吉　かのきち

乗寄（のりより）嘉之吉　江戸後期の益田郡竹原郷乗政村の人

賀介　がのすけ　⇔がすけ

神戸（かんべ）賀介　？～1584？　安土桃山時代の織田信長の家臣

鹿馬輔　かばすけ

正徳（しょうとく）鹿馬輔　江戸後期の戯作者

嘉八　かはち

嘉八　江戸中期の高野山寺領向副村農民

香火姫皇女　かひひめのひめみこ

香火姫皇女　上代の女性。反正天皇皇女

加兵衛　かひょうえ　⇔かへい, かへえ

油井（あぶらい）加兵衛　？～1581　安土桃山時代の高天神籠城衆

嘉兵衛　かひょうえ　⇔かへい, かへえ

黒沢（くろさわ）嘉兵衛　1612～1691　江戸前期・中期の八重原新田開発者《黒沢加兵衛》

加兵衛尚則　かひょうえなおのり

山本（やまもと）加兵衛尚則　1554～1642　安土桃山・江戸前期の織田信長・豊臣秀吉・秀頼の家臣

佳風　かふう

豊島（としま）佳風　1679～1727　江戸前期・中期の俳人

可風　かふう

可風　？～1767　江戸中期の俳人

可復　かふく

岡本（おかもと）可復　1685～1722　江戸前期・中期の藩士

下物　かぶつ

山川（やまかわ）下物　？～1800　江戸中期・後期の俳人

雅仏　がぶつ

南山（なんざん）雅仏　江戸末期の漢学者・風流僧

株丸　かぶまる

玄鳥舎（げんちょうしゃ）株丸　？～1816　江戸中期・後期の狂歌師

加布利　かぶり

阿斗（あとの）加布利　飛鳥時代の天武天皇の臣下

家文　かぶん

上野（うわの）家文　1735～1808　江戸中期・後期の俳人

加兵衛　かへい　⇔かひょうえ, かへえ

松下（まつした）加兵衛　江戸後期・末期の幕臣

嘉兵衛　かへい　⇔かひょうえ, かへえ

石崎（いしざき）嘉兵衛　江戸中期の細工職人

都筑（つづき）嘉兵衛　江戸時代の八戸藩士

嘉平　かへい　⇔よしひら

糸原（いとはら）嘉平　1739～1794　江戸中期・後期の俳人

川尻（かわじり）嘉平　1844～1900　江戸後期～明治期の陶工

加平次　かへいじ

関（せき）加平次　安土桃山時代の織田信長の家臣

嘉平次　かへいじ

菅谷（すげのや）嘉平次　江戸後期の代官、勘定

田代（たしろ）嘉平次　1842～1916　江戸末期～大正期の自治功労者

嘉平治　かへいじ

小原（おばら）嘉平治　江戸前期の鉄砲師

中島（なかじま）嘉平治　1816～1895　江戸後期～明治期の教育者

賀平次　かへいじ

大久保（おおくぼ）賀平次　？～1582　安土桃山時代の武田信廉の被官

佳兵衛　かへえ

伊集院（いじゅういん）佳兵衛　1813～1892　江戸後期～明治期の鹿篭領主喜入氏の重臣

加兵衛　かへえ　⇔かひょうえ, かへい

岩淵（いわぶち）加兵衛　江戸中期の藩士・馬術家

岡田（おかだ）加兵衛　江戸時代の蕨宿の名主

久保田（くぼた）加兵衛　1602～1683　江戸前期の新田開発者

黒沢（くろさわ）加兵衛　1612～1691　江戸前期・中期の八重原新田開発者

竹宮（たけみや）加兵衛　？～1683　江戸前期の銃砲家

古江（ふるえ）加兵衛　安土桃山時代の織田信長の家臣

嘉兵衛　かへえ　⇔かひょうえ, かへい

嘉兵衛　江戸中期の高野山寺領山崎村の農民

嘉兵衛　江戸末期の長嶋浦の庄屋

阿比留（あびる）嘉兵衛　江戸前期の農民

大鐘（おおがね）嘉兵衛　江戸後期の商人

大野屋（おおのや）嘉兵衛　江戸末期の名古屋赤塚町の商人

白粉屋（おしろいや）嘉兵衛　江戸前期の京都糸割符商人

小幡（おばた）嘉兵衛　江戸前期の徳川家臣

加藤（かとう）嘉兵衛　1838～1910　江戸後期～明治期の大阪鴻池別家の家庭教師

木村（きむら）嘉兵衛　江戸後期の三浦郡鴨居村名主

具足屋（ぐそくや）嘉兵衛　江戸後期～明治期の版元

黒沢（くろさわ）嘉兵衛　1612～1691　江戸前期・中期の八重原新田開発者《黒沢加兵衛》

小島（こじま）嘉兵衛　江戸前期の京都糸割符商人

斎藤（さいとう）嘉兵衛　江戸後期の幕臣、馬喰町御用屋敷詰代官

佐野屋(さのや)嘉兵衛　江戸中期の商人。京都へしっぽく料理を伝える
篠(しの)嘉兵衛　1770～1850　江戸中期・後期の敬神家
友田(ともだ)嘉兵衛　1842～？　江戸後期～明治期の実業家
広沢(ひろさわ)嘉兵衛　江戸中期の書肆
藤村(ふじむら)嘉兵衛　江戸前期の京都糸割符商人
布袋や(ほていや)嘉兵衛　江戸前期の京都糸割符商人
益田(ますだ)嘉兵衛　1835～1920　江戸末期・明治期の実業家
山本(やまもと)嘉兵衛〔1代〕　江戸前期の商人。山本山の創業者
横山(よこやま)嘉兵衛　1852～1913　江戸後期～大正期の機業家

稼圃　かほ
大塚(おおつか)稼圃　1723～1802　江戸中期・後期の儒者

佳方　かほう
佳方　江戸中期の俳人

花芳　かほう
安岡(やすおか)花芳　1823～1906　江戸後期～明治期の僧侶

華峰　かほう
有吉(ありよし)華峰　1774～1820　江戸後期の詩人

華峯　かほう
有吉(ありよし)華峯　1774～1820　江戸後期の詩人《有吉華峰》

霞峰　かほう
林(はやし)霞峰　1815～1856　江戸後期・末期の日本画家

霞舫　かほう
館(たち)霞舫　1808～1853　江戸後期の画家

我峰　がほう
我峰　？～1715　江戸中期の俳諧作者

臥鵬　がほう
臥鵬　？～1827　江戸後期の俳諧師。晋氏

夏北　かほく　⇔かぼく
梅川(うめかわ)夏北　1799～1847　江戸後期の銅版師《梅川夏北》

可卜　かぼく
関戸(せきど)可卜　1712～1765　江戸中期の苅安賀村生まれの俳人

夏北　かぼく　⇔かほく
梅川(うめかわ)夏北　1799～1847　江戸後期の銅版師

歌木　かぼく
歌木　江戸中期の雑俳点者

禾木　かぼく
禾木　江戸後期の俳人

霞卜　かぼく
霞卜　？～1849　江戸後期の俳人

鎌柄　かまから
大宅(おおやけの)鎌柄　飛鳥時代の征新羅後将軍

鎌吉　かまきち
市橋(いちはし)鎌吉　？～1866　江戸後期・末期の新撰組隊士

鎌倉王　かまくらおう
鎌倉王　平安前期の皇孫

鎌三郎　かまさぶろう
永田(ながた)鎌三郎　江戸末期の新撰組隊士

釜惣　かまそう
釜惣　江戸時代の福岡藩御用聞町人

鎌太　かまた
市橋(いちはし)鎌太　？～1866　江戸後期・末期の新撰組隊士《市橋鎌吉》

鎌大夫　かまだゆう
宮崎(みやざき)鎌大夫　？～1576　戦国・安土桃山時代の織田信長の家臣

鎌足　かまたり
凡直(おおしのあたえ)鎌足　奈良時代の人。伊予国国分寺に知識物を献上した

釜太郎　かまたろう
舟津(ふなつ)釜太郎　？～1867　江戸後期・末期の新撰組隊士
船津(ふなつ)釜太郎　舟津釜太郎に同じ

鎌束　かまつか
板振(いたふりの)鎌束　奈良時代の官吏

蒲生　かまふ
蒲生　奈良時代の遊行女婦

鎌満　かままろ
島川(しまかわ)鎌満　1801～1855　江戸後期・末期の藩士

加美　かみ
石川(いしかわの)加美　？～747　奈良時代の官人

神島　かみしま
建部(たけるべの)神島　奈良時代の薩摩国阿多郡の主帳

上足　かみたり　⇔うえたり
大伴(おおともの)上足　奈良時代の官人

上殖皇子　かみつうえのおうじ
上殖皇子　上代の宣化天皇の皇子

上毛野内親王　かみつけぬないしんのう　⇔かみつけぬのないしんのう
上毛野内親王　？～842　平安前期の女性。平城天皇皇女

上毛野内親王　かみつけぬのないしんのう　⇔かみつけぬないしんのう
上毛野内親王　？～842　平安前期の女性。平城天皇皇女《上毛野内親王》

上道王　かみつみちのおおきみ
上道王　奈良時代の皇族。広河女王の父、穂積皇子の子

賀味麻呂　かみまろ
桧前部君(ひのくまべのきみ)賀味麻呂　奈良時代の佐位郡司

上麻呂　かみまろ
文(ふみの)上麻呂　奈良時代の官人

加武多　かむた
小浜(こはま)加武多　江戸時代の篤農家

甘楽麻呂　かむらまろ
文室(ふんやの)甘楽麻呂　平安前期の官人

神室　かむろ
紺野(こんの)神室　1828～1910　江戸後期～明治期の教育者

かめ
赤星(あかぼし)かめ　?～1772　江戸中期の長崎鋳物師
近松(ちかまつ)かめ　?～1710　江戸中期の女性。赤穂浪士近松勘六の母
桃沢(ももさわ)かめ　1710～1757　江戸中期の女流歌人

亀　かめ
種田(おいだ)亀　?～1582　戦国・安土桃山時代の織田信長の家臣
久々利(くくり)亀　?～1582　戦国・安土桃山時代の織田信長の家臣
武田(たけだ)亀　1534～1552　戦国時代の女性。甲斐武田信虎の5女《亀姫》

亀右衛門　かめえもん
亀右衛門　?～1823　江戸中期・後期の文政一揆の咎人
藤田(ふじた)亀右衛門　江戸後期の船井郡黒瀬村の人

亀王　かめおう
亀王　南北朝時代の連歌作者

亀吉　かめきち
天野(あまの)亀吉　1850～1921　江戸末期～大正期の実業家・酒類販売業
大月(おおつき)亀吉　1828～1917　江戸末期～大正期の武術家
奥友(おくとも)亀吉　1808～?　江戸後期の寺子屋手習師
雲風(くもかぜの)亀吉　1828～1893　江戸後期～明治期の東三河の有力侠客
小天狗(こてんぐ)亀吉　1827～?　江戸後期・末期の市川大門町の松坂屋橘田恒右衛門の五男で甲州侠客
佐藤(さとう)亀吉　1836～1899　江戸後期～明治期の藩校養賢堂指南役
信濃(しなの)亀吉　1813～1880　江戸後期～明治期の木地師
綱島(つなしま)亀吉　江戸末期・明治期の版元
堀口(ほりぐち)亀吉　1854～1910　江戸末期・明治期の農事改良家
山田(やまだ)亀吉　江戸後期の大住郡下糟屋村名主

亀五郎　かめごろう
吉田(よしだ)亀五郎　1844～1922　江戸後期～大正期の鍍絵師

亀三郎　かめさぶろう
伊沢(いさわ)亀三郎　1750～1825　江戸中期・後期の治水技術者
坂東(ばんどう)亀三郎〔1代〕　江戸中期の歌舞伎俳優

亀治　かめじ
黒鍬谷の(くろくわだにの)亀治　江戸中期の念仏乞食
広田(ひろた)亀治　1839～1896　江戸後期～明治期の水稲品種「亀治」選出の功労者

亀次郎　かめじろう
亀次郎　江戸後期の丁ノ町村百姓
東生(とうせい)亀次郎　江戸末期・明治期の袋屋万巻楼創業者
四本(よつもと)亀次郎　江戸後期のガラス職人

亀二郎　かめじろう
志甫屋(しほや)亀二郎　江戸後期の算学者

亀介　かめすけ
大喜多(おおきた)亀介　?～1575　戦国・安土桃山時代の織田信長の家臣
松浦(まつうら)亀介　安土桃山時代の織田信長の家臣

亀助　かめすけ
奈河(なかわ)亀助　江戸後期の歌舞伎脚本家

亀蔵　かめぞう
時政(ときまさ)亀蔵　江戸末期の佐波郡三田尻村の浜持
富岡(とみおか)亀蔵　戦国時代の上野国衆
永田(ながた)亀蔵　江戸末期の新撰組隊士?
鰐部(わにべ)亀蔵　1806～?　江戸後期の人。梅の品種改良を行い、生産を増大させた

亀太郎　かめたろう
亀太郎　江戸末期の新撰組隊士
旭形(あさひがた)亀太郎　1842～1901　江戸後期～明治期の新撰組隊士
岡村(おかむら)亀太郎　1851～?　江戸末期の新撰組隊士
木野村(きのむら)亀太郎　1814～1900　江戸後期～明治期の姫島の船大工の棟梁
山本(やまもと)亀太郎　1847～1911　江戸後期～明治期の製茶輸出の先駆者
米津(よねづ)亀太郎　1838～1910　江戸末期・明治期の教育者

亀鶴　かめつる
亀鶴　鎌倉前期の駿河国駿東郡黄瀬川宿の遊女

亀之丞　かめのじょう
椎原(しいはら)亀之丞　江戸後期の金沢の蒔絵師
谷村(たにむら)亀之丞　1800～1862　江戸後期・末期の剣術家。長谷川英信流

亀之進　かめのしん
亀之進　江戸末期の高野山寺領賀和村農民
中川(なかがわ)亀之進　?～1863　江戸末期の馬術家

亀姫　かめひめ
亀姫　1534～1552　戦国時代の女性。甲斐武田信虎の5女

亀松　かめまつ
長岡(ながおか)亀松　1778～1837　江戸中期・後期の佐久郡内山村の百姓惣右衛門の子

松村屋(まつむらや)亀松　江戸中期の人。室積浦御手洗に灯篭堂を建立した

亀丸　かめまる

酒井(さかい)亀丸　1761～1845　江戸中期・後期の狂歌師

亀六　かめろく

茂木(もてぎ)亀六　1837～1889　江戸末期・明治期の養蚕家

鴨王　かもおう

鴨王　?～780　奈良時代の官人

掃部左衛門　かもざえもん　⇔かもんざえもん

石森(いしもり)掃部左衛門　江戸前期の大原浜肝入

鴨助　かもすけ

鳥島(とりしま)鴨助　1767～?　江戸中期・後期の船頭

鴨之助　かものすけ

池田(いけだ)鴨之助　1579～1648　江戸前期の栗橋宿の開発者、同宿本陣

秦(はた)鴨之助　江戸前期の高座郡中新田村民

鴨平　かもへい

池田(いけだ)鴨平　1839～1910　江戸後期～明治期の学校創設者

賀茂麻呂　かもまろ

内蔵(くらの)賀茂麻呂　平安前期の官人

掃部　かもん

掃部　1593～1657　安土桃山・江戸前期の児玉郡渡瀬村のキリシタン

阿岸(あぎし)掃部　?～1667　江戸前期の人。浦野事件で処刑された

明智(あけち)掃部　安土桃山時代の織田信長の家臣

岩井(いわい)掃部　戦国時代の武蔵一宮氷川神社神主

笠岡(かさおか)掃部　1526～1604　戦国時代の武将・笠岡城主

笠高(かさたか)掃部　江戸後期の淘綾郡国府新宿神事舞太夫

上遠野(かどうの)掃部　江戸時代の剣術家。願立流

工藤(くどう)掃部　江戸前期の利水家

国沢(くにさわ)掃部　?～1615　江戸前期の武士。大坂の陣で籠城

桑名(くわな)掃部　?～1615　江戸前期の長宗我部元親の家臣

後藤(ごとう)掃部　江戸後期の神職

宍倉(ししくら)掃部　戦国時代の千葉実胤・自胤の家臣

鳥飼(とりかい)掃部　江戸前期の加藤清正・池田利隆の家臣。後に牢人

並河(なびか)掃部　並河掃部に同じ

並河(なみかわ)掃部　安土桃山時代の織田信長の家臣

沼野(ぬまの)掃部　江戸後期の大住郡大山阿夫利神社祠官

本多(ほんだ)掃部　江戸前期の宇喜多家の牢人

掃部左衛門　かもんざえもん　⇔かもざえもん

大崎(おおさき)掃部左衛門　?～1671　江戸前期の大肝入

掃部入道　かもんにゅうどう

福本(ふくもと)掃部入道　安土桃山時代の織田信長の家臣

掃部允　かもんのじょう

額賀(ぬかが)掃部允　戦国時代の新当流の兵法者

野平(のひら)掃部允　戦国時代の千葉胤富の家臣

比企(ひき)掃部允　平安後期の武士

掃部丞　かもんのじょう

太田(おおた)掃部丞　戦国時代の駿河国富士金山の荷物輸送役

保科(ほしな)掃部丞　戦国時代の信濃国伊那郡の武士

掃部介　かもんのすけ

赤林(あかばやし)掃部介　安土桃山時代の織田信雄の家臣

掃部助　かもんのすけ

会田(あいだ)掃部助　戦国時代の内蔵助の子。北条市家臣

小山田(おやまだ)掃部助　?～1582　戦国・安土桃山時代の武田氏の家臣

金子(かねこ)掃部助　戦国時代の長尾景春の与党

小比類巻(こびるまき)掃部助　江戸時代の盛岡藩牧木崎牧の野守

曽禰(そね)掃部助　?～1582　安土桃山時代の武田氏の家臣

福王寺(ふくおうじ)掃部助　戦国時代の越後魚沼郡下倉城主

矢田部(やたべ)掃部助　安土桃山時代の織田信長の家臣

吉滝(よしたき)掃部助　戦国時代の地侍

掃部之助　かもんのすけ

後藤(ごとう)掃部之助　1615～1656　江戸前期の大肝煎

掃部助一吉　かもんのすけかつよし

金森(かなもり)掃部助一吉　?～1654　江戸前期の前田利長・豊臣秀吉・秀頼の家臣

掃部助四郎　かもんのすけしろう

倉栖(くらす)掃部助四郎　鎌倉後期の武士

萱根　かやね

時雨庵(しぐれあん)萱根　江戸後期の狂歌作者

高陽院木綿四手　かやのいんのゆうしで

高陽院木綿四手　平安後期の女房・歌人

蚊屋采女姉子　かやのうねめのあねこ

蚊屋采女姉子　飛鳥時代の女性。舒明天皇の妃

蚊屋皇子　かやのおうじ　⇔かやのみこ

蚊屋皇子　飛鳥時代の舒明天皇の皇子

萱坊　かやのぼう

萱坊　?～1615　江戸前期の高野法師

蚊屋皇子　かやのみこ　⇔かやのおうじ

蚊屋皇子　飛鳥時代の舒明天皇の皇子《蚊屋皇子》

茅麿　かやまろ

茅麿　江戸後期の俳人

佳雄　かゆう

佳雄　江戸後期の俳人

嘉祐　かゆう
嘉祐　安土桃山時代の連歌作者
臥遊　がゆう
清水(しみず)臥遊　江戸中期の庄屋
禾葉　かよう
禾葉　？～1844？　江戸後期の俳諧師。石井氏
華陽　かよう
合田(あいだ)華陽　江戸中期の漢学者
岡田(おかだ)華陽　1770～1848　江戸中期・後期の医者
高橋(たかはし)華陽　1752～1822　江戸中期・後期の漢学者
中島(なかじま)華陽　1813～1877　江戸末期の画家
通　かよう　⇔とおる
渡辺(わたなべ)通　？～1543　戦国時代の武士
峨洋堂　がようどう
峨洋堂　江戸後期の読本作者
可与子　かよこ
鈴木(すずき)可与子　江戸後期の女性。『東海道人物志』の三河の吉田の項に「筝」とのみ記す
唐　から
県犬養(あがたのいぬかいの)唐　奈良時代の官人
何頼　からい
高田(たかだ)何頼　1768～1829　江戸後期の俳人
可頼　からい
可頼　江戸前期の俳諧師
青地(あおち)可頼　江戸前期の俳人
可楽　からく
可楽　江戸後期の俳人
可良久　からく
羽鳥(はとり)可良久　1775～1847　江戸中期・後期の幡羅郡善ヶ島村の名主、俳人
唐丸　からまる
唐丸　？～1864　江戸後期・末期の俳人・狂歌師
文泉舎(ぶんせんしゃ)唐丸　江戸後期の狂歌作者
可良麻呂　からまろ
倭文部(しとりべの)可良麻呂　奈良時代の防人
可理　かり
大橋(おおはし)可理　江戸前期の金沢の俳人
加理伽　かりか
加理伽　奈良時代の種子島益救郡の大領
可立　かりつ
可立　江戸末期の俳人
鴈手　かりて
犬飼部(いぬかいべの)鴈手　奈良時代の製塩業者
我利爺　がりや
古見(こみ)我利爺　江戸時代の奄美大島名瀬古見の首長
下流　かりゅう
下流　江戸後期の俳人
可柳　かりゅう
愚性庵(ぐしょうあん)可柳　江戸後期の音曲家
我柳　がりゅう
我柳　1813～1879　江戸後期～明治期の俳人
矢田(やだ)我柳　？～1879　江戸後期～明治期の加賀国河北郡庄村の俳人
嘉陵　かりょう
上松(うえまつ)嘉陵　江戸後期の画家
村尾(むらお)嘉陵　1760～1841　江戸中期・後期の幕臣
若林(わかばやし)嘉陵　1759～1839　江戸中期・後期の漢学者
珂涼　かりょう
珂涼　1696～1771　江戸中期の俳人
荷了　かりょう
荷了　江戸後期の俳人
莪陵　がりょう
莪陵　江戸中期の俳人
臥竜斎　がりょうさい
飯塚(いいづか)臥竜斎　1780～1840　江戸中期・後期の剣術家。気楽流
嘉林　かりん
井上(いのうえ)嘉林　江戸中期の和算家
花隣　かりん
岸本(きしもと)花隣　江戸中期の俳人
寛林　かりん　⇔かんりん
山崎(やまざき)寛林　江戸後期の和算家《山崎寛林》
華林院　かりんいん
華林院　？～1611　江戸前期の女性。2代高山城主の金森可重の生母
軽人　かるんど
紀(きの)軽人　？～1830　江戸後期の狂歌師
花朗　かろう
花朗　1733～1803　江戸中期・後期の俳人
霞朗　かろう
嘉会(かあい)霞朗　江戸後期～明治期の金沢の俳人
鵞老　がろう
岡部(おかべ)鵞老　1746～1818　江戸中期・後期の画人
鵞老山人　がろうさんじん
鵞老山人　江戸後期の絵師
蛙麿　かわずまろ
岩本(いわもと)蛙麿　1817～1868　江戸後期・末期の書肆
川瀬　かわせ
川瀬　戦国時代の北条氏の家臣
河瀬麻呂　かわせまろ
阿古志海部(あこしあまの)河瀬麻呂　奈良時代の人
河蔵　かわぞう
万田(まんだ)河蔵　江戸末期の新撰組隊士《万田河三》
河内　かわち
河内　平安後期の歌人
板垣(いたがき)河内　安土桃山・江戸前期の地侍
遠藤(えんどう)河内　安土桃山時代の武将

才間(さいま)河内　?～1548　戦国時代の武田晴信の重臣
多賀谷(たがや)河内　戦国時代の武士。小山秀綱の家臣

河内守秀秋　かわちのかみひであき
羽柴(はしば)河内守秀秋　?～1615　江戸前期の人。羽柴河内守秀頼の親類

河内守昌始　かわちのかみまさもと
朝比奈(あさひな)河内守昌始　1743～1827　江戸中期・後期の77代長崎奉行

か

河内守守信　かわちのかみもりのぶ
水野(みずの)河内守守信　1577～1636　安土桃山・江戸前期の5代長崎奉行

西麻呂　かわちまろ
大和(やまとの)西麻呂　奈良時代の官人

川知麻呂　かわちまろ
卜部(うらべの)川知麻呂　平安前期の郡司

河継　かわつぐ
弘野(ひろのの)河継　平安前期の官人。左比橋を修理

川常　かわつね
依田亭(よだてい)川常　1770～1850　江戸中期・後期の狂歌作者

河主　かわぬし
飛鳥戸(あすかべの)河主　平安前期の官人
石川(いしかわの)河主　平安前期の官人
紀(きの)河主　平安中期の官人

河根　かわね
清滝(きよたきの)河根　平安前期の官人

江人　かわひと
笠(かさの)江人　奈良時代の官人

河麻呂　かわまろ
大原(おおはらの)河麻呂　平安前期の官人

川村王　かわむらおう
川村王　奈良時代の官人

河村王　かわむらのおおきみ
河村王　奈良時代の官人。万葉歌人

河望　かわもち
紀(きの)河望　平安中期の官人

河守　かわもり
紀(きの)河守　平安前期の官人

川原史満　かわらのふひとまろ
野中(のなかの)川原史満　飛鳥時代の氏族

寛　かん　⇔ひろし, ゆたか
小河(おがわ)寛　1712～1761　江戸中期の医師
寺田(てらだ)寛　1853～?　江戸後期～明治期の代言人。東雲新聞社長、立志社二等発起人
野村(のむら)寛　江戸後期の藩士
湯浅(ゆあさ)寛　?～1842　江戸後期の小松の集義堂で教授

幹　かん　⇔こわし, みき
小笠原(おがさわら)幹　1825～1894　江戸後期～明治期の入間県参事《小笠原幹》
戸田(とだ)幹　江戸前期の人。「鎌倉紀行」の著者

簡　かん
佐藤(さとう)簡　江戸末期の漢学者
冢田(つかだ)簡　1778～1810　江戸中期・後期の漢学者
塚原(つかはら)簡　江戸末期・明治期の和算家

貫　かん
清村(きよむら)貫　江戸中期・後期の漢学者
墨江(すみのえ)貫　江戸後期の漢学者

鑑　かん
薗(その)鑑　?～1884　江戸後期～明治期の幕臣

焕　かん
佐野(さの)焕　?～1890　江戸後期～明治期の漢学者

観阿　かんあ
観阿　江戸前期の浄土宗の僧
観阿　江戸末期の浄土真宗の僧

願阿　がんあ
願阿　?～1486　室町時代後期の勧進僧

貫阿弥　かんあみ
島村(しまむら)貫阿弥　?～1559　室町時代の武将

願阿弥　がんあみ
願阿弥　室町時代の時宗の僧

観意　かんい
観意　鎌倉時代の僧侶・歌人

勘市　かんいち
横井(よこい)勘市　1840～1896　江戸後期～明治期の興行師

寛一　かんいち
幸坂(こうさか)寛一　1834～1912　江戸後期～明治期の農兵小隊司令
船越(ふなごし)寛一　1802～1864　江戸後期・末期の画家
山口(やまぐち)寛一　1836～1915　江戸末期・明治期の教育者

貫一　かんいち
米原(よねはら)貫一　1835～1898　江戸末期～明治期の医者

貫一郎　かんいちろう
長谷川(はせがわ)貫一郎　1840～1903　江戸後期～明治期の隠岐騒動の中心人物
鵙目(もずめ)貫一郎　江戸末期・明治期の人。岩出山学問所有備館学頭

関一郎　かんいちろう
西山(にしやま)関一郎　1848～1903　江戸後期～明治期の医師

貫允　かんいん
貫允　江戸中期の天台宗の僧

閑院　かんいん
閑院　平安前期の女房・歌人

閑陰　かんいん
閑陰　江戸前期の天台宗の僧

閑院御　かんいんのご
閑院御　平安前期の女房・歌人

閑院五御子　かんいんのごのみこ
閑院五御子　?～859　平安前期の歌人

寒烏 かんう
寒烏 1733〜1794 江戸中期・後期の俳人

甘雨 かんう
遠藤（えんどう）甘雨 1839〜1892 江戸末期の勤王家

勘右衛門 かんうえもん ⇔かんえもん
勘右衛門 江戸後期の甑島郡上甑島小島村の農民
青木（あおき）勘右衛門 1677〜1733 江戸前期・中期の豪農

関右衛門 かんうえもん ⇔せきえもん
伊藤（いとう）関右衛門 ？〜1761 江戸中期の強豪力士

間雲 かんうん
鈴木（すずき）間雲 1831〜1909 江戸後期〜明治期の旧中津藩上士

閑雲 かんうん
閑雲 1778〜1859 江戸中期〜末期の漢詩人
下野（しもの）閑雲 1817〜1885 江戸末期・明治期の漢学者

勘衛 かんえ
鯨井（くじらい）勘衛 1831〜1874 江戸末期・明治期の養蚕家

寛恵 かんえ
寛恵 1064〜1141 平安後期の仁和寺僧

桓恵 かんえ
桓恵 南北朝・室町時代の天台宗の僧、歌人

完永 かんえい
玄心堂（げんしんどう）完永 江戸後期の銅版画家

寛英 かんえい
泉川（いずみかわ）寛英 1767〜1844 江戸中期・後期の絵師

観栄 かんえい
観栄 鎌倉後期の隠岐国海士郡公文

願慧 がんえい
安満（あま）願慧 1835〜1893 江戸末期・明治期の僧。性応寺17代の住職

勘右衛門 かんえもん ⇔かんうえもん
勘右衛門 江戸中期の怒田村名主
勘右衛門 江戸中期の高野山寺領西渋田村庄屋
安藤（あんどう）勘右衛門 江戸時代の足柄下郡宮の下村の温泉宿「藤屋」経営者
伊賀屋（いがや）勘右衛門 江戸中期の江戸の版元、文亀堂
大塚（おおつか）勘右衛門 ？〜1615 江戸前期の武士。大坂の陣で籠城。木村重成組に所属
岡本（おかもと）勘右衛門 江戸末期の武士、普請奉行助
鎰屋（かぎや）勘右衛門 江戸前期の京都糸割符商人
葛西（かさい）勘右衛門 江戸中期の奉行。木造町葛西家の祖
神谷（かみや）勘右衛門 安土桃山時代の検地役人
黒鳥（くろとり）勘右衛門 江戸前期の人。西条新田村を開発
小久保（こくぼ）勘右衛門 1767〜1859 江戸後期の馬庭念流剣術家《小久保勘右衛門斥英》
古館屋敷（こだてやしき）勘右衛門 江戸前期の漁業家
小松（こまつ）勘右衛門 江戸中期の織物技術者
瀬尾（せお）勘右衛門 江戸前期の後藤又兵衛旧交の奉公人
田中（たなか）勘右衛門 ？〜1704 江戸中期の大住郡長持村名主
寺田（てらだ）勘右衛門 1618〜1674 江戸前期の直信流柔道開祖《寺田勘右衛門満英》
直井（なおい）勘右衛門 江戸末期の飛騨谷開発の功労者
原（はら）勘右衛門 江戸後期の橘樹郡上小田中村名主
日禰野（ひねの）勘右衛門 安土桃山時代の織田信長の家臣
平野（ひらの）勘右衛門 ？〜1582 戦国・安土桃山時代の織田信長の家臣
平野（ひらの）勘右衛門 江戸前期の豊臣秀頼の家臣
深井（ふかい）勘右衛門 1770〜1832 江戸後期の柔術家
藤原（ふじわら）勘右衛門 江戸後期の三浦郡大津村名主
水野（みずの）勘右衛門 1827〜1903 江戸後期〜明治期の木遣り師
美濃部（みのべ）勘右衛門 ？〜1731 江戸中期の美作国古町代官
森（もり）勘右衛門 1693〜1768 江戸中期の大住郡南金目村名主
山口（やまぐち）勘右衛門 江戸前期の武士。大坂の陣で籠城。後、稲葉正勝に仕えた
山田（やまだ）勘右衛門 江戸前期の出雲平野開拓者

翫右衛門 かんえもん
中村（なかむら）翫右衛門〔1代〕 江戸後期の歌舞伎役者
中村（なかむら）翫右衛門〔2代〕 1851〜1919 江戸後期〜大正期の歌舞伎俳優

菅右衛門 かんえもん
菅右衛門 戦国時代の武田氏の家臣、諏方春芳軒の代官
水上（みずかみ）菅右衛門 戦国時代の武士

勘右衛門斥英 かんえもんせきえい
小久保（こくぼ）勘右衛門斥英 1767〜1859 江戸後期の馬庭念流剣術家

勘右衛門忠義 かんえもんただよし
小久保（こくぼ）勘右衛門忠義 1836〜1920 江戸末期〜大正期の剣術家

勘右衛門常雄 かんえもんつねお
山本（やまもと）勘右衛門常雄 江戸前期の森忠政に郷士として仕えた

勘右衛門英信 かんえもんひでのぶ
小久保（こくぼ）勘右衛門英信 1795〜1871 江戸後期〜明治期の剣術家

勘右衛門満英 かんえもんみつひで
寺田（てらだ）勘右衛門満英 1618〜1674 江戸前期の直信流柔道開祖

堪円 かんえん ⇔たんえん
堪円 平安中期の天台宗の僧・歌人

寛円 かんえん
寛円 平安後期・鎌倉前期の仏師

澣園 かんえん
井沢(いざわ)澣園 1705～1755 江戸中期の学者

観円 かんえん
観円 平安後期の長谷寺の僧

元円 がんえん
元円 平安後期の仏師

完鷗 かんおう
完鷗 ?～1881 江戸後期～明治期の俳人

観翁 かんおう
米本(よねもと)観翁 ?～1892 江戸後期～明治期の徳島藩儒者

閑欧 かんおう
佐伯(さえき)閑欧 1804～1891 江戸末期の武士
本郷(ほんごう)閑欧 1817～1900 江戸末期・明治期の官吏

閑鷗 かんおう
閑鷗 江戸中期の俳人

玩欧 がんおう
甲賀(こうが)玩欧 ?～1811 江戸後期の画家

玩鷗 がんおう
太田(おおた)玩鷗 1745～1804 江戸中期・後期の儒者

澣花 かんか
澣花 江戸中期の俳人

菅雅 かんが
菅雅 1769～1818 江戸中期・後期の俳諧師
松井(まつい)菅雅 1769～1818 江戸中期・後期の俳人

含芽 がんが
含芽 1715～1769 江戸中期の俳人。商人

寛海 かんかい
寛海 1661～1725 江戸前期・中期の高僧
寛海 1801～1871 江戸後期～明治期の僧

甘海 かんかい
甘海 ?～1880 江戸末期・明治期の俳諧作者。佐久間氏
佐久間(さくま)甘海 1813～1880 江戸末期・明治期の鹿沼の俳人、僧侶

観海 かんかい
観海 1769～1815 江戸中期・後期の真言宗の僧

甘外 かんがい
甘外 ?～1850 江戸後期の金沢の俳人

澣花園 かんかえん
東(ひがし)澣花園 1841～1896 江戸末期の漢学者

堪覚 かんかく
堪覚 室町時代の僧侶・歌人

寛覚 かんかく
寛覚 鎌倉後期の僧

桓覚 かんかく
桓覚 南北朝時代の天台宗の僧・歌人

観覚 かんかく ⇔かんがく
観覚 平安後期・鎌倉前期の真言宗の僧
井出(いで)観覚 1711～1782 江戸中期の僧侶

冠岳 かんがく
沖(おき)冠岳 ?～1876 江戸後期～明治期の画家

観覚 かんがく ⇔かんかく
松山(まつやま)観覚 1843～1909 江戸後期～明治期の天台宗の僧・歌人

観岳 かんがく
長柄(ながら)観岳 1845～1878 江戸後期～明治期の僧

菅岳 かんがく
堀(ほり)菅岳 1801～1844 江戸後期の漢学者

貫河堂 かんがどう
石川(いしかわ)貫河堂 1780～1859 江戸中期～末期の画家

閑々子 かんかんし
閑々子 1752～1827 江戸中期・後期の僧、書・画家

管窺 かんき ⇔かんきゅう
市浦(いちうら)管窺 1682～1748 江戸中期の漢学者

観岐 かんき
観岐 ?～782 奈良時代の僧侶

観機 かんき
潜巌(せんがん)観機 ?～1755 江戸中期の曹洞宗の僧

官吉 かんきち
上田(うえだ)官吉 1839～1868 江戸末期の志士

鑑吉 かんきち
石川(いしかわ)鑑吉 1825～? 江戸後期・末期の従者。1860年遣米使節に随行しアメリカに渡る

閑吉 かんきち
国分(こくぶん)閑吉 1835～1896 江戸後期～明治期の盛岡藩立郷学校令斉場の文武世話方

寛久 かんきゅう ⇔ひろひさ
谷(たに)寛久 1842～1925 江戸末期～大正期の松江藩金工

管窺 かんきゅう ⇔かんき
市浦(いちうら)管窺 1682～1748 江戸中期の漢学者《市浦管窺》

関牛 かんぎゅう
蔀(しとみ)関牛 ?～1843 江戸後期の画家

寒魚 かんぎょ
山田(やまだ)寒魚 江戸末期の書家

含虚 がんきょ
性天(しょうてん)含虚 江戸前期・中期の臨済宗の僧

観教 かんきょう
観教 934～1012 平安中期の天台宗の僧・歌人

間喬 かんきょう
岡(おか)間喬 江戸中期の商家

甘暁　かんぎょう
松本（まつもと）甘暁　1814〜1896　江戸後期〜明治期の壬生町通の本陣、名主役

元慶　がんきょう
元慶　平安中期・後期の僧

願暁　がんぎょう
願暁　1102〜1159　平安後期の僧。大僧正。堀河天皇の皇子

願行　がんぎょう
願行　？〜1295　鎌倉後期の僧。京都泉涌寺第6世《願行房憲静》

寛救　かんく
寛救　平安後期の西大寺の別当

観空　かんくう
観空　1205〜？　鎌倉前期の浄土宗の僧
観空　？〜1719　江戸前期・中期の浄土宗の僧
西谷（にしたに）観空　江戸後期の易学者

閑空　かんくう
閑空　江戸後期の俳人

雁空　がんくう
雁空　1734〜1808　江戸中期・後期の俳人

神櫛王　かんぐしおう
神櫛王　上代の国造

勘九郎　かんくろう
阿部（あべ）勘九郎　1805〜1872　江戸後期〜明治期の阿部勘酒造店7代目

環渓　かんけい
久我（くが）環渓　1804〜1884　江戸後期〜明治期の禅僧

観景　かんけい
観景　1612〜1674　江戸前期の律宗の僧

閑景　かんけい
高橋（たかはし）閑景　1816〜1887　江戸後期〜明治期の松山藩御能方・松山藩士

寛月　かんげつ
池田（いけだ）寛月　？〜1802　江戸中期・後期の心学者

観月　かんげつ
大陽（だいよう）観月　1672〜1731　江戸前期・中期の曹洞宗の僧
東湖（とうこ）観月　江戸後期の著述家
蜷川（にながわ）観月　1789〜1848　江戸後期の画家

完憲　かんけん
完憲　平安後期の延暦寺の僧

観賢　かんけん
観賢　853〜925　平安前期・中期の真言宗の僧

甘古　かんこ
甘古　？〜1863　江戸後期・末期の俳人

貫古　かんこ　⇔つらふる
貫古　江戸中期の俳人・医者

完伍　かんご
伊藤（いとう）完伍　1796〜1869　江戸後期〜明治期の俳人

寛吾　かんご
桂田（かつらだ）寛吾　1839〜1872　江戸後期〜明治期の新徴組士

鑑吾　かんご
石井（いしい）鑑吾　江戸末期・明治期の庄屋

岸虎　がんこ
岸虎　江戸中期の俳人

翫古　がんこ
賀美（かみ）翫古　江戸中期の漢詩人

頑古庵　がんこあん
宮崎（みやざき）頑古庵　1810〜1892　江戸後期〜明治期の俳人・漢詩人

完興　かんこう
島袋（しまぶくろ）完興　1805〜1887　江戸後期〜明治期の芸能者

寛洪　かんこう
徹堂（てつどう）寛洪　江戸中期の曹洞宗の僧

干候　かんこう
干候　江戸中期の俳人

観光　かんこう
観光　1512〜？　戦国時代の糠部三十三観音巡礼の選者
片山（かたやま）観光　江戸中期の漢学者

貫考　かんこう
朝倉（あさくら）貫考　江戸中期の武士、俳人

浣江　かんこう
植田（うえだ）浣江　1771〜1860　江戸中期〜末期の医家

勧豪　かんごう
勧豪　1817〜1878　江戸後期〜明治期の天台宗の僧侶

貫豪　かんごう
貫豪　1752〜？　江戸中期・後期の天台宗の僧

感光院　かんこういん
感光院　1802〜1803　江戸後期の女性。徳川家斉の十女

柑谷　かんこく
藤田（ふじた）柑谷　1812〜1870　江戸末期の画家

甘谷　かんこく
坪田（つぼた）甘谷　？〜1817　江戸中期・後期の金沢の俳人
野口（のぐち）甘谷　1714〜1778　江戸中期の漢学者

勘五郎　かんごろう
折井（おりい）勘五郎　1846〜1890　江戸後期〜明治期の大庄屋
中谷（なかたに）勘五郎　江戸末期の戯作者

寛佐　かんさ
寛佐　1584〜1642　安土桃山・江戸前期の僧、連歌師

勘斎　かんさい
佐々部（ささべ）勘斎　笹部勘斎に同じ
笹部（ささべ）勘斎　？〜1579　戦国時代の備前国の武将

完斎　かんさい
大塚(おおつか)完斎　1841〜1893　江戸後期〜明治期の教育家
寛哉　かんさい
古満(こま)寛哉〔1代〕　?〜1792　江戸中期・後期の蒔絵師
寛斎　かんさい
井神(いがみ)寛斎　江戸時代の歌人
井郁(いむら)寛斎　1806〜1874　江戸後期〜明治期の書家
栗田(くりた)寛斎　?〜1898　江戸末期・明治期の神官、事業家
相馬(そうま)寛斎　1791〜1862　江戸後期・末期の書家
畠中(はたなか)寛斎　江戸中期の儒者
三保家(みほのや)寛斎　1837〜1895　江戸後期〜明治期の教育者
吉岡(よしおか)寛斎　1833〜1908　江戸末期・明治期の医師
幹斎　かんさい
今(こん)幹斎　1833〜1892　江戸末期の弘前藩医
高村(たかむら)幹斎　1802〜1850　江戸後期の医者・本草家
三木(みき)幹斎　1832〜1861　江戸後期・末期の漢詩人
吉村(よしむら)幹斎　1789〜1847　江戸後期の漢学者
看斎　かんさい
伊野辺(いのべ)看斎　江戸中期の将棋士
簡斎　かんさい
片岡(かたおか)簡斎　江戸末期の画家
神谷(かみや)簡斎　1823〜1916　江戸末期〜大正期の官史、郷土史家
佐藤(さとう)簡斎　江戸末期・明治期の俳人
田辺(たなべ)簡斎　1746〜1813　江戸中期・後期の漢学者
馬場(ばば)簡斎　?〜1870　江戸末期の漢学者
観斎　かんさい
橘(たちばな)観斎　1765〜1840　江戸末期・明治期の教育者
貫斎　かんさい
多湖(たこ)貫斎　江戸後期の儒者
中島(なかじま)貫斎　1694〜1762　江戸中期の砲術家
間斎　かんさい
狩野(かのう)間斎　1797〜1869　江戸後期〜明治期の漢学者
閑斎　かんさい
大井(おおい)閑斎　江戸後期の医者
津田(つだ)閑斎　1641〜1713　江戸前期・中期の漢学者
閑斉　かんさい
樋口(ひぐち)閑斉　1802〜1863　江戸後期・末期の前沢領主三沢氏家臣
咸斎　かんさい
富沢(とみさわ)咸斎　1788〜1860　江戸後期・末期の漢学者
藤井(ふじい)咸斎　?〜1843　江戸後期の本草家
山本(やまもと)咸斎　江戸後期の医者
渙斎　かんさい
磯野(いその)渙斎　?〜1774　江戸中期の藩士・漢学者
緘斎　かんさい
秦(はた)緘斎　1834〜1906　江戸後期〜明治期の私塾経営者
梡斎　かんさい
小村(こむら)梡斎　江戸後期・末期の蘭方医
勘左衛門　かんざえもん
浅野(あさの)勘左衛門　?〜1821　江戸中期・後期の須賀村庄屋
内山(うちやま)勘左衛門　江戸末期の新撰組隊士?
小野寺(おのでら)勘左衛門　1851〜1924　江戸末期〜大正期の篤志家
柏倉(かしわくら)勘左衛門　江戸前期の武士。大坂の陣で籠城。後、池田輝澄に仕えた
清野(きよの)勘左衛門　?〜1638　安土桃山・江戸前期の布施窪開拓者
塩島(しおじま)勘左衛門　1729〜1819　江戸中期の堰開削者
宍戸(ししど)勘左衛門　?〜1686　江戸前期の兵学者
篠田(しのだ)勘左衛門　?〜1824　江戸中期・後期の剣術家。直心影流
杉山(すぎやま)勘左衛門　江戸中期の役者
武山(たけやま)勘左衛門　1616〜1683　江戸前期の庄内藩士
直井(なおい)勘左衛門　江戸中期の高山御役所の役人
中野(なかの)勘左衛門　1812〜1861　江戸後期・末期の発明家
長野(ながの)勘左衛門　1551〜1600　戦国・安土桃山時代の武将
中村(なかむら)勘左衛門　戦国時代の武士
西脇(にしわき)勘左衛門　1647〜1722　江戸前期・中期の剣術家。西脇流祖
花井(はない)勘左衛門　安土桃山時代の岐阜惣町頭
はなれやま(はなれやま)勘左衛門　安土桃山時代の信濃国筑摩郡小芹・大久保・花見の土豪
松下(まつした)勘左衛門　安土桃山・江戸前期の代官
宮島(みやじま)勘左衛門　1814〜1868　江戸後期・末期の産業功労者
柳井(やない)勘左衛門　1590〜1641　安土桃山・江戸前期の備中檀紙の製造元
山村(やまむら)勘左衛門　江戸後期の鎌倉住の御用鍛冶
山脇(やまわき)勘左衛門　安土桃山時代の織田信長の家臣
渡辺(わたなべ)勘左衛門　江戸前期の三島宿にいた箱根山廻り役
官左衛門　かんざえもん
畑(はた)官左衛門　江戸中期の書家

勘左衛門仲則　かんざえもんなかのり
安村(やすむら)勘左衛門仲則　1584　安土桃山時代の摂津の塩川頼運の家来
勘左衛門尉　かんざえもんのじょう
瓦園(かわらぞの)勘左衛門尉　安土桃山時代の織田信長の家臣
神前王　かんざきおう
神前王　奈良時代の官人
貫作　かんさく
中条(ちゅうじょう)貫作　1819～1877　江戸後期～明治期初期の医者
菅作　かんさく
永原(ながはら)菅作　安土桃山時代の武将
長原(ながはら)菅作　永原菅作に同じ
頑作　がんさく
大滝(おおたき)頑作　江戸末期の蘭方医
乾三郎　かんざぶろう
西脇(にしわき)乾三郎　1850～？　江戸後期・末期の新撰組隊士《西脇乾次郎》
勘三郎　かんざぶろう
勘三郎　？～1741　江戸中期の塩谷郡東船生村で起きた逃散事件の首謀者
阿部(あべ)勘三郎　1783～1853　江戸中期・後期の人。梅を植えて菓子を作り塩釜名産とした
一瀬(いちのせ)勘三郎　1784～1866　江戸中期～末期の林大学頭勤番詰、勘定吟味役
井出(いで)勘三郎　1822～1895　江戸後期～明治期の地方家畜改良家
佐々木(ささき)勘三郎　1680～1741　江戸前期・中期の砲術家
常世(とこよ)勘三郎　江戸中期の碩学
平岡(ひらおか)勘三郎　1601～1663　江戸前期の甲斐国代官
吉田(よしだ)勘三郎　江戸末期の鄽村玉川広太夫座で活躍した人形使いの名人
官三郎　かんざぶろう
横地(よこち)官三郎　1838～1907　江戸後期～明治期の隠岐騒動指導者
歓三郎　かんざぶろう
満藤(まんどう)歓三郎　1817～1894　江戸後期～明治期の精農家
桓算　かんさん
桓算　平安中期の僧
貫三　かんさん　⇔かんぞう
貫三　江戸後期の真言宗の僧
冠山　かんざん
池田(いけだ)冠山　1767～1833　江戸中期・後期の鳥取支藩若桜第5代藩主、学者
小笠原(おがさわら)冠山　1763～1821　江戸中期・後期の儒者
完山　かんざん
野坂(のさか)完山　1785～1840　江戸中期・後期の医者
寛山　かんざん
寛山　江戸後期の僧。比企郡菅谷村の曹洞宗東昌寺の住職
漢山　かんざん
加藤(かとう)漢山　江戸末期の郷土画家
中島(なかじま)漢山　1815～1896　江戸末期・明治期の教育者、松山藩士
観山　かんざん
桑原(くわばら)観山　1811～1881　江戸後期～明治期の幡谷村の名主
松本(まつもと)観山　江戸後期の画家
寥々山(りょうりょうざん)観山　1716～1785　江戸中期の茶人、僧侶
貫山　かんざん
江藤(えとう)貫山　1807～1860　江戸後期の医者
村井(むらい)貫山　1824～1897　江戸後期～明治期の学者
閑山　かんざん
丸山(まるやま)閑山　1810～1872　江戸後期～明治期の松山藩士
関山　かんざん
梶山(かじやま)関山　1836～1920　江戸後期～大正期の陶芸家、公共事業家
福島(ふくしま)関山　江戸中期の画家
森(もり)関山　1844～1898　江戸後期～明治期の画家
函山　かんざん
小林(こばやし)函山　江戸後期の漢学者
坎山　かんざん
山口(やまぐち)坎山　？～1850　江戸後期の和算の教師
翫山　がんさん
翫山　1815～1895　江戸後期～明治期の俳人
元三大師　がんざんだいし
元三大師　912～985　平安中期の僧侶、第18代天台座主慈恵大師良源
喚之　かんし
喚之　？～1800　江戸中期・後期の俳人
完子　かんし　⇔さだこ
平(たいら)完子　平安後期の女性。清盛女、関白藤原基通室《平完子》
幹止　かんし
鈴木(すずき)幹止　1853～？　江戸後期～明治期の教育者
歓之　かんし
歓之　江戸中期の俳人
貫之　かんし
森(もり)貫之　？～1841　江戸後期の代官
関之　かんし
池田(いけだ)関之　？～1816　江戸後期の俳人
灌子　かんし　⇔あつこ
藤原(ふじわら)灌子　平安中期の女房・歌人
鷳子　かんし
鷳子　江戸中期の俳人
冠二　かんじ
吉田(よしだ)冠二〔2代〕　1747～1803　江戸中期・後期の人形浄瑠璃の人形遣い

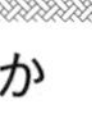
か

か

勘次　かんじ
小林(こばやし)勘次　?～1618　江戸前期の伏見町人

巻耳　かんじ
巻耳　江戸中期の俳人
巻耳　江戸中期の俳人。森氏

完而　かんじ
完而　江戸後期の俳人

官司　かんじ
山田(やまだ)官司　1825～1869　江戸後期～明治期の武芸家

官治　かんじ
石部(いしべ)官治　1720～1797　江戸中期・後期の眼科医

寛司　かんじ
鹿塩(かしお)寛司　1842～1872　江戸末期の国学平田派門人

寛次　かんじ
一瀬(いちのせ)寛次　江戸末期の新撰組隊士《一瀬寛治》

寛治　かんじ
一瀬(いちのせ)寛治　江戸末期の新撰組隊士
江渡(えど)寛治　1850～1912　江戸後期～明治期の人。藤坂村に伝統芸能「鶏舞」を普及
谷(たに)寛治　?～1835　江戸後期の彫金家
常陸(ひたち)寛治　1839～1906　江戸後期～明治期の獣医

監二　かんじ
大石(おおいし)監二　1843～1899　江戸後期～明治期の教育者

岸紫　がんし
岸紫　江戸中期の俳諧・雑俳点者

岸芷　がんし
岸芷　?～1829　江戸後期の俳人
細木(ほそき)岸芷　?～1829　江戸後期の能登国鳳至郡曾良村の俳人

岸次　がんじ
北川(きたがわ)岸次　1836～1882　江戸後期～明治期の彫刻家

岩二　がんじ
岩二　1762～1830　江戸中期・後期の俳人

勘七　かんしち
岸田屋(きしだや)勘七　?～1859　江戸後期・末期の義民
国広(くにひろ)勘七〔1代〕　江戸時代の弘前藩お抱え刀工
桜井(さくらい)勘七　江戸後期の久良岐郡太田村名主
田島(たしま)勘七　1826～1902　江戸後期～明治期の畜産家
内藤(ないとう)勘七　江戸後期の橘樹郡下小田中村名主

菅七　かんしち
水上(みずかみ)菅七　戦国時代の武士

勘七郎　かんしちろう
朝日(あさひ)勘七郎　江戸前期の三島代官五味豊法の手代。川津組を支配
織田(おだ)勘七郎　?～1582　戦国・安土桃山時代の織田信長の家臣
諏方(すわ)勘七郎　安土桃山時代の諏訪大社社家衆
津田(つだ)勘七郎　江戸前期の武士。大坂の陣で籠城。津田主水昌澄の長男

菅七郎　かんしちろう
佐目田(さめだ)菅七郎　安土桃山時代の武田氏の家臣、菊姫の付家臣

勘七郎重政　かんしちろうしげまさ
笠井(かさい)勘七郎重政　江戸前期の武士。大坂の陣で籠城

淹実　かんじつ
淹実　1113～1200　平安後期・鎌倉前期の真言宗の僧

寛寿　かんじゅ
谷(たに)寛寿　?～1835　江戸後期の松江藩金工

看寿　かんじゅ
伊藤(いとう)看寿　1719～1760　江戸中期の将棋士

寒秀　かんしゅう
寒秀　?～1789　江戸中期・後期の俳人
下野(しもの)寒秀　1817～1885　江戸末期・明治期の漢学者《下野閑雲》

観秀　かんしゅう
観秀　?～1790　江戸中期・後期の浄土真宗の僧

寛重　かんじゅう
梅原(うめばら)寛重　1843～1911　江戸後期～明治期の農業研究家

観什　かんじゅう
観什　?～1873　江戸後期～明治期の浄土真宗の僧

貫宗　かんじゅう
三沢(みさわ)貫宗　1812～1880　江戸後期～明治期の僧侶

岩州　がんしゅう
中村(なかむら)岩州　1777～?　江戸中期・後期の漢学者

元秀　がんしゅう　⇔げんしゅう, もとひで
元秀　江戸中期の浄土真宗の僧

嵒洲　がんしゅう
中村(なかむら)嵒洲　1777～1850　江戸後期の漢学者

冠十郎　かんじゅうろう
嵐(あらし)冠十郎　1853～1925　江戸末期～大正期の歌舞伎役者

勘十郎　かんじゅうろう
生田(いくた)勘十郎　?～1614　江戸前期の武士。大坂の陣で籠城
桐竹(きりたけ)勘十郎　江戸中期の人形浄瑠璃人形遣い
塩河(しおかわ)勘十郎　安土桃山時代の織田信長の家臣
志村(しむら)勘十郎　安土桃山時代の甲斐国八代

郡河内岩間庄中山の土豪
竹原(たけはら)勘十郎　1720〜1794　江戸中期・後期の藩政改革者
永田(ながた)勘十郎　江戸前期の酒田の豪商
橋本(はしもと)勘十郎　?〜1586　戦国・安土桃山時代の人。橋本村瑞光寺の開基
平野(ひらの)勘十郎　?〜1717　江戸前期・中期の弓師
藤間(ふじま)勘十郎　1833〜1877　江戸後期以来の日本舞踊の家元
藤間(ふじま)勘十郎〔5代〕　1832〜1892　江戸末期・明治期の舞踊家
松本(まつもと)勘十郎　1836〜1898　江戸末期・明治期のクリスチャン実業家
村本(むらもと)勘十郎　1797〜1870　江戸後期〜明治期の算学者
山谷(やまや)勘十郎　?〜1702　江戸前期の開拓者

観俊　かんしゅん
観俊　1206〜1270　鎌倉前期・後期の僧。理性院々主

寛順　かんじゅん
寛順　江戸中期の真言宗の僧
柳沢(やなぎさわ)寛順　1816〜1885　江戸後期〜明治期の寺子屋師匠

歓順　かんじゅん
歓順　?〜1678　江戸前期の浄土真宗の僧

寛所　かんしょ
徳田(とくだ)寛所　?〜1888　江戸後期〜明治期の医師

観助　かんじょ
観助　江戸前期の真言宗の僧

寒松　かんしょう
寒松　1550〜1636　戦国〜江戸前期の足利学校第10世庠主

寛昭　かんしょう
寛昭　1136〜?　平安後期の仁和寺僧

歓生　かんしょう
越前屋(えちぜんや)歓生　江戸中期の加賀国能美郡小松泥町の俳人

観正　かんしょう
木食(もくじき)観正　1754〜1829　江戸後期の僧侶

閑唱　かんしょう
閑唱　1625〜1684　江戸前期の浄土宗の僧

寛乗　かんじょう
後藤(ごとう)寛乗　1612〜1653　江戸前期の装剣金工

寛常　かんじょう
船田(ふなだ)寛常　江戸後期の金工家

岩松　がんしょう　⇔いわまつ
岩松　江戸中期・後期の俳人

願照　がんしょう
願照　奈良時代の僧。師寺寺主

元性　がんしょう　⇔げんしょう
元性　1151〜1184　平安後期の僧

元精　がんしょう
三浦(みうら)元精　?〜1610　安土桃山・江戸前期の毛利氏の重臣

寒松軒　かんしょうけん
小田切(おだぎり)寒松軒　1690〜1774　江戸中期の狩野派の画家

巌松斎　がんしょうさい
守屋(もりや)巌松斎　?〜1868　江戸末期の生花師匠

勘四郎　かんしろう
新井(あらい)勘四郎　1825〜1912　江戸後期〜明治期の甲源一刀流剣術家
板垣(いたがき)勘四郎　1686〜1761　江戸前期・中期の伊豆におけるワサビ栽培の始祖
佐分利(さぶり)勘四郎　1814〜1890　江戸末期・明治期の官吏
進藤(しんどう)勘四郎　?〜1685　江戸前期の剣術家。願立流
原田(はらだ)勘四郎　?〜1773　江戸中期の青原村庄屋、鉄山師
平沢(ひらさわ)勘四郎　安土桃山時代の信濃国伊那郡虎岩郷の土豪
前田(まえだ)勘四郎　江戸末期の代官
谷津(やつ)勘四郎　江戸末期の幕臣・小人目付。1864年遣仏使節に随行しフランスに渡る

勘次郎　かんじろう
鎌田(かまた)勘次郎　?〜1713　江戸前期・中期の鍔工
妹尾(せのお)勘次郎　1810〜1889　江戸後期〜明治期の大原焼の代表的名工
高橋(たかはし)勘次郎　1794〜1865　江戸後期・末期の大工
都築(つづき)勘次郎　1834〜1913　江戸末期〜大正期の瓦屋

勘四郎智昭　かんしろうともあき
新井(あらい)勘四郎智昭　1825〜1912　江戸後期〜明治期の甲源一刀流剣術家《新井勘四郎》

寛深　かんしん
寛深　1723〜1787　江戸中期の真言宗の僧

寛儆　かんしん
寛儆　906〜981　平安中期の天台宗延暦寺僧

観信　かんしん
観信　1791〜1862　江戸中期の浄土真宗の僧

還真　かんしん
還真　?〜1767　江戸中期の平塚新宿に鎮座する八幡社へ鳥居奉建

閑心　かんしん
閑心　平安中期の人。右大臣菅原道真の家臣

寛信　かんじん　⇔ひろのぶ
寛信　1084〜1153　平安後期の僧。真言宗勧修寺流の祖

菅人　かんじん
朱楽館(あけらかん)菅人　江戸後期の狂歌作者

元真　がんしん　⇔もとざね
元真　?〜1008　平安中期の真言僧

か

潅水　かんすい
潅水　江戸中期の僧。八戸城二の丸の豊山寺2世和尚
山田(やまだ)潅水　江戸中期の茶人
環翠　かんすい
松尾(まつお)環翠　1810〜1887　江戸末期の画家
観水　かんすい
青山(あおやま)観水　?〜1900　江戸末期・明治期の南画家
閑水　かんすい
閑水　1682〜1744　江戸前期・中期の俳諧師
閑酔　かんすい
閑酔　江戸中期の俳人
含翠　がんすい
阿部(あべ)含翠　1825〜1880　江戸後期〜明治期の儒者
沼田(ぬまた)含翠　1835〜1908　江戸後期〜明治期の武士
巌水　がんすい
小川(おがわ)巌水　1809〜1848　江戸末期の彫刻師(3代目巌)
玩水　がんすい
芝田(しばた)玩水　江戸中期の書家
玩水軒　がんすいけん
山崎(やまざき)玩水軒　1651〜1686　江戸前期の漢学者
勘介　かんすけ
前田(まえだ)勘介　1808〜1884　江戸後期〜明治期の揖宿郡指宿郷の郷士
馬詰(まづめ)勘介　江戸末期の新撰組隊士《馬詰勘助》
勘助　かんすけ
伊勢屋(いせや)勘助　1777〜1851　江戸中期・後期の慈善家
糸井(いとい)勘助　1820〜1899　江戸末期・明治期の豪商
宇治(うじ)勘助　江戸時代の庄屋
江田(えだ)勘助　江戸前期の儒学者
大庭(おおば)勘助　江戸前期の槍術家
木津(きづ)勘助　1587〜1661　安土桃山・江戸前期の開拓者
木村(きむら)勘助　1590〜1637　安土桃山・江戸前期の日形領主
佐藤(さとう)勘助　江戸後期の酒造業
細野(ほその)勘助　江戸後期の武芸家
馬詰(まづめ)勘助　江戸末期の新撰組隊士
望月(もちづき)勘助　江戸中期の浮世絵師
槍持(やりもち)勘助　江戸中期の槍持
勘祐　かんすけ
川田(かわだ)勘祐　江戸時代の仙台藩普請奉行
幹助　かんすけ
領家(りょうけ)幹助　1851〜1914　江戸末期〜大正期の医師
関助　かんすけ　⇔せきすけ
山口(やまぐち)関助　江戸前期の園部藩士
菅助　かんすけ
山本(やまもと)菅助〔2代〕　1553〜1575　戦国・安土桃山時代の初代菅助の嫡男
咸佐　かんすけ
戸川(とがわ)咸佐　1681〜1757　江戸前期・中期の藩士
鳫助　がんすけ
柴(しば)鳫助　江戸後期の韮山代官江川氏の手代
勘助藤原重正　かんすけふじわらしげまさ
加藤(かとう)勘助藤原重正　1574〜1645　安土桃山・江戸前期の清厳院中興の開基
感世　かんせい
感世　平安中期の仏師
甘井　かんせい
甘井　江戸後期の俳人
鈴木(すずき)甘井　1744〜1812　江戸中期・後期の博物医薬研究家、高田藩家老
観盛　かんせい
観盛　平安時代の画僧
貫成　かんせい
貫成　1851〜1922　江戸末期〜大正期の歌人
閑清　かんせい
板橋(いたばし)閑清　?〜1820　江戸中期・後期の茶人
願西　がんせい
願西　平安後期の三好郡雲辺寺の僧
貫石　かんせき
九九庵(つくもあん)貫石　1851〜1912　江戸後期〜明治期の俳人
寒雪　かんせつ
新井(あらい)寒雪　江戸後期の画家
関雪　かんせつ
大西(おおにし)関雪　1840〜1916　江戸末期〜大正期の観世の大家
寒川　かんせん
新名(しんめい)寒川　1852〜1886　江戸末期・明治期の教育者
甘泉　かんせん
結城(ゆうき)甘泉　江戸後期の画家
横田(よこた)甘泉　1774〜1847　江戸中期・後期の俳人
観暹　かんせん
観暹　平安時代の僧侶・歌人
環善　かんぜん
三雲(みくも)環善　1762〜1805　江戸中期・後期の医者
寛泉斎　かんせんさい
松原(まつばら)寛泉斎　1816〜1888　江戸後期〜明治期の画家
甘泉堂　かんせんどう
甘泉堂　江戸後期の書肆
官鼠　かんそ
六花庵(ろっかあん)官鼠　?〜1803　江戸中期・後期の俳人

乾叟　かんそう
乾叟　？～1680　江戸前期の僧。府内蔣山万寿寺の中興

寛宗　かんそう
寛宗　1126～1177　平安後期の中御門右大臣藤原宗忠の息宗能の子
寛宗　1108～1159　平安後期の僧。法琳寺別当（太元阿闍梨）
寛宗　南北朝時代の僧侶・歌人

間叟　かんそう
新楽（にいら）間叟　1764～1827　江戸中期・後期の幕臣

閑窓　かんそう
荒井（あらい）閑窓　1852～1925　江戸末期～大正期の俳人

閑叟　かんそう
新楽（にいら）閑叟　1764～1827　江戸中期・後期の幕臣《新楽間叟》

関叟　かんそう
関叟　江戸後期の俳人

勘三　かんぞう
栗原（くりはら）勘三　1848～1916　江戸末期～大正期の島村勧業会社副頭取

勘蔵　かんぞう
勘蔵　江戸後期の陶工
荒海（あらうみ）勘蔵　？～1827　江戸中期・後期の力士
長谷川（はせがわ）勘蔵　1770～1854　江戸後期の義民
長谷川（はせがわ）勘蔵　江戸後期の義民
山本（やまもと）勘蔵　安土桃山時代の甲州の人。山本勘助の孫とされる

官蔵　かんぞう
松井（まつい）官蔵　1814～1879　江戸後期～明治期の農民救済に功績

寛蔵　かんぞう
柏木（かしわぎ）寛蔵　江戸中期の韮山代官江川氏の手代
館（たて）寛蔵　江戸末期～大正期の医師

看造　かんぞう
大塚（おおつか）看造　江戸後期の貝細工師

貫三　かんぞう　⇔かんさん
貫三　1793～1862　江戸後期の僧

貫蔵　かんぞう
西川（にしかわ）貫蔵　江戸後期の洋学者

貫造　かんぞう
安藤（あんどう）貫造　江戸後期の眼科医
伊藤（いとう）貫造　1844～？　江戸後期・末期の留学生。1867年語学研修のためフランスに渡る

閑三　かんぞう
草野（くさの）閑三　1806～1875　江戸後期～明治期の日田豆田町の豪商

丸窓　がんそう
丸窓　江戸中期の雑俳点者

巌窓　がんそう
長尾（ながお）巌窓　？～1890　江戸後期～明治期の儒医

頑叟　がんそう
頑叟　？～1682　江戸前期の僧

観尊　かんそん
観尊　1716～1776　江戸中期の天台宗の僧
観尊　江戸後期の真言宗の僧・歌人

閑存　かんそん
氏家（うじえ）閑存　1828～1889　江戸後期～明治期の漢学者

寛太　かんた
渡辺（わたなべ）寛太　1762～1828　江戸中期・後期の肥後益城郡の横目付・水門吏

岩苔　がんたい
岩苔　？～1815　江戸中期・後期の俳人

観太左衛門　かんたざえもん
堀北（ほりきた）観太左衛門　？～1781　江戸中期の剣術家。浅山一伝流

勘太夫　かんだゆう
小島（こじま）勘太夫　？～1800　江戸中期・後期の植田谷領、植田谷本村・三条町村・飯田村の割元名主
戸田（とだ）勘太夫　1652～1735　江戸前期・中期の大野見村開拓者

勘大夫　かんだゆう
若原（わかはら）勘大夫　江戸前期の武士。大坂の陣で籠城。後に安藤重長に仕えた
和田（わだ）勘大夫　？～1579　戦国・安土桃山時代の織田信長の家臣
渡辺（わたなべ）勘大夫　？～1579　安土桃山時代の織田信長の家臣

完太夫　かんだゆう
添田（そえだ）完太夫　江戸中期の将棋士

官太夫　かんだゆう
進藤（しんどう）官太夫　1654～1718　江戸前期・中期の神職

勘太郎　かんたろう
勘太郎　？～1677　江戸前期の義童
青柳（あおやぎ）勘太郎　？～1582　安土桃山時代の織田信長の家臣
苗木（なえぎ）勘太郎　戦国時代の武将
松村（まつむら）勘太郎　江戸中期のシテ方喜多流能楽師

寛湛　かんたん
寛湛　897～963　平安前期・中期の僧。中納言橘公頼の子

寒雉　かんち
宮崎（みやざき）寒雉〔1代〕　1631～1712　江戸前期の釜師。加賀藩の御用釜師

観智　かんち
観智　平安後期の天台寺門派の僧

環中　かんちゅう
環中　1759～1841　江戸中期の浄土真宗の僧
高宮（たかみや）環中　江戸中期の医者

観中 かんちゅう
観中 江戸中期の天台宗の僧

貫中 かんちゅう
鈴江(すずえ)貫中 1832〜1868 江戸後期・末期の画家

串中 かんちゅう
梅林(うめばやし)串中 江戸後期の医家

環中仙 かんちゅうせん
多賀谷(たがや)環中仙 江戸中期の和算家

寛兆 かんちょう
三峰館(さんぽうかん)寛兆 1777〜1855 江戸中期〜末期の俳人
松橋(まつはし)寛兆 江戸末期の歌人

管鳥 かんちょう
管鳥 ?〜1818 江戸中期・後期の俳人

願長 がんちょう
願長 ?〜1660 江戸前期の開拓事業家、僧侶

元朝 がんちょう ⇔もとあきら, もととも
奈良井(ならい)元朝 ?〜1832 江戸後期の俳人

勘津 かんづ
篠川(しのかわ)勘津 戦国・安土桃山時代の徳之島の鍛冶細工人

岩通 がんつう
岩通 ?〜1760 江戸中期の浄土宗の僧

勘鼎 かんてい
増田(ますだ)勘鼎 1785〜1872 江戸後期〜明治期の和算師匠

寛亭 かんてい
中村(なかむら)寛亭 1806〜1891 江戸後期〜明治期の日本画家・三春藩士

感貞 かんてい
感貞 ?〜1574 戦国時代の浄土宗の僧

簡亭 かんてい
堀井(ほりい)簡亭 江戸中期の漢学者

閑貞 かんてい
閑貞 ?〜1758 江戸中期の観正寺庵主

関鉄 かんてつ
石翁(せきおう)関鉄 江戸前期の僧

丸鉄 がんてつ
山田(やまだ)丸鉄 1795〜1835 江戸後期の漢学者

観纏 かんてん
観纏 1142〜1205 平安後期・鎌倉前期の僧

官田 かんでん
官田 ?〜1872 江戸後期〜明治期の僧侶

寛伝 かんでん
寛伝 1142〜1205 鎌倉前期の僧侶

含粘 がんでん
含粘 江戸中期の俳諧作者

関図 かんと
関図 江戸中期の俳人

甘棠 かんとう
高須(たかす)甘棠 1802〜1872 江戸後期の壬生藩家老、画家

観涛 かんとう
中村(なかむら)観涛 江戸中期の漢学者

冠堂 かんどう
岸田(きしだ)冠堂 1823〜1878 江戸末期・明治期の医師

完堂 かんどう
安部(あべ)完堂 江戸末期の漢学者

寛堂 かんどう
赤沢(あかざわ)寛堂 ?〜1874 江戸末期の医師

観導 かんどう
観導 南北朝時代の浄土宗の僧

貫道 かんどう ⇔つらみち
貫道 江戸中期の浄土真宗の僧
小笠原(おがさわら)貫道 鎌倉前期の僧侶
片山(かたやま)貫道 江戸末期・明治期の日本画家

雁宕 がんとう
田中(たなか)雁宕 江戸前期の漢詩人

元灯 がんとう
元灯 平安中期の僧。寂照に随従して渡宋

貫道斎 かんどうさい
秋山(あきやま)貫道斎 1749〜1833 江戸中期・後期の剣術家。山本流

閑得 かんとく
根津(ねづ)閑得 ?〜1873 江戸後期〜明治期の縮商人・俳人

閑那 かんな
閑那 1804〜1887 江戸後期〜明治期の俳諧作者

勘内 かんない
森垣(もりがき)勘内 江戸中期の京都銀座大黒常是役所の手代

かんなぎ
熊野(くまの)かんなぎ 鎌倉前期の歌人

宦南 かんなん
宦南 戦国時代の祥啓派の絵師。関東で活動

含忍斎 がんにんさい
大宮(おおみや)含忍斎 安土桃山時代の織田信長の家臣

神主 かんぬし
潮(うしお)神主 安土桃山時代の信濃国筑摩郡明科の潮神明宮の神主

寛念 かんねん
寛念 平安後期の歌人

勘丞 かんのじょう
伊藤(いとう)勘丞 1543〜1575 戦国・安土桃山時代の武士。長篠合戦で討死
鳥羽(とば)勘丞 安土桃山時代の信濃国筑摩郡会田の土豪

勘之丞 かんのじょう
荒井(あらい)勘之丞 1786〜1854 江戸中期〜末期の国学者
切田(きりた)勘之丞 戦国時代の武将。武田家臣

貫之丞 かんのじょう
稲田(いなだ)貫之丞 1839〜1868 江戸後期・末期の堺事件烈士

勘之丞弘高　かんのじょうひろたか
中橋(なかはし)勘之丞弘高　1570〜1648　安土桃山・江戸前期の紀伊国伊都郡官省符荘慈尊院村の地侍

勘之助　かんのすけ
吉田(よしだ)勘之助　1851〜1924　江戸末期〜大正期の梨樹栽培の指導者

寛之助　かんのすけ
山内(やまのうち)寛之助　？〜1868　江戸後期・末期の勇士

菅典侍　かんのすけ
菅典侍　平安中期の女官・典侍

観音房　かんのんぼう
観音房　平安後期の興福寺の僧

勘八　かんぱち
中路(なかじ)勘八　江戸中期の京都銀座大黒常是役所の手代

勘八郎　かんぱちろう
花井(はない)勘八郎　安土桃山時代の織田信長の家臣

神林　かんばやし
神林　戦国時代の信濃国伊那郡の土豪

寛美　かんび　⇔ひろよし
寛美　江戸中期の俳人
交(こう)寛美　江戸中期・後期の俳人

勘兵衛　かんひょうえ　⇔かんべい, かんべえ
田辺(たなべ)勘兵衛　？〜1614　江戸前期の武士。大坂の陣で籠城
成田(なりた)勘兵衛　？〜1615　江戸前期の武士。大坂の陣で籠城

勘兵衛重継　かんひょうえしげつぐ
槙島(まきのしま)勘兵衛重継　江戸前期の豊臣秀頼の家臣。細川立孝の家老

勘兵衛知可　かんひょうえともよし
可児(かに)勘兵衛知可　江戸前期の長岡是季・京極高知の家臣

菅兵衛尉　かんびょうえのじょう
水上(みずかみ)菅兵衛尉　戦国時代の武士

寛富　かんぷ
宮金氏(みやがねうじ)寛富　江戸中期の宮古の頭兼杣山惣主取

勘兵衛　かんべい　⇔かんひょうえ, かんべえ
柴山(しばやま)勘兵衛　1568〜1614　安土桃山・江戸前期の船奉行

勘平　かんぺい
飯沼(いいぬま)勘平　安土桃山時代の武将
清水(しみず)勘平　江戸前期の根来の真言坊主
菅野(すがの)勘平　江戸中期の儒者
竹田(たけだ)勘平　1745〜1789　江戸中期の松前藩の足軽
由守(よしもり)勘平　？〜1678　江戸前期の武士

寛平　かんぺい
春日(かすが)寛平　1812〜1886　江戸末期・明治期の漢方医

観平　かんぺい
片平(かたひら)観平　江戸後期の蔵本大堰切通しの普請に成功

勘兵衛　かんべえ　⇔かんひょうえ, かんべい
勘兵衛　安土桃山時代の信濃国筑摩郡会田の土豪
浅野(あさの)勘兵衛　？〜1834　江戸後期の心学者
雨宮(あめのみや)勘兵衛　1660〜1715　江戸前期・中期の関東代官
雨宮(あめのみや)勘兵衛　？〜1694　江戸中期の代官
鮎沢(あゆざわ)勘兵衛　？〜1793　江戸中期・後期の熊野村の長百姓
安西(あんざい)勘兵衛　戦国時代の里見氏家臣
石山(いしやま)勘兵衛　1576〜？　安土桃山・江戸前期の武士
井上(いのうえ)勘兵衛　江戸前期の浮世絵師
内野(うちの)勘兵衛　？〜1859　江戸後期の足柄下郡板橋村の木工業者
江間(えま)勘兵衛　1805〜1874　江戸後期〜明治期の漢学者
大津屋(おおつや)勘兵衛　？〜1694　江戸前期・中期の弘前藩蔵元
大場(おおば)勘兵衛　1840〜1903　江戸後期〜明治期の人。戊辰戦争時の西洋銃隊長。のち米谷村長
岡村(おかむら)勘兵衛　1778〜1868　江戸中期〜末期の安曇郡吉野村の庄屋
小坂田(おさかだ)勘兵衛　安土桃山時代の武将
笠井(かさい)勘兵衛　戦国時代の武将。武田家臣
春日(かすが)勘兵衛　1825〜1899　江戸後期〜明治期の医師
片木(かたぎ)勘兵衛　江戸前期の商人
片山(かたやま)勘兵衛　？〜1842　江戸後期の剣術家。流名不詳
鹿子木(かのこぎ)勘兵衛　1612〜1679　江戸前期の武人
木下(きのした)勘兵衛　？〜1580　安土桃山時代の武士
黒原(くろはら)勘兵衛　？〜1760　江戸中期の東郷示元流剣術の達人
伍島(ごしま)勘兵衛　平安後期の下田村の開村者
西郷(さいごう)勘兵衛　江戸前期の近江国の代官
杉島屋(すぎしまや)勘兵衛　1699〜1757　江戸中期の江戸材木商
高畠(たかばたけ)勘兵衛　江戸後期の考証家
多田(ただ)勘兵衛　江戸後期の書肆
長谷川(はせがわ)勘兵衛　江戸後期の大工棟梁
平野(ひらの)勘兵衛　1847〜？　江戸後期〜明治期の竿師
福田(ふくだ)勘兵衛　1785〜？　江戸末期の篤農家
紅屋(べにや)勘兵衛　江戸末期の芸人
松本(まつもと)勘兵衛　1669〜1750　江戸前期・中期の剣術家。柳生当流
武藤(むとう)勘兵衛　1800〜1871　江戸末期・明治期の原町田村名主
村井(むらい)勘兵衛　江戸末期の商人・金融家
村上(むらかみ)勘兵衛　？〜1885　江戸前期以来

の京都の書肆
守屋(もりや)勘兵衛　江戸中期の土木家
森脇(もりわき)勘兵衛　?～1665　江戸前期の算術家
山口(やまぐち)勘兵衛　江戸後期の陶工
山崎(やまざき)勘兵衛　?～1719　江戸前期・中期の八戸藩士
大和屋(やまとや)勘兵衛　江戸前期の大名。常陸国行方郡麻生2代将軍徳川秀忠の時には3万300石でに封ぜられた

官兵衛　かんべえ
安倍(あべ)官兵衛　1771～1853　江戸末期の地方政治家
浮田(うきた)官兵衛　安土桃山時代の武将
榎坂(えさか)官兵衛　江戸末期の浪人
志手(して)官兵衛　1837～1908　江戸後期～明治期の内川野村の自治功労者
竹田(たけだ)官兵衛　戦国時代の里見氏家臣

寛兵衛　かんべえ
永原(ながはら)寛兵衛　?～1871　江戸後期～明治期の小右筆

管兵衛　かんべえ
牧(まき)管兵衛　1522～1594　安土桃山時代の美作国の武将

菅兵衛　かんべえ
小坂田(おさかだ)菅兵衛　戦国時代の美作国東部の在地武士
牧(まき)菅兵衛　?～1547　安土桃山時代の武将

勘兵衛利方　かんべえとしかた
末吉(すえよし)勘兵衛利方　1525～1607　戦国時代の平野郷の豪商

勘兵衛豊恒　かんべえとよつね
野上(のがみ)勘兵衛豊恒　1834～1903　江戸後期～明治期の剣術家

勘兵衛尉　かんべえのじょう
木村(きむら)勘兵衛尉　戦国時代の苫田郡の武士
鳥海(とりうみ)勘兵衛尉　安土桃山時代の鮭延秀綱の家臣

勘兵衛森通　かんべえもりみち
石坂(いしざか)勘兵衛森通　安土桃山・江戸前期の千人同心

寛保　かんぽ
黒江(くろえ)寛保　1830～1909　江戸後期～明治期の一関藩士

澹圃　かんぽ
浜口(はまぐち)澹圃　1778～1837　江戸後期の商人

諫圃　かんぽ
諫圃　江戸後期の俳人

冠峰　かんぽう
橘(たちばな)冠峰　1724～1794　江戸中期・後期の医者

観峯　かんぽう
観峯　平安中期の仁和寺の僧

関卜　かんぼく
山中(やまなか)関卜　1715～1769　江戸中期の淡々流俳人

元命　がんみょう
元命　971～1051　平安中期・後期の石清水八幡宮寺の祠官

閑民　かんみん
中井(なかい)閑民　1813～1867　江戸後期・末期の養蚕家

甘夢　かんむ
甘夢　江戸中期の俳人

監物　かんもつ　⇔けんもつ
河野(こうの)監物　?～1825　江戸中期・後期の宮司

勘弥　かんや
須藤(すどう)勘弥　1806～1892　江戸後期～明治期の名主・教育者

桓瑜　かんゆ
桓瑜　南北朝時代の僧侶・歌人

寛祐　かんゆう
寛祐　平安中期の僧侶・歌人

寛裕　かんゆう
東恩納(ひがしおんな)寛裕　1848～1922　江戸末期～大正期の空手家

寛雄　かんゆう　⇔ひろお
寛雄　江戸中期の浄土真宗の僧
寛雄　1805～1856　江戸後期の鎌倉鶴岡八幡宮供僧
越智(おち)寛雄　1718～1797　江戸中期・後期の高野山三宝院の住職

観勇　かんゆう
観勇　?～1269　鎌倉前期の天台宗の僧

観遊　かんゆう
蟹江(かにえ)観遊　1771～1863　江戸中期～末期の漢学者

観游　かんゆう
観游　江戸後期の「雪の魚」の著者

寛耀　かんよう
寛耀　南北朝時代の僧侶・歌人

菅陽　かんよう
辻葩(つじはな)菅陽　?～1842　江戸後期の漢学者

咸陽　かんよう
柴田(しばた)咸陽　1752～1821　江戸中期・後期の南画家

元来　がんらい
佐野(さの)元来　安土桃山時代の検地役人

貫嵐　かんらん
松延(まつのぶ)貫嵐　1733～1796　江戸中期・後期の浄瑠璃作者・俳人

冠里　かんり
冠里　?～1815　江戸中期・後期の俳人
含秀亭(がんしゅうてい)冠里　江戸中期の俳人

菅裏　かんり
菅裏　?～1817　江戸中期・後期の川柳作者

寛栗　かんりつ
小沢(おざわ)寛栗　1819〜1878　江戸後期〜明治期の旧藩士

寛隆　かんりゅう　⇔ひろたか
寛隆　1770〜1854　江戸中期〜末期の浄土真宗の僧
酒井(さかい)寛隆　？〜1876　江戸後期〜明治期の真宗大谷派の僧

観隆　かんりゅう
観隆　江戸中期の曹洞宗の僧

貫流　かんりゅう
井上(いのうえ)貫流　1736〜1808　江戸中期・後期の砲術家

貫流左衛門　かんりゅうざえもん
井上(いのうえ)貫流左衛門　1790〜1852　江戸後期の幕臣

燗流子　かんりゅうし
寺島(てらしま)燗流子　江戸中期の医者

観了　かんりょう
観了　1753〜1838　江戸中期・後期の真宗大谷派の僧
池野(いけの)観了　1753〜1830　江戸中期・後期の絵師、僧侶

観亮　かんりょう
高須(たかす)観亮　1819〜1908　江戸後期〜明治期の水戸藩士
栂森(とがもり)観亮　1846〜1889　江戸後期〜明治期の宗教家・天文家

閑了　かんりょう
小畠(こばた)閑了　江戸前期の小鼓方幸流能楽師・藩能役者

寛林　かんりん　⇔かりん
山崎(やまざき)寛林　江戸後期の和算家

寛嶺　かんれい
大鏡(だいきょう)寛嶺　？〜1810　江戸中期・後期の曹洞宗の僧

歓励　かんれい
歓励　1794〜1855　江戸後期・末期の浄土真宗の僧

貫礼　かんれい
白浜(しらはま)貫礼　1822〜1876　江戸後期〜明治期の教育者

観蓮　かんれん
宝形院(ほうぎょういん)観蓮　1766〜1807　江戸後期の歌僧

願蓮　がんれん
願蓮　鎌倉後期の僧侶・歌人

缶輅　かんろ
缶輅　？〜1821　江戸中期・後期の俳人。浄土真宗の僧《岳輅》

寒緑　かんろく
秋山(あきやま)寒緑　1837〜1897　江戸後期〜明治期の漢学者

寒録　かんろく
松本(まつもと)寒録　1789〜1838　江戸後期の会津藩士

勘六　かんろく
小島(こじま)勘六　1843〜1908　江戸後期〜明治期の教育者、政治家
曽根(そね)勘六　江戸前期の幕臣、御蔵奉行
竹内(たけうち)勘六　？〜1789　江戸中期・後期の弘前の富裕商人
比野(ひの)勘六　江戸中期の薩摩藩主島津重豪の鳥方役

き

幹六　かんろく
山井(やまのい)幹六　1845〜1907　江戸末期・明治期の教育者

乾隈　かんわい
内田(うちだ)乾隈　？〜1899　江戸後期〜明治期の眼科医

歓和坊　かんわぼう
歓和坊　？〜1822　江戸中期・後期の俳人

【き】

毅　き　⇔たけし
豊島(てしま)毅　？〜1906　江戸末期・明治期の加賀藩士

逵　き
鶴見(つるみ)逵　1820〜1896　江戸後期〜明治期の加賀藩士

驥　き　⇔たけし
森下(もりした)驥　1764〜1843　江戸中期・後期の医者

喜庵　きあん
佐々木(ささき)喜庵　1640〜1714　江戸前期・中期の郷土史家
高屋(たかや)喜庵　？〜1614　江戸中期の陸奥仙台藩医
並河(なびか)喜庵　江戸前期の明智光秀の旧臣

希庵　きあん
希庵　？〜1570　戦国・安土桃山時代の臨済宗の名僧

毅庵　きあん
手島(てしま)毅庵　1790〜1838　江戸後期の心学者

徽庵　きあん
称好軒(しょうこうけん)徽庵　江戸前期の通俗本作者

僖庵　きあん
中堀(なかぼり)僖庵　江戸前期・中期の俳人

畸庵　きあん
斎藤(さいとう)畸庵　1805〜1883　江戸後期〜明治期の画家

儀安　ぎあん
武田(たけだ)儀安　江戸前期の医師

紀伊　きい
紀伊　平安後期の歌人
金森(かなもり)紀伊　？〜1628　江戸前期の女性。金森重頼の娘で沼間新五郎芳清の妻

紀意　きい
本多(ほんだ)紀意　江戸後期の幕臣
喜一　きいち
湖城(こじょう)喜一　1819～1880　江戸後期～明治期の日本画家《唐沢湖城》
由宇(ゆう)喜一　安土桃山時代の織田信長の家臣
基一　きいち
後藤(ごとう)基一　江戸中期の和算家
奇一　きいち
立入(たちいり)奇一　1844～1895　江戸末期・明治期の武士、政治家
希一　きいち
矢田(やだ)希一　1828～1893　江戸後期～明治期の教育者
帰一　きいち
平(たいら)帰一　?～1873　江戸後期～明治期の洋学者・医者
季一　きいち
高畠(たかばたけ)季一　1852～1872　江戸後期～明治期の洋学者
鬼一　きいち
鞍馬山(くらまやま)鬼一　1702～1777　江戸中期の力士
浜口(はまぐち)鬼一　江戸末期の新撰組隊士《浜口飛一》
武藤(むとう)鬼一　1838～1902　江戸後期～明治期の衝撃隊一番小隊長、士族
喜一郎　きいちろう
坂本屋(さかもとや)喜一郎　江戸末期の書物屋
中島(なかじま)喜一郎　1789～1875　江戸後期～明治期の佐久郡南相木村名主
僖一郎　きいちろう
小山(こやま)僖一郎　1831～?　江戸末期の新徴組士。神道無念流の剣客
義一郎　ぎいちろう
浅田(あさだ)義一郎　1837～1916　江戸末期～大正期の実業家
佐藤(さとう)義一郎　1831～1904　江戸末期・明治期の武士、社会事業家
希逸　きいつ
川口(かわぐち)希逸　江戸後期の漢詩人。臨済宗の僧
紀逸　きいつ
紀逸〔2代〕　江戸中期の俳人
帰一坊　きいつぼう
帰一坊　?～1828　江戸後期の俳人
紀伊守廉直　きいのかみただなお
土屋(つちや)紀伊守廉直　1759～?　江戸中期・後期の82代長崎奉行
紀伊局　きいのつぼね
紀伊局　?～1166　平安後期の女性。後白河天皇の乳母
希因　きいん
綿屋(わたや)希因　?～1751　江戸中期の金沢の俳人
希尹　きいん
田中(たなか)希尹　1675～1750　江戸前期・中期の漢学者
機因　きいん
藤井(ふじい)機因　1746～1788　江戸中期・後期の俳人
亀陰　きいん
大熊(おおくま)亀陰　江戸末期の儒学者
箕隠　きいん
松原(まつばら)箕隠　江戸末期の漢詩人
杞陰　きいん
大関(おおせき)杞陰　江戸後期の儒者
凞允　きいん
凞允　鎌倉後期・南北朝時代の真言僧
義因　ぎいん
義因　江戸中期の天台宗の僧
義尹　ぎいん
寒厳(かんがん)義尹　1217～1300　鎌倉後期の高僧
祇因　ぎいん
市川(いちかわ)祇因　1728～1807　江戸後期の俳人
祇尹　ぎいん
祇尹　?～1800　江戸中期・後期の俳人
喜右衛門　きうえもん　⇔きえもん
萩原(はぎわら)喜右衛門　?～1666　江戸前期の内山紙創始者《萩原喜右衛門》
山崎(やまざき)喜右衛門　1830～1875　江戸後期～明治期の文人
儀右衛門　ぎうえもん　⇔ぎえもん
青山(あおやま)儀右衛門　1796～1890　江戸後期～明治期の長久手村の豪農、庄屋
御幡(おばた)儀右衛門〔1代〕　1771～1817　江戸中期・後期の長崎の時計師
御幡(おばた)儀右衛門〔2代〕　1771～1840　江戸中期・後期の長崎の時計師
御幡(おばた)儀右衛門〔3代〕　1808～1862　江戸後期・末期の長崎の時計師
折井(おりい)儀右衛門　江戸後期の犀川通船創始者
西川(にしかわ)儀右衛門　江戸後期の漁業家
山岸(やまぎし)儀右衛門　1792～1868　江戸後期・末期の俳人
喜右兵衛尉　きうひょうえのじょう
塚本(つかもと)喜右兵衛尉　安土桃山時代の三枝氏の家臣
黄海　きうみ
吉弥侯(きみこの)黄海　平安前期の出雲国の俘囚
基運　きうん
基運　南北朝時代の天台宗の僧・歌人
帰雲　きうん
帰雲　江戸末期の茶人
起雲　きうん
岡(おか)起雲　江戸中期の漢学者
宜運　ぎうん
滄海(そうかい)宜運　1722～1794　江戸中期・後

期の臨済宗の僧

義運　ぎうん

義運　1386〜？　南北朝・室町時代の天台宗の僧、歌人

喜叶斎　きうんさい

筑紫（ちくし）喜叶斎　？〜1600　安土桃山時代の最上義光の家臣

帰雲坊　きうんぼう

比良野（ひらの）帰雲坊　1819〜1902　江戸後期〜明治期の俳人

きえ

小保内（おぼない）きえ　1812〜1883　江戸後期〜明治期の女性。南部白ちりめん・南部紬を地方の名産とした

義永　ぎえい

前田（まえだ）義永　鎌倉時代の比志島氏代官

喜右衛門　きえもん　⇔きうえもん

秋田（あきた）喜右衛門　1806〜1873　江戸後期〜明治期の石灰業者

阿部（あべ）喜右衛門　1789〜1862　江戸後期・末期の書家

荒川（あらかわ）喜右衛門　安土桃山時代の織田信長の家臣

伊黒（いぐろ）喜右衛門　江戸時代の庄内藩士

及川（おいかわ）喜右衛門　？〜1717　江戸前期・中期の鋳物師

大越（おおごし）喜右衛門　江戸中期の土木家

大住（おおすみ）喜右衛門〔1代〕 1730頃〜1812　江戸中期・後期の商人。風月堂の創業者

大坪（おおつぼ）喜右衛門　江戸後期の神門郡一揆の犠牲者

加用（かよう）喜右衛門　1636〜1717　江戸前期・中期の吉田流弓術家

河野（かわの）喜右衛門　江戸前期の商人・貿易家

日下（くさか）喜右衛門　江戸中期の大肝入

久保田（くぼた）喜右衛門　1826〜1898　江戸後期〜明治期の織物業

河本（こうもと）喜右衛門　1630〜1668　江戸前期の人。矢田部六人衆の一人

佐藤（さとう）喜右衛門　？〜1666　江戸前期の大肝煎

信濃屋（しなのや）喜右衛門　江戸中期の人。取りつぶしとなった南新町を再興

信太（しのだ）喜右衛門　？〜1674　江戸前期の剣術家。島崎新天流祖

高橋（たかはし）喜右衛門　江戸後期の奇人

辰田（たつた）喜右衛門　？〜1619　江戸前期の武士

辻（つじ）喜右衛門　江戸前期の陶工

辻林（つじばやし）喜右衛門　江戸中期の本草家

対馬（つしま）喜右衛門　江戸前期・中期の浪岡町吉野田地方開拓者

蔦屋（つたや）喜右衛門　1805〜1875　江戸後期〜明治期の人。三本木平開発の際の新田披立植立世話方

坪井（つぼい）喜右衛門　？〜1614　江戸前期の武士。大坂の陣で籠城

日塔（にっとう）喜右衛門　1721〜1752　江戸中期の喜右衛門堰改修者

萩原（はぎわら）喜右衛門　？〜1666　江戸前期の内山紙創始者

林（はやし）喜右衛門　江戸中期の謡師匠

広川（ひろかわ）喜右衛門　江戸前期の最上氏遺臣

蒔田（まいた）喜右衛門　1591〜1673　安土桃山・江戸前期の剣術家。一哲流祖

米谷（まいや）喜右衛門　江戸前期の葛西氏の家臣

丸屋（まるや）喜右衛門　江戸前期の回漕業者

森（もり）喜右衛門　1850〜1910　江戸後期〜明治期の漁師

安村（やすむら）喜右衛門　？〜1622　安土桃山・江戸前期の大和川船支配権者

山崎（やまざき）喜右衛門　安土桃山時代の検地役人

山崎（やまざき）喜右衛門　1811〜？　江戸後期の長山村肝入

儀右衛門　ぎえもん　⇔ぎうえもん

儀右衛門　江戸前期の陶工

折井（おりい）儀右衛門　江戸後期の犀川通船創始者《折井儀右衛門》

川勝（かわかつ）儀右衛門　？〜1703　江戸前期・中期の八戸藩士

小松原（こまつばら）儀右衛門　江戸後期の三浦郡公郷村民

小山（こやま）儀右衛門　？〜1760　江戸中期の俳人

斎藤（さいとう）儀右衛門　江戸後期の都筑郡大熊村民

菅原（すがわら）儀右衛門　1784〜1847　江戸中期・後期の義人

田中（たなか）儀右衛門　？〜1864　江戸末期・明治期のからくり細工師

角田（つのだ）儀右衛門　？〜1631　安土桃山・江戸前期の功臣

鳥居（とりい）儀右衛門　？〜1807　江戸中期・後期の町年寄

中田（なかた）儀右衛門　？〜1883　江戸後期〜明治期の篤農家で手稲地区開拓の先駆者

船越（ふなこし）儀右衛門　江戸中期の人。地引網を改良

松下（まつした）儀右衛門　江戸前期の兵学者

宮川（みやがわ）儀右衛門　1702〜1767　江戸中期の開拓者

三宅（みやけ）儀右衛門　？〜1791　江戸中期・後期の鰺ケ沢湊の船問屋

山崎（やまさき）儀右衛門〔4代〕 江戸後期のカツオ節製造技術の開発者

山田（やまだ）儀右衛門　1790〜1843　江戸後期の剣術家。影山流

山本（やまもと）儀右衛門　1657〜1742　江戸前期の槍術家

吉川（よしかわ）儀右衛門　江戸中期の韮山代官江川氏の手代

義右衛門　ぎえもん

巌津（いわつ）義右衛門　1770〜1841　江戸中期・後期の児島郡下津井村の名主

喜右衛門正述　きえもんまさのぶ

甲斐庄（かいのしょう）喜右衛門正述　？〜1660　江

戸前期の17代長崎奉行

喜右衛門盛俊　きえもんもりとし
青木(あおき)喜右衛門盛俊　1599～1658　安土桃山・江戸前期の豊臣秀頼の小姓

葵園　きえん
皆川(みながわ)葵園　1773～1813　江戸中期・後期の漢学者

奇淵　きえん
花屋庵(はなやあん)奇淵　1765～1834　江戸後期の俳人

寄園　きえん
榊原(さかきばら)寄園　1790～1848　江戸後期の画家

棋園　きえん
植村(うえむら)棋園　?～1790　江戸中期・後期の儒者

亀園　きえん
山本(やまもと)亀園　?～1836　江戸後期の国学者

亀淵　きえん
古森(こもり)亀淵　1800～1844　江戸後期の書家

其淵　きえん
内藤(ないとう)其淵　江戸後期の画家

卉園　きえん
出田(いずた)卉園　1764～1830　江戸中期・後期の書家

淇園　きえん
神谷(かみや)淇園　江戸後期～明治期の金沢の俳人
林(はやし)淇園　1768～1843　江戸中期・後期の歌人

義円　ぎえん
義円　鎌倉後期の僧・歌人
源(みなもとの)義円　?～1181　鎌倉前期の武士。源頼朝の末弟

義淵　ぎえん
義淵　?～728　飛鳥・奈良時代の法相宗の僧

義淵坊　ぎえんぼう
湛海(たんかい)義淵坊　平安後期の僧侶

競　きおう　⇔きそう
源(みなもとの)競　渡辺競に同じ
渡辺(わたなべの)競　?～1180　平安後期の武士

宜翁　ぎおう
宜翁　1624～1661　江戸前期の学僧

幾音　きおん
幾音　江戸前期・中期の俳人
中堀(なかぼり)幾音　江戸前期の俳人

機音　きおん
機音　江戸前期・中期の俳人《幾音》

其音　きおん
其音　1731～?　江戸中期の俳人

喜海　きかい
喜海　1174～1250　鎌倉前期の華厳宗の僧。明恵の高弟

気海　きかい
劉(りゅう)気海　1811～1860　江戸後期の医者

義海　ぎかい
義海　870～946　平安前期・中期の天台宗の僧
義海　室町時代の三好郡昼間長福寺の僧
義海　1702～1773　江戸中期の僧
義海　1788～1832　江戸後期の僧

喜鶴　きかく
原(はら)喜鶴　江戸中期の将棋士

季格　きかく
西川(にしかわ)季格　江戸前期の儒者

鬼角　きかく
鬼角　1774～1831　江戸中期・後期の俳人
山本(やまもと)鬼角　1774～1831　江戸末期の俳人

磯岳　きがく
石井(いしい)磯岳　1784～1846　江戸中期・後期の商人、社会事業家

亀学　きがく
井田(いだ)亀学　1756～1802　江戸中期・後期の易学家

亀岳　きがく
松本(まつもと)亀岳　1814～1862　江戸後期・末期の画家

姫岳　きがく
姫岳　1760～1823　江戸中期・後期の僧、俳人
新渡戸(にとべ)姫岳　1760?～1823　江戸中期・後期の僧

義覚　ぎかく
普門寺(ふもんじ)義覚　江戸後期の歌僧

亀貫　きかん
亀貫　江戸後期の俳人

僖寛　きかん
守屋(もりや)僖寛　1708～1796　江戸中期・後期の岡田藩士、土木家

鬼眼　きがん
吉田(よしだ)鬼眼　江戸中期の浄瑠璃作者

僖丸　きがん
僖丸　1816～1886　江戸後期～明治期の俳人・医者
香川(かがわ)僖丸　1816～1886　江戸後期～明治期の俳人・漢方医

義寛　ぎかん　⇔よしひろ
小野寺(おのでら)義寛　1123～1203　平安後期・鎌倉前期の武将

義観　ぎかん　⇔よしみ
義観　1722～1790　江戸中期・後期の真言律宗の僧
財賀寺(ざいがじ)義観　江戸末期の歌僧

義鑑　ぎかん
義鑑　?～1337　鎌倉後期・南北朝時代の僧

己閑斎　きかんさい
佐竹(さたけ)己閑斎　1562～?　戦国時代の長宗我部氏の家臣

帰奇　きき
帰奇　江戸後期の俳人

義紀　ぎき
守屋(もりや)義紀　江戸前期・中期の代官

鬼吉　ききつ
島村(しまむら)鬼吉　1785～1855　江戸中期～末期の俳人

宜休　ぎきゅう
宜休　江戸前期の俳人

起業　きぎょう　⇔おきなり
山口(やまぐち)起業　1831～1886　江戸末期・明治期の神宮学者、国学者《山口起業》

義鏡　ぎきょう　⇔よしあき
義鏡　江戸中期の浄土真宗の僧

義堯　ぎぎょう　⇔よしたか
義堯　1505～1564　戦国・安土桃山時代の醍醐寺三宝院の門跡

亀玉　きぎょく
黒川(くろかわ)亀玉〔3代〕　江戸後期の画家

基琴　ききん
基琴　江戸中期の音曲家

菊　きく
金森(かなもり)菊　？～1640　江戸前期の女性。金森可重の娘で小出三尹の妻
鹿持(かもち)菊　1798～1836　江戸後期の女性。鹿持雅澄の妻
木村(きむら)菊　1693～？　江戸中期の女性。五戸代官の木村秀晴の妻
瀬川(せがわ)菊　安土桃山時代の女性
田中(たなか)菊　1596～1678　江戸前期の婦人

菊庵　きくあん
吉田(よしだ)菊庵　1805？～1878　江戸後期～明治期の書家

菊一　きくいち
盲僧(もうそう)菊一　戦国時代の僧

菊隠　きくいん
菊隠　？～1620　江戸前期の臨済宗の僧

鞠塢　きくう
佐原(さわら)鞠塢　江戸後期の骨董商

義空　ぎくう
義空　平安前期の僧
義空　1687～1753　江戸前期・中期の天台宗の僧
祐乗坊(ゆうじょうぼう)義空　南北朝時代の医師

菊枝　きくえ
細井(ほそい)菊枝　1850～1913　江戸末期～大正期の歌人

菊英　きくえい
菊英　江戸後期の雑俳点者

喜久右衛門　きくえもん
大日向(おおひなた)喜久右衛門　？～1811　江戸中期・後期の庄内藩士

菊園　きくえん
葛岡(くずおか)菊園　1808～1864　江戸後期・末期の医者

菊男　きくお　⇔きくだん
菊男　1757～1815　江戸中期・後期の俳人

菊雄　きくお
菊雄　1817～1884　江戸後期～明治期の俳諧作者

菊翁　きくおう
田原(たはら)菊翁　？～1819　江戸後期の俳人

菊王丸　きくおうまる
菊王丸　1168～1185　平安後期の武士

菊涯　きくがい
岡部(おかべ)菊涯　江戸後期の儒者

菊磵　きくかん
高沢(たかざわ)菊磵　1806～1863　江戸後期・末期の漢学者

菊渓　きくけい
西村(にしむら)菊渓　1682～1757　江戸前期・中期の国学者
林(はやし)菊渓　1707～1781　江戸中期の漢学者

菊畦　きくけい
常松(つねまつ)菊畦　1783～1858　江戸中期～末期の庄屋

菊谿　きくけい
菊谿　江戸中期・後期の俳人

菊三郎　きくさぶろう
梶原(かじわら)菊三郎　1801～1880　江戸後期～明治期の陶工
谷口(たにぐち)菊三郎　？～1583　戦国・安土桃山時代の尾張新居村の禰宜
松本(まつもと)菊三郎　？～1889　江戸後期～明治期の陶工

喜玖山　きくざん
喜玖山　江戸時代の徳之島東間切母間の掟役

菊子　きくし
菊子　江戸中期の俳人

菊二　きくじ
菊二　1745～1815　江戸中期・後期の俳人

菊舎　きくしゃ
田上(たがみ)菊舎　1753～1826　江戸後期の俳人

麴車　きくしゃ
麴車　江戸中期の俳人

菊寿　きくじゅ
中村(なかむら)菊寿　江戸後期～明治期の振付師

菊寿丸　きくじゅまる
北条(ほうじょう)菊寿丸　鎌倉後期の武士

菊所　きくしょ
菊所　1808～1862　江戸後期・末期の俳人
木下(きのした)菊所　1633～1716　江戸前期・中期の漢学者

菊女　きくじょ
菊女　？～1215　平安後期・鎌倉前期の女性。木曽義仲の異母妹
大橋(おおはし)菊女　江戸末期の歌人

菊丈　きくじょう
菊丈　江戸中期の雑俳点者

菊次郎　きくじろう
八木(やぎ)菊次郎　江戸後期の愛甲郡半原村大工

掬水　きくすい
辻(つじ)掬水　1782～1850　江戸中期・後期の歌人

き

菊助　きくすけ
藤田(ふじた)菊助　1810〜1881　江戸後期〜明治期の足軽組抜格

菊叢　きくそう　⇔きくむら
鷦鷯(ささき)菊叢　1801〜1869　江戸末期の漢学者

菊荘　きくそう
西河(にしかわ)菊荘　1734〜1794　江戸中期・後期の漢学者

菊叟　きくそう
岡村(おかむら)菊叟　1800〜1884　江戸後期〜明治期の藩士・国学者

菊嗽　きくそう
菊嗽　江戸中期・後期の俳人、修験僧

菊蔵　きくぞう
岡崎(おかざき)菊蔵　1849〜1915　江戸末期〜大正期の志士。コンニャク栽培に尽力

菊太夫　きくだいう
太田(おおた)菊太夫　江戸後期の大住郡大山阿夫利神社祠官

菊太郎　きくたろう
嘉屋(かや)菊太郎　江戸末期の義勇団小頭

菊潭　きくたん
三明寺(さんみょうじ)菊潭　江戸中期の俳僧
曽田(そだ)菊潭　江戸後期の藩士・漢学者

菊男　きくだん　⇔きくお
菊男　1757〜1815　江戸中期・後期の俳人《菊男》

菊池　きくち
菊池　戦国時代の奏者。北条氏光の家臣

菊千代　きくちよ
海老江(えびえ)菊千代　戦国時代の今川氏の給人

菊蝶斎　きくちょうさい
菊蝶斎　?〜1886　江戸後期〜明治期の義太夫語り

掬斗　きくと
中村(なかむら)掬斗　1772〜1867　江戸後期の俳人

菊堂　きくどう
菊堂　江戸中期の俳人
本間(ほんま)菊堂　1803〜1877　江戸後期〜明治期の漢学者

菊年　きくねん
菊年　1808〜1860　江戸後期・末期の俳人

菊之助　きくのすけ
関(せき)菊之助　1835〜1893　江戸後期〜明治期の器械製糸の先覚者

菊八　きくはち
菊八　?〜1823　江戸中期・後期の文政一揆の咎人

菊彦　きくひこ
柳屋(やなぎや)菊彦　江戸後期の戯作者

菊夫　きくふ
菊夫　1760〜1812　江戸中期・後期の俳人

菊圃　きくほ
伊藤(いとう)菊圃　1825〜1892　江戸後期〜明治期の漢学者

菊峰　きくほう
武田(たけだ)菊峰　江戸中期の俳人

菊松　きくまつ
長(ちょう)菊松　1573〜?　安土桃山時代の僧、加賀心蓮社開基

菊丸　きくまる
田中(たなか)菊丸　1806〜?　江戸後期の随筆家
林家(はやしや)菊丸　江戸後期・末期の落語家

菊叢　きくむら　⇔きくそう
鷦鷯(さざき)菊叢　1801〜1869　江戸末期の漢学者《鷦鷯菊叢》

菊亮　きくりょう
是水叟(ぜすいそう)菊亮　江戸後期の読本作者

奇桂　きけい
三木(みき)奇桂　1781〜1849　江戸中期・後期の藍商、俳人

貴慶　きけい
貴慶　967〜?　平安中期の天台宗の僧

其馨　きけい
其馨　1844〜1918　江戸後期〜明治期の俳人

其継　きけい
其継　1669〜1742　江戸前期・中期の俳諧作者

其計　きけい
高橋(たかはし)其計　江戸中期の絵師

几圭　きけい
几圭　1687〜1760　江戸前期・中期の俳人

宜卿　ぎけい
友淵(ともぶち)宜卿　江戸中期の医師

宜慶　ぎけい
瑞岡(たまおか)宜慶　1824〜1882　江戸後期〜明治期の教育者

義慶　ぎけい
義慶　?〜1097　平安後期の天台宗

蟻兄　ぎけい
蟻兄　?〜1824　江戸中期・後期の俳人
蟻兄　1790〜1872　江戸後期〜明治期の俳諧師
茶飯堂(さはんどう)蟻兄　1791〜1872　江戸後期〜明治期の商家

喜月　きげつ
新井(あらい)喜月　1821〜1903　江戸後期〜明治期の俳人

希賢　きけん　⇔まれかた
稲富(いなどみ)希賢　1689〜1772　江戸中期の儒者

毅軒　きけん
加世(かせ)毅軒　1661〜1730　江戸中期の武人

希言　きげん
岩下(いわした)希言　1748〜1810　江戸後期の俳人
名倉(なくら)希言　江戸後期の考証学者

宜謙　ぎけん
伊藤(いとう)宜謙　江戸中期の医者

宜軒　ぎけん
太田(おおた)宜軒　1848〜1913　江戸末期〜大正

期の漢学者

義謙　ぎけん
岡田(おかだ)義謙　1814〜1862　江戸後期・末期の医師

魏健　ぎけん
大雄(だいゆう)魏健　1776〜1840　江戸中期・後期の曹洞宗の僧

宜彦　ぎげん
宜彦　江戸後期の俳人

義元　ぎげん　⇔よしもと
義元　668〜757　飛鳥・奈良時代の修験僧

義玄　ぎげん
兼子(かねこ)義玄　1792〜1873　江戸後期〜明治期の俳人

義見斎　ぎけんさい
浦野(うらの)義見斎　戦国・安土桃山時代の上野国吾妻郡日影の土豪

喜行　きこう
田口(たぐち)喜行　1781〜？　江戸中期の幕臣、代官

寄笻　きこう
寄笻　1742〜1811　江戸中期・後期の俳諧作者

希杲　きこう
東岡(とうこう)希杲　南北朝時代の臨済宗の僧

鬼工　きこう
村林(むらばやし)鬼工　1748〜1821　江戸中期・後期の「原始謾筆風年表」の編者

其考　きこう
其考　1695〜1747　江戸中期の俳人

輝光院　きこういん
輝光院　1848〜1848　江戸後期の徳川家慶十三女

喜江禅師　きこうぜんし
喜江禅師　戦国時代の僧

鬼谷　きこく
谷(たに)鬼谷　1757〜1832　江戸中期・後期の藩士・漢学者

亀谷　きこく
平(たいら)亀谷　1720〜1760　江戸中期の幕臣・書家

其国　きこく
其国　江戸中期の俳人

鬼谷子　きこくし
鬼谷子　江戸中期の卜占家

儀五郎　ぎごろう
津川(つがわ)儀五郎　1828〜1893　江戸後期〜明治期のナシ栽培家

季厳　きごん
季厳　平安後期・鎌倉前期の僧

義厳　ぎごん
義厳　江戸中期の天台宗の僧
義厳　江戸後期の天台宗の僧

喜斎　きさい　⇔よしあき
桑野(くわの)喜斎　？〜1859　江戸後期・末期の医者

寄斎　きさい
山田(やまだ)寄斎　江戸後期の漢学者

棋斎　きさい
能美(のうみ)棋斎　江戸中期の藩士

毅斎　きさい
大塚(おおつか)毅斎　1784〜1827　江戸中期・後期の漢学者
増子(ましこ)毅斎　1761〜1830　江戸中期・後期の藩士

驥斎　きさい
伊藤(いとう)驥斎　1817〜1888　江戸後期〜明治期の藩士・兵法家

き

既在　きざい
既在　安土桃山・江戸前期の連歌作者

義斎　ぎさい
井上(いのうえ)義斎　1689〜1746　江戸中期の儒者

誼斎　ぎさい
誼斎　1748〜1815　江戸中期・後期の俳人

皇后宮五節　きさいのみやのごせち
皇后宮五節　平安中期の女房

象江　きさえ
増田(ますだ)象江　1818〜1895　江戸後期〜明治期の画家

喜左衛門　きざえもん
喜左衛門　江戸前期の伝道支援者
喜左衛門　江戸前期の足柄下郡清水新田民
喜左衛門　江戸前期のキリシタン訴人
喜左衛門　？〜1635　江戸前期の義民
喜左衛門　江戸後期の慈善家
鮎沢(あゆさわ)喜左衛門　戦国時代の武将。武田家臣
新居(あらい)喜左衛門　1810〜1884　江戸後期〜明治期の織物業者
飯島(いいじま)喜左衛門　1723〜1809　江戸中期の商人
市川(いちかわ)喜左衛門　1533〜1597　安土桃山時代の切支丹殉難者
浦野(うらの)喜左衛門　1676〜1758　江戸前期・中期の藩士《浦野直勝》
榎本(えのもと)喜左衛門　1839〜1907　江戸後期〜明治期の地方自治功労者
遠藤(えんどう)喜左衛門　1785〜1823　江戸中期・後期の孝子
岡村(おかむら)喜左衛門　江戸前期の武士。大坂の陣で籠城
奥(おく)喜左衛門　1825〜1893　江戸末期・明治期の清酒醸造業
刈屋(かりや)喜左衛門　？〜1592　戦国〜江戸前期の武士
木村(きむら)喜左衛門　？〜1615　江戸前期の武士。大坂の陣で籠城
高力(こうりき)喜左衛門　江戸時代の庄内藩士
近藤(こんどう)喜左衛門　江戸前期の武士
今春(こんぱる)喜左衛門　江戸中期の能役者
坂井(さかい)喜左衛門　安土桃山時代の織田信長

の家臣
荘田(しょうだ)喜左衛門　江戸前期の剣術家。荘田心流の祖
高橋(たかはし)喜左衛門　安土桃山時代の木匠・春慶木地師の祖
武田(たけだ)喜左衛門　江戸時代の藩士
都筑(つづき)喜左衛門　安土桃山時代の検地役人
冨田(とみた)喜左衛門　江戸前期の検地役人
新原(にいはら)喜左衛門　江戸時代の金鉱採掘者
樋口(ひぐち)喜左衛門　江戸後期・末期の幕臣
前田(まえだ)喜左衛門　江戸末期の井口村の民
三保(みほ)喜左衛門　江戸後期の船頭
宮沢(みやざわ)喜左衛門　?～1833　江戸後期の剣術家。一刀流
諸(もろ)喜左衛門　江戸中期の荒川の河岸問屋
山崎(やまざき)喜左衛門　1765～1839　江戸中期・後期の大宮宿本陣

紀左衛門　きざえもん
加藤(かとう)紀左衛門　江戸中期の紀左衛門新田の開発者

儀左衛門　ぎざえもん
秋本(あきもと)儀左衛門　?～1839　江戸後期の石工
石川(いしかわ)儀左衛門　1754～1830　江戸後期の佐倉藩領大住郡真土村組頭・名主
戸田(とだ)儀左衛門　江戸中期の書家
野沢(のざわ)儀左衛門　戦国時代の武将。武田家臣
馬場(ばば)儀左衛門　1773～1855　江戸中期～末期の心学者
水野(みずの)儀左衛門　1839～1903　江戸後期～明治期の人。板倉村に排水路を完成
吉江(よしえ)儀左衛門　?～1782　江戸中期の開拓者

義左衛門　ぎざえもん
加藤(かとう)義左衛門　1805～1892　江戸後期～明治期の羽咋村肝煎役

喜左衛門英武　きざえもんひでたけ
小野里(おのざと)喜左衛門英武　1809～1870　江戸末期の絹商人《小野里英武》

喜左衛門正定　きざえもんまささだ
永田(ながた)喜左衛門正定　1583～1664　安土桃山・江戸前期の上田重安の家臣。後に牢人

喜作　きさく
本保(ほんぼ)喜作〔1代〕　1844～1922　江戸後期～大正期の仏師

儀作　ぎさく
工藤(くどう)儀作　1839～1917　江戸末期～大正期の漁業家
小山(こやま)儀作　1830～1905　江戸後期～明治期の果樹栽培開発者

喜佐太郎　きさたろう
箕村(みのむら)喜佐太郎　1852～1919　江戸末期～大正期の教育者

喜佐統　きさとう
喜佐統　戦国時代の上国与人。喜志統親方の11代

喜三郎　きさぶろう
足利(あしかが)喜三郎　1842～1930　江戸末期～昭和期の農民
いおりや(いおりや)喜三郎　江戸前期の人。延宝7年(1679)5月、茂住村の神明社へ鰐口を納める
市川(いちかわ)喜三郎　江戸前期の代官
岩関(いわぜき)喜三郎　江戸末期の新撰組隊士
岩戸屋(いわとや)喜三郎　江戸後期の版元
岩堀(いわほり)喜三郎　江戸後期の三浦郡公郷村民
越後屋(えちごや)喜三郎　江戸中期の花淵昆布商
小川(おがわ)喜三郎　1836～1902　江戸後期～明治期の実業家
尾崎(おざき)喜三郎　江戸後期の足柄下郡中里村の大工
神林(かんばやし)喜三郎　戦国時代の信濃国伊那郡の土豪
杵屋(きねや)喜三郎〔10代〕　?～1850　江戸後期の長唄三味線方
古賀(こが)喜三郎　1845～1914　江戸末期・明治期の佐賀藩士、海軍軍人、教育家
佐原の(さわらの)喜三郎　江戸後期の島抜けした流人
塩屋(しおや)喜三郎　1769～1841　江戸中期・後期の岩国町の織物問屋
五月女(そうとめ)喜三郎　1850～1896　江戸後期～明治期の実業家、自由民権活動家
高田屋(たかだや)喜三郎　江戸末期の事業家
田口(たぐち)喜三郎　1848～1911　江戸末期・明治期の林業功労者
建具屋(たてぐや)喜三郎　江戸中期の建具職人
谷原(たにはら)喜三郎　?～1901　江戸末期・明治期の和算家
三浦(みうら)喜三郎　江戸中期の検断
森本(もりもと)喜三郎　1805～1909　江戸後期～明治期の園芸家・苗木業の創始者

儀三郎　ぎさぶろう
加藤(かとう)儀三郎　1837～1901　江戸後期～明治期の酒造家
酒井(さかい)儀三郎　1829～1908　江戸後期～明治期の精農家
新開(しんかい)儀三郎　?～1868　江戸末期の遊撃隊伍長
塚本(つかもと)儀三郎　1840～1921　江戸後期～大正期の七宝工
手賀(てが)儀三郎　江戸末期の留学生。アメリカに渡る
福島(ふくしま)儀三郎　江戸後期～明治期の和算家

義三郎　ぎさぶろう
秋山(あきやま)義三郎　江戸末期の新撰組隊士
水内(みずうち)義三郎　1793～1863　江戸後期の村役人

記参　きさん
記参　戦国時代の漆工

岐山　きざん　⇔ぎざん
野沢(のざわ)岐山　1800～1835　江戸後期の漢学者

旗山 きざん
梶(かじ)旗山 江戸後期の画家・茶人
機山 きざん
井口(いぐち)機山 1786〜1847 江戸中期・後期の漢学者
帰山 きざん
芥川(あくたがわ)帰山 1817〜1890 江戸後期〜明治期の漢学者
亀山 きざん
岡田(おかだ)亀山 1736〜1829 江戸中期・後期の芳賀郡東水沼村和泉の名主
己山 きざん
垣内(かきうち)己山 1783〜1837 江戸中期・後期の医者、漢学者
其残 きざん
岩波(いわなみ)其残 1815〜1894 江戸後期〜明治期の俳人
箕山 きざん
猪飼(いかい)箕山 1816〜1879 江戸後期〜明治期の漢学者
生田(いくた)箕山 1815〜1871 江戸後期〜明治期の弘道館学頭
田中(たなか)箕山 江戸時代の漢学者
文亭(ぶんてい)箕山 江戸後期の戯作者
几山 きざん
几山 ?〜1773 江戸中期の俳人
暉山 きざん ⇔くんざん
小山内(おさない)暉山 1811〜1894 江戸後期〜明治期の弘前藩士、書家
簣山 きざん
竹嶋(たけしま)簣山 ?〜1837 江戸後期の漢学者
義産 ぎさん
実苗(じつみょう)義産 1775〜1838 江戸中期・後期の曹洞宗の僧
義璨 ぎさん
義璨 1679〜1747 江戸前期・中期の真言宗の僧
岐山 ぎざん ⇔きざん
野賀(のが)岐山 1824〜1889 江戸後期〜明治期の教育者
儀山 ぎざん
儀山 1802〜1878 江戸末期の僧
義山 ぎざん
義山 ?〜1795 江戸中期・後期の僧。大慈寺第19世
喜三左衛門 きさんざえもん
喜三左衛門 江戸後期の漂流民
喜三治 きさんじ
大畠(おおはた)喜三治 1853〜1910 江戸後期〜明治期の蚕糸改良家
喜三太 きさんた ⇔きそうた
若杉(わかすぎ)喜三太 江戸前期の出来大工町乙名
其山坊 きさんぼう
少仮庵(しょうかあん)其山坊 ?〜1813 江戸中期・後期の玖珂郡新庄村良照寺9世住職仙外和尚
紀子 きし
紀子 江戸前期の俳人
貴子 きし ⇔たかこ
藤原(ふじわらの)貴子 平安中期の官女・典侍《藤原貴子》
木素(もくそ)貴子 飛鳥時代の渡来人
鬼子 きし
鬼子 1758〜1822 江戸中期・後期の俳人
亀二 きじ
亀二 ?〜1815 江戸中期・後期の俳人
儀子 ぎし
儀子 南北朝時代の女房・歌人
吉志五百国 きしいおくに
飛鳥部(あすかべの)吉志五百国 奈良時代の武蔵国橘樹郡の人
岸右衛門 きしえもん
獅子飛(ししとび)岸右衛門 江戸中期の力士
岸太郎 きしたろう
加藤(かとう)岸太郎 江戸末期の陶工
喜七 きしち ⇔きしつ
今古賀(いまこが)喜七 江戸中期の出水郡出水郷下知識村の今古賀屋敷の名頭
儀七郎 ぎしちろう
柏木(かしわぎ)儀七郎 江戸後期の韮山代官江川氏の手代
喜七 きしつ ⇔きしち
清水(しみず)喜七 1845〜1913 江戸末期〜大正期の自由民権運動家
喜志統親方 きしとううやかた
喜志統親方 戦国時代の奄美大島の大屋子職の一人
規子内親王家但馬 きしないしんのうけのたじま
規子内親王家但馬 平安中期の女房・歌人
宣子女王 ぎしにょおう
宣子女王 平安前期の第30代斎宮
喜司馬 きじま
前場(まえば)喜司馬 1846〜1915 江戸後期〜明治期の新撰組隊士
稚丸 きしまる
丈部吉(はせつかべ)稚丸 奈良・平安前期の人か
岸守 きしもり
巨志河(こしかわ)岸守 江戸後期の狂歌師
喜寿 きじゅ
服部(はっとり)喜寿 江戸末期・明治期の人。西南戦争の薩軍半隊長
義籌 ぎじゅ
若林(わかばやし)義籌 江戸後期の佐渡奉行
喜周 きしゅう
喜周 江戸時代の与論島与人
熙州 きしゅう
薄井(うすい)熙州 1827〜1907 江戸後期〜明治期の教育者
喜住 きじゅう ⇔よしずみ
大熊(おおくま)喜住 ?〜1853 江戸後期の幕臣《大熊喜住》

喜重　きじゅう
井出(いで)喜重　1853〜1923　江戸末期〜大正期の殖産家
田中屋(たなかや)喜重　江戸後期の加茂村庄屋
己十　きじゅう
鵜鸕(うのとろ)己十　1849〜？　江戸後期〜明治期の埼玉県官吏
箕十　きじゅう
箕十　江戸中期の俳人
義秀　ぎしゅう　⇔よしひで
晦堂(かいどう)義秀　？〜1799　江戸中期・後期の曹洞宗の僧
喜十郎　きじゅうろう
飯塚(いいづか)喜十郎　江戸中期の韮山代官江川氏の手代
岡本(おかもと)喜十郎　1608〜1632　江戸前期の養老公園開発の先覚者
佐々木(ささき)喜十郎　江戸後期の淘綾郡山西村川匂神社社家
辰馬(たつうま)喜十郎　1847〜1909　江戸後期〜明治期の酒造家
中塚(なかつか)喜十郎　1754〜1809　江戸中期・後期の天文家
信岡(のぶおか)喜十郎　1835〜1922　江戸末期〜大正期の畜産家
早坂(はやさか)喜十郎　中塚喜十郎に同じ
間宮(まみや)喜十郎　1850〜1895　江戸後期〜明治期の教育者
右田(みぎた)喜十郎　1803〜1877　江戸末期・明治期の社会奉仕家
蓑谷村(みのたにむら)喜十郎　江戸前期の十村肝煎役
安井(やすい)喜十郎　江戸後期の韮山代官江川氏の手代
吉野村(よしのむら)喜十郎　？〜1774　江戸中期の義民。吉城郡吉野村の百姓
儀十郎　ぎじゅうろう
佐藤(さとう)儀十郎　1840〜1909　江戸後期〜明治期の地方政治家
高見(たかみ)儀十郎　1813〜1883　江戸後期〜明治期の行政家
手塚(てづか)儀十郎　1842〜1904　江戸後期〜明治期の奈良井村第2代戸長
亀寿丸　きじゅまる
忽那(くつな)亀寿丸　戦国・安土桃山時代の武将
喜俊　きしゅん
東風平(こちんだ)喜俊　1626〜1687　江戸前期の絵師
帰春　きしゅん
田中(たなか)帰春　1754〜1812　江戸中期・後期の書家
希純　きじゅん
横井(よこい)希純　江戸中期の郷土史家
義俊　ぎしゅん　⇔よしとし
義俊　1504〜1567　戦国・安土桃山時代の僧、連歌師
義純　ぎじゅん　⇔よしずみ
義純　鎌倉後期の天台宗の僧
煕春竜喜　きしゅんりゅうき
煕春竜喜　1511〜1594　戦国・安土桃山時代の僧《煕春竜喜》
凞助　きじょ
凞助　？〜1321　鎌倉後期の僧
義所　ぎしょ
樋口(ひぐち)義所　1761〜1819　江戸中期・後期の漢学者
輝璋　きしょう
石川(いしかわ)輝璋　1853〜1926　江戸末期〜大正期の茶道師匠
亀章　きしょう
下郷(しもさと)亀章　？〜1789　江戸中期の医者
其昌　きしょう
鄭(てい)其昌　1841〜？　江戸後期〜明治期の文人
董(とう)其昌　1555〜1636　戦国〜江戸前期の文人、学者
几掌　きしょう
几掌　1712〜1785　江戸中期の俳諧作者
木田(きだ)几掌　1712〜1785　江戸中期の俳諧作者
喜条　きじょう
甲田(こうだ)喜条　？〜1823　江戸後期の医師
岐城　きじょう
天羽生(あもう)岐城　1825〜1894　江戸後期〜明治期の儒者
希杖　きじょう
湯本(ゆもと)希杖　1762〜1835　江戸中期・後期の俳人、一茶の後援者
亀丈　きじょう
亀丈　江戸後期の俳人
儀昭　ぎしょう
石井(いしい)儀昭　江戸後期の鎌倉鶴岡八幡宮の社人
義昭　ぎしょう
義昭　平安前期の真言宗の僧
義昭　920〜969　平安中期の東大寺の学僧
義章　ぎしょう　⇔まさあきら, よしあき, よしあきら
森(もり)義章　1802〜1873　江戸後期の画家
祇丞　ぎじょう
祇丞〔1代〕　？〜1763　江戸中期の俳人
祇丞〔2代〕　江戸中期の俳人
義譲　ぎじょう
小田切(おたぎり)義譲　1848〜1905　江戸後期〜明治期の教育者
祇杖　ぎじょう
祇杖　江戸後期の俳人
義淀　ぎしょく
小林(こばやし)義淀　1833〜1875　江戸後期〜明治期の和算家《小林義湜》

義湜　ぎしょく
小林(こばやし)義湜　1833〜1875　江戸後期〜明治期の和算家
喜四郎　きしろう
岩井(いわい)喜四郎　江戸前期の都糸割符商人
小栗山村(おぐりやまむら)喜四郎　?〜1722　江戸前期・中期の南山御蔵入騒動で刑死した一人
村本(むらもと)喜四郎〔1代〕　1843〜1907　江戸後期〜明治期の実業家
岐次郎　きじろう
茂土(もつち)岐次郎　江戸中期の稽古通事
儀四郎　ぎしろう
秋山(あきやま)儀四郎　1845〜1915　江戸末期〜大正期の実業家
義次郎　ぎじろう
中山(なかやま)義次郎　1818〜?　江戸後期・末期の岡山藩士の大庄屋・在方下役人
喜四郎盛章　きしろうもりあき
仙石(せんごく)喜四郎盛章　江戸前期の後藤又兵衛の一門
基真　きしん
基真　奈良時代の僧
其進　きしん
森島(もりしま)其進　1761〜1821　江戸中期・後期の篤志家
紀仁　きじん
仲地(なかち)紀仁　1789〜1859　江戸末期の医師
季水　きすい
季水　江戸中期の俳人
淇水　きすい
淇水　江戸中期の俳人
越中屋(えっちゅうや)淇水　江戸時代の金沢の俳人
西谷(にしたに)淇水　1824〜1891　江戸末期・明治期の教育者
久松(ひさまつ)淇水　江戸中期の俳人
亀瑞　きずい
林(はやし)亀瑞　江戸中期の国学者
義瑞　ぎずい
義瑞　1667〜1737　江戸前期・中期の法明院開祖
喜助　きすけ
喜助　1819〜?　江戸後期・末期の孝子
大沼屋(おおぬまや)喜助　江戸後期の塩専売問屋
加藤(かとう)喜助　安土桃山時代の織田信長の家臣
塚田(つかだ)喜助　安土桃山・江戸前期の甲斐武田氏・真田氏の家臣
原屋(はらや)喜助　江戸後期の工匠
星川(ほしかわ)喜助　1845〜1917　江戸末期〜大正期の豊平区における水田耕作の先駆者
吉村(よしむら)喜助　?〜1615　江戸前期の香宗我部親泰・長宗我部盛親の家臣
季助　きすけ
塩屋(しおや)季助　江戸後期の書肆
儀助　ぎすけ
儀助　江戸中期の箕島村の商人
儀助　江戸後期の人。榎津村の水野金右衛門の下僕
佐藤(さとう)儀助　1778〜1857　江戸中期〜末期の豪商
松野(まつの)儀助　1853〜1868　江戸後期・末期の人。周防国大島郡久賀村の百姓猶助の二男
宮村(みやむら)儀助　江戸中期の義民。宮村の百姓
喜勢　きせ
岩崎(いわさき)喜勢　1845〜1923　江戸末期〜大正期の女性。岩崎弥太郎の妻
喜盛　きせい
工藤(くどう)喜盛　戦国時代の武田氏・徳川氏の家臣
希声　きせい
磯野(いその)希声　1772〜1847　江戸中期・後期の医者、漢学者
亀成　きせい
亀成〔1代〕　?〜1756　江戸中期の俳人
亀成〔2代〕　?〜1768　江戸中期の俳人
其性　きせい
蒼松庵(そうしょうあん)其性　1829〜1894　江戸後期〜明治期の俳人、藩士
義正　ぎせい　⇔よしまさ
大友(おおとも)義正　戦国時代の僧
奇石　きせき
西村(にしむら)奇石　1826〜1911　江戸末期・明治期の日本画家
亀石　きせき
寺島(てらしま)亀石　1760〜1842　江戸中期・後期の俳諧師、著述家
綺石　きせき
綺石　1755〜1805　江戸中期・後期の俳人
其雪　きせつ
柳後亭(りゅうごてい)其雪　1788〜1842　江戸後期の俳人・画家
喜撰　きせん
喜撰　平安前期の僧、歌人。六歌仙の一人
奇仙　きせん
奇仙　江戸中期の俳人
亀選　きせん
亀選　江戸中期の俳人
機禅　きぜん
機禅　江戸中期の曹洞宗の僧
気漸　きぜん
気漸　江戸後期の陶工
衹川　ぎせん
衹川　?〜1778　江戸中期の俳諧師
義仙　ぎせん
義仙　?〜1780　江戸中期の僧・寺子屋師匠
義宣　ぎせん　⇔よしのぶ, よしのり
財賀寺(ざいがじ)義宣　1825〜1876　江戸後期〜明治期の歌僧
祇川　ぎせん
祇川　江戸中期の俳人
喜撰法師　きせんほっし
喜撰法師　平安前期の僧、歌人。六歌仙の一人《喜

撰》

希聡　きそう

鳥羽(とば)希聡　1739〜1823　江戸後期の南画家

競　きそう　⇔きおう

鬼丸(おにまる)競　1836〜1876　江戸後期〜明治期の神職

源(みなもとの)競　?〜1180　平安後期の武士《渡辺競》

喜三　きぞう

大和(おわ)喜三　安土桃山時代の信濃国諏訪郡大和郷の土豪

喜蔵　きぞう

飯室(いいむろ)喜蔵　戦国時代の武将。武田家臣

堅田(かただ)喜蔵　江戸中期の歌舞伎囃子方

田ノ畑村(たのはたむら)喜蔵　1785〜1863　江戸中期〜末期の三閉伊一揆の指導者の一人

坪井(つぼい)喜蔵　江戸末期の西春日井郡青山村庄屋

見川(みかわ)喜蔵　1739〜1805　江戸中期・後期の埼玉郡粕壁宿の名主で慈善公益家

遊木(ゆき)喜蔵　江戸前期の武士。大坂の陣で籠城。遊木五右衛門の子

基増　きぞう

基増　平安中期の仁和寺の木(喜)寺の僧

機蔵　きぞう

松岡(まつおか)機蔵　1844〜1907　江戸後期〜明治期の農業指導者

義霜　ぎそう

義霜　1780〜1831　江戸中期・後期の浄土真宗の僧

儀蔵　ぎぞう

佐々木(ささき)儀蔵　1823〜1898　江戸後期〜明治期の教育者

渡辺(わたなべ)儀蔵　江戸後期の篤志家

儀造　ぎぞう

千田(ちだ)儀造　1814〜1893　江戸後期〜明治期の細工屋敷10代当主

義蔵　ぎぞう

義蔵　950〜?　平安中期の東大寺僧

喜三右衛門　きそうえもん

喜三右衛門　1779〜?　江戸中期・後期の高城郡水引郷船間島の永寿丸の船頭

上野(うえの)喜三右衛門　?〜1735　江戸中期の剣術家。上野新陰流

園山(そのやま)喜三右衛門　1796〜1870　江戸後期〜明治期の書店文會堂の創業者

中内(なかうち)喜三右衛門　1852〜1925　江戸末期〜大正期の月野農業の先駆者

喜曽右衛門　きそうえもん

小野寺(おのでら)喜曽右衛門　江戸後期の栗原郡北郷肝入

喜三次　きそうじ

横倉(よこくら)喜三次　1824〜1894　江戸後期〜明治期の剣術家。神道無念流

喜宗治　きそうじ

田村(たむら)喜宗治　1812〜1881　江戸後期〜明治期の名主・俳人

喜惣治　きそうじ

岩松(いわまつ)喜惣治　1763〜1827　江戸中期・後期の永代湯戸、組抜並

喜三太　きそうた　⇔きさんた

有馬(ありま)喜三太　?〜1769　江戸中期の藩絵図師

機息　きそく

大村(おおむら)機息　?〜1838　江戸末期の漢学者

義存　ぎそん

祐乗坊(ゆうじょうぼう)義存　鎌倉後期・南北朝時代の製薬家

喜多　きた

喜多　1539?〜1610　戦国〜江戸前期の伊達政宗の傅育係

義諦　ぎたい

義諦　1771〜1822　江戸後期の浄土真宗の僧

聖僕(しょうぼく)義諦　江戸中期の臨済宗の僧

宜大　ぎだい

宜大　1761〜1805　江戸中期・後期の俳人

義台　ぎだい

義台　?〜1845　江戸後期の僧侶

喜太夫　きだいう　⇔きだゆう

平田(ひらた)喜太夫　江戸後期の大住郡大山阿夫利神社祠官

亀台尼　きだいに

高橋(たかはし)亀台尼　1736〜1810　江戸中期・後期の俳人

喜多右衛門　きたえもん

大塚(おおつか)喜多右衛門　江戸後期の韮山代官江川氏の手代

北川殿　きたがわどの

北川殿　?〜1529　戦国時代の女性。駿河国守護今川義忠の側室

北川殿　戦国時代の女性。北条早雲の姉、駿河国守護今川義忠の正室

黄谷　きたに

黄谷　江戸後期の陶工

北野殿　きたのどの

北野殿　室町時代の女性

来屯　きたむろ

来屯　1736〜1802　江戸中期・後期の俳人

喜太夫　きだゆう　⇔きだいう

万年(まんねん)喜太夫　?〜1702　江戸前期・中期の庄内藩士

儀大夫詮益　ぎだゆうあきます

滝川(たきがわ)儀大夫詮益　江戸前期の武士。大坂の陣で籠城

喜大夫治昌　きだゆうはるまさ

宇野(うの)喜大夫治昌　江戸前期の紀伊国伊都郡四村荘星山村の人

儀大夫正職　ぎだゆうまさもと

武井(たけい)儀大夫正職　江戸前期の細川忠興・小笠原忠真の家臣

き

喜樽　きたる
万宝亭(まんぽうてい)喜樽　江戸時代の狂歌師
喜太良　きたろう
追手風(おいてかぜ)喜太良　?～1800　江戸中期・後期の力士
喜太郎　きたろう
糸屋(いとや)喜太郎　江戸前期の京都糸割符商人
河野(こうの)喜太郎　1844～1906　江戸末期・明治期の蚕糸業
佐々木(ささき)喜太郎　1836～1890　江戸後期～明治期の五所川原佐々木一族の総本家の当主
武田(たけだ)喜太郎　?～1582　戦国・安土桃山時代の織田信長の家臣
三矢(みつや)喜太郎　1568～1663　安土桃山・江戸前期の武士
山崎(やまざき)喜太郎　1836～1917　江戸末期～大正期の俳人
北若　きたわか
北若　安土桃山時代の織田信長の家臣
儀丹　ぎたん
儀丹　奈良時代の僧
和田(わだ)儀丹　1694～1744　江戸中期の漢学者
義端　ぎたん
義端　1732～1803　江戸中期・後期の浄土真宗の僧、漢学者
岡谷(おかや)義端　1661～1748　江戸前期・中期の藩士、書家
永井(ながい)義端　江戸後期の藩士
脇坂(わきさか)義端　1732～?　江戸中期の漢詩人
義潭　ぎたん
義潭　1668～1738　江戸前期・中期の真言律宗の僧
幾千　きち
堀田(ほった)幾千　1805～1863　江戸後期・末期の女性。佐倉城主堀田正愛の妻
吉右衛門　きちうえもん　⇔きちえもん
桑原(くわばら)吉右衛門　1855～1894　江戸末期・明治期の門前組の富豪
橋爪(はしづめ)吉右衛門　江戸後期の名主
吉永　きちえい　⇔よしなが
林(はやし)吉永　江戸前期の書肆
吉右衛門　きちえもん　⇔きちうえもん
吉右衛門〔本湊焼4代〕　?～1787　江戸中期の陶工
吉右衛門〔本湊焼5代〕　?～1831　江戸後期の陶工
吉右衛門〔本湊焼6代〕　?～1849　江戸後期の陶工
飯久保屋(いいくぼや)吉右衛門　?～1859　江戸後期・末期の義民
石川(いしかわ)吉右衛門　1851～1911　江戸末期・明治期の木曽組の最高指導者。「武相困民党」の幹事
石渡(いしわた)吉右衛門　江戸後期の三浦郡公郷村組頭
大坂屋(おおさかや)吉右衛門　1827～?　江戸後期・末期の八戸の商人
岡(おか)吉右衛門　江戸前期の武士。大坂の陣で籠城
小沢(おざわ)吉右衛門　江戸前期の藤沢宿民
小野田(おのだ)吉右衛門　江戸中期の富商
小畠(おばたけ)吉右衛門　江戸前期の能太夫
金子屋(かねこや)吉右衛門　江戸後期の商人
笹谷(ささや)吉右衛門　江戸末期・明治期の航運業者、漁業家
佐羽(さば)吉右衛門〔2代〕　1772～1825　江戸中期・後期の商人、漢詩人
陶山(すやま)吉右衛門　1832～1904　江戸後期～明治期の有力商家の当主
富島(とみしま)吉右衛門　江戸前期の瓦師
富田(とみた)吉右衛門　江戸前期の治水巧者
冨田(とみた)吉右衛門　安土桃山時代の検地役人
中村(なかむら)吉右衛門　1694～1770　江戸中期の歌舞伎役者
野村(のむら)吉右衛門　江戸前期の水車業
広田(ひろた)吉右衛門　江戸前期の豪農か。民話「吉四六ばなし」の主人公のモデルと伝えられる
本間(ほんま)吉右衛門　1849～1912　江戸後期～明治期の時計屋
村田(むらた)吉右衛門　1797～1840　江戸後期の素封家
屋代(やしろ)吉右衛門　1801～1873　江戸後期～明治期の柴海苔製造指導者
山内(やまのうち)吉右衛門　1681～1761　江戸前期・中期の村役
吉右衛門尉　きちえもんのじょう
中島(なかしま)吉右衛門尉　戦国時代の美作国中央部の在地武士
楢崎(ならさき)吉右衛門尉　江戸前期の人。毛利輝元の家臣楢崎吉右衛門尉辰景の子
吉右衛門保能　きちえもんやすよし
平井(ひらい)吉右衛門保能　江戸前期の豊臣秀頼の近習
吉五郎　きちごろう
栗原(くりはら)吉五郎　1776～1839　江戸中期・後期の剣術家。心陰柳生流
山下(やました)吉五郎　1849～1918　江戸末期～大正期の人。溜池、堰水車場を設け灌漑に尽力
吉野(よしの)吉五郎　1824～1869　江戸末期の福岡河岸船問屋・商人
渡辺(わたなべ)吉五郎　江戸後期の工匠
吉左衛門　きちざえもん
吉左衛門　江戸後期の大住郡高森村民
吉左衛門　江戸後期の三浦郡浦郷村の大工
和泉屋(いずみや)吉左衛門　江戸時代の大坂の糸割符商人
大谷(おおたに)吉左衛門　?～1847　江戸後期の一ツ森村鮎簗家業
岡島(おかじま)吉左衛門　江戸前期の浄瑠璃太夫
片野村(かたのむら)吉左衛門　?～1774　江戸中期の義民。片野村の百姓
小池(こいけ)吉左衛門　江戸中期の商人
佐々木(ささき)吉左衛門　?～1762　江戸中期の宮大工
沢田(さわだ)吉左衛門　1779～1837　江戸中期・後期の藩士・暦算家
末松(すえまつ)吉左衛門　?～1749　江戸中期の

庄内藩中老
鈴木(すずき)吉左衛門　1680〜1758　江戸前期・中期の東三河随一の富豪
鈴木(すずき)吉左衛門　江戸後期の三浦郡逸見村名主
淡輪(たんのわ)吉左衛門　?〜1615　江戸前期の武士。大坂の陣で籠城
天王寺屋(てんのうじや)吉左衛門　?〜1638　江戸前期の両替商
鳥飼(とりがい)吉左衛門　江戸前期の太鼓方鳥飼流能楽師
野沢(のざわ)吉左衛門　江戸中期の三島代官竹内信就の手代
葉山(はやま)吉左衛門　1845〜1920　江戸末期〜大正期の名伯楽
早水(はやみず)吉左衛門　江戸前期の河辺郡坊津の漁民
藤山(ふじやま)吉左衛門　江戸末期の園芸家。桜島大根を作出
楽(らく)吉左衛門　?〜1635　安土桃山・江戸前期の陶工

吉左衛門友芳　きちざえもんともよし
泉屋(いずみや)吉左衛門友芳　1670〜1719　江戸前期・中期の住友家の第4代当主

吉三郎　きちさぶろう
糸原(いとはら)吉三郎　1717〜1764　江戸中期の仁多郡の鉄師糸原家第7代
相良(さがら)吉三郎　江戸中期の日田の材木商
晴山(はれやま)吉三郎　1767?〜?　江戸中期・後期の九戸郡大野村の商人
町方村(まちかたむら)吉三郎　江戸後期の小八賀町方村の百姓

吉次　きちじ　⇔よしつぐ
吉次　戦国時代の刀工
石原(いしはら)吉次　江戸前期の代官
井上(いのうえ)吉次　江戸前期の幕臣
河内掾(かわちのじょう)吉次　安土桃山・江戸前期の浄瑠璃太夫

吉嶋　きちじま　⇔よししま
日下部君(くさかべのきみ)吉嶋　奈良時代の日田郡司大領

吉重　きちじゅう　⇔よししげ
村田(むらた)吉重　1829〜1915　江戸末期〜大正期の農業指導者

吉十郎　きちじゅうろう
吉十郎　江戸後期の和田浦の民
新井(あらい)吉十郎　1719〜1795　江戸中期・後期の商人
下之切村(しのもきりむら)吉十郎　?〜1816　江戸後期の義民。大野郡川上郷下之切村の百姓
杉村(すぎむら)吉十郎　?〜1904　江戸末期・明治期の華道家
鈴木(すずき)吉十郎　1836〜1917　江戸末期〜大正期の和洋小間物商
玉川(たまがわ)吉十郎　江戸中期の装剣金工
道家(どうけ)吉十郎　?〜1582　戦国・安土桃山時代の織田信長の家臣
西(にし)吉十郎　1835〜1891　江戸末期の通詞。1864年遣仏使節に随行しフランスに渡る
久松(ひさまつ)吉十郎　江戸中期の織物師
山口(やまぐち)吉十郎　1784〜?　江戸中期・後期の庄屋、国学者

吉重郎　きちじゅうろう
安部(あべ)吉重郎　?〜1867　江戸後期・末期の大工

吉四郎　きちしろう
佐々木(ささき)吉四郎　1852〜1922　江戸末期〜大正期の篤志家

吉次郎　きちじろう　⇔よしじろう
飯田(いいだ)吉次郎　1848〜1923　江戸後期〜明治期の工部省官吏。1867年留学のためオランダに渡る
小野田(おのだ)吉次郎　1822〜1879　江戸後期〜明治期の高塚村の名主
元田(げんだ)吉次郎　1842〜1868　江戸末期・明治期の孝子
須古(すこ)吉次郎　1835〜1864　江戸後期・末期の萩藩士
日向(ひなた)吉次郎　1851〜1920　江戸末期〜大正期の謡曲家
明礬屋(みょうかんや)吉次郎　江戸後期の町年寄
吉雄(よしお)吉次郎　1787〜1833　江戸末期の蘭学者
和栗(わくり)吉次郎　江戸末期の剣士

吉治良好徳　きちじろうよしのり
松山(まつやま)吉治良好徳　1802〜1869　江戸後期〜明治期の剣士

吉助　きちすけ　⇔よしすけ
大村(おおむら)吉助　江戸中期の義民。小鷹利郷大村の人
和上(わじょう)吉助　江戸後期の小八賀郷下保村の名主

吉三　きちぞう
松木(まつき)吉三　安土桃山時代の下山郷の細工職人頭

吉蔵　きちぞう　⇔よしぞう
今吉(いまよし)吉蔵　1784〜1866　江戸中期〜末期の陶工
梶川(かじかわ)吉蔵　安土桃山時代の織田信長の家臣
加藤(かとう)吉蔵　江戸後期の鉱山業
谷口(たにぐち)吉蔵　江戸末期の韮山代官江川氏の手代
千葉(ちば)吉蔵　1788〜1873　江戸後期〜明治期の教育者
茶屋(ちゃや)吉蔵　1745〜1804　江戸中期・後期の松山城下唐人町の商人《百済魚文》
蔦屋(つたや)吉蔵　江戸後期〜明治期の地本問屋
冨田(とみた)吉蔵　安土桃山時代の検地役人

吉太夫　きちだゆう
吉太夫　江戸前期の商人
江口(えぐち)吉太夫　1758〜1811　江戸中期・後期の柔術家

堤(つつみ)吉太夫 ?～1708 江戸前期・中期の作庭師
富士ケ岳(ふじがたけ)吉太夫 江戸中期の力士
間瀬(ませ)吉太夫 江戸前期の代官
村岡(むらおか)吉太夫 江戸時代の庄内藩士

橘太夫 きちだゆう
大沢(おおさわ)橘太夫 安土桃山時代の鳥羽の車借・問丸

吉太郎 きちたろう
吉太郎 江戸末期・明治期の肥後国袋村の造園技術者
桜井(さくらい)吉太郎 江戸後期の資産家太田家の大番頭
渡辺(わたなべ)吉太郎 1843～1868 江戸後期・末期の京都見廻組

吉乃 きちの
吉乃 1538～1566 戦国・安土桃山時代の女性。生駒家宗の娘、八右衛門家長の妹

吉之丞 きちのじょう
上田(うえた)吉之丞 1802～1863 江戸後期・末期の徳島藩中老・馬術師範
大迫(おおさこ)吉之丞 ?～1634 江戸前期の薩摩国山川船頭衆の一人

吉之介 きちのすけ
藤本(ふじもと)吉之介 江戸末期の新撰組隊士

吉之助 きちのすけ
井上(いのうえ)吉之助 1857～1906 江戸末期・明治期の初代・3代鶴川村村長
神山(かみやま)吉之助 江戸末期の新撰組隊士
神山(こうやま)吉之助 神山吉之助に同じ
渋沢(しぶさわ)吉之助 江戸末期の新撰組隊士
須藤(すとう)吉之助 1857～1912 江戸末期・明治期の農事功労者
津田(つだ)吉之助 1827～1890 江戸末期・明治期の大工棟梁

吉繁 きちはん
中村(なかむら)吉繁 江戸前期の代官

吉兵衛 きちびょうえ ⇔きちべい, きちべえ
竹内(たけのうち)吉兵衛 江戸前期の藩士
三宅(みやけ)吉兵衛 江戸前期の中島式部少輔の組子

吉兵衛基次 きちびょうえもとつぐ
三沢(みさわ)吉兵衛基次 江戸前期の武士。大坂の陣で籠城。後に前田利常に仕えた

吉平 きちへい ⇔きちべい, よしひら, よしへい
金子(かねこ)吉平 1795～1858 江戸後期・末期の剣術家。無拍子流
安原(やすはら)吉平 1826～1911 江戸後期～明治期の歌人

吉兵衛 きちべい ⇔きちびょうえ, きちべえ
鳥居(とりい)吉兵衛 江戸前期の三島代官伊奈忠公・忠易の手代

吉平 きちべい ⇔きちへい, よしひら, よしへい
西川(にしかわ)吉平 1807～1878 江戸後期～明治期の篤農家
水野(みずの)吉平 ?～1584 戦国・安土桃山時代の人。新居村の無二流棒の手道場の一つ景樹庵の住持

吉兵衛 きちべえ ⇔きちびょうえ, きちべい
吉兵衛 安土桃山時代の陶工
吉兵衛 江戸前期・中期の古丹波の陶工
吉兵衛 江戸中期の高野山寺領清水村の農民
吉兵衛 ?～1864 江戸後期・末期の陶工
浅井(あさい)吉兵衛 安土桃山時代の織田信長の家臣
伊勢屋(いせや)吉兵衛 江戸末期の木綿買継商人・問屋
岩倉山(いわくらやま)吉兵衛 1707～1770 江戸中期の陶工
大阪屋(おおさかや)吉兵衛 1784～1850 江戸中期・後期の矢野特産かもじの創始者
小笠原(おがさわら)吉兵衛 1832～1899 江戸後期～明治期の人。嘉永4年に独力で松を植栽し道しるべとした
岡本(おかもと)吉兵衛 1749～1794 江戸中期・後期の商人
奥村(おくむら)吉兵衛 1841～1908 江戸後期～明治期の表具師
小野(おの)吉兵衛 ?～1650 江戸前期の鷹匠
柿本(かきもと)吉兵衛 ?～1681 江戸前期の治水家
木吉屋(きよしや)吉兵衛 江戸後期の菓子司
熊谷(くまたに)吉兵衛 ?～1696 江戸前期・中期の弘前藩の紙漉師
西郷(さいごう)吉兵衛 1806～1852 江戸後期の薩摩藩士
佐々木(ささき)吉兵衛 1836～? 江戸後期の別海村(現、別海町)初代戸長
質や(しちや)吉兵衛 江戸前期の京都糸割符商人
島津(しまづ)吉兵衛 江戸前期のシテ方渋谷流能楽師
白井(しらい)吉兵衛 ?～1635 安土桃山・江戸前期の功臣
須藤(すどう)吉兵衛 江戸後期の淘綾郡出縄村民
辰巳屋(たつみや)吉兵衛 江戸中期の商人
出口屋(でぐちや)吉兵衛 1813～? 江戸後期の広村の民
中川(なかがわ)吉兵衛 江戸後期の彫刻師
中島(なかじま)吉兵衛 江戸末期の武士、勘定組頭
芳賀(はが)吉兵衛 江戸前期の本吉郡南方大肝入
浜田(はまだ)吉兵衛 ?～1866 江戸後期の大住郡上吉沢村名主
原(はら)吉兵衛 江戸後期の鎌倉郡桂村名主
平井(ひらい)吉兵衛 1832～1900 江戸後期～明治期の小田原町菓子店主
藤井(ふじい)吉兵衛 1795～1866 江戸後期・末期の平瀬尾川開発者
星野(ほしの)吉兵衛 1810～1880 江戸後期～明治期の教育者

三島屋(みしまや)吉兵衛　江戸前期の京都糸割符商人
美濃屋(みのや)吉兵衛　江戸時代の商人
美濃屋(みのや)吉兵衛〔1代〕　戦国時代の商人。小田原で梅干を販売
美濃屋(みのや)吉兵衛〔5代〕　江戸中期の商人。イカの塩辛を創製
室江(むろえ)吉兵衛　1841～1903　江戸後期～明治期の金工家
森(もり)吉兵衛　1849～1891　江戸後期～明治期の実業家
山本(やまもと)吉兵衛　1819～1904　江戸後期～明治期の鬼瓦師
弓削(ゆげ)吉兵衛　江戸後期の日置郡市来郷最初の寺子屋開設者
万屋(よろずや)吉兵衛　江戸後期の版元
渡辺(わたなべ)吉兵衛　江戸末期の俳人、彫刻師

吉兵衛　きちべえ
永井(ながい)吉兵衛　1849～1918　江戸末期～大正期の久慈良餅の元祖

吉丸　きちまる
原(はら)吉丸　戦国時代の下総国臼井城主

吉弥　きちや
古木(ふるき)吉弥　?～1856　江戸後期の高座郡上鶴間村名主

吉有　きちゆう
久米(くめ)吉有　1809～1873　江戸後期～明治期の国学者、天文学者

寄潮　きちょう
寄潮　?～1784　江戸中期の俳人

机鳥　きちょう
机鳥　江戸中期の雑俳点者

起蝶　きちょう
占部(うらべ)起蝶　1757～1821　江戸中期・後期の俳人

其兆　きちょう
其兆　1799～1880　江戸後期～明治期の俳人

其朝　きちょう
其朝　江戸中期・後期の俳人

義澄　ぎちょう
義澄　江戸前期・中期の律宗の僧

吉連　きちれん　⇔よしつら
飯尾(いいお)吉連　飯尾吉連に同じ
飯尾(いのお)吉連　南北朝時代の武士

吉郎　きちろう
笠原(かさはら)吉郎　?～1878　江戸後期～明治期の機具師
渡部(わたなべ)吉郎　江戸時代の庄内藩医

吉郎右衛門　きちろううえもん　⇔きちろうえもん
西脇(にしわき)吉郎右衛門　1819～1889　江戸末期・明治期の小千谷の資産家

吉郎右衛門　きちろうえもん　⇔きちろううえもん
末松(すえまつ)吉郎右衛門　?～1638　安土桃山・江戸前期の功臣

吉郎左衛門　きちろうざえもん
幸野(こうの)吉郎左衛門　1690～1748　江戸中期の御用時計師

吉郎次　きちろうじ
北沢(きたざわ)吉郎次　?～1854　江戸後期・末期の新田開発の功労者
清水(しみず)吉郎次　1725～1803　江戸後期の庄屋、治水家

吉郎兵衛　きちろうべえ　⇔きちろべえ
今泉(いまいずみ)吉郎兵衛　1797～1862　江戸後期・末期の私塾の師匠
堀江(ほりえ)吉郎兵衛　1788～1868　江戸後期・末期の篤農家

吉六　きちろく
飯島(いいじま)吉六　?～1815　江戸後期の橘樹郡鶴見村石工
中村(なかむら)吉六　江戸末期の新撰組隊士

吉郎兵衛　きちろべえ　⇔きちろうべえ
小林(こばやし)吉郎兵衛　江戸後期の三浦郡長浦村名主

伎都　きつ
建部(たけべ)伎都　江戸中期の女流歌人

喜津　きつ
岡谷(おかや)喜津　1777～1857　江戸中期～末期の女性。文人、教育家

橘庵　きつあん
北山(きたやま)橘庵　1731～1791　江戸中期・後期の医師、漢詩人

橘陰　きついん
小橋(こばし)橘陰　1824～1879　江戸後期～明治期の漢学者

義通　ぎつう　⇔よしみち
高氏(たかのうじの)義通　奈良時代の官人。万葉歌人

橘右衛門　きつえもん
相田(あいだ)橘右衛門　1754～1830　江戸中期・後期の剣術家。神道流・夢想真流(無楽流、居合)

橘園　きつえん
岩田(いわた)橘園　1833～1885　江戸後期～明治期の囲碁棋士追贈6段、画家
奥田(おくだ)橘園　1783～1819　江戸中期・後期の藩士、漢学者
越智(おち)橘園　1836～1906　江戸末期・明治期の僧

橘翁　きつおう
平野(ひらの)橘翁　1784～1867　江戸中期～末期の心学者

吉五　きつご
村田(むらた)吉五　?～1582　戦国・安土桃山時代の織田信長の家臣

吉斎　きっさい
奥山(おくやま)吉斎　江戸後期の漢学者

橘斎　きっさい
磯野(いその)橘斎　1856～?　江戸末期・明治期

の医家
田中(たなか)橘斎　1745〜1805　江戸後期の医家

吉子　きっし　⇔きつし, よしこ
洞院(とういん)吉子　南北朝時代の歌人

吉子　きつし　⇔きっし, よしこ
小野(おのの)吉子　平安前期の女性。仁明天皇の更衣《小野吉子》

橘枝堂　きっしどう
河原(かわはら)橘枝堂　江戸後期の儒者

橘州　きっしゅう
畑(はた)橘州　1771〜1832　江戸中期・後期の医家

橘洲　きっしゅう
菅(かん)橘洲　1810〜1900　江戸後期〜明治期の漢学者

橘泉　きっせん
田中(たなか)橘泉　1695〜1748　江戸中期の医家

橘大夫　きつだゆう
塩河(しおかわ)橘大夫　?〜1597　安土桃山時代の織田信長の家臣
寺本(てらもと)橘大夫　安土桃山時代の織田信長の家臣

橘童　きつどう
木谷庵(もっこくあん)橘童　1781〜1834　江戸後期の俳人・家臣

吉内　きつない
横山(よこやま)吉内　?〜1582　安土桃山時代の織田氏の家臣

喜常　きつね
石川(いしかわ)喜常　江戸後期の狂歌作者

吉品　きつぴん
藤根(ふじね)吉品　?〜1713　江戸前期・中期の書家

喜都真　きつま
山崎(やまざき)喜都真　江戸末期・明治期の製紙業指導者

佶磨　きつま
北添(きたぞえ)佶磨　1833〜1864　江戸末期の志士

吉門　きつもん　⇔よしかど
吉門　江戸中期の俳人

橘六　きつろく
津田(つだ)橘六　江戸後期の韮山代官江川氏の手代

葵亭　きてい
葵亭　1769〜1825　江戸中期・後期の俳諧作者
雛田(ひなだ)葵亭　1787〜1846　江戸中期・後期の神職・国学者
松田(まつだ)葵亭　1813〜1873　江戸後期〜明治期の漢学者

亀亭　きてい
和気(わけ)亀亭〔1代〕　?〜1765　江戸中期の陶工
和気(わけ)亀亭〔2代〕　?〜1822　江戸中期・後期の陶工

其汀　きてい
其汀　?〜1762　江戸中期の俳人

其程　きてい
其程　江戸後期の俳人

憙貞　きてい
箕田(みた)憙貞　江戸中期の武士

宜禎　ぎてい
綾山(りょうざん)宜禎　1806〜1874　江戸後期〜明治期の臨済宗の僧

義貞　ぎてい　⇔よしさだ
武田(たけだ)義貞　戦国時代の武田氏の家臣

義適　ぎてき
金井(かない)義適　1746〜1839　江戸中期・後期の和算家

耆耋　きてつ
水沢(みずさわ)耆耋　?〜1761　江戸中期の商人

義哲　ぎてつ
義哲　戦国時代の禅僧
賢甫(けんぽ)義哲　戦国時代の上野国世良田長楽寺の住持

義天　ぎてん
義天　?〜1707　江戸前期・中期の僧
義天　1790〜1837　江戸後期の真言宗の僧・国学者

其斗　きと
梅里亭(ばいりてい)其斗　江戸中期の農民

亀塘　きとう
亀塘　江戸後期の陶工

其棟　きとう
蔡(さい)其棟　1693〜1741　江戸中期の宜野湾間切高良地頭職、小禄間切具志地頭職

几藤　きとう
几藤　江戸後期の俳人

帰道　きどう
中村(なかむら)帰道　1805〜1885　江戸後期の心学者

鬼洞　きどう
六角(ろっかく)鬼洞　?〜1836　江戸後期の漢学者

其堂　きどう
其堂　江戸後期の俳人

其道　きどう
其道　江戸後期の俳人

儀道　ぎどう
陣内(じんない)儀道　1844〜1900　江戸後期〜明治期の僧侶・教育者
林安(りんあん)儀道　江戸前期の僧。八戸新井田村の対泉院3世

宜道　ぎどう
芳賀(はが)宜道　?〜1869　江戸末期・明治期の新撰組隊士

義導　ぎどう
義導　1804〜1881　江戸後期〜明治期の僧

帰禿　きとく
古嶋(ふるしま)帰禿　1834〜1906　江戸末期・明治期の医師、俳人

祇徳　ぎとく
仲(なか)祇徳〔1代〕　1702〜1755　江戸中期の俳人

仲(なか)祇徳〔2代〕 1728～1779　江戸中期の俳人

樹徳　ぎとく　⇔じゅとく

小山(こやま)樹徳　？～1760　江戸中期の俳人《小山儀右衛門》

祇徳　ぎとく

自在庵(じざいあん)祇徳　江戸中期の俳人

喜内　きない

尾崎(おざき)喜内　？～1659　江戸前期の藩士、朱子学者

根来(ねごろ)喜内　江戸後期の幕臣

矢野(やの)喜内　江戸前期の武士。大坂の陣で籠城

山口(やまぐち)喜内　？～1615　江戸前期の山口の士豪

渡辺(わたなべ)喜内　江戸後期の藩士

記内　きない

高橋(たかはし)記内〔1代〕 ？～1681　江戸前期の装剣金工

義内　ぎない

林(はやし)義内　1716～1776　江戸中期の医者・滑稽本作者

喜内重安　きないしげやす

山口(やまぐち)喜内重安　1554～1615　戦国～江戸前期の紀伊国名草郡山口荘の代官

義南　ぎなん

義南　南北朝時代の臨済宗の僧

義入　ぎにゅう

金森(かなもり)義入　？～1582　戦国・安土桃山時代の織田信長の家臣

きぬ

安藤(あんどう)きぬ　1301～？　鎌倉後期・南北朝時代の女性。南部最古の家族調書を書いた人物

絹　きぬ

若林(わかばやし)絹　江戸末期・明治期の女性。旗本若林直国の妻

季寧　きねい

天岸(あまぎし)季寧　1829～1885　江戸後期～明治期の松山藩医

杵屋　きねや

杵屋　江戸時代の長唄演奏家の代表的な姓

亀年　きねん

宮(みや)亀年　1794～1857　江戸後期の石工

祇年　ぎねん

浅田(あさだ)祇年　1822～1906　江戸後期～明治期の俳句宗匠

紀伊守幸俊　きのかみゆきとし

山中(やまなか)紀伊守幸俊　江戸前期の豊臣秀頼・浅野長晟の家臣

木の屑坊　きのくずぼう

木の屑坊　1812～？　江戸後期の滑稽本作者・絵師

紀之重　きのしげ

堀田(ほった)紀之重　？～1609　安土桃山時代の織田信長の家臣《堀田右馬大夫》

喜之介　きのすけ

喜之介　1833～1906　江戸後期～明治期の陶工

喜之助　きのすけ

喜之助　江戸前期の高野山寺領清水村農民

鬼神(きじん)喜之助　1822～？　江戸後期・末期のばくち打ち

田中(たなか)喜之助　1649～1733　江戸前期・中期の剣術家。傑山流祖

紀宗賢　きのむねかた

明珍(みょうちん)紀宗賢　江戸時代の弘前藩の具足師

其梅　きばい

野村(のむら)其梅　1719～1788　江戸中期・後期の俳人

希白　きはく

虚室(こしつ)希白　鎌倉後期の臨済宗の僧

亀伯　きはく

亀伯　？～1869　江戸後期～明治期の俳人・和算家

己百　きはく

己百　1643～1698　江戸前期・中期の俳諧作者

其麦　きばく

其麦　？～1756　江戸中期の俳人

義伯　ぎはく

義伯　江戸中期の僧侶

義白　ぎはく

加辺(かべ)義白　1734～1814　江戸中期・後期の萩原村善雄寺22世堯慶上人

喜八　きはち

浮田(うきた)喜八　？～1600　安土桃山時代の岡山城主宇喜多秀家の家臣

大脇(おおわき)喜八　？～1582　戦国・安土桃山時代の織田信長の家臣

合羽屋(かっぱや)喜八　江戸後期の雨合羽商

河合(かわい)喜八　？～1820　江戸中期・後期の牛久保いも栽培者

小島(こじま)喜八　1843～1914　江戸末期～大正期の形原麻綱の元祖

児玉(こだま)喜八　1856～1912　江戸末期・明治期の教育者

後藤(ごとう)喜八　？～1884　江戸後期～明治期の機業家

野沢(のざわ)喜八　江戸中期の比企郡小川村の絹買宿

平尾(ひらお)喜八　1848～1923　江戸末期～大正期の寄留商人

義八　ぎはち

清水(しみず)義八　1846～1914　江戸後期～大正期の建築技術者

喜八郎　きはちろう

池田(いけだ)喜八郎　1678～1754　江戸中期の美作国倉敷代官

遠藤(えんどう)喜八郎　江戸前期の弓術家

塚越(つかごし)喜八郎　？～1777　江戸中期の庄内藩士

長田(ながた)喜八郎　戦国時代の神職。三河国大浜郷熊野神社の神主

水野(みずの)喜八郎　安土桃山時代の織田信長の家臣

三輪(みわ)喜八郎　?～1743　江戸中期の笠師組、中島組の十村

紀八郎　きはちろう
林(はやし)紀八郎　戦国時代の千葉胤富の家臣

儀八郎　ぎはちろう
薄木(うすき)儀八郎　?～1733　江戸中期の武士
松宮(まつみや)儀八郎　1750～1840　江戸中期・後期の庄内藩付家老

季範　きはん　⇔すえのり
季範　江戸前期の俳人

義般　ぎはん
宿院(しゅくいん)義般　1831～1891　江戸後期～明治期の開拓者

義範　ぎはん　⇔よしのり
義範　1682～1761　江戸中期の僧

義蕃　ぎはん　⇔もとよし，よししげ
平賀(ひらが)義蕃　1800～1865　江戸後期の漢学者《平賀義蕃》

吉備　きび
下道(しもつみちの)吉備　奈良時代の絵師
多治比(たじひの)吉備　飛鳥時代の官人

義比　ぎひ　⇔よしとも
石神(いしがみ)義比　?～1864　江戸末期の幕臣

義備　ぎび　⇔よしまさ
木暮(こぐれ)義備　?～1875　江戸後期～明治期の和算家

備雄　きびお
藤原(ふじわらの)備雄　平安前期の官人

木人　きひと
多治比(たじひの)木人　奈良時代の官人

吉備人　きびひと
石川(いしかわの)吉備人　奈良時代の左京六条一坊戸主石川今成の戸口

吉備麿　きびまろ
伴宿禰(とものすくね)吉備麿　平安前期の下級官人

喜兵衛　きひょうえ　⇔きへい，きへえ
芦沢(あしざわ)喜兵衛　戦国時代の穴山家臣
石浜(いしはま)喜兵衛　江戸前期の武士
佐野(さの)喜兵衛　安土桃山時代の駿河国小泉郷の人
林(はやし)喜兵衛　1848～1931　江戸後期～昭和期の七宝工
守沢(もりさわ)喜兵衛　江戸前期の伊東長次の家来

喜兵衛尉　きひょうえのじょう　⇔きへえのじょう
高木(たかぎ)喜兵衛尉　戦国時代の信濃国諏訪郡高木の土豪

喜兵衛義建　きひょうえよしたつ
石井(いしい)喜兵衛義建　江戸前期の武士

季富　きふ　⇔すえとみ
三上(みかみ)季富　江戸後期の幕臣

基風　きふう
籾山(もみやま)基風　1752～1822　江戸中期・後期の俳人

亀風　きふう
亀風　1845～1909　江戸後期～明治期の義太夫語り

其風　きふう
片山(かたやま)其風　江戸中期の俳人

枳風　きふう
枳風　江戸前期の俳人

鬼仏　きぶつ
鬼仏　1751～?　江戸中期・後期の狂歌僧

亀文　きぶん
一桜井(いちおうせい)亀文　1742～1805　江戸中期・後期の尼崎城主
大河原(おおがわら)亀文　1773～1831　江戸中期・後期の商家

喜兵衛　きへい　⇔きひょうえ，きへえ
宇野(うの)喜兵衛　江戸中期の眼科医
三橋(みつはし)喜兵衛　?～1709　江戸中期の原町田村若年寄。現、宝永堂祖

喜平　きへい
喜平　?～1871　江戸末期・明治期の近江湖東焼の陶工
石川(いしかわ)喜平　?～1862　江戸後期・末期の人。都築弥厚の用水計画に協力
小林(こばやし)喜平　1828～1891　江戸後期～明治期の能楽小鼓奏者
式田(しきた)喜平　1841～1914　江戸末期・明治期の農事改良家
中尾(なかお)喜平　1813～1881　江戸後期～明治期の銀札場役人
平田(ひらた)喜平　?～1932　江戸末期～昭和の彫刻家
増田(ますだ)喜平　江戸後期の眼科医

儀兵衛　ぎへい　⇔ぎへえ
由良(ゆら)儀兵衛　1835～1903　江戸後期～明治期の実業家

儀平　ぎへい
儀平　1762～1806　江戸中期・後期の漂流民
山鹿(やまが)儀平　江戸後期の鋳物師。天満宮楼門前の御神牛などを製作

義平　ぎへい　⇔よしたか
本保(ほんぼ)義平　1847～1925　江戸後期～大正期の仏師

喜平次　きへいじ
折敷地村(おしきぢむら)喜平次　?～1783　江戸中期の義民。吉城郡折敷地村の組頭
斎藤(さいとう)喜平次　?～1555　戦国時代の斎藤道三(利政)三男
田中(たなか)喜平次　江戸時代の中富村の開発名主
千野(ちの)喜平次　戦国・安土桃山時代の信濃国諏訪郡の国衆
辻(つじ)喜平次　江戸時代の有田の陶工
豊嶋(としま)喜平次　江戸前期の稲葉正則の家臣
船越(ふなこし)喜平次　1764～?　江戸後期の船井郡小畑村の大庄屋
三輪(みわ)喜平次　戦国時代の武将

喜平治　きへいじ
喜平治　?～1723　江戸前期・中期の山中一揆の

指導者の一人
安保（あんぽ）喜平治〔4代〕 ？～1849 江戸後期の回船問屋、資産家
望月（もちづき）喜平治 1822～1893 江戸後期～明治期の長篠村の豪商久保屋の当主
盛田（もりた）喜平治〔10代〕 1845～1905 江戸後期～明治期の盛田喜平治家当主

儀平次 ぎへいじ
渡辺（わたなべ）儀平次 江戸末期の武士

喜兵衛 きへえ ⇔きひょうえ，きへい
喜兵衛 江戸後期の上田井村庄屋
喜兵衛 江戸後期の古佐田村庄屋
喜兵衛 1820～1860？ 江戸後期・末期の仙台藩軍艦開成丸乗員
池田（いけだ）喜兵衛 江戸中期の左官
伊豆蔵屋（いずくらや）喜兵衛 江戸後期の人形師
和泉屋（いずみや）喜兵衛 江戸時代の豪商
岩下（いわした）喜兵衛 1817～1882 江戸後期～明治期の安蘇郡下彦間村の豪農、私塾指導者
近江屋（おうみや）喜兵衛 江戸中期の商人。利休箸を考案
小田島（おだしま）喜兵衛 1614～1704 江戸前期・中期の和賀郡新町村の開拓者
春日（かすが）喜兵衛 1718～1798 江戸中期・後期の剣術家。樊噲流・新天流
河内屋（かわちや）喜兵衛 江戸後期の書肆
河西（かわにし）喜兵衛 安土桃山時代の織田信長の家臣
国光（くにみつ）喜兵衛 1772～1833 江戸中期・後期の岩田村の庄屋
黒須（くろす）喜兵衛 1837～1888 江戸後期～明治期の銀行創設者・呉服商
佐藤（さとう）喜兵衛 ？～1811 江戸中期・後期の普請方、山林方、作事方役
信濃屋（しなのや）喜兵衛 1802～1881 江戸後期～明治期の医師、薬旅商人
杉田（すぎた）喜兵衛 1763～1836 江戸中期・後期の宮大工
相馬（そうま）喜兵衛 ？～1710 江戸前期・中期の広須新田開発の先駆者
高山（たかやま）喜兵衛 1571～？ 安土桃山・江戸前期の武士
立岩（たていわ）喜兵衛 安土桃山時代の代官
田中屋（たなかや）喜兵衛 江戸後期の篤農家。聖護院大根を栽培
常井（つねい）喜兵衛 江戸前期の剣術家。林崎新夢想流居合術
天満屋（てんまや）喜兵衛 江戸後期の版元
藤間（とうま）喜兵衛 ？～1776 江戸中期の大住郡南金目村旗本船橋氏知行所の名主
なすの（なすの）喜兵衛 戦国時代の武将。武田家臣
野口（のぐち）喜兵衛 戦国時代の北条氏の家臣
秦（はた）喜兵衛 江戸前期の神門郡西園村開拓者
平本（ひらもと）喜兵衛 江戸後期の橘樹郡羽沢村名主
富士屋（ふじや）喜兵衛 江戸前期の京都糸割符商人
松岡（まつおか）喜兵衛 ？～1670 江戸前期の人。平生開削の責任者
松永（まつなが）喜兵衛 江戸後期の淘綾郡国府新宿神事舞太夫
宮本（みやもと）喜兵衛 1799～1876 江戸後期～明治期の酒造業、地域功労者
森田（もりた）喜兵衛 江戸後期の人。諏訪社の青銅の大鳥居建立の発起人
諸（もろ）喜兵衛 江戸時代の河岸問屋
八尾屋（やおや）喜兵衛 江戸後期の書肆
米屋（よねや）喜兵衛 江戸中期の商人。清酒「沢の鶴」の創始者
綿屋（わたや）喜兵衛 江戸後期～明治期の大坂の版元

儀兵衛 ぎへえ ⇔ぎへい
儀兵衛 ？～1806 江戸中期・後期の人。日本人初の世界周航を果たした
儀兵衛 江戸後期の船坂村庄屋
青木（あおき）儀兵衛 江戸中期の大原代官の手代
岡村（おかむら）儀兵衛 江戸中期の人。代々上松宿の年寄や木曽全体の杣頭などを務めた
小田（おだ）儀兵衛 1812～1885 江戸後期～明治期の上野村肝入
川端（かわばた）儀兵衛 ？～1831 江戸後期の山田船越の川端家中興の祖
須田（すだ）儀兵衛 1736～？ 江戸中期の肝属郡内之浦郷浦町の乙名頭・乙名役・年行司
津端（つばた）儀兵衛 江戸後期の商家
唐仁原（とうじんばら）儀兵衛 1828～1894 江戸後期～明治期の一向宗徒
浜口（はまぐち）儀兵衛〔1代〕 1669～1722 江戸前期の醸造家。ヤマサ醤油の創始者
平野屋（ひらのや）儀兵衛 江戸末期の商人
松村（まつむら）儀兵衛 江戸後期の養蚕指導者
村井（むらい）儀兵衛 1833？～1884 江戸後期～明治期の素封家
森田（もりた）儀兵衛 江戸後期の大住郡曽屋村大工
山本（やまもと）儀兵衛 1847～1910 江戸後期～明治期の海産物商
八幡の（やわたの）儀兵衛 江戸後期の加賀国能美郡八幡村の陶工
吉原（よしわら）儀兵衛 1775～1850 江戸中期・後期の蚕種商、売薬商
若狭屋（わかさや）儀兵衛 ？～1765 江戸中期の豪商

宜平 ぎへえ ⇔よしひら
星島（ほしじま）宜平 1803～1870 江戸末期の地方政治家《星島義兵衛》

義兵衛 ぎへえ
萱沼（かやぬま）義兵衛 ？～1800 安土桃山時代の修験者
星島（ほしじま）義兵衛 1803～1870 江戸末期の地方政治家
細谷（ほそや）義兵衛 江戸後期の書肆

喜兵衛尉 きへえのじょう ⇔きひょうえのじょう
鷹野（たかの）喜兵衛尉 戦国時代の武田氏の家臣

義遍　ぎへん
義遍　1711～？　江戸中期の天台宗の僧

義弁　ぎべん
里見(さとみ)義弁　戦国時代の里見義通の二男。那古寺権別当職

旗峰　きほう
牛尾(うしお)旗峰　江戸中期の漢学者

亀峰　きほう
倉光(くらみつ)亀峰　1730～1789　江戸中期・後期の儒者

其峰　きほう
勝部(かつべ)其峰　1823～1881　江戸末期・明治期の開発事業家《勝部本右衛門景浜》

其鳳　きほう
大雅舎(たいがしゃ)其鳳　江戸中期の浮世草子作者

祇報　ぎほう
萩原(はぎわら)祇報　江戸中期の俳人

義宝　ぎほう
義宝　南北朝時代の真言宗の僧
義宝　室町時代の僧侶・歌人
義宝　？～1785　江戸中期の学僧

義峰　ぎほう　⇔よしみね
柴田(しばた)義峰　江戸後期の画家

義方　ぎほう　⇔よしえ, よしかた
乙丸(おとまる)義方　1800～1869　江戸後期～明治期の画家

義法　ぎほう
義法　飛鳥時代の僧

蟻鳳　ぎほう
鶴沢(つるざわ)蟻鳳〔3代〕　1771～1854　江戸中期～末期の浄瑠璃三味線方

亀卜　きぼく
亀卜　江戸後期の俳人

嶷北　ぎほく
安東(あんどう)嶷北　？～1895　江戸末期・明治期の俳人

宜朴　ぎぼく
佐々木(ささき)宜朴　1720～1801　江戸中期・後期の医師

義本　ぎほん
義本　1206～？　鎌倉前期の舜天王統3代目の王と伝えられる人物

義本王　ぎほんおう
義本王　1206～？　鎌倉前期の琉球の王

喜万太　きまた
磯野(いその)喜万太　江戸後期の和算家

禾磨　ぎまろ
安養寺(あんようじの)禾磨　1697～1767　江戸中期の歴史考証家、国学者

公著　きみあき
到津(いとうづ)公著　1682～1756　江戸前期・中期の神職

公篤　きみあつ　⇔きんあつ
江馬(えま)公篤　？～1333　鎌倉後期の北条庶家名越氏の一流
北条(ほうじょう)公篤　？～1333　鎌倉後期の武家・歌人《名越公篤》

君家　きみいえ
伴野(ともの)君家　戦国時代の武田氏の家臣、伴野信是の被官

公枝　きみえだ
大中臣(おおなかとみの)公枝　991～1026　平安中期の伊勢大宮司

き

公兼　きみかね　⇔きんかね
倉橋部(くらはしべの)公兼　平安中期の官人

公清　きみきよ　⇔きんきよ
大中臣(おおなかとみの)公清　平安後期の伊勢大宮司
福井(ふくい)公清　1766～1794　江戸中期・後期の神職

君子　きみこ
大宅(おおやけの)君子　奈良時代の官人

公子　きみこ
小野(おのの)公子　平安中期の官人
多治比(たじひの)公子　奈良時代の官人
藤原(ふじわらの)公子　1087？～？　平安後期の女性。崇徳朝の官女

公貞　きみさだ
北条(ほうじょう)公貞　？～1309　鎌倉後期の武士
師岡(もろおか)公貞　1762～1815　江戸中期・後期の文人

公実　きみざね
武野(たけの)公実　平安中期の官人

公茂　きみしげ
錦(にしき)公茂　平安中期の大工

公佐　きみすけ　⇔こうさ
浦川(うらかわ)公佐　江戸後期の画家

公輔　きみすけ　⇔きんすけ
安倍(あべの)公輔　平安中期の官人
大中臣(おおなかとみの)公輔　1010～1079　平安中期・後期の官人

公亮　きみすけ
福原(ふくはら)公亮　1827～？　江戸後期・末期の神職

公武　きみたけ
芦川(あしかわ)公武　？～1703　江戸前期の武士
下毛野(しもつけぬの)公武　平安中期の官人

公忠　きみただ　⇔きんただ
深野(ふかの)公忠　江戸後期の書肆
二邨(ふたむら)公忠　1759～1835　江戸中期・後期の篆刻家

公楯　きみたて
蝮王部臣(たじひのきみべのおみ)公楯　奈良時代の備前国津高郡津高郷の人

公種　きみたね　⇔きんたね
秦(はたの)公種　平安後期の近衛府の下級官人

公足　きみたり
粟田(あわたの)公足　奈良時代の官人
長野(ながのの)公足　奈良時代の官人

き

公親　きみちか
於保（おおの）公親　平安中期の官人
平（たいらの）公親　平安中期の官人
丹波（たんばの）公親　平安中期の官人
松平（まつだいら）公親　戦国時代の人。岡崎松平氏

君次　きみつぐ　⇔ただつぐ
葦沢（あしざわ）君次　戦国時代の穴山信君・勝千代の家臣

公継　きみつぐ
蒔田（まきた）公継　南北朝時代の石見国井田・津淵両村地頭

公綱　きみつな　⇔きんつな
渡辺（わたなべ）公綱　1590～1659　江戸前期の武士

君松　きみとし　⇔ただとし
帯金（おびがね）君松　?～1638　戦国時代の武士。甲斐武田一族穴山信君・勝千代・武田万千代の家臣

公利　きみとし　⇔きんとし
秦（はたの）公利　1043?～?　平安中期の近衛府生、鼓打の楽人

公長　きみなが　⇔きんなが
色部（いろべ）公長　1199～?　鎌倉前期の武将《色部公長》
北条（ほうじょう）公長　鎌倉後期の武士

君成　きみなり
石川（いしかわの）君成　奈良時代の官人
巨勢（こせの）君成　奈良時代の官人

公業　きみなり　⇔きんなり
橘（たちばな）公業　鎌倉時代の宇和郡の地頭
橘（たちばなの）公業　平安後期・鎌倉前期の武士

公成　きみなり
荒木田（あらきだ）公成　平安前期の神職
巫部（かんなぎべの）公成　平安前期の官人

公信　きみのぶ　⇔きんのぶ
大秦（おおはたの）公信　平安中期の官人

君徳　きみのり
芦田（あしだ）君徳　1722～1799　江戸中期の武士

公紀　きみのり
矢野（やの）公紀　1703～1786　江戸中期の神職

公教　きみのり　⇔こうきょう
北条（ほうじょう）公教　鎌倉時代の武士

公憲　きみのり
杉山（すぎやま）公憲　1644～1717　江戸前期・中期の藩士・兵法家

公則　きみのり　⇔きんのり
宇佐（うさの）公則　平安後期の宇佐前大宮司

公範　きみのり　⇔こうはん
小松谷（こまつだに）公範　戦国時代の僧侶

公久　きみひさ　⇔きんひさ
大江（おおえ）公久　平安後期の官人
下毛野（しもつけぬの）公久　平安中期の官人

公尚　きみひさ
小槻（おづき）公尚　?～1222　鎌倉前期の官人

公英　きみひで
秋元（あきもと）公英　1774～?　江戸中期の医師、歌人

公秀　きみひで
山上（やまがみ）公秀　戦国時代の上野国衆

公衡　きみひら　⇔きんひら
大中臣（おおなかとみの）公衡　平安後期の大宮司

君弘　きみひろ　⇔ただひろ
佐野（さの）君弘　?～1596　戦国時代の甲斐武田一族穴山信君・勝千代の家臣

公寛　きみひろ　⇔こうかん
入来院（いりきいん）公寛　1836～1871　江戸後期～明治期の薩摩郡入来郷領主
藤崎（ふじさき）公寛　1752～1817　江戸中期・後期の都城島津家の儒臣

公広　きみひろ
雨森（あめのもり）公広　?～1822　江戸後期の医師

公碩　きみひろ　⇔きんひろ
西四辻（にしよつつじ）公碩　1767～1793　江戸中期・後期の公家

公裕　きみひろ
孫福（まごふく）公裕　1791～1853　江戸後期の神職

公房　きみふさ
大中臣（おおなかとみの）公房　1034～1111　平安中期・後期の大宮司

公節　きみふし　⇔きんとき
大中臣（おおなかとみの）公節　894～?　平安前期・中期の祭主（26代）

公古　きみふる　⇔きんこ
到津（いとうづ）公古　1736～1802　江戸中期・後期の宇佐宮大宮司

公方　きみまさ　⇔きんかた
佐伯（さえきの）公方　平安中期の官人

伎美麻呂　きみまろ
勇山（いさやまの）伎美麻呂　奈良時代の官人
蔵（くら）伎美麻呂　奈良時代の漢学者

伎弥麻呂　きみまろ
百済部（くだらべ）伎弥麻呂　奈良時代の那賀郡坂野里の人

君麻呂　きみまろ
山田史（やまだのふひと）君麻呂　奈良時代の官人。大伴家持の歌に詠まれた人

君万呂　きみまろ
物部（もののべの）君万呂　奈良時代の人

公光　きみみつ
清原（きよはらの）公光　平安後期の官人

君身麻呂　きみみまろ
磯部（いそべの）君身麻呂　奈良時代の鍛師

公村　きみむら
北条（ほうじょう）公村　鎌倉後期の武士

君元　きみもと　⇔ただもと
万沢（まんざわ）君元　戦国時代の甲斐武田一族穴山信君・勝千代の重臣

公幹　きみもと
大江（おおえの）公幹　平安前期の官人
公守　きみもり
大春日（おおかすがの）公守　平安前期の官人
公安　きみやす
下毛野（しもつけぬの）公安　平安中期の随身近衛
公恭　きみやす
小野（おの）公恭　江戸末期の和算家
公保　きみやす
布勢（ふせ）公保　安土桃山時代の織田信長の家臣
君宜　きみよし
岡（おかの）君宜　飛鳥時代の遣唐使判官
君吉　きみよし　⇔ただよし
穂坂（ほさか）君吉　戦国時代の甲斐穴山信君・勝千代の重臣
公義　きみよし　⇔きんよし，こうぎ
大中臣（おおなかとみの）公義　1040〜1094　平安中期・後期の大宮司
薬師寺（やくしじ）公義　南北朝時代の武士、歌人《薬師寺公義》
公吉　きみよし
芦川（あしかわ）公吉　？〜1668　江戸前期の武士
尾張（おわりの）公吉　平安後期の官人
公敬　きみよし
天野（あまの）公敬　江戸末期の書家
公好　きみよし
物部（もののべの）公好　平安中期の陰陽師
公頼　きみより　⇔きんより
下毛野（しもつけぬの）公頼　？〜1018？　平安中期の随身。藤原実資の随身
木村　きむら　⇔このむら
木村　戦国時代の伊豆三嶋宿の有力者
木村　戦国時代の北条氏勝の家臣
鬼馬　きめ　⇔おにうま
藤巻（ふじまき）鬼馬　1779〜1868　江戸末期の俳人《藤巻鬼馬》
希明　きめい
品川（しながわ）希明　？〜1738　江戸中期の益田家家臣
其明　きめい
其明　1742〜1777　江戸中期の俳人
酒井（さかい）其明　1808〜1875　江戸後期〜明治期の芳賀郡下高根沢村の医師、私塾経営者
陽（よう）其明　？〜1755　江戸中期の唐通事
寄命　ぎめい
藤野（ふじの）寄命　1845〜？　江戸後期の植物学者
宜明　ぎめい
宜明　1737〜1815　江戸中期・後期の俳諧作者
祇明　ぎめい
祇明　1697〜1748　江戸中期の俳人
亀毛　きもう
亀毛　江戸中期の雑俳点者
季黙　きもく
季黙　江戸中期の曹洞宗の僧
義聞　ぎもん
義聞　江戸後期の浄土宗の僧
木屋麻呂　きやまろ
安倍（あべの）木屋麻呂　奈良時代の官人
喜遊　きゆう
喜遊　江戸末期の遊女
希融　きゆう
懶牛（らんぎゅう）希融　？〜1337　鎌倉後期・南北朝時代の臨済宗の僧
棄祐　きゆう
鴨（かも）棄祐　1712〜？　江戸中期の神職
徽猷　きゆう
清懶（せいらい）徽猷　？〜1679　江戸前期の丹生川村の慈雲寺の開基
亀友　きゆう
亀友　江戸中期・後期の俳諧作者、狂歌師
亀友　江戸後期の俳人
亀友　江戸末期の俳人
八田（はった）亀友　江戸中期・後期の狂歌師
亀遊　きゆう
亀遊　江戸中期の黄表紙作者
蓬莱山人（ほうらいさんじん）亀遊　江戸中期の黄表紙作者
杞柳　きゆう
渋谷（しぶや）杞柳　1759〜1796　江戸中期・後期の医師
義勇　ぎゆう
義勇　江戸後期の浄土真宗の僧
義猷　ぎゆう
大領（たいりょう）義猷　？〜1690　江戸前期・中期の高僧
久阿弥　きゅうあみ
久阿弥　室町時代の医師
休安　きゅうあん
蔭山（かげやま）休安　江戸前期の俳人
休庵　きゅうあん
熊田（くまだ）休庵　1794〜1859　江戸後期・末期の商家、漢詩人
山口（やまぐち）休庵　江戸前期の武将
及庵　きゅうあん
武下（たけした）及庵　江戸前期の画家
休意　きゅうい
山崎（やまざき）休意　1611〜1662　江戸前期の医師
久一郎　きゅういちろう
鈴木（すずき）久一郎　1845〜1904　江戸後期〜明治期の実業家。島田紡績の設立者、大井川橋架設者
久右衛門　きゅううえもん　⇔きゅうえもん
小林（こばやし）久右衛門　？〜1784　江戸中期の炭運上出入で牢死
水野（みずの）久右衛門　1841〜1927　江戸後期〜昭和期の俳人
休右衛門　きゅううえもん
石堂（いしどう）休右衛門　江戸時代の種子島の郷士

江口(えぐち)休右衛門　江戸前期の書家

九右衛門　きゅううえもん　⇔きゅうえもん, くうえもん, くえもん

石田(いしだ)九右衛門　江戸前期の豪農・商人

久永　きゅうえい　⇔ひさなが

久永　鎌倉前期の神職

休栄　きゅうえい

山田屋(やまだや)休栄　江戸前期の京都糸割符商人

休悦　きゅうえつ

赤松(あかまつ)休悦　江戸時代の眼科医

き

久右衛門　きゅうえもん　⇔きゅううえもん

久右衛門　?～1656　江戸前期のキリシタン

久右衛門　江戸前期の町人

久右衛門　江戸中期の能登国羽咋郡生神村の肝煎

久右衛門　江戸中期の農民

久右衛門　?～1823　江戸後期の文政一揆の咎人

打保村(うつぼむら)久右衛門　江戸中期の道路改修功労者

小川(おがわ)久右衛門　?～1817　江戸中期・後期の飛脚屋

小沢(おざわ)久右衛門　江戸後期の三浦郡横須賀村民

金田一(きんだいち)久右衛門　1693～1771　江戸中期の藩士

桑原(くわばら)久右衛門　1583～?　戦国時代の農家。福島江の開削に尽力

児玉(こだま)久右衛門　1688～1761　江戸前期・中期の治水家

小峰(こみね)久右衛門　1690～1755　江戸中期の安蘇郡下彦間村の年寄役、儒学者

木幡(こわた)久右衛門〔11代〕　1820～1888　江戸後期～明治期の雅楽研究家、地主

佐賀屋(さがのや)久右衛門　佐賀野屋久右衛門に同じ

佐賀野屋(さがのや)久右衛門　?～1718　江戸前期・中期の放生津の漁民

三川村(さんがわむら)久右衛門　江戸中期の三川村名主

高岡屋(たかおかや)久右衛門　江戸時代の魚津大町居住の酒造業者

高田(たかだ)久右衛門　1812～1892　江戸後期～明治期の実業家

田辺(たなべ)久右衛門　江戸後期の橘樹郡井田村幕領名主

永井(ながい)久右衛門　1582～?　安土桃山・江戸前期の前浜塩生産者

那須(なす)久右衛門　江戸前期の武士

野沢(のざわ)久右衛門　?～1714　江戸前期の漆工

服部(はっとり)久右衛門　江戸前期の下田奉行

平岡(ひらおか)久右衛門　江戸中期の屋根屋

福田(ふくだ)久右衛門　江戸前期の関東郡代伊奈忠治の家臣

万年(まんねん)久右衛門　安土桃山・江戸前期の武士

溝部(みぞべ)久右衛門　1827～1903　江戸後期～明治期の赤村庄屋

矢倉(やぐら)久右衛門　江戸前期の大工棟梁

柳川(やながわ)久右衛門　1782～1852　江戸後期の大住郡北金目村名主

矢作(やはぎ)久右衛門　1613～1683　江戸前期の因藩堰開削者

山路(やまじ)久右衛門　江戸前期の武士。大坂の陣で籠城

九右衛門　きゅうえもん　⇔きゅううえもん, くうえもん, くえもん

上野(うえの)九右衛門　安土桃山・江戸前期の武士

小島(こじま)九右衛門　1849～1880　江戸後期～明治期の日本基督一致和戸教会長老

中川(なかがわ)九右衛門　江戸前期の代官

松村(まつむら)九右衛門　江戸中期のシテ方喜多流能楽師

若目田(わかめだ)九右衛門　江戸前期の塩谷郡上郡史上阿久津村の庄屋、鬼怒川阿久津河岸の問屋

九衛門　きゅうえもん

大前(おおまえ)九衛門　戦国時代の中呂の人

高奈(たかな)九衛門　戦国時代の大工

丘焉　きゅうえん

丘焉　江戸末期の俳人

休円　きゅうえん

狩野(かのう)休円〔2代〕　?～1802　江戸後期の画家

狩野(かのう)休円〔3代〕　?～1835　江戸後期の画家

九淵　きゅうえん

浦池(うらいけ)九淵　1759～1836　江戸末期の武人

亀山(かめやま)九淵　1782～1832　江戸末期の倉敷の医師

九畹　きゅうえん

片山(かたやま)九畹　1779～1836　江戸後期の女性。漢詩人

山口(やまぐち)九畹　1768～1831　江戸中期・後期の漢学者

岌円　きゅうえん

桂(かつら)岌円　1547～1637　戦国～江戸前期の藩士

虬淵　きゅうえん

堀尾(ほりお)虬淵　1813～1893　江戸末期の書家

岌往　きゅうおう

岌往　1502～1585　安土桃山時代の浄土宗の僧

牛翁　ぎゅうおう

牛負庵(ぎゅうふあん)牛翁　1785～1860　江戸中期～末期の俳諧師

長沼(ながぬま)牛翁　?～1834　江戸後期の医者

休可　きゅうか

野口(のぐち)休可　1614～1680　江戸前期の地域開発の功労者

及加　きゅうか

及加　江戸前期の俳人

九華　きゅうか

九華　1500～1578　戦国・安土桃山時代の足利学校第7世庠主

池田(いけだ)九華　?〜1881　江戸後期〜明治期の画家・医者
佐和(さわ)九華　1789〜1875　江戸後期〜明治期の僧、教育者
富永(とみなが)九華　1749〜1807　江戸中期・後期の風流人
中島(なかじま)九華　1744〜1816　江戸中期・後期の漢学者
林(はやし)九華　1716〜1776　江戸中期の医家

喩霞　きゅうか
浅井(あさい)喩霞　江戸後期の漢学者

牛哥　ぎゅうか
牛哥　江戸後期の俳人

玖岳　きゅうがく
難波(なんば)玖岳　江戸末期の画家

牛壑　ぎゅうかく　⇔ぎゅうがく
渡辺(わたなべ)牛壑　江戸末期の漢学者《渡辺牛壑》

牛壑　ぎゅうがく　⇔ぎゅうかく
渡辺(わたなべ)牛壑　江戸末期の漢学者

九蚶　きゅうかん
九蚶　江戸中期の俳人

九起　きゅうき
九起　1804〜1882　江戸後期の俳人

久吉　きゅうきち　⇔ひさきち, ひさよし
久吉　江戸末期の新撰組隊士

九々翁　きゅうきゅうおう
九々翁　江戸前期の陶工

求魚　きゅうぎょ
求魚　江戸中期の俳人・地誌作者

休愚　きゅうぐ
田中(たなか)休愚　1662〜1729　江戸中期の経世家。川崎宿財政を再建、『民間省要』を執筆

休計　きゅうけい
休計　?〜1704　江戸前期・中期の俳人

九圭　きゅうけい
野村(のむら)九圭　江戸後期の蒔絵師

九敬　きゅうけい
鈴木(すずき)九敬　1709〜1784　江戸中期の茶人
中井(なかい)九敬　1732〜1795　江戸中期・後期の代官

九渓　きゅうけい
井門(いど)九渓　1789〜1850　江戸後期の素封家・画家

芄月　きゅうげつ
芄月　1710〜1783　江戸中期の俳人

久賢　きゅうけん
上林(かんばやし)久賢　?〜1846　江戸後期の山城国宇治郷代官、製茶業

及肩　きゅうけん
及肩　江戸中期の俳諧作者。元禄(1688〜1704)ごろ

及賢　きゅうけん
及賢　1831〜1905　江戸後期〜明治期の僧侶

求玄　きゅうげん
大草(おおくさ)求玄　1779〜1842　江戸中期・後期の砲術家

休古　きゅうこ
羽山(はやま)休古　1619〜1714　江戸前期の茶人、羽山角兵衛の子

求古　きゅうこ
小池(こいけ)求古　江戸後期の医者

久吾　きゅうご
梅鉢屋(うめばちや)久吾　?〜1840　江戸後期の竈石問屋、麦会所

求吾　きゅうご
長沢(ながさわ)求吾　1710〜1776　江戸中期の武士、儒者

丘高　きゅうこう
丘高　1756〜1817　江戸中期・後期の俳人

久江　きゅうこう
峰岸(みねぎし)久江　1744〜1813　江戸中期・後期の俳諧作者・寄居新組村の名主
吉田(よしだ)久江　安土桃山時代の人。卜部氏

久皐　きゅうこう
豊田(とよだ)久皐　1811〜1890　江戸後期〜明治期の医者

九江　きゅうこう
青根(あおね)九江　江戸後期の画家
菊池(きくち)九江　1830〜1900　江戸後期〜明治期の漢詩人・書家
小山(こやま)九江　1853〜1919　江戸末期〜大正期の薬種商、画家

九皐　きゅうこう
伊藤(いとう)九皐　江戸中期・後期の書家
井上(いのうえ)九皐　江戸後期の銅版画家
太田(おおた)九皐　1719〜1789　江戸後期の古義学派藩儒学者
加藤(かとう)九皐　1664〜1728　江戸前期・中期の医者
後藤(ごとう)九皐　1790〜1818　江戸後期の漢学者
鶴見(つるみ)九皐　江戸中期の藩士
四田(ひきだ)九皐　1700〜1737　江戸中期の儒者
山崎(やまざき)九皐　1735〜1810　江戸中期・後期の医者

九皋　きゅうこう
飯田(いいだ)九皋　1839〜1921　江戸末期〜大正期の儒学者・医師

吸江　ぎゅうこう
吸江　1476〜1555　戦国時代の僧侶

久吾右衛門　きゅうごうえもん
岡田(おかだ)久吾右衛門　1785〜1847　江戸中期・後期の宮大工

九皐山人　きゅうこうさんじん
九皐山人　江戸前期の「筑紫軍記」の著者

厩谷　きゅうこく
上野(うえの)厩谷　1797〜1866　江戸後期・末期の漢学者

久五左衛門　きゅうござえもん
淵本（ふちもと）久五左衛門　1620～1692　江戸前期の武士

汲五平　きゅうごへい
篠井（ささい）汲五平　1799～1861　江戸後期・末期の庄屋、福田新田開拓の功労者

久五郎　きゅうごろう　⇔ひさごろう
小川（おがわ）久五郎　1845～1913　江戸末期～大正期の神道無念流剣術家
河村（かわむら）久五郎　？～1581　安土桃山時代の織田信長の家臣
小林（こばやし）久五郎　江戸後期の石工

久佐　きゅうさ　⇔きゅうすけ
小林（こばやし）久佐　江戸前期・中期の画家

久瑳　きゅうさ
牛越（うしごえ）久瑳　牛越久瑳に同じ
牛越（うしこし）久瑳　1838～1893　江戸後期～明治期の地方自治功労者

久斎　きゅうさい
井上（いのうえ）久斎　江戸前期・中期の茶人
松坂（まつざか）久斎　江戸後期・末期の幕臣

休斎　きゅうさい
大草（おおくさ）休斎　戦国時代の上伊那の武将

求斎　きゅうさい
岩崎（いわさき）求斎　1779～1844　江戸中期・後期の漢学者

久左衛門　きゅうざえもん　⇔くざえもん
久左衛門　江戸前期の漁民
久左衛門　江戸後期の足柄下郡中島村名主
久左衛門　江戸後期の小松村炭焼
秋山（あきやま）久左衛門　江戸後期の足柄上郡菖蒲村民
荒木（あらき）久左衛門　安土桃山時代の織田信長の家臣
石井（いしい）久左衛門　1821～1887　江戸後期～明治期の役人
上野（うえの）久左衛門　1770～1834　江戸中期・後期の狂歌作者・郷土史家
牛尾（うしお）久左衛門　江戸前期の後藤又兵衛の配下
大坂屋（おおさかや）久左衛門　江戸時代の大坂の糸割符商人
大沼（おおぬま）久左衛門　江戸中期の飛騨大原騒動の犠牲者
大沼村（おおぬまむら）久左衛門　江戸前期の鉱山業
大沼村（おおぬまむら）久左衛門　？～1773　江戸中期の大原騒動の指導者の一人
加藤（かとう）久左衛門　江戸末期の武士
金松（かねまつ）久左衛門　？～1569　戦国・安土桃山時代の織田信長の家臣
川淵（かわぶち）久左衛門　江戸前期の商家
後藤（ごとう）久左衛門　江戸前期の栗原郡十二迫上郷の大肝入
丹沢（たんざわ）久左衛門　1663～？　江戸前期の武士、勘定
道具屋（どうぐや）久左衛門　1605～1681　江戸前期の製薬家
中西（なかにし）久左衛門　？～1660　江戸前期の新田開拓者
波多野（はだの）久左衛門　1745～1835　江戸中期・後期の大庄屋
服部（はっとり）久左衛門　安土桃山時代の津島天王社御師
星川（ほしかわ）久左衛門　安土桃山時代の武士。北条氏光の家臣
堀田（ほった）久左衛門　江戸前期の豊臣秀頼の家臣
松枝（まつえだ）久左衛門　1647～1723　江戸前期・中期の剣術家。前鬼流
松林（まつばやし）久左衛門　1792～1855　江戸後期・末期の砂地開墾の先覚者
水谷（みずたに）久左衛門　？～1615　江戸前期の武士。大坂の陣で籠城
薬袋（みない）久左衛門　江戸前期の検地役人
宮川（みやかわ）久左衛門　江戸時代の弘前藩士
百足屋（むかでや）久左衛門　江戸前期の両替商《百足屋久左衛門》
盛田（もりた）久左衛門　1816～1894　江戸後期～明治期の醸造家。知多酒の販路拡大
薬師寺（やくしじ）久左衛門　？～1658　江戸前期の砲術家
山本（やまもと）久左衛門　1790～1856　江戸後期・末期の塩田開発者

休左衛門　きゅうざえもん
井上（いのうえ）休左衛門　江戸前期の大宮郷の名主
清水（しみず）休左衛門　1838～？　江戸後期・末期の新撰組隊士

九左衛門　きゅうざえもん　⇔くざえもん
九左衛門　江戸後期の橘樹郡古川村名主
板場（いたば）九左衛門　安土桃山時代の信濃国筑摩郡会田の土豪
今村（いまむら）九左衛門〔10代〕 1790～1849　江戸後期の弘前藩の御用達商人
大場（おおば）九左衛門　江戸前期の遠江国豊田郡小山村の名主
大黒屋（だいこくや）九左衛門　江戸前期の呉服商
服部（はっとり）九左衛門　江戸前期の京都糸割符商人
藤井（ふじい）九左衛門　江戸中期の代官
三雲（みくも）九左衛門　安土桃山・江戸前期の伏見市街開発者
三雲（みくも）九左衛門　？～1672　江戸前期の武士
室屋（むろや）九左衛門　江戸中期の粉河酢醸造問屋

久作　きゅうさく
一田（いちだ）久作　1728～1772　江戸中期の川庄屋
高平（たかひら）久作　1835～1909　江戸後期～明治期の西成田小学校教員、黒川郡富谷村助役

久三郎　きゅうさぶろう　⇔きゅうざぶろう
久三郎　？～1631　安土桃山・江戸前期のキリシタン
秋山（あきやま）久三郎　1733～1805　江戸中期・後期の豪農
大島村（おおじまむら）久三郎　？～1800　江戸後

期の義民。大野郡大島村の百姓
織田(おだ)久三郎　?～1574　戦国・安土桃山時代の織田信長の家臣
西和田(にしわだ)久三郎　1853～1923　江戸末期～大正期の陶業家

久三郎　きゅうざぶろう　⇔きゅうさぶろう
荒田(あらた)久三郎　1843～1906　江戸末期・明治期の塗師。荒田久兵衛の長男
市原(いちはら)久三郎　江戸前期の豪商
市原(いちはら)久三郎　1811～1894　江戸後期～明治期の能楽師
伊藤(いとう)久三郎　江戸末期の従者。1860年遣米使節に随行しアメリカに渡る
多羅尾(たらお)久三郎　江戸後期の代検見
平野(ひらの)久三郎　?～1854　江戸後期の棋士

球三郎　きゅうざぶろう
今野(こんの)球三郎　1808～1873　江戸後期～明治期の和算家

丘山　きゅうざん
八島(やしま)丘山　江戸後期の戯作者、画家

休山　きゅうざん
竹内(たけのうち)休山　?～1831　江戸後期の藩士
畠山(はたけやま)休山　1591～1675　安土桃山・江戸前期の幕臣

球山　きゅうざん
開善寺(かいぜんじ)球山　安土桃山時代の開善寺の住持

旧山　きゅうざん
旧山　江戸中期の俳人

九山　きゅうざん
内田(うちだ)九山　?～1877　江戸後期～明治期の医家

牛山　ぎゅうざん
加藤(かとう)牛山　1832～1902　江戸後期～明治期の画人
箕田(みた)牛山　?～1812　江戸中期・後期の書家

久次　きゅうじ　⇔ひさつぐ
久次　江戸前期の俳人

久治　きゅうじ
荒川(あらかわ)久治　江戸後期の篤志家
岡野(おかの)久治　江戸末期の新撰組隊士
森(もり)久治　1797～1864　江戸後期・末期の小屋名村の用水開削者

休自　きゅうじ
曽我(そが)休自　江戸前期の仮名草子作者

久七　きゅうしち　⇔きゅうひち, ひさしち
岩屋村(いわやむら)久七　江戸前期の十村肝煎
土山(つちやま)久七　江戸後期の佐々並の宿目代、宿仕組懸
南嶋(みなみじま)久七　江戸後期の回漕業者

久七郎　きゅうしちろう
中村(なかむら)久七郎　1845～1922　江戸末期～大正期の地域功労者

久室　きゅうしつ
久室　?～1713　江戸前期・中期の足利学校第14世庠主。臨済宗の僧

旧室　きゅうしつ
活々坊(かつかつぼう)旧室　江戸中期の俳人

汲実　きゅうじつ
汲実　南北朝時代の僧侶・連歌作者

岌州　ぎゅうしゅう
岌州　?～1592　戦国・安土桃山時代の百万遍知恩寺の第三十世

九如　きゅうじょ
三上(みかみ)九如　江戸後期の医者・詩人

牛渚　ぎゅうしょ
牛渚　江戸中期の俳人

宮常　きゅうじょう　⇔ぐうじょう, みやつね
山田(やまだ)宮常　1747～1794　江戸中期・後期の画家

久昌院　きゅうしょういん
久昌院　?～1625　江戸前期の女性。金森長近の妻

吸松斎　きゅうしょうさい
武田(たけだ)吸松斎　江戸前期の故実家

久四郎　きゅうしろう
粟飯原(あいはら)久四郎　戦国時代の千葉勝胤の家臣
本間(ほんま)久四郎　1674～1740　江戸前期・中期の商人、地主

弓矢老　きゅうしろう
永村(ながむら)弓矢老　1785～1865　江戸中期～末期の遠江国榛原郡金谷の組頭

久次郎　きゅうじろう　⇔ひさじろう
大久保(おおくぼ)久次郎　江戸後期の陶工
大洞村(おおぼらむら)久次郎　江戸末期の小坂郷大洞村の名主
長坂(ながさか)久次郎　?～1861　江戸後期・末期の国学者、歌人
本間(ほんま)久次郎　1853～1909　江戸後期～明治期の下駄職人
矢吹(やぶき)久次郎　?～1874　江戸後期～明治期の事業家

久治郎　きゅうじろう
奥田(おくだ)久治郎　江戸中期の幕臣
本間(ほんま)久治郎　1853～1909　江戸後期～明治期の下駄職人《本間久次郎》

牛次郎　ぎゅうじろう
長沢(ながさわ)牛次郎　江戸時代の庄内藩士

久真　きゅうしん　⇔ひさざね
久真　江戸後期の刀工

久介　きゅうすけ
高田(たかだ)久介　安土桃山時代の織田信長の家臣
古川(ふるかわ)久介　?～1569　戦国・安土桃山時代の織田信長の家臣

久佐　きゅうすけ　⇔きゅうさ
大林(おおばやし)久佐　?～1593　戦国時代の美作国中央部の在地武士

久資　きゅうすけ
荘(しょう)久資　安土桃山時代の武将

き

久助 きゅうすけ ⇔ひさすけ
久助 ？～1625 江戸前期の義民
久助 江戸中期の漂流民
犬伏(いぬぶし)久助 1738～1829 江戸中期・後期の染色家
北村(きたむら)久助 1623～1705 江戸前期・中期の京都・新玉津島神社祠官
国近(くにちか)久助 1748～1830 江戸中期・後期の治水功労者
高尾(たかお)久助 ？～1873 江戸後期～明治期の剣術家。直心影流
田代(たしろ)久助 1393～1417 室町時代の大隅国田代領主
田部沢(たべさわ)久助 戦国時代の武将。武田家臣
丹沢(たんざわ)久助 安土桃山時代の甲斐の人。天正5年頃駿河富士大宮に神馬を奉納
針生(はりう)久助 1829～1894 江戸後期～明治期の旅館業
平尾(ひらお)久助 ？～1582 戦国・安土桃山時代の織田信長の家臣

久輔 きゅうすけ
大庭(おおば)久輔 1845～1869 江戸後期～明治期の新撰組隊士

九助 きゅうすけ ⇔くすけ
石川(いしかわ)九助 安土桃山時代の検地役人

九助広正 きゅうすけひろまさ
高木(たかぎ)九助広正 1536～1606 戦国～江戸前期の比企・葛飾両郡内の領主

休成 きゅうせい
野村(のむら)休成 江戸末期の幕臣

九井 きゅうせい
太田(おおた)九井 1734～1803 江戸中期・後期の俳人

休碩 きゅうせき
狩野(かのう)休碩 1653～1721 江戸前期・中期の画家

九折 きゅうせつ
三浦(みうら)九折 1756～1817 江戸中期・後期の医者

九節 きゅうせつ
内神屋(うちのかみや)九節 ？～1704 江戸前期・中期の俳人

鳩拙 きゅうせつ
西川(にしかわ)鳩拙 1799～1857 江戸後期・末期の砂糖商

休雪斎 きゅうせつさい
新田(にった)休雪斎 戦国時代の鉄砲玉薬の薬推の頭。北条氏忠家臣

鳩巣 きゅうそう
原(はら)鳩巣 1799～1830 江戸後期の漢詩人

鳩窓 きゅうそう
百々(どど)鳩窓 1808～1878 江戸末期・明治期の医師

久三 きゅうぞう ⇔ひさみつ
久三 安土桃山時代の信濃国筑摩郡青柳の土豪
諏方(すわ)久三 安土桃山時代の信濃国小県郡屋代の人。屋代氏の家臣
多田(ただ)久三 ？～1582 安土桃山時代の武田勝頼の家臣

久蔵 きゅうぞう
大村(おおむら)久蔵 ？～1773 江戸中期の義民。小鷹利郷大村の百姓
里見(さとみ)久蔵 江戸末期の菓子職人
恒河(つねかわ)久蔵 安土桃山時代の織田信長の家臣
内藤(ないとう)久蔵 ？～1582 安土桃山時代の武士
永田(ながた)久蔵 ？～1857 江戸後期・末期の西区発寒地区開拓の功労者
弭間(はずま)久蔵 1764～1828 江戸中期・後期の孝子
三日町村(みっかまちむら)久蔵 江戸後期の開墾の功労者
和田(わだ)久蔵 江戸後期の大住郡丸島村名主

久造 きゅうぞう
三島(みしま)久造 江戸後期の指物師

休蔵 きゅうぞう
田中(たなか)休蔵 1690～1740 江戸中期の幕府代官

九蔵 きゅうぞう ⇔くぞう
桑原(くわばら)九蔵 ？～1582 戦国・安土桃山時代の織田信長の家臣
小池(こいけ)九蔵 1799～？ 江戸後期の宇和島藩士で農政家
小池(こいけ)九蔵 江戸後期の宇和島藩士、農学者
藤江(ふじえ)九蔵 安土桃山時代の織田信長の家臣
水野(みずの)九蔵 ？～1582 戦国・安土桃山時代の織田信長の家臣

久尊 きゅうそん
久尊 鎌倉後期の隠岐国西郷公文

鳩邨 きゅうそん
三浦(みうら)鳩邨 1825～1887 江戸後期～明治期の漢学者・医者

久太 きゅうた
伊藤(いとう)久太 江戸末期・明治期の製塩業者
内堀(うちぼり)久太 1835～1912 江戸後期～明治期の佐久郡塩野村名主
蟹江(かにえ)久太 江戸末期・明治期の私塾教師

休太 きゅうた
南園(みなみぞの)休太 江戸末期の木彫師

久太夫 きゅうだいう ⇔きゅうだいふ, きゅうだゆう
清水(しみず)久太夫 江戸後期の大住郡上糟屋村神事舞太夫
目黒(めぐろ)久太夫 江戸後期の大住郡大山阿夫利神社祠官

久太夫 きゅうだいふ ⇔きゅうだいう, きゅうだゆう
仁尾(にお)久太夫 江戸時代の商人

休宅 きゅうたく
竹田(たけだ)休宅 ？～1614 江戸前期の人。大

坂の陣で籠城

休琢　きゅうたく

錦織(にしこおり)休琢　1630〜1716　江戸前期・中期の侍医

久太夫　きゅうだゆう　⇔きゅうだいう, きゅうだいふ

今川(いまがわ)久太夫　江戸前期の柔術家

滝(たき)久太夫　江戸後期の大谷村名主

橋本(はしもと)久太夫　江戸末期の海援隊士

久大夫　きゅうだゆう

石原(いしはら)久大夫　江戸前期の武士。大坂の陣で籠城

九大夫　きゅうだゆう

鈴木(すずき)九大夫　1642〜1730　江戸中期の備中倉敷代官

千石(せんごく)九大夫　?〜1615　江戸前期の伊東長次の家来

久大夫秀俊　きゅうだゆうひでとし

安威(あい)久大夫秀俊　?〜1660　江戸前期の豊臣秀吉・池田忠雄の家臣

久大夫能重　きゅうだゆうよししげ

畑(はた)久大夫能重　江戸前期の丹波の人。後、大久保忠朝に出仕

久太郎　きゅうたろう

久太郎　江戸中期の漂流民

久太郎　江戸後期の和田村の農民

小林(こばやし)久太郎　1834〜?　江戸後期の提灯職人

佐藤(さとう)久太郎　江戸後期の国分陸方の大肝入

佐藤(さとう)久太郎　1832〜1869　江戸後期〜明治期の足利藩士、西洋砲術の権威者

高橋(たかはし)久太郎　戦国時代の北条氏の家臣

丸山(まるやま)久太郎　1837〜1919　江戸末期〜大正期の地方産業開発に貢献

久太郎正俊　きゅうたろうまさとし

平野(ひらの)久太郎正俊　江戸前期の紀伊国那賀郡賀和村の住人。大坂の陣で籠城

久太郎守政　きゅうたろうもりまさ

嶋田(しまだ)久太郎守政　1624〜1699　江戸前期・中期の19代長崎奉行

久徴　きゅうちょう　⇔ひさなる, ひさよし

岡松(おかまつ)久徴　江戸後期の佐渡奉行、作事奉行

休哲　きゅうてつ

足立(あだち)休哲　1660〜1752　江戸前期・中期の医師

九嶋　きゅうとう

井上(いのうえ)九嶋　1818〜1889　江戸末期の画家

牛呑　ぎゅうどん

徳山斎(とくざんさい)牛呑　1723〜1792　江戸中期・後期の俳人

久内　きゅうない

矢島(やじま)久内　戦国・安土桃山時代の信濃国諏訪郡の社家衆

山内(やまのうち)久内　1837〜1913　江戸末期〜大正期の官吏

及年　きゅうねん

荒田(あらた)及年　1845〜1916　江戸末期〜大正期の教育者・文人

久之丞　きゅうのじょう　⇔ひさのじょう, ひさのすけ

久之丞　江戸末期の岡田村の鍛冶職人

内田(うちだ)久之丞　1806〜1862　江戸後期の和算家

休波　きゅうは

木戸(きど)休波　戦国時代の膳城主・大宝寺城主

久八　きゅうはち

大場の(だいばの)久八　1814〜1892　江戸末期・明治期の幕末の侠客

中島(なかしま)久八　江戸末期の下原の人

三国(みくに)久八　江戸後期の陶工

久八郎　きゅうはちろう

井上(いのうえ)久八郎　安土桃山時代の織田信長の家臣

九八郎　きゅうはちろう　⇔くはちろう

九八郎　江戸中期の灘郷町方の名主

九八郎　江戸後期の紀三井寺村農民

高山町方村(たかやままちかたむら)九八郎　江戸後期の高山町方村の名主

久七　きゅうひち　⇔きゅうしち, ひさしち

有井(ありい)久七　1827〜1885　江戸後期〜明治期の紙漉伝習教師

久兵衛　きゅうひょうえ　⇔きゅうべい, きゅうべえ

小菅(こすげ)久兵衛　安土桃山時代の甲斐都留郡小菅の地頭

久兵衛隆武　きゅうびょうえたかたけ

野間(のま)久兵衛隆武　?〜1614　江戸前期の豊臣秀吉・秀頼の家臣

久兵衛正治　きゅうびょうえまさはる

海部(かいふ)久兵衛正治　?〜1615　江戸前期の長宗我部盛親の家臣

休復　きゅうふく

三上(みかみ)休復　1759〜1823　江戸後期の丹波亀山藩儒臣

休文　きゅうぶん

峰岸(みねぎし)休文　?〜1860　江戸後期・末期の医師、私塾経営者

久平　きゅうへい　⇔きゅうべい

中島(なかじま)久平　1825〜1888　江戸末期・明治期の川越の織物商人

宮本(みやもと)久平　1814〜1890　江戸後期〜明治期の幕臣

籾山(もみやま)久平　1825〜1893　江戸後期〜明治期の事業家

久兵衛　きゅうべい　⇔きゅうひょうえ, きゅうべえ

有村(ありむら)久兵衛　江戸前期の薩摩焼の陶工

岸(きし)久兵衛　安土桃山時代の検地役人

中嶋(なかじま)久兵衛〔3代〕 ?~1798 江戸中期・後期の資産家、政治家

久平 きゅうべい ⇔きゅうへい

宍戸(ししど)久平 1822~1904 江戸後期~明治期の和算家

九兵衛 きゅうべい ⇔きゅうべえ, くひょうえ, くへえ

別所(べっしょ)九兵衛 1713~1792 江戸中期・後期の大庄屋《別所九兵衛》

久兵衛 きゅうべえ ⇔きゅうひょうえ, きゅうべい

久兵衛 ?~1699 江戸中期の高倉騒動の指導者の一人

久兵衛 江戸後期の高野山寺領東富貴村の農民

会津(あいづ)久兵衛 江戸中期の板柳町表町の素封家

足立(あだち)久兵衛 江戸前期の農民

有村(ありむら)久兵衛 江戸前期の薩摩焼の陶工《有村久兵衛》

阿波屋(あわや)久兵衛 ?~1720 江戸前期・中期の関東売藍商

伊勢屋(いせや)久兵衛 1835~1917 江戸末期・明治期の国学者

今里屋(いまざとや)久兵衛 江戸中期の菓子商

宇野(うの)久兵衛 江戸後期の三浦郡走水村民

江成(えなり)久兵衛 1817~1900 江戸後期~明治期の水車業

奥平(おくだいら)久兵衛 1706~1749 江戸中期の松山藩家老

木村(きむら)久兵衛 1823~1907 江戸後期~明治期の呉服商

笹倉村(ささくらむら)久兵衛 江戸時代の富山藩の十村役

佐藤(さとう)久兵衛 江戸前期の京都糸割符商人

地主(じぬし)久兵衛 江戸前期・中期の綿職人

蛇喰村(じゃばみむら)久兵衛 江戸前期の十村肝煎

鈴木(すずき)久兵衛 1809~1885 江戸後期の比企郡宮前村の名主

俵(たわら)久兵衛 戦国~江戸前期の倶利伽羅村の肝煎役

富沢(とみさわ)久兵衛 1727~1801 江戸中期・後期の庄屋

内藤(ないとう)久兵衛 ?~1597 戦国・安土桃山時代の境宿新田村の開拓者

永島(ながしま)久兵衛 江戸後期の三浦郡公郷村民

根岸(ねぎし)久兵衛 ?~1673 江戸前期の新田開発者

熱野の(ねつのの)久兵衛 江戸前期の加賀国石川郡熱野村の十村役

飛騨屋(ひだや)久兵衛〔2代〕 1698~1750 江戸中期の商人

船橋(ふなばし)久兵衛 ?~1864 江戸後期の近江商人

細谷(ほそや)久兵衛 江戸後期の鎌倉郡手広村民

本田(ほんだ)久兵衛 1575~1669 安土桃山・江戸前期の干拓・開削事業家

宮村(みやむら)久兵衛 ?~1776 江戸中期の義民。宮村の百姓

森(もり)久兵衛 1853~? 江戸後期~明治期の実業家

八木(やぎ)久兵衛 1849~1923 江戸末期~大正期の実業家

休兵衛 きゅうべえ

籠橋(かごはし)休兵衛 1841~1921 江戸後期~大正期の実業家、陶業者

松崎(まつざき)休兵衛 1831~? 江戸後期~明治期の人。西南戦争では薩軍奇兵隊本営に属す

九兵衛 きゅうべえ ⇔きゅうべい, くひょうえ, くへえ

九兵衛 江戸中期の妙好人

麻生(あそう)九兵衛 ?~1828 江戸後期の大住郡小稲葉村名主

伊藤(いとう)九兵衛 江戸末期の岐阜県会議員・開墾事業の功労者

岩神(いわかみ)九兵衛 1743~1805 江戸中期・後期の文人、深尾家家臣

笠間(かさま)九兵衛 江戸中期の剣術家。笠間流

金子(かねこ)九兵衛 江戸後期の橘樹郡篠原村民

滝(たき)九兵衛 ?~1664 江戸前期の野中兼山派の役人

永瀬(ながせ)九兵衛 江戸末期の川口鋳物師

沼上(ぬまがみ)九兵衛 江戸後期の橘樹郡小机村民

日野屋(ひのや)九兵衛 江戸前期の京都糸割符商人

平沼(ひらぬま)九兵衛〔5代〕 江戸後期の平沼新田開発者

藤本(ふじもと)九兵衛 ?~1582 安土桃山時代の織田氏の家臣

藤屋(ふじや)九兵衛 江戸中期の書肆

別所(べっしょ)九兵衛 1713~1792 江戸中期・後期の大庄屋

山本(やまもと)九兵衛 江戸時代の草紙屋

久兵衛尉 きゅうべえのじょう

大須賀(おおすが)久兵衛尉 ?~1575 安土桃山時代の信濃国更級郡村上庄の土豪。佐渡守

九兵衛尉 きゅうべえのじょう

日高(ひだか)九兵衛尉 1568?~1634 安土桃山・江戸前期の武士

久保 きゅうほ

佐々井(ささい)久保 1814~1894 江戸後期~明治期の代官、製茶店経営者

久甫 きゅうほ

町田(まちだ)久甫 ?~1787 江戸中期の日置郡伊集院石谷領主

休圃 きゅうほ

富谷(とみたに)休圃 1769~1850 江戸中期・後期の歌人

休甫 きゅうほ

津田(つだ)休甫 1594~1656 江戸前期の俳人

野村(のむら)休甫 江戸後期の蒔絵師

羽山(はやま)休甫 1682~1774 江戸中期の茶人、羽山休古の子

牛甫 ぎゅうほ

田翁(でんおう)牛甫 ?~1724 江戸前期・中期

の曹洞宗の僧

久包 きゅうほう
柳生(やぎゅう)久包 ?～1856 江戸末期の幕臣

九峯 きゅうほう
慈鼎(じてい)九峯 ?～1815 江戸中期・後期の曹洞宗の僧

九方 きゅうほう
為石(ためいし)九方 1810～1888 江戸後期～明治期の雲藩の茶道方

九木 きゅうぼく
増田(ますだ)九木 1782～1848 江戸中期・後期の本荘藩お抱え絵師

久馬 きゅうま ⇔くま
中村(なかむら)久馬 江戸末期の新撰組隊士

求馬 きゅうま ⇔もとめ
岡田(おかだ)求馬 江戸時代の川越藩家老・大参事
柏木(かしわぎ)求馬 ?～1817 江戸中期・後期の藩士
木村(きむら)求馬 江戸末期の新撰組隊士《木村求馬》

休昧 きゅうまい
嶋本(しまもと)休昧 ?～1656 江戸前期の漆商

球命 きゅうめい
球命 平安後期の大瀧寺の僧侶

牛鳴 ぎゅうめい
菅(すが)牛鳴 江戸末期の漢学者

久弥 きゅうや
鈴木(すずき)久弥 江戸後期の橘樹郡長尾村民

玖也 きゅうや
松山(まつやま)玖也 1623～1676 江戸前期の俳人

久慾 きゅうよく
久慾 安土桃山・江戸前期の画家

九鸞 きゅうらん
藤(ふじ)九鸞 江戸中期・後期の画家

九竜 きゅうりゅう
真柄(まがら)九竜 江戸後期の医家

休林 きゅうりん
鈴木(すずき)休林 江戸時代の鍼灸医

求林 きゅうりん
村井(むらい)求林 1755～1817 江戸中期・後期の算学者

久六 きゅうろく
今村(いまむら)久六 江戸末期の石工
田尻(たじり)久六 江戸末期の重立百姓
中田(なかだ)久六 ?～1860 江戸末期の春慶塗師
松谷(まつたに)久六 江戸前期の浄土真宗の僧侶

久禄 きゅうろく
山田(やまだ)久禄 ?～1887 江戸後期～明治期の陶工

キヨ
飯島(いいじま)キヨ 1843～1908 江戸後期～明治期の孝女

喜世 きよ
勝田(かつた)喜世 1685～1752 江戸前期・中期の歌人

喜代 きよ
喜代 1804～? 江戸後期の下女
青木(あおき)喜代 1806～1894 江戸末期・明治期の女性。相原青木易直の姉、青木得庵の妻
臼井(うすい)喜代 1847～1905 江戸後期～明治期の地方自治振興者

帰誉 きよ
倚松軒(いしょうけん)帰誉 1657～1733 江戸前期・中期の僧

亀代 きよ
横田(よこた)亀代 1838～1910 江戸後期～明治期の婦人会活動家

清 きよ ⇔きよし
河野(こうの)清 1710～? 江戸中期の女性。伊那の三女と称されたうちの一人
渡辺(わたなべ)清 1536～1582 戦国・安土桃山時代の織田信長の家臣

浄明 きよあき ⇔じょうみょう
酒井(さかい)浄明 江戸中期の歌人

清秋 きよあき
豊原(とよはら)清秋 1260～1307 鎌倉後期の楽人
奈吾屋(なごや)清秋 戦国時代の駿河府中浅間社の社人
前田(まえだ)清秋 ?～1879 江戸後期～明治期の神職

清章 きよあき ⇔きよふみ
大江(おおえの)清章 平安後期の官人
吉田(よしだ)清章 1636～1696 江戸中期の俳人

清詮 きよあき
剣持(けんもち)清詮 江戸中期の郷土史家

清明 きよあき
三好(みよし)清明 1830～1902 江戸後期～明治期の海援隊士
雪廼門(ゆきのと)清明 ?～1852 江戸後期の狂歌師

清融 きよあき
箭内(やない)清融 江戸後期の和算家

静顕 きよあき
藤木(ふじき)静顕 1821～? 江戸後期・末期の医者

白明 きよあき ⇔はくみょう
岡野(おかの)白明 江戸末期の年寄

精明 きよあきら
鳥山(とりやま)精明 1590～1666 安土桃山・江戸前期の幕臣

清有 きよあり
小笠原(おがさわら)清有 ?～1612 安土桃山・江戸前期の遠江高天神小笠原一族

虚庵 きょあん
渋川(しぶかわ)虚庵 1718～1809 江戸中期・後期の画家

き

清家　きよいえ
隠岐(おき)清家　戦国時代の隠岐国守護代
平(たいらの)清家　平安後期の武士
藤原(ふじわら)清家　平安後期の公家・歌人

浄子　きよいこ
秦(はたの)浄子　平安前期の女性。百姓県春貞の妻

清子　きよいこ　⇔いさぎよいこ, いさぎよきこ, きよこ, せいし
清子　平安中期の歌人《清子》

居逸　きょいつ
小島(こじま)居逸　1851～？　江戸後期の眼科医

清稲　きよいね
尾張連(おわりのむらじ)清稲　平安前期の神宮別当

漁隠　ぎょいん
大井(おおい)漁隠　1781～？　江戸中期・後期の藩士

亨　きょう　⇔とおる
尚(しょう)亨　江戸前期の琉球の王族

京　きょう
阪谷(さかたに)京　1832～1924　江戸末期～大正期の女性。阪谷朗盧の妻

強　きょう
恒松(つねまつ)強　1842～1903　江戸後期～明治期の漢学者。私塾圭山堂開設

恭　きょう
綾部(あやべ)恭　江戸末期の佐賀藩士
阪谷(さかたに)恭　1832～1924　江戸末期～大正期の女性。阪谷朗盧の妻《阪谷京》

教　きょう
鵜沼(うぬま)教　1846～1905　江戸後期～明治期の教育者

寄陽　きよう
荒川(あらかわ)寄陽　1825～1906　江戸後期～明治期の医師、俳人

岐陽　きよう　⇔ぎよう
仲子(なかこ)岐陽　1722～1766　江戸中期の武士、儒者

岐陽　ぎよう　⇔きよう
多湖(たこ)岐陽　1677～1713　江戸前期・中期の儒者

義養　ぎよう
平岡(ひらおか)義養　鎌倉前期の人。大隈国禰寝院大姶良の土着者

教阿　きょうあ
鹿沼(かぬま)教阿　鎌倉後期の武将。鹿沼城主

暁阿　ぎょうあ
暁阿　南北朝時代の僧侶・連歌作者

杏庵　きょうあん
石川(いしかわ)杏庵　1840～1921　江戸末期～大正期の医師
金子(かねこ)杏庵　江戸後期の医者

協庵　きょうあん
市島(いちしま)協庵　江戸後期の北蒲原郡水原町の富豪

恭安　きょうあん
井上(いのうえ)恭安　1801～1872　江戸後期～明治期の医師、漢詩人、洪愛義塾創設
服部(はっとり)恭安　1786～1845　江戸後期の医者
山岡(やまおか)恭安　江戸中期の医者

恭庵　きょうあん
藤田(ふじた)恭庵　江戸後期の医師
米原(よねはら)恭庵　1828～1910　江戸後期～明治期の医師

恭杏　きょうあん
荻野(おぎの)恭杏　？～1874　江戸時代の眼科医

行意　ぎょうい
行意　1171～1217　平安後期・鎌倉前期の僧、歌人

恭一郎　きょういちろう
茂木(もき)恭一郎　1812～1870　江戸後期～明治期の前沢領主三沢氏の預給主

敬一　きょういつ　⇔よしかず
敬一　868～949　平安前期・中期の天台僧

杏陰　きょういん
石崎(いしざき)杏陰　1845～1920　江戸末期～大正期の医師
尾原(おばら)杏陰　1821～1871　江戸後期～明治期の医師
小泉(こいずみ)杏陰　1794～1856　江戸後期・末期の医者

杏隠　きょういん
阪本(さかもと)杏隠　1675～1756　江戸前期・中期の儒官
多々羅(たたら)杏隠　1813～1890　江戸末期の種痘医
六車(むぐるま)杏隠　？～1833　江戸後期の医者

鏡胤　きょういん
鏡胤　？～1710　江戸中期の真言宗豊山派の僧侶

経因　きょういん
経因　平安後期の僧侶・歌人

行胤　ぎょういん
行胤　鎌倉後期の真言宗の僧・歌人

杏雨　きょうう
杏雨　1687～1764　江戸前期・中期の俳人

暁雨　ぎょうう
暁雨　江戸中期の俳人

慶雲　きょううん　⇔けいうん
岡本(おかもと)慶雲　安土桃山・江戸前期の藩士

堯恵　ぎょうえ
堯恵　？～1395　南北朝・室町時代の浄土宗の僧

杏栄　きょうえい
小島(こじま)杏栄　江戸時代の弘前藩医

京英　きょうえい
花笠(はながさ)京英　江戸後期の読本作者

杏益　きょうえき
伊東(いとう)杏益　？～1775　江戸中期の医師

教円　きょうえん
教円　平安後期の仏師

教縁 きょうえん
教縁 1099～1179 平安後期の興福寺の僧
慶延 きょうえん ⇔けいえん
慶延 平安後期の真言宗の僧《慶延》
経円 きょうえん
経円 1011～1084 平安中期・後期の園城寺僧
行円 ぎょうえん
行円 1246～1286 鎌倉前期・後期の僧侶、歌人
行円 1799～1825 江戸後期の浄土真宗の僧
行淵 ぎょうえん
山鳥(やまがらす)行淵 平安前期の僧、銅鉱の発見者
堯円 ぎょうえん
堯円 平安後期・鎌倉前期の仏師
叶翁 きょうおう
叶翁 江戸中期の俳人
慶応 きょうおう
西野(にしの)慶応 ？～1883 江戸後期～明治期の真宗西派の僧
敬雄 きょうおう
敬雄 1713～1782 江戸中期の天台宗の僧
行応 ぎょうおう
行応 1756～1831 江戸中期・後期の臨済宗の僧
敬恩 きょうおん
敬恩 江戸中期の浄土真宗の僧
堯音 ぎょうおん
堯音 ？～1820 江戸中期・後期の真言宗の僧
鏡花 きょうか
広中(ひろなか)鏡花 1774～1818 江戸後期の俳人
教雅 きょうが ⇔のりまさ
教雅 1520～？ 戦国・安土桃山時代の甲斐国の僧
円性(えんしょう)教雅 戦国時代の甲斐・法善寺住職
万福寺(まんぷくじ)教雅 教雅に同じ
慶賀 きょうが
慶賀 平安後期・鎌倉前期の仏師
行雅 ぎょうが
行雅 室町時代の僧侶・歌人
教戒 きょうかい
教戒 1796～1854 江戸末期の歌人
教海 きょうかい
教海 平安後期の熊野の僧
慶海 きょうかい
慶海 江戸中期・後期の浄土真宗の僧
凝海 ぎょうかい
凝海 1522～1599 戦国・安土桃山時代の律宗の僧
業海 ぎょうかい
業海 1284～1352 鎌倉後期・南北朝時代の大和村天目山棲雲寺の開山
行快 ぎょうかい
行快 江戸中期の神職
行海 ぎょうかい
行海 平安後期の画僧
行海 平安後期の醍醐寺釈迦堂阿闍梨・蓮花院院主・権律師
行界 ぎょうかい
行界 1727～1774 江戸中期の浄土真宗の僧
堯海 ぎょうかい
堯海 江戸中期の浄土宗の僧
堯海 江戸後期の天台宗の僧
教覚 きょうかく
教覚 1106～？ 平安後期の法相宗興福寺僧
教覚 1424～？ 室町時代の僧
教覚 江戸後期・末期の連歌作者
慶覚 きょうかく
慶覚 1049～1138 平安中期・後期の天台宗園城寺僧
洲崎(すさき)慶覚 ？～1531 戦国時代の加賀一向一揆の指導者
洲崎(すのさき)慶覚 洲崎慶覚に同じ
経覚 きょうかく
経覚 平安後期の興福寺の僧
京月 きょうがつ ⇔きょうげつ
京月 鎌倉前期の天台宗の僧・歌人・連歌作者《京月》
恭寛 きょうかん ⇔やすひろ
和田(わだ)恭寛 江戸後期の和算家
鏡寛 きょうかん
尊弁(そんべん)鏡寛 江戸中期の真言宗智山派の僧侶
鏡観 きょうかん
鏡観 江戸中期の僧侶・連歌作者
慶観 きょうかん
慶観 江戸中期の浄土真宗の僧
暁歓 ぎょうかん
暁歓 1731～1798 江戸中期・後期の修験僧
行寛 ぎょうかん ⇔ゆきひろ
行寛 鎌倉前期の真言宗の僧
行寛 南北朝時代の真言宗の僧・連歌作者
行感 ぎょうかん
行感 江戸中期の浄土真宗の僧
行観 ぎょうかん
行観 室町時代の僧侶・歌人
教祇 きょうぎ
辰巳(たつみ)教祇 ？～1883 江戸後期～明治期の画家
教義 きょうぎ
教義 奈良時代の真言宗の僧
行喜 ぎょうき ⇔ゆきよし
甲田(こうだ)行喜 ？～1812 江戸後期の医師
翹岐 ぎょうき
翹岐 飛鳥時代の百済の王族
経堯 きょうぎょう
経堯 ？～1472 室町・戦国時代の天台宗の僧
行教 ぎょうきょう ⇔ゆきのり
行教 平安前期の大安寺の僧

行経　ぎょうきょう　⇔ゆきつね
行経　南北朝時代の真言宗の僧・歌人
行暁　ぎょうぎょう
行暁　1114～1202　平安後期・鎌倉前期の園城寺僧
境空　きょうくう
境空　？～1394　南北朝・室町時代の僧侶、歌人
鏡空　きょうくう
鏡空　？～1567　戦国・安土桃山時代の善光寺大本願、甲斐善光寺の開山
鏡空上人　きょうくうしょうにん
鏡空上人　？～1567　戦国・安土桃山時代の善光寺（甲府）開山《鏡空智冠》
恭薫　きょうくん
南源（なんげん）恭薫　1565～1622　安土桃山・江戸前期の臨済宗の僧
鞏卿　きょうけい
工藤（くどう）鞏卿　1772～1807　江戸中期・後期の医者
行慶　ぎょうけい
行慶　平安後期の仁和寺の僧
堯慶　ぎょうけい
堯慶　戦国時代の歌人
高井（たかい）堯慶　戦国時代の歌人
京月　きょうげつ　⇔きょうがつ
京月　鎌倉前期の天台宗の僧・歌人・連歌作者
暁月　ぎょうけつ
野呂瀬（のろせ）暁月　1830～1909　江戸後期～明治期の歌人
経賢　きょうけん　⇔つねかた, つねたか
経賢　南北朝時代の僧、歌人
慶玄　きょうげん　⇔けいげん
慶玄　？～915　平安前期・中期の熊野別当
仰軒　ぎょうけん
大橋（おおはし）仰軒　1784～1828　江戸中期・後期の儒医
行兼　ぎょうけん　⇔ゆきかね
行兼　平安後期の興福寺僧
行謙　ぎょうけん
行謙　1688～？　江戸前期・中期の天台宗の僧
行賢　ぎょうけん
行賢　1044～1115　平安中期・後期の興福寺僧
行賢　鎌倉前期の真言宗の僧・歌人
行顕　ぎょうけん
行顕　鎌倉時代の天台宗の僧・歌人
堯憲　ぎょうけん
堯憲　室町時代の僧、歌人
堯憲　江戸前期の天台宗の僧
行玄　ぎょうげん
行玄　1097～1155　平安後期の天台宗の僧
行言　ぎょうげん
穂高（ほたか）行言　？～1645　江戸前期の筑摩郡相吉新田の開発者
狂言堂　きょうげんどう
近松（ちかまつ）狂言堂　1784～？　江戸中期・後期の浄瑠璃作者、雑俳作者、著述家
共古　きょうこ
山中（やまなか）共古　1850～1928　江戸後期～昭和期の幕臣、牧師、民俗学者
鏡古　きょうこ
山田（やまだ）鏡古　1843～1923　江戸末期～大正期の画家、漢詩作者
鏡湖　きょうこ
竜（りゅう）鏡湖　江戸後期の漢学者
恭護　きょうご
田上（たがみ）恭護　江戸末期・明治期の代官
暁悟　ぎょうご
暁悟　1810～1861　江戸後期・末期の浄土真宗の僧
教興　きょうこう
教興　平安前期の浄院寺の僧侶
教昊　きょうこう
教昊　奈良時代の僧、教昊寺の建立者
経厚　きょうこう　⇔つねあつ
経厚　1476～1544　戦国時代の天台宗の僧・歌学者
経孝　きょうこう
経孝　1545～1620　戦国～江戸前期の天台宗の僧
経杲　きょうこう
経杲　1224～1289　鎌倉前期・後期の真言宗の僧
行康　ぎょうこう　⇔ゆきやす
行康　1552～1616　戦国～江戸前期の天台宗の僧
京極　きょうごく
京極　？～1181　平安後期の女性。藤原俊成の女
京極　鎌倉時代の歌人
後白河院（ごしらかわいんの）京極　京極に同じ
京極院内侍　きょうごくいんのないし
京極院内侍　鎌倉時代の女房・歌人
教厳　きょうごん
教厳　平安後期・鎌倉前期の六条若宮（八幡宮）別当
杏斎　きょうさい
樋口（ひぐち）杏斎　1842～1917　江戸末期～大正期の医者・教育者
享斎　きょうさい
大橋（おおはし）享斎　江戸中期の画家
恭斎　きょうさい
黒瀬（くろせ）恭斎　1764～1845　江戸末期の謡曲家
鈴木（すずき）恭斎　江戸後期の漢学者
根市（ねいち）恭斎　1671～1737　江戸前期・中期の漢学者
矯斉　きょうさい
尾崎（おざき）矯斉　1825～1892　江戸末期・明治期の教育者
拱斎　きょうさい
青山（あおやま）拱斎　江戸後期の漢学者
行済　ぎょうさい
行済　鎌倉時代の真言宗の僧・歌人
教算　きょうさん
教算　鎌倉時代の僧侶

慶算　きょうさん
慶算　1138～？　平安後期の天台宗の僧・歌人
慶算　1630～1694　江戸前期・中期の天台宗の僧
杏山　きょうざん
福島(ふくしま)杏山　1840～1905　江戸後期～明治期の絵師
教山　きょうざん
教山　安土桃山・江戸前期の浄土宗の僧、連歌作者
鏡山　きょうざん
鏡山　江戸前期の俳人
横野(よこの)鏡山　1760～1830　江戸中期・後期の徳島藩儒者
慶山　きょうざん　⇔けいざん
慶山　江戸前期の浄土真宗の僧
夾山　きょうざん
夾山　？～1639　安土桃山・江戸前期の真言宗禅林寺中興の祖
陜山　きょうざん
斎藤(さいとう)陜山　1783～1837　江戸中期・後期の医師、教育者
行算　ぎょうさん
行算　平安中期の仁和寺の僧
行算　平安後期の大衆(僧兵)
仰山　ぎょうざん　⇔こうざん
中島(なかじま)仰山　1832～1914　江戸後期～大正期の博物画家
堯山　ぎょうざん
岩波(いわなみ)堯山　1762～1844　江戸後期の心学者
夾始　きょうし
夾始　江戸中期の俳人・藩士
鏡二　きょうじ
野松亭(のまつてい)鏡二　1769～1808　江戸後期の俳人
淳氏　きようじ
武藤(むとう)淳氏　？～1512　戦国時代の大宝寺城主
清氏　きようじ
毛呂(もろ)清氏　1827～1897　江戸末期・明治期の歌人
行子　ぎょうし　⇔こうし
藤原(ふじわらの)行子　平安時代の女性。後三条天皇の妃
行二　ぎょうじ
行二　？～1503　室町・戦国時代の武家・連歌作者《二階堂政行》
慶実　きょうじつ
慶実　1065～1148　平安後期の園城寺僧
行実　ぎょうじつ　⇔ゆきざね
行実　平安後期の僧
鏡洲　きょうしゅう
今井(いまい)鏡洲　？～1809　江戸中期・後期の漢詩人
慶秀　きょうしゅう　⇔けいしゅう, よしひで
慶秀　平安後期の天台宗園城寺の僧
協従　きょうじゅう
亀井(かめい)協従　江戸中期の本草家
業修　ぎょうしゅう
小華和(こばなわ)業修　1845～1904　江戸後期～明治期の旧藩士
堯州　ぎょうしゅう
堯州　江戸中期の僧、茶人
享叔　きょうしゅく
楨西(かさい)享叔　？～1867　江戸後期・末期の蘭方医
慶俊　きょうしゅん　⇔けいしゅん
慶俊　平安後期・鎌倉前期の華厳宗の僧
慶俊　戦国・安土桃山時代の真言宗の僧、連歌作者
杏順　きょうじゅん
中野(なかの)杏順　1689～1758　江戸中期の医者
京順　きょうじゅん
京順　1620～1695　江戸前期・中期の薩摩の名僧
恭順　きょうじゅん
恭順　1808～1895　江戸後期～明治期の天台宗の高僧
教順　きょうじゅん
教順　1679～1730　江戸前期・中期の僧侶
慶遵　きょうじゅん
浅井(あさい)慶遵　？～1897　江戸末期・明治期の真宗大谷派の僧
行春　ぎょうしゅん　⇔ゆきはる
行春　鎌倉後期の天台宗の僧
杏所　きょうしょ
長谷川(はせがわ)杏所　1814～1889　江戸後期～明治期の医者
三宅(みやけ)杏所　1838～1902　江戸後期～明治期の軍医
鏡如　きょうじょ
馮(ふう)鏡如　江戸末期・明治期の外国文房具商、印刷業
堯助　ぎょうじょ
堯助　1536～1601　戦国・安土桃山時代の真言宗の僧
教性　きょうしょう
教性　鎌倉前期・後期の釈迦堂供僧(定額僧)
鏡照　きょうしょう
明巌(みょうがん)鏡照　1331～1410　南北朝・室町時代の曹洞宗の僧
教乗　きょうじょう
教乗　？～1773　江戸中期の浄土真宗の僧
教静　きょうじょう
教静　944～1018　平安中期の天台僧
経乗　きょうじょう
経乗　鎌倉前期の真言宗の僧・歌人
経乗　1511～1549　戦国時代の天台宗の僧・歌人
経正　きょうじょう　⇔けいしょう, つねまさ
経正　鎌倉時代の僧

き

暁勝　ぎょうしょう
暁勝　鎌倉後期の僧侶・歌人
暁昌　ぎょうしょう
向田(むこうだ)暁昌　1820～1884　江戸後期～明治期の和算家
幸清　ぎょうしょう　⇔こうじょう, ゆききよ
幸清　1177～1235　平安後期・鎌倉前期の社僧、歌人
行照　ぎょうしょう
行照　1793～1862　江戸末期の浄土真宗の僧
行清　ぎょうしょう　⇔ぎょうせい
行清　1229～1279　鎌倉前期・後期の社僧、歌人
行生　ぎょうしょう
行生　鎌倉時代の僧侶・歌人
堯墻　ぎょうしょう
草加(くさか)堯墻　江戸末期の画家
行乗　ぎょうじょう　⇔ゆきのり
行乗　1125～1184　平安後期の園城寺僧
行乗　鎌倉後期の僧侶・歌人
堯如法親王　ぎょうじょほうしんのう
堯如法親王　1640～1694　江戸前期の天台宗の僧侶
堯恕法親王　ぎょうじょほっしんのう
堯恕法親王　1640～1694　江戸前期の天台宗の僧侶《堯如法親王》
京四郎　きょうしろう
山本(やまもと)京四郎　1700～1764　江戸中期の歌舞伎役者
匡津　きょうしん
巨海(こかい)匡津　?～1790　江戸中期・後期の曹洞宗の僧
教心　きょうしん
不遠寺(ふおんじ)教心　?～1690　江戸前期の僧。高山市の不遠寺4世
鏡心　きょうしん
滝野(たきの)鏡心　?～1866　江戸後期の柔術家
慶心　きょうしん
慶心　室町時代の真宗大谷派の僧
慶深　きょうしん
慶深　1021～1074　平安中期・後期の興福寺の僧
敬信　きょうしん　⇔たかのぶ
敬信　平安前期の僧侶、歌人
敬心　きょうしん　⇔けいしん
敬心　鎌倉時代の僧、連歌師
経親　きょうしん　⇔つねちか
鳥居小路(とりいこうじ)経親　1772～1820　江戸中期・後期の坊官
教深　きょうじん
教深　鎌倉前期の石山寺座主
慶尋　きょうじん
慶尋　平安中期の天台宗の僧・歌人
経尋　きょうじん
経尋　1060～1132　平安後期の興福寺僧
経尋　1499～1526　戦国時代の僧
行信　ぎょうしん　⇔ゆきのぶ
行信　江戸後期の刀工
円竜寺(えんりゅうじ)行信　?～1707　江戸中期の高山市の円竜寺の中興
行深　ぎょうしん
行深　鎌倉後期の真言宗の僧・歌人
行真　ぎょうしん　⇔ゆきざね, ゆきまさ
繁昌院(はんじょういん)行真　1828～1899　江戸末期・明治期の修験者・歌人
堯真　ぎょうしん
堯真　安土桃山時代の真言宗の僧・連歌作者
堯真　1729～?　江戸中期の天台宗の僧
堯尋　ぎょうじん
堯尋　南北朝・室町時代の歌人、僧
教信上人　きょうしんしょうにん
教信上人　781～866　奈良・平安前期の聖僧
橋水　きょうすい
内田(うちだ)橋水　?～1688　江戸前期の俳人
凝翠　ぎょうすい
凝翠　江戸中期の浄土真宗の僧
暁翠　ぎょうすい
小栗(おぐり)暁翠　1818～1884　江戸後期～明治期の画家
杏助　きょうすけ
竹内(たけうち)杏助　江戸後期の医者・漢学者
京助　きょうすけ
新井(あらい)京助　1779～1835　江戸中期・後期の商人
篠原(しのはら)京助　1854～1882　江戸末期・明治期の開拓者
恭助　きょうすけ
芳川(よしかわ)恭助　1825～1886　江戸後期～明治期の儒学者・教育者
恭輔　きょうすけ
加門(かもん)恭輔　江戸後期の医者
協輔　きょうすけ
長谷川(はせがわ)協輔　1853～?　江戸後期～明治期の弁護士
匡清　きょうせい
匡清　平安後期の石清水八幡宮の検校・匡清法印
行清　ぎょうせい　⇔ぎょうしょう
行清　平安後期の僧
恭節　きょうせつ
鈴木(すずき)恭節　1762～1830　江戸中期・後期の漢学者
杏仙　きょうせん
榎下(えのもと)杏仙　1756～1792　江戸中期の漢詩人
仲田(なかた)杏仙　1782～1864　江戸末期の医師
杏川　きょうせん
杏川　江戸中期の俳人
喬遷　きょうせん
川田(かわだ)喬遷　江戸中期・後期の儒者

教暹　きょうせん
教暹　平安後期の絵仏師
橋泉　きょうせん
西鷺軒(さいろけん)橋泉　江戸前期の浮世草子作者。黄檗宗の僧
船山(ふなやま)橋泉　江戸中期の俳人
狭川　きょうせん
大森(おおもり)狭川　江戸中期の儒者
鏡川　きょうせん
馬淵(まぶち)鏡川　1725～1785　江戸中期の文人
経暹　きょうせん
経暹　?～1104　平安後期の天台僧
慶禅　きょうぜん　⇔けいぜん
慶禅　平安後期の園城寺の僧
経禅　きょうぜん
経禅　平安後期の仏師
堯暹　ぎょうせん
堯暹　平安後期の江刺郡益沢院の修行僧
行禅　ぎょうぜん
行禅　?～1169　平安後期の権律師
堯全　ぎょうぜん
堯全　南北朝・室町時代の天台宗の僧、歌人
杏荘　きょうそう
太田(おおた)杏荘　1834～1897　江戸後期～明治期の医師
杏造　きょうぞう
下郷(しもざと)杏造　1851～?　江戸後期～明治期の俳人
京蔵　きょうぞう
蔵屋(くらや)京蔵　1780～1864　江戸中期～末期の茶商
恭蔵　きょうぞう
尾崎(おざき)恭蔵　1840～1872　江戸後期～明治期の新徴組士
慶増　きょうぞう　⇔けいぞう
慶増　1017～1107　平安中期・後期の天台宗の僧《慶増》
暁窓　ぎょうそう
山辺(やまのべ)暁窓　1822～1900　江戸後期～明治期の俳人
行相房　ぎょうそうぼう
小野(おのの)行相房　平安後期の東大寺の僧
杏村　きょうそん
河野(こうの)杏村　1811～1877　江戸後期～明治期の漢学者
神保(しんぼ)杏村　1776～1831　江戸中期・後期の燕市の素封家
杏邨　きょうそん
河野(こうの)杏邨　1833～1886　江戸後期～明治期の文学者
教存　きょうそん
教存　1779～1831　江戸中期・後期の僧
経尊　きょうそん
経尊　鎌倉前期の真言僧
暁邨　ぎょうそん
星(ほし)暁邨　1813～1900　江戸末期・明治期の画家、歌人
行尊　ぎょうそん　⇔ゆきたか
行尊　1057～1135　平安後期の僧、歌人
暁台　きょうたい
久村(くむら)暁台　1732～1792　江戸中期・後期の俳人
行達　ぎょうたつ
行達　?～754　奈良時代の薬師寺法相宗の僧
杏壇　きょうだん
杏壇　江戸中期の雑俳点者
堯端　ぎょうたん
堯端　1719～1806　江戸中期・後期の天台宗の僧
鏡智　きょうち
鏡智　南北朝時代の僧。意宇郡八幡庄宝光寺・観音寺開山
慶智　きょうち
慶智　1129～?　平安後期の天台宗園城寺僧
行智　ぎょうち
行智　平安後期の僧、絵師
堯智　ぎょうち
堯智　室町・戦国時代の僧、歌人
慶仲　きょうちゅう
百済王(くだらのこきし)慶仲　?～841　平安前期の官人
慶忠　きょうちゅう　⇔けいちゅう, よしただ
慶忠　1137～1226　平安後期・鎌倉前期の僧侶、歌人
行忠　ぎょうちゅう　⇔ゆきただ
行忠　1769～1851　江戸中期・後期の浄土真宗本願寺派の学僧
堯忠　ぎょうちゅう
堯忠　室町時代の真言宗の僧
教澄　きょうちょう
教澄　平安前期の僧侶
堯珍　ぎょうちん
堯珍　戦国時代の天台宗の僧・連歌作者
恭庭　きょうてい
山本(やまもと)恭庭　江戸後期の医者
香亭　きょうてい
片岡(かたおか)香亭　江戸中期の文人
行徹　ぎょうてつ
行徹　江戸中期の曹洞宗の僧
杏堂　きょうどう
飯島(いいじま)杏堂　1825～1907　江戸後期～明治期の画家
匡道　きょうどう
大儀(たいぎ)匡道　1704～1766　江戸中期の僧
経童　きょうどう
一翠庵(いっすいあん)経童　1705～1787　江戸中期の俳人
暁堂　ぎょうどう
暁堂　?～1592　戦国・安土桃山時代の曹洞宗の僧

堯導　ぎょうどう
堯導　1634～1689　江戸前期・中期の浄土真宗の僧
匡得　きょうとく
山田(やまだ)匡得　1537～1620　戦国～江戸前期の伊東氏の家臣
教徳　きょうとく
百済(くだらの)教徳　？～822　奈良・平安前期の官吏
行篤　ぎょうとく　⇔ゆきあつ
関(せき)行篤　江戸後期の幕臣

き

鏡尼　きょうに
鏡尼　江戸前期の茶人
鏡日　きょうにち
鏡日　平安前期の僧侶
教仁　きょうにん
教仁　平安後期の僧
鏡仁　きょうにん
百済(くだらの)鏡仁　奈良・平安前期の官吏
鏡忍　きょうにん
鏡忍　？～784　奈良時代の華厳宗の僧
堯仁　ぎょうにん
堯仁　1430～1503　室町・戦国時代の浄土真宗の僧
堯忍　ぎょうにん
竜王院(りゅうおういん)堯忍　1817～1883　江戸後期～明治期の僧
教念　きょうねん
教念　？～1665　江戸前期の青森市本町・浄土真宗大谷派永養山蓮心寺開山
行然　ぎょうねん
応準(おうじゅん)行然　？～1280　鎌倉前期・後期の僧
行念　ぎょうねん
行念　？～1225　平安後期・鎌倉前期の僧侶、歌人
慶念坊　きょうねんぼう
慶念坊　1820～1871　江戸末期・明治期の真宗大谷派僧侶
堯然法親王　ぎょうねんほうしんのう
堯然法親王　1602～1661　江戸前期の天台宗の僧
堯然法親王　ぎょうねんほっしんのう
堯然法親王　1602～1661　江戸前期の天台宗の僧《堯然法親王》
卿の局　きょうのつぼね
卿の局　1155～1229　平安後期・鎌倉前期の女性。後鳥羽天皇の乳母
杏伯　きょうはく
千葉(ちば)杏伯　1815～1867　江戸後期・末期の医師
教範　きょうはん
教範　鎌倉後期の真言宗の僧・歌人
慶範　きょうはん　⇔けいはん
慶範　997～1061　平安中期・後期の僧《慶範》
慶範　平安後期の大仏師
鏡鑁　きょうばん
鏡鑁　平安後期の園城寺の悪僧

行鑁　ぎょうばん
行鑁　1641～1717　江戸前期・中期の僧
杏扉　きょうひ
杏扉　1729～1809　江戸中期・後期の医者、俳人《山崎普山》
京武　きょうぶ
真島(まじま)京武　江戸前期の医者
刑部　ぎょうぶ
伊藤(いとう)刑部　？～1667　江戸前期の越中国十村役
小笠原(おがさわら)刑部　1839～？　江戸後期の幕臣
岡田(おかだ)刑部　江戸後期の橘樹郡保土ヶ谷宿神明宮神主
片山(かたやま)刑部　？～1213　鎌倉前期の武士
加藤(かとう)刑部　？～1643　安土桃山・江戸前期の庄内藩士
河村(かわむら)刑部　戦国時代の古河公方の家臣
菊池(きくち)刑部　？～1615　安土桃山・江戸前期の岩崎関所番
五大院(ごだいいん)刑部　江戸前期の高野山寺領の人。大坂の陣で籠城というが、実否不明
佐垣(さがき)刑部　？～1629　安土桃山・江戸前期の加賀藩士
平吉(ひらよし)刑部　江戸前期の御用商人
松岡(まつおか)刑部　戦国時代の武将。武田家臣
三上(みかみ)刑部　戦国時代の武士
水野(みずの)刑部　江戸末期の武士
宮崎(みやざき)刑部　安土桃山時代の武士
武藤(むとう)刑部　？～1581　安土桃山時代の高天神籠城衆
刑部右衛門尉　ぎょうぶえもんのじょう
諏方(すわ)刑部右衛門尉　安土桃山時代の諏訪大社社家衆
恭副　きょうふく
恭副　1741～？　江戸中期の天台宗の僧
刑部九郎　ぎょうぶくろう
藤崎(ふじさき)刑部九郎　室町時代の大隅国向島藤野村の領主
刑部左衛門　ぎょうぶざえもん
佐々木(ささき)刑部左衛門　江戸時代の弘前藩士
薩摩(さつま)刑部左衛門　鎌倉時代の埴科郡坂城郷の地頭
南(みなみ)刑部左衛門　1687～1711　江戸前期・中期の出水郡出水郷の郷士
薬丸(やくま)刑部左衛門　1607～1689　江戸前期・中期の剣術家。薬丸流祖
刑部左衛門尉　ぎょうぶざえもんのじょう
清野(きよの)刑部左衛門尉　戦国時代の信濃国埴科郡清野の国衆清野氏の一族？
高木(たかぎ)刑部左衛門尉　安土桃山時代の信濃国諏訪郡高木の土豪
刑部三郎貞幸　ぎょうぶさぶろうさだゆき
春日部(かすかべ)刑部三郎貞幸　鎌倉時代の武士
刑部小輔　ぎょうぶしょうゆう
塀和(はが)刑部小輔　戦国時代の武将、北条氏康

の家臣

刑部少輔　ぎょうぶのしょう

稲葉（いなば）刑部少輔　安土桃山時代の織田信長の家臣

鵜沢（うざわ）刑部少輔　戦国時代の上総国東金（松之郷か）の鋳物師。東金城主酒井氏の家臣鵜沢氏の一族とみられる

神林（かんばやし）刑部少輔　？～1582　安土桃山時代の武士

後閑（ごかん）刑部少輔　戦国時代の上野国衆

寺尾（てらお）刑部少輔　戦国時代の信濃国埴科郡寺尾郷の土豪

深沢（ふかざわ）刑部少輔　戦国時代の上杉景勝の家臣

刑部丞　ぎょうぶのじょう

折原（おりはら）刑部丞　南北朝時代の那賀郡桑野保の土豪か

木内（きうち）刑部丞　戦国時代の北条氏直轄領の小代官

小菅（こすげ）刑部丞　安土桃山時代の上野国衆小川可遊斎の家臣

諏方（すわ）刑部丞　？～1582　安土桃山時代の武士

垪和（はが）刑部丞　戦国時代の武蔵鉢形城主北条氏邦の家臣

刑部助　ぎょうぶのすけ

佐々木（ささき）刑部助　戦国時代の紀伊国紀之湊の船主

刑部大夫　ぎょうぶのたいふ　⇔ぎょうぶのだいぶ

井田（いだ）刑部大夫　戦国時代の上総国武射郡大台城（山武郡芝山町）の城主

刑部大輔　ぎょうぶのたいふ　⇔ぎょうぶのだいふ

井田（いだ）刑部大輔　戦国時代の上総国武射郡大台城主

小山（おやま）刑部大輔　戦国時代の小山一族

平塚（ひらつか）刑部大輔　戦国時代の常陸小田氏の家臣

刑部大輔　ぎょうぶのだいふ　⇔ぎょうぶのたいふ

織田（おだ）刑部大輔　安土桃山時代の織田信長の家臣

刑部大夫　ぎょうぶのだいぶ　⇔ぎょうぶのたいふ

大村（おおむら）刑部大夫　戦国時代の伊豆三嶋社社家の筆頭

杏坪　きょうへい

浅利（あさり）杏坪　1841～1891　江戸後期～明治期の外科医

匡平　きょうへい

仁科（にしな）匡平　1794～1890　江戸末期の代官役

恭平　きょうへい

斎藤（さいとう）恭平　1822～1895　江戸後期～明治期の郷学大成館館長、千石小学校初代校長

狂平　きょうへい

臥牛洞（がぎゅうどう）狂平　江戸中期の松山の俳人

嚮平　きょうへい

田代（たしろ）嚮平　1837～1895　江戸後期～明治期の松江藩医

敬勉　きょうべん

敬勉　1747～1820　江戸中期・後期の僧

経弁　きょうべん

経弁　1246～？　鎌倉前期・後期の華厳宗の僧

行遍　ぎょうへん

行遍　平安後期・鎌倉前期の熊野僧

巧便　ぎょうべん

妙覚寺（みょうかくじ）巧便　1782～1851　江戸中期・後期の浄土真宗本願寺派の学僧

杏圃　きょうほ

池口（いけぐち）杏圃　1828～1857　江戸後期・末期の漢学者

恭甫　きょうほ

芝田（しばた）恭甫　1792～1853　江戸後期の鳥取藩御儒者

敬輔　きょうほ　⇔けいすけ

敬輔　江戸中期の浄土宗の僧

行僕　ぎょうぼく

平田（ひらた）行僕　戦国時代の都治の郷村役人

行本　ぎょうほん　⇔ゆきもと

行本　室町時代の連歌作者

清海　きようみ　⇔きよみ, せいかい

清原（きよはらの）清海　平安前期の官人

教明　きょうみょう

教明　奈良時代の僧

教覚寺（きょうがくじ）教明　1558～1610　江戸前期の僧。国府町の教覚寺の開基

行妙　ぎょうみょう

行妙　1791～1850　江戸後期の僧

行命　ぎょうみょう

行命　平安後期の熊野別当

堯明　ぎょうみょう

堯明　1741～？　江戸中期の天台宗の僧

堯民　ぎょうみん

荒川（あらかわ）堯民　？～1788　江戸中期・後期の医者

橋夢　きょうむ

橋夢　江戸後期の俳人

行文大夫　ぎょうもんのまえつきみ

消奈（せなの）行文大夫　奈良時代の官人。高倉福信の伯父

堯也　ぎょうや

堯也　江戸前期の僧。真言宗松生院住職

行勇　ぎょうゆう

行勇　？～1241　鎌倉前期の臨済僧

行祐　ぎょうゆう

行祐　安土桃山時代の天台宗の僧・連歌作者

行誉　ぎょうよ

行誉　893～970　平安前期・中期の天台僧

行誉　室町時代の真言宗の僧

堯誉　ぎょうよ

堯誉　室町時代の僧、歌人

堯庸　ぎょうよう

堯庸　1641～1721　江戸前期・中期の浄土真宗の僧

堯養　ぎょうよう

堯養　1341～？　南北朝時代の僧。八戸の東善寺初代住職

経理　きょうり

経理　？～1029　平安中期の興福寺僧

き

鏡裏坊　きょうりぼう

鏡裏坊　江戸中期の俳人

経歴　きょうれき

経歴　1740～1810　江戸中期・後期の浄土宗の僧

行蓮　ぎょうれん

行蓮　鎌倉時代の僧医

杏廬　きょうろ

杏廬　江戸中期の俳人

巨雲　きょうん　⇔こうん

井鳥（いとり）巨雲　1650～1721　江戸前期・中期の剣術家

清衛　きよえ　⇔せいえい

境野（さかいの）清衛　1846～1913　江戸末期～大正期の新町養蚕伝習所創設者《境野清衛》

拠遠　きょえん

拠遠　江戸中期の俳人

浄男　きよお

依智秦（えちはたの）浄男　平安前期の有力農民

清雄　きよお　⇔すがお

川原塚（かわらづか）清雄　江戸後期の国学者

弥寝（ねじめ）清雄　1646～1699　江戸前期の薩摩藩家老。ハゼの強制栽培・専売を実施

水野（みずの）清雄　江戸末期の藩士・国学者

浄岡　きよおか

藤原（ふじわらの）浄岡　奈良時代の官人

清岡　きよおか

菅原（すがわら）清岡　平安前期以前の漢詩人

清興　きよおき

多田（ただ）清興　？～1856　江戸後期・末期の歌人

町田（まちだ）清興　1743～1806　江戸中期・後期の書家

清臣　きよおみ

紀（きの）清臣　平安前期の官人

西村（にしむら）清臣　1812～1879　江戸後期～明治期の歌人

去音　きょおん

高屋（たかや）去音　1687～1749　江戸前期・中期の俳人

去何　きょか

渡辺（わたなべ）去何　1750～1816　江戸中期・後期の俳人

去角　きょかく

去角　1727～1770　江戸中期の俳人

清蔭　きよかげ　⇔せいいん

榛葉（しんば）清蔭　1810～1869　江戸後期～明治期の国学者

清和　きよかず

奥村（おくむら）清和　江戸後期の和算家

清風　きよかぜ　⇔きよとお, せいふう

山藤（さんどう）清風　1802～1835　江戸後期の歌人

良岑（よしみねの）清風　820～863　平安前期の大納言正三位安世の第三子

浴風　きよかぜ　⇔よくふう

妹尾（せのお）浴風　1798～1870　江戸末期の書家《妹尾浴風》

浄方　きよかた

日下部宿禰（くさかべのすくね）浄方　上代の地方豪族

清堅　きよかた

宇仁（うに）清堅　？～1755　江戸中期の漢学者

戸田（とだ）清堅　1575～1654　江戸前期の武士

清謙　きよかた　⇔せいけん

大岡（おおおか）清謙　1813～1863　江戸後期・末期の幕臣

清方　きよかた

高木（たかぎ）清方　1534～1599　江戸前期の旗本

清勝　きよかつ　⇔せいしょう

大岡（おおおか）清勝　1553～1624　戦国～江戸前期の徳川家康の臣・足立郡天沼村等領主

鳥居（とりい）清勝　江戸中期の画家

清廉　きよかど

賀古（かこ）清廉　？～1818　江戸中期・後期の藩士

清兼　きよかね

源（みなもと）清兼　鎌倉時代の公家・歌人

浄上王　きよがみおう

浄上王　奈良時代の官人

魚冠　ぎょかん

魚冠　江戸中期の俳人

魚貫　ぎょかん

魚貫　1707～1763　江戸中期の俳人

潔興　きよき

宮道（みやじ）潔興　平安中期の官人、歌人

清樹　きよき

清音楼（せいおんろう）清樹　江戸後期の狂歌作者

橘（たちばな）清樹　？～899　平安前期の官人、歌人

魚京　ぎょきょう

魚京　江戸中期の戯作者

旭庵　きょくあん

旭庵　江戸中期・後期の俳人

玉庵　ぎょくあん

玉庵　？～1544　戦国時代の禅僧。遠州諸目表の導入者

太田（おおた）玉庵　江戸後期の町医

曽我（そが）玉庵　江戸前期の画家

旭宇　きょくう
新岡(にいおか)旭宇　1835〜1904　江戸後期〜明治期の弘前生まれの書家
玉運　ぎょくうん
玉運　?〜1537　戦国時代の僧(浄土宗)
旭永　きょくえい
旭永　鎌倉前期・後期の臨済宗の僧
玉暎　ぎょくえい
小西(こにし)玉暎　1743〜1821　江戸中期・後期の駿府呉服町一丁目の薬種商
玉淵　ぎょくえん　⇔たまふち, たまぶち
小国(おぐに)玉淵　1769〜1830　江戸中期・後期の儒者
賀来(かく)玉淵　1716〜1784　江戸中期の漢学者
岳(がく)玉淵　1737〜1798　江戸中期・後期の書家
旭翁　きょくおう
熊谷(くまがい)旭翁　1849〜1920　江戸末期〜大正期の広瀬藩士
熊谷(くまがや)旭翁　熊谷旭翁に同じ
玉応　ぎょくおう
古川(ふるかわ)玉応　1807〜1886　江戸後期〜明治期の高畑村の八幡社の神官・画家
玉翁　ぎょくおう
曽我(そが)玉翁　江戸前期の画家
玉温　ぎょくおん
玉温　江戸末期・明治期の俳人
玉可　ぎょくか
古武屋(ふるたけや)玉可　江戸後期の俳人
玉珂　ぎょくか　⇔ぎょっか
玉珂　1730〜1820　江戸中期・後期の俳人
玉界　ぎょくかい
玉界　1829〜1915　江戸末期〜大正期の僧
玉竿　ぎょくかん
岸本(きしもと)玉竿　1702〜1771　江戸中期の神道学者
玉琴　ぎょくきん
飯田(いいだ)玉琴　1817〜1880　江戸後期〜明治期の彫刻家
曲渓　きょくけい
菅原(すがわら)曲渓　1778〜1832　江戸中期・後期の書肆
玉慶　ぎょくけい
今井(いまい)玉慶　1770〜1834　江戸中期・後期の岩木の狩野派画人
玉渓　ぎょくけい
玉渓　?〜1857　江戸後期・末期の画家、俳人
野村(のむら)玉渓　1785〜1857　江戸中期〜末期の四条派の画家
福庭(ふくば)玉渓　1842〜1923　江戸末期〜大正期の画家
玉壺　ぎょくこ
岡田(おかだ)玉壺　江戸後期の商家
横谷(よこたに)玉壺　1842〜1925　江戸末期〜大正期の日本画家
曲江　きょくこう
都築(つづき)曲江　1782〜1832　江戸中期・後期の中根新田地主、酒造業
曲肱　きょくこう
荒木(あらき)曲肱　1789〜1878　江戸末期・明治期の画人
玉岡　ぎょくこう
玉岡　1642〜1693　江戸前期・中期の黄檗宗の僧
本田(ほんだ)玉岡　?〜1844　江戸後期の広瀬藩お抱え絵師
森(もり)玉岡　1798〜1853　江戸後期の漢詩人・医者
玉江　ぎょくこう　⇔たまえ
環(たまき)玉江　江戸後期の絵師
玉虹　ぎょくこう
滝野(たきの)玉虹　1717〜1787　江戸中期の柔術家
旭斎　きょくさい
東(あずま)旭斎　1822〜1897　江戸後期〜明治期の俳人
極斎　きょくさい
山本(やまもと)極斎　?〜1837　江戸後期の和算家
玉斎　ぎょくさい
賀十(がじゅう)玉斎　1642〜?　江戸前期の漢学者
千輝(ちぎら)玉斎　1790〜1872　江戸後期〜明治期の画家
橋爪(はしづめ)玉斎　1832〜1894　江戸後期〜明治期の画家・寺子屋師匠
旭山　きょくざん
上田(うえだ)旭山　?〜1843　江戸後期の村上の画家、詩人
大野(おおの)旭山　1802〜1883　江戸後期の和算家
鈴木(すずき)旭山　1754〜1788　江戸中期・後期の医家
千手(せんじゅ)旭山　1789〜1859　江戸後期・末期の儒者
村上(むらかみ)旭山　江戸中期・後期の和算家
玉山　ぎょくざん
石田(いしだ)玉山　?〜1812?　江戸中期・後期の挿絵画家
旭山尼　きょくさんに
旭山尼　?〜1557　戦国時代の女性。尼僧
玉芝　ぎょくし
山柴(やましば)玉芝　1768〜1845　江戸中期・後期の医者
玉之　ぎょくし
玉之　江戸中期の俳人
完(かん)玉之　南北朝時代の人。沖縄から朝鮮へ派遣された最初の使者
玉巵　ぎょくし
玉巵　江戸後期・末期の俳人
玉樹院　ぎょくじゅいん
玉樹院　1813〜1814　江戸後期の徳川家慶の長男

旭周　きょくしゅう
旭周　1710～1793　江戸中期・後期の俳諧作者
玉周　ぎょくしゅう
玉周　江戸前期・中期の律宗の僧
玉洲　ぎょくしゅう
玉洲　江戸後期の画僧
安井（やすい）玉洲　江戸時代の漢学者
矢野（やの）玉洲　？～1782　江戸中期の書家
柚木（ゆのき）玉洲　1825～1901　江戸後期～明治期の日本画家
旭順　きょくじゅん
杉浦（すぎうら）旭順　江戸後期の僧侶
玉春　ぎょくしゅん
岡田（おかだ）玉春　江戸後期の画家
玉嶼　ぎょくしょ
柚木（ゆのき）玉嶼　1801～1851　江戸末期の書家
旭昌　きょくしょう
殷山（いんざん）旭昌　江戸中期の曹洞宗の僧
玉城　ぎょくじょう　⇔たまき，たまぐすく
堀田（ほった）玉城　1797～1883　江戸後期～明治期のオランダ医、文人
玉振　ぎょくしん
玉振　1745～1814　江戸中期・後期の浄土真宗の僧
玉真堂　ぎょくしんどう
玉真堂　江戸中期の商家
玉水　ぎょくすい
玉水　江戸中期の雑俳点者
黒川（くろかわ）玉水　江戸後期の絵師
玉成　ぎょくせい　⇔たまなり
井上（いのうえ）玉成　1672～1734　江戸中期の医師
玉清院　ぎょくせいいん
玉清院　？～1634　江戸前期の女性。金森重頼の前妻
玉屑　ぎょくせつ
玉屑　1752～1826　江戸後期の播磨米田村神官寺の僧、俳人
玉雪　ぎょくせつ
玉雪　江戸中期の俳人
旭川　きょくせん
藤原（ふじわら）旭川　江戸後期の和算家
旭泉　きょくせん
竜重（りゅうちょう）旭泉　1719～1798　江戸中期・後期の曹洞宗の僧
曲川　きょくせん
大森（おおもり）曲川　1766～1856　江戸後期の書家
西野入（にしのいり）曲川　1836～1919　江戸末期～大正期の書家
曲全　きょくぜん
曲全　？～1761　江戸中期の文人
王僊　ぎょくせん
森（もり）王僊　1791～1864　江戸末期の画家
玉川　ぎょくせん
百川（ももかわ）玉川　1775～1805　江戸中期・後期の漢学者
玉泉　ぎょくせん
玉泉　江戸前期の華道家
玉僊　ぎょくせん
金（きん）玉僊　戦国・安土桃山時代の画家
玉蟾　ぎょくせん
入江（いりえ）玉蟾　江戸中期の華道家
玉善　ぎょくぜん
玉善　1797～1860　江戸後期・末期の真言宗の僧
玉全　ぎょくぜん
西岡（にしおか）玉全　江戸後期の暦算家・相法家
玉泉堂　ぎょくせんどう
玉泉堂　江戸中期の浄瑠璃作者
玉藻　ぎょくそう
水原（みずはら）玉藻　江戸末期の読本作者・絵師
玉潭　ぎょくたん
玉潭　1722～1782　江戸中期の浄土真宗の僧
玉池　ぎょくち
陳（ちん）玉池　江戸末期の人。アメリカのオーガスティンハード商会の買弁
玉池軒　ぎょくちけん
大森（おおもり）玉池軒　江戸中期の儒者
旭亭　きょくてい
大森（おおもり）旭亭　1752？～1829　江戸中期・後期の文人
玉諦　ぎょくてい
玉諦　1818～1899　江戸後期～明治期の僧侶
旭島　きょくとう
生島（おじま）旭島　1805～1876　江戸後期～明治期の社会教化に尽くした医師
旭堂　きょくどう
岡田（おかだ）旭堂　1834～1887　江戸後期～明治期の篆刻家
玉涛　ぎょくとう
仁藤（にとう）玉涛　江戸後期の寺子屋の師匠
清国　きよくに
清国　江戸前期の刀工
大原（おおはらの）清国　平安後期の官人
清原（きよはらの）清国　平安後期の官人
寿曙堂（じゅしょどう）清国　江戸後期の画家
鳥居（とりい）清国　1836～1855　江戸後期の画家
物部（もののべの）清国　平安後期の大工。平泉中尊寺金色堂の造営に関与
玉念　ぎょくねん
玉念　？～1586　安土桃山時代の浄土宗の僧
曲坡　きょくは
曲坡　江戸後期の雑俳点者
曲阜　きょくふ
曲阜　1799～1874　江戸後期～明治期の俳人
玉斧　ぎょくふ
玉斧　1712～1793　江戸中期・後期の俳諧作者

玉父　ぎょくふ
玉父　江戸中期の俳人
曲浦　きょくほ
曲浦　？～1783？　江戸中期の俳人
旭峰　きょくほう
山本(やまもと)旭峰　？～1870　江戸末期の俳人
玉峰　ぎょくほう
田中(たなか)玉峰　1745～1814　江戸中期・後期の書家
林(はやし)玉峰　1830～1886　江戸末期の画家
玉峯　ぎょくほう
松平(まつだいら)玉峯　？～1861　江戸後期・末期の画家
玉鳳　ぎょくほう
永井(ながい)玉鳳　1670～1743　江戸前期・中期の俳人、佐渡奉行所役人
玉葉　ぎょくよう
石井(いしい)玉葉　江戸中期の人。唐馬の碑の建立者
玉蓉院　ぎょくよういん
玉蓉院　1844～1845　江戸後期の女性。徳川家慶の十二女
玉蘭　ぎょくらん
玉蘭　？～1734　江戸中期の俳人
奥村(おくむら)玉蘭　1761～1828　江戸中期・後期の商家
玉流　ぎょくりゅう
湯川(ゆかわ)玉流　？～1808　江戸中期・後期の絵師・書家
玉隆　ぎょくりゅう
中沢(なかざわ)玉隆　1766～1826　江戸中期・後期の絵師
玉竜　ぎょくりゅう
玉竜　？～1756　江戸中期の浄土真宗の僧
玉林　ぎょくりん
玉林　戦国時代の日蓮宗の僧
玉林　1489～1579　戦国・安土桃山時代の臨済宗の僧
玉琳　ぎょくりん
河内(かわち)玉琳　？～1612　江戸前期の山伏
玉嶺　ぎょくれい
玉嶺　1807～1870　江戸後期～明治期の画僧
納(おさめ)玉嶺　1776～1854　江戸末期の詩人
玉蕗　ぎょくろ
玉蕗　？～1826　江戸中期・後期の俳人、僧侶
玉和軒　ぎょくわけん
登与島(とよしま)玉和軒　江戸後期の浄瑠璃作者
玉腕子　ぎょくわんし
安部(あべ)玉腕子　江戸中期の絵師
挙賢　きょけん
三村(みむら)挙賢　1755～1814　江戸中期・後期の藩士
清子　きよこ　⇔いさぎよいこ, いさぎよきこ, きよいこ, せいし
紀(きの)清子　平安前期の官人
平(たいらの)清子　1146～1178　平安後期の女性。中納言三位、中納言典侍
漁光　ぎょこう
漁光　江戸中期の俳人
魚江　ぎょこう
田中(たなか)魚江　？～1750　江戸中期の俳人
魚行　ぎょこう
上田(うえた)魚行　1842～1900　江戸後期～明治期の画家、俳人
虚斎　きょさい
小室(こむろ)虚斎　1789～1861　江戸後期・末期の漢学者
清貞　きよさだ
清貞　室町時代の刀工
清貞　戦国時代の刀工
飛鳥戸(あすかべの)清貞　平安前期の官人
葛西(かさい)清貞　？～1350　鎌倉後期・南北朝時代の南朝方の武将
長野(ながの)清貞　1562～1639　安土桃山・江戸前期の代官、紀州藩家臣
源(みなもと)清貞　江戸後期の歌人
宮田(みやた)清貞　江戸前期の藩士
村上(むらかみ)清貞　江戸後期の兵法家
清定　きよさだ
清定　戦国時代の刀工
石谷(いしがや)清定　1746～？　江戸中期の幕臣
大江(おおえの)清定　平安中期の官人
平(たいらの)清定　？～1184　平安後期の官人。平清盛の養子
鳥居(とりい)清定　江戸中期の画家
松平(まつだいら)清定　？～1543　戦国時代の武将
八板(やいた)清定　1501～1570　戦国・安土桃山時代の刀鍛冶
浄定行者　きよさだぎょうじゃ
浄定行者　奈良時代の僧
清郷　きよさと
赤尾(あかお)清郷　？～1691　江戸前期の武士
榎井(えのいの)清郷　平安前期の蹴鞠の名手
清里　きよさと
朝原(あさはらの)清里　平安後期の下総国印東荘内の郷司または村司
鳥居(とりい)清里　江戸中期の画家
清実　きよざね
清実　江戸後期の刀工
高木(たかぎ)清実　？～1642　江戸前期の旗本
源(みなもとの)清実　平安後期の下級官人
清真　きよざね　⇔せいしん
清真　江戸後期の刀工
惟宗(これむねの)清真　平安後期の官人
喜代三郎　きよさぶろう
岩岡(いわおか)喜代三郎　江戸後期の心学者
中村(なかむら)喜代三郎　1721～1777　江戸中期の歌舞伎役者、若女形

居山　きょざん
宗玄(しゅうげん)居山　江戸後期の曹洞宗の僧
巨山　きょざん
巨山　江戸中期・後期の俳人
墟山　きょざん
桜井(さくらい)墟山　1826〜1903　江戸後期〜明治期の文人
珪　きよし
渡辺(わたなべ)珪　1764〜1831　江戸後期の武士
潔　きよし
小早川(こばやかわ)潔　1858〜？　江戸末期・明治期の教育者
菅森(すがもり)潔　？〜1886　江戸後期〜明治期の神職
峯(みね)潔　1824〜1891　江戸後期〜明治期の藩士
浄　きよし
横沢(よこざわ)浄　1848〜1926　江戸末期〜大正期の詩人
清　きよし　⇔きよ
佐々木(ささき)清　江戸末期・明治期の和算家
成合(なりあい)清　1848〜1877　江戸後期〜明治期の新撰組隊士
丸尾(まるお)清　1848〜1868　江戸末期の赤報隊士
南(みなみ)清　1856〜1904　江戸末期・明治期の鉄道技術者
村上(むらかみ)清　？〜1868　江戸後期・末期の新撰組隊士
清司　きよし
中島(なかじま)清司　1788〜1864　江戸後期・末期の浦賀奉行所与力
清士　きよし
堀内(ほりうち)清士　1837〜1880　江戸末期・明治期の篤農家
精　きよし　⇔せい
水村(みずむら)精　1845〜1885　江戸後期〜明治期の銀行創立者
廉之　きよし　⇔かどゆき
小寺(おでら)廉之　1782〜1849　江戸後期の漢学者《小寺廉之》
洌　きよし
井ノ岡(いのおか)洌　1774〜1833　江戸末期の本草学者
喜代次　きよじ
村上(むらかみ)喜代次　？〜1896　江戸末期・明治期の実業家
清重　きよしげ
清重〔1代〕　江戸中期の刀工
清重〔2代〕　江戸中期の刀工
清重〔3代〕　江戸後期の刀工
清重〔4代〕　江戸後期の刀工
清重〔5代〕　江戸末期の刀工
荒木(あらき)清重　1840〜1919　江戸末期〜大正期の刀工
大岡(おおおか)清重　1631〜1690　江戸前期・中期の幕臣
重栖(おもす)清重　室町時代の重栖荘地頭、隠岐国小守護代
葛西(かさい)清重　鎌倉前期の岩手県南地方の領主
平(たいらの)清重　平安後期・鎌倉前期の武士
橘(たちばな)清重　鎌倉前期・後期の土豪
田村(たむら)清重　戦国時代の武士
中原(なかはら)清重　平安後期の官人、歌人
禰寝(ねじめ)清重　南北朝時代の武将
別府(べっぷ)清重　平安後期の武蔵国の武士
星野(ほしの)清重　1845〜1921　江戸末期〜大正期の神官・教育家
清成　きよしげ　⇔きよなり
清成　平安後期の石見の刀匠
清成　江戸末期の益田の刀工
野田(のだ)清成　1675〜1732　江戸前期・中期の代官
清茂　きよしげ
岡本(おかもと)清茂　1678〜1753　江戸前期・中期の神職。賀茂氏、従四位上
中野(なかの)清茂　1765〜1842　江戸中期・後期の幕臣
喜代七　きよしち
榊原(さかきばら)喜代七　1835〜1871　江戸後期〜明治期の鷲塚騒動に参加
山田(やまだ)喜代七　1848〜1905　江戸後期〜明治期の臼野村助役
魚日　ぎょじつ
魚日　？〜1753　江戸中期の俳人
魚尺　ぎょしゃく
魚尺　江戸中期の俳人
虚舟　きょしゅう
黒瀬(くろせ)虚舟　1690〜1769　江戸中期の俳人
漁舟　ぎょしゅう
桃江舎(とうこうしゃ)漁舟　江戸中期の教師・著述家
居辰　きょしん
張葛(ちょうかつ)居辰　江戸中期の戯作者
魚心　ぎょしん
魚心　江戸中期・後期の俳人
虚心斉　きょしんさい
橋本(はしもと)虚心斉　江戸後期の武士
清季　きよすえ
清原(きよはらの)清季　平安後期の官人
喜代助　きよすけ
神谷(かみや)喜代助　1822〜1879　江戸後期〜明治期の寺子屋の師匠
清佐　きよすけ
大江(おおえの)清佐　平安後期の官人
清助　きよすけ　⇔せいすけ
朝見(あさみ)清助　1818〜1894　江戸後期〜明治期の庄屋
清相　きよすけ　⇔せいすけ
田中(たなか)清相　江戸中期の和算家

清純　きよすみ　⇔きよずみ
吉田（よしだ）清純　？～1780　江戸中期の藩士
清澄　きよすみ　⇔きよと
小槻（おづき）清澄　鎌倉後期の官人
紀（きの）清澄　平安中期の大宰権帥源道方の傔仗
塵外楼（じんがいろう）清澄　江戸後期の狂歌師
平（たいらの）清澄　平安後期の仁和寺領肥前国藤津荘の荘官
福田（ふくだ）清澄　？～1708　江戸前期・中期の都濃郡福川村の山陽道福川本陣の亭主
清純　きよずみ　⇔きよすみ
石川（いしかわ）清純　江戸時代の歌人
清湍　きよせ
上毛野（かみつけぬの）清湍　平安前期の官人
巨石　きょせき
関本（せきもと）巨石　1736～1805　江戸中期・後期の俳人
巨川　きょせん
五百住（いほずみ）巨川　1829～1875　江戸末期の漢学者
漁千　ぎょせん
八千房（はっせんぼう）漁千　江戸時代の俳人、徳島藩士
魚川　ぎょせん
吉田（よしだ）魚川　？～1761　江戸中期の彫り師、俳人
魚潜　ぎょせん
魚潜　江戸中期の俳人
魚潜　1738～？　江戸中期の俳人。浄土真宗の僧
虚窓　きょそう
虚窓　戦国時代の僧
喜代蔵　きよぞう
西本（にしもと）喜代蔵　1850～1921　江戸末期～大正期の人。台耕地整理に私財を投じた
喜代太　きよた
小保内（おぼない）喜代太　1852～1921　江戸末期～大正期の教育者
魚大　ぎょだい
佐藤（さとう）魚大　江戸後期の画家
清孝　きよたか　⇔きよのり
清原（きよはらの）清孝　平安後期の官人
清高　きよたか
荒木田（あらきだ）清高　平安後期の人。康和4年伊勢豊受宮ならびに離宮院放火の件について流罪に処された
粟田（あわたの）清高　平安中期の官人
高城（たかぎ）清高　戦国時代の武将
源（みなもとの）清高　平安後期の官人
清豪　きよたか
大喜（だいき）清豪　江戸後期・末期の神職
清卓　きよたか
桐間（きりま）清卓　1805～1874　江戸末期の土佐藩家老
清隆　きよたか
藤原（ふじわら）清隆　鎌倉後期の公家・歌人
源（みなもとの）清隆　平安後期の官人
清寵　きよたか
鹿子田（かのこだ）清寵　1801～？　江戸後期の国学者
清武　きよたけ
清武　江戸末期の石見の刀匠
清原（きよはらの）清武　平安中期の官人
日下部（くさかべの）清武　平安中期の随身
立花（たちばなの）清武　平安中期の官人
土居（どい）清武　江戸後期の藩士
清只　きよただ
鎌田（かまた）清只　1394～1427　室町時代の島津氏8代久豊の家臣
清忠　きよただ　⇔せいちゅう
清忠　江戸末期の刀工
石川（いしかわ）清忠　1854～？　江戸末期・明治期の医師
大江（おおえの）清忠　平安後期の官人
大中臣（おおなかとみの）清忠　？～1469　室町・戦国時代の神宮祭主
金子（かねこ）清忠　南北朝時代の河合郷地頭
紀（きの）清忠　平安中期の人。長徳2年強盗をし、右獄に囚監
木幡（きはた）清忠　江戸前期の剣術家
佐伯（さえき）清忠　平安中期の歌人
平（たいらの）清忠　平安中期の官人
多賀（たが）清忠　室町・戦国時代の赤江郷・長田西郷の領主
高井（たかい）清忠　1849～1925　江戸末期～大正期の教師
藤波（ふじなみ）清忠　大中臣清忠に同じ
文室（ふんやの）清忠　平安中期の官人
清胤　きよたね　⇔しょういん，せいいん
粟津（あわづ）清胤　1729～？　江戸中期の公家
大中臣（おおなかとみ）清胤　南北朝時代の歌人
鳥居（とりい）清胤　江戸中期の画家
清種　きよたね
池端（いけはた）清種　南北朝時代の武将
清為　きよため
賀茂（かも）清為　1560～1610　安土桃山・江戸前期の賀茂社の学者
中大路（なかおおじ）清為　1561～1610　安土桃山・江戸前期の神職・連歌作者
浄足　きよたり
迹（あとの）浄足　平安前期の官人
石川（いしかわの）浄足　奈良時代の官人
大春日（おおかすがの）浄足　奈良・平安前期の官人
田中（たなかの）浄足　奈良時代の官人
田辺（たなべの）浄足　奈良時代の官人
秦（はたの）浄足　奈良時代の官吏
秦毗登（はたのひと）浄足　秦浄足に同じ
清足　きよたり　⇔きよたる
賀茂（かも）清足　1712～1791　江戸中期・後期の神職
清足　きよたる　⇔きよたり
千家（せんげ）清足　1770～1851　江戸中期・後期

の国学者、歌人

清近　きよちか

上野(かみつけぬの)清近　平安後期の内匠。神宝を作る

木村(きむら)清近　1816〜1899　江戸後期〜明治期の備前焼窯元

鳥居(とりい)清近　江戸中期の画家

清親　きよちか

下河辺(しもこうべ)清親　平安後期の下総国の武士

月直(つきなお)清親　江戸前期の浮世絵師

藤沢(ふじさわ)清親　平安後期・鎌倉前期の武士

き

清比　きよちか

市川(いちかわ)清比　1647〜1718　江戸中期の武士、幕臣

虚沖軒　きょちゅうけん

櫛淵(くしぶち)虚沖軒　1747〜1819　江戸後期の剣客

虚冲軒　きょちゅうけん

櫛渕(くしぶち)虚冲軒　1747〜1819　江戸後期の剣客《櫛淵虚沖軒》

挙直　きょちょく

山口(やまぐち)挙直　?〜1910　江戸末期・明治期の幕臣

玉珂　ぎょっか　⇔ぎょくか

玉珂　1730〜1820　江戸中期・後期の俳人《玉珂》

浄継　きよつぐ

息長(おきながの)浄継　奈良時代の官人

清継　きよつぐ

清継　戦国時代の刀工

多(おおの)清継　平安前期の官人

神服(かんはとりの)清継　平安前期の官人

紀(きの)清継　平安前期の官人

清次　きよつぐ　⇔せいじ

清次　江戸後期の刀工

井尻(いじり)清次　江戸中期の和算家。『和漢算法大成』を校訂

市岡(いちおか)清次　江戸前期の代官

関(せき)清次　?〜1546　戦国時代の北条氏の家臣。御蔵奉行の一員

茶屋(ちゃや)清次　1583〜1622　江戸前期の豪商、貿易家

中西(なかにし)清次　江戸前期の代官

清承　きよつぐ

糟屋(かすや)清承　1483〜1554　戦国時代の北条氏の家臣

竹内(たけうち)清承　?〜1834　江戸後期の藩士・暦学家

清綱　きよつな

岡部(おかべ)清綱　平安後期の人。岡部氏の初代

佐々木(ささき)清綱　南北朝時代の武家・歌人

竹俣(たけのまた)清綱　1461〜1543　室町・戦国時代の武士。越後揚北加地荘の国人

二王(におう)清綱　鎌倉後期の刀工

藤原(ふじわらの)清綱　?〜1077　平安後期の官人

源(みなもとの)清綱　平安後期の官人

清経　きよつね

赤沢(あかざわ)清経　安土桃山時代の筑摩郡稲倉城主

紀(きの)清経　鎌倉時代の御家人

源(みなもとの)清経　平安後期の官人

清円　きよつら　⇔せいえん

真清田(ますみだ)清円　1680〜1765　江戸前期・中期の神職、郷土史家

清列　きよつら

青木(あおき)清列　江戸前期の藩士

清連　きよつら

大槻(おおつき)清連　1739〜1804　江戸中期・後期の兵法家

清輝　きよてる

清輝　江戸末期の刀工

清照　きよてる

小野(おの)清照　1851〜1924　江戸後期〜大正期のフランス語教師

清人　きよと　⇔きよひと

井上(いのうえ)清人　1836〜1889　江戸後期〜明治期の剣術家。兌山流

清澄　きよと　⇔きよすみ

斎藤(さいとう)清澄　1853〜1896　江戸後期〜明治期の上都賀郡入粟野村賀蘇山神社宮司、自由民権運動家

巨橙　きょとう

加藤(かとう)巨橙　1705〜1770　江戸中期の名主・俳人

挙堂　きょどう

挙堂　江戸前期の俳人

虚堂　きょどう

都築(つづき)虚堂　1778〜1832　江戸中期・後期の漢学者

裾道　きょどう

裾道　江戸中期の俳諧作者

清任　きよとう

紀(きの)清任　平安後期の笛師

紀(きの)清任　平安後期の坂上晴澄の家人

志賀(しが)清任　1843〜1915　江戸末期〜大正期の旧藩士

清遠　きよとお

浅井(あさいの)清遠　平安中期の官人

清風　きよとお　⇔きよかぜ, せいふう

中野(なかの)清風　1820〜1873　江戸後期〜明治期の国学者

清言　きよとき

大江(おおえの)清言　平安中期の官人

清時　きよとき

北条(ほうじょう)清時　鎌倉後期の武将・歌人

清鋭　きよとし

神谷(かみや)清鋭　江戸中期の旗本

清俊　きよとし

葛西(かさい)清俊　?〜1811　江戸中期・後期の漢学者

神谷(かみや)清俊　1723〜1782　江戸中期の幕臣

丸山（まるやま）清俊　1821～1897　江戸後期～明治期の郷土史家

清年　きよとし
田村（たむら）清年　江戸末期の神職

清豊　きよとし　⇔きよとよ
石谷（いしがや）清豊　1771～1832　江戸中期・後期の幕臣

精俊　きよとし
鳥山（とりやま）精俊　1573～1610　安土桃山・江戸前期の代官

清富　きよとみ
秦（はたの）清富　平安後期の官人
御巫（みかんなぎ）清富　1761～1822　江戸中期・後期の神職

浄弁　きよとも　⇔じょうべん
藤原（ふじわらの）浄弁　？～764　奈良時代の官人

清知　きよとも
細萱（ほそかや）清知　戦国時代の信濃国安曇郡細萱の国衆

清朝　きよとも
鳥居（とりい）清朝　江戸中期の浮世絵師

清友　きよとも
青木（あおき）清友　1820～1897　江戸後期～明治期の俳人
河井（かわい）清友　戦国時代の遠江国蒲御厨の西方公文の一人

清倫　きよとも
大中臣（おおなかとみの）清倫　平安後期の官人

清鞆　きよとも
潮見（うしおみ）清鞆　江戸末期の山口県の神職

清豊　きよとよ　⇔きよとし
賀茂（かも）清豊　1647～1708　江戸前期・中期の神職

清寅　きよとら
高井（たかい）清寅　1750～1817　江戸中期・後期の幕臣

清名　きよな
宮坂（みやさか）清名　1826～1897　江戸後期～明治期の刀工

浄尚　きよなお
園村（そのむら）浄尚　江戸中期の藩士

清直　きよなお
新見（にいみ）清直　室町時代の備中国新見庄の地頭
松平（まつだいら）清直　1584～1651　安土桃山・江戸前期の松平・徳川氏の一支族長沢松平の分家

清仲　きよなか
橘（たちばなの）清仲　平安後期の官人

浄永　きよなが　⇔じょうえい
迹（あとの）浄永　平安前期の官人
雲飛（うねびの）浄永　平安前期の官人

清永　きよなが　⇔せいえい
清永　安土桃山時代の刀工
上野（うえのの）清永　平安後期の官人
上野（かみつけぬの）清永　上野清永に同じ
高屋（たかや）清永　江戸前期の藩士

清長　きよなが　⇔せいちょう
清長　江戸後期の刀匠
青柳（あおやぎ）清長　？～1569　戦国・安土桃山時代の武田家臣
市川（いちかわ）清長　1588～1664　江戸前期の武士
麻績（おみ）清長　？～1569？　戦国・安土桃山時代の信濃国衆
篠島（ささじま）清長　？～1661　江戸前期の今石動奉行
菅原（すがわら）清長　1237～1303　鎌倉前期・後期の越中国大椽、左馬権守、少納言
高木（たかぎ）清長　？～1711　江戸中期の旗本
源（みなもとの）清長　1036～1096　平安中期・後期の官人

浄成　きよなり
安曇（あずみの）浄成　奈良時代の官人
味酒（うまざけの）浄成　平安前期の大学寮の直講
大宅（おおやけの）浄成　平安前期の官人
当麻（たぎまの）浄成　奈良時代の官人
松木（まつき）浄成　？～1641　江戸前期の甲斐国代官

清成　きよなり　⇔きよしげ
清成〔1代〕　江戸後期の刀工
清成〔2代〕　江戸後期の刀工
浅井（あさい）清成　1659～1747　江戸中期の武士
阿倍（あべの）清成　平安中期の官人
上木（うわぎ）清成　1797～1862　江戸後期・末期の国学者
紀（きの）清成　平安前期の官人
禰寝（ねじめ）清成　？～1354　南北朝時代の武士

清生　きよなり
飛鳥戸（あすかべの）清生　平安前期の官人
御巫（みかんなぎ）清生　1842～1911　江戸後期～明治期の神職

清也　きよなり
倉沢（くらさわ）清也　1832～1921　江戸末期～大正期の国学者、神職、開産社長

居南　きょなん
箕浦（みのうら）居南　1815～1862　江戸後期の土佐藩教授役（崎門学派）

浄庭　きよにわ
采女（うねめの）浄庭　奈良時代の官人

浄庭女王　きよにわじょおう
浄庭女王　平安前期の伊勢斎王

清主　きよぬし
石川（いしかわの）清主　平安前期の国司
喜早（きそ）清主　1714～1778　江戸中期の神職

清嶺　きよね
前沢（まえざわ）清嶺　1836～1877　江戸後期～明治期の平田学派の国学者

きよの
藤井（ふじい）きよの　1829～1910　江戸後期～明治期の宗教家

清野　きよの
甘南備（かんなびの）清野　奈良時代の官人

坂上(さかのうえの)清野　788～850　平安前期の武官
橘(たちばなの)清野　750～830　奈良・平安前期の官吏

清之丞　きよのじょう
遠藤(えんどう)清之丞　江戸中期の剣術家。願立流

清延　きよのぶ
清延　戦国時代の刀工
藤井(ふじいの)清延　平安中期の官人

清信　きよのぶ　⇔せいしん
清信　室町・戦国時代の画家
文(あやの)清信　平安後期の官人
斎藤(さいとう)清信　戦国時代の越後国刈羽郡の国人
佐世(させ)清信　鎌倉時代の武士。佐世氏の祖
戸田(とだ)清信　?～1677　江戸前期の旗本
富(とび)清信　戦国時代の杵築大社神官。上官富氏の祖
服部(はっとり)清信　戦国時代の人。筑摩郡麻績御厨の地頭
藤原(ふじわらの)清信　平安後期の官人
文(ふみの)清信　文清信に同じ
松岡(まつおか)清信　1783～1837　江戸後期の和算家

清宣　きよのぶ
大中臣(おおなかとみの)清宣　平安後期の官人
賀茂(かも)清宣　鎌倉時代の神職・歌人
鎮西(ちんぜい)清宣　1792～1874　江戸後期～明治期の神職・国学者
花輪(はなわ)清宣　1785～?　江戸中期・後期の和算家《花輪伝兵衛》

清庸　きよのぶ　⇔せいよう
岩田(いわた)清庸　1810～1870　江戸後期の和算家《岩田清庸》
小山(こやま)清庸　1809～1870　江戸後期の国学者

舜範　きよのり
平田(ひらた)舜範　安土桃山時代の蘆名氏の家臣。伊達政宗に内通

清格　きよのり
町田(まちだ)清格　1815～1879　江戸後期～明治期の和算家

清教　きよのり
武智(たけち)清教　平安後期の伊予国の武士

清憲　きよのり　⇔せいけん
後藤(ごとう)清憲　?～1879　江戸後期～明治期の地方政治家

清孝　きよのり　⇔きよたか
出雲(いずも)清孝　南北朝時代の杵築大社国造。上官東氏の祖

清則　きよのり
清則　室町時代の出雲吉井派の刀匠
清則　室町時代の刀工
清則　江戸前期の刀工
清則〔1代〕室町時代の刀工
清則〔2代〕室町時代の刀工
清則〔3代〕戦国時代の刀工
清則〔4代〕戦国時代の刀工
清則〔5代〕戦国・安土桃山時代の刀工
大中臣(おおなかとみの)清則　平安後期の東大寺領美濃国大井荘の荘官
大宅(おおやけの)清則　平安中期の官人
惟宗(これむねの)清則　平安後期の医師

清典　きよのり
小野(おの)清典　?～1818　江戸後期の安蘇郡上彦間村の修験者、和塾教師
鷲巣(わしのす)清典　江戸後期の旗本

清徳　きよのり
樫村(かしむら)清徳　1848～1902　江戸後期～明治期の医学者、医師

清範　きよのり
藤原(ふじわら)清範　平安後期・鎌倉前期の公家・歌人

清命　きよのり
出浦(いでうら)清命　江戸後期の郷土史家

清令　きよのり
賀茂(かも)清令　1635～1711　江戸前期・中期の神職

静教　きよのり
仁平(にへい)静教　1813～1895　江戸後期～明治期の和算家

魚珀　ぎょはく
魚珀　?～1835　江戸後期の俳人

喜代八　きよはち
喜代八　江戸時代の孝子

浄浜　きよはま
石川(いしかわの)浄浜　平安前期の官人

清浜　きよはま
鎮西(ちんぜい)清浜　1734～1808　江戸中期の神官、文人

清香　きよはる
菱川(ひしかわ)清香　江戸後期の浮世絵師

清治　きよはる　⇔せいじ
木村(きむら)清治　1630～1681　江戸前期の代官
中川(なかがわ)清治　1673～1739　江戸前期・中期の幕臣

清春　きよはる　⇔せいしゅん
鈴木(すずき)清春　?～1839　江戸後期の久良岐郡別所村民
手島(てじま)清春　江戸時代の和算家
藤原(ふじわら)清春　南北朝時代の公家・歌人

清晴　きよはる
丹野(たんの)清晴　1792～1868　江戸後期・末期の和算家

炬範　きょはん
炬範　1645～1725　江戸前期・中期の浄土宗の僧

清彦　きよひこ
前川(まえかわ)清彦　1836～1902　江戸後期～明治期の神宮

清久　きよひさ
朝比奈(あさひな)清久　1645～1709　江戸前期の

武士
平(たいらの)清久　平安後期の人。駿河国志太郡笹間村の地を開いたと伝えられる

清英　きよひで
有富(ありどめ)清英　江戸中期の大隅郡小根占郷の曖役
岡谷(おかや)清英　?～1584　戦国・安土桃山時代の武蔵深谷上杉氏の重臣
七沢(しちざわ)清英　1648～1730　江戸中期の武士

清秀　きよひで　⇔せいしゅう
井上(いのうえ)清秀　1533～1604　戦国～江戸前期の織田信長の家臣
隠岐(おき)清秀　室町時代の隠岐国守護代
鹿島(かしま)清秀　戦国時代の常陸鹿島治時の3男
酒井(さかい)清秀　戦国時代の松平氏の家臣
佐々木(ささき)清秀　鎌倉後期の出雲、隠岐守護
松田(まつだ)清秀　戦国時代の北条氏家臣
吉田(よしだ)清秀　室町・戦国時代の能義郡吉田庄領主

浄人　きよひと
県犬養宿弥(あがたのいぬかいのすくね)浄人　奈良時代の防人部領使

清人　きよひと　⇔きよと
紀朝臣(きのあそん)清人　?～753　奈良時代の武蔵国司
菅原(すがわら)清人　平安前期の官人・漢学者・漢詩人

清寛　きよひろ
蒲生(かもう)清寛　?～1417　南北朝・室町時代の島津元久・久豊の家老

清広　きよひろ
青木(あおき)清広　江戸末期の筑後国久留米の刀鍛冶
毛利(もうり)清広　戦国時代の越後国刈羽郡の国人

清弘　きよひろ
中原(なかはらの)清弘　平安後期の官人

清裕　きよひろ
久津間(くつま)清裕　?～1759　江戸中期の和算家、笠間藩士

御風　ぎょふう
秋山(あきやま)御風　1795～1866　江戸後期・末期の武士、俳人

清幽　きよふか
津田(つだ)清幽　安土桃山時代の織田信長の家臣

清房　きよふさ
稲垣(いながき)清房　江戸末期の歌人
上田(うえだ)清房　戦国時代の松平氏の家臣
小川(おがわ)清房　鎌倉前期の下野守
菅原(すがわらの)清房　平安後期の官人
高井(たかい)清房　1652～1733　江戸中期の武士、幕臣
本間(ほんま)清房　?～1756　江戸中期の能楽師
宮沢(みやざわ)清房　1778～1864　江戸後期の神官、国学者
三好(みよし)清房　1814～1868　江戸後期・末期の仙台藩若年寄
山田(やまだ)清房　1811～1880　江戸後期～明治期の和算家

清藤　きよふじ
上杉(うえすぎ)清藤　鎌倉後期・南北朝時代の公家・連歌作者

刑部太夫　ぎょぶたいう
内海(うつみ)刑部太夫　江戸後期の大住郡大山阿夫利神社祠職

清章　きよふみ　⇔きよあき
上杉(うえすぎ)清章　1813～1847　江戸後期の歌人

清文　きよふみ　⇔きよぶみ
大中臣(おおなかとみ)清文　平安後期の歌人
児島(こじま)清文　1821～1891　江戸後期～明治期の画家

清文　きよぶみ　⇔きよふみ
大中臣(おおなかとみの)清文　平安後期の歌人《大中臣清文》

清冬　きよふゆ
今井(いまい)清冬　戦国時代の武将。武田家臣
牧(まき)清冬　安土桃山時代の武将

魚文　ぎょぶん
魚文　江戸中期の俳人
百済(くだら)魚文　1745～1804　江戸中期・後期の松山城下唐人町の商人

魚坊　ぎょぼう
中島(なかしま)魚坊　1725～1793　江戸中期・後期の俳人

清将　きよまさ
高田(たかだ)清将　?～1788　江戸中期・後期の藩士、歌人

清昌　きよまさ
松平(まつだいら)清昌　1593～1655　安土桃山・江戸前期の幕臣

清政　きよまさ
榊原(さかきばら)清政　1546～1607　戦国～江戸前期の武士
浜名(はまな)清政　1280?～1373　鎌倉後期・南北朝時代の遠州浜名地区統治の重鎮
日置(ひおき)清政　南北朝時代の御崎社検校

清正　きよまさ
小笠原(おがさわら)清正　?～1656　江戸前期の武士
立神(たつかみ)清正　?～1782　江戸中期の歌人
立川(たてかわ)清正　1723～1782　江戸中期の神宮
吉田(よしだ)清正　室町時代の島津氏家臣

清増　きよます
大関(おおぜき)清増　1565～1587　安土桃山時代の武将

喜代松　きよまつ
北村(きたむら)喜代松　1830～1906　江戸後期～明治期の宮彫師、宮大工

亀代松　きよまつ
千枝（ちえだ）亀代松　1830〜1902　江戸後期〜明治期の相去百人町足軽の最後の組頭
清松　きよまつ
清原（きよはらの）清松　平安中期の官人
浄麻呂　きよまろ
大伴（おおともの）浄麻呂　奈良時代の官人
木勝（きかつの）浄麻呂　平安前期の官人
清麻呂　きよまろ
石川（いしかわの）清麻呂　奈良時代の内舎人
清麿　きよまろ
長嶺（ながみね）清麿　1789〜1853　江戸後期の画人
清海　きよみ　⇔きようみ, せいかい
松岡（まつおか）清海　江戸末期の宗教家
清美　きよみ
秋山（あきやま）清美　1851〜1904　江戸後期〜明治期の開拓功労者
清覧　きよみ
興津（おきつ）清覧　1781〜1847　江戸中期・後期の国学者
清水王　きよみおう
清水王　奈良時代の官人
浄水　きよみず
雲飛（うねびの）浄水　奈良時代の官人
忍海（おしのうみの）浄水　平安前期の官人
清通　きよみち
大江（おおえの）清通　平安中期の官人。藤原道長の家司的存在
五島（ごとう）清通　江戸後期の戯作者
新宮（しんぐう）清通　戦国・安土桃山時代の駿河府中浅間社富士新宮の社人
清道　きよみち
息長（おきなが）清道　鎌倉時代の武将
麻続部（おみべの）清道　平安前期の官人
清盈　きよみつ
中沢（なかざわ）清盈　江戸後期・末期の幕臣
清光　きよみつ　⇔せいこう
清光　室町時代の長船派の刀工
清光　江戸中期の刀工
清光　江戸末期の刀工
大中臣（おおなかとみの）清光　？〜969　平安中期の官人
平（たいらの）清光　平安後期の武士
本間（ほんま）清光　1581？〜1675　安土桃山・江戸前期の遠江国池新田村の庄屋、開拓者
由比（ゆい）清光　戦国時代の人。大宅氏
清充　きよみつ
水島（みずしま）清充　江戸中期の神職
清満　きよみつ
加藤（かとう）清満　江戸末期の和算家
神保（じんぼう）清満　1669〜1742　江戸前期・中期の代官
清岑　きよみね
佐伯（さえきの）清岑　763〜827　奈良・平安前期の官人
浄統　きよむね
大宅（おおやけの）浄統　平安前期の官人
清宗　きよむね
天野（あまの）清宗　？〜1646　江戸前期の幕臣
小笠原（おがさわら）清宗　1427〜1478　室町・戦国時代の武将
岡本（おかもと）清宗　戦国時代の武将
葛西（かさい）清宗　？〜1336　鎌倉後期・南北朝時代の武将
清原（きよはらの）清宗　平安後期の周防国の住人
多母木（たもぎ）清宗　戦国時代の遠江国蒲御厨の東方公文
藤原（ふじわらの）清宗　平安後期の検非違使
源（みなもとの）清宗　平安後期の官人
喜洋芽　きよめ
榊（さかき）喜洋芽　1852〜1912　江戸後期〜明治期の弁護士、政治家
浄目　きよめ
阿倍（あべの）浄目　奈良時代の官人
清持　きよもち
大中臣（おおなかとみの）清持　平安前期の伊勢大神宮司
清基　きよもと　⇔しょうき, せいき
大中臣（おおなかとみの）清基　平安後期の官人
清元　きよもと
鳥居（とりい）清元　江戸中期の浮世絵師
清職　きよもと
惟宗（これむねの）清職　平安後期の漏刻博士
精元　きよもと　⇔せいげん
鳥山（とりやま）精元　1617〜1707　江戸前期・中期の代官
清守　きよもり
紀（きの）清守　平安後期の官人
清盛　きよもり
清盛　南北朝時代の刀工
魚汶　ぎょもん
魚汶　江戸中期の俳人
鉅野　きょや　⇔きよや
牧野（まきの）鉅野　1768〜1827　江戸中期・後期の漢学者《牧野鉅野》
鉅野　きよや　⇔きょや
牧野（まきの）鉅野　1768〜1827　江戸中期・後期の漢学者
清安　きよやす　⇔せいあん
安倍（あべの）清安　平安中期の平安京西七条の刀禰
鳥居（とりい）清安　江戸後期の絵師
清康　きよやす
清康　江戸後期の刀工
北村（きたむら）清康　室町時代の武士
虚雄　きょゆう
虚雄　江戸後期の俳人
居祐翁　きょゆうおう
玉川（ぎょくせん）居祐翁　1838〜1904　江戸後期〜明治期の狂歌師

清往　きよゆき
鮎沢(あゆさわ)清往　1662〜1730　江戸中期の武士

清行　きよゆき
穴太(あのうの)清行　平安中期の藤原道兼家の家令

清如　きよゆき　⇔せいにょ
小野(おのの)清如　平安前期の官人

清之　きよゆき
権田(ごんだ)清之　1836？〜1907　江戸後期〜明治期の実業家
田辺(たなべ)清之　？〜1795　江戸後期の和算家

清世　きよよ　⇔すがよ
大中臣(おおなかとみの)清世　平安前期の官人
藤波(ふじなみ)清世　1345〜1409　南北朝・室町時代の祭主(77代)《大中臣清世》

清義　きよよし
坂部(さかべ)清義　江戸後期〜明治期の和算家

清吉　きよよし　⇔せいきち
関(せき)清吉　戦国時代の武士。北条氏家臣、相模中村領主
高木(たかぎ)清吉　？〜1654　江戸前期の幕臣

清慶　きよよし　⇔しょうけい, せいけい
大槻(おおつき)清慶　1700〜1776　江戸中期の仙台領西岩井大肝入《大槻清慶》

清敬　きよよし
木子(きこ)清敬　1844〜1907　江戸後期〜明治期の建築家

清能　きよよし
菅原(すがわらの)清能　1073〜1130　平安後期の在良の二男

清芳　きよよし　⇔せいほう
犬飼(いぬかい)清芳　1689〜1741　江戸中期の幕臣
大伴(おおとも)清芳　？〜1847　江戸後期の神職。鶴岡八幡宮神主職
沼間(ぬま)清芳　1640〜1699　江戸前期・中期の旗本領主

清良　きよよし
大竹(おおたけ)清良　1759〜？　江戸中期の幕臣

清頼　きよより
多禰(たね)清頼　南北朝時代の多禰郷領主

去留　きょりゅう
去留　1762〜1827　江戸中期・後期の俳人
去留　？〜1833　江戸後期の俳人

居陵　きょりょう
林(はやし)居陵　1790〜1862　江戸後期・末期の町儒

魚鱗　ぎょりん
一本亭(いっぽんてい)魚鱗　？〜1824　江戸後期の狂歌師
植田(うえだ)魚鱗　？〜1824　江戸中期・後期の狂歌作者

去暦　きょれき
山田(やまだ)去暦　戦国時代の武将、兵術家

魚路　ぎょろ
笠井(かさい)魚路　江戸中期の俳人

清別　きよわけ　⇔せいべつ
沖(おき)清別　1819〜1870　江戸末期の歌人

祇来　ぎらい
和田(わだ)祇来　？〜1837　江戸後期の俳人

喜楽　きらく
佐々木(ささき)喜楽　1752〜1838　江戸中期・後期の郷土史家
中山(なかやま)喜楽〔3代〕　1833〜1907　江戸後期〜明治期の歌舞伎役者

其楽　きらく
南里亭(なんりてい)其楽　江戸後期の戯作者
吉井(よしい)其楽　1772〜？　江戸中期・後期の国学者、礼法家

淇楽　きらく
鷺見屋(さぎみや)淇楽　江戸後期の戯作者

切られ与三郎　きられよさぶろう
切られ与三郎　江戸時代の芝居狂言「与話情浮名横櫛」のモデル

鬼卵　きらん
大須賀(おおすか)鬼卵　1744〜1823　江戸中期・後期の読本作者、画家

祇園　ぎらん
下野屋(しもつけや)祇園　江戸時代の札差

義利　ぎり　⇔よしとし
小笠原(おがさわら)義利　1820〜1885　江戸後期〜明治期の代官、葛飾県知事

切り上り長兵衛　きりあがりちょうべえ
切り上り長兵衛　？〜1708　江戸前期・中期の別子銅山鉱脈露頭の発見者

桐右衛門　きりえもん
阿蘇ケ岳(あそがたけ)桐右衛門　？〜1769　江戸中期の力士

桐大蔵　きりおおくら
桐大蔵　？〜1703　江戸時代の女舞の太夫

桐栖　きりすみ　⇔とうせい
桐栖　1771〜？　江戸中期・後期の俳人《桐栖》

義栗　ぎりつ
円果亭(えんかてい)義栗　？〜1795　江戸中期・後期の狂歌作者
園果亭(えんかてい)義栗　？〜1795　江戸中期の狂歌師

紀流　きりゅう
葛上(くずかみ)紀流　？〜1802　江戸中期・後期の高遠藩家老、地方史家

其柳　きりゅう
其柳　江戸中期の俳人

其流　きりゅう
其流　江戸中期の俳人
堀川(ほりかわ)其流　1825〜1911　江戸後期〜明治期の画家

其竜　きりゅう
其竜　江戸後期の俳人

宜竜　ぎりゅう
宜竜　1741～1821　江戸中期・後期の真言律宗の僧
葵陵　きりょう
三谷(みたに)葵陵　?～1846　江戸後期の漢学者
其両　きりょう
其両　1724～1793　江戸中期・後期の俳人
其梁　きりょう
水元(みずもと)其梁　?～1776　江戸後期の俳人
義亮　ぎりょう　⇔よしすけ
義亮　1800～1865　江戸後期・末期の画僧
義麟　ぎりん
義麟　江戸中期の天台宗の僧
亀齢　きれい
亀齢　1700～1774　江戸中期の俳人
鶴原(つるはら)亀齢　1810～1879　江戸後期～明治期の画家
喜六　きろく
中西(なかにし)喜六　1807～1855　江戸後期・末期の儒学者、私塾経営者
土方(ひじかた)喜六　1821～1860　江戸後期・末期の人。土方歳三の兄。土方義諄の二男
騏六　きろく
笹屋(ささや)騏六　1736～1810　江戸中期・後期の俳人
武田(たけだ)騏六　1726～1810　江戸中期・後期の問屋主
喜六郎　きろくろう
玉虫(たまむし)喜六郎　1684～1754　江戸前期・中期の剣術家。今枝流ほか
寺崎(てらさき)喜六郎　1565～1581　安土桃山時代の織田信長の家臣
義和　ぎわ　⇔よしかず
守屋(もりや)義和　?～1687　江戸前期の代官
季艧　きわく
佐伯(さえき)季艧　江戸中期の儒者
極人　きわめ
海老原(えびはら)極人　1836～1875　江戸後期～明治期の津山松平藩士
きん
伊藤(いとう)きん　江戸末期～大正期の女性。東京築地の料亭「新喜楽」の女将
瑾　きん
原(はら)瑾　1767～1821　江戸中期・後期の戸田家の藩医
公篤　きんあつ　⇔きみあつ
名越(なごえ)公篤　?～1333　鎌倉後期の武家・歌人
公敦　きんあつ
三条(さんじょう)公敦　?～1409　室町時代の公家
金阿弥　きんあみ
金阿弥　江戸後期の大住郡岡田村の鉦打
金右衛門　きんうえもん　⇔きんえもん
大高(おおたか)金右衛門　江戸前期の大垣藩家老
銀右衛門　ぎんうえもん　⇔ぎんえもん
吾妻(あがつま)銀右衛門　1773～1850　江戸後期の殖産家
公材　きんえだ
橘(たちばなの)公材　平安前期の官人
近右衛門　きんえもん
手島(てしま)近右衛門　1760～1841　江戸中期・後期の教師
金右衛門　きんえもん　⇔きんうえもん
太田(おおた)金右衛門　江戸後期の和泉屋玉巌堂主人
加藤(かとう)金右衛門　1628～1702　江戸前期・中期の日置流弓術家
川崎(かわさき)金右衛門　安土桃山時代の織田信長の家臣《筑紫川崎》
北川(きたがわ)金右衛門　?～1755　江戸中期の弘前藩士
窪田(くぼた)金右衛門　?～1731　江戸中期の町役
小泉(こいずみ)金右衛門　江戸前期の三島代官伊奈忠公・忠易の手代
塩屋(しおや)金右衛門　?～1585　安土桃山時代の武将。三木秀綱に従って信濃路へ逃れる
志村(しむら)金右衛門　戦国時代の武将。武田家臣
先生(しゃんすい)金右衛門　江戸中期の商人
栃内(とちない)金右衛門　1821～?　江戸後期・末期の八戸藩家老、砲術師範
中川(なかがわ)金右衛門　安土桃山時代の織田信長の家臣
能登屋(のとや)金右衛門　江戸後期の十三湊の富豪
保坂(ほさか)金右衛門　江戸後期の武士
山西(やまにし)金右衛門　江戸中期の通事
吟右衛門　ぎんえもん
小林(こばやし)吟右衛門　1777～1854　江戸後期の豪商
銀右衛門　ぎんえもん　⇔ぎんうえもん
吾妻(あがつま)銀右衛門　1773～1850　江戸後期の殖産家《吾妻銀右衛門》
禽翁　きんおう
松本(まつもと)禽翁　?～1776　江戸中期の鯵ケ沢湊の俳諧宗匠
金菓　きんか
森(もり)金菓　1797～1859　江戸後期・末期の医家
琴峨　きんが
谷(たに)琴峨　江戸後期の篆刻家
金鵞　きんが
金鵞　?～1893　江戸後期～明治期の武士・文人
吟霞　ぎんか
堀内(ほりうち)吟霞　1724～1784　江戸中期の俳人
錦海　きんかい
船越(ふなこし)錦海　江戸後期の医者
誾契　ぎんかい
黙堂(もくどう)誾契　?～1538　戦国時代の曹洞宗僧侶

琴岳 きんがく
岡(おか)琴岳 1792～1830 江戸後期の画家

公景 きんかげ
大江(おおえ)公景 ?～1204? 平安後期・鎌倉前期の歌人

公賢 きんかた ⇔こうけん
大中臣(おおなかとみの)公賢 平安後期の伊勢大神宮司

公方 きんかた ⇔きみまさ
高向(たかむこの)公方 平安中期の官人

公勝 きんかつ
一条(いちじょう)公勝 1321～1389 鎌倉後期・南北朝時代の公家、歌人
清水谷(しみずだに)公勝 一条公勝に同じ

公兼 きんかね ⇔きみかね
大中臣(おおなかとみの)公兼 平安中期の官人

欽吉 きんきつ
何(か)欽吉 ?～1658 江戸前期の中国からの帰化人で都城島津氏の侍医

公清 きんきよ ⇔きみきよ
藤原(ふじわらの)公清 平安中期の武士

金竟 きんきょう
金竟 ?～1811 江戸中期・後期の俳人

琴渓 きんけい
渡部(わたなべ)琴渓 1804～1877 江戸後期～明治期の漢学者

琴鶏 きんけい
松浦(まつうら)琴鶏 江戸後期の浪華易占師

琴谿 きんけい
山下(やました)琴谿 1782～1836 江戸後期の漢学者

金型 きんけい
金型 1737～1760 江戸中期の官生

金桂 きんけい
金桂 江戸中期の雑俳点者

金渓 きんけい
南川(みなみかわ)金渓 1732～1781 江戸中期の儒者、医師

金雞 きんけい
金雞 ?～1809 江戸中期・後期の医師、俳人

金猊 きんげい
一獅(いっし)金猊 1676～1750 江戸前期・中期の僧。聖寿寺12世

金壺 きんこ
斉藤(さいとう)金壺 1755～1834 江戸末期の学者

公古 きんこ ⇔きみふる
宇佐(うさ)公古 1736～1802 江戸中期・後期の宇佐宮大宮司《到津公古》

琴梧 きんご
県(あがた)琴梧 江戸後期の漢学者

金五 きんご
宮坂(みやさか)金五 ?～1725 江戸中期の義人

金吾 きんご
上田(うえだ)金吾 江戸末期の新撰組隊士
碓氷(うすい)金吾 1836～1911 江戸後期～明治期の教育者
四条(しじょう)金吾 ?～1300 鎌倉前期・後期の武士
中村(なかむら)金吾 江戸末期の新撰組隊士
長山(ながやま)金吾 1777～1866 江戸後期の足柄上郡柳川村工匠《長山矩稠》
萩山(はぎやま)金吾 江戸後期の陶工
星野(ほしの)金吾 江戸後期・末期の幕臣
細井(ほそい)金吾 1754～1795 江戸中期・後期の国学者
盛岡(もりおか)金吾 ?～1600 安土桃山時代の津軽為信の帷幄として津軽統一に活躍
吉田(よしだ)金吾 ?～1883 江戸後期～明治期の大阪操人形師
和田(わだ)金吾 江戸後期の大住郡大山阿夫利神社祠官

吟子 ぎんこ
吟子 ?～1499 室町・戦国時代の女性。佐野秀綱の妹、岩松尚純の妻

錦江 きんこう
錦江 江戸中期の雑俳点者
正田(しょうだ)錦江 江戸前期の俳人
角田(すみた)錦江 江戸末期・明治期の教育者
中田(なかた)錦江 1798～1869 江戸後期～明治期の藩士・漢学者
錦織(にしこおり)錦江 1821～1881 江戸後期～明治期の神職、文人

琴江 きんこう
島(しま)琴江 1821～1899 江戸後期～明治期の画家

芹江 きんこう
小林(こばやし)芹江 1756～1819 江戸後期の俳人

近江 きんこう ⇔おうみ
原田(はらだ)近江 1817～1864 江戸後期・末期の神職。八幡宮宮司

吟光 ぎんこう
安達(あだち)吟光 江戸後期・末期の絵師
松斎(しょうさい)吟光 江戸後期～明治期の浮世絵師

吟江 ぎんこう
吟江 ?～1783 江戸中期の俳人

錦国 きんこく
高(こう)錦国 1773～1859 江戸中期～末期の眼科医

金谷 きんこく
四宮(しのみや)金谷 1827～1890 江戸後期～明治期の町儒

金谷斎 きんこくさい
大藤(おおとう)金谷斎 戦国時代の北条氏家臣

金五兵衛 きんごべえ
小林(こばやし)金五兵衛 ?～1868 江戸後期・末期の武士

金五郎　きんごろう
伊藤（いとう）金五郎　江戸末期の将棋士
金谷（かなや）金五郎　1670〜1700　江戸前期・中期の歌舞伎役者
岸（きし）金五郎　江戸末期の新撰組隊士
楠部屋（くすべや）金五郎　？〜1820　江戸中期・後期の能登国鳳至郡の農民
西村（にしむら）金五郎　江戸末期の従者。1860年遣米使節に随行しアメリカに渡る
吉田（よしだ）金五郎　1846〜1915　江戸末期〜大正期の吉伴創業者

欽斎　きんさい
宮沢（みやざわ）欽斎　1735〜1797　江戸中期・後期の儒者

琴斎　きんさい
岩本（いわもと）琴斎　1776〜1849　江戸中期・後期の高島藩の勘定方

琴斉　きんさい
大塚（おおつか）琴斉　1827〜1916　江戸末期〜大正期の志太地区最後の漢方医

芹斎　きんさい
松田（まつだ）芹斎　江戸後期の医者

謹斎　きんさい
長谷川（はせがわ）謹斎　1830〜1868　江戸末期の画家

誾斎　ぎんさい
桜木（さくらぎ）誾斎　1725〜1804　江戸中期・後期の儒者

欽左衛門　きんざえもん
松島（まつしま）欽左衛門　江戸末期の武士

金左衛門　きんざえもん
大田（おおた）金左衛門　江戸後期の問屋役。三河新城の人
尾沢（おざわ）金左衛門　1833〜1913　江戸末期〜大正期の製糸家
久保寺（くぼでら）金左衛門　江戸後期の久良岐郡野島浦村名主
佐藤（さとう）金左衛門　江戸前期の人。中原酢の創始者
清水（しみず）金左衛門　？〜1845　江戸後期の町年寄
清水（しみず）金左衛門　1823〜1888　江戸後期〜明治期の養蚕家
高畠（たかばたけ）金左衛門　江戸中期の武士
富永（とみなが）金左衛門　江戸前期の戸田流の剣客
永富（ながとみ）金左衛門　1703〜1765　江戸中期の孝子
南条（なんじょう）金左衛門　江戸前期の代官

公幸　きんざき
岩下（いわした）公幸　1791〜1879　江戸後期〜明治期の神職、国学者

欣作　きんさく
渡辺（わたなべ）欣作　1781〜1862　江戸後期の比企郡牛ヶ谷戸村の寺子屋の師匠《渡辺彝》

吟策　ぎんさく
塩谷（しおや）吟策　1859〜？　江戸末期・明治期の教育者、開発教授の普及者

銀作　ぎんさく
榊原（さかきばら）銀作　江戸後期の酒造業者

公定　きんさだ
藤原（ふじわらの）公定　1163〜1221　平安後期・鎌倉前期の公家

公誠　きんざね
平（たいら）公誠　平安中期の官人、歌人

金三郎　きんざぶろう
金沢（かなざわ）金三郎　1841〜1903　江戸後期〜明治期の五戸の西洋果樹導入者
北村（きたむら）金三郎　1853〜1919　江戸末期〜大正期の郷土史家

銀三郎　ぎんざぶろう
奥宮（おくみや）銀三郎　1859〜1881　江戸末期・明治期の特志解剖の先駆者

巾山　きんざん
高橋（たかはし）巾山　1826〜1884　江戸後期〜明治期の漢学者

琴山　きんざん
香川（かがわ）琴山　1762〜1836　江戸中期・後期の漢詩人、歌人
戸田（とだ）琴山　江戸中期の漢学者
林（はやし）琴山　1773〜1810　江戸中期・後期の漢学者

吟山　ぎんざん
吟山　1703〜1776　江戸中期の俳人

金四　きんし
吉田（よしだ）金四　？〜1847　江戸後期の人形浄瑠璃人形遣い

錦司　きんじ
小川（おがわ）錦司　1847〜1870　江戸後期〜明治期の藩士

錦二　きんじ
三浦（みうら）錦二　江戸後期の戯作者

琴而　きんじ
斎藤（さいとう）琴而　1769〜1832　江戸中期・後期の俳人

金次　きんじ　⇔かねつぐ
錦屋（にしきや）金次　江戸中期の長唄唄方

金治　きんじ
佐藤（さとう）金治　1815〜1909　江戸後期〜明治期の篠路開拓の功労者
篠田（しのだ）金治　江戸後期の浄瑠璃作者

吟市　ぎんし
吟市　？〜1682　江戸前期の僧、俳人
久津見（くつみ）吟市　江戸前期の俳人

公重　きんしげ
多（おおの）公重　平安中期の藤原頼通随身

金七郎　きんしちろう
大島（おおしま）金七郎　1824〜？　江戸後期・末期の壬生藩士。壬生藩の尊皇攘夷派のリーダー、壬生藩大参事
田村（たむら）金七郎　1845〜？　江戸後期・末期の新撰組隊士

牧野（まきの）金七郎　戦国・安土桃山時代の武士
和多田（わただ）金七郎　江戸後期・末期の幕臣

琴州　きんしゅう
琴州　江戸後期の俳人

金十郎　きんじゅうろう
石田（いしだ）金十郎　1840～1896　江戸後期～明治期の数学者
大草（おおぐさ）金十郎　安土桃山時代の検地役人
太田（おおた）金十郎　1821～1890　江戸後期～明治期の老農功労者
平山（ひらやま）金十郎　1821～1902　江戸後期～明治期の豆腐屋・麴屋

琴松　きんしょう
別府（べっぷ）琴松　1833～1894　江戸末期・明治期の蘭方医

金升　きんしょう
杉亭（さんてい）金升　江戸後期の戯作者

金床　きんしょう
今井（いまい）金床　1782～1842　江戸後期の医師

錦城　きんじょう
浜島（はまじま）錦城　1724～1804　江戸中期・後期の学者
細井（ほそい）錦城　1752～1808　江戸中期・後期の書家

琴上　きんじょう
橋本（はしもと）琴上　江戸後期の俳人

琴乗　きんじょう
池田（いけだ）琴乗　1827～1892　江戸後期～明治期の金工家

吟松　ぎんしょう
奥田（おくだ）吟松　？～1745　江戸中期の俳人
松村（まつむら）吟松　江戸前期の俳人

金四郎　きんしろう
加藤（かとう）金四郎　1828～1893　江戸後期～明治期の自治功労者
黒沢（くろさわ）金四郎　1831～1895　江戸後期～明治期の人。秩父事件で活躍
浜田（はまだ）金四郎　1826～？　江戸後期・末期の幕臣
平林（ひらばやし）金四郎　1839～1913　江戸後期～大正期の彫刻家

欽次郎　きんじろう
根津（ねづ）欽次郎　江戸末期の教授方手伝。1860年咸臨丸の教授方手伝としてアメリカに渡る

謹次郎　きんじろう
小川（おがわ）金次郎　江戸時代の藩士
平松（ひらまつ）金次郎　1816～1848　江戸後期の剣術家。神明流
藤原（ふじわら）金次郎　1836～1919　江戸後期～大正期の宮大工
松平（まつだいら）謹次郎　1805～1863　江戸後期・末期の漢学者
松原（まつばら）金次郎　1817～1880　江戸後期～明治期の教育者
宮下（みやした）金次郎　1842～1918　江戸末期～大正期の地域功労者
山本（やまもと）金次郎　1826～1864　江戸末期の蒸汽方
吉川（よしかわ）金次郎　江戸末期の従者。1860年遣米使節に随行しアメリカに渡る

銀四郎　ぎんしろう
斎藤（さいとう）銀四郎　？～1864　江戸後期・末期の剣術家。神道無念流

吟次郎　ぎんじろう
阿由葉（あゆは）吟次郎　1845～1907　江戸後期～明治期の実業家、政治家
清水（しみず）吟次郎　江戸後期の陶工

銀次郎　ぎんじろう
栗田（くりた）銀次郎　江戸末期の任俠牛方
佐久間（さくま）銀次郎　1848～1933　江戸後期～明治期の新撰組隊士《佐久間銀太郎》

錦水　きんすい
秋吉（あきよし）錦水　1786～1860　江戸中期～末期の医者
小沢（こざわ）錦水　1796？～1865　江戸後期・末期の葉栗郡北方村の医師
米光屋（よねみつや）錦水　？～1867　江戸後期・末期の書家

芹水　きんすい
東条（とうじょう）芹水　1826～1899　江戸後期～明治期の私塾師匠

金翠　きんすい
金翠　江戸中期の俳諧師

金助　きんすけ　⇔きんのすけ
金助　江戸中期の名護屋郷の義民
金助　？～1823　江戸中期・後期の文政一揆の咎人
磯ノ淵（いそのふち）金助　江戸時代の力士
小沢（おざわ）金助　1816～1879　江戸後期～明治期の徳島藩剣術師範
柿木（かきのき）金助　？～1763　江戸中期の盗賊
篠原（しのはら）金助　戦国時代の豊臣秀吉の検地奉行
鶴屋（つるや）金助　江戸後期の江戸の版元
原田（はらだ）金助　？～1874　江戸後期～明治期の俳人
堀尾（ほりお）金助　1573～1590　安土桃山時代の武将

公資　きんすけ　⇔きんより
大江（おおえの）公資　？～1040　平安中期の官吏、歌人《大江公資》

公輔　きんすけ　⇔きみすけ
大中臣（おおなかとみの）公輔　？～1163　平安後期の神祇官人

吟助　ぎんすけ
吟助　江戸後期の下津浦の商人

銀助　ぎんすけ
銀助　江戸前期の刀匠

銀祐　ぎんすけ
銀祐　江戸前期の刀工

勤成　きんせい
向井（むかい）勤成　1830～1905　江戸後期～明治期の眼科医

き

金清　きんせい　⇔かねきよ
金清　江戸後期の陶工
金石　きんせき
直江（なおえ）金石　？～1883　江戸後期～明治期の俳人
吟石　ぎんせき
山田（やまだ）吟石　？～1802　江戸中期・後期の俳人
吟夕　ぎんせき
吟夕　江戸前期の俳人
富松（とみまつ）吟夕　江戸中期の俳人
金雪　きんせつ
五十川（いそがわ）金雪　1809～1861　江戸後期・末期の文人
錦川　きんせん
仁科（にしな）錦川　江戸後期の画家
琴泉　きんせん
楠原（くすはら）琴泉　1833～1907　江戸後期～明治期の画家
謹造　きんぞう
長谷川（はせがわ）謹造　1808～1896　江戸後期～明治期の農村指導者
近蔵　きんぞう　⇔ちかぞう
伏島（ふせじま）近蔵　1837～1901　江戸後期～明治期の実業家
金蔵　きんぞう
金蔵　江戸後期の足柄上郡関本村の長吏頭
大橋（おおはし）金蔵　江戸末期の従者。1860年遣米使節に随行しアメリカに渡る
大村（おおむら）金蔵　江戸末期の商人
坐間（ざま）金蔵　江戸後期の都筑郡池辺村名主
猿屋（さるや）金蔵　江戸後期の彫刻家
玉川（たまがわ）金蔵　江戸中期の力士
藤城（ふじしろ）金蔵　安土桃山時代の検地役人
山本（やまもと）金蔵　1848～1927　江戸後期～昭和期の材木商
忻三　きんぞう
渡辺（わたなべ）忻三　1839～1913　江戸後期～大正期の海軍軍人
銀蔵　ぎんぞう
伊野（いの）銀蔵　1853～1911　江戸後期～明治期の和算家
江成（えなり）銀蔵　江戸後期の高座郡田名村名主
大槻（おおつき）銀蔵　江戸末期の新撰組隊士
中塚（なかつか）銀蔵　1769～1838　江戸後期の苫田郡西加茂村成安の人。機知で知られた
錦村　きんそん
青木（あおき）錦村　1817～1874　江戸後期～明治期の儒者、漢詩人
金太　きんた
鶴見（つるみ）金太　戦国時代の里見氏家臣
別所（べっしょ）金太　1849～1916　江戸末期～大正期の売薬業者
錦苔　きんたい
軽石（かるいし）錦苔　1796～1872　江戸後期～明治期の俳人
琴台　きんだい
琴台　？～1775　江戸中期の俳人
拝崎（はいざき）琴台　江戸中期の藩士・漢学者
山下（やました）琴台　江戸後期の画家
渡辺（わたなべ）琴台　1764～1828　江戸中期・後期の漢学者
銀岱　ぎんたい
銀岱　1818～1883　江戸後期～明治期の俳人
金太夫　きんだいう　⇔きんだゆう
米山（よねやま）金太夫　江戸後期の大住郡沼目村神事舞太夫
公高　きんたか
多（おおの）公高　平安中期の官人
西園寺（さいおんじ）公高　1537～1556　戦国時代の武将
公隆　きんたか
大中臣（おおなかとみの）公隆　1085～1150　平安後期の神職。従五位下伊勢大神宮司公義の二男
公忠　きんただ　⇔きみただ
大中臣（おおなかとみの）公忠　平安中期の大宮司
下毛野（しもつけぬの）公忠　平安中期の近衛府の将監
三統（みむね）公忠　？～949　平安中期の官人、歌人、漢学者
公種　きんたね　⇔きみたね
三条（さんじょう）公種　鎌倉時代の公家
金太夫　きんだゆう　⇔きんだいう
天野（あまの）金太夫　江戸前期の小田原藩家老
黒田（くろだ）金太夫　江戸中期の名主
金大夫　きんだゆう
福島（ふくしま）金大夫　安土桃山時代の検地役人
渡辺（わたなべ）金大夫　？～1582　安土桃山時代の人。もと高天神小笠原氏家臣
金太郎　きんたろう
伊藤（いとう）金太郎　1836～1871　江戸後期～明治期の大工
金矢（かなや）金太郎　1837～1915　江戸末期～大正期の役場の「かきばん」
永瀬（ながせ）金太郎　江戸末期の川口鋳物師
銀太郎　ぎんたろう
佐久間（さくま）銀太郎　1848～1933　江戸後期～明治期の新撰組隊士
錦鳥　きんちょう
山中（やまなか）錦鳥　1715～1772　江戸中期の俳人
琴調斉　きんちょうさい
豊竹（とよたけ）琴調斉　1833～1913　江戸末期～大正期の義太夫節師匠
公綱　きんつな　⇔きみつな
源（みなもとの）公綱　平安後期の官人
琴亭　きんてい
武田（たけだ）琴亭　江戸中期の漢学者
欣腆　きんてん
伊野（いの）欣腆　1853～1911　江戸後期～明治期

の和算家

錦洞 きんどう

桃源舎(とうげんしゃ)錦洞 1823〜1893 江戸後期〜明治期の俳人

琴堂 きんどう

加部(かべ)琴堂 1829〜1894 江戸後期〜明治期の豪商、俳人

松田(まつだ)琴堂 1809〜1881 江戸後期〜明治期の学芸家・名主

吉田(よしだ)琴堂 1852〜1889 江戸後期〜明治期の漢学者

金洞 きんどう

井田(いだ)金洞 1830〜1907 江戸後期〜明治期の日蓮宗の僧・漢詩人

金道 きんどう

和泉守(いずみのかみ)金道 江戸中期の鍛冶

金藤斎 きんとうさい

新藤(しんどう)金藤斎 戦国時代の武将。武田家臣

公遠 きんとお

保木(ほき)公遠 1648〜1728 江戸前期・中期の幕臣

公時 きんとき

大蔵(おおくらの)公時 平安中期の官人

大伴(おおとも)公時 1513〜1547 戦国時代の鶴岡八幡宮の神主

尾張(おわりの)公時 平安中期の山陽道相撲使

下毛野(しもつけぬの)公時 ?〜1017 平安中期の相撲使

名越(なごえ)公時 1267〜1295 鎌倉後期の武将《北条幸夜叉丸》

藤原(ふじわら)公時 1157〜1220 平安後期・鎌倉前期の公家・歌人

公節 きんとき ⇔きみふし

大中臣(おおなかとみの)公節 894〜? 平安前期・中期の祭主(26代)《大中臣公節》

公俊 きんとし

大中臣(おおなかとみの)公俊 ?〜1180 平安後期の高倉朝の伊勢大神宮司

高階(たかしなの)公俊 1034〜1097 平安中期・後期の官人

公利 きんとし ⇔きみとし

大中臣(おおなかとみの)公利 平安中期の鹿島神宮司

公奉 きんとも

下毛野(しもつけぬの)公奉 ?〜1014 平安中期の鷹飼

公友 きんとも

軽部(かるべの)公友 平安中期の官人

公虎 きんとら

河鰭(かわばた)公虎 1552〜1640 戦国〜江戸前期の公卿

公仲 きんなか

大江(おおえの)公仲 平安後期の官人

藤原(ふじわら)公仲 鎌倉時代の公家

公長 きんなが ⇔きみなが

色部(いろべ)公長 1199〜? 鎌倉前期の武将

西園寺(さいおんじ)公長 南北朝時代の公家・歌人

橘(たちばなの)公長 平安後期・鎌倉前期の武士

藤原(ふじわらの)公長 平安後期の官人

公夏 きんなつ

八条(はちじょう)公夏 南北朝時代の公家・歌人

公業 きんなり ⇔きみなり

橘(たちばなの)公業 平安後期・鎌倉前期の武士《橘公業》

藤原(ふじわらの)公業 平安中期の官人

錦之丞 きんのじょう

神原(かんばら)錦之丞 江戸末期の幕臣。1867年留学のためフランスに渡る

金之丞 きんのじょう

中川(なかがわ)金之丞 江戸前期・中期の歌舞伎役者、立役

錦之助 きんのすけ

西尾(にしお)錦之助 江戸後期・末期の幕臣

金助 きんのすけ ⇔きんすけ

志村(しむら)金助 ?〜1552 戦国時代の武田家臣

金之助 きんのすけ

川村(かわむら)金之助 江戸後期の幕臣

菊池(きくち)金之助 1852〜1912 江戸後期〜明治期の教育者

北楯(きたたて)金之助 江戸後期・末期の庄内藩士

村上(むらかみ)金之助 1842〜? 江戸後期・末期の新撰組隊士

吟之助 ぎんのすけ

清水(しみず)吟之助 江戸後期の韮山代官江川氏の手代

銀之助 ぎんのすけ

留目(とどめ)銀之助 1848〜1917 江戸末期〜大正期の三戸城山公園の敷地寄贈者

公信 きんのぶ ⇔きみのぶ

源(みなもと)公信 南北朝時代の歌人

公軌 きんのり

打它(うちだ)公軌 ?〜1647 江戸前期の歌人

打它(うつだ)公軌 打它公軌に同じ

公則 きんのり ⇔きみのり

紀(きの)公則 平安中期の大宰権帥源道方の傔仗

藤原(ふじわらの)公則 平安中期の官人。藤原伊傅の子

金馬 きんば

金馬 1745〜1826 江戸中期・後期の俳人

金波 きんぱ

岡本(おかもと)金波 1823〜1896 江戸後期〜明治期の画家

錦八 きんぱち

青林亭(せいりんてい)錦八 江戸後期の書肆

欣八 きんぱち

工藤(くどう)欣八 1848〜1919 江戸末期〜大正期の製塩事業家

金八 きんぱち

風間(かざま)金八 1855〜1907 江戸末期・明治

期の製糸業
八木(やぎ)金八　1823〜1891　江戸後期〜明治期の公益家

金八郎　きんぱちろう
酒井(さかい)金八郎　1724〜1777　江戸中期の弓術家
間宮(まみや)金八郎　?〜1868　江戸末期の旗本

公久　きんひさ　⇔きみひさ
花園(はなぞの)公久　1591〜1633　安土桃山・江戸前期の公家

き

公仁親王妃室子　きんひとしんのうひしつし
公仁親王妃室子　1736〜1756　江戸中期の歌人

公仁親王妃寿子　きんひとしんのうひじゅし
公仁親王妃寿子　1743〜1789　江戸中期・後期の女性。権大納言徳川宗直の女

公衡　きんひら　⇔きみひら
大中臣(おおなかとみの)公衡　平安後期の大宮司《大中臣公衡》
藤原(ふじわらの)公衡　平安後期の官人

公碩　きんひろ　⇔きみひろ
西四辻(にしよつつじ)公碩　1767〜1793　江戸中期・後期の公家《西四辻公碩》

琴風　きんぷう
篠田(しのだ)琴風　江戸後期の俳人

吟風　ぎんぷう
鈴木(すずき)吟風　?〜1782　江戸中期の俳人、歌人

唫風　ぎんぷう
庄司(しょうじ)唫風　1834〜1905　江戸後期〜明治期の俳人

公総　きんふさ
花園(はなぞの)公総　1821〜1862　江戸後期・末期の公家

勤文　きんぶん
勤文　?〜1727　江戸前期・中期の俳人

金兵衛　きんべい　⇔きんべえ
大窪(おおくぼ)金兵衛　安土桃山時代の検地役人
日下部(くさかべ)金兵衛　1841〜1934　江戸末期・明治期の写真家《日下部金兵衛》

金平　きんべい　⇔きんぺい
下田の(しもだの)金平　1806〜1989　江戸末期・明治期の髪床職人。博打打ち。伊東以南を縄張りとして大場一家の最右翼勢力となった

欣平　きんぺい
河野(こうの)欣平　1798〜1868　江戸後期・末期の大庄屋

金瓶　きんぺい
竹葉舎(ちくようしゃ)金瓶　江戸末期の戯作者

金平　きんぺい　⇔きんべい
井出(いで)金平　安土桃山時代の検地役人
小幡(おばた)金平　1850〜1915　江戸末期〜大正期の実業家
加納(かのう)金平　1814〜1898　江戸後期〜明治期の産業家
北沢(きたざわ)金平　1830〜1895　江戸後期〜明治期の山家神社神職
鞆田(ともた)金平　?〜1614/15　江戸前期の人。鞆田武蔵守宗重の嫡男あるいは鞆田四郎重順の子。大坂の陣で籠城
檜山(ひやま)金平　江戸末期の韮山代官江川氏の手代
松田(まつだ)金平　?〜1615　江戸前期の人。藤堂高虎の家臣落合左近の従弟
桃田(ももた)金平　安土桃山時代の武士

金兵衛　きんべえ　⇔きんべい
磯野(いその)金兵衛〔9代〕　1805〜1860　江戸後期・末期の漁家
奥住(おくずみ)金兵衛　?〜1858　江戸後期の新座郡膝折村の銅板・針金製造業者、水車稼人
日下部(くさかべ)金兵衛　1841〜1934　江戸末期・明治期の写真家
熊坂(くまさか)金兵衛　?〜1631　江戸前期の愛甲郡熊坂村民
斎藤(さいとう)金兵衛　1728〜1781　江戸中期の剣術家。滝流ほか
三田(さんだ)金兵衛　?〜1702　江戸前期の武士
高田屋(たかだや)金兵衛　1775〜1846　江戸中期・後期の回船業者
畳屋(たたみや)金兵衛　江戸前期の遠江国榛原郡横岡村の人
当舎屋(とうしゃや)金兵衛　1740〜1824　江戸中期・後期の防波堤創設者
内藤(ないとう)金兵衛　江戸前期の武士
成瀬(なるせ)金兵衛　江戸前期の武士
三上(みかみ)金兵衛　1804〜1875　江戸後期〜明治期の豪商、実業家
山崎屋(やまざきや)金兵衛　江戸中期の版元

欽甫　きんぽ
針生(はりゅう)欽甫　1823〜1848　江戸後期の儒学者

琴浦　きんぽ
山本(やまもと)琴浦　1757〜1835　江戸末期の画家

金峰　きんほう　⇔きんぽう
田中(たなか)金峰　1844〜1862　江戸後期の詩人

金峰　きんぽう　⇔きんほう
田中(たなか)金峰　1844〜1862　江戸後期の詩人《田中金峰》
中丸(なかまる)金峰　1831〜1896　江戸後期〜明治期の油彩画家

金峯　きんぽう
金峯　1831〜1906　江戸後期〜明治期の母里藩金工
宮田(みやた)金峯　1718〜1783　江戸中期の漢学者

金法師　きんぼうし
祖父江(そぶえ)金法師　安土桃山時代の織田信長の家臣

金墨　きんぼく
玄光亭(げんこうてい)金墨　江戸後期の戯作者

吟墨　ぎんぼく
吟墨　?〜1722　江戸前期・中期の俳人

公将　きんまさ
藤原(ふじわらの)公将　平安中期の飛騨守
公政　きんまさ
大草(おおくさ)公政　?～1624　江戸前期の幕臣
公正　きんまさ
藤原(ふじわらの)公正　平安中期の官人
公道　きんみち
八田(はった)公道　?～1895　江戸末期・明治期の幕臣
公宗　きんむね
大中臣(おおなかとみの)公宗　?～1178　平安後期の公盛の二男
公統　きんむね
橘(たちばなの)公統　?～929　平安前期・中期の文章博士
金毛　きんもう
高島(たかしま)金毛　1805～1882　江戸後期～明治期の医師
芳沢(よしざわ)金毛　1667～1747　江戸前期・中期の俳人
公望　きんもち
小野(おのの)公望　平安中期の官人
公用　きんもち
惟宗(これむねの)公用　平安中期の明法博士
公基　きんもと
藤原(ふじわらの)公基　1022～1075　平安中期・後期の官人
公盛　きんもり　⇔こうじょう
大中臣(おおなかとみの)公盛　?～1127　平安後期の伊勢大宮司
源(みなもとの)公盛　1027～1081　平安中期・後期の官人
公師　きんもろ
薮(やぶ)公師　1775～1821　江戸中期・後期の公家
金弥　きんや
町村(まちむら)金弥　1859～1944　江戸末期～昭和期の実業家
公廉　きんやす
橘(たちばなの)公廉　平安前期の官人
公行　きんゆき
佐伯(さえきの)公行　平安中期の官人
公義　きんよし　⇔きみよし, こうぎ
薬師寺(やくしじ)公義　南北朝時代の武士、歌人
公能　きんよし
宗岳(むねおかの)公能　平安中期の官人
公資　きんより　⇔きんすけ
大江(おおえの)公資　?～1040　平安中期の官吏、歌人
公頼　きんより　⇔きみより
紀(きの)公頼　平安中期の官人
金羅　きんら
金羅　江戸中期の俳人
近藤(こんどう)金羅〔3代〕 1799～1868　江戸後期・末期の俳人
近藤(こんどう)金羅〔4代〕 1830～1894　江戸後期～明治期の俳人
金蘭　きんらん
主(しゅ)金蘭　平安前期の漢学者
錦里　きんり
真田(さなだ)錦里　江戸後期の本草家
琴里　きんり
丸山(まるやま)琴里　1793～1866　江戸末期の歌人
吟里　ぎんり
吟里　江戸中期の俳人
錦流　きんりゅう
木村(きむら)錦流　1790～1871　江戸末期の華道人
金竜　きんりゅう　⇔きんりょう
金竜　1770～1819　江戸中期・後期の僧
金竜院　きんりゅういん
金竜院　?～1751　江戸中期の修験者
琴陵　きんりょう
島(しま)琴陵　1782～1862　江戸中期～末期の画家
建田(たけだ)琴陵　1797～1856　江戸後期・末期の松江藩医
金竜　きんりょう　⇔きんりゅう
金竜　江戸前期の画家
金陵　きんりょう
末包(すえかね)金陵　江戸中期の漢学者
半井(なからい)金陵　江戸中期の浮世草子作者
服部(はっとり)金陵　1766～1820　江戸中期・後期の人。遠江中泉代官所に勤務した
吟領　ぎんりょう
月斎(げっさい)吟領　安土桃山時代の武蔵国滝山城主北条氏照の家臣
金六　きんろく
藤生(ふじう)金六　1859～1907　江戸末期・明治期の教育者

く

【く】

愚庵　ぐあん
愚庵　江戸中期・後期の画僧
杭田　くいた
韓鍛冶(からかぬちの)杭田　奈良時代の雑戸
九一　くいち
国分(こくぶ)九一　1739～1789　江戸中期・後期の文人
愚一　ぐいち
森(もり)愚一　1830～1910　江戸後期～明治期の僧
古乙姥　くいつば　⇔こいつば
古乙姥　?～1500　室町・戦国時代の女性。石垣村酋長長田大主の妹の一人《古乙姥》

喰主　くいぬし
飯山亭(はんざんてい)喰主　江戸後期の狂歌師

空阿　くうあ
空阿　江戸後期の浄土宗の僧

空庵　くうあん
空庵　1807〜1869　江戸後期〜明治期の僧侶

空印　くういん
小山(こやま)空印　江戸中期の剣術家、鹿沼郷士
心応(しんのう)空印　1716〜1780　江戸中期の曹洞宗の僧

空慧　くうえ
空慧　1661〜1746　江戸前期・中期の浄土真宗の僧

九右衛門　くうえもん　⇔きゅううえもん, きゅうえもん, くえもん
宮内(みやうち)九右衛門　江戸前期の開発者。伊予市灘町を手がけた

空遠　くうおん
西誉(せいよ)空遠　戦国時代の浄土宗の僧

藕華　ぐうか　⇔ぐうげ
藕華　1744〜1823　江戸中期・後期の僧

空外　くうがい
心昭(しんしょう)空外　?〜1279　鎌倉前期・後期の禅僧
心昭(しんしょう)空外　1329〜1400　室町時代の越後出身の曹洞宗の僧

空覚　くうかく
空覚　飛鳥時代の高僧
空覚　?〜1691　江戸前期・中期の浄土宗の僧

空観　くうかん
成田(なりた)空観　1803〜1868　江戸後期の画人、俳人

空居　くうきょ
空居　江戸後期の僧侶

空暁　くうぎょう
空暁　南北朝時代の僧侶・歌人

藕華　ぐうげ　⇔ぐうか
藕華　1740〜1823　江戸中期・後期の学僧《藕華敬光》

空源　くうげん
空源　1563〜1619　安土桃山・江戸前期の僧

空興　くうこう
空興　平安時代の真言宗僧侶

空斎　くうさい
長岡(ながおか)空斎　?〜1859　江戸末期の出雲楽山の陶工《長岡住右衛門空斎》

空西　くうさい
常光寺(じょうこうじ)空西　戦国時代の久々野の有道にあった常光寺の開基

空山　くうざん
空山　?〜1799　江戸中期・後期の僧
加藤(かとう)空山　江戸前期の漢学者

空山和尚　くうざんおしょう
空山和尚　1583〜1639　江戸時代の禅僧《空山玄東》

空実　くうじつ
空実　1495〜1576　戦国・安土桃山時代の法相宗の僧

空寂　くうじゃく
円宗(えんじゅう)空寂　鎌倉後期の曹洞宗の僧
識阿(しきあ)空寂　?〜1406　南北朝・室町時代の僧侶

空順　くうじゅん
空順　1663〜1738　江戸前期・中期の僧侶

空性　くうしょう
空性　江戸前期の真言宗の僧

空聖　くうしょう
空聖　平安後期の醍醐寺大智院・遍智院の院主

空盛　くうじょう　⇔くうせい
空盛　江戸前期の社僧・連歌作者《空盛》

遇嘯　ぐうしょう
鹿島(かしま)遇嘯　1795〜1864　江戸後期・末期の国学者

宮常　ぐうじょう　⇔きゅうじょう, みやつね
山田(やまだ)宮常　1747〜1793　江戸中期・後期の画家《山田宮常》

空翠　くうすい
空翠　?〜1763　江戸中期の俳人

空清　くうせい
空清　鎌倉前期の浄土真宗の僧《空誓》

空盛　くうせい　⇔くうじょう
空盛　江戸前期の社僧・連歌作者

空誓　くうせい
空誓　鎌倉前期の浄土真宗の僧
小山(おやま)空誓　1545〜1614　戦国〜江戸前期の僧

宮清　ぐうせい　⇔みやきよ
宮清　1226〜1276　鎌倉前期・後期の石清水八幡宮の祠官《善法寺宮清》

空専　くうせん
空専　戦国時代の僧。馬瀬村の名丸俗道場の祖

空善　くうぜん
下間(しもつま)空善　戦国時代の本願寺の坊官
長林寺(ちょうりんじ)空善　戦国時代の清見村の長林寺の開基

空禅　くうぜん
空禅　?〜1450　室町時代の浄土宗の僧

空蔵主　くうぞうす
空蔵主　1395〜?　室町時代の学僧

空存　くうぞん
空存　江戸前期の俳諧師

空陀　くうだ
空陀　戦国時代の僧

空体房　くうたいぼう
空体房　鎌倉時代の医僧

空潭　くうたん
空潭　江戸中期の天台宗の僧

空道　くうどう
空道　戦国時代の僧

空道　？～1772　江戸中期の旗本設楽家の家臣
空鈍　くうどん
片桐（かたぎり）空鈍　江戸中期の儒者
空二　くうに
空二　江戸後期の俳人
空入　くうにう
長岡（ながおか）空入　？～1893　江戸後期～明治期の楽山7代陶工
空人　くうにん
空人　平安後期の僧侶・歌人
空仁　くうにん
空仁　平安後期の僧、歌人
空莫　くうばく
空莫　1546～？　戦国・安土桃山時代の真言宗の僧
空範　くうはん
弘勝（こうしょう）空範　1755～1822　江戸中期・後期の真言宗の僧侶
空弁　くうべん
空弁　1646～1700　江戸前期の真言宗の僧
空門子　くうもんし
空門子　江戸前期の俳人
空羅　くうら
鈴木（すずき）空羅　？～1866　江戸後期・末期の俳人
空了　くうりょう
空了　江戸前期の浄土真宗の僧
九右衛門　くえもん　⇔きゅううえもん，きゅうえもん，くうえもん
井上（いのうえ）九右衛門　戦国時代の北条氏の家臣
佐藤（さとう）九右衛門　安土桃山時代の検地役人
原（はら）九右衛門　1827～1915　江戸末期～大正期の宗教家《原重興》
日野（ひの）九右衛門　1834～1880　江戸後期～明治期の教育功労者
久円　くえん
久円　平安中期の法隆寺別当、威儀師
愚穏　ぐおん
竜睡（りゅうすい）愚穏　？～1688　江戸前期の曹洞宗の僧
愚海　ぐかい
泰亮（たいりょう）愚海　江戸中期の僧
久賀麻呂　くがまろ
文室（ふんやの）久賀麻呂　奈良時代の官人
玖賀耳之御笠　くがみみのみかさ
玖賀耳之御笠　上代の丹波の首長
倶寛　ぐかん　⇔ともひろ
石井（いしい）倶寛　1848～1924　江戸末期～大正期の実業家《石井倶寛》
茎貞　くきさだ　⇔もとさだ
荒木田（あらきだ）茎貞　？～923　平安前期・中期の神職《荒木田茎貞》
矩久　くきゅう　⇔のりひさ
矩久　江戸前期の俳人
坂崎（さかざき）矩久　江戸中期の俳諧師
句空　くくう
鶴屋（つるや）句空　江戸前期の金沢の俳人
久玖利　くくり
尾張宿禰（おわりのすくね）久玖利　奈良時代の中島郡大領
愚渓　ぐけい
多久（たく）愚渓　1608～1669　江戸前期の佐賀藩大配分親類格多久家第3代美作守茂辰
愚耕　ぐこう
進誉（しんよ）愚耕　？～1577　戦国・安土桃山時代の浄土宗僧
久左衛門　くざえもん　⇔きゅうざえもん
博多屋（はかたや）久左衛門　江戸時代の長崎の糸割符商人
百足屋（むかでや）久左衛門　江戸前期の両替商
米沢屋（よねざわや）久左衛門　江戸前期の商人
九左衛門　くざえもん　⇔きゅうざえもん
九左衛門　江戸前期の陶工
梶村（かじむら）九左衛門　江戸前期の藩士
久須見（くすみ）九左衛門　江戸前期の書肆
米田（こめだ）九左衛門　江戸前期の地神経の座頭の子
塩田（しおだ）九左衛門　江戸後期の橘樹郡鶴見村民
高橋（たかはし）九左衛門　1783～1862　江戸中期～末期の農事功労者
早川（はやかわ）九左衛門　安土桃山・江戸前期の豊臣秀吉・秀頼の家臣
林（はやし）九左衛門　江戸中期の京都銀座役人
丸屋（まるや）九左衛門　江戸前期・中期の江戸の版元
溝呂木（みぞろぎ）九左衛門　1784～1860　江戸後期の愛甲郡厚木村名主
陸田（むつだ）九左衛門　1765～1829　江戸中期・後期の氷見庄窪村の豪農
草臣　くさおみ
幸田（こうた）草臣　1803～1863　江戸後期・末期の歌人
幸田（こうだ）草臣　幸田草臣に同じ
草香　くさか
尾張連（おわりのむらじ）草香　上代の女性。継体天皇の妃目子媛の父
草春　くさはる
高向（たかむこ）草春　平安中期の官人、歌人
草麻呂　くさまろ
阿倍（あべの）草麻呂　奈良時代の官人
叢　くさむら
林（はやし）叢　1784～1843　江戸後期の俳人
愚山　ぐざん
小松（こまつ）愚山　1822～1897　江戸後期～明治期の漢学者
愚侍　ぐじ
小野（おの）愚侍　？～1675　江戸前期の仮名草子作者
孔雀之助　くじゃくのすけ
孔雀之助　？～1843　江戸後期の盗賊

矩州　くしゅう
矩州　1704～1780　江戸中期の俳諧師
愚洲　ぐしゅう
根本(ねもと)愚洲　1806～1873　江戸後期～明治期の画家
九十郎　くじゅうろう
九十郎　江戸後期の人。南蛮車を発明
佐藤(さとう)九十郎　1844～1914　江戸末期～大正期の人。種苗交換会の発議者
原(はら)九十郎　?～1738　江戸中期の庄屋・山論総指揮者
鯨　くじら
河内(かわちの)鯨　飛鳥時代の官吏
具信　ぐしん
中院(なかのいん)具信　南北朝時代の武将
橡樟　くす
鹿嶋(かしまの)橡樟　飛鳥時代の相模御浦郡の人
国栖　くず
紀(きの)国栖　奈良時代の紀伊国造・名草郡司
駒水　くすい
松田(まつだ)駒水　1757～1830　江戸中期・後期の儒者
葛雄　くずお
森(もり)葛雄　1825～1906　江戸後期～明治期の虫明焼陶工
楠吉　くすきち
葛目(くずめ)楠吉　江戸後期～明治期の馬術家
九助　くすけ　⇔きゅうすけ
文殊(もんじゅ)九助　1725～1788　江戸中期の義民
文珠(もんじゅ)九助　文殊九助に同じ
楠左衛門　くすざえもん
津田(つだ)楠左衛門　江戸末期の武士
中井(なかい)楠左衛門　1838～1920　江戸末期～大正期の蜜柑方の改革者
由比(ゆい)楠左衛門　江戸末期の武士
葛亮　くずすけ
坂上(さかのうえの)葛亮　平安前期の官人
樟媛　くすひめ
樟媛　上代の勇婦
葛古　くずふる　⇔かつこ
小林(こばやし)葛古　1793～1880　江戸後期～明治期の俳人
楠弥　くすや
小松(こまつ)楠弥　1858～?　江戸末期・明治期の樟脳工業開発者
久勢王　くぜおう
久勢王　奈良時代の官人
久世主　くぜぬし
大中臣(おおなかとみの)久世主　平安前期の官人
倶占　ぐせん
倶占　江戸中期の俳人
久曽　くそ
久曽　平安前期の女流歌人
九蔵　くぞう　⇔きゅうぞう
餅(もち)九蔵　1731～1808　江戸中期・後期の膳所藩の山番
屎子　くそこ
安倍(あべの)屎子　平安前期の女性。大和国宇陀郡の家地を母から譲与
巨勢(こせの)屎子　平安前期の節婦
久太良　くだら
県(あがたの)久太良　奈良時代の官人
百済　くだら　⇔ひゃくせい
上(かみの)百済　飛鳥時代の官人
功垂　くだる
相川(あいかわ)功垂　江戸後期の歌人
愚中　ぐちゅう
黠外(かつがい)愚中　1679～1737　江戸前期・中期の曹洞宗の僧
屈斎　くっさい
三木(みき)屈斎　江戸後期の藩士・漢詩人
愚亭　ぐてい
江村(えむら)愚亭　1744～1770　江戸中期の漢学者
矩道　くどう　⇔のりみち
村山(むらやま)矩道　1803～1867　江戸後期・末期の商家・漢学者
愚堂　ぐどう
愚堂　?～1730　江戸中期の俳人
愚童　ぐどう
長谷川(はせがわ)愚童　1747～?　江戸中期の学者
宮内　くない
宮内　平安前期の女房・歌人
石塚(いしづか)宮内　?～1689　江戸前期・中期の神主。笛の名手
稲富(いなとみ)宮内　?～1633　江戸前期の旗本
鵜飼(うかい)宮内　江戸前期の盛岡藩士、八戸藩士
岡前(おかまえ)宮内　江戸前期の百姓支配家老
粕谷(かすや)宮内　?～1601　安土桃山時代の豪商
楠(くすのき)宮内　江戸前期の武士。大坂の陣で籠城
熊谷(くまがい)宮内　江戸前期の武士
坂井(さかい)宮内　江戸後期の鎌倉鶴岡八幡宮社人
坂本(さかもと)宮内　江戸前期の武士。大坂の陣で籠城。後、本多忠政に仕えた
柴田(しばた)宮内　江戸前期の商人
竹居(たけい)宮内　戦国時代の武将。武田家臣
内藤(ないとう)宮内　江戸前期の豊臣秀頼の家臣
長山(ながやま)宮内　江戸後期の神職
九内　くない
宇佐美(うさみ)九内　江戸後期の大住郡曽屋村宇佐八幡宮神主
三宅(みやけ)九内　1798～1863　江戸後期・末期の粟屋氏の家臣
宮内衛門　くないえもん
窪村(くぼむら)宮内衛門　安土桃山時代の信濃国筑摩郡麻績北条の土豪

宮内右衛門尉　くないえもんのじょう
天野(あまの)宮内右衛門尉　戦国時代の今川氏親の家臣
宮内衛門尉　くないえもんのじょう
西村(にしむら)宮内衛門尉　戦国時代の武士
宮内卿局　くないきょうのつぼね
宮内卿局　?～1615　江戸前期の女性。木村重成の母。秀頼の乳母
宮内左衛門　くないざえもん
栗沢(あわさわ)宮内左衛門　戦国時代の武将。武田家臣
志村(しむら)宮内左衛門　安土桃山時代の甲斐国八代郡河内岩間庄中山の土豪
長越(ながこし)宮内左衛門　安土桃山時代の信濃国筑摩郡会田の土豪
長坂(ながさか)宮内左衛門　戦国時代の武将。武田家臣
萩野(はぎの)宮内左衛門　戦国時代の武将。武田家臣
まつ村(まつむら)宮内左衛門　安土桃山時代の信濃国筑摩郡麻績北条の土豪
吉岡(よしおか)宮内左衛門　江戸前期の柔術家
渡辺(わたなべ)宮内左衛門　戦国時代の武将。武田家臣
宮内左衛門尉　くないざえもんのじょう
諏方(すわ)宮内左衛門尉　戦国・安土桃山時代の諏訪大社社家衆
諏訪部(すわべ)宮内左衛門尉　戦国時代の甲斐武田一族穴山信君の家臣
宮内少輔　くないしょう　⇔くないしょうすけ, くないしょうゆう, くないのしょう
幡谷(はたや)宮内少輔　戦国時代の千葉勝胤の家臣
宮内丞　くないじょう　⇔くないのじょう
禰津(ねつ)宮内丞　戦国時代の甲府城下の鞘師職人頭
宮内少輔　くないしょうすけ　⇔くないしょう, くないしょうゆう, くないのしょう
古屋(ふるや)宮内少輔　戦国・安土桃山時代の甲斐一宮村の一宮浅間明神社の神主
宮内少輔　くないしょうゆう　⇔くないしょう, くないしょうすけ, くないのしょう
山岸(やまぎし)宮内少輔　戦国時代の上杉氏の部将
渡辺(わたなべ)宮内少輔　安土桃山時代の山城国愛宕郡一乗寺の土豪
宮内二郎入道　くないじろうにゅうどう
中野(なかの)宮内二郎入道　鎌倉後期の武士
宮内大輔　くないたいふ　⇔くないのたいふ
海上(うなかみ)宮内大輔　戦国時代の常陸国鹿島郡内に拠った海上氏の一族
宮内大夫　くないだいふ
備前(びぜん)宮内大夫　鎌倉時代の武士
宮内少輔　くないのしょう　⇔くないしょう, くないしょうすけ, くないしょうゆう
生駒(いこま)宮内少輔　江戸前期の豊臣秀頼の家臣
岩上(いわかみ)宮内少輔　戦国時代の小山高朝・秀綱の家臣
太田(おおた)宮内少輔　戦国時代の小山高朝・秀綱の家臣
小尾(おび)宮内少輔　?～1575　安土桃山時代の武田氏の家臣
鹿伏兎(かぶと)宮内少輔　安土桃山時代の織田信長の家臣
柴田(しばた)宮内少輔　安土桃山時代の織田信長の家臣
行田(なめた)宮内少輔　戦国時代の下総北西部の国衆多賀谷氏の家臣
箸尾(はしお)宮内少輔　安土桃山時代の織田信長の家臣
埴谷(はにや)宮内少輔　戦国時代の岩付城主北条氏房の家臣
原(はら)宮内少輔　戦国時代の年貢請負代官
本庄(ほんじょう)宮内少輔　戦国時代の山内上杉氏の家臣
山室(やまむろ)宮内少輔　戦国時代の下総飯櫃城主
宮内丞　くないのじょう　⇔くないじょう
秋山(あきやま)宮内丞　?～1582　戦国時代の武田氏の家臣
小原(おはら)宮内丞　戦国・安土桃山時代の武士
柏(かしわ)宮内丞　戦国時代の神主。葛山氏元家臣
窪川(くぼかわ)宮内丞　戦国時代の甲斐国山梨郡八幡郷の土豪
志村(しむら)宮内丞　戦国時代の武将。武田家臣
橋本(はしもと)宮内丞　戦国時代の武士。北条氏家臣
舞木(まいき)宮内丞　南北朝時代の在地領主
舞木(まいぎ)宮内丞　舞木宮内丞に同じ
渡辺(わたなべ)宮内丞　南北朝時代の祖谷山の武士
宮内少輔重春　くないのしょうしげはる
箸尾(はしお)宮内少輔重春　江戸前期の人。箸尾宮内少輔高春の長男
宮内少輔信俊　くないのしょうのぶとし
佐崎(さざき)宮内少輔信俊　江戸前期の武士。大坂の陣で籠城
宮内介　くないのすけ
平原(ひらはら)宮内介　戦国時代の武将。武田家臣
宮内助　くないのすけ
石端(いしばた)宮内助　安土桃山時代の椎原村検地役人
色部(いろべ)宮内助　戦国・安土桃山時代の武田氏の家臣
瓜生(うりゅう)宮内助　安土桃山時代の武田氏の家臣
河原(かわはら)宮内助　?～1575　安土桃山時代の武田氏の家臣
花見(けみ)宮内助　安土桃山時代の信濃国筑摩郡花見の土豪
小林(こばやし)宮内助　戦国時代の武将。武田家臣
馬場(ばば)宮内助　安土桃山時代の駿府近郷の河辺郷を拠点とする皮革職人
宮内大輔　くないのたいふ　⇔くないたいふ
梶原(かじわら)宮内大輔　戦国時代の古河公方の家臣

後閑(ごかん)宮内大輔　戦国時代の上野国衆

くに
秋元(あきもと)くに　1835〜1908　江戸後期〜明治期の社会事業家。那須野育児暁星園祖母

クニ
田代(たしろ)クニ　1839〜1910　江戸後期〜明治期の女性。秩父困民党総理・田代栄助の妻

邦　くに　⇔ほう
東条(とうじょう)邦　江戸後期の著述家

国顕　くにあき
粟野(あわの)国顕　戦国時代の武将、北目城城主
歌川(うたがわ)国顕　江戸後期の絵師

国昭　くにあき
津守(つもり)国昭　1441〜？　室町・戦国時代の神職

国明　くにあき　⇔くにあきら
歌川(うたがわ)国明〔1代〕　江戸後期・末期の画家
藤原(ふじわらの)国明　1064〜1105　平安後期の廷臣

邦明　くにあき
小堀(こぼり)邦明　？〜1804　江戸後期の代官

国明　くにあきら　⇔くにあき
福島(くしま)国明　江戸中期の幕臣・兵法家

国家　くにいえ
近藤(こんどう)国家　戦国時代の佐竹氏の家臣

邦家　くにいえ
藤原(ふじわらの)邦家　平安後期の官人
源(みなもとの)邦家　平安後期の官人

邦一郎　くにいちろう
寺家村(じけむら)邦一郎　江戸後期・末期の幕臣

国氏　くにうじ
今川(いまがわ)国氏　1243〜1282　鎌倉前期・後期の武将
東条(とうじょう)国氏　？〜1473　室町・戦国時代の三河守護細川成之の守護代

邦氏　くにうじ
岡本(おかもと)邦氏　1702〜1765　江戸中期の神職、書家

国内兵衛佐　くにうちべえさ
西目(にしみ)国内兵衛佐　南北朝時代の人。沖永良部島を支配した世之主の四天王の一人

国右衛門尉　くにえもんじょう
藤原(ふじわら)国右衛門尉　鎌倉時代の宮大工

国雄　くにお
大平(おおひら)国雄　戦国時代の中務大丞、山城守
紀(きの)国雄　平安前期の官人
福島(くしま)国雄　1733〜？　江戸中期の幕臣・兵法家
皎天斎(こうてんさい)国雄　江戸中期・後期の画家
橘(たちばな)国雄　江戸中期の画家

国興　くにおき
小野(おのの)国興　平安中期の官人

国華　くにか　⇔こっか
中原(なかはら)国華　1796〜1867　江戸末期の日本画家

邦香　くにか
竹中(たけなか)邦香　1842〜1896　江戸後期〜明治期の藩士

国景　くにかげ
歌川(うたがわ)国景　江戸後期の絵師
鵜沼(うぬま)国景　鎌倉時代の武士
錦葩楼(きんぱろう)国景　江戸後期の絵師

国員　くにかず
歌川(うたがわ)国員　江戸末期の絵師

邦数　くにかず
渡辺(わたなべ)邦数　1764〜1800　江戸中期・後期の清末藩家老

国風　くにかぜ
藤原(ふじわらの)国風　平安前期の官人。大学頭藤原佐高の子

国堅　くにかた
刑部(おさかべの)国堅　平安前期の官人

国賢　くにかた
清原(きよはら)国賢　戦国時代の人。明経道家清原氏

邦賢　くにかた
伊達(だて)邦賢　1837〜1881　江戸後期〜明治期の警視庁剣道師範

圀勝　くにかつ
下道朝臣(しもつみちのあそん)圀勝　飛鳥・奈良時代の下級官人

国廉　くにかど
大鹿(おおしかの)国廉　平安中期の官人
大原(おおはらの)国廉　平安中期の官人

国兼　くにかね
歌川(うたがわ)国兼　江戸後期の絵師
大江(おおえの)国兼　平安後期の人。永久3年下総権守某から左京七条一坊の家地一戸主を買得
紀(きの)国兼　平安後期の紀伊国在庁官人
益田(ますだ)国兼　平安後期の国司
御神本(みかもと)国兼　平安後期の官吏

国包　くにかね
国包　平安時代の刀工
国包〔3代〕　1633〜1705　江戸前期・中期の刀工
国包〔4代〕　1657〜1702　江戸前期・中期の刀工
国包〔5代〕　？〜1707　江戸前期・中期の刀工
国包〔6代〕　1694〜1727　江戸中期の刀工
国包〔7代〕　1701〜1741　江戸中期の刀工
国包〔8代〕　1732〜1754　江戸中期の刀工
国包〔9代〕　1736〜1763　江戸中期の刀工
国包〔10代〕　1758〜1786　江戸中期の刀工
国包〔11代〕　1767〜1816　江戸中期・後期の刀工
国包〔12代〕　1800〜1848　江戸後期の刀工
国包〔13代〕　1820〜1880　江戸後期〜明治期の刀工

邦樹　くにき
久次米(くじめ)邦樹　1787〜1849　江戸中期・後期の豪商

国清　くにきよ
歌川(うたがわ)国清　江戸後期の絵師

歌川(うたがわ)国清〔2代〕 江戸後期〜明治期の画家
島田(しまだ)国清 ?〜1610 江戸前期の刀匠
西(にし)国清 戦国時代の杵築大社上官

国子 くにこ
中臣(なかとみの)国子 飛鳥時代の大将軍

国五郎 くにごろう
坂東(ばんどう)国五郎 江戸中期の歌舞伎敵役、実悪の名手

国貞 くにさだ
池上(いけがみの)国貞 平安後期の八幡宇佐宮本司職に補せらる
和泉守藤原(いずみのかみふじわら)国貞 1589〜1652 安土桃山・江戸前期の刀鍛冶
大神(おおがの)国貞 平安後期の八幡宇佐宮装束所検校大神貞安の子
五渡亭(ごとてい)国貞 江戸末期の絵師

国定 くにさだ
国定 江戸前期の刀工
国定 ?〜1659 江戸前期の会津の刀匠
多米(ための)国定 平安中期の官人
藤原(ふじわらの)国定 平安後期の官人
三隅(みすみ)国定 ?〜1570 安土桃山時代の武将

国郷 くにさと
歌川(うたがわ)国郷 ?〜1858 江戸後期・末期の浮世絵師
長沼(ながぬま)国郷 1688〜1767 江戸前期・中期の剣術家
野崎(のざき)国郷 江戸後期の和算家

国実 くにざね
紀(きの)国実 平安後期の官人
津守(つもり)国実 ?〜1352 鎌倉後期・南北朝時代の神職・歌人

国真 くにざね ⇔くにまさ
来(らい)国真 南北朝時代の山城の鍛冶

邦実 くにざね
角田(かくた)邦実 江戸後期の和算家、下妻藩士
藤原(ふじわらの)邦実 平安後期の官人

国三郎 くにさぶろう
諸井(もろい)国三郎 1840〜1918 江戸末期〜大正期の天理教山名大教会初代会長

国沢 くにさわ
紀(きの)国沢 平安後期の官人

国重 くにしげ
国重 江戸前期の刀工
呰部住(あざえのじゅう)国重 ?〜1576 安土桃山時代の刀工
蘆屋(あしや)国重 1523〜1589 戦国・安土桃山時代の小弓公方足利義明の家臣・遠江守某の子
歌川(うたがわ)国重〔1代〕 1777〜1835 江戸中期・後期の絵師
歌川(うたがわ)国重〔2代〕 江戸後期の絵師
歌川(うたがわ)国重〔3代〕 江戸末期・明治期の絵師
荏原住(えばらのじゅう)国重 安土桃山時代の刀工
大与五(おおよご)国重 安土桃山時代の刀工《大月与五郎国重》
忽那(くつな)国重 鎌倉前期の御家人。近海の制海権を掌握して活躍した
佐伯(さえきの)国重 平安後期の下級官人
鈴木(すずき)国重 戦国時代の土豪
成瀬(なるせ)国重 戦国時代の松平氏の家臣
藤原(ふじわら)国重 江戸中期の刀工
水田住(みずたのじゅう)国重 江戸前期の刀工

国成 くにしげ ⇔くになり
藤原(ふじわらの)国成 平安中期の公家・漢詩人・歌人《藤原国成》

国繁 くにしげ
国繁 江戸前期の刀工
歌川(うたがわ)国繁 江戸後期の絵師

邦維 くにしげ
宮西(みやにし)邦維 1838〜1910 江戸後期〜明治期の神職

邦七 くにしち
高橋(たかはし)邦七 1813〜1893 江戸後期〜明治期の上州座繰器の発明者

国嶋 くにしま
息長真人(おきながのまひと)国嶋 奈良時代の防人部領使

国二郎 くにじろう
市川(いちかわ)国二郎 ?〜1870 江戸後期〜明治期の筑摩郡乱橋村の杣

国末 くにすえ
大神(おおみわの)国末 平安後期の円成院領河内国星田荘の住人
清原(きよはらの)国末 平安後期の官人

国助 くにすけ
国助 南北朝時代の刀工
小林(こばやし)国助〔1代〕 江戸前期の刀匠
小林(こばやし)国助〔2代〕 江戸前期の刀匠。初代国助の長男

国祐 くにすけ
式守(しきもり)国祐 江戸後期の下田在住の相撲行司
藤原(ふじわらの)国祐 平安中期の官人

邦祐 くにすけ
鴨(かも)邦祐 鎌倉後期の神職・歌人

国隆 くにすみ
田辺(たなべ)国隆 1579〜1637 安土桃山・江戸前期の市原村名主

国澄 くにずみ
近藤(こんどう)国澄 平安末期の伊豆国衙の在庁官人または郷司

国蔵 くにぞう
飯塚(いいづか)国蔵 ?〜1873 江戸後期〜明治期の獅子舞師匠
寺井(てらい)国蔵 1825〜1889 江戸後期〜明治期の陶工
西上(にしがみ)国蔵 1840〜1933 江戸末期・明治期の品種改良家
林(はやし)国蔵 1845〜1916 江戸末期〜大正期の製糸業経営者

国造　くにぞう
比留間(ひるま)国造　1844〜1905　江戸末期・明治期の甲源一刀流剣術家

邦蔵　くにぞう
尾崎(おざき)邦蔵〔1代〕　1838〜1895　江戸後期〜明治期の実業家
渡辺(わたなべ)邦蔵　1808〜1854　江戸後期・末期の剣術家。神道無念流

国貴　くにたか
津守(つもり)国貴　1340〜1400　南北朝・室町時代の神職・歌人

国挙　くにたか
源(みなもとの)国挙　？〜1023　平安中期の人。光孝源氏

国孝　くにたか
歌川(うたがわ)国孝　江戸末期の絵師

国高　くにたか
近藤(こんどう)国高　平安後期の伊豆国の武士
藤原(ふじわらの)国高　平安後期の武士

国隆　くにたか
福島(くしま)国隆　1632〜1686　江戸前期の幕臣・兵法家

邦孝　くにたか
新井(あらい)邦孝　1720〜1775　江戸中期の幕臣・故実家
和田(わだ)邦孝　1743〜1809　江戸中期・後期の名主、文人

邦高　くにたか
小島(こじま)邦高　？〜1706　江戸中期の東海道大磯宿本陣
坂井(さかい)邦高　江戸後期の鎌倉鶴岡八幡宮職掌

邦隆　くにたか
藤原(ふじわらの)邦隆　平安前期の神祇伯

国武　くにたけ
立花(たちばなの)国武　平安後期の官人
戸田(とだ)国武　江戸後期の国学者
中居(なかい)国武　？〜1890　江戸末期・明治期の人。加賀藩主前田斉泰を警護

国忠　くにただ
遠藤(えんどう)国忠　1814〜1864　江戸後期・末期の北蒲原郡下興野新田の開発地主、庄屋
大矢(おおや)国忠　戦国時代の武田氏の遺臣
伴(ともの)国忠　平安後期の官人

邦忠親王　くにただしんのう
邦忠親王　1732〜1759　江戸中期の貞建親王王子

国種　くにたね
歌川(うたがわ)国種　江戸後期の絵師

国民　くにたみ
安富(やすとみ)国民　？〜1880　江戸後期〜明治期の国学者

国足　くにたり
荊(いばらの)国足　奈良時代の官人
他田(おさだの)国足　奈良時代の鎌倉郡少領
多芸(たぎの)国足　奈良時代の官人
布勢(ふせの)国足　奈良時代の官人
丸部(わにべの)国足　奈良時代の画師

国太郎　くにたろう
青山(あおやま)国太郎　江戸末期の剣術家。時中流
相良(さがら)国太郎　1858〜1899　江戸末期・明治期の鶴岡八幡宮総神主
佐藤(さとう)国太郎　1822〜1900　江戸後期〜明治期の養蚕家
笛木(ふえき)国太郎　1840〜1912　江戸後期〜明治期の植林家、教育者、文人

国近　くにちか
宝来(ほうらい)国近　蓬莱国近に同じ
蓬莱(ほうらい)国近　戦国時代の金工家

国親　くにちか
大賀(おおがの)国親　平安後期の官人
大中臣(おおなかとみ)国親　平安後期の神職・連歌作者
鷺野谷(さぎのや)国親　1845〜1900　江戸後期〜明治期の和算家

国千世　くにちよ
津田(つだ)国千世　安土桃山時代の織田信長の家臣《津田国千代》

国千代　くにちよ
津田(つだ)国千代　安土桃山時代の織田信長の家臣

国次　くにつぎ　⇔くにつぐ
来(らい)国次　鎌倉後期の刀匠

国継　くにつぐ
粟凡直(あわのおうしのあたえ)国継　奈良時代の人。板野郡荘を寄進した
左兵衛(さひょうえ)国継　鎌倉時代の堀江荘地頭代

国次　くにつぐ　⇔くにつぎ
国次　南北朝時代の加賀の刀工
国次　室町時代の刀工
成瀬(なるせ)国次　1522〜1602　戦国・安土桃山時代の徳川家奉行人
源(みなもとの)国次　平安後期の官人

国綱　くにつな
国綱　安土桃山時代の刀工
藤原(ふじわらの)国綱　平安後期の官人

国経　くにつね
国経　南北朝時代の仏師
粟田(あわたの)国経　平安後期の官人
歌川(うたがわ)国経　1777〜1808　江戸中期の浮世絵師
息長(おきながの)国経　平安後期の官人
建部(たけるべの)国経　平安後期の官人
三善(みよしの)国経　平安後期の官人

国恒　くにつね
朝野(あさのの)国恒　平安後期の法隆寺領近江国野洲荘の案主

邦恒　くにつね
藤原(ふじわらの)邦恒　986〜1067　平安中期・後期の官人

国連　くにつら
長(ちょう)国連　南北朝時代の武将

国鶴　くにつる
歌川（うたがわ）国鶴　1807～1878　江戸後期～明治期の絵師
歌川（うたがわ）国鶴〔2代〕　1852～1919　江戸末期～大正期の画家

国輝　くにてる
歌川（うたがわ）国輝　1830～1874　江戸末期の浮世絵師
三好（みよし）国輝　1724～1790　江戸中期・後期の松山藩の刀匠

国仕　くにとう
紀（きの）国仕　平安後期の官人

国任　くにとう　⇔くにとお
惟宗（これむねの）国任　平安後期の明法学者

邦任　くにとう
藤原（ふじわらの）邦任　平安中期の官人。父は邦昌、母は藤原近枝女

国遠　くにとお
紀（きの）国遠　平安後期の官人

国任　くにとお　⇔くにとう
宗岳（むねおかの）国任　平安中期の官人

国時　くにとき
栗田（くりた）国時　？～1600　安土桃山時代の武田氏・上杉氏の家臣
塩田（しおだ）国時　？～1333　鎌倉後期の武士
秦（はたの）国時　平安後期の官人
北条（ほうじょう）国時　鎌倉時代の武士
北条（ほうじょう）国時　？～1333　鎌倉後期の武将・歌人

国辰　くにとき
大江（おおえの）国辰　平安中期の官人
風祭（かざまつり）国辰　1707～1784　江戸中期の代官

邦時　くにとき
北条（ほうじょう）邦時　1325～1333　鎌倉後期の武士

国寿　くにとし
国寿　江戸後期の刀匠

国俊　くにとし
大中臣（おおなかとみの）国俊　平安後期の官人
菊池（きくち）国俊　江戸末期～大正期の鍛冶師
紀（きの）国俊　平安後期の官人
藤原（ふじわらの）国俊　平安後期の官人
源（みなもとの）国俊　？～1099　平安後期の官人

国利　くにとし
歌川（うたがわ）国利　1847～1899　江戸末期・明治期の画家

邦利　くにとし
大神（おおがの）邦利　平安中期の官人

国富　くにとみ
歌川（うたがわ）国富〔1代〕　江戸後期の絵師
歌川（うたがわ）国富〔2代〕　江戸後期の絵師
忍海部（おしのうみべの）国富　平安前期の官人

国友　くにとも
国友　鎌倉時代の漆工
軽部（かるべの）国友　平安後期の官人
内蔵（くらの）国友　平安後期の官人
平（たいらの）国友　鎌倉前期の鋳物師

国豊　くにとよ
津守（つもり）国豊　1399～1444　室町時代の神職・歌人

邦直　くになお　⇔くになおる
加納（かのう）邦直　江戸後期の歌人
菅間（かんま）邦直　1804～1853　江戸後期の漢学者

邦直　くになおる　⇔くになお
小堀（こぼり）邦直　1729～1789　江戸中期・後期の京都代官職、京都郡代

国仲　くになか
藤原（ふじわらの）国仲　平安後期の官人

国永　くになが
国永　江戸後期の刀工
小野（おのの）国永　平安後期の官人
北畠（きたばたけ）国永　1507～？　戦国時代の武将・歌人

国長　くになが
国長　南北朝時代の刀工
祝部（はふりべ）国長　鎌倉時代の神職・歌人

邦長　くになが
原（はら）邦長　戦国時代の武士。千葉宗家直臣
源（みなもと）邦長　鎌倉後期の公家・歌人

邦良親王家新兵衛督　くにながしんのうけのしんひょうえのかみ
邦良親王家新兵衛督　鎌倉時代の女房・歌人

国業　くになり
上毛野（かみつけぬの）国業　平安後期の官人

国成　くになり　⇔くにしげ
出雲（いずもの）国成　奈良時代の豪族
大田部（おおたべの）国成　奈良時代の相模国の豪族、御浦郡司代
甘南備（かんなびの）国成　平安前期の官人
日下部（くさかべの）国成　1055～？　平安後期の強盗
藤原（ふじわら）国成　平安中期の公家・漢詩人・歌人

邦成　くになり
秦（はたの）邦成　平安中期の官人
福島（ふくしま）邦成　1819～1898　江戸末期・明治期の医師

国之助　くにのすけ
金井（かない）国之助　江戸後期の町奉行

邦之助　くにのすけ
河上（かわかみ）邦之助　1839～1911　江戸末期・明治期の攘夷家。英国公使パークス暗殺を企てた

国局　くにのつぼね
国局　？～1615　江戸前期の女性。大坂城の女房衆

乙長　くにのぶ　⇔おとなが
野間（のま）乙長　？～1643　江戸前期の武士

国信　くにのぶ
歌川（うたがわ）国信　江戸後期の浮世絵師、戯作者

湯原(ゆはら)国信　戦国時代の武将

国宣　くにのぶ
境合部(さかいべの)国宣　平安中期の官人

邦伸　くにのぶ
渡辺(わたなべ)邦伸　1808～1855　江戸後期・末期の剣術家

邦信　くにのぶ
大島(おおしま)邦信　1718～1799　江戸中期・後期の難民救済者

国規　くにのり
前田(まえだ)国規　1817～？　江戸後期・末期の藩士

国範　くにのり
藤原(ふじわらの)国範　平安後期の官人

邦教　くにのり　⇔ほうきょう
笹屋(ささや)邦教　江戸後期の商家
湯田(ゆだ)邦教　江戸後期の和算家

邦憲　くにのり
片倉(かたくら)邦憲　1818～1886　江戸末期・明治期の仙台支藩白石城主

国治　くにはる
上野(うえの)国治　1845～1902　江戸後期～明治期の和算家
長谷部(はせべ)国治　1820～1899　江戸末期・明治期の刀工
広瀬(ひろせ)国治　1823～1912　江戸後期～明治期の和算家

国春　くにはる
歌川(うたがわ)国春　1803～1839　江戸後期の歌舞伎役者、浮世絵師
高橋(たかはし)国春　平安前期の江刺郡浅井郷の豪士

国彦　くにひこ
酒井(さかい)国彦　1792～1860　江戸後期・末期の藩士

邦彦　くにひこ
岡田(おかだ)邦彦　1763～1836　江戸後期の漢学者
花房(はなぶさ)邦彦　1724～1795　江戸中期・後期の藩用人
山田(やまだ)邦彦　1857～1909　江戸末期・明治期の歌人

邑彦　くにひこ
松木(まつき)邑彦　1709～1744　江戸中期の神職

国久　くにひさ
国久　江戸末期の刀工
安倍(あべの)国久　平安後期の官人
大内(おおうち)国久　？～1740　江戸中期の鷲宮神社大宮司
島津(しまづ)国久　？～1498　室町・戦国時代の河辺郡加世田の領主
津守(つもり)国久　1358～1397　南北朝・室町時代の神職・歌人

邦古　くにひさ
樋口(ひぐち)邦古　江戸後期の「女誡」の著者

国久丸　くにひさまる
国久丸　平安後期の官人

国英　くにひで　⇔くにふさ
国英　江戸前期の刀工
歌川(うたがわ)国英　江戸後期の絵師

国秀　くにひで
国秀　江戸後期の刀工
浦上(うらかみ)国秀　戦国時代の備前国の武将
越智(おちの)国秀　平安中期の官人

珍秀　くにひで
三善(みよし)珍秀　室町時代の公家・歌人

邦秀　くにひで
大須賀(おおすが)邦秀　戦国時代の下総国助崎城主。千葉邦胤の家臣。朝宗の子か

国人　くにひと
大伴(おおともの)国人　奈良時代の官人
車持(くるまもちの)国人　奈良時代の官人
丹比部(たじひべの)国人　奈良時代の防人
秦部(はたべの)国人　奈良時代の沙弥

国平　くにひら
国平　江戸中期の加賀の刀工
多米(ための)国平　平安中期の官人
津守(つもり)国平　1208～1285　鎌倉前期・後期の神職、歌人
伴(ともの)国平　平安後期の官人
藤原(ふじわらの)国平　平安後期の伊豆国の武士

国広　くにひろ
丸丈斎(がんじょうさい)国広　江戸後期の浮世絵師
信濃守(しなののかみ)国広　1531～1614　戦国～江戸前期の刀鍛冶
横瀬(よこせ)国広　戦国時代の上野国衆由良氏の一族

国弘　くにひろ
国弘　平安時代の刀工
大中臣(おおなかとみの)国弘　平安後期・鎌倉前期の官吏
田辺(たなべ)国弘　1799～1843　江戸後期の市原村名主

国博　くにひろ
津守(つもり)国博　1421～1444　室町時代の神職・歌人

国英　くにふさ　⇔くにひで
国英　江戸前期の刀工《国英》

国房　くにふさ
国房　1592～？　江戸前期の鍛冶
宇多(うだ)国房　南北朝時代の越中の刀工
歌川(うたがわ)国房　江戸後期の絵師
歌川(うたがわ)国房〔2代〕　江戸末期・明治期の画家
大江(おおえの)国房　平安後期の官人
大中臣(おおなかとみ)国房　戦国時代の香取大宮司。直房の子
大中臣(おおなかとみの)国房　平安後期の大宮司
伴(ともの)国房　平安後期の官人
藤原(ふじわら)国房　平安後期の公家・歌人
北条(ほうじょう)国房　鎌倉後期の武士

源(みなもとの)国房　平安後期の軍事貴族

邦房　くにふさ

原(はら)邦房　戦国時代の武士。森山城将。佐倉城城主千葉邦胤・直重の家臣

国藤　くにふじ

津守(つもり)国藤　鎌倉後期・南北朝時代の神職・歌人

国真　くにまさ　⇔くにざね

国真〔2代〕　鎌倉時代の刀工

国政　くにまさ

飯島(いいじま)国政　1647〜1719　江戸前期・中期の関東代官

北条(ほうじょう)国政　鎌倉時代の武士

遊佐(ゆさ)国政　？〜1441　室町時代の越中国守護代

国正　くにまさ

国正〔2代〕　江戸前期の鍛冶

国正〔3代〕　江戸前期・中期の刀工

国正〔3代〕　江戸中期の鍛冶

大中臣(おおなかとみの)国正　平安後期の官人

紀(きの)国正　平安後期の官人

鈴木(すずき)国正　江戸後期の大住郡三宮村比々多神社社家

藤原(ふじわら)国正　？〜1582　戦国時代の武将

藤原(ふじわらの)国正　平安後期の官人

山本(やまもと)国正　1833〜1902　江戸後期〜明治期の青年団功労者

国当　くにまさ

刑部(おさかべの)国当　奈良時代の武蔵国橘樹郡の戸主

邦雅　くにまさ

木藤(きとう)邦雅　江戸末期の歌人

邦昌　くにまさ

藤原(ふじわらの)邦昌　平安中期の官人

邦政　くにまさ

山田(やまだ)邦政　1681〜1751　江戸前期・中期の幕臣

国益　くにます

国益　1626〜1708　江戸前期・中期の刀工

歌川(うたがわ)国益　江戸後期の画家

国松　くにまつ

坂上(さかのうえの)国松　平安後期の官人

国丸　くにまる

国丸　江戸末期の俳人

国麻呂　くにまろ

大伴(おおともの)国麻呂　飛鳥時代の遣新羅使

大伴(おおともの)国麻呂　奈良時代の官人

他田舎人(おさだのとねり)国麻呂　奈良時代の信濃国筑摩郡の郡司

国麿　くにまろ

歌川(うたがわ)国麿　江戸末期の絵師

国通　くにみち

大江(おおえの)国通　？〜1130　平安後期の官人

国道　くにみち

国道　江戸中期の刀工

伴(ばん)国道　768〜828　奈良・平安前期の参議兼右大弁。左少弁大伴継人の子息

国倫　くにみち

息長(おきながの)国倫　平安後期の官人

邦通　くにみち

大江(おおえの)邦通　平安後期の官人

藤原(ふじわらの)邦通　平安中期の官人

国光　くにみつ

国光　江戸後期の刀工

宇多(うだ)国光　鎌倉後期・南北朝時代の刀工

丹波(たんばの)国光　平安後期の官人

津守(つもり)国光　平安後期の神職・歌人

原(はら)国光　1846〜1911　江戸後期〜明治期の興行師

藤原(ふじわらの)国光　平安中期の官人

本間(ほんま)国光　1794〜1851　江戸後期の教育者

物部(もののべの)国光　鎌倉後期の鋳物師

国満　くにみつ

歌川(うたがわ)国満〔2代〕　江戸末期の画家

邦光　くにみつ

藤原(ふじわらの)邦光　平安中期の官人

国宗　くにむね

宇多(うだ)国宗　南北朝時代の宇多派の代表的刀工

紀(きの)国宗　平安後期の官人

神保(じんぼ)国宗　室町時代の射水・婦負両郡守護代

高橋(たかはしの)国宗　平安後期の官人

伯耆(ほうき)国宗　平安後期の刀工

邦宗　くにむね

藤原(ふじわらの)邦宗　1064〜1118　平安後期の官人

国村　くにむら

国村　江戸後期の俳人

国用　くにもち

藤原(ふじわら)国用　平安中期の公家・歌人

国幹　くにもと

芹沢(せりざわ)国幹　？〜1595　戦国・安土桃山時代の古河公方の家臣

野上(のがみ)国幹　1744〜1785　江戸中期の神職

藤原(ふじわらの)国幹　？〜1000　平安中期の官人

国基　くにもと

紀(きの)国基　平安後期の算師

中原(なかはらの)国基　平安後期の官人

源(みなもとの)国基　平安後期・鎌倉前期の武将

国元　くにもと

紀(きの)国元　平安後期の書博士

邦基　くにもと

紀(き)邦基　江戸後期の「班馬異同略」の編者

紀(きの)邦基　平安中期の官人

国守　くにもり

佐伯(さえきの)国守　奈良時代の官人

志斐(しいの)国守　平安前期の天文博士、陰陽博士

比志島(ひしじま)国守　室町時代の武士

国盛　くにもり
伊豆（いずの）国盛　平安後期の官人、三嶋大社司職
歌川（うたがわ）国盛〔1代〕　江戸後期の画家
歌川（うたがわ）国盛〔2代〕　江戸末期の絵師
平（たいらの）国盛　平安後期・鎌倉前期の武将
源（みなもとの）国盛　？～996？　平安中期の官人
遊佐（ゆさ）国盛　室町時代の越中守護代

国安　くにやす
国安　戦国時代の伊豆国の鍛冶職人
国安　？～1632　安土桃山・江戸前期の会津藩の鐔工
国安　江戸時代の刀匠
歌川（うたがわ）国安〔2代〕　江戸後期の絵師
大薮（おおやぶ）国安　？～1632　江戸前期の武士
千代鶴（ちよづる）国安　1314？～1396？　南北朝時代の刀匠

国保　くにやす
飯島（いいじま）国保　1838～1901　江戸後期～明治期の座間入谷村戸長、九小区戸長
紀（きの）国保　平安中期の官人

国梁　くにやな
小野（おのの）国梁　平安前期の官人

国行　くにゆき
藤原（ふじわら）国行　平安後期の公家・歌人

国義　くによし
国義　江戸中期の刀工

国吉　くによし
国吉　戦国時代の刀工
国吉　江戸前期の刀工
物部（もののべの）国吉　平安前期の相模愛甲郡の人
森（もり）国吉　室町時代の飯山の鋳物師

国祥　くによし
国祥　戦国時代の刀工

国詳　くによし
国詳　戦国時代の石見の刀匠

邦義　くによし
小貫（こぬき）邦義　1859～？　江戸末期の眼科医

国依　くにより
平（たいらの）国依　鎌倉前期の鋳物師

国随　くにより
安倍（あべの）国随　平安後期の天文権博士

国頼　くにより
粟田口（あわたぐち）国頼　平安後期の刀工。一説に山城粟田口鍛冶の祖
小此木（おこのぎ）国頼　鎌倉時代の武人

圀依　くにより
下道朝臣（しもつみちのあそん）圀依　飛鳥・奈良時代の地方豪族

愚仁尼　ぐにんに
愚仁尼　鎌倉時代の尼僧

九根右衛門　くねえもん
羽生（はにゅう）九根右衛門　江戸時代の種子島の郷士

九八郎　くはちろう　⇔きゅうはちろう
酒井（さかい）九八郎　江戸前期の武士

首のぶ　くびのぶ
首のぶ　？～1802　江戸中期・後期の大坂島之内の芸者

九兵衛　くひょうえ　⇔きゅうべい，きゅうべえ，くへえ
箸尾（はしお）九兵衛　江戸前期の武士。大坂の陣で籠城
森藤（もりふじ）九兵衛　江戸前期の武士。大坂の陣で籠城

九兵衛明友　くひょうえあきとも
加藤（かとう）九兵衛明友　江戸前期の武士。大坂の陣で籠城

九兵衛利重　くひょうえとししげ
長井（ながい）九兵衛利重　江戸前期の長井市右衛門定基の惣領。後に郷士

九兵衛宗次　くひょうえむねつぐ
平井（ひらい）九兵衛宗次　江戸前期の木村重成の家来

句仏　くぶつ
三谷（みたに）句仏　1794～1867　江戸後期・末期の旧派俳人

愚仏　ぐぶつ
愚仏　？～1828　江戸後期の狂詩作者

久平次　くへいじ
大塚屋（おおつかや）久平次　江戸時代の大坂の糸割符商人

九平次　くへいじ
開田（かいだ）九平次　江戸後期の加賀国江沼郡子菅波村の十村
祖父江（そぶえ）九平次　江戸末期・明治期の藍玉商

九平治　くへいじ
佐藤（さとう）九平治　江戸後期の土人形製作者
虫明（むしあけ）九平治　安土桃山時代の武士
虫明（むしあげ）九平治　虫明九平治に同じ

九兵衛　くへえ　⇔きゅうべい，きゅうべえ，くひょうえ
五十嵐（いからし）九兵衛　1833～1892　江戸後期～明治期の自治功労者
一条（いちじょう）九兵衛　江戸前期・中期の陶工
上野（うえの）九兵衛　？～1582　戦国・安土桃山時代の上杉氏の家臣
鹿島路（かしまじ）九兵衛　戦国時代の武将
北（きた）九兵衛　1671～1732　江戸前期・中期の盛岡藩家老
坂部（さかべ）九兵衛　？～1864　江戸後期・末期の副奉行
白井（しらい）九兵衛　江戸前期・中期の庄内藩家老
白井（しらい）九兵衛　？～1845　江戸後期の庄内藩家老
森（もり）九兵衛　1844～1904　江戸後期～明治期の豪商

久馬　くま　⇔きゅうま
佐藤（さとう）久馬　江戸末期の暦算家

久麻　くま
林（はやしの）久麻　奈良時代の人。大仏開眼供養

に雅楽助で伎楽頭をつとめた

熊　くま

熊　？～1582　安土桃山時代の織田信長の家臣

熊猪　くまい

物部（もののべの）熊猪　平安前期の武人

熊右衛門　くまえもん

長田（おさだ）熊右衛門　江戸後期の隠岐遠洋廻船業の先駆者

山分（やまわけ）熊右衛門　？～1734　江戸中期の力士

熊雄　くまお

高須（たかす）熊雄　1843～1915　江戸後期～明治期の新撰組隊士

熊王丸　くまおうまる

熊王丸　南北朝時代の孝子

熊記　くまき

上林（かんばやし）熊記　1836～1918　江戸末期～大正期の町役人

熊吉　くまきち

小田嶋（おだしま）熊吉　1831～1916　江戸末期～大正期の馬商

鳥屋（とりや）熊吉　？～1890　江戸末期・明治期の歌舞伎・見世物の興行師

熊凝　くまこり

大伴君（おおとものきみ）熊凝　奈良時代の相撲使従人

熊五郎　くまごろう

内田（うちだ）熊五郎　1843～1903　江戸後期～明治期の実業家

加藤（かとう）熊五郎　江戸末期の新撰組隊士

谷川（たにがわ）熊五郎　1850～1921　江戸末期～大正期の教育家

土生（はぶ）熊五郎　江戸後期の儒者

熊三郎　くまさぶろう

斎藤（さいとう）熊三郎　1839～1890　江戸後期～明治期の志士

熊次　くまじ

恒石（つねいし）熊次　1853～1934　江戸後期～昭和期のミツマタ栽培功労者

熊二　くまじ

木村（きむら）熊二　1845～1927　江戸末期～大正期の牧師、教育者

熊寿　くまじゅ

保科（ほしな）熊寿　安土桃山時代の信濃国伊那郡の武士

熊四郎　くましろう

後藤（ごとう）熊四郎　1827～1908　江戸後期～明治期の宮大工

渡辺（わたなべ）熊四郎〔2代〕　1847～1916　江戸後期～明治期の実業家

熊次郎　くまじろう

門田（かどた）熊次郎　1849～1903　江戸後期～明治期の林業家

木内（きのうち）熊次郎　江戸後期の開拓者

熊川（くまがわ）熊次郎　？～1863　江戸末期の相撲力士

佐藤（さとう）熊次郎　1854～？　江戸末期・明治期の漁夫

大和屋（やまとや）熊次郎　江戸中期の孝子

熊治郎　くまじろう

江口（えぐち）熊治郎　？～1743　江戸中期の小姓

岡田屋（おかだや）熊治郎　1778～1852　江戸中期・後期の備中宮内の市頭、興行師

木村（きむら）熊治郎　1848～1918　江戸後期～大正期の工芸家

く

熊治郎福演　くまじろうふくえん

逸見（へんみ）熊治郎福演　1813～1907　江戸後期～明治期の剣術家

熊蔵　くまぞう

庵原（いおはら）熊蔵　江戸末期の遣米使節の一員

糸田川（いとたがわ）熊蔵　1774～1815　江戸中期・後期の関東売藍商

加藤（かとう）熊蔵　1818～1897　江戸後期～明治期の陶器八ツ面焼窯元

鈴木（すずき）熊蔵　？～1793　江戸中期の松前藩士。ラクスマンが根室に来航した時に対応

田野口（たのくち）熊蔵　1854～1877　江戸末期・明治期の西南の役で戦死

山田（やまだ）熊蔵　江戸後期の韮山代官江川氏の手代

山田（やまだ）熊蔵　？～1896　江戸末期・明治期の砲術家

熊造　くまぞう

小丸（こまる）熊造　江戸末期・明治期の陶工

熊太　くまた

飯田（いいだ）熊太　1823～1896　江戸後期～明治期の教育者

石井（いしい）熊太　1781～1857　江戸中期～末期の藩士

熊太郎　くまたろう

青木（あおき）熊太郎　1852～1895　江戸後期～明治期の機業家

北川（きたがわ）熊太郎　江戸末期の新撰組隊士

高橋（たかはし）熊太郎　1806～1872　江戸後期～明治期の医師

戸賀崎（とがさき）熊太郎〔4代〕　1839～1907　江戸末期・明治期の剣術家

熊太郎芳栄　くまたろうよししげ

戸賀崎（とがさき）熊太郎芳栄　1807～1865　江戸後期・末期の剣術家

熊太郎芳武　くまたろうよしたけ

戸賀崎（とがさき）熊太郎芳武　1839～1907　江戸後期～明治期の剣術家

熊兆　くまちょう

熊兆　江戸末期の漢方医

熊之進　くまのしん

宇佐川（うさがわ）熊之進　1852～1894　江戸後期～明治期の夏橙栽培者

熊之助　くまのすけ

浅井（あざい）熊之助　江戸前期の浅井周防守井頼の惣領

小笠原(おがさわら)熊之助　1856～？　江戸末期・明治期の八戸藩士
小田島(おだしま)熊之助　1746～1792　江戸中期・後期の慈善家
平塚(ひらつか)熊之助　？～1615　江戸前期の武士。大坂の陣で籠城

熊八　くまはち
堀内(ほりうち)熊八　1842～1924　江戸末期～大正期の地方自治功労者

隈麿　くままろ
隈麿　？～902　平安中期の菅原道真公の子

熊人　くまんど
藤田(ふじた)熊人　1845～1866　江戸後期・末期の人。倉敷暴動に連座し刑死

組太夫　くみだゆう
竹本(たけもと)組太夫　1781～1841　江戸中期・後期の浄瑠璃の太夫

久米　くめ
津下(つげ)久米　1835～1916　江戸末期～大正期の社会運動家

久米吉　くめきち
阿部(あべ)久米吉　1839～1912　江戸後期～明治期の庄内竹塗創製者《阿部竹翁》

粂吉　くめきち
鶫川(つぐみかわ)粂吉　江戸末期・明治期の漆工

粂左衛門　くめざえもん
小林(こばやし)粂左衛門　1806～1856　江戸後期・末期の殖産家

粂作　くめさく
千葉(ちば)粂作　江戸末期の新撰組隊士？

久米三郎　くめさぶろう
飯塚(いいづか)久米三郎　江戸後期・末期の幕臣

粂三郎　くめさぶろう
岩崎(いわさき)粂三郎　1841～1910　江戸後期～明治期の西本願寺札幌別院開院の功労者

粂治　くめじ
小島(こじま)粂治　江戸後期の喜連川藩士、馬術家

久米太郎　くめたろう
松山(まつやま)久米太郎　江戸後期の幕臣

久米主　くめぬし
大伴(おおともの)久米主　750～810　奈良・平安前期の官人。主税頭、民部少輔を歴任

久米進　くめのしん
天野(あまの)久米進　江戸後期の藩士

粂八　くめはち
小林(こばやし)粂八　江戸後期の三浦郡横須賀村民

久米満　くめまろ
大友(おおとも)久米満　1817～1869　江戸後期～明治期の歌人

雲右衛門　くもえもん
天津風(あまつかぜ)雲右衛門　江戸末期の力士
御用木(ごようぼく)雲右衛門　1807～1867　江戸末期の力士
佐藤(さとう)雲右衛門　江戸前期の検地役人
釈迦ケ岳(しゃかがたけ)雲右衛門　1750～1775　江戸中期の力士

雲生　くもお　⇔うんしょう
雲生〔2代〕　南北朝時代の刀工《雲生〔2代〕》

雲上　くもがみ　⇔うんじょう
雲上　鎌倉時代の刀工《雲上》

雲貞　くもさだ
雲貞　江戸中期の陶工

雲次　くもつぐ　⇔うんじ
雲次　南北朝時代の刀工《雲次》

愚有　ぐゆう
愚有　江戸後期の曹洞宗の僧

くら
大橋(おおはし)くら　江戸前期の女舞太夫

くら風　くらかぜ
くら風　江戸後期の俳人

久良記　くらき
夜ル道ノ(よるみちの)久良記　江戸中期の狂歌作者・戯作者

蔵伎　くらき
菊屋(きくや)蔵伎　江戸後期の狂歌作者

倉吉　くらきち
野中(のなか)倉吉　1852～1912　江戸末期・明治期の映画館経営者

倉子　くらこ
倉子　？～1577　戦国・安土桃山時代の女性。佐野昌綱の妹、藤岡佐渡守清房の妻

蔵治　くらじ
岡(おか)蔵治　1793～1863　江戸後期・末期の藩士

倉次郎　くらじろう
服部(はっとり)倉次郎　1853～1920　江戸末期～大正期の養鰻業者《服部倉治郎》

倉治郎　くらじろう
服部(はっとり)倉治郎　1853～1920　江戸末期～大正期の養鰻業者

内蔵助　くらすけ　⇔くらのすけ
野田(のだ)内蔵助　？～1553　戦国時代の名東郡佐那河内城主

倉蔵　くらぞう
土屋(つちや)倉蔵　1812～1872　江戸後期～明治期の那須郡向田村の農民
通山(みちやま)倉蔵　1792～1859　江戸後期・末期の木彫家

倉造　くらぞう
若生(わこう)倉造　1844～1922　江戸末期～大正期の金物商

蔵造　くらぞう
西山(にしやま)蔵造　1838～1893　江戸後期～明治期の剣術家。無外流

久良太　くらた
武城(たけしろ)久良太　江戸末期の新撰組隊士

庫太　くらた
関谷(せきや)庫太　江戸末期の佐久山宿の篤志家

蔵太　くらた
武城(たけしろ)蔵太　江戸末期の新撰組隊士《武

城久良太》
寺西(てらにし)蔵太 1782〜1840 江戸中期・後期の桑折代官

蔵田 くらた
溝口(みぞぐち)蔵田 戦国時代の人。豊場に居住

倉武 くらたけ
内蔵(くらの)倉武 平安後期の官人

蔵太郎 くらたろう
高岡(たかおか)蔵太郎 1846〜? 江戸後期・末期の新撰組隊士

内蔵允 くらのじょう
有地(ありち)内蔵允 ?〜1885 江戸後期〜明治期の剣術家。新陰流

内蔵丞 くらのじょう ⇔くらのすけ
中村(なかむら)内蔵丞 1774〜1854 江戸中期〜末期の美祢郡赤村在郷武士

庫之助 くらのすけ
小西屋(こにしや)庫之助 江戸末期の酒屋

蔵助 くらのすけ
宮本(みやもと)蔵助 安土桃山時代の信濃国筑摩郡青柳の神官か

蔵之允 くらのすけ
佐々木(ささき)蔵之允 江戸末期の新撰組隊士

蔵之介 くらのすけ
佐々木(ささき)蔵之介 江戸末期の新撰組隊士《佐々木蔵之允》

内蔵介 くらのすけ
奥瀬(おくせ)内蔵介 1627〜? 江戸前期の武士

内蔵助 くらのすけ ⇔くらすけ
会田(あいだ)内蔵助 戦国時代の掃部助(大膳)の父。初め関宿城主簗田氏家臣、のち北条氏家臣
石田(いしだ)内蔵助 戦国時代の鈴木但馬守の被官
奥瀬(おくせ)内蔵助 1627〜? 江戸前期の武士《奥瀬内蔵介》
小倉(おぐら)内蔵助 戦国時代の今川氏の家臣
加藤(かとう)内蔵助 1815〜1866 江戸後期・末期の家塾師匠
地引(じびき)内蔵助 戦国時代の大工・細工職人
清水(しみず)内蔵助 戦国時代の上杉景勝の家臣
清田(せいた)内蔵助 戦国時代の河越宿の商人。北条氏家臣
露崎(つゆさき)内蔵助 戦国時代の武士
中島(なかしま)内蔵助 ?〜1652 江戸前期の上妻郡吉田村の庄屋
橋本(はしもと)内蔵助 戦国時代の北条領国の小代官

内蔵丞 くらのすけ ⇔くらのじょう
森村(もりむら)内蔵丞 ?〜1615 江戸前期の豊臣秀頼の家臣

内蔵之介 くらのすけ
大野(おおの)内蔵之介 江戸末期の新撰組隊士

内蔵之助 くらのすけ
石橋(いしばし)内蔵之助 1804〜1869 江戸後期〜明治期の梁田郡上渋垂村名主。梁田義民の一人
近藤(こんどう)内蔵之助 ?〜1807 江戸後期の天然理心流を創始
花坂(はなさか)内蔵之助 江戸前期の閉伊郡黒田村の肝入
村井(むらい)内蔵之助 江戸末期・明治期の書家

蔵内侍 くらのないし
蔵内侍 平安前期の女房・歌人

内蔵命婦 くらのみょうぶ
内蔵命婦 平安中期の女房。藤原道長男の教通の乳母

くらはち

倉八 くらはち
松岡(まつおか)倉八 1851〜1924 江戸末期〜大正期の養蚕家

倉麻呂 くらまろ
蘇我(そがの)倉麻呂 飛鳥時代の蘇我馬子の子

倉満 くらみつ
多米(ための)倉満 平安後期の豊後国内の開発領主

蔵人 くらんど ⇔くろうど
赤木(あかぎ)蔵人 ?〜1642 安土桃山時代の備中国の武将
上松(あげまつ)蔵人 安土桃山時代の織田信長の家臣
跡部(あとべ)蔵人 戦国時代の武将
井深(いぶか)蔵人 ?〜1850 江戸後期の剣術家。神道精武流
大野(おおの)蔵人 江戸末期の武士、江戸常府御用人
蛎崎(かきざき)蔵人 戦国時代の蠣崎館城主
栗原(くりはら)蔵人 ?〜1679 江戸前期の剣術家。心陰柳生流
小岩井(こいわい)蔵人 江戸前期の武将。大坂の陣で籠城
佐々木(ささき)蔵人 安土桃山時代の織田信長の家臣
津々木(つづき)蔵人 安土桃山時代の織田信長の家臣
寺沢(てらざわ)蔵人 江戸後期の徳島藩中老
寺島(てらしま)蔵人 1776〜1837 江戸後期の反省改革者
前田(まえだ)蔵人 江戸末期の新撰組隊士
吉川(よしかわ)蔵人 ?〜1617 安土桃山・江戸前期の武士

蔵人介 くらんど
神田(こうだ)蔵人介 戦国時代の玖珂軍本郷神田有力土豪

蔵人助 くらんどのすけ
新井(あらい)蔵人助 戦国時代の上野国衆国峰小幡氏の家臣。甘楽郡高瀬村の土豪

蔵人助親直 くらんどのすけちかなお
加江(かえ)蔵人助親直 ?〜1615 江戸前期の長宗我部盛親の家臣

工和利 くーりー
小浜(こはま)工和利 江戸後期の大工

栗右衛門 くりえもん
西村(にしむら)栗右衛門 1790〜1863 江戸後期・末期の武士

久里子　くりこ
西村（にしむら）久里子　江戸後期の南画家
九里丸　くりまる
東西屋（とうざいや）九里丸　1844〜1922　江戸末期〜大正期の東西屋（後のチンドン屋）
栗下女王　くりもとのじょおう
栗下女王　飛鳥時代の推古天皇の近習者の長
矩流　くりゅう
矩流　江戸中期の俳人
車持公　くるまもちのきみ
車持公　上代の豪族
九郎　くろう
荒尾（あらお）九郎　鎌倉後期・南北朝時代の尾張の武士
一色（いっしき）九郎　戦国時代の安房国滝田（南房総市）領主。滝田城主
鈴木（すずき）九郎　江戸前期の長者
乃不（のぶ）九郎　？〜1615　安土桃山・江戸前期の織田信長の家臣
家喜（やぎ）九郎　？〜1392　南北朝時代の武士
九良右衛門　くろうえもん
石地（いしぢ）九良右衛門　江戸後期の眼科医
九郎右衛門　くろうえもん　⇔くろえもん
九郎右衛門　戦国時代の皮作職人
九郎右衛門　戦国時代の皮作の職人・触口
跡部（あとべ）九郎右衛門　戦国時代の武将。武田家臣
磯貝（いそがい）九郎右衛門　戦国時代の本多忠朝の家臣。御代官
井上（いのうえ）九郎右衛門　江戸時代の稲田家家老
小林（こばやし）九郎右衛門　1771〜1842　江戸中期・後期の公事師
斎藤（さいとう）九郎右衛門　戦国時代の鋳物師
崎山（さきやま）九郎右衛門　安土桃山・江戸前期の六十人者与力
沢辺（さわべ）九郎右衛門　江戸後期の戸塚宿問屋役
塩屋（しおや）九郎右衛門　江戸前期の興行師
渋谷（しぶや）九郎右衛門　江戸中期の能楽シテ方渋谷流6世
八田（はった）九郎右衛門　1629〜1708　江戸前期・中期の剣術家。円明流
藤井（ふじい）九郎右衛門　戦国時代の土豪、金森重直の家臣
松平（まつだいら）九郎右衛門　江戸末期の武士
吉田（よしだ）九郎右衛門　？〜1778　江戸中期の俳諧書肆
和久屋（わくや）九郎右衛門　江戸前期の長崎商人
九郎右衛門尉　くろうえもんのじょう
芦沢（あしざわ）九郎右衛門尉　戦国・安土桃山時代の甲斐国南部の土豪
九郎五郎　くろうごろう
橋本（はしもと）九郎五郎　戦国時代の北条氏の家臣
九郎左衛門　くろうざえもん
新井（あらい）九郎左衛門　戦国時代の大井郷開発4人衆の一人
犬伏（いぬぶし）九郎左衛門　江戸後期の製薬業
上野山（うえのやま）九郎左衛門　江戸末期の武士
小坂（こさか）九郎左衛門　1828〜1873　江戸末期の武士
昆（こん）九郎左衛門　江戸中期の給人
桜町村（さくらまちむら）九郎左衛門　江戸前期の十村肝煎役
佐田（さだ）九郎左衛門　戦国時代の兵法家
鈴木（すずき）九郎左衛門　？〜1708　江戸前期・中期の剣術家。以心流
傍島（そばじま）九郎左衛門　1622〜1674　江戸前期の弘前藩家老
滝崎（たきざき）九郎左衛門　江戸後期の三浦郡大津村民
竜野（たつの）九郎左衛門　江戸時代の松江藩郡奉行
富田（とだ）九郎左衛門　戦国時代の剣術家
那波屋（なばや）九郎左衛門〔1代〕　1633〜1697　江戸前期・中期の豪商
西田（にしだ）九郎左衛門　江戸前期の京都糸割符商人
松井（まつい）九郎左衛門　江戸時代の八戸藩士
三和（みわ）九郎左衛門　戦国時代の今川氏の家臣
山田（やまだ）九郎左衛門　1796〜1874　江戸後期〜明治期の寺小屋師匠
九郎左衛門尉　くろうざえもんのじょう
佐野（さの）九郎左衛門尉　戦国時代の駿河国の人。武田氏に仕えた
佐野（さの）九郎左衛門尉　安土桃山時代の駿河国富士郡長貫の土豪
東平（とうへい）九郎左衛門尉　戦国時代の安房国北郡吉浜村付近の地侍
九郎三郎　くろうさぶろう
近江屋（おうみや）九郎三郎　江戸末期・明治期の京都の両替商
河井（かわい）九郎三郎　1824〜1887　江戸末期・明治期の茶業家
難波田（なんばた）九郎三郎　南北朝時代の武蔵武士
萩野（はぎの）九郎三郎　戦国時代の北条氏の家臣
渡辺（わたなべ）九郎三郎　戦国時代の北条氏の家臣
九郎次　くろうじ
中島（なかじま）九郎次　江戸中期の青地快庵の門弟。松山藩主松平定静に抜擢された
九郎次郎　くろうじろう　⇔くろじろう
伊東（いとう）九郎次郎　戦国時代の北条氏の家臣
江見（えみ）九郎次郎　安土桃山時代の織田信長の家臣《江見為久》
岡部（おかべ）九郎次郎　？〜1574　安土桃山時代の武田氏の家臣
田辺（たなべ）九郎次郎　安土桃山時代の織田信長の家臣
はまの宮（はまのみや）九郎次郎　戦国時代の紀伊国熊野の御師
九郎二郎　くろうじろう
福本（ふくもと）九郎二郎　戦国時代の鍛冶職人。北条氏の被官
九郎大夫　くろうだゆう
河村（かわむら）九郎大夫　安土桃山時代の織田信長の家臣

小林（こばやし）九郎大夫　1761〜1836　江戸中期・後期の岡山藩士・軍学者

九郎太郎　くろうたろう

千本（ちもと）九郎太郎　江戸前期の武士

蔵人　くろうど　⇔くらんど

上松（あげまつ）蔵人　安土桃山時代の織田信長の家臣《上松蔵人》

阿多野（あだの）蔵人　室町時代の阿多野郷の上ケ見城主

池内（いけうち）蔵人　戦国時代の千葉胤直の家臣

大島（おおしま）蔵人　安土桃山時代の信濃国の武士

小笠原（おがさわら）蔵人　戦国時代の古河公方足利義氏の家臣

小曽戸（おそど）蔵人　戦国時代の小山高朝・秀綱の家臣

神戸（かんべ）蔵人　？〜1615　安土桃山・江戸前期の前田氏の家臣

周防（すおう）蔵人　戦国時代の武蔵吉良氏朝の家臣

高木（たかぎ）蔵人　戦国時代の信濃国諏訪郡高木の土豪

長尾（ながお）蔵人　戦国時代の山内上杉氏の家臣

福田（ふくだ）蔵人　江戸前期の遠野南部氏家老

別所（べっしょ）蔵人　？〜1615　江戸前期の豊臣秀吉の家臣

逸見（へんみ）蔵人　江戸時代の藩主一族出身の八戸藩士

逸見（へんみ）蔵人　江戸前期の北条氏邦の旧臣

北条（ほうじょう）蔵人　鎌倉後期の武士

蔵人正　くろうどのしょう

鈴木（すずき）蔵人正　戦国時代の下総国本佐倉城（酒々井町）主

蔵人丞　くろうどのじょう

原（はら）蔵人丞　戦国時代の武士

蔵人佐　くろうどのすけ

逸見（へんみ）蔵人佐　戦国時代の北条氏邦の家臣

三瀬（みせ）蔵人佐　戦国時代の上総国武射郡飯櫃・小池郷周辺の土豪・地侍

三谷（みや）蔵人佐　戦国時代の千葉勝胤・昌胤の家臣

三谷（みや）蔵人佐　戦国時代の井田因幡守の家臣

蔵人佑　くろうどのすけ

平柳（ひらやなぎ）蔵人佑　？〜1564　戦国時代の武士

九郎右兵衛尉　くろうひょうえのじょう

小見（おみ）九郎右兵衛尉　戦国・安土桃山時代の大宮浅間神社の社人

九郎兵衛　くろうべえ　⇔くろべえ

今泉（いまいずみ）九郎兵衛　戦国時代の森山衆か

賀藤（かとう）九郎兵衛　戦国時代の西上総の土豪・地侍

金子（かねこ）九郎兵衛　？〜1822　江戸中期・後期の庄屋

中山（なかやま）九郎兵衛　戦国時代の千葉氏家臣

松平（まつだいら）九郎兵衛　1620〜1658　江戸前期の城代

九郎義賢　くろうよしかた

山本（やまもと）九郎義賢　安土桃山・江戸前期の紀伊国那賀郡杉原の郷士

九郎右衛門　くろえもん　⇔くろうえもん

薩摩屋（さつまや）九郎右衛門　江戸後期の尾張の人

塩原（しおばら）九郎右衛門　江戸前期の東筑摩郡古見村下組の名主

増田（ますだ）九郎右衛門　1801？〜1870　江戸後期〜明治期の藩士

黒木方　くろきのかた

黒木方　？〜1568　戦国・安土桃山時代の女性。山科言綱室

黒士　くろし

財部（たからべの）黒士　奈良時代の人

九郎次郎　くろじろう　⇔くろうじろう

江見（えみ）九郎次郎　安土桃山時代の武士

九郎助　くろすけ

新町の（しんちょうの）九郎助　江戸前期の人。吉原に稲荷神社を建てた

鎗屋（やりや）九郎助　江戸前期の金沢石浦町東側小路の角屋

黒背　くろせ

有度部（うとべの）黒背　奈良時代の官人

黒鯛　くろだい

凡直（おおしのあたえ）黒鯛　奈良時代の人。『続日本紀』に見える

黒谷上人　くろだにしょうにん

黒谷上人　？〜1129　平安後期の比叡山延暦寺の高僧

黒刀自売　くろとじめ

黒刀自売　715〜？　奈良時代の婢

黒成　くろなり

大伴（おおともの）黒成　平安前期の官人

壬生（みぶの）黒成　平安前期の相模高座郡の豪族

黒人　くろひと

黒人　1802〜1858　江戸後期・末期の俳人

内蔵（くらの）黒人　奈良時代の官人

民忌寸（たみのいみき）黒人　奈良時代の官人

黒媛娘　くろひめのいらつめ

黒媛娘　飛鳥時代の女性。天智天皇の宮人

九郎平　くろべい

近岡（ちかおか）九郎平　1849〜1920　江戸末期〜大正期の今浜海岸の砂防林植林に従事

百瀬（ももぜ）九郎平　1826〜1890　江戸後期〜明治期の養蚕、蚕種業者

九郎兵衛　くろべえ　⇔くろうべえ

阿江（あえ）九郎兵衛　戦国時代の人。大坂冬の陣が始まったとき、姫路藩主池田利隆の命を受けて神崎川に船を回し、渡河を成功させた

浅田（あさだ）九郎兵衛　江戸前期の剣術家。宝山流

泉屋（いずみや）九郎兵衛　江戸前期の京都糸割符商人

長沢（ながさわ）九郎兵衛　江戸前期の武士

永田（ながた）九郎兵衛　江戸前期の奉行

中村（なかむら）九郎兵衛　江戸末期の武士、勘定

奉行
日根(ひね)九郎兵衛　?～1669　江戸前期の幕臣
松田(まつだ)九郎兵衛　1816～1884　江戸後期～明治期の筑摩郡上波多村の庄屋、松本藩の山廻り役
湊(みなと)九郎兵衛　江戸中期の八戸藩家老

九郎兵衛安次　くろべえやすつぐ
小川(おがわ)九郎兵衛安次　?～1669　江戸前期の新田開発者

九郎兵衛可正　くろべえよしまさ
乙部(おとべ)九郎兵衛可正　?～1649　江戸前期の松江藩家老

黒益　くろます
上毛野坂本公(かみつけぬのさかもとのきみ)黒益　奈良時代の碓氷郡の人。上毛野坂本朝臣

黒麻呂　くろまろ
県犬甘(あがたのいぬかいの)黒麻呂　奈良時代の官人
粟田(あわたの)黒麻呂　奈良時代の官人
忌部首(いみべのおびと)黒麻呂　奈良時代の官人・万葉歌人
下道(しもつみちの)黒麻呂　奈良時代の官人
前部(ぜんぽうの)黒麻呂　平安前期の更級郡在住の高麗人
前部(ぜんぽうの)黒麻呂　前部黒麻呂に同じ
多治比(たじひの)黒麻呂　奈良時代の官人
桧前部(ひのくまべの)黒麻呂　奈良時代の佐位郷の戸主
藤原朝臣(ふじわらのあそん)黒麻呂　奈良時代の官人
矢田部(やたべの)黒麻呂　奈良時代の孝子

黒麿　くろまろ
海部(あまべの)黒麿　平安前期の出雲国楯縫郡の漁師

畔見　くろみ
石田(いしだ)畔見　1764～?　江戸中期・後期の歌人

黒御子　くろみこ
黒御子　南北朝時代の若狭国太良荘の百姓正阿の息女

加　くわう
源(みなもとの)加　?～1001　平安中期の官人

桑吉　くわきち
後藤(ごとう)桑吉　1850～1871　江戸後期～明治期の津田信祐の家臣

精戈　くわしほこ
常磐井(ときわい)精戈　1854～1893　江戸末期・明治期の神道家

鍬次郎　くわじろう
堀江(ほりえ)鍬次郎　1831～1866　江戸後期・末期の蘭学者、写真師

桑田王　くわたおう
桑田王　飛鳥時代の押坂彦人大兄皇子の子
桑田王　奈良時代の長屋王の子

薫　くん　⇔かおる
薫　1715～1780　江戸中期の女性。7代目尾張藩主徳川宗春の側室

訓営　くんえい
訓営　1386～1447　南北朝・室町時代の法相宗の僧

訓栄　くんえい
中村(なかむら)訓栄　1775～1831　江戸中期・後期の学者

薫畹　くんえん
永安(ながやす)薫畹　?～1862　江戸後期・末期の画家

訓円　くんえん
訓円　江戸前期の法相宗の僧

訓海　くんかい
訓海　室町時代の僧侶

軍記　ぐんき
鹿又(かのまた)軍記　1815～1893　江戸後期～明治期の私塾経営者

群祇　ぐんぎ
桜井(さくらい)群祇　1828～1898　江戸後期～明治期の和算家

君恭　くんきょう
岩下(いわした)君恭　1747～1821　江戸中期・後期の漢学者

君玉　くんぎょく
盧(ろ)君玉　?～1631　安土桃山・江戸前期の唐通事

群興　ぐんこう
畠山(はたやま)群興　江戸中期の文筆家

郡高　ぐんこう
松下(まつした)郡高　江戸後期の兵学者

軍左衛門　ぐんざえもん
原(はら)軍左衛門　?～1849　江戸後期の槍術師範

君山　くんざん
大沢(おおさわ)君山　?～1742　江戸中期の儒者
尾原(おばら)君山　1785～1872　江戸後期～明治期の開業医
中村(なかむら)君山　1701～1763　江戸中期の儒者
宮本(みやもと)君山　?～1827　江戸中期・後期の画家

薫山　くんざん
関(せき)薫山　1814～1889　江戸後期～明治期の僧侶

暉山　くんざん　⇔きざん
児玉(こだま)暉山　1803～1855　江戸後期の教育家・新谷藩士

軍司　ぐんじ
加藤(かとう)軍司　1819～1892　江戸後期～明治期の柔術家・気楽流第13代

軍治　ぐんじ
富永(とみなが)軍治　江戸中期の治水巧者

郡司　ぐんじ
久留(くる)郡司　江戸時代の庄内藩付家老

郡治　ぐんじ
市川(いちかわ)郡治　1758～1825　江戸中期・後期の剣術家。大太刀流祖

軍七　ぐんしち
下斗米（しもとまい）軍七　1794～1878　江戸後期～明治期の実用流師範
円子（まるこ）軍七　江戸時代の盛岡藩五戸通の給人

郡次兵衛　ぐんじべえ
赤石（あかし）郡次兵衛　1749～1825　江戸中期・後期の剣術家。直心影流

薫什　くんじゅう
滝水（たきみず）薫什　1840～1906　江戸後期～明治期の宗教家・殖産事業家

薫汁　くんじゅう
滝水（たきみず）薫汁　1840～1906　江戸後期～明治期の宗教家・殖産事業家《滝水薫什》

君舒　くんじょ
長崎（ながさき）君舒　？～1746　江戸中期の僧、文人

君樵　くんしょう
続木（つづき）君樵　1835～1883　江戸後期～明治期の南画家

君障　くんしょう
市川（いちかわ）君障　江戸中期の画家

軍司良正　ぐんじよしまさ
加藤（かとう）軍司良正　1819～1892　江戸後期～明治期の柔術家・気楽流第13代《加藤軍司》

薫二郎　くんじろう
山口（やまぐち）薫二郎　1815～1873　江戸後期～明治期の尊攘運動家

君清　くんせい
山本（やまもと）君清　江戸後期の医者

群蔵　ぐんぞう
富田（とみだ）群蔵　1789～1875　江戸後期～明治期の代官

軍蔵　ぐんぞう
鎌原（かんばら）軍蔵　江戸末期・明治期の人。高崎藩士
望月（もちづき）軍蔵　江戸中期の韮山代官江川氏の手代
森脇（もりわき）軍蔵　1700～1778　江戸中期の神道家

軍太　ぐんた
武田（たけだ）軍太　1774～1849　江戸中期・後期の剣術家

薫岱　くんたい
越知（おち）薫岱　？～1865　江戸後期の厚木村の医師。俳人

郡太左衛門　ぐんたざえもん
小島（こじま）郡太左衛門　1763～1840　江戸中期・後期の剣術家。心形刀流

軍大夫　ぐんだゆう
入地（いりち）軍大夫　江戸前期の武士。大坂の陣で籠城

郡大夫　ぐんだゆう
郡大夫　江戸後期の那須郡小木須村の名主
谷（たに）郡大夫　1784～1867　江戸後期の壬生藩山川領代官。農村復興に功績

軍太郎　ぐんたろう
永井（ながい）軍太郎　1770～1832　江戸中期・後期の剣術家。神道無念流

郡智　ぐんち
三滝（みたき）郡智　江戸前期の和算家

君仲　くんちゅう
桑原（くわばら）君仲　江戸中期の将棋士

君道　くんどう
宇野（うの）君道　江戸後期の眼科医

薫動　くんどう
薫動　江戸中期の曹洞宗の僧

軍刀斎　ぐんとうさい
石川（いしかわ）軍刀斎　江戸前期の剣術家

郡内　ぐんない
立石（たていし）郡内　1703～1771　江戸中期の小田原藩槍術指南

薫梅　くんばい
土井（どい）薫梅　江戸中期の歌人

君謨　くんばく
長瀬（ながせ）君謨　1755～1778　江戸中期の漢詩人

軍八　ぐんぱち
紅葉屋（もみじや）軍八　江戸前期の商人

軍八郎　ぐんぱちろう
山口（やまぐち）軍八郎　戦国時代の北条氏の家臣

軍兵衛　ぐんひょうえ　⇔ぐんべえ
松川（まつかわ）軍兵衛　安土桃山時代の信濃国安曇郡松川の土豪
湯川（ゆかわ）軍兵衛　江戸前期の武士。大坂の陣で籠城。水野勝成に仕官

君平　くんぺい
川崎（かわさき）君平　江戸後期の蘭方医

董平　くんぺい
水之江（みずのえ）董平　1840～1926　江戸末期～大正期の製塩業者

群平　ぐんぺい
淵辺（ふちべ）群平　1840～1877　江戸後期～明治期の近衛陸軍少佐。西南戦争では薩軍本営附護衛隊長

軍平　ぐんぺい
遠藤（えんどう）軍平　1836～1894　江戸末期・明治期の儒者
八田（はった）軍平　江戸末期の韮山代官江川氏の手代

郡平　ぐんぺい
柴田（しばた）郡平　1825～？　江戸後期・末期の医師
庄司（しょうじ）郡平　江戸末期・明治期の教育者
松島（まつしま）郡平　1779～1842　江戸中期・後期の津山松平藩士

軍兵衛　ぐんべえ　⇔ぐんひょうえ
稲垣（いながき）軍兵衛　1822～1871　江戸後期～明治期の藩士
折田（おりだ）軍兵衛　1573～？　戦国～江戸前期の郷士

山口(やまぐち)軍兵衛　江戸前期の弓術家
郡兵衛　ぐんべえ
中川(なかがわ)郡兵衛　1666〜1772　江戸中期の細川家の留守居
君鳳　くんぽう
劉(りゅう)君鳳　江戸後期の儒学者
薫陵　くんりょう
尾池(おいけ)薫陵　1733〜1784　江戸中期の医者
君嶺　くんれい
伊藤(いとう)君嶺　1747〜1796　江戸中期・後期の儒者
君齢　くんれい
加古(かこ)君齢　江戸後期の医家

【け】

計安塁　けあるい
和我君(わがのきみ)計安塁　奈良時代の和賀地方の蝦夷族長
卦庵　けあん
下方(しもかた)卦庵　安土桃山時代の白川郷の帰雲城主・内島為氏の抱え医師
下庵　げあん
下庵　戦国時代の甲斐武田一族穴山信君の家臣
けい
片桐(かたぎり)けい　1857〜？　江戸末期・明治期の林業振興に大きく貢献
啓　けい
松浦(まつうら)啓　江戸後期・末期の幕臣
敬　けい
安代(あじろ)敬　1795〜1849　江戸後期の医者
足立(あだち)敬　江戸時代の和算家
阿直(あちの)敬　奈良時代の官人
藤本(ふじもと)敬　1724〜1798　江戸中期・後期の郷士
横尾(よこお)敬　1796〜1876　江戸後期〜明治期の高鍋藩士・明倫堂教授
桂　けい
平岩(ひらいわ)桂　江戸前期の加賀藩士
冏　けい
吹野(ふきの)冏　1839〜1884　江戸後期〜明治期の教育者
輗　げい
栗山(くりやま)輗　江戸後期の国学者
慶阿　けいあ
慶阿　南北朝時代の連歌作者
景阿弥　けいあみ
景阿弥　室町時代の画家
啓庵　けいあん
勝田(かつた)啓庵　江戸後期の眼科医
慶庵　けいあん
小笠原(おがさわら)慶庵　戦国時代の武士
敬安　けいあん
岡(おか)敬安　江戸後期の医者
敬庵　けいあん
佐藤(さとう)敬庵　1683〜1755　江戸前期・中期の儒者
高橋(たかはし)敬庵　1836〜1915　江戸末期〜大正期の医師
桂安　けいあん
近藤(こんどう)桂安　江戸前期の小児科医
桂庵　けいあん
木村(きむら)桂庵　江戸中期の漢学者
網庵　けいあん
西谷(にしや)網庵　1832〜1894　江戸末期・明治期の大和田原本藩家老
啓壱　けいいち
梶野(かじの)啓壱　1847〜1923　江戸末期〜大正期の安濃銀行支配人
景一　けいいち
浦山(うらやま)景一　江戸後期の藩士
震鱗子(しんりんし)景一　1790〜？　江戸後期〜明治期の刀工
慶一郎　けいいちろう
風間(かざま)慶一郎　1845〜1918　江戸末期〜大正期の人。小鍋村外5か村連合会を組織
蕙逸　けいいつ
蕙逸　1796〜1867　江戸後期・末期の俳人
圭陰　けいいん
佐藤(さとう)圭陰　江戸後期の医師、詩人
慶運　けいうん
慶運　安土桃山・江戸前期の真言宗の僧
慶運　1663〜1729　江戸前期・中期の天台宗の僧
慶雲　けいうん　⇔きょううん
慶雲　1663〜1729　江戸前期・中期の天台宗の僧《慶運》
慶雲　江戸中期の天台宗の僧
慶雲　江戸中期の浄土真宗の僧
佐藤(さとう)慶雲　江戸後期の眼科医
高見沢(たかみざわ)慶雲　？〜1840？　江戸後期の絵師
景雲　けいうん
吉田(よしだ)景雲　1843〜1915　江戸末期〜大正期の湯長谷藩校致道館教授・漢学者
渓雲　けいうん
大熊(おおくま)渓雲　1817〜1870　江戸後期の大間木の算学塾師匠
狩野(かのう)渓雲　？〜1806　江戸中期・後期の絵師
景恵　けいえ
景恵　戦国・安土桃山時代の真言宗の僧、連歌作者
慶円　けいえん
慶円　平安後期の仏師
慶延　けいえん　⇔きょうえん
慶延　平安後期の真言宗の僧
桂園　けいえん
石原(いしはら)桂園　江戸後期の医者・漢学者

奚淵 けいえん
寺本(てらもと)奚淵 1834〜1889 江戸後期〜明治期の忍藩士。藩校培根堂の助教
慶往 けいおう
慶往 江戸中期の浄土真宗の僧
桂翁 けいおう
山田(やまだ)桂翁 1760〜? 江戸中期・後期の幕臣
敬音 けいおん
磯島(いそじま)敬音 1839〜1911 江戸後期〜明治期の僧・茶人
桂花 けいか
畠山(はたけやま)桂花 1626〜1693 江戸前期・中期の医師
契雅 けいが
契雅 戦国・安土桃山時代の天台宗の僧、連歌作者
鶏賀 けいが
鶏賀 江戸中期の俳人
圭海 けいかい
圭海 1632〜1694 江戸前期・中期の僧侶
渓崖 けいがい
原(はら)渓崖 江戸中期の華道家
圭学 けいがく
松崎(まつざき)圭学 江戸末期の和算家
圭岳 けいがく
原田(はらだ)圭岳 1804〜1885 江戸後期の画家
慶岳 けいがく
泰翁(たいおう)慶岳 1500〜1574 戦国・安土桃山時代の浄土宗僧
桂岳 けいがく
興禅寺(こうぜんじ)桂岳 ?〜1669 江戸前期の木曽福島の興禅寺6世
雞岳 けいがく
雞岳 1297〜1402 鎌倉後期〜室町時代の僧侶
奚花坊 けいかぼう
奚花坊 1772〜1858 江戸中期〜末期の俳人
景巌 けいがん
景巌 安土桃山時代の真言宗の僧
景顔 けいがん
神戸(かんべ)景顔 1832〜1870 江戸末期の漢学者
瓊岸院 けいがんいん
瓊岸院 1790〜1790 江戸後期の女性。徳川家斉の二女
慶喜 けいき
河田(かわだ)慶喜 南北朝時代の武将
敬起 けいき
石田(いしだ)敬起 江戸後期の蹴鞠家
慶義 けいぎ
慶義 江戸後期の真言宗の僧
敬義 けいぎ ⇔たかよし, ゆきよし
敬義 ?〜1821 江戸中期・後期の俳人
奚疑 けいぎ
奚疑 ?〜1812 江戸中期・後期の俳人
伊東(いとう)奚疑 1795〜1859 江戸後期・末期の漢学者
恵吉 けいきち ⇔えきち
中村(なかむら)恵吉 ?〜1772 江戸中期の塗櫛製造の創始者
慶吉 けいきち
千葉(ちば)慶吉 1852〜1919 江戸末期〜大正期の馬産家
景吉 けいきち ⇔かげよし
村上(むらかみ)景吉 ?〜1803 江戸中期・後期の医家
景玖 けいきゅう
景玖 戦国時代の天台宗の僧
桂久 けいきゅう
桂久 室町時代の歌人
恵教 けいきょう ⇔えきょう
白川氏(しらかわうじ)恵教 1810〜1863 江戸後期・末期の島尻与人
砂川(すながわ)恵教 1859〜1905 江戸末期・明治期の下地小学校の経営協力者
波平(なみひら)恵教 1810〜1863 江戸後期・末期の宮古島の人。讖書事件の首謀者
慶経 けいきょう
慶経 平安後期の天台宗の僧・歌人
景恭 けいきょう ⇔かげやす
山岡(やまおか)景恭 江戸末期の幕臣《山岡景恭》
慶玉 けいぎょく
慶玉 1712〜1785 江戸中期の農民
瓊玉院 けいぎょくいん
瓊玉院 1839〜1840 江戸後期の女性。徳川家慶の十女
渓琴 けいきん
菊池(きくち)渓琴 1798〜1881 江戸後期〜明治期の経世家
慶誾尼 けいぎんに
慶誾尼 ?〜1600 安土桃山時代の女性。鍋島清房の後室
景訓 けいくん
錦戸(にしきど)景訓 1846〜1917 江戸末期〜大正期の勧業家
芸訓 げいくん
教寂(きょうじゃく)芸訓 ?〜1700 江戸前期・中期の曹洞宗の僧
桂谿 けいけい
白蓉軒(はくようけん)桂谿 ?〜1831 江戸後期の歌人・僧侶
計圭 けいけい
計圭 江戸中期の俳人
渓月 けいげつ
葵岡(きこう)渓月 江戸後期の絵師
慶憲 けいけん
慶憲 江戸前期の天台宗の僧
絜賢 けいけん
喜久村(きくむら)絜賢 1685〜? 江戸前期・中期の久米島の公孫氏4世

慶源　けいげん
慶源　室町時代の僧侶・歌人
慶源　戦国時代の天台宗の僧

慶玄　けいげん　⇔きょうげん
内村（うちむら）慶玄　江戸後期の医者

敬元　けいげん　⇔たかもと
甲賀（こうが）敬元　江戸中期の医者・本草家

京子　けいこ　⇔みやこ
岡見（おかみ）京子　1859～1941　江戸末期～昭和期の医師

け

蕙子　けいこ
姫井（ひめい）蕙子　1765～1845　江戸末期の歌人

慶五　けいご
慶五　？～1849　江戸後期の俳人

恵広　けいこう
法甚坊（ほうじんぼう）恵広　？～1684　江戸前期の僧

敬光　けいこう
藕華（ぐうげ）敬光　1740～1823　江戸中期・後期の学僧

景洪　けいこう
英岳（えいがく）景洪　？～1628　安土桃山・江戸前期の臨済宗の僧

桂皐　けいこう
西野（にしの）桂皐　1733～1778　江戸中期の儒者

鶏告　けいこう
山東（さんとう）鶏告　江戸後期の戯作者

慶豪　けいごう
慶豪　南北朝時代の僧侶・連歌作者

桂香院　けいこういん
桂香院　？～1665　江戸前期の女性。山下市正氏政入道道安の妻

桂向山人　けいこうさんじん
桂向山人　江戸後期の絵師

恵根　けいこん
白川氏（しらかわうじ）恵根　1625～1702　江戸前期・中期の農業指導者

馨斎　けいさい
細野（ほその）馨斎　？～1900　江戸末期・明治期の教育者

啓斉　けいさい
江見（えみ）啓斉　1758～1829　江戸中期・後期の村上西奈彌羽黒神社の神官

圭斎　けいさい
宇都宮（うつのみや）圭斎　1677～1724　江戸前期・中期の儒者
神田（かんだ）圭斎　1794～？　江戸後期の蘭方医
島津（しまづ）圭斎　？～1854　江戸後期・末期の蘭方医
下田（しもだ）圭斎　1808～1887　江戸後期～明治期の俳人

圭斉　けいさい
平井（ひらい）圭斉　1844～1923　江戸末期～大正期の医師

恵斎　けいさい
小野沢（おのざわ）恵斎　1814～1878　江戸後期～明治期の飯山藩校の儒員

慶哉　けいさい
西蓮寺（さいれんじ）慶哉　1826～1893　江戸末期・明治期の僧。高山市の西蓮寺4世

敬哉　けいさい　⇔たかや
増田（ますだ）敬哉　江戸後期の故実家

敬斎　けいさい
敬斎　1783～1839　江戸中期・後期の俳人
池田（いけだ）敬斎　1823～1874　江戸後期～明治期の医師
片山（かたやま）敬斎　江戸後期の書家
中野（なかの）敬斎　1695～1764　江戸中期の漢学者・医者
本多（ほんだ）敬斎　1836～1869　江戸後期～明治期の蘭方医

敬西　けいさい
浄永寺（じょうえいじ）敬西　？～1556　安土桃山時代の僧。古川町の浄永寺の開基

景斎　けいさい
景斎　室町・戦国時代の画家

桂斎　けいさい
梨木（なしのき）桂斎　？～1723　江戸中期の国学者

桂斉　けいさい
高木（たかぎ）桂斉　1387～？　南北朝時代の医師

渓斎　けいさい
伊丹（いたみ）渓斎　1805～1870　江戸後期～明治期の俳人

系斎　けいさい
大松（だいまつ）系斎　江戸末期の新撰組隊士

奎斎　けいさい
西宮（にしのみや）奎斎　1800～1853　江戸後期の漢学者

薊斎　けいさい
沖（おき）薊斎　1795～1859　江戸後期・末期の儒者

絅斎　けいさい
綾部（あやべ）絅斎　1676～1750　江戸前期・中期の漢学者

芸斎　げいさい
市川（いちかわ）芸斎　江戸後期の漢学者

啓左衛門　けいざえもん
啓左衛門　？～1841　江戸後期の高山三之町の人

蕙作　けいさく
横山（よこやま）蕙作　1826～1872　江戸後期～明治期の医師

啓三郎　けいざぶろう
田部井（たべい）啓三郎　1832～1886　江戸後期～明治期の実業家
橋本（はしもと）啓三郎　1844～1927　江戸後期～明治期の和算家
星島（ほしじま）啓三郎　1836～1915　江戸末期～大正期の豪農・地方政治家

恵三郎　けいざぶろう
福島（ふくしま）恵三郎　江戸末期の従者。1860年

遣米使節に随行しアメリカに渡る

桂三郎　けいざぶろう

勝間(かつま)桂三郎　江戸末期の勤王家

慶讃　けいさん

慶讃　室町時代の天台宗の僧

慶讃　江戸中期の僧

景賛　けいさん

景賛　戦国時代の医師、僧

啓山　けいざん

柳井(やない)啓山　江戸中期・後期の眼科医

圭山　けいざん

大西(おおにし)圭山　1775〜1856　江戸末期の画家

珪山　けいざん

珪山　？〜1794頃？　江戸中期の俳人

恵山　けいざん

南(みなみ)恵山　1709〜1788　江戸中期・後期の漢学者

慶山　けいざん　⇔きょうざん

河畑(かわばた)慶山　1707〜1750　江戸中期の俳人

桜井(さくらい)慶山　1849〜1925　江戸末期〜大正期の上今泉の医師

敬山　けいざん

敬山　江戸後期の俳人

景山　けいざん

景山　1786〜1864　江戸中期〜末期の俳人

大野(おおの)景山　1786〜1864　江戸中期〜末期の俳人

久米(くめ)景山　1706〜1758　江戸中期の歌人

中川(なかがわ)景山　1807〜1852　江戸後期の藩士

中沢(なかざわ)景山　江戸後期の画家

淵(ふち)景山　江戸中期の漢学者

曲淵(まがりぶち)景山　？〜1857　江戸末期の幕臣

八隅(やすみ)景山　江戸後期の医者

桂山　けいざん

飯田(いいだ)桂山　1703〜1760　江戸中期の漢詩人

五十嵐(いがらし)桂山　江戸末期の医者

金指(かなさし)桂山　？〜1846　江戸後期の杉久保生まれの画家

土井(どい)桂山　1796〜1852　江戸後期の医家

渓山　けいざん

塚田(つかだ)渓山　1824〜1899　江戸末期・明治期の僧侶

稽山　けいざん

稽山　1795〜1850　江戸後期の僧侶

経山　けいざん

鹿島(かしま)経山　？〜1857　江戸後期・末期の絵師

荊山　けいざん

荊山　1749〜1821　江戸中期・後期の俳人、漢詩人

朝倉(あさくら)荊山　1755〜1818　江戸中期・後期の漢学者

蕙山　けいざん

春日(かすが)蕙山　1781〜1843　江戸後期の医家

契史　けいし

契史　1824〜1873　江戸末期の俳人

敬止　けいし

遠藤(えんどう)敬止　1849〜1904　江戸後期〜明治期の会津藩士、実業家

坂元(さかもと)敬止　1813〜1852　江戸後期の医者

敬之　けいし　⇔けいすけ, たかゆき, ひろゆき

村瀬(むらせ)敬之　江戸後期の本草家

継志　けいし

呉(ご)継志　江戸中期の医者

軽子　けいし

軽子　江戸中期の俳人

啓治　けいじ

戸塚(とつか)啓治　1829〜1903　江戸後期〜明治期の和算の指導者

啓二　けいじ

一庭(いちば)啓二　1844〜1911　江戸末期・明治期の実業家

恵治　けいじ

白川氏(しらかわうじ)恵治　1668〜1744　江戸前期・中期の宮古の平良大首里大屋子、総横目

慶次　けいじ　⇔よしつぐ

前田(まえだ)慶次　安土桃山時代の武将

慶治　けいじ

榎(えのき)慶治　1843〜1903　江戸後期〜明治期の大工

松本(まつもと)慶治　1825〜1899　江戸後期〜明治期の和算家、龍野藩士

慶爾　けいじ

横山(よこやま)慶爾〔1代〕　1859〜1908　江戸末期・明治期の実業家

敬司　けいじ

岸浪(きしなみ)敬司　1849〜1911　江戸後期〜明治期の医師

桂司　けいじ

安部(あべ)桂司　1822〜1890　江戸後期〜明治期の金屋子神社宮司、俳人

鯢思　げいし

宮崎(みやざき)鯢思　1774〜1843　江戸中期・後期の漢学者

啓七　けいしち

国分(こくぶん)啓七　1854〜？　江戸末期・明治期の軸木生産者

恵七郎　けいしちろう

飯田(いいだ)恵七郎　江戸中期の韮山代官江川氏手代

恵実　けいじつ

恵実　江戸中期の浄土真宗の僧

瓊子内親王家小督　けいしないしんのうけのこごう

瓊子内親王家小督　南北朝時代の女房・歌人

瓊子内親王家治部卿　けいしないしんのうけのじぶきょう
瓊子内親王家治部卿　南北朝時代の女房・歌人
慧釈　けいしゃく
慧釈　?～1720　江戸前期・中期の学僧
恵珠　けいしゅ
恵珠　江戸後期の本牧北方の俳人
慶受　けいじゅ
命天(みょうてん)慶受　?～1595　戦国・安土桃山時代の曹洞宗の僧
け
慶寿　けいじゅ　⇔よしとし, よしひさ
吉野家(よしのや)慶寿　?～1702　江戸中期の豪商。富山藩の藩初から元禄時代に活躍
慶樹　けいじゅ
桂堂(けいどう)慶樹　?～1461　室町時代の女性。松平信光室
慶寿院　けいじゅいん
慶寿院　安土桃山時代の女性。武田氏親族か
啓周　けいしゅう
堀川(ほりかわ)啓周　?～1858　江戸後期・末期の画家
慶秀　けいしゅう　⇔きょうしゅう, よしひで
慶秀　平安後期の天台宗園城寺の僧《慶秀》
慶秀　1399～?　室町時代の天台宗の僧
慶秀　1558～1609　戦国～江戸前期の浄土真宗の僧
敬周　けいしゅう　⇔ゆきまさ
堀川(ほりかわ)敬周　1789頃～1858　江戸後期の町絵師
桂洲　けいしゅう
桂洲　江戸前期の臨済宗の僧
蘆川(あしかわ)桂洲　江戸前期の医者・漢学者
伊藤(いとう)桂洲　江戸後期・末期の書家
菊田(きくた)桂洲　1825～1903　江戸後期～明治期の画家
稽洲　けいしゅう
稽洲　江戸後期の臨済宗の僧
軽舟　けいしゅう
軽舟　江戸後期の俳人
鶏周　けいしゅう
鶏周　江戸後期の俳人
慶什　けいじゅう
慶什　1499～?　戦国時代の天台宗の僧
景叔　けいしゅく
石陽(せきよう)景叔　室町・戦国時代の画家
恵春　けいしゅん
井上(いのうえ)恵春　江戸末期の職人
慶俊　けいしゅん　⇔きょうしゅん
慶俊　安土桃山時代の僧侶
本田(ほんだ)慶俊　室町時代の山伏
慧俊　けいしゅん
南海(なんかい)慧俊　1626～1684　江戸前期の僧、文人
慶純　けいじゅん
慶純　安土桃山・江戸前期の連歌作者
慶順　けいじゅん　⇔のぶより
慶順　1843～?　江戸後期・末期の天台宗の僧
道林寺(どうりんじ)慶順　1475～1496　戦国時代の石動道林寺10代
西川(にしかわ)慶順　?～1577　戦国・安土桃山時代の織田信長の家臣
牧(まき)慶順　1834～1876　江戸後期～明治期の私塾経営者
松永(まつなが)慶順　1774～1860　江戸中期～末期の東本願寺高倉学寮の寮司
敬順　けいじゅん
敬順　1762～1832　江戸中期・後期の浄土真宗の僧
十方庵(じっぽうあん)敬順　1761～1832　江戸中期の紀行文作家
十方庵(じゅっぽうあん)敬順　十方庵敬順に同じ
若林(わかばやし)敬順　江戸中期・後期の医師
桂所　けいしょ
古田(ふるた)桂所　1833～1883　江戸後期～明治期の書家
契昭　けいしょう
契昭　1179～?　平安後期・鎌倉前期の天台宗の僧
恵将　けいしょう
白川氏(しらかわうじ)恵将　1722～1763　江戸中期の宮古の医師
経正　けいしょう　⇔きょうじょう, つねまさ
矢吹(やぶき)経正　1827～1881　江戸末期の歌人
敬常　けいじょう
原(はら)敬常　1736～1809　江戸中期・後期の妙好人
景静　けいじょう
景静　奈良時代の僧
桂乗　けいじょう
後藤(ごとう)桂乗　1740～1804　江戸中期・後期の装剣金工
桂城　けいじょう
渡辺(わたなべ)桂城　?～1885　江戸後期～明治期の医者・漢学者
継成　けいじょう　⇔つぎなり, つぐなり
継成　?～1774　江戸中期の浄土真宗の僧
迎祥　げいしょう
迎祥　1806～1859　江戸後期・末期の俳人
恵助法親王　けいじょほうしんのう
恵助法親王　南北朝時代の伏見天皇の皇子
啓次郎　けいじろう
円尾(まるお)啓次郎　江戸末期の新撰組隊士《円尾啓二郎》
啓二郎　けいじろう
円尾(まるお)啓二郎　江戸末期の新撰組隊士
圭次郎　けいじろう
小沢(おざわ)圭次郎　1842～1932　江戸後期～昭和期の造園家
慶次郎　けいじろう
渡辺(わたなべ)慶次郎　1841～1914　江戸後期～大正期の農業改良家

慶治郎　けいじろう
藤岡屋(ふじおかや)慶治郎　江戸後期の書肆
敬次郎　けいじろう
永岡(ながおか)敬次郎　1840〜1877　江戸後期〜明治期の会津藩士
桂次郎　けいじろう
柴田(しばた)桂次郎　江戸末期の代官、官吏
桂二郎　けいじろう
安東(あんどう)桂二郎　1807〜1857　江戸後期の地方文人
恵真　けいしん
白川氏(しらかわうじ)恵真　1690〜1746　江戸中期の宮古の医師
敬心　けいしん　⇔きょうしん
敬心　鎌倉時代の僧、連歌師《敬心》
敬親　けいしん
馬詰(うまづめ)敬親　1649〜1729　江戸前期・中期の医師
馬詰(うまづめ)敬親　1833〜？　江戸後期・末期の医者
渓水　けいすい
本橋(もとはし)渓水　1783〜1851　江戸後期の寺子屋師匠
景瑞　けいずい
増田(ますだ)景瑞　江戸末期の幕臣
鯨吹　げいすい
鯨吹　江戸後期の俳人
啓介　けいすけ
塩谷(しおや)啓介　1767〜1847　江戸中期・後期の私塾経営者
啓助　けいすけ
河野(こうの)啓助　江戸後期の幕臣
関山(せきやま)啓助　江戸後期の高座郡当麻村名主
山本(やまもと)啓助　？〜1891　江戸末期・明治期の幕臣
啓輔　けいすけ
大谷(おおたに)啓輔　？〜1861　江戸末期の農民
圭介　けいすけ
桑山(くわやま)圭介　江戸後期〜明治期の幕臣
圭助　けいすけ
金沢(かなざわ)圭助　江戸末期の新撰組隊士
圭輔　けいすけ
鈴木(すずき)圭輔　1771〜1834　江戸中期・後期の眼科医
形助　けいすけ
沢池(さわち)形助　江戸後期の足柄下郡町田村民
慶助　けいすけ
有富(ありどみ)慶助　1829〜1911　江戸後期〜明治期の酒造業
佐伯(さえき)慶助　1830〜1898　江戸後期〜明治期の彫刻師、宮大工
米田(よねた)慶助　1788〜1881　江戸末期・明治期の農事改良家
慶輔　けいすけ　⇔よしすけ
末永(すえなが)慶輔　1831〜1900　江戸後期〜明治期の本吉郡津谷村肝入、戸長
敬介　けいすけ
岩瀬(いわせ)敬介　1804〜1850　江戸後期の高須村出身の蘭方外科医
敬助　けいすけ
山藤(さんどう)敬助　1858〜1910　江戸末期・明治期の印刷業者
敬之　けいすけ　⇔けいし, たかゆき, ひろゆき
三井(みつい)敬之　1855〜1923　江戸末期〜大正期の眼科医
敬輔　けいすけ　⇔きょうほ
窪田(くぼた)敬輔　1848〜1904　江戸後期〜明治期の弁護士
高原(たかはら)敬輔　1808〜1859　江戸後期・末期の医師
敬祐　けいすけ
船越(ふなこし)敬祐　江戸中期の医師
船越(ふなこし)敬祐　江戸後期の医者
景助　けいすけ　⇔かげすけ
山岡(やまおか)景助　1624〜1705　江戸前期・中期の幕臣
慶政　けいせい
慶政　1189〜1266　鎌倉前期の僧、説話集編者
慶清　けいせい
慶清　江戸前期の僧
渓栖　けいせい
葵岡(きこう)渓栖　江戸後期の絵師
敬石　けいせき
石寺(いしでら)敬石　？〜1895　江戸末期・明治期の画人
荊石　けいせき
魚住(うおずみ)荊石　1799〜1880　江戸後期〜明治期の画家
窪田(くぼた)荊石　1699〜？　江戸中期の漢学者・藩黌の講官
圭屑　けいせつ
井村(いむら)圭屑　1705〜1787　江戸中期の書家
井邨(いむら)圭屑　1706〜1787　江戸中期の書家
敬節　けいせつ
高根(たかね)敬節　1718〜1786　江戸中期の漢学者
桂節　けいせつ
桂節　1401〜1496　室町・戦国時代の僧侶
啓拙斎　けいせつさい
啓拙斎　室町・戦国時代の画家
慶暹　けいせん
慶暹　南北朝時代の善光寺の絵師
桂僊　けいせん
淵野(ふちの)桂僊　1824〜1881　江戸後期〜明治期の南画家
渓川　けいせん
安倍(あべ)渓川　江戸後期の和算家
慶善　けいぜん
慶善　1530〜1587　戦国・安土桃山時代の僧

慶善　1604〜1658　江戸前期の浄土宗の僧
了暁(りょうぎょう)慶善　?〜1483?　戦国時代の浄土僧

慶禅　けいぜん　⇔きょうぜん
慶禅　鎌倉時代の仏師

慶宗　けいそう　⇔のりむね，よしむね
慶宗　鎌倉後期の僧侶・歌人

慧聡　けいそう　⇔えそう
慧聡　?〜1297　鎌倉後期の僧《鈍庵慧聡》

敬宗　けいそう
敬宗　戦国時代の偽使者

敬窓　けいそう
玉置(たまおき)敬窓　1780〜1829　江戸中期・後期の画家

敬叟　けいそう
山中(やまなか)敬叟　江戸末期の医者

桂窓　けいそう
桂窓　江戸末期の僧
小津(おづ)桂窓　1804〜1858　江戸後期・末期の文人

桂叟　けいそう
西井(にしい)桂叟　1827〜1882　江戸後期〜明治期の国学者

蛍窓　けいそう
田辺(たなべ)蛍窓　1790〜1852　江戸後期の漢学者

鶏窓　けいそう
秋山(あきやま)鶏窓　1792〜1863　江戸後期・末期の書家

挈聡　けいそう
喜久村(きくむら)挈聡　1713〜?　江戸中期の久米島の公孫氏6世

啓蔵　けいぞう
須山(すやま)啓蔵　1814〜1871　江戸後期〜明治期の医師、漢詩人

圭三　けいぞう
岡村(おかむら)圭三　1846〜1910　江戸後期〜明治期の教育者
柴田(しばた)圭三　1839〜1897　江戸末期〜明治期の通訳・官僚

慶増　けいぞう　⇔きょうぞう
慶増　1017〜1107　平安中期・後期の天台宗の僧
曽祢崎(そねざき)慶増　鎌倉時代の武将

慶造　けいぞう
慶造　江戸後期の淘綾郡国府新宿六所明神社神宮
永井(ながい)慶造　1847〜1919　江戸末期〜大正期の人。黒松村漁業組合理事

敬三　けいぞう
加藤(かとう)敬三　江戸時代の和算家
川村(かわむら)敬三　江戸末期・明治期の幕臣
熊谷(くまがい)敬三　1819〜1900　江戸後期〜明治期の学校建設の功労者
小谷野(こやの)敬三　1852〜?　江戸後期〜明治期の本郷教会会員

敬蔵　けいぞう
萩野(はぎの)敬蔵　1843〜1902　江戸後期〜明治期の幕臣
宮坂(みやさか)敬蔵　1801〜1872　江戸後期〜明治期の庄内藩士

計三　けいぞう
八田(はった)計三　1836〜1910　江戸後期〜明治期の和算家

啓孫　けいそん
啓孫　戦国時代の絵師

慶尊　けいそん
慶尊　南北朝時代の仏師

敬村　けいそん
敬村　?〜1852　江戸後期の俳人

渓村　けいそん
江繋(えつなぎ)渓村　1811〜1861　江戸後期・末期の奉行

継尊　けいそん
継尊　鎌倉時代の天台宗の僧・歌人
安祥寺(あんしょうじ)継尊　1801〜1864　江戸後期・末期の僧侶

溪村　けいそん
江繋(えつなぎ)溪村　1813〜1863　江戸後期・末期の歴史家

銈太郎　けいたろう
河野(かわの)銈太郎　1859〜?　江戸末期・明治期の種苗業者

啓端　けいたん
直庵(ちょくあん)啓端　?〜1424　南北朝・室町時代の僧侶

敬反　けいたん
稲田(いねた)敬反　江戸後期の画家

慶忠　けいちゅう　⇔きょうちゅう，よしただ
慶忠　戦国時代の仏師

敬仲　けいちゅう
衣関(きぬどめ)敬仲　1720〜?　江戸中期の眼科医

敬忠　けいちゅう　⇔たかただ，よしただ
丹羽(にわ)敬忠　江戸中期・後期の篤志家

慶超　けいちょう
慶超　江戸中期の浄土真宗の僧

敬長　けいちょう
安間(あんま)敬長　1803〜1879　江戸後期〜明治期の藩士

景張　けいちょう
野口(のぐち)景張　江戸後期の漢詩人

芸長　げいちょう
広庵(こうあん)芸長　戦国時代の武蔵天寧寺の5世住持。天正寺開山

恵通　けいつう
白川氏(しらかわうじ)恵通　1691〜1762　江戸中期の宮古島頭、平良大首里大屋子

経通　けいつう
小坂(こさか)経通　安土桃山時代の武将

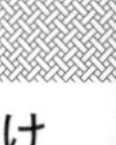

経定 けいてい ⇔つねさだ, のりさだ
山本(やまもと)経定 1687〜1734 江戸前期・中期の俳人
恵迪 けいてき
菅原(すがわら)恵迪 江戸後期の和算家
慶典 けいてん
慶典 戦国時代の真言宗の僧・連歌作者
敬天 けいてん
敬天 1745〜1817 江戸中期・後期の天台宗の僧
継天 けいてん
継天 1693〜? 江戸中期の天台宗の僧
璟鈿 けいでん
璟鈿 奈良時代の東大寺の僧
敬天律師 けいてんりっし
敬天律師 1745〜1817 江戸中期・後期の天台宗の僧《敬天》
景当 けいとう
友寄(ともよせ)景当 1646〜1696 江戸前期・中期の医師
経艡 けいとう
村田(むらた)経艡 江戸後期の本草学者
圭堂 けいどう
大村(おおむら)圭堂 1789〜1843 江戸後期の詩人、画家
径童 けいどう
一睡庵(いっすいあん)径童 江戸中期の俳人
佐々木(ささき)径童 1718〜1787 江戸中期の俳人
慶道 けいどう
慶道 安土桃山時代の浄土宗の僧
敬堂 けいどう
山川(やまかわ)敬堂 ?〜1826 江戸末期の医師
吉井(よしい)敬堂 1728〜1800 江戸中期・後期の礼法家
桂堂 けいどう
岡久(おかひさ)桂堂 1813〜1891 江戸後期〜明治期の漢学者
敬徳 けいとく ⇔たかのり, よしのり
久保(くぼ)敬徳 1836〜1891 江戸後期〜明治期の医師
景徳院 けいとくいん
景徳院 1852〜1853 江戸後期の徳川家慶の十四男
恵徳上人 けいとくしょうにん
恵徳上人 江戸末期の僧。八朔の発見者
慶徳丸 けいとくまる
権田(ごんだ)慶徳丸 室町時代の在地領主
渓南 けいなん
村上(むらかみ)渓南 江戸前期の医者
荊南 けいなん
古林(ふるばやし)荊南 1736〜1799 江戸中期・後期の医家
慶念 けいねん
慶念 1536〜1611 室町時代〜江戸前期の浄土真宗の僧
継然 けいねん
継然 鎌倉後期の天台宗の僧
慶之進 けいのしん
三浦(みうら)慶之進 1849〜1911 江戸後期〜明治期の実業家
敬之輔 けいのすけ
佐藤(さとう)敬之輔 1823〜1892 江戸後期〜明治期の教育者
桂之助 けいのすけ
小林(こばやし)桂之助 1847〜1868 江戸後期・末期の新撰組隊士
計之助 けいのすけ
荒木(あらき)計之助 ?〜1866 江戸末期の剣客
銈之助 けいのすけ
小田切(おだぎり)銈之助 江戸末期の韮山代官江川氏の手代
慶範 けいはん ⇔きょうはん
慶範 997〜1061 平安中期・後期の僧
慶範 1635〜1699 江戸前期・中期の真言律宗の僧
慶盤 けいばん
慶盤 ?〜1745 江戸中期の真言宗の僧
恵備 けいび
白川氏(しらかわうじ)恵備 1831〜1882 江戸後期〜明治期の東仲宗根目差・上地与人
桂眉 けいび
桂眉 江戸後期の俳人
渓尾 けいび
渓尾 江戸中期の俳人
敬父 けいふ
蝦(えび)敬父 1756〜1807 江戸中期の藩医師
前島(まえじま)敬父 1774〜1805 江戸中期・後期の文学者、医者
慶文 けいぶん
広岳(こうがく)慶文 ?〜1439 室町時代の吉城郡高原郷の赤桶村にあった赤桶寺の僧
恵兵衛 けいべえ
宮脇(みやわき)恵兵衛 江戸前期の銃術家
珪甫 けいほ
藤田(ふじた)珪甫 江戸末期の蘭学者・医者
桂圃 けいほ
桂圃 江戸後期の俳人
金井(かない)桂圃 1779〜1867 江戸末期の和算家
渓圃 けいほ
守元(もりもと)渓圃 江戸後期の儒者
瓊圃 けいほ
谷口(たにぐち)瓊圃 ?〜1879 江戸末期・明治期の眼科医
圭峯 けいほう
隅田(すみだ)圭峯 江戸末期の商家
桂鳳 けいほう
桂鳳 江戸中期の浄土宗の僧
鶏峰 けいほう
石川(いしかわ)鶏峰 1823〜1889 江戸末期の漢

学者

圭密　けいみつ
堅中(けんちゅう)圭密　室町時代の禅僧・外交僧

慶明　けいめい
疋田(ひきた)慶明　江戸中期の相法家

敬名　けいめい　⇔たかな
岡(おか)敬名　1804〜1850　江戸末期の歌人《岡敬名》

景明　けいめい　⇔かげあき, かげあきら
国頭(くにがみ)景明　戦国・安土桃山時代の琉球の三司官

け

慶門　けいもん
風山(ふうざん)慶門　?〜1691　江戸前期・中期の僧

恵由　けいゆう
誓願寺(せいがんじ)恵由　江戸中期の高山市の誓願寺の開基

慶有　けいゆう
慶有　南北朝時代の僧侶・歌人

慶祐　けいゆう
慶祐　戦国時代の僧侶・連歌作者
慶祐　江戸前期の天台宗の僧

慶融　けいゆう
慶融　鎌倉時代の僧、歌人

敬友　けいゆう
竹流斎(ちくりゅうさい)敬友　江戸後期の絵師

景友　けいゆう　⇔かげとも
友寄(ともよせ)景友　1595〜1663　安土桃山・江戸前期の薩摩の人。琉球へ藍染の技法を伝えた

景幽　けいゆう
佐伯(さえき)景幽　1813〜1869　江戸後期〜明治期の画家

景祐　けいゆう　⇔かげすけ
景祐　安土桃山・江戸前期の真言宗の僧、連歌作者

景雄　けいゆう　⇔かげお
秋月庵(しゅうげつあん)景雄　1775〜1834　江戸中期・後期の絵師、俳人

桂祐　けいゆう
柳田(やなぎだ)桂祐　1809〜1894　江戸後期〜明治期の私塾経営者

桂雄　けいゆう
百尺楼(ひゃくせきろう)桂雄　江戸後期の狂歌作者

慶養　けいよう
慶養　江戸前期の俳人

景庸　けいよう
庸山(ようざん)景庸　1625〜1690　安土桃山・江戸前期の臨済宗の僧

景曜　けいよう
曲淵(まがりぶち)景曜　江戸後期・末期の幕臣

景雷　けいらい
国栖(くず)景雷　1747〜1815　江戸中期・後期の漢学者

慶里　けいり
慶里　江戸後期の俳人

景鯉　けいり
近松(ちかまつ)景鯉　江戸中期の浄瑠璃作者

桂里　けいり
有持(ありもち)桂里　1758〜1835　江戸中期・後期の医者

慶隆　けいりゅう
平敷(へしき)慶隆　1651〜1706　江戸前期・中期の和文学者

景竜　けいりゅう
藤田(ふじた)景竜　江戸中期の武士、画家

景劉院　けいりゅういん
景劉院　戦国時代の女性。三木直頼の生母

慶了　けいりょう
堀江(ほりえ)慶了　?〜1896　江戸末期・明治期の浄土真宗の僧

敬亮　けいりょう
天野(あまの)敬亮　?〜1859　江戸後期・末期の医家

珪琳　けいりん
松木(まつき)珪琳　戦国時代の武田家の蔵前衆

景麟　けいりん
鎌田(かまた)景麟　1808〜1864　江戸末期の画家

桂林　けいりん
西村(にしむら)桂林　?〜1828　江戸後期の医者
三縄(みなわ)桂林　1744〜1808　江戸中期・後期の漢詩人

慶林院　けいりんいん
慶林院　1621〜1686　江戸前期の女性。3代弘前藩主津軽信義の正室

慶林斎　けいりんさい
慶林斎　安土桃山時代の武田氏の家臣

桂林尼　けいりんに
月菴桂林尼　戦国時代の女性。下総国小金城(松戸市)主・高城胤吉の妻

慶蓮　けいれん
須藤(すどう)慶蓮　戦国時代の相模の地福寺の檀那

軽蘆　けいろ
軽蘆　江戸前期・中期の俳人

鶏路　けいろ
伊藤(いとう)鶏路　1748?〜1815　江戸中期・後期の花巻地方の俳人

外記　げき
会田(あいだ)外記　江戸前期の日光御成道大門宿の開発者
安藤(あんどう)外記　江戸後期の眼科医
生田(いくた)外記　?〜1615　江戸前期の御宿越前の譜代の郎党
川村(かわむら)外記　?〜1598　安土桃山時代の武士。大坂の陣で籠城
桑原(くわばら)外記　戦国時代の武将。武田家臣
小清水(こしみず)外記　江戸後期の足柄上郡井之口村蓑笠明神社祠官
薩摩(さつま)外記〔3代〕　?〜1716　江戸前期・中期の浄瑠璃太夫
里見(さとみ)外記　1771〜1840　江戸中期・後期

の庄内藩家老
里見(さとみ)外記　1817〜1861　江戸後期・末期の庄内藩家老
島田(しまだ)外記　戦国時代の武将。武田家臣
曽根(そね)外記　戦国時代の武将
多胡(たこ)外記　江戸時代の津和野藩家老
津田(つだ)外記　江戸中期・後期の茶人
内藤(ないとう)外記　戦国時代の武将。武田家臣
中川(なかがわ)外記　江戸後期の藩士
橋本(はしもと)外記　戦国時代の北条氏の家臣
林(はやし)外記　?〜1650　江戸前期の熊本藩主細川光尚の側近
松平(まつだいら)外記　?〜1823　江戸中期・後期の武士
三島(みしま)外記　?〜1392　南北朝時代の武士
吉田(よしだ)外記　戦国時代の上総国小田喜城主正木氏家臣の吉田氏一族

外記重朝　げきしげとも
山田(やまだ)外記重朝　?〜1643　江戸前期の後藤又兵衛の家来

戟蔵　げきぞう
元木(もとき)戟蔵　?〜1856　江戸後期・末期の医家

外記入道　げきにゅうどう
猪子(いのこ)外記入道　安土桃山時代の織田信長の家臣

外記介　げきのすけ
高梨(たかなし)外記介　?〜1623　安土桃山・江戸前期の武士。越後上杉氏の家臣

外記助　げきのすけ
小河(おがわ)外記助　戦国時代の千葉親胤の家臣
大和(おわ)外記助　戦国時代の信濃国諏訪郡大和郷の土豪
鈴木(すずき)外記助　安土桃山時代の検地役人
若林(わかばやし)外記助　戦国時代の穴山梅雪の家臣

外記之助　げきのすけ
本位田(ほんいでん)外記之助　1562〜1588　安土桃山時代の武士

外記吉長　げきよしなが
折下(おりしも)外記吉長　江戸前期の上杉景勝・土井利勝の家臣

袈裟　けさ
中野(なかの)袈裟　?〜1274　鎌倉後期の頭御家人

気多王　けたおう
気多王　奈良時代の官人

月下　げっか
川本(かわもと)月下　1818〜1882　江戸後期〜明治期の画家

月化　げっか
月化　1747〜1822　江戸中期・後期の俳人

月海　げっかい
月海　?〜1750　江戸中期の真言宗の僧
月海　1802〜1872　江戸後期〜明治期の修験者
月海　江戸末期の僧、博物蒐集家
棟方(むなかた)月海　1836〜1904　江戸後期〜明治期の弘前藩士、画人

月感　げっかん
月感　江戸前期の浄土真宗の僧

月弓　げっきゅう
大滝(おおたき)月弓　戦国・安土桃山時代の高館城主

月虚　げっきょ
月虚　江戸後期・末期の俳人

月橋　げっきょう
梅津(うめづ)月橋　1777〜1858　江戸中期〜末期の藩士

月景　げっけい
月景　江戸末期の国学者

月渓　げっけい
月渓　1822〜1882　江戸後期〜明治期の学僧

月湖　げっこ
月湖　江戸中期の俳人

月好　げっこう
白川(しらかわ)月好　?〜1834　江戸後期の俳人

月江　げっこう
月江　?〜1755　江戸中期の臨済宗の僧

月耕　げっこう
月耕　1628〜1701　江戸前期・中期の臨済宗の僧《月畊》

月航　げっこう
月航　1495〜1586　戦国・安土桃山時代の妙心寺44世、恵林寺30世の名僧

月郊　げっこう
月郊　1792〜1859　江戸後期・末期の僧

月畊　げっこう
月畊　1628〜1701　江戸前期・中期の臨済宗の僧

月香　げつこう
石田(いしだ)月香　江戸末期の横笛の名人

月斎　げっさい
沼田(ぬまた)月斎　1787〜1864　江戸中期〜末期の浮世絵師

月西上人　げつさいしょうにん
月西上人　1638〜1724　江戸前期・中期の高僧

月珊　げっさん
月珊　1790〜1855　江戸末期の禅僧

月山　げつざん
月山　戦国時代の若藤村普光院の僧

月洲　げっしゅう　⇔げつしゅう
山田(やまだ)月洲　1715〜1768　江戸中期の漢学者・藩士

月秀　げっしゅう　⇔つきひで
月秀　?〜1463　室町時代の僧

月舟　げっしゅう
月舟　1613〜1687　江戸前期の僧

月洲　げつしゅう　⇔げっしゅう
岡田(おかだ)月洲　1808〜1873　江戸末期・明治期の漢学者

月重　げつじゅう
月重　?〜1677　江戸前期の僧

け

月杵　げっしょ
椿(つばき)月杵　1822〜1882　江戸後期〜明治期の俳人

月識　げっしん
安達(あだち)月識　1779〜1858　江戸後期の俳人・歌人

月清入道　げっせいにゅうどう
清水(しみず)月清入道　？〜1582　安土桃山時代の武将

月石　げっせき
渡辺(わたなべ)月石　1754〜1838　江戸中期・後期の淡路の地誌『堅磐草』の著者

月舩　げっせん
月舩　戦国時代の五山派禅僧

傑叟　けっそう
飯島(いいじま)傑叟　安土桃山時代の人。信濃国伊那郡国衆飯島氏の一族

月窓　げっそう
佐藤(さとう)月窓　？〜1818　江戸中期・後期の医者、歌人

月叟　げっそう
宝井(たからい)月叟　江戸後期の俳人

月村　げっそん
月村　？〜1854　江戸後期・末期の俳人

月邨　げっそん
内田(うちだ)月邨　江戸後期の郷土画家

月菴　げったん
月菴　1326〜1389　南北朝時代の現北条市西明寺(臨済宗)の中興開山

月痴　げっち
松本(まつもと)月痴　1793〜？　江戸後期の書籍収集家

月珍　げつちん
月珍　江戸中期の真言僧

月亭　げってい
月亭　？〜1838　江戸後期の画僧

月底　げってい
三輪(みわ)月底　1778〜1860　江戸中期〜末期の俳人

月涛　げつとう
浜島(はまじま)月涛　1812〜1892　江戸後期〜明治期の北尾村の俳人、画人

月堂　げつどう
榊原(さかきばら)月堂　1798〜1858　江戸後期・末期の書家
田内(たのうち)月堂　江戸後期の漢学者

月洞軒　げつどうけん
黒田(くろだ)月洞軒　1661〜1724　江戸前期・中期の幕臣、狂歌作者

月坡　げっぱ
月坡　1798〜1872　江戸後期〜明治期の俳人

月浦　げっぽ
月浦　戦国時代の画家

月歩　げっぽ
田中(たなか)月歩　1763〜1838　江戸中期・後期の俳人

月峯　げっぽう
月峯　1760〜1839　江戸後期の画家

月邦　げっぽう
月邦　江戸後期の俳人

月瀬　げつらい
森田(もりた)月瀬　1826〜1888　江戸末期の漢学者

月楽　げつらく
本多(ほんだ)月楽　江戸中期の浮世草子作者

月浪　げつろう
四十宮(よそみや)月浪　1790〜1842　江戸後期の徳島藩儒者

計魯里観主人　けろりかんしゅじん
計魯里観主人　江戸中期の「中古戯場説」の著者

健　けん　⇔たけし
杉村(すぎむら)健　1761〜？　江戸中期・後期の「杉村年譜」の著者

堅　けん　⇔かたし
蔡(さい)堅　1585〜1647　安土桃山・江戸前期の薩摩侵入後の進貢貢使

建　けん
小山内(おさない)建　1846〜1885　江戸後期〜明治期の軍医

憲　けん
田辺(たなべ)憲　1794〜1858　江戸後期・末期の書家・篆刻家

謙　けん
石埼(いしざき)謙　1840〜1903　江戸後期〜明治期の漢学者
小榑(こぐれ)謙　江戸後期の和算家
神内(じんない)謙　江戸末期・明治期の医者
林(はやし)謙　江戸後期の医者

賢　けん
石丸(いしまる)賢　江戸中期の和算家

ゲン
新井(あらい)ゲン　1839〜1916　江戸末期〜大正期の秩父自由党員

監　げん
監　平安中期の女房

元　げん　⇔はじめ
岡田(おかだ)元　？〜1891　江戸後期〜明治期の漢学者
川合(かわい)元　江戸中期の漢学者
菊池(きくち)元　？〜1868　江戸後期・末期の藩士
鮫島(さめしま)元　1834〜1877　江戸末期・明治期の武士、士族

玄　げん
山脇(やまわき)玄　1849〜1925　江戸後期〜大正期の法学者

謙阿　けんあ
東竜斎(とうりゅうさい)謙阿　1705？〜1758？　江戸中期の俳人

賢阿　けんあ
賢阿　南北朝時代の僧侶・連歌作者

顕阿　けんあ
安楽寺(あんらくじ)顕阿　江戸後期の歌僧

厳阿　げんあ　⇔ごんあ
足立(あだち)厳阿　鎌倉後期の武士

幻亜　げんあ　⇔げんな
幻亜　1796〜1868　江戸後期・末期の俳人

玄阿　げんあ
玄阿　南北朝・室町時代の連歌作者

玄蛙　げんあ　⇔げんな
小田(おだ)玄蛙　1762〜1835　江戸中期・後期の俳人

健庵　けんあん
高須(たかす)健庵　江戸前期の医者

見庵　けんあん
井上(いのうえ)見庵　?〜1789　江戸後期の眼科医

元庵　げんあん
佐藤(さとう)元庵　1636〜1713　江戸前期・中期の農学家
和田(わだ)元庵　?〜1900　江戸末期の医師

幻庵　げんあん
北条(ほうじょう)幻庵　1493〜1589　戦国時代の武将《北条長綱》

玄安　げんあん
小笠原(おがさわら)玄安　江戸後期の医者
北谷(きたたに)玄安　江戸後期の眼科医
忠導氏(ちゅうどううじ)玄安　1815〜1871　江戸後期〜明治期の宮古の総横目、平良間切の頭
目黒(めぐろ)玄安　1830〜1910　江戸後期〜明治期の医師

玄庵　げんあん
熱田(あつた)玄庵　1803〜1848　江戸後期の医家
荒川(あらかわ)玄庵　1765〜1842　江戸中期・後期の医師
宇津(うづ)玄庵　1823〜1877　江戸後期〜明治期の在村蘭方医
田島(たしま)玄庵　1795〜1870　江戸後期〜明治期の三戸の種痘医
真野(まの)玄庵　江戸時代の眼科医
三戸(みと)玄庵　1817〜1896　江戸後期〜明治期の高森本陣の医師
山碕(やまざき)玄庵　1827〜1851　江戸後期の蘭方医
横山(よこやま)玄庵　江戸後期の眼科医

玄杏　げんあん
土生(はぶ)玄杏　江戸後期の眼科医

玄晏　げんあん
二宮(にのみや)玄晏　江戸後期の眼科医

建安妙立禅定尼　けんあんみょうりゅうぜんじょうに
建安妙立禅定尼　1475〜1541　戦国時代の女性。太原崇孚の生母

健偉　けんい
福山(ふくやま)健偉　1832〜?　江戸後期〜明治期の初代宮崎県参事

見意　けんい
長野(ながの)見意　1806〜1870　江戸後期〜明治期の医師

謙意　けんい
伊藤(いとう)謙意　江戸末期の算学者。著書に『以等円換不等円解』

元以　げんい
滝川(たきがわ)元以　江戸後期・末期の幕臣

元偉　げんい
鄭(てい)元偉　1792〜?　江戸後期の沖縄の代表的な書家の一人

元彙　げんい
松井(まつい)元彙　江戸中期の製墨工

源意　げんい
源意　南北朝時代の僧侶・歌人
源意　南北朝時代の天台宗の僧・歌人
源意　1408〜?　室町時代の武家・連歌作者

源為　げんい
源為　鎌倉時代の天台宗の僧・歌人

玄夷　げんい
天崖(てんがい)玄夷　江戸後期の臨済宗の僧

玄惟　げんい
橋爪(はしづめ)玄惟　1741〜1841　江戸中期・後期の国学者

玄意　げんい
竹内(たけうち)玄意〔8代〕　?〜1791　江戸後期の眼科医

玄怡　げんい
小山田(おやまだ)玄怡　?〜1579　戦国・安土桃山時代の甲斐武田信虎・晴信の家臣

元育　げんいく
大橋(おおはし)元育　1790〜1854　江戸末期の蘭方医
河野(こうの)元育　1841〜1895　江戸末期・明治期の医師、実業家

玄育　げんいく
晦巌(まいがん)玄育　1798〜1872　江戸末期の臨済僧

元一　げんいち　⇔もとかず
今井(いまい)元一　江戸後期の和算家

源一　げんいち
片桐(かたぎり)源一　1789〜1855　江戸後期・末期の歌人
西江(にしえ)源一　1832〜1910　江戸末期の里正

鎌一郎　けんいちろう
矢口(やぐち)鎌一郎　?〜1867　江戸後期・末期の新撰組隊士《矢口健一郎》

健一郎　けんいちろう
矢口(やぐち)健一郎　?〜1867　江戸後期・末期の新撰組隊士

絹一郎　けんいちろう
海老原(えびはら)絹一郎　江戸末期の通詞。遣露使節に随行

け

源一良　げんいちろう
庵原（いはら）源一良　戦国・安土桃山時代の武士。駿河衆
源一郎　げんいちろう
浦野（うらの）源一郎　？～1582　安土桃山時代の信濃小県郡の国衆
源一郎元辰　げんいちろうもとたつ
小野（おの）源一郎元辰　1815～1878　江戸後期～明治期の国学者
元逸　げんいつ
鶴田（つるた）元逸　江戸中期の医者
玄乙　げんいつ
玄乙　？～1676　江戸前期の僧侶
賢印　けんいん
賢印　奈良・平安前期の僧侶
玄殷　げんいん
玄殷　1435～？　室町・戦国時代の天台宗の僧
源右衛門　げんうえもん　⇔げんえもん
青柳（あおやぎ）源右衛門　1604～1692　江戸前期・中期の庄屋。間歩用水掘削の功労者
尾関（おぜき）源右衛門　？～1631　安土桃山・江戸前期の人。儀典用端折長柄傘を製造
片山（かたやま）源右衛門　1825～1911　江戸後期～明治期の医師、俳諧の指導者
加藤（かとう）源右衛門　戦国時代の安房国山下郡真倉村山王社（日枝神社/館山市）の禰宜
窪村（くぼむら）源右衛門　戦国・安土桃山時代の信濃国筑摩郡麻績北条の土豪
坂戸（さかと）源右衛門　？～1752　江戸中期の人。大竹村との乱闘事件で命を落とした
佐間田（さまだ）源右衛門　1803～1881　江戸後期～明治期の芳賀郡上延生村の私塾経営者
豊島（としま）源右衛門　1803～1887　江戸後期～明治期の医師
賢運　けんうん
賢運　室町・戦国時代の天台宗の僧
元云　げんうん
等隣（とうりん）元云　1804～1886　江戸後期の禅僧
元運　げんうん
松田（まつだ）元運　？～1414　南北朝時代の武士
玄雲　げんうん
玄雲　平安後期の鶴岡八幡宮の別当
賢恵　けんえ　⇔けんえい
賢恵　戦国時代の供僧
顕忠（けんちゅう）賢恵　？～1542　戦国時代の僧
顕恵　けんえ
顕恵　1305～？　鎌倉後期・南北朝時代の天台宗寺門派の僧
源恵　げんえ
源恵　1086～1142　平安後期の天台宗の僧
玄恵　げんえ　⇔げんけい
玄恵　1279～1350　鎌倉後期・南北朝時代の天台宗の僧《玄慧》
玄慧　げんえ
玄慧　1279～1350　鎌倉後期・南北朝時代の天台宗の僧
乾栄　けんえい
洋乎（ようこ）乾栄　1508～？　室町時代の禅僧
憲栄　けんえい
廬雲（ろうん）憲栄　江戸中期の摂津の僧
賢栄　けんえい
賢栄　戦国時代の天台宗の僧
賢永　けんえい
賢永　戦国時代の天台宗の僧
賢盈　けんえい
松井（まつい）賢盈　江戸中期の書肆
賢英　けんえい
寺尾（てらお）賢英　？～1902　江戸末期・明治期の真宗大谷派の僧
賢恵　けんえい　⇔けんえ
願念寺（かんねんじ）賢恵　？～1810　江戸後期の和算家。浄土真宗の寺の7代目住職
顕栄　けんえい
顕栄　1509～1585　戦国・安土桃山時代の越中真宗寺院勝興寺住持
顕英　けんえい
顕英　南北朝時代の僧侶・連歌作者
元栄　げんえい
元栄　？～1802　江戸中期・後期の真言宗の僧
元英　げんえい　⇔もとひで
勝田（かつた）元英　1848～1902　江戸後期～明治期の医師
特芳（とくほう）元英　江戸前期の黄檗宗の僧
源栄　げんえい
源栄　鎌倉後期の真言宗の僧
源栄　？～1618　安土桃山・江戸前期の浄土宗の僧
片桐（かたぎり）源栄　1766～1856　江戸中期～末期の歌人
玄栄　げんえい
今泉（いまいずみ）玄栄　？～1886　江戸末期・明治期の眼科医
川名（かわな）玄栄　1808～1892　江戸後期～明治期の医学者
玄英　げんえい
長谷川（はせがわ）玄英　1824～1899　江戸後期～明治期の蘭方医
元益　げんえき
戸出（とで）元益　1824～1891　江戸後期～明治期の医師
玄益　げんえき
中村（なかむら）玄益　江戸中期の内科医
元悦　げんえつ
佐野（さの）元悦　1721～1793　江戸中期の儒者・医師
玄悦　げんえつ
阿江木（あいき）玄悦　戦国時代の信濃佐久郡阿江木郷の国衆
自然（じねん）玄悦　？～1587　戦国・安土桃山時

代の僧
林（はやし）玄悦　1678〜1719　江戸前期・中期の囲碁棋士
盛（もり）玄悦　1826〜1895　江戸後期〜明治期の眼科医

元右衛門　げんえもん　⇔もとえもん
田中（たなか）元右衛門　江戸中期の伊都郡名手組大庄屋・地士

源右衛門　げんえもん　⇔げんうえもん
源右衛門　戦国時代の甲斐国巨摩郡宇津谷郷在郷の番匠大工頭
源右衛門　安土桃山時代の信濃国筑摩郡刈谷原の土豪
源右衛門　江戸中期の樫野浦の人
源右衛門　江戸中期の吾川郡長浜村の人
秋元（あきもと）源右衛門　江戸後期の橘樹郡末長村民
飯田（いいだ）源右衛門　江戸後期の橘樹郡東子安村民
石橋（いしばし）源右衛門　？〜1652　江戸前期の兵法家
板倉（いたくら）源右衛門　1838〜1876　江戸末期・明治期の数学者
今木（いまき）源右衛門　?〜1645　江戸前期の藩士
岩瀬（いわせ）源右衛門　江戸前期の検地役人
大江（おおえ）源右衛門　？〜1638　安土桃山・江戸前期の武士
大信田（おおしだ）源右衛門　？〜1707　江戸前期・中期の商人
大曽根（おおそね）源右衛門　江戸後期の都筑郡寺家村民
太田（おおた）源右衛門　江戸中期の庄内藩家老
岡本（おかもと）源右衛門　1713〜1789　江戸中期・後期の安藤昌益と交遊した八戸藩士
小畑（おばた）源右衛門　江戸前期の大野治房の家来
川崎（かわさき）源右衛門〔1代〕　1716〜1786　江戸中期の商人
川崎（かわさき）源右衛門〔2代〕　1748〜1829　江戸中期・後期の商人
川崎（かわさき）源右衛門〔3代〕　1784〜1843　江戸中期・後期の商人
木村（きむら）源右衛門　江戸前期の三島代官伊奈忠公・忠易の手代
栗田（くりた）源右衛門　1614〜1690　江戸前期・中期の庄内藩士
黒田（くろだ）源右衛門　？〜1905　江戸末期・明治期の放生津の俳人
糀屋（こうじや）源右衛門　江戸後期の書家
坂田（さかた）源右衛門　戦国時代の甲斐府中八日市場の有力町人
佐々木（ささき）源右衛門　1715〜1796　江戸中期・後期の海産商
篠崎（しのざき）源右衛門　1840〜1918　江戸末期〜大正期の実業家
辰野（たつの）源右衛門　戦国時代の信濃国伊那郡小野郷の人
田中（たなか）源右衛門　江戸後期の三浦郡浦郷村名主
土屋（つちや）源右衛門　江戸前期の高井郡間山村の農民、新田開発者
長崎屋（ながさきや）源右衛門〔1代〕　？〜1620　安土桃山・江戸前期の商人
長田（ながた）源右衛門　戦国時代の北条氏の家臣
中田屋（なかだや）源右衛門　江戸中期の高山の人
中村（なかむら）源右衛門　安土桃山・江戸前期の代官
西巻（にしまき）源右衛門　江戸中期以降の商家
花岡（はなおか）源右衛門　江戸前期の橋本町年寄
馬場（ばば）源右衛門　江戸末期の武士
原島（はらしま）源右衛門　近世時代の百姓。成瀬東光寺地区の名主的存在
孕石（はらみいし）源右衛門　？〜1614　安土桃山・江戸前期の武田家臣
真壁（まかべ）源右衛門　？〜1676　江戸前期の東海道平塚新宿名主
松波（まつなみ）源右衛門　江戸後期の幕臣
茂久（もく）源右衛門　江戸時代の兵学者
山県（やまがた）源右衛門　江戸前期の藩士
吉田（よしだ）源右衛門　江戸後期の三浦郡芦名村名主

源衛門　げんえもん
井出（いで）源衛門　戦国時代の北条氏御料所の伊豆船原代官
坪内（つぼうち）源衛門　安土桃山時代の織田信長の家臣

源右衛門一政　げんえもんかつまさ
今木（こんぼく）源右衛門一政　？〜1645　江戸前期の豊臣秀頼・前田光高の家臣

源右衛門尉　げんえもんのじょう
有山（ありやま）源右衛門尉　戦国時代の問屋。武蔵国関戸郷にて伝馬役などをつとめる
佐野（さの）源右衛門尉　戦国時代の駿河国大岩の土豪？
椎名（しいな）源右衛門尉　安土桃山時代の武士

兼円　けんえん
兼円　室町時代の法相宗の僧

兼縁　けんえん
兼縁　1468〜1543　戦国時代の浄土真宗の僧

賢円　けんえん
賢円　1058〜1127　平安後期の僧

元琰　げんえん
多紀（たき）元琰　1824〜1876　江戸後期〜明治期の幕臣・医者

源円　げんえん
源円　1351〜1415　南北朝・室町時代の真言宗の僧

源延　げんえん
源延　平安後期・鎌倉前期の天台浄土教の僧

源縁　げんえん
源縁　平安中期・後期の僧侶、歌人

玄縁　げんえん
玄縁　1113〜1180　平安後期の興福寺僧

玄遠　げんえん
角倉（すみのくら）玄遠　1857〜？　江戸末期・明

治期の嵯峨代官

玄淵 げんえん
此山(しざん)玄淵 1721〜1783 江戸中期の臨済宗の僧

顕円房 けんえんぼう
顕円房 室町時代の眼科医

健翁 けんおう
鈴木(すずき)健翁 1742〜1805 江戸中期・後期の漢学者

兼応 けんおう
兼応 戦国時代の天台宗の僧

源翁 げんおう
源翁 ?〜1400 南北朝・室町時代の僧侶

賢音 けんおん
賢音 戦国時代の下総結城氏の家臣

兼葭 けんか
慈音尼(じおんに)兼葭 1716〜1778 江戸中期の心学者

乾雅 けんが
乾雅 江戸中期の俳人

賢嘉 けんが
賢嘉 ?〜1593 戦国・安土桃山時代の真言宗の僧

賢賀 けんが
賢賀 1684〜1769 江戸前期・中期の真言宗の僧

賢雅 けんが
賢雅 室町時代の僧侶・歌人

玄可 げんか
玄可 ?〜1701 江戸前期・中期の青森市堤町浄土真宗大谷派静養山蓮得寺の開山

元雅 げんが
元雅 江戸中期の真言宗の僧

玄賀 げんが
玄賀 室町時代の僧侶

憲海 けんかい
憲海 1485〜? 戦国時代の丹後国の修験僧

賢海 けんかい
賢海 南北朝時代の天台宗の僧・連歌作者

乾外 けんがい
乾外 江戸後期の僧侶

厳海 げんかい
厳海 鎌倉前期の真言宗の僧

玄会 げんかい
井上(いのうえ)玄会 1729〜1769 江戸中期の文人

玄快 げんかい
北村(きたむら)玄快 1815〜1884 江戸末期の小田原藩医

玄海 げんかい
玄海 鎌倉時代の仏師
玄海 ?〜1625 江戸前期の僧。丹生川村の千光寺の中興3世

玄開 げんかい
南春寺(なんしゅんじ)玄開 室町時代の僧。国府町の南春寺の開基

玄契 げんかい ⇔げんけい
宜黙(ぎもく)玄契 江戸中期の曹洞宗の僧

玄玠 げんかい
川俣(かわまた)玄玠 1830〜1904 江戸末期・明治期の医師、教育者

元鎧 げんがい
堀内(ほりうち)元鎧 1807〜1829 江戸後期の「信濃奇談」の編者

元愷 げんがい ⇔もとやす
青木(あおき)元愷 1795〜1827 江戸後期の儒者

玄外 げんがい
村沢(むらざわ)玄外 1856〜1897 江戸末期・明治期の俳人

玄魁堂 げんかいどう
吉田(よしだ)玄魁堂 江戸後期の和算家

兼覚 けんかく
兼覚 平安後期の園城寺の僧

憲覚 けんかく
憲覚 ?〜1178 平安後期の天台宗園城寺僧

顕覚 けんかく
顕覚 鎌倉後期の僧侶・歌人

元格 げんかく
行徳(ぎょうとく)元格 江戸後期の眼科医
横山(よこやま)元格 1660〜1720 江戸前期・中期の医師

元鶴 げんかく
元鶴 江戸中期の黄檗宗の僧

厳覚 げんかく
吉田(よしだ)厳覚 ?〜1363 南北朝時代の武将

源覚 げんかく
源覚 平安後期の僧徒

玄覚 げんかく
玄覚 江戸前期の浄土真宗の僧
玄覚 江戸前期の天台宗の僧

玄岳 げんかく
富川(とみがわ)玄岳 1771〜1822 江戸中期・後期の漢学者

玄鶴 げんかく
大野(おおの)玄鶴 1814〜1892 江戸後期〜明治期の医者
五味(ごみ)玄鶴 江戸末期の眼科医

彦確 げんかく
樋口(ひぐち)彦確 1807〜1841 江戸後期の医師

元劼 げんかつ
拙堂(せつどう)元劼 ?〜1853 江戸後期の僧

元漢 げんかん
乾外(けんがい)元漢 江戸中期の黄檗宗の僧

玄幹 げんかん
平野(ひらの)玄幹 江戸中期の漢学者

玄鑑 げんかん
今大路(いまおおじ)玄鑑 1577〜1626 安土桃山・江戸前期の医師
横尾(よこお)玄鑑 1707〜1871 江戸後期〜明治期の医師

彦貫　げんかん
彦貫　？～1869　江戸後期～明治期の俳人
玄岩　げんがん
雪洞（せつどう）玄岩　1736～1811　江戸中期・後期の僧侶・俳人
憲基　けんき　⇔のりもと
憲基　鎌倉後期の天台宗の僧・歌人
憲紀　けんき
島袋（しまぶくろ）憲紀　1738～1808　江戸中期・後期の医師
賢基　けんき
賢基　江戸中期の僧侶
謙宜　けんぎ
謙宜　1720～1803　江戸中期・後期の連歌作者
元機　げんき
物先（もっせん）元機　1655～1717　江戸前期・中期の曹洞宗の僧
元軌　げんき
岡崎（おかざき）元軌　1767～1832　江戸後期の漢学者
元琪　げんき
篠嶋（しのじま）元琪　江戸中期の画家
玄喜　げんき
阿部（あべ）玄喜　江戸中期の医者・画家
玄機　げんき
啄同（たくどう）玄機　1768～1837　江戸中期・後期の臨済宗の僧
玄駿　げんき
松平（まつだいら）玄駿　1703～1766　江戸中期の越前福井藩家老、俳人
元宜　げんぎ
元宜　江戸後期の僧侶・歌人
源義　げんぎ
源義　南北朝時代の僧侶・連歌作者
健吉　けんきち
石尾（いしお）健吉　？～1868　江戸後期・末期の新撰組隊士
花井（はない）健吉　1821～？　江戸後期・末期の和算家、測量家
建吉　けんきち
楢林（ならばやし）建吉　1832～1906　江戸末期～明治期の医者
謙吉　けんきち
今村（いまむら）謙吉　1842～1898　江戸後期～明治期の福音社社主
村山（むらやま）謙吉　？～1868　江戸後期・末期の新撰組隊士
森（もり）謙吉　1823～1890　江戸後期～明治期の地方政治家
若狭（わかさ）謙吉　1850～1912　江戸後期～明治期の本道芸能界の功労者
源吉　げんきち
東屋（あずまや）源吉　江戸後期の孝子
江釣子（えづりこ）源吉　1847～1913　江戸後期～大正期の南部盛岡藩士
佐武（さたけ）源吉　江戸前期の武士
佐藤（さとう）源吉　1829～1914　江戸末期～大正期の教育者
志賀（しがの）源吉　江戸後期の百姓
中西（なかにし）源吉　1844～1917　江戸末期・明治期の俳人
源吉郎　げんきちろう
尾本（おもと）源吉郎　江戸前期の町人
玄輝門院右京大夫　げんきもんいんのうきょうのだいふ
玄輝門院右京大夫　鎌倉後期の女房・歌人
元休　げんきゅう
元休　鎌倉後期の律宗の僧
玄九　げんきゅう
太田（おおた）玄九　江戸中期・後期の儒者
玄魚　げんぎょ
梅素（ばいそ）玄魚　1817～1880　江戸末期・明治期の図案家
梅素亭（ばいそてい）玄魚　梅素玄魚に同じ
兼経　けんきょう　⇔かねつね
兼経　平安後期の僧侶・歌人
賢璟　けんきょう
賢璟　？～793　奈良時代の法相・律宗兼学の学僧
検校　けんぎょう
池野（いけの）検校　江戸時代の人。「猫股検校」と称された
菊富（きくとみ）検校　1849～1913　江戸末期～大正期の三絃の名手
島川（しまかわ）検校　1724～1787　江戸中期の藩医師
杉山（すぎやま）検校　江戸中期の鍼灸師
高橋（たかはし）検校　1690～1748　江戸中期の芸能者
中川（なかがわ）検校〔5代〕　江戸末期・明治期の地歌・箏曲家
宝山（ほうざん）検校　平安後期の僧
益津（ましづ）検校　1798～1842　江戸後期の盲人の最高権力者
宮本（みやもと）検校　安土桃山時代の信濃国筑摩郡青柳の神官
元亨　げんきょう　⇔げんこう
乾（いぬい）元亨　1696～1756　江戸中期の和算家
佐々木（ささき）元亨　江戸末期の医者
玄亨　げんきょう
万福寺（まんぷくじ）玄亨　江戸末期の歌僧
玄卿　げんきょう
岡（おか）玄卿　1852～1925　江戸後期～大正期の医師、男爵
玄喬　げんきょう
三浦（みうら）玄喬　1779～？　江戸中期・後期の医師
玄鏡　げんきょう
百済（くだらの）玄鏡　奈良・平安前期の官吏
彦卿　げんきょう
井柴（いしば）彦卿　1750～1791　江戸中期・後期

の易学者

元極　げんきょく
大智(だいち)元極　江戸中期の黄檗宗の僧

元瑾　げんきん
子瑜(しゆ)元瑾　室町時代の臨済宗の僧

賢具　けんぐ
賢具　江戸後期の俳人

兼空　けんくう
兼空　鎌倉後期・南北朝時代の浄土宗の僧、歌人
兼空　江戸前期の天台宗の僧

け

源九郎　げんくろう
源九郎　1809～1869　江戸後期～明治期の農民
鈴木(すずき)源九郎　室町時代の遠江国榛原郡家山の地侍

兼慶　けんけい
兼慶　平安後期の中央正系の仏師

賢慶　けんけい
賢慶　鎌倉時代の画僧
賢慶　1517～？　戦国時代の天台宗の僧

賢憬　けんけい
賢憬　？～793　奈良時代の法相・律宗兼学の学僧《賢璟》

元啓　げんけい　⇔もとひろ
伊藤(いとう)元啓　江戸中期の儒者

元敬　げんけい　⇔もとたか
竹中(たけなか)元敬　江戸前期の文筆家
松野(まつの)元敬　江戸前期の地誌家

元桂　げんけい
九峰(きゅうほう)元桂　江戸前期・中期の黄檗宗の僧

元継　げんけい　⇔もとつぐ
大野(おおの)元継　安土桃山・江戸前期の代官

厳敬　げんけい
山中(やまなか)厳敬　1818～1894　江戸後期～明治期の医者

源慶　げんけい
源慶　平安後期の僧侶・歌人

玄啓　げんけい
井後(いご)玄啓　1721～1788　江戸中期・後期の医家

玄圭　げんけい
新井(あらい)玄圭　江戸前期・中期の医者

玄契　げんけい　⇔げんかい
玄契　江戸中期の黄檗宗の僧

玄恵　げんけい　⇔げんえ
山崎(やまざき)玄恵　江戸後期の人。鳥見屋敷内に井戸を掘った
両月(りょうげつ)玄恵　1505～1578　戦国・安土桃山時代の僧。深向院の3世

玄慶　げんけい
植松(うえまつ)玄慶　江戸後期の仏師

玄敬　げんけい
小山(こやま)玄敬　1780～1857　江戸中期～末期の眼科医

彦契　げんけい
河野(かわの)彦契　1703～1749　江戸中期の曹洞宗の僧

元猊　げんげい
金毛(きんもう)元猊　江戸前期の黄檗宗の僧

玄猊　げんげい
弘巌(こうがん)玄猊　1748～1821　江戸中期・後期の臨済宗の僧

兼源　けんげん
兼源　南北朝時代の僧侶・連歌作者

玄賢　げんけん
英忠(えいちゅう)玄賢　？～1695　江戸前期・中期の臨済宗の僧

原元　げんげん
原元　江戸中期の俳人

玄々　げんげん
田辺(たなべ)玄々　1794～1859　江戸後期・末期の篆刻家
三宅(みやけ)玄々　1721～1777　江戸中期の医家《三宅玄達》

玄々一　げんげんいち
玄々一　1742～1804　江戸中期・後期の俳人

玄々斎主人　げんげんさいしゅじん
玄々斎主人　江戸中期・後期の棋士

兼虎　けんこ
波多(はた)兼虎　1735～1785　江戸中期の儒者

硯湖　けんこ
佐藤(さとう)硯湖　1831～1890　江戸末期・明治期の篆刻家

賢古　けんこ
三好(みよし)賢古　1839～1919　江戸末期～大正期の画家

賢虎　けんこ
賢虎　戦国時代の遠江国懸川の医者

健吾　けんご
折茂(おりも)健吾　1823～1892　江戸後期～明治期の行政家

謙吾　けんご
大立目(おおたつめ)謙吾　1848～1920　江戸末期～大正期の仙台藩士
大立目(おおだつめ)謙吾　大立目謙吾に同じ
小山(こやま)謙吾　1827～1896　江戸後期～明治期の地方自治功労者
萩原(はぎわら)謙吾　1827～1887　江戸後期～明治期の農民

賢悟　けんご
賢悟　1308～1392　鎌倉後期・南北朝時代の僧

元瑚　げんこ
尚(しょう)元瑚　1748～1841　江戸中期・後期の絵師

玄古　げんこ
往海(おうかい)玄古　往海玄古に同じ
往海(おおみ)玄古　？～1663　江戸前期の曹洞宗の僧、煙草の殖産家
永原(ながはら)玄古　1806～1865　江戸後期・末

期の医師

玄湖 げんこ
品川(しながわ)玄湖 1770〜1853 江戸後期の医師・狂歌師

玄虎 げんこ
玄虎 ?〜1728 江戸前期・中期の武士、俳人

元吾 げんご
中川(なかがわ)元吾 江戸後期の医師

弦吾 げんご
布川(ぬのかわ)弦吾 江戸末期の兵法家

源五 げんご
源五 戦国時代の美濃の商人
木村(きむら)源五 安土桃山時代の織田信長の家臣

源吾 げんご
柿原(かきはら)源吾 ?〜1572 戦国・安土桃山時代の武将
小林(こばやし)源吾 1804〜1889 江戸後期〜明治期の文人
堺屋(さかいや)源吾 ?〜1819 江戸中期・後期の陶工
杉山(すぎやま)源吾 江戸前期の杉山家の先祖
土岐(とき)源吾 1836〜1900 江戸末期・明治期の画家
松田(まつだ)源吾 ?〜1852 江戸後期の柳剛流剣術家《松田源吾義教》

健康 けんこう
吉田(よしだ)健康 1846〜1897 江戸末期・明治期の医師

献功 けんこう
張(ちょう)献功 ?〜1638 安土桃山・江戸前期の陶工

研香 けんこう
金井(かない)研香 1806〜1879 江戸後期〜明治期の日本画家

謙光 けんこう
謙光 江戸中期の浄土宗の僧

賢光 けんこう
内嶺(うちみね)賢光 1695〜1739 江戸中期の政治家

賢厚 けんこう
賢厚 江戸前期の天台宗の僧

賢篁 けんこう
賢篁 江戸中期の浄土真宗の僧

顕孝 けんこう ⇔あきたか
顕孝 江戸中期の曹洞宗の僧

顕幸 けんこう
顕幸 1297〜? 鎌倉後期・南北朝時代の天台宗の僧
顕幸 1555〜1604 戦国・安土桃山時代の天台宗の僧
八尾別当(やおべっとう)顕幸 ?〜1338 鎌倉後期・南北朝時代の南朝の臣

甄洪 けんこう
甄洪 江戸中期の浄土真宗の僧

顕杲 けんごう
顕杲 1122〜1177 平安後期の醍醐寺の学僧

巌綱 げんこう
亀山(かめやま)巌綱 ?〜1868 江戸末期の馬術家

元亨 げんこう ⇔げんきょう
大久保(おおくぼ)元亨 1848〜? 江戸後期〜明治期の宇都宮藩典医、宇都宮商業銀行頭取

元厚 げんこう
堀(ほり)元厚 1686〜1754 江戸中期の医師

元好 げんこう ⇔もとよし
関(せき)元好 江戸中期の金沢の町医師
服部(はっとり)元好 江戸前期の医者

元孝 げんこう ⇔もとたか
新海(しんかい)元孝 ?〜1895 江戸末期・明治期の医師《新海元孝》

元幸 げんこう
辻村(つじむら)元幸 ?〜1834 江戸後期の吉田島村の漢蘭折衷医

元弘 げんこう ⇔もとひろ
和田(わだ)元弘 江戸中期の儒医

元曠 げんこう
海門(かいもん)元曠 江戸前期の曹洞宗の僧

厳綱 げんこう
亀山(かめやま)厳綱 ?〜1868 江戸末期の馬術家《亀山巌綱》

源光 げんこう
源光 平安後期の僧

玄享 げんこう
中山(なかやま)玄享 1689〜1771 江戸中期の漢方医、宮中の典薬頭

玄興 げんこう
徹伝(てつでん)玄興 ?〜1677 江戸前期の臨済宗の僧

玄光 げんこう
舜岳(しゅんがく)玄光 安土桃山・江戸前期の臨済宗の僧

玄効 げんこう
福井(ふくい)玄効 1662〜1744 江戸前期・中期の医者

玄広 げんこう
玄広 1556〜1616 戦国〜江戸前期の真言宗の僧
大木(おおき)玄広 江戸末期・明治期の医師

玄航 げんこう
中山(なかやま)玄航 1827〜1917 江戸後期〜明治期の天台宗の僧

玄香 げんこう
浅井(あさい)玄香 1647〜1694 江戸前期・中期の藩士

玄皓 げんこう
益田(ますだ)玄皓 ?〜1696 江戸前期・中期の漢方医

厳豪 げんごう
厳豪 1350〜1416 南北朝・室町時代の天台宗の僧

源五右衛門 げんごうえもん ⇔げんごえもん
六川(ろくがわ)源五右衛門 1835～1912 江戸後期～明治期の公益事業家

源五右衛門 げんごえもん ⇔げんごうえもん
菅田(すげた)源五右衛門 江戸後期の橘樹郡小杉村民
六川(ろくがわ)源五右衛門 1835～1912 江戸後期～明治期の公益事業家《六川源五右衛門》

玄谷 げんこく
中島(なかじま)玄谷 江戸後期の漢学者

源五左衛門 げんござえもん
大平(おおひら)源五左衛門 江戸中期の剣術家。無覚流
萩原(はぎわら)源五左衛門 戦国時代の武将。武田家臣
三宅(みやけ)源五左衛門 江戸末期の武士

源五左衛門尉 げんござえもんのじょう
向山(むかいやま)源五左衛門尉 戦国時代の北条氏政正室黄梅院殿の付家臣

源五次郎 げんごじろう
横作内(よこそうじ)源五次郎 戦国時代の千葉勝胤の家臣

拳骨和尚 げんこつおしょう
拳骨和尚 1794～1867 江戸後期・末期の曹洞宗の僧、武術家

源五兵衛 げんごべえ
安藤(あんどう)源五兵衛 ?～1715 江戸前期・中期の藩士、弓術家

源吾義教 げんごよしのり
松田(まつだ)源吾義教 ?～1852 江戸後期の柳剛流剣術家

兼五郎 けんごろう ⇔かねごろう
大山(おおやま)兼五郎 江戸後期の韮山代官江川氏の手代

源五郎 げんごろう
源五郎 奈良時代の人。泰澄の白山登山を先導したといわれる
枝(えだ)源五郎 1736～? 江戸中期の俠客・目明かし。赤門を建立
太田(おおた)源五郎 1563～1582 安土桃山時代の岩付城主
小幡(おばた)源五郎 戦国時代の上野国衆。信真の一族
春日(かすが)源五郎 戦国時代の武将。武田家臣
香坂(こうさか)源五郎 ?～1575 安土桃山時代の武田氏の家臣
下山(しもやま)源五郎 安土桃山時代の武士
武(たけ)源五郎 戦国時代の武士。三浦義意の家臣
田島(たじま)源五郎 1708～1786 江戸中期の棋士
千野(ちの)源五郎 戦国時代の信濃国諏訪郡の国衆
遠山(とおやま)源五郎 戦国時代の古河公方の家臣
能面師(のうめんし)源五郎 江戸中期の能面師
初鹿野(はじかの)源五郎 1534～1561 戦国・安土桃山時代の武将
松本(まつもと)源五郎 1840～1894 江戸後期～明治期の前橋藩士・製糸改良者
松山(まつやま)源五郎 1803～? 江戸後期の与力
渡辺(わたなべ)源五郎 ?～1827 江戸中期・後期の藩士

源五郎富次 げんごろうとみつぐ
神谷(かみや)源五郎富次 1593～1660 安土桃山・江戸前期の松江藩家老《神谷兵庫富次》

玄佐 げんさ
玄佐 1513～1595 戦国・安土桃山時代の連歌作者
普天(ふてん)玄佐 安土桃山時代の臨済宗妙心寺派の僧

絢斎 けんさい
吉沢(よしざわ)絢斎 1771～1849 江戸中期・後期の画家

乾斎 けんさい
河辺(かわべ)乾斎 1816～1902 江戸後期～明治期の俳人
三浦(みうら)乾斎 1744～? 江戸中期の医者・漢詩人

健斎 けんさい
荘司(しょうじ)健斎 江戸後期の漢学者・医者

憲斎 けんさい
中川(なかがわ)憲斎 1791～1867 江戸後期・末期の書家

検斎 けんさい
細野(ほその)検斎 江戸末期の賀川流産科医

謙哉 けんさい
近藤(こんどう)謙哉 1843～1901 江戸末期・明治期の医師

謙斎 けんさい
有吉(ありよし)謙斎 1807～1858 江戸後期の漢学者
熊谷(くまがい)謙斎 1831～1879 江戸後期～明治期の松本平の種痘普及に努めた蘭法内科医
佐藤(さとう)謙斎 1709～1747 江戸中期の漢学者
田中(たなか)謙斎 ?～1856? 江戸後期・末期の儒者
常磐(ときわ)謙斎 1803～1860 江戸後期・末期の漢学者
八木(やぎ)謙斎 1794～1881 江戸後期～明治期の産業功労者

賢斎 けんさい
赤池(あかいけ)賢斎 江戸後期の将棋棋士
上原(うえはら)賢斎 1828～1914 江戸末期～大正期の医家・教育家

顕斎 けんさい
堀江(ほりえ)顕斎 1805～1850 江戸後期の和算家

元斎 けんさい ⇔げんさい
緒方(おがた)元斎 ?～1777 江戸中期の医者

顕材 けんざい
禅長寺(ぜんちょうじ)顕材 戦国時代の禅長寺住持

元斎 げんさい ⇔けんさい
緒方(おがた)元斎 ?～1777 江戸中期の医者《緒

方元斎》
木戸（きど）元斎　？～1604　安土桃山・江戸前期の歌人

厳斎　げんさい
厳斎　？～1261　鎌倉前期・後期の僧

弦斎　げんさい
井東（いとう）弦斎　1815～1889　江戸後期～明治期の漢学者

玄哉　げんさい
玄哉　戦国・安土桃山時代の連歌作者、茶人

玄斎　げんさい
石田（いしだ）玄斎　江戸前期の鉄砲の妙手
河原（かわはら）玄斎　安土桃山時代の真田郷の住人
須賀（すが）玄斎　江戸前期の剣術家。三富流

健左衛門　けんざえもん
行本（ゆくもと）健左衛門　1808～1868　江戸末期の数学者

源左衛門　げんざえもん
源左衛門　戦国時代の相模国畑宿の商人
源左衛門　戦国時代の鎌倉の番匠
源左衛門　戦国時代の長吏
荒井（あらい）源左衛門　江戸後期の久良岐郡杉田村民
飯沼（いいぬま）源左衛門　江戸前期の金森家臣
石井（いしい）源左衛門　江戸後期の名主
石原（いしわら）源左衛門　江戸前期の庄内藩家老
磯田（いそだ）源左衛門　？～1575　安土桃山時代の真田氏の家臣
梅沢（うめざわ）源左衛門　江戸後期の鎌倉郡山崎村組頭
大野（おおの）源左衛門　江戸前期の武士大野館館主
岡（おか）源左衛門　1575～？　安土桃山・江戸前期の武士
小篠（おざさ）源左衛門　1753～1818　江戸中期・後期の弓術家
柏原（かしはら）源左衛門　？～1614　江戸前期の石田三成の家臣柏原彦右衛門の子
鹿島（かしま）源左衛門　江戸後期の久良岐郡富岡村旗本稲葉氏知行所名主
加藤（かとう）源左衛門　江戸後期の人。足柄下郡曽我谷津村民
加藤（かとう）源左衛門　1853～？　江戸後期の数学者
金井（かない）源左衛門　江戸時代の北条氏の旧臣
河原（かわはら）源左衛門　？～1574　安土桃山時代の武将
窪村（くぼむら）源左衛門　戦国時代の武田氏の家臣
幸田（こうだ）源左衛門　戦国時代の北条氏の家臣
小西（こにし）源左衛門　1685～1764　江戸前期・中期の駿府の薬種商人。屋号堺屋の3代
小林（こばやし）源左衛門　戦国時代の大井郷開発者
近藤（こんどう）源左衛門　1733～？　江戸中期の幕臣
坂入（さかいり）源左衛門　1847～1879　江戸後期～明治期の官僚
下方（しもかた）源左衛門　安土桃山時代の織田信長の家臣
塚本（つかもと）源左衛門　江戸中期の尾張緒川村の豪農、酒造業者
豊島（とよしま）源左衛門　安土桃山時代の織田信長の家臣
中村（なかむら）源左衛門　戦国時代の水運業者
畑野（はたの）源左衛門　？～1582　安土桃山時代の武田氏の家臣
平沼（ひらぬま）源左衛門　江戸時代の山林地主
藤沼（ふじぬま）源左衛門　1712～1777　江戸中期の美作国倉敷代官
堀内（ほりうち）源左衛門　1788～1855　江戸後期・末期の会田宿の問屋・名主
松平（まつだいら）源左衛門　1679～1719　江戸前期・中期の庄内藩家老
松本（まつもと）源左衛門　？～1863　江戸後期・末期の町屋村名主
籾山（もみやま）源左衛門　？～1879　江戸末期・明治期の安蘇郡作原村の名主、歌人、俳人
山県（やまがた）源左衛門　？～1575　戦国・安土桃山時代の武田家臣

源左衛門貞友　げんざえもんさだとも
御宿（みしゅく）源左衛門貞友　？～1673　江戸前期の人。葛山十郎信貞の子

源左衛門重久　げんざえもんしげひさ
江原（えばら）源左衛門重久　？～1647　江戸前期の天狗岩用水開発者。滝川村名主

源左衛門大夫　げんざえもんたゆう
上代（かじろ）源左衛門大夫　戦国時代の上総東金城（東金市）主・酒井政辰の家臣

源左衛門常世　げんざえもんつねよ
佐野（さの）源左衛門常世　鎌倉前期の武士

源左衛門尉　げんざえもんのじょう
跡部（あとべ）源左衛門尉　安土桃山時代の武田遺臣
雨宮（あめのみや）源左衛門尉　安土桃山時代の武田氏の家臣
石川（いしかわ）源左衛門尉　室町時代の備中守護代
外郎（ういろう）源左衛門尉　戦国時代の上野の薬種商
河西（かさい）源左衛門尉　戦国時代の武田氏の家臣
賀藤（かとう）源左衛門尉　戦国時代の北条氏政の家臣。源二郎の伯父
河内（かわち）源左衛門尉　室町時代の真嶋郡の在地武士
櫛田（くしだ）源左衛門尉　安土桃山時代の祖父江秀重の家臣
佐野（さの）源左衛門尉　戦国時代の穴山氏の家臣
杉田（すぎた）源左衛門尉　戦国時代の相模苅野庄の百姓
関（せき）源左衛門尉　戦国時代の山室氏勝（治部少輔・越中守）の家臣
陳外郎（ちんういろう）源左衛門尉　安土桃山時代の上野国松井田居住の薬商人
中野（なかの）源左衛門尉　戦国時代の東下総海上郡須賀郷付近の塩役人か
平山（ひらやま）源左衛門尉　戦国時代の酒井康治家臣
望月（もちづき）源左衛門尉　安土桃山・江戸前期

の甲斐国八代郡河内楠甫村の土豪

源左衛門光武　げんざえもんみつたけ
中井（なかい）源左衛門光武　1716～1805　江戸中期の近江商人

献作　けんさく
吉雄（よしお）献作　1770～1825　江戸中期・後期の医者

元朔　げんさく
淡輪（たんのわ）元朔　1765～1821　江戸後期の医家

け

元策　げんさく
江岳（こうがく）元策　江戸前期の臨済宗の僧
真狩（まかり）元策　江戸中期の医師
吉田（よしだ）元策　江戸後期の医者

源作　げんさく
中須賀（なかすか）源作　1824～1880　江戸後期～明治期の代書業
永野（ながの）源作　1653～1743　江戸前期・中期の剣術家。真心陰流

玄作　げんさく
玄作　戦国時代の連歌作者

玄策　げんさく
磐瀬（いわせ）玄策　江戸末期の医者
岡（おか）玄策　1769～？　江戸中期・後期の医師

玄蹟　げんさく
林（はやし）玄蹟　江戸時代の眼科医

源三左衛門　げんさざえもん
源三左衛門　戦国時代の甲斐国巨摩郡下山村の番匠大工頭

元察　げんさつ
元察　江戸前期・中期の俳人

玄察　げんさつ
会津（あいづ）玄察　1611～1638？　江戸前期の医師
米川（よねかわ）玄察　江戸前期の香道家
渡辺（わたなべ）玄察　1632～？　江戸前期の渡辺近江守秀村の裔

玄撮　げんさつ
竹内（たけうち）玄撮　1834～？　江戸後期の眼科医
竹内（たけうち）玄撮〔2代〕　？～1633　江戸前期の眼科医
竹内（たけうち）玄撮〔5代〕　？～1742　江戸中期の眼科医

健三郎　けんざぶろう
岡本（おかもと）健三郎　1842～1885　江戸後期～明治期の土佐藩下士
高木（たかぎ）健三郎　1814～1848　江戸後期の町役人

兼三郎　けんざぶろう　⇔かねさぶろう
柳川（やながわ）兼三郎　江戸末期の従者。1860年遣米使節に随行しアメリカに渡る

源三郎　げんさぶろう　⇔げんざぶろう
中野（なかの）源三郎　安土桃山時代の検地役人

源三郎　げんざぶろう　⇔げんさぶろう
源三郎　江戸中期の蒔絵師
源三郎　1727～1782　江戸中期の庄屋で妙好人
源三郎　江戸後期の従僕
我妻（あがつま）源三郎　江戸中期の商人
秋山（あきやま）源三郎　1562？～1582　安土桃山時代の武田氏の家臣
跡部（あとべ）源三郎　戦国時代の武田氏の家臣
池田屋（いけだや）源三郎　江戸前期の京都糸割符商人
井上（いのうえ）源三郎　1852～1920　江戸末期～大正期の実業家
上穂（うわぶ）源三郎　安土桃山時代の信濃国伊那郡の国衆
大井（おおい）源三郎　？～1567　安土桃山時代の武田氏の家臣
大岡（おおおか）源三郎　江戸前期の流人
海保（かいほう）源三郎　戦国時代の千葉胤富の家臣。東下総の森山衆。初番衆野平掃部允の旗下
糟屋（かすや）源三郎　戦国時代の里見氏家臣。御台所奉行並びに代官頭
久我（くが）源三郎　1835～1879　江戸後期～明治期の庄屋、戸長、文人
斎藤（さいとう）源三郎　1833～1915　江戸末期～大正期の谷島屋書店創業者
佐々木（ささき）源三郎　戦国時代の古河公方の家臣
佐藤（さとう）源三郎　1851～1923　江戸末期～大正期の資産家
坪井（つぼい）源三郎　1838～1911　江戸後期～明治期の地方政治家、実業家
中村（なかむら）源三郎　江戸後期の津久井県日連村勝瀬名主
長谷部（はせべ）源三郎　戦国時代の商人
浜（はま）源三郎　？～1831　江戸末期の漢学者
百人一首（ひゃくにんいっしゅ）源三郎　江戸中期の歌舞伎役者
逸見（へんみ）源三郎　戦国時代の足利頼淳の家臣
溝口（みぞぐち）源三郎　？～1663　江戸前期の剣術家。一刀流
山中（やまなか）源三郎　戦国時代の問屋商人

乾三　けんさん
乾三　戦国時代の僧侶

兼山　けんざん
青地（あおち）兼山　1672～1729　江戸前期・中期の儒者
岡田（おかだ）兼山　1688～1750　江戸前期・中期の儒者
武田（たけだ）兼山　1626～1705　江戸前期・中期の医者
矢吹（やぶき）兼山　江戸末期の漢学者

兼算　けんざん
兼算　平安後期の越後国頸城郡の東大寺領石井荘の荘司

研山　けんざん
徳田（とくた）研山　1770～1831　江戸中期・後期の三春藩士
鳥居（とりい）研山　1820～1851　江戸後期の漢学者・藩士

謙山　けんざん
清水（しみず）謙山　1730～1794　江戸中期・後期

の医者
中堂(ちゅうどう)謙山　江戸中期の漢学者
宮城(みやぎ)謙山　1721～1804　江戸中期・後期の教育者。新発田藩道学堂教授

源讃　げんさん
源讃　1322～1400　鎌倉後期～室町時代の浄土真宗の僧

玄三　げんさん　⇔げんぞう
金子(かねこ)玄三　1680～1756　江戸中期の学者、歌人

玄参　げんさん
千葉(ちば)玄参　戦国時代の武士

弦山　げんざん
阪本(さかもと)弦山　1747～1825　江戸中期・後期の漢学者

源三位　げんさんみ
源三位　平安時代の女房・歌人

兼子　けんし　⇔かねこ
兼子　鎌倉前期の歌人
高倉(たかくら)兼子　1155～1229　平安後期・鎌倉前期の女性。後鳥羽天皇の乳母《卿の局》

建司　けんし
中條(ちゅうじょう)建司　1828～1879　江戸末期・明治期の医師

堅治　けんじ
伊東(いとう)堅治　1808～1872　江戸後期～明治期の中川村肝入、磐井郡郡長

謙次　けんじ
名和(なわ)謙次　1841～1891　江戸後期～明治期の教育者、静岡藩士

謙二　けんじ
秋枝(あきえだ)謙二　1799～1876　江戸後期～明治期の教育家

元史　げんし
元史　江戸末期の俳人

玄子　げんし　⇔はるこ
川崎(かわさき)玄子　1795～1870　江戸後期～明治期の小出の俳人

玄獅　げんし
竺源(じくげん)玄獅　1752～1794　江戸中期・後期の臨済宗の僧

玄之　げんし　⇔はるゆき
根本(ねもと)玄之　江戸後期の幕臣《根本玄之》

元治　げんじ　⇔もとじ, もとはる
野登(のと)元治　1829～？　江戸後期の医師

源次　げんじ
石黒(いしぐろ)源次　1728～1798　江戸中期・後期の加賀国能美郡金平村の十村
百済(くだら)源次　南北朝時代の美作の鋳物師
沢村(さわむら)源次　1721～1790　江戸中期・後期の名主
鳥屋(とや)源次　江戸中期の高山の町人
菱屋(ひしや)源次　江戸前期の加賀藩御用商人
牧の(まきの)源次　？～1761　江戸中期の妙好人
松井屋(まついや)源次　江戸中期の高山町人

源治　げんじ
江戸ヶ崎(えどがさき)源治　？～1793　江戸中期の足柄上郡曽我村出身の力士
草柳(くさやなぎ)源治　江戸末期の宮台村の名主
二関(にのせき)源治　1836～1869　江戸後期～明治期の見国隊隊長

源二　げんじ
工藤(くどう)源二　安土桃山時代の検地役人
小井弖(こいで)源二　戦国時代の信濃国伊那郡小出郷の土豪

玄治　げんじ
村上(むらかみ)玄治　？～1803　江戸中期・後期の医師

玄二　げんじ
石川(いしかわ)玄二　江戸後期の眼科医

儼識　げんしき
山本(やまもと)儼識　1817～1905　江戸後期～明治期の漢学者

元竺　げんじく
元竺　室町時代の僧侶

研子女王　けんしじょおう
研子女王　平安中期の女性。克明親王の王女

源七　げんしち
梅村(うめむら)源七　江戸前期の書家
小木曽(おぎそ)源七　？～1728　江戸前期・中期の野入村組頭
下曽根(しもそね)源七　？～1575　戦国・安土桃山時代の武田家臣
下曽禰(しもそね)源七　？～1575　安土桃山時代の武田氏の家臣
竹尾(たけお)源七　安土桃山時代の織田信長の家臣
竹屋(たけや)源七　安土桃山時代の織田信長の家臣

原七郎　げんしちろう
竹谷(たけや)原七郎　戦国時代の岩付太田氏の家臣

源七郎　げんしちろう
赤見(あかみ)源七郎　1551～1625　戦国～江戸前期の武田氏の家臣。二代赤見山城守の嫡子
大野(おおの)源七郎　1805～1862　江戸後期・末期の和算家
大橋(おおはし)源七郎　安土桃山時代の織田信長の家臣
北沢(きたざわ)源七郎　1857～1910　江戸末期・明治期の船津町の初代町長
金春(こんぱる)源七郎　戦国時代の能役者ワキ方
下(しも)源七郎　安土桃山時代の武士
高橋(たかはし)源七郎　戦国時代の北条氏の家臣
陳外郎(ちんういろう)源七郎　安土桃山時代の上野国松井田居住の薬商人
服部(はっとり)源七郎　江戸前期の能登国鹿島郡金丸出村の開発農民
牧野(まきの)源七郎　江戸末期の新撰組隊士
八重森(やえもり)源七郎　安土桃山時代の武田氏の家臣
山内(やまうち)源七郎　？～1868　江戸末期の幕臣
吉原(よしわら)源七郎　戦国時代の北条氏の家臣

憲実　けんじつ
憲実　鎌倉後期の天台宗の僧・歌人

顕実　けんじつ　⇔あきざね
顕実　鎌倉時代の浄土宗僧

元室　げんしつ
元室　？～1805　江戸中期・後期の俳人

玄室　げんしつ
玄室　1444～1514　室町・戦国時代の曹洞宗の僧

源実　げんじつ
源実　1137～？　平安後期の天台山門派の僧

け

玄実　げんじつ
玄実　平安後期の興福寺僧

玄日　げんじつ
玄日　847～922　平安前期の天台僧

妍子内親王　けんしないしんのう
妍子内親王　1019～1098　平安中期・後期の女性。敦明親王の王女

源次兵衛　げんじべえ
松本（まつもと）源次兵衛　1688～1747　江戸前期・中期の備中足守藩士・書家

元車　げんしゃ
界輪（かいりん）元車　？～1709　江戸前期・中期の黄檗宗の僧

健守　けんしゅ
健守　平安中期の僧侶・歌人

賢珠　けんしゅ
賢珠　鎌倉後期の僧侶・歌人

憲寿　けんじゅ
憲寿　1768～1857　江戸中期～末期の真言宗の僧・書家

元珠　げんしゅ
海山（かいさん）元珠　1566～1642　安土桃山・江戸前期の臨済宗の僧
智照（ちしょう）元珠　江戸中期の黄檗宗の僧

玄守　げんしゅ
玄守　鎌倉後期の天台宗の僧・歌人

玄珠　げんしゅ
田吹（たぶき）玄珠　1848～1917　江戸末期～大正期の医師（洋方医）

元寿　げんじゅ　⇔もととし
毛利（もうり）元寿　1815～1881　江戸後期～明治期の本草学者

元孺　げんじゅ
三井（みい）元孺　1733～1784　江戸中期の眼科医

玄寿　げんじゅ　⇔はるなが
高山（こうざん）玄寿　戦国時代の甲斐府中の長禅寺3世
甲原（こうはら）玄寿　1792～1875　江戸後期～明治期の医師
正田（しょうだ）玄寿　？～1810　江戸後期の眼科医
尊智（そんち）玄寿　1553～1636　戦国～江戸前期の日向国志布志宝満寺の住職。奈良西大寺の長老

兼琇　けんしゅう
兼琇　1484～1523　戦国時代の名塩教行寺の開基

賢洲　けんしゅう
賢洲　？～1812　江戸中期・後期の浄土宗の僧

賢秀　けんしゅう
覚寿院（がくじゅいん）賢秀　1715～1778　江戸中期の儒者、修験者
覚寿院（かくじゅいん）賢秀　覚寿院賢秀に同じ

顕秀　けんしゅう　⇔あきひで
浄秀寺（じょうしゅうじ）顕秀　室町時代の僧

縑洲　けんしゅう
阿部（あべ）縑洲　江戸後期・末期の篆刻家

元周　げんしゅう　⇔もとちか
直海（なおみ）元周　江戸中期の本草家
広瀬（ひろせ）元周　1833～1885　江戸末期～明治期の医者

元秀　げんしゅう　⇔がんしゅう，もとひで
栄厳（えいがん）元秀　？～1567　戦国時代の曹洞宗僧侶
小野（おの）元秀　1817～1896　江戸後期～明治期の弘前藩医
坂野（さかの）元秀　江戸末期の医者
日向（ひゅうが）元秀　江戸中期の本草家
梁山（りょうざん）元秀　江戸前期の黄檗宗の僧

元脩　げんしゅう　⇔もとなが
山崎（やまざき）元脩　1845～1910　江戸後期～明治期の新潟県立新潟医学校長・産婦人科医

厳秀　げんしゅう
厳秀　鎌倉時代の真言宗の僧
吉田（よしだ）厳秀　鎌倉前期・後期の能義郡吉田庄地頭

源秀　げんしゅう
源秀　？～1183　平安後期の武士

玄周　げんしゅう
玄周　1613～1682　江戸前期の浄土宗の僧
大内（おおうち）玄周　？～1875　江戸後期～明治期の竹松村在住の医師
松島（まつしま）玄周　江戸中期の医師
矢沢（やざわ）玄周　江戸中期の医師
横山（よこやま）玄周　江戸後期の医者

玄洲　げんしゅう
古城（こじょう）玄洲　1826～1915　江戸末期～大正期の東国東郡国見町岐部の医師

玄秀　げんしゅう
玄秀　江戸中期の浄土宗の僧
酒井（さかい）玄秀　1827～1903　江戸後期～明治期の医師
高橋（たかはし）玄秀　江戸後期の医者
徳田（とくだ）玄秀　江戸中期の医者
錦織（にしこおり）玄秀　？～1741　江戸中期の医師

元重　げんじゅう　⇔もとしげ
海野（うんの）元重　？～1665　江戸前期の代官
津波古（つはこ）元重　江戸前期の棋士

源十　げんじゅう
齋藤（さいとう）源十　安土桃山時代の検地役人

源秀院　げんしゅういん
源秀院　1581～1663　安土桃山・江戸前期の女性。

盛岡藩2代藩主南部利直の正室

源十郎　げんじゅうろう

石田（いしだ）源十郎　江戸末期の播磨美嚢郡上松村の大庄屋、銀札・銭札の札元

大町（おおまち）源十郎　江戸中期の剣術家。柳生心眼流

岡田（おかだ）源十郎　平安中期の長者

北村（きたむら）源十郎　？～1627　安土桃山・江戸前期の事業家

松木（まつき）源十郎　戦国時代の甲州金座の筆頭

和智（わち）源十郎　1815～1881　江戸後期～明治期の津久井上郷の名主総代

元淑　げんしゅく

桑原（くわばら）元淑　1718～1793　江戸中期・後期の医者

玄叔　げんしゅく

清水（しみず）玄叔　江戸後期の「榛名詣」の著者

高橋（たかはし）玄叔　1817～1886　江戸後期～明治期の湯田医者家3代目

玄淑　げんしゅく

忠導氏（ちゅうどううじ）玄淑　1621～1693　江戸前期・中期の平良頭

玄粛　げんしゅく

玄粛　1768～1841　江戸中期・後期の浄土真宗の僧

彦粛　げんしゅく

湯本（ゆもと）彦粛　1800～1847　江戸後期の医師

兼舜　けんしゅん

兼舜　南北朝時代の僧侶・歌人

憲春　けんしゅん

憲春　？～1590　戦国・安土桃山時代の僧

顕俊　けんしゅん

顕俊　鎌倉後期の法相宗の僧・歌人

顕春　けんしゅん

顕春　鎌倉後期の天台宗の僧

健順　けんじゅん

斎藤（さいとう）健順　1826～1890　江戸後期～明治期の漢方医、教育家

兼純　けんじゅん

猪苗代（いなわしろ）兼純　1487～？　戦国時代の連歌師

兼順　けんじゅん

兼順　1499～1570　戦国・安土桃山時代の浄土真宗の僧

堅諄　けんじゅん

大痴（だいち）堅諄　1485～1552　戦国時代の臨済宗の僧

憲順　けんじゅん

憲順　江戸前期の天台宗の僧

賢淳　けんじゅん

賢淳　鎌倉前期の僧

元春　げんしゅん　⇔もとはる

元春　江戸中期の黄檗宗の僧

大林（おおばやし）元春　江戸後期の漢方医

木村（きむら）元春　？～1650　江戸前期の医師。肥後藩の藩医

西村（にしむら）元春　1611～1698　江戸前期・中期の医者

元峋　げんしゅん

寿山（じゅさん）元峋　江戸前期の黄檗宗の僧

玄俊　げんしゅん

玄俊　1615～1664　江戸前期の連歌作者

河越（かわごえ）玄俊　江戸前期・中期の人。『作陽誌』の編者

本間（ほんま）玄俊　1801～？　江戸後期の医者

け

玄春　げんしゅん

門倉（かどくら）玄春　1834～1870　江戸末期の医者

安田（やすだ）玄春　1744～1828　江戸後期の医家

山本（やまもと）玄春　江戸中期の蒔絵師

元純　げんじゅん

小山（こやま）元純　1812～1845　江戸後期の医者

元順　げんじゅん

元順　江戸前期・中期の俳人

金城（かなぐすく）元順　1716～1782　江戸中期の医師

山本（やまもと）元順　江戸中期の医師

源順　げんじゅん

源順　平安後期の絵仏師

玄淳　げんじゅん

玄淳　江戸後期の浄土真宗の僧

萱生（かやお）玄淳　1772～1837　江戸中期・後期の田原藩医

松島（まつしま）玄淳　1852～1925　江戸末期～大正期の医師、漢学者

玄純　げんじゅん

加倉井（かくらい）玄純　1828～1876　江戸末期の高島藩外科医

玄順　げんじゅん

玄順　1789～1859　江戸後期・末期の浄土宗の僧

伊東（いとう）玄順　？～1697　江戸前期・中期の俳人

臼井（うすい）玄順　江戸後期の眼科医

宇留野（うるの）玄順　江戸中期の著述家。「宇留野玄順筆記」の著者

小口（おぐち）玄順　？～1720　江戸中期の小口堰開削者

加藤（かとう）玄順　1699～1785　江戸中期の医者

田中（たなか）玄順　1831～1872　江戸後期～明治期の岡山藩医

彦如　げんじょ

彦如　1785～1844　江戸中期・後期の僧侶

玄初　げんしょ

断崖（だんがい）玄初　1641～？　江戸前期の臨済宗の僧

元恕　げんじょ

元恕　江戸前期の俳人

玄恕　げんじょ

玄恕　1579～1665　安土桃山・江戸前期の浄土宗の僧

兼樵　けんしょう
島田(しまだ)兼樵　1764〜1848　江戸中期・後期の石灰生産者

見性　けんしょう
見性　鎌倉後期の僧侶・歌人

賢聖　けんしょう
諏方(すわ)賢聖　戦国時代の諏訪仏法寺の僧

顕影　けんしょう
田村(たむら)顕影　江戸後期・末期の幕臣

顕昌　けんしょう　⇔あきまさ
鐘田(かねた)顕昌　1819〜1893　江戸後期〜明治期の浄土宗の僧侶

顕昭　けんしょう
顕昭　1130〜1209　平安後期・鎌倉前期の僧歌人

憲乗　けんじょう
滝本坊(たきもとぼう)憲乗　?〜1692　江戸前期・中期の書家
二条(にじょう)憲乗　江戸前期の坊官

憲静　けんじょう
願行房(がんぎょうぼう)憲静　?〜1295　鎌倉後期の僧。京都泉涌寺第6世

謙譲　けんじょう
鎌数(かまかず)謙譲　1842〜1891　江戸後期〜明治期の大願寺開基

賢乗　けんじょう
賢乗　?〜1564　戦国・安土桃山時代の真言宗の僧

賢浄　けんじょう
賢浄　1647〜?　江戸前期の天台宗の僧

賢静　けんじょう
賢静　?〜1295　鎌倉後期の僧。京都泉涌寺第6世《願行房憲静》

顕乗　けんじょう
顕乗　江戸時代の浄土真宗の僧

顕常　けんじょう
大典(だいてん)顕常　1719〜1801　江戸中期の臨済宗僧侶、漢詩人

顕成　けんじょう　⇔あきなり
三蔭(みかげ)顕成　1799〜1859　江戸後期・末期の歌人。浄土真宗の僧

元尚　げんしょう　⇔もとなお
元尚　室町時代の連歌作者

元昌　げんしょう
斎藤(さいとう)元昌　1828〜1913　江戸末期の壬生藩医斎藤家3代、小山検疫所詰一等級検疫医
佐々木(ささき)元昌　1722〜1801　江戸中期・後期の医師
毛利(もうり)元昌　1823〜1910　江戸後期〜明治期の江戸出身の医師

元照　げんしょう　⇔もとてる
普門(ふもん)元照　1644〜1705　江戸前期・中期の臨済宗の僧

元省　げんしょう
芦沢(あしざわ)元省　江戸時代の眼科医

元章　げんしょう　⇔もとあき
並河(なみかわ)元章　1830〜1876　江戸後期〜明治期の宇土郡郡浦手永の惣庄屋

元性　げんしょう　⇔がんしょう
元性　1151〜1184　平安後期の僧《元性》

元敞　げんしょう
元敞　江戸中期の浄土宗の僧

元璋　げんしょう
梵珪(ぼんけい)元璋　?〜1744　江戸中期の黄檗宗の僧

原松　げんしょう
加藤(かとう)原松　1685〜1742　江戸前期・中期の俳人

厳松　げんしょう
鎌田(かまた)厳松　1798〜1859　江戸後期・末期の画家

玄勝　げんしょう
玄勝　南北朝時代の僧侶・歌人
高橋(たかはし)玄勝　1774〜1830　江戸後期の医者
高橋(たかはし)玄勝　1821〜1870　江戸後期〜明治期の医師

玄召　げんしょう
棠陰(とういん)玄召　1592〜1643　安土桃山・江戸前期の臨済宗の僧

玄将　げんしょう
鈴木(すずき)玄将　江戸中期の将棋士

玄昌　げんしょう
井戸(いど)玄昌　?〜1746　江戸中期の医師。高山の医家・加納家の祖
岩永(いわなが)玄昌　1690〜1734　江戸中期の医家
日下部(くさかべ)玄昌　?〜1615　江戸前期の代官
斎藤(さいとう)玄昌　1809〜1872　江戸後期・末期の壬生藩医
土生(はぶ)玄昌〔2代〕　1827〜1888　江戸後期〜明治期の眼科医

玄昭　げんしょう
太室(たいしつ)玄昭　1726〜1796　江戸中期・後期の臨済宗の僧

玄祥　げんしょう
雲林院(うりいん)玄祥　1831〜1905　江戸後期〜明治期の文人、医師
畑(はた)玄祥　1579〜1663　江戸前期の謡曲家梅若氏中興の祖

玄章　げんしょう
伊藤(いとう)玄章　1811〜1877　江戸後期〜明治期の医者
岡(おか)玄章　?〜1880　江戸後期〜明治期の藩医

玄紹　げんしょう
玄紹　戦国時代の僧

玄正　げんしょう
斎藤(さいとう)玄正　?〜1820　江戸中期・後期の壬生藩医斎藤家初代

元上　げんじょう
元上　江戸前期の俳人
元丈　げんじょう
中島（なかじま）元丈　江戸後期の漢学者
元乗　げんじょう
元乗　1455～？　室町・戦国時代の法相宗の僧
後藤（ごとう）元乗　？～1602　安土桃山時代の装剣金工
源乗　げんじょう
二条（にじょう）源乗　1608～？　江戸前期の坊官
玄常　げんじょう
玄常　平安時代の天台宗の僧
玄浄　げんじょう
火渡（ひわたし）玄浄　江戸前期の火渡館館主
玄定　げんじょう
寂庵（じゃくあん）玄定　1746～1812　江戸中期・後期の臨済宗の僧
柏州（はくしゅう）玄定　1805～1892　江戸後期～明治期の勤王僧。志布志大慈寺の住職
玄仗　げんじょう
玄仗　1738～1792　江戸中期・後期の浄土真宗の僧
健四郎　けんしろう　⇔たけしろう
鶴岡（つるおか）健四郎　江戸末期の新撰組隊士
乾次郎　けんじろう
西脇（にしわき）乾次郎　1850～？　江戸後期・末期の新撰組隊士
健次郎　けんじろう
浅井（あさい）健次郎　江戸後期・末期の幕臣
落合（おちあい）健次郎　1833～1895　江戸後期～明治期の田老塾師匠・村社日枝神社別当
兼次郎　けんじろう　⇔かねじろう
金田（かねだ）兼次郎　1847～？　江戸後期の牙彫作家
謙次郎　けんじろう
石井（いしい）謙次郎　1838～1888　江戸後期～明治期の幕臣
中村（なかむら）謙次郎　1833～？　江戸後期～明治期の岡山藩医
賢次郎　けんじろう
宮沖（みやおき）賢次郎　1843～？　江戸後期～明治期の実業家
吉村（よしむら）賢次郎　1835～1920　江戸末期～大正期の砲術家
元四郎　げんしろう
北村（きたむら）元四郎　江戸末期の通事
源四良　げんしろう
古槇（こまき）源四良　戦国時代の武士
源四郎　げんしろう
源四郎　安土桃山時代の信濃国筑摩郡刈谷原の土豪
青木（あおき）源四郎　戦国時代の武将。武田家臣
浅井（あさい）源四郎　戦国時代の井田城主
厚母（あつも）源四郎　江戸後期の萩藩士
安藤（あんどう）源四郎　戦国時代の北条氏の家臣
井尻（いじり）源四郎　戦国時代の甲斐国山梨郡下井尻村の土豪
小河（おがわ）源四郎　？～1582　戦国・安土桃山時代の織田信長の家臣
柏原（かしわばら）源四郎　1856～1903　江戸末期・明治期の実業家
佐々木（ささき）源四郎　戦国時代の小弓公方足利義明の家臣
寺島屋（てらしまや）源四郎　？～1831　江戸後期の織物技術者、実業家
長浜（ながはま）源四郎　江戸中期の俳人
野尻（のじり）源四郎　1848～？　江戸末期の孝子
菱屋（ひしや）源四郎　江戸前期の京都糸割符商人
藤田（ふじた）源四郎　江戸中期の鋳師
藤原（ふじわら）源四郎　江戸後期の三浦郡大津村民
淵沢（ふちさわ）源四郎　江戸時代の八戸藩士
厳二郎　げんじろう
渡辺（わたなべ）厳二郎　戦国時代の千葉勝胤の家臣
源次郎　げんじろう
源次郎　江戸後期の高野山寺領山崎村農民
秋田（あきた）源次郎　1698～1784　江戸中期の造酒業
金掘（かねほり）源次郎　1615～1683　江戸前期の南大堰と中堰の開削者
家弓（かゆみ）源次郎　江戸中期の枕崎の豪商
進藤（しんどう）源次郎　安土桃山時代の織田信長の家臣
菅谷（すがや）源次郎　戦国時代の北条氏の家臣
薗部（そのべ）源次郎　1677～？　江戸前期の代官、金奉行
矢島（やじま）源次郎　江戸時代の谷中村の名主
源治郎　げんじろう
目瀬（めせ）源治郎　1852～1902　江戸後期～明治期の鉱山創業者・豪農
森本（もりもと）源治郎　1806～1875　江戸後期～明治期の実業家
源二郎　げんじろう
織田（おだ）源二郎　安土桃山時代の織田信長の家臣
賀藤（かとう）源二郎　戦国時代の岩付城主太田氏資の家臣
真田（さなだ）源二郎　江戸時代の修験者
諏方（すわ）源二郎　？～1582　安土桃山時代の武田氏の家臣
遠山（とおやま）源二郎　戦国時代の古河公方の家臣
夏目（なつめ）源二郎　江戸末期の武士、勘定吟味役
はたの（はたの）源二郎　戦国時代の千葉胤富の家臣
原俣（はらまた）源二郎　戦国時代の酒井政辰の家臣
堀内（ほりうち）源二郎　？～1494　戦国時代の武田氏の家臣
室井（むろい）源二郎　江戸後期の儒者
玄次郎　げんじろう
萩原（はぎわら）玄次郎　1841～1913　江戸末期の村吏
源二郎左衛門　げんじろうざえもん
加地（かじ）源二郎左衛門　加地源二郎左衛門に同じ
加地（かぢ）源二郎左衛門　鎌倉時代の備前国守護の一族か
賢心　けんしん
賢心　1489～1552　戦国時代の浄土真宗の僧

押田（おしだ）賢心　戦国時代の臼井胤慶の家臣か

賢辰　けんしん
賢辰　平安後期の天台宗の僧・歌人

顕真　けんしん
顕真　1130〜1192　平安後期の天台宗の僧

賢尋　けんじん
賢尋　平安中期の僧。東寺定額僧
賢尋　平安中期の法成寺の僧

顕深　けんじん
顕深　鎌倉後期の天台宗の僧・歌人

顕尋　けんじん
顕尋　鎌倉前期の僧侶・歌人

元震　げんしん
須藤（すどう）元震　江戸中期の厳邑府誌の著者

源信　げんしん
恵心僧都（えしんそうず）源信　942〜1017　平安時代の比叡山延暦寺の僧

源心　げんしん
平賀（ひらが）源心　？〜1537？　戦国時代の武将
平賀（ひらか）源心　平賀源心に同じ

源深　げんしん
源深　鎌倉前期の僧侶・歌人

玄信　げんしん　⇔はるのぶ
玄信　？〜1187　平安後期の金剛峯寺検校
小山（こやま）玄信　江戸末期・明治期の田辺領の医師
鳥山（とりやま）玄信　江戸中期の医師
吉水（よしみず）玄信　1829〜1887　江戸末期・明治期の僧

玄森　げんしん
蘭室（らんしつ）玄森　江戸前期の臨済宗の僧

玄深　げんしん
草野（くさの）玄深　？〜1850　江戸後期の医者

玄真　げんしん
桑田（くわた）玄真　江戸後期の医者

玄津　げんしん
玄津　戦国時代の天台宗の僧・連歌作者

言信　げんしん　⇔ときのぶ
山口（やまぐち）言信　江戸後期の和算家

彦岑　げんしん
彦岑　1645〜1727　江戸前期・中期の真言宗の僧

玄須　げんす
三浦（みうら）玄須　江戸後期の医者

見推　けんすい
見推　江戸中期の俳人

見水　けんすい
大和（やまと）見水　1750〜1827　江戸中期の外科医

謙翠　けんすい
浜上（はまがみ）謙翠　1851〜1901　江戸後期〜明治期の実業家

見髄　けんずい
碩岑（せきしん）見髄　？〜1727　江戸前期・中期の曹洞宗の僧

賢随　けんずい
賢随　江戸中期の浄土真宗の僧

元水　げんすい
器随坊（きずいぼう）元水　？〜1760　江戸中期の俳人

元翠　げんすい
元翠　江戸前期の僧侶・歌人
石川（いしかわ）元翠　江戸後期の医者

厳水　げんすい　⇔いずみ
井野辺（いのべ）厳水　1836〜1902　江戸後期〜明治期の国学者

源水　げんすい
松井（まつい）源水〔5代〕　江戸中期の曲独楽師

玄水　げんすい
草刈（くさかり）玄水　1838〜1878　江戸後期〜明治期の教育者

元瑞　げんずい
松浦（まつうら）元瑞　江戸後期の医者
向井（むかい）元瑞　1649〜1712　江戸前期・中期の医師
吉田（よしだ）元瑞　江戸前期の医者

玄随　げんずい
熊谷（くまがい）玄随　江戸中期の本草家
高下（たかした）玄随　？〜1837　江戸後期の下鶴間村生まれの医師
深田（ふかだ）玄随　1764〜1838　江戸中期・後期の医者・博物家

玄瑞　げんずい
山田（やまだ）玄瑞　江戸前期の茶人

乾介　けんすけ
石尾（いしお）乾介　1775〜1859　江戸後期の岡山藩主。黒住教の篤信者

健介　けんすけ
直原（じきはら）健介　1808〜1884　江戸後期〜明治期の国学者

謙助　けんすけ
柿崎（かきざき）謙助　1801〜1866　江戸後期・末期の剣術家。小野派一刀流
友沢（ともさわ）謙助　江戸後期の藩士

顕助　けんすけ
佐久間（さくま）顕助　1850〜？　江戸後期・末期の新撰組隊士《佐久間顕輔》

顕輔　けんすけ
佐久間（さくま）顕輔　1850〜？　江戸後期・末期の新撰組隊士

源介　げんすけ
今中（いまなか）源介　1700〜1763　江戸中期の剣術家。東軍今中源介流
堤（つつみ）源介　安土桃山時代の織田信長の家臣
真殿（まどの）源介　江戸中期の大庄屋、在方下役人
横田（よこた）源介　？〜1575　安土桃山時代の武田氏の家臣
吉村（よしむら）源介　安土桃山時代の織田信長の家臣

源助　げんすけ
源助　戦国時代の武田晴信の寵童
源助　江戸前期の人。松江大橋架橋の際に人柱になった
麻口（あさぐち）源助　安土桃山時代の信濃国筑摩郡会田の土豪
池田（いけだ）源助　1733〜1793　江戸中期の豪農、新田開発者
伊藤（いとう）源助　1842〜1869　江戸後期〜明治期の新撰組隊士
糸屋（いとや）源助　江戸中期の書肆
今江村（いまえむら）源助　江戸中期の農民。加賀国能美郡今江村の十村（村役）
太田（おおた）源助　江戸中期の幕府代官岩松直右衛門純睦の手代
鍛冶屋（かじや）源助　江戸中期の義民。高山二之新町の人
黒沢（くろさわ）源助　江戸中期の問屋
進藤（しんどう）源助　1760〜1822　江戸中期・後期の儒学者
竹中（たけなか）源助　戦国時代の代官
竹之内（たけのうち）源助　江戸時代の知多郡岡田村の豪商
中袮（なかね）源助　安土桃山時代の検地役人
細萱（ほそかや）源助　安土桃山時代の信濃国安曇郡細萱の人
松屋（まつや）源助　江戸後期の商家
柳下（やぎした）源助　安土桃山時代の検地役人
湯沢（ゆざわ）源助　1736〜1807　江戸中期の孝子

玄介　げんすけ
多田（ただ）玄介　?〜1788　江戸中期・後期の絵師

源助長勝　げんすけながかつ
竹田（たけだ）源助長勝　?〜1615　江戸前期の豊臣秀吉・秀頼の家臣

権政　けんせい
中島（なかじま）権政　江戸中期の歌人

見西　けんせい
鷹見（たかみ）見西　?〜1784　江戸中期の勇俠の商人

賢正　けんせい
賢正　戦国時代の画僧

賢清　けんせい
賢清　1155〜1204　平安後期・鎌倉前期の真言宗の僧
日光院（にっこういん）賢清　?〜1608　安土桃山・江戸前期の僧侶

厳成　げんせい
厳成　平安後期の仏師

元青　げんせい
禅関（ぜんかん）元青　江戸前期・中期の黄檗宗の僧

幻世　げんせい
毛呂（もろ）幻世　戦国時代の武蔵国衆

源盛　げんせい
源盛　鎌倉後期・南北朝時代の天台宗の僧

源誠　げんせい
源誠　?〜1344　南北朝時代の僧。小坂町の長谷寺の開基

源誓　げんせい
源誓　?〜1501　室町・戦国時代の浄土宗の僧

玄清　げんせい
玄清　平安後期の法印
鈴木（すずき）玄清　?〜1813　江戸後期の保土ヶ谷宿外科医
福長（ふくなが）玄清　江戸前期の医者・軍記作者

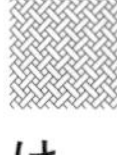

玄盛　げんせい
玄盛　1246〜?　鎌倉前期・後期の僧
猪苗代（いなわしろ）玄盛　江戸前期の連歌師

け

玄西　げんせい
明善寺（みょうぜんじ）玄西　江戸中期の僧。白川村の明善寺の開基

玄誠　げんせい
森田（もりた）玄誠　1807〜1875　江戸後期〜明治期の医師

玄静　げんせい
久保（くぼ）玄静　戦国・安土桃山時代の医者

現成　げんせい
現成　?〜1847　江戸後期の僧

元説　げんぜい　⇔げんせつ
元説　江戸後期の僧侶

巻石　けんせき
菊池（きくち）巻石　江戸末期の「川越紀年略」の編者
山口（やまぐち）巻石　1795〜1870　江戸末期の漢学者

拳石　けんせき
丸山（まるやま）拳石　1842〜1909　江戸後期〜明治期の医者

元碩　げんせき
河合（かわい）元碩　江戸後期の医者
林（はやし）元碩　江戸後期の心学者
松島（まつしま）元碩　1814〜1844　江戸後期の漢学者、医師

玄硯　げんせき
小泉（こいずみ）玄硯　江戸時代の萩藩御雇上関常駐医師

玄石　げんせき
玄石　江戸中期の俳人

玄碩　げんせき
安達（あだち）玄碩　1853〜?　江戸後期の眼科医
岩佐（いわさ）玄碩　1756〜1820　江戸中期・後期の歌人
熊野（くまの）玄碩　江戸中期の医者
角倉（すみのくら）玄碩　江戸後期の医者
花山（はなやま）玄碩　?〜1856　江戸後期・末期の医師
三村（みむら）玄碩　江戸前期の医者

見拙　けんせつ
性海（しょうかい）見拙　江戸前期の曹洞宗の僧

元説　げんせつ　⇔げんぜい
都竹（つづく）元説　江戸後期の医師。華岡青洲の門人

源説　げんせつ
新井（あらい）源説　江戸前期の易学家
玄節　げんせつ
伊藤（いとう）玄節　？～1682　江戸前期の漢学者
小川（おがわ）玄節　江戸後期の詩人
長坂（ながさか）玄節　？～1820　江戸後期の戸塚宿医師
玄説　げんせつ
利天（りてん）玄説　？～1651　江戸前期の高山市の雲竜寺12世。洞雲寺開基
顕詮　けんせん
顕詮　南北朝時代の社僧・歌人
元仙　げんせん
堀井（ほりい）元仙　江戸中期の医者
元泉　げんせん
井口（いぐち）元泉　1840～1900　江戸末期・明治期の教育者、清見村助役
元潜　げんせん
淡輪（たんのわ）元潜〔4代〕 1782～1834　江戸後期の医家
源仙　げんせん
曇翁（どんのう）源仙　1314～1386　南北朝時代の丹後国の禅僧
源暹　げんせん
源暹　鎌倉後期の真言宗の僧
玄仙　げんせん
玄仙　？～1612　安土桃山・江戸前期の真言宗の僧
大金（おおがね）玄仙　1837～1916　江戸末期～大正期の馬頭町の医師、私塾
高橋（たかはし）玄仙　1679～1739　江戸前期・中期の医師
谷村（たにむら）玄仙　江戸前期の医者
藤林（ふじばやし）玄仙　1840～1900　江戸後期～明治期の高田藩藩医
山本（やまもと）玄仙　江戸前期の医者
玄宣　げんせん
明智（あけち）玄宣　戦国時代の連歌作者
玄川　げんせん
玄川　1737～1818　江戸中期・後期の連歌作者
玄泉　げんせん
前川（まえかわ）玄泉　1847～1923　江戸末期～大正期の医師
玄僊　げんせん
今井（いまい）玄僊　1832～？　江戸末期の医師
原善　げんぜん
佐々木（ささき）原善　江戸後期の画家
源全　げんぜん
源全　鎌倉時代の天台宗の僧・歌人
玄全　げんぜん
玄全　鎌倉後期の天台宗の僧・歌人
丸田（まるた）玄全　1810～1863　江戸後期・末期の和算家
賢素　けんそ
石渡（いしわた）賢素　1724～1817　江戸中期・後期の三浦郡公郷村名主
源祖　げんそ
源祖　鎌倉後期の曹洞宗の僧
見叟　けんそう
見叟　1613～1687　江戸前期の禅僧
賢宗　けんそう
土屋（つちや）賢宗　戦国時代の石見国の土豪
巻蔵　けんぞう
北条（ほうじょう）巻蔵　1854～1893　江戸末期・明治期の教育者
倹造　けんぞう
小林（こばやし）倹造　1808～1860　江戸後期・末期の宗教家
健三　けんぞう
山口（やまぐち）健三　1805～1877　江戸後期～明治期の教育者・医師
健蔵　けんぞう
伊藤（いとう）健蔵　1840～1907　江戸後期～明治期の医師
高橋（たかはし）健蔵　1746～1778　江戸中期の書家
松井（まつい）健蔵　1806～1854　江戸後期・末期の教育者
健造　けんぞう
瀬尾（せお）健造　？～1904　江戸末期・明治期の文学訓導
研蔵　けんぞう
伊東（いとう）研蔵　1840～1920　江戸末期～大正期の井路開削の技術者
謙三　けんぞう
黒沢（くろさわ）謙三　江戸末期・明治期の教育者、医師
田中（たなか）謙三　1833～1907　江戸後期～明治期の教育者
三潴（みずま）謙三　1852～1894　江戸後期～明治期の眼科医
百瀬（ももせ）謙三　1846～1916　江戸末期～大正期の糸魚川街道開削者
謙蔵　けんぞう
池田（いけだ）謙蔵　江戸後期の松山藩士。三上新左衛門（1818～1876）の門下で儒学を修めた道学信者
木部（きべ）謙蔵　江戸時代の庄内藩士
斎藤（さいとう）謙蔵　1850～1907　江戸後期～明治期の古本商
武田（たけだ）謙蔵　江戸末期・明治期の暦算家
謙造　けんぞう
大谷（おおたに）謙造　1847～1896　江戸後期～明治期の実業家
寺井（てらい）謙造　1810～1877　江戸後期～明治期の故実家
賢三　けんぞう
小笠原（おがさわら）賢三　？～1885　江戸末期・明治期の新規旗本《小笠原賢蔵》
賢蔵　けんぞう
小笠原（おがさわら）賢蔵　？～1885　江戸末期・

明治期の新規旗本
顕三　けんぞう
林(はやし)顕三　1843〜1906　江戸後期〜明治期の行政官
顕蔵　けんぞう
伊藤(いとう)顕蔵　1828〜1871　江戸後期〜明治期の私塾経営者
宮坂(みやさか)顕蔵　1842〜1868　江戸後期・末期の庄内藩士
元操　げんそう
松巌(しょうがん)元操　江戸中期の黄檗宗の僧
元巣　げんそう
伊集院(いじゅういん)元巣　1544〜1616　戦国〜江戸前期の武将
元三　げんぞう　⇔もとぞう
長谷川(はせがわ)元三　江戸後期の眼科医
元造　げんぞう　⇔もとぞう
井上(いのうえ)元造　江戸中期の地誌作者・俳人
八木(やぎ)元造　1819〜1885　江戸末期・明治期の医師
源三　げんぞう
源三　戦国時代の甲斐国巨摩郡下山郷の大工頭
源三　1719〜1719　江戸中期の徳川吉宗の三男
石川(いしかわ)源三　室町時代の備中守護代
江田(えだ)源三　平安後期の武士。源義経の郎等
岡崎(おかざき)源三　江戸末期の新撰組隊士
岡野(おかの)源三　1817〜1900　江戸後期〜明治期の園芸家
黒沢(くろさわ)源三　戦国時代の武蔵国衆平沢政実の家臣
下曽禰(しもそね)源三　?〜1575　安土桃山時代の武田氏の家臣
竹本(たけもと)源三　戦国時代の北条氏の家臣
千国(ちくに)源三　安土桃山時代の信濃国安曇郡千国の国衆
宮のこし(みやのこし)源三　安土桃山時代の信濃国筑摩郡会田の土豪
村井(むらい)源三　1841〜1908　江戸後期〜明治期の改良酒造業の指導者、銘酒「あさ開」の創業者
屋代(やしろ)源三　平安後期の人。平知盛の支援者
源増　げんぞう
源増　平安後期の仏師
源蔵　げんぞう
源蔵　江戸後期の橘樹郡今井村民
源蔵　江戸後期の橘樹郡堰村民
池田屋(いけだや)源蔵　江戸後期の書肆。仙台国分町で開業した版元の一つ
石井(いしい)源蔵　江戸中期の和算家
瓜巣村(うりすむら)源蔵　?〜1802　江戸後期の義民。瓜巣村の百姓
榎戸(えのきど)源蔵　江戸中期の新田開発者
大谷屋(おおたにや)源蔵　江戸末期の高山一之町村の人
小川(おがわ)源蔵　江戸前期の児島郡の大庄屋
奥山(おくやま)源蔵　江戸中期・後期の和算家
兼松(かねまつ)源蔵　?〜1836　江戸後期の名古屋新田新田頭
木島(きじま)源蔵　1791〜1866　江戸後期・末期の「御控絹由緒日記」の著者
桐原(きりはら)源蔵　室町時代の武士
熊谷(くまがい)源蔵　1729〜1800　江戸中期・後期の剣術家。新陰流
小西(こにし)源蔵　江戸後期の売薬業者
小林(こばやし)源蔵　1795〜1858　江戸後期の棟梁《小林杢之助》
坂本屋(さかもとや)源蔵　江戸後期の心学者
佐藤(さとう)源蔵　1797〜1850　江戸後期の花巻御給人
四宮(しのみや)源蔵　?〜1580　安土桃山時代の伯耆山名氏の家臣
宿谷(しゅくや)源蔵　江戸中期の書肆
神宮司(じんぐうじ)源蔵　1783〜1858　江戸中期〜末期の漢学者、藩学造士館教授
鈴木(すずき)源蔵　江戸時代の見沼通船の差配役
中沢(なかざわ)源蔵　1798〜1879　江戸後期〜明治期の剣術家。小野派一刀流
中野(なかの)源蔵　1757〜1830　江戸中期・後期の僧・著述家
中村(なかむら)源蔵　江戸後期の商人
中村(なかむら)源蔵　1832〜1895　江戸末期・明治期の商人
沼田(ぬまた)源蔵　江戸後期の大住郡大山工匠
平田(ひらた)源蔵　江戸後期のからくり細工人
藤井(ふじい)源蔵　1728〜1784　江戸中期の漁業家
前嶋(まえじま)源蔵　1709〜1788　江戸中期・後期の剣術家。東軍流
松林(まつばやし)源蔵　江戸末期の佐賀藩士
宮川(みやがわ)源蔵　1799〜?　江戸後期の殿貝津村庄屋
村田(むらた)源蔵　江戸前期の木村重成の家来
安田(やすだ)源蔵　江戸後期〜明治期の足利の買継商
山野井(やまのい)源蔵　?〜1582　安土桃山時代の武田勝頼の家臣
吉川(よしかわ)源蔵　江戸前期の代官
玄三　げんぞう　⇔げんさん
塩見(しおみ)玄三　1614〜1678　江戸前期の武士
正野(まさの)玄三　1659〜1733　江戸前期・中期の医者
呑蔵　げんぞう
井上(いのうえ)呑蔵　1830〜1891　江戸末期〜明治期の医者
憲宗院　けんそういん
憲宗院　1838〜1839　江戸後期の徳川家慶の十男
源蔵左衛門　げんぞうざえもん
沢原(さわはら)源蔵左衛門　江戸前期の武士
玄蔵主　げんぞうす
玄蔵主　安土桃山時代の僧
源三大夫　げんぞうだゆう
太田(おおた)源三大夫　安土桃山時代の織田信長の家臣

賢孫　けんそん
安仁屋（あにや）賢孫　1676～1743　江戸前期・中期の歌人、和文学者

顕尊　けんそん
顕尊　平安後期の法印大僧都
行円房（ぎょうえんぼう）顕尊　1237～1300　鎌倉前期・後期の西大寺系の律宗僧侶

元孫　げんそん
佐々木（ささき）元孫　1853～1924　江戸末期～大正期の神官

け

元尊　げんそん
仰厳（ぎょうがん）元尊　？～1744　江戸中期の黄檗宗の僧

源尊　げんそん
源尊　平安後期の仏師

源太　げんた
上代（かじろ）源太　戦国時代の上総東金城主・酒井政辰の家臣
小牧（こまき）源太　戦国時代の斎藤道三（利政）・義龍の家臣
山東弥（さんとうや）源太　1756～1831　江戸中期・後期の兵学者。二天一流の達人
種内（たんない）源太　1767～1803　江戸中期・後期の閉伊郡上綾織村に起きた享和3年一揆の首謀者の一人
名江（なえ）源太　？～1581　安土桃山時代の高天神籠城衆
西原（にしはら）源太　戦国時代の北条氏の家臣
日笠（ひかさ）源太　？～1569　安土桃山時代の武将
吉村（よしむら）源太　安土桃山・江戸前期の能登国鳳至郡穴水大町村の人

源田　げんた
岩下（いわした）源田　安土桃山時代の信濃国筑摩郡会田の国衆

元戴　げんたい
服部（はっとり）元戴　1801～1882　江戸後期～明治期の日本画家

元泰　げんたい　⇔もとやす
浅野（あさの）元泰　江戸後期の医師

元諦　げんたい
義観（ぎかん）元諦　江戸中期の黄檗宗の僧

原泰　げんたい
東陽（とうよう）原泰　1807～1876　江戸末期・明治期の禅僧

源泰　げんたい
源泰　1729～1786　江戸中期の天台宗の僧

玄岱　げんたい
高（こう）玄岱　1649～1722　江戸前期・中期の儒者、書家
姫井（ひめい）玄岱　1710～1766　江戸中期の医師
吉益（よします）玄岱　江戸後期の医家

玄泰　げんたい
榎並（えなみ）玄泰　？～1871　江戸後期～明治期の漢方医
渡辺（わたなべ）玄泰　1798～1849　江戸後期の高座郡田名村医師

源太右衛門　げんだえもん
大内（おおうち）源太右衛門　1847～1909　江戸後期～明治期の富商、慈善家

元卓　げんたく
吉田（よしだ）元卓　1677～1754　江戸前期・中期の医者

元沢　げんたく
竜門（りゅうもん）元沢　江戸中期の黄檗宗の僧

玄宅　げんたく
木梨（きなし）玄宅　？～1776　江戸中期の医者

玄宅和尚　げんたくおしょう
玄宅和尚　江戸前期の禅僧。辛子蓮根の考案者

源太左衛門　げんたざえもん　⇔げんだざえもん
安部（あべ）源太左衛門　1536～1604　戦国時代の仙洞御料横田荘代官
伊沢（いざわ）源太左衛門　江戸前期の剣術家。伊沢流の祖
小原（おばら）源太左衛門　？～1582　安土桃山時代の武士
依田（よだ）源太左衛門　？～1851　江戸後期の幕臣

源太左衛門　げんだざえもん　⇔げんたざえもん
久世（くぜ）源太左衛門　1643～？　江戸前期の勇士

源太左衛門尉　げんたざえもんのじょう
倉地（くらち）源太左衛門尉　戦国時代の北条氏の家臣

見達　けんだち
久保田（くぼた）見達　？～1812　江戸後期の択捉島在勤の医師

玄達　げんたち　⇔げんたつ
芬木（かぶらぎ）玄達　1792～1868　江戸後期・末期の医師

顕達　けんたつ
顕達　鎌倉後期の僧侶

玄達　げんたつ　⇔げんたち
阿部（あべ）玄達　1760～1839　江戸中期・後期の医者
桑原（くわばら）玄達　1810～1901　江戸後期～明治期の医師
鳥海（とりのうみ）玄達　江戸中期の医師
三宅（みやけ）玄達　1721～1777　江戸中期の医家

玄竜　げんたつ　⇔げんりゅう
黒川（くろかわ）玄竜　1790～1858　江戸後期の医者

源太兵衛　げんたべえ　⇔げんだべえ
林（はやし）源太兵衛　江戸中期の野間郡代官。波止浜塩田の開発にも活躍

源太兵衛　げんだべえ　⇔げんたべえ
林（はやし）源太兵衛　1832～1908　江戸後期～明治期の庄内藩士

源太夫　げんだゆう
阿部（あべ）源太夫　江戸中期の農民。梨栽培指導者
岩の橋（いわのはし）源太夫　江戸前期の力士
上野（うえの）源太夫　1802～1879　江戸後期～明治期の教育者

小野寺(おのでら)源太夫 1769～1831 江戸中期・後期の宮大工
佐々木(ささき)源太夫 1692～1763 江戸中期の剣術家。玉心流
鈴木(すずき)源太夫 江戸前期の大工棟梁
竹内(たけうち)源太夫 江戸後期の弘前藩家臣
安間(やすま)源太夫 江戸時代の幕府の壁方の棟梁
渡辺(わたなべ)源太夫 ?～1630 江戸前期の武士

源大夫 げんだゆう
小栗(おぐり)源大夫 江戸中期の武士
平野(ひらの)源大夫 江戸前期の人。紀伊国伊都郡上兵庫村城を居城としていた

険太郎 けんたろう
小原(おはら)険太郎 1839～? 江戸後期の新撰組隊士

元太郎 げんたろう ⇔もとたろう
竹内(たけうち)元太郎 江戸末期の新撰組隊士

源太郎 げんたろう
青地(あおち)源太郎 江戸末期の新撰組隊士《沢釆女》
角井(かくい)源太郎 江戸後期の三浦郡佐野村民
鹿野(かの)源太郎 1835～1897 江戸後期～明治期の加賀国江沼郡小塩辻村の十村
児玉(こだま)源太郎 1852～1906 江戸後期～明治期の徳山藩士
佐藤(さとう)源太郎 1858～1891 江戸末期・明治期の漁師
鈴木(すずき)源太郎 江戸前期の鼓方能楽師
中尾(なかお)源太郎 ?～1582 戦国・安土桃山時代の織田信長の家臣
長尾(ながお)源太郎 1833～? 江戸末期・明治期の私塾の師匠
平山(ひらやま)源太郎 戦国時代の北条氏の家臣
逸見(へんみ)源太郎 戦国時代の男性
真里谷(まりやつ)源太郎 戦国時代の里見氏家臣

鉉太郎 げんたろう
黒部(くろべ)鉉太郎 1840～? 江戸後期～明治期の英国留学者、徳島藩士

源太郎重俊 げんたろうしげとし
奥(おく)源太郎重俊 江戸前期の紀伊国那賀郡安楽川荘の人。大坂城落城後、郷里に退去

源太郎盛成 げんたろうもりしげ
杉原(すぎはら)源太郎盛成 ?～1615 江戸前期の人。杉原次郎左衛門尉重吉の二男。大坂の陣で籠城

元旦 げんたん
谷(たに)元旦 1777～1840 江戸中期・後期の画家

元湛 げんたん
元湛 江戸前期の曹洞宗の僧

玄探 げんたん
川瀬(かわせ)玄探 1830～1903 江戸後期～明治期の医者

玄旦 げんたん
高橋(たかはし)玄旦 安土桃山・江戸前期の茶人。日蓮宗の僧

玄端 げんたん
中井(なかい)玄端 1645～1720 江戸前期・中期の医家

玄潭 げんたん
中島(なかじま)玄潭 ?～1840 江戸後期の医者

竈潭 げんたん
堀(ほり)竈潭 江戸後期の医者

け

乾知 けんち
松本(まつもと)乾知 1813～1835 江戸後期の学者

兼智 けんち
兼智 1109～1189 平安後期の園城寺僧

見智 けんち
原田(はらだ)見智 1748～1817 江戸後期の医師

賢智 けんち
賢智 平安時代の天台宗の僧・歌人

元知 げんち ⇔もとさと, もととも
元知 江戸前期の俳人
下津(しもつ)元知 江戸前期の本草家

元智 げんち ⇔もととも
元智 1639～1718 江戸前期・中期の真言宗の僧

源智 げんち
大灯(だいとう)源智 鎌倉後期の律僧

玄知 げんち
猪子(いのこ)玄知 江戸中期の医師
岸(きし)玄知 江戸時代の茶道家

玄智 げんち
中林(なかばやし)玄智 安土桃山・江戸前期の医者
丸山(まるやま)玄智 江戸後期の医師

玄致 げんち
忠導氏(ちゅうどううじ)玄致 1754～1817 江戸中期・後期の筑登之座敷

賢竹 けんちく
坂西(ばんざい)賢竹 ?～1575 安土桃山時代の武田氏の家臣

兼忠 けんちゅう ⇔かねただ
兼忠 1463～1551 室町・戦国時代の浄土真宗の僧

剣仲 けんちゅう
薮内(やぶのうち)剣仲 1536～1627 安土桃山・江戸前期の茶匠

建冑 けんちゅう
華岳(かがく)建冑 1386～1470 南北朝～戦国時代の臨済宗の僧

権中 けんちゅう ⇔ごんちゅう
永井(ながい)権中 ?～1762 江戸中期の医師

謙忠 けんちゅう
謙忠 鎌倉前期の天台宗の僧

謙冲 けんちゅう
謙冲 江戸中期の浄土真宗の僧

軒中 けんちゅう
奥沢(おくさわ)軒中 1764～1841 江戸中期・後期の医者

元中 げんちゅう
允執(いんしゅう)元中 江戸中期の黄檗宗の僧

元仲　げんちゅう　⇔もとなか
川口(かわぐち)元仲　?～1721　江戸中期のオランダ流外科医
向井(むかい)元仲　江戸後期の幕臣
元忠　げんちゅう　⇔もとただ
百済(くだらの)元忠　?～774　奈良時代の官吏
野呂(のろ)元忠　1763～?　江戸中期の幕臣
平野(ひらの)元忠　江戸前期の医者
元冲　げんちゅう
梅印(ばいいん)元冲　?～1605　安土桃山・江戸前期の臨済宗の僧
山脇(やまわき)元冲　1757～1834　江戸後期の医師
源忠　げんちゅう
源忠　南北朝時代の僧侶・歌人
玄沖　げんちゅう
弘田(ひろた)玄沖〔2代〕 1804～1874　江戸後期～明治期の医師
玄中　げんちゅう
松山(まつやま)玄中　1818～1851　江戸後期の医者
玄仲　げんちゅう
玄仲　江戸中期の歌人
臼井(うすい)玄仲　1719～1775　江戸中期の麻績組の大庄屋
笠間(かさま)玄仲　江戸後期の町医、狂歌師
草鹿(くさか)玄仲　1646～1715　江戸前期・中期の医者
下山(しもやま)玄仲　1803～1871　江戸後期～明治期の金井島村の医師で寺子屋師匠
滝(たき)玄仲　江戸中期の浅野氏遺臣、医師
筑波(つくば)玄仲　1819～1891　江戸後期～明治期の眼科医
平松(ひらまつ)玄仲　1833～1905　江戸後期～明治期の萩平村の問屋
玄忠　げんちゅう
玄忠　鎌倉前期の僧侶・連歌作者
玄忠　鎌倉後期の真言宗の僧・歌人
小野(おの)玄忠　1844～1889　江戸後期～明治期の医師、寺子屋師匠
三浦(みうら)玄忠　?～1658　江戸前期の豊後藩主竹中備中守の侍医
玄冲　げんちゅう
葛西(かさい)玄冲　1784～1838　江戸中期・後期の医師
愿中　げんちゅう
斎藤(さいとう)愿中　江戸後期の漢学者
剣仲紹智　けんちゅうじょうち
薮内(やぶのうち)剣仲紹智　1536～1627　安土桃山・江戸前期の茶匠《薮内剣仲》
見長　けんちょう
近藤(こんどう)見長　1785～1855　江戸末期の医師
賢超　けんちょう
賢超　室町・戦国時代の真言宗の僧
顕超　けんちょう
顕超　南北朝時代の天台宗の僧
元澄　げんちょう　⇔もとずみ
元澄　江戸前期の黄檗宗の僧
青木(あおき)元澄　1650～1700　江戸前期の医師、文人
石泉(せきせん)元澄　江戸前期の黄檗宗の僧
元長　げんちょう　⇔もとなが
大庭(おおば)元長　江戸後期の鎌倉鶴岡八幡宮の小別当
小室(こむろ)元長　1822～1885　江戸末期の医師
寺尾(てらお)元長　1781～1847　江戸中期・後期の医者
元昶　げんちょう
月岑(げっしん)元昶　1723～1789　江戸中期・後期の臨済宗の僧
原澄　げんちょう
原澄　1752～1820　江戸中期・後期の浄土宗の僧
源長　げんちょう
源長　1672～1736　江戸前期・中期の真言宗の僧
安叟(あんそう)源長　?～1612　江戸前期の神岡町の徳翁寺の中興
玄澄　げんちょう
玄澄　室町時代の天台宗の僧
玄澄　戦国時代の武将・連歌作者
玄朝　げんちょう
保倉(ほくら)玄朝　1778～1838　江戸中期・後期の医者
玄長　げんちょう　⇔はるなが
玄長　?～1735　江戸中期の僧侶・武道家
朝比奈(あさひな)玄長　戦国時代の今川氏の家臣
萱生(かよう)玄長　江戸中期の俳人・田原の町医
坂上(さかがみ)玄長　江戸後期の医者
天桂(てんけい)玄長　戦国時代の恵林寺31世住職
森嶋(もりしま)玄長　?～1654　江戸前期の豊臣秀頼の医臣。藤堂高虎に出仕
八尾(やお)玄長　1633～1673　江戸前期の医者
兼珍　けんちん
橋口(はしぐち)兼珍　江戸中期の鹿児島城下士
賢珍　けんちん
西川(にしかわ)賢珍　?～1589　戦国・安土桃山時代の織田信長の家臣
元珍　げんちん　⇔もとたか, もとつら, もとよし
金(きん)元珍　室町時代の貿易商人《金源珍》
平岩(ひらいわ)元珍　?～1818　江戸中期・後期の藩士
源珍　げんちん
金(きん)源珍　室町時代の貿易商人
玄珍　げんちん
角倉(すみのくら)玄珍　?～1864　江戸末期の嵯峨代官
長沼(ながぬま)玄珍　?～1730　江戸中期の医者・漢学者

玄通 げんつう ⇔はるみち
榎下(えのもと)玄通 1666〜1744 江戸中期の医師、寺子屋師匠
辻(つじ)玄通 1746〜1802 江戸中期・後期の医者
手塚(てづか)玄通 1729〜1808 江戸中期・後期の医者
前田(まえだ)玄通 1627〜1682 江戸前期の医者
三木(みき)玄通 1713〜1777 江戸中期の兵法家

謙亭 けんてい
岩垣(いわがき)謙亭 江戸中期の漢学者

謙庭 けんてい
猪苗代(いなわしろ)謙庭 1749〜1817 江戸後期の連歌師

賢庭 けんてい
賢庭 安土桃山・江戸前期の庭師

元貞 げんてい ⇔もとさだ
小林(こばやし)元貞 1801〜1872 江戸後期〜明治期の医師
白井(しらい)元貞 江戸中期の郷土史家
寺西(てらにし)元貞 江戸後期の幕臣《寺西元貞》
宮島(みやじま)元貞 1824〜1902 江戸後期〜明治期の安曇郡千国村の医師、寺子屋師匠

元梯 げんてい
佐々木(ささき)元梯 1836〜1917 江戸末期〜大正期の蘭学医

元禎 げんてい ⇔もとさだ
素岳(そがく)元禎 江戸前期の黄檗宗の僧

源底 げんてい
源底 ?〜1652 江戸前期の浄土宗の僧

玄貞 げんてい
玄貞 江戸前期・中期の僧
安州(あんしゅう)玄貞 ?〜1710 江戸前期・中期の曹洞宗の僧
内島(うちしま)玄貞 江戸中期の医者
木梨(きなし)玄貞 ?〜1676 江戸前期の医者
善光寺(ぜんこうじ)玄貞 江戸前期の高山市の善光寺の開基
田中(たなか)玄貞 ?〜1821 江戸後期の漢方医・町医
松崎(まつざき)玄貞 江戸中期の医師

玄提 げんてい
玉山(ぎょくざん)玄提 ?〜1351 室町時代の臨済宗僧侶

彦貞 げんてい
正仲(しょうちゅう)彦貞 南北朝時代の臨済宗の僧

元迪 げんてき
西原(にしはら)元迪 1807〜1879 江戸後期〜明治期初期の医者

玄的 げんてき
里村(さとむら)玄的 1593〜1650 安土桃山・江戸前期の連歌師

玄迪 げんてき
高橋(たかはし)玄迪 1821〜1870 江戸後期〜明治期の医師《高橋玄勝》

玄哲 げんてつ
久田(ひさだ)玄哲 江戸前期の武士

玄登 げんと
高志(たかし)玄登 江戸中期の医者

建幢 けんとう
南宗(なんじゅう)建幢 南北朝・室町時代の臨済宗の僧

見桃 けんとう ⇔げんとう
古林(ふるばやし)見桃 江戸前期の医者

賢桃 けんとう
賢桃 1494〜? 戦国時代の武家・連歌作者

軒東 けんとう
錦森堂(きんしんどう)軒東 江戸後期の戯作者・書肆

顕騰 けんとう
竺雲(じくうん)顕騰 戦国時代の臨済宗の僧

健堂 けんどう
橋(はし)健堂 ?〜1881 江戸後期〜明治期の加賀藩の文学訓導

憲道 けんどう
憲道 江戸後期の僧侶

謙堂 けんどう
池田(いけだ)謙堂 1811〜1861 江戸後期・末期の漢学者
萱野(かやの)謙堂 1759〜1808 江戸中期・後期の留守居役、儒者
冢田(つかだ)謙堂 1804〜1868 江戸後期・末期の漢学者
渡辺(わたなべ)謙堂 1809〜1855 江戸後期・末期の和算家

顕道 けんどう
万誉(ばんよ)顕道 1790〜1858 江戸後期・末期の浄土宗の僧

見桃 げんとう ⇔けんとう
岡田(おかだ)見桃 戦国時代の武将。武田家臣

元棟 げんとう ⇔もとむね
吉原(よしわら)元棟 ?〜1800 江戸中期・後期の医者

元騰 げんとう
竜山(りょうざん)元騰 江戸前期の黄檗宗の僧

玄塘 げんとう
丹羽(にわ)玄塘 1773〜1831 江戸中期・後期の藩士・郷土史家

玄東 げんとう
空山(くうさん)玄東 1583〜1639 江戸時代の禅僧
西(にし)玄東 ?〜1705 江戸前期・中期の医者
山崎(やまざき)玄東 江戸後期の蘭学者・医者
山田(やまだ)玄東 江戸後期の医師・漢学者

玄棟 げんとう ⇔はるむね
玄棟 室町時代の天台宗の僧・説話編纂者
松蔭(しょういん)玄棟 1644〜1711 江戸前期・中期の臨済宗の僧

玄統 げんとう
有山(ありやま)玄統 江戸中期の心学者

け

言当　げんとう
淀屋（よどや）言当　？～1643　安土桃山・江戸前期の商人
還道　げんどう
大円（だいえん）還道　？～1776　江戸中期の曹洞宗の僧
元洞　げんどう
中島（なかじま）元洞　1772～1846　江戸後期の心学者
元道　げんどう　⇔もとみち
富田（とみた）元道　1813～1876　江戸後期の小田原藩医
星野（ほしの）元道　1656～1730　江戸前期・中期の医者
原道　げんどう
野崎（のざき）原道　江戸時代の藩士・武芸家
玄同　げんどう
田子（たご）玄同　1766～1840　江戸中期・後期の医者
田子（たご）玄同〔2代〕　？～1866　江戸後期の医者
中山（なかやま）玄同　？～1787　江戸中期の漢方医、宮廷医・法眼
松井（まつい）玄同　1816～1890　江戸後期～明治期の蘭法医師
横井（よこい）玄同　江戸中期の医者
玄堂　げんどう
玄堂　江戸末期の俳人
玄導　げんどう
雲居（くもい）玄導　1829～1911　江戸末期・明治期の僧侶
玄洞　げんどう
川端（かわばた）玄洞　江戸後期の医者
竹内（たけうち）玄洞〔9代〕　？～1808　江戸後期の眼科医
竹内（たけうち）玄洞〔10代〕　？～1863　江戸末期の眼科医
竹内（たけうち）玄洞〔11代〕　？～1890　江戸末期・明治期の眼科医
玄道　げんどう
玄道　戦国時代の天台宗の僧・連歌作者
玄道　江戸後期の天台宗の僧
太田（おおた）玄道　江戸後期の眼科医
清川（きよかわ）玄道〔5代〕　1838～1886　江戸後期～明治期の漢方医
草川（くさかわ）玄道　江戸前期の学者
申田（さるだ）玄道　1835～1897　江戸後期～明治期の教育者
立田（たつた）玄道　1767～1836　江戸後期の松代藩御側医、医学輪講頭取
中村（なかむら）玄道　1820～？　江戸後期・末期の新撰組隊士
西山（にしやま）玄道　1752～1843　江戸中期・後期の医者
二葉園（ふたばえん）玄道　江戸後期の算学者
正岡（まさおか）玄道　？～1806　江戸中期・後期の文人
妙観（みょうかん）玄道　江戸後期の曹洞宗の僧
堅桃斎　けんとうさい
岡田（おかだ）堅桃斎　戦国時代の武田信玄近習御伽衆
玄東斎　げんとうさい
市川（いちかわ）玄東斎　戦国時代の上総久留里城（君津市）主・里見義堯の家臣
日向（ひなた）玄東斎　？～1608　安土桃山・江戸前期の武田家臣
元徳　げんとく　⇔もとのり
柴田（しばた）元徳　？～1808　江戸後期の眼科医
元曠　げんとく
高柳（たかやなぎ）元曠　？～1865　江戸末期の幕臣
玄得　げんとく
毛利（もうり）玄得　1770頃～1844　江戸後期の越智郡吉海町・同宮窪町の「島四国八十八ヶ所」の創設者
玄徳　げんとく
石川（いしかわ）玄徳　江戸後期の医者
石原（いしはら）玄徳　1718～1782　江戸中期の医者
北条（ほうじょう）玄徳　？～1874　江戸後期～明治期の医師
玄訥　げんとつ
景堂（けいどう）玄訥　戦国時代の僧。金山町の玉竜寺の開基
玄鈯　げんとつ
斧山（ふざん）玄鈯　？～1789　江戸中期・後期の曹洞宗の僧
玄屯　げんとん
忠導氏（ちゅうどううじ）玄屯　戦国時代の頭職（大首里大屋子）
賢和　けんな
萩原（はぎわら）賢和　1759～1848　江戸中期・後期の書家
幻亜　げんな　⇔げんあ
小淵（おぶち）幻亜　1795～1868　江戸後期・末期の俳人
玄蛙　げんな　⇔げんあ
玄蛙　1762～1835　江戸中期・後期の俳人《小田玄蛙》
源内　げんない
石原（いしわら）源内　1692～1722　江戸中期の藩士
庵原（いはら）源内　戦国時代の武将。武田家臣
大石（おおいし）源内　1706～1775　江戸中期の松山藩士、剣術家
大野家（おおやけ）源内　？～1575　戦国時代の土豪
岡崎（おかざき）源内　江戸後期の鎌倉鶴岡八幡宮大工棟梁
小山田（おやまだ）源内　1830～？　江戸後期～明治期の八戸藩士
喜多（きた）源内　1620～1707　江戸前期・中期の祖谷山政所
黒沢（くろさわ）源内　？～1797　江戸中期・後期の剣術家

黒沢(くろさわ)源内　?～1797　江戸中期・後期の剣術家。奥宮念流祖
沢田(さわだ)源内　1619～1688　江戸前期の著述家
則岡(のりおか)源内　江戸末期の武士
尾藤(びとう)源内　?～1570　戦国・安土桃山時代の織田信長の家臣
藤田(ふじた)源内　1798～1857　江戸後期・末期の上北郡下の開拓者
渡辺(わたなべ)源内　江戸前期の三島代官竹内信成の手代
渡辺(わたなべ)源内　江戸中期の遠田郡大嶺村肝入。八幡潜穴を掘削

源波　げんなみ
源波　戦国時代の北条氏の家臣

元南　げんなん
松隈(まつぐま)元南　?～1878　江戸後期～明治期の医師

賢爾　けんに
賢爾　1243～1322　鎌倉前期・後期の真言宗の僧

玄二坊　げんにぼう
吉田(よしだ)玄二坊　江戸中期・後期の俳人

兼如　けんにょ
猪苗代(いなわしろ)兼如　?～1609　安土桃山・江戸前期の連歌師

元如　げんにょ
元如　戦国・安土桃山時代の天台宗の僧

玄如　げんにょ
己桃軒(きとうけん)玄如　?～1839　江戸末期の歌人

玄任　げんにん
玄任　?～1506　室町・戦国時代の石川郡西縁組(松本組)の一揆指導者
杉浦(すぎうら)玄任　安土桃山時代の金沢御坊の坊官

堅恵　けんね
堅恵　?～862　平安前期の僧。南都で三論・法相を研鑽

玄寧　げんねい
藤懸(ふじかけ)玄寧　?～1884　江戸後期～明治期の真宗大谷派の僧

賢能　けんのう
市橋(いちはし)賢能　1854～1895　江戸末期・明治期の教育者

建之丞　けんのじょう
高橋(たかはし)建之丞　?～1864　江戸末期の中川宮家家士

源丞　げんのじょう
両角(もろずみ)源丞　戦国時代の信濃国諏訪郡の土豪

源之丞　げんのじょう
井上(いのうえ)源之丞　江戸後期の人。津久井県青野原村民
大内(おおうち)源之丞　1780～1871　江戸後期～明治期の犀川通船の実現に尽力
大針(おおはり)源之丞　江戸中期の畳屋
川口(かわぐち)源之丞　1656～1720　江戸前期・中期の八戸藩士
木村(きむら)源之丞　?～1783　江戸中期の剣術家。無眼流
三分一(さんぶいち)源之丞　?～1840　江戸後期の用水施設設計者
千野(ちの)源之丞　戦国・安土桃山時代の信濃国諏訪郡の国衆
宮之原(みやのはら)源之丞　江戸後期の藩士
森尻(もりじり)源之丞　?～1839　江戸後期の水害復興の功労者
八木(やぎ)源之丞　1814～1903　江戸後期～明治期の人。新撰組の後援者

堅之四郎於兼　けんのしろうおけん
佐々木(ささき)堅之四郎於兼　安土桃山時代の男性

賢之進　けんのしん
上松(うえまつ)賢之進　?～1839　江戸後期の狂言役者

騫之進　けんのしん
荒木(あらき)騫之進　江戸後期の藩士

源之進　げんのしん
団野(だんの)源之進　1766～1854　江戸中期～末期の剣術家。直心影流
増田(ますだ)源之進　江戸後期の大住郡大山寺御師

賢之助　けんのすけ
深井(ふかい)賢之助　1831～?　江戸後期・末期の新撰組隊士

源之助　げんのすけ
青木(あおき)源之助　江戸末期の大工
加藤(かとう)源之助　1858～1921　江戸末期～大正期の実業家
富賀(とみか)源之助　1838～1877　江戸後期～明治期の刀剣研師
富賀(とみが)源之助　富賀源之助に同じ
町野(まちの)源之助　1837～1923　江戸末期～大正期の会津藩士
三枡(みます)源之助〔2代〕　1818～1860　江戸後期・末期の歌舞伎役者
三枡(みます)源之助〔4代〕　江戸末期の歌舞伎役者
吉田(よしだ)源之助　?～1863　江戸後期・末期の八戸の船問屋

玄之助　げんのすけ
大橋(おおはし)玄之助　江戸末期の従者。1860年遣米使節に随行しアメリカに渡る

鉉之助　げんのすけ
坂本(さかもと)鉉之助　1791～1860　江戸後期・末期の玉造口与力

監命婦　げんのみょうぶ
監命婦　平安時代の女房・歌人

玄蕃　げんば
浅井(あさい)玄蕃　室町時代の井田城主
伊藤(いとう)玄蕃　戦国時代の武将。武田家
牛田(うしだ)玄蕃　戦国時代の武将
大沢(おおさわ)玄蕃　?～1698　江戸時代の農民
笠原(かさはら)玄蕃　江戸後期の大住郡三宮村比々

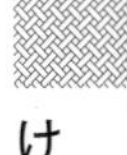
け

多神社社家
亀ケ森(かめがもり)玄蕃　安土桃山時代の稗貫郡亀ケ森城城主
唐沢(からさわ)玄蕃　戦国～江戸前期の武士
熊谷(くまがい)玄蕃　安土桃山時代の人。黒川城を築いたとされる人物
酒井(さかい)玄蕃　1842～1876　江戸後期～明治期の庄内藩中老
芹沢(せりざわ)玄蕃　戦国時代の駿河の大名今川氏の重臣、葛山氏元から認められた土豪
大道寺(だいどうじ)玄蕃　1804～1862　江戸後期・末期の藩士
高橋(たかはし)玄蕃　安土桃山時代の武将
田中(たなか)玄蕃〔1代〕江戸前期の醬油醸造家
多羅尾(たらお)玄蕃　安土桃山時代の織田信長の家臣
戸川(とがわ)玄蕃　江戸前期の武人
戸塚(とつか)玄蕃　江戸後期の淘綾郡国府新宿六所明神社の社人
馬場(ばば)玄蕃　?～1575　安土桃山時代の武田氏の家臣
平屋(ひらや)玄蕃　戦国時代の武将。武田家臣
福井(ふくい)玄蕃　戦国時代の武将
星野(ほしの)玄蕃　?～1558　戦国時代の花咲の地侍
三目内(みつめない)玄蕃　?～1600　安土桃山時代の三ツ目内館に居住した武将
森(もり)玄蕃　江戸後期の武士
米森(よねもり)玄蕃　戦国時代の武将

玄駁　げんばく
玄駁　1703～1766　江戸中期の俳人・藩士

元伯　げんぱく
岐秀(ぎしゅう)元伯　?～1562　戦国・安土桃山時代の臨済宗京都妙心寺20世大宗玄弘法嗣の学僧

玄伯　げんぱく
滝浪(たきなみ)玄伯　?～1862　江戸後期・末期の漢方医、相川陣屋附医師
田沢(たざわ)玄伯　?～1894　江戸末期・明治期の漢方医

玄白　げんぱく
北川(きたがわ)玄白　1749～1817　江戸中期・後期の医師
林(はやし)玄白　1728～1801　江戸前期の医師

源八　げんはち　⇔げんぱち
的場(まとば)源八　安土桃山・江戸前期の武士

源八　げんぱち　⇔げんはち
市橋(いちはし)源八　安土桃山時代の織田信長の家臣
岩戸屋(いわとや)源八　江戸中期の絵草子の版元
浦野(うらの)源八　?～1570　戦国・安土桃山時代の織田信長の家臣
加藤(かとう)源八　1801～1882　江戸後期の足立郡羽貫村の名主・在郷商人
小林(こばやし)源八　?～1578　安土桃山時代の麻生野慶盛の家臣
坂井(さかい)源八　江戸後期の材木商
真田(さなだ)源八　江戸前期の武士。大坂の陣で籠城。後、池田恒元に仕えた
菅原(すがわら)源八　1794～1879　江戸後期～明治期の「羽後民情録」の著者
高間(たかま)源八　1836～1869　江戸末期・明治期の高山県の吏員
戸谷(とや)源八　1792～1872　江戸後期～明治期の篤農家、「豊秋農笑種」の著者
中沢(なかざわ)源八　1784～1859　江戸中期～末期の養蚕家
子松(ねまつ)源八　1699～1783　江戸中期の松江藩士、弓術家
雷電(らいでん)源八　?～1745　江戸中期の力士

玄蕃近正　げんばちかまさ
棚橋(たなはし)玄蕃近正　?～1697　江戸前期・中期の松江藩家老

謙八郎　けんはちろう
村上(むらかみ)謙八郎　1841～1908　江戸後期～明治期の大庄屋格

源八郎　げんはちろう　⇔げんぱちろう
於曽(おぞ)源八郎　?～1553　戦国時代の武田氏の家臣
的場(まとば)源八郎　安土桃山・江戸前期の武士

源八郎　げんぱちろう　⇔げんはちろう
岩島(いわしま)源八郎　江戸後期の韮山代官江川氏の手代
岩嶋(いわしま)源八郎　?～1859　江戸後期の砲術家
上野(うえの)源八郎　戦国時代の安房岡本城(南房総市)主・里見義頼の家臣
大井田(おおいた)源八郎　江戸末期の韮山代官江川氏の手代
荻原(おぎわら)源八郎　1533～1588　戦国・安土桃山時代の武田氏・徳川氏の家臣
荻原(おぎわら)源八郎　?～1735　江戸中期の幕府代官
春日(かすが)源八郎　?～1582　戦国・安土桃山時代の織田信長の家臣
真田(さなだ)源八郎　安土桃山時代の武田氏の家臣
鈴木(すずき)源八郎　安土桃山時代の検地役人
増城(そうじょう)源八郎　戦国時代の武将
田部井(たべい)源八郎　1829～1896　江戸後期～明治期の剣術家。馬庭念流
中井(なかい)源八郎　江戸中期の大工
服部(はっとり)源八郎　1679～?　江戸前期の幕臣
山県(やまがた)源八郎　安土桃山時代の武士
吉岡(よしおか)源八郎　?～1705　江戸前期・中期の槍術家

玄蕃頭昭光　げんばのかみあきみつ
真木嶋(まきのしま)玄蕃頭昭光　?～1646　戦国～江戸前期の足利義輝・足利義昭・徳川秀吉・徳川秀頼の家臣

玄蕃允　げんばのじょう　⇔げんばんのじょう
青木(あおき)玄蕃允　安土桃山時代の織田信長の家臣
小室(こむろ)玄蕃允　戦国時代の千葉胤富の家臣
芹沢(せりざわ)玄蕃允　戦国時代の駿東の国人領主葛山氏の被官

多留(たる)玄蕃允　戦国時代の神職。三嶋大明神の社人
富岡(とみおか)玄蕃允　戦国時代の上野国衆
肥田(ひだ)玄蕃允　安土桃山時代の織田信長の家臣

玄蕃助　げんばのすけ
久米(くめ)玄蕃助　戦国時代の北条氏の家臣
田中(たなか)玄蕃助　戦国時代の相物(塩魚・干魚)商人

玄蕃允重基　げんばのすけしげもと
吉田(よしだ)玄蕃允重基　?～1615　江戸前期の豊臣秀頼の家臣

玄蕃政朝　げんばまさとも
津軽(つがる)玄蕃政朝　1648～1705　江戸前期・中期の4代弘前藩主津軽信政の家老

顕範　けんはん
顕範　鎌倉後期の法相宗の僧・歌人
顕範　鎌倉後期・南北朝時代の法相宗の僧

玄範　げんはん　⇔げんばん
玄範　平安後期の真言宗の僧・歌人

玄範　げんばん　⇔げんはん
玄範　平安後期の真言宗の僧・歌人《玄範》

玄蕃允　げんばんのじょう　⇔げんばのじょう
多呂(たろ)玄蕃允　安土桃山時代の三嶋大社の在庁

源兵衛　げんひょうえ　⇔げんべえ
若林(わかばやし)源兵衛　安土桃山・江戸前期の甲斐国巨摩郡河内小丹原村の土豪

源兵衛忠政　げんひょうえただまさ
喜多(きた)源兵衛忠政　江戸前期の紀伊国那賀郡安楽川荘荒見の住人

源兵衛尉　げんひょうえのじょう
斎藤(さいとう)源兵衛尉　戦国時代の木曽氏の家臣

玄賓　げんぴん
玄賓　?～818　奈良・平安前期の法相宗の僧

巻布　けんぷ
巻布　江戸後期の俳人

原富　げんぷ
原富　?～1776　江戸中期の俳諧師・狂歌随筆作者

見風　けんぷう
河合(かわい)見風　1711～1783　江戸中期の俳人

玄風　げんふう
百済(くだらの)玄風　奈良時代の官吏

元福　げんぷく
寿峰(じゅほう)元福　江戸前期の黄檗宗の僧

乾福院殿　けんぷくいんでん
乾福院殿　?～1555　戦国時代の女性。武田晴信の側室

見仏　けんぶつ
見仏　平安後期の僧
見仏　鎌倉前期の僧
見仏　江戸後期の天台宗の僧

玄武坊　げんぶぼう
玄武坊　1739～1798　江戸中期の俳人

源平　げんぺい
原木(はらき)源平　1839～1919　江戸末期～大正期の丸顔の池築造者

原兵衛　げんべえ
長瀬(ながせ)原兵衛　1801～1874　江戸後期の宇都宮藩士、私塾経営者

源兵衛　げんべえ　⇔げんひょうえ
源兵衛　江戸中期の久良岐郡上大岡村民
粟生屋(あおや)源兵衛　?～1809　江戸後期の陶工
荒井(あらい)源兵衛　江戸中期の小川村の絹買宿
石川(いしかわ)源兵衛　江戸後期～明治期の幕臣
上原(うえはら)源兵衛　1827～1901　江戸後期～明治期の漢籍教官、小学校初代経営者
帯屋(おびや)源兵衛　1812～1889　江戸後期～明治期の商家
堅田の(かたたの)源兵衛　室町時代の堅田の漁師
金や(かなや)源兵衛　江戸前期の京都糸割符商人
金田(かねだ)源兵衛　1850～1903　江戸末期・明治期の上宝村助役
河南(かわみなみ)源兵衛　江戸時代の阿久根の海商
菊田(きくた)源兵衛　1785～1857　江戸中期～末期の酒造家
菊田(きくだ)源兵衛　菊田源兵衛に同じ
吉瀬(きちせ)源兵衛　吉瀬源兵衛に同じ
木村(きむら)源兵衛〔1代〕　1830～1904　江戸後期～明治期の氷川の豪商
倉橋(くらはし)源兵衛　1846～1912　江戸後期～明治期の実業家
御所の(ごしょの)源兵衛　江戸前期の加賀国河北郡御所村の十村役
近藤(こんどう)源兵衛　安土桃山時代の織田信長の家臣
雑賀(さいが)源兵衛　江戸後期の三浦郡大津村民
坂本(さかもと)源兵衛　?～1864　江戸後期・末期の陶工
桜井(さくらい)源兵衛　1698～1773　江戸中期の鉄山経営者
志方屋(しかたや)源兵衛　江戸前期の商人
島田(しまだ)源兵衛　1829～1899　江戸後期～明治期の名主
上州屋(じょうしゅうや)源兵衛　江戸時代の町人
杉山(すぎやま)源兵衛　1817～1866　江戸末期の農業
高部(たかべ)源兵衛　?～1857　江戸後期・末期の厚木の豪商
竹林(たけばやし)源兵衛　江戸時代の遠江国豊田郡立野村の開墾者
竹原(たけはら)源兵衛　1842～?　江戸末期の医師
長南(ちょうなん)源兵衛　戦国時代の里見義康の家臣
中川(なかがわ)源兵衛　1736～?　江戸中期の幕臣
野々垣(ののがき)源兵衛　江戸前期の円城寺奉行
橋本(はしもと)源兵衛　?～1626　江戸前期の武士
畠(はた)源兵衛　江戸後期の陶工
馬場(ばば)源兵衛　1657～?　江戸前期の代官
福井(ふくい)源兵衛　?～1886　江戸後期～明治期の大住郡小嶺村農・質商
前田屋(まえだや)源兵衛　江戸時代の福光商人
宮部(みやべ)源兵衛　江戸前期の藩士

山口(やまぐち)源兵衛　江戸中期の大高村の庄屋
山口(やまぐち)源兵衛　1848〜1909　江戸後期〜明治期の実業家
吉瀬(よしせ)源兵衛　?〜1879　江戸末期の和算家
吉田(よしだ)源兵衛　1605〜1658　江戸前期の武士
吉田(よしだ)源兵衛　1809〜1890　江戸末期の和算家・男衾郡勝呂村名主
渡辺(わたなべ)源兵衛　江戸中期の藩士

顕遍　けんへん
顕遍　鎌倉後期の法相宗の僧・歌人

顕弁　けんべん
顕弁　1269〜1331　鎌倉後期の僧

玄甫　げんほ　⇔げんぽ
玉置(たまき)玄甫　1695〜1771　江戸中期の医家、儒者

元保　げんぽ
梅谷(ばいこく)元保　?〜1593　戦国・安土桃山時代の臨済宗の僧

元甫　げんぽ
浅野(あさの)元甫　1728〜?　江戸中期の医者
中野(なかの)元甫　江戸後期の古川の数学者

元輔　げんぽ　⇔もとすけ
陳(ちん)元輔　江戸中期の行政官

原甫　げんぽ
堀(ほり)原甫　江戸後期の歌人

源輔　げんぽ
今大路(いまおおじ)源輔　江戸中期の学者

玄甫　げんぽ　⇔げんほ
嶋(しま)玄甫　江戸後期の蘭学者
盛(もり)玄甫　1800〜1836　江戸後期の医家

乾峰　けんぽう
居初(いそめ)乾峰〔1代〕　1713〜1746　江戸中期の俳人
居初(いそめ)乾峰〔3代〕　江戸中期・後期の俳人

兼豊　けんぽう　⇔かねとよ
兼豊　江戸前期の俳諧作者

剣峰　けんぽう
大関(おおぜき)剣峰　?〜1891　江戸後期〜明治期の漢学者、国学者

謙芳　けんぽう
謙芳　江戸中期の浄土真宗の僧

顕宝　けんぽう
顕宝　鎌倉後期の僧

玄豊　げんほう
土生(はぶ)玄豊　?〜1872　江戸末期・明治期の眼科医

玄鳳　げんほう
曽谷(そたに)玄鳳　?〜1710　江戸中期の奥医師
水野(みずの)玄鳳　1794〜1863　江戸後期・末期の洋方医者

玄昉　げんぼう
玄昉　?〜746　奈良時代の僧

元峰　げんぽう
井上(いのうえ)元峰　江戸中期の佐野天明鋳物師

元鳳　げんぽう
滕(とう)元鳳　?〜1756　江戸中期の儒者
東儀(とうぎ)元鳳　1793〜?　江戸後期の楽人

元鵬　げんぽう
中山(なかやま)元鵬　江戸後期の医者

厳宝　げんぽう
厳宝　?〜1481　室町・戦国時代の僧

玄芳　げんぽう
叔苗(しゅくみょう)玄芳　?〜1768　江戸中期の曹洞宗の僧

蜆北　けんほく
那波(なば)蜆北　1827〜1899　江戸後期〜明治期の徳島藩儒者

剣北　けんぽく
瀬尾(せお)剣北　1839〜1904　江戸後期〜明治期の漢学者

見璞　けんぽく
伊東(いとう)見璞　1730〜1775　江戸中期の詩人

謙牧　けんぽく
高取(たかとり)謙牧　江戸後期の医者

玄璞　げんぽく
回生庵(かいせいあん)玄璞　安土桃山・江戸前期の医者

元密　げんみつ
禅巌(ぜんがん)元密　江戸前期の黄檗宗の僧

玄密　げんみつ
希庵(けあん)玄密　?〜1572　安土桃山時代の僧。萩原町の禅昌寺4世

元脈　げんみゃく
遠谿(えんけい)元脈　江戸前期・中期の黄檗宗の僧
鉄宗(てっそう)元脈　江戸中期の黄檗宗の僧

顕明　けんみょう
顕明　江戸後期の浄土真宗の僧

元妙　げんみょう
元妙　南北朝時代の僧侶・歌人

元明　げんみょう　⇔もとあき
良哉(りょうさい)元明　1706〜1786　江戸中期の臨済宗の僧

玄妙　げんみょう
玄妙　1794〜1862　江戸後期・末期の浄土真宗の僧

玄明　げんみょう　⇔はるあきら
玄明　平安後期の南都興福寺の僧
雲井(くもい)玄明　1838〜1877　江戸後期〜明治期の高野山真言宗の僧侶

元珉　げんみん
三宅(みやけ)元珉　?〜1668　江戸前期の儒者

元夢　げんむ
元夢　?〜1802　江戸中期・後期の俳人

幻夢　げんむ
幻夢　江戸中期の浮世草子作者

玄無　げんむ
玄無　1685〜1755　江戸前期・中期の歌人。真言宗の僧

健明　けんめい
川田（かわた）健明　1807〜1844　江戸後期の蘭学者
謙明　けんめい
小田切（おだぎり）謙明　1846〜1893　江戸後期〜明治期の山梨県初の自由党員
玄溟　げんめい
臥叟（がそう）玄溟　？〜1772　江戸中期の曹洞宗の僧
玄茂　げんも
玄茂　江戸後期の俳人
監物　けんもつ　⇔かんもつ
青柳（あおやぎ）監物　1682〜1739　江戸前期・中期の武道家
朝比奈（あさひな）監物　戦国時代の武将。武田家臣
岩下（いわした）監物　安土桃山時代の信濃国筑摩郡会田の国衆
内田（うちだ）監物　戦国時代の武田氏の家臣
太田（おおた）監物　安土桃山時代の織田信長の家臣
大縄（おおなわ）監物　戦国時代の佐竹氏の一族
大橋（おおはし）監物　江戸後期の淘綾郡国府新宿の神事舞太夫
小倉（おぐら）監物　？〜1614　江戸前期の武士。大坂の陣で籠城
大和（おわ）監物　安土桃山時代の信濃国諏訪郡大和郷の土豪
柿内（かきうち）監物　江戸前期の長宗我部盛親の家臣。鉄砲大将
梶原（かじわら）監物　江戸末期の新撰組隊士
河鰭（かわばた）監物　1819〜1896　江戸後期〜明治期の浜田・鶴田藩松平家の家老
喜多村（きたむら）監物　1658〜1682　江戸中期の陸奥弘前藩家老
小林（こばやし）監物　戦国時代の上野国衆
佐野（さの）監物　1687〜1769　江戸前期・中期の真言宗の僧、地誌作者
鈴木（すずき）監物　江戸末期の家老
角井（つのい）監物　江戸後期の神職
豊良（とよら）監物　？〜1591　戦国・安土桃山時代の土豪
内藤（ないとう）監物　？〜1615　江戸前期の武士。大坂の陣で籠城。内藤新十郎の伯父
西巻（にしまき）監物　戦国時代の武将。武田家臣
禰津（ねつ）監物　戦国時代の中牧の土豪
平手（ひらて）監物　1527？〜1574　戦国・安土桃山時代の織田信長の家臣
堀田（ほった）監物　江戸前期の武士。大坂の陣で籠城
本村（ほんむら）監物　？〜1600　安土桃山時代の勇士
槇田（まきた）監物　？〜1615　江戸前期の武士。大坂の陣で籠城
松田（まつだ）監物　安土桃山時代の織田信長の家臣
御宿（みしゅく）監物　？〜1582　戦国・安土桃山時代の武田家臣
向山（むかいやま）監物　1551〜1575　戦国・安土桃山時代の武田氏の家臣
森（もり）監物　安土桃山時代の徳島藩家老
吉田（よしだ）監物　江戸前期の豊臣秀頼の家臣
監物是季　けんもつこれすえ
長岡（ながおか）監物是季　1586〜1658　安土桃山・江戸前期の武士
監物忠直　けんもつただなお
津田（つだ）監物忠直　1596〜1658　安土桃山・江戸前期の豊臣秀頼・池田忠雄の家臣
監物大夫　けんもつのたいふ　⇔けんもつのだいぶ
北（きた）監物大夫　安土桃山時代の織田信長の家臣
監物大夫　けんもつのだいぶ　⇔けんもつのたいふ
北（きた）監物大夫　安土桃山時代の織田信長の家臣《北監物大夫》
監物久通　けんもつひさみち
喜多村（きたむら）監物久通　1712〜1748　江戸中期の弘前藩家老
監物和充　けんもつまさみつ
宮城（みやぎ）監物和充　1634〜1691　江戸前期・中期の26代長崎奉行
玄門　げんもん
山下（やました）玄門　1771〜？　江戸中期・後期の医者、俳人
乾哉　けんや
浦野（うらの）乾哉　1851〜1923　江戸後期〜大正期の陶工
源弥　げんや
江戸ヶ崎（えどがさき）源弥　1781〜1812　江戸後期の大住郡八幡村出身の力士
江戸ヶ崎（えどがざき）源弥　江戸ヶ崎源弥に同じ
山本（やまもと）源弥　1816〜1883　江戸末期の漢学者
玄也　げんや
玄也　安土桃山時代の画家
小出（こいで）玄也　1800〜1859　江戸後期・末期の医師
玄弥　げんや
嶋崎（しまざき）玄弥　1795〜1871　江戸後期〜明治期の医師
賢瑜　けんゆ
賢瑜　南北朝時代の真言宗の僧
顕瑜　けんゆ
顕瑜　1286〜？　鎌倉後期の天台宗寺門派の僧
源愉　げんゆ
源愉　鎌倉後期・南北朝時代の天台宗の僧
兼有　けんゆう　⇔かねあり
兼有　鎌倉時代の僧
兼有　1349〜？　南北朝時代の天台宗の僧
憲雄　けんゆう
憲雄　1745〜1797　江戸中期・後期の天台宗の僧
賢祐　けんゆう
四辻（よつつじ）賢祐　？〜1885　江戸後期〜明治期の真宗大谷派の僧

け

賢雄　けんゆう
大城（おおぐすく）賢雄　室町時代の武将。尚泰久王に仕えた
日野（ひの）賢雄　？～1878　江戸後期～明治期の真宗の僧
顕融　けんゆう
寺尾（てらお）顕融　江戸後期の医者
元湧　げんゆう
元湧　江戸前期の黄檗宗の僧
元祐　げんゆう　⇔もとすけ
吉田（よしだ）元祐　江戸後期の「方鑒秘訣集成」の著者
玄幽　げんゆう
就安斎（しゅうあんさい）玄幽　1580～1650　安土桃山・江戸前期の医者。真言宗の僧
玄猷　げんゆう
大桑（おおくわ）玄猷　南北朝時代の石側軍上林郷の地頭
林山（はやしやま）玄猷　？～1887　江戸後期～明治期の真宗大谷派の僧
玄由　げんゆう
寿徳庵（じゅとくあん）玄由　安土桃山・江戸前期の医者、連歌作者
玄祐　げんゆう
玄祐　南北朝時代の僧侶・連歌作者
玄祐　江戸中期の江名子村の錦山神社の社人・金剛院の僧
今泉（いまいずみ）玄祐　1797～1874　江戸後期～明治期の医者
須田（すだ）玄祐　1797～1858　江戸後期・末期の鍼（はり）師
玄雄　げんゆう
玄雄　1804～1881　江戸後期～明治期の浄土真宗の僧
兼与　けんよ
兼与　1584～1632　安土桃山・江戸前期の連歌作者
兼誉　けんよ
兼誉　鎌倉後期の天台宗の僧・歌人
憲誉　けんよ
憲誉　1774～1838　江戸中期・後期の真言宗の僧
元輿　げんよ
中野（なかの）元輿　1762～1822　江戸中期・後期の医者
源誉　げんよ
源誉　1544～1620　江戸前期の浄土宗の高僧
玄与　げんよ
阿蘇（あそ）玄与　江戸前期の武将・歌人
杉田（すぎた）玄与　江戸前期の書肆
賢耀　けんよう
賢耀　1322～1394　鎌倉後期～室町時代の真言宗の僧
元庸　げんよう　⇔もとつね
和田（わだ）元庸　？～1837　江戸後期の医師
元洋　げんよう
小山内（こやまうち）元洋　1846～1885　江戸後期～明治期の眼科医
元用　げんよう
元用　室町・戦国時代の連歌作者
大活（だいかつ）元用　江戸前期の黄檗宗の僧
元養　げんよう
賢洲（けんしゅう）元養　江戸中期の黄檗宗の僧
柴田（しばた）元養　江戸中期の医者
玄洋　げんよう
小山内（おさない）玄洋　1846～1885　江戸後期～明治期の軍医《小山内建》
近藤（こんどう）玄洋　？～1884　江戸後期～明治期の蘭方医
永松（ながまつ）玄洋　江戸後期の医者
藤野（ふじの）玄洋　1840～1887　江戸後期～明治期の眼科医
玄要　げんよう
田中（たなか）玄要　江戸後期の三浦郡公郷村民
玄養　げんよう
田中（たなか）玄養　江戸中期の医師
源与斎　げんよさい
小笠原（おがさわら）源与斎　戦国時代の武将。武田家臣
兼頼　けんらい　⇔かねより
兼頼　江戸前期の俳人
元鸞　げんらん
玉鳳（ぎょくほう）元鸞　江戸中期の黄檗宗の僧
元理　げんり　⇔もとまさ
元理　戦国・安土桃山時代の僧、連歌師
遠藤（えんどう）元理　江戸前期の本草家
岡田（おかだ）元理　1732～1802　江戸中期・後期の漢学者
原理　げんり
原田（はらだ）原理　江戸後期の歌人
玄利　げんり
高橋（たかはし）玄利　1786～1860　江戸中期～末期の文人・教育者
玄李　げんり
別所（べつしょ）玄李　1722～1772　江戸中期の儒臣
玄理　げんり
玄理　1119～？　平安後期の天台宗延暦寺僧
吉田（よしだ）玄理　江戸中期の医師
研立　けんりつ
研立　江戸中期の浄土真宗の僧
見隆　けんりゅう
藤井（ふじい）見隆　1689～1759　江戸中期の医者
見竜　けんりゅう
見竜　江戸中期の俳人
伊東（いとう）見竜　1747～？　江戸中期の俳人
伊東（いとう）見竜　1700～1757　江戸中期の医者
鈴木（すずき）見竜　？～1863　江戸後期・末期の蘭方医
武井（たけい）見竜　1781～1844　江戸後期の易学者
中島（なかしま）見竜　1693～1769　江戸中期の

医師
野呂(のろ)見竜　1734～1820　江戸中期・後期の医者
広瀬(ひろせ)見竜　江戸中期の医者
三輪(みわ)見竜　1809～1879　江戸後期～明治期の医師

賢立　けんりゅう
高木(たかぎ)賢立　？～1887　江戸後期～明治期の僧侶

賢隆　けんりゅう
賢隆　1649～？　江戸前期・中期の真言宗の僧
興巌(こうがん)賢隆　？～1697　江戸前期・中期の曹洞宗の僧
山川(やまかわ)賢隆　江戸中期・後期の藩士

元立　げんりゅう
国屋(くにや)元立　1774～1835　江戸中期・後期の外科医

元隆　げんりゅう　⇔もとたか
三浦(みうら)元隆〔4代〕1799～1886　江戸後期～明治期の医師

元竜　げんりゅう
酒田(さかた)元竜　1771～1835　江戸後期の医家
多賀(たが)元竜　？～1579　戦国時代の出雲の武士
藤倉(ふじくら)元竜　江戸後期の儒者
三上(みかみ)元竜　？～1794　江戸中期・後期の藩士

元龍　げんりゅう
坂田(さかた)元龍　江戸後期の眼科医

玄柳　げんりゅう
鳥海(とりのうみ)玄柳　1759～1837　江戸中期・後期の俳人

玄隆　げんりゅう
玄隆　江戸前期の俳人
玄隆　江戸中期の日蓮宗の僧
玄隆　江戸中期の俳人
藁科(わらしな)玄隆　1763～？　江戸中期・後期の医師

玄竜　げんりゅう　⇔げんたつ
飯野(いいの)玄竜　1835～1893　江戸後期～明治期の医師
高(こう)玄竜　江戸後期の医者
小沼(こぬま)玄竜　江戸後期の本草家
玉中(たまなか)玄竜　江戸後期の国学者

玄龍　げんりゅう
大沢(おおさわ)玄龍　1816～？　江戸後期の医者

元立院　げんりゅういん
小野(おの)元立院　1631～1699　江戸前期・中期の始羅郡帖佐郷西餅田の山伏

見竜斎　けんりゅうさい
庭田(にわた)見竜斎　江戸中期の易占家

健良　けんりょう
田丸(たまる)健良　1774～1845　江戸中期・後期の仁医

兼了　けんりょう
兼了　1492～1583　戦国・安土桃山時代の浄土真宗の僧

兼涼　けんりょう
兼涼　安土桃山・江戸前期の連歌作者

堅亮　けんりょう
堅亮　1741～1797　江戸中期・後期の浄土真宗の僧

憲亮　けんりょう
島袋(しまぶくろ)憲亮　1700～1769　江戸中期の医師

賢良　けんりょう
清水(しみず)賢良　1842～1886　江戸後期～明治期の教育者

賢諒　けんりょう
長坂(ながさか)賢諒　1802～1876　江戸後期～明治期の教育者

顕了　けんりょう
顕了　？～1831　江戸後期の浄土宗の僧
願生寺(がんしょうじ)顕了　？～1817　江戸後期の僧。高山市の願生寺7世

元亮　げんりょう
碓井(うすい)元亮　1777～1849　江戸中期・後期の医師
鈴木(すずき)元亮　1718～1763　江戸中期の鍼医、歌人
中村(なかむら)元亮　1776～1839　江戸中期・後期の医者

元良　げんりょう　⇔もとよし
最岳(さいがく)元良　？～1657　江戸前期の臨済宗の僧
殿木(とのき)元良　1841～1892　江戸後期～明治期の医師
長谷川(はせがわ)元良　1835～1896　江戸後期～明治期の洋方医、相川病院長、山形県済生館病院長
林(はやし)元良　江戸末期の医師
樋口(ひぐち)元良　江戸後期の医者
吉田(よしだ)元良　江戸後期の「児訓実語教」の著者

元滲　げんりょう
赤川(あかがわ)元滲　1820～1896　江戸後期～明治期の医師

厳了　げんりょう
桂林寺(けいりんじ)厳了　1837～1894　江戸末期・明治期の僧。馬瀬村の桂林寺25世

玄了　げんりょう
玄了　江戸前期の浄土真宗の僧

玄梁　げんりょう
鳳栖(ほうせい)玄梁　戦国時代の臨済宗妙心寺派の僧

玄良　げんりょう
碓井(うすい)玄良　1830～1907　江戸末期・明治期の医者
山下(やました)玄良　1755～1815　江戸中期の医者
和田(わだ)玄良　江戸時代の弘前藩医

兼鄰　けんりん
辻（つじ）兼鄰　1747〜1788　江戸中期の歌人
賢林　けんりん
清水（しみず）賢林　江戸中期・後期の医者
元林　げんりん
山木（やまき）元林　1815〜1882　江戸末期・明治期の医師
元輪　げんりん
元輪　鎌倉後期の法相宗の僧
元麟　げんりん
原（はら）元麟　江戸後期の医者
源琳　げんりん
林（はやしの）源琳　鎌倉後期・南北朝時代の武将
玄林　げんりん
菱沼（ひしぬま）玄林　？〜1828　江戸後期の医者
玄琳　げんりん
岡本（おかもと）玄琳　1617〜1684　江戸前期の医師
玄麟　げんりん
角雲（かくうん）玄麟　？〜1570　安土桃山時代の武田氏の家臣
喜多（きた）玄麟　1820〜1867　江戸末期の備中足守藩（木下家）の御典医
滔天（とうてん）玄麟　？〜1761　江戸中期の臨済宗の僧
玄憐　げんりん
玄憐　奈良・平安前期の僧
玄林斎　げんりんさい
伴野（ともの）玄林斎　安土桃山時代の信濃佐久郡の国衆前山伴野氏の一門
見嶺　けんれい
池崎（いけざき）見嶺　？〜1906　江戸末期・明治期の真宗大谷派の僧
賢励　けんれい
賢励　江戸後期の浄土真宗の僧
賢霊　けんれい
四辻（よつつじ）賢霊　？〜1881　江戸後期〜明治期の真宗大谷派の僧
元嶺　げんれい
円常（えんしょう）元嶺　？〜1722　江戸前期・中期の曹洞宗の僧
元齢　げんれい
江馬（えま）元齢　1812〜1882　江戸後期〜明治期の医師
玄嶺　げんれい
上野（うえの）玄嶺　？〜1891　江戸後期〜明治期の郷土文化開拓者
玄礼　げんれい
武田（たけだ）玄礼　江戸末期〜明治期初期の医者
玄齢　げんれい
阿部（あべ）玄齢　江戸後期の医師
田辺（たなべ）玄齢　1827〜1900　江戸後期〜明治期の医者
仲田（なかた）玄齢　1822〜1898　江戸末期・明治期の医師
玄禮　げんれい
青木（あおき）玄禮　1828〜1853　江戸後期の青木得庵の長男
元魯　げんろ
元魯　江戸中期の臨済宗の僧
玄鷺　げんろ
松本（まつもと）玄鷺　1837〜1898　江戸末期・明治期の俳人
軒呂胤　けんろいん
景福（けいふく）軒呂胤　戦国時代の武蔵吉良氏の奉行人
玄朗　げんろう
玄朗　1794〜？　江戸後期の浄土真宗の僧
源六　げんろく
源六　戦国時代の武士。鈴木入道の被官
砂子田（いさごだ）源六　江戸末期の盛岡の商人
奥村（おくむら）源六　江戸中期の浮世絵師・版元
佐々木（ささき）源六　江戸中期の漢学者
佐野（さの）源六　戦国時代の穴山氏の家臣
下曽禰（しもそね）源六　？〜1575　安土桃山時代の武士。長篠合戦で討死
丹野（たんの）源六　1835〜1919　江戸後期〜大正期の大工
津島（つしま）源六　江戸時代の盛岡藩の五戸給人
西村（にしむら）源六　江戸中期の書肆
不破（ふわ）源六　安土桃山時代の武将、竹ケ鼻城主
松原（まつばら）源六　？〜1721　江戸前期・中期の山城三老の一人
水野（みずの）源六　江戸前期の金工家
水野（みずの）源六　1838〜1895　江戸後期〜明治期の蒔絵師
愿六　げんろく
鹿児島（かごしま）愿六　江戸後期の宇都宮の私塾経営者
源六郎　げんろくろう
伊丹（いたみ）源六郎　戦国時代の北条氏の家臣
内田（うちだ）源六郎　1845〜1892　江戸後期〜明治期の実業家、政治家
神野（じんの）源六郎　安土桃山時代の織田信長の家臣
高木（たかぎ）源六郎　？〜1861　江戸末期の代官
長沢（ながさわ）源六郎　戦国時代の千葉胤富の家臣
西（にし）源六郎　1755〜1828　江戸中期・後期の剣術家。心形刀流
西脇（にしわき）源六郎　1828〜1882　江戸後期〜明治期の新撰組隊士
保科（ほしな）源六郎　戦国時代の信濃国伊那郡の武士
松村（まつむら）源六郎　1741〜1817　江戸中期・後期の剣術家。神道無念流
源六郎勝芳　げんろくろうかつよし
松村（まつむら）源六郎勝芳　1741〜1817　江戸中期・後期の剣術家・俳人《松村勝芳》

【こ】

五　ご
斎藤(さいとう)五　1165～？　平安後期・鎌倉前期の武士

其阿　ごあ
其阿　室町時代の時宗の僧・連歌作者
其阿　室町・戦国時代の時宗の僧・連歌作者
其阿　1487～1571　戦国・安土桃山時代の時宗の僧

小東人　こあずまひと　⇔こあづまんど
阿倍(あべの)小東人　奈良時代の官人
紀(きの)小東人　奈良時代の官人

小東人　こあづまんど　⇔こあずまひと
穂積(ほづみの)小東人　奈良時代の官人

小阿弥　こあみ
斎藤(さいとう)小阿弥　？～1667　江戸前期の用水堰開削者

古庵　こあん
長岡(ながおか)古庵　江戸前期の武士。大坂の陣で籠城

悟庵　ごあん
悟庵　1702～1751　江戸中期の旅僧

梧菴　ごあん
半井(なからい)梧菴　1813～1889　江戸末期・明治期の国学者・歌人・神官・医者・石鉄県の役人

壺庵至簡　こあんしかん
壺庵至簡　？～1341　鎌倉後期・南北朝時代の曹洞宗の僧《壺庵至簡》

梧井　ごい
梧井　1711～1771　江戸中期の厚木村名主

鯉三郎　こいさぶろう
西川(にしかわ)鯉三郎〔1代〕　1823～1899　江戸後期～明治期の日本舞踊西川流家元

肥富　こいずみ
肥富　室町時代の博多商人

小出雲　こいずも
竹田(たけだ)小出雲〔2代〕　江戸中期の大阪・竹本座の浄瑠璃作者

小市　こいち
鈴木(すずき)小市　？～1830　江戸後期の武芸家

吾一　ごいち
清水(しみず)吾一　1836～1872　江戸後期～明治期の新撰組隊士
原田(はらだ)吾一　江戸末期の幕臣。遣仏使節に随行

後一　ごいち
北窓(きたまど)後一　江戸中期の浄瑠璃作者

悟市　ごいち
宇都宮(うつのみや)悟市　江戸後期の大原亀五郎郡代の国方手代

後一条院少将内侍　ごいちじょういんのしょうしょうのないし
後一条院少将内侍　平安中期の女房・歌人

後一条院中宮　ごいちじょういんのちゅうぐう
後一条院中宮　999～1036　平安中期の歌人

後一条院中宮宣旨　ごいちじょういんのちゅうぐうのせんじ
後一条院中宮宣旨　平安中期の女房・歌人

後一条関白家民部卿　ごいちじょうかんぱくけのみんぶきょう
後一条関白家民部卿　？～1266　鎌倉前期・後期の女房、歌人

五一兵衛　ごいちべえ
秋庭(あきば)五一兵衛　江戸末期の大庄屋

小一郎　こいちろう
浅井(あさい)小一郎　1837～1915　江戸末期～大正期の報徳運動家
宇井(うい)小一郎　1725～1781　江戸中期の儒者

小市郎　こいちろう
角田(つのだ)小市郎　安土桃山時代の織田信長の家臣

吾一郎　ごいちろう
斎藤(さいとう)吾一郎　江戸末期の従者。1860年遣米使節に随行しアメリカに渡る

小市若　こいちわか
小市若　安土桃山時代の織田信長の家臣

呉逸　ごいつ
呉逸　1746～1822　江戸中期・後期の俳人

古乙姥　こいつば　⇔くいつば
古乙姥　？～1500　室町・戦国時代の女性。石垣村酋長長田大主の妹の一人

小出　こいで
竹田(たけだ)小出　江戸中期の浄瑠璃作者

湖衣姫　こいひめ
湖衣姫　？～1555　戦国時代の女性。諏訪頼重の娘、武田晴信の側室《諏訪御料人》

五位女　ごいめ
木村(きむら)五位女　戦国時代の女性。京中塩座六人百姓の6分の1の座権利を持っていた

固胤　こいん
固胤　？～1789　江戸中期・後期の僧侶

弘　こう　⇔ひろし, ひろむ
鶴見(つるみ)弘　？～1856　江戸後期・末期の加賀藩校の教師
戸水(とみず)弘　？～1834　江戸後期の加賀藩士本多氏の儒臣
山岸(やまぎし)弘　？～1904　江戸末期・明治期の加賀藩士

洪　こう
山厓(やまぎし)洪　江戸後期の医者

綱　こう　⇔つな
増田(ますだ)綱　？～1821　江戸中期・後期の大坂の長堀吹屋の支配人

衡　こう
山崎(やまざき)衡　1830～1894　江戸後期～明治期の歴史学者

鴻　こう
谷川(たにがわ)鴻　江戸後期の医者
皓　こう
魏(ぎ)皓　1728～1774　江戸中期の楽人
公阿　こうあ
公阿　1822～1879　江戸後期～明治期の浄土宗の僧
弘阿　こうあ
弘阿　1792～1872　江戸後期の浄土宗の僧、歌人
弘阿　？～1858　江戸後期・末期の真言宗の僧
孝阿弥　こうあみ
孝阿弥　戦国時代の将軍家同朋衆
江阿弥　こうあみ
安村(やすむら)江阿弥　江戸中期の画家
黄庵　こうあん
中川(なかがわ)黄庵　1811～1862　江戸後期・末期の漢学者
亨庵　こうあん
松尾(まつお)亨庵　1795～1844　江戸後期の医師、文人
公庵　こうあん
滝沢(たきざわ)公庵　1773～1847　江戸中期・後期の本草家・歌人
孝庵　こうあん
栗山(くりやま)孝庵〔2代〕　1728～1791　江戸中期の医者
幸庵　こうあん
斎藤(さいとう)幸庵　江戸中期の医者
阪本(さかもと)幸庵　1710～1781　江戸中期の漢学者
真島(まじま)幸庵　？～1697　江戸前期・中期の医者
恒庵　こうあん
村上(むらかみ)恒庵　江戸後期の医者
浩庵　こうあん
岡本(おかもと)浩庵　1818～1868　江戸後期・末期の洋医学者
香庵　こうあん
榊原(さかきばら)香庵　1613～1667　江戸前期の武士。榊原遠江守康勝の男
亨安　こうあん
馬杉(ますぎ)亨安　1680～1772　江戸中期の儒学者・国学者
荀庵　こうあん
福地(ふくち)荀庵　1795～1862　江戸後期の医者
蒿庵　こうあん
佐藤(さとう)蒿庵　1791～1866　江戸後期・末期の医師
光安院　こうあんいん
光安院　1750～1794　江戸中期の人
亨意　こうい
安田(やすだ)亨意　江戸中期の歌人
公意　こうい
公意　室町時代の天台宗の僧・連歌作者
孝以　こうい
孝以　？～1669　江戸前期の書家
校尉　こうい
喜多村(きたむら)校尉　1682～1729　江戸前期・中期の弘前藩の家老で兵学者
光育　こういく
天室(てんしつ)光育　1492？～1563　戦国・安土桃山時代の曹洞宗の僧
光一　こういち　⇔こういつ
本阿弥(ほんあみ)光一　江戸後期の鑑定家
功一　こういち
脇田(わきた)功一　1850～1878　江戸後期～明治期の加賀藩士
好一　こういち
石橋(いしばし)好一　1846～1914　江戸後期～大正期の幕臣・洋学者
光一　こういつ　⇔こういち
山本(やまもと)光一　1845～1909　江戸後期～明治期の画家
光胤　こういん　⇔みつたね
光胤　1396～1468　室町・戦国時代の法相宗の僧
洪蔭　こういん
松崖(しょうがい)洪蔭　室町時代の僧
耕雨　こうう
服部(はっとり)耕雨　1852～1917　江戸後期～大正期の俳人
香雨　こうう
赤松(あかまつ)香雨　1813～1874　江戸後期～明治期の鑑定家
小倉(おぐら)香雨　1835～1904　江戸後期～明治期の女流画家
片岡(かたおか)香雨　1811～1879　江戸末期の俳人
篁雨　こうう
松村(まつむら)篁雨　1733～1809　江戸中期の俳諧作者・医師
幸右衛門　こううえもん　⇔こうえもん, さちえもん
野村(のむら)幸右衛門　1792～1845　江戸後期の連歌師
広右衛門　こううえもん　⇔こうえもん, ひろうえもん, ひろえもん
米元(よねもと)広右衛門　1823～1889　江戸後期～明治期の人。紫海苔の養殖技術を広めた
郷右衛門　ごううえもん　⇔ごうえもん
竹森(たけもり)郷右衛門　？～1726　江戸前期・中期の井上外記流砲術師範
向右門　こううもん
小平(こだいら)向右門　1605～1696　江戸前期の地方史家
興雲　こううん
興雲　？～1820　江戸後期の浄土宗の僧
好運　こううん
嶋(しま)好運　？～1795　江戸中期・後期の医家
樋口(ひぐち)好運　江戸中期の医者

幸運 こううん
幸運 江戸前期の天台宗の僧
弘運 こううん ⇔ひろかず
弘運 室町時代の真言宗の僧
耕雲 こううん
阿部(あべ)耕雲 1805～1878 江戸後期～明治期の漢学者
稲生(いなお)耕雲 1699～1751 江戸中期の医家
稲生(いのう)耕雲 稲生耕雲に同じ
萩山(はぎやま)耕雲 江戸末期の医師、洋学者
三鼓(みつづみ)耕雲 江戸後期の画家
吉田(よしだ)耕雲 江戸後期の絵師
耕転 こううん
長雄(ながお)耕転 1688～1749 江戸中期の書家
耕耘 こううん
西田(にしだ)耕耘 1790～1857 江戸後期・末期の医者
高雲 こううん
神足(かんたり)高雲 江戸前期の画家
畊雲 こううん
桃牛寺(とうぎゅうじ)畊雲 江戸中期の俳僧
豪運 ごううん
豪運 平安後期の比叡山西塔の僧
恒雲親王 こううんしんのう
恒雲親王 鎌倉後期の亀山天皇の皇子
光恵 こうえ
光恵 平安前期の僧侶
公恵 こうえ ⇔こうけい
公恵 1188～1236 平安後期・鎌倉前期の天台宗の僧、歌人
広慧 こうえ
広慧 江戸中期の浄土真宗の僧
豪恵 ごうえ
豪恵 1412～? 室町時代の天台宗の僧
光栄 こうえい
光栄 江戸中期の天台宗の僧
光英 こうえい ⇔みつひで
勝軍木庵(ぬるであん)光英 1802～1871 江戸末期の蒔絵師
幸英 こうえい ⇔ゆきひで
宇津(うつ)幸英 江戸中期の画家
弘栄 こうえい
弘栄 1744～1830 江戸中期・後期の真言宗の僧
弘永 こうえい ⇔ひろなが
夕陽庵(ゆうひあん)弘永 1625～1676 江戸前期の連歌師、俳人
紅映 こうえい
紅映 ?～1861 江戸後期・末期の俳人
珖瑛 こうえい
月庵(げったん)珖瑛 鎌倉時代の禅宗僧
豪栄 ごうえい
豪栄 江戸後期の天台宗の僧
豪英尼 ごうえいに
滋本(じほん)豪英尼 1804～1847 江戸後期の僧侶
興益 こうえき
狩野(かのう)興益 ?～1705 江戸前期・中期の画家
興悦 こうえつ
興悦 戦国時代の絵師
耕悦 こうえつ
西田(にしだ)耕悦 江戸後期の医者
興右衛門 こうえもん
浜口(はまぐち)興右衛門 1829～1894 江戸後期～明治期の海軍技術者《浜口英幹》
向右衛門 こうえもん
小平(こだいら)向右衛門 1605～1696 江戸前期の地方史家《小平向右門》
幸右衛門 こうえもん ⇔こううえもん, さちえもん
阿部(あべ)幸右衛門 1782～1815 江戸時代の赤荻焼(宮田焼)の創業者
菊地(きくち)幸右衛門 江戸後期の三浦郡逗子村の名主
鈴木(すずき)幸右衛門 江戸後期の教育者
竹本屋(たけもとや)幸右衛門 1797～1852 江戸後期の小田原宿欄干橋町旅篭屋。報徳活動の推進者
千原(ちはら)幸右衛門 1832～1904 江戸後期～明治期の日田の豪商
中島屋(なかじまや)幸右衛門 江戸末期の木綿買継商人・問屋
福井(ふくい)幸右衛門 1819～1875 江戸後期～明治期の寺子屋師匠
星野(ほしの)幸右衛門 1745～1835 江戸中期・後期の宮大工
広右衛門 こうえもん ⇔こううえもん, ひろうえもん, ひろえもん
小林(こばやし)広右衛門 ?～1727 江戸前期・中期の剣術家。水野新当流ほか
関(せき)広右衛門 ?～1895 江戸末期・明治期の幕臣、陸軍軍人《関廸教》
鴻右衛門 こうえもん
鷲ノ尾(わしのお)鴻右衛門 ?～1791? 江戸中期・後期の力士
小右衛門 こうえもん ⇔こえもん, しょうえもん
石黒(いしぐろ)小右衛門 1690～1756 江戸中期の武士
田原(たはら)小右衛門 1817～? 江戸後期の用水路開削者
郷右衛門 ごうえもん ⇔ごううえもん
岡田(おかだ)郷右衛門 江戸前期の代官
沢(さわ)郷右衛門 戦国時代の武将。武田家臣
高橋(たかはし)郷右衛門 江戸時代の庄内藩士
寺尾(てらお)郷右衛門 1673～1747 江戸前期・中期の剣術家
村松(むらまつ)郷右衛門 江戸末期の江戸詰年寄・幕臣

五右衛門　ごうえもん　⇔ごえもん
藍屋(あいや)五右衛門　?～1840　江戸後期の関東売藍商
秋里(あきざと)五右衛門　1785～1859　江戸中期～末期の用水堰の開削者
小松(こまつ)五右衛門　1816～1890　江戸後期～明治期の赤羽焼の創始者
佐久間(さくま)五右衛門　戦国時代の足軽十人衆

江右衛門　ごうえもん
武居(たけい)江右衛門　戦国時代の武将。武田家臣

強右衛門尉　ごうえもんのじょう
山上(やまがみ)強右衛門尉　戦国時代の北条氏の家臣

光円　こうえん
光円　1612～1662　江戸前期の浄土真宗の僧

公円　こうえん
公円　1053～1105　平安後期の天台宗の僧・歌人

公琰　こうえん
林(りん)公琰　1598～1683　安土桃山・江戸前期の人。林の本家の祖

幸円　こうえん
幸円　鎌倉後期の僧侶・歌人

広延　こうえん　⇔ひろのぶ
富松坊(とみまつぼう)広延　1703～?　江戸中期の彦山伝灯大先達(48世)

広衍　こうえん
在中(ざいちゅう)広衍　1321～?　南北朝時代の禅僧

康円　こうえん
康円　鎌倉前期の僧

康延　こうえん　⇔やすのぶ
山城(やましろ)康延　1593～1651　江戸前期の鳩目銭御申請御使者

弘円　こうえん
弘円　南北朝時代の僧侶・連歌作者

晃演　こうえん
晃演　?～1820　江戸中期・後期の真言宗の僧、歌人

皇円　こうえん
皇円　?～1169　平安後期の天台宗の僧

紅円　こうえん
紅円　江戸中期の狂歌作者

耕淵　こうえん
栗原(くりはら)耕淵　?～1819　江戸中期・後期の俳人、神主

香園　こうえん
加藤(かとう)香園　江戸後期の漢学者
戸田(とだ)香園　1829～1904　江戸後期～明治期の神職
矢野(やの)香園　?～1829　江戸後期の僧

藁園　こうえん
西川(にしかわ)藁園　1813～1884　江戸後期～明治期の医者・漢学者

蘅園　こうえん
渡辺(わたなべ)蘅園　1789～1861　江戸後期の医者

豪円　ごうえん
豪円　1535～1611　安土桃山・江戸前期の天台宗の僧

豪円僧正　ごうえんそうじょう
豪円僧正　1535～1611　安土桃山・江戸前期の天台宗の僧《豪円》

公雄　こうおう
公雄　?～1691　江戸前期・中期の僧侶

光屋　こうおく
田中(たなか)光屋　江戸中期の文筆家

香遠　こうおん
香遠　?～1868　江戸後期・末期の浄土真宗の僧

興嘉　こうか
仲本(なかもと)興嘉　1784～1851　江戸中期・後期の箏曲師匠

光華　こうか
土居(どい)光華　1847～1918　江戸後期～大正期の自由民権運動家

幸化　こうか
幸化　江戸中期の俳人

弘窩　こうか
伊藤(いとう)弘窩　1741～1781　江戸中期の漢学者

郊花　こうか
郊花　江戸中期の俳人

岡臥　こうが
岡臥　1762～1818　江戸中期・後期の俳人

光雅　こうが
光雅　1360～1427　南北朝・室町時代の法相宗の僧

光娥　こうが
玉亭(ぎょくてい)光娥　江戸後期の戯作者

光海　こうかい
光海　1649～1700　江戸前期・中期の浄土真宗の僧

公海　こうかい
公海　鎌倉時代の天台宗の僧

孝戒　こうかい
孝戒　江戸後期の僧
孝戒　江戸末期の天台宗の僧

孝海　こうかい
孝海　江戸後期の天台宗の僧

宏海　こうかい
南州(なんしゅう)宏海　?～1303　鎌倉後期の禅僧

幸海　こうかい
幸海　戦国時代の天台宗の僧
幸海　江戸中期の天台宗の僧

広海　こうかい　⇔ひろうみ, ひろみ
広海　江戸時代の天台宗の僧

晃海　こうかい
晃海　安土桃山時代の天台宗の僧

杲海　こうかい
杲海　?～1584　安土桃山時代の飛州千光寺権大僧郡

江涯 こうがい
江涯 江戸中期の俳人
鴻崖 こうがい
鷹野(たかの)鴻崖 1802～1884 江戸後期～明治期の儒学者
豪海 ごうかい
豪海 南北朝時代の天台宗の僧
豪海 1440～? 室町・戦国時代の天台宗の僧
甲賀王 こうがおう
甲賀王 奈良時代の官人
光覚 こうかく
光覚 1099～? 平安後期の法相宗興福寺僧
公覚 こうかく
公覚 1012～1080 平安中期・後期の天台宗園城寺の僧
孝覚 こうかく
孝覚 1534～? 戦国・安土桃山時代の天台宗の僧
弘格 こうかく
薩(さつの)弘格 飛鳥時代の渡来人
皐鶴 こうかく
橋本(はしもと)皐鶴 江戸中期の商家
孝岳 こうがく
孝岳 ?～1736 江戸中期の江戸麻布天真寺住僧
考学 こうがく
岡(おか)考学 1827～1887 江戸後期～明治期の医師
高岳 こうがく ⇔たかおか
高岳 1667～? 江戸前期・中期の天台宗の僧
曠壑 こうがく
牧野(まきの)曠壑 1813～1879 江戸後期～明治期の書家
豪覚 ごうかく
豪覚 江戸中期の天台宗の僧
高岳院 こうがくいん
高岳院 1595～1600 安土桃山時代の徳川家康の八男《徳川仙千代》
弘覚法親王 こうかくほうしんのう
弘覚法親王 鎌倉後期・南北朝時代の邦良親王の第5王子
皇嘉門院出雲 こうかもんいんのいずも
皇嘉門院出雲 平安後期の女房・歌人《出雲》
皇嘉門院尾張 こうかもんいんのおわり
皇嘉門院尾張 平安後期の女房・歌人
皇嘉門院治部卿 こうかもんいんのじぶきょう
皇嘉門院治部卿 平安後期の女房・歌人
鈎閑 こうかん
板坂(いたさか)鈎閑 安土桃山時代の医者
光観 こうかん
和田(わだ)光観 1837～1898 江戸後期～明治期の旧藩士
光鑒 こうかん
光鑒 1693～1718 江戸中期の真言宗の僧
公寛 こうかん ⇔きみひろ
公寛 南北朝時代の真言宗の僧・歌人
吉田(よしだ)公寛 1801～1858 江戸後期・末期の医者《吉田宗左衛門》
宏観 こうかん
宏観 江戸中期の天台宗の僧
広管 こうかん
伊是名(いぜな)広管 1773～1818 江戸中期・後期の絵師
弘寒 こうかん
弘寒 ?～1668 江戸前期の大岩山日石寺の中興開山
高観 こうかん
高観 1602～? 江戸前期の天台宗の僧
公厳 こうがん
公厳 1758～1821 江戸後期の真宗大谷派の学僧
行厳 こうがん
雲歩(うんぽ)行厳 1628～1698 江戸前期・中期の曹洞宗の僧
豪観 ごうかん
豪観 1756～? 江戸中期・後期の天台宗の僧
耕岩休公和尚 こうがんきゅうこうおしょう
耕岩休公和尚 ?～1807 江戸中期・後期の書家
興基 こうき
林(りん)興基 1755～1826 江戸中期・後期の国学の講解師
光亀 こうき
本堂(ほんどう)光亀 1779～1844 江戸中期・後期の書家・画家
光暉 こうき ⇔みつてる
光暉 1744～1799 江戸中期・後期の浄土真宗の僧
公毅 こうき
井岡(いのおか)公毅 江戸末期の医者
広基 こうき ⇔ひろもと
泰州(たいしゅう)広基 ?～1713 江戸中期の曹洞宗僧侶
弘毅 こうき ⇔ひろたけ
菱田(ひしだ)弘毅 江戸後期の兵法家
武藤(むとう)弘毅 1815～1905 江戸後期～明治期の記録役の筆頭
虹器 こうき
虹器 1753～1825 江戸中期・後期の商家・俳人
公義 こうぎ ⇔きみよし，きんよし
公義 1241～? 鎌倉前期・後期の僧
豪喜 ごうき
豪喜 室町時代の天台宗の僧
晃輝院 こうきいん
晃輝院 1805～1807 江戸後期の女性。徳川家斉の十三女
孝吉 こうきち
大山(おおやま)孝吉 江戸後期の韮山代官江川氏の手代
榊原(さかきばら)孝吉 1838～1900 江戸後期～明治期の関取
幸吉 こうきち ⇔ゆきよし
網代(あじろ)幸吉 1827～1894 江戸後期～明治

期の漁業者の移住に奔走
鵜飼(うかい)幸吉 1760〜1835 江戸末期の水戸藩士
浮田(うきた)幸吉 ?〜1851 江戸後期の医師、飛行家
北沢(きたざわ)幸吉 ?〜1819 江戸中期の義民、寺子屋師匠
櫟田(くにきだ)幸吉 1834〜1905 江戸後期〜明治期の陶業家
高野(たかの)幸吉 1850〜1904 江戸後期〜明治期の書店創業者
備考斎(びこうさい)幸吉 浮田幸吉に同じ

こ

甲橘 こうきち
金田(かなだ)甲橘 1848〜1936 江戸末期〜昭和期の人。旧新庄藩士

綱吉 こうきち ⇔つなよし
長沢(ながさわ)綱吉 1830〜1858 江戸後期・末期の砲術家

鋼吉 こうきち
長沢(ながさわ)鋼吉 江戸後期の幕臣

倖吉 こうきち
井田(いだ)倖吉 1845〜1911 江戸後期〜明治期の写真師

香橘 こうきつ
土佐(とさ)香橘 1796〜1853 江戸後期の藩医、蘭方医

幸求 こうきゅう
橋爪(はしづめ)幸求 江戸後期の藩士

行休 こうきゅう
篠田(しのだ)行休 1685〜1763 江戸前期・中期の書家

黄牛 こうぎゅう
黄牛 江戸中期の俳人
松田(まつだ)黄牛 1761〜1853 江戸中期・後期の儒者

広居 こうきょ ⇔ひろやす
堀田(ほった)広居 1745〜1786 江戸中期の医者

鴻挙 こうきょ
須藤(すとう)鴻挙 1806〜1876 江戸後期〜明治期の絵師

蒿居 こうきょ
蒿居 江戸後期の俳人

光魚 こうぎょ
寺部(てらべ)光魚 江戸中期の国学者・神官

公教 こうきょう ⇔きみのり
公教 江戸後期の浄土真宗の僧・茶人

公経 こうきょう
公経 1102〜? 平安後期の園城寺僧

孝郷 ごうきょう ⇔たかさと
佐藤(さとう)孝郷 1850〜1922 江戸末期〜大正期の札幌市白石町開拓の指導者

合鏡 ごうきょう
滝野(たきの)合鏡 ?〜1852 江戸後期の柔術家

光玉 こうぎょく
不動院(ふどういん)光玉 江戸中期の僧侶、仏師

光欽 こうきん
光欽 戦国時代の天台宗の僧

康均 こうきん
功岳(こうがく)康均 ?〜1850 江戸後期の萩原町の禅昌寺20世

公偃 こうく
松平(まつだいら)公偃 1737〜? 江戸中期の松平甚助家の分家で3000石旗本土呂陣屋山口氏の初代地方代官

香具屋主人 こうぐやしゅじん
香具屋主人 1770〜? 江戸中期・後期の大阪の人

強狗良 ごうくら
強狗良 上代の人。越中の阿彦の従者

宏訓 こうくん
蔡(さい)宏訓 江戸中期の官生

後慶 こうけい
後慶 戦国・安土桃山時代の画僧

光啓 こうけい
光啓 1716〜1741 江戸中期の浄土真宗の僧

光慶 こうけい ⇔みつよし
光慶 鎌倉後期の仏師

公恵 こうけい ⇔こうえ
公恵 1276〜1326 鎌倉後期の僧

幸慶 こうけい
幸慶 平安後期・鎌倉前期の慶派の仏師

洪卿 こうけい
小島(こじま)洪卿 1746〜1809 江戸中期・後期の蔵書家・篆刻家

皇慶 こうけい
皇慶 平安中期の東大寺の僧
皇慶 平安中期の柞原八幡宮宮師僧

高慶 こうけい
高慶 1687〜1751 江戸前期・中期の僧

杲慶 こうけい
杲慶 江戸前期の真言宗智山派の僧侶

幸芸 こうげい
幸芸 室町時代の天台宗の僧

香芸 こうげい
香芸 ?〜1881 江戸末期・明治期の俳人、曹洞宗僧侶

豪慶 ごうけい
豪慶 江戸前期の天台宗の僧

高慶大師 こうけいだいし
高慶大師 1364〜1416 南北朝・室町時代の天台僧

耕景守章 こうけいもりあき
眠蝶斉(みんちょうさい)耕景守章 江戸後期の博多の画工

江鷁 こうげき
江鷁 1653〜1731 江戸前期・中期の俳人

耕月 こうげつ
耕月 1824〜1867 江戸後期・末期の僧侶

皎月軒 こうげつけん
米田(よねだ)皎月軒 1851〜1925 江戸末期〜大正期の花道家。松月堂古流

畊月斎　こうげつさい
畊月斎　戦国時代の北条氏の臣
皓月尼　こうげつに
皓月尼　1756～1832　江戸中期・後期の真言宗の僧
紅月楼主人　こうげつろうしゅじん
紅月楼主人　江戸中期の洒落本作者
亨謙　こうけん
亨謙　1782～？　江戸中期・後期の真言宗の僧
光憲　こうけん　⇔みつのり
光憲　江戸前期の天台宗の僧
光賢　こうけん　⇔みつかた
光賢　1204～？　鎌倉前期の真言宗の僧
富岡（とみおか）光賢　？～1822　江戸中期・後期の藩士
公賢　こうけん　⇔きんかた
公賢　1118～1192　平安後期の真言宗の僧
四辻（よつつじ）公賢　1851～1908　江戸後期～明治期の真宗大谷派の僧
厚軒　こうけん
有馬（ありま）厚軒　1821～1888　江戸後期～明治期の藩校造士館の句読師
好謙　こうけん　⇔たかあき，よしかた，よしかね
小島（こじま）好謙　1761～1831　江戸中期・後期の和算家
孝賢　こうけん
孝賢　鎌倉前期の僧
孝賢　1699～1768　江戸中期の天台宗の僧
幸憲　こうけん
幸憲　？～1560　戦国・安土桃山時代の江戸崎不動院4世
幸賢　こうけん
幸賢　1288～？　鎌倉後期の画家
幸賢　江戸中期の俳人
弘軒　こうけん
山野辺（やまのべ）弘軒　1713～1740　江戸中期の漢学者
恒軒　こうけん
東（ひがし）恒軒　1777～1829　江戸中期・後期の漢学者
耕軒　こうけん
山口（やまぐち）耕軒　1767～1837　江戸中期・後期の尾張藩重臣志水氏の私塾時習館学頭
高堅　こうけん　⇔たかかた
椚島（ぬでじま）高堅　1763～1846　江戸後期の吉井藩の郷代官《椚島高堅》
高見　こうけん　⇔たかみ
森元（もりもと）高見　1712～1791　江戸中期・後期の薩摩藩士
高顕　こうけん　⇔たかあき
針生（はりゅう）高顕　1832～1882　江戸後期～明治期の宗教家
興玄　こうげん
興玄　平安後期・鎌倉前期の法相宗の僧
光厳　こうげん
光厳　南北朝時代の曹洞宗の僧
光源　こうげん
光源　平安中期の天台宗の僧・歌人
宏元　こうげん
宏元　南北朝時代の僧侶・連歌作者
広玄　こうげん
藤井（ふじい）広玄　？～1569　安土桃山時代の武将
康玄　こうげん
康玄　1411～1466　室町時代の天台宗の僧
耕元　こうげん
百瀬（ももせ）耕元　1737～1814　江戸中期・後期の書家
豪建　ごうけん
豪建　江戸中期の天台宗の僧
豪憲　ごうけん
豪憲　？～1500　室町・戦国時代の天台宗の僧
高原院殿　こうげんいんでん
高原院殿　？～1628　安土桃山・江戸前期の女性。北条氏規の室
高源院殿　こうげんいんでん
高源院殿　安土桃山時代の女性。北条氏規の後室。北条綱成の娘。北条氏盛の母
弘湖　こうこ
遠山（とおやま）弘湖　1818～1881　江戸後期～明治期の俳人
香湖　こうこ
丸茂（まるも）香湖　江戸後期の画家
広光　こうこう　⇔ひろみつ
仙瑞（せんずい）広光　江戸中期の黄檗宗の僧
皥々　こうこう
白神（しらが）皥々　1777～1857　江戸中期～末期の画家
公豪　こうごう
公豪　？～1189　平安後期の僧
公豪　1196～1281　鎌倉前期・後期の天台宗の僧、歌人
皇后宮右衛門佐　こうごうぐうのうえもんのすけ
皇后宮右衛門佐　平安後期の女房・歌人
皇后宮少将　こうごうぐうのしょうしょう
皇后宮少将　平安後期の女房・歌人
皇后宮美濃　こうごうぐうのみの
皇后宮美濃　平安後期の女房・歌人
皇后宮美作　こうごうぐうのみまさか
皇后宮美作　平安中期の女房・歌人
光国　こうこく　⇔みつくに
光国　江戸中期の真言宗の僧
高古堂主人　こうこどうしゅじん
高古堂主人　江戸中期の書肆・戯作者
幸五郎　こうごろう
大条（おおえだ）幸五郎　江戸末期の留学生。1866年頃アメリカに渡る
山下（やました）幸五郎　1842～1900　江戸後期～明治期の篤農家

綱根　こうこん　⇔つなね
宇都宮(うつのみや)綱根　?～1864　江戸後期・末期の神職、歌人

小右近　こうこん
三条(さんじょうの)小右近　平安中期の女房・歌人

光瑳　こうさ
本阿弥(ほんあみ)光瑳　1578～1637　江戸前期の芸術家

公佐　こうさ　⇔きみすけ
浦川(うらかわ)公佐　江戸後期の画家

幸佐　こうさ
高田(たかだ)幸佐　江戸前期・中期の俳人

江左　こうさ
江左　?～1791　江戸中期・後期の俳人
林(はやし)江左　1838～1896　江戸後期～明治期の俳人

黄斎　こうさい
曽根田(そねだ)黄斎　1829～?　江戸後期・末期の藩士・漢学者

興斉　こうさい
仲本(なかもと)興斉　1804～1865　江戸後期・末期の箏曲師匠

交斎　こうさい
楠瀬(くすのせ)交斎　1794～1867　江戸後期・末期の医師、儒者

光斎　こうさい
桐淵(きりふち)光斎　1836～1895　江戸後期～明治期の眼科医

光西　こうさい
光西　1178～1257　平安後期～鎌倉後期の僧侶・歌人

公済　こうさい
最里(さいり)公済　1752～1819　江戸中期・後期の医者

厚斎　こうさい
深田(ふかだ)厚斎　1714～1784　江戸中期の儒者

厚斉　こうさい
浅間(あさま)厚斉　1805～1876　江戸後期～明治期の上杉藩士

好斎　こうさい
坂井(さかい)好斎　安土桃山時代の織田信長の家臣

孝斎　こうさい
奈良(なら)孝斎　1827～1878　江戸後期～明治期の漢学者
山本(やまもと)孝斎　1836～1905　江戸後期～明治期の半月村の俳人、歌人、医師

宏濟　こうさい
稲垣(いながき)宏濟　?～1875　江戸後期～明治期の漢方医、新発田藩医

幸斎　こうさい
津田(つだ)幸斎　江戸前期の書家

広斎　こうさい
吉田(よしだ)広斎　江戸後期の歌人

弘済　こうさい
弘済　1805～1879　江戸後期～明治期の僧

弘斎　こうさい
揚(あげ)弘斎　1808～1862　江戸後期・末期の藩士
今井(いまい)弘斎　1652～1689　江戸前期・中期の医師
本郷(ほんごう)弘斎　1653～1726　江戸前期・中期の藩士
山鳴(やまなり)弘斎　1814～1868　江戸後期・末期の蘭医

恒斎　こうさい　⇔ごうさい
関(せき)恒斎　1844～1907　江戸後期～明治期の医師・国学者
藤井(ふじい)恒斎　1771～1816　江戸中期・後期の医者

昂斎　こうさい
小田(おだ)昂斎　江戸後期の画家

洪哉　こうさい
久原(くはら)洪哉　1825～1896　江戸後期～明治期の津山松平藩医

浩斎　こうさい
河又(かわまた)浩斎　江戸後期の漢学者

耕斎　こうさい
宮南(みやなみ)耕斎　江戸中期の書家
和田(わだ)耕斎　江戸後期の「世話万字文」の著者

香斎　こうさい
佐竹(さたけ)香斎　江戸後期の藩士

鴻斎　こうさい
滝上(たきうえ)鴻斎　1791～1836　江戸後期の教育者

篁斎　こうさい
早崎(はやさき)篁斎　1756～1814　江戸中期・後期の書斎人

灝斎　こうさい
玉川(たまがわ)灝斎　1733～?　江戸中期の漢学者

皡斎　こうさい
木口(きぐち)皡斎　江戸後期の漢学者

剛斎　こうざい　⇔ごうさい
山田(やまだ)剛斎　1664～1733　江戸中期の漢学者

迎西　ごうさい
迎西　?～1135　平安後期の高野山僧

恒斎　ごうさい　⇔こうさい
関(せき)恒斎　1844～1907　江戸後期～明治期の医師・国学者《関恒斎》

剛斎　ごうさい　⇔こうざい
山田(やまだ)剛斎　1664～1733　江戸中期の漢学者《山田剛斎》

鼇斎　ごうさい
鼇斎　1806?～1869　江戸後期～明治期の名取郡飯野坂村光明院の修験

幸左衛門　こうざえもん
岩田(いわた)幸左衛門　?～1830　江戸後期の金山村の茶問屋
遠藤(えんどう)幸左衛門　江戸中期の殖産家

児島(こじま)幸左衛門　江戸中期の藩士
佐津川(さつがわ)幸左衛門　江戸後期の田辺奉行所役人
田中(たなか)幸左衛門　江戸中期の三島代官齋藤直房の手代
三輪(みわ)幸左衛門　1825～1901　江戸後期～明治期の土木功労者
吉雄(よしお)幸左衛門　1723～1800　江戸中期・後期の蘭学者、医学者

郷左衛門　ごうざえもん
大島(おおしま)郷左衛門　江戸時代の豪農
佐藤(さとう)郷左衛門　江戸時代の津山松平藩士・農政家
佐藤(さとう)郷左衛門　江戸前期の中原御林守、酢醸造者

江左衛門　ごうざえもん
沢(さわ)江左衛門　戦国時代の武将。武田家臣

郷左衛門尉　ごうざえもんのじょう
高橋(たかはし)郷左衛門尉　戦国時代の北条氏の家臣
広瀬(ひろせ)郷左衛門尉　戦国・安土桃山時代の武田氏の家臣、山県昌景の同心
山口(やまぐち)郷左衛門尉　戦国時代の武士。北条氏家臣松田憲秀の被官

興作　こうさく
松茂良(まつもら)興作　1829～1898　江戸後期～明治期の武人

孝作　こうさく
鈴木(すずき)孝作　?～1867　江戸後期・末期の剣術家。直心影流

幸作　こうさく
長尾(ながお)幸作　1835～1885　江戸後期～明治期の医学者・英学者。1860年咸臨丸に搭乗しアメリカに渡る
新沼(にいぬま)幸作　1789～1844　江戸後期の大工
福室(ふくむろ)幸作　1859～?　江戸末期～明治期の政治家

弘策　こうさく
森本(もりもと)弘策　江戸末期の幕臣

耕作　こうさく
内田(うちだ)耕作　1843～?　江戸末期・明治期の実業家。日本郵船取締役。日銀監事
村上(むらかみ)耕作　1824～1889　江戸後期～明治期の寺子屋師匠、村上戸長、連合戸長

蒔作　こうさく
佐藤(さとう)蒔作　1804～?　江戸後期の駿河国安倍郡富厚里村の名主

剛策　ごうさく
白井(しらい)剛策　1841～1907　江戸後期～明治期の私立新潟病院院長、洋方医

好察　こうさつ
樫村(かしむら)好察　江戸後期の和算家、湯長谷藩士

幸三郎　こうさぶろう
奥田(おくだ)幸三郎　1851～1908　江戸末期・明治期の西条藩の藩士

光三郎　こうざぶろう
蜂屋(はちや)光三郎　江戸後期の粉河村の鋳物師

孝三郎　こうざぶろう
井上(いのうえ)孝三郎　1836～1896　江戸後期～明治期の実業家、政治家

恒三郎　こうざぶろう　⇔つねさぶろう
桑木(くわき)恒三郎　1833～1903　江戸末期の福山藩士

鋼三郎　こうざぶろう
羽倉(はくら)鋼三郎　1840～1868　江戸後期・末期の京都見廻組与頭勤方

こ

光璨　こうさん
光璨　江戸後期の天台宗の僧

広算　こうさん
広算　1013～1080　平安中期・後期の天台宗の僧

弘讃　こうさん
経聞坊(けいもんぼう)弘讃　室町時代の僧。白山長滝寺経聞坊

江三　こうさん　⇔こうざん
江三　1796～1870　江戸後期～明治期の俳人

江桟　こうさん
江桟　?～1767　江戸中期の俳人・刀工

黄山　こうざん
黄山　?～1854　江戸後期・末期の俳人

仰山　こうざん　⇔ぎょうざん
中島(なかじま)仰山　1832～1914　江戸後期～大正期の博物画家《中島仰山》

光山　こうざん
桑島(くわじま)光山　1817～1882　江戸末期・明治期の僧。龍沢山祥雲寺第18代住職
堀川(ほりかわ)光山　1856～?　江戸末期の陶芸家
本阿弥(ほんあみ)光山　?～1714　江戸前期・中期の鑑定家

公山　こうざん
加古(かこ)公山　江戸後期の医家

好山　こうざん
昆(こん)好山　1672～1746　江戸前期・中期の花巻郷学の先駆者、儒学者

広山　こうざん　⇔ひろやま
広山　?～1672　江戸前期の禅僧
背奈(せなの)広山　奈良時代の官人

恒山　こうざん
三木(みき)恒山　1823～1891　江戸後期～明治期の画家

江三　こうざん　⇔こうさん
村井(むらい)江三　1796～1870　江戸後期～明治期の俳人

江山　こうざん
関根(せきね)江山　江戸後期の書家

紅山　こうざん
紅山　江戸中期の武士・俳人

耕山　こうざん
神浦(かみうら)耕山　1822～1902　江戸後期～明

治期の眼科医
船田(ふなだ)耕山　1724～1762　江戸中期の書家
船山(ふなやま)耕山　船田耕山に同じ

衡山　こうざん
川越(かわごえ)衡山　1758～1828　江戸中期・後期の医者
川本(かわもと)衡山　1827～1863　江戸後期・末期の漢詩人
香坂(こうさか)衡山　?～1833　江戸後期の漢学者

香山　こうざん
橘(たちばな)香山　江戸後期の篆刻家
平沢(ひらさわ)香山　1737～1802　江戸中期・後期の漢学者
宮川(みやがわ)香山〔2代〕　1859～1940　江戸末期～昭和期の陶芸家

高山　こうざん
高山　?～1582　戦国・安土桃山時代の僧
田村(たむら)高山　江戸末期の大坂の陶工

虹山　こうざん
坪井(つぼい)虹山　1760～1846　江戸中期・後期の漢学者

皓山　こうざん
水野(みずの)皓山　1777～1846　江戸中期・後期の本草家

篁山　こうざん
松枝(まつえだ)篁山　1772～?　江戸中期・後期の漢詩人

豪山　ごうざん
豪山　?～1832　江戸後期の俳人

鼇山　ごうざん
鼇山　?～1759　江戸中期の画僧
楠本(くすもと)鼇山　1748～1824　江戸中期・後期の漢学者
中山(なかやま)鼇山　1789～1815　江戸後期の漢学者

幸枝　こうし
湯本(ゆもと)幸枝　江戸中期の摺師

行子　こうし　⇔ぎょうし
行子　南北朝時代の歌人
源(みなもと)行子　鎌倉後期の女房・歌人

高子　こうし　⇔たかいこ, たかこ
藤原(ふじわらの)高子　平安中期の女官

興二　こうじ
津田(つだ)興二　1853～?　江戸後期～明治期の実業家

光二　こうじ
本阿弥(ほんあみ)光二　1522～1603　安土桃山時代の刀剣鑑定・拭い師

孝次　こうじ
山川(やまかわ)孝次　1828～1882　江戸後期～明治期の金工家

幸治　こうじ
高野(たかの)幸治　1785～1873　江戸後期～明治期の畜産功労者

絞次　こうじ
稲垣(いながき)絞次　江戸後期の陶工

剛治　ごうじ
狩野(かのう)剛治　1827～1874　江戸末期の漢学者

犢養　こうしかい
多治比(たじひの)犢養　?～757　奈良時代の官人

幸七　こうしち
黒川(くろかわ)幸七〔1代〕　1843～1900　江戸後期～明治期の実業家
富田(とみた)幸七　1854～1910　江戸末期・明治期の蒔絵師
播磨(はりま)幸七　1851～1921　江戸末期～大正期の無水石鹼の草分け

幸七郎　こうしちろう
本多(ほんだ)幸七郎　1841～?　江戸後期の幕臣

豪実　ごうじつ
豪実　?～1832　江戸後期の天台宗の僧

幸子内親王　こうしないしんのう
幸子内親王　1335～?　南北朝時代の女性・皇女

更子房　こうしぼう
更子房　江戸末期・明治期の俳人

膏舎　こうしゃ
光明寺(こうみょうじ)膏舎　江戸中期の俳僧。宝飯郡小坂井村(豊川市)光明寺の僧侶

興樹　こうじゅ
茂林(もりん)興樹　?～1408　南北朝・室町時代の臨済宗の僧

孝寿　こうじゅ
孝寿　江戸中期の日蓮宗の僧

高寿　こうじゅ　⇔たかとし
坂田(さかた)高寿　1853～1923　江戸末期～大正期の弁護士

杲守　ごうしゅ
杲守　南北朝時代の真言宗の僧・歌人

光秀　こうしゅう　⇔みつひで
風祭(かざまつり)光秀　?～1289　鎌倉前期・後期の武士

康秀　こうしゅう　⇔やすひで
康秀　室町時代後期の仏師

江舟　こうしゅう
江舟　?～1857　江戸後期・末期の綾戸隧道の開削者

香洲　こうしゅう
森(もり)香洲　1854～1921　江戸末期～大正期の陶芸家

高州　こうしゅう
菊池(きくち)高州　?～1808　江戸中期・後期の復古学派の漢字、国学の学者

高洲　こうしゅう
越智(おち)高洲　1771～1826　江戸後期の儒者

鴻洲　こうしゅう
中沢(なかざわ)鴻洲　1784～1856　江戸中期～末期の心学者

光什 こうじゅう
光什 ?～1533 戦国時代の天台宗の僧
光従 こうじゅう
光従 1604～1658 江戸前期の浄土真宗の僧
工十 こうじゅう
工十 江戸後期の俳人
幸重 こうじゅう ⇔ゆきしげ
勝山(かつやま)幸重 1837～1909 江戸後期～明治期の俳人《勝山三洞》
高重 こうじゅう ⇔たかしげ
森(もり)高重 安土桃山・江戸前期の代官
豪充 ごうじゅう
豪充 江戸前期の天台宗の僧
孝十郎 こうじゅうろう
柳原(やなぎはら)孝十郎 1835～1911 江戸後期～明治期の長谷村庄屋
亨叔 こうしゅく
小田(おだ)亨叔 1746～1801 江戸中期・後期の藩校敬業館学頭
光淑 こうしゅく
惟清(いせい)光淑 ?～1491 室町・戦国時代の天竜寺香厳院の僧
かう首座 こうしゅそ
かう首座 ?～1333 鎌倉後期の僧
広出 こうしゅつ
顕井(あきらい)広出 1788～? 江戸後期の歌人
光俊 こうしゅん ⇔みつとし
光俊 1691～? 江戸中期の天台宗の僧
公舜 こうしゅん
公舜 1091～1173 平安後期の天台寺門派の僧
好春 こうしゅん ⇔よしはる
児玉(こだま)好春 1649～1707 江戸前期・中期の俳人
吉川(よしかわ)好春 江戸前期・中期の代官
幸春 こうしゅん
幸春 ?～1512 戦国時代の女性。長尾顕忠の妻
弘俊 こうしゅん
弘俊 飛鳥時代の僧侶
江春 こうしゅん
高橋(たかはし)江春 1854～1938 江戸末期～昭和期の眼科医
興順 こうじゅん
秋野(あきの)興順 ?～1718 江戸前期・中期の人。天王寺公文所
新崎(あらさき)興順 1772～1851 江戸中期・後期の芸能者
光純 こうじゅん ⇔みつずみ
光純 1769～1843 江戸中期・後期の天台宗の僧
公順 こうじゅん
公順 鎌倉後期・南北朝時代の僧、歌人
公順 1484～? 戦国時代の華厳宗の僧
孝順 こうじゅん
孝順 戦国時代の連歌作者
孝順 1740～? 江戸中期の真言宗の僧
孝順 1782～1848 江戸後期の僧
一如(いちにょ)孝順 ?～1743 江戸中期の曹洞宗の僧
巧遵 こうじゅん
巧遵 ?～1523 戦国時代の真宗の僧
江淳 こうじゅん
本田(ほんだ)江淳 1819～1878 江戸後期～明治期の眼科医
豪春 ごうしゅん
豪春 安土桃山時代の天台宗の僧
杲俊 ごうしゅん
杲俊 南北朝・室町時代の真言宗の僧
豪淳 ごうじゅん
豪淳 江戸中期の天台宗の僧
香処 こうしょ
石原(いしはら)香処 ?～1853 江戸後期の画家
高渚 こうしょ
皆田(かいだ)高渚 1773～1817 江戸中期・後期の画家
篁所 こうしょ
山本(やまもと)篁所 江戸末期の藩儒学者
光恕 こうじょ
盛合(もりあい)光恕 1816～1866 江戸後期・末期の学者
公助 こうじょ
公助 戦国時代の天台宗の僧・連歌作者
好女 こうじょ
好女 江戸前期・中期の俳人
豪恕 ごうじょ
豪恕 1733～1824 江戸中期・後期の天台宗の僧
光勝 こうしょう ⇔みつかつ
水野(みずの)光勝 安土桃山時代の織田信長の家臣
水谷(みずのや)光勝 安土桃山・江戸前期の幕臣《水谷光勝》
光証 こうしょう
大貫(おおぬき)光証 1793～1844 江戸後期の代官
光性 こうしょう
光性 1682～1744 江戸前期・中期の浄土真宗の僧
光清 こうしょう ⇔あききよ, こうせい, みつきよ
光清 1084～1137 平安後期の僧侶・歌人
公承 こうしょう
公承 1406～1486 室町・戦国時代の僧
公祥 こうしょう
公祥 江戸中期の華厳宗の僧
孝韶 こうしょう
小橋川(こばしがわ)孝韶 安土桃山時代の親雲上
幸承 こうしょう
幸承 南北朝時代の天台宗の僧
幸照 こうしょう
松田(まつだ)幸照 江戸後期の兵法家
広彰 こうしょう
広彰 ?～1854 江戸後期・末期の真宗大谷派の僧

弘勝　こうしょう
弘勝　1755〜1822　江戸中期・後期の真言宗の僧侶《弘勝空範》
江樵　こうしょう
相原(あいはら)江樵　江戸末期の画家
香松　こうしょう
牧(まき)香松　1813〜1865　江戸後期・末期の藩士
高勝　こうしょう　⇔たかかつ
村田(むらた)高勝　江戸前期の代官
公盛　こうじょう　⇔きんもり
公盛　?〜1724　江戸前期・中期の華厳宗の僧
孝仍　こうじょう
豊蔵坊(ほうぞうぼう)孝仍　?〜1644　江戸前期の僧、書家
幸清　こうじょう　⇔ぎょうしょう, ゆききよ
幸清　1177〜1235　平安後期・鎌倉前期の社僧、歌人《幸清》
弘乗　こうじょう　⇔ひろのり
弘乗　南北朝時代の杵築大社上官
香城　こうじょう
難波(なんば)香城　1842〜1913　江戸末期〜大正期の書家
豪盛　ごうじょう
豪盛　安土桃山・江戸前期の天台宗の僧
光性院殿　こうしょういんでん
光性院殿　戦国時代の里見義頼の娘
恒性皇子　こうしょうおうじ　⇔つねなりおうじ
恒性皇子　1305〜1333　鎌倉後期の後醍醐天皇の皇子《恒性皇子》
好生軒　こうしょうけん
田代(たしろ)好生軒　戦国時代の武士。宇都宮氏の重臣
幸四郎　こうしろう
神谷(かみや)幸四郎　1766〜1836　江戸後期の武道家
鶴屋(つるや)幸四郎　江戸中期の人。高山で饅頭を最初に売り出す
吉武(よしたけ)幸四郎　1835〜1917　江戸末期〜大正期の篤農家
孝次郎　こうじろう
西野(にしの)孝次郎　江戸後期の藩士
幸次郎　こうじろう
大岡(おおおか)幸次郎　1843〜1868　江戸後期・末期の幕臣
加東(かとう)幸次郎　1821〜1872　江戸後期〜明治期の木彫師
河内屋(かわちや)幸次郎　江戸末期の和歌山合薬商
小林(こばやし)幸次郎　?〜1869　江戸後期〜明治期の新撰組隊士
佐々木(ささき)幸次郎　江戸後期の剣術家
高橋(たかはし)幸次郎　江戸後期の三浦郡浦郷村民
槙田(まきた)幸次郎　?〜1615　江戸前期の武士。大坂の陣で籠城
幸治郎　こうじろう
崎山(さきやま)幸治郎　1843〜1921　江戸末期〜大正期の『中之湊騒動覚書』著者
広次郎　こうじろう
指田(さすだ)広次郎　江戸後期の高山の地役人の子
三村(みむら)広次郎　江戸末期の従者。1860年遣米使節に随行しアメリカに渡る
耕治郎　こうじろう
和田(わだ)耕治郎　江戸末期の書肆
貢二郎　こうじろう
中野(なかの)貢二郎　1845〜1892　江戸後期〜明治期の安蘇郡天明町の名主、佐野町初代町長、洪溢会会長
剛次郎　ごうじろう
高木(たかぎ)剛次郎　1848〜1933　江戸後期〜明治期の新撰組隊士
興信　こうしん
興信　鎌倉後期の僧侶・歌人
興心　こうしん
興心　鎌倉時代の医僧
光信　こうしん　⇔みつのぶ
光信　1221〜1278　鎌倉前期・後期の浄土真宗の僧
光信　南北朝時代の荘官
光心　こうしん
泰林(たいりん)光心　1667〜1728　江戸前期・中期の曹洞宗の僧
光新　こうしん
春国(しゅんこく)光新　戦国時代の府中長禅寺2世住職
光真　こうしん　⇔みちざね, みつざね
光真　鎌倉後期の石大工
公深　こうしん
一色(いっしき)公深　?〜1330　鎌倉後期の武将
孝信　こうしん　⇔たかのぶ
孝信　南北朝・室町時代の僧
孝臻　こうしん
孝臻　江戸後期の天台宗の僧
弘心　こうしん
弘心　室町時代の天台宗の僧
考諶　こうしん
考諶　1775〜?　江戸中期・後期の天台宗の僧
幸人　こうじん
幸人　江戸中期の雑俳点者
紅塵　こうじん
紅塵　江戸中期の俳人
豪信　ごうしん
豪信　鎌倉後期・南北朝時代の天台宗の僧
豪親　ごうしん
豪親　江戸前期の天台宗の僧
江水　こうすい
江水　江戸中期の俳人
耕水　こうすい
鈴木(すずき)耕水　1742〜1812　江戸中期・後期の文人
高木(たかぎ)耕水　1790〜1859　江戸後期・末期の漢学者

幸介　こうすけ
亀沢（かめざわ）幸介　1838〜1919　江戸末期〜大正期の日向都城藩士

幸助　こうすけ
幸助　江戸中期の高野山寺領清水村農民
浅井（あさい）幸助　1728〜1811　江戸中期・後期の棒の手の達人
温海岳（あつみだけ）幸助　江戸後期の力士
板井（いたい）幸助　1786〜？　江戸中期・後期の岡藩菓子司
佐藤（さとう）幸助　江戸中期の「静斎先生教諭録」の著者
高木（たかぎ）幸助　江戸中期の風俗画家
平田（ひらた）幸助　江戸末期の栃木烏山の金工
広岡（ひろおか）幸助　1829〜1918　江戸後期〜大正期の栄泉社主人
広岡屋（ひろおかや）幸助　江戸末期・明治期の版元
八神（やがみ）幸助　1852〜1918　江戸末期〜大正期の名古屋の医療器具商

幸輔　こうすけ
高橋（たかはし）幸輔　江戸後期の神職

耕助　こうすけ
福島（ふくしま）耕助　1837〜1893　江戸後期〜明治期の自治功労者

鴻助　こうすけ
望月（もちづき）鴻助　江戸後期の韮山代官江川英毅の手代

郷助　ごうすけ
小沢（おざわ）郷助　1794〜1868　江戸後期・末期の兵学家

上野介　こうずけのすけ
赤堀（あかぼり）上野介　戦国時代の上野国衆
黒金（くろがね）上野介　安土桃山時代の上田衆の一武将
周防（すおう）上野介　戦国時代の武蔵吉良氏朝の家臣
寺尾（てらお）上野介　戦国時代の山内上杉氏の家臣
天神林（てんじんばやし）上野介　戦国時代の武士。佐竹氏の一族
松平（まつだいら）上野介　？〜1850　江戸後期の茶道家、不昧流

光晴　こうせい
光晴　1641〜1694　江戸前期・中期の浄土真宗の僧

光清　こうせい　⇔あききよ, こうしょう, みつきよ
光清　1084〜1137　平安後期の僧侶・歌人《光清》
垂井（たるい）光清　1084〜1137　平安後期の僧侶・歌人《光清》

光盛　こうせい　⇔みつもり
光盛　1776〜1840　江戸中期・後期の真言宗の僧

好正　こうせい
吉川（よしかわ）好正　江戸中期の代官

孝清　こうせい　⇔たかきよ
孝清　戦国時代の連歌作者

幸生　こうせい　⇔さちなり
中野（なかの）幸生　江戸中期の藩士
八田（はった）幸生　江戸後期の「芦政秘録」の著者

広正　こうせい　⇔ひろまさ
久世（くぜ）広正　江戸後期の幕臣

恒成　こうせい　⇔つねなり, つねよし
和田（わだ）恒成　江戸前期の代官

行誓　こうせい
森本（もりもと）行誓　？〜1619　江戸前期の八尾寺内町開発者

こ

黄石　こうせき
岡野（おかの）黄石　1756〜1822　江戸中期・後期の漢学者
山田（やまだ）黄石　1788〜1827　江戸後期の医師

興碩　こうせき
狩野（かのう）興碩　？〜1751　江戸中期の画家

孔碩　こうせき
杉本（すぎもと）孔碩　江戸後期の医者

紅磧　こうせき
紅磧　1784〜1869　江戸中期〜明治期の俳人

敲石　こうせき
中村（なかむら）敲石　1696〜1788　江戸中期・後期の俳人

篁石　こうせき
佐々布（さそう）篁石　1817〜1880　江戸後期〜明治期の南画家

光雪　こうせつ
峰山（ほうざん）光雪　？〜1733　江戸中期の僧
峯山（ほうざん）光雪　？〜1733　江戸中期の曹洞宗の僧

好節　こうせつ
島（しま）好節〔1代〕　1762〜？　江戸後期の医家
島（しま）好節〔2代〕　1793〜1828　江戸後期の医家
島（しま）好節〔3代〕　1806〜1864　江戸後期・末期の医家
嶋（しま）好節　島好節〔1代〕に同じ

好雪　こうせつ
葛野（かどの）好雪　江戸中期の大鼓方葛野流能楽師・藩能役者

浩雪　こうせつ
阪本（さかもと）浩雪　1800〜1853　江戸後期の本草学者、画家

紅雪　こうせつ
虚白庵（こはくあん）紅雪　？〜1694　江戸前期の俳人

衡雪　こうせつ
三宅（みやけ）衡雪　1634〜1672　江戸前期の漢学者

香雪　こうせつ
小林（こばやし）香雪　1755〜1820　江戸中期・後期の医師
佐藤（さとう）香雪　1812〜1890　江戸後期〜明治期の儒学者・教育者
田中（たなか）香雪　江戸中期・後期の画家
北条（ほうじょう）香雪　1799〜1848　江戸後期の書家

高節　こうせつ　⇔たかまさ
吉田（よしだ）高節　1840〜1899　江戸後期〜明治期の文人
高雪　こうせつ
伊東（いとう）高雪　？〜1752　江戸中期の幕府医官（奥医師）
絳雪　こうせつ
萩野（はぎの）絳雪　江戸後期の絵師
後川　こうせん　⇔ごせん
後川　？〜1800　江戸後期の俳諧師
こ
光宣　こうせん
成身院（じょうしんいん）光宣　1390〜1470　南北朝〜戦国時代の武将。筒井順覚の二男
光闡　こうせん
光闡　1707〜1789　江戸中期・後期の浄土真宗の僧
広詮　こうせん
金井（かない）広詮　？〜1872　江戸後期〜明治期の僧侶
広暹　こうせん
鉄鞭（てつべん）広暹　江戸前期の黄檗宗の僧
高泉　こうせん
高泉　江戸前期の明僧
公善　こうぜん
関（せき）公善　？〜1763　江戸中期の医師
公禅　こうぜん
公禅　鎌倉時代の僧侶・歌人
好善　こうぜん
相場（あいば）好善　1811〜1877　江戸後期〜明治期の人。足利藩最後の家老職
弘全　こうぜん
弘全　南北朝時代の僧侶・連歌作者
弘全　1403〜1469　室町・戦国時代の真言宗の僧
浩然　こうぜん
浩然　1746〜1815　江戸中期・後期の僧侶
岩男（いわお）浩然　？〜1904　江戸末期・明治期の医師
鈴木（すずき）浩然　1739〜1820　江戸中期・後期の漢学者
高全　こうぜん
高野（たかの）高全　？〜1833　江戸後期の医者
杲禅　こうぜん
工藤（くどう）杲禅　鎌倉後期の武士
豪禅　ごうぜん
豪禅　江戸中期の天台宗の僧
浩然窩　こうぜんか
中村（なかむら）浩然窩　1679〜1738　江戸前期・中期の漢学者
後素　こうそ
小寺（こでら）後素　江戸中期の絵師
好祖　こうそ
黒川（くろかわ）好祖　江戸中期の「富士水碑」の著者
洪祚　こうそ
小島（こじま）洪祚　江戸後期の佐藤信淵の門人。「水藩聞見録」の著者
耕想　こうそう
長雄（ながお）耕想　江戸後期の書家
香窓　こうそう
豊田（とよだ）香窓　1834〜1866　江戸末期の水戸藩養成の蘭学者
高聡　こうそう
大友（おおともの）高聡　飛鳥時代の天文家
鴻巣　こうそう
中西（なかにし）鴻巣　1786〜1868　江戸後期の美作国勝山藩の儒者
河三　こうぞう
万田（まんた）河三　江戸末期の新撰組隊士
亨造　こうぞう
榎本（えのもと）亨造　1833〜1882　江戸後期〜明治期の幕臣
倖三　こうぞう
原田（はらだ）倖三　1835〜1907　江戸後期〜明治期の彫刻家
孔三　こうぞう
小原（おはら）孔三　1839〜？　江戸後期・末期の新撰組隊士
孝蔵　こうぞう
小菅（こすが）孝蔵　1829〜1913　江戸後期〜明治期の医師
幸三　こうぞう
松本（まつもと）幸三　1856〜1905　江戸末期・明治期の地方功労者
幸蔵　こうぞう
手塚（てづか）幸蔵　1791〜1842　江戸後期の俳人。「風流注文留」を残した
庚蔵　こうぞう
神河（かんがわ）庚蔵　1850〜1926　江戸末期〜大正期の医師
弘蔵　こうぞう
阿部（あべ）弘蔵　江戸末期の幕臣
弘造　こうぞう
高原（たかはら）弘造　1845〜1918　江戸後期〜大正期の建築家
恒三　こうぞう
吉島（よしじま）恒三　1853〜1906　江戸後期〜明治期の自由民権演説会弁士
甲象　こうぞう
佐々木（ささき）甲象　1847〜？　江戸後期〜明治期の文筆家、政治家
甲蔵　こうぞう
鈴木（すずき）甲蔵　江戸末期・明治期の医師
耕蔵　こうぞう
小谷（おだに）耕蔵　江戸末期の海援隊士
増田（ますだ）耕蔵　1803〜1887　江戸後期〜明治期の大垣藩士
和田（わだ）耕蔵　江戸中期の和算家・金沢藩士
耕造　こうぞう
松山（まつやま）耕造　1837〜1911　江戸後期〜明治期の医師

行三　こうぞう
清岡（きよおか）行三　1837～1883　江戸末期・明治期の実業人

行蔵　こうぞう
中里（なかさと）行蔵　江戸時代の八戸藩権大参事
水野（みずの）行蔵　1819～1868　江戸後期・末期の志士

高蔵　こうぞう　⇔たかぞう
浅野（あさの）高蔵　江戸後期の筆工。料理書等を編した

皓蔵　こうぞう
山田（やまだ）皓蔵　1838～1918　江戸末期～大正期の津軽塗の先駆者

豪宗　ごうそう
豪宗　1384～？　南北朝・室町時代の天台宗の僧

剛三　ごうぞう
柴岡（しばおか）剛三　？～1868　江戸後期・末期の新撰組隊士

剛蔵　ごうぞう
三浦（みうら）剛蔵　江戸末期の韮山代官江川氏の手代

恒足軒　こうそくけん
丹治（たじひ）恒足軒　江戸中期の地誌家

光遜　こうそん
光遜　1732～1802　江戸中期・後期の真言宗の僧

孝尊　こうそん
孝尊　南北朝時代の僧

弘尊　こうそん
弘尊　室町時代の僧

江村　こうそん
石合（いしあい）江村　1818～1873　江戸後期～明治期の漢学者
田口（たぐち）江村　1808～1873　江戸末期の漢学者

香村　こうそん
小菅（こすげ）香村　江戸後期の漢学者
小橋（こばし）香村　1793～1859　江戸末期の画家

篁村　こうそん
岡田（おかだ）篁村　1816～1866　江戸末期の篤学者
宮本（みやもと）篁村　1788～1838　江戸後期の漢学者

豪尊　ごうそん
豪尊　？～1400　南北朝・室町時代の天台宗の僧
豪尊　江戸中期の天台宗の僧

杲尊親王　こうそんしんのう
杲尊親王　？～1399　南北朝・室町時代の醍醐寺座主

光泰　こうたい　⇔みつやす
本間（ほんま）光泰　1841～1887　江戸後期～明治期の神職

勾堆　こうたい
奥田（おくだ）勾堆　1757～1802　江戸中期・後期の藩士、漢学者

鴻堆　こうたい
大草（おおくさ）鴻堆　1822～1896　江戸末期の喜連川藩士、私塾帯径学舎塾主

皇太后宮陸奥　こうたいごうぐうのむつ
皇太后宮陸奥　平安時代の女房・歌人

皇太后宮若水　こうたいごうぐうのわかみず
皇太后宮若水　平安後期の女房・歌人

後宇多院権中納言局　ごうだいんごんちゅうなごんのつぼね
後宇多院権中納言局　南北朝時代の女性。後醍醐天皇の宮人

後宇多院宰相典侍　ごうだいんのさいしょうのすけ
後宇多院宰相典侍　鎌倉後期の女房・歌人

孝琢　こうたく
溝上（みぞかみ）孝琢　？～1829　江戸後期の洲本住阿波藩医

公達　こうたつ
町田（まちだ）公達　江戸末期の和算家

幸太夫　こうだゆう
奥野（おくの）幸太夫　江戸時代の庄内藩士

功太郎　こうたろう
斎田（さいだ）功太郎　1859～1924　江戸末期～大正期の植物学者

孝太郎　こうたろう
神津（こうづ）孝太郎　1820～1847　江戸後期の薬用ニンジン導入者

幸太郎　こうたろう
早坂（はやさか）幸太郎　1850～？　江戸後期～明治期の官林監守
土方（ひじかた）幸太郎　江戸末期・明治期の新撰組隊士

甲太郎　こうたろう
上坂（かみさか）甲太郎　江戸末期の新撰組隊士

孝端　こうたん
孝端　江戸中期の天台宗の僧

幸旦　こうたん
広川（ひろかわ）幸旦　江戸中期の歌人

弘坦　こうたん
孫福（まごふく）弘坦　1849～？　江戸後期・末期の神官

江淡　こうたん
芙蓉斎（ふようさい）江淡　江戸中期の絵師

広智　こうち　⇔ひろとも
広智　平安前期の天台宗の僧

黄中　こうちゅう
香川（かがわ）黄中　1745～1821　江戸後期の歌人

孝中　こうちゅう　⇔たかなか
山根（やまね）孝中　？～1884　江戸末期・明治期の眼科医

孝忠　こうちゅう　⇔たかただ
百済（くだらの）孝忠　奈良時代の官吏

豪忠　ごうちゅう
豪忠　1389～？　南北朝・室町時代の天台宗の僧

幸千代　こうちよ　⇔ゆきちよ
富樫(とがし)幸千代　戦国時代の武将《富樫幸千代》

公澄　こうちょう
公澄　鎌倉時代の天台宗の僧・歌人
公澄　鎌倉後期の天台宗の僧

公朝　こうちょう
公朝　?～1296　鎌倉後期の天台宗の僧・歌人

皐鳥　こうちょう
中村(なかむら)皐鳥　?～1824　江戸後期の俳人

孔直　こうちょく　⇔ただなお
長山(ながやま)孔直　1800～1862　江戸後期・末期の画家

光珍　こうちん
光珍　江戸前期の連歌作者

宏珍　こうちん
宏珍　江戸末期の天台宗の僧

豪珍　ごうちん
豪珍　江戸前期の天台宗の僧

上野四郎　こうづけしろう
北条(ほうじょう)上野四郎　?～1335　鎌倉後期・南北朝時代の武士

小靭太夫　こうつぼたゆう　⇔こゆげだゆう
豊竹(とよたけ)小靭太夫　1821～1878　江戸後期～明治期の義太夫家《豊竹小靭太夫》

光貞　こうてい　⇔みつさだ
本間(ほんま)光貞　1837～1911　江戸後期～明治期の地主

孝貞　こうてい　⇔たかさだ
竹内(たけうち)孝貞　江戸後期の教育家

耕亭　こうてい
筧(かけい)耕亭　?～1851　江戸後期の僧、教育者

衡亭　こうてい
増田(ますだ)衡亭　1770～1841　江戸中期・後期の儒官

煌亭　こうてい
岡田(おかだ)煌亭　1792～1838　江戸後期の儒者

孝哲　こうてつ
岩切(いわきり)孝哲　1781～1863　江戸後期の医者

高徹　こうてつ
廓盤(かくばん)高徹　1672～1729　江戸前期・中期の曹洞宗の僧

広田　こうでん　⇔ひろた
清水(しみず)広田　1840～?　江戸後期～明治期の僧侶

豪天　ごうてん
豪天　1714～1761　江戸中期の天台宗の僧

鰲巓　ごうてん
関(せき)鰲巓　1814～1891　江戸後期～明治期の臨済宗の僧

勾当　こうとう
赤木(あかぎ)勾当　江戸中期の歌謡作者
権田(ごんだ)勾当　江戸後期の飛驒の人。京都から来高し山王松樹院で琴、三絃、胡弓の会を開く
野原(のはら)勾当　江戸末期・明治期の医師
安永(やすなが)勾当　江戸中期の音曲家

勾頭　こうとう
高山(たかやま)勾頭　江戸後期の勾頭

興堂　こうどう
丸尾(まるお)興堂　1840～1914　江戸後期～大正期の眼科医

光同　こうどう
城(じょう)光同　1824～1891　江戸後期～明治期の俳人

光道　こうどう　⇔てるみち
光道　江戸中期の真言宗の僧

公同　こうどう
尾本(おもと)公同　1820～?　江戸後期の大村藩医

宏洞　こうどう
松本(まつもと)宏洞　1827～1911　江戸後期～明治期の日本画家・書家

宏道　こうどう
池田(いけだ)宏道　1829～1898　江戸後期～明治期の医師

幸道　こうどう
幸道　1805～1870　江戸後期～明治期の僧

広幢　こうどう
広幢　室町時代の僧、連歌師

弘堂　こうどう
山本(やまもと)弘堂　1835～1907　江戸末期・明治期の医師、漢詩人、俳人
渡辺(わたなべ)弘堂　1689～1760　江戸中期の漢学者

弘道　こうどう　⇔ひろみち
星(ほし)弘道　1805～1869　江戸末期の蘭医、弘前藩殖産振興

控堂　こうどう
志賀(しが)控堂　1830～1868　江戸後期・末期の岡崎藩の儒学者

晃道　こうどう
晃道　?～1821　江戸中期・後期の善光寺別当大勧進

洪堂　こうどう
山本(やまもと)洪堂　江戸末期の海援隊士

崆堂　こうどう
古和(こわ)崆堂　1742～1806　江戸中期・後期の医師、朱子学者

孝徳　こうとく
柴岡(しばおか)孝徳　1833～1886　江戸後期～明治期の蘭方医・陸軍軍医
鄭(てい)孝徳　1735～?　江戸中期の久米村士族

弘徳　こうとく　⇔ひろのり
宮谷寺(きゅうこくじ)弘徳　?～1573　安土桃山時代の僧。荒城郡小島郷にあった宮谷寺の開山

篁墩　こうとん
庄原(しょうばら)篁墩　1810～1861　江戸後期・末期の漢学者
芳賀(はが)篁墩　1829～1914　江戸後期～明治期

の漢学者

孝内　こうない
奥田（おくだ）孝内　1773～1845　江戸後期の床屋、農書『耕耘録』作者

幸内　こうない
河野（こうの）幸内　江戸後期の足柄上郡竹松村名主

広内　こうない
山下（やました）広内　江戸中期の兵学者

江南　こうなん
司馬（しば）江南　江戸後期の画家

香南　こうなん
香南　1598～1669　安土桃山・江戸前期の禅僧

潢南　こうなん
関（せき）潢南　1766～1835　江戸中期・後期の漢学者、書家

弘入　こうにゅう
楽（らく）弘入　1857～1932　江戸末期～昭和期の陶芸家

光仁　こうにん
光仁　平安後期の仏師僧

豪仁　ごうにん
豪仁　戦国・安土桃山時代の天台宗の僧

公然　こうねん
公然　1252～？　鎌倉後期の真言宗の僧

孔年　こうねん
関根（せきね）孔年　江戸後期の画家

広年　こうねん
百々（どど）広年　？～1856　江戸後期・末期の画家

庚年　こうねん
庚年　江戸後期の俳人

康年　こうねん
康年　？～1001　平安中期の石清水別当

河野　こうの
河野　戦国時代の北条氏の家臣

効進　こうのしん
最上（もがみ）効進　江戸後期の最上徳内の二男

剛之進　ごうのしん
乙部（おとべ）剛之進　？～1869　江戸後期～明治期の新撰組隊士

孝之助　こうのすけ
小菅（こすげ）孝之助　？～1918　江戸末期～大正の大工

幸之介　こうのすけ
島田（しまだ）幸之介　江戸末期の新撰組隊士《島田幸之助》

幸之助　こうのすけ
斎藤（さいとう）幸之助　1786～1884　江戸後期～明治期の教育者
島田（しまだ）幸之助　江戸末期の新撰組隊士

幸之丞　こうのすけ
大租（おおさ）幸之丞　江戸末期の新撰組隊士

紅葩　こうは
秋山（あきやま）紅葩　江戸中期の吉田藩の女流歌人。吉田藩士秋山源右衛門の母

江波　ごうは
江波　1815～1860　江戸後期・末期の俳人、絵師

紅梅　こうばい
万字屋（まんじや）紅梅　江戸時代の吉原の花魁

紅梅軒　こうばいけん
紅梅軒　江戸前期の俳人

興伯　こうはく
狩野（かのう）興伯　？～1707　江戸前期・中期の画家

こ

高伯　こうはく
矢吹（やぶき）高伯　？～1850　江戸後期の漢方医

剛白　ごうはく
家田（いえだ）剛白　1847～1920　江戸末期～大正期の洋方医

剛伯　ごうはく
五十川（いかわ）剛伯　江戸前期の加賀藩の儒者

高白斎　こうはくさい
駒井（こまい）高白斎　戦国時代の武将

幸八　こうはち
幸八　江戸末期の田辺領芝村農民
梅山（うめやま）幸八　1819～1871　江戸後期～明治期の前橋藩の勧農付属
高橋（たかはし）幸八　江戸後期の三浦郡浦郷村名主

剛八　ごうはち
渡辺（わたなべ）剛八　江戸末期の海援隊士

興般　こうはん
金谷（かなや）興般　1732～1794　江戸中期の画家

光幡　こうはん
叶坊（かのうぼう）光幡　安土桃山時代の徳川家康の使僧

公般　こうはん
公般　江戸後期の華厳宗の僧

公範　こうはん　⇔きみのり
公範　1435～1489　室町・戦国時代の天台宗の僧

広胖　こうはん　⇔ひろやす
佐沢（さざわ）広胖　1835～1908　江戸後期～明治期の藩士

考槃　こうはん
原（はら）考槃　1822～1886　江戸後期～明治期の木曽全体の大庄屋

高半　こうはん
高半　江戸中期の「禅宗落草義」の著者

高範　こうはん　⇔たかのり
高範　1655～1723　江戸前期・中期の法相宗の僧

光播　こうばん
叶坊（かのうぼう）光播　戦国時代の秋葉寺の別当

弘美　こうび
正住（しょうじゅ）弘美　1808～1868　江戸後期・末期の画家

光弼　こうひつ
多羅尾（たらお）光弼　1846～？　江戸後期の代官

公瑟　こうひつ
石川（いしかわ）公瑟　江戸中期の漢詩人

幸姫　こうひめ
幸姫　1559～1616　戦国～江戸前期の女性。加賀藩祖前田利家の長女で、前田対馬守長種（源峯）の室
光豹　こうひょう
佐久間（さくま）光豹　1779～1854　江戸中期～末期の和算家・漢学者
高品　こうひん　⇔たかただ
山口（やまぐち）高品　？～1838　江戸後期の幕臣《山口高品》
好敏　こうびん
鴨井（かもい）好敏　1800～1877　江戸後期の官吏
厚夫　こうふ
遠藤（えんどう）厚夫　1825～1892　江戸後期～明治期の漢学者
孔阜　こうふ
孔阜　江戸後期の俳人
耕夫　こうふ
上田（うえだ）耕夫　？～1833　江戸後期の画家
貢父　こうふ
鈴木（すずき）貢父　1722～1808　江戸中期・後期の儒者・医師
剛夫　ごうふ
小野寺（おのでら）剛夫　1773～1828　江戸中期・後期の医師
広風　こうふう
中坊（なかのぼう）広風　江戸後期の幕臣
行風　こうふう
行風　1619～1684頃　江戸前期の狂歌師・俳諧師・歌学者
香風　こうふう
香風　江戸中期・後期の俳人
梅本（うめもと）香風　1816～1891　江戸後期～明治期の文人
高福院　こうふくいん
高福院　安土桃山時代の高野山高室院の僧侶
光福丸　こうふくまる
光福丸　安土桃山時代の北条氏邦三男
黄文　こうぶん
加納（かのう）黄文　1824～1891　江戸後期～明治期の画家
孝文　こうぶん
落合（おちあい）孝文　？～1834　江戸後期の医家
孝汶　こうぶん
孝汶　戦国時代の連歌作者
耕文　こうぶん
裏辻（うらつじ）耕文　1825～1895　江戸後期～明治期の俳人
長雄（ながお）耕文　江戸中期の書家
行文　こうぶん　⇔ゆきふみ，ゆきぶみ
肖奈王（しょうなおう）行文　上代の学者・詩人
釭文　こうぶん
釭文　1652～1728　江戸前期・中期の俳諧作者

公平　こうへい
小沢（おざわ）公平　1754～1797　江戸中期・後期の儒者
孔平　こうへい
塚田（つかだ）孔平　1819～1869　江戸後期～明治期の剣術家。北辰一刀流
宏平　こうへい
原（はら）宏平　1838～1924　江戸後期～明治期の歌人
幸衛　こうへい
村瀬（むらせ）幸衛　江戸時代の尾張国岩倉藩士
幸平　こうへい　⇔ゆきひら
藤本（ふじもと）幸平　1819～1916　江戸末期～大正期の商人
耕平　こうへい
長町（ながまち）耕平　1853～1919　江戸末期～大正期の医師
西田（にしだ）耕平　江戸末期・明治期の東京商工会議所の指導者
皐平　こうへい
有持（ありもち）皐平　1835～？　江戸後期～明治期の化学者
皓平　こうへい
西村（にしむら）皓平　1840～？　江戸末期～明治期の開拓者。新十津川村開村の実行推進者
好兵衛　こうべい
織田（おだ）好兵衛　江戸後期の韮山代官江川氏の手代
幸兵衛　こうべい　⇔こうべえ
吉村屋（よしむらや）幸兵衛　1835～1907　江戸末期・明治期の生糸買継商
剛屏　ごうへい
中井（なかい）剛屏　1820～1861　江戸後期・末期の商家
孝兵衛　こうべえ
佐野屋（さのや）孝兵衛〔1代〕　1788～1853　江戸後期の江戸の豪商
幸兵衛　こうべえ　⇔こうべい
北（きた）幸兵衛　1794～1873　江戸後期～明治期の庄屋
保月（ほづき）幸兵衛　1789～1860　江戸後期・末期の生野鉱山開発者
耕兵衛　こうべえ
菅沼（すがぬま）耕兵衛　1825～1900　江戸後期～明治期の庄屋
高兵衛　こうべえ
林（はやし）高兵衛　安土桃山時代の織田信長の家臣
郷兵衛　ごうべえ
渡部（わたなべ）郷兵衛　？～1734　江戸中期の庄内藩士
光遍　こうへん
光遍　1744～1792　江戸中期・後期の浄土真宗の僧
亨弁　こうべん
亨弁　？～1755　江戸中期の和学者・歌人

好甫　こうほ
好甫　江戸後期の俳人

孝保　こうほ
川崎(かわさき)孝保　1792～1855　江戸後期・末期の代官

江甫　こうほ
住山(すみやま)江甫〔2代〕　1842～1900　江戸末期の藩茶道

香圃　こうほ
峰村(みねむら)香圃　1859～1909　江戸末期・明治期の日本画家

高保　こうほ　⇔たかやす
佐々木(ささき)高保　1845～1929　江戸後期～昭和期の蒔絵師

皐畝　こうほ
皐畝　江戸後期の俳人

宏謨　こうぼ
蔡(さい)宏謨　1700～1766　江戸中期の『球陽』編者の一人

光豊　こうほう　⇔みつとよ
光豊　平安前期の僧

皜峯　こうほう
岸(きし)皜峯　江戸後期・末期の漢学者

岡坊　こうぼう
井上(いのうえ)岡坊　1793～1872　江戸後期～明治期の漢詩人

幸房　こうぼう　⇔ゆきふさ
松浦(まつうら)幸房　？～1626　江戸前期の幸房新田開発6軒百姓の一人

光璞　こうぼく
献甫(けんほ)光璞　1506～1591　戦国・安土桃山時代の臨済宗の僧

槁木　こうぼく
陶山(すやま)槁木　1804～1872　江戸後期～明治期の藩士

幸万　こうまん
幸万　鎌倉時代の人。建長元年、筑摩郡別所の岩殿寺に三所権現の青銅懸仏を寄進

幸明　こうみょう　⇔ゆきあき
幸明　？～1297　鎌倉後期の真言宗の僧

光聞　こうもん
明渓(みょうけい)光聞　南北朝・室町時代の僧

好也　こうや
梅廼舎(うめのや)好也　1777～1854　江戸中期～末期の狂歌作者

光宥　こうゆう
光宥　1588～1652　安土桃山・江戸前期の真言宗の僧

光祐　こうゆう　⇔みつすけ
豊浜(とよはま)光祐　江戸末期の具志川間切安慶名村の神童
山岸(やまぎし)光祐　戦国時代の上杉謙信・景勝の家臣

光融　こうゆう
光融　1491～1521　戦国時代の浄土真宗の僧

公有　こうゆう
公有　鎌倉時代の僧

公猷　こうゆう
公猷　鎌倉前期の天台宗の僧・歌人

孝祐　こうゆう
姉小路(あねがこうじ)孝祐　室町時代の飛驒国司の姉小路持言の子。勝言の弟。興福寺孝俊僧正の弟子
井上(いのうえ)孝祐　1817～1878　江戸後期～明治期の旧庄内藩士

弘融　こうゆう
弘融　鎌倉後期・南北朝時代の真言宗の僧

更幽　こうゆう
大島(おおしま)更幽　江戸末期の俳人
自多楽坊(じだらくぼう)更幽　1774～1859　江戸中期～末期の俳人

甲由　こうゆう
安倍(あべの)甲由　奈良時代の官人

綱猷　こうゆう
綱猷　江戸中期の浄土真宗の僧

豪祐　ごうゆう
豪祐　南北朝時代の天台宗の僧

公猷法親王　こうゆうほうしんのう
公猷法親王　1789～1843　江戸後期の有栖川織仁親王の王子

光誉　こうよ
光誉　？～995　平安中期の石清水別当、検校
光誉　？～1626　安土桃山・江戸前期の浄土宗の僧
光誉　？～1624　安土桃山・江戸前期の真言宗の僧

公誉　こうよ
公誉　鎌倉時代の天台宗の僧・歌人

厚誉　こうよ
厚誉　江戸中期の僧侶

向陽　こうよう
佐々木(ささき)向陽　1801～1863　江戸後期・末期の漢学者

孝養　こうよう　⇔たかやす
村瀬(むらせ)孝養　江戸後期の和算家

晃燿　こうよう
雲英(きら)晃燿　1831～1910　江戸後期～明治期の三河一派寺院取締

紅葉　こうよう
高梨(たかなし)紅葉　1774～1822　江戸中期・後期の漢学者

高麗左衛門　こうらいざえもん
高麗左衛門〔2代〕　1617～1668　江戸前期の陶工
坂(さか)高麗左衛門〔9代〕　1849～1921　江戸後期～大正期の陶芸家

浩瀾　こうらん
松田(まつだ)浩瀾　江戸中期の漢学者

香蘭　こうらん
深見(ふかみ)香蘭　江戸後期の画家

こ

公履　こうり
荒井(あらい)公履　1815〜1862　江戸後期・末期の漢学者

好柳　こうりゅう
壺井(つぼい)好柳　江戸前期の俳人

弘竜　こうりゅう
弘竜　江戸後期の俳人

敲柳　こうりゅう
敲柳　江戸中期の俳人

皐柳　こうりゅう
小高(おだか)皐柳　1808〜1850　江戸後期の俳諧作者・書道教授

黄良　こうりょう
富沢(とみさわ)黄良　江戸後期の医者

黄陵　こうりょう
岡井(おかい)黄陵　1666〜1718　江戸前期・中期の儒者

興良　こうりょう
興良　912〜988　平安中期の天台宗延暦寺僧

交陵　こうりょう
鈴木(すずき)交陵　1825〜？　江戸後期・末期の漢学者

向陵　こうりょう
多賀谷(たがや)向陵　1767〜1828　江戸中期・後期の書家

広陵　こうりょう
広陵　江戸後期の俳人
新野(にいの)広陵　1826〜1890　江戸後期〜明治期の俳人

弘良　こうりょう　⇔ひろよし
鄭(てい)弘良　江戸中期の教育者

弘量　こうりょう
源(みなもと)弘量　江戸後期の眼科医

豪良　ごうりょう
藤井(ふじい)豪良　？〜1819　江戸中期・後期の書家

光林　こうりん　⇔みつしげ
光林　江戸後期の俳人

光麟　こうりん
呑海(どんかい)光麟　？〜1802　江戸中期・後期の曹洞宗の僧

光璘　こうりん
玉峯(ぎょくほう)光璘　江戸前期の臨済宗の僧

孝璘　こうりん
孝璘　江戸中期の歌人

高霖　こうりん
高霖　1701〜1743　江戸中期の本派本願寺能化

杲隣　こうりん
杲隣　767〜？　奈良・平安前期の真言宗の僧。空海の弟子

孝林和尚　こうりんおしょう
孝林和尚　江戸時代の僧侶

公礼　こうれい
橋爪(はしづめ)公礼　1849〜1912　江戸後期〜明治期の画家

江嶺　こうれい
菅(すが)江嶺　1762〜1852　江戸中期・後期の画家

宏廬　こうろ
多田(ただ)宏廬　1777〜1844　江戸中期・後期の儒学者

宏盧　こうろ
多田(ただ)宏盧　1777〜1844　江戸中期・後期の儒学者《多田宏廬》

鉱郎　こうろう
栃内(とちない)鉱郎　1854〜1908　江戸末期・明治期の自由民権運動の活動家

光和　こうわ　⇔みつまさ
光和　1748〜1791　江戸中期・後期の真言宗の僧

好和　こうわ
川口(かわぐち)好和　江戸後期の随筆家

巨雲　こうん　⇔きょうん
井鳥(いとり)巨雲　1650〜1721　江戸前期・中期の剣術家《井鳥巨雲》

古雲　こうん
古雲　江戸中期の天台宗の僧

五運　ごうん
吉野(よしの)五運〔4代〕江戸後期の製薬業者
吉野(よしの)五運〔5代〕江戸後期の豪商

五雲　ごうん
五雲　？〜1772　江戸中期の俳人
今田(いまだ)五雲　1808〜1859　江戸後期・末期の俳人
三谷(みたに)五雲　江戸後期の画家
山本(やまもと)五雲　？〜1859　江戸末期の眼科医

五英　ごえい
田中(たなか)五英　1754〜1812　江戸中期・後期の書家《田中帰春》

悟英　ごえい
天瑞(てんずい)悟英　江戸後期の黄檗宗の僧

許遍麻呂　こえまろ
秦(はたの)許遍麻呂　奈良時代の万葉歌人

戸右衛門　こえもん　⇔とうえもん, とえもん
戸右衛門　1642〜1686　江戸前期の貞享一揆の指導者の一人

小右衛門　こえもん　⇔こうえもん, しょうえもん
石黒(いしぐろ)小右衛門　1690〜1756　江戸中期の武士《石黒小右衛門》
伊藤(いとう)小右衛門　安土桃山時代の検地役人
桂川(かつらがわ)小右衛門　江戸前期の仏師
木名瀬(きなせ)小右衛門　1720〜1797　江戸中期・後期の故実家
島田(しまだ)小右衛門　？〜1615　江戸前期の阿波細川氏の家臣
大根屋(だいこんや)小右衛門　1784〜？　江戸中期・後期の商人。寒天問屋大根屋の主人
滝川(たきがわ)小右衛門　江戸中期の臨時飛騨代官
都筑(つづき)小右衛門　室町時代の姉小路小島家の被官か

手米屋（てごめや）小右衛門　？～1748　江戸中期の丹後縮緬始祖の1人
中根（なかね）小右衛門　？～1647　江戸前期の庄内藩士
山田（やまだ）小右衛門　江戸前期の代官
渡辺（わたなべ）小右衛門　江戸後期の南町奉行所の与力

権右衛門　ごえもん　⇔ごんうえもん，ごんえもん
木村（きむら）権右衛門　1849～1914　江戸末期～大正期の実業家

五右衛門　ごえもん　⇔ごうえもん
五右衛門　江戸前期の福野町の肝煎
五右衛門　江戸後期の漁民
明渡（あけど）五右衛門　？～1615　江戸前期の武士
石井（いしい）五右衛門　1771～1843　江戸後期の豪商
市田（いちだ）五右衛門　1566～？　安土桃山・江戸前期の武士
一戸（いちのへ）五右衛門　1718～1772　江戸中期の盛岡藩九牧場の馬役人
入江（いりえ）五右衛門　戦国時代の武将。武田家臣
入間川（いるまがわ）五右衛門　？～1786　江戸中期の力士
岡田（おかだ）五右衛門　1648～1725　江戸前期の美作国倉敷代官
小山（おやま）五右衛門　江戸中期の踏鞴製鉄業者
北（きた）五右衛門　1567～？　安土桃山・江戸前期の武士
神瀬（こうのせ）五右衛門　1637～1723　江戸前期・中期の剣術家。タイ捨流
四宮（しのみや）五右衛門　？～1615　江戸前期の武士。大坂の陣で籠城
白崎（しらさき）五右衛門　1764～1818　江戸中期・後期の民間常設消防第一人者
白崎（しらさき）五右衛門　1797～1850　江戸後期の素封家
白幡（しらはた）五右衛門　1834～1890　江戸後期～明治期の一揆指導者
高橋（たかはし）五右衛門　1830～1877　江戸後期～明治期の三浦郡小坪村名主、区長
竹内（たけうち）五右衛門　？～1615　江戸前期の豊臣秀頼の剣術師範
千代田（ちよだ）五右衛門　？～1703　江戸前期の二郷半領用元
寺田（てらだ）五右衛門　1744～1825　江戸中期・後期の剣術家
成田（なりた）五右衛門〔5代〕江戸時代の弘前藩の漆栽培功労者
桧垣（ひがき）五右衛門　1596～1678　安土桃山・江戸前期の開拓者
藤崎（ふじさき）五右衛門　1637～1687　江戸前期の出雲平野の開拓者
松本（まつもと）五右衛門　？～1837　江戸後期の剣術師範
矢野（やの）五右衛門　安土桃山時代の揖斐郡白樫村の人。関ヶ原の戦いの後宇喜多秀家をかくまった
渡辺（わたなべ）五右衛門　江戸中期の篤心家

五右衛門尉　ごえもんのじょう
日置（へき）五右衛門尉　？～1640　江戸前期の真田氏の家臣

古燕　こえん
古燕　江戸中期の女性。鯵ヶ沢湊新地の遊廓塩越屋義兵衛の母

子老　こおきな　⇔こおゆ
中臣（なかとみの）子老　？～789　奈良時代の官人

子首　こおびと　⇔こびと
猪使（いつかいの）子首　飛鳥時代の武人。百済の役に従軍し唐軍に捕らえられ奴卑とされたが、後に帰朝

小祖　こおや
榎井（えのいの）小祖　奈良時代の官人

子老　こおゆ　⇔こおきな
石川（いしかわの）子老　飛鳥時代の官人
伊勢（いせの）子老　中臣伊勢子老に同じ
高橋（たかはしの）子老　奈良時代の官人
当麻（たぎまの）子老　奈良時代の官人
中臣伊勢（なかとみのいせの）子老　奈良時代の官人
文室（ふんやの）子老　奈良時代の官人

小老　こおゆ
石川（いしかわの）小老　飛鳥時代の朝臣

郡守　こおりもり
壬生公（みぶのきみ）郡守　平安前期の甘楽郡司

古音　こおん
古音　？～1774　江戸中期の俳人
古音　1761～1826　江戸中期・後期の俳人

瓠界　こかい
北村（きたむら）瓠界　江戸前期の俳人

古崖　こがい
宮崎（みやざき）古崖　1687～1739　江戸前期・中期の漢学者

故厓　こがい
遠藤（えんどう）故厓　1815～1884　江戸後期～明治期の俳人

壺外　こがい
乾（いぬい）壺外　1751～1820　江戸中期・後期の俳人

呉厓　ごがい
呉厓　？～1868　江戸後期・末期の俳人

虎角　こかく
虎角　江戸中期の俳人

湖学　こがく
西（にし）湖学　江戸時代の漢学者

鼓岳　こがく
伊藤（いとう）鼓岳　江戸中期の画家

壺岳　こがく
西村（にしむら）壺岳　1733～1807　江戸中期・後期の人。「勢陽俚諺」の著者

五角　ごかく
深海（ふかみ）五角　1796～1873　江戸後期～明治期の柔術家

こ

五学　ごがく
赤井(あかい)五学　江戸後期の医師

吾学　ごがく
法眼(ほうげん)吾学　?〜1875　江戸後期〜明治期の画家

小梶太夫　こかじたゆう
竹本(たけもと)小梶太夫　1836〜1880　江戸後期〜明治期の阿波浄瑠璃の太夫

小鍛治宗近　こかじむねちか
三条(さんじょう)小鍛治宗近　平安中期の刀鍛治

古観　こかん
冨田(とみだ)古観　?〜1832　江戸後期の人。古見村の旧家冨田家の8代目

古閑　こかん
大石(おおいし)古閑　江戸前期・中期の画家

湖関　こかん
湖関　江戸中期の俳人

虎関　こかん
虎関　江戸中期の曹洞宗の僧

小勘　こかん
浪江(なみえ)小勘　1659〜?　江戸前期・中期の歌舞伎役者、若女形

壺関　こかん
土屋(つちや)壺関　江戸後期の文人

古巌　こがん
藍沢(あいざわ)古巌　1817〜1847　江戸後期の漢学者

吾岸　ごがん
江原(えばら)吾岸　江戸時代の和算家

古巌斎　こがんさい
古巌斎〔1代〕　江戸後期の雑俳作者
古巌斎〔2代〕　江戸後期の雑俳作者

吾吉　ごきち
吾吉　1783〜1836　江戸中期・後期の宮大工

小橘　こきつ
七扇(ななおぎ)小橘〔1代〕　1790〜1874　江戸末期の日本舞踊家

小橘太　こきった
大胡(おおご)小橘太　平安後期の人。水練の名手

子公　こきみ
栗原(くりはらの)子公　奈良時代の官吏
中臣(なかとみの)子公　奈良時代の官人
中臣栗原(なかとみのくりはらの)子公　奈良時代の官人
新治(にいはりの)子公　奈良時代の常陸国新治郡大領

呼牛　こぎゅう
富田(とみた)呼牛　江戸後期の華道家

五休　ごきゅう
岡本(おかもと)五休　1823〜1891　江戸後期〜明治期の俳人

古行　こぎょう
古行　江戸後期の俳諧作者

五橋　ごきょう
五橋　江戸後期の俳人
田中(たなか)五橋　江戸中期の書肆・俳人

五狂　ごきょう
前田(まえだ)五狂　江戸後期の俳人

五郷　ごきょう
五郷　江戸後期の浮世絵師

呉峡　ごきょう
沢(さわ)呉峡　1813〜1855　江戸後期・末期の日本画家

後京極院宣旨　ごきょうごくいんのせんじ
後京極院宣旨　鎌倉後期の女房・歌人

五禽　ごきん
五禽堂(ごきんどう)五禽　1807〜1885　江戸後期〜明治期の俳人

克　こく
八木橋(やぎはし)克　1844〜1896　江戸後期〜明治期の地方自治功労者

国　こく
阮(げん)国　1566〜1640　安土桃山・江戸前期の久米村阮氏神村家の始祖

克庵　こくあん　⇔かつあん
高橋(たかはし)克庵　江戸後期の漢学者

跨空　こくう
浄夢院(じょうむいん)跨空　?〜1870　江戸後期〜明治期の歌僧

谷園　こくえん
船曳(ふなびき)谷園　1724〜1801　江戸中期・後期の医家

極円　ごくえん
極円　江戸前期の僧

穀我　こくが
佐保(さほ)穀我　江戸中期の俳人

克斎　こくさい
鳥越(とりごえ)克斎　1805〜1863　江戸末期の漢学者

黒斎　こくさい
藤川(ふじかわ)黒斎　1808〜1885　江戸後期〜明治期の漆芸家

谷斎　こくさい
武田(たけだ)谷斎　江戸末期・明治期の根付師

穀山　こくざん
竹島(たけしま)穀山　1805〜1861　江戸後期・末期の糸魚川藩の学者

黒山　こくざん
石関(いしぜき)黒山　1800〜1858　江戸後期・末期の篤学の士

刻治　こくじ
佐藤(さとう)刻治　1858〜1934　江戸末期〜昭和期の和算家

克譲　こくじょう　⇔かつじょう
克譲　1787〜1865　江戸中期〜末期の浄土真宗の僧・歌人

国常禅師　こくじょうぜんじ
国常禅師　1778～1858　江戸中期～末期の禅僧、総持寺住職

谷水　こくすい
北川（きたがわ）谷水　江戸前期の瑞応寺脇寺の僧侶

鵠助　こくすけ
望月（もちづき）鵠助　江戸後期の韮山代官江川英毅の手代

国井　こくせい
金田（かねだ）国井　江戸末期の俳人

国仙　こくせん
国仙　1723～1791　江戸中期の僧

谷邨　こくそん
市原（いちはら）谷邨　1842～1926　江戸末期～大正期の素封家

国珍　こくちん
伊東（いとう）国珍　江戸後期の医者

国鼎　こくてい
毛（もう）国鼎　1571～1643　安土桃山・江戸前期の久米村毛氏の始祖

鵠亭　こくてい
岡崎（おかざき）鵠亭　1767～1832　江戸中期・後期の儒者

穀風　こくふう
菅沼（すがぬま）穀風　江戸中期の相法家

克文　こくぶん
杭州（こうしゅう）克文　1760～1831　江戸中期・後期の臨済宗の僧

石文　こくぶん
石文　？～1512　戦国時代の連歌師

国甫　こくほ
吉田（よしだ）国甫　江戸後期の俳人

黒駱　こくらく
黒駱　？～1839　江戸後期の俳人

極楽院　ごくらくいん
極楽院　戦国時代の上野国群馬郡箕輪郷の本山派修験寺院住職

国鸞　こくらん
風間（かざま）国鸞　？～1812　江戸中期・後期の医師

居敬　こけい
居敬　江戸中期・後期の僧

古圭　こけい
古圭　江戸末期の修験者

湖桂　こけい
湖桂　江戸中期の俳人

胡兮　こけい
胡兮　江戸前期の俳人

虎渓　こけい
若槻（わかつき）虎渓　1779～1847　江戸中期・後期の俳人、薬種業、庄屋

五景　ごけい
八島（やしま）五景　江戸後期の絵師

五渓　ごけい
宮田（みやた）五渓　？～1843　江戸後期の儒者

吾桂　ごけい
吾桂　？～1769　江戸中期の俳人

梧渓　ごけい
妻木（つまき）梧渓　1793～1837　江戸後期の浄土真宗の僧侶

古啓堂　こけいどう
古啓堂　江戸末期の僧

孤月　こげつ
江口（えぐち）孤月　1789～1872　江戸後期～明治期の俳人

湖月　こげつ
湖月　江戸中期の曹洞宗の僧
湖月　江戸中期の雑俳点者

壺月　こげつ
石川（いしかわ）壺月　？～1734　江戸中期の俳人

古硯　こけん
服部（はっとり）古硯　1681～1749　江戸前期・中期の広島の書家

古慊　こけん
宮崎（みやざき）古慊　1771～1843　江戸後期の俳人

五絃　ごげん
五絃　江戸中期の俳人

小源太　こげんた
杵淵（きねぶち）小源太　？～1181　平安後期の武人
国光（くにみつ）小源太　1794～1863　江戸後期・末期の毛利家家臣
柴田（しばた）小源太　1837～？　江戸後期・末期の新撰組隊士

戸戸　ここ
戸戸　平安後期の歌人

古江　ここう
古江　1746～1819　江戸中期・後期の俳人

湖光　ここう
石田（いしだ）湖光　？～1817　江戸後期の俳人

虎岡　ここう
中島（なかじま）虎岡　1720～1781　江戸中期の俳諧作者・本草学者

虎光　ここう　⇔とらみつ
虎光　？～1853　江戸後期の俳人・武道家

壺公　ここう
壺公　1812～1877　江戸後期～明治期の俳諧師

汻虹　ここう
汻虹　1699～1774　江戸中期の俳人

小督　こごう
小督　平安後期の女性。高倉天皇の女房、範子内親王の母

呉江　ごこう
片谷（かたたに）呉江　1749～1796　江戸中期・後期の弘前藩御用達商人
島崎（しまさき）呉江　1795～1852　江戸後期の文人画家

後光厳院小少将　ごこうごんいんのこしょうしょう
後光厳院小少将　南北朝時代の女房・歌人

後光明照院前関白家宣旨　ごこうみょうしょういんさきのかんぱくけのせんじ
後光明照院前関白家宣旨　鎌倉後期の女房・連歌作者

後光明照院前関白家二条　ごこうみょうしょういんさきのかんぱくけのにじょう
後光明照院前関白家二条　鎌倉後期の女房・歌人

こ

午谷　ごこく
香川(かがわ)午谷　1808〜1853　江戸後期の漢学者

興志　こごし　⇔おこし
忍海部(おしぬみべの)興志　奈良時代の人
蘇我(そがの)興志　？〜649　飛鳥時代の人。父は蘇我倉山田石川麻呂

小駒若　ここまわか
小駒若　？〜1582　戦国・安土桃山時代の織田信長の家臣

凝　こごる
源(みなもと)凝　平安前期・中期の公家、歌人

故五郎　こごろう
安岡(やすおか)故五郎　1801〜1872　江戸後期〜明治期の弓術家

小五郎　こごろう
青天(あおあま)小五郎　室町時代の加賀国河北郡松根山城の城主
岡部(おかべ)小五郎　？〜1575　安土桃山時代の武田氏の家臣
林(はやし)小五郎　1844〜1868　江戸後期・末期の新撰組隊士
前場(まえば)小五郎　1841〜1905　江戸後期〜明治期の新撰組隊士

五根　ごこん
鎌田(かまた)五根　1720〜1801　江戸中期・後期の神道家

五さ　ごさ
五さ　戦国・安土桃山時代の女性。豊臣秀吉の奥女中頭

コ斎　こさい
コ斎　？〜1688　江戸前期の俳諧作者

五彩　ごさい
仁木(にき)五彩　江戸後期の風流人

小才次　こさいじ
横田(よこた)小才次　？〜1575　安土桃山時代の武田氏の家臣

小左衛門　こざえもん　⇔しょうざえもん
小左衛門　？〜1025　平安中期の女性。藤原嬉子(道長四女)の女房
赤松(あかまつ)小左衛門　江戸前期の武士。大坂の陣で籠城
伊藤(いとう)小左衛門　？〜1667　江戸前期の博多の貿易商
猪俣(いのまた)小左衛門　？〜1788　江戸中期・後期の大住郡南金目村旗本曽谷氏知行所名主
今村(いまむら)小左衛門〔4代〕　1653〜1726　江戸中期の宇摩郡中曽根村大庄屋
車門(くるまかど)小左衛門　戦国時代の武将
高力(こうりき)小左衛門　江戸時代の庄内藩士
四方(しほう)小左衛門　江戸時代の豊岡藩士、心学者
高木(たかぎ)小左衛門　安土桃山時代の武士。織田信長家臣
常盤(ときわ)小左衛門　？〜1706　江戸前期・中期のミカン栽植の先覚者
冨沢(とみざわ)小左衛門　1850〜1912　江戸後期〜明治期の天理教白子分教会初代会長
中野(なかの)小左衛門〔2代〕　？〜1677　江戸前期の出版人
中野(なかの)小左衛門〔3代〕　1674〜1705　江戸前期・中期の出版人
西野(にしの)小左衛門　江戸後期の北前船主
服部(はっとり)小左衛門　1685〜1751　江戸前期・中期の中老
浜田(はまだ)小左衛門　江戸前期の朱印船船員
疋田(ひきた)小左衛門　江戸前期の武士。大坂の陣で籠城
福田(ふくだ)小左衛門　？〜1881　江戸末期・明治期の農民・真土村騒動の加担者
前島(まえしま)小左衛門　1668〜1754　江戸中期の美作国古町代官
水野(みずの)小左衛門　江戸前期の幕臣
明珍(みょうちん)小左衛門　？〜1664　江戸前期の甲冑師・鍔師
山内(やまうち)小左衛門　江戸中期の地方役人
横田(よこた)小左衛門　1847〜1922　江戸末期〜大正期の篤農家

五左衛門　ござえもん
牛島(うしじまの)五左衛門　江戸時代の塩飽牛島の豪商
梶川(かじかわ)五左衛門　戦国時代の横根城城主
金井(かない)五左衛門　江戸後期の橘樹郡北寺尾村民
小岩井(こいわい)五左衛門　江戸前期の豊臣秀頼の家臣
小山(こやま)五左衛門　1844〜1910　江戸後期〜明治期の通運業
白樫(しらかし)五左衛門　江戸前期の武士。大坂の陣で籠城
高橋(たかはし)五左衛門　江戸前期の料理人
田中(たなか)五左衛門　1836〜1924　江戸末期〜大正期の陶芸家
直江(なおえ)五左衛門　江戸前期の伊賀者。井伊直孝に仕えた
長根(ながね)五左衛門　江戸前期の人。赤岩城城主の後胤熊谷掃部直長の子
成瀬(なるせ)五左衛門　？〜1675　江戸前期の代官
仏(ほとけ)五左衛門　江戸時代の日光町民
増田(ますだ)五左衛門　1832〜1915　江戸末期〜大正期の埼玉郡堤根村の名主
丸尾(まるお)五左衛門　江戸時代の回船業
丸屋(まるや)五左衛門　江戸前期の豪商

森(もり)五左衛門 ?～1641 江戸前期の武士。大坂の陣で籠城。後、真田信之に出仕
矢野(やの)五左衛門 ?～1616 江戸前期の豊臣秀頼の家臣。いちやの子
横田(よこた)五左衛門 ?～1765 江戸中期の郷田村年寄。五左衛門並木を残す
吉田(よしだ)五左衛門 安土桃山・江戸前期の武士

小左衛門定利 こざえもんさだとし
井上(いのうえ)小左衛門定利 1566～1615 安土桃山・江戸前期の豊臣秀吉の家臣

五左衛門重好 ござえもんしげよし
国吉(くによし)五左衛門重好 1584～1653 安土桃山・江戸前期の長宗我部盛親・寺沢広高の家臣

小左衛門吉直 こざえもんよしなお
伊藤(いとう)小左衛門吉直 ?～1667 江戸前期の博多の貿易商《伊藤小左衛門》

後嵯峨院宮内卿 ごさがいんのくないきょう
後嵯峨院宮内卿 鎌倉時代の女房・歌人

後嵯峨院大納言典侍 ごさがいんのだいなごんのすけ ⇔ごさがいんのだいなごんのてんじ
後嵯峨院大納言典侍 1233～1263? 鎌倉前期・後期の歌人《後嵯峨院大納言典侍》

後嵯峨院大納言典侍 ごさがいんのだいなごんのてんじ ⇔ごさがいんのだいなごんのすけ
後嵯峨院大納言典侍 1233～1263? 鎌倉前期・後期の歌人

後嵯峨院兵衛内侍 ごさがいんのひょうえのないし
後嵯峨院兵衛内侍 鎌倉時代の女房・連歌作者

古作 こさく
本間(ほんま)古作 1847～1914 江戸末期～大正期の帰農者

小左近 こさこん
小左近 平安中期・後期の女房・歌人

小笹 こざさ
竹尾(たけお)小笹 ?～1909 江戸後期～明治期の歌人

小左二 こさじ
稲葉(いなば)小左二 安土桃山時代の検地役人

小薩 こさつ
大伴(おおともの)小薩 ?～764 奈良時代の官人

胡三郎 こさぶろう
多菊(たぎく)胡三郎 1838～1913 江戸末期～大正期の宗教家

小三郎 こさぶろう ⇔しょうざぶろう
甘糟(あまかす)小三郎 江戸後期の鎌倉郡大船村名主
池田(いけだ)小三郎 1842～1868 江戸後期・末期の新撰組隊士
石毛(いしげ)小三郎 戦国時代の千葉胤富の家臣。森山衆。東上総の土豪・地侍
梅山(うめやま)小三郎 江戸末期・明治期の製茶改良者
太田(おおた)小三郎 1845～1916 江戸後期～明治期の尊攘運動家、実業家
堅田(かたた)小三郎 ?～1340 南北朝時代の武将
亀田(かめだ)小三郎 戦国時代の土豪
川辺(かわべ)小三郎 江戸後期の幕臣・砲術家
武田(たけだ)小三郎 1524～1597 戦国・安土桃山時代の武士
綱島(つなしま)小三郎 戦国時代の武士。簗田氏の家臣
奈良林(ならばやし)小三郎 安土桃山時代の尾崎城主塩屋秋貞の家臣
成田(なりた)小三郎 鎌倉後期・南北朝時代の医師
仁田(にった)小三郎 1847～1896 江戸末期・明治期の実業家。仁田家36代大八郎小三郎。仁田常種の子
藤井(ふじい)小三郎 江戸中期の豊竹座の女形人形遣い
古沢(ふるさわ)小三郎 1841～1921 江戸末期～大正期の製糸業功労者
松本(まつもと)小三郎 江戸後期の女形

こ

五三郎 ごさぶろう
加藤(かとう)五三郎 ?～1866 江戸後期・末期の庄内藩士
松本(まつもと)五三郎 江戸後期の陶工
吉田(よしだ)五三郎 江戸末期の韮山代官江川氏の手代

護三郎 ごさぶろう
田村(たむら)護三郎 1829～1900 江戸後期～明治期の地方政治家

小三郎忠盈 こさぶろうただみつ
伊奈(いな)小三郎忠盈 1775～1823 江戸中期・後期の代官

小三郎永盛 こさぶろうながもり
長野(ながの)小三郎永盛 ?～1615 江戸前期の人。豊前国企救郡の小三岳城主長野三郎左衛門尉助盛の長男

小三郎入道 こさぶろうにゅうどう
成田(なりた)小三郎入道 鎌倉後期の医家、武蔵七党横山党

子佐美 こさみ
安吉(あきの)子佐美 平安前期の近江国蒲生郡安吉郷の人

古山 こざん
古山 江戸中期の俳人

孤山 こざん
年梅(としうめ)孤山 1818～1878 江戸後期～明治期の浪華の接骨医
堀(ほり)孤山 1631～1695 江戸前期・中期の漢学者
薮(やぶ)孤山 1735～1802 江戸後期の藩校時習館2代祭酒
吉田(よしだ)孤山 江戸前期・中期の儒者

庫山 こざん
村田(むらた)庫山 ?～1837 江戸後期の漢学者

湖山 こざん
興津(おきつ)湖山 1718～1802 江戸中期・後期の兵学者、心学者
久田(ひさだ)湖山 江戸後期の漢学者

室田(むろた)湖山　1841〜1889　江戸後期〜明治期の日本画家

顧山　こざん

中村(なかむら)顧山　江戸中期の古銭収集家

鼓山　こざん

鼓山　?〜1747　江戸中期の俳人

呉山　ござん

呉山　1789〜1828　江戸後期の俳人

三浦(みうら)呉山　?〜1809　江戸中期・後期の俳人

吾山　ござん

沢(さわ)吾山　江戸中期・後期の俳人

梧山　ござん

梧山　1696〜1733　江戸中期の俳人

後三条院越前　ごさんじょういんのえちぜん

後三条院越前　平安後期の女房・歌人

虎髭　こし

寺田(てらだ)虎髭　江戸中期の浮世草子作者

五始　ごし

五始　1710〜1775　江戸中期の俳人

小次右衛門　こじえもん

砂子田村(すなごだむら)小次右衛門　江戸前期の十ケ村肝煎

古式部　こしきぶ

右和左(うわさ)古式部　江戸中期の浄瑠璃三味線方

小侍従命婦　こじしゅうのみょうぶ　⇔こじじゅうのみょうぶ

小侍従命婦　平安中期の女房・歌人《小侍従命婦》

小侍従命婦　こじじゅうのみょうぶ　⇔こじしゅうのみょうぶ

小侍従命婦　平安中期の女房・歌人

越太夫　こしだゆう

竹本(たけもと)越太夫　江戸後期の義太夫節太夫

小七　こしち

富田(とみた)小七　?〜1781　江戸中期の庄内藩付家老

五七　ごしち

木村(きむら)五七　?〜1835　江戸末期の海運業者

小七郎　こしちろう　⇔しょうしちろう

いほり(いほり)小七郎　戦国時代の千葉胤富の家臣。森山城(香取市)の城衆。森山衆

楯岡(たておか)小七郎　1731〜1788　江戸中期・後期の武士

夏目(なつめ)小七郎　江戸後期の韮山代官江川氏の手代

塙(ばん)小七郎　?〜1576　戦国・安土桃山時代の織田信長の家臣

越永　こしなが

紀(きの)越永　平安前期の官人

越の海　こしのうみ

越の海　江戸中期の力士

越ノ海　こしのうみ

越ノ海　江戸末期の新撰組隊士《越之海》

越之海　こしのうみ

越之海　江戸末期の新撰組隊士

腰佩　こしはき

船(ふねの)腰佩　奈良時代の官人

越麻呂　こしまろ

忌部(いんべ)越麻呂　奈良時代の人

高志麻呂　こしまろ

橘戸(たちばなべの)高志麻呂　奈良時代の官人

湖寂　こじゃく

湖寂　江戸中期の俳人

五雀　ごじゃく

葛山(くずやま)五雀　1814〜1890　江戸後期〜明治期の尼僧、俳人

午寂　ごじゃく

人見(ひとみ)午寂　1661〜1742　江戸前期・中期の俳人

吾雀　ごじゃく

吾雀　江戸後期の俳人

孤舟　こしゅう

門屋(かどや)孤舟　1779〜1863　江戸中期〜末期の書家

菰洲　こしゅう

菰洲　江戸中期の俳人

虎州　こしゅう

虎州　江戸中期の俳人

湖十　こじゅう

湖十〔7代〕　江戸後期の俳人

深川(ふかがわ)湖十〔3代〕　?〜1780　江戸中期の俳人《湖十〔3代〕》

深川(ふかがわ)湖十〔4代〕　?〜1800　江戸中期・後期の俳人

深川(ふかがわ)湖十〔5代〕　?〜1806　江戸中期・後期の俳人

深川(ふかがわ)湖十〔6代〕　1772〜1833　江戸中期・後期の俳人

小十蔵　こじゅうぞう

岩室(いわむら)小十蔵　安土桃山時代の織田信長の家臣

小十郎　こじゅうろう

太田(おおた)小十郎　1810〜1873　江戸後期〜明治期の和算家

越智(おち)小十郎　?〜1582　戦国・安土桃山時代の織田信長の家臣

小野(おの)小十郎　1791〜1842　江戸後期の連島新開の開発者

楠(くすのき)小十郎　1847?〜1863　江戸後期・末期の新撰組隊士

佐藤(さとう)小十郎　?〜1856　江戸後期・末期の和算家

副田(そえだ)小十郎　安土桃山時代の織田信長の家臣

中西(なかにし)小十郎　1813〜1891　江戸後期〜明治期の稲の品種改良者

森(もり)小十郎　江戸後期の鎌倉郡大鋸町名主

小重郎　こじゅうろう
勝亦（かつまた）小重郎　1769～？　江戸中期・後期の北駿の水路開発者
夏目（なつめ）小重郎　江戸後期の韮山代官江川氏の手代

古春　こしゅん
荒井（あらい）古春　江戸中期・後期の仏師

壺処　こしょ
春田（はるた）壺処　1805～1879　江戸後期～明治期の儒学者

湖照　こしょう　⇔におてる
湖照　江戸中期の俳人

固浄　こじょう
河野（こうの）固浄　1744～1803　江戸中期・後期の僧、歌人

湖城　こじょう
唐沢（からさわ）湖城　1819～1880　江戸後期～明治期の日本画家

五松　ごしょう
松田（まつだ）五松　1723～1768　江戸中期の国学者

悟章　ごしょう
学廼門（がくのもん）悟章　江戸後期の狂歌作者

護城　ごじょう
鼎（かなえ）護城　1841～1908　江戸後期～明治期の寺子屋師匠

古照軒　こしょうけん
国友（くにとも）古照軒　1823～1884　江戸後期～明治期の漢学者

五松斎　ごしょうさい
伊藤（いとう）五松斎　1832～1910　江戸後期～明治期の砥部焼功労者・教育者

孤松子　こしょうし
孤松子　江戸前期の人。『京羽二重』の撰者

小少将　こしょうしょう
小少将　平安中期の女房。後冷泉天皇皇后藤原寛子に仕える
小少将　平安中期・後期の女房。一条天皇中宮彰子に仕える
小少将　戦国時代の女性。岩付城主太田氏資の娘
小少将　1580～1616　安土桃山・江戸前期の女性。宇都宮国綱の正室

後照念院関白太政大臣家讃岐　ごしょうねんいんかんぱくだじょうだいじんけのさぬき
後照念院関白太政大臣家讃岐　鎌倉後期の女房・歌人

御所の少将　ごしょのしょうしょう
御所の少将　南北朝時代の女性。新田義興の愛妾

小四郎　こしろう　⇔こじろう
小四郎　室町時代の庭師
天野（あまの）小四郎　？～1595　戦国時代の武田氏の家臣
河村（かわむら）小四郎　南北朝時代の武士
篠川（しのかわ）小四郎　戦国時代の武士。時尭の家来
玉井（たまい）小四郎　平安後期の武士
得能（とくのう）小四郎　江戸後期の庄屋
丹羽（にわ）小四郎　？～1576　戦国・安土桃山時代の織田信長の家臣
美濃屋（みのや）小四郎　1550～1565　戦国・安土桃山時代の武士

小四郎　こじろう　⇔こしろう
高柳（たかやなぎ）小四郎　？～1866　江戸後期・末期の第24代飛騨国代官

小次郎　こじろう
粟屋（あわや）小次郎　安土桃山時代の織田信長の家臣
飯島（いいじま）小次郎　戦国時代の信濃国伊那郡の国衆
庵原（いはら）小次郎　鎌倉時代の武士。入江武士団の一人
浦上（うらがみ）小次郎　安土桃山時代の織田信長の家臣
大内（おおうち）小次郎　鎌倉時代の武士
大須賀（おおすが）小次郎　？～1623　江戸前期の武田氏の家臣
糟屋（かすや）小次郎　1850～？　江戸後期・末期の新撰組隊士
粕屋（かすや）小次郎　糟屋小次郎に同じ
関（せきの）小次郎　鎌倉前期の豪族。谷中天王寺の開基
高田（たかだ）小次郎　戦国時代の上野国衆
高山（たかやま）小次郎　戦国・安土桃山時代の武田氏の家臣
徳田（とくだ）小次郎　？～1580　戦国・安土桃山時代の加賀の一向一揆の首領
中川（なかがわ）小次郎　1848～？　江戸後期・末期の新撰組隊士
中村（なかむら）小次郎　1848頃～？　江戸後期・末期の新撰組隊士
福井（ふくい）小次郎　1463？～1484　室町・戦国時代の武士
三浦（みうら）小次郎　江戸前期の武士
三沢（みさわ）小次郎　鎌倉時代の駿河国有度郡入江荘を本拠とする武士団の一人
矢部（やべ）小次郎　鎌倉時代の武士

小二郎　こじろう
小二郎　安土桃山時代の陶工
太田（おおた）小二郎　1853～1924　江戸末期～大正期の実業家
野村（のむら）小二郎　1853～1876　江戸後期～明治期の仏語の先覚者
古川（ふるかわ）小二郎　1848～1868　江戸後期・末期の新撰組隊士

五四郎　ごしろう
山口（やまぐち）五四郎　？～1851　江戸後期の私塾教師

五次郎　ごじろう
五次郎　1825～1882　江戸後期～明治期の一向宗徒

小四郎輝経　こしろうてるつね
江馬（えま）小四郎輝経　南北朝時代の武将。初代江馬城主《江馬小四郎時経》

こ

小四郎時経　こしろうときつね
江馬（えま）小四郎時経　南北朝時代の武将。初代江馬城主

故信　こしん
木食山居（もくじきさんきょ）故信　1655～1724　江戸前期・中期の木食僧。弾誓寺6世の住職

虎森　こしん
虎森　？～1413　室町時代の僧侶

午心　ごしん
岩波（いわなみ）午心　？～1817　江戸後期の俳人

古翠　こすい
高橋（たかはし）古翠　1773～1850　江戸中期・後期の俳人

湖翠　こすい
湖翠　江戸後期の俳人

胡水　こすい
胡水　江戸中期の俳人

虎睡　こすい
虎睡　？～1814　江戸中期・後期の俳人

五水　ごすい
森田（もりた）五水　1791～1874　江戸後期～明治期の画家

呉水　ごすい
千葉（ちば）呉水　1818～1869　江戸後期～明治期の俳人

梧水　ごすい
梧水　1726～1797　江戸中期・後期の俳人。天台宗の僧

五助　こすけ　⇔ごすけ
野々見（ののみ）五助　？～1850　江戸後期の彫金家

小介　こすけ
白井（しらい）小介　1826～1902　江戸後期～明治期の浦家の家臣
森（もり）小介　安土桃山時代の織田信長の家臣

小助　こすけ
青山（あおやま）小助　安土桃山時代の織田信長の家臣
勝山（かつやま）小助　戦国時代の武将。武田家臣
崎山（さきやま）小助　江戸前期の地侍
杉山（すぎやま）小助　戦国・安土桃山時代の武士
薬袋（みない）小助　？～1582　安土桃山時代の武田家の御徒歩衆

五介　ごすけ
布勢（ふせ）五介　安土桃山時代の織田信長の家臣
森（もり）五介　安土桃山・江戸前期の武士
吉松（よしまつ）五介　江戸前期の長宗我部盛親の配下

五助　ごすけ　⇔こすけ
大田（おおた）五助　江戸中期の高山陣屋の足軽
唐津屋（からつや）五助　？～1859　江戸後期・末期の御代焼（窯）初代陶工
谷光（たにみつ）五助　1848～1911　江戸後期～明治期の山林経営者
焼塩（やきしお）五助　江戸時代の大鋸町の日雇取り

吾助　ごすけ
吾助　江戸中期の名護屋郷の義民

小助之敬　こすけゆきよし
吉村（よしむら）小助之敬　江戸前期の筒井定次の家臣

古声　こせい
古声　1746～1825　江戸中期・後期の俳人

湖静　こせい
便々館（べんべんかん）湖静　1785～？　江戸中期・後期の狂歌作者

五晴　ごせい
五晴　江戸中期の俳人・書肆

五声　ごせい
五声　江戸後期の俳人

呉石　ごせき
荒金（あらかね）呉石　1785～1869　江戸後期～明治期の文人、富豪

梧石　ごせき
巻（まき）梧石　1812～1863　江戸後期・末期の画家

巨勢大夫　こせたゆう
秦（はたの）巨勢大夫　飛鳥時代の官人

五節　ごせち
五節　平安中期の女房。三条天皇皇后藤原妍子に仕える

五節君　ごせちのきみ
五節君　平安中期の女房

孤雪　こせつ
上田（うえだ）孤雪　1768～1851　江戸中期・後期の漢学者

午節　ごせつ
野馬堂（やばどう）午節　江戸後期の俳人

呉雪　ごせつ
鈴木（すずき）呉雪　？～1825　江戸後期の俳人

壺仙　こせん
壺仙　江戸中期の俳人
壺仙　江戸後期の俳諧作者
服部（はっとり）壺仙　1756～1823　江戸中期・後期の商家

五仙　ごせん
五仙　江戸中期の雑俳点者

五川　ごせん
井上（いのうえ）五川　？～1875　江戸末期・明治期の画家

呉仙　ごせん
呉仙　？～1891　江戸末期・明治期の俳諧師

吾扇　ごせん
吾扇　1725～1800　江戸中期・後期の俳人

後川　ごせん　⇔こうせん
綿屋（わたや）後川　？～1800　江戸中期・後期の金沢の俳人

吾鼠　ごそ
吾鼠　？～1752　江戸中期の俳人

胡叟　こそう
胡叟　1665～1735　江戸中期の俳人

五双　ごそう
五双　1789～1865　江戸後期・末期の俳人

伍草　ごそう
鈴木（すずき）伍草　1735～1786　江戸中期の藩士・漢学者

梧窓　ごそう
沼（ぬま）梧窓　江戸後期の医者

梧荘　ごそう
曾根（そね）梧荘　1833～1874　江戸末期の画家

晤叟　ごそう
岡本（おかもと）晤叟　1808～1881　江戸後期～明治期の儒者

五蔵正隣　ごぞうせいりん
一川（いちかわ）五蔵正隣　？～1801　江戸中期・後期の不伝流居合術中興の祖

渠曽部　こそべ
阿倍（あべの）渠曽部　飛鳥時代の武人

社麻呂　こそまろ
伊部（いべの）社麻呂　奈良時代の官人

五大　ごだい
五大　江戸後期の俳人

後醍醐院権大納言典侍　ごだいごいんのごんだいなごんのすけ
後醍醐院権大納言典侍　南北朝時代の女房・歌人

後醍醐院少将内侍　ごだいごいんのしょうしょうのないし
後醍醐院少将内侍　鎌倉後期の女房・歌人

後醍醐院女蔵人万代　ごだいごいんのにょくろうどばんだい
後醍醐院女蔵人万代　鎌倉後期・南北朝時代の女房、歌人

小大進　こだいしん　⇔こだいじん
小大進　平安後期の女官、歌人

小大進　こだいじん　⇔こだいしん
小大進　平安後期の女官、歌人《小大進》

御大方　ごたいほう
中津森（なかつもり）御大方　戦国時代の女性

子高　こたか
藤原（ふじわらの）子高　平安中期の受領

小高　こたか
藤原（ふじわらの）小高　平安中期の受領《藤原子高》

小竹屋　こたけや
小竹屋　戦国時代の富士北口浅間神社所属の上吉田宿の御師

小竜　こたつ
物部（もののべ）小竜　奈良時代の阿波郡秋月郷の人

小太夫　こだゆう
伊藤（いとう）小太夫〔3代〕江戸中期の歌舞伎俳優

五太夫　ごだゆう
伊勢ノ海（いせのうみ）五太夫　？～1774　江戸中期の力士
伊勢海（いせのうみ）五太夫　伊勢ノ海五太夫に同じ
板橋（いたはし）五太夫　江戸中期の下田奉行
関（せき）五太夫　1772～1812　江戸中期・後期の地方和算家
都丸（とまる）五太夫　1573～？　安土桃山・江戸前期の勇士
山内（やまのうち）五太夫　？～1672　江戸前期の能書家

五大夫　ごだゆう
式守（しきもり）五大夫　江戸中期の相撲行司の名家式守家の初代
式守（しきもり）五大夫　江戸中期の伊豆下田の人

小太夫頼次　こだゆうよりつぐ
金田（かねだ）小太夫頼次　？～1183　鎌倉前期の房総の武将

小太郎　こたろう
有沢（ありさわ）小太郎　安土桃山時代の織田信長の家臣
飯島（いいじま）小太郎　？～1575　安土桃山時代の人。信濃国伊那郡の国衆飯島氏の一族
石田（いしだ）小太郎　江戸前期の武士
一条（いちじょう）小太郎　1804～1836　江戸後期の人。弘前藩主襲撃事件に同行した罪により投獄
江田（えだ）小太郎　江戸末期の新撰組隊士
江畑（えばた）小太郎　江戸末期の新撰組隊士
緒方（おがた）小太郎　1844～1920　江戸末期の林桜園の門人、宮司
小田（おだ）小太郎　戦国時代の氏治の子
加藤（かとう）小太郎　戦国時代の伊豆川津筏場の代官
黒木（くろき）小太郎　？～1866　江戸末期の鳥取藩士、亀山社中同志
佐野（さの）小太郎　戦国時代の駿河国下稲子郷の土豪
神宮寺（じんぐうじ）小太郎　？～1348　鎌倉後期・南北朝時代の南朝方の武将
千厩（せんまや）小太郎　戦国時代の武士
滝村（たきむら）小太郎　1839～1912　江戸後期～明治期の幕臣
力持（ちからもち）小太郎　1636～1723　江戸中期の怪力の持ち主
庁守（ちょうもり）小太郎　戦国・安土桃山時代の駿河府中浅間社の社人
中島（なかじま）小太郎　1844～1908　江戸末期・明治期の尊王攘夷派の剣客結城四郎の門人。「武相困民党」の監督
中村（なかむら）小太郎　1852～1885　江戸後期～明治期の旧藩士
楢原（ならはら）小太郎　江戸前期の大和国葛上郡楢原郷の人。大和豊臣家に仕えた
本山（もとやま）小太郎　？～1869　江戸末期の遊撃隊士

小太郎要之　こたろうとしゆき
吉村（よしむら）小太郎要之　1564～1615　安土桃山・江戸前期の筒井定次の家臣

小太郎直孝　こたろうなおたか
熊谷（くまがい）小太郎直孝　1067～1130　平安後期の武州日代、私市党の旗頭

小太郎春次　こたろうはるつぐ
布施(ふせ)小太郎春次　安土桃山・江戸前期の筒井定次の家臣
小太郎行重　こたろうゆきしげ
入善(にゅうぜんの)小太郎行重　1166～?　平安後期・鎌倉前期の人。宮崎太郎の嫡男
許智　こち
阿倍(あべの)許智　奈良時代の官人
湖竹　こちく
湖竹　江戸中期の俳人

五竹　ごちく
五竹　江戸中期の俳人
壺中　こちゅう
壺中　1708～1769　江戸中期の俳人
壺中　こちゅう
壺中　?～1725　江戸前期・中期の俳人
壺中隠者　こちゅうおんじゃ
壺中隠者　江戸中期・後期の算法学者
古調　こちょう
古調　?～1831　江戸後期の武士
箇枕　こちん
箇枕　1720～1721　江戸中期の俳諧作者
国華　こっか　⇔くにか
中原(なかはら)国華　1796～1867　江戸末期の日本画家《中原国華》
国器　こっき
蔡(さい)国器　1632～1702　江戸前期・中期の琉球の官吏
国橋　こっきょう
西林(にしばやし)国橋　1764～1828　江戸中期・後期の備中の神官、国学者
兀太夫　こつだゆう
石田(いしだ)兀太夫　江戸前期の人。代々兀太夫と名のり、城中に出入りして年頭の祝辞を述べた
後土御門院勾当内侍　ごつちみかどいんのこうとうのないし
後土御門院勾当内侍　?～1504　室町・戦国時代の女房、歌人、連歌作者
虎徹　こてつ
長曽根(ながそね)虎徹　江戸前期の刀工
小鉄　こてつ
会津(あいづの)小鉄　1833～1885　江戸末期・明治期の侠客
壺天　こてん
壺天　江戸中期の俳人
壺天　江戸後期の俳人
小伝　こでん
竹本(たけもと)小伝〔2代〕　江戸後期の女義太夫
呉天　ごてん
呉天　1719～1797　江戸中期・後期の俳諧作者
上野(うえの)呉天　江戸中期の俳人
小伝次　こでんじ
沢村(さわむら)小伝次　1665～?　江戸前期・中期の歌舞伎役者
小伝治　こでんじ
粕谷(かすや)小伝治　?～1594　戦国・安土桃山時代の浪人
安武(やすたけ)小伝治　安土桃山時代の検地役人
小伝次信盛　こでんじのぶもり
金丸(かなまる)小伝次信盛　江戸前期の武士。大坂の陣で籠城
琴　こと
井出(いで)琴　1818～1904　江戸後期～明治期の歌人
五渡　ごと
五渡　1753～1820　江戸中期・後期の俳諧師
代(だい)五渡　1815～1875　江戸後期～明治期の幡羅郡妻沼町の薬種商大和屋の主人
巨東　ことう
巨東　?～1842　江戸後期の僧
古堂　こどう
菅原(すがわら)古堂　1839～1909　江戸後期～明治期の僧侶
古道　こどう
実相院(じっそういん)古道　?～1852　江戸後期の歌人。真言宗の僧
密庵(みつあん)古道　江戸後期・末期の曹洞宗の僧
村井(むらい)古道　1681～1749　江戸前期・中期の俳人、地誌家
古棠　こどう
高橋(たかはし)古棠　1818～1867　江戸後期・末期の商家
五桐　ごとう
五桐　江戸中期の俳人
五棟　ごとう
高田(たかだ)五棟　1756～1826　江戸中期・後期の医師、俳諧師
五道　ごどう
五道　江戸後期の俳人
梧桐　ごどう
山川(やまかわ)梧桐　江戸末期の画家
梧堂　ごどう
梧堂　?～1801　江戸中期・後期の俳人
小藤次　ことうじ
織田(おだ)小藤次　?～1582　戦国・安土桃山時代の織田信長の家臣
小刀太　ことうた
和高(わだか)小刀太　江戸末期の新撰組隊士
小藤太　ことうた　⇔ことうだ
服部(はっとり)小藤太　?～1582　戦国・安土桃山時代の織田信長の家臣
小藤太　ことうだ　⇔ことうた
大見(おおみ)小藤太　?～1177　平安後期の武士
言員　ことかず
小野(おの)言員　1584～1655　安土桃山・江戸前期の歌人
五徳　ごとく
五徳　1559～1636　戦国～江戸前期の女性。徳川信康室

琴子 ことこ
井出(いで)琴子 1818〜1904 江戸後期〜明治期の歌人《井出琴》
森田(もりた)琴子 1826〜1896 江戸後期〜明治期の漢詩人。森田節斎の妻

琴繁 ことしげ
柳亭(りゅうてい)琴繁 江戸後期の戯作者

言足 ことたり ⇔のぶたり
大隈(おおくま)言足 1797〜1853 江戸後期の商家・歌人

士綱 ことつな
亀山(かめやま)士綱 1770〜1827 江戸中期・後期の豪商

言倫 ことども
吉田(よしだ)言倫 江戸前期の「若狭郡県志」の編者

言直 ことなお
西(にし)言直 1791〜1859 江戸後期・末期の篆刻家
藤原(ふじわら)言直 平安前期・中期の公家・歌人

箏少将 ことのしょうしょう
箏少将 平安中期の女房。箏の名手

言延 ことのぶ
高橋(たかはし)言延 1541〜? 戦国・安土桃山時代の神職

士逸 ことはや
谷川(たにがわ)士逸 ?〜1811 江戸中期・後期の医者・国学者

言彦 ことひこ
小松(こまつ)言彦 ?〜1844 江戸後期の国学者

小虎若 ことらわか
小虎若 ?〜1582 戦国・安土桃山時代の織田信長の家臣

古奈禰 こなね
多治比(たじひの)古奈禰 ?〜792 奈良時代の大中臣清麿の室

小鍋 こなべ
柏原(かしわばら)小鍋 ?〜1582 安土桃山時代の織田信長の家臣

小並 こなみ
江沼(えぬまの)小並 平安前期の官人

湖南 こなん
湖南 1823〜1883 江戸後期〜明治期の僧侶
北村(きたむら)湖南 1817〜1849 江戸後期の連歌師
辻(つじ)湖南 江戸中期の儒者

後二条関白家筑前 ごにじょうかんぱくけのちくぜん
後二条関白家筑前 平安後期の女房・歌人

近衛 このえ
近衛 平安後期の女房。後白河法皇の後宮

近衛院備前 このえいんのびぜん
近衛院備前 平安後期の女房・歌人

近衛兼経家民部卿 このえかねつねけのみんぶきょう
近衛兼経家民部卿 鎌倉時代の女房・歌人

近衛太皇太后宮 このえのたいこうたいごうぐう
近衛太皇太后宮 1140〜1201 平安後期・鎌倉前期の女性。右大臣藤原公能の女

近衛姫君 このえのひめぎみ
近衛姫君 平安中期の歌人

木上 このかみ
斎部(いんべの)木上 平安前期の下級官人

此三郎 このさぶろう
白井(しらい)此三郎 1835〜1859 江戸後期の医者

此蔵 このぞう
藤井(ふじい)此蔵 1808〜1876 江戸後期〜明治期の伊予国越智郡井ノ口村の大工・「藤井此蔵一生記」の著者

小信 このぶ
長谷川(はせがわ)小信 1859〜1886 江戸末期・明治期の浮世絵師

此麿 このまろ
喜多川(きたがわ)此麿 江戸後期の絵師

木実 このみ
宮(みやの)木実 飛鳥時代の朝臣

木村 このむら ⇔きむら
小野(おのの)木村 平安前期の官人

古梅 こばい
弭間(はずま)古梅 江戸後期の俳人
美雪軒(びせつけん)古梅 江戸前期の華道家

古梅堂 こばいどう
上田(うえだ)古梅堂 1738〜1806 江戸中期・後期の医者・漢学者

古伯 こはく
松島(まつしま)古伯 戦国時代の武士

壺伯 こはく
田口(たぐち)壺伯 1765〜1833 江戸後期の俳人

小八 こはち
早野(はやの)小八 江戸後期の足柄下郡上・中・下新田村名主

五八 ごはち
熊谷(くまや)五八 ?〜1862 江戸後期の風流人
斎藤(さいとう)五八 ?〜1569 戦国・安土桃山時代の織田信長の家臣
町野(まちの)五八 1849〜1916 江戸後期〜大正期の幕臣

小八条御息所 こはちじょうのみやすんどころ
小八条御息所 平安時代の歌人

小八郎 こはちろう
落合(おちあい)小八郎 ?〜1582 戦国・安土桃山時代の織田信長の家臣
志水(しみず)小八郎 江戸前期の山城国の代官
竹前(たけまえ)小八郎 ?〜1729 江戸中期の紫雲寺潟新田開発に従事

五八郎 ごはちろう
小永井(こながい)五八郎 江戸末期の操練所勤番公用方下役。1860年咸臨丸の操練所勤番公用方

下役としてアメリカに渡る
後花丸　ごはなまる
後花丸　?～1644　江戸前期の女性。庄内藩主側室
小春　こはる
亀田(かめだ)小春　江戸前期の金沢の俳人
藤井(ふじい)小春　1731～1802　江戸後期の歌人
虎班　こはん
虎班　?～1824　江戸中期・後期の曹洞宗の僧
壺半　こはん
壺半　江戸後期の俳人

子羊　こひつじ
犬養(いぬかいの)子羊　平安前期の新田郡の人。丈部臣
子人　こひと
安吉(あきの)子人　平安前期の近江国蒲生郡安吉郷の人
子首　こびと　⇔こおびと
佐氏(さのうじの)子首　奈良時代の官人。万葉歌人
湖萍　こひょう
寺本(てらもと)湖萍　1737～1805　江戸中期・後期の藩士、郷土史家
小兵衛　こひょうえ　⇔こへい, こへえ
大村(おおむら)小兵衛　1823～1904　江戸末期・明治期の和算家
五兵衛　ごひょうえ　⇔ごへい, ごへえ, ごべえ
天野(あまの)五兵衛　安土桃山時代の甲斐国八代郡河内岩間庄中山の土豪
内藤(ないとう)五兵衛　安土桃山・江戸前期の大野治長の家臣
野尻(のじり)五兵衛　江戸前期の牢人
醜経　こふ
草壁連(くさかべのむらじ)醜経　飛鳥時代の国司
五風　ごふう
五風　江戸中期の俳人
後伏見院左京大夫　ごふしみいんのさきょうのだいぶ
後伏見院左京大夫　鎌倉後期の女房・歌人
後伏見院少納言　ごふしみいんのしょうなごん
後伏見院少納言　鎌倉後期の女房・歌人
後伏見院中納言典侍　ごふしみいんのちゅうなごんのすけ
後伏見院中納言典侍　鎌倉後期の女房・歌人
古文　こぶん
満田(みつだ)古文　1611～1691　江戸前期・中期の学者
古聞　こぶん
浅見(あさみ)古聞　?～1766　江戸中期の書家
小文吾　こぶんご
沼尻(ぬまじり)小文吾　1835～1902?　江戸後期～明治期の新撰組隊士
真柄(まがら)小文吾　?～1868　江戸後期・末期の鶴岡藩七日町の篭屋主人
小文次　こぶんじ
杉(すぎ)小文次　江戸後期の「よしなぐさ」の著者
小文治　こぶんじ
五十嵐(いからし)小文治　鎌倉前期の五十嵐保の在地領主《五十嵐小豊次》
柴田(しばた)小文治　1813～1882　江戸後期～明治期の俠客
小豊次　こぶんじ
五十嵐(いからし)小豊次　鎌倉前期の五十嵐保の在地領主
小兵衛　こへい　⇔こひょうえ, こへえ
小長谷(こながや)小兵衛　安土桃山時代の検地役人
小平　こへい
酒井(さかい)小平　1839～1913　江戸末期～大正期の篤志家
平山(ひらやま)小平　1810～1843　江戸後期の武雄藩士
福田(ふくだ)小平　?～1866　江戸後期・末期の宇都宮池上町の旅篭屋丸治の主人
茂木(もぎ)小平　1836～1924　江戸末期～大正期の蚕種製造家、政治家
茂木(もてぎ)小平　茂木小平に同じ
五兵衛　ごへい　⇔ごひょうえ, ごへえ, ごべえ
勝野(かつの)五兵衛　江戸末期の武士
高倉(たかくら)五兵衛　?～1682　江戸前期の3代弘前藩主津軽信義、4代藩主信政の家老
武井(たけい)五兵衛　1740～1807　江戸中期の堰開削者
五平　ごへい
佐久間(さくま)五平　安土桃山時代の織田信長の家臣
伍兵衛　ごへい
大木(おおき)伍兵衛　1797～1871　江戸後期～明治期の神道無念流剣術家
悟平　ごへい
小池(こいけ)悟平　江戸末期の心学者
小平次　こへいじ
磯部(いそべ)小平次　安土桃山時代の織田信長の家臣
奥田(おくだ)小平次　江戸後期の高山の人
高畠(たかばたけ)小平次　1727～1794　江戸中期・後期の茶人、藩士
富沢(とみざわ)小平次　1851～1917　江戸末期～大正期の果樹栽培農家の先覚者
冬木屋(ふゆぎや)小平次　江戸中期の商人
小平治　こへいじ
小平(こだいら)小平治　?～1895　江戸末期・明治期の教育者、考古学者
前野(まえの)小平治　江戸末期の廻船業者
五平次　ごへいじ
佐久間(さくま)五平次　安土桃山時代の織田信長の家臣《佐久間五平》
五平治　ごへいじ
猪俣(いのまた)五平治　戦国時代の武将
小平治公茂　こへいじきみしげ
渋江(しぶえ)小平治公茂　江戸前期の平戸松浦家の家臣。牢人して大坂の陣に籠城

小平次宗総　こへいじむねふさ
富塚(とみづか)小平次宗総　江戸前期の伊達政宗の小姓。その後、牢人

小平太　こへいた　⇔こへいだ
伊藤(いとう)小平太　江戸前期の陶業家
松本(まつもと)小平太　?～1765　江戸中期の謡曲師匠

小平太　こへいだ　⇔こへいた
浅野(あさの)小平太　江戸前期の大坂城士
堀田(ほった)小平太　江戸前期の豊臣秀頼の家臣

五平太　ごへいた
五平太　江戸中期の平戸の人。長崎港外の高島で石炭を掘った最初の人物

伍兵衛柳眠　ごへいりゅうみん
大木(おおき)伍兵衛柳眠　1797～1871　江戸後期～明治期の神道無念流剣術家《大木伍兵衛》

小兵衛　こへえ　⇔こひょうえ, こへい
小兵衛　江戸前期の小田原宿新宿町大工頭
安藤(あんどう)小兵衛　?～1600　安土桃山時代の金森家臣
杉崎村(すぎさきむら)小兵衛　江戸中期の義民。杉崎村の人
戸田(とだ)小兵衛　1809～1877　江戸後期～明治期の品種改良家
中村(なかむら)小兵衛　安土桃山・江戸前期の甲斐国巨摩郡岩間庄堂村之郷の土豪
早坂(はやさか)小兵衛　江戸末期の宮城郡熊ヶ根村の肝入検断
福田屋(ふくだや)小兵衛　?～1882　江戸後期～明治期の豊浦郡小串浦の漁人
干川(ほしかわ)小兵衛　1755～1795　江戸中期・後期の吾妻郡干俣村の名主
前野(まえの)小兵衛　戦国・安土桃山時代の武士
丸屋(まるや)小兵衛　江戸中期の江戸の版元
湊屋(みなとや)小兵衛　江戸後期の版元
武藤(むとう)小兵衛　江戸前期の武士

五兵衛　ごへえ　⇔ごひょうえ, ごへい, ごべえ
今井(いまい)五兵衛　1778～1854　江戸中期～末期の湯原組の名主
江良(えら)五兵衛　?～1718　江戸前期・中期の開拓者
大平(おおひら)五兵衛　江戸前期の骨董商
海東(かいとう)五兵衛　?～1691　江戸前期・中期の漆器商人
金藤(かねとう)五兵衛　1616～1677　江戸前期の安来の新田開発者
桐屋(きりや)五兵衛　江戸後期の「吉原春秋二度の景物」の著者
五代(ごだい)五兵衛　1848～1913　江戸末期～大正期の大阪盲唖院創設者
嶋屋(しまや)五兵衛　1737～1791　江戸中期・後期の廻船業、藍商
杉本(すぎもと)五兵衛　?～1900　江戸末期・明治期の京都演劇夷谷座座主
鈴木(すずき)五兵衛　安土桃山時代の遠江国周智郡森町村の名主
曽根(そね)五兵衛　1674～1757　江戸中期の備中国笠岡代官、美作国下町代官、土居代官
田井の(たいの)五兵衛　?～1676　江戸前期の加賀国石川郡田井村に住む十村
高山(たかやま)五兵衛　江戸時代の総社藩主秋元氏の家老
竹内(たけのうち)五兵衛　?～1648　江戸前期の功臣
田辺(たなべ)五兵衛〔12代〕 1849～1921　江戸末期～大正期の実業家
徳山(とくのやま)五兵衛　江戸中期の盗賊火方改
中条(なかじょう)五兵衛　江戸前期の剣豪
名村(なむら)五兵衛　江戸中期の通事
彦部(ひこべ)五兵衛　1789～1868　江戸後期・末期の機業家
藤田(ふじた)五兵衛　戦国時代の土豪
松尾(まつお)五兵衛〔1代〕 江戸前期のワキ方春藤流能楽師
松尾(まつお)五兵衛〔2代〕 江戸中期のワキ方春藤流能楽師
松尾(まつお)五兵衛〔3代〕 江戸中期のワキ方春藤流能楽師
森(もり)五兵衛　江戸後期の備前焼窯元
山本(やまもと)五兵衛　1806～1879　江戸後期～明治期の庄屋
油井(ゆい)五兵衛　江戸後期の三浦郡大津村名主

五兵衛　ごべえ　⇔ごひょうえ, ごへい, ごへえ
幸前次(こうぜんじ)五兵衛　江戸中期の加太浦旅庄屋
河本(こうもと)五兵衛　1604～1668　江戸前期の人。矢田部六人衆の一人
佐藤(さとう)五兵衛　江戸後期の海西郡竹田新田の農民

五兵衛則秀　ごへえのりひで
徳山(とくやま)五兵衛則秀　?～1606　安土桃山・江戸前期の織田信長の家臣《徳山則秀》

小弁　こべん
小弁　?～1211　平安後期・鎌倉前期の女房。建春門院平滋子・宜秋門院任子に仕える
山口(やまぐち)小弁　?～1582　安土桃山時代の織田信忠の小姓

小弁命婦　こべんのみょうぶ
小弁命婦　平安後期の女房・歌人

孤鳳　こほう
三井(みつい)孤鳳　1819～1875　江戸後期～明治期の眼科医

五峰　ごほう
五峰　?～1559　戦国時代の倭寇の首魁
小幡(おばた)五峰　1803～1893　江戸後期～明治期の南画家
武田(たけだ)五峰　?～1858　江戸末期の画家
長曽根(ながそね)五峰　江戸後期の医者

五芳　ごほう
五芳　江戸後期の俳人

五鳳　ごほう
工藤(くどう)五鳳　?～1841　江戸後期の画人

槙(まき)五鳳　1815～1890　江戸後期～明治期の日本画家

五木　ごほく

五木　1787～1848　江戸中期・後期の俳人

こま

井上(いのうえ)こま　1858～?　江戸末期・明治期の女性。秩父困民党会計長井上伝蔵の妻

駒寸　こまい

深沢(ふかさわ)駒寸　1790～1852　江戸後期の歌人

駒吉　こまきち

徳山(とくやま)駒吉　?～1888　江戸後期～明治期の農水路建設功労者

小政　こまさ

小政　1841～1874　江戸末期・明治期の俠客

古麻女　こまじょ

山中(やまなか)古麻女　江戸末期の歌人

駒次郎　こまじろう

中村(なかむら)駒次郎　1850～1921　江戸末期～大正期の歌舞伎役者

三輪(みわ)駒次郎　江戸後期の鉱山業

駒蔵　こまぞう

馬の背(うまのせ)駒蔵　江戸中期・後期の木偶人形師

駒太郎　こまたろう

吉田(よしだ)駒太郎　1840～1911　江戸後期～明治期の自治功労者

駒千代　こまちよ

川上(かわかみ)駒千代　安土桃山・江戸前期の武士

子松　こまつ

大伴(おおともの)子松　奈良時代の画師

小松　こまつ

小松　安土桃山時代の鋳物師

小松女　こまつじょ

小松女　?～1588　安土桃山時代の麻生野浅之進慶盛の妻

駒成　こまなり

壺洞楼(こどうろう)駒成　江戸後期の狂歌作者

駒之助　こまのすけ

丸山(まるやま)駒之助　江戸末期の新撰組隊士

小馬命婦　こまのみょうぶ

小馬命婦　平安中期の女房・歌人

駒姫　こまひめ

駒姫　1579～1595　安土桃山時代の最上義光の二女(一説に三女)

古麻比留　こまひる

須賀君(すがのきみ)古麻比留　奈良時代の蝦夷族長

駒房　こまふさ

金子(かねこ)駒房　戦国時代の鶴岡八幡宮社人

狛麻呂　こままろ

大神(おおみわの)狛麻呂　飛鳥時代の官人

駒屋　こまや

駒屋　戦国時代の富士山河口浅間神社所属の御師

古麻呂　こまろ　⇔ふるまろ

県犬養(あがたのいぬかいの)古麻呂　奈良時代の官人

穴太(あのうの)古麻呂　平安前期の官人

河内(かわちの)古麻呂　奈良時代の画師

下毛野(しもつけぬの)古麻呂　?～709　飛鳥時代の人。日本書紀持統3年に「下毛野朝臣子麻呂」とある

菅生(すごうの)古麻呂　奈良時代の神祇官人

民(たみの)古麻呂　奈良時代の官人

山田(やまだの)古麻呂　奈良時代の官人

子麻呂　こまろ

藤野別公(ふじののわけのきみ)子麻呂　奈良時代の藤野郡の大領

小万　こまん

投賽(なげさい)小万　江戸末期・明治期の女俠客

駒人　こまんど

土屋(つちや)駒人　1761～1849　江戸後期の歌人

小水麻呂　こみずまろ

安倍(あべの)小水麻呂　平安前期の官人

小道　こみち

柳条亭(りゅうじょうてい)小道　1766～1841　江戸中期・後期の狂歌師

小路　こみち

阿倍(あべの)小路　?～764　奈良時代の官人

子水通　こみみち

伊部(いべの)子水通　奈良時代の官人

護命　ごみょう

護命　1798～1870　江戸後期～明治期の僧侶

護明　ごみょう

護明　1735～1780　江戸中期の真言宗の僧

子虫　こむし

久米(くめの)子虫　奈良時代の官人

小紫　こむらさき

三浦屋(みうらや)小紫　江戸時代の吉原の太夫

五六郎　ごむろう　⇔ごろくろう

伊藤(いとう)五六郎　?～1868　江戸後期の土木事業家

許梅　こめ

高市(たけちの)許梅　飛鳥時代の人。壬申の乱において、神がかりした

五明　ごめい

吉川(きっかわ)五明　1731～1803　江戸中期・後期の俳人

小村(こむら)五明　日高五明に同じ

日高(ひだか)五明　1749～1820　江戸中期・後期の俳人

五明渓　ごめいけい

佐野(さの)五明渓　1851～1912　江戸後期～明治期の書家

米糞聖人　こめくそひじり

米糞聖人　平安前期の聖人

薦敷　こもしき

多(おおの)薦敷　飛鳥時代の人。壬申の乱(672年)の功臣品治の父

小諸 こもろ
竹林(たけばやし)小諸 1811〜1852 江戸末期の歌人
和田(わだ)小諸 竹林小諸に同じ
五門 ごもん
前田(まえだ)五門 1835〜1905 江戸後期〜明治期の新聞人
小屋 こや
小屋 戦国時代の北条氏直轄領の小代官
小弥儀太夫 こやぎだゆう
小弥儀太夫 ?〜1881 江戸後期〜明治期の女義太夫語り《小弥義太夫》
小弥義太夫 こやぎだゆう
小弥義太夫 ?〜1881 江戸後期〜明治期の女義太夫語り
古友 こゆう
古友 江戸後期の俳人
壺友 こゆう
北村(きたむら)壺友 1791〜1855 江戸後期・末期の俳人、藩士
賈友 こゆう
賈友 江戸中期の俳人
五友 ごゆう
武知(たけち)五友 1816〜1893 江戸後期〜明治期の漢学者
五由 ごゆう
五由 江戸中期の俳人。浄土真宗の僧
午有 ごゆう
午有 ?〜1751 江戸中期の俳人・医者
梧由 ごゆう
梧由 江戸後期の俳人
小靭太夫 こゆげだゆう ⇔こうつぼたゆう
豊竹(とよたけ)小靭太夫 1821〜1878 江戸後期〜明治期の義太夫家
五葉 ごよう
五葉 江戸中期の俳人
小米 こよね
鶴沢(つるさわ)小米 1842〜1918 江戸末期〜大正期の浄瑠璃の女太夫
古来 こらい
古来 1786〜? 江戸中期・後期の俳人
森下屋(もりしたや)古来 江戸後期の金沢の町役人
五来 ごらい
五来 1759〜1838 江戸中期・後期の俳人
古楽 こらく
三斗庵(さんどあん)古楽 1781〜1837 江戸後期の俳人
三斗庵(さんとあん)古楽 三斗庵古楽に同じ
五蘭 ごらん
一亭(いってい)五蘭 江戸後期の戯作者
五律 ごりつ
五律 1822〜1869頃 江戸後期〜明治期の俳諧師
北野(きたの)五律 1822〜1869 江戸後期〜明治期の俳人
古柳 こりゅう
山月庵(さんげつあん)古柳 江戸後期の戯作者
根本(ねもと)古柳 1656〜1736 江戸前期・中期の藩士
五流 ごりゅう
五流 江戸後期の俳人
相沢(あいざわ)五流 1745〜1822 江戸中期・後期の画家
五竜 ごりゅう
関(せき)五竜 江戸後期の藩士・和算家
古漁 こりょう
後藤(ごとう)古漁 江戸後期の医者
古梁 こりょう
南山(なんざん)古梁 1756〜1839 江戸中期・後期の僧《南山》
古陵 こりょう
古陵 江戸後期の俳人
御料 ごりょう
御料 平安後期の禧子内親王の斎院女房
凝別 こりわけ
浦(うら)凝別 上代の人。吉備の豪族苑臣の祖
五林 ごりん
小泉(こいずみ)五林 江戸中期の医者・漢学者
伊明 これあき
井口(いぐち)伊明 ?〜1796 江戸中期・後期の弓術家
惟秋 これあき
竹原(たけはら)惟秋 江戸中期の藩士・故実家
惟章 これあき
源(みなもとの)惟章 平安中期の官人
惟明 これあき ⇔これあきら
小川(おがわ)惟明 1793〜1836 江戸後期の医師・文人
楢村(ならむら)惟明 江戸後期の藩士
西田(にしだ)惟明 江戸後期の医者
維享 これあき
高田(たかだ)維享 1745〜1801 江戸後期の歴史学者
維章 これあき ⇔いしょう
伊沢(いざわ)維章 1805〜1856 江戸後期・末期の文人
佐久間(さくま)維章 1744〜1799 江戸中期・後期の漢学者
維明 これあき ⇔いめい
中木(なかき)維明 1754〜1834 江戸中期・後期の養蚕家
是顕 これあき
堀江(ほりえ)是顕 1805〜1850 江戸後期の和算家《堀江顕斎》
是著 これあき
米田(こめだ)是著 1720〜1797 江戸中期・後期の藩士
惟明 これあきら ⇔これあき
鎮目(しずめ)惟明 1568〜1627 安土桃山・江戸前期の幕臣

藤原(ふじわらの)惟明　平安後期の官人
惟敦　これあつ
阿蘇(あそ)惟敦　1830～1893　江戸後期～明治期の神職
五礼　ごれい
二宮(にのみや)五礼　1790～1860　江戸後期・末期の医者
五鈴　ごれい
五鈴　江戸後期の俳人
伊家　これいえ
藤原(ふじわらの)伊家　1041～1084　平安中期・後期の官吏、歌人
藤原(ふじわらの)伊家　平安後期の官人
惟家　これいえ
阿南(あなん)惟家　？～1193　平安後期・鎌倉前期の武士
佐伯(さいき)惟家　鎌倉時代の武将
伊氏　これうじ
中大路(なかおおじ)伊氏　1692～1754　江戸中期の神職
是氏　これうじ
直(あたいの)是氏　平安中期の官人
惟条　これえだ
藤原(ふじわらの)惟条　平安中期の地方官人
維材　これえだ
時原(ときはらの)維材　平安中期の医師
是枝　これえだ
藤原(ふじわらの)是枝　平安中期の官人
惟岳　これおか　⇔これたけ
紀(き)惟岳　平安前期の歌人
以興　これおき
大島(おおしま)以興　1684～1746　江戸前期・中期の幕臣
大嶋(おおしま)以興　1683～1746　江戸中期の武士、幕臣
維興　これおき
秦(はたの)維興　平安中期の明経道の官人
惟香　これか
出雲(いずもの)惟香　平安中期の陰陽師
伊景　これかげ
小野田(おのだ)伊景　1467～1533　室町・戦国時代の筑前守
惟景　これかげ
藤井(ふじい)惟景　鎌倉時代の荘官
維景　これかげ
大場(おおば)維景　1750～1826　江戸後期の水戸藩士。富士登山ブームをもたらした
狩野(かのう)維景　平安後期の駿河守
藤原(ふじわらの)維景　平安時代の官人
是景　これかげ
出雲(いずもの)是景　平安中期の官人
惟一　これかず　⇔いいち
滝川(たきがわ)惟一　1742～？　江戸中期の幕臣
惟和　これかず
阿部(あべ)惟和　江戸中期の医者
惟風　これかぜ
藤原(ふじわらの)惟風　平安前期の官人。尾張守藤原文信の子
惟賢　これかた　⇔いけん, ゆいけん
源(みなもとの)惟賢　平安中期の官人
惟方　これかた
井上(いのうえ)惟方　平安中期の官人
土師(はじの)惟方　平安後期の官人
維堅　これかた
三好(みよし)維堅　1847～1919　江戸後期～大正期の神官、官吏
維賢　これかた
瀬尾(せのお)維賢　1691～1728　江戸中期の儒学者、漢詩人、出版者
維方　これかた
平(たいらの)維方　平安中期の官人
茲方　これかた
亀井(かめい)茲方　1817～1846　江戸後期の津和野藩第10代藩主《亀井玆方》
玆方　これかた
亀井(かめい)玆方　1817～1846　江戸後期の津和野藩第10代藩主
是勝　これかつ
隅田(すみだ)是勝　江戸前期の兵法家
是門　これかど
甘南備(かんなびの)是門　平安前期の官人
惟兼　これかね
中原(なかはらの)惟兼　1063？～？　平安後期の官人
源(みなもとの)惟兼　？～1117？　平安後期の官人
惟材　これき
平(たいら)惟材　南北朝時代の官人・歌人
古暦　これき
神谷(かみや)古暦　江戸時代の暦法家
伊清　これきよ
遠山(とおやま)伊清　1675～1730　江戸前期・中期の幕臣、歌人
位清　これきよ
吉田(よしだ)位清　？～1517　戦国時代の武士
惟清　これきよ
石黒(いしぐろ)惟清　1775～？　江戸中期・後期の幕臣
河内(かわちの)惟清　平安後期の伊勢神戸預
源(みなもとの)惟清　平安後期の官人
維清　これきよ
入江(いりえ)維清　平安後期の駿河国入江荘の開発領主
是清　これきよ
竹内(たけうち)是清　？～1673　江戸前期の眼科医
惟国　これくに
越智(おちの)惟国　平安中期の官人
雀部(さささべの)惟国　平安中期の官人

是国 これくに
清原（きよはらの）是国　平安後期の官人
是邦 これくに
惟宗（これむねの）是邦　平安中期の天文権博士
維熊 これくま
土師（はじ）維熊　1735～1804　江戸中期・後期の国学者
惟子 これこ
藤原（ふじわらの）惟子　？～1134　平安後期の女性。堀河朝の内裏女房
是子 これこ
紀（きの）是子　平安前期の女性。東宮侍女
惟貞 これさだ
安部（あべ）惟貞　1790～1863　江戸後期・末期の国学者
小堀（こぼり）惟貞　1709～1738　江戸中期の京都代官
竹原（たけはら）惟貞　？～1709　江戸前期・中期の藩士・故実家
藤原（ふじわら）惟貞　平安中期の公家
松井（まつい）惟貞　1752～1833　江戸中期・後期の国学者
是貞 これさだ
大江（おおえの）是貞　平安後期の人。安元2年藤原氏女から左京八条一坊の一戸主の地を買得
伊実 これざね
世尊寺（せそんじ）伊実　南北朝時代の公家・歌人
藤原（ふじわらの）伊実　?～1077　平安後期の官人
源（みなもとの）伊実　平安後期の官人
惟実 これざね
藤原（ふじわらの）惟実　平安中期の官人
惟真 これざね
藤林（ふじばやし）惟真　?～1688　江戸前期の幕臣
是真 これざね
長名（おさなの）是真　平安中期の官人
伊成 これしげ
藤原（ふじわらの）伊成　平安中期の官人
惟重 これしげ
惟重　戦国時代の刀工
葛山（かずらやま）惟重　1159～1221　鎌倉前期の武家
竹原（たけはら）惟重　江戸中期の藩士・故実家
是重 これしげ
堀田（ほった）是重　平安前期の開墾の功労者
是茂 これしげ
甲可（こうがの）是茂　平安前期の下級官人
惟季 これすえ
惟季　南北朝時代の公家・歌人
浅田（あさだ）惟季　江戸末期の幕臣、幕府陸軍兵隊指図役頭取
大松（おおまつの）惟季　平安後期の官人
賀茂（かもの）惟季　平安後期の賀茂下社神主
賀茂県主（かものあがたぬし）惟季　平安後期の官人
令宗（よしむねの）惟季　平安後期の官人
伊輔 これすけ　⇔いすけ
紀（きの）伊輔　平安中期の官人
伊祐 これすけ
藤原（ふじわらの）伊祐　？～1014　平安中期の人。丹波守為頼男
惟佐 これすけ
藤原（ふじわらの）惟佐　平安中期の官人
惟助 これすけ
百済（くだらの）惟助　平安後期の官人
惟扶 これすけ
平（たいらの）惟扶　平安中期の官人
惟輔 これすけ
藤原（ふじわらの）惟輔　平安後期の官人
維輔 これすけ
平（たいらの）維輔　平安中期の検非違使
是介 これすけ
是介　鎌倉時代の刀工
是助 これすけ
是助　平安後期の刀工
是助　鎌倉時代の刀工
藤原（ふじわらの）是助　平安中期の伯耆国の郡司級土豪
是輔 これすけ
瀬尾（せお）是輔　1792～1852　江戸末期の医師
源（みなもとの）是輔　平安中期の官人
是済 これすみ
客（まろうどの）是済　平安中期の官人
惟純 これずみ
林（はやし）惟純　1833～1896　江戸後期～明治期の神官、教育者
惟孝 これたか
安陪（あべの）惟孝　平安中期の官人
橋本（はしもと）惟孝　1854～？　江戸末期・明治期の教育者
藤原（ふじわらの）惟孝　平安中期の官人
惟高 これたか
惟高　平安中期の神職
惟隆 これたか
大神（おおがの）惟隆　平安後期の豊後国の大豪族緒方家の一族
維孝 これたか
中原（なかはらの）維孝　平安後期の官人
是隆 これたか
内蔵（くらの）是隆　平安中期の官人
惟岳 これたけ　⇔これおか
清原（きよはらの）惟岳　平安前期の官人
維岳 これたけ　⇔いがく
橘（たちばな）維岳　江戸中期の漢学者
是武 これたけ
藤井（ふじいの）是武　平安後期の官人
以忠 これただ　⇔いちゅう
中原（なかはらの）以忠　918～981　平安中期の官人

伊忠　これただ　⇔よしただ
大中臣（おおなかとみの）伊忠　1458～1522　室町・戦国時代の神宮祭主
藤原（ふじわらの）伊忠　鎌倉後期の飛騨守

惟商　これただ
木上（きのうえ）惟商　戦国～江戸前期の小笠原流射術家

惟忠　これただ
安部（あべの）惟忠　平安中期の官人
大瀬（おおせ）惟忠　鎌倉後期の武士
平（たいらの）惟忠　平安中期の官人
千種（ちぐさ）惟忠　1722～1786　江戸中期の美濃郡代
並河（なみかわ）惟忠　江戸前期の地誌家

惟董　これただ
青井（あおい）惟董　1662～1724　江戸前期・中期の人吉・青井阿蘇神社宮司

是忠　これただ
菅原（すがわら）是忠　平安後期の官人、歌人

之只　これただ　⇔ゆきただ
岡（おか）之只　1791～？　江戸後期の和算家《岡之只》

憔忠　これただ
千種（ちくさ）憔忠　1721～1786　江戸中期の第14代美濃国代官

惟種　これたね
阿蘇（あそ）惟種　1540～1584　戦国・安土桃山時代の阿蘇社大宮司

自胤　これたね　⇔よりたね
千葉（ちば）自胤　？～1494　室町・戦国時代の武将《千葉自胤》

之胤　これたね
国分（こくぶ）之胤　戦国時代の大崎城城主

茲胤　これたね
亀井（かめい）茲胤　1726～1752　江戸中期の津和野藩第6代藩主《亀井玆胤》

玆胤　これたね
亀井（かめい）玆胤　1726～1752　江戸中期の津和野藩第6代藩主

惟民　これたみ
新渡戸（にとべ）惟民　1769～1845　江戸後期の南部藩士

維民　これたみ
新渡戸（にとべ）維民　1770～1845　江戸中期・後期の藩士

惟幾　これちか
中川（なかがわ）惟幾　1761～1826　江戸中期・後期の文人

惟親　これちか
浅野（あさの）惟親　1773？～？　江戸中期・後期の漢学者
桑原（くわばら）惟親　1776～1848　江戸中期・後期の藩医
三井（みつい）惟親　1738～1816　江戸中期・後期の眼科医

維幾　これちか
藤原（ふじわらの）維幾　平安中期の官人

諸親　これちか
笠因（かさより）諸親　江戸後期の歌人

之親　これちか　⇔ゆきちか
海部（かいふ）之親　戦国時代の武将

茲親　これちか
亀井（かめい）茲親　1669～1731　江戸前期・中期の津和野藩第3代藩主《亀井玆親》

玆親　これちか
亀井（かめい）玆親　1669～1731　江戸前期・中期の津和野藩第3代藩主

伊嗣　これつぐ
鷹司（たかつかさ）伊嗣　鎌倉前期の公家・歌人

是次　これつぐ
石堂（いしどう）是次　1629～1681　江戸前期の刀鍛冶

伊綱　これつな
藤原（ふじわら）伊綱　平安後期・鎌倉前期の公家・歌人
藤原（ふじわらの）伊綱　？～1077　平安後期の官人

惟綱　これつな
藤原（ふじわらの）惟綱　平安中期の官人

伊経　これつね
世尊寺（せそんじ）伊経　？～1227　平安後期・鎌倉前期の公家・書家・歌人
藤原（ふじわらの）伊経　世尊寺伊経に同じ

惟経　これつね　⇔のぶつね
大中臣（おおなかとみの）惟経　平安後期の神祇官人、伊勢例幣使
菅原（すがわらの）惟経　平安中期の官人
藤原（ふじわらの）惟経　平安中期の官人

惟恒　これつね
西田（にしだ）惟恒　1816～？　江戸後期・末期の国学者

惟常　これつね
猿子（ましこ）惟常　江戸後期の藩士

維経　これつね
中原（なかはらの）維経　平安後期の官人

是恒　これつね
源（みなもとの）是恒　？～907　平安前期・中期の光孝天皇皇子

惟任　これとう
藤原（ふじわらの）惟任　平安中期の官人

惟遠　これとお
阿蘇（あその）惟遠　平安後期の相撲人
日下部（くさかべの）惟遠　平安中期の官人
豊原（とよはらの）惟遠　平安後期の相撲人。11世紀末から12世紀初期に活躍

維遠　これとお
平（たいら）維遠　南北朝時代の連歌作者

惟時　これとき
凡（おおしの）惟時　平安中期の官人

維時　これとき
平（たいら）維時　？～1183？　平安後期の武士
平（たいらの）維時　？～1036　平安中期の官人

是時　これとき
大原（おおはらの）是時　平安後期の伊賀国黒田杣の専当

惟要　これとし
安藤（あんどう）惟要　1715～1792　江戸中期・後期の幕臣

惟利　これとし
宇治（うじの）惟利　平安後期の相撲人

維俊　これとし
豊原（とよはらの）維俊　平安後期の官人

維敏　これとし
平（たいらの）維敏　？～994　平安中期の軍事貴族

是利　これとし
品治（ほむちの）是利　平安後期の官人

尹利　これとし
尹利　戦国時代の刀工

惟寅　これとも
中村（なかむら）惟寅　1774～？　江戸中期の幕臣

惟友　これとも
大中臣（おおなかとみの）惟友　平安後期の官人

伊直　これなお
鈴木（すずき）伊直　？～1618　安土桃山・江戸前期の織田信長の家臣

維直　これなお
大島（おおしま）維直　？～1838　江戸後期の加賀藩士

是直　これなお
大中臣（おおなかとみの）是直　平安前期の官人

茲尚　これなお
亀井（かめい）茲尚　1786～1830　江戸中期・後期の津和野藩第9代藩主

伊長　これなが
大中臣（おおなかとみ）伊長　戦国時代の神職
藤原（ふじわら）伊長　？～1258　鎌倉前期・後期の公家、歌人
藤原（ふじわらの）伊長　平安後期の官人。藤原季通の子
松下（まつした）伊長　1548～1600　戦国・安土桃山時代の代官

惟永　これなが
惟永　室町時代の刀工

惟長　これなが
市瀬（いちせ）惟長　江戸後期の和算家
大森（おおもり）惟長　南北朝時代の武士・備前国一宮吉備津彦神社の社務（神主）
和田（わだ）惟長　？～1628？　戦国・安土桃山時代の織田信長の家臣

是永　これなが
菅野（すがのの）是永　平安後期の木工権大工

惟成　これなり
篠田（しのだ）惟成　江戸時代の歌人
竹原（たけはら）惟成　？～1652　江戸前期の藩士・故実家

維済　これなり
藤井（ふじい）維済　1747～1818　江戸中期・後期の国学者・歌人

維成　これなり
橋爪（はしづめ）維成　1615～1683　江戸前期の武士

是成　これなり
大伴（おおともの）是成　平安前期の官人

伊信　これのぶ
藤原（ふじわら）伊信　鎌倉時代の公家・歌人
藤原（ふじわらの）伊信　平安後期の官人、舞人
三宅（みやけ）伊信　1694～1731　江戸中期の幕臣

惟信　これのぶ
伴（ともの）惟信　平安中期の官人
藤原（ふじわら）惟信　平安後期の公家・歌人
藤原（ふじわらの）惟信　平安後期の官人
源（みなもとの）惟信　平安後期の官人

惟宣　これのぶ
宇治（うじの）惟宣　平安後期の阿蘇大宮司

維延　これのぶ
肥田（ひたの）維延　平安中期の官人

維叙　これのぶ
黒坂（くろさか）維叙　1798～？　江戸後期の幕臣
平（たいらの）維叙　平安中期の軍事貴族

是信　これのぶ
大神（おおみわの）是信　平安中期の湖江殿司
紀（きの）是信　平安中期の官人
藤井（ふじいの）是信　平安後期の官人

惟憲　これのり
佐賀（さが）惟憲　鎌倉時代の武士
橘（たちばなの）惟憲　平安中期の官人

惟徳　これのり
勝島（かつしま）惟徳　1670～1735　江戸前期・中期の漢学者

維教　これのり
維教　南北朝時代の公家・歌人

維則　これのり　⇔いそく
安倍（あべ）維則　江戸後期の和算家
武部（たけべ）維則　江戸後期の医師
富田（とみた）維則　江戸中期の医者
西田（にしだ）維則　？～1765　江戸中期の儒者《西田維則》
松尾（まつお）維則　？～1776　江戸中期の医者
宮地（みやぢ）維則　1768～1822　江戸中期・後期の本草家
山田（やまだ）維則　1775～1861　江戸中期～末期の藩士・漢学者

維徳　これのり
辻（つじ）維徳　1699～1756　江戸中期の漢学者

惟治　これはる
源（みなもとの）惟治　平安中期の官人

惟久　これひさ
賀茂（かも）惟久　南北朝時代の神職・歌人

是久　これひさ
坂上(さかがみ)是久　江戸後期・末期の漢学者

惟栄　これひで　⇔これよし
大神(おおがの)惟栄　平安後期の豊後国の大豪族緒方家の一族《大神惟栄》

是人　これひと
藤原(ふじわらの)是人　奈良時代の官人

維広　これひろ
塩谷(しおのや)維広　平安後期・鎌倉前期の武蔵国児玉党の武士

こ

伊房　これふさ
中臣(なかとみの)伊房　?～1132　平安後期の春日社神主

維文　これぶみ
吉野(よしの)維文　1855～1901　江戸末期・明治期の教育者

伊昌　これまさ
松平(まつだいら)伊昌　1560～1601　安土桃山時代の武将

惟昌　これまさ
高階(たかしな)惟昌　江戸後期の国学者

惟正　これまさ
穂積(ほづみ)惟正　江戸後期の医者
安永(やすなが)惟正　江戸後期の和算家

惟理　これまさ
大中臣(おおなかとみの)惟理　平安中期の官人

是昌　これまさ
二宮(にのみや)是昌　江戸前期の兵法家

是正　これまさ
高垣(たかがき)是正　江戸後期の国学者

之正　これまさ
久保(くぼ)之正　?～1823　江戸中期・後期の鹿児島城下士

寔政　これまさ
井田(いだ)寔政　戦国時代の小田原北条氏の武士

伊益　これます
佐伯(さえきの)伊益　奈良時代の官人

惟益　これます
不破(ふわ)惟益　江戸前期の神職

惟増　これます
和田(わだ)惟増　?～1573　戦国・安土桃山時代の織田信長の家臣

維益　これます
村山(むらやま)維益　1745～1802　江戸中期・後期の医者

惟通　これみち　⇔のぶみち
橘(たちばなの)惟通　平安中期の飛騨守

惟道　これみち
源(みなもとの)惟道　平安後期の官人

維通　これみち
吉田(よしだ)維通　1781～1837　江戸中期・後期の医者

維道　これみち
石国(いわくに)維道　平安後期の武士

是道　これみち
小菅(こすげ)是道　1800～1875　江戸後期～明治期の僧侶・神官

之道　これみち
渡辺(わたなべ)之道　?～1842　江戸後期の藩士

伊光　これみつ
藤原(ふじわら)伊光　平安後期・鎌倉前期の公家・歌人

惟光　これみつ
紀(きの)惟光　平安中期の官人
土肥(とい)惟光　鎌倉時代の武士
藤原(ふじわらの)惟光　平安中期の官人
度会(わたらい)惟光　平安後期の伊勢豊受宮禰宜

惟充　これみつ
川関(かわぜき)惟充　江戸後期の戯作者

維光　これみつ
大江(おおえの)維光　平安後期の官吏、学者
坂上(さかのうえの)維光　平安中期の官人
平(たいらの)維光　平安中期の検非違使

是光　これみつ
紀(きの)是光　平安中期の官人
清原(きよはらの)是光　平安後期の官人

惟宗　これむね
安倍(あべの)惟宗　平安後期の官人

惟村　これむら
大神(おおがの)惟村　平安後期の武士《大神維村》
野尻(のじり)惟村　平安後期の武士

維村　これむら
大神(おおがの)維村　平安後期の武士

是村　これむら　⇔ぜそん
坂上(さかのうえ)是村　1743～1814　江戸中期・後期の公家、明法家

之持　これもち
細川(ほそかわ)之持　?～1512　戦国時代の阿波守護10代

惟幹　これもと
藤原(ふじわら)惟幹　平安前期の公家・歌人

惟基　これもと
藤原(ふじわら)惟基　?～1182　平安後期の官人
藤原(ふじわらの)惟基　平安後期の官人

惟職　これもと
藤原(ふじわらの)惟職　平安後期の官人

維幹　これもと
平(たいらの)維幹　?～1017　平安中期の地方軍事貴族

維基　これもと
北条(ほうじょう)維基　鎌倉後期の武士

是基　これもと
佐伯(さいき)是基　平安中期の武士
佐伯(さえきの)是基　佐伯是基に同じ

是本　これもと
恩智(おんちの)是本　平安中期の官人

惟盛　これもり
大中臣(おおなかとみの)惟盛　平安中期の官人

維守　これもり
塩谷（しおや）維守　?～1213　鎌倉前期の武蔵武士
是盛　これもり　⇔よしもり
直（あたいの）是盛　平安中期の官人
惟泰　これやす
安藤（あんどう）惟泰　1694～1721　江戸中期の武士、幕臣
宇治（うじの）惟泰　平安後期の阿蘇・健軍両社の大宮司
惟保　これやす
十時（ととき）惟保　1594～1673　安土桃山・江戸前期の藩士
維寧　これやす
大江（おおえ）維寧　江戸後期の漢学者
是保　これやす
佐伯（さえき）是保　1789～1871　江戸後期～明治期の藩士
惟康親王家右衛門督　これやすしんのうけのえもんのかみ
惟康親王家右衛門督　鎌倉後期の女房・歌人
伊行　これゆき
世尊寺（せそんじ）伊行　平安後期の公家・書家
源（みなもとの）伊行　平安中期の官人
惟行　これゆき
橘（たちばなの）惟行　平安後期の官人
藤原（ふじわらの）惟行　?～1069　平安後期の官人
維行　これゆき
横田（よこた）維行　平安後期の横田地域の領主
是行　これゆき
岡田（おかだ）是行　1853～1908　江戸後期～明治期の自治功労者
山田（やまだの）是行　1129?～1156　平安後期の伊賀国の武士
惟栄　これよし　⇔これひで
大神（おおがの）惟栄　平安後期の豊後国の大豪族緒方家の一族
惟義　これよし
蝦（えび）惟義　1756～1807　江戸中期・後期の医者
源（みなもとの）惟義　平安後期・鎌倉前期の武士
本橋（もとはし）惟義　江戸時代の和算家
惟善　これよし　⇔ただよし
惟善　室町時代の刀工
尾形（おがた）惟善　1850～1914　江戸後期～大正期の海軍軍人
惟美　これよし
奥村（おくむら）惟美　江戸後期の国学者
惟良　これよし　⇔まさちか
安倍（あべの）惟良　平安前期の官人
惟祺　これよし
秋山（あきやま）惟祺　1752～1818　江戸中期・後期の幕臣《秋山維祺》
維義　これよし
源（みなもと）維義　南北朝時代の連歌作者
維良　これよし
栗田（くりた）維良　江戸中期・後期の郷土史家
維祺　これよし
秋山（あきやま）維祺　1752～1818　江戸中期・後期の幕臣
是慶　これよし
瀬戸（せと）是慶　戦国・安土桃山時代の武田氏の家臣。野沢伴野信是の被官とみられる
惟頼　これより
藤原（ふじわらの）惟頼　平安中期の官人
諸随　これより
奥田（おくだ）諸随　1675～1728　江戸前期・中期の富商
古濂　これん
沼（ぬま）古濂　1721～1781　江戸中期の医師《沼嘯翁》
五郎　ごろう
飯田（いいだ）五郎　鎌倉時代の武士
井口（いぐち）五郎　1859～?　江戸末期・明治期の軍人
伊東（いとう）五郎　戦国時代の武士。小田原北条氏家臣
臼井（うすい）五郎　戦国時代の下総臼井城主臼井氏の一族か
岡田（おかだ）五郎　江戸末期の新撰組隊士
萳美（くすみ）五郎　鎌倉前期の武士。源頼朝の富士の巻狩りで5番の射手に組まれた
桜井（さくらい）五郎　鎌倉時代の鷹飼いの名人
高橋（たかはし）五郎　江戸末期の紀州藩士
武田（たけだ）五郎　?～1582　戦国・安土桃山時代の織田信長の家臣
中村（なかむら）五郎　1849～1867　江戸後期・末期の新撰組隊士
成田（なりた）五郎　平安後期の武士
広沢（ひろさわ）五郎　南北朝時代の人。東寺領因島地頭方を押妨
福満（ふくみつ）五郎　平安後期の在地領主
北条（ほうじょう）五郎　?～1221　平安後期・鎌倉前期の武士
本間（ほんま）五郎　戦国時代の古河公方足利義氏の家臣
真名辺（まなべ）五郎　平安後期の武士
物射（もものい）五郎　平安後期・鎌倉前期の武士
山家（やまや）五郎　1843～1895　江戸後期～明治期の教育者
若菜（わかな）五郎　?～1204　平安後期・鎌倉前期の武将
呉老　ごろう
呉老　?～1834　江戸後期の俳諧作者
五郎右衛門　ごろううえもん　⇔ごろうえもん，ごろえもん
高木（たかぎ）五郎右衛門　1775～1817　江戸中期・後期の伊豆産の鰹節「伊豆節」普及者
五郎右衛門　ごろうえもん　⇔ごろううえもん，ごろえもん
五郎右衛門　戦国時代の相模の西郡の皮作の触口
五郎右衛門　江戸前期の足柄下郡酒匂村民
池上（いけがみ）五郎右衛門　江戸中期の大工

こ

石塚（いしづか）五郎右衛門　戦国時代の鋳物師
五十右（いみぎ）五郎右衛門　?～1693　江戸前期・中期の大井川下流部左岸の潅漑用水開削者
馬路（うまじ）五郎右衛門　安土桃山時代の織田信長の家臣
海老名（えびな）五郎右衛門　戦国時代の北条氏の家臣
菅野（かんの）五郎右衛門　安土桃山時代の武将
草加（くさか）五郎右衛門　1578～1666　江戸前期の武士
喧嘩屋（けんかや）五郎右衛門　1665～1701　江戸前期・中期の博徒
小杉（こすぎ）五郎右衛門〔11代〕1785～1854　江戸中期～末期の豪商
佐久間（さくま）五郎右衛門　戦国時代の里見氏家臣
佐藤（さとう）五郎右衛門　江戸後期の大住郡大畑村に住した神事舞太夫
関山（せきやま）五郎右衛門　江戸後期～明治期の橘樹郡宿河原村名主
高木（たかぎ）五郎右衛門　1778～1817　江戸後期の伊豆産の鰹節「伊豆節」普及者
田辺（たなべ）五郎右衛門　江戸後期の高座郡福田村民
長野（ながの）五郎右衛門　?～1671　江戸前期の剣術家。洗心流祖
中村（なかむら）五郎右衛門　1643～1699　江戸前期・中期の孝子
納条（のうじょう）五郎右衛門　戦国時代の在地領主・土豪。上総国天羽郡嶺下郷岩坂村麦四斗谷を領した
平手（ひらて）五郎右衛門　?～1574　戦国・安土桃山時代の織田信長の家臣
松田（まつだ）五郎右衛門　1642～1668　江戸前期の矢田部六人衆の一人
武藤（むとう）五郎右衛門　安土桃山時代の織田信長の家臣
矢田（やだ）五郎右衛門　1675～1703　江戸前期・中期の武士
和気（わけ）五郎右衛門　江戸中期の大庄屋、在方下役人

五郎衛門　ごろうえもん

石橋（いしばし）五郎衛門　戦国時代の上総東金城主・酒井政辰の家臣

五郎右衛門尉　ごろうえもんのじょう

矢崎（やがさき）五郎右衛門尉　戦国時代の武将。武田家臣

五郎衛門尉　ごろうえもんのじょう

岡埜谷（おかのや）五郎衛門尉　戦国時代の駿河の百姓職保持者

五郎兼行　ごろうかねゆき

落合（おちあい）五郎兼行　平安後期・鎌倉前期の木曽義仲の家臣

五郎吉　ごろうきち　⇔ごろきち

五郎吉　1753～1842　江戸中期・後期の大工
大綱（おおつな）五郎吉　1789～1820　江戸後期の力士
長浜（ながはま）五郎吉　1826～?　江戸後期・末期の一揆指導者
長山（ながやま）五郎吉　江戸時代の庄内藩士

五郎惟広　ごろうこれひろ

塩谷（しおのや）五郎惟広　鎌倉前期の武士

五良左衛門　ごろうざえもん

宮地（みやぢ）五良左衛門　安土桃山時代の長宗我部氏の家臣

五郎左衛門　ごろうざえもん　⇔ごろざえもん

五郎左衛門　?～1784　江戸後期の那須郡石林村の農民
赤見（あかみ）五郎左衛門　1829～1873　江戸後期～明治期の武士
油屋（あぶらや）五郎左衛門　江戸前期の人
荒木（あらき）五郎左衛門　?～1579　戦国・安土桃山時代の織田信長の家臣
伊藤（いとう）五郎左衛門　1778～1839　江戸中期・後期の新潟市中野小屋の庄屋
岩崎（いわざき）五郎左衛門　江戸後期の松山町名主
岩本（いわもと）五郎左衛門　?～1833　江戸後期の炭運上出入で牢死
宇喜多（うきた）五郎左衛門　安土桃山時代の武将《宇喜多五郎左衛門》
大熊（おおくま）五郎左衛門　安土桃山時代の真田氏の家臣
大橋（おおはし）五郎左衛門　江戸前期の浮島ヶ原開拓者の一人
加藤（かとう）五郎左衛門　江戸後期の橘樹郡上平間村名主
隈江（くまえ）五郎左衛門　1656～1729　江戸前期・中期の高鍋藩家老
篠生（ささう）五郎左衛門　戦国時代の嶺下郷岩坂村神明原（富津市）付近の在地領主・土豪
周布（すふ）五郎左衛門　1794～1823　江戸後期の藩士
清（せい）五郎左衛門　戦国時代の北条氏の家臣
瀬戸（せと）五郎左衛門　江戸前期の金井島村の名主
高木（たかぎ）五郎左衛門　江戸前期の津久井県三井村名主
田代（たしろ）五郎左衛門　1690～1769　江戸後期の足柄上郡矢倉沢村名主
田中（たなか）五郎左衛門　?～1582　安土桃山時代の内藤大和守家臣
中村（なかむら）五郎左衛門　?～1841　江戸後期の水利開発者
藤名（ふじな）五郎左衛門　?～1570　戦国・安土桃山時代の野沢館主
星（ほし）五郎左衛門　鎌倉後期の深田館館主
牧（まき）五郎左衛門　江戸前期の最上氏遺臣
三並（みなみ）五郎左衛門　1568?～1603　安土桃山時代のキリシタン
村田（むらた）五郎左衛門　1811～1876　江戸後期～明治期の赤坂宿問屋取締
矢野（やの）五郎左衛門　?～1554　戦国時代の武将

五郎左衛門尉広賀　ごろうざえもんじょうひろよし

見田（みた）五郎左衛門尉広賀　戦国時代の刀工

五郎左衛門利広　ごろうざえもんとしひろ
堀(ほり)五郎左衛門利広　?～1719　江戸前期・中期の弘前藩家老
五郎左衛門尉　ごろうさえもんのじょう　⇔ごろうざえもんのじょう
佐藤(さとう)五郎左衛門尉　戦国時代の美濃の商人
五郎左衛門尉　ごろうざえもんのじょう　⇔ごろうさえもんのじょう
蔵田(くらた)五郎左衛門尉　戦国時代の上杉謙信・景勝の家臣
桑田(くわた)五郎左衛門尉　戦国時代の北条氏家臣
桑原(くわばら)五郎左衛門尉　戦国時代の北条氏の家臣
小井弖(こいで)五郎左衛門尉　戦国時代の信濃国伊那郡小出郷の土豪
五郎作　ごろうさく　⇔ごろさく
菊池(きくち)五郎作　江戸中期の大番士
永井(ながい)五郎作　1848～1911　江戸後期～明治期の報徳運動家
長島(ながしま)五郎作　1852～1869　江戸後期～明治期の新撰組隊士《長島五郎作》
五郎三郎　ごろうさぶろう
入山(いりやま)五郎三郎　南北朝時代の武将
瓜巣村(うりすむら)五郎三郎　?～1777　江戸中期の義民。瓜巣村の百姓
松下(まつした)五郎三郎　戦国時代の武士。伊豆に漂流し、東国に鉄砲を伝播させる
横田(よこた)五郎三郎　江戸後期・末期の幕臣
五郎次　ごろうじ
安仲(あんなか)五郎次　1845～1917　江戸末期～大正期の篤行家
五郎七　ごろうしち　⇔ごろしち
高橋(たかはし)五郎七　1667～1747　江戸前期・中期の栗原郡中村の肝入
五郎四郎　ごろうしろう
越後(えちご)五郎四郎　戦国時代の長尾景春の被官
五郎次郎　ごろうじろう
牛山(うしやま)五郎次郎　戦国・安土桃山時代の甲斐国巨摩郡武川村の在郷細工職人頭
五郎助　ごろうすけ　⇔ごろすけ
岡田(おかだ)五郎助　安土桃山・江戸前期の代官
五郎太夫　ごろうだゆう
松田(まつだ)五郎太夫　江戸前期の朱子学者
五郎太郎　ごろうたろう
安東(あんどう)五郎太郎　鎌倉時代の武士
兄部(こうべ)五郎太郎　鎌倉後期の宮市町人
五郎入道　ごろうにゅうどう
椎名(しいな)五郎入道　鎌倉時代の御家人
五郎兵衛　ごろうひょうえ　⇔ごろうべえ, ごろひょうえ, ごろびょうえ, ごろべい, ごろべえ
青島(あおしま)五郎兵衛　戦国・安土桃山時代の駿河国青島の土豪
石黒(いしぐろ)五郎兵衛　戦国時代の武将。武田家臣
市河(いちかわ)五郎兵衛　安土桃山時代の甲斐国山梨郡下別田村在郷の番匠細工職人
今福(いまふく)五郎兵衛　戦国時代の人。伊勢神宮の幸福平次郎大夫の檀那場について裁許を下した
小山田(おやまだ)五郎兵衛　?～1575　安土桃山時代の武士
小菅(こすげ)五郎兵衛　?～1582　安土桃山時代の都留郡北部小菅の土豪小菅氏の一門
土橋(つちばし)五郎兵衛　?～1581　安土桃山時代の高天神籠城衆
遠山(とおやま)五郎兵衛　戦国時代の武将。武田家臣
五郎兵衛尉　ごろうひょうえのじょう
蘆田(あしだ)五郎兵衛尉　戦国時代の信濃佐久郡の国衆
御手洗(みたらい)五郎兵衛尉　1558～1599　戦国・安土桃山時代の武田氏・徳川家康の家臣
五郎平　ごろうべい　⇔ごろべい
松本(まつもと)五郎平　1808～1902　江戸後期～明治期の農業指導者
五郎兵衛　ごろうべえ　⇔ごろうひょうえ, ごろひょうえ, ごろびょうえ, ごろべい, ごろべえ
石川(いしかわ)五郎兵衛　戦国時代の里見氏家臣。中小姓頭
大串(おおぐし)五郎兵衛　戦国時代の里見氏家臣
岡崎(おかざき)五郎兵衛　戦国時代の安房国山下郡大神宮村(館山市)の安房神社神主
曽我(そが)五郎兵衛　江戸前期の地侍
林(はやし)五郎兵衛　1820～1894　江戸後期～明治期の和算家
三和(みわ)五郎兵衛　江戸中期の人。相内村三和家の先祖
森(もり)五郎兵衛　?～1703　江戸前期・中期の商人
五郎正利　ごろうまさとし
船所(ふなとこ)五郎正利　平安後期の周防国在庁官人
五郎丸　ごろうまる
御所(ごしょ)五郎丸　鎌倉時代の武士
五郎茂兵衛　ごろうもへえ
荒(あら)五郎茂兵衛　江戸時代の俠客
五郎盛綱　ごろうもりつな
成田(なりた)五郎盛綱　?～1221　鎌倉前期の武士
五郎義清　ごろうよしきよ
田中(たなか)五郎義清　鎌倉時代の人。茶道千家の祖といわれる
五郎右衛門　ごろえもん　⇔ごろううえもん, ごろうえもん
杉浦(すぎうら)五郎右衛門　?～1613　江戸前期の幕府代官
長瀬村(ながせむら)五郎右衛門　江戸末期の生糸改方肝煎
五郎吉　ごろきち　⇔ごろうきち
五郎吉　江戸後期の農民
小六　ころく
中西(なかにし)小六　江戸末期の新撰組隊士

永野（ながの）小六　1840〜1897　江戸後期〜明治期の酒造業で篤志家

五六　ごろく
島地（しまぢ）五六　1856〜1912　江戸末期・明治期の教育者

伍麓　ごろく
藤尾（ふじお）伍麓　1837〜1896　江戸後期〜明治期の官吏

五六郎　ごろくろう　⇔ごむろう
伊藤（いとう）五六郎　？〜1868　江戸後期の土木事業家《伊藤五六郎》
白石（しらいし）五六郎　？〜1868　江戸末期の新撰組隊士

五郎左衛門　ごろざえもん　⇔ごろうざえもん
宇喜多（うきた）五郎左衛門　安土桃山時代の武将
梶原（かじわら）五郎左衛門　1575〜1645　江戸前期の武人
杉之木（すぎのき）五郎左衛門　？〜1677　江戸前期のもと加賀藩士。小鷹利郷10カ村の鷹番人。万波山訴訟の発起人
中村（なかむら）五郎左衛門　室町時代の武士

五郎作　ごろさく　⇔ごろうさく
石原（いしはら）五郎作　戦国時代の武将。武田家臣
長島（ながしま）五郎作　1852〜1869　江戸後期〜明治期の新撰組隊士
町方村（まちかたむら）五郎作　江戸中期の小八賀町方村の百姓

五郎七　ごろしち　⇔ごろうしち
佐川（さがわ）五郎七〔1代〕　1811〜1872　江戸後期〜明治期の江刺郡東方大肝入
佐川（さがわ）五郎七　1832〜1890　江戸後期〜明治期の大庄屋

五郎助　ごろすけ　⇔ごろうすけ
大槻（おおつき）五郎助　1739〜1804　江戸中期・後期の兵法家《大槻清連》
名倉（なぐら）五郎助　？〜1645　江戸前期の大須賀の地域開発功労者、西大渕村庄屋
藤井（ふじい）五郎助　江戸末期の庄屋

五郎蔵　ごろぞう
銚子の（ちょうしの）五郎蔵　？〜1858　江戸後期・末期の侠客

五郎八　ごろはち
小西屋（こにしや）五郎八　？〜1687　江戸前期のカキ養殖家
智原（ちはら）五郎八　江戸前期の人。「暹羅国山田興亡記」の著者
沼尻（ぬまじり）五郎八　1835〜1913　江戸末期〜大正期の農事改良家

五郎兵衛　ごろひょうえ　⇔ごろうひょうえ，ごろうべえ，ごろびょうえ，ごろべい，ごろべえ
小井弖（こいで）五郎兵衛　戦国・安土桃山時代の信濃国伊那郡小出郷の土豪

五郎兵衛　ごろびょうえ　⇔ごろうひょうえ，ごろうべえ，ごろひょうえ，ごろべい，ごろべえ
三村（みむら）五郎兵衛　？〜1566　安土桃山時代の武将

五良平　ごろべい
並木（なみき）五良平　？〜1655　江戸前期の栗橋宿の開発者・名主

五郎兵衛　ごろべい　⇔ごろうひょうえ，ごろうべえ，ごろひょうえ，ごろびょうえ，ごろべえ
清水（しみず）五郎兵衛　江戸末期の富豪
矢野（やの）五郎兵衛　安土桃山時代の検地役人

五郎平　ごろべい　⇔ごろうべい
関山（せきやま）五郎平　？〜1906　江戸末期・明治期の宿河原村名主

五郎兵衛　ごろべえ　⇔ごろうひょうえ，ごろうべえ，ごろひょうえ，ごろびょうえ，ごろべい
鱗形屋（うろこがたや）五郎兵衛　江戸前期の京都糸割符商人
金子（かねこ）五郎兵衛　江戸後期の大住郡田村民
紙屋（かみや）五郎兵衛　江戸時代の浅草紙商人
桜井（さくらい）五郎兵衛　江戸前期の滑津村の肝入検断
三箇屋（さんがや）五郎兵衛　江戸中期の書肆
柴田（しばた）五郎兵衛　江戸前期の建築家
田中（たなか）五郎兵衛　1621〜1716　江戸前期・中期の水利開発者
千葉（ちば）五郎兵衛　江戸時代の肝入
寺見（てらみ）五郎兵衛　？〜1723　江戸前期・中期の備前焼窯元
中村（なかむら）五郎兵衛　戦国時代の武士。北条氏の家臣、御蔵奉行
埴田の（はねだの）五郎兵衛　江戸前期の加賀国能美郡埴田村の農民
平塚（ひらつか）五郎兵衛　江戸後期の蚕種販売業
二屋（ふたつや）五郎兵衛　戦国時代の打出の名主
船津（ふなつ）五郎兵衛　江戸後期の足柄下郡小船村名主
三宅（みやけ）五郎兵衛　江戸前期の両替商
山田（やまだ）五郎兵衛　江戸後期の松山藩士
横田（よこた）五郎兵衛　1834〜1892　江戸後期〜明治期の実業家
吉田（よしだ）五郎兵衛　江戸前期の物着方
和田（わだ）五郎兵衛　江戸後期の大住郡平沢村民

五郎辺衛　ごろべえ
武用（ぶよう）五郎辺衛〔1代〕　1843〜1897　江戸後期〜明治期の実業家・社会奉仕家

五郎兵衛真親　ごろべえまさちか
市川（いちかわ）五郎兵衛真親　1571〜1665　安土桃山時代・江戸前期の信州佐久郡開拓者。五郎兵衛新田村（佐久市）の真親神社に祭られている

五郎兵衛宗信　ごろべえむねのぶ
横山（よこやま）五郎兵衛宗信　安土桃山時代の醸造家。竜野醤油の先駆者

衫子　ころもこ
衫子　上代の人。茨田の堤防工事で生贄にされそうになるが、機転を働かせて逃れたとされる

小若君　こわかぎみ
小若君　平安前期の女性

幹　こわし　⇔かん，みき
大田（おおた）幹　1834〜1906　江戸後期〜明治期

の松本中学の初代校長。長野県近代教育の指導者

己波美　こわみ
物部（もののべの）己波美　平安前期の地方官僚

こん
長谷尾（はせお）こん　？～1794　江戸中期・後期の女性。武蔵国の農家の妻。孝養の人

厳阿　ごんあ　⇔げんあ
厳阿　南北朝時代の時宗の僧・歌人

権右衛門　ごんうえもん　⇔ごえもん，ごんえもん
伊藤（いとう）権右衛門　1838～1923　江戸末期～大正期の弥富金魚の元祖
宇津（うづ）権右衛門　江戸後期の塩谷郡上高根沢村名主
河崎（かわさき）権右衛門　？～1882　江戸後期～明治期の酒屋
萩原（はぎわら）権右衛門　1826～1900　江戸後期～明治期の淡淵の茶商

厳吽　ごんうん
厳吽　鎌倉後期の天台宗の僧

厳恵　ごんえ
厳恵　鎌倉時代の真言宗の僧・歌人

権右衛門　ごんえもん　⇔ごえもん，ごんうえもん
権右衛門　？～1669　江戸前期の筑摩郡蘭村の百姓
池田（いけだ）権右衛門　江戸後期の三浦郡浦仁郷村民
板屋（いたや）権右衛門　江戸中期の船頭
大津（おおつ）権右衛門　？～1681　江戸前期の鎌倉郡大船村名主
甲賀（こうか）権右衛門　？～1615　江戸前期の伊東長次の中小姓
小林（こばやし）権右衛門　？～1810　江戸中期・後期の大住郡河内村名主
小松（こまつ）権右衛門　江戸後期の三浦郡鴨居村民
田中屋（たなかや）権右衛門　1804～1859　江戸末期の文人。南上町の藏宿の9代目。氷見町年寄
長坂（ながさか）権右衛門　安土桃山時代の検地役人
中村（なかむら）権右衛門　江戸時代の尾張藩の廻船総庄屋
松平（まつだいら）権右衛門　1678～1740　江戸前期・中期の庄内藩家老
松平（まつだいら）権右衛門　1815～1859　江戸後期・末期の庄内藩中老
三宅（みやけ）権右衛門　安土桃山時代の織田信長の家臣
森嶋（もりしま）権右衛門　江戸前期の伊東長次の家老
吉川（よしかわ）権右衛門　江戸前期の人。吉川主馬之介の猶子。忍の者。大野治房組に付属。大坂籠城時は平山治大夫と称した
米村（よねむら）権右衛門　安土桃山・江戸前期の武士

権右衛門尉　ごんえもんのじょう
市川（いちかわ）権右衛門尉　戦国時代の駿河国衆葛山氏の家臣

権右衛門正房　ごんえもんまさふさ
本多（ほんだ）権右衛門正房　江戸前期の徳川家康の家臣。千姫の随身

権右衛門通定　ごんえもんみちさだ
河野（こうの）権右衛門通定　1620～1691　江戸前期・中期の22代長崎奉行

厳円　ごんえん
竹内（たけのうち）厳円　？～1892　江戸後期～明治期の文人

こ

厳雅　ごんが
厳雅　鎌倉時代の僧侶・歌人

混外　こんがい
混外　1781～1847　江戸中期・後期の僧

金亀和尚　こんきおしょう
金亀和尚　平安前期の僧侶

権吉　ごんきち
権吉　1757～1801　江戸中期・後期の水夫
萱野（かやの）権吉　？～1689　江戸前期・中期の壮士
依岡（よりおか）権吉　1842～1923　江戸末期～大正期の土佐勤王党員

厳教　ごんきょう
厳教　鎌倉後期の僧侶・歌人

厳久　ごんく
厳久　944～1008　平安中期の天台宗の僧
厳久　平安中期の仏師僧

権九郎　ごんくろう
井野口（いのくち）権九郎　1709～1771　江戸中期の正継流棒術剣士
近江屋（おうみや）権九郎　江戸中期・後期の版元
賀来（かく）権九郎　1833～1897　江戸後期～明治期の実業家
野村（のむら）権九郎　江戸後期の養蚕家

金光　こんこう
金光　？～1217　平安後期・鎌倉前期の僧侶

儈岡　こんこう
小池（こいけ）儈岡　江戸中期の漢学者

金光上人　こんこうしょうにん
金光上人　？～1217　平安後期・鎌倉前期の僧侶《金光》

金光大神　こんこうだいじん
笠岡（かさおか）金光大神　1823～1895　江戸後期～明治期の宗教家

権五郎　ごんごろう
石川（いしかわ）権五郎　1842～？　江戸後期～明治期の藩士
早川（はやかわ）権五郎　1847～1922　江戸末期～大正期の地方自治功労者

困斎　こんさい
困斎　江戸前期の漢学者
中村（なかむら）困斎　江戸後期の漢学者

鯤斎　こんさい
磯辺（いそべ）鯤斎　1787～？　江戸中期・後期の漢学者

艮斎　ごんさい
加藤（かとう）艮斎　1685〜1754　江戸前期・中期の漢学者

権左衛門　ごんざえもん
新井（あらい）権左衛門　江戸時代の慈善家
安藤（あんどう）権左衛門　江戸後期の高座郡新戸村民
岡崎（おかざき）権左衛門　1766〜1811　江戸中期・後期の農民
奥村（おくむら）権左衛門　1659〜1734　江戸前期の剣客
小野（おの）権左衛門　1681〜1753　江戸前期の俳人・歌人
上川（かみかわ）権左衛門　？〜1810　江戸中期・後期の松江藩の不伝流剣士
岸（きし）権左衛門　江戸後期の伊香保温泉の大屋・名主
木村（きむら）権左衛門　江戸後期の七島新田開発者
佐藤（さとう）権左衛門　？〜1673　江戸前期の新田開発者
島（しま）権左衛門　？〜1636　江戸前期の幕臣
進藤（しんどう）権左衛門　江戸後期の三浦郡三戸村民
高橋（たかはし）権左衛門　江戸後期の足柄下郡飯田岡村名主
戸田（とだ）権左衛門　江戸中期の大垣城代
友光（ともみつ）権左衛門　江戸中期の沖ノ上村名主
成瀬（なるせ）権左衛門　江戸前期の代官
長谷川（はせがわ）権左衛門　？〜1677　江戸前期の出羽庄内藩家老
山川（やまかわ）権左衛門　江戸中期の京都銀座大黒常是役所の手代

権左衛門包道　ごんざえもんかねみち
真野（まの）権左衛門包道　江戸前期の豊臣秀頼の小姓

権左衛門春胤　ごんざえもんはるたね
石田（いしだ）権左衛門春胤　1791〜1853　江戸後期の俳人

権作　ごんさく
平野（ひらの）権作　江戸前期の武士

権三郎　ごんざぶろう
稲野（いなの）権三郎　1859〜1897　江戸末期・明治期の医者。盛岡病院創設者
加治（かじ）権三郎　江戸末期の水戸藩士。1867年遣仏使節に随行しフランスに渡る
小出（こいで）権三郎　1807〜1855　江戸後期・末期の松平足助本多家陣屋の大庄屋
佐野（さの）権三郎　？〜1744　江戸中期の茶人
下飯坂（しもいいざか）権三郎　1852〜1923　江戸末期〜大正期の自由民権運動家
鈴木（すずき）権三郎　1843〜1920　江戸末期〜大正期の登米郡吉田村最大の地主
美濃屋（みのや）権三郎　江戸後期の高山一之町の人
山内（やまうち）権三郎　？〜1615　江戸前期の大野治房配下の物頭

招山　こんざん
山崎（やまざき）招山　江戸中期の俳人

崑山　こんざん
蒲池（かまち）崑山　1728〜1793　江戸中期・後期の細川藩の名臣
草加（くさか）崑山　草加崑山に同じ
草加（そうか）崑山　1756〜1817　江戸中期・後期の儒者
松山（まつやま）崑山　1818〜1851　江戸後期の医師

権七　ごんしち
安喜（あき）権七　江戸中期の藩士
安芸（あき）権七　1734〜1801　江戸後期の政治家
肴屋（さかなや）権七　江戸時代の魚売り

権七郎　ごんしちろう
竹子屋（たけこや）権七郎　1603〜1623　江戸前期のキリシタン

紺周郎　こんしゅうろう
永井（ながい）紺周郎　1831〜1887　江戸後期〜明治期の養蚕家

権十郎　ごんじゅうろう
権十郎　江戸前期のキリシタン
桐野谷（きりのや）権十郎　？〜1731　江戸中期の歌舞伎役者
作花（さつか）権十郎　1710〜1777　江戸中期の大庄屋
田村（たむら）権十郎　？〜1799　江戸中期・後期の熊毛郡浅江村の庄屋
土川（つちかわ）権十郎　1838〜1910　江戸末期・明治期の丹生川村長
徳山（とくやま）権十郎　江戸中期の揖斐郡徳山村、坂内村諸家、川上地区の領主
中原（なかはら）権十郎　安土桃山時代の検地役人
丸山（まるやま）権十郎　江戸後期の佐久郡耳取村の鉄砲師

厳順　ごんじゅん
厳順　1759〜1824　江戸中期・後期の真言宗の僧

混処　こんしょ
根岸（ねぎし）混処　江戸後期の漢学者

厳助　ごんじょ
厳助　1493〜1562　戦国時代の真言宗の僧

金昭　こんしょう
金昭　？〜1018　平安中期の僧

金鐘　こんしょう
益田（ますだの）金鐘　飛鳥時代の仏教信者

混浄　こんじょう
佐々木（ささき）混浄　江戸前期の「高砂拾遺増抄」の著者

闇勝　ごんしょう
闇勝　室町時代の僧

厳乗　ごんじょう
厳乗　1376〜1433　南北朝・室町時代の法相宗の僧

厳城　ごんじょう
玉岡（たまおか）厳城　1806〜1885　江戸後期〜明治期の高僧

厳浄　ごんじょう
厳浄　江戸中期・後期の浄土真宗の僧

権四郎　ごんしろう
和泉屋(いずみや)権四郎　江戸中期の江戸の版元、彩染堂
押田(おしだ)権四郎　戦国時代の千葉胤富の家臣。森山衆。初番衆。下総国匝瑳南条庄(匝瑳市)内の土豪・地侍
葛西(かさい)権四郎　江戸時代の葛西船の請負人

権次郎　ごんじろう
巽(たつみ)権次郎　1834〜1909　江戸末期・明治期の園芸家
森(もり)権次郎　江戸末期の新撰組隊士《森権二郎》

権二郎　ごんじろう
森(もり)権二郎　江戸末期の新撰組隊士

権助　ごんすけ
田近(たぢか)権助　江戸後期の養蚕の功労者
長井(ながい)権助　戦国〜江戸前期の真田家家臣

厳清　ごんせい
厳清　1084〜1152　平安後期の石清水第二十七代別当

厳靖　ごんせい
厳靖　?〜1367　鎌倉後期・南北朝時代の天台宗の僧

言石　ごんせき
言石　江戸中期の俳人

厳専　ごんせん
厳専　南北朝時代の僧侶・連歌作者

権三　ごんぞう
三好(みよし)権三　江戸末期の従者。1860年遣米使節に随行しアメリカに渡る

権蔵　ごんぞう
佐久間(さくま)権蔵　1808〜1859　江戸後期の橘樹郡鶴見村名主
毛呂(もろ)権蔵　1724〜1792　江戸中期・後期の史学者

権造　ごんぞう
糸原(いとはら)権造　1827〜1895　江戸後期〜明治期の仁多郡の鉄師絲原家11代

金蔵坊　こんぞうぼう
金蔵坊　安土桃山時代の織田信長の家臣

焜台　こんたい
劉(りゅう)焜台　1599〜1667　安土桃山・江戸前期の人。彭城氏本家の祖

権太夫　ごんだいう　⇔ごんだゆう
根岸(ねぎし)権太夫　江戸後期の大住郡大山阿夫利神社祠官

権大納言　ごんだいなごん
権大納言　南北朝時代の女房・歌人

権太夫　ごんだゆう　⇔ごんだいう
雷(いかずち)権太夫　江戸後期・末期の相撲年寄
三木(みき)権太夫　江戸前期の商人《三木権大夫》
守屋(もりや)権太夫　?〜1676　江戸前期の代官
唯(ゆい)権太夫　?〜1859　江戸後期・末期の儒者
和谷(わや)権太夫　江戸後期の楽人

権大夫　ごんだゆう　⇔ごんのだいぶ
小林(こばやし)権大夫　1586〜1661　安土桃山・江戸前期の地頭
遠山(とおやま)権大夫　江戸前期の武将
南条(なんじょう)権大夫　江戸前期の武士。大坂の陣で籠城
服部(はっとり)権大夫　安土桃山時代の織田信長の家臣
三木(みき)権大夫　江戸前期の商人
水谷(みずたに)権大夫　1694〜1760　江戸中期の剣術家。心形刀流甲州派祖

権太夫貞刻　ごんだゆうさだとき
曽根(そね)権太夫貞刻　江戸中期の武士。川越藩主柳沢吉保の重臣

権大夫直信　ごんだゆうなおのぶ
熊谷(くまがえ)権大夫直信　1576〜?　安土桃山時代の武士。大坂の陣で籠城。後、細川忠利に出仕

権太夫長玄　ごんだゆうながはる
三谷(みたに)権太夫長玄　1602〜1665　安土桃山・江戸前期の松江藩家老

権大夫泰綱　ごんだゆうやすつな
安田(やすだ)権大夫泰綱　?〜1635　江戸前期の長宗我部盛親の家臣

権太郎　ごんたろう
権太郎　江戸後期の鹿児島小野村の石工
大久保(おおくぼ)権太郎　安土桃山時代の桑田郡大野村の農民
多賀(たが)権太郎　1854頃〜?　江戸末期の新撰組隊士

権中　ごんちゅう　⇔けんちゅう
永井(ながい)権中　?〜1762　江戸中期の医師

勤超　ごんちょう
勤超　?〜1706　江戸前期・中期の浄土宗の僧

鯤堂　こんどう
小倉(おぐら)鯤堂　1831〜1891　江戸後期〜明治期の漢学者

闇儺　こんな
浦田(うらたの)闇儺　平安前期の俘囚《浦田史闇儺》

権内　ごんない
柏原(かしはら)権内　江戸前期の武将。大坂の陣で籠城
中村(なかむら)権内　?〜1731　江戸中期の剣術家。無住心剣術

権之丞　ごんのうじょう　⇔ごんのじょう
松濤(まつなみ)権之丞　1836〜1868　江戸末期の幕臣・定役格同心。1864年遣仏使節に随行しフランスに渡る《松濤権之丞》

権頭　ごんのかみ
岩(いわ)権頭　江戸後期の津久井県佐野川村民
鳥海(とりうみ)権頭　江戸後期の大住郡平間村鎮守神明宮神主

権之正　ごんのしょう
河尻(かわしり)権之正　戦国時代の八幡山城主・

江馬氏の家臣

権之丞 ごんのじょう ⇔ごんのうじょう
荒木(あらき)権之丞 江戸前期の武士
井上(いのうえ)権之丞 1808〜1875 江戸後期〜明治期の隠岐騒動自治政府四長老の一人
高見沢(たかみざわ)権之丞 1814〜1880 江戸後期〜明治期の開拓使営繕掛手代
高村(たかむら)権之丞 ?〜1667 江戸前期の指扇領主山内豊前守一唯家老
松濤(まつなみ)権之丞 1836〜1868 江戸末期の幕臣・定役格同心。1864年遣仏使節に随行しフランスに渡る
吉田(よしだ)権之丞 1635〜1703 江戸前期・中期の安行植木の元祖

権之丞朝光 ごんのじょうともみつ
荻野(おぎの)権之丞朝光 ?〜1633 江戸前期の豊臣秀頼の家臣

権之進 ごんのしん
諸橋(もろはし)権之進 江戸時代の加賀藩能太夫

権佐 ごんのすけ
結城(ゆうき)権佐 江戸前期の加藤清正の家臣。大坂の陣で籠城

権之助 ごんのすけ
石川(いしかわ)権之助 戦国時代の武将。武田家臣
江馬(えま)権之助 1804〜1890 江戸末期・明治期の蘭方医
金森(かなもり)権之助 1651〜1658 江戸前期の金森頼直の子
斎藤(さいとう)権之助 1743〜1808 江戸中期・後期の熊本藩士
榊原(さかきばら)権之助 江戸後期の藩儒者
鳥井(とりい)権之助 1811〜1868 江戸後期・末期の北海道開拓の功労者

権大夫 ごんのだいぶ ⇔ごんだゆう
権大夫 平安後期・鎌倉前期の歌人。七条院(後鳥羽院生母)の女房

厳潘 ごんは
厳潘 室町時代の画僧

権八 ごんぱち
平井(ひらい)権八 江戸前期の鳥取藩士。歌舞伎の白井権八のモデル
屋貝屋(やがいや)権八 江戸中期の高山町人
湯川(ゆかわ)権八 江戸前期の紀伊の地侍

権八郎正信 ごんぱちろうまさのぶ
山崎(やまざき)権八郎正信 1593〜1650 安土桃山・江戸前期の15代長崎奉行

権兵衛 ごんひょうえ ⇔ごんべい, ごんべえ
網代(あじろ)権兵衛 江戸前期の武士。大坂の陣で籠城
伊尾木(いおき)権兵衛 江戸前期の武士。長宗我部盛親に従い、大坂籠城

権兵衛正昭 ごんひょうえまさあき
松本(まつもと)権兵衛正昭 ?〜1656 江戸前期の武士。大坂の陣で籠城。後、徳川義直に仕えた

権兵衛 ごんべい ⇔ごんひょうえ, ごんべえ
星野(ほしの)権兵衛 江戸時代の中山道浦和宿本陣・問屋、名主《星野権兵衛》

権平 ごんべい ⇔ごんべえ, ごんぺい
市川(いちかわ)権平 1775〜1836 江戸後期の教育家
千石(せんごく)権平 1594〜1615 安土桃山・江戸前期の伊東長次の家臣
本武(もとたけ)権平 1826〜? 江戸後期・末期の新撰組隊士

権平 ごんぺい ⇔ごんべい, ごんべえ
坂本(さかもと)権平 1814〜1871 江戸後期〜明治期の土佐藩郷士
水野(みずの)権平 江戸中期の御林方奉行
本武(もとたけ)権平 1826〜? 江戸後期・末期の新撰組隊士《本武権平》

権平長勝 ごんぺいながかつ
平野(ひらの)権平長勝 1603〜1668 安土桃山・江戸前期の豊臣秀頼の家臣

権兵衛 ごんべえ ⇔ごんひょうえ, ごんべい
石塚(いしづか)権兵衛 江戸後期の大住郡寺田縄村民
石野(いしの)権兵衛 江戸中期の文人
石山(いしやま)権兵衛 1801〜1870 江戸後期〜明治期の剣術家。忠也派一刀流
伊勢屋(いせや)権兵衛 江戸前期の京都糸割符商人
茨木屋(いばらきや)権兵衛 江戸前期の京都糸割符商人
大和田(おおわだ)権兵衛 江戸中期の藩士
加藤(かとう)権兵衛 1682〜1763 江戸前期・中期の剣術家。天真流
加藤(かとう)権兵衛 1766〜1840 江戸中期・後期の人。温州ミカンを三ケ日に初めて導入した功労者
河野(こうの)権兵衛 江戸後期の慈善家
今春(こんぱる)権兵衛 江戸中期の能役者
杉野(すぎの)権兵衛 江戸後期の医師。「名飯部類」の著者
体阿弥(たいあみ)権兵衛 江戸後期の錺物屋
中西(なかにし)権兵衛 ?〜1612 安土桃山時代の織田信長の家臣
能勢(のせ)権兵衛 1661〜1736 江戸前期・中期の代官
林(はやし)権兵衛 1795〜1861 江戸後期・末期の開拓者
平野(ひらの)権兵衛 江戸中期の豪商
平野屋(ひらのや)権兵衛 江戸前期の京都糸割符商人
福田(ふくだ)権兵衛 江戸中期の座間入谷村名主
星野(ほしの)権兵衛 江戸時代の中山道浦和宿本陣・問屋、名主
美濃部(みのべ)権兵衛 ?〜1636 江戸前期の幕臣
村井(むらい)権兵衛 1641〜1689 江戸前期・中期の商人
横浜屋(よこはまや)権兵衛 1724〜1836 江戸中期・後期の金沢笠舞久原町の人

権平 ごんべえ ⇔ごんべい, ごんぺい
佐久間(さくま)権平 安土桃山時代の織田信長の家臣

寺尾(てらお)権平　戦国時代の里見氏家臣

権兵衛尉　ごんべえのじょう

雨宮(あめのみや)権兵衛尉　1531〜1575　戦国・安土桃山時代の武田氏の家臣

昆陽　こんよう

筑井(つくい)昆陽　江戸後期の漢学者

権律師　ごんりつし

学道(がくどう)権律師　?〜1801　江戸中期・後期の花道家

昆陵　こんりょう

石川(いしかわ)昆陵　江戸中期の書家、画家

金蓮　こんれん

金蓮　奈良時代の僧

坤六　こんろく

田中(たなか)坤六　1845〜1915　江戸末期〜大正期の官吏。熊本・新潟県の内務部長

権六　ごんろく

佐々木(ささき)権六　1830〜1916　江戸末期〜大正期の福井藩士《佐々木作兵衛》

田中(たなか)権六　江戸前期・中期の安芸郡北川村久府付地区の名主

権六郎守直　ごんろくろうもりなお

長谷川(はせがわ)権六郎守直　江戸前期の4代長崎奉行

崑崙　こんろん

副島(そえじま)崑崙　1651〜1717　江戸前期・中期の漢学者

橘(たちばな)崑崙　1761頃?〜?　江戸中期・後期の詩文家、書画家

【さ】

西阿　さいあ

西阿　室町時代の法相宗の僧

熊野(くまの)西阿　安土桃山時代の武士

才庵　さいあん

佐武(さたけ)才庵　江戸前期の藩医師

済庵　さいあん

石黒(いしぐろ)済庵　1787〜1836　江戸中期・後期の医師、本草家

柴庵　さいあん

柴庵　室町時代の画僧

材庵　ざいあん

松井(まつい)材庵　江戸中期の医者

才一　さいいち

柏崎(かしわざき)才一　江戸末期の会津藩士・会津遊撃隊隊士

才一郎　さいいちろう

佐藤(さとう)才一郎　1831〜1889　江戸後期〜明治期の三増村の名主で蕉門自在庵系の俳人

西院皇后宮　さいいんこうごうぐう

西院皇后宮　1029〜1093　平安中期・後期の後三条天皇の皇后

才右衛門　さいうえもん　⇔さいえもん

太田(おおた)才右衛門　1819〜1884　江戸後期〜明治期の日滝原水利開発者

西運　さいうん

西運　?〜1740　江戸時代の浄土宗の僧

最恵　さいえ

最恵　平安後期の僧

最恵親王　さいえいしんのう

最恵親王　?〜1370　鎌倉後期・南北朝時代の後醍醐天皇の皇子

才右衛門　さいえもん　⇔さいうえもん

太田(おおた)才右衛門　1819〜1884　江戸後期〜明治期の日滝原水利開発者《太田才右衛門》

斎右衛門　さいえもん　⇔せいえもん

川上(かわかみ)斎右衛門　?〜1866　江戸末期の高山町年寄

布施(ふせ)斎右衛門　江戸中期の大衡・大瓜・奥田村の肝入

最円　さいえん

最円　825〜?　平安前期の天台宗の僧

最円　988〜1050　平安中期の僧

西円　さいえん

西円　鎌倉時代の僧侶・歌人

信称寺(しんしょうじ)西円　江戸前期の白川村の信称寺の開基

在淵　ざいえん

乾(いぬい)在淵　?〜1800　江戸中期・後期の茶人

西音　さいおん

西音　鎌倉時代の浄土宗の僧・歌人

彩霞　さいか

赤城(あかぎ)彩霞　1805〜1848　江戸後期の漢学者

採花　さいか

佐藤(さとう)採花　1844〜1901　江戸後期〜明治期の女流俳人

西花　さいか

西花　江戸中期の俳人

再賀　さいが

再賀　1692〜1764　江戸中期の俳人

西峨　さいが

西峨　?〜1821　江戸中期・後期の上総久留米藩士・洒落本作者

西海　さいかい　⇔せいかい

西海　江戸前期の俳人

斉覚　さいかく

斉覚　1023〜1078　平安中期・後期の天台僧

西海枝　さいかち

西海枝　戦国時代の画家

採霞楼　さいかろう

採霞楼　江戸後期の雑俳点者

砕厳　さいがん

高森(たかもり)砕厳　1847〜1917　江戸末期〜大正期の南画家

在顔 ざいがん
在顔 1528～1619 戦国～江戸前期の武将

西帰 さいき
伊東（いとう）西帰 1809～？ 江戸後期の藩士

西鬼 さいき ⇔せいき
西鬼 江戸前期の俳人

斉祇 さいぎ
斉祇 983～1047 平安中期の天台僧

采菊 さいきく
小宅（おやけ）采菊 1673～1741 江戸前期・中期の漢学者

才吉 さいきち
永沢（ながさわ）才吉 1840～？ 江戸後期～明治期の人。古川町内に最初の水道を敷設した

柴居 さいきょ
柴居 ？～1794 江戸中期・後期の俳人

祭魚 さいぎょ
祭魚 江戸後期・末期の俳人

柴魚 さいぎょ
岡庭（おかにわ）柴魚 江戸末期の神職

西漁子 さいぎょし
西漁子 江戸前期の俳人

西吟 さいぎん
水田（みずた）西吟 ？～1709 江戸中期の俳人

斎宮 さいぐう ⇔いつき
蘆塚（あしづか）斎宮 江戸後期の女性。「手相即座考」の著者
後藤（ごとう）斎宮 江戸後期の仏師
佐野（さの）斎宮 江戸後期の鎌倉鶴岡八幡宮の神楽職

斎宮之助 さいぐうのすけ
神武（こうたけ）斎宮之助 江戸末期の筑前宇美宮大宮司。筑前藩神祇道復興運動の同志

斎宮内侍 さいぐうのないし
斎宮内侍 平安中期の女房・歌人
斎宮内侍 平安中期の女性。『重之集』に名が見える

犀渓 さいけい
服部（はっとり）犀渓 1819～1887 江戸末期の漢学者

西景 さいけい
西景 平安後期の後白河院の近臣

在桂 ざいけい
今岡（いまおか）在桂 1670～1753 江戸中期の俳人

最憲 さいけん
最憲 平安後期の延暦寺の悪僧

菜軒 さいけん
隠岐（おき）菜軒 ？～1788 江戸中期の詩人

最源 さいげん
最源 1046～1126 平安中期・後期の仁和寺宝乗院の僧
最源 1105～1185 平安後期の仁和寺僧

才玄 さいげん
才玄 1762～1829 江戸中期・後期の浄土真宗の僧

最玄院 さいげんいん
最玄院 1816～1816 江戸後期の女性。徳川家慶三女

西光 さいこう
西光 ？～1177 平安後期の廷臣、僧

西向 さいこう
井芹（いせり）西向 鎌倉時代の肥後国御家人

西皐 さいこう ⇔せいこう
多々羅（たたら）西皐 1782～1838 江戸中期・後期の漢詩人

崔高 さいこう
石塚（いしづか）崔高 1766～1817 江戸中期・後期の中国語辞典「南山俗語考」の編纂者

在高 ざいこう
桂井（かつらい）在高 ？～1765 江戸中期の医師、漢詩人

彩恍院 さいこういん
彩恍院 1832～1833 江戸後期の徳川家慶の九男

最厳 さいごん
最厳 平安後期の天台宗の僧・歌人

斎三郎 さいさぶろう
斎三郎 江戸後期の津久井県青山村名主
八幡（やはた）斎三郎 ？～1681 江戸前期の伊達家準一家八幡家最後の当主

財三郎 ざいざぶろう
久保（くぼ）財三郎 1849～1913 江戸末期～大正期の剣道家・自由民権運動家

柴山 さいざん
清水（しみず）柴山 江戸後期の和算家

才次 さいじ
光明寺村（こうみょうじむら）才次 江戸前期の十村役

才治 さいじ
鶴沢（つるざわ）才治 1816～1858 江戸後期・末期の浄瑠璃三味線方
冨田（とみた）才治 1724～1772 江戸中期の唐津藩平原組の大庄屋
広瀬（ひろせ）才治 江戸中期の学者

才二 さいじ
沢（さわ）才二 1707～1785 江戸中期の俳人
松田（まつだ）才二 江戸中期の浄瑠璃作者

斎治 さいじ
並木（なみき）斎治 江戸中期の浄瑠璃作者
野田（のだ）斎治 1850～1912 江戸後期～明治期の資産家

西治 さいじ
西治 江戸前期の俳人

在止 ざいし
加藤（かとう）在止 江戸中期の談義本作者

西寂 さいじゃく
西寂 ？～1181 平安後期の備後国奴可郡の住人

崔十 さいじゅう
山中（やまなか）崔十 1856～1935 江戸末期～昭和期の眼科医

西春　さいしゅん
西春　1639～1667　江戸前期の僧
西順　さいじゅん
西正寺（さいしょうじ）西順　戦国時代の清見村の西正寺の開基
如是庵（にょぜあん）西順　1616～？　江戸前期の連歌師
才女　さいじょ
伊藤（いとう）才女　江戸後期の女流歌人
菜茹　さいじょ
山崎（やまざき）菜茹　1773～1828　江戸中期・後期の医者
宰承　さいしょう
宰承　鎌倉後期の天台宗の僧・歌人
宰相　さいしょう
宰相　平安中期の女性。中宮定子の女房
宰相　平安中期の女房。四条宮藤原寛子に仕える
宰相　平安中期の女性。淑景舎藤原原子の女房
宰相　平安後期の女性。鳥羽天皇皇女八条院（暲子内親王）の乳母
宰相　平安後期・鎌倉前期の女性。後高倉院の乳母
諏方（すわ）宰相　安土桃山時代の上野国衆松井田諏方氏一族？
済承　さいしょう
済承　1442～？　室町・戦国時代の真言宗の僧
西笑　さいしょう
西笑　江戸後期の僧
才四郎　さいしろう
櫟本（いちのもと）才四郎　？～1615　江戸前期の興元寺の被官
才次郎　さいじろう
才次郎　江戸後期の楠本村庄屋
成田（なりた）才次郎　1855～1868　江戸末期の二本松藩少年隊士
深尾（ふかお）才次郎　1818～1837　江戸後期の大塩の乱参加者
最信　さいしん
最信　鎌倉前期の天台宗の僧・歌人
蔡真　さいしん
野際（のぎわ）蔡真　1819～1871　江戸末期の画家
済尋　さいじん
済尋　1029～1095　平安中期・後期の興福寺の法相宗僧
斉信院　さいしんいん
斉信院　1849～1849　江戸後期の徳川家慶の十三男
采真斎　さいしんさい
前田（まえだ）采真斎　江戸後期の藩士
才助　さいすけ
青柳（あおやぎ）才助　江戸後期の佃煮の行商人
後藤（ごとう）才助　安土桃山時代の商人。鮎鮨を販売
田川（たがわ）才助　江戸後期の経世家
伴（ばん）才助　？～1803　江戸中期・後期の弘前藩勘定奉行
才輔　さいすけ
高橋（たかはし）才輔　1779～1858　江戸中期～末期の庄内藩士
斎輔　さいすけ
新井（あらい）斎輔　1833～1889　江戸後期～明治期の土地改良事業家
高松（たかまつ）斎輔　1830～1856　江戸後期・末期の医師
在正　ざいせい
原（はら）在正　？～1810　江戸中期・後期の画家
砕石　さいせき
石井（いしい）砕石　江戸後期の藩士
最仙　さいせん
最仙　平安前期の天台宗の僧
犀川　さいせん
井口（いのくち）犀川　1812～1884　江戸後期～明治期の漢学者
才蔵　さいぞう
霧隠（きりがくれ）才蔵　安土桃山・江戸前期の武将
竹下（たけした）才蔵　1847～？　江戸後期～明治期の良田改修の先駆者
才造　さいぞう
鈴木（すずき）才造　1823～1891　江戸末期・明治期の名古屋木材商
最蔵坊　さいぞうぼう
最蔵坊　？～1648　江戸前期の僧
斎太　さいた
竹花（たけはな）斎太　？～1816　江戸中期・後期の義民
宰陀　さいだ
宰陀　1675～1738　江戸中期の俳人
才太郎　さいたろう
大井（おおい）才太郎　1856～1924　江戸末期～大正期の通信技術者
緒方（おがた）才太郎　？～1662　江戸前期の農民
長谷川（はせがわ）才太郎　1847～1924　江戸末期～大正期の歌舞伎興行師
斉太郎　さいたろう
代田（しろた）斉太郎　1811～1899　江戸後期～明治期の寺子屋師匠
佐一　さいち
石沼（いしぬま）佐一　1851？～1915　江戸末期～大正期の栃木県代言人
佐市　さいち
佐市　江戸後期の藤井村の商人
中村（なかむら）佐市　江戸後期の大住郡曽屋村名主
最忠　さいちゅう
最忠　？～1170　平安後期の延暦寺梶井門跡僧（園城寺僧とも）
佐一郎　さいちろう
阿部（あべ）佐一郎　1825～1877　江戸後期～明治期の人。赤荻村最後の肝入
岸本（きしもと）佐一郎　1822～1858　江戸後期・末期の囲碁棋士追贈7段
山田（やまだ）佐一郎　江戸後期の韮山代官江川氏

の手代

左一郎　さいちろう

岡田(おかだ)左一郎　江戸後期・末期の幕臣

月山(つきやま)左一郎　1835〜1897　江戸後期〜明治期の教育者・自治功労者

宮本(みやもと)左一郎　1778〜1838　江戸中期・後期の剣術家。神道無念流

最鎮　さいちん

最鎮　平安中期の社僧

左逸　さいつ

左逸　1748〜1812　江戸中期・後期の俳人、医者

西日　さいにち

西日　平安後期の僧侶・歌人

最仁　さいにん

最仁　1127〜1176　平安後期の僧

西忍　さいにん

国分(こくぶ)西忍　江戸時代の医者

竹田(たけだ)西忍　室町時代の山城国乙訓郡寺戸の国人

西念　さいねん

西念　平安後期の僧侶

西念　平安後期の僧

西念　1182〜1289　鎌倉前期の浄土真宗の僧

才馬　さいば

才馬　江戸後期の俳人

才兵衛　さいひょうえ　⇔さいべえ

西岡(にしおか)才兵衛　戦国時代の仏師

菜風　さいふう

河田(かわだ)菜風　1821〜1880　江戸後期〜明治期の私塾経営者

最平　さいへい

三宅(みやけ)最平　1843〜1918　江戸末期〜大正期の実業家

才兵衛　さいべえ　⇔さいひょうえ

安倍(あべ)才兵衛　1724〜1809　江戸中期・後期の剣術家。真景流

大野(おおの)才兵衛　戦国〜江戸前期の大野村の土豪

風祭(かざまつり)才兵衛　?〜1613　江戸前期の代官

小山(こやま)才兵衛　1574〜1654　安土桃山・江戸前期の藤塚の開墾と植林に尽力

佐藤(さとう)才兵衛　江戸後期の津久井県佐野川村名主

佐野(さの)才兵衛　江戸前期の人。鳥ヶ地新田の佐野家の祖

白石(しらいし)才兵衛　1729〜1809　江戸中期・後期の6代目

鈴木(すずき)才兵衛　1754〜?　江戸中期・後期の幕臣

遠山(とおやま)才兵衛　江戸前期の武士

斎兵衛　さいべえ

牧村(まきむら)斎兵衛　?〜1646　江戸前期の郡奉行

最弁　さいべん

最弁　鎌倉後期の真言宗の僧

菜圃　さいほ

松坂(まつざか)菜圃　1836〜1912　江戸末期・明治期の画家

才麻呂　さいまろ

壱岐(いきの)才麻呂　平安前期の官人

才麿　さいまろ

谷(たに)才麿　1655〜1738　江戸前期・中期の談林派の俳人

斎美　さいみ

小野(おの)斎美　1836〜1895　江戸後期〜明治期の安蘇郡下彦間村の修験者、神主、和塾教師

最妙　さいみょう

最妙　1159〜1183　平安後期の尼

済民　さいみん

入江(いりえ)済民　1824〜1855　江戸後期・末期の藩士

西武　さいむ

山本(やまもと)西武　江戸前期の俳人

雑物　さいもの　⇔ぞうもつ

穴太(あのうの)雑物　奈良時代の官人

林(はやしの)雑物　奈良時代の官人

在融　ざいゆう

在融　江戸後期の浄土宗の僧

菜嶼　さいよ

竹谷(たけたに)菜嶼　1850〜1918　江戸末期〜大正期の画家

菜陽　さいよう

濠越(ほりこし)菜陽　江戸中期の市村座の立作者

載陽　さいよう

春日(かすが)載陽　1812〜1886　江戸末期・明治期の漢方医《春日寛平》

西羊　さいよう

西羊　江戸中期の俳人

最蘭　さいらん

最蘭　江戸中期の日蓮宗の僧

西蘭　さいらん

武藤(むとう)西蘭　1788〜1855　江戸後期の女性。文人、武藤平道の妻

柴籬　さいり

柴籬　1785〜1840　江戸中期・後期の俳諧作者

再竜　さいりゅう

牧野(まきの)再竜　1821〜1889　江戸末期・明治期の曹洞宗の僧

西了　さいりょう

光雲寺(こううんじ)西了　戦国時代の僧。萩原町の光雲寺の開基

専勝寺(せんしょうじ)西了　戦国時代の河合村の専勝寺の開基

西蓮　さいれん

西蓮　室町時代の僧侶・歌人

最蓮房　さいれんぼう

最蓮房　鎌倉時代の僧

才六　さいろく
小竹（こたけ）才六　1848～1916　江戸末期～大正期の能楽師
左右衛門　さうえもん　⇔さえもん
諏訪（すわ）左右衛門　戦国時代の武将。武田家臣
佐運　さうん
佐運　1540～1587　戦国・安土桃山時代の越中真宗寺院瑞泉寺住持
小枝　さえ
楠瀬（くすのせ）小枝　1788～1855　江戸後期・末期の医師
佐越　さえつ
佐越　江戸中期の俳人
佐右衛門　さえもん
佐右衛門　江戸中期の高野山寺領下筒香村庄屋
木嶋（きじま）佐右衛門　？～1767　江戸中期の大工
武岡（たけおか）佐右衛門　1738～1813　江戸後期の大力家
左右衛門　さえもん　⇔さうえもん
西山（にしやま）左右衛門　江戸後期の都筑郡新羽村年寄役
左衛門　さえもん　⇔ざえもん
粟飯原（あいはら）左衛門　？～1603　安土桃山時代の代官
赤松（あかまつ）左衛門　江戸後期の武士
朝日（あさひ）左衛門　？～1588　戦国・安土桃山時代の武将
板部岡（いたべおか）左衛門　戦国時代の小田原北条氏の家臣
牛村（うしむら）左衛門　江戸後期の淘綾郡国府新宿六所明神社社人
加久見（かくみ）左衛門　安土桃山時代の土佐の土豪
福島（くしま）左衛門　戦国時代の北条氏の家臣
近藤（こんどう）左衛門　鎌倉時代の人。三浦流岡崎義実の旧領岡崎郷を拝領
刀利（とうり）左衛門　戦国時代の刀利城城主
星野（ほしの）左衛門　安土桃山時代の織田信長の家臣
真里谷（まりやつ）左衛門　戦国時代の里見氏家臣
見垣（みがき）左衛門　1818～1873　江戸後期～明治期の神職
御宿（みしゅく）左衛門　戦国時代の北条氏の家臣
湯山（ゆやま）左衛門　戦国時代の武将
左衛門　ざえもん　⇔さえもん
日本（にほん）左衛門　1719？～1747　江戸中期の尾張藩士。歌舞伎「白波五人男」のモデルの一人《浜島庄兵衛》
左衛門五郎　さえもんごろう
青木（あおき）左衛門五郎　戦国・安土桃山時代の石切職人
勝田（かつた）左衛門五郎　南北朝時代の能登国鳳至郡櫛比荘勝田村に住んだ武士
菅谷（すげのや）左衛門五郎　戦国時代の小山高朝・秀綱の家臣
福本（ふくもと）左衛門五郎　戦国時代の鍛冶職人
左衛門三郎　さえもんさぶろう
薩摩（さつま）左衛門三郎　？～1272　鎌倉前期・後期の武士
沼田（ぬまた）左衛門三郎　戦国時代の上野国衆沼田万喜斎の長男
左衛門四郎　さえもんしろう
篠生（ささう）左衛門四郎　戦国時代の安房国北郡吉浜村の在地領主
長塩（ながしお）左衛門四郎　戦国時代の武士
左衛門四郎入道　さえもんしろうにゅうどう
福島（ふくしま）左衛門四郎入道　南北朝時代の武将
左衛門大夫　さえもんたいふ　⇔さえもんたゆう，さえもんのたいふ，さえもんのだいぶ
庭谷（にわや）左衛門大夫　安土桃山時代の上野国衆
左衛門大夫　さえもんたゆう　⇔さえもんたいふ，さえもんのたいふ，さえもんのだいぶ
野田（のだ）左衛門大夫　戦国時代の足利義氏の家臣。下総国栗橋城の城主
横須賀（よこすか）左衛門大夫　戦国時代の北条氏康の家臣
左衛門大夫安家　さえもんたゆうやすいえ
専当（せんとう）左衛門大夫安家　安土桃山・江戸前期の香美郡大忍庄槇山郷専当名主、土豪
左衛門太良　さえもんたろう
丸山（まるやま）左衛門太良　安土桃山時代の佐久郡田口の郷士、大工棟梁
左衛門太郎　さえもんたろう
河島（かわしま）左衛門太郎　戦国時代の上総国東金城（東金市）主・酒井政辰の家臣
小嶋（こじま）左衛門太郎　戦国時代の北条氏の家臣
四宮（しのみや）左衛門太郎　鎌倉後期の武人
土屋（つちや）左衛門太郎　戦国時代の北条氏の家臣
左衛門入道　さえもんにゅうどう
鵜沼（うぬま）左衛門入道　鎌倉後期の武士
富谷（とみがや）左衛門入道　鎌倉後期の武士
左衛門入道家貞　さえもんにゅうどういえさだ
加治（かじ）左衛門入道家貞　？～1333　鎌倉後期の武蔵武士《加治家貞》
左衛門尉　さえもんのじょう
粟飯原（あいはら）左衛門尉　鎌倉後期の武士
秋山（あきやま）左衛門尉　1551？～1579　戦国・安土桃山時代の武田氏の家臣
安保（あぼ）左衛門尉　戦国時代の北条氏の家臣
井上（いのうえ）左衛門尉　戦国時代の信濃国高井郡井上庄の国衆井上氏の一族
岩堀（いわぼり）左衛門尉　戦国時代の古河公方の家臣
上田（うえだ）左衛門尉　戦国時代の扇谷上杉朝良の重臣
海老名（えびな）左衛門尉　？～1478　室町・戦国時代の武士
織田（おだ）左衛門尉　江戸前期の武士。大坂の陣で籠城
落合（おちあい）左衛門尉　南北朝時代の祖谷山の武士
賀島（かしま）左衛門尉　鎌倉後期の武士

狩野（かのう）左衛門尉　戦国時代の北条氏の家臣
栢間（かやま）左衛門尉　鎌倉前期・後期の武蔵武士
河村（かわむら）左衛門尉　？～1508　戦国時代の武田氏の家臣
木内（きのうち）左衛門尉　戦国時代の千葉胤直（常瑞）の家臣
清久（きよく）左衛門尉　鎌倉時代の武蔵武士
佐々木（ささき）左衛門尉　戦国時代の相模国の武士
佐々木（ささき）左衛門尉　戦国時代の古河公方の家臣
鎮目（しずめ）左衛門尉　室町・戦国時代の鎮目郷の土豪
設楽（したら）左衛門尉　戦国時代の千葉孝胤の家臣
千野（ちの）左衛門尉　安土桃山時代の信濃国諏訪郡の国衆
長井（ながい）左衛門尉　戦国時代の山内上杉氏の家臣
南条（なんじょう）左衛門尉　鎌倉後期の武士
八条（はちじょう）左衛門尉　？～1514　戦国時代の武士。越後守護上杉氏の一族
布寄（ふより）左衛門尉　？～1575　安土桃山時代の武将
御宿（みしゅく）左衛門尉　戦国時代の北条氏の家臣《御宿左衛門》
武藤（むとう）左衛門尉　戦国時代の武田氏の家臣
村岡（むらおか）左衛門尉　戦国時代の神職。駿府浅間社社家、流鏑馬奉行
望月（もちづき）左衛門尉　1552？～1575　戦国・安土桃山時代の甲斐武田晴信の家臣
山田（やまだ）左衛門尉　安土桃山時代の織田信長の家臣
和田（わだ）左衛門尉　戦国時代の井田因幡守の家臣

左衛門尉景晋　さえもんのじょうかげみち
遠山（とおやま）左衛門尉景晋　1752～？　江戸中期・後期の83代長崎奉行

左衛門尉時持　さえもんのじょうときもち
府馬（ふま）左衛門尉時持　南北朝時代の武将

左衛門佐　さえもんのすけ
浅野（あさの）左衛門佐　？～1619　安土桃山・江戸前期の浅野家老
豊前（ぶぜん）左衛門佐　？～1605　安土桃山・江戸前期の古河公方の家臣

左衛門佐信之　さえもんのすけのぶゆき
小笠原（おがさわら）左衛門佐信之　1560～1614　安土桃山・江戸前期の本庄城主

左衛門大夫　さえもんのたいふ　⇔さえもんたいふ, さえもんたゆう, さえもんのだいぶ
島本（しまもと）左衛門大夫　安土桃山時代の織田信長の家臣

左衛門大夫　さえもんのだいぶ　⇔さえもんたいふ, さえもんたゆう, さえもんのたいふ
天王（てんのう）左衛門大夫　安土桃山時代の上野国群馬郡柴崎天王社の神主

左衛門六郎　さえもんろくろう
服部（はっとり）左衛門六郎　鎌倉時代の武士

砂燕　さえん
富田（とみた）砂燕　1838～1900　江戸後期～明治期の商人、好劇家

沙鷗　さおう
沙鷗　1783～1843　江戸中期・後期の俳人

竿丸　さおまる
筏（いかだ）竿丸　江戸末期の狂歌作者

堺兵衛　さかいべえ
堺兵衛　江戸前期の能登の海商

栄　さかえ　⇔えい
千葉（ちば）栄　1846～？　江戸後期・末期の新撰組隊士
友平（ともひら）栄　1816～1882　江戸後期～明治期の砲術家、陸軍軍人
源（みなもとの）栄　平安後期の官人
目加田（めかた）栄　1856～？　江戸末期・明治期の篤志家
森岡（もりおか）栄　江戸末期・明治期の博聞社名代人、博文社書店主人

佐角　さかく
相庭（あいば）佐角　江戸中期の俳人

坂田麿　さかたまろ
大中臣（おおなかとみの）坂田麿　平安前期の官人

佐兼　さがね
思呉良（めくら）佐兼　江戸前期の徳之島東間切秋徳村の人。薩摩藩の琉球侵攻の際、討死にしたと伝えられる

坂之助　さかのすけ
山崎（やまざき）坂之助　？～1758　江戸中期の郡奉行、剣術家。真景流

酒人女王　さかひとのおおきみ
酒人女王　奈良時代の女性。穂積皇子の孫女

酒部王　さかべおう
酒部王　？～730　奈良時代の官人

逆麿　さかまろ
磯部（いそべの）逆麿　？～866　平安前期の中嶋郡の人。広野河の改修工事に動員された

坂麻呂　さかまろ
大隅直（おおすみのあたい）坂麻呂　奈良時代の大隅国左大舎人

尺麻呂　さかまろ
君子（きみこの）尺麻呂　奈良時代の人

逆光　さかみつ
紀（きの）逆光　平安中期の相撲人

佐賀武　さがむ
当麻（たぎまの）佐賀武　奈良時代の官人

酒盛　さかもり
成三楼（せいさんろう）酒盛　江戸後期の戯作者

迮鹿文　さかや
迮鹿文　上代の熊襲の首長

盛　さかり　⇔せい, もり
清野（せいの）盛　1850～1912　江戸後期～明治期の代言人、弁護士

盛少将　さかりのしょうしょう
盛少将　平安中期の女房・歌人

サキ
石井(いしい)サキ　1844～1924　江戸末期～大正期の女性。三浦郡諸磯村出口四郎左衛門の長女

咲　さき
咲　江戸中期の女性。徳川吉宗の側室

咲右衛門　さきえもん
林(はやし)咲右衛門　江戸末期の韮山代官江川氏の手代

福雄　さきお
大国(おおくにの)福雄　平安前期の官人
小治田(おはりだの)福雄　平安前期の官人
紀(きの)福雄　平安前期の紀伊国造職

鷺助　さぎすけ
鷺助　江戸中期の俳人

佐吉　さきち
佐吉　江戸後期の藤井村の村民
佐吉　?～1837　江戸後期の二戸郡女鹿村の大工職人
大野(おおの)佐吉　江戸末期の商人。鮒のすずめ焼を販売
恩田(おんた)佐吉　?～1873　江戸後期～明治期の勤倹家
黒川(くろかわ)佐吉　江戸末期の新撰組隊士
黒崎(くろさき)佐吉　1825～1855　江戸末期の力士
丹羽(にわ)佐吉　江戸時代の岡山藩家老日置氏の臣。丹羽家の祖
伴野(ばんの)佐吉　1839～1905　江戸後期～明治期の御殿場口富士山登山道開削者
藤原(ふじわら)佐吉　江戸後期の大住郡曽屋村の鋳掛職
藤原(ふじわら)佐吉　1852～1941　江戸後期～昭和期の仙台金港堂創業者
堀江(ほりえ)佐吉　1845～1907　江戸後期～明治期の建築家、大工
渡辺(わたなべ)佐吉　1849～1923　江戸後期～大正期の富商

左吉　さきち
高木(たかぎ)左吉　安土桃山時代の織田信長の家臣
武田(たけだ)左吉　安土桃山時代の織田信長の家臣
寺田(てらだ)左吉　?～1889　江戸後期～明治期の村役人
松浦(まつら)左吉　?～1614　江戸前期の武士。大坂の陣で籠城。木村重成の配下
湯浅(ゆあさ)左吉　?～1615　江戸前期の人。後藤又兵衛組の湯浅三郎兵衛の子

左吉三信　さきちみつのぶ
武田(たけだ)左吉三信　?～1615　江戸前期の豊臣秀吉・秀頼の家臣

佐吉郎　さきちろう
藤生(ふじゅう)佐吉郎　1851～1915　江戸末期～大正期の木製ジャカード創案者

左橘　さきつ
左橘　江戸中期の俳人

左吉兵衛　さきつひょうえ
篠原(しのはら)左吉兵衛　?～1562　戦国・安土桃山時代の名東郡夷山城主

福時　さきとき
服(はとりの)福時　平安中期の伊勢国三見郷の刀禰

前知　さきとも
西野(にしの)前知　1822～1893　江戸後期～明治期の廻船問屋

福成　さきなり　⇔ふくなり
小長谷(おはせの)福成　平安前期の近江国駅家戸主秦仲麿の戸口

さ

福主　さきぬし
大宅(おおやけの)福主　平安前期の官人

サキノ
筒井(つつい)サキノ　1809～1875　江戸後期～明治期の富田絹発明者

前斎院出雲　さきのさいいんのいずも
前斎院出雲　平安後期の女房・歌人

前斎院尾張　さきのさいいんのおわり
前斎院尾張　平安後期の女房・歌人

前斎院新肥前　さきのさいいんのしんひぜん
前斎院新肥前　平安後期の女房・歌人

前斎院肥前　さきのさいいんのひぜん
前斎院肥前　平安後期の女房・歌人

前斎宮越後　さきのさいぐうのえちご
前斎宮越後　平安後期の女房・歌人

前斎宮甲斐　さきのさいぐうのかい
前斎宮甲斐　平安後期の女房・歌人

前斎宮河内　さきのさいぐうのかわち
前斎宮河内　平安後期の女房・歌人

前斎宮内侍　さきのさいぐうのないし
前斎宮内侍　平安後期の女房・歌人

前斎宮節折　さきのさいぐうのよおり
前斎宮節折　鎌倉後期の女房・歌人

前中宮出雲　さきのちゅうぐうのいずも
前中宮出雲　平安中期の女房・歌人

前中宮甲斐　さきのちゅうぐうのかい
前中宮甲斐　平安後期の女房・歌人

崎姫　さきひめ
崎姫　?～1586　安土桃山時代の女性。山木大方・高源院。北条氏綱の娘。今川氏輝家臣の堀越六郎後室

鷺丸　さぎまる
五位(ごい)鷺丸　?～1827　江戸中期・後期の狂歌作者

福麻呂　さきまろ　⇔ふくまろ
大石(おおいしの)福麻呂　平安前期の官人

福麿　さきまろ
息長(おきながの)福麿　平安前期の人。近江国坂田郡の副擬大領

佐京　さきょう
亀屋(かめや)佐京　1789～1850　江戸後期の商人

左京　さきょう
左京　?～1732　江戸中期の閉伊郡金沢村の砂金

長者
青木（あおき）左京〔2代〕 1735～1786 江戸中期の茶人
有賀（ありが）左京　江戸前期の初代高岡町奉行
安西（あんざい）左京　戦国時代の里見義堯の家臣
犬養（いぬかい）左京 1573～1660 安土桃山・江戸前期の豊臣秀吉の家臣
絵所（えどころ）左京　江戸時代の絵仏師
尾崎（おざき）左京　江戸後期の足柄下郡飯田岡村民
佐々木（ささき）左京　江戸後期の医者
白柏（しらかし）左京　江戸前期の武士。大坂の陣で籠城
野中（のなか）左京 ？～1615 江戸前期の人。長宗我部元親の家臣野中三郎左衛門尉親孝の嫡男
松永（まつなが）左京　江戸後期の淘綾郡国府新宿神事舞太夫
三橋（みつはし）左京　江戸前期の仏師
三村（みむら）左京　安土桃山時代の武将

左京長能　さきょうおさよし
北（きた）左京長能 ？～1653 江戸前期の豊臣秀吉の近侍

左京進　さきょうのじょう ⇔さきょうのしん
岡部（おかべ）左京進　戦国時代の今川氏の家臣

左京進　さきょうのしん ⇔さきょうのじょう
朝比奈（あさひな）左京進 ？～1561 安土桃山時代の武士
江口（えぐち）左京進　安土桃山時代の備中国の武将
近間（こんま）左京進 ？～1567 安土桃山時代の武士
金間（こんま）左京進　近間左京進に同じ
千村（ちむら）左京進　安土桃山時代の木曽氏の家臣
富野（とみの）左京進 ？～1556 戦国時代の織田信長の家臣
長野（ながの）左京進　安土桃山時代の織田信長の家臣

左京之進　さきょうのしん
坂井（さかい）左京之進　江戸前期の種子島坂井村の領主

左京助　さきょうのすけ
左京助 ？～1591 江戸前期の足柄上郡上大井村大庄屋
牛丸（うしまる）左京助 ？～1499 戦国時代の姉小路の家臣か
河井（かわい）左京助　江戸前期の河井弥七郎嫡男。父と世田谷領岩戸村（狛江市）を開発
小林（こばやし）左京助 ？～1535 戦国時代の武田氏の家臣
佐野（さの）左京助　安土桃山時代の駿河国富士郡長貫の土豪

左京之助　さきょうのすけ
大あし（おおあし）左京之助　安土桃山時代の信濃国筑摩郡会田の土豪
神山（かみやま）左京之助　戦国時代の神山館主

左京亮　さきょうのすけ
秋鹿（あいか）左京亮　戦国時代の遠江国の神主・武士
漆戸（うるしど）左京亮　戦国時代の武将。武田家臣
金子（かねこ）左京亮　安土桃山時代の北条氏照の家臣
鹿伏兎（かぶと）左京亮　安土桃山時代の織田信長の家臣
川口（かわぐち）左京亮　戦国時代の伊豆丹那郷の有力百姓
木村（きむら）左京亮　戦国時代の千葉勝胤の家臣
蔵田（くらた）左京亮　戦国時代の伊勢御師
高（こう）左京亮　戦国時代の古河公方の家臣
後藤（ごとう）左京亮　戦国時代の北条氏の家臣
佐野（さの）左京亮　戦国時代の駿河国富士郡上稲子の土豪
宍田（ししだ）左京亮　戦国時代の里見氏の家臣
尻高（しったか）左京亮　戦国時代の上杉顕定の家臣
清水（しみず）左京亮　安土桃山時代の織田信長の家臣
武（たけ）左京亮　戦国時代の武士。三浦義意の家臣
津田（つだ）左京亮 ？～1615 江戸前期の武士。大坂の陣で籠城
波多野（はたの）左京亮　戦国時代の里見義頼の家臣
原（はら）左京亮　戦国時代の信濃国高井郡山田郷の国衆
豊前（ぶぜん）左京亮　戦国時代の古河公方の家臣
逸見（へんみ）左京亮　戦国時代の武士
細井（ほそい）左京亮　戦国時代の小山秀綱の重臣
三井（みつい）左京亮　室町時代の奉公衆か

福善　さきよし
紀（きの）福善　平安前期の官人

左金吾　さきんご
江川（えがわ）左金吾　江戸末期の武士

佐金次　さきんじ
山田（やまだ）佐金次　江戸末期・明治期の代官

さく
山名（やまな）さく 1792～1861 江戸後期・末期の文人

柞　さく
浅井（あさい）柞 1843～1906 江戸後期～明治期の女性運動家

作阿　さくあ
作阿　鎌倉後期の僧

作庵　さくあん
作庵　安土桃山時代の医師
石川（いしかわ）作庵 1813～1902 江戸後期～明治期の教育者

朔庵　さくあん
小川（おがわ）朔庵　江戸前期・中期の医師

策庵　さくあん
坂東（ばんどう）策庵 ？～1799 江戸中期・後期の藩医
板東（ばんどう）策庵〔3代〕 江戸後期の医者

作殷　さくいん
岡（おか）作殷 1740～1825 江戸中期・後期の藩医

作右衛門　さくうえもん ⇔さくえもん
高井（たかい）作右衛門 1699～1759 江戸中期の酒造業《高井作右衛門》
高木（たかぎ）作右衛門 ？～1629 安土桃山・江

戸前期の朱印船貿易商《高木作右衛門忠雄》
増田(ますだ)作右衛門 1806〜1866 江戸後期・末期の幕府の飛驒国高山陣屋代官、造船廠製鉄所委員

昨雲 さくうん
小笠原(おがさわら)昨雲 江戸前期の兵法家

策雲 さくうん
井上(いのうえ)策雲 1672〜1735 江戸前期・中期の囲碁棋士

作右衛門 さくえもん ⇔さくうえもん
作右衛門 ?〜1669 江戸前期の鷹師
作右衛門 江戸中期の津久野浦農民
浅井(あさい)作右衛門 1703〜1770 江戸中期の備中倉敷代官
伊藤(いとう)作右衛門 江戸前期の藩士
内ケ崎(うちがさき)作右衛門 ?〜1699 江戸前期・中期の内ケ崎織部の長男、酒造業
大橋(おおはし)作右衛門 江戸時代の大洲藩家老
小山内(おさない)作右衛門〔2代〕 江戸中期の木造新田の開発者
小田(おだ)作右衛門 1824〜1889 江戸末期の出羽松山藩士
小堤(こづつみ)作右衛門 1790〜1860 江戸後期・末期の名主・寺子屋師匠
寺家村(じけむら)作右衛門 江戸前期の十村肝煎
正部家(しょうぶけ)作右衛門 ?〜1788 江戸中期・後期の和算(数学)にすぐれた八戸藩士
白井(しらい)作右衛門 江戸中期・後期の陶工
高井(たかい)作右衛門 1699〜1759 江戸中期の酒造業
高木(たかぎ)作右衛門 ?〜1650 江戸前期の大工
高木(たかぎ)作右衛門〔2代〕 1586頃〜1641 安土桃山・江戸前期の商人
高木(たかぎ)作右衛門〔3代〕 ?〜1671 江戸前期の町役人
高木(たかぎ)作右衛門〔4代〕 1639〜1708 江戸前期・中期の町役人
高木(たかぎ)作右衛門〔5代〕 1657〜1697 江戸前期・中期の町役人
高木(たかぎ)作右衛門〔7代〕 1687〜1723 江戸前期・中期の町役人
高木(たかぎ)作右衛門〔8代〕 ?〜1760 江戸中期の町役人
高木(たかぎ)作右衛門〔9代〕 1738〜1781 江戸中期の町役人
高木(たかぎ)作右衛門〔10代〕 1766〜1831 江戸中期・後期の町役人
高木(たかぎ)作右衛門〔11代〕 1796〜1848 江戸後期の町役人
高木(たかぎ)作右衛門〔13代〕 1823〜1873 江戸後期〜明治期の町役人
筑前屋(ちくぜんや)作右衛門 江戸時代の廻船問屋
津田(つだ)作右衛門 江戸前期の京都糸割符商人
中野(なかの)作右衛門 ?〜1873 江戸後期〜明治期の久慈の鉄山経営者
名取(なとり)作右衛門 ?〜1862 江戸後期・末期の甲府山田町の豪商
二宮(にのみや)作右衛門 江戸前期の武士。大坂の陣で籠城
棟方(むなかた)作右衛門 1675〜1750 江戸前期・中期の剣術家。卜伝流
棟方(むなかた)作右衛門 ?〜1750 江戸中期の弘前藩の家老
山本(やまもと)作右衛門 江戸後期の高座郡下九沢村名主
横井(よこい)作右衛門 江戸前期の酒井忠勝の家臣
吉田(よしだ)作右衛門 江戸時代の津山森家の臣

作右衛門忠雄 さくえもんただお
高木(たかき)作右衛門忠雄 ?〜1629 安土桃山・江戸前期の朱印船貿易商

さ

作右衛門俊重 さくえもんとししげ
松浦(まつら)作右衛門俊重 江戸前期の有馬豊氏・池田忠雄の家臣

作右衛門尉 さくえもんのじょう
大和(おわ)作右衛門尉 安土桃山時代の信濃国諏訪郡大和郷の土豪

作夫 さくお
村上(むらかみ)作夫 1847〜1885 江戸後期〜明治期の漢学者

索峨 さくが
田中(たなか)索峨 1742〜1814 江戸後期の画家《田中索我》

索我 さくが
田中(たなか)索我 1742〜1814 江戸後期の画家

佐久川 さくがわ
唐手(とーでぃー)佐久川 1782〜1863 江戸中期〜末期の親雲上

索居 さくきょ
志保川(しほがわ)索居 1844〜1914 江戸末期〜大正期の袋物師

作眼 さくげん
松永(まつなが)作眼 江戸中期の眼科医

作吾 さくご
角南(すなみ)作吾 1824〜1891 江戸後期〜明治期の大里正・宗教家

策吾 さくご
島村(しまむら)策吾 1817〜1878 江戸後期〜明治期の漢方医師

作五郎 さくごろう
長田(おさだ)作五郎 1752〜1805 江戸中期・後期の商家
千村(ちむら)作五郎 1843〜1918 江戸末期〜大正期の実業家

作左衛門 さくざえもん
明石(あかし)作左衛門 1609〜1669 江戸前期の剣術家。今井景流
秋田(あきた)作左衛門 江戸中期の枕崎の豪商
石沢(いしざわ)作左衛門 1578〜? 安土桃山・江戸前期の武士
板津(いたづ)作左衛門 江戸前期の藩士
井出(いで)作左衛門 江戸前期の豊臣秀頼の家臣
小倉(おぐら)作左衛門 江戸前期の武将
柿沼(かきぬま)作左衛門 江戸前期の竹内信就の

手代
上村（かみむら）作左衛門　？～1584　戦国・安土桃山時代の木曽義昌の従士
高木村（たかぎむら）作左衛門　江戸前期の十村肝煎
船越（ふなこし）作左衛門　？～1817　江戸中期・後期の砂丘地帯開拓者
渡部（わたなべ）作左衛門　渡辺作左衛門に同じ
渡辺（わたなべ）作左衛門　1835～1883　江戸後期～明治期の豪商

作左衛門元重　さくざえもんもとしげ
長田（おさだ）作左衛門元重　1566～1598　安土桃山時代の八王子町建設指導者

作七郎　さくしちろう
橋本（はしもと）作七郎　1837～1898　江戸後期～明治期の人。富山藩西猪谷関所の最後の関所番

作十郎　さくじゅうろう
粟鹿（あわが）作十郎　？～1600　安土桃山時代の金森家臣
尾関（おぜき）作十郎〔1代〕　1805～1880　江戸後期～明治期の瓦師、陶工
須釜（すがま）作十郎　江戸中期の都賀郡壬生新町の百姓代、義人

作十郎宣政　さくじゅうろうのぶまさ
南条（なんじょう）作十郎宣政　江戸前期の豊臣秀頼・加藤忠広・森忠政の家臣

策順　さくじゅん
斎藤（さいとう）策順　1821～1857　江戸後期・末期の眼科医

作次郎　さくじろう
大北（おおきた）作次郎　1844～1901　江戸後期～明治期の事業家
吉雄（よしお）作次郎　1725～1777　江戸中期の通事

作助　さくすけ
横山（よこやま）作助　江戸中期の百姓

作蔵　さくぞう
斎藤（さいとう）作蔵　？～1582　安土桃山時代の御鷹師
関口（せきぐち）作蔵　江戸末期の新撰組隊士
山田（やまだ）作蔵　安土桃山時代の検地役人

作蔵通知　さくぞうみちとも
烏田（からすだ）作蔵通知　1581～1662　安土桃山・江戸前期の武士。毛利元就の家臣烏田肥後守武通の子

作太夫　さくだゆう
高木（たかぎ）作太夫　1672～1705　江戸前期・中期の町役人

作太郎　さくたろう
平形（ひらかた）作太郎　1842～1912　江戸後期～明治期の名主

朔太郎　さくたろう
大樋（おおひ）朔太郎　1815～1856　江戸後期・末期の陶工

作内　さくない　⇔さない
芦田（あしだ）作内　？～1626　戦国～江戸前期の美作国中央部にいた武士
下川原（しもかわら）作内　1841～1888　江戸後期～明治期の神楽師

咲野　さくの
筒井（つつい）咲野　1809～1875　江戸後期～明治期の富田絹発明者《筒井サキノ》

昨嚢　さくのう
岸名（きしな）昨嚢　？～1737　江戸中期の俳人

作之右衛門　さくのえもん
酒井（さかい）作之右衛門　？～1575　安土桃山時代の武田氏の家臣。穴山信君に仕えた

作之治　さくのじ
井口（いぐち）作之治　？～1642　安土桃山・江戸前期の名主

作之丞　さくのじょう
矢口（やぐち）作之丞　1575～1645　安土桃山・江戸前期の武士

作之進　さくのしん
大橋（おおはし）作之進　？～1859　江戸末期の加賀藩士。壮猶館設立の功労者

朔之進　さくのしん
宮路（みやじ）朔之進　1793～1874　江戸後期～明治期の公共事業家

作之助　さくのすけ
小池（こいけ）作之助　1789～1852　江戸後期の慈善家

作之八　さくのはち
椎野（しいの）作之八　1831～1882　江戸後期～明治期の駿河国志太郡地名村の名主

昨非　さくひ　⇔ざくひ
乾（いぬい）昨非　江戸前期の俳人

昨非　ざくひ　⇔さくひ
昨非　江戸中期の俳人《昨非》

昨非坊　さくひぼう
松崎（まつざき）昨非坊　江戸後期の俳人

作兵衛　さくびょうえ　⇔さくべえ
岩崎（いわさき）作兵衛　江戸前期の豊臣秀頼・藤堂高虎の家臣

作兵衛興重　さくびょうえおきしげ
堀田（ほった）作兵衛興重　江戸前期の牢人。信州侍

作平　さくへい
成瀬（なるせ）作平　安土桃山時代の検地役人

作兵衛　さくべえ　⇔さくびょうえ
作兵衛　江戸前期の陶工
作兵衛　江戸後期の小田原宿竹花町の商人
作兵衛　江戸末期の高野山寺領慈尊院村の農民
今喜多（いまきた）作兵衛　1742～1815　江戸中期・後期の勘定奉行
奥田（おくだ）作兵衛　？～1887　江戸末期・明治期の篤農家
長田（おさだ）作兵衛　江戸中期の豪商
金田一（きんだいち）作兵衛　1807～？　江戸後期の八戸藩士
小池（こいけ）作兵衛　1810～1887　江戸末期・明治期の水田開発者
小出村（こいでむら）作兵衛　江戸前期の十村役お

よび山廻役
佐々木(ささき)作兵衛 1830～1916 江戸末期～大正期の福井藩士
三ケ屋(さんがや)作兵衛 江戸末期・明治期の義人
島谷(しまたに)作兵衛 江戸中期の京都銀座役人
神保(じんぼ)作兵衛 ?～1782 江戸中期の剣術家。阿字一刀流
鈴木(すずき)作兵衛 1795～1852 江戸後期の実業家
墨屋(すみや)作兵衛 1716～1792 江戸中期・後期の地域発展の功労者
高島(たかしま)作兵衛 江戸末期の長崎町年寄
土田(つちだ)作兵衛 1822～1899 江戸末期・明治期の手描友禅師
内藤(ないとう)作兵衛 1815～1876 江戸後期～明治期の剣術家。柳生新陰流
牧野(まきの)作兵衛 ?～1849 江戸後期の小田原藩士
水野(みずの)作兵衛 ?～1713 江戸前期・中期の剣術家。柔新心流居合術の祖
宮村(みやむら)作兵衛 ?～1773 江戸中期の義民。宮村の百姓
吉田(よしだ)作兵衛 1656～1736 江戸前期・中期の剣術家。新心関口流祖

策兵衛 さくべえ
近藤(こんどう)策兵衛 江戸時代の新見藩士・経世家

三九兵衛 さくべえ
谷田(たんだ)三九兵衛 1746～1823 江戸中期・後期の茶人

作也 さくや
大磯(おおいそ)作也 1727～1791 江戸中期・後期の仏師

作良 さくら
岸田(きしだ)作良 江戸末期の歌人
紀朝臣(きのあそん)作良 ?～799 奈良・平安前期の官人

桜井 さくらい
当麻(たぎまの)桜井 ?～715 奈良時代の貴族

桜井尼 さくらいのあま
桜井尼 平安後期の歌人

左倉太夫 さくらだゆう
矢野(やの)左倉太夫 江戸後期の神職

酒 さけ
秦造(はたのみやつこ)酒 上代の雄略天皇の臣。秦氏の伝承的な祖

砂兄 さけい
魚の屋(うおのや)砂兄 江戸後期の狂歌作者

佐源太 さげんた
丸山(まるやま)佐源太 1831～1867 江戸末期の木曽騒動の首謀者

左源太 さげんた
岩井(いわい)左源太 江戸中期の歌舞伎の若女形

佐江 さこう
木村(きむら)佐江 1840～1917 江戸末期～大正期の狂俳の宗匠

梭江 さこう
西原(にしはら)梭江 1762～1844 江戸中期・後期の和学者

左鼇 さごう
左鼇 江戸中期の俳人

左五右衛門 さごうえもん ⇔さごえもん
小平(こだいら)左五右衛門 江戸前期の笹原新田の開発者

佐五右衛門 さごえもん
桐山(きりやま)佐五右衛門 江戸前期の桐山村肝煎
塩野(しおの)佐五右衛門 江戸末期の箱根山山守
吉田(よしだ)佐五右衛門 江戸末期の幕臣・外国奉行支配定役。1860年遣米使節に随行しアメリカに渡る

左五右衛門 さごえもん ⇔さごうえもん
左五右衛門 江戸時代の組頭
田上(たがみ)左五右衛門 1616～1670 江戸前期の岡山藩士

佐五左衛門 さござえもん
沢田(さわだ)佐五左衛門 江戸後期の大住郡北金目村番匠
山寺(やまでら)佐五左衛門 1536～1575 戦国・安土桃山時代の武田信繁の与力

佐子局 さこのつぼね
佐子局 室町時代の女性。足利義政の側室《一対局》
佐子局 戦国時代の足利義晴の近侍

左五平 さごへい
本田(ほんだ)左五平 ?～1698 江戸前期・中期の剣術家。流名不詳

佐五兵衛 さごべえ
高橋(たかはし)佐五兵衛 1781～1858 江戸後期の庄屋、救済家
渡辺(わたなべ)佐五兵衛 江戸前期の人。飛越国境論争の際に活躍

左五兵衛 さごべえ
前田(まえだ)左五兵衛 1684～1756 江戸中期の母里藩橿原流鍵槍指南役

左五郎 さごろう
名須川(なすかわ)左五郎 1820～1894 江戸後期～明治期の儒学者・俳人

左近 さこん
青木(あおき)左近 江戸中期の眼科医
朝比奈(あさひな)左近 江戸中期の幕吏
磯村(いそむら)左近 戦国時代の武将
市川(いちかわ)左近 ?～1890 江戸末期・明治期の漢学者
太田(おおた)左近 1554～1585 戦国・安土桃山時代の武士
大貫(おおぬき)左近 江戸後期の大住郡三宮明神社の神主
大原(おおはら)左近 江戸後期・末期の代官、弓矢鑓奉行
小野(おの)左近 安土桃山・江戸前期の武士
恩智(おんじ)左近 ?～1337 鎌倉後期・南北朝時代の南朝方の武将

河上(かわかみ)左近　?～1221　鎌倉前期の武将
木本(きもと)左近　1785～1856　江戸中期～末期の武道家
黒河内(くろこうち)左近　1696～1769　江戸中期の剣術家。神夢想無楽流
小山(こやま)左近　江戸後期の高座郡下溝村民
柴田(しばた)左近　江戸後期の大住郡堀山下村八幡宮社家
杉山(すぎやま)左近　安土桃山時代の検地役人
関戸(せきど)左近　?～1681　江戸前期の百姓一揆の指導者
谷口(たにぐち)左近　江戸中期の仏師
長山(ながやま)左近　江戸後期の足柄上郡塚原村番匠
長谷川(はせがわ)左近　戦国時代の武田家臣
長谷川(はせがわ)左近　江戸前期の画家
馬場(ばば)左近　1729～1798　江戸中期・後期の宮大工
藤松(ふじまつ)左近　安土桃山時代の信濃国筑摩郡刈谷原の土豪
正木(まさき)左近　戦国時代の松平忠吉家臣
武藤(むとう)左近　江戸後期の大住郡大山阿夫利神社祠官
村井(むらい)左近　江戸末期の武士
村山(むらやま)左近　安土桃山時代の歌舞伎俳優
室(むろ)左近　安土桃山・江戸前期の豊臣秀吉・秀頼の家臣
矢島(やじま)左近　?～1640　安土桃山・江戸前期の橋本村臨済宗香福寺の中興開基
山崎(やまざき)左近　?～1641　安土桃山・江戸前期の宇都宮藩奥平家家老
渡辺(わたなべ)左近　江戸中期の浮世絵師

左近家則　さこんいえのり
高木(たかぎ)左近家則　江戸前期の毛利吉政の使番

左近右衛門　さこんえもん
上野(うえの)左近右衛門　江戸前期の長宗我部盛親の家臣
大原(おおはら)左近右衛門　戦国時代の松平氏の家臣
小畠(おばたけ)左近右衛門　江戸前期の能太夫

左近右衛門業茂　さこんえもんなりもち
吉田(よしだ)左近右衛門業茂　安土桃山時代の弓術家

左近右衛門尉　さこんえもんのじょう
大和(おわ)左近右衛門尉　安土桃山時代の信濃国諏訪郡大和郷の土豪

左近貞幸　さこんさだゆき
坂本(さかもと)左近貞幸　1556～1616　戦国～江戸前期の武士。大坂の陣で籠城

左近重冨　さこんしげとみ
不破(ふわ)左近重冨　?～1624　江戸前期の宇喜多秀高・山内忠義の家臣

左近将監　さこんしょうげん　⇔さこんのしょうげん
石川(いしかわ)左近将監　戦国時代の古河公方足利義氏の家臣
猪又(いのまた)左近将監　戦国時代の北条氏の家臣
梅田(うめだ)左近将監　戦国時代の里見義弘の家臣。安房岡本城(南房総市)及び妙本寺要害(安房郡鋸南町)の在番衆
小熊(おぐま)左近将監　戦国時代の北条氏の家臣
奥山(おくやま)左近将監　戦国時代の今川・徳川・武田氏の家臣
広戸(ひろど)左近将監　南北朝時代の美作国東部の在地武士
本間(ほんま)左近将監　戦国時代の相模の武士
山崎(やまさき)左近将監　安土桃山時代の剣術家

左近将監胤幹　さこんしょうげんたねもと
烟田(かまた)左近将監胤幹　室町時代の常陸国の武士

左近佐　さこんすけ
水上(みずかみ)左近佐　戦国・安土桃山時代の在郷未詳の大工職人

左近助　さこんすけ　⇔さこんのすけ
興津(おきつ)左近助　戦国時代の駿河国衆興津氏の一族。穴山家臣

左近祐光　さこんすけみつ
伊木(いぎ)左近祐光　?～1615　江戸前期の武士。大坂の陣で籠城

左近忠晴　さこんただはる
鍋山(なべやま)左近忠晴　安土桃山時代の武士。鍋山城主の鍋山豊後守安室の弟

左近大夫将監　さこんだゆうしょうげん
木戸(きど)左近大夫将監　戦国時代の古河公方の家臣

左近太夫元吉　さこんだゆうもとよし
兵頭(ひょうどう)左近太夫元吉　戦国時代の神主。常磐井氏

左近直章　さこんなおあき
井伊(いい)左近直章　江戸前期の武士。大坂の陣で籠城

左近尉　さこんのじょう
松平(まつだいら)左近尉　戦国時代の人。大給松平氏

左近允　さこんのじょう
大庭(おおば)左近允　南北朝時代の美作国西部の武士
渡辺(わたなべ)左近允　安土桃山時代の上野国沼田衆

左近丞　さこんのじょう
上野(うえの)左近丞　?～1594　安土桃山時代の甲斐国山梨郡岩手郷の土豪
神尾(かんのお)左近丞　戦国時代の武士

左近将監　さこんのしょうげん　⇔さこんしょうげん
織田(おだ)左近将監　?～1582?　安土桃山時代の織田信長の家臣
高瀬(たかせ)左近将監　安土桃山時代の織田信長の家臣

左近将監近治　さこんのしょうげんちかはる
津川(つがわ)左近将監近治　?～1615　江戸前期

の豊臣秀頼の小姓頭

左近助　さこんのすけ　⇔さこんすけ
興津(おきつ)左近助　戦国時代の北条氏の家臣

左近大夫　さこんのだいぶ
安中(あんなか)左近大夫　戦国時代の上野国衆

左近乳母　さこんのめのと
左近乳母　平安中期の女性。内大臣藤原教通室の乳母

左近晴堅　さこんはるかた
本郷(ほんごう)左近晴堅　?～1615　江戸前期の豊臣秀吉・秀頼の家臣

左近兵衛　さこんひょうえ
久徳(きゅうとく)左近兵衛　安土桃山時代の織田信長の家臣
多胡(たご)左近兵衛　安土桃山時代の織田信長の家臣

左近兵衛尉　さこんびょうえのじょう
久徳(きゅうとく)左近兵衛尉　安土桃山時代の織田信長の家臣《久徳左近兵衛》

左近義重　さこんよししげ
木曽(きそ)左近義重　?～1615　江戸前期の武士。大坂の陣で籠城。木曽伊予守義昌の甥

些斎　ささい
岩崎(いわさき)些斎　1786～1839　江戸中期・後期の漢学者、兵学者

笹右衛門　ささえもん
岩田(いわた)笹右衛門　1724～1789　江戸中期・後期の剣術家。鉄人二刀流

佐左衛門　さざえもん　⇔すけざえもん
井出(いで)佐左衛門　安土桃山時代の武士。佐久郡海尻村の人
国松(くにまつ)佐左衛門　江戸前期の鋳物師
小泉(こいずみ)佐左衛門　1751～1819　江戸中期・後期の関東売藍商
陣(じんの)佐左衛門　?～1651　江戸前期の細川藩士
松村(まつむら)佐左衛門　?～1643　安土桃山・江戸前期の北埼玉郡志多見村の名主

笹雄　ささお
隠岐(おき)笹雄　江戸末期の寺子屋師匠

佐佐貴山君　ささきのやまのきみ
佐佐貴山君　奈良時代の女官

ささ子　ささこ
沢村(さわむら)ささ子　江戸末期の歌人

笹丸　ささまる
十叟舎(じっそうしゃ)笹丸　江戸後期の狂歌作者

笹谷御前　ささやごぜん
笹谷御前　1296～1367　鎌倉後期・南北朝時代の女性。芦名盛員の室

砂山　さざん
砂山　江戸末期の俳人

茶山　さざん　⇔ちゃざん
奥村(おくむら)茶山　江戸中期・後期の儒者

蓑山　さざん
岸本(きしもと)蓑山　1762～1821　江戸後期の書家

佐次　さじ
佐次　江戸前期・中期の俳諧作者

佐次右衛門　さじえもん
川島(かわしま)佐次右衛門〔2代〕　江戸前期・中期の園芸家。多摩川ナシの始祖
小泉(こいずみ)佐次右衛門　江戸後期の久良岐郡杉田村民
桜井(さくらい)佐次右衛門　江戸中期の木匠
嶋(しま)佐次右衛門　江戸中期の幕臣
三野島(みのしま)佐次右衛門　江戸後期の淘綾郡国府新宿六所明神社の小祢宜

佐治右衛門　さじえもん
寺尾(てらお)佐治右衛門　江戸前期の代官

佐治衛門　さじえもん
武藤(むとう)佐治衛門　1816～1884　江戸末期・明治期の原町田村組頭

左次右衛門　さじえもん
秋田(あきた)左次右衛門　江戸前期の武士。大坂の陣で籠城
横浜(よこはま)左次右衛門　1625～?　江戸前期の武士

桟敷尼　さじきのあま
桟敷尼　1187～1274　平安後期～鎌倉後期の尼僧

佐七　さしち
内田(うちだ)佐七　1790～1868　江戸後期・末期の尾州廻船・内海船の船主
尾原(おばら)佐七　1841～1892　江戸後期～明治期の尾原呉服店創業者
加藤(かとう)佐七　1832～1889　江戸後期～明治期の寺小屋の師匠
川端(かわばた)佐七　1854～1912　江戸末期・明治期の漆器の名手
小林(こばやし)佐七　?～1786　江戸中期の見取騒動の指導者の1人
坂本(さかもと)佐七　江戸中期の比企郡小川村の絹買宿
森江(もりえ)佐七　1854～1917　江戸末期～大正期の山口屋擁萬閣主人

左七　さしち
阿部(あべ)左七　?～1872　江戸後期～明治期の村役人
平井(ひらい)左七　江戸後期の愛甲郡関口村民

佐七郎　さしちろう
小山田(おやまた)佐七郎　1818～1881　江戸後期～明治期の漢学者・士族
熊谷(くまがい)佐七郎　江戸末期・明治期の甲冑飾師

左七郎　さしちろう
吉雄(よしお)左七郎　?～1796　江戸中期・後期の通事

佐次兵衛隆直　さじびょうえたかなお
小山(こやま)佐次兵衛隆直　?～1656　江戸前期の本多政武の家臣。大坂の陣で籠城

刺領巾　さしひれ
刺領巾　上代の隼人

佐次平　さじへい
今井（いまい）佐次平　1836〜1908　江戸後期〜明治期のタマネギ栽培業者
佐次兵衛　さじへえ　⇔さじべえ
善野（ぜんの）佐次兵衛　江戸時代の栃木の豪商、足利藩戸田家御用達
佐治兵衛　さじへえ
大木元（おおきもと）佐治兵衛　江戸前期の商人。どら焼きを創製
佐次兵衛　さじべえ　⇔さじへえ
佐次兵衛　江戸前期の十村肝煎
太田（おおた）佐次兵衛　1729〜1791　江戸中期・後期の陶工
北野村（きたのむら）佐次兵衛　江戸前期の十村役
横内（よこうち）佐次兵衛　？〜1624　安土桃山・江戸前期の会田組の大庄屋
佐二兵衛　さじべえ
佐二兵衛　1709〜？　江戸中期の農民
佐司馬　さしま
石井（いしい）佐司馬　？〜1786　江戸中期の天明飢饉の強訴人
左司馬　さじま
有賀（あるが）左司馬　1777〜？　江戸中期・後期の剣術家。安光流
左舟　さしゅう
左舟　江戸中期の俳人
佐十郎　さじゅうろう
末松（すえまつ）佐十郎　江戸時代の庄内藩士
杉山（すぎやま）佐十郎　1772〜？　江戸中期・後期の漢学者
左十郎　さじゅうろう
本多（ほんだ）左十郎　江戸後期の韮山代官江川氏の手代
吉島（よしじま）左十郎　？〜1825　江戸中期・後期の唐通事
佐四郎　さしろう
沢田（さわだ）佐四郎　1813〜1898　江戸後期〜明治期の名倉組惣代
山田（やまだ）佐四郎　江戸後期の韮山代官江川氏の手代
左四郎　さしろう
梶坂（かじさか）左四郎　1674〜？　江戸前期・中期の児島湾西岸の備中地先海面干拓の企画者
佐次郎　さじろう
土井（どい）佐次郎　1844〜1917　江戸末期〜大正期の宗教家
左二郎　さじろう
別所（べっしょ）左二郎　江戸末期の遣仏使節の一員
座神　ざしん
座神　江戸前期の俳人
佐佐　さすけ
佐々（さっさ）佐佐　？〜1811　江戸中期・後期の松江藩士、松平不昧の側近
佐助　さすけ
佐助　江戸中期の岩井風呂殺人事件の犯人
佐助　江戸中期の俳人
佐助　江戸末期の古座浦庄屋
上原（うえはら）佐助　1850〜1912　江戸後期〜明治期の天理教東大教会初代会長
浦上（うらかみ）佐助　江戸末期の遣仏使節の一員
遠藤（えんどう）佐助　江戸後期の郡代大原亀五郎の手代
金屋（かなや）佐助　江戸前期の京都糸割符商人
須原屋（すはらや）佐助　江戸後期の書肆
能登屋（のとや）佐助　江戸後期・末期の金沢卯辰の製箔職人《能登屋左助》
箔屋（はくや）佐助　江戸前期の人。箔の製造技術を学び、前田利家に献上
春藤（はるふじ）佐助　江戸中期の装剣金工
古屋（ふるや）佐助　1797〜1862　江戸後期の大住郡城所村名主
左介　さすけ
平塚（ひらつか）左介　？〜1615　江戸前期の丹波牢人。大坂の陣で籠城。木村重成組の武者奉行
左助　さすけ
伊丹屋（いたみや）左助　江戸中期の書肆
河田（かわだ）左助　1706〜1789　江戸中期・後期の剣術家。一刀流河田派祖
能登屋（のとや）左助　江戸後期・末期の金沢卯辰の製箔職人
藤井（ふじい）左助　江戸前期の前田利長家臣内藤如庵の家老
政常（まさつね）左助　江戸前期の名古屋の刀工
山葉（やまは）左助　江戸前期の武士。大坂の陣で籠城。後、本多忠義に仕えた
莎青　させい
莎青　江戸中期の俳人
左膳　さぜん
鈴木（すずき）左膳　1821〜1884　江戸後期〜明治期の易学陰陽師
武島（たけしま）左膳　1732〜1794　江戸中期の備中国笠岡代官
吉岡（よしおか）左膳　江戸時代の八戸藩中老
左伝　さぜん
益田（ますだ）左伝　1805〜1873　江戸末期の医師《益田蓬州》
左善次　さぜんじ
川口（かわぐち）左善次　江戸後期の愛甲郡三田村民
左三　さぞう
二瓶（にへい）左三　江戸後期の柔道家
佐惣左衛門　さそうざえもん
阿部（あべ）佐惣左衛門　？〜1682　江戸前期の孝子
左惣次　さそうじ
西（にし）左惣次　江戸中期の新宮領北山組大庄屋
莎邨　さそん
金井（かない）莎邨　1794〜1824　江戸後期の漢詩人
サダ
児玉（こだま）サダ　1832〜1893　江戸後期〜明治期の女子教育の先駆者

貞 さだ ⇔ただし, ただす, てい
金森(かなもり)貞 ?〜1658 江戸前期の女性。金森重頼の娘で金森家臣・榎並盛正の後妻

定 さだ
伊藤(いとう)定 1739〜1766 江戸中期の著述家。井口蘭雪の長女、伊藤東所の妻

貞覚 さだあき ⇔じょうかく
高(こう)貞覚 江戸後期の和算家

貞顕 さだあき
内藤(ないとう)貞顕 1648〜1702 江戸前期・中期の藩士

貞章 さだあき
富田(とみた)貞章 1755〜1789 江戸中期・後期の藩士

貞明 さだあき ⇔さだあきら
坂木(さかき)貞明 1797〜1883 江戸後期〜明治期の薩摩藩士

貞陽 さだあき
西村(にしむら)貞陽 1845〜1886 江戸後期〜明治期の開拓使官吏

貞晨 さだあき ⇔さだとき, ていしん
桧垣(ひがき)貞晨 1613〜1651 江戸前期の神職

定顕 さだあき
吉田(よしだ)定顕 江戸中期の神職

定昭 さだあき ⇔ていしょう
荒川(あらかわ)定昭 ?〜1714 江戸前期の旗本

定明 さだあき ⇔さだあきら, ていめい
明石(あかし)定明 平安後期の美作国久米郡稲岡庄の庄官、預所
川津(かわつ)定明 江戸後期の和算家
小堀(こぼり)定明 1714〜1788 江戸中期・後期の藩士
長尾(ながお)定明 戦国時代の上野守護代

貞明 さだあきら ⇔さだあき
岡野(おかの)貞明 1622〜1690 江戸前期・中期の幕臣

定明 さだあきら ⇔さだあき, ていめい
源(みなもとの)定明 平安後期の人。美作国久米郡押領使漆間時国(法然の父)を襲撃殺害

貞篤 さだあつ
長谷川(はせがわ)貞篤 1698〜1729 江戸中期の徳島藩家老

貞敦 さだあつ
伊勢(いせ)貞敦 1735〜1781 江戸中期の故実家

定厚 さだあつ
等々力(とどろき)定厚 戦国時代の信濃国安曇郡等々力郷の国衆
山口(やまぐち)定厚 1826〜1887 江戸後期〜明治期の官人

定謐 さだあつ
松平(まつだいら)定謐 江戸後期の旗本

貞在 さだあり
貞在 戦国時代の刀工

貞有 さだあり
北条(ほうじょう)貞有 ?〜1333 鎌倉後期の武士

左太夫 さだいう ⇔さだゆう
小林(こばやし)左太夫 江戸後期の大住郡田村神事舞太夫

貞家 さだいえ
金子(かねこ)貞家 江戸末期の喜連川藩刀工
高木(たかぎ)貞家 1545〜1568 戦国・安土桃山時代の武士。織田信長家臣
北条(ほうじょう)貞家 鎌倉後期の武士

貞舎 さだいえ
桧垣(ひがき)貞舎 1727〜1788 江戸中期・後期の神職

定家 さだいえ
平(たいら)定家 平安中期の公家

貞一 さだいち ⇔さだかず, さだかつ
粟屋(あわや)貞一 1844〜1914 江戸末期〜大正期の開拓指導者
戸根木(とねき)貞一 江戸時代の和算家

佐太夫 さだいふ ⇔さだゆう, すけだゆう
茨木(いばらぎ)佐太夫 1667〜1741 江戸中期の剣客《茨木佐太夫》

定右衛門 さだうえもん ⇔さだえもん, じょうえもん
出水川(いずみがわ)定右衛門 ?〜1794 江戸中期・後期の力士
中村(なかむら)定右衛門 1830〜1887 江戸末期・明治期の馬庭念流の剣客。新徴組剣術教授方を勤めた

貞氏 さだうじ
貞氏 鎌倉後期の武士
飛鳥戸(あすかべの)貞氏 平安前期の官人
神服(かんはとりの)貞氏 平安前期の出羽国の軍師白丁
北条(ほうじょう)貞氏 鎌倉後期の武士

貞衛 さだえ ⇔さだもり
黒田(くろだ)貞衛 1859〜1912 江戸末期・明治期の教育者
斎藤(さいとう)貞衛 1831〜1892 江戸後期〜明治期の教育者

貞兄 さだえ
桧垣(ひがき)貞兄 1703〜1777 江戸中期の神職

定益 さだえき ⇔さだます
坪内(つぼうち)定益 江戸末期・明治期の武士

貞右衛門 さだえもん
石井(いしい)貞右衛門 江戸後期の画人
上原(うえはら)貞右衛門 ?〜1688 江戸前期の剣術家。示現流
奥田(おくだ)貞右衛門 1680〜1703 江戸前期・中期の武士
奥田(おくだ)貞右衛門 1678〜1703 江戸前期・中期の武士

貞衛門 さだえもん
経島(きょうしま)貞衛門 1651〜1707 江戸前期・中期の剣術家。新田宮流

定右衛門　さだえもん　⇔さだうえもん, じょうえもん
足沢(あしざわ)定右衛門　1745〜1812　江戸中期・後期の剣術家。戸ト一心流
石井(いしい)定右衛門　?〜1647　江戸前期の藩士
衣笠(きぬがさ)定右衛門　1729〜1803　江戸中期・後期の剣術家。今枝流
金万(こんま)定右衛門　江戸前期の稲葉正勝の家臣
佐藤(さとう)定右衛門　1799〜1857　江戸末期の建設業者。場所請負人。初めて道路私費出願をした
鈴木(すずき)定右衛門　江戸後期の都筑郡勝田村民
高橋(たかはし)定右衛門　?〜1870　江戸後期〜明治期の教育者
足沢(たるざわ)定右衛門　1748〜1812　江戸中期・後期の剣術家
山崎(やまざき)定右衛門　1719〜1797　江戸中期・後期の筑摩郡中村の人。この地方のタバコ栽培の始祖
吉見(よしみ)定右衛門　1740〜?　江戸中期の幕臣

貞男　さだお
紀(きの)貞男　平安前期の人。紀伊国在田郡擬大領真貞の弟

貞夫　さだお
宇津木(うつぎ)貞夫　?〜1891　江戸後期〜明治期の歌人

貞雄　さだお　⇔さだたか, さだたけ
池田(いけだ)貞雄　1613〜1687　江戸前期の幕臣
大沢(おおさわ)貞雄　1698〜1771　江戸中期の漢学者
大沢(おおざわ)貞雄　大沢貞雄に同じ
刑部(おさかべの)貞雄　?〜886　平安前期の木工寮の仕丁
福嶋(ふくしま)貞雄　1782〜1837　江戸中期・後期の名主

定雄　さだお
安東(あんどう)定雄　1809〜?　江戸後期の篤志家
中平(なかひら)定雄　1842〜1864　江戸末期の志士
樋口(ひぐち)定雄　1761〜1836　江戸中期・後期の剣術家

貞生　さだおい
県(あがたの)貞生　平安中期の官人

貞起　さだおき
萩原(はぎわら)貞起　1808〜1872　江戸後期の桂園派の歌人

貞興　さだおき
明石(あかし)貞興　1609〜1669　江戸前期の武士。保科正之に仕えて兵器方勤

定興　さだおき　⇔ていこう
紀(きの)定興　平安中期の官人
由比(ゆい)定興　?〜1640　江戸前期の武士
吉田(よしだ)定興　江戸後期の高横須賀村の陰陽師

貞臣　さだおみ
横瀬(よこせ)貞臣　1723〜1800　江戸中期・後期の幕臣、歌人

定香　さだか
大鶴(おおつる)定香　1754〜1825　江戸中期・後期の医者

貞蔭　さだかげ
桧垣(ひがき)貞蔭　1289〜1339　鎌倉後期・南北朝時代の神職

貞景　さだかげ
歌川(うたがわ)貞景〔1代〕　江戸後期の浮世絵師
歌川(うたがわ)貞景〔2代〕　江戸末期・明治期の絵師
卜部(うらべの)貞景　平安後期の神祇大史
卜部(うらべの)貞景　平安後期の神祇官人

定景　さだかげ
平(たいらの)定景　平安後期の武士
長尾(ながお)定景　平安後期・鎌倉前期の武将

貞一　さだかず　⇔さだいち, さだかつ
高野(たかの)貞一　?〜1868　江戸後期・末期の藩士

貞多　さだかず
上部(うわべ)貞多　1762〜1826　江戸中期・後期の神職

貞和　さだかず
伊庭(いば)貞和　戦国時代の連歌作者
桧垣(ひがき)貞和　1620〜1667　江戸前期の神職

定一　さだかず
内柴(うちしば)定一　1712〜1795　江戸後期の武士

定員　さだかず
久松(ひさまつ)定員　?〜1576　戦国・安土桃山時代の織田信長の家臣
二見(ふたみ)定員　1817〜?　江戸後期・末期の神職

貞風　さだかぜ　⇔ていふう
羽室(はむろ)貞風　1814〜1846　江戸後期の藩士・歌人

貞堅　さだかた
長谷川(はせがわ)貞堅　江戸時代の藩士

貞賢　さだかた　⇔さだすぐ
青島(あおしま)貞賢　1819〜1896　江戸後期〜明治期の神職
藤川(ふじかわ)貞賢　?〜1820　江戸中期・後期の藩士・国学者

貞方　さだかた
伊勢(いせ)貞方　江戸中期の故実家

定堅　さだかた　⇔じょうけん
菅沼(すがぬま)定堅　1725〜1790　江戸中期・後期の佐渡奉行
坪内(つぼうち)定堅　江戸中期の武士

定賢　さだかた　⇔さだたか, さだよし
坂原(さかはら)定賢　1690〜1758　江戸中期の幕臣
佐々木(ささき)定賢　1654〜1727　江戸前期・中期の藩士
庄田(しょうだ)定賢　?〜1561　戦国・安土桃山時代の上杉氏の家臣

さ

渡辺(わたなべ)定賢　1724〜1806　江戸中期・後期の農民
貞一　さだかつ　⇔さだいち, さだかず
前田(まえだ)貞一　江戸後期の藩士
貞勝　さだかつ　⇔ていしょう
有田(ありた)貞勝　1737〜？　江戸中期の武士
飯高(いいだか)貞勝　？〜1672　江戸前期の幕臣
伊勢(いせ)貞勝　1407〜1464　室町時代の故実家
高木(たかぎ)貞勝　1598〜1671　安土桃山・江戸前期の幕臣
服部(はっとり)貞勝　1769〜1824　江戸中期・後期の幕臣
堀口(ほりぐち)貞勝　1649〜1734　江戸前期・中期の剣術家
定勝　さだかつ
石井(いしい)定勝　1764〜？　江戸中期・後期の幕臣
入来院(いりきいん)定勝　1736〜1781　江戸中期の薩摩郡入来郷領主
岩田(いわた)定勝　1689〜1762　江戸中期の武士、幕臣
懸田(かけだ)定勝　室町時代の伊達郡掛田城主
菅間(かんま)定勝　1827〜1894　江戸後期〜明治期の教育者
津野(つの)定勝　戦国時代の武将
仁尾(にお)定勝　?〜1724　江戸前期・中期の藩士
弥屋(ねや)定勝　安土桃山時代の武将
樋口(ひぐち)定勝　1577〜1655　安土桃山・江戸前期の馬庭念流剣士
松田(まつだ)定勝　1559〜1645　戦国〜江戸前期の幕臣
山角(やまかど)定勝　？〜1676　戦国〜江戸前期の武士
貞門　さだかど
飛鳥戸(あすかべの)貞門　平安前期の官人
定兼　さだかぬ　⇔さだかね
世尊寺(せそんじ)定兼　鎌倉後期の公家・歌人
貞金　さだかね　⇔じょうきん
伴野(ともの)貞金　戦国・安土桃山時代の武田氏の家臣
貞兼　さだかね　⇔ていけん
歌川(うたがわ)貞兼　江戸後期の絵師
徳山(とくやま)貞兼　？〜1577　安土桃山時代の織田信長の家臣
定鑑　さだかね
坪内(つぼうち)定鑑　1649〜1723　江戸前期・中期の幕臣
定兼　さだかね　⇔さだかぬ
大江(おおえの)定兼　平安後期の官人
惟宗(これむねの)定兼　平安後期の官人、拒捍使
貞材　さだき
小槻(おつきの)貞材　平安中期の官人
貞樹　さだき
小野(おの)貞樹　平安前期の公家・歌人
貞城　さだき
紀(きの)貞城　平安前期の官人
貞吉　さだきち　⇔さだよし, ていきち
東(あずま)貞吉　1825〜1907　江戸後期〜明治期の製造業
黒沢(くろさわ)貞吉　1848〜1924　江戸末期〜大正期の養蚕家
藤原(ふじわら)貞吉　室町時代の水軍の頭目
定吉　さだきち　⇔さだよし
定吉　江戸後期の高座郡藤沢宿大久保町大工
岩瀬(いわせ)定吉　江戸後期の「本化相伝抄」の著者
加藤(かとう)定吉　？〜1868　江戸後期・末期の新撰組隊士
木下(きのした)定吉　1730〜1802　江戸中期・後期の茶人
滝村(たきむら)定吉　？〜1851　江戸後期の備前における貸元親分
三河屋(みかわや)定吉　江戸末期の実業家。天井発祥の店ともされる「三定」を開業
貞潔　さだきよ
藤原(ふじわらの)貞潔　平安中期の官人
貞清　さだきよ　⇔ていせい
貞清　戦国時代の刀工
歌川(うたがわ)貞清　江戸後期の絵師
塩冶(えんや)貞清　鎌倉後期の出雲、隠岐守護
大井(おおい)貞清　？〜1575　戦国・安土桃山時代の信濃国衆
加納(かのう)貞清　江戸後期の藩士
紀(きの)貞清　平安後期の官人
小島(こじま)貞清　1590〜1656　江戸前期の武士
永田(ながた)貞清　？〜1684　江戸前期の代官
中原(なかはらの)貞清　？〜989？　平安中期の明経博士
中原(なかはらの)貞清　平安後期の螺鈿工
広瀬(ひろせ)貞清　安土桃山時代の加賀一向一揆の首領
藤原(ふじわらの)貞清　平安後期の官人
山川(やまかわ)貞清　1668〜1712　江戸前期・中期の関東代官
貞祓　さだきよ
貞祓　戦国時代の刀工
定清　さだきよ　⇔じょうせい
定清　江戸前期の俳人
賀茂(かも)定清　鎌倉後期の陰陽家・暦学者
木幡(こはた)定清　江戸時代の仙台藩士
中院(なかのいん)定清　？〜1335　南北朝時代の公家・武将。越中国守
服部(はっとり)定清　江戸前期の俳人
由比(ゆい)定清　？〜1677　江戸前期の藩士
定静　さだきよ　⇔さだやす, さだよし
野宮(ののみや)定静　1781〜1821　江戸中期・後期の公家
久方(ひさかた)定静　1796〜1852　江戸後期の藩士・武芸家
貞国　さだくに　⇔ていこく
貞国　鎌倉時代の刀工
貞国　安土桃山時代の刀工

大掾(だいじょう)貞国　戦国・安土桃山時代の武将
那須(なす)貞国　?～1811　江戸後期の歌人
北条(ほうじょう)貞国　?～1333　鎌倉後期の武士

貞邦　さだくに
柴(しば)貞邦　1834～1874　江戸後期～明治期の海軍軍人

定国　さだくに
戸室(とむろ)定国　江戸時代の宇都宮在の鋳物師
源(みなもとの)定国　平安後期の官人

完子　さだこ　⇔かんし
平(たいらの)完子　平安後期の女性。清盛女、関白藤原基通室

貞子　さだこ　⇔ていこ
佐佐木(ささき)貞子　1838～1912　江戸後期～明治期の女性。佐佐木高行の妻
堀田(ほった)貞子　1795～1875　江戸後期～明治期の国学者

定子　さだこ　⇔ていし
藤原(ふじわらの)定子　?～1680　江戸前期の女官《藤原定子》

定伊　さだこれ　⇔じょうい
樋口(ひぐち)定伊　1807～1867　江戸後期・末期の武芸家

貞五郎　さだごろう
名村(なむら)貞五郎　江戸後期の通事

定五郎　さだごろう　⇔ていごろう
定五郎　江戸後期の大住郡比々多神社社人
岡田(おかだ)定五郎　1849～1895　江戸後期～明治期の剣道家《岡田定五郎》
福田屋(ふくだや)定五郎　1753～1838　江戸中期・後期の廻船業者

貞左衛門　さだざえもん
川上(かわかみ)貞左衛門　1838～1925　江戸末期～大正期の線香の製造家

貞郷　さださと
高柳(たかやなぎ)貞郷　1714～1791　江戸中期の書家

定郷　さださと
久松(ひさまつ)定郷　1687～1757　江戸前期・中期の幕臣

貞真　さだざね
小林(こばやし)貞真　1820～1880　江戸後期～明治期の和算家

貞治　さだじ　⇔ていじ
守屋(もりや)貞治　1765～1832　江戸中期・後期の石仏師

定治　さだじ　⇔さだはる
佐藤(さとう)定治　1852～1909　江戸後期～明治期の教育者

貞重　さだしげ
貞重　戦国時代の刀工
伊勢(いせ)貞重　?～1665　江戸前期の故実家
大井(おおい)貞重　?～1575　安土桃山時代の武田氏の家臣
大江(おおえ)貞重　1272～1331　鎌倉後期の歌人
河越(かわごえ)貞重　1272～1333　鎌倉後期の武蔵武士
新免(しんめん)貞重　1471～1523　室町時代の武将
高木(たかぎ)貞重　1619～1673　江戸前期の幕臣
中根(なかね)貞重　?～1601　江戸前期の旗本
北条(ほうじょう)貞重　鎌倉後期の武士
柳瀬(やなせ)貞重　1737～1822　江戸後期の郷土史家

貞晋　さだしげ
桧垣(ひがき)貞晋　1733～1787　江戸中期の神職

貞成　さだしげ　⇔さだなり
天野(あまの)貞成　1562～1603　安土桃山時代の武将
大江(おおえの)貞成　平安後期の黒田荘下司職
惟宗(これむねの)貞成　平安後期の官人

貞繁　さだしげ
歌川(うたがわ)貞繁　江戸後期の絵師
由良(ゆら)貞繁　1574～1621　安土桃山・江戸前期の上野国衆

定重　さだしげ　⇔ていちょう
定重　戦国時代の刀工
大橋(おおはし)定重　安土桃山・江戸前期の武士
小柏(おがしわ)定重　?～1575　戦国・安土桃山時代の武士
清原(きよはらの)定重　平安後期の官人
坪内(つぼうち)定重　江戸中期の武士
中原(なかはらの)定重　平安後期の官人
御手洗(みたらい)定重　1604～1662　江戸前期の佐渡奉行

定成　さだしげ　⇔さだなり, さだふさ
坂上(さかのうえ)定成　1005～1088　平安中期・後期の明法家、歌人
藤原(ふじわらの)定成　平安中期の官人
藤原(ふじわらの)定成　1014～?　平安中期・後期の公家・歌人《藤原定成》
藤原(ふじわらの)定成　平安後期の官人
牧野(まきの)定成　?～1573　戦国・安土桃山時代の三河国の国衆。牧野氏の一族

貞七　さだしち
山地(やまぢ)貞七　1668～1747　江戸前期・中期の下級藩吏

定七　さだしち
比留間(ひるま)定七　?～1814　江戸後期の組頭

貞代　さだしろ　⇔さだよ
小柳津(おやいづ)貞代　戦国時代の駿河国江尻の商人

定四郎　さだしろう
板橋(いたばし)定四郎　1695～1738　江戸中期の只上村名主
佐保田(さほだ)定四郎　江戸後期の橘樹郡菅村名主
舘野(たての)定四郎　1796～1879　江戸後期～明治期の園芸家

定次郎　さだじろう　⇔ていじろう
荒木(あらき)定次郎　?～1894　江戸末期・明治期の実業家

武田(たけだ)定次郎　1819～1891　江戸後期～明治期の剣術家

定治郎　さだじろう　⇔ていじろう
前谷村(まえだにむら)定治郎　江戸中期の農民

貞季　さだすえ
上部(うわべ)貞季　1646～1714　江戸前期・中期の神職

貞末　さだすえ
大江(おおえの)貞末　平安後期の官人
紀(きの)貞末　平安後期の紀伊国隅田荘の刀禰

定季　さだすえ
源(みなもと)定季　?～1042　平安中期の公家・歌人

貞賢　さだすぐ　⇔さだかた
徳山(とくやま)貞賢　江戸中期・後期の武士

貞介　さだすけ
亀山(かめやま)貞介　?～1846　江戸後期の医家

貞資　さだすけ
平(たいらの)貞資　平安後期の検非違使
伴(ともの)貞資　平安中期の官人
藤原(ふじわら)貞資　平安中期の公家・歌人
北条(ほうじょう)貞資　鎌倉後期の武将・歌人

貞助　さだすけ　⇔ていすけ
伊勢(いせ)貞助　1504～?　戦国時代の故実家
栢森(かやもり)貞助　1841～1907　江戸後期～明治期の実業家《栢森貞助》
紀(きの)貞助　平安後期の石清水八幡宮俗別当
日奉(ひまつりの)貞助　平安後期の官人
藤原(ふじわらの)貞助　平安後期の平丸郡司
山口屋(やまぐちや)貞助　江戸前期の商人。カステラ製造の先覚者

貞祐　さだすけ
工藤(くどう)貞祐　鎌倉後期の武士
堀口(ほりぐち)貞祐　南北朝時代の武将

貞亮　さだすけ
千野(ちの)貞亮　1739～1812　江戸中期・後期の高島藩家老三之丸家千野光豊の子
源(みなもと)貞亮　平安中期の公家・歌人

定介　さだすけ
本田(ほんだ)定介　1795～1833　江戸後期の書家

定資　さだすけ
中条(なかじょう)定資　?～1494　室町・戦国時代の越後奥山荘中条の国人

定佑　さだすけ
藤原(ふじわらの)定佑　平安中期の官人

定祐　さだすけ　⇔じょうゆう
会田(あいだ)定祐　戦国時代の上杉氏家臣
大中臣(おおなかとみの)定祐　平安後期の伊勢大神宮司

貞純　さだすみ　⇔さだずみ
八多(はたの)貞純　平安中期の学者《八多貞純》
矢上(やがみ)貞純　鎌倉時代の御家人

貞澄　さだすみ　⇔さだずみ
北条(ほうじょう)貞澄　鎌倉後期の武士

定澄　さだすみ　⇔さだずみ, じょうちょう
小川(おがわ)定澄　江戸後期の和算家

貞純　さだずみ　⇔さだすみ
八多(はたの)貞純　平安中期の学者

貞澄　さだずみ　⇔さだすみ
石川(いしかわ)貞澄　1819～1899　江戸後期～明治期の神官
加藤(かとう)貞澄　?～1833　江戸後期の住吉村庄屋。『星川拾二景』の作者

定澄　さだずみ　⇔さだすみ, じょうちょう
小川(おがわ)定澄　江戸後期の和算家《小川定澄》

貞蔵　さだぞう　⇔ていぞう
石原(いしはら)貞蔵　1848～?　江戸後期～明治期の大谷報徳社社長

完高　さだたか
斎藤(さいとう)完高　江戸後期の藩士

貞貴　さだたか
石河(いしこ)貞貴　1714～1777　江戸中期の幕臣

貞嚮　さだたか
杉(すぎ)貞嚮　1771～1827　江戸中期・後期の幕臣

貞敬　さだたか
浜崎(はまざき)貞敬　江戸後期の神職

貞孝　さだたか　⇔さだのり
大江(おおえの)貞孝　平安後期の官人

貞高　さだたか
北条(ほうじょう)貞高　鎌倉後期の武士
山香(やまが)貞高　安土桃山・江戸前期の武士

貞雄　さだたか　⇔さだお, さだたけ
長谷川(はせがわ)貞雄　?～1776　江戸中期の徳島藩家老

貞隆　さだたか
橘(たちばなの)貞隆　平安後期の官人
長窪(ながくぼ)貞隆　戦国時代の武将。武田家臣
北条(ほうじょう)貞隆　鎌倉後期の武士

貞堯　さだたか
西村(にしむら)貞堯　1779～1856　江戸中期～末期の歌人

定敬　さだたか　⇔さだよし
伊藤(いとう)定敬　1809～1895　江戸後期～明治期の和算家

定賢　さだたか　⇔さだかた, さだよし
安藤(あんどう)定賢　1725～?　江戸中期の幕臣

定孝　さだたか　⇔さだのり
坪内(つぼうち)定孝　江戸中期の武士

定高　さだたか
千坂(ちさか)定高　戦国時代の越後守護上杉房定の重臣
源(みなもとの)定高　平安後期の武士

定隆　さだたか
大中臣(おおなかとみ)定隆　1141～1181　平安後期の神官
清原(きよはらの)定隆　1017～1072　平安中期・後期の官人
源(みなもとの)定隆　平安中期の官人

定愷　さだたか
久松（ひさまつ）定愷　1719～1786　江戸中期の幕臣
定嵩　さだたか
樋口（ひぐち）定嵩　1703～1796　江戸中期・後期の剣術家
貞丈　さだたけ　⇔さだとも
西守（にしもり）貞丈　江戸後期の著述家
貞武　さだたけ
富田（とみた）貞武　1705～1769　江戸中期の藩士
貞雄　さだたけ　⇔さだお, さだたか
上部（うわべ）貞雄　1588～1622　安土桃山・江戸前期の神職

さ

定武　さだたけ
平井（ひらい）定武　戦国時代の武将・連歌作者
貞忠　さだただ
浅見（あさみ）貞忠　1800～1872　江戸後期～明治期の武士、歌人
小笠原（おがさわら）貞忠　？～1550　戦国時代の信濃国松尾小笠原氏の当主
島津（しまづ）貞忠　？～1536　戦国時代の信濃国衆
二階堂（にかいどう）貞忠　鎌倉後期の武家・歌人
保々（ほぼ）貞忠　？～1723　江戸中期の旗本
定忠　さだただ
本多（ほんだ）定忠　室町時代の武将
貞辰　さだたつ　⇔さだとき
川辺（かわべ）貞辰　1717～1766　江戸中期の足柄下郡酒匂村民
貞胤　さだたね
伴野（ともの）貞胤　戦国・安土桃山時代の武田氏の家臣
原（はら）貞胤　戦国時代の甲斐武田勝頼の家臣
定太夫　さだだゆう
竹本（たけもと）定太夫　1784～1868　江戸末期の名義太夫語り
貞周　さだちか
長谷川（はせがわ）貞周　？～1661　江戸前期の徳島藩家老
貞親　さだちか
上穂（うわぶ）貞親　戦国時代の信濃国伊那郡の国衆
小槻（おつきの）貞親　平安中期の官人
武宮（たけみや）貞親　？～1617　江戸前期の因幡鳥取藩士
中原（なかはらの）貞親　平安中期の官人
桧垣（ひがき）貞親　1631～1653　江戸前期の神職
北条（ほうじょう）貞親　鎌倉後期の武士
前田（まえだ）貞親　1653～1705　江戸前期・中期の藩士
定近　さだちか
小長谷（こながい）定近　戦国時代の武将。武田家臣
定周　さだちか
武田（たけだ）定周　江戸後期の和算家
定親　さだちか　⇔じょうしん
定親　江戸前期の俳人
平（たいら）定親　995～1063　平安中期・後期の漢学者
土岐（とき）定親　？～1305　鎌倉後期の武士
中原（なかはらの）定親　平安後期の官人
和気（わけの）定親　平安後期の医家
定千代　さだちよ
早川（はやかわ）定千代　戦国時代の甲斐国山梨郡米倉土豪早川肥後入道の子
貞継　さだつぐ
貞継　室町時代の刀工
豊島（としま）貞継　戦国時代の下総国相馬郡布川城の城主
豊嶋（としま）貞継　戦国時代の北条氏の他国衆
都（みやこの）貞継　791～852　奈良・平安前期の官吏
貞嗣　さだつぐ
紀（きの）貞嗣　平安前期の官人
神（じん）貞嗣　南北朝時代の連歌作者
貞次　さだつぐ
貞次　戦国時代の刀工
青江（あおえ）貞次　鎌倉時代の刀工
阿部（あべ）貞次　1554～1625　戦国時代の湯桧曽の地侍
飯高（いいだか）貞次　1564～1638　安土桃山・江戸前期の幕臣
浦野（うらの）貞次　戦国時代の信濃小県郡の国衆浦野氏一門
坂本（さかもと）貞次　1517～1592　江戸前期の旗本
佐藤（さとう）貞次　1841～1902　江戸後期～明治期の和算家
高木（たかぎ）貞次　1631～1698　江戸前期・中期の幕臣
根岸（ねぎし）貞次　1832～1890　江戸後期～明治期の和算家
桧垣（ひがき）貞次　1590～1671　安土桃山・江戸前期の神職
定継　さだつぐ
志賀（しが）定継　1596～1660　安土桃山・江戸前期の幕臣
定次　さだつぐ
阿部（あべ）定次　？～1582　戦国・安土桃山時代の武将
市岡（いちおか）定次　？～1661　江戸前期の旗本
今村（いまむら）定次　江戸前期の金沢の鋳工
大谷（おおたに）定次　1563～1625　安土桃山・江戸前期の代官
河上（かわかみ）定次　戦国時代の飛騨の国人江馬輝盛の家臣
後藤（ごとう）定次　江戸前期の加賀大聖寺藩士
坪内（つぼうち）定次　1596～1673　安土桃山・江戸前期の幕臣
夏目（なつめ）定次　江戸前期の武士
樋口（ひぐち）定次　安土桃山・江戸前期の武芸家
貞維　さだつな
堀内（ほりのうち）貞維　？～1582　安土桃山時代の信濃国筑摩郡会田の士豪。会田岩下氏の重臣

貞綱　さだつな
貞綱　平安時代の刀工
貞綱〔1代〕　南北朝時代の刀工
貞綱〔2代〕　室町時代の刀工
貞綱〔3代〕　室町時代の刀工
塩屋（えんや）貞綱　？～1506　室町・戦国時代の武家、連歌作者
塩冶（えんや）貞綱　？～1501　戦国時代の武士、室町幕府奉公衆
岡部（おかべ）貞綱　戦国時代の武田氏の家臣
多田（ただ）貞綱　鎌倉後期・南北朝時代の武将
伊達（だて）貞綱　南北朝時代の但馬国の国人
北条（ほうじょう）貞綱　鎌倉後期の武士

定系　さだつな
坪内（つぼうち）定系　江戸中期の武士

定綱　さだつな　⇔ていこう
定綱　戦国時代の刀工
佐八（さはち）定綱　江戸後期の神職
藤原（ふじわらの）定綱　？～1092　平安後期の人。大納言公任曽孫
矢島（やじま）定綱　戦国・安土桃山時代の信濃国諏訪郡の社家衆

貞経　さだつね
貞経　室町時代の刀工
石田（いしだ）貞経　江戸末期の松江藩大坪流馬術師範
伊勢（いせ）貞経　室町時代の武士
吉良（きら）貞経　南北朝時代の武士
藤原（ふじわら）貞経　鎌倉時代の蒔絵師
和気（わけの）貞経　鎌倉時代の医師

貞恒　さだつね
尾張（おわりの）貞恒　平安後期の東大寺領伊賀国黒田荘の刀禰
小海（こうみ）貞恒　戦国時代の「気多大明神由緒書写」の筆者の1人
長谷川（はせがわ）貞恒　？～1652　江戸前期の徳島藩家老
堀（ほり）貞恒　1752～1777　江戸中期の医者

貞常　さだつね
伊勢（いせ）貞常　？～1627　安土桃山・江戸前期の故実家
服部（はっとり）貞常　1605～1677　江戸前期の幕臣

貞庸　さだつね
有沢（ありさわ）貞庸　？～1837　江戸後期の藩士

定経　さだつね
入来院（いりきいん）定経　1793～1851　江戸後期の薩摩郡入来郷領主
大江（おおえの）定経　平安中期の官人
紀（きの）定経　平安後期の官人
後藤内（ごとうない）定経　平安後期の武士
鷺（さぎ）定経　1798～1870　江戸後期～明治期の能楽師

定恒　さだつね
河合（かわい）定恒　？～1751　江戸中期の善政の武士
武田（たけだ）定恒　1848～1871　江戸後期～明治期の和算家
鳥屋尾（とやのお）定恒　安土桃山時代の武士

貞貫　さだつら
野村（のむら）貞貫　1794～1859　江戸後期・末期の藩士・歌人

貞羅　さだつら
貞羅　安土桃山時代の刀工

貞烈　さだつら
伊勢（いせ）貞烈　？～1682　江戸前期の故実家

貞連　さだつら　⇔ていれん
太田（おおた）貞連　鎌倉時代の幕府官僚
百済（くだらの）貞連　平安中期の武蔵国司
三浦（みうら）貞連　？～1509　室町時代後期の武将

さ

定連　さだつら
尾瀬（おぜ）定連　平安後期の尾瀬山中の人
花井（はない）定連　江戸前期の旗本

貞輝　さだてる
酒井（さかい）貞輝　1806～1860　江戸後期・末期の地誌作者

貞晃　さだてる
小笠原（おがさわら）貞晃　1662～1706　江戸中期の旗本

貞暉　さだてる　⇔ていき
星野（ほしの）貞暉　1768～1835　江戸中期・後期の歌人

定栄　さだてる　⇔ていえい
大岡（おおおか）定栄　江戸時代の和算家

定英　さだてる　⇔さだひで
花井（はない）定英　1732～？　江戸中期の幕臣

貞任　さだとう
清原（きよはらの）貞任　平安後期の官人
度会（わたらい）貞任　？～1113　平安後期の伊勢外宮四位禰宜

定任　さだとう
藤原（ふじわらの）定任　？～1040　平安中期の人。大納言済時孫
藤原（ふじわらの）定任　平安中期の官人

貞遠　さだとお
伊勢（いせ）貞遠　室町・戦国時代の故実家
北条（ほうじょう）貞遠　鎌倉後期の武士

定遠　さだとお
紀（きの）定遠　1031～？　平安中期・後期の官人
藤原（ふじわらの）定遠　平安後期の官人

貞刻　さだとき
曽根（そね）貞刻　江戸中期の武士。川越藩主柳沢吉保の重臣《曽根権太夫貞刻》

貞時　さだとき
伊勢（いせ）貞時　1669～1702　江戸前期・中期の故実家
設楽（しだら）貞時　？～1638　江戸前期の旗本
平（たいらの）貞時　平安中期の軍事貴族
藤原（ふじわらの）貞時　平安後期の官人

貞辰　さだとき　⇔さだたつ
伊勢（いせ）貞辰　戦国時代の武士。室町幕府奉公

衆・北条氏の臣

貞晨 さだとき ⇔さだあき, ていしん
山本(やまもと)貞晨 1775～1821 江戸中期・後期の商家

定言 さだとき
山科(やましな)定言 1476～1494 戦国時代の公家

定時 さだとき ⇔ていじ
江馬(えま)定時 ?～1436 室町時代の江馬氏10代ごろに当たる人
太田(おおた)定時 江戸前期の俳人
玉井(たまい)定時 1646～1719 江戸前期・中期の藩士

さ

貞俊 さだとし
貞俊 戦国時代の刀工
奥平(おくだいら)貞俊 1349～1433 南北朝・室町時代の作手奥平の祖
惟宗(これむね)貞俊 鎌倉後期の歌人
菅沼(すがぬま)貞俊 安土桃山時代の武将
平(たいらの)貞俊 平安後期の武士
桧垣(ひがき)貞俊 1819～? 江戸後期・末期の神職
北条(ほうじょう)貞俊 鎌倉後期の武将・歌人
牧村(まきむら)貞俊 江戸後期の和算家

貞詮 さだとし
井口(いぐち)貞詮 ?～1577 安土桃山時代の武将

貞利 さだとし ⇔ていり
桑山(くわやま)貞利 1595～1636 安土桃山・江戸前期の幕臣
鯰江(なまずえ)貞利 ?～1577 安土桃山時代の六角氏の臣、鯰江一族
藤原(ふじわらの)貞利 平安中期の官人
松岡(まつおか)貞利 ?～1585 戦国・安土桃山時代の甲斐武田晴信・勝頼の家臣
水野(みずの)貞利 1765～? 江戸中期の幕臣

定俊 さだとし ⇔じょうしゅん
定俊 鎌倉時代の刀工
小笠原(おがさわら)定俊 1575～1647 江戸前期の武士
清原(きよはらの)定俊 ?～1105 平安後期の官人
藤原(ふじわらの)定俊 1029～1081 平安中期・後期の官人。藤原師実家の家司
松宮(まつみや)定俊 1732～1806 江戸中期・後期の兵学者
源(みなもとの)定俊 1029～1081 平安中期・後期の官人
吉田(よしだ)定俊 江戸前期の神道家

定利 さだとし
大谷(おおたに)定利 ?～1658 江戸前期の代官、銅奉行
小津(おづ)定利 1695～1740 江戸中期の商家
和田(わだ)定利 ?～1574 戦国・安土桃山時代の織田信長の家臣《和田新助》

定富 さだとみ
竹中(たけなか)定富 江戸後期の和算家

貞丈 さだとも ⇔さだたけ
設楽(しだら)貞丈 1785～? 江戸中期・後期の幕臣・博物学者

貞知 さだとも
伊勢(いせ)貞知 ?～1610 安土桃山・江戸前期の故実家
伊勢(いせ)貞知 ?～1627 安土桃山・江戸前期の故実家《伊勢貞常》

貞朝 さだとも
北条(ほうじょう)貞朝 ?～1333 鎌倉後期の武士

貞友 さだとも
真鍋(まなべ)貞友 ?～1576 戦国・安土桃山時代の織田信長の家臣《真鍋七五三兵衛》

貞倫 さだとも
磯部(いそべの)貞倫 平安後期の官人

定知 さだとも
安藤(あんどう)定知 ?～1724 江戸中期の旗本

定智 さだとも ⇔じょうち, ていち
安藤(あんどう)定智 1586～1636 安土桃山・江戸前期の武士

定朝 さだとも
松下(まつした)定朝 1773～? 江戸中期・後期の第27代京都西町奉行

貞虎 さだとら
歌川(うたがわ)貞虎 江戸後期の浮世絵師

定虎 さだとら
菅沼(すがぬま)定虎 1678～1743 江戸前期・中期の幕臣

定寅 さだとら
松平(まつだいら)定寅 1742～1796 江戸中期・後期の幕臣

貞名 さだな
北条(ほうじょう)貞名 鎌倉後期の武士

貞尚 さだなお ⇔さだひさ
本多(ほんだ)貞尚 1681～1745 江戸中期の家臣、幕臣
三浦(みうら)貞尚 安土桃山時代の武将

貞直 さだなお ⇔ていちょく
伊勢(いせ)貞直 1385～1437 南北朝・室町時代の故実家
淡海(おうみの)貞直 平安前期の官人
紀(きの)貞直 平安前期の官人
木畑(きばた)貞直 ?～1712 江戸中期の俳人
清江(きよえの)貞直 平安前期の官人
小坂(こざか)貞直 江戸前期の和算家
小坂(こさか)貞直 小坂貞直に同じ
富田(とみた)貞直 1729～1783 江戸中期の藩士
奈良井(ならのい)貞直 戦国時代の木曽氏の家臣
新見(にいみ)貞直 南北朝時代の備中国新見庄の地頭
藤原(ふじわら)貞直 南北朝時代の連歌作者
藤原(ふじわらの)貞直 鎌倉時代の幕府の関東御家人
北条(ほうじょう)貞直 鎌倉後期の武士
前田(まえだ)貞直 1686～1744 江戸前期・中期

の藩士
松田(まつだ)貞直　1642〜1734　江戸前期・中期の代官

定直　さだなお
木畑(きばた)定直　?〜1712　江戸中期の俳人《木畑貞直》
菅沼(すがぬま)定直　?〜1444　室町時代の三河菅沼の祖
日近(ひちか)定直　安土桃山時代の織田信長の家臣

貞中　さだなか
黒木(くろき)貞中　1699〜1758　江戸中期の藩士
佐伯(さえき)貞中　1724〜1804　江戸中期・後期の歌人、俳人

貞仲　さだなか
中原(なかはらの)貞仲　平安後期の螺鈿工
藤原(ふじわらの)貞仲　平安中期の官人。常陸介藤原高節の子
藤原(ふじわらの)貞仲　平安後期の官人

定中　さだなか　⇔ていちゅう
喜早(きそ)定中　1763〜1823　江戸中期・後期の神職

定仲　さだなか
大石(おおいし)定仲　1534〜1590　戦国・安土桃山時代の北条氏照の臣

貞永　さだなが
島立(しまだち)貞永　?〜1517　戦国時代の深志城の開基

貞長　さだなが
大(おおの)貞長　平安前期の官人
金刺(かなさしの)貞長　平安前期の官人、祠官
伴野(ともの)貞長　?〜1576　安土桃山時代の武田氏の家臣
祝部(はふりべ)貞長　鎌倉後期の神職・歌人
広峰(ひろみね)貞長　鎌倉後期・南北朝時代の播磨広峰社の大別当
森本(もりもと)貞長　江戸中期の旗本

定永　さだなが
金田(かねだ)定永　1664〜1738　江戸中期の武士。剣術金田流中興の祖

定長　さだなが
大中臣(おおなかとみ)定長　?〜1142　平安後期の神職・歌人
菅沼(すがぬま)定長　1847〜1876　江戸後期〜明治期の新城藩主、大阪城在番
鈴木(すずき)定長　?〜1725　江戸中期の武士、幕臣
坪内(つぼうち)定長　江戸前期の武士
北条(ほうじょう)定長　鎌倉時代の武士
源(みなもとの)定長　平安中期の官人
和気(わけの)定長　1150〜1185　平安後期の医師

貞就　さだなり
伊勢(いせ)貞就　戦国時代の北条氏の臣

貞成　さだなり　⇔さだしげ
飛鳥(あすかの)貞成　平安前期の常陸国の書生
紀(きの)貞成　平安前期の官人
能勢(のせ)貞成　1661〜1713　江戸前期・中期の代官
桧垣(ひがき)貞成　?〜1590　戦国・安土桃山時代の神職
三木(みき)貞成　江戸中期の漢学者
村井(むらい)貞成　?〜1582　戦国・安土桃山時代の織田信長の家臣

貞発　さだなり
前田(まえだ)貞発　1842〜?　江戸後期・末期の藩士

定成　さだなり　⇔さだしげ, さだふさ
片平(かたひら)定成　1609〜1694　江戸前期・中期の馬術家
坂上(さかのうえの)定成　1005〜1088　平安中期・後期の明法家、歌人《坂上定成》
藤原(ふじわら)定成　平安中期の公家・歌人
藤原(ふじわら)定成　1014〜?　平安中期・後期の公家・歌人

貞主　さだぬし
淡海(おうみの)貞主　平安前期の官人
菅沼(すがぬま)貞主　江戸後期の藩士

貞根　さだね
赤石(あかしの)貞根　平安前期の播磨国明石郡の大領

貞野　さだの
蔵(くら)貞野　平安前期の医師

貞之丞　さだのじょう
谷(たに)貞之丞　?〜1712　江戸前期・中期の義民
永見(ながみ)貞之丞　江戸後期・末期の幕臣

定之助　さだのすけ
渥美(あづみ)定之助　1844〜?　江戸後期〜明治期の人。仙台藩公許の最後の仇討を行った
佐々木(ささき)定之助　1849〜?　江戸後期〜明治期の人。但木家家臣の帰農地再配分をめぐる訴訟の総代
丸山(まるやま)定之助　1856〜1891　江戸末期・明治期の東輝煉化石製造所の設立発起人

貞延　さだのぶ
粟(あわの)貞延　平安後期の官人
堀越(ほりこし)貞延　?〜1471　室町・戦国時代の今川氏の家臣

貞叙　さだのぶ
平(たいらの)貞叙　平安中期の官人

貞信　さだのぶ
安曇(あずみの)貞信　平安中期の播磨国赤穂郡有年荘の寄人
五十嵐(いがらし)貞信　1833〜1906　江戸後期〜明治期の寺子屋師匠、小学校教員
石川(いしかわ)貞信　安土桃山時代の武将
石川(いしこ)貞信　石川貞信に同じ
今井(いまい)貞信　?〜1573　戦国時代の対馬守
歌川(うたがわ)貞信　江戸後期の絵師
大川(おおかわ)貞信　1791〜1859　江戸後期・末期の和算家
大橋(おおはし)貞信　?〜1615?　安土桃山・江戸前期の武将
小笠原(おがさわら)貞信　1580〜1614　江戸前期・

中期の大名
小笠原(おがさわら)貞信　1601〜1672　江戸前期・中期の大名
鹿島(かしま)貞信　戦国時代の人。鹿島治時の4男
狩野(かのう)貞信　?〜1858　江戸後期・末期の狩野派画家
三隅(みすみ)貞信　戦国時代の三隅郷領主

貞宣　さだのぶ　⇔ていせん
小笠原(おがさわら)貞宣　1686〜1745　江戸前期・中期の幕臣
大仏(おさらぎ)貞宣　鎌倉後期の武将・歌人
北条(ほうじょう)貞宣　?〜1320　鎌倉後期の引付頭人

貞陳　さだのぶ
西沢(にしざわ)貞陳　江戸前期の書肆

貞董　さだのぶ
桧垣(ひがき)貞董　1807〜1878　江戸後期〜明治期の神職

定延　さだのぶ
高畠(たかばたけ)定延　1690〜1760　江戸中期の藩士
牧(まき)定延　戦国時代の社家奉行人

定信　さだのぶ
赤木(あかぎ)定信　江戸末期の和算家
狩野(かのう)定信　江戸前期の画家、秋田狩野派の祖
高(こうの)定信　?〜1352　南北朝時代の土佐国守護
斎藤(さいとう)定信　戦国時代の越後国刈羽郡の国人
菅沼(すがぬま)定信　?〜1507　室町・戦国時代の武将
仁尾(にお)定信　?〜1720　江戸前期・中期の藩士
布施(ふせ)定信　1682〜1754　江戸前期・中期の人。本吉郡柳津村に在所を拝領した
源(みなもと)定信　平安後期の公家・歌人

定宣　さだのぶ　⇔さだのり
賀茂(かも)定宣　鎌倉時代の公家・歌人

貞規　さだのり
北条(ほうじょう)貞規　1298〜1319　鎌倉後期の武士

貞儀　さだのり　⇔さだよし, ていぎ
伊勢(いせ)貞儀　?〜1683　江戸前期の故実家
堀(ほり)貞儀　?〜1737　江戸中期の藩士
谷沢(やざわ)貞儀　戦国時代の下総臼井・生実城主原胤栄の家臣

貞矩　さだのり
児玉(こだま)貞矩　1635〜1692　江戸前期・中期の岩国藩主吉川広嘉の御側細工人
中田(なかた)貞矩　1837〜?　江戸後期〜明治期の人。大阪の銅版印刷の開祖

貞憲　さだのり
藤原(ふじわら)貞憲　平安後期の公家・歌人

貞孝　さだのり　⇔さだたか
北島(きたじま)貞孝　南北朝時代の神職
平岡(ひらおか)貞孝　南北朝時代の杵築大社上官、権検校。上官平岡氏初代

貞則　さだのり
貞則　江戸中期の刀工
大秦(おおはたの)貞則　平安後期の官人
小野(おの)貞則　1574〜1640　安土桃山・江戸前期の幕臣
戸倉(とくら)貞則　江戸前期の豊後府の宿老
西川(にしかわ)貞則　1516〜1568　戦国・安土桃山時代の織田信長の家臣
播磨(はりまの)貞則　平安後期の官人
平野(ひらの)貞則　江戸後期の藩士
堀(ほり)貞則　江戸前期の武術家
山川(やまかわ)貞則　1634〜1691　江戸前期・中期の代官

貞勅　さだのり
伊勢(いせ)貞勅　1649〜1723　江戸前期・中期の幕臣

貞度　さだのり
石黒(いしぐろ)貞度　1790〜1857　江戸末期の漢学者《石黒南門》
平(たいらの)貞度　平安後期の官人

貞徳　さだのり
服部(はっとり)貞徳　?〜1704　江戸中期の旗本
桧垣(ひがき)貞徳　安土桃山時代の神職

貞範　さだのり　⇔ていはん
下方(しもかた)貞範　1561〜1621　江戸前期の武士

貞悳　さだのり
宇野(うの)貞悳　1764〜1831　江戸中期・後期の藩士、漢学者

定儀　さだのり　⇔さだよし
坪内(つぼうち)定儀　江戸後期の武士

定義　さだのり　⇔さだよし
菅原(すがわらの)定義　1012〜1064　平安中期・後期の孝標の子。道真の5世孫《菅原定義》

定教　さだのり
和田(わだ)定教　1535〜1592　安土桃山時代の織田信長の家臣《和田八郎》

定矩　さだのり
天野(あまの)定矩　?〜1845　江戸後期の和算家

定孝　さだのり　⇔さだたか
粟田口(あわたぐち)定孝　1837〜1918　江戸後期〜大正期の神職

定準　さだのり
立石(たていし)定準　江戸中期の工芸家

定宣　さだのり　⇔さだのぶ
上原(うえはら)定宣　江戸前期の故実家

定詮　さだのり
六角(ろっかく)定詮　南北朝時代の武将

定則　さだのり
定則　鎌倉時代の刀工
奥山(おくやま)定則　1349〜1427　南北朝・室町時代の南朝方の武将で北遠奥山氏の祖
武田(たけだ)定則　?〜1906　江戸末期・明治期の和算家

蒔田（まいた）定則　？～1693　江戸前期の旗本

定令　さだのり

矢部（やべ）定令　1746～1813　江戸中期・後期の幕臣

定辟　さだのり

高畠（たかばたけ）定辟　1826～？　江戸後期・末期の藩士

貞玄　さだはる

竜（りゅう）貞玄　1624～1711　江戸前期・中期の神職

貞春　さだはる

浦野（うらの）貞春　戦国時代の武将。大戸城主

武宮（たけみや）貞春　江戸前期・中期の藩士・砲術家

貞晴　さだはる

歌川（うたがわ）貞晴　江戸後期の絵師

定治　さだはる　⇔さだじ

安藤（あんどう）定治　？～1582　戦国・安土桃山時代の織田信長の家臣

外郎（ういろう）定治　？～1556　室町時代の商人

宇野（うの）定治　？～1556　戦国時代の武士。北条氏の家臣

幸田（こうだ）定治　？～1638　戦国時代の北条氏の家臣

諏訪部（すわべ）定治　？～1721　江戸中期の旗本

定春　さだはる

中村（なかむら）定春　？～1671　江戸前期の仙台藩御座船棟梁兼船横目棟梁

定晴　さだはる

久野（くの）定晴　1778～？　江戸中期の小姓組番士

貞彦　さだひこ

妻木（つまき）貞彦　江戸中期の国学者

長谷川（はせがわ）貞彦　江戸後期の国学者

比良野（ひらの）貞彦　？～1798　江戸中期の弘前藩士、画人

貞久　さだひさ　⇔ていきゅう

綾（あやの）貞久　平安後期の相撲人

伊勢（いせ）貞久　戦国時代の故実家

伊藤（いとう）貞久　？～1559　戦国時代の振草七郷の地頭

小野（おの）貞久　1619～1688　江戸前期の代官

賀茂（かも）貞久　?～1490　室町・戦国時代の神職

内藤（ないとう）貞久　1772～1838　江戸後期の和算家

羽床（はとこ）貞久　安土桃山時代の武将

福地（ふくち）貞久　戦国時代の佐竹氏の家臣

北条（ほうじょう）貞久　鎌倉後期の武士

三浦（みうら）貞久　?～1548　安土桃山時代の武将

貞尚　さだひさ　⇔さだなお

長（おさの）貞尚　平安中期の官人

北条（ほうじょう）貞尚　鎌倉後期の武士

定久　さだひさ

荻原（おぎわら）定久　戦国時代の武士

賀茂（かも）定久　南北朝時代の神職・歌人

松田（まつだ）定久　安土桃山時代の織田信長の家臣《太田源三大夫》

貞栄　さだひで

長谷川（はせがわ）貞栄　？～1743　江戸中期の徳島藩家老

藤田（ふじた）貞栄　江戸後期の暦算家

貞英　さだひで

伊勢（いせ）貞英　室町・戦国時代の故実家

川田（かわだ）貞英　1700～1773　江戸中期の代官

貞秀　さだひで　⇔ていしゅう

飯篠（いいざさ）貞秀　戦国時代の家直（長威斎）の子。天真正伝神道流（香取神道流・香取神刀流）の刀術を継承

池田（いけだ）貞秀　1558～1619　戦国～江戸前期の始羅郡蒲生郷の士

高木（たかぎ）貞秀　安土桃山時代の武士。織田信長家臣

長井（ながい）貞秀　鎌倉中期の武将

長井（ながい）貞秀　？～1309　鎌倉後期の武士

橋本（はしもと）貞秀　1807～？　江戸後期の浮世絵師

定英　さだひで　⇔さだてる

加茂（かも）定英　江戸後期の鎌倉鶴岡八幡宮の楽人

定秀　さだひで

菅沼（すがぬま）定秀　1699～1758　江戸中期の幕臣

貞媛娘　さだひめこ

安倍（あべの）貞媛娘　飛鳥・奈良時代の女性。貞吉の女。藤原武智麻呂の室

貞衡　さだひら

伊勢（いせ）貞衡　1605～1689　江戸前期・中期の故実家

清原（きよはらの）貞衡　平安後期の豪族

貞平　さだひら　⇔さだへい

清野（きよの）貞平　1656～1723　江戸前期・中期の代官

久世（くせ）貞平　鎌倉前期の美作国西部の武士

豊原（とよはらの）貞平　平安後期の官人

中院（なかのいん）貞平　南北朝時代の武士

藤原（ふじわらの）貞平　平安後期の豊後国津守郷の郷司、在地領主

定衡　さだひら　⇔じょうこう

三善（みよし）定衡　鎌倉後期の官人

定平　さだひら　⇔じょうへい

荒木田（あらきだ）定平　?～1091　平安後期の神官

賀茂（かも）定平　平安後期の陰陽家・暦学者

貞寛　さだひろ　⇔ていかん

新井（あらい）貞寛　1843～1905　江戸後期～明治期の教育者

貞広　さだひろ

貞広　戦国時代の刀工

歌川（うたがわ）貞広　江戸末期の絵師

歌川（うたがわ）貞広〔2代〕　1838～1908　江戸末期・明治期の画家

蔭山（かげやま）貞広　1584～1637　江戸中期～末期の武士

佐藤（さとう）貞広　戦国時代の伊豆の大見郷土豪三人衆の一人

田原(たわら)貞広　?～1353　南北朝時代の武将
保々(ほぼ)貞広　?～1654　江戸前期の旗本
松平(まつだいら)貞広　戦国時代の武士
三浦(みうら)貞広　?～1581　安土桃山時代の武将
三谷(みたに)貞広　1838～1908　江戸後期～明治期の画家、浮世絵師

貞弘　さだひろ
貞弘　戦国時代の石見の刀工
明石(あかし)貞弘　江戸中期の兵法家
平(たいらの)貞弘　平安後期の官人

貞煕　さだひろ
北条(ほうじょう)貞煕　鎌倉後期の武将・歌人

貞凞　さだひろ
北条(ほうじょう)貞凞　鎌倉後期の武士
北条(ほうじょう)貞凞　鎌倉後期の武将・歌人《北条貞煕》

貞熙　さだひろ
姉小路(あねがこうじ)貞熙　?～1563　安土桃山時代の小鷹利(向)宗熙の子

定寛　さだひろ
鈴木(すずき)定寛　1754～1788　江戸中期・後期の医者

定広　さだひろ
海保(かいほ)定広　戦国時代の北条氏の家臣
斎藤(さいとう)定広　?～1616　戦国時代の北条氏邦の旧臣
宍戸(ししど)定広　1810～1881　江戸末期・明治期の広島藩の刀工
樋口(ひぐち)定広　1840～1912　江戸後期～明治期の剣士
真宮(まみや)定広　1755～1804　江戸中期・後期の藩士

定洪　さだひろ
安生(あんじょう)定洪　1679～1740　江戸前期・中期の代官

定皎　さだひろ
児玉(こだま)定皎　1828～1887　江戸後期～明治期の出水郡長島郷城川内村の庄屋

貞芙　さだふ
北条(ほうじょう)貞芙　?～1333　鎌倉後期の武士

貞房　さだふさ
歌川(うたがわ)貞房　江戸後期の絵師
座光寺(ざこうじ)貞房　?～1575　安土桃山時代の信濃国伊那郡の国衆
高階(たかしな)貞房　1784～1847　江戸中期・後期の藩士、国学者
北条(ほうじょう)貞房　鎌倉後期の武士

定央　さだふさ
坪内(つぼうち)定央　1711～1761　江戸中期の幕臣

定成　さだふさ　⇔さだしげ, さだなり
世尊寺(せそんじ)定成　1254～1298　鎌倉後期の公家・書家・歌人

定房　さだふさ
椿井(つばい)定房　1529～1615　戦国～江戸前期の織田信長の家臣
夏目(なつめ)定房　1627～?　江戸前期の武士
藤原(ふじわらの)定房　1020～1095　平安中期・後期の官人

定文　さだふみ
藤原(ふじわらの)定文　?～907　平安前期・中期の人。内大臣高藤男

貞冬　さだふゆ
北条(ほうじょう)貞冬　鎌倉後期の評定衆
北条(ほうじょう)貞冬　鎌倉後期の武士

貞平　さだへい　⇔さだひら
貞平　1733～?　江戸中期の梅園叢書に伝える孝行な農民

貞牧　さだまき
伊勢(いせ)貞牧　室町・戦国時代の故実家

貞雅　さだまさ
伊勢(いせ)貞雅　?～1474　室町・戦国時代の故実家
大江(おおえの)貞雅　平安中期の官人
葎窓(りっそう)貞雅　江戸末期の戯作者

貞匡　さだまさ
北条(ほうじょう)貞匡　鎌倉後期の武士

貞昌　さだまさ
貞昌　戦国時代の刀工
奥平(おくだいら)貞昌　1471?～1535?　戦国時代の武士。三河国作手奥平氏嫡流
志村(しむら)貞昌　?～1662　江戸前期の旗本

貞政　さだまさ
一ノ井(いちのい)貞政　?～1337　南北朝時代の武将
賀陽(かやの)貞政　平安後期の官人
賀陽(かやの)貞政　平安後期の神官
桑山(くわやま)貞政　1613～1700　江戸前期・中期の武士、茶人
坂本(さかもと)貞政　?～1689　江戸前期の旗本
設楽(しだら)貞政　1624～1691　江戸前期・中期の武士
住友(すみとも)貞政　江戸前期の商家
武田(たけだ)貞政　?～1352　南北朝時代の武将
徳山(とくやま)貞政　?～1605　江戸前期の武士
伴野(ともの)貞政　?～1691　江戸中期の幕臣
長岡(ながおか)貞政　?～1829　江戸後期の楽山5代陶工
藤井(ふじい)貞政　室町時代の武将
北条(ほうじょう)貞政　鎌倉後期の武士

貞正　さだまさ
井口(いぐち)貞正　江戸末期の和算家
小野(おの)貞正　?～1671　江戸前期の代官
紀(きの)貞正　平安後期の紀伊国三上院の山の旧領主
木村(きむら)貞正　江戸後期の和算家

貞当　さだまさ
上野(うえの)貞当　1613～1653　江戸前期の大名

貞祗　さだまさ
中沢(なかざわ)貞祗　1843～1899　江戸後期～明治期の法神流剣士

定雅　さだまさ
大中臣(おおなかとみ)定雅　1123〜1189　平安後期の歌人
藤原(ふじわらの)定雅　平安中期の官人

定昌　さだまさ
浅井(あさい)定昌　1661〜1714　江戸中期の武士
上杉(うえすぎ)定昌　1453〜1488　室町・戦国時代の越後守護上杉房定の長子
菅沼(すがぬま)定昌　1736〜？　江戸中期の代官

定政　さだまさ　⇔ていせい
安食(あじき)定政　安土桃山時代の織田信長の家臣
石丸(いしまる)定政　？〜1645　江戸前期の旗本
上林(かんばやし)定政　？〜1699　江戸中期の山城国宇治郷代官、茶頭取
木村(きむら)定政　江戸後期・末期の幕臣、代官《木村定政》
清原(きよはらの)定政　平安後期の官人
菅沼(すがぬま)定政　1551〜1597　安土桃山時代の武将。徳川家康に仕えた
山尾(やまお)定政　1790〜1861　江戸後期・末期の絵師

定正　さだまさ
菅沼(すがぬま)定正　江戸前期の廻漕業者
渡辺(わたなべ)定正　？〜1632　江戸前期の代官

定能　さだまさ
松平(まつだいら)定能　1758〜1831　江戸中期・後期の幕臣

定理　さだまさ
菅原(すがわら)定理　江戸後期の国学者

貞益　さだます
有村(ありむら)貞益　1696〜1756　江戸中期の紙漉の振興者
伊勢(いせ)貞益　1693〜1725　江戸中期の故実家

貞升　さだます
歌川(うたがわ)貞升　江戸末期の絵師
歌川(うたがわ)貞升〔2代〕　江戸後期の画家
五蝶亭(ごちょうてい)貞升　江戸後期の浮世絵師

貞増　さだます
有村(ありむら)貞増　？〜1713　江戸前期・中期の人。蒲生にはじめて孟宗竹を植えた

貞倍　さだます
伊勢(いせ)貞倍　？〜1572　戦国・安土桃山時代の織田信長の家臣

定益　さだます　⇔さだえき
久松(ひさまつ)定益　？〜1510　戦国時代の武士

貞町　さだまち
興世(おきよの)貞町　平安前期の官人

貞丸　さだまる
歌川(うたがわ)貞丸　江戸後期の画家

定丸　さだまる
定丸　？〜1841　江戸後期の俳人
大江(おおえ)定丸　？〜1886　江戸後期〜明治期の人形師
紀(きの)定丸　1760〜1841　江戸中期・後期の狂歌師

定見　さだみ
池田(いけだ)定見　1795〜1870　江戸後期〜明治期の和算家、松代藩士

貞幹　さだみき　⇔さだもと, ていかん
神沢(かんざわ)貞幹　1710〜1795　江戸中期・後期の京都町奉行所の与力《神沢貞幹》

貞順　さだみち　⇔ていじゅん
長谷川(はせがわ)貞順　江戸時代の徳島藩藩士

貞通　さだみち
凡海(おしのうみの)貞通　平安後期の官人

貞道　さだみち
安曇(あずみの)貞道　平安中期の播磨国赤穂郡有年荘の寄人
小笠原(おがさわら)貞道　？〜1868　江戸後期・末期の藩士
尾瀬(おぜ)貞道　室町時代の武士
平(たいらの)貞道　平安中期の武士。源頼光の四天王の一人
前田(まえだ)貞道　？〜1823　江戸中期・後期の藩士

定通　さだみち
橘(たちばなの)定通　平安中期の官人
藤原(ふじわらの)定通　1085〜1115　平安後期の官吏

定逵　さだみち
松平(まつだいら)定逵　1677〜1718　江戸前期・中期の高田藩主

貞光　さだみつ
碓井(うすい)貞光　954〜1021　平安中期の武人
大原(おおはら)貞光　室町時代の荘官
紀(きの)貞光　？〜1023？　平安中期の官人、検非違使
庄(しょう)貞光　室町時代の備中国の武将
藤原(ふじわらの)貞光　？〜1027　平安中期の官人
松平(まつだいら)貞光　？〜1550　戦国時代の人。形原松平氏

貞詳　さだみつ
富田(とみた)貞詳　江戸末期の藩士

貞満　さだみつ
伊勢(いせ)貞満　戦国時代の故実家

定允　さだみつ
野宮(ののみや)定允　1848〜1866　江戸後期・末期の公家

定盈　さだみつ
川崎(かわさき)定盈　1729〜1778　江戸中期の石見国大森代官・銀山支配

定円　さだみつ　⇔じょうえん
宇田川(うだがわ)定円　1714〜1781　江戸中期の佐渡奉行

定光　さだみつ
菅沼(すがぬま)定光　1851〜1906　江戸末期・明治期の教育者
平(たいらの)定光　平安後期の帯刀

定満　さだみつ
常葉(ときわ)定満　戦国時代の信濃国伊那郡の武士

貞宗　さだむね
粟凡直(あわのおうしのあたえ)貞宗　平安時代の役人
飯高(いいだかの)貞宗　平安前期の官人
大神(おおみわの)貞宗　平安後期の円成院領河内国星田荘の荘官
平(たいらの)貞宗　平安後期の官人
竹廻間(たかば)貞宗　1734～1790　江戸中期・後期の始羅郡加治木の刀鍛冶
伴(ともの)貞宗　平安前期の官人
南条(なんじょう)貞宗　室町時代の武将
彦四郎(ひこしろう)貞宗　鎌倉後期の刀匠
藤原(ふじわらの)貞宗　平安後期の官人
北条(ほうじょう)貞宗　?～1305　鎌倉後期の武士
北条(ほうじょう)貞宗　?～1334　鎌倉後期・南北朝時代の武士
三浦(みうら)貞宗　?～1392　南北朝時代の美作国真島郡周辺の武士

貞致　さだむね
清原(きよはらの)貞致　平安後期の官人

定宗　さだむね　⇔じょうそう
長井(ながい)定宗　1668～1703　江戸前期・中期の会津藩士
北条(ほうじょう)定宗　鎌倉後期の武士
北条(ほうじょう)定宗　?～1295　鎌倉後期の肥前守護
源(みなもと)定宗　平安後期・鎌倉前期の公家、歌人
源(みなもとの)定宗　平安中期の官人

定統　さだむね
佐八(さはち)定統　江戸後期の国学者

貞村　さだむら
北条(ほうじょう)貞村　?～1305　鎌倉後期の武士

貞持　さだもち
北条(ほうじょう)貞持　?～1333　鎌倉後期の武士

貞茂　さだもち
北条(ほうじょう)貞茂　鎌倉後期の武士

定持　さだもち
久松(ひさまつ)定持　1659～1745　江戸前期・中期の幕臣

定茂　さだもち
玉虫(たまむし)定茂　戦国時代の武田氏の家臣。城景茂の二男

定用　さだもち　⇔ていよう
菅沼(すがぬま)定用　1701～1768　江戸中期の旗本

貞懐　さだもと
大江(おおえ)貞懐　南北朝時代の歌人

貞幹　さだもと　⇔さだみき, ていかん
有沢(ありさわ)貞幹　?～1790　江戸中期・後期の藩士・軍学者
糸山(いとやま)貞幹　1831～1919　江戸末期・明治期の国学者
長谷川(はせがわ)貞幹　?～1791　江戸中期・後期の徳島藩家老
平井(ひらい)貞幹　江戸後期の幕臣
前田(まえだ)貞幹　1721～1749　江戸中期の藩士
村部(むらべ)貞幹　江戸後期の藩士
山川(やまかわ)貞幹　1732～1790　江戸中期・後期の幕臣

貞基　さだもと
布施(ふせ)貞基　?～1475　室町・戦国時代の室町幕府奉行人
湯原(ゆはら)貞基　鎌倉前期の武士

貞元　さだもと　⇔ていげん
貞元　戦国時代の刀工
藤田(ふじた)貞元　1848～?　江戸後期～明治期の実業家

貞職　さだもと
藤原(ふじわらの)貞職　平安中期の官人

定幹　さだもと
芹沢(せりざわ)定幹　?～1567　戦国・安土桃山時代の古河公方の家臣

定基　さだもと　⇔じょうき
小笠原(おがさわら)定基　?～1511　戦国時代の信濃国松尾小笠原氏の当主

定元　さだもと
茂庭(もにわ)定元　1621～1666　江戸前期の志田郡松山邑主

定材　さだもと
加茂(かもの)定材　鎌倉後期の飛騨守。漏刻博士

貞衛　さだもり　⇔さだえ
玉井(たまのい)貞衛　1695～1768　江戸中期の藩士

貞守　さだもり
貞守　室町時代の刀工
伊勢(いせ)貞守　?～1705　江戸中期の旗本
紀(きの)貞守　平安前期の官人

定守　さだもり
定守　戦国時代の刀工

定盛　さだもり
仙石(せんごく)定盛　千石定盛に同じ
千石(せんごく)定盛　1562～1642　江戸前期の武士

貞安　さだやす　⇔じょうあん, ていあん
大神(おおがの)貞安　平安後期の八幡宇佐宮御装束検校
大槻(おおつき)貞安　1813～1858　江戸後期・末期の砲術家
小野(おの)貞安　江戸後期の加美郡宮崎村の医師
紀(きの)貞安　平安後期の官人
清水谷(しみずたに)貞安　1826～?　江戸後期の大工
長谷川(はせがわ)貞安　?～1612　安土桃山・江戸前期の徳島藩家老

貞康　さだやす
貞康　鎌倉時代の医師
大中臣(おおなかとみの)貞康　平安後期の官人
平(たいらの)貞康　?～1183　平安後期の武士
町野(まちの)貞康　鎌倉後期の武将・歌人

貞静　さだやす
鈴木(すずき)貞静　江戸時代の酒造家、文人
貞泰　さだやす
宇都宮(うつのみや)貞泰　鎌倉後期・南北朝時代の武将
北条(ほうじょう)貞泰　鎌倉後期の武士
源(みなもと)貞泰　南北朝時代の歌人
貞寧　さだやす
滝川(たきがわ)貞寧　1693～1755　江戸中期の代官
貞要　さだやす
佐々木(ささき)貞要　1692～1763　江戸中期の武士
定安　さだやす
荒川(あらかわ)定安　1599～1656　安土桃山・江戸前期の幕臣
川崎(かわさき)定安　1758～1813　江戸中期・後期の幕臣、代官
清原(きよはらの)定安　平安後期の明経博士
中安(なかやす)定安　戦国時代の今川氏の家臣
布施(ふせ)定安　1647～1717　江戸前期・中期の藩士
定康　さだやす
清原(きよはらの)定康　1042～1113　平安中期・後期の儒臣
高泉(たかいずみ)定康　1602～1689　安土桃山～江戸時代中期の伊達氏の臣
定静　さだやす　⇔さだきよ, さだよし
石丸(いしまる)定静　1766～1803　江戸中期・後期の幕臣
西尾(にしお)定静　1740～1801　江戸中期・後期の武士、歌人
定泰　さだやす
飯沼(いいぬま)定泰　戦国時代の上杉房定の重臣
仙仁(せんに)定泰　戦国時代の信濃高井郡の国衆
山野(やまの)定泰　1823～1895　江戸後期～明治期の神職
定保　さだやす
青山(あおやま)定保　1780～1826　江戸中期・後期の仙台城下大町検断
北畠(きたばたけ)定保　1761～1837　江戸中期・後期の自治功労者
佐々木(ささき)定保　江戸後期の和算家
太宰(だざい)定保　1703～1757　江戸中期の漢学者
八田(はった)定保　1751～？　江戸中期の幕臣
平井(ひらい)定保　1750～1835　江戸中期・後期の儒者
山上(やまがみ)定保　1772～1849　江戸中期・後期の幕臣
定恒　さだやす
隅田(すみだ)定恒　江戸後期の国学者
佐太夫　さだゆう　⇔さだいふ, すけだゆう
茨木(いばらぎ)佐太夫　1667～1741　江戸中期の剣客
渡辺(わたなべ)佐太夫　江戸後期の藩士
佐大夫　さだゆう
鵜川(うかわ)佐大夫　江戸前期の武士。大坂の陣で籠城
左太夫　さだゆう　⇔さだいう
井上(いのうえ)左太夫　江戸後期・末期の幕臣
興津(おきつ)左太夫　1669～1756　江戸前期・中期の武芸家
功刀(くぬぎ)左太夫　戦国時代の武将。武田家臣
林(はやし)左太夫　？～1714　江戸前期の家臣。教泉の子
左大夫　さだゆう
一宮(いちのみや)左大夫　？～1600　安土桃山時代の剣術家
小笠原(おがさわら)左大夫　安土桃山・江戸前期の豊臣秀頼の家臣
桑原(くわはら)左大夫　江戸前期の和泉の牢人
念流(ねんりゅう)左大夫　？～1615　江戸前期の剣術の達人
深沢(ふかざわ)左大夫　江戸後期・末期の幕臣

完之　さだゆき　⇔ひろゆき
小寺(おでら)完之　1813～1865　江戸末期の国学者
貞幸　さだゆき
歌川(うたがわ)貞幸　江戸後期の絵師
和気(わけの)貞幸　鎌倉時代の医師
貞行　さだゆき
貞行　室町時代の刀工
貞行　安土桃山時代の刀工
安倍朝臣(あべのあそん)貞行　平安前期の上野介
小槻(おつきの)貞行　平安中期の官人
小山田(おやまだ)貞行　鎌倉後期の宇佐宮神宮
賀茂(かもの)貞行　平安中期の但馬国朝来郡朝来郷の武士団の首領
工藤(くどう)貞行　鎌倉後期・南北朝時代の津軽の豪族
後藤(ごとう)貞行　1849～1903　江戸後期～明治期の彫刻家
富田(とみた)貞行　？～1842　江戸後期の藩士
永田(ながた)貞行　安土桃山時代の織田信長の家臣
長谷川(はせがわ)貞行　江戸後期の徳島藩家老
源(みなもと)貞行　南北朝時代の歌人
山鹿(やまが)貞行　江戸中期の藩士・兵学者
貞如　さだゆき
瀬名(せな)貞如　1744～？　江戸中期の幕臣
貞之　さだゆき　⇔ていし
貞之　江戸後期の加賀の刀工
五味(ごみ)貞之　？～1754　江戸中期の藩士・故実家
定以　さだゆき
松平(まつだいら)定以　1802～？　江戸後期の幕臣
定幸　さだゆき
黒沢(くろさわ)定幸　？～1671　江戸前期の幕臣
定行　さだゆき
定行　戦国時代の刀工
宇佐見(うさみ)定行　戦国時代の武士。上杉謙信の軍師

大中臣（おおなかとみの）定行　平安中期の官人

定之　さだゆき　⇔ていし

酒井（さかい）定之　1630〜1692　江戸前期・中期の幕臣

貞世　さだよ

大中臣（おおなかとみの）貞世　平安前期の神官

貞代　さだよ　⇔さだしろ

桑山（くわやま）貞代　1648〜1728　江戸前期・中期の茶人

設楽（しだら）貞代　1588〜1638　安土桃山・江戸前期の武士

貞愛　さだよし

永見（ながみ）貞愛　1574〜1604　安土桃山・江戸前期の知立神社神主

貞温　さだよし

安藤（あんどう）貞温　江戸後期の地方政治家

貞佳　さだよし

川村（かわむら）貞佳　1720〜1787　江戸中期の歌人

貞儀　さだよし　⇔さだのり, ていぎ

矢沢（やざわ）貞儀　戦国時代の原胤栄の家臣

貞義　さだよし　⇔ていぎ

鵜飼（うかい）貞義　1743〜1779　江戸中期の神職

佐伯（さえきの）貞義　平安後期の官人、関白家知家事

菅野（すがのの）貞義　平安後期の官人

田住（たずみ）貞義　江戸中期の庄屋

堀口（ほりぐち）貞義　鎌倉時代の武士

松永（まつなが）貞義　1819〜？　江戸後期の和算家、新庄藩士

貞吉　さだよし　⇔さだきち, ていきち

貞吉　戦国時代の石見の刀工

貞吉　江戸後期の足柄下郡曽我原村名主

朝野（あさのの）貞吉　平安前期の官人

市河（いちかわ）貞吉　戦国時代の武将。武田家臣

市川（いちかわ）貞吉　戦国時代の上野国衆国峰小幡氏の家臣

大中臣（おおなかとみの）貞吉　平安中期の官人

越智（おちの）貞吉　平安後期の官人

恩智（おんちの）貞吉　平安前期の騎士

紀（きの）貞吉　平安前期の官人

武田（たけだ）貞吉　？〜1582　戦国・安土桃山時代の織田信長の家臣《武田喜太郎》

戸田（とだ）貞吉　？〜1652　江戸前期の幕臣

中村（なかむら）貞吉　江戸前期の足柄下郡曽我原村名主

藤原朝臣（ふじわらのあそん）貞吉　平安前期の上野介

箕浦（みのうら）貞吉　1745〜1819　江戸中期・後期の土佐藩教授役（崎門学派）

山崎（やまざき）貞吉　戦国時代の信濃国筑摩郡塔原城主塔原海野三河守幸貞の家臣

貞恵　さだよし　⇔じょうえ, ていけい

今井（いまい）貞恵　戦国時代の武士

貞穀　さだよし　⇔ていこく

柴野（しばの）貞穀　江戸中期の儒者《柴野貞穀》

貞善　さだよし

貞善　室町時代の刀工

貞能　さだよし

佐藤（さとう）貞能　戦国時代の伊豆大見郷の土豪

伴野（ともの）貞能　安土桃山時代の武田氏の家臣

貞福　さだよし

紀（きの）貞福　平安中期の官人

貞芳　さだよし　⇔じょうほう

歌川（うたがわ）貞芳　江戸末期の絵師

貞良　さだよし

青木（あおき）貞良　江戸後期の和算家

伊勢（いせ）貞良　？〜1562　戦国・安土桃山時代の故実家

栗田（くりた）貞良　1738〜1808　江戸中期・後期の国学者

堀内（ほりのうち）貞良　1681〜1731　江戸前期・中期の幕臣

定喜　さだよし

菅沼（すがぬま）定喜　1750〜1814　江戸中期・後期の幕臣

定儀　さだよし　⇔さだのり

志村（しむら）定儀　戦国時代の武士

定義　さだよし　⇔さだのり

菅原（すがわらの）定義　1012〜1064　平安中期・後期の孝標の子。道真の5世孫

伴（ともの）定義　平安後期の官人

藤原（ふじわらの）定義　平安後期の官人

和賀（わが）定義　戦国時代の武将

定吉　さだよし　⇔さだきち

市川（いちかわ）定吉　安土桃山時代の武蔵国八王子代官

大野（おおの）定吉　戦国時代の北条氏の家臣

黒沢（くろさわ）定吉　戦国時代の上野国衆国峰小幡氏の家臣

貞方（さだかた）定吉　江戸後期の藩士

広沢（ひろさわ）定吉　戦国時代の鋳物師大工職棟梁

松平（まつだいら）定吉　1585〜1603　安土桃山時代の武将

松本（まつもと）定吉　戦国時代の上野国衆国峰小幡氏の家臣

宮寺（みやでら）定吉　戦国時代の北条氏の家臣

山角（やまかど）定吉　？〜1638　江戸前期の旗本

定敬　さだよし　⇔さだたか

坂原（さかはら）定敬　1743〜？　江戸中期の幕臣

定賢　さだよし　⇔さだかた, さだたか

坂部（さかべ）定賢　1748〜1810　江戸後期の小田原藩士

定好　さだよし

吉川（よしかわ）定好　江戸中期の浮世絵師

定静　さだよし　⇔さだきよ, さだやす

保田（やすだ）定静　1815〜1879　江戸末期の地方政治家

定珍　さだよし　⇔じょうちん, ていちん

阿部（あべ）定珍　1779〜1838　江戸中期・後期の西蒲原郡渡部村の庄屋《阿部定珍》

定良　さだよし　⇔ていりょう
石丸(いしまる)定良　江戸中期の藩士
松本(まつもと)定良　江戸中期の藩士・槍術家
源(みなもとの)定良　平安中期の官人

定仍　さだよし　⇔さだより
浅井(あさい)定仍　1590〜1639　江戸前期の武士

貞寄　さだより
桑山(くわやま)貞寄　1613〜1700　江戸前期・中期の武士、茶人《桑山貞政》

貞頼　さだより
荒木田(あらきだ)貞頼　平安中期の内宮権禰宜
伊勢(いせ)貞頼　1455〜？　室町・戦国時代の故実家
渋川(しぶかわ)貞頼　南北朝時代の武家・歌人
平(たいらの)貞頼　平安後期の官人
橘(たちばな)貞頼　平安中期の出羽国の有力領主
伴野(ともの)貞頼　戦国・安土桃山時代の武田氏の家臣
中原(なかはら)貞頼　南北朝時代以前の連歌作者

定順　さだより
賀茂(かもの)定順　平安後期の官人

定頼　さだより
上杉(うえすぎ)定頼　室町時代の武士
大中臣(おおなかとみの)定頼　平安後期の官人
大森(おおもり)定頼　戦国時代の武士。相模国小田原城主大森実頼の子
蜂谷(はちや)定頼　？〜1630　江戸前期の旗本

定仍　さだより　⇔さだよし
坪内(つぼうち)定仍　1587〜1664　安土桃山・江戸前期の幕臣

佐太郎　さたろう
稲田(いなだ)佐太郎　江戸末期の新撰組隊士
上田(うえだ)佐太郎　？〜1600　安土桃山時代の金森家臣
小川(おがわ)佐太郎　1845〜1866　江戸後期・末期の新撰組隊士《小川信太郎》
梶(かじ)佐太郎　1859〜1923　江戸末期〜大正期の七宝作家
兼松(かねまつ)佐太郎　1835〜1908　江戸後期〜明治期の俳人
神沼(かみぬま)佐太郎　江戸後期・末期の幕臣
紺屋(こうや)佐太郎　江戸中期の染物屋
高瀬屋(たかせや)佐太郎　？〜1751　江戸中期の教育者
林(はやし)佐太郎　1727〜1801　江戸中期の足柄下郡町田村名主
武藤(むとう)佐太郎　1845〜1911　江戸末期・明治期の原町田村戸長
吉田(よしだ)佐太郎　？〜1603　安土桃山時代の代官

左太郎　さたろう
高屋(たかや)左太郎　1844〜？　江戸後期〜明治期の兵部大丞
長沢(ながさわ)左太郎　江戸前期の後藤又兵衛の近侍
保木(ほぎ)左太郎　1687〜1738　江戸中期の美作国土居代官

左太郎正方　さたろうまさかた
後藤(ごとう)左太郎正方　1596〜1654　安土桃山・江戸前期の後藤又兵衛の惣領

貞事　さだわざ
前田(まえだ)貞事　1795〜？　江戸後期の藩士

左団次　さだんじ
左団次〔1代〕　江戸末期の俳人

さち
石川(いしかわ)さち　1782〜？　江戸中期・後期の女性。石川雅望の長女、「花見記」を執筆

さ

幸　さち
坂本(さかもと)幸　1798〜1846　江戸後期の女性。坂本龍馬の母

佐知　さち
森(もり)佐知　1757〜1830　江戸中期・後期の女流歌人

哲顕　さちあき
藤木(ふじき)哲顕　1711〜1768　江戸中期の神職

幸右衛門　さちえもん　⇔こううえもん, こうえもん
阿部(あべ)幸右衛門　江戸中期の三島代官河原清兵衛の手代

幸子　さちこ
田内(たうち)幸子　1791〜1857　江戸後期・末期の歌人

幸生　さちなり　⇔こうせい
億岐(おき)幸生　1746〜1813　江戸中期・後期の玉若酢神社神官、国学者、歌人

祥正　さちまさ
鈴木(すずき)祥正　江戸中期・後期の漢学者

幸満　さちまろ
波多野(はたの)幸満　1799〜1875　江戸後期〜明治期の神職

佐仲　さちゅう
今枝(いまえだ)佐仲　1645〜1702　江戸前期・中期の剣術家。今枝流(理方一流)

左中　さちゅう
谷(たに)左中　1740〜？　江戸中期の幕臣
平田(ひらた)左中　1726〜1795　江戸中期・後期の剣術家。東軍流

左仲　さちゅう　⇔すけなか
佐双(さそう)左仲　1852〜1905　江戸後期〜明治期の造船技師、海軍造船総監
新山(にいやま)左仲　1729〜1810　江戸中期・後期の剣術家。影山流
二上(にかみ)左仲　江戸末期の武士
山本(やまもと)左仲　？〜1770　江戸中期の詩人、医師

左中太常澄　さちゅうたつねすみ
左中太常澄　？〜1181　平安後期の武士

砂長　さちょう
得閑斎(とっかんさい)砂長　江戸後期の狂歌作者

座朝　ざちょう
座朝　江戸中期の俳人

佐都　さつ
松田(まつだ)佐都　江戸中期の女性。「加賀見山旧錦絵」のお初のモデルになった
察応　さつおう
逸堂(いつどう)察応　?～1724　江戸前期・中期の曹洞宗の僧
朔花仙　さっかせん
朔花仙　江戸後期の俳人
五月　さつき
平(たいら)五月　平安前期の公家・漢詩人
五月麻呂　さつきまろ
神主(かんぬしの)五月麻呂　奈良時代の豊受大神宮禰宜
度会(わたらいの)五月麻呂　奈良・平安前期の伊勢神宮禰宜
五月麿　さつきまろ
度会(わたらい)五月麿　奈良・平安前期の神職
察冏　さつげい
察冏　?～1782　江戸中期の浄土宗の僧
雑斎　ざっさい
一松(ひとつまつ)雑斎　戦国・安土桃山時代の儒者
颯々　さつさつ
秋廼屋(あきのや)颯々　江戸後期の狂歌作者
察信　さっしん
狩野(かのう)察信　江戸中期の画家
薩天　さつてん
薩天　安土桃山時代の僧
察度　さつと
察度　1321～1396　南北朝時代の琉球王国の黎明期の王
薩摩　さつま
岩倉(いわくら)薩摩　戦国時代の土豪
川上(かわかみ)薩摩　江戸中期の桂本神社の神主
三橋(みつはし)薩摩　江戸前期の仏師
薩麻比売　さつまのひめ
薩麻比売　上代の女酋(巫女)
薩野馬　さつやま
筑紫(つくしの)薩野馬　飛鳥時代の人。百済救援軍に従って渡海
佐伝治　さでんじ
高橋(たかはし)佐伝治　?～1796　江戸中期・後期の大更御新田開拓奉行
左伝次　さでんじ
石原(いしはら)左伝次　?～1862　江戸後期・末期の松江藩直心流柔道師範
井上(いのうえ)左伝次　1596～1641　安土桃山・江戸前期の武士。後藤又兵衛の甥
左伝兵衛　さでんべえ
田中(たなか)左伝兵衛　江戸時代の母里藩士、砲術家
サト
黒川(くろかわ)サト　江戸末期・明治期の都賀郡薗部村に女子私塾経営、教育者

佐渡　さど
佐渡　安土桃山時代の信濃国筑摩郡青柳の土豪
西宮(にしみや)佐渡　安土桃山時代の信濃国筑摩郡会田の土豪
宗岡(むねおか)佐渡　?～1613　江戸前期の代官
沙道　さどう
温(おん)沙道　?～1398　南北朝・室町時代の山南(南山)王
砂童　さどう
砂童　江戸後期の俳人
里右衛門　さとえもん
加藤(かとう)里右衛門　江戸前期の伊豆の小代官である市川喜三郎の手代
恵子　さとこ
永原(ながはらの)恵子　?～815　奈良・平安前期の官女
佐登子　さとこ
大倉(おおくら)佐登子　吉田佐登子に同じ
吉田(よしだ)佐登子　1797～1866　江戸後期の書家・南画家
聡子　さとこ
姉小路(あねのこうじ)聡子　1794～?　江戸後期の女性。光格天皇の宮人
哲　さとし　⇔てつ
冨田(とみた)哲　1832～1876　江戸末期・明治期の南部藩士
敏　さとし　⇔はやし,びん
源(みなもとの)敏　平安前期の下級貴族
学澄　さとずみ
本多(ほんだ)学澄　?～1661　江戸前期の旗本
郷孝　さとたか
山崎(やまざき)郷孝　江戸末期の武芸家
里次　さとつぐ
紀(きの)里次　平安後期の鳥羽院庁召使
智成親王　さとなりしんのう
北白川宮(きたしらかわのみや)智成親王　1856～1872　江戸末期・明治期の皇族
里主　さとぬし
内原(うちばる)里主　戦国時代の人。李朝朝鮮に来聘した偽の使者
佐渡守正収　さどのかみまさとき
本多(ほんだ)佐渡守正収　1785～1849　江戸中期・後期の91代長崎奉行
覚広　さとひろ　⇔あきひろ
神保(じんぼ)覚広　戦国時代の越中の国人
郷広　さとひろ
織田(おだ)郷広　?～1451　室町時代の武将
里政　さとまさ
湯橋(ゆはし)里政　1619～?　江戸前期の大庄屋
里丸　さとまろ
里丸　1756～1830　江戸中期・後期の俳諧師
郷保　さとやす
朝日(あさひ)郷保　1705～1783　江戸中期の松江藩家老

郷美　さとよし
山崎(やまざき)郷美　江戸末期・明治期の藩士、和算家
知　さとる　⇔ち, とも
田内(たうち)知　1839〜1867　江戸後期・末期の新撰組隊士《田内知》
佐奈　さな
佐奈　?〜1667　江戸前期の女性。照蓮寺15世の竜興院宣心の妻
佐内　さない
忍足(おしたり)佐内　1729〜1771　江戸後期の安房で起きた一揆の中心人物
疋田(ひきだ)佐内　?〜1647　江戸前期の庄内藩士
渡辺(わたなべ)佐内　安土桃山時代の織田信長の家臣
左内　さない
上野(うえの)左内　江戸前期の長宗我部盛親の小姓
榎木(えのき)左内　江戸中期の韮山代官江川氏の手代
岡(おか)左内　戦国時代の武将
岡野(おかの)左内　安土桃山・江戸前期の武将
荻原(おぎわら)左内　江戸後期の淘綾郡国府新宿の神事舞太夫
河内(かわち)左内　江戸前期の人形浄瑠璃太夫
島田(しまだ)左内　江戸中期の市谷左内町の名主
鈴木(すずき)左内　1803〜?　江戸後期の和算家
新家(にいや)左内　安土桃山時代の検地役人
平沢(ひらさわ)左内　江戸中期の易者
堀田(ほった)左内　安土桃山時代の織田信長の家臣
三田(みた)左内　1830〜1899　江戸後期〜明治期の剣士・医師
作内　さない　⇔さくない
橋本(はしもと)作内　江戸時代の富山藩士、西猪谷関所番
両角(もろずみ)作内　戦国時代の信濃国諏訪郡の土豪
真一　さないち　⇔しんいち
杉枝(すぎえだ)真一　1674〜1747　江戸前期・中期の医者
早苗　さなえ
玉田(たまだ)早苗　江戸後期の代官
左並　さなみ
宮杜(みやもり)左並　1825〜1865　江戸後期・末期の花巻郷学の学頭
左入　さにゅう
田中(たなか)左入　?〜1739　江戸中期の陶工
讃岐　さぬき
讃岐　平安前期の歌人
讃岐　平安中期の女房・歌人
讃岐　鎌倉時代の女性
讃岐　?〜1313　鎌倉後期の女性。北条時頼の妻
安形(あがた)讃岐　1784〜1858　江戸中期〜末期の神道家
乙坂(おつさか)讃岐　?〜1645　江戸前期の武士
後藤(ごとう)讃岐　1783〜1863　江戸中期〜末期の和算・珠算の大家
住吉(すみよし)讃岐　江戸後期の大住郡曽屋村神事舞太夫
讃岐入道　さぬきにゅうどう
大日方(おびなた)讃岐入道　戦国時代の信濃国水内郡古山城主
讃岐守直允　さぬきのかみなおちか
永井(ながい)讃岐守直允　1673〜1717　江戸前期・中期の35代長崎奉行
讃岐守元勝　さぬきのかみもとかつ
細川(ほそかわ)讃岐守元勝　1581〜1628　安土桃山・江戸前期の徳川家康・豊臣秀頼の家臣
実　さね　⇔じつ, みのる
源(みなもと)実　?〜900　平安前期の公家・歌人
実秋　さねあき
一条(いちじょう)実秋　1384〜1420　南北朝・室町時代の公家、歌人
清水谷(しみずだに)実秋　一条実秋に同じ
矢島(やじま)実秋　?〜1836　江戸後期の装剣金工
実明　さねあき　⇔さねあきら
藤原(ふじわらの)実明　平安中期の官人
実鑒　さねあき
尾張(おわりの)実鑒　平安中期の官人
真防　さねあき
市野(いちの)真防　1628〜1720　江戸前期・中期の代官
真明　さねあき　⇔しんめい
麻田(あさだの)真明　平安中期の官人
千葉(ちば)真明　江戸末期の神職
実明　さねあきら　⇔さねあき
酒井(さかい)実明　1533〜1605　戦国〜江戸前期の武士
志茂(しも)実明　1830〜1868　江戸後期・末期の志士
慎卿　さねあきら
長谷川(はせがわ)慎卿　1688〜1763　江戸前期・中期の幕臣
真有　さねあり
真有　室町時代の刀工
真有　戦国時代の石見の刀匠
真有　戦国時代の刀工
実家　さねいえ
藤原(ふじわらの)実家　平安中期の官人
実氏　さねうじ
黒川(くろかわ)実氏　戦国時代の越後奥山荘北条の国人
実紀　さねえ
姉小路(あねがこうじ)実紀　1679〜1746　江戸前期・中期の公家、歌人
実兄　さねえ
宇野(うの)実兄　江戸中期の国学者
実雄　さねお　⇔じつゆう
一東(いっとう)実雄　江戸中期の町人。「御冥加普請之記並図」を執筆
真雄　さねお　⇔まさお
卜部(うらべの)真雄　平安前期の官人

藤原(ふじわらの)真雄　767〜811　奈良・平安前期の貴族。左大臣魚名の孫、左京大夫鷹取の子

実興　さねおき
藤原(ふじわら)実興　南北朝時代の公家・歌人

実音　さねおと
三条(さんじょう)実音　1321〜1386　鎌倉後期・南北朝時代の公家、歌人

真臣　さねおみ　⇔まおみ
大枝(おおえの)真臣　平安前期の漢詩人《大枝真臣》

実景　さねかげ
鵜沼(うぬま)実景　?〜1304　鎌倉後期の武士
春日部(かすかべ)実景　?〜1247　鎌倉前期の武士

実員　さねかず　⇔じついん
安保(あぼ)実員　鎌倉前期の武士
神(みわ)実員　鎌倉時代の武士

実数　さねかず
三条(さんじょう)実数　?〜1359　鎌倉後期・南北朝時代の公家、歌人

人数　さねかず　⇔ひとかず
藤原(ふじわらの)人数　?〜809　奈良・平安前期の女性。桓武朝の官女

実風　さねかぜ
小原(おばら)実風　1827〜1900　江戸後期〜明治期の神道家

実勝　さねかつ
大中臣(おおなかとみ)実勝　戦国時代の香取大禰宜(53代)。実隆の子
後藤(ごとう)実勝　?〜1652　江戸前期の武士
滋野井(しげのい)実勝　?〜1352　鎌倉後期・南北朝時代の公家、歌人

真包　さねかね
真包　南北朝時代の刀工

真枝　さねき
調歌堂(ちょうかどう)真枝　江戸時代の狂歌作者

実潔　さねきよ
押小路(おしこうじ)実潔　1826〜1897　江戸後期〜明治期の公家

実清　さねきよ　⇔じっせい, じつしょう
後藤(ごとう)実清　?〜1729　江戸中期の武士
菅原(すがわら)実清　平安後期の官人
洞院(とういん)実清　?〜1359　鎌倉後期・南北朝時代の公家・歌人
中西(なかにし)実清　1524〜1610　戦国〜江戸前期の代官
藤原(ふじわらの)実清　平安後期の公家・歌人・連歌作者

実国　さねくに
菅野(すがのの)実国　平安中期の官人
中臣(なかとみの)実国　平安中期の官人
源(みなもとの)実国　1020〜?　平安中期の官人、歌人

真国　さねくに
大中臣(おおなかとみの)真国　平安後期の人。父は奉恒

実栗　さねくり
下村(しもむら)実栗　1833〜1916　江戸末期〜大正期の茶人

実子　さねこ　⇔じつし
藤原(ふじわらの)実子　1060〜1107　平安後期の女性。堀河朝の官女

真子　さねこ　⇔しんし, まこ
藤原(ふじわらの)真子　1016〜1087　平安中期・後期の女性。後朱雀朝の官女

実定　さねさだ　⇔さねただ
佐竹(さたけ)実定　?〜1465　室町時代の佐竹氏当主。常陸太田城主

真貞　さねさだ　⇔まさだ
真貞　戦国時代の刀工
紀(きの)真貞　平安前期の在田郡司
清原(きよはらの)真貞　平安前期の官人

真定　さねさだ
真定　平安中期の刀工
朝比奈(あさひな)真定　?〜1581　安土桃山時代の武士

実重　さねしげ
伊藤(いとう)実重　安土桃山時代の織田信長の家臣
渋谷(しぶや)実重　鎌倉時代の御家人
平(たいら)実重　平安後期の公家・歌人
早川(はやかわ)実重　鎌倉時代の薩摩国東郷の新補地頭

実茂　さねしげ　⇔さねもち
安倍(あべの)実茂　平安中期の官人

真栄　さねしげ　⇔しんえい
内田(うちだ)真栄　1756〜1839　江戸後期の武士

真重　さねしげ
朝比奈(あさひな)真重　1518〜1594　戦国時代の駿河国の武将
佐伯(さえきの)真重　平安中期の官人
中原(なかはらの)真重　平安後期の官人
吉田(よしだ)真重　戦国時代の武蔵鉢形城主北条氏邦の家臣

実季　さねすえ
安東(あんどう)実季　1576〜1659　安土桃山・江戸前期の大名

真季　さねすえ
平(たいらの)真季　平安後期の検非違使

真末　さねすえ
真末　室町時代の刀工
賀茂(かもの)真末　平安後期の伊賀国玉滝杣物検校

実輔　さねすけ
日置(ひおきの)実輔　平安中期の官人
藤原(ふじわらの)実輔　平安中期の官人

実祐　さねすけ　⇔じつゆう
君谷(きみたに)実祐　?〜1361　南北朝時代の邑智郡出羽郷・君谷別符地頭

実澄　さねずみ　⇔じっちょう
小倉(おぐら)実澄　1439〜1505　室町・戦国時代の武将・連歌作者
藤原(ふじわらの)実澄　平安後期の官人。藤原則

光の子孫
真澄　さねずみ　⇔ますみ
間宮(まみや)真澄　?～1615　江戸前期の幕臣
実高　さねたか
千坂(ちさか)実高　戦国時代の越後守護上杉房定・房能の重臣
実隆　さねたか
大中臣(おおなかとみの)実隆　1520～?　戦国・安土桃山時代の香取社大禰宜
実堯　さねたか
里見(さとみ)実堯　1484～1533　戦国時代の武将
真高　さねたか
上道(かみつみちの)真高　平安後期の官人
紀(きの)真高　平安前期の官人
中原(なかはら)真高　鎌倉時代の杵築大社国権検校
真堯　さねたか
岡部(おかべ)真堯　?～1584　安土桃山時代の武士
実忠　さねただ
実忠　鎌倉時代の刀工
石川(いしかわ)実忠　鎌倉後期の武家
岡崎(おかざき)実忠　?～1213　鎌倉前期の武将
実定　さねただ　⇔さねさだ
藤原(ふじわらの)実定　平安後期の官人
真忠　さねただ
真忠　平安中期の刀工
他田(おさだの)真忠　平安中期の官人
佐伯(さえきの)真忠　平安中期の官人
藤原(ふじわら)真忠　平安中期の公家・歌人
実胤　さねたね　⇔じついん
千葉(ちば)実胤　室町時代の武将
実垂　さねたる
正親町(おおぎまち)実垂　1694～1726　江戸中期の公家
実近　さねちか
庄(しょう)実近　?～1569　室町時代の武将
実親　さねちか
上田(うえだ)実親　1556～1575　安土桃山時代の武将
真近　さねちか
礒生(いそうの)真近　平安後期の但馬国の住人
真親　さねちか
大春日(おおかすがの)真親　平安後期の官人
実継　さねつぐ
南部(なんぶ)実継　?～1332　鎌倉後期の根城南部家2代当主
実次　さねつぐ
市野(いちの)実次　?～1624　江戸前期の代官
斉藤(さいとう)実次　安土桃山時代の武士
中里(なかざと)実次　戦国時代の里見義豊の重臣
正木(まさき)実次　戦国時代の内房総正木氏の一族
源(みなもとの)実次　戦国時代の武田氏家臣
真継　さねつぐ　⇔まつぎ, まつぐ
大中臣(おおなかとみの)真継　?～807　奈良・平安前期の神職《大中臣真継》
真次　さねつぐ
真次　平安時代の刀工
実綱　さねつな
小野沢(おのざわ)実綱　鎌倉後期の武士
神余(かなまり)実綱　戦国時代の京都雑掌。越後上杉氏家臣
佐々木(ささき)実綱　江戸末期の陶工
直江(なおえ)実綱　室町時代の武士
二階堂(にかいどう)実綱　戦国時代の上総国市西郡海郷有木城主
藤原(ふじわら)実綱　鎌倉後期の公家・歌人
真綱　さねつな　⇔まつな
真綱　南北朝時代の刀工
真綱　南北朝時代の石見の刀匠
真綱　室町時代の石見の刀匠
牛田(うしだ)真綱　戦国時代の武田氏の家臣
渡辺(わたなべ)真綱　?～1620　江戸前期の旗本
実経　さねつね
大中臣(おおなかとみの)実経　平安後期の官人
長田(おさだ)実経　平安後期の兵衛尉
藤原(ふじわらの)実経　998～1045　平安中期の人。権大納言行成男
実常　さねつね
広瀬(ひろせ)実常　1640～1715　江戸前期・中期の兵学者
実陳　さねつら
橋本(はしもと)実陳　1850～1873　江戸後期～明治期の公家
実連　さねつら
佐波(さわ)実連　南北朝時代の佐波郷・赤穴庄地頭、邑智郡青杉城主
実輝　さねてる
森山(もりやま)実輝　1662～1734　江戸前期・中期の代官
実統　さねとう
実統　1749～1795　江戸中期・後期の島役人
実任　さねとう　⇔じつにん
藤原(ふじわらの)実任　平安後期の官人
真任　さねとう
佐伯(さえきの)真任　平安後期の官人
誠任　さねとう
藤原(ふじわらの)誠任　?～1020　平安中期の官人
実遠　さねとお
藤原(ふじわら)実遠　1271～1308　鎌倉後期の公家・歌人
真遠　さねとお
清原(きよはらの)真遠　平安後期の官人
実時　さねとき
富永(とみなが)実時　鎌倉前期・後期の武士
中里(なかざと)実時　戦国時代の里見義豊の家臣
実俊　さねとし　⇔じつしゅん
紀(きの)実俊　平安後期の官人
紀(きの)実俊　平安後期の人。承安4年国裁を申請
清原(きよはらの)実俊　平安後期・鎌倉前期の鎌倉幕府政所家司

平岡(ひらおか)実俊 鎌倉時代の武士
藤原(ふじわらの)実俊 平安後期の官人
源(みなもとの)実俊 平安後期の蔵人所雑色

実敏 さねとし
大松沢(おおまつざわ)実敏 1772~1848 江戸中期・後期の藩士

実利 さねとし
市野(いちの)実利 ?~1676 江戸前期の代官
橘(たちばな)実利 平安中期の官人、歌人

真利 さねとし
真利 鎌倉前期の古備前の刀工

実奉 さねとも
置始(おきそめの)実奉 平安中期の官人

さ

実友 さねとも
紀(きの)実友 平安後期の官人
清原(きよはらの)実友 平安後期の紀伊国在庁官人

真友 さねとも
真友 室町時代の刀工
清原(きよはら)真友 平安前期の漢詩人

実直 さねなお
大中臣(おおなかとみ)実直 室町時代の神職・連歌作者

真直 さねなお ⇔まなお
朝比奈(あさひな)真直 1552~1621 戦国時代の徳川家の家臣
中沢(なかざわ)真直 鎌倉後期の地頭

実仲 さねなか
沢(さわ)実仲 ?~1583 戦国・安土桃山時代の織田信長の家臣
高階(たかしなの)実仲 平安後期の官人
藤原(ふじわらの)実仲 1015~1061 平安中期・後期の官人

実永 さねなが ⇔じつえい
斎藤(さいとう)実永 ?~1337 南北朝時代の武士
屋戸矢(やどや)実永 鎌倉時代の武士

実長 さねなが
有福(ありふく)実長 鎌倉時代の加志岐別符地頭
大中臣(おおなかとみ)実長 戦国時代の香取大禰宜(51代)。実之の子
惟宗(これむねの)実長 平安後期の官人
田貫(たぬき)実長 南北朝時代の南朝方の武士

真長 さねなが ⇔なおなが, まなが
真長 室町時代の刀工

実成 さねなり ⇔じつじょう
実成 平安中期の刀工。古備前友成派の系譜上の祖

真主 さねぬし
大中臣(おおなかとみの)真主 平安前期の官人

実延 さねのぶ
斎藤(さいとう)実延 1755~1806 江戸後期の武士

実信 さねのぶ
伊藤(いとう)実信 1542~1592 戦国・安土桃山時代の織田信長の家臣
勝賀野(しょうがの)実信 戦国時代の武将
御野(みのの)実信 平安中期の官人

実宣 さねのぶ
星野(ほしの)実宣 1638~1699 江戸前期・中期の福岡藩の算学者・測量家

真演 さねのぶ
大宅(おおやけの)真演 平安中期の地方官

真信 さねのぶ
内河(うちかわ)真信 ?~1336 鎌倉後期・南北朝時代の武将
酒部(さかべの)真信 平安中期の官人
伊達(だて)真信 南北朝時代の但馬国の国人

実則 さねのり
実則 戦国時代の刀工

実徳 さねのり ⇔じっとく
園田(そのだ)実徳 1848~1917 江戸末期~大正期の実業家。北海道の海運・鉄道開拓功労者

実範 さねのり ⇔じっぱん
木戸(きど)実範 戦国時代の堀越公方足利政知の近臣
平田(ひらた)実範 安土桃山時代の蘆名四天宿老の1人
藤原(ふじわらの)実範 平安中期の官人

実律 さねのり
後藤(ごとう)実律 江戸後期の武士

実倫 さねのり ⇔じつりん
里見(さとみ)実倫 戦国時代の実堯の弟

真則 さねのり ⇔まさのり
真則 南北朝時代の刀工

実治 さねはる
柘植(つげ)実治 安土桃山時代の織田信長の家臣
永原(ながはら)実治 1561?~1582 安土桃山時代の織田信長の家臣

実春 さねはる
紀(きの)実春 平安後期の武士
菅原(すがわら)実春 ?~1871 江戸後期~明治期の和算家
藤原(ふじわら)実春 鎌倉前期の公家

実久 さねひさ
市野(いちの)実久 ?~1616 江戸前期の代官
大中臣(おおなかとみの)実久 平安後期の賀茂上社預
新納(にいろ)実久 南北朝時代の武将
三宅(みやけの)実久 平安後期の人。賀茂上社預。失火の罪で遠流

実尚 さねひさ
山本(やまもと)実尚 ?~1573 戦国・安土桃山時代の織田信長の家臣

真久 さねひさ ⇔まさひさ
真久 戦国時代の刀工

真玖 さねひさ
古槇(こまき)真玖 戦国時代の徳川家奉行人

実秀 さねひで ⇔じつしゅう
大胡(おおご)実秀 ?~1246 鎌倉前期の武将
斎藤(さいとう)実秀 安土桃山時代の武将
染川(そめかわ)実秀 1843~1868 江戸後期・末期の薩摩藩士

徳大寺(とくだいじ)実秀　南北朝時代の公家・歌人
安田(やすだ)実秀　?～1514　戦国時代の越後白河荘の国人

真人　さねひと　⇔まさと, まひと
安宿(あすかの)真人　奈良時代の官人

真仁　さねひと
大枝(おおえの)真仁　平安前期の官人

実平　さねひら
凡河内(おおしこうちの)実平　平安中期の官人

真平　さねひら　⇔しんぺい
大中臣(おおなかとみの)真平　平安後期の香取社大禰宜

実弘　さねひろ
実弘　戦国時代の刀工

実煕　さねひろ
清水谷(しみずだに)実煕　南北朝時代の公家・歌人

真広　さねひろ
大中臣(おおなかとみの)真広　平安前期の官人

真弘　さねひろ　⇔まさひろ
安倍(あべの)真弘　平安中期の敦明親王の家人。良忠の子

実房　さねふさ
木村(きむら)実房　?～1629　安土桃山・江戸前期の国学者

真房　さねふさ
大中臣(おおなかとみの)真房　平安後期の神官
紀(きの)真房　平安前期の官人

実文　さねふみ　⇔さねぶみ
姉小路(あねがこうじ)実文　鎌倉時代の公家《藤原実文》

実文　さねぶみ　⇔さねふみ
藤原(ふじわら)実文　鎌倉時代の公家

実柄　さねへい
迫田(さこた)実柄　1816～1882　江戸後期～明治期の大隅郡田代郷大禰田村戸長

実真　さねまさ　⇔じっしん
高見(たかみ)実真　1845～1894　江戸末期・明治期の官吏

実正　さねまさ
藤原(ふじわらの)実正　平安中期の官人

真政　さねまさ　⇔しんせい
高井(たかい)真政　1677～1763　江戸前期・中期の幕臣

真正　さねまさ
後藤(ごとう)真正　戦国時代の遠江国の国人

真麻呂　さねまろ　⇔ままろ
大伴(おおともの)真麻呂　奈良・平安前期の官人
津(つの)真麻呂　奈良時代の官人

実通　さねみち
沼沢(ぬまざわ)実通　1539～1574　戦国・安土桃山時代の大沼郡金山谷沼沢丸山城4代目城主

実道　さねみち
鵜飼(うかい)実道　1711～1775　江戸中期の幕臣
森山(もりやま)実道　1672～1721　江戸前期・中期の幕臣、高山代官

実光　さねみつ
安保(あぼ)実光　?～1221　鎌倉前期の武士
大中臣(おおなかとみの)実光　?～1035　平安中期の陰陽師
滋野井(しげのい)実光　1643～1687　江戸前期の公家
源(みなもとの)実光　平安中期の官人

実満　さねみつ　⇔じつまん
西園寺(さいおんじ)実満　1844～1918　江戸末期～大正期の勤王家

真光　さねみつ　⇔しんこう
紀(きの)真光　平安中期の官人
三浦(みうら)真光　1123?～?　平安後期の武士

実宗　さねむね
藤原(ふじわらの)実宗　?～1103　平安後期の武人。康和1年鎮守府将軍
藤原(ふじわらの)実宗　平安後期の官人

真宗　さねむね　⇔しんそう, まむね
真宗　平安時代の刀工

実村　さねむら
斎藤(さいとう)実村　1821～1898　江戸後期～明治期の藩士
北条(ほうじょう)実村　鎌倉時代の武士

真村　さねむら　⇔まむら
私(きさいの)真村　平安中期の官人

実望　さねもち
三条(さんじょう)実望　1463～1530　室町時代の公卿

実茂　さねもち　⇔さねしげ
押小路(おしこうじ)実茂　1780～1827　江戸中期・後期の公家

実基　さねもと
源(みなもと)実基　平安中期の公家・歌人
源(みなもとの)実基　平安後期の官人

実元　さねもと
安西(あんざい)実元　戦国時代の里見義弘の家臣
伊藤(いとう)実元　安土桃山時代の織田信長の家臣

真元　さねもと
真元　室町時代の刀工
大神(おおみわの)真元　平安後期の神官

実守　さねもり
実守　鎌倉時代の刀工

実盛　さねもり
橋本(はしもと)実盛　1795～1868　江戸後期・末期の神職

真守　さねもり
大原(おおはら)真守　平安中期の刀工
武守(たけもり)真守　江戸末期の黒羽藩刀工

真盛　さねもり
菖蒲(しょうぶ)真盛　鎌倉前期の長野庄内美濃郡美濃地・黒谷地頭

実休　さねやす
伊東(いとう)実休　江戸後期の歌人

実康　さねやす
清科（きよしなの）実康　平安後期の陰陽師
藤原（ふじわらの）実康　?～1032　平安中期の官人

実保　さねやす
都野（つの）実保　鎌倉後期の加志岐別符一分地頭

真康　さねやす
大江（おおえの）真康　平安後期の官人
惟宗（これむねの）真康　平安後期の官人

真泰　さねやす
後藤（ごとう）真泰　?～1560　戦国・安土桃山時代の遠江国の国人

実行　さねゆき
石坂（いしざか）実行　?～1903　江戸末期・明治期の和算家
斎藤（さいとう）実行　1706～1769　江戸中期の武士
古久保（ふるくぼ）実行　1847～1903　江戸後期～明治期の歌人

実之　さねゆき
大中臣（おおなかとみ）実之　戦国時代の香取大禰宜（50代）。胤房の子

真行　さねゆき　⇔まさゆき
真行　平安後期の刀工
真行　室町時代の刀工
真行　戦国時代の刀工
朝原（あさはらの）真行　平安前期の官人
安倍（あべの）真行　平安前期の官人

核吉　さねよし
紀（きの）核吉　平安前期の大宰帥親王家の家令文学

実義　さねよし
藤原（ふじわらの）実義　1067～1106　平安後期の学者

実吉　さねよし
東使（とうし）実吉　?～1635　江戸前期の武士
藤原（ふじわらの）実吉　戦国時代の武田氏家臣
武河（むかわ）実吉　戦国時代の上野国衆国峰小幡氏の家臣

実良　さねよし
菅原（すがわら）実良　江戸末期・明治期の和算家

真義　さねよし
凡（おおしの）真義　平安後期の官人

真吉　さねよし　⇔しんきち
朝野（あさのの）真吉　平安前期の官人
大友槻本（おおとものつきもとの）真吉　平安前期の官人
大和（おおやまとの）真吉　平安後期の内人

真福　さねよし　⇔しんぷく，まさき
大原（おおはらの）真福　平安前期の官人

真依　さねより
真依　鎌倉前期の古備前の刀工

真頼　さねより
大中臣（おおなかとみの）真頼　平安中期の僧忠耀の子

佐野　さの
清久（きよひさ）佐野　1813～1842　江戸後期の画家、歌人

佐野右衛門　さのうえもん
牧（まき）佐野右衛門　1837～1907　江戸後期～明治期の測量家
松沢（まつざわ）佐野右衛門　江戸中期の義民

佐野栄　さのえ
松沢（まつざわ）佐野栄　1827～1912　江戸末期の植林、水田改善功労者

佐之丞　さのじょう
岸上（きしがみ）佐之丞　1732～1814　江戸中期・後期の青岱墨開発者

佐之四郎　さのしろう
佐藤（さとう）佐之四郎　江戸時代の神道家

娑婆　さば
林（はやし）娑婆　平安前期の漢学者・漢詩人

佐八　さはち
島東（しまとう）佐八　江戸末期の佐賀藩士。1860年遣米使節に随行しアメリカに渡る

左八郎　さはちろう
羽山（はやま）左八郎　江戸前期の長宗我部盛親の家臣

佐兵衛　さひょうえ　⇔さへい，さへえ，さべえ
石井（いしい）佐兵衛　1814～1869　江戸後期～明治期の宮大工
宮井（みやい）佐兵衛　江戸前期の伊予の住人。大坂の陣で籠城

左兵衛　さひょうえ　⇔さへい，さへえ
大久保（おおくぼ）左兵衛　江戸前期の武士。大坂の陣で籠城
神尾（かみお）左兵衛　江戸前期の武士。大坂の陣で籠城
木村（きむら）左兵衛　江戸前期の加藤清の小姓
小室（こむろ）左兵衛　江戸前期の武士。大坂の陣で籠城。後、加藤明成・青山幸利に仕えた
杉生（すぎお）左兵衛　安土桃山・江戸前期の明智光秀・長岡幽斎の家臣。後に牢人
竹村（たけむら）左兵衛　江戸前期の武士。大坂の陣で籠城。後、藤堂高次に仕えた
本山（もとやま）左兵衛　江戸前期の武士
山本（やまもと）左兵衛　安土桃山・江戸前期の豊臣家譜代の家臣

左兵衛尉　さひょうえのじょう
太田（おおた）左兵衛尉　江戸前期の佐野天命鋳物師
大利（おおり）左兵衛尉　戦国時代の武将。武田家臣
菅生（すげおい）左兵衛尉　南北朝時代の武士

左兵衛介　さひょうえのすけ
井口左管（いぐち）左兵衛介　戦国時代の大工

左兵衛藤広　さひょうえふじひろ
長谷川（はせがわ）左兵衛藤広　1566～1617　安土桃山・江戸前期の3代長崎奉行

三八郎　さぶはちろう　⇔さんぱちろう
久保（くぼ）三八郎　1845～1907　江戸後期～明治期の栃木県金融界の先駆者。農工銀行初代頭取

三郎　さぶろう
石川（いしかわ）三郎　1845～1865　江戸後期・末

期の新撰組隊士
越後（えちご）三郎　江戸末期の新撰組隊士
緒方（おがた）三郎　平安後期の伝説的な武士
粕川（かすかわ）三郎　鎌倉時代の揖斐茶の元祖
倉光（くらみつ）三郎　1851〜1911　江戸後期〜明治期の毛利農場の管理人。那須駒の振興に尽力
源次（げんじ）三郎　戦国時代の鎌倉の番匠
小幡（こばた）三郎　？〜1868　江戸後期・末期の新撰組隊士
小幡（こわた）三郎　小幡三郎に同じ
洲崎（すざき）三郎　鎌倉前期の人。加藤景廉の乳母の子
武田（たけだ）三郎　戦国時代の武田氏の家臣、信濃の拠点城廓の城代
館（たて）三郎　1825〜1906　江戸末期・明治期の産業開発者
長布施（ながぶせ）三郎　鎌倉時代の伊豆出身の武士
野田（のだ）三郎　戦国時代の古河公方足利義氏の家臣
浜本（はまもと）三郎　1843〜？　江戸後期・末期の新撰組隊士
原熊（はらくま）三郎　1788〜1844　江戸後期の高遠藩洗馬郷の大庄屋
平賀（ひらが）三郎　鎌倉後期の武士
藤田（ふじた）三郎　鎌倉時代の武蔵国の御家人・武士
船越（ふなこし）三郎　鎌倉時代の武士
北条（ほうじょう）三郎　？〜1560　戦国・安土桃山時代の北条氏の一族
松井（まつい）三郎　1851〜1923　江戸末期〜大正期の蒸気機関車国産1号車製造監督技官
三木（みき）三郎　1837〜1919　江戸後期〜明治期の新撰組隊士
三村（みむら）三郎　1843〜1868　江戸末期の武士
村上（むらかみ）三郎　江戸末期の新撰組隊士
山口（やまぐち）三郎　1834〜？　江戸後期〜明治期の新徴組士
八幡（やわた）三郎　平安後期の武人

三郎一　さぶろういち
滝（たき）三郎一　江戸末期の遠江国榛原郡上湯日村の名主

三郎右衛門　さぶろううえもん　⇔さぶろうえもん
森田（もりた）三郎右衛門　1805〜1876　江戸後期〜明治期の実業家

三郎右衛門　さぶろうえもん　⇔さぶろううえもん
三郎右衛門　戦国時代の甲斐国河内領の山造頭
三郎右衛門　江戸中期の農民
石井（いしい）三郎右衛門　江戸後期の三浦郡公郷村民
井筒屋（いづつや）三郎右衛門　江戸前期の京都の両替商
上野（うえの）三郎右衛門　江戸中期・後期の本屋
宇津江村（うつえむら）三郎右衛門　？〜1775　江戸中期の義民。宇津江村の百姓
大井（おおい）三郎右衛門　江戸末期の水戸藩士。1867年遣仏使節に随行しフランスに渡る
大石（おおいし）三郎右衛門　江戸中期の遠江国榛原郡与五郎新田の開発者の一人
大谷木（おおやぎ）三郎右衛門　？〜1863　江戸末期の武士
鎌田（かまだ）三郎右衛門　1825〜1897　江戸末期の仙台肴町の五十集問屋の一人
木村（きむら）三郎右衛門　室町時代の備前焼陶工
桑原（くわばら）三郎右衛門　安土桃山・江戸前期の武士
桜井（さくらい）三郎右衛門〔10代〕　1849〜1908　江戸後期〜明治期の産業功労者
佐々木（ささき）三郎右衛門　江戸中期の人。津山松平藩宝暦改革の担当者
鮫屋（さめや）三郎右衛門　江戸前期の京都糸割符商人
渋谷（しぶや）三郎右衛門　1595〜？　江戸前期の能役者
田中（たなか）三郎右衛門　江戸後期の加賀国能美郡得橋組の十村役
中村（なかむら）三郎右衛門　1749〜？　江戸中期・後期の名主。「今泉邑宝鑑」の著者
鍋田（なべた）三郎右衛門　江戸末期の石見銀山領最後の代官
西海（にしがい）三郎右衛門　？〜1834　江戸後期の豪商
能勢（のせ）三郎右衛門　？〜1753　江戸中期の庄内藩士
福富（ふくとみ）三郎右衛門　1634〜1716　江戸前期・中期の剣術家。円明流
堀内（ほりうち）三郎右衛門　？〜1699　江戸前期の義民
三井（みつい）三郎右衛門　江戸中期の商人
屋敷（やしき）三郎右衛門　1810〜1870　江戸後期〜明治期の村肝煎
山田や（やまだや）三郎右衛門　江戸前期の京都糸割符商人
吉賀（よしが）三郎右衛門　1681〜1723　江戸前期・中期の吉地村庄屋

三郎衛門　さぶろうえもん
三郎衛門　安土桃山時代の信濃国筑摩郡小芹・大久保・花見の土豪

三郎左衛門　さぶろうえもん　⇔さぶろうさえもん，さぶろうざえもん
道川（どうのかわ）三郎左衛門　安土桃山・江戸前期の豪商

三郎右衛門尉　さぶろうえもんのじょう
朝比奈（あさひな）三郎右衛門尉　？〜1575　安土桃山時代の武田氏の家臣
仁科（にしな）三郎右衛門尉　安土桃山時代の信濃国安曇郡の土豪
湯本（ゆもと）三郎右衛門尉　戦国・安土桃山時代の上野国吾妻郡草津の土豪

三郎右衛門元宣　さぶろうえもんもとのぶ
水野（みずの）三郎右衛門元宣　1843〜1869　江戸後期〜明治期の水野藩家老

さ

三郎兼重　さぶろうかねしげ
中西（なかにし）三郎兼重　江戸前期の山城八幡清水の住人。大坂の陣に籠城
三郎五郎　さぶろうごろう
赤桐（あかぎり）三郎五郎　安土桃山時代の商人。湯浅醤油を出荷
上野（うえの）三郎五郎　戦国時代の甲斐国二宮神社神主
橘屋（たちばなや）三郎五郎　戦国時代の越前北庄の豪商
平野（ひらの）三郎五郎　江戸前期の代官
三郎左衛門　さぶろうさえもん　⇔さぶろうえもん, さぶろうざえもん
久世（くぜ）三郎左衛門　1623〜1680　江戸前期の武士
三郎左衛門　さぶろうざえもん　⇔さぶろうえもん, さぶろうさえもん
三郎左衛門　戦国時代の皮作の触口
三郎左衛門　戦国時代の伊豆の百姓
三郎左衛門　安土桃山時代の信濃国筑摩郡高の土豪
三郎左衛門　江戸前期の足柄下郡中里村の名主
荒屋の（あらやの）三郎左衛門　江戸前期の能登国鳳至郡荒屋村の十村役
生島（いくしま）三郎左衛門　江戸前期の長崎の画人
内山村（うちやまむら）三郎左衛門　江戸後期の奥山廻兼帯山廻役
江口（えぐち）三郎左衛門　江戸前期の武将
岡（おか）三郎左衛門　江戸前期の造船家
小川（おがわ）三郎左衛門　江戸後期の三浦郡大津村民
小栗（おぐり）三郎左衛門　？〜1703　江戸前期・中期の半田小栗家3代目
鹿取（かとり）三郎左衛門　安土桃山時代の織田信長の家臣
川島（かわしま）三郎左衛門　江戸後期の三浦郡不入斗村民
河村（かわむら）三郎左衛門　1819〜1892　江戸後期〜明治期の俳人
北村（きたむら）三郎左衛門　戦国時代の相模の松田郷の有力者
九里（くのり）三郎左衛門　安土桃山時代の織田信長の家臣
小松（こまつ）三郎左衛門　1645〜1678　江戸前期の本陣問屋
相良（さがら）三郎左衛門　？〜1647　江戸前期の庄内藩士
桜井（さくらい）三郎左衛門　安土桃山・江戸前期の農民
鮫屋（さめや）三郎左衛門　江戸前期の京都糸割符商人
塩川原（しおかわら）三郎左衛門　安土桃山時代の信濃国安曇郡塩川原の土豪
多田（ただ）三郎左衛門　安土桃山・江戸前期の温泉津湊の廻船問屋
田中（たなか）三郎左衛門　江戸前期の金座役人
千木良（ちぎら）三郎左衛門　戦国時代の伊香保七騎の1人
千種（ちぐさ）三郎左衛門　？〜1584　戦国・安土桃山時代の織田信長の家臣
道下（とうげ）三郎左衛門　安土桃山時代の農民
二階堂（にかいどう）三郎左衛門　1592〜1661　安土桃山・江戸前期の豪族
二宮（にのみや）三郎左衛門　1790〜1877　江戸後期の足柄上郡栢山村組頭
野田（のだ）三郎左衛門　江戸前期の本田陣屋代官
橋本（はしもと）三郎左衛門　安土桃山時代の織田信長の家臣
林（はやし）三郎左衛門　安土桃山時代の備中国の武将
原（はら）三郎左衛門　安土桃山時代の町人
堀（ほり）三郎左衛門　江戸中期の剣術家。日下部流ほか
堀井（ほりい）三郎左衛門　戦国時代の北条氏綱の家臣
本郷（ほんごう）三郎左衛門　？〜1620　安土桃山・江戸前期の鳳至郡荒屋村十村役
松平（まつひら）三郎左衛門　1729〜？　江戸中期の黒部奥山廻役
三井（みつい）三郎左衛門　1608〜1673　江戸前期の商人
三木（みつき）三郎左衛門　？〜1560　安土桃山時代の三木良頼の将
森（もり）三郎左衛門　戦国〜江戸前期の下之郷村の杁守
山口村（やまぐちむら）三郎左衛門　？〜1816　江戸後期の義民。大八賀郷山口村の百姓
山田（やまだ）三郎左衛門　江戸中期の大庄屋
吉村（よしむら）三郎左衛門　1823〜1879　江戸後期〜明治期の麻生上村の庄屋
鷲田（わしだ）三郎左衛門　安土桃山時代の織田信長の家臣
三郎左衛門有国　さぶろうざえもんありくに
武蔵（むさし）三郎左衛門有国　平安後期の侍大将
三郎左衛門利重　さぶろうざえもんとししげ
馬場（ばば）三郎左衛門利重　？〜1657　江戸前期の12代長崎奉行
三郎左衛門尉　さぶろうさえもんのじょう　⇔さぶろうざえもんのじょう
武藤（むとう）三郎左衛門尉　戦国時代の武田氏の家臣
三郎左衛門尉　さぶろうざえもんのじょう　⇔さぶろうさえもんのじょう
飯森（いいもり）三郎左衛門尉　戦国時代の正木兵部大輔の家臣
落合（おちあい）三郎左衛門尉　戦国時代の信濃葛山城主落合二郎左衛門尉の一族
笠井（かさい）三郎左衛門尉　安土桃山・江戸前期の甲斐国八代郡河内楠甫村の土豪
佐野（さの）三郎左衛門尉　戦国時代の駿河国富士郡下条の土豪？
篠窪（しのくぼ）三郎左衛門尉　戦国時代の扇谷上杉氏の家臣
諏訪部（すわべ）三郎左衛門尉　戦国時代の甲斐国巨摩郡南部の土豪

平(たいら)三郎左衛門尉　安土桃山時代の織田信長の家臣
鶴岡(つるおか)三郎左衛門尉　戦国時代の高城胤辰の家臣
檜垣(ひがき)三郎左衛門尉　戦国時代の千葉胤富の家臣

三郎治　さぶろうじ
田中(たなか)三郎治　?～1844　江戸後期の素封家

三郎二　さぶろうじ
近藤(こんどう)三郎二　1837～1909　江戸後期～明治期の実業家

三郎重成　さぶろうしげなり
稲毛(いなげ)三郎重成　?～1205　鎌倉時代初期の武士。小山田有重の3男

三郎四郎　さぶろうしろう
大石(おおいし)三郎四郎　江戸前期の武士

三郎次郎　さぶろうじろう　⇔さぶろじろう
河原村(かわらむら)三郎次郎　安土桃山時代の織田信長の家臣《河原村三郎次郎》
小井弖(こいで)三郎次郎　戦国時代の信濃国伊那郡小出郷の土豪
斎藤(さいとう)三郎次郎　戦国時代の伊豆国韮山の商人
佐藤(さとう)三郎次郎　戦国時代の紀伊国熊野の御師
山村(やまむら)三郎次郎　戦国時代の木曽氏の家臣

三郎助　さぶろうすけ　⇔さぶろすけ
大井(おおい)三郎助　1818～1902　江戸後期～明治期の幕臣
久津屋(くつや)三郎助　江戸後期の加賀国能美郡小松八日市の町年寄
清水(しみず)三郎助　江戸後期の韮山代官江川氏の手代

三郎輔　さぶろうすけ
佐藤(さとう)三郎輔　1810～1893　江戸後期～明治期の登米郡石森村蓬田出身の大肝入

三郎太夫　さぶろうだいう　⇔さぶろうだゆう
奥村(おくむら)三郎太夫　江戸後期の大住郡大山阿夫利神社の祠官兼師職

三郎武重　さぶろうたけしげ
赤星(あかほし)三郎武重　1603～?　安土桃山時代の武士

三郎忠衡　さぶろうただひら
泉(いずみ)三郎忠衡　1167～1189　平安後期の藤原秀衡の3男

三郎為守　さぶろうためもり
津戸(つのと)三郎為守　1154～1242　平安後期・鎌倉前期の神官

三郎太夫　さぶろうだゆう　⇔さぶろうだいう
万波(まんなみ)三郎太夫　江戸中期の和気郡藤野村の大庄屋
三上(みかみ)三郎太夫　1784～1858　江戸中期～末期の剣術家。東軍流
森(もり)三郎太夫　?～1899　江戸末期・明治期の茶業家

三郎大夫　さぶろうだゆう
岡崎(おかざき)三郎大夫　安土桃山時代の織田信長の家臣
栗村(くりむら)三郎大夫　安土桃山時代の織田信長の家臣

三郎延元　さぶろうのぶもと
綾(あや)三郎延元　鎌倉前期の島津忠綱の梶取

三郎兵衛　さぶろうひょうえ　⇔さぶろうびょうえ, さぶろうべい, さぶろうべえ, さぶろべえ
塩飽(しあく)三郎兵衛　鎌倉後期の武士

三郎兵衛　さぶろうびょうえ　⇔さぶろうひょうえ, さぶろうべい, さぶろうべえ, さぶろべえ
辻(つじ)三郎兵衛　江戸後期の藩士

三郎兵衛尉　さぶろうひょうえのじょう
工藤(くどう)三郎兵衛尉　1334～?　南北朝時代の北条氏の地頭代職で八戸の給人
畔田(くろだ)三郎兵衛尉　戦国時代の今川氏の給人

三郎兵衛　さぶろうべい　⇔さぶろうひょうえ, さぶろうびょうえ, さぶろうべえ, さぶろべえ
阿部(あべ)三郎兵衛　1616～1647　江戸前期の藩士

三郎平　さぶろうべい　⇔さぶろべい
和田(わだ)三郎平　1817～1887　江戸後期～明治期の橋梁架設者《和田三郎平》

三良兵衛　さぶろうべえ
長尾(ながお)三良兵衛　江戸後期の工匠

三郎兵衛　さぶろうべえ　⇔さぶろうひょうえ, さぶろうびょうえ, さぶろうべい, さぶろべえ
近江屋(おおみや)三郎兵衛　江戸中期の俳人
大屋(おおや)三郎兵衛　戦国時代の土豪
門田(かどた)三郎兵衛　1854～1902　江戸末期・明治期の財界人
小寺(こでら)三郎兵衛　江戸中期の大目付
千馬(ちま)三郎兵衛　1652～1703　江戸前期・中期の赤穂四十七士の一人《千馬三郎兵衛》
寺田(てらだ)三郎兵衛　1824～1892　江戸後期～明治期の呉服商
本阿弥(ほんなみ)三郎兵衛　?～1725　江戸前期・中期の刀剣鑑定家
松島(まつしま)三郎兵衛　江戸中期の上田沢村名主
八木(やぎ)三郎兵衛　戦国時代の武士。北条氏家臣

三郎兵衛吉重　さぶろうべえよししげ
矢野(やの)三郎兵衛吉重　1598～1653　安土桃山・江戸前期の細川家の絵師

三郎馬　さぶろうま
熊谷(くまがい)三郎馬　1834～1913　江戸末期～大正期の地域開発功労者

三郎次郎　さぶろじろう　⇔さぶろうじろう
河原村(かわらむら)三郎次郎　安土桃山時代の織田信長の家臣

三郎助　さぶろすけ　⇔さぶろうすけ
今泉(いまいずみ)三郎助　1821～1893　江戸後期～明治期の剣術家。新陰流

三郎平　さぶろべい　⇔さぶろうべい
和田(わだ)三郎平　1817～1887　江戸後期～明治

期の橋梁架設者

三郎兵衛　さぶろべえ　⇔さぶろうひょうえ, さぶろうびょうえ, さぶろうべい, さぶろうべえ

三郎兵衛　戦国時代の大工
安藤(あんどう)三郎兵衛　安土桃山時代の織田信長の家臣
伊丹(いたみ)三郎兵衛　戦国時代の北条氏の家臣
伊東(いとう)三郎兵衛　戦国時代の北条氏の家臣
紀伊国屋(きのくにや)三郎兵衛　?～1885　江戸後期～明治期の神奈川宿廻船問屋
小泉(こいずみ)三郎兵衛　安土桃山時代の織田信長の家臣
新海(しんかい)三郎兵衛　江戸時代の商人、尾張岡田村の庄屋
玉屋(たまや)三郎兵衛　江戸時代の仙台の菓子司
千馬(ちま)三郎兵衛　1652～1703　江戸前期・中期の赤穂四十七士の一人
中野(なかの)三郎兵衛　?～1725　江戸前期・中期の剣術家。末流平法
野田(のだ)三郎兵衛　1734～1802　江戸中期・後期の剣術家。野田派二天一流祖
林(はやし)三郎兵衛　江戸後期の足柄下郡沼代村名主
林(はやし)三郎兵衛　江戸末期の足利の旗本六角家用人
平岡(ひらおか)三郎兵衛　?～1650　江戸前期の金森家臣
平川(ひらかわ)三郎兵衛　江戸後期の三浦郡森崎村民
藤田(ふじた)三郎兵衛　1768～1841　江戸中期・後期の剣術家。小野派一刀流
堀口(ほりぐち)三郎兵衛　?～1819　江戸後期の高麗町の名主
矢野(やの)三郎兵衛　1598～1653　江戸前期の絵師、矢野家初代三郎兵衛
吉田(よしだ)三郎兵衛　江戸後期・末期の幕臣
鰐淵(わにぶち)三郎兵衛　1823～1889　江戸後期～明治期の剣術家。田宮流

佐扷　さぶん

松本(まつもと)佐扷　1731～1804　江戸中期・後期の会津藩士

左文太　さぶんた

石川(いしかわ)左文太　?～1837　江戸後期の津山松平藩士・武術家

佐兵衛　さへい　⇔さひょうえ, さへえ, さべえ

深見(ふかみ)佐兵衛　1761～1835　江戸中期・後期の木綿問屋、狂歌の判者

佐平　さへい　⇔さへえ

稲石(いないし)佐平　1849～1923　江戸末期～大正期の山岡鉄舟の門人
田中(たなか)佐平　1840～1908　江戸後期～明治期の地方政治家
馬場(ばば)佐平　1806～1868　江戸後期・末期の宮床堰開削の功労者
逸見(へんみ)佐平　1834～1895　江戸後期～明治期の農業功労者
本多(ほんだ)佐平　江戸後期の陶芸家

左兵衛　さへい　⇔さひょうえ, さへえ

梅沢(うめざわ)左兵衛　江戸前期の三島代官小林時喬の手代

左平　さへい

左平　1763～1829　江戸中期・後期の漂流民。1794年ロシアに渡る

佐平次　さへいじ

町方村(まちかたむら)佐平次　江戸後期の町方村の人

佐平治　さへいじ

絹屋(きぬや)佐平治　?～1744　江戸中期の丹後縮緬創業者の一人

左平次　さへいじ

吉田(よしだ)左平次　江戸前期の長宗我部盛親の配下

佐平太　さへいた

川村(かわむら)佐平太　江戸時代の「百姓用向」の著者
重久(しげひさ)佐平太　1831～1884　江戸後期～明治期の薩摩藩の豪商
馬庭(まにわ)佐平太　江戸前期・中期の神門郡荒木村の新田開発者
米良(めら)佐平太　1835～1879　江戸後期～明治期の帖佐の戸長。西南戦争では薩軍輜重方

左平太　さへいた

小宮(こみや)左平太　?～1646　江戸前期の庄内藩士

佐辺親方　さべうえかた

佐辺親方　江戸中期の伊江島親方地頭

佐衛門　さへえ

土方(ひじかた)佐衛門　江戸後期の橘樹郡細山村民

佐兵衛　さへえ　⇔さひょうえ, さへい, さべえ

佐兵衛　?～1853　江戸後期の木偶人形師
内野(うちの)佐兵衛　?～1786　江戸中期の新田開発者
大沢(おおさわ)佐兵衛　?～1881　江戸後期～明治期の機業家
岡本(おかもと)佐兵衛　?～1897　江戸後期の久良岐郡氷取沢村名主
加藤(かとう)佐兵衛　1834～1905　江戸後期～明治期の農業先覚者
佐藤(さとう)佐兵衛　江戸時代の教育者
東宮(とうみや)佐兵衛　1815～1893　江戸後期～明治期の名主
森山(もりやま)佐兵衛　1804～1847　江戸後期の人。館村の森山家6代目
山城屋(やましろや)佐兵衛　江戸後期の書肆
山本(やまもと)佐兵衛　1824～1906　江戸後期～明治期の宮大工
山本屋(やまもとや)佐兵衛　?～1750　江戸中期の丹後縮緬始祖の一人
渡辺(わたなべ)佐兵衛　江戸後期の大住郡白根村神事舞太夫

佐平　さへえ　⇔さへい

高司(たかじ)佐平　1812～1873　江戸後期～明治期の篤農家

左兵衛　さへえ　⇔さひょうえ, さへい
左兵衛　？〜1693　江戸前期・中期の転キリシタン
左兵衛　江戸中期の鹿妻穴堰・新上堰開削者
左兵衛　江戸中期の曽屋村庄屋
黒田（くろだ）左兵衛　江戸後期の武士
鈴木（すずき）左兵衛　1848〜1889　江戸後期〜明治期のレンガ製造の元祖
槻館（つきだて）左兵衛　戦国〜江戸前期の武士
戸塚（とつか）左兵衛　江戸後期の淘綾郡国府新宿六所明神社の社人
内藤（ないとう）左兵衛　1791〜1863　江戸後期・末期の藩士
深田（ふかだ）左兵衛　1757〜1828　江戸中期・後期の剣術家。石巻我心流祖

佐兵衛　さべえ　⇔さひょうえ, さへい, さへえ
植田（うえだ）佐兵衛　1800〜1881　江戸後期〜明治期の教育者

乍木　さぼく
乍木　江戸前期・中期の俳諧作者

左馬　さま
千田（ちだ）左馬　？〜1639　江戸前期の関村初代肝入
内藤（ないとう）左馬　江戸前期の豊臣秀頼の家臣
福田（ふくだ）左馬　？〜1615　江戸前期の武士。大坂の陣で籠城

座間　ざま
座間　戦国時代の北条氏の家臣

左馬太郎　さまたろう
大竹（おおたけ）左馬太郎　江戸末期の備中倉敷代官

左馬頭　さまのかみ
岩手（いわで）左馬頭　？〜1575　安土桃山時代の武田氏の家臣
国頭（くにがみ）左馬頭　1591〜1635　安土桃山・江戸前期の馬氏国頭按司家の6世

左馬頭国頭按司　さまのかみくにがみあじ
左馬頭国頭按司　1591〜1635　安土桃山・江戸前期の馬氏国頭按司家の6世《国頭左馬頭》

左馬尉　さまのじょう
座光寺（ざこうじ）左馬尉　？〜1575　安土桃山時代の信濃国伊那郡の国衆座光寺氏の一族

左馬允　さまのじょう　⇔さまのすけ
奥山（おくやま）左馬允　安土桃山時代の遠江国奥山郷国衆奥山氏の一族
小沢（おざわ）左馬允　？〜1640　安土桃山・江戸前期の流通商人。常総地域が拠点
椎名（しいな）左馬允　戦国時代の千葉邦胤の家臣
千野（ちの）左馬允　戦国時代の信濃国諏訪郡の国衆
前田（まえだ）左馬允　？〜1559　戦国時代の織田信長の家臣
山家（やまべ）左馬允　戦国・安土桃山時代の信濃国筑摩郡山家城主

左馬丞　さまのじょう
片切（かたぎり）左馬丞　戦国・安土桃山時代の信濃国伊那郡の国衆片切氏一族か

左馬之丞　さまのじょう
隠岐（おき）左馬之丞　1812〜1870　江戸後期〜明治期の備前藩士

左馬允　さまのすけ　⇔さまのじょう
小梨（こなし）左馬允　？〜1590　戦国・安土桃山時代の葛西氏家臣

左馬介　さまのすけ
中村（なかむら）左馬介　安土桃山時代の武将

左馬助　さまのすけ
赤堀（あかぼり）左馬助　戦国時代の上野国衆
阿久沢（あくざわ）左馬助　戦国時代の上野国黒川谷の国衆
飯田（いいだ）左馬助　？〜1614　江戸前期の武士。大坂の陣で籠城
出浦（いずうら）左馬助　戦国時代の武蔵鉢形城主北条氏邦の家臣
太田（おおた）左馬助　安土桃山時代の織田信長の家臣
岡田（おかだ）左馬助　安土桃山時代の織田信長の家臣
小畠（おばた）左馬助　安土桃山時代の織田信長の家臣
大光寺（だいこうじ）左馬助　？〜1640　安土桃山・江戸前期の三河国の外科医の二男
武石（たけし）左馬助　戦国時代の信濃小県郡の国衆武石大井氏
新野（にいの）左馬助　戦国時代の井伊氏の家臣
比企（ひき）左馬助　戦国時代の岩付城主太田資正の家臣
古市（ふるいち）左馬助　戦国・安土桃山時代の茶人
水越（みずこし）左馬助　安土桃山時代の織田信長の家臣
山口（やまぐち）左馬助　戦国時代の尾張国鳴海城城主

左馬之介　さまのすけ
一条（いちじょう）左馬之介　江戸後期の剣士

左馬之助　さまのすけ
荒木田（あらきだ）左馬之助　1839頃〜1863　江戸後期・末期の新撰組隊士《荒木田左馬之輔》
上境（かみさかい）左馬之助　1575〜？　安土桃山・江戸前期の武士
高石（たかいし）左馬之助　江戸前期の滝山一揆の首領
富沢（とみざわ）左馬之助　江戸中期の歌舞伎役者、富沢系元祖
山岸（やまぎし）左馬之助　1597〜1666　安土桃山・江戸前期の小奉行

左馬之輔　さまのすけ
荒木田（あらきだ）左馬之輔　1839頃〜1863　江戸後期・末期の新撰組隊士

左馬輔　さまのすけ
岡田（おかだ）左馬輔　1786〜1856　江戸中期〜末期の剣術家。柳剛流

瑳磨介　さまのすけ
田中（たなか）瑳磨介　1845〜1862　江戸末期の志士

左馬亮正久　さまのすけまさひさ
大多和（おおたわ）左馬亮正久　江戸前期の豊臣秀

頼の家臣

左馬助村常　さまのすけむらつね
荒木（あらき）左馬助村常　江戸前期の武士

佐美麻呂　さみまろ
阿刀（あとの）佐美麻呂　奈良時代の下級官人

沙弥麻呂　さみまろ
茨田連（うまらだのむらじ）沙弥麻呂　奈良時代の防人部領使
佐伯（さえきの）沙弥麻呂　奈良時代の官人
贄（にえの）沙弥麻呂　奈良時代の官人
船（ふね）沙弥麻呂　奈良時代の官人・漢詩人

沙弥万呂　さみまろ
漢部（あやべの）沙弥万呂　奈良時代の官人

さ

左文字　さもじ
左文字　南北朝時代の刀鍛治

左門　さもん
岩崎（いわさき）左門　？～1603　安土桃山時代の武田家臣、のち高遠城代
小山（おやま）左門　1718～1800　江戸中期・後期の剣術家。柳生心眼流
神戸（ごうど）左門　戦国時代の武将。武田家臣
杉山（すぎやま）左門　江戸後期の大住郡八ヶ所村番匠
須藤（すどう）左門　戦国時代の武将。武田家臣
中（なか）左門　1576～？　安土桃山・江戸前期の武士
長山（ながやま）左門　江戸後期の高座郡当麻村番匠
吉村（よしむら）左門　安土桃山・江戸前期の播磨牢人

左門一西　さもんかずあき
戸田（とだ）左門一西　1541～1603　江戸前期の県内領主

左門一長　さもんかつなが
金森（かなもり）左門一長　？～1651　江戸前期の豊臣秀頼・徳川義宣の家臣

左門利藤　さもんとしふじ
南部（なんぶ）左門利藤　江戸前期の南部利直の小姓

沙弥　さや
牟婁（むろの）沙弥　奈良時代の僧侶

潔夫　さやけお
村上（むらかみ）潔夫　1749～1823　江戸中期・後期の国学者

左右　さゆう
日田山（ひたやま）左右　1781～1855　江戸中期～末期の藩士

左囿　さゆう
左囿　？～1800　江戸中期・後期の俳人

乍遊　さゆう
乍遊　江戸中期の俳人

左右庵　さゆうあん
左右庵　？～1883　江戸末期・明治期の茶道家、表千家10世吸江斎の高弟

佐代吉　さよきち
伊藤（いとう）佐代吉　江戸後期の開拓者

佐世子　さよこ
保田（やすだ）佐世子　江戸時代の歌人

佐用彦　さよひこ
松浦（まつうら）佐用彦　？～1878　江戸後期～明治期の考古学研究者。長岡郡黒石村の郷士・松浦楨蔵の子

茶来　さらい
窪田（くぼた）茶来　1756～1832　江戸後期の俳人
横山（よこやま）茶来　1833～1908　江戸後期～明治期の幕臣

茶雷　さらい　⇔ちゃらい
山県（やまがた）茶雷　？～1772　江戸中期の俳人

莎来　さらい
亀齢軒（きれいけん）莎来　江戸後期の華道家

坐来　ざらい
坐来　江戸後期の俳人

茶裡　さり　⇔ちゃり
茶裡　1735～1807　江戸中期・後期の俳人《茶裡》

蓑里　さり
大島（おおしま）蓑里　1680～1732　江戸中期の俳人

佐利屋　さりや
高真（たかま）佐利屋　南北朝時代の人。与那覇勢頭豊見親の従者

左柳　さりゅう
左柳　江戸前期・中期の俳諧作者

左流　さりゅう
左流　江戸中期の厚木村の俳人

左竜　さりゅう
原（はら）左竜　江戸中期の俳人

沙柳　さりゅう
沙柳　江戸前期・中期の俳諧作者

莎笠　さりゅう
莎笠　？～1842　江戸後期の俳人

左梁　さりょう
左梁　江戸中期の俳人

猿黒丸　さるくろまる
小国（おぐに）猿黒丸　？～1630　安土桃山・江戸前期の部将

猿人　さるひと　⇔えんじん
六柯園（ろくかえん）猿人　江戸後期の狂歌師

左簾　されん
左簾〔1代〕　1714～1779　江戸中期の俳人
左簾〔2代〕　江戸中期の俳人。初世の門人
左簾〔4代〕　？～1869　江戸後期～明治期の俳人
左簾〔5代〕　？～1885　江戸後期～明治期の俳人
笠家（かさや）左簾〔1代〕　左簾〔1代〕に同じ
笠家（かさや）左簾〔3代〕　？～1822　江戸中期・後期の俳人

左六郎　さろくろう
神谷（かみや）左六郎　江戸後期の「尾張藩検地由来条目」の著者

沢右衛門　さわうえもん　⇔さわえもん
武田（たけだ）沢右衛門　江戸前期の庄屋

沢右衛門 さわえもん ⇔さわうえもん
佐渡ヶ岳(さどがだけ)沢右衛門 江戸中期の力士
本郷(ほんごう)沢右衛門 1664〜1726 江戸前期・中期の岡山藩の郡方役人
茂木(もぎ)沢右衛門 江戸中期の郡代大原彦四郎の元締

沢五郎 さわごろう
佐渡ヶ岳(さどがたけ)沢五郎 1812〜1850 江戸後期の力士

沢次郎 さわじろう
鈴木(すずき)沢次郎 1856〜1899 江戸末期・明治期の高井郡寒沢村の農民

沢田 さわだ
上毛野(かみつけぬの)沢田 平安前期の官人

佐波主 さわぬし
田口(たぐち)佐波主 ?〜847 平安前期の官人。嵯峨天皇皇后橘嘉智子の外戚

沢主 さわぬし
大春日(おおかすがの)沢主 平安前期の官人

さん
上原(うえはら)さん 1705〜1758 江戸中期の歌人

サン
那須野(なすの)サン 1705〜1758 江戸中期の歌人

璨 さん
横井(よこい)璨 江戸後期の医者

三阿 さんあ
三阿 南北朝時代の僧侶・連歌作者

三庵 さんあん
石井(いしい)三庵 江戸前期の医者
岡松(おかまつ)三庵 1809〜1866 江戸後期・末期の医家

三惟 さんい
三惟 ?〜1746 江戸中期の俳人

三育 さんいく
安富(やすとみ)三育 江戸前期の医師

三羽 さんう
征矢野(そやの)三羽 1827〜1906 江戸後期〜明治期の征矢野新田の開拓者

杉羽 さんう
馬場(ばば)杉羽 1725〜? 江戸中期の藩士・俳人

杉雨 さんう
杉雨 江戸中期の俳人
杉雨 江戸後期の俳人
馬場(ばば)杉雨 1725〜? 江戸中期の俳人

三右衛門 さんうえもん ⇔さんえもん, みつえもん
後藤(ごとう)三右衛門 1795〜1845 江戸時代の江戸幕府の御金改役
杉山(すぎやま)三右衛門 1831〜1869 江戸末期の関宿藩家老
戸谷(とや)三右衛門 1697〜1788 江戸中期の救恤家(慈善事業家)《戸谷三右衛門》
村野(むらの)三右衛門 江戸前期の新田開発者

三栄 さんえい
柚原(ゆはら)三栄 1796〜1825 江戸後期の御役所御出入医師

三英 さんえい
福埜(ふくの)三英 1819〜? 江戸後期の医師

餐英 さんえい
伊東(いとう)餐英 1739〜1822 江戸中期・後期の俳人

三益 さんえき
大森(おおもり)三益 1812〜1881 江戸後期〜明治期の医師
小河(おがわ)三益 1531〜1606 戦国〜江戸前期の幕臣・連歌作者・書家
黒川(くろかわ)三益 1840〜1901 江戸末期の医師。教育家
竹田(たけだ)三益 ?〜1735 江戸中期の医者

三悦 さんえつ
武井(たけい)三悦 ?〜1749 江戸中期の剣術家。平常無敵流

三右衛門 さんえもん ⇔さんうえもん, みつえもん
三右衛門 安土桃山時代の信濃国筑摩郡小立野の土豪
三右衛門 江戸前期の農民
阿部(あべ)三右衛門 1841〜1913 江戸末期〜大正期の栗原郡佐沼邑主亘理氏の臣
甘利(あまり)三右衛門 戦国時代の武将。武田家臣
井狩(いかり)三右衛門 1818〜1858 江戸後期・末期の八幡商人井狩平九郎家2代目
石井(いしい)三右衛門 江戸前期の京都糸割符商人
稲木(いなき)三右衛門 江戸前期の武士。大坂の陣で籠城
稲波(いなば)三右衛門 江戸後期の川崎宿役人
巌崎(いわさき)三右衛門 1824〜1883 江戸後期〜明治期の寺子屋師匠
尾嶋(おじま)三右衛門 江戸前期の井伊直勝の家臣
小瀬(おぜ)三右衛門 安土桃山時代の織田信長の家臣
鎌田(かまだ)三右衛門 1853〜1922 江戸末期〜大正期の素封家
鎌津田(かまつだ)三右衛門 江戸前期の修験
岸田(きしだ)三右衛門 ?〜1765 江戸中期の海商
喜多村(きたむら)三右衛門 安土桃山時代の武士
後藤(ごとう)三右衛門 1795〜1845 江戸時代の江戸幕府の御金改役《後藤三右衛門》
後藤(ごとう)三右衛門〔1代〕 ?〜1814 江戸中期・後期の御金改役
小林(こばやし)三右衛門 江戸前期の小早川秀秋・池田忠雄の家臣
佐藤(さとう)三右衛門 1562〜1631 安土桃山・江戸前期の開田功労者
佐藤屋(さとうや)三右衛門 江戸後期の商人
佐原(さはら)三右衛門 1630〜1690 江戸前期・中期の幕府代官
嶋田(しまだ)三右衛門 江戸時代の庄屋
神保(じんぼ)三右衛門 江戸前期の弘前藩家老
高畠(たかばたけ)三右衛門 安土桃山時代の織田

信長の家臣
武田(たけだ)三右衛門　?～1843　江戸後期の寺子屋師匠・盛岡藩士
樽屋(たるや)三右衛門　江戸中期の名主
都筑(つづき)三右衛門　安土桃山時代の検地役人
出目(でめ)三右衛門　江戸中期の能面師
寺見(てらみ)三右衛門　1597～1665　江戸前期の武士
戸谷(とや)三右衛門　1697～1788　江戸中期の救恤家(慈善事業家)
西沢(にしざわ)三右衛門　戦国時代の北条氏の家臣
服部(はっとり)三右衛門　江戸後期の飛驒郡代の大原亀五郎の手代
平清水(ひらしみず)三右衛門　江戸前期の瀬戸物師
丸子(まるこ)三右衛門　?～1618　江戸前期の小県郡丸子城主、真田氏家臣
美濃屋(みのや)三右衛門　江戸中期の八戸の商人
村田(むらた)三右衛門　安土桃山時代の検地役人
村田(むらた)三右衛門　江戸後期の寺子屋の師匠
安原(やすはら)三右衛門　江戸後期の人。砂丘の開拓を行った
山崎(やまざき)三右衛門　江戸中期の津久井県日連村名主
山下(やました)三右衛門　安土桃山時代の織田信長の家臣
山中(やまなか)三右衛門　江戸前期の武士。大坂の陣で籠城

三衛門　さんえもん
三衛門　安土桃山時代の信濃国筑摩郡会田の土豪

三右衛門貞任　さんえもんさだとう
雨森(あめのもり)三右衛門貞任　江戸前期の豊臣秀頼・本多忠政・松平忠昌の家臣

三右衛門重春　さんえもんしげはる
槙島(まきのしま)三右衛門重春　江戸前期の豊臣秀頼の家臣

三右衛門尉　さんえもんのじょう
平尾(ひらお)三右衛門尉　?～1580　安土桃山時代の信濃佐久郡の国衆

三衛門尉　さんえもんのじょう
伴野(ともの)三衛門尉　戦国時代の武将。武田家臣

三右衛門政信　さんえもんまさのぶ
喜多村(きたむら)三右衛門政信　?～1642　江戸前期の摂津国西成郡野里村の村長

杉園　さんえん
小町屋(こまちや)杉園　1833～1908　江戸後期～明治期の歌人

三化　さんか
三化　江戸後期の俳人

傘下　さんか
傘下　江戸前期の俳人

餐霞　さんか
祇園(ぎおん)餐霞　1712～1791　江戸中期の朱子学派藩儒学者

三瓦　さんが
竜(りゅう)三瓦　1823～1893　江戸後期～明治期の漢学者

蚕臥　さんが
蚕臥　江戸中期・後期の俳人

杉芽　さんが
杉芽　1813～1887　江戸後期～明治期の俳人

残花　ざんか
残花　1784～1857　江戸中期～末期の俳人

山海　さんかい
山海　?～1854　江戸後期の僧侶
稲村(いなむら)山海　江戸中期の俳人

三鶴　さんかく
向井(むかい)三鶴　?～1769　江戸中期の藩士・兵法家

三学　さんがく
小見山(こみやま)三学　1829～1916　江戸末期～大正期の御流儀分派独立僧

三岳　さんがく
三岳　1792～1854　江戸後期・末期の俳人
海野(うんの)三岳　1851～1911　江戸後期～明治期の洋画家
狩野(かの)三岳　1829～1904　江戸後期～明治期の画家
仁木(にっき)三岳　1771～1839　江戸中期・後期の幕臣

山岳　さんがく
柿沼(かきぬま)山岳　1774～1859　江戸後期の画家

三官　さんかん
何(が)三官　江戸前期の唐年行司

三貫　さんかん
渋谷(しぶや)三貫　1798～1864　江戸後期・末期の画家

三喜　さんき
高井(たかい)三喜　江戸前期の神職

三紀　さんき
三紀　1641～1698　江戸前期・中期の俳人

三鬼　さんき
三鬼　江戸末期の俳人

三喜斎昌周　さんきさいしょうしゅう
田代(たしろ)三喜斎昌周　戦国時代の古河公方の家臣

サンキチ
サンキチ　?～1789　江戸中期の寛政年間の国後アイヌで惣乙名

三吉　さんきち
河野(こうの)三吉　?～1569　戦国・安土桃山時代の織田信長の家臣
山中(やまなか)三吉　1848～1899　江戸後期～明治期の洋品雑貨商・夏橙仲買商

三吉右衛門　さんきちえもん
長谷(はせ)三吉右衛門　江戸中期の蒔絵師

三休　さんきゅう
愚徹(ぐてつ)三休　?～1675　江戸前期の僧
近藤(こんどう)三休　江戸前期の長宗我部盛親の家臣

三級　さんきゅう
三級　安土桃山・江戸前期の天台宗の僧

三休子　さんきゅうし
梅花軒（ばいかけん）三休子　1672〜？　江戸前期・中期の藩士

三去　さんきょ
明石屋（あかしや）三去　江戸後期の俳人

三橋　さんきょう
三橋　江戸中期の俳人
吉羽（よしば）三橋　1817〜1863　江戸後期の延岡藩士

傘狂　さんきょう
傘狂　1727〜1793　江戸中期・後期の俳人

山暁　さんぎょう
山暁　江戸後期の俳人

参行禄王　さんぎょうろくおう
参行禄王　1747〜1809　江戸中期・後期の富士講教理組成者

三玉　さんぎょく
神山（かみやま）三玉　1817〜1851　江戸後期の金工家

三近　さんきん
石丸（いしまる）三近　江戸中期の碁打

三近子　さんきんし
中村（なかむら）三近子　1671〜1741　江戸前期・中期の儒者

三五郎尾　さんぐるみい
三五郎尾　室町時代の中国への使者

三九郎　さんくろう
絹川（きぬかわ）三九郎　江戸前期の宮部善祥坊・青木重吉の家臣
斎藤（さいとう）三九郎　江戸後期の人。加賀藩士長谷川猷に仕え、大砲3門を鋳造
馬場（ばば）三九郎　1843〜1868　江戸後期・末期の桑名藩士
堀内（ほりうち）三九郎　1808〜1880　江戸後期〜明治期の活版印刷技術者

三慶　さんけい
岡（おか）三慶　江戸末期・明治期の漢学者

山谿　さんけい
秋山（あきやま）山谿　1812〜1871　江戸後期〜明治期の教育者

暫計　ざんけい
紀（きの）暫計　江戸前期の仮名草子作者

山月　さんげつ
松本（まつもと）山月　1650〜1730　江戸前期・中期の松山藩絵師

参玄　さんげん
参玄　鎌倉後期の僧侶・歌人

山湖　さんこ
近森（ちかもり）山湖　1636〜1713　江戸前期・中期の画家

三五　さんご
麻生（あそう）三五　安土桃山時代の織田信長の家臣
佐々宇（さそう）三五　麻生三五に同じ

三幸　さんこう
嵐（あらし）三幸　？〜1870頃　江戸後期・末期の歌舞伎立役

三江　さんこう
土岐（とき）三江　江戸末期・明治期の陶画家
難波（なんば）三江　1840〜1893　江戸後期〜明治期の南画家

三考　さんこう
三考　江戸中期の俳人

三敲　さんこう
苗村（なむら）三敲　江戸後期の易占家

三閘　さんこう
西山（にしやま）三閘　？〜1821　江戸後期の医師

山公　さんこう
山公　1810〜1850　江戸後期の俳人

山厚　さんこう
山厚　1805〜1872　江戸後期〜明治期の俳人

山幸　さんこう
山幸　？〜1776　江戸中期の俳人

杉更　さんこう
杉更　江戸中期の俳人

残光　ざんこう
正木（まさき）残光　江戸前期の「金花傾嵐抄」の著者

三谷　さんこく
岩田（いわた）三谷　江戸後期の医家

三五郎　さんごろう
小倉（おぐら）三五郎　1810〜1872　江戸後期〜明治期の肝入
菅沼（すがぬま）三五郎　？〜1869　江戸末期・明治期の彰義隊頭取改役
高橋（たかはし）三五郎　江戸末期の新撰組隊士
茶木屋（ちゃのきや）三五郎　1647〜1713　江戸前期・中期の富山藩御用商人
三田（みた）三五郎　1752〜1824　江戸中期・後期の剣術家。神道無念流
吉野（よしの）三五郎　1829〜1899　江戸後期〜明治期の奇行・篤行人

珊瑚郎　さんごろう
高橋（たかはし）珊瑚郎　江戸末期の新撰組隊士

山斎　さんさい
那波（なば）山斎　1680〜1764　江戸前期・中期の医者・漢学者

三左衛門　さんざえもん
三左衛門　1807〜1875　江戸後期の三浦郡長坂村民
秋元（あきもと）三左衛門　江戸中期の剣術家。今枝流
秋元（あきもと）三左衛門〔5代〕　1757〜1812　江戸中期・後期の醸造家。流山みりんを開発
出水（いずみ）三左衛門　江戸前期の大工棟梁
太田（おおた）三左衛門　江戸中期の篤行家
太田（おおた）三左衛門　？〜1747　江戸中期の塩田開発者
奥村（おくむら）三左衛門　1821〜1883　江戸後期〜明治期の剣術家。奥村流祖

亀井（かめい）三左衛門　1815〜1882　江戸後期〜明治期の大住郡下谷村名主、戸長、組合村総代
毛馬内（けまない）三左衛門　江戸前期の盛岡藩家臣
小瀬村（こせむら）三左衛門　江戸後期の愛甲郡小野村民
沢（さわ）三左衛門　江戸前期の越前国大野土梯郡の人
鈴木（すずき）三左衛門　？〜1684　江戸前期の大谷村の名主
五月女（そうとめ）三左衛門　1817〜1880？　江戸後期〜明治期の黒羽藩士
勅使河原（てしがわら）三左衛門　江戸時代の前橋藩酒井氏の家臣
新津（にいつ）三左衛門　戦国時代の甲斐国山梨郡小原郷の細工職人
原（はら）三左衛門　江戸中期の武芸家
日根（ひね）三左衛門　1737〜1818　江戸中期・後期の酒造業、借家業
増子（ましこ）三左衛門　1788〜1853　江戸後期の名主
万年（まんねん）三左衛門　？〜1606　江戸前期の代官《万年頼秀》
万年（まんねん）三左衛門　江戸後期の飛州吟味方・幕府の勘定留役
三浦（みうら）三左衛門　江戸前期の武士。大坂の陣で籠城
柳沢（やなぎさわ）三左衛門　1651〜1735　江戸前期・中期の名主役
横山（よこやま）三左衛門　江戸後期の橘樹郡下菅生村民

三左衛門尉義成　さんざえもんのじょうよしなり
小野（おの）三左衛門尉義成　？〜1208　鎌倉前期の武将

算左衛門安明　さんざえもんやすあき
会田（あいた）算左衛門安明　1747〜1817　江戸中期・後期の和算家

山三郎　さんさぶろう　⇔さんざぶろう，やまさぶろう
千賀（ちが）山三郎　江戸中期の大肝入、俳人

山三郎　さんざぶろう　⇔さんさぶろう，やまさぶろう
大橋（おおはし）山三郎　1832〜？　江戸後期・末期の新撰組隊士

山三郎勝元　さんざぶろうかつもと
下村（しもむら）山三郎勝元　江戸前期の武士。大坂の陣で籠城

三子　さんし
学亭（がくてい）三子　江戸後期の合巻作者

三止　さんし
三止　1741〜1823　江戸中期・後期の俳諧作者

山只　さんし
山只　江戸中期の俳人

山之　さんし
山之　江戸中期の俳人・書肆

三治　さんじ
田中（たなか）三治　1853〜1868　江戸後期・末期の二本松少年隊士

杉二　さんじ
杉二　江戸後期の俳人

三七　さんしち　⇔さんひち
百瀬（ももせ）三七　1833〜1891　江戸後期〜明治期の三七堰の創設者

三車　さんしゃ
三車　江戸後期の俳人

傘車　さんしゃ
傘車　江戸中期の俳人

山寿　さんじゅ
伊良子（いらこ）山寿　？〜1870　江戸末期・明治期の眼科医
加藤（かとう）山寿　江戸後期の郷土史家
源（みなもと）山寿　江戸後期の郷土史研究家

三洲　さんしゅう
林（はやし）三洲　江戸中期の漢学者

三舟　さんしゅう
日柳（くさなぎ）三舟　1839〜1903　江戸後期〜明治期の教育家

三十　さんじゅう
上島（うえしま）三十　江戸前期の武士。大坂の陣で籠城

三十郎　さんじゅうろう
今津屋（いまづや）三十郎　1831〜1893　江戸後期〜明治期の廻船問屋
植田（うえだ）三十郎　？〜1668　江戸前期の開拓者
瓜巣村（うりすむら）三十郎　江戸中期の義民。瓜巣村の百姓
小野（おの）三十郎　1840〜1908　江戸後期〜明治期の地域開発功労者
官梅（かんばい）三十郎　？〜1743　江戸中期の唐通事
小林（こばやし）三十郎　1786〜1867　江戸中期〜末期の漁民
高橋（たかはし）三十郎　？〜1614　江戸前期の豊臣秀頼の小姓
徳原（とくはら）三十郎　江戸後期の武士。秀吉譜代の家臣。秀頼の小姓
富永（とみなが）三十郎　1829〜1910　江戸後期〜明治期の酒造家、多額納税者
野山（のやま）三十郎　1833〜1895　江戸後期〜明治期の剣術家。直心影流
埴原（はいばら）三十郎　？〜1615　江戸前期の武士
松下（まつした）三十郎　江戸中期の藩士
村上（むらかみ）三十郎　1843〜？　江戸後期〜明治期の教育者
森（もり）三十郎　戦国時代の土豪

三淳　さんじゅん
藤井（ふじい）三淳　1643〜1718　江戸中期の医家

三笑　さんしょう
桃田（ももた）三笑　江戸後期の絵師

三条院女蔵人左近　さんじょういんのにょくろうどのさこん
三条院女蔵人左近　平安中期の女房・歌人

三条町 さんじょうのまち
三条町 ？～866 平安前期の歌人
三条夫人 さんじょうふじん
三条夫人 1521～1570 戦国・安土桃山時代の女性。武田信玄の正室
三四郎 さんしろう
木村(きむら)三四郎 1686～1762 江戸前期・中期の剣術家。影山流ほか
佐久間(さくま)三四郎 安土桃山時代の織田信長の家臣
清水(しみず)三四郎 ？～1881 江戸末期・明治期の檜山爾志郡役所の役人
山田屋(やまだや)三四郎 江戸前期・中期の版元
山四郎 さんしろう
西村(にしむら)山四郎 江戸時代の八戸藩の船問屋
三次郎 さんじろう
川越屋(かわごえや)三次郎 1797～1843 江戸後期の料理人
実久(さねく)三次郎 平安後期の人。源為朝の子とされる
中牟田(なかむた)三次郎 1642～？ 江戸前期の武士
野村(のむら)三次郎 1808～1870 江戸後期～明治期の能楽家
柳田(やなだ)三次郎 江戸末期の新撰組隊士《稲田佐太郎》
三信 さんしん
原(はら)三信〔6代〕 ？～1711 江戸中期の医者
散人 さんじん
鈴川(すずかわ)散人 江戸中期の神職
梨白(りはく)散人 江戸中期の戯作者
三水 さんすい
三水 江戸末期の俳人
山水居 さんすいきょ
山下(やました)山水居 1803～1884 江戸後期～明治期の俳人
三助 さんすけ
味岡(あじおか)三助 安土桃山時代の検地役人
小嶋(こじま)三助 江戸前期の豊臣秀頼の家臣
水牧村(みずまきむら)三助 江戸前期の十村肝煎役
三田村(みたむら)三助 安土桃山時代の織田信長の家臣
三省 さんせい
青木(あおき)三省 1806～1887 江戸後期～明治期の小田木村の医師
蘆野(あしの)三省 江戸中期の漢学者
心応軒(しんおうけん)三省 1744～1810 江戸中期・後期の華道家
鈴木(すずき)三省 江戸前期の「吟歩記」の著者
藤沢(ふじさわ)三省 ？～1901 江戸末期・明治期の蘭方医
山崎(やまざき)三省 1750～1825 江戸後期の医師、漢学者
柚原(ゆはら)三省 1694～1770 江戸中期の医師
三生 さんせい
樋口(ひぐち)三生 ？～1844 江戸後期の眼科医
山清 さんせい
大原(おおはら)山清 1713～1755 江戸中期の神職
山静 さんせい
山静 江戸後期の俳人
三星子 さんせいし
三星子 江戸中期の「松風草」の著者
三世朝義 さんせいちょうぎ
惣耕作(すうごうさく)三世朝義 1800～1866 江戸後期・末期の名護間切地頭代
三析 さんせき
何松(なにまつ)三析 1819～1880 江戸後期～明治期の医師
三石 さんせき
植田(うえだ)三石 1820～1891 江戸後期の小田原藩士
三碩 さんせき
塚田(つかだ)三碩 江戸末期・明治期の医者、神官
戸坂(とさか)三碩 1662～1736 江戸前期・中期の医者
三夕 さんせき
谷村(たにむら)三夕 江戸中期の茶人
山夕 さんせき
山夕 江戸中期の俳人
三折 さんせつ
兼子(かねこ)三折 1803～1868 江戸後期・末期の町医
桜井(さくらい)三折 1730～1796 江戸中期・後期の町医
嶺川(みねかわ)三折 江戸中期の本草家
森(もり)三折 江戸後期の風流人
三節 さんせつ
高田(たかた)三節〔1代〕 江戸中期の茶人
高田(たかた)三節〔2代〕 江戸中期の茶人
山雪 さんせつ
狩野(かのう)山雪 1590～1651 江戸前期の画家
本田(ほんだ)山雪 ？～1790 江戸中期・後期の書家
三泉 さんせん
池口(いけぐち)三泉 1851～1908 江戸後期～明治期の出石名物大時計贈主
山川 さんせん
寺村(てらむら)山川 江戸前期の武士、俳人
三惣 さんぞう
後藤(ごとう)三惣 1802～1855 江戸後期・末期の木彫師
三蔵 さんぞう
岡崎(おかざき)三蔵 江戸後期の測量家
河井(かわい)三蔵 1817～1901 江戸後期～明治期の古知野特産物である生糸商の元祖
河上(かわかみ)三蔵 ？～1581 安土桃山時代の高天神籠城衆
富田(とみた)三蔵 安土桃山時代の織田信長の家臣
船越(ふなこし)三蔵 1713～1778 江戸中期の八戸藩士

堀江(ほりえ)三蔵　江戸前期の武士
松田(まつだ)三蔵　1770～1829　江戸中期・後期の尾張明倫堂典籍

三造　さんぞう
可楽(からく)三造　江戸末期・明治期の陶工
村越(むらこし)三造　江戸末期の剣術家。一刀流

参三　さんぞう
小牧(こまき)参三　1832～1889　江戸後期～明治期の大隅郡田代郷大禰田村戸長

三太夫　さんだいう　⇔さんだゆう
内海(うつみ)三太夫　江戸後期の大住郡大山阿夫利神社祠官
鈴木(すずき)三太夫　?～1684　江戸前期の高座郡大谷村名主
竹内(たけうち)三太夫　江戸後期の高座郡羽鳥村西宮蛭児社神職
玉虫(たまむし)三太夫　江戸前期の旗本

三太夫　さんだゆう　⇔さんだいう
飯島(いいじま)三太夫　江戸時代の彦根藩の医師兼右筆
加藤(かとう)三太夫　?～1776　江戸中期の庄内藩付家老
玉井(たまい)三太夫　江戸時代の八戸藩士
外山(とやま)三太夫　1802～1887　江戸後期～明治期の生花師匠
新沼(にいぬま)三太夫　1771～1842　江戸中期・後期の肝入
野間(のま)三太夫　?～1865　江戸末期の狂歌師
深田(ふかだ)三太夫　1844～1902　江戸後期～明治期の5代目三太夫
増田(ますだ)三太夫　1819～1882　江戸後期～明治期の文人
山の上(やまのうえ)三太夫　?～1676　江戸前期の盛岡藩4代藩主南部重信のお抱え力士

三大夫　さんだゆう
川村(かわむら)三大夫　江戸前期の稲葉正則の家臣

三太郎　さんたろう
井田(いだ)三太郎　1571～1639　江戸前期の武士

山端　さんたん
仲兼久(なかがねく)山端　1838～1907　江戸後期～明治期の名護間切第45代地頭代・間切長

三知　さんち　⇔みつとも
松田(まつだ)三知　1743～1819　江戸中期・後期の医師

三中　さんちゅう
高宮(たかみや)三中　江戸後期の漢学者

三忠　さんちゅう
百済王(くだらのこにきし)三忠　奈良時代の官人

三朝　さんちょう
三朝　江戸後期の俳人

三蝶　さんちょう
三蝶　江戸中期の俳人
泉花堂(せんかどう)三蝶　江戸中期・後期の戯作者

三蔦　さんちょう
三蔦　江戸後期の俳人

杉長　さんちょう
杉長　1770～1828　江戸中期・後期の医者・俳人

三哲　さんてつ
平木(ひらき)三哲〔1代〕　?～1695　江戸前期の医者

三徹　さんてつ
三徹　?～1430　南北朝・室町時代の浄土宗の僧

三天　さんてん
島崎(しまざき)三天　1810～1884　江戸後期～明治期の人。不二教鳩ケ谷三志に師事

山店　さんてん
山店　江戸前期の俳諧作者

三等　さんとう
三等　1678～1746　江戸前期・中期の真言宗の僧

山塘　さんとう
河村(かわむら)山塘　1824～1879　江戸後期～明治期の問屋、名主

山涛　さんとう
恩地(おんぢ)山涛　江戸後期の画家

三洞　さんどう
勝山(かつやま)三洞　1837～1909　江戸後期～明治期の俳人

三内　さんない
中村(なかむら)三内　1814～1898　江戸後期～明治期の砲術家
松坂(まつざか)三内　1826～1863　江戸後期・末期の会津藩士
山田(やまだ)三内　江戸後期の韮山代官江川氏の手代

三如　さんにょ
三如　1704～1781　江戸中期の日蓮宗の僧・歌人

山奴　さんぬ
北見(きたみ)山奴　江戸中期・後期の俳人

三丞　さんのじょう
春日(かすが)三丞　安土桃山時代の信濃水内郡の国衆

三之丞　さんのじょう
奥(おく)三之丞　?～1831　江戸後期の五日町の検断
高田(たかだ)三之丞　?～1685　江戸前期の剣術家。新陰流
信高(のぶたか)三之丞　江戸前期の名古屋の刀工
土方(ひじかた)三之丞　1736～1808　江戸中期・後期の剣術家。無外流土方派
松本(まつもと)三之丞　江戸末期の幕臣・外国奉行支配定役。1860年遣米使節に随行しアメリカに渡る

三之助　さんのすけ
三之助　?～1765　江戸中期の漂流民
佐藤(さとう)三之助　1839～1913　江戸末期～大正期の実業家
田宮(たみや)三之助　?～1702　江戸前期・中期の剣術家

三巴　さんぱ
稲見(いなみ)三巴　?～1866　江戸後期の俳人

三伯　さんぱく
味岡(あじおか)三伯　江戸前期・中期の医師
酒井(さかい)三伯　？～1623　江戸前期の藩医師
西(にし)三伯　1681～1745　江戸中期の医師
吉川(よしかわ)三伯　戦国時代の医師。武田家家臣
吉川(よしかわ)三伯　1718～？　江戸中期の眼科医

三白　さんぱく
三白　江戸中期の俳人

三八　さんぱち
三八　1752～？　江戸中期・後期の漂流民の子
嵐(あらし)三八　？～1812　江戸中期・後期の歌舞伎役者

三八郎　さんぱちろう　⇔さぶはちろう
多田(ただ)三八郎　？～1563　安土桃山時代の美濃出身の牢人衆

三七　さんひち　⇔さんしち
春日井(かすがい)三七　1803～1887　江戸後期～明治期の狂歌師

参姫　さんひめ
参姫　1643～1704　江戸前期・中期の女性。高家衆吉良上野介義央の妻

三斧　さんふ
平井(ひらい)三斧　1824～1897　江戸後期～明治期の医師、俳人

三楓　さんぷう
三楓　1817～1889　江戸後期～明治期の俳人

杉風　さんぷう
鯉屋(こいや)杉風　江戸中期の俳人

三平　さんぺい
三平　江戸中期の人。三平長嶺の由来になった人物
賀集(かしゅう)三平　？～1909　江戸後期～明治期の陶工
四戸(しのへ)三平　1833～1876　江戸後期～明治期の馬術家
星川(ほしかわ)三平　江戸末期の新撰組隊士
若林(わかばやし)三平　江戸前期の旗本

三兵衛　さんべえ
荒木(あらき)三兵衛　江戸中期の人。曾祖父・荒木宗太郎の事績を知らしめるため「金札和解」を著す
和田(わだ)三兵衛　1848～1868　江戸後期・末期の武士

三補　さんぽ
来庵(らいあん)三補　？～1666　江戸前期の高山市の雲竜寺13世

山圃　さんぽ
山浦(やまうら)山圃　1809～1881　江戸後期～明治期の地方自治功労者、俳人《山浦藤左衛門》

三峰　さんぽう
高宮(たかみや)三峰　？～1876　江戸末期の書家

山卜　さんぼく
狩野(かのう)山卜　江戸前期の画家

散木　さんぼく
文宝亭(ぶんぽうてい)散木　江戸後期の書家

三昧　さんまい
石塚(いしづか)三昧　江戸後期の書家

三位　さんみ
三位　平安後期の歌人
平田(ひらた)三位　？～1583？　安土桃山時代の織田信長の家臣

三位中将　さんみちゅうじょう
粟野(あわの)三位中将　南北朝時代の南朝の公家か

三位局　さんみのつぼね
三位局　？～1615　江戸前期の女性。大坂城の女房衆

三明房　さんみょうぼう
三明房　？～1638　江戸前期の僧侶

残夢　ざんむ
井上(いのうえ)残夢　1784～1849　江戸中期・後期の藩士

三弥　さんや　⇔みつや
伊藤(いとう)三弥　1835～1917　江戸末期の刈谷藩の勤王家
後藤(ごとう)三弥　1596～1615　安土桃山・江戸前期の武士。大坂の陣で籠城
中井(なかい)三弥　江戸末期の新撰組隊士
野辺地(のへぢ)三弥　江戸後期の大迫通の代官
守田(もりた)三弥　？～1647　江戸前期の人。大分市大智寺の逆修塔に名前が見える

山弥長者　さんやちょうじゃ
山弥長者　1584～1648　安土桃山・江戸前期の府内の豪商

三友　さんゆう　⇔みつとも
保田(やすだ)三友　1834～1889　江戸末期・明治期の教育者
吉(よし)三友　1841～1891　江戸後期～明治期の洋方医・協和医学会主宰

三雄　さんゆう　⇔みつお
高柴(たかしば)三雄　江戸後期の地誌家

三友軒　さんゆうけん
三友軒　1654～1723　江戸前期・中期の俳人

三友斎　さんゆうさい
山本(やまもと)三友斎　江戸中期の茶人

三余　さんよ
市島(いちしま)三余　江戸後期の北蒲原郡水原町の富豪

山陽　さんよう
山陽　？～1813　江戸中期・後期の俳人
芝の屋(しばのや)山陽　？～1836頃　江戸後期の狂歌師

杉葉　さんよう
杉葉　江戸中期の俳人

三良　さんらあ
渡嘉敷(とかしき)三良　？～1604　安土桃山・江戸前期の沖縄最初の瓦工

三楽　さんらく
三楽　江戸前期の俳人
太田(おおた)三楽　1839～1906　江戸後期～明治期の理髪店主、篤志家

三路 さんらく
三路 江戸中期の俳人
山楽 さんらく
隣柳庵(りんりゅうあん)山楽 江戸後期の奇石・銘石収集家
珊楽 さんらく
珊楽 江戸中期の俳人
三楽斎 さんらくさい
安達(あだち)三楽斎 1791～1853 江戸後期の文人画家
三柳 さんりゅう
秦(はた)三柳 江戸前期の医者
三柳亭 さんりゅうてい
星川(ほしかわ)三柳亭 江戸末期の寺子屋師匠
山隣 さんりん
山隣 江戸中期の俳人
山路 さんろ
山路 江戸後期の俳人
三六 さんろく
勝賀瀬(しょうがせ)三六 1841～1868 江戸後期・末期の堺事件烈士
山麓 さんろく
中島(なかじま)山麓 1835～1915 江戸後期～大正期の俳人

【し】

子晏 しあん
末永(すえなが)子晏 1736～1791 江戸中期の教育者
次庵 じあん
武林(たけばやし)次庵 ?～1657 江戸前期の眼科医
自安 じあん
石河(いしこ)自安 江戸前期の隠士
関口(せきぐち)自安 江戸後期の医者
竹内(たけうち)自安 1638～? 江戸前期の歌人
増田(ますだ)自安 ?～1763 江戸中期の女性儒学者
子彝 しい
円田(まるた)子彝 江戸時代の儒者
氏為 しい
北条(ほうじょう)氏為 ?～1853 江戸後期の代官
此一 しいち
此一 ?～1878 江戸後期～明治期の俳人
紫陰 しいん
岡(おか)紫陰 1817～? 江戸後期・末期の漢学者
慈胤入道親王 じいんにゅうどうしんのう
慈胤入道親王 1617～1700 江戸前期・中期の後陽成天皇の皇子
志宇 しう
奥村(おくむら)志宇 1761～1834 江戸中期・後期の俳人

次右衛門 じうえもん ⇔じえもん
阿蘇(あそ)次右衛門 1801～1886 江戸後期～明治期の人。建築・土木の施設や経営に詳しく、功績が大きい
志水(しみず)次右衛門 戦国時代の里見氏家臣
治右衛門 じうえもん ⇔じえもん, はるえもん
等々力(とどりき)治右衛門 戦国時代の武将
次右衛門尉 じうえもんのじょう
等々力(とどろき)次右衛門尉 安土桃山時代の信濃国安曇郡等々力郷の国衆
士云 しうん
角田(つのだ)士云 1811～1891 江戸末期・明治期の俳人
紫雲 しうん
秋山(あきやま)紫雲 1756～1813 江戸時代の浄瑠璃作者
慈運 じうん
慈運 江戸中期の天台宗の僧
慈雲 じうん
慈雲 ?～1868 江戸後期・末期の僧
士英 しえい
西島(にしじま)士英 1784～1842 江戸後期の俳人
子盈 しえい
上原(うえはら)子盈 1774～1846 江戸後期の和算家
子英 しえい
岩本(いわもと)子英 ?～1715 江戸前期・中期の俳人《子英》
慈栄 じえい
慈栄 江戸後期の天台宗の僧
士悦 しえつ
野村(のむら)士悦 ?～1576 戦国時代の武士
自悦 じえつ
浜川(はまかわ)自悦 江戸前期の俳人
四右衛門 しえもん
小野(おの)四右衛門 1813～1865 江戸後期・末期の庄屋
次右衛門 じえもん ⇔じうえもん
明智(あけち)次右衛門 ?～1582 戦国・安土桃山時代の織田信長の家臣
伊丹や(いたみや)次右衛門 江戸前期の京都糸割符商人
大貫(おおぬき)次右衛門 江戸後期の代官
梶原(かじわら)次右衛門 安土桃山時代の織田信長の家臣
黒田(くろだ)次右衛門 安土桃山時代の織田信長の家臣
佐久間(さくま)次右衛門 安土桃山時代の織田信長の家臣
柴田(しばた)次右衛門 戦国時代の武将。武田家臣
下(しも)次右衛門 ?～1609 安土桃山・江戸前期の城代
下(しも)次右衛門 ?～1614 安土桃山・江戸前期の城代

周文(しゅぶん)次右衛門　?〜1825　江戸中期・後期の通事
菅原(すがわら)次右衛門　江戸前期の大肝煎
樋渡(ひわたり)次右衛門　江戸後期の陶工
森村(もりむら)次右衛門　安土桃山時代の人。山森村二十戸の祖
柳沢(やなぎさわ)次右衛門　戦国・安土桃山時代の武田氏の家臣

治右衛門　じえもん　⇔じうえもん, はるえもん
明石(あかし)治右衛門　?〜1770　江戸中期の柔術家
安藤(あんどう)治右衛門　?〜1615　安土桃山・江戸前期の武士
石井(いしい)治右衛門　安土桃山・江戸前期の武士
井上(いのうえ)治右衛門　安土桃山時代の検地役人
江刺(えさし)治右衛門　江戸時代の八戸藩士
近江屋(おうみや)治右衛門　江戸中期の近江商人
大岡屋(おおおかや)治右衛門　江戸中期の江戸の町人
大久保(おおくぼ)治右衛門　江戸末期の人。西郷隆盛らに漢学を教えた人
大倉(おおくら)治右衛門　1615〜1684　江戸前期の醸造家。清酒「月桂冠」の創始者
大崎(おおさき)治右衛門　江戸末期の心学者
勝村(かつむら)治右衛門　江戸時代の書肆
川原(かわはら)治右衛門　?〜1692　江戸前期の義民。吉城郡宇津江村の人
桐山(きりやま)治右衛門　安土桃山時代の農民
佐野(さの)治右衛門　江戸時代の松名新田、間崎・境新田の開発者
塩屋(しおや)治右衛門　江戸末期の船問屋、名主
高橋(たかはし)治右衛門　1826〜1886　江戸後期〜明治期の杉久保村旗本神尾領名主
只木(ただき)治右衛門　江戸後期の矢師
千葉(ちば)治右衛門　江戸前期の人。板柳町灰沼千葉家の祖
十倉(とくら)治右衛門　?〜1857　江戸末期の武士
西村(にしむら)治右衛門　1766〜1827　江戸中期・後期の書肆の主人
古川町方村(ふるかわまちかたむら)治右衛門　江戸中期の古川町方村の人
松岡(まつおか)治右衛門　1821〜1905　江戸後期〜明治期の孝子
三河屋(みかわや)治右衛門　江戸後期の書肆
水谷(みずたに)治右衛門　1837〜1920　江戸末期〜大正期の酒造業。用水路を整備
持田(もちだ)治右衛門　江戸前期の武士
安田(やすだ)治右衛門　江戸中期の丸山町の人。身代わり天満宮を祠る

二右衛門勝昌　じえもんかつまさ
津田(つだ)二右衛門勝昌　?〜1654　江戸前期の大坂城士。落城後、蜂須賀至鎮に出仕

治右衛門尉　じえもんのじょう
佐野(さの)治右衛門尉　安土桃山・江戸前期の甲斐国八代郡河内岩間豪の土豪

治衛門尉　じえもんのじょう
井田(いだ)治衛門尉　戦国時代の上総国武射郡大台城(山武郡芝山町)主・井田因幡守の家臣。井田氏の庶流。井田氏の軍団を形成した同心衆の1人

二右衛門尉　じえもんのじょう　⇔にえもんのじょう
野沢(のざわ)二右衛門尉　戦国・安土桃山時代の川口の富士山御師

次右衛門盛保　じえもんもりやす
友松(とうまつ)次右衛門盛保　?〜1621　江戸前期の中村一氏・豊臣秀吉・秀頼の家臣

次右衛門保延　じえもんやすのぶ
平井(ひらい)次右衛門保延　江戸前期の豊臣秀頼の近習

し

柿園　しえん
鈴木(すずき)柿園　?〜1887　江戸後期〜明治期の儒者、教育者

之琰　しえん
魏(ぎ)之琰　1617〜1689　江戸前期・中期の貿易商

祇円　しえん
禅渓(ぜんけい)祇円　1636〜1713　江戸前期・中期の曹洞宗の僧

芷園　しえん
滝波(たきなみ)芷園　1788〜1865　江戸末期の画家
滝並(たきなみ)芷園　滝波芷園に同じ

慈延　じえん
慈延　江戸中期の天台宗の僧

慈瑗　じえん
慈瑗　?〜1755　江戸中期の天台宗の僧

シヲ
三浦(みうら)シヲ　1818〜1897　江戸後期〜明治期の茂木ビワの原木育生者

慈応　じおう
慈応　鎌倉前期の僧

旨屋　しおく　⇔しや
長真氏(ちょうしんうじ)旨屋　?〜1642　安土桃山・江戸前期の甘藷(サツマイモ)伝来者

塩麻呂　しおまろ
文(ふみの)塩麻呂　奈良時代の官吏
弓削(ゆげの)塩麻呂　奈良時代の官人

塩屋王　しおやおう
塩屋王　奈良時代の官人

子温　しおん
石川(いしかわ)子温　1776〜1856　江戸中期〜末期の地方和算家
西沢(にしざわ)子温　1788〜1834　江戸後期の書家
山本(やまもと)子温　1753〜1837　江戸中期・後期の漢学者

志遠　しおん
志遠　1241〜1310　鎌倉前期・後期の天台宗の僧、歌人

思温　しおん
高野(たかの)思温　江戸末期の人

自音　じおん
湖月（こげつ）自音　?～1431　南北朝・室町時代の曹洞宗の僧

しか
永井（ながい）しか　1845～1884　江戸後期～明治期の孝女

持賀　じが
持賀　平安後期の仏師

子愷　しがい
中村（なかむら）子愷　1771～1795　江戸中期・後期の儒者

慈快　じかい
慈快　1305～1344　鎌倉後期・南北朝時代の天台宗の僧、歌人

鹿右衛門　しかえもん
春日山（かすがやま）鹿右衛門　?～1862　江戸後期の力士
春日山（かすがやま）鹿右衛門　1815～1859　江戸後期の力士

紙隔　しかく
紙隔　1717～1767　江戸中期の俳人

士諤　しがく
荒木（あらき）士諤　江戸後期の漢学者

慈岳　じがく
三上（みかみ）慈岳　室町時代の医者

四角兵衛　しかくべえ
樋口（ひぐち）四角兵衛　安土桃山時代の真田信繁・真田信之の家臣

鹿次　しかじ
青木（あおき）鹿次　1843～1912　江戸後期～明治期の警察官吏

鹿次郎　しかじろう
竹本（たけもと）鹿次郎　江戸末期の新撰組隊士

牡鹿輔　しかすけ
松岡（まつおか）牡鹿輔　江戸中期・後期の国学者

鹿蔵　しかぞう
川口（かわぐち）鹿蔵　1849～1926　江戸末期～大正期の社会事業家
野間（のま）鹿蔵　江戸時代の藩士寄合組

鹿太郎　しかたろう
後藤（ごとう）鹿太郎　1837～1916　江戸末期～大正期の富士緒井路の企画立案者

鹿主　しかぬし
大中臣（おおなかとみの）鹿主　平安前期の官人

鹿之介　しかのすけ
荻野（おぎの）鹿之介　江戸前期の石田三成の家臣

鹿之助　しかのすけ
小島（こじま）鹿之助　江戸前期の最上氏遺臣
小島（こじま）鹿之助　1830～1900　江戸後期～明治期の新撰組の後援者
細井（ほそい）鹿之助　1842～?　江戸後期の新撰組隊士

鹿古　しかふる
鹿古　江戸中期・後期の俳人

鹿松　しかまつ
根木（ねき）鹿松　1843～1921　江戸末期～大正期の数学者・教育者

士幹　しかん
甲斐（かい）士幹　1785～1837　江戸中期・後期の医者、漢学者

子観　しかん
渡辺（わたなべ）子観　1721～1757　江戸中期の儒者

子貫　しかん
亀卦川（きけがわ）子貫　1769～1809　江戸中期・後期の医師

至簡　しかん
壺庵（こあん）至簡　?～1341　鎌倉後期・南北朝時代の曹洞宗の僧

之寛　しかん
矢部（やべ）之寛　1787～1850　江戸中期・後期の儒医

之幹　しかん　⇔ゆきもと
高洲（たかす）之幹　江戸後期の漢学者

紫巌　しがん
紫巌　1738～1811　江戸中期・後期の天台宗の僧侶

只丸　しがん
弄松閣（ろうしょうかく）只丸　1640～1712　江戸前期・中期の俳人

慈寛　じかん
慈寛　鎌倉後期の僧侶・歌人

慈観　じかん
慈観　江戸中期の天台宗の僧

自閑　じかん
篠崎（しのざき）自閑　1620～1687　江戸前期の藩士

慈願　じがん
慈願　南北朝時代の僧侶・連歌作者

機　しき
大庭（おおば）機　1830～1904　江戸後期～明治期の札幌最初の学校である資生館の館長

子規　しき
太田（おおた）子規　江戸前期の漢学者

只皈　しき
只皈　南北朝時代の僧侶・歌人

式右衛門　しきえもん
式右衛門　江戸後期の新堂村兼帯庄屋
中台（なかだい）式右衛門　1585～1649　安土桃山・江戸前期の功臣
中台（なかだい）式右衛門　1624～1692　江戸前期・中期の町奉行

敷雄　しきお
福田（ふくだ）敷雄　1769～1837　江戸中期・後期の歌人

直海　じきかい
直海　南北朝時代の天台宗の僧

直兼　じきけん　⇔なおかね
直兼　南北朝時代の天台宗の僧

式乾門院左京大夫　しきけんもんいんのさきょうのだいぶ
式乾門院左京大夫　鎌倉時代の女房・歌人
式佐　しきさ
岸沢（きしざわ）式佐〔7・8代〕　1859～1944　江戸末期～昭和期の常磐津節三味線方岸沢派家元
自嬉斎　じきさい
倉成（くらなり）自嬉斎　1786～1823　江戸中期・後期の漢学者
式左衛門　しきざえもん
高野（たかの）式左衛門　1804～1886　江戸後期～明治期の牟礼宿の名主・問屋
式子　しきし
大中臣（おおなかとみの）式子　平安前期の女性。光孝天皇の宮人
式之　しきし
式之　？～1731　江戸中期の俳人
敷島　しきしま
三浦屋（みうらや）敷島　江戸前期の遊女
式寿斎　しきじゅさい
岸沢（きしざわ）式寿斎　？～1872　江戸末期・明治期の名古屋の常磐津の名手
色定　しきじょう
色定　1159～1242　平安後期・鎌倉前期の禅僧
式瞻王　しきせんおう
式瞻王　平安中期の是忠親王の第2王子
四季造　しきぞう
松島（まつしま）四季造　1831～1912　江戸後期～明治期の阿島村戸長
治橘　じきつ
小林（こばやし）治橘　1851～1919　江戸末期～大正期の資産家
直伝　じきでん
東谷（とうこく）直伝　江戸中期の曹洞宗の僧
色之都　しきのいち
色之都　江戸前期の座頭
式部　しきぶ
安西（あんざい）式部　戦国時代の里見義豊の家臣。天文3年（1534）義豊滅亡後、里見義堯に仕えたか
大谷（おおたに）式部　？～1614　江戸前期の武士。大坂の陣で籠城
岡田（おかだ）式部　？～1808　江戸後期の橘樹郡保土ヶ谷宿神明宮神主
紀（きの）式部　平安中期の女房・歌人
三分一（さんぶいち）式部　戦国時代の阿賀の刀禰
竹光（たけみつ）式部　江戸前期の美濃国不破郡長松城主
日笠山（ひがさやま）式部　江戸前期の甑島の神社頭取
村上（むらかみ）式部　江戸後期の大住郡堀山下村八幡宮神主
式部右衛門尉　しきぶえもんのじょう
秋山（あきやま）式部右衛門尉　戦国時代の武士
式部少輔　しきぶしょうゆ　⇔しきぶのしょう
真田（さなだ）式部少輔　？～1620　安土桃山・江戸前期の羽黒派の修験者
式部少輔貞愛　しきぶしょうゆうさだえ
平賀（ひらが）式部少輔貞愛　1759～1817　江戸中期・後期の73代長崎奉行
式部太夫　しきぶだいう　⇔しきぶたゆう
内海（うつみ）式部太夫　江戸後期の大住郡大山大山師職兼阿夫利神社祠官
式部太輔　しきぶたいふ　⇔しきぶたゆう
印東（いんとう）式部太輔　戦国時代の古河公方足利義氏の家臣
式部太夫　しきぶたゆう　⇔しきぶだいう
大蔵（おおくら）式部太夫　戦国時代の武田氏の猿楽師
式部太輔　しきぶたゆう　⇔しきぶたいふ
小山（こやま）式部太輔　戦国・安土桃山時代の武士
式部大輔　しきぶたゆう　⇔しきぶのたいふ
中目（なかのめ）式部大輔　？～1589　戦国・安土桃山時代の武将
式部少輔　しきぶのしょう　⇔しきぶしょうゆ
清（せい）式部少輔　戦国時代の古河公方足利義氏の家臣
千福（せんぷく）式部少輔　安土桃山時代の織田信長の家臣
坂西（ばんざい）式部少輔　？～1575　安土桃山時代の武田氏の家臣
三好（みよし）式部少輔　安土桃山時代の織田信長の家臣
式部丞　しきぶのじょう
大須賀（おおすが）式部丞　戦国時代の下総国助崎城主・大須賀氏の一族か。北条氏に帰属
奥山（おくやま）式部丞　戦国時代の武蔵神奈川の住人
小山田（おやまだ）式部丞　？～1582　安土桃山時代の武士
慶増（けいそう）式部丞　戦国時代の千葉孝胤の家臣
立川（たちかわ）式部丞　戦国時代の岩付太田氏の家臣
松田（まつだ）式部丞　戦国時代の武将。武田家臣
渡辺（わたなべ）式部丞　戦国時代の土屋昌続の家臣
渡辺（わたなべ）式部丞　戦国時代の内野の土豪
式部大輔　しきぶのたいふ　⇔しきぶたゆう
印東（いんとう）式部大輔　戦国時代の古河公方の家臣
式部大夫　しきぶのだいぶ
清（せい）式部大夫　戦国時代の古河公方足利高基の家臣
清（せい）式部大夫　戦国時代の古河公方足利義氏の家臣
式部命婦　しきぶのみょうぶ
式部命婦　平安中期の女房・歌人
式麿　しきまる　⇔しきまろ
喜多川（きたがわ）式麿　江戸後期の絵師・狂歌作者《喜多川式麿》
志貴麻呂　しきまろ
大和（おおやまとの）志貴麻呂　平安前期の官人

式麿　しきまろ　⇔しきまる
喜多川(きたがわ)式麿　江戸後期の絵師・狂歌作者
式弥　しきや
秋元(あきもと)式弥　?～1878　江戸後期～明治期の神職
子休　しきゅう
井上(いのうえ)子休　1719～1755　江戸中期の藩士・漢学者
止邱　しきゅう
田中(たなか)止邱　1637～1682　江戸前期の儒者
似鳩　じきゅう
栗庵(りつあん)似鳩　1735～1797　江戸中期・後期の俳人

自休　じきゅう
自休　?～1730　江戸中期の俳人
松原(まつばら)自休　1587～?　安土桃山・江戸前期の藤堂高虎の家臣・軍記作家
二丘　じきゅう　⇔にきゅう
半沢(はんざわ)二丘　1770～1856　江戸中期～末期の俳人
二休　じきゅう　⇔にきゅう
若槻(わかつき)二休　1778～1843　江戸後期の俳人
自休斎　じきゅうさい
竹内(たけのうち)自休斎　江戸前期の故実家
子亨　しきょう
海津(かいづ)子亨　1748～1816　江戸中期・後期の漢方医、椎谷藩医
子恭　しきょう
後藤(ごとう)子恭　1800～1840　江戸後期の儒学者
田中(たなか)子恭　1771～1803　江戸後期の経世論派藩儒学者
子教　しきょう
飯山(いいやま)子教　1777～1856　江戸時代の八条村の農民
芝嶠　しきょう
川田(かわだ)芝嶠　1720～1793　江戸中期・後期の漢学者
只狂　しきょう
土屋(つちや)只狂　江戸中期の俳諧師
慈敬　じきょう
百済王(くだらのこにきし)慈敬　奈良時代の官人
治郷　じきょう
接待(せったい)治郷　?～1890　江戸後期～明治期の藩士
慈教院　じきょういん
慈教院　江戸末期の人。鶴田騒動の指導者
子玉　しぎょく
飯岡(いいおか)子玉　?～1828　江戸後期の医者・俳人
志玉　しぎょく
志玉　南北朝時代の天台宗の僧

職良　しきりょう
鄭(てい)職良　1651～1702　江戸前期・中期の池宮城親雲上
子欽　しきん
晏(あん)子欽　奈良時代の唐からの帰化人
子琴　しきん
上田(うえだ)子琴　江戸中期の漢詩人
子謹　しきん
中雄(なかお)子謹　1815～1837　江戸後期の学者
乍琴　しきん
風知庵(ふうちあん)乍琴　?～1841　江戸後期の人。玖珂郡柳井津の油商「むろや」の分家
示空　じくう
示空　鎌倉後期の浄土宗の僧・歌人
自空　じくう
遊行(ゆぎょう)自空　1324～1412　鎌倉後期～室町時代の遊行11代他阿上人自空。もと師阿
自偶　じぐう
自偶　江戸前期の音曲家
竺重　じくじゅう
九鼎(きゅうてい)竺重　室町時代の僧
竺万　じくまん
竺万　江戸後期の雑俳点者
重顕　しげあき
河東田(かとうだ)重顕　?～1689　江戸前期・中期の新田開発者
重秋　しげあき
鈴木(すずき)重秋　江戸後期の安居村庄屋
重昌　しげあき　⇔しげまさ
岩倉(いわくら)重昌　1666～1725　江戸中期の武士。水芸川上流開祖
重昭　しげあき
高山(たかやま)重昭　平安後期・鎌倉前期の武将
重照　しげあき　⇔しげてる
深尾(ふかお)重照　1618～1689　江戸前期・中期の第3代佐川土居付き家老
重章　しげあき
田代(たしろ)重章　?～1710　江戸中期の武士
久永(ひさなが)重章　1626～1694　江戸前期・中期の幕臣
重明　しげあき　⇔しげあきら
秋庭(あきば)重明　?～1384　南北朝時代の備中国の武将
牛丸(うしまる)重明　1813～1860　江戸後期・末期の漢詩人
勝浦(かつうら)重明　?～1738　江戸中期の藩士・槍術家
小泉(こいずみ)重明　1755～1827　江戸中期・後期の歌人
竹中(たけなか)重明　1820～?　江戸後期・末期の幕臣
藤田(ふじた)重明　1829～1896　江戸後期～明治期の旧斗南藩士
侭田(ままだ)重明　1728～1795　江戸中期・後期の歌人

水野（みずの）重明　？～1852　江戸後期の幕臣
緑川（みどりかわ）重明　江戸前期の和算家

重晟　しげあき
佐治（さじ）重晟　1673～1737　江戸中期の武士

成昭　しげあき
堀口（ほりぐち）成昭　江戸後期の和算家

成章　しげあき　⇔せいしょう，なりあき
荒尾（あらお）成章　1763～1821　江戸中期・後期の幕臣
石川（いしかわ）成章　江戸末期の幕臣
武谷（たけや）成章　江戸中期の医者・漢詩人

繁顕　しげあき
金井（かない）繁顕　戦国時代の上野国衆由良氏の一族

繁秋　しげあき
豊原（とよはら）繁秋　1445～1501　室町・戦国時代の楽人

蕃顕　しげあき
深尾（ふかお）蕃顕　1810～1887　江戸末期の土佐藩家老

茂精　しげあき
鍋島（なべしま）茂精　1834～1914　江戸後期～大正期の武士、士族

茂明　しげあき　⇔しげあきら，もちあきら
藤原（ふじわらの）茂明　1093頃～？　平安後期の官吏・漢詩人《藤原茂明》
三善（みよし）茂明　920～1002　平安中期の官人

重誠　しげあきら　⇔しげのぶ
高城（たき）重誠　？～1522　戦国時代の入来院氏家臣

重明　しげあきら　⇔しげあき
松田（まつだ）重明　南北朝時代の武士

成著　しげあきら
牧野（まきの）成著　？～1849　江戸後期の幕臣

茂昭　しげあきら
明楽（あけら）茂昭　江戸中期の幕臣

茂明　しげあきら　⇔しげあき，もちあきら
山本（やまもと）茂明　1681～1741　江戸前期・中期の幕臣

重厚　しげあつ
山田（やまだ）重厚　1669～1748　江戸前期・中期の幕臣、代官

重篤　しげあつ
岡田（おかだ）重篤　？～1536　戦国時代の武士。小幡城を築いた

茂敦　しげあつ
武嶋（たけしま）茂敦　1654～1714　江戸前期・中期の幕臣
美濃部（みのべ）茂敦　1665～1731　江戸前期・中期の代官

茂濃　しげあつ
美濃部（みのべ）茂濃　安土桃山時代の織田信長の家臣

繁文　しげあや
本多（ほんだ）繁文　1772～1826　江戸中期・後期の幕臣

始卿　しけい
鈴木（すずき）始卿　江戸中期の漢詩人

子圭　しけい
土井（どい）子圭　江戸前期の藩士

師慶　しけい
実了（じつりょう）師慶　？～1582　戦国時代の甲斐長延寺の住持。武田信玄の御伽衆

志稽　しけい
原古（げんこ）志稽　1401～1475　室町・戦国時代の僧

志計　しけい
志計　江戸前期の俳諧作者

慈慶　じけい
慈慶　1296～1340　鎌倉後期・南北朝時代の天台宗の僧、歌人

自敬　じけい
岡田（おかだ）自敬　江戸後期の和算家

自蹊　じけい
自蹊　1703～1760　江戸中期の僧、俳人

重家　しげいえ
飯島（いいじま）重家　？～1582　戦国・安土桃山時代の武田家臣
河崎（かわさき）重家　平安後期の武将
河村（かわむら）重家　戦国時代の油川信恵の家臣
黒沢（くろさわ）重家　戦国時代の上野国衆国峰小幡氏の家臣
佐治（さじ）重家　鎌倉時代の武士
高坂（たかさか）重家　南北朝時代の武蔵武士
藤枝（ふじえ）重家　江戸前期の幕臣
源（みなもとの）重家　平安後期の尾張の武士

成家　しげいえ　⇔なりいえ
大見（おおみ）成家　？～1177　平安後期の曽我兄弟仇討の仕掛人
紀（きの）成家　平安後期の官人
藤原（ふじわらの）成家　平安後期の官人

茂宅　しげいえ
粟生（あお）茂宅　？～1625　江戸前期の武士

淑景舎女御　しげいしゃのにょうご
淑景舎女御　？～1002　平安中期の歌人

重一　しげいち　⇔しげかず
宮本（みやもと）重一　1798～1872　江戸後期～明治期の和算家、柳川藩士

重糸　しげいと
八木（やぎ）重糸　？～1669　江戸前期の代官

茂井羅　しげいら
茂井羅　安土桃山時代の女性。茂井羅堰を開削したとされる伝説的な人物

繁右衛門　しげうえもん　⇔しげえもん，はんうえもん
吉田（よしだ）繁右衛門　1852～1909　江戸後期～明治期の開拓功労者

茂右衛門　しげうえもん　⇔しげえもん，もうえもん，もえもん
津坂（つさか）茂右衛門　1846～1921　江戸末期～

大正期の商人

重氏　しげうじ
泉沢（いずみさわ）重氏　平安後期の武将
川勝（かわかつ）重氏　？～1653　江戸前期の旗本
忽那（くつな）重氏　南北朝時代の宮方の武将。忽那氏を代表して活動した
五代（ごだい）重氏　安土桃山時代の神職・郷土史家
榛谷（はんのや）重氏　？～1419　南北朝・室町時代の武蔵国の御家人
望月（もちづき）重氏　？～1575　戦国・安土桃山時代の武田家臣

董氏　しげうじ
丹羽（にわ）董氏　1695～1757　江戸中期の美作国黒土藩主

し

重枝　しげえ
高垣（たかがき）重枝　1714～1786　江戸中期の藩士

茂枝　しげえだ
紀（きの）茂枝　平安中期の衛門府鎰取

重右衛門　しげえもん　⇔じゅううえもん, じゅうえもん
川合（かわい）重右衛門　江戸前期の小鼓方幸流能楽師

繁右衛門　しげえもん　⇔しげうえもん, はんうえもん
大坪（おおつぼ）繁右衛門　1793～1871　江戸後期～明治期の阿波産凍豆腐創製者

茂右衛門　しげえもん　⇔しげうえもん, もうえもん, もえもん
伊藤（いとう）茂右衛門　江戸中期の能楽師
丹沢（たんざわ）茂右衛門　江戸中期の武士

重雄　しげお　⇔しげかつ
石原（いしわら）重雄　1838～1918　江戸末期～大正期の銀行頭取
葛西（かさい）重雄　1849～1925　江戸末期～大正期の実業家
和田（わだ）重雄　江戸末期の幕臣・国学者

成生　しげお
大秦（おおはたの）成生　平安中期の官人

成夫　しげお
大村（おおむら）成夫　1767～1838　江戸中期・後期の儒学者・津山松平藩士

茂生　しげお　⇔しげなり
大中臣（おおなかとみの）茂生　903～976　平安中期の官人
高階（たかしなの）茂生　平安前期の官人

茂雄　しげお
谷口（たにぐち）茂雄　江戸末期・明治期の神官

至意　しげおき
山田（やまだ）至意　1754～1839　江戸中期・後期の幕臣

重意　しげおき
佐藤（さとう）重意　？～1589　戦国・安土桃山時代の佐竹氏の家臣

重興　しげおき　⇔しげとも
久保（くぼ）重興　江戸前期・中期の詩人
後藤（ごとう）重興　1791～1854　江戸後期・末期の郷土史家
近藤（こんどう）重興　1643～1715　江戸前期・中期の幕臣
永原（ながはら）重興　戦国時代の武将・連歌作者
日暮（ひぐらし）重興　1639？～？　江戸前期の俳人
堀尾（ほりお）重興　1823～1891　江戸後期～明治期の上杉斉憲に仕え、勘定頭

茂興　しげおき
松波（まつなみ）茂興　江戸後期の故実家

滋蔭　しげかげ
小野（おの）滋蔭　？～896　平安前期の公家・歌人

重景　しげかげ
藤原（ふじわら）重景　1158～1184　平安後期の平維盛の家臣《与三兵衛重景》

成景　しげかげ　⇔なりかげ
板津介（いたづのすけ）成景　平安後期・鎌倉前期の在庁官人

茂蔭　しげかげ
上毛野（かみつけぬの）茂蔭　平安前期の官人

茂景　しげかげ
栗原（くりはら）茂景　1799～1882　江戸後期～明治期の歌人

重一　しげかず　⇔しげいち
中根（なかね）重一　1851～1906　江戸後期～明治期の眼科医
新名（にいな）重一　1844～1901　江戸後期～明治期の和算家

重員　しげかず
賀茂（かも）重員　鎌倉時代の神職・歌人
河越（かわごえ）重員　鎌倉時代の武将
比企（ひき）重員　？～1671　江戸前期の旗本

重量　しげかず
鈴木（すずき）重量　江戸末期の和算家

成一　しげかず
藤木（ふじき）成一　1785～1850　江戸中期・後期の医者

成種　しげかず　⇔なりかず
成種　南北朝時代の連歌作者《大江成種》

重堅　しげかた
千村（ちむら）重堅　1630～1689　江戸前期・中期の幕臣

重賢　しげかた　⇔しげたか
岩井（いわい）重賢　1828～1865　江戸後期・末期の和算家
菊池（きくち）重賢　1833～1904　江戸後期～明治期の函館八幡宮社家菊池家第81代神職
小林（こばやし）重賢　？～1897　江戸末期・明治期の陸軍軍医
高橋（たかはし）重賢　1758～1833　江戸中期・後期の官吏
高橋（たかはし）重賢　江戸後期の和算家、佐倉藩士

重固　しげかた　⇔しげもと
小出(こいで)重固　1772～1852　江戸中期・後期の古河藩士
鈴木(すずき)重固　1837～1888　江戸後期～明治期の幕臣
福田(ふくだ)重固　1833～1910　江戸後期～明治期の幕臣
山路(やまじ)重固　1812～1884　江戸後期～明治期の藩士

重象　しげかた
春木屋(はるきや)重象　江戸後期の歌人

重方　しげかた
重方　江戸前期の俳諧作者
上杉(うえすぎ)重方　室町時代の武士
紀(きの)重方　平安中期の藤原右近の随兵
清原(きよはらの)重方　平安中期の官人
坂上(さかのうえの)重方　平安中期の紀伊国伊都郡在住の豪族
中馬(ちゅうまん)重方　1563～1635　安土桃山・江戸前期の武士。島津氏家臣
藤原(ふじわらの)重方　平安中期の官人
茨田(まんだの)重方　平安中期の近衛府の下級官人

重琦　しげかた
千村(ちむら)重琦　1792～1873　江戸後期～明治期の歌人

薫勝　しげかつ
鈴木(すずき)薫勝　江戸末期の和算家

重勝　しげかつ　⇔じゅうしょう
重勝　戦国時代の刀工
石川(いしかわ)重勝　1589～1637　安土桃山・江戸前期の幕臣
浦野(うらの)重勝　？～1569　戦国・安土桃山時代の武田家臣。上野権田の城主
岡田(おかだ)重勝　安土桃山時代の砲術家
柏山(かしやま)重勝　戦国時代の武将
神谷(かみや)重勝　安土桃山時代の徳川家奉行人
喜多見(きたみ)重勝　1604～？　江戸前期の幕臣
小林(こばやし)重勝　1584～1645　安土桃山・江戸前期の幕臣
小林(こばやし)重勝　？～1609　江戸前期の足利の郡代
酒井(さかい)重勝　1549～1613　戦国～江戸前期の徳川家の家臣
清水(しみず)重勝　戦国時代の武蔵国南部の熊野御師
清水(しみず)重勝　1770～1836　江戸中期・後期の槍術家、和術家
下坂(しもさか)重勝　江戸前期の刀鍛冶
鈴木(すずき)重勝　1504～1593　戦国・安土桃山時代の柿本城城主。下吉田満光寺を再興
角南(すなみ)重勝　1583～1628　安土桃山・江戸前期の代官、郡代、作事奉行
名井(ない)重勝　？～1702　江戸前期の武士
中村(なかむら)重勝　？～1614　安土桃山・江戸前期の徳島藩家老
丹羽(にわ)重勝　安土桃山・江戸前期の武士
春名(はるな)重勝　安土桃山時代の武士
久永(ひさなが)重勝　1595～1629　安土桃山・江戸前期の旗本
藤川(ふじかわ)重勝　1579～1633　安土桃山・江戸前期の武士
水野(みずの)重勝　？～1654　江戸前期の郡代
矢島(やじま)重勝　戦国・安土桃山時代の信濃国諏訪郡の社家衆

重雄　しげかつ　⇔しげお
円楽坊(えんらくぼう)重雄　戦国時代の松崎神社の社僧

成勝　しげかつ
野田(のだ)成勝　1754～1822　江戸中期・後期の和学者
皆川(みながわ)成勝　戦国時代の皆川城の城主

鎮勝　しげかつ　⇔ちんしょう
窪田(くぼた)鎮勝　1808～？　江戸後期の武士《窪田治部右衛門》

繁勝　しげかつ
安中(あんなか)繁勝　戦国時代の人。上野国衆安中氏の一族
矢場(やば)繁勝　？～1623　安土桃山・江戸前期の上野国衆由良氏の一族

繁徒　しげかつ
増田(ますだ)繁徒　1802～1835　江戸後期の藩士

繁雄　しげかつ
鳥山(とりやま)繁雄　戦国時代の武士。上野国衆由良氏の一族

重門　しげかど
伊東(いとう)重門　1650～1669　江戸前期の武士
入来院(いりきいん)重門　？～1372　鎌倉後期・南北朝時代の武士、入来院氏6代
大矢(おおや)重門　1762～1796　江戸中期・後期の国学者・歌人

繁門　しげかど
毛馬内(けまない)繁門　江戸後期の歌人

重兼　しげかぬ　⇔しげかね, しげとも
藤原(ふじわら)重兼　平安後期の官人。藤原実定の諸大夫

滋兼　しげかね
小槻(おつきの)滋兼　平安中期の官人
文室(ふんやの)滋兼　平安中期の官人

重兼　しげかね　⇔しげかぬ, しげとも
小槻(おつきの)重兼　平安後期の人。若狭国東大寺御封代の絹を進上
藤原(ふじわらの)重兼　平安後期の官人

成兼　しげかね　⇔なりかね
岩松(いわまつ)成兼　戦国時代の上野国衆
大江(おおえの)成兼　平安後期の官人
吉志(きしの)成兼　平安中期の官人
設楽(したら)成兼　戦国時代の古河公方足利成氏の家臣

茂兼　しげかね
粟田(あわたの)茂兼　平安中期の官人

茂包　しげかね
藤原(ふじわらの)茂包　平安中期の飛騨守

志解喜　しげき
城(じょう)志解喜　江戸中期の馬術家
指撃　しげき
河野(こうの)指撃　1848～1919　江戸末期～大正期の自由民権運動家
繁樹　しげき
高屋(たかや)繁樹　1750～1810　江戸中期・後期の弘前藩士
山内(やまうち)繁樹　1774～1846　江戸中期・後期の歌人、国学者
茂樹　しげき
漆戸(うるしど)茂樹　1790～1870　江戸後期～明治期の藩士
坂倉(さかくら)茂樹　1763～1799　江戸中期・後期の神職、国学者
西山(にしやま)茂樹　1849～1911　江戸末期・明治期の政治家・地方改良功労者
山崎(やまざき)茂樹　江戸後期の藩士
繁子　しげきこ
森(もり)繁子　1718～1796　江戸中期・後期の歌人
重吉　しげきち　⇔しげよし, じゅうきち
中村(なかむら)重吉　1636～1714　江戸前期の天田組大庄屋
重清　しげきよ
歌川(うたがわ)重清　江戸末期・明治期の画家
小河(おがわ)重清　？～1181　平安後期の武士
小河原(おがわら)重清　戦国時代の上野国衆小幡縫殿助の家臣？
紀(きの)重清　平安後期の紀伊国の坂上晴澄家の家人
沢(さわ)重清　江戸後期の「珉山先生治水伝」の著者
千野(ちの)重清　戦国時代の信濃国諏訪氏の家臣
長坂(ながさか)重清　1633～1714　江戸中期の新田開発者
上穂(はぶ)重清　？～1582　戦国・安土桃山時代の武田家臣
三井(みつい)重清　1796～1851　江戸後期の眼科医
源(みなもとの)重清　？～1181　平安後期の武士
繁清　しげきよ
大道寺(だいどうじ)繁清　？～1701　江戸前期・中期の弘前藩家老
茂清　しげきよ
美濃部(みのべ)茂清　？～1727　江戸前期・中期の藩士
重郡　しげくに
間宮(まみや)重郡　1656～1719　江戸中期の旗本
重国　しげくに　⇔じゅうこく
氏家(うじいえ)重国　南北朝時代の武士
開田(かいでん)重国　源重国に同じ
木田(きだの)重国　源重国に同じ
桑原(くわばらの)重国　平安中期の官人
雀部(ささきべの)重国　平安中期の官人
渋谷(しぶや)重国　鎌倉前期の武将。秩父氏一族、鎌倉幕府の御家人
平(たいら)重国　平安後期の武士
平(たいらの)重国　平安後期の武士
平(たいらの)重国　？～1180　平安後期の武将
源(みなもとの)重国　？～1221　平安後期・鎌倉前期の人。清和源氏
村松(むらまつ)重国　？～1634　江戸前期の武士
重邦　しげくに
高山(たかやま)重邦　1680～1754　江戸前期・中期の和算家
水野(みずの)重邦　1715～1775　江戸中期の庄内藩家老
成国　しげくに　⇔なりくに
賀茂(かもの)成国　平安後期の東大寺の番匠
藤原(ふじわらの)成国　平安後期の官人
繁国　しげくに
関(せき)繁国　安土桃山時代の北信濃の土豪
滋子　しげこ
藤原(ふじわらの)滋子　平安前期の女性。藤原基経の娘
繁左衛門　しげざえもん
楠藤(なんとう)繁左衛門　1719～1789　江戸中期・後期の藍商、袋井用水完成者
茂左衛門　しげざえもん　⇔もざえもん
服部(はっとり)茂左衛門　1602～1683　安土桃山・江戸前期の尾張藩家老成瀬家の侍臣
重貞　しげさだ
安倍(あべの)重貞　平安後期の官人
大金(おおがね)重貞　1630～1713　江戸前期・中期の郷土史家
後藤(ごとう)重貞　1633～1700　江戸前期・中期の幕臣、代官
渋谷(しぶや)重貞　鎌倉時代の御家人
富田(とみた)重貞　1660～1731　江戸前期・中期の藩士
中原(なかはらの)重貞　平安後期の官人
仁科(にしな)重貞　南北朝時代の武将
藤原(ふじわら)重貞　鎌倉時代の公家・歌人
北条(ほうじょう)重貞　？～1333　鎌倉後期の武士
源(みなもとの)重貞　？～1180　平安後期の武将
山田(やまだの)重貞　平安後期の官人
重定　しげさだ
氏家(うじいえ)重定　南北朝時代の武士
尾寄(おより)重定　？～1640　江戸前期の武士
川越(かわごえ)重定　1811～1870　江戸後期～明治期の神官
小林(こばやし)重定　？～1658　江戸前期の代官
塚越(つかこし)重定　戦国時代の武田氏の家臣
彦坂(ひこさか)重定　？～1641　江戸前期の旗本
平野(ひらの)重定　？～1624　江戸前期の遠州代官
重理　しげさだ
東郷(とうごう)重理　戦国時代の武将
成貞　しげさだ
和気(わけの)成貞　平安後期の宇佐使
繁貞　しげさだ
平(たいらの)繁貞　平安中期の官人
平野(ひらの)繁貞　？～1700　江戸中期の代官

繁定 しげさだ
平野(ひらの)繁定　?～1624　江戸前期の代官
茂貞 しげさだ　⇔もてい
末次(すえつぐ)茂貞　?～1651　江戸前期の長崎代官《末次茂貞》
武島(たけしま)茂貞　1563～1636　安土桃山・江戸前期の武士
重郷 しげさと
荒川(あらかわ)重郷　1798～1869　江戸後期～明治期の歌人
落合(おちあい)重郷　1651～1733　江戸前期・中期の藩士・郷土史家
賀嶋(かしま)重郷　1658～1685　江戸前期の徳島藩家老
越塚(こしつか)重郷　1779～1850　江戸中期・後期の和算家
高城(たき)重郷　鎌倉時代の人。薩摩国高城郡高城郷の領主
舟越(ふなこし)重郷　1833～1874　江戸後期～明治期の鹿沼の画家、幕末の勤皇家
宮崎(みやざき)重郷　1642～1674　江戸前期の代官
茂里 しげさと
鍋島(なべしま)茂里　1569～1610　安土桃山・江戸前期の武将
滋実 しげざね
富田(とみた)滋実　?～1572　安土桃山時代の武士
重実 しげざね
伴野(ともの)重実　戦国時代の上野国衆国峰小幡氏の家臣
源(みなもとの)重実　平安後期の武士
重真 しげざね　⇔じゅうしん
永田(ながた)重真　1565～1636　安土桃山・江戸前期の幕臣
成実 しげざね　⇔じょうじつ, なりざね
藤原(ふじわらの)成実　平安後期の官人
成真 しげざね　⇔じょうしん, なりざね
堀江(ほりえ)成真　1697～1752　江戸中期の代官
蕃実 しげざね
跡部(あとべ)蕃実　1666～1747　江戸前期・中期の幕臣
沢(さわ)蕃実　1680～1730　江戸前期・中期の武士、勘定
茂実 しげざね
黒川(くろかわ)茂実　南北朝時代の武将
茂孫 しげざね　⇔もちざね
山本(やまもと)茂孫　1751～1819　江戸中期・後期の幕臣《山本茂孫》
薫三郎 しげさぶろう　⇔しげざぶろう
相場(あいば)薫三郎　1842～?　江戸後期・末期の新撰組隊士
茂三郎 しげさぶろう　⇔もさぶろう
程野(ほどの)茂三郎　1838～1911　江戸末期・明治期の蚕糸業功労者

薫三郎 しげざぶろう　⇔しげさぶろう
相場(あいば)薫三郎　1842～?　江戸後期・末期の新撰組隊士《相場薫三郎》
重 しげし
渡辺(わたなべ)重　1580～1630　江戸前期の旗本
茂士 しげじ
小原(おばら)茂士　1677～1740　江戸前期・中期の剣術家。新夢想流
重繁 しげしげ
安中(あんなか)重繁　戦国時代の上野国衆
繁七 しげしち
安達(あだち)繁七　1841～1900　江戸末期の野州線香業創業者

し

繁十 しげじゅう
加藤(かとう)繁十〔2代〕　1829～1896　江戸後期～明治期の陶工
繁十郎 しげじゅうろう
平野(ひらの)繁十郎　1796～1857　江戸後期・末期の通事
しげ女 しげじょ
しげ女　?～1819　江戸中期・後期の節婦
重次郎 しげじろう　⇔じゅうじろう
高仲(たかちゅう)重次郎　1841～1922　江戸後期～明治期の新撰組隊士
栄居 しげすえ
長谷川(はせがわ)栄居　江戸中期の和算家
重季 しげすえ
上野(うえの)重季　戦国時代の武将。武田家臣
下毛野(しもつけぬの)重季　平安中期の随身
伴(ともの)重季　平安後期の官人
藤原(ふじわらの)重季　平安後期の官人
源(みなもとの)重季　?～1032　平安中期の官人
成季 しげすえ　⇔なりすえ, なるとき
伴(ともの)成季　平安後期の官人
秦(はたの)成季　平安後期の官人
藤原(ふじわらの)成季　1027?～?　平安中期・後期の官吏、漢詩人《藤原成季》
藤原(ふじわらの)成季　平安後期の越後国石井荘目代
成末 しげすえ
丹波(たんばの)成末　平安後期の官人
茂季 しげすえ
藤木(ふじき)茂季　1711～1761　江戸中期の神職
重資 しげすけ
渋谷(しぶや)重資　平安後期・鎌倉前期の武士《渋谷重助》
重助 しげすけ　⇔じゅうすけ
渋谷(しぶや)重助　平安後期・鎌倉前期の武士
平(たいらの)重助　平安後期の武士
重祐 しげすけ　⇔じゅうゆう
鈴木(すずき)重祐　1641～1705　江戸前期・中期の代官
遠山(とおやま)重祐　1667～1751　江戸前期・中期の代官

成資　しげすけ
藤原（ふじわらの）成資　平安後期の官人
成助　しげすけ　⇔なりすけ
多治（たじひの）成助　平安後期の官人
重維　しげすみ
山田（やまだ）重維　1624～1702　江戸前期・中期の幕臣、代官
茂純　しげすみ　⇔しげずみ
中山（なかやま）茂純　江戸後期の藩士
重純　しげずみ
山本（やまもと）重純　？～1694　江戸前期・中期の藩士
重澄　しげずみ
鎌原（かんばら）重澄　1527～1575　戦国・安土桃山時代の鎌原城主
忽那（くつな）重澄　南北朝時代の宮方の武将。忽那氏を統率して活躍した
林（はやし）重澄　1654～1721　江戸前期・中期の幕臣
三浦（みうら）重澄　？～1247　鎌倉前期の相模国の御家人
成純　しげずみ
牧野（まきの）成純　1676～1732　江戸前期・中期の幕臣
茂純　しげずみ　⇔しげすみ
中山（なかやま）茂純　江戸後期の藩士
繁三　しげぞう　⇔はんぞう
寺島（てらしま）繁三　1826～？　江戸後期・末期の新撰組隊士《寺島繁三》
矢金（やがね）繁三　江戸末期の新撰組隊士《矢金繁三》
繁蔵　しげぞう
石黒（いしぐろ）繁蔵　1851～1919　江戸末期～大正期の洋品商
笹川の（ささがわの）繁蔵　江戸末期の侠客
和田ノ森（わだのもり）繁蔵　1844～1910　江戸後期～明治期の力士
繁造　しげぞう
吹金原（ふきんばら）繁造　江戸後期の喜阿弥焼陶工
重妙　しげたえ
菱刈（ひしかり）重妙　鎌倉時代の武将
重貴　しげたか
秋月（あきづき）重貴　江戸中期の武士
重喬　しげたか
小沢（おざわ）重喬　1826～1887　江戸後期～明治期の歌人
酒井（さかい）重喬　1678～1751　江戸前期・中期の庄内藩家老
重尭　しげたか
宮崎（みやざき）重尭　江戸前期・中期の代官
重賢　しげたか　⇔しげかた
菊池（きくち）重賢　1833～1904　江戸後期～明治期の函館八幡宮社家菊池家第81代神職《菊池重賢》
重孝　しげたか　⇔じゅうこう
多（おおの）重孝　？～1025？　平安中期の藤原実資随身
岡（おか）重孝　1847～1920　江戸後期～明治期の漢方医
鈴木（すずき）重孝　1811～1863　江戸後期・末期の郷土史家
中西（なかにし）重孝　1778～1824　江戸中期・後期の国学者
水野（みずの）重孝　1729～1785　江戸中期の庄内藩家老
重高　しげたか
入来院（いりきいん）重高　1579～1647　安土桃山・江戸前期の武士
梅川（うめかわ）重高　1799～1847　江戸後期の文雅家
多（おおの）重高　？～1025？　平安中期の藤原実資随身《多重孝》
小崎（おさき）重高　？～1606　安土桃山・江戸前期の土佐藩初代藩主山内一豊の臣
寺瀬（てらせ）重高　江戸前期の飯山仏壇製作の祖の一人
北条（ほうじょう）重高　鎌倉後期の武士
屋代（やしろ）重高　？～1540　戦国時代の馬術家
吉田（よしだ）重高　1509～1586　戦国・安土桃山時代の弓術家
重隆　しげたか
多（おおの）重隆　？～1025？　平安中期の藤原実資随身《多重孝》
河越（かわごえ）重隆　？～1155　平安後期の武将
黒田（くろだ）重隆　戦国時代の武将
高城（たき）重隆　？～1522　戦国時代の武将
秩父（ちちぶ）重隆　平安後期の武士
永原（ながはら）重隆　？～1550　戦国時代の六角氏の重臣
永見（ながみ）重隆　1648～1711　江戸前期・中期の幕臣
藤原（ふじわら）重隆　1076～1118　平安後期の公家・故実家
馬越（まこし）重隆　南北朝時代の武将
米良（めら）重隆　1572～1653　安土桃山・江戸前期の幕臣
成高　しげたか　⇔なりたか
河人（かわひとの）成高　平安後期の阿波一宮の祠官
吉良（きら）成高　戦国時代の関東足利氏御一家
芳賀（はが）成高　戦国時代の宇都宮氏の重臣
茂喬　しげたか
市野（いちの）茂喬　江戸中期・後期の和算家
漆戸（うるしど）茂喬　1781～1853　江戸中期・後期の藩士・歌人
船橋（ふなばし）茂喬　1766～？　江戸中期の幕臣
文屋（ぶんやの）茂喬　江戸中期・後期の狂歌師
茂孝　しげたか
美濃部（みのべ）茂孝　1687～1758　江戸前期・中期の佐渡奉行
茂高　しげたか
岩佐（いわさ）茂高　1750～1807　江戸中期・後期

の幕臣、代官
菅原(すがわら)茂高　1815～1865　江戸後期・末期の一関藩磐井郡東山の大肝入
吉江(よしえ)茂高　戦国時代の長尾景虎の家臣

茂隆　しげたか
小槻(おづき)茂隆　?～986　平安中期の官人

重威　しげたけ
西川(にしかわ)重威　1848～1905　江戸後期～明治期の近江八幡の豪商
野村(のむら)重威　1667～1724　江戸前期・中期の藩士

重武　しげたけ
上野(うえの)重武　江戸後期の国学者
春日(かすが)重武　平安後期の官人
紀(きの)重武　平安後期の官人
祁答院(けどういん)重武　?～1538　戦国時代の薩摩国祁答院領主
近藤(こんどう)重武　1808～1872　江戸後期～明治期の公家
渋谷(しぶや)重武　江戸後期の藩士
鈴木(すずき)重武　江戸中期の藩士
三宅(みやけ)重武　江戸末期・明治期の神職
物部(もののべの)重武　平安後期の官人

重孟　しげたけ
水野(みずの)重孟　1645～1716　江戸前期・中期の藩士

成傑　しげたけ
牧野(まきの)成傑　1769～1823　江戸中期・後期の幕臣

成武　しげたけ
秦(はたの)成武　平安後期の官人
藤井(ふじいの)成武　平安後期の官人
藤原(ふじわらの)成武　平安後期の官人
平群(へぐりの)成武　平安後期の官人
宗岡(むねおか)成武　平安後期の官人
山(やまの)成武　平安中期の官人

慈忠　しげただ
細川(ほそかわ)慈忠　室町時代の信濃国の代官

滋忠　しげただ
宗岡(むねおかの)滋忠　平安中期の官人

重忠　しげただ
大内(おおうち)重忠　江戸後期～明治期の和算家
大江(おおえの)重忠　平安後期の官人
隠岐(おき)重忠　?～1703　江戸中期の幕臣
鴨(かも)重忠　1789～1855　江戸後期・末期の伊予国高鴨大明神の神主
紀(きの)重忠　平安後期の官人
佐伯(さえきの)重忠　平安後期の官人
佐藤(さとう)重忠　1540～1580　戦国・安土桃山時代の佐竹氏の家臣
菅野(すがのの)重忠　?～1007　平安中期の官人
田中(たなか)重忠　1617～1687　江戸前期の村吏
丹波(たんばの)重忠　?～1144　平安後期の医師
深尾(ふかお)重忠　1569～1658　江戸前期の老臣
松平(まつだいら)重忠　1540～1601　戦国・安土桃山時代の武将
松平(まつだいら)重忠　江戸前期の代官

成尹　しげただ
藤原(ふじわらの)成尹　平安後期の官人

繁忠　しげただ
海(あまの)繁忠　平安中期の官人

茂忠　しげただ
安倍(あべの)茂忠　平安中期の官人
粟田(あわたの)茂忠　平安中期の珍皇寺の判官代兼行事
大森(おおもり)茂忠　室町時代の武士・備前国一宮吉備津彦神社の社務(神主)
秦(はたの)茂忠　平安中期の官人

茂辰　しげたつ　⇔しげとき
山住(やまずみ)茂辰　江戸中期の磐田郡水窪町山住神社の宮司

示稙　しげたね
稲田(いなだ)示稙　1577～1650　安土桃山・江戸前期の徳島藩家老

重胤　しげたね
大沢(おおさわ)重胤　1447～1472　室町・戦国時代の雑掌。「山科家礼記」を執筆
鯨岡(くじらおか)重胤　江戸後期の漢詩人
前沢(まえざわ)重胤　?～1612　安土桃山・江戸前期の佐竹氏の側近家臣
源(みなもとの)重胤　戦国時代の武田氏家臣

重種　しげたね
戸田(とだ)重種　1615～1688　江戸前期の武士
原田(はらだ)重種　1795～1869　江戸後期～明治期の豊前・若八幡宮神官、国学者
谷田部(やたべ)重種　?～1591　戦国・安土桃山時代の水戸城主江戸氏の宿老
米倉(よねくら)重種　?～1649　江戸前期の代官

繁種　しげたね
岩崎(いわさき)繁種　1537～1595　戦国・安土桃山時代の金山城主由良国繁の家臣

茂胤　しげたね
原(はら)茂胤　1822～?　江戸後期・末期の実業家

重民　しげたみ
山(さん)重民　安土桃山時代の神職
山下(やました)重民　1857～1942　江戸末期～昭和期の編集者

重為　しげため
野口(のぐち)重為　1774～1851　江戸中期・後期の神職

茂太夫　しげたゆう　⇔しげだゆう, もだいう
真鍋(まなべ)茂太夫　江戸時代の藩士

繁太夫　しげだゆう
富本(とみもと)繁太夫　江戸後期の浄瑠璃太夫

茂太夫　しげだゆう　⇔しげたゆう, もだいう
茂太夫　江戸時代の榛沢郡針谷村名主

重足　しげたり
三井(みつい)重足　1739～1791　江戸中期・後期の眼科医

繁太郎　しげたろう
松浦(まつうら)繁太郎　1839～1919　江戸末期～

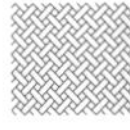
し

大正期の隠岐騒動で負傷
三浦(みうら)繁太郎　江戸末期の新撰組隊士

重近　しげちか
菅原(すがわらの)重近　平安中期の官人
平塚(ひらつか)重近　1597〜1679　江戸前期の武士
矢田部(やたべの)重近　平安後期の摂津国水無瀬荘の専当

重周　しげちか
岩瀬(いわせ)重周　1839〜1903　江戸後期〜明治期の武術家

重親　しげちか
大串(おおぐし)重親　平安後期の横山党の武士
大中臣(おおなかとみの)重親　平安後期の官人
乙幡(おとはた)重親　江戸前期の関東代官
小野(おのの)重親　平安後期の武蔵国の武士
車内(くるまうち)重親　1286〜1308　鎌倉後期の薩摩国東郷の領主
西村(にしむら)重親　江戸中期の俳諧師
林(はやしの)重親　平安中期の官人
蛭川(ひるかわ)重親　安土桃山時代の加賀一向一揆の首領

重比　しげちか
鈴木(すずき)重比　1606〜1693　江戸前期の旗本

重隣　しげちか
朝(あしたの)重隣　平安中期の官人

茂近　しげちか
土肥(どい)茂近　1559〜1623　戦国〜江戸前期の弓庄城城主

茂親　しげちか
水原(みずはら)茂親　1551〜1600　戦国・安土桃山時代の織田信長の家臣

茂隣　しげちか
松川(まつかわ)茂隣　1771〜1813　江戸中期・後期の歌人

子傑　しけつ
湯浅(ゆあさ)子傑　1655〜1737　江戸前期・中期の武士

指月　しげつ
指月　1829〜1894　江戸後期〜明治期の俳人

重継　しげつぐ
加藤(かとう)重継　江戸前期の陶工
草苅(くさかり)重継　1558〜1616　安土桃山時代の武将
渋谷(しぶや)重継　室町時代の武士
本吉(もとよし)重継　安土桃山時代の本吉郡の領主
森(もり)重継　1600〜1657　安土桃山・江戸前期の幕臣

重次　しげつぐ　⇔じゅうじ
重次　鎌倉時代の刀工
重次　安土桃山・江戸前期の刀工、鉄砲鍛冶
石川(いしかわ)重次　1510〜1596　江戸前期の旗本
一乗院(いちじょういん)重次　1533〜1596　戦国・安土桃山時代の歌学者
稲富(いなとみ)重次　?〜1633　江戸前期の旗本《稲富宮内》
岩井(いわい)重次　江戸中期の装剣金工
岩崎(いわさき)重次　江戸中期の人。天明5年萩から安井市太郎を招いて手習場を開いた
遠藤(えんどう)重次　1566〜1626　江戸前期の旗本
加藤(かとう)重次　1560〜1613　安土桃山時代の武士
金森(かなもり)重次　?〜1625　江戸前期の金森可重の二男
紀(きの)重次　鎌倉前期の飛騨守
国領(こくりょう)重次　1620〜1701　江戸前期・中期の幕臣
小長谷(こながや)重次　?〜1651　江戸前期の旗本
柴井(しばい)重次　江戸後期の「左官雛形」の著者
島田(しまだ)重次　1545〜1637　戦国〜江戸前期の徳川家奉行人
高瀬(たかせ)重次　江戸前期の和算家
田原(たはら)重次　安土桃山・江戸前期の武士
内藤(ないとう)重次　1584〜1660　安土桃山・江戸前期の幕臣
野間(のま)重次　1590〜1638　安土桃山・江戸前期の幕臣
平塚(ひらつか)重次　1649〜1703　江戸前期・中期の弓術家
布施(ふせ)重次　?〜1607　江戸前期の旗本
間瀬(ませ)重次　安土桃山時代の織田信長の家臣
松平(まつだいら)重次　1608〜1663　江戸前期の幕臣
三浦(みうら)重次　?〜1616　江戸前期の幕臣
宮崎(みやざき)重次　1581〜1644　安土桃山・江戸前期の代官
森田(もりた)重次　江戸前期の兵法家
吉岡(よしおか)重次　1569〜1653　安土桃山・江戸前期の装剣金工

重紹　しげつぐ
彦坂(ひこさか)重紹　1619〜1670　江戸前期の幕臣
布施(ふせ)重紹　?〜1635　江戸前期の武士

成従　しげつぐ　⇔せいじゅう
渡辺(わたなべ)成従　1674〜1741　江戸前期・中期の藩士・書家

茂嗣　しげつぐ
酒人(さかひとの)茂嗣　平安中期の官人

茂承　しげつぐ　⇔もちつぐ
山崎(やまざき)茂承　江戸後期の藩士

重綱　しげつな
安東(あんどう)重綱　鎌倉後期の武士
飯島(いいじま)重綱　戦国時代の信濃国伊那郡の国衆
大和(おおやまとの)重綱　平安後期の官人
小野寺(おのでら)重綱　鎌倉時代の御家人
片倉(かたくら)重綱　1584〜1659　安土桃山・江戸前期の武将
秩父(ちちぶ)重綱　平安後期の豪族
土屋(つちや)重綱　戦国時代の武将。武田家臣
直江(なおえ)重綱　戦国時代の武士。直江氏の一族

中原(なかはら)重綱　南北朝時代の歌人
藤原(ふじわら)重綱　?〜1192　平安後期の公家・歌人
藤原(ふじわら)重綱　鎌倉後期の武家・歌人
源(みなもとの)重綱　平安後期の官人
宮崎(みやざき)重綱　?〜1682　江戸前期の代官
矢島(やじま)重綱　戦国時代の信濃国諏訪郡の社家衆
吉田(よしだ)重綱　1555〜1582　戦国・安土桃山時代の弓術家

成綱　しげつな　⇔せいこう, なりつな
源(みなもとの)成綱　平安後期の官人

恵懐　しげつね
須貝(すがい)恵懐　江戸後期の藩士

恵恒　しげつね
楠瀬(くすのせ)恵恒　1774〜1807　江戸中期・後期の発明家

重経　しげつね
荒木田(あらきだ)重経　平安中期の官人
倉橋(くらはし)重経　江戸前期の藩士
平子(たいらご)重経　鎌倉前期の御家人
寺尾(てらお)重経　鎌倉前期の薩摩国入来院地頭
林(はやしの)重経　平安後期の官人

重恒　しげつね
喜多見(きたみ)重恒　?〜1679　江戸前期の幕臣
長野(ながの)重恒　1672〜1752　江戸前期・中期の幕臣
山口(やまぐち)重恒　1608〜1659　江戸前期の幕臣

重常　しげつね
葛西(かさい)重常　?〜1682　江戸前期の桃生郡飯野川葛西氏の2代当主
紀(きの)重常　平安中期の伊勢国丹生出山の住人
鱸(すずき)重常　江戸前期の「春雨抄」の著者
竹中(たけなか)重常　1598〜1664　安土桃山・江戸前期の武士

成経　しげつね　⇔なりつね
藤原(ふじわらの)成経　999?〜1069　平安中期・後期の官人

重諸　しげつら
渋谷(しぶや)重諸　鎌倉時代の御家人

重連　しげつら
本間(ほんま)重連　鎌倉前期・後期の武将

重照　しげてる　⇔しげあき
宮崎(みやざき)重照　1616〜1648　江戸前期の代官

重遠　しげとう　⇔しげとお, じゅうえん
小川(おがわ)重遠　1545〜1617　江戸前期の干拓者《小川重遠》

重任　しげとう
小槻(おつきの)重任　平安後期の官人
紀(きの)重任　平安後期の官人
藤井(ふじいの)重任　平安後期の官人
藤原(ふじわらの)重任　平安後期の官人
文室(ふんやの)重任　平安後期の官人
六角(ろっかく)重任　江戸中期・後期の医者

成任　しげとう　⇔なりとう
伴(ともの)成任　平安中期の官人
源(みなもとの)成任　平安中期・後期の官人

重遠　しげとお　⇔しげとう, じゅうえん
小川(おがわ)重遠　1545〜1617　江戸前期の干拓者
迫田(さこた)重遠　?〜1877　江戸後期〜明治期の河辺郡川辺郷の郷士
白井(しらい)重遠　1837〜1913　江戸末期〜大正期の能吏
藤原(ふじわらの)重遠　平安後期の官人
源(みなもとの)重遠　1106?〜?　平安後期の武士

重時　しげとき
石上(いそのかみの)重時　平安中期の官人
入来院(いりきいん)重時　1573〜1641　安土桃山時代の武士
上毛野(かみつけぬの)重時　平安後期の官人
河越(かわごえ)重時　鎌倉前期の武蔵武士
窪田(くぼた)重時　?〜1699　江戸前期の漢学者
小林(こばやし)重時　?〜1708　江戸中期の旗本
下毛野(しもつけぬの)重時　平安中期の随身。藤原忠実随身
鈴木(すずき)重時　?〜1569　戦国時代の井伊谷3人衆
鈴木(すずき)重時　戦国時代の井伊谷3人衆
大道寺(だいどうじ)重時　戦国時代の武将
永田(ながた)重時　1630〜1700　江戸前期・中期の代官
北条(ほうじょう)重時　南北朝時代の武士
細田(ほそだ)重時　?〜1640　江戸前期の代官
源(みなもとの)重時　?〜1142　平安後期の官人

重辰　しげとき
鈴木(すずき)重辰　1607〜1670　江戸前期の初代京都代官

茂時　しげとき
八木(やぎ)茂時　1681〜1769　江戸前期・中期の武士、勘定吟味役

茂先　しげとき
斎田(さいだ)茂先　1774〜1815　江戸中期・後期の地誌『掛川誌稿』の編者、掛川藩士

茂辰　しげとき　⇔しげたつ
本山(もとやま)茂辰　戦国・安土桃山時代の武将。土佐郡朝倉城主

重俊　しげとし　⇔じゅうしゅん
石川(いしかわ)重俊　?〜1697　江戸前期の旗本
大江(おおえの)重俊　平安後期の官人
大胡(おおご)重俊　鎌倉前期の武将
大高(おおたか)重俊　?〜1679　江戸前期の武士
葛西(かさい)重俊　1550〜1602　戦国・安土桃山時代の葛西氏の重臣
紀(きの)重俊　平安中期の官人
小島(こじま)重俊　1615〜1685　江戸前期の幕臣
小代(しょうだい)重俊　鎌倉前期の肥後国地頭。武蔵七党の児玉党に属する
小代(しょうだい)重俊　鎌倉前期・後期の武蔵武士
菱刈(ひしかり)重俊　鎌倉時代の大隅国禰寝院南

保郡本の領主
松浦(まつら)重俊　平安後期の松浦党の武士
山田(やまだ)重俊　1547～1614　戦国～江戸前期の代官

重年　しげとし
古郡(ふるこおり)重年　1626～1686　江戸前期の幕臣

重利　しげとし
大谷(おおたに)重利　1563～1625　江戸前期の中原相代官
紀(きの)重利　平安中期の学生
神保(じんぼう)重利　1595～1658　安土桃山・江戸前期の代官
徳山(とくやま)重利　江戸中期の武士
松平(まつだいら)重利　1537～1560　戦国・安土桃山時代の武士
宮本(みやもと)重利　江戸前期の藩士
泰川(やすかわ)重利　江戸中期の浮世絵師

成俊　しげとし　⇔なりとし
中原(なかはらの)成俊　平安後期の官人

成敏　しげとし
牧野(まきの)成敏　戦国時代の三河国の国衆。牧野氏の一族

茂利　しげとし
大藪(おおやぶ)茂利　江戸後期の和算家

重富　しげとみ
池田(いけだ)重富　1647～1707　江戸前期・中期の代官
一宮(いちのみや)重富　江戸中期の神職
須藤(すどう)重富　?～1697　江戸前期・中期の伊予国周布郡高鴨神社神主
長野(ながの)重富　江戸前期の藩士

茂富　しげとみ
太田(おおた)茂富　江戸中期の歌人
小田切(おだぎり)茂富　1531～1611　戦国～江戸前期の武田信玄近習衆

重供　しげとも
重供　江戸前期の俳諧作者
妻野(つまの)重供　江戸中期の和算家

重共　しげとも
多門(おかど)重共　1659～1723　江戸前期・中期の幕臣

重興　しげとも　⇔しげおき
原(はら)重興　1827～1915　江戸末期～大正期の宗教家

重兼　しげとも　⇔しげかぬ, しげかね
鈴木(すずき)重兼　1846～1864　江戸後期・末期の篤学者

重知　しげとも
稲次(いなつぐ)重知　1559～1638　戦国～江戸前期の久留米藩家老稲次家初代
太田(おおた)重知　?～1619　安土桃山・江戸前期の浅野家臣
西窪(さいくぼ)重知　戦国時代の武人
吉田(よしだ)重知　?～1790　江戸中期の算学者

重智　しげとも
大保(おおほ)重智　1807～1892　江戸後期～明治期の医師

重朝　しげとも
小山田(おやまだの)重朝　?～1205　鎌倉前期の武士。源頼朝の武蔵入部以来臣従
木戸(きど)重朝　?～1574　戦国時代の羽生城将
平(たいら)重朝　南北朝時代の連歌作者
平(たいらの)重朝　?～1205　平安後期・鎌倉前期の武士

重朋　しげとも
八木(やぎ)重朋　?～1643　江戸前期の代官

重友　しげとも
岩崎(いわさき)重友　江戸前期の水路開削者
榎並(えなみ)重友　江戸前期の代官
刑部(おさかべの)重友　平安後期の丹波国庵我荘の強盗人某末利の従者
紀(きの)重友　平安後期の官人
中村(なかむら)重友　安土桃山時代の徳島藩家老
宝生(ほうしょう)重友　1619～1685　江戸前期の能役者シテ方
松本(まつもと)重友　戦国時代の上野国衆

重倫　しげとも
紀(きの)重倫　平安後期の官人
清原(きよはらの)重倫　平安中期の官人

成朝　しげとも　⇔なりとも
薗田(そのだ)成朝　?～1213　平安後期・鎌倉前期の鎌倉御家人

成友　しげとも　⇔なりとも
内蔵(くらの)成友　平安後期の官人
額田(ぬかたの)成友　平安後期の官人

茂伴　しげとも
船橋(ふなばし)茂伴　1690～1752　江戸中期の代官

重豊　しげとよ
大橋(おおはし)重豊　1668～1725　江戸前期・中期の幕臣
川瀬(かわせ)重豊　江戸後期の和算家、長谷川数学道場助教授
渡辺(わたなべ)重豊　江戸後期の神職・歌人

茂豊　しげとよ
秦(はた)茂豊　1813～1890　江戸後期～明治期の母里藩お抱え絵師

重名　しげな
寺尾(てらお)重名　南北朝時代の武将
長屋(ながや)重名　1844～1915　江戸末期～大正期の軍人、好古家
藤原(ふじわら)重名　鎌倉時代の公家・歌人
森川(もりかわ)重名　1614～1666　江戸前期の幕臣

重巨　しげなお
舎人(とねり)重巨　1779～1847　江戸中期・後期の藩士、本草家

重尚　しげなお　⇔しげひさ, じゅうしょう
東郷(とうごう)重尚　?～1660　江戸前期の薩摩藩士

重直　しげなお
金森(かなもり)重直　1627〜1655　江戸前期の幕臣
高(こう)重直　南北朝時代の武家・歌人
渋谷(しぶや)重直　鎌倉時代の御家人
淡輪(たんのわ)重直　1594〜1668　江戸前期の武士
永見(ながみ)重直　1646〜1735　江戸前期・中期の幕臣
源(みなもとの)重直　平安後期の螺鈿工
山田(やまだ)重直　戦国時代の武将

成直　しげなお　⇔なりただ, なりなお
粟田(あわたの)成直　?〜1197　平安後期・鎌倉前期の武士《粟田成直》

鎮直　しげなお
小佐井(こざい)鎮直　?〜1550　戦国時代の武将

繁直　しげなお
前沢(まえざわ)繁直　戦国時代の武将。武田家臣

林直　しげなお
清水(しみず)林直　江戸後期の和算家

重仲　しげなか
大石(おおいし)重仲　1409?〜1455　室町時代の関東管領山内上杉氏の家臣
高城(たき)重仲　?〜1281　鎌倉前期・後期の武士
沼辺(ぬまべ)重仲　1570〜1636　安土桃山・江戸前期の仙台藩士

緐仲　しげなか
薄井(うすい)[U6]{7DD0}仲　江戸後期の国学者

重永　しげなが　⇔じゅうえい, ちょうえい
平(たいらの)重永　平安後期の官人
西脇(にしわき)重永　江戸前期の故実家

重長　しげなが
太田(おおた)重長　?〜1697　江戸中期の代官
大橋(おおはし)重長　?〜1565　戦国・安土桃山時代の武将
片倉(かたくら)重長　1584〜1659　安土桃山・江戸前期の一家片倉氏2代
古尾谷(こおや)重長　戦国時代の武将
鈴木(すずき)重長　1611〜1677　江戸前期の旗本
平(たいらの)重長　平安後期・鎌倉前期の武士
丹波(たんばの)重長　1136〜1173　平安後期の医師
千村(ちむら)重長　1600〜1661　安土桃山・江戸前期の幕府代官
西尾(にしお)重長　?〜1693　江戸前期・中期の弓術家
平野(ひらの)重長　?〜1689　江戸中期の代官
松下(まつした)重長　1683〜1718　江戸前期・中期の幕臣
松平(まつだいら)重長　1628〜1690　江戸前期・中期の幕臣
吉岡(よしおか)重長　1639〜1714　江戸前期・中期の装剣金工

成長　しげなが　⇔なりなが
荒木田(あらきだ)成長　1140〜1193　平安後期・鎌倉前期の神職、歌人《荒木田成長》

繁長　しげなが
平(たいらの)繁長　鎌倉後期の霊泉寺阿弥陀如来の造立者

茂永　しげなが
大宅(おおやけの)茂永　平安中期の官人
藤原(ふじわらの)茂永　平安中期の官人。陸奥鎮守府将軍

重浪　しげなみ
磯部(いそべ)重浪　1839〜?　江戸後期・末期の神職、国学者

重宜　しげなり
久保(くぼ)重宜　江戸中期の「摂津国記」の著者

し

重就　しげなり
座田(さいだ)重就　?〜1858　江戸後期の画家

重成　しげなり
井上(いのうえ)重成　?〜1646　江戸前期の幕臣
大沢(おおさわ)重成　?〜1581　戦国・安土桃山時代の山科家家司
小栗(おぐり)重成　平安後期・鎌倉前期の小栗保地頭職
小栗(おぐり)重成　鎌倉時代の武将
筧(かけい)重成　戦国時代の松平氏の家臣
酒人(さかひとの)重成　平安中期の官人
鈴木(すずき)重成　1625〜1702　江戸前期・中期の旗本
丹波(たんばの)重成　?〜1178　平安後期の医師
土屋(つちや)重成　1564〜1611　安土桃山・江戸前期の幕臣
鶴田(つるた)重成　室町時代の薩摩国鶴田城城主
永見(ながみ)重成　?〜1652　江戸前期の旗本
成田(なりた)重成　安土桃山・江戸前期の剣術家
丸毛(まるも)重成　1573〜1628　江戸前期の旗本
源(みなもとの)重成　平安中期の官人
源(みなもとの)重成　1131〜1159　平安後期の武士
宮崎(みやざき)重成　1620〜1680　江戸前期の幕臣
山(やまの)重成　平安後期の官人

政泰　しげなり　⇔まさやす
宮崎(みやざき)政泰　1620〜1680　江戸前期の幕臣《宮崎重成》

繁成　しげなり
平(たいらの)繁成　平安中期の武将
野村(のむら)繁成　江戸後期の神職

茂済　しげなり
小高(おだか)茂済　江戸後期の著述家。「慈堂老尼六十初度賀」の著者

茂成　しげなり
武島(たけしま)茂成　?〜1643　江戸前期の旗本

茂生　しげなり　⇔しげお
紀(きの)茂生　平安中期の官人

茂育　しげなる
吉田(よしだ)茂育　江戸中期の弓術家

茂野　しげの
勝間田(かつまた)茂野　1778〜1836　江戸中期・後期の国学者

繁之丞　しげのじょう　⇔はんのじょう，はんのすけ
金井（かない）繁之丞　1758〜1829　江戸中期・後期の機業家
重之助　しげのすけ
日下（くさか）重之助　江戸末期・明治期の砲術家
滋延　しげのぶ
久米（くめの）滋延　平安中期の官人
滋信　しげのぶ
波多野（はだの）滋信　？〜1554　戦国時代の阿武郡嘉年の賀年城（勝山城）城主
重延　しげのぶ
賀茂（かも）重延　平安後期の神職・歌人
津田（つだ）重延　戦国時代の山城国の住人。津田盛月（信重）の一族
重信　しげのぶ
秋庭（あきば）重信　鎌倉時代の武将
生駒（いこま）重信　1654〜1719　江戸前期・中期の俳人
岩崎（いわさき）重信　江戸前期の鹿野市の開設者
尾崎（おざき）重信　戦国時代の信濃国水内郡尾崎郷の国衆
草野（くさの）重信　1611〜1705　江戸前期の武士
酒井（さかい）重信　江戸中期の金森頼旹の4男
佐藤（さとう）重信　1666〜1704　江戸前期・中期の幕臣
佐藤（さとう）重信　1827〜1903　江戸後期〜明治期の数学者
沢（さわ）重信　戦国時代の武将。武田家臣
渋谷（しぶや）重信　？〜1645　江戸前期の武士
薄田（すすきだ）重信　江戸前期の兵法家
諏訪部（すわべ）重信　南北朝時代の飯石郡三刀屋郷伊賀屋村地頭
常川（つなかわ）重信　江戸中期の画家
寺村（てらむら）重信　？〜1670　江戸前期の土佐藩家老
西村（にしむら）重信　江戸中期の浮世絵師
花房（はなぶさ）重信　江戸中期の画家
広瀬（ひろせ）重信　江戸中期の浮世絵師
松平（まつだいら）重信　1600〜1673　安土桃山・江戸前期の武士
間宮（まみや）重信　1591〜1663　江戸前期の旗本
三井（みつい）重信　1703〜1766　江戸中期の眼科医
柳川（やながわ）重信　1788〜1832　江戸後期の浮世絵師
山口（やまぐち）重信　？〜1615　安土桃山・江戸前期の徳川方の武将
山脇（やまわき）重信　安土桃山時代の武将
吉田（よしだ）重信　？〜1662　江戸前期の弓術家
重誠　しげのぶ　⇔しげあきら
小山田（おやまだ）重誠　？〜1637　江戸前期の武田氏・真田昌幸の家臣
西池（にしいけ）重誠　1809〜1858　江戸後期・末期の神職
重宣　しげのぶ
藤原（ふじわら）重宣　南北朝時代の連歌作者
昌敷　しげのぶ
山本（やまもと）昌敷　1770〜1822　江戸中期・後期の官人、歌人
成信　しげのぶ　⇔じょうしん，なりのぶ
飯河（いいかわ）成信　1838〜1888　江戸後期〜明治期の和算家、幕臣
小川（おがわ）成信　1806〜1867　江戸後期・末期の国学者
狩野（かのう）成信　？〜1675　江戸前期の絵師
藤原（ふじわらの）成信　平安後期の官人
繁信　しげのぶ
黒沢（くろさわ）繁信　戦国時代の武蔵鉢形城主北条氏邦の奉行人
茂延　しげのぶ　⇔ものぶ
小笠原（おがさわら）茂延　1845〜1870　江戸後期〜明治期の奥羽の役の戦功者
鍋島（なべしま）茂延　1790〜1851　江戸後期の藩士
茂信　しげのぶ
上野山（うえのやま）茂信　？〜1737　江戸中期の武士
福澄（ふくずみ）茂信　1770〜1844　江戸中期・後期の庄屋
三星（みつほし）茂信　1810〜1890　江戸後期〜明治期の医師、神職
重規　しげのり
小林（こばやし）重規　1769〜1835　江戸中期・後期の神職
鈴木（すずき）重規　1664〜1729　江戸前期・中期の幕臣
重記　しげのり
進藤（しんどう）重記　1709〜1769　江戸中期の神職
重教　しげのり　⇔じゅうきょう
深尾（ふかお）重教　1804〜1853　江戸後期の第9代佐川土居付き家老
水野（みずの）重教　1838〜1894　江戸後期〜明治期の沼津藩士
重矩　しげのり
入来院（いりきいん）重矩　1672〜1735　江戸前期・中期の武士、入来院氏22代、薩摩郡入来郷領主
大村（おおむら）重矩　1778〜1843　江戸中期・後期の医者
佐藤（さとう）重矩　1743〜1828　江戸中期・後期の幕臣
吉田（よしだ）重矩　江戸後期の和算家
重慶　しげのり　⇔しげよし，じゅうけい，ちょうけい
祁答院（けどういん）重慶　戦国時代の武将
重憲　しげのり
大山（おおやま）重憲　江戸後期・末期の軍学者
重則　しげのり
重則　南北朝時代の刀工

し

重則　戦国時代の刀工
紀(きの)重則　平安後期の官人
桑原(くわばらの)重則　平安中期の官人
望月(もちづき)重則　?～1615　江戸前期の真田昌幸・信繁の家臣

重徳　しげのり
川島(かわしま)重徳　1741～1814　江戸中期・後期の名主、弓術家

重能　しげのり　⇔しげよし
菅(かんの)重能　1643～1724　江戸中期の武人

重範　しげのり
片山(かたやま)重範　1838～1895　江戸後期～明治期の官吏

重法　しげのり
柳井(やない)重法　江戸後期の地誌家

重礼　しげのり
鈴木(すずき)重礼　江戸後期の兵法家

成則　しげのり　⇔なりのり, なるのり
成則　室町時代の刀工
富(とみの)成則　1056～?　平安後期の強盗
藤原(ふじわらの)成則　平安後期の官人

成徳　しげのり
桑原(くわばら)成徳　1818～1882　江戸後期～明治期の藩士
松本(まつもと)成徳　江戸中期の豪商松本重政の曽孫

繁則　しげのり
春木(はるき)繁則　1712～1779　江戸中期の下級武士、記録文学者

茂紀　しげのり
高島(たかしま)茂紀　1773～1836　江戸中期・後期の砲術家

茂矩　しげのり
岩佐(いわさ)茂矩　1705～1765　江戸中期の代官、奉行
二渡(ふたわたり)茂矩　1792～1851　江戸後期の国学者・歌人
美濃部(みのべ)茂矩　江戸後期の幕臣

茂徳　しげのり
高島(たかしま)茂徳　1846～1876　江戸後期～明治期の幕臣
万木(よろずぎ)茂徳　?～1857　江戸後期・末期の書家・画家

繁八　しげはち
今泉(いまいずみ)繁八　1720～1806　江戸中期・後期の剣術家。一宮流

茂逸　しげはや
江島(えじま)茂逸　1842～1912　江戸後期～明治期の郷土史家

重玄　しげはる
安藤(あんどう)重玄　?～1719　江戸中期の旗本
賀嶋(かしま)重玄　1622～1680　江戸前期の徳島藩家老

重治　しげはる　⇔じゅうし
足助(あすけ)重治　?～1383　南北朝時代の武士
入来院(いりきいん)重治　1651～1682　江戸前期の武士、入来院氏19代、薩摩郡入来郷領主
植田(うえだ)重治　江戸中期の神職
浮州(うきす)重治　1639～1699　江戸前期・中期の会津藩士
江刺(えさし)重治　戦国時代の武将
菊池(きくち)重治　?～1554　戦国時代の武将
坂本(さかもと)重治　1630～1693　江戸前期の旗本
杉原(すぎはら)重治　安土桃山時代の小早川秀秋の家臣
鈴木(すずき)重治　?～1639　江戸前期の蟹江本町村鈴木家第3代当主
鈴木(すずき)重治　江戸中期の兵法家
丹治(たじひ)重治　1837～1910　江戸後期～明治期の和算家
千村(ちむら)重治　江戸前期の藩士
土屋(つちや)重治　戦国時代の武士
成瀬(なるせ)重治　?～1671　江戸前期の代官
彦坂(ひこさか)重治　1621～1693　江戸前期・中期の幕臣
松山(まつやま)重治　安土桃山時代の織田信長の家臣《松山新介》
水野(みずの)重治　1658～1732　江戸前期・中期の庄内藩家老
山口(やまぐち)重治　1540～1572　戦国・安土桃山時代の人。鼠坂に尾張八幡宮を勧請

し

重春　しげはる　⇔じゅうしゅん
足助(あすけ)重春　南北朝時代の歌人
加藤(かとう)重春　江戸後期の神道家
紀(きの)重春　平安中期の強盗
多々良(たたら)重春　?～1180　鎌倉前期の武将
鳥居(とりい)重春　江戸中期の画家
中島(なかじま)重春　1607～1668　江戸前期の幕臣、船手奉行
中嶋(なかじま)重春　中島重春に同じ
山口(やまぐち)重春　1802～1852　江戸後期の役者絵画家

重晴　しげはる
他田(おさだの)重晴　平安後期の官人
武居(たけい)重晴　?～1347　鎌倉後期・南北朝時代の木曽御嶽神社の禰宜

重張　しげはる
伊地知(いぢち)重張　1656～1702　江戸前期・中期の藩士

成春　しげはる　⇔なりはる
富樫(とがし)成春　?～1462　室町時代の武将

成彦　しげひこ　⇔なるひこ
妻木(つまき)成彦　1687～?　江戸前期・中期の悲運の学者《妻木成彦》

繁彦　しげひこ
千葉(ちば)繁彦　1830～1875　江戸後期～明治期の国学者

茂彦　しげひこ
松木(まつき)茂彦　1827～?　江戸後期・末期の神職

重久　しげひさ
重久　鎌倉前期の福岡一文字派の刀工
市河(いちかわ)重久　戦国時代の武将。武田家臣
市川(いちかわ)重久　戦国時代の上野国衆国峰小幡氏の家臣。甘楽郡南牧谷の地縁集団南牧衆の一人
江原(えばら)重久　?～1647　江戸前期の代官堀開削功労者
川村(かわむら)重久　?～1635　江戸前期の旗本
草苅(くさかり)重久　?～1578　安土桃山時代の武将
菅原(すがわら)重久　江戸前期の一関藩東山郷11か村の初代大肝入投
津田(つだ)重久　1549～1634　安土桃山時代の織田信長の家臣《津田与三郎》
原(はら)重久　?～1618　江戸前期の代官
藤原(ふじわら)重久　鎌倉前期の大野鍛冶職人
薮田(やぶた)重久　江戸時代の川越藩城代

重旧　しげひさ　⇔しげもと
阿部(あべ)重旧　?～1710　江戸前期・中期の幕臣

重尚　しげひさ　⇔しげなお, じゅうしょう
鈴木(すずき)重尚　江戸後期の漢学者

蕃久　しげひさ
渡辺(わたなべ)蕃久　1747～?　江戸中期・後期の幕臣

稠央　しげひさ
岡田(おかだ)稠央　1784～1853　江戸中期・後期の藩士

滋秀　しげひで
清原(きよはらの)滋秀　平安中期の医師

重栄　しげひで　⇔しげよし, じゅうえい, ちょうえい
朝原(あさはら)重栄　江戸前期の武士。浅野長武の家臣
宇佐(うさ)重栄　鎌倉後期・南北朝時代の神職
下村(しもむら)重栄　江戸末期の藩士
鈴木(すずき)重栄　1829～1899　江戸後期～明治期の和算家
高山(たかやま)重栄　鎌倉後期・南北朝時代の新田義貞の部将

重英　しげひで
高畠(たかばたけ)重英　江戸末期の大庄屋

重秀　しげひで
赤井(あかい)重秀　戦国時代の上野国衆
大岩(おおいわ)重秀　1550～1612　戦国～江戸前期の織田信長の家臣
久下(くげ)重秀　1657～1712　江戸前期・中期の代官
後藤(ごとう)重秀　1846～?　江戸末期の岐阜県会議員
渋谷(しぶや)重秀　鎌倉時代の武将
鈴木(すずき)重秀　安土桃山時代の織田信長の家臣
関(せき)重秀　江戸後期の和算家、加賀藩士
南蛇井(なんじゃい)重秀　戦国時代の上野国衆国峰小幡氏の家臣
藤原(ふじわら)重秀　平安後期の官人。讃岐守
戸次(べっき)重秀　1230～1282　鎌倉前期・後期の武士
南地井(みなみちい)重秀　戦国時代の武将。武田家臣

成人　しげひと　⇔なりひと
紀(きの)成人　平安前期の紀伊国在田郡の刀禰

重平　しげひら　⇔じゅうへい
荒木(あらき)重平　1808～1888　江戸後期～明治期の養蚕家
賀茂(かもの)重平　平安後期の官人

成衡　しげひら　⇔なりひら
大江(おおえの)成衡　平安後期の官人。挙周の子

重寛　しげひろ
水野(みずの)重寛　1661～1735　江戸前期・中期の中老

重啓　しげひろ
藤居(ふじい)重啓　江戸後期の藩士・本草家

重広　しげひろ
坂田(さかた)重広　江戸前期の連歌作者
菱刈(ひしかり)重広　戦国時代の武将
毛利(もうり)重広　室町時代の武家・連歌作者
吉岡(よしおか)重広　?～1753　江戸中期の装剣金工

重弘　しげひろ
井戸(いど)重弘　?～1672　江戸前期の旗本
越生(おごせ)重弘　室町時代の鋳物師
金刺(かなさしの)重弘　南北朝時代の武蔵国の鋳物師
木原(きはら)重弘　?～1724　江戸中期の大工
小林(こばやし)重弘　鎌倉前期の武将
関(せき)重弘　江戸末期の漢学者
中野(なかの)重弘　?～1650　江戸前期の代官
山田(やまだ)重弘　?～1221　鎌倉前期の尾張国の武士

重熙　しげひろ
一色(いっしき)重熙　1823?～1892　江戸後期～明治期の藩士

重凞　しげひろ
川越(かわごえ)重凞　1840～1909　江戸後期～明治期の神官

繁広　しげひろ
北条(ほうじょう)繁広　1574～1612　安土桃山・江戸前期の武将

茂弘　しげひろ
大内(おおうち)茂弘　南北朝時代の石見守護

重福　しげふく
室(むろ)重福　1656～1721　江戸前期・中期の幕臣、代官

重総　しげふさ
入来院(いりきいん)重総　1461?～1542?　室町時代の武将

重房　しげふさ
天野(あまの)重房　?～1658　江戸前期の旗本
市河(いちかわ)重房　鎌倉時代の武将
小槻(おづき)重房　1626～1676　江戸前期の公家

木村（きむら）重房　？～1712　江戸前期の陶工
後藤（ごとう）重房　1654～？　江戸前期の仏師
平（たいらの）重房　1169～1185　平安後期の武士
高松（たかまつ）重房　江戸時代の仏師
筑地（つきぢ）重房　？～1546　戦国時代の筑地家3代目当主
林（はやし）重房　1711～1779　江戸中期の装剣金工
藤原（ふじわらの）重房　?～1113　平安後期の官人
宝生（ほうしょう）重房　1596～1665　安土桃山・江戸前期の能役者シテ方
吉田（よしだ）重房　江戸中期の商家

重和　しげふさ

松平（まつだいら）重和　1607～1664　江戸前期の旗本

成房　しげふさ　⇔なりふさ

大中臣（おおなかとみの）成房　平安後期の官人
祝部（はふりべの）成房　平安後期の日吉社神主
藤原（ふじわらの）成房　平安後期の官人

茂房　しげふさ　⇔もぼう

青木（あおき）茂房　？～1826　江戸中期・後期の国学者

重藤　しげふじ

阿部（あべ）重藤　戦国時代の鋳物師

成藤　しげふじ　⇔なりふじ

二階堂（にかいどう）成藤　南北朝時代の武家・歌人

成淵　しげふち

常澄（つねずみの）成淵　平安中期の官人

重文　しげふみ

村岡（むらおか）重文　江戸後期の長崎奉行所役人

成文　しげふみ

牧野（まきの）成文　？～1837　江戸後期の幕臣

茂文　しげふみ

多久（たく）茂文　1669～1711　江戸前期の肥前佐賀藩国老

重将　しげまさ

平（たいら）重将　南北朝時代の連歌作者
平野（ひらの）重将　1738～？　江戸中期の遠江国豊田郡池田村の渡船方十人衆の一人

重昌　しげまさ　⇔しげあき

浅香（あさか）重昌　江戸後期の和算家
加藤（かとう）重昌　江戸時代の藩士
小林（こばやし）重昌　安土桃山・江戸前期の武将
田中（たなか）重昌　?～1573　安土桃山時代の武将
淡輪（たんのわ）重昌　1656～1720　江戸中期の武士
都鳥（みやこどり）重昌　1721～1793　江戸中期・後期の馬術家
宮下（みやした）重昌　1802～1865　江戸後期の国学者
谷口（やぐち）重昌　1584～1683　安土桃山・江戸前期の始羅郡蒲生郷地頭阿多長寿院の家臣
吉田（よしだ）重昌　江戸前期・中期の藩士

重政　しげまさ　⇔じゅうせい

朝岡（あさおか）重政　江戸前期の弓道家
跡部（あとべ）重政　？～1575　戦国・安土桃山時代の武田家臣
荒川（あらかわ）重政　？～1735　江戸中期の旗本
粟田（あわた）重政　鎌倉前期の阿波の有力在地領主
石川（いしかわ）重政　鎌倉時代の能面師
石川（いしかわ）重政　？～1596　戦国・安土桃山時代の旗本
大岩（おおいわ）重政　？～1572　戦国・安土桃山時代の織田信長の家臣
大高（おおたか）重政　南北朝時代の武将・連歌作者
長田（おさだ）重政　1585～1667　安土桃山・江戸前期の幕臣
筧（かけい）重政　？～1644　江戸前期の武士
笠原（かさはら）重政　？～1625　江戸前期の旗本
北尾（きたお）重政〔2代〕　1792～？　江戸後期の絵師
黒田（くろだ）重政　1737～1762　江戸中期の人。筑前国福岡藩第6代藩主黒田継高の二男・嗣子
酒井（さかい）重政　？～1714　江戸中期の旗本
杉田（すぎた）重政　？～1670　江戸前期の旗本
鈴木（すずき）重政　1641～1716　江戸前期・中期の代官
平（たいらの）重政　平安後期・鎌倉前期の武士
千村（ちむら）重政　戦国・安土桃山時代の木曽氏の重臣
徳山（とくのやま）重政　1615～1689　江戸前期・中期の幕臣
内藤（ないとう）重政　安土桃山時代の織田信長の家臣
中山（なかやま）重政　？～1213　鎌倉前期の武蔵武士
成田（なりた）重政　1524～1587　安土桃山時代の織田信長の家臣
平野（ひらの）重政　？～1643　江戸前期の代官
古川（ふるかわ）重政　江戸前期の砲術家、肥前平戸藩士
北条（ほうじょう）重政　鎌倉時代の武士
堀（ほり）重政　戦国時代の松平氏の家臣
牧野（まきの）重政　江戸末期・明治期の官吏
山下（やました）重政　江戸中期の絵師・「字数節用集」の編者

重正　しげまさ

重正　戦国時代の刀工
石川（いしかわ）重正　？～1656　江戸前期の幕臣
糸原（いとはら）重正　江戸前期の幕臣
小川（おがわ）重正　江戸中期の新田郡安養寺村の人
笠原（かさはら）重正　1579～1625　江戸前期の旗本。武蔵国台村領主
鹿島（かしま）重正　1816～1857　江戸後期の歌人
加藤（かとう）重正　1575～1645　安土桃山・江戸前期の馬術家
鈴木（すずき）重正　1555～？　戦国・安土桃山時代の武士
高梨（たかなし）重正　戦国時代の隠岐国東郷公文
成瀬（なるせ）重正　1567～1637　江戸前期の旗本
祝（はふり）重正　安土桃山時代の織田信長の家臣
不破（ふわ）重正　1556～1615　戦国～江戸前期の武将
弓場（ゆみば）重正　?～1743　江戸中期の馬術家・

し

藩士

重全　しげまさ

藤原（ふじわら）重全　1745〜1823　江戸中期・後期の神職・書肆

成昌　しげまさ

中林（なかばやし）成昌　1776〜1853　江戸後期の南画家・神道家

繁雅　しげまさ

山田（やまだ）繁雅　1748〜1813　江戸中期の狂歌師

蕃昌　しげまさ

箕輪（みのわ）蕃昌　江戸中期の天文家

茂雅　しげまさ

美濃部（みのべ）茂雅　江戸中期の藩士・武芸家

茂正　しげまさ

古川（ふるかわ）茂正　？〜1782　江戸中期の藩士・地誌家

茂誠　しげまさ

小山田（おやまだ）茂誠　？〜1637　安土桃山・江戸前期の武田氏の家臣

至倍　しげます

山田（やまだ）至倍　1769〜？　江戸中期の幕臣

重倍　しげます

西村（にしむら）重倍　江戸中期の画家

成復　しげまた　⇔せいふく

黒田（くろだ）成復　1836〜1904　江戸後期〜明治期の津山藩年寄役《黒田成復》

重丸　しげまる

歌川（うたがわ）重丸　江戸後期の画家

兄麻呂　しげまろ　⇔あにまろ, えまろ

安倍（あべの）兄麻呂　平安前期の官人

重軌　しげみち　⇔じゅうき

豊原（とよはら）重軌　1681〜1751　江戸前期・中期の藩士・国学者

重通　しげみち

平（たいらの）重通　平安後期の官人

谷（たに）重通　江戸前期の国学者

沼沢（ぬまざわ）重通　？〜1647　江戸前期の沼沢丸山城主

藤原（ふじわらの）重通　平安時代の官人

藤原（ふじわらの）重通　平安後期の官人

渡辺（わたなべ）重通　1582〜1652　安土桃山・江戸前期の武士

重道　しげみち

重道　江戸前期の俳諧作者

荻野（おぎの）重道　？〜1842　江戸後期の藩士・歌人

香宗我部（こうそがべ）重道　1266〜1319　鎌倉後期の武将

平子（たいらく）重道　戦国時代の武士。上杉氏の家臣

戸田（とだ）重道　安土桃山時代の武士

平井（ひらい）重道　1831〜1869　江戸末期の武士

横田（よこた）重道　戦国時代の武士。のち帰農し遠江国長上郡内野村の庄屋横田家の祖

重路　しげみち

永田（ながた）重路　1604〜1676　江戸前期の幕臣

成通　しげみち　⇔しげみつ, なりみち

伴（ともの）成通　平安後期の官人

成道　しげみち　⇔せいどう, なりみち

紀（きの）成道　平安後期の官人

正詔　しげみち

山本（やまもと）正詔　1717〜1778　江戸中期の幕臣

茂陸　しげみち

吉田（よしだ）茂陸　1667〜1723　江戸前期・中期の藩士、弓術家

重允　しげみつ

高田（たかだ）重允　江戸中期の心学者

重盈　しげみつ

酒井（さかい）重盈　1651〜1706　江戸前期・中期の庄内藩家老

重光　しげみつ

重光　鎌倉後期〜室町時代の長船派の刀工

重光　南北朝時代の出雲の刀匠

重光　戦国時代の刀工

池田（いけだ）重光　1825〜1879　江戸後期〜明治期の刀剣師

伊佐治（いさじ）重光　江戸後期の眼科医

遠浪斎（えんろうさい）重光　？〜1855　江戸後期・末期の絵師

大江（おおえの）重光　？〜1010　平安中期の官吏

大沢（おおさわ）重光　？〜1702　江戸前期・中期の高遠藩主鳥居氏の山川奉行

北尾（きたお）重光　1814〜1883　江戸後期〜明治期の浮世絵師

紀（きの）重光　平安後期の平安京六条四坊の刀禰

木村（きむら）重光　1703〜1756　江戸中期の心学者

久下（くげ）重光　平安後期・鎌倉前期の武士

金剛（こんごう）重光　飛鳥時代の宮大工

田口（たぐち）重光　？〜1567　戦国時代の美作国中央部の在地武士

羽間（はざま）重光　1716〜1771　江戸中期の商家

物部（もののべの）重光　鎌倉時代の梵鐘鋳物師

重満　しげみつ

安藤（あんどう）重満　1783〜1845　江戸中期・後期の神官

熊井戸（くまいど）重満　戦国時代の上野国衆小幡氏の家臣

熊井土（くまいど）重満　熊井戸重満に同じ

成光　しげみつ　⇔なりみつ

酒井（さかい）成光　1847〜1901　江戸後期〜明治期の旧藩士

佐貫（さぬき）成光　平安後期の豪族

成通　しげみつ　⇔しげみち, なりみち

紀（きの）成通　平安後期の官人

成満　しげみつ

野村（のむら）成満　1838〜1924　江戸末期〜大正期の水利功労者

茂光　しげみつ
及川(おいかわ)茂光　江戸中期の馬術家
重宗　しげむね
重宗　平安後期の下級官人
安倍(あべの)重宗　1054？～1133　平安後期の検非違使
飯尾(いいのお)重宗　1540～1616　戦国～江戸前期の織田信長の家臣
石井(いしい)重宗　戦国時代の里見義康・忠義の家臣
稲垣(いながき)重宗　1517～1594　戦国・安土桃山時代の武士。牧野成定の家臣
戸田(とだ)重宗　1589～1617　江戸前期の旗本
平田(ひらた)重宗　室町時代の人。島津氏7代元久・8代久豊の国老
松波(まつなみ)重宗　？～1659　江戸前期の旗本
源(みなもとの)重宗　平安中期の武士。駿河守源定宗の子
重致　しげむね
渡辺(わたなべ)重致　江戸後期の和算家
重棟　しげむね
高城(たき)重棟　南北朝時代の武将
山田(やまだ)重棟　？～1654　江戸前期の幕臣
成宗　しげむね　⇔なりむね
惟宗(これむねの)成宗　平安後期の官人
源(みなもとの)成宗　1045～？　平安中期の官人
成棟　しげむね
大江(おおえの)成棟　平安後期の官人
高階(たかしなの)成棟　?～1041　平安中期の官人
繁宗　しげむね
鈴木(すずき)繁宗　戦国時代の伊豆国江梨の豪族
茂宗　しげむね
高橋(たかはし)茂宗　南北朝時代の武将。多田院御家人
本山(もとやま)茂宗　1508～1555　戦国時代の武将
茂致　しげむね
丹(たん)茂致　江戸後期の和算家、米沢藩士
重村　しげむら
朝日(あさひ)重村　1634～1714　江戸前期・中期の藩士
北条(ほうじょう)重村　？～1329　鎌倉後期の武将・歌人
重邑　しげむら
藤原(ふじわら)重邑　1695～1771　江戸中期の神職・書肆
茂村　しげむら　⇔もそん
明楽(あけら)茂村　1760～1841　江戸中期・後期の幕臣
伊達(だて)茂村　1850～1867　江戸後期・末期の武士
重室　しげむろ
黒木(くろき)重室　？～1666　江戸前期の藩士
修茂　しげもち　⇔のりしげ
武島(たけしま)修茂　1732～1794　江戸中期・後期の代官
重以　しげもち　⇔じゅうい
津田(つだ)重以　？～1658　江戸前期の藩士
重持　しげもち
横沢(よこさわ)重持　戦国時代の武士
重茂　しげもち
相賀(あいが)重茂　安土桃山時代の武家
恵戸(えど)重茂　鎌倉時代の能義郡安田庄地頭
高井(たかい)重茂　？～1213　平安後期・鎌倉前期の武士
多賀谷(たがや)重茂　鎌倉前期・後期の武蔵武士
玉虫(たまむし)重茂　1579～1656　安土桃山・江戸前期の幕臣
成以　しげもち
渡辺(わたなべ)成以　1719～1768　江戸中期の藩士・書家
成茂　しげもち　⇔なりしげ, なりもち
蝮部(たじひべの)成茂　平安中期の官人
繁茂　しげもち　⇔のりしげ
玉虫(たまむし)繁茂　1546～1624　戦国～江戸前期の上杉氏・武田氏の家臣
兄原　しげもと
紀(きの)兄原　平安前期の官人
滋幹　しげもと
藤原(ふじわら)滋幹　？～931　平安前期・中期の公家・歌人
重幹　しげもと
平(たいらの)重幹　？～1061　平安後期の官人
重基　しげもと
藺牟田(いむた)重基　？～1485　室町・戦国時代の薩摩郡藺牟田領主
紀(き)重基　1654～1689　江戸前期・中期の公家、神職
平(たいら)重基　南北朝時代の武将・歌人
富松(とまつ)重基　1645～1718　江戸中期の家臣、幕臣
藤原(ふじわら)重基　？～1134　平安後期の公家・歌人
藤原(ふじわらの)重基　平安後期の官人
和気(わけの)重基　平安後期の医師
重旧　しげもと　⇔しげひさ
徳山(とくやま)重旧　江戸中期の武士
重元　しげもと
青木(あおき)重元　鎌倉時代の武蔵武士、御家人
尾崎(おざき)重元　？～1594　戦国・安土桃山時代の上杉氏の家臣
国枝(くにえだ)重元　？～1584　安土桃山時代の織田信長の家臣
黒柳(くろやなぎ)重元　?～1632　江戸前期の武士
戸田(とだ)重元　1544～1610　戦国～江戸前期の武将
鳩谷(はとがや)重元　鎌倉前期・後期の武蔵武士
水野(みずの)重元　1661～1738　江戸前期の武士
望月(もちづき)重元　安土桃山時代の織田信長の家臣
山口(やまぐち)重元　安土桃山時代の人。正覚寺

建立のため土地を寄進
重固 しげもと ⇔しげかた
宮田（みやた）重固 1839～？ 江戸後期～明治期の群馬県官、新聞社長
成基 しげもと ⇔なりもと
大江（おおえの）成基 934～987 平安中期の官人
成元 しげもと ⇔なりもと
秦（はたの）成元 平安後期の官人
繁職 しげもと
平（たいらの）繁職 平安後期の官人
茂幹 しげもと
大神（おおみわの）茂幹 平安前期の官人
重守 しげもり
紀（きの）重守 平安中期の官人
下村（しもむら）重守 戦国時代の武田氏の家臣
重盛 しげもり
古屋（ふるや）重盛 戦国時代の甲斐国一宮浅間神社の神主
繁弥 しげや
藤井（ふじい）繁弥 1770～1818 江戸後期の婦人
茂弥 しげや
藤井（ふじい）茂弥 1770～1818 江戸後期の婦人《藤井繁弥》
滋安 しげやす
松川（まつかわ）滋安 1812～1875 江戸後期～明治期の藩校揆奮場の設立者
重安 しげやす ⇔じゅうあん
池田（いけだ）重安 戦国・安土桃山時代の真田氏の部将
小坂（おさかの）重安 平安中期・後期の官人
刑部（おさかべの）重安 平安後期の官人
浄法寺（じょうぼうじ）重安 戦国～江戸前期の武士
藤川（ふじかわ）重安 1540～1627 江戸前期の旗本
重恭 しげやす
久徳（きゅうとく）重恭 江戸中期の藩士
重康 しげやす
小代（しょうだい）重康 鎌倉前期・後期の武蔵武士
平（たいらの）重康 平安後期の官人
丹波（たんばの）重康 1066～1119 平安後期の医師
富田（とだ）重康 1602～1643 安土桃山・江戸前期の剣術家
永原（ながはら）重康 安土桃山時代の織田信長の家臣
松井（ますい）重康 江戸中期の本草家
重泰 しげやす
国枝（くにえだ）重泰 安土桃山時代の織田信長の家臣
小代（しょうだい）重泰 鎌倉時代の児玉党の武士
本郷（ほんごう）重泰 ？～1655 江戸前期の旗本
源（みなもと）重泰 鎌倉後期・南北朝時代の歌人
吉野（よしの）重泰 江戸後期の神職
重保 しげやす
渋谷（しぶや）重保 鎌倉時代の御家人
源（みなもと）重保 平安後期の武士
重靖 しげやす
筒井（つつい）重靖 1856～1907 江戸末期・明治期の自治功労者
成康 しげやす
町野（まちの）成康 戦国時代の古河公方の家臣
茂安 しげやす
常道（つねみちの）茂安 平安中期の大工番匠
滋行 しげゆき
紀（きの）滋行 平安中期の大和国添上郡の刀禰
滋之 しげゆき
出雲（いずもの）滋之 平安中期の官人
重幸 しげゆき
長尾（ながお）重幸 ？～1705 江戸前期・中期の大宝新田開発者
水野（みずの）重幸 1745～1807 江戸中期・後期の庄内藩家老
重行 しげゆき
重行 ？～1841 江戸後期の俳諧師
大河戸（おおかわど）重行 ？～1181？ 平安後期の武士
大河土（おおかわど）重行 大河戸重行に同じ
乙幡（おつはた）重行 江戸前期の代官
下毛野（しもつけぬの）重行 平安中期の近衛府の将監
鈴木（すずき）重行 1709～1788 江戸中期・後期の神職
多賀（たが）重行 鎌倉前期の伊豆の武士。源頼朝に従った
高橋（たかはし）重行 ？～1592 安土桃山時代の上野国甘楽郡南牧谷岩戸村の土豪
土屋（ひじや）重行 平安後期の武士
藤原（ふじわらの）重行 ？～1181 平安後期の武士
重如 しげゆき
田口（たぐち）重如 平安中期の官人、歌人
山口（やまぐち）重如 平安中期の官人、歌人
山口（やまぐち）重如 ？～1659 江戸前期の出入司
重之 しげゆき
石黒（いしぐろ）重之 南北朝時代の武将
岩倉（いわくら）重之 1619～1707 江戸前期の武士
小西（こにし）重之 江戸前期の和算家
竹中（たけなか）重之 1635～1703 江戸前期・中期の幕臣
田野辺（たのべ）重之 ？～1586 戦国・安土桃山時代の武将
成幸 しげゆき
都筑（つづき）成幸 1844～1912 江戸後期～明治期の幕臣
成行 しげゆき ⇔なりゆき
小野（おのの）成行 平安後期の官人
清原（きよはらの）成行 平安後期の官人
二階堂（にかいどう）成行 戦国時代の古河公方の家臣
山（やまの）成行 平安後期の官人

成之 しげゆき ⇔せいし, なりゆき
田中(たなか)成之 江戸後期の医者・本草家
誠之 しげゆき ⇔のぶゆき
古沢(ふるさわ)誠之 1739〜1821 江戸中期・後期の剣術家
茂幸 しげゆき
武島(たけしま)茂幸 ?〜1614 安土桃山・江戸前期の武士
茂之 しげゆき
藤岡(ふじおか)茂之 江戸前期の和算家
堀田(ほった)茂之 1830〜1907 江戸後期〜明治期の歌人
林志 しげゆき
杉本(すぎもと)林志 1813〜1888 江戸末期・明治期の郷土史家
重世 しげよ
荒川(あらかわ)重世 1566〜1620 江戸前期の旗本
犬塚(いぬづか)重世 ?〜1655 江戸前期の旗本
渋谷(しぶや)重世 鎌倉後期の那賀郡大野新荘地頭
田中(たなか)重世 江戸後期の国学者
繁世 しげよ
横手(よこて)繁世 戦国時代の武将・連歌作者
重栄 しげよし ⇔しげひで, じゅうえい, ちょうえい
高地(たかち)重栄 江戸後期の和算家
重賀 しげよし ⇔じゅうが, ちょうが
本多(ほんだ)重賀 1774〜1821 江戸中期・後期の幕臣
重義 しげよし
粟生(あお)重義 ?〜1667 江戸前期の武士
乙幡(おとはた)重義 江戸前期の関東代官
榊原(さかきばら)重義 1853〜1916 江戸末期〜大正期の俳人
平(たいらの)重義 平安中期の官人
羽間(はざま)重義 ?〜1734 江戸中期の商家・歌人
松原(まつばら)重義 戦国時代の武将
重吉 しげよし ⇔しげきち, じゅうきち
重吉 戦国時代の刀工
我孫(あびこの)重吉 平安後期の算学生
荻原(おぎわら)重吉 戦国時代の武士
橘(たちばな)重吉 南北朝時代の官人・歌人
坪内(つぼうち)重吉 戦国時代の杵築商人の司
妻木(つまき)重吉 1571〜1638 安土桃山・江戸前期の幕臣
戸塚(とつか)重吉 安土桃山時代の武士
富永(とみなが)重吉 1551〜1646 戦国〜江戸前期の幕臣
中野(なかの)重吉 ?〜1624 江戸前期の幕臣
長谷川(はせがわ)重吉 ?〜1606 江戸前期の幕臣
古河(ふるかわ)重吉 1576〜1637 安土桃山・江戸前期の上杉氏の家臣
真野(まの)重吉 ?〜1571 戦国・安土桃山時代の織田信長の家臣
三宅(みやけ)重吉 1607〜1687 江戸前期の幕臣
重慶 しげよし ⇔しげのり, じゅうけい, ちょうけい
黒沢(くろさわ)重慶 戦国時代の上野国衆国峰小幡氏の家臣
重好 しげよし
小原(おはら)重好 ?〜1881 江戸末期の能吏
田中(たなか)重好 1788〜1860 江戸後期・末期の兵学者・郷学師・教師
重善 しげよし
和田(わだ)重善 1824〜1900 江戸後期〜明治期の藩士
重中 しげよし ⇔しげなか
諏訪(すわ)重中 1841〜? 江戸後期〜明治期の軍人、風俗画家
重能 しげよし ⇔しげのり
安藤(あんどう)重能 1586〜1615 安土桃山・江戸前期の幕臣
平(たいらの)重能 平安後期の武士
丹波(たんばの)重能 平安後期の医師
槻橋(つきはし)重能 室町時代の武士
成瀬(なるせ)重能 1568〜1629 安土桃山・江戸前期の代官
古庄(ふるしょう)重能 鎌倉時代の武将
重芳 しげよし
折口(おりぐち)重芳 江戸前期の貿易商、唐通詞、焼酎干酒の製造者
豊原(とよはら)重芳 ?〜1803 江戸中期・後期の庄内藩付家老
山片(やまがた)重芳 1764〜1830 江戸中期・後期の商家。「升屋」の主人
重良 しげよし
勝山(かつやま)重良 1840〜1907 江戸後期〜明治期の旧藩士
鈴木(すずき)重良 1831〜1894 江戸後期〜明治期の和算家
長(ちょう)重良 江戸中期の人。切山に歌舞伎を興した
中川(なかがわ)重良 ?〜1671 江戸前期の藩士
松平(まつだいら)重良 1649〜1698 江戸前期・中期の幕臣
森川(もりかわ)重良 ?〜1721 江戸中期の旗本
成宜 しげよし
杉山(すぎやま)成宜 1584〜1636 安土桃山・江戸前期の庄内藩士
成義 しげよし
三枝(さえぐさ)成義 平安後期の官人
成吉 しげよし ⇔なりよし
野口(のぐち)成吉 安土桃山時代の武士
成美 しげよし ⇔せいび, なりよし
石原(いしわら)成美 1759〜1818 江戸中期・後期の庄内藩家老
誠善 しげよし
仁賀保(にがほ)誠善 1738〜? 江戸中期の幕臣
誠美 しげよし ⇔のぶよし
源(みなもと)誠美 江戸後期の暦算家

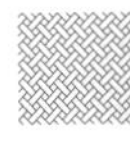

繁義　しげよし
田沢（たざわ）繁義　江戸中期の上菅生村の名主
繁能　しげよし
後藤（ごとう）繁能　戦国時代の北条氏の家臣
茂義　しげよし
内海（うつみ）茂義　江戸時代の水利開発者
三谷（みたに）茂義　1808〜1862　江戸後期・末期の腰元彫（彫金）作家
山本（やまもと）茂義　1761〜1832　江戸後期の俳人
稠賀　しげよし
藤本（ふじもと）稠賀　？〜1738　江戸中期の旗本
重頼　しげより
荒木田（あらきだ）重頼　平安中期の神官
入来院（いりきいん）重頼　南北朝・室町時代の武将
入来院（いりきいん）重頼　1629〜1667　江戸前期の薩摩郡入来郷領主、入来院氏の18代
大立目（おおだつめ）重頼　？〜1699　江戸前期・中期の仙台藩士
紀（きの）重頼　平安後期の官人
嶋田（しまだ）重頼　1625〜1695　江戸前期・中期の幕臣
菅野（すがのの）重頼　平安中期の官人
成瀬（なるせ）重頼　江戸前期の代官
藤原（ふじわら）重頼　平安後期・鎌倉前期の下級貴族
松室（まつむろ）重頼　安土桃山時代の織田信長の家臣
三木（みつき）重頼　？〜1516　戦国時代の武将
和気（わけの）重頼　平安後期の医師
重仍　しげより
八木（やぎ）重仍　戦国時代の本願寺の坊官
繁頼　しげより
高田（たかだ）繁頼　？〜1573　戦国・安土桃山時代の上野国衆
蔚　しげる
大喜多（おおきた）蔚　江戸後期の武士・文人。西本願寺の家臣
佐々（ささ）蔚　1842〜1902　江戸後期〜明治期の教育者
秀　しげる　⇔しゅう, すぐる, ひいで, ひで
源（みなもとの）秀　平安後期の東大寺領伊賀国黒田荘の荘官
繁　しげる
峯（みね）繁　1710〜1772　江戸中期の塾師
茂　しげる　⇔も
一柳（いちやぎ）茂　一柳茂に同じ
一柳（いちやなぎ）茂　1840〜？　江戸後期〜明治期の地方自治功労者
岡山（おかやま）茂　1846〜1915　江戸末期〜大正期の勤王加賀藩士
高見沢（たかみざわ）茂　？〜1875　江戸後期〜明治期の沼津藩士、ジャーナリスト
楢崎（ならざき）茂　1840〜1920　江戸末期〜大正期の教育者

四娟　しけん
奥山（おくやま）四娟　1787〜1847　江戸中期・後期の儒者、戯作者
士謙　しけん
林（はやし）士謙　江戸後期の漢学者
子堅　しけん
丸山（まるやま）子堅　1842〜1916　江戸末期〜大正期の教育者
子硯　しけん
香川（かがわ）子硯　1756〜1820　江戸中期・後期の書家
芝軒　しけん
今泉（いまいずみ）芝軒　1835〜1873　江戸末期の儒者
之建　しけん
之建　江戸中期の俳人
士阮　しげん
士阮　室町時代の連歌師
師言　しげん　⇔もろとき
山領（やまりょう）師言　1758〜1823　江戸中期・後期の歌人
思元　しげん
長崎（ながさき）思元　？〜1333　鎌倉後期の武士
思玄　しげん
思玄　1786〜1845　江戸後期の画僧
孜元　しげん
孜元　？〜1837　江戸中期・後期の禅僧、曹源寺住職
獅絃　しげん
獅絃　1729〜1807　江戸中期・後期の浄土真宗の僧
之原　しげん
小林（こばやし）之原　江戸後期の地誌家
時憲　じけん
西村（にしむら）時憲　江戸後期の幕臣
自見　じけん
林（はやし）自見　1696〜1787　江戸中期の郷土史家
鷲頭（わしず）自見　？〜1706　江戸前期・中期の南場一甫流指南
自謙　じけん
琥（こ）自謙　1658〜1703　江戸前期・中期の絵師
笹川（ささがわ）自謙　1831〜1891　江戸末期・明治期の医師
慈現　じげん
永井（ながい）慈現　？〜1748　江戸中期の鵜の森精神病院創設者
持玄　じげん
持玄　室町時代の僧
時厳　じげん
時厳　？〜1311　鎌倉後期の僧
自元　じげん
家原（いえはら）自元　江戸前期の商人
慈眼院　じげんいん
慈眼院　戦国時代の別当

紫狐　しこ
紫狐　江戸中期の俳人
仕候　しこう
外川（そとかわ）仕候　1811～1891　江戸後期～明治期の画家
史耕　しこう
砥柱山（とちゅうざん）史耕　江戸中期の俳人
子光　しこう
子光　江戸中期の俳人
子厚　しこう
田中（たなか）子厚　1779～1852　江戸中期・後期の慈善家
子孝　しこう
子孝　江戸後期の俳人
子皐　しこう
子皐　江戸中期の俳人
子洽　しこう
子洽　1722～？　江戸中期の俳人
子皋　しこう
亀屋（かめや）子皋　？～1721　江戸前期・中期の塩問屋役
市貢　しこう
市貢　1691～1743　江戸中期の俳人
師鴻　しこう
長谷川（はせがわ）師鴻　江戸後期の漢学者
志晃　しこう
志晃　1394～？　室町時代の天台宗の僧
志高　しこう
天外（てんがい）志高　1283～1343　南北朝時代の臨済宗の僧
思孝　しこう　⇔ひろたか
原（はら）思孝　？～1862　江戸末期の幕臣
斯興　しこう
槇田（まきた）斯興　1830～1889　江戸後期～明治期の漢学者、名士
紫香　しこう
二蕉庵（にしょうあん）紫香　1845～1919　江戸末期～大正期の旧派俳諧宗匠
嗜香　しこう
梅里亭（ばいりてい）嗜香　？～1806　江戸中期・後期の俳人
氏郷　しごう　⇔うじさと
北条（ほうじょう）氏郷　江戸末期の代官
慈光　じこう
慈光　1741～1801　江戸中期・後期の真言宗の僧
高憧（こうどう）慈光　江戸中期の僧。松倉馬頭尊の願主
慈厚　じこう
慈厚　平安前期の僧《滋厚》
滋厚　じこう
滋厚　平安前期の僧
滋恒　じこう
滋恒　736～827　奈良・平安前期の興福寺の僧
而后　じこう
而后　江戸中期の俳人
而后　1785～1865　江戸中期～末期の俳人
自興　じこう
朴竜（ぼくりゅう）自興　？～1760　江戸中期の禅僧
次五右衛門　じごうえもん
高津（たかつ）次五右衛門　？～1833　江戸後期の和算家
自光坊　じこうぼう
自光坊　1837？～1874　江戸後期～明治期の岩手山別当
自好老人　じこうろうじん
自好老人　江戸末期・明治期の教育者、書家、歌人
治五右衛門　じごえもん
佐々木（ささき）治五右衛門　1782～1865　江戸中期～末期の宮古代官所給人の筆頭
志轂　しこく
大西（おおにし）志轂　江戸中期・後期の漢学者
治五左衛門　じござえもん
住友（すみとも）治五左衛門　1680～1755　江戸前期・中期の力士、庄屋《一本》
色夫多　しこふた　⇔しこぶた
下道朝臣（しもつみちのあそん）色夫多　奈良時代の官人
色夫多　しこぶた　⇔しこふた
下道（しもつみちの）色夫多　奈良時代の官人
色夫智　しこぶち
高向（たかむこの）色夫智　飛鳥時代の官人
治五平　じごへい
松前屋（まつまえや）治五平　1794～1853　江戸後期の安藤昌益の刊本の継承者
治五郎　じごろう
小島（おじま）治五郎　1781～1858　江戸中期～末期の土木功労者
史闐儺　しこんな
浦田（うらたの）史闐儺　平安前期の俘囚
思斎　しさい
西塚（にしづか）思斎　江戸後期の漢学者
早野（はやの）思斎　1806～？　江戸後期の儒者
原（はら）思斎　1767～1837　江戸中期・後期の漢学者
本多（ほんだ）思斎　1781～1841　江戸中期・後期の漢学者
松永（まつなが）思斎　1628～1710　江戸前期・中期の漢学者
松本（まつもと）思斎　1766～1837　江戸中期・後期の漢学者
横山（よこやま）思斎　1789～1844　江戸後期の漢学者
渡辺（わたなべ）思斎　江戸中期の漢学者
思斉　しさい
成田（なりた）思斉　江戸後期の養蚕先覚者
止斎　しさい
杉浦（すぎうら）止斎　1711～1760　江戸中期の藩士・心学者

慈済　じさい
賢明(けんみょう)慈済　鎌倉後期の律宗の僧
時哉　じさい　⇔ときや
湯浅(ゆあさ)時哉　1568～1653　江戸前期の儒者
治左衛門　じさえもん　⇔じざえもん
柳屋(やなぎや)治左衛門　?～1742　江戸中期の通事
次左衛門　じざえもん
次左衛門　江戸前期の矢師
次左衛門　?～1813　江戸中期・後期の義民
青木(あおき)次左衛門　?～1561　戦国・安土桃山時代の川中島平の草分け
出原(いではら)次左衛門　江戸前期の人。諸県郡大崎郷野方村荒佐野の開拓者
春藤(しゅんどう)次左衛門　?～1878　江戸後期～明治期の藩の能役者
伴(ばん)次左衛門　江戸前期の生駒家家臣
山形屋(やまがたや)次左衛門　江戸前期の京都糸割符商人
吉田(よしだ)次左衛門　?～1615　江戸前期の武士。長宗我部盛親の家臣吉田内匠の長男
吉田(よしだ)次左衛門　?～1674　江戸前期の豊臣秀吉・秀頼の家臣
吉田(よしだ)次左衛門　1704～1782　江戸中期の剣術家。阿字一刀流
治左衛門　じざえもん　⇔じさえもん
有村(ありむら)治左衛門　1838～1860　江戸後期の人。雄助の弟、千葉周作の門人。桜田門外に井伊大老を襲った
遠城(えんじょう)治左衛門　1690～1715　江戸中期の武士
開米(かいまい)治左衛門　?～1837　江戸後期の村役人
下坪村(しもつぼむら)治左衛門　?～1774　江戸中期の義民。大野郡小八賀郷下坪村の百姓
杉山(すぎやま)治左衛門　1677～1750　江戸前期・中期の軍学者、槍術師範、儒者
染屋(そめや)治左衛門　1755～1839　江戸中期・後期の佐伯藩の大庄屋
田島(たしま)治左衛門　1781～1838　江戸中期・後期の御座船頭、日和師
出口(でぐち)治左衛門　1766～1829　江戸中期・後期の出家者・和学者
松尾(まつお)治左衛門　1849～1909　江戸後期～明治期の教育・逓通信事業に貢献
柳口(やなぐち)治左衛門　江戸前期の京都糸割符商人
吉田(よしだ)治左衛門　?～1774　江戸中期の義民。下坪村の富農
次左衛門尉　じざえもんのじょう
土屋(つちや)次左衛門尉　1536～1575　戦国・安土桃山時代の武士
治作　じさく
奥田(おくだ)治作　1777～1855　江戸後期の綴喜郡郷ノ口村の豪農
富田(とみた)治作　1832～1916　江戸末期～大正期の篤志家
治三郎　じさぶろう
治三郎　江戸末期の津川の杣師の頭領
鈴木(すずき)治三郎　1846～1921　江戸末期～大正期の木地挽ロクロ発明者
長岡(ながおか)治三郎　1839～1891　江戸後期～明治期の大村藩士
野村(のむら)治三郎　1828～1900　江戸末期・明治期の実業家、公共事業家
嗣粲　しさん
桑山(くわやま)嗣粲　1743～1799　江戸中期・後期の南画家
芝産　しさん
小沢(おざわ)芝産　1736～1791　江戸中期・後期の伊那郡小野村の寺子屋師匠
史山　しざん
今井(いまい)史山　1831～1885　江戸後期～明治期の医師
四山　しざん
愛敬(あいきょう)四山　1802～1852　江戸後期の漢学者
市山　しざん
市山　1684～1752　江戸前期・中期の俳人
志山　しざん
小倉(おぐら)志山　1701～1762　江戸中期の俳人
獅山　しざん
藤村(ふじむら)獅山　江戸後期の画家
紫山　しざん
加治(かじ)紫山　1799～1856　江戸後期・末期の漢学者
宍戸(ししど)紫山　1785～1835　江戸後期の医者
中川(なかがわ)紫山　江戸後期の医者
紫残　しざん
紫残　1692～1775　江戸中期の俳人
芝山　しざん
白川(しらかわ)芝山　1758～1850　江戸中期・後期の書家
白川(しらかわ)芝山　1764～1824　江戸中期・後期の書家
土井(どい)芝山　1761～1824　江戸中期・後期の医家
那須(なす)芝山　1759～1832　江戸中期・後期の弘前藩士
服部(はっとり)芝山　江戸中期の儒者
嗜山　しざん
相沢(あいざわ)嗜山　1768～1842　江戸中期・後期の画家
巵子　しし
操(そう)巵子　江戸中期の人。「諸国年中行事」の著者
獅子嘉殿　ししかどうん　⇔ししかどん
明宇底(みうすく)獅子嘉殿　戦国時代の琉球八重山地方の有力者
獅子嘉殿　ししかどん　⇔ししかどうん
明宇底(みうすく)獅子嘉殿　戦国時代の琉球八重山地方の有力者《明宇底獅子嘉殿》

治七 じしち
高橋(たかはし)治七 1834〜1888 江戸後期〜明治期の漁夫

紫雀 しじゃく
中村(なかむら)紫雀 ?〜1873 江戸後期〜明治期の歌舞伎役者、女形

芝雀 しじゃく
中村(なかむら)芝雀 1820〜1856 江戸後期・末期の歌舞伎役者

芝石 しじゃく ⇔しせき
芝石 1777〜1848 江戸中期・後期の俳人《芝石》

慈守 じしゅ
慈守 南北朝時代の天台宗の僧

次酒 じしゅ
科野(しなの)次酒 飛鳥時代の百済の使者

四州 ししゅう
米本(よねもと)四州 1842〜1896 江戸後期〜明治期の儒者・官吏

子柔 しじゅう
苗村(なむら)子柔 江戸中期・後期の医者

慈周 じしゅう
慈周 1734〜1801 江戸中期の天台宗の学僧

時習 じしゅう
山之内(やまのうち)時習 江戸末期の薩摩藩士

自修 じしゅう
川上(かわかみ)自修 ?〜1827 江戸後期の俳人

侍従 じじゅう
芝(しば)侍従 安土桃山時代の絵仏師

慈什 じじゅう
慈什 鎌倉後期の天台宗の僧

侍従典侍 じじゅうのないしのすけ
侍従典侍 平安中期の女房・連歌作者

侍従乳母 じじゅうのめのと
侍従乳母 平安中期の女房・歌人

次十郎 じじゅうろう
市来(いちき)次十郎 江戸末期の琉球在番奉行

師準 しじゅん
師準 1758〜1815 江戸中期・後期の臨済宗の僧、歌人

思淳 しじゅん
朴艾(ぼくがい)思淳 1278〜1363 鎌倉後期・南北朝時代の律宗の僧

思純 しじゅん
丘(おか)思純 江戸中期・後期の医者、漢学者

氏純 しじゅん ⇔うじずみ
多羅尾(たらお)氏純 1778〜1835 江戸中期・後期の幕臣《多羅尾氏純》

慈春 じしゅん
尼(あま)慈春 鎌倉後期の女性。赤星有隆の二女、菊池氏第12代武時の正室

時春 じしゅん ⇔ときはる
時春 ?〜1700 江戸中期の連歌師

慈順 じじゅん
慈順 鎌倉後期の天台宗の僧・歌人

司書 ししょ
落合(おちあい)司書 江戸末期の武士、はじめ目付

時助 じじょ ⇔ときすけ
時助 鎌倉時代の後嵯峨天皇の皇子
時助 鎌倉後期の僧

子承 ししょう
本井(もとい)子承 江戸中期・後期の医者

子祥 ししょう
神戸(かんべ)子祥 江戸中期の医者

子章 ししょう
角館(かくのだて)子章 1799〜1847 江戸後期の漢学者

思咲 ししょう
悦岩(えつがん)思咲 室町時代の覚園寺復興に尽力した僧

子常 しじょう
冢田(つかだ)子常 ?〜1808 江戸中期・後期の医者

師静 しじょう
南堂(なんどう)師静 1757〜1817 江戸中期・後期の曹洞宗の僧

志条 しじょう
志条 江戸後期の俳人

慈昭 じしょう
慈昭 南北朝時代の天台宗の僧

慈成 じしょう
慈成 南北朝時代の僧侶・歌人

慈静 じしょう
慈静 南北朝時代の天台宗の僧・歌人

慈韶 じしょう
石門(せきもん)慈韶 1832〜1904 江戸後期〜明治期の僧

爾松 じしょう
爾松 1753〜1817 江戸中期・後期の俳人

示証 じしょう
示証 鎌倉後期の浄土宗の僧・歌人

自笑 じしょう
安藤(あんどう)自笑 ?〜1815 江戸中期・後期の出版業、俳人
和泉屋(いずみや)自笑 ?〜1709 江戸前期・中期の俳人
八文字屋(はちもんじや)自笑〔2代〕 ?〜1838 江戸後期の出版・戯作者

自性 じしょう
自性 鎌倉後期の僧侶・歌人

持浄 じじょう
持浄 江戸末期・明治期の浄土真宗の僧

慈照院 じしょういん
慈照院 1555〜1640 戦国〜江戸前期の女性。三戸城主(盛岡藩初代藩主)南部信直の正室

四条太皇太后宮信濃 しじょうたいこうたいごうぐうのしなの
四条太皇太后宮信濃 平安中期の女房・歌人

四条太皇太后宮主殿 しじょうたいこうたいご

し

うぐうのとのも
四条太皇太后宮主殿　平安中期の女房・歌人
四条宰相　しじょうのさいしょう
四条宰相　平安中期の女房・歌人
四如軒　しじょけん
矢田（やだ）四如軒　1718〜1794　江戸中期・後期の画家
子真　ししん
家山（かざん）子真　1636〜1691　江戸前期・中期の臨済宗の僧
紫塵　しじん
紫塵　？〜1719　江戸前期・中期の俳人
慈心　じしん
慈心　1168〜1243　平安後期・鎌倉前期の法相宗の僧
自心　じしん
常法院（じょうほういん）自心　安土桃山時代の修験者。萩原町の久津八幡宮別当
時人　じじん
時人　1701〜1771　江戸中期の俳諧師
静　しず　⇔しずか, せい
木下（きのした）静　1753〜1815　江戸中期の漢学者。木下順庵の後裔で金沢藩儒木下闌の長男
木村（きむら）静　1837〜1900　江戸後期〜明治期の教育者
中村（なかむら）静　1850〜1909　江戸後期〜明治期の社会運動家
藤好（ふじよし）静　1852〜1892　江戸後期〜明治期の薩軍視察者
司水　しすい
西京（さいきょう）司水　1823〜1900　江戸後期〜明治期の俳人
四睡　しすい
四睡　江戸前期・中期の俳諧作者
志水　しすい
志水　江戸中期の雑俳点者
伊東（いとう）志水　1793〜1855　江戸後期・末期の儒者
止水　しすい
集雲（しゅううん）止水　？〜1716　江戸前期・中期の臨済宗の僧
平田（ひらた）止水　江戸後期の読本作家
紫水　しすい
榎本（えのもと）紫水　？〜1865　江戸後期の陶工
太田（おおた）紫水　1778〜1851　江戸中期・後期の医者
神谷（かみや）紫水　1836〜1901　江戸後期〜明治期の画家
芝水　しすい
仙石（せんごく）芝水　江戸後期の書家
之水　しすい
之水〔1代〕　？〜1761　江戸中期の俳人
之水〔2代〕　？〜1769　江戸中期の俳人
似水　じすい
藤掛（ふじかけ）似水　江戸前期の華道家
児水　じすい
児水　江戸前期の俳人
芝水堂　しすいどう
久保田（くぼた）芝水堂　1809〜1870　江戸後期の儒者、昌平校講師
静氏　しずうじ
賀茂（かも）静氏　1742〜1784　江戸中期の公家
静男　しずお
堤（つつみ）静男　1845〜1915　江戸末期〜大正期の東松浦郡北波多村出身の教育者
静雄　しずお
猪川（いかわ）静雄　1834〜1908　江戸後期〜明治期の教師、新聞・雑誌の編集発行人、自由民権運動家
静　しずか　⇔しず, せい
海上（うなかみ）静　1855〜1902　江戸末期・明治期の養蚕家
木下（きのした）静　1753〜1815　江戸中期の漢学者。木下順庵の後裔で金沢藩儒木下闌の長男《木下静》
花井（はない）静　1821〜？　江戸後期の和算家。『西算速知』を編集
藤井（ふじい）静　江戸後期の洋学者
古市（ふるいち）静　1847〜1923　江戸末期〜大正期の幼児教育者
澹　しずか
岩崎（いわさき）澹　？〜1867　江戸後期・末期の漢学者
次助　じすけ　⇔つぎすけ
沢田（さわだ）次助　江戸前期の加賀国能美郡橘新村の肝煎
山下（やました）次助　？〜1811　江戸中期・後期の田安代官所の手代で勘定方
治助　じすけ
岡本（おかもと）治助　1857〜1928　江戸末期・明治期の豪商
鯨井（くじらい）治助　1840〜1902　江戸後期〜明治期の酪農家
新藤（しんどう）治助　1538〜1627　戦国〜江戸前期の山名氏の家臣
本屋（ほんや）治助　江戸中期の書肆
二介　じすけ
伊藤（いとう）二介　？〜1575　戦国・安土桃山時代の織田信長の家臣
静子　しずこ
木村（きむら）静子　1837〜1900　江戸後期〜明治期の教育者《木村静》
黙子　しずこ
源（みなもとの）黙子　？〜902　平安前期・中期の女性。光孝天皇の皇女
鎮太郎　しずたろう
平岡（ひらおか）鎮太郎　江戸後期・末期の幕臣
静馬　しずま
太田（おおた）静馬　1825〜？　江戸後期・末期の蘭学者、藩医

松崎（まつざき）静馬　江戸末期の新撰組隊士

静正　しずまさ
石川（いしかわ）静正　1848〜1925　江戸末期〜大正期の画家

賎丸　しずまる
眠亭（ねむりてい）賎丸　江戸後期の川柳作者

倭文麿　しずまろ
吉岡（よしおか）倭文麿　1849〜1897　江戸後期〜明治期の勤王家、神職

士精　しせい
太田垣（おおたがき）士精　？〜1819　江戸末期の但馬の心学者

子星　しせい
樋口（ひぐち）子星　江戸後期の医者

志成　しせい
三木（みき）志成　1808〜1885　江戸後期〜明治期の実業家・俳人

志静　しせい
志静　1784〜1854　江戸中期〜末期の僧侶

止静　しせい
素兄堂（そけいどう）止静　江戸中期の歌人

氏精　しせい
児玉（こだま）氏精　1837〜1883　江戸末期・明治期の大洲藩大参事

只青　しせい
只青　1812〜1876　江戸後期〜明治期の俳諧作者

肆成　しせい
小山（こやま）肆成　1807〜1862　江戸末期の医師《小山蓬洲》

四夕　しせき　⇔しゆう
高橋（たかはし）四夕　1811〜1871　江戸後期〜明治期の俳人

子績　しせき
高橋（たかはし）子績　1700〜1781　江戸中期の歴史学者

志席　しせき
志席　江戸中期の俳人

志夕　しせき
志夕　江戸中期の雑俳点者

紫石　しせき
紫石　江戸後期の俳人

至席　しせき
並井（なみい）至席　？〜1790　江戸中期・後期の俳諧師

芝石　しせき　⇔しじゃく
芝石　1777〜1848　江戸中期・後期の俳人
白井（しらい）芝石　？〜1900　江戸後期〜明治期の彫刻家

自石　じせき
岩崎屋（いわさきや）自石　？〜1822　江戸中期・後期の加賀国能美郡小松町の俳人

止説　しせつ
村山（むらやま）止説　1737〜1808　江戸中期・後期の漢学者

紫雪　しせつ
宝生（ほうしょう）紫雪　1799〜1863　江戸末期の能楽師。能楽宝生流15代の宗家

史千　しせん
史千　1778〜1846　江戸中期・後期の俳人

紫川　しせん
端館（はしだて）紫川　1855〜1921　江戸末期〜大正期の日本画家
安広（やすひろ）紫川　1829〜1901　江戸後期〜明治期の書家

芝仙　しせん
中川（なかがわ）芝仙　1836〜1897　江戸後期〜明治期の蒔絵師

之仙　しせん
之仙　江戸後期の俳人

士前　しぜん
士前　1808〜1878　江戸後期〜明治期の俳諧作者

子善　しぜん
幸田（こうだ）子善　1719〜1792　江戸中期・後期の漢学者
吉沢（よしざわ）子善　江戸後期の漢学者

似仙　じせん
山崎（やまざき）似仙　江戸前期の俳諧師

慈宣　じせん
説心（せっしん）慈宣　？〜1626　安土桃山・江戸前期の臨済宗の僧

慈泉　じせん
菊池（きくち）慈泉　1724〜1801　江戸中期・後期の商人、のち行者

慈璇　じせん
玉成（ぎょくじょう）慈璇　戦国時代の臨済宗の僧

自仙　じせん
土江（つちえ）自仙　？〜1808　江戸中期・後期の医師

二川　じせん
二川　？〜1735　江戸中期の越中富山藩士・俳人
二川　？〜1802　江戸中期・後期の越中富山藩士・俳人
吉田（よしだ）二川　1742〜1807　江戸中期の俳諧作者

慈善　じぜん
慈善　980〜1082　平安中期・後期の興福寺僧

慈禅　じぜん
慈禅　江戸中期の真言宗の僧

自仙院　じせんいん
自仙院　？〜1810　江戸中期・後期の女性。第6代富山藩主前田利與の側室

自然坊　しぜんぼう
自然坊　？〜1814　江戸中期・後期の俳人

子荘　しそう
西田（にしだ）子荘　1740〜1787　江戸中期の商人、文人

子蔵　しぞう
原（はら）子蔵　1748〜1828　江戸中期・後期の戸田家の藩医

二窓　じそう
田中(たなか)二窓　1775〜1842　江戸後期の医家
自壮庵　じそうあん
天羽(あもう)自壮庵　1821〜？　江戸後期〜明治期の茶人
地蔵院　じぞういん
地蔵院　戦国時代の北条氏の家臣
治十六　じそろく
山本(やまもと)治十六　江戸末期の新撰組隊士
二十六　じそろく
山本(やまもと)二十六　江戸末期の新撰組隊士《山本治十六》
随　したがう
渡辺(わたなべ)随　1819〜？　江戸後期・末期の坊官
士択　したく
長野(ながの)士択　江戸中期の和算家
下庫理　したぐり
大道(うふどう)下庫理　江戸中期の名護の大堂原の開拓・保安林造成者
士達　したつ
石原(いしはら)士達　1791〜1837　江戸末期の医師
至脱　しだつ
比丘(びく)至脱　南北朝時代の僧侶
下見　したみ
上水(うえみず)下見　江戸後期の狂歌作者
次太夫　じだゆう
穴沢(あなざわ)次太夫　？〜1582　安土桃山時代の武士
高橋(たかはし)次太夫　江戸後期の幕臣
次大夫　じだゆう　⇔つぐだゆう
小泉(こいずみ)次大夫　？〜1689　江戸中期の代官
芝山(しばやま)次大夫　安土桃山時代の織田信長の家臣
村上(むらかみ)次大夫　江戸前期の武士。大坂の陣で籠城。後、永井直清に召し抱えられた
治太夫　じだゆう
加藤(かとう)治太夫　江戸中期の庄内藩中老
治大夫　じだゆう
堀内(ほりうち)治大夫　1795〜1865　江戸後期・末期の庄屋
設楽　したら
設楽　戦国時代の北条氏照の奉行人
四端　したん
四端　江戸後期の俳人
七右衛門　しちうえもん　⇔しちえもん
久津名(くつな)七右衛門　江戸前期の人。五ケ野原の入会権をめぐって争い死亡
田中(たなか)七右衛門　？〜1722　江戸前期・中期の製鉄事業者
中敷領(なかしきりょう)七右衛門　1629〜？　江戸前期の指宿郷の豪農
七右衛門　しちえもん　⇔しちうえもん
七右衛門　安土桃山時代の信濃国筑摩郡会田の土豪
七右衛門　江戸中期の御山守御林横目
天羽(あもう)七右衛門　江戸前期の代官
浦井(うらい)七右衛門　江戸中期のワキ方春藤流能楽師
江渡(えと)七右衛門　？〜1814　江戸中期・後期の盛岡藩五戸給人
大村(おおむら)七右衛門　1652〜1727　江戸前期・中期の剣術家。田宮流
鎰や(かぎや)七右衛門　江戸前期の京都糸割符商人
笹生(ささお)七右衛門　江戸後期の大住郡丸島村民
高野(たかの)七右衛門　江戸後期の大野原村の農民
高野(たかの)七右衛門　江戸後期の忍藩秩父領大宮郷の割役名主
天満屋(てんまや)七右衛門　江戸前期の商人
中島(なかじま)七右衛門　江戸時代の商人
中根(なかね)七右衛門　戦国時代の武将。武田家臣
西沢(にしざわ)七右衛門　1779〜1868　江戸中期〜末期の剣術家。源海流
平野(ひらの)七右衛門　1822〜1901　江戸後期〜明治期の開拓者
升屋(ますや)七右衛門　江戸後期の書肆
松木(まつき)七右衛門　1631〜1715　江戸前期・中期の豪農
山本(やまもと)七右衛門　1838〜1904　江戸後期〜明治期の大庄屋役
レオン(れおん)七右衛門　1569〜1608　安土桃山・江戸前期の平佐北郷家の家臣
七衛門　しちえもん　⇔しちひょうえ
行方(なめかた)七衛門　戦国時代の酒井政辰の家臣
七右衛門実勝　しちえもんさねかつ
斎藤(さいとう)七右衛門実勝　？〜1646　江戸前期の武士。大坂の陣で籠城。後、山内忠義の馬廻
七右衛門重綱　しちえもんしげつな
長沢(ながさわ)七右衛門重綱　？〜1615　江戸前期の前田玄以の家臣。後に牢人
七右衛門正忠　しちえもんまさただ
田沢(たざわ)七右衛門正忠　？〜1621　安土桃山・江戸前期の熊川村地頭
紫竹　しちく
古屋(ふるや)紫竹　1832〜1896　江戸後期〜明治期の日本画家
詩竹　しちく
渡辺(わたなべ)詩竹　1831〜1899　江戸末期・明治期の俳人
七五郎　しちごろう
七五郎　江戸時代の上村の農民
中村(なかむら)七五郎　1854〜1912　江戸末期・明治期の教育者
七才子　しちさいし
岡本(おかもと)七才子　江戸中期の浄瑠璃作家
七左衛門　しちさえもん　⇔しちざえもん
紀(き)七左衛門　平安後期の武士《紀七左衛門》
七左衛門　しちざえもん　⇔しちさえもん
七左衛門　？〜1727　江戸前期・中期の山中一揆の頭取の一人
会田(あいだ)七左衛門　？〜1642　安土桃山・江

戸前期の江戸幕府代官伊奈氏の家臣
青木(あおき)七左衛門　江戸前期の武士。大坂の陣で籠城
飯田(いいだ)七左衛門　戦国時代の武将。武田家臣
岩田(いわた)七左衛門　1609～1668　江戸前期の馬術家
岩田(いわた)七左衛門　？～1615　江戸前期の武士。大坂の陣で籠城
岩間(いわま)七左衛門　江戸前期の立田新田の新田頭
遠藤(えんどう)七左衛門　江戸前期・中期の関東代官
太田(おおた)七左衛門　？～1615　江戸前期の武士。大坂の陣で籠城
岡部(おかべ)七左衛門　江戸時代の十村。砂丘の植林奨励や窮民救済を行う
小栗(おぐり)七左衛門　？～1699　江戸前期・中期の海運業
紀(き)七左衛門　平安後期の武士
北原(きたばら)七左衛門　安土桃山時代の信濃国伊那郡の武士
黒木(くろき)七左衛門　1796～1873　江戸後期～明治期の治水家
河内(こうち)七左衛門　1775～1851　江戸中期・後期の酒造業
小松(こまつ)七左衛門　江戸後期の足柄上郡狩野村民
近藤(こんどう)七左衛門　江戸末期・明治期の漢学者
質屋(しちや)七左衛門　江戸前期の京都糸割符商人
鈴木(すずき)七左衛門　江戸前期の三浦郡堀之内村三ヶ浦民
玉虫(たまむし)七左衛門　1721～1802　江戸中期・後期の剣術家。今枝流ほか
鶴見(つるみ)七左衛門　江戸後期の幕臣
長崎(ながさき)七左衛門　1731～1820　江戸中期・後期の殖産家
長屋(ながや)七左衛門　？～1731　江戸中期の剣術家。民弥流
夏目(なつめ)七左衛門　1622～1684　江戸前期の須長村の儒学者
野首村(のくびむら)七左衛門　江戸中期の高原野首村の名主
野田(のだ)七左衛門　江戸前期の最上氏遺臣
野々山(ののやま)七左衛門　？～1717　江戸前期の武士
番匠屋(ばんじょうや)七左衛門　1757～1800　江戸中期・後期の彫物師、大工
茂木(もぎ)七左衛門〔1代〕　江戸前期の醸造家。野田醤油の祖
森(もり)七左衛門　1852～1908　江戸末期・明治期の高山町会議員・味噌醤油製造業
薬師寺(やくしじ)七左衛門　？～1635　安土桃山・江戸前期の浅野家臣
吉田(よしだ)七左衛門　江戸時代の小川村下分の名主
吉田(よしだ)七左衛門　江戸前期の武士。大坂の陣で籠城

七三郎　しちさぶろう
七三郎　江戸前期の農民
飯淵(いいぶち)七三郎　1846～1926　江戸末期～大正期の資産家
飯渕(いいぶち)七三郎　飯淵七三郎に同じ
池田(いけだ)七三郎　1849～1938　江戸後期～明治期の新撰組隊士
今村(いまむら)七三郎〔3代〕　江戸中期の歌舞伎役者
塩之沢(しおのさわの)七三郎　1726～1807　江戸中期・後期の妙好人
重田(しげた)七三郎　？～1763　江戸中期の国分生まれの社会事業家

七十郎　しちじゅうろう
末永(すえなが)七十郎　江戸後期の「小通詞蒙仰候節諸向進物並到来帳」の著者
恒松(つねまつ)七十郎　1845～1906　江戸後期～明治期の銀行家

七条院大納言　しちじょういんだいなごん
七条院大納言　平安後期の女房。藤原実綱の娘《大納言》

七条后　しちじょうのきさき
七条后　872～907　平安前期・中期の宇多天皇の妃

七助　しちすけ
愛知(あいち)七助　？～1854　江戸後期の篤農家
三浦(みうら)七助　安土桃山時代の検地役人

七資遠　しちすけとう
玉井野(たまいの)七資遠　平安後期の武士

七尺　しちせき
田中(たなか)七尺〔1代〕　1762～1817　江戸中期・後期の勝山藩士・俳人
田中(たなか)七尺〔2代〕　1796～1871　江戸末期の俳人

七蔵　しちぞう
七蔵　江戸後期の足柄上郡上曽我村名主
宇沢(うざわ)七蔵　江戸後期の韮山代官江川氏の手代
三福寺村(さんふくじむら)七蔵　江戸中期の百姓。大原騒動の飛州総代
滝(たき)七蔵　1859～1903　江戸末期・明治期の鳥取市助役
中野(なかの)七蔵　江戸前期の遠江中泉代官
中野(なかの)七蔵　？～1623　江戸前期の代官
松野(まつの)七蔵　1720～1784　江戸中期の熊本藩士

七造　しちぞう
石渡(いしわた)七造　江戸後期の三浦郡公郷村民
中瀬(なかせ)七造　1845～1908　江戸後期～明治期の漁業家

七太夫　しちだゆう
倉沢(くらさわ)七太夫　？～1724　江戸中期の義民
斎藤(さいとう)七太夫　1764～1853　江戸中期・後期の大庄屋
花房(はなふさ)七太夫　1638～1668　江戸前期の矢田部六人衆の一人
山本(やまもと)七太夫　1665～？　江戸前期・中

期の藩士
七太郎　しちたろう
平塚（ひらつか）七太郎　江戸後期の足柄下郡堀ノ内村民
七之丞　しちのじょう
小須田（こすだ）七之丞　1712〜1779　江戸中期の商人
福崎（ふくざき）七之丞　？〜1853　江戸後期の薩摩藩士
七之助　しちのすけ
石川（いしかわ）七之助　江戸後期の和算家
弓気多（ゆげた）七之助　？〜1632　江戸前期の幕臣
七衛門　しちひょうえ　⇔しちえもん
小田切（おだぎり）七衛門　？〜1575　安土桃山時代の武士
七兵衛　しちびょうえ　⇔しちべい, しちべえ
平井（ひらい）七兵衛　江戸前期の武士
七兵衛尉　しちひょうえのじょう
陳外郎（ちんういろう）七兵衛尉　戦国時代の上野に居住する京都陳外郎氏の一族で薬商人
七兵衛正元　しちびょうえまさもと
野尻（のじり）七兵衛正元　1595〜1673　安土桃山・江戸前期の豊臣秀頼・徳川家康の家臣
七平　しちへい
西村（にしむら）七平　1854〜1919　江戸末期〜大正期の法蔵館館主
七兵衛　しちべい　⇔しちびょうえ, しちべえ
川田（かわた）七兵衛　近世時代の成瀬村の名主
溝河（みぞかわ）七兵衛　安土桃山時代の検地役人
八木（やぎ）七兵衛　江戸前期の代官八木重朋の手代
安井（やすい）七兵衛　江戸前期の韮山代官江川英利の手代
七兵衛　しちべえ　⇔しちびょうえ, しちべい
七兵衛　江戸前期の漁民
七兵衛　江戸中期の東栗栖村農民
内山（うちやま）七兵衛　？〜1708　江戸前期・中期の美作国古町代官
内山（うちやま）七兵衛　1665〜1734　江戸中期の美作国倉敷代官
梅屋（うめや）七兵衛　1822〜1883　江戸後期〜明治期の萩城下東田町の商人
裏宿（うらじゅく）七兵衛　？〜1737　江戸中期の義賊
大脇（おおわき）七兵衛　安土桃山時代の織田信長の家臣
河辺（かわべ）七兵衛　1655〜1725　江戸前期・中期の廻船問屋商人
酒輪（さかわ）七兵衛　江戸後期の橘樹郡小机村民
甚太（じんだ）七兵衛　江戸前期・中期の侠客
薄田（すすきだ）七兵衛　江戸前期の武士
高木（たかぎ）七兵衛　1831〜1892　江戸後期〜明治期の新田官軍の一員、群馬県議会議員
富田屋（とみたや）七兵衛　江戸後期の書肆
永井（ながい）七兵衛　室町時代の人。自宅の裏に、明治期に熱田神社となる祠を創建
中野（なかの）七兵衛　？〜1796　江戸中期の篤志家
中村屋（なかむらや）七兵衛　江戸後期の尾張熱田白鳥の木材商
野上（のかみ）七兵衛　安土桃山・江戸前期の武士
原田（はらだ）七兵衛　1636〜1703　江戸前期・中期の馬術家
分銅屋（ふんどうや）七兵衛　江戸前期の京都糸割符商人
細江（ほそえ）七兵衛　江戸後期の和佐鉱泉の湯宿主
松下（まつした）七兵衛　江戸前期の職人
森山（もりやま）七兵衛　1811〜1892　江戸後期〜明治期の教育者
八木橋（やぎはし）七兵衛　江戸時代の深作村の名主
谷高（やたか）七兵衛　江戸中期の遠江国豊田郡雲岩寺村の在郷商人
矢野（やの）七兵衛　1800〜？　江戸後期の雨坪村の在郷商人
七弥　しちや
宮崎（みやざき）七弥　？〜1645　江戸前期の勇士
此柱　しちゅう
此柱　江戸中期の俳人
志稠　しちょう
密林（みつりん）志稠　鎌倉後期の僧
慈朝　じちょう
慈朝　757〜838　奈良・平安前期の西大寺の僧
慈潮　じちょう
慈潮　？〜1826　江戸中期・後期の浄土真宗の僧
時朝　じちょう　⇔ときとも
時朝　鎌倉時代の僧
司直　しちょく
篠崎（しのざき）司直　？〜1848　江戸後期の儒学者
子直　しちょく
吉益（よします）子直　江戸中期の医師
指直　しちょく
矢部（やべ）指直　1829〜1898　江戸末期・明治期の俳人
七里　しちり
七里　1673〜1726　江戸前期・中期の俳人
七郎　しちろう
安藤（あんどう）七郎　安土桃山時代の織田信長の家臣
石井（いしい）七郎　江戸末期の新撰組隊士
梅村（うめむら）七郎　1829〜1893　江戸後期〜明治期の中郷義学校教師
江川（えがわ）七郎　江戸末期の新撰組隊士
大川（おおかわ）七郎　江戸末期の新撰組隊士？
小川（おがわ）七郎　江戸後期の韮山代官江川氏の手代
佐井（さい）七郎　室町時代の武将
鈴木（すずき）七郎　江戸中期の読本作者
高松（たかまつ）七郎　1839〜1911　江戸後期〜明治期の製陶業
長南（ちょうなん）七郎　？〜1564　戦国時代の武士
内藤（ないとう）七郎　室町時代の手猿楽者
二本松（にほんまつ）七郎　1758〜1817　江戸中期・後期の唐津藩水野家家老
北条（ほうじょう）七郎　鎌倉時代の武士

森藤(もりふじ)七郎　1849～1925　江戸末期～大正期の駿河国駿東郡石川村の豪農・地主
横川(よこかわ)七郎　江戸後期の剣術家。直心影流

七郎右衛門　しちろううえもん　⇔しちろうえもん
尾崎(おざき)七郎右衛門　江戸後期の甑島漁業振興功労者

七郎右衛門　しちろうえもん　⇔しちろううえもん
七郎右衛門　戦国時代の皮作職人の触口
七郎右衛門　1753～?　江戸中期・後期の河内郡中岡本村の農民、実直者
有富(ありどみ)七郎右衛門　?～1692　江戸前期・中期の有富氏2代の当主
安西(あんざい)七郎右衛門　戦国時代の里見氏家臣
石原(いしわら)七郎右衛門　?～1638　安土桃山・江戸前期の功臣
石原(いしわら)七郎右衛門　?～1669　江戸前期の藩士
大森(おおもり)七郎右衛門　安土桃山時代～江戸前期の宮村の大森神社々職
加賀美(かがみ)七郎右衛門　戦国時代の武田家臣
小林(こばやし)七郎右衛門　戦国・安土桃山時代の上吉田の富士山御師
白原(しらはら)七郎右衛門　江戸末期の新撰組隊士
新宮(しんぐう)七郎右衛門　1761～?　江戸中期・後期の藩主一族の八戸藩士
辻村(つじむら)七郎右衛門　江戸中期の能楽ワキ方春藤流門人
長尾(ながお)七郎右衛門　江戸中期の京都銀座役人
永瀬(ながせ)七郎右衛門〔2代〕　?～1656　江戸前期の商家、地域功労者
野附(のづき)七郎右衛門　1825～1892　江戸後期～明治期の庄屋
長谷川(はせがわ)七郎右衛門　江戸中期の佐野天明鋳物師
樋口(ひぐち)七郎右衛門　戦国時代の武将。武田家臣
蛭田(ひるた)七郎右衛門　江戸後期の橘樹郡鳥山村民
冬頭村(ふいとうむら)七郎右衛門　江戸中期の義民
万年(まんねん)七郎右衛門　1731～1786　江戸後期の備中倉敷代官
三成(みなり)七郎右衛門　1624～1711　江戸前期・中期の楯縫郡島村の開拓者
大和(やまと)七郎右衛門　江戸前期の三島代官伊奈忠易の手代
八日町村(ようかまちむら)七郎右衛門　江戸中期の義民。八日町村の人
和久屋(わくや)七郎右衛門　江戸前期の京都糸割符商人

七郎衛門　しちろうえもん
ゑもり(えもり)七郎衛門　安土桃山時代の信濃国筑摩郡中芝の土豪

七郎右衛門尉　しちろうえもんのじょう
折井(おりい)七郎右衛門尉　戦国時代の武将。武田家臣
小林(こばやし)七郎右衛門尉　戦国時代の駿河国富士郡根原の土豪。駿河衆

七郎右衛門正倫　しちろうえもんまさとも
稲生(いなう)七郎右衛門正倫　1626～1666　江戸前期の20代長崎奉行

七郎左衛門尉　しちろうさえもん　⇔しちろうざえもんのじょう
長戸路(ながとろ)七郎左衛門尉　戦国時代の豪族。伊勢宗瑞により八丈島の地頭となる

七郎左衛門　しちろうざえもん　⇔しちろざえもん
石川(いしかわ)七郎左衛門　江戸後期の大工
伊藤(いとう)七郎左衛門　安土桃山時代の織田信長の家臣
稲村(いなむら)七郎左衛門　江戸後期の山辺大蕨の在郷問屋商人
伊波(いば)七郎左衛門　1619～1689　江戸前期・中期の剣術家。真天流
大森(おおもり)七郎左衛門　江戸前期の三島宿にいた箱根山廻り
小原(おはら)七郎左衛門　?～1677　江戸前期の義人
勝又(かつまた)七郎左衛門　安土桃山時代の牛尾城主
向後(こうご)七郎左衛門　戦国時代の千葉胤富の家臣
坂井(さかい)七郎左衛門　?～1574　戦国・安土桃山時代の織田信長の家臣
鈴木(すずき)七郎左衛門　戦国時代の鍛冶。伊豆国南部で活動
立野(たての)七郎左衛門　戦国時代の伊豆の大工
深海(ふかみ)七郎左衛門　戦国時代の武将。武田家臣
松波(まつなみ)七郎左衛門　安土桃山時代の織田信長の家臣
望月(もちづき)七郎左衛門　戦国時代の武将。武田家臣
山田(やまだ)七郎左衛門　戦国時代の鋳物師

七郎左衛門尉　しちろうざえもんのじょう　⇔しちろうさえもん
七郎左衛門尉　戦国時代の塗師
天野(あまの)七郎左衛門尉　安土桃山時代の甲斐国八代郡河内岩間庄中山の土豪

七郎作　しちろうさく
内田(うちだ)七郎作　1827～1894　江戸後期～明治期の風流人

七郎三郎　しちろうさぶろう
安中(あんなか)七郎三郎　安土桃山時代の上野国衆。碓氷郡安中城主

七郎治　しちろうじ
大沢(おおさわ)七郎治　1832～1911　江戸後期～明治期の名主・戸長

七郎次郎　しちろうじろう
弓気多(ゆげた)七郎次郎　戦国時代の武士。三河の領主

し

七郎太夫 しちろうだゆう
横山（よこやま）七郎太夫 江戸前期の藩士
七郎兵衛尉 しちろうひょうえのじょう
佐野（さの）七郎兵衛尉 戦国時代の甲斐武田一族穴山信君・勝千代の家臣
曽根（そね）七郎兵衛尉 戦国時代の甲斐武田晴信の家臣
七郎兵衛 しちろうべえ ⇔しちろべえ，ひちろうべえ
七郎兵衛 江戸中期の稲吉新田開発者
井上（いのうえ）七郎兵衛 1859～？ 江戸末期・明治期の資産家
笠原（かさはら）七郎兵衛 1634～1688 江戸前期の幕臣、代官
煙山（けむやま）七郎兵衛 ？～1677 江戸前期の八戸藩家老
曽根（そね）七郎兵衛 戦国時代の武将。武田家臣
竹浪（たけなみ）七郎兵衛〔1代〕 江戸前期の郷士
七郎兵衛嘉繁 しちろうべえよししげ
荻野（おぎの）七郎兵衛嘉繁 江戸中期の横瀬村名主
七郎政広 しちろうまさひろ
岩田（いわた）七郎政広 鎌倉時代の武蔵武士
七六 しちろく
阿部（あべ）七六 ？～1811 江戸中期・後期の旅館業
七郎五郎 しちろごろう
山田（やまだ）七郎五郎 安土桃山時代の織田信長の家臣
七郎左衛門 しちろざえもん ⇔しちろうざえもん
小幡（おばた）七郎左衛門 江戸前期の蒔絵師
七郎兵衛 しちろべえ ⇔しちろうべえ，ひちろうべえ
大嶋（おおしま）七郎兵衛 ？～1664 江戸前期の武士
荻野（おぎの）七郎兵衛 1815～1868 江戸後期の榛沢郡横瀬村の名主
左近士（さこんし）七郎兵衛 戦国時代の武士。北条氏家臣
板木屋（はんぎや）七郎兵衛 江戸中期の江戸の古い版元
じつ
押上（おしあげ）じつ 1816～1901 女性。江戸時代末期・明治期の押上吉兵衛の妻で陸軍中将・森蔵の母
実 じつ ⇔さね，みのる
小出（こいで）実 1831～？ 江戸後期の幕臣
実阿 じつあ
実阿 鎌倉後期の刀鍛冶
実安 じつあん
田頭（たがみ）実安 1707～1759 江戸中期の棋士
実庵 じつあん
武田（たけだ）実庵 江戸後期の書家
実菴 じつあん
坂（さか）実菴 江戸前期・中期の幕臣
武田（たけだ）実菴 1800～1856 江戸後期・末期の漢学塾師匠
実位 じつい
実位 1283～？ 鎌倉後期の僧
実意 じつい
実意 平安後期の東大寺僧
実意 1393～1454 室町時代の法相宗の僧・歌人
実印 じついん
実印 1149～1185 平安後期の天台宗園城寺僧
実員 じついん ⇔さねかず
菅原（すがわら）実員 1803～1879 江戸後期～明治期の和算家
実胤 じついん ⇔さねたね
実胤 ？～1677 江戸前期の僧侶
慈通 じつう
慈通 江戸後期の日蓮宗の僧
実慧 じつえ
実慧 戦国時代の浄土宗の僧
実睿 じつえ ⇔じつえい
実睿 平安中期の天台宗の僧《実睿》
実叡 じつえい
実叡 平安後期・鎌倉前期の法相宗の僧、歌人
実永 じつえい ⇔さねなが
実永 平安末期の僧。川津祐泰の子。伊東禅師
実睿 じつえい ⇔じつえ
実睿 平安中期の天台宗の僧
漆園 しつえん
漆原（うるしばら）漆園 1771～1824 江戸中期・後期の漢詩人
行本（ゆきもと）漆園 江戸後期の商家
実円 じつえん
実円 1137～？ 平安後期の天台宗延暦寺僧
実円 平安後期・鎌倉前期の仏師
実円 鎌倉後期・南北朝時代の画僧
実円 戦国時代の真言宗の僧・連歌作者
実円 ？～1848 江戸後期の僧
中村（なかむら）実円 ？～1875 江戸後期～明治期の僧
実宴 じつえん
実宴 1136～1185 平安後期の延暦寺僧
実海 じっかい ⇔じつかい
実海 ？～1820 江戸中期・後期の浄土宗の僧
実快 じつかい
実快 1153～？ 平安後期・鎌倉前期の天台宗の僧、歌人
実海 じつかい ⇔じっかい
実海 1135～1182 平安後期の真言宗醍醐寺僧
実外 じつがい
格峰（かくほう）実外 1652～1715 江戸前期・中期の黄檗宗の僧
実覚 じっかく ⇔じつかく
実覚 平安後期・鎌倉前期の僧
実覚 じつかく ⇔じっかく
実覚 1063～1130 平安後期の興福寺僧

実寛　じつかん
実寛　1108～1182　平安後期の比叡山の僧
実観　じつかん
実観　1661～1744　江戸前期・中期の天台宗の僧
実巌　じつがん
実巌　1754～1821　江戸中期・後期の臨済宗の僧。足利学校第19世庠主
実教　じつきょう
実教　？～1533　戦国時代の真宗の僧
実慶　じつきょう　⇔じっけい
実慶　？～1531　戦国時代の浄土真宗の僧
十九　じっく
一編舎（いっぺんしゃ）十九　1783～1857　江戸中期～末期の戯作者
実恵　じっけい
福光園寺（ふくこうおんじ）実恵　安土桃山時代の甲斐・福光園寺の住職
実慶　じっけい　⇔じつきょう
実慶　平安後期の奈良の仏師。運慶の弟子
実顕　じつけん
実顕　1125～？　平安後期の天台宗の僧・歌人
実顕　室町時代の浄土真宗の僧
実源　じつげん
実源　1024～1096　平安中期・後期の天台宗の僧、歌人
実源　1271～1353　鎌倉後期・南北朝時代の法相宗の僧、連歌作者
実源　南北朝時代の僧侶・歌人
実源　室町時代の天台宗の僧
実玄　じつげん
実玄　1479～1545　戦国時代の僧
しづ子　しづこ
都筑（つづき）しづ子　？～1807　江戸中期・後期の歌人
十湖　じっこ
十湖　1849～1926　江戸後期～大正期の俳諧作者
実悟　じつご
実悟　1492～1583　戦国・安土桃山時代の浄土真宗の僧
実孝　じつこう
実孝　1495～1553　戦国時代の浄土真宗の僧
十石　じっこく
十石　江戸中期の雑俳点者
漆壺斎　しっこさい
小島（こじま）漆壺斎〔1代〕　？～1830　江戸後期の漆芸家
小島（こじま）漆壺斎〔2代〕　1812～1846　江戸後期の漆芸家
小島（こじま）漆壺斎〔3代〕　1818～1882　江戸後期～明治期の漆芸家
実厳　じつごん
実厳　平安後期の法勝寺の僧
実厳　平安後期・鎌倉前期の仏師
実厳　1338～？　南北朝時代の天台宗の僧
実子　じつし　⇔さねこ
洞院（とういん）実子　南北朝時代の女性。醍醐天皇の宮人
実寿　じつじゅ
実寿　鎌倉後期の僧侶・歌人
実修　じつしゅう
実修　1145～？　平安後期の天台宗の僧・歌人
実秀　じつしゅう　⇔さねひで
実秀　1560～1615　安土桃山・江戸前期の法相宗の僧
実俊　じつしゅん　⇔さねとし
実俊　1618～1702　江戸前期・中期の天台宗の僧
実順　じつじゅん
実順　南北朝・室町時代の真言宗の僧
小野（おの）実順　1835～1876　江戸後期～明治期の人。第一回北海道移住の人員
実助　じつじょ
実助　1419～1482　室町・戦国時代の天台宗の僧
実恕　じつじょ
実恕　1714～？　江戸中期の天台宗の僧
実承　じつしょう
実承　鎌倉後期の天台宗の僧・歌人
実性　じつしょう
実性　892～956　平安前期・中期の天台僧
実性　1213～1277　鎌倉前期・後期の法相宗の僧
実性　鎌倉後期の天台宗の僧・歌人
実清　じつしょう　⇔さねきよ，じっせい
実清　鎌倉後期の僧侶・歌人
実乗　じつじょう
実乗　？～1627頃　安土桃山・江戸前期の僧
実乗　江戸後期の天台宗の僧
積空（せきくう）実乗　江戸後期の僧
実浄　じつじょう
実浄　1675～1744　江戸前期・中期の真言宗の僧
実成　じつじょう　⇔さねなり
実成　鎌倉前期の浄土宗の僧
実真　じっしん　⇔さねまさ
実真　1276～1354　鎌倉後期・南北朝時代の僧
実深　じつしん
実深　平安後期の絵師
実甚　じつじん
実甚　鎌倉後期の僧侶・歌人
実清　じっせい　⇔さねきよ，じつしょう
真喜屋（まきや）実清　江戸前期の筑登之親雲上
実誓　じっせい
実誓　972～1027　平安中期の天台宗の僧・歌人
実西　じっせい
実西　平安後期・鎌倉前期の僧
実泉　じっせん
実泉　南北朝時代の真言宗の僧
実泉　安土桃山・江戸前期の社僧
実善　じつぜん
実善　安土桃山・江戸前期の天台宗の僧

実全 じつぜん
実全 戦国・安土桃山時代の天台宗の僧
実禅 じつぜん
新羅(しんら)実禅 1826～1899 江戸後期～明治期の禅僧
十千亭 じっせんてい
十千亭 江戸中期・後期の本草家
実聡 じっそう
実聡 1250～1328 鎌倉前期・後期の法相宗の僧、歌人
実相 じつそう
宮武(みやたけ)実相 1756～1824 江戸中期・後期の僧侶、寺子屋師匠
し
実蔵 じつぞう
実蔵 南北朝時代の僧侶・歌人
鈴木(すずき)実蔵 1851～1909 江戸後期～明治期の天理教忍町分教会初代会長
山本(やまもと)実蔵 1850～1923 江戸末期～大正期の愛知県牛馬耕伝習所教師
実尊 じっそん
実尊 南北朝時代の真言宗の僧
十竹 じっちく
十竹 1794～1851 江戸後期の俳人・修験僧
中村(なかむら)十竹 江戸後期の藩士
実中 じっちゅう
実中 戦国時代の臨済宗の僧・連歌作者
実澄 じっちょう ⇔さえんずみ, さねずみ
実澄 1302～? 鎌倉後期・南北朝時代の真言宗の僧、歌人
実超 じっちょう
実超 ?～1322 鎌倉後期の天台宗の僧・歌人
実徹 じってつ
実徹 江戸末期・明治期の天台宗の僧
実憧 じつどう
実憧 1738～1813 江戸後期の真言宗の僧
実徳 じっとく ⇔さねのり
園田(そのだ)実徳 1825～1882 江戸後期～明治期の薩摩の唐通事
実如 じつにょ
実如 1750～? 江戸中期・後期の天台宗の僧
実任 じつにん ⇔さねとう
実任 平安後期の真言宗の僧
実然 じつねん
実然 安土桃山・江戸前期の天台宗の僧
実範 じっぱん ⇔さねのり
実範 安土桃山時代の真言宗の僧・連歌作者
実聞 じつぶん
実聞 江戸中期の僧
十平 じっぺい ⇔じゅっぺい
白井(しらい)十平 1846～1885 江戸後期～明治期の旧藩士
志津摩 しづま
木村(きむら)志津摩 江戸後期の舞戸村の正八幡宮神官、寺子屋師匠
実満 じつまん ⇔さねみつ
児玉(こだま)実満 1764～1835 江戸中期・後期の郷土史家
実門 じつもん
実門 江戸後期の俳人
実祐 じつゆう ⇔さねすけ
実祐 1505～1591 戦国・安土桃山時代の天台宗の僧
実祐 1618～? 江戸前期の華厳宗の僧
実雄 じつゆう ⇔さねお
実雄 戦国時代の天台宗の僧
実雄 1544～1618 戦国～江戸前期の古義真言宗の僧
実融 じつゆう
実融 江戸後期の天台宗の僧
実誉 じつよ
実誉 鎌倉後期の僧侶・歌人
実了 じつりょう
長遠寺(ちょうえんじ)実了 戦国時代の武将。武田家臣
実倫 じつりん ⇔さねのり
実倫 江戸後期の天台宗の僧
実霊 じつれい
実霊 ?～1800 江戸中期・後期の天台宗の僧
芝亭 してい
小浜(おばま)芝亭 1736～1832 江戸中期・後期の郷黌毓英館教授、初代総裁
紫笛 してき
筒乱屋(どうらんや)紫笛 江戸中期の革細工師
士哲 してつ
魏(ぎ)士哲 1653～1738 江戸前期・中期の補唇(兎唇治療)の技術導入者
自徹 じてつ
鈴木(すずき)自徹 江戸中期の「礼用記」の著者
慈伝 じでん
慈伝 ?～1362 鎌倉後期・南北朝時代の天台宗の僧、歌人
子登 しとう
子登 江戸中期の僧侶
紫涛 しとう
岸(きし)紫涛 1709～1779 江戸中期の新見藩士、歌人、漢学者
志道 しどう
片岡(かたおか)志道 1796～1885 江戸後期～明治期の藩士
止堂 しどう
安藤(あんどう)止堂 江戸末期・明治期の画家
紫道 しどう
紫道 ?～1741 江戸中期の俳諧作者
至道 しどう
東洲(とうしゅう)至道 鎌倉時代の僧
自当 じとう
自当 戦国時代の画家

次藤太　じとうた
松浦(まつうら)次藤太　1760〜1832　江戸中期・後期の藍商

子徳　しとく
藤田(ふじた)子徳　江戸後期の和算家

耳得　じとく
耳得　江戸中期の俳人

自得　じとく
永井(ながい)自得　1661〜1731　江戸中期の書家《永井如瓶》

二徳　じとく
二徳　?〜1701　江戸中期の俳人

志止禰　しとね
錦部(にしきべ)志止禰　奈良時代の人。天平勝宝8年11月5日の新島荘券第1に見える

蔀　しとみ
高橋(たかはし)蔀　1825〜?　江戸後期・末期の手習所師匠

至純　しどん
大徹(だいてつ)至純　南北朝時代の西岸寺中興の祖

品三郎　しなさぶろう
岡島(おかじま)品三郎　江戸末期の新撰組隊士

品三　しなぞう
粟谷(あわたに)品三　1830〜1895　江戸後期〜明治期の実業家、政治家

信濃　しなの
岡(おか)信濃　?〜1579　安土桃山時代の武将
中島(なかじま)信濃　?〜1615　江戸前期の豊臣秀吉の小姓
松本(まつもと)信濃　?〜1601　安土桃山時代の部将

信濃貞行　しなのさだゆき
塩川(しおかわ)信濃貞行　1581〜1668　安土桃山・江戸前期の豊臣秀吉・秀頼の家臣

信濃入道　しなのにゅうどう
善(ぜん)信濃入道　戦国時代の上野国衆
原(はら)信濃入道　?〜1470　室町・戦国時代の武士。弥富原氏一族の一人

信濃守勝足　しなののかみかつたり
平賀(ひらが)信濃守勝足　?〜1871　江戸後期〜明治期の100代長崎奉行

信濃守頼直　しなののかみよりなお
大野(おおの)信濃守頼直　?〜1615　江戸前期の武士

時仁　じにん
時仁　平安前期の仏師

自然　じねん
李(り)自然　奈良時代の女性。入唐した大春日浄足が唐で娶った唐人。延暦11年従五位下

自然斎　じねんさい
自然斎　1821〜1877　江戸後期〜明治期の陶画工
松田(まつだ)自然斎　1723〜1788　江戸中期・後期の漢学者

慈能　じのう
慈能　?〜1376　南北朝時代の天台宗の僧・歌人

時能　じのう
時能　安土桃山時代の天台宗の僧・連歌作者

篠右衛門　しのうえもん
小沢(おざわ)篠右衛門　1803〜1870　江戸後期の水路開発者

篠嶋王　しのしまおう
篠嶋王　平安前期の官人

篠原王　しのはらおう
篠原王　奈良時代の官人

信夫　しのぶ　⇔しんぷ
村上(むらかみ)信夫　1840〜?　江戸後期・末期の神職

し

史白　しはく
鸚鵡亭(おうむてい)史白　1820〜1896　江戸後期〜明治期の俳人

子伯　しはく
林(はやし)子伯　江戸中期の医者

紫陌　しはく
紫陌　1767〜1833　江戸中期・後期の俳人

芝柏　しはく
根来(ねごろ)芝柏　?〜1713　江戸前期・中期の俳諧師

紫麦　しばく
紫麦　江戸後期の俳人

慈珀　じはく
姉小路(あねがこうじ)慈珀　戦国時代の飛騨国司の姉小路済継の子

柴太郎　しばたろう
川出(かわで)柴太郎　1856〜?　江戸末期の七宝作家

次八　じはち
宮村(みやむら)次八　?〜1823　江戸後期の義民。宮村の百姓

次八郎　じはちろう
平田(ひらた)次八郎　1834〜1908　江戸後期〜明治期の商業・銀行家

使帆　しはん
使帆　江戸中期の俳人

慈般　じはん
慈般　江戸後期の天台宗の僧・国学者

支百　しひゃく
支百　1743〜1792　江戸中期・後期の俳人

次兵衛　じひょうえ　⇔じびょうえ, じへえ
日高(ひだか)次兵衛　江戸末期・明治期の人。旧佐土原藩士、のち郡方役人

治兵衛　じひょうえ　⇔じへい, じへえ
湯川(ゆかわ)治兵衛　江戸前期の大野治長・京極忠高・森長継の家臣

次兵衛　じびょうえ　⇔じひょうえ, じへえ
村山(むらやま)次兵衛　江戸中期の長崎の富豪

治兵衛真乗　じひょうえさねのり
浅香(あさか)治兵衛真乗　江戸前期の豊臣秀頼の家臣

治兵衛広昌　じひょうえひろまさ
永田（ながた）治兵衛広昌　1600～？　安土桃山時代の武士。大坂の陣で籠城。後、織田高長に仕えた

治部　じぶ
浜田（はまだ）治部　安土桃山・江戸前期の武将
藤森（ふじもり）治部　戦国時代の武将。武田家臣
増山（ますやま）治部　江戸中期の歌人
宮本（みやもと）治部　安土桃山時代の信濃国筑摩郡青柳の神官か
吉田（よしだ）治部　江戸前期の武士。大坂の陣で籠城。旧主長宗我部盛親に属した

市楓　しふう
市楓　江戸中期の俳人

志風　しふう
志風　江戸中期の雑俳点者

思風　しふう
葛城（かつらぎ）思風　1852～1912　江戸後期～明治期の写真家

之楓　しふう
之楓　江戸後期の俳人

似風　じふう
似風　？～1826　江戸後期の俳人

時風　じふう　⇔ときかぜ
山中（やまなか）時風　1738～1796　江戸中期・後期の淡々流俳人

耳風　じふう　⇔みみかぜ
耳風　1764～1840　江戸中期・後期の俳人

治部右衛門　じぶうえもん　⇔じぶえもん
窪田（くぼた）治部右衛門　1808～？　江戸後期の武士

治部右衛門　じぶえもん　⇔じぶうえもん
石原（いしはら）治部右衛門　戦国時代の武将。武田家臣
窪田（くぼた）治部右衛門　1808～？　江戸後期の武士《窪田治部右衛門》
塩津（しおづ）治部右衛門　安土桃山時代の穴山信君の家臣
高橋（たかはし）治部右衛門　江戸前期の三島代官竹内信成の手代

治部右衛門倶重　じぶえもんともしげ
平田（ひらた）治部右衛門倶重　1590～1614　安土桃山・江戸前期の津田九郎次郎信治・小田原北条家・播磨池田家の家臣。その後牢人

治部右衛門尉　じぶえもんのじょう
佐野（さの）治部右衛門尉　安土桃山時代の甲斐国下部の土豪

治部卿　じぶきょう
治部卿　1152～1231　平安後期・鎌倉前期の女性。平清盛の四男知盛の室
治部卿　鎌倉時代の女性

治部卿局　じぶきょうのつぼね
治部卿局　1152～1231　平安後期・鎌倉前期の女性。平清盛の四男知盛の室《治部卿》

子復　しふく
稲垣（いながき）子復　江戸後期の画家

治部左衛門　じぶざえもん
大橋（おおはし）治部左衛門　戦国時代の舞々
岡部（おかべ）治部左衛門　？～1581　安土桃山時代の武田氏の家臣。同心の筆頭として活動
鈴木（すずき）治部左衛門　戦国時代の相模の大工
戸田（とだ）治部左衛門　江戸時代の大垣藩家老
古尾谷（ふるおや）治部左衛門　戦国時代の北条氏の家臣
山田（やまだ）治部左衛門　？～1556　戦国時代の織田信長の家臣

治部左衛門正頼　じぶざえもんまさより
平井（ひらい）治部左衛門正頼　？～1594　安土桃山時代の武士。湯川直春に属したが、牢人

治部少輔　じぶしょう　⇔じぶしょうゆう, じぶのしょう
春日（かすが）治部少輔　安土桃山時代の信濃国伊那郡の国衆
木滝（きだき）治部少輔　戦国時代の常陸国鹿島郡木滝（茨城県鹿嶋市）の在地領主・地侍
高城（たかぎ）治部少輔　戦国時代の武将

治部少輔　じぶしょうゆう　⇔じぶしょう, じぶのしょう
荒井（あらい）治部少輔　戦国時代の剣術家
西条（にしじょう）治部少輔　戦国時代の武将

治部大輔　じぶだゆう　⇔じぶのだゆう
上倉（かみくら）治部大輔　？～1599　安土桃山時代の信濃国水内郡上倉郷の国衆

治部少輔　じぶのしょう　⇔じぶしょう, じぶしょうゆう
荒川（あらかわ）治部少輔　安土桃山時代の織田信長の家臣
荒川（あらかわ）治部少輔　安土桃山時代の武田氏の家臣
入沢（いりさわ）治部少輔　安土桃山時代の上野群馬郡入沢郷の土豪
小田切（おだぎり）治部少輔　戦国時代の葦名氏の家臣
小山（おやま）治部少輔　戦国時代の小山一族
里見（さとみ）治部少輔　戦国時代の稲村公方足利満貞の近臣
楡井（にれい）治部少輔　戦国時代の上杉氏の家臣
水野（みずの）治部少輔　？～1575　安土桃山時代の武田氏の家臣、禰津月直の被官
三田（みた）治部少輔　戦国時代の北条氏照の臣

治部丞　じぶのじょう
熊谷（くまがい）治部丞　安土桃山時代の織田信長の家臣
黒坂（くろさか）治部丞　戦国時代の嶺下郷岩坂村（富津市）の土豪・地侍
牲川（にえかわ）治部丞　安土桃山時代の織田信長の家臣
村田（むらた）治部丞　安土桃山時代の織田信長の家臣

治部亮 じぶのすけ
徳善(とくぜん)治部亮 南北朝時代の祖谷山徳善名の名主
治部大輔 じぶのだゆう ⇔じぶだゆう
栗原(くりはら)治部大輔 室町・戦国時代の武田氏の家臣
子文 しぶん
都築(つづき)子文 ?～1907 江戸末期・明治期の医師
紫文斎 しぶんさい
宇治(うじ)紫文斎 江戸後期・末期の材木町名主、文人
四平 しへい
春藤(しゅんどう)四平 1827～1877 江戸後期～明治期の俳人
次平 じへい
中富(なかとみ)次平 ?～1880 江戸後期～明治期の和算家
怒栗(ぬぐり)次平 安土桃山時代の検地役人
治兵衛 じへい ⇔じひょうえ, じへえ
岡田(おかだ)治兵衛 江戸中期の弘前市富田町の開発者
藤野(ふじの)治兵衛 江戸末期の流人
治平 じへい ⇔じへえ
有山(ありやま)治平 江戸中期の考証家
菅(かん)治平 1842～1909 江戸後期～明治期の人。二戸地域の青年たちの啓蒙・修養団体会輔社の指導者
弭間(はずま)治平 1745～1816 江戸中期・後期の書家
四兵衛 しへえ
荒谷(あらや)四兵衛 1619～? 江戸前期の広須新田開発者
大場(おおば)四兵衛 江戸前期の玉造郡鬼首村肝入
三戸(みと)四兵衛 ?～1776 江戸中期の萩藩士
次兵衛 じへえ ⇔じひょうえ, じびょうえ
次兵衛 江戸前期の農民
次兵衛 江戸中期の高野山寺領安良見村の農民
次兵衛 ?～1819 江戸中期・後期の仁多郡石村の年寄職
浅山(あさやま)次兵衛 ?～1637 江戸前期の武士
大鋸屋(おがや)次兵衛 江戸前期の城端町町年寄
真虫(まむし)次兵衛 江戸前期の侠客
治兵衛 じへえ ⇔じひょうえ, じへい
治兵衛 江戸後期の陶工
石井(いしい)治兵衛〔2代〕 ?～1772 江戸中期の料理人
石井(いしい)治兵衛〔4代〕 1743～1811 江戸中期・後期の料理人
岡崎(おかざき)治兵衛 1617～1700 江戸前期・中期の測量技師、数学者
嘉納(かのう)治兵衛〔1代〕 江戸中期の醸造家。白鶴酒造の始祖
紙屋(かみや)治兵衛 ?～1720 江戸前期・中期の商人
鈴木(すずき)治兵衛 ?～1818 江戸中期・後期の福田村組頭、俳人
鈴木(すずき)治兵衛 江戸後期の三浦郡大津村民
須田(すだ)治兵衛 ?～1734 江戸中期の南村の名主・豪商
橘屋(たちばなや)治兵衛 江戸中期の書肆
田村(たむら)治兵衛 1822～1902 江戸後期～明治期の尊攘家
土師(はじ)治兵衛 1662～1737 江戸前期・中期の岡山藩の大庄屋・在方下役人
浜武(はまたけ)治兵衛 1807～1872 江戸後期～明治期の肥前長崎糸割符宿老・文人
原川(はらかわ)治兵衛 1839～1903 江戸後期～明治期の産業教育の推進者
菱屋(ひしや)治兵衛 江戸前期・中期の京都の出版書肆
平野(ひらの)治兵衛 1757～1825 江戸中期・後期の俳人《平野平角》
町方村(まちかたむら)治兵衛 ?～1773 江戸中期の義民。小八賀町方村の名主
水野(みずの)治兵衛 ?～1683 江戸前期の武士
村上(むらかみ)治兵衛 江戸前期の岡山藩士
森屋(もりや)治兵衛 江戸後期～明治期の版元
奴(やっこ)治兵衛 江戸時代の侠客
治平 じへえ ⇔じへい
中屋(なかや)治平 ?～1880 江戸後期～明治期の算学者
之甫 しほ
相河屋(そうがわや)之甫 ?～1781 江戸中期の加賀国石川郡松任町の俳人
四峰 しほう
吉益(よします)四峰 1834～1921 江戸末期～大正期の医師
士方 しほう
士方 1801～1870 江戸後期～明治期の俳諧作者
士豊 しほう
大国(おおくに)士豊 1779～1844 江戸中期・後期の画家
士鳳 しほう
士鳳 1741～1817 江戸中期・後期の剣術家。神道無念流《松村源六郎》
紫峰 しほう
内藤(ないとう)紫峰 ?～1830 江戸後期の浮世絵師
柳原(やなぎわら)紫峰 江戸後期の国学者
至芳 しほう
至芳 ?～1771 江戸中期の俳人
示蜂 しほう
示蜂 江戸中期の俳人
芝峰 しほう
芝峰 江戸後期の俳人
慈峰 じほう
慈峰 1673～1747 江戸前期・中期の臨済宗の僧
慈芳 じほう
慈芳 1731～1804 江戸中期・後期の天台宗の僧
中西(なかにし)慈芳 1849～1917 江戸末期～大正期の僧侶

持宝　じほう
持宝　1416～？　室町時代の華厳宗の僧
時宝　じほう
時宝　鎌倉後期・南北朝時代の華厳宗の僧、連歌作者
二峰　じほう　⇔にほう
高林(たかばやし)二峰　1819～1897　江戸末期・明治期の書家
子匹　しぼく
金沢(かなざわ)子匹　？～1805　江戸中期・後期の岡崎城下の文化人
只木　しぼく
只木　江戸前期の雑俳点者
至本　しほん
至本　南北朝時代の貿易商人
志摩　しま
岩下(いわした)志摩　安土桃山時代の信濃国筑摩郡会田の国衆
久保(くぼ)志摩　安土桃山時代の信濃国筑摩郡明科の土豪
甲良(こうら)志摩　江戸中期の大工の棟梁
城生(じょう)志摩　安土桃山・江戸前期の武士
鳥居(とりい)志摩　？～1863　江戸後期・末期の武士
古内(ふるうち)志摩　？～1673　江戸前期の奉行職
星野(ほしの)志摩　江戸末期の武士
宮脇(みやわき)志摩　1797～1837　江戸後期の大塩の乱参加者
子邁　しまい
子邁　江戸後期の俳人
島右衛門　しまえもん
大江(おおえ)島右衛門　1742～1799　江戸中期・後期の剣術家。自在神仙流祖
嶋公　しまきみ
榎井(えのいの)嶋公　平安前期の官人
嶋国　しまくに
林(はやしの)嶋国　奈良時代の官人
島子　しまこ
津守(つもりの)島子　平安後期の女官
嶋子　しまこ
去返公(さるがえしのきみ)嶋子　平安前期の夷俘
島子夫人　しまこふじん
島子夫人　1568～1655　安土桃山・江戸前期の女性。喜連川塩谷氏17代城主惟久の妻。喜連川足利氏の基を築く
嶋足　しまたり
荊(いばらの)嶋足　奈良時代の官人
嶋継　しまつぐ
三嶋(みしまの)嶋継　平安前期の技術部門の官人
志真刀自女　しまとじめ
大田部(おおたべの)志真刀自女　平安前期の佐渡国の人
嶋長　しまなが
榎井(えのいの)嶋長　平安前期の官人
島也　しまなり
便財亭(べんざいてい)島也　江戸後期の狂歌作者
嶋主　しまぬし
朝原(あさはらの)嶋主　平安前期の官人
島野　しまの
岡本(おかもと)島野　1807～1843　江戸後期の老女
志摩守広高　しまのかみひろたか
寺沢(てらさわ)志摩守広高　1563～1633　安土桃山・江戸前期の初代長崎奉行
志摩守康恒　しまのかみやすつね
正木(まさき)志摩守康恒　1710～1787　江戸中期の57代長崎奉行
志摩守義制　しまのかみよしさだ
牧(まき)志摩守義制　1801～1853　江戸後期の105代長崎奉行
志摩丞　しまのじょう
山下(やました)志摩丞　江戸前期の渡航者
志摩之亮　しまのすけ
古木(ふるき)志摩之亮　？～1867　江戸後期・末期の漢学者、神主
嶋之助　しまのすけ
石槌(いしづち)嶋之助　江戸中期の藩御抱力士
島人　しまひと
巨勢(こせの)島人　平安前期の官人
島麻呂　しままろ
太秦公(うずまさぎみの)島麻呂　奈良時代の豪族
島麿　しままろ
泊瀬(はつせ)島麿　江戸中期の国学者
嶋麻呂　しままろ
高橋(たかはしの)嶋麻呂　飛鳥時代の官人
津守(つもり)嶋麻呂　奈良時代の神職
三嶋(みしまの)嶋麻呂　奈良時代の官人
島村　しまむら
巨勢(こせの)島村　奈良時代の官吏《巨勢斐太島村》
島守　しまもり
半布臣(はにうみのおみ)島守　奈良時代の朝集雑掌
志密　しみつ
志密　江戸中期の浄土真宗の僧
慈明　じみょう
慈明　江戸末期の僧侶
滋妙　じみょう
滋妙　1291～1361　鎌倉後期・南北朝時代の僧
しめ
高橋(たかはし)しめ　1768～1795　江戸中期・後期の女性。天文暦学者高橋東岡の妻、景保の母
糸目　しめ
脇野(わきの)糸目　江戸前期の木村重成の旗奉行
四明　しめい
本田(ほんだ)四明　1762～1809　江戸後期の熊本藩士
士明　しめい
高沢(たかざわ)士明　江戸後期の俳人

市明　しめい
木村（きむら）市明　1717～1787　江戸中期の三崎町の俳人

思明　しめい
思明　室町時代の鎌倉極楽寺の僧侶
寺田（てらだ）思明　江戸中期の書肆

紫溟　しめい
相木（あいき）紫溟　？～1859　江戸後期・末期の漢学者
吉雄（よしお）紫溟　江戸後期の医者
吉村（よしむら）紫溟　1749～1805　江戸中期・後期の漢詩人、儒者

自明　じめい
羽田（はだ）自明　？～1826　江戸中期・後期の加賀国河北郡高松村の俳人

四目之進　しめのしん　⇔しめのすけ
真田（さなだ）四目之進　1844～1868　江戸後期・末期の新撰組隊士

七五三之進　しめのしん
蟻通（ありどおし）七五三之進　江戸末期の新撰組隊士

四目之進　しめのすけ　⇔しめのしん
真田（さなだ）四目之進　1844～1868　江戸後期・末期の新撰組隊士《真田四目之進》

七五三兵衛　しめのひょうえ
真鍋（まなべ）七五三兵衛　？～1576　戦国・安土桃山時代の織田信長の家臣

糸目行晴　しめゆきはる
橋爪（はしづめ）糸目行晴　江戸前期の人。那智山滝本執行橋爪坊良仙法院の養嗣子

下総　しもうさ　⇔しもふさ
吉川（よしかわ）下総　？～1592　戦国・安土桃山時代の上相原村曹洞宗昌泉寺の開基

下総入道　しもうさにゅうどう
鬼柳（おにやなぎ）下総入道　南北朝・室町時代の武士

下総守吉政　しもうさのかみよしまさ
酒井（さかい）下総守吉政　？～1615　江戸前期の豊臣秀吉・秀頼の家臣

霜右衛門　しもえもん
霜右衛門　安土桃山時代の北山郷の名主

下野　しもつけ
下野　鎌倉前期の女房歌人
八島（やしま）下野　？～1673　江戸前期の義民

下野守景明　しもつけのかみかげあき
土橋（つちはし）下野守景明　江戸前期の武士。大坂の陣で籠城

下野守定秀　しもつけのかみさだひで
菅沼（すがぬま）下野守定秀　1699～1758　江戸中期の54代長崎奉行

下野局　しもつけのつぼね
下野局　鎌倉後期の女性。亀山天皇の宮人

下総　しもふさ　⇔しもうさ
下総　1665～1739　江戸前期・中期の女性。3代尾張藩主徳川綱誠の側室
召田（めしだ）下総　安土桃山時代の信濃国筑摩郡会田の土豪

下総守忠堯　しもふさのかみただたか
松平（まつだいら）下総守忠堯　1802～1864　江戸末期の大名。伊勢桑名藩主、武蔵忍藩主《松平忠堯》

自聞　じもん
香山（こうざん）自聞　1820～1885　江戸後期～明治期の僧侶

自問　じもん
自問　江戸中期の俳諧師

シモン円甫　しもんえんぽ
シモン円甫　？～1623　安土桃山・江戸前期のキリシタン

旨屋　しや　⇔しおく
長真氏（ながまうじ）旨屋　？～1642　安土桃山・江戸前期の甘藷（サツマイモ）伝来者《長真氏旨屋》

釈迦　しゃか
釈迦　安土桃山時代の蒔絵師

車蓋　しゃがい
車蓋　？～1795　江戸中期・後期の俳人

舎珂城　しゃかじょう
稲葉（いなば）舎珂城　1726～1764　江戸中期の滑川の俳人

寂阿　じゃくあ
寂阿　鎌倉時代の僧侶・連歌作者

寂意　じゃくい
寂意　鎌倉後期・南北朝時代の連歌師

寂雲　じゃくうん
寂雲　奈良時代の東大寺の僧
潤宗（じゅんしゅう）寂雲　1667～1746　江戸前期・中期の曹洞宗の僧

寂円　じゃくえん
寂円　996頃～1080　平安中期・後期の上醍醐理趣坊の僧（入道）
宝慶寺（ほうきょうじ）寂円　1207～1299　鎌倉前期・後期の宝慶寺の開祖

寂縁　じゃくえん
寂縁　鎌倉前期の僧侶・歌人

若翁　じゃくおう
堀（ほり）若翁　1734～1814　江戸中期・後期の俳人

寂翁　じゃくおう
石塚（いしづか）寂翁　江戸後期の歌人
幻交庵（げんこうあん）寂翁　江戸後期の歌人

雀翁　じゃくおう
阿北斎（あほくさい）雀翁　1747～1810　江戸中期・後期の狂歌師

綽玄　しゃくげん
綽玄　南北朝時代の僧

寂源　じゃくげん
寂源　965～1024　平安中期の天台宗の僧
寂源　1630～1696　江戸前期・中期の社僧、書家

寂玄　じゃくげん
寂玄　江戸中期の浄土真宗の僧

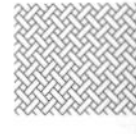

雀斎 じゃくさい
珠(しゅ)雀斎 江戸中期の浮世絵師
鵲斎 じゃくさい ⇔せきさい
磯野(いその)鵲斎 1742〜1817 江戸中期・後期の医者
寂芝 じゃくし
寂芝 江戸中期の俳諧作者
雀志 じゃくし
斎藤(さいとう)雀志 1851〜1908 江戸後期〜明治期の俳人
寂而 じゃくじ
定山(じょうざん)寂而 1676〜1736 江戸前期・中期の臨済宗の僧
寂潤 じゃくじゅん
寂潤 江戸中期の天台宗の僧
寂昌 じゃくしょう
寂昌 南北朝時代以前の僧侶・歌人
寂照 じゃくしょう
寂照 ?〜1810 江戸中期・後期の浄土真宗の僧
寂証 じゃくしょう
寂証 1321〜? 鎌倉後期・南北朝時代の天台宗の僧
寂静 じゃくじょう
長野(ながの)寂静 1840〜1916 江戸末期〜大正期の僧侶
寂信 じゃくしん
寂信 鎌倉後期の僧侶・歌人
寂真 じゃくしん
寂真 室町時代の僧侶・歌人
若人 じゃくじん ⇔わかひと
若人 江戸中期の雑俳点者
久保島(くぼじま)若人 1763〜1851 江戸後期の俳人
若水 じゃくすい
加藤(かとう)若水 江戸末期の歌人
馬場(ばば)若水 江戸後期の藩士
寂仙 じゃくせん
寂仙 ?〜758 奈良時代の石鎚山の修験僧
寂然 じゃくぜん ⇔じゃくねん
寂然 平安末期の僧・歌人
雀叟 じゃくそう
雀叟 1766〜1829 江戸中期・後期の俳諧作者。磯部氏
鵲巣 じゃくそう
葛西(かさい)鵲巣 1769〜1849 江戸中期・後期の医師、俳人
豊福(とよふく)鵲巣 1749〜1814 江戸後期の俳人
寂潭 じゃくたん
寂潭 1655〜1733 江戸前期・中期の黄檗宗の僧
寂澄 じゃくちょう
寂澄 江戸中期の浄土真宗の僧
寂超 じゃくちょう
寂超 江戸中期の天台宗の僧
綽堂 しゃくどう
大橋(おおはし)綽堂 1820〜1878 江戸後期〜明治期の医者・漢学者
寂堂 じゃくどう
寂堂 江戸前期の真言宗の僧
杲宥(こうゆう)寂堂 ?〜1696 江戸前期・中期の真言宗の僧
寂導 じゃくどう
丹羽(にわ)寂導 1812〜1904 江戸後期〜明治期の僧
綽如 しゃくにょ
綽如 1350〜1393 南北朝時代の真宗の僧
寂然 じゃくねん ⇔じゃくぜん
寂然 1706〜1781 江戸前期・中期の真言宗の僧
寂然 1682〜1756 江戸前期・中期の真言宗の僧
寂峰 じゃくほう
月堂(げつどう)寂峰 ?〜1735 江戸中期の曹洞宗の僧
寂峯 じゃくほう
花岳庵(かがくあん)寂峯 江戸中期の歌人
寂本 じゃくほん
寂本 1631〜? 江戸前期・中期の真言宗の僧
寂滅 じゃくめつ
寂滅 鎌倉前期の僧侶
寂黙 じゃくもく
寂黙 江戸中期の真言宗の僧
寂門 じゃくもん
寂門 江戸前期の僧侶
寂曜 じゃくよう
伝法寺(でんぽうじ)寂曜 ?〜1780 江戸中期の詩文家
寂林 じゃくりん
寂林 奈良時代の僧侶
舎鰲 しゃごう
舎鰲 ?〜1764 江戸中期の俳人
舎朶 しゃだ
舎朶 1677〜? 江戸前期・中期の俳人
車大 しゃだい
車大 江戸後期の俳人
若光 じゃっこう ⇔わかみつ
高麗王(こまおう)若光 ?〜748 奈良時代の高麗氏の始祖
社笛 しゃてき
社笛 江戸中期の雑俳点者
斜天 しゃてん
斜天 江戸中期の俳人
洒入 しゃにゅう
洒入 江戸後期の俳人
遮莫 しゃばく
遮莫 室町時代の画僧
舎鳳 しゃほう
舎鳳 江戸中期の俳人
舎桲 しゃぼつ
舎桲 1707〜1777 江戸中期の俳人《舎桲》

舎桲 しゃぼつ
舎桲 1707〜1777 江戸中期の俳人

舎遊 しゃゆう
舎遊 江戸中期の俳人

舎用 しゃよう
舎用 1795〜1859 江戸後期・末期の俳人

車庸 しゃよう
潮江(しおえ)車庸 江戸中期の商家、俳人

沙羅 しゃら
沙羅 江戸中期の俳人

車来 しゃらい
山岸(やまぎし)車来 1674〜1733 江戸前期・中期の俳人

舎利尼 しゃりに
舎利尼 奈良時代の尼僧

車両 しゃりょう
車両 江戸後期の俳人

車隣 しゃりん
黒崎(くろさき)車隣 江戸後期の俳人

しゆ
徳永(とくなが)しゆ 江戸中期の女性。藺草栽培と畳表の製造を伝えた

寿 じゅ ⇔ひさし
蔡(さい)寿 江戸中期の八重山在番

住阿弥 じゅあみ ⇔じゅうあみ
住阿弥 ?〜1578 戦国・安土桃山時代の織田信長の家臣

寿安 じゅあん ⇔ひさやす
桑原(くわばら)寿安 1776〜? 江戸中期・後期の医者
二村(ふたむら)寿安 江戸前期の商人
吉山(よしやま)寿安 1798〜1839 江戸後期の漢学者

寿庵 じゅあん
寿庵 江戸時代のキリシタン
大村(おおむら)寿庵 江戸前期の医者
北山(きたやま)寿庵 江戸中期の医者
七条(しちじょう)寿庵 江戸中期の医者
竹内(たけうち)寿庵 1670〜1755 江戸前期・中期の医者。浄土真宗の僧
橘(たちばな)寿庵 江戸時代の漢学者

樹庵 じゅあん
岡上(おかのうえ)樹庵 1828〜1871 江戸後期〜明治期の医師

就安 じゅあん ⇔なりやす
坂井(さかい)就安 ?〜1638 安土桃山・江戸前期の加賀藩士

主一 しゅいち
主一 ?〜1740 江戸中期の浄土宗の僧

守一 しゅいち ⇔もりいち, もりかず
内田(うちだ)守一 1855〜? 江戸末期・明治期の医学者《内田守一》

主一郎 しゅいちろう
田口(たぐち)主一郎 1811〜1870 江戸後期〜明治期の側用人、町奉行

寿一郎 じゅいちろう
小西(こにし)寿一郎 江戸中期の京都銀座役人
若林(わかばやし)寿一郎 1839〜1889 江戸後期〜明治期の実業家、政治家

寿印 じゅいん
寿印 戦国時代の連歌師
如月(じょげつ)寿印 戦国時代の臨済宗の僧

寿筠 じゅいん
有和(ゆうわ)寿筠 安土桃山時代の臨済宗の僧

修 しゅう ⇔おさむ
江馬(えま)修 1804〜1890 江戸末期・明治期の蘭方医《江馬権之助》
松岡(まつおか)修 1838〜1910 江戸後期〜明治期の北海道開発に従事

秀 しゅう ⇔しげる, すぐる, ひいで, ひで
高橋(たかはし)秀 江戸後期の和算家

週 しゅう
鄭(てい)週 安土桃山時代の明の官生、書家

菘 しゅう ⇔たかし
百々(どど)菘 江戸末期の医者

四夕 しゆう ⇔しせき
四夕 1811〜1871 江戸後期〜明治期の俳人《高橋四夕》

士由 しゆう
大屋(おおや)士由 1788〜1850 江戸後期の国学者・俳人

芝友 しゆう
林(はやし)芝友 江戸後期の藩士

児遊 じゆう
石川(いしかわ)児遊 ?〜1880 江戸後期〜明治期の俳人

示右 じゆう
示右 ?〜1705 江戸前期・中期の俳人、神職

重阿 じゅうあ
重阿 室町時代の僧、連歌作者

住阿弥 じゅうあみ ⇔じゅあみ
住阿弥 ?〜1578 戦国・安土桃山時代の織田信長の家臣《住阿弥》

十阿弥 じゅうあみ
十阿弥 鎌倉後期の僧侶

周安 しゅうあん
藤野(ふじの)周安 ?〜1859 江戸末期の眼科医

周庵 しゅうあん
工藤(くどう)周庵 江戸後期の医者
村松(むらまつ)周庵 江戸後期の医師

州安 しゅうあん
州安 1400〜1490 室町・戦国時代の曹洞宗州安派の祖

修安 しゅうあん
石丸(いしまる)修安 1768〜1834 江戸中期・後期の医家

什安 じゅうあん
大田(おおた)什安 1617〜1702 江戸前期・中期の医者

重安　じゅうあん　⇔しげやす
伊勢村（いせむら）重安　江戸前期・中期の俳人

周怡　しゅうい
黒川（くろかわ）周怡　？～1809　江戸中期・後期の岡藩医学校博済館の学頭

宗意　しゅうい　⇔そうい，むねもと
宗意　1659～1732　江戸前期・中期の浄土真宗の僧

秀以　しゅうい
八木（やぎ）秀以　1823～1899　江戸後期～明治期の川尻村の医師

重以　じゅうい　⇔しげもち
重以　江戸前期の俳人
谷口（たにぐち）重以　江戸前期の俳人

十意語　じゅういご
万釈庵（ばんしゃくあん）十意語　江戸中期の浄土宗の僧

十一郎　じゅういちろう
大橋（おおはし）十一郎　江戸末期の竹沢寛三郎の部下
月岡（つきおか）十一郎　江戸末期の韮山代官江川氏の手代
松田（まつだ）十一郎　1826～？　江戸後期・末期の幕臣

秀逸　しゅういつ
相沢（あいざわ）秀逸　1850～1925　江戸末期～大正期の遠田郡大貫村の医師

秀胤　しゅういん　⇔ひでたね
秀胤　鎌倉後期以前の僧侶・歌人
秀胤　江戸後期の天台宗の僧

秋雨　しゅうう
熊谷（くまがい）秋雨　？～1863　江戸後期・末期の医者

重右衛門　じゅううえもん　⇔しげえもん，じゅうえもん
広木（ひろき）重右衛門　？～1850　江戸後期の幕府勘定方役人
福島（ふくしま）重右衛門　江戸前期の三ツ谷の名主

秀雲　しゅううん
松平（まつだいら）秀雲　1695～1781　江戸中期の尾張藩の学者。『吉蘇志略』の著者

岫雲　しゅううん
岫雲　江戸中期の連歌作者

周栄　しゅうえい
林（はやし）周栄　江戸後期の医者

周英　しゅうえい
田中（たなか）周英　江戸後期・末期の眼科医

宗英　しゅうえい　⇔そうえい
宗英　安土桃山・江戸前期の法相宗の僧

就栄　しゅうえい
梅忠（ばいちゅう）就栄　1809～1852　江戸後期の紬織職人

就英　しゅうえい
就英　江戸中期の僧侶

秀栄　しゅうえい　⇔ひでいえ，ひでなが
井上（いのうえ）秀栄　江戸後期の幕臣
瀬川（せがわ）秀栄　1848～1887　江戸後期～明治期の僧

秋英　しゅうえい
足立（あだち）秋英　1825～1895　江戸後期～明治期の杵築藩士

重栄　じゅうえい　⇔しげひで，しげよし，ちょうえい
重栄　江戸前期の俳人

重永　じゅうえい　⇔しげなが，ちょうえい
小泉（こいずみ）重永　戦国時代の信濃小県郡の国衆

周悦　しゅうえつ
木村（きむら）周悦　江戸後期の医師

十右衛門　じゅうえもん
十右衛門　江戸中期の橋本町の問屋
足立（あだち）十右衛門　1773～？　江戸中期・後期の葛飾郡栗橋の関所番
荒川（あらかわ）十右衛門　？～1841　江戸後期の藩士・俳人
伊藤（いとう）十右衛門　安土桃山時代の織田信長の家臣
上埜（うえの）十右衛門　1852～1917　江戸末期～大正期の実業家
尾崎（おざき）十右衛門　安土桃山時代の信濃国水内郡尾崎郷の国衆尾崎氏の一族？
片岡（かたおか）十右衛門　？～1615　江戸前期の片岡長雲軒入道如相の子
木戸（きど）十右衛門　1645～1726　江戸前期・中期の剣術家。水野流
小池（こいけ）十右衛門　江戸末期の武士
佐野（さの）十右衛門　安土桃山時代の甲斐国河内福士郷の土豪
ソギ（そぎ）十右衛門　江戸中期の漕術の名人
田向（たむけ）十右衛門　江戸中期の大坂の住友吉左衛門の支配人
富沢（とみさわ）十右衛門　戦国時代の里見氏家臣
那波屋（なばや）十右衛門　江戸前期の豪商
野呂（のろ）十右衛門　江戸後期の橘樹郡小机村民
疋田（ひきだ）十右衛門　1791～1862　江戸後期・末期の庄内藩付家老
菱屋（ひしや）十右衛門　江戸前期の商人
山野（やまの）十右衛門　？～1723　江戸前期・中期の兵学者、数学者、神道家
脇坂（わきさか）十右衛門　江戸後期の三井家手代
渡辺（わたなべ）十右衛門　戦国時代の里見氏に属した

重右衛門　じゅうえもん　⇔しげえもん，じゅううえもん
重右衛門　江戸後期の水車精白製粉業
重右衛門　江戸後期の三浦郡山口村民
窪田（くぼた）重右衛門　江戸前期の茅ヶ丘すそ野浅尾原開拓者
黒瀬（くろせ）重右衛門　江戸前期・中期の装剣金工
沢田（さわだ）重右衛門　1827～1884　江戸後期～明治期の馬産家

篠原(しのはら)重右衛門　1783～1860　江戸中期～末期の剣術家。一心流祖
林(はやし)重右衛門〔5代〕　1801～1839　江戸後期の漁業家
松木(まつぎ)重右衛門　?～1712　江戸前期・中期の砲術家
三沢(みさわ)重右衛門　?～1793　江戸中期・後期の綿塚村の長百姓
柚原(ゆはら)重右衛門　江戸後期の医師

重衛門　じゅうえもん
両瀬(もろせ)重衛門　安土桃山時代の信濃国筑摩郡会田の土豪

十右衛門貞則　じゅうえもんさだのり
杉生(すぎお)十右衛門貞則　1765～1830　江戸後期の小笠原藩郡代。宇島築港に尽力

十右衛門尉　じゅうえもんのじょう
西山(にしやま)十右衛門尉　1538～1614　戦国～江戸前期の武田勝頼の家臣

周円　しゅうえん
周円　1736～1775　江戸中期の歌人

秀円　しゅうえん
秀円　江戸後期の浄土真宗の僧
宮坂(みやさか)秀円　1820～1892　江戸後期～明治期の神官、書家

重遠　じゅうえん　⇔しげとう, しげとお
鈴木(すずき)重遠　江戸後期の漢学者

重淵　じゅうえん
城(じょう)重淵　1828～1900　江戸末期の高鍋藩の儒官

重応　じゅうおう　⇔しげお
塚原(つかはら)重応　1821～?　江戸後期・末期の旧幕臣、中泉学校(磐田中部小学校)初代校長

州屋　しゅうおく
福庭(ふくば)州屋　1844～1918　江戸末期～大正期の書家

周音　しゅうおん
鶴隠(かくいん)周音　?～1612　安土桃山・江戸前期の僧。鎌倉五山第二位の円覚寺塔頭仏日庵主

周可　しゅうか
周可　江戸前期・中期の地誌作者

秀可　しゅうか
秀可　江戸前期の俳人

秋瓜　しゅうか
秋瓜〔1代〕　?～1774　江戸中期の俳人《古川太無》
多少庵(たしょうあん)秋瓜　?～1790　江戸中期・後期の俳人

秀賀　しゅうが
鶴亭(かくてい)秀賀　江戸後期の戯作者

秀鷲　しゅうが
相浦(すぎうら)秀鷲　江戸後期の寺子屋の師匠

重賀　じゅうが　⇔しげよし, ちょうが
重賀　戦国時代の真言宗の僧

守海　しゅうかい
守海　1205～1266　鎌倉前期・後期の僧

周海　しゅうかい
周海　江戸中期の天台宗の僧

宗海　しゅうかい　⇔そうかい
宗海　1360～1429　南北朝・室町時代の真言宗の僧

秀海　しゅうかい
秀海　戦国時代の天台宗の僧

秀外　しゅうがい
秀外　1794～1840　江戸後期の俳人

重懐　じゅうかい
重懐　南北朝時代の僧侶

周格　しゅうかく
物先(もっせん)周格　1331～1397　鎌倉後期～室町時代の臨済宗の僧

し

聚覚　しゅうかく
宏智(こうち)聚覚　?～1561　戦国・安土桃山時代の僧侶

秀岳　しゅうがく
小川(おがわ)秀岳　?～1904　江戸末期・明治期の種痘医
髻珠(けいしゅ)秀岳　?～1757　江戸中期の曹洞宗の僧

秋岳　しゅうがく
関川(せきがわ)秋岳　1825～1887　江戸後期～明治期の寺子屋師匠

周監　しゅうかん
西谷(にしたに)周監　江戸後期の医者

周観　しゅうかん
周観　江戸前期の僧侶

秀岩　しゅうがん
馬渡(まわたり)秀岩　?～1566　戦国・安土桃山時代の橘氏主流日鼓城主渋江公勢の部将

秀起　しゅうき
徳山(とくのやま)秀起　江戸後期の幕臣

充輝　じゅうき
川上(かわかみ)充輝　江戸末期の代官

重軌　じゅうき　⇔しげみち
重軌　?～1667　江戸前期の俳人

周吉　しゅうきち
沢浦(さわうら)周吉　1822～1896　江戸後期～明治期の剣術家。直心影流
山下(やました)周吉　江戸後期の旗本足軽

修吉　しゅうきち
木下(きのした)修吉　江戸後期の医師
千原(ちはら)修吉　1833?～1882　江戸後期～明治期の養蚕功労者・戸長

重吉　じゅうきち　⇔しげきち, しげよし
黒屋(くろや)重吉　?～1573　戦国・安土桃山時代の奥平氏の家臣。仙丸のもり役
田中(たなか)重吉　1830～1908　江戸後期～明治期の篤農家
林(はやし)重吉　1842～1902　江戸後期～明治期の実業家

周休　しゅうきゅう
竹渓(ちくけい)周休　1775～1852　江戸中期・後期の僧侶・詩人

修居 しゅうきょ
味池(あじいけ)修居 1689〜1745 江戸中期の漢学者
修郷 しゅうきょう
牧山(まきやま)修郷 1834〜? 江戸後期〜明治期の医師
秀享 しゅうきょう
秀享 江戸中期の真言宗の僧
重教 じゅうきょう ⇔しげのり
鈴木(すずき)重教 1836〜1868 江戸後期〜明治期の神官・国学者
周玉 しゅうぎょく
潤甫(じゅんぽ)周玉 1504〜1549 戦国時代の臨済宗の僧・歌人
秀旭 しゅうぎょく
輝雲(きうん)秀旭 ?〜1561 戦国・安土桃山時代の曹洞宗の僧
秋錦 しゅうきん
赤松(あかまつ)秋錦 1816〜1892 江戸後期〜明治期の医師
秋琴 しゅうきん
大島(おおしま)秋琴 江戸末期の音曲家
諸熊(もろくま)秋琴 1800〜1838 江戸後期の波止場役
周誾 しゅうぎん
小尾(おび)周誾 戦国時代の甲斐国巨摩郡江草郷在郷の大工職人頭
宗誾 しゅうぎん
笑山(しょうざん)宗誾 ?〜1569 安土桃山時代の曹洞宗の僧
重吟 じゅうぎん
重吟 戦国時代の連歌師
周欽尼 しゅうきんに
周欽尼 江戸前期・中期の歌人
周勲 しゅうくん
月舟(げっしゅう)周勲 ?〜1388 南北朝時代の臨済宗高僧
周圭 しゅうけい
吉村(よしむら)周圭 江戸中期の画家
周契 しゅうけい
寰海(かんかい)周契 1730〜1767 江戸中期の臨済宗の僧・漢詩人
周敬 しゅうけい
神戸(かんべ)周敬 江戸時代の医師
周渓 しゅうけい
青木(あおき)周渓 1771〜1845 江戸中期・後期の絵師
修卿 しゅうけい
牧山(まきやま)修卿 1834〜1903 江戸末期〜明治期中期の医者
秀啓 しゅうけい
秀啓 江戸中期の浄土真宗の僧
秀慶 しゅうけい
正琳寺(しょうりんじ)秀慶 江戸後期の僧。渥美郡吉田垉六町(豊橋市花園町)裂網山正琳寺
秋渓 しゅうけい
佐野(さの)秋渓 1814〜1851 江戸後期の砲術家
什慶 じゅうけい
什慶 戦国時代の天台宗の僧
重慶 じゅうけい ⇔しげのり, しげよし, ちょうけい
重慶 1409〜1447 室町時代の天台宗の僧
湯浅(ゆあさ)重慶 江戸前期の漢学者
収月 しゅうげつ
収月 江戸中期の俳人
収月〔1代〕 ?〜1740 江戸中期の俳人
収月〔2代〕 ?〜1757 江戸中期の雑俳点者
収月〔3代〕 1724〜1803 江戸中期・後期の雑俳点者
収月〔4代〕 江戸後期の雑俳点者
秋月 しゅうげつ
秋月 江戸中期の俳人
林(はやし)秋月 江戸中期の医者
周月庵 しゅうげつあん
周月庵 1737〜1807 江戸中期・後期の商人、俳人
秀月尼 しゅうげつに
秀月尼 ?〜1648 江戸前期の女性。橘樹郡菅村領主旗本中根平十郎正朝の母
周謙 しゅうけん
大雄寺(だいおうじ)周謙 江戸末期の医師
周軒 しゅうけん
中村(なかむら)周軒 1729〜1794 江戸中期・後期の医家
宗賢 しゅうけん ⇔そうけん, むねかた, むねかね
宗賢 1674〜1736 江戸前期・中期の浄土真宗の僧
宗賢 1802〜1890 江戸後期〜明治期の僧侶
秀堅 しゅうけん ⇔ひでかた
青山(あおやま)秀堅 ?〜1863 江戸末期の幕臣《青山秀堅》
秀憲 しゅうけん ⇔ひでのり
秀憲 1469〜? 戦国時代の天台宗の僧
秀憲 安土桃山・江戸前期の天台宗の僧
秀軒 しゅうけん
渋谷(しぶや)秀軒 1791〜1870 江戸後期〜明治期の松代藩典医、漢学者
集賢 しゅうけん
集賢 鎌倉後期の仏師
周元 しゅうげん
周元 室町・戦国時代の画家
宗源 しゅうげん ⇔そうげん
宗源 1604〜1674 江戸前期の臨済宗の僧
秀源 しゅうげん
秀源 戦国時代の僧。大山寺の開基
崇言 しゅうげん
崇言 1791〜1856 江戸末期の浄土真宗の僧
充賢 じゅうけん
充賢 1777〜1834 江戸後期の浄土真宗の僧

修古　しゅうこ
修古　1719～1775　江戸中期の俳人
秋虎　しゅうこ
秋虎　？～1765　江戸中期の俳人
周午　しゅうご
周午　江戸中期の俳人
周吾　しゅうご
堀内（ほりうち）周吾　江戸末期の従者。1860年遣米使節に随行しアメリカに渡る
従吾　じゅうご
従吾　江戸中期の俳人
周興　しゅうこう
季竜（きりゅう）周興　？～1579　室町時代の臨済宗の僧
芳春院（ほうしゅんいん）周興　？～1579　戦国時代の禅僧
周光　しゅうこう
建部（たけべ）周光　安土桃山時代の織田信長の家臣
周耕　しゅうこう
周耕　室町・戦国時代の画僧
周璵　しゅうこう
笑山（しょうざん）周璵　1336～1383　南北朝時代の僧《笑山》
秀幸　しゅうこう　⇔ひでゆき
秀幸　鎌倉後期以前の僧侶・歌人
秀高　しゅうこう　⇔ひでたか
秀高　江戸前期の僧侶
秀槁　しゅうこう
秀槁　？～1584　安土桃山時代の千光寺の僧
秋江　しゅうこう
島村（しまむら）秋江　1718～1779　江戸中期の漢学者
日比野（ひびの）秋江　1750～1825　江戸中期・後期の漢学者
秋航　しゅうこう
西島（にしじま）秋航　1810～1884　江戸後期～明治期の儒者
秋香　しゅうこう
前川（まえがわ）秋香　1801～1854　江戸後期・末期の漢学者
周豪　しゅうごう
周豪　鎌倉後期・南北朝時代の画僧
重孝　じゅうこう　⇔しげたか
恵祖（えそ）重孝　1612～1667　江戸前期の首里英氏の3世
周国　しゅうこく
周国　平安時代の修験僧
秀国　しゅうこく　⇔ひでくに
秀国　1711～1796　江戸中期・後期の俳人
秀谷　しゅうこく
秀谷　江戸中期の俳人
重国　じゅうこく　⇔しげくに
増島（ますじま）重国　安土桃山・江戸前期の代官
従吾軒　じゅうごけん
田中（たなか）従吾軒　1827～1894　江戸後期～明治期の漢学者
十五郎　じゅうごろう
松田（まつだ）十五郎　1835～1914　江戸後期～明治期の剣術家。小野派一刀流
重五郎　じゅうごろう
篠崎（しのざき）重五郎　1838～1906　江戸後期～明治期の人。陸糯の改良種「江曽島糯」発見者
平井（ひらい）重五郎　江戸前期の藩御抱力士
松本（まつもと）重五郎　1824～1888　江戸後期～明治期の製糸器械改良家
宗佐　しゅうさ　⇔そうさ，そうすけ，むねすけ
宗佐　1575～？　安土桃山・江戸前期の天台宗の僧
周斎　しゅうさい
青木（あおき）周斎　1780～1821　江戸中期・後期の医者・漢学者
有磯（ありいそ）周斎　1805～1879　江戸後期～明治期の彫刻家
内田（うちだ）周斎　1784～1830　江戸中期・後期の漢学者
渋川（しぶかわ）周斎　1718～1783　江戸中期の医家
鈴鹿（すずか）周斎　江戸前期の香道家
豊由（とよよし）周斎　江戸末期の和算家
藤門（ふじのと）周斎　1692～1776　江戸中期の歌人
渡辺（わたなべ）周斎　江戸後期の商家・俳人
周西　しゅうさい
大牧（おおまき）周西　1757～1820　江戸中期・後期の医師
周斉　しゅうさい
広沢（ひろさわ）周斉　1816～1894　江戸後期～明治期の寺小屋師匠
古屋（ふるや）周斉　1801～1879　江戸後期～明治期の私塾経営者
秀斎　しゅうさい　⇔ひでなり
根来（ねごろ）秀斎　1796～1859　江戸後期の庶民教育者
藤田（ふじた）秀斎　1825～1881　江戸後期～明治期の和算家・測量家
習斎　しゅうさい
久米（くめ）習斎　江戸末期の漢詩人
藤田（ふじた）習斎　1827～1891　江戸後期～明治期の私塾経営者
脩斎　しゅうさい
原（はら）脩斎　1814～1877　江戸後期～明治期の漢学者
周左衛門　しゅうざえもん
鎌田（かまた）周左衛門　江戸時代の種子島野間村の郷士
十左衛門　じゅうざえもん
あかう（あかう）十左衛門　安土桃山時代の大野道犬の家臣
阿佐美（あさみ）十左衛門　江戸前期の秩父郡日野沢村の名主

有賀(あるが)十左衛門 ?〜1575 安土桃山時代の武士
大平(おおひら)十左衛門 江戸中期の府中村納庄屋
岡田(おかだ)十左衛門 ?〜1604 安土桃山・江戸前期の上杉氏の家臣
奥田(おくだ)十左衛門 江戸中期の京都銀座役人
河上(かわかみ)十左衛門 1571〜? 安土桃山・江戸前期の武士
日下(くさか)十左衛門 1735〜1803 江戸中期・後期の剣術家。浅山一伝流
雑賀屋(さいかや)十左衛門 江戸後期の和歌山の干鰯屋
藤間(とうま)十左衛門 戦国時代の相模南金目の名主
内藤(ないとう)十左衛門 ?〜1754 江戸中期の宝暦治水工事の犠牲者
服部(はっとり)十左衛門 江戸中期の武士
土生(はぶ)十左衛門 ?〜1640 江戸前期の義民
伴(ばん)十左衛門 安土桃山時代の織田信長の家臣
坂西(ばんざい)十左衛門 ?〜1575 安土桃山時代の武田氏の家臣
平岡(ひらおか)十左衛門 江戸前期・中期の幕臣
別府(べっぷ)十左衛門 ?〜1575 安土桃山時代の武田氏の家臣、禰津月直の被官
杢橋(もくはし)十左衛門 江戸前期の検地役人
元水(もとみず)十左衛門 江戸末期の新撰組隊士
山県(やまがた)十左衛門 ?〜1703 江戸前期・中期の萩町人
和佐村(わさむら)十左衛門 江戸後期の新田世話方

重左衛門 じゅうざえもん
青木(あおき)重左衛門 1844〜1915 江戸末期〜大正期の実業家
内海(うつみ)重左衛門 ?〜1864 江戸後期・末期の徳島藩弓術師範
江上(えがみ)重左衛門 戦国時代の土豪
柿沼(かきぬま)重左衛門 江戸後期の木綿買継商人・問屋
平野(ひらの)重左衛門 1827〜1877 江戸後期〜明治期の黒羽藩下の庄の山方奉行。私塾「平野塾」経営
深見(ふかみ)重左衛門 江戸中期の侍

重左衛門直吉 じゅうざえもんなおよし
北(きた)重左衛門直吉 1575〜? 安土桃山時代の南部利直の家臣

十左衛門尉 じゅうざえもんのじょう
高橋(たかはし)十左衛門尉 安土桃山時代の上野国衆国峰小幡氏の家臣
長坂(ながさか)十左衛門尉 安土桃山時代の甲府在住の秤職人
山本(やまもと)十左衛門尉 1536〜1597 戦国・安土桃山時代の武士

周作 しゅうさく
太田(おおた)周作 1818〜1874 江戸後期〜明治期の上品野村の医師
田中(たなか)周作 1830〜1872 江戸末期・明治期の医師
林(はやし)周作 1770〜1822 江戸中期・後期の関東売藍商
横田(よこた)周作 1852〜1887 江戸後期〜明治期の人。秩父事件に活躍

周朔 しゅうさく
武井(たけい)周朔 江戸後期の博物学者

秀策 しゅうさく
平井(ひらい)秀策 1817〜1877 江戸後期〜明治期の医者・漢学者

重作 じゅうさく
朝田屋(あさだや)重作 1825〜? 江戸末期の小杁村名主
佐野(さの)重作 1852〜1911 江戸後期〜明治期の毛筆製造業者

周察 しゅうさつ
松本(まつもと)周察 1811〜1888 江戸後期〜明治期の伊具郡角田邑主石川氏の侍医

秀三郎 しゅうざぶろう
臼井(うすい)秀三郎 江戸末期・明治期の写真家

寿三郎 じゅうさぶろう ⇔じゅさぶろう
坂東(ばんどう)寿三郎〔1代〕 1825〜1840 江戸後期の歌舞伎役者《坂東寿三郎〔1代〕》

十三郎 じゅうさぶろう ⇔じゅうざぶろう
宮川(みやがわ)十三郎 江戸後期の韮山代官江川氏の手代

重三郎 じゅうさぶろう ⇔じゅうざぶろう
明戸(あけど)重三郎 江戸末期の九戸郡大野村の商人
吉田(よしだ)重三郎 ?〜1821 江戸中期・後期の黒田人形の人形遣い

十三郎 じゅうざぶろう ⇔じゅうさぶろう
杵屋(きねや)十三郎 江戸中期の歌舞伎囃子方
栗原(くりはら)十三郎 安土桃山時代の武田親類衆栗原氏の一門
佐伯(さえき)十三郎 江戸前期の十村
高橋(たかはし)十三郎 ?〜1615 江戸前期の豊臣秀頼の小姓

重三郎 じゅうざぶろう ⇔じゅうさぶろう
大岡(おおおか)重三郎 ?〜1768 江戸中期の代官
堀米(ほりまい)重三郎 江戸中期の九戸郡大野村明戸の豪商

周山 しゅうざん
周山 江戸後期の絵付け師
末川(すえかわ)周山 1739〜1827 江戸中期・後期の鹿屋地頭・若年寄

拾山 しゅうざん ⇔じゅうざん
拾山 1818〜1884 江戸後期〜明治期の俳人

秀山 しゅうざん
秀山 1708〜1777 江戸中期の僧

舟山 しゅうざん ⇔しゅうせん
宮本(みやもと)舟山 1793〜1840 江戸後期の俳人

集山 しゅうざん
集山 江戸中期の陶工

拾山 じゅうざん ⇔しゅうざん
永島(ながしま)拾山 1818〜1884 江戸後期〜明

治期の岡崎の俳人
什山 じゅうざん
什山　江戸後期の俳人
重山 じゅうざん
重山　江戸前期の俳人
周子 しゅうし ⇔かねこ, ちかこ
周子　南北朝時代の歌人
良岑(よしみねの)周子　平安前期の女性。光孝天皇更衣か
習之 しゅうし
習之　江戸後期の俳人
周司 しゅうじ
宮本(みやもと)周司　江戸後期の眼科医
周次 しゅうじ ⇔かねつぐ
菅生(すごう)周次　江戸中期の書家
周治 しゅうじ
羽部(はぶ)周治　1823～？　江戸後期・末期の百姓一揆の指導者
周二 しゅうじ
杉山(すぎやま)周二　1854～1900　江戸末期・明治期の医師
永坂(ながさか)周二　1845～1924　江戸後期～大正期の医師
周栺 しゅうじ
周栺　戦国時代の画僧
秀治 しゅうじ ⇔ひではる
高原(たかはら)秀治　江戸前期の医師
重思 じゅうし
白井(しらい)重思　1785～1851　江戸中期・後期の能書家
重治 じゅうし ⇔しげはる
重治　？～1655　江戸前期の俳人
重次 じゅうじ ⇔しげつぐ
開名(かいみょう)重次　安土桃山・江戸前期の代官
山田(やまだ)重次　？～1634　江戸前期の代官
秋色 しゅうしき
菊后亭(きくごてい)秋色　江戸中期の俳人
深川(ふかがわ)秋色　1727～1784　江戸中期の俳人
秀実 しゅうじつ ⇔ひでざね, ひでみ
赤尾(あかお)秀実　？～1774　江戸中期の儒者
修爵 しゅうしゃく
岡本(おかもと)修爵　1820～1883　江戸後期～明治期の官吏
守株 しゅうしゅ
山根(やまね)守株　江戸中期の詩人
集樹 しゅうじゅ
茂叔(もしゅく)集樹　？～1522　戦国時代の臨済宗の僧
宗秀 しゅうしゅう ⇔そうしゅう, むねひで
宗秀　戦国時代の天台宗の僧《宗秀》
重脩 じゅうしゅう ⇔しげのぶ
山口(やまぐち)重脩　1851～1911　江戸末期・明治期の自由民権活動家
秀舜 しゅうしゅん
秀舜　安土桃山時代の僧侶・連歌作者
秀浚 しゅうしゅん
辻子(つじこ)秀浚　江戸前期の代官
秀順 しゅうじゅん
秀順　戦国時代の天台宗の僧・連歌作者
秀順　江戸中期・後期の天台宗の僧
小林(こばやし)秀順　1838～1909　江戸後期～明治期の僧侶
重俊 じゅうしゅん ⇔しげとし
重俊　1357～？　南北朝・室町時代の天台宗の僧
重俊　江戸前期の俳人
重春 じゅうしゅん ⇔しげはる
鈴木(すずき)重春　？～1615　江戸前期の代官
秀恕 しゅうじょ
秀恕　戦国時代の天台宗の僧
秀昌 しゅうしょう ⇔なかまさ
我那覇(がなは)秀昌　江戸前期の那覇士族
周乗 しゅうじょう
大徳(だいとく)周乗　1828～1899　江戸後期～明治期の教育者、私塾師匠、修験大徳院主
重勝 じゅうしょう ⇔しげかつ
神谷(かみや)重勝　安土桃山時代の徳川家奉行人《神谷重勝》
重尚 じゅうしょう ⇔しげなお, しげひさ
重尚　江戸前期の俳人
重韶 じゅうしょう
三井(みつい)重韶　1821～1896　江戸後期～明治期の眼科医
十丈 じゅうじょう
十丈　江戸後期の俳人
柔四郎 じゅうしろう
小野(おの)柔四郎　1830～1883　江戸後期～明治期の剣術家。心境流祖
重四郎 じゅうしろう
出井(いでい)重四郎　江戸後期・末期の幕臣
松岡(まつおか)重四郎　江戸後期～明治期の教育者
十次郎 じゅうじろう
浅尾(あさお)十次郎　江戸中期の後半の評判若女形
吉岡(よしおか)十次郎　？～1887　江戸末期・明治期の商人、実業家
重次郎 じゅうじろう ⇔しげじろう
岡崎屋(おかざきや)重次郎　1773～1816　江戸末期の陶工
福井(ふくい)重次郎　1733～1802　江戸中期・後期の宇都宮の武術家
茂木(もてき)重次郎　1859～1932　江戸末期～昭和期の化学技術者
米島(よねじま)重次郎　1848～1924　江戸末期～大正期の馬産家
周信 しゅうしん ⇔ちかのぶ
古帆(こはん)周信　？～1641　安土桃山・江戸前期の臨済宗の僧
秀信 しゅうしん ⇔ひでのぶ
城間(ぐすくま)秀信　戦国・安土桃山時代の人。

琉球尚清王代の三司官

周人　しゅうじん
進藤(しんどう)周人　1803～1864　江戸後期・末期の医者

岫人　しゅうじん
岫人　江戸中期の雑俳点者

住信　じゅうしん
住信　1210～?　鎌倉前期の僧

重真　じゅうしん　⇔しげざね
田辺(たなべ)重真　?～1611　江戸前期の甲斐国代官、金山奉行

充眞院　じゅうしんいん
内藤(ないとう)充眞院　1800～1880　江戸後期～明治期の延岡藩14代藩主、内藤政順夫人。源氏物語に通暁し54帖の注釈

し

周水　しゅうすい
桂(かつら)周水　?～1832　江戸後期の漢学者
鈴木(すずき)周水　1692～1769　江戸中期の書家

拾翠　しゅうすい
拾翠　?～1759　江戸中期の俳人

秀水　しゅうすい
金嶋(かねしま)秀水　江戸後期の和算家

秋水　しゅうすい
秋水　1749～1831　江戸中期・後期の俳人
秋水　1740～1821　江戸中期・後期の俳諧作者、筑前国福岡藩家老
秋水　江戸後期の俳人
広江(ひろえ)秋水　1785～1834　江戸中期・後期の商家
村上(むらかみ)秋水　江戸後期の俳諧師

周瑞　しゅうずい
周瑞　南北朝時代の僧侶

周枢　しゅうすう
月山(がっさん)周枢　1305～1399　鎌倉後期～室町時代の僧

周助　しゅうすけ
小田(おだ)周助　1820～1878　江戸後期～明治期の唐津藩士・和算家
近藤(こんどう)周助　江戸末期の天然理心流の剣客
中田(なかだ)周助　1844～?　江戸末期の内科医
土方(ひじかた)周助　1815～1894　江戸末期・明治期の商家
前田(まえだ)周助　1798～1872　江戸後期～明治期の畜産家
松井(まつい)周助　1841～?　江戸後期～明治期の土佐藩士、軍艦士官、知行120石御馬廻

周輔　しゅうすけ
小松(こまつ)周輔　1798～1874　江戸後期～明治期の町医
土岐(とき)周輔　江戸中期の国学者

周祐　しゅうすけ
有馬(ありま)周祐　江戸後期の和算家《有馬定次郎》
武内(たけうち)周祐　?～1820　江戸後期の眼科医

周亮　しゅうすけ
三吉(みよし)周亮　?～1903　江戸末期・明治期の藩士

修輔　しゅうすけ
篠田(しのだ)修輔　1840～1906　江戸後期～明治期の西江部村学校世話方惣代
西(にし)修輔　江戸末期の新撰組隊士

習輔　しゅうすけ
中村(なかむら)習輔　1732～1816　江戸中期・後期の心学者

脩介　しゅうすけ
梅浦(うめうら)脩介　江戸後期の漢蘭折衷医

十助　じゅうすけ
十助　江戸後期の東家村・寺脇村庄屋
磯谷(いそがい)十助　1657～1718　江戸前期・中期の弘前藩士
川上(かわかみ)十助　安土桃山時代の検地役人
三宮(さんのみや)十助　安土桃山・江戸前期の武士。長宗我部盛親の家臣。落城後、堀田正盛に仕える
津曲(つまがり)十助　1836～1920　江戸末期～大正期の浄土真宗の信者

重介　じゅうすけ
高谷(たかや)重介　1748～1783　江戸中期の木造町高谷家の祖

重助　じゅうすけ　⇔しげすけ
石田(いしだ)重助　江戸後期の鳩峯焼陶工
大野(おおの)重助　江戸後期の野麦峠のお助け小屋の番人
島村(しまむら)重助　1836～1922　江戸末期～大正期の実業家
富田(とみた)重助　1837～1876　江戸末期・明治期の名古屋商人《富田重助重政》
藤原(ふじわら)重助　1845～1906　江戸後期～明治期の興行主
山県(やまがた)重助　1796～1862　江戸中期・後期の日野郡久住村の庄屋、文人

重助重政　じゅうすけしげまさ
富田(とみた)重助重政　1837～1876　江戸末期・明治期の名古屋商人

周制　しゅうせい
周制　鎌倉時代の画家

宗盛　しゅうせい　⇔そうせい, むねもり
伊藤(いとう)宗盛　1844～1919　江戸末期～大正期の真言宗豊山派の僧侶《伊藤宗盛》

宗誓　しゅうせい
永井(ながい)宗誓　1644～1728　江戸前期・中期の僧。生地願楽寺の住職

秀政　しゅうせい　⇔ひでまさ
秀政　江戸前期の俳人

秀清　しゅうせい　⇔ひできよ
青木(あおき)秀清　?～1758　江戸中期の医師・甘藷栽培法の伝授者

習静　しゅうせい
村井(むらい)習静　1750～1820　江戸中期・後期

の漢学者

充成 じゅうせい
川上(かわかみ)充成 ?~1861 江戸末期の代官

重政 じゅうせい ⇔しげまさ
金丸(かなまる)重政 ?~1708 江戸中期の代官

重誓 じゅうせい
月地(つきぢ)重誓 ?~1904 江戸末期・明治期の浄土真宗僧

充誠院 じゅうせいいん
充誠院 1828~1829 江戸後期の徳川家慶の七男

周碩 しゅうせき
西岡(にしおか)周碩 1838~1912 江戸後期~明治期の酒田県大参事

秀碩 しゅうせき
真嶋(まじま)秀碩 ?~1917 江戸末期~大正期の医師

萩石 しゅうせき
萩石 江戸前期の俳人

周節 しゅうせつ
村瀬(むらせ)周節 1695~1771 江戸中期の医者

修節 しゅうせつ
塚原(つかはら)修節 江戸後期の本草家

秋雪 しゅうせつ
蕪城(かぶらき)秋雪 ?~1906 江戸末期・明治期の画家

習説 しゅうぜつ
野村(のむら)習説 1846~1881 江戸後期~明治期の医師・教育者

重雪 じゅうせつ
重雪 ?~1740 江戸中期の俳人

周仙 しゅうせん
小高(おだか)周仙 1733~1804 江戸中期・後期の那須郡和見村の医師

周泉 しゅうせん
錦織(にしごおり)周泉 1822~1882 江戸後期~明治期の眼科医

周顓 しゅうせん
希項(きぎょく)周顓 戦国時代の臨済宗の僧

秀仙 しゅうせん
山崎(やまざき)秀仙 ?~1581 戦国・安土桃山時代の上杉氏の家臣

秀詮 しゅうせん ⇔ひであき, ひであきら
簗田(やなだ)秀詮 1718~1795 江戸中期・後期の藩士

秋扇 しゅうせん
秋扇 江戸前期の俳人

舟山 しゅうせん ⇔しゅうざん
舟山 江戸後期の彫刻師

舟仙 しゅうせん
舟仙 江戸後期の彫刻師《舟山》

舟川 しゅうせん
狩野(かのう)舟川 江戸中期の画家

楫川 しゅうせん
西村(にしむら)楫川 江戸時代の儒者
西邑(にしむら)楫川 西村楫川に同じ

琇璿 しゅうせん
祐乗坊(ゆうじょうぼう)琇璿 戦国時代の医師

秀全 しゅうぜん
智芳(ちほう)秀全 1703~1738 江戸中期の僧侶

秀禅 しゅうぜん
徹山(てつざん)秀禅 ?~1807 江戸後期の宮村の大幢寺9世

秋扇翁 しゅうせんおう
秋扇翁 江戸前期の能楽故実家

周操 しゅうそう
柏心(はくしん)周操 1391~1450 室町時代の禅僧

秋窓 しゅうそう
土肥(どひ)秋窓 1754~1834 江戸中期・後期の武士・俳人

周三 しゅうぞう
内田(うちだ)周三 1813~1885 江戸後期~明治期の甲源一刀流剣術家
深谷(ふかや)周三 1836~1916 江戸後期~大正期の獣医

周蔵 しゅうぞう
小笠原(おがさわら)周蔵 1831~1882 江戸後期~明治期の田代道路開削者
亀屋(かめや)周蔵 江戸後期の本草家
木次(きつぎ)周蔵 1836~1874 江戸後期~明治期の佐久郡北相木村宮の平の名主
斎藤(さいとう)周蔵 江戸後期の高座郡磯部村の鍛冶
徳山(とくやま)周蔵 1761~1827 江戸中期・後期の農書の著者
松尾(まつお)周蔵 1856~1892 江戸末期・明治期の教育者

周造 しゅうぞう
塚原(つかはら)周造 1847~1927 江戸後期~昭和期の官僚
西宇(にしう)周造 1777~1858 江戸後期の医者

修蔵 しゅうぞう
服部(はっとり)修蔵 ?~1847 江戸後期の藩士・漢学者

十蔵 じゅうぞう
十蔵 1770~1823 江戸中期・後期の文政一揆の咎人
岩根(いわね)十蔵 江戸前期の越前国の浪人
筧(かけい)十蔵 1573~1615 安土桃山・江戸前期の武将
日下(くさか)十蔵 1757~1834 江戸中期・後期の馬術家
末松(すえまつ)十蔵 ?~1805 江戸中期・後期の庄内藩家老
末松(すえまつ)十蔵 1807~1889 江戸後期・末期の庄内藩家老
都筑(つづき)十蔵 1781~1852 江戸中期・後期の藩士
長沢(ながさわ)十蔵 江戸時代の力士
深町(ふかまち)十蔵 江戸末期の藩士

柳井(やない)十蔵　1832〜1891　江戸後期〜明治期の西畑人形芝居の創始者

重蔵　じゅうぞう

飯田(いいだ)重蔵　1826〜1903　江戸後期〜明治期の里長

斎藤(さいとう)重蔵　1781〜1845　江戸中期・後期の伊豆のシイタケ栽培指導者

高木(たかぎ)重蔵　江戸後期の韮山代官江川氏の手代

津田(つだ)重蔵　江戸後期の剣術家。天真一刀流

中山(なかやま)重蔵　1846〜？　江戸後期・末期の新撰組隊士

藤田(ふじた)重蔵　1834〜？　江戸後期〜明治期の産馬維持共会五戸組委員

重造　じゅうぞう

栗田(くりた)重造　江戸末期の新撰組隊士

銃蔵　じゅうぞう

筒井(つつい)銃蔵　江戸後期の武士、支配勘定

絨造　じゅうぞう

堅田(かただ)絨造　1746〜1812　江戸中期・後期の医者

穐叢園　しゅうそうえん

山内(やまうち)穐叢園　江戸後期のアサガオ育種家

十蔵久東　じゅうぞうひさはる

伊集院(いじゅういん)十蔵久東　江戸中期の美濃三川宝暦治水副奉行

周蔵光迪　しゅうぞうみつのぶ

塩野(しおの)周蔵光迪　江戸後期の千人同心組頭

周孫　しゅうそん

周孫　戦国時代の画僧

秀存　しゅうそん　⇔ひであり, ひでまさ

秀存　江戸前期の真言宗の僧

秀尊　しゅうそん

秀尊　戦国・安土桃山時代の真言宗の僧

秀村　しゅうそん　⇔ひでむら

楽翁(らくおう)秀村　？〜1643　江戸前期の高山市の素玄寺3世で神岡町の光円寺、宮川村の観音寺、丹生川村の善久寺などの開基

秋村　しゅうそん

柴(しば)秋村　1830〜1871　江戸後期〜明治期の儒家《柴秋邨》

秋邨　しゅうそん

椎名(しいな)秋邨　1801〜1868　江戸後期・末期の漢詩人

柴(しば)秋邨　1830〜1871　江戸後期〜明治期の儒家

什尊　じゅうそん

什尊　？〜1373　鎌倉後期・南北朝時代の真言僧

周太　しゅうた

溝口(みぞぐち)周太　1822〜1892　江戸後期〜明治期の剣術家。直心影流

周泰　しゅうたい

菅(すが)周泰　江戸後期の藩士

秀岱　しゅうたい

坂本(さかもと)秀岱　1840〜1893　江戸後期〜明治期の医学者

秀諦　しゅうたい

秀諦　1758〜1837　江戸中期・後期の僧侶、宗教家

秋台　しゅうたい

浅野屋(あさのや)秋台　？〜1815　江戸中期・後期の畳屋

重太夫　じゅうだいう

永野(ながの)重太夫　江戸後期の大住郡大山阿夫利神社祠官

秋沢　しゅうたく

秋沢　戦国時代の画僧

十太左衛門　じゅうたざえもん

箕島(みのしま)十太左衛門　1611〜1679　江戸前期の松江藩お抱え力士・大関、御船奉行《箕島重太左衛門》

重太左衛門　じゅうたざえもん

箕島(みのしま)重太左衛門　1611〜1679　江戸前期の松江藩お抱え力士・大関、御船奉行

十太夫　じゅうだゆう

臼井(うすい)十太夫　江戸前期の武士

大石(おおいし)十太夫　？〜1667　江戸前期の松江藩の新当流剣術師範

大岡(おおおか)十太夫　?〜1607　江戸前期の代官

喜多(きた)十太夫　江戸前期の能太夫

相良(さがら)十太夫　1739〜1798　江戸中期・後期の武芸家

長坂(ながさか)十太夫　？〜1789　江戸中期・後期の軍学者

三原(みはら)十太夫　江戸中期の歌舞伎役者

八木沢(やぎさわ)十太夫　1752〜1803　江戸中期・後期の日光目代手代

十大夫　じゅうだゆう

柘植(つげ)十大夫　江戸前期の武士。大坂の陣で籠城

長沢(ながさわ)十大夫　江戸前期の武士。大坂の陣で籠城

十大夫景重　じゅうだゆうかげしげ

中野(なかの)十大夫景重　江戸前期の豊臣秀頼・田中忠政の家臣

鍬太郎　しゅうたろう

渡部(わたなべ)鍬太郎　江戸末期・明治期の画家

十太郎　じゅうたろう

荒川(あらかわ)十太郎　1817〜1895　江戸後期〜明治期の農事改良者

千葉(ちば)十太郎　？〜1885　江戸末期の勤王家

周端　しゅうたん

永興寺(ようこうじ)周端　戦国・安土桃山時代の僧。永興寺49世住職

什湛　じゅうたん

什湛　戦国時代の紀伊国の御師

周智　しゅうち

門山(かどやま)周智　1849〜1910　江戸後期〜明治期の医師

秋池　しゅうち

松田(まつだ)秋池　1843〜1881　江戸後期〜明治

期の漢学者

十知　じゅうち
深沢(ふかざわ)十知　江戸中期の俳人

周竹　しゅうちく
周竹〔1代〕 江戸前期の俳人
周竹〔2代〕 ？～1783　江戸中期の俳人
千畝(せんほ)周竹　？～1458　室町時代の臨済宗の僧

修竹　しゅうちく
橋本(はしもと)修竹　？～1722　江戸前期・中期の書家

周朝　しゅうちょう
東山(とうざん)周朝　1735～1778　江戸中期の僧

周長　しゅうちょう　⇔ちかたけ
徳雪斎(とくせつさい)周長　？～1579　戦国・安土桃山時代の武士。鹿沼城の城主

秀蝶　しゅうちょう
春川(はるかわ)秀蝶　江戸中期の浮世絵師

繡蝶　しゅうちょう
田中(たなか)繡蝶　1817～1880　江戸後期～明治期の画家

重陳　じゅうちん
当間(とうま)重陳　1591～1676　安土桃山・江戸前期の平氏の始祖。唐名は平啓祥

重儆　じゅうちん
重儆　？～1619　安土桃山・江戸前期の真言宗智山派の僧侶

周貞　しゅうてい
進藤(しんどう)周貞　1749～1807　江戸中期・後期の庄内藩医

周鼎　しゅうてい
徳田(とくだ)周鼎　江戸中期の本草家

周楨　しゅうてい
葛西(かさい)周楨　1845～1906　江戸後期～明治期の蘭方医、教育者

秀挺　しゅうてい
西脇(にしわき)秀挺　江戸末期の医者・本草家

秋亭　しゅうてい
木村(きむら)秋亭　？～1832　江戸後期の国学者・医者
田中(たなか)秋亭　1813～1858　江戸後期の画家

秋堤　しゅうてい
寺倉(てらくら)秋堤　1814～1884　江戸末期・明治期の熊本藩医

秀哲　しゅうてつ
賀川(かがわ)秀哲　1781～1838　江戸中期・後期の産科医

秋冬　しゅうとう
春夏亭(しゅんかてい)秋冬　江戸後期の養蚕家

秋涛　しゅうとう
横河(よこかわ)秋涛　1822～1885　江戸後期～明治期の医家

周堂　しゅうどう
荒木(あらき)周堂　1838～1908　江戸後期～明治期の人。「幕府時代の長崎」の著者

周道　しゅうどう
周道　江戸中期の浄土真宗の僧
東堂(とうどう)周道　1825～1899　江戸後期～明治期の僧

修道　しゅうどう
小松(こまつ)修道　1834～1909　江戸後期～明治期の医師

秋童　しゅうどう
闇牛斎(あんぎゅうさい)秋童　江戸中期の絵師

重当　じゅうとう
淀屋(よどや)重当　？～1697　江戸前期・中期の商人

し

周得　しゅうとく
長安(ながやす)周得　1788～1868　江戸後期の画家

周徳　しゅうとく
周徳　江戸中期の俳人曾良の甥
小野寺(おのでら)周徳　1759～1814　江戸中期・後期の画人
楨西(かさい)周徳　？～1868　江戸後期・末期の漢方医
河西(かさい)周徳　1695～1753　江戸中期の俳人
高山(たかやま)周徳　1835～1881　江戸後期～明治期の医師

周篤　しゅうとく
木村(きむら)周篤　江戸中期の華道家

秋徳院　しゅうとくいん
秋徳院　1601～1602　安土桃山時代の徳川秀忠の長男

周南　しゅうなん
樋口(ひぐち)周南　1694～1771　江戸中期の医者
吉村(よしむら)周南　1763～1812　江戸中期・後期の画家

秀如　しゅうにょ
秀如　1675～1729　江戸前期・中期の浄土真宗の僧

十如房　じゅうにょぼう
十如房　南北朝・室町時代の天台宗の僧

重忍　じゅうにん
重忍　江戸中期の真言宗の僧

収之丞　しゅうのじょう
藤井(ふじい)収之丞　1813～1878　江戸後期～明治期の津山松平藩士

重之進　じゅうのしん
工藤(くどう)重之進　1778～1858　江戸中期～末期の儒者

秀梅　しゅうばい
天翁(てんおう)秀梅　？～1608　安土桃山時代の僧。素玄寺、林昌寺、円城寺の開基とされるが事実上の開基は2世

周伯　しゅうはく
今(こん)周伯　1828～1909　江戸後期～明治期の尾上町八幡崎の開業医
中村(なかむら)周伯〔3代〕 1838～1889　江戸後期～明治期の眼科医

秀伯　しゅうはく
亀卦川(きけがわ)秀伯　1796〜1858　江戸後期の医者

周発　しゅうはつ
武井(たけい)周発　1694〜1770　江戸中期の絵師

秋帆　しゅうはん
山中(やまなか)秋帆　1832〜1892　江戸後期〜明治期の画家

洲尾　しゅうび
岩田(いわた)洲尾　1792〜1816　江戸後期の儒者、画家

十兵衛　じゅうひょうえ　⇔じゅうびょうえ, じゅうべえ
坂西(ばんざい)十兵衛　?〜1575　安土桃山時代の武田氏の家臣

十兵衛　じゅうびょうえ　⇔じゅうひょうえ, じゅうべえ
上山(うえやま)十兵衛　江戸前期の武士。長宗我部盛親の家臣。落城後は山内忠義に仕えた
宇野(うの)十兵衛　?〜1615　江戸前期の武士。大坂の陣で籠城
西(にし)十兵衛　江戸前期の長宗我部家の家臣
橋本(はしもと)十兵衛　江戸前期の武士。大坂の陣で籠城。後に阿部忠秋に仕えた

十兵衛景忠　じゅうびょうえかげただ
楢崎(ならさき)十兵衛景忠　江戸前期の武士。大坂の陣で籠城

十兵衛重政　じゅうびょうえしげまさ
桑山(くわやま)十兵衛重政　1584〜1658　安土桃山・江戸前期の豊臣秀頼の家臣

秀夫　しゅうふ
山本(やまもと)秀夫　江戸末期・明治期の本草家

秋風　しゅうふう
豊福(とよふく)秋風　1783〜1845　江戸中期・後期の医者
野呂瀬(のろせ)秋風　1829〜1855　江戸後期・末期の藩士・歌人

周馥　しゅうふく
周馥　室町時代の国府町の安国寺の僧

十仏　じゅうぶつ
十仏　鎌倉後期の仏師

周文　しゅうぶん
行徳(ぎょうとく)周文　1787〜1861　江戸中期〜末期の医者

周平　しゅうへい　⇔かねひら
有吉(ありよし)周平〔1代〕　1790〜1835　江戸後期の医者
尾形(おがた)周平〔2代〕　江戸後期の陶工
神田(かんだ)周平　1824〜?　江戸後期・末期の篤志家・溜池築造
堺(さかい)周平　江戸末期・明治期の桑苗改良家
佐野(さの)周平　?〜1814　江戸中期・後期の飛鳥新田開発の祖
高橋(たかはし)周平　1858〜1900　江戸末期・明治期の地方自治功労者
多田(ただ)周平　?〜1804　江戸中期・後期の医師
真下(ましも)周平　1812〜1881　江戸後期〜明治期の国学者
宮治(みやじ)周平　1812〜1872　江戸後期〜明治期の私塾経営者
毛受(めんじょう)周平　江戸時代の尾張藩の山方見廻役

修平　しゅうへい
大久保(おおくぼ)修平　1827〜1904　江戸後期〜明治期の蘭方医
堀内(ほりうち)修平　1809〜1862　江戸後期・末期の蚕種製造業、寺子屋教師
村上(むらかみ)修平　?〜1825　江戸中期の徳島藩医師学問所御用の医員

秋平　しゅうへい
川口(かわぐち)秋平　1849〜1921　江戸末期〜大正期の函南地方における畜産事業の先覚者
高畠(たかばたけ)秋平　1785〜1845　江戸中期・後期の蘭医

柔平　じゅうへい
飯田(いいだ)柔平　1772〜1804　江戸中期・後期の医師

重平　じゅうへい　⇔しげひら
荒川(あらかわ)重平　1851〜1933　江戸後期〜昭和期の数学者
河路(かわじ)重平　1853〜1904　江戸後期〜明治期の豪商
窪田(くぼた)重平　1842〜1917　江戸末期〜大正期の地方新聞発行者

重兵衛康房　じゅうべいやすふさ
上嶋(うえじま)重兵衛康房　1760〜?　江戸中期・後期の林業家

周兵衛　しゅうべえ
加藤(かとう)周兵衛　江戸末期・明治期の瀬戸の陶家
河相(かわい)周兵衛　1764〜1833　江戸中期・後期の公共事業家
中村(なかむら)周兵衛　1847〜1923　江戸末期〜大正期の地域農業の振興者

十兵衛　じゅうべえ　⇔じゅうひょうえ, じゅうびょうえ
十兵衛　江戸前期の小田原宿山角町名主
逸見(いつみ)十兵衛　江戸中期の和算家
入江(いりえ)十兵衛　江戸前期の藩御抱力士
小山田(おやまだ)十兵衛　1622〜1703　江戸前期・中期の武士
加茂(かも)十兵衛　戦国時代の武将。武田家臣
鴨(かもの)十兵衛　戦国時代の西浜の漁師頭
桔梗屋(ききょうや)十兵衛　?〜1819　江戸中期・後期の平田一式飾りの創始者
木村(きむら)十兵衛　安土桃山時代の織田信長の家臣
国松(くにまつ)十兵衛　?〜1715　江戸前期・中期の鋳物師
後藤(ごとう)十兵衛　江戸前期の金森家臣
榊原(さかきばら)十兵衛　1832〜1902　江戸後期

〜明治期の事業家
田中(たなか)十兵衛　江戸後期の勧農家
手塚(てづか)十兵衛　江戸前期の侠客
春田(はるた)十兵衛　1633〜1696　江戸前期の岡山藩士
松井(まつい)十兵衛　1750〜1840　江戸中期・後期の狂歌俳諧師
松坂(まつざか)十兵衛　1612〜1677　江戸前期の大肝入
山県(やまがた)十兵衛　1645〜1702　江戸前期・中期の軍学者
渉(わたり)十兵衛　戦国時代の千葉親胤の家臣

重兵衛　じゅうべえ
重兵衛　江戸末期の商人・伊勢屋八兵衛手代。1862年遣欧使節に随行しフランスに渡る
朝野(あさの)重兵衛　江戸末期の有馬郡三田町の商人、南町西組年寄
安部(あべ)重兵衛　1834〜1903　江戸後期〜明治期の実業家
石原(いしはら)重兵衛　1841〜1915　江戸末期〜大正期の戸長
伊藤(いとう)重兵衛〔4代〕　1855〜1916　江戸末期〜大正期代の園芸家
小原(おばら)重兵衛　1842〜1915　江戸末期〜大正期の鬼柳・黒沢尻通の強訴一揆の首謀者
加藤(かとう)重兵衛　?〜1688　江戸前期の庄屋
金子(かねこ)重兵衛　1824〜1907　江戸後期〜明治期の教員
菊池(きくち)重兵衛　1847〜1926　江戸末期〜大正期の和算家
佐々木(ささき)重兵衛　1823〜1895　江戸後期〜明治期の富商
中山(なかやま)重兵衛　1848〜1916　江戸末期〜大正期の農業指導者
楢林(ならばやし)重兵衛　1750〜1801　江戸中期・後期の通事
仁王(におう)重兵衛　江戸中期の侠客
萩原(はぎわら)重兵衛　?〜1839　江戸後期の豪農
原(はら)重兵衛　1818〜1890　江戸末期の土地改良先覚者
万代(ばんだい)重兵衛　1653〜1682　江戸前期の義民、矢野村庄屋
樋口(ひぐち)重兵衛　1854〜1905　江戸末期・明治期の商家
皆川(みながわ)重兵衛　?〜1754　江戸中期のろうそく屋

十兵衛無咎　じゅうべえむきゅう
生田(いくた)十兵衛無咎　1771〜1843　江戸中期・後期の松江藩士、学者

周甫　しゅうほ
海老名(えびな)周甫　?〜1858　江戸後期・末期の蘭方医
沓掛(くつかけ)周甫　?〜1854　江戸後期・末期の村上藩蘭方医3代周甫

宗甫　しゅうほ　⇔そうほ
菱屋(ひしや)宗甫　江戸前期の京都糸割符商人
横山(よこやま)宗甫　1773〜1845　江戸中期・後期の医者、漢学者

秀保　しゅうほ
河村(かわむら)秀保　江戸後期の八戸の小田八幡宮別当

秀穂　しゅうほ
田中(たなか)秀穂　江戸後期・末期の尾張津島神社の神官

秋浦　しゅうほ
菊池(きくち)秋浦　江戸後期の漢詩人

秋甫　しゅうほ
長野(ながの)秋甫　?〜1855　江戸後期・末期の蘭方医

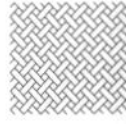

重甫　じゅうほ
佐伯(さえき)重甫　江戸後期の医師、狂歌師

秀峰　しゅうほう
秀峰　?〜1815　江戸中期・後期の浄土宗の僧

秀芳　しゅうほう
桂室(けいしつ)秀芳　?〜1549　戦国時代の曹洞宗僧侶

重松　じゅうまつ
古谷(ふるや)重松　1830〜1891　江戸後期〜明治期の重松流祭囃子の創始者

十麿　じゅうまろ
十麿　江戸中期の雑俳点者

周民　しゅうみん
木村(きむら)周民　1821〜?　江戸後期の医師

秀民　しゅうみん　⇔ひでたみ, ひでひと
木村(きむら)秀民　江戸後期の医師

舟珉　しゅうみん
船橋(ふなばし)舟珉　江戸末期〜大正期の蒔絵師

秀明　しゅうめい　⇔ひであき, ひであきら
蓮池(はすいけ)秀明　室町時代の唐織屋・扇屋

修明門院大弐　しゅうめいもんいんのだいに
修明門院大弐　鎌倉前期の女房・歌人

秀茂　しゅうも　⇔ひでしげ, ひでもち
秀茂　戦国時代の曹洞宗の僧

十弥　じゅうや
佐藤(さとう)十弥　安土桃山時代の上野国衆和田昌繁の家臣

重弥　じゅうや
永田(ながた)重弥　1839〜1921　江戸末期〜大正期の農業家

秀幽　しゅうゆう
秀幽　江戸後期の僧侶

重祐　じゅうゆう　⇔しげすけ
重祐　南北朝・室町時代の真言宗の僧

周愈　しゅうよ
笑山(しょうさん)周愈　南北朝時代の臨済宗の僧

周楊　しゅうよう
周楊　戦国時代の画僧

周雍　しゅうよう
熙山(きざん)周雍　室町時代の僧侶

重陽　じゅうよう
徳山(とくやま)重陽　1797〜1870　江戸後期〜明

治期の儒者
修理　しゅうり　⇔しゅり, すり
安蘇（あそ）修理　安土桃山時代の武士
秋里　しゅうり　⇔あきさと
安藤（あんどう）秋里　1803～1857　江戸後期・末期の漢学者
島村（しまむら）秋里　1800～1863　江戸後期・末期の漢詩人
拾栗　じゅうりつ
鑑果亭（らんかてい）拾栗　江戸後期の狂歌作者
修理亮　しゅうりのすけ　⇔しゅりのすけ
遠藤（えんどう）修理亮　？～1620　安土桃山時代の武士
秋良　しゅうりょう　⇔あきよし
山岸（やまぎし）秋良　1750～1821　江戸中期・後期の俳人
修齢　しゅうれい
関（せき）修齢　1725～1801　江戸中期の漢学者
秀蓮　しゅうれん
秀蓮　戦国時代の浄土真宗の僧・連歌作者
古渓（こけい）秀蓮　？～1761　江戸中期の曹洞宗の僧
住蓮　じゅうれん
住蓮　？～1207　鎌倉前期の浄土宗の僧
十郎　じゅうろう
尾上（おのうえ）十郎　戦国時代の遠江国周智郡熊切郷長蔵寺の土豪
糟屋（かすや）十郎　1840～1869　江戸後期～明治期の新撰組隊士
粕屋（かすや）十郎　糟屋十郎に同じ
楠（くすのき）十郎　？～1584　戦国・安土桃山時代の織田信長の家臣
諏訪（すわ）十郎　安土桃山時代の織田信長の家臣
富川（とみかわ）十郎　1844～1867　江戸後期・末期の新撰組隊士
豊島（とよしま）十郎　安土桃山時代の織田信長の家臣
中尾（なかお）十郎　1852～1916　江戸末期～大正期の実業家
中吉（なかぎり）十郎　南北朝時代の備前国の武士
中吉（なかよし）十郎　室町時代の武士
北条（ほうじょう）十郎　鎌倉後期の武士
町野（まちの）十郎　戦国時代の小弓公方足利義明の近臣・御馬廻衆
松浦（まつうら）十郎　1814～1897　江戸後期～明治期の隠岐騒動で活躍
水尾谷（みおのや）十郎　鎌倉前期の武蔵武士
三穂屋（みおのやの）十郎　平安後期・鎌倉前期の武士
瓺尻（みかじり）十郎　南北朝時代の武士
毛利（もうり）十郎　安土桃山時代の織田信長の家臣
和田（わだ）十郎　？～1868　江戸後期・末期の新撰組隊士
重郎　じゅうろう
新井（あらい）重郎　1797～1878　江戸後期～明治期の43か村の大物代、岡登用水再興事業の功労者
藤（とう）重郎　江戸中期の高野山寺領西富貴村庄屋
森（もり）重郎　1858～1921　江戸末期～大正期の大地主
和田（わだ）重郎　？～1868　江戸後期・末期の新撰組隊士《和田十郎》
十郎右衛門　じゅうろうえもん
朝比奈（あさひな）十郎右衛門　安土桃山時代の検地役人
石倉（いしくら）十郎右衛門　江戸中期の剣術家。東軍流
市川（いちかわ）十郎右衛門　？～1582　戦国・安土桃山時代の甲斐武田晴信・勝頼の家臣
牛首村（うしくびむら）十郎右衛門　江戸時代の白山麓18か村の大庄屋
貴田（きだ）十郎右衛門　？～1822　江戸中期・後期の弘前藩士
関（せき）十郎右衛門　安土桃山時代の織田信長の家臣
塚原（つかはら）十郎右衛門　江戸中期の和算家
丹羽（にわ）十郎右衛門　1659～1741　江戸前期・中期の剣術家。流名不詳
馬場（ばば）十郎右衛門　1765～1831　江戸中期・後期の剣術家。東軍流
松平（まつだいら）十郎右衛門　？～1662　江戸前期の組頭
十郎衛門　じゅうろうえもん
十郎衛門　安土桃山時代の信濃国安曇郡の土豪
重郎右衛門　じゅうろうえもん
牛尾（うしお）重郎右衛門　1668～？　江戸中期の三浦郡小坪村岡名主
川島（かわしま）重郎右衛門　江戸末期の足利組買継商
十郎右衛門尉　じゅうろうえもんのじょう
市川（いちかわ）十郎右衛門尉　？～1574　安土桃山時代の武田氏の家臣
十郎左衛門　じゅうろうざえもん
十郎左衛門　江戸後期の三浦郡上平作村民
十郎左衛門　江戸後期の久良岐郡富岡村民
朝野（あさの）十郎左衛門　安土桃山時代の織田信長の家臣
跡部（あとべ）十郎左衛門　戦国時代の武将。武田家臣
岩瀬（いわせ）十郎左衛門　戦国時代の千葉胤富の家臣。東下総森山城（香取市）の城衆。森山衆。初番衆・箕房氏の代官
宇賀島（うかしま）十郎左衛門　？～1555　戦国時代の宇賀島海賊の大将
梶田（かじた）十郎左衛門　江戸時代の有馬延岡藩の郡代
福島（くしま）十郎左衛門　戦国時代の武士。北条氏忠の家臣
窪田（くぼた）十郎左衛門　安土桃山時代の駿河の泉郷内の百姓
後藤（ごとう）十郎左衛門　江戸後期の淘綾郡国府新宿六所明神社催促役
佐藤（さとう）十郎左衛門　江戸時代の仙台藩の製鉄業

中井（なかい）十郎左衛門　戦国時代の里見氏家臣
難波（なんば）十郎左衛門　安土桃山時代の武将
額田（ぬかだ）十郎左衛門　室町時代の武将
服部（はっとり）十郎左衛門　1768～1837　江戸中期・後期の郡代
東岩瀬村（ひがしいわせむら）十郎左衛門　江戸前期の十村
宮田（みやた）十郎左衛門　江戸時代の庄内藩士
屋代（やしろ）十郎左衛門　安土桃山時代の織田信長の家臣
和田（わだ）十郎左衛門　？～1680　江戸前期の剣術家《和田正重》

重郎左衛門　じゅうろうざえもん
河田（かわだ）重郎左衛門　江戸後期の利根川筋14河岸組合代表
山川（やまかわ）重郎左衛門　江戸前期の武士

十郎左衛門尉　じゅうろうざえもんのじょう
跡部（あとべ）十郎左衛門尉　？～1575　安土桃山時代の武田勝頼の近習
跡部（あとべ）十郎左衛門尉　安土桃山時代の武将。武田氏家臣、徳川氏家臣
水野（みずの）十郎左衛門尉　戦国・安土桃山時代の武士

十郎太夫　じゅうろうだいう　⇔じゅうろうだいふ
天野（あまの）十郎太夫　江戸後期の小田原宿古新宿町北条稲荷社神主

十郎太夫　じゅうろうだいふ　⇔じゅうろうだいう
富安（とみやす）十郎太夫　？～1658　江戸前期の菅沼定盈の側近

十郎兵衛　じゅうろうひょうえ　⇔じゅうろうべえ, じゅうろべい, じゅうろべえ
秋山（あきやま）十郎兵衛　？～1575　安土桃山時代の人。「惣人数」に諸国へ御使い衆、むかでの指物衆ともに記載がある
興津（おきつ）十郎兵衛　？～1575　安土桃山時代の武田氏の家臣
小山田（おやまだ）十郎兵衛　？～1575　安土桃山時代の武田氏の家臣

十郎広徳　じゅうろうひろのり
三尾谷（みおのや）十郎広徳　鎌倉前期の武蔵武士《水尾谷十郎》

十郎右兵衛　じゅうろうべえ
蜷川（にながわ）十郎右兵衛　戦国時代の成岩の領主

十郎兵衛　じゅうろうべえ　⇔じゅうろうひょうえ, じゅうろべい, じゅうろべえ
及川（おいかわ）十郎兵衛　1593～1653　安土桃山・江戸前期の葛西氏家臣
九日町（ここのかまち）十郎兵衛　安土桃山時代の武将
板東（ばんどう）十郎兵衛　1646～1698　江戸前期・中期の庄屋

十郎兵衛　じゅうろべい　⇔じゅうろうひょうえ, じゅうろうべえ, じゅうろべえ
玉井（たまい）十郎兵衛　江戸前期の三島群代。三島代官伊奈忠公・忠易の手代

重郎平　じゅうろべい
中丸（なかまる）重郎平　？～1894　江戸末期・明治期の人。山際漢学研究所設立発起人総代

十郎兵衛　じゅうろべえ　⇔じゅうろうひょうえ, じゅうろうべえ, じゅうろべい
阿波（あわの）十郎兵衛　1646～1698　江戸前期・中期の庄屋
川戸（かわと）十郎兵衛　江戸後期の大住郡串橋村名主
斎藤（さいとう）十郎兵衛　江戸後期の浮世絵師
菅沼（すがぬま）十郎兵衛　？～1604　安土桃山・江戸前期の三河国田峯菅沼氏の一族
竹内（たけうち）十郎兵衛　1764～1819　江戸中期・後期の開拓者

し

重郎兵衛　じゅうろべえ
石川（いしかわ）重郎兵衛　1835～1900　江戸末期・明治期の農業・渡船業者
西村（にしむら）重郎兵衛　1792～1857　江戸後期・末期の商人
福田（ふくだ）重郎兵衛　江戸後期の高座郡下溝村民

秀和　しゅうわ
大野（おおの）秀和　1651～1714　江戸前期・中期の俳人

受永　じゅえい
朝日（あさひ）受永　1549～1603　戦国～江戸前期の旗本

寿栄　じゅえい
寿栄　江戸中期の女性。尼僧
鶴岡（つるおか）寿栄　江戸中期の茶人

守懌　しゅえき
自悦（じえつ）守懌　1444～1520　室町・戦国時代の臨済宗の僧

寿円禅師　じゅえんぜんじ
寿円禅師　？～1354　鎌倉後期・南北朝時代の僧侶

守恩　しゅおん
正覚寺（しょうかくじ）守恩　？～1570　戦国・安土桃山時代の毛利氏の防長攻略に参加

主海　しゅかい
主海　江戸前期・中期の天台宗の僧

寿海　じゅかい
寿海　1164頃～1228　平安後期・鎌倉前期の僧

朱角　しゅかく
朱角　1642～1718　江戸前期・中期の申楽家、俳人
朱角　1704～1783　江戸中期の俳人

寿覚　じゅかく
高（こう）寿覚　江戸前期の薩摩流寓の唐人

寿角　じゅかく
立羽（たちば）寿角　？～1769　江戸中期の俳人

寿勝　じゅかつ
東郷（とうごう）寿勝　1855～1936　江戸末期～昭和期の陶芸家

受環　じゅかん
玉崖（ぎょくがい）受環　？～1459　室町時代の臨済宗の僧
寿閑　じゅかん
寿閑　江戸前期の「吾妻之道記」の著者
石橋（いしばし）寿閑　江戸中期の邑智郡高見村の医師
正直屋（しょうじきや）寿閑　安土桃山時代の人。戦乱で荒廃した兵庫の復興に尽力した
寿教　じゅきょう
寿教　江戸後期～明治期の僧
寿暁　じゅぎょう
寿暁　鎌倉時代の僧侶・歌人
朱玉　しゅぎょく
朱玉　1704～1783　江戸中期の俳人
朱玉　江戸後期の俳人
粛　しゅく
景山（かげやま）粛　1774～1862　江戸後期の儒者・医師
守愚　しゅぐ　⇔もりなお
曽根（そね）守愚　江戸後期の心学者
祝阿弥　しゅくあみ
升屋（ますや）祝阿弥　江戸中期の商人。江戸料理茶屋の開祖
菽園　しゅくえん
宮永（みやなが）菽園　1795～1867　江戸後期・末期の漢学者
菽翁　しゅくおう
大熊（おおくま）菽翁　1806～1887　江戸末期・明治期の医・漢詩人
西山（にしやま）菽翁　大熊菽翁に同じ
淑儀　しゅくぎ
山本（やまもと）淑儀　？～1906　江戸末期・明治期の幕臣
叔山　しゅくざん
叔山　1823～1873　江戸末期の臨済宗僧侶
淑山　しゅくざん
本田（ほんだ）淑山　1776～1842　江戸中期・後期の眼科医
粛山　しゅくざん
久松（ひさまつ）粛山　1652～1706　江戸前期・中期の俳人、松山藩士
叔親　しゅくしん
清中亭（せいちゅうてい）叔親　江戸後期の商家
熟寐　じゅくね
酒上（さけのうえの）熟寐　1724～1784　江戸中期の狂歌師
叔問　しゅくもん
解良（けら）叔問　1763～1819　江戸中期・後期の国上村牧ヶ花の庄屋
守恵　しゅけい
守恵　？～1378　南北朝時代の僧。日光山第33世別当
珠渓　しゅけい
孔（むなし）珠渓　1824～1889　江戸後期～明治期の漢学者
寿慶　じゅけい
寿慶　戦国時代の連歌師
寿桂　じゅけい
菅（かん）寿桂　江戸時代の郷土史家
守絜　しゅけつ
守絜　戦国時代の画家
主見　しゅけん
六段（ろくだん）主見　江戸中期の眼科医
守見　しゅけん
泰円（たいえん）守見　1535～？　戦国・安土桃山時代の曹洞宗の僧
守賢　しゅけん　⇔もりかた
喜友名（きゅうな）守賢　1575～1652　安土桃山・江戸前期の中城間切総地頭職
殊賢　しゅけん
殊賢　戦国時代の画僧
茱軒　しゅけん
隠岐（おき）茱軒　1743～1788　江戸中期・後期の儒者
守源　しゅげん
守源　江戸末期・明治期の天台宗の僧
酒彦　しゅげん
酒彦　江戸後期の「社倉解話」の著者
寿賢　じゅけん
田屋（たや）寿賢　江戸前期の京都糸割符商人
寿軒　じゅけん
薬師寺（やくしじ）寿軒　江戸後期の医者
八島（やしま）寿軒　1658～1730　江戸前期・中期の修験者・医者
寿元　じゅげん
郡（こおり）寿元　1753～1828　江戸中期・後期の医師
寿玄　じゅげん
寿玄　平安中期の僧侶・歌人
尊祐（そんゆう）寿玄　？～1604　安土桃山・江戸前期の僧。佐々木上宮寺11世
寿元尼　じゅげんに
寿元尼　？～1615　江戸前期の女性。大坂城の女房衆
寿子　じゅこ
藤井（ふじい）寿子　1825～1874　江戸後期～明治期の女性。漢詩人藤井藍田の妻
寿好　じゅこう
玉縁斎（ぎょくえんさい）寿好　江戸中期・後期の狂歌作者、書肆
寿広　じゅこう
寿広　平安前期の法相宗の僧
守黒　しゅこく
小川（おがわ）守黒　江戸末期の画家
守厳　しゅごん
密室（みっしつ）守厳　南北朝時代の禅僧
守斎　しゅさい
岩崎（いわさき）守斎　？～1724　江戸前期・中期

の漢学者
行田(なめた)守斎　?～1790　江戸中期の教育者

守西　しゅさい
則誉(そくよ)守西　江戸前期の僧

寿采　じゅさい
既白(きはく)寿采　江戸前期の画僧

寿斎　じゅさい
赤松(あかまつ)寿斎　安土桃山時代の「故事考」を執筆
物部(もののべ)寿斎　江戸後期の本草家
山口(やまぐち)寿斎　江戸前期の医者

寿三郎　じゅさぶろう　⇔じゅうさぶろう
梅山(うめやま)寿三郎　1852～1915　江戸末期～大正期の考古学研究家
栃畑系(とちはたけい)寿三郎　江戸時代の金工
坂東(ばんどう)寿三郎〔1代〕　1825～1840　江戸後期の歌舞伎役者

守山　しゅざん
守山　江戸後期の俳人
大内(おおうち)守山　江戸後期の漢学者

種山　しゅざん
金(こん)種山　1785～1867　江戸中期～末期の寺子屋師匠

寿山　じゅさん　⇔じゅざん
海乗坊(かいじょうぼう)寿山　?～1803　江戸後期の眼科医

寿讃　じゅさん
寿讃　戦国時代の杵築大社奉行

寿山　じゅざん　⇔じゅさん
小田(おだ)寿山　江戸後期の画人
佐々木(ささき)寿山　1784～1856　江戸中期～末期の医者・漢学者
杉原(すぎはら)寿山　1797～1838　江戸後期の秋田の阿仁銅山方

種子　しゅし
北条(ほうじょう)種子　?～1357　鎌倉後期・南北朝時代の女性

守子内親王　しゅしないしんのう
守子内親王　鎌倉後期の女性。順徳天皇の子源彦仁の娘

侏儒どん　しゅじゅどん
日当山(ひなたやま)侏儒どん　1584～1634　安土桃山・江戸前期の島津家久の家臣

主松　しゅしょう
佐藤(さとう)主松　江戸後期の漢学者

寿昌　じゅしょう　⇔としまさ
寿昌　戦国・安土桃山時代の画家

寿昭　じゅしょう
黙堂(もくどう)寿昭　戦国時代の臨済禅僧

寿証　じゅしょう
寿証　鎌倉時代の僧侶・歌人

寿乗　じゅじょう
後藤(ごとう)寿乗　1695～1742　江戸中期の装剣金工

寿性院　じゅしょういん
寿性院　?～1661　江戸前期の女性。山内忠義の愛妾、忠義の二女・佐与姫(乾信勝室)の生母

珠心　しゅしん
明州(みょうしゅう)珠心　?～1724　江戸前期・中期の曹洞宗の僧

朱人　しゅじん
朱人　?～1733　江戸中期の俳人

寿信　じゅしん
寿信　戦国時代の臨済宗の僧・連歌作者
寿信　戦国時代の連歌師

樹心　じゅしん
樹心　?～1683　江戸前期の浄土真宗の僧

し

寿信女　じゅしんじょ
寿信女　室町時代の高原郷双六の石雙庵へ大般若経を寄進。里伝に江馬家関係者という

守随　しゅずい
吉川(よしかわ)守随　安土桃山時代の甲府の秤座職人頭

寿助　じゅすけ
殿村(とのむら)寿助　江戸前期の商人。カステラ製造の草分け

主清　しゅせい
三苫(みとま)主清　1727～1803　江戸中期・後期の狩野派画家

寿石　じゅせき
狩野(かのう)寿石　1639～1718　江戸前期・中期の画家

燾碩　じゅせき
川上(かわかみ)燾碩　江戸後期・末期の蘭方医

主拙　しゅせつ
九峰(きゅうほう)主拙　1731～1797　江戸中期・後期の臨済宗の僧

守拙　しゅせつ　⇔もりみ
守拙　室町時代の画僧

守節　しゅせつ
波多(はた)守節　1726～1755　江戸中期の儒者

寿雪　じゅせつ
高島(たかしま)寿雪　1808～1894　江戸後期～明治期の書家

守仙　しゅせん
守仙　戦国・安土桃山時代の連歌作者

守選　しゅせん
天瑞(てんずい)守選　1756～1823　江戸中期・後期の臨済宗の僧

洙川　しゅせん
山県(やまがた)洙川　江戸中期の儒者

主善　しゅぜん
宇佐美(うさみ)主善　江戸後期の医者

主膳　しゅぜん
飯田(いいだ)主膳　江戸中期の峯ヶ岡八幡神社の神官
石原(いしはら)主膳　安土桃山時代の武士
伊東(いとう)主膳　江戸後期の旗本

加藤(かとう)主膳 ?～1632 江戸前期の武士
狩野(かの)主膳 ?～1623 江戸前期の一庵の嫡子、徳川家康に仕えた
近藤(こんどう)主膳 江戸後期の神職
沢里(さわさと)主膳 江戸前期の馬術家
高梨(たかなし)主膳 ?～1615 江戸前期の真田信繁の家臣
平本(ひらもと)主膳 ?～1636 江戸前期の三輪野江新田の開発百姓
堀(ほり)主膳 江戸前期の村上藩家老役
米良(めら)主膳 1830～1907 江戸後期～明治期の勤王家
矢野(やの)主膳 江戸前期の馬術家

守禅 しゅぜん
守禅 鎌倉後期の真言宗の僧・歌人

珠全 しゅぜん
高城(たき)珠全 戦国時代の連歌師

寿仙 じゅせん
洞叔(とうしゅく)寿仙 江戸前期の臨済宗の僧

寿泉 じゅせん
下津(しもつ)寿泉 江戸中期の医者

主膳氏時 しゅぜんうじとき
有馬(ありま)主膳氏時 1589～1659 安土桃山・江戸前期の武士

主膳佐 しゅぜんのすけ
山本(やまもと)主膳佐 戦国時代の武士

主膳信正 しゅぜんのぶまさ
平子(ひらこ)主膳信正 ?～1614 江戸前期の稲葉家の家来

主膳正澄 しゅぜんまさずみ
吉松(よしまつ)主膳正澄 江戸前期の長宗我部元親の女婿で、長宗我部盛親の妹婿とされるが、実否不明

主膳元徳 しゅぜんもとのり
森岡(もりおか)主膳元徳 1735～1785 江戸中期の弘前7代藩主津軽信寧に仕えた重臣

首座 しゅそ
景蘇泉(けいそせん)首座 ?～1492 室町・戦国時代の画僧

手束 しゅそく ⇔たつか
武藤(むとう)手束 江戸末期の歌人

主諾 しゅだく
陽春(ようしゅん)主諾 ?～1735 江戸中期の臨済宗の僧

寿大夫 じゅだゆう
松本(まつもと)寿大夫 江戸後期・末期の幕臣

寿太郎 じゅたろう
島村(しまむら)寿太郎 1832～1873 江戸後期～明治期の土佐勤王党員

守知 しゅち
花城(はなぐすく)守知 ?～1511 戦国時代の人。尚真王の養父

守忠 しゅちゅう ⇔もりただ
南風原(はえばる)守忠 室町時代の南風原按司

珠長 しゅちょう
高城(たき)珠長 安土桃山時代の連歌師
長谷川(はせがわ)珠長 安土桃山・江戸前期の画家

守澄法親王 しゅちょうほっしんのう
守澄法親王 1634～1680 江戸前期の僧。初代輪王寺宮門跡(第55世日光山門主)

述久 じゅつきゅう ⇔のぶひさ
斎藤(さいとう)述久 ?～1742 江戸中期の神職

十九狂文 じゅっくきょうぶん
一編舎(いっぺんしゃ)十九狂文 1783～1857 江戸中期～末期の戯作家

述斎 じゅっさい
牟礼(むれ)述斎 江戸中期の書家

出紫 しゅっし
出紫 ?～1712 江戸前期・中期の俳人

十平 じゅっぺい ⇔じっぺい
都築(つづき)十平 ?～1843 江戸後期の越智松平氏の家臣

寿貞 じゅてい
神屋(かみや)寿貞 戦国時代の博多の豪商

朱廸 しゅてき
朱廸 1660～1706 江戸前期・中期の俳人《朱迪》

朱迪 しゅてき
朱迪 1660～1706 江戸前期・中期の俳人

守壂 しゅでん
林(りん)守壂 1610～1694 江戸前期・中期の人。唐通事林楚玉を祖とする林氏の2代

守藤 しゅとう ⇔もりふじ
集雲(しゅううん)守藤 ?～1621 戦国～江戸前期の僧

守道 しゅどう ⇔もりみち
守道 江戸末期の天台宗の僧

寿堂 じゅどう
渡辺(わたなべ)寿堂 1809～1896 江戸後期～明治期の教育者

寿道 じゅどう
寿道 1849～1883 江戸末期・明治期の俳人
大沢(おおさわ)寿道 1838～1883 江戸末期・明治期の俳諧師

種徳 しゅとく ⇔たねのり
渡部(わたなべ)種徳 1750～1782 江戸中期の教育者

受徳 じゅとく
源誉(げんよ)受徳 ?～1624 江戸前期の僧。高山市の大雄寺の中興開山で、同市の天照寺の開基

樹徳 じゅとく ⇔ぎとく
樹徳 ?～1760 江戸中期の俳人

珠徳院 しゅとくいん
珠徳院 ?～1614 江戸前期の高野山行人領僧侶

修那羅大天武 しゅならだいてんぶ
修那羅大天武 1795～1872 江戸後期の修験者

寿南 じゅなん
信誉(しんよ)寿南 ?～1684 江戸前期の高山市の天照寺1世

寿稔　じゅねん
永田（ながた）寿稔　江戸中期の篆刻家
拾貝　しゅばい
拾貝　江戸中期の俳人
酒粕　しゅはく
酒粕　江戸前期の俳人・狂歌師
守敏　しゅびん
守敏　平安前期の僧
種文　しゅぶん　⇔たねふみ，たねぶみ
種文　江戸前期の俳人
寿兵衛　じゅへい
大山（おおやま）寿兵衛　江戸末期の韮山代官江川氏の手代
寿平　じゅへい
湯沢（ゆざわ）寿平　1800〜1876　江戸後期〜明治期の武士
守遍　しゅへん
守遍　南北朝時代の天台宗の僧・歌人・漢詩人
守包　しゅほう
与儀（よぎ）守包　1663〜1740　江戸前期・中期の玉城朝薫以前の著名な踊奉行
珠牧　しゅぼく
珠牧　戦国・安土桃山時代の画家
狩野（かのう）珠牧　平安時代の狩野派の絵師。伊豆国狩野氏の一族か
寿木　じゅぼく
藤掛（ふじかけ）寿木　江戸前期・中期の茶人
主馬　しゅめ　⇔かずま，とのめ
大音（おおおと）主馬　1570〜1636　安土桃山・江戸前期の越中四郡の初代の郡代
中村（なかむら）主馬　1595〜1645　江戸前期の水軍家
早川（はやかわ）主馬　江戸前期の武将。大坂の陣で籠城
主米　しゅめ
桑名（くわな）主米　1627〜1698　江戸前期の宇都宮藩奥平家家老
守馬　しゅめ
守岡（もりおか）守馬　？〜1643　安土桃山・江戸前期の加藤氏の家臣
守明　しゅめい　⇔もりあき
石原（いしはら）守明　1551〜1621　戦国〜江戸前期の代官
珠明　しゅめい
斎藤（さいとう）珠明　？〜1777　江戸中期の今市の俳人
主馬允　しゅめのじょう
吉原（よしはら）主馬允　戦国時代の遠山直景の家臣
主馬助　しゅめのすけ
嶋（しま）主馬助　江戸後期・末期の幕臣
松野（まつの）主馬助　安土桃山・江戸前期の武士
主馬助為成　しゅめのすけためなり
佐治（さじ）主馬助為成　江戸前期の佐治与九郎一成の子。大坂の陣で籠城
守遊　しゅゆう
辻（つじ）守遊　1639〜1724　江戸前期・中期の役人・詩文家・歌人
種雄　しゅゆう　⇔たねお
原田（はらだ）種雄　戦国時代の徳川家奉行人《原田種雄》
守誉　しゅよ
守誉　1249〜1304　鎌倉前期・後期の真言宗の僧、歌人
寿陽　じゅよう
春徳（しゅんとく）寿陽　安土桃山時代の飛州安国寺の僧
珠来　しゅらい
珠来　1718〜1787　江戸中期の俳人
修理　しゅり　⇔しゅうり，すり
伊賀（いが）修理　室町時代の武将《伊賀修理亮》
上田（うえだ）修理　1827〜1869　江戸後期〜明治期の討幕派志士
遠藤（えんどう）修理　？〜1620　安土桃山時代の武士《遠藤修理亮》
岡本（おかもと）修理　安土桃山・江戸前期の武士。浅野家家臣
桑原（くわばら）修理　戦国時代の小田原北条氏の家臣、江戸衆
谷口（たにぐち）修理　江戸中期の翠簾屋
日比野（ひびの）修理　安土桃山時代の織田信長の家臣
矢作（やはぎ）修理　1554〜1591　戦国・安土桃山時代の気仙郡総旗頭
山中（やまなか）修理　？〜1602　江戸前期の旗本
山室（やまむろ）修理　江戸後期の足柄下郡穴部村大工
和田（わだ）修理　？〜1575　安土桃山時代の武士
修理高時　しゅりたかとき
遠江（とおとうみ）修理高時　鎌倉前期の武士
修理長頼　しゅりながより
鈴木（すずき）修理長頼　1655〜1705　江戸中期の幕府の作事奉行
修理君　しゅりのきみ
修理君　平安前期の女官
修理進　しゅりのしん
萩原（はぎわら）修理進　安土桃山時代の織田信長の家臣
修理之助　しゅりのすけ
坂戸（さかど）修理之助　戦国時代の千葉勝胤・昌胤の家臣
修理亮　しゅりのすけ　⇔しゅうりのすけ
安保（あぼ）修理亮　南北朝時代の武士
伊賀（いが）修理亮　室町時代の武将
勝間田（かつまた）修理亮　？〜1475　室町・戦国時代の今川氏の家臣
高（こう）修理亮　戦国時代の古河公方足利義氏の近臣
小島（こじま）修理亮　戦国時代の信濃国高井郡須毛（菅）郷の国衆
穪所（さいしょ）修理亮　室町時代の武将

里見（さとみ）修理亮　戦国時代の武将
下平（しただいら）修理亮　戦国時代の越後の国人
東（とうの）修理亮　戦国時代の上総周東郡の国衆秋元氏の家臣
中田（なかた）修理亮　戦国時代の公方奉行
野中（のなか）修理亮　戦国時代の商人。上総国天羽郡嶺下郷の鋳物師
前島（まえじま）修理亮　戦国時代の越後国刈羽郡の武士
山田（やまだ）修理亮　安土桃山時代の織田信長の家臣

修理大夫義政　しゅりのだいぶよしまさ
長野（ながの）修理大夫義政　？～1615　江戸前期の人。豊前国企救郡の下長野城主長野太郎左衛門義正の長男

寿量軒　じゅりょうけん
禰津（ねつ）寿量軒　戦国時代の信濃小県郡の国衆禰津氏の一門

受連　じゅれん
長年寺（ちょうねんじ）受連　戦国時代の上野国室田郷の長年寺住職

駿　しゅん
櫛田（くしだ）駿　1815～1872　江戸後期～明治期の儒者
相馬（そうま）駿　1853～1923　江戸末期～大正期の青森市相馬町開拓者

じゅん
孝女（こうじょ）じゅん　1841～？　江戸後期の農民

淳　じゅん
末松（すえまつ）淳　1853～？　江戸後期の眼科医
矢田（やだ）淳　1814～1870　江戸後期～明治期の別府の医師

準　じゅん　⇔なろう
前川（まえかわ）準　1830～1899　江戸後期～明治期の医師《前川準》

潤　じゅん
横山（よこやま）潤　？～1799　江戸中期・後期の本草家

純　じゅん
尚（しょう）純　1660～1707　江戸前期・中期の琉球の王族

惇　じゅん　⇔あつし
杉原（すぎはら）惇　江戸中期の医者

詢　じゅん
林（はやし）詢　江戸後期の医者

俊阿　しゅんあ
俊阿　南北朝時代以前の僧侶・歌人

春靄　しゅんあい
日野（ひの）春靄　1808～1860　江戸後期・末期の医者・漢詩人

俊安　しゅんあん　⇔としやす
鈴木（すずき）俊安　1831～1912　江戸末期・明治期の医者・自由民権運動家
本間（ほんま）俊安　1715～1758　江戸中期の医者

春安　しゅんあん
肥田（ひだ）春安　1797～1873　江戸後期～明治期の江川家侍医

春庵　しゅんあん
阿部（あべ）春庵　江戸前期の医師
上村（うえむら）春庵〔1代〕　1723～？　江戸中期の医者
宇留野（うるの）春庵　？～1760　江戸中期の医師
江鶏（えばた）春庵　1816～1849　江戸後期の陸奥南部藩医
小野（おの）春庵　1741～1783　江戸中期の医者・書家
雲川（くもかわ）春庵　江戸前期の漢学者
佐野（さの）春庵　1828～1898　江戸後期～明治期の医者・儒学者
浜田（はまだ）春庵　江戸中期の漢学者
和田（わだ）春庵　江戸中期の本草家

淳庵　じゅんあん
橘（たちばな）淳庵　？～1852　江戸後期の農事開発者
三浦（みうら）淳庵　江戸中期の篆刻家

潤安　じゅんあん
河島（かわしま）潤安　1691～1766　江戸中期の私塾経営者

潤庵　じゅんあん
原（はら）潤庵　江戸時代の母里藩医。庶民教育の先覚者

純庵　じゅんあん
坂本（さかもと）純庵　江戸後期の医者・本草家
壺井（つぼい）純庵　江戸後期の医者

順庵　じゅんあん
新川（あらかわ）順庵　江戸時代の初代順庵、長岡藩医
加藤（かとう）順庵　江戸中期の医師
喜多（きた）順庵　1765～1839　江戸中期・後期の医師
城所（きどころ）順庵　1834～1897　江戸末期・明治期の開業医
阪本（さかもと）順庵　1703～1744　江戸中期の摂津尼崎藩藩儒
山下（やました）順庵　1819～1886　江戸後期～明治期の開業医
与住（よずみ）順庵　江戸後期の医者

春意　しゅんい
宮城（みやぎ）春意　江戸前期の神道家、儒者

潤為　じゅんい
潤為　南北朝時代の僧侶・歌人

順矣　じゅんい
久世（くぜ）順矣　？～1821　江戸中期・後期の心学者

春育　しゅんいく
須田（すだ）春育　1763～？　江戸中期・後期の医者

俊一　しゅんいち
竹谷（たけたに）俊一　1856～1911　江戸末期・明治期の地方殖産の率先者

純一　じゅんいち
今田(いまだ)純一　1847〜1905　江戸後期〜明治期の教育者、郷土史家

醇一　じゅんいち
安井(やすい)醇一　1851〜1896　江戸後期〜明治期の実業家、政治家

順一　じゅんいち
青木(あおき)順一　1812〜1890　江戸後期〜明治期の教育家
筒井(つつい)順一　1733〜1820　江戸中期・後期の医者

俊一郎　しゅんいちろう
白川(しらかわ)俊一郎　1831〜？　江戸後期〜明治期の神道転向の指導者

淳一郎　じゅんいちろう
渡辺(わたなべ)淳一郎　1858〜1894　江戸末期・明治期の園芸家

純一郎　じゅんいちろう
鈴木(すずき)純一郎　1851〜1917　江戸末期〜大正期の松山邑主茂庭氏の臣

舜逸　しゅんいつ
格翁(かくおう)舜逸　安土桃山時代の僧

舜恵　しゅんえ
舜恵　江戸後期の天台宗の僧

俊栄　しゅんえい　⇔としひさ
俊栄　室町時代の真言宗の僧・歌人

俊睿　しゅんえい
俊睿　1364〜？　南北朝・室町時代の社僧

春栄　しゅんえい
野田(のだ)春栄　江戸後期の眼科医
楊(よう)春栄　江戸前期の暦官

春英　しゅんえい　⇔ときてる
茶(ちゃ)春英　江戸前期の茶道宗職
米原(よねはら)春英　1774〜1855　江戸後期の医者

順栄　じゅんえい
浜川(はまがわ)順栄　江戸末期の医師

順英　じゅんえい
後藤(ごとう)順英　1836〜1895　江戸末期・明治期の蘭方外科医

春益　しゅんえき
平井(ひらい)春益　1641〜1714　江戸前期の儒医

順益　じゅんえき
菅(すが)順益　1818〜1865　江戸後期の医者
玉井(たまい)順益　江戸中期の針立医者

恂益　じゅんえき
芳村(よしむら)恂益　江戸前期の医者

俊悦　しゅんえつ
百々(どど)俊悦　1686〜1755　江戸中期の医師

純悦　じゅんえつ
堀(ほり)純悦　江戸前期の目医者

春艶　しゅんえん
勝川(かつかわ)春艶　江戸後期の画家

春翁　しゅんおう
三上(みかみ)春翁　江戸後期の漢方医

竣翁　しゅんおう
令山(れいざん)竣翁　？〜1419　南北朝・室町時代の僧侶

春可　しゅんか
春可　江戸前期の俳諧作者

春雅　しゅんが
春雅　鎌倉後期の天台宗の僧

淳雅　じゅんが
長久寺(ちょうきゅうじ)淳雅　江戸後期の高山の八幡神社別当・長久寺の僧

純雅　じゅんが
純雅　？〜1796　江戸中期・後期の真言宗の僧

俊快　しゅんかい
俊快　鎌倉時代の天台宗の僧・歌人

春回　しゅんかい
田中(たなか)春回　1833〜1911　江戸後期〜明治期の漢学者

春海　しゅんかい　⇔はるみ
春海　1403〜？　室町時代の天台宗の僧

舜海　しゅんかい
舜海　戦国時代の天台宗の僧

順海　じゅんかい
順海　？〜1794　江戸中期・後期の僧侶

俊覚　しゅんかく
俊覚　1057〜1103　平安後期の天台宗延暦寺僧
俊覚　1052〜1111　平安後期の天台宗園城寺僧

春郭　しゅんかく
富田(とだ)春郭　1747〜1823　江戸中期・後期の藩士・漢学者

順覚　じゅんかく
順覚　1268〜？　鎌倉後期の連歌師、僧

俊覚院　しゅんかくいん
俊覚院　1711〜1711　江戸中期の徳川家宣の六男

俊岳院　しゅんがくいん
俊岳院　1806〜1810　江戸後期の徳川家斉の九男

俊寛　しゅんかん
俊寛　1142〜1179？　平安後期の僧

春巌　しゅんがん
春巌　1351〜1414　室町時代の大洲渓寿寺(曹洞宗)の開祖

春厳　しゅんがん
春厳　1354〜1414　南北朝・室町時代の僧

淳岩　しゅんがん
淳岩　戦国時代の曹洞宗の僧

俊規　しゅんき
島村(しまむら)俊規　江戸後期の彫工

春機　しゅんき
興津(おきつ)春機　1843〜1902　江戸後期〜明治期の藩医

春亀　しゅんき
山本(やまもと)春亀　？〜1795　江戸中期・後期の俳人

春暉　しゅんき
江村（えむら）春暉　1806～1880　江戸後期～明治期の画家
春蟻　しゅんぎ
春蟻　？～1813　江戸後期の俳諧作者
順棊　じゅんき
福島（ふくしま）順棊　江戸後期の棋士
春吉　しゅんきち　⇔はるきち, はるよし
新井村（あらいむら）春吉　江戸中期の農民。「耕作集」を執筆
純吉　じゅんきち
佐原（さわら）純吉　江戸後期～明治期の和算家
順吉　じゅんきち
岩田（いわた）順吉　1814～1858　江戸後期・末期の大敷網導入功労者
春休　しゅんきゅう
春休　安土桃山時代の画家
春牛　しゅんぎゅう
石丸（いしまる）春牛　1793～1860　江戸末期の筑前南画家
俊矩　しゅんきょ　⇔としのり
伊集院（いじゅういん）俊矩　1671～1742　江戸前期・中期の薩摩藩士
春挙　しゅんきょ
松浦（まつうら）春挙　1772～1847　江戸中期・後期の画家
俊鏡　しゅんきょう
俊鏡　鎌倉後期の僧侶
春卿　しゅんきょう　⇔しゅんけい
香川（かがわ）春卿　1849～1916　江戸末期～大正期の私塾経営者
春喬　しゅんきょう
勝川（かつかわ）春喬　江戸後期の絵師
春郷　しゅんきょう　⇔はるさと
鳥飼（とりかい）春郷　江戸中期の談林派俳人
俊堯　しゅんぎょう
俊堯　1118～1186　平安後期の天台僧
春暁　しゅんぎょう
勝川（かつかわ）春暁　江戸後期の絵師
狂詠舎（きょうえいしゃ）春暁　江戸後期の人情本作者
瀬部（せべ）春暁　江戸後期の国学者・狂歌師
永島（ながしま）春暁　江戸末期・明治期の浮世絵師
淳享　じゅんきょう
大養（だいよう）淳享　室町時代の曹洞宗の僧
純享　じゅんきょう
豊吉（とよし）純享　江戸前期の医師
順京　じゅんきょう
高山（こうざん）順京　？～1601　戦国時代の曹洞宗の僧侶
春暁斎　しゅんぎょうさい
速水（はやみ）春暁斎　？～1823　江戸後期の読本作者、画家
春旭　しゅんきょく
勝川（かつかわ）春旭　江戸後期の絵師
俊玉　しゅんぎょく
徹空（てつくう）俊玉　1808～1881　江戸後期～明治期の僧
春吟　しゅんぎん
随泉舎（ずいせんしゃ）春吟　江戸中期の狂歌作者
淳家　じゅんけ
淳家　鎌倉後期以前の僧侶・歌人
俊卿　しゅんけい
山田（やまだ）俊卿　1831～1921　江戸末期～大正期の医師、慈善事業家
春卿　しゅんけい　⇔しゅんきょう
小野（おの）春卿　平安前期の漢詩人
善（ぜん）春卿　江戸中期の漢学者
春渓　しゅんけい
宇野（うの）春渓　1839～1889　江戸後期～明治期の漢学者
純慧　じゅんけい
日新（にっしん）純慧　1534～1592　戦国・安土桃山時代の日蓮宗の僧。身延山久遠寺17世
順慶　じゅんけい
順慶　鎌倉前期・後期の長船派の刀工
順慶　？～1496　室町・戦国時代の僧
諄慶　じゅんけい
諄慶　？～1759　江戸中期の僧侶
春渓宗輝　しゅんけいそうき
春渓宗輝　戦国時代の女性。北条氏信の妻
俊憲　しゅんけん
俊憲　1309～？　鎌倉後期・南北朝時代の天台宗の僧
俊顕　しゅんけん　⇔としあき
中井（なかい）俊顕　江戸後期の好古家
俊虎　しゅんこ
願成寺（がんじょうじ）俊虎　戦国時代の鳳凰山願成寺の住持
春湖　しゅんこ
秋山（あきやま）春湖　1776～1848　江戸中期・後期の漢学者
中島（なかじま）春湖　江戸前期の漢学者
春后　しゅんご
若杉（わかすぎ）春后　1678～1750　江戸前期・中期の諫早百姓騒動の指導者
順固　じゅんこ
広瀬（ひろせ）順固　江戸後期の画家
順子　じゅんこ　⇔まさこ
細井（ほそい）順子　1842～1918　江戸後期～大正期の絹織物技術者
順吾　じゅんご
手島（てしま）順吾　？～1776　江戸中期の宝暦上書の筆者
俊綱　しゅんこう　⇔としつな
俊綱　平安中期の尾張国の聖人

峻江 しゅんこう
橘(たちばな)峻江 ?〜1824 江戸中期・後期の書家

春好 しゅんこう ⇔はるよし
勝川(かつかわ)春好〔2代〕 江戸後期の絵師

春幸 しゅんこう ⇔はるゆき
春幸 奈良時代の香山薬師寺の僧

春江 しゅんこう ⇔はるえ
春江 戦国時代の画家
関(せき)春江 1798〜1835 江戸後期の女流歌人
三浦(みうら)春江 1817〜1895 江戸後期〜明治期の杵築藩の権大参事

春紅 しゅんこう
勝川(かつかわ)春紅 江戸後期の画家

春耕 しゅんこう
浅田(あさだ)春耕 ?〜1877 江戸後期〜明治期の尾張藩重臣志水氏の私塾時習館学頭
伊原(いはら)春耕 ?〜1905 江戸末期・明治期の画家
久保田(くぼた)春耕 1774〜1850 江戸中期の俳人
増田(ますだ)春耕 江戸後期の「古文後集余師」の著者

舜興 しゅんこう
観音寺(かんのんじ)舜興 ?〜1662 江戸前期の僧、代官、琵琶湖水船奉行

舜耕 しゅんこう
中条(なかじょう)舜耕 1854〜? 江戸末期・明治期の画家

舜豪 しゅんごう
舜豪 戦国・安土桃山時代の天台宗の僧

恂岡 じゅんこう
益田(ますだ)恂岡 江戸中期の漢方医

諄香 じゅんこう
諄香 1701〜? 江戸中期の天台宗の僧

春光院 しゅんこういん
春光院 1822〜1823 江戸後期の徳川家斉の二十四男

春国 しゅんこく ⇔はるくに
春国 戦国時代の禅僧

順国 じゅんこく
筒井(つつい)順国 1531〜1580 戦国・安土桃山時代の武将

俊厳 しゅんごん
俊厳 1229〜? 鎌倉前期・後期の僧侶

順佐 じゅんさ
安藤(あんどう)順佐 江戸中期の人。「密蔵院薬師如来縁起」を執筆

俊斎 しゅんさい
久我(こが)俊斎 江戸末期・明治期の医者
下河辺(しもこうべ)俊斎 1846〜1914 江戸末期〜大正期の医家
湯本(ゆもと)俊斎 1810〜1843 江戸後期の医師

春哉 しゅんさい
板井(いたい)春哉 1844〜1892 江戸後期〜明治期の石工

春斎 しゅんさい
小田(おだ)春斎 1816〜1872 江戸後期の医師
賀来(かく)春斎 1809〜1891 江戸後期〜明治期の医者
嵩(かさみ)春斎 1807〜1860 江戸後期・末期の篆刻家
鷦鷯(さざき)春斎 1779〜1837 江戸末期の学者
清水(しみず)春斎 ?〜1856 江戸後期・末期の心学者

淳斎 じゅんさい
石原(いしはら)淳斎 1819〜1874 江戸後期〜明治期の医師
乾(いぬい)淳斎 1742〜1817 江戸中期・後期の私塾経営者

純斎 じゅんさい
永田(ながた)純斎 ?〜1651 江戸前期の朱子学派藩儒学者

遵西 じゅんさい
遵西 ?〜1207 鎌倉前期の浄土宗の僧

順斎 じゅんさい
木下(きのした)順斎 1599〜1647 安土桃山・江戸前期の医者

順西 じゅんさい ⇔じゅんせい
順西 安土桃山・江戸前期の真宗大谷派の僧

惇斎 じゅんさい
藤田(ふじた)惇斎 江戸末期の書家

俊左衛門 しゅんざえもん
中野(なかの)俊左衛門 1832〜? 江戸後期・末期の剣術家。直心影流

俊策 しゅんさく
柴野(しばの)俊策 1827〜1891 江戸後期〜明治期の漢学者

春策 しゅんさく
井上(いのうえ)春策 1774〜1810 江戸中期・後期の囲碁棋士

舜朔 しゅんさく
三刀(みと)舜朔 1791〜1854 江戸後期・末期の広瀬藩医

潤作 じゅんさく
高田(たかだ)潤作 1845〜1919 江戸末期〜大正期の自由民権運動家、静岡県議会議員

俊三郎 しゅんざぶろう
西村(にしむら)俊三郎 1787〜1858 江戸中期〜末期の唐通事

準三郎 じゅんざぶろう
川崎(かわさき)準三郎 江戸末期の新撰組隊士
水原(みずはら)準三郎 1858〜1908 江戸末期・明治期の暦学者

順三郎 じゅんざぶろう
斎藤(さいとう)順三郎 1846〜1869 江戸末期・明治期の八王子千人組同心。屯田兵
森本(もりもと)順三郎 江戸末期・明治期の錦絵版元

俊山　しゅんざん
俊山　?～1625　安土桃山・江戸前期の浄土宗の僧
春山　しゅんざん
小山(おやま)春山　1826～1891　江戸末期の草莽の志士
廓英(かくえい)春山　?～1781　江戸中期の国学者、歌人
諏訪(すわ)春山　1848～1918　江戸後期～大正期の彫刻家
滝川(たきがわ)春山　江戸後期の画家
竹内(たけのうち)春山　?～1817　江戸中期・後期の画家
浜地(はまぢ)春山　1795～1835　江戸後期の漢学者
藤重(ふじしげ)春山　1828～1895　江戸後期～明治期の画家
北心斎(ほくしんさい)春山　江戸後期の画家
狻山　しゅんざん
吉田(よしだ)狻山　1789～1873　江戸後期～明治期の絵師
春子　しゅんし
青陽斎(せいようさい)春子　江戸後期の画家
春思　しゅんし
春思　江戸後期の俳人
春芝　しゅんし
画登軒(がとうけん)春芝　江戸後期の画家
俊司　しゅんじ
俊司　江戸後期の名主
鯨井(くじらい)俊司　江戸末期の韮山代官江川氏の手代
俊次　しゅんじ　⇔としつぐ
角田(つのだ)俊次　1841～1923　江戸末期～大正期の漢学者
俊治　しゅんじ
高野(たかの)俊治　1822～1883　江戸後期～明治期の寺子屋師匠
潤芝　じゅんし
福沢(ふくざわ)潤芝　1807～1889　江戸後期～明治期の南原の開拓者
準次　じゅんじ
高木(たかき)準次　1853～1922　江戸末期～大正期の教育家
潤治　じゅんじ
小今井(こいまい)潤治　1814～1887　江戸末期・明治期の豪商萬屋
順治　じゅんじ
赤石(あかし)順治　1764～1815　江戸中期・後期の医師
淳七　じゅんしち
藤本(ふじもと)淳七　1827～1868　江戸末期の志士
媋子内親王　しゅんしないしんのう
媋子内親王　南北朝時代の女性。後二条天皇皇子邦良親王の女
俊子内親王家大進　しゅんしないしんのうけのだいじん
俊子内親王家大進　平安後期の女房・歌人
春鵲　しゅんじゃく
藤原(ふじわら)春鵲　1830～1896　江戸後期～明治期の医師
春寿　しゅんじゅ
佐々木(ささき)春寿　1830～1907　江戸後期～明治期の蘭方医
俊秀　しゅんしゅう　⇔としひで
俊秀　平安後期の天台宗の僧・歌人
春秋　しゅんじゅう
岡崎(おかざき)春秋　?～1853　江戸後期の幕臣
順崇　じゅんしゅう　⇔じゅんそう
順崇　?～1802　江戸中期・後期の浄土真宗の僧
春淳　しゅんじゅん
藤野(ふじの)春淳　江戸後期の香道家
春渚　しゅんしょ
春渚　1711～1776　江戸中期の俳人
俊恕　しゅんじょ
俊恕　安土桃山時代の連歌師
春助　しゅんじょ
春助　1302～1328　鎌倉後期の僧
俊章　しゅんしょう　⇔としあき
福原(ふくばら)俊章　1806～1888　江戸後期～明治期の毛利家家臣
俊盛　しゅんしょう　⇔しゅんせい, としもり
俊盛　平安後期の法相宗の僧・歌人
春昌　しゅんしょう　⇔はるまさ
伊東(いとう)春昌　江戸後期の医者
渡辺(わたなべ)春昌　江戸後期の医師
春松　しゅんしょう
高島(たかしま)春松　江戸後期の絵師
山本(やまもと)春松　?～1870　江戸後期～明治期の半月村の俳人
春章　しゅんしょう
勝川(かつかわ)春章〔2代〕　江戸後期の絵師
春笑　しゅんしょう
青木(あおき)春笑　江戸中期の画家
狩野(かのう)春笑　1646～1715　江戸前期・中期の絵師
春象　しゅんしょう　⇔しゅんぞう
錦織(にしこおり)春象　江戸後期～明治期の開業医
舜倡　しゅんしょう
舜倡　安土桃山・江戸前期の天台宗の僧
俊丈　しゅんじょう
加藤(かとう)俊丈　江戸中期の医者
俊城　しゅんじょう
早川(はやかわ)俊城　江戸中期の医者
俊聖　しゅんじょう
一向(いっこう)俊聖　1239～1287　鎌倉後期の念仏僧《一向》
俊芿　しゅんじょう
俊芿　1166～1227　鎌倉前期の肥後生まれの律宗の僧。日本の北京律の祖

春城　しゅんじょう　⇔はるき
松井（まつい）春城　1827～1889　江戸後期～明治期の御所貝津村の医師

舜乗　しゅんじょう
舜乗　？～1705　江戸中期の丹生川村の千光寺の中興7世

純清　じゅんしょう　⇔すみきよ
徳標（とくひょう）純清　？～1445　室町時代の僧

順性　じゅんしょう
順性　1737～1802　江戸中期・後期の天台宗の僧

順正　じゅんしょう　⇔じゅんせい，ゆきまさ，よりまさ
順正　？～1787　江戸中期の浄土真宗の僧

順丈　じゅんじょう
鈴木（すずき）順丈　？～1902　江戸末期・明治期の医師、南魚沼郡塩沢病院長

春色　しゅんしょく
法雲寺（ほううんじ）春色　1646～1703　江戸前期・中期の俳人

春曙斎　しゅんしょさい
井上（いのうえ）春曙斎　江戸末期の絵師

俊次郎　しゅんじろう
伊東（いとう）俊次郎　1822～1891　江戸後期～明治期の若宮水路の開拓者

舜次郎　しゅんじろう
小林（こばやし）舜次郎　江戸後期の大住郡今泉村民

潤次郎　じゅんじろう
服部（はっとり）潤次郎　江戸末期の水戸藩士。1867年遣仏使節に随行しフランスに渡る

順次郎　じゅんじろう
新津（にいつ）順次郎　1796～1866　江戸後期の公共事業家

順二郎　じゅんじろう
長田（ながた）順二郎　1821～1904　江戸後期～明治期の測量家

淳信　じゅんしん
平林（ひらばやし）淳信　？～1753　江戸中期の手習い師匠、儒者

純信　じゅんしん
純信　1819～？　江戸末期・明治期の僧

純心　じゅんしん
長谷場（はせば）純心　江戸末期の芹ヶ野金山責任者

春水　しゅんすい
春水　？～1842　江戸後期の俳人
池川（いけがわ）春水　1739～1773　江戸中期の医師
小山田（おやまだ）春水　1648～1732　江戸前期・中期の藩士・漢学者
多田（ただ）春水　小山田春水に同じ
福井（ふくい）春水　江戸後期の本草家

春翠　しゅんすい
河島（かわしま）春翠　1815～1875　江戸後期～明治期の漢学者
樋口（ひぐち）春翠　1792～1856　江戸後期の郷土画家
吉川（よしかわ）春翠　1749～1797　江戸中期・後期の歌人
四方（よも）春翠　1834～1896　江戸後期～明治期の絵師

俊瑞　しゅんずい
俊瑞　？～1841　江戸後期の浄土宗の僧

春瑞　しゅんずい
富士井（ふじい）春瑞　1836～1898　江戸後期～明治期の医師、教育者、村長

順水　じゅんすい
順水　江戸前期の俳人
順水　1695～1772　江戸中期の浄土真宗の僧・俳人
島（しま）順水　江戸中期の俳人

し

俊介　しゅんすけ
重村（しげむら）俊介　1841～？　江戸後期～明治期の「旧藩事蹟」の著書

俊助　しゅんすけ　⇔としすけ
小沢（おざわ）俊助　江戸後期の足柄上郡栢山村名主

順助　じゅんすけ
日下部（くさかべ）順助　1841～1904　江戸末期・明治期の実業家。産物会所取締役・酒造業
村田（むらた）順助　1850～1910　江戸後期～明治期の勝浦温泉開発の先駆者

順輔　じゅんすけ
田淵（たぶち）順輔　1780～1824　江戸後期の医師
藤岡（ふじおか）順輔　？～1865　江戸末期の医師

俊政　しゅんせい
小川（おがわ）俊政　江戸前期の儒者

俊盛　しゅんせい　⇔しゅんしょう，としもり
俊盛　平安後期の法相宗の僧・歌人《俊盛》

春星　しゅんせい
春星　江戸後期の俳人

春清　しゅんせい　⇔はるきよ
井上（いのうえ）春清　江戸前期の俳人
勝川（かつかわ）春清　江戸後期の絵師

春盛　しゅんせい
春盛　安土桃山・江戸前期の真言宗の僧・連歌作者

春声　しゅんせい
木佐（きさ）春声　1753～1827　江戸中期・後期の俳人

春誓　しゅんせい
春誓　鎌倉時代の天台宗の僧・歌人

春青　しゅんせい
勝川（かつかわ）春青　江戸後期の絵師

舜清　しゅんせい　⇔ちかきよ
東条（とうじょう）舜清　1796～1876　江戸後期～明治期の私塾師匠

淳誓　じゅんせい
淳誓　1535～1594　戦国・安土桃山時代の僧

純政　じゅんせい
星野（ほしの）純政　1836～1914　江戸末期～大正期の高遠藩貢士

順成　じゅんせい　⇔よりなり
安田（やすた）順成　？～1871　江戸後期～明治期

の能登国鹿島郡七尾町の医師

順正　じゅんせい　⇔じゅんしょう，ゆきまさ，よりまさ

安藤（あんどう）順正　？〜1564　戦国・安土桃山時代の僧。円光寺の住職

竹下（たけした）順正　？〜1829　江戸後期の医者

順西　じゅんせい　⇔じゅんさい

勝善寺（しょうぜんじ）順西　戦国・安土桃山時代の勝善寺の僧

順誓　じゅんせい

順誓　1404〜1506　室町・戦国時代の真宗西派の僧

春積　しゅんせき

雪庭（せってい）春積　江戸前期の曹洞宗の僧

し

順積　じゅんせき

橋本（はしもと）順積　江戸末期の神職

春雪　しゅんせつ

狩野（かのう）春雪　1614〜1691　江戸前期・中期の画家

春仙　しゅんせん

加藤（かとう）春仙　1844〜1923　江戸末期〜大正期の赤津の陶家

春川　しゅんせん

勝川（かつかわ）春川　江戸中期の絵師

春泉　しゅんせん

春川（はるかわ）春泉　江戸後期の絵師

春暹　しゅんせん

春暹　900〜964　平安前期・中期の天台宗延暦寺僧

春泉斎　しゅんせんさい

竹原（たけはら）春泉斎　江戸後期の浮世絵師

準川斎　じゅんせんさい

太田（おおた）準川斎　江戸中期の画家

春泉亭　しゅんせんてい

遠山（とおやま）春泉亭　江戸末期の銅版画家

俊宗　しゅんそう　⇔としむね

俊宗　平安後期の僧侶・歌人

春叢　しゅんそう

春叢　1752〜1840　江戸後期の京都妙心寺の禅僧

春荘　しゅんそう

端（たん）春荘　1732〜1790　江戸中期・後期の漢学者

俊蔵　しゅんぞう

青島（あおしま）俊蔵　1751〜1790　江戸中期・後期の武士。蝦夷地を調査

安藤（あんどう）俊蔵　1840〜1908　江戸後期〜明治期の書家

馬場（ばば）俊蔵　江戸後期・末期の幕臣

俊造　しゅんぞう　⇔としぞう

児玉（こだま）俊造　？〜1886　江戸後期〜明治期の医者

白井（しらい）俊造　1854〜？　江戸末期の眼科医

松本（まつもと）俊造　江戸末期の新撰組隊士

春象　しゅんぞう　⇔しゅんしょう

錦織（にしこおり）春象　江戸後期〜明治期の開業医《錦織春象》

春造　しゅんぞう

小原（おはら）春造　1801〜1877　江戸後期〜明治期の医者・本草家

駿蔵　しゅんぞう

佐藤（さとう）駿蔵　1844〜1895　江戸後期〜明治期の殖産功労者

順崇　じゅんそう　⇔じゅんしゅう

順崇　江戸中期・後期の浄土真宗の僧

馴窓　じゅんそう

衲叟（のうそう）馴窓　戦国時代の歌僧。「雲玉和歌集」を編纂

淳三　じゅんぞう

矢沢（やざわ）淳三　1833〜1899　江戸後期〜明治期の教育功労者

潤蔵　じゅんぞう

坂田（さかた）潤蔵　1809〜1875　江戸後期〜明治期の教育者

純蔵　じゅんぞう

服部（はっとり）純蔵　1764〜1824　江戸中期・後期の庄内藩士

純造　じゅんぞう

山田（やまだ）純造　1836〜1916　江戸末期・明治期の医家

順蔵　じゅんぞう

酒井（さかい）順蔵　1806〜1860　江戸後期・末期の『諸国異聞』『阿波国漫遊記』

坂本（さかもと）順蔵　江戸後期の津久井県与瀬村名主

清水（しみず）順蔵　江戸後期の本草家

中村（なかむら）順蔵　1813〜1876　江戸後期〜明治期の儒者、開港条約幕府通訳、足利学校訓導

順則　じゅんそく　⇔よりのり

朝（ちょう）順則　1841〜1899　江戸後期〜明治期の教育者

春村　しゅんそん

戸早（とはや）春村　1837〜1905　江戸後期〜明治期の医師

早川（はやかわ）春村　1838〜1890　江戸後期〜明治期の医師

隼太　しゅんた　⇔はやた

臼井（うすい）隼太　？〜1828　江戸後期の武芸家

俊岱　しゅんたい

木村（きむら）俊岱　1829〜1896　江戸末期〜明治期の医者

春岱　しゅんたい

興津（おきつ）春岱　1739〜1806　江戸中期・後期の藩医

渡辺（わたなべ）春岱　1835〜1880　江戸後期〜明治期の眼科医

春台　しゅんだい

中村（なかむら）春台　1843〜1924　江戸末期〜大正期の弘前の医師

松田（まつだ）春台　1754〜1822　江戸中期・後期の医者

順泰　じゅんたい
東海林(しょうじ)順泰　1755～1816　江戸中期・後期の医者

順台　じゅんたい
中野(なかの)順台　1739～1795　江戸中期・後期の医者

春沢　しゅんたく
富永(とみなが)春沢　1647～1732　江戸前期・中期の眼科医

春達　しゅんたつ　⇔はるたつ
井上(いのうえ)春達　1728～1784　江戸中期の囲碁棋士
肥田(ひだ)春達　？～1847　江戸後期の医師、神官

舜達　しゅんたつ
宮下(みやした)舜達　1847～1940　江戸後期～昭和期の僧侶

雋達　しゅんたつ
佐野(さの)雋達　1841～1913　江戸末期～大正期の大分における西洋医学の先駆者

淳脱院　じゅんだついん
淳脱院　1813～1814　江戸後期の徳川家斉の二十一女

俊太郎　しゅんたろう
草野(くさの)俊太郎　1836～1902　江戸後期～明治期の教育家
服部(はっとり)俊太郎　1855～1879　江戸末期・明治期の学究
吉田(よしだ)俊太郎　1849～？　江戸後期・末期の新撰組隊士

隼太郎　しゅんたろう　⇔はやたろう
山脇(やまわき)隼太郎　1849～1905　江戸後期～明治期の新撰組隊士

春潭　しゅんたん　⇔はるふち
雨宮(あまみや)春潭　1841～1904　江戸後期～明治期の漢学者・私塾経営者

俊智　しゅんち
俊智　1105～？　平安後期の天台宗園城寺僧

春仲　しゅんちゅう
名取(なとり)春仲　江戸後期の天文家

俊澄　しゅんちょう
俊澄　？～1650　江戸前期の尼僧

俊朝　しゅんちょう
俊朝　平安後期の天台宗延暦寺僧

俊長　しゅんちょう　⇔としなが, としなべ
俊長　平安後期の園城寺の悪僧

俊昶　しゅんちょう
甫天(ほてん)俊昶　江戸中期・後期の曹洞宗の僧

春帳　しゅんちょう
西向庵(さいこうあん)春帳　江戸中期の読本作者

春朝　しゅんちょう　⇔はるとも
春朝　？～1807　江戸中期・後期の俳人

春潮　しゅんちょう
片山(かたやま)春潮　1839～1896　江戸末期の画家
権田(ごんだ)春潮　1827～？　江戸後期・末期の儒者
森崎(もりさき)春潮　1849～1897　江戸後期～明治期の画家

春蝶　しゅんちょう
春蝶　江戸後期の画家
歌川(うたがわ)春蝶　江戸時代の五泉の閨秀画家
為永(ためなが)春蝶　江戸後期の戯作者

春長　しゅんちょう
宮崎(みやざき)春長　戦国・安土桃山時代の大宮浅間神社の供僧

淳長　じゅんちょう
久甫(きゅうほ)淳長　1422？～1508　室町・戦国時代の僧。鎌倉五山第二位円覚寺の搭頭雲頂庵庵主

し

春調斎　しゅんちょうさい
安井(やすい)春調斎　江戸後期の画家

吮潮斎　しゅんちょうさい
諸星(もろほし)吮潮斎　江戸中期の料理人

俊澄尼　しゅんちょうに
俊澄尼　？～1650　江戸前期の縁切寺満徳寺の中興開山

俊貞　しゅんてい　⇔としさだ
田野(たの)俊貞　1855～1910　江戸末期・明治期の医師

春貞　しゅんてい　⇔はるさだ
春貞　1740～1806　江戸中期・後期の浄土真宗の僧
伊庭(いば)春貞　1640～1694　江戸前期・中期の儒者

駿亭　しゅんてい
小山(こやま)駿亭　1784～1835　江戸中期・後期の藩士・書家

純亭　じゅんてい
阿部(あべ)純亭　1821～1868　江戸後期・末期の西蒲原郡渡部村の庄屋

順的　じゅんてき
山本(やまもと)順的　江戸中期の医師

俊哲　しゅんてつ
俊哲　奈良・平安前期の人。大陸の帰化人
明遠(みんのん)俊哲　1386～1455　南北朝・室町時代の臨済宗の僧

俊伝　しゅんでん
俊伝　江戸中期の真言宗の僧

順天　じゅんてん
山本(やまもと)順天　？～1744　江戸中期の儒者

俊燾　しゅんとう
松本(まつもと)俊燾　1836～1908　江戸後期～明治期の新潟県衛生課長

春登　しゅんとう
寛巌(かんがん)春登　1656～1747　江戸前期・中期の曹洞宗の僧

春東　しゅんとう
春東　？～1725　江戸前期・中期の浄土真宗の僧

俊道　しゅんどう
俊道　？～1882　江戸後期～明治期の僧
百々(どど)俊道　1771～1818　江戸中期・後期の

医師
春同　しゅんどう
坪内(つぼうち)春同　江戸末期・明治期の医師
春堂　しゅんどう
春堂　江戸前期・中期の俳諧作者
春洞　しゅんどう
吉浦(よしうら)春洞　1838～1862　江戸後期・末期の医師
春道　しゅんどう　⇔はるみち
武者(むしゃ)春道　1844～1884　江戸後期～明治期の洋方医
純道　じゅんどう
大村(おおむら)純道　1820～1890　江戸後期～明治期の漢蘭折衷派の医師
醇堂　じゅんどう
大谷木(おおやぎ)醇堂　1838～1897　江戸末期・明治期の漢学者
順道　じゅんどう
足立(あだち)順道　1840～1887　江戸後期～明治期の西尾市上町の浄土宗鎮西派紅樹院住職。中興開山
川崎(かわさき)順道　江戸末期の新撰組隊士
小林(こばやし)順道　1849～？　江戸後期～明治期の洋方医。初代柏崎病院長
詢道　じゅんどう
詢道　1790～1868　江戸後期・末期の浄土真宗の僧
春灯斎　しゅんとうさい
岡田(おかだ)春灯斎　江戸末期の銅版画家
淳道斎　じゅんどうさい
内山(うちやま)淳道斎　江戸後期の漢方医
潤童子　じゅんどうじ
潤童子　？～1491　室町・戦国時代の堀越公方足利政知の子
俊徳　しゅんとく　⇔としのり
朝倉(あさくら)俊徳　江戸後期・末期の幕臣
春徳　しゅんとく
勝川(かつかわ)春徳　江戸後期の絵師
牧野(まきの)春徳　1762～1849　江戸中期・後期の町医者
淳徳　じゅんとく
時岡(ときおか)淳徳　江戸末期・明治期の酒田の儒医
順徳　じゅんとく
安藤(あんどう)順徳　？～1781　江戸中期の儒者
春阿　しゅんな
野村(のむら)春阿　1820～1907　江戸後期～明治期の俳人
春楠　しゅんなん
片山(かたやま)春楠　1720～1789　江戸中期の医師
准如　じゅんにょ
准如　1577～1630　安土桃山・江戸前期の僧。本願寺第12世宗主
順忍　じゅんにん
順忍　1784～？　江戸中期・後期の天台宗の僧
善願(ぜんがん)順忍　1265～1326　鎌倉後期の極楽寺第3世長老《善願》
俊然　しゅんねん
俊然　1323～1368　鎌倉後期・南北朝時代の真言宗の僧
舜応　しゅんのう
舜応　？～1855　江戸末期の僧
純之進　じゅんのしん
安間(あんま)純之進　江戸末期の幕臣
舜之助　しゅんのすけ
須田(すだ)舜之助　？～1875　江戸後期～明治期の剣術師範
閏之助　じゅんのすけ
吉田(よしだ)閏之助　1786～1870　江戸後期～明治期の華道、茶道、園芸家
順之助　じゅんのすけ
上村井(かみむらい)順之助　江戸後期の韮山代官江川氏の手代
千秋(せんしゅう)順之助　1815～1864　江戸後期・末期の加賀藩の勤皇家
春馬　しゅんば
三亭(さんてい)春馬〔2代〕　？～1861　江戸後期・末期の戯作者、書肆
春波　しゅんぱ
春波　1694～1756　江戸中期の俳諧師
鈴木(すずき)春波　江戸後期の武士、茶人
舜馬順熙王　しゅんばじゅんきおう
舜馬順熙王　1185～1248　平安後期・鎌倉前期の琉球の国王
俊八　しゅんぱち
河野(こうの)俊八　1830～1868　江戸後期・末期の幕臣
順八　じゅんぱち
野田(のだ)順八　江戸中期の韮山代官江川氏の手代
春範　しゅんはん
春範　奈良時代の大安寺の僧
俊範　しゅんぱん　⇔としのり
俊範　鎌倉前期の天台宗の僧
百々(どど)俊範　？～1878　江戸後期～明治期の医者
春帆　しゅんぱん
多賀(たが)春帆　1832～1888　江戸後期～明治期の幕臣
春帆堂主人　しゅんぱんどうしゅじん
春帆堂主人　江戸中期の博物学者
淳美　じゅんび
樋口(ひぐち)淳美　江戸中期の医者
俊表　しゅんぴょう
島村(しまむら)俊表　江戸後期の彫工
淳武　じゅんぶ
新海(しんかい)淳武　？～1732　江戸中期の北原天神社改築者
淳夫　じゅんぷ
山崎(やまざき)淳夫　江戸後期の漢学者・医者

春風　しゅんぷう
松村（まつむら）春風　？～1884　江戸後期～明治期の雑学者
淳風　じゅんぷう
橋村（はしむら）淳風　1834～1901　江戸後期～明治期の神職
俊平　しゅんぺい　⇔としひら
赤見（あかみ）俊平　1752～1804　江戸中期・後期の剣術家。二天流
有馬（ありま）俊平　1851～1923　江戸末期～大正期の人。名久多教会設立者
栗山（くりやま）俊平　江戸末期の武士
三好（みよし）俊平　江戸後期の文人
春平　しゅんぺい
里村（さとむら）春平　江戸後期の韮山代官江川氏の手代
半田（はんだ）春平　1831～1873　江戸末期・明治期の一揆指導者
浚平　しゅんぺい
石沢（いしざわ）浚平　1805～1892　江戸後期～明治期の漢学者
準平　じゅんぺい
武田（たけだ）準平　1838～1882　江戸後期～明治期の医師、政治家
純平　じゅんぺい
堀内（ほりうち）純平　1798～1853　江戸後期の活版印刷技術者
順平　じゅんぺい
桂井（かつらい）順平　1821～1896　江戸後期～明治期の文人
後藤（ごとう）順平　1850～1877　江戸後期～明治期の一揆首謀者
三松（みまつ）順平　江戸後期の日田の豪商、公益事業家
春圃　しゅんぽ
浦上（うらがみ）春圃　1820～1849　江戸末期の画家
北尾（きたお）春圃　？～1779　江戸中期の医者
春甫　しゅんぽ
江村（えむら）春甫　江戸中期・後期の画家
淳甫　じゅんぽ
西（にし）淳甫　1811～1860　江戸後期の医者
俊鳳　しゅんぽう
俊鳳　1714～1787　江戸中期の浄土宗の僧
春芳　しゅんぽう
諏方（すわ）春芳　戦国・安土桃山時代の武田家蔵前衆
諏訪（すわ）春芳　戦国時代の諏訪の商人
堀尾（ほりお）春芳　？～1794　江戸中期・後期の横須賀町方の医者で国学者
峻峯斎　しゅんぽうさい
山野（やまの）峻峯斎　1784～1852　江戸中期・後期の絵師
俊満　しゅんまん
俊満　江戸後期の俳人
俊民　しゅんみん
鈴木（すずき）俊民　江戸中期の医師
順民　じゅんみん
黒田（くろだ）順民　1777～1825　江戸中期・後期の易占家
駿馬　しゅんめ
白峰（しらみね）駿馬　？～1909　江戸後期～明治期の海援隊士、造船技術者
白峯（しらみね）駿馬　白峰駿馬に同じ
純門　じゅんもん
多羅尾（たらお）純門　1803～？　江戸後期の代官
順也　じゅんや
順也　？～1713　江戸前期・中期の俳人
春友　しゅんゆう　⇔はるとも
鈴木（すずき）春友　1825～1898　江戸末期・明治期の戯作者・俳人
舜宥　しゅんゆう
舜宥　戦国・安土桃山時代の天台宗の僧
舜雄　しゅんゆう
舜雄　1514～？　戦国時代の天台宗の僧
舜雄　？～1701　江戸前期・中期の天台宗の僧
春洋　しゅんよう
新居（にい）春洋　1792～1838　江戸後期の儒学者
春陽　しゅんよう
小貫（おぬき）春陽〔1代〕　江戸中期・後期の歌舞伎の背景画家
小貫（おぬき）春陽〔2代〕　江戸後期の歌舞伎の背景画家
小貫（おぬき）春陽〔3代〕　1853～1918　江戸後期～大正期の歌舞伎の背景画家
萱野（かやの）春陽　？～1834　江戸後期の郷士、文人
純陽　じゅんよう
前田（まえだ）純陽　1713～1759　江戸中期の医者・漢学者
俊頼　しゅんらい
俊頼　平安後期の仏師
俊竜　しゅんりゅう
寂潭（じゃくたん）俊竜　江戸末期の曹洞宗の僧
春竜　しゅんりゅう
勝川（かつかわ）春竜　江戸後期の絵師
長柄（ながら）春竜　江戸後期の医者
準竜　じゅんりゅう　⇔じゅんりょう
宮本（みやもと）準竜　江戸後期の音韻研究家《宮本準竜》
俊亮　しゅんりょう
百々（どど）俊亮　江戸中期の医者
俊良　しゅんりょう　⇔としなが，としよし
井上（いのうえ）俊良　江戸後期・末期の医師
準竜　じゅんりょう　⇔じゅんりゅう
宮本（みやもと）準竜　江戸後期の音韻研究家
純良　じゅんりょう
宮島（みやじま）純良　江戸末期の医家

春倫　しゅんりん
土原氏（んだばるうず）春倫　1697～1761　江戸中期の琉球上級役人

春林　しゅんりん　⇔はるしげ
春林　江戸前期の俳人
奥田（おくだ）春林　江戸後期の画家
南条（なんじょう）春林　1751～1819　江戸後期の医師・俳人

俊嶺　しゅんれい
俊嶺　1810～1888　江戸中期の浄土真宗の僧

峻嶺　しゅんれい
峻嶺　1646～1738　江戸前期・中期の僧侶

春嶺　しゅんれい
伊藤（いとう）春嶺　？～1888　江戸後期～明治期の絵師
葛飾（かつしか）春嶺　江戸後期の絵師
富田（とみた）春嶺　？～1791　江戸中期・後期の医者・歌人

舜礼　しゅんれい
両児（ふたご）舜礼　1853～1891　江戸後期～明治期の僧

筍霊　じゅんれい
筍霊　？～1652　江戸前期の浄土宗の僧

春路　しゅんろ　⇔はるみち
春路　江戸中期の俳人
春路　江戸後期の俳人

順和　じゅんわ
中神（なかがみ）順和　江戸後期の医師

曙庵　しょあん
曙庵　1830～1906　江戸後期～明治期の俳人

ジョアン
安斎（あんざい）ジョアン　？～1624　安土桃山・江戸前期のキリシタン
桔梗屋（ききょうや）ジョアン　？～1619　江戸前期の京都のキリシタン
絹屋の（きぬやの）ジョアン　1569～1596　安土桃山時代のキリシタン。日本二十六聖人
結城（ゆうき）ジョアン　1556～1584　戦国・安土桃山時代の織田信長の家臣

序庵　じょあん
一瀬（いちのせ）序庵　江戸中期の医者

如庵　じょあん
箕形（みのかた）如庵　江戸前期の国学者

ジョアン又右衛門　じょあんまたえもん
ジョアン又右衛門　江戸時代のキリシタン殉教者

尚　しょう　⇔ひさし
中島（なかじま）尚　江戸中期の加賀藩儒者

子陽　しよう　⇔しょう
大森（おおもり）子陽　1738～1791　江戸中期・後期の漢学者

紫洋　しよう
横尾（よこお）紫洋　1734～1784　江戸中期の漢学者

紫陽　しよう
渋江（しぶえ）紫陽　1719～1792　江戸中期・後期の書家、儒学者

蓍陽　しよう
三宅（みやけ）蓍陽　？～1668　江戸前期の儒者《三宅元珉》

常　じょう　⇔つね
文（ぶん）常　？～1871　江戸後期～明治期の禅僧

譲　じょう　⇔ゆずる
浅野（あさの）譲　1792～1859　江戸後期・末期の医・歌人
蔡（さい）譲　1399～1463　室町時代の久米村蔡氏の2世

称阿　しょうあ
称阿　鎌倉後期・南北朝時代の時宗の僧・連歌作者
称阿　江戸後期の浄土宗の僧

正阿　しょうあ
河合（かわい）正阿　1779～1838　江戸後期の俳人

生阿　しょうあ
生阿　鎌倉時代の僧侶・歌人

聖阿　しょうあ
聖阿　江戸後期の浄土真宗の僧・歌人

乗阿　じょうあ
一華堂（いっかどう）乗阿　1531～1619　戦国～江戸前期の僧、歌人。武田晴信（信玄）の弟

浄阿　じょうあ
浄阿　？～1550　戦国時代の時宗の僧
浄阿〔2代〕　1304～1360　鎌倉後期・南北朝時代の僧、連歌師
浄阿〔4代〕　1317～1379　鎌倉後期・南北朝時代の時宗の僧・歌人
五代（ごだい）浄阿　南北朝・室町時代の僧侶

成阿　じょうあ
成阿　南北朝・室町時代の連歌師

定阿　じょうあ
定阿　1505～？　戦国時代の時宗の僧

蛸阿坊　しょうあぼう
右田（みぎた）蛸阿坊　1716～1789　江戸中期・後期の益田三条井の始祖で石見俳壇の指導者

蛸阿坊梨般　しょうあぼうりはん
右田（みぎた）蛸阿坊梨般　1716～1789　江戸中期・後期の益田三条井の始祖で石見俳壇の指導者《右田蛸阿坊》

正阿弥　しょうあみ
正阿弥　江戸前期の弘前藩お抱え彫金工
正阿弥〔1代〕　江戸時代の弘前藩お抱え彫金工

浄阿弥陀仏　じょうあみだぶつ
浄阿弥陀仏　1276～1341　鎌倉後期・南北朝時代の僧。時宗四条派の祖

勝庵　しょうあん
木村（きむら）勝庵　1831～1901　江戸後期～明治期の私塾経営者

尚安　しょうあん
屋須（やす）尚安　1805～？　江戸末期の医師、洋学者

承庵　しょうあん
桑原（くわばら）承庵　江戸末期の医者

昇庵　しょうあん
佐藤(さとう)昇庵　江戸末期の経済学者

昌安　しょうあん　⇔まさやす
堀(ほり)昌安　1766〜1829　江戸中期・後期の眼科医

昌庵　しょうあん
奥山(おくやま)昌庵　?〜1821　江戸中期・後期の医家
清原(きよはら)昌庵　1811〜1878　江戸後期〜明治期の医師
千木良(ちぎら)昌庵　1842〜1879　江戸末期・明治期の人。安中教会初代信者
遠田(とおだ)昌庵　江戸末期の著述家・訳者
藤田(ふじた)昌庵　1849〜1909　江戸後期〜明治期の人。山中からの土管による水道管敷設を提唱
堀(ほり)昌庵　江戸後期・末期の眼科医

松安　しょうあん　⇔まつやす
河野(こうの)松安　1582〜1648　安土桃山・江戸前期の幕臣

松庵　しょうあん
今井(いまい)松庵　江戸中期の儒者、医師
及川(おいかわ)松庵　1816〜1896　江戸後期〜明治期の神職
大竹(おおたけ)松庵　?〜1869　江戸後期〜明治期の蘭方医
奥田(おくだ)松庵　江戸前期の漢学者
柏淵(かしぶち)松庵　江戸中期・後期の国学者
橋本(はしもと)松庵　1807〜1856　江戸末期の医師
三重(みえ)松庵　1674〜1734　江戸前期・中期の儒者
三宅(みやけ)松庵　1737〜1805　江戸中期・後期の漢学者
吉田(よしだ)松庵　1778〜1846　江戸中期・後期の医師
善積(よしづみ)松庵　1801〜1883　江戸後期〜明治期の学者

省庵　しょうあん　⇔せいあん
青木(あおき)省庵　1841〜1884　江戸末期・明治期の種痘医。青木得庵の3男

祥庵　しょうあん
守矢(もりや)祥庵　江戸後期の医師

章庵　しょうあん
加藤(かとう)章庵　江戸前期・中期の漢学者
斎藤(さいとう)章庵　1829〜1892　江戸後期〜明治期の漢蘭折衷医、教育家
橋本(はしもと)章庵　1777〜1825　江戸後期の医師
横川(よこかわ)章庵　1835〜1877　江戸後期〜明治期の書家

菖庵　しょうあん
沢田(さわだ)菖庵　1624〜1707　江戸前期の漢学者
沢田(さわだ)菖庵　1647〜?　江戸前期の漢学者
深沢(ふかざわ)菖庵　1772〜1826　江戸中期・後期の医者

性俊　しょうあん
千呆(せんばい)性俊　1636〜1705　江戸前期の黄檗宗の僧

丈庵　じょうあん
遠藤(えんどう)丈庵　1839〜?　江戸後期・末期の新撰組隊士
山口(やまぐち)丈庵　江戸中期の医師

常安　じょうあん　⇔つねやす
長井(ながい)常安　1692〜1760　江戸中期の藩医師
祢津(ねづ)常安　?〜1597　戦国・安土桃山時代の信濃国衆

浄庵　じょうあん
木下(きのした)浄庵　江戸前期の儒者

譲庵　じょうあん
高松(たかまつ)譲庵　江戸末期の洋学者

成安　じょうあん　⇔せいあん, なりやす
成安　1582頃〜1664　安土桃山・江戸前期の俳人
江沼(えぬまの)成安　平安後期の加賀国雑掌
紀(きの)成安　平安後期の官人

静安　じょうあん　⇔せいあん
岡田(おかだ)静安　1770〜1848　江戸中期・後期の漢方医《岡田静安》

貞安　じょうあん　⇔さだやす, ていあん
聖誉(せいよ)貞安　?〜1615　安土桃山時代の浄土宗の僧

勝夷　しょうい　⇔かつい
衛藤(えとう)勝夷　1790〜1831　江戸後期の細川藩の絵師

勝諝　しょうい
勝諝　南北朝時代の僧侶・連歌作者

昌以　しょうい
常世(とこよ)昌以　江戸前期の画家

昌伊　しょうい
三伯(さんぱく)昌伊　1538〜1614　戦国〜江戸前期の古河公方の奉行人

松意　しょうい
高木(たかぎ)松意　江戸前期の俳諧師

照意　しょうい
照意　1653〜1752　江戸前期・中期の浄土真宗の僧

性威　しょうい
性威　南北朝時代の僧侶・歌人

性意　しょうい
性意　鎌倉時代の僧

韶威　しょうい
尚(しょう)韶威　戦国時代の今帰仁王子

承意　じょうい
梅雲(ばいうん)承意　?〜1505　室町・戦国時代の臨済宗の僧

紹意　じょうい
津田(つだ)紹意　江戸前期の京都糸割符商人
古市(ふるいち)紹意　戦国時代の茶人

紹偽　じょうい
大川(だいせん)紹偽　安土桃山時代の僧

浄意　じょうい
浄意　鎌倉前期の僧侶・歌人
静伊　じょうい
静伊　平安後期の天台宗の僧・歌人
定伊　じょうい　⇔さだこれ
定伊　南北朝時代の天台宗の僧・歌人
定位　じょうい
定位　1269～？　鎌倉後期の真言宗の僧
定意　じょうい
定意　鎌倉後期の天台宗の僧・歌人
松育　しょういく
行徳（ぎょうとく）松育　？～1794　江戸後期の眼科医
城幾　じょういく
城幾　1775～1837　江戸中期・後期の平曲、箏曲、三味線にすぐれた座頭
正一　しょういち　⇔まさかず
正一　江戸末期の刀工
井手（いで）正一　1837～1893　江戸後期～明治期の医師
浄一　じょういち
浄一　？～1438　室町時代の僧
聖一国師　しょういちこくし
聖一国師　1202～1280　鎌倉中期の高僧
庄一郎　しょういちろう
辻（つじ）庄一郎　？～1869　江戸後期～明治期の剣術家。神道無念流
義村（よしむら）庄一郎　江戸中期の京都銀座役人
正一郎　しょういちろう
野原（のはら）正一郎　江戸末期の壬生藩士、剣術家
丈一郎　じょういちろう
松村（まつむら）丈一郎　1849～1905　江戸後期～明治期の下伊那郡売木村の最初の戸長
条一郎　じょういちろう
山根（やまね）条一郎　1831～1896　江戸後期～明治期の石見の大規模畜産の創始者
昌逸　しょういつ
里村（さとむら）昌逸　1764～1837　江戸後期の連歌師
蕉逸　しょういつ
山本（やまもと）蕉逸　1804～1850　江戸後期の漢学者
尚因　しょういん
大橋（おおはし）尚因　1707～？　江戸中期の医者
昌寅　しょういん
昌寅　？～1838　江戸後期の連歌作者
松因　しょういん
松因　江戸中期の俳人。医師
松蔭　しょういん
伊丹（いたみ）松蔭　江戸後期の漢学者
島方（しまかた）松蔭　1782～1854　江戸後期の「尚歯放生集」の著者
松陰　しょういん
高内（たかうち）松陰　江戸後期の漢学者
本島（もとじま）松陰　1811～1888　江戸後期～明治期の藩士
松隠　しょういん
滝（たき）松隠　1778～1835　江戸中期・後期の漢学者・医者
紹印　しょういん
木山（きやま）紹印　？～1615　安土桃山・江戸前期の社僧・連歌作者
蕉陰　しょういん
蕉陰　江戸後期の俳人
伊丹（いたみ）蕉陰　1831～1881　江戸後期～明治期の儒者・医師
正韵　しょういん
正韵　？～1535　戦国時代の歌人・連歌作者
清胤　しょういん　⇔きよたね，せいいん
清胤　943～995　平安中期の天台宗の僧・歌人
紹誾　じょういん
洪基（こうき）紹誾　？～1718　江戸前期・中期の臨済宗の僧
乗印　じょういん
乗印　平安後期・鎌倉前期の醍醐寺の学僧
乗因　じょういん
乗因　1682～1739　江戸中期の天台宗延暦寺の僧
常因　じょういん　⇔つねより
紀（きの）常因　江戸中期の「怪談実録」の著者
浄印　じょういん
月海（げっかい）浄印　？～1759　江戸後期の真言宗僧侶
浄因　じょういん
浄因　1730～1804　江戸中期・後期の浄土真宗の僧
林（りん）浄因　南北朝時代の饅頭の創製者
成允　じょういん　⇔せいいん，なりみつ
惟一（いいち）成允　1789～1861　江戸後期・末期の曹洞宗の僧
静胤　じょういん
静胤　鎌倉前期の天台宗の僧
定胤　じょういん
定胤　？～939　平安前期・中期の石清水八幡宮の僧
松宇　しょうう
赤石（あかいし）松宇　1818～1878　江戸末期・明治期の篆刻家
赤石（あかし）松宇　赤石松宇に同じ
松塢　しょうう
渡辺（わたなべ）松塢　1777～？　江戸中期・後期の漢詩人
菖雨　しょうう
高須（たかす）菖雨　1755～1802　江戸後期の俳人・狂歌師
庄右衛門　しょううえもん　⇔しょうえもん
青木（あおき）庄右衛門　？～1574　戦国時代の滝山城主大石定久の家臣
丹宗（たんそう）庄右衛門　1811～1875　江戸後期～明治期の出水郡阿久根の商人
山下（やました）庄右衛門　？～1860　江戸後期・末期の一向宗門徒

升雲　しょううん
吉永(よしなが)升雲　江戸前期の医者
昌運　しょううん　⇔まさかず
南冥(なんめい)昌運　1328～1412　鎌倉後期～室町時代の僧
昌雲　しょううん
昌雲　平安後期・鎌倉前期の天台僧
松運　しょううん
篠沢(しのざわ)松運　1774～1839　江戸中期・後期の剣術家。林崎無想流
松雲　しょううん
笠原(かさはら)松雲　1847～1918　江戸末期～大正期の漢学者
桑名(くわな)松雲　？～1731　江戸中期の儒者
祥雲　しょううん
祥雲　？～1731　江戸中期の真言宗の僧
正運　しょううん　⇔せいうん
経誉(けいよ)正運　？～1505　室町・戦国時代の浄土宗の高僧
正雲　しょううん
小畠(おばた)正雲　江戸中期の医師
聖云　しょううん
聖云　南北朝時代の僧侶
歗雲　しょううん
山崎(やまざき)歗雲　1839～1916　江戸末期・明治期の医者
乗運　じょううん　⇔じょうん
乗運　？～1386　南北朝時代の日蓮宗の僧
松井(まつい)乗運　1815～1887　江戸後期～明治期の仏師
常雲　じょううん
青木(あおき)常雲　江戸前期・中期の装剣金工
鵜川(うがわ)常雲　1620～1703　江戸前期・中期の弘前藩お抱え絵師
成運　じょううん
成運　鎌倉後期の天台宗の僧・歌人
正雲院　しょううんいん
正雲院　1721～1722　江戸中期の女性。徳川吉宗の子女
承恵　しょうえ
承恵　南北朝時代の僧侶・歌人
正恵　しょうえ
岡尾(おかお)正恵　1614～1690　江戸前期・中期の書家
乗恵　じょうえ
乗恵　908～984　平安中期の天台宗延暦寺僧
浄恵　じょうえ
浄恵　江戸時代の地理研究者
浄慧　じょうえ
浄慧　1694～？　江戸中期の浄土真宗の僧
愚渓(ぐけい)浄慧　南北朝時代の僧
藪波(やぶなみ)浄慧　1852～1906　江戸後期～明治期の勧業僧
静江　じょうえ
長野(ながの)静江　1806～1887　江戸後期～明治期の僧侶
貞恵　じょうえ　⇔さだよし，ていけい
貞恵　鎌倉時代の蒔絵師
定恵　じょうえ
定恵　平安中期の仏師
定慧　じょうえ
良誉(りょうよ)定慧　1296～1370　鎌倉後期・南北朝時代の僧
勝叡　しょうえい
勝叡　奈良時代の僧。元興寺寺主

し

尚栄　しょうえい　⇔なおよし
木村(きむら)尚栄　1773～1849　江戸中期・後期の医師
昌栄　しょうえい　⇔まさひで
坂上(さかがみ)昌栄　江戸後期の眼科医
昌永　しょうえい　⇔まさなが
貞巌(ていがん)昌永　？～1572　戦国・安土桃山時代の臨済禅僧
松栄　しょうえい
志野(しの)松栄　戦国時代の香道家
松英　しょうえい
上田(うえだ)松英　？～1895　江戸末期・明治期の金沢の俳人
紹栄　しょうえい
枯木(こぼく)紹栄　南北朝・室町時代の僧
紹永　しょうえい　⇔じょうえい
紹永　室町時代の連歌師
正叡　しょうえい
正叡　1306～1361　鎌倉後期・南北朝時代の天台・浄土僧
正栄　しょうえい　⇔まさしげ，まさてる，まさなが，まさよし
狩野(かのう)正栄　江戸中期・後期の絵師
正英　しょうえい　⇔せいえい，まさてる，まさひで，まさふさ
狩野(かのう)正英　江戸後期の画家
聖栄　しょうえい
山田(やまだ)聖栄　1393～1483　室町・戦国時代の島津氏の武将
紹永　じょうえい　⇔しょうえい
紹永　室町時代の連歌師《紹永》
丈永　じょうえい
丈永　1721～？　江戸中期の俳人
常栄　じょうえい　⇔つねひで
蜂須賀(はちすか)常栄　？～1830　江戸後期の神職
浄永　じょうえい　⇔きよなが
浄永　南北朝時代の武将・連歌作者
静栄　じょうえい　⇔せいえい
静栄　1475～？　戦国時代の天台宗の僧
尚永王　しょうえいおう
尚永王　1559～1589　戦国・安土桃山時代の琉球の国王

祥益　しょうえき
渡辺（わたなべ）祥益　1848〜1905　江戸後期〜明治期の画家

正益　しょうえき　⇔せいえき
正益　安土桃山・江戸前期の連歌作者

紹益　じょうえき
三江（さんこう）紹益　1572〜1650　安土桃山・江戸前期の臨済宗の僧

浄益　じょうえき
中川（なかがわ）浄益〔6代〕　1766〜1833　江戸中期・後期の金物師

昌悦　しょうえつ
木村（きむら）昌悦　？〜1682　江戸前期の医師

正悦　しょうえつ
黒田（くろだ）正悦　1622〜1697　江戸前期・中期の茶人

紹越　じょうえつ
祖心（そしん）紹越　？〜1519　戦国時代の禅僧

城悦　じょうえつ
大崎（おおさき）城悦　1843〜1913　江戸末期〜大正期の箏曲家
大橋（おおはし）城悦　大崎城悦に同じ

常悦　じょうえつ
小豆沢（あずきざわ）常悦　江戸中期の豪商、歌人

勝右衛門　しょうえもん　⇔かつえもん
勝右衛門　？〜1763　江戸中期の漂流民
寺尾（てらお）勝右衛門　？〜1615　江戸前期の豊臣秀頼の家臣

小右衛門　しょうえもん　⇔こうえもん, こえもん
板屋（いたや）小右衛門　江戸後期の漆工
玉造（たまつくり）小右衛門　江戸後期の藩士
根本（ねもと）小右衛門　江戸後期の烏山町赤坂の人。耕便門の開削を完成
村井（むらい）小右衛門　江戸末期の俳人

庄右衛門　しょうえもん　⇔しょううえもん
庄右衛門　江戸中期の久野原村庄屋
東田（あずまだ）庄右衛門　1772〜1821　江戸中期・後期の医家・儒家
伊藤（いとう）庄右衛門　？〜1655　江戸前期の田島野村の開発者
永楽屋（えいらくや）庄右衛門　江戸時代の商人。浅草海苔を販売
江田（えだ）庄右衛門　江戸後期の鋳物屋
越後屋（えちごや）庄右衛門　江戸末期の深浦湊の船問屋
小田切（おたぎり）庄右衛門　1804〜1880　江戸後期〜明治期の伊那郡宮田村名主、高遠藩田地開発役
片野（かたの）庄右衛門　江戸中期の座間宿村名主
亀屋（かめや）庄右衛門　江戸前期の京都糸割符商人
川崎屋（かわさきや）庄右衛門　江戸前期の京都糸割符商人
葛岡（くずおか）庄右衛門　江戸中期の素封家
倉田（くらた）庄右衛門　江戸前期の伊那郡北殿村の名主
篠原（しのはら）庄右衛門　戦国・安土桃山時代の武士
武（たけ）庄右衛門　江戸後期の大住郡寺山村名主
田辺（たなべ）庄右衛門　安土桃山・江戸前期の代官
千種（ちぐさ）庄右衛門　？〜1725　江戸前期の代官
丁字屋（ちょうじや）庄右衛門　江戸前期の京都糸割符商人
永島（ながしま）庄右衛門　江戸後期の三浦郡公郷村民
西島（にしじま）庄右衛門　1755〜1832　江戸中期・後期の儒者
丹羽（にわ）庄右衛門　1833〜？　江戸後期〜明治期の庄内藩士
半田（はんだ）庄右衛門　1831〜1875　江戸後期〜明治期の岩村名主
菱屋（ひしや）庄右衛門　江戸前期の京都糸割符商人
辺見（へんみ）庄右衛門　江戸中期の大肝入、酒造業
万屋（よろずや）庄右衛門　江戸中期の酒商

祥右衛門　しょうえもん
浦田（うらた）祥右衛門　江戸後期の漁業者

正右衛門　しょうえもん　⇔まさうえもん
大坂屋（おおさかや）正右衛門　江戸末期の海部郡の問屋
引地（ひきち）正右衛門　1764〜1824　江戸中期・後期の田尻村肝入

紹右衛門　じょうえもん
平松（ひらまつ）紹右衛門　江戸後期の大庄屋、地理学者

丈右衛門　じょうえもん　⇔たけえもん
稲毛（いなげ）丈右衛門　？〜1819　江戸中期・後期の俳人
岩見潟（いわみがた）丈右衛門　？〜1780　江戸中期の力士
石見潟（いわみがた）丈右衛門　岩見潟丈右衛門に同じ
百武（ひゃくたけ）丈右衛門　江戸後期の武士
星川（ほしかわ）丈右衛門　江戸後期の橘樹郡五段田村名主
本田（ほんだ）丈右衛門　1734〜1793　江戸中期の出雲平野の開拓者
本間（ほんま）丈右衛門　？〜1810　江戸中期・後期の柔術家
山本（やまもと）丈右衛門　？〜1772　江戸中期の頚城郡鉢崎村の持高約30石の百姓

城右衛門　じょうえもん
青木（あおき）城右衛門　江戸前期の剣術家

定右衛門　じょうえもん　⇔さだうえもん, さだえもん
定右衛門　江戸後期の足柄下郡湯本茶屋民
佐々木（ささき）定右衛門　江戸前期の人。川除村芦屋の七面山道円寺を開基
佐保田（さほだ）定右衛門　江戸後期の橘樹郡菅村名主

庄右衛門胤勝　しょうえもんたねかつ
本郷（ほんごう）庄右衛門胤勝　？〜1615　江戸前期の豊臣秀吉の馬廻

丈右衛門直照　じょうえもんなおてる
都築(つづき)丈右衛門直照　?～1615　江戸前期の豊臣秀頼の使番
庄右衛門尉　しょうえもんのじょう
小井弖(こいで)庄右衛門尉　戦国・安土桃山時代の信濃国伊那郡小出郷の土豪
正右衛門尉　しょうえもんのじょう
松川(まつかわ)正右衛門尉　安土桃山時代の信濃国安曇郡松川の土豪
庄右衛門基文　しょうえもんもとふみ
原(はら)庄右衛門基文　江戸後期の豪商原家の3代当主
勝円　しょうえん
勝円　平安後期の仏師
勝円　鎌倉前期の真言宗の僧・連歌作者
勝延　しょうえん　⇔かつのぶ
勝延　827～901　平安前期・中期の真言・天台兼宗の僧・歌人
昌円　しょうえん
天甫(てんぽ)昌円　1556～1630　江戸前期の禅僧
松園　しょうえん
立木(たつき)松園　1810～1862　江戸後期・末期の徳島藩儒者
渉園　しょうえん
山田(やまだ)渉園　1809～1866　江戸後期・末期の柏崎の名家
祥延　しょうえん
祥延　891～966　平安前期・中期の法相宗の僧
笑園　しょうえん
笑園　江戸後期の俳人
鐘延　しょうえん
大西(おおにし)鐘延　江戸後期の商家
性演　しょうえん
性演　1610～1674　江戸前期の真言宗の僧
正円　しょうえん
正円　鎌倉時代の漆工
黒田(くろだ)正円　1634～1684　江戸前期の茶人
声淵　しょうえん
声淵　奈良時代の天台宗の僧
椒園　しょうえん
植木(うえき)椒園　江戸後期の漢詩人
樅園　しょうえん
三宅(みやけ)樅園　1791～1847　江戸後期の漢詩人
城円　じょうえん
城円　南北朝時代の僧。島津氏6代氏久の援助で坊津一乗院を再興
常円　じょうえん
常円　江戸前期の修験僧
浄円　じょうえん
浄円　南北朝時代の鋳物師
浄円　南北朝時代の真言宗の僧・連歌作者
浄円　戦国時代の武田氏の家臣
浄円　江戸中期の社僧
浄円　1791～1850　江戸後期の僧
静円　じょうえん
静円　1016～1074　平安中期・後期の僧、歌人
静縁　じょうえん
静縁　平安後期・鎌倉前期の天台宗の僧・歌人
定円　じょうえん　⇔さだみつ
定円　1058～1123　平安後期の興福寺僧
定円　鎌倉時代の天台宗の僧・歌人
定縁　じょうえん
定縁　鎌倉時代の僧侶・歌人
松鳶斎　しょうえんさい
岡本(おかもと)松鳶斎　1836～1898　江戸後期～明治期の名古屋源氏節中興の祖
浄円坊　じょうえんぼう
浄円坊　1791～1848　江戸後期の僧
松翁　しょうおう
小田島(おだじま)松翁　1759～1826　江戸中期・後期の書肆・歌人
久間(くま)松翁　江戸後期の画家
松平(まつだいら)松翁　江戸前期の画家
聖応　しょうおう
聖応　?～1787　江戸中期の僧
嘯翁　しょうおう
沼(ぬま)嘯翁　1721～1781　江戸中期の医師
乗応　じょうおう
乗応　1735～1795　江戸中期・後期の浄土真宗の僧
常翁　じょうおう
杉江(すぎえ)常翁　江戸前期の漢学者・医者
浄応　じょうおう
浄応　江戸中期の浄土真宗の僧
昌穏　しょうおん
昌穏　?～1650　江戸前期の連歌師
常音　じょうおん
常音　1776～1853　江戸後期の浄土真宗の僧
浄音　じょうおん
浄音　1201～1271　鎌倉前期の浄土宗西山派の僧
盛音　じょうおん
盛音　戦国時代の天台宗の僧
昇霞　しょうか
十河(そごう)昇霞　江戸後期の漢詩人
松窩　しょうか
後藤(ごとう)松窩　?～1861　江戸後期・末期の漢学者
松窠　しょうか
中江(なかえ)松窠　1748～1816　江戸中期・後期の篆刻家
紹化　しょうか
南溟(なんめい)紹化　室町・戦国時代の僧
紹嘉　しょうか
喜入(きいれ)紹嘉　?～1632　安土桃山・江戸前期の島津義久の家老
性嘉　しょうか
性嘉　江戸前期の黄檗宗の僧

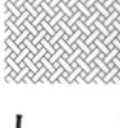

祥賀　しょうが
多賀谷（たがや）祥賀　戦国時代の武士。下総結城氏の重臣

乗雅　じょうが
乗雅　鎌倉時代の真言宗の僧・歌人

成我　じょうが
若林（わかばやし）成我　？～1889　江戸後期～明治期の真宗大谷派の僧

盛賀　じょうが
盛賀　平安後期・鎌倉前期の仏師

定賀　じょうが
定賀　平安後期・鎌倉前期の仏師

勝快　しょうかい
勝快　？～1112　平安後期の清水寺別当

勝海　しょうかい　⇔かつみ
勝海　1184～1217　平安後期・鎌倉前期の僧

照海　しょうかい
実厳（じつがん）照海　1697～？　江戸中期の曹洞宗の僧

性海　しょうかい
性海　江戸中期の浄土真宗の僧
法印（ほういん）性海　？～1860　江戸後期・末期の僧侶・俳人
本然（ほうねん）性海　1742～1812　江戸中期・後期の真言宗僧

正楷　しょうかい
正楷　江戸中期の浄土真宗の僧

松崖　しょうがい
中村（なかむら）松崖　江戸後期の漢詩人

嘯涯　しょうがい
並河（なみかわ）嘯涯　江戸後期の漢詩人

乗海　じょうかい
乗海　南北朝・室町時代の天台宗の僧
乗海　戦国・安土桃山時代の天台宗の僧
乗海　？～1599　戦国・安土桃山時代の社僧

貞海　じょうかい
貞海　鎌倉後期・南北朝時代の三論宗の僧
貞海　南北朝時代の天台宗の僧

縄外　じょうがい
三村（みむら）縄外　？～1841　江戸末期の俳人

承快法親王　しょうかいほうしんのう
承快法親王　1591～1610　安土桃山・江戸前期の後陽成天皇の第2皇子

勝覚　しょうかく
勝覚　1065～1097　平安後期の園城寺の僧

昌覚　しょうかく
吉野（よしの）昌覚　1805～1883　江戸後期～明治期の和算家

照覚　しょうかく
照覚　南北朝時代の僧侶・歌人

性覚　しょうかく
性覚　江戸中期の天台宗の僧

清覚　しょうかく　⇔せいかく
清覚　南北朝・室町時代の天台宗の僧

相覚　しょうかく　⇔そうかく
相覚　1070～1124　平安後期の天台宗の僧

勝学　しょうがく
河内（かわち）勝学　1800～1877　江戸末期の教育家、修験者

祥岳　しょうがく
大雲（だいうん）祥岳　？～1803　江戸中期・後期の僧侶

章岳　しょうがく
章岳　戦国時代の臨済宗の禅僧

静覚　じょうかく
静覚　1024～1083　平安中期・後期の僧

貞覚　じょうかく　⇔さだあき
貞覚　1155～？　平安後期・鎌倉前期の天台宗延暦寺僧

定覚　じょうかく
定覚　1046～1117　平安後期の天台宗園城寺僧
定覚　平安後期の興福寺の僧
定覚　鎌倉後期以前の僧侶・歌人
大畠（おおばたけ）定覚　室町時代の土豪

正覚院　しょうがくいん
正覚院　江戸中期の修験者

正覚坊　しょうかくぼう
正覚坊　？～1798　江戸中期・後期の百姓一揆指導者

松下亭　しょうかてい
金沢（かなざわ）松下亭　江戸中期の漢学者

勝観　しょうかん
勝観　平安中期の僧侶・歌人

勝貫　しょうかん　⇔まさつら
酒井（さかい）勝貫　1853～1924　江戸末期～大正期の医師、社会福祉事業家

将監　しょうかん　⇔しょうげん
岡（おか）将監　安土桃山時代の武将
久佐（ひさ）将監　安土桃山・江戸前期の武士

照寛　しょうかん
宝蔵院（ほうぞういん）照寛　江戸前期の天台僧

紹完　しょうかん
木山（きやま）紹完　1803～1881　江戸後期～明治期の社僧・連歌作者

正観　しょうかん　⇔まさみ
本多（ほんだ）正観　1782～1845　江戸中期・後期の藺草栽培と畳表製造普及者

聖観　しょうかん
聖観　鎌倉時代の画僧

昌巌　しょうがん
山田（やまだ）昌巌　1578～1668　安土桃山・江戸前期の地頭、家老

正含　しょうがん
正含　1689～1769　江戸中期の浄土宗の僧

常観　じょうかん
常観　江戸後期・末期の天台宗の僧

静観　じょうかん
静観　1085～1157　平安後期の真言僧

亀谷(かめがい)静観　1785〜1849　江戸中期・後期の医師兼漢学者

定巌　じょうがん
定巌　1851〜1914　江戸末期〜大正期の僧

松澗斎　しょうかんさい
中村(なかむら)松澗斎　1764〜1841　江戸中期・後期の津和野藩蒔絵師

松看斎　しょうかんさい
松看斎　安土桃山時代の武田氏の家臣

小櫃　しょうき
飯室(いいむろ)小櫃　江戸前期の儒者

性喜　しょうき
性喜　鎌倉後期の尼僧

正喜　しょうき　⇔まさよし
小林(こばやし)正喜　室町・戦国時代の大原の土豪

清基　しょうき　⇔きよもと, せいき
清基　平安中期の僧侶・歌人

聖奇　しょうき
聖奇　南北朝時代の真言宗の僧

勝義　しょうぎ　⇔かつのり, かつよし
勝義　1063〜1132　平安後期の僧

尚義　しょうぎ　⇔なおよし, ひさよし
西山(にしやま)尚義　1845〜1867　江戸後期・末期の勤皇家《西山尚義》

昌義　しょうぎ　⇔まさよし
昌義　南北朝時代の僧侶・歌人

省義　しょうぎ
早川(はやかわ)省義　?〜1903　江戸末期・明治期の旧幕臣、静岡藩士。陸軍陸地測量部の功労者

証議　しょうぎ
証議　1118〜?　平安後期の源顕国の子。大治4年出家

乗基　じょうき
乗基　鎌倉時代の真言宗の僧・歌人

常喜　じょうき
阿江木(あいき)常喜　阿江木常喜に同じ
阿江木(あえき)常喜　戦国時代の信濃国衆

浄喜　じょうき
下曽根(しもそね)浄喜　戦国時代の甲斐武田晴信・勝頼の家臣

静基　じょうき
静基　鎌倉後期の真言宗の僧

定基　じょうき　⇔さだもと
定基　975〜1033　平安中期の園城寺僧
定基　平安後期の園城寺の僧。法成寺執行長吏
牧(まき)定基　戦国時代の鶴岡八幡宮若宮別当の奉行人

定熙　じょうき
定熙　南北朝・室町時代の僧侶・歌人

勝菊　しょうぎく
秩父(ちちぶ)勝菊　戦国時代の北条氏の家臣

庄吉　しょうきち
川村(かわむら)庄吉　江戸後期の長崎奉行大沢豊後守の家臣
鳥居(とりい)庄吉　江戸中期の歌舞伎役者
林(はやし)庄吉　1846〜?　江戸後期・末期の新撰組隊士
三佐村(みさむら)庄吉　江戸末期の岡藩領三佐村の船頭
宮物屋(みやものや)庄吉　江戸末期の木綿買継商人・問屋

昌吉　しょうきち　⇔まさよし
藤林(ふじばやし)昌吉　1859〜1938　江戸末期〜昭和期の蒔絵師

正吉　しょうきち　⇔しょうきつ, まさきち, まさよし
小本(おもと)正吉　?〜1645　江戸前期の三閉伊郡代
清水(しみず)正吉　江戸末期の新撰組隊士
蘇武(そぶ)正吉　江戸後期の栗原郡鶯沢村北郷肝入
橋本(はしもと)正吉　1850〜1898　江戸後期〜明治期の医師

丈吉　じょうきち
道富(どうふ)丈吉　1808〜1824　江戸後期の長崎の役人
堀本(ほりもと)丈吉　1854〜1910　江戸末期・明治期の人。南アルプス荒木岳を開山し、山開正信の称号を得た

錠吉　じょうきち
大川(おおかわ)錠吉　1845〜1926　江戸後期〜大正期の大川屋書店創業者

正吉　しょうきつ　⇔しょうきち, まさきち, まさよし
楽翁(らくおう)正吉　1531〜1611　戦国〜江戸前期の曹洞宗の僧

勝休　しょうきゅう
飯島(いいじま)勝休　江戸後期の故実家

松臼　しょうきゅう
松臼　江戸前期の俳諧作者

松丘　しょうきゅう
松丘　1765〜1833　江戸後期の僧侶

章救　しょうきゅう
章救　平安後期の僧

浄玖　じょうきゅう
小林(こばやし)浄玖　戦国時代の武田氏の家臣

小丘園　しょうきゅうえん
秋元(あきもと)小丘園　?〜1783　江戸中期の儒者

松魚　しょうぎょ
岡本(おかもと)松魚　江戸中期の画家

勝教　しょうきょう　⇔かつのり
木村(きむら)勝教　江戸後期・末期の幕臣、関東郡代、勘定奉行

承教　じょうきょう
承教　奈良時代の僧

城橋　じょうきょう
雨森(あめのもり)城橋　江戸中期の漢詩人

静経　じょうきょう
静経　?〜1152　平安後期の徳大寺の僧

常暁　じょうぎょう
常暁　?～866　平安前期の真言宗の僧
常暁　南北朝時代の僧侶・連歌作者
定暁　じょうぎょう
定暁　?～1217　鎌倉前期の鶴岡八幡宮第3代の別当
常境院　じょうきょういん
常境院　1813～1814　江戸後期の徳川家斉の十四男
承香殿中納言　じょうきょうでんのちゅうなごん
承香殿中納言　平安中期の女房・歌人
将玉　しょうぎょく
名護屋(なごや)将玉　?～1575　安土桃山時代の武士
し
少琹　しょうきん
亀井(かめい)少琹　1798～1857　江戸末期の女流文人
昌謹　しょうきん
無言(むごん)昌謹　南北朝・室町時代の僧
昌歆　しょうきん
昌歆　戦国時代の日光山権別当
松琴　しょうきん
海野(うんの)松琴　1819～1897　江戸後期～明治期の鍼医
松吟　しょうぎん
松吟　江戸中期の雑俳点者
貞金　じょうきん　⇔さだかね
玉宝(ぎょくほう)貞金　戦国時代の女性。坍和氏続の祖母
紹九　しょうく
紹九　安土桃山時代の連歌作者
証救　しょうく
済翁(さいおう)証救　?～1260　鎌倉前期・後期の僧
性愚　しょうぐ
大巓(だいてん)性愚　江戸中期の曹洞宗の僧
聖弘　しょうぐ
聖弘　平安後期の興福寺僧。得業
丈愚　じょうぐ
丈愚　江戸前期・中期の浄土真宗の僧
彰空　しょうくう
彰空　鎌倉後期の浄土宗の僧・歌人
承空　しょうくう
承空　鎌倉時代の僧
承空　鎌倉後期の浄土宗の僧・歌人
照空　しょうくう
照空　鎌倉後期の浄土宗の僧・歌人
性空　しょうくう
性空　922～1002　平安中期の僧
性空　928～1007　平安中期の僧
天嶺(てんれい)性空　1669～1740　江戸前期・中期の臨済宗の僧
清空　しょうくう
清空　南北朝時代の浄土宗の僧・歌人
乗功　じょうくう
乗功　南北朝時代の僧侶・歌人
貞空　じょうくう
貞空　鎌倉後期の浄土宗の僧・歌人
庄九郎　しょうくろう
尼崎屋(あまがさきや)庄九郎　江戸後期の盗賊
乾(いぬい)庄九郎　?～1768　江戸中期の「浜ちりめん」の創始者
木曽(きそ)庄九郎　戦国時代の里見氏家臣
白石(しらいし)庄九郎　江戸後期の算術家
竹田(たけだ)庄九郎　1590～1662　安土桃山・江戸前期の有松絞りの創始者
竹田(たけだ)庄九郎　1610～1697　江戸前期・中期の有松紋発展の功労者
湯浅(ゆあさ)庄九郎　1644～1681　江戸前期の木炭商
聖薫　しょうくん
自南(じなん)聖薫　室町時代の臨済宗の僧
浄薫院　じょうくんいん
浄薫院　1815～1816　江戸後期の女性。徳川家斉の二十三女
昭訓門院近衛　しょうくんもんいんこのえ
昭訓門院近衛　南北朝時代の女性。後醍醐天皇の宮人
昭訓門院小督　しょうくんもんいんのこごう
昭訓門院小督　鎌倉後期の女房・歌人
昭訓門院新大納言　しょうくんもんいんのしんだいなごん
昭訓門院新大納言　鎌倉後期の女房・歌人
昭訓門院大納言　しょうくんもんいんのだいなごん
昭訓門院大納言　鎌倉後期の女房・歌人
尚卿　しょうけい
岡本(おかもと)尚卿　?～1788　江戸中期・後期の医家
尚継　しょうけい
岩瀬(いわせ)尚継　江戸後期の鎌倉鶴岡八幡宮の社人
尚絅　しょうけい
片山(かたやま)尚絅　1837～?　江戸後期～明治期の松江中学の漢学教師
尚綱　しょうけい
朝川(あさかわ)尚綱　1837～1912　江戸末期・明治期の儒者
昌慶　しょうけい
昌慶　?～1626　安土桃山・江戸前期の日光山権別当
昌継　しょうけい　⇔まさつぐ
昌継　1373～1461　室町時代の僧。日光山第42世別当(座禅院権別当)
内記(ないき)昌継　安土桃山時代の武田氏・徳川氏の家臣《内記昌継》
松径　しょうけい
松径　江戸後期の俳人

松慶 しょうけい
田中(たなか)松慶　江戸後期の京都の仏師

松敬 しょうけい
星(ほし)松敬　1830～1898　江戸後期～明治期の書家

松渓 しょうけい
佐善(さぜん)松渓　1704～1773　江戸中期の漢学者
佐藤(さとう)松渓　1811～1853　江戸後期の漢学者・画家

祥啓 しょうけい
賢江(けんこう)祥啓　室町時代の画僧

正慶 しょうけい　⇔まさよし
正慶　戦国時代の天台宗の僧
正慶　江戸前期の連歌作者

正敬 しょうけい　⇔まさたか, まさよし
正敬　室町時代の歌人

正景 しょうけい　⇔まさかげ
滝原(たきはら)正景　1842～1911　江戸末期・明治期の医師

清慶 しょうけい　⇔きよよし, せいけい
清慶　1638～？　江戸前期の法相宗の僧

聖慶 しょうけい
聖慶　平安後期・鎌倉前期の仏師

常慶 じょうけい　⇔つねよし
花井(はない)常慶　？～1652　江戸前期の人。天性寺を建立

浄慶 じょうけい
八木(やぎ)浄慶　？～1614　江戸前期の孝子

静継 じょうけい
静継　？～1863　江戸後期・末期の真宗大谷派の僧

貞慶 じょうけい
貞慶　874～944　平安前期・中期の真言宗の僧

定珪 じょうけい
竹田(たけだ)定珪　？～1550　戦国時代の医者

定迎 じょうげい
山中(やまなか)定迎　1827～1889　江戸後期～明治期の僧

定恵院殿 じょうけいいんでん
定恵院殿　1519～1550　戦国時代の武田信虎娘

松桂園 しょうけいえん
陰山(かげやま)松桂園　1750～1808　江戸中期・後期の漢学者

昭慶門院一条 しょうけいもんいんのいちじょう
昭慶門院一条　鎌倉後期の女房・歌人

章傑 しょうけつ
永巌(えいがん)章傑　？～1435　室町時代の高僧

招月 しょうげつ
小野(おの)招月　1767～1832　江戸末期の詩人

嘯月 しょうげつ
嘯月　江戸中期の俳人

浄月 じょうげつ
浄月　江戸後期の僧侶・歌人

正傑尼 しょうけつに
捴持(そうじ)正傑尼　南北朝時代の尼僧

嘯月尼 しょうげつに
奥村(おくむら)嘯月尼　江戸後期の歌人

尚堅 しょうけん
尚堅　1627～1710　江戸前期・中期の天台宗の僧
出納(すいのう)尚堅　1776～1854　江戸中期～末期の漢学者

尚賢 しょうけん　⇔なおかた, ひさかた
岩井(いわい)尚賢　1839～1916　江戸末期～大正期の医師
橘(たちばな)尚賢　？～1849　江戸後期の医者
長島(ながしま)尚賢　1818～1896　江戸後期～明治期の三浦郡八幡久里浜村名主

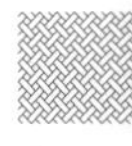
し

尚軒 しょうけん
西村(にしむら)尚軒　1837～1922　江戸末期～大正期の教育者

昌謙 しょうけん
木山(きやま)昌謙　？～1799　江戸中期・後期の社僧・連歌作者

昌顕 しょうけん
昌顕　？～1523　戦国時代の日光山権別当

昌俔 しょうけん
昌俔　1572～1665　安土桃山・江戸前期の連歌作者
里村(さとむら)昌俔　1602～1665　安土桃山・江戸前期の連歌師

松軒 しょうけん
松軒　1762～1844　江戸中期・後期の俳諧作者
菊地(きくち)松軒　？～1886　江戸末期の忍藩校儒者
菊池(きくち)松軒　菊地松軒に同じ
木村(きむら)松軒　1658～1728　江戸前期・中期の漢学者
武村(たけむら)松軒　1765～1817　江戸中期・後期の書家
武邑(たけむら)松軒　1765～1817　江戸中期・後期の書家
山室(やまむろ)松軒　1729～1803　江戸中期・後期の医者

賞賢 しょうけん
賞賢　？～1744　江戸中期の浄土真宗の僧

性憲 しょうけん
性憲　1141～？　平安後期の天台宗の僧・歌人

正顕 しょうけん　⇔まさあきら
大沢(おおざわ)正顕　1837～1906　江戸末期・明治期の白川村の戸長

聖憲 しょうけん
聖憲　鎌倉前期の天台宗の僧・歌人

勝厳 しょうげん
長谷川(はせがわ)勝厳　1829～1895　江戸末期・明治期の画家

将監 しょうげん　⇔しょうかん
青木(あおき)将監　江戸後期の大住郡大山阿夫利神社祠官
粟生(あわお)将監　戦国時代の今川氏の給人

井伊（いい）将監　室町時代の武士
家木（いえき）将監　江戸末期の新撰組隊士
石塚（いしつか）将監　戦国時代の下総北西部の国衆多賀谷氏の家臣
今中（いまなか）将監　？～1619　安土桃山・江戸前期の浅野家臣
海老原（えびはら）将監　戦国時代の常陸下妻多賀谷氏の家臣
大井（おおい）将監　戦国時代の武士
緒方（おがた）将監　？～1640　安土桃山・江戸前期の開墾者
尾形（おがた）将監　？～1633　安土桃山・江戸前期の武士
岡谷（おかや）将監　戦国時代の武士。松田憲秀の家臣
小山田（おやまだ）将監　1558～1600　戦国・安土桃山時代の武田勝頼の近侍
香取（かとり）将監　戦国時代の下総国大戸庄内の在地領主・土豪。香取社人か
河崎（かわさき）将監　安土桃山時代の織田信長の家臣
柴原（しばはら）将監　芝原将監に同じ
芝原（しばはら）将監　鎌倉後期の能登国羽咋郡柴垣村の郷士
芹沢（せりざわ）将監　江戸前期の土豪。御厨総取締役
竹井（たけい）将監　？～1582　戦国時代の備中国の武将
橘（たちばな）将監　？～1459　室町時代の南朝の忠臣
近沢（ちかざわ）将監　戦国時代の武将
戸張（とばり）将監　戦国時代の下総関宿城主簗田氏に属した
戸張（とばり）将監　戦国時代の武士
中島（なかじま）将監　安土桃山時代の織田信長の家臣
中野（なかの）将監　戦国・安土桃山時代の武蔵国衆長井政実の家臣
野口（のぐち）将監　江戸末期の武士
野辺（のべ）将監　戦国時代の武士
日向（ひなた）将監　1586～1640　安土桃山・江戸前期の武士
二見（ふたみ）将監　戦国時代の北条氏の家臣
逸見（へんみ）将監　1740～1792　江戸中期・後期の剣術家。別伝流
増田（ますだ）将監　戦国時代の武士。北条氏家臣、小机衆
松原（まつばら）将監　江戸中期の神職、大庄屋
三浦（みうら）将監　？～1615　江戸前期の武士。大坂の陣で籠城
水橋（みずはし）将監　戦国時代の土豪
宮川（みやがわ）将監　戦国時代の武田氏の家臣
宮川（みやがわ）将監　江戸時代の名主
村井（むらい）将監　安土桃山時代の織田信長の家臣
村岡（むらおか）将監　江戸前期の地侍
村上（むらかみ）将監　戦国時代の山室氏勝の家臣。土豪・地侍
桃井（もものい）将監　？～1582　安土桃山時代の武田氏の家臣
矢部（やべ）将監　戦国時代の地侍、流通業者
山崎（やまさき）将監　江戸前期の剣術家
横沢（よこざわ）将監　安土桃山・江戸前期の切支丹武士
横沢（よこさわ）将監　横沢将監に同じ
横山（よこやま）将監　？～1615　江戸前期の長宗我部盛親の物頭

尚玄　しょうげん
尚玄　鎌倉後期の日蓮宗の僧

昌源　しょうげん
昌源　1430～？　室町・戦国時代の日光山権別当

昌玄　しょうげん
永井（ながい）昌玄　江戸中期の篆刻家

昌言　しょうげん　⇔まさこと, まさとき, まさのぶ
木山（きやま）昌言　1835～1901　江戸後期～明治期の社僧・連歌作者

昭玄　しょうげん
昭玄　1585～1620　安土桃山・江戸前期の浄土真宗の僧

松玄　しょうげん
吉田（よしだ）松玄　1808～1884　江戸後期～明治期の医師

松現　しょうげん
山村（やまむら）松現　？～1782　江戸中期の八戸藩士

照元　しょうげん
佐々木（ささき）照元　江戸前期・中期の書家

章玄　しょうげん
章玄　1123～1208　平安後期・鎌倉前期の法相宗興福寺僧

章言　しょうげん　⇔あきとき
大久保（おおくぼ）章言〔2代〕　1801～1848　江戸後期の医者

正源　しょうげん
永田（ながた）正源　1803～1860　江戸後期・末期の真宗門徒

正玄　しょうげん　⇔まさはる
正玄　江戸中期の浄土真宗の僧

常顕　じょうけん　⇔つねあき
千葉（ちば）常顕　戦国時代の下総国臼井城（佐倉市）主・臼井入道常顕か

盛憲　じょうけん　⇔もりのり
盛憲　南北朝時代の僧侶・連歌作者

静見　じょうけん
静見　1314～1383　鎌倉後期・南北朝時代の浄土宗の僧

定堅　じょうけん　⇔さだかた
定堅　戦国時代の丹生川村の千光寺の僧

上元　じょうげん
金（こん）上元　飛鳥時代の官人

常元　じょうげん
常元　南北朝時代の僧侶・歌人

浄眼 じょうげん
浄眼 1768～1845 江戸中期・後期の浄土真宗の僧

浄玄 じょうげん
玉雲（ぎょくうん）浄玄 戦国時代の仏師

成源 じょうげん
成源 鎌倉時代の天台宗の僧・歌人

盛玄 じょうげん
盛玄 戦国時代の天台宗の僧

正源院宮 しょうげんいんのみや
正源院宮 1657～1658 江戸前期の女性。後西天皇の第2皇女

松軒斎 しょうけんさい
松軒斎 戦国時代の画家

将監立言 しょうげんたつのぶ
有吉（ありよし）将監立言 ？～1583 安土桃山時代の武将

将監直徳 しょうげんなおのり
下田（しもだ）将監直徳 ？～1659 江戸前期の南部藩大目付

将監政実 しょうげんまさざね
津軽（つがる）将監政実 1647～1713 江戸前期・中期の4代弘前藩主津軽信政の家老

小湖 しょうこ
橋本（はしもと）小湖 1857～1891 江戸末期・明治期の南画家

尚古 しょうこ
大谷（おおたに）尚古 1773～1853 江戸中期・後期の漢学者
長江（ながえ）尚古 ？～1872 江戸後期～明治期の桃生郡鷹来村の修験者

省古 しょうこ
中谷（なかたに）省古 1837～1912 江戸後期～明治期の人形・模型制作者

咲吾 しょうご
土居（どい）咲吾 1835～1885 江戸末期の洋学者・医師

勝悟 しょうご
勝悟 732～811 奈良・平安前期の学僧

省吾 しょうご ⇔せいご
省吾 1780～1844 江戸中期・後期の俳人
岡田（おかだ）省吾 1787～1856 江戸中期～末期の東分知家医師
小島（こじま）省吾 江戸末期の兵法家
児玉（こだま）省吾 江戸後期の洋学者
檜山（ひやま）省吾 1839～1904 江戸末期・明治期の請西藩軍事掛

城虎 じょうこ
今市（いまいち）城虎 1818～1891 江戸後期～明治期の箏曲・三味線の師匠

小篁 しょうこう
岡田（おかだ）小篁 1801～1847 江戸後期の漢学者

承広 しょうこう
無外（むがい）承広 室町時代の僧

昌興 しょうこう ⇔まさおき
仲村渠（なかんだかり）昌興 ？～1658 江戸前期の仲地夫地頭・具志川間切地頭代

昌功 しょうこう
昌功 江戸後期の連歌作者

昌考 しょうこう
唐牛（かろうじ）昌考 江戸末期の津軽の医師

松峡 しょうこう
松室（まつむろ）松峡 1692～1747 江戸中期の神職、儒者

松興 しょうこう
松興 平安中期の真言宗の僧

松江 しょうこう ⇔まつえ
松江 1695～1776 江戸中期の俳人
小西（こにし）松江 1748～1820 江戸中期・後期の漢詩人
本間（ほんま）松江 1623～1697 江戸前期・中期の俳人

祥光 しょうこう
祥光 1667～1701 江戸前期・中期の真言宗の僧

章杲 しょうこう
梅陽（ばいよう）章杲 室町時代の臨済宗の僧

紹興 しょうこう
曽我（そが）紹興 江戸時代の画家

性杲 しょうこう
長崎（ながさき）性杲 鎌倉後期の武士

正光 しょうこう ⇔まさみつ
鈴木（すずき）正光 1831～1901 江戸後期～明治期の曹洞宗の高僧

盛弘 しょうこう ⇔もりひろ
盛弘 鎌倉前期以前の僧侶・歌人

勝豪 しょうごう
勝豪 1059～1147 平安後期の天台僧

乗光 じょうこう
酉井（とりい）乗光 江戸中期の装剣金工

常光 じょうこう ⇔つねみつ
小間（こま）常光 戦国時代の越中国人椎名長常の家臣

常行 じょうこう ⇔つねゆき
常行 江戸前期・中期の画家

常皓 じょうこう
袋屋（ふくろや）常皓 江戸前期の長崎問屋

浄光 じょうこう
浄光 鎌倉前期の遠江の僧。定光とも書かれ、鎌倉の大仏を作った中心人物
浄光 江戸中期・後期の新義真言宗の僧

浄宏 じょうこう
宅間（たくま）浄宏 南北朝時代の絵仏師
詫磨（たくま）浄宏 宅間浄宏に同じ

定衡 じょうこう ⇔さだひら
河村（かわむら）定衡 1819～1913 江戸末期～大正期の青山日吉神社の祠宮

肇好 じょうこう
木村（きむら）肇好 江戸末期の僧

勝行院 しょうこういん
勝行院 1767〜1855 江戸中期〜末期の歌人
浄光院殿 じょうこういんでん
浄光院殿 ?〜1560 戦国・安土桃山時代の女性。北条綱成の娘
浄光院殿 ?〜1581 戦国・安土桃山時代の女性。足利義氏室
尚灝王 しょうこうおう
尚灝王 1787〜1834 江戸中期・後期の琉球の国王
昌国 しょうこく ⇔まさくに
松永(まつなが)昌国 ?〜1887 江戸後期の儒者
松谷 しょうこく
吉川(よしかわ)松谷 1800〜? 江戸後期の画家
尚古斎 しょうこさい
岡本(おかもと)尚古斎 1720〜1774 江戸中期の医家
早川(はやかわ)尚古斎〔1代〕 1815〜1897 江戸後期〜明治期の竹工芸家
尚古堂 しょうこどう
村山(むらやま)尚古堂 1793〜1852 江戸後期の書道家
庄五郎 しょうごろう
表森田(おもてもりた)庄五郎 1792〜1883 江戸後期〜明治期の篤農家
今春(こんぱる)庄五郎 江戸中期の能役者
塩屋(しおや)庄五郎 江戸末期の三葛村の民
高橋(たかはし)庄五郎 1844〜1907 江戸後期〜明治期の天理教立野堀大教会初代会長
土肥(どひ)庄五郎 ?〜1615 江戸前期の秀頼の奥小姓
平林(ひらばやし)庄五郎 江戸後期の版元
本間(ほんま)庄五郎 1692〜1754 江戸中期の富豪
山内(やまうち)庄五郎 1835〜1914 江戸後期〜大正期の和算家
松五郎 しょうごろう ⇔まつごろう
三枡(みます)松五郎 江戸中期の歌舞伎役者
勝五郎吉美 しょうごろうよしざね
渋谷(しぶや)勝五郎吉美 江戸前期の秀吉の近習渋谷勝左衛門尉吉春の嫡男
正根 しょうこん ⇔まさね
正根 戦国時代の華厳宗の僧・連歌作者
勝厳 しょうごん ⇔しょうげん
勝厳 平安後期の仏師
昭厳 しょうごん
昭厳 1720〜1787 江戸中期の浄土真宗の僧
性厳 しょうごん
性厳 南北朝時代の僧侶・歌人
盛金 じょうこん
盛金 南北朝時代の天台宗の僧
盛厳 じょうごん
盛厳 戦国時代の天台宗の僧
静厳 じょうごん
静厳 1052〜? 平安後期の法相宗の僧・歌人
静厳 平安後期の興福寺の僧
昌佐 しょうさ
昌佐 ?〜1578 戦国・安土桃山時代の法相宗の僧・連歌作者
松佐 しょうさ
松佐 江戸中期の俳人
庄三 しょうざ
鰥(やもめ)庄三 江戸中期の無法者
丈左 じょうさ
丈左 江戸中期・後期の俳人
商斎 しょうさい
亀田(かめだ)商斎 1765〜1848 江戸中期・後期の商家
尚斎 しょうさい
大矢(おおや)尚斎〔2代〕 1765〜1826 江戸中期・後期の医師
川崎(かわさき)尚斎 1837〜1875 江戸後期〜明治期の蘭学者
彰哉 しょうさい
国府(こう)彰哉 1833〜1909 江戸末期・明治期の医師
昇斎 しょうさい
鈴木(すずき)昇斎 1828〜1867 江戸末期の医者
昌斎 しょうさい
五百蔵(いおくら)昌斎 1749〜1797 江戸中期の医者
高須(たかす)昌斎 江戸後期の医師
松斎 しょうさい
松斎 江戸後期の陶工
天野(あまの)松斎 江戸末期の藩士
池田(いけだ)松斎 江戸前期の書家
井上(いのうえ)松斎 江戸前期の漢学者
比喜多(ひきた)松斎 江戸中期の茶人
深井(ふかい)松斎 1731〜1794 江戸中期・後期の兵学者
三木(みき)松斎 江戸後期の和算家
樟斎 しょうさい
石井(いしい)樟斎 1759〜1822 江戸中期・後期の漢学者
省斎 しょうさい ⇔せいさい
日尾(ひお)省斎 江戸末期の漢学者
深尾(ふかお)省斎 1671〜1719 江戸前期・中期の儒者《深尾省斎》
和田(わだ)省斎 1685〜1739 江戸中期の漢学者《和田省斎》
祥哉 しょうさい
久山(くやま)祥哉 ?〜1880 江戸末期の医師
章斎 しょうさい
望月(もちづき)章斎 1814〜1893 江戸後期〜明治期の画家
蕉斎 しょうさい
竹嶋(たけしま)蕉斎 1743〜1828 江戸中期・後期の医家
正才 しょうさい
松井(まつい)正才 戦国時代の越後の僧侶

正西　しょうさい
石川(いしかわ)正西　1574〜1665　安土桃山・江戸前期の藩士
生西　しょうさい　⇔せいざい
生西　鎌倉後期・南北朝時代の医師
蕭斎　しょうさい
田代(たしろ)蕭斎　?〜1852　江戸後期の漢蘭折衷外科医
常西　じょうさい
市川(いちかわ)常西　戦国時代の上野国衆国峰小幡氏の家臣
浄西　じょうさい
浄西　江戸前期の仏工
浄楽寺(じょうらくじ)浄西　戦国時代の僧。白川村の浄楽寺の開基
定斎　じょうさい　⇔ていさい
鷲見(すみ)定斎　江戸中期の将棋士
定西　じょうさい　⇔じょうせい
定西　鎌倉時代の武士
襄斎　じょうさい
芳川(よしかわ)襄斎　1824〜1886　江戸後期〜明治期の進脩舘・培根堂教授
上西門院武蔵　じょうさいもんいんのむさし
上西門院武蔵　平安後期の女房・歌人
勝左衛門　しょうざえもん　⇔かつざえもん
浅野(あさの)勝左衛門　1590〜?　安土桃山・江戸前期の浅野長政の一族
織田(おだ)勝左衛門　安土桃山時代の織田信長の家臣
小左衛門　しょうざえもん　⇔こざえもん
小坂(こさか)小左衛門　戦国時代の駿河国富士郡国郷の土豪?
少左衛門　しょうざえもん
徳山(とくやま)少左衛門　安土桃山時代の武将
庄左衛門　しょうざえもん
庄左衛門　江戸後期の足柄上郡曽比村の名主
赤尾(あかお)庄左衛門　江戸前期の豊臣秀頼の家臣
阿曽沼(あそぬま)庄左衛門　1747〜1816　江戸中期・後期の剣術家。田宮流
大村(おおむら)庄左衛門　1808〜1888　江戸末期・明治期の勤王の志士
岡(おか)庄左衛門　安土桃山・江戸前期の武士。浅野家家臣
小笠原(おがさわら)庄左衛門　1718〜1794　江戸中期・後期の三戸給人
小川(おがわ)庄左衛門　江戸前期の人。小田原北条氏旧臣
尾崎(おざき)庄左衛門　?〜1663　江戸前期の新田開発者
神尾(かんのお)庄左衛門　戦国時代の武将。武田家臣
木村(きむら)庄左衛門　1586〜1668　安土桃山・江戸前期の豊臣秀頼の家臣
櫛木(くしき)庄左衛門　?〜1581　安土桃山時代の高天神籠城衆
剣持(けんもち)庄左衛門　江戸前期の足柄上郡曽比村再墾者
児玉(こだま)庄左衛門　鎌倉後期・南北朝時代の児玉党の武士
小沼(こぬま)庄左衛門　?〜1676　江戸前期の館林藩領台之郷村名主
小林(こばやし)庄左衛門　江戸前期のワキ方春藤流能楽師
桜山(さくらやま)庄左衛門　江戸前期の歌舞伎役者、若衆方
三文字屋(さんもんじや)庄左衛門　江戸前期の陶工
塩野(しおの)庄左衛門　戦国時代の入間郡大井郷開発4人衆の一人
白井(しらい)庄左衛門　?〜1781　江戸中期の赤村庄屋
滝深(たきふか)庄左衛門　1827〜1898　江戸末期・明治期の西蒲原郡角海浜村の毒消薬製造販売業者
田島(たじま)庄左衛門　江戸前期の深谷瓦の創始者
玉井(たまい)庄左衛門　?〜1636　江戸前期の御林守、触頭役
田丸(たまる)庄左衛門　1658〜1737　江戸前期・中期の豪商
多門(たもん)庄左衛門　江戸前期の歌舞伎役者
寺田屋(てらだや)庄左衛門　?〜1745　江戸中期の瓦師
中尾(なかお)庄左衛門　江戸前期の探検家
新田(にいだ)庄左衛門　江戸末期の藩士
西村(にしむら)庄左衛門　?〜1687　江戸前期の銅問屋、新田開発請負人
西村(にしむら)庄左衛門　江戸中期の幕臣
新田(にった)庄左衛門　江戸末期の藩士
能勢(のせ)庄左衛門　江戸前期の豊臣秀頼・松平光長の家臣
原田(はらだ)庄左衛門　1855〜1938　江戸末期〜昭和期の博文堂創業者
平野(ひらの)庄左衛門　江戸後期の画家
深江(ふかえ)庄左衛門　江戸前期の京都銀座年寄
藤本(ふじもと)庄左衛門　?〜1852　江戸後期の商人
細川(ほそかわ)庄左衛門　1832〜1899　江戸後期〜明治期の実業家
村山(むらやま)庄左衛門　江戸中期の長崎会所目付
山本(やまもと)庄左衛門　江戸後期の足柄下郡谷津村住の浪士
湯本(ゆもと)庄左衛門　1749〜1812　江戸中期・後期の山田温泉の開設者
盧(ろ)庄左衛門　1622〜1686　江戸前期の人。唐通事盧君玉を祖とする盧家の2代
正左衛門　しょうざえもん
正左衛門　安土桃山時代の信濃国安曇郡の土豪
丈左衛門　じょうざえもん
愛須(あいす)丈左衛門　江戸中期・後期の武士
勝左衛門勝辰　しょうざえもんかつたつ
石本(いしもと)勝左衛門勝辰　?〜1798　江戸中期・後期の姫路藩士
庄左衛門重家　しょうざえもんしげいえ
宮井(みやい)庄左衛門重家　?〜1615　江戸前期の浅野幸長・長晟の家臣

庄左衛門尉 しょうさえもんのじょう ⇔しょうざえもんのじょう
和大夫（わたい）庄左衛門尉 戦国・安土桃山時代の駿河国小泉の土豪。駿河衆
庄左衛門尉 しょうざえもんのじょう ⇔しょうさえもんのじょう
相原（あいはら）庄左衛門尉 戦国時代の武田氏の家臣。越後国境付近での活動が目立つ
市川（いちかわ）庄左衛門尉 戦国・安土桃山時代の武士
塩野（しおの）庄左衛門尉 戦国時代の名主。武蔵大井郷
高見沢（たかみざわ）庄左衛門尉 安土桃山時代の佐久郡高野の土豪
曲淵（まがりぶち）庄左衛門尉 1518～1593 戦国・安土桃山時代の武士
庄左衛門正勝 しょうざえもんまさかつ
川北（かわきた）庄左衛門正勝 ？～1658 江戸前期の武士
小作 しょうさく
野辺（のべ）小作 1849～1910 江戸後期～明治期の新撰組隊士
庄作 しょうさく
井上（いのうえ）庄作 1856～1905 江戸末期・明治期の儒者
祥作 しょうさく
荒尾（あらお）祥作 1847～1909 江戸後期～明治期の人。日本基督高知教会設立当初の執事
荘作 しょうさく
永田（ながた）荘作 1843～1920 江戸末期～大正期の埼玉県議会議長・自由民権運動家
丈作 じょうさく
大槻（おおつき）丈作 1766～1825 江戸中期・後期の大肝煎、篤行家
昌察 しょうさつ
西山（にしやま）昌察 1670～1730 江戸前期・中期の連歌師
正察 しょうさつ
正察 ？～1491 室町・戦国時代の僧侶
承察度王 しょうさっとおう
承察度王 南北朝時代の琉球の国王
勝三郎 しょうさぶろう ⇔かつさぶろう
福原（ふくばら）勝三郎 1833～1858 江戸後期・末期の毛利家家老福原23代当主
庄三郎 しょうさぶろう ⇔しょうざぶろう
野口（のぐち）庄三郎 1799～1871 江戸末期の材木商《野口庄三郎》
小三郎 しょうざぶろう ⇔こさぶろう
江戸（えど）小三郎 戦国時代の北条氏の家臣
庄三郎 しょうざぶろう ⇔しょうさぶろう
伊藤（いとう）庄三郎 江戸後期の和算家
井上（いのうえ）庄三郎 安土桃山時代の賀茂郡の人
小谷（おたに）庄三郎 1743～1826 江戸中期・後期の豪商
後藤（ごとう）庄三郎 1571～1625 江戸時代の江戸幕府の御金改役
後藤（ごとう）庄三郎〔2代〕 1606～1644 江戸前期の御金改役
土倉（どぐら）庄三郎 1840～1917 江戸後期～大正期の林業家
中田（なかだ）庄三郎 ？～1717 江戸前期・中期の町年寄・銀座役
野口（のぐち）庄三郎 1799～1871 江戸末期の材木商
野沢（のざわ）庄三郎 1815～1861 江戸後期・末期の貿易商《野沢正三郎》
昇三郎 しょうざぶろう
加藤（かとう）昇三郎 1778～1856 江戸中期～末期の軍学者
松三郎 しょうざぶろう ⇔まつさぶろう
丹羽（にわ）松三郎 江戸後期の手代・藩校明倫堂助教
省三郎 しょうざぶろう
山田（やまだ）省三郎 1842～1916 江戸末期～大正期の国政にも参与した治水功労者
正三郎 しょうざぶろう
木下（きのした）正三郎 1760～1833 江戸中期・後期の能楽師
高橋（たかはし）正三郎 江戸前期の豊臣秀頼の小姓
野沢（のざわ）正三郎 1815～1861 江戸後期・末期の貿易商
詔三郎 しょうざぶろう
浦井（うらい）詔三郎 江戸末期・明治期の画家
錠三郎 じょうさぶろう ⇔じょうざぶろう
竹田（たけだ）錠三郎 江戸末期の新撰組隊士《竹田錠三郎》
丞三郎 じょうざぶろう
佐藤（さとう）丞三郎 1820～1910 江戸後期～明治期の剣術家。心形刀流
条三郎 じょうざぶろう
前田（まえだ）条三郎 ？～1868 江戸末期の幕臣
錠三郎 じょうざぶろう ⇔じょうさぶろう
竹田（たけだ）錠三郎 江戸末期の新撰組隊士
昌算 しょうさん
昌算 南北朝時代の僧侶・歌人
正算 しょうさん ⇔まさかず
正算 919～990 平安中期の天台宗延暦寺僧
勝山 しょうざん ⇔かつやま
北村（きたむら）勝山 1833～1908 江戸後期～明治期の画家
匠山 しょうざん
長哲（ちょうてつ）匠山 戦国時代の曹洞宗雲岫派の僧
商山 しょうざん
松崎（まつざき）商山 ？～1838 江戸後期の漢学者
小山 しょうざん
服部（はっとり）小山 1780～1832 江戸中期・後期の漢学者
松山 しょうざん ⇔まつやま
鶴田（つるだ）松山 1682～1745 江戸前期・中期

の儒者
長谷川(はせがわ)松山　江戸後期の医師
早川(はやかわ)松山　1850～1889　江戸末期・明治期の画家

章山　しょうざん
松沢(まつざわ)章山　1831～1897　江戸末期・明治期の教育者

笑山　しょうざん
笑山　1336～1383　南北朝時代の僧

紹山　しょうざん
紹山　1670～1728　江戸前期・中期の連歌作者

蔣山　しょうざん
南川(みなみかわ)蔣山　1771～1833　江戸中期・後期の漢学者

鍾山　しょうざん
佐伯(さえき)鍾山　江戸後期の漢学者
内藤(ないとう)鍾山　1787～1853　江戸中期・後期の儒者

嘯山　しょうざん
小笠原(おがさわら)嘯山　江戸後期の幕臣・歌人

嶂山　しょうざん
仲宗根(なかそね)嶂山　1843～?　江戸後期・末期の琉球の画家

簫山　しょうざん
早田(はいだ)簫山　1811～1874　江戸後期～明治期の漢学者

丈参　じょうさん
阿川(あがわ)丈参　1830～1900　江戸後期～明治期の医師・教育家

常三　じょうさん
武市(たけいち)常三　?～1593　戦国・安土桃山時代の徳島藩士

盛算　じょうさん　⇔せいさん
盛算　961～?　平安中期の東大寺の僧

丈山　じょうざん
岡村(おかむら)丈山　江戸前期の儒者

乗山　じょうざん
服部(はっとり)乗山　江戸後期の漢方医

城山　じょうざん
奥村(おくむら)城山　江戸後期の暦算家
西島(にしじま)城山　1806～1880　江戸後期～明治期の儒者

常山　じょうざん　⇔つねやま
田丸(たまる)常山　江戸前期の軍記作者

定山　じょうざん
美泉(みいずみ)定山　1815～1877　江戸後期～明治期の修験者

常山遄　じょうざんせん
常山遄　?～1521　戦国時代の萩原町の大覚寺開基

尚施　しょうし
田宮(たみや)尚施　江戸後期の医者

松子　しょうし　⇔まつこ
丈部直(たけべなおの)松子　平安前期の更衣

小次　しょうじ
小長井(こながい)小次　安土桃山時代の検地役人

庄司　しょうじ
池田(いけだ)庄司　江戸末期の新撰組隊士
内田(うちだ)庄司　江戸後期・末期の武士、衝鋒隊隊長
辛島(からしま)庄司　1834～?　江戸後期・末期の新撰組隊士
永嶋(ながしま)庄司　1779～1857　江戸中期～末期の三浦郡公郷村名主
長田(ながた)庄司　戦国時代の大工棟梁

庄次　しょうじ
遠藤(えんどう)庄次　1844～1908　江戸後期～明治期の教育者

昇司　しょうじ
辛島(からしま)昇司　1834～?　江戸後期・末期の新撰組隊士《辛島庄司》
針谷(はりや)昇司　江戸末期の韮山代官江川氏の手代

昌治　しょうじ　⇔まさはる
熊谷(くまがい)昌治　江戸末期・明治期の教育者

章次　しょうじ
広田(ひろた)章次　?～1862　江戸後期・末期の土佐藩の下横目

正治　しょうじ　⇔まさはる
森田(もりた)正治　1813～1862　江戸後期・末期の蘭方医

正路　しょうじ　⇔せいじ, せいろ, まさみち
田宮(たみや)正路　1841～?　江戸後期～明治期の神職

荘司　しょうじ　⇔そうじ
井口(いぐち)荘司　1834～1870　江戸後期～明治期の関前新田名主
前川(まえかわ)荘司　1829～?　江戸後期～明治期の人。新撰組の後援者

荘二　しょうじ　⇔そうじ
小松原(こまつばら)荘二　1812～1879　江戸後期～明治期の実業家

鏘二　しょうじ
山本(やまもと)鏘二　1852～1899　江戸後期～明治期の『福井新聞』(第1次)主筆

紹之　じょうし
紹之　安土桃山・江戸前期の連歌作者

丈士　じょうし
丈士　江戸中期・後期の俳人

条子　じょうし
松木(まつきの)条子　江戸前期の女性。後西天皇の宮人

譲次　じょうじ
久保(くぼ)譲次　江戸末期の洋学者

二葉子　じようし
神田(かんだ)二葉子　1667～?　江戸前期・中期の俳人

小自在　しょうじざい
新木(あらき)小自在　1758～1815　江戸中期・後

期の三島郡与板の庄屋

勝七　しょうしち　⇔かつしち

浅香(あさか)勝七　江戸前期の豊臣秀頼の小姓

魚住(うおずみ)勝七　?～1582　戦国・安土桃山時代の織田信長の家臣

庄七　しょうしち

恵比寿屋(えびすや)庄七　江戸後期の版元

柴怒田(しばんた)庄七　1728～1822　江戸中期・後期の5代の主人に仕えた忠僕

鳥居(とりい)庄七　江戸前期の歌舞伎役者

三浦(みうら)庄七　1815～1884　江戸後期～明治期の盛岡藩五戸村の給人

緑川(みどりかわ)庄七　江戸中期の力士

丈七　じょうしち

新井(あらい)丈七　1839～1921　江戸末期～大正期の柔術家

常七　じょうしち　⇔つねしち

常七　江戸中期の高野山寺領東富貴村庄屋

小七郎　しょうしちろう　⇔こしちろう

菱や(ひしや)小七郎　江戸前期の京都糸割符商人

梢実　しょうじつ

梢実　江戸後期の俳人

章実　しょうじつ　⇔あきざね

章実　平安後期の天台宗の僧

証実　しょうじつ

証実　室町時代の真言宗の僧

乗実　じょうじつ

乗実　平安後期の僧

成実　じょうじつ　⇔しげざね, なりざね

成実　江戸後期の真言宗の僧

静実　じょうじつ

静実　平安後期の戸隠山顕光寺別当

庄司之助　しょうじのすけ

大坂(おおざか)庄司之助　安土桃山・江戸前期の豊臣秀吉・秀頼の御小人頭

勝寂　しょうじゃく

陶山(すやま)勝寂　1828～1877　江戸後期～明治期の絵師

笑種　しょうしゅ

笑種　江戸中期の俳人

性守　しょうしゅ

性守　1475～1530　戦国時代の僧

松寿　しょうじゅ　⇔まつじゅ

岡野(おかの)松寿〔1代〕　?～1708　江戸前期・中期の人形彫刻師

岡野(おかの)松寿〔9代〕　1754～1824　江戸中期・後期の人形彫刻師

岡野(おかの)松寿〔10代〕　1768～1826　江戸中期・後期の人形彫刻師

笑寿　しょうじゅ

月光亭(げっこうてい)笑寿　江戸後期の戯作者

正寿　しょうじゅ　⇔せいじゅ

玉川(たまがわ)正寿　江戸後期の装剣金工

清寿　しょうじゅ

清寿　鎌倉時代の僧侶・歌人

聖寿　しょうじゅ

仁甫(じんぽ)聖寿　室町時代の臨済宗の僧

浄寿　じょうじゅ

榎(えのき)浄寿　江戸後期の和算家

小洲　しょうしゅう

石崎(いしざき)小洲　1840～1903　江戸後期～明治期の漢学者《石埼謙》

高田(たかだ)小洲　1808～1878　江戸末期の経済学者《高田禎二郎》

小菘　しょうしゅう

伊勢(いせ)小菘　江戸末期の武士

松州　しょうしゅう

堀野(ほりの)松州　江戸末期の漢学者

松洲　しょうしゅう

中村(なかむら)松洲　1778～1842　江戸中期・後期の漢学者

秦(はた)松洲　1796～1859　江戸後期・末期の漢学者

原(はら)松洲　1776～1829　江戸中期・後期の漢学者

正秀　しょうしゅう　⇔せいしゅう, まさなか, まさひで

畠山(はたけやま)正秀　?～1597　戦国・安土桃山時代の浄土真宗大谷派専念寺の僧

正琇　しょうしゅう

温伯(おんぱく)正琇　?～1455　室町時代の僧

韶秀　しょうしゅう

青山(せいざん)韶秀　室町時代の曹洞宗の僧

松什　しょうじゅう

松什　1798～1853　江戸後期の俳人

松十　しょうじゅう　⇔まつじゅう

池田(いけだ)松十　1733～1805　江戸中期・後期の事業家、文人

照従　しょうじゅう

益田(ますだ)照従　戦国時代の本願寺坊官下間頼廉の内衆

条就　じょうしゅう

朝山(あさやま)条就　南北朝時代の武士

浄秀　じょうしゅう

柏州(はくしゅう)浄秀　江戸前期の黄檗宗の僧

穣洲　じょうしゅう

小林(こばやし)穣洲　1826～1909　江戸後期～明治期の教育者・書家

定修　じょうしゅう

定修　?～1235　鎌倉前期の天台宗の僧・歌人

静什　じょうじゅう

静什　南北朝時代の天台宗の僧

庄十郎　しょうじゅうろう

新里(にっさと)庄十郎　1849～1919　江戸末期～大正期の開拓者

松祝　しょうしゅく

大喜(たいき)松祝　1660～1748　江戸前期・中期

の僧

省叔 しょうしゅく
姫井(ひめい)省叔 1772～1848 江戸末期の医師

紹叔 しょうしゅく
曾我(そが)紹叔 江戸前期の画家

正寿丸 しょうじゅまる
石巻(いしまき)正寿丸 戦国時代の北条氏の家臣

庄寿郎 しょうじゅろう
石岡(いしおか)庄寿郎 江戸中期の漆芸家

承舜 しょうしゅん
琴渓(きんけい)承舜 ？～1529 戦国時代の臨済禅僧

昌俊 しょうしゅん ⇔まさとし
昌俊 1433～？ 室町・戦国時代の僧。宝戒寺(天台宗)第22世、成就寺第18世、法勝寺第28世

昌晙 しょうしゅん
東海(とうかい)昌晙 ？～1865 江戸後期・末期の僧

松春 しょうしゅん
松春 ？～1709 江戸前期・中期の俳人・書肆

紹春 しょうしゅん ⇔じょうしゅん
薮内(やぶのうち)紹春 ？～1691 江戸前期・中期の茶人

政春 しょうしゅん ⇔まさはる
政春 平安後期の天台宗の僧

将順 しょうじゅん
山口(やまぐち)将順 1814～1881 江戸後期～明治期の荘内藩士。松ケ岡開墾事業を統轄

昌淳 しょうじゅん
昌淳 ？～1607 安土桃山・江戸前期の日光山権別当

昭淳 しょうじゅん
昭淳 1486～？ 戦国時代の天台宗の僧

松順 しょうじゅん
小林(こばやし)松順 ？～1811 江戸中期・後期の医師、算学者

性遵 しょうじゅん ⇔せいじゅん
性遵 ？～1371 鎌倉後期・南北朝時代の連歌師、武士
敬翁(きょうおう)性遵 ？～1570 戦国時代の曹洞宗僧侶

成潤 しょうじゅん ⇔せいじゅん
成潤 室町時代の僧

聖遵 しょうじゅん
聖遵 室町時代以前の僧侶・歌人

承俊 じょうしゅん
承俊 ？～905 平安前期・中期の僧

紹春 じょうしゅん ⇔しょうしゅん
薮内(やぶのうち)紹春 江戸前期の茶人

常春 じょうしゅん ⇔つねはる
服部(はっとり)常春 1646～1715 江戸前期・中期の俳人

浄春 じょうしゅん
翠峰(すいほう)浄春 江戸前期の黄檗宗の僧

成舜 じょうしゅん
成舜 ？～1235 鎌倉前期の白山宮の長吏

盛俊 じょうしゅん ⇔もりとし
盛俊 戦国時代の天台宗の僧

定俊 じょうしゅん ⇔さだとし
中路(なかじ)定俊 ？～1838 江戸後期の成田山新勝寺の用人

定舜 じょうしゅん
定舜 鎌倉前期の律僧

乗淳 じょうじゅん
滝本坊(たきもとぼう)乗淳 江戸前期の書家

松処 しょうしょ
大塚(おおつか)松処 1707～1801 江戸中期・後期の儒者

少汝 しょうじょ
少汝 1759～1820 江戸中期・後期の俳人。浄土真宗の僧

定助 じょうじょ
定助 平安後期の絵仏師
定助 平安後期の東大寺得業

勝昌 しょうしょう ⇔かつまさ
大竹(おおたけ)勝昌 江戸後期・末期の代官

昌勝 しょうしょう ⇔まさかつ
昌勝 室町時代の僧

昭清 しょうしょう
昭清 1174～1233 平安後期・鎌倉前期の社僧・歌人

紹祥 しょうしょう
曽我(そが)紹祥 戦国時代の画家

正肖 しょうしょう
川平(かびら)正肖 1698～1761 江戸中期の上官氏7世

聖勝 しょうしょう
聖勝 鎌倉前期の真言宗の僧・歌人

聖承 しょうしょう
聖承 南北朝時代の僧侶・歌人

松丈 しょうじょう
松丈園(しょうじょうえん)松丈 江戸後期の俳人

紹清 じょうしょう ⇔しょうせい
紹清 戦国・安土桃山時代の浄土宗の僧

城松 じょうしょう
城松 安土桃山・江戸前期の雅楽家

常松 じょうしょう
織田(おだ)常松 室町時代の武将

成清 じょうしょう ⇔じょうせい, なりきよ
成清 1129～1199 平安後期・鎌倉前期の社僧・歌人

静昭 じょうしょう
静昭 ？～1003 平安中期の天台宗の僧・歌人

静照 じょうしょう
静照 1816～1869 江戸後期～明治期の僧。『真覚寺日記』著者

静性 じょうしょう
静性 南北朝・室町時代の天台宗の僧

し

定照　じょうしょう
定照　鎌倉前期の天台宗の僧

定紹　じょうしょう
定紹　1401～1466　室町時代の真言宗の僧
慶宝（きょうしつ）定紹　？～1407　南北朝・室町時代の曹洞宗の僧

定性　じょうしょう
定性　鎌倉時代の仏師

浄生院　じょうしょういん
浄生院　？～1692　江戸前期・中期の女性。八戸3代藩主通信の母

少将更衣　しょうしょうのこうい
少将更衣　平安中期の女房・歌人

少将内侍　しょうしょうのないし
少将内侍　平安中期の女房・歌人
少将内侍　平安後期の女房・歌人

正稷　しょうしょく
華渓（かけい）正稷　？～1603　安土桃山時代の臨済宗の僧

勝次郎　しょうじろう　⇔かつじろう
菅屋（すがや）勝次郎　？～1582　戦国・安土桃山時代の織田信長の家臣《菅屋勝次郎》

庄次郎　しょうじろう
木崎（きざき）庄次郎　江戸時代の石灰製造人
窪田（くぼた）庄次郎　1836～1899　江戸後期～明治期の農事改良家
坂田（さかた）庄次郎　？～1615　江戸前期の武士。大坂の陣で籠城。塙団右衛門配下
清水（しみず）庄次郎　江戸後期の菓子商
外輪野村（そとわのむら）庄次郎　江戸末期の富山藩代官百姓
田中（たなか）庄次郎　？～1859　江戸末期の代官
花里村（はなさとむら）庄次郎　？～1775　江戸中期の義民。花里村の百姓
堀江（ほりえ）庄次郎　江戸中期の剣客
宮田屋（みやだや）庄次郎　江戸中期の義民・高山の人
吉岡（よしおか）庄次郎　1805？～1881　江戸後期～明治期の菜種油の臼元

昌二郎　しょうじろう
人首（ひとかべ）昌二郎　1807～1885　江戸後期～明治期の勘定奉行

章次郎　しょうじろう
正田（しょうだ）章次郎　1855～1927　江戸末期～昭和期の天明鋳物師、銀行家

鉦二郎　しょうじろう
辻（つじ）鉦二郎　1848～1920　江戸後期～大正期の陶芸家

正次郎　しょうじろう
大川（おおかわ）正次郎　1844～1879　江戸後期～明治期の幕臣

正二郎　しょうじろう
八木（やぎ）正二郎　1799～1821　江戸後期の上川尻村の村方騒動指導者

庄次郎道房　しょうじろうみちふさ
石合（いしあい）庄次郎道房　江戸前期の信濃国小県郡矢沢郷石合村の住人

昌信　しょうしん　⇔まさざね，まさのぶ
昌信　南北朝時代以前の僧侶・連歌作者
山内（やまうち）昌信　戦国時代の琉球の三司官

昌新　しょうしん　⇔まさよし
徳永（とくなが）昌新　1834～？　江戸後期の長崎奉行

紹真　しょうしん
勝（かつ）紹真　江戸後期の平曲家

証真　しょうしん
証真　鎌倉前期の天台宗の僧

性信　しょうしん
釈（しゃく）性信　1186～？　平安後期・鎌倉前期の横曽根門徒

性心　しょうしん
性心　？～1299　鎌倉後期・南北朝時代の真言宗の僧

性真　しょうしん
性真　？～1299　鎌倉後期・南北朝時代の真言宗の僧《性心》
性真　南北朝時代の刀工

正心　しょうしん　⇔まさもと
正覚寺（しょうがくじ）正心　？～1614　江戸前期の朝日村の正覚寺の開基
鳥山（とりやま）正心　1833～？　江戸後期～明治期の東京第一浸礼教会・日本独立浸礼教会牧師

正親　しょうしん　⇔まさちか
中村（なかむら）正親　1756～1798　江戸中期・後期の医家

生心　しょうしん
中山（なかやま）生心　戦国時代の今川氏の家臣

性深　しょうじん
性深　室町時代の僧

聖尋　しょうじん
聖尋　鎌倉後期・南北朝時代の真言宗の僧

乗信　じょうしん
乗信　鎌倉時代の法相宗の僧

常真　じょうしん
木内（きのうち）常真　戦国時代の千葉昌胤・利胤・親胤の家臣
村次（むらつぐ）常真　江戸後期の藩士

常辰　じょうしん　⇔つねたつ，つねとき
隼士（はやと）常辰　？～1685　江戸前期の俳人《常辰》

常諶　じょうしん
姉小路（あねがこうじ）常諶　室町時代の姉小路高基の弟か

浄信　じょうしん
浄信　？～1451　室町時代の連歌師、武士
円徳寺（えんとくじ）浄信　？～1591　安土桃山時代の僧。高山市の円徳寺3世
春屋（はるのや）浄信　江戸中期の文人

浄心　じょうしん
浄心　鎌倉後期の僧侶・連歌作者
赤石(あかいし)浄心　?〜1733　江戸中期の漢学者
中村(なかむら)浄心　1569〜?　安土桃山・江戸前期の著述家

成信　じょうしん　⇔しげのぶ, なりのぶ
成信　?〜1117　平安後期の宇治平等院及び法成寺の修理別当

成真　じょうしん　⇔しげざね, なりざね
成真　平安中期の大仏師

成身　じょうしん　⇔せいしん, なりちか
宮崎(みやざき)成身　?〜1859　江戸後期の武士

静真　じょうしん
静真　平安中期の天台宗の僧
静真　平安後期の仏師

定心　じょうしん
小早川(こばやかわ)定心　鎌倉後期の武将
渋谷(しぶや)定心　鎌倉前期・後期の関東の武士

定深　じょうしん　⇔じょうじん
定深　1048〜1108　平安中期・後期の真言宗の僧

定真　じょうしん
定真　1032〜1110　平安中期・後期の興福寺僧
定真　1174〜1250　平安後期・鎌倉前期の真言宗の僧

定親　じょうしん　⇔さだちか
定親　?〜1265　鎌倉前期の真言僧

貞尋　じょうじん
貞尋　1037〜1118　平安中期・後期の天台僧

定深　じょうじん　⇔じょうしん
定深　1048〜1108　平安中期・後期の真言宗の僧《定深》

浄心院殿　じょうしんいんでん
浄心院殿　?〜1550　戦国時代の女性。北条氏綱の娘。武蔵国江戸城主太田資高正室

唱水　しょうすい
斉藤(さいとう)唱水　江戸中期の文人

尚綏　しょうすい
鈴木(すずき)尚綏　江戸後期の神職

松翠　しょうすい
井出(いで)松翠　1644〜?　江戸前期の書家

蕉水　しょうすい
蕉水　江戸後期の俳人

祥蕊　しょうずい
祥蕊　1750〜1823　江戸中期・後期の僧

丈水　じょうすい
大塚(おおつか)丈水　1716〜1808　江戸後期の愛甲郡猿ヶ島村名主、俳人

丈翠　じょうすい
大八木(おおやぎ)丈翠　?〜1856　江戸後期の俳人

畳翠　じょうすい
石川(いしかわ)畳翠　1807〜1841　江戸後期の藩士

小淞　しょうすう
北条(ほうじょう)小淞　1822〜1886　江戸後期〜明治期の藩士

勝介　しょうすけ
生駒(いこま)勝介　安土桃山時代の織田信長の家臣
内藤(ないとう)勝介　安土桃山時代の織田信長の家臣
矢代(やしろ)勝介　?〜1582　戦国・安土桃山時代の織田信長の家臣

少助　しょうすけ
小倉(おぐら)少助　1582〜1654　江戸前期の重臣

庄助　しょうすけ
庄助　1739〜1801　江戸中期・後期の孝子
和泉屋(いずみや)庄助　?〜1697　江戸前期の飛騨春慶塗師支流の和泉屋初代
北野村(きたのむら)庄助　江戸前期の十村
小島(こじま)庄助　江戸後期の浜方年寄役
力持(ちからもち)庄助　?〜1724　江戸中期の怪力の持ち主
寺林(てらばやし)庄助　?〜1580　安土桃山時代の麻生野慶盛浅之進の忠臣
西田(にしだ)庄助　1782〜?　江戸後期の豪商
新国(にっくに)庄助　江戸時代の仙台藩の御木地挽師
平野(ひらの)庄助　江戸前期の小早川秀秋の家臣
美濃屋(みのや)庄助　1699〜?　江戸中期の近江商人

庄輔　しょうすけ
永嶋(ながしま)庄輔　?〜1873　江戸後期〜明治期の三浦郡公郷村名主

昌相　しょうすけ　⇔まさすけ
石毛(いしげ)昌相　江戸後期の和算家

省助　しょうすけ
高橋(たかはし)省助　1808〜1870　江戸後期〜明治期の郡代

章助　しょうすけ
築館(つきだて)章助　江戸後期の弘前藩士、書家

正介　しょうすけ
正介　江戸前期の庄屋
松田(まつだ)正介　江戸後期の書店主

正助　しょうすけ
植村(うえむら)正助　?〜1794　江戸後期の漢学者
手津屋(てつや)正助　1763〜1823　江戸中期・後期の久留米藩商人
松田(まつだ)正助　1817〜1894　江戸後期〜明治期の尚友堂主人
豊(ゆたか)正助　江戸中期の浄瑠璃作者

正輔　しょうすけ　⇔まさすけ
赤塚(あかつか)正輔　1841〜1903　江戸後期〜明治期の漢学者

丈助　じょうすけ
小池(こいけ)丈助　1755〜1819　江戸中期の商人
豊田(とよだ)丈助　1752〜1823　江戸中期・後期の武士
鍋屋(なべや)丈助　江戸中期の加賀国江沼郡大聖寺町の陶画家
宮村(みやむら)丈助　江戸中期の宮村の百姓
横地(よこち)丈助　江戸後期の「宮訛言葉の掃溜」

の著者
常助 じょうすけ
常助 江戸中期の宇久井村の民
庄助五郎 しょうすけごろう
揖美(いみの)庄助五郎 戦国時代の松倉城城主家臣
勝成 しょうせい ⇔かつしげ, かつなり
勝成 平安後期の真言宗の僧
勝清 しょうせい ⇔かつきよ
勝清 1112～1171 平安後期の石清水八幡宮祠官
昌成 しょうせい ⇔まさしげ, まさなり
昌成 ?～1842 江戸後期の連歌作者
松星 しょうせい
松星 江戸中期の俳人
照成 しょうせい ⇔てるしげ
加藤(かとう)照成 江戸中期の和算家
祥盛 しょうせい
祥盛 室町時代の僧侶・連歌作者
紹省 しょうせい
不昧(ふまい)紹省 ?～1652 江戸前期の臨済宗の僧
紹清 しょうせい ⇔じょうしょう
月庵(げつあん)紹清 南北朝時代の僧
正清 しょうせい ⇔せいせい, まさきよ
須田(すだ)正清 戦国時代の伊豆仁科の代官
聖清 しょうせい
聖清 925～1013 平安中期の社僧
乗清 じょうせい ⇔のりきよ
乗清 1273～? 鎌倉後期の僧
常清 じょうせい ⇔つねきよ
室(むろ)常清〔1代〕 1620～1693 江戸前期の茶人
室(むろ)常清〔2代〕 ?～1747 江戸中期の茶人
成清 じょうせい ⇔じょうしょう, なりきよ
成清 1129～1199 平安後期・鎌倉前期の社僧・歌人《成清》
定清 じょうせい ⇔さだきよ
定清 平安中期の僧
定清 ?～1030 平安中期の石清水八幡宮第18代別当
定西 じょうせい ⇔じょうさい
定西 平安後期の仏師
尚成王 しょうせいおう
尚成王 1800～1804 江戸後期の琉球の国王
小石 しょうせき
箕浦(みのうら)小石 1787～1845 江戸後期の土佐藩教授役
松石 しょうせき
井坂(いさか)松石 1745～1819 江戸中期・後期の漢詩人
丸山(まるやま)松石 1834～1909 江戸末期・明治期の歌人
正席 しょうせき
野村(のむら)正席 1733～1784 江戸中期の眼科医
小雪 しょうせつ
佐藤(さとう)小雪 ?～1870 江戸後期～明治期の医家
松節 しょうせつ
岡(おか)松節 1831～1896 江戸後期～明治期の眼科医
蕉雪 しょうせつ
村井(むらい)蕉雪 1769～1842 江戸中期・後期の医師
紹節 じょうせつ
薮内(やぶのうち)紹節 江戸前期の茶人
丈雪 じょうせつ
丈雪 江戸中期の俳人
勝詮 しょうせん
勝詮 1111～1200 平安後期・鎌倉前期の法相宗の僧
尚仙 しょうせん
木村(きむら)尚仙 1829～1895 江戸末期・明治期の画家、安蘇郡船越村副戸長
承詮 しょうせん
承詮 1217～? 鎌倉前期・後期の天台宗の僧
昌宣 しょうせん
昌宣 1408～1476 室町時代の僧。第43世日光山権別当
義海(ぎかい)昌宣 ?～1737 江戸前期・中期の僧
松泉 しょうせん
松泉 1684～1736 江戸前期・中期の俳人
湘澶 しょうせん
湘澶 ?～1729 江戸中期の禅僧
象先 しょうせん ⇔ぞうせん
清岡(きよおか)象先 1770～1825 江戸中期・後期の医師、国学者
正宣 しょうせん ⇔まさのぶ, まさのり
香田(こうだ)正宣 1661～1718 江戸前期・中期の俳人
正旃 しょうせん
竺芳(じくほう)正旃 南北朝・室町時代の臨済宗の僧
嘯川 しょうせん
大岡(おおおか)嘯川 1769～1836 江戸中期・後期の画家
篁川 しょうせん
高島(たかしま)篁川 1836～1910 江戸後期～明治期の医師
勝禅 しょうぜん
勝禅 平安後期の仏師
小膳 しょうぜん
大貫(おおぬき)小膳 江戸後期の大住郡三宮村比々多神社神主
高橋(たかはし)小膳 1764～1843 江戸中期・後期の寺子屋師匠
尚善 しょうぜん
児島(こじま)尚善 1744～1815 江戸中期・後期の医家

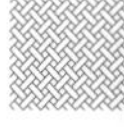

昌膳 しょうぜん
昌膳 1518～? 戦国時代の日光山権別当
性善 しょうぜん
春木(はるき)性善 鎌倉時代の人。親鸞の供
正善 しょうぜん
安楽寺(あんらくじ)正善 戦国時代の高根村の安楽寺の始祖
正全 しょうぜん
出羽(でわ)正全 南北朝時代の大友千代松丸名代
聖全 しょうぜん
聖全 平安中期の仏師僧
紹仙 じょうせん
紹仙 室町時代の絵師
乗船 じょうせん
乗船 南北朝時代の僧
城泉 じょうせん
高橋(たかはし)城泉 ?～1687 江戸前期の音曲家
常仙 じょうせん ⇔つねひさ
常仙〔2代〕 江戸中期の俳諧師
志村(しむら)常仙 1676～1744 江戸前期・中期の俳人
常専 じょうせん
鏑木(かぶらき)常専 戦国時代の加賀一向一揆の首領
浄仙 じょうせん
江戸(えど)浄仙 戦国時代の武蔵吉良氏の家臣
浄専 じょうせん
浄永寺(じょうえいじ)浄専 戦国時代の僧。古川町の浄永寺の開基
成専 じょうせん
成専 1234～1313 鎌倉前期・後期の乗永寺の開基
静暹 じょうせん
静暹 平安後期の園城寺の破戒僧
定暹 じょうせん
定暹 平安中期の天台宗園城寺の僧
定暹 1047～1122 平安中期・後期の東大寺僧
常全 じょうぜん
常全 818～901 平安前期・中期の僧
貞禅 じょうぜん
貞禅 ?～1095 平安後期の興福寺僧
貞禅 1426～? 室町時代の天台宗の僧
定善 じょうぜん
阿部(あべ)定善 戦国時代の備前福岡の豪商
定禅 じょうぜん
定禅 平安後期の絵仏師
勝仙院 しょうせんいん
勝仙院 戦国時代の京都の聖護院代官の院家の1つ
性禅尼 しょうぜんに
性禅尼 鎌倉時代の尼僧
章善門院左衛門佐 しょうぜんもんいんのさえもんのすけ
章善門院左衛門佐 鎌倉後期の女房・歌人
松窓 しょうそう
松窓 1805～1877 江戸後期～明治期の臨済宗の僧・俳人
横山(よこやま)松窓 1822～1879 江戸末期の漢学者
蕉牕 しょうそう
那波(なば)蕉牕 1652～1698頃 江戸前期・中期の漢学者
庄蔵 しょうぞう
尾形(おがた)庄蔵 1724～1811 江戸中期・後期の大庄屋
興津(おきつ)庄蔵 江戸前期の代官
狩野(かのう)庄蔵 江戸末期の盛岡藩士。1860年遣米使節に随行しアメリカに渡る
熊谷(くまがい)庄蔵 江戸中期の名古屋納屋町の商人
斎藤(さいとう)庄蔵 1844～1911 江戸後期～明治期の製茶業者
榊原(さかきばら)庄蔵 1810～1883 江戸後期～明治期の酒造業
大黒屋(だいこくや)庄蔵 江戸中期の豪商
髙橋(たかはし)庄蔵 1836～1891 江戸末期・明治期の矢方池築造功労者
竹垣(たけがき)庄蔵 1714～1786 江戸中期の美作国久世代官・備中国笠岡代官
竜野(たつの)庄蔵 1813～1884 江戸後期～明治期の上田小県地方の救済家
軒原(のきはら)庄蔵 1828～1890 江戸後期～明治期の治水家
昌蔵 しょうぞう
大岩(おおいわ)昌蔵 1832～1903 江戸後期～明治期の活版印刷導入者、歌人
佐郷谷(さごうや)昌蔵 ?～1874 江戸後期～明治期の書道家
西村(にしむら)昌蔵 1846～1890 江戸後期～明治期の地方産業振興家
省三 しょうぞう ⇔せいぞう
熊谷(くまがい)省三 1851～1911 江戸後期～明治期の産婦人科医
笹田(ささだ)省三 1854～1911 江戸末期・明治期の戸長、二木生村長、愛媛県会議員
田上(たがみ)省三 1854～? 江戸末期・明治期の裁判官
手塚(てづか)省三 1798～1880 江戸末期・明治期の教育者
三松(みまつ)省三 1833～1907 江戸後期～明治期の銀行家
正蔵 しょうぞう ⇔まさぞう
池田(いけだ)正蔵 1816～1888 江戸後期～明治期の薩摩藩士
岩崎(いわさき)正蔵 1813～? 江戸後期の本草学者
川口屋(かわぐちや)正蔵 江戸末期の地本問屋
服部(はっとり)正蔵 1842～1868 江戸後期・末期の勇士
正造 しょうぞう
三浦(みうら)正造 ?～1887 江戸後期～明治期の神職、郷土史家

荘蔵　しょうぞう
荒井（あらい）荘蔵　1852〜1908　江戸後期〜明治期の実業家

常宗　じょうそう
松蔭（しょういん）常宗　？〜1407　南北朝・室町時代の臨済宗の僧

常操　じょうそう
常操　1709〜1765　江戸中期の真言宗の僧

定宗　じょうそう　⇔さだむね
定宗　鎌倉時代の僧侶・歌人
定宗　南北朝時代の僧侶・歌人

浄蔵　じょうぞう
仏海（ぶつかい）浄蔵　江戸中期の黄檗宗の僧

譲蔵　じょうぞう
前田（まえだ）譲蔵　1831〜1912　江戸後期〜明治期の教育者

盛増　じょうぞう
盛増　戦国時代の社僧

正続　しょうぞく
楽崇（らくすう）正続　戦国時代の越後国種月寺（曹洞宗）住持

勝尊　しょうそん
勝尊　鎌倉前期の真言宗の僧

清尊　しょうそん　⇔せいそん
清尊　1427〜？　室町時代の天台宗の僧

乗存　じょうそん
乗存　？〜1619　安土桃山・江戸前期の僧侶

常尊　じょうそん
常尊　1604〜1671　江戸前期の天台宗の僧

定尊　じょうそん
定尊　鎌倉前期の僧侶
定尊　室町時代の僧侶
定尊　戦国時代の人。鎌倉公方足利持氏の子。鎌倉鶴岡八幡宮若宮別当

勝太　しょうた　⇔かつた
中島（なかじま）勝太　安土桃山時代の織田信長の家臣

庄太　しょうた
阿部（あべ）庄太　1824〜1896　江戸後期〜明治期の地域功労者
奥（おく）庄太　1797〜1868　江戸後期・末期の仮検断

松坨　しょうだ
佐藤（さとう）松坨　1795〜1866　江戸末期の医師

勝太昭重　しょうだあきしげ
槙嶋（まきのしま）勝太昭重　江戸前期の豊臣秀頼・藤堂高虎・松平忠明の家臣

尚泰　しょうたい
河尻（かわじり）尚泰　江戸後期の司法省官吏

紹泰　しょうたい
蔵泉（ぞうせん）紹泰　1799〜1863　江戸後期・末期の臨済宗の僧

嘯台　しょうたい
宮田（みやた）嘯台　1747〜1834　江戸中期・後期の商家

樅台　しょうだい
三宅（みやけ）樅台　1820〜1896　江戸後期〜明治期の漢学者

庄太夫　しょうだいう　⇔しょうだゆう
田島（たじま）庄太夫　江戸後期の橘樹郡上平間村民
成田（なりた）庄太夫　江戸後期の大住郡大山阿夫利神社祠官

昌琢　しょうたく
鎌田（かまた）昌琢　江戸後期の医者

松卓　しょうたく
小泉（こいずみ）松卓　江戸前期の和算家

城沢　じょうたく
城沢　戦国・安土桃山時代の連歌作者

庄太左衛門　しょうたざえもん
金田（かねた）庄太左衛門　？〜1821　江戸中期・後期の公益家

昌達　しょうたつ
平沢（ひらさわ）昌達　？〜1750　江戸中期の医者・本草家

松達　しょうたつ　⇔しょうだつ
鈴木（すずき）松達　江戸中期の医者

章達　しょうたつ
辻（つじ）章達　？〜1854　江戸後期の儒学者、漢詩人

正達　しょうたつ　⇔まさたつ, まさみち
平沢（ひらさわ）正達　江戸中期の盛岡藩士

璋達　しょうたつ
金山（かなやま）璋達　1828〜1877　江戸後期〜明治期の医師

松達　しょうだつ　⇔しょうたつ
西川（にしかわ）松達　1830〜1890　江戸後期〜明治期の能登国珠洲郡飯田村の人。書家

丈達　じょうたつ
三宅（みやけ）丈達　1760〜1823　江戸中期・後期の医家

勝大夫　しょうだゆう
河瀬（かわせ）勝大夫　江戸前期の武士。大坂の陣で籠城
桑原（くわはら）勝大夫　江戸前期の豊臣秀次の奉行

庄太夫　しょうだゆう　⇔しょうだいう
遠山（とおやま）庄太夫　1795〜1861　江戸後期・末期の武家生活を日記に活写した八戸藩士
服部（はっとり）庄太夫　江戸前期の蒔絵師
疋田（ひきだ）庄太夫　？〜1719　江戸前期・中期の庄内藩士
餅福（もちふく）庄太夫　江戸前期の三島代官伊奈忠公・忠易の手代
吉田（よしだ）庄太夫　1803〜1858　江戸末期の武士

庄大夫　しょうだゆう
穂井田（ほいだ）庄大夫　穂田庄大夫に同じ
穂田（ほいだ）庄大夫　戦国時代の備中国の武将

正太夫　しょうだゆう
水野（みずの）正太夫　江戸末期の幕臣

吉田(よしだ)正太夫　江戸前期の神職
少太郎　しょうたろう
十池(とおち)少太郎　江戸前期の長宗我部盛親の家臣
庄太郎　しょうたろう
庄太郎　江戸末期の加太浦漁師
近藤(こんどう)庄太郎　1829～1909　江戸後期～明治期の大地主
実方(さねかた)庄太郎　？～1875　江戸後期～明治期の弘西寺村名主
又平(またひら)庄太郎　1857～1899　江戸末期・明治期の地域開発の功労者
毛利田(もりた)庄太郎　江戸中期の書肆
正太郎　しょうたろう
高梨(たかなし)正太郎　1856～？　江戸末期・明治期の教育者
山口(やまぐち)正太郎　1851～1918　江戸末期～大正期の養蚕指導・養蚕技術改良者
鏘太郎　しょうたろう
増田(ましだ)鏘太郎　1843～1911　江戸後期～明治期の壬生藩士、壬生藩の尊皇攘夷派
丈太郎　じょうたろう
木村(きむら)丈太郎　1855～1868　江戸末期の二本松少年隊士
条太郎　じょうたろう
吉田(よしだ)条太郎　？～1851　江戸後期の代官
勝歎　しょうたん
法蓮寺(ほうれんじ)勝歎　戦国時代の僧。白川村の法蓮寺の開基
性湛　しょうたん
月心(げっしん)性湛　江戸前期の臨済宗の僧
常湛　じょうたん
常湛　江戸中期・後期の天台宗の僧
乗丹坊　じょうたんぼう
乗丹坊　？～1182　平安後期の恵日寺の衆徒頭
勝智　しょうち
勝智　1082～？　平安後期の仏師
小知　しょうち
小知　1726～1817　江戸中期・後期の俳人《伊勢屋八兵衛》
昌地　しょうち
昌地　室町・戦国時代の画家
性智　しょうち
性智　鎌倉後期の臨済宗の僧
正智　しょうち
正智　？～1117　平安後期の高野山の僧
常智　じょうち
常智　？～1374　南北朝時代の僧侶・連歌作者
定智　じょうち　⇔さだとも, ていち
定智　1357～？　南北朝・室町時代の天台宗の僧
昌築　しょうちく
昌築　？～1733　江戸中期の連歌作者
昌忠　しょうちゅう　⇔まさただ
久手堅(くでけん)昌忠　江戸中期の彫工
久保島(くぼじま)昌忠　安土桃山時代の代官
正中　しょうちゅう　⇔せいちゅう
斎藤(さいとう)正中　1814～1891　江戸後期～明治期の刀工
丈千代　じょうちよ
立花(たちばな)丈千代　1841～1905　江戸後期～明治期の箏曲家
勝超　しょうちょう
勝超　1065～？　平安後期の僧侶・歌人
昌澄　しょうちょう　⇔まさずみ
昌澄　戦国時代の天台宗の僧
昭超　しょうちょう
昭超　1607～1660　江戸前期の浄土真宗の僧
松頂　しょうちょう
菅喜田(すがきた)松頂　1828～1889　江戸後期～明治期の俳人
聖澄　しょうちょう
月渓(げっけい)聖澄　1536～1615　戦国～江戸前期の僧
韶澄　しょうちょう
韶澄　江戸後期の天台宗の僧
静澄　じょうちょう
静澄　鎌倉後期の天台宗の僧・歌人
定澄　じょうちょう　⇔さだすみ, さだずみ
定澄　935～1015　平安中期の興福寺僧
照珍　しょうちん
照珍　1381～？　南北朝・室町時代の天台宗の僧
乗鎮　じょうちん
滝本坊(たきもとぼう)乗鎮　江戸時代の書家
浄椿　じょうちん
太年(たいねん)浄椿　1434～1513　室町・戦国時代の僧侶
定珍　じょうちん　⇔さだよし, ていちん
定珍　1534～1603　戦国・安土桃山時代の僧
承鎮親王　しょうちんしんのう
承鎮親王　鎌倉後期・南北朝時代の百十四代天台座主
昌通　しょうつう　⇔まさみち
里村(さとむら)昌通　1615～1679　江戸前期の連歌師
聖通　しょうつう　⇔しんつう
聖通　1397～1427　室町時代の真言宗の僧
升貞　しょうてい
稲見(いなみ)升貞　江戸中期の藩医
尚貞　しょうてい　⇔なおさだ
青山(あおやま)尚貞　？～1711　江戸前期・中期の画家
昌亭　しょうてい
渡辺(わたなべ)昌亭　1777～1801　江戸中期・後期の医者
松亭　しょうてい
大隅(おおすみ)松亭　江戸後期の神職
高須(たかす)松亭　1814～1889　江戸後期の医者
高田(たかだ)松亭　1787～1847　江戸中期・後期

の藩士、漢学者

章貞　しょうてい

高島（たかしま）章貞　1804～1869　江戸末期の医師、文人

承貞　じょうてい

平塚（ひらつか）承貞　1818～1893　江戸末期の足利の旗本六角家御典医

紹貞　じょうてい

薮内（やぶのうち）紹貞　江戸前期の茶人

浄貞　じょうてい

鞍打（くらうち）浄貞　江戸前期の工芸家

浄諦　じょうてい

浄諦　平安中期の修験僧

し

尚貞王　しょうていおう

尚貞王　1646～1709　江戸前期・中期の琉球の国王

昌廸　しょうてき

昌廸　1704～1758　江戸中期の連歌師

松笛　しょうてき

松笛　江戸前期の俳人

正的　しょうてき

板津（いたづ）正的　？～1679　江戸前期の検校

正伝　しょうでん

光厳（こうがん）正伝　1334～1431　南北朝・室町時代の曹洞宗の僧

接伝　しょうでん

臼井（うすい）接伝　1668～1705　江戸前期・中期の神職

乗天　じょうてん

沼津（ぬまづ）乗天　江戸前期の画家

松涛　しょうとう

江上（えがわ）松涛　1826～1868　江戸後期・末期の漢学者

亀山（かめやま）松涛　1818～1841　江戸末期の画家

松洞　しょうとう　⇔しょうどう

米田（こめだ）松洞　1720～1797　江戸中期・後期の細川藩中老職、漢詩人

湘東　しょうとう

野川（のがわ）湘東　1839～1917　江戸末期・明治期の医者

正桃　しょうとう

大洞（だいとう）正桃　？～1605　安土桃山・江戸前期の曹洞宗の僧

正棟　しょうとう

大樹（だいじゅ）正棟　？～1539　戦国時代の僧

武石（たけし）正棟　安土桃山時代の信濃小県郡武石の国衆

正等　しょうとう

成田（なりた）正等　？～1484　室町・戦国時代の武蔵国衆

聖統　しょうとう

聖統　南北朝時代の僧侶・歌人

細桃　しょうとう

山本（やまもと）細桃　1757～1832　江戸中期の女性。画家

勝道　しょうどう　⇔かつみち

勝道　735～817　奈良・平安前期の僧

尚堂　しょうどう

筒井（つつい）尚堂　？～1820　江戸中期・後期の書家

昇道　しょうどう

昇道　？～1811　江戸中期・後期の僧侶・歌人

昌堂　しょうどう

昌堂　？～1681　江戸前期の浄土宗の僧

松堂　しょうどう

首藤（すどう）松堂　1659～1709　江戸前期・中期の書家

千葉（ちば）松堂　江戸中期の漢学者

長井（ながい）松堂　1807～1883　江戸後期～明治期の医者・漢学者

中島（なかじま）松堂　1804～1888　江戸後期～明治期の藩士

吉沢（よしざわ）松堂　1789～1865　江戸後期の葛生在の商人

松洞　しょうどう　⇔しょうとう

金子（かねこ）松洞　1833～1875　江戸後期～明治期の漢学者

佐武（さたけ）松洞　1832～1903　江戸末期・明治期の医師

樵堂　しょうどう

須佐（すさ）樵堂　1848～1910　江戸後期～明治期の僧侶

湘堂　しょうどう

梶浦（かじうら）湘堂　？～1890　江戸後期～明治期の文人

祥道　しょうどう

祥道　1806～1856　江戸後期・末期の真言宗の僧

笑童　しょうどう

笑童　1718～1777　江戸中期の禅僧

正堂　しょうどう

正堂　1288～1373　鎌倉後期・南北朝時代の臨済宗の僧

保坂（ほさか）正堂　1826～1891　江戸後期・末期の七日市藩家老

浄道　じょうどう

浄道　平安前期の経師

浄道　鎌倉後期の僧侶・歌人

勝道上人　しょうどうしょうにん

勝道上人　735～817　奈良・平安前期の僧《勝道》

上東門院五節　じょうとうもんいんのごせち

上東門院五節　平安中期の女房・歌人

上東門院新宰相　じょうとうもんいんのしんさいしょう

上東門院新宰相　平安中期の女房・歌人

尚徳　しょうとく　⇔なおのり，ひさのり

永井（ながい）尚徳　江戸後期・末期の幕臣

正徳　しょうとく　⇔まさのり

中村（なかむら）正徳　江戸前期・中期の眼科医

定得　じょうとく
中路(なかじ)定得　?～1870　江戸後期～明治期の成田山新勝寺の用人
正徳院　しょうとくいん
正徳院　安土桃山・江戸前期の紀伊高野山、または根来の者。大坂の陣で籠城
正徳院　1818～1821　江戸後期の徳川家斉の十八男
勝徳寺　しょうとくじ
勝徳寺　戦国時代の多賀谷氏の家臣
少納言　しょうなごん
少納言　平安前期・中期の命婦。村上天皇乳母
少納言　平安中期の藤原頼忠家の家女房
少納言局　しょうなごんのつぼね
少納言局　鎌倉時代の女性
少納言内侍　しょうなごんのないし
少納言内侍　平安後期の女性。平信国の娘
湘南　しょうなん
湘南　?～1637　安土桃山・江戸前期の僧
城南　じょうなん
色部(いろべ)城南　1856～1910　江戸末期・明治期の歌人
常南　じょうなん
根本(ねもと)常南　江戸後期の画家
少弐　しょうに
少弐　室町時代の仏師
内貴(ないき)少弐　戦国時代の武士
昭日　しょうにち
昭日　886～960　平安前期・中期の天台宗延暦寺僧
小弐命婦　しょうにのみょうぶ
小弐命婦　907?～?　平安中期の女房・歌人《少弐命婦》
少弐命婦　しょうにのみょうぶ
少弐命婦　907?～?　平安中期の女房・歌人
小弐乳母　しょうにのめのと
小弐乳母　平安中期の女房・歌人
少弐法眼　しょうにほうげん
少弐法眼　室町時代の画家
勝如　しょうにょ
勝如　?～1495　室町・戦国時代の女性。加賀国河北郡二俣村の本泉寺の如乗宣祐の室
照忍　しょうにん
照忍　1672～1740　江戸前期・中期の浄土真宗の僧
証忍　しょうにん
証忍　鎌倉時代の浄土宗の僧
城仁　じょうにん
城仁　室町時代の歌人
成忍　じょうにん
成忍　平安後期・鎌倉前期の画僧
定忍　じょうにん
定忍　南北朝時代の仏師
昌仁親王　しょうにんしんのう
昌仁親王　1819～1881　江戸後期～明治期の梨本宮家創立者
松年　しょうねん
山中(やまなか)松年　江戸後期の画家
承念　じょうねん
中島(なかじま)承念　鎌倉後期の有力土豪
静念　じょうねん
静念　平安後期の僧侶・歌人
静念　平安後期・鎌倉前期の天台宗の僧
祥能　しょうのう
祥能　鎌倉後期の那賀郡大野本荘雑掌
庄之丈　しょうのじょう
岩城(いわき)庄之丈　1843～1928　江戸後期～昭和期の建築家、宮大工
承之進　しょうのしん
沖田(おきた)承之進　1847～?　江戸後期・末期の新撰組隊士
丈之進　じょうのしん
男沢(おとこざわ)丈之進　1761～1819　江戸中期・後期の剣術家。新陰流
錠之進　じょうのしん
原(はら)錠之進　江戸末期の新撰組隊士?
定之進　じょうのしん
内島(うちじま)定之進　江戸末期の新撰組隊士
将之助　しょうのすけ
玉川(たまがわ)将之助　?～1868　江戸末期の新撰組隊士《玉川転之助》
庄之助　しょうのすけ
木村(きむら)庄之助〔2代〕　江戸前期の行司
木村(きむら)庄之助〔3代〕　江戸前期の行司
木村(きむら)庄之助〔5代〕　江戸前期・中期の行司
木村(きむら)庄之助〔6代〕　江戸中期の行司
木村(きむら)庄之助〔7代〕　?～1828　江戸後期の行司
木村(きむら)庄之助〔8代〕　?～1844　江戸後期の行司
木村(きむら)庄之助〔9代〕　?～1838　江戸後期の行司
木村(きむら)庄之助〔11代〕　?～1862　江戸後期・末期の行司
木村(きむら)庄之助〔12代〕　?～1861　江戸後期・末期の行司
木村(きむら)庄之助〔13代〕　1808～1879　江戸後期～明治期の行司
木村(きむら)庄之助〔14代〕　1826～1884　江戸後期～明治期の行司
木村(きむら)庄之助〔16代〕　1849～1912　江戸末期・明治期の行司
昇之助　しょうのすけ
碓氷(うすい)昇之助　?～1868　江戸後期・末期の新撰組隊士
正之助　しょうのすけ
針生(はりう)正之助　1815～1900　江戸後期～明治期の料亭経営・興行師
城之助　じょうのすけ
尾高(おだか)城之助　?～1883　江戸後期～明治期の剣術家。柳剛流

山田（やまだ）城之助　1830～1885　江戸後期～明治期の群馬事件に関係した博徒の親分

錠之助　じょうのすけ　⇔ていのすけ
高田（たかだ）錠之助　1852～？　江戸後期・末期の新撰組隊士
富田（とみた）錠之助　江戸後期の幕臣
堀（ほり）錠之助　江戸末期の幕臣

少輔内侍　しょうのないし
少輔内侍　平安中期の官女

少輔命婦　しょうのみょうぶ
少輔命婦　平安中期の女房・歌人

少輔乳母　しょうのめのと
少輔乳母　平安中期の女性。冷泉院皇子の乳母

し

昌派　しょうは
昌派　戦国時代の越後国広泰寺住持

笑馬　しょうば
花山亭（かざんてい）笑馬　？～1855　江戸後期・末期の戯作者

丈巴　じょうは
外山（とやま）丈巴　1833～1916　江戸末期～大正期の俳人

尚伯　しょうはく　⇔なおのり
八重樫（やえがし）尚伯　1836～1912　江戸後期～明治期の医師

昌伯　しょうはく
大塚（おおつか）昌伯　江戸後期の医者・漢詩人

松伯　しょうはく
藁科（わらしな）松伯〔7代〕1837～1885　江戸末期～明治期の医者

紹柏　しょうはく
茂源（もげん）紹柏　？～1667　江戸前期の臨済宗の僧

定白　じょうはく
竹田（たけだ）定白　1571～1615　安土桃山・江戸前期の豊臣秀吉・秀頼の家臣

庄八　しょうはち
大塚（おおつか）庄八　1782～1859　江戸中期～末期の剣術家。二天一流ほか
西村（にしむら）庄八　1730～1796　江戸中期・後期の安倍茶の復興者。竹茗堂の創始者

丈八　じょうはち
丈八　？～1865　江戸後期・末期の芳賀郡東沼村の農民。二宮尊徳の門人

常八　じょうはち　⇔つねはち
中山（なかやま）常八　江戸後期の大原亀五郎の手代

定八　じょうはち
岡本（おかもと）定八〔1代〕江戸中期・後期の陶工

庄八郎　しょうはちろう
鎌仲（かまなか）庄八郎　？～1639　安土桃山・江戸前期の上田村の豪農
三浦（みうら）庄八郎　江戸前期の代官

正八郎　しょうはちろう
佐藤（さとう）正八郎　1814～1868　江戸後期・末期の篤志家

承範　しょうはん
承範　1305～？　鎌倉後期・南北朝時代の天台宗の僧

昌範　しょうはん
昌範　鎌倉時代の修験者

正般　しょうはん
正般　1433～？　室町・戦国時代の歌人

聖範　しょうはん　⇔せいはん
聖範　1183～？　平安後期・鎌倉前期の真言僧・華厳僧

成範　じょうはん
成範　1477～？　戦国時代の真言宗の僧

静範　じょうはん
静範　平安後期の興福寺の僧

定範　じょうはん
定範　鎌倉後期の高野山の僧

少弼　しょうひつ
金剛寺（こんごうじ）少弼　戦国時代の千葉勝胤・昌胤の家臣

蕭姫　しょうひめ
蕭姫　1563～1603　安土桃山時代の女性。加賀藩祖前田利家の二女、母は芳春院

庄兵衛正方　しょうびょうえまさかた
加藤（かとう）庄兵衛正方　1586～1656　安土桃山・江戸前期の武士

庄兵衛吉充　しょうびょうえよしみつ
福田（ふくだ）庄兵衛吉充　江戸前期の井上定利の家臣

定豊　じょうぶ
定豊　平安中期の絵仏師

少風　しょうふう
長野（ながの）少風　1778～1859　江戸中期～末期の俳人

松風　しょうふう
松風　江戸後期の俳人
大庭（おおば）松風　江戸後期の国学者

樵風　しょうふう
樵風　1792～1848　江戸後期の俳人

嘯風　しょうふう
嘯風　1654～1706　江戸前期・中期の俳人

松風庵　しょうふうあん
松風庵　江戸前期の「義経記評判」の著者

成福院　じょうふくいん
成福院　？～1582　安土桃山時代の僧

成福寺　じょうふくじ
成福寺　戦国時代の一向宗の僧。北条氏の使者を務めた

証仏　しょうぶつ
証仏　鎌倉後期の浄土宗の僧

昌文　しょうぶん
昌文　？～1790　江戸中期・後期の連歌作者

常芬　じょうふん
久志本（くしもと）常芬　江戸中期の医者

小萍　しょうへい
新美(にいみ)小萍　1854～1902　江戸末期・明治期の亀崎の俳人
尚平　じょうへい
佐田(さた)尚平　江戸末期の伊都郡大谷村医師
庄兵衛　しょうへい　⇔しょうべえ
森(もり)庄兵衛　江戸後期の韮山代官江川氏の手代
昌平　しょうへい
大塚(おおつか)昌平　？～1805　江戸中期・後期の儒者
菅沼(すがぬま)昌平　江戸後期の中設楽村の医師
毛利(もうり)昌平　1856～1912　江戸末期・明治期の肥後米改良の父
松坪　しょうへい
佐々木(ささき)松坪　1838～1907　江戸後期～明治期の大庄屋格名主、代議士
章平　しょうへい
岡内(おかうち)章平　1794～1836　江戸後期の医者
正平　しょうへい　⇔まさひら
松岡(まつおか)正平　江戸末期の韮山代官江川氏の手代
丈平　じょうへい
三宅(みやけ)丈平　1796～1866　江戸末期の庄屋
譲平　じょうへい
山崎(やまざき)譲平　1816～1878　江戸後期～明治期の下津具村の医師
定平　じょうへい　⇔さだひら
山崎(やまさき)定平　1836～1877　江戸後期～明治期の西南戦争の熊本隊志士
勝兵衛　しょうべえ　⇔かつべえ
梶原(かじわら)勝兵衛　安土桃山時代の織田信長の家臣
少兵衛　しょうべえ
米屋(こめや)少兵衛　1584～1641　安土桃山・江戸前期の八尾村肝煎
庄兵衛　しょうべえ　⇔しょうへい
泉屋(いずみや)庄兵衛　江戸前期の京都糸割符商人
井筒屋(いづつや)庄兵衛〔2代〕　江戸前期の版元
井筒屋(いづつや)庄兵衛〔3代〕　江戸中期の版元
井筒屋(いづつや)庄兵衛〔4代〕　？～1760　江戸中期の版元
糸屋(いとや)庄兵衛　江戸前期の掛屋
今井(いまい)庄兵衛　江戸中期の工匠
上竹(うえたけ)庄兵衛　1844～1918　江戸末期～大正期の漁師
金子(かねこ)庄兵衛　1832～？　江戸後期・末期の新撰組隊士
蒲谷(かばや)庄兵衛　江戸後期の三浦郡浦之郷村組頭
絹屋(きぬや)庄兵衛　江戸前期の城端町町年寄
白井(しらい)庄兵衛　江戸末期の志士
鈴木(すずき)庄兵衛　？～1844　江戸後期の名主
千田(せんだ)庄兵衛　江戸中期の千田新田開拓者
高木(たかぎ)庄兵衛　江戸中期の藩士・地誌家
高瀬(たかせ)庄兵衛　1795～1870　江戸後期～明治期の花巻御給人
玉屋(たまや)庄兵衛　江戸中期の名古屋の人形師
丁字屋(ちょうじや)庄兵衛　江戸前期の京都糸割符商人
富木(とみき)庄兵衛　江戸末期・明治期の工芸家
永島(ながしま)庄兵衛　1778～1857　江戸後期の三浦郡公郷村名主
永嶋(ながしま)庄兵衛　？～1873　江戸後期～明治期の三浦郡公郷村名主
中野(なかの)庄兵衛　1756～1832　江戸中期・後期の藩士・和算家
中屋(なかや)庄兵衛　1818～1859　江戸末期の鋸鍛冶

し

西沢(にしざわ)庄兵衛　1786～1860　江戸中期～末期の俳人
八町村(はっちょうむら)庄兵衛　江戸時代の富山藩の十村
浜島(はましま)庄兵衛　1719？～1747　江戸中期の尾張藩士。歌舞伎「白波五人男」のモデルの一人
菱屋(ひしや)庄兵衛　江戸前期の京都糸割符商人
宮鍋(みやなべ)庄兵衛　1848～1890　江戸後期～明治期の自治功労者
柳川屋(やながわや)庄兵衛　江戸時代の書肆の主人
山崎(やまざき)庄兵衛　安土桃山時代の武士
山田(やまだ)庄兵衛　江戸後期の大住郡糟屋村神事舞太夫
松兵衛　しょうべえ　⇔まつべえ
竹之下(たけのした)松兵衛　江戸時代の福山酢の創始者
章兵衛　しょうべえ
大沢(おおさわ)章兵衛　江戸後期の親子2代にわたる心学者
正兵衛　しょうべえ　⇔せいひょうえ
菅沼(すがぬま)正兵衛　？～1877　江戸後期～明治期の養蚕世話係
荘兵衛　しょうべえ　⇔そうべえ
小塚(こづか)荘兵衛　1718～1780　江戸中期の剣術家。一宮当流
下間(しもつま)荘兵衛〔3代〕　？～1838　江戸後期の釜師
下間(しもつま)荘兵衛〔5代〕　江戸後期の釜師
紹弁　しょうべん
紹弁　南北朝時代の僧侶・歌人
乗遍　じょうへん
乗遍　？～1184　平安後期の真言宗の僧
浄弁　じょうべん　⇔きよとも
道覚(どうかく)浄弁　鎌倉後期・南北朝時代の活躍した僧侶
小圃　しょうほ
小圃　江戸後期の俳人
尚倩　しょうほ
山田(やまだ)尚倩　1841～1910　江戸後期～明治期の教育者
昌甫　しょうほ
島村(しまむら)昌甫　江戸後期の書肆

松圃 しょうほ
松圃 1804~1852 江戸後期の俳人
羽沢(うざわ)松圃 江戸末期・明治期の碩学
紹甫 じょうほ
紹甫 ?~1716 江戸前期・中期の連歌作者
常甫 じょうほ
室(むろ)常甫 江戸中期の茶人
松峰 しょうほう
松峰 江戸中期の俳人
菅(すが)松峰 1790~1851 江戸後期の絵師
章峯 しょうほう
夢梅軒(むばいけん)章峯 江戸中期の通俗本作者
正甫 しょうほう ⇔せいほ, まさすけ, まさもと
杉本(すぎもと)正甫 1838~1894 江戸後期~明治期の蘭方医
紹芳 じょうほう ⇔つぐか
紹芳 室町時代の臨済宗の僧・連歌作者
貞芳 じょうほう ⇔さだよし
貞芳 ?~977 平安中期の石清水八幡宮寺の僧
勝法師丸 しょうほうしまる
勝法師丸 1568~1575 安土桃山時代の人。松山城主三村元親の子
尚卜 しょうぼく
菅(すげ)尚卜 1731~1807 江戸中期・後期の画家
乗樸 じょうぼく
松平(まつだいら)乗樸 1829~? 江戸後期の幕臣
常牧 じょうぼく
繁田(はんだ)常牧 江戸前期の俳人
松甫斎 しょうほさい
中村(なかむら)松甫斎 ?~1824 江戸中期・後期の津和野藩蒔絵師
聖梵 しょうぼん
聖梵 平安中期の東大寺の僧・歌人
庄松 しょうま
庄松 1799~1871 江戸後期~明治期の浄土真宗の篤信者・妙好人
昌曼 しょうまん
昌曼 戦国時代の天台宗の僧
紹味 しょうみ
小河(おがわ)紹味 1604~1675 江戸前期の儒者
定味 じょうみ
朝比奈(あさいな)定味 江戸前期の「飛騨記」の著者
正密 しょうみつ
大円(だいえん)正密 ?~1560 戦国・安土桃山時代の曹洞宗の僧
乗明 じょうみょう
太田(おおた)乗明 1222~1283 鎌倉前期・後期の武士
浄妙 じょうみょう
筒井(つつい)浄妙 平安後期の僧
浄明 じょうみょう ⇔きよあき
円光寺(えんこうじ)浄明 ?~1757 江戸中期の古川町の円光寺7世
正覚寺(しょうがくじ)浄明 1690~1757 江戸中期の歓喜寺2世の善明の長子。高山の照蓮寺の草創から宝永年間までの盛衰を記した『岷江記』の著者といわれる
静明 じょうみょう
静明 1039~1111 平安中期・後期の天台宗の僧
証明院 しょうみょういん ⇔しょうめいいん
証明院 1711~1733 江戸中期の女性。徳川家重の妻
松眠 しょうみん
後藤(ごとう)松眠 ?~1828 江戸後期の医者
樵眠 しょうみん
森田(もりた)樵眠 1794~1872 江戸後期~明治期の町絵師
紹岷 しょうみん
古梁(こりょう)紹岷 1756~1839 江戸中期・後期の臨済宗の僧
正泯 しょうみん
土屋(つちや)正泯 江戸後期の鐔師
正珉 しょうみん
水野尾(みずのお)正珉 江戸時代の篆刻家
松夢 しょうむ
翠雲舎(すいうんしゃ)松夢 江戸後期の「翠雲雑札」の著者
紹務 しょうむ
長田(ながた)紹務 江戸前期の京都糸割符商人
蕉夢 しょうむ
栗山(くりやま)蕉夢 1800~1859 江戸後期の俳人
承明 しょうめい
福原(ふくはら)承明 1735~1768 江戸中期の医師、儒者
昌明 しょうめい ⇔まさあき
太田(おおた)昌明 鎌倉前期の幕府御家人
正明 しょうめい ⇔まさあき, まさあきら
竹本(たけもと)正明 1831~1899 江戸後期~明治期の幕臣、園芸家《竹本要斎》
証明院 しょうめいいん ⇔しょうみょういん
証明院 1711~1733 江戸中期の女性。徳川家重の妻《証明院》
承明門院右京大夫 しょうめいもんいんのうきょうのだいぶ
承明門院右京大夫 鎌倉前期の女房・歌人
承明門院宮内卿 しょうめいもんいんのくないきょう
承明門院宮内卿 鎌倉前期の女房・連歌作者
性聞 しょうもん
独言(どくごん)性聞 1586~1655 安土桃山・江戸前期の黄檗宗の僧
浄門 じょうもん
榎(えのき)浄門 江戸後期の和算家
定門 じょうもん
宗昌禅(しゅうしょうぜん)定門 ?~1702 江戸

中期の大洲領紙漉師

浄門院 じょうもんいん
浄門院 1815〜1817 江戸後期の徳川家斉の十六男

正弥 しょうや
宝山(ほうざん)正弥 室町時代の僧

昌瑜 しょうゆ
昌瑜 室町時代の僧

清瑜 しょうゆ
温中(おんちゅう)清瑜 ?〜1397 南北朝・室町時代の僧

成瑜 じょうゆ
成瑜 鎌倉後期の僧侶・歌人

勝祐 しょうゆう
勝祐 室町時代の真宗の僧
勝祐 ?〜1574 戦国・安土桃山時代の僧

少輔 しょうゆう
少輔 平安後期の女房・歌人

尚友 しょうゆう ⇔ひさとも
勝見(かつみ)尚友 ?〜1819 江戸中期・後期の書家

承猷 しょうゆう
竜門(りゅうもん)承猷 1734〜1800 江戸中期・後期の臨済宗の僧

承祐 しょうゆう ⇔じょうゆう
承祐 ?〜1456 室町時代の僧、連歌師

昌雄 しょうゆう
知念(ちねん)昌雄 1737〜1808 江戸中期・後期の〈唐紙〉〈印金紙〉〈緞子紙〉の創製者

昭祐 しょうゆう
昭祐 南北朝時代の僧侶・歌人

昭融 しょうゆう
江沢(えざわ)昭融 ?〜1844 江戸後期の郷土史家

紹幽 しょうゆう
梨羽(なしは)紹幽 1577〜1675 安土桃山・江戸前期の武将

正友 しょうゆう ⇔せいゆう, まさとも
正友 江戸前期の俳諧作者

承祐 じょうゆう ⇔しょうゆう
承祐 ?〜1456 室町時代の僧、連歌師《承祐》

紹宥 じょうゆう
瑞雲(ずいうん)紹宥 安土桃山・江戸前期の臨済宗の僧

紹由 じょうゆう
紹由 安土桃山時代の連歌作者

常有 じょうゆう ⇔つねあり
那波屋(なばや)常有 ?〜1664 江戸前期の商人

常遊 じょうゆう
難波(なんば)常遊 江戸時代の文人

浄友 じょうゆう
吉田(よしだ)浄友 1646〜1699 江戸前期・中期の医者

盛祐 じょうゆう ⇔せいゆう
盛祐 鎌倉時代の延命寺開創者

定祐 じょうゆう ⇔さだすけ
定祐 室町時代の天台宗の僧
定祐 室町時代の仏師
竹田(たけだ)定祐 1460〜1528 室町・戦国時代の医者・歌人

清誉 しょうよ ⇔せいよ
清誉 鎌倉後期の天台宗の僧・歌人《清誉》

相誉 しょうよ
相誉 1585?〜1646 安土桃山・江戸前期の僧

紹与 じょうよ
紹与 戦国・安土桃山時代の連歌師

乗与 じょうよ
玉滝坊(ぎょくりゅうぼう)乗与 戦国時代の僧。小田原城城下の松原明神社の別当

常与 じょうよ
歓之軒(かんしけん)常与 江戸後期の華道家・俳人

常誉 じょうよ
常誉 江戸中期の浄土宗の僧

盛誉 じょうよ
盛誉 安土桃山・江戸前期の社僧・連歌作者

松葉 しょうよう
松葉 室町時代の僧

紹要 じょうよう
印充(いんじゅう)紹要 1635〜1700 江戸前期・中期の臨済宗の僧

常陽 じょうよう
木戸(きど)常陽 江戸前期・中期の俳人

浄耀 じょうよう
浄耀 1293〜1370 鎌倉後期・南北朝時代の絵仏師

定耀 じょうよう
定耀 ?〜1328 鎌倉後期の真言宗の僧

照耀院 しょうよういん
照耀院 1843〜1843 江戸後期の徳川家慶の十一男

松羅 しょうら
小川(おがわ)松羅 1800〜1828 江戸後期の俳人

松蘿 しょうら
加藤(かとう)松蘿 1763〜1831 江戸中期・後期の商家

松籟 しょうらい
中島(なかしま)松籟 1818〜1888 江戸後期〜明治期の書家

勝楽 しょうらく
勝楽 ?〜751 奈良時代の高麗国の僧で高麗王若光に従い高麗郡に来住

松里 しょうり
友部(ともべ)松里 1790〜1847 江戸後期の漢学者

正立斎 しょうりつさい ⇔しょうりゅうさい
今西(いまにし)正立斎 1683〜1761 江戸前期・中期の医師、神職《今西正立斎》

昌隆 しょうりゅう ⇔まさたか
藤巻(ふじまき)昌隆 ?〜1873 江戸末期・明治期の眼科医

昌竜 しょうりゅう
田口(たぐち)昌竜 1849〜1919 江戸末期〜大正期の僧、私塾経営者
山崎(やまざき)昌竜 ?〜1879 江戸後期〜明治期の和算家

性隆 しょうりゅう
性隆 1422〜1493 室町時代の禅僧

城隆 じょうりゅう
松谷(まつたに)城隆 1844〜1902 江戸後期〜明治期の箏曲家

常竜 じょうりゅう
西野(にしの)常竜 1738〜1811 江戸中期・後期の漢学者

し

正立斎 しょうりゅうさい ⇔しょうりつさい
今西(いまにし)正立斎 1683〜1761 江戸前期・中期の医師、神職

正亮 しょうりょう ⇔まさあきら, まさすけ
正亮 江戸中期の律宗の僧

正楞 しょうりょう
元芳(げんぽう)正楞 室町時代の僧

浄了 じょうりょう
敬勝寺(けいしょうじ)浄了 戦国時代の僧。白川村の敬勝寺の開基

昌倫 しょうりん
渡辺(わたなべ)昌倫 ?〜1765 江戸中期の医師

昌林 しょうりん
西山(にしやま)昌林 1707〜1752 江戸中期の連歌師

昌琳 しょうりん
松永(まつなが)昌琳 江戸前期の漢学者

松倫 しょうりん
今村(いまむら)松倫 1824〜1867 江戸後期・末期の眼科医

松林 しょうりん
狩野(かのう)松林 1690〜1739 江戸中期の画家

松隣 しょうりん
松隣 江戸後期の俳人
清水(しみず)松隣 江戸後期の商家

正林 しょうりん
伴(とも)正林 ?〜1582 戦国・安土桃山時代の織田信長の家臣

聖麟 しょうりん
瑞応(ずいおう)聖麟 1732〜1816 江戸中期の曹洞宗の僧。水内郡栃原村大昌寺の9世住職

常倫 じょうりん
荻野(おぎの)常倫 ?〜1391 南北朝時代の勤王家

常林 じょうりん
阿江木(あいき)常林 阿江木常林に同じ
阿江木(あえき)常林 戦国時代の信濃国衆

静林 じょうりん ⇔せいりん
静林 1637〜? 江戸前期の歌人・僧侶

松林斎 しょうりんさい
小林(こばやし)松林斎 戦国・安土桃山時代の上杉憲政・武田信玄・北条氏の家臣。西上野の領主

松鱗斎 しょうりんさい
土居(どい)松鱗斎 1828〜1885 江戸後期〜明治期の日本画家

松嶺 しょうれい
滝口(たきぐち)松嶺 江戸中期の儒者

松嶺昌寿 しょうれいしょうじゅ
松嶺昌寿 戦国時代の古河公方の奉行人

彰蓮 しょうれん
彰蓮 ?〜1297 鎌倉後期の真言宗の僧

紹廉 しょうれん
小野(おの)紹廉 1676〜1761 江戸前期・中期の俳人

正連 しょうれん ⇔まさつら
須田(すだ)正連 戦国時代の銀師

乗蓮 じょうれん
乗蓮 ?〜1040 平安中期の僧

常蓮 じょうれん
松平(まつだいら)常蓮 戦国時代の人。岩津松平氏

常連 じょうれん ⇔つねつら
赤穴(あかな)常連 1370〜1405 南北朝・室町時代の飯石郡赤穴庄地頭《赤穴常連》

静蓮 じょうれん
静蓮 平安後期の真言宗の僧・歌人

小魯 しょうろ
神崎(かんざき)小魯 1803〜1871 江戸後期〜明治期の漢学者

松廬 しょうろ
松廬 江戸中期の俳人

松蘆 しょうろ
野呂(のろ)松蘆 1791〜1843 江戸後期の藩学者

松鱸 しょうろ
坂倉(さかくら)松鱸 ?〜1854 江戸後期・末期の川柳作者
松島(まつしま)松鱸 江戸後期の川柳判者

笑魯 しょうろ
笑魯 江戸後期の雑俳点者

嘯廬 しょうろ
山田(やまだ)嘯廬 ?〜1866 江戸後期・末期の歌人、漢詩人

女臈 じょうろう
久我(こが)女臈 ?〜1615 江戸前期の女性。大坂城の女房衆

升六 しょうろく
黄華庵(こうかあん)升六 ?〜1813 江戸中期・後期の俳人

庄六 しょうろく
高瀬(たかせ)庄六 1766〜1845 江戸中期・後期の花巻城下川口町の豪商
田や(たや)庄六 江戸前期の京都糸割符商人
中島(なかじま)庄六 江戸後期の大里村の庄屋

松緑 しょうろく
大和(やまと)松緑 1855〜1921 江戸末期〜大正期の陶芸家

松麓　しょうろく
小暮（こぐれ）松麓　1823〜1861　江戸後期・末期の漢詩人

庄六郎　しょうろくろう
小野（おの）庄六郎　戦国時代の里見氏家臣。百人衆

松和　しょうわ
松和　1801〜1876　江戸後期〜明治期の俳人

常和　じょうわ　⇔つねかず
三村（みむら）常和　？〜1678　江戸前期の絵師
三村（みむら）常和　1644〜1721　江戸前期・中期の絵師

小湾　しょうわん
島村（しまむら）小湾　1829〜1881　江戸後期〜明治期の日本画家

乗運　じょううん　⇔じょううん
天真（てんしん）乗運　？〜1344　鎌倉後期・南北朝時代の僧

如雲　じょうん　⇔にょうん
武田（たけだ）如雲　1808〜1880　江戸後期〜明治期の人。植林、養蚕事業に貢献
横山（よこやま）如雲　江戸前期の藩士

徐英　じょえい
徐英　江戸後期の俳人

序右衛門　じょえもん
丹野（たんの）序右衛門　？〜1721　江戸前期・中期の弘前藩士

如園　じょえん
青木（あおき）如園　1804〜1882　江戸後期〜明治期の国学者・宗教家

如燕　じょえん
桃川（ももがわ）如燕　江戸末期・明治期の講談師

如猿　じょえん
今村（いまむら）如猿　1644〜1717　江戸前期・中期の三川内焼名工

如淵　じょえん
如淵　安土桃山時代の僧・儒者

恕翁　じょおう
瑞竜軒（ずいりゅうけん）恕翁　1687〜1784　江戸前期・中期の講釈師《瑞竜軒〔1代〕》

如塊　じょかい
如塊　江戸中期の俳人

如芥　じょかい
如芥　？〜1767　江戸中期の俳人

恕覚　じょかく
恕覚　江戸中期の天台宗の僧

如雀　じょかく
一宮（いちのみや）如雀　江戸中期の神職・俳人

絮格　じょかく
小櫃（おびつ）絮格　？〜1793　江戸中期の俳諧作者・絹仲買商

恕鑑　じょかん
武田（たけだ）恕鑑　？〜1534　戦国時代の大名

如寄　じょき
如寄　戦国時代の画家

如牛　じょぎゅう　⇔にょぎょう
鮎田（あゆた）如牛　1823〜1887　江戸後期〜明治期の教育者、漢学者、歌人

徐暁　じょぎょう
徐暁　江戸末期の俳人

禝　しょく
尚（しょう）禝　室町時代の人。第2尚氏王統の開祖・尚円王の父

蜀山　しょくざん
天野（あまの）蜀山　1768〜1828　江戸中期・後期の甲府医学所教授

式子内親王家中将　しょくしないしんのうけのちゅうじょう
式子内親王家中将　平安後期の女房・歌人

職補　しょくほ
花房（はなぶさ）職補　1835〜？　江戸後期の関東郡代

恕敬　じょけい
鈴木（すずき）恕敬〔1代〕　江戸中期・後期の茶人
鈴木（すずき）恕敬〔2代〕　？〜1828　江戸後期の茶人

汝圭　じょけい
横田（よこた）汝圭　江戸後期の画家

如圭　じょけい　⇔にょけい
多賀（たが）如圭　江戸中期・後期の絵師

如慶　じょけい
狩野（かのう）如慶　1819〜？　江戸後期・末期の津山松平藩御用絵師

恕軒　じょけん
西村（にしむら）恕軒　1699〜1774　江戸中期の儒者

如憲　じょけん
用章（ようしょう）如憲　？〜1463　室町時代の臨済宗の僧

如見　じょけん
如見　江戸前期の俳諧師
渡辺（わたなべ）如見　江戸中期の眼科医

如江　じょこう
如江　江戸中期の俳人

舒厚　じょこう
許田（きょだ）舒厚　1821〜1867　江戸後期・末期の医師

所左衛門　しょざえもん
大沼（おおぬま）所左衛門　1856〜1896　江戸末期・明治期の村田の素封家
関根（せきね）所左衛門　江戸前期の裏慈恩寺村の開発者、名主
豊永（とよなが）所左衛門　江戸前期の長宗我部盛親の家臣
野口（のぐち）所左衛門　1835〜1910　江戸後期〜明治期の地頭で尾張藩士千賀家最後の筆頭家老
渡辺（わたなべ）所左衛門　江戸前期の藩士

所左衛門適斎　しょざえもんてきさい
塩野（しおの）所左衛門適斎　1775〜1847　江戸後期の八王子千人同心

恕三郎　じょさぶろう
森井(もりい)恕三郎　1835～1874　江戸末期・明治期の教育者

曙山　しょざん
麻生(あそう)曙山　江戸末期の絵師

胥山　しょざん
春木(はるき)胥山　1751～1808　江戸中期・後期の篆刻家

諸山　しよざん
金子(かねこ)諸山　1578～1653　安土桃山・江戸前期の人。随筆『戦場考』を残す

助参　じょさん
助参　1643～1710　江戸前期・中期の浄土宗の僧

し

如山　じょさん　⇔じょざん, にょざん
豊川(とよかわ)如山　江戸後期の画家

如山　じょざん　⇔じょさん, にょざん
山崎(やまざき)如山　江戸後期の漢学者
渡辺(わたなべ)如山　1816～1837　江戸後期の画家

如之　じょし
如之　江戸前期の俳人
如之　1705～1772　江戸中期の俳人

曙雀　しょじゃく
柳下亭(りゅうかてい)曙雀　江戸後期の狂歌作者

曙舟　しょしゅう
曙舟　江戸前期の俳人

如舟　じょしゅう
塚本(つかもと)如舟　1641～1724　江戸前期・中期の俳人

如春斎　じょしゅんさい　⇔にょしゅんさい
山本(やまもと)如春斎　?～1784　江戸中期の画家

如春尼　じょしゅんに
如春尼　安土桃山時代の僧顕如の妻

如松　じょしょう
如松　江戸後期の俳人

如璋　じょしょう
桑原(くわばら)如璋　?～1775　江戸中期の医者

徐々坊　じょじょぼう
宮(みや)徐々坊　1731～1805　江戸中期・後期の俳人

恕信　じょしん
恕信　江戸中期の浄土宗の僧
石井(いしい)恕信　1703～?　江戸中期の囲碁棋士

如心　じょしん
如心　南北朝時代の僧侶・連歌作者
亀田(かめだ)如心　江戸前期の神職
伴野(ともの)如心　戦国時代の武田氏の家臣、伴野信是の被官

如真　じょしん
狩野(かのう)如真　?～1837　江戸後期の津山松平藩御用絵師

恕水　じょすい
滝川(たきがわ)恕水　江戸前期の儒者、俳人

如水　じょすい　⇔にょすい
一万田(いちまだ)如水　1810～1880　江戸後期～明治期の医者・漢学者
狩野(かのう)如水　?～1814　江戸中期・後期の日本画家
近藤(こんどう)如水　1804～1862　江戸後期の画家
貞方(さだかた)如水　1632～1689　江戸前期・中期の算術家
拓植(つげ)如水　江戸前期の漢学者
渡辺(わたなべ)如水　1802～1840　江戸後期の漢学者

如翠　じょすい
猪飼(いがい)如翠　江戸後期の画家

如水軒　じょすいけん
如水軒　江戸中期の浮世草子作者

所助　しょすけ
所助　江戸前期・中期の手結浦の孝子
三宅(みやけ)所助　?～1815　江戸後期の富豪

恕助　じょすけ
日野(ひの)恕助　1826～1909　江戸後期～明治期の医師
弘田(ひろた)恕助　?～1862　江戸末期の土佐勤王党員

如成　じょせい
石堂(いしどう)如成　安土桃山・江戸前期の弓道家

叙夕　じょせき
叙夕　1734～1769　江戸中期の俳人

如石　じょせき　⇔にょせき
西光寺(さいこうじ)如石　江戸中期の俳僧
中原(なかはら)如石　1775～1851　江戸末期の俳人《中原如石》

処節　しょせつ
舟谷(ふなたに)処節　江戸後期の画家

如雪　じょせつ
如雪　戦国時代の徳川氏の家臣

如宣　じょせん
桑原(くわばら)如宣　江戸後期の医者

如泉　じょせん
狩野(かのう)如泉　1777～1820　江戸中期・後期の津山松平藩御用絵師

所蔵　しょぞう
磯部(いそべ)所蔵　1854～1903　江戸末期・明治期の教育者

助叟　じょそう
助叟　?～1715　江戸前期・中期の俳人

女草　じょそう
女草　江戸前期・中期の雑俳点者

序草　じょそう
日々庵(ひびあん)序草　江戸中期の医師、俳諧師匠

如艸　じょそう
如艸　江戸中期の俳人

曙蔵主　しょぞうす
曙蔵主　鎌倉後期・南北朝時代の僧

如則　じょそく
桑原(くわばら)如則　江戸後期の医者
如貞　じょてい
井口(いのぐち)如貞　江戸前期の俳人
恕哲　じょてつ
恕哲　戦国時代の連歌作者
助念　じょねん
助念　安土桃山時代の浄土宗の僧
如濃　じょのう
刑部(おさかべ)如濃　？～1736　江戸中期の人。尾張藩の重臣渡辺半蔵家の同心役
恕伯　じょはく
佐郷谷(さごうや)恕伯　江戸末期の西洋医
如白　じょはく
富永(とみなが)如白　？～1762　江戸中期の商人・俳人
如髪　じょはつ
関本(せきもと)如髪　1748～1829　江戸中期・後期の俳人
諸品　しょひん
岡本(おかもと)諸品　？～1645　江戸前期の旗本
除風　じょふう
除風　？～1746　江戸中期の倉敷真言寺の僧、俳人
肥田(ひだ)除風　？～1840　江戸後期の教育家
恕平　じょへい
竺原(じくはら)恕平　1804～？　江戸後期の殖産家
如瓶　じょへい　⇔にょへい
小原(おはら)如瓶　江戸前期の儒者
永井(ながい)如瓶　1661～1731　江戸中期の書家
如平　じょへい
笠原(かさはら)如平　江戸末期の殖産家
所兵衛　しょへえ　⇔ところべえ
和佐保(わさほ)所兵衛　戦国時代の鉱山師
如璞　じょぼく
如璞　1689～1774　江戸中期の俳人
如本　じょほん
如本　？～1771　江戸中期の俳人
如眠　じょみん
清野(きよの)如眠　1852～1929　江戸後期～昭和期の蒔絵師
如毛　じょもう
如毛　1749～1816　江戸中期・後期の俳人
岡崎(おかざき)如毛　1763～1830　江戸中期・後期の俳人
汝裕　じょゆう
岸(きし)汝裕　1751～1821　江戸中期・後期の幕臣
叙来　じょらい
越水(こしみず)叙来　？～1815　江戸後期の俳人
除来　じょらい
除来　江戸中期の俳人
如雷　じょらい
伊東(いとう)如雷　？～1857　江戸後期・末期の医者
如蘭　じょらん
仁上(にかみ)如蘭　1785～1852　江戸中期・後期の漢学者
恕柳　じょりゅう
大橋(おおはし)恕柳　1746～1823　江戸中期・後期の俳人、医師《大橋如柳》
鋤立　じょりゅう
鋤立　江戸中期の俳人
如柳　じょりゅう
大橋(おおはし)如柳　1746～1823　江戸中期・後期の俳人、医師
中村(なかむら)如柳　江戸中期の彫師
如流　じょりゅう
山崎(やまさき)如流　？～1757　江戸中期の画家
諸領　しょりょう
福田(ふくだ)諸領　1812～1869　江戸後期～明治期の遠野南部氏家老
如倫　じょりん
如倫　1736～1799　江戸中期・後期の俳人
如林　じょりん
狩野(かのう)如林〔1代〕　？～1781　江戸中期の津山松平藩御用絵師
序令　じょれい
石内(いしうち)序令　江戸前期・中期の俳人
白髪部王　しらかべのおおきみ
白髪部王　？～643？　飛鳥時代の厩戸皇子の王子
白髪部毗登富比売　しらがべのひととみひめ
白髪部毗登富比売　奈良時代の備中国下道郡の女性
白河女御越中　しらかわのにょうごのえっちゅう
白河女御越中　平安後期の女房・歌人
新羅　しらぎ
科野(しなの)新羅　飛鳥時代の外交官。百済に帰化した科野国造家一族
思楽　しらく
大伴(おおともの)思楽　？～1871　江戸後期～明治期の俳諧師・飛脚問屋主人
自楽軒　じらくけん
吉田(よしだ)自楽軒　1776～1855　江戸末期の弓術家
次良兵衛　じらひょうえ
二淀川(によどがわ)次良兵衛　江戸後期の強豪力士
市嵐　しらん
市嵐　？～1757　江戸中期の俳人
芝蘭　しらん
芝蘭　江戸後期の俳人
岡武(おかたけ)芝蘭　江戸末期の画家
之纜　しらん
山県(やまがた)之纜　1629～1686　江戸前期の藩士
二栗　じりつ
久野(くの)二栗　1821～1872　江戸後期～明治期の篆刻家
自柳　じりゅう
本島(もとじま)自柳〔5代〕　1765～1831　江戸後

期の医者
本島(もとじま)自柳〔7代〕 1840～1924 江戸末期・明治期の医者

之遴　しりん
徐(じょ)之遴　1599～1678　安土桃山・江戸前期の飫肥藩医

志留志　しるし
利波臣(となみのおみ)志留志　上代の礪波郡の豪族

子礼　しれい
子礼　?～1761　江戸中期の俳人
伊藤(いとう)子礼　1685～1761　江戸前期・中期の松山藩士、能書家
辻(つじ)子礼　1752～1775　江戸中期の漢学者

し

子廉　しれん
武井(たけい)子廉　江戸中期の漢学者

師聯　しれん
灯外(とうがい)師聯　江戸中期の曹洞宗の僧

慈蓮　じれん
慈蓮　鎌倉時代の隠岐国美多荘大山社祢宜

司鱸　しろ
岩城(いわき)司鱸　江戸中期の能登国鹿島郡七尾町の俳人

四郎　しろう
宇喜多(うきた)四郎　?～1523　安土桃山時代の武将
江馬(えま)四郎　鎌倉時代の武士
大井(おおい)四郎　安土桃山時代の織田信長の家臣
大柴(おおしば)四郎　1856～1929　江戸末期～昭和期の朝香屋創業者
唐鍬崎(からくわさき)四郎　室町時代の唐桑領主か
日下部(くさかべ)四郎　江戸末期の新撰組隊士
関(せき)四郎　?～1574?　戦国・安土桃山時代の織田信長の家臣
高野(たかの)四郎　1836～1898　江戸後期～明治期の筑摩郡高村名主。維新後は日向村戸長
田原(たはら)四郎　江戸末期の新撰組隊士
橋爪(はしづめ)四郎　戦国時代の相模の道者
秦(はた)四郎　1829～1870　江戸後期～明治期の蘭方医
人見(ひとみ)四郎　平安後期の武士
山本(やまもと)四郎　1841～1899　江戸後期～明治期の書家
結城(ゆうき)四郎　江戸末期・明治期の剣客。赤報隊に参加

志朗　しろう
楠原(くすはら)志朗　1835～1905　江戸後期～明治期の歌人

次郎　じろう
青山(あおやま)次郎　江戸末期の新撰組隊士
赤松(あかまつ)次郎　?～1859　江戸後期・末期の武芸者
安食(あじき)次郎　平安後期の安食荘の荘司
五百(いお)次郎　江戸後期の橘樹郡大師河原村民
和泉(いずみ)次郎　鎌倉時代の武蔵武士
岩松(いわまつ)次郎　?～1461　室町時代の上野国衆
内海(うちうみ)次郎　1836～?　江戸後期・末期の新撰組隊士
内海(うつみ)次郎　内海次郎に同じ
江見(えみ)次郎　?～1579　安土桃山時代の武士
奥沢(おくざわ)次郎　江戸末期の新撰組隊士
尾張(おわり)次郎　?～1335　鎌倉後期・南北朝時代の武士
加藤(かとう)次郎　?～1877　江戸末期・明治期の志士、中国研究家
河田(かわだ)次郎　?～1189　平安後期の平泉藤原氏4代泰衡の郎従
北尾(きたお)次郎　1853～1907　江戸後期～明治期の物理学者、気象学者
腰越(こしごえ)次郎　江戸末期の海援隊士
渋河(しぶかわ)次郎　鎌倉時代の武士
島崎(しまざき)次郎　1835～1864　江戸後期・末期の武士
高山(たかやま)次郎　1839～1914　江戸後期～明治期の新撰組隊士
武田(たけだ)次郎　?～1582　戦国・安土桃山時代の武士
玉井(たまいの)次郎　平安後期・鎌倉前期の武士
中臣(なかおみ)次郎　1831～1897　江戸後期～明治期の夏ミカンの最初の導入者
二階堂(にかいどう)次郎　戦国時代の簗田氏の家臣
沼田(ぬた)次郎　平安後期の安芸国の武士
比嘉(ひが)次郎　1812～1888　江戸後期～明治期の人。サトウキビ優良品種「読谷山種」を作出した
福地(ふくち)次郎　1840～1901　江戸末期・明治期の里正(村長)、政治家
本田(ほんだ)次郎　平安後期・鎌倉前期の武士
三戸(みと)次郎　平安後期の武家
吉田(よしだ)次郎　江戸末期の幕臣

二郎　じろう
院林(いんばやし)二郎　鎌倉時代の在地領主、鎌倉御家人
小城(おぎの)二郎　平安後期の人。筑前国観世音寺領大石山北封・把岐荘に乱入し在家を焼払うなどの乱暴を働いたとして告発された
小坂(おさか)二郎　戦国時代の信濃国諏訪郡小坂郷の土豪?
蟹谷(かんだに)二郎　平安後期の郷士。礪波山倶利伽羅合戦の際、木曾義仲の先導を承った
後藤(ごとう)二郎　安土桃山時代の通訳
小見山(こみやま)二郎　南北朝時代の武将
高向屋(たかふきや)二郎　戦国時代の道者
原(はら)二郎　戦国時代の下総国小弓城の城主
船田(ふなだ)二郎　1847～1919　江戸末期～大正期の隠岐騒動の活躍者
古河(ふるかわ)二郎　戦国時代の古河城主
三品(みしな)二郎　1848～?　江戸後期・末期の新撰組隊士
吉村(よしむら)二郎　江戸末期の新撰組隊士

市郎右衛門　しろううえもん　⇔いちろううえもん, いちろうえもん
加藤(かとう)市郎右衛門　江戸時代の犬山上本町

の豪商

次郎右衛門 じろううえもん ⇔じろうえもん, じろえもん

天笠(あまがさ)次郎右衛門 ?～1633 安土桃山・江戸前期の社会事業家《天笠次郎右衛門》

血矢(ちや)次郎右衛門 戦国時代の武士

四郎右兵衛尉 しろううひょうえのじょう

椎名(しいな)四郎右兵衛尉 戦国時代の千葉胤富の家臣

四郎右衛門 しろうえもん ⇔しろえもん

伊藤(いとう)四郎右衛門 1766～1834 江戸中期・後期の素封家

浮瀬(うかんせ)四郎右衛門 江戸時代の料亭「浮瀬」の主人

大原(おおはら)四郎右衛門 江戸後期の備中倉敷代官

岡(おか)四郎右衛門 1632～1706 江戸前期の浪人

岡部(おかべ)四郎右衛門 江戸後期の奥戸野の野守

河上(かわかみ)四郎右衛門 ?～1655 江戸前期の大庄屋

黒川(くろかわ)四郎右衛門 江戸前期の竹内信成の手代。「温古誌」に竹内信就の手代として記載される

小西(こにし)四郎右衛門 江戸前期の京都糸割符商人

坂本(さかもと)四郎右衛門 戦国時代の北条氏照の家臣

菅屋(すがや)四郎右衛門 安土桃山時代の織田信長の家臣

滝沢(たきざわ)四郎右衛門 安土桃山・江戸前期の武士

寺島(てらしま)四郎右衛門 ?～1547 戦国時代の武田家臣

寺山(てらやま)四郎右衛門 江戸後期の淘綾郡一色村民

永島(ながしま)四郎右衛門 江戸後期の三浦郡公郷村民

野々山(ののやま)四郎右衛門 戦国時代の今川氏の給人

細江(ほそえ)四郎右衛門 江戸後期の小坂町の人

水野(みずの)四郎右衛門 安土桃山時代の織田信長の家臣

森(もり)四郎右衛門 江戸前期の金森藩年寄組・徒頭で600石の重臣

矢島(やしま)四郎右衛門 安土桃山時代の織田信長の家臣

四郎衛門 しろうえもん

木内(きのうち)四郎衛門 戦国時代の上総飯櫃城(山武郡芝山町)主・山室氏勝の家臣

四郎左衛門 しろうえもん ⇔しろうさえもん, しろうざえもん

細木原(ほそきばら)四郎左衛門 室町時代の毘沙門堂門跡領能美荘湯谷村代官

次郎右衛門 じろうえもん ⇔じろううえもん, じろえもん

次郎右衛門 1595～1657 江戸前期の古切支丹

天笠(あまがさ)次郎右衛門 ?～1633 安土桃山・江戸前期の社会事業家

石渡(いしわた)次郎右衛門 江戸後期の三浦郡公郷村民

磯貝(いそがい)次郎右衛門 戦国時代の九郎右衛門の兄弟か

岩政(いわまさ)次郎右衛門 1656～1736 江戸前期・中期の治水家

大沢(おおさわ)次郎右衛門 江戸末期の武士

岡崎屋(おかざきや)次郎右衛門 江戸中期の松江の豪商

尾崎(おざき)次郎右衛門 1787～1867 江戸中期～末期の豪農

河合(かわい)次郎右衛門 江戸後期の幕臣

木村(きむら)次郎右衛門 江戸前期の六十人者与力

木村(きむら)次郎右衛門 1810～1873 江戸後期～明治期の松江藩御用商人、大坂堂島の豪商

倉田(くらた)次郎右衛門 ?～1703 江戸前期・中期の倉田水樋の創設者

紅林(くればやし)次郎右衛門 ?～1575 戦国・安土桃山時代の義人《紅林治郎右衛門》

田宮(たみや)次郎右衛門 ?～1734 江戸中期の剣術家。田宮流

辻(つじ)次郎右衛門 江戸前期の両替商

遠山(とおやま)次郎右衛門 安土桃山時代の織田信長の家臣

中山(なかやま)次郎右衛門 江戸前期の最上氏遺臣

名迫(なさこ)次郎右衛門 1676～? 江戸中期の高野山寺領東富貴村農民

夏目(なつめ)次郎右衛門 1705～1752 江戸中期の剣術家。溝口派一刀流

芳賀(はが)次郎右衛門 ?～1630 安土桃山・江戸前期の町年寄

久松(ひさまつ)次郎右衛門 戦国時代の開拓者

細田(ほそだ)次郎右衛門 1776～1837 江戸中期・後期の水稲の育種家

箕浦(みのうら)次郎右衛門 安土桃山時代の織田信長の家臣

柳川(やながわ)次郎右衛門 ?～1765 江戸中期の大住郡北金目村旗本渥見氏知行所名主

蠟燭屋(ろうそくや)次郎右衛門 江戸前期の蠟燭株仲間頭領

治郎右衛門 じろうえもん

跡部(あとべ)治郎右衛門 ?～1658 江戸前期の桜井新田の開墾者

石田(いしだ)治郎右衛門 江戸中期の職人

神尾(かみお)治郎右衛門 戦国時代の上杉龍若の家臣

紅林(くればやし)治郎右衛門 ?～1575 戦国・安土桃山時代の義人

酒井(さかい)治郎右衛門 ?～1868 江戸後期・末期の戦士

崎山(さきやま)治郎右衛門〔1代〕 1611～1688 江戸前期の外川港の開削者

塚本(つかもと)治郎右衛門 江戸後期の人。天保

15年に奉行所に銀の簪を献上
常松（つねまつ）治郎右衛門　1723～1804　江戸中期・後期の庄屋
広瀬（ひろせ）治郎右衛門　1758～1822　江戸中期・後期の寺子屋師匠
山田（やまだ）治郎右衛門　江戸後期の小田原鍋町の鋳物師

治郎衛門　じろうえもん
杉浦（すぎうら）治郎衛門　1820～1895　江戸後期～明治期の祇園一力の9代目主人

二郎へもん　じろうえもん
二郎へもん　戦国時代の伊豆長浜の定使

二郎右衛門　じろうえもん
土屋（つちや）二郎右衛門　戦国時代の武将。武田家臣
新川（にゅうかわ）二郎右衛門　江戸前期の最上氏遺臣

二郎衛門　じろうえもん
二郎衛門　安土桃山時代の信濃国筑摩郡永井の土豪
西条（さいじょう）二郎衛門　安土桃山時代の信濃国筑摩郡麻績北条の土豪

四郎右衛門尉　しろうえもんのじょう
多賀（たが）四郎右衛門尉　室町時代の飛驒国守護の京極持高の守護代
武田（たけだ）四郎右衛門尉　戦国時代の千葉胤富の家臣
中沢（なかざわ）四郎右衛門尉　安土桃山時代の甲府近郷の大工職人

次郎右衛門尉　じろうえもんのじょう
穴沢（あなざわ）次郎右衛門尉　戦国時代の地侍
加津野（かずの）次郎右衛門尉　？～1575　安土桃山時代の武田氏の家臣
高井（たかい）次郎右衛門尉　戦国時代の武士
高木（たかぎ）次郎右衛門尉　安土桃山時代の信濃国諏訪郡高木の土豪
田口（たぐち）次郎右衛門尉　安土桃山時代の駿河国有度郡中田郷の番匠

次郎衛門尉　じろうえもんのじょう
佐野（さの）次郎衛門尉　安土桃山時代の穴山家臣

二郎右衛門尉　じろうえもんのじょう
雨宮（あめのみや）二郎右衛門尉　戦国・安土桃山時代の甲斐国山梨郡岩崎郷在郷の番匠
河辺（かわべ）二郎右衛門尉　戦国時代の下総小金城（松戸市）主・高城氏の下級家臣・被官
佐野（さの）二郎右衛門尉　戦国時代の穴山家臣

次郎吉　じろうきち　⇔じろきち
米田屋（よねだや）次郎吉　1813～？　江戸末期の漂流者。天保年間に長者丸で漂流

治郎吉　じろうきち
松本（まつもと）治郎吉　1813～1887　江戸後期～明治期のカキ栽培業者

四郎維重　しろうこれしげ
中（なか）四郎維重　平安後期の武士

四郎五郎　しろうごろう
大河（おおかわ）四郎五郎　戦国時代の北条氏御料所の伊豆西浦在郷被官

四郎左衛門　しろうさえもん　⇔しろうえもん，しろうざえもん
工藤（くどう）四郎左衛門　鎌倉後期の武士
富松（とまつ）四郎左衛門　戦国時代の商人・武士

四良左衛門　しろうざえもん
秋間（あきま）四良左衛門　戦国時代の大工。相模国で活動

四郎左衛門　しろうざえもん　⇔しろうえもん，しろうさえもん
四郎左衛門　安土桃山時代の信濃国筑摩郡会田の土豪
四郎左衛門　安土桃山時代の信濃国筑摩郡小芹・大久保・花見の土豪
四郎左衛門　安土桃山時代の信濃国筑摩郡明科の土豪
四郎左衛門　？～1643　安土桃山・江戸前期の高遠藩キリシタン騒動での処刑者
四郎左衛門　江戸時代の肝属郡串良郷上小原村西原屋敷の名頭
青木（あおき）四郎左衛門　？～1687　江戸前期の武士
浅井（あさい）四郎左衛門　？～1576　戦国・安土桃山時代の織田信長の家臣
安倍（あべ）四郎左衛門　戦国時代の唐桑城主
伊勢屋（いせや）四郎左衛門〔3代〕　江戸中期の商人
植木屋（うえきや）四郎左衛門　江戸前期・中期の商人。浅草海苔の商祖
大草（おおくさ）四郎左衛門　江戸末期の武士、大番頭
小間物屋（こまものや）四郎左衛門　？～1643　安土桃山・江戸前期の加賀国生まれの切支丹信者
税所（さいしょ）四郎左衛門　？～1890　江戸末期・明治期の薩摩藩士。海軍軍人
鈴木（すずき）四郎左衛門　江戸時代の尾張藩の流木裁許人
田中（たなか）四郎左衛門　江戸前期の町人。琵琶湖運河開削の計画者
千葉（ちば）四郎左衛門　1532？～1607？　戦国～江戸前期の栗原郡末野村末野館の館主
土屋（つちや）四郎左衛門　戦国時代の北条氏の家臣
富永（とみなが）四郎左衛門　戦国時代の武将
友沢（ともざわ）四郎左衛門　？～1686　江戸前期の大島郡筆者役、御算用方
頓宮（とんぐう）四郎左衛門　室町時代の武将
長沼（ながぬま）四郎左衛門　1688～1767　江戸前期・中期の剣術家《長沼国郷》
菜肆（なし）四郎左衛門　江戸前期の豪商
西牧（にしまき）四郎左衛門　戦国時代の武将。武田家臣
丹羽（にわ）四郎左衛門　江戸中期の藩士
馬場（ばば）四郎左衛門　戦国時代の丹後国の土豪
板東屋（ばんどうや）四郎左衛門　江戸前期の御旅屋
村野（むらの）四郎左衛門　戦国時代の相模の国府津の船主
山角（やまずみ）四郎左衛門　江戸中期の茶人
山田（やまだ）四郎左衛門　安土桃山時代の信濃国筑摩郡刈谷原の土豪

若野（わかの）四郎左衛門　？～1871　江戸後期～明治期の鋳金師
渡辺（わたなべ）四郎左衛門　1812～1865　江戸後期・末期の十二川原用水の開削者
渡野辺（わたのべ）四郎左衛門　戦国時代の楯主

次郎左衛門　じろうさえもん　⇔じろうざえもん, じろざえもん
大島（おおしま）次郎左衛門　戦国時代の会津高橋郷の商人

次郎左衛門　じろうざえもん　⇔じろうさえもん, じろざえもん
次郎左衛門　戦国時代の大工《次郎左衛門》
次郎左衛門　江戸後期の足柄上郡篠窪村の名主
青木（あおき）次郎左衛門　？～1582　安土桃山時代の織田信長の家臣
石川（いしかわ）次郎左衛門　1773～1860　江戸中期～末期の文人
石崎（いしざき）次郎左衛門　江戸前期の庄屋
井関（いぜき）次郎左衛門　戦国時代の能面師
市川（いちかわ）次郎左衛門　安土桃山時代の駿河国志太郡笹間渡村の開拓者
牛山（うしやま）次郎左衛門　戦国・安土桃山時代の信濃国諏訪郡栗原の在郷細工職人頭
大久保（おおくぼ）次郎左衛門　？～1847　江戸後期の烏山藩家老。尊徳仕法の最後の責任者
大沢（おおさわ）次郎左衛門　戦国時代の武将
大庭（おおば）次郎左衛門　？～1465　室町時代の三河国額田郡一揆の中心人物の一人
奥村（おくむら）次郎左衛門　江戸前期の陶工
賀藤（かとう）次郎左衛門　？～1573　戦国・安土桃山時代の織田信長の家臣
川井（かわい）次郎左衛門　江戸中期の武術家
木村（きむら）次郎左衛門　？～1582？　安土桃山時代の織田信長の家臣
紅林（くればやし）次郎左衛門　戦国時代の遠江国棚草郷の百姓・名職所持者
佐藤（さとう）次郎左衛門　1829～1901　江戸後期～明治期の本牧本郷村の旗本藤本領の名主
篠塚（しのづか）次郎左衛門　？～1717　江戸前期・中期の歌舞伎役者
城内（じょうない）次郎左衛門　安土桃山時代の織田信長の家臣
高築（たかつき）次郎左衛門　室町時代の武士
富山（とやま）次郎左衛門　江戸後期の薩摩藩士
豊田（とよだ）次郎左衛門　1780～1842　江戸中期・後期の和算家
浜島（はまじま）次郎左衛門　戦国時代の木之山村開発者
原（はら）次郎左衛門　戦国時代の鍛冶職人
檜皮（ひわだ）次郎左衛門　？～1560　安土桃山時代の土豪
船橋（ふなばし）次郎左衛門　1802～1868　江戸後期の大磯宿の問屋
古川（ふるかわ）次郎左衛門　江戸前期の桑原郡見廻役
堀内（ほりうち）次郎左衛門　安土桃山時代の織田信長の家臣
松井（まつい）次郎左衛門　安土桃山時代の検地役人
松田（まつだ）次郎左衛門　？～1467　室町時代の備前の国の武将
松田（まつだ）次郎左衛門　戦国時代の加賀一向一揆の将
矢野（やの）次郎左衛門　戦国時代の北条氏の家臣
山村（やまむら）次郎左衛門　江戸前期の京都糸割符商人
横山（よこやま）次郎左衛門　江戸前期の京都糸割符商人

治郎左衛門　じろうざえもん
治郎左衛門　江戸中期の津久野浦庄屋
治郎左衛門　江戸後期の足柄上郡篠窪村の名主《次郎左衛門》
岡崎（おかざき）治郎左衛門　1568～1665　江戸前期の大洲藩の御用紙漉師
小西（こにし）治郎左衛門　江戸時代の問屋
高田（たかだ）治郎左衛門　？～1580　安土桃山時代の武士
原（はら）治郎左衛門　？～1869　江戸後期の足柄下郡中里村名主

二郎左衛門　じろうざえもん
二郎左衛門　安土桃山時代の信濃国筑摩郡光郷の土豪
二郎左衛門　安土桃山時代の信濃国筑摩郡生野の土豪
大久保（おおくぼ）二郎左衛門　安土桃山時代の信濃国筑摩郡大久保の土豪
太田（おおた）二郎左衛門　？～1585　戦国時代の土豪、太田城城主
後藤（ごとう）二郎左衛門　戦国時代の伊豆の鍛冶
鈴木（すずき）二郎左衛門　戦国時代の伊豆南部地域の鍛冶
匝瑳（そうさ）二郎左衛門　戦国時代の神田の匝瑳新兵衛（妙新）の一族
二階堂（にかいどう）二郎左衛門　戦国時代の上総国伊北庄小田喜の土豪・地侍
山田（やまだ）二郎左衛門　戦国時代の鋳物師の棟梁

治郎左衛門忠明　じろうざえもんただあき
小野（おの）治郎左衛門忠明　？～1628　安土桃山・江戸前期の剣術家。小野派一刀流開祖

四郎左衛門尉　しろうさえもんのじょう　⇔しろうざえもんのじょう
田辺（たなべ）四郎左衛門尉　戦国時代の甲斐の金山衆

四郎左衛門尉　しろうざえもんのじょう　⇔しろうさえもんのじょう
秋山（あきやま）四郎左衛門尉　戦国時代の武士
加世（かせ）四郎左衛門尉　戦国時代の本佐倉城主千葉邦胤の家臣。東下総の土豪・地侍
川口（かわぐち）四郎左衛門尉　戦国時代の伊豆丹那郷の名主
菅生（すげおい）四郎左衛門尉　南北朝時代の武士
南条（なんじょう）四郎左衛門尉　後北条時代の伊豆国南条郷の国衆。北条氏政、のち隠居した北条氏康の家臣で氏康の奉者
持田（もちだ）四郎左衛門尉　戦国時代の武蔵鉢形

城主北条氏邦の家臣

次郎左衛門尉 じろうさえもんのじょう ⇔じろうざえもんのじょう

大蔵(おおくら)次郎左衛門尉 ?~1272 鎌倉前期・後期の武士

左利(さり)次郎左衛門尉 戦国時代の信濃国諏訪郡在住の細工職人か

菅谷(すげのや)次郎左衛門尉 ?~1569 戦国・安土桃山時代の常陸小田氏の家臣

福山(ふくやま)次郎左衛門尉 戦国時代の武士

次郎左衛門尉 じろうざえもんのじょう ⇔じろうさえもんのじょう

赤狭(あかさ)次郎左衛門尉 戦国時代の武将

今井(いまい)次郎左衛門尉 戦国時代の武田氏の家臣

印東(いんとう)次郎左衛門尉 戦国時代の古河公方の家臣

千野(ちの)次郎左衛門尉 戦国・安土桃山時代の信濃国諏訪郡の国衆

奈良屋(ならや)次郎左衛門尉 戦国時代の遠江見付府の商人

波多野(はたの)次郎左衛門尉 ?~1455 室町時代の相模の国人領主

二郎左衛門尉 じろうざえもんのじょう

二郎左衛門尉 戦国時代の大工

小沢(おざわ)二郎左衛門尉 戦国時代の北条氏家臣松田憲秀の被官

竹尾(たけお)二郎左衛門尉 戦国時代の神職

治郎作 じろうさく ⇔じろさく

橋爪(はしづめ)治郎作 1838~1907 江戸後期~明治期の蚕種業者(種屋)《橋爪治郎作》

四郎三郎 しろうさぶろう ⇔しろさぶろう

上野(うえの)四郎三郎 江戸後期の石見大森代官

強瀬(こわぜ)四郎三郎 戦国時代の岩殿山南山麓の強瀬の土豪

近山(ちかやま)四郎三郎 ?~1561 安土桃山時代の武士

仁科(にしな)四郎三郎 戦国時代の信濃国安曇郡渋田見の国衆渋田見氏の一族か

次郎三郎 じろうさぶろう

石原(いしはら)次郎三郎 戦国・安土桃山時代の武田氏の家臣

音羽(おとわ)次郎三郎 ?~1732 江戸中期の歌舞伎役者

小菅(こすげ)次郎三郎〔1代〕 ?~1560 安土桃山時代の甲斐都留郡小菅の土豪

小菅(こすげ)次郎三郎〔2代〕 戦国時代の甲斐都留郡北部小菅の土豪

松木(まつき)次郎三郎 戦国時代の武田氏の金座役人、在郷商人《松木二郎三郎》

三井(みつい)次郎三郎 安土桃山時代の武士

二郎三郎 じろうさぶろう ⇔じろさぶろう

二郎三郎 室町時代の大工

難波(なんば)二郎三郎 1848~1911 江戸後期~明治期の実業家《難波二郎三郎》

松木(まつき)二郎三郎 戦国時代の武田氏の金座役人、在郷商人

村田(むらた)二郎三郎 安土桃山時代の検地役人

四郎次 しろうじ

四郎次 江戸中期の義民

市村(いちむら)四郎次 江戸前期の歌舞伎役者、立役

大川(おおかわ)四郎次 江戸末期・明治期の佐野天明鋳物師

四郎重朝 しろうしげとも

榛谷(はんがや)四郎重朝 ?~1205 鎌倉時代初期の武士。小山田有重の4男

二郎七郎 じろうしちろう ⇔じろしちろう

宮崎(みやざき)二郎七郎 安土桃山時代の織田信長の家臣《宮崎二郎七郎》

四郎次郎 しろうじろう ⇔しろじろう

市川(いちかわ)四郎次郎 戦国時代の武将。武田家臣

国府(こくふ)四郎次郎 安土桃山時代の織田信長の家臣《国府四郎次郎》

松岡(まつおか)四郎次郎 1836~1898 江戸後期~明治期の御家人

次郎四郎 じろうしろう ⇔じろしろう

英田(あがた)次郎四郎 室町時代の人。富樫氏の庶流とみられる

宮丸村(みやまるむら)次郎四郎 ?~1681 江戸前期の十村役

二郎四郎 じろうしろう

浅羽(あさば)二郎四郎 安土桃山時代の検地役人

二郎季家 じろうすえいえ

南(みなみ)二郎季家 平安後期の武士

次郎助 じろうすけ

中西(なかにし)次郎助 1834~1908 江戸後期~明治期の農業功労者

四郎助重 しろうすけしげ

玉井(たまい)四郎助重 平安後期の武蔵武士

四郎太 しろうた

坍和(はが)四郎太 江戸末期の剣術家。神道無念流

次郎太 じろうた

佐藤(さとう)次郎太 1832~1882 江戸後期~明治期の剣術家。荒木流

四郎忠常 しろうただつね

仁田(にった)四郎忠常 1167~1203 鎌倉前期の源頼朝の家臣

四郎太夫 しろうだゆう ⇔しろだゆう

生島(いくしま)四郎太夫 1807~1886 江戸後期~明治期の地域開発者《生島四郎太夫》

四郎太郎 しろうたろう

井田(いた)四郎太郎 鎌倉時代の武士。伊豆出身として『吾妻鏡』に登場

鳴瀬(なるせ)四郎太郎 平安時代末期の武士。横山党の1族

次郎太郎 じろうたろう ⇔じろたろう

斎藤(さいとう)次郎太郎 江戸末期の幕臣・幕府徒目付。1864年遣仏使節に随行しフランスに渡る

菅生(すげおい)次郎太郎 室町時代の武士

萩原(はぎわら)次郎太郎　1832～1878　江戸後期～明治期の漢学者

二郎太郎　じろうたろう

物射(もものい)二郎太郎　?～1221　鎌倉前期の武士

次郎時常　じろうときつね

下総(しもうさの)次郎時常　?～1247　鎌倉前期の武士

次郎八繁則　じろうはちしげのり

春木(はるき)次郎八繁則　?～1779　江戸中期の山番役。山村の生活風習などを『寺川郷談』としてまとめた

四郎兵衛　しろうひょうえ　⇔しろうべえ，しろべえ

津野(つの)四郎兵衛　鎌倉後期の鹿屋地頭

二郎兵衛　じろうびょうえ　⇔じろべえ

秋元(あきもと)二郎兵衛　鎌倉時代の御家人

秋本(あきもと)二郎兵衛　秋元二郎兵衛に同じ

四郎兵衛尉　しろうひょうえのじょう　⇔しろうびょうえのじょう

平(たいら)四郎兵衛尉　鎌倉時代の武士

四郎兵衛尉　しろうびょうえのじょう　⇔しろうひょうえのじょう

菅生(すげおい)四郎兵衛尉　南北朝時代の武士

田辺(たなべ)四郎兵衛尉　戦国時代の甲斐国山梨郡於曽郷の土豪

次郎右兵衛尉　じろうひょうえのじょう

友野(ともの)次郎右兵衛尉　戦国時代の商人頭

次郎兵衛尉　じろうひょうえのじょう　⇔じろうびょうえのじょう

岡部(おかべ)次郎兵衛尉　戦国時代の駿河衆

藤代(ふじしろ)次郎兵衛尉　室町時代の小守護代

二郎兵衛尉　じろうひょうえのじょう　⇔じろうびょうえのじょう

友野(ともの)二郎兵衛尉　戦国時代の今川氏領国の商人頭

次郎兵衛尉　じろうびょうえのじょう　⇔じろうひょうえのじょう

菅生(すげおい)次郎兵衛尉　南北朝時代の武士

辻(つじ)次郎兵衛尉　戦国時代の甲斐国山梨郡国府郷の土豪

野介(のけ)次郎兵衛尉　南北朝時代の美作国の在地武士

二郎兵衛尉　じろうびょうえのじょう　⇔じろうひょうえのじょう

菅生(すげおい)二郎兵衛尉　南北朝時代の武士《菅生次郎兵衛尉》

次郎平　じろうべい　⇔じろへい，じろべい

大島(おおしま)次郎平　1832～1906　江戸後期～明治期の植林家

四郎兵衛　しろうべえ　⇔しろうひょうえ，しろべえ

四郎兵衛　江戸前期・中期の曽於郡清水郷田村平良門の農民

四郎兵衛　江戸後期の橘樹郡東子安村民

川上(かわかみ)四郎兵衛　?～1622　安土桃山・江戸前期の島津家家臣

佐藤(さとう)四郎兵衛　1662～1755　江戸前期・中期の植林功労者

瀬山(せやま)四郎兵衛　江戸時代の丸亀藩士で江戸留守居役

高木(たかぎ)四郎兵衛　1803～1864　江戸後期・末期の市井の能狂言役者

谷口(たにぐち)四郎兵衛　1840～1910　江戸後期～明治期の新撰組隊士《谷口四郎兵衛》

次郎兵衛　じろうべえ　⇔じろびょうえ，じろべえ

次郎兵衛　江戸後期の橘樹郡西寺尾村民

安倍(あべ)次郎兵衛　1669～1745　江戸前期・中期の能書家

稲津(いなづ)次郎兵衛　1629～1689　江戸前期・中期の武芸家

中田(なかだ)次郎兵衛　?～1803　江戸中期の義民《中田次郎兵衛》

安田(やすだ)次郎兵衛　?～1595　戦国・安土桃山時代の武将。島津彰久の家臣

安田(やすた)次郎兵衛　江戸中期の豪商。板柳町安田家の祖

治郎兵衛　じろうべえ　⇔じろべえ

信田(しのだ)治郎兵衛　1721～?　江戸中期の農民

中村(なかむら)治郎兵衛　1822～1894　江戸後期～明治期の旧藩士

餅屋(もちや)治郎兵衛　?～1754　江戸中期の菅笠製法の伝授者

四郎兵衛弌道　しろうべえかずみち

柳田(やなぎだ)四郎兵衛弌道　江戸時代の松江藩家老

四郎丸　しろうまる

勝部(かつべ)四郎丸　鎌倉前期の佐陀神社神主

二郎丸　じろうまろ

紀(きの)二郎丸　1100～?　平安後期の藤原実房の家人

四郎光行　しろうみつゆき

人見(ひとみ)四郎光行　1261～1333　鎌倉後期・南北朝時代の武士《人見光行》

四郎右衛門　しろえもん　⇔しろうえもん

四郎右衛門　戦国時代の信濃小県郡の国衆小泉氏の被官

大塚(おおつか)四郎右衛門　1830～1920　江戸末期～大正期の教育家・医師

多羅尾(たらお)四郎右衛門　江戸中期の飛騨臨時代官

次郎右衛門　じろえもん　⇔じろううえもん，じろうえもん

伊藤(いとう)次郎右衛門　1632～1708　江戸前期・中期の利水功労者

白髪　しろかみ

大磯部(おおいそべの)白髪　奈良時代の相模大磯里の戸主

次郎吉　じろきち　⇔じろうきち
横田（よこた）次郎吉　江戸後期の川越藩御用商人
次郎左衛門　じろざえもん　⇔じろうさえもん，じろうざえもん
次郎左衛門　戦国時代の大工
坂本（さかもと）次郎左衛門　安土桃山・江戸前期の名主
薬師寺（やくしじ）次郎左衛門　？～1484　室町時代の武士
次郎作　じろさく
金子（かねこ）次郎作　江戸末期の新撰組隊士
星（ほし）次郎作　1818～1887　江戸後期～明治期の人。鬼怒川左岸に日新湯発見、高原—五十里間新道を開削
山鹿（やまが）次郎作　1775～1843　江戸中期・後期の藩士、武道家《山鹿高厚》
治郎作　じろさく　⇔じろうさく
橋爪（はしづめ）治郎作　1838～1907　江戸後期～明治期の蚕種業者（種屋）
二郎作　じろさく
神戸（かんべ）二郎作　？～1582　戦国・安土桃山時代の織田信長の家臣
四郎三郎　しろさぶろう　⇔しろうさぶろう
桜山（さくらやま）四郎三郎　？～1732　江戸中期の歌舞伎役者
二郎三郎　じろさぶろう　⇔じろうさぶろう
難波（なんば）二郎三郎　1848～1911　江戸後期～明治期の実業家
二郎七郎　じろしちろう　⇔じろうしちろう
宮崎（みやざき）二郎七郎　安土桃山時代の織田信長の家臣
四郎次郎　しろじろう　⇔しろうじろう
国府（こくふ）四郎次郎　安土桃山時代の織田信長の家臣
次郎四郎　じろしろう　⇔じろうしろう
片岡（かたおか）次郎四郎　1840～1899　江戸末期の宗教家
治郎四郎　じろしろう
妹背（いもせ）治郎四郎　1783～1813　江戸後期の心学者
四郎三　しろぞう
長（ちょう）四郎三　1822～1898　江戸後期～明治期の猿田河岸回船問屋、文化人、茶人
次郎三　じろぞう
忠内（ただうち）次郎三　1839～1869　江戸後期～明治期の剣術家。流名不詳
山下（やました）次郎三　江戸中期の歌舞伎役者
治郎蔵　じろぞう
山田（やまだ）治郎蔵　1849～1908　江戸後期～明治期の製茶指導者
四郎太夫　しろだゆう　⇔しろうだゆう
生島（いくしま）四郎太夫　1807～1886　江戸後期～明治期の地域開発者
次郎太夫　じろだゆう
小山（おやま）次郎太夫　江戸中期の剣術家。卜伝流

城太郎　しろたろう
伊南山（いなんやま）城太郎　戦国時代の上総国伊南庄（いすみ市）の在地領主
次郎太郎　じろたろう　⇔じろうたろう
木村（きむら）次郎太郎　江戸後期の幕臣
代作　しろつくり　⇔だいさく
英保（あかほの）代作　奈良時代の官人
次郎八　じろはち
中村（なかむら）次郎八　1782～1857　江戸中期～末期の幕臣
古槇（ふるまき）次郎八　1646～1663　江戸前期の野中兼山の臣
山田（やまだ）次郎八　1818～1872　江戸後期～明治期の二本松藩士
次郎兵衛　じろびょうえ　⇔じろうべえ，じろべえ
難波（なんば）次郎兵衛　1635～1721　江戸前期の農業家
次郎平　じろへい　⇔じろうべい，じろべい
太地（たいち）次郎平　1835～1900　江戸後期～明治期の植林家
次郎平　じろべい　⇔じろうべい，じろへい
雲林（うんりん）次郎平　1694～1757　江戸中期の藍商、廻船業
四郎兵衛　しろべえ　⇔しろうひょうえ，しろうべえ
伊藤（いとう）四郎兵衛　江戸前期の剣客
上村（うえむら）四郎兵衛　江戸中期の書肆
四歩市屋（しぶいちや）四郎兵衛　？～1718　江戸前期・中期の漁師
沈香屋（じんこうや）四郎兵衛　江戸前期の京都糸割符商人
菅原（すがわら）四郎兵衛　江戸末期・明治期の製糸家
鈴木（すずき）四郎兵衛　安土桃山時代の武士
関野（せきの）四郎兵衛　江戸後期の大住郡落幡村民
高島（たかしま）四郎兵衛〔2代〕　？～1673　江戸前期の町役人
高島（たかしま）四郎兵衛〔4代〕　？～1691　江戸前期・中期の町役人
田付（たつけ）四郎兵衛　江戸後期の砲術家
谷口（たにぐち）四郎兵衛　1840～1910　江戸後期～明治期の新撰組隊士
土蔵（とくら）四郎兵衛　？～1604　安土桃山時代の織田信長の家臣
中（なか）四郎兵衛　戦国時代の武士。北条氏邦の家臣
広瀬館村（ひろせたちむら）四郎兵衛　江戸前期の十村役
藤野（ふじの）四郎兵衛　1770～1828　江戸末期・明治期の場所請負人、漁場持
舟見野村（ふなみのむら）四郎兵衛　江戸時代の加賀藩の引越十村
松井（まつい）四郎兵衛　江戸後期の弘前の町年寄
宮城（みやぎ）四郎兵衛　戦国時代の岩付城主太田氏房の家臣

三宅(みやけ)四郎兵衛　江戸前期の京都糸割符商人
宮野(みやの)四郎兵衛　1743～?　江戸末期の柔道家
和久屋(わくや)四郎兵衛　江戸前期の京都糸割符商人

次郎兵衛　じろべえ　⇔じろうべえ，じろびょうえ
梅岡(うめおか)次郎兵衛　江戸前期・中期の能面師
大磯(おおいそ)次郎兵衛　1835～1892　江戸後期～明治期の実業家
大村(おおむら)次郎兵衛　?～1867　江戸末期の小鷹利郷大村の下野新田開発の世話人
加賀屋(かがや)次郎兵衛　江戸前期の高山の町人
甲屋(こうや)次郎兵衛　江戸末期・明治期の京都の両替商
斎藤(さいとう)次郎兵衛　江戸後期の三浦郡公郷村民
正印村(しょいんむら)次郎兵衛　江戸前期の十村役
杉田(すぎた)次郎兵衛　1795～1878　江戸後期～明治期の治水功労者
寺見(てらみ)次郎兵衛　江戸前期の備前焼窯元
中田(なかだ)次郎兵衛　?～1803　江戸中期の義民
野沢(のざわ)次郎兵衛　江戸末期の武士
土方(ひじかた)次郎兵衛　?～1582　戦国・安土桃山時代の織田信長の家臣
平野や(ひらのや)次郎兵衛　江戸前期の京都糸割符商人
三木(みつき)次郎兵衛　江戸時代の三木直頼の裔
安村(やすむら)次郎兵衛　江戸中期の京都銀座役人
吉田(よしだ)次郎兵衛　安土桃山・江戸前期の新田開発者

治郎兵衛　じろべえ　⇔じろうべえ
西村(にしむら)治郎兵衛　江戸中期の書肆の主人
文台屋(ぶんだいや)治郎兵衛　江戸中期の書肆

二郎兵衛　じろべえ　⇔じろうびょうえ
杉木村(すぎのきむら)二郎兵衛　江戸前期の杉木新町肝煎
寺見(てらみ)二郎兵衛　江戸前期・中期の備前焼窯元
深尾(ふかお)二郎兵衛　安土桃山時代の織田信長の家臣

治郎兵衛勝孝　じろべえかつたか
山路(やま)治郎兵衛勝孝　?～1806　江戸中期・後期の回漕業者。目黒タケノコを普及

志和　しわ
韓(からの)志和　平安前期の飛騨匠

止波須可牟多知　しわすかむたち
吉弥侯部(きみこべの)止波須可牟多知　平安前期の蝦夷の族長

伸　しん
立川(たちかわ)伸　江戸中期の藩士

慎　しん　⇔まこと
藍川(あいかわ)慎　江戸後期の医者・国学者
野田(のだ)慎　1844～1899　江戸後期～明治期の断魚渓紹介者
山川(やまかわ)慎　1834～1900　江戸後期～明治期の和算家
渡辺(わたなべ)慎　江戸後期の測量家・和算家

震　しん
朝川(あさかわ)震　?～1857　江戸後期・末期の加賀大聖寺藩士横江成美の子

心阿　しんあ
心阿　鎌倉後期の僧侶・歌人
心阿　江戸前期の浄土宗の僧
心阿　江戸後期の俳人。時宗の僧
松月堂(しょうげつどう)心阿　1729～?　江戸中期の歌人

し

真阿　しんあ
真阿　?～1296　鎌倉後期の僧
真阿　南北朝時代の僧侶・連歌作者
真阿　1780～1850　江戸中期～後期の古刹坂松山一心寺の傑僧
真阿　1786～1859　江戸中期～末期の天台宗の僧
尼(あま)真阿　鎌倉時代の肥後国鹿子木荘北山室の地頭

針阿弥　しんあみ　⇔はりあみ
一雲斎(いちうんさい)針阿弥　?～1582　戦国・安土桃山時代の織田信長の家臣

真阿弥陀仏　しんあみだぶつ
真阿弥陀仏　平安後期・鎌倉前期の僧

信安　しんあん　⇔のぶやす
植村(うえむら)信安　1664～1731　江戸前期・中期の俳人

新菴　しんあん
菅(すが)新菴　江戸後期の儒者

晋庵　しんあん
大田(おおた)晋庵　江戸中期の医者

真庵　しんあん
荒井(あらい)真庵　?～1697　江戸前期・中期の会津藤樹学の祖

神庵　しんあん
須藤(すどう)神庵　江戸後期の漢学者

信一　しんいち　⇔のぶかず
森(もり)信一　1842～1892　江戸末期の医師

晋一　しんいち
広沢(ひろさわ)晋一　江戸末期の幕臣

真一　しんいち　⇔さないち
鷹羽(たかのは)真一　江戸後期の和算家
鷹羽(たかは)真一　鷹羽真一に同じ

信一郎　しんいちろう
金森(かなもり)信一郎　1830～1909　江戸後期～明治期の岩井堂における石炭発見者

慎一郎　しんいちろう
片桐(かたぎり)慎一郎　1827～1904　江戸後期～明治期の伊那郡林村の庄屋

新一郎　しんいちろう
高橋(たかはし)新一郎　1849～1927　江戸後期～昭和期の東京堂創業者

晋一郎　しんいちろう
市岡(いちおか)晋一郎　1830～1896　江戸後期～明治期の水田開発者

真一郎　しんいちろう
川喜多(かわきた)真一郎　1818～1868　江戸後期・末期の学者、赤報隊士

神一郎　しんいちろう
能条(のうじょう)神一郎　江戸後期の高座郡一之宮寒川社権祝

真逸　しんいつ
河充氏(かわみつうじ)真逸　1591～1667　安土桃山・江戸前期の宮古島頭、砂川親雲上

信右衛門　しんうえもん
萱島(かやしま)信右衛門　1764～？　江戸中期・後期の杵築藩国東郡綱井村の庄屋

新右衛門　しんうえもん　⇔しんえもん
青葉(あおば)新右衛門　戦国時代の里見氏家臣。百人衆
島田(しまだ)新右衛門　戦国時代の塩浜開拓・製塩業者
仙波(せんば)新右衛門　戦国時代の里見義弘の家臣
高城(たかぎ)新右衛門　戦国時代の高城四郎右衛門清高の一族か
竹井(たけい)新右衛門　江戸時代の熊谷宿の本陣《竹井新右衛門》
野尻屋(のじりや)新右衛門　江戸前期の城端町町年寄
桧垣(ひがき)新右衛門　？～1630　安土桃山・江戸前期の郡代役
召田(めしだ)新右衛門　安土桃山時代の信濃国筑摩郡会田の土豪
山口(やまぐち)新右衛門　1790～1852　江戸後期の蟹江本町村総庄屋山口家6代目当主
渡辺(わたなべ)新右衛門　1793～1855　江戸後期の富士郡大鹿村組頭

仁右衛門　じんうえもん　⇔じんえもん, にえもん
村瀬(むらせ)仁右衛門　江戸前期の尾張平針村の庄屋

甚右衛門　じんうえもん　⇔じんえもん
大橋(おおはし)甚右衛門　1790～1856　江戸後期の都賀郡福和田村の農民、俳人
小川(おがわ)甚右衛門　戦国時代の土豪・小領主。上総国天神山城及び天神山湊の周辺を拠点
川名(かわな)甚右衛門　戦国時代の領主・土豪。湊川流域を拠点として海上勢力を有した
手塚(てづか)甚右衛門　1778～1812　江戸中期・後期の関東売藍商、造酒業
遠山(とおやま)甚右衛門　1850～1926　江戸末期～大正期の地方自治功労者
花木(はなき)甚右衛門　1834～1902　江戸後期～明治期の酒造功労者

新右衛門尉　しんうえもんのじょう　⇔しんえもんのじょう
蜷川(にながわ)新右衛門尉　？～1448　室町時代の室町幕府政所代
藤崎(ふじさき)新右衛門尉　戦国時代の千葉胤富の家臣

甚右衛門徳昌　じんうえもんのりまさ
陣野(じんの)甚右衛門徳昌　1594～1660　安土桃山・江戸前期の所領地・現北高来郡森山町万灯に在郷した藩士

神吽　じんうん
神吽　1231～1314　鎌倉後期の社僧

心慧　しんえ
智海(ちかい)心慧　？～1306　鎌倉後期の律僧。鎌倉覚園寺開山

深恵　しんえ
深恵　鎌倉時代の僧

真慧　しんえ
真慧　？～1000　平安中期の延暦寺の僧

信永　しんえい　⇔のぶなが
蜷川(にながわ)信永　南北朝・室町時代の連歌師

新衛　しんえい
今泉(いまいずみ)新衛　1830～1900　江戸後期～明治期の伊奈村庄屋

真栄　しんえい　⇔さねしげ
真栄　1635～1722　江戸前期・中期の真言宗の僧・書家
真庭(まにわ)真栄　江戸後期の歌人
李(り)真栄　1571～1633　江戸前期の藩侍講

真永　しんえい　⇔まなが
真永　安土桃山時代の僧侶・連歌作者

神英　しんえい
神英　奈良時代の法相宗の僧

尋塈　じんえい
松隈(まつくま)尋塈　1759～1813　江戸後期の小田原藩儒

新右衛門　しんえもん　⇔しんうえもん
新右衛門　戦国時代の檜皮大工職人
新右衛門　戦国時代の鎌倉の大工職人
新右衛門　？～1657　江戸前期のキリシタン
新右衛門　江戸後期の橘樹郡野川村増上寺御霊屋領名主
銅屋(あかがねや)新右衛門　戦国時代の冶金業者
秋野(あきの)新右衛門　？～1682　江戸前期の富豪
浅井(あさい)新右衛門　1766～1839　江戸中期・後期の剣術家。二天一流
飯田(いいだ)新右衛門　江戸前期の三島代官小林彦五郎時喬の手代
磯部(いそべ)新右衛門　？～1662　江戸前期の豊臣家の家臣
市川(いちかわ)新右衛門　江戸中期の代官
内倉(うちくら)新右衛門　江戸時代の大宮宿の本陣
浦野(うらの)新右衛門　戦国時代の武士
大井(おおい)新右衛門　江戸前期の巡見使
大藪(おおやぶ)新右衛門　江戸末期の武士、勘定吟味役助
勝又(かつまた)新右衛門　江戸時代の義民
河島(かわしま)新右衛門　1634～1727　江戸前期・中期の農政家
岸(きし)新右衛門　？～1614　江戸前期の武士。大坂の陣で籠城
木村(きむら)新右衛門　江戸時代の松江藩御用商人

楠本(くすもと)新右衛門　江戸後期の硝子絵の創始者
小谷(こたに)新右衛門　江戸後期の豪商
駒沢(こまざわ)新右衛門　戦国時代の信濃国諏訪郡駒沢の人。峰畑城主
崎尾(さきお)新右衛門　江戸中期・後期の豪商
高見沢(たかみざわ)新右衛門　1816〜1904　江戸後期〜明治期の元締
竹井(たけい)新右衛門　江戸時代の熊谷宿の本陣
十市(とおち)新右衛門　江戸前期の長宗我部元親・徳川頼宣の家臣
富田(とみた)新右衛門　?〜1677　江戸前期の刀工
中野(なかの)新右衛門　?〜1662　江戸前期の新田開墾者
沼元(ぬもと)新右衛門　?〜1582　安土桃山時代の美作国の武将
埴原(はいばら)新右衛門　安土桃山時代の織田信長の家臣
北条(ほうじょう)新右衛門　江戸中期の下田奉行
松坂(まつざか)新右衛門　1672〜1754　江戸前期・中期の松坂家4代目金山下代
三宅(みやけ)新右衛門　江戸前期の京都糸割符商人
宮の下(みやのした)新右衛門　安土桃山時代の信濃国筑摩郡安坂の土豪
村井(むらい)新右衛門　?〜1582　戦国・安土桃山時代の織田信長の家臣
望月(もちづき)新右衛門　戦国時代の武将。武田家臣
弓削(ゆげ)新右衛門　?〜1829　江戸後期の幕臣
遊佐(ゆさ)新右衛門　戦国時代の越中守護代
八日市の(ようかいちの)新右衛門　江戸前期の加賀国能美郡八日市町の十村役
吉川(よしかわ)新右衛門　江戸後期の大住郡寺田縄村民

新衛門　しんえもん
加世(かせ)新衛門　戦国時代の東下総の土豪・地侍
金井(かない)新衛門　戦国時代の武士。北条氏忠家臣

深右衛門　しんえもん
小方(おがた)深右衛門　1837〜1904　江戸後期〜明治期の寺子屋師匠・学校世話役

神右衛門　しんえもん　⇔じんえもん
神右衛門　安土桃山時代の信濃国筑摩郡黒坪の土豪
神右衛門　安土桃山時代の信濃国筑摩郡野口の土豪

神衛門　しんえもん
下田(しもだ)神衛門　安土桃山時代の信濃国筑摩郡光郷の土豪

神右衛門　じんえもん　⇔しんえもん
谷(たに)神右衛門〔3代〕　1588〜1666　安土桃山・江戸前期の兼山信頼の偉才

仁右衛門　じんえもん　⇔じんうえもん, にえもん
仁右衛門　江戸中期の人。西安曇郡池田町相導寺の白土で陶器を作った提唱者
仁右衛門　江戸中期の和歌山の民
鮫屋(さめや)仁右衛門　江戸前期の京都糸割符商人
長瀬(ながせ)仁右衛門　江戸前期の豪商、藩の御用商人
西川(にしかわ)仁右衛門　1549〜1644　江戸前期の近江商人
山田(やまだ)仁右衛門　江戸中期の剣術家

仁衛門　じんえもん
雨畑(あめはた)仁衛門　安土桃山時代の甲斐国巨摩郡河内下山の人。穴山家臣か

甚右衛門　じんえもん　⇔じんうえもん
甚右衛門　安土桃山時代の信濃国筑摩郡会田の土豪
甚右衛門　江戸前期の浅野家御用畳屋
相原(あいはら)甚右衛門　?〜1872　江戸後期の大住郡八幡村名主
青山(あおやま)甚右衛門　江戸後期の橘樹郡井田村名主
秋山(あきやま)甚右衛門　安土桃山・江戸前期の代官
井上(いのうえ)甚右衛門　?〜1681　江戸前期の商人
井上(いのうえ)甚右衛門〔4代〕　1735〜1816　江戸中期・後期の商人
井上(いのうえ)甚右衛門〔5代〕　1776〜1838　江戸後期の商人
井上(いのうえ)甚右衛門〔7代〕　1810〜1847　江戸後期の商人
内海(うつみ)甚右衛門　?〜1750　江戸中期の鎌倉郡手広村名主
太田(おおた)甚右衛門　安土桃山時代の織田信長の家臣
岡田(おかだ)甚右衛門　江戸中期の茶人
片山(かたやま)甚右衛門　江戸前期の人。本国は近江。大坂の陣で小岩井雅楽介に属して戦死
唐牛(かろうじ)甚右衛門　?〜1688　江戸前期の弘前藩士、4代弘前藩主津軽信政の用人
喜多嶋(きたじま)甚右衛門　江戸時代の八戸藩士
木下(きのした)甚右衛門　江戸中期の江戸の版元
佐々木(ささき)甚右衛門　1779〜1826　江戸中期・後期の一日市町検断
佐藤(さとう)甚右衛門　江戸後期の心学者
白井(しらい)甚右衛門　江戸前期の豊臣秀頼の右筆
鈴木(すずき)甚右衛門　1830〜1902　江戸後期〜明治期の弾左衛門支配の小頭
瀬戸村(せとむら)甚右衛門　江戸前期の十村肝煎
銭屋(ぜにや)甚右衛門　江戸末期の狂歌師
竹村(たけむら)甚右衛門　1837〜1931　江戸末期・明治期の近江商人
富田(とみた)甚右衛門　江戸時代の庄内藩付家老
豊田(とよだ)甚右衛門　江戸後期の商家
西田(にしだ)甚右衛門　江戸前期の京都糸割符商人
平田(ひらた)甚右衛門　?〜1795　江戸中期の石浦村名主
深谷(ふかや)甚右衛門　?〜1653　江戸前期の武士
升屋(ますや)甚右衛門　江戸中期の在郷商人
松島(まつしま)甚右衛門　江戸前期の三島代官伊奈忠易の手代
八木(やぎ)甚右衛門　1772〜1843　江戸中期・後期の30俵一人扶持、組頭
山本(やまもと)甚右衛門　1834〜1910　江戸末期・

し

明治期の実業家
新右衛門氏盛　しんえもんうじもり
友松(とうまつ)新右衛門氏盛　1598～1668　安土桃山・江戸前期の豊臣秀頼の小姓
甚右衛門重正　じんえもんしげまさ
桑山(くわやま)甚右衛門重正　江戸前期の武士、薬師
神右衛門重澄　じんえもんじゅうちょう
山本(やまもと)神右衛門重澄　1590～1669　安土桃山・江戸前期の佐賀藩士、初代有田皿山代官
新右衛門直忠　しんえもんなおただ
入江(いりえ)新右衛門直忠　？～1628　江戸前期の生駒正俊の家臣
し
甚右衛門成直　じんえもんなりなお
佐々(さっさ)甚右衛門成直　？～1615　江戸前期の豊臣秀頼の家臣
新右衛門尉　しんえもんのじょう　⇔しんうえもんのじょう
大井(おおい)新右衛門尉　戦国時代の今川氏領国の皮革職人・商人頭
大和(おわ)新右衛門尉　戦国時代の信濃国諏訪郡大和郷の土豪
甚衛門尉　じんえもんのじょう
辰野(たつの)甚衛門尉　安土桃山時代の諏訪大社社家衆
新右衛門正国　しんえもんまさくに
飯田(いいだ)新右衛門正国　江戸前期の武士。大坂の陣で籠城
甚右衛門正利　じんえもんまさとし
江口(えぐち)甚右衛門正利　1645～1725　江戸前期・中期の江戸公訴による捕鯨権獲得(海境問題解決)の名主
甚右衛門正治　じんえもんまさはる
林(はやし)甚右衛門正治　江戸前期の武士。大坂の陣で籠城
新衛門宗吉　しんえもんむねよし
新衛門宗吉　戦国時代の大工。伊豆国南部で活動
新右衛門義次　しんえもんよしつぐ
山本(やまもと)新右衛門義次　1585～1667　安土桃山・江戸前期の長宗我部元親・盛親の家臣
信円　しんえん
菅原(すがわら)信円　江戸中期の社僧
信縁　しんえん
信縁　1084～1138　平安後期の法相宗の僧
心円　しんえん
心円　鎌倉時代の僧侶・歌人
深淵　しんえん
平野(ひらの)深淵　1706～1757　江戸中期の藩士
真円　しんえん
真円　1117～1204　平安後期・鎌倉前期の天台宗寺門派の僧
真円　1578～1648　江戸前期の僧
真延　しんえん
真延　平安中期の僧侶・歌人
真縁　しんえん
真縁　鎌倉時代の僧侶・歌人
尋円　じんえん
尋円　977～1031　平安中期の天台僧
尋円　？～1581　戦国・安土桃山時代の法相宗の僧
深淵子　しんえんし
片島(かたしま)深淵子　江戸中期の読本作家
真応　しんおう　⇔しんのう
真応　1774～？　江戸中期・後期の天台宗の僧
真応　江戸後期の僧侶・和算家
河充氏(かわみつうじ)真応　1760～？　江戸中期・後期の西里目差
真翁　しんおう
真翁　1440～1516　室町・戦国時代の慈照寺開山
喬木(たかぎ)真翁　1735～？　江戸中期の商家
薪翁　しんおう
近仁斎(きんじんさい)薪翁　江戸中期の「古今役者論語魁」の著者
真温　しんおん
小笠原(おがさわら)真温　？～1854　江戸末期の代官
信我　しんが
信我　1741～1817　江戸中期・後期の俳人
信雅　しんが
信雅　鎌倉後期の天台宗の僧・歌人
信雅　江戸中期の俳人
心賀　しんが
心賀　1243～？　鎌倉前期・後期の天台宗の僧
晋我　しんが
晋我〔2代〕　？～1797　江戸中期・後期の俳人
親雅　しんが
親雅　鎌倉時代の僧
信快　しんかい
信快　南北朝時代の僧侶・歌人
信海　しんかい
信海　鎌倉時代の画僧
信海　戦国時代の神岡町の瑞岩寺の開山
信海　江戸後期の天台宗の僧
審海　しんかい
審海　1229～1304　鎌倉前期・後期の金沢称名寺開山
真海　しんかい　⇔まうみ
真海　平安後期の園城寺の僧
真海　室町・戦国時代の天台宗の僧
真海　1476～？　戦国時代の天台宗の僧
岑海　しんかい
岑海　？～1868　江戸後期・末期の注連寺の行人
仁海　じんかい　⇔にんかい, にんがい
仁海　1836～1896　江戸末期・明治期の僧
心覚　しんかく
心覚　1119～1182　平安後期の天台宗の僧・歌人
香坂(こうさか)心覚　鎌倉後期の武将
香坂入道(こうさかにゅうどう)心覚　香坂心覚に同じ

真覚 しんかく ⇔しんがく
真覚 850〜915 平安前期・中期の興福寺の僧
真覚 ？〜1116 平安後期の僧
真覚 南北朝時代の僧侶・歌人

真覚 しんがく ⇔しんかく
飯尾(いのお)真覚 室町時代の武士

真学 しんがく
早川(はやかわ)真学 ？〜1859 江戸後期・末期の歌人

深覚 じんかく
深覚 ？〜1684 江戸前期の真言宗の僧

信寛 しんかん ⇔のぶひろ
大鳥居(おおとりい)信寛 1553〜1600 戦国・安土桃山時代の社僧・連歌作者

信観 しんかん
大鳥居(おおとりい)信観 1804〜1857 江戸後期・末期の社僧・連歌作者

信貫 しんかん
大鳥居(おおとりい)信貫 1727〜1783 江戸中期の社僧・連歌作者

真観 しんかん
浄阿(じょうあ)真観 1275〜1341 鎌倉後期の時宗の僧

信岩 しんがん
大鳥居(おおとりい)信岩 1572〜1647 安土桃山・江戸前期の社僧・連歌作者

心岩 しんがん
心岩 1647〜1706 江戸前期・中期の浄土宗の僧

真願 しんがん
真願 1045〜1115 平安中期・後期の興福寺の僧
真願 1208〜1290 鎌倉前期・後期の僧侶、歌人

仁寛阿闍梨 じんかんあじゃり
仁寛阿闍梨 ？〜1114 平安後期の立川流始祖

心祇 しんぎ
心祇 1707〜1763 江戸中期の俳人《魚貫》

慎義 しんぎ
堀内(ほりうち)慎義 江戸後期の華道家

信吉 しんきち ⇔のぶよし
怡土(いど)信吉 1849〜1903 江戸後期〜明治期の新聞編集者

慎吉 しんきち
西沢(にしざわ)慎吉 1848〜？ 江戸後期〜明治期の製糸業経営者

新吉 しんきち
新吉 江戸末期の漂流民
内間(うちま)新吉 1853〜？ 江戸後期〜明治期の船頭
小川(おがわ)新吉 1840〜1915 江戸末期〜大正期の桑平新田の庄屋

真吉 しんきち ⇔さねよし
田中(たなか)真吉 安土桃山時代の織田信長の家臣

臣吉 しんきち
宮川(みやがわ)臣吉 1848〜1918 江戸末期〜大正期の出版業者

甚吉 じんきち
甚吉 ？〜1858 江戸後期・末期の陶工
大石(おおいし)甚吉 1831〜1868 江戸後期・末期の堺事件烈士
大谷(おおたに)甚吉 江戸前期の海運業者
大谷(おおや)甚吉 大谷甚吉に同じ
櫛引(くしびき)甚吉 1612〜1694 江戸前期・中期の弘前藩士
富樫(とがし)甚吉 江戸後期の具足師
富井(とみい)甚吉 江戸後期〜明治期の和算家
広瀬村(ひろせむら)甚吉 江戸前期の十村肝煎役
本江村(ほんごうむら)甚吉 江戸前期の十村肝煎役

し

真橘 しんきつ
折居(おりい)真橘 1848〜1924 江戸末期〜大正期の稗貫郡高木村の畜産業の先駆者

信久 しんきゅう ⇔のぶひさ
駒井(こまい)信久 戦国時代の武田氏の家臣

深宮 しんきゅう
九藤(くとう)深宮 安土桃山時代の織田信長の家臣

薪久 しんきゅう
内田(うちだ)薪久 ？〜1687 江戸前期の長崎の人

信救 しんぎゅう
信救 平安後期の華厳宗の僧

甚久 じんきゅう
甚久 1648〜1721 江戸前期・中期の狂歌作者

尋旧子 じんきゅうし
尋旧子 江戸前期の華道家

信共 しんきょう
立木(たつき)信共 1758〜1824 江戸中期・後期の徳島藩儒者

信恭 しんきょう
大鳥居(おおとりい)信恭 1697〜1733 江戸中期の社僧・連歌作者

心教 しんきょう
心教 戦国時代の真言宗の僧・連歌作者

真教 しんきょう
他阿(たあ)真教 1237〜1319 鎌倉後期の時宗教団の大成者

真鏡 しんきょう
真鏡 1791〜1867 江戸後期・末期の浄土真宗の僧
寿福軒(じゅふくけん)真鏡 江戸後期の「主従心得草」の著者

信行 しんぎょう ⇔のぶゆき
信行 奈良時代の元興寺法相宗の学僧

真鏡斎 しんきょうさい
若菜(わかな)真鏡斎 1728〜1819 江戸中期・後期の剣術家。大平真鏡流祖

真行尼 しんぎょうに
真行尼 1532？〜1594 戦国時代の尼僧

心行北山 しんぎょうほくざん
心行北山 江戸中期の神道家

新玉 しんぎょく
初春亭(しょしゅんてい)新玉 1806〜1877 江戸後期〜明治期の俳師

信近 しんきん ⇔のぶちか
長坂(ながさか)信近 1809～? 江戸後期～明治期の代官、倉敷県判県事

信空 しんくう
信空 鎌倉後期以前の僧侶・歌人

心空 しんくう
心空 1319～1401 鎌倉後期～室町時代の天台宗の僧

真空 しんくう
真空 ?～1351 鎌倉後期・南北朝時代の僧

真空院 しんくういん
真空院 ?～1803 江戸後期の徳川家斉の男子

新九郎 しんくろう
木村(きむら)新九郎 戦国時代の武将
篠沢(しのざわ)新九郎 戦国時代の武将。武田家臣
須田(すだ)新九郎 1778～1850 江戸中期・後期の商人
豊島(てしま)新九郎 江戸前期の砲術家
遠山(とおやま)新九郎 安土桃山時代の織田信長の家臣
中村(なかむら)新九郎 江戸末期の従者。1860年遣米使節に随行しアメリカに渡る
早川(はやかわ)新九郎 戦国時代の甲斐国山梨郡小原郷の細工職人
矢崎(やがさき)新九郎 戦国時代の武将。武田家臣
依田(よだ)新九郎 戦国時代の信濃佐久郡の国衆とみられる

晋九郎 しんくろう
三戸(みと)晋九郎 1814～1882 江戸後期～明治期の大庄屋

甚九郎 じんくろう
甘利(あまり)甚九郎 戦国時代の武田氏の家臣
河上(かわかみ)甚九郎 ?～1846 江戸後期の那賀郡浅井村の名門、豪農
苫米地(とまべち)甚九郎 ?～1784 江戸中期の犬落瀬の一揆の首領
野々山(ののやま)甚九郎 戦国時代の今川氏の給人

新蔵人 しんくろうど
秋山(あきやま)新蔵人 戦国時代の堀越公方の近臣

新蔵人光政 しんくろうどみつまさ
秋山(あきやま)新蔵人光政 南北朝時代の武士

信卿 しんけい ⇔のぶあき
山本(やまもと)信卿 1847～1881 江戸後期～明治期の医家

信圭 しんけい
武市(たけいち)信圭 1770～1840 江戸中期・後期の俳人

信恵 しんけい ⇔のぶよし
諏訪部(すわべ)信恵 南北朝時代の飯石郡三刀屋郷・因幡国玉出保地頭

信慶 しんけい ⇔のぶよし
信慶 1032～1118 平安中期・後期の天台宗園城寺僧
信慶 1080～1157 平安後期の僧
浦野(うらの)信慶 戦国時代の信濃国衆

信敬 しんけい ⇔のぶたか, のぶのり, のぶゆき
信敬 南北朝時代の僧侶・連歌作者
荒井(あらい)信敬 1825～1911 江戸後期～明治期の掛塚灯台生みの親、木造高灯ろう式の灯台建設者

審卿 しんけい
井野(いの)審卿 1816～1872 江戸後期～明治期の書家

心桂 しんけい
心桂 江戸前期の俳人

真卿 しんけい
小田(おだ)真卿 江戸中期の漢学者

真慶 しんけい
後藤(ごとう)真慶 1772～? 江戸中期の仏師

親卿 しんけい
荻洲(おぎす)親卿 江戸後期の漢詩人

莘卿 しんけい
渡辺(わたなべ)莘卿 江戸後期の「六のさとし」の著者

信芸 しんげい
大鳥居(おおとりい)信芸 戦国時代の社僧・連歌作者

尋継 じんけい
尋継 室町時代以前の僧侶・歌人

心月 しんげつ
心月 ?～1598 江戸前期の曹洞宗の僧

信兼 しんけん ⇔のぶかね
大鳥居(おおとりい)信兼 1629～1721 江戸前期・中期の社僧・連歌作者

信憲 しんけん
立木(たつき)信憲 1741～1824 江戸中期・後期の漢学者

信賢 しんけん ⇔のぶかた
大鳥居(おおとりい)信賢 1759～1826 江戸中期・後期の社僧・連歌作者

信顕 しんけん ⇔のぶあき
大鳥居(おおとりい)信顕 室町時代の社僧・連歌作者

晋軒 しんけん
林(はやし)晋軒 1654～1676 江戸前期の儒者

榛軒 しんけん
伊沢(いさわ)榛軒 1804～1852 江戸後期の医者

親兼 しんけん ⇔ちかかね
親兼 鎌倉時代の修験者

信玄 しんげん
白圭(はくけい)信玄 ?～1530 戦国時代の臨済宗の僧

心源 しんげん
心源 南北朝・室町時代の天台宗の僧

深元 しんげん
深元 江戸中期の真言宗の僧

深源 しんげん
深源 南北朝時代の僧侶・歌人

深玄　しんげん
深玄　1693～1749　江戸中期の真言律宗の僧

真源　しんげん
真源　1064～1136　平安後期の天台宗の僧
真源　1142～1214　平安後期・鎌倉前期の僧

深賢　じんけん
深賢　平安後期の僧

尋憲　じんけん
尋憲　1529～1586　戦国・安土桃山時代の僧

訒軒　じんけん
河本（こうもと）訒軒　1784～1842　江戸中期の読書人

尋源　じんげん
尋源　平安中期の東寺の僧
尋源　1022～1079　平安中期・後期の僧
尋源　南北朝時代の僧侶・歌人

信古　しんこ
小野（おの）信古　江戸後期の幕臣

新五　しんご
角田（つのだ）新五　？～1556　戦国時代の織田信長の家臣

新吾　しんご
戸田（とだ）新吾　1790～1863　江戸後期・末期の尾張藩付家老成瀬家臣
服部（はっとり）新吾　江戸中期の代官所手代
原（はら）新吾　1817～1893　江戸後期～明治期の自治功労者
平田（ひらた）新吾　江戸中期の装剣金工

真吾　しんご
土屋（つちや）真吾　1846～？　江戸末期～明治期の原保村名主。静岡県会議員

甚五　じんご
志水（しみず）甚五〔1代〕　？～1675　江戸前期の装剣金工

甚吾　じんご
伊藤（いとう）甚吾　1833～1918　江戸末期～大正期の華道家元

心交　しんこう
与可（よか）心交　？～1437　室町時代の臨済宗の僧

心釁　しんこう
寂岸（じゃくがん）心釁　南北朝時代の臨済宗の僧

新好　しんこう
内田屋（うちだや）新好　江戸後期の文人

深交　しんこう
芝（しば）深交　江戸中期の戯作者

真興　しんこう　⇔まさおき
以心軒（いしんけん）真興　戦国時代の武田氏の家臣
武田（たけだ）真興　江戸後期の和算家

真光　しんこう　⇔さねみつ
真光　1280～1333　鎌倉後期の僧

心豪　しんごう
心豪　戦国時代の天台宗の僧

尋光　じんこう
尋光　971～1038　平安中期の天台僧

尋香　じんこう
小川（おがわ）尋香　1819～1901　江戸末期・明治期の俳人

新光院殿　しんこういんでん
新光院殿　戦国時代の女性。北条氏繁後室

新弘謙　しんこうけん
新弘謙　1836～1906　江戸後期～明治期の法楽寺中興の高僧

新五右衛門　しんごえもん
麻田（あさだ）新五右衛門　1726～1783　江戸中期の政治家
井口（いぐち）新五右衛門　江戸前期の三島代官五味豊法の手代
大島（おおしま）新五右衛門　1703～1779　江戸中期の剣術家。荒木流ほか
西田（にしだ）新五右衛門　1611～1680　江戸前期の庄内藩家老
西田（にしだ）新五右衛門　1656～1738　江戸前期・中期の庄内藩家老

甚五右衛門　じんごえもん
上野（うえの）甚五右衛門　？～1753　江戸中期の剣術家。上野新陰流
加藤（かとう）甚五右衛門　江戸前期の三島代官五味豊法の手代

信谷　しんこく
森山（もりやま）信谷　1838～1893　江戸後期～明治期の画家

深谷　しんこく
黒沢（くろさわ）深谷　1763～1824　江戸中期・後期の医者

新五左衛門　しんござえもん
伊東（いとう）新五左衛門　安土桃山・江戸前期の武士
白須（しらす）新五左衛門　戦国時代の武士

甚五左衛門　じんござえもん
五十嵐（いからし）甚五左衛門　1576～？　安土桃山・江戸前期の武士
小山（こやま）甚五左衛門　1599～1658　安土桃山・江戸前期の剣術家。巨川流祖
沼沢（ぬまざわ）甚五左衛門　1577～1655　安土桃山・江戸前期の剣術家。神夢想流
野尻（のじり）甚五左衛門　江戸前期の武士。大坂の陣で籠城
松本（まつもと）甚五左衛門　？～1769　江戸後期の武士

新五左衛門尉　しんござえもんのじょう
網野（あみの）新五左衛門尉　戦国・安土桃山時代の甲斐国山梨郡仏師原郷の土豪
渡辺（わたなべ）新五左衛門尉　安土桃山・江戸前期の甲斐国巨摩郡河内常葉郷の土豪

神五左衛門尉　じんごさえもんのじょう
神五左衛門尉　鎌倉後期の武士

新五太郎　しんごたろう
岡田（おかだ）新五太郎　1806～1862　江戸後期・末期の幕臣

新五兵衛　しんごべえ
上原（うえはら）新五兵衛　江戸後期の都筑郡市ヶ尾村名主
松井（まつい）新五兵衛　江戸前期の武士

甚五兵衛　じんごべえ
甚五兵衛　江戸後期の愛甲郡中荻野村民
海上（うなかみ）甚五兵衛　1504～1526頃　戦国時代の下総国海上郡猿田神社神主
森（もり）甚五兵衛　1566～1637　安土桃山・江戸前期の徳島藩士
和田（わだ）甚五兵衛　？～1824　江戸中期・後期の文筆家・教育者

信五郎　しんごろう
諏訪部（すわべ）信五郎　1850～1868　江戸後期・末期の幕臣

新五郎　しんごろう
新五郎　戦国時代の甲斐国八代郡石橋郷在住の番匠頭
新五郎　安土桃山時代の信濃国安曇郡の土豪
新五郎　安土桃山時代の信濃国筑摩郡小立野の土豪
安斎（あんざい）新五郎　戦国時代の北条氏の家臣
石毛（いしげ）新五郎　戦国時代の千葉胤富の家臣。森山衆。初番衆。東下総の土豪・地侍
遠藤（えんどう）新五郎　戦国時代の番匠
翁（おきな）新五郎　室町時代の狂言師
尾高（おだか）新五郎　1830～1901　江戸末期・明治期の神兵組の領袖
粕谷（かすや）新五郎　1820～1864　江戸後期・末期の新撰組隊士
金子（かねこ）新五郎　戦国時代の北条氏の家臣
木村（きむら）新五郎　江戸前期の備前焼窯元、御細工人
斎藤（さいとう）新五郎　？～1582　戦国・安土桃山時代の織田信長の家臣
貞末（さだすえ）新五郎　？～1684　江戸前期の木綿商
坪坂（つぼさか）新五郎　？～1580　戦国・安土桃山時代の加賀の一向一揆の首領
蜂屋（はちや）新五郎　江戸後期の幕臣
林（はやし）新五郎　1780～1861　江戸中期～末期の大頭取

神五郎　しんごろう
神五郎　安土桃山時代の信濃国筑摩郡刈谷原の土豪
三輪（みわ）神五郎　1832～？　江戸後期～明治期の歌人

甚五郎　じんごろう
あひる（あひる）甚五郎　戦国時代の千葉胤富の家臣。森山衆
甘利（あまり）甚五郎　安土桃山時代の武田氏の家臣
加藤（かとう）甚五郎　安土桃山時代の織田信長の家臣
逆川（さかがわ）甚五郎　？～1582　戦国・安土桃山時代の織田信長の家臣
西川（にしかわ）甚五郎　1582～1675　江戸前期の近江商人
服部（はっとり）甚五郎　1574～1608　安土桃山・江戸前期の播磨出身の殉教キリシタン
もるが（もるが）甚五郎　戦国時代の武将。武田家臣
山内（やまうち）甚五郎　1828～1903　江戸末期・明治期の武士、神職
吉田（よしだ）甚五郎　1803～1888　江戸後期～明治期の社会事業家

信斎　しんさい
井田（いだ）信斎　江戸後期の漢学者
奥田（おくだ）信斎　1821～1902　江戸後期～明治期の信楽焼の陶工
中村（なかむら）信斎　江戸前期の儒者
中村（なかむら）信斎　1796～1859　江戸後期・末期の医者

審斎　しんさい
小津（おづ）審斎　1704～1779　江戸中期の国学者

心斎　しんさい
岡田（おかだ）心斎　1575～1639　安土桃山・江戸前期の長堀川開削者
三井（みつい）心斎　1788～1850　江戸後期の眼科医

慎斎　しんさい
宇都宮（うつのみや）慎斎　1690～1762　江戸中期の漢学者
玉木（たまき）慎斎　1734～1814　江戸中期の国学者
吉田（よしだ）慎斎　1677～1725　江戸前期・中期の医師

新斎　しんさい
中村（なかむら）新斎　？～1834　江戸後期の漢学者

晋斎　しんさい
太田（おおた）晋斎　江戸後期の医者
木内（きうち）晋斎　1837～1905　江戸後期～明治期の日本画家
神（じん）晋斎　1800～1866　江戸後期・末期の医者・漢学者

晋斉　しんさい
晋斉　？～1875　江戸後期～明治期の俳人

森斎　しんさい
永井（ながい）森斎　1804～1871　江戸後期～明治期の精神病医

榛斎　しんさい
竹田（たけだ）榛斎　1793～1829　江戸後期の儒者
山本（やまもと）榛斎　1778～1828　江戸後期の儒者

真哉　しんさい
柴田（しばた）真哉　1858～1895　江戸末期・明治期の漆芸家

真斎　しんさい
高野（たかの）真斎　1787～1859　江戸中期～末期の漢学者
西村（にしむら）真斎　1790～1831　江戸後期の医者・漢詩人

真際　しんさい
真際　？～1740　江戸中期の天台宗の僧

真斉　しんさい
小林（こばやし）真斉　1797～1877　江戸後期～明治期の藤岡、田沼の和塾師匠

震斎 しんさい
板倉（いたくら）震斎 1746〜1816 江戸中期・後期の漢学者

縉斎 しんさい
蛎崎（かきざき）縉斎 1784〜1863 江戸中期〜末期の画家

莘斎 しんさい
佐和（さわ）莘斎 1749〜1831 江戸中期・後期の漢学者。真言宗の僧

尽済 じんさい
井上（いのうえ）尽済 1852〜1926 江戸末期〜大正期の出水西照寺の創立者

尽斉 じんさい
日野（ひの）尽斉 1852〜1926 江戸末期〜大正期の出水西照寺の創立者《井上尽済》

訒斎 じんさい
遠藤（えんどう）訒斎 江戸後期の漢学者

新宰相 しんさいしょう
新宰相 平安中期の歌人。上東門院（藤原彰子）の女房
新宰相 平安中期の歌人。四条宮（藤原寛子）の女房
新宰相 南北朝時代の女房・歌人

新左衛門 しんさえもん ⇔しんざえもん
新左衛門 平安中期の女房・歌人

信左衛門 しんざえもん
八幡（やわた）信左衛門 1845〜1925 江戸末期〜大正期の隠岐騒動の中心人物。衆議院議員

慎左衛門 しんざえもん
田口（たぐち）慎左衛門 1807〜1840 江戸後期の幕臣

新左衛門 しんざえもん ⇔しんさえもん
新左衛門 安土桃山時代の信濃国安曇郡押野の土豪
新左衛門 安土桃山時代の信濃国筑摩郡会田の土豪
新左衛門 江戸後期の大住郡根坂間村の民
新左衛門 江戸末期の山野村の農民
有元（ありもと）新左衛門 南北朝時代の武士
飯島（いいじま）新左衛門 ？〜1765 江戸中期の安蘇郡吉水村の漆器業創始者
飯田（いいだ）新左衛門 江戸後期の大住郡広川村名主役
池袋（いけぶくろ）新左衛門 江戸末期・明治期の馬産家
石合（いしあい）新左衛門 1558〜1626 江戸前期の荒地開発の郷士
石原（いしはら）新左衛門 江戸前期の地侍
磯谷（いそがや）新左衛門 江戸中期の茶人
伊東（いとう）新左衛門 戦国時代の武蔵六浦の廻船商人
猪（いの）新左衛門 戦国時代の職人。古河公方足利義氏に仕えた
井上（いのうえ）新左衛門 江戸前期の幕臣
井上（いのうえ）新左衛門 ？〜1867 江戸後期・末期の新撰組隊士
入沢（いりさわ）新左衛門 ？〜1626 江戸前期の渋川の豪族
大倉（おおくら）新左衛門 安土桃山・江戸前期の長宗我部盛親の家臣
大迫（おおさこ）新左衛門 1832〜1912 江戸後期〜明治期の揖宿郡山川郷麓の郷士
大津（おおつ）新左衛門 戦国時代の武将。武田家臣
岡（おか）新左衛門 ？〜1609 安土桃山・江戸前期の庄屋
かた山（かたやま）新左衛門 安土桃山時代の信濃国筑摩郡会田の土豪
川井（かわい）新左衛門 江戸後期の橘樹郡五段田村民
後藤（ごとう）新左衛門 1573〜？ 安土桃山・江戸前期の武士
斉木（さいき）新左衛門 ？〜1787 江戸中期の奥山廻役
斎藤（さいとう）新左衛門 江戸前期の金森藩町奉行
坂本（さかもと）新左衛門 1669〜1734 江戸中期の美作国古町代官
砂村（すなむら）新左衛門 ？〜1667 江戸前期の開拓者
手島（てしま）新左衛門 1683〜1753 江戸後期の日田の豪商
能登屋（のとや）新左衛門 江戸前期の蔵宿、塩問屋
八田村（はったむら）新左衛門 戦国時代の武将。武田家臣
早川（はやかわ）新左衛門 戦国時代の里見義康の家臣
日高（ひだか）新左衛門 1847〜1897 江戸後期〜明治期の僧
平野（ひらの）新左衛門 ？〜1582 戦国・安土桃山時代の織田信長の家臣
古橋（ふるはし）新左衛門 1779〜1834 江戸末期の備中倉敷代官
松岡（まつおか）新左衛門 戦国時代の土豪
松原（まつばら）新左衛門 江戸後期の三浦郡上宮田村民
武藤（むとう）新左衛門 安土桃山時代の土豪。駿河の大名今川氏の家臣
村松（むらまつ）新左衛門 安土桃山時代の甲斐国八代郡市川郷の紙漉衆頭
山内（やまうち）新左衛門 安土桃山・江戸前期の代官
山口（やまぐち）新左衛門 戦国時代の武将
依田（よだ）新左衛門 戦国時代の望月氏の家臣

進左衛門 しんざえもん
草柳（くさやなぎ）進左衛門 ？〜1851 江戸後期の三浦郡小坪村浜名主

神左衛門 じんざえもん
原（はら）神左衛門 戦国時代の伊豆の仁田郷の小代官

仁左衛門 じんざえもん ⇔にざえもん
飯田（いいだ）仁左衛門 江戸前期の三島代官小林時喬の手代
西尾（にしお）仁左衛門 戦国・安土桃山時代の武士

甚佐衛門 じんざえもん
森（もり）甚佐衛門 1849〜1902 江戸後期〜明治期の経済人

甚左衛門　じんざえもん

甚左衛門　安土桃山時代の信濃国筑摩郡小芹・大久保・花見の土豪
伊藤（いとう）甚左衛門　?〜1778　江戸中期の陶工
臼井（うすい）甚左衛門　江戸前期の武士。大坂の陣で籠城
内海（うつみ）甚左衛門　江戸後期の橘樹郡神奈川宿民
鵜殿（うどの）甚左衛門　1773〜1819　江戸中期・後期の剣術家。忠也派一刀流
大島（おおしま）甚左衛門　?〜1794　江戸中期・後期の伊香保温泉の大屋・名主
太田（おおた）甚左衛門　江戸中期の天明鋳物師
加藤（かとう）甚左衛門　1839〜1925　江戸末期〜大正期の作陶家
椎名（しいな）甚左衛門　?〜1572　戦国・安土桃山時代の武田家臣
塩屋（しおや）甚左衛門　江戸後期の船問屋
設楽（しだら）甚左衛門　1785〜?　江戸中期・後期の幕臣・博物学者《設楽貞丈》
七文字屋（しちもんじや）甚左衛門　江戸前期の京都糸割符商人
関（せき）甚左衛門　戦国時代の代官
高木（たかぎ）甚左衛門　1606〜1692　江戸前期・中期の武士
高橋（たかはし）甚左衛門　1703〜1781　江戸中期の足立郡下川田谷村名主・在郷商人
高美（たかみ）甚左衛門　1784〜1864　江戸中期〜末期の高美屋慶林堂創業者
竹内（たけうち）甚左衛門　?〜1834　江戸後期の藩校の天文暦学学頭
武田（たけだ）甚左衛門　1771〜1838　江戸中期・後期の商人
竹村（たけむら）甚左衛門　江戸前期のシテ方観世流能楽師
西山（にしやま）甚左衛門　?〜1905　江戸末期・明治期の政治運動家。「武相困民党」の幹事
日笠（ひかさ）甚左衛門　戦国時代の備前国武将
人見（ひとみ）甚左衛門　江戸中期の藩士
平林（ひらばやし）甚左衛門　1791〜1867　江戸後期の塩問屋
水村（みずむら）甚左衛門　江戸時代の川越の町人・町年寄
宮地（みやち）甚左衛門　1775〜1828　江戸中期・後期の人。津軽で初めて消防組をつくった
矢口（やぐち）甚左衛門　1844〜?　江戸後期の困民党指揮者
山寺（やまでら）甚左衛門　?〜1561　安土桃山時代の武士
渡辺（わたなべ）甚左衛門　江戸前期の藩士

新左衛門景房　しんざえもんかげふさ

沢田（さわた）新左衛門景房　?〜1614　江戸前期の人。三輪大神主家の出自。林外記村房の兄

甚左衛門是氏　じんざえもんこれうじ

今枝（いまえだ）甚左衛門是氏　江戸前期の青木一重の与力

新左衛門高教　しんざえもんたかのり

遊佐（ゆさ）新左衛門高教　1571〜1638　安土桃山・江戸前期の豊臣秀吉・秀頼・徳川忠長の家臣

甚左衛門長景　じんざえもんながかげ

平野（ひらの）甚左衛門長景　?〜1615　江戸前期の豊臣秀吉・秀頼の家臣

新左衛門尉　しんさえもんのじょう　⇔しんざえもんのじょう

鵜沼（うぬま）新左衛門尉　?〜1322　鎌倉後期の武士
渋谷（しぶや）新左衛門尉　?〜1272　鎌倉前期・後期の武士

新左衛門尉　しんざえもんのじょう　⇔しんさえもんのじょう

新左衛門尉　戦国時代の相模南金目の百姓
井上（いのうえ）新左衛門尉　戦国時代の北信濃の国衆
奥住（おくずみ）新左衛門尉　?〜1653　江戸前期の武士。小田原城主稲葉美濃守に仕える
小口（おぐち）新左衛門尉　戦国時代の信濃国諏訪郡小口の土豪?
麻績（おみ）新左衛門尉　戦国時代の人。信濃国筑摩郡青柳の国衆である青柳城主麻績（青柳）清長の一族か
河島（かわしま）新左衛門尉　戦国時代の上総国東金城主・酒井左衛門尉胤敏の家臣
木屋平（こやだいら）新左衛門尉　南北朝時代の種野山の武士
祭主（さいしゅ）新左衛門尉　戦国時代の里見義康・忠義の家臣
左近士（さこんじ）新左衛門尉　戦国時代の京都の商人
佐野（さの）新左衛門尉　安土桃山時代の甲斐国下山の土豪?
末木（すえき）新左衛門尉　?〜1606　戦国時代の甲斐八田村の商人。武田氏の蔵前衆
須田（すだ）新左衛門尉　安土桃山時代の上野国勢多郡下南雲郷宮田村の土豪
関屋（せきや）新左衛門尉　安土桃山時代の信濃国埴科郡関屋郷の土豪関屋氏の一族?
田草川（たくさがわ）新左衛門尉　戦国・安土桃山時代の金山衆
田島（たじま）新左衛門尉　戦国時代の今川氏・徳川氏の家臣
中村（なかむら）新左衛門尉　戦国時代の遠江国天宮神社の神主
武藤（むとう）新左衛門尉　戦国時代の駿東の国人領主葛山氏被官
村田（むらた）新左衛門尉　戦国時代の北条氏の家臣
用土（ようど）新左衛門尉　戦国時代の武士
渡辺（わたなべ）新左衛門尉　戦国時代の大工。伊豆南部で活動

神左衛門尉　しんざえもんのじょう　⇔じんざえもんのじょう

鈴木（すずき）神左衛門尉　戦国時代の大宮浅間神社の社人

神左衛門尉　じんざえもんのじょう　⇔しんざえもんのじょう
大川(おおかわ)神左衛門尉　戦国時代の伊豆の狩野山の山奉行
甚左衛門尉　じんざえもんのじょう
八木(やぎ)甚左衛門尉　戦国時代の伊豆の小代官
神左衛門秀通　じんざえもんひでみつ
小高(おだか)神左衛門秀通　1826〜1907　江戸後期〜明治期の甲源一刀流剣術家・川越藩士《小高泰介》
甚左衛門正行　じんざえもんまさゆき
小川(おがわ)甚左衛門正行　江戸前期の武士。大坂の陣で籠城。後、脇坂安元に仕える
甚左衛門光純　じんざえもんみつずみ
吉松(よしまつ)甚左衛門光純　？〜1615　江戸前期の長宗我部元親の家臣吉松左衛門尉光明の子
新作　しんさく
加藤田(かとうだ)新作　1679〜1750　江戸前期・中期の剣術家。神陰流
蒲原(かもはら)新作　1793〜1858　江戸後期・末期の佐賀藩の御用商人
岸(きし)新作　1835〜1879　江戸後期〜明治期の藩家臣岸㐮興の長男
園村(そのむら)新作　1828〜1889　江戸後期〜明治期の土佐勤王党への上士中の同調者
波多野(はたの)新作　？〜1857　江戸後期の高座郡新田宿村名主
本山(もとやま)新作　？〜1826　江戸後期の小田原の左官職人
晋作　しんさく
庄子(しょうじ)晋作　？〜1889　江戸後期〜明治期の教育者
真作　しんさく
山代忌寸(やましろいみき)真作　？〜728　飛鳥・奈良時代の帰化人
甚作　じんさく
千葉(ちば)甚作　1772〜1852　江戸中期・後期の気仙郡立根村肝入
松井(まつい)甚作　1850〜1925　江戸末期〜大正期の前沢村の篤農家
信三郎　しんざぶろう
荒木(あらき)信三郎　？〜1868　江戸後期・末期の新撰組隊士
慎三郎　しんざぶろう
友平(ともひら)慎三郎　1842〜？　江戸後期〜明治期の壬生藩の大砲奉行、兵部省出仕
新三郎　しんざぶろう
新三郎　安土桃山時代の信濃国筑摩郡永井の人
飯島(いいじま)新三郎　安土桃山時代の人。信濃国伊那郡の国衆飯島氏の一族か
石田(いしだ)新三郎　戦国時代の里見梅王丸の家臣
蒲生(がもう)新三郎　？〜1644　江戸前期の庄内藩士
喜久田(きくた)新三郎　戦国時代の北条氏の在郷被官
菊地(きくち)新三郎　江戸後期の三浦郡大津村民
栗原(くりばら)新三郎　1833〜1900　江戸後期〜明治期の剣術家
立原(たちはら)新三郎　江戸末期の新撰組隊士？
次原(つぎはら)新三郎　戦国時代の商人。北条氏家臣
富岡(とみおか)新三郎　戦国時代の上野国衆
中井(なかい)新三郎　1803？〜1871　江戸後期〜明治期の近江商人
原川(はらかわ)新三郎　室町時代の人。駿河国益津郡石脇村に宝積寺を建立
原川(はらかわ)新三郎　戦国・安土桃山時代の駿河国益津郡石脇村の土豪
松井(まつい)新三郎　江戸前期の絵師
宮地(みやち)新三郎　戦国時代の松平氏の家臣
甚三郎　じんさぶろう　⇔じんざぶろう
福島(ふくしま)甚三郎　江戸後期の大庭郡目木村上分の庄屋
甚三郎　じんざぶろう　⇔じんさぶろう
牛牧(うしまき)甚三郎　？〜1575　安土桃山時代の伊那郡牛牧の武士
津田(つだ)甚三郎　安土桃山時代の織田信長の家臣
中村(なかむら)甚三郎　江戸後期の茶業経営者
松平(まつだいら)甚三郎　1687〜1739　江戸前期・中期の城代
松平(まつだいら)甚三郎　？〜1817　江戸中期・後期の城代
松平(まつだいら)甚三郎　1722〜1795　江戸中期・後期の庄内藩家老
松平(まつだいら)甚三郎　1784〜1865　江戸中期〜末期の庄内藩家老
松平(まつだいら)甚三郎　1805〜1863　江戸後期・末期の庄内藩家老
松平(まつだいら)甚三郎　1845〜1921　江戸後期〜大正期の庄内藩士
守山(もりやま)甚三郎　1846〜1932　江戸末期〜昭和期の浦上教徒事件によって流配された信徒
山内(やまうち)甚三郎　安土桃山・江戸前期の武将
甚三郎隆見　じんざぶろうたかみ
松平(まつだいら)甚三郎隆見　？〜1682　江戸前期の21代長崎奉行
心山　しんざん
心山　江戸前期・中期の天台宗の僧
森山　しんざん
藤田(ふじた)森山　？〜1872　江戸後期〜明治期の僧侶
榛山　しんざん
池田(いけだ)榛山　江戸後期の画家
晨山　しんざん
石川(いしかわ)晨山　1857〜1925　江戸末期〜大正期の日本画家、彫刻家
仁山　じんざん　⇔じんせん
井伊(いい)仁山　江戸後期の藩士・漢詩人
渋沢(しぶさわ)仁山　1778〜1830　江戸中期・後期の儒学者
慎思　しんし
松本(まつもと)慎思　江戸後期の本草家

真子　しんし　⇔さねこ, まこ
大和(やまとの)真子　平安中期の女性。采女。10世紀前半に宮廷に奉仕

親子　しんし
藤原(ふじわらの)親子　鎌倉時代の女官
源(みなもとの)親子　鎌倉時代の女性。後嵯峨天皇の乳母

進士　しんし
今鞍(いまくら)進士　鎌倉後期の武士

晨支　しんし
晨支　？～1843　江戸後期の俳諧師

新次　しんじ
中根(なかね)新次　安土桃山時代の検地役人

神識　じんしき
神識　？～1865　江戸後期・末期の浄土真宗の僧

新式部大夫入道　しんしきぶだいふにゅうどう
備前(びぜん)新式部大夫入道　？～1335　鎌倉後期・南北朝時代の武士

尋思斎　じんしさい
鈴木(すずき)尋思斎　1744～1804　江戸中期・後期の漢学者

神次左衛門尉　しんじさえもんのじょう
石河(いしかわ)神次左衛門尉　？～1272　鎌倉前期・後期の武士

新七　しんしち
新七　安土桃山時代の織田信長の家臣
青山(あおやま)新七　安土桃山時代の織田信長の家臣
木村(きむら)新七　1766～1828　江戸中期の陶工《木村貞固》
黒川(くろかわ)新七　江戸前期の京都糸割符商人
玉沢屋(たまざわや)新七　江戸後期の書肆
壺屋(つぼや)新七　1685～1749　江戸前期・中期の豪商
平塚(ひらつか)新七　江戸後期の蚕種販売業・酒造業
富士や(ふじや)新七　江戸前期の京都糸割符商人
村井(むらい)新七　1611～1666　江戸前期の盛岡における近江商人の元祖
村井(むらい)新七　1694～1763　江戸中期の盛岡における近江商人の元祖新七より四代目。村井家中興の祖
山田(やまだ)新七　1706～1765　江戸中期の大平街道の開拓者

真七　しんしち
岡島(おかじま)真七　1840～1894　江戸後期～明治期の岡島宝玉堂(河真)創業者

神七　しんしち
三野島(みのしま)神七　江戸後期の淘綾郡国府新宿六所明神社の小祢宜

甚七　じんしち
江口(えぐち)甚七　？～1746　江戸中期の壮士
金屋(かなや)甚七　江戸前期の京都糸割符商人
肴屋(さかなや)甚七　江戸後期の肴屋
福瀬(ふくせ)甚七　戦国時代の里見氏家臣
藤井(ふじい)甚七　1848～1911　江戸後期～明治期の呉服商
升水(ますみず)甚七　1822～1872　江戸後期の大住郡平塚新宿名主

慎七郎　しんしちろう
遠藤(えんどう)慎七郎　1830～1904　江戸後期～明治期の人。山形県活版印刷の創始者。山形新聞創刊者

新七郎　しんしちろう
磯部(いそべ)新七郎　江戸前期の武士
刑部(おさかべ)新七郎　戦国時代の富士北口浅間神社所属の上吉田宿の御師
木村(きむら)新七郎　江戸末期の陶工
清水(しみず)新七郎　？～1570　戦国・安土桃山時代の北条氏の家臣
鈴木(すずき)新七郎　戦国時代の武蔵国児玉郡今井村の土豪
中根(なかね)新七郎　江戸中期の人。中根彦循の子
浜嶋(はまじま)新七郎　戦国時代の三河国岡崎の商人
御手洗(みたらい)新七郎　戦国時代の武士
安見(やすみ)新七郎　安土桃山時代の織田信長の家臣

甚七郎　じんしちろう
大島(おおしま)甚七郎　安土桃山時代の信濃国伊那郡の国衆大島氏の一族か
金森(かなもり)甚七郎　？～1579　戦国・安土桃山時代の織田信長の家臣
奈倉(なぐら)甚七郎　安土桃山時代の検地役人
本多(ほんだ)甚七郎　？～1575　戦国・安土桃山時代の武士

甚七郎冬久　じんしちろうふゆひさ
安宅(あたぎ)甚七郎冬久　？～1615　江戸前期の人。秀頼に仕え、大坂籠城

信実　しんじつ　⇔のぶざね
信実　平安後期の興福寺の僧

進子内親王家春日　しんしないしんのうけのかすが
進子内親王家春日　南北朝時代の女房・歌人

信寂　しんじゃく
信寂　平安中期の天台宗の僧・歌人

真寂　しんじゃく
他阿弥陀仏(たあみだぶつ)真寂　1500～1548　戦国時代の時宗遊行上人第27代

深珠院　しんじゅいん
深珠院　1814～1818　江戸後期の女性。徳川家慶の長女

信州　しんしゅう
高滝(たかだき)信州　戦国時代の下村(市原市)付近の在地領主・地侍

信舟　しんしゅう
信舟　江戸中期の俳人

深秀　しんしゅう
深秀　安土桃山・江戸前期の真言宗の僧

真洲　しんしゅう
真洲　江戸中期の天台宗の僧

真秀　しんしゅう
稲城丹生公(いなきたんせいのきみ)真秀　平安前期の女性。光孝天皇の宮人
信重　しんじゅう　⇔のぶしげ
小鳥居(ことりい)信重　江戸前期の社僧・連歌作者
神秀法師　しんしゅうほうし
神秀法師　江戸前期の浮世草子作者
信十郎　しんじゅうろう
馬詰(まづめ)信十郎　江戸末期の新撰組隊士
新十郎　しんじゅうろう　⇔しんじゅろう
石原(いしはら)新十郎　1679～1747　江戸中期の美作国倉敷代官
江名子村(えなこむら)新十郎　江戸中期の義民。江名子村の百姓
大坪(おおつぼ)新十郎　戦国時代の古河公方の家臣
河原(かわはら)新十郎　？～1575　安土桃山時代の武田氏の家臣
三枝(さいぐさ)新十郎　戦国時代の武田氏の家臣
田中(たなか)新十郎　1735～1797　江戸中期・後期の豪農商
富岡(とみおか)新十郎　1842～1912　江戸後期～明治期の国立銀行の創立者
古沢(ふるさわ)新十郎　江戸中期の京都銀座役人
三谷(みや)新十郎　戦国時代の千葉胤直・宣胤(胤宣)の家臣
山田(やまだ)新十郎　戦国時代の北条氏の家臣
真十郎　しんじゅうろう
杉江(すぎえ)真十郎　江戸後期の藪村の庄屋
甚十郎　じんじゅうろう
井上(いのうえ)甚十郎　1833～1906　江戸後期～明治期の山鹿温泉改築開発功労者
上原(うえはら)甚十郎　安土桃山時代の武田氏の家臣
筒井(つつい)甚十郎　江戸前期の幕臣
新十郎信俊　しんじゅうろうのぶとし
川窪(かわくぼ)新十郎信俊　1564～1639　江戸前期の旗本《川窪信俊》
新十郎政勝　しんじゅうろうまさかつ
内藤(ないとう)新十郎政勝　1595～1615　安土桃山・江戸前期の豊臣秀頼の家臣
神叔　しんしゅく
神叔　江戸中期の神道家・俳人
青木(あおき)神叔　江戸前期の俳人
深守親王　しんしゅしんのう
深守親王　1324～1391　鎌倉後期・南北朝時代の大覚寺門跡。邦良親王三男
新十郎　しんじゅろう　⇔しんじゅうろう
成田(なりた)新十郎　1826～1868　江戸後期・末期の幕臣
信俊　しんしゅん　⇔のぶとし
信俊　室町・戦国時代の天台宗の僧
真俊　しんしゅん
真俊　南北朝時代の僧侶・歌人
信潤　しんじゅん
鹿島(かしま)信潤　江戸後期の絵師
真純　しんじゅん　⇔ますみ
真純　江戸後期の天台宗の僧
深処　しんしょ
野呂(のろ)深処　江戸後期の漢学者
信助　しんじょ　⇔のぶすけ
大鳥居(おおとりい)信助　1604～1657　江戸前期の社僧・連歌作者
森女　しんじょ
森女　室町時代の一休宗純の弟子
信昭　しんしょう　⇔のぶあき
信昭　1253～1286　鎌倉後期の僧
信昭　鎌倉後期・南北朝時代の連歌師
信性　しんしょう
信性　1723～？　江戸中期の僧
信生　しんしょう　⇔のぶなり
信生　鎌倉前期の僧、歌人
心松　しんしょう
千里(せんり)心松　江戸前期の宇和島藩士。俳人
真昭　しんしょう
真昭　1199～1251　鎌倉前期・後期の僧侶、歌人
真紹　しんしょう
真紹　795～873　平安前期の真言宗の僧
真生　しんしょう
真生　戦国時代の天台宗の僧
真常　しんじょう　⇔まつね
仲宗根(なかそね)真常　江戸中期の貝摺師
神城　しんじょう
佐藤(さとう)神城　1802～1879　江戸後期～明治期の詩人
深勝　じんしょう
深勝　平安後期の僧
真乗院　しんじょういん
長友(ながとも)真乗院　江戸時代の修験者
深勝親王　しんしょうしんのう
深勝親王　1349～1400　南北朝・室町時代の「住吉社三百六十番歌合」(散佚)の作者
新庄介　しんじょうすけ
新庄介　江戸末期の東寺の候人
新少納言　しんしょうなごん
新少納言　平安中期の女性。後冷泉天皇皇后寛子の女房
新四郎　しんしろう
新四郎　戦国時代の鍛冶職人
姉川(あねがわ)新四郎〔6代〕　1844～？　江戸後期・末期の歌舞伎俳優
佐野(さの)新四郎　安土桃山時代の駿河国の武士
新賀(しんが)新四郎　江戸後期の三浦郡大津村民
二階堂(にかいどう)新四郎　1833～1865　江戸後期・末期の剣術家。北辰一刀流
宮内(みやうち)新四郎　戦国時代の廻船商人宮内氏の一族
村井(むらい)新四郎　安土桃山時代の織田信長の家臣
山岸の(やまぎしの)新四郎　？～1667　江戸前期の能登国鳳至郡山岸村の十村役

神四郎　しんしろう　⇔じんしろう
神四郎　安土桃山時代の信濃国筑摩郡会田の土豪
信次郎　しんじろう
中野(なかの)信次郎　1815〜1870　江戸後期〜明治期の学者
福島(ふくしま)信次郎　1823〜1879　江戸末期の地方政治家
信二郎　しんじろう
林(はやし)信二郎　江戸末期の新撰組隊士
新次郎　しんじろう
木内(きのうち)新次郎　戦国時代の下総国木内庄川上城(香取市)主・木内胤綱の一族か
近(こん)新次郎　1853〜1922　江戸末期〜大正期の教育者
重田(しげた)新次郎　1834〜1893　江戸後期〜明治期の旧藩士
堤(つつみ)新次郎　室町時代の奉公衆か
林(はやし)新次郎　?〜1573　戦国・安土桃山時代の織田信長の家臣
山口村(やまぐちむら)新次郎　?〜1811　江戸後期の義民
山中(やまなか)新次郎　1712〜?　江戸中期の代官
新治郎　しんじろう
板倉(いたくら)新治郎　?〜1521　戦国時代の下古沢竜栖寺開基
神次郎　しんじろう
興津(おきつ)神次郎　戦国時代の北条氏家臣
神四郎　じんしろう　⇔しんしろう
神田(かんだ)神四郎　室町時代の柏原鋳物師
甚四郎　じんしろう
甚四郎　江戸前期の掃除頭
青木屋(あおきや)甚四郎　江戸末期の人。海運交易に従事
久保田(くぼた)甚四郎　江戸後期の小田原宿本陣
窪田(くぼた)甚四郎　久保田甚四郎に同じ
丹波屋(たんばや)甚四郎　江戸中期の書肆
中世古(なかぜこ)甚四郎　1808〜1871　江戸後期〜明治期の郡代
能勢(のせ)甚四郎　江戸中期の江戸北町奉行
細野(ほその)甚四郎　安土桃山時代の信濃国安曇郡細野郷の人。仁科氏家臣
松屋(まつや)甚四郎　江戸後期の商家
八尾(やお)甚四郎　江戸前期の書肆・版元
由井(ゆい)甚四郎　戦国時代の武将。武田家臣
甚次郎　じんじろう
大神(おおがみ)甚次郎　1816〜1885　江戸後期〜明治期の長崎市伊勢町の人
木村(きむら)甚次郎　江戸末期の陶工
森(もり)甚次郎　1801〜1876　江戸後期〜明治期の備前焼窯元
甚二郎　じんじろう
上原(うえはら)甚二郎　戦国時代の北条氏の家臣
森臻　しんしん
池田(いけだ)森臻　1696〜1770　江戸中期の武士
親仁　しんじん
平岩(ひらいわ)親仁　江戸後期の幕臣
信水　しんすい
信水　江戸中期の俳人
信粋　しんすい
並木(なみき)信粋　1785〜1852　江戸後期の歌人
心水　しんすい
心水　江戸中期の俳人
慎水　しんすい
前野(まえの)慎水　江戸中期の神道家
伸介　しんすけ
森(もり)伸介　1793〜1870　江戸後期〜明治期の日光学問所初代師範
新介　しんすけ
新介　安土桃山時代の信濃国筑摩郡光郷の土豪
相浦(あいうら)新介　安土桃山時代の長連竜の家臣
有賀(あるが)新介　戦国時代の信濃国諏訪郡有賀郷の土豪
飯島(いいじま)新介　戦国時代の信濃国伊那郡の国衆
磯谷(いそがい)新介　安土桃山時代の織田信長の家臣
稲津(いなづ)新介　平安後期の越前国河合系斎藤氏の武士
大和(おわ)新介　戦国時代の信濃国諏訪郡大和郷の土豪
千国(ちくに)新介　安土桃山時代の信濃国安曇郡千国の国衆
藤丸(ふじまる)新介　戦国時代の加賀一向一揆の将、赤岩城主
古橋(ふるはし)新介　江戸前期の武士。大坂の陣で籠城
松山(まつやま)新介　安土桃山時代の織田信長の家臣
三木(みつき)新介　戦国時代の三木直頼の子
新助　しんすけ
新助　安土桃山時代の信濃国筑摩郡刈谷原の土豪
赤林(あかばやし)新助　江戸中期の藩士
飯田(いいだ)新助　江戸前期の大坂城士
田舎小僧(いなかこぞう)新助　江戸中期の盗賊
春日(かすが)新助　戦国時代の信濃水内郡の国衆
菊屋(きくや)新助　1773〜1835　江戸中期の伊予絣の生産発展の功労者
金(きん)新助　江戸中期の馬術家
国府(こくぶ)新助　?〜1658　江戸前期の礪波郡の郡奉行
五島(ごとう)新助　1844〜1909　江戸後期〜明治期の長崎県浅藻村へ入植した一人
鈴木(すずき)新助　江戸中期の海部郡蟹江村の農民
田附(たづけ)新助　1581〜1632　安土桃山・江戸前期の近江商人
田中(たなか)新助　?〜1801　江戸中期・後期の医師
長沢(ながさわ)新助　?〜1772　江戸中期の絹買商
野田(のだ)新助　安土桃山時代の能面師
原(はら)新助　江戸後期の大住郡下大槻村民
三春屋(みはるや)新助　江戸末期の八戸の木綿商人
横江(よこえ)新助　安土桃山時代の戦国武将
横田(よこた)新助　江戸末期の河和の商人兼地主

和田(わだ)新助　?〜1574　戦国・安土桃山時代の織田信長の家臣

新祐　しんすけ
松平(まつだいら)新祐　1744〜1790　江戸中期の丹波亀山藩の家老

神介　しんすけ
神介　安土桃山時代の信濃国筑摩郡野口の土豪
鷹取(たかとり)神介　安土桃山時代の武将

神助　しんすけ
田沢(たざわ)神助　安土桃山時代の信濃国筑摩郡明科の土豪

仁輔　じんすけ
土屋(つちや)仁輔　1804〜1877　江戸後期〜明治期の善光寺地震横死塚の発願建立者

塵助　じんすけ
吉田(よしだ)塵助　?〜1887　江戸後期〜明治期の尾張代官所の役人

甚介　じんすけ
窪(くぼ)甚介　戦国時代の銅細工職人
山下(やました)甚介　戦国時代の武将。武田家臣

甚助　じんすけ
伊藤(いとう)甚助　江戸中期の石屋
宇治(うじ)甚助　1796〜?　江戸後期の岡山藩士・岡山藩御用船神力丸の楫取
河倉亭倉石(かわくらていくらいし)甚助　1770〜1810　江戸中期の商人。石器、古銭等採集家
桑原(くわばら)甚助　安土桃山時代の織田信長の家臣
斎藤(さいとう)甚助〔2代〕　1673〜1751　江戸前期・中期の岩舘村の豪農
早田(はいだ)甚助　?〜1851　江戸後期の庄内藩士
藤本(ふじもと)甚助　1710〜1777　江戸中期の美作国倉敷代官・久世代官

新助の方　しんすけのかた
新助の方　1667〜1739　江戸前期・中期の女性。将軍徳川綱吉の側室

新助秀道　しんすけひでみち
岸(きし)新助秀道　?〜1614　江戸前期の美濃国武儀郡西神野の住人

新助匡種　しんすけまさたね
桑田(くわだ)新助匡種　?〜1615　江戸前期の毛利輝元の家臣。大坂の陣で籠城

甚助正信　じんすけまさのぶ
生駒(いこま)甚助正信　?〜1615　安土桃山・江戸前期の武士

信寔　しんぜ
松浦(まつら)信寔　1832〜?　江戸後期の幕臣

審是　しんぜ
岩間(いわま)審是　1847〜1902　江戸後期〜明治期の実業家

信正　しんせい　⇔のぶまさ
青柳(あおやぎ)信正　安土桃山・江戸前期の代官

信清　しんせい　⇔のぶきよ
石川(いしかわ)信清　江戸後期の鎌倉鶴岡八幡宮の社人

晋晟　しんせい
安斎(あんざい)晋晟　1707〜1783　江戸中期の俳人

真成　しんせい　⇔まさなり，まなり
井(せい)真成　699〜734　奈良時代の遣唐留学生

真政　しんせい　⇔さねまさ
真政　?〜1677　江戸前期の神鳳寺の中興の祖

塵生　じんせい
塵生　江戸中期の俳諧作者

尋清　じんせい
尋清　976〜1051　平安中期・後期の真言僧
漆(うるまの)尋清　平安後期の美作国の豪族

真節　しんせつ
花岡(はなおか)真節　1839〜1884　江戸末期〜明治期の医者

信仙　しんせん
大鳥居(おおとりい)信仙　1675〜1716　江戸前期・中期の社僧・連歌作者

信専　しんせん
信専　鎌倉後期の僧侶・歌人

振先　しんせん
陳(ちん)振先　江戸中期の清国の医師

真仙　しんせん
真仙　鎌倉前期の天台宗の僧

真詮　しんせん
真詮　江戸中期の浄土真宗の僧

秦川　しんせん
大熊(おおくま)秦川　1806〜?　江戸後期の医者・漢学者

晨川　しんせん
橋野(はしの)晨川　江戸後期の歌人

信全　しんぜん
大鳥居(おおとりい)信全　?〜1871　江戸後期〜明治期の社僧・連歌作者

心禅　しんぜん
心禅　鎌倉前期・後期の僧侶

真染　しんぜん
文敞(ぶんしょう)真染　1723〜1797　江戸中期・後期の真言宗の僧侶

真然　しんぜん
真然　804〜891　平安前期の真言宗の僧

真禅　しんぜん
覚海(かくかい)真禅　?〜1830　江戸後期の曹洞宗の僧

仁山　じんせん　⇔じんざん
渋沢(しぶさわ)仁山　1778〜1830　江戸中期・後期の儒学者《渋沢仁山》

信聡　しんそう
信聡　南北朝時代の僧侶・歌人

心宗　しんそう
寂林(じゃくりん)心宗　江戸中期の曹洞宗の僧

心操　しんそう
玉井(たまい)心操　江戸中期の俳人

心聡 しんそう
心聡 南北朝時代の天台宗の僧

心叟 しんそう
心叟 戦国時代の画家

慎叟 しんそう
二階堂(にかいどう)慎叟 江戸中期の儒者

深聡 しんそう
深聡 江戸後期の浄土真宗の僧

真宗 しんそう ⇔さねむね, まむね
真宗 戦国時代の天台宗の僧・連歌作者

神宗 しんそう
神宗 ?~1792 江戸中期・後期の僧

信蔵 しんぞう ⇔のぶぞう
平野(ひらの)信蔵 江戸末期の従者。1860年遣米使節に随行しアメリカに渡る

心臓 しんぞう
光吉(みつよし)心臓 南北朝時代の北朝方の武士

新三 しんぞう
伊丹(いたみ)新三 ?~1582 戦国・安土桃山時代の織田信長の家臣
真田(さなだ)新三 安土桃山時代の検地役人
佐野(さの)新三 安土桃山時代の検地役人
辰野(たつの)新三 戦国時代の諏訪大社社家衆
野村(のむら)新三 1692~1745 江戸中期の酒造家
向山(むかいやま)新三 安土桃山時代の武田氏の家臣、菊姫の付家臣

新蔵 しんぞう
新蔵 江戸後期の宇久井村の民
阿藤(あとう)新蔵 ?~1855 江戸後期の大住郡入山瀬村旗本黒田氏知行所名主
阿部(あべ)新蔵 1807~1873 江戸末期の俳人
宇野(うの)新蔵 江戸前期の人。京都の本願寺に仕え、「宇野新蔵覚書」を執筆
斎藤(さいとう)新蔵 江戸中期の武芸家
鈴木(すずき)新蔵 1732~1808 江戸中期・後期の医者・漢学者
瀬戸屋(せとや)新蔵 江戸後期の田辺領御用商人
高梨(たかなし)新蔵 ?~1813 江戸中期・後期の歌人
多田(ただ)新蔵 ?~1575 安土桃山時代の武田氏の家臣
田中(たなか)新蔵 1846~1917 江戸末期~大正期の須坂製糸業の推進者
谷口(たにぐち)新蔵 江戸末期の医師
貫名(ぬきな)新蔵 ?~1582 安土桃山時代の御徒歩衆
浜田(はまだ)新蔵 江戸前期の貿易商
藤瀬(ふせ)新蔵 安土桃山時代の三木氏の家老格
北条(ほうじょう)新蔵 江戸前期の軍学者
森村(もりむら)新蔵 1794~1874 江戸末期・明治期の旗本駒井氏の地方役人

新造 しんぞう
桑原(くわばら)新造 江戸後期の医師

晋造 しんぞう
三好(みよし)晋造 1829~1877 江戸末期~明治期初期の医者

深造 しんぞう
高畠(たかばたけ)深造 1779~1842 江戸中期・後期の蘭方医

神三 じんぞう
黒河内(くろごうち)神三 戦国時代の信濃国伊那郡黒河内の土豪

甚三 じんぞう
市川(いちかわ)甚三 安土桃山時代の検地役人
城子(しろこ)甚三 1827~1898 江戸後期~明治期の筑摩県第141区の戸長

甚蔵 じんぞう
礒(いそ)甚蔵 江戸中期の茶人
大塚(おおつか)甚蔵 安土桃山時代の検地役人
片野村(かたのむら)甚蔵 江戸後期の義民。片野村の百姓
金桶村(かねおけむら)甚蔵 ?~1773 江戸中期の義民。金桶村の百姓
菊池(きくち)甚蔵 1792~1875 江戸後期~明治期の肝入
菅原(すがわら)甚蔵 1803~1879 江戸後期~明治期の和算家
長屋(ながや)甚蔵 ?~1600 安土桃山時代の金森家臣
平岡(ひらおか)甚蔵 1847~1924 江戸末期~大正期の繊維業経営者

甚造 じんぞう
岸本(きしもと)甚造 1789~1866 江戸後期・末期の農民

新三衛門 しんぞうえもん
新三衛門 安土桃山時代の信濃国筑摩郡安坂の土豪

神三衛門 じんぞうえもん
山田(やまだ)神三衛門 安土桃山時代の信濃国筑摩郡刈谷原の土豪

甚三衛門 じんぞうえもん
甚三衛門 安土桃山時代の信濃国筑摩郡刈谷原の土豪

信尊 しんそん ⇔のぶたか
信尊 鎌倉前期の天台宗の僧
信尊 1599~1676 安土桃山・江戸前期の法相宗の僧

真存 しんそん ⇔しんぞん
真存 戦国時代の僧侶・連歌作者

真存 しんぞん ⇔しんそん
真存 戦国時代の僧侶・連歌作者《真存》

甚太 じんた
安間(やすま)甚太 安土桃山時代の検地役人

真体 しんたい
和気(わけの)真体 平安前期の吉備地方の豪族和気氏の一族

神退 しんたい
神退 平安前期の僧侶・歌人

諶泰 じんたい
諶泰 江戸前期の天台宗の僧

新大夫　しんだゆう
児島（こじま）新大夫　1736～？　江戸中期の西村農民

神太夫　じんだゆう
中里（なかざと）神太夫　戦国時代の宇都宮大明神の神官。宇都宮氏の重臣

仁太夫　じんだゆう　⇔にだいう，にだゆう
乞胸（ごうむね）仁太夫　江戸時代の乞胸統率者
山本（やまもと）仁太夫　江戸後期の乞胸頭

甚太夫　じんだゆう
青木（あおき）甚太夫　江戸中期の民政家
大野（おおの）甚太夫　江戸前期の竹内信成の手代
黒船（くろふね）甚太夫　江戸中期の力士
塩田（しおた）甚太夫　1744～1805　江戸中期・後期の武術家

信太郎　しんたろう　⇔のぶたろう
小川（おがわ）信太郎　1845～1866　江戸後期・末期の新撰組隊士
松岡（まつおか）信太郎　1846～？　江戸後期～明治期の西南の役に際し、国事犯嫌疑により逮捕

慎太郎　しんたろう
市川（いちかわ）慎太郎　？～1869　江戸末期・明治期の幕臣

新太郎　しんたろう
天野（あまの）新太郎　？～1869　江戸後期・末期の旗本
家里（いえさと）新太郎　1827～1863　江戸後期・末期の儒者
片野村（かたのむら）新太郎　？～1774　江戸中期の義民。片野村の百姓
斉藤（さいとう）新太郎　1828～1888　江戸後期～明治期の剣術家
佐治（さじ）新太郎　？～1579　戦国・安土桃山時代の織田信長の家臣
関根（せきね）新太郎　江戸中期の彫師
長井（ながい）新太郎　？～1582　戦国・安土桃山時代の織田信長の家臣
北条（ほうじょう）新太郎　江戸後期・末期の幕臣
吉村（よしむら）新太郎　江戸末期の新撰組隊士

真太郎　しんたろう
須田（すだ）真太郎　1846～1902　江戸後期～明治期の実業家、政治家

僙太郎　しんたろう
寺沢（てらさわ）僙太郎　江戸末期の幕臣。彰義隊隊士

甚太郎　じんたろう
甚太郎　江戸前期の漁夫。燻乾法によるカツオ節を創製
糸屋（いとや）甚太郎　江戸前期の京都糸割符商人
大戸（おおど）甚太郎　1838～1911　江戸後期～明治期の社会事業家
猿荻（さろおぎ）甚太郎　安土桃山時代の織田信長の家臣
高橋（たかはし）甚太郎　1623～1694　江戸前期・中期の開拓者
遠山（とおやま）甚太郎　安土桃山時代の織田信長の家臣
山家（やまべ）甚太郎　戦国時代の武田氏の家臣

信智　しんち
大宜見（おおぎみ）信智　1797～1850　江戸後期の人。波照間目差、筑登之座敷、八重山の代表的民謡「鷲の鳥節」の作者

真知　しんち
上原（うえはら）真知　1666～1702　江戸前期・中期の絵師

神智　じんち
神智　江戸中期の真言宗の僧

尋智　じんち
尋智　平安後期の興福寺僧

信忠　しんちゅう　⇔のぶただ
信忠　1266～1322　鎌倉後期の僧

信通　しんつう　⇔のぶみち
下田（しもだ）信通　江戸前期の代官

聖通　しんつう　⇔しょうつう
聖通　1309～1389　室町時代の真言宗の僧

晋亭　しんてい
朝長（あさなが）晋亭　1800～1844　江戸後期の儒者
朝長（ともなが）晋亭　朝長晋亭に同じ

岑鼎　しんてい
山本（やまもと）岑鼎　？～1781　江戸中期の画家

莘亭　しんてい
葉山（はやま）莘亭　江戸後期の藩士

訒亭　じんてい
深尾（ふかお）訒亭　1640～1715　江戸前期・中期の儒者

鍼的　しんてき
中野（なかの）鍼的　江戸時代の人。忍藩主阿部侯の家臣

真徹　しんてつ
真徹　？～1750　江戸中期の浄土宗の僧

信典　しんてん
武田（たけだ）信典　1776～1860　江戸中期～末期の幕臣

信天　しんてん
信天　江戸中期の浄土真宗の僧

信天翁　しんてんおう
信天翁　江戸中期の俳人

新杜　しんと
新杜　江戸中期の黄表紙作者

真悼　しんとう
雪江（せっこう）真悼　江戸後期の黄檗宗の僧

信道　しんどう　⇔のぶみち
仰空（ぎょうくう）信道　？～1812　江戸中期・後期の三河花火の研究者

心道　しんどう
松木（まつき）心道　室町時代の棒術師匠

慎堂　しんどう
宮下（みやした）慎堂　江戸末期・明治期の眼科医

真導 しんどう
真導 1805～1845 江戸後期の浄土真宗の僧
真洞 しんどう
三枝(さえぐさ)真洞 1840～1868 江戸末期の志士
真道 しんどう ⇔まみち
岩村(いわむら)真道 1831～1910 江戸後期～明治期の教育者
山科(やましな)真道 ？～1807 江戸中期・後期の益田家家医
和(やまと)真道 1833～1894 江戸後期～明治期の僧侶
震道 しんどう
三沢(みざわ)震道 1808～1892 江戸後期～明治期の僧
神徳 しんとく
吉水(よしみず)神徳 平安前期の医師
進徳 しんとく
栗原(くりはら)進徳 1835～？ 江戸後期～明治期の旧藩士
尋得 じんとく
善慧(ぜんえ)尋得 江戸中期の僧侶
新内 しんない
市橋(いちはし)新内 ？～1774 江戸中期の剣術家。新関口流祖
鶴賀(つるが)新内 江戸中期の湯方御家人
甚内 じんない
甚内 江戸後期のナス促成栽培の元祖
浅井(あざい)甚内 江戸前期の武士。大坂の陣で籠城
向崎(こうざき)甚内 江戸前期の盗賊
鳶沢(とびさわ)甚内 江戸前期の盗賊
林(はやし)甚内 ？～1615 江戸前期の豊臣秀吉・秀頼の家臣
山川(やまかわ)甚内 安土桃山時代の検地役人
信日 しんにち
信日 1241～？ 鎌倉前期・後期の真言宗の僧
真如 しんにょ
真如 799～881 平安前期の丹生川村の千光寺の開基。平城天皇の第3皇子高岳親王
真如院 しんにょいん
真如院 1706～1749 江戸中期の女性。6代藩主吉徳の側室
真如親王 しんにょしんのう
真如親王 ？～865 平安前期の平城天皇第三皇子《高岳親王》
信任 しんにん ⇔のぶとう
森(もり)信任 ？～1853 江戸後期の代官
信忍 しんにん
岩田(いわた)信忍 江戸後期の幕臣
真忍 しんにん
石嶺(いしみね)真忍 1678～1727 江戸前期・中期の歌人
尋慧 じんね
尋慧 1286～？ 鎌倉後期の三論宗の僧
真念 しんねん
真念 ？～1691 江戸前期の真言宗の僧
真念 江戸前期の真言僧
真応 しんのう ⇔しんおう
真応 1619～1698 江戸前期・中期の僧
真能 しんのう
真能 1562～1627 安土桃山・江戸前期の浄土真宗の僧
新丞 しんのじょう
荒木(あらき)新丞 1561～1579 安土桃山時代の織田信長の家臣
新之丞 しんのじょう
新之丞 江戸前期の製紙技術家
新之丞 1711～1792 江戸中期・後期の都賀郡葛生町の農民、孝子。節婦よねの夫
赤羽(あかば)新之丞 安土桃山時代の織田信長の家臣
江島(えじま)新之丞 江戸末期の密柑採り唄「江島節」創作者
佐伯(さえき)新之丞 江戸後期の加賀藩山廻役
土田(つちだ)新之丞 1850～1894 江戸後期～明治期の新撰組隊士
土屋(つちや)新之丞 ？～1575 安土桃山時代の小姓衆
平瀬(ひらせ)新之丞 ？～1551 戦国時代の安曇郡平瀬城城主
宝生(ほうしょう)新之丞 ？～1724 江戸前期・中期の能役者ワキ方
三浦(みうら)新之丞 江戸前期の酒豪
結城(ゆうき)新之丞 江戸前期の漢学者
甚丞 じんのじょう
甚丞 安土桃山時代の信濃国筑摩郡野口の土豪
甚之丞 じんのじょう
北沢(きたざわ)甚之丞 ？～1640 江戸前期の大宮宿の開発名主
佐生(さぶ)甚之丞 ？～1614 江戸前期の平子主膳の従士
壺井(つぼい)甚之丞 ？～1678 江戸前期の代官
中村(なかむら)甚之丞 江戸前期の浅野家の徒士
萩原(はぎわら)甚之丞 1532～1588 戦国・安土桃山時代の幕臣・千人同心
甚之丞信方 じんのじょうのぶかた
北沢(きたざわ)甚之丞信方 ？～1640 江戸前期の大宮宿の開発名主《北沢甚之丞》
甚之丞安則 じんのじょうやすのり
宮田(みやた)甚之丞安則 江戸前期の毛利吉政の家老
甚之進 じんのしん
加藤(かとう)甚之進 江戸末期の武士
柳田(やなぎた)甚之進 江戸後期の足軽
信之助 しんのすけ
安楽城(あらき)信之助 1859～1910 江戸末期・明治期の医師。国府八日町の住宗七の長男
小原(おはら)信之助 ？～1868 江戸末期の敢死隊長

し

信之輔 しんのすけ
樽沢(たるざわ)信之輔 1834～1869 江戸後期～明治期の武人

新之助 しんのすけ
斉藤(さいとう)新之助 1779～1857 江戸中期～末期の岩谷堂伊達家に勤仕
武田(たけだ)新之助 1820～1891 江戸後期～明治期の俳人、書家

真之助 しんのすけ
安東(あんどう)真之助 1843～1864 江戸末期の志士

仁之助 じんのすけ
神代(かみしろ)仁之助 1839～? 江戸後期・末期の新撰組隊士

甚之助 じんのすけ
米城(よねき)甚之助 1836～1908 江戸後期～明治期の公益家

新大夫舎弟 しんのたいふしゃてい
紀(きの)新大夫舎弟 平安後期の与力人大将軍

辰伯 しんはく
小森(こもり)辰伯 江戸後期の本草家

信白 しんぱく
土屋(つちや)信白 ?～1896 江戸後期の上田の茶人

新八 しんぱち
大川(おおかわ)新八 ?～1906 江戸末期・明治期の庄屋
三枝(さいぐさ)新八 ?～1724 江戸前期・中期の剣術家。円明流
佐野(さの)新八 戦国時代の甲斐国巨摩郡南部の土豪?
佐野(さの)新八 戦国時代の駿河国富士郡厚原郷の土豪
首藤(しゅどう)新八 江戸末期の新撰組隊士
田中(たなか)新八 1699～1765 江戸中期の須坂藩御用達商人
中江(なかえ)新八 安土桃山・江戸前期の剣術家
山下(やました)新八 安土桃山時代の検地役人

晋八 しんぱち
遠近(とおちか)晋八 1824～1863 江戸末期の学者

甚八 じんぱち
根津(ねづ)甚八 1569?～1615 安土桃山・江戸前期の武将
丸屋(まるや)甚八 江戸後期～明治期の版元

新八持賢 しんぱちもちかた
竹内(たけうち)新八持賢〔2代〕 ?～1787 江戸中期の眼科医

新八持長 しんぱちもちなが
竹内(たけうち)新八持長〔5代〕 ?～1828 江戸後期の眼科医

新八持規 しんぱちもちのり
竹内(たけうち)新八持規〔3代〕 ?～1811 江戸後期の眼科医

新八持光 しんぱちもちみつ
竹内(たけうち)新八持光〔6代〕 ?～1851 江戸後期の眼科医

新八要憲 しんぱちようけん
竹内(たけうち)新八要憲〔7代〕 ?～1883 江戸末期・明治期の眼科医

新八郎 しんはちろう ⇔しんぱちろう
依田(よだ)新八郎 1740～1802 江戸中期・後期の武家《依田新八郎》

信八郎 しんぱちろう
湊(みなと)信八郎 ?～1890 江戸末期・明治期の幕臣

慎八郎 しんぱちろう
篠崎(しのざき)慎八郎 1845～1868 江戸後期・末期の新撰組隊士

新八郎 しんぱちろう ⇔しんはちろう
秋山(あきやま)新八郎 江戸末期の韮山代官江川氏の手代
浅井(あさい)新八郎 ?～1581 安土桃山時代の織田信長の家臣
荒川(あらかわ)新八郎 ?～1574 戦国・安土桃山時代の織田信長の家臣
石井(いしい)新八郎 江戸後期の寺子屋の師匠
大島(おおしま)新八郎 安土桃山時代の織田信長の家臣
大地(おおち)新八郎 1693～1753 江戸中期の書写奉行、改作奉行
大塚(おおつか)新八郎 安土桃山時代の織田信長の家臣
北爪(きたづめ)新八郎 戦国時代の武士。上野女淵五郷の地衆、のち北条氏家臣
黒沢(くろさわ)新八郎 安土桃山時代の上野国衆国峰小幡氏の家臣
塩谷(しおのや)新八郎 1794～1872 江戸末期の商人
菅沼(すがぬま)新八郎 1847～1876 江戸後期～明治期の旗本
竹内(たけうち)新八郎〔1代〕 ?～1745 江戸中期の眼科医
永田(ながた)新八郎 1819～1867 江戸後期・末期の俳人、画家、寺子屋師匠
中西(なかにし)新八郎 安土桃山時代の織田信長の家臣
望月(もちづき)新八郎 ?～1855 江戸末期の代官
依田(よだ)新八郎 1740～1802 江戸中期・後期の武家

甚八郎 じんぱちろう
岩崎(いわさき)甚八郎 1676～1738 江戸前期・中期の高木無関流槍術家
関(せき)甚八郎 戦国時代の武将。武田家臣
望月(もちづき)甚八郎 ?～1575 安土桃山時代の佐久郡の国衆望月氏の庶流家

尋範 じんはん ⇔じんぱん
尋範 1101～1174 平安後期の僧

尋範 じんぱん ⇔じんはん
尋範 1101～1174 平安後期の僧《尋範》

真帆斎　しんぱんさい
団野（だんの）真帆斎　江戸後期の直心影流の剣客
心非　しんぴ
心非　1766～1825　江戸中期・後期の俳人・幕臣
新肥前　しんひぜん
新肥前　平安後期の歌人
新兵衛　しんひょうえ　⇔しんべい，しんべえ
新兵衛　安土桃山時代の信濃国筑摩郡小芹・大久保・花見の土豪
小岩井（こいわい）新兵衛　安土桃山時代の信濃国筑摩郡会田の土豪
土方（ひじかた）新兵衛　江戸前期の武士。大坂の陣で籠城。後、松平忠明に仕えた
松尾（まつお）新兵衛　安土桃山・江戸前期の長宗我部元親・盛親の家臣
甚兵衛　じんひょうえ　⇔じんべい，じんべえ
山口（やまぐち）甚兵衛　安土桃山・江戸前期の人。秀頼に仕え、落城後、豊後臼杵の稲葉典通に仕えた
新兵衛尉　しんひょうえのじょう
石田（いしだ）新兵衛尉　戦国時代の里見氏家臣。百人衆。代官。兵法者
小坂（おさか）新兵衛尉　戦国時代の信濃国諏訪郡小坂郷の土豪？
菅沼（すがぬま）新兵衛尉　？～1582　安土桃山時代の武士
渡辺（わたなべ）新兵衛尉　戦国時代の武士
信敏　しんびん
松平（まつだいら）信敏　？～1849　江戸後期の佐渡奉行、京都町奉行
信夫　しんぷ　⇔しのぶ
信夫　江戸中期・後期の俳人
慎父　しんぷ
沢井（さわい）慎父　江戸後期の「二節詩歌頡英」の著者
津富　しんぷ
関（せき）津富　江戸中期の俳人
蓁皐　しんぷ
蓁皐　1803～1854　江戸後期・末期の俳人
尋風　じんぷう
尋風　江戸後期の俳人・医者
真福　しんぷく　⇔さねよし，まさき
物部（もののべの）真福　飛鳥時代の人。物部守屋の子とされる
真仏　しんぶつ
真仏　1209～1258　鎌倉前期の浄土真宗の僧
新兵衛　しんべい　⇔しんひょうえ，しんべえ
岩崎（いわさき）新兵衛　江戸後期の韮山代官江川氏の手代
高橋（たかはし）新兵衛　江戸後期の韮山代官江川氏の手代
信平　しんぺい　⇔のぶひら
五十嵐（いがらし）信平〔2代〕　1791～1851　江戸後期の陶工
川俣（かわまた）信平　江戸中期の韮山代官江川氏の手代
竹中（たけなか）信平　江戸後期～明治期の和算家
田中（たなか）信平　江戸後期の商家
新平　しんぺい
青山（あおやま）新平　1753～1814　江戸中期・後期の医家
雨宮（あめみや）新平　江戸末期の韮山代官江川氏の手代
加藤（かとう）新平　1815～1890　江戸後期～明治期の俳人
久保（くぼ）新平　江戸時代の津山松平藩士
桑島（くわじま）新平　1831～1910　江戸末期・明治期の製糸家
鈴木（すずき）新平　？～1600　安土桃山時代の金森家臣
田上（たがみ）新平　1796～1872　江戸後期～明治期の心学者
双木（なみき）新平　1818～1881　江戸末期・明治期の陶工
松本（まつもと）新平　江戸末期・明治期の人。北海道大野町開拓の先駆者
真平　しんぺい　⇔さねひら
辻（つじ）真平　1849～1914　江戸末期～大正期の剣道家
甚兵衛　じんべい　⇔じんひょうえ，じんべえ
生駒（いこま）甚兵衛　1806～1861　江戸後期・末期の庄屋
磯屋（いそや）甚兵衛　？～1797　江戸中期・後期の八戸藩の有力商人
神平　じんぺい
関（せき）神平　戦国時代の里見氏家臣
仁平　じんぺい　⇔にへい
大野（おおの）仁平　1850～1918　江戸後期～大正期の侠客
甚平　じんぺい
蓼沼（たでぬま）甚平　江戸後期の人。秋田八丈の創始者
福井（ふくい）甚平　1834～1902　江戸後期～明治期の商人
堀野（ほりの）甚平　江戸前期の武士。大坂の陣で籠城
新兵衛　しんべえ　⇔しんひょうえ，しんべい
新兵衛　安土桃山時代の信濃国筑摩郡青柳の土豪
新兵衛　？～1717　江戸前期・中期のキリシタン類族
新兵衛　江戸後期の藺浦の材木問屋
鮎先（あゆさき）新兵衛　戦国時代の鮎崎山の城主
猪狩（いかり）新兵衛　1810～1877　江戸後期～明治期の海苔養殖家
池山（いけやま）新兵衛　1593～1671　安土桃山・江戸前期の治水家
伊丹屋（いたみや）新兵衛　江戸中期の書肆
片山（かたやま）新兵衛　江戸前期の藤谷村庄屋
金津（かなづ）新兵衛　安土桃山時代の上杉謙信の奉行人
神屋（かみや）新兵衛　1826～1892　江戸後期～明

治期の公益家
黒川(くろかわ)新兵衛　江戸前期の京都糸割符商人
黒谷(くろだに)新兵衛　1798〜1862　江戸後期・末期の郡代
祁答院(けどういん)新兵衛　戦国時代の武将
香庄(こうのしょう)新兵衛　?〜1646　江戸前期の庄内藩士
薩摩屋(さつまや)新兵衛　江戸前期の商人
匝瑳(そうさ)新兵衛　戦国時代の東下総の匝瑳神田に居した在地領主。千葉実胤・自胤に属した
田代(たしろ)新兵衛　江戸時代の始羅郡蒲生郷の鉄砲鍛冶
田所(たどころ)新兵衛　江戸後期の高座郡磯部村名主
田辺(たなべ)新兵衛　戦国時代の武将。武田家臣
次原(つぎはら)新兵衛　戦国時代の商人
鳥越(とりごえ)新兵衛　1671〜1761　江戸前期・中期の笠岡湾干拓の功労者
日野(ひの)新兵衛　江戸中期の開拓者。明和年間、独力で約20町歩を干拓
深野(ふかの)新兵衛　1794〜?　江戸後期の藩士
藤井(ふじい)新兵衛　?〜1596　戦国・安土桃山時代の能登国羽咋郡土橋村の人
藤井(ふじい)新兵衛　?〜1863　江戸後期・末期の商人
藤井(ふじい)新兵衛　1826〜1885　江戸末期・明治期の前橋の豪商
船木(ふなき)新兵衛　戦国時代の北条氏隆の家臣
星(ほし)新兵衛　江戸後期の一関藩家老佐瀬主計の臣
望月(もちづき)新兵衛　1611〜1686　江戸前期の剣術家。安光流祖
守賀(もりが)新兵衛　戦国時代の北条氏の家臣
山崎(やまざき)新兵衛　1830〜1911　江戸後期〜明治期の新整隊士
吉村(よしむら)新兵衛　1603〜1657　安土桃山・江戸前期の藩士。嬉野茶の始祖
渡辺(わたなべ)新兵衛　?〜1655　江戸前期の郡代

晋兵衛　しんべえ
田中(たなか)晋兵衛　江戸末期の新撰組隊士

真兵衛　しんべえ
中島(なかじま)真兵衛　1742〜1818　江戸中期・後期の本草家

神兵衛　しんべえ　⇔じんべえ
部坂(へさか)神兵衛　1794〜?　江戸後期の庄屋

神兵衛　じんべえ　⇔しんべえ
登坂(とさか)神兵衛　?〜1608　安土桃山・江戸前期の上杉景勝の家臣

仁兵衛　じんべえ　⇔にひょうえ, にへえ, にべえ
杉谷(すぎたに)仁兵衛　?〜1647　江戸前期の浅野家臣
鳥養(とりかい)仁兵衛　江戸前期の人
堀野屋(ほりのや)仁兵衛　江戸後期の書肆

甚兵衛　じんべえ　⇔じんひょうえ, じんべい
荒籾(あらもみ)甚兵衛　1841〜1908　江戸後期〜明治期の蚕種製造家、漢方医
枝村(えだむら)甚兵衛　?〜1821　江戸中期・後期の会津藩の御用場役(肝煎)
加賀屋(かがや)甚兵衛　1679〜1764　江戸前期・中期の加賀屋新田の開発者
吉文字屋(きちもんじや)甚兵衛　江戸前期の京都糸割符商人
木村(きむら)甚兵衛　1791〜1852　江戸後期の久村焼陶工
越村(こしむら)甚兵衛　江戸中期の本草家
芝田(しばた)甚兵衛　1771〜1837　江戸中期・後期の寺子屋師匠
清水(しみず)甚兵衛　1625?〜1692?　江戸前期の豪商
丁字屋(ちょうじや)甚兵衛　江戸前期の京都糸割符商人
寺嶋(てらじま)甚兵衛　江戸前期の瓦工
天神山(てんじんやま)甚兵衛　江戸時代の村相撲の有力者
富永(とみなが)甚兵衛　?〜1788　江戸中期・後期の剣術家。直指流ほか
西川(にしかわ)甚兵衛　江戸中期の福田村の豪農
原(はら)甚兵衛　江戸前期の陶工
古川村(ふるかわむら)甚兵衛　安土桃山時代の工匠
村松(むらまつ)甚兵衛　1760〜1806　江戸中期・後期の国学者
八木(やぎ)甚兵衛　江戸末期の大工
山中(やまなか)甚兵衛　1693〜1775　江戸中期の人。木挽の娘お初と心中して助けられる
万屋(よろずや)甚兵衛　江戸末期・明治期の京都の両替商

甚兵衛尉　じんべえのじょう
興津(おきつ)甚兵衛尉　戦国時代の北条氏の家臣
鳥越(とりごえ)甚兵衛尉　1650〜1731　江戸前期・中期の暦学者

信弁　しんべん
信弁　江戸前期の僧侶

新甫　しんぽ
海老原(えびはら)新甫　?〜1864　江戸後期・末期の俳人
堤(つつみ)新甫　1825〜1899　江戸後期〜明治期の漢学者
土岐(とき)新甫　1774〜?　江戸中期・後期の本草家

進歩　しんぽ
進歩　江戸中期の俳人

親宝　しんほう
蜷川(にながわ)親宝　江戸後期・末期の幕臣

信邦　しんぽう　⇔のぶくに
山口(やまぐち)信邦　1842〜1910　江戸後期〜明治期の教育者

深本　しんぼん　⇔しんぽん
深本　?〜1809　江戸後期の僧侶《深本》

深本　しんぽん　⇔しんぼん
深本　?〜1809　江戸後期の僧侶

新松　しんまつ
竹田(たけだ)新松　江戸中期の浄瑠璃作者

信妙 しんみょう ⇔のぶよし
秋野(あきの)信妙 江戸中期の神道家
深妙 しんみょう
風早(かざはや)深妙 鎌倉前期の女性。大友氏初代能直の妻
親民 しんみん
服部(はっとり)親民 1834〜1916 江戸末期の勤王家
晉民 しんみん
平賀(ひらが)晉民 1722〜1792 江戸中期の儒者
新室町院御匣 しんむろまちいんのみくしげ
新室町院御匣 鎌倉後期・南北朝時代の女房・歌人
信明 しんめい ⇔のぶあき, のぶあきら, のぶはる
石垣(いしがき)信明 1629〜1699 江戸前期・中期の石垣間切の頭職
心明 しんめい
心明 南北朝・室町時代の天台宗の僧
心明 ?〜1876 江戸後期〜明治期の修行者
真明 しんめい ⇔さねあき
今福(いまふく)真明 1824〜1900 江戸後期〜明治期の北辰一刀流の達人
神門 しんもん
奈良(なら)神門 江戸中期の漢学者
伸也 しんや
伸也 1784〜1860 江戸末期の俳諧作者。福井藩士
信也 しんや ⇔のぶなり
篠本(ささもと)信也 1831〜? 江戸後期〜明治期の代官、大蔵省職員
信瑜 しんゆ
信瑜 鎌倉後期の天台宗の僧
親瑜 しんゆ
親瑜 室町時代の真言宗の僧・歌人
信祐 しんゆう
大鳥居(おおとりい)信祐 江戸前期の社僧・連歌作者
上宮寺(じょうぐうじ)信祐 1541〜1574 戦国・安土桃山時代の僧
心友 しんゆう
中田(なかだ)心友 江戸前期の俳人
真祐 しんゆう
真祐 1526〜? 戦国・安土桃山時代の天台宗の僧
親祐 しんゆう ⇔ちかすけ
親祐 南北朝時代の僧侶・連歌作者
神融 じんゆう
神融 奈良時代の僧
信誉 しんよ
信誉 1562〜1635 江戸前期の浄土宗の僧
深誉 じんよ
深誉 1338〜1393 南北朝・室町時代の真言宗の僧
信庸 しんよう ⇔のぶつね
桧垣(ひがき)信庸 1846〜1921 江戸末期〜大正期の人。越智郡関前村への温州ミカンの導入者
信要 しんよう ⇔のぶあき
中村(なかむら)信要 江戸中期の彫金家
晋陽 しんよう
北山(きたやま)晋陽 ?〜1801 江戸中期・後期の画家
真陽 しんよう
真陽 1627〜1656 江戸前期の天台宗の僧
新陽明門院兵衛佐 しんようめいもんいんのひょうえのすけ
新陽明門院兵衛佐 鎌倉後期の女房・歌人
真楽 しんらく
坂本(さかもと)真楽 1830〜1888 江戸後期〜明治期の日蓮宗不受不施派の有力信徒
真楽斎 しんらくさい
浦野(うらの)真楽斎 戦国時代の上野国衆
秦里 しんり
北原(きたはら)秦里 1786〜1829 江戸後期の漢詩人
仁里 じんり
野上(のがみ)仁里 1816〜1862 江戸後期・末期の漢学者
神力坊 じんりきぼう
井尻(いじり)神力坊 ?〜1575 戦国・安土桃山時代の島津忠良(日新斎)の家臣
信竜 しんりゅう ⇔しんりょう, のぶたつ
萩野(はぎの)信竜 江戸後期の藩士・漢学者
真竜 しんりゅう ⇔またつ
真竜 1790〜1855 江戸後期・末期の学者で能書家
松英(しょうえい)真竜 1480〜1528 戦国時代の相国寺松泉軒主の禅僧
天山(てんざん)真竜 1720〜1786 江戸中期の曹洞宗の僧
神竜 しんりゅう
神竜 1785〜1850 江戸中期・後期の浄土真宗の僧
信竜 しんりょう ⇔しんりゅう, のぶたつ
信竜 1616〜1696 江戸前期・中期の真言宗の僧
心梁 しんりょう
覚巌(かくがん)心梁 1778〜1856 江戸中期〜末期の曹洞宗の僧
津梁 しんりょう
津梁 ?〜1853 江戸後期の浄土真宗の僧
黙要(もくよう)津梁 ?〜1838 江戸後期の高山市の久昌寺4世中興
津梁斎 しんりょうさい
津梁斎 安土桃山時代の武田氏の家臣
深林 しんりん
宇田(うだ)深林 ?〜1833 江戸後期の書家
深励 じんれい
香月院(こうがついん)深励 1749〜1817 江戸中期・後期の真宗大谷派の僧
信廉 しんれん ⇔のぶやす
大鳥居(おおとりい)信廉 江戸中期・後期の社僧・連歌作者

振鷺　しんろ
大草(おおぐさ)振鷺　江戸後期の儒者
新六　しんろく
新六　?～1582　戦国・安土桃山時代の織田信長の家臣
石坂(いしざか)新六　江戸時代の眼科医
岩淵(いわぶち)新六　1823～1905　江戸後期～明治期の教育者
田島(たじま)新六　1795～1879　江戸後期～明治期の太田村小針の分限者
平田(ひらた)新六　江戸時代の尾張藩の御用両替屋
堀尾(ほりお)新六　1846～1910　江戸末期・明治期の製菓業。堀尾製菓(有)の初代
宮の下(みやのした)新六　安土桃山時代の信濃国筑摩郡安坂の土豪
望月(もちづき)新六　戦国時代の佐久郡の国衆望月氏の一族
山本(やまもと)新六　江戸中期の長命寺管理人。桜もちの考案者
真禄　しんろく
松木(まつき)真禄　戦国時代の無二流棒の手師匠
神六　しんろく
伊藤(いとう)神六　?～1576　安土桃山時代の織田信長の家臣
代(しろ)神六　戦国時代の隠岐国水若酢社神主
甚六　じんろく
大和(おわ)甚六　安土桃山時代の信濃国諏訪郡大和郷の土豪
釜津田(かまつた)甚六　江戸前期の紫波郡飯岡村の農民。鹿妻穴堰開削者
鎌津田(かまつだ)甚六　安土桃山・江戸前期の治水家
紙屋(かみや)甚六　戦国時代の奈良の紙商人
長谷(はせ)甚六　江戸末期の細島の道場坊
無数河村(むすごむら)甚六　江戸中期の無数河村の百姓
新六郎　しんろくろう
黒田(くろだ)新六郎　1833～1894　江戸末期・明治期の実業家
常田(ときた)新六郎　戦国時代の信濃小県郡の国衆
神六郎　しんろくろう
千野(ちの)神六郎　戦国・安土桃山時代の信濃国諏訪郡の国衆
甚六郎　じんろくろう
八国(やこう)甚六郎　戦国時代の松平氏の家臣
晋和　しんわ
赤木(あかぎ)晋和　1769～1843　江戸中期・後期の俳人

【す】

瑞　ずい
小島(こじま)瑞　江戸中期の医者
隋　ずい
倭(わ)隋　上代の倭国人。「宋書」倭国伝に記載
遂庵　すいあん
市河(いちかわ)遂庵　1804～1885　江戸後期～明治期の書家
誰庵　すいあん
誰庵　1507～?　戦国時代の駿河の文人
随庵　ずいあん
今井(いまい)随庵　1814～1838　江戸後期の漢学者
瑞郁　ずいいく
文叔(ぶんしゅく)瑞郁　1467?～1535　室町・戦国時代の臨済宗の僧
椎陰　すいいん
椎陰　?～1874　江戸後期～明治期の俳人
翠雨　すいう
小寺(こでら)翠雨　1825～1860　江戸後期・末期の藩士・兵学者
若槻(わかつき)翠雨　1813～1878　江戸後期～明治期の郷学校の教官
翠塢　すいう
小田島(おだじま)翠塢　1783～1853　江戸中期・後期の書肆・漢学者
翠雲　すいうん
大溝(おおみぞ)翠雲　1832～1908　江戸後期～明治期の儒家
山本(やまもと)翠雲　?～1849　江戸後期の画家
瑞雲院殿　ずいうんいんでん
瑞雲院殿　1497～1552　戦国時代の女性。武田信虎の正室。信玄の母
随雲軒　ずいうんけん
随雲軒　江戸末期の俳人
上原(うえはら)随雲軒　戦国時代の武将。武田家臣
水雲子　すいうんし
水雲子　江戸前期の俳人
随慧　ずいえ
随慧　江戸中期の浄土真宗の僧
翠園　すいえん
菊池(きくち)翠園　1818～1862　江戸後期・末期の教育者
翠淵　すいえん
仙石(せんごく)翠淵　1801～1885　江戸後期～明治期の日本画家
翠烟　すいえん
吉川(よしかわ)翠烟　江戸末期の画家
随園　ずいえん
豊田(とよだ)随園　?～1732　江戸中期の松山藩の絵師
随縁　ずいえん
若林(わかばやし)随縁　?～1902　江戸末期・明治期の真宗大谷派の僧
睡鷗　すいおう
宮崎(みやざき)睡鷗　1696～1765　江戸中期の武芸家
遂翁　すいおう
遂翁　1717～1789　江戸中期・後期の禅僧

す

酔翁　すいおう
斎藤(さいとう)酔翁　?～1874　江戸末期の漢学者
随応　ずいおう
随応　?～1868　江戸後期・末期の浄土宗の僧
随翁　ずいおう
杉山(すぎやま)随翁　江戸後期の漢学者
瑞翁　ずいおう
青木(あおき)瑞翁　江戸前期・中期の藩士
翠屋　すいおく
村山(むらやま)翠屋　1818～?　江戸後期～明治期の画家
翠樾　すいおつ
湯浅(ゆあさ)翠樾　1798～1873　江戸後期～明治期の町儒《湯浅道平》
水音　すいおん
水音　江戸中期の俳人
随可　ずいか
豊田(とよだ)随可　1721～1792　江戸中期・後期の松山藩の絵師
翠厓　すいがい
前田(まえだ)翠厓　1824～1895　江戸末期の津藩士
酔岳　すいがく
浅見(あさみ)酔岳　1809～1870　江戸後期～明治期の画家
瑞岳院　ずいがくいん
瑞岳院　1845～1846　江戸後期の徳川家慶の十二男
瑞曷　ずいかつ
末宗(まっしゅう)瑞曷　1535～1609　戦国～江戸前期の僧
睡巌　すいがん
坪井(つぼい)睡巌　1794～1868頃　江戸末期の吉田藩の儒者
翠巌　すいがん
翠巌　江戸中期の天竜寺の僧、漢詩人
田村(たむら)翠巌　?～1883　江戸後期～明治期の教育者
山口(やまぐち)翠巌　1643～1728　江戸前期・中期の藩士
翠岩　すいがん
翠岩　江戸中期の黄檗宗の僧
釈(しゃく)翠岩　1684～1745　江戸前期・中期の義人
碎巌　すいがん
高森(たかもり)碎巌　1847～1917　江戸末期～大正期の南画家《高森砕巌》
瑞巌　ずいがん
瑞巌　?～1767　江戸中期の浄土宗の僧
瑞巌院　ずいがんいん
瑞巌院　1795～1797　江戸後期の徳川家斉の三男
瑞巌光　ずいがんこう
瑞巌光　?～1350　南北朝時代の国府町の安国寺の開基
酔経　すいきょう
里見(さとみ)酔経　江戸末期の漢学者
水旭　すいきょく
水旭　江戸後期の俳人
睡誾　すいぎん
睡誾　江戸中期の俳人
瑞訢　ずいきん
笑雲(しょううん)瑞訢　室町時代の禅僧
酔吟居主人　すいぎんきょしゅじん
酔吟居主人　江戸後期の農政家
水谿　すいけい
行方(なめかた)水谿　江戸後期の本草家
翠渓　すいけい
小松原(こまつばら)翠渓　1781～1835　江戸中期・後期の画家
村井(むらい)翠渓　1817～1862　江戸後期・末期の医者
瑞景　ずいけい
祐乗坊(ゆうじょうぼう)瑞景　室町時代の医師
瑞桂　ずいけい
湖月(こげつ)瑞桂　?～1558　戦国時代の僧
瑞渓寺殿　ずいけいじでん
瑞渓寺殿　?～1590　戦国・安土桃山時代の女性。北条氏康の正室
水月　すいげつ
水月　?～1655　江戸前期の黄檗宗の僧
水月　江戸前期・中期の僧侶
水月　江戸後期の僧侶・歌人
登米(とめ)水月　戦国時代の画家
翠月　すいげつ
門脇(かどわき)翠月　1746～1806　江戸中期・後期の汗入郡所子村の豪農、俳人
酔月　すいげつ
酔月　江戸前期・中期の俳人
水月軒　すいげつけん
石本(いしもと)水月軒　1824～1877　江戸後期～明治期の木工
水軒　すいけん
朝比奈(あさひな)水軒　?～1664　江戸前期の武士
翠軒　すいけん
荒木(あらき)翠軒　1812～1887　江戸後期～明治期の漢詩人
誰軒　すいけん
渡辺(わたなべ)誰軒　1806～1862　江戸後期・末期の儒学者
睢軒　すいけん
益田(ますだ)睢軒　1732～1798　江戸中期の町人
随見　ずいけん
里見(さとみ)随見　戦国時代の武将
随軒　ずいけん
高橋(たかはし)随軒　安土桃山・江戸前期の藩士、漢学者
瑞見　ずいけん
池田(いけだ)瑞見　1819～1845　江戸後期の医家

蕊源　ずいげん
蕊源　1451～1524　室町時代の禅僧
瑞源　ずいげん
杉本（すぎもと）瑞源　江戸中期の医者
瑞玄　ずいげん
瑞玄　江戸前期・中期の僧侶
瑞彦　ずいげん
鈴木（すずき）瑞彦　1848～1901　江戸後期～明治期の日本画家
推己　すいこ
推己　1771～1835　江戸中期・後期の俳人
翠湖　すいこ
小松原（こまつばら）翠湖　江戸後期の画家
酔古　すいこ
諏訪（すわ）酔古　1839～1906　江戸末期・明治期の人
随古　ずいこ
随古　1720～1773　江戸中期の俳人
随五　ずいご
随五　江戸中期の俳人
翠紅　ずいこう
翠紅　江戸中期の俳人
瑞光　ずいこう
瑞光　江戸中期の浄土宗の僧
瑞杲　ずいこう
旭岑（きょくしん）瑞杲　？～1528　戦国時代の臨済宗の僧
水谷　すいこく
杉辺（すぎべ）水谷　1805～？　江戸後期の書家
翠谷　すいこく
片山（かたやま）翠谷　1786～1846　江戸中期・後期の画家
水哉　すいさい　⇔ゆきちか
渡辺（わたなべ）水哉　1798～1875　江戸後期～明治期の漢学者
水斎　すいさい
黒滝（くろたき）水斎　1838～1901　江戸末期・明治期の儒者
酔斎子　すいさいし
酔斎子　江戸後期の「襍土一覧」の著者
瑞策　ずいさく
鈴江（すずえ）瑞策　1842～1905　江戸後期～明治期の藍商、地主、医師
水颯　すいさつ
水颯　？～1724　江戸前期・中期の俳人
翠山　すいざん
東里（とうり）翠山　1787～1867　江戸中期～末期の藩士
酔山　すいざん
宮崎（みやざき）酔山　1777～1860　江戸中期～末期の画家
翠実　すいじつ
翠実　江戸中期の俳人
酔車　すいしゃ
鳥海（とりうみ）酔車　1800～1855　江戸後期・末期の郷土史家
水尺　すいしゃく
水尺　江戸前期の俳人
水樹　すいじゅ
水樹　1712～1789　江戸中期・後期の俳人
瑞秀　ずいしゅう
雪岫（せっしゅう）瑞秀　室町時代の臨済宗の僧
邃所　すいしょ
金田（かねだ）邃所　1837～1899　江戸後期～明治期の漢学者

す

随所　ずいしょ
遠藤（えんどう）随所　1823～1889　江戸後期～明治期の篆刻家・砲術家
翠丈　すいじょう
村田（むらた）翠丈　江戸後期の金沢の俳人
瑞承　ずいしょう
有自（ゆうじ）瑞承　？～1526　戦国時代の臨済宗の僧
随心　ずいしん
随心　室町時代の連歌作者
里村（さとむら）随心　江戸中期の武術家
随真　ずいしん
随真　江戸中期の天台宗の僧
随親　ずいしん
随親　鎌倉時代の漆工
瑞信　ずいしん
瑞信　江戸前期の俳人
随真院　ずいしんいん
島津（しまづ）随真院　1801～1876　江戸後期～明治期の女性。旧佐土原藩9代藩主忠徹の室、10代忠寛の母
推石　すいせき
笠原（かさはら）推石　1808～1851　江戸末期の俳人
水石　すいせき
井上（いのうえ）水石　1790～1869　江戸後期の文人
佐藤（さとう）水石　江戸後期の画家
中島（なかしま）水石　1834～1890　江戸後期～明治期の俳人
酔石　すいせき
野沢（のざわ）酔石　1781～1842　江戸中期・後期の漢学者・漢詩人
瑞石　ずいせき
瑞石　江戸中期の俳人
酔石翁　すいせきおう
酔石翁　江戸中期の戯作者
酔雪　すいせつ
酔雪　1810～1884　江戸後期～明治期の陶工
多賀谷（たがや）酔雪　1775～1839　江戸中期・後期の画家

瑞雪　ずいせつ
斎藤（さいとう）瑞雪　1764〜1853　江戸中期・後期の庄屋
翠川　すいせん
翠川　江戸後期の俳人
随仙　ずいせん
林（はやし）随仙　1802〜1867　江戸後期・末期の医家
瑞仙　ずいせん
池田（いけだ）瑞仙　1734〜1816　江戸中期・後期の医師
瑞禅　ずいぜん
瑞禅　室町時代の天台宗の僧・歌人
瑞禅　室町時代の連歌作者
睡足　すいそく
吉田（よしだ）睡足　1792〜1873　江戸末期の茶人
瑞潭　ずいたん
瑞潭　1447〜1524　室町時代の禅僧
瑞智　ずいち
惟明（いみょう）瑞智　室町時代の僧
水竹　すいちく
水竹　1787〜1850　江戸中期・後期の俳人
瑞超　ずいちょう
江春（こうしゅん）瑞超　1514〜1585　戦国・安土桃山時代の僧
酔亭　すいてい
中井（なかい）酔亭　1751〜1793　江戸中期・後期の心学者
随貞　ずいてい
平沢（ひらさわ）随貞　江戸中期の易者
随天　ずいてん
随天　江戸中期の浄土宗の僧
瑞図　ずいと
張（ちょう）瑞図　1570〜1641　安土桃山・江戸前期の書画家
翠桃　すいとう
鹿子畑（かのこはた）翠桃　1662〜1728　江戸中期の蕉門俳人、黒羽藩士
随道　ずいどう
随道　江戸前期の天台宗の僧
水巴　すいは
水巴　1708〜？　江戸中期の俳人
千鳥庵（ちどりあん）水巴　1742〜1805　江戸中期・後期の俳人
穂波　すいは
常泉（つねいずみ）穂波　1807〜1868　江戸後期・末期の漢学者
瑞馬　ずいば
山口（やまぐち）瑞馬　江戸中期・後期の俳人、戯作者
粋白　すいはく
粋白　江戸末期・明治期の俳人
翠伯　すいはく
中村（なかむら）翠伯　江戸中期の俳人
随範　ずいはん
随範　江戸中期の天台宗の僧
翠屛　すいへい
吉田（よしだ）翠屛　江戸中期・後期の漢学者
随平　ずいへい
飯田（いいだ）随平　江戸後期の韮山代官江川氏手代
水甫　すいほ
水甫　江戸中期の俳人
随歩　ずいほ
五十嵐（いがらし）随歩　1852〜1903　江戸後期〜明治期の蒔絵師
瑞保　ずいほ　⇔ずいほう
有節（ゆうせつ）瑞保　1548〜1633　戦国〜江戸前期の僧《有節瑞保》
翠峰　すいほう
久子（くす）翠峰　久子翠峰に同じ
久子（ひさご）翠峰　1791〜1847　江戸後期の漢学者
本間（ほんま）翠峰　1841〜1877　江戸後期〜明治期の画家
瑞保　ずいほう　⇔ずいほ
有節（うせつ）瑞保　1548〜1633　戦国〜江戸前期の僧
瑞芳　ずいほう
杼山（ちょざん）瑞芳　1772〜1829　江戸中期・後期の曹洞宗の僧
瑞邦　ずいほう
岩下（いわした）瑞邦　1802〜1874　江戸後期〜明治期の僧
瑞鳳　ずいほう
瑞鳳　江戸中期の真言宗の僧
瑞芳院　ずいほういん
瑞芳院　1815〜1815　江戸後期の女性。徳川家慶の二女
酔茗　すいめい
海保（かいぼ）酔茗　1788〜1856　江戸後期・末期の篆刻家
瑞明　ずいめい
瑞明　1784〜1857　江戸末期の僧
瑞聞　ずいもん
南渓（なんけい）瑞聞　？〜1589　戦国・安土桃山時代の臨済宗の僧。遠州井伊谷龍潭寺第2世
瑞門　ずいもん
実山（じつざん）瑞門　江戸前期・中期の曹洞宗の僧
睡友　すいゆう
睡友　江戸前期・中期の雑俳点者
水容　すいよう
水容　江戸中期の俳人
随庸　ずいよう
伊藤（いとう）随庸　江戸中期の手代・著述家。「尾張名勝志」を執筆
瑞要　ずいよう
竺関（じくかん）瑞要　戦国時代の臨済宗の僧

翠柳　すいりゅう
翠柳　1693～1764　江戸中期の雑俳点者
随竜　ずいりゅう
平沢（ひらさわ）随竜　1781～1833　江戸中期・後期の卜占家
瑞竜軒　ずいりゅうけん
瑞竜軒〔1代〕　1687～1784　江戸前期・中期の講釈師
瑞竜軒〔2代〕　江戸後期の講釈師
遂良　すいりょう
鈴木（すずき）遂良　1699～1745　江戸中期の兵学者
瑞麟　ずいりん
麒山（きざん）瑞麟　江戸中期の僧
水簾　すいれん
水簾　江戸中期・後期の俳人
随和　ずいわ
随和　江戸中期・後期の俳人
崇園　すうえん
竹処（ちくしょ）崇園　？～1412　室町時代の僧。中呂の円通寺の開基
嵩鶴　すうかく
桜井（さくらい）嵩鶴　江戸後期の画家
嵩岳　すうがく
萩原（はぎわら）嵩岳　1790～1829　江戸後期の儒者《萩原楽亭》
崇暁　すうぎょう
崇暁　鎌倉後期の僧
枢蹊　すうけい
枢蹊　江戸後期の日蓮宗の僧
数寋　すうけん
大倉（おおくら）数寋　1795～1869　江戸後期～明治期の和算家
崇五　すうご
竺隠（じくいん）崇五　？～1697　江戸前期・中期の臨済宗の僧
崇高堂　すうこうどう
崇高堂　江戸後期の「大相撲綽号出所記」の著者
崇金　すうこん
崇金　鎌倉後期以前の僧侶・歌人
嵩山　すうざん
池田（いけだ）嵩山　？～1677　江戸前期の医者
波多（はた）嵩山　1735～1785　江戸中期の儒者《波多兼虎》
崇松　すうしょう
衡嶺（こうれい）崇松　江戸中期の曹洞宗の僧
崇昌院殿　すうしょういんでん
崇昌院殿　？～1545　戦国時代の女性。武田信縄の正室
崇世　すうせい
崇世　南北朝時代の僧侶・連歌作者
崇正　すうせい
山内（やまのうち）崇正　？～1868　江戸末期の代官
崇雪　すうせつ
橋本（はしもと）崇雪　？～1686　江戸前期の俳人
崇善院　すうぜんいん
崇善院　1762～1763　江戸中期の徳川家治二男
嵩台　すうだい
巌渓（いわたに）嵩台　江戸中期の医師、儒者
崇透　すうとう
済関（さいかん）崇透　戦国時代の僧
宗得　すうとく
数原（すわら）宗得　江戸時代の医師
崇忍　すうにん
東山（とうざん）崇忍　南北朝時代の臨済宗の僧
崇峰　すうほう
香山（かやま）崇峰　江戸中期の儒者
数也　すうや
曹（そう）数也　？～1664　江戸前期の明の人。戦乱を避けて長崎に上陸、のち尾張藩主徳川義直の招きで名古屋へ赴く
すゑ
相河屋（そうがわや）すゑ　？～1788　江戸中期・後期の加賀国石川郡松任町の俳人
末昭　すえあき
吉野（よしの）末昭　江戸中期の神職
季有　すえあり
永富（ながどみ）季有　南北朝時代の長門の武士
季家　すえいえ
藤原（ふじわらの）季家　平安後期の武士
末起　すえおき
福井（ふくい）末起　1636～1689　江戸前期・中期の神職
季景　すえかげ
源（みなもと）季景　平安後期・鎌倉前期の武将、歌人
末景　すえかげ
末景　室町時代の石見の刀匠
宇多（うだ）末景　安土桃山・江戸前期の砲術家
季員　すえかず
得江（とくえ）季員　南北朝時代の能登国羽咋郡志雄保の領主
季賢　すえかた
大江（おおえの）季賢　平安後期の摂津国椋橋西荘の案主
太郎館（たろうだち）季賢　1819～1895　江戸後期～明治期の神職
源（みなもと）季賢　南北朝時代の歌人・連歌作者
季方　すえかた
大原（おおはらの）季方　平安後期の大和国平田荘の荘官
末質　すえかた
福井（ふくい）末質　1693～1763　江戸中期の神職
季兼　すえかね
紀（きの）季兼　平安中期の宇佐八幡宮の神官
清原（きよはらの）季兼　平安後期の官人
藤原（ふじわらの）季兼　平安後期の官人

す

末包　すえかね
紀(きの)末包　平安後期の伊勢神宮権禰宜
末吉　すえきち　⇔すえよし
内垣(うちがき)末吉　1847～1918　江戸末期～大正期の棋客
岡本(おかもと)末吉　1833～1908　江戸後期～明治期の陶工
瀬戸(せと)末吉　1859～1892　江戸末期・明治期の薬剤師。花王石鹼考案者
季清　すえきよ
大中臣(おおなかとみの)季清　平安後期の漏刻博士
大野(おおの)季清　鎌倉前期の地頭
佐藤(さとう)季清　平安後期の官人
藤原(ふじわらの)季清　平安後期の官人
季国　すえくに
千秋(せんしゅう)季国　室町時代の神職・連歌作者
源(みなもと)季国　平安後期の侍大将
須恵子　すえこ
藤原(ふじわらの)須恵子　平安前期の女性。春日・大原野神社の斎女
季子内親王　すえこないしんのう
季子内親王　?～979　平安中期の女性。宇多天皇皇女
末五郎　すえごろう
中島(なかじま)末五郎　江戸時代の馬産家
季前　すえさき
賀茂(かも)季前　江戸後期の神職
季貞　すえさだ
季貞　平安後期の大工
季貞　戦国時代の刀工
季定　すえさだ
愛甲(あいこう)季定　1605～1697　江戸前期・中期の薩摩藩士、医師
藤原(ふじわらの)季定　平安中期の官人
末貞　すえさだ
末貞　室町時代の刀工
大神(おおがの)末貞　平安後期の豊前国八幡宇佐宮御装束検校大神貞安の父
紀(きの)末貞　平安後期の官人
末定　すえさだ
末定　戦国時代の刀工
季実　すえざね
賀島(かしま)季実　鎌倉後期の武士
紀(き)季実　鎌倉後期の飯石郡赤穴庄地頭
紀(きの)季実　平安後期の官人
藤原(ふじわらの)季実　平安後期の官人
源(みなもとの)季実　?～1159　平安後期の武将
季治　すえじ　⇔すえはる
山田(やまだ)季治　1848～1916　江戸末期～大正期の教育者
末次　すえじ　⇔まつじ
上田(うえだ)末次　1846～?　江戸後期・末期の新撰組隊士
季重　すえしげ　⇔ちえしげ
大江(おおえの)季重　平安後期の官人
紀(きの)季重　平安後期の官人
日奉(ひまつりの)季重　平安後期・鎌倉前期の武士
本間(ほんま)季重　?～1660　江戸前期の旗本
物部(もののべ)季重　鎌倉時代の梵鐘鋳物師
季繁　すえしげ
蠣崎(かきざき)季繁　?～1462　室町時代の武将
季蕃　すえしげ
安倍(あべ)季蕃　1771～1845　江戸中期・後期の楽人
末茂　すえしげ　⇔すえもち
橘(たちばなの)末茂　平安前期の飛驒権守。下総守
季輔　すえすけ
藤原(ふじわらの)季輔　平安後期の官人。権大納言藤原仲実の子
季副　すえそえ
西池(にしいけ)季副　1599～1692　安土桃山～江戸中期の神職
季孝　すえたか
藤原(ふじわら)季孝　平安中期の公家・歌人
三善(みよしの)季孝　平安後期の官人
季高　すえたか
粟田(あわたの)季高　平安後期の御冠師、官人
海老名(えびな)季高　戦国時代の古河公方足利成氏の近臣
季鷹　すえたか
加茂(かもの)季鷹　1754～1841　江戸後期の歌人
季宝　すえたか
賀茂(かも)季宝　1702～1774　江戸中期の神職
季隆　すえたか
愛甲(あいこう)季隆　?～1213　鎌倉前期の武将
池田(いけだ)季隆　1678～1754　江戸前期・中期の幕臣
本間(ほんま)季隆　江戸後期の和算家
末高　すえたか
紀(きの)末高　平安中期の官人
季武　すえたけ
卜部(うらべ)季武　950～1022　平安中期の武人
平(たいらの)季武　平安中期の武士。源頼光の四天王の一人
村田(むらた)季武　1721～1790　江戸中期の教育者
水取(もいとりの)季武　平安中期の官人
季忠　すえただ
惟宗(これむねの)季忠　平安後期の官人
千秋(せんしゅう)季忠　1534～1560　戦国・安土桃山時代の織田信長の家臣
平(たいらの)季忠　平安後期の武人
藤原(ふじわらの)季忠　平安後期の官人
季縄　すえただ　⇔すえつな, すえなわ
藤原(ふじわらの)季縄　?～919　平安前期・中期の官吏
末足　すえたり
大神(おおみわの)末足　奈良時代の官人
季次　すえつぐ
秋田(あきた)季次　?～1624　江戸前期の幕臣

文室(ふんやの)季次　平安後期の官人
末継　すえつぐ
末継　室町時代の刀工
末嗣　すえつぐ
小野(おの)末嗣　平安前期の漢詩人
季綱　すえつな
橘(たちばなの)季綱　平安後期の官人
藤原(ふじわらの)季綱　平安後期の官人
三木(みつき)季綱　？～1585　安土桃山時代の三木自綱の3男
季縄　すえつな　⇔すえただ, すえなわ
藤原(ふじわらの)季縄　？～919　平安前期・中期の官吏《藤原季縄》
末綱　すえつな
末綱　室町時代の刀工
末綱　戦国時代の刀工
季経　すえつね
紀(きの)季経　平安後期の官人
和気(わけ)季経　南北朝時代の備前国の武士
末恒　すえつね
中原(なかはらの)末恒　平安後期の蒔絵師
季連　すえつら
小槻(おづき)季連　1655～1709　江戸前期・中期の公家
季遠　すえとう　⇔すえとお
小平(こだいら)季遠　戦国・安土桃山時代の武将
季任　すえとう
安倍(あべ)季任　1704～1758　江戸中期の楽人
橘(たちばなの)季任　平安中期の官人
藤原(ふじわらの)季任　平安中期の官人。父は永頼
藤原(ふじわらの)季任　平安後期の官人。父は季元
季遠　すえとお　⇔すえとう
平(たいらの)季遠　平安後期の官人
中原(なかはらの)季遠　平安後期の官人
源(みなもと)季遠　平安後期の武将・歌人
季言　すえとき
大江(おおえの)季言　平安後期の官人
季俊　すえとし
藤原(ふじわらの)季俊　平安後期の武士
季利　すえとし
橘(たちばなの)季利　平安後期の官人
季騆　すえとし
安倍(あべ)季騆　1819～1853　江戸後期の楽人
末利　すえとし
大蔵(おおくらの)末利　平安後期の官人
季富　すえとみ　⇔きふ
真崎(まさき)季富　1567～1639　安土桃山・江戸前期の真崎堰開削者
季奉　すえとも
紀(きの)季奉　平安後期の官人
季友　すえとも
軽部(かるべの)季友　平安後期の官人
高志(こし)季友　平安後期の官人
惟宗(これむねの)季友　平安後期の官人
季豊　すえとよ
田所(たどころ)季豊　1577～1642　江戸前期の代官
季名　すえな
紀(きの)季名　平安後期の官人
季直　すえなお
海老名(えびな)季直　南北朝時代の武家・連歌作者
本間(ほんま)季直　1569～1612　江戸前期の旗本
季仲　すえなか
藤原(ふじわらの)季仲　平安後期の官人
季永　すえなが
藤原(ふじわらの)季永　1050～1119　平安中期・後期の官人
季長　すえなが　⇔としなが
安倍(あべ)季長　1358～1422　南北朝・室町時代の楽人
荒木田(あらきだ)季長　鎌倉後期の神職・歌人
修理少進(しゅりしょうしん)季長　鎌倉時代の画家
藤原(ふじわら)季長　南北朝時代の小野郷の領主
源(みなもとの)季長　平安後期の飛騨守
毛呂(もろ)季長　戦国時代の武蔵国衆三田氏宗の三男
季脩　すえなが
季脩　南北朝時代の公家・歌人
季成　すえなり
大野(おおの)季成　鎌倉時代の大野荘の荘官・地頭
紀(きの)季成　平安中期の官人
末済　すえなり
福島(ふくしま)末済　1712～1770　江戸中期の神職
末成　すえなり
吉志(きしの)末成　平安前期の官人
季縄　すえなわ　⇔すえただ, すえつな
藤原(ふじわらの)季縄　？～919　平安前期・中期の官吏《藤原季縄》
季信　すえのぶ
在原(ありはらの)季信　平安中期の官人
大江(おおえの)季信　平安後期の官人
片岡(かたおか)季信　？～1619　江戸前期の武人
千秋(せんしゅう)季信　1560？～1612　安土桃山・江戸前期の織田信長の家臣
平(たいらの)季信　平安中期の官人
藤原(ふじわらの)季信　平安後期の官人
源(みなもとの)季信　平安後期の官人
末延　すえのぶ
紀(きの)末延　平安後期の官人
以主(もちぬしの)末延　平安後期の官人
季式　すえのり
宮道(みやじ)季式　平安後期の越中堀江荘の下司
季範　すえのり　⇔きはん
源(みなもとの)季範　？～1156　平安後期の人。文徳源氏
季治　すえはる　⇔すえじ
後藤(ごとう)季治　南北朝時代の美作国塩湯郷の武将

す

末春　すえはる
橘(たちばなの)末春　平安後期の源義経を藤原秀衡に紹介したと伝えられる人
末彦　すえひこ
春日(かすが)末彦　?～1876　江戸後期～明治期の神職
季久　すえひさ
季久　戦国時代の刀工
安藤(あんどう)季久　鎌倉後期の武士
島津(しまづ)季久　1413～1477　室町・戦国時代の武将
末久　すえひさ
末久　戦国時代の刀工
季栄　すえひで
賀茂(かも)季栄　1733～1793　江戸中期・後期の神職
季英　すえひで
岸畑(きしはた)季英　江戸中期の漢詩人
季秀　すえひで
池田(いけだ)季秀　1800～1861　江戸後期・末期の代官
末秀　すえひで
末秀　戦国時代の刀工
季衡　すえひら
平(たいらの)季衡　1022～1081　平安中期・後期の官人
季寛　すえひろ
三上(みかみ)季寛　1741～1806　江戸中期・後期の幕臣
季広　すえひろ
平(たいらの)季広　平安後期の土豪
源(みなもと)季広　平安後期の公家・歌人
依田(よだ)季広　安土桃山時代の信濃佐久郡の国衆
季弘　すえひろ
安倍(あべの)季弘　1136～1199　平安後期・鎌倉前期の陰陽師
大伴(おおともの)季弘　平安後期の官人
季房　すえふさ
橘(たちばなの)季房　平安後期の官人
藤原(ふじわらの)季房　平安中期の官人
藤原(ふじわらの)季房　鎌倉時代の公家
的場(まとば)季房　1554～1629　戦国～江戸前期の駿府馬場町の商人
源(みなもとの)季房　平安後期の官人
杪房　すえふさ
田中(たなか)杪房　?～1717　江戸中期の旗本
季政　すえまさ
清原(きよはらの)季政　平安後期の官人
惟宗(これむねの)季政　平安後期の医師
季正　すえまさ
安倍(あべ)季正　1522～1585　戦国・安土桃山時代の楽人
紀(きの)季正　平安後期の官人
中原(なかはらの)季正　平安後期の官人
季理　すえまさ
榎本(えのもとの)季理　平安中期の官人
末真　すえまさ
車館(くるまだて)末真　1787～1869　江戸中期～明治期の神職
末益　すえます
吉野(よしの)末益　江戸前期の神職
末松　すえまつ
金子(かねこ)末松　1831～1864　江戸後期・末期の禁門の変で戦死
季通　すえみち
大江(おおえの)季通　平安後期の官人
賀茂(かも)季通　1619～1693　江戸前期・中期の神職、国学者
橘(たちばな)季通　?～1068?　平安中期・後期の官人、歌人
季光　すえみつ
平(たいらの)季光　平安後期の官人
長野(ながの)季光　南北朝時代の能登の武将
藤原(ふじわら)季光　南北朝時代の連歌作者
季満　すえみつ
平(たいらの)季満　平安中期の官人
末盈　すえみつ
福井(ふくい)末盈　1717～1749　江戸中期の神職
末光　すえみつ
末光　室町時代の刀工
紀(きの)末光　平安後期の官人
高林(たかばやし)末光　江戸後期の人。「享和元年公卿勅使記」の編者
季宗　すえむね
荒木田(あらきだ)季宗　?～1367　鎌倉後期・南北朝時代の神職、歌人
尾基(おもと)季宗　平安後期の官人
藤原(ふじわら)季宗　鎌倉前期の公家・歌人
季致　すえむね
藤原(ふじわらの)季致　平安後期の官人
季村　すえむら
賀島(かしま)季村　鎌倉後期の武士
橋本(はしもと)季村　1627～1648　江戸前期の公家
季茂　すえもち
源(みなもと)季茂　鎌倉時代の武将・歌人
季庸　すえもち
池田(いけだ)季庸　1716～1792　江戸中期・後期の代官
末茂　すえもち　⇔すえしげ
日下部(くさかべの)末茂　平安中期の官人
美濃部(みのべ)末茂　?～1696　江戸中期の代官
季基　すえもと
平(たいらの)季基　平安中期の官人
季盛　すえもり
平(たいらの)季盛　平安後期の官人
末守　すえもり
末守　鎌倉前期・後期の刀工
末守　?～1642　安土桃山・江戸前期の女性。高

畠吉光の娘で、前田利家の室芳春院の姪
紀(き)末守　平安前期の漢詩人

末盛　すえもり
亀田(かめだ)末盛　1589〜1657　安土桃山・江戸前期の神職

季安　すえやす
藤原(ふじわらの)季安　平安後期の官人

季康　すえやす
平(たいらの)季康　平安後期の廷臣
橘(たちばな)季康　平安後期の武士

季保　すえやす
穴太(あのうの)季保　平安中期の官人
賀茂(かも)季保　鎌倉前期の神職・歌人
藤原(ふじわら)季保　鎌倉前期の中流貴族

居安　すえやす
阿保(あぼの)居安　平安中期の官人

居保　すえやす
菅原(すがわら)居保　江戸中期の馬術家

季行　すえゆき
大石(おおいしの)季行　平安後期の官人

季随　すえゆき　⇔すえより
安倍(あべ)季随　1777〜1854　江戸中期〜末期の楽人

季吉　すえよし
大滝(おおたき)季吉　1762〜1817　江戸中期・後期の文人
清原(きよはらの)季吉　平安後期の官人
藤沢(ふじさわの)季吉　平安後期の官人

季好　すえよし
浅井(あさいの)季好　平安中期の官人

季祥　すえよし
賀茂(かも)季祥　1810〜？　江戸後期の公家

季能　すえよし
小川(おがわ)季能　鎌倉前期の武士

季良　すえよし
紀(きの)季良　平安後期の官人
平(たいらの)季良　平安後期の官人

末吉　すえよし　⇔すえきち
紀(きの)末吉　平安後期の在地の刀禰

末祥　すえよし
末祥　戦国時代の刀工

末美　すえよし
福井(ふくい)末美　1751〜1812　江戸中期・後期の神職

季随　すえより　⇔すえゆき
藤原(ふじわらの)季随　平安中期の官人。参議藤原安親の子

周防　すおう
織田(おだ)周防　安土桃山時代の織田信長の家臣
金原(きんばら)周防　江戸前期の宮大工
駒井(こまい)周防　？〜1501　戦国時代の武田氏の家臣

周防守季胤　すおうのかみすえたね
相原(あいはら)周防守季胤　？〜1512　戦国時代の武将

周防守正俊　すおうのかみまさとし
伊丹(いたみ)周防守正俊　江戸前期の武士。大坂の陣で籠城

周防守康敬　すおうのかみやすよし
三宅(みやけ)周防守康敬　1679〜1750　江戸前期・中期の44代長崎奉行

すが
河井(かわい)すが　1835〜1894　江戸後期〜明治期の女性。長岡藩執政河井継之助の妻

須賀雄　すがお
石黒(いしぐろ)須賀雄　1826〜1889　江戸末期・明治期の神官・教育者
西川(にしかわ)須賀雄　1838〜1906　江戸後期〜明治期の神道家

菅雄　すがお
川瀬(かわせ)菅雄　1647〜1725　江戸前期・中期の歌人
服部(はっとり)菅雄　1775〜1837　江戸中期・後期の国学者・歌人

清雄　すがお　⇔きよお
朝野(あさのの)清雄　平安前期の官人
江竜(えりゅう)清雄　1831〜1904　江戸後期〜明治期の郷士、政治家
笠因(かさより)清雄　江戸後期の神職・歌人

菅子　すがこ
竹川(たけがわ)菅子　1784〜1844　江戸中期・後期の歌人
三田(みた)菅子　1786〜1818　江戸後期の歌人

菅継　すがつぐ
藤原(ふじわらの)菅継　？〜791　奈良時代の官人

菅根　すがね
青木(あおき)菅根　江戸中期の文人・歌人
原(はら)菅根　江戸末期の歌人

清根　すがね
菅原(すがわら)清根　1789〜1862　江戸後期・末期の社僧

菅彦　すがひこ
森本(もりもと)菅彦　？〜1847　江戸後期の国学者

須賀麻呂　すがまろ
大枝(おおえの)須賀麻呂　平安前期の官人

菅麻呂　すがまろ
綾(あやの)菅麻呂　奈良時代の豪族
大井(おおい)菅麻呂　江戸末期の神職・国学者
大枝(おおえの)菅麻呂　平安前期の官人

菅麿　すがまろ
木島(きじま)菅麿　？〜1836　江戸後期の歌人

清見　すがみ　⇔せいけん
田中(たなか)清見　1814〜1897　江戸後期〜明治期の石見神楽の師

清世　すがよ　⇔きよよ
大中臣(おおなかとみの)清世　1345〜1409　南北朝・室町時代の祭主(77代)

菅賢　すがよし
古屋(ふるや)菅賢　1818〜1906　江戸後期〜明治期の国学者

須竿　すかん
須竿　1666〜1695　江戸前期・中期の俳諧作者
杉　すぎ
烟草屋（たばこや）杉　江戸中期の女性。能登国鹿島郡所口村の烟草屋伊右衛門の娘
杉庵　すぎあん
山口（やまぐち）杉庵　1765〜1842　江戸中期・後期の国学者
杉右衛門　すぎうえもん
杉右衛門　戦国時代の土豪
榲雄　すぎお
大中臣（おおなかとみの）榲雄　平安前期の官人
杉王　すぎおう
小島（こじま）杉王　江戸後期の鎌倉鶴岡八幡宮の巫女
杉蔵　すぎぞう
後藤（ごとう）杉蔵　1850〜1912　江戸後期〜明治期の教育者、地方教育会創設推進者
椙太　すぎた
小川（おがわ）椙太　1837〜1895　江戸後期〜明治期の武士
杉の坊　すぎのぼう
杉の坊　安土桃山時代の織田信長の家臣
杉光　すぎみつ
檜前（ひのくまの）杉光　平安前期の宮大工
杉人　すぎんど
筑波園（つくばえん）杉人　？〜1869　江戸後期の俳人、学者
救夫　すくいふ
長直（ながのあたえ）救夫　飛鳥時代の勝浦郡領
直雄　すぐお　⇔ただお, なおたけ
神服（かんはとりの）直雄　？〜878　平安前期の権弩師
宿奈麻呂　すくなまろ
石川（いしかわの）宿奈麻呂　奈良時代の官人
石村（いわむらの）宿奈麻呂　奈良時代の官人
台（うてなの）宿奈麻呂　飛鳥時代の官人
大中臣（おおなかとみの）宿奈麻呂　奈良時代の官人
大原（おおはらの）宿奈麻呂　奈良時代の官人
野氏（ののうじの）宿奈麻呂　奈良時代の官吏
船木（ふなきの）宿奈麻呂　奈良時代の造石山寺司の木工長上
淑奈麻呂　すくなまろ
小野（おのの）淑奈麻呂　奈良時代の官人
宿禰　すくね
春苑（はるその）宿禰　平安前期の遣唐使
宿祢　すくね
淤宇（おうの）宿祢　上代の屯田司
足尼　すくね
印旛（いなばの）足尼　上代の久努国造
大河音（おおかわとの）足尼　上代の越中の国造
小立（おたての）足尼　上代の都佐国造
韓背（からせ）足尼　上代の長国造。『国造本紀』にみえる
千波（ちは）足尼　上代の国造
小立（ひじの）足尼　小立足尼に同じ
秀　すぐる　⇔しげる, しゅう, ひいで, ひで
高橋（たかはし）秀　江戸後期の和算家《高橋秀》
俊　すぐる
源（みなもとの）俊　平安中期の官人
勝　すぐる　⇔かつ, まさる
酒井（さかい）勝　平安前期の人。豊前国宇佐八幡宮の神官、桑原郷の大領
優　すぐる
石川（いしかわ）優　江戸末期の武士・幕臣
助　すけ
助　平安前期の女性。朱雀院の女御藤原慶子の女房
瀬嵐の（せあらしの）助　江戸前期の能登国鹿島郡瀬嵐村の十村役
輔　すけ
渡辺（わたなべ）輔　江戸後期の和算家
佐明　すけあき
有元（ありもと）佐明　？〜1598　安土桃山時代の武士
扶明　すけあき
三刀谷（みとや）扶明　江戸前期の藩士
祐詮　すけあき
藤田（ふじた）祐詮　江戸中期の藩士
亮章　すけあき
上田（うえだ）亮章　江戸後期の洋学者
資明　すけあきら
平岡（ひらおか）資明　1658〜1724　江戸前期・中期の幕臣
祐明　すけあきら
久須美（くすみ）祐明　1769〜1852　江戸中期・後期の幕臣
助丁　すけあつ
坂牛（さこうし）助丁　？〜1847　江戸後期の藩士
祐篤　すけあつ　⇔ゆうとく
賀茂（かも）祐篤　戦国時代の神職
祐敦　すけあつ
鴨（かも）祐敦　鎌倉後期の神職・歌人
資有　すけあり
藤原（ふじわら）資有　鎌倉時代の公家・歌人
資家　すけいえ
大江（おおえの）資家　平安後期の官人
祐家　すけいえ
曽我（そが）祐家　？〜1163　平安後期の武士
祐舎　すけいえ
中臣（なかとみ）祐舎　1644〜1693　江戸前期・中期の神職
助一　すけいち
青山（あおやま）助一　安土桃山時代の織田信長の家臣
助市　すけいち
助市　江戸中期の孝子
木屋（きや）助市　？〜1650　江戸前期の大坂商人
助一郎　すけいちろう
寺崎（てらさき）助一郎　江戸末期の幕臣

長坂(ながさか)助一郎　安土桃山時代の織田信長の家臣

助右衛門　すけうえもん　⇔すけえもん

小野(おの)助右衛門〔1代〕　1658〜1728　江戸前期の俳人

小野(おの)助右衛門〔2代〕　1680〜1737　江戸前期の俳人

木島(きしま)助右衛門　戦国時代の前橋の商人頭《木島助右衛門》

福田(ふくだ)助右衛門　?〜1626　江戸前期の地侍

佐氏　すけうじ

有元(ありもと)佐氏　?〜1523　安土桃山時代の武将

祐氏　すけうじ

伊東(いとう)祐氏　?〜1183　平安後期の伊豆国伊東の武士

祐殖　すけえ

中臣(なかとみ)祐殖　1275〜1352　鎌倉後期・南北朝時代の神職・歌人

助右衛門　すけえもん　⇔すけうえもん

助右衛門　安土桃山時代の信濃国筑摩郡野口の土豪

助右衛門　江戸中期の高野山寺領下筒香村庄屋

石原(いしはら)助右衛門　?〜1615　江戸前期の伊東長次の家来

及川(おいかわ)助右衛門　江戸末期・明治期の馬商

奥野(おくの)助右衛門　?〜1695　江戸前期・中期の庄内藩家老

奥野(おくの)助右衛門　江戸中期の庄内藩家老

小夫(おづま)助右衛門　江戸前期の武士。大坂の陣で籠城

金子(かねこ)助右衛門　戦国時代の武将。武田家臣

河村(かわむら)助右衛門　?〜1556　戦国時代の織田信長の家臣

木島(きじま)助右衛門　戦国時代の前橋の商人頭

木下(きのした)助右衛門　安土桃山時代の織田信長の家臣

坂井(さかい)助右衛門　江戸前期の豊臣秀頼・藤堂高虎の家臣

相模屋(さがみや)助右衛門　江戸前期の江戸商人

三文字屋(さんもんじや)助右衛門　江戸前期の陶工

塩脇(しおわき)助右衛門　江戸末期・明治期の自治功労者

渋谷(しぶや)助右衛門　江戸前期の武士

下坪村(しもつぼむら)助右衛門　江戸中期の大野郡小八賀郷下坪村の名主

荘村(しょうむら)助右衛門　1820〜1903　江戸後期〜明治期の熊本藩士

白木(しらき)助右衛門　1815〜1885　江戸後期〜明治期の彦根藩の棋士匠

伊達(だて)助右衛門　江戸前期・中期の庄屋、用水路を開削

永嶋(ながしま)助右衛門　戦国時代の土豪

鳴海(なるみ)助右衛門　安土桃山時代の織田信長の家臣

坂東(ばんどう)助右衛門　1615〜1684　江戸前期の加田屋新田の開発者

疋田(ひきた)助右衛門　安土桃山時代の織田信長の家臣

古田(ふるた)助右衛門　?〜1615　江戸前期の豊臣秀頼の家臣

松風(まつかぜ)助右衛門　江戸前期の幕臣

諸伏(もろふし)助右衛門　?〜1867　江戸後期の大住郡四之宮村旗本杉浦氏知行所名主

吉川(よしかわ)助右衛門　江戸前期の陪臣

助衛門　すけえもん

助衛門　安土桃山時代の信濃国筑摩郡桑関の土豪

市川(いちかわ)助衛門　?〜1620　江戸前期の土肥金山奉行

助右衛門忠次　すけえもんただつぐ

渡会(わたらい)助右衛門忠次　安土桃山・江戸前期の大野治長の家臣

す

助右衛門尚重　すけえもんなおしげ

坂東(ばんどう)助右衛門尚重　1615〜1684　江戸前期の加田屋新田の開発者《坂東助右衛門》

佐右衛門尉　すけえもんのじょう

船渡(ふなと)佐右衛門尉　安土桃山・江戸前期の甲斐国巨摩郡河内小丹原村の土豪

助右衛門尉　すけえもんのじょう

諏訪部(すわべ)助右衛門尉　?〜1575　安土桃山時代の甲斐国河内谷の土豪

助右衛門春澄　すけえもんはるすみ

入江(いりえ)助右衛門春澄　1551〜1615　戦国〜江戸前期の豊臣秀吉・豊臣秀頼の御鷹師

介雄　すけお

三浦(みうら)介雄　1845〜1907　江戸後期〜明治期の官吏

佐壮　すけお

丸子部(まろこべの)佐壮　奈良時代の防人

祐雄　すけお　⇔すけたけ, ゆうゆう

伊東(いとう)祐雄　?〜1858　江戸後期・末期の藩士、武芸家

資意　すけおき

吉田(よしだ)資意　?〜1674　江戸前期の武士

資興　すけおき

日野西(ひのにし)資興　1722〜1756　江戸中期の公家

助興　すけおき

曽我(そが)助興　1638〜1727　江戸前期・中期の幕臣

祐興　すけおき

中村(なかむら)祐興　1829〜1909　江戸後期〜明治期の柳川藩士

輔臣　すけおみ

藤原(ふじわら)輔臣　平安前期の公家・歌人

祐父　すけおや

中臣(なかとみ)祐父　1514〜1599　戦国・安土桃山時代の神職

祐香　すけか

伊東(いとう)祐香　1754〜1830　江戸中期・後期の佐渡奉行

佐景　すけかげ

大江(おおえの)佐景　平安後期の官人

資景　すけかげ
加藤（かとう）資景　？～1579　安土桃山時代の織田信長の家臣

助景　すけかげ
大中臣（おおなかとみの）助景　平安後期の官人
玉井（たまい）助景　鎌倉時代の武士
原（はら）助景　戦国時代の千葉輔胤の家臣

輔景　すけかげ
長尾（ながお）輔景　室町時代の武家・連歌作者

祐景　すけかげ
粂川（くめかわ）祐景　1750～1861　江戸後期の画家
小早川（こばやかわ）祐景　？～1338　南北朝時代の武将

助馬　すけかず
曽我（そが）助馬　1733～？　江戸中期の旗本

資方　すけかた
紀（きの）資方　平安後期の官人
三室戸（みむろど）資方　1710～1764　江戸中期の公家

相方　すけかた
源（みなもと）相方　平安中期の公家・歌人

佑賢　すけかた　⇔いうけん
渋川（しぶかわ）佑賢　1828～1857　江戸後期・末期の天文家、暦算家

祐賢　すけかた　⇔ひろかた, ゆうけん
伊東（いとう）祐賢　1666～1708　江戸前期・中期の幕臣
河津（かわづ）祐賢　1842～1917　江戸末期・明治期の幕臣、陸軍軍人
中臣（なかとみ）祐賢　1219～1282　鎌倉前期・後期の神職、歌人

亮方　すけかた
南（みなみ）亮方　江戸後期の和算家

資雄　すけかつ
太田（おおた）資雄　？～1579　戦国・安土桃山時代の扇谷上杉氏家臣太田氏の一族

助廉　すけかど
藤原（ふじわら）助廉　鎌倉時代の連歌作者

資兼　すけかね
安倍（あべ）資兼　平安後期の武士

助兼　すけかね
紀（きの）助兼　平安後期の官人
伴（ともの）助兼　平安後期の武士

助包　すけかね
助包　平安中期の刀工
助包　鎌倉時代の刀工
横山（よこやま）助包　江戸末期の刀工

相兼　すけかね
大江（おおえの）相兼　平安中期の官人

輔兼　すけかね
惟宗（これむねの）輔兼　平安後期の官人

祐金　すけかね
中臣（なかとみ）祐金　1510～1586　戦国・安土桃山時代の神職

祐包　すけかね
祐包　江戸末期～大正期の長船派の刀工

助吉　すけきち　⇔すけよし
石川（いしかわ）助吉　1833～1904　江戸後期～明治期の彫刻家

輔公　すけきみ
藤原（ふじわらの）輔公　平安中期の官人。備中守藤原清通の子

佐清　すけきよ
佐清　平安中期の歌人
佐伯（さえきの）佐清　平安中期の貴族・歌人

資清　すけきよ
麻生（あそう）資清　平安後期の検非違使
安倍（あべの）資清　1060～1119　平安後期の検非違使
大中臣（おおなかとみの）資清　平安後期の官人
中原（なかはらの）資清　1052～1111　平安後期の明法博士
藤原（ふじわらの）資清　平安後期の官人

助清　すけきよ
安倍（あべの）助清　平安後期の官人
平（たいらの）助清　室町時代の人。平朝臣助清名の鰐口を、古河郷高野の白山社へ奉納

輔清　すけきよ
大中臣（おおなかとみの）輔清　？～1121　平安後期の神祇権少副

祐清　すけきよ　⇔ゆうせい
伊藤（いとう）祐清　1678～1745　江戸前期・中期の藩士
伊藤（いとう）祐清　1683～1749　江戸前期・中期の藩士
宇佐美（うさみ）祐清　1759～1819　江戸中期・後期の公家
大蔵（おおくら）祐清　安土桃山時代の武将

佐国　すけくに
有元（ありもと）佐国　？～1421　室町時代の武将
大中臣（おおなかとみの）佐国　965～？　平安中期の祭主（31代）

資国　すけくに
平（たいらの）資国　平安後期の武士
藤原（ふじわらの）資国　平安中期の検非違使

助国　すけくに
刑部（おさかべの）助国　平安中期の官人

弼邦　すけくに
大蔵（おおくらの）弼邦　？～980　平安中期の外記局官人

輔国　すけくに
平（たいらの）輔国　平安中期の官人

祐国　すけくに
中臣（なかとみ）祐国　1535～1599　戦国・安土桃山時代の神職

祐邦　すけくに
久須美（くすみ）祐邦　江戸中期の幕臣

資邦王　すけくにおう
資邦王　1233～1299　鎌倉前期・後期の公卿

介九郎 すけくろう
坂倉(さかくら)介九郎 江戸後期の深川窯陶工

助九郎 すけくろう
粟飯原(あいはら)助九郎 戦国時代の千葉胤直・宣胤(胤宣)の家臣
石毛(いしげ)助九郎 戦国時代の千葉胤富の家臣。森山城将の1人
加瀬沢(かせざわ)助九郎 戦国時代の駿河国庵原郡加瀬沢の土豪
新行寺(しんぎょうじ)助九郎 戦国時代の上総国武射郡大台城(山武郡芝山町)主
村上(むらかみ)助九郎 ?～1900 江戸末期・明治期の後鳥羽上皇御陵の奉仕功労者

資子 すけこ
日野(ひの)資子 江戸中期の女性。桜町天皇の後宮

祐子 すけこ
藤原(ふじわらの)祐子 平安後期の女性。建春門院の母

助五郎 すけごろう
伊藤(いとう)助五郎 ?～1615 江戸前期の豊臣秀頼の家臣
大西(おおにし)助五郎 戦国時代の郷士
佐藤(さとう)助五郎 1791～1846 江戸後期の実業家
清水(しみず)助五郎 1806～1881 江戸後期～明治期の宮大工

助五郎まちやす すけごろうまちやす
助五郎まちやす 江戸前期の時計師

佐々右衛門 すけざえもん
三木(みき)佐々右衛門 江戸前期の武士。大坂の陣で籠城。後に本多政朝に仕えた

佐左衛門 すけざえもん ⇔さざえもん
川崎(かわさき)佐左衛門 ?～1690 江戸前期・中期の剣術家。東軍流
野瀬(のせ)佐左衛門 江戸後期の高山の地役人
脇本(わきもと)佐左衛門 江戸中期の狂言方大蔵流狂言師

助左エ門 すけざえもん
助左エ門 江戸中期の刀工《助左衛門》

助左衛門 すけざえもん
助左衛門 戦国時代の甲斐国巨摩郡大崩村の山造職人棟梁
助左衛門 江戸時代の鹿児島の名頭
助左衛門 江戸中期の刀工
助左衛門 江戸後期の大磯宿の長吏小頭
天野(あまの)助左衛門 安土桃山・江戸前期の武士
石田(いしだ)助左衛門 江戸前期の土佐藩お抱え猟師
市原(いちはら)助左衛門 江戸前期の桑田郡鶴ケ岡村の篤農家
一色(いっしき)助左衛門 安土桃山・江戸前期の武士。大坂の陣で籠城
井戸(いど)助左衛門 ?～1749 江戸中期の関東代官
大谷(おおたに)助左衛門 戦国時代の相模の小代官
大橋(おおはし)助左衛門 1848～1901 江戸後期～明治期の実業家
大室(おおむろ)助左衛門 戦国時代の武将。武田家臣
小田(おだ)助左衛門 江戸前期の町人
加藤(かとう)助左衛門 江戸中期の人。玉野用水を開削
川井(かわい)助左衛門 ?～1647 江戸前期の代官
後藤(ごとう)助左衛門 江戸後期の浜田藩浦奉行
鈴木(すずき)助左衛門 江戸後期の那須郡片府田村の用水開削者
戸川(とがわ)助左衛門 1575～? 安土桃山・江戸前期の武将
野口(のぐち)助左衛門 江戸前期の料理人
野呂(のろ)助左衛門 ?～1584 戦国・安土桃山時代の武士
平井(ひらい)助左衛門 江戸末期の武士、城代
比留間(ひるま)助左衛門 江戸後期の巡見使
村井(むらい)助左衛門 安土桃山時代の織田信長の家臣
大和屋(やまとや)助左衛門 江戸前期の町人、大和屋新田の開発者
米田(よねだ)助左衛門 ?～1626 安土桃山・江戸前期の浅野家臣
若林(わかばやし)助左衛門 安土桃山時代の織田信長の家臣

す

助左衛門祐方 すけざえもんすけかた
伊東(いとう)助左衛門祐方 ?～1614 江戸前期の摂津鳴尾の牢人

佐左衛門尉 すけざえもんのじょう
高木(たかぎ)佐左衛門尉 安土桃山時代の信濃国諏訪郡高木の土豪

助左衛門尉 すけざえもんのじょう
佐野(さの)助左衛門尉 戦国時代の穴山信友の家臣

助左衛門昌満 すけざえもんまさみつ
青山(あおやま)助左衛門昌満 ?～1618 江戸前期の豊臣秀吉・秀頼の家臣

助作 すけさく
大川(おおかわ)助作 江戸時代の和算家
斎藤(さいとう)助作 江戸末期の木造代官、郡役人
虫賀(むしが)助作 ?～1780 江戸中期の忠臣・孝子

資貞 すけさだ
太田(おおた)資貞 戦国時代の江戸太田氏の一族
本間(ほんま)資貞 ?～1333 鎌倉後期の武士

資定 すけさだ
太田(おおた)資定 戦国時代の扇谷上杉氏家臣太田氏の一族
源(みなもとの)資定 ?～1070 平安後期の官人

助貞 すけさだ
清原(きよはらの)助貞 平安後期の官人
諏訪部(すわべ)助貞 南北朝時代の三刀屋郷地頭
藤原(ふじわらの)助貞 平安後期の官人

祐貞 すけさだ
祐貞 1781～1835 江戸中期・後期の平野神社禰宜
図師(ずし)祐貞 平安後期の肝付氏方の武将

資邑　すけさと
松波（まつなみ）資邑　1713〜1792　江戸中期・後期の公家

佐実　すけざね
藤原（ふじわらの）佐実　平安後期の官人

輔実　すけざね
橘（たちばなの）輔実　平安後期の官人

祐実　すけざね
伊東（いとう）祐実　戦国時代の伊豆伊東郷の国人領主

介三郎　すけさぶろう
安西（あんざい）介三郎　戦国時代の里見義弘の家臣
飯島（いいじま）介三郎　安土桃山時代の人。信濃国伊那郡の国衆飯島氏の一族か

助三郎　すけさぶろう
助三郎　？〜1721　江戸前期・中期の百姓一揆の発頭者
岩瀬（いわせ）助三郎　戦国時代の照蓮寺の有力門徒
神保（じんぼ）助三郎　江戸末期の十村役
野呂（のろ）助三郎　？〜1584　戦国・安土桃山時代の武士
前原（まえはら）助三郎　安土桃山時代の三日町の武士
正木（まさき）助三郎　戦国時代の里見義弘の家臣
和田（わだ）助三郎　？〜1887　江戸末期・明治期の幕臣

甫三郎　すけさぶろう
小笠原（おがさわら）甫三郎　1806〜1885　江戸後期〜明治期の幕臣

資治　すけじ
日野（ひの）資治　？〜1870　江戸後期〜明治期の仙台藩士

資重　すけしげ
朝比奈（あさひな）資重　江戸時代初期の男性。伊豆国内に200石の知行地を持った

資成　すけしげ　⇔すけなり
橘（たちばな）資成　平安中期・後期の官人、歌人
中原（なかはらの）資成　平安後期の官人

資茂　すけしげ　⇔すけもち
香西（こうざい）資茂　鎌倉時代の武将
城（じょう）資茂　鎌倉前期の人。永福寺の造営に尽力

助重　すけしげ
助重　鎌倉前期の福岡一文字派の刀工
藤原（ふじわらの）助重　平安後期・鎌倉前期の武士

助茂　すけしげ　⇔すけもち
助茂　鎌倉時代の刀工
藤原（ふじわら）助茂　鎌倉時代の連歌作者

相成　すけしげ
和気（わけの）相成　987〜1056　平安中期・後期の医師

伯重　すけしげ
秋山（あきやま）伯重　？〜1645　江戸前期の代官

祐栄　すけしげ　⇔すけよし, ゆうえい
中臣（なかとみ）祐栄　1602〜1659　安土桃山・江戸前期の神職

祐重　すけしげ　⇔ゆうじゅう
曽我（そが）祐重　戦国時代の武士。扇谷上杉氏家臣
中臣（なかとみの）祐重　1123〜1192　平安後期の神職

祐成　すけしげ　⇔ゆうせい
大中臣（おおなかとみの）祐成　平安後期の伊勢大神宮司

助七　すけしち
平野（ひらの）助七　？〜1875　江戸後期〜明治期の「平金商店」5代目

助七郎　すけしちろう
長野（ながの）助七郎　戦国時代の大隅国溝辺の士
肥田（ひだ）助七郎　戦国時代の北条氏の家臣

助十郎　すけじゅうろう
池内（いけうち）助十郎　戦国時代の千葉胤直・宣胤の家臣
石橋（いしばし）助十郎　？〜1830　江戸後期の通事
伊東（いとう）助十郎　戦国時代の北条氏の家臣
河瀬（かわせ）助十郎　？〜1615　江戸前期の伊東長昌の家臣
栗山（くりやま）助十郎　？〜1730　江戸中期の開拓者
佐藤（さとう）助十郎　安土桃山時代の青梅石灰創始者
佐藤（さとう）助十郎　安土桃山・江戸前期の青梅石灰創始者
道家（どうけ）助十郎　？〜1570　戦国・安土桃山時代の織田信長の家臣
平松（ひらまつ）助十郎　安土桃山時代の織田信長の家臣

助十郎正勝　すけじゅうろうまさかつ
松平（まつだいら）助十郎正勝　？〜1615　安土桃山・江戸前期の徳川家康の臣《松平正勝》

助四郎　すけしろう
板垣（いたがき）助四郎　？〜1882　江戸末期・明治期の耐火れんが製造の技術者
荻原（おぎわら）助四郎　戦国時代の武将。武田家臣
横地（よこち）助四郎　戦国時代の北条氏の家臣

助次郎　すけじろう
北楯（きただて）助次郎　？〜1877　江戸中期の出羽庄内藩士
高木（たかき）助次郎　江戸中期の狂言役者
土肥（どひ）助次郎　1553〜1629　安土桃山時代の織田信長の家臣
肥田（ひだ）助次郎　戦国時代の北条氏の家臣
守屋（もりや）助次郎　江戸前期の美作国倉敷代官

資季　すけすえ
平（たいらの）資季　平安後期の官人

輔季　すけすえ
橘（たちばなの）輔季　平安後期の官人

祐季　すけすえ
鴨（かもの）祐季　平安後期の賀茂御祖社（下鴨社）の禰宜

祐末　すけすえ
祐末　室町時代の刀工

助澄 すけずみ
大宅(おおやけの)助澄 平安後期の神職

助三 すけぞう
犬飼(いぬかい)助三 安土桃山時代の織田信長の家臣

助蔵 すけぞう
加藤(かとう)助蔵 江戸末期の医師
平田(ひらた)助蔵 ?~1628 江戸前期の和泉堺の人。大坂の陣で籠城
槙野(まきの)助蔵 安土桃山時代の検地役人

助三右衛門尉 すけぞうえもん
斎木(さいき)助三右衛門尉 戦国時代の甲斐府中鍛冶町の鍛冶職人頭

助三衛門 すけぞうえもん
助三衛門 安土桃山時代の信濃国筑摩郡会田の土豪

佐高 すけたか
有元(ありもと)佐高 1264~1324 鎌倉後期の武将
高田(たかだ)佐高 安土桃山時代の武士
藤原(ふじわらの)佐高 平安前期の漢学者

資敬 すけたか
白川(しらかわ)資敬 1822~1851 江戸後期の公家

資孝 すけたか ⇔すけのり
小野(おのの)資孝 平安中期の源頼義の家人か

資善 すけたか
上野(うえの)資善 1744~? 江戸中期・後期の幕臣、信濃国中野代官

資隆 すけたか
清原(きよはらの)資隆 1080~1143 平安後期の儒者

資堯 すけたか
柳原(やなぎわら)資堯 1692~1716 江戸中期の公家

助高 すけたか
大江(おおえ)助高 平安後期の神職。大江匡房の孫で正3位参議。一宮大江家の祖
刑部(おさかべの)助高 平安中期の官人
山村(やまむら)助高 1053~? 平安後期の楽所楽人

相挙 すけたか
播美(はみの)相挙 平安中期の官人

輔隆 すけたか
大中臣(おおなかとみの)輔隆 平安中期の官人

祐貴 すけたか
広岡(ひろおか)祐貴 室町時代の美作国東部の在地武士

祐挙 すけたか
平(たいら)祐挙 平安中期の官人、歌人

祐喬 すけたか
長野(ながの)祐喬 江戸後期の藩士

祐敬 すけたか
伊藤(いとう)祐敬 1850~1913 江戸後期~大正期の和算家

祐高 すけたか ⇔ゆうこう
久山(くやま)祐高 1837~1898 江戸後期~明治期の刀工

祐隆 すけたか
清原(きよはら)祐隆 1080~1143 平安後期の儒者《清原資隆》

祐堯 すけたか
伊東(いとう)祐堯 1409~1485 室町・戦国時代の武将

資敬王 すけたかおう
白川(しらかわ)資敬王 1822~1851 江戸後期の公家《白川資敬》

資長 すけたけ ⇔すけなが
大門(だいもん)資長 戦国時代の武士

扶武 すけたけ
高(こうの)扶武 平安中期の官人

祐雄 すけたけ ⇔すけお, ゆうゆう
鴨(かも)祐雄 戦国時代の神職

佐忠 すけただ
多(おおの)佐忠 平安後期の楽人
藤原(ふじわら)佐忠 平安中期の公家・歌人
三善(みよし)佐忠 平安中期の官人

資忠 すけただ
内蔵(くら)資忠 鎌倉前期の杵築大社惣検校
菅原(すがわら)資忠 ?~987 平安中期の官人、歌人
大門(だいもん)資忠 戦国時代の武士。壬生氏の一族
藤原(ふじわら)資忠 平安後期の公家・歌人
北郷(ほんごう)資忠 南北朝時代の武将

資尹 すけただ
遠山(とおやま)資尹 江戸後期・末期の幕臣
松平(まつだいら)資尹 1746~1765 江戸中期の宮津藩主

助忠 すけただ
小治田(おはりだの)助忠 平安中期の官人
清原(きよはらの)助忠 平安後期の官人
下毛野(しもつけぬの)助忠 平安後期の官人
藤原(ふじわらの)助忠 平安後期の武士。尾張太郎成田行直の子
藤原(ふじわらの)助忠 平安後期の官人

相忠 すけただ
大江(おおえの)相忠 平安後期の官人
文室(ふんやの)相忠 平安後期の官人

相尹 すけただ
藤原(ふじわらの)相尹 平安中期の官人

祐忠 すけただ
伊東(いとう)祐忠 伊藤祐忠に同じ
伊藤(いとう)祐忠 安土桃山時代の織田信長の家臣
小川(おがわ)祐忠 ?~1620 安土桃山時代の武将、大名
君谷(きみたに)祐忠 南北朝時代の邑智郡出羽郷・安須奈庄・君谷村地頭
平(たいらの)祐忠 平安中期の官人

芸穂　すけたね
稲田（いなだ）芸穂　1803〜1847　江戸後期の徳島藩家老

助種　すけたね
清原（きよはらの）助種　平安後期の官人

資為　すけため
安部（あべ）資為　南北朝時代の官人

佐太夫　すけだゆう　⇔さだいふ，さだゆう
笠松（かさまつ）佐太夫　1596〜1673　江戸前期の大庄屋・保田紙の創始者

助太夫　すけだゆう
大浜茶屋村（おおはまちゃやむら）助太夫　？〜1677　江戸前期の三河国碧海郡大浜茶屋村の義民
金沢（かなざわ）助太夫　江戸前期の茶人・小笠原家の臣
沢（さわ）助太夫　江戸前期の三島代官伊奈忠公・忠易の手代で戸田役人
柴田（しばた）助太夫　？〜1677　江戸前期の三河国大浜茶屋庄屋
関（せき）助太夫　江戸中期の松山藩の代官
中村（なかむら）助太夫　戦国時代の武将。武田家臣

助大夫　すけだゆう
粟屋（あわや）助大夫　？〜1635　江戸前期の豊臣秀頼の家臣
小畠（おばた）助大夫　安土桃山時代の織田信長の家臣
関（せき）助大夫　江戸前期の武士。大坂の陣で籠城。後、京極高広に仕えた
都筑（つづき）助大夫　1675〜1754　江戸前期・中期の浜田藩家老
西川（にしかわ）助大夫　江戸前期の山内忠義の家臣
本田（ほんだ）助大夫　？〜1564　戦国・安土桃山時代の三河国衆
増田（ました）助大夫　江戸前期の武士。大坂の陣で籠城。後、酒井忠勝に出仕

輔太夫　すけだゆう
小花和（こばなわ）輔太夫　？〜1849　江戸後期の庄内藩士

助太郎　すけたろう
阿久沢（あくざわ）助太郎　戦国時代の上野国黒川谷の国衆
鏑木（かぶらぎ）助太郎　戦国時代の東下総鏑木郷（旭市）の在地領主・鏑木氏の一族
設楽（したら）助太郎　戦国時代の上総国小西城（山武郡大網白里町）主・原氏の家臣
設楽（したら）助太郎　戦国時代の千葉邦胤の家臣
中村（なかむら）助太郎　戦国時代の遠江国天宮神社の神主

祐太郎　すけたろう
高瀬（たかせ）祐太郎　1822〜1889　江戸後期〜明治期の宮大工

佐親　すけちか
紀（きの）佐親　平安後期の官人
伴（ともの）佐親　？〜1062　平安後期の官人

資親　すけちか
清原（きよはらの）資親　平安後期の官人
平岡（ひらおか）資親　1670〜？　江戸前期の幕臣、代官

助近　すけちか
助近　鎌倉時代の刀工

助親　すけちか
清原（きよはらの）助親　平安中期の官人

相親　すけちか
文室（ふんやの）相親　平安中期の官人

祐親　すけちか
中臣（なかとみ）祐親　1240〜1322　鎌倉前期・後期の神職、歌人
藤原（ふじわらの）祐親　？〜1183　平安後期の武士
蒔田（まきた）祐親　1835〜？　江戸後期・末期の官人

祐躬　すけちか　⇔すけみ
工藤（くどう）祐躬　1744〜1832　江戸後期の武士

助次　すけつぐ
助次　鎌倉時代の刀工
伊藤（いとう）助次　？〜1622　江戸前期の代官

弼次　すけつぐ
原（はら）弼次　戦国時代の小弓原氏の一族

輔嗣　すけつぐ
藤原（ふじわらの）輔嗣　平安前期の官人。藤原真楯の曽孫

祐継　すけつぐ
伊東（いとう）祐継　1155〜？　平安後期の武将。伊東祐隆の2子。狩野茂光の兄

祐次　すけつぐ
祐次　江戸後期の刀工
曽我（そが）祐次　？〜1610　安土桃山・江戸前期の武士

祐続　すけつぐ
磯部（いそべ）祐続　1799〜1834　江戸後期の茨城県の神職

資綱　すけつな
大塚（おおつか）資綱　戦国時代の佐竹氏の家臣

助綱　すけつな
佐野（さの）助綱　戦国時代の上野国衆。桐生佐野氏

助縄　すけつな
簗田（やなだ）助縄　戦国時代の古河公方の家臣

祐維　すけつな
中臣（なかとみ）祐維　1474〜1536　戦国時代の神職

祐綱　すけつな
伊東（いとう）祐綱　江戸前期の郷土史家
曽我（そが）祐綱　？〜1227　鎌倉前期の武将

佐経　すけつね
大江（おおえ）佐経　平安中期の歌人

佐常　すけつね
菅納（かんの）佐常　室町時代の武士

資経　すけつね
中原（なかはらの）資経　平安中期の官人
藤原（ふじわらの）資経　平安後期の官人。のち出家

資常　すけつね
太田（おおた）資常　戦国時代の扇谷上杉氏家臣太田氏の一族
助常　すけつね
中目（なかのめ）助常　安土桃山時代の武士
相常　すけつね
田原（たわら）相常　江戸中期の書肆
輔経　すけつね
大中臣（おおなかとみの）輔経　1009～1081　平安中期・後期の伊勢大神宮祭主
資連　すけつら
布施（ふせ）資連　南北朝時代の武家・歌人
祐光　すけてる　⇔すけみつ
久須美（くすみ）祐光　1747～1816　江戸中期・後期の幕臣
資任　すけとう
藤原（ふじわらの）資任　？～1065　平安後期の官人。父は頼任
藤原（ふじわらの）資任　平安後期の官人。父は敦舒
助堪　すけとう
清原（きよはらの）助堪　平安後期の官人
相任　すけとう
藤原（ふじわらの）相任　平安中期の官人。父は済時
藤原（ふじわらの）相任　平安中期の官人。父は忠輔
藤原（ふじわらの）相任　平安中期の官人
和気（わけの）相任　平安中期・後期の官人
輔任　すけとう
紀（きの）輔任　平安後期の石清水俗別当
祐任　すけとう
中臣（なかとみ）祐任　1294～1358　鎌倉後期・南北朝時代の神職・歌人
資遠　すけとお
源（みなもとの）資遠　平安後期の官人
資時　すけとき
麻生（あそう）資時　鎌倉時代の武士
北条（ほうじょう）資時　1199～1251　鎌倉前期・後期の評定衆
助言　すけとき
惟宗（これむねの）助言　平安後期の官人
助時　すけとき
助時　鎌倉時代の蒔絵師
越智（おちの）助時　平安中期の官人
相時　すけとき
北条（ほうじょう）相時　鎌倉後期の武士
輔時　すけとき
紀（き）輔時　平安中期の歌人
菅原（すがわらの）輔時　平安中期の武士
祐言　すけとき
伊藤（いとう）祐言　江戸中期の和算家
祐時　すけとき
中臣（なかとみ）祐時　1368～1445　南北朝・室町時代の神職
祐辰　すけとき
中臣（なかとみ）祐辰　1461～1529　室町・戦国時代の神職
亮時　すけとき
北条（ほうじょう）亮時　鎌倉後期の武士
傅説　すけとき
菅野（すがのの）傅説　？～967　平安中期の御船姓
介寿　すけとし
山地（やまぢ）介寿　1768～1813　江戸中期・後期の藩士、国学者
佐俊　すけとし
大中臣（おおなかとみの）佐俊　？～1018　平安中期の神祇権少副
資俊　すけとし
芦野（あしの）資俊　1637～1692　江戸中期の那須郡芦野第19代領主、俳人
太田（おおた）資俊　戦国時代の扇谷上杉氏家臣太田氏の一族
千本（せんぼん）資俊　1517～1586　戦国・安土桃山時代の下野千本城城主
藤原（ふじわらの）資俊　平安後期の官人
資敏　すけとし
会田（あいだ）資敏　1718～1776　江戸中期の幕臣
助俊　すけとし
助俊　平安中期以前の歌人
助俊　鎌倉時代の刀工
迎（むかい）助俊　？～1597　戦国・安土桃山時代の佐竹氏の外様家臣
助利　すけとし
下毛野（しもつけぬの）助利　平安後期の随身。藤原師実の随身
簗田（やなだ）助利　？～1615　安土桃山・江戸前期の古河公方の家臣
祐寿　すけとし　⇔ゆうじゅ
祐寿　1699～1778　江戸中期の平野神社禰宜
祐俊　すけとし
小槻（おつきの）祐俊　？～1114　平安後期の官人
鴨（かも）祐俊　鎌倉前期の神職
平（たいらの）祐俊　平安後期の官人
祐等　すけとし
伊東（いとう）祐等　江戸中期の兵法家
祐利　すけとし
久須美（くすみ）祐利　1843～？　江戸後期の幕臣
木暮（こぐれ）祐利　？～1590　戦国・安土桃山時代の武士
祐富　すけとみ
中臣（なかとみ）祐富　1399～1439　室町時代の神職
右知　すけとも
力石（りきいし）右知　戦国時代の関東管領山内上杉顕定の奉行人
佐友　すけとも
阿刀（あとの）佐友　平安中期の官人
在友　すけとも
中嶋（なかじま）在友　1685～1739　江戸中期の家臣、幕臣

資朝 すけとも
太田(おおた)資朝 ?〜1546 戦国時代の武将
資友 すけとも
篠山(ささやま)資友 1576〜1635 安土桃山・江戸前期の代官
伴(ばん)資友 江戸前期の砲術家
助友 すけとも
助友 鎌倉前期の古備前の刀工
飯尾(いいお)助友 ?〜1575 戦国・安土桃山時代の武田家臣
越智(おちの)助友 平安後期の官人
下毛野(しもつけぬの)助友 平安後期の官人
相奉 すけとも
源(みなもとの)相奉 平安中期の官人
祐知 すけとも ⇔ゆうち
森(もり)祐知 1599〜1669 安土桃山・江戸前期の武士
祐友 すけとも
神島(かみしま)祐友 1839〜1881 江戸末期の備中岡田藩の武士
亮朝 すけとも
平田(ひらた)亮朝 ?〜1847 江戸後期の根付彫刻の名手
資豊 すけとよ
蘆野(あしの)資豊 戦国時代の蘆野氏当主
江見(えみ)資豊 鎌倉時代の武士
築地(ついぢ)資豊 ?〜1608 安土桃山・江戸前期の越後奥山荘の国人。中条氏家臣
祐字 すけな
中臣(なかとみ)祐字 1678〜1715 江戸前期・中期の神職
助内 すけない
太田(おおた)助内 1648〜1744 江戸前期・中期の書家
資直 すけなお
大田(おおた)資直 1839〜1906 江戸後期〜明治期の軍人
熊谷(くまがい)資直 鎌倉前期・後期の武蔵武士
野上(のがみ)資直 鎌倉時代の武将
平松(ひらまつ)資直 ?〜1575 安土桃山時代の武将
甫直 すけなお
三枝(さいぐさ)甫直 戦国時代の武田氏の家臣、今井信甫の被官
輔直 すけなお
大中臣(おおなかとみの)輔直 室町時代の祭主
祐直 すけなお
伊東(いとう)祐直 江戸前期の土器野新田の開墾者の一人
乾(いぬい)祐直 ?〜1771 江戸中期の加賀藩老臣横山隆達の学士
祐有 すけなお
長倉(ながくら)祐有 ?〜1541 戦国時代の武将
佐中 すけなか
高尾(たかお)佐中 江戸後期の大住郡大山阿夫利神社祠官
左仲 すけなか ⇔さちゅう
皆川(みながわ)左仲 江戸後期の高座郡一之宮寒川社社人
亮仲 すけなか
山口(やまぐち)亮仲 1667〜1701 江戸前期・中期の官人
資長 すけなが ⇔すけたけ
跡部(あとべ)資長 戦国・安土桃山時代の望月氏の家臣
大門(だいもん)資長 戦国時代の武士。村井城の城主
伴(ばん)資長 江戸中期の藩士
源(みなもとの)資長 平安後期の官人
助永 すけなが ⇔ひろなが
平(たいらの)助永 鎌倉時代の蒔絵師
助長 すけなが
助長 室町時代の刀工
諏訪部(すわべ)助長 ?〜1243 鎌倉前期の飯石郡三刀屋郷地頭《諏訪部扶長》
扶永 すけなが
平(たいらの)扶永 平安中期の官人
扶長 すけなが
諏訪部(すわべ)扶長 ?〜1243 鎌倉前期の飯石郡三刀屋郷地頭
輔長 すけなが
大中臣(おおなかとみの)輔長 ?〜1088 平安後期の神祇官人
甘露寺(かんろじ)輔長 1675〜1694 江戸前期・中期の公家
祐永 すけなが
祐永 江戸末期の長船派の刀工
中臣(なかとみ)祐永 1266〜1338 鎌倉後期・南北朝時代の神職
祐長 すけなが ⇔ゆうちょう
中臣(なかとみ)祐長 1592〜1656 安土桃山・江戸前期の神職
亮長 すけなが
代島(だいじま)亮長 1779〜1863 江戸中期〜末期の和算家
助夏 すけなつ
藤原(ふじわら)助夏 南北朝時代の連歌作者
祐夏 すけなつ
鴨(かも)祐夏 鎌倉後期の神職・歌人
中臣(なかとみ)祐夏 南北朝時代の神職・歌人
介成 すけなり
介成 平安中期の刀工
資成 すけなり ⇔すけしげ
安部(あべ)資成 平安後期の武士
大江(おおえの)資成 平安後期の官人
清原(きよはらの)資成 平安後期の官人
助成 すけなり
紀(きの)助成 平安前期の官人
斎藤(さいとう)助成 鎌倉後期の武士・故実家

傅済　すけなり
興道(おきみちの)傅済　平安中期の官人
祐根　すけね　⇔すけもと
伊東(いとう)祐根　1762～1834　江戸中期・後期の藩士
菅冠者　すげのかじゃ
菅冠者　？～1180　平安後期の伊那地方を支配した平氏の方人
介之丞　すけのじょう
大島(おおしま)介之丞　安土桃山時代の信濃国伊那郡の国衆大島氏の一族
助丞　すけのじょう
賀藤(かとう)助丞　安土桃山時代の織田信長の家臣
佐藤(さとう)助丞　戦国時代の武士。北条氏家臣
土屋(つちや)助丞　？～1575　安土桃山時代の禰津月直の被官
助之丞　すけのじょう
梅沢(うめざわ)助之丞　江戸末期の武士、御用人奥掛り
喜多川(きたがわ)助之丞　安土桃山・江戸前期の武士。長宗我部盛親家臣。落城後、堀田正盛に仕えた
平山(ひらやま)助之丞　江戸後期の那須郡大沢村の農民。耕便門の開削者
吉井(よしい)助之丞　？～1664　江戸前期の弓術家
助進　すけのしん
戸田(とだ)助進　江戸前期の大坂牢人。池田光政に仕官を願った
助之進　すけのしん
下村(しもむら)助之進　？～1827　江戸中期・後期の武芸家
中瀬(なかせ)助之進　1716～1800　江戸中期・後期の熊本藩士。本草学者
平井(ひらい)助之進　室町時代の武将
広瀬(ひろせ)助之進　安土桃山時代の豪族
介内侍　すけのないし
介内侍　平安中期の女性
資信　すけのぶ
菅原(すがわらの)資信　平安中期の官人
助延　すけのぶ
吉志(きしの)助延　平安中期の官人
中臣(なかとみの)助延　？～1069　平安後期の神宮正預
助順　すけのぶ
高階(たかしなの)助順　平安中期の官人
助信　すけのぶ
紀(きの)助信　平安中期の官人
藤原(ふじわらの)助信　？～966　平安中期の官吏
扶宣　すけのぶ
高(こうの)扶宣　平安中期の官人
輔宣　すけのぶ
大中臣(おおなかとみの)輔宣　985～1047　平安中期の官人
祐順　すけのぶ　⇔ゆうじゅん
守山(もりやま)祐順　1693～1731　江戸中期の武士、幕臣
祐信　すけのぶ
祐信　鎌倉後期の真言宗の僧
伊藤(いとう)祐信　1550～1569　戦国時代の武将
鴨(かも)祐信　1586～1667　安土桃山・江戸前期の神職
中泉(なかいずみ)祐信　1665～1738　江戸前期・中期の漢学者
藤原(ふじわらの)祐信　平安後期・鎌倉前期の武士
祐申　すけのぶ
近藤(こんどう)祐申　1725～1772　江戸中期の和算家、水戸藩士

す

佐則　すけのり
有元(ありもと)佐則　？～1578　安土桃山時代の武将
資刑　すけのり
会田(あいだ)資刑　1666～1741　江戸前期・中期の代官
資孝　すけのり　⇔すけたか
北島(きたじま)資孝　南北朝時代の神職、第57世国造、出雲大社御杖代
資職　すけのり
城(じょう)資職　？～1201　平安後期・鎌倉前期の武将
資模　すけのり
平岡(ひらおか)資模　1698～1786　江戸中期の幕臣
助則　すけのり
助則　江戸末期・明治期の刀工
一徳斉(いっとくさい)助則　江戸後期～明治期の神官
凡河内(おおしこうちの)助則　平安中期の人
大中臣(おおなかとみの)助則　平安後期の官人
相規　すけのり
宇佐(うさの)相規　平安中期の宇佐八幡大宮司
源(みなもと)相規　平安中期の公家・漢詩人
相則　すけのり
中原(なかはらの)相則　平安後期の陰陽師
扶範　すけのり
讃岐(さぬきの)扶範　平安中期の官人
平(たいらの)扶範　平安後期の官人
輔範　すけのり
永道(ながみちの)輔範　平安中期の官人
祐紀　すけのり
中臣(なかとみ)祐紀　1582～1645　安土桃山・江戸前期の神職
祐矩　すけのり
伊東(いとう)祐矩　？～1613　江戸前期の高座郡用田村民
祐訓　すけのり
梅内(うめない)祐訓　1802～1869　江戸後期～明治期の藩士・国学者
祐憲　すけのり
杉本(すぎもと)祐憲　1774～1840　江戸中期・後期の歌人

中臣（なかとみ）祐憲　1374～1457　南北朝・室町時代の神職

祐肖　すけのり

西川（にしかわ）祐肖　江戸中期の絵師

祐宣　すけのり

中臣（なかとみ）祐宣　1650～1697　江戸前期・中期の神職

祐則　すけのり

伊東（いとう）祐則　江戸中期の藩士

祐範　すけのり　⇔ゆうはん

伊東（いとう）祐範　?～1468　室町・戦国時代の伊豆伊東郷の国人領主

す

狩野（かのう）祐範　?～1617　戦国時代の長井坂城主《狩野祐範》

中臣（なかとみ）祐範　1542～1623　戦国～江戸前期の神職・連歌作者

比志島（ひしじま）祐範　鎌倉時代の武将

助八　すけはち

大挧（おおわけ）助八　?～1653　江戸前期の商人

北爪（きたづめ）助八　戦国時代の足利長尾氏の家臣

輔八　すけはち

大久保（おおくぼ）輔八　1821～1919　江戸末期～大正期の道路開削者

助八郎　すけはちろう

笠原（かさはら）助八郎　戦国時代の武士・奏者衆。北条氏政二男の国増丸の近習

川上（かわかみ）助八郎　1823～1888　江戸末期・明治期の薩摩藩士。屋久島奉行

白井村（しろいむら）助八郎　?～1773　江戸中期の義民。白井村の百姓

祐治　すけはる

鴨（かも）祐治　鎌倉後期の神職・歌人

祐春　すけはる

伊東（いとう）祐春　1635～1706　江戸前期・中期の幕臣

西川（にしかわ）祐春　江戸後期の絵師

佐久　すけひさ

有元（ありもと）佐久　?～1361　南北朝時代の武将

資久　すけひさ

会田（あいだ）資久　?～1619　江戸前期の土豪

樺山（かばやま）資久　南北朝時代の武将

助久　すけひさ

助久　鎌倉時代の刀工

秦（はたの）助久　平安後期の随身

町田（まちだ）助久　南北朝時代の武将

扶尚　すけひさ

佐伯（さえきの）扶尚　平安中期の官人

祐久　すけひさ

小尾（おび）祐久　戦国時代の甲斐国巨摩郡小尾郷の土豪。兵部尉

工藤（くどう）祐久　戦国時代の武田氏の家臣

中臣（なかとみ）祐久　1547～1601　戦国・安土桃山時代の神職

助秀　すけひで

助秀　1756～1817　江戸中期・後期の刀工

海上（うなかみ）助秀　戦国時代の東下総中島城（海上城とも/銚子市中島町字要害・中城）の城主

祐秀　すけひで　⇔ゆうしゅう

池上（いけがみ）祐秀　1756～1828　江戸中期・後期の商人

稲富（いなどめ）祐秀　1508～1567　戦国・安土桃山時代の武将

木脇（きわき）祐秀　1577～1619　安土桃山・江戸前期の島津氏の家臣

助仁　すけひと

荊（いばらの）助仁　飛鳥時代の官人

輔仁　すけひと

藤原（ふじわらの）輔仁　平安中期の歌人

輔仁親王家甲斐　すけひとしんのうけのかい

輔仁親王家甲斐　平安後期の女房・歌人

輔仁親王家大進　すけひとしんのうけのだいじん

輔仁親王家大進　平安後期の女房・歌人

助兵衛　すけひょうえ　⇔すけへい, すけべえ

小松（こまつ）助兵衛　安土桃山時代の甲斐国巨摩郡河内三沢郷の土豪

塩津（しおづ）助兵衛　戦国時代の穴山信君の家臣

野原（のはら）助兵衛　?～1615　江戸前期の大和国宇智郡御山村の人

速水（はやみ）助兵衛　江戸前期の武士。大坂の陣で籠城

助兵衛棟久　すけひょうえむねひさ

長島（ながしま）助兵衛棟久　江戸前期の伊勢長島の住人。後、伊達政宗に出仕

資平　すけひら

三井（みい）資平　鎌倉前期・後期の御家人

助平　すけひら

刑部（おさかべの）助平　平安後期の官人

祐平　すけひら　⇔ゆうへい

高木（たかぎ）祐平　江戸後期の藩士

資広　すけひろ

福原（ふくはら）資広　?～1591　戦国・安土桃山時代の福原氏当主

資礼　すけひろ

那須（なす）資礼　1810～1861　江戸後期・末期の幕臣

助広　すけひろ

助広　江戸時代の大坂の刀工

輔広　すけひろ

北条（きたじょう）輔広　戦国時代の武将

輔弘　すけひろ

大中臣（おおなかとみ）輔弘　1028～?　平安中期・後期の神職・歌人

祐啓　すけひろ

曽根（そね）祐啓　1803～1880　江戸後期～明治期の和算家、上田藩士

祐広　すけひろ

伊東（いとう）祐広　?～1339　南北朝時代の武将

祐熙　すけひろ

鴨（かも）祐熙　1770～1822　江戸中期・後期の神職、歌人

梨木(なしのき)祐煕　1770〜1822　江戸後期の歌人

資房　すけふさ
荘(しょう)資房　?〜1333　室町時代の武将

助房　すけふさ
助房　鎌倉前期の福岡一文字派の刀工
助房〔1代〕　鎌倉時代の刀工
助房〔2代〕　鎌倉時代の刀工
市河(いちかわ)助房　鎌倉後期・南北朝時代の武将

助亮　すけふさ
吾妻(あがつま)助亮　鎌倉前期の御家人

祐房　すけふさ
出羽(いずは)祐房　室町時代の出羽上下郷領主
伊藤(いとう)祐房　江戸後期・末期の和算家
中臣(なかとみ)祐房　1078〜1152　平安後期の神職

資藤　すけふじ
那須(なす)資藤　?〜1355　南北朝時代の武将。足利尊氏方として活躍

資文　すけふみ
藤原(ふじわらの)資文　平安後期の官人

助文　すけふみ
藤原(ふじわらの)助文　平安中期の官人

輔文　すけふん
藤原(ふじわら)輔文　平安前期の公家・歌人

助兵衛　すけへい　⇔すけひょうえ, すけべえ
鈴木(すずき)助兵衛　?〜1560　戦国時代の開拓者

介兵衛　すけべえ
立石(たていし)介兵衛　戦国・安土桃山時代の布立石村城主、長宗我部家臣《立石助兵衛》

助兵衛　すけべえ　⇔すけひょうえ, すけへい
助兵衛　江戸前期の桧の皮細工師
大島(おおしま)助兵衛　1568〜1648　江戸前期の秋田藩下野領の代官
片岡(かたおか)助兵衛　?〜1648　江戸前期の上田獅子の作詞者
三杯(さんばい)助兵衛　江戸後期の能登国珠洲郡南方村の豪農
鈴木(すずき)助兵衛　?〜1560　戦国時代の開拓者《鈴木助兵衛》
立石(たていし)助兵衛　戦国・安土桃山時代の布立石村城主、長宗我部家臣

佐政　すけまさ
有元(ありもと)佐政　?〜1632　江戸前期の武士

佐正　すけまさ
紀(きの)佐正　平安中期の官人

佐理　すけまさ
大江(おおえの)佐理　平安中期の人。官符に「下野国前々司」と見える

資祇　すけまさ
那須(なす)資祇　1628〜1687　江戸前期の烏山城主

助正　すけまさ
大原(おおはらの)助正　平安後期の官人
田辺(たなべ)助正　?〜1878　江戸後期〜明治期の加賀藩の徒士監察

助弼　すけまさ
曽我(そが)助弼　1766〜?　江戸中期・後期の幕臣

昌応　すけまさ
滝(たき)昌応　江戸中期の藩士

伯正　すけまさ
秋山(あきやま)伯正　?〜1619　江戸前期の代官

輔政　すけまさ
橘(たちばなの)輔政　平安中期の官人
藤原(ふじわらの)輔政　平安中期の官人

輔正　すけまさ
当麻(たぎまの)輔正　平安中期の官人

輔理　すけまさ
三国(みくにの)輔理　平安中期の官人

祐昌　すけまさ
祐昌　1746〜1808　江戸中期・後期の平野神社禰宜

祐政　すけまさ
菅原(すがわら)祐政　江戸後期の和算家
丸橋(まるはし)祐政　1783〜1871　江戸後期〜明治期の和算家

祐正　すけまさ　⇔ゆうしょう
祐正　江戸後期の刀工
賀茂(かも)祐正　平安後期の神職

傅正　すけまさ
小野(おのの)傅正　平安中期の官人

佐倍　すけます
小林(こばやし)佐倍　?〜1851　江戸後期の藩士

相益　すけます
大秦(おおはたの)相益　平安中期の右京三条四坊の戸主

祐松　すけまつ
中臣(なかとみ)祐松　1430〜1499　室町・戦国時代の神職

祐磨　すけまろ
伊東(いとう)祐磨　1834〜1906　江戸末期・明治期の海軍中将。春日艦艦長

祐躬　すけみ　⇔すけちか
岡本(おかもと)祐躬　1755〜1816　江戸中期・後期の藩士

佐道　すけみち
有元(ありもと)佐道　?〜1600　安土桃山時代の武士

資通　すけみち
藤原(ふじわらの)資通　平安後期の武士。山内首藤家の祖

助道　すけみち
藤原(ふじわらの)助道　平安後期の官人
吉成(よしなり)助道　戦国時代の佐竹氏の家臣

相通　すけみち
藤原(ふじわらの)相通　平安中期の官人

輔道　すけみち
源(みなもと)輔道　鎌倉時代の武士

祐猷　すけみち
小林(こばやし)祐猷　江戸末期の藩士

佐光 すけみつ
藤原(ふじわらの)佐光 平安中期の官人
資光 すけみつ
白川(しらかわ)資光 ?～1268 鎌倉前期・後期の公家
藤原(ふじわら)資光 ?～1132 平安後期の公家・漢詩人
資満 すけみつ
細谷(ほそや)資満 戦国時代の武士。岩付太田氏家臣
助光 すけみつ
清原(きよはらの)助光 平安後期の雅楽家
扶光 すけみつ
在原(ありはらの)扶光 平安中期の官人
輔光 すけみつ
秦(はたの)輔光 平安中期の官人
祐光 すけみつ ⇔すけてる
小尾(おび)祐光 1542～1607 戦国～江戸前期の武士
鴨(かも)祐光 鎌倉後期の神職・歌人
中臣(なかとみ)祐光 1386～1413 南北朝・室町時代の神職
沼田(ぬまた)祐光 ?～1612? 安土桃山・江戸前期の武士
祐充 すけみつ
伊東(いとう)祐充 1510～1533 戦国時代の武将
祐弥 すけみつ
中臣(なかとみ)祐弥 1435～1508 室町・戦国時代の神職
右宗 すけむね ⇔みぎむね
安藤(あんどう)右宗 平安後期・鎌倉前期の右馬大夫
資宗 すけむね
資宗 室町時代の刀工
資宗 江戸後期の石見の刀匠
恒岡(つねおか)資宗 戦国時代の岩付城主太田氏の家臣
藤原(ふじわら)資宗 1027～? 平安中期の公家・歌人
助宗 すけむね
大宅(おおやけの)助宗 平安後期の神職
島田(しまだ)助宗 江戸前期の刀工
輔宗 すけむね
藤原(ふじわらの)輔宗 平安後期の官人
祐宗 すけむね
惟宗(これむねの)祐宗 平安後期の陰陽師
資村 すけむら
紀(きの)資村 鎌倉後期の左衛門尉、石清水八幡宮領櫛淵荘預所
助村 すけむら
助村 鎌倉時代の刀工
祐邑 すけむら
鴨(かも)祐邑 江戸前期の神職
資持 すけもち
那須(なす)資持 1389～1467 南北朝・室町時代の下那須家当主
資茂 すけもち ⇔すけしげ
築地(ついぢ)資茂 戦国時代の越後奥山荘の国人。築地氏の祖
助持 すけもち
曽我部(そがべ)助持 平安後期の官人
助茂 すけもち ⇔すけしげ
宇佐美(うさみ)助茂 鎌倉時代の武将
城(じょう)助茂 ?～1201 鎌倉前期の越後国の武士
祐以 すけもち
赤松(あかまつ)祐以 1825～1911 江戸末期・明治期の歌人
祐持 すけもち
伊東(いとう)祐持 ?～1348 南北朝時代の都於郡城主
祐茂 すけもち
伊東(いとう)祐茂 南北朝時代の武将
河津(かわづの)祐茂 藤原祐茂に同じ
藤原(ふじわらの)祐茂 平安後期・鎌倉前期の武士
資元 すけもと
多喜(たき)資元 ?～1626 江戸前期の旗本
資始 すけもと
日野(ひの)資始 1821～1870 江戸後期～明治期の藩士・歌人
相職 すけもと
源(みなもとの)相職 901～943 平安中期の官人
副元 すけもと
本多(ほんだ)副元 1845～1910 江戸後期～明治期の越前福井藩家老
輔幹 すけもと
岡田(おかだ)輔幹 1775～1831 江戸中期・後期の漢学者、国学者
輔元 すけもと
大中臣(おおなかとみの)輔元 平安中期の官人
祐根 すけもと ⇔すけね
中臣(なかとみ)祐根 1526～1588 戦国・安土桃山時代の神職・連歌作者
資盛 すけもり
城(じょう)資盛 ?～1201 平安後期・鎌倉前期の武将
福原(ふくはら)資盛 1603～1679 安土桃山・江戸前期の幕臣
藤原(ふじわらの)資盛 平安後期の官人。下総守藤原資俊の子
助守 すけもり
助守 平安後期の古備前の刀工
助盛 すけもり
阿久沢(あくざわ)助盛 戦国時代の武将
祐守 すけもり
鴨(かも)祐守 鎌倉後期の神職・歌人
祐盛 すけもり ⇔ゆうしょう, ゆうじょう, ゆうせい
金森(かなもり)祐盛 1627～1649 江戸前期の僧。金森重頼の子

助弥 すけや
助弥 1652～1670 江戸前期の義民
資康 すけやす
橘(たちばなの)資康 平安後期の官人
藤原(ふじわらの)資康 平安後期の官人
資泰 すけやす
蘆野(あしの)資泰 ?～1646 江戸前期の幕臣
資保 すけやす
安倍(あべの)資保 平安後期の官人
資祐 すけやす
長沢(ながさわ)資祐 1715～1776 江戸中期の幕臣
助安 すけやす
大春日(おおかすがの)助安 平安中期の官人
助泰 すけやす
安東(あんどう)助泰 鎌倉後期の武士
助保 すけやす
市河(いちかわ)助保 南北朝時代の武将
相安 すけやす
在原(ありはらの)相安 平安中期の官人。大宰府追補使
相保 すけやす
梅村(うめむら)相保 ?～1892 江戸後期～明治期の神職
輔泰 すけやす
飯沼(いいぬま)輔泰 戦国時代の上杉房定の重臣
祐安 すけやす
清原(きよはらの)祐安 平安後期の官人
祐康 すけやす ⇔ゆうこう
藤原(ふじわらの)祐康 平安中期の官人
勘敬 すけゆき
松平(まつだいら)勘敬 1686～1749 江戸前期・中期の幕臣
資行 すけゆき
太田(おおた)資行 ?～1562 戦国・安土桃山時代の江戸太田氏の一族
惟宗(これむねの)資行 平安後期の官人
平(たいらの)資行 平安後期の官人。後白河上皇の近習。検非違使尉
資之 すけゆき
那須(なす)資之 ?～1428 室町時代の武将、福原城城主
助行 すけゆき
助行 平安後期の刀工
助之 すけゆき
鋤柄(すきがら)助之 江戸後期の歌人
相如 すけゆき
滋野(しげのの)相如 平安中期の官人
高岳(たかおかの)相如 平安中期の官吏・漢詩人
高丘(たかおかの)相如 高岳相如に同じ
祐行 すけゆき
伊藤(いとう)祐行 江戸前期・中期の和算家
祐之 すけゆき ⇔ひろゆき, ゆうし
伊藤(いとう)祐之 ?～1736 江戸中期の人。経史に通じ、加賀に来て弟子を教授
河津(かわづ)祐之 1711～1742 江戸中期の文人
橘(たちばなの)祐之 平安後期の官人
中臣(なかとみ)祐之 1650～1678 江戸前期の神職
松崎(まつざき)祐之 1674～1735 江戸中期の丹波篠山藩儒臣
亮之 すけゆき
泉(いずみ)亮之 1838～1920 江戸後期～大正期の彫刻家
輔世 すけよ
小槻(おづき)輔世 1811～1879 江戸後期～明治期の公家
祐世 すけよ
鴨(かも)祐世 鎌倉後期の神職・歌人
中臣(なかとみ)祐世 1253～1339 鎌倉後期・南北朝時代の神職、歌人
祐代 すけよ
西川(にしかわ)祐代 江戸中期の浮世絵師
佐良 すけよし
多(おおの)佐良 ?～1097 平安後期の官人
資栄 すけよし
日野(ひの)資栄 1618～1698 江戸前期・中期の幕臣
資吉 すけよし
古屋(ふるおや)資吉 戦国時代の北条氏の家臣
資好 すけよし
河目(かわめ)資好 戦国時代の岩付城主太田氏資の家臣
資致 すけよし
朝比奈(あさひな)資致 1662～1737 江戸前期・中期の関東代官
資能 すけよし
武者小路(むしゃのこうじ)資能 南北朝時代の公家・連歌作者
武藤(むとう)資能 1197～1281 鎌倉前期・後期の筑前、豊前、肥前、隠岐、対馬の守護
資良 すけよし
安倍(あべの)資良 平安後期の官人
大江(おおえの)資良 平安後期の官人
藤原(ふじわらの)資良 平安中期の官人
助義 すけよし
滝川(たきかわ)助義 ?～1575 戦国・安土桃山時代の武士
松野(まつの)助義 1649～1720 江戸前期・中期の幕臣
助吉 すけよし ⇔すけきち
助吉 鎌倉時代の刀工
助能 すけよし
黒木(くろき)助能 平安後期・鎌倉前期の人。黒木氏5代。大隅国大禰寝領主、筑後国黒木郷猫尾城主
助良 すけよし
江戸(えど)助良 室町時代の連歌作者

祐栄 すけよし ⇔すけしげ, ゆうえい
大柴（おおしば）祐栄 1640〜1711 江戸前期・中期の金奉行、奈良代官
祐儀 すけよし
田丸（たまる）祐儀 ？〜1628 安土桃山・江戸前期の泉州堺の浪士
祐義 すけよし ⇔ゆうぎ
長治（ながはる）祐義 1770〜1843 江戸中期・後期の歌人
祐吉 すけよし ⇔ゆうきち
伊藤（いとう）祐吉 江戸後期・末期の和算家
師田（もろた）祐吉 江戸後期の「小丸山神明宮記」の著者
祐休 すけよし
伊東（いとう）祐休 江戸末期の藩士・歌人
祐称 すけよし
中臣（なかとみ）祐称 ？〜1546 戦国時代の神職
祐善 すけよし ⇔ゆうぜん
工藤（くどう）祐善 ？〜1779 江戸中期の蘭牟田池疏水、三重鼻用水路開削者
祐良 すけよし
後藤（ごとう）祐良 江戸中期の「後藤祐良日記」の著者
小林（こばやし）祐良 1661〜1732 江戸前期・中期の幕臣
資頼 すけより
藤原（ふじわらの）資頼 平安中期の官人
藤原（ふじわらの）資頼 1159〜1228 平安後期の武士
助頼 すけより
下毛野（しもつけぬの）助頼 平安後期の官人
輔頼 すけより
玉手（たまての）輔頼 平安後期の官人
祐頼 すけより
安倍（あべ）祐頼 平安中期の官人
助六 すけろく
松浦（まつうら）助六 江戸後期の陶工
助六重晴 すけろくしげはる
粟井（あわい）助六重晴 ？〜1615 江戸前期の豊臣秀頼の家臣
助六郎 すけろくろう
赤座（あかざ）助六郎 ？〜1582 戦国・安土桃山時代の織田信長の家臣
金丸（かねまる）助六郎 ？〜1582 安土桃山時代の武田氏の家臣
菅生王 すごうおう
菅生王 奈良時代の皇族
図書 ずしょ
伊南（いなみ）図書 江戸時代の庄内藩士
井上（いのうえ）図書 戦国時代の武将
宇野（うの）図書 ？〜1677 江戸前期の榛沢郡北根村の名主
大川（おおかわ）図書 ？〜1619 江戸前期の草加宿開発者
大貫（おおぬき）図書 江戸中期・後期の大住郡三宮村比々多神社神主
神田（かんだ）図書 1684〜1735 江戸前期・中期の剣術家。神夢想真流（無楽流）ほか
葛巻（くずまき）図書 江戸中期の加賀藩の家臣
窪庭（くぼにわ）図書 戦国時代の土豪
関根（せきね）図書 戦国〜江戸前期の土豪
高木（たかぎ）図書 安土桃山時代の代官頭彦坂元正のもとで伊豆を支配した代官。検地役人
戸田（とだ）図書 江戸末期の人。「戸田図書事件」の中心人物
中村（なかむら）図書 江戸末期の武士
原田（はらだ）図書 江戸後期の寺子屋の師匠
藤塚（ふじつか）図書 ？〜1781 江戸中期の神職
星野（ほしの）図書 ？〜1582 戦国時代の地侍
松田（まつだ）図書 江戸前期の伊達政宗の同朋珍斎
安田（やすだ）図書 1814〜1837 江戸後期の人。伊勢外宮師職藤本正篤の三男
吉羽（よしば）図書 吉羽図書に同じ
吉羽（よしばね）図書 ？〜1633 戦国時代の武士。忍城主成田氏長の家臣
図書右衛門 ずしょえもん
木島（きじま）図書右衛門 ？〜1784 江戸中期の和算家
図書頭康平 ずしょのかみやすひら
松平（まつだいら）図書頭康平 1761〜1808 江戸中期・後期の第81代長崎奉行
図書助 ずしょのすけ
雨宮（あめのみや）図書助 戦国時代の武田氏家臣
有沢（ありさわ）図書助 安土桃山時代の織田信長の家臣
青海川（おうみがわ）図書助 ？〜1609 安土桃山・江戸前期の上杉氏の家臣
小幡（おばた）図書助 戦国時代の上野国衆
香坂（こうさか）図書助 戦国時代の信濃水内郡の国衆香坂氏の一門
武（たけ）図書助 戦国時代の検地奉行。北条氏家臣
角田（つのだ）図書助 戦国時代の里見義頼・義康の家臣
南（みなみ）図書助 戦国時代の北条氏の家臣
図書満正 ずしょみつまさ
生駒（いこま）図書満正 ？〜1615 江戸前期の豊臣秀頼の家臣
鈴雄 すずお
珍々楼（ちんちんろう）鈴雄 江戸後期の狂歌師
雪 すすぐ
富士川（ふじかわ）雪 1830〜1898 江戸末期〜明治期中期の医者
涼 すずし
菅野（すがの）涼 1841〜1920 江戸末期〜大正期の教育者
涼 すずしき
源（みなもとの）涼 平安中期の歌人
鈴船 すずふね
森仙園（しんせんえん）鈴船 江戸後期の藤沢宿民
益 すすむ ⇔えき, まさる, ます
早崎（はやざき）益 1820〜1882 江戸後期〜明治

期の藩士・歌人
晋 すすむ
平沼（ひらぬま）晋 1832〜1914 江戸後期〜明治期の藩士
本多（ほんだ）晋 1844〜1921 江戸後期〜大正期の彰義隊士《本多敏三郎》
村田（むらた）晋 1841〜1890 江戸後期〜明治期の教育者、初代淀江小校長
芳村（よしむら）晋 1859〜1912 江戸末期・明治期の海軍軍医
進 すすむ
佐藤（さとう）進 1845〜1921 江戸後期〜大正期の医師、陸軍軍医総監、男爵
捨五郎 すてごろう
坂内（さかうち）捨五郎 1839〜1917 江戸末期〜大正期の太鼓師
放末 すてすえ
放末 戦国時代の石見の刀匠
捨八郎 すてはちろう
捨八郎 江戸時代の「興門流教義談」の著者
捨若 すてわか
磯貝（いそがい）捨若 江戸中期の浮世草子作者
崇徳院安芸 すとくいんのあき
崇徳院安芸 平安後期の女房・歌人
崇徳院兵衛佐 すとくいんのひょうえのすけ
崇徳院兵衛佐 平安後期の女房・歌人
直 すなお ⇔あたい, あたえ, ただし, ちょく, なお
浪玕園（ろうかんえん）直 江戸後期の狂歌師
廉 すなお ⇔れん
和木（わき）廉 1842〜1887 江戸後期〜明治期の公共事業功労者
砂川東作妻重 すながわとうさくのつましげ
砂川東作妻重 1818〜？ 江戸後期・末期の砂川太織の発明者
須奈保 すなほ
県犬養（あがたのいぬかいの）須奈保 奈良時代の官人
砂守 すなもり
金剛舎（こんごうしゃ）砂守 1778〜1843 江戸中期・後期の歌人
須沼 すぬま
須沼 安土桃山時代の信濃国安曇郡須沼の土豪
保彦 すひこ
古木（こきや）保彦 1844〜1877 江戸後期〜明治期の習字教師、戸長
須磨 すま
金森（かなもり）須磨 ？〜1671 江戸前期の女性。金森重頼の娘
渡辺（わたなべ）須磨 1839〜1897 江戸後期〜明治期の歌人・書家
スミ
榎本（えのもと）スミ 1816〜1893 江戸後期〜明治期の医師
須弥 すみ
台（うてなの）須弥 飛鳥時代の官吏
純前 すみあき
大村（おおむら）純前 ？〜1551 戦国時代の武将。肥前国大村家17代
澄江 すみえ
吉村（よしむら）澄江 1832〜1907 江戸後期〜明治期の大津郡日置村の益習館撃剣教官
住右衛門空斎 すみえもんくうさい
長岡（ながおか）住右衛門空斎 ？〜1859 江戸末期の出雲楽山の陶工
住右衛門貞政 すみえもんさだまさ
長岡（ながおか）住右衛門貞政 ？〜1828 江戸後期の樂山焼の名工、初代住右衛門
純夫 すみお
岡田（おかだ）純夫 1850〜1903 江戸後期〜明治期の教育者
澄景 すみかげ
大江（おおえの）澄景 平安中期の官人
澄方 すみかた
秋央亭（しゅうおうてい）澄方 1780〜1853 江戸中期・後期の狂歌作者
純清 すみきよ ⇔じゅんしょう
村（むら）純清 江戸中期の著作家
澄清 すみきよ
中条（ちゅうじょう）澄清 1849〜1897 江戸後期〜明治期の和算家
澄子 すみこ
源（みなもとの）澄子 1029？〜1087 平安中期・後期の女性。右大臣源師房の二女
純伊 すみこれ
大村（おおむら）純伊 1459〜1537 室町・戦国時代の武将
すみ女 すみじょ
二村（ふたむら）すみ女 江戸後期の歌人
純喬 すみたか
横尾（よこお）純喬 1847〜1909 江戸末期・明治期の武士、官吏
純孝 すみたか
前田（まえだ）純孝 江戸後期の藩士
純堯 すみたか
宇久（うく）純堯 ？〜1579 戦国・安土桃山時代の武将
西郷（さいごう）純堯 戦国時代の諫早領主
純睦 すみたけ
岩松（いわまつ）純睦 1710〜1783 江戸中期の代官
澄胤 すみたね
采（うねの）澄胤 平安中期の官人
隅田舎主人 すみだのやしゅじん
隅田舎主人 江戸後期の本草家
純庸 すみつね
河上（かわかみ）純庸 江戸前期の金森頼業、頼旹の2代に仕えた高原郷内30か村の兼帯名主

純利　すみとし
朝長(ともなが)純利　安土桃山時代の大村純忠の家臣

住夏　すみなつ
足羽(あすは)住夏　江戸中期の神職・国学者

住延　すみのぶ
内田(うちだ)住延　江戸後期〜明治期の和算家

純則　すみのり
麓(ふもと)純則　1857〜?　江戸末期・明治期の名瀬戸長

純春　すみはる
岩松(いわまつ)純春　1748〜1788　江戸中期・後期の代官

純凞　すみひろ
大村(おおむら)純凞　1830〜1882　江戸後期〜明治期の117代長崎奉行

純正　すみまさ
平田(ひらた)純正　?〜1662　江戸前期の薩摩藩士

澄丸　すみまる
無尽亭(むじんてい)澄丸　江戸後期の狂歌作者

住麻呂　すみまろ
船(ふねの)住麻呂　奈良時代の官人

純安　すみやす
朝長(ともなが)純安　?〜1563　安土桃山時代の大村純忠の家臣

純息　すみやす
有馬(ありま)純息　?〜1729　江戸中期の旗本

純之　すみゆき
中井(なかい)純之　1809〜1891　江戸後期〜明治期の和算家

澄之　すみゆき
山名(やまな)澄之　?〜1533　戦国時代の武将

済世　すみよ
飛鳥部(あすかべの)済世　平安中期の官人

純珍　すみよし
有馬(ありま)純珍　1669〜1738　江戸前期・中期の幕臣

澄頼　すみより
高梨(たかなし)澄頼　戦国時代の武士

修理　すり　⇔しゅうり, しゅり
修理　平安前期の女房・歌人

駿河　するが
駿河　平安前期の女房・歌人
駿河　平安後期の女房・歌人《祐子内親王家駿河》
阿部(あべの)駿河　奈良時代の武官
上毛野(かみつけのの)駿河　奈良時代の官吏
小曽根(こそね)駿河　戦国時代の里見氏家臣
徳民(とくみん)駿河　奈良時代の人。大野東人が海並山道の開通に着手した際、海道の軍勢に従い磐井郡から江刺郡の地に入ったとされる
茂庭(もにわ)駿河　戦国時代の武将

駿河入道　するがにゅうどう
玉井(たまい)駿河入道　室町時代の武将

駿河守定央　するがのかみさだふさ
坪内(つぼうち)駿河守定央　1711〜1761　江戸中期の56代長崎奉行

駿河守重賢　するがのかみしげかた
高橋(たかはし)駿河守重賢　1758〜1833　江戸中期・後期の90代長崎奉行

駿河守正重　するがのかみまさしげ
青木(あおき)駿河守正重　1581〜1664　安土桃山・江戸前期の武士

駿河守守直　するがのかみもりなお
土屋(つちや)駿河守守直　1734〜1784　江戸中期の66代長崎奉行

諏方　すわ
諏方　安土桃山時代の諏訪大社社家衆

すわ子　すわこ
稲垣(いながき)すわ子　1796〜1869　江戸後期〜明治期の歌人

諏訪御料人　すわごりょうにん
諏訪御料人　?〜1555　戦国時代の女性。諏訪頼重の娘、武田晴信の側室

すわ千世　すわちよ
仁科(にしな)すわ千世　安土桃山時代の信濃国安曇郡中之郷の国衆

寸虎　すんこ
寸虎　江戸前期の俳人

寸昌　すんしょう
柳下園(りゅうかえん)寸昌　?〜1810　江戸中期・後期の俳人

寸草　すんそう
寸草　江戸中期・後期の俳人

寸知　すんち
山庄(さんしゅう)寸知　?〜1699　江戸前期・中期の「新発田城由来」の著者

寸長　すんちょう
双樹亭(そうじゅてい)寸長　1845〜1921　江戸末期〜大正期の勤王家・俳人

寸田　すんでん
高(こう)寸田　江戸後期の商家

百度右衛門　ずんどえもん
石原(いしわら)百度右衛門　江戸時代の庄内藩士

寸風　すんぷう
寸風　1794〜1870　江戸後期〜明治期の俳人

寸法斎　すんぽうさい
寸法斎　江戸前期の漆工

寸木　すんぼく
寸木　1647〜1715　江戸前期・中期の俳人

寸来　すんらい
梅若(うめわか)寸来　1732〜1811　江戸中期・後期の俳人

寸竜　すんりゅう
奥村(おくむら)寸竜　1786〜1862　江戸中期〜末期の俳人、考古学者

【せ】

是阿　ぜあ
是阿　1177〜？　平安後期・鎌倉前期の法相宗の僧
世安　せあん
世安　平安後期の舞草刀工
せい
志賀山(しがやま)せい〔4代〕　江戸後期の舞踊家
波多野(はたの)せい　1843〜1907　江戸後期〜明治期の女性。松本藩士波多野敬の妻
セイ
薄井(うすい)セイ　1817〜1880　江戸末期・明治期の私塾経営者
済　せい　⇔ならう, わたる
堀川(ほりかわ)済　江戸後期の医者
成　せい
尚(しょう)成　1800〜1803　江戸後期の人。琉球の第二尚氏王統16代の王
盛　せい　⇔さかり, もり
渡辺(わたなべ)盛　1532〜1570　戦国・安土桃山時代の三河国衆
精　せい　⇔きよし
富田(とみた)精　1852〜1914　江戸末期〜大正期の山梨師範学校教授
花形(はながた)精　1825〜1899　江戸後期の寺子屋師匠
静　せい　⇔しず, しずか
安田(やすだ)静　江戸後期の本草家
性阿　せいあ
寂庵(じゃくあん)性阿　1517〜1536　戦国時代の今川氏親の子(彦五郎)
誓阿　せいあ
木食(もくじき)誓阿　1814〜1858　江戸後期・末期の京都浄土宗西山深草派本山誓願寺大勧進職
青阿　せいあ
青阿　江戸後期の俳人
青蛙　せいあ
青蛙　江戸後期の俳人
省庵　せいあん　⇔しょうあん
桑田(くわた)省庵　1834〜1905　江戸後期〜明治期の医者
鶴田(つるだ)省庵　1644〜1731　江戸前期・中期の儒者
原(はら)省庵　江戸中期の医者
成安　せいあん　⇔じょうあん, なりやす
成安　1582頃〜1664　安土桃山・江戸前期の俳人《成安》
正安　せいあん　⇔まさやす
土井(どい)正安　江戸後期の医学者
清安　せいあん　⇔きよやす
大石(おおいし)清安　江戸前期の鎌倉の絵仏師
泰室(たいしつ)清安　?〜1650　江戸前期の臨済僧
安田(やすだ)清安　？〜1875　江戸後期〜明治期の医師
清庵　せいあん
青野(あおの)清庵　江戸前期の豊臣秀頼の家臣
青柳(あおやぎ)清庵　？〜1615　江戸前期の真田信繁の家臣
小県(おがた)清庵　1714〜1803　江戸中期・後期の医者
島田(しまだ)清庵　？〜1588　戦国・安土桃山時代の医師
寺川(てらかわ)清庵　1858〜1899　江戸末期・明治期の社会教育家
生安　せいあん　⇔いくやす
末広(すえひろ)生安　江戸前期の漢学者《末広生安》
大道(だいどう)生安　1634〜1700　江戸前期・中期の僧
生庵　せいあん
石橋(いしばし)生庵　1641〜？　江戸前期の医者
精庵　せいあん
小沢(おざわ)精庵　1798〜1864　江戸後期・末期の漢学者
誠安　せいあん
林(はやし)誠安　江戸後期の医者
青庵　せいあん
青柳(あおやぎ)青庵　？〜1615　江戸前期の真田信繁の家臣《青柳清庵》
静安　せいあん　⇔じょうあん
岡田(おかだ)静安　1770〜1848　江戸中期・後期の漢方医
篠原(しのはら)静安　1747〜1812　江戸中期・後期の漢学者
中山(なかやま)静安　1680〜？　江戸前期・中期の医者・漢学者
横尾(よこお)静安　1781〜1804　江戸中期・後期の儒者
静庵　せいあん
宇留野(うるの)静庵　江戸後期の藩士
河村(かわむら)静庵　1806〜？　江戸後期の医師
沢田(さわだ)静庵　1785〜1862　江戸中期〜末期の漢学者
巽(たつみ)静庵　1792〜1867　江戸後期・末期の書家
永田(ながた)静庵　1778〜1828　江戸後期の医者
靖庵　せいあん
大月(おおつき)靖庵　1760〜1829　江戸末期の医師《大月靖菴》
靖菴　せいあん
大月(おおつき)靖菴　1760〜1829　江戸末期の医師
贅庵　ぜいあん
桜田(さくらだ)贅庵　1767〜1838　江戸中期・後期の漢学者
政伊　せいい
安仁屋(あにや)政伊　1834〜1902　江戸後期〜明治期の絵師

正以　せいい
岡垣(おかがき)正以　1637〜1720　江戸中期の俳人

正意　せいい
戸田(とだ)正意　江戸後期の幕臣、火付盗賊改役

誠意　せいい
赤城(あかぎ)誠意　1669〜1743　江戸前期・中期の会津藤樹学者

政一　せいいち
森川(もりかわ)政一　1798〜1849　江戸後期の川越藩士

清一　せいいち
川本(かわもと)清一　江戸末期・明治期の洋学者
菊地(きくち)清一　1822？〜1897　江戸後期〜明治期の教育者
林(はやし)清一　1818〜？　江戸後期・末期の加賀大聖寺藩の特権商人

精一　せいいち
奥野(おくの)精一　1829〜1898　江戸末期・明治期の儒学者
杉野(すぎの)精一　1827〜1870　江戸末期の医者・志士
杉山(すぎやま)精一　江戸後期の幕臣
長尾(ながお)精一　1851〜1902　江戸後期〜明治期の医学者
南部(なんぶ)精一　1832〜1912　江戸後期〜明治期の洋方医

誠一　せいいち
白極(はくごく)誠一　1850〜1905　江戸後期〜明治期の教育家
平松(ひらまつ)誠一　1841〜1931　江戸後期〜昭和期の測量家

静一　せいいち　⇔せいいつ
城山(しろやま)静一　1851〜1898　江戸末期・明治期の言論人

清一郎　せいいちろう
斎藤(さいとう)清一郎　江戸末期の新撰組隊士
西脇(にしわき)清一郎　1825〜1893　江戸後期〜明治期の銀行家

精一郎　せいいちろう
松村(まつむら)精一郎　1849〜1891　江戸後期〜明治期の盲唖教育者、地理学者、漢学者《松村西荘》

誠一郎　せいいちろう
小堀(こぼり)誠一郎　？〜1868　江戸後期・末期の新撰組隊士
中山(なかやま)誠一郎　？〜1881　江戸後期〜明治期の幕臣、代官

静一郎　せいいちろう
天野(あまの)静一郎　1830〜1871　江戸後期〜明治期の新徴組士

正逸　せいいつ
横山(よこやま)正逸　江戸時代の眼科医

清溢　せいいつ
滝園房(かんえんぼう)清溢　江戸後期の華道家

静一　せいいつ　⇔せいいち
三上(みかみ)静一　江戸後期の漢詩人

成允　せいいん　⇔じょういん, なりみつ
本多(ほんだ)成允　1847〜1917　江戸末期〜大正期のサクランボ栽培の普及者、歌人

政因　せいいん
井関(いぜき)政因　江戸末期の西陣の機業家

正胤　せいいん　⇔まさたね
国頭(くにがみ)正胤　？〜1537　戦国時代の馬氏国頭按司家の始祖

正尹　せいいん
杉浦(すぎうら)正尹　江戸末期の幕臣

清因　せいいん
佐分利(さぶり)清因　1812？〜1887　江戸後期〜明治期の歌人

清胤　せいいん　⇔きよたね, しょういん
清胤　943〜995　平安中期の天台宗の僧・歌人《清胤》
清胤　戦国・安土桃山時代の高野山無量光院第3世

清蔭　せいいん　⇔きよかげ
木村(きむら)清蔭　1744〜1776　江戸中期の商家

清陰　せいいん
三浦(みうら)清陰　江戸中期の漢学者

聖贇　せいいん
玉林(ぎょくりん)聖贇　1490〜1579　戦国・安土桃山時代の木曽定勝寺の3世住持

静院　せいいん
木村(きむら)静院　江戸中期の画家

星塢　せいう
秦(はた)星塢　江戸後期の書家

生宇　せいう
阪元(さかもと)生宇　1767〜1840　江戸中期・後期の漢学者

青雨　せいう
青雨　江戸中期の俳人

清右衛門　せいうえもん　⇔せいえもん
安倍(あべ)清右衛門　江戸中期・後期の仙台城下町の商人で金上侍
小飼(こがい)清右衛門　1819〜1892　江戸後期〜明治期の厚別地区水田耕作の功労者
中島(なかしま)清右衛門　1827〜1888　江戸後期〜明治期の人。交通難所の河原大崖を私費自力で開通
米竹(よねたけ)清右衛門　1832〜1891　江戸後期〜明治期の富商

精右衛門　せいうえもん
田村(たむら)精右衛門　1832〜1901　江戸後期〜明治期の第2奇兵隊半隊長

清右衛門尉　せいうえもんのじょう　⇔せいえもんのじょう
林田(はやしだ)清右衛門尉　戦国時代の千葉胤富の家臣

正運　せいうん　⇔しょううん
福島(ふくしま)正運　1849〜1877　江戸後期〜明治期の神職

西雲　せいうん
吉原(よしはら)西雲　?～1580　戦国・安土桃山時代の織田信長の家臣
晴雲院　せいうんいん
晴雲院　1820～1903　江戸後期～明治期の女性。久留米藩主夫人
清恵　せいえ
清恵　?～1842　江戸後期の真宗大谷派の僧
正英　せいえい　⇔しょうえい, まさてる, まさひで, まさふさ
豊川(とよかわ)正英　1689～1770　江戸中期の和文学者
清永　せいえい　⇔きよなが
大宝院(たいほういん)清永　1765～1831　江戸中期・後期の僧
清衛　せいえい　⇔きよえ
境野(さかいの)清衛　1846～1913　江戸末期～大正期の新町養蚕伝習所創設者
盛英　せいえい
伊舎堂(いしゃどう)盛英　1842～1906　江戸末期・明治期の首里士族
静栄　せいえい　⇔じょうえい
静栄　江戸前期の俳人
正益　せいえき　⇔しょうえき
有田(ありた)正益　1818～1880　江戸後期～明治期の医者
盛悦　せいえつ
心庵(しんあん)盛悦　1573～1657　江戸時代の禅僧
せい衛門　せいえもん
はやし(はやし)せい衛門　安土桃山時代の信濃国筑摩郡麻績北条の土豪
斎右衛門　せいえもん　⇔さいえもん
川上屋(かわかみや)斎右衛門　江戸中期の高山町二之町の町年寄
政右衛門　せいえもん　⇔まさうえもん, まさえもん
政右衛門　江戸末期の松原村の鍛冶職人
清右衛門　せいえもん　⇔せいうえもん
足立(あだち)清右衛門　安土桃山時代の織田信長の家臣
足立(あだち)清右衛門　1855～1900　江戸末期・明治期の医師。高山市岩井町の足立家13代当主
阿部(あべ)清右衛門　?～1844　江戸後期の運漕業者
池谷(いけがや)清右衛門　江戸前期の代官
石川(いしかわ)清右衛門　江戸後期の三浦郡田浦村名主
伊丹屋(いたみや)清右衛門　江戸前期の京都糸割符商人
海方(うなかた)清右衛門　江戸前期の御餌指
江間(えま)清右衛門　戦国時代の伊豆の鍛冶
河合(かわい)清右衛門　1663～1764　江戸前期・中期の第2回江戸強訴の宰領
神田(かんだ)清右衛門　1853～1910　江戸後期～明治期の実業家
木村(きむら)清右衛門　1776～1829　江戸中期・後期の備前焼窯元
桐生村(きりゅうむら)清右衛門　江戸中期の大野郡桐生村名主
朽木(くちき)清右衛門　江戸後期～明治期の海商
蔵田屋(くらたや)清右衛門　1834～1883　江戸後期～明治期の土木業者
斎藤(さいとう)清右衛門　1804～1877　江戸後期～明治期の廻船業
塩川(しおかわ)清右衛門　江戸前期の紀州の者。大坂の陣で籠城
島名(しまな)清右衛門　江戸後期の商人
庄野(しょうの)清右衛門　江戸中期の京都銀座役人
鈴木(すずき)清右衛門　1737～1807　江戸中期・後期の兵学者
瀬田(せた)清右衛門　戦国時代の大工。伊豆で活動
高村(たかむら)清右衛門　戦国時代の武将。武田家臣
滝沢(たきざわ)清右衛門　1802～1851　江戸後期の書肆・代稿作者
千種(ちぐさ)清右衛門　1689～1767　江戸中期の備中倉敷代官
内藤(ないとう)清右衛門　1751～1831　江戸中期・後期の儒者
福岡屋(ふくおかや)清右衛門　?～1832　江戸後期の豪商福岡屋当主
藤根(ふじね)清右衛門　江戸中期の藩士
松本(まつもと)清右衛門　江戸中期の書肆
三島(みしま)清右衛門　戦国時代の出雲田儀の銅山師
宮田(みやた)清右衛門　?～1684　江戸前期の庄内藩役人
安井(やすい)清右衛門　安土桃山時代の織田信長の家臣
湯浅(ゆあさ)清右衛門　江戸前期の人。伊勢商人曾右衛門に同行して大山詣でをしたとされる
渡辺(わたなべ)清右衛門　江戸末期の木綿買継商人・問屋
清右衛門利容　せいえもんとしひろ
渡辺(わたなべ)清右衛門利容　?～1718　江戸前期・中期の弘前藩士
清右衛門尉　せいえもんのじょう　⇔せいうえもんのじょう
宮内(みやうち)清右衛門尉　戦国時代の商人
清衛門尉　せいえもんのじょう
田辺(たなべ)清衛門尉　戦国時代の甲斐国山梨郡小田原の在郷商人
勢縁　せいえん
勢縁　平安中期の真言宗の僧
政円　せいえん
山尾(やまお)政円　1707～1757　江戸中期の画家
清円　せいえん　⇔きよつら
清円　1037～1103　平安中期・後期の石清水別当
誓円　せいえん
誓円　1828～1910　江戸後期～明治期の善光寺大

本願住職の久我誓円上人
誓円尼公　せいえんにこう
誓円尼公　1828～1910　江戸後期～明治期の善光寺大本願住職の久我誓円上人《誓円》
西塢　せいお
福井(ふくい)西塢　江戸時代の俳人
政黄　せいおう
萩野(はぎの)政黄　江戸後期の和算家
西翁　せいおう
大久保(おおくぼ)西翁　1799～1874　江戸末期の画家
誠翁　せいおう
青木(あおき)誠翁　1801～1873　江戸後期～明治期の歌人
靚翁　せいおう
深谷(ふかや)靚翁　1751～1826　江戸中期・後期の西尾城下の豪商で藩の用達
世華　せいか
竜(りゅう)世華　1751～1821　江戸中期の儒者
棲霞　せいか
棲霞　江戸末期の浄土真宗の僧
清暇　せいか
玉堂(ぎょくどう)清暇　室町時代の画家
醒花　せいか
醒花　江戸末期の俳人
青可　せいか
青可　江戸後期の俳人
都筑(つづき)青可　1796～1865　江戸後期・末期の俳人・茶人
青荷　せいか
青荷　江戸末期の俳人
細村(ほそむら)青荷　1803～1881　江戸後期の俳人
青霞　せいか
畑中(はたなか)青霞　1764～1810　江戸中期・後期の藩士
青葭　せいか
野田(のだ)青葭　江戸後期の本草家
静嘉　せいか
静嘉　江戸末期の俳人
省我　せいが
中野(なかの)省我　1742～1787　江戸中期の詩文家
成賀　せいが
成賀　鎌倉時代の僧
政賀　せいが
屋慶名(やけな)政賀　1737～1800　江戸中期・後期の絵師
清賀　せいが
清賀　奈良時代の僧侶
青峨　せいが
前田(まえだ)青峨　1698～1759　江戸中期の俳人
青蛾　せいが
青蛾　？～1833　江戸後期の俳人
青瓦　せいが
青瓦　江戸中期の俳人
旌峨　せいが
長井(ながい)旌峨　江戸末期の漢学者
晴海　せいかい
小島(こじま)晴海　1817～1874　江戸後期～明治期の漢詩人
清介　せいかい　⇔せいすけ
杉浦(すぎうら)清介　？～1890　江戸末期・明治期の幕臣
清海　せいかい　⇔きようみ, きよみ
清海　1796～1872　平安中期の法相宗の僧
生海　せいかい
中村(なかむら)生海　1835～1903　江戸後期～明治期の郷土画家
西海　せいかい　⇔さいかい
宇野(うの)西海　？～1830　江戸中期の小田原藩儒官
誓海　せいかい
誓海　？～1316　鎌倉後期の浄土真宗の僧
世外　せいがい
武藤(むとう)世外　江戸後期の槍術師範
西崖　せいがい
菊池(きくち)西崖　1786～1847　江戸中期・後期の藩士
西涯　せいがい
杉浦(すぎうら)西涯　1754～1830　江戸中期・後期の書家
西崕　せいがい
羽様(はざま)西崕　1811～1878　江戸後期～明治期の絵師
誓鎧　せいがい
誓鎧　1753～1829　江戸中期・後期の浄土真宗の僧
清華院　せいがいん
清華院　1681～1682　江戸前期の女性。徳川家宣の長女
清和院君　せいかいんのきみ　⇔せかいのきみ
清和院君　平安前期の歌人《清和院君》
政覚　せいかく
政覚　1453～1494　室町・戦国時代の法相宗の僧
栖鶴　せいかく
栖鶴　？～1769　江戸中期の俳人
清覚　せいかく　⇔しょうかく
清覚　1083～1119　平安後期の天台宗延暦寺僧
盛覚　せいかく
金丸(かなまる)盛覚　鎌倉時代の御家人
清岳　せいがく
清岳　1579～1644　安土桃山・江戸前期の禅僧
清壑　せいがく
滝(たき)清壑　江戸後期の画家
西岳　せいがく
小林(こばやし)西岳　1716～1800　江戸中期・後期の儒者
畠中(はたなか)西岳　江戸後期の書家

青岳　せいがく
青岳　江戸中期の浄土真宗の僧

静学　せいがく
小橋(こばし)静学　1779〜1825　江戸中期・後期の医者・漢学者

正鑒　せいかん
原(はら)正鑒　1844〜1908　江戸後期〜明治期の実業家

清閑　せいかん
清閑　安土桃山・江戸前期の天台宗の僧

清韓　せいかん
清韓　?〜1621　安土桃山・江戸前期の臨済宗の僧

清鑒　せいかん
清鑒　?〜945　平安中期の石清水別当

清巌　せいがん
清巌　?〜1592　安土桃山時代の浄土宗の僧

清眼　せいがん
清眼　?〜1379　南北朝時代の馬島流眼科の開祖

青岩　せいがん
青岩　上代の中国梁出身の僧

惺岩　せいがん
山本(やまもと)惺岩　江戸末期の漢学者

世喜　せいき
世喜　江戸中期の浮世草子作者

世軌　せいき
松平(まつだいら)世軌　1774〜1819　江戸後期の幕臣

成器　せいき
山田(やまだ)成器　1831〜1912　江戸末期・明治期の医師

晴喜　せいき
晴喜　鎌倉後期の社僧

清基　せいき　⇔きよもと, しょうき
清基　平安中期の僧侶・歌人《清基》
伊東(いとう)清基　1840〜1895　江戸後期〜明治期の医師

清璣　せいき
菅(すが)清璣　江戸中期の医者

盛紀　せいき
伊野波(いのは)盛紀　1619〜1688　江戸前期の琉球の三司官

精器　せいき
精器　?〜1863　江戸後期・末期の俳人

西鬼　せいき　⇔さいき
牧野(まきの)西鬼　江戸前期の俳諧師

晟琦　せいき
田中(たなか)晟琦　1838〜?　江戸末期の医師

青岐　せいぎ
藜庵(あかざあん)青岐　1756〜1804　江戸後期の俳人

青宜　せいぎ
島本(しまもと)青宜　1819〜1897　江戸後期〜明治期の俳人

政吉　せいきち　⇔まさきち, まさよし
多善(たき)政吉　安土桃山時代の駿府の商人頭

清吉　せいきち　⇔きよよし
清吉　江戸後期の足柄下郡前川村大工
今井(いまい)清吉　江戸後期の医師
鬼あざみ(おにあざみ)清吉　江戸後期の盗賊
鬼坊主(おにぼうず)清吉　1776〜1805　江戸中期・後期の盗賊
小久保(こくぼ)清吉　1847〜1868　江戸後期・末期の新撰組隊士
島屋(しまや)清吉　江戸後期の人。新川木綿の販路を拡大
島谷(しまや)清吉　江戸時代の野辺地の船問屋
田村(たむら)清吉　1785〜1851　江戸中期・後期の鹿田村の名主
鳥山(とりやま)清吉　1813〜1881　江戸後期〜明治期の白木綿商
双木(なみき)清吉　1771〜1843　江戸中期・後期の陶工
馬田(ばだ)清吉　1742〜?　江戸中期のオランダ通詞

清吉郎　せいきちろう
早川屋(はやかわや)清吉郎　江戸後期の鉱山業

青牛　せいぎゅう
青牛　?〜1669　江戸前期の俳人
青牛　江戸中期・後期の俳人
青牛　1764〜1836　江戸中期・後期の俳諧作者
青牛　江戸後期の俳人
栗原(くりはら)青牛　1723〜1797　江戸中期の俳諧作者・神主

静久斎　せいきゅうさい
静久斎　安土桃山時代の佐久郡小諸の国衆

静居　せいきょ
田中(たなか)静居　1835〜1898　江戸後期〜明治期の画人

青魚　せいぎょ
勝部(かつべ)青魚　1712〜1788　江戸中期・後期の医者・漢学者・俳人

政供　せいきょう
東風平(こちんだ)政供　?〜1560　戦国・安土桃山時代の東風平間切総地頭職

政経　せいきょう　⇔まさつね
政経　1025〜1094　平安中期・後期の天台宗園城寺僧

正恭　せいきょう　⇔まさやす, まさゆき, まさよし
吉田(よしだ)正恭　江戸後期の医者

清狂　せいきょう
西村(にしむら)清狂　1727〜1795　江戸中期・後期の画家

清鏡　せいきょう
真田(さなだ)清鏡　?〜1620　安土桃山・江戸前期の僧侶

盛卿　せいきょう
青木(あおき)盛卿　江戸後期の藩士

盛恭　せいきょう
秋山（あきやま）盛恭　1803〜1846　江戸後期の漢学者
横田（よこた）盛恭　江戸末期の幕臣、代官
盛業　せいぎょう　⇔もりなり
内藤（ないとう）盛業　1794〜1855　江戸後期・末期の藩士
静區　せいく
宇津木（うつき）静區　1809〜1837　江戸後期の儒者・義人
正九郎　せいくろう
野々山（ののやま）正九郎　江戸時代の倍田の教育者
清九郎　せいくろう
青木（あおき）清九郎　？〜1615　江戸前期の豊臣秀頼の家臣
油井（あぶらかわ）清九郎　？〜1508　戦国時代の武田氏の家臣
いほり（いほり）清九郎　戦国時代の千葉胤富の家臣。森山衆
佐野（さの）清九郎　戦国時代の駿河国富士郡長貫の土豪
竹内（たけうち）清九郎　江戸末期・明治期の七宝工
清九郎経純　せいくろうつねずみ
片岡（かたおか）清九郎経純　江戸前期の武士。大坂の陣で籠城
清啓　せいけい
天与（てんよ）清啓　室町時代の臨済宗の僧
清慶　せいけい　⇔きよよし，しょうけい
大槻（おおつき）清慶　1700〜1776　江戸中期の仙台領西岩井大肝入
清渓　せいけい
田中（たなか）清渓　1734〜1814　江戸中期・後期の医者・漢学者
西村（にしむら）清渓　江戸後期の画家
盛奎　せいけい
富川（とみがわ）盛奎　1832〜1890　江戸後期〜明治期の琉球の政治家
青渓　せいけい
辛島（からしま）青渓　1724〜1793　江戸中期・後期の漢学者
静渓　せいけい
河東（かわひがし）静渓　1830〜1894　江戸後期〜明治期の漢学者
佐藤（さとう）静渓　1842〜1909　江戸後期〜明治期の文人
清渓尼　せいけいに
清渓尼　？〜1382　南北朝時代の尼僧
省軒　せいけん
三浦（みうら）省軒　1849〜1919　江戸末期〜大正期の教育者
世顕　せいけん
田中（たなか）世顕　1775〜1842　江戸後期の医家《田中二窓》
成憲　せいけん
鍋田（なべた）成憲　江戸末期・明治期の幕臣、代官
清憲　せいけん　⇔きよのり
寺林（てらばやし）清憲　1840〜1901　江戸後期〜明治期の官吏
清見　せいけん　⇔すがみ
清見　奈良時代の僧
清謙　せいけん　⇔きよかた
大岡（おおおか）清謙　1813〜1863　江戸後期・末期の幕臣《大岡清謙》
清軒　せいけん
小田野（おだの）清軒　1798〜1856　江戸後期・末期の漢学者
国枝（くにえだ）清軒　江戸前期の軍記作者
西謙　せいけん
片切（かたぎり）西謙　安土桃山時代の信濃国伊那郡の国衆片切氏一族か
誠軒　せいけん
赤田（あかだ）誠軒　1831〜1873　江戸後期〜明治期の漢学者
誓謙　せいけん
誓謙　1774〜1826　江戸中期の浄土真宗の僧
醒軒　せいけん
山本（やまもと）醒軒　1853〜1920　江戸末期〜大正期の書家
静軒　せいけん
城野（きの）静軒　1801〜1873　江戸後期〜明治期の書家
靖軒　せいけん
中尾（なかお）靖軒　1837〜1915　江戸末期〜大正期の漢学者
成言　せいげん
兼松（かねまつ）成言　1810〜1877　江戸後期〜明治期の弘前藩藩校稽古館督学で東奥義塾創設者の1人
清玄　せいげん
清玄　1613〜1675　江戸前期の鯵ケ沢の真宗大谷派来生寺開基
戸田（とだ）清玄　戦国・安土桃山時代の剣術家
盛元　せいげん　⇔もりもと
伊舎堂（いしゃどう）盛元　1776〜1842　江戸中期・後期の琉球の三司官
精元　せいげん　⇔きよもと
精元　江戸前期の真言宗の僧
靖厳院　せいげんいん
靖厳院　1636〜1717　江戸前期・中期の女性。徳川家光の養女
晴湖　せいこ
荒井（あらい）晴湖　1765〜1825　江戸中期・後期の儒者
西孤　せいこ
安西（あんざい）西孤　？〜1810　江戸後期の俳人
腥湖　せいこ
腥湖　江戸末期の俳人
省吾　せいご　⇔しょうご
小林（こばやし）省吾　1844〜1904　江戸後期〜明治期の教育者

戸板(といた)省吾　1823〜1906　江戸後期〜明治期の教育家

清吾　せいご
島田(しまだ)清吾　1837〜1880　江戸後期〜明治期の漁業者。綿糸網製造の先駆者
水野(みずの)清吾　1775〜1849　江戸中期・後期の甲源一刀流剣術家

静吾　せいご
小林(こばやし)静吾　1840〜1888　江戸後期〜明治期の庄屋、戸長、郡会議員

成綱　せいこう　⇔しげつな, なりつな
牧野(まきの)成綱　？〜1849　江戸後期の幕臣

政公　せいこう　⇔まさきみ
今井(いまい)政公　1855〜1909　江戸末期・明治期の長野県医学界の功労者、初代長野県医師会長

星岬　せいこう
星岬　1829〜1900　江戸後期〜明治期の俳人

晴江　せいこう
庄田(しょうだ)晴江　？〜1881　江戸後期〜明治期の金沢の俳人

正功　せいこう　⇔まさかつ
新見(しんみ)正功　1823〜？　江戸後期〜明治期の飛騨郡代

清光　せいこう　⇔きよみつ
月甫(げっぽ)清光　戦国時代の臨済宗の僧

清好　せいこう
谷(たに)清好　江戸後期の彫師

清江　せいこう
長尾(ながお)清江　？〜1911　江戸後期〜明治期の画人・吉田藩士

盛興　せいこう　⇔もりき
大山(おおやま)盛興　1738〜1797　江戸中期・後期の首里毛氏12世。宜野湾間切大山地頭職

盛綱　せいこう　⇔もりつな
豊見城(とみぐすく)盛綱　豊見城盛綱に同じ
豊見城(ともぐすく)盛綱　1829〜1893　江戸末期・明治期の首里士族

盛香　せいこう　⇔もりか
清水(きよみず)盛香　江戸中期の藩士
清水(しみず)盛香　1706〜？　江戸中期の藩士

西郊　せいこう
上原(うえはら)西郊　1812〜1872　江戸末期の学者

西皐　せいこう　⇔さいこう
菊池(きくち)西皐　1769〜1813　江戸中期・後期の漢学者

誠光　せいこう
森(もり)誠光　江戸末期・明治期の算術教師

青岡　せいこう
志賀(しが)青岡　江戸後期の藩士

青郊　せいこう
青郊　1744〜1810　江戸中期・後期の足利学校第18世庠主。臨済宗の僧
江村(えむら)青郊　1691〜1734　江戸中期の儒者

正蒙　せいごう
土屋(つちや)正蒙　1841〜1901　江戸末期・明治期の愛媛県官・温泉郡長

清鄴　せいごう
子才(しさい)清鄴　室町時代の臨済宗の僧

清光院　せいこういん
清光院　？〜1581　戦国・安土桃山時代の女官、正親町天皇の后

聖光院お万の方　せいこういんおまんのかた
聖光院お万の方　1620〜1690　江戸前期・中期の女性。保科正之の側室

せ

誠好斎　せいこうさい
福田(ふくだ)誠好斎　1810〜1900　江戸後期〜明治期の神職・武芸家・医者

西国　せいこく
中村(なかむら)西国　1647〜1695　江戸前期・中期の俳人

清吾年賀　せいごとしよし
水野(みずの)清吾年賀　1775〜1849　江戸中期・後期の甲源一刀流剣術家《水野清吾》

晴五郎　せいごろう
小野(おの)晴五郎　1836〜1869　江戸後期〜明治期の人。集議院を設置した際の大主典

清五郎　せいごろう
穴山(あなやま)清五郎　戦国時代の河内領主
小国(おぐに)清五郎　江戸中期の地頭
栗原(くりばら)清五郎　江戸後期の埼玉郡井沼村の農民・寺子屋師匠
佐藤(さとう)清五郎　1826〜？　江戸後期の幕臣

盛昆　せいこん
伊良皆(いらみな)盛昆　1777〜1849　江戸中期・後期の絵師

井左　せいさ
浅野(あさの)井左　江戸後期の俳人

省斎　せいさい　⇔しょうさい
入交(いりまじり)省斎　1796〜1865　江戸後期・末期の藩士
富田(とみだ)省斎　1716〜1784　江戸中期の藩士・書家
日尾(ひお)省斎　江戸末期の漢学者《日尾省斎》
深尾(ふかお)省斎　1671〜1719　江戸前期・中期の儒者
森(もり)省斎　1714〜1774　江戸中期の漢学者
和田(わだ)省斎　1685〜1739　江戸中期の漢学者

成斎　せいさい
稲垣(いながき)成斎　1768〜？　江戸中期・後期の漢学者
西依(にしより)成斎　1573〜1669　安土桃山・江戸前期の神道家
羽毛田(はけた)成斎　1834〜1892　江戸後期〜明治期の寺子屋師匠

正済　せいさい　⇔まさなり
松井(まつい)正済　室町時代の医師《松井正済》

清哉　せいさい
川上(かわかみ)清哉　1854〜1895　江戸末期・明

治期の医師、恙虫病研究者

清斎 せいさい

橋本(はしもと)清斎 1747～1797 江戸中期・後期の書家

誠斎 せいさい

赤柴(あかしば)誠斎 1828～1879 江戸後期～明治期の医師・洋方医

加部(かべ)誠斎 1784～1842 江戸中期・後期の医者、漢学者

蜂屋(はちや)誠斎 1729～? 江戸中期の「風の沙汰」の著者

福田(ふくだ)誠斎 1821～1870 江戸後期～明治期の漢学者

松枝(まつえだ)誠斎 江戸末期・明治期の和算家

三宅(みやけ)誠斎 ?～1728 江戸前期・中期の漢学者

誓斎 せいさい

上田(うえだ)誓斎 1726～1805 江戸中期・後期の薬種商

静斎 せいさい

新井(あらい)静斎 江戸後期の儒者

岸井(きしい)静斎 1826～1893 江戸後期～明治期の藩士

堤(つつみ)静斎 1828～1893 江戸末期・明治期の漢学者・儒者

福田(ふくだ)静斎 1838～1912 江戸末期の医師

横須賀(よこすか)静斎 1824～1907 江戸後期～明治期の漢学者

靖斎 せいさい

小山田(おやまだ)靖斎 ?～1852 江戸後期の医家、考古学者

葛西(かさい)靖斎 1790～1852 江戸後期の医者

牧江(まきえ)靖斎 1817～1868 江戸後期・末期の糸魚川の酒造家

菁斎 せいさい

高津(たかつ)菁斎 1796?～1869 江戸後期～明治期の詩人

生西 せいざい ⇔しょうさい

生西 鎌倉後期・南北朝時代の医師《生西》

清左衛門 せいざえもん

清左衛門 戦国時代の鋳物師

清左衛門 安土桃山時代の駿河国富士郡三園郷の山造衆

清左衛門 安土桃山時代の信濃国筑摩郡大久保の土豪

清左衛門 安土桃山時代の信濃国筑摩郡野口の土豪

清左衛門 ?～1736 江戸中期の篤農家

明石(あかし)清左衛門 江戸前期の長宗我部盛親の家人

浅野(あさの)清左衛門 江戸後期の「真言暗誦要文」を編集

筏(いかだ)清左衛門 江戸後期の著述家。「愚痴弁疑」を執筆

石原(いしはら)清左衛門 室町時代の武士

石原(いしはら)清左衛門 1730～1794 江戸中期・後期の武士

石原(いしはら)清左衛門 江戸後期の武士。陸奥国伊達・信夫二郡の代官

宇夫方(うぶかた)清左衛門 1584～1645 安土桃山・江戸前期の下郷百姓代官、蔵奉行

大城(おおしろ)清左衛門 ?～1774 江戸中期の国学者

大野(おおの)清左衛門 江戸前期の竹内信就の手代

柏原(かしわばら)清左衛門 1614～1709 江戸前期・中期の北照井堰の開削者

勝間田(かつまた)清左衛門 江戸前期の箱根芦ノ湯開発者の一人

加藤(かとう)清左衛門 1676～1755 江戸前期・中期の庄内藩家老

川越(かわごえ)清左衛門 江戸時代の弘前藩士、山鹿流の兵学者

川崎屋(かわさきや)清左衛門 1620～1705 江戸前期・中期の蔵宿

川島(かわしま)清左衛門 ?～1853 江戸後期の三浦郡不入斗村名主

岸(きし)清左衛門 江戸後期の都筑郡茅ヶ崎村民

小島(こじま)清左衛門 1828～1911 江戸後期～明治期の生糸商人

瀬尾(せお)清左衛門 戦国時代の大工。伊豆で活動

仙石(せんごく)清左衛門 ?～1618 安土桃山・江戸前期の豊臣秀次・秀吉・秀頼・浅野長晟の家臣

高木(たかぎ)清左衛門 江戸後期の幕臣

谷口(たにぐち)清左衛門 1584～1666 安土桃山・江戸前期の佐賀藩御用鋳物師

塚田(つかだ)清左衛門 江戸後期の墾田開発用水開削功労者

根岸(ねぎし)清左衛門 1797～1859 江戸後期・末期の横浜貿易商人

箱石(はこいし)清左衛門 1729～1813 江戸中期・後期の藩士

深尾(ふかお)清左衛門 江戸前期の伊藤加賀守秀盛・左馬頭則長父子の家臣、医者

伏見屋(ふしみや)清左衛門 ?～1787 江戸中期の伏見町人

森下(もりした)清左衛門 江戸後期の医師

森嶋(もりしま)清左衛門 江戸前期の武士。大坂の陣で籠城

両瀬(もろせ)清左衛門 安土桃山時代の信濃国筑摩郡会田の土豪

渡辺(わたなべ)清左衛門 1820～1865 江戸後期・末期の剣術家。北辰一刀流

精左衛門 せいざえもん

戸田(とだ)精左衛門 1770～1852 江戸中期・後期の剣術家。東軍流

清左衛門富為 せいざえもんとみため

松本(まつもと)清左衛門富為 ?～1817 江戸中期・後期の松平主殿守御代庄屋格

清左衛門尉 せいざえもんのじょう

芦沢(あしざわ)清左衛門尉 戦国時代の駿河国久沢の土豪

有賀(あるが)清左衛門尉 戦国時代の人。諏訪大社春宮・秋宮造営時の寺之郷、芋川、大穴の徴収

責任者
池上(いけがみ)清左衛門尉 安土桃山時代の信濃国伊那郡長谷村在郷の細工職人
古屋(ふるや)清左衛門尉 戦国・安土桃山時代の金山衆

清作 せいさく
木下(きのした)清作 1844~1923 江戸末期~大正期の柴海苔漁業の祖
日比野(ひびの)清作 江戸末期の幕臣・外国奉行支配調役。1867年遣仏使節に随行しフランスに渡る

精策 せいさく
古後(こご)精策 1816~1908 江戸後期~明治期の豪商

静作 せいさく
船津(ふなつ)静作 1858~1929 江戸末期~昭和期の園芸家

済三郎 せいざぶろ
荒木(あらき)済三郎 江戸後期・末期の幕臣

勢三郎 せいざぶろう
山田(やまだ)勢三郎 1843~1919 江戸後期~大正期の豪農

清三郎 せいざぶろう
清三郎 江戸中期の高野山寺領中筒香村庄屋
清三郎 ?~1758 江戸中期の大工。天秤鞴の発明者
清三郎 ?~1799 江戸中期・後期の百姓一揆の指導者
荒井(あらい)清三郎 1795~1882 江戸後期~明治期の商人
梶(かじ)清三郎 江戸後期・末期の幕臣
川上(かわかみ)清三郎〔1代〕 ?~1664 江戸前期の弘前藩お抱えの鉄砲師
斎藤(さいとう)清三郎 江戸後期の三浦郡大津村民
酒依(さかより)清三郎 ?~1575 安土桃山時代の武士
佐藤(さとう)清三郎 1835~1914 江戸末期~大正期の農事功労者
白井(しらい)清三郎 江戸後期の寺子屋の師匠
鈴木(すずき)清三郎 安土桃山時代の甲府在住の秤職人
寺山(てらやま)清三郎 戦国時代の社人
中川(なかがわ)清三郎 江戸前期の商人
春井(はるい)清三郎 1843~1884 江戸後期~明治期の蒔絵師
深瀬(ふかせ)清三郎 1805~1867 江戸後期・末期の志士
山本(やまもと)清三郎 1622~? 江戸前期の新川郡奉行

盛算 せいさん ⇔じょうさん
盛算 戦国時代の真言宗の僧・連歌作者

晴山 せいざん
霞(か)晴山 江戸後期の陶工
古屋野(こやの)晴山 1786~? 江戸中期・後期の医師

西山 せいざん
小山内(おさない)西山 ?~1835 江戸後期の書家
佐藤(さとう)西山 1812~1868 江戸後期・末期の漢学者
西山(にしやま)西山 1658~1688 江戸前期の儒者
馬島(まじま)西山 江戸中期の漢詩人

青山 せいざん
青山 江戸中期の陶工
塩谷(しおのや)青山 1855~1925 江戸末期~大正期の教育者
山川(やまかわ)青山 1748~1797 江戸中期・後期の藩士、漢学者

静山 せいざん
静山 江戸後期の俳人・藩士
岡田(おかだ)静山 江戸中期の漢学者
中村(なかむら)静山 1842~1896 江戸後期~明治期の漢学者
坂(ばん)静山 1665~1747 江戸前期・中期の歌人
細貝(ほそかい)静山 1773~1832 江戸中期・後期の画家
南(みなみ)静山 1853~1920 江戸末期~大正期の篆刻家
山岡(やまおか)静山 1829~1855 江戸後期・末期の武士、槍術家

井資 せいし
井資 江戸後期の俳人

済子 せいし
姉小路(あねがこうじ)済子 戦国時代の宮内卿勾当内侍。姉小路済継の妹

成子 せいし ⇔なりこ
藤原(ふじわらの)成子 鎌倉時代の女官

成之 せいし ⇔しげゆき, なりゆき
成之 江戸前期・中期の俳人
成之 江戸後期の俳人・藩士
多田(ただ)成之 1828~1877 江戸後期~明治期の代官、官吏

清子 せいし ⇔いさぎよいこ, いさぎよきこ, きよいこ, きよこ
源(みなもとの)清子 平安中期の女性。醍醐天皇更衣

盛資 せいし ⇔もりすけ
盛資 戦国・安土桃山時代の画家

誠志 せいし
成瀬(なるせ)誠志 1845~1923 江戸後期~大正期の陶工

青芝 せいし
青芝 江戸後期の俳人

静之 せいし
枝芳軒(しほうけん)静之 江戸中期・後期の書肆

政路 せいじ
田沢(たざわ)政路 江戸後期・末期の幕臣

晴次 せいじ
小長谷(こながや)晴次 安土桃山・江戸前期の代官

正次　せいじ　⇔まさつぐ
吉川（よしかわ）正次　安土桃山・江戸前期の代官
正路　せいじ　⇔しょうじ，せいろ，まさみち
高宮（たかみや）正路　江戸末期・明治期の神職
堀田（ほった）正路　1789～？　江戸後期の幕臣
清次　せいじ　⇔きよつぐ
沢越（さわごし）清次　1829～1877　江戸後期～明治期の庄川町地域の挽物木地職の元祖
村井（むらい）清次　？～1582　戦国・安土桃山時代の織田信長の家臣
清治　せいじ　⇔きよはる
板宮（いたみや）清治　1822～1912　江戸後期～明治期の大工
土谷（つちや）清治　1793～1868　江戸後期・末期の三畑村庄屋
桧垣（ひがき）清治　1839～？　江戸後期～明治期の土佐勤王党員
松本（まつもと）清治　1842～1898　江戸後期～明治期の自由民権運動の指導者
成式　せいしき
野間（のま）成式　1775～1850　江戸中期・後期の医者
盛竺　せいじく
青山（あおやま）盛竺　？～1750　江戸中期の絵師
清七　せいしち
須藤（すどう）清七　1835～1919　江戸末期～大正期の実業家
滝口（たきぐち）清七　江戸後期の三浦郡下平作村民
中村（なかむら）清七　江戸末期の新撰組隊士
本多（ほんだ）清七　安土桃山時代の織田信長の家臣
本屋（ほんや）清七　江戸中期～明治期の大坂の版元
清七郎　せいしちろう
遠藤（えんどう）清七郎　江戸後期の大住郡伊勢原村菓子師
高木（たかぎ）清七郎　戦国時代の信濃国諏訪郡高木の土豪
広瀬屋（ひろせや）清七郎　1743～1789　江戸中期の義民・高山役所取次役
山多（やまだ）清七郎　戦国時代の千葉胤富の家臣
正舎　せいしゃ
正舎　江戸前期の俳人・狂歌作者
正寿　せいじゅ　⇔しょうじゅ
桃隠（とういん）正寿　戦国時代の僧
清珠　せいじゅ
清珠　1751～1824　江戸中期・後期の浄土真宗の僧
青樹　せいじゅ
上山（うえやま）青樹　江戸末期の藩士
済洲　せいしゅう
山根（やまね）済洲　1726～1755　江戸中期の漢学者・藩士
成楫　せいしゅう
梁（りょう）成楫　1668～1702　江戸前期・中期の人。久米村梁氏の10世、上江洲家の初代
政周　せいしゅう　⇔まさかね，まさとき，まさよし
土屋（つちや）政周　江戸中期の人。白隠に禅を学んだ
政修　せいしゅう
大草（おおぐさ）政修　江戸後期の幕臣
星洲　せいしゅう
浅井（あさい）星洲　1796～1862　江戸後期・末期の刈安賀村の日本画家
平戸（ひらと）星洲　1838～1918　江戸末期・明治期の書家
松浦（まつうら）星洲　江戸後期の易占家
星秋　せいしゅう
吉岡（よしおか）星秋　1842～1892　江戸末期・明治期の漢詩人
正修　せいしゅう　⇔まさおみ，まさなが，まさのぶ
吉松（よしまつ）正修　？～1787　江戸中期の津和野藩校養老館の助教授
正秀　せいしゅう　⇔しょうしゅう，まさなか，まさひで
伊藤（いとう）正秀　1663～1745　江戸前期・中期の武士
清洲　せいしゅう
坂井（さかい）清洲　？～1789　江戸後期の徂徠学派藩儒学者平七・諱敏
清秀　せいしゅう　⇔きよひで
清秀　1033～1072　平安中期・後期の石清水別当
盛秀　せいしゅう　⇔もりひで
座喜味（ざきみ）盛秀　1699～1766　江戸中期の人。琉球尚敬～尚穆王代の三司官
青洲　せいしゅう
浅香（あさか）青洲　江戸後期の幕臣・本草家・歌人
浅野（あさの）青洲　1713～1792　江戸中期・後期の儒者
一衫（いっさん）青洲　1734～1807　江戸中期・後期の僧。曹洞宗万年山総心寺第8世住職
榊原（さかきばら）青洲　江戸中期の儒者
静修　せいしゅう
市島（いちじま）静修　1822～1845　江戸後期の商家
古賀（こが）静修　1846～1896　江戸後期～明治期の教育家
沢田（さわだ）静修　1814～1867　江戸後期・末期の漢学者
斉秀　せいしゅう
斉秀　1701～1759　江戸中期の僧
蜻州　せいしゅう
相良（さがら）蜻州　江戸末期の医者
成従　せいじゅう　⇔しげつぐ
渡辺（わたなべ）成従　1678～1741　江戸前期・中期の藩士・書家
政十　せいじゅう
大西（おおにし）政十　1827～1906　江戸末期・明治期の剣道家

清拾 せいじゅう
花井(はない)清拾 ?～1640 安土桃山・江戸前期の米田花井家の祖

正十郎 せいじゅうろう
中岡(なかおか)正十郎 1844～1918 江戸末期～大正期の鉄砲弾薬商

清十郎 せいじゅうろう
神林(かんばやし)清十郎 ?～1582 安土桃山時代の武士
今野(こんの)清十郎 1715～1799 江戸中期・後期の本吉郡柳津村肝入
佐野(さの)清十郎 江戸前期の佐野清左衛門の子
道家(どうけ)清十郎 戦国時代の武士
松本(まつもと)清十郎 江戸中期の揚屋主人
山本(やまもと)清十郎 江戸末期・明治期の人。帝室御料林、会計検査院に奉職

清十郎貞衡 せいじゅうろうさだひら
伊勢(いせ)清十郎貞衡 1605～1689 江戸前期・中期の故実家《伊勢貞衡》

世粛 せいしゅく
伊藤(いとう)世粛 1752～1833 江戸中期・後期の教育者

清受軒 せいじゅけん
清野(きよの)清受軒 戦国時代の武将。武田家臣

清入軒 せいじゅけん
清野(きよの)清入軒 ?～1592 戦国・安土桃山時代の信濃国衆、猿ヶ馬場城主

清寿尼 せいじゅに
清寿尼 江戸後期の歌人

政舜 せいしゅん
政舜 戦国・安土桃山時代の天台宗の僧

正春 せいしゅん ⇔まさとし, まさはる
金(きん)正春 1618～1674 江戸前期の明末清初の久米村士族

清春 せいしゅん ⇔きよはる
昌雲軒(しょううんけん)清春 江戸前期の俳人

性遵 せいじゅん ⇔しょうじゅん
性遵 ?～1371 鎌倉後期・南北朝時代の連歌師、武士《性遵》

成潤 せいじゅん ⇔しょうじゅん
成潤 戦国時代の鎌倉公方足利持氏の子

正淳 せいじゅん
都築(つづき)正淳 1849～1902 江戸後期～明治期の国民派の政治家

正純 せいじゅん ⇔まさずみ
正純 室町時代の天台宗の僧

清順 せいじゅん
佐野(さの)清順 1576～1650 安土桃山・江戸前期の羽黒の別当
和菴(わあん)清順 ?～1464 室町時代の曹洞宗僧侶

生順 せいじゅん
生順 1587～1656 安土桃山・江戸前期の僧

盛淳 せいじゅん
稲嶺(いなみね)盛淳 江戸中期の箏曲師匠。琉球に日本箏曲を伝えた

聖純 せいじゅん
倉田(くらた)聖純 江戸後期の書家

精純院 せいじゅんいん
精純院 1807～1811 江戸後期の女性。徳川家斉の十五女

精処 せいしょ
石崎(いしざき)精処 1830～1906 江戸後期～明治期の数奇者

静処 せいしょ ⇔せいしよ
静処 1777～1860 江戸中期～末期の禅僧
静処 1828～1892 江戸後期～明治期の俳諧作者
野呂(のろ)静処 ?～1862 江戸後期・末期の漢学者

せ

静所 せいしょ
尾芝(おしば)静所 ?～1804 江戸中期・後期の儒者

静処 せいしよ ⇔せいしょ
大木(おおき)静処 1828～1892 江戸後期～明治期の下小田井村青物問屋商人

政助 せいじょ ⇔まさすけ
政助 1265～1303 鎌倉後期の東寺系の僧

世昌 せいしょう
蔡(さい)世昌 1737?～1798 江戸中期・後期の琉球の官吏

世昭 せいしょう
源(みなもと)世昭 江戸後期の漢学者

成章 せいしょう ⇔しげあき, なりあき
成章 江戸後期の俳人
小村(おむら)成章 1831～1904 江戸後期～明治期の陶器絵付師
関島(せきじま)成章 ?～1836 江戸後期の藩士
豊田(とよだ)成章 1835～1908 江戸後期～明治期の下吉田村の医師

星照 せいしょう
小林(こばやし)星照 江戸後期の狂歌作者

正章 せいしょう ⇔まさあき, まさあきら, まさよし
吉田(よしだ)正章 1858～1910 江戸末期・明治期の実業家

正璋 せいしょう
正璋 江戸後期の俳人

正竦 せいしょう
城戸(きど)正竦 1806～1869 江戸後期～明治期の浮穴郡総津村の庄屋・医師

清勝 せいしょう ⇔きよかつ
清勝 江戸前期の俳人
山口(やまぐち)清勝 江戸前期・中期の俳諧師。『蛙井集』の作者

清昭 せいしょう
清昭 ?～1033 平安中期の延暦寺の僧、歌人

盛韶 せいしょう
読谷山(ゆんたんざ)盛韶 1556～1632 戦国～江戸前期の琉球の三司官

霽松　せいしょう
桜井（さくらい）霽松　1804～1886　江戸後期～明治期の漢学者

星定　せいじょう
星定　1816～1881　江戸後期～明治期の僧侶

清乗　せいじょう
後藤（ごとう）清乗〔1代〕　1606～1688　江戸前期の装剣金工
後藤（ごとう）清乗〔2代〕　1663～1734　江戸前期・中期の装剣金工
後藤（ごとう）清乗〔3代〕　1699～1750　江戸中期の装剣金工
後藤（ごとう）清乗〔4代〕　1747～1814　江戸中期・後期の装剣金工
後藤（ごとう）清乗〔5代〕　江戸後期の装剣金工
後藤（ごとう）清乗〔6代〕　1801～1836　江戸後期の装剣金工
後藤（ごとう）清乗〔7代〕　江戸後期の装剣金工

清正院　せいしょういん
清正院　？～1695　江戸前期の女性。金森重頼の娘

西昌院殿　せいしょういんでん
西昌院殿　？～1575　戦国・安土桃山時代の女性。武田信虎の側室

青松院殿　せいしょういんでん
青松院殿　戦国時代の女性。伊勢宗瑞（北条早雲）の娘。宗哲の妹

清嘯軒　せいしょうけん
坪井（つぼい）清嘯軒　1818～1873　江戸後期～明治期の建築家

成上人　せいしょうにん
成上人　室町時代の土佐出身の僧

政四郎　せいしろう　⇔まさしろう
佐々木（ささき）政四郎　江戸末期の棋士

清四郎　せいしろう
久慈（くじ）清四郎　江戸後期の福岡村内の馬肝入
辰野（たつの）清四郎　戦国時代の諏訪大社社家衆
富岡（とみおか）清四郎　戦国時代の上野国衆
弥益（やます）清四郎　江戸時代の孝子

清次郎　せいじろう
清次郎　戦国時代の鋳物師
清次郎　江戸中期の漂流民
石原（いしはら）清次郎　安土桃山時代の武田氏の家臣
伊丹屋（いたみや）清次郎　江戸前期の京都糸割符商人
岩本（いわもと）清次郎　1852～1868　江戸後期・末期の二本松少年隊士
江名子村（えなこむら）清次郎　江戸中期の義民。江名子村の百姓
大和（おわ）清次郎　戦国時代の信濃国諏訪郡大和郷の土豪
小西（こにし）清次郎　1834～1901　江戸後期～明治期の栃木県土木業界の草分け
小林（こばやし）清次郎　1799～1881　江戸後期～明治期の治水家
坂本（さかもと）清次郎　江戸末期の海援隊士
関浦（せきうら）清次郎　1834～1906　江戸後期～明治期の人。人足屯所百人部屋を建設
長谷川（はせがわ）清次郎　1804～1877　江戸後期～明治期の十三湖水戸口掘削者
星野（ほしの）清次郎　1842～1864　江戸後期・末期の志士
山田（やまだ）清次郎　江戸後期の韮山代官江川氏の手代

清治郎　せいじろう
足達（あだち）清治郎　1828～1891　江戸後期～明治期の善行家

清二郎　せいじろう
小原（おばら）清二郎　？～1582　安土桃山時代の武士
川本（かわもと）清二郎　江戸末期・明治期の洋学者
中沢（なかざわ）清二郎　安土桃山時代の信濃国筑摩郡麻績北条の土豪

盛次郎　せいじろう
林（はやし）盛次郎　江戸末期の梅村速水の家来

制心　せいしん
制心　1798～1866　江戸末期の浄土真宗の僧

勢深　せいしん
勢深　平安後期の仏師

成身　せいしん　⇔じょうしん，なりちか
宮崎（みやざき）成身　？～1859　江戸後期の武士《宮崎成身》

政心　せいしん
河原（かわはら）政心　1762～？　江戸中期・後期の藩士

政真　せいしん　⇔まさざね，まさちか
東風平（こちんだ）政真　戦国時代の東風平間切総地頭職

晴真　せいしん
晴真　江戸後期の刀工

正信　せいしん　⇔まさのぶ
鈴木（すずき）正信　？～1863　江戸末期の代官

正辰　せいしん　⇔まさとき
草野（くさの）正辰　1772～1847　江戸中期・後期の相馬藩家老

清信　せいしん　⇔きよのぶ
城間（ぐすくま）清信　1598～1638　江戸前期の楽人

清真　せいしん　⇔きよざね
池部（いけべ）清真　江戸後期の和算家

西信　せいしん
中橋（なかはし）西信　鎌倉後期の武士

誓真　せいしん
河村（かわむら）誓真　戦国・安土桃山時代の故実家

青岑　せいしん
田川（たがわ）青岑　江戸中期の漢学者

棲真院　せいしんいん
棲真院　1796～1797　江戸後期の女性。徳川家斉の五女

清信院　せいしんいん
清信院　1718～1800　江戸中期の人

棲真窩　せいしんか
小泉(こいずみ)棲真窩　1671〜1743　江戸前期・中期の医者・漢学者

静心斎　せいしんさい
池田(いけだ)静心斎　1822〜1898　江戸後期〜明治期の徳島藩家老

清水　せいすい
清水　江戸後期の俳人

精酔　せいすい
精酔　江戸中期の俳人

西水　せいすい
菊池(きくち)西水　江戸中期の医者

勢助　せいすけ
松藤(まつふじ)勢助　江戸後期の暦算家

清介　せいすけ　⇔せいかい
清介　1691〜1711　江戸前期の吉敷郡長野村の農民
清介　江戸前期の陶工
太枝(おおえだ)清介　江戸末期の仙台藩士。1866年頃アメリカに渡航
関(せき)清介　?〜1869　江戸後期〜明治期の新撰組隊士《関精輔》
望月(もちづき)清介　安土桃山・江戸前期の甲斐国八代郡河内楠甫村の土豪

清助　せいすけ　⇔きよすけ
東江(あがりえ)清助　1840〜1919　江戸末期〜大正期のイネの品種改良家
五十君(いぎみ)清助　江戸前期の三田尻町人
石黒(いしぐろ)清助　1851〜1901　江戸後期〜明治期の人。桑苗接木に成功
泉(いずみ)清助　1857〜1910　江戸末期・明治期の篤農家
大森(おおもり)清助　江戸中期の本吉郡南方大肝入
河野(こうの)清助　1838〜1912　江戸末期・明治期の豪農
佐久川(さくがわ)清助　1850〜1911　江戸後期〜明治期の沖縄農業の貢献者
永吉(ながよし)清助　江戸後期の検地役人
平野(ひらの)清助　1830〜1901　江戸後期〜明治期の浪岡の商人
吉田(よしだ)清助　?〜1857　江戸後期・末期の桐生の機業家

清相　せいすけ　⇔きよすけ
田中(たなか)清相　江戸中期の和算家《田中清相》

精助　せいすけ
大矢(おおや)精助　1843〜1888　江戸後期〜明治期の盛岡の鉄道の父
田中(たなか)精助　1836〜1910　江戸後期〜明治期の機械技術者

精輔　せいすけ
関(せき)精輔　?〜1869　江戸後期〜明治期の新撰組隊士

斉助　せいすけ
川上(かわかみ)斉助　1821〜1868　江戸末期・明治期のロクロ師

井井　せいせい
竹添(たけぞえ)井井　1842〜1917　江戸後期〜大正期の官人、教育者

政成　せいせい　⇔まさしげ, まさなり
千村(ちむら)政成　1691〜1765　江戸中期の幕府代官

正清　せいせい　⇔しょうせい, まさきよ
坂田(さかた)正清　?〜1618　江戸前期の甲府代官

盛政　せいせい　⇔もりまさ
畔柳(くろやなぎ)盛政　?〜1626　江戸前期の代官

盛清　せいせい　⇔もりきよ
栗原(くりはら)盛清　?〜1619　江戸前期の代官

声々　せいせい
声々　?〜1777　江戸中期の俳人

青青　せいせい
青青　江戸後期の俳人

星川　せいせん
本荘(ほんじょう)星川　1786〜1858　江戸後期・末期の久留米藩明善堂教官

清泉　せいせん
上林(かんばやし)清泉　江戸中期の芸術家、志士
駒沢(こまざわ)清泉　1736〜1818　江戸後期の須坂藩家老、文人

聖宣　せいせん
聖宣　?〜1176　平安後期の僧。日光山第16世別当

青千　せいせん
景山(かげやま)青千　1710〜1780　江戸中期の俳人

靖泉　せいせん
柳川(やながわ)靖泉　江戸前期の医者

成善　せいぜん
山内(やまのうち)成善　1830〜1874　江戸後期〜明治期の教育者

清禅　せいぜん
伯元(はくげん)清禅　1369〜1438　室町時代の臨済宗の高僧

清素　せいそ
小川(おがわ)清素　?〜1856　江戸後期の歌人・吉田藩士
山崎(やまざき)清素　1846〜1899　江戸後期〜明治期の医師

正叟　せいそう
石川(いしかわ)正叟　?〜1888　江戸後期〜明治期の札幌における公共事業計画の祖

西荘　せいそう
松村(まつむら)西荘　1849〜1891　江戸後期〜明治期の盲唖教育者、地理学者、漢学者

井蔵　せいぞう
岡田(おかだ)井蔵　1837〜1904　江戸末期の教授方手伝。1860年咸臨丸の教授方手伝としてアメリカに渡る

省三　せいぞう　⇔しょうぞう
君塚(きみづか)省三　1856〜1906　江戸末期・明治期の農業家

省蔵　せいぞう
原(はら)省蔵　1825〜1896　江戸後期〜明治期の

教育者

勢三　せいぞう

山田（やまだ）勢三　1828〜1906　江戸後期〜明治期の警察官

清三　せいぞう

清三　安土桃山時代の信濃国筑摩郡安坂の土豪
内田（うちだ）清三　戦国時代の武田氏の家臣
諏方（すわ）清三　戦国時代の信濃国諏訪郡の人
三塚（みづか）清三　1820〜1890　江戸後期〜明治期の豪商
村井（むらい）清三　安土桃山時代の織田信長の家臣

清蔵　せいぞう

清蔵　？〜1717　江戸前期・中期の手結浦の孝子
清蔵　江戸後期の橋本町の問屋
浅井（あさい）清蔵　？〜1582　戦国・安土桃山時代の織田信長の家臣
安部（あべ）清蔵　1822〜1891　江戸後期〜明治期の人。別府郵便役所の初代御用取扱
岩崎（いわさき）清蔵　？〜1882　江戸後期〜明治期の和算家
上田（うえだ）清蔵　1839〜1870頃　江戸後期〜明治期の新撰組隊士
岡本（おかもと）清蔵　？〜1905　江戸末期・明治期の靴職人
神屋（かみや）清蔵　安土桃山時代の検地役人
川嶌（かわしま）清蔵　1836〜1913　江戸末期〜大正期の宮寺教会信徒
河田（かわた）清蔵　江戸末期・明治期の教育者
後藤（ごとう）清蔵　1796〜1872　江戸後期〜明治期の刻み煙草の製造業者
篠田（しのだ）清蔵　1827〜1898　江戸末期・明治期の公共事業家
志村（しむら）清蔵　安土桃山時代の甲斐国八代郡河内岩間庄中山の土豪
長瀬（ながせ）清蔵　江戸末期の新撰組隊士
中沼（なかぬま）清蔵　1847〜1913　江戸末期〜大正期の漢学者、早稲田大学教授
中村（なかむら）清蔵　？〜1859　江戸後期の篤農家。唐川ビワ改良の先覚者
布屋（ぬのや）清蔵　江戸後期の人。「懐中雑書さいわい袋」の著者
松本（まつもと）清蔵　1816〜1882　江戸後期〜明治期の公共事業家

清造　せいぞう

青木（あおき）清造　1858〜1898　江戸末期・明治期の政治家。山之口村長

誠蔵　せいぞう

岡留（おかどめ）誠蔵　1848〜？　江戸後期〜明治期の志士
皆川（みながわ）誠蔵　江戸後期の漢学者

青叢庵　せいそうあん

青叢庵　江戸後期の俳人

菁藻斎　せいそうさい

山中（やまなか）菁藻斎　江戸後期の画家

盛則　せいそく　⇔もりのり

津堅（つけん）盛則　江戸前期の奉行

盛続　せいぞく

豊見城（とみぐすく）盛続　1560〜1622　安土桃山・江戸前期の人。琉球尚寧〜尚豊王代の三司官

正村　せいそん　⇔まさむら

正村　江戸前期の俳人

清尊　せいそん　⇔しょうそん

清尊　？〜1336　室町時代の天台宗の僧

静村　せいそん

忍頂寺（にんじょうじ）静村　江戸末期の画家
忍頂寺（にんちょうじ）静村　1804〜1877　江戸末期の画家

静尊法親王　せいそんほうしんのう

静尊法親王　鎌倉後期・南北朝時代の後醍醐天皇の皇子

清太　せいた

大西（おおにし）清太　1838〜1907　江戸後期〜明治期の因幡二十士の1人
松木（まつき）清太　1773〜1844　江戸中期・後期の和算家

誠太　せいた

倉橋（くらはし）誠太　1845〜1934　江戸末期・明治期の武芸家

西坨　せいだ

岩城（いわき）西坨　1794〜1836　江戸時代の豪商

西台　せいだい

岩川（いわがわ）西台　1732〜1795　江戸中期・後期の日本画家
小林（こばやし）西台　1794〜1854　江戸後期・末期の画家

清泰院　せいたいいん

清泰院　1627〜1656　江戸前期の女性。加賀藩4代藩主前田光高の室

清太夫　せいだいう　⇔せいだゆう

苅部（かるべ）清太夫　？〜1847　江戸後期の保土ヶ谷宿問屋

青苔園　せいたいえん

青苔園　江戸後期の商家

勢多伽　せいたか

勢多伽　？〜1221　鎌倉前期の僧

清太夫　せいだゆう　⇔せいだいう

浅見（あさみ）清太夫　戦国時代の武将。武田家臣
佐原（さはら）清太夫　江戸中期の神官・国学徒
滝田（たきた）清太夫　？〜1840　江戸後期の肝入
都筑（つづき）清太夫　安土桃山時代の検地役人
中井（なかい）清太夫　江戸中期・後期の武士
波賀（はが）清太夫　？〜1738　江戸中期の松山藩士
松平（まつだいら）清太夫　1740〜1805　江戸中期・後期の赤坂宿の庄屋
渡辺（わたなべ）清太夫　1644〜1713　江戸前期・中期の剣術家。小栗流

清太郎　せいたろう

瀬尾（せお）清太郎　戦国時代の番匠。伊豆で活動
早山（そうやま）清太郎　1817〜1907　江戸後期〜明治期の開拓先駆者
中村（なかむら）清太郎　江戸末期の医師。1860年

咸臨丸の医師としてアメリカに渡る
松林(まつばやし)清太郎 1832〜1914 江戸末期〜大正期の考古学者
山本(やまもと)清太郎 ?〜1868 江戸後期・末期の長崎の地役人

誠太郎 せいたろう
中井(なかい)誠太郎 1837〜1902 江戸後期〜明治期の動植物学者

正旦 せいたん
林(はやし)正旦 江戸前期の医者

聖誕 せいたん
畔上(あぜがみ)聖誕 1773〜1822 江戸中期の漢詩人

精知 せいち
語石庵(ごせきあん)精知 ?〜1886 江戸後期〜明治期の俳人

井竹 せいちく
井竹 江戸後期の俳人

世竹 せいちく
世竹 江戸後期の俳人

世忠 せいちゅう
林(りん)世忠 1843〜1870 江戸後期〜明治期の人。琉球最後の官生

正中 せいちゅう ⇔しょうちゅう
片山(かたやま)正中 1846〜1911 江戸後期〜明治期の大同倶楽部の代議士

清忠 せいちゅう ⇔きよただ
清忠 室町・戦国時代の画家

聖仲 せいちゅう
長野(ながの)聖仲 戦国時代の上野国衆。厩橋長野氏一族

西疇 せいちゅう
丹後(たんご)西疇 1784〜1849 江戸中期・後期の医家

政重 せいちょう ⇔まさしげ
倉林(くらばやし)政重 江戸前期の関東代官

政澄 せいちょう ⇔まさすみ, まさずみ
森(もり)政澄 江戸末期の幕臣、代官

晴朝 せいちょう
晴朝 1686〜? 江戸前期・中期の画家・俳人

正長 せいちょう ⇔まさつね, まさなが
朴(ぼく)正長 平安前期の新羅人。遣唐使の通訳

正晃 せいちょう ⇔まさあきら
若林(わかばやし)正晃 1758〜1826 江戸後期の歌人

清超 せいちょう
清超 戦国時代の真言宗の僧・連歌作者

清長 せいちょう ⇔きよなが
清長 江戸前期の俳人
宮崎(みやざき)清長 戦国・安土桃山時代の大宮浅間神社の供僧

盛朝 せいちょう ⇔もりとも
盛朝 ?〜1292 鎌倉後期の僧

政直 せいちょく ⇔まさなお
末次(すえつぐ)政直 1546〜1630 戦国〜江戸前期の幕臣《末次政直》

正直 せいちょく ⇔まさなお, まなお
正直 江戸前期の俳諧作者
土屋(つちや)正直 江戸後期・末期の幕臣
松下(まつした)正直 江戸前期の代官

瀬一郎 せいちろう
高橋(たかはし)瀬一郎 1850〜1907 江戸後期〜明治期の詩文に長じた岐阜日日新聞の中興者

正珍 せいちん ⇔まさよし
本目(ほんめ)正珍 ?〜1832 江戸後期の幕臣

盛珍 せいちん
大山(おおやま)盛珍 1710〜1779 江戸中期の大里間切稲福地頭職、本部間切謝花地頭職、宜野湾間切大山地頭職
座喜味(ざきみ)盛珍 1781〜1837 江戸中期・後期の人。琉球尚灝〜尚育王代の三司官

世禎 せいてい
樋口(ひぐち)世禎 1753〜1818 江戸中期・後期の岩国藩士

正禎 せいてい
古林(ふるばやし)正禎 江戸前期の医者

生梯 せいてい
二東(にとう)生梯 1801〜1860 江戸後期・末期の眼科医

青奴 せいど
青奴 江戸中期の俳人

西塘 せいとう ⇔にしとう
黒田(くろだ)西塘 1788〜1861 江戸後期の画家

成道 せいどう ⇔しげみち, なりみち
西原(にしはら)成道 1781〜1838 江戸中期・後期の施薬医。種痘も行う

星堂 せいどう
泉川(いずみかわ)星堂 1768〜1844 江戸中期・後期の漢学者

西堂 せいどう
義哲(ぎてつ)西堂 戦国時代の禅僧《義哲》
自端(じたん)西堂 戦国時代の人。琉球国王尚徳の使者と自称して1470年(成宗1)11月朝鮮に渡った

靖堂 せいどう
原田(はらだ)靖堂 1811〜1848 江戸後期の医家

惺堂 せいどう
木内(きうち)惺堂 1825〜1854 江戸後期・末期の漢学者

薺堂 せいどう
薺堂 江戸後期の俳人

世徳 せいとく
尚(しょう)世徳 ?〜1802 江戸中期・後期の琉球の官生

盛徳院 せいとくいん
盛徳院 1697〜1759 江戸中期の女性。久留米藩6代藩主有馬則維の側室

栖徳寺殿 せいとくじでん
栖徳寺殿 ?～1554 戦国時代の女性。北条幻庵の妻

正頓 せいとん
南室(なんしつ)正頓 ?～1600 安土桃山時代の曹洞宗の僧。大沢寺の8世

清嫩 せいどん
桂室(けいしつ)清嫩 ?～1572 戦国時代の禅僧

清内 せいない
池田(いけだ)清内 1827～1896 江戸後期～明治期の刀工

世南 せいなん
高橋(たかはし)世南 1789～1831 江戸後期の俳人

正南 せいなん
金(きん)正南 平安前期の在日新羅人
金(こん)正南 金正南に同じ

盛南 せいなん
菅(すが)盛南 1844～1897 江戸後期～明治期の日本画家

清如 せいにょ ⇔きよゆき
清如 江戸中期の真言宗の僧

清仁 せいにん
清仁 ?～1073 平安中期・後期の清水寺の僧

斉忍 せいにん
和甫(わほ)斉忍 室町時代の臨済宗の僧

西奴 せいぬ
西奴 ?～1793 江戸中期・後期の俳人

政寧 せいねい ⇔まさやす
小栗(おぐり)政寧 1817～1899 江戸後期～明治期の幕臣

清寧 せいねい
宗(そう)清寧 1820～1895 江戸後期～明治期の医者で俳人

清之助 せいのすけ
市川(いちかわ)清之助 1815～1874 江戸後期の津藩士
中川(なかがわ)清之助 1808～1872 江戸後期～明治期の栗原郡元栗原の大肝入
永沢(ながさわ)清之助 1855～1906 江戸末期・明治期の実業家

誠之介 せいのすけ
大山(おおやま)誠之介 1850～1915 江戸末期～大正期の薩摩藩士

誠之丞 せいのすけ
川添(かわぞえ)誠之丞 江戸末期の新撰組隊士
川添(かわそえ)誠之丞 川添誠之丞に同じ

井波 せいは
井波 江戸中期の俳人

正坡 せいは
町田(まちだ)正坡 ?～1851 江戸後期の茶人

西派 せいは
野田(のだ)西派 江戸後期の漢学者・岡山藩校の学員

西坡 せいは
西坡 江戸後期の俳人

西陂 せいは
沢村(さわむら)西陂 1800～1859 江戸後期・末期の漢学者

青坡 せいは
青坡 江戸後期の俳人

清倍 せいばい
清倍 江戸前期の俳人

正伯 せいはく
藤田(ふじた)正伯 江戸後期の医者

清柏 せいはく
松井(まつい)清柏 江戸後期の医者

生白堂 せいはくどう
生白堂 江戸中期の書肆

清八 せいはち
黒柳(くろやなぎ)清八 1839～1898 江戸後期～明治期の信州鎌の改良家
河内山(こうちやま)清八 江戸時代の高鍋藩家臣
中村(なかむら)清八 江戸後期の韮山代官江川氏の手代
仁科(にしな)清八 戦国時代の武田氏の家臣、小山田氏の被官
藤池(ふじいけ)清八 安土桃山時代の信濃国筑摩郡会田の土豪
二神(ふたがみ)清八 1833～1893 江戸末期・明治期の水産功労者

清八郎 せいはちろう
金井(かない)清八郎 1830～1889 江戸後期～明治期の教育者
長南(ちょうなん)清八郎 江戸中期の幕府城米役人
松井(まつい)清八郎 安土桃山時代の遠江国衆松井氏の同心衆

勢範 せいはん
勢範 836～905 平安前期・中期の華厳宗の僧

政範 せいはん ⇔まさのり
政範 1651～1709 江戸前期・中期の真言宗の僧侶・笠岡大仙院の開祖

聖範 せいはん ⇔しょうはん
阿多見(あたみ)聖範 平安中期の武士

西範 せいはん
西範 平安後期の板野郡大山寺の僧

誓般 せいはん
誓般 ?～1602 安土桃山時代の浄土宗の僧

済美 せいび ⇔みちよし
石川(いしかわ)済美 江戸末期・明治期の医師
武田(たけだ)済美 江戸中期の和算家

成美 せいび ⇔しげよし, なりよし
星野(ほしの)成美 江戸後期・末期の幕臣

正表 せいひょう
平田(ひらた)正表 江戸中期の鹿児島城下士

正兵衛 せいひょうえ ⇔しょうべえ
高木(たかぎ)正兵衛 戦国時代の信濃国諏訪郡高木の土豪

清兵衛 せいひょうえ ⇔せいびょうえ, せいべ

い, せいべえ
望月(もちづき)清兵衛　安土桃山・江戸前期の甲斐国巨摩郡河内西島の土豪
清兵衛　せいびょうえ　⇔せいひょうえ, せいべい, せいべえ
塩川(しおかわ)清兵衛　江戸前期の人。大坂の陣で籠城
田中(たなか)清兵衛　江戸前期の武士。大坂の陣で籠城
清兵衛定勝　せいびょうえさだかつ
田原(たはら)清兵衛定勝　江戸前期の武士。大坂の陣で籠城。後、松井興長に仕えた
政富　せいふ　⇔まさとみ
嶋田(しまだ)政富　江戸後期・末期の幕臣
星布　せいふ
松原庵(まつばらあん)星布　1732～1814　江戸中期・後期の俳人
星譜　せいふ
星譜　江戸後期の俳人
盛富　せいふ　⇔もりとみ
伊舎堂(いしゃどう)盛富　1659～1721　江戸前期・中期の人。琉球尚敬王代の三司官
盛普　せいふ
座喜味(ざきみ)盛普　1801～1859　江戸後期・末期の人。琉球尚育～尚泰王代の三司官
青敷　せいふ
青敷　江戸後期の俳人
青芙　せいふ
青芙　江戸後期の俳人
政武　せいぶ　⇔まさたけ
千村(ちむら)政武　1730～1770　江戸中期の幕府代官
清風　せいふう　⇔きよかぜ, きよとお
清風　？～1884　江戸後期～明治期の義太夫語り
大鐘(おおがね)清風　1750～1805　江戸中期・後期の漢学者
坂尾(さかお)清風　1808～1845　江戸後期の漢学者
成富(なるとみ)清風　1838～1882　江戸後期～明治期の長崎県士族
静風　せいふう
市兼(いちかね)静風　？～1860　江戸後期・末期の藩士、歌人
市原(いちはら)静風　？～1860　江戸後期・末期の書家
清風大人　せいふうたいじん
煎茶亭(せんちゃてい)清風大人　江戸後期の狂歌作者
成復　せいふく　⇔しげまた
黒田(くろだ)成復　1836～1904　江戸後期～明治期の津山藩年寄役
政副　せいふく
安仁屋(あにや)政副　1695～1760　江戸中期の首里東氏8世
西福御前　せいふくごぜん
西福御前　？～1562　戦国・安土桃山時代の女性。藤田泰邦の妻
星文堂主人　せいぶんどうしゅじん
星文堂主人　江戸後期の書肆
盛平　せいへい
伊野波(いのは)盛平　1648～1700　江戸前期・中期の琉球の三司官
政平　せいべい　⇔まさひら, まさへい
石井(いしい)政平　1859～？　江戸末期の桐生教会創始者
清兵衛　せいべい　⇔せいひょうえ, せいびょうえ, せいべえ
阿南(あなみ)清兵衛　？～1701　江戸前期・中期の人。元禄の山香騒動の世話役
岩村(いわむら)清兵衛　江戸前期の代官小林時喬の手代
大島(おおしま)清兵衛　江戸中期の江戸柳橋の町人
勝村(かつむら)清兵衛　安土桃山時代の甲府城下の桶屋大工職頭
清平　せいへえ
豊田(とよだ)清平　1825～1893　江戸後期～明治期の水産功労者
清兵衛　せいべえ　⇔せいひょうえ, せいびょうえ, せいべい
清兵衛　江戸中期の根付師
清兵衛　江戸中期の蒔絵師
清兵衛　江戸末期の漂流民
清兵衛　江戸末期の椋木村農民
清兵衛　江戸末期の吉原村庄屋
秋山(あきやま)清兵衛　1801～1879　江戸後期の大住郡小鍋島村名主
天野(あまの)清兵衛　1816～1886　江戸後期～明治期の山守
池田(いけだ)清兵衛　戦国時代の北条氏御料所の小代官
石上(いしがみ)清兵衛　1668～1692　江戸中期の義農
市村屋(いちむらや)清兵衛　江戸中期の高山町人
植木(うえき)清兵衛　江戸末期・明治期の陶工
上村(うえむら)清兵衛　室町時代の遠江国豊田郡見付の人
宇佐美(うさみ)清兵衛　平安後期の人
江名子村(えなこむら)清兵衛　江戸中期の義民。江名子村の百姓
大木(おおき)清兵衛　江戸後期の足柄下郡水野尾村民
奥(おく)清兵衛　1640～1704　江戸前期・中期の儒者
片岡(かたおか)清兵衛　？～1596　戦国・安土桃山時代の遠江国佐野郡日坂宿本陣扇屋の経営者
川原(かわら)清兵衛　江戸中期の武士
木内(きうち)清兵衛　1807～1874　江戸後期の養蚕家
宮内(くない)清兵衛　江戸後期の桑田郡上久保村の義民

塩川(しおがわ)清兵衛　?～1742　江戸中期の俳人
鈴木(すずき)清兵衛　?～1867　江戸後期・末期の歌人
高木(たかぎ)清兵衛　1850～1924　江戸末期～大正期の酒造家
高田(たかだ)清兵衛　江戸中期の書肆
塵浜の(ちりはまの)清兵衛　江戸後期の能登国羽咋郡塵浜村の船乗り
津ノ国屋(つのくにや)清兵衛〔3代〕江戸後期の商人。粟おこしを創製
寺村(てらむら)清兵衛　江戸時代の土佐藩士
中田(なかだ)清兵衛　1678～?　江戸中期の薬種商
中根(なかね)清兵衛　1611～1683　江戸前期の功臣
成田(なりた)清兵衛　1638～1718　江戸前期・中期の剣術家
能登屋(のとや)清兵衛　?～1647　江戸前期の鯵ケ沢湊の船問屋
早川(はやかわ)清兵衛　江戸時代の人。鯨の網取法を創始
林(はやし)清兵衛　1684～1764　江戸中期の武士
久野(ひさの)清兵衛　1744～1826　江戸中期・後期の尾張加木屋村の庄屋
福井(ふくい)清兵衛　1778～1866　江戸中期～末期の地域開発功労者
伏見屋(ふしみや)清兵衛　江戸後期の道具商
古川(ふるかわ)清兵衛　江戸後期の算学者
星出(ほしで)清兵衛　1854～1903　江戸末期・明治期の農業家
松下(まつした)清兵衛　?～1636　江戸前期の幕臣
籾山(もみやま)清兵衛　1753～1822　江戸中期・後期の教育家
吉田(よしだ)清兵衛　江戸末期の名主
万屋(よろずや)清兵衛　江戸前期・中期の版元
竜門(りゅうもん)清兵衛　安土桃山時代の武士

誠兵衛　せいべえ
藤田(ふじた)誠兵衛　1846～1923　江戸後期～大正期の和算家

清兵衛義方　せいべえよしかた
美馬(みま)清兵衛義方　江戸時代の阿波藩の儒者

清別　せいべつ　⇔きよわけ
沖(おき)清別　1819～1870　江戸末期の歌人《沖清別》

精編　せいへん
茂木(もぎ)精編　江戸中期の兵学者

盛弁　せいべん
盛弁　1238～1293　鎌倉前期・後期の鶴岡八幡宮供僧

省輔　せいほ
仁英(にんえい)省輔　?～1537　戦国時代の臨済宗の僧

政輔　せいほ　⇔まさすけ
安仁屋(あにや)政輔　1792～?　江戸後期の南風平等総横目、通事

正甫　せいほ　⇔しょうほう, まさすけ, まさもと
正甫　江戸前期・中期の画家
隠岐(おき)正甫　1722～1799　江戸中期・後期の歌人

清甫　せいほ
小俣(おまた)清甫　戦国時代の武将。武田家臣

盛保　せいほ　⇔もりやす
我謝(がじゃ)盛保　1787～1830　江戸中期・後期の画家

青浦　せいほ
西島(にしじま)青浦　1828～1912　江戸後期～明治期の画家

青圃　せいほ
食野(めしの)青圃　1766～1818　江戸後期の豪商

政邦　せいほう　⇔まさくに
野村(のむら)政邦　1779～1847　江戸中期・後期の代官

棲鳳　せいほう
鈴木(すずき)棲鳳　江戸後期の画家

正峯　せいほう　⇔まさみね
串原(くしはら)正峯　江戸後期の和算家

正朋　せいほう　⇔まさとも
守屋(もりや)正朋　1663～?　江戸前期の代官

清芳　せいほう　⇔きよよし
大伴(おおとも)清芳　江戸後期の神職

盛方　せいほう　⇔もりかた, もりみち
伊舎堂(いしゃどう)盛方　1800～1837　江戸後期の絵師
稲嶺(いなみね)盛方　1629～1714　江戸前期・中期の東風平間切総地頭職

盛方院　せいほういん
吉田(よしだ)盛方院　江戸後期の奥医師

清朴　せいぼく
山崎(やまざき)清朴　1788～1815　江戸後期の北畠氏の遠孫といわれる弘前藩医

清穆　せいぼく
原(はら)清穆　江戸後期・末期の幕臣

清墨庵　せいぼくあん
清墨庵　1779～1858　江戸後期の俳人・歌人《安達月識》

清馬　せいま
梶原(かじわら)清馬　1835～1925　江戸末期～大正期の馬術家

正満　せいまん　⇔まさみつ
関口(せきぐち)正満　?～1677　江戸前期の代官

勢見太夫　せいみたゆう
竹本(たけもと)勢見太夫　1819～1914　江戸末期～大正期の浄瑠璃の太夫

世民　せいみん
中条(なかじょう)世民　江戸前期の眼科医

政民　せいみん　⇔まさたみ
小笠原(おがさわら)政民　江戸後期・末期の幕臣

清民　せいみん
山辺(やまのべ)清民　1776～1867　江戸中期～末

期の俳人
世猷 せいゆう
神野(じんの)世猷 1772〜1854 江戸中期〜末期の儒者
勢祐 せいゆう
勢祐 893〜961 平安前期・中期の園城寺僧
成祐 せいゆう
西原(にしはら)成祐 1759〜1818 江戸中期・後期の蘭医
正友 せいゆう ⇔しょうゆう, まさとも
正友 1597〜1676 安土桃山・江戸前期の俳人《正友》
正祐 せいゆう
正祐 戦国時代の画家
清遊 せいゆう
奥山(おくやま)清遊 江戸前期の画家
盛祐 せいゆう ⇔じょうゆう
勝連(かつれん)盛祐 1662〜1719 江戸前期・中期の人。琉球尚敬王代の三司官
清誉 せいよ ⇔しょうよ
清誉 鎌倉後期の天台宗の僧・歌人
清誉 戦国・安土桃山時代の僧、連歌師
正容 せいよう ⇔まさかた, まさやす, まさよし, まざやす
寺師(てらし)正容 1783〜1824 江戸中期・後期の薩摩藩士
室賀(むろが)正容 江戸後期・末期の幕臣
清庸 せいよう ⇔きよのぶ
岩田(いわた)清庸 1810〜1870 江戸後期の和算家
清陽 せいよう
隅田(すみだ)清陽 江戸後期の乙訓郡向日町の文人
青容 せいよう
青容 1753〜1811 江戸中期・後期の俳人
青洋 せいよう
桂(かつら)青洋 1787〜1860 江戸中期〜末期の狂歌作者・絵師
華岡(はなおか)青洋 1828〜1869 江戸後期〜明治期の医家
青羊 せいよう
青羊 1739〜1812 江戸中期・後期の俳諧師
酒蘿 せいら
五藤(ごとう)酒蘿 1805〜1873 江戸後期の美濃派の俳人
清楽 せいらく
蒼松亭(そうしょうてい)清楽 江戸中期の狂歌作者
静楽軒 せいらくけん
河本(かわもと)静楽軒 安土桃山時代の尼子氏遺臣。「雲陽軍実記」の著者
青藍 せいらん
内山(うちやま)青藍 江戸後期の漢学者
成里 せいり
成里 江戸後期の俳人
正履 せいり
勝田(かつた)正履 江戸後期の漢学者
盛理 せいり
国頭(くにがみ)盛理 安土桃山時代の琉球の三司官
盛里 せいり
沢岻(たくし)盛里 ?〜1526 戦国時代の琉球の三司官
西里 せいり
中村(なかむら)西里 1786〜1865 江戸後期の漢学者
難波(なんば)西里 1824〜1878 江戸末期の医師
野口(のぐち)西里 1779〜1851 江戸中期・後期の医者・漢学者
青鯉 せいり
青鯉 江戸後期の俳人
青梨 せいり
青梨 江戸中期の俳人
静里 せいり
山田(やまだ)静里 1785〜1862 江戸中期・後期の柏崎の名家、薬種商
成竜 せいりゅう
増田(ますだ)成竜 1800〜1862 江戸後期・末期の儒官
青竜 せいりゅう
黒田(くろだ)青竜 1839〜1886 江戸末期・明治期の漢学者
盛竜軒 せいりゅうけん
林(はやし)盛竜軒 江戸中期の地誌家
正龍斎 せいりゅうさい
鈴木(すずき)正龍斎 江戸後期の眼科医
世量 せいりょう
中川(なかがわ)世量 江戸後期の医者
成梁 せいりょう
島川(しまかわ)成梁 1838〜1888 江戸後期〜明治期の国学者
星陵 せいりょう
脇山(わきやま)星陵 1825〜1889 江戸後期〜明治期の漢学者
清亮 せいりょう
清亮 1807〜1870 江戸後期〜明治期の画僧
盛良 せいりょう ⇔もりよし
豊見城(とみぐすく)盛良 1586〜1642 安土桃山・江戸前期の琉球の三司官
西陵 せいりょう
菅沼(すがぬま)西陵 江戸中期の儒者
青菱 せいりょう
黒田(くろだ)青菱 1840〜1896 江戸後期〜明治期の俳人
清領院 せいりょういん
清領院 1620〜1683 江戸前期の女性。庄内藩主側室
正鄰 せいりん
山口(やまぐち)正鄰 江戸後期の画家

静林　せいりん　⇔じょうりん
和田(わだ)静林　?～1852　江戸後期の棋士
栖林院殿　せいりんいんでん
栖林院殿　1482～1550　戦国時代の女性。武蔵松山城主上田朝直の母
政礼　せいれい　⇔まさのり
古山(ふるやま)政礼　?～1837　江戸後期の幕臣
正礼　せいれい　⇔まさのり
稲次(いなつぐ)正礼　1730～1798　江戸中期・後期の藩士
正路　せいろ　⇔しょうじ,せいじ,まさみち
蓑(みの)正路　?～1838　江戸後期の幕臣
醒盧　せいろ
万波(まんなみ)醒盧　1762～1843　江戸末期の漢学者
正郎　せいろう　⇔まさろう
弘田(ひろた)正郎　1852～1922　江戸末期～大正期の教育者
清老　せいろう
柳下(やぎした)清老　1787～1852　江戸中期・後期の歌人
清六　せいろく
関(せき)清六　1830～1908　江戸後期～明治期の弘前の実業家
高屋(たかや)清六　江戸前期の商人
奈良(なら)清六　安土桃山時代の織田信長の家臣
二見(ふたみ)清六　1826～1890　江戸後期～明治期の神職
是翁　ぜおう
福王(ふくおう)是翁　江戸後期の心学者
清和院君　せかいのきみ　⇔せいかいんのきみ
清和院君　平安前期の歌人
セカヤ
セカヤ　江戸末期・明治期の根室のアイヌ。惣乙名(総首長)
是歓　ぜかん
大州(たいしゅう)是歓　室町時代の臨済宗僧侶
是観　ぜかん
是観　室町時代の連歌作者
是閑　ぜかん
笹河(ささがわ)是閑　1665～1744　江戸中期の剣術家
夕庵　せきあん
中沢(なかざわ)夕庵　江戸前期の藩士
石隠　せきいん
手塚(てづか)石隠　1763～1842　江戸中期・後期の商家
石雲　せきうん
高橋(たかはし)石雲　戦国時代の北条氏の家臣
夕雲　せきうん
高西(こうさい)夕雲　江戸前期の幕府代官
針ケ谷(はりがや)夕雲　江戸前期の無住心剣流の剣術家
晳雲　せきうん
香西(こうさい)晳雲　?～1666　江戸前期の衢壌島開発者、治水功労者
晳雲　せきうん
香西(かさい)晳雲　江戸前期の治水家
石雲斎　せきうんさい
石雲斎　安土桃山時代の武田氏の家臣
碩英　せきえい
俊丈(しゅんじょう)碩英　?～1807　江戸後期の曹洞宗僧侶
関右衛門　せきえもん　⇔かんうえもん
千里(ちさと)関右衛門　1708～1780　江戸中期の剣術家。新天流・無楽流
浜口(はまぐち)関右衛門　江戸時代の老役
関雄　せきお
紀(きの)関雄　平安前期の官人
昔桜　せきおう
一松(ひとつまつ)昔桜　1653～1725　江戸前期・中期の漢学者
石欧　せきおう
西郷(さいごう)石欧　1764～1857　江戸後期の学者
石翁　せきおう
武田(たけだ)石翁　1779～1858　江戸中期～末期の彫刻家
夕翁　せきおう
夕翁　江戸前期の俳諧作者
碩億　せきおく
獅林(しりん)碩億　江戸中期の臨済宗の僧
夕佳　せきか
武田(たけだ)夕佳　安土桃山時代の儒医
石牙　せきが
早川(はやかわ)石牙　1733～1797　江戸中期・後期の医師、名主
尺艾　せきがい
尺艾　?～1819　江戸中期・後期の俳人
石外　せきがい
石外　江戸後期の俳人
碩宜　せきぎ
万拙(ばんせつ)碩宜　1697～1769　江戸中期の僧
碩誼　せきぎ
万拙(ばんせつ)碩誼　1697～1769　江戸中期の僧《万拙碩宜》
石牛　せきぎゅう
石牛　江戸中期の画家
石居　せききょ　⇔せっきょ
木村(きむら)石居　?～1838　江戸後期の商家
石渓　せきけい　⇔せっけい
石渓　戦国時代の画家
井上(いのうえ)石渓　1689～1772　江戸中期の儒者
石鯨　せきげい
石鯨〔1代〕　江戸中期の俳人
石鯨〔2代〕　江戸後期の俳人

積軒 せきけん
華岡(はなおか)積軒 1827～1872 江戸後期～明治期の医家
石虎 せきこ
石虎 ？～1838 江戸後期の坂部俳壇の祖
尺五 せきご
尺五 1723～1798 江戸中期・後期の俳諧師
石谷 せきこく
十一(といち)石谷 1793～1853 江戸後期の南画家
関五郎 せきごろう
菊地(きくち)関五郎 江戸末期の竹沢寛三郎の用人
石斎 せきさい
石斎 江戸前期の俳人
上田(うえだ)石斎 江戸後期の篆刻家
萩原(はぎわら)石斎 1841～1924 江戸末期～大正期の画家
鷲谷(わしや)石斎 1829～1899 江戸末期・明治期の画家
積斎 せきさい
戸塚(とづか)積斎 1832～1891 江戸後期～明治期の静岡病院医師・海軍軍医
績斎 せきさい
柳沢(やなぎさわ)績斎 江戸末期の長岡藩医、漢方医
鶺斎 せきさい ⇔じゃくさい
原田(はらだ)鶺斎 1763～1827 江戸中期・後期の医者
関左衛門 せきさえもん
赤口(あこう)関左衛門 ？～1547 戦国時代の武田家臣
尺山 せきざん
松永(まつなが)尺山 江戸前期・中期の俳人
石山 せきざん
遠藤(えんどう)石山 1832～1907 江戸後期～明治期の教育者
平石(ひらいし)石山 1833～1896 江戸末期・明治期の勤王の志士
赤山 せきざん
赤山 ？～1853 江戸後期の俳人・藩士
夕山 せきざん
明石(あかし)夕山 1823～1857 江戸後期・末期の漢学者
石芝 せきし
石芝 1847～1918 江戸後期～大正期の俳諧師
赤子 せきし
鍬形(くわがた)赤子 1800～1855 江戸後期・末期の津山松平藩御用絵師
石二 せきじ
宮原(みやはら)石二 ？～1826 江戸中期・後期の商人
石室 せきしつ
福(ふく)石室 江戸中期の漢学者
山口(やまぐち)石室 1772～1817 江戸中期・後期の篆刻家
夕室 せきしつ
藤(とう)夕室 江戸前期の人。「剣光録」の著者
石舟 せきしゅう
川合(かわい)石舟 1823～1899 江戸後期～明治期の南画家
赤十 せきじゅう
岸(きし)赤十 1829～1915 江戸末期～大正期の赤十字運動の先覚者
石樵 せきしょう
中西(なかにし)石樵 1733～1807 江戸中期・後期の藩士
石牀 せきしょう
三村(みむら)石牀 1730～1761 江戸中期の医者・本草家
赤松 せきしょう
安西(あんざい)赤松 1809～1876 江戸後期～明治期の鑑定家
石城 せきじょう
尾崎(おざき)石城 1829～？ 江戸後期の随筆家
寺沢(てらさわ)石城 1728～1802 江戸中期・後期の儒者
赤城 せきじょう
役(えき)赤城 1723～1781 江戸中期の修験僧
斎藤(さいとう)赤城 1824～1886 江戸後期～明治期の漢学者
猨山(さやま)赤城 1761～1806 江戸中期・後期の書家
石心 せきしん
石心 ？～1539 戦国時代の曹洞宗竜安寺の開山
石水 せきすい
中(なか)石水 1775～1843 江戸中期・後期の書家
積水 せきすい
中島(なかじま)積水 1770～1846 江戸中期・後期の漢学者
風鑑斎(ふうかんさい)積水 江戸中期の華道家
赤水 せきすい
井上(いのうえ)赤水 江戸中期の漢学者
五島(ごとう)赤水 1752～1810 江戸中期・後期の漢学者、医者
白井(しらい)赤水 1762～1838 江戸後期の医者、書家、漢詩人
高橋(たかはし)赤水 1769～1848 江戸中期・後期の医者、漢学者
長沢(ながさわ)赤水 江戸後期の藩士・武芸家
矢橋(やばし)赤水 江戸中期・後期の漢詩人
碩水 せきすい
碩水 江戸後期の俳人
石随 せきずい
石随 江戸中期の人。「竹馬善友集」の著者
関助 せきすけ ⇔かんすけ
佐賀(さが)関助 江戸前期の加賀藩士
夕静 せきせい
夕静 江戸中期の俳人
石泉 せきせん
赤坂(あかさか)石泉 1806～1887 江戸末期・明

治期の日本画家
足達（あだち）石泉　1836〜1923　江戸末期〜大正期の日本画家
入江（いりえ）石泉　1825〜1896　江戸後期〜明治期の徳山藩の尊攘派
佐藤（さとう）石泉　1846〜1921　江戸末期〜大正期の謡曲家

積善　せきぜん
広沢（ひろさわ）積善　江戸末期の漢詩人

尺素　せきそ
尺素　江戸中期の俳人

石窓　せきそう
海野（うんの）石窓　1786〜1858　江戸中期〜末期の漢学者

せ

石倉堂　せきそうどう
石倉堂　江戸後期の書肆

石邨　せきそん
大谷（おおたに）石邨　1832〜1901　江戸後期〜明治期の画家

石台　せきだい
伊藤（いとう）石台　？〜1789　江戸中期・後期の漢学者
北岡（きたおか）石台　江戸後期の藩士

関大夫　せきだゆう
樋口（ひぐち）関大夫　？〜1674　江戸前期の土佐藩士

石痴　せきち
成瀬（なるせ）石痴　1839〜1895　江戸後期〜明治期の彫刻家

石柱　せきちゅう
石柱　江戸前期の俳人

石仲子　せきちゅうし
石仲子　江戸中期の絵師

石鳥　せきちょう
燕川洞（えんせんどう）石鳥　江戸中期の浮世絵師

夕兆　せきちょう
夕兆　江戸前期・中期の俳諧作者

是橘　ぜきつ
鵜沢（うざわ）是橘　江戸前期・中期の医師、俳人

石亭　せきてい
入江（いりえ）石亭　1766〜1839　江戸中期・後期の書家・鑑定家
柏木（かしわぎ）石亭　江戸末期の画家
藤江（ふじえ）石亭　1739〜1813　江戸中期・後期の漢学者

石鼎　せきてい
石鼎　江戸後期の俳人

石天　せきてん
補準（ほじゅん）石天　1793〜1865　江戸後期・末期の曹洞宗の僧

石田　せきでん
村上（むらかみ）石田　江戸後期の篆刻家
四十宮（よそみや）石田　1816〜1876　江戸後期〜明治期の儒官

夕田　せきでん
千原（ちはら）夕田　1830〜1894　江戸後期〜明治期の豪商

石年　せきねん
阿部（あべ）石年　1767〜1835　江戸後期の俳人・書家

関之兵衛　せきのひょうえ
東条（とうじょう）関之兵衛　安土桃山時代の那賀郡桑野城主

石帆　せきはん
浅川（あさかわ）石帆　1838〜？　江戸後期〜明治期の医師、書家

碩布　せきふ
河村（かわむら）碩布　？〜1843　江戸後期の入間郡馬場村の名主、酒造家、俳人

赤文　せきぶん
桂野（かつらの）赤文　1789〜1875　江戸後期〜明治期の金工家
桂野（かつらの）赤文　1838〜1912　江戸後期〜明治期の金工家

碩文　せきぶん
梅巌（ばいがん）碩文　1809〜1893　江戸後期〜明治期の僧侶

石屏　せきへい
亀山（かめやま）石屏　1791〜1837　江戸末期の風流人

石浦　せきほ
中島（なかじま）石浦　江戸中期・後期の儒者

石圃　せきほ
青木（あおき）石圃　1830〜1860　江戸後期・末期の画家
橋（はし）石圃　？〜1879　江戸後期〜明治期の加賀藩書写役傭

石峰　せきほう
石峰　江戸後期の絵師
恩田（おんだ）石峰　江戸後期の画家
橘（たちばな）石峰　江戸後期の絵師

赤峰　せきほう
脇田（わきた）赤峰　？〜1809　江戸中期・後期の書家

関麻呂　せきまろ
尋来津（ひろきつの）関麻呂　奈良・平安前期の官人

石門　せきもん
木屋（きや）石門　1803〜1892　江戸後期〜明治期の僧・学者
敲月（こうげつ）石門　？〜1735　江戸中期の高山市の雲竜寺18世

碩祐　せきゆう
天渓（てんけい）碩祐　1741〜1805　江戸中期・後期の僧侶

赤洋　せきよう
日高（ひだか）赤洋　江戸時代の天領本庄の俳人

石蘭　せきらん
石蘭　？〜1805　江戸中期・後期の俳人
香外（こうがい）石蘭　？〜1777　江戸中期の曹洞

宗の僧

石巒　せきらん
鷲屋(わしや)石巒　1788～1871　江戸後期～明治期の彫刻家

碩隆　せきりゅう
碩隆　南北朝時代の石大工

夕流　せきりゅう
三橋(みつはし)夕流　1684～1767　江戸前期・中期の藩士

石梁　せきりょう
岡島(おかじま)石梁　1666～1709　江戸前期・中期の漢学者

赤陵　せきりょう
樋口(ひぐち)赤陵　？～1878　江戸後期～明治期の藩士

石麟　せきりん
小石(こいし)石麟　1826～1888　江戸後期～明治期の画家

是空　ぜくう
是空　1671～1728　江戸前期・中期の浄土真宗の僧
是空　1806～1879　江戸後期～明治期の俳人
山崎(やまざき)是空　1798～1876　江戸後期～明治期の僧侶

瀬古　せこ
瀬古　戦国時代の伊豆の町人

瀬五郎　せごろう
小橋(こばし)瀬五郎　1827～1864　江戸後期・末期の勤王志士

是斎　ぜさい
竹内(たけうち)是斎〔3代〕　？～1673　江戸前期の眼科医
津田(つだ)是斎　江戸前期の薬種商

瀬左衛門　せざえもん
落合(おちあい)瀬左衛門　1651～1733　江戸前期・中期の藩士・郷土史家《落合重郷》
渡辺(わたなべ)瀬左衛門　？～1835　江戸後期の両郷村村役人

是算　ぜさん
是算　？～1018　平安中期の天台宗の僧

是山　ぜざん
是山　1732～1812　江戸中期・後期の僧侶
石原(いしはら)是山　江戸後期の棋士

施秀　せしゅう
施秀　平安前期の東大寺僧

是性　ぜしょう
是性　鎌倉後期の僧侶・連歌作者

是心入道義尚　ぜしんにゅうどうよしひさ
羽村(はむら)是心入道義尚　1563～1590　安土桃山時代の武士

是信房　ぜしんぼう
是信房　1172～1258　平安後期～鎌倉後期の僧

是水　ぜすい
荒木(あらき)是水　1657～1713　江戸前期・中期の書家
植木(うえき)是水　1659～1746　江戸中期の学者

瀬石　せせき
小野(おの)瀬石　1820～1891　江戸後期～明治期の画家《小野湫石》

是々堂　ぜぜどう
是々堂　江戸後期の俳人

是村　ぜそん　⇔これむら
町口(まちぐち)是村　1743～1814　江戸中期の故実家

勢田世　せたよ
伴(ともの)勢田世　平安中期の相撲人

節　せつ　⇔うせつ
足立(あだち)節　1803～1886　江戸後期～明治期の節婦
竹添(たけぞえ)節　1833～1905　江戸後期～明治期の人。西南戦争時の薩軍小隊長、上出水村初代村長

せ

切阿　せつあ
切阿　南北朝時代の僧侶・連歌作家

拙庵　せつあん
千村(ちむら)拙庵　江戸前期の医者

節安　せつあん
栗本(くりもと)節安　1840～1910　江戸後期～明治期の医師
山本(やまもと)節安　1821～1887　江戸後期～明治期の大洲藩医

節庵　せつあん
志賀(しが)節庵　1802～1850　江戸後期の漢学者
武居(たけい)節庵　1807～？　江戸後期の漢詩人
宮原(みやばら)節庵　1806～1885　江戸末期・明治期の漢詩人
山本(やまもと)節庵　1820～1887　江戸後期～明治期の医者

雪庵　せつあん
金児(かねこ)雪庵　1780～1857　江戸後期の書家

渫庵　せつあん
木村(きむら)渫庵　1791～1837　江戸後期の医者・漢学者

節宇　せつう
亀山(かめやま)節宇　1822～1899　江戸後期～明治期の姫路藩主

節右衛門　せつえもん
茂(しげ)節右衛門　1733～？　江戸中期の通事

雪円　せつえん
雪円　戦国時代の画僧

拙翁　せつおう
島崎(しまざき)拙翁　1814～1886　江戸末期・明治期の儒者、教育者

節翁　せつおう
斎藤(さいとう)節翁　江戸時代の剣術家。東軍流
佐橋(さばせ)節翁　江戸後期の幕臣・博物家

雪翁　せつおう
関口(せきぐち)雪翁　1751～1834　江戸中期・後期の漢学者
武元(たけもと)雪翁　1738～1803　江戸後期の俳人《武元和七郎》

森(もり)雪翁　?～1711　江戸前期・中期の藩士
雪屋　せつおく
神崎(かんざき)雪屋　1817～1882　江戸末期の漢学者
雪下　せっか
雪下　1720～1803　江戸中期・後期の書家
雪柯　せっか
松田(まつだ)雪柯　1823～1881　江戸後期～明治期の書家
雪峨　せつが
根本(ねもと)雪峨　1829～1901　江戸後期～明治期の鳥取藩絵師
石海　せっかい
石海　江戸後期の俳諧作者
雪崖　せつがい
雪崖　戦国時代の画家
舌戒　ぜっかい
雨森(あめのもり)舌戒　1814～1874　江戸後期～明治期の土佐藩上士尊攘派
絶外　ぜつがい
絶外　?～1701　江戸前期・中期の護国山曹源寺の開山
雪岳　せつがく
上野(うえの)雪岳　江戸後期～明治期の日本画家
雪化坊　せっかぼう
雪化坊　江戸中期の雑俳点者
雪閑　せっかん
雪閑　安土桃山時代の画家
石居　せっきょ　⇔せききょ
木村(きむら)石居　江戸中期・後期の風流人
雪拳　せつきょ
井上(いのうえ)雪拳　?～1888　江戸後期～明治期の画家
雪岑　せつぎん
雪岑　1522～?　戦国時代の僧
石渓　せっけい　⇔せきけい
志村(しむら)石渓　1769～1845　江戸中期・後期の儒者
拙渓　せっけい
乾(いぬい)拙渓　?～1725　江戸前期・中期の書家
雪渓　せっけい
井狩(いかり)雪渓　?～1766　江戸中期の漢学者
加藤(かとう)雪渓　?～1872　江戸後期～明治期の画家
月岡(つきおか)雪渓　江戸後期の画家
雪軒　せっけん
大井(おおい)雪軒　江戸前期の儒者
節原　せつげん
安元(やすもと)節原　1791～1835　江戸後期の漢学者
雪厳　せつげん
織田(おだ)雪厳　1843～1916　江戸末期～大正期の曹洞宗の僧
拙古　せっこ
奥田(おくだ)拙古　1729～1807　江戸後期の儒者
雪湖　せっこ
雪湖　1840～1875　江戸後期～明治期の俳人
樋畑(ひばた)雪湖　1858～1943　江戸末期～昭和期の画家
雪江　せっこう
雪江　戦国時代の画家
野口(のぐち)雪江　1732～1799　江戸中期の俳諧作者・書家
長谷川(はせがわ)雪江　江戸前期の画家
人見(ひとみ)雪江　1687～1759　江戸前期・中期の漢学者
雪耕　せっこう
平出(ひらいで)雪耕　1749～1823　江戸後期の画家、医家
雪貢　せっこう
雪貢　1767～1840　江戸中期・後期の俳人
雪貢　江戸後期の俳人
長谷川(はせがわ)雪貢　江戸後期の画家
雪香　せっこう
伊藤(いとう)雪香　1833～1912　江戸後期～明治期の漢学者
浙江　せっこう
浙江　江戸中期の俳人
雪鴻　せっこう
伊藤(いとう)雪鴻　?～1905　江戸末期・明治期の金沢の俳人
雪虹　せっこう
長塩(ながしお)雪虹　?～1871　江戸後期～明治期の画家
拙呦　せつごう
明(めい)拙呦　1823～1876　江戸後期～明治期の薩摩藩士
拙斎　せっさい
加藤(かとう)拙斎　1827～1873　江戸後期～明治期の漢学者、藩校明倫堂の司成(総長格)
藤沢(ふじさわ)拙斎　1782～1854　江戸中期～末期の医者
松田(まつだ)拙斎　1732～1791　江戸中期・後期の儒者
節斎　せっさい
草野(くさの)節斎　江戸中期の医者
佐藤(さとう)節斎　江戸時代の漢学者
原田(はらだ)節斎　1778～1851　江戸後期の儒医
雪哉　せっさい
雪哉　江戸後期の俳人
雪彩　せっさい
雪彩　江戸後期の俳人
雪才　せっさい
雪才　江戸後期の俳人
雪斎　せっさい
茜屋(あかねや)雪斎　?～1730　江戸中期の加賀藩士
飯島(いいじま)雪斎　1802～1864　江戸後期・末

期の蘭法医
大塚(おおつか)雪斎　1721〜1794　江戸中期・後期の俳人
尾本(おもと)雪斎　江戸後期の漢学者

雪柴　せっさい
雪柴　江戸前期の俳人

説三　せっさん
説三　戦国時代の僧

節山　せつざん
節山　？〜1821　江戸中期の浄土真宗の僧
赤沼(あかぬま)節山　江戸末期の漢学者

雪山　せつざん
雪山　戦国・安土桃山時代の画家
別所(べっしょ)雪山　江戸前期の画家
三輪(みわ)雪山　1840〜1921　江戸末期〜大正期の陶工
山下(やました)雪山　1817〜1895　江戸後期〜明治期の画家・高遠藩剣術家

雪芝　せっし
広岡(ひろおか)雪芝　1670〜1711　江戸前期・中期の俳人

節次　せつじ
岩本(いわもと)節次　1849〜1909　江戸後期〜明治期の教育者、国語研究者

雪寿　せつじゅ　⇔ゆきじゅ
水川(みずかわ)雪寿　1828〜1895　江戸後期〜明治期の箏曲家《水川雪寿》

拙宗　せつしゅう
拙宗　室町時代の画僧

絶宗　ぜっしゅう
無学(むがく)絶宗　1709〜1795　江戸中期・後期の曹洞宗の僧

雪俊　せっしゅん
雪俊　江戸中期の画家

雪筍　せつじゅん
雪筍　戦国時代の北条氏の家臣

雪勝　せっしょう　⇔ゆきかつ
奈良(なら)雪勝　江戸前期の蒔絵師《奈良雪勝》

雪蕉　せっしょう
林(はやし)雪蕉　江戸末期の画人

雪簫　せっしょう
雪簫　江戸末期の俳人

雪城　せつじょう
中沢(なかざわ)雪城　1810〜1866　江戸後期・末期の書家

摂政家堀河　せっしょうけのほりかわ
摂政家堀河　平安後期の女房・歌人

雪心　せっしん
雪心　？〜1471　室町時代の曹洞宗の僧
雪心　戦国時代の画家

雪津　せっしん
雪津　戦国時代の画家

雪水　せっすい
雪水　江戸中期の俳人
福井(ふくい)雪水　1814〜1870　江戸後期〜明治期の教育者

雪仙　せっせん
雪仙　江戸中期・後期の俳人

雪川　せっせん
雪川　江戸中期の俳人

雪窓　せっそう
雪窓　1589〜1649　安土桃山・江戸前期の臼杵城下多福寺の住僧
雪窓　1775〜1826　江戸中期・後期の俳人

雪荘　せっそう
国常(こくじょう)雪荘　1778〜1858　江戸中期〜末期の禅僧、総持寺住職《国常禅師》

雪操　せつそう
長島(ながしま)雪操　1818〜1896　江戸後期〜明治期の画家

雪叟　せつそう
釣(ちょう)雪叟　江戸前期の漢学者

拙蔵　せつぞう
大槻(おおつき)拙蔵　1842〜1886　江戸後期〜明治期の洋学者

摂蔵　せつぞう
有馬(ありま)摂蔵　1817〜1847　江戸後期の医師
岡田(おかだ)摂蔵　江戸末期の幕臣。1865年遣仏使節に随行しフランスに渡る

節三　せつぞう
神戸(かんべ)節三　1857〜1910　江戸末期・明治期の教育者

雪象　せつぞう
雪象　？〜1841　江戸後期の浄土真宗の僧

雪窓院　せっそういん
島津(しまづ)雪窓院　戦国時代の女性。入来院重聡の娘、島津貴久の妻

雪袋　せつたい
後藤(ごとう)雪袋　？〜1886　江戸後期〜明治期の金沢の俳人

雪丹　せったん
雪丹　戦国時代の画僧

雪旦　せったん
前川(まえかわ)雪旦　江戸後期の画家

雪中　せっちゅう
雪中　1768〜1833　江戸中期・後期の俳人

雪兆　せっちょう
堀越(ほりこし)雪兆　1800〜1885　江戸末期・明治期の郷土画家

雪潮　せっちょう
石田(いしだ)雪潮　1817〜1883　江戸後期〜明治期の俳人

摂津　せっつ
摂津　平安後期の女房・歌人《二条太皇太后宮摂津》

摂津守利隆　せっつのかみとしたか
末吉(すえよし)摂津守利隆　1727〜1794　江戸中期・後期の71代長崎奉行

摂津守信友　せっつのかみのぶとも
安部(あべ)摂津守信友　1638〜1701　江戸前期・

せ

中期の岡部藩主

摂津正藤詮　せっつのかみふじあきら

指田(さしだ)摂津正藤詮　1795～1871　江戸後期～明治期の指田日記筆者

摂津守宗恒　せっつのかみむねつね

川口(かわぐち)摂津守宗恒　1630～1704　江戸前期・中期の25代長崎奉行

節亭　せってい

松山(まつやま)節亭　江戸後期の漢学者

雪亭　せってい

随古斎(ずいこさい)雪亭　江戸中期の狂歌作者

山本(やまもと)雪亭　1808～1884　江戸後期～明治期の棋士

せ

雪汀　せってい

樋口(ひぐち)雪汀　1688～1777　江戸前期・中期の漢学者

雪蹄　せってい

千明(ちぎら)雪蹄　江戸末期の東小川村の豪農

雪田　せつでん

雪田　1485～1568　戦国・安土桃山時代の僧侶

雪斗　せっと

雪斗　江戸中期の俳人

節度　せつど

節度　江戸後期の俳人

雪刀　せっとう

雪刀　江戸中期の俳人

雪島　せっとう

森重(もりしげ)雪島　1841～1915　江戸末期～大正期の文人

雪涛　せっとう

雪涛　1762～1843　江戸後期の僧

節堂　せつどう

小林(こばやし)節堂　1816～1838　江戸後期の漢学者

十河(そがわ)節堂　江戸後期・末期の篆刻家

十河(そごう)節堂　1799～1868　江戸後期・末期の篆刻家

田村(たむら)節堂　江戸後期の故実家

雪堂　せつどう

雪堂　?～1695　江戸前期・中期の臨済宗の僧

雪堂　江戸中期の俳人

浜(はま)雪堂　1825～1890　江戸後期～明治期の教育者

宮原(みやはら)雪堂　1716～1776　江戸中期の俳人

雪洞　せつどう

雪洞　安土桃山時代の画家

岸本(きしもと)雪洞　江戸中期の眼科医

雪塘　せつとお

長塩(ながしお)雪塘　?～1901　江戸末期・明治期の画家

雪年　せつねん

雪年　江戸末期の俳人

雪馬　せつば

尋跡斎(じんせきさい)雪馬　江戸後期の絵師

雪武　せつぶ

石川(いしかわ)雪武　?～1823　江戸後期の俳人

摂兵衛　せつべえ

長原屋(ながはらや)摂兵衛　江戸後期の安濃郡山中村の人。大森代官らの不正を訴えた

雪峰　せっぽう

小倉(おぐら)雪峰　江戸後期の画家

堤(つつみ)雪峰　江戸後期の画家

雪峯　せっぽう

永井(ながい)雪峯　1781～1848　江戸中期・後期の画家

雪篷　せっぽう

雪篷　江戸中期の画家

林(はやし)雪篷　1821～1899　江戸後期～明治期の漢学者

雪舫　せっぽう

雪舫　戦国時代の画家

雪蓬　せつぽう

川口(かわぐち)雪蓬　1817～1890　江戸後期～明治期の陽明学者。書家

雪万　せつまん

雪万　?～1812　江戸中期・後期の俳人。上州の人

雪聞　せつもん

雪聞　江戸中期の曹洞宗の僧

雪瀾　せつらん

大串(おおくし)雪瀾　1658～1696　江戸前期の水戸藩士・儒者

切臨　せつりん

一華堂(いっかどう)切臨　1591～1662　安土桃山・江戸前期の時宗の僧、和学者

雪林　せつりん

雪林　安土桃山・江戸前期の画家

是徹　ぜてつ

是徹　?～1338　鎌倉後期・南北朝時代の臨済宗僧侶

銭丸　ぜにまる

一文舎(いちもんしゃ)銭丸　江戸後期の狂歌作者

瀬兵衛　せひょうえ　⇔せへい, せへえ, せべえ

吉川(よしかわ)瀬兵衛　江戸前期の武士。大坂の陣で籠城。大和の人吉川主馬之介の猶子

是仏　ぜぶつ

西岡(にしおか)是仏　1822～1867　江戸後期・末期の花道家

瀬兵衛　せへい　⇔せひょうえ, せへえ, せべえ

白取(しらとり)瀬兵衛　?～1628　安土桃山・江戸前期の弘前藩家老

瀬平　せへい

川勝(かわかつ)瀬平　1799～1874　江戸後期～明治期の船井郡富本村の人

益野(ますの)瀬平　1818～1869　江戸後期～明治期の波積囃子田植中興の祖

是平　ぜへい

西島(にしじま)是平　1770～1826　江戸後期の暦学者

瀬兵衛 せへえ ⇔せひょうえ, せへい, せべえ
青柳(あおやぎ)瀬兵衛 江戸末期・明治期の寺子屋師匠
黒谷(くろだに)瀬兵衛 江戸前期の壮士
秦(はた)瀬兵衛 1790〜1872 江戸末期・明治期の社会事業家《秦瀬兵衛》
服部(はっとり)瀬兵衛 ?〜1858 江戸前期の出羽庄内藩家老

瀬兵衛 せべえ ⇔せひょうえ, せへい, せへえ
寺林(てらばやし)瀬兵衛 1603〜1677 安土桃山・江戸前期の十村
鳥越(とりごえ)瀬兵衛 1794〜1876 江戸後期〜明治期の摂津国麻田藩の代官
秦(はた)瀬兵衛 1790〜1872 江戸末期・明治期の社会事業家

是法 ぜほう
是法 鎌倉後期の漆工

勢麻呂 せまろ
椯田(しもとだの)勢麻呂 奈良時代の官人

是夢 ぜむ
是夢 江戸末期の俳人。天台宗の僧

世無道 せむどう
世無道 ?〜1582 戦国・安土桃山時代の白岩の長谷寺再建堂守

せん
大橋(おおはし)せん 江戸中期の女舞太夫

仙 せん
織田(おだ)仙 ?〜1574 戦国・安土桃山時代の織田信長の家臣

千 せん
千 ?〜1662 江戸前期の女性庄屋

宣 せん
西坂(にしさか)宣 ?〜1856 江戸後期・末期の金沢の人。西坂衷の弟

専 せん
赤沼(あかぬま)専 江戸後期の和算家

潜 せん
結城(ゆうき)潜 江戸後期の篤学者

線 せん
了(りょう)線 1615〜1663 江戸前期の歌・三味線の名手

善 ぜん ⇔よし
佐々木原(ささきはら)善 江戸中期・後期の画家
古山(ふるやま)善 江戸後期の幕臣、新潟奉行

善阿 ぜんあ
勝久寺(しょうきゅうじ)善阿 ?〜1819 江戸後期の高山市の勝久寺の僧

専阿弥 せんあみ
専阿弥 鎌倉後期の絵師

全阿弥 ぜんあみ
全阿弥 1547〜1606 江戸前期の徳川家康の同朋頭、寺社行政担当者

仙安 せんあん
鏑木(かぶらぎ)仙安 1803〜1887 江戸後期〜明治期の医者

仙庵 せんあん
仙庵 江戸前期・中期の俳人
梅田(うめだ)仙庵 江戸前期の漢学者
小淵(おぶち)仙庵 1741〜1827 江戸中期・後期の医師
神山(かみやま)仙庵 1723〜1783 江戸中期の八戸藩医
高嶋(たかしま)仙庵 1841〜? 江戸末期の医師
利光(としみつ)仙庵 江戸後期の医者
中曽根(なかそね)仙庵 1786〜1848 江戸中期・後期の医者
丹羽(にわ)仙庵 1698〜1760 江戸中期の医者

せ

仙菴 せんあん
梅田(うめだ)仙菴 江戸前期の藩儒学者

先安 せんあん
大原(おおはら)先安 江戸中期の医者

専庵 せんあん
上月(こうづき)専庵 1704〜1752 江戸中期の医師、神道家

洗庵 せんあん
三木(みき)洗庵 1739〜1804 江戸中期・後期の儒家

潜庵 せんあん
近藤(こんどう)潜庵 1813〜1868 江戸後期・末期の漢学者

善庵 ぜんあん
石井(いしい)善庵 江戸後期・末期の眼科医
金高(かねたか)善庵 ?〜1866 江戸後期・末期の医者、学者
坂井(さかい)善庵 1780〜1842 江戸中期・後期の藩士
三井(みつい)善庵 1708〜1748 江戸中期の医者

全庵 ぜんあん
長尾(ながお)全庵 江戸後期の医者

慚安 ぜんあん
慚安 奈良時代の東大寺大学頭

専意 せんい
専意 江戸前期の天台宗の僧

善以 ぜんい
善以 江戸中期の浄土真宗の僧

善威 ぜんい
虎林(こりん)善威 江戸前期の臨済宗の僧

善意 ぜんい
善意 1698〜1775 江戸中期の僧。越中最初の学塾尺伸堂を開く

善為 ぜんい
善為 南北朝時代以前の僧侶・歌人

禅偉 ぜんい
傑岩(けつがん)禅偉 室町・戦国時代の臨済宗の僧

禅意 ぜんい
禅意 1596〜1636 安土桃山・江戸前期の社僧・連歌作者

潜一郎 せんいちろう
高木(たかぎ)潜一郎 1835〜1904 江戸後期〜明治期の新田官軍の一員

善一郎　ぜんいちろう
金谷（かなや）善一郎　1852～1923　江戸末期～大正期の日光・金谷ホテルの創業者
佐藤（さとう）善一郎　1841～1902　江戸末期・明治期の和算家
柴田（しばた）善一郎　江戸末期の代官
安田（やすだ）善一郎　江戸末期の従者。1860年遣米使節に随行しアメリカに渡る

禅音　ぜんいん
禅音　平安中期の群馬郡をほど寺の僧侶

仙塢　せんう
細木（ほそき）仙塢　？～1856　江戸後期・末期の商家、俳人、狂歌作者

せ

仙右衛門　せんうえもん　⇔せんえもん
井上（いのうえ）仙右衛門　？～1733　江戸中期の和田新田開発者
柿沼（かきぬま）仙右衛門　1803～1871　江戸後期～明治期の名主
林（はやし）仙右衛門　1793～1855　江戸後期・末期の農間商人

善右衛門　ぜんうえもん　⇔ぜんえもん
阿波屋（あわや）善右衛門　江戸後期の大坂藍問屋
岩村（いわむら）善右衛門　1814～1897　江戸後期～明治期の和算家
後藤（ごとう）善右衛門　1769～1826　江戸中期・後期の関東売藍商、新田開発者
玉上（たまがみ）善右衛門　1791～1863　江戸末期の機業家《玉上善右衛門》
藤沢（ふじさわ）善右衛門　江戸後期の俳人、弄石社同人
藤本（ふじもと）善右衛門　1815～1890　江戸後期～明治期の蚕種業功労者《藤本縄葛》
安永（やすなが）善右衛門　1826～1907　江戸後期～明治期の私塾経営者
矢田部（やたべ）善右衛門　1672？～1760　江戸前期・中期の塩田築造者
由良（ゆら）善右衛門　江戸時代の漢学者

禅雲　ぜんうん
禅雲　1129～？　奈良・平安前期の華厳宗の僧

千恵　せんえ
千恵　鎌倉後期の僧侶・歌人

千影　せんえい　⇔せんけい，ちかげ
千影　1756～1825　江戸中期・後期の俳人

詮栄　せんえい
詮栄　江戸後期の天台宗の僧

全栄　ぜんえい
全栄　？～1792　江戸中期・後期の僧侶

禅永　ぜんえい
禅永　1555～1595　戦国・安土桃山時代の社僧・連歌作者

禅睿　ぜんえい
禅睿　平安後期の僧

仙英禅師　せんえいぜんじ
仙英禅師　1791～1864　江戸後期・末期の僧侶

宣易　せんえき
屋良（やら）宣易　1658～1729　江戸前期・中期の和文学者

善悦　ぜんえつ
岡本（おかもと）善悦　1689～1767　江戸中期の絵師

禅悦　ぜんえつ
可山（かざん）禅悦　江戸中期の臨済宗の僧
万機（ばんき）禅悦　？～1677　江戸前期の僧。高山市の宗猷寺3世

せん右衛門　せんえもん
後藤（ごとう）せん右衛門　戦国時代の駿河国の土豪

仙右衛門　せんえもん　⇔せんうえもん
伊藤（いとう）仙右衛門　1810～1902　江戸後期～明治期の出雲めのう細工師
鬼沢（おにざわ）仙右衛門　江戸中期の水戸徳川家のお金方手代
小野（おの）仙右衛門　江戸前期の高江新田3千石の開発の普請奉行
栗原（くりはら）仙右衛門　？～1780　江戸中期の庄内藩士
平藤（ひょうどう）仙右衛門　江戸前期の最上氏遺臣
茂木（もぎ）仙右衛門　江戸中期の北条流軍学者

専右衛門　せんえもん
斎藤（さいとう）専右衛門　？～1811　江戸中期・後期の剣術家。真陰流
百（もも）専右衛門　1783～1849　江戸中期・後期の造酒業

善右衛門　ぜんえもん　⇔ぜんうえもん
善右衛門　江戸末期の冬野村農民
浅井屋（あさいや）善右衛門　？～1851　江戸後期の篤志家。高山三之町の呉服商
網野（あみの）善右衛門　1843～1926　江戸末期～大正期の銀行家
池田（いけだ）善右衛門　江戸後期の人。あけび蔓細工の創始者
宇田川（うだがわ）善右衛門　江戸中期の絹問屋
大場（おおば）善右衛門　1787～1857　江戸中期～末期の庄屋
岡野（おかの）善右衛門　江戸後期の韮山代官江川氏の手代
岡本（おかもと）善右衛門〔5代〕　？～1649　江戸前期の商人。練り羊羹を創製
長田（おさだ）善右衛門　江戸前期の代官
織田（おだ）善右衛門　？～1570　戦国・安土桃山時代の織田信長の家臣
小武（おだけ）善右衛門　1792～1853　江戸後期の村役人
小野（おの）善右衛門　1738～1789　江戸中期・後期の糸店主人・江戸古手店主人
金子（かねこ）善右衛門　江戸時代の検地役人
鴻池（こうのいけ）善右衛門〔9代〕　1806～1851　江戸後期の豪商
米屋（こめや）善右衛門　江戸末期の高野山寺領花坂村の民
斎藤（さいとう）善右衛門　江戸中期の剣術家。山口流

坂井(さかい)善右衛門　江戸中期の槍術家
菅(すげ)善右衛門　?～1655　江戸前期の武士
関(せき)善右衛門　江戸中期の京都銀座役人
高崎(たかさき)善右衛門　1838～1893　江戸後期～明治期の尊攘運動家
谷川(たにがわ)善右衛門　江戸中期の和算家
玉上(たまがみ)善右衛門　1791～1863　江戸末期の機業家
力(ちから)善右衛門　安土桃山時代の加賀国石川郡倉光村の人
千東(ちづか)善右衛門　安土桃山・江戸前期の武士
津田(つだ)善右衛門　1698～1763　江戸中期の剣術家。田宮流
寺田(てらだ)善右衛門　?～1582　戦国・安土桃山時代の織田信長の家臣
番匠屋(ばんじょうや)善右衛門　安土桃山時代の廻船業者
半場(はんば)善右衛門　江戸前期の遠江国豊田郡池田村渡船方の名主
福田(ふくだ)善右衛門　江戸前期の浅野加判
布施(ふせ)善右衛門　江戸後期の大住郡上吉沢村民
蒔田(まいた)善右衛門　江戸後期の鎌倉郡乱橋村名主
柾木(まさき)善右衛門　江戸中期の比企郡小川村の絹買宿
水上(みずかみ)善右衛門　江戸前期の木匠
山上(やまがみ)善右衛門　?～1680　江戸前期の大工
山屋(やまや)善右衛門　江戸後期の蚕種業者
結城(ゆうき)善右衛門　?～1674　江戸前期の十村

善衛門　ぜんえもん
小武(おだけ)善衛門　1792～1853　江戸後期の村役人《小武善右衛門》
土屋(つちや)善衛門　戦国時代の武将。武田家臣

善右衛門尉　ぜんえもんのじょう
秋山(あきやま)善右衛門尉　安土桃山時代の織田信長の家臣
渋谷(しぶや)善右衛門尉　戦国時代の番匠
山県(やまがた)善右衛門尉　?～1573　戦国・安土桃山時代の武田氏の家臣

千円　せんえん
千円　江戸中期の俳人
大高(おおたか)千円　?～1769　江戸中期の医師

宣円　せんえん
宣円　1176～?　平安後期・鎌倉前期の仏師

泉円　せんえん
泉円　戦国時代の仏師

暹宴　せんえん
暹宴　?～1114　平安後期の筑前観世音寺別当

仙応　せんおう
仙応　?～1667　江戸前期の都田川祝田井堰の移動功労者

善応　ぜんおう
金谷(かなや)善応　1830～1893　江戸後期～明治期の僧

全応　ぜんおう　⇔ぜんのう
全応　江戸前期の天台宗の僧

仙乙　せんおつ
工藤(くどう)仙乙　1839～1896　江戸後期～明治期の弘前の画家

仙化　せんか
仙化　江戸前期の俳人

仙花　せんか
仙花　江戸後期の俳人

扇歌　せんか
都々一坊(どどいつぼう)扇歌　1804～1852　江戸末期の芸人

僊可　せんか
巣雪(そうせつ)僊可　戦国時代の画家

仙雅　せんが
仙雅　江戸後期の俳人

仙海　せんかい
仙海　戦国時代の天台宗の僧

専海　せんかい
専海　室町時代の僧侶・連歌作者

洗懐　せんかい
洗懐　?～1841　江戸後期の浄土宗の僧

荐海　せんかい
荐海　江戸後期の華厳宗の僧

千崖　せんがい
千崖　?～1838　江戸後期の俳諧師

千豈　せんがい
堀内(ほりうち)千豈　1725～1803　江戸後期の俳人、藤沢宿名主

千獃　せんがい
千獃　1636～1705　江戸前期・中期の僧

栴崖　せんがい
奕堂(えきどう)栴崖　1805～1879　江戸後期～明治期の曹洞宗の僧

善海　ぜんかい
善海　1448～?　室町・戦国時代の天台宗の僧

禅鎧　ぜんがい
樵禅(しょうぜん)禅鎧　1798～1875　江戸後期～明治期の臨済宗の僧

仙覚　せんかく　⇔せんがく
仙覚　1203～?　鎌倉前期の天台宗の僧、万葉学者、歌人《仙覚》
仙覚　1250～?　鎌倉前期・後期の真言宗の僧

仙鶴　せんかく
但見(ただみ)仙鶴　江戸中期の浄瑠璃作者

千覚　せんかく
千覚　1101～?　平安後期の法相宗興福寺僧

暹覚　せんかく
暹覚　平安後期の天台宗延暦寺僧

仙覚　せんがく　⇔せんかく
仙覚　1203～?　鎌倉前期の天台宗の僧、万葉学者、歌人

顓学　せんがく
顓学　?～1843　江戸後期の真宗大谷派の僧

禅覚　ぜんかく
禅覚　1174～1220　平安後期・鎌倉前期の真言宗の僧

禅学　ぜんがく
高屋（こうや）禅学　1846～1902　江戸後期～明治期の僧

千観　せんかん
千観　918～984　平安中期の天台宗の僧

仙厳　せんがん
仙厳　江戸前期の時宗の僧・連歌作者

仙岩　せんがん
仙岩　戦国時代の僧。円覚寺6代の住持

禅鑑　ぜんかん
禅鑑　鎌倉時代の僧

善願　ぜんがん
善願　1265～1326　鎌倉後期の極楽寺第3世長老

宣基　せんき　⇔のぶもと
宣基　南北朝時代の大和西大寺系の律僧

宣義　せんぎ　⇔のぶよし
阪本（さかもと）宣義　1779～1840　江戸中期・後期の尼崎藩儒

善喜　ぜんき
安楽寺（あんらくじ）善喜　江戸中期の高根村の安楽寺の開基

禅季　ぜんき
志賀（しが）禅季　鎌倉時代の地頭

禅徽　ぜんき
禅徽　？～994　平安中期の三論宗東大寺僧

千吉　せんきち
岩島（いわしま）千吉　江戸後期の韮山代官江川氏の手代
塚本（つかもと）千吉　江戸末期の新撰組隊士

善吉　ぜんきち
善吉　江戸中期の高野山寺領土筒香村農民
畦畑村（うねばたむら）善吉　？～1868　江戸末期の百姓
白崎（しらさき）善吉　1848～1911　江戸後期～明治期の自治功労者
鷲尾（わしお）善吉　江戸後期の海西郡塩田村の豪農
渡辺（わたなべ）善吉　江戸中期の庄屋

善吉郎　ぜんきちろう
岡田（おかだ）善吉郎　1850～1926　江戸末期～大正期の北海道開拓者

泉橘　せんきつ
紫嶺斎（しれいさい）泉橘　江戸後期の浮世絵師

千及　せんきゅう
千及　江戸前期の俳人

全久　ぜんきゅう
帯屋（おびや）全久　？～1700　江戸前期・中期の篤志家・資産家
桂芳（けいほう）全久　江戸前期の臨済宗の僧

禅休　ぜんきゅう
禅休　南北朝時代の僧侶・歌人

禅牛　ぜんぎゅう
梅尾（うめお）禅牛　1821～1907　江戸後期～明治期の僧

扇橋　せんきょう
船遊亭（せんゆうてい）扇橋　江戸後期の噺家

宣業　せんぎょう
阪本（さかもと）宣業　1747～1825　江戸中期の尼崎藩学の確立者

善京　ぜんきょう
塚本（つかもと）善京　江戸後期の東軍流棒の手師匠元

善教　ぜんきょう　⇔よしのり
新井（あらい）善教　1840～1910　江戸後期～明治期の司法官
滝（たき）善教　1845～1924　江戸末期～大正期の僧

禅興　ぜんきょう　⇔ぜんこう
禅興　？～1601　安土桃山時代の社僧・連歌作者

善行　ぜんぎょう
飯山寺（いいざんじ）善行　江戸前期の真言の行者

仙旭　せんきょく
仙旭　？～1797　江戸中期・後期の浄土宗の僧

僊玉　せんぎょく
舜堂（しゅんどう）僊玉　？～1859　江戸後期・末期の曹洞宗の僧

禅旭　ぜんきょく
禅旭　江戸中期の臨済宗の僧

璿玉院　せんぎょくいん
璿玉院　1819～1820　江戸後期の徳川家慶の二男

専吟　せんぎん
専吟　江戸前期の僧、俳人

善銀　ぜんぎん
難波田（なんばた）善銀　？～1546　戦国時代の松山城主上田氏の家臣

善愚　ぜんぐ
愚仲（ぐちゅう）善愚　1828～1891　江戸後期～明治期の僧侶

瞻空　せんくう
瞻空　鎌倉前期の僧侶・歌人

善空　ぜんくう
善空　1413～1492　室町・戦国時代の浄土宗の僧

漸空　ぜんくう
漸空　1239～1304　鎌倉前期・後期の浄土宗の僧、歌人

禅空　ぜんくう
禅空　鎌倉時代の浄土宗の僧・歌人

千熊　せんくま
井出（いで）千熊　戦国時代の今川氏の家臣

善九郎　ぜんくろう
奥瀬（おくせ）善九郎　安土桃山時代の油川城主
櫟田（くにきだ）善九郎　1844～1922　江戸後期～大正期の陶業家
辰野（たつの）善九郎　安土桃山時代の諏訪大社社家衆

柘植(つげ)善九郎　1649～1726　江戸前期・中期の茶人
中神(なかがみ)善九郎　？～1711　江戸前期・中期の人。『牛窪密談記』を著す
若林(わかばやし)善九郎　1594～1644　江戸前期の武士

仙珪　せんけい
仙珪　1837～1912　江戸後期～明治期の僧侶

仙慶　せんけい
仙慶　平安中期の僧・歌人

千影　せんけい　⇔せんえい, ちかげ
千影　江戸前期の俳人

千慶　せんけい
千慶　平安時代の僧侶・歌人

千桂　せんけい
千桂　1704～？　江戸中期の俳人

千渓　せんけい
千渓　1722～1795　江戸中期・後期の足利学校第17世庠主。臨済宗の僧
山川(やまかわ)千渓　1735～1780　江戸中期の絵師

千兮　せんけい
千兮　1798～1883　江戸後期～明治期の俳諧師

扇計　せんけい
福原(ふくはら)扇計　江戸中期の画家

泉渓　せんけい
泉渓　1822～1897　江戸後期～明治期の俳人・藩士

仙猊　せんげい
俊山(しゅんざん)仙猊　室町時代の高山市の栄鏡院の開基

専芸　せんげい
専芸　1488～1509　戦国時代の連歌作者

善恵　ぜんけい
善恵　鎌倉前期の浄土宗開祖の法然の高弟

善慶　ぜんけい
清水(しみず)善慶　1824～1893　江戸後期～明治期の公益事業貢献者
浄覚寺(じょうかくじ)善慶　戦国時代の高山市の浄覚寺の開基

禅啓　ぜんけい
禅啓　1363～1435　室町時代の伏見荘政所で山名氏の被官

禅圭　ぜんけい
大鼎(だいてい)禅圭　江戸中期の臨済宗の僧

禅慶　ぜんけい
禅慶　平安時代の僧侶・歌人
禅慶　戦国時代の社僧
禅慶　戦国時代の天台宗の僧
一笑(いっしょう)禅慶　？～1460　室町時代の臨済宗の僧

禅芸　ぜんげい
禅芸　902～979　平安中期の園城寺僧

宣源　せんげん
宣源　平安後期の僧侶・歌人

泉玄　せんげん
佐々木(ささき)泉玄　1805～1879　江戸後期～明治期の狩野派の絵師

善軒　ぜんけん
大関(おおせき)善軒　？～1834　江戸後期の儒者

漸軒　ぜんけん
坂井(さかい)漸軒　1630～1703　江戸前期・中期の儒者《坂井伯元》

禅顕　ぜんけん
禅顕　南北朝時代以前の僧侶・連歌作者

善源　ぜんげん
善源　鎌倉後期の僧侶・歌人

禅元　ぜんげん
禅元　戦国時代の社僧・連歌作者

禅源　ぜんげん
禅源　南北朝時代以前の僧侶・連歌作者

浅間坊　せんげんぼう
浅間坊　戦国時代の富士北口浅間神社所属の上吉田宿の御師

仙吾　せんご
黒滝(くろたき)仙吾　1835～1898　江戸後期～明治期の防雪林植林家
佐藤(さとう)仙吾　1816～1893　江戸後期～明治期の産婦人科医

詮吾　せんご
渡辺(わたなべ)詮吾　1847～1912　江戸後期～明治期の実業家、近代甲賀売薬の創立者

禅胡　ぜんこ
漢月(かんげつ)禅胡　？～1769　江戸中期の曹洞宗の僧

先行　せんこう
寺門(てらかど)先行　1831～1906　江戸末期・明治期の儒者

宣光　せんこう　⇔のぶみつ
宣光　戦国時代の浄土宗の僧・歌人・連歌作者

浅口　せんこう
浅口　？～1717　江戸前期・中期の国学者

筌滉　せんこう
筌滉　江戸中期の俳人

善光　ぜんこう
石見(いわみ)善光　江戸時代の善光寺信徒

善巧　ぜんこう
大浜(おおはま)善巧　1768～1835　江戸中期・後期の八重山の芸術家

全興　ぜんこう
照井(てるい)全興　江戸中期の御家流の書家

禅興　ぜんこう　⇔ぜんきょう
禅興　？～1601　安土桃山時代の社僧・連歌作者《禅興》
春作(しゅんさく)禅興　南北朝・室町時代の臨済宗の僧

禅光　ぜんこう
禅光　戦国時代の社僧

千光院　せんこういん
玉置(たまき)千光院　?〜1599　戦国・安土桃山時代の武将
宣光門院五条　せんこうもんいんのごじょう
宣光門院五条　鎌倉後期・南北朝時代の女房・歌人
宣光門院新右衛門督　せんこうもんいんのしんうえもんのかみ
宣光門院新右衛門督　南北朝時代の女房・歌人
善国　ぜんこく
専勝寺(せんしょうじ)善国　鎌倉後期の河合村の専勝寺の開基。もと吉城郡小鷹利の郷士
善五兵衛　ぜんごへい
市川(いちかわ)善五兵衛　江戸中期の韮山代官江川氏の手代
仙五郎　せんごろう
本間(ほんま)仙五郎　1744〜1815　江戸中期・後期の剣術家。本間念流祖
千五郎　せんごろう
本間(ほんま)千五郎　1784〜1874　江戸後期〜明治期の武芸者
善五郎　ぜんごろう
川勝(かわかつ)善五郎　江戸中期の船井郡市場村の人
斎藤(さいとう)善五郎　江戸後期の三浦郡鴨居村民
田中(たなか)善五郎　安土桃山時代の武士
鳥山屋(とりやまや)善五郎　?〜1746　江戸中期の廻船豪商
中村(なかむら)善五郎　?〜1645　江戸前期の庄内藩士
橋本(はしもと)善五郎　安土桃山時代の検地役人
藤田(ふじた)善五郎　1841〜1895　江戸後期〜明治期の人。初代五戸産馬組合長
法師湯(ほうしゆ)善五郎　江戸後期の粟津温泉の湯宿・法師湯の当主
八幡屋(やはたや)善五郎　?〜1841　江戸後期の厚木村の商人
禅厳　ぜんごん
禅厳　南北朝時代以前の僧侶・歌人
千左　せんさ
山本(やまもと)千左　1776〜1834　江戸後期の俳人
泉左　せんさ
泉左　江戸後期の俳人
専斎　せんさい
長与(ながよ)専斎　1838〜1902　江戸末期・明治期の医学者
藤野(ふじの)専斎　1702〜1783　江戸中期の香道家
川斎　せんさい
松本(まつもと)川斎　江戸中期の神道家
泉斎　せんさい
三島(みしま)泉斎　?〜1656　江戸前期の新田開拓者
潜斎　せんさい
林(はやし)潜斎　1750〜1817　江戸中期・後期の漢学者
僊斎　せんさい
森(もり)僊斎　?〜1847　江戸後期の医者
筌斎　せんさい
鈴木(すずき)筌斎　江戸後期の画家
巽斎　せんさい
木村(きむら)巽斎　1736〜1802　江戸後期の大阪の商人
千歳　せんざい
島の(しまの)千歳　平安後期の白拍子の始祖の一人
善斎　ぜんさい
渡辺(わたなべ)善斎　江戸中期の儒者
全斎　ぜんさい
泉(いずみ)全斎　1818〜1865　江戸後期・末期の漢学者
涎斎　ぜんさい
甘(かん)涎斎　江戸中期の戯作者
専左衛門　せんざえもん
専左衛門　江戸後期の津久井県若柳村農間諸商渡世人
善左衛門　ぜんざえもん
善左衛門　戦国時代の石切棟梁
善左衛門　?〜1723　江戸中期の浜田藩原井組内村の庄屋
善左衛門　江戸後期の足柄下郡国府津村組頭
青木(あおき)善左衛門　1582〜1643　安土桃山・江戸前期の農民
有賀(あるが)善左衛門　?〜1582　安土桃山時代の武士
石井(いしい)善左衛門　江戸後期の三浦郡不入斗村民
石河(いしこ)善左衛門　江戸前期の代官
石森(いしもり)善左衛門　1840〜1920　江戸末期〜大正期の人。イワシ建網の改良・工夫に努め、水晶型器械網を発明
石屋(いしや)善左衛門　江戸前期の石匠頭
今井(いまい)善左衛門　1836〜1910　江戸後期〜明治期の篤農家・政治家
小黒(おぐろ)善左衛門　江戸前期の武士
狩込(かりごめ)善左衛門　戦国時代の海良村(富津市海良字刈込)の領主・土豪
窪村(くぼむら)善左衛門　安土桃山時代の信濃国筑摩郡永井の土豪
児玉(こだま)善左衛門　江戸前期の給庄屋
白井(しらい)善左衛門　江戸前期の検地役人
千田(ちだ)善左衛門　江戸中期の肝入
露木(つゆき)善左衛門　?〜1639　安土桃山・江戸前期の人。恩名村内尼寺原に一乗尼寺を再建
富田(とだ)善左衛門　?〜1662　江戸前期の剣術家。富田流
中井(なかい)善左衛門　戦国時代の上総国天羽郡嶺下郷周辺の土豪・小領主
中島(なかじま)善左衛門　?〜1682　江戸前期の庄内藩役人
中条(なかすじ)善左衛門　?〜1662　江戸前期の和紙製造業者

長針(ながはり)善左衛門　江戸前期の高井郡田麦村の土豪
奈良屋(ならや)善左衛門　江戸前期の京都糸割符商人
野中屋(のなかや)善左衛門　江戸中期の名主・船仲間
長谷川(はせがわ)善左衛門　1811～1887　江戸後期～明治期の算学家
八町村(はっちょうむら)善左衛門　江戸前期の治水家
日高(ひだか)善左衛門　江戸時代の下七島平島の郡司
船橋(ふなばし)善左衛門　1720～1794　江戸中期の大磯宿問屋大笹屋
古川町方村(ふるかわまちかたむら)善左衛門　江戸中期の義民・古川町方村の名主
水野(みずの)善左衛門　江戸前期の武士
宮内(みやうち)善左衛門　戦国時代の伊豆の鍛冶
宮内(みやうち)善左衛門　1815～1891　江戸末期・明治期の社会事業家
宮坂(みやさか)善左衛門　1742～1836　江戸中期・後期の心学者、名主
毛利(もうり)善左衛門　江戸後期の愛甲郡下荻野村民
森(もり)善左衛門　1743～1817　江戸中期・後期の関東売藍商、江戸材木商
矢島(やじま)善左衛門　江戸末期の高山県の出納役・高山一之町村町年寄
山県(やまがた)善左衛門　?～1575　戦国・安土桃山時代の武田家臣
横浜(よこはま)善左衛門　江戸中期の藩士

善左衛門尉　ぜんざえもんのじょう
善左衛門尉　戦国時代の西湖大田和の土豪
飯田(いいだ)善左衛門尉　戦国時代の相模南金目の脇百姓
大屋(おおや)善左衛門尉　戦国時代の北条氏の家臣
岡本(おかもと)善左衛門尉　戦国時代の北条氏の家臣
楠見(くすみ)善左衛門尉　戦国時代の駿東の国人領主葛山氏配下の問屋商人
鈴木(すずき)善左衛門尉　戦国時代の地役人。伊豆奥郡代清水康英の手代、検地奉行
瀬尻(せじり)善左衛門尉　戦国時代の遠江国豊田郡瀬尻村の百姓
武井(たけい)善左衛門尉　戦国時代の相模柳川の百姓
保科(ほしな)善左衛門尉　戦国時代の金山衆
渡辺(わたなべ)善左衛門尉　安土桃山・江戸前期の甲斐国八代郡河内岩間庄瀬戸村の土豪

先左衛門祐益　せんざえもんゆうえき
工藤(くどう)先左衛門祐益　?～1587　戦国・安土桃山時代の広須新田開発者

善作　ぜんさく
市浦(いちうら)善作　?～1784　江戸中期の漢学者
今田(いまだ)善作　1740～1811　江戸中期・後期の剣術家。新陰流
村上(むらかみ)善作　1825～1876　江戸後期～明治期の塗師

全朔　ぜんさく
全朔　?～1571　安土桃山時代の織田信長の家臣《加藤延隆》
加藤(かとう)全朔　?～1571　戦国・安土桃山時代の熱田の豪族

禅察　ぜんさつ
智運(ちうん)禅察　1811～1894?　江戸後期～明治期の田沼・普應山興聖寺住職、私塾指導者

銭三郎　せんさぶろう　⇔せんざぶろう
桐山(きりやま)銭三郎　江戸末期の新撰組隊士《桐山銭三郎》

せ

仙三郎　せんざぶろう
伊場屋(いばや)仙三郎　江戸後期の団扇問屋

洗三郎　せんざぶろう
高屋(たかや)洗三郎　1851～1923　江戸末期～大正期の高知藩士、民権運動家

銭三郎　せんざぶろう　⇔せんさぶろう
桐山(きりやま)銭三郎　江戸末期の新撰組隊士

善三郎　ぜんさぶろう　⇔ぜんざぶろう
有谷(ありや)善三郎　江戸前期の代官

善三郎　ぜんざぶろう　⇔ぜんさぶろう
善三郎　安土桃山時代の山梨郡畦村の番匠職人
有吉(ありよし)善三郎　江戸中期の眼科医
岩井(いわい)善三郎　江戸時代の甲冑師
金子(かねこ)善三郎　安土桃山時代の検地役人
小井弖(こいで)善三郎　戦国時代の信濃国伊那郡小出郷の土豪
小島(こじま)善三郎　江戸前期の京都糸割符商人
佐藤(さとう)善三郎　1798～1859　江戸後期・末期の素封家
鈴木(すずき)善三郎　戦国・安土桃山時代の武将
福田(ふくだ)善三郎　1828～1917　江戸末期～大正期の剣道家
堀(ほり)善三郎　1785～1852　江戸中期・後期の義人
松木(まつき)善三郎　戦国・安土桃山時代の商人

泉山　せんざん
佐々木(ささき)泉山　1834～1886　江戸後期～明治期の狩野派の絵師
沢田(さわだ)泉山　1823～1910　江戸末期の寺子屋師匠

箭山　せんざん
藤本(ふじもと)箭山　1815～1878　江戸後期～明治期の医師

沾山　せんざん
沾山〔2代〕　江戸中期の俳人
沾山〔3代〕　江戸時代の俳諧師。別号は丘華坊
沾山〔4代〕　江戸中期・後期の俳人
沾山〔5代〕　1727～1814　江戸中期・後期の俳人
沾山〔6代〕　江戸時代の俳諧師
沾山〔7代〕　?～1851　江戸後期の俳人

禅山　ぜんざん
水野(みずの)禅山　1813～1887　江戸後期～明治期の禅僧

千之　せんし　⇔ちゆき
千之　江戸前期の俳諧作者
千翅　せんし
長沢(ながさわ)千翅　江戸中期の俳人
宣子　せんし　⇔のぶこ
日野(ひの)宣子　?～1382　南北朝時代の女房・歌人
泉之　せんし
泉之　江戸中期の雑俳作者
宣旨　せんじ
宣旨　平安前期・中期の女性歌人
宣旨　平安中期の女房、歌人
宣旨　平安後期の歌人
宣旨　平安後期の女房・歌人《六条院宣旨》
讃岐(さぬきの)宣旨　1074～1156　平安後期の従三位藤原隆佐孫
大和(やまとの)宣旨　平安中期の女房・歌人
専次　せんじ
村井(むらい)専次　?～1582　戦国・安土桃山時代の織田信長の家臣
専治　せんじ
菊池(きくち)専治　1815～1905　江戸後期～明治期の肝入
川二　せんじ
吉江(よしえ)川二　?～1830　江戸後期の旅篭屋・俳人
洗耳　せんじ
洗耳　江戸中期の俳人《沾耳》
沾耳　せんじ
沾耳　江戸中期の俳人
善司　ぜんじ
池田(いけだ)善司　?～1868　江戸後期・末期の鰺ケ沢湊町年寄り
善次　ぜんじ　⇔よしつぐ
伊藤(いとう)善次　江戸後期～明治期の杜陵隊士
植松(うえまつ)善次　江戸後期の剣術家。小野派一刀流
辰野(たつの)善次　安土桃山時代の諏訪大社社家衆
浜田(はまだ)善次　江戸末期の新撰組隊士
茂木(もぎ)善次　1790～1875　江戸後期～明治期の足利学校代官
善治　ぜんじ
善治　江戸中期の強訴の指導者
市瀬(いちのせ)善治　1849～1902　江戸後期～明治期の蚕種製造者
藤根(ふじね)善治　1689～1730　江戸中期の黒羽藩領益子の郷士。お焚木様と尊称された義民
水上(みずかみ)善治　1828～1898　江戸末期・明治期の社会事業家
善次右衛門　ぜんじえもん
平野(ひらの)善次右衛門　1744～1823　江戸中期・後期の唐通事
千職坊　せんしきぼう
根来寺(ねごろでら)千職坊　?～1582　戦国・安土桃山時代の織田信長の家臣
泉識坊　せんしきぼう
泉識坊　?～1582　戦国時代の僧侶
善七　ぜんしち
服部(はっとり)善七　1825～1883　江戸後期～明治期の商人
善七郎　ぜんしちろう
善七郎　戦国時代の石切棟梁
岩下(いわした)善七郎　1833～1905　江戸後期～明治期の足利町の織物買継商
長坂(ながさか)善七郎　戦国・安土桃山時代の武田家の御用商人。秤座商人
山崎(やまざき)善七郎　戦国時代の信濃国筑摩郡塔原城主塔原海野三河守幸貞の家臣
選子内親王家宰相　せんしないしんのうけのさいしょう
選子内親王家宰相　平安中期の女房・歌人
選子内親王家中将　せんしないしんのうけのちゅうじょう
選子内親王家中将　平安中期の女房・歌人
選子内親王家中務　せんしないしんのうけのなかつかさ
選子内親王家中務　平安中期の女房・歌人
宣旨典侍　せんじのすけ
宣旨典侍　鎌倉後期の女房・歌人
仙寂　せんじゃく
仙寂　南北朝時代の僧侶・連歌作者
禅寂　ぜんじゃく
禅寂　鎌倉時代の僧
宣守　せんしゅ
宣守　室町時代の真言宗の僧
千寿　せんじゅ
霧浪(きりなみ)千寿　江戸中期の歌舞伎役者
専寿　せんじゅ
専寿　1726～1780　江戸中期の浄土宗の僧
泉寿　せんじゅ
中川(なかがわ)泉寿　江戸後期の古銭学者
禅寿　ぜんじゅ
禅寿　平安後期の真言宗の僧
泉寿院　せんじゅいん
桑原(くわはら)泉寿院　江戸後期の山伏
千秋　せんしゅう　⇔ちあき
谷口(たにぐち)千秋　?～1754　江戸中期の儒者
宣修　せんしゅう
秋山(あきやま)宣修　江戸中期の眼科医
暹秀　せんしゅう
暹秀　鎌倉後期以前の僧侶・歌人
善修　ぜんしゅう
善修　平安前期の法相宗の僧
禅秀　ぜんしゅう
北禅(ほくぜん)禅秀　1605～1678　江戸前期の臨済宗の僧
善十　ぜんじゅう
中祢(なかね)善十　安土桃山時代の検地役人

善修寺殿　ぜんしゅうじでん
善修寺殿　？～1574　安土桃山時代の女性。伊勢宗瑞（北条早雲）の側室。北条幻庵の母

千秋尼　せんしゅうに
千秋尼　平安後期の女房。熱田大宮司藤原季範女

善住房　ぜんじゅうぼう
杉谷（すぎたに）善住房　？～1573　戦国・安土桃山時代の武士。鉄砲の名手

善十郎　ぜんじゅうろう
刑部（おさかべ）善十郎　1845～1893　江戸後期～明治期の壬生藩領家中村名主
神戸（かんべ）善十郎　1840～1882　江戸後期～明治期の旧藩士
佐野（さの）善十郎　安土桃山時代の検地役人
菅（すげ）善十郎　？～1785　江戸中期の庄内藩士
根木（ねき）善十郎　1846～1925　江戸末期～大正期の農事改良家
牧ケ洞村（まきがほらむら）善十郎　1742～1773　江戸中期の義民。牧ケ洞村の百姓
松井（まつい）善十郎　安土桃山時代の遠江国衆松井氏の同心衆
安井（やすい）善十郎　江戸後期の韮山代官江川氏の手代

善重郎　ぜんじゅうろう
和田（わだ）善重郎　1842～1894　江戸後期～明治期の用水開削者

全祝　ぜんしゅく
全祝　1507～1586　戦国・安土桃山時代の禅僧

泉寿軒　せんじゅけん
泉寿軒　江戸中期の雑俳点者

千手の前　せんじゅのまえ
千手の前　平安後期の女性。一ノ谷の戦いで捕虜となった平重衡を慰めた

泉しゆ坊　せんしゅぼう
泉しゆ坊　戦国時代の熊野先達

宣舜　せんしゅん
宣舜　室町時代の天台宗の僧

詮舜　せんしゅん
詮舜　戦国・安土桃山時代の天台宗の僧

仙順　せんじゅん
仙順　江戸中期の天台宗の僧

宣淳　せんじゅん
宣淳　1224～？　鎌倉前期・後期の法相僧

宣順　せんじゅん
宣順　1764～？　江戸中期・後期の天台宗の僧

全俊　ぜんしゅん
秀涯（しゅうがい）全俊　南北朝時代の臨済宗僧侶

善順　ぜんじゅん
平識（へしき）善順　1824～？　江戸後期・末期の教育者

善春房　ぜんしゅんぼう
善春房　戦国時代の修験愛宕別当正善院の僧

扇女　せんじょ　⇔おうぎじょ
扇女　江戸中期の俳人《扇女》

禅恕　ぜんじょ
堤洲（ていしゅう）禅恕　江戸中期の臨済宗の僧

仙承　せんしょう
仙承　江戸後期の天台宗の僧

宣昭　せんしょう　⇔のぶあき, のりあき
阮（げん）宣昭　1811～1885　江戸末期・明治期の総理唐栄司《阮宣詔》

宣詔　せんしょう
阮（げん）宣詔　1811～1885　江戸末期・明治期の総理唐栄司

宣正　せんしょう　⇔のぶまさ
宣正　1814～1879　江戸後期～明治期の浄土真宗の僧
上原（うえはら）宣正　1805～1879　江戸後期～明治期の僧

専正　せんしょう
池坊（いけのぼう）専正　1840～1908　江戸末期・明治期の華道家

泉勝　せんしょう
泉勝　戦国時代の熊野先達

仙杖　せんじょう
仙杖　？～1734　江戸中期の商人・俳人

千丈　せんじょう　⇔ちたけ
松味（まつみ）千丈　1804～？　江戸後期の医家

善証　ぜんしょう
堀（ほり）善証　1854～1910　江戸末期・明治期の傑僧

善性　ぜんしょう
井上（いのうえ）善性　？～1220　鎌倉前期の浄土真宗の僧

善正　ぜんしょう　⇔ぜんせい, よしまさ
往還寺（おうげんじ）善正　？～1534　戦国時代の僧。宮村の往還寺の開基

全昌　ぜんしょう　⇔まさよし
藤（とう）全昌　江戸中期の国学者
本保（ほんぼ）全昌　江戸後期の藩士

全性　ぜんしょう
全性　平安後期の僧侶・歌人

禅昌　ぜんしょう
禅昌　1571～1631　安土桃山・江戸前期の社僧・連歌作者

禅性　ぜんしょう
禅性　鎌倉前期の真言宗の僧・歌人

専正軒　せんしょうけん
専正軒　戦国時代の北条氏照の奉行人

禅定門　ぜんじょうもん
宗昌（そうしょう）禅定門　？～1702　江戸前期・中期の人。大洲和紙「紙漉きの祖」

仙次郎　せんじろう
小林（こばやし）仙次郎　1788～1848　江戸後期の学文路村村役人
渋谷（しぶや）仙次郎　1859～？　江戸末期の武蔵屋当主

せ

千次郎　せんじろう
川越（かわごえ）千次郎　1849～1911　江戸後期～明治期の実業家

専次郎　せんじろう
小池（こいけ）専次郎　江戸末期の佐賀藩士。1860年遣米使節に随行しアメリカに渡る

善四郎　ぜんしろう
太田（おおた）善四郎　江戸後期の堤人形「花巻人形」の創始者
栗山（くりやま）善四郎　1768～1839　江戸中期・後期の料亭主人
下森（したもり）善四郎　1843～1913　江戸末期～大正期の庄屋、初代日原村村長
辰野（たつの）善四郎　戦国時代の諏訪大社社家衆
富田（とみた）善四郎　1851～1903　江戸後期～明治期の旧藩士
三林（みつばやし）善四郎　安土桃山時代の土豪
八尾（やお）善四郎　1845～1918　江戸末期～大正期の兵庫運河創設者
八百屋（やおや）善四郎　栗山善四郎に同じ
両替屋（りょうがえや）善四郎　江戸前期の大両替商

善次郎　ぜんじろう
荒川（あらかわ）善次郎　戦国時代の北条氏の家臣
市野（いちの）善次郎　戦国時代の北条氏の家臣
海老須（えびす）善次郎　安土桃山時代の検地役人
佐野（さの）善次郎　戦国時代の駿河国富士郡上稲子の土豪
白崎（しらさき）善次郎　1793～1864　江戸後期・末期の木彫師
鈴木（すずき）善次郎　江戸末期の新撰組隊士
垪和（はが）善次郎　戦国時代の北条氏の家臣
琵琶島（びわじま）善次郎　戦国時代の武士
前野（まえの）善次郎　1849～1918　江戸末期～大正期の実業家

善治郎　ぜんじろう
香川（かがわ）善治郎　1848～1921　江戸末期～大正期の武道家

善二郎　ぜんじろう
杉山（すぎやま）善二郎　戦国時代の今川氏の給人
真野（まの）善二郎　安土桃山時代の織田信長の家臣

善四郎政芳　ぜんしろうまさよし
土屋（つちや）善四郎政芳　1769～1821　江戸中期・後期の雲藩の御用茶碗師。別名は雲善

善四郎芳方　ぜんしろうよしかた
土屋（つちや）善四郎芳方　？～1786　江戸中期の土屋窯の創始者

仙心　せんしん
仙心　南北朝時代以前の僧侶・連歌作者

先慎　せんしん
小栗（おぐり）先慎　1795～1871　江戸後期～明治期の酒造家、文人

専滲　せんしん
専滲　江戸後期の僧侶

洗心　せんしん
黒崎（くろさき）洗心　江戸後期の漢学者

千仞　せんじん
岡（おか）千仞　1833～1914　江戸末期～大正期の漢学者《岡千仭》

千仭　せんじん　⇔ちじん
岡（おか）千仭　1833～1914　江戸末期～大正期の漢学者

善信　ぜんしん　⇔よしのぶ
善信　平安前期の飛騨の沙弥

全真　ぜんしん
全真　1151～？　平安後期の天台宗の僧・歌人
平原（ひらはら）全真　戦国・安土桃山時代の信濃佐久郡の国衆

全岑　ぜんしん
大虫（だいちゅう）全岑　？～1411　南北朝・室町時代の僧

禅心　ぜんしん
禅心　南北朝時代の僧侶・歌人

禅親　ぜんしん
禅親　室町時代の社僧

全心法印　ぜんしんほういん
智見院（ちけんいん）全心法印　？～1836　江戸後期の武道家

仙水　せんすい
仙水　江戸中期の俳人

禅瑞　ぜんずい
祥鳳（しょうほう）禅瑞　1717～1777　江戸中期の臨済宗の僧

仙介　せんすけ
山内（やまうち）仙介　1682～1769　江戸前期・中期の学者

千助　せんすけ
朝日（あさひ）千助　1563～1641　戦国～江戸前期の武将
朝日（あさひ）千助　1742～1815　江戸末期・明治期の出雲松江藩家老
山下（やました）千助　1833～1910　江戸後期～明治期の漢方医

専助　せんすけ
池田（いけだ）専助　1847～1908　江戸後期～明治期の医師
小川（おがわ）専助　？～1645　江戸前期の庄内藩士
黒沢（くろさわ）専助　江戸中期の韮山代官江川氏の手代
中嶋屋（なかじまや）専助　江戸中期の商家

専輔　せんすけ
高木（たかぎ）専輔　江戸後期の詩文家・書画家
竹林（たけばやし）専輔　？～1808　江戸中期・後期の熊野林の社主

専祐　せんすけ
飯島（いいじま）専祐　安土桃山時代の人。信濃国伊那郡の国衆飯島氏の一族か

善助　ぜんすけ
善助　？～1841　江戸後期の贋金作りの罪人
新井（あらい）善助　安土桃山時代の検地役人
伊沢（いざわ）善助　1786～？　江戸中期の仏師

井上（いのうえ）善助　1817〜？　江戸末期の水主
伊法（いほう）善助　1810〜1870　江戸末期の砲術家
小野（おの）善助　1573〜？　江戸時代の豪商
小野（おの）善助　江戸末期の武士
小野（おの）善助〔2代〕　？〜1722　江戸前期・中期の商人。小野組宗家
小野（おの）善助〔3代〕　1697〜1750　江戸中期の商人。小野組宗家
小野（おの）善助〔4代〕　1724〜1786　江戸中期の商人。小野組宗家
小野（おの）善助〔5代〕　1759〜1841　江戸中期・後期の商人。小野組宗家
小野（おの）善助〔6代〕　1793〜1835　江戸後期の商人。小野組宗家
小野（おの）善助〔7代〕　1828〜1848　江戸後期の商人。小野組宗家
島田（しまだ）善助　1826〜1903　江戸後期〜明治期の徳行家
新行寺（しんぎょうじ）善助　戦国時代の上総国武射郡飯櫃城（山武郡芝山町）主
中村（なかむら）善助　1804〜1876　江戸後期〜明治期の製薬業
稗田（ひえだ）善助　戦国時代の武将
藤井（ふじい）善助　1840〜1906　江戸後期〜明治期の商人

善祐　ぜんすけ　⇔ぜんゆう
安藤（あんどう）善祐　1790〜1874　江戸末期・明治期の名古屋商人

禅助　ぜんすけ
森田（もりた）禅助　江戸後期の伊都郡丁之町村地士

善助祐綱　ぜんすけすけつな
宮井（みやい）善助祐綱　1587〜1646　安土桃山・江戸前期の武士。大坂の陣で籠城

善正　ぜんせい　⇔ぜんしょう, よしまさ
長谷川（はせがわ）善正　1741〜1822　江戸中期・後期の俳人

禅盛　ぜんせい
禅盛　室町時代の社僧・連歌作者

泉石　せんせき
泉石　1665〜1730　江戸前期・中期の儒者・俳諧作者
佐々木（ささき）泉石　1848〜？　江戸後期〜明治期の狩野派の絵師
奈須（なす）泉石　1648〜1701　江戸中期の画家

穿石　せんせき
沢井（さわい）穿石　？〜1779　江戸中期の書家

沾石　せんせき
沾石　江戸中期の俳人

荃石　せんせき
荃石　1713〜1742　江戸中期の俳人

洗雪　せんせつ
洗雪　？〜1767　江戸中期の俳諧師

善節　ぜんせつ
善節　南北朝・室町時代の僧侶・歌人

全節　ぜんせつ
吉川（よしかわ）全節　江戸末期の漢学者

然々　ぜんぜん
然々　江戸末期の俳人

仙鼠　せんそ
仙鼠　江戸中期の俳人

仙宗　せんそう
百済王（くだらのこにきし）仙宗　奈良時代の官人

仙草　せんそう
太田（おおた）仙草　1838〜1898　江戸後期〜明治期の青物問屋商人

宣宗　せんそう
井上（いのうえ）宣宗　？〜1860　江戸後期・末期の彦山修験道の岡坊から出た学僧

仙蔵　せんぞう
板垣（いたがき）仙蔵　？〜1835　江戸後期の豆州・梨本村の名主。伊豆半島の天城峠に新道を切り拓いた
大島（おおしま）仙蔵　1859〜1893　江戸末期・明治期の薩摩藩校造士館助教授、日本最初の鉄道技師
関（せき）仙蔵　1823〜1855　江戸後期の旗本久志本常貫知行所本貫地都筑郡勝田村名主
日田（ひだ）仙蔵　江戸末期の遣米使節の一員
松村（まつむら）仙蔵　江戸後期の大原亀五郎の手代
村田（むらた）仙蔵　江戸中期の三島代官齋藤直房の手代

千蔵　せんぞう
井後（いご）千蔵　江戸後期の医者

宣増　せんぞう
宣増　戦国時代の法印権大僧都、真性院

専蔵　せんぞう
専蔵　1792〜？　江戸後期の河内郡中岡本村の農民、実直者
榊原（さかきばら）専蔵　1837〜1901　江戸後期〜明治期の膳所藩士、尊皇攘夷派志士

全宋　ぜんそう
全宋　江戸前期の僧

禅璁　ぜんそう
白翁（はくおう）禅璁　1633〜1708　江戸前期・中期の臨済宗の僧

善三　ぜんぞう
稲垣（いながき）善三　戦国時代の北条氏の家臣
諏訪部（すわべ）善三　安土桃山時代の駿河国の土豪

善蔵　ぜんぞう
阿部（あべ）善蔵　1841〜1918　江戸後期〜大正期の自治功労者
内田（うちだ）善蔵　江戸中期の韮山代官江川氏の手代
佐伯（さえき）善蔵　江戸後期の橘樹郡上菅生村民
柄野（つかの）善蔵　？〜1885　江戸後期〜明治期の加賀国能美郡一針村の農民
初野（はつの）善蔵　江戸後期の漢学者
林（はやし）善蔵　江戸中期の福田前新田開拓者
深井（ふかい）善蔵　1820〜1884　江戸後期〜明治

期の武士
松田(まつだ)善蔵　江戸中期の貿易商
松村(まつむら)善蔵　1781〜1833　江戸中期・後期の剣術家。真心陰流

善造　ぜんぞう
飯島(いいじま)善造　1832〜1908　江戸後期〜明治期の新道建設推進者

泉村　せんそん
石原(いしわら)泉村　1804〜1871　江戸後期〜明治期の絹買商

遷村　せんそん
虫明(むしあけ)遷村　1846〜1884　江戸末期の書家

せ

専存　せんぞん
専存　戦国時代の天台宗の僧・連歌作者

仙太　せんた
仙太　江戸後期の酒杜氏

善太　ぜんた
葛西(かさい)善太　？〜1811　江戸中期・後期の弘前藩校の学風変更に功績

膳太　ぜんた
宗左(そうさ)膳太　江戸時代の八戸藩家老

仙代庵　せんだいあん
仙代庵　1796〜1869　江戸後期〜明治期の廻文家

善太夫　ぜんだいう　⇔ぜんだゆう
鈴野(すずの)善太夫　江戸後期の大住郡大山阿夫利神社祠官

全沢　ぜんたく
宮田(みやた)全沢　江戸中期の医者

禅諾　ぜんだく
独園(どくおん)禅諾　1710〜1777　江戸中期の臨済宗の僧

善太左衛門　ぜんたざえもん
林部(はやしべ)善太左衛門　1791〜？　江戸後期の幕臣、代官

善達　ぜんたつ
竜田(たつた)善達　？〜1734　江戸中期の儒者

牷荅　ぜんたつ
牷荅　1666〜1749　江戸前期・中期の高僧

専太夫　せんだゆう
大熊(おおくま)専太夫　？〜1810　江戸中期・後期の藩付家老
坂部(さかべ)専太夫　江戸時代の庄内藩付家老

専大夫　せんだゆう
立花(たちばな)専大夫　？〜1751　江戸中期の剣術家。二天一流

泉太夫　せんだゆう
平間(ひらま)泉太夫　？〜1623　安土桃山・江戸前期の平間家先祖で床舞八幡宮宮司

善太夫　ぜんだゆう　⇔ぜんだいう
荒木(あらき)善太夫　戦国時代の武将
伊瀬知(いせち)善太夫　江戸中期の河辺郡坊津の郷士
川端(かわばた)善太夫　？〜1647　江戸前期の駿東郡善太夫新田の開発者
巌巻(がんまく)善太夫　1680〜1744　江戸前期・中期の力士
幸田(こうだ)善太夫　？〜1750　江戸中期の代官。飛騨地方にジャガイモを普及
柘植(つげ)善太夫　？〜1868　江戸末期の武術家《柘植膳太夫》
湯本(ゆもと)善太夫　1549〜1575　戦国・安土桃山時代の草津の領主

膳太夫　ぜんだゆう
柘植(つげ)膳太夫　？〜1868　江戸末期の武術家

善大夫俊久　ぜんだゆうとしひさ
北村(きたむら)善大夫俊久　江戸前期の大野治長の家老

仙太郎　せんたろう
長瀬屋(ながせや)仙太郎　？〜1828　江戸後期の勾当

千太郎　せんたろう
木曽(きそ)千太郎　1570〜1582　安土桃山時代の人。木曽義昌の嫡男
細川(ほそかわ)千太郎　江戸末期の新撰組隊士

善太郎　ぜんたろう
善太郎　1782〜1856　江戸中期〜末期の妙好人
内田(うちだ)善太郎　1843〜1891　江戸後期〜明治期の社会事業家
門坂(かどさか)善太郎　江戸後期の商家
立元(たちもと)善太郎　1834〜1875　江戸後期〜明治期の水田開発者
菱屋(ひしや)善太郎　江戸前期の京都糸割符商人
丸山(まるやま)善太郎　江戸後期の佐野天明鋳物師
柳谷(やなぎや)善太郎　1848〜1906　江戸後期〜明治期の漁場経営者

仙知　せんち
安井(やすい)仙知　1777〜1838　江戸後期の安井家8代当主。囲碁棋士

禅智　ぜんち
禅智　平安後期の園城寺の僧
禅智　江戸前期の社僧・連歌作者
慧門(えもん)禅智　1758〜1830　江戸中期・後期の曹洞宗の僧

千竹　せんちく
双木(なみき)千竹　江戸中期の浄瑠璃作者

川竹　せんちく
田中(たなか)川竹　江戸中期の画家

沾竹　せんちく
沾竹　江戸中期の俳人

善筑　ぜんちく
竹尾(たけお)善筑　1782〜1839　江戸中期・後期の故実家。浄土宗の僧

仙忠　せんちゅう
仙忠　838〜905　平安前期・中期の法相宗興福寺僧
仙忠　江戸前期の天台宗の僧

禅中　ぜんちゅう
禅中　1740〜1821　江戸中期・後期の僧侶

仙千代　せんちよ
徳川(とくがわ)仙千代　1595〜1600　安土桃山時

代の徳川家康の八男

仙長 せんちょう
須藤(すどう)仙長 戦国時代の武田氏の家臣、禰津常安の被官

仙鳥 せんちょう
仙鳥 ?〜1802 江戸後期の鎌倉の女流俳人

宣澄 せんちょう
宣澄 ?〜1468 室町時代の戸隠山の僧
宣澄 1627〜1680 江戸前期の浄土真宗の僧

扇朝 せんちょう
扇朝 江戸後期の川柳作者

羨鳥 せんちょう
坂上(さかがみ)羨鳥 1653〜1730 江戸前期・中期の俳人

全聴 ぜんちょう
法正寺(ほうしょうじ)全聴 ?〜1865 江戸末期の僧。朝日村の法正寺5世

全長 ぜんちょう
全長 1679〜1747 江戸前期・中期の浄土宗の僧

禅長 ぜんちょう
馬島(まじま)禅長 1719〜1793 江戸後期の書家、大勧進の医師

仙鳥尼 せんちょうに
仙鳥尼 ?〜1802 江戸後期の俳人

仙鳥女 せんちょうにょ
安斎(あんざい)仙鳥女 ?〜1802 江戸中期の俳人

専鎮 せんちん
池坊(いけのぼう)専鎮 室町時代の華道家

千常 せんつね ⇔ちつね
海直(あまのあたえ)千常 平安時代の人。外少初位

千鶴 せんづる ⇔ちづる
千鶴 1172〜1175 平安後期の源頼朝の子

善定 ぜんてい ⇔よしさだ
阿部(あべ)善定 安土桃山時代の商人

全禎 ぜんてい
全禎 1627〜1692 江戸前期・中期の浄土真宗の僧

善的 ぜんてき
善的 ?〜1758 江戸中期の浄土宗の僧

泉鉄 せんてつ
泉鉄 江戸後期の画家

千任 せんとう
平(たいらの)千任 ?〜1087 平安中期・後期の武将

銭塘 せんとう
萱野(かやの)銭塘 1729〜1781 江戸中期の留守居役、漢詩人
陳(ちん)銭塘 江戸中期の儒者

専道 せんどう
武村(たけむら)専道 ?〜1656 江戸前期の武士

潜堂 せんどう
西村(にしむら)潜堂 ?〜1837 江戸末期の心学者

禅棟 ぜんとう
土佐林(とさばやし)禅棟 ?〜1571? 戦国・安土桃山時代の出羽国衆
梁南(りょうなん)禅棟 1552〜1638 戦国〜江戸前期の臨済宗の僧

禅灯 ぜんとう
伝外(でんがい)禅灯 ?〜1762 江戸中期の禅僧

禅同 ぜんどう
伝奥(でんのく)禅同 ?〜1603 安土桃山時代の大幢寺の開基。雲竜寺(高山市)10世

仙得 せんとく
坂口(さかぐち)仙得 1801〜1867頃 江戸後期・末期の囲碁棋士

沾徳 せんとく
合歓堂(ごうかんどう)沾徳 江戸中期の俳人

善徳 ぜんとく ⇔よしのり
氷見屋(ひみや)善徳 安土桃山・江戸前期の能登国鹿島郡所口村の人。前田利家の家臣

せ

禅訥 ぜんとつ
禅訥 江戸後期の臨済宗の僧

前名 ぜんな
田村(たむら)前名 江戸後期の漁業家

善那 ぜんな
善那 飛鳥時代の医師

善内 ぜんない
伊東(いとう)善内 江戸中期の大肝入
加藤(かとう)善内 安土桃山時代の検地役人

千日大夫 せんにちだゆう
千日大夫 戦国時代の信濃・飯縄権現神社神主

善日女 ぜんにちにょ
善日女 南北朝時代の若狭国太良荘真利名半名名主

禅忍 ぜんにん
禅忍 1138〜? 平安後期の仏師

禅慧 ぜんね
函海(かんかい)禅慧 1753〜1814 江戸中期・後期の臨済宗の僧
寧山(ねいざん)禅慧 1772〜1838 江戸中期・後期の臨済宗の僧

千年 せんねん ⇔ちとせ
今井(いまい)千年 1797〜1845 江戸末期の歌人

善念 ぜんねん
善念 戦国時代の法相宗の僧
西光寺(さいこうじ)善念 江戸中期の古川町の西光寺の中興

全応 ぜんのう ⇔ぜんおう
熊谷(くまがい)全応 1844〜1917 江戸末期〜大正期の恐山信仰流布に尽力

浅之丞 せんのじょう ⇔あさのじょう
浅之丞 江戸末期の楠本村の酒屋

善丞 ぜんのじょう
奴留手(ぬるで)善丞 安土桃山・江戸前期の甲斐国八代郡岩間村の人

善之丞 ぜんのじょう ⇔ぜんのすけ
善之丞 江戸中期の高野山寺領河根村農民
柴田(しばた)善之丞 江戸後期の第23代美濃国代官
松下(まつした)善之丞 1842〜1922 江戸末期〜大正期の松江藩直信流柔術師範
山崎(やまざき)善之丞 1850〜1925 江戸末期〜

大正期の漁業家

善之亟　ぜんのじょう
松下（まつした）善之亟　1842〜1922　江戸末期〜大正期の松江藩直信流柔術師範《松下善之丞》

仙之介　せんのすけ
小川（おがわ）仙之介　1828〜1909　江戸後期〜明治期の加賀藩士

仙之助　せんのすけ
上原（うえはら）仙之助　1843〜1911　江戸後期〜明治期の彰義隊士
橘山（きつやま）仙之助　1833〜1908　江戸後期〜明治期の馬医
栗原（くりはら）仙之助　1847〜1869　江戸後期〜明治期の新撰組隊士
山本（やまもと）仙之助　1824〜1863　江戸後期・末期の新徴組士

千之助　せんのすけ
須川（すがわ）千之助　江戸末期の彫師

専之助　せんのすけ
青木（あおき）専之助　江戸後期の三浦郡鴨居村民

善之助　ぜんのすけ
一色（いっしき）善之助　江戸末期の新撰組隊士
小笠原（おがさわら）善之助　1849〜？　江戸後期〜明治期の人。人命救助にあたり表彰された
塚本（つかもと）善之助　江戸末期の新撰組隊士

善之丞　ぜんのすけ　⇔ぜんのじょう
一色（いっしき）善之丞　江戸末期の新撰組隊士《一色善之助》

荃梅　せんばい
荃梅　江戸後期の俳人

禅霈　ぜんはい
霖翁（りんおう）禅霈　1683〜1741　江戸前期・中期の臨済宗の僧

専伯　せんぱく
安岡（やすおか）専伯　1727〜1797　江戸中期・後期の医師、画家

専八　せんぱち
阿部（あべ）専八　？〜1814　江戸中期・後期の郡代

泉八　せんぱち
三浦（みうら）泉八　1845〜1913　江戸末期〜大正期の宇樽部開拓の父

善八　ぜんはち　⇔ぜんぱち
善八　江戸末期の新撰組隊士
本崎（もとざき）善八　江戸末期の武士

善八　ぜんぱち　⇔ぜんはち
善八　1650〜？　江戸前期・中期の漂流民
高見（たかみ）善八　？〜1790　江戸後期の宮大工
辻居（つじい）善八　江戸後期の三浦郡芦名村民
村松（むらまつ）善八　1852〜1907　江戸後期〜明治期の人。焼津カツオ節作りの元祖

専八郎　せんぱちろう
宇佐見（うさみ）専八郎　江戸前期の伊豆の人。大坂の陣で籠城

善八郎　ぜんぱちろう
伊藤（いとう）善八郎　1796〜1858　江戸後期・末期の津山松平藩士
加藤（かとう）善八郎　1842〜1901　江戸後期〜明治期の大庄屋兼御用達
武井（たけい）善八郎　江戸中期の美作国倉敷代官

仙範　せんばん　⇔せんぱん
仙範　平安後期の天台宗の僧《仙範》

仙範　せんぱん　⇔せんばん
仙範　平安後期の天台宗の僧

千班　せんぱん
千班　1746〜1817　江戸中期・後期の俳人

善範　ぜんぱん
善範　平安後期の修行僧

千百　せんひゃく
千百　江戸中期の俳人

セン兵衛　せんびょうえ
セン兵衛　安土桃山時代の織田信長の家臣

善兵衛　ぜんひょうえ　⇔ぜんべい，ぜんべえ
善兵衛　安土桃山時代の信濃国筑摩郡生野の土豪
善兵衛　安土桃山時代の信濃国筑摩郡青柳の土豪
桑名（くわな）善兵衛　江戸前期の人。大坂の陣で籠城。長宗我部盛親の家臣桑名一孝の甥
辰野（たつの）善兵衛　戦国時代の諏訪大社社家衆
脇（わき）善兵衛　？〜1575　安土桃山時代の武士

仙夫　せんぷ
相羽（あいば）仙夫　？〜1882　江戸後期〜明治期の俳人

専武　せんぷ
菊地（きくち）専武　江戸前期の神職

仙風　せんぷう
島田（しまだ）仙風　1775〜？　江戸中期・後期の近年明らかになった大物俳人

全福　ぜんふく
百済王（くだらのこにきし）全福　奈良時代の貴族

善福　ぜんぷく
善福　平安前期の悪僧

泉平　せんぺい
佐藤（さとう）泉平　江戸後期の足柄下郡土肥宮上村名主

善兵衛　ぜんべい　⇔ぜんひょうえ，ぜんべえ
石原（いしはら）善兵衛　1729〜1792　江戸中期・後期の狂俳宗匠
市川（いちかわ）善兵衛　江戸前期の代官江川氏の手代（寛永20年（1643）頃）
佐久間（さくま）善兵衛　江戸時代の庄屋
白井（しらい）善兵衛　安土桃山時代の検地役人
高田（たかだ）善兵衛　江戸前期の検地役人
野口（のぐち）善兵衛　1819〜1877　江戸後期〜明治期の植樹とため池築造の殖産功労者《野口善兵衛》
細谷（ほそや）善兵衛　？〜1666　江戸前期の長尾村開拓者

善平　ぜんべい　⇔ぜんぺい，よしひら
上村井（かみむらい）善平　江戸末期の韮山代官江川氏の手代

善平　ぜんぺい　⇔ぜんべい, よしひら
堺（さかい）善平　江戸中期の歌舞伎脚本家

全兵　ぜんぺい
藤井（ふじい）全兵　江戸後期の商家

善兵衛　ぜんべえ　⇔ぜんひょうえ, ぜんべい
善兵衛　1785～1856　江戸後期の真嶋郡羽別村の庄屋
善兵衛　江戸後期の瓦製造業
安達屋（あだちや）善兵衛　江戸中期の書肆
天田（あまだ）善兵衛　？～1815　江戸後期の富農。幕府領群馬郡下滝村（高崎市）の名主
石橋（いしばし）善兵衛　江戸後期の八戸の商人
井手（いで）善兵衛　江戸後期の佐賀郡早津江津の商人
井上（いのうえ）善兵衛　江戸後期の淘綾郡一色村民
入江（いりえ）善兵衛　1744～1806　江戸中期・後期の土浦中城町の名主
大河内（おおこうち）善兵衛　？～1573　戦国・安土桃山時代の武将
大高（おおたか）善兵衛　1822～1894　江戸後期～明治期の社会事業家
大橋（おおはし）善兵衛　1788～1868　江戸後期・末期の朝鮮種人参参作世話人、漢学者
がっそう（がっそう）善兵衛　江戸中期の三味線職人
金子（かねこ）善兵衛　江戸後期の高座郡小園村民
蒲田（かばた）善兵衛　1813～1878　江戸後期～明治期の実業家
川浪（かわなみ）善兵衛〔6代〕　？～1877　江戸後期～明治期の村役人
救仁郷（くにごう）善兵衛　1666～1748　江戸前期・中期の剣術家。示現流
栗山（くりやま）善兵衛　1843～？　江戸後期～明治期の資産家
桑原（くわばら）善兵衛　1793～1854　江戸後期・末期の津摩村大年寄
小島（こじま）善兵衛　江戸前期の京都糸割符商人
島や（しまや）善兵衛　江戸前期の京都糸割符商人
関戸（せきど）善兵衛　？～1739　江戸中期の尾張藩御用達商人の首座
大黒屋（だいこくや）善兵衛　江戸前期の呉服商
高瀬（たかせ）善兵衛　1634～？　江戸前期の回船問屋
武田（たけだ）善兵衛　江戸中期の大井川古河跡の開墾者
栃内（とちない）善兵衛　安土桃山・江戸前期の栃内館主
永井（ながい）善兵衛　1847～？　江戸後期～明治期の富商
長嶋（ながしま）善兵衛　1825～1877　江戸後期～明治期の押上村組頭、市ノ堀大普請功労者
根上（ねあがり）善兵衛　1836～1903　江戸後期～明治期の実業家
野口（のぐち）善兵衛　1819～1877　江戸後期～明治期の植樹とため池築造の殖産功労者
芳賀（はが）善兵衛　？～1680　江戸前期の庄内藩家老
芳賀（はが）善兵衛　？～1718　江戸前期・中期の武芸者
林（はやし）善兵衛　1587～1643　安土桃山・江戸前期の総社藩重臣
平林（ひらばやし）善兵衛　1826～1886　江戸後期～明治期の庄屋
福田屋（ふくだや）善兵衛　江戸後期の人。石見国浜田外ノ浦に天保3年より入津
牧野（まきの）善兵衛　江戸末期・明治期の書肆
宮川（みやがわ）善兵衛　1841～1922　江戸末期～大正期の日滝原最初の移住者
三宅（みやけ）善兵衛　1753～1829　江戸後期の大磯宿民
百足屋（むかでや）善兵衛　安土桃山時代の曲舞の演者
安井（やすい）善兵衛　？～1794　江戸中期・後期の満行寺門徒《安井善兵衛好章》
矢部（やべ）善兵衛　1795～1882　江戸後期の中分村名主
山崎（やまざき）善兵衛　江戸末期の伊豆韮山代官の手代
山田（やまだ）善兵衛　1838～1895　江戸後期～明治期の名古屋の天白村の豪農
山田村（やまだむら）善兵衛　江戸後期の窯業

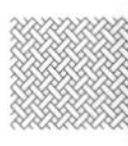
せ

千兵衛尉　せんべえのじょう
池田（いけだ）千兵衛尉　戦国・安土桃山時代の太鼓踊の伝習者

善兵衛好章　ぜんべえよしあきら
安井（やすい）善兵衛好章　？～1794　江戸中期・後期の満行寺門徒

千畝　せんぽ
千畝　1839～1920　江戸後期～大正期の俳諧師

箭浦　せんぽ
対岳堂（たいがくどう）箭浦　1837～1906　江戸末期・明治期の俳人

遷甫　せんぽ
谷崎（たにざき）遷甫　1761～1822　江戸中期・後期の医者

鮮圃　せんぽ
大内（おおうち）鮮圃　1764～1842　江戸後期の絵師。宇和島藩士

沾圃　せんぽ
沾圃　？～1773　江戸中期の俳人

千峰　せんぽう
雄山（ゆうさん）千峰　江戸時代の曹洞宗の僧

占芳　せんぽう
岡本（おかもと）占芳　1829～1907　江戸後期～明治期の俳人

宣峰　せんぽう
宣峰　1748～1835　江戸中期・後期の僧侶

善報　ぜんぽう
善報　奈良時代の僧。東大寺三綱上座大法師

善法　ぜんぽう
善法　鎌倉時代の漆工

全報　ぜんぽう
全報　鎌倉時代の浄土宗の僧

全芳　ぜんぽう
武田（たけだ）全芳　？～1549　戦国時代の武士。真里谷武田一門
善朴　ぜんぽく　⇔ぜんぼく
橋本（はしもと）善朴　1774～1847　江戸後期の土佐藩家老深尾家の茶道、俳人《橋本善朴》
然僕　ぜんぼく
佐藤（さとう）然僕　？～1858　江戸末期の医師
善朴　ぜんぼく　⇔ぜんぽく
橋本（はしもと）善朴　1774～1847　江戸後期の土佐藩家老深尾家の茶道、俳人
千松　せんまつ
青木（あおき）千松　安土桃山時代の武士
笠原（かさはら）千松　戦国時代の北条氏の家臣
千満　せんまん
千満　？～981　平安中期の多武峯検校
禅弥　ぜんみ
天釈（てんしゃく）禅弥　室町時代の僧
宣明　せんみょう　⇔のぶあき，のぶあきら
宣明　1750～1821　江戸後期の浄土真宗の僧
専明　せんみょう　⇔せんめい
池坊（いけのぼう）専明　1793～1864　江戸後期・末期の華道家
暹明　せんみょう
暹明　平安後期の仏師
善明　ぜんみょう　⇔ぜんめい
西光寺（さいこうじ）善明　戦国時代の古川町の西光寺の開基
禅苗　ぜんみょう
曇瑞（どんずい）禅苗　？～1799　江戸中期・後期の曹洞宗の僧
蓬洲（ほうしゅう）禅苗　1802～1872　江戸後期～明治期の臨済宗の僧
千明　せんめい
千明　？～1806　江戸中期・後期の俳人
専明　せんめい　⇔せんみょう
早川（はやかわ）専明　1783～1860　江戸中期～末期の尼僧
泉明　せんめい
田中（たなか）泉明　？～1868　江戸後期・末期の能登の人。佐々木泉玄に画を学ぶ
泉溟　せんめい
高志（たかし）泉溟　江戸中期の儒者
詮明　せんめい
坂本（さかもと）詮明　江戸末期の和算家
善明　ぜんめい　⇔ぜんみょう
松木（まつき）善明　戦国時代の甲府城下の御用商人
禅茂　ぜんも
南英（なんえい）禅茂　戦国時代の僧
全門　ぜんもん
斎藤（さいとう）全門　1700～1761　江戸中期の心学者
禅門　ぜんもん
禅中（ぜんちゅう）禅門　？～1380　南北朝時代の薩摩国鶴田郷柏原郡山の僧
戸川（とがわ）禅門　戦国時代の美作国戸川宿の在地武士か
千弥　せんや
中村（なかむら）千弥　江戸中期の歌舞伎役者
禅愉　ぜんゆ
禅愉　平安中期の天台宗延暦寺僧
亀年（きねん）禅愉　？～1561　戦国・安土桃山時代の京都妙心寺の禅僧
仙祐　せんゆう
仙祐　江戸前期の僧侶
宣遊　せんゆう
堀内（ほりうち）宣遊　1774～1807　江戸中期・後期の和算家
船遊　せんゆう
両川亭（りょうかわてい）船遊〔1代〕　1840～1902　江戸後期～明治期の写し絵師
詮雄　せんゆう
大嶺（おおみね）詮雄　江戸中期の女性。麻酔による口唇口蓋裂の手術法を学んだ
善祐　ぜんゆう　⇔ぜんすけ
善祐　平安前期の僧
善祐　戦国時代の天台宗の僧
善遊　ぜんゆう
大休（だいきゅう）善遊　江戸前期の曹洞宗の僧
善雄　ぜんゆう　⇔よしお
善雄　？～1584　安土桃山時代の飛州千光寺愛染坊
全宥　ぜんゆう
全宥　室町時代の真言宗の僧
禅祐　ぜんゆう
禅祐　戦国時代の武田氏の家臣
禅祐　？～1601　安土桃山時代の社僧・連歌作者
禅予　ぜんよ
禅予　1450～1494　室町・戦国時代の社僧・連歌作者
闡揚　せんよう
闡揚　1737～1795　江戸中期・後期の浄土真宗の僧
善揚　ぜんよう
大井（おおい）善揚　1841～1883　江戸末期・明治期の下級役人、漢詩人
善養　ぜんよう
善養　1736～1829　江戸中期・後期の浄土真宗の僧
全用　ぜんよう
喝堂（かつどう）全用　1596～1656　安土桃山・江戸前期の人。定光寺を中興
全雍　ぜんよう
邵庵（しょうあん）全雍　室町時代の臨済宗の僧
禅要　ぜんよう
禅要　南北朝時代以前の僧侶・歌人
禅陽　ぜんよう
禅陽　南北朝時代の社僧・連歌作者
善庸志　ぜんようし
昇（のぼり）善庸志　1805～1892　江戸後期～明治期の製糖の指導者

千羅　せんら
三上(みかみ)千羅　1754〜1807　江戸中期・後期の俳人

善来　ぜんらい
儀山(ぎざん)善来　1802〜1878　江戸末期の僧《儀山》

善鸞　ぜんらん
善鸞　1210〜1292　鎌倉後期の真宗の僧

仙李　せんり
仙李　江戸中期・後期の俳人

千里　せんり　⇔ちさと
旭(あさひ)千里　江戸後期の漢学者
平山(ひらやま)千里　江戸中期の和算家

扇裡　せんり
扇裡　江戸中期の俳人

泉里　せんり
嶺斎(れいさい)泉里　江戸後期の浮世絵師

全理　ぜんり
江心(こうしん)全理　江戸中期の僧

仙流　せんりゅう
仙流　江戸後期の雑俳点者

仙竜　せんりゅう
金原(きんばら)仙竜　江戸中期の書家

川柳　せんりゅう
川柳〔2代〕　1759〜1818　江戸中期・後期の川柳作家
川柳〔3代〕　1776〜1827　江戸中期・後期の川柳作家

泉流　せんりゅう
泉流　江戸中期の雑俳点者

潜竜　せんりゅう
潜竜　江戸中期の浄土真宗の僧

全隆　ぜんりゅう
安保(あぼ)全隆　戦国時代の古河公方足利氏の家臣

禅隆　ぜんりゅう
禅隆　鎌倉後期の僧侶・歌人

善了　ぜんりょう
善了　南北朝時代以前の僧侶・歌人

禅梁　ぜんりょう
家山(かざん)禅梁　江戸中期の僧

詮量院　せんりょういん
詮量院　1829〜1830　江戸後期の徳川家慶の八男

専林　せんりん
佐々木(ささき)専林　1686〜1741　江戸中期の書家

泉隣　せんりん
山斎(さんさい)泉隣　江戸後期の浮世絵師

潜鱗　せんりん
小沢(おざわ)潜鱗　江戸後期の漢学者

千林尼　せんりんに
千林尼　?〜1869　江戸末期・明治期の尼僧

善林坊　ぜんりんぼう
善林坊　江戸中期の僧侶

仙霊　せんれい
仙霊　1737〜1797　江戸中期・後期の浄土宗の僧

千苓　せんれい
千苓　1714〜?　江戸中期の俳人

禅驪　ぜんれい
太竜(たいりゅう)禅驪　1661〜1721　江戸前期・中期の臨済宗の僧

全蓮　ぜんれん
全蓮　平安後期の僧

仙路　せんろ
仙路　江戸末期の俳人・藩士
松井(まつい)仙路　1762〜1835　江戸中期・後期の名主

千鹿　せんろく
千鹿　1682〜?　江戸前期・中期の俳人

善六　ぜんろく
善六　戦国時代の甲斐国巨摩郡中下条の番匠大工職人
善六　江戸後期の漂流民、通詞
安藤(あんどう)善六　江戸中期・後期の須ケ口村庄屋
川上(かわかみ)善六　1742〜1829　江戸中期・後期の園芸家。八幡(市川)ナシの始祖
鈴木(すずき)善六　1699〜?　江戸中期の農民
舘石(たていし)善六　1847〜1887　江戸後期〜明治期の遠江国山名郡平民村の庄屋・戸長
藤井(ふじい)善六　1832〜1912　江戸後期〜明治期の米穀商
依田(よだ)善六　1850〜1920　江戸末期〜大正期の実業家、西伊豆近代化の貢献者
両替屋(りょうがえや)善六　江戸前期の両替商

千和　せんわ
西村(にしむら)千和　?〜1866　江戸末期の俳人

【そ】

曽阿　そあ
曽阿　鎌倉時代の時宗の僧・連歌作者

祖阿　そあ
祖阿　室町時代の連歌師

素阿　そあ
素阿　南北朝時代の連歌師

曽阿弥　そあみ
曽阿弥　戦国時代の北条氏の吏僚

素庵　そあん
松原(まつばら)素庵　?〜1668　江戸前期の大坂城士。保科正之に出仕

祖意　そい
祖意　鎌倉後期の僧侶・歌人

素意　そい
素意　?〜1094　平安後期の歌人

素因　そいん
素因　1721〜1786　江戸中期の俳人・藩士
素因　江戸後期の俳人

祚胤　そいん
中根(なかね)祚胤　1839～1917　江戸末期～大正期の銀行家

双　そう
尾崎(おざき)双　江戸後期の足柄下郡曽我里6村の総鎮守小沢明神社の神主

傖　そう
吉邨(よしむら)傖　江戸中期の漢学者

宗阿　そうあ
宗阿　1771？～1848　江戸中期・後期の真言宗の僧
養老軒(ようろうけん)宗阿　江戸後期の盆石家

相阿　そうあ
相阿　南北朝・室町時代の連歌師

宗阿弥　そうあみ
宝生(ほうしょう)宗阿弥　？～1499　室町・戦国時代の能役者シテ方

増阿弥　ぞうあみ
増阿弥　戦国・安土桃山時代の北条氏康の家臣

宗安　そうあん　⇔むねやす
宗安　戦国時代の連歌作者
宗安　1524～？　戦国・安土桃山時代の日光山桜本坊の住持
宗安　安土桃山・江戸前期の連歌作者
桜本坊(さくらもとぼう)宗安　？～1601　戦国時代の僧
千(せん)宗安　1673～1704　江戸中期の茶人
泰翁(たいおう)宗安　？～1591　戦国時代の相模の僧
鳥原(とりはら)宗安　安土桃山時代の海商
南叟(なんそう)宗安　？～1667　江戸前期の僧。高山市の宗猷寺の開基。安国寺、円城寺の中興
山科(やましな)宗安　1702～1747　江戸中期の医師

宗庵　そうあん
桑原(くわばら)宗庵　江戸前期の医者
古市(ふるいち)宗庵　江戸前期の茶人
山本(やまもと)宗庵　江戸前期の武士

草庵　そうあん
大島(おおしま)草庵　1623～1696　江戸前期・中期の槍術家

棗庵　そうあん
長沢(ながさわ)棗庵　1807～1872　江戸後期～明治期の医者

宗以　そうい　⇔むねとも
星野(ほしの)宗以　1797～1839　江戸後期の茶師・歌人

宗意　そうい　⇔しゅうい, むねもと
宗意　江戸前期の作陶家
大徳寺(だいとくじ)宗意　江戸前期の高根村の大徳寺の開基

宗怡　そうい　⇔むねひさ
宗怡　室町・戦国時代の連歌作者

宗育　そういく
多田(ただ)宗育　1785～1852　江戸中期・後期の茶人

宗郁　そういく
羽山(はやま)宗郁　1718～1804　江戸中期の茶人、九山才兵衛の子
藤野(ふじの)宗郁　江戸後期の茶人

宗威軒　そういけん
佐野(さの)宗威軒　戦国時代の穴山氏の家臣

宗一　そういち　⇔そういつ
芝山(しばやま)宗一　江戸末期・明治期の蒔絵師
武甲山(ぶこうざん)宗一　1816～1864　江戸後期の刀工

宗一郎　そういちろう
花島(はなじま)宗一郎　1844～1892　江戸後期～明治期の事業家

荘一郎　そういちろう
西村(にしむら)荘一郎　1846～1914　江戸後期～大正期の木工芸家

宗一　そういつ　⇔そういち
瀬井(せい)宗一　江戸後期の華道家

悰逸　そういつ
渋谷(しぶや)悰逸　？～1848　江戸後期の医者

桑蔭　そういん
板垣(いたがき)桑蔭　1817～1894　江戸後期～明治期の盛岡藩士

宗印　そういん
伊藤(いとう)宗印　？～1723　江戸前期・中期の将棋士
伊藤(いとう)宗印　1826～1893　江戸後期～明治期の将棋棋士
尾崎(おざき)宗印　江戸前期の蒔絵師

宗因　そういん
蜂谷(はちや)宗因　？～1607　安土桃山・江戸前期の香道家
渡辺(わたなべ)宗因　1741～1806　江戸中期・後期の医師

総寅　そういん
甲天(こうてん)総寅　戦国時代の曹洞宗雲岫派の僧

桑雨　そうう
桑雨　江戸中期の俳人

宗雨　そうう
宗雨　1711～1775　江戸中期の俳人

双烏　そうう
戸谷(とや)双烏　1774～1849　江戸後期の俳諧作者

草宇　そうう
草宇　江戸後期の俳人

宗右衛門　そううえもん　⇔そうえもん
赤池(あかいけ)宗右衛門　？～1603　安土桃山時代の甲斐国巨摩郡河内瀬戸の土豪
太田村(おおたむら)宗右衛門　江戸前期の十村役

壮右衛門　そううえもん
山田(やまだ)壮右衛門　1813～1883　江戸後期～明治期の薩摩藩士

惣右衛門　そううえもん　⇔そうえもん
岡郷(おかごう)惣右衛門　？～1641　江戸前期の代官。岡堰の開発功労者《岡郷惣右衛門》

須田(すだ)惣右衛門　?～1809　江戸中期・後期の海運業者
高野(たかの)惣右衛門　1809～1861　江戸後期・末期の名主、教育者
山本(やまもと)惣右衛門　1848～1869　江戸後期～明治期の大庄屋格

早右衛門　そううえもん
早右衛門　江戸時代の甑島郡下甑島長浜村の農民

宗運　そううん
山崎(やまざき)宗運　1761～1835　江戸中期・後期の医者、幕臣
湯浅(ゆあさ)宗運　江戸前期の鋳物師

宗雲　そううん
宗雲　平安後期の僧
小西(こにし)宗雲　1688～1762　江戸前期・中期の茶人
田能村(たのむら)宗雲　?～1606　安土桃山時代の金森可重の家臣

巣雲　そううん
杉山(すぎやま)巣雲　1764～1834　江戸中期・後期の池田学問所塾主

増運　ぞううん
増運　南北朝時代の僧侶・歌人
増運　1434～1493　室町・戦国時代の天台宗の僧・連歌作者・歌人

蔵雲　ぞううん
謙巌(けんがん)蔵雲　江戸後期の曹洞宗の僧

掃雲軒　そううんけん
安藤(あんどう)掃雲軒　1626～?　江戸前期の兵法家

宗恵　そうえ　⇔そうけい
宗恵　南北朝時代の僧侶・歌人
宗恵　戦国時代の連歌作者

宗慧　そうえ
宗慧　江戸中期の浄土真宗の僧

宗栄　そうえい
大谷(おおたに)宗栄　江戸中期の人。儒者伊藤東涯の弟子
島田(しまだ)宗栄　戦国時代の鷹匠
蜂谷(はちや)宗栄　?～1728　江戸前期・中期の香道家

宗瑛　そうえい
台道(たいどう)宗瑛　?～1809　江戸後期の萩原町の禅昌寺17世

宗盈　そうえい
宗盈　江戸後期の俳人

宗穎　そうえい
考叔(こうしゅく)宗穎　室町時代の臨済宗の僧

宗英　そうえい　⇔しゅうえい
内本(うちもと)宗英　江戸前期の俳人
児島(こじま)宗英　?～1851　江戸後期の加賀藩の冑工

宗裔　そうえい
宗裔　室町時代の曹洞宗の僧

壮裔　そうえい
円桂(えんけい)壮裔　1808～1890　江戸後期～明治期の僧

聡栄　そうえい
聡栄　南北朝・室町時代の天台宗の僧

宗益　そうえき　⇔むねます
宗益　?～1523　戦国時代の連歌師《宗哲》
赤沢(あかざわ)宗益　1451～1507　室町・戦国時代の武将
今井(いまい)宗益　江戸後期の蘭学者
狩野(かのう)宗益　1786～1870　江戸後期～明治期の江戸の表絵師神田松永町狩野家の絵師

そ

宗悦　そうえつ
宗悦　安土桃山時代の北条氏直の家臣。奉者を務める
怡雲(いうん)宗悦　1518～1589　室町時代の禅僧
田中(たなか)宗悦　?～1707　江戸前期・中期の陶工
塙(はなわ)宗悦　江戸前期の医師

宗謁　そうえつ
太素(たいそ)宗謁　1533～1594　戦国・安土桃山時代の臨済宗の僧

宗右衛門　そうえもん　⇔そううえもん
宗右衛門　安土桃山時代の信濃国安曇郡の土豪
石井(いしい)宗右衛門　江戸後期の三浦郡鴨居村民
宇野(うの)宗右衛門　戦国時代の武士
兼松(かねまつ)宗右衛門　1745～1807　江戸中期・後期の名古屋新田新田頭
久保寺(くぼでら)宗右衛門　江戸後期の久良岐郡洲崎村民
笹岡(ささおか)宗右衛門　1800～1869　江戸後期～明治期の高井郡前坂村の名主
関山(せきやま)宗右衛門　?～1780　江戸中期の高座郡当麻村名主
多胡(たご)宗右衛門　安土桃山時代の織田信長の家臣
多々良(たたら)宗右衛門　1782～1838　江戸中期・後期の町年寄
南条(なんじょう)宗右衛門　?～1642　江戸前期の代官
西中村(にしなかむら)宗右衛門　江戸前期の礪波郡の十村役
前波(まえなみ)宗右衛門　江戸後期の加賀小松藩士
牧野(まきの)宗右衛門　1781～1854　江戸中期～末期の加賀国能美郡寺井村第7代十村
山中(やまなか)宗右衛門　戦国時代の上総国天羽郡湊川流域に拠った小領主・土豪
吉作村(よしつくりむら)宗右衛門　江戸末期の富山藩の十村分役新田才許
若林(わかばやし)宗右衛門　安土桃山時代の織田信長の家臣

曽右衛門　そうえもん　⇔そえもん
伊藤(いとう)曽右衛門　?～1759　江戸中期の藩役人

惣右衛門　そうえもん　⇔そううえもん
惣右衛門　戦国時代の相賀高山禰宜

惣右衛門　江戸中期の高野山寺領馬場村農民
秋山(あきやま)惣右衛門　戦国時代の里見氏家臣。百人衆
浅野屋(あさのや)惣右衛門　室町～安土桃山時代の金沢の町人
内田(うちだ)惣右衛門　?～1852　江戸後期の三国内田家7代
大橋(おおはし)惣右衛門　1809～1879　江戸後期～明治期の生野代官所領の年寄
大村(おおむら)惣右衛門　1753～1824　江戸中期・後期の金銀両替商、慈善家
岡郷(おかご)惣右衛門　?～1641　江戸前期の代官。岡堰の開発功労者
岡野(おかの)惣右衛門　戦国時代の千葉胤富の家臣。森山衆。東総の土豪・地侍
葛西(かさい)惣右衛門　1752～1801　江戸中期・後期の熊本藩の世襲三家老有吉家の臣家
菊池(きくち)惣右衛門　1582～1642　安土桃山・江戸前期の三潴郡城島町浮島の開墾者
北村(きたむら)惣右衛門　1548～1615　戦国～江戸前期の豊臣秀吉・秀頼の家臣
木全(きまた)惣右衛門　江戸中期の文人
小林(こばやし)惣右衛門　戦国時代の相模今泉郷の名主
篠川(しのかわ)惣右衛門　江戸末期の木綿買継商人・問屋
白井(しらい)惣右衛門　?～1640　安土桃山・江戸前期の城代
鳶(とび)惣右衛門　?～1798　江戸中期・後期の剣術家。撚流
新屋(にいや)惣右衛門　1805～1885　江戸後期～明治期の漁業者
平田屋(ひらたや)惣右衛門　戦国～江戸前期の商人
戸来(へらい)惣右衛門　江戸時代の八戸藩士
堀(ほり)惣右衛門　1655～1730　江戸前期の岡山藩士・武術家
町野(まちの)惣右衛門　1658～1714　江戸前期・中期の代官
的場(まとば)惣右衛門　江戸後期の高根鉱山(後の道後鉱山)の発見者
村野(むらの)惣右衛門　戦国時代の相模の国府津の船主
良知(らち)惣右衛門　江戸前期の駿河国志太郡一色村の農民

想右衛門　そうえもん
菱沢(ひしざわ)想右衛門　戦国時代の伊豆の大工

総右衛門　そうえもん
樋口(ひぐち)総右衛門　?～1663　江戸前期の人。寛文の大火を起こした人物

荘右衛門　そうえもん
潤田(うるた)荘右衛門　江戸中期の伊勢大足村庄屋

宗右衛門尉　そうえもんのじょう
渋谷(しぶや)宗右衛門尉　戦国時代の相模国鎌倉の番匠

惣右衛門尉　そうえもんのじょう
惣右衛門尉　安土桃山時代の人。信濃国木曽郡須原郷の定勝寺の大工職人か
土橋(どばし)惣右衛門尉　戦国時代の甲斐国山梨郡遠光寺村の土豪
比貝(ひがい)惣右衛門尉　安土桃山時代の人。甲府の奉行人の1人か
宮内(みやうち)惣右衛門尉　戦国時代の廻船商人宮内氏一族

惣右衛門三安　そうえもんみつやす
中内(なかうち)惣右衛門三安　?～1624　江戸前期の長宗我部盛親の家臣

宗円　そうえん
宗円　平安後期の僧
宗円　1160～?　平安後期・鎌倉前期の僧侶、歌人
宗円　江戸前期の俳人
朝倉(あさくら)宗円　安土桃山時代の織田信長の家臣
宇都宮(うつのみや)宗円　平安後期の武士、宇都宮家初代当主
斎藤(さいとう)宗円　1389～1450　南北朝・室町時代の武将
谷田(たにだ)宗円　1839～1914　江戸末期～大正期の茶人
橋本(はしもと)宗円　?～1650　江戸前期の商人
藤原(ふじわら)宗円　1032～1111　平安中期・後期の武将
本教寺(ほんきょうじ)宗円　?～1626　江戸前期の僧。高山市の本教寺の開基
三瀬(みせ)宗円　?～1849　江戸後期の大洲藩御用の塩問屋麓屋主人
山崎(やまざき)宗円　1733～1800　江戸中期・後期の医者、幕臣

宗園　そうえん
南瓜(なんか)宗園　1777～1846　江戸中期・後期の狂歌作者

宗延　そうえん
宗延　平安後期の延暦寺僧

叢園　そうえん
秋(しゅう)叢園　江戸後期の本草家

宋延　そうえん
宋延　平安後期の法相宗の僧・歌人

宋縁　そうえん
宋縁　南北朝時代の真言宗の僧・歌人

棕園　そうえん
浅田(あさだ)棕園　江戸末期の医者

増円　ぞうえん
宝幢院(ほうどういん)増円　戦国・安土桃山時代の大宮浅間神社の別当宝幢院の住持

聡翁　そうおう
栄名井(さかない)聡翁　1733～1814　江戸中期・後期の神道学者

増応　ぞうおう
増応　江戸後期・末期の真言宗の僧

宗乙　そうおつ
島崎(しまざき)宗乙　江戸前期の茶人

宗温　そうおん
洪川(こうせん)宗温　1816～1892　江戸後期～明治期の僧

僧音　そうおん
僧音　1759～1842　江戸中期・後期の浄土真宗の僧

宗可　そうか
中庭(ちゅうてい)宗可　?～1384　南北朝時代の僧

宗嘩　そうか
曇栄(どんねい)宗嘩　1750～1816　江戸末期の禅僧

宗賀　そうが　⇔むねよし
町田(まちだ)宗賀　?～1632　江戸前期の長崎頭人の一人

宗雅　そうが
施薬院(せやくいん)宗雅　1600～1655　安土桃山・江戸前期の幕臣

双峨　そうが
双峨　江戸中期の雑俳作者

宗海　そうかい　⇔しゅうかい
実生庵(みしょうあん)宗海　江戸中期の華道家

宗价　そうかい
大圭(だいけい)宗价　?～1470　室町・戦国時代の臨済宗の僧

相海　そうかい
相海　?～1662　江戸前期の僧侶

聡海　そうかい
聡海　南北朝時代の社僧・連歌作者

滄海　そうかい
岡崎(おかざき)滄海　1738～1800　江戸後期の医家

宗愷　そうがい
平田(ひらた)宗愷　1757～1829　江戸中期・後期の漢学者

僧鎧　そうがい
僧鎧　1769～1840　江戸中期・後期の浄土真宗の僧

蔵海　ぞうかい
蔵海　1253～?　鎌倉後期の僧侶
蔵海　?～1835　江戸後期の僧侶
安心院(あじむ)蔵海　1729～1788　江戸中期・後期の僧
毒華(どくか)蔵海　?～1764　江戸中期の曹洞宗の僧

騒界子　そうかいし
安連(あれ)騒界子　江戸後期の洒落本作者

僧海禅師　そうかいぜんじ
僧海禅師　1181～1372　鎌倉後期・南北朝時代の大林和尚と称し瑞岩寺の開祖

宗覚　そうかく
宗覚　1094～1184　平安後期の法相宗の僧
宗覚　南北朝時代の僧侶・歌人
大令(だいれい)宗覚　?～1842　江戸後期の僧侶

宗鶴　そうかく
宗鶴　1512～1596　戦国・安土桃山時代の僧

宗恪　そうかく
吉田(よしだ)宗恪　1613～1684　江戸前期の医者

双鶴　そうかく
双鶴　江戸後期の雑俳作者

相覚　そうかく　⇔しょうかく
相覚　1352～1392　南北朝時代の真言宗の僧

総覚　そうかく
総覚　860～930　平安前期・中期の僧侶

宗岳　そうがく
松陰(しょういん)宗岳　1550～1630　戦国～江戸前期の大蔵寺の中興開祖

荘岳　そうがく
乾(いぬい)荘岳　?～1771　江戸中期の漢学者
梶(かじ)荘岳　江戸後期の漢学者

増覚　ぞうかく
増覚　平安中期の興福寺律師
増覚　1059～1121　平安後期の天台宗の僧・歌人

そ

蔵岳　ぞうがく
大久保(おおくぼ)蔵岳　1755～1826　江戸中期・後期の漢学者

藻雅堂　そうがどう
舟木(ふなき)藻雅堂　江戸中期の書肆・漢学者

桑閑　そうかん
久保(くぼ)桑閑　1710～1782　江戸中期の医者

宗寛　そうかん
堯州(ぎょうしゅう)宗寛　1718～1787　江戸中期の臨済宗の僧

宗看　そうかん
伊藤(いとう)宗看〔6代〕　1768～1842　江戸中期・後期の将棋棋士

宗観　そうかん
宗観　戦国時代の画僧

宗鑑　そうかん
土屋(つちや)宗鑑　1741～1803　江戸中期・後期の書家
明庵(みょうあん)宗鑑　?～1585　安土桃山時代の甲斐・長生寺五世住職

宗閑　そうかん
塩沢(しおざわ)宗閑　江戸前期の庄屋。養命酒を創製
杉岡(すぎおか)宗閑　1645～1732　江戸前期・中期の「牡丹譜」の著者

宗咸　そうかん
福島(ふくしま)宗咸　?～1837　江戸後期の茶人

相鑑　そうかん
相鑑　戦国時代の画家

総官　そうかん
野国(のぐに)総官　江戸前期の人。はじめて沖縄に蕃薯をもたらした

宋鶺　そうき
立花(たちばな)宋鶺　1810～1877　江戸後期～明治期の俳人

宗誼　そうぎ
三浦(みうら)宗誼　江戸後期の歌人

増基　ぞうき
増基　平安中期の僧、歌人

総帰居士　そうきこじ
総帰居士　江戸前期の隠者

宗吉　そうきち　⇔むねよし
森本(もりもと)宗吉　1846?～1888　江戸後期～明治期の実業家・キリスト教徒
曽吉　そうきち
植木屋(うえきや)曽吉　江戸後期の名古屋の植木屋
惣吉　そうきち
片野村(かたのむら)惣吉　江戸中期の義民。片野村の百姓
佐々木(ささき)惣吉　1800～1881　江戸後期～明治期の農民
高松(たかまつ)惣吉　1839～1912　江戸後期～明治期の農民
森永(もりなが)惣吉　1845～1910　江戸後期～明治期の小城羊羹の元祖といわれている
八木橋(やぎはし)惣吉　江戸時代の深作村の名主
宗吉郎　そうきちろう
菱沼(ひしぬま)宗吉郎　戦国時代の大工。伊豆南部で活動
宗久　そうきゅう　⇔むねひさ
宗久　南北朝時代の僧、歌人
宗久　1612～1694　江戸前期・中期の連歌作者、俳人
本間(ほんま)宗久　1717～1803　江戸中期・後期の相場師
宗休　そうきゅう
鈴木(すずき)宗休　江戸後期の武士、茶人
羽山(はやま)宗休〔1代〕　1769～1846　江戸後期の茶人、永田左門の子
羽山(はやま)宗休〔2代〕　?～1899　江戸末期の茶人、羽山良筌の子
宗球　そうきゅう
天心(てんしん)宗球　戦国・安土桃山時代の木曽家の菩提寺定勝寺住持
双救　そうきゅう
双救　南北朝時代の僧侶・歌人
僧牛　そうぎゅう
僧牛　江戸中期の修験僧
草牛　そうぎゅう
牧堂(ぼくどう)草牛　江戸後期の学僧
宗居　そうきょ
宗居　江戸中期の俳人
巣居　そうきょ
巣居　?～1813　江戸中期・後期の僧侶・俳人
西尾(にしお)巣居　江戸後期の風流人
桑魚　そうぎょ
万笈斎(ばんきゅうさい)桑魚　江戸中期の狂歌作者・書肆
宗恭　そうきょう　⇔むねたか, むねやす
敬峯(けいほう)宗恭　?～1746　江戸中期の臨済宗の僧
宗郷　そうきょう　⇔むねさと
千(せん)宗郷　1727～1794　江戸中期・後期の華道家
宗鏡　そうきょう
宗鏡　1291～1374　鎌倉後期・南北朝時代の臨済宗の僧、歌人
双橋　そうきょう
林(はやし)双橋　1828～1896　江戸末期・明治期の儒者
宗頊　そうぎょく
瑞巌(ずいがん)宗頊　1731～1795　江戸中期・後期の臨済宗の僧
葱玉　そうぎょく
葱玉　?～1869　江戸末期・明治期の俳諧作者
宗金　そうきん
大橋(おおはし)宗金　1839～1910　江戸後期～明治期の将棋棋士
宗銀　そうぎん
大橋(おおはし)宗銀　1694～1713　江戸中期の将棋棋士
宗九　そうく
大賀(おおが)宗九　1561～1630　江戸前期の博多商人
宗句　そうく
川合(かわい)宗句　江戸前期の茶人
宗玖　そうく
石心(せきしん)宗玖　戦国・安土桃山時代の曹洞宗雲岫派の僧
聡愚　そうぐ
明極(みんき)聡愚　1262?～1337　鎌倉後期・南北朝時代の名僧
聡空　そうくう
聡空　江戸前期の天台宗の僧
増空　ぞうくう
増空　1413～?　室町時代の天台宗の僧
宗九郎　そうくろう
穴山(あなやま)宗九郎　戦国時代の河内領主
荒浜屋(あらはまや)宗九郎　戦国時代の越後国柏崎町の町人
惣九郎　そうくろう
秋山(あきやま)惣九郎　?～1582　戦国・安土桃山時代の武田氏の家臣
完倉(ししくら)惣九郎　戦国時代の千葉親胤の家臣
総九郎　そうくろう
山田(やまだ)総九郎　1831～?　江戸末期の医師
宗珪　そうけい
石坂(いしざか)宗珪　江戸後期の医者
宗恵　そうけい　⇔そうえ
内海(うつみ)宗恵　江戸前期の歌人、商人
宗慶　そうけい　⇔むねよし
板坂(いたさか)宗慶　戦国時代の医者
僥倖軒(ぎょうこうけん)宗慶　戦国時代の甲斐武田晴信・勝頼の家臣
鳥飼(とりかい)宗慶　戦国・安土桃山時代の書家
三橋(みつはし)宗慶　1571～?　安土桃山時代の仏師
宗桂　そうけい
大橋(おおはし)宗桂　1688～1753　江戸前期・中期の将棋棋士
大橋(おおはし)宗桂〔3代〕　1613～1660　江戸前

期の将棋棋士
大橋(おおはし)宗桂〔5代〕 1636〜1713 江戸前期・中期の将棋棋士
大橋(おおはし)宗桂〔8代〕 1714〜1774 江戸中期の将棋棋士
大橋(おおはし)宗桂〔9代〕 1744〜1799 江戸中期・後期の将棋棋士
大橋(おおはし)宗桂〔10代〕 1775〜1818 江戸中期・後期の将棋棋士
大橋(おおはし)宗桂〔11代〕 1804〜1874 江戸後期〜明治期の将棋棋士

宗経 そうけい ⇔むねつね
田名(だな)宗経 1798〜1865 江戸後期・末期の彫刻家

糟渓 そうけい
吉沢(よしざわ)糟渓 1801〜1876 江戸後期〜明治期の漢学者

宗芸 そうげい
宗芸 室町・戦国時代の法相宗の僧

増慶 ぞうけい
増慶 ?〜925 平安前期・中期の僧

捜月 そうげつ
大森(おおもり)捜月 江戸中期の画家

草月 そうげつ
小菅(こすげ)草月 ?〜1892 江戸後期〜明治期の歌人

宗堅 そうけん
嘯夕軒(しょうせきけん)宗堅 江戸中期の茶人

宗硯 そうけん
宗硯 戦国時代の連歌作者

宗見 そうけん
之綱(しこう)宗見 ?〜1528 戦国時代の曹洞宗の僧

宗謙 そうけん
直翁(ちょくおう)宗謙 1655〜1705 江戸前期・中期の臨済宗の僧

宗賢 そうけん ⇔しゅうけん, むねかた, むねかね
宗賢 江戸前期の俳人
宗賢 1616〜1697 江戸前期・中期の画僧
尾崎(おざき)宗賢 江戸前期の装剣金工
固山(こざん)宗賢 ?〜1489 戦国時代の厩橋城主
長野(ながの)宗賢 戦国時代の上野国衆。厩橋長野氏一族
堀江(ほりえ)宗賢 1832〜1873 江戸末期・明治期の医師

宗軒 そうけん
須田(すだ)宗軒 1779〜1836 江戸後期の医師

宗顕 そうけん ⇔むねあき
宗顕 1243〜? 鎌倉前期・後期の華厳宗の僧

蒼軒 そうけん
小泉(こいずみ)蒼軒 1797〜1873 江戸後期〜明治期の測量家

宗元 そうげん ⇔むねもと
赤井(あかい)宗元 江戸中期の眼科医
小笠原(おがさわら)宗元 1411頃〜? 室町時代の武将・連歌作者
亨庵(こうあん)宗元 鎌倉前期の臨済宗の僧

宗源 そうげん ⇔しゅうげん
宗源 ?〜1499 室町・戦国時代の武家、連歌作者
宗源 江戸前期の天台宗の僧
霊陰(れいいん)宗源 ?〜1533 戦国時代の僧侶

宗玄 そうげん
重野(じゅうの)宗玄 江戸前期の豊臣家の茶道坊主、茶道頭
半井(なからい)宗玄 ?〜1853 江戸後期の医者
羽佐間(はざま)宗玄 江戸後期の医者

曽愿 そうげん
曽愿 江戸後期の本草家・医者

曹源 そうげん
曹源 江戸中期の曹洞宗の僧

相源 そうげん
相源 平安後期の天台僧

増賢 ぞうけん
増賢 1070〜1118 平安後期の天台宗寺門派の僧

宗堅求政 そうけんもとまさ
米田(こめだ)宗堅求政 1526〜1590 安土桃山時代の武将《米田宗賢求政》

宗賢求政 そうけんもとまさ
米田(こめだ)宗賢求政 1526〜1590 安土桃山時代の武将

桑古 そうこ
岡本(おかもと)桑古 1802〜1872 江戸末期の俳人

桑壺 そうこ
松下(まつした)桑壺 1745〜1824 江戸中期・後期の廻船問屋

宗古 そうこ
宗古 江戸後期の俳人
大橋(おおはし)宗古 1576〜1654 安土桃山・江戸前期の将棋棋士
片桐(かたぎり)宗古 ?〜1809 江戸中期・後期の幕臣・茶人
太淳(たいじゅん)宗古 1700〜1777 江戸中期の曹洞宗の僧
藤井(ふじい)宗古 ?〜1878 江戸後期〜明治期の茶道家。不昧流

宗故 そうこ
岩永(いわなが)宗故 1634〜1705 江戸前期・中期の医師、茶人

宗湖 そうこ
堀(ほり)宗湖 江戸中期の医者

宗虎 そうこ ⇔むねとら
一鷗軒(いちおうけん)宗虎 戦国時代の天正頃の医師
南条(なんじょう)宗虎 戦国時代の京都の医師。北条氏一族と交流
雄禅(ゆうぜん)宗虎 1763〜1857 江戸中期〜末期の臨済宗の僧

宗悟　そうご
宗悟　1749〜1788　江戸中期・後期の真言宗の僧
宋吾　そうご
坂尾（さかお）宋吾　1763〜1851　江戸中期・後期の史家
霜後　そうご
霜後　1709〜1791　江戸中期・後期の俳人
雙梧　そうご
増田（ますだ）雙梧　1800〜1862　江戸後期・末期の儒官《増田成竜》
象古　ぞうこ
鈴木（すずき）象古　1796〜1882　江戸後期〜明治期の甲州流兵法、安盛流砲術師範
そ
宗興　そうこう　⇔むねおき, むねき
佐藤（さとう）宗興　？〜1738　江戸中期の医者
宗光　そうこう　⇔むねみつ
千野（ちの）宗光　戦国時代の信濃国諏訪氏の家臣
宗功　そうこう
宗功　？〜1515　戦国時代の武将・連歌作者
宗好　そうこう　⇔むねよし
明珍（みょうちん）宗好　江戸中期の加賀藩の冑工師
宗孝　そうこう　⇔むねたか
宗孝　？〜1533　戦国時代の禅僧
大竹（おおたけ）宗孝　1837〜1889　江戸後期〜明治期の幕臣
大義（だいぎ）宗孝　？〜1750　江戸中期の曹洞宗の僧
宗晃　そうこう
春沢（しゅんたく）宗晃　1613〜1694　江戸前期・中期の臨済宗の僧
宗硬　そうこう
石門（せきもん）宗硬　？〜1618　安土桃山・江戸前期の大光山聖寿寺の中興開山
増恒　ぞうこう
増恒　898〜975　平安前期・中期の天台宗延暦寺僧
増皇　ぞうこう
増皇　平安中期の僧侶
巣谷　そうこく
巣谷　江戸後期の俳人
宗悟入道　そうごにゅうどう
島村（しまむら）宗悟入道　室町時代の備前国の武将・邑久郡長沼城主《島村宗語入道》
宗語入道　そうごにゅうどう
島村（しまむら）宗語入道　室町時代の備前国の武将・邑久郡長沼城主
宗五郎　そうごろう
金時（きんとき）宗五郎　江戸後期の水利開発者
森（もり）宗五郎　1845〜1898　江戸後期〜明治期の実業家、政治家
惣五郎　そうごろう
金子（かねこ）惣五郎　安土桃山時代の戸田の開発者
中村（なかむら）惣五郎　1809〜1870　江戸後期〜明治期の義人
秦（はた）惣五郎　1805〜1879　江戸後期〜明治期の被差別部落の中の武術道場師範
山本（やまもと）惣五郎　1858〜？　江戸末期・明治期の初めて官吏に登用されたアイヌ
総五郎　そうごろう
松浦（まつら）総五郎　安土桃山時代の織田信長の家臣
惣五郎大夫　そうごろうだゆう
名高（なだか）惣五郎大夫　鎌倉後期の武士
宗五郎政潟　そうごろうまさがた
中山（なかやま）宗五郎政潟　江戸後期の志布志の回船問屋
宗棍　そうこん
松村（まつむら）宗棍　1809〜1896　江戸後期〜明治期の武人
宗厳　そうごん
宗厳　1056〜1119　平安後期の天台宗の僧
華屋（かおく）宗厳　？〜1507頃？　室町・戦国時代の臨済宗の僧
宗佐　そうさ　⇔しゅうさ, そうすけ, むねすけ
崔（さい）宗佐　平安前期の遣唐使
蘭室（らんしつ）宗佐　？〜1591　戦国・安土桃山時代の駿河安倍郡慈悲尾増善寺の住持
増左　ぞうさ
呉（ご）増左　江戸中期の黄表紙作者
宗最　そうさい
悦堂（えつどう）宗最　？〜1622　安土桃山・江戸前期の臨済宗の僧
宗斎　そうさい
渡辺（わたなべ）宗斎　1822〜1902　江戸後期〜明治期の蘭方医
宗西　そうさい
中路（なかじ）宗西　安土桃山時代の織田信長の家臣
僧才　そうさい
仙渓（せんけい）僧才　戦国時代の画僧
早才　そうさい
早才　江戸前期・中期の俳人
宗左衛門　そうざえもん
宗左衛門　安土桃山時代の信濃国筑摩郡会田の土豪
宗左衛門　安土桃山時代の信濃国筑摩郡刈谷原の土豪
安部（あべ）宗左衛門　1624〜1693　江戸前期・中期の剣術家《安倍頼任》
飯島（いいじま）宗左衛門　江戸後期の三浦郡走水村組頭
遠藤（えんどう）宗左衛門　戦国時代の上杉氏の家臣
大野（おおの）宗左衛門　安土桃山時代の金森長近の臣
加嶋（かしま）宗左衛門　戦国時代の上総国天羽郡湊川（天神山川）流域の小領主・土豪
近藤（こんどう）宗左衛門　1817〜？　江戸末期の保久石川家の国元御用人
佐藤（さとう）宗左衛門　江戸時代の名主
塩川原（しおかわら）宗左衛門　安土桃山時代の信濃国安曇郡塩川原の土豪
せきとり（せきとり）宗左衛門　安土桃山時代の信濃国筑摩郡青柳の土豪

武田(たけだ)宗左衛門　1795～1850　江戸後期の国漢学者で柔術の達人
土川(つちかわ)宗左衛門　江戸後期の高山の人
妻屋(つまや)宗左衛門　江戸前期の装剣金工
福光村(ふくみつむら)宗左衛門　江戸時代の加賀藩十村役
柳川(やながわ)宗左衛門　1833～1908　江戸後期～明治期の柳川新田の完成者
柳川(やながわ)宗左衛門　1802～1862　江戸末期の柳川新田の開発者
吉田(よしだ)宗左衛門　1801～1858　江戸後期・末期の医者

惣佐衛門　そうざえもん
堀内(ほりうち)惣佐衛門　？～1671　江戸前期の柴田郡船岡要害の主原田氏の家老

惣左衛門　そうざえもん
惣左衛門　戦国時代の相模の名主
惣左衛門　戦国時代の番匠
惣左衛門　戦国・安土桃山時代の矢作細工職人頭
明石屋(あかしや)惣左衛門　江戸前期の仙台大町の菓子司
跡部(あとべ)惣左衛門　戦国時代の武将。武田家臣
鐙屋(あぶみや)惣左衛門　江戸前期・中期の酒田の豪商
飯島(いいじま)惣左衛門　江戸時代の開発者
伊藤(いとう)惣左衛門　？～1704　江戸前期・中期の庄屋
今宮(いまみや)惣左衛門　安土桃山・江戸前期の代官
岡村(おかむら)惣左衛門　？～1615　江戸前期の土佐国安芸郡和食村の人。大坂の陣で籠城
小原(おはら)惣左衛門　江戸中期の幕臣
金子(かねこ)惣左衛門　1792～？　江戸後期の三浦郡上宮田村名主
萱屋(かや)惣左衛門　安土桃山時代の武人
木村(きむら)惣左衛門　江戸後期の代官
小牧(こまき)惣左衛門　江戸前期の両替商
酒井(さかい)惣左衛門　戦国時代の今川氏の家臣
白鳥(しらとり)惣左衛門　1817～1890　江戸後期～明治期の駿河国安倍郡門屋村の名主
杉浦(すぎうら)惣左衛門　1539～1600　江戸前期の小田原藩士
須野原(すのはら)惣左衛門　戦国時代の武将。武田家臣
瀬尾(せお)惣左衛門　戦国時代の番匠。伊豆で活動
竹村(たけむら)惣左衛門　1655～1732　江戸中期の美作国倉敷代官
ちぎりや(ちぎりや)惣左衛門　江戸前期の商人
千葉(ちば)惣左衛門　1762～1798　江戸中期・後期の義民
土井(どい)惣左衛門　1839～1886　江戸後期～明治期の私塾経営者
中島(なかじま)惣左衛門　1603～1673　江戸前期の豪商
兵藤(ひょうどう)惣左衛門　1703～1775　江戸中期の華道の宗匠
古橋(ふるはし)惣左衛門　江戸前期の剣術家。二天一流
細野(ほその)惣左衛門　安土桃山時代の信濃国安曇郡細野郷の人。仁科氏家臣
松井(まつい)惣左衛門　戦国時代の今川義元の家臣
松本(まつもと)惣左衛門　江戸中期の忍藩領大野原村の割役
湊(みなと)惣左衛門　江戸前期の浅野幸長の家臣
山田(やまだ)惣左衛門　安土桃山時代の検地役人
山田(やまだ)惣左衛門　江戸前期の尾張の人。大坂の陣で籠城
山中(やまなか)惣左衛門　1836～1920　江戸末期・明治期の農業指導者
山本(やまもと)惣左衛門　？～1668　江戸前期の豊浦郡湯玉浦の漁人

そ

想左衛門　そうざえもん
岩崎(いわさき)想左衛門　1598～1662　安土桃山・江戸前期の治水家

総左衛門　そうざえもん
蟹谷村(かんだむら)総左衛門　江戸前期の十ヶ村肝煎
西村(にしむら)総左衛門　1855～1935　江戸末期～昭和期の染色家
山内(やまうち)総左衛門　1789～1860　江戸末期の真岡代官

村宗左衛門　そうざえもん
小糸(こいとむら)村宗左衛門　江戸前期の義民

宗左衛門尉　そうざえもんのじょう
赤池(あかいけ)宗左衛門尉　安土桃山・江戸前期の甲斐国巨摩郡河内瀬戸の土豪
山本(やまもと)宗左衛門尉　戦国・安土桃山時代の吉田の富士山御師

惣左衛門尉　そうざえもんのじょう
久保(くぼ)惣左衛門尉　戦国時代の北条氏の家臣
佐野(さの)惣左衛門尉　戦国時代の駿河国富士郡上稲子の土豪
春原(すのはら)惣左衛門尉　戦国時代の武士
壺井(つぼい)惣左衛門尉　安土桃山時代の武田領内の駿河国における惣大工職
米山(よねやま)惣左衛門尉　？～1575　安土桃山時代の伊那郡葛島の武士

惣左衛門昌員　そうざえもんまさかず
山県(やまがた)惣左衛門昌員　江戸前期の人。武田信玄の家臣山県三郎兵衛頼実の長男

宗作　そうさく
宗作　戦国時代の連歌作者・歌人

鑿作　そうさく
三宅(みやけ)鑿作　江戸末期の代官

惣三郎　そうさぶろう　⇔そうざぶろう
小西(こにし)惣三郎〔5代〕 1772～1822　江戸後期の宇和島藩岩松村(現津島町)の豪商

宗三郎　そうざぶろう
今井(いまい)宗三郎　1839～1904　江戸後期～明治期の篤農家
片切(かたぎり)宗三郎　安土桃山時代の信濃国伊那郡の国衆片切氏一族か
金子(かねこ)宗三郎　江戸時代の商人

林(はやし)宗三郎　江戸後期の巡見使
美濃屋(みのや)宗三郎　江戸時代の八戸藩の蔵元

惣三郎　そうざぶろう　⇔そうさぶろう
加納(かのう)惣三郎　江戸末期の新撰組隊士
福沢屋(ふくさわや)惣三郎　江戸中期の追良瀬村の人

荘三郎　そうざぶろう
岡谷(おかのや)荘三郎　1832〜？　江戸後期〜明治期の館林藩家臣

宗三　そうさん　⇔そうぞう
槐山(かいさん)宗三　江戸前期の臨済宗の僧
佐竹(さたけ)宗三　戦国時代の弓術家
堀(ほり)宗三　江戸末期の眼科医
間宮(まみや)宗三　戦国・安土桃山時代の画家
三上(みかみ)宗三　？〜1564　戦国・安土桃山時代の武将

宗珊　そうさん
土居(どい)宗珊　？〜1573？　戦国時代の武将《土井宗算》

宗算　そうさん　⇔むねかず
土井(どい)宗算　？〜1573？　戦国時代の武将

宗讃　そうさん
宗讃　？〜1797　江戸中期・後期の俳人

宗璨　そうさん
藤原(ふじわら)宗璨　1383〜1457　南北朝・室町時代の禅僧

宗山　そうざん
岡田(おかだ)宗山　？〜1727　江戸前期・中期の東水沼村の溜守、板戸用水を開削。文人
亀岡(かめおか)宗山　1640〜？　江戸前期の「後見草 上巻」の著者

崇山　そうざん
狩野(かのう)崇山　1787〜1879　江戸中期〜明治期の教育者

壮山　そうざん
道山(みちやま)壮山　1833〜1900　江戸後期〜明治期の俳人

蒼山　そうざん
蒼山　江戸中期の俳人

蔵山　ぞうざん
蔵山　1712〜1788　江戸中期・後期の僧侶・書家
滝口(たきぐち)蔵山　？〜1775　江戸中期の歌人

宗三衛門　そうさんえもん
宗三衛門　安土桃山時代の信濃国筑摩郡会田の土豪
宗三衛門　安土桃山時代の信濃国筑摩郡刈谷原の土豪

宗子　そうし　⇔むねこ
藤原(ふじわらの)宗子　？〜1129　平安後期の女性。近江守隆宗女《藤原宗子》

壮貲　そうし
壮貲　江戸後期の俳人

操巵　そうし
落月堂(らくげつどう)操巵　江戸中期の戯作者

左右児　そうじ
田舎坊(いなかぼう)左右児　？〜1805　江戸後期の地方川柳句集選者

宗司　そうじ
小沢(おざわ)宗司　1833〜？　江戸末期の新撰組隊士

宗次　そうじ　⇔むねつぐ
吉本(よしもと)宗次　江戸時代の孝子

宗治　そうじ　⇔むねはる
宗治　安土桃山・江戸前期の真言律宗の僧、連歌作者
萩原(はぎわら)宗治　1822〜1906　江戸後期〜明治期の歌人・書家

宗二　そうじ
吉見(よしみ)宗二　1832〜1900　江戸後期〜明治期の実業家・藍商

僧慈　そうじ
僧慈　江戸中期・後期の天台宗の僧

惣持　そうじ
惣持　1233〜1312　鎌倉前期・後期の律宗の僧

惣治　そうじ
湯原(ゆはら)惣治　1842〜1905　江戸後期〜明治期の和算家

草司　そうじ
草司　1771〜1824　江戸中期・後期の俳人

荘司　そうじ　⇔しょうじ
新井(あらい)荘司　1829〜1912　江戸後期〜明治期の甲源一刀流剣術家

荘二　そうじ　⇔しょうじ
小松原(こまつばら)荘二　1812〜1879　江戸後期〜明治期の実業家《小松原荘二》

宗色　そうしき
宗色　安土桃山・江戸前期の武家、連歌作者

宗竺　そうじく
宗竺　室町時代の連歌作者

操子女王　そうしじょおう　⇔あやこじょおう
操子女王　850〜？　平安前期の女性。忠良親王の王女

宗七　そうしち
金森(かなもり)宗七　1821〜1892　江戸後期〜明治期の銅器業
星野(ほしの)宗七　1838〜1901　江戸後期〜明治期の貿易商

宗七郎　そうしちろう
大島(おおしま)宗七郎　1849〜1895　江戸後期〜明治期の芳賀郡手彦子村の名主、自由民権運動家

惣七郎　そうしちろう
小幡(おばた)惣七郎　？〜1550　戦国時代の武田家臣
林(はやし)惣七郎　江戸中期の幕臣

宗実　そうじつ　⇔むねざね
宗実　平安後期・鎌倉前期の僧
宗実　江戸中期の臨済宗の僧

増実　ぞうじつ
増実　？〜1126　平安後期の延暦寺僧

荘司年信　そうじとしのぶ
新井(あらい)荘司年信　1829〜1912　江戸後期〜

明治期の甲源一刀流剣術家《新井荘司》

宗珠　そうじゅ
大雲(だいうん)宗珠　?～1569　戦国・安土桃山時代の曹洞宗の僧

宗受　そうじゅ
岡本(おかもと)宗受　江戸前期の医師

宗寿　そうじゅ
宗寿　江戸中期の絵師
鶴洲(かくしゅう)宗寿　1670～1725　江戸前期・中期の臨済宗の僧
佐々木(ささき)宗寿　江戸中期の医者
渋川(しぶかわ)宗寿　江戸後期の医者
南部(なんぶ)宗寿　1729～1799　江戸中期・後期の医者

増守　ぞうしゅ
増守　平安中期の天台僧

桑州　そうしゅう
宮原(みやはら)桑州　1762～1828　江戸中期・後期の漢学者

桑洲　そうしゅう
桑洲　江戸中期の浄土真宗の僧

宗周　そうしゅう
宗周　江戸中期の俳人
沢辺(さわべ)宗周　江戸中期の漢詩人

宗秀　そうしゅう　⇔しゅうしゅう, むねひで
宗秀　戦国時代の天台宗の僧

曽秋　そうしゅう
曽秋　1758～1815　江戸中期・後期の俳諧作者

相秀　そうしゅう
大和(やまと)相秀　室町時代の鋳物師の冶工

滄州　そうしゅう
服部(はっとり)滄州　1801～1880　江戸後期～明治期の漢学者

滄洲　そうしゅう
津野(つの)滄洲　1718～1790　江戸中期の飛騨養蚕、製糸業の啓蒙運動者
山川(やまかわ)滄洲　江戸後期の画家

笙洲　そうしゅう
三谷(みたに)笙洲　?～1823　江戸中期・後期の医者

宗重　そうじゅう　⇔むねしげ
玉川(たまがわ)宗重　江戸中期の茶人
三輪(みわ)宗重　1808～1885　江戸後期～明治期の医師

蔵秀　ぞうしゅう
蔵秀　平安後期・鎌倉前期の僧

宗十郎　そうじゅうろう
中村(なかむら)宗十郎　江戸中期の役者
真木(まき)宗十郎　安土桃山時代の織田信長の家臣
馬島(まじま)宗十郎　1821～1906　江戸後期～明治期の下河原村庄屋
松村(まつむら)宗十郎　江戸中期のシテ方喜多流能楽師

宗叔　そうしゅく
加島(かしま)宗叔　江戸中期の儒者

宗祝　そうしゅく
融山(ゆうざん)宗祝　?～1545　戦国時代の曹洞宗雲岫派の禅僧

宗粛　そうしゅく　⇔むねかね
大高(おおたか)宗粛　江戸後期の医者

宗俊　そうしゅん　⇔むねとし
宗俊　1417～1486　鎌倉後期の時宗の僧
井後(いご)宗俊　江戸中期の医師
禅海(ぜんかい)宗俊　江戸前期の高山市の大隆寺の開基

宗春　そうしゅん　⇔むねはる
宗春　戦国時代の武田氏の家臣
宗春　江戸中期の俳人
勝見(かつみ)宗春　1682～1743　江戸前期・中期の義人
鈴木(すずき)宗春　江戸中期の医者
細川(ほそかわ)宗春　江戸中期の医者
万国(まんこく)宗春　?～1754　江戸中期の曹洞宗の僧
三浦(みうら)宗春　1848～1915　江戸末期～大正期の儒医
吉川(よしかわ)宗春　江戸前期の代官

僧濬　そうしゅん
僧濬　1659～1738　江戸中期の華厳宗の僧侶

宋俊　そうしゅん
木村(きむら)宋俊　江戸末期の医師。1860年咸臨丸の医師としてアメリカに渡る

宗淳　そうじゅん
壱岐(いき)宗淳　1844～1892　江戸末期・明治期の医師
和田(わだ)宗淳　?～1807　江戸中期・後期の国学者

宗純　そうじゅん
長谷場(はせば)宗純　1546～1623　戦国～江戸前期の武将
米原(よねはら)宗純　?～1847　江戸後期の医者

宗順　そうじゅん
宗順　戦国時代の天台宗の僧
宗順　江戸前期の連歌作者
有来(ありき)宗順　江戸前期の京都糸割符商人
蜂須賀(はちすか)宗順　1850～1922　江戸末期～大正期の僧

宗詢　そうじゅん
宗詢　1441～1509　室町・戦国時代の知久氏出身の真言宗の高僧。文永寺6世住持

僧純　そうじゅん
僧純　1791～1872　江戸後期～明治期の僧侶

僧遵　そうじゅん
僧遵　江戸中期の浄土真宗の僧

宋順　そうじゅん
宋順　室町時代の浄土宗の僧・歌人・連歌作者

荘順　そうじゅん
多賀(たが)荘順　?～1751　江戸中期の徳島藩医

増春　ぞうしゅん　⇔ますはる
増春　平安中期の僧侶

増春　安土桃山・江戸前期の連歌作者

宗順坊　そうじゅんぼう

石田(いしだ)宗順坊　安土桃山時代の遠野の達識者

宗恕　そうじょ

春庸(しゅんよう)宗恕　?～1540　戦国時代の臨済宗の僧

天倫(てんりん)宗恕　?～1756　江戸中期の萩原町の禅昌寺14世

大和(やまと)宗恕　?～1604　安土桃山・江戸前期の故実家

宋助　そうじょ

宋助　鎌倉後期の僧侶・歌人

相助　そうじょ

平井(ひらい)相助　1329～?　鎌倉後期・南北朝時代の武将

宗証　そうしょう

宗証　室町時代の連歌作者

宗嘯　そうしょう

鳥飼(とりかい)宗嘯　安土桃山・江戸前期の書家

宗承　そうじょう

宗承　1443～?　室町・戦国時代の真言宗の僧

宗乗　そうじょう

後藤(ごとう)宗乗　1461～1538　室町・戦国時代の装剣金工

宗静　そうじょう　⇔そうせい

土橋(つちはし)宗静　1636～1698　江戸前期・中期の連歌師、俳人

宗趙　そうじょう

柏舟(はくしゅう)宗趙　1416～1495　室町・戦国時代の臨済宗の僧

倉常　そうじょう

菅井(すがい)倉常　江戸中期の医者

蔵称　ぞうしょう

蔵称　1758～1810　江戸中期・後期の僧侶

蔵摂　ぞうしょう

斉藤(さいとう)蔵摂　1835～1902　江戸後期～明治期の素読解読の師範

宗植　そうしょく

松堂(しょうどう)宗植　1641～1714　江戸前期・中期の臨済宗の僧

宗四郎　そうしろう

三枝(さいぐさ)宗四郎　戦国時代の武田氏の家臣

広瀬町村(ひろせまちむら)宗四郎　?～1775　江戸中期の義民、広瀬町村の名主

舟掛(ふなかけ)宗四郎　1859～1925　江戸末期～大正期の漆芸家

北条(ほうじょう)宗四郎　江戸末期の武士

惣四郎　そうしろう

矢口(やぐち)惣四郎　1836～1877　江戸後期～明治期の旧藩士

宗次郎　そうじろう

島屋(しまや)宗次郎　江戸前期の京都糸割符商人

土山(つちやま)宗次郎　江戸中期の勘定組頭

宗二郎　そうじろう

宗二郎　安土桃山時代の信濃国安曇郡の土豪

宗二郎　安土桃山時代の信濃国筑摩郡小立野の土豪

戸田(とだ)宗二郎　安土桃山時代の織田信長の家臣

惣次郎　そうじろう

小倉(おぐら)惣次郎　戦国・安土桃山時代の甲府城下の檜物職人

春日(かすが)惣次郎　戦国時代の武将。武田家臣

小倉(こごえ)惣次郎　小倉惣次郎に同じ

高橋(たかはし)惣次郎　1804～1882　江戸後期～明治期の和算家

惣二郎　そうじろう

惣二郎　江戸中期の粉河村の商人

春日(かすが)惣二郎　安土桃山時代の武田氏の家臣

倉橋(くらはし)惣二郎　戦国時代の信濃小県郡の国衆小泉氏の被官

古屋(ふるや)惣二郎　戦国時代の武将。武田家臣

荘次郎　そうじろう

森川(もりかわ)荘次郎　江戸後期～明治期の幕臣

宗信　そうしん　⇔むねのぶ

宗信　南北朝時代の僧

宗信　?～1566　安土桃山時代の江馬時盛の子。飛州高原の円成寺の稚児

宗信　江戸前期の俳人

大宝坊(だいほうぼう)宗信　戦国時代の清水寺の僧侶

宗慎　そうしん

是川(これかわ)宗慎　1822～1894　江戸後期～明治期の蘭方医

宗晋　そうしん

江村(えむら)宗晋　1663～?　江戸前期・中期の藩士、地誌作者

大森(おおもり)宗晋　江戸後期の町医

宗深　そうしん

巨勢(こせの)宗深　平安後期の画家

宗真　そうしん　⇔そうま

宗真　安土桃山・江戸前期の社僧、連歌作者

太田(おおた)宗真　戦国時代の北条氏の家臣

小島(こじま)宗真　1580～?　安土桃山・江戸前期の書家

清水(しみず)宗真　江戸中期の茶人

高木(たかぎ)宗真　江戸前期の画家

宗親　そうしん　⇔むねちか

宗親　江戸前期の法相宗の僧

宗岑　そうしん

松田(まつだ)宗岑　1494～1559　戦国時代の鷹匠

僧斟　そうしん

僧斟　江戸中期の浄土真宗の僧

宋親　そうしん

宋親　南北朝時代の僧侶・歌人

相真　そうしん

相真　鎌倉後期の僧侶・歌人

桑人　そうじん

桑人　江戸中期の俳人

宗仁　そうじん

村瀬(むらせ)宗仁　江戸前期の人。長束正家の子

宗尋　そうじん
宗尋　南北朝時代の僧侶・歌人
宗仞　そうじん
千岳(せんがく)宗仞　江戸前期の臨済宗の僧
宗仭　そうじん　⇔そうにん
宗仭　?～1634　江戸前期の僧
宗瑞　そうずい
浅井(あさい)宗瑞　1761～1803　江戸中期・後期の俳人《浅井寥和》
広岡(ひろおか)宗瑞　1721～1772　江戸中期の俳人
松井(まつい)宗瑞　1743～1814　江戸中期・後期の俳人
左右助　そうすけ
大竹(おおたけ)左右助　1852～1909　江戸後期～明治期の資産家
谷村(たにむら)左右助　江戸末期の館林藩士。1860年遣米使節に随行しアメリカに渡る
松本(まつもと)左右助　1788～1860　江戸後期・末期の和算家
宗介　そうすけ　⇔むねすけ
水野(みずの)宗介　?～1582　戦国・安土桃山時代の織田信長の家臣
宗佐　そうすけ　⇔しゅうさ, そうさ, むねすけ
山本(やまもと)宗佐　安土桃山・江戸前期の俳人
宗助　そうすけ　⇔むねすけ
宗助　安土桃山時代の信濃国筑摩郡生野の土豪
平木(ひらき)宗助　江戸末期の新撰組隊士
平野屋(ひらのや)宗助　江戸前期の京都糸割符商人
曽介　そうすけ
小林(こばやし)曽介　1828～1890　江戸末期・明治期の医師・教育者
壮介　そうすけ
橋口(はしぐち)壮介　1841～1862　江戸後期・末期の薩摩藩尊攘志士《橋口壮助》
壮助　そうすけ
橋口(はしぐち)壮助　1841～1862　江戸後期・末期の薩摩藩尊攘志士
山崎(やまさき)壮助　江戸末期の新撰組隊士
惣介　そうすけ
藤崎(ふじさき)惣介　江戸末期・明治期の武士、陶業家
惣助　そうすけ
惣助　戦国時代の武田氏の家臣、諏方春芳軒の代官
惣助　1778～1823　江戸後期の文政一揆の咎人
浅井(あさい)惣助　1783～1858　江戸中期～末期の岩作村庄屋
岸本(きしもと)惣助　江戸中期の狂言方
北村(きたむら)惣助　1760～1822　江戸中期・後期の羽咋郡草江村や鹿島郡舟尾村の入海開発に尽力
濤川(なみかわ)惣助　1847～1910　江戸後期～明治期の七宝作家
平田(ひらた)惣助　江戸時代の尾張藩御用両替商

総助　そうすけ
内山(うちやま)総助　江戸時代の松本藩下級士族、「えた・非人」の解放建白者
荘助　そうすけ
植村(うえむら)荘助　?～1794　江戸後期の漢学者《植村正助》
左右助勝政　そうすけかつまさ
新藤(しんどう)左右助勝政　?～1868　江戸後期・末期の千人同心組頭
宗済　そうせい
宗済　鎌倉前期の僧侶・歌人

宗成　そうせい　⇔むねしげ, むねなり
九峰(きゅうほう)宗成　戦国時代の臨済宗の僧
宗政　そうせい　⇔むねまさ
田辺(たなべ)宗政　安土桃山・江戸前期の代官
堀(ほり)宗政　戦国時代の松平氏の家臣
宗清　そうせい　⇔むねきよ
延永(のぶなが)宗清　安土桃山時代の織田信長の家臣
蜂谷(はちや)宗清　?～1688　江戸前期の香道家
宗盛　そうせい　⇔しゅうせい, むねもり
伊藤(いとう)宗盛　1844～1919　江戸末期～大正期の真言宗豊山派の僧侶
宗静　そうせい　⇔そうじょう
根土(ねづち)宗静　江戸後期の広瀬藩の茶道方
宗石　そうせき
石黒(いしぐろ)宗石　?～1807　江戸中期・後期の弘前藩医、俳人
宗碩　そうせき
服部(はっとり)宗碩　1660～1721　江戸中期の謡師匠
横田(よこた)宗碩　?～1846　江戸後期の医者
宗夕　そうせき
仙石(せんごく)宗夕　安土桃山・江戸前期の豊臣秀吉・秀頼の家臣
宗磧　そうせき
接待(せったい)宗磧　1640～1720　江戸前期・中期の八戸藩士
瘦石　そうせき
天野(あまの)瘦石　1837～?　江戸後期～明治期の日本画家《天野嗽石》
小山(こやま)瘦石　1845～1882　江戸後期～明治期の南画家
草碩　そうせき
盧(ろ)草碩　1647～1688　江戸前期の人。唐通事盧君玉を祖とする盧家3代
嗽石　そうせき
天野(あまの)嗽石　1837～?　江戸後期～明治期の日本画家
沈流軒(ちんりゅうけん)嗽石　1819～1884　江戸末期・明治期の俳人
漱石　そうせき
天野(あまの)漱石　1837～?　江戸後期～明治期の日本画家《天野嗽石》
小野(おの)漱石　1820～1891　江戸後期～明治期

の画家

漱石子　そうせきし

漱石子　江戸中期の絵師

宗節　そうせつ

斎藤（さいとう）宗節　江戸後期の郷土史家

宗説　そうせつ

児島（こじま）宗説　1740〜1811　江戸中期・後期の医者

槙（まき）宗説　1834〜1888　江戸後期〜明治期の北海道標津の開拓者

宗雪　そうせつ

観世（かんぜ）宗雪　江戸前期の能役者

吉田（よしだ）宗雪　江戸中期の茶人

そ

宗咄　そうせつ

笑伝（しょうでん）宗咄　安土桃山時代の曹洞宗雲岫派の僧

宗仙　そうせん

宗仙　安土桃山時代の連歌作者

上原（うえはら）宗仙　1842〜1918　江戸末期〜大正期の医師、教育者

草間（くさま）宗仙　江戸後期の医者

久保田（くぼた）宗仙　1841〜1906　江戸後期〜明治期の眼科医

田村（たむら）宗仙　戦国時代の医師

中島（なかしま）宗仙　1759〜1825　江戸後期の医者

宗先　そうせん

蜂谷（はちや）宗先　？〜1737　江戸中期の香道家

宗占　そうせん

村上（むらかみ）宗占　江戸中期の医者

宗川　そうせん

塚田（つかだ）宗川　1799〜1859　江戸後期の和算家

宗泉　そうせん

宗泉　室町時代の画僧

狩野（かのう）宗泉　戦国時代の絵師

宗洗　そうせん

金山（かねやま）宗洗　安土桃山時代の宗匠

宗詮　そうせん　⇔むねあきら

宗詮　鎌倉後期の天台宗の僧

坂上（さかがみ）宗詮　1842〜1914　江戸末期〜大正期の禅僧

坂上（さかのうえ）宗詮　坂上宗詮に同じ

宗玹　そうせん

村上（むらかみ）宗玹　1833〜1876　江戸後期〜明治期の人。隠岐騒動で活躍

相泉　そうせん

相泉　室町時代の画家

宗善　そうぜん

伊勢村（いせむら）宗善　江戸前期の俳諧師

宗然　そうぜん　⇔そうねん

大文字屋（だいもんじや）宗然　江戸中期の書肆

宗全　そうぜん

宗全　戦国時代の連歌師

清水（しみず）宗全　江戸前期の京都糸割符商人

宗禅　そうぜん

宗禅　室町時代の律宗の僧

宗禅　江戸前期の社僧

象先　ぞうせん　⇔しょうせん

象先　室町時代の画僧

増善　ぞうぜん

増善　平安後期の仏師

宗相　そうそう　⇔むねすけ

田名（だな）宗相　1832〜1877　江戸後期〜明治期の彫刻家

宗三　そうぞう　⇔そうさん

三井（みつい）宗三　戦国・安土桃山時代の飯富虎昌の家臣

余田（よだ）宗三　江戸前期のワキ方春藤流能楽師

宗蔵　そうぞう

安倍（あべ）宗蔵　1697〜1767　江戸中期の藩士

菅（すげ）宗蔵　1770〜1819　江戸中期・後期の藩校致道館普請取締役、典学兼助教

中島（なかじま）宗蔵　1763〜1829　江戸中期・後期の剣術家。甲源一刀流

中島（なかじま）宗蔵〔2代〕　？〜1842　江戸後期の剣術家、中島家剣2代

壮三　そうぞう

小島（こじま）壮三　1839〜1903　江戸末期・明治期の伝馬所元締役・戸長

惣蔵　そうぞう

下斗米（しもとまい）惣蔵　1791〜1866　江戸後期・末期の実用流武術家

土屋（つちや）惣蔵　1556〜1582　安土桃山時代の武田氏家臣。金丸筑前守の5男

仁科（にしな）惣蔵　1748〜1828　江戸中期・後期の歌人

依田（よだ）惣蔵　1708〜1784　江戸中期の佐久郡片倉村の小地主

渡辺（わたなべ）惣蔵　1854〜1944　江戸末期〜昭和期の事業家、自治功労者

総蔵　そうぞう

金谷（かなや）総蔵　1845〜1892　江戸後期〜明治期の千葉県特産品落花生の産地づくりに献身

宗尊　そうそん

宗尊　南北朝・室町時代の日蓮宗の僧

宗存　そうぞん

宗存　安土桃山・江戸前期の天台宗の僧

帰雲軒（きうんけん）宗存　戦国時代の僧

大用（だいよう）宗存　？〜1570　安土桃山時代の竜華院の4世住持

蔵尊　ぞうそん

蔵尊　鎌倉前期の上醍醐円光院の供僧

左右太　そうた

市田（いちだ）左右太　1843〜1896　江戸末期・明治期の写真家

宗太　そうた　⇔むねやす

多胡（たご）宗太　鎌倉時代の武将

惣太　そうた

吉岡（よしおか）惣太　1844〜1920　江戸末期・明

治期の官吏
宗苔　そうたい
牛尾(うしお)宗苔　江戸中期・後期の人。松平不昧側近
惣太夫　そうだいう
笠高(かさだか)惣太夫　江戸後期の淘綾郡国府新宿神事舞太夫
横山(よこやま)惣太夫　江戸後期の大住郡大山阿夫利神社祠官
宗沢　そうたく
高尾(たかお)宗沢　1847〜1919　江戸末期〜大正期の新潟医学校医学教師
土田(つちだ)宗沢　江戸前期の蒔絵師
宗琢　そうたく
宗琢　1485〜1571　戦国・安土桃山時代の鎌倉の仏師
大地(おおち)宗琢　江戸中期の茶人
宗太夫　そうだゆう
赤川(あかがわ)宗太夫　江戸末期の武芸家
曽太夫　そうだゆう
進藤(しんどう)曽太夫　1681〜1713　江戸前期・中期の神職
惣大夫　そうだゆう
川手(かわて)惣大夫　安土桃山時代の甲斐国巨摩郡河内帯金庄大島の人。穴山家臣
惣太郎　そうたろう
赤城(あかぎ)惣太郎　江戸後期の藩儒学者
及川(おいかわ)惣太郎　1782〜1835　江戸中期・後期の宮大工
川村(かわむら)惣太郎　江戸中期の町役人
想太郎　そうたろう
伊庭(いば)想太郎　1851〜1907　江戸末期〜明治期の剣客
荘太郎　そうたろう
佐久間(さくま)荘太郎　1829〜？　江戸後期・末期の新撰組隊士
早丹　そうたん
姜(きょう)早丹　江戸後期の陶工
荘丹　そうたん
鈴木(すずき)荘丹　1732〜1815　江戸後期の俳人
宗知　そうち
狩野(かのう)宗知　江戸前期の画家
宗智　そうち
武田(たけだ)宗智　戦国時代の僧
聡知　そうち
遠藤(えんどう)聡知　1840〜1891　江戸後期〜明治期の鰍沢村の長百姓、名主
宗竹　そうちく
生島(いくしま)宗竹　1482〜？　戦国時代の武士
双竹　そうちく
双竹　江戸後期の俳人
窓竹　そうちく
窓竹　江戸後期の俳人
宗中　そうちゅう
宗中　江戸末期の陶工
宗仲　そうちゅう　⇔むねなか
宗仲　南北朝時代の僧侶・歌人
宗仲　戦国時代の連歌作者
宗忠　そうちゅう　⇔むねただ
月谷(げっこく)宗忠　鎌倉時代の臨済宗の高僧
吉田(よしだ)宗忠　？〜1565　室町時代の商人・医師
宗註　そうちゅう
詮叟(せんそう)宗註　1737〜1790　江戸中期・後期の臨済宗の僧
宗儔　そうちゅう
宗儔　？〜1597　戦国・安土桃山時代の画僧
増忠　ぞうちゅう
増忠　1468〜？　戦国時代の天台宗の僧
宗澄　そうちょう
宗澄　江戸中期の黄檗宗の僧
石井(いしい)宗澄　1736〜1802　江戸中期・後期の歌人
宗長　そうちょう　⇔むねなが
柴屋軒(さいおくけん)宗長　1448〜1532　戦国時代の連歌師。今川義忠・氏親の家臣
宗澂　そうちょう
江峯(こうほう)宗澂　？〜1730　江戸中期の臨済宗の僧
叟直斎　そうちょくさい
堅(けん)叟直斎　1725〜1782　江戸中期の茶人
宗珍　そうちん
狩野(かのう)宗珍　戦国・安土桃山時代の画家
玉菴(ぎょくあん)宗珍　？〜1562　安土桃山時代の三木良頼の乳母
宗陳　そうちん
十四屋(じゅうしや)宗陳　戦国時代の茶人
芳谷(ほうこく)宗陳　？〜1782　江戸中期の僧。萩原村の禅昌寺16世
宗椿　そうちん
春荘(しゅんそう)宗椿　1458〜1513　室町・戦国時代の僧
増珍　ぞうちん
増珍　1036〜1109　平安中期・後期の天台宗園城寺の僧
蔵珍　ぞうちん
玉崗(ぎょっこう)蔵珍　1315〜1395　鎌倉後期〜室町時代の僧
宗貞　そうてい　⇔むねさだ
宗貞　鎌倉時代の臨済宗の僧
宗貞　戦国時代の連歌作者
宗貞　江戸前期の俳諧師
浅沼(あさぬま)宗貞　江戸前期の俳諧師
小川(おがわ)宗貞〔1代〕　？〜1822　江戸後期の医者
八文字屋(はちもんじや)宗貞　江戸前期の商人
本田(ほんだ)宗貞　江戸中期の医者
宗的　そうてき
阿用(あよう)宗的　？〜1513　戦国時代の阿用城城主

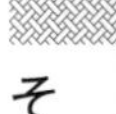

宗哲　そうてつ
宗哲　?～1523　戦国時代の連歌師
中村(なかむら)宗哲〔5代〕1767～1811　江戸中期・後期の塗師
中村(なかむら)宗哲〔6代〕1794～1839　江戸後期の塗師
中村(なかむら)宗哲〔8代〕1829～1884　江戸末期・明治期の塗師
中村(なかむら)宗哲〔9代〕1856～1911　江戸末期・明治期の塗師
中山(なかやま)宗哲　江戸前期の医師
奈良(なら)宗哲　江戸中期の医者

宗徹　そうてつ
藤中(ふじなか)宗徹　江戸前期の装剣金工

宗耋　そうてつ
木村(きむら)宗耋　?～1856　江戸後期・末期の国学者

聡哲　そうてつ
百済王(くだらのおう)聡哲　平安前期の官人

増鉄　ぞうてつ
増鉄　?～1754　江戸中期の備中国分寺の再建僧

宗典　そうてん　⇔むねのり
宗典　1426～1517　室町・戦国時代の真言宗の僧

宗伝　そうでん
大橋(おおはし)宗伝　1638～1662　江戸前期の将棋棋士

宗藤　そうとう　⇔むねふじ
根土(ねづち)宗藤　江戸後期の雲藩の茶道方

曹洞　そうとう
曹洞　戦国時代の画家

宗徳　そうとく　⇔むねのり
宗徳　江戸中期の僧侶
狩野(かのう)宗徳　安土桃山・江戸前期の画家
山崎(やまざき)宗徳　1772～1842　江戸中期・後期の医者、幕臣

宗訥　そうとつ
明石(あかし)宗訥　安土桃山時代の武士
松江(まつえ)宗訥　?～1590　安土桃山時代の豪商、茶人

宗那　そうな
猿木(さるき)宗那　1849～1912　江戸末期・明治期の水泳家

宗内　そうない
草野(くさの)宗内　1778～1852　江戸後期の日田の豪商、公益事業家

惣内　そうない
小浦(おうら)惣内　?～1866　江戸末期の家臣、勘定吟味役助
菊地(きくち)惣内　江戸後期の幕臣、箱館奉行所吟味役、択捉島詰

双南　そうなん
双南　江戸中期の俳人

巣南　そうなん
巣南　戦国時代の画家
大塚(おおつか)巣南　?～1863　江戸後期・末期の漢詩人

巣二　そうに
巣二　江戸後期の俳人

宗如　そうにょ
巨海(こかい)宗如　1696～1770　江戸中期の臨済宗の僧

宗忍　そうにん
宗忍　戦国時代の連歌作者

宗仭　そうにん　⇔そうじん
宗仭　?～1634　江戸前期の僧《宗仭》

宗然　そうねん　⇔そうぜん
普賢院(ふげんいん)宗然　戦国時代の信濃・文永寺、安養寺の住職

宗納　そうのう
明石(あかし)宗納　安土桃山時代の備前国の武将

象之助　ぞうのすけ
鬼勝(おにかつ)象之助　1614～1641　江戸前期の力士

宗巴　そうは
千(せん)宗巴　1670～1689　江戸前期・中期の茶人

宗坡　そうは
宗坡　戦国時代の連歌作者

窓巴　そうは
相良(さがら)窓巴　?～1808　江戸中期・後期の俳人

草坡　そうは
内海(うちみ)草坡　1761～1837　江戸中期・後期の城下に俳諧熱をもたらした風流人
内海(うつみ)草坡　内海草坡に同じ

滄波　そうは
滄波　江戸後期の俳人

窓梅　そうばい
窓梅　江戸前期の俳人

宗伯　そうはく
明石(あかし)宗伯　江戸中期の医師、儒者
大賀(おおが)宗伯　?～1665　江戸前期の博多の豪商
尾形(おがた)宗伯　?～1631　江戸前期の豪商《尾形宗柏》
日下部(くさかべ)宗伯　1832～1867　江戸後期・末期の町医
小平(こだいら)宗伯　?～1849　江戸後期の医師・画家
滝沢(たきざわ)宗伯　1798～1835　江戸後期の医師

宗柏　そうはく
尾形(おがた)宗柏　?～1631　江戸前期の豪商

宗白　そうはく
宗白　戦国時代の画家
宗白　戦国時代の武田家の右筆
朝比奈(あさひな)宗白　戦国時代の徳川家奉行人

宗珀　そうはく
宗珀　戦国時代の連歌作者

相莫　そうばく
西村(にしむら)相莫　江戸中期の神職

そうは斎　そうはさい
そうは斎　安土桃山時代の仁科地域における伊勢御師の奏者
宗八　そうはち
田中(たなか)宗八　安土桃山・江戸前期の豊臣秀吉の弓衆
野沢(のざわ)宗八　江戸中期の比企郡小川村の絹買宿
牧野(まきの)宗八　江戸後期の数学者
惣八　そうはち
岩田(いわた)惣八　1799〜1882　江戸後期〜明治期の大住郡四之宮村旗本竹尾氏知行所名主
尾原(おはら)惣八　？〜1893　江戸末期・明治期の和算家、旧松本藩士
金丸(かねまる)惣八　1825〜1898　江戸後期〜明治期の武士、治水家
亀岡(かめおか)惣八　江戸後期の八戸の木綿問屋
窪田(くぼた)惣八〔1代〕　江戸中期の商人。山形屋海苔店を創立
総八郎　そうはちろう
片岡(かたおか)総八郎　1843〜1909　江戸後期〜明治期の駿河国志太郡小川村の名主
松浦(まつら)総八郎　安土桃山時代の織田信長の家臣《松浦孫八郎》
僧巴文　そうはぶん
僧巴文　江戸中期の俳僧
宗畔　そうはん
馬淵(まぶち)宗畔　？〜1655　江戸前期の俳人
宗般　そうはん
宗般　室町時代の連歌師
見性(けんしょう)宗般　1848〜1922　江戸末期〜大正期の僧
千巌(せんがん)宗般　1616〜1703　江戸前期・中期の傑僧。楠公墳墓再建者
大岫(だいしゅう)宗般　1703〜1770　江戸中期の臨済宗の僧
宗範　そうはん　⇔むねのり
宗範　江戸中期の黄檗宗の僧
曽槃　そうはん
曽槃　1758〜1834　江戸中期・後期の医師兼通事
曹槃　そうはん
曹槃　1758〜1834　江戸後期の本草家、医師
宗判　そうばん
棚木(たなぎ)宗判　？〜1660　江戸前期の画家
双飛　そうひ
岩田(いわた)双飛　？〜1769　江戸中期の俳諧作者
僧尾　そうび
僧尾　？〜1793　江戸中期・後期の浄土宗の僧
荘美　そうび
岸本(きしもと)荘美　1773〜1839　江戸中期・後期の幕臣
草肥堂　そうひどう
草肥堂　江戸前期の雑俳作者
宗兵衛　そうひょうえ　⇔そうべえ
宗兵衛　安土桃山時代の信濃国筑摩郡会田の土豪
宗兵衛　安土桃山時代の信濃国筑摩郡刈谷原の土豪
惣兵衛　そうひょうえ　⇔そうびょうえ, そうべい, そうべえ
杉山(すぎやま)惣兵衛　戦国時代の駿河国阿野荘井出郷の土豪。駿河衆
惣兵衛　そうびょうえ　⇔そうひょうえ, そうべい, そうべえ
新庄(しんじょう)惣兵衛　江戸前期の大野治房の家臣
能瀬(のせ)惣兵衛　江戸前期の香宗我部親泰・山内忠義の家臣
惣兵衛尉　そうひょうえのじょう
諏訪部(すわべ)惣兵衛尉　戦国・安土桃山時代の武田氏家臣
渡井(わたい)惣兵衛尉　戦国・安土桃山時代の駿河国精進川の土豪。駿河衆
惣兵衛通春　そうびょうえみちはる
林(はやし)惣兵衛通春　江戸前期の豊臣秀頼・堀越後守(忠俊か)の家臣
宗富　そうふ　⇔むねとみ
諏訪(すわ)宗富　戦国時代の信濃国諏訪郡高島居住の商人
水上(みずかみ)宗富　戦国時代の甲斐武田晴信・勝頼の家臣
宗普　そうふ
伊奈(いな)宗普　戦国時代の武将。武田家臣
水上(みずかみ)宗普　戦国時代の甲斐の武将
宗浮　そうふ
水上(みなかみ)宗浮　戦国時代の武将。武田家臣
宗孚　そうふ
佐世(させ)宗孚　1545〜1619　戦国〜江戸前期の武将
双鳧　そうふ
双鳧　江戸後期の俳人
相孚　そうふ
相孚　江戸後期の俳人
草父　そうふ
田中(たなか)草父　1744〜1811　江戸中期・後期の俳人
草風　そうふう
草風　江戸中期の俳人
宗福　そうふく
下村(しもむら)宗福　戦国時代の「細川政元記」の著者
宗文　そうぶん　⇔むねふみ
宗文　戦国時代の連歌作者《明智政宣》
草芬堂　そうふんどう
草芬堂　江戸前期・中期の雑俳作者
左右平　そうへい
真田(さなだ)左右平　江戸後期の韮山代官江川氏の手代
宮内(みやうち)左右平　江戸後期〜明治期の幕臣
宗平　そうへい　⇔むねひら
青木(あおき)宗平　1778〜1859　江戸中期〜末期の医師、作陶家

伊笠（いかさ）宗平　江戸後期の陶工
川村（かわむら）宗平　江戸末期の甲冑師
上甲（じょうこう）宗平　1816〜1880　江戸末期・明治期の教育者
東馬（とうま）宗平　江戸末期の槍術家
山本（やまもと）宗平　1841〜1906　江戸後期〜明治期の教育者

壮平　そうへい
海部（かいふ）壮平　1847〜1895　江戸末期・明治期の養鶏研究家。名古屋コーチンの開発者

荘平　そうへい
海部（かいふ）荘平　1847〜1895　江戸後期〜明治期の愛知養鶏場の先駆者

惣兵衛　そうべい　⇔そうひょうえ，そうびょうえ，そうべえ
奥村（おくむら）惣兵衛　江戸前期の三島代官伊奈忠公・忠易の手代

惣平　そうべい
吉野（よしの）惣平　1789〜1867　江戸後期・末期の機織り機・織柄の考案者

宗兵衛尉　そうべいのじょう
小長井（こながい）宗兵衛尉　安土桃山時代の甲府城下の桶大工頭

左右兵衛　そうべえ
半田（はんだ）左右兵衛　1795〜1870　江戸後期〜明治期の剣術家。柳剛流

宗兵衛　そうべえ　⇔そうひょうえ
青木（あおき）宗兵衛〔3代〕　江戸後期〜明治期の陶工
朝比奈（あさひな）宗兵衛　？〜1746　江戸中期の侠客
加藤（かとう）宗兵衛　江戸後期の大住郡伊勢原村茶商
木上（きのうえ）宗兵衛　1835〜1921　江戸末期〜大正期の伊佐郡大村郷下手村の郷士
下井沢新村（しもいざわしんむら）宗兵衛　江戸後期・末期の富山藩の百姓代官および十村分役
宝田（たからだ）宗兵衛　？〜1868　江戸後期・末期の新川郡の十村役
中平（なかひら）宗兵衛　？〜1705　江戸中期・後期の義民
中村（なかむら）宗兵衛　戦国時代の北条氏の家臣
長谷川（はせがわ）宗兵衛　江戸時代の庄内藩付家老
平田（ひらた）宗兵衛　？〜1804　江戸後期の平塚宿名主

惣兵衛　そうべえ　⇔そうひょうえ，そうびょうえ，そうべい
市川（いちかわ）惣兵衛　江戸末期の武士
市原（いちはら）惣兵衛　1772〜1835　江戸中期・後期の浜坂縫針工業の創始者
岩井（いわい）惣兵衛　江戸末期の甲冑師
大島（おおしま）惣兵衛　戦国時代の武将。武田家臣
大竹（おおたけ）惣兵衛　江戸末期の養蚕家
河合（かわい）惣兵衛　1816〜1864　江戸後期・末期の志士
衣笠（きぬがさ）惣兵衛　1555〜1655　江戸前期の温泉開発者
栗原（くりはら）惣兵衛　戦国時代の美作国西部の武将
糀屋（こうじや）惣兵衛　江戸後期の京都千本通の商人
小嶋（こじま）惣兵衛　江戸前期の人。鰡漁の技法を導入
世良（せら）惣兵衛　江戸中期の都濃宰判の代官
辰巳屋（たつみや）惣兵衛　江戸後期の人。「狂言神楽」と呼ばれる踊りを創案
谷口（たにぐち）惣兵衛　江戸中期の豪商
辻（つじ）惣兵衛　江戸末期の近江国日野出身の近江商人
坪内（つぼうち）惣兵衛　安土桃山時代の織田信長の家臣
中村（なかむら）惣兵衛　1675〜1762　江戸中期の治水家
平野（ひらの）惣兵衛　江戸前期の太鼓方大倉流能楽師
水野（みずの）惣兵衛　江戸後期の新田開発者
茂木（もぎ）惣兵衛　1827〜1894　江戸末期・明治期の貿易商
矢崎（やざき）惣兵衛　？〜1793　江戸中期・後期の太枡事件の八代郡中総代の1人

荘兵衛　そうべえ　⇔しょうべえ
小木原（こきばる）荘兵衛　1773〜1857　江戸中期〜末期の阿久根茶の創始者
林（はやし）荘兵衛　1821〜1889　江戸末期・明治期の商人
山本（やまもと）荘兵衛　1795〜1856　江戸後期の薩摩藩樟脳製造小頭職

藻璧門院但馬　そうへきもんいんのたじま
藻璧門院但馬　鎌倉時代の女官、歌人

宗貶　そうへん
速伝（そくでん）宗貶　戦国・安土桃山時代の信濃伊那郡の名刹開善寺の住持

増弁　ぞうべん
増弁　1756〜1810　江戸中期・後期の真言宗の僧侶

宗甫　そうほ　⇔しゅうほ
宗甫　戦国・安土桃山時代の小田原北条氏の奏者
喜多島（きたじま）宗甫　1709〜1790　江戸中期・後期の甲州の町方蘭方医の始祖
北村（きたむら）宗甫　江戸前期の藩士・連歌作者
林（はやし）宗甫　1623〜1694頃　江戸前期・中期の地誌作者
渡辺（わたなべ）宗甫　1756〜1838　江戸中期・後期の医師

荘甫　そうほ
新居（にい）荘甫　？〜1839　江戸後期の藩医

宗方　そうほう
深水（ふかみ）宗方　？〜1590　戦国・安土桃山時代の相良氏の武将

宗法　そうほう
越久田（おくだ）宗法　安土桃山時代の豪商
小見山（こみやま）宗法　1725〜1776　江戸中期の名古屋の町医

宗卜　そうぼく
大町(おおまち)宗卜　江戸中期の医者
宗牧　そうぼく
宗牧　戦国時代の連歌師。柴屋軒宗長の弟子
宗穆　そうぼく
悦堂(えつどう)宗穆　?～1512　戦国時代の禅僧
宗樸　そうぼく
玉質(ぎょくしつ)宗樸　1586～?　安土桃山・江戸前期の臨済宗の僧
宋朴　そうぼく
狩野(かのう)宋朴〔1代〕 1748～1818　江戸中期・後期の茶人
捜朴　そうぼく
梶(かじ)捜朴　江戸中期の画家
宗真　そうま　⇔そうしん
山名(やまな)宗真　1843～1909　江戸末期・明治期の殖産興業の先覚者
相馬　そうま
相馬　戦国時代の下総国衆
安東(あんどう)相馬　安土桃山時代の武将
宗米　そうまい
逸彦(いつひこ)宗米　1674～1747　江戸前期・中期の僧。盛岡聖寿寺11世
宗松　そうまつ
新海(しんかい)宗松　1846～1899　江戸後期～明治期の仏師
宗沫　そうまつ
半井(なからい)宗沫　?～1586　戦国・安土桃山時代の医家
左右馬助　そうまのすけ
上野(うえの)左右馬助　?～1657　江戸前期の剣術家。上野新陰流
宗味　そうみ
坂元(さかもと)宗味　江戸前期の越前の人。尚寧王の命で久米島に渡り養蚕技術の製法を伝えた
右田(みぎた)宗味　?～1614　安土桃山・江戸前期の益田の宿老、宗味市の創始者
相命　そうみょう
相命　1084～1158　平安後期の天台僧
宗妙尼　そうみょうに
宗妙尼　南北朝時代の加賀国能美郡郡家荘野田村包友名の名主
宗民　そうみん
久保田(くぼた)宗民　江戸後期の眼科医
宗珉　そうみん
前田(まえだ)宗珉　江戸後期の医者
宗明　そうめい　⇔むねあき
宗明　鎌倉後期の僧侶
宗明　南北朝・室町時代の日蓮宗の僧
窓明　そうめい
窓明　江戸中期の歌僧
宗模　そうも　⇔むねのり
径山(けいさん)宗模　?～1868　江戸後期・末期の臨済宗の僧

僧黙　そうもく
僧黙　江戸中期の浄土真宗の僧
雑物　ぞうもつ　⇔さいもの
林連(はやしのむらじ)雑物　奈良時代の上野介
宗也　そうや
宗也　江戸前期の連歌作者
天野屋(あまのや)宗也　安土桃山時代の茶人
藪内(やぶのうち)宗也　1630～1702　江戸前期・中期の茶人
壮弥　そうや
山口(やまぐち)壮弥　1847～1921　江戸末期～大正期の漢詩人
草也　そうや
草也　江戸前期・中期の俳人
木村(きむら)草也　1678～1749　江戸前期・中期の俳人
艸也　そうや
艸也　江戸中期の俳人
増瑜　ぞうゆ
増瑜　1215～?　鎌倉前期・後期の真言僧
増瑜　南北朝時代の僧侶・歌人
宗輔　そうゆう　⇔むねすけ
功叔(こうしゅく)宗輔　?～1609　安土桃山時代・江戸前期の僧。萩原町の禅昌寺5世
宗友　そうゆう　⇔むねとも
宗友　戦国時代の連歌作者
宗幽　そうゆう
藤林(ふじばやし)宗幽　江戸中期の茶人
宗祐　そうゆう　⇔むねすけ
宗祐　南北朝時代の僧侶・歌人
前島(まえじま)宗祐　戦国時代の絵師
宗雄　そうゆう　⇔むねお
宗雄　戦国時代の武家・連歌作者
相有　そうゆう
相有　江戸中期の天台宗の僧
総祐　そうゆう
総祐　?～934　平安前期・中期の石清水別当
増祐　ぞうゆう
増祐　平安中期の僧
宗与　そうよ
飯塚(いいづか)宗与　1774～?　江戸中期・後期の茶人
宗誉　そうよ
曽我(そが)宗誉　室町時代の画家
宗璵　そうよ
希曇(きどん)宗璵　?～1429　室町時代の曹洞宗の僧
中村(なかむら)宗璵　江戸前期の医者
崇誉　そうよ
八阪(やさか)崇誉　室町時代の医師
増誉　ぞうよ
増誉　?～1707　江戸前期・中期の真言宗の僧・兵学者

桑葉　そうよう
桑葉　江戸後期の俳人
桑陽　そうよう
森田(もりた)桑陽　1810〜1895　江戸後期〜明治期の真宗僧、文人
宗用　そうよう
宗用　戦国時代の画家
宗養　そうよう
宗養　1526〜1563　戦国時代の連歌師
宗狸　そうり
坂本(さかもと)宗狸　?〜1833　江戸後期の雲州茶道《坂本雄峰》
宗理　そうり　⇔むねまさ
俵屋(たわらや)宗理〔3代〕　江戸後期の画家
古市(ふるいち)宗理〔1代〕　江戸後期の茶人
古市(ふるいち)宗理〔2代〕　江戸後期の茶人
宗竜　そうりゅう
加藤(かとう)宗竜　?〜1767　江戸末期・明治期の医師
大而(だいじ)宗竜　?〜1789　江戸中期・後期の曹洞宗の僧
大而(だいに)宗竜　?〜1789　江戸中期の高山市の大隆寺中興の祖
僧竜　そうりゅう
僧竜　1773〜1842　江戸中期・後期の真言宗の僧
蒼竜　そうりゅう
岡本(おかもと)蒼竜　?〜1818　江戸中期・後期の大庄屋
竹中(たけなか)蒼竜　1801〜1863　江戸後期・末期の医者
増隆　ぞうりゅう
増隆　1823〜1893　江戸後期〜明治期の真言宗の僧侶
森坊(もりのぼう)増隆　戦国時代の聖護院の坊官。修験道本山派を統括
宗立斎　そうりゅうさい
曲淵(まがりぶち)宗立斎　江戸前期の兵法家
桑梁　そうりょう
桑梁　江戸後期の浄土真宗の僧
僧亮　そうりょう
僧亮　?〜1830　江戸後期の浄土真宗の僧
僧梁　そうりょう
僧梁　1841〜1922　江戸後期〜大正期の僧侶
宗林　そうりん
吹田(すいた)宗林　江戸後期の商家
宗鱗　そうりん
井関(いぜき)宗鱗　室町時代の西陣の織屋
宗麟　そうりん
宗麟　戦国時代の連歌作者
玉雲(ぎょくうん)宗麟　?〜1631　江戸前期の僧。萩原町の禅昌寺6世
宗稟　そうりん
横瀬(よこせ)宗稟　戦国時代の上野国衆
宗霖　そうりん
甘沢(かんたく)宗霖　?〜1488　室町・戦国時代の臨済宗の僧
僧鄰　そうりん
中邨(なかむら)僧鄰　1739〜1783　江戸中期の文章家
窓隣軒　そうりんけん
河田(かわだ)窓隣軒　戦国時代の上杉氏の家臣
宗蓮　そうれん
宗蓮　鎌倉前期の天台宗の僧
蔵蓮　ぞうれん
大河原(おおがわら)蔵蓮　鎌倉後期の武士
滄浪　そうろう
飯岡(いいおか)滄浪　?〜1796　江戸中期・後期の医家
林(はやし)滄浪　1792〜1862　江戸後期・末期の漢学者
深尾(ふかお)滄浪　1702〜1785　江戸中期の儒者
向井(むかい)滄浪　1759〜1812　江戸中期・後期の藩士、漢学者
惣六　そうろく
倉橋(くらはし)惣六　江戸末期・明治期の新撰組隊士
操六　そうろく
北野(きたの)操六　1792〜1864　江戸後期の鉄物商、俳人、歌人
蒼鹿　そうろく
三浦(みうら)蒼鹿　1828〜1907　江戸末期の俳人
蔵六　ぞうろく
高橋(たかはし)蔵六　1838〜1869　江戸後期〜明治期の農民
田淵(たぶち)蔵六　1827〜1901　江戸末期・明治期の弓術家
秦(はた)蔵六〔2代〕　1854〜1932　江戸末期〜昭和期の鋳金家
原田(はらだ)蔵六　江戸前期の商家
増田(ますだ)蔵六　1786〜1871　江戸後期〜明治期の剣術家
松崎(まつざき)蔵六　1827〜1905　江戸後期〜明治期の伊那地方の教育功労者《松崎量平》
総六郎　そうろくろう
岩下(いわした)総六郎　?〜1582　安土桃山時代の武士
宗和　そうわ
塩瀬(しおせ)宗和　安土桃山・江戸前期の連歌作者、漢学者
蓮池(はすいけ)宗和　室町〜安土桃山時代の唐織屋
曽衣　そえ
飛鳥井(あすかい)曽衣　戦国時代の歌人、蹴鞠家
祖栄　そえい
祖栄　戦国・安土桃山時代の画家
祖英　そえい
全春(ぜんしゅん)祖英　江戸中期の曹洞宗の僧
素瑛　そえい
藍田(らんでん)素瑛　?〜1451　室町時代の僧
素英　そえい
素英　江戸後期の俳人

咀英　そえい
咀英　江戸中期の俳人
素悦　そえつ
寺島(てらしま)素悦　江戸後期の眼科医
岨右衛門　そえもん
甲斐岳(かいがたけ)岨右衛門　江戸後期の江戸相撲力士
曽右衛門　そえもん　⇔そうえもん
原(はら)曽右衛門　江戸後期の三浦郡公郷村民
山田(やまだ)曽右衛門　?～1621　江戸前期の大住郡伊勢原村草分け
祖縁　そえん
別宗(べっしゅう)祖縁　1658～1714　江戸前期・中期の僧
祖応　そおう
夢岩(むがん)祖応　?～1374　南北朝時代の代表的五山学芸僧
祖屋　そおく
関月(かんげつ)祖屋　1645～1721　江戸中期の禅僧。益田郡下原村の玉竜寺の中興
素蛾　そが
瓊舎(たまのや)素蛾　?～1877頃　江戸後期～明治期の狂歌作者
祖海　そかい
祖海　1833～1896　江戸後期～明治期の俳人
祖价　そかい
卍室(まんしつ)祖价　?～1681　江戸前期の曹洞宗の僧
素外　そがい
素外　江戸後期の俳人
祖覚　そかく
祖覚　江戸中期の臨済宗の僧
素角　そかく
秋田(あきた)素角　江戸末期の俳人
宗賀倉王　そがくらおう
宗賀倉王　上代の欽明天皇の子
曽我禅師　そがぜんじ
曽我禅師　1176～1193　平安後期・鎌倉前期の僧侶
祖看　そかん
祖看　江戸前期の浄土宗の僧
道家(どうけ)祖看　江戸前期の僧
祖貫　そかん
道峰(どうほう)祖貫　?～1521　戦国時代の臨済宗僧
祖閑　そかん
荒尾(あらお)祖閑　1581～1649　江戸前期の武士
素観　そかん
素観　南北朝時代の僧侶・歌人
素閑　そかん
星野(ほしの)素閑　?～1824　江戸後期の弘前藩祐筆
素玩　そがん
素玩　江戸後期の俳人
素願　そがん
素願　南北朝時代の僧侶・連歌作者
素菊　そぎく
堤(つつみ)素菊　1747～1809　江戸中期・後期の俳人
祖岌　そきゅう
祖岌　?～1652　安土桃山・江戸前期の浄土宗の僧
素弓　そきゅう
素弓　1754～?　江戸中期・後期の俳人
祖牛　そぎゅう
祖牛　江戸中期の僧侶
素牛　そぎゅう
今井(いまい)素牛　1805～1878　江戸末期・明治期の漢詩人
曽魚　そぎょ
谷屋(たにや)曽魚　江戸後期の金沢の俳人
祖郷　そきょう
祖郷　?～1858　江戸後期・末期の俳人
素鏡　そきょう
上田(うえだ)素鏡　1698～1771　江戸中期の書家
祖暁　そぎょう
祖暁　1667～1731　江戸前期・中期の僧
天鶏(てんけい)祖暁　?～1795　江戸中期・後期の曹洞宗の僧
楚玉　そぎょく
林(りん)楚玉　1572～1645　安土桃山・江戸前期の人。林楚玉を祖とする林氏初代
祖勤　そきん
大義(だいぎ)祖勤　1841～1894　江戸末期・明治期の玉竜寺16世住職、妙心寺549世住持職
祖欽　そきん
梅園(ばいえん)祖欽　1725～1800　江戸中期・後期の曹洞宗の僧
祖金　そきん
剛山(ごうざん)祖金　?～1679　江戸前期の萩原町の禅昌寺8世
素欣　そきん
木雲(もくうん)素欣　?～1714　江戸前期・中期の禅僧
素琴　そきん
竹本(たけもと)素琴　1831～1899　江戸末期・明治期の俳人
足庵　そくあん
長尾(ながお)足庵　1627～1690　江戸前期・中期の医師
即厭　そくえん
即厭　1718～1790　江戸中期・後期の僧
即現　そくげん
徳峰(とくほう)即現　1661～1747　江戸前期・中期の曹洞宗の僧
即証　そくしょう
明極(めいきょく)即証　1684～1767　江戸前期・中期の曹洞宗の僧

速成　そくじょう
速成　江戸中期の浄土真宗の僧
速水　そくすい　⇔はやみ
三宅(みやけ)速水　1803〜1863　江戸後期・末期の医家
速叟　そくそう
遅塚(ちづか)速叟　江戸後期の儒者
即伝　そくでん
阿吸房(あきゅうぼう)即伝　戦国時代の権少僧都
即同　そくどう
即同　?〜1812　江戸後期の新義真言宗の僧
足根　そくね
武正(たけまさ)足根　1819〜1861　江戸後期の郷土画家
足馬　そくば
足馬　江戸後期の俳人
息梅　そくばい
息梅　室町時代の画僧
速満　そくまん
速満　1812〜1886　江戸後期〜明治期の浄土真宗の僧
速明　そくみょう
多門(たもん)速明　1820〜1890　江戸後期〜明治期の宗教家
即明　そくめい
即明　1754〜1822　江戸中期・後期の真言律宗の僧
粟里　ぞくり
岸(きし)粟里　1792〜1863　江戸後期・末期の漢学者
祖慶　そけい
祖慶　室町時代の禅僧
跡部(あとべ)祖慶　戦国時代の甲斐武田信虎・晴信の家臣
大成院(だいじょういん)祖慶　江戸後期の高山の修験者
素兄　そけい
横沼(よこぬま)素兄　1805〜1885　江戸後期〜明治期の俳人
素渓　そけい
素渓　江戸末期・明治期の俳人
素継　そけい
灯外(とうがい)素継　?〜1770　江戸中期の曹洞宗の僧
祖月　そげつ
祖月　南北朝時代の僧侶・歌人
素月坊　そげつぼう
素月坊　?〜1585　戦国・安土桃山時代の修験者
曽見　そけん
曽見　江戸後期の俳人
素謙　そけん
素謙　江戸中期の曹洞宗の僧
素軒　そけん
黒田(くろだ)素軒　1663〜1702　江戸前期の武士《黒田万吉》
劉(りゅう)素軒　?〜1740　江戸中期の通事
曽原　そげん
天野(あまの)曽原　1678〜1748　江戸前期・中期の漢学者
祖玄　そげん
仙林(せんりん)祖玄　江戸中期の曹洞宗の僧
透関(とうかん)祖玄　1709〜1794　江戸中期・後期の曹洞宗の僧
素元　そげん
松原(まつばら)素元　1734〜1790　江戸中期・後期の書家
渡辺(わたなべ)素元　江戸中期の書家
素言　そげん
素言　江戸中期の人。「筑紫紀行図誌」の著者
楚江　そこう
坂口(さかぐち)楚江　1759〜1850　江戸中期・後期の俳人。一茶門人十哲の一人
祖衡　そこう
関(せき)祖衡　江戸前期・中期の地誌学者
素交　そこう
須原(すはら)素交　江戸後期の俳人
素后　そこう
長谷川(はせがわ)素后　1792〜1865　江戸末期の画家
素孝　そこう
素孝　江戸後期の俳人
素行　そこう
素行　?〜1732　江戸中期の俳人。長崎の為替取次役人
素行　江戸後期の俳人
素香　そこう
二宮(にのみや)素香　1854〜1909　江戸末期・明治期の俳人・教育者
素皎　そこう
霊源(れいげん)素皎　1699〜1763　江戸中期の曹洞宗の僧
鼠公　そこう
鼠公　1727〜1770　江戸中期の俳人
曽左衛門　そざえもん
久米(くめ)曽左衛門　1764〜1810　江戸中期・後期の関東売藍商
祖参　そさん
久嶽(きゅうがく)祖参　?〜1501　戦国時代の越中射水郡の国泰寺の僧
曽山　そざん
藤村(ふじむら)曽山　1852〜1919　江戸末期〜大正期の日本画家
楚山　そざん
楚山　江戸後期の俳人
狙山　そざん
狙山　江戸後期の俳人
祖山　そざん
祖山　1759〜?　江戸前期の浄土宗の僧
祖山　1767〜1848　江戸前期の浄土宗の僧

素山　そざん
素山　戦国時代の僧侶・歌人
素山　江戸中期の俳人
会田(あいた)素山　1819〜1892　江戸後期〜明治期の俳人
田辺(たなべ)素山　?〜1842　江戸後期の能登国羽咋郡の画人

蘇山　そざん
村井(むらい)蘇山　1743〜1776　江戸中期の医者

楚雀　そじゃく
住吉屋(すみよしや)楚雀　江戸中期の金沢の俳人

素寂　そじゃく
素寂　鎌倉時代の和学者、歌人

素雀　そじゃく
菅沼(すがぬま)素雀　江戸中期の俳人

祖宗　そしゅう　⇔そそう
廓堂(かくどう)祖宗　?〜1832　江戸後期の曹洞宗の僧

祖秀　そしゅう
陽舜(ようしゅん)祖秀　1694〜1743　江戸中期の臨済宗の僧

粗州　そしゅう
粗州　江戸中期の俳人

素洲　そしゅう
素洲　江戸後期の雑俳点者

素秋　そしゅう
素秋　1675〜1735　江戸前期・中期の俳人
郷原(ごうばら)素秋　1798〜1868　江戸後期・末期の国漢学者、書家、歌人

楚俊　そしゅん
楚俊　戦国時代の曹洞宗の僧

祖俊　そしゅん
大英(だいえい)祖俊　1757〜1814　江戸後期の玉竜寺住職。美濃南部に布教巡錫し7つの寺を再興。晩年は大垣の法幢寺住職
芳充(ほうじゅう)祖俊　?〜1783　江戸中期の曹洞宗の僧

祖淳　そじゅん
朴堂(はくどう)祖淳　1381〜1467　南北朝・室町時代の臨済宗の僧
朴巌(ぼくがん)祖淳　江戸後期の名古屋の僧侶、古瓦の収集家

祖純　そじゅん
円桂(えんけい)祖純　1714〜1767　江戸中期の臨済宗の僧

素潤　そじゅん
雪庵(せつあん)素潤　江戸中期の僧侶

素純　そじゅん
素純　?〜1530　戦国時代の僧侶・歌人

素筍　そじゅん
大森(おおもり)素筍　1721〜1800　江戸中期の俳人

素松堂　そしょうどう
素松堂　江戸前期の書家

楚軾　そしょく
暘山(ようざん)楚軾　1778〜1859　江戸中期〜末期の臨済宗の僧

祖辰　そしん
南宗(なんしゅう)祖辰　1631〜1715　江戸前期・中期の臨済宗の僧

素信　そしん
一如(いちにょ)素信　?〜1713　江戸中期の尼僧。高山市の霊泉寺開基

素深　そしん
素深　江戸中期の浄土真宗の僧

素真　そしん
素真　江戸中期の天台宗の僧
山形(やまがた)素真　1818〜1862　江戸後期・末期の画家

素人　そじん
北脇(きたわき)素人　江戸中期の浄瑠璃作者

素塵　そじん
素塵　?〜1831　江戸後期の俳人

素水　そすい
山鹿(やまが)素水　?〜1857　江戸後期・末期の兵学者

祖瑞　そずい
天徳(てんとく)祖瑞　戦国時代の女性。竜岩山海島寺2世

蘇助　そすけ
江夏(えなつ)蘇助　江戸末期の薩摩藩留学生。1865年アメリカに渡る

楚青　そせい
若槻(わかつき)楚青　1806〜1888　江戸後期〜明治期の俳人、画家

祖睛　そせい
菊池(きくち)祖睛　1727〜1806　江戸中期・後期の行者

素性　そせい
素性　平安前期・中期の僧、歌人

素性法師　そせいほうし
素性法師　平安前期・中期の僧、歌人《素性》

楚石坊　そせきぼう
楚石坊　江戸後期の俳人

素雪　そせつ
素雪　江戸後期の「信濃国昔姿」の著者

楚仙　そせん
楚仙　?〜1593　戦国・安土桃山時代の浄土宗の僧・連歌作者

祖船　そせん
絶海(ぜっかい)祖船　?〜1820　江戸中期・後期の曹洞宗の僧

素仙　そせん
百鞠亭(ひゃっきくてい)素仙　江戸中期の博物家

素川　そせん
山本(やまもと)素川　江戸中期の画家

素浅　そせん
素浅　1672〜1750　江戸前期・中期の俳人

素暹　そせん
素暹　鎌倉前期の僧侶・歌人・連歌作者
蘇川　そせん
吉田(よしだ)蘇川　?〜1861　江戸後期・末期の文人
鼠仙　そせん
菅沼(すがぬま)鼠仙　1779〜1839　江戸中期・後期の商家
素漸　そぜん
黙洲(もくしゅう)素漸　1744〜1788　江戸中期・後期の臨済宗の僧
朔叟　そそう
黒瀬(くろせ)朔叟　1771〜1848　江戸末期の謡曲家
祖宗　そそう　⇔そしゅう
浜島(はまじま)祖宗　1811〜1894　江戸後期〜明治期の僧、教育者
素大　そだい
素大　江戸中期の俳人
楚諾　そだく
楚諾　?〜1779　江戸中期の俳人
素丹　そたん
素丹　安土桃山時代の武家・連歌作者
鼠弾　そだん
鼠弾　江戸中期の俳諧作者
帥　そち
帥　平安後期の官女
楚竹　そちく
楚竹　江戸中期の狂歌作者・医者
素中　そちゅう
素中　江戸中期の浄土宗の僧
素忠　そちゅう
桃井(ももい)素忠　1671〜1721　江戸前期・中期の播州赤穂の浪士
素兆　そちょう
素兆　江戸中期の俳人
素朝　そちょう
素朝　江戸中期の俳人
素蝶　そちょう
素蝶　?〜1752　江戸中期の俳人
素釣　そちょう
素釣　江戸後期の俳人
祖珍　そちん
祖珍　江戸後期の臨済宗の僧
磐谷(ばんこく)祖珍　?〜1840　江戸後期の僧。神岡町の両全寺12世
祖陳　そちん
本宗(ほんしゅう)祖陳　1673〜1747　江戸前期・中期の臨済宗の僧
祖通　そつう
貫山(かんざん)祖通　1737〜1795　江戸中期・後期の曹洞宗の僧
即休　そっきゅう
錦織(にしこおり)即休　1795〜1864　江戸後期・末期の侍医
即空　そっくう
即空　?〜1698　江戸前期の僧
粟谷　ぞっこく
姫井(ひめい)粟谷　1797〜1867　江戸末期の漢学者
師之助　そつのすけ
巻尾(まきお)師之助　1680〜1730　江戸中期の藩御抱力士
曽津之助　そつのすけ
巻の尾(まきのお)曽津之助　1680〜1730　江戸前期・中期の力士
蘇亭　そてい
石坂(いしざか)蘇亭　江戸末期の医師
素迪　そてき
素迪　江戸後期の俳人
袖子　そでこ
神代(くましろ)袖子　1824〜1893　江戸後期〜明治期の歌人
袖女　そでじょ
袖女　?〜1801　江戸中期・後期の俳人。俳人画家紀梅亭の妻
袖助　そですけ
嵐山(あらしやま)袖助　?〜1813　江戸中期・後期の力士
素哲　そてつ
明峯(めいほう)素哲　1277〜1350　南北朝時代の僧。越中光禅寺など開山。大乗寺を整備する
袖彦　そでひこ
万歳楼(まんざいろう)袖彦　江戸後期の「四国霊験尋聞記」の著者
祖田　そでん
佐原(さはら)祖田　江戸末期・明治期の僧侶
祖韜　そとう
暹明(せんみょう)祖韜　?〜1785　江戸中期の曹洞宗の僧
祖道　そどう
祖道　江戸中期の曹洞宗の僧
一先(いっせん)祖道　?〜1747　江戸中期の曹洞宗の僧
素堂　そどう
素堂〔3代〕　江戸中期の俳人
井上(いのうえ)素堂　1740〜1803　江戸後期の文人
鳴沢(なるさわ)素堂　1761〜1835　江戸中期・後期の漢学者
服部(はっとり)素堂　1816〜1876　江戸後期〜明治期の漢学者
森田(もりた)素堂　江戸後期の医者
山本(やまもと)素堂　?〜1866　江戸後期・末期の儒者
素道　そどう
素道　江戸中期の俳人
蘇堂　そどう
原田(はらだ)蘇堂　1803〜1828　江戸後期の漢

学者
外右衛門　そとえもん
二見（ふたみ）外右衛門　江戸後期の大住郡大句村名主
外也　そとや
島村（しまむら）外也　？～1871　江戸後期～明治期の剣術家。直心影流
祖納堂　そないどう
祖納堂　室町時代の人。与那国島を攻略した
楚南　そなん
楚南　？～1840　江戸後期の俳人・藩士
素鳰坊　そにゅうぼう
素鳰坊　1724～1795　江戸中期・後期の俳人
祖仁　そにん
逸山（いつざん）祖仁　1655～1734　江戸前期・中期の臨済宗の僧
祖忍　そにん
祖忍　鎌倉時代の曹洞宗の尼僧
素然　そねん
素然　江戸中期の金沢の俳人
祖能　そのう
弄花亭（ろうかてい）祖能　江戸後期の国学者
和田（わだ）祖能　江戸後期の国学者
其二　そのじ
陽（よう）其二　1838～1906　江戸後期～明治期の唐通事、横浜毎日新聞創刊者
薗女　そのじょ
住吉（すみよし）薗女　江戸時代の茶店の女主人
其太夫　そのたゆう
竹本（たけもと）其太夫　1834～？　江戸後期～明治期の義太夫の語り手
園継　そのつぐ
大宅（おおやけの）園継　平安前期の官人
清内（きようちの）園継　平安前期の官人
祖白　そはく
祖白　1615～1679　江戸前期の連歌作者
素伯　そはく
小櫃（こひつ）素伯　1605～1662　江戸前期の儒者
素柏　そはく
宮井（みやい）素柏　1764～1816　江戸中期・後期の干鰯問屋、俳人
素白　そはく
素白　1776～1834　江戸中期・後期の俳人
大月（おおつき）素白　1788～1836　江戸後期の医師
蘇白坊　そはくぼう
蘇白坊　1701～1775　江戸中期の俳人、医師
素範　そはん
素範　？～1785　江戸中期の融通念仏宗の僧
祖符　そふ
祖符　江戸中期の雑俳点者
祖風　そふう
井村（いむら）祖風　1744～1809　江戸中期・後期の俳人
素楓　そふう
鈴木（すずき）素楓　？～1863　江戸後期・末期の俳人
素風　そふう
素風　江戸中期の俳人
素風　？～1828　江戸後期の浄土真宗大谷派の僧
鼠腹　そふく
鼠腹　江戸中期の俳人
鹿文　そぶん
鹿文　江戸中期の俳人
曽平　そへい
曽平　江戸中期の俳人
祖峰　そほう
一間（いちけん）祖峰　江戸前期の曹洞宗の僧
祖芳　そほう
草山（そうざん）祖芳　1722～1806　江戸中期・後期の臨済宗の僧
梅聞（ばいもん）祖芳　？～1778　江戸中期の曹洞宗の僧
明院（みょういん）祖芳　戦国・安土桃山時代の南松院の2世住職
素朴　そぼく
小山（こやま）素朴　1661～1739　江戸前期・中期の歌人
曽米　そまい
曽米　江戸前期の俳人
素明　そみょう　⇔そめい
素明　1376～1441　南北朝・室町時代の僧侶・歌人
円山（えんざん）素明　？～1742　江戸中期の曹洞宗の僧
楚岷　そみん
祖常（そじょう）楚岷　江戸中期の臨済宗の僧
蘇民　そみん
安枝（やすえ）蘇民　1784～1843　江戸中期・後期の漢学者
楚茗　そめい
楚茗　江戸後期の俳人
素明　そめい　⇔そみょう
素明　江戸後期の俳人
染五郎　そめごろう
市川（いちかわ）染五郎〔2代〕　江戸時代の歌舞伎俳優
染人　そめひと
浅黄堂（あさぎどう）染人　江戸後期の狂歌作者
蘇守　そもり
蘇守　江戸中期の俳人
祖門　そもん
祖門　奈良時代の飛騨国造
蘇門　そもん
木幡（こばた）蘇門　江戸中期の漢学者
楚由　そゆう
楚由　1703～1731　江戸中期の俳人
素雄　そゆう
素雄　江戸後期の俳人

曽与　そよ
曽与　江戸時代の女性
曽与　1728？～1800　江戸中期・後期の女性
祖養　そよう
孝国（こうこく）祖養　？～1593　戦国・安土桃山時代の曹洞宗の僧
素羊　そよう
素羊　1775～1850　江戸中期・後期の絵師
素陽　そよう
素陽　1812～1900　江戸後期～明治期の俳人
素来　そらい
素来　江戸中期の雑俳作者
曽洛　そらく
曽洛　？～1837　江戸後期の俳人
祖竜　そりゅう
山崎（やまざき）祖竜　1780～1858　江戸末期の歌人、手習師匠
素粒　そりゅう
素粒　江戸後期の俳人
素竜　そりゅう
素竜　江戸後期の雑俳点者
柏木（かしわぎ）素竜　？～1716　江戸前期・中期の歌人、俳人
祖量　そりょう
衡田（こうでん）祖量　1702～1779　江戸中期の曹洞宗の僧
素綾　そりょう
素綾　江戸後期の俳人
蘇寮　そりょう
吉田（よしだ）蘇寮　江戸後期の漢学者
祖倫　そりん
観海（かんかい）祖倫　1768～1841　江戸後期の禅僧・画家
祖琳　そりん
祖琳　江戸後期の僧侶
祖麟　そりん
天巌（てんがん）祖麟　？～1828　江戸後期の曹洞宗の僧
明厳（めいげん）祖麟　？～1780　江戸中期の臨済宗の僧
素輪　そりん
松井（まつい）素輪　1732～1792　江戸後期の前橋の俳人
素濴　そりん
礫川亭（れきせんてい）素濴　江戸後期の画家
鼠林　そりん
鼠林　1718～？　江戸中期の俳人
鼠劣　それつ
鼠劣　江戸時代の俳人
夫成　それなり
面徳斎（めんどくさい）夫成　江戸後期の戯作者
夫丸　それまる
一了軒（いちりょうけん）夫丸　江戸後期の狂歌作者
祖聯　それん
芳巌（ほうがん）祖聯　？～1730　江戸中期の曹洞宗の僧
祖連　それん
祖連　江戸前期の臨済宗の僧
素練　それん
素練　1744～1802　江戸中期・後期の俳人・僧侶
素蓮　それん
素蓮　江戸後期の俳人
曽呂一　そろいち
曽呂一　江戸中期・後期の僧
祖讋　そろう
禎洲（ていしゅう）祖讋　？～1773　江戸中期の萩原町の禅昌寺15世
素六　そろく
江原（えばら）素六　1842～1922　江戸後期～大正期の幕臣
江原（えはら）素六　江原素六に同じ
遜　そん
秋山（あきやま）遜　江戸中期の儒者
存阿　そんあ
存阿　南北朝時代の僧侶・連歌作者
尊阿　そんあ
尊阿　南北朝時代の僧侶・連歌作者
遜阿　そんあ
遜阿　江戸後期の僧侶・俳人
寸庵　そんあん
岡田（おかだ）寸庵　江戸後期の画家
損庵　そんあん
小野（おの）損庵　1804～1862　江戸後期・末期の漢学者《小野捐庵》
尊運　そんうん
尊運　1399～1431　室町時代の鶴岡八幡宮第23代別当
楚畹　そんえ
三浦（みうら）楚畹　1804～1832　江戸後期の画家
尊依　そんえ
尊依　？～1559　戦国時代の真言宗の僧
尊恵　そんえ
尊恵　平安時代の僧
尊栄　そんえい
尊栄　1613～1690　江戸前期・中期の天台宗の僧
尊永　そんえい
尊永　平安後期の厳島神社の別当
尊睿　そんえい
尊睿　平安中期の僧。多武峯第8代座主
尊円　そんえん
尊円　平安後期の天台宗の僧・歌人
蓀園　そんえん
河野（こうの）蓀園　1769～1815　江戸中期・後期の漢学者
尊応　そんおう　⇔そんのう
尊応　？～1653　江戸前期の僧

存応　ぞんおう
存応　1544～1620　安土桃山・江戸前期の浄土宗僧侶
尊賀　そんが
尊賀　南北朝時代の天台宗の僧
尊雅　そんが
尊雅　戦国時代の浄国院(仏乗坊)の供僧
尊雅　安土桃山時代の天台宗の僧・連歌作者
村我　そんが
村我　南北朝時代の僧侶・連歌作者
巽我　そんが
巽我　江戸中期の俳人
尊海　そんかい
尊海　鎌倉時代の僧侶・歌人
尊海　鎌倉後期の僧
尊海　戦国時代の僧
尊快入道親王　そんかいにゅうどうしんのう
尊快入道親王　1746～1798　江戸中期・後期の家仁親王の王子
尊覚　そんかく
尊覚　1009～1064　平安中期・後期の天台宗園城寺僧
尊覚　?～1176　平安後期の天台宗園城寺僧
尊覚　平安後期の東寺の僧
尊観　そんかん
尊観　1349～1400　南北朝・室町時代の時宗の僧
尊観親王　そんかんしんのう
尊観親王　1349～1400　南北朝・室町時代の時宗の僧《尊観》
村基　そんき
村基　南北朝・室町時代の僧侶・歌人
尊吉　そんきち
大野(おおの)尊吉　安土桃山・江戸前期の代官手代
存牛　ぞんぎゅう
超誉(ちょうよ)存牛　1469～1549　戦国時代の僧
遜卿　そんきょう
丸山(まるやま)遜卿　1776～1837　江戸中期・後期の儒学者
尊暁　そんぎょう
尊暁　?～1209　平安後期・鎌倉前期の天台宗の僧
存九郎　ぞんくろう
渋谷(しぶや)存九郎　?～1840　江戸後期の庄内藩士
尊家　そんけ　⇔たかいえ
尊家　鎌倉時代の天台宗の僧・歌人
尊契　そんけい
尊契　1474～1537　戦国時代の天台宗の僧
尊慶　そんけい
尊慶　戦国時代の天台宗の僧
尊慶　1575～1652　江戸前期の真言宗の僧
尊瓊　そんけい
尊瓊　江戸中期の僧侶
尊賢　そんけん
尊賢　1346～1416　南北朝・室町時代の真言僧
尊源　そんげん
尊源　1534～?　戦国・安土桃山時代の天台宗の僧
尊光　そんこう
尊光　江戸後期の真言宗の僧
尊皓　そんこう
尊皓　1427～1496　室町・戦国時代の時宗の僧・連歌作者
存古斉　ぞんこさい
石原(いしはら)存古斉　1732～1806　江戸中期・後期の文人
存斎　そんさい
尾池(おいけ)存斎　1667～1735　江戸前期・中期の儒者(崎門学派)、藩士
損斎　そんさい
田辺(たなべ)損斎　1721～1783　江戸中期の漢学者
遜斎　そんさい
伊東(いとう)遜斎　1813～1882　江戸後期～明治期の書家
北沢(きたざわ)遜斎　1706～1788　江戸中期・後期の儒者
巽(たつみ)遜斎　1822～1863　江戸後期・末期の儒者
巽斎　そんさい
山口(やまぐち)巽斎　1804～1858　江戸後期・末期の漢学者
存策　そんさく
魯山(ろさん)存策　江戸中期の曹洞宗の僧
尊三　そんさん
張(ちょう)尊三　1845～1918　江戸末期～大正期の函館在住華僑の中心的人物
存芝　ぞんし
蘭融(らんゆう)存芝　?～1694　江戸前期・中期の曹洞宗の僧
尊実　そんじつ
尊実　1106～?　平安後期の真言宗仁和寺僧
尊実　1519～1587　戦国・安土桃山時代の天台宗の僧
尊寂　そんじゃく
尊寂　鎌倉後期・南北朝時代の僧侶・連歌作者
尊守　そんしゅ
尊守　南北朝時代の天台宗の僧・歌人
尊秀　そんしゅう
尊秀　戦国時代の天台宗の僧
尊什　そんじゅう
尊什　鎌倉後期の天台宗の僧・歌人
村重　そんじゅう
村重　南北朝時代の僧侶・連歌作者
尊秀王　そんしゅうおう
尊秀王　?～1443　室町時代の皇族
存俊　そんしゅん
存俊　戦国時代の天台宗の僧
尊純　そんじゅん
尊純　1833～1911　江戸末期・明治期の僧

郇恂　そんじゅん
吉田(よしだ)郇恂　江戸前期の数学者
存松　そんしょう
一樹(いちじゅ)存松　?～1533　戦国時代の曹洞宗の僧
尊照　そんしょう
満誉(まんよ)尊照　1562～1620　江戸前期の浄土宗僧
尊紹　そんじょう
尊紹　戦国時代の僧
尊儆　そんじょう
雪下殿(ゆきのしたどの)尊儆　室町時代の僧侶
存心　そんしん　⇔ぞんしん
木暮(こぐれ)存心　戦国時代の上野国衆白井長尾氏の家臣
尊信　そんしん
尊信　?～1588　戦国・安土桃山時代の真言宗の僧
尊深　そんしん
尊深　鎌倉後期の僧侶・歌人
尊親　そんしん
尊親　鎌倉後期の僧侶・歌人
存心　ぞんしん　⇔そんしん
存心　安土桃山時代の天台宗の僧
存真　ぞんしん
木暮(こぐれ)存真　戦国時代の上野群馬郡伊香保の土豪
村水　そんすい
村水　江戸中期の俳人
存誠　そんせい
伴(ばん)存誠　1710～1733　江戸中期の儒学者
尊勢　そんせい
尊勢　1563～1616　安土桃山・江戸前期の僧侶・連歌作者
尊増　そんぞう
尊増　1413～1474　室町・戦国時代の僧侶
村存　そんぞん
村存　南北朝時代の僧侶・連歌作者
存達　そんたつ
通天(つうてん)存達　?～1590　安土桃山時代の曹洞宗の僧
尊仲　そんちゅう
尊仲　室町時代の鶴岡八幡宮第24代別当
尊忠　そんちゅう
尊忠　1150～1213　平安後期・鎌倉前期の藤原忠通男
尊忠　戦国時代の天台宗の僧
尊澄　そんちょう
尊澄　平安後期の延暦寺僧
尊長　そんちょう
尊長　?～1227　鎌倉前期の僧、公卿。承久の乱の中枢
慈眼寺(じげんじ)尊長　戦国時代の慈眼寺実相院住職
村庭　そんてい
柏峰(はくほう)村庭　?～1667　江戸前期の僧。高山市の素玄寺4世
遜亭　そんてい
森(もり)遜亭　江戸後期の漢学者
存天　ぞんてん
雨宮(あめのみや)存天　戦国時代の武将。武田家臣
尊応　そんのう　⇔そんおう
尊応　1432～1514　室町・戦国時代の天台宗の僧・連歌作者
尊能　そんのう
尊能　1582～1621　安土桃山・江戸前期の社僧
蓀坡　そんぱ
林(はやし)蓀坡　1781～1836　江戸中期・後期の漢詩人
巽甫　そんぽ
鳥山(とりやま)巽甫　?～1679　江戸前期の書家
存妙　ぞんみょう
存妙　江戸後期の曹洞宗の僧
存牟　そんむ
存牟　?～1615　安土桃山・江戸前期の僧
尊明　そんめい
尊明　江戸中期の真言宗の僧
尊猷　そんゆう
尊猷　1283～1369　鎌倉後期・南北朝時代の真言宗の僧
尊祐　そんゆう
尊祐　室町・戦国時代の天台宗の僧
尊雄　そんゆう
尊雄　1337～1366　南北朝時代の僧侶・連歌作者
尊雄　?～1632　江戸前期の丹生川村の千光寺と高山市の国分寺の僧
尊融親王　そんゆうしんのう
尊融親王　1824～1891　江戸後期～明治期の公武合体派の親王
尊誉　そんよ
尊誉　平安後期の僧
尊誉　?～1387　南北朝時代の僧
尊誉　?～1633　安土桃山・江戸前期の浄土宗の僧
東林院(とうりんいん)尊誉　1442～?　室町時代の興福寺別当
村誉　そんよ
村誉　南北朝時代の僧侶・連歌作者
尊隆　そんりゅう
尊隆　南北朝・室町時代の天台宗の僧
存竜　ぞんりゅう
鳳庵(ほうあん)存竜　安土桃山時代の信濃国佐久郡岩村田の曹洞宗寺院・竜雲寺の住職
尊量　そんりょう
尊量　?～1614　安土桃山・江戸前期の羽黒山の学頭
尊蓮　そんれん
尊蓮　?～878　平安前期の天台宗の僧

【た】

田主　たあるじ　⇔たぬし
占部(うらべの)田主　平安前期の人。因幡国巨濃郡。大宅鷹取を傷つけ、鷹取の女子を殺した罪により貞観8年遠流

泰　たい　⇔とおる, やすし
原口(はらぐち)泰　1843〜?　江戸後期〜明治期の教育者

台　だい
樋口(ひぐち)台　江戸後期の医者《樋口子星》

岱阿　たいあ
岱阿　?〜1881　江戸後期〜明治期の俳人

大阿　だいあ
大阿　江戸後期の俳人・藩士

太愛　たいあい
太愛　江戸前期の浄土真宗の僧

待庵　たいあん
加藤(かとう)待庵　1808〜1872　江戸末期の漢詩人

泰庵　たいあん
泰庵　?〜1861　江戸後期・末期の医者・俳人
服部(はっとり)泰庵　?〜1833　江戸後期の医者
森(もり)泰庵　江戸時代の八戸藩医

退庵　たいあん
山本(やまもと)退庵　江戸中期の茶人

大安　たいあん
鎮(ちん)大安　江戸中期の天台宗の僧

泰一郎　たいいちろう
秋田(あきた)泰一郎　1821〜1884　江戸後期〜明治期の剣術家。円明流
片岡(かたおか)泰一郎　1823〜1886　江戸後期〜明治期の人。盛岡藩領百姓一揆の際の調停役の一人

大一郎　だいいちろう
内堀(うちぼり)大一郎　1853〜1920　江戸末期〜大正期の教育者

岱一　たいいつ
岱一　江戸中期の俳人

帯雨　たいう
井口(いぐち)帯雨　江戸中期の戯作者

大雨　たいう
車軸亭(しゃじくてい)大雨　江戸後期の戯作者

対雲　たいうん
佐藤(さとう)対雲　江戸中期の書家

泰運　たいうん
泰運　江戸中期の浄土真宗の僧
神馬(じんば)泰運　1785〜1856　江戸中期〜末期の漢学者

泰雲　たいうん
泰雲　1563〜1638　安土桃山・江戸前期の禅僧
泰雲　?〜1799　江戸中期・後期の浄土真宗の僧

大雲　だいうん
大雲　江戸中期の真言宗の僧
大雲　1742〜1813　江戸中期・後期の真言律宗の僧

泰映　たいえい
安藤(あんどう)泰映　1810〜1887　江戸後期〜明治期の漢方医

泰栄院　たいえいいん
泰栄院　1817〜1872　江戸後期〜明治期の女性。徳川家斉の二十五女

太易　たいえき
太易　?〜1683　江戸前期の臨済宗の僧

大奕　だいえき
謙室(けんしつ)大奕　?〜1578　安土桃山時代の曹洞宗雲岫派の僧

太悦　たいえつ
太悦　?〜1686　江戸前期の浄土宗の僧

台右衛門　だいえもん
五味(ごみ)台右衛門　江戸後期の足柄下郡真鶴村名主
吉見(よしみ)台右衛門　1624〜1706　江戸前期・中期の武士、弓術家

岱淵　たいえん
水谷(みずたに)岱淵　?〜1837　江戸後期の俳人

泰円　たいえん
泰円　江戸前期の僧

泰延　たいえん
泰延　室町時代の天台宗の僧・連歌作者

泰演　たいえん
泰演　?〜736　飛鳥・奈良時代の僧

袋淵　たいえん
水谷(みずたに)袋淵　?〜1837　江戸後期の俳人《水谷岱淵》

大円　だいえん
大円　?〜1802　江戸中期の浄土真宗の僧
大円　1809〜1880　江戸後期〜明治期の浄土真宗の僧
田原(たはら)大円　?〜1879　江戸末期・明治期の眼科医
古市(ふるいち)大円　1744〜1802　江戸中期の僧
細屋(ほそや)大円　?〜1847　江戸後期の漢方医、村上藩医、医学教授

大園　だいえん
大園　江戸後期の俳人

大円禅師　だいえんぜんじ
大円禅師　戦国・安土桃山時代の甲府・長興院(今亡)住職

大円坊　たいえんぼう
村瀬(むらせ)大円坊　?〜1675　江戸前期の修験頭軍貝役兼務

対欧　たいおう
三宅(みやけ)対欧　1803〜1881　江戸末期の茶人・画家

泰応　たいおう
上野(うえの)泰応　?〜1880　江戸後期〜明治期の教育者・僧侶

た

苔翁　たいおう
苔翁〔2代〕　江戸中期の雑俳点者
古寿衣（こじゅい）苔翁　江戸中期の俳人

袋翁　たいおう
横田（よこた）袋翁　1749～1835　江戸中期・後期の幕臣、歌人

退翁　たいおう
島津（しまづ）退翁　？～1818　江戸中期・後期の駿河国駿東郡沼津宿の医師

太乙　たいおつ
太乙　1800～1854　江戸後期・末期の俳人

泰温　たいおん
泰温　？～1491　室町・戦国時代の天台宗の僧・連歌作者
泰温　江戸末期の天台宗の僧

大音　だいおん　⇔おおと
大音　江戸後期の浄土真宗の僧

太華　たいか
佐久間（さくま）太華　？～1783　江戸中期の漢学者
丹羽（にわ）太華　1726～1745　江戸中期の漢学者
福田（ふくだ）太華　1795～1854　江戸後期・末期の日本画家

対我　たいが
対我　江戸後期の俳人

帯河　たいが
帯河　1727～1782　江戸中期の俳人

岱海　たいかい
市島（いちしま）岱海　1757～1813　江戸中期・後期の儒者
市島（いちじま）岱海　市島岱海に同じ

台界　たいかい
台界　？～1771　江戸中期の俳人

大槐　たいかい
富川（とみかわ）大槐　1799～1855　江戸後期・末期の栃尾町検断職

大塊　たいがい
富川（とみがわ）大塊　1799～1855　江戸後期・末期の漢学者

泰覚　たいかく
泰覚　鎌倉前期の天台宗の僧・歌人

対岳　たいがく
藤井（ふじい）対岳　？～1857　江戸後期・末期の絵師
渡辺（わたなべ）対岳　江戸後期の絵師

岱岳　たいがく
角田（つのだ）岱岳　1804～1870　江戸末期・明治期の郷土画家

大壑　たいがく
川合（かわい）大壑　1777～1808　江戸中期・後期の漢学者
油井（ゆい）大壑　1825～1865　江戸後期・末期の漢学者

大学　だいがく
粟飯原（あいはら）大学　戦国時代の千葉勝胤の家臣
青山（あおやま）大学　1697～1770　江戸中期の剣術家。墳原ト伝流
岩田（いわた）大学　江戸後期の神道家
遠藤（えんどう）大学　江戸前期の肝入
岡部（おかべ）大学　安土桃山・江戸前期の武将
岡本（おかもと）大学　戦国時代の東上総勝浦城（勝浦市）主・正木時忠の家臣。上総興津城（同）の城主
梶（かじ）大学　1833～1906　江戸後期～明治期の悲劇の法印
狩野（かのう）大学　1616～1669　江戸前期の画家
後藤（ごとう）大学　1521～1616　戦国～江戸前期の挿花美笑流の元祖
小花（こばな）大学　？～1629　安土桃山・江戸前期の功臣
斎藤（さいとう）大学　戦国時代の武士。北条氏忠の家臣
坂田（さかた）大学　？～1626　安土桃山・江戸前期の人。高鍋藩家中騒動の中心人物のひとり
津軽（つがる）大学　1649？～1713　江戸前期・中期の弘前藩の家老
永山（ながやま）大学　1623～1692　江戸前期・中期の剣術家。信抜流
堀内（ほりうち）大学　江戸前期の武士。大坂の陣で籠城

大学常辰　だいがくつねたつ
奥山（おくやま）大学常辰　1616～1689　江戸前期・中期の仙台藩奉行《奥山常辰》

大学助　だいがくのすけ
小山田（おやまだ）大学助　？～1582　安土桃山時代の武田氏の家臣
狩野（かのう）大学助　戦国時代の北条氏邦の臣
黒沢（くろさわ）大学助　安土桃山時代の上野国衆国峰小幡氏の家臣
佐久間（さくま）大学助　？～1560　安土桃山時代の織田氏の家臣
曽禰（そね）大学助　？～1520　戦国時代の武士
栃木（とちぎ）大学助　戦国時代の小山秀綱の重臣
長野（ながの）大学助　？～1560　戦国・安土桃山時代の上野国衆。厩橋長野一族
船戸（ふなど）大学助　戦国時代の鳩ヶ谷郷の百姓

大学助吉治　だいがくのすけよしはる
大谷（おおたに）大学助吉治　？～1615　江戸前期の武将

大学坊　だいがくぼう
白坂（しらさか）大学坊　？～1658　江戸前期の大隅国帖佐の修験者

泰款　たいかん
山口（やまぐち）泰款　江戸後期の藩士

大観　たいかん
大観　1766～1842　江戸後期の僧侶

諦観　たいかん　⇔ていかん
諦観　江戸中期の真言宗の僧

泰眼　たいがん
田野辺（たのべ）泰眼　？～1880　江戸末期・明治期の眼科医

代完 だいかん
上原(うえはら)代完 ?～1734 江戸中期の吾妻郡の郷土史家

太奇 たいき
瑞峰(ずいほう)太奇 ?～1737 江戸中期の曹洞宗の僧

泰期 たいき
泰期 南北朝時代の人。中国の正史に登場する最初の沖縄人

泰熙 たいき
紅(こう)泰熙 1780～1859 江戸中期～末期の紫金大夫

大器 たいき
大器 ?～1652 江戸前期の禅僧

大基 だいき
大基 1785～1870 江戸中期～明治期の浄土宗の僧

大記 だいき
高麗(こま)大記 1826～1900 江戸後期～明治期の神官・教育者

泰吉 たいきち ⇔たいきつ, やすよし
内藤(ないとう)泰吉 1828～1911 江戸後期～明治期の医師
八木(やぎ)泰吉 1836～1897 江戸後期～明治期の養蚕業振興指導者、神座明治新田開拓者

代吉 だいきち
城田(しろた)代吉 1840～1905 江戸後期～明治期の実業家、政治家

泰吉郎 たいきちろう
坂本(さかもと)泰吉郎 江戸末期の従者。1860年遣米使節に随行しアメリカに渡る

太橘 たいきつ
竹田(たけだ)太橘 1778～1849 江戸中期・後期の俳人

泰吉 たいきつ ⇔たいきち, やすよし
寺田(てらだ)泰吉 戦国時代の徳川家奉行人《寺田泰吉》

大橘 だいきつ
野口(のぐち)大橘 江戸中期の国学徒・神官

退休 たいきゅう
石川(いしかわ)退休 江戸中期の藩士

大丘 たいきゅう ⇔おおおか
島崎(しまざき)大丘 1751～1834 江戸中期・後期の書家

大休 たいきゅう
幕屋(まくや)大休 1609～1689 江戸前期・中期の剣術家。松田派新陰流

大久坊 だいきゅうぼう
大久坊 江戸前期の山伏

太虚 たいきょ
太虚 江戸中期の俳人

大魚 たいぎょ ⇔おおうお
大魚 ?～1801 江戸中期・後期の俳人
松岡(まつおか)大魚 1670～1759 江戸前期・中期の松尾芭蕉の晩年の門人

台鏡 たいきょう ⇔だいきょう
梅本(うめもと)台鏡 ?～1834 江戸後期の心学者《梅本台鏡》

大喬 たいきょう
大喬 1814～1883 江戸後期～明治期の俳諧作者

台鏡 だいきょう ⇔たいきょう
梅本(うめもと)台鏡 ?～1834 江戸後期の心学者

大慶 だいきょう
大慶 江戸後期の浄土真宗の僧

大暁 だいぎょう
大暁 1274～1357 鎌倉後期・南北朝時代の臨済宗の僧
天露(てんろ)大暁 江戸後期の曹洞宗の僧

大極 たいぎょく
雲泉(うんせん)大極 1421～? 室町時代の臨済宗聖一派の僧

大愚 だいぐ
無倫(むりん)大愚 1688～1743 江戸前期・中期の曹洞宗の僧

泰敬 たいけい
泰敬 鎌倉後期の曹洞宗の僧

大圭 たいけい
児島(こじま)大圭 1691～1734 江戸中期の俳人

大渓 たいけい
大渓 ?～1609 安土桃山時代の禅僧

泰芸 たいげい
泰芸 1444～? 室町・戦国時代の天台宗の僧

大猊 だいげい
痴学(ちがく)大猊 江戸中期の曹洞宗の僧

退結 たいけつ
小林(こばやし)退結 1761～1836 江戸中期・後期の兵法家

対月 たいげつ
葛原(かつらはら)対月 1826～1910 江戸末期・明治期の宗教家。歌人

戴月 たいげつ
富岡(とみおか)戴月 江戸後期の画家

太賢 たいけん
太賢 ?～1867 江戸後期・末期の真言宗の僧

体堅 たいけん
体堅 ?～1558 戦国時代の僧

退軒 たいけん
湯川(ゆかわ)退軒 1839～1900 江戸末期・明治期の教育者

台軒 たいけん
台軒 江戸前期の俳人

大堅 たいけん ⇔だいけん
山田(やまだ)大堅 1762～1833 江戸中期・後期の柏崎の名門

太原 たいげん
西塔(さいとう)太原 江戸後期の日本画家

太玄 たいげん
美馬(みま)太玄 1796～1870 江戸後期～明治期の医師、儒家

山本（やまもと）太玄 1827～1903 江戸後期～明治期の禅僧

大原 たいげん ⇔おおはら，たいはら

奈古屋（なごや）大原 1702～1781 江戸中期の儒者

大堅 だいけん ⇔たいけん

矢沢（やざわ）大堅 1676～1744 江戸前期・中期の新田開発者・僧侶

大賢 だいけん

大賢 江戸時代の浄土真宗の僧

大賢 江戸後期の僧侶

大監物 だいけんもつ

平田（ひらた）大監物 1614～1686 江戸前期の剣術家。水野流

待賢門院中納言 たいけんもんいんのちゅうなごん

待賢門院中納言 平安後期の女房・歌人

待賢門院土佐 たいけんもんいんのとさ

待賢門院土佐 平安後期の女性。女房、絵師

たい子 たいこ

赤松（あかまつ）たい子 江戸後期・末期の医師

太古 たいこ

真田（さなだ）太古 1847～1891 江戸後期～明治期の政府転覆計画首謀者

大古 たいこ

大古 江戸末期の俳人

大湖 たいこ

大湖 江戸中期の俳人

太笻 たいこう

青野（あおの）太笻 ？～1828 江戸後期の俳人

体光 たいこう

体光 1501～1562 戦国・安土桃山時代の時宗の僧・連歌作者

大孝 たいこう

小田島（おだしま）大孝 1835～1902 江戸後期～明治期の春徳寺住職

大綱 たいこう ⇔だいこう

大綱 1772～1860 江戸後期の禅僧

大衡 たいこう

大衡 1651～1715 江戸前期・中期の僧

大綱 だいこう ⇔たいこう

卍空（まんじくう）大綱 1680～1756 江戸前期・中期の曹洞宗の僧

大光院 だいこういん

大光院 戦国時代の伊豆三嶋社の別当

台谷 だいこく

翠雲堂（すいうんどう）台谷 江戸後期の「両面年代早見略服忌」の著者

代五郎 だいごろう

坂内（ばんない）代五郎 1839～1909 江戸後期～明治期の鉱山主、民権運動家

大五郎 だいごろう

松本（まつもと）大五郎 1837～1877 江戸後期～明治期の西南戦争での高田騒動の主謀者

皆瀬川（みなせがわ）大五郎 1841～？ 江戸後期・末期の力士

三枡（みます）大五郎〔1代〕 1718～1780 江戸中期の歌舞伎役者

三枡（みます）大五郎〔2代〕 1748～1793 江戸中期・後期の歌舞伎役者

三枡（みます）大五郎〔3代〕 1782～1824 江戸中期・後期の歌舞伎役者

三枡（みます）大五郎〔4代〕 1798～1859 江戸後期・末期の歌舞伎役者

三枡（みます）大五郎〔5代〕 1807～1873 江戸末期・明治期の歌舞伎役者

泰根 たいこん

野々山（ののやま）泰根 1809？～1874 江戸後期～明治期の町医者

台厳 だいごん

台厳 1829～1909 江戸末期・明治期の日蓮宗の僧

大含 だいごん

大含 1773～1850 江戸後期の真宗の僧

退斎 たいさい

林（はやし）退斎 1687～1743 江戸前期・中期の漢学者《林確軒》

脇山（わきやま）退斎 1783～1831 江戸中期・後期の漢学者

泰作 たいさく

小高（こだか）泰作 1826～1907 江戸後期～明治期の剣術家。甲源一刀流

下村（しもむら）泰作 ？～1882 江戸後期～明治期の製糸場創業者

東福寺（とうふくじ）泰作 1824～1901 江戸末期・明治期の算者

泰策 たいさく

高崎（たかさき）泰策 1839～1907 江戸末期・明治期の囲碁棋士

代作 だいさく ⇔しろつくり

山崎（やまさき）代作 ？～1841 江戸後期の尾戸焼陶工

大作 だいさく

土方（ひじかた）大作 1829～1877 江戸後期～明治期の人。土方歳三の兄。土方義諄の三男

大察 だいさつ

大察 1760～1802 江戸中期・後期の浄土宗の僧

大三郎 だいさぶろう ⇔だいざぶろう

佐々木（ささき）大三郎 1836～1926 江戸末期～大正期の漁業家

田村（たむら）大三郎 ？～1868 江戸後期・末期の新撰組隊士《田村大三郎》

大三郎 だいざぶろう ⇔だいさぶろう

桜井（さくらい）大三郎 1837～1868 江戸後期・末期の武士。京都見廻組並

鈴木（すずき）大三郎 1822～1893 江戸後期～明治期の農事改良家

田村（たむら）大三郎 ？～1868 江戸後期・末期の新撰組隊士

両角（もろずみ）大三郎 1836～1868 江戸後期・末期の新撰組隊士

対山 たいざん ⇔ついざん
大島（おおしま）対山 1787〜1843 江戸中期・後期の俳人

泰山 たいざん
大喜多（おおきた）泰山 江戸後期の儒者

台山 たいざん
山背（やましろ）台山 1836？〜1883 江戸後期〜明治期の西尾市の真宗大谷派善福寺住職で画僧

退士 たいし
半俗（はんぞく）退士 江戸後期の戯作者

大旨 たいし
大旨 江戸中期の漢学者

大至 たいし
大至 江戸中期の俳人

大滋 だいじ
船曳（ふなびき）大滋 1819〜1847 江戸後期の国学者

太室 たいしつ
福田（ふくだ）太室 ？〜1756 江戸中期の漢学者

泰実 たいじつ
泰実 平安後期の僧。最勝金剛院執行

大樹 たいじゅ
大樹 1714〜1784 江戸中期の高僧

大舟 たいしゅう ⇔だいしゅう
大舟 ？〜1787 江戸中期の僧。中蒲原郡茨曽根永安寺の住職

大重 たいじゅう
田島（たじま）大重 1847〜1906 江戸後期〜明治期の地方自治功労者

諦充 たいじゅう
諦充 ？〜1901 江戸末期・明治期の真宗大谷派の僧

大周 だいしゅう
大周 江戸後期の浄土宗の僧

大舟 だいしゅう ⇔たいしゅう
東溟（とうめい）大舟 1700〜1756 江戸中期の曹洞宗の僧

大叔 たいしゅく
菊池（きくち）大叔 江戸後期の八戸の儒医

大淑 だいしゅく
大淑 江戸中期の浄土宗の僧

太純 たいじゅん
小寺（こでら）太純 1821〜1881 江戸後期〜明治期の医師

泰純 たいじゅん
岡（おか）泰純 1746〜1807 江戸中期・後期の眼科医
山方（やまがた）泰純 1766〜1847 江戸中期・後期の武将

泰順 たいじゅん
足立（あだち）泰順 1788〜1858 江戸後期の飯山藩医。内科の名医
坂井（さかい）泰順 ？〜1688 江戸前期の藩士
山本（やまもと）泰順 1636〜1669 江戸前期の漢学者

泰諄 たいじゅん
望月（もちづき）泰諄 1819〜1882 江戸後期〜明治期の医師

大順 たいじゅん
原（はら）大順 1794〜1858 江戸後期・末期の東分知家医師

諦順 たいじゅん
諦順 江戸中期の天台宗の僧

大淳 だいじゅん
大淳 江戸後期の僧
嬾庵（らんあん）大淳 ？〜1781 江戸中期の曹洞宗の僧

太初 たいしょ
太初 江戸中期の俳人

大嶼 たいしょ
石津（いしづ）大嶼 江戸末期・明治期の書家

泰昌 たいしょう
泰昌 江戸後期の俳人

泰乗 たいじょう
後藤（ごとう）泰乗 1631〜1701 江戸前期・中期の装剣金工

大乗 たいじょう ⇔だいじょう
藤岡（ふじおか）大乗 1832〜1912 江戸後期〜明治期の浄土真宗の僧侶

大乗 だいじょう ⇔たいじょう
大乗 1803〜1858 江戸後期・末期の曹洞宗の僧
向善寺（こうぜんじ）大乗 ？〜1473 戦国時代の僧。古川町の向善寺の開基

大常 だいじょう
越前屋（えちぜんや）大常 ？〜1842 江戸後期の金沢の俳人

大浄 だいじょう
津田（つだ）大浄 1761〜1832 江戸中期の紀行文作家《十方庵敬順》

大進 だいじょう ⇔だいしん
島津（しまづ）大進 ？〜1610 安土桃山・江戸前期の飯田新田開発者《島津大進》

大定 だいじょう
山本（やまもと）大定 1686〜1737 江戸中期の書家

太四郎 たいしろう
逸見（へんみ）太四郎 1747〜1828 江戸末期・明治期の甲源一刀流剣術家

泰次郎 たいじろう
山本（やまもと）泰次郎 1840〜1868 江戸後期・末期の伝習隊士

大四郎 だいしろう
里見（さとみ）大四郎 江戸末期の洋学者

代次郎 だいじろう
関川（せきかわ）代次郎 1838〜1909 江戸後期〜明治期の新撰組隊士《関川代二郎》
武居（たけい）代次郎 1844〜1896 江戸後期〜明治期の製糸家

代二郎 だいじろう
関川（せきかわ）代二郎 1838〜1909 江戸後期〜明治期の新撰組隊士

大次郎 だいじろう
土屋（つちや）大次郎 1856〜1910 江戸末期・明治期の実業家

第二郎 だいじろう
小石（こいし）第二郎 1848〜1904 江戸後期〜明治期の新潟県立新潟医学校医学教師

太心 たいしん
田村（たむら）太心 1820〜1887 江戸後期〜明治期の曹洞宗の僧侶

太申 たいしん
和泉屋（いずみや）太申 江戸後期の材木商

太寅 たいしん
池田（いけだ）太寅 1682〜1723 江戸前期の武士

た

泰信 たいしん ⇔やすのぶ
泰信 奈良・平安前期の唐僧
葛城（かつらぎ）泰信 1830〜1880 江戸後期〜明治期の修験者・神官

泰心 たいしん
葛城（かつらぎ）泰心 1830〜1880 江戸後期〜明治期の神職

泰深 たいしん
泰深 ？〜1830 江戸後期の真言宗の僧

逮神 たいしん
逮神 ？〜1765 江戸中期の真言律宗の僧

大心 たいしん
安藤（あんどう）大心 江戸末期・明治期の僧

泰諶 たいじん
泰諶 ？〜1518 戦国時代の天台宗の僧・連歌作者

大人 たいじん ⇔うぷんとう
浅鶏庵（せんけいあん）大人 江戸末期の狂歌作者

大進 だいしん ⇔だいじょう
大進 平安後期の女流歌人
大進 平安後期・鎌倉前期の女房。源頼朝の伯母
大進 平安後期・鎌倉前期の女房。源頼朝の妾
慈恩寺（じおんじ）大進 鎌倉後期の仏師
島津（しまづ）大進 ？〜1610 安土桃山・江戸前期の飯田新田開発者

岱水 たいすい
岱水 江戸中期の俳人

大睡 たいすい
北潟屋（きたがたや）大睡 ？〜1775 江戸中期の書家、俳人

対助 たいすけ
堀内（ほりうち）対助 江戸後期の高座郡藤沢宿大久保町名主

泰介 たいすけ ⇔やすすけ
小高（こだか）泰介 1826〜1907 江戸後期〜明治期の甲源一刀流剣術家・川越藩士

泰助 たいすけ ⇔やすすけ
飯島（いいじま）泰助 江戸後期・末期の幕臣
井上（いのうえ）泰助 1857〜1927 江戸末期・明治期の新撰組隊士
萩原（はぎわら）泰助 江戸後期の韮山代官江川氏の手代

泰輔 たいすけ
榎並（えなみ）泰輔 1841〜1873 江戸後期〜明治期の蘭方医
大森（おおもり）泰輔 1771〜1857 江戸中期〜末期の江戸末の医師。洋医華岡青洲に学ぶ
加瀬（かせ）泰輔 1852〜1908 江戸後期〜明治期の医師
長郷（ちょうごう）泰輔 1849〜1911 江戸後期〜明治期の建築家

泰祐 たいすけ
河本（かわもと）泰祐 1825〜1899 江戸後期〜明治期の宗教家

代助 だいすけ
会田（あいだ）代助 ？〜1868 江戸後期・末期の野州世直し一揆における芳賀郡益子地方の頭取
新井（あらい）代助 江戸末期の名主

大介 だいすけ
市川（いちかわ）大介 安土桃山時代の織田信長の家臣
合田（ごうだ）大介 1738〜1795 江戸中期の医者
篠崎（しのざき）大介 1671〜1759 江戸中期の小田原藩士
柴田（しばた）大介 1841〜1901 江戸後期〜明治期の洋学者
三木（みき）大介 江戸前期の播磨の住人。大坂の陣で籠城

大助 だいすけ
岩間（いわま）大助 1734〜1809 江戸中期・後期の剣術家。心形刀流
勧学屋（かんがくや）大助 江戸前期の僧、薬商
後藤（ごとう）大助 1849〜？ 江戸後期・末期の新撰組隊士
小林（こばやし）大助 江戸後期の人。菓子舗「大黒堂」の創業者
鈴木（すずき）大助 1827〜1886 江戸後期〜明治期の医師
世家間（せやま）大助 江戸末期の大坂の劇場振付師
世家真（せやま）大助 江戸後期の舞踊家、振付師
中川原（なかがわら）大助 1850〜？ 江戸後期〜明治期の盛岡藩扇田村の豪農
英（はなぶさ）大助 江戸後期の書肆
平井（ひらい）大助 ？〜1790 江戸中期・後期の庄内藩役人

大輔 だいすけ ⇔たいふ
山中（やまなか）大輔 江戸末期の武士

泰成 たいせい
光山寺（こうざんじ）泰成 1798〜1858 江戸後期・末期の僧侶

泰政 たいせい ⇔やすまさ
玻立氏（はだてうじ）泰政 江戸前期の砂川大首里大屋子

泰清 たいせい ⇔やすきよ
泰清 平安後期の石清水僧

大成　たいせい　⇔おおなり
大成　1247〜1308　鎌倉後期の琉球英祖王統2代の王
三輪(みわ)大成　1827〜1893　江戸後期〜明治期の眼科医
苔石　たいせき
瀬野(せの)苔石　江戸末期・明治期の画家
太禅　たいぜん
太禅　室町・戦国時代の僧侶・連歌作者
泰全　たいぜん
畠山(はたけやま)泰全　江戸中期の実録作者
泰禅　たいぜん
泰禅　1741〜1801　江戸中期・後期の天台宗の僧侶
定山(じょうざん)泰禅　1837〜1918　江戸末期〜大正期の僧
泰膳　たいぜん
千早(ちはや)泰膳　1822〜1901　江戸後期〜明治期の幕儒
大膳　たいぜん　⇔だいぜん
大蔵(おおくら)大膳　江戸末期・明治期の人形商
難波(なんば)大膳　1442〜1520　安土桃山時代の武将
藤倉(ふじくら)大膳　江戸時代の大塚村開発者
堀(ほり)大膳　？〜1660　江戸前期の開拓者
大仙　だいせん
大仙　江戸前期の浄土真宗の僧
大宣　だいせん
石井(いわい)大宣　1802〜1884　江戸後期〜明治期の僧
虎伯(こはく)大宣　？〜1673　江戸前期の臨済宗の僧
大泉　だいせん
玉洲(ぎょくしゅう)大泉　1739〜1814　江戸中期・後期の曹洞宗の僧
大膳　だいぜん　⇔たいぜん
牛込(うしごめ)大膳　江戸前期の新田開発功労者
小川(おがわ)大膳　江戸後期の大住郡大山阿夫利神社祠官
梶呂(かじろ)大膳　戦国時代の武将。武田家中に鉄砲指南をした
品川(しながわ)大膳　？〜1565　戦国時代の武士
反町(そりまち)大膳　安土桃山時代の武田勝頼・北条氏直の家臣
正木(まさき)大膳　室町時代の武将
大善院　だいぜんいん
大善院　江戸前期の大坂城士
大膳亮　だいぜんのすけ
牛込(うしごめ)大膳亮　江戸前期の新田開発功労者《牛込大膳》
大野(おおの)大膳亮　戦国時代の上総の鋳物師
奥山(おくやま)大膳亮　戦国時代の今川・武田氏の家臣
久米(くめ)大膳亮　戦国時代の武士。武蔵児玉党
中村(なかむら)大膳亮　戦国時代の神職。遠江国天宮神社の神主
馬場(ばば)大膳亮　戦国時代の下総国本佐倉城主千葉胤富の家臣
吉橋(よしはし)大膳亮　戦国時代の武蔵鉢形城主北条氏邦の家臣
依田(よだ)大膳亮　戦国時代の北条氏の家臣
大膳大夫　だいぜんのだいぶ
小山(おやま)大膳大夫　戦国時代の下野小山氏の一族
水野(みずの)大膳大夫　安土桃山時代の織田信長の家臣
大蘇　たいそ
高橋(たかはし)大蘇　？〜1822　江戸中期・後期の俳人
大素　だいそ
朝見(あさみ)大素　1838〜1894　江戸後期〜明治期の金沢の俳人
大巣　たいそう
草木庵(くさきあん)大巣　1775〜1837　江戸中期・後期の俳人
泰蔵　たいぞう
岩城(いわき)泰蔵　1733〜1776　江戸中期の商人
影田(かげた)泰蔵　1844〜？　江戸後期の仙台藩士
田辺(たなべ)泰蔵　江戸末期・明治期の貿易商
千種(ちぐさ)泰蔵　江戸時代の母里藩勘定奉行
泰造　たいぞう
吉田(よしだ)泰造　1841〜1926　江戸末期〜大正期の教育者
大蔵　たいぞう　⇔おおくら, だいぞう
平戸(ひらと)大蔵　江戸前期の久良岐郡下大岡村名主
三宅(みやけ)大蔵　？〜1851　江戸後期の教育者
大造　たいぞう
尼子(あまこ)大造　江戸中期の馬術家
井岡(いおか)大造　1850〜1914　江戸末期〜大正期の機業教育家
井岡(いのおか)大造　井岡大造に同じ
大倉　だいそう
遠藤(えんどう)大倉　1717〜1789　江戸中期・後期の医者
大象　だいぞう
望月(もちづき)大象　1828〜1877　江戸後期〜明治期の幕府海軍士官
大蔵　だいぞう　⇔おおくら, たいぞう
岡(おか)大蔵　江戸前期の越前の鉱山師
中馬(ちゅうまん)大蔵　江戸前期の出水の武士
寺林(てらばやし)大蔵　戦国時代の中世の土豪
大太郎　だいたろう
鈴木(すずき)大太郎　江戸後期の代官
馬越(まごし)大太郎　江戸末期の新撰組隊士
太一　たいち
世良(せら)太一　1838〜1919　江戸後期〜大正期の統計学者
太市　たいち
太市　1820〜1896　江戸後期〜明治期の始羅郡帖佐郷中津野村窪門の人。父母に孝養を尽くす
葛目(くずめ)太市　1679〜1741　江戸前期・中期

の剣術家。真心陰流

大智　だいち

祖継（そけい）大智　1290～1366　鎌倉後期・南北朝時代の曹洞宗の僧

太市左衛門　たいちざえもん

野神（のがみ）太市左衛門　1802～1834　江戸後期の越後国蒲原郡の内堀底樋の開削者

泰中　たいちゅう

下村（しもむら）泰中　1818～1899　江戸後期～明治期の僧。報恩寺27世

泰仲　たいちゅう　⇔やすなか

白井（しらい）泰仲　1796～1863　江戸後期の医者

大忠　だいちゅう

三河口（みこうぐち）大忠　江戸後期の第19代美濃国代官

大朝　たいちょう

大朝　？～1778　江戸中期の俳人

諦聴　たいちょう

大八木（おおやぎ）諦聴　1837～1898　江戸後期～明治期の坊津町久志広泉寺の開山

大長　だいちょう

大長　1771～1856　江戸中期～末期の大工・侠客

大頂院　たいちょういん

大頂院　？～1558　戦国時代の女性。北条氏綱の子で、北条綱成の室

太一郎　たいちろう

本多（ほんだ）太一郎　江戸末期の新撰組隊士

柳下（やぎした）太一郎　江戸後期の寺子屋師匠

大椿　たいちん

石川（いしかわ）大椿　1736～1799　江戸中期・後期の漢学者

大通　だいつう

大通　江戸前期・中期の融通念仏宗の僧

大唐　たいとう　⇔おおから

大唐　安土桃山時代の織田信長の家臣

泰道　たいどう　⇔やすみち

泰道　江戸中期の天台宗の僧

延命（えんめい）泰道　？～1585　安土桃山時代の地方豪族

林（はやし）泰道　江戸中期の俳人

大道　だいどう　⇔おおみち

大江（おおえ）大道　1829～1897　江戸後期～明治期の僧

佐瀬（させ）大道　1767～1839　江戸中期・後期の一関藩家老、藩政改革者

大唐大使卿　だいとうたいしきょう

大唐大使卿　奈良時代の官人

大徳　たいとく

浄覚（じょうかく）大徳　鎌倉後期の三井寺の門徒

鯛取　たいとり

大中臣（おおなかとみの）鯛取　平安前期の官人

大暾　だいとん

扶桑（ふそう）大暾　江戸前期の曹洞宗の僧

大納言　だいなごん

大納言　平安中期の女房

大納言　平安後期の女房。藤原実綱の娘

大納言　平安後期の盗賊の女首領

大弐　だいに

石田（いしだ）大弐　戦国時代の北条氏の家臣

喜多（きた）大弐　江戸前期のシテ方喜多流能楽師

田中（たなか）大弐　戦国時代の嶺城主

大弐俊章　だいにとしあき

松木（まつき）大弐俊章　1804～1848　江戸後期の夜須郡弥永村大己貴神社の祠官

体如　たいにょ

体如　江戸中期の天台宗の僧

伊任　たいにん　⇔ただとう

秋田（あき）伊任　江戸後期の和算家

泰忍　たいにん

大成院（だいじょういん）泰忍　？～1753　江戸中期の高山大乗院5世

大忍　たいにん

大忍　？～1811　江戸中期・後期の詩僧

太年　たいねん

太年　1823～1887　江戸後期～明治期の俳諧作者

岱年　たいねん

岱年　1798～1852　江戸後期の俳人

泰然　たいねん

泰然　江戸前期の天台宗の僧

大年　たいねん　⇔だいねん

大年　江戸後期の俳人

松山（まつやま）大年　1763～1818　江戸中期・後期の医師

諦然　たいねん

諦然　？～1825　江戸中期・後期の浄土真宗の僧

大年　だいねん　⇔たいねん

韓（かん）大年　1727～1795　江戸中期の書家

大之進　だいのしん

江田（えだ）大之進　1815～1884　江戸末期・明治期の南部藩の勤皇家

帯梅　たいばい

村瀬（むらせ）帯梅　1758～1826　江戸中期・後期の俳人

大梅　たいばい　⇔だいばい

大梅　？～1751　江戸中期の俳人

大日向（おびなた）大梅　1682～1757　江戸前期・中期の僧

岱貝　たいばい

高橋（たかはし）岱貝　江戸中期の俳人

大梅　だいばい　⇔たいばい

児島（こじま）大梅　江戸後期の俳人

大八郎　だいはちろう

須田（すだ）大八郎　1796～1854　江戸後期の久保村の豪商

千松（せんまつ）大八郎　室町時代の烔屋工・キリスト教布教者

大原　たいはら　⇔おおはら, たいげん
本部（もとぶ）大原　？～1416　南北朝・室町時代の人。今帰仁城主攀安知の腹心
泰範　たいはん
泰範　778～？　平安前期の真言宗の僧
大眉　だいび
大賀（おおが）大眉　1827～1884　江戸後期～明治期の世捨人
大夫　たいふ　⇔だいぶ, だゆう, まえつきみ
粟田（あわたの）大夫　奈良時代の官人《粟田大夫》
若鶴（わかつる）大夫　戦国時代の猿楽座座主
大阜　たいふ
村瀬（むらせ）大阜　1745～1826　江戸中期・後期の俳人
大輔　たいふ　⇔だいすけ
大輔　平安前期の女房・歌人
大輔　平安後期の歌人
大武　たいぶ
鳥取（とっとり）大武　1757～1812　江戸中期・後期の儒者
大蕪　たいぶ　⇔だいぶ
大蕪　江戸後期の俳人
大夫　だいぶ　⇔たいふ, だゆう, まえつきみ
伊豆（いず）大夫　戦国時代の北条氏の舞々司職
大蕪　だいぶ　⇔たいぶ
大蕪　1769～1832　江戸後期の俳人
大夫高春　だいぶたかはる
原（はら）大夫高春　平安後期・鎌倉前期の武士
大夫御　たいふのご
大夫御　平安前期の女房・歌人
大夫典侍　たいふのすけ
大夫典侍　？～1126　平安後期の女官
大夫典侍　平安後期の女房・歌人
大平　だいへい
原（はら）大平　1837～1901　江戸後期～明治期の駿河国駿東郡大平村の豪農・地主
退甫　たいほ
新山（にいやま）退甫　1723～1775　江戸中期の相法家
大方　たいほう　⇔おおかた, だいほう
服部（はっとり）大方　1770～1846　江戸中期・後期の儒者、医師《服部大方》
山木（やまき）大方　？～1586　戦国・安土桃山時代の女性。堀越六郎の正室
大方　だいほう　⇔おおかた, たいほう
服部（はっとり）大方　1770～1846　江戸中期・後期の儒者、医師
泰朴　たいぼく
市川（いちかわ）泰朴　1813～1883　江戸後期～明治期の島原藩医
大朴　だいぼく
森村（もりむら）大朴　1821～1896　江戸後期～明治期の漢学者（朱子学）
太本　たいほん
北岡（きたおか）太本　江戸時代の弘前の藩医
泰本　たいほん
泰本　？～1527　戦国時代の天台宗の僧・連歌作者
大凡　たいぼん
石川（いしかわ）大凡　？～1741　江戸中期の儒者
大味　だいみ
相沢（あいざわ）大味　1689～？　江戸中期の医者
台眠　たいみん
台眠　江戸後期の俳人
大珉　たいみん
西野（にしの）大珉　？～1854　江戸後期・末期の外科・産科医
大明京　だいみんきん
大明京〔2代 国安〕　江戸中期の刀工
大明京〔3代 宗家〕　江戸後期の刀工
大明京〔4代 宗安〕　江戸後期・末期の刀工
太無　たいむ
古川（ふるかわ）太無　？～1774　江戸中期の俳人
大夢　だいむ
大夢　江戸後期の美濃の詩僧
山田（やまだ）大夢　1829～1889　江戸後期～明治期の教育者
退溟　たいめい
西山（にしやま）退溟　1824～1890　江戸後期～明治期の藩士
体門院　たいもんいん
体門院　1796～1799　江戸後期の三卿清水家の2代当主《清水敦之助》
泰瑜　たいゆ
泰瑜　1279～？　鎌倉後期の園城寺の僧
太輔　たいゆう
柚木（ゆのき）太輔　？～1796　江戸中期・後期の医者
泰幽　たいゆう
泰幽　883～947　平安前期・中期の真言宗の僧
大有　たいゆう　⇔だいゆう
福家（ふけ）大有　江戸中期の漢学者
山田（やまだ）大有　江戸前期・中期の茶人
大有　だいゆう　⇔たいゆう
山名（やまな）大有　1854～1932　江戸末期～昭和期の眼科医
太陽　たいよう
真壁（まかべ）太陽　1809～1887　江戸後期～明治期の僧
大用　だいよう
河原（かわはら）大用　1724～1783　江戸中期の医家
平　たいら　⇔へい
国分（こくぶん）平　1804～1899　江戸後期～明治期の儒学者
平子　たいらけいこ　⇔たいらこ
橘（たちばなの）平子　平安中期の女房

平子　たいらこ　⇔たいらけいこ
紀(きの)平子　平安中期の官人
平重盛の北の方　たいらしげもりのきたのかた
平重盛の北の方　平安後期の女性。高倉天皇の乳母《藤原経子》
平清盛女　たいらのきよもりのむすめ
平清盛女　平安後期の女性。厳島内侍の娘《御子姫君》
平祐之女　たいらのすけゆきのむすめ
平祐之女　平安中期の女官。平祐之の娘《中務》
平宗盛の北の方　たいらむねもりのきたのかた
平宗盛の北の方　1146〜1178　平安後期の女性。中納言三位、中納言典侍《平清子》
大陸　たいりく
都賀(つが)大陸　江戸中期の医者
太位　たいりゅう
宮(みや)太位　1798〜1867　江戸後期・末期の医師
大竜　だいりゅう
大竜　1713〜1779　江戸中期の真言律宗の僧
太呂　たいりょ
太呂　1771〜1836　江戸中期・後期の修験僧・俳人
太亮　たいりょう
渋江(しぶえ)太亮　江戸後期の医者
岱梁　たいりょう
岱梁　?〜1709　江戸前期・中期の僧侶
泰了　たいりょう
霊雲寺(れいうんじ)泰了　?〜1852　江戸後期の高山市の霊雲寺8世
泰亮　たいりょう　⇔やすすけ
泰亮　江戸中期の僧、郷土史家
天瑞(てんずい)泰亮　1758〜1838　江戸中期・後期の僧侶
諦了　たいりょう
脇谷(わきや)諦了　1844〜1917　江戸末期〜大正期の僧侶
大梁　だいりょう
増谷(ますや)大梁　江戸中期の絵草紙屋升屋店主・浮世草子作家
太亮軒　たいりょうけん
太亮軒　江戸中期の地理歴史学者
泰麟　たいりん
泰麟　?〜1790　江戸中期の僧。浅草永見寺17代住職
泰稟　たいりん
天海(てんかい)泰稟　?〜1858　江戸後期の僧。正眼寺と善久寺の住職。永平寺の監院職
大林　だいりん
山本(やまもと)大林　戦国・安土桃山時代の医師
大麟　だいりん
大麟　江戸中期の浄土真宗の僧
大林坊　だいりんぼう
高田(たかだ)大林坊　江戸時代の金沢博労町に住んだ幻術師
泰嶺　たいれい
吉村(よしむら)泰嶺　江戸中期の医者
台嶺　たいれい　⇔だいれい
勾田(まがた)台嶺　江戸後期の画家《勾田台嶺》
大齢　たいれい
奥野(おくの)大齢　?〜1878　江戸後期〜明治期の教育家
諦霊　たいれい
諦霊　1818〜1862　江戸後期・末期の浄土真宗の僧
台嶺　だいれい　⇔たいれい
勾田(まがた)台嶺　江戸後期の画家
大嶺　だいれい
大嶺　江戸末期・明治期の浄土真宗の僧
大霊　だいれい
大霊　江戸後期の浄土真宗の僧
大練舎　たいれんしゃ
大練舎　江戸後期の俳人
岱路　たいろ
金井(かない)岱路　?〜1792　江戸中期・後期の俳人
苔路　たいろ
苔路　江戸中期の俳人
大路　たいろ
大路　江戸中期の俳人
太老　たいろう
太老　?〜1866　江戸後期・末期の俳人
泰郎　たいろう
武井(たけい)泰郎　1825〜1898　江戸後期〜明治期の教育者
鯛六　たいろく
吹田(すいた)鯛六　1850〜1897　江戸後期〜明治期の幕臣
台麓　たいろく　⇔だいろく
鳥羽(とば)台麓　1739〜1823　江戸中期・後期の画家
大麓　たいろく　⇔だいろく
松浦(まつうら)大麓　?〜1858　江戸後期・末期の医者・漢詩人
満生(みつお)大麓　江戸後期の漢学者
台麓　だいろく　⇔たいろく
久城(くじょう)台麓　江戸後期〜明治期の眼科医
大六　だいろく
加藤(かとう)大六　?〜1835　江戸後期の庄内藩士
大麓　だいろく　⇔たいろく
萩原(はぎわら)大麓　1752〜1811　江戸中期・後期の儒者
太右衛門　たうえもん　⇔たえもん
木島(きじま)太右衛門　?〜1800　江戸中期の救済家
朶雲　だうん
朶雲　江戸中期の俳人
一封亭(いっぽうてい)朶雲　江戸中期の狂歌作者
妙女　たえじょ
妙女　平安後期の女性。西行との贈答歌で知られる

多右衛門 たえもん
富樫(とがし)多右衛門 1850～1894 江戸後期～明治期の自治功労者
本間(ほんま)多右衛門 1848～1910 江戸後期～明治期の農事功労者

太右衛門 たえもん ⇔たうえもん
石川(いしかわ)太右衛門 ?～1765 江戸中期の藩士
木島(きじま)太右衛門 ?～1800 江戸中期の救済家《木島太右衛門》
清水(しみず)太右衛門 1853～1907 江戸後期～明治期の駅夫
瀬尾(せお)太右衛門 1802～1873 江戸後期の大住郡城所村民
田沼(たぬま)太右衛門 1853～1932 江戸後期～昭和期の実業家
坂西(ばんざい)太右衛門 ?～1575 安土桃山時代の武田氏の家臣
平井(ひらい)太右衛門 安土桃山時代の織田信長の家臣
松田(まつだ)太右衛門 ?～1746 江戸中期の寺社大工
松屋(まつや)太右衛門 江戸時代の大坂商人で久留米藩の御用聞商人
向井(むかい)太右衛門 江戸後期の三浦郡大津村民

孝 たか
黒柳(くろやなぎ)孝 1651～1719 江戸前期の女流歌人
渡辺(わたなべ)孝 1767～? 江戸中期の幕臣

多加 たか
半田(はんだ)多加 1843～1924 江戸末期～大正期の幼児教育功労者

貴旦 たかあき
山田(やまだ)貴旦 江戸後期の和算家

敬明 たかあき ⇔よしあき
野田(のだ)敬明 1759～1825 江戸中期・後期の金工家
吉川(よしかわ)敬明 江戸中期の藩士

好謙 たかあき ⇔こうけん, よしかた, よしかね
吉沢(よしざわ)好謙 1710～1777 江戸中期の郷土史家、俳人

孝章 たかあき
尾藤(びとう)孝章 1761～1782 江戸中期の漢学者

高顕 たかあき ⇔こうけん
飯田(いいだ)高顕 1858～1912 江戸末期・明治期の判事

高明 たかあき ⇔たかあきら
赤上(あかがみ)高明 江戸時代の人。服部小平太の門人
石田(いしだ)高明 江戸時代の和算家
楢林(ならばやし)高明 1830～1860 江戸後期・末期の通事

高朗 たかあき
梶村(かじむら)高朗 1808～1863 江戸後期・末期の漢学者

隆顕 たかあき
磯辺(いそべ)隆顕 ?～1821 江戸中期・後期の人。都賀郡富田宿の彫師集団磯辺一族の分家儀兵衛系の祖

隆章 たかあき
瀬之口(せのくち)隆章 1798～1841 江戸後期の医者

隆亮 たかあき
荻野(おぎの)隆亮 1639～1709 江戸前期・中期の藩士、本草家

孝明 たかあきら
平(たいらの)孝明 平安中期の官人

高明 たかあきら ⇔たかあき
京極(きょうごく)高明 1735～1779 江戸中期の幕臣

孟卿 たかあきら
近藤(こんどう)孟卿 1746～1818 江戸中期・後期の幕臣、歌人

良旺 たかあきら
山村(やまむら)良旺 1729～1797 江戸中期・後期の幕臣

高厚 たかあつ
山鹿(やまが)高厚 1775～1843 江戸中期・後期の藩士、武道家

孝在 たかあり
今大路(いまおおじ)孝在 1672～1730 江戸前期・中期の公家

高有 たかあり
北条(ほうじょう)高有 鎌倉後期の武士

孝家 たかいえ
橘(たちばな)孝家 江戸末期の鍔工

高家 たかいえ
泉(いずみ)高家 平安時代の在地領主
近藤(こんどう)高家 戦国時代の佐竹氏の家臣
庄(しょう)高家 平安後期・鎌倉前期の武蔵国児玉党の武士
富樫(とがし)高家 ?～1351 鎌倉後期・南北朝時代の武将
北条(ほうじょう)高家 鎌倉後期の武士

尊家 たかいえ ⇔そんけ
尊家 ?～1273 鎌倉時代の天台宗の僧・歌人

隆家 たかいえ
常田(ときだ)隆家 戦国時代の武将。武田家臣

高子 たかいこ ⇔こうし, たかこ
藤原(ふじわらの)高子 平安中期の女性。中宮妍子の乳母
三善(みよしの)高子 平安前期の女性。坂上田村麻呂の妻

高市麿 たかいちまろ
飛騨(ひだの)高市麿 奈良時代の朝臣

隆氏 たかうじ
四条(しじょう)隆氏 鎌倉時代の公家・歌人

高枝 たかえだ
小野(おのの)高枝 平安中期の官人

葛木（かつらぎの）高枝　平安後期の官人
喬緒　たかお
沢野（さわの）喬緒　1736〜1776　江戸中期の「豊水連珠」の著者
嵩雄　たかお
壇（だん）嵩雄　江戸後期の歌人
隆雄　たかお
興野（おきの）隆雄　1790〜1862　江戸後期・末期の林業家
高岳　たかおか　⇔こうがく
片山（かたやま）高岳　1830〜1874　江戸後期〜明治期の国学者
高丘王　たかおかおう
高丘王　？〜759　奈良時代の官人
高岳親王　たかおかしんのう
高岳親王　？〜865　平安前期の平城天皇第三皇子
高丘親王　たかおかしんのう
高丘親王　？〜865　平安前期の平城天皇第三皇子《高岳親王》
威興　たかおき
近藤（こんどう）威興　1688〜1750　江戸前期・中期の代官
高起　たかおき
梅田（うめだ）高起　1786〜1858　江戸中期〜末期の神職・国学者
隆起　たかおき
櫛笥（くしげ）隆起　1795〜1827　江戸後期の公家
堯臣　たかおみ
松崎（まつざき）堯臣　1681〜1753　江戸前期・中期の学者
鷹養　たかかい
阿倍（あべの）鷹養　奈良時代の官人
坂上（さかのうえの）鷹養　？〜817　奈良・平安前期の苅田麻呂の子
路（みちの）鷹養　奈良時代の官人
孝景　たかかげ　⇔のりかげ
長尾（ながお）孝景　戦国時代の越後国衆
中村（なかむら）孝景　江戸後期の和算家
高景　たかかげ
工藤（くどう）高景　鎌倉後期の武士
長田（ながた）高景　1597〜1664　安土桃山・江戸前期の浅野家臣
芳賀（はが）高景　戦国時代の氏家勝山城の城主
隆景　たかかげ　⇔りゅうけい
岡部（おかべ）隆景　？〜1551　戦国時代の大内氏家臣
良景　たかかげ　⇔よしかげ
山村（やまむら）良景　1683〜1710　江戸前期・中期の藩士
孝和　たかかず
前田（まえだ）孝和　1692〜1749　江戸中期の藩士
三刀谷（みとや）孝和　1570〜1657　江戸前期の武士
高般　たかかず
藤堂（とうどう）高般　1731〜1754　江戸中期の詩文家
高風　たかかぜ
宮道（みやじ）高風　平安中期の官人、歌人
高堅　たかかた　⇔こうけん
樒島（ぬでじま）高堅　1763〜1846　江戸後期の吉井藩の郷代官
高方　たかかた
中原（なかはらの）高方　平安後期の人。応徳3年肥後国鹿子木荘を大宰大弐藤原実政に寄進
隆方　たかかた
藤原（ふじわら）隆方　1014〜1078　平安中期・後期の公家・歌人・漢詩人
高勝　たかかつ　⇔こうしょう
真田（さなだ）高勝　？〜1606　江戸前期の武田氏の家臣
芳賀（はが）高勝　？〜1512　戦国時代の宇都宮氏の重臣
芳賀（はが）高勝　1580〜1623　江戸前期の庄内藩家老
武津（ふかつ）高勝　江戸前期の武士
孝兼　たかかね
横山（よこやま）孝兼　平安中期の横山党（武蔵7党のひとつ）の惣領
高兼　たかかね
佐々木（ささき）高兼　？〜1222　平安後期・鎌倉前期の左衛門尉
藤原（ふじわら）高兼　鎌倉時代の公家・歌人
高包　たかかね　⇔たかしげ
高包〔1代〕　平安時代の刀工
隆兼　たかかね
横山（よこやま）隆兼　平安後期の武士
喬木　たかき
小野（おのの）喬木　平安前期の官人
多賀吉　たがきち
田中（たなか）多賀吉　1819〜1875　江戸後期〜明治期の地方和算家
隆公　たかきみ
大守（おおもり）隆公　1821〜1887　江戸後期〜明治期の歌人・神職
孝清　たかきよ　⇔こうせい
清原（きよはらの）孝清　平安後期の官人
高清　たかきよ
朝倉（あさくら）高清　平安後期の但馬国の武士
生駒（いこま）高清　1643〜1694　江戸前期・中期の幕臣
塩冶（えんや）高清　？〜1581　戦国時代の武将
佐多（さた）高清　鎌倉時代の武将
三井（みつい）高清　1671〜1743　江戸中期の武士
山口（やまぐち）高清　戦国時代の上野国衆国峰小幡氏の家臣
高精　たかきよ
井口（いのくち）高精　？〜1708　江戸中期の代官
生静　たかきよ
山科（やましな）生静　1759〜1834　江戸中期・後期の官人

隆清　たかきよ
小田(おだ)隆清　安土桃山時代の武将
九条(くじょう)隆清　南北朝時代の公家・歌人
香西(こうざい)隆清　1640～1720　江戸前期・中期の松江藩家老
藤原(ふじわらの)隆清　平安中期の官人

駝岳　だがく
駝岳　1793～1858　江戸後期・末期の俳人
八千房(はっせんぼう)駝岳〔2代〕　?～1815　江戸中期・後期の俳人

孝弟　たかくに
前田(まえだ)孝弟　江戸後期の藩士

高国　たかくに
千家(せんげ)高国　室町時代の杵築大社国造

高邦　たかくに
北条(ほうじょう)高邦　鎌倉後期の武士

高倉　たかくら
高倉　鎌倉前期の女性歌人

貴子　たかこ　⇔きし
藤原(ふじわらの)貴子　平安中期の官女・典侍

倹子　たかこ
藤原(ふじわらの)倹子　平安前期の女官

高子　たかこ　⇔こうし, たかいこ
秋篠(あきしのの)高子　平安前期の女性。嵯峨天皇の更衣
安倍(あべの)高子　平安前期の女性。恵平親王の御巫
藤原(ふじわらの)高子　平安中期の女官《藤原高子》

隆子　たかこ
隆子　江戸中期の歌人
小出(こいで)隆子　江戸末期の歌人
橘(たちばなの)隆子　平安中期の内裏女房
藤原(ふじわらの)隆子　平安後期の官女
藤原(ふじわらの)隆子　鎌倉前期の女性。陰明門院の母
前田(まえだ)隆子　1787～1870　江戸中期～明治期の歌人
源(みなもとの)隆子　平安中期の官女

隆功　たかこと
中嶋(なかじま)隆功　1806～1858　江戸後期・末期の幕臣

隆誨　たかこと
横山(よこやま)隆誨　1764～1819　江戸中期・後期の藩士

孝貞　たかさだ　⇔こうてい
菅谷(すげのや)孝貞　戦国時代の常陸小田氏の家臣
源(みなもとの)孝貞　平安後期の官人

孝定　たかさだ
原田(はらだ)孝定　1735～1788　江戸中期・後期の幕臣
藤原(ふじわらの)孝定　平安後期の官人、雅楽家

高貞　たかさだ
高貞　戦国時代の刀工
高貞　安土桃山時代の出雲忠貞派の刀匠
安倍(あべの)高貞　平安前期の官人
安倍(あべの)高貞　平安後期・鎌倉前期の武士
上野(うえの)高貞　?～1758　江戸中期の武士、幕臣
大室(おおむろ)高貞　戦国時代の地士
小幡(おばた)高貞　戦国時代の上野国衆小幡氏の一族
勝浦(かつうら)高貞　?～1773　江戸中期の杉山流槍術家
北条(ほうじょう)高貞　鎌倉後期の武士

高定　たかさだ
西村(にしむら)高定　?～1615　安土桃山・江戸前期の武将
藤原(ふじわらの)高定　平安中期の官人

雄貞　たかさだ　⇔ゆうてい
卜部(うらべの)雄貞　811～858　平安前期の占者、宮主

隆貞　たかさだ
四条(しじょう)隆貞　鎌倉後期・南北朝時代の公卿
山本(やまもと)隆貞　?～1837　江戸後期の和算家

孝郷　たかさと　⇔ごうきょう
佐藤(さとう)孝郷　1850～1922　江戸末期～大正期の札幌市白石町開拓の指導者《佐藤孝郷》

高郷　たかさと
家原(いえはらの)高郷　平安前期の官人

挙実　たかざね
藤原(ふじわらの)挙実　平安後期の官人

高実　たかざね
高実　鎌倉後期の刀工
源(みなもとの)高実　1046～1106　平安中期・後期の官人

高真　たかざね
高真　鎌倉前期の刀工
衣縫(きぬぬいの)高真　平安中期の官人
中原(なかはら)高真　平安中期・後期の歌人

隆実　たかざね
麻生(あそう)隆実　?～1576　安土桃山時代の筑前国遠賀郡山鹿城主

高三郎　たかさぶろう
中島(なかじま)高三郎　1847～1925　江戸末期～大正期の宮田堰の開削者

喬　たかし
野々村(ののむら)喬　江戸中期の医者
松本(まつもと)喬　1790～1860　江戸後期・末期の和算家《松本賀慶》

高　たかし
土持(つちもち)高　1844～1907　江戸後期～明治期の警視庁警部、政治家
渡辺(わたなべ)高　1785～1843　江戸中期・後期の剣術家

峻　たかし
秋山(あきやま)峻　1838～1917　江戸末期～大正期の登米伊達氏の家老、政治家

隆　たかし
渡辺(わたなべ)隆　?～1893　江戸後期～明治期

の医師

孚　たかし　⇔まこと

宮城（みやぎ）孚　江戸前期の神道家

嶂　たかし

石川（いしかわ）嶂　1839～1914　江戸末期の加賀大聖寺藩士

巍　たかし

岡本（おかもと）巍　1850～1920　江戸末期～大正期の教育者

菘　たかし　⇔しゅう

越智（おち）菘　1808～1880　江戸後期～明治期の医者

棐　たかし

富田（とみた）棐　1846～1878　江戸後期～明治期の備前藩医

た

孝治　たかじ　⇔たかはる

美見（みいみ）孝治　1841～1902　江戸後期～明治期の地方政治家

多賀治　たかじ

須田（すだ）多賀治　？～1898　江戸末期・明治期の武術家

貴重　たかしげ

惟宗（これむねの）貴重　平安中期の官人

喬樹　たかしげ

野口（のぐち）喬樹　1782～1845　江戸中期・後期の藩士・歌人

孝重　たかしげ　⇔のりしげ

安倍（あべ）孝重　鎌倉前期の陰陽家

斎部（いんべの）孝重　平安後期の官人

高栄　たかしげ

三井（みつい）高栄　江戸前期の武士

高恵　たかしげ

原田（はらだ）高恵　1743～1793　江戸中期・後期の神職

高重　たかしげ　⇔こうじゅう

池田（いけだ）高重　？～1561　室町時代の名主

木村（きむら）高重　？～1582？　安土桃山時代の織田信長の家臣《木村次郎左衛門》

黒瀬（くろせ）高重　1533～1605　江戸前期の武将

五味（ごみ）高重　？～1575　戦国・安土桃山時代の武田家臣

酒井（さかい）高重　戦国時代の上野国緑埜郡高山庄の領主高山氏の被官

佐々木（ささき）高重　？～1221　平安後期・鎌倉前期の後鳥羽院の北面の武士

渋谷（しぶや）高重　？～1213　鎌倉前期の武士

平（たいらの）高重　？～1213　平安後期・鎌倉前期の武士

樋口（ひぐち）高重　戦国時代の剣士

高昌　たかしげ

曽根（そね）高昌　？～1556　戦国時代の喜多郡の領主

高繁　たかしげ

大胡（おおご）高繁　戦国時代の上野国衆

高包　たかしげ　⇔たかかね

村沢（むらさわ）高包　1749～1837　江戸中期・後期の和算家

高茂　たかしげ

加地井（かぢい）高茂　江戸中期の薬学者

橳島（ぬでじま）高茂　1793～1869　江戸末期・明治期の吉井藩の郷代官

隆重　たかしげ　⇔りゅうじゅう

中島（なかじま）隆重　安土桃山時代の織田信長の家臣

能勢（のせ）隆重　1661～1717　江戸前期・中期の幕臣

藤橋（ふじはし）隆重　江戸中期の相馬藩士

藤原（ふじわらの）隆重　平安後期の官人

隆成　たかしげ　⇔たかなり

藤原（ふじわら）隆成　平安中期の公家・歌人

藤原（ふじわらの）隆成　平安後期の下級官人《藤原隆成》

隆繁　たかしげ

三隅（みすみ）隆繁　？～1570　安土桃山時代の武将

堯重　たかしげ

平（たいら）堯重　南北朝時代の連歌作者

教品　たかしな

太田（おおた）教品　1683～1731　江戸前期・中期の藩士

隆品　たかしな

小浜（おばま）隆品　1688～1764　江戸前期・中期の幕臣

高嶋　たかしま

文室（ふんやの）高嶋　奈良時代の官人

多加女　たかじょ

寺部（てらべ）多加女　江戸末期の女流歌人

鷹白　たかしろ

薩摩君（さつまのきみ）鷹白　奈良時代の薩摩隼人

高季　たかすえ

葛木（かつらぎの）高季　平安後期の官人

千秋（せんしゅう）高季　戦国時代の室町幕府奉公衆

高木（たかぎ）高季　平安後期の官人

隆季　たかすえ

九鬼（くき）隆季　1608～1678　江戸前期の大名

孝資　たかすけ

前田（まえだ）孝資　1683～1753　江戸前期・中期の加賀藩士

孝亮　たかすけ

小槻（おづき）孝亮　1575～1652　安土桃山・江戸前期の公家

高資　たかすけ

庄（しょう）高資　？～1571　室町時代の武将

荘（しょう）高資　庄高資に同じ

高助　たかすけ

助高屋（すけたかや）高助　1789～1848　江戸中期以来の歌舞伎役者

簗田（やなだ）高助　1493～1550　戦国時代の武将

高扶　たかすけ

大江（おおえの）高扶　平安中期の官人

高輔　たかすけ
平（たいら）高輔　？～1270　鎌倉前期・後期の公家
高亮　たかすけ
飯沢（いいざわ）高亮　江戸中期の和算家
京極（きょうごく）高亮　1759～1788　江戸中期・後期の幕臣
高崧　たかすけ
藤堂（とうどう）高崧　1773～1828　江戸中期・後期の大名
登介　たかすけ
佐久間（さくま）登介　1848～？　江戸後期・末期の新撰組隊士
隆資　たかすけ　⇔たかより
藤原（ふじわらの）隆資　？～1083　平安中期・後期の歌人
貴澄　たかずみ
島津（しまづ）貴澄　1738～1807　江戸中期・後期の武将
孝純　たかずみ
岩松（いわまつ）孝純　1708～1789　江戸中期・後期の幕臣
関根（せきね）孝純　1815～1899　江戸後期の歌人、粕壁宿名主
高澄　たかずみ
矢上（やがみ）高澄　南北朝時代の武将
隆純　たかずみ
寺尾（てらお）隆純　江戸中期の医者
隆澄　たかずみ
高田（たかた）隆澄　平安後期・鎌倉前期の武士
孝祖　たかそ
土山（つちやま）孝祖　1707～1756　江戸中期の幕臣
高蔵　たかぞう　⇔こうぞう
西岡（にしおか）高蔵　1858～1901　江戸末期・明治期の実業家
高造直隆　たかぞうなおたか
浅野（あさの）高造直隆　江戸後期の著述家。「素人包丁」の著者
高田王　たかだおう
高田王　？～735　奈良時代の官人
高孝　たかたか　⇔たかのり
芳賀（はが）高孝　戦国時代の宇都宮氏の重臣
敬武　たかたけ
藤原（ふじわら）敬武　江戸後期の神職
森本（もりもと）敬武　1638～1698　江戸前期・中期の代官
隆強　たかたけ
三宅（みやけ）隆強　？～1819　江戸後期の和算家、二本松藩士
敬忠　たかただ　⇔けいちゅう，よしただ
海（あまの）敬忠　平安中期の官人
勝呂（すぐろ）敬忠　1785～？　江戸中期・後期の駿河沼津藩の戸田領取締役
安井（やすい）敬忠　江戸中期の神職
孝忠　たかただ　⇔こうちゅう
宇佐美（うさみ）孝忠　戦国時代の越後国刈羽郡の国人
藤原（ふじわらの）孝忠　平安中期の官人
高忠　たかただ
山鹿（やまが）高忠　？～1821　江戸中期・後期の藩士、兵学者
山地（やまぢ）高忠　1652～1683　江戸前期の武芸家
高品　たかただ　⇔こうひん
山口（やまぐち）高品　？～1838　江戸後期の幕臣
隆忠　たかただ
藤原（ふじわらの）隆忠　平安後期の官人
高達　たかたつ
大草（おおくさ）高達　？～1821　江戸後期の武士
孝胤　たかたね　⇔のりたね
千葉（ちば）孝胤　1443～1505　室町・戦国時代の武将
隆種　たかたね
中臣（なかとみの）隆種　？～1308　鎌倉後期の飛騨守
孝親　たかちか
大友（おおとも）孝親　1394～1425　室町時代の武将
紀（きの）孝親　平安中期の官人
惟宗（これむねの）孝親　平安中期の官人
橘（たちばなの）孝親　平安中期の官人。文章博士
孝隣　たかちか
斎部（いんべの）孝隣　平安後期の官人
高親　たかちか
紀（きの）高親　平安後期の官人
君嶋（きみじま）高親　戦国時代の宇都宮氏の重臣
芳賀（はが）高親　1137～1198　鎌倉前期の武将
平川（ひらかわ）高親　1284～1375　南北朝時代の備中国の武将
隆親　たかちか
藤沢（ふじさわ）隆親　戦国時代の信濃国伊那郡箕輪（福与）城主
藤原（ふじわらの）隆親　平安後期・鎌倉前期の画家
鷹司院按察　たかつかさいんのあぜち
鷹司院按察　鎌倉時代の女房・歌人
鷹司院帥　たかつかさいんのそち
鷹司院帥　鎌倉時代の女房・歌人
孝継　たかつぐ
藤原（ふじわら）孝継　鎌倉時代の公家・歌人
吉田（よしだ）孝継　1826～1879　江戸後期～明治期の歌人、藩士
高継　たかつぐ
阿倍（あべの）高継　平安前期の官人
氏家（うじいえ）高継　戦国時代の馬術家
弟国部（おとくにべの）高継　平安前期の官人
甘南備（かんなびの）高継　平安前期の官人
紀（きの）高継　平安前期の紀伊国造
平（たいらの）高継　1334～？　南北朝時代の5戸の地頭代職（地頭の代官）

三浦(みうら)高継　?～1339　南北朝時代の武将
高嗣　たかつぐ
安富(やすとみ)高嗣　南北朝時代の歌人
高次　たかつぐ
木村(きむら)高次　安土桃山時代の織田信長の家臣
隆次　たかつぐ
鈴木(すずき)隆次　?～1636　江戸前期の代官
堯次　たかつぐ
里見(さとみ)堯次　戦国時代の義堯の子
高綱　たかつな
源(みなもとの)高綱　平安後期・鎌倉前期の武士
山上(やまがみ)高綱　鎌倉前期の武人
貴恒　たかつね
植木(うえき)貴恒　1816～1900　江戸後期～明治期の神職
中島(なかじま)貴恒　1816～1900　江戸後期～明治期の国学者
孝庸　たかつね
宮城(みやぎ)孝庸　?～1667　江戸前期の藩士
高経　たかつね
紀(きの)高経　平安後期の紀伊国造
藤原(ふじわら)高経　835～893　平安前期の公家・歌人
高恒　たかつね
高橋(たかはしの)高恒　平安中期の官人
高常　たかつね
紀(きの)高常　平安前期の官人
高草木(たかくさぎ)高常　戦国・安土桃山時代の勢多郡草木城主
隆経　たかつね
城(じょう)隆経　江戸後期の馬術家
豊原(とよはらの)隆経　平安後期の官人
藤原(ふじわらの)隆経　平安中期の官吏、歌人
堯常　たかつね
角田(つのだ)堯常　戦国時代の上総久留里城主・里見義堯の家臣
孝連　たかつら
前田(まえだ)孝連　江戸後期の藩士
高陳　たかつら　⇔たかのぶ
主藤(すとう)高陳　1849～1886　江戸後期～明治期の教育者
堯連　たかつら
飯尾(いいのお)堯連　戦国時代の故実家
高鶴郎姫　たかつるのいらつめ
高鶴郎姫　上代の女性。履中天皇の嬪
高照　たかてる
芳賀(はが)高照　?～1555　戦国時代の宇都宮氏の重臣
最弟　たかと　⇔まおと
紀(きの)最弟　795～852　平安前期の官人
孝任　たかとう
紀(きの)孝任　平安中期の官人
高任　たかとう
大島(おおしま)高任　1826～1901　江戸末期・明治期の鉱山学者
隆遠　たかとう
岩城(いわき)隆遠　1822～1886　江戸後期～明治期の教育者
隆任　たかとう
掃守(かにもりの)隆任　平安後期の官人
九鬼(くき)隆任　?～1692　江戸前期の武士
高遠　たかとお
吉田(よしだ)高遠　1807～1883　江戸後期～明治期の小信中島の豪農
孝言　たかとき
大蔵(おおくらの)孝言　平安後期の官人
孝時　たかとき
藤原(ふじわら)孝時　?～1266　鎌倉前期・後期の公家、楽人
高時　たかとき
紀(きの)高時　平安後期の官人
高辰　たかとき
小林(こばやし)高辰　?～1811　江戸後期の和算家
隆時　たかとき
宍戸(ししど)隆時　1673～?　江戸前期・中期の笠島道祖神社の神主
堯時　たかとき
宮道(みやじの)堯時　平安中期の検非違使
敬敏　たかとし
広岩(ひろいわ)敬敏　1817～?　江戸後期・末期の神職
高寿　たかとし　⇔こうじゅ
萱場(かやば)高寿　?～1744　江戸中期の郡奉行
倉賀野(くらがの)高俊　鎌倉時代の御家人
千家(せんげ)高俊　戦国時代の杵築大社国造
芳賀(はが)高俊　戦国時代の佐竹氏の家臣
尊俊　たかとし
小野(おの)尊俊　1645～1678　江戸前期の日御碕検校
隆利　たかとし
瀬之口(せのくち)隆利　1704～1761　江戸中期の外科医
高富　たかとみ
小海(こうみ)高富　戦国時代の武士
高福　たかとみ
小野(おの)高福　1774～1852　江戸中期・後期の幕臣、飛騨郡代
高豊　たかとみ　⇔たかとよ
小海(こうみ)高豊　戦国時代の武将。武田家臣
孝友　たかとも
平(たいらの)孝友　平安中期の官人
前田(まえだ)孝友　1759～1832　江戸中期・後期の藩士
前田(まえだ)孝友　1842～?　江戸後期・末期の藩士
孝与　たかとも
稲生(いのう)孝与　江戸中期の本草学者
高知　たかとも
野尻(のじり)高知　南北朝時代の武将

高朝 たかとも
北条（ほうじょう）高朝 ？～1333 鎌倉後期の武士
高伴 たかとも
栗田（くりた）高伴 1792～1831 江戸後期の歌人
高朋 たかとも
武市（たけち）高朋 1722～1776 江戸中期の彫刻家
尊朝 たかとも
源（みなもと）尊朝 南北朝時代の連歌作者
隆朝 たかとも
板橋（いたばし）隆朝 ？～1842 江戸後期の和算家
嶢智 たかとも
市岡（いちおか）嶢智 1765～1833 江戸中期・後期の博物学者
堯知 たかとも
平（たいら）堯知 ？～1582 戦国・安土桃山時代の武士。能登国守護畠山氏の重臣
平（ひら）堯知 戦国時代の武士
高豊 たかとよ ⇔たかとみ
青地（あおじ）高豊 青地高豊に同じ
青地（あおぢ）高豊 1633～1697 江戸前期の弓術家
野尻（のじり）高豊 江戸中期の幕臣
藤井（ふじい）高豊 1791～1825 江戸後期の神職
宮村（みやむら）高豊 1713～？ 江戸中期の幕臣、代官
鷹取 たかとり
朝野（あさのの）鷹取 平安前期の官人
大野（おおのの）鷹取 平安前期の官人
大宅首（おおやけのおびと）鷹取 平安前期の官人
忍海（おしのうみの）鷹取 平安前期の官人
敬名 たかな ⇔けいめい
岡（おか）敬名 1804～1850 江戸末期の歌人
喬直 たかなお
玉置（たまき）喬直 1656～1723 江戸中期の書家・歌人・右筆
土屋（つちや）喬直 1666～1725 江戸前期・中期の幕臣
敬直 たかなお ⇔のりなお
加藤（かとう）敬直 1706～1755 江戸中期の「播磨古跡便覧」の著者
山田（やまだ）敬直 1797～1876 江戸後期～明治期の石清水八幡宮の社司
孝直 たかなお
曽根（そね）孝直 1775～1832 江戸中期・後期の国学者
高尚 たかなお
荒木（あらき）高尚 ？～1728 江戸中期の武士、幕臣
葉山（はやま）高尚 ？～1876 江戸後期～明治期の藩士
高直 たかなお
大野（おおの）高直 ？～1582 戦国時代の武士、本宮山城主
上神（かずわ）高直 ？～1353 南北朝時代の武将
甘南備真人（かんなびのまひと）高直 平安前期の上野介
陶山（すやま）高直 室町時代の武将
藤原（ふじわらの）高直 ？～1185 平安後期の武士。菊池七郎経直の子
山口（やまぐち）高直 江戸時代の佐土原藩家老
生直 たかなお
山科（やましな）生直 1794～1851 江戸後期の官人
隆尚 たかなお
川勝（かわかつ）隆尚 ？～1730 江戸中期の旗本
隆直 たかなお
内崎（うちざき）隆直 1799～1864 江戸後期・末期の兵学者
江刺（えさし）隆直 ？～1622 安土桃山・江戸前期の土沢館初代館主
上妻（こうづま）隆直 1632～1707 江戸前期・中期の種子島の系図編者
船尾（ふなお）隆直 戦国時代の佐竹氏の外様家臣
孝中 たかなか ⇔こうちゅう
前田（まえだ）孝中 1839～1857 江戸後期・末期の加賀藩士
高中 たかなか
小沢（おざわ）高中 戦国時代の入曽村の武士
隆仲 たかなか
藤原（ふじわらの）隆仲 平安後期の官人
孝長 たかなが
紀（きの）孝長 ？～1096 平安後期の紀伊国造
滋岡（しげおか）孝長 1833～1884 江戸後期～明治期の大阪天満宮祀職として、父功長を助ける
山本寺（やまもとでら）孝長 ？～1582 戦国・安土桃山時代の武将
高永 たかなが
内山（うちやま）高永 1666～1734 江戸前期・中期の代官
高長 たかなが
五条（ごじょう）高長 1210～1285 鎌倉前期・後期の公卿
佐々木（ささき）高長 南北朝時代の武将
田中（たなか）高長 江戸後期の和算家
北条（ほうじょう）高長 鎌倉後期の武士
隆永 たかなが
常田（ときだ）隆永 ？～1572 安土桃山時代の武将
常田（ときた）隆永 常田隆永に同じ
隆長 たかなが
八田（はった）隆長 江戸後期の狂歌師
藤原（ふじわらの）隆長 1141～？ 平安後期の人。左大臣頼長男
源（みなもとの）隆長 平安後期の官人
高浪 たかなみ
鳴門（なると）高浪 江戸時代の狂歌作者
貴成 たかなり
石川（いしかわ）貴成 江戸前期の幕臣
孝成 たかなり
野田（のだ）孝成 1747～？ 江戸中期の幕臣

前田(まえだ)孝成　1808～？　江戸後期の幕臣
高業　たかなり
上条(かみじょう)高業　戦国時代の上野国衆国峰小幡氏の家臣
平(たいら)高業　南北朝時代の連歌作者
高成　たかなり
紀(きの)高成　平安後期の相模国在庁官人
幸田(こうだ)高成　1695～1750　江戸中期の幕臣
佐々木(ささき)高成　江戸中期の神道家
北条(ほうじょう)高成　鎌倉後期の武士
高斉　たかなり
家原(いえはらの)高斉　平安前期の官人
鷹成　たかなり
紀(きの)鷹成　平安前期の官人
隆成　たかなり　⇔たかしげ
藤原(ふじわらの)隆成　平安後期の下級官人

た

高庭　たかにわ
大春日(おおかすがの)高庭　平安前期の官人
当麻(たぎまの)高庭　奈良時代の官人
布留(ふるの)高庭　平安前期の文人官僚
高額　たかぬか
田辺(たなべの)高額　奈良時代の官人
高主　たかぬし
多治比(たじひの)高主　平安前期の官人
鷹主　たかぬし
粟田(あわたの)鷹主　奈良時代の官人
高橋(たかはしの)鷹主　奈良時代の官人
高根　たかね
紀(きの)高根　平安中期の官人
不二廼舎(ふじのや)高根　1847～1906　江戸後期～明治期の戯作家、俳人、雑誌編集者、新聞人
隆音　たかね
細井(ほそい)隆音　1714～1772　江戸中期の幕臣・歌人
鷹野　たかの
安倍(あべの)鷹野　？～809　平安前期の官人
鷹之進　たかのしん
白井(しらい)鷹之進　1839～？　江戸後期・末期の新撰組隊士
鷹之助　たかのすけ
益田(ますだ)鷹之助　江戸末期の幕臣・佐渡奉行属役。1864年遣仏使節に随行しフランスに渡る
森(もり)鷹之助　江戸末期の新撰組隊士
鷹之輔　たかのすけ
飯箸(いいはし)鷹之輔　1829～1892　江戸後期～明治期の剣術家。柳剛流飯箸派祖
多賀之助　たがのすけ
橋本(はしもと)多賀之助　1840～1872　江戸後期～明治期の新田勤皇党・新田官軍主要人物の1人
岳信　たかのぶ
亀田(かめだ)岳信　戦国・安土桃山時代の一向一揆の首領
貴信　たかのぶ
宇野(うの)貴信　江戸中期の和算家
敬信　たかのぶ　⇔きょうしん
磯辺(いそべ)敬信　1830～1897　江戸末期・明治期の屋台・天棚彫刻師
孝信　たかのぶ　⇔こうしん
大江(おおえの)孝信　平安中期の官人
平(たいらの)孝信　？～1005　平安中期の官人
前田(まえだ)孝信　1833～？　江戸後期・末期の藩士
高演　たかのぶ
高麗(こま)高演　？～1721　江戸中期の旗本
高信　たかのぶ
石川(いしかわ)高信　1505～1581　戦国・安土桃山時代の南部の武将
武田(たけだ)高信　戦国時代の武将
武光(たけみつ)高信　鎌倉時代の薩摩郡の在地領主
三宅(みやけ)高信　江戸前期の画家
望月(もちづき)高信　江戸中期の隠士
高宣　たかのぶ
北条(ほうじょう)高宣　鎌倉後期の武士
高陳　たかのぶ　⇔たかつら
佐々木(ささき)高陳　江戸後期の幕臣・砲術家
鷹信　たかのぶ
近藤(こんどう)鷹信　江戸後期の歌人
隆延　たかのぶ
阿部(あべ)隆延　1816～1886　江戸後期～明治期の神官
隆信　たかのぶ　⇔りゅうしん
谷山(たにやま)隆信　南北朝時代の南朝方の武将、谷山郡司
貴徳　たかのり
平(たいら)貴徳　1732～？　江戸中期の武士
恭徳　たかのり
栗田(くりた)恭徳　1823～1878　江戸後期～明治期の商家・歌人
敬典　たかのり　⇔のりすけ
小倉(おぐら)敬典　江戸後期の郷土史家
川辺(かわべ)敬典　江戸後期の藩士
森(もり)敬典　1778～1855　江戸中期～末期の幕臣
敬徳　たかのり　⇔けいとく, よしのり
浅野(あさの)敬徳　江戸末期の砲術家
立岩(たちいわ)敬徳　江戸後期の和算家
孝矩　たかのり
前田(まえだ)孝矩　1676～1712　江戸前期・中期の藩士
孝済　たかのり
福岡(ふくおか)孝済　1830～1876　江戸後期～明治期の教育家
孝典　たかのり
井手(いで)孝典　江戸中期の和算家
孝範　たかのり
海(あまの)孝範　平安中期の官人
木戸(きど)孝範　1434～？　室町・戦国時代の武士、歌人
藤原(ふじわらの)孝範　平安後期の官人

藤原(ふじわらの)孝範　1158〜1233　平安後期・鎌倉前期の官吏・漢詩人

高規　たかのり
京極(きょうごく)高規　1643〜1708　江戸前期・中期の武士
丹生(にうの)高規　平安中期の木工算師

高敬　たかのり
国分(こくぶ)高敬　国分高敬に同じ
国分(こくぶん)高敬　江戸末期・明治期の和算家

高孝　たかのり　⇔たかたか
北島(きたじま)高孝　室町・戦国時代の杵築大社国造

高則　たかのり
高則　南北朝時代の刀工
三枝(さえぐさ)高則　安土桃山時代の那賀郡岩脇城主
北条(ほうじょう)高則　鎌倉後期の武士
間宮(まみや)高則　？〜1609　江戸前期の旗本

高範　たかのり　⇔こうはん
進藤(しんどう)高範　？〜1221　鎌倉前期の官人
千秋(せんしゅう)高範　南北朝時代の武家・歌人
名児耶(なごや)高範　鎌倉後期・南北朝時代の武将
秦(はたの)高範　平安中期の明経道の官人
藤原(ふじわら)高範　平安後期・鎌倉前期の武士
北条(ほうじょう)高範　鎌倉後期の武士

尊陸　たかのり
阿久津(あくつ)尊陸　江戸後期の和算家

隆徳　たかのり　⇔りゅうとく
上野(うえの)隆徳　?〜1575　安土桃山時代の武将
加門(かもん)隆徳　？〜1855　江戸後期の医者

隆範　たかのり
船(ふねの)隆範　平安中期の官人

隆礼　たかのり
高野(たかの)隆礼　1834〜1887　江戸後期〜明治期の和算家

高原　たかはら
高原　江戸前期の陶工

乙春　たかはる
藤原(ふじわらの)乙春　平安前期の女性。二条后高子の母

孝治　たかはる　⇔たかじ
坂崎(さかざき)孝治　江戸中期の歌人
別所(べっしょ)孝治　？〜1697　江戸中期の旗本

孝晴　たかはる
孝晴　江戸前期の俳人

高治　たかはる
後藤(ごとう)高治　？〜1589？　戦国・安土桃山時代の織田信長の家臣
三井(みつい)高治　1657〜1726　江戸前期・中期の商家

高春　たかはる
良岑(よしみねの)高春　平安後期の武士

高晴　たかはる
忍海(おしのうみの)高晴　平安中期の官人

生春　たかはる
山科(やましな)生春　1818〜？　江戸後期・末期の官人

誉春　たかはる
桂(かつら)誉春　1702〜1774　江戸中期の庄屋

隆春　たかはる
茂木(もぎ)隆春　江戸中期の藩士

高彦　たかひこ
松木(まつき)高彦　1686〜1753　江戸前期・中期の神職

敬久　たかひさ
堀池(ほりいけ)敬久　1773〜1845　江戸中期・後期の藩士・和算家

孝久　たかひさ
八木(やぎ)孝久　1850〜1903　江戸末期・明治期の初代波方村長・愛媛県会議員

高久　たかひさ
神尾(かんお)高久　1625〜1685　江戸前期の幕臣
京極(きょうごく)高久　1664〜1732　江戸前期・中期の幕臣
品川(しながわ)高久　1576〜1639　安土桃山・江戸前期の今川氏真の子
藤井(ふじい)高久　1725〜1807　江戸末期の歌人

登寿　たかひさ　⇔としひさ
恒川(つねかわ)登寿　？〜1862　江戸後期・末期の藩士

孝秀　たかひで
巨勢(こせの)孝秀　平安中期の陰陽寮の官人
藤原(ふじわら)孝秀　鎌倉時代の公家・楽人

高英　たかひで
小林(こばやし)高英　江戸後期の書肆

高秀　たかひで
赤井(あかい)高秀　戦国時代の上野国衆
京極(きょうごく)高秀　1328〜1391　南北朝時代の侍所頭人、出雲・飛騨国守護
児島(こじま)高秀　南北朝時代の武士
藤原(ふじわら)高秀　南北朝時代の連歌作者

高衡　たかひら
本吉(もとよし)高衡　？〜1201　平安後期・鎌倉前期の武将

高平　たかひら　⇔たかひろ
県(あがたの)高平　平安中期の相撲人
大原(おおはらの)高平　平安中期の官人
大宅(おおやけの)高平　平安中期の官人
京極(きょうごく)高平　1700〜1709　江戸中期の旗本領主
清原(きよはらの)高平　平安中期の官人

隆衡　たかひら
藤原(ふじわら)隆衡　1172〜1254　鎌倉前期の上流貴族

良啓　たかひら　⇔りょうけい
山村(やまむら)良啓　1711〜1786　江戸中期の木曽山村領第8代の代官

喬広　たかひろ
深谷(ふかや)喬広　戦国時代の御用商人。佐竹氏

家臣
敬弘　たかひろ
木村（きむら）敬弘　1826～1872　江戸後期～明治期の幕臣
孝寛　たかひろ
寺門（てらかど）孝寛　1754～1828　江戸中期・後期の藩士
孝博　たかひろ
藤原（ふじわらの）孝博　平安後期の雅楽家
高広　たかひろ
大江（おおえ）高広　南北朝時代の歌人
高弘　たかひろ
大内（おおうち）高弘　戦国時代の武将
永田（ながた）高弘　戦国時代の武将・連歌作者
高平　たかひろ　⇔たかひら
平（たいらの）高平　平安中期の官人
崇広　たかひろ
吉川（よしかわ）崇広　江戸中期の医者
隆弘　たかひろ
岩瀬（いわせ）隆弘　1817～？　江戸後期・末期の幕臣出身の開拓権大主典、建築技術者
孝房　たかふさ　⇔のりふさ
出雲（いずもの）孝房　鎌倉時代の神職《出雲孝房》
高房　たかふさ
京極（きょうごく）高房　1644～1677　江戸前期の幕臣
北条（ほうじょう）高房　鎌倉後期の武士
源（みなもとの）高房　？～1077　平安中期・後期の人。醍醐源氏
隆総　たかふさ
依田（よだ）隆総　戦国時代の武田氏の家臣
隆房　たかふさ
荒牧（あらまき）隆房　戦国時代の武士
隆冬　たかふゆ
四条（しじょう）隆冬　南北朝・室町時代の公家
嵩振　たかふる
牧（まき）嵩振　1764～1839　江戸中期・後期の藩士
乙正　たかまさ
野間（のま）乙正　1645～1712　江戸前期の武士
喬正　たかまさ
上田（うえだ）喬正　1758～1820　江戸後期の武士
興雅　たかまさ
山田（やまだ）興雅　1809～1885　江戸後期～明治期の二条派歌人、郡長
孝匡　たかまさ
茂木（もぎ）孝匡　1818～1902　江戸末期・明治期の和算家《茂木柳斎》
孝昌　たかまさ
岩間（いわま）孝昌　戦国時代の武将。武田家臣
中島（なかじま）孝昌　1766～1808　江戸中期・後期の名主
前田（まえだ）孝昌　1723～1777　江戸中期の加賀藩士
孝政　たかまさ
佐々木（ささき）孝政　1671～1747　江戸前期・中期の漢学者
永原（ながはら）孝政　？～1678　江戸前期の藩士
幸正　たかまさ　⇔ゆきまさ
山中（やまなか）幸正　1735～1798　江戸中期・後期の幕臣
高雅　たかまさ
紀（きの）高雅　平安中期の官人
源（みなもとの）高雅　平安中期の官人。有明親王の孫
三宅（みやけ）高雅　1770～1839　江戸末期の武士
高匡　たかまさ
三井（みつい）高匡　1789～1856　江戸後期・末期の商家、国学者
高将　たかまさ
仁木（にき）高将　戦国時代の名東郡花房城主
高政　たかまさ
大井（おおい）高政　戦国時代の信濃国衆
小柏（おがしわ）高政　？～1575　戦国時代の武士
小幡（おばた）高政　戦国時代の上野国衆。信真の一族
規矩（きく）高政　？～1334　鎌倉後期の武将
北条（きたじょう）高政　戦国・安土桃山時代の上野国衆厩橋北条氏の一族
北条（ほうじょう）高政　鎌倉後期の武士
北条（ほうじょう）高政　？～1334　鎌倉後期・南北朝時代の武士
高正　たかまさ
大草（おおくさ）高正　1587～1624　安土桃山・江戸前期の幕臣
高節　たかまさ　⇔こうせつ
狛（こま）高節　1841～？　江戸後期・末期の楽人
尚正　たかまさ　⇔なおまさ
大築（おおつき）尚正　1850～1884　江戸後期～明治期の官吏
孟雅　たかまさ　⇔たけまさ
古坂（ふるさか）孟雅　1746～？　江戸中期の幕臣
隆雅　たかまさ
藤原（ふじわらの）隆雅　平安後期・鎌倉前期の公家
隆昌　たかまさ
直（あたいの）隆昌　平安中期の官人
大中臣（おおなかとみ）隆昌　南北朝時代の神職・歌人
瀬之口（せのくち）隆昌　1758～1827　江戸後期の医者
隆真　たかまさ
小松（こまつ）隆真　江戸後期の和算家
隆政　たかまさ　⇔りゅうせい
久保田（くぼた）隆政　1659～1741　江戸前期・中期の代官
越賀（こしが）隆政　安土桃山時代の志摩の国人九鬼氏有力家臣
鈴木（すずき）隆政　？～1652　江戸前期の代官
北条（ほうじょう）隆政　鎌倉後期の武士

隆正　たかまさ
河原（かわはら）隆正　戦国時代の真田氏の家臣
隆道　たかまさ
油小路（あぶらのこうじ）隆道　1794～1834　江戸後期の公家
堯昌　たかまさ
薦野（こもの）堯昌　戦国時代の里見義堯の家臣
高雅　たかまさ
森（もり）高雅　1791～1864　江戸末期の画家《森王僊》
貴強　たかます
松平（まつだいら）貴強　1742～1799　江戸中期・後期の幕臣
高益　たかます
芳賀（はが）高益　？～1488　室町・戦国時代の宇都宮氏の重臣
隆益　たかます
田付（たつけ）隆益　江戸後期の蒔絵師
高麿　たかまろ
島（しま）高麿　1791～1871　江戸後期～明治期の絵師
鷹麿　たかまろ
古田（ふるた）鷹麿　1801～1875　江戸後期～明治期の庄屋
高見　たかみ　⇔こうけん
猪名（いなの）高見　？～672　飛鳥時代の官人
高視　たかみ
菅原（すがわらの）高視　？～913　平安中期の文人。菅原道真公の長子
隆見　たかみ　⇔りゅうけん
松平（まつだいら）隆見　？～1682　江戸前期の幕臣
田上王　たがみおう
田上王　奈良時代の官人
啓通　たかみち
矢野（やの）啓通　1820～1886　江戸後期～明治期の彫刻家
敬道　たかみち
久保（くぼ）敬道　江戸中期の装剣金工
孝道　たかみち
我孫（あびこの）孝道　平安中期の官人
源（みなもとの）孝道　？～1010　平安中期の官吏、漢詩人
高通　たかみち
古荘（ふるしょう）高通　鎌倉時代の神西新荘地頭
松本（まつもと）高通　江戸前期の歴史家
三浦（みうら）高通　南北朝時代の武将
山鹿（やまが）高通　1845～1910　江戸後期～明治期の藩士・兵学者
高道　たかみち
朝原（あさはらの）高道　平安前期の官人
豊永（とよなが）高道　1842～1863　江戸末期の志士
山鹿（やまが）高道　1691～1764　江戸中期の藩士・兵学者
遵道　たかみち
永田（ながた）遵道　江戸後期の和算家
隆通　たかみち
白土（しらと）隆通　安土桃山時代の陸奥大館城主岩城氏の家臣
貴光　たかみつ
堀（ほり）貴光　江戸末期・明治期の藩士・歌人
孝光　たかみつ
浅野（あさの）孝光　1839～1910　江戸後期～明治期の関流和算家
孝泉　たかみつ
多田（ただ）孝泉　江戸末期・明治期の天台宗の僧
高光　たかみつ
高光　平安中期の刀工
伊福部（いおきべの）高光　平安中期の官人
伊賀（いが）高光　南北朝時代の武士
山上（やまがみ）高光　鎌倉前期の御家人
山盈　たかみつ
辻（つじ）山盈　？～1739　江戸中期の幕臣
上満　たかみつ
出目（でめ）上満　江戸中期の能面師
隆光　たかみつ
宍戸（ししど）隆光　1795～1883　江戸後期～明治期の笠島道祖神社神主
高峰　たかみね
福原（ふくはら）高峰　1792～1868　江戸後期の鎌倉郡渡内村名主
高峯　たかみね
福原（ふくはら）高峯　1792～1868　江戸後期の鎌倉郡渡内村名主《福原高峰》
高宮　たかみや
鈴木（すずき）高宮　1819～1900　江戸後期～明治期の神職・寺子屋師匠
高宮王　たかみやのおおきみ
高宮王　奈良時代の万葉歌人
高向王　たかむくのおおきみ
高向王　飛鳥時代の用明天皇孫
孝宗　たかむね
秋葉（あきば）孝宗　江戸末期の和算家
高宗　たかむね
葛木（かつらぎの）高宗　平安前期の医師
平（たいら）高宗　鎌倉後期・南北朝時代の歌人
玉生（たまにゅう）高宗　？～1598　戦国・安土桃山時代の宇都宮氏の重臣
隆宗　たかむね
大中臣（おおなかとみの）隆宗　1168～1226　平安後期・鎌倉前期の祭主（46代）
藤原（ふじわらの）隆宗　平安後期の官人
源（みなもとの）隆宗　平安後期の官人
隆棟　たかむね
大河平（おこびら）隆棟　1774～1809　江戸中期・後期の国学者
隆膺　たかむね
楢山（ならやま）隆膺　1798～1867　江戸後期・末期の歌人

高棟王　たかむねおう
高棟王　804～867　平安前期の桓武天皇孫
高村　たかむら
原(はら)高村　室町時代の武士
高室　たかむろ
黒沢(くろさわ)高室　1671～1744　江戸前期・中期の代官
挙用　たかもち
飯高(いいだか)挙用　平安中期の官人
卓茂　たかもち
小野(おのの)卓茂　平安中期の武士、官人
敬元　たかもと　⇔けいげん
山田(やまだ)敬元　?～1728　江戸中期の旗本
孝幹　たかもと
鹿島(かしま)孝幹　戦国時代の常陸国鹿島城主
孝元　たかもと
内蔵(くら)孝元　鎌倉時代の幕府御家人兼杵築大社権検校、国富荘地頭
孝始　たかもと
前田(まえだ)孝始　江戸後期の藩士
高幹　たかもと
大掾(だいじょう)高幹　南北朝時代の武将
高基　たかもと
寒河江(さがえ)高基　?～1584　安土桃山時代の出羽寒河江城主
北条(ほうじょう)高基　鎌倉後期の武士
山鹿(やまが)高基　1666～1737　江戸前期・中期の藩士、兵学者
高元　たかもと
牛屎(うしくそ)高元　南北朝時代の武将
大蔵(おおくらの)高元　平安中期の官人
深沢(ふかざわ)高元　1815～1879　江戸後期～明治期の神職
山鹿(やまが)高元　?～1827　江戸中期・後期の藩士、兵学者
高本　たかもと
京極(きょうごく)高本　1694～1758　江戸中期の幕臣
尊基　たかもと
大江(おおえの)尊基　平安中期の官人
隆基　たかもと
大中臣(おおなかとみ)隆基　南北朝時代の神職・歌人
大守(おおもり)隆基　1509～1591　安土桃山時代の神職
大森(おおもり)隆基　大守隆基に同じ
隆職　たかもと
大中臣(おおなかとみの)隆職　平安中期の鹿嶋社宮司
高盛　たかもり
大草(おおくさ)高盛　1624～1687　江戸前期の幕臣
友野(ともの)高盛　安土桃山時代の武将
鷹守　たかもり
粟田(あわたの)鷹守　?～806　奈良・平安前期の官人
紀(きの)鷹守　平安前期の官人
佐伯(さえきの)鷹守　奈良時代の官人
隆盛　たかもり
越智(おちの)隆盛　平安中期の官人
白戸(しらと)隆盛　?～1876　江戸末期・明治期の幕臣、陸軍軍人
敬哉　たかや　⇔けいさい
鈴木(すずき)敬哉　1837～1875　江戸後期～明治期の足利藩の蘭方医、勤王志士
敬容　たかやす
小山(こやま)敬容　1835～1871　江戸後期～明治期の国学者
孝康　たかやす
越智(おち)孝康　鎌倉後期の連歌作者
孝養　たかやす　⇔こうよう
村瀬(むらせ)孝養　江戸後期の和算家《村瀬孝養》
高安　たかやす
佐々木(ささき)高安　江戸中期の神職
高泰　たかやす
阿刀(あとの)高泰　奈良時代の官人
羽田井(はたい)高泰　南北朝時代の出雲国・美作国守護代
高保　たかやす　⇔こうほ
小野(おの)高保　1644～1709　江戸前期・中期の代官
野尻(のじり)高保　1718～?　江戸中期の幕臣
隆安　たかやす
都野(つの)隆安　戦国時代の都野郷領主
隆康　たかやす
椙杜(すぎのもり)隆康　戦国時代の蓮華山城主
源(みなもとの)隆康　平安後期の官人
隆泰　たかやす
小野(おの)隆泰　平安時代の武将
源(みなもと)隆泰　鎌倉時代の歌人
隆保　たかやす
源(みなもとの)隆保　鎌倉前期の官人
宇于　たかゆき
青木(あおき)宇于　江戸後期の数学者
宮行　たかゆき
宮行　室町時代の刀工
敬之　たかゆき　⇔けいし, けいすけ, ひろゆき
井田(いだ)敬之　江戸中期の書家
孝行　たかゆき
加藤(かとう)孝行　江戸後期の和算家
巨勢(こせの)孝行　平安後期の官人
前田(まえだ)孝行　1663～1721　江戸前期・中期の加賀藩士
三善(みよし)孝行　平安中期の官人
孝之　たかゆき
岡部(おかべ)孝之　1810～1884　江戸後期～明治期の歌人
白石(しらいし)孝之　1836～1898　江戸末期・明治期の蚕糸業功労者
藤田(ふじた)孝之　1812～1891　江戸後期～明治

期の陶業家、歌人

高幸 たかゆき
大井(おおい)高幸 戦国時代の武士

高行 たかゆき
高行 室町時代の刀工
大蔵(おおくらの)高行 平安中期の官人
須々木(すすき)高行 南北朝時代の備前国の武士
樃島(ぬでじま)高行 1821~1899 江戸後期~明治期の吉井藩士
源(みなもとの)高行 平安後期の官人
武河(むかわ)高行 戦国時代の上野国衆国峰小幡氏の家臣

高如 たかゆき
品川(しながわ)高如 1612~1671 江戸前期の幕臣

高之 たかゆき
大塚(おおつか)高之 江戸時代の著述家。「白河往昔之伝記」を校訂
大町(おおまち)高之 1635~1712 江戸前期・中期の仙台藩家臣

隆幸 たかゆき
九鬼(くき)隆幸 1671~1691 江戸前期・中期の丹波綾部藩主九鬼隆常の長男

隆行 たかゆき
四条(しじょう)隆行 1224~1285 鎌倉前期・後期の公家
都治(つち)隆行 戦国時代の石見国都治郷の領主

隆之 たかゆき
篠田(しのだ)隆之 1773~? 江戸中期の代官、勘定吟味役

孝世 たかよ
吉田(よしだ)孝世 1645~1713 江戸前期・中期の戦記文学作者、藩士

高世 たかよ
興世(おきよの)高世 平安前期の官人
菅野(すがの)高世 平安前期の公家・歌人

貴能 たかよし
薬師寺(やくしじ)貴能 ?~1484 室町・戦国時代の武士

貴隆 たかよし
山本(やまもと)貴隆 江戸末期の和算家、西条藩士

敬儀 たかよし ⇔よしのり
前波(まえなみ)敬儀 1745~1818 江戸中期・後期の歌人

敬義 たかよし ⇔けいぎ,ゆきよし
鏡味(かがみ)敬義 1782~1853 江戸中期・後期の楽人
下条(しもじょう)敬義 江戸後期の医者
戸田(とだ)敬義 江戸末期・明治期の人。旧鳥取藩士。竹島開発を申請した

孝義 たかよし
平(たいらの)孝義 平安中期の貴族

孝善 たかよし
藤原(ふじわら)孝善 平安後期の公家・歌人
堀(ほり)孝善 江戸後期の藩士

孝備 たかよし
前田(まえだ)孝備 江戸後期の藩士

高賀 たかよし
山鹿(やまが)高賀 ?~1771 江戸中期の藩士・兵学者

高義 たかよし
足利(あしかが)高義 鎌倉後期の武士
大槻(おおつき)高義 鎌倉前期の武将
紀(き)高義 鎌倉前期の平浜八幡宮惣検校

高吉 たかよし
手島(てしま)高吉 戦国時代の武蔵国衆忍成田氏の家老
渡辺(わたなべ)高吉 戦国時代の政所屋

高好 たかよし
大草(おおくさ)高好 ?~1837 江戸後期の幕臣

高美 たかよし
山鹿(やまが)高美 ?~1810 江戸中期・後期の藩士、兵学者

高良 たかよし
箕浦(みのうら)高良 1600~1673 安土桃山・江戸前期の藩士

尊義 たかよし
佐久間(さくま)尊義 江戸末期の和算家

隆義 たかよし
大胡(おおご)隆義 鎌倉前期の鎌倉幕府の御家人

隆吉 たかよし
小草野(おぐさの)隆吉 戦国時代の信濃小県郡の国衆
菊池(きくち)隆吉 江戸後期・末期の幕臣

隆慶 たかよし
宍道(しんじ)隆慶 ?~1577 戦国時代の宍道郷領主

隆敬 たかよし
木畑(きばた)隆敬 1801~1874 江戸末期の医師

隆好 たかよし
塩(しお)隆好 ?~1812 江戸中期・後期の藩士

高頼 たかより
長崎(ながさき)高頼 鎌倉後期の武士
東(ひがし)高頼 戦国時代の杵築大社上官
万年(まんねん)高頼 安土桃山・江戸前期の代官
万年(まんねん)高頼 ?~1646 江戸前期の代官
源(みなもとの)高頼 平安後期の武士

隆資 たかより ⇔たかすけ
藤原(ふじわら)隆資 平安後期の公家・歌人
藤原(ふじわらの)隆資 ?~1083 平安中期・後期の歌人《藤原隆資》

隆従 たかより
西山(にしやま)隆従 1804~1873 江戸後期~明治期の歌人
横山(よこやま)隆従 1758~1792 江戸中期・後期の藩士

隆頼 たかより
惟宗(これむね)隆頼 平安後期の漢詩人・歌人
藤原(ふじわら)隆頼 平安中期の公家・歌人

宝野　たからの
宝野　684〜？　飛鳥・奈良時代の僧
財皇女　たからのひめみこ
財皇女　上代の女性。反正天皇の皇女
財麿　たからまろ
猪名部(いなべの)財麿　奈良時代の官人
家部(やかべ)財麿　平安前期の名方郡新島庄長
田川　たがわ
田川　1809〜1866　江戸後期の老女
孝事　たかわざ
前田(まえだ)孝事　江戸後期の藩士
高我　たかわれ
家原(いえはらの)高我　平安前期の官人
たき
朝倉(あさくら)たき　江戸後期の女性。武士の妻
滝右衛門　たきえもん
尾関(おぜき)滝右衛門　1805〜1874　江戸後期〜明治期の宮大工
出羽ノ海(でわのうみ)滝右衛門　1770〜1809　江戸中期・後期の力士
山崎(やまざき)滝右衛門　1766〜1841　江戸中期・後期の更級郡力石村の治右衛門の子
滝雄　たきお
小野(おのの)滝雄　平安前期の官人
滝口入道　たきぐちにゅうどう
滝口入道　平安後期の武士、僧侶
滝子　たきこ
田中(たなか)滝子　？〜1840　江戸後期の女性。田中大秀の妻
滝三郎　たきさぶろう
甲村(こうむら)滝三郎　1837〜？　江戸後期〜明治期のガラ紡先駆者
滝沢(たきざわ)滝三郎　江戸末期・明治期の地主
滝次郎　たきじろう
中村(なかむら)滝次郎　1852〜1926　江戸末期〜大正期の製茶業
多吉　たきち
金森(かなもり)多吉　1839？〜1885　江戸後期〜明治期の酒・醬油醸造業
西井(にしい)多吉　1815〜1899　江戸後期〜明治期の実業家
太吉　たきち
浅倉(あさくら)太吉　1819〜1886　江戸末期・明治期の剣客
朝倉(あさくら)太吉　浅倉太吉に同じ
浦山(うらやま)太吉　1853〜1914　江戸末期〜大正期の産業基盤作りの先駆者
小山(こやま)太吉　1802〜1891　江戸後期〜明治期の豪商
小山(こやま)太吉　1857〜1910　江戸末期・明治期の素封家
高部(たかべ)太吉　1804〜1869　江戸末期の厚木村商人
多吉郎　たきちろう
名村(なむら)多吉郎　1768〜？　江戸中期・後期の通事
滝津　たきつ
黒川(くろかわ)滝津　1789〜1849　江戸後期の歌人
滝之介　たきのすけ
茂庭(もにわ)滝之介　1808〜1865　江戸後期・末期の剣術家。当剣流祖
滝之助　たきのすけ
町田(まちだ)滝之助　1834〜1886　江戸末期・明治期の山林地主
滝彦　たきひこ
竹田(たけだ)滝彦　江戸中期の浄瑠璃作者
当麻王　たぎまおう
当麻王　奈良時代の官人
多喜松　たきまつ
鳥羽(とば)多喜松　？〜1895　江戸末期・明治期の新撰組隊士
滝守　たきもり
坂上(さかのうえの)滝守　825〜881　平安前期の田村麻呂の弟鷹養の孫
滝人　たきんど
井出(いで)滝人　1808〜1892　江戸後期〜明治期の俳人・歌人
多具比　たぐい
下毛野(しもつけぬの)多具比　奈良時代の官人
琢一郎　たくいちろう
茂木(もぎ)琢一郎　1829〜1900　江戸後期〜明治期の小平村名主
卓盈　たくえい
卓盈　江戸中期の修験僧
濯纓　たくえい
濯纓　江戸後期の浄土真宗の僧
卓右衛門　たくえもん
井口(いのぐち)卓右衛門　1754〜1806　江戸中期・後期の剣術家。直心影流、太子流
卓五　たくご
端山(はやま)卓五　？〜1832　江戸後期の医者・俳人
卓斎　たくさい
小林(こばやし)卓斎　1831〜1916　江戸後期〜明治期の書家・篆刻家
択斎　たくさい
中村(なかむら)択斎　1776〜1830　江戸中期・後期の漢学者
琢斎　たくさい
立川(たてかわ)琢斎　1817〜1888　江戸後期〜明治期の彫刻師、宮大工
琢左衛門　たくざえもん
原(はら)琢左衛門　1710〜1781　江戸中期の剣術家。二刀流
鐸山　たくざん
木村(きむら)鐸山　1779〜1853　江戸中期・後期の藩士・書家

卓次　たくじ
春田(はるた)卓次　?～1620　安土桃山・江戸前期の甲冑師
沢雉　たくじ　⇔たくち
関(せき)沢雉　1822～1877　江戸後期～明治期の36か村の名主大惣代
琢治　たくじ
菅原(すがわら)琢治　1821～1904　江戸後期～明治期の山師
沢舟　たくしゅう
大通(だいつう)沢舟　1644～1715　江戸前期・中期の曹洞宗の僧
琢所　たくしょ
脇田(わきた)琢所　1815～1858　江戸後期・末期の漢学者・藩士
宅紹　たくしょう
吉田(よしだ)宅紹　江戸中期の兵法家
卓丈　たくじょう
大橋(おおはし)卓丈　?～1865　江戸後期・末期の金沢の俳人
琢成　たくじょう
琢成　江戸後期の浄土真宗の僧
卓錐　たくすい
西応寺(さいおうじ)卓錐　江戸後期の漢詩人
宅助　たくすけ
津幡江村(つばたえむら)宅助　?～1690　江戸前期・中期の十村役
宅清　たくせい　⇔いえきよ
大橋(おおはし)宅清　江戸前期の和算家
卓善　たくぜん
卓善　江戸中期の浄土宗の僧
宅太郎　たくたろう
真崎(まさき)宅太郎　1840～?　江戸後期・末期の新撰組隊士
真崎(まざき)宅太郎　真崎宅太郎に同じ
沢雉　たくち　⇔たくじ
沢雉　?～1693　江戸前期・中期の俳人
沢雉　1821～1877　江戸後期～明治期の俳人
琢典　たくてん
琢典　?～1674　江戸前期の浄土宗の僧
卓堂　たくどう
貫洞(かんどう)卓堂　1792～1857　江戸後期・末期の俳人
木村(きむら)卓堂　1809～1865　江戸後期・末期の漢学者
琢道　たくどう
八雲(やくも)琢道　?～1880　江戸後期～明治期の駿府安西三丁目の八雲神社の神主
宅之助　たくのすけ
室(むろ)宅之助　江戸末期の新撰組隊士
宅兵衛　たくべえ
多田(ただ)宅兵衛　1818～?　江戸後期・末期の寺子屋師匠
吉田(よしだ)宅兵衛　1721～1809　江戸中期・後期の防水事業家
宅馬　たくま
加藤(かとう)宅馬　1814～1868　江戸後期・末期の庄内藩家老
宅政　たくまさ
堀(ほり)宅政　1654～1731　江戸中期の武術者
内匠　たくみ
内匠　平安前期の女房・歌人
内匠　戦国時代の鋳物師
赤星(あかほし)内匠　安土桃山・江戸前期の武士
上野(うえの)内匠　戦国時代の里見忠義の家臣。内匠助の後継者か
臼井(うすい)内匠　江戸後期の大住郡落幡村大工
加藤(かとう)内匠　?～1625　江戸前期の戸ヶ崎村の開発百姓
木村(きむら)内匠　?～1638　戦国～江戸前期の愛甲郡下荻野村の鋳物師
杉崎(すぎざき)内匠　江戸後期の淘綾郡山西村工匠
諏訪部(すわべ)内匠　江戸後期の愛甲郡角田村大工
長山(ながやま)内匠　江戸後期の神職
古屋(ふるや)内匠　戦国時代の武将。武田家臣
細川(ほそかわ)内匠　江戸末期の新撰組隊士
松下(まつした)内匠　江戸後期の第21代美濃国代官
内匠重貞　たくみしげさだ
吉田(よしだ)内匠重貞　?～1615　江戸前期の長宗我部元親・盛親の家臣
内匠長次　たくみながつぐ
高松(たかまつ)内匠長次　1588～1649　安土桃山・江戸前期の生駒一正の家臣。後に牢人
内匠助　たくみのすけ
内匠助　戦国時代の甲斐国八代郡米倉郷の番匠大工職人
相原(あいはら)内匠助　戦国・安土桃山時代の武士
江木戸(えのきど)内匠助　戦国時代の真壁氏の家臣
大木(おおき)内匠助　戦国時代の上総国武射郡白枡村(山武郡芝山町)の土豪。上総飯櫃城主・山室氏の家臣
小野(おの)内匠助　戦国時代の北条氏の家臣
河内(こうち)内匠助　戦国時代の大工
猿渡(さわたり)内匠助　戦国時代の北条氏の家臣
諏方(すわ)内匠助　安土桃山時代の諏訪大社社家衆
鶴見(つるみ)内匠助　戦国時代の真里谷三郎信茂の家臣
豊嶋(としま)内匠助　戦国時代の武士
早野(はやの)内匠助　戦国・安土桃山時代の桂林院殿の付家臣
松原(まつばら)内匠助　安土桃山時代の織田信長の家臣
宮原(みやはら)内匠助　戦国時代の武田氏の家臣
山中(やまなか)内匠助　戦国時代の北条氏の家臣。河越衆
宅命　たくめい
本宿(もとしゅく)宅命　1852～1892　江戸末期・明治期の海軍軍人
宅亮　たくりょう
宅亮　江戸中期の浄土宗の僧

沢良　たくりょう
沢良　？～1612　安土桃山・江戸前期の浄土宗の僧
卓郎　たくろう
孤山堂(こさんどう)卓郎　1798～1866　江戸末期の俳人
小森(こもり)卓郎　江戸末期の俳人
多計　たけ
伊沢(いさわ)多計　1830～1897　江戸後期～明治期の節婦
武顕　たけあき
正林(しょうばやし)武顕　江戸後期の金工
武昭　たけあき
高瀬(たかせ)武昭　江戸後期の人。「銀台拾遺」の編者
武明　たけあき
伊東(いとう)武明　1834～1867　江戸後期・末期の志士
大原(おおはら)武明　1639～？　江戸前期の漢学者
紀(きの)武明　平安後期の官人
武揚　たけあき
菊池(きくち)武揚　1834～1912　江戸後期～明治期の米良領主侍医
孟敦　たけあつ
喜多川(きたがわ)孟敦　1839～1895　江戸末期・明治期の和算家
竹逸　たけいつ
神保(じんぼ)竹逸　1835～1886　江戸末期の西条藩士
武氏　たけうじ　⇔たけし
安部井(あべい)武氏　江戸中期の歌人
永井(ながい)武氏　1693～1771　江戸中期の幕臣
武悦　たけえつ　⇔ぶえつ
千葉(ちば)武悦　江戸後期の和算家《千葉武悦》
丈右衛門　たけえもん　⇔じょうえもん
中村(なかむら)丈右衛門　江戸末期の武士、勘定吟味役
竹右衛門　たけえもん
伊藤(いとう)竹右衛門　1843～1904　江戸後期～明治期の実業家
岩間(いわま)竹右衛門　江戸中期の飛州代官・柴村藤右衛門盛喬の元締脇手代。太鼓の達人
武右衛門　たけえもん　⇔ぶえもん
有馬(ありま)武右衛門　江戸末期の武士
戸田(とだ)武右衛門　江戸前期の三島代官五味豊法の手代
健雄　たけお
竹内(たけうち)健雄　江戸後期の幕臣・国学者
建雄　たけお
土岐(とき)建雄　？～1794　江戸後期の国学者
浜野(はまの)建雄　1790～1859　江戸後期・末期の国学者
多計夫　たけお
松下(まつした)多計夫　1846～？　江戸後期～明治期の四書五経に通じた漢学者
武雄　たけお
荒木田(あらきだ)武雄　江戸後期の神職
国松(くにまつ)武雄　1841～1904　江戸末期・明治期の戸長、愛媛県会議員
竹内(たけのうち)武雄　1848～1869　江戸後期～明治期の新撰組隊士
長沢(ながさわ)武雄　1844～？　江戸後期・末期の新撰組隊士
中枝(なかつえ)武雄　1853～1923　江戸末期～大正期の口粟野の名主。大麻播種器を発明
猛雄　たけお
新村(しんむら)猛雄　1838～1908　江戸後期～明治期の幕臣
健臣　たけおみ
安部(あべ)健臣　1830～1869　江戸後期～明治期の国学者
竹臣　たけおみ
宇治(うじ)竹臣　江戸時代の歌人
武殻王　たけかいこおう
武殻王　上代の武将
武員　たけかず
清原(きよはら)武員　1723～1772　江戸中期の公家
門司(もじ)武員　室町時代の武将・連歌作者
武和　たけかず
大森(おおもり)武和　1821～1858　江戸後期・末期の賀嶋家臣
中井(なかい)武和　？～1861　江戸後期の蹴鞠家
武賢　たけかた
鳴見(なるみ)武賢　江戸中期の銭座
武勝　たけかつ
菊池(きくち)武勝　1537～1606　戦国時代の武将
三井(みつい)武勝　江戸中期の歌人
武鼓王　たけかひこのみこ
武鼓王　上代の日本武尊の子
武城　たけき
紀(きの)武城　平安前期の人。貞観8年日向国に配流
武清　たけきよ　⇔ぶせい
大原(おおはら)武清　江戸前期の漢学者
孟清　たけきよ
大岡(おおおか)孟清　1749～1821　江戸中期・後期の幕臣
武国　たけくに
大原(おおはらの)武国　平安後期の官人
土師(はじの)武国　平安後期の官人
秦(はたの)武国　平安後期の官人
藤井(ふじいの)武国　平安後期の官人
武国凝別皇子　たけくにこりわけのみこ
武国凝別皇子　上代の景行天皇の皇子
武隈尼　たけくまのあま
武隈尼　平安中期の歌人
厳子　たけこ
橘(たちばなの)厳子　平安中期の女性

豪子　たけこ
藤原(ふじわらの)豪子　平安後期の女性。藤原公能の妻

儼子内親王　たけこないしんのう
儼子内親王　?〜930　平安前期・中期の女性。陽成天皇の第二皇女

武左衛門　たけざえもん　⇔ぶざえもん
上野(うえの)武左衛門　?〜1716　江戸前期の武士
横田(よこた)武左衛門　1823〜1879　江戸後期〜明治期の隠岐騒動の中心人物

建定　たけさだ
永原(ながはら)建定　江戸後期の布志名焼陶工

武貞　たけさだ
有沢(ありさわ)武貞　1682〜1739　江戸前期・中期の藩士・軍学者
高野(たかの)武貞　1818〜1907　江戸後期〜明治期の藩士
土山(つちやま)武貞　1781〜1827　江戸中期・後期の公家・国学者

武定　たけさだ
大中臣(おおなかとみの)武定　平安後期の官人

武里　たけさと
武里　平安後期の官人
紀(きの)武里　平安後期の官人

武三郎　たけさぶろう
岡(おか)武三郎　1858〜1904　江戸末期・明治期の教育者
小沢(おざわ)武三郎　1845〜1926　江戸末期〜大正期の勇士

毅　たけし　⇔き
布施(ふせ)毅　?〜1825　江戸後期の幕臣
渡辺(わたなべ)毅　1689〜1760　江戸中期の儒医

健　たけし　⇔けん
的場(まとば)健　1773〜1835　江戸後期の歌人

剛　たけし
中村(なかむら)剛　1850〜?　江戸末期・明治期の教育者

武　たけし
虎岩(とらいわ)武　1856〜1894　江戸末期・明治期の医師

武氏　たけし　⇔たけうじ
阿部井(あべい)武氏　江戸後期の歌人

孟　たけし
菅原(すがわら)孟　江戸後期の医者

猛　たけし
紫藤(しどう)猛　1852〜1922　江戸末期〜大正期の実業家
谷川(たにがわ)猛　江戸末期の留学生。1866年頃留学のためアメリカに渡る

羆　たけし　⇔ひぐま
河田(かわだ)羆　1842〜1920　江戸後期〜大正期の日本地誌編纂者

驥　たけし　⇔き
平山(ひらやま)驥　江戸中期の和算家

竹苞　たけしげ　⇔ちくほう
柘植(つげ)竹苞　1750〜1803　江戸中期・後期の幕臣、代官

武重　たけしげ
笠(かさの)武重　平安後期の官人
秦(はたの)武重　平安後期の官人

武茂　たけしげ
玉虫(たまむし)武茂　1750〜1828　江戸中期・後期の槍術家

武芝　たけしば
武蔵(むさしの)武芝　平安中期の豪族

竹十郎　たけじゅうろう
松橋(まつはし)竹十郎　江戸後期の人。富菴村開村の草創の1人

武十郎　たけじゅうろう
七条(しちじょう)武十郎　1732〜1808　江戸中期・後期の馬術家

多計女　たけじょ
鈴木(すずき)多計女　江戸末期の歌人

竹女　たけじょ
大橋(おおはし)竹女　江戸末期の歌人。大橋俊又の母

健四郎　たけしろう　⇔けんしろう
金子(かねこ)健四郎　1814〜1864　江戸後期・末期の剣術家

竹四郎　たけしろう
長島(ながしま)竹四郎　1853〜1878　江戸後期〜明治期の竹橋事件主唱者

竹次郎　たけじろう
安藤(あんどう)竹次郎　1857〜?　江戸末期・明治期の実業家
指田(さしだ)竹次郎　1849〜?　江戸後期・末期の新撰組隊士

竹二郎　たけじろう
亀井(かめい)竹二郎　?〜1879　江戸末期・明治期の洋画家
横川(よこかわ)竹二郎　江戸末期の彫師

武次郎　たけじろう
平島(ひらしま)武次郎　江戸末期の武士

武治郎　たけじろう
森(もり)武治郎　1791〜1871　江戸後期〜明治期の備前焼窯元

武季　たけすえ
朝原(あさはらの)武季　平安後期の官人

武末　たけすえ
紀(きの)武末　平安後期の官人
内蔵(くらの)武末　平安後期の官人
高橋(たかはしの)武末　平安後期の官人
秦(はたの)武末　平安後期の官人

武助　たけすけ　⇔ぶすけ
平群(へぐりの)武助　平安後期の官人
倭(やまと)武助　奈良時代の医師

孟弼　たけすけ
宮川(みやがわ)孟弼　江戸後期の和算家
宮川(みやかわ)孟弼　宮川孟弼に同じ

竹蔵　たけぞう
養田（ようだ）竹蔵　？〜1899　江戸末期・明治期の生糸貿易の先駆者

竹造　たけぞう
山川（やまかわ）竹造　1836〜1916　江戸末期・明治期の浪士組の道中世話役

武三　たけぞう
菰田（こもた）武三　江戸末期の新撰組隊士

武蔵　たけぞう　⇔むさし
志村（しむら）武蔵　1833〜？　江戸後期・末期の新撰組隊士

武喬　たけたか
服部（はっとり）武喬　1735〜1795　江戸中期・後期の藩士

武田勝頼室　たけだかつよりしつ
武田勝頼室　？〜1571　戦国・安土桃山時代の女性。織田信長の養女《竜勝院殿》

武忠　たけただ
大膳（おおかしわの）武忠　平安中期の筑前国香椎宮の神官
紀（きの）武忠　平安中期の武士
厚東（ことう）武忠　平安後期の長門国厚東郡地方の豪族
下毛野（しもつけぬの）武忠　平安後期の近衛府官人
秦（はたの）武忠　平安後期の官人
藤原（ふじわらの）武忠　平安後期の官人

建胤　たけたね
上原（うえはら）建胤　江戸後期の歌人

武田信虎娘　たけだのぶとらむすめ
武田信虎娘　1519〜1550　戦国時代の武田信虎娘《定恵院殿》

武太夫　たけだゆう　⇔ぶだゆう
北島（きたじま）武太夫　江戸中期の人。佐賀県内で最初にハゼノキの大規模植樹を始めた

武田義信室　たけだよしのぶしつ
武田義信室　？〜1612　安土桃山・江戸前期の女性。今川義元の長女、武田義信の正室《嶺松院殿》

武親　たけちか
吉田（よしだ）武親　1827〜1887　江戸後期〜明治期の装剣金工

武筑　たけちく
武筑　戦国・安土桃山時代の武田氏の奉行人

高市麻呂　たけちのまろ　⇔たけちまろ
高市麻呂　奈良時代の飛騨国造・大野郡司

高市麻呂　たけちまろ　⇔たけちのまろ
飛驒（ひだの）高市麻呂　奈良時代の官吏

武次　たけつぐ
大神（おおみわの）武次　平安後期の豊受大神宮権内人
大和（おおやまとの）武次　平安後期の豊受大神宮権内人
牧（まき）武次　1585〜1671　安土桃山・江戸前期の藩士

竹土丸　たけつちまる
竹土丸　江戸中期の浄瑠璃作者

武経　たけつね
豊嶋（としま）武経　1738〜？　江戸中期の幕臣
野村（のむら）武経　江戸後期の著述家

武常　たけつね
紀（きの）武常　平安後期の官人

竹鶴　たけつる
渋谷（しぶや）竹鶴　鎌倉前期・後期の武家の女性

武時　たけとき
紀（きの）武時　平安後期の官人

武辰　たけとき
斉藤（さいとう）武辰　1650〜1724　江戸中期の武士
土山（つちやま）武辰　1759〜1827　江戸中期・後期の公家

健寿　たけとし
津軽（つがる）健寿　1739〜？　江戸中期の医者

武俊　たけとし
中川（なかがわ）武俊　1846〜？　江戸後期・末期の神職

武敏　たけとし
岡（おか）武敏　1755〜1821　江戸末期の歌人

竹友　たけとも
肝付（きもつき）竹友　？〜1573　戦国・安土桃山時代の日向国志布志城（志布志町）城主
穂高（ほだか）竹友　？〜1557　戦国時代の信濃国安曇郡穂高の人

武伴　たけとも
荒砥（あらと）武伴　江戸後期の藩士

武友　たけとも
紀（きの）武友　平安後期の官人

猛虎　たけとら
車（くるま）猛虎　？〜1602　安土桃山時代の武士

剛直　たけなお
中村（なかむら）剛直　江戸後期の漢学者

武直　たけなお
秋間（あきま）武直　1752〜1818　江戸中期・後期の幕臣
大原（おおはら）武直　江戸中期の神職

武仲　たけなか　⇔ぶちゅう
厚東（ことう）武仲　？〜1318　鎌倉後期の御家人

武永　たけなが
伴（ともの）武永　平安後期の官人

武並　たけなみ
文（あやの）武並　平安中期の官人
刑部（おさかべの）武並　平安中期の医師

武主　たけぬし
綾（あやの）武主　平安前期の人。本貫を左京六条三坊にうつす

竹之丞　たけのじょう
瀬川（せがわ）竹之丞　江戸中期の歌舞伎役者、若女形
丸岡（まるおか）竹之丞　江戸末期の海外渡航者

岳之助　たけのすけ
東条（とうじょう）岳之助　江戸末期の新撰組隊士

竹之助　たけのすけ
成瀬(なるせ)竹之助　1856〜？　江戸末期・明治期の武士
林(はやし)竹之助　江戸末期の新撰組隊士

武之助　たけのすけ　⇔ぶのすけ
黒田(くろだ)武之助　1824〜1871　江戸末期の棋士《黒田武之助》

武延　たけのぶ
石作(いしつくりの)武延　平安後期の官人
秦(はたの)武延　平安後期の官人

武信　たけのぶ
麻生(あそう)武信　戦国時代の上総飯櫃城主・山室氏の家臣

武申　たけのぶ
小暮(こぐれ)武申　1771〜1781　江戸中期の和算家

武軌　たけのり
中田(なかだ)武軌　1764〜1834　江戸中期・後期の弘前藩士・暦算家《中田勇蔵》

武矩　たけのり
伊藤(いとう)武矩　1772〜1847　江戸中期・後期の漢学者
小山(こやま)武矩　1733〜1813　江戸中期・後期の藩士
村本(むらもと)武矩　1748〜1818　江戸中期・後期の鳥取藩士、山奉行、俳人

武宣　たけのり
前田(まえだ)武宣　1741〜？　江戸中期の幕臣

武則　たけのり
甲斐(かい)武則　江戸後期の藩士
椿(つばき)武則　平安後期の有力農民
文室(ふんやの)武則　平安後期の官人

武範　たけのり
大野(おおの)武範　江戸中期の砲術家・兵法家
津熊(つくま)武範　江戸中期の著述家

武八郎　たけはちろう　⇔ぶはちろう
葛山(かつらやま)武八郎　？〜1864　江戸後期・末期の新撰組隊士

武治　たけはる
高野(たかの)武治　江戸後期の藩士

武晴　たけはる
荒木(あらきの)武晴　平安中期の随身

建彦　たけひこ
伊奈(いな)建彦　1778〜1845　江戸中期・後期の神職、国学者

猛彦　たけひこ
斎藤(さいとう)猛彦　1823〜1876　江戸後期〜明治期の画家

武久　たけひさ
毛屋(けや)武久　1554〜1628　戦国〜江戸前期の武将

武英　たけひで
金谷(かなや)武英　江戸後期の武士

武秀　たけひで
山内(やまうち)武秀　江戸末期の庄屋・歌人

武仁　たけひと
多(おおの)武仁　平安中期の官人

竹姫　たけひめ
竹姫　平安後期の女性。越後の国司、城資国の妹
竹姫　1705〜1772　江戸中期の女性。第22代薩摩藩主島津継豊の正室(継室)

建広　たけひろ
津軽(つがる)建広　安土桃山・江戸前期の医師

孟綽　たけひろ
川名(かわな)孟綽　1732〜1773　江戸中期の漢学者

武文　たけふみ
多(おおの)武文　942〜1020　平安中期の藤原頼忠の随身
筧(かけい)武文　1850〜1915　江戸末期〜大正期の司法官
伴(ともの)武文　平安後期の官人

孟文　たけふみ
武田(たけだ)孟文　江戸後期の洋学者

武雅　たけまさ
森岡(もりおか)武雅　？〜1816　江戸中期・後期の藩士

武正　たけまさ
指田(さしだ)武正　江戸中期の藩士
庭山(にわやま)武正　1843〜1918　江戸後期〜大正期の神職
野間(のま)武正　1688〜1758　江戸前期・中期の幕臣

孟雅　たけまさ　⇔たかまさ
臼井(うすい)孟雅　江戸中期・後期の神道家
佐々木(ささき)孟雅　1719〜1774　江戸中期の幕臣

孟正　たけまさ
船越(ふなこし)孟正　1773〜1839　江戸中期・後期の豊浦郡上岡枝村在住の清末藩士

猛正　たけまさ
西脇(にしわき)猛正　1647〜1722　江戸前期の武士

竹松　たけまつ
竹松　？〜1732　江戸中期の農民
岩崎(いわさき)竹松　1826〜1898　江戸後期〜明治期の養蚕家
武田(たけだ)竹松　1517〜1523　戦国時代の武士。武田信虎の長子

竹丸　たけまる
竹丸　江戸後期の歌人・俳人・詩文家

武丸　たけまる
小橋(こばし)武丸　1782〜1864　江戸中期〜末期の歌人
高室(たかむろ)武丸　1749〜1803　江戸中期・後期の俳人

建御狭日命　たけみさひのみこと
建御狭日命　上代の多珂国造

武通　たけみち
富永(とみなが)武通　南北朝時代の長門国守護代

武道　たけみち
清原（きよはらの）武道　平安後期の武士
孟道　たけみち
今北（いまきた）孟道　1748～1790　江戸中期・後期の摂津多田の人
武盈　たけみつ
毛野（けの）武盈　安土桃山時代の播磨赤松家の家臣
武光　たけみつ
厚東（ことう）武光　平安後期・鎌倉前期の長門国の武将
坂上（さかのうえの）武光　平安後期の官人
藤井（ふじいの）武光　平安後期の官人
武岑　たけみね
小山（こやま）武岑　1796～1870　江戸後期～明治期の藩士
武宗　たけむね
円阿弥（えんあみ）武宗　江戸前期の蒔絵師
土山（つちやま）武宗　1822～？　江戸後期・末期の公家
難波（なんば）武宗　？～1594　安土桃山時代の武将
武村　たけむら
厚東（ことう）武村　？～1351　南北朝時代の武将
全故　たけもと
柏木（かしわぎ）全故　？～1716　江戸前期・中期の歌人、俳人《柏木素竜》
武基　たけもと
平（たいらの）武基　平安時代の秩父氏の武将
秦（はたの）武基　平安後期の左近衛府の下級官人
横山（よこやま）武基　1615～1710　江戸前期・中期の弘前藩の諸礼師範
武元　たけもと
加藤（かとう）武元　江戸後期の和算家
木曽（きそ）武元　江戸中期の郷土史家
藤井（ふじいの）武元　平安後期の官人
健守命　たけもりのみこと
健守命　上代の豪族
建守命　たけもりのみこと
建守命　上代の豪族《健守命》
武保　たけやす
佐野（さの）武保　？～1835　江戸後期の藩士
孟行　たけゆき
中口（なかぐち）孟行　江戸末期の蘭学者
武義　たけよし
加須屋（かすや）武義　1793～1865　江戸後期・末期の武士、歌人
村松（むらまつ）武義　江戸後期・末期の幕臣
武吉　たけよし　⇔ぶきち
多（おおの）武吉　平安中期の官人
武慶　たけよし
村上（むらかみ）武慶　戦国時代の武将
武好　たけよし
大島（おおしま）武好　1641～1710　江戸前期・中期の地誌家
武世　たけよし
平山（ひらやま）武世　1774～1847　江戸中期・後期の種子島西之表村の物奉行・家老
武善　たけよし
秦（はた）武善　1700～？　江戸中期の柔術家
武美　たけよし
菊地（きくち）武美　江戸後期の藩士
孟懿　たけよし
笠原（かさはら）孟懿　江戸中期の歌人
武因　たけより
荒木田（あらきだ）武因　1660～1711　江戸前期・中期の神職
武頼　たけより
紀（きの）武頼　平安中期の相撲人
它谷　たこく
它谷　？～1792　江戸中期・後期の俳人
多五郎　たごろう
城市（じょういち）多五郎　1815～1888　江戸後期～明治期の篤志家
中村（なかむら）多五郎　江戸後期の韮山代官江川氏の手代
田狭　たさ
吉備上道臣（きびのかみつみちのおみ）田狭　上代の国司
太三右衛門　たさえもん　⇔たぞうえもん
入交（いりまじり）太三右衛門　1748～1805　江戸中期・後期の石灰製造者、郷士
多左衛門　たざえもん
友枝（ともえだ）多左衛門　1796～1857　江戸末期の男性。友枝手永大庄屋日記を書く
中村（なかむら）多左衛門　江戸前期の木村重成・日置忠治の家臣
太左衛門　たざえもん
岩木（いわき）太左衛門　1782～？　江戸中期・後期の寺子屋の師匠
大坂（おおさか）太左衛門　江戸前期の大芝居の櫓主
大坂（おおさか）太左衛門〔4代〕　江戸前期の歌舞伎の名代
小野（おの）太左衛門　江戸後期の武士。陸前柴田郡村田領主の臣
尾本（おもと）太左衛門　江戸前期の町人
加藤（かとう）太左衛門　1618～1684　江戸前期の庄内藩家老
杉江（すぎえ）太左衛門　？～1658　江戸前期の日光鉢石町名主兼問屋
高木（たかぎ）太左衛門　？～1741　江戸中期の剣術家。捨像流祖
鼓（つづみ）太左衛門　江戸前期の鼓の名手
中井（なかい）太左衛門　江戸後期・末期の幕臣
原（はら）太左衛門　？～1810　江戸後期の百姓・牛追
藤本（ふじもと）太左衛門　江戸時代の加賀藩観世流大鼓御手役者・囃子方の筆頭
湊（みなと）太左衛門　？～1803　江戸中期・後期の豪商
諸岡（もろおか）太左衛門　1741～1786　江戸後期の義民
柳下（やぎした）太左衛門　江戸後期の久良岐郡富

岡村名主
山邑（やまむら）太左衛門　江戸末期・明治期の摂津菟原郡魚崎村の酒造家
山邑（やまむら）太左衛門〔6代〕　江戸後期の醸造家。桜正宗の元祖

太作　たさく
岡田（おかだ）太作　1849～1922　江戸末期～大正期の海運業者

太三郎　たさぶろう
太三郎　江戸中期・後期の農民
泉山（いずみやま）太三郎〔1代〕　1832～1906　江戸後期～明治期の八戸の有力起業家
雑賀（さいが）太三郎　江戸後期の三浦郡大津村民
佐々木（ささき）太三郎　江戸後期の寄近村の名主
山口（やまぐち）太三郎　1848～1922　江戸末期～大正期の蚕糸業振興功労者

它山　たざん
岡（おか）它山　1757～1823　江戸中期・後期の医師、儒者

巘山　だざん
岡部（おかべ）巘山　？～1810　江戸中期・後期の俳人

多七　たしち
太田（おおた）多七　江戸末期の彫師

太七　たしち
太七　江戸時代の商人
海野（うんの）太七　1840～1913　江戸末期～大正期の茶業家
中野（なかの）太七　江戸後期の国学徒
長谷部（はせべ）太七　1838～1888　江戸末期・明治期の商人
宮村（みやむら）太七　？～1774　江戸中期の義民。宮村の百姓

太次兵衛　たじべえ
宇出津村（うしつむら）太次兵衛　江戸後期の庄屋
菅谷（すがや）太次兵衛　1618～1697　江戸前期・中期の儒学者
山本（やまもと）太次兵衛　江戸後期～大正期の製網業

多治満　たじま
村井（むらい）多治満　1769～1838　江戸中期・後期の藩士・砲術家

太次馬　たじま
桜庭（さくらば）太次馬　1830～1908　江戸後期～明治期の弘前藩士
広仲（ひろなか）太次馬　1760～1813　江戸中期の小田原藩士

但馬　たじま
但馬　平安後期の人
但馬　平安後期の女官
但馬　戦国時代の仏師
相原（あいはら）但馬　江戸後期の大住郡大山阿夫利神社祠官
大草（おおくさ）但馬　戦国時代の北条氏の家臣
太田（おおた）但馬　1799～1876　江戸後期～明治期の音楽家
神尾（かんのお）但馬　？～1581　安土桃山時代の高天神籠城衆
高力（こうりき）但馬　1587～1629　安土桃山・江戸前期の功臣
五智院（ごちいんの）但馬　平安後期の僧
沢村（さわむら）但馬　戦国時代の北条氏御領所の小代官
柴崎（しばざき）但馬　戦国時代の北条氏の家臣。小机衆の中田加賀守の代官
中里（なかざと）但馬　？～1565　戦国・安土桃山時代の人。大島村の旧家平十郎家の先祖
中野（なかの）但馬　安土桃山時代の検地役人
味方（みかた）但馬　1563～1623　安土桃山・江戸前期の佐渡銀山の大山主《味方孫太夫》
三橋（みつはし）但馬　1607～？　江戸前期の仏師
山内（やまうち）但馬　？～1640　安土桃山・江戸前期の本山城付き家老
山崎（やまざき）但馬　江戸後期の足柄上郡湯触村御嶽社神主

但馬守数直　たじまのかみかずなお
土屋（つちや）但馬守数直　1608～1679　江戸前期の埼玉郡内の領主

但馬守安清　たじまのかみやすきよ
進藤（しんどう）但馬守安清　1555～1614　戦国～江戸前期の最上義光の臣、亀ヶ崎城主志村伊豆守光安の郡代家老

多士美　たじみ
加藤（かとう）多士美　？～1731　江戸中期の庄内藩士

多治見　たじみ
新井（あらい）多治見　1830～1901　江戸後期～明治期の教育者

多十郎　たじゅうろう
多十郎　？～1806　江戸中期・後期の人。日本人初の世界周航を果たした
遠藤（えんどう）多十郎　1848～1926　江戸末期～大正期の俳人
金野（こんの）多十郎　1722～1788　江戸中期・後期の庄内藩士
杉田（すぎた）多十郎　1840～1913　江戸末期～大正期の行政家
若杉（わかすぎ）多十郎　江戸中期の和算家

多少　たしょう
多少　江戸中期の俳人

太次郎　たじろう
石田（いしだ）太次郎　江戸末期・明治期の人。「田島レンズ」の創始者

太四郎義年　たしろうよしとし
逸見（へんみ）太四郎義年　1747～1828　江戸末期・明治期の甲源一刀流剣術家《逸見太四郎》

太次郎兵衛　たじろべえ
宮内（みやうち）太次郎兵衛　江戸後期の足柄下郡池上村名主

多衰丸　たすいまろ
多衰丸　平安時代の盗人

多豆夫　たずお
島(しま)多豆夫　1832〜1922　江戸末期〜大正期の歌人

多豆伎　たずき
中西(なかにし)多豆伎　1810〜1864　江戸後期・末期の国学者

弼　たすく
渡辺(わたなべ)弼　江戸後期の藩士

多助　たすけ
石原(いしはら)多助　江戸後期の幕臣
佐藤(さとう)多助　1756〜1811　江戸中期・後期の剣術家。一道流ほか
杉野(すぎの)多助　1749〜1838　江戸中期・後期の藩士

太助　たすけ
亀井(かめい)太助　1831〜1914　江戸末期〜大正期の酒造業、漬物業
津国屋(つのくにや)太助　江戸中期の御用商人
中村(なかむら)太助　1838〜1907　江戸後期〜明治期の実業家
富川(ふかわ)太助　江戸後期の橘樹郡大曽根村民
福島(ふくしま)太助　江戸後期の剣道の達人

多豆子　たずこ
辻(つじ)多豆子　1838〜1917　江戸末期〜大正期の歌人

多豆女　たずじょ
深井(ふかい)多豆女　江戸末期の歌人

たせ
染谷(そめや)たせ　1792〜1882　江戸後期〜明治期の豪商の女主人

多膳貞栄　たぜんさだよし
津軽(つがる)多膳貞栄　1747〜1816　江戸中期・後期の弘前藩家老

太蔵　たぞう
内田(うちだ)太蔵　1828〜1901　江戸後期〜明治期の栃木村名主、栃本・奈良渕村戸長、栃木県議会議員
鬼の目(おにのめ)太蔵　?〜1825　江戸中期・後期の義賊

太三右衛門　たぞうえもん　⇔たさえもん
入交(いりまじり)太三右衛門　1748〜1805　江戸中期・後期の石灰製造者、郷士《入交太三右衛門》

太惣太　たそうた
恩田(おんだ)太惣太　1744〜1810　江戸中期・後期の花道家

多則　たそく
武田(たけだ)多則　江戸後期の暦算家

蛇足　だそく
曽我(そが)蛇足　室町時代の水墨画家

忠　ただ　⇔ただし, ちゅう, ほどこす
渡辺(わたなべ)忠　?〜1648　江戸前期の旗本

匡明　ただあき
吉益(よします)匡明　安土桃山・江戸前期の武士

忠卿　ただあき
大久保(おおくぼ)忠卿　1743〜1769　江戸中期の下野烏山藩主

忠顕　ただあき　⇔ちゅうけん
安倍(あべ)忠顕　鎌倉後期の公家・歌人
早川(はやかわ)忠顕　1753〜1834　江戸中期・後期の国学者

忠秋　ただあき
小沢(おざわ)忠秋　?〜1650　江戸前期の旗本

忠昭　ただあき
梅津(うめづ)忠昭　?〜1720　江戸前期・中期の秋田藩家老

忠章　ただあき
島田(しまだ)忠章　江戸時代の埼玉郡小林村の新田開発者

忠明　ただあき　⇔ただあきら, ちょうめい
海(あまの)忠明　平安中期の官人
大江(おおえ)忠明　?〜1678　江戸前期の兵法家
岡田(おかだ)忠明　江戸時代の和算家
酒井(さかい)忠明　江戸後期〜明治期の旗本
竹尾(たけお)忠明　?〜1847　江戸後期の幕臣
丹波(たんばの)忠明　990〜?　平安中期の医師
内藤(ないとう)忠明　江戸後期の幕臣
別府(べっぷ)忠明　1121〜?　平安後期の河辺郡加世田領主
松平(まつだいら)忠明　1765〜1805　江戸中期・後期の武士
御子神(みこがみ)忠明　?〜1628　戦国時代の兵法家

忠朗　ただあき
島津(しまづ)忠朗　1616〜1676　江戸前期の武将

忠堯　ただあき　⇔ただたか
藤(とう)忠堯　1740〜?　江戸中期の人。「寺院奇談」の編者

忠昉　ただあき
桂(かつら)忠昉　1558〜1615　戦国〜江戸前期の薩摩国平佐の地頭

尹明　ただあき　⇔まさあきら
藤原(ふじわらの)尹明　平安後期の廷臣《藤原尹明》

紀明　ただあきら
青木(あおき)紀明　1740〜1789　江戸中期・後期の代官

忠名　ただあきら
桜井(さくらい)忠名　1714〜1766　江戸中期の武士

忠明　ただあきら　⇔ただあき, ちょうめい
小野(おの)忠明　?〜1628　安土桃山・江戸前期の剣術家、小野派一刀流開祖《小野治郎左衛門忠明》
松平(まつだいら)忠明　?〜1716　江戸中期の旗本

忠亮　ただあきら
泉本(いずみもと)忠亮　1719〜1762　江戸中期の代官

忠厚　ただあつ
滝川(たきがわ)忠厚　江戸中期の藩士
戸田(とだ)忠厚　1851〜?　江戸後期〜明治期の

日本基督教会牧師

忠恕 ただあつ ⇔ただくみ, たださと, ただひろ, ただよし, ちゅうじょ

庵原(いはら)忠恕 1733～? 江戸中期の代官

忠篤 ただあつ ⇔ちゅうとく

渥美(あつみ)忠篤 1822～1887 江戸後期～明治期の幕臣

泉本(いずみもと)忠篤 泉本忠篤に同じ

泉本(いずもと)忠篤 1757～1835 江戸中期・後期の幕臣

市川(いちかわ)忠篤 江戸後期の藩士

伊奈(いな)忠篤 1669～1697 江戸前期・中期の関東郡代

指宿(いぶすき)忠篤 南北朝時代の武将

大木(おおき)忠篤 1765～1827 江戸中期・後期の漢学者

多(おおの)忠篤 1706～1776 江戸中期の楽人

小川(おがわ)忠篤 1836～1864 江戸後期・末期の医師、儒者

後藤(ごとう)忠篤 江戸時代の「閑宅譾筆」の著者

林(はやし)忠篤 1738～1794 江戸中期・後期の幕臣

水野(みずの)忠篤 江戸後期の将軍側衆

忠有 ただあり

藤原(ふじわら)忠有 平安後期の公家・歌人

忠家 ただいえ ⇔なかいえ

青柳(あおやぎ)忠家 戦国時代の武将

市来(いちき)忠家 南北朝時代の武将

上野(うえの)忠家 戦国時代の松平氏・今川氏の家臣

穎娃(えい)忠家 平安後期の薩摩国頴娃郡の住人

河原(かわら)忠家 ?～1184 鎌倉前期の武蔵武士

庄(しょう)忠家 ?～1221 鎌倉前期の武蔵武士

広居(ひろい)忠家 1537～? 戦国・安土桃山時代の上杉氏の家臣

唯一 ただいち ⇔ゆいいつ

田隝(たじま)唯一 1851～1922 江戸末期～大正期の自治功労者

堀野(ほりの)唯一 1836～1908 江戸後期～明治期の上田万村の庄屋、戸長、村長

忠一郎 ただいちろう

大里(おおさと)忠一郎 1835～1898 江戸後期～明治期の実業家

唯一郎 ただいちろう

平口(ひらぐち)唯一郎 1846～1902 江戸後期～明治期の河原町名主

忠氏 ただうじ

和泉(いずみ)忠氏 ?～1351 南北朝時代の武将

上野(うえの)忠氏 ?～1682 江戸前期の武士

神保(じんぼ)忠氏 戦国時代の武将

称 たたえ

竹内(たけうち)称 1837～1907 江戸後期～明治期の神官

只右衛門 ただえもん

牧(まき)只右衛門 江戸前期の弘前藩物頭

忠男 ただお

大伴(おおとも)忠男 1754～1816 江戸中期・後期の神職

忠雄 ただお ⇔ただかつ, ただはる

安倍(あべの)忠雄 平安前期の官人

井上(いのうえ)忠雄 1851～1921 江戸末期～大正期の教育者

沖野(おきの)忠雄 1854～1921 江戸末期～大正期の土木技術者

酒井(さかい)忠雄 1670～1692 江戸前期・中期の領主

筒井(つつい)忠雄 1696～1769 江戸中期の武士

本多(ほんだ)忠雄 1765～1816 江戸中期・後期の心学者

直雄 ただお ⇔すぐお, なおたけ

大野(おおのの)直雄 754～818 奈良・平安前期の武官

縄雄 ただお

家原(いえはらの)縄雄 平安前期の官人

尹雄 ただお

竹中(たけなか)尹雄 江戸後期の藩士

忠起 ただおき

酒井(さかい)忠起 1735～1767 江戸中期の世子

塩田(しおた)忠起 1802～1821 江戸後期の馬術家

忠興 ただおき ⇔ちゅうこう

尾崎(おざき)忠興 1663～1739 江戸前期・中期の公家

酒井(さかい)忠興 1644～1719 江戸前期・中期の幕臣

佐藤(さとう)忠興 江戸後期の和算家

高木(たかぎ)忠興 1738～1781 江戸中期の代官

藤原(ふじわらの)忠興 1052～1132 平安後期の官人

山田(やまだ)忠興 ?～1735 江戸中期の和算家、米沢藩士

理興 ただおき

山名(やまな)理興 ?～1557 戦国時代の備後安那郡神辺城の城主

忠音 ただおと

多(おおの)忠音 1676～1738 江戸前期・中期の楽人

忠臣 ただおみ ⇔ただおむ

大蔵(おおくらの)忠臣 平安中期の官人

小槻(おつきの)忠臣 933～1009 平安中期の下級官人

忠臣 ただおむ ⇔ただおみ

菅野(すがの)忠臣 平安前期の公家・歌人

忠香 ただか

大久保(おおくぼ)忠香 1660～1727 江戸前期・中期の幕臣

忠景 ただかげ

安摩(あま)忠景 平安後期の淡路国の武士

惟宗(これむね)忠景 1241～1300 鎌倉前期・後期の武家、歌人

島津（しまづ）忠景　鎌倉時代の薩摩国知覧院の地頭

直景　ただかげ　⇔なおかげ
梶原（かじわら）直景　？～1685　江戸前期の柔術家《梶原直景》

忠一　ただかず　⇔ただかつ, ちゅういち
亀井（かめい）忠一　1856～1936　江戸末期～昭和期の出版人。三省堂創業者
水野（みずの）忠一　江戸後期の幕臣

忠五籌　ただかず
本多（ほんだ）忠五籌　1739～1812　江戸中期・後期の泉藩主

忠量　ただかず
石谷（いしたに）忠量　江戸後期の和算家
黒部（くろべ）忠量　1681～1748　江戸前期・中期の武士、勘定

忠和　ただかず
林（はやし）忠和　1658～1705　江戸前期・中期の幕臣
松平（まつだいら）忠和　1662～1710　江戸中期の旗本

直和　ただかず
桃井（もものい）直和　？～1370　鎌倉後期・南北朝時代の武将

忠賢　ただかた
伊奈（いな）忠賢　1726～1795　江戸中期・後期の幕臣

忠質　ただかた　⇔たださだ, ただのぶ
松平（まつだいら）忠質　？～1860　江戸後期・末期の幕臣

忠方　ただかた
惟宗（これむねの）忠方　平安中期の官人、検非違使

忠良　ただかた　⇔ただなが, ただよし, ちゅうりょう
屋代（やしろ）忠良　1747～？　江戸中期の幕臣

済賢　ただかつ
南部（なんぶ）済賢　1819～1879　江戸後期～明治期の遠野南部氏11代

忠一　ただかつ　⇔ただかず, ちゅういち
高宮（たかみや）忠一　江戸前期の金沢の鋳工

忠勝　ただかつ
指宿（いぶすき）忠勝　南北朝時代の薩摩国揖宿郡総地頭
大岡（おおおか）忠勝　戦国・安土桃山時代の武将
大久保（おおくぼ）忠勝　1524～1601　戦国・安土桃山時代の武将
長田（おさだ）忠勝　1552～1626　江戸前期の旗本
熊沢（くまざわ）忠勝　1541～1644　戦国～江戸前期の代官
清水（しみず）忠勝　戦国時代の武家・連歌作者
平賀（ひらが）忠勝　？～1640　江戸前期の旗本
藤井（ふじい）忠勝　？～1335　室町時代の武将
松平（まつだいら）忠勝　？～1664　江戸前期の武士
松平（まつだいら）忠勝　？～1707　江戸中期の旗本

忠雄　ただかつ　⇔ただお, ただはる
臼木（うすき）忠雄　江戸中期の藩士
酒井（さかい）忠雄　1667～1743　江戸前期・中期の武士

尹勝　ただかつ
上坂（かみさか）尹勝　江戸中期の書肆

忠門　ただかど
大久保（おおくぼ）忠門　1626～1699　江戸前期の小田原藩家老

忠金　ただかね
田代（たしろ）忠金　？～1722　江戸前期・中期の藩士

忠兼　ただかね
多（おおの）忠兼　1658～1700　江戸前期・中期の楽人
鹿屋（かのや）忠兼　室町時代の武士
橘（たちばな）忠兼　平安後期の官人
藤原（ふじわら）忠兼　平安中期の官人
藤原（ふじわらの）忠兼　平安後期の歌人
別納（べつのう）忠兼　鎌倉前期の平礼石寺別当職、祁答院別納の名主
若狭（わかさ）忠兼　鎌倉後期・南北朝時代の武士

忠周　ただかね
梅津（うめだ）忠周　1791～？　江戸後期の国学者

尹兼　ただかね
益田（ますだ）尹兼　？～1565　安土桃山時代の豪族

忠垠　ただきし
酒井（さかい）忠垠　1663～1707　江戸前期・中期の幕臣

只吉　ただきち
西尾（にしお）只吉　1827～1907　江戸後期～明治期の道路開削者

忠君　ただきみ
藤原（ふじわら）忠君　？～968　平安中期の公家・歌人

忠公　ただきみ
伊奈（いな）忠公　1597～1665　安土桃山・江戸前期の代官

忠浄　ただきよ
村上（むらかみ）忠浄　1847～1922　江戸後期～明治期の国学者・医者

忠清　ただきよ
安倍（あべの）忠清　平安後期の官人
安中（あんなか）忠清　1475～1557　戦国時代の榎下城主
小口（おぐち）忠清　戦国時代の武田氏の家臣、信濃国筑摩郡会田の岩下海野下野守の被官
河隅（かわすみ）忠清　戦国時代の上杉氏の家臣
坂上（さかのうえの）忠清　平安後期の官人
千野（ちの）忠清　戦国時代の信濃国諏訪郡の国衆
内藤（ないとう）忠清　1558～1614　戦国～江戸前期の幕臣
藤原（ふじわらの）忠清　1067～1151　平安後期の歌人
本多（ほんだ）忠清　？～1712　江戸中期の旗本
松平（まつだいら）忠清　1570～1601　安土桃山時代の武将

忠国 ただくに
櫟井(いちいの)忠国　平安後期の官人
梅津(うめづ)忠国　?～1657　江戸前期の武将
葛原(くずはらの)忠国　平安後期の官人
佐伯(さえきの)忠国　平安後期の官人
坂本(さかもとの)忠国　平安中期の官人
武内(たけうち)忠国　戦国時代の神職・連歌作者
長谷川(はせがわ)忠国　1657～1728　江戸前期・中期の代官
藤原(ふじわら)忠国　平安前期の公家・歌人

忠順 ただくに ⇔ただとし, ただのり, ただより
水野(みずの)忠順　1650～1737　江戸前期・中期の幕臣

直国 ただくに ⇔なおくに
岩松(いわまつ)直国　南北朝時代の武士

忠恕 ただくみ ⇔ただあつ, たださと, ただひろ, ただよし, ちゅうじょ
上野(うえの)忠恕　1782～?　江戸中期の幕臣

忠子 ただこ
統朝臣(すべのあそみ)忠子　統忠子に同じ
藤原(ふじわらの)忠子　平安中期の官女。馨子内親王の乳母
藤原(ふじわらの)忠子　平安後期の官女。皇后得子の宣旨
藤原(ふじわらの)忠子　平安後期の女官。藤原基房の妻
統(むねの)忠子　?～863　平安前期の女性。淳和天皇の皇女

尹子 ただこ
正親町三条(おおぎまちさんじょう)尹子　室町時代の女性。足利義教の妻

陟子 ただこ
源(みなもとの)陟子　平安中期の女性。藤原彰子の女房

忠尹 ただこれ
中山(なかやま)忠尹　1804～1864　江戸後期・末期の公家

只五郎 ただごろう
赤木(あかぎ)只五郎　江戸後期の韮山代官江川氏の手代

唯五郎 ただごろう
赤木(あかまつ)唯五郎　江戸後期の幕臣

忠質 たださだ ⇔ただかた, ただのぶ
近藤(こんどう)忠質　江戸後期の渋井徳章編「責而話草」の校訂・刊行者

忠貞 たださだ
忠貞　戦国時代の刀工
忠貞　戦国・安土桃山時代の刀工
賀陽(かやの)忠貞　平安前期の地方豪族
木村(きむら)忠貞　江戸後期の読本作者
惟宗(これむね)忠貞　鎌倉後期・南北朝時代の武家、歌人
島津(しまづ)忠貞　戦国時代の北条氏の家臣
本多(ほんだ)忠貞　1789～1845　江戸後期の幕臣
水野(みずの)忠貞　1598～1670　安土桃山・江戸前期の幕臣

忠定 たださだ
忠定　室町時代の刀工
忠定　戦国時代の刀工
菅原(すがわら)忠定　?～1040　平安中期の官人・漢学者

尹貞 たださだ
小出(こいで)尹貞　1610～1665　江戸前期の第2代京都代官奉行《小出尹員》

忠郷 たださと
酒井(さかい)忠郷　1734～1749　江戸中期の武士
松平(まつだいら)忠郷　1715～1789　江戸中期・後期の幕臣

忠恕 たださと ⇔ただあつ, ただくみ, ただひろ, ただよし, ちゅうじょ
大久保(おおくぼ)忠恕　1830～?　江戸後期の幕臣《大久保忠恕》

忠実 たださね ⇔ただざね, ちゅうじつ
松平(まつだいら)忠実　1585～1652　安土桃山・江戸前期の武将、旗本

忠孚 たださね ⇔ただざね
幡野(はたの)忠孚　1768～1843　江戸中期・後期の藩士・国学者

忠実 ただざね ⇔たださね, ちゅうじつ
牛尾(うしお)忠実　室町時代の国人領主
川上(かわかみ)忠実　?～1623　安土桃山・江戸前期の垂水島津家の家老
野々村(ののむら)忠実　1818～?　江戸後期・末期の遣米使節の従者

忠真 ただざね
上野(うえの)忠真　鎌倉後期の武将
榊原(さかきばら)忠真　?～1662　江戸前期の旗本
戸田(とだ)忠真　戦国時代の三河国衆

忠孚 ただざね ⇔たださね
鹿窪(かくぼ)忠孚　1839～1915　江戸末期～大正期の漁法の開拓者

儀 ただし
小山(こやま)儀　1750～1774　江戸中期の国学者

質 ただし ⇔ただす
新山(にいやま)質　江戸後期の著述家

政 ただし
権太(ごんだ)政　1849～1910　江戸後期～明治期の教育者

整 ただし ⇔ととのう
三木(みき)整　1832～1895　江戸後期～明治期の国学者

正 ただし
内田(うちだ)正　1857～1937　江戸末期～昭和期の牧師
奥海(おくみ)正　1827～1885　江戸後期～明治期の神職
金沢(かなざわ)正　1766～1852　江戸中期・後期の佐川深尾家家臣、名教館教授
上島(かみじま)正　1838～1919　江戸末期～大正

期の花木園芸の元祖
中泉（なかいずみ）正　1845〜1912　江戸後期〜明治期の眼科医
難波（なんば）正　1859〜1920　江戸末期〜大正期の電気工学者
水野（みずの）正　1832〜？　江戸末期の紀伊和歌山藩士

詮　ただし
滝（たき）詮　江戸後期の歌人

忠　ただし　⇔ただ, ちゅう, ほどこす
大道寺（だいどうじ）忠　1795〜1857　江戸後期・末期の歌人
松浦（まつら）忠　1767〜？　江戸中期の幕臣
山本（やまもと）忠　1827〜1889　江戸後期〜明治期の地域社会奉仕者

衷　ただし　⇔ちゅう
小畑（おばた）衷　1832〜1912　江戸後期〜明治期の漢学者

直　ただし　⇔あたい, あたえ, すなお, ちょく, なお
川目（かわめ）直　江戸後期の漢学者
梛野（なぎの）直　1842〜1912　江戸後期〜明治期の医師
渡辺（わたなべ）直　江戸中期の和算家

貞　ただし　⇔さだ, ただす, てい
冨田（とみた）貞　江戸後期の蘭方医

禎　ただし
田宮（たみや）禎　江戸中期の雑俳書編者

唯志　ただし
平沢（ひらさわ）唯志　1778〜1851　江戸中期・後期の花巻郷学の学頭

闇　ただし
林（はやし）闇　1848〜1923　江戸末期〜大正期の代言人

唯二　ただじ
近藤（こんどう）唯二　1843〜1909　江戸後期〜明治期の柳井発展のリーダー

忠重　ただしげ　⇔ちゅうじゅう
青沼（あおぬま）忠重　戦国時代の甲斐武田晴信・勝頼の家臣
天野（あまの）忠重　1558〜1644　戦国〜江戸前期の代官
石川（いしかわ）忠重　？〜1654　江戸前期の旗本
宇津（うつ）忠重　江戸末期の国学者
大久保（おおくぼ）忠重　?〜1690　江戸前期の旗本
大久保（おおくぼ）忠重　?〜1668　江戸前期の旗本
尾寄（おより）忠重　？〜1629　江戸前期の武士
清原（きよはらの）忠重　1030〜？　平安中期の官人
酒井（さかい）忠重　1598〜1666　安土桃山・江戸前期の領主
酒井（さかい）忠重　？〜1648　江戸前期の旗本
竹林（たけばやし）忠重　江戸後期の和算家
筒井（つつい）忠重　？〜1655　江戸前期の旗本
肥田（ひだ）忠重　？〜1649　江戸前期の藩士
藤原（ふじわらの）忠重　平安後期の国守。豊前守重兼の子
松平（まつだいら）忠重　？〜1625　安土桃山・江戸前期の武士
源（みなもとの）忠重　？〜1033　平安中期の官人
物集女（もずめ）忠重　？〜1575　戦国時代の武士
山名（やまな）忠重　安土桃山時代の武将

忠成　ただしげ　⇔ただなり, ちゅうせい
後藤（ごとう）忠成　戦国時代の北条氏の家臣
山根（やまね）忠成　？〜1860　江戸後期・末期の藩士、俳人

忠茂　ただしげ
永田（ながた）忠茂　江戸後期の和算家、龍野藩士

唯七郎　ただしちろう
中条（なかじょう）唯七郎　1773〜1849　江戸中期・後期の和漢学者・謡曲家

只四郎　ただしろう
猪谷（いがい）只四郎　1675〜1736　江戸前期・中期の剣術家。猪谷流

唯四郎　ただしろう
大野（おおの）唯四郎　1839〜1884　江戸後期〜明治期の児童施設「愛育社」創設者

匡　ただす
本多（ほんだ）匡　1829〜1876　江戸後期〜明治期の国府の修道館教授、教部省編纂係

質　ただす　⇔ただし
八木（やぎ）質　江戸後期の和算家

貞　ただす　⇔さだ, ただし, てい
杉山（すぎやま）貞　1843〜1913　江戸末期〜大正期の教育者

董　ただす
横山（よこやま）董　1846〜1901　江戸後期〜明治期の医師

縄　ただす
渡辺（わたなべ）縄　戦国・安土桃山時代の甲斐国八代郡精進村の土豪

糺　ただす
角谷（かどや）糺　1845〜？　江戸後期・末期の新撰組隊士

但季　ただすえ
池田（いけだ）但季　1751〜1834　江戸中期・後期の幕臣、代官

忠季　ただすえ
指宿（いぶすき）忠季　平安後期・鎌倉前期の薩摩国揖宿郡司
平（たいらの）忠季　平安後期の官人
藤原（ふじわらの）忠季　1041〜1112　平安中期・後期の官人
源（みなもと）忠季　平安後期の歌人

忠礎　ただすえ
恩田（おんだ）忠礎　1755〜？　江戸中期の幕臣

忠末　ただすえ
忠末　戦国時代の刀工

忠勧　ただすけ
伊藤（いとう）忠勧　1713〜1780　江戸中期の幕臣

忠資　ただすけ
藤原（ふじわら）忠資　鎌倉時代の公家・歌人

忠助　ただすけ　⇔ちゅうすけ
岡嶋（おかじま）忠助〔1代〕 1835〜1880　江戸後期〜明治期の足利郡山下村の生糸商
梶川（かじかわ）忠助　？〜1642　江戸前期の旗本
樺山（かばやま）忠助　1540〜1609　戦国〜江戸前期の武将
下毛野（しもつけぬの）忠助　平安後期の随身
藤原（ふじわらの）忠助　平安後期の官人
古田（ふるた）忠助　1816〜1875　江戸後期〜明治期の高屋の人
逸見（へんみ）忠助　？〜1657　江戸前期の旗本
忠相　ただすけ　⇔ただまさ
北郷（ほんごう）忠相　1487〜1559　戦国時代の武将。都城島津家8代
忠扶　ただすけ
大中臣（おおなかとみの）忠扶　平安中期の官人
三刀屋（みとや）忠扶　室町・戦国時代の飯石郡三刀屋郷地頭
忠輔　ただすけ
菅野（すがのの）忠輔　平安中期の官人
牧（まき）忠輔　？〜1813　江戸中期・後期の藩士
忠純　ただすみ
平（たいらの）忠純　平安後期の鹿児島郡司
忠澄　ただずみ
岡部（おかべ）忠澄　？〜1197　平安後期・鎌倉前期の武蔵武士《岡部六弥太忠澄》
忠位　ただたか
大久保（おおくぼ）忠位　1661〜1742　江戸前期・中期の幕臣
水野（みずの）忠位　1655〜1713　江戸前期・中期の大名
忠貴　ただたか
岡田（おかだ）忠貴　江戸後期の和算家
忠敬　ただたか
多（おおの）忠敬　1686〜1763　江戸前期・中期の楽人
忠孝　ただたか
大江（おおえの）忠孝　平安中期の官人
貴志（きし）忠孝　？〜1895　江戸末期・明治期の幕臣
小宮山（こみやま）忠孝　戦国時代の武士
忠高　ただたか　⇔ちゅうこう
九条（くじょう）忠高　藤原忠高に同じ
酒井（さかい）忠高　1661〜1689　江戸前期の領主
藤原（ふじわら）忠高　1211〜1276　鎌倉前期・後期の公家
牧内（まきうち）忠高　戦国時代の松平一族
忠崇　ただたか
長谷川（はせがわ）忠崇　1694〜1777　江戸中期の幕臣
忠隆　ただたか
大久保（おおくぼ）忠隆　1692〜1761　江戸中期の代官
奥平（おくだいら）忠隆　江戸前期の第3代加納藩主
千野（ちの）忠隆　？〜1573　安土桃山時代の信濃国諏訪郡の国衆
松平（まつだいら）忠隆　1665〜1738　江戸前期・中期の幕臣
源（みなもとの）忠隆　平安中期の官人
忠堯　ただたか　⇔ただあき
正木（まさき）忠堯　戦国時代の人。里見義康の二男
松平（まつだいら）忠堯　1802〜1864　江戸末期の大名。伊勢桑名藩主、武蔵忍藩主
忠全　ただたけ
水野（みずの）忠全　江戸後期・末期の幕臣
忠武　ただたけ
関場（せきば）忠武　1838〜1921　江戸後期〜明治期の郷土史家
忠勇　ただたけ
多（おおの）忠勇　1772〜？　江戸中期・後期の楽人
忠辰　ただたつ　⇔ただとき, ちゅうしん
江川（えがわ）忠辰　？〜1663　江戸前期の六十人者与力
君胤　ただたね
佐野（さの）君胤　戦国時代の駿河国富士郡上稲子の土豪
忠種　ただたね
大岡（おおおか）忠種　1611〜1684　江戸前期の幕臣
延時（のぶとき）忠種　鎌倉時代の在地領主
忠任　ただたね　⇔ただとう, ただより
高木（たかぎ）忠任　1766〜1831　江戸中期・後期の町役人《高木作右衛門〔10代〕》
忠民　ただたみ
酒井（さかい）忠民　1794〜1846　江戸後期の旗本
忠為　ただため
佐甲（さこう）忠為　？〜1629　安土桃山・江戸前期の赤間関の大年寄役
忠近　ただちか
忠近　鎌倉時代の刀工
忠親　ただちか
天野（あまの）忠親　戦国時代の松平氏の重臣
伊木（いぎ）忠親　1652〜1704　江戸前期・中期の岡山藩家老
大蔵（おおくらの）忠親　？〜1017　平安中期の武士
小栗（おぐり）忠親　戦国時代の武士。松平氏家臣
上道（かみつみちの）忠親　平安後期の官人
川上（かわかみ）忠親　江戸中期の武人
藤沢（ふじさわ）忠親　江戸末期・明治期の和算家
藤原（ふじわらの）忠親　999〜1077　平安中期・後期の官人
別府（べっぷ）忠親　1467〜？　室町・戦国時代の武士
三村（みむら）忠親　？〜1533　戦国時代の筑摩郡洗馬荘の地頭
守屋（もりや）忠親　1767〜1830　江戸中期・後期の幕臣
忠知　ただちか　⇔ただとも, ちゅうち
横山（よこやま）忠知　1683〜1736　江戸前期・中期の幕臣

忠分　ただちか
水野(みずの)忠分　1537～1578　戦国・安土桃山時代の織田信長の家臣
尹親　ただちか
松平(まつだいら)尹親　1663～1735　江戸前期・中期の幕臣
伊継　ただつぐ
小槻(おづき)伊継　?～1316　鎌倉後期の官人
君次　ただつぐ　⇔きみつぐ
芦沢(あしざわ)君次　戦国時代の穴山信君・勝千代の家臣《葦沢君次》
忠継　ただつぐ
忠継　戦国時代の刀工
忠継　安土桃山時代の刀匠
田原(たはら)忠継　1776～1855　江戸中期～末期の和算家
松木(まつき)忠継　?～1655　江戸前期の代官
山田(やまだ)忠継　鎌倉時代の薩摩国谿山郡の地頭
忠次　ただつぐ　⇔ちゅうじ
忠次　戦国時代の刀工
忠次　江戸中期の彫金家
市岡(いちおか)忠次　1564～1639　安土桃山・江戸前期の代官
犬塚(いぬづか)忠次　1557～1613　戦国～江戸前期の幕臣
大久保(おおくぼ)忠次　?～1683　江戸前期の旗本
金丸(かなまる)忠次　?～1575　戦国・安土桃山時代の武田家臣
川井(かわい)忠次　?～1689　江戸中期の代官
杉田(すぎた)忠次　1576～1641　安土桃山・江戸前期の幕臣
曽根(そね)忠次　1602～1677　江戸前期の旗本
宅間(たくま)忠次　?～1640　江戸前期の旗本
豊島(としま)忠次　1564～1643　安土桃山・江戸前期の代官
中川(なかがわ)忠次　?～1641　江戸前期の旗本
夏目(なつめ)忠次　?～1659　江戸前期の武士
西村(にしむら)忠次　安土桃山・江戸前期の砲術家
初鹿野(はじかの)忠次　1534・1561　戦国・安土桃山時代の武田家臣
松木(まつき)忠次　1582～1654　安土桃山・江戸前期の代官
松平(まつだいら)忠次　1521～1547　戦国時代の武将
間宮(まみや)忠次　?～1642　江戸前期の幕臣
諸星(もろぼし)忠次　?～1629　江戸前期の代官
由比(ゆひ)忠次　?～1581　安土桃山時代の武士
忠詰　ただつぐ
藤原(ふじわら)忠詰　戦国時代の大工
縄継　ただつぐ
置始(おきそめの)縄継　平安前期の官人
紀(きの)縄継　平安前期の紀伊国名草郡の大領
尹胤　ただつぐ
的場(まとば)尹胤　江戸末期の武士
忠綱　ただつな
忠綱　安土桃山時代の石見の刀匠
甘糟(あまかす)忠綱　?～1178?　平安後期の武蔵国那珂郡甘糟の武士
進藤(しんどう)忠綱　戦国時代の公家・連歌作者
波多野(はたの)忠綱　鎌倉時代の武将
藤原(ふじわらの)忠綱　?～1084　平安中期・後期の官人
藤原(ふじわらの)忠綱　?～1183　平安後期の平氏の有力家人
藤原(ふじわらの)忠綱　1164～?　平安後期の武士
矢島(やじま)忠綱　戦国時代の信濃国諏訪郡の社家衆
渡辺(わたなべ)忠綱　?～1652　江戸前期の旗本
忠経　ただつね
小槻(おつきの)忠経　平安後期の官人
金丸(かなまる)忠経　戦国時代の甲斐武田晴信の家臣
金丸(かねまる)忠経　金丸忠経に同じ
藤原(ふじわらの)忠経　?～1014　平安中期の人。権大納言道頼男
山田(やまだ)忠経　南北朝時代の薩摩国鹿児島郡上伊敷村の地頭
忠恒　ただつね
大久保(おおくぼ)忠恒　1689～1745　江戸中期の幕臣
大久保(おおくぼ)忠恒　1783～1855　江戸中期～末期の幕臣
忠常　ただつね
忠常　安土桃山時代の刀工
伊奈(いな)忠常　1648～1680　江戸前期の関東郡代
小野(おの)忠常　?～1666　江戸前期の剣術家
忠庸　ただつね
酒井(さかい)忠庸　1857～1885　江戸末期・明治期の武士
度経　ただつね
竹内(たけうち)度経　1832～1881　江戸後期～明治期の和算家
唯恒　ただつね
高津(たかつ)唯恒　江戸中期の藩士
忠貫　ただつら
酒井(さかい)忠貫　1640～1693　江戸前期・中期の庄内藩主公子
滝川(たきがわ)忠貫　江戸後期の藩士
忠行　ただつら　⇔ただゆき
石井(いしい)忠行　1818～1894　江戸後期～明治期の藩士
忠連　ただつら
荒木田(あらきだ)忠連　平安中期の内宮権禰宜
国友(くにとも)忠連　江戸後期の藩士・国学者
忠英　ただてる　⇔ただひで, ただふさ, ちゅうえい
筒井(つつい)忠英　1762～1838　江戸中期・後期の幕臣
忠輝　ただてる
佐山(さやま)忠輝　1813～1875　江戸末期の侠客、官吏

忠暉　ただてる
多（おおの）忠暉　1790〜1841　江戸後期の楽人
伊任　ただとう　⇔たいにん
秋田（あきた）伊任　江戸後期の和算家《秋田伊任》
忠任　ただとう　⇔ただたね, ただより
紀（きの）忠任　平安後期の官人
窪田（くぼた）忠任　1674〜1753　江戸前期・中期の幕臣
糺（ただす）忠任　平安後期の飛驒国司
忠遠　ただとお
川井（かわい）忠遠　？〜1603　安土桃山時代の佐竹氏の家臣
紀（きの）忠遠　平安中期の官人
中原（なかはらの）忠遠　平安後期の官人
忠告　ただとき　⇔ただのり, ちゅうこく
伊奈（いな）忠告　？〜1850　江戸後期の第33代京都東町奉行
忠時　ただとき
赤坂（あかさか）忠時　？〜1746　江戸中期の装剣金工
姉小路（あねのこうじ）忠時　鎌倉時代の公家
大江（おおえの）忠時　平安後期の官人
多（おおの）忠時　平安後期の官人
紀（きの）忠時　平安後期の官人
斎藤（さいとう）忠時　？〜1718　江戸前期・中期の藩士、兵学家
種子島（たねがしま）忠時　1468〜1536　戦国時代の種子島の12代島主
馬場（ばば）忠時　戦国時代の武士。穴山信君・勝千代・武田万千代の家臣
北条（ほうじょう）忠時　1249〜1284　鎌倉前期・後期の武将、歌人、連歌作者
北条（ほうじょう）忠時　?〜1333　鎌倉後期の武士
三島（みしま）忠時　？〜1632　江戸前期の武士
源（みなもとの）忠時　平安後期の官人
忠節　ただとき
大友（おおともの）忠節　平安中期の官人
多治（たじひの）忠節　平安中期の官人
松平（まつだいら）忠節　1605〜1688　江戸前期の旗本、祢津知行所の領主
忠説　ただとき
太田垣（おおたがき）忠説　室町・戦国時代の武将・連歌作者
日下部（くさかべ）忠説　室町時代の武将、連歌師
忠辰　ただとき　⇔ただたつ, ちゅうしん
大岡（おおおか）忠辰　1760〜？　江戸中期の幕臣
内藤（ないとう）忠辰　江戸後期の和算家
君松　ただとし　⇔きみとし
帯金（おびがね）君松　？〜1638　戦国時代の武士。甲斐武田一族穴山信君・勝千代・武田万千代の家臣《帯金君松》
野村（のむら）君松　安土桃山時代の武田氏の家臣
忠俊　ただとし
足羽（あすわ）忠俊　平安中期の医師
荒木田（あらきだ）忠俊　平安後期の神官
酒井（さかい）忠俊　1621〜1661　江戸前期の領主
菅原（すがわら）忠俊　江戸後期の書家
日置（ひき）忠俊　1572〜1641　江戸前期の武士
藤原（ふじわらの）忠俊　平安後期の官人
忠順　ただとし　⇔ただくに, ただのり, ただより
酒井（さかい）忠順　1752〜1824　江戸中期・後期の旗本
忠敏　ただとし
酒井（さかい）忠敏　1812〜1851　江戸後期の武士
忠利　ただとし
伊奈（いな）忠利　江戸前期の関東代官
大久保（おおくぼ）忠利　？〜1664　戦国〜江戸前期の徳川家の家臣
大久保（おおくぼ）忠利　1547〜1617　戦国〜江戸前期の徳川家の家臣
小槻（おづき）忠利　1600〜1663　安土桃山・江戸前期の公家
尾寄（およりし）忠利　？〜1625　江戸前期の武士
佐藤（さとう）忠利　江戸末期の和算家
神保（じんぼ）忠利　戦国時代以降の兵学者
寺町（てらまち）忠利　江戸中期の藩士
富田（とみた）忠利　1840〜1906　江戸後期〜明治期の地方文化産業功労者、政治家
冨田（とみた）忠利　富田忠利に同じ
本多（ほんだ）忠利　？〜1726　江戸中期の旗本
松平（まつだいら）忠利　1582〜1649　安土桃山・江戸前期の武士
壬生（みぶ）忠利　1601〜1663　安土桃山・江戸前期の官吏
忠富　ただとみ
伊奈（いな）忠富　1742〜1813　江戸中期・後期の幕臣
忠知　ただとも　⇔ただちか, ちゅうち
酒井（さかい）忠知　1593〜1676　安土桃山・江戸前期の幕臣
志賀（しが）忠知　1765〜？　江戸中期の幕臣
高木（たかぎ）忠知　1823〜1873　江戸後期〜明治期の長崎代官《高木忠知》
二見（ふたみ）忠知　1666〜1739　江戸前期・中期の神職
本多（ほんだ）忠知　安土桃山時代の孫根城城主
前田（まえだ）忠知　江戸中期の剣士
忠智　ただとも
長谷川（はせがわ）忠智　？〜1725　江戸中期の和算家、米沢藩士
平山（ひらやま）忠智　？〜1559　戦国時代の日向国松山城の城主
忠朝　ただとも
秋元（あきもと）忠朝　？〜1650　江戸前期の旗本
忠同　ただとも
多（おおの）忠同　1775〜1838　江戸中期・後期の楽人
忠友　ただとも　⇔ちゅうゆう
薩摩（さつま）忠友　鎌倉前期の薩摩郡司
成枝（なりえだ）忠友　平安後期の薩摩郡羽島の領主

忠与　ただとも　⇔ただよ
大久保(おおくぼ)忠与　1712～1778　江戸中期の幕臣
忠倫　ただとも　⇔ちゅうりん
大久保(おおくぼ)忠倫　1640～1718　江戸前期・中期の幕臣
忠豊　ただとよ
伊佐敷(いざしき)忠豊　？～1413　南北朝・室町時代の武将
忠虎　ただとら
石井(いしい)忠虎　江戸中期の兵法家
孔直　ただなお　⇔こうちょく
長山(ながやま)孔直　1803～1862　江戸後期・末期の画家
質直　ただなお　⇔かたなお
金井(かない)質直　1829～1879　江戸後期～明治期の藩士
忠尚　ただなお
大久保(おおくぼ)忠尚　1578～1630　安土桃山・江戸前期の幕臣
内藤(ないとう)忠尚　1699～1771　江戸中期の代官
忠直　ただなお
赤木(あかぎ)忠直　安土桃山時代の備中国の武将
大久保(おおくぼ)忠直　1551～1623　戦国～江戸前期の武士
桑嶋(くわしま)忠直　1617～1700　江戸前期・中期の幕臣
後藤(ごとう)忠直　？～1603　江戸前期の旗本
近藤(こんどう)忠直　1823～1898　江戸後期～明治期の神職、歌人
酒井(さかい)忠直　1643～1700　江戸前期・中期の庄内藩主公子
佐多(さた)忠直　1335～1359　南北朝時代の大隅国佐多高木城の城主
高山(たかやま)忠直　1762～1835　江戸中期・後期の幕臣、和算家
辺川(へがわ)忠直　室町時代の武将
北条(ほうじょう)忠直　鎌倉後期の武士
諸星(もろぼし)忠直　1626～1709　江戸前期・中期の幕臣
忠愨　ただなお
大久保(おおくぼ)忠愨　1828～1859　江戸後期の小田原藩主
縄直　ただなお　⇔つななお
土屋(つちや)縄直　1698～1754　江戸中期の武士
廉直　ただなお
土屋(つちや)廉直　1759～？　江戸中期・後期の幕臣
忠栄　ただなか　⇔ただなが, ただひで, ただよし, ちゅうえい
逸見(いつみ)忠栄　1696～1785　江戸中期の幕臣
忠央　ただなか　⇔ただひさ
滝野(たきの)忠央　1646～1712　江戸前期・中期の代官
中里(なかさと)忠央　江戸後期の和算家
忠中　ただなか
酒井(さかい)忠中　1821～1845　江戸後期の武士
忠仲　ただなか
荒木田(あらきだ)忠仲　鎌倉前期の神職
直中　ただなか
石川(いしかわ)直中　1836～1890　江戸後期～明治期の教育者
君長　ただなが
跡部(あとべ)君長　戦国時代の穴山梅雪の家臣《跡部藤三》
忠栄　ただなが　⇔ただなか, ただひで, ただよし, ちゅうえい
逸見(へんみ)忠栄　1696～1785　江戸中期の幕臣《逸見忠栄》
本多(ほんだ)忠栄　1723～1778　江戸中期の第13代伏見奉行
忠永　ただなが
穎娃(えい)忠永　平安時代の武将
大久保(おおくぼ)忠永　？～1646　江戸前期の旗本
長我(ながが の)忠永　平安中期の官人
藤岡(ふじおか)忠永　戦国・安土桃山時代の武田氏の家臣、禰津常安の被官
忠長　ただなが
浅野(あさの)忠長　1592～1660　安土桃山・江戸前期の武士
雨宮(あめのみや)忠長　安土桃山時代の代官。武田家旧臣
小笠原(おがさわら)忠長　戦国時代の信濃国伊那郡の武士
織田(おだ)忠長　江戸末期の和算家
甘露寺(かんろじ)忠長　？～1436　室町時代の公家
紀(きの)忠長　平安後期の人
高力(こうりき)忠長　1836～1886　江戸後期～明治期の幕臣《高力直三郎》
祝部(はふりべ)忠長　鎌倉後期の神職・歌人
原田(はらだ)忠長　？～1543　安土桃山時代の武将
藤原(ふじわらの)忠長　平安後期の中級官人
源(みなもと)忠長　南北朝時代の連歌作者
渡辺(わたなべ)忠長　戦国時代の臼井胤慶の家臣か
忠良　ただなが　⇔ただかた, ただよし, ちゅうりょう
大久保(おおくぼ)忠良　1649～1725　江戸前期・中期の幕臣
忠脩　ただなが
河井(かわい)忠脩　？～1589　戦国・安土桃山時代の佐竹氏の側近家臣
董永　ただなが
安倍(あべの)董永　934～？　平安中期の官人
任長　ただなが
東坊城(ひがしぼうじょう)任長　1838～1886　江戸後期～明治期の公家
尹良親王　ただながしんのう　⇔ゆきよししんのう
尹良親王　？～1424　南北朝・室町時代の宗良親

王の王子

忠成　ただなり　⇔ただしげ, ちゅうせい

粟田口（あわたぐち）忠成　奈良時代の公家・歌人
石川（いしかわ）忠成　戦国時代の松平家重臣、奉行人
多（おおの）忠成　1638頃～1683　江戸前期の楽人
片桐（かたぎり）忠成　江戸後期の藩士
佐多（さた）忠成　1498～1549　戦国時代の武将
祝部（はふりべ）忠成　鎌倉時代の神職・歌人
春名（はるな）忠成　江戸中期の商家・歌人
藤原（ふじわら）忠成　平安後期の官人
松木（まつき）忠成　？～1616　江戸前期の代官

忠也　ただなり

伊藤（いとう）忠也　1602～1649　安土桃山・江戸前期の剣術家《伊藤典膳》

縄主　ただぬし

上毛野（かみつけぬの）縄主　平安前期の官人

唯之允　ただのすけ

佐藤（さとう）唯之允　江戸後期の公共事業家

忠移　ただのぶ　⇔ただより

伊藤（いとう）忠移　1744～1820　江戸中期・後期の幕臣

忠延　ただのぶ

荒木田（あらきだ）忠延　平安後期の官人
長（おさの）忠延　平安後期の紀伊国隅田荘の荘官

忠質　ただのぶ　⇔ただかた, たださだ

酒井（さかい）忠質　1789～1852　江戸後期の旗本

忠寿　ただのぶ

多（おおの）忠寿　1816～1873　江戸後期～明治期の楽人

忠修　ただのぶ

大久保（おおくぼ）忠修　1810～1831　江戸後期の小田原藩主忠真の3男

忠所　ただのぶ

安倍（あべの）忠所　平安中期の官人

忠信　ただのぶ　⇔ちゅうしん

伊奈（いな）忠信　？～1844　江戸後期の関東郡代
宇治（うじの）忠信　平安中期の官人
大友（おおともの）忠信　平安中期の官人
長（おさの）忠信　平安後期の紀伊国隅田荘の荘官《長忠延》
小槻（おづき）忠信　？～995　平安中期の官人
桜島（さくらじまの）忠信　平安中期の官人
建部（たけるべの）忠信　平安中期の官人
伴（ともの）忠信　平安中期の検非違使
藤原（ふじわらの）忠信　？～1186　平安後期の武士
三島（みしまの）忠信　平安中期の官人

忠宣　ただのぶ

大久保（おおくぼ）忠宣　？～1868　江戸後期・末期の武士
革島（かわしま）忠宣　？～1618　安土桃山・江戸前期の織田信長の家臣

忠陳　ただのぶ

田中（たなか）忠陳　江戸後期の国学者

忠舒　ただのぶ

藤原（ふじわらの）忠舒　平安中期の官人

董信　ただのぶ

菅原（すがわらの）董信　平安中期の官人

忠紀　ただのり

大貫（おおぬき）忠紀　江戸後期の大住郡三宮村比々多神社神主
島津（しまづ）忠紀　1734～1766　江戸中期の重富島津家初代

忠規　ただのり

源（みなもとの）忠規　平安中期の官人

忠儀　ただのり

神尾（かんお）忠儀　1629～1685　江戸前期の代官
藤原（ふじわら）忠儀　江戸後期の「志武宇地話」の著者

忠告　ただのり　⇔ただとき, ちゅうこく

秦（はた）忠告　江戸中期の書肆

忠至　ただのり

梅津（うめだ）忠至　1786～1815　江戸中期・後期の藩士・歌人

忠順　ただのり　⇔ただくに, ただとし, ただより

内田（うちだ）忠順　1785～1840　江戸中期・後期の医師

忠乗　ただのり

肥田（ひだ）忠乗　1820～1878　江戸後期～明治期の尾張藩士

忠則　ただのり

紀（きの）忠則　平安中期の左京の保刀禰
藤原（ふじわらの）忠則　平安後期の源仲宗の郎等

忠典　ただのり

海保（かいほ）忠典　1835～1895　江戸後期～明治期の奥殿藩士

忠度　ただのり

大江（おおえの）忠度　平安時代の官人

忠得　ただのり

大久保（おおくぼ）忠得　1725～1803　江戸中期・後期の幕臣

忠徳　ただのり　⇔ちゅうとく

上村（かみむら）忠徳　江戸前期の槍術家
熊沢（くまざわ）忠徳　1605～1687　江戸前期の代官

忠能　ただのり　⇔ただよし

浅井（あさい）忠能　1629～1707　江戸前期・中期の歌人

忠八　ただはち　⇔ちゅうはち

杉浦（すぎうら）忠八　1848～1906　江戸後期～明治期の三河土器製造業者

唯八　ただはち

小林（こばやし）唯八　1827～1911　江戸後期～明治期の鮑刺網漁の考案者

忠治　ただはる　⇔ちゅうじ

石井（いしい）忠治　戦国時代の佐竹氏の家臣
佐野（さの）忠治　1771～1811　江戸中期・後期の人。仙人峠の中仙人に沢水を引いた

鈴木(すずき)忠治　江戸時代の江戸普請奉行

忠春　ただはる　⇔ちゅうしゅん
多(おおの)忠春　?～1389　南北朝時代の楽人

忠昌　ただはる　⇔ただまさ
酒井(さかい)忠昌　江戸中期の随筆家

忠雄　ただはる　⇔ただお, ただかつ
多(おおの)忠雄　1540～1603　戦国・安土桃山時代の楽人

忠彦　ただひこ
松木(まつき)忠彦　?～1572　戦国・安土桃山時代の神職

品彦　ただひこ
松木(まつき)品彦　1805～1845　江戸後期の神職

忠央　ただひさ　⇔ただなか
水野(みずの)忠央　1695～1767　江戸中期の代官

忠久　ただひさ
浅井(あさい)忠久　1531～1589　戦国・安土桃山時代の徳川家奉行人
奥山(おくやま)忠久　?～1608　江戸前期の代官
梶川(かじかわ)忠久　?～1666　江戸前期の幕臣
賀茂(かも)忠久　鎌倉時代の神職・歌人
下毛野(しもつけぬの)忠久　平安後期の官人。藤原忠実随身
菅沼(すがぬま)忠久　?～1582　戦国・安土桃山時代の井伊谷3人衆
沼尻(ぬまじり)忠久　戦国時代の上野国衆岩松氏重臣
橋本(はしもと)忠久　江戸後期の神職
穂刈(ほがり)忠久　江戸後期の和算家

忠陽　ただひさ
青木(あおき)忠陽　1756～?　江戸中期の幕臣

忠栄　ただひで　⇔ただなか, ただなが, ただよし, ちゅうえい
本多(ほんだ)忠栄　1723～1778　江戸中期の第13代伏見奉行《本多忠栄》

忠英　ただひで　⇔ただてる, ただふさ, ちゅうえい
木谷(きたに)忠英　江戸後期の和算家
本多(ほんだ)忠英　1668～1739　江戸前期・中期の幕臣
松本(まつもと)忠英　?～1854　江戸後期の藩士・和算家
山本(やまもと)忠英　江戸後期の藩士

忠秀　ただひで
指宿(いぶすき)忠秀　鎌倉時代の武将
小原(おばら)忠秀　1540～1601　戦国・安土桃山時代の安俵城最後の城主
桂(かつら)忠秀　1582～1646　安土桃山・江戸前期の大隅国高山地頭、薩摩国大村地頭
惟宗(これむね)忠秀　南北朝時代の武家・歌人
結城(ゆうき)忠秀　安土桃山時代の武将

三成　ただひら
藤原(ふじわら)三成　786～830　奈良・平安前期の公家・漢詩人

忠夷　ただひら
酒井(さかい)忠夷　1758～1833　江戸中期・後期の武士

忠衡　ただひら
藤原(ふじわらの)忠衡　1167～1189　平安後期の藤原秀衡の3男《泉三郎忠衡》

忠平　ただひら　⇔ちゅうへい
梅津(うめづ)忠平　江戸後期の国学者

君弘　ただひろ　⇔きみひろ
佐野(さの)君弘　?～1596　戦国時代の甲斐武田一族穴山信君・勝千代の家臣《佐野君弘》

忠寛　ただひろ
風野(かざの)忠寛　1800～1874　江戸後期～明治期の芳賀郡東郷村大前神社神官、塾主
豊前(ぶぜん)忠寛　1642～1709　江戸前期・中期の幕臣
本多(ほんだ)忠寛　?～1811　江戸中期・後期の藩士・俳人

忠広　ただひろ
五十嵐(いがらし)忠広　?～1791　江戸後期の和算家
近江大掾藤原(おうみだいじょうふじはら)忠広〔2代〕　1614～1693　江戸前期・中期の刀工
大江(おおえ)忠広　南北朝時代の歌人
岡田(おかだ)忠広　江戸時代の兵法家

忠弘　ただひろ
里見(さとみ)忠弘　戦国時代の義堯の子。上総久留里城代
森(もり)忠弘　1840～1857　江戸後期・末期の赤穂藩士

忠洪　ただひろ
大久保(おおくぼ)忠洪　?～1840　江戸後期の小田原藩家老

忠恕　ただひろ　⇔ただあつ, ただくみ, たださと, ただよし, ちゅうじょ
大久保(おおくぼ)忠恕　1830～?　江戸後期の幕臣
酒井(さかい)忠恕　1839～1858　江戸後期・末期の武士
内藤(ないとう)忠恕　1759～1822　江戸中期・後期の京都代官、大坂目付役

忠礼　ただひろ
山本(やまもと)忠礼　1853～1890　江戸後期～明治期の函館新聞社長

忠英　ただふさ　⇔ただてる, ただひで, ちゅうえい
酒井(さかい)忠英　1701～1736　江戸中期の武士
山本(やまもと)忠英　1776～1826　江戸後期の藩士

忠房　ただふさ
赤木(あかぎ)忠房　安土桃山時代の織田信長の家臣
有屋田(ありやだ)忠房　南北朝時代の薩摩国満家院有屋田の領主
庵原(いはら)忠房　戦国時代の武将
大江(おおえの)忠房　平安後期の官人
岡部(おかべ)忠房　?～1621　江戸前期の旗本
長尾(ながお)忠房　?～1373　南北朝時代の武将

山田（やまだ）忠房　？～1372　南北朝時代の武将
度会（わたらい）忠房　1051～1126　平安後期の伊勢外宮一禰宜

董史　ただふみ
田内（たうち）董史　1799～1847　江戸後期の教育家・歌人

忠古　ただふる
池上（いけがみ）忠古　1830～1870　江戸末期の今治藩参政

唯兵衛　ただへい
青木（あおき）唯兵衛　江戸後期の韮山代官江川氏の手代

唯平　ただへい
佐藤（さとう）唯平　1818～1908　江戸後期～明治期の公共事業家で岡郵便局詰

陀々坊　だだぼう
陀々坊　江戸中期の俳諧師・雑俳点者

弾政　ただまさ
久野（くの）弾政　江戸中期の神道家

忠雅　ただまさ　⇔ちゅうが
青山（あおやま）忠雅　江戸中期・後期の武士
窪田（くぼた）忠雅　？～1658　江戸前期の旗本

忠昌　ただまさ　⇔ただはる
石田（いしだ）忠昌　江戸末期の文人。高松郡方役所の吏員
今井（いまい）忠昌　？～1658　江戸前期の代官
日置（ひき）忠昌　1684～1739　江戸中期の武士

忠政　ただまさ
大岡（おおおか）忠政　1548～1629　戦国～江戸前期の武将
大久保（おおくぼ）忠政　1583～1638　安土桃山・江戸前期の幕臣
岡田（おかだ）忠政　1725～？　江戸中期の幕臣
奥平（おくだいら）忠政　江戸前期の第2代加納藩主
小野（おの）忠政　1735～？　江戸中期の幕臣
喜入（きいれ）忠政　1571～1645　安土桃山・江戸前期の喜入氏7代
神（じん）忠政　1556～1582　戦国・安土桃山時代の織田信長の家臣
土岐（とき）忠政　江戸前期の武家
戸田（とだ）忠政　？～1646　江戸前期の旗本
内藤（ないとう）忠政　？～1611　江戸前期の大名
中川（なかがわ）忠政　？～1675　江戸前期の旗本
丹羽（にわ）忠政　1575～1615　安土桃山・江戸前期の武士
松平（まつだいら）忠政　？～1619　江戸前期の旗本
山名（やまな）忠政　室町時代の武将
依田（よだ）忠政　室町時代の武士。後閑城主

忠正　ただまさ
大久保（おおくぼ）忠正　安土桃山時代の徳川氏の家臣
大中臣（おおなかとみの）忠正　平安中期の大和国添上郡菟足社神主
団（だん）忠正　？～1582　戦国・安土桃山時代の織田信長の家臣
都築（つづき）忠正　戦国時代の武士。松平氏家臣
鳥山（とりやま）忠正　戦国時代の松平氏の家臣
夏目（なつめ）忠正　1642～1683　江戸前期の武士
林（はやし）忠正　1856～1906　江戸末期・明治期の美術商
平川（ひらかわ）忠正　安土桃山時代の武将

忠相　ただまさ　⇔ただすけ
北郷（ほんごう）忠相　1487～1559　戦国時代の武将。都城島津家8代《北郷忠相》

忠理　ただまさ
源（みなもとの）忠理　平安中期の官人

忠眞　ただまさ
大久保（おおくぼ）忠眞　？～1775　江戸中期の本城に勤任

任正　ただまさ
氏家（うじいえ）任正　江戸時代の和算家

忠益　ただます
知覧（ちらん）忠益　平安後期・鎌倉前期の薩摩国知覧院郡司

忠賀　ただます
多（おおの）忠賀　1841～1896　江戸後期～明治期の楽人

忠増　ただます
真田（さなだ）忠増　戦国時代の里見義堯・義弘の家臣
新納（にいろ）忠増　？～1604　安土桃山・江戸前期の武将

忠松　ただまつ
豊島（としま）忠松　？～1645　江戸前期の代官

忠見　ただみ
倉地（くらち）忠見　1706～1765　江戸中期の幕臣

祇通　ただみち
東（あずま）祇通　江戸中期の槍術家

忠通　ただみち　⇔ただゆき
大岡（おおおか）忠通　1651～1709　江戸前期・中期の代官
興津（おきつ）忠通　1716～1794　江戸中期・後期の幕臣
松本（まつもと）忠通　江戸後期の和算家
藪（やぶ）忠通　1679～1754　江戸前期・中期の幕臣

忠道　ただみち
紀（きの）忠道　？～1019　平安中期の官人
串木野（くしきの）忠道　鎌倉前期の薩摩国串木野の領主
中川（なかがわ）忠道　江戸後期・末期の幕臣
中山（なかやま）忠道　江戸後期の本草家
吉村（よしむら）忠道　1841～1902　江戸後期～明治期の実業家、代言人

忠陸　ただみち
松平（まつだいら）忠陸　1702～1777　江戸中期の幕臣

忠逵　ただみち
伊奈（いな）忠逵　？～1756　江戸中期の関東郡代

度径　ただみち
武内（たけうち）度径　江戸末期の和算家

忠盈　ただみつ
酒井（さかい）忠盈　1684～1696　江戸前期・中期の領主
高橋（たかはし）忠盈　1769～？　江戸中期・後期の人。「仏神儒試験集」の著者
忠光　ただみつ
忠光　江戸末期の刀工
揖宿（いぶすき）忠光　平安後期の薩摩国揖宿郡地頭
岡田（おかだ）忠光　江戸時代の兵法家
河本（かわもと）忠光　江戸後期の国学者
佐多（さた）忠光　南北朝時代の武将
島津（しまづ）忠光　鎌倉後期・南北朝時代の武将
福田（ふくだ）忠光　戦国時代の武将
本多（ほんだ）忠光　1598～1638　安土桃山時代・江戸前期の上総大多喜藩主
山口（やまぐち）忠光　江戸後期～明治期の和算家
忠充　ただみつ
多（おおの）忠充　1717～1775　江戸中期の楽人
佐多（さた）忠充　1588～1632　安土桃山・江戸前期の武将
村垣（むらがき）忠充　江戸中期の幕臣
忠峯　ただみね
高階（たかしなの）忠峯　平安前期の官人
忠宗　たたむね　⇔ただむね
紀（きの）忠宗　平安中期の官人
忠宗　ただむね　⇔たたむね
茜（あかねの）忠宗　平安中期の官人
大野（おおの）忠宗　？～1591　鎌倉時代の武将
大原（おおはらの）忠宗　平安中期の官人
藤原（ふじわらの）忠宗　平安後期の官人
皆川（みながわ）忠宗　戦国時代の下野皆川氏の一族
忠致　ただむね
梅津（うめづ）忠致　1723～1784　江戸中期の藩士・兵法家
平（たいらの）忠致　？～1190？　平安後期の武士
忠棟　ただむね
伊集院（いじゅういん）忠棟　？～1602　安土桃山・江戸前期の武士。島津義久の老中
忠村　ただむら　⇔ちゅうそん
指宿（いぶすき）忠村　鎌倉前期の薩摩国地頭御家人
酒井（さかい）忠村　1619～1694　江戸前期・中期の幕臣
豊田（とよだ）忠村　1656～1723　江戸前期・中期の武士、茶人
藤原（ふじわらの）忠村　平安後期の武士
忠以　ただもち
多（おおの）忠以　1808～？　江戸後期の楽人
忠持　ただもち
足立（あだち）忠持　江戸後期の藩士・歌人
忠望　ただもち
橘（たちばなの）忠望　平安中期の官人
君元　ただもと　⇔きみもと
万沢（まんざわ）君元　戦国時代の甲斐武田一族穴山信君・勝千代の重臣《万沢君元》
三元　ただもと
水野（みずの）三元　？～1640　江戸前期の武士
忠幹　ただもと
烟田（かまた）忠幹　？～1580　戦国・安土桃山時代の常陸国鹿島郡の国衆。鹿島氏家臣
大掾（だいじょう）忠幹　戦国時代の常陸の国衆。府中城主
橘（たちばな）忠幹　？～955　平安中期の官人、歌人
忠基　ただもと
角（つぬの）忠基　平安後期の官人
忠元　ただもと
荒木田（あらきだの）忠元　1053～1126　平安後期の神宮祠官
知覧（ちらん）忠元　南北朝時代の郡司
内藤（ないとう）忠元　江戸前期の武士
水野（みずの）忠元　江戸後期の山形藩学「立誠堂」の前身「経誼館」の開設者
矢延（やのべ）忠元　安土桃山時代の武士
忠職　ただもと
多（おおの）忠職　1751～1815　江戸中期・後期の楽人
上道（かみつみちの）忠職　平安中期の官人
忠体　ただもと
水野（みずの）忠体　？～1806　江戸中期・後期の旗本
忠守　ただもり
斎藤（さいとう）忠守　戦国時代の伊豆の鍛冶
丹波（たんば）忠守　？～1344　鎌倉後期・南北朝時代の医者・歌人
角田（つのだ）忠守　1810～1894　江戸後期～明治期の神職
水野（みずの）忠守　1525～1600　戦国・安土桃山時代の織田信長の家臣
忠盛　ただもり
河野（こうの）忠盛　1858～？　江戸末期・明治期の武士
酒井（さかい）忠盛　1642～1712　江戸前期・中期の武士
董守　ただもり
川島（かわしま）董守　江戸後期の歌人
忠諸　ただもろ
戸田（とだ）忠諸　？～1756　江戸中期の小普請
君泰　ただやす
万沢（まんざわ）君泰　？～1582　安土桃山時代の甲斐武田一族穴山信君・勝千代の重臣
忠易　ただやす
伊奈（いな）忠易　1630～1699　江戸前期・中期の代官
忠康　ただやす
池田（いけだ）忠康　平安後期の在地領主
穎娃（えい）忠康　鎌倉時代の武将
園部（そのべ）忠康　平安後期の武士
園辺（そのべの）忠康　鎌倉時代の武士
平（たいらの）忠康　鎌倉前期の飛驒守
平山（ひらやま）忠康　戦国時代の武将

忠泰　ただやす
指宿(いぶすき)忠泰　?～1337　南北朝時代の武将
大島(おおしま)忠泰　安土桃山時代の武将
忠保　ただやす
岡田(おかだ)忠保　1770～1843　江戸中期・後期の歌人
鷲見(すみ)忠保　?～1343　鎌倉後期・南北朝時代の武将
忠裕　ただやす
青木(あおき)忠裕　1768～1836　江戸中期・後期の第33代京都所司代
斉之　ただゆき
和気(わけの)斉之　平安前期の官人
忠運　ただゆき
石井(いしい)忠運　1717～?　江戸中期の藩士
忠詣　ただゆき
天野(あまの)忠詣　1589～1660　安土桃山・江戸前期の代官、鷹場支配
忠幸　ただゆき
大江(おおえ)忠幸　南北朝時代以前の歌人。「新拾遺和歌集」に入集
忠行　ただゆき　⇔ただつら
阿刀(あとの)忠行　平安中期の官人
伊奈(いな)忠行　江戸後期・末期の代官
大神(おおがの)忠行　平安後期の八幡宇佐宮権少宮司
大久保(おおくぼ)忠行　江戸後期・末期の幕臣
大中臣(おおなかとみの)忠行　平安中期の随身
倉持(くらもち)忠行　鎌倉時代の御家人、足利氏の被官
惟宗(これむねの)忠行　平安後期の下級官人
近藤(こんどう)忠行　1785～1862　江戸中期～末期の歌人
佐伯(さえきの)忠行　平安後期の官人
津久井(つくい)忠行　?～1581　戦国時代の地侍
伴(ともの)忠行　?～904　平安前期・中期の官人
藤原(ふじわら)忠行　?～906　平安前期・中期の公家・歌人
忠通　ただゆき　⇔ただみち
水野(みずの)忠通　1747～1823　江戸中期・後期の幕臣
忠如　ただゆき
志賀(しが)忠如　1674～1742　江戸前期・中期の金奉行、勘定
忠之　ただゆき
猪瀬(いのせ)忠之　江戸後期の兵法家
松井(まつい)忠之　1601～1678　江戸前期の狂言方
矢延(やのぶ)忠之　戦国時代の武将
忠世　ただよ
大岡(おおおか)忠世　1575～1640　江戸前期の旗本
知覧(ちらん)忠世　南北朝時代の武将
忠与　ただよ　⇔ただとも
高木(たかぎ)忠与　?～1760　江戸中期の代官

惟善　ただよし　⇔これよし
惟善　室町時代の刀工《惟善》
且良　ただよし
島崎(しまざき)且良　1766～?　江戸中期・後期の画家
君吉　ただよし　⇔きみよし
穂坂(ほさか)君吉　戦国時代の甲斐穴山信君・勝千代の重臣《穂坂君吉》
士美　ただよし
丸山(まるやま)士美　1762～1815　江戸後期の武士
忠愛　ただよし
青地(あおち)忠愛　1732～1806　江戸中期・後期の藩士
忠栄　ただよし　⇔ただなか, ただなが, ただひで, ちゅうえい
大久保(おおくぼ)忠栄　1640～1689　江戸前期・中期の幕臣
神谷(かみや)忠栄　?～1656　江戸前期の幕臣
戸塚(とつか)忠栄　1778～?　江戸中期の幕臣
忠喜　ただよし
竹林(たけばやし)忠喜　江戸後期の和算家
忠毅　ただよし
水野(みずの)忠毅　1707～1742　江戸中期の幕臣
忠宜　ただよし
永田(ながた)忠宜　1746～1805　江戸中期・後期の藩士
忠義　ただよし　⇔ちゅうぎ
忠義　江戸後期の装剣金工
伊木(いぎ)忠義　1669～1720　江戸中期の武士
荻野(おぎの)忠義　平安後期の武将
小野(おの)忠義　1792～1868　江戸後期・末期の和算家、松代藩士
鈴木(すずき)忠義　江戸後期の和算家
細川(ほそかわ)忠義　1815～1870　江戸末期の刀工
忠吉　ただよし　⇔ちゅうきち
忠吉　1795～1859　江戸時代の肥前の新刀鍛治の一門
青木(あおき)忠吉　江戸後期～明治期の和算家
大岡(おおおか)忠吉　1587～1656　安土桃山・江戸前期の武士
酒井(さかい)忠吉　1589～1663　安土桃山・江戸前期の幕臣
島津(しまづ)忠吉　戦国時代の武将。武田家臣
島津(しまづ)忠吉　安土桃山時代の人。新納忠常の城代
内藤(ないとう)忠吉　1619～1665　江戸前期の幕臣
肥前(ひぜん)忠吉〔8代〕1801～1859　江戸後期・末期の刀工
肥前国(ひぜんのくに)忠吉〔1代〕1571～1632　安土桃山・江戸前期の刀工
松平(まつだいら)忠吉　1559～1582　戦国・安土桃山時代の武将
陸奥守(むつのかみ)忠吉〔3代〕1637～1686　江

た

戸前期の刀工
山本(やまもと)忠吉　?～1642　江戸前期の旗本

忠休　ただよし
大久保(おおくぼ)忠休　?～1759　江戸中期の旗本

忠好　ただよし
阿比留(あびるの)忠好　平安後期の官人
永山(ながやま)忠好　戦国時代の宇都宮忠綱の重臣。氏家郡の代官

忠恕　ただよし　⇔ただあつ, ただくみ, たださと, ただひろ, ちゅうじょ
酒井(さかい)忠恕　1777～1804　江戸中期・後期の旗本
林(はやし)忠恕　1835～1893　江戸後期～明治期の建築技師

忠善　ただよし　⇔ちゅうぜん
雨宮(あめのみや)忠善　安土桃山時代の武士

た

忠能　ただよし　⇔ただのり
江里川(えりがわ)忠能　?～1843　江戸後期の和学者
興津(おきつ)忠能　?～1623　江戸前期の旗本
幸(こう)忠能　1507～1580　戦国・安土桃山時代の能役者小鼓方
志賀(しが)忠能　南北朝時代の地頭
星野(ほしの)忠能　鎌倉後期の武家・歌人
北郷(ほんごう)忠能　1590～1631　安土桃山・江戸前期の武将

忠彬　ただよし
多(おおの)忠彬　1791～1848　江戸後期の楽人

忠福　ただよし
水野(みずの)忠福　1697～1764　江戸中期の幕臣

忠由　ただよし
内藤(ないとう)忠由　1616～1690　江戸前期・中期の幕臣

忠良　ただよし　⇔ただかた, ただなが, ちゅうりょう
浅井(あさい)忠良　?～1813　江戸後期の書家、寺子屋師匠
安倍(あべの)忠良　平安時代の官人。忠頼の子
荒木田(あらきだ)忠良　平安後期の官人
高力(こうりき)忠良　江戸末期の幕臣
笹本(ささもと)忠良　1773～1819　江戸中期・後期の幕臣
深瀬(ふかせ)忠良　江戸前期の藩士
古橋(ふるはし)忠良　1782～1836　江戸中期・後期の幕臣、代官
源(みなもとの)忠良　平安中期の武官
藪(やぶ)忠良　1819～?　江戸後期の幕臣

忠懿　ただよし
今川(いまがわ)忠懿　江戸後期の画家

直義　ただよし　⇔なおとき, なおよし
有賀(あるが)直義　戦国時代の人。出自不明。若宮八幡神社の本殿造営棟札に名がある

品美　ただよし
林(はやし)品美　1827?～?　江戸後期・末期の藩士

斉頼　ただより　⇔なりより
源(みなもとの)斉頼　平安後期の中級貴族

忠依　ただより
平(たいら)忠依　平安中期の官人、歌人

忠移　ただより　⇔ただのぶ
大岡(おおおか)忠移　1720～1764　江戸中期の幕臣

忠因　ただより
平賀(ひらが)忠因　江戸中期の神道家

忠寄　ただより
大久保(おおくぼ)忠寄　1732～?　江戸中期の幕臣

忠順　ただより　⇔ただくに, ただとし, ただのり
永田(ながた)忠順　江戸後期の漢学者・書家

忠任　ただより　⇔ただたね, ただとう
高木(たかぎ)忠任　1766～1831　江戸中期・後期の町役人《高木作右衛門〔10代〕》

忠頼　ただより
安倍(あべの)忠頼　平安時代の陸奥の豪族
多(おおの)忠頼　1561～1635　安土桃山・江戸前期の楽人
奥山(おくやま)忠頼　江戸前期の八丈島・新島代官
賀茂(かも)忠頼　?～1010　平安中期の神職・歌人
橘川(きつかわ)忠頼　戦国時代の人。小田原北条氏に仕え、北条氏滅亡後寺尾村に子之社を勧請
里見(さとみ)忠頼　?～1650　江戸前期の重臣
鷹司(たかつかさ)忠頼　南北朝時代の公家・歌人・連歌作者
藤原(ふじわらの)忠頼　平安時代の加賀介
万年(まんねん)忠頼　?～1694　江戸中期の幕臣
三島(みしまの)忠頼　平安中期の官人
村岡(むらおかの)忠頼　平安中期の武士

忠憑　ただより
松平(まつだいら)忠憑　1770～1819　江戸中期・後期の島原藩主

多太郎　たたろう
樋田(ひだ)多太郎　江戸後期・末期の幕臣

唯六　ただろく
飛田(とびた)唯六　江戸中期の韮山代官江川氏の手代

横刀　たち
大野(おおのの)横刀　奈良時代の官人

横佩　たち
大蔵(おおくらの)横佩　平安前期の官人

立足　たちたり
藤井(ふじいの)立足　奈良時代の官人

帯刀助　たちはきのすけ
大道寺(だいどうじ)帯刀助　戦国時代の北条氏の家臣

橘　たちばな
当麻(たぎまの)橘　飛鳥時代の官人

多仲　たちゅう　⇔かずなか
上田(うえだ)多仲　1814～1886　江戸後期～明治期の医師
岡村(おかむら)多仲　1826～1885　江戸時代の蘭

方医
芳村(よしむら)多仲　江戸中期の「四季用文集」の著者

多翀　たちゅう
堀口(ほりぐち)多翀　江戸後期の蘭学者

太沖　たちゅう
長沼(ながぬま)太沖　1761〜1834　江戸中期・後期の蘭学医
畑中(はたなか)太沖　1851〜1920　江戸末期〜大正期の教育家

太中　たちゅう
戸泉(こいずみ)太中　江戸後期の足柄下郡曽我原村の神事舞太夫

太仲　たちゅう
額田(ぬかだ)太仲　1809〜1870　江戸末期の医師
松村(まつむら)太仲　?〜1851　江戸後期の藩士

太柱　たちゅう
宮(みや)太柱　1827〜1869　江戸後期〜明治期の医師・勤皇の志士

田蝶　たちょう
竹内(たけうち)田蝶　1832〜1882　江戸末期・明治期の浮世絵師

達　たつ　⇔とおる
木村(きむら)達　1847〜1925　江戸末期〜大正期の医師

辰　たつ
小林(こばやし)辰　江戸後期の医者

竜　たつ　⇔りゅう, りょう
物部(もののべの)竜　奈良時代の防人

辰章　たつあき
石橋(いしばし)辰章　1642〜1701　江戸前期・中期の「家乗」筆者

辰一郎　たついちろう
志筑(しづき)辰一郎　1832〜1857　江戸後期・末期の通事

多津枝　たつえ
葛西(かさい)多津枝　1849〜1891　江戸後期〜明治期の公益家

辰右衛門　たつえもん
松村(まつむら)辰右衛門　江戸中期の版元
村井(むらい)辰右衛門　1820〜1897　江戸後期〜明治期の地域功労者

立雄　たつお
神保(じんぼ)立雄　1828〜1881　江戸後期〜明治期の国学者

竜男　たつお
伴(ともの)竜男　平安前期の官人

竜甫　たつお　⇔りゅうほ
内田(うちだ)竜甫　1814〜1894　江戸後期〜明治期の眼科医

鶴夫　たづお
長田(おさだ)鶴夫　1784〜?　江戸中期・後期の国学者

竜起　たつおき
加茂(かも)竜起　江戸後期の鎌倉鶴岡八幡宮の楽人

達音　たつおん
円山(まるやま)達音　1819〜1890　江戸後期〜明治期の曹洞宗の僧侶・言語学者

手束　たつか　⇔しゅそく
武藤(むとう)手束　江戸末期の歌人《武藤手束》

田使　たづかい
高村(たかむら)田使　743〜818　奈良・平安前期の漢学者

達記　たつき
弓崎(ゆみざき)達記　1849〜1914　江戸末期〜大正期の医師

田鶴樹　たづき
浅見(あさみ)田鶴樹　?〜1778　江戸中期の俳人

辰吉　たつきち
喜田(きた)辰吉　1832〜1914　江戸末期〜大正期の篤農家

辰清　たつきよ
平(たいらの)辰清　平安後期の丹後国大内郷の開発領主

佃　たづくり
腥斉(なまぐささい)佃　?〜1858　江戸後期・末期の俳人

田作　たづくり
笠(かさの)田作　平安前期の官人

達言　たつげん
達言　江戸中期の浄土真宗の僧

達巷　たっこう
岸(きし)達巷　1768〜1820　江戸中期・後期の漢学者

辰五郎　たつごろう
広瀬(ひろせ)辰五郎　1832〜1888　江戸後期〜明治期の江戸千代紙問屋、浮世絵版元
村井(むらい)辰五郎　1853〜1923　江戸末期〜大正期の慈善家

竜五郎　たつごろう　⇔りゅうごろう
大久保(おおくぼ)竜五郎　1771〜1845　江戸中期・後期の比企郡伊子村の名主

達厳　たつごん
達厳　1395〜1463　室町時代の浄土真宗の僧

達斎　たっさい
市川(いちかわ)達斎　1774〜1858　江戸中期〜末期の漢学者
大村(おおむら)達斎　1840〜1889　江戸後期〜明治期の医師

辰三郎　たつさぶろう
安達(あだち)辰三郎　?〜1862　江戸後期・末期の鳥取藩士

辰次　たつじ
宮田(みやた)辰次　1797〜1869　江戸後期〜明治期の園芸家

辰治　たつじ
高橋(たかはし)辰治　1856〜1868　江戸末期の二本松少年隊士

辰二　たつじ
堤(つつみ)辰二　1856〜1905　江戸末期・明治期

の教育者・群馬県版教科書編著者

達秀　たつしゅう
達秀　江戸後期の浄土真宗の僧

達所　たっしょ
山本（やまもと）達所　1795〜1868　江戸後期・末期の医者

辰女　たつじょ
辰女　江戸後期の浮世絵師

辰次郎　たつじろう
中馬（ちゅうま）辰次郎　1856〜？　江戸末期・明治期の鹿児島系寄留商人、那覇区議会議員
当麻（とうま）辰次郎　1826〜1905　江戸後期〜明治期の果樹農業

立助　たつすけ
深海（ふかみ）立助　江戸後期の「神竜車之図説」の著者

た

達三　たつぞう
高木（たかぎ）達三　1844〜？　江戸後期〜明治期の画家
富田（とみた）達三　江戸末期の幕臣・外国奉行調役。1865年遣仏使節に随行しフランスに渡る

達蔵　たつぞう
上原（うえはら）達蔵　？〜1778　江戸中期の剣術家。小野派一刀流
柴（しば）達蔵　江戸中期の江戸役所書役
平井（ひらい）達蔵　？〜1881　江戸後期〜明治期の岡山藩医

達造　たつぞう
山川（やまかわ）達造　1832〜1890　江戸末期・明治期の浪士組の道中世話役

辰蔵　たつぞう
田中（たなか）辰蔵　1801〜1878　江戸末期・明治期の殖産家
谷川（たにがわ）辰蔵　1836頃〜1894　江戸後期〜明治期の新撰組隊士

辰造　たつぞう
伊藤（いとう）辰造　1850〜？　江戸後期〜明治期の実業家

立孝　たつたか
細川（ほそかわ）立孝　1615〜1645　江戸前期の武将

辰忠　たつただ
藤原（ふじわらの）辰忠　？〜905　平安中期の飛騨守

達太郎　たつたろう
小川（おがわ）達太郎　江戸前期の代官

辰太郎　たつたろう
佐藤（さとう）辰太郎　1853〜1906　江戸後期〜明治期の漁師

達智門院内侍　たっちもんいんのないし
達智門院内侍　鎌倉後期・南北朝時代の女房・歌人

達仲　たっちゅう
岸（きし）達仲　1790〜1847　江戸後期の私塾経営者

辰千世　たつちよ
飯島（いいじま）辰千世　？〜1585　安土桃山時代の信濃国伊那郡の国衆。飯島城主

辰千代　たつちよ
大島（おおしま）辰千代　安土桃山時代の信濃国伊那郡の国衆
加藤（かとう）辰千代　1567〜1582　安土桃山時代の織田信長の家臣
宮崎（みやざき）辰千代　戦国・安土桃山時代の大宮浅間神社の社人

達道　たつどう
寂本（じゃくほん）達道　江戸中期の曹洞宗の僧

立長　たつなが
賀茂（かもの）立長　平安前期の官人

武平　たつなり　⇔ぶへい
那須（なす）武平　1773〜？　江戸後期の武士

辰之進　たつのしん
蔵田（くらた）辰之進　江戸時代の庄屋役、算用師、酒造頭

辰之助　たつのすけ
姉川（あねがわ）辰之助　1782〜1819　江戸中期・後期の歌舞伎役者
市村（いちむら）辰之助　？〜1872　江戸後期〜明治期の新撰組隊士
大島（おおしま）辰之助　江戸後期の武芸者
小田切（おたぎり）辰之助　1839〜1904　江戸後期〜明治期の須坂製糸業の発展に尽くした事業家
野口（のぐち）辰之助　江戸後期の備中倉敷代官
本間（ほんま）辰之助　1784〜1844　江戸中期・後期の大庄屋書役
本間（ほんま）辰之助　1826〜1891　江戸後期〜明治期の義人
三宅（みやけ）辰之助　？〜1608　江戸前期の代官

立敬　たつのり
松田（まつだ）立敬　？〜1894　江戸末期・明治期の所口町年寄、区長・七尾市正

達比　たっぴ
達比　江戸後期の俳人

立寛　たつひろ
三戸（みと）立寛　1837〜1917　江戸末期・明治期の医者

辰平　たつへい
大野（おおの）辰平　1834〜1909　江戸後期〜明治期の大庄屋、和歌山県議会議員

辰政　たつまさ
滝川（たきがわ）辰政　1575〜1652　江戸前期の武士

竜正　たつまさ　⇔りゅうせい
酒井（さかい）竜正　1846〜1888　江戸後期〜明治期の文人、教育者《酒井竜正》

竜松　たつまつ
鷲摑（わしつかみ）竜松　？〜1836　江戸後期の力士

田鶴丸　たづまる
蘆辺（あしべの）田鶴丸　江戸後期の狂歌師

竜磨　たつまろ
国前臣(くにさきのおみ)竜磨　奈良時代の球珠郡の郡司
竜麻呂　たつまろ
竜麻呂　奈良時代の飽馬郷の戸主
丈部(はせつかべの)竜麻呂　奈良時代の官人。大伴三中の歌に詠まれた人
田鶴麿　たづまろ
岩田(いわた)田鶴麿　1759～1835　江戸後期の狂歌師
巽　たつみ
飯田(いいだ)巽　1842～1924　江戸末期～大正期の官吏
達聞　たつもん
不説(ふせつ)達聞　?～1758　江戸中期の曹洞宗の僧
辰弥　たつや
山口(やまぐち)辰弥　1856～1927　江戸末期～昭和期の海軍造船総監
遊佐(ゆさ)辰弥　1856～1868　江戸末期の二本松少年隊士
栽之　たつゆき
長井(ながい)栽之　1785～1864　江戸中期～末期の国学者
竜之　たつゆき
薄井(うすい)竜之　1829～1916　江戸末期・明治期の志士、司法官
田鶴代　たづよ
井上(いのうえ)田鶴代　1832～1902　江戸後期～明治期の歌人
辰芳　たつよし
岡(おか)辰芳　1731～1814　江戸後期の武士
立義　たつよし
竹村(たけむら)立義　江戸後期の紀行文作者・俳人
竜六　たつろく
鈴木(すずき)竜六　1848～1910　江戸後期～明治期の静岡藩士、カトリック伝道師
竜若丸　たつわかまる
安保(あぼ)竜若丸　戦国時代の古河公方足利高基の家臣
上杉(うえすぎ)竜若丸　?～1552　戦国時代の武家。山内上杉憲政の子
楯　たて
当麻(たぎまの)楯　飛鳥時代の遣新羅使
楯衛　たてえ
菊池(きくち)楯衛　1846～1918　江戸後期～大正期の弘前藩士、果樹栽培功労者
干夫　たてお
根岸(ねぎし)干夫　1849～1901　江戸後期～明治期の松江藩士、郡長
堅夫　たてお
南(みなみ)堅夫　1849～1870　江戸後期～明治期の藩士
楯雄　たてお
鈴木(すずき)楯雄　1851～1918　江戸末期～大正期の駿州赤心隊の山西隊長
献臣　たておみ
宮川(みやがわ)献臣　1743～1813　江戸中期・後期の歌人
楯臣　たておみ
寺田(てらだ)楯臣　1841～1876　江戸後期～明治期の神職
館子　たてこ
大和(やまとの)館子　?～846　平安前期の女官
楯之助　たてのすけ
八角(はっかく)楯之助　江戸中期の力士
立益　たてます
各務(かがみ)立益　1709～1765　江戸中期の儒医
楯本　たてもと
諏訪(すわ)楯本　1842～1900　江戸後期～明治期の実業家
帯刀　たてわき
新井(あらい)帯刀　戦国時代の大井郷開発4人衆の一人
新谷(あらや)帯刀　?～1681　江戸前期の遠野南部氏家臣
家所(いえどころ)帯刀　?～1615　江戸前期の武士。大坂の陣で籠城
振橋(いぶりはし)帯刀　戦国時代の江沼郡一揆の首領
岡田(おかだ)帯刀　1835～1867　江戸後期・末期の剣術家。神道無念流
岡部(おかべ)帯刀　?～1581　安土桃山時代の高天神籠城衆
加藤(かとう)帯刀　?～1829　江戸後期の庄内藩家老
神崎(かんざき)帯刀　江戸後期の愛甲郡高坪村民
小板橋(こいたばし)帯刀　?～1633　戦国時代の武人
宍倉(ししくら)帯刀　戦国時代の千葉実胤・自胤の家臣
進(しん)帯刀　?～1615　安土桃山・江戸前期の羽衣石南条氏の家臣
鈴木(すずき)帯刀　戦国時代の下総国小金城
匝瑳(そうさ)帯刀　戦国時代の神田の匝瑳新兵衛(妙新)の一族
中条(ちゅうじょう)帯刀　戦国・安土桃山時代の医師
野々上(ののうえ)帯刀　1800～1869　江戸後期～明治期の宗教家
野々上(ののかみ)帯刀　野々上帯刀に同じ
疋田(ひきだ)帯刀　1675～?　江戸前期・中期の庄内藩家老
福地(ふくち)帯刀　戦国時代の北条氏忠の家臣。佐野衆
帯刀景綱　たてわきかげつな
山川(やまかわ)帯刀景綱　1585～1660　安土桃山・江戸前期の伊達政宗・豊臣家の家臣
帯刀左衛門　たてわきざえもん
福室(ふくむろ)帯刀左衛門　戦国時代の北条氏家臣

帯刀佐種　たてわきすけたね
中島（なかじま）帯刀佐種　江戸前期の伊達政宗の家臣

駝堂　だどう
松本（まつもと）駝堂　1673～1751　江戸前期・中期の本草家

田中王　たなかおう
田中王　奈良時代の官人

棚吉　たなきち
朝日軒（あさひけん）棚吉　江戸末期・明治期の陶工

太禰　たに
石川（いしかわの）太禰　奈良時代の官人

谷右衛門　たにえもん
山沢（やまざわ）谷右衛門　1556～1672　戦国～江戸前期の帰化人

谷八　たにはち
黒河内（くろごうち）谷八　1840～1899　江戸末期の高遠藩管理の三峯川上流を取り仕切った総元締

谷村　たにむら
谷村　1754～1833　江戸後期の老女

谷守　たにもり
谷守　？～1874　江戸後期～明治期の俳人

田主　たぬし　⇔たあるじ
賀陽臣（かやのおみ）田主　奈良時代の下級官人・写経生

種　たね
石原（いしはら）種　1841～1909　江戸後期～明治期の錦織物改良者

種逢　たねあい
薬師寺（やくしじ）種逢　江戸前期の砲術家

胤芸　たねあき
国分（こくぶ）胤芸　戦国時代の武将

胤顕　たねあき
武石（たけいし）胤顕　南北朝時代の陸奥国府の三番引付奉行人

胤祭　たねあき
坂戸（さかど）胤祭　戦国時代の本佐倉城主千葉氏の直臣

胤明　たねあき
伊北（いほく）胤明　鎌倉前期の関東御家人
木内（きのうち）胤明　戦国時代の下総国木内庄川上城（香取市）の城主

種右　たねあき
小槻（おづき）種右　南北朝時代の官人

種章　たねあき
大蔵（おおくら）種章　鎌倉前期の名主、本郡司

植晟　たねあき
稲田（いなだ）植晟　1750～1773　江戸中期の徳島藩家老

植封　たねあつ
稲田（いなだ）植封　1793～1825　江戸後期の徳島藩家老

胤有　たねあり
海上（うなかみ）胤有　鎌倉時代の武士

胤家　たねいえ
鏑木（かぶらぎ）胤家　戦国時代の下総国鏑木郷の領主。鏑木城主
椎名（しいな）胤家　戦国時代の千葉胤直・宣胤（胤宣）の家臣
多田（ただ）胤家　戦国時代の千葉昌胤の家臣

胤氏　たねうじ
大須賀（おおすか）胤氏　？～1276　鎌倉前期・後期の武将
大須賀（おおすが）胤氏　？～1276　鎌倉前期・後期の武将
多古（たこ）胤氏　南北朝時代の多古の領主

胤条　たねえだ
布施（ふせ）胤条　1687～1739　江戸前期・中期の代官

胤雄　たねお　⇔たねかつ
松本（まつもと）胤雄　1839～？　江戸後期・末期の神職

種雄　たねお　⇔しゅゆう
原田（はらだ）種雄　戦国時代の徳川家奉行人

胤興　たねおき
小島（こじま）胤興　戦国時代の武将

胤香　たねか
千葉（ちば）胤香　江戸後期の瀬戸明神社神主

胤景　たねかげ
海上（うなかみ）胤景　鎌倉時代の武士
国分（こくぶ）胤景　戦国時代の国分氏当主

胤員　たねかず
小野寺（おのでら）胤員　江戸後期・末期の和算家

胤賢　たねかた
千葉（ちば）胤賢　？～1455　室町時代の武将

胤方　たねかた
海上（うなかみ）胤方　鎌倉時代の武士

胤雄　たねかつ　⇔たねお
木内（きのうち）胤雄　戦国時代の木内氏一族

胤材　たねき
大蔵（おおくら）胤材　平安中期の歌人

植樹　たねき
稲田（いなだ）植樹　1752～1777　江戸中期の徳島藩家老

胤清　たねきよ
大田原（おおたわら）胤清　戦国時代の武将
原（はら）胤清　？～1556　戦国時代の武士。下総原氏の惣領、小弓城主

種清　たねきよ
立木（たつぎ）種清　1832～1908　江戸後期～明治期の宮大工、彫刻師
山路（やまじ）種清　？～1619　安土桃山・江戸前期の武将

胤貞　たねさだ
千田（ちだ）胤貞　鎌倉後期・南北朝時代の武士
千葉（ちば）胤貞　1288～1336　鎌倉後期の武士
津金（つがね）胤貞　江戸後期の藩士

胤定　たねさだ　⇔いんてい
円城寺（えんじょうじ）胤定　戦国時代の武士。千

葉氏重臣
鏑木(かぶらき)胤定　？～1273　鎌倉前期・後期の房総の武士
鏑木(かぶらぎ)胤定　戦国時代の下総国鏑木郷(旭市)の領主。鏑木城(同市鏑木字古城)の城主
菅原(すがわら)胤定　江戸後期の和算家
千葉(ちば)胤定　戦国時代の千葉昌胤の弟
千葉(ちば)胤定　江戸後期の和算家

胤禄　たねさち
谷口(たにぐち)胤禄　1768～1826　江戸中期・後期の故実家

胤重　たねしげ
海上(うなかみ)胤重　戦国時代の森山城将。海上胤保の養子となって海上氏の名跡を継いだ
葛西(かさい)胤重　安土桃山時代の石巻日和山城主
鹿島(かしま)胤重　戦国時代の千葉勝胤の3男。千葉親胤の家臣
高城(たかぎ)胤重　戦国時代の武将
千葉(ちば)胤重　1774～1857　江戸中期～末期の和算家
古市(ふるいち)胤重　？～1658　江戸前期の武士

種重　たねしげ
佐枝(さえだ)種重　江戸中期の武芸家

種繁　たねしげ
瓢亭(ひょうてい)種繁　江戸後期の戯作者

種茂　たねしげ
佐枝(さえだ)種茂　1800～1863　江戸後期・末期の藩士

種次郎　たねじろう
嘉屋(かや)種次郎　江戸末期の和木村の庄屋

胤相　たねすけ
池内(いけうち)胤相　戦国時代の千葉胤直の家臣
幡谷(はたや)胤相　戦国時代の武士。千葉勝胤の家臣・押畑城主

種資　たねすけ
大蔵(おおくらの)種資　平安中期の官人

胤敬　たねたか
木内(きうち)胤敬　1438～1492　戦国時代の房総の武将

種喬　たねたか
白井(しらい)種喬　江戸後期の医者

種孝　たねたか
小野(おの)種孝　安土桃山時代の織田信長の家臣

種高　たねたか
大蔵(おおくらの)種高　平安後期の官人

胤毅　たねたけ
布施(ふせ)胤毅　1777～1825　江戸中期・後期の幕臣

種武　たねたけ
尾張(おわりの)種武　平安時代の人。高陽院の競馬に出場

胤忠　たねただ
高城(たかぎ)胤忠　戦国時代の原氏の家老高城越前守の子(二男)か
高木(たかぎ)胤忠　？～1546　戦国時代の武士。下総千葉氏家宰原氏の家臣

種忠　たねただ
大中臣(おおなかとみの)種忠　1587～1644　安土桃山・江戸前期の神宮祭主

胤親　たねちか
上田(うえだ)胤親　1839～1911　江戸末期の国学者、神道実践家

種親　たねちか
後藤(ごとう)種親　1825～1894　江戸後期～明治期の教育者

胤継　たねつぐ
富木(とき)胤継　1216～1299　鎌倉後期の日蓮宗の僧《日常上人》

胤次　たねつぐ
小笠原(おがさわら)胤次　1657～1718　江戸前期・中期の幕臣
斎藤(さいとう)胤次　戦国時代の下総原氏の家臣
椎崎(しいざき)胤次　戦国時代の上総国武射郡椎崎城(山武市椎崎字東宿谷)の城主
原(はら)胤次　戦国時代の武将。小西原氏の一族

種継　たねつぐ
紀(きの)種継　平安前期の官人

種次　たねつぐ
井上(いのうえ)種次　安土桃山時代の織田信長の家臣

稙次　たねつぐ
稲田(いなだ)稙次　1600～1652　安土桃山・江戸前期の武士

胤綱　たねつな
木内(きのうち)胤綱　戦国時代の下総国木内庄川上城(香取市)の城主

稙綱　たねつな
朽木(くつき)稙綱　戦国時代の武将

胤列　たねつら
原(はら)胤列　1845～1886　江戸後期～明治期の幕臣、静岡藩士

胤連　たねつら
紀(きの)胤連　平安中期の大和国添上郡大岡中郷の人

種遠　たねとう
板井(いたい)種遠　平安後期の平家方武士

胤時　たねとき
岩田(いわた)胤時　南北朝時代の長野庄内美濃郡得屋郷地頭
木内(きのうち)胤時　戦国時代の下総国木内庄川上城主
津金(つがね)胤時　1511～1575　戦国・安土桃山時代の武田家臣
北条(ほうじょう)胤時　鎌倉後期の武士

種時　たねとき
北条(ほうじょう)種時　鎌倉後期の武士

胤俊　たねとし
遠藤(えんどう)胤俊　1546～1570　戦国・安土桃山時代の織田信長の家臣

胤敏　たねとし
酒井（さかい）胤敏　？～1577　戦国・安土桃山時代の上総国東金城（東金市）の城主

胤知　たねとも
高城（たかぎ）胤知　戦国時代の胤吉の子

種友　たねとも
宮脇（みやわき）種友　戦国時代の武士

種豊　たねとよ
平古（ひらこ）種豊　安土桃山時代の織田信長の家臣

胤直　たねなお
浅岡（あさおか）胤直　1692～1757　江戸中期の代官
牛尾（うしお）胤直　戦国時代の下総小弓城（千葉市）主・原胤清の二男
坂戸（さかど）胤直　戦国時代の本佐倉城主千葉氏の直臣
千葉（ちば）胤直　江戸後期の和算家

種直　たねなお
大蔵（おおくらの）種直　？～1184　平安後期の武将

胤仲　たねなか
牛尾（うしのお）胤仲　？～1612　戦国時代の多古城主

胤永　たねなが　⇔かずひさ
秋月（あきづき）胤永　1824～1900　江戸後期～明治期の会津藩士
相馬（そうま）胤永　1558～1640　安土桃山時代・江戸前期の整胤の子

胤長　たねなが
原（はら）胤長　戦国時代の武士。千葉宗家直臣

種長　たねなが
菅原（すがわら）種長　戦国時代の公家
氷室（ひむろ）種長　？～1808　江戸中期・後期の神職

胤業　たねなり
壬生（みぶ）胤業　？～1494　室町時代の武将、壬生城主

胤成　たねなり
三筆楼（さんぴつろう）胤成　江戸後期の狂歌作者
波合（なみあい）胤成　？～1575　戦国・安土桃山時代の武田家臣

種成　たねなり
和気（わけ）種成　1221～1288　鎌倉前期・後期の官人、医者、歌人

胤信　たねのぶ
阿部（あべ）胤信　江戸時代の和算家。関流算術家
国分（こくぶ）胤信　戦国時代の国分氏庶流
堀城（ほりしろ）胤信　江戸中期の岩室一徳の門人

胤統　たねのぶ
木内（きうち）胤統　1540～1566　戦国・安土桃山時代の戦国房総の武将

種褒　たねのぶ
高田（たかた）種褒　1762～1780　江戸中期の武士

胤規　たねのり
千葉（ちば）胤規　1839～1913　江戸末期～大正期の関流九伝の和算家

胤憲　たねのり　⇔いんけん
国分（こくぶ）胤憲　戦国時代の朝胤の子。下総国大戸庄矢作城（香取市）の城主

胤徳　たねのり
井田（いだ）胤徳　安土桃山・江戸前期の武士
相馬（そうま）胤徳　戦国時代の下総国北相馬郡守谷城（茨城県守谷市）の城主

種徳　たねのり　⇔しゅとく
成瀬（なるせ）種徳　1761～1804　江戸中期・後期の藩士
早川（はやかわ）種徳　？～1826　江戸中期・後期の藩士・兵学者

稙乗　たねのり
稲田（いなだ）稙乗　1825～1847　江戸後期の徳島藩家老

胤治　たねはる
小林（こばやし）胤治　戦国時代の千葉氏系の庶流

胤晴　たねはる
伊藤（いとう）胤晴　江戸後期の和算家
相馬（そうま）胤晴　戦国時代の下総国北相馬郡守谷城主
千葉（ちば）胤晴　1795～1843　江戸後期の天文家

種治　たねはる
立花（たちばな）種治　？～1727　江戸中期の旗本

種春　たねはる
青柳（あおやぎ）種春　江戸後期の国学者

稙治　たねはる
稲田（いなだ）稙治　1694～1722　江戸中期の徳島藩家老

胤彦　たねひこ
秋山（あきやま）胤彦　1833～1903　江戸後期～明治期の画人

種彦　たねひこ
原田（はらだ）種彦　1784～1857　江戸後期の医者

胤久　たねひさ
国分（こくぶ）胤久　戦国時代の朝胤の弟
善波（ぜんば）胤久　南北朝時代の武士
津金（つがね）胤久　1546～1622　戦国～江戸前期の武田氏・徳川氏の家臣

胤尚　たねひさ
木内（きのうち）胤尚　戦国時代の下総国木内庄川上城主

種久　たねひさ
徳永（とくなが）種久　江戸前期の武士・著述家
原田（はらだ）種久　戦国時代の三河国衆
堀江（ほりえ）種久　室町時代の武家・連歌作者

稙久　たねひさ
稲田（いなだ）稙久　1724～1770　江戸中期の徳島藩家老

胤秀　たねひで
海上（うなかみ）胤秀　戦国時代の千葉胤富の家臣。東下総森山城将。海上（中島）城主とも

稙栄　たねひで
稲田（いなだ）稙栄　1642～1730　江戸前期・中期の徳島藩家老

種平 たねひら
賀茂(かも)種平 鎌倉前期の神職・歌人

種寛 たねひろ
朝江(あさえ)種寛 1638~? 江戸前期の俳人

種弘 たねひろ
大蔵(おおくらの)種弘 平安後期の官人
豊田(とよた)種弘 1140~? 平安後期の人。東八幡宮を創建
藤原(ふじわら)種弘 平安後期の貴族

胤英 たねふさ
千葉(ちば)胤英 1821~1883 江戸末期・明治期の和算家

胤房 たねふさ
大中臣(おおなかとみの)胤房 戦国時代の下総香取社の大禰宜

種房 たねふさ
荒川(あらかわ)種房 鎌倉前期の薩摩国薩摩郡荒河の領主

種文 たねふみ ⇔しゅぶん, たねぶみ
菅原(すがわら)種文 1767~? 江戸中期・後期の藩士・国学者

種文 たねぶみ ⇔しゅぶん, たねふみ
紀(き)種文 南北朝時代の歌人
菅原(すがわら)種文 1767~? 江戸中期・後期の藩士・国学者《菅原種文》

胤将 たねまさ
千葉(ちば)胤将 1433~1454 戦国時代の武将。千葉兼胤の子
布施(ふせ)胤将 1711~1790 江戸中期・後期の代官

胤政 たねまさ
国分(こくぶ)胤政 ?~1635 安土桃山・江戸前期の北条氏滅亡時の大崎(矢作)城主

胤正 たねまさ
河内(こうち)胤正 ?~1700 江戸前期の旗本
坂戸(さかど)胤正 戦国時代の本佐倉城主千葉勝胤の直臣
高城(たかぎ)胤正 戦国時代の下総松戸城(松戸市戸定)の城主

種昌 たねまさ
高力(こうりき)種昌 ?~1744 江戸中期の藩士

種正 たねまさ
石原(いしはら)種正 ?~1777 江戸中期の旗本
長野(ながの)種正 1789~1854 江戸後期・末期の国学者
柳泉亭(りゅうせんてい)種正 江戸後期の戯作者

種理 たねまさ
竹田(たけだの)種理 平安中期の官人

苗雅 たねまさ
水島(みずしま)苗雅 1684~1755 江戸前期・中期の藩士

稙政 たねまさ
稲田(いなだ)稙政 1698~1739 江戸中期の徳島藩家老

種松 たねまつ
谷森(たにもり)種松 1817~1911 江戸末期・明治期の国学者

種麻呂 たねまろ
高安倉人(たかやすのくらひとの)種麻呂 奈良時代の官吏
高市(たけちの)種麻呂 奈良時代の官人

胤通 たねみち
平(たいらの)胤通 平安後期・鎌倉前期の武士

胤道 たねみち
千葉(ちば)胤道 1815~1868 江戸末期の和算家

胤光 たねみつ
鹿島(かしま)胤光 戦国時代の国分大膳大夫胤政の二男
椎名(しいな)胤光 鎌倉時代の房総の武士

胤充 たねみつ
千葉原(ちばはら)胤充 ?~1820 江戸後期の歌人

胤満 たねみつ
筒戸(つつど)胤満 戦国時代の下総国北相馬郡守谷城(茨城県守谷市)主。相馬胤徳の二男

胤宗 たねむね
平(たいらの)胤宗 平安中期の武蔵七党の野与党の祖
千葉(ちば)胤宗 ?~1309 鎌倉後期の武士

胤持 たねもち
千葉(ちば)胤持 1435~1456 戦国時代の下総国平山城(千葉市緑区)の城主
府馬(ふま)胤持 戦国時代の下総国香取郡府馬郷の土豪・地侍

胤幹 たねもと
千田(ちだ)胤幹 鎌倉時代の武士

胤元 たねもと
木内(きのうち)胤元 戦国時代の下総国木内庄川上城主

稙幹 たねもと
稲田(いなだ)稙幹 1646~1720 江戸前期・中期の徳島藩家老

胤盛 たねもり
小曽根(おぞね)胤盛 戦国時代の小弓足利氏の家臣
国分(こくぶ)胤盛 戦国時代の大崎城主

種守 たねもり
船木(ふなきの)種守 平安中期の官人

胤安 たねやす
原(はら)胤安 戦国時代の千葉親胤の家臣

胤保 たねやす
阿部(あべ)胤保 1790~1855 江戸後期・末期の一関藩流郷大肝入
海上(うなかみ)胤保 戦国時代の千葉邦胤の家臣
布施(ふせ)胤保 戦国時代の大名。相馬胤徳の3男

種安 たねやす
柳雨亭(りゅううてい)種安 江戸末期の戯作者

稙泰 たねやす
富樫(とがし)稙泰 戦国時代の加賀守護

胤行 たねゆき
高田(たかだ)胤行 戦国時代の千葉胤直(常瑞)の

家臣
原(はら)胤行　戦国時代の弥富原氏。景広の子
胤征　たねゆき
横川(よこかわ)胤征　1821〜1871　江戸後期〜明治期の和算家
胤雪　たねゆき
千葉(ちば)胤雪　1808〜1892　江戸後期〜明治期の和算家
種之　たねゆき
高橋(たかはし)種之　1800〜1870　江戸後期〜明治期の藩士
胤栄　たねよし
原(はら)胤栄　1551〜1590　戦国・安土桃山時代の武士。下総原氏の惣領、臼井城主
胤義　たねよし
犬塚(いぬつか)胤義　1666〜1736　江戸前期・中期の幕臣
鏑木(かぶらぎ)胤義　戦国時代の東下総鏑木郷の領主。鏑木城主
原(はら)胤義　戦国時代の武将。下総国八幡庄谷中郷高石神村観音堂主
胤吉　たねよし
多田(ただ)胤吉　戦国時代の千葉昌胤の家臣
胤慶　たねよし
臼井(うすい)胤慶　戦国時代の臼井氏当主
胤致　たねよし
布施(ふせ)胤致　1737〜1787　江戸中期の幕臣
胤良　たねよし
千葉(ちば)胤良　1849〜1936　江戸後期〜昭和期の和算家
種義　たねよし
薬師寺(やくしじ)種義　1772〜1835　江戸中期・後期の砲術家
種吉　たねよし
立花(たちばな)種吉　？〜1645　江戸前期の旗本
平古(ひらこ)種吉　？〜1582　安土桃山時代の織田信長の家臣
種芳　たねよし
高橋(たかはし)種芳　1825〜1876　江戸後期〜明治期の藩士
種良　たねよし
原(はら)種良　1557〜1639　戦国〜江戸前期の黒田氏の家臣
松本(まつもと)種良　江戸末期の筑後久留米藩士
胤縁　たねより
臼井(うすい)胤縁　戦国時代の武将。胤慶の子か
胤寿　たねより
千葉(ちば)胤寿　戦国時代の武将。千葉昌胤の子
胤頼　たねより
平(たいらの)胤頼　平安後期の武士
千葉(ちば)胤頼　鎌倉前期の下総の武将
千葉(ちば)胤頼　？〜1559　戦国時代の武将
多年　たねん
安原(やすはら)多年　1826〜1911　江戸後期〜明治期の歌人《安原吉平》
朶年　だねん
朶年　1800〜1879　江戸後期〜明治期の俳人
多之助　たのすけ
山中(やまなか)多之助　1803〜1878　江戸末期・明治期の庄屋
太之助　たのすけ
望月(もちづき)太之助　1830〜1907　江戸後期〜明治期の歌舞伎囃子方
頼　たのむ
源(みなもと)頼　平安中期の公家・歌人
頼母　たのも
上田(うえだ)頼母　？〜1735　江戸中期の庄内藩家老
大塚(おおつか)頼母　1773〜1849　江戸中期・後期の剣術家。新陰流
岡田(おかだ)頼母　1763〜1836　江戸中期・後期の浜田藩家老。竹島事件で自刃
斎藤(さいとう)頼母　江戸中期の茶人
桜井(さくらい)頼母　江戸中期の浄瑠璃作者
仁科(にしな)頼母　？〜1615　江戸前期の武士。大坂の陣で籠城
野中(のなか)頼母　？〜1845　江戸後期の八戸藩士
三輪(みわ)頼母　江戸前期の人。日向国臼杵郡三輪村の農夫の子。初め仏日山願成寺の小僧。砲術の達人
頼母為重　たのもためしげ
佐治(さじ)頼母為重　1585〜1657　安土桃山・江戸前期の藤堂高虎・池田光政の家臣
頼母政模　たのもまさのり
津軽(つがる)頼母政模　1681〜1724　江戸前期・中期の5代弘前藩主津軽信寿の家老
多兵衛　たひょうえ　⇔たへえ
河野(こうの)多兵衛　1538〜1575　戦国・安土桃山時代の真田氏の家臣
太兵衛　たひょうえ　⇔たへい, たへえ, たべえ
菊舎(きくや)太兵衛　1756〜？　江戸中期・後期の版元、俳人
鈴木(すずき)太兵衛　1696〜1761　江戸中期の鉄山経営者
太兵衛勝正　たひょうえかつまさ
早川(はやかわ)太兵衛勝正　江戸前期の人。明智光秀の配下小早川修理進の子
多夫勢　たぶせ
多治比(たじひの)多夫勢　奈良時代の官人
多仏　たぶつ
高(こう)多仏　平安前期の渤海使
多文　たぶん　⇔たもん
神河(かんがわ)多文　1746〜1822　江戸中期・後期の医師《神河多文》
多平　たへい
都甲(とごう)多平　？〜1674　江戸前期の武士
太兵衛　たへい　⇔たひょうえ, たへえ, たべえ
都甲(とこう)太兵衛　？〜1674　江戸前期の熊本藩士

太平次　たへいじ
今村(いまむら)太平次　1841〜1917　江戸末期〜大正期の漁師
中山(なかやま)太平次　1816〜1878　江戸後期〜明治期の唐通事

太平治　たへいじ
新井(あらい)太平治　江戸末期の教育者

多兵衛　たへえ　⇔たひょうえ
樫井(かしのい)多兵衛　?〜1639　江戸前期の土佐藩士
神谷(かみや)多兵衛　1851〜1919　江戸末期〜大正期の吉浜村の寺子屋の師匠
西田(にしだ)多兵衛　?〜1746　江戸中期の庄内藩家老

太兵衛　たへえ　⇔たひょうえ, たへい, たべえ
太兵衛　江戸前期の津久井上川尻村名主
太兵衛　江戸前期・中期の陶工
太兵衛　江戸中期の津久野浦の民
伊勢屋(いせや)太兵衛　江戸時代の商人。佃煮販売の創始者
糸屋(いとや)太兵衛　江戸中期の名高浦折敷屋
川上(かわかみ)太兵衛　江戸中期の高山の地役人
菊舎(きくや)太兵衛　1756〜?　江戸中期・後期の版元、俳人《菊舎太兵衛》
坂上村(さかうえむら)太兵衛　江戸前期の利賀谷組の才許十村
島(しま)太兵衛　江戸中期の人。「南御堂前仇討」で討たれた
富永(とみなが)太兵衛　江戸後期・末期の雷神隊副長、桑名藩脱走兵
布屋(ぬのや)太兵衛　江戸中期の商人。更科そばの始祖
野沢(のざわ)太兵衛　?〜1668　江戸前期の芳賀郡下篭谷村石法寺河岸の開設者
原(はら)太兵衛　江戸中期の商人
菱屋(ひしや)太兵衛　江戸中期の玉屋町の紙商人
二見(ふたみ)太兵衛　江戸後期の三浦郡東浦賀州崎町の魚仲買人
布袋屋(ほていや)太兵衛　江戸前期の京都糸割符商人
増田(ますだ)太兵衛　江戸中期の代官
三日市村(みつかいちむら)太兵衛　江戸前期の十村肝煎
綿屋(わたや)太兵衛　1797〜1846　江戸後期の犬山上本町の豪商

大兵衛　たへえ
山田(やまだ)大兵衛　?〜1569　戦国・安土桃山時代の織田信長の家臣

太兵衛　たべえ　⇔たひょうえ, たへい, たへえ
押野村(おしのむら)太兵衛　1614〜1673　江戸前期の篤農家。加賀の泉野の原野を開拓した

朶峰　だほう
朶峰　江戸後期の俳人

多保子　たほこ
大槻(おおつき)多保子　1768〜1837　江戸中期・後期の女性。蘭学者大槻玄沢の夫人

たま
上田(うえだ)たま　?〜1797　江戸中期・後期の女性。上田秋成の妻

玉　たま
玉　?〜1615　江戸前期の湯川孫左衛門の姉

玉江　たまえ　⇔ぎょくこう
光後(こうご)玉江　1830〜1905　江戸末期・明治期の女性蘭方医

玉右衛門　たまえもん
後藤(ごとう)玉右衛門　1641〜1732　江戸前期・中期の剣術家。大道流祖

玉柏　たまがしわ
市村(いちむら)玉柏　江戸中期の歌舞伎役者、若女形

玉秋　たまき
磯田(いそだ)玉秋　1795〜1860　江戸後期・末期の国学者

玉城　たまき　⇔ぎょくじょう
後藤(ごとう)玉城　1851〜1915　江戸末期〜大正期の大阪市助役

璉　たまき
斎藤(さいとう)璉　1843〜1917　江戸末期〜大正期の弘前藩士、津軽伯爵家の家令

璣　たまき
山県(やまがた)璣　1829〜1901　江戸後期〜明治期の藩士

玉笥　たまくしげ
蕉下庵(しょうかあん)玉笥　1733〜1782　江戸中期の俳人

玉城王　たまぐすくおう
玉城王　1296〜1336　鎌倉後期・南北朝時代の琉球の国王

玉国　たまくに
春松堂(しゅんしょうどう)玉国　江戸後期の画家

玉子　たまこ
横井(よこい)玉子　1854〜1903　江戸末期・明治期の教育者

玉七　たましち
中村(なかむら)玉七　1837〜1860　江戸後期・末期の歌舞伎役者

玉次郎　たまじろう
小林(こばやし)玉次郎　1843〜?　江戸後期・末期の新撰組隊士?

玉澄　たまずみ
越智(おちの)玉澄　?〜747　奈良時代の越智郡の領主

玉田　たまた
葛城(かずらきの)玉田　上代の「日本書紀」にみえる豪族

珠鶴　たまつる
北条(ほうじょう)珠鶴　鎌倉後期の武士

玉英　たまてる
新井(あらい)玉英　1791〜1862　江戸後期・末期の刀匠

玉菜　たまな
水茎（みずくき）玉菜　1821～1885　江戸後期～明治期の八剣宮神主田島家20代権守方吉の三男
玉成　たまなり　⇔ぎょくせい
春苑（はるそのの）玉成　平安前期の陰陽博士
多満人　たまひと
雄亭（ゆうてい）多満人　江戸後期の戯作者
玉日姫　たまひひめ
玉日姫　鎌倉時代の女性。親鸞の妻。九条兼実娘
玉姫　たまひめ
玉姫　？～1547　戦国時代の女性。一条房冬夫人
玉淵　たまふち　⇔ぎょくえん，たまぶち
大江（おおえの）玉淵　平安前期の官人。平城天皇4世の後胤
玉淵　たまぶち　⇔ぎょくえん，たまふち
大江（おおえの）玉淵　平安前期の官人。平城天皇4世の後胤《大江玉淵》
玉虫前　たまむしのまえ
玉虫前　平安後期の女性。屋島合戦で平家方から舟に扇を立てた女房
玉守　たまもり
路（みちの）玉守　奈良時代の官人
玉屋　たまや
玉屋　戦国時代の上吉田の産土神諏訪明神の神主
玉世　たまよ
新井（あらい）玉世　1804～1866　江戸後期・末期の国学者・歌人
多磨　たまろ
大神（おおみわ）多磨　奈良時代の宇佐八幡宮の神官
丸子部（まろこべの）多磨　奈良時代の相模鎌倉郡の人
太麻呂　たまろ　⇔おおまろ
佐伯（さえきの）太麻呂　？～711　飛鳥時代の官人
田麻呂　たまろ
大神朝臣（おおがのあそん）田麻呂　奈良時代の八幡宇佐宮の神官
大伴（おおともの）田麻呂　奈良時代の官人
玉涌　たまわく
篠野（しのの）玉涌　？～1799　江戸中期の狂歌師
多美国　たみくに
好画堂（こいがどう）多美国　江戸後期の画家
民子　たみこ
荷田（かだ）民子　1722～1786　江戸中期の代表的女流歌人
菊地（きくち）民子　1794～1864　江戸後期の歌人
民三郎　たみさぶろう
岩崎（いわさき）民三郎　1852～1912　江戸後期～明治期の人。桐生織物組合長
多美女　たみじょ
加藤（かとう）多美女　江戸末期の歌人
民次郎　たみじろう
鬼沢村（おにざわむら）民次郎　1792～1813　江戸後期の弘前藩最大の百姓一揆の指導者
民助　たみすけ
小出（こいで）民助　江戸中期の韮山代官江川氏の手代
民蔵　たみぞう
猪野（いの）民蔵　1843～1903　江戸後期～明治期の剣道師範
武石（たけいし）民蔵　江戸後期の庄屋
森（もり）民蔵　1829～1898　江戸後期～明治期の実業家
鷲田（わしだ）民蔵　1819～1894　江戸後期～明治期の富商
珉蔵　たみぞう
森脇（もりわき）珉蔵　江戸中期の石工
民太夫　たみだゆう
佐藤（さとう）民太夫　1797～1873　江戸末期の備前藩士
民与　たみとも
水野（みずの）民与　江戸後期の和算家、美濃大垣藩士
民之助　たみのすけ
山田（やまだ）民之助　1822～1889　江戸後期～明治期の剣術家。影山流
民八　たみはち
神部（かんべ）民八　1846～？　江戸後期～明治期の農民運動の指導者
民弥　たみや
加藤（かとう）民弥　1819～1868　江戸後期・末期の新撰組隊士
金子（かねこ）民弥　江戸後期～明治期の富農
田宮丸　たみやまる
浅井（あさい）田宮丸　1569？～1584　安土桃山時代の織田信長の家臣
田向宿禰　たむけのすくね
振（ふるの）田向宿禰　飛鳥時代の万葉歌人
田村子　たむらこ
紀（きの）田村子　？～835　平安前期の女官
屯　たむろ
松井（まつい）屯　？～1871　江戸末期・明治期の松前藩士
為昭　ためあき
藤原（ふじわらの）為昭　平安中期の官人
為章　ためあき　⇔ためあきら
遠山（とおやま）為章　1649～1730　江戸前期・中期の藩士
藤原（ふじわらの）為章　平安中期の官人
為明　ためあき　⇔ためあきら
北条（ほうじょう）為明　鎌倉後期の武士
為昞　ためあき
山上（やまのうえ）為昞　1834～1908　江戸後期～明治期の実業家
為章　ためあきら　⇔ためあき
不破（ふわ）為章　1745～1803　江戸中期・後期の藩士
為明　ためあきら　⇔ためあき
小野（おのの）為明　平安中期の官人

為篤 ためあつ
葛山(くずやま)為篤 江戸前期の藩士
為有 ためあり
為有 江戸中期の俳諧作者。洛西嵯峨住の農民
為氏 ためうじ
宅磨(たくま)為氏 平安中期の画家
綿打(わたうち)為氏 南北朝時代の武将
為右衛門 ためえもん
蛭子屋(えびすや)為右衛門 江戸後期の人。田部芝居を興隆させた
為緒 ためお
小槻(おづき)為緒 室町時代の公家
為雄 ためお ⇔ためかた, ためかつ
進藤(しんどう)為雄 1753～1801 江戸中期・後期の坊官
二条(にじょう)為雄 1255～? 鎌倉後期の公家・連歌作者
為興 ためおき
大神(おおがの)為興 平安中期の官人
須田(すだ)為興 1711～1777 江戸中期の侍講
為景 ためかげ
大中臣(おおなかとみの)為景 平安時代の陰陽師
小槻(おづき)為景 ?～1249 鎌倉前期の官人
平塚(ひらつか)為景 ?～1627 江戸前期の武士
為一 ためかず ⇔いいつ
東条(ひがしじょう)為一 1797～? 江戸後期の幕臣
為員 ためかず
平(たいら)為員 平安後期の武士。平教経の郎等
為量 ためかず
大中臣(おおなかとみ)為量 南北朝時代の歌人
法性寺(ほっしょうじ)為量 南北朝時代の公家・歌人
為賢 ためかた
大春日(おおかすがの)為賢 平安中期の官人
紀(きの)為賢 平安中期の官人
平(たいらの)為賢 平安中期の武人
高階(たかしなの)為賢 ?～1103 平安後期の官人
伴(ともの)為賢 平安後期の官人
為方 ためかた ⇔ためまさ
安倍(あべの)為方 平安中期の武士。為良の子
飯島(いいじま)為方 戦国時代の信濃国伊那郡の国衆。飯島城主
采女(うねめの)為方 平安中期の官人
大原(おおはらの)為方 ?～1031? 平安中期の人。殺害された由が伊勢国司から報告された
為雄 ためかた ⇔ためお, ためかつ
土屋(つちや)為雄 1742～1802 江戸中期・後期の藩士・歌人
為勝 ためかつ
野村(のむら)為勝 1568～1633 安土桃山・江戸前期の代官
和田(わだ)為勝 戦国時代の佐竹氏の家臣
為雄 ためかつ ⇔ためお, ためかた
金(きんの)為雄 815～888 平安前期の初代気仙郡司
為兼 ためかね
紀(きの)為兼 平安後期の官人
長野(ながの)為兼 戦国時代の上野国衆。箕輪長野一族
藤原(ふじわらの)為兼 平安後期の医師
為吉 ためきち ⇔ためよし
倉田(くらた)為吉 1846～1880 江戸後期～明治期の修験者。有明山の開祖
為公 ためきみ
大中臣(おおなかとみの)為公 平安中期の造外宮使
為浄 ためきよ
五藤(ごとう)為浄 1553～1583 戦国・安土桃山時代の山内一豊の重臣
為清 ためきよ
為清 鎌倉前期の福岡一文字派の刀工
蘆名(あしな)為清 鎌倉前期の武将
阿部(あべ)為清 江戸時代の和算家
大江(おおえの)為清 平安中期の官人
大中臣(おおなかとみの)為清 平安中期の大宮司
座光寺(ざこうじ)為清 戦国・安土桃山時代の信濃国伊那郡の国衆
神(じん)為清 南北朝時代の連歌作者
高階(たかしな)為清 ?～1183? 平安後期の官人
丹波(たんばの)為清 平安後期の官人
二条(にじょう)為清 南北朝時代の公家・歌人
垪和(はが)為清 室町時代の東寺領見庄の代官
堀江(ほりえ)為清 戦国時代の武士。斯波氏の被官
源(みなもとの)為清 平安中期の官人
源(みなもとの)為清 平安後期の官人
為国 ためくに
安倍(あべの)為国 平安中期の官人
杉山(すぎやま)為国 ?～1571 安土桃山時代の武士
伴(ともの)為国 平安後期の官人
三沢(みざわ)為国 ?～1536 戦国時代の横田庄領主
村上(むらかみ)為国 ?～1156 平安後期の武人。更級・埴科両郡に栄えた村上家中興の祖
為邦 ためくに
為邦 江戸中期の俳諧師。江戸浅草蔵前の札差
冷泉(れいぜい)為邦 南北朝・室町時代の公家・歌人
為貞 ためさだ
阿閇(あべの)為貞 平安後期の伊勢国大国荘の専当
伊賀(いがの)為貞 平安後期の官人
小野(おのの)為貞 平安後期の官人
織戸(おりど)為貞 江戸後期の国学者
佐伯(さえきの)為貞 平安後期の官人
佐治(さじ)為貞 戦国・安土桃山時代の織田信長の家臣
永見(ながみ)為貞 1743～1820 江戸中期・後期の幕臣
伏屋(ふせや)為貞 1666～1753 江戸前期・中期の幕臣
不破(ふわ)為貞 1641～1712 江戸前期・中期の

藩士
源(みなもとの)為貞　平安中期の官人

為定　ためさだ

飯島(いいじま)為定　戦国時代の信濃国伊那郡の国衆。飯島城主
大中臣(おおなかとみ)為定　1149～1212　平安後期・鎌倉前期の神職・歌人
萩屋(はぎのや)為定　戦国時代の佐竹氏の家臣
藤原(ふじわらの)為定　平安後期の官人

為里　ためさと

藤井(ふじいの)為里　平安後期の官人

為実　ためざね

大江(おおえの)為実　平安後期の官人
大中臣(おおなかとみ)為実　？～1202　平安後期・鎌倉前期の神職・歌人
藤原(ふじわらの)為実　平安後期の官人

た

為真　ためざね

紀(きの)為真　平安後期の官人
座光寺(ざこうじ)為真　1551～1643　戦国～江戸前期の武士
丹波(たんばの)為真　平安後期の医師
藤原(ふじわら)為真　平安後期の官人・歌人

為重　ためしげ

飯尾(いいお)為重　飯尾為重に同じ
飯尾(いのお)為重　南北朝時代の武士
大島(おおじま)為重　戦国時代の武将。武田家臣
多(おおの)為重　？～1013？　平安中期の人。藤原道長の随身か
渋谷(しぶや)為重　鎌倉前期・後期の武士
橘(たちばなの)為重　平安後期の官人
野村(のむら)為重　？～1659　江戸前期の代官
藤井(ふじいの)為重　平安後期の官人
伏屋(ふせや)為重　1639～1702　江戸前期・中期の幕臣
源(みなもとの)為重　平安後期の武士

為成　ためしげ　⇔ためなり

平(たいら)為成　平安後期の歌人
藤原(ふじわら)為成　平安後期・鎌倉前期の公家・歌人
源(みなもと)為成　平安後期の公家・歌人

為繁　ためしげ

菅原(すがわら)為繁　？～1614　江戸前期の武士

為茂　ためしげ　⇔ためもち

片切(かたぎり)為茂　安土桃山時代の信濃国伊那郡の国衆片切氏一族か

集成　ためしげ

上田(うえだ)集成　1836～1920　江戸末期・明治期の養蚕家

為七　ためしち

石谷(いしたに)為七　？～1867　江戸後期・末期の石工

多米女　ためじょ

西村(にしむら)多米女　？～1872　江戸後期～明治期の歌人

為次郎　ためじろう

寺田(てらだ)為次郎　江戸中期の著述家
土方(ひじかた)為次郎　1816～1883　江戸後期～明治期の人。土方歳三の兄。土方義諄の長男
古谷(ふるや)為次郎　江戸末期の水泳家

為季　ためすえ

紀(きの)為季　平安後期の官人
藤原(ふじわらの)為季　平安後期の公家・歌人
藤原(ふじわらの)為季　平安後期の官人

為右　ためすけ

二条(にじょう)為右　南北朝・室町時代の公家・歌人

為資　ためすけ

庄(しょう)為資　？～1553　室町時代の武将
荘(しょう)為資　庄為資に同じ
藤原(ふじわらの)為資　978～1065　平安中期・後期の官人

為助　ためすけ

為助　平安中期の歌人
羽鳥(はとり)為助　江戸末期の韮山代官江川氏の手代

為相　ためすけ

源(みなもとの)為相　平安中期の官人

為輔　ためすけ

大中臣(おおなかとみの)為輔　平安中期の官人
菅原(すがわらの)為輔　平安中期の官人

為祐　ためすけ

江見(えみ)為祐　安土桃山時代の武士
藤原(ふじわらの)為祐　平安中期の官人

為純　ためずみ

日高(ひだか)為純　？～1749　江戸中期の藩士

為蔵　ためぞう

森金(もりかね)為蔵　1821～1880　江戸後期～明治期の宗教家

為造　ためぞう

森金(もりかね)為造　1821～1880　江戸後期～明治期の宗教家《森金為蔵》

為孝　ためたか

多(おおの)為孝　平安中期の藤原実資家の案主
惟宗(これむねの)為孝　平安中期の官人

為隆　ためたか

為隆　江戸中期の根付師
海(あまの)為隆　平安中期・後期の官人
尾刀(びとう)為隆　江戸中期の和算家

為堯　ためたか

源(みなもとの)為堯　平安中期の箏の名手

為武　ためたけ

紀(きの)為武　平安中期の官人

為猛　ためたけ

古川(ふるかわ)為猛　1770～1836　江戸中期・後期の神職。羽東師高御産日神社神主

為忠　ためただ

惟宗(これむねの)為忠　？～1013？　平安中期の明経博士
座光寺(ざこうじ)為忠　1720～1784　江戸中期の旗本、歌人
菅原(すがわらの)為忠　平安中期の大博士

平(たいらの)為忠　平安中期の官人
高階(たかしなの)為忠　平安後期の官人
鎮西(ちんぜい)為忠　安土桃山時代の武士
西尾(にしお)為忠　1842～1900　江戸末期・明治期の武士、官吏
見前(みるまえ)為忠　戦国・安土桃山時代の紫波郡見前村の地頭

為足　ためたり　⇔いそく
大島(おおしま)為足　1851～1915　江戸末期～大正期の熱田神宮権禰宜

為親　ためちか
卜部(うらべの)為親　平安中期の官人
大春日(おおかすがの)為親　平安後期の官人
御室(おむろの)為親　平安中期の官人
三井(みつい)為親　1769～1831　江戸中期・後期の眼科医
源(みなもとの)為親　平安中期の官人
冷泉(れいぜい)為親　1575～1610　安土桃山・江戸前期の公家・歌人

為夾　ためちか
池田(いけだ)為夾　江戸後期の歌人

為継　ためつぐ
佐伯(さえき)為継　平安後期の人。「三好郡司解」に署判を加えた一人
平(たいらの)為継　平安後期の武士
三浦(みうら)為継　？～1108　平安後期の武将

為次　ためつぐ
八島(やしま)為次　1688～1763　江戸前期・中期の藩士・武芸家
山本(やまもと)為次　戦国時代の女性。妙春尼の奏者

為綱　ためつな
為綱　鎌倉時代の玉工
石田(いしだ)為綱　平安後期・鎌倉前期の武士
大中臣(おおなかとみの)為綱　？～1175　平安後期の官人
佐野(さの)為綱　戦国時代の小弓足利氏の家臣
箸尾(はしお)為綱　安土桃山時代の織田信長の家臣
藤原(ふじわら)為綱　鎌倉時代の公家・歌人

為経　ためつね
小笠原(おがさわら)為経　南北朝時代の武士
惟宗(これむね)為経　平安中期の官人、歌人

為恒　ためつね
安倍(あべの)為恒　平安中期の勧学院案主

為庸　ためつね
逸見(へんみ)為庸　1818～1893　江戸後期～明治期の喜連川藩士・家老

為行　ためつら　⇔ためゆき
藤原(ふじわらの)為行　1276～1332　鎌倉後期の公卿

為連　ためつら
飯尾(いいのお)為連　鎌倉後期の武将・歌人
大中臣(おおなかとみの)為連　1252～？　鎌倉後期の祭主(61代)。父は為継

為任　ためとう
阿部(あべ)為任　？～1872　江戸後期～明治期の本草家・洋学者
藤原(ふじわら)為任　？～1045　平安中期の公家・歌人
文室(ふんやの)為任　平安後期の官人

為遠　ためとお
大神(おおみわの)為遠　平安中期の舞師、笛師
小野(おのの)為遠　平安後期の近江国檜物荘の寄人
高階(たかしなの)為遠　1038～1106　平安後期の官人
二条(にじょう)為遠　1341～1381　南北朝時代の公卿、歌人

為言　ためとき　⇔ためのぶ
二条(にじょう)為言　鎌倉後期の公家・連歌作者
藤原(ふじわらの)為言　平安中期の官人

為時　ためとき
狩野(かの)為時　鎌倉時代の御家人
巨勢(こせ)為時　平安中期の漢詩人
金(こんの)為時　平安後期の気仙郡司
平(たいらの)為時　平安後期の官人
豊原(とよはらの)為時　平安中期の検非違使
平岡(ひらおか)為時　鎌倉時代の武士
北条(ほうじょう)為時　鎌倉時代の武士
北条(ほうじょう)為時　1265～1286　鎌倉後期の武将・歌人
三善(みよし)為時　平安中期の官人

為説　ためとき
紀(きの)為説　平安中期の官人

為辰　ためとき
宅磨(たくま)為辰　平安後期・鎌倉前期の画家
秦(はたの)為辰　平安後期の官人。播磨国大掾兼赤穂郡司

為俊　ためとし
遠藤(えんどう)為俊　鎌倉時代の武士
大中臣(おおなかとみの)為俊　平安後期の官人
紀(きの)為俊　平安後期の官人
平(たいらの)為俊　平安後期の官人
中臣(なかとみの)為俊　平安中期の陰陽師

為利　ためとし
紀(きの)為利　平安後期の官人
伴(ともの)為利　平安中期の官人
野村(のむら)為利　1626～1685　江戸前期の代官

為以　ためとも　⇔いい
荒井(あらい)為以　江戸中期の和算家《荒井為以》

為奉　ためとも
多(おおの)為奉　平安中期の官人

為倫　ためとも
三善(みよしの)為倫　平安後期の官人

為豊　ためとよ
長沼(ながぬま)為豊　江戸中期の書家

為虎　ためとら
三沢(みざわ)為虎　1571～1625　安土桃山・江戸前期の武士

為直　ためなお　⇔いちょく
佐伯(さえきの)為直　平安後期の官人
北条(ほうじょう)為直　鎌倉時代の武士
北亭(ほくてい)為直　？～1859　江戸後期・末期

の浮世絵師
望月(もちづき)為直　1632〜1701　江戸前期・中期の幕臣

為仲　ためなか
大中臣(おおなかとみの)為仲　1102〜1180　平安後期の祭主(41代)
藤原(ふじわら)為仲　鎌倉時代の公家・歌人

為永　ためなが
県(あがたの)為永　平安中期の大宰府の相撲人
三善(みよし)為永　南北朝時代の官人・歌人

為長　ためなが
飯島(いいじま)為長　安土桃山時代の信濃国伊那郡の国衆。飯島城主
豊原(とよはらの)為長　？〜1033　平安中期の官人。関白藤原頼通の下家司
垪和(はが)為長　安土桃山時代の武将
藤原(ふじわら)為長　平安中期の公家・歌人
藤原(ふじわらの)為長　平安中期の官人
北条(ほうじょう)為長　鎌倉後期の武士
三沢(みざわ)為長　？〜1316　鎌倉後期の三沢郷地頭。三沢城を築城
源(みなもとの)為長　平安後期の紀伊国司
三善(みよしの)為長　1007〜1081　平安中期・後期の官人

為業　ためなり
清科(きよしなの)為業　平安後期の官人

為就　ためなり
杉山(すぎやま)為就　？〜1549　安土桃山時代の武将

為成　ためなり　⇔ためしげ
安楽(あんらく)為成　平安後期・鎌倉前期の人
片切(かたぎり)為成　戦国時代の信濃国伊那郡の国衆
清原(きよはらの)為成　946〜1025　平安中期の官人
座間(ざま)為成　江戸後期の和算家
源(みなもとの)為成　平安後期の公家・歌人《源為成》
宗岡(むねおかの)為成　平安中期の官人

為遂　ためなる
入江(いりえ)為遂　1844〜？　江戸後期・末期の公家

田目皇子　ためのおうじ　⇔ためのみこ
田目皇子　飛鳥時代の用明天皇の皇子《田目皇子》

為之助　ためのすけ
安藤(あんどう)為之助　？〜1882　江戸後期の足柄上郡沼田村名主
竹内(たけのうち)為之助　1848〜1878　江戸後期〜明治期の棋士

為延　ためのぶ
藤原(ふじわらの)為延　平安後期の押領使

為言　ためのぶ　⇔ためとき
菅原(すがわら)為言　平安中期の公家・歌人

為信　ためのぶ
安倍(あべ)為信　南北朝時代以前の連歌作者
大中臣(おおなかとみの)為信　982〜1055　平安中期・後期の内宮遷宮、造宮使
小槻(おつきの)為信　平安中期の官人
紀(きの)為信　平安中期の官人
清原(きよはらの)為信　947〜1015　平安中期の官人
古志(こし)為信　戦国時代の古志郷領主
藤原(ふじわらの)為信　平安中期の官吏

為宣　ためのぶ
藤原(ふじわらの)為宣　平安後期の官人

田目皇子　ためのみこ　⇔ためのおうじ
田目皇子　飛鳥時代の用明天皇の皇子

為紀　ためのり
菅原(すがわらの)為紀　957〜1002　平安中期の官人

為規　ためのり
源(みなもとの)為規　平安中期の官人

為儀　ためのり
藤原(ふじわらの)為儀　平安中期の官人

為教　ためのり
紀(き)為教　？〜1196　鎌倉前期の武士。源為長の子
藤原(ふじわら)為教　鎌倉前期の人。正治2年1月、萱島荘下司職・惣公文職を藤原能村に譲渡

為憲　ためのり
真田(さなだ)為憲　江戸末期の「安房風土聞書」の著者

為仙　ためのり　⇔いせん
飯島(いいじま)為仙　1757〜1831　江戸中期・後期の歌人

為則　ためのり
粟(あわの)為則　平安後期の官人
市橋(いちはし)為則　安土桃山時代の織田信長の家臣
大浦(おおうら)為則　1520〜1567　戦国・安土桃山時代の武将
杉山(すぎやま)為則　江戸末期の剣客
関谷(せきや)為則　江戸後期の和算家
伏見(ふしみ)為則　1599〜1673　江戸前期の旗本
藤原(ふじわらの)為則　平安後期の官人
三善(みよし)為則　平安後期・鎌倉前期の人。親鸞の妻恵信尼の父といわれる

為徳　ためのり　⇔いとく
及川(おいかわ)為徳　1819〜1892　江戸後期〜明治期の教育者
賀陽(かや)為徳　江戸中期の備中吉備津宮神官

為範　ためのり
橘(たちばなの)為範　？〜1196　平安後期・鎌倉前期の人。平知盛の乳母の夫

為理　ためのり　⇔ためまさ
菅原(すがわらの)為理　？〜1010？　平安中期の官人
法性寺(ほっしょうじ)為理　1272頃？〜1316　鎌倉後期の公家・歌人

集徳　ためのり
吉目木(よしめき)集徳　江戸後期の武芸家

為八　ためはち　⇔いはち
長田（ながた）為八　江戸後期の津久井県沢井村民
為八郎　ためはちろう
小串（おぐし）為八郎　1842～1883　江戸後期～明治期の勤皇の志士
為治　ためはる
物部（もののべの）為治　平安中期の官人
為春　ためはる
筧（かけい）為春　1566～1649　江戸前期の旗本
集彦　ためひこ
松木（まつき）集彦　1601～1662　安土桃山・江戸前期の神職
為久　ためひさ
江見（えみ）為久　安土桃山時代の織田信長の家臣
宅間（たくま）為久　鎌倉前期の画家
武田（たけだ）為久　江戸前期の茶人
雅村（まさむら）為久　戦国時代の今川氏の給人
山角（やまかく）為久　戦国時代の武士
為尚　ためひさ
平岡（ひらおか）為尚　鎌倉後期の武士
為栄　ためひで
進藤（しんどう）為栄　1802～1823　江戸後期の坊官
為秀　ためひで
忍海（おしのうみの）為秀　平安前期の官人
北条（ほうじょう）為秀　鎌倉後期の武士
為衡　ためひら
菅原（すがわらの）為衡　平安中期の官人
二条（にじょう）為衡　南北朝・室町時代の公家・歌人
為平　ためひら　⇔いへい
佐治（さじ）為平　安土桃山時代の織田信長の家臣
為広　ためひろ
粟生（あわふの）為広　南北朝・室町時代の武士
多賀谷（たがや）為広　戦国時代の下総の国衆
為房　ためふさ
飯島（いいじま）為房　江戸前期の武士。「飯島為房遺言状」の著者
片桐（かたぎり）為房　戦国時代の武将。武田家臣
片切（かたぎり）為房　室町・戦国時代の信濃国伊那郡の国衆片切氏の一族
紀（きの）為房　平安後期の賊
清原（きよはらの）為房　平安後期の官人
為淵　ためふち
新井（あらい）為淵　平安中期の官人
為文　ためふみ
藤原（ふじわらの）為文　?～1001　平安中期の官人
源（みなもとの）為文　951～1010　平安中期の官人。寛弘6年藤原道長らを呪詛することが露顕
為雅　ためまさ
小野（おのの）為雅　平安中期の官人
藤原（ふじわらの）為雅　平安中期の官人
為昌　ためまさ
上坂（うえさか）為昌　安土桃山時代の信濃国伊那郡の武士
為政　ためまさ
県犬養（あがたいぬかいの）為政　平安中期の兼検非違使の衛門府官人
飯島（いいじま）為政　戦国時代の武士
大江（おおえ）為政　平安中期の歌人
神谷（かみや）為政　1841～？　江戸後期・末期の国学者
小島（こじま）為政　1831～1900　江戸末期・明治期の儒学者
下嶋（しもじま）為政　1648～1694　江戸前期・中期の幕臣
橘（たちばなの）為政　平安中期の冷泉天皇の侍読
田中（たなか）為政　江戸後期の和算家
都築（つづき）為政　都筑為政に同じ
都筑（つづき）為政　1555～1623　戦国～江戸前期の武将
野村（のむら）為政　1651～1716　江戸前期・中期の代官
平岡（ひらおか）為政　鎌倉後期の武士
平塚（ひらつか）為政　1707～1765　江戸中期の幕臣
藤原（ふじわらの）為政　平安中期の官人
為正　ためまさ
忍海（おしのうみの）為正　平安中期の相撲人
坂上（さかのうえの）為正　平安中期の官人
杉山（すぎやま）為正　？～1585　安土桃山時代の武将
藤原（ふじわら）為正　平安中期の公家・歌人
為方　ためまさ　⇔ためかた
伴（ともの）為方　平安後期の官人
為理　ためまさ　⇔ためのり
源（みなもとの）為理　？～1017　平安中期の官人
為益　ためます
進藤（しんどう）為益　1651～1731　江戸前期・中期の坊官
為麻呂　ためまろ
忌部（いんべ）為麻呂　奈良時代の人
為麿　ためまろ
長岡（ながおか）為麿　1646～1718　江戸前期・中期の神職
為躬　ためみ
二条（にじょう）為躬　鎌倉後期の公家・歌人
為通　ためみち
平（たいらの）為通　？～1083　平安中期・後期の武士
根本（ねもと）為通　戦国時代の鋳物師。佐竹氏の家臣
三浦（みうら）為通　1029～1083　平安後期の武将
為道　ためみち
桜井（さくらいの）為道　平安後期の官人
二条（にじょう）為道　1271～1299　鎌倉後期の公家、歌人
為光　ためみつ
上穂（うわぶ）為光　戦国時代の信濃国伊那郡の国衆
藤井（ふじいの）為光　平安後期の官人

為宗　ためむね
伊佐（いさ）為宗　鎌倉時代の御家人
小笠原（おがさわら）為宗　江戸前期の長崎奉行
紀（きの）為宗　平安後期の官人
酒井（さかい）為宗　鎌倉時代の武将
平（たいらの）為宗　平安後期の武士
二条（にじょう）為宗　鎌倉後期の公家・歌人
北条（ほうじょう）為宗　鎌倉時代の武士

為持　ためもち
栗（くりの）為持　平安後期の官人

為茂　ためもち　⇔ためしげ
狩野（かのう）為茂　戦国時代の伊豆の国人。山内上杉氏の被官

為幹　ためもと
平（たいらの）為幹　平安中期の地方豪族

為基　ためもと
大江（おおえ）為基　平安中期の歌人
大蔵（おおくらの）為基　平安中期の官人
紀（きの）為基　平安中期の官人
菅原（すがわら）為基　南北朝時代の歌人
土師（はじの）為基　平安中期の鋳銭判官
藤原（ふじわら）為基　南北朝時代の公家・歌人
布施（ふせ）為基　戦国時代の堀越公方足利政知の奉行人

為元　ためもと
大中臣（おおなかとみの）為元　平安中期の春日社常住神主
紀（きの）為元　平安後期の官人
藤原（ふじわらの）為元　平安中期の官人

為職　ためもと
菅原（すがわらの）為職　平安中期の官人

為盛　ためもり
為盛　1825～1908　江戸後期～明治期の徳之島の人。黒糖隠匿の罪で拷問にあう
平（たいらの）為盛　？～1183　平安後期の武将
藤原（ふじわらの）為盛　？～1029　平安中期の官人。藤原能信家の家司

為弥　ためや
中村（なかむら）為弥　江戸後期の韮山代官江川氏の手代

為安　ためやす
片桐（かたぎり）為安　鎌倉前期の片桐郷領主
源（みなもとの）為安　平安後期・鎌倉前期の武士

為泰　ためやす
香川（かがわ）為泰　1815～1898　江戸後期～明治期の岡部藩士・柔術家

為保　ためやす
越智（おちの）為保　平安中期の伊予追捕使
藤原（ふじわらの）為保　平安中期の官人

為幸　ためゆき
三沢（みざわ）為幸　？～1540　戦国時代の武士

為行　ためゆき　⇔ためつら
県（あがたの）為行　平安後期の相撲人
紀（きの）為行　平安後期の官人
日下部（くさかべの）為行　平安中期の官人
日下部（くさかべの）為行　平安後期の日田郡の豪族
金（こんの）為行　平安中期の武将
平（たいらの）為行　平安中期の近江守源済政の郎等
高階（たかしなの）為行　1059～1107　平安後期の備中守為家の二男
宅間（たくま）為行　鎌倉時代の画家
中臣（なかとみの）為行　1056～1119　平安後期の楽人
村田（むらた）為行　1731～1789　江戸中期・後期の萩藩士

為之　ためゆき
江戸（えど）為之　1785～1830　江戸中期・後期の神職
三沢（みさわ）為之　1826～1850　江戸後期の官人

為世　ためよ
安倍（あべの）為世　平安後期の官人
藤原（ふじわら）為世　平安中期の公家・歌人

為賀　ためよし
白井（しらい）為賀　江戸後期の易学家

為宜　ためよし
藤原（ふじわらの）為宜　平安後期の官人

為義　ためよし
為義　鎌倉時代の刀工
安倍（あべの）為義　平安中期の官人
藤原（ふじわらの）為義　平安中期の人。父は義理
藤原（ふじわらの）為義　平安中期の官人

為吉　ためよし　⇔ためきち
為吉　江戸末期・明治期の刀工
飯島（いいじま）為吉　安土桃山時代の武士
松山（まつやま）為吉　1614～1704　江戸前期・中期の肝属郡始良郷の噯役

為善　ためよし
進藤（しんどう）為善　1782～1849　江戸中期・後期の坊官
高階（たかしなの）為善　平安中期の藤原実資家の家司
日高（ひだか）為善　1834～1919　江戸後期～明治期の幕臣
源（みなもと）為善　？～1042　平安中期の公家・歌人

為美　ためよし
南条（なんじょう）為美　1783～1849　江戸後期の武士

為良　ためよし
安倍（あべの）為良　平安中期の官人
生江（いくえの）為良　平安中期の勧学院知院事
大江（おおえの）為良　平安後期の官人

為頼　ためより
為頼　鎌倉前期の山城の刀匠
粟（あわの）為頼　平安中期の官人
紀（きの）為頼　平安中期の漆工公忠の従者
紀（きの）為頼　平安中期の官人
紀（きの）為頼　平安後期の官人
三枝部（さえぐさべの）為頼　平安中期の官人
当麻（たぎまの）為頼　？～1017？　平安中期の官人
藤原（ふじわらの）為頼　？～998　平安中期の官

吏、歌人
度会(わたらい)為頼　？～1072　平安後期の豊受太神宮四禰宜
為若　ためわか
飯島(いいじま)為若　安土桃山時代の武士
賚　たもう
池田(いけだ)賚　1832～1903　江戸後期～明治期の教育者
保　たもつ
寺田(てらだ)保　江戸後期の国学者
渤海(ふかみ)保　1704～1773　江戸中期の書家
穂積(ほづみ)保　江戸後期の国学者
淡理　たもり
小野氏(おのうじの)淡理　奈良時代の官人。万葉歌人
田守　たもり　⇔でんしゅ
雲上軒(うんじょうけん)田守　？～1810　江戸後期の神官、寺子屋師匠
河村(かわむら)田守　1809～1855　江戸後期・末期の国学者
多文　たもん　⇔たぶん
神河(かんがわ)多文　1746～1822　江戸中期・後期の医師
多聞　たもん
村尾(むらお)多聞　1813～1853　江戸後期の医師
吉川(よしかわ)多聞　江戸前期・中期の歌舞伎役者
多門　たもん
今井(いまい)多門　江戸時代の眼科医
大神(おおが)多門　？～1846　江戸後期の筑前筥崎宮の祝夫
大沢(おおさわ)多門　1834～1906　江戸後期～明治期のえんぶり復興者
久留(くる)多門　？～1864　江戸後期・末期の庄内藩士
別所(べっしょ)多門　1598～1614　安土桃山・江戸前期の豊臣秀頼の側小姓
前島(まえじま)多門　江戸後期の「孝子兄弟六人伝」の著者
松浦(まつうら)多門　1843頃～？　江戸後期・末期の新撰組隊士
多聞之助　たもんのすけ
藤巻(ふじまき)多聞之助　江戸中期の神職
多門坊　たもんぼう
多門坊　安土桃山時代の信濃・諏訪大社所属の坊官
多夜須子　たやすこ
忌部首(いんべのおびと)多夜須子　奈良時代の女性
太夫　たゆう　⇔まえつきみ
三浦(みうら)太夫　鎌倉前期の武将
大夫　だゆう　⇔たいふ, だいぶ, まえつきみ
稲河(いながわ)大夫　戦国・安土桃山時代の駿河府中浅間社の社人
亀田(かめだ)大夫　戦国時代の伊勢御師
先光(せんこう)大夫　戦国時代の駿河府中浅間社の社人
田中(たなか)大夫　戦国・安土桃山時代の駿河府中浅間社の社人
東流(とうりゅう)大夫　戦国・安土桃山時代の駿河府中浅間社の社人
内藤(ないとう)大夫　安土桃山時代の駿河府中浅間社の社人
村岡(むらおか)大夫　戦国時代の駿府浅間社の社家
山宮(やまみや)大夫　戦国・安土桃山時代の大宮浅間神社の社人
大夫義隆　だゆうよしたか
横山(よこやま)大夫義隆　平安中期の武士。武蔵七党の1つ横山党の祖
条　たりえ
渡辺(わたなべ)条　1787～1860　江戸後期の藩儒、歌人
多理志佐　たりしさ
贈唹(そおの)多理志佐　奈良時代の隼人。藤原広嗣の乱に広嗣に与力
足継　たりつぐ
池田(いけだの)足継　奈良時代の官人
物部(もののべの)足継　平安前期の武人
足床　たりとこ
池田(いけだの)足床　奈良時代の官人
大伴部(おおともべの)足床　奈良時代の薩摩国出水郡の主政
足人　たりひと　⇔あしひと, たるひと
佐味(さみの)足人　奈良時代の官人
高田(たかだの)足人　奈良時代の官吏《高田足人》
余(よの)足人　？～770　奈良時代の官人
太理兵衛　たりへえ
紀(き)太理兵衛〔9代〕　江戸末期・明治期の陶工
垂穂　たりほ　⇔たるほ
石井(いしい)垂穂　1769～1840　江戸中期・後期の武士
足穂　たりほ
稲室(いなむろ)足穂　1801～1878　江戸後期～明治期の歌人
多利丸　たりまる
武蔵(むさしの)多利丸　奈良・平安前期の仏師
垂麻呂　たりまろ
佐伯(さえきの)垂麻呂　飛鳥時代の官人
足麻呂　たりまろ
石川(いしかわの)足麻呂　奈良時代の官人
下毛野(しもつけぬの)足麻呂　奈良時代の官人
足万呂　たりまろ
田辺(たなべの)足万呂　奈良時代の官人
足山　たりやま　⇔たるやま
大(おおの)足山　奈良時代の伊予国の人。私稲などを国分寺に献じた
足礒　たるいそ
廬原君(いおはらのきみ)足礒　奈良時代の駿河国府の役人
足嶋　たるしま
阿刀(あとの)足嶋　奈良時代の官人
牛鹿(うしかの)足嶋　奈良時代の画工司
田部(たべの)足嶋　奈良時代の官人

垂穎　たるひで
立石（たていし）垂穎　1702～1767　江戸中期の国学者
足人　たるひと　⇔あしひと，たりひと
粟田（あわたの）足人　奈良時代の官人
他田部君（おさだべのきみ）足人　奈良時代の新田郡司
上毛野（かみつけぬの）足人　奈良時代の勢多郡司
鴨君（かものきみ）足人　飛鳥・奈良時代の万葉歌人
巨勢（こせの）足人　奈良時代の官人
高田（たかだの）足人　奈良時代の官吏
波多（はたの）足人　奈良時代の官人
垂穂　たるほ　⇔たりほ
増田（ますだ）垂穂　1802～1888　江戸後期～明治期の神職
足也　たるや
榎南（かなん）足也　1827～1881　江戸後期～明治期の羽黒神社神職・漢詩人
足山　たるやま　⇔たりやま
大直（おおしのあたえ）足山　奈良時代（8世紀）の桑村郡の郡領級の豪族
太郎　たろう
甘糟（あまかす）太郎　？～1178？　平安後期の武蔵国那珂郡甘糟の武士《甘糟忠綱》
岩松（いわまつ）太郎　江戸末期の河津伊豆守家来。1864年遣仏使節に随行しフランスに渡る
上地（うえち）太郎　1806～？　江戸後期の奉公人
江戸（えど）太郎　平安後期の江戸の土豪
大窪（おおくぼ）太郎　平安後期の荘園の管理者
小坂（おさか）太郎　鎌倉時代の武士。伊豆出身
木下（きのした）太郎　安土桃山時代の織田信長の家臣
柴（しば）太郎　江戸～明治期の孝子
庄野（しょうの）太郎　1813～1867　江戸後期・末期の儒者
当麻（たいま）太郎　鎌倉時代の武将
田川（たがわ）太郎　?～1189　平安後期の田川館主
多胡（たご）太郎　鎌倉時代の伊豆出身の武士。『吾妻鏡』に登場する
多治部（たじべの）太郎　平安後期の備中国北部の在地武士
玉村（たまむら）太郎　鎌倉前期の武士
照井（てるい）太郎　平安後期の人。藤原秀衡に仕え、照井堰の開削を計画した
豊島（としま）太郎　戦国時代の人。千葉実胤・自胤に属した
豊嶋（としま）太郎　戦国時代の武士
野崎（のざき）太郎　1846～？　江戸後期・末期の新撰組隊士
法華経（ほけきょう）太郎　平安後期の加賀国加賀郡英田保の人。加賀守頼房の孫頼風、あるいは頼風の子頼安のことという
宮崎（みやざき）太郎　平安後期の武将《宮崎太郎長康》
明王（みょう）太郎　戦国時代の大工
薮市（やぶいち）太郎　1729～1789　江戸中期の熊本藩士
大和（やまと）太郎　室町時代の宇都宮の鋳物師
遊佐（ゆざ）太郎　室町・戦国時代の在地領主
太郎右衛門　たろううえもん　⇔たろうえもん，たろえもん
井草（いぐさ）太郎右衛門　1850～1910　江戸後期～明治期の養蚕家
宝田屋（たからだや）太郎右衛門　1737～1818　江戸中期・後期の江戸材木商
西（にし）太郎右衛門　?～1775　江戸中期の漢方医
太郎右衛門　たろうえもん　⇔たろううえもん，たろえもん
太郎右衛門　江戸後期の愛甲郡下古沢村長吏
秋山（あきやま）太郎右衛門　江戸時代の岡山藩の大庄屋・在方下役人
安達（あだち）太郎右衛門　江戸前期の人。中川村に扶持高15俵と二羽烏紋を拝領
池上（いけがみ）太郎右衛門　鎌倉後期の池上本門寺の開基
梅沢（うめざわ）太郎右衛門　？～1651　戦国時代の後北条氏旧臣
大和田（おおわだ）太郎右衛門　戦国時代の上総国天羽郡湊川（天神山川）下流域の嶺下郷岩坂村大和田（富津市）の在地領主・土豪
佐藤（さとう）太郎右衛門　1693～1769　江戸中期の植林功労者
佐野（さの）太郎右衛門　江戸前期の富士郡羽鮒村の名主
佐原村（さばらむら）太郎右衛門　1682～1730　江戸前期・中期の義民
鈴木（すずき）太郎右衛門　戦国時代の高城胤吉の家臣
田代（たしろ）太郎右衛門　1745～？　江戸中期の豪商
津久井（つくい）太郎右衛門　江戸前期の小間物商
徳井（とくい）太郎右衛門　江戸前期のキリシタン
土橋（どばし）太郎右衛門　江戸前期の三島代官竹内信成の手代
中沢（なかざわ）太郎右衛門　？～1650　江戸前期の武士
菱屋（ひしや）太郎右衛門　江戸前期の京都糸割符商人
兵頭（ひょうどう）太郎右衛門　1556～1597　戦国時代の武士・泉貨紙の発明者
平田（ひらた）太郎右衛門　江戸前期の豪商
広田（ひろた）太郎右衛門　江戸前期の遠野南部氏家老
太郎衛門　たろうえもん
佐藤（さとう）太郎衛門　1839～1923　江戸末期～大正期の佐久郡塩名田宿村総代
佐野（さの）太郎衛門　江戸前期の富士郡羽鮒村の名主《佐野太郎右衛門》
藤崎（ふじさき）太郎衛門　戦国時代の新右衛門尉の一族
太郎右衛門尉　たろうえもんのじょう
芦沢（あしざわ）太郎右衛門尉　戦国時代の穴山家臣
江川（えがわ）太郎右衛門尉　戦国時代の北条氏の家臣

太郎吉　たろうきち
茂古沼（もこで）太郎吉　1846〜1901　江戸後期〜明治期の養鯉業

多郎左衛門　たろうざえもん
佐藤（さとう）多郎左衛門　1849〜1901　江戸後期〜明治期の自治功労者

太郎左衛門　たろうざえもん　⇔たろざえもん
太郎左衛門　江戸中期の高野山寺領東富貴村農民
太郎左衛門　江戸後期の足柄下郡山王原村長吏頭
青柳村（あおやなぎむら）太郎左衛門　江戸時代の加賀藩農政の推進役
赤川（あかがわ）太郎左衛門　江戸末期の藩士
生地（いくぢ）太郎左衛門　安土桃山時代の織田信長の家臣
宇加地（うかぢ）太郎左衛門　江戸後期の河内郡白沢村庄屋
鵜塚（うづか）太郎左衛門　江戸中期の足柄上郡千津島村の鋳物師
宇野（うの）太郎左衛門　戦国時代の相模国西部の大工
小石（おいし）太郎左衛門　戦国時代の能登国鳳至郡櫛比荘の小石城主
大草（おおくさ）太郎左衛門　1662〜1727　江戸前期・中期の備中倉敷代官
大草（おおぐさ）太郎左衛門　江戸中期の臨時飛驒代官
尾形（おがた）太郎左衛門　江戸前期の建築家
尾形（おがた）太郎左衛門〔1代〕　江戸前期の大工
勝野（かつの）太郎左衛門　1612〜1652　江戸前期の尾張藩の大代官
菊地（きくち）太郎左衛門　1808〜1873　江戸後期〜明治期の肝入
小摺戸村（こすりとむら）太郎左衛門　江戸時代の加賀藩十村分役の山廻役
五味（ごみ）太郎左衛門　戦国時代の武士
小守（こもり）太郎左衛門　戦国時代の北条氏の家臣
桜井（さくらい）太郎左衛門　戦国時代の千葉胤富の家臣
佐々木（ささき）太郎左衛門　江戸後期の天保の飢饉書の著者
篠俣（ささまた）太郎左衛門　安土桃山時代の金森家士
柴山（しばやま）太郎左衛門　江戸末期の武士
清水（しみず）太郎左衛門　1793〜1868　江戸後期・末期の剣術家。家川念流
高安（たかやす）太郎左衛門　江戸前期の能役者ワキ方
千坂（ちさか）太郎左衛門　1841〜1912　江戸後期〜明治期の米沢藩家老
寺尾（てらお）太郎左衛門　戦国時代の武将。武田家臣
直居（なおい）太郎左衛門　戦国時代の武田氏の家臣、望月氏の被官
行方（なめかた）太郎左衛門　戦国時代の男性。上総国武射郡牛熊村の人
伴（ばん）太郎左衛門　？〜1582　戦国・安土桃山時代の織田信長の家臣
広瀬（ひろせ）太郎左衛門　江戸中期の時計職人
藤井（ふじい）太郎左衛門　戦国時代の大工職の棟梁
穂坂（ほさか）太郎左衛門　江戸中期の松山藩奉行
細谷（ほそたに）太郎左衛門　細谷太郎左衛門に同じ
細谷（ほそや）太郎左衛門　江戸前期の京都銀座年寄
堀内（ほりうち）太郎左衛門　安土桃山時代の検地役人
町方村（まちかたむら）太郎左衛門　江戸中期の小八賀町方村の名主
八木（やぎ）太郎左衛門　1744〜1821　江戸中期・後期の人。「筑井鑑」を編纂
山田（やまだ）太郎左衛門　江戸前期・中期の茶人
湯浅（ゆあさ）太郎左衛門　？〜1790　江戸中期の高座郡鵠沼村民
渡辺（わたなべ）太郎左衛門　安土桃山時代の織田信長の家臣

太郎左衛門尉　たろうざえもんのじょう　⇔たろうざもんのじょう
太郎左衛門尉　戦国時代の番匠
小幡（おばた）太郎左衛門尉　？〜1577　戦国時代の北条氏の家臣
惟村（これむら）太郎左衛門尉　戦国時代の今川氏の家臣
清水（しみず）太郎左衛門尉　？〜1616　安土桃山・江戸前期の北条氏の家臣

太郎左衛門盛政　たろうざえもんもりまさ
須藤（すどう）太郎左衛門盛政　1604〜1662　江戸前期の旗本

太郎実光　たろうさねみつ
安芸（あき）太郎実光　？〜1185　平安後期の武士

太郎三郎　たろうさぶろう　⇔たろさぶろう
太郎三郎　？〜1616　安土桃山・江戸前期の生枝村の浪人

太郎左衛門尉　たろうざもんのじょう　⇔たろうざえもんのじょう
都築（つづき）太郎左衛門尉　戦国時代の北条氏の家臣

太郎治　たろうじ
加藤（かとう）太郎治　江戸前期の人。福原新田を開いた
天願（てんがん）太郎治　南北朝・室町時代の武人

太郎次郎　たろうじろう
家城（いえき）太郎次郎　江戸前期の呉服商・両替商

太郎助　たろうすけ
西村（にしむら）太郎助　1565〜1638　安土桃山・江戸前期の実業家

太郎助亮　たろうすけふさ
吾妻（あがつま）太郎助亮　鎌倉前期の御家人《吾妻助亮》

太郎大夫　たろうだゆう
亀田（かめだ）太郎大夫　戦国時代の伊勢御師

太郎長康　たろうながやす
宮崎（みやざき）太郎長康　平安後期の武将

太郎兵衛尉　たろうびょうえのじょう
秋月（あきづき）太郎兵衛尉　室町時代の讃岐国守護代

太郎広行　たろうひろゆき
大河戸(おおこうど)太郎広行　鎌倉時代の武士
太郎兵衛　たろうべえ　⇔たろびょうえ, たろべい, たろべえ
太郎兵衛　江戸前期の足柄上郡仙石原村名主
太郎兵衛　江戸後期の足柄上郡上大井村名主
磯部(いそべ)太郎兵衛〔3代〕 1853～？　江戸後期の磯部屋文昌堂主人
桜井(さくらい)太郎兵衛　戦国時代の千葉氏家臣
設楽(しだら)太郎兵衛　？～1688　江戸前期の代官
須佐(すさ)太郎兵衛　江戸前期の地侍
鈴木(すずき)太郎兵衛　戦国時代の上総国天羽郡湊川(天神山川)下流域に拠った小領主・土豪
砂田(すなだ)太郎兵衛　安土桃山時代の武藤家後裔
栖原屋(すはらや)太郎兵衛〔6代〕 1678～1735　江戸中期の江戸干鰯問屋
新家(にいのみ)太郎兵衛　？～1646　江戸前期の庄内藩士
太郎馬　たろうま
大草(おおくさ)太郎馬　江戸後期の中野代官所代官
太郎丸　たろうまる
神(みわの)太郎丸　平安中期の近江国(滋賀県)の比良宮禰宜神良種の子
太郎義兼　たろうよしかね
長井(ながい)太郎義兼　鎌倉時代の武蔵武士
太郎右衛門　たろえもん　⇔たろううえもん, たろうえもん
兵頭(ひょうどう)太郎右衛門　1556～1597　戦国時代の武士・泉貨紙の発明者《兵頭太郎右衛門》
太郎左衛門　たろざえもん　⇔たろうざえもん
尾方(おがた)太郎左衛門　江戸前期の建築家《尾形太郎左衛門》
太郎作　たろさく
太郎作　江戸中期の木工
太郎三郎　たろさぶろう　⇔たろうさぶろう
小武(おたけ)太郎三郎　安土桃山時代の織田信長の家臣
太郎八　たろはち
市原(いちはら)太郎八　安土桃山時代の板野郡太郎八須の開発者
田島(たじま)太郎八　？～1600　安土桃山時代の金森家臣
福岡(ふくおか)太郎八　江戸前期の武士
太郎彦　たろひこ
中村(なかむら)太郎彦　1794～1850　江戸中期・後期の俳人
太郎兵衛　たろびょうえ　⇔たろうべえ, たろべい, たろべえ
香山(かやま)太郎兵衛　江戸前期の大里庄
太郎平　たろへい　⇔たろべい
阿久沢(あくざわ)太郎平〔1代〕 1846～1907　江戸後期～明治期の実業家、政治家
森(もり)太郎平　江戸末期・明治期の在方役人
太郎兵衛　たろべい　⇔たろうべえ, たろびょうえ, たろべえ
伊藤屋(いとや)太郎兵衛　江戸中期の安永騒動の中心者
山作(やまさく)太郎兵衛　江戸前期の代官
太郎平　たろべい　⇔たろへい
千歩の(せんぶの)太郎平　江戸前期の加賀国能美郡今江村の人
太郎兵衛　たろべえ　⇔たろうべえ, たろびょうえ, たろべい
東(あずま)太郎兵衛　1787～1840　江戸中期・後期の殖産家
井田(いだ)太郎兵衛　江戸後期の橘樹郡長尾村民
伊東(いとう)太郎兵衛　戦国時代の北条氏の家臣
江崎(えざき)太郎兵衛　江戸末期の武士、浦々遠見番人
榎本(えのもと)太郎兵衛　江戸末期の武士、徒目付組頭
岡田(おかだ)太郎兵衛　江戸中期の書家
岡村(おかむら)太郎兵衛　1773～1831　江戸中期・後期の水田開発の先覚者
興津(おきつ)太郎兵衛　戦国時代の北条氏の家臣
小松(こまつ)太郎兵衛　江戸後期の三浦郡鴨居村民
雑賀(さいが)太郎兵衛　江戸後期の三浦郡大津村民
杉下(すぎした)太郎兵衛　1840～1879　江戸末期・明治期の呉服業者。春慶塗器製造販売業
鈴木(すずき)太郎兵衛　江戸中期の御釜神社の御釜守
栖原屋(すはらや)太郎兵衛〔8代〕 1723～1804　江戸後期の江戸砂糖問屋
千石(せんごく)太郎兵衛　江戸時代の播磨国多可郡荒田町の大地主
千葉(ちば)太郎兵衛　1681～1756　江戸前期・中期の検断役
夏栗(なつぐり)太郎兵衛　？～1686　江戸前期の村役人
長谷川(はせがわ)太郎兵衛　江戸後期・末期の幕臣
深江屋(ふかえや)太郎兵衛　江戸前期の版元
舟津町村(ふなつまちむら)太郎兵衛　？～1773　江戸中期の義民。舟津町村の人
宮沢(みやざわ)太郎兵衛　江戸中期の人。中村の碩水寺本尊阿弥陀如来座像を修理
山口(やまぐち)太郎兵衛　安土桃山時代の織田信長の家臣
旦　たん
李(り)旦　？～1625　江戸前期の中国明の商人
但阿　たんあ
養徳院(ようとくいん)但阿　戦国時代の今川家の家臣
単阿　たんあ
単阿　江戸中期の浄土宗の僧
弾阿　だんあ
弾阿　1636～1694　江戸前期・中期の仏師
丹安　たんあん
福原(ふくはら)丹安　1709～1772　江戸中期の医家、詩人

澹庵　たんあん
熊沢(くまざわ)澹庵　1628〜1691　江戸前期の武士
白神(しらが)澹庵　1824〜1888　江戸末期の画家
畑中(はたなか)澹庵　江戸末期の医師
三宅(みやけ)澹庵　?〜1659　江戸前期の儒者

覃庵　たんあん
難波(なんば)覃庵　1811〜1888　江戸後期〜明治期の志士

端隠　たんいん
福井(ふくい)端隠　1801〜1885　江戸後期〜明治期の篆刻家・神職

弾右衛門　だんうえもん　⇔だんえもん
浅若(あさわか)弾右衛門　?〜1735　江戸中期の世襲庄屋

探雲　たんうん
佐藤(さとう)探雲　1725〜1812　江戸中期・後期の狩野派の画家

淡雲　たんうん
淡雲　1830〜1905　江戸後期〜明治期の浄土真宗の僧

探益　たんえき
鹿島(かしま)探益　1743〜1791　江戸中期・後期の絵師

湛奕　たんえき
湛奕　?〜1660　江戸前期の浄土宗の僧

丹右衛門　たんえもん
朝比奈(あさひな)丹右衛門　1625〜1682　江戸前期の武道家
臼田(うすだ)丹右衛門　1776〜1857　江戸中期〜末期の名主
谷風(たにかぜ)丹右衛門　江戸中期の力士
堀(ほり)丹右衛門　1743〜1824　江戸後期の熊本藩家老

丹衛門　たんえもん
丹衛門　安土桃山時代の信濃国筑摩郡会田の土豪

団右衛門　だんえもん
荒井(あらい)団右衛門　江戸後期の三浦郡長柄村名主
大木戸(おおきど)団右衛門　江戸前期の力士
折小野(おりこの)団右衛門　1842〜1921　江戸末期〜大正期の柑橘園経営者
古敷谷(こしきや)団右衛門　江戸後期の三浦郡公郷村民
斎藤(さいとう)団右衛門　1640〜1709　江戸前期・中期の剣術家。観流祖

弾右衛門　だんえもん　⇔だんうえもん
木村(きむら)弾右衛門　江戸前期の武士。木村重成組の組頭
末松(すえまつ)弾右衛門　?〜1843　江戸後期の町奉行
田村(たむら)弾右衛門　?〜1681　江戸前期の剣術師範
比田井(ひだい)弾右衛門　1840〜1915　江戸末期〜大正期の地方自治功労者
逸見(へんみ)弾右衛門　?〜1818　江戸中期・後期の八戸藩の上級藩士
森(もり)弾右衛門　江戸中期の兵法家
弓場(ゆば)弾右衛門　1663〜1729　江戸前期・中期の柔術家

段右衛門　だんえもん
朝比奈(あさひな)段右衛門　?〜1664　江戸前期の武士

男右衛門　だんえもん
犬塚(いぬづか)男右衛門　1719〜1743　江戸中期の藩士
犬塚(いぬづか)男右衛門　1741〜1781　江戸中期の藩士

弾右衛門尉　だんえもんのじょう
鈴木(すずき)弾右衛門尉　戦国時代の北条氏家臣山角定勝の代官

堪円　たんえん　⇔かんえん
堪円　平安中期の天台宗の僧・歌人《堪円》

探円　たんえん
狩野(かのう)探円　江戸後期の画家

探淵　たんえん
山本(やまもと)探淵　江戸後期の絵師

澹園　たんえん
安部井(あべい)澹園　江戸中期の漢学者
江幡(えばた)澹園　江戸末期・明治期の漢詩人、歌人、新聞人、出版人

淡翁　たんおう
伊藤(いとう)淡翁　?〜1841　江戸後期の儒医

炭翁　たんおう
炭翁　江戸中期の俳人

澹翁　たんおう
塚村(つかむら)澹翁　1758〜1813　江戸中期の歌人

檀越　だんおつ
碁(ごの)檀越　奈良時代の人

丹海　たんかい
平田(ひらた)丹海　1828〜1897　江戸末期・明治期の書家

旦海　たんかい
旦海　江戸中期の俳人

湛海　たんかい
湛海　江戸後期の天台宗の僧

丹崖　たんがい
高井(たかい)丹崖　江戸後期の画家

湛覚　たんかく
湛覚　平安後期の社僧

但観　たんかん
但観　江戸中期の真言宗の僧

淡菊　たんきく
山田(やまだ)淡菊　江戸後期の酒造業、町年寄

丹丘　たんきゅう
斎藤(さいとう)丹丘　1731〜1803　江戸中期・後期の商家
三井(みつい)丹丘　1729〜1811　江戸中期・後期の医者、画家

探牛　たんぎゅう
狩野(かのう)探牛　?〜1714　江戸前期・中期の画家
湛教　たんきょう
湛教　平安後期の念仏聖
探玉斎　たんぎょくさい
森(もり)探玉斎　江戸時代の富山藩絵師
丹宮　たんぐ　⇔たんぐう
鈴木(すずき)丹宮　1818〜?　江戸後期の仏師
澹空　たんくう
澹空　1740〜1822　江戸中期・後期の浄土宗の僧・画家
丹宮　たんぐう　⇔たんぐ
大倉(おおくら)丹宮　江戸後期の小田原宿古新宿町北条稲荷社の社人
丹解　たんげ
水野(みずの)丹解　1788〜1838　江戸後期の軍学者
湛契　たんけい
湛契　817〜880　平安前期の天台宗の僧・官人
探月　たんげつ
紫雲(しうん)探月　1846〜1913　江戸末期〜大正期の僧
明星(みょうじょう)探月　?〜1691　江戸前期・中期の俳人
湛月　たんげつ
橋本(はしもと)湛月　江戸前期・中期の俳人
潭月　たんげつ
潭月　江戸中期の浄土真宗の僧
探月斎　たんげつさい
探月斎　江戸後期の絵師
湛元　たんげん
湛元　?〜1855　江戸後期・末期の臨済宗の僧
探源上人　たんげんしょうにん
探源上人　1857〜1879　江戸末期・明治期の孤高独居の高僧
丹後　たんご
丹後　戦国時代の北条氏の家臣
丹後　安土桃山時代の信濃国安曇郡の土豪
鵜川(うかわ)丹後　戦国〜江戸前期の武士。小田原北条氏の臣
大塚(おおつか)丹後　?〜1612　江戸前期の津山森藩家老
岡田(おかだ)丹後　安土桃山・江戸前期の豊臣秀頼の舟大将
長門(ながと)丹後　戦国時代の武士。北条氏忠の家臣
宮川(みやがわ)丹後　江戸後期の大住郡片岡村鎮守雷電社神主
坦吾　たんご
太田(おおた)坦吾　1840〜1887　江戸後期〜明治期の中土村戸長、寺子屋師匠
探香　たんこう
尾形(おがた)探香　江戸末期の画家
湛好　たんこう
湛好　?〜1787　江戸中期の浄土宗の僧
潭光　たんこう
潭光　1714〜1763　江戸中期の僧
潭考　たんこう
潭考　江戸中期の俳人
湛斅　たんごう
湛斅　平安後期の念仏聖
丹後守純熈　たんごのかみすみひろ
大村(おおむら)丹後守純熈　1830〜1882　江戸後期〜明治期の117代長崎奉行《大村純凞》
丹後守直休　たんごのかみなおやす
一色(いっしき)丹後守直休　?〜1855　江戸後期・末期の104代長崎奉行
丹後守広民　たんごのかみひろたみ
久世(くぜ)丹後守広民　1737〜1799　江戸中期・後期の65代長崎奉行
丹後守吉綱　たんごのかみよしつな
渡辺(わたなべ)丹後守吉綱　江戸前期の比企郡野本陣屋の主
丹後局　たんごのつぼね
丹後局　鎌倉前期の女性。島津忠久の生母
丹後内侍　たんごのないし
丹後内侍　平安後期・鎌倉前期の女官・歌人
堪斎　たんさい
山下(やました)堪斎　1822〜1859　江戸末期の漢学者
坦斎　たんさい
手塚(てづか)坦斎　1762〜1834　江戸中期・後期の藩士、漢学者
那須(なす)坦斎　?〜1769　江戸中期の漢学者(堀河学派)
三谷(みたに)坦斎　1767〜1848　江戸中期・後期の儒者
坦斉　たんさい
松長(まつなが)坦斉　1816〜1850　江戸後期の詩人
旦斎　たんさい
旦斎　江戸後期の俳人
旦斎　?〜1856　江戸後期・末期の医者・俳人
淡斎　たんさい
格(かく)淡斎　江戸時代の俳人。松山藩士
佐羽(さば)淡斎　1772〜1825　江戸中期・後期の商人、漢詩人《佐羽吉右衛門〔2代〕》
東条(とうじょう)淡斎　江戸末期・明治期の漢学者
中川(なかがわ)淡斎　江戸末期の医者
中田(なかだ)淡斎　1771〜1828　江戸中期・後期の漢学者
林(はやし)淡斎　1709〜1791　江戸中期・後期の医者・漢学者
潭斎　たんさい
花木(はなき)潭斎　1789〜1861　江戸後期・末期の医者、漢学者
澹斎　たんさい
伊藤(いとう)澹斎　1699〜1764　江戸中期の儒者

桜田(さくらだ)澹斎　1795～1864　江戸後期・末期の漢学者
前川(まえがわ)澹斎　1847～1886　江戸後期～明治期の漢学者

団斎　だんさい
団斎　1712頃～1773頃　江戸中期の俳人

弾左衛門　だんざえもん
弾左衛門〔1代〕江戸前期の穢多頭

丹山　たんざん
下村(しもむら)丹山　1804～1867　江戸後期・末期の法橋

胆山　たんざん
生駒(いこま)胆山　1842～1923　江戸末期～大正期の儒学者・漢詩人

覃山　たんざん
本間(ほんま)覃山　1857～1909　江戸末期・明治期の書家

檀山　だんざん
小泉(こいずみ)檀山　1766～1854　江戸中期～末期の神職・漢学者・画家

丹志　たんし
丹志　江戸中期の俳人

探志　たんし
探志　江戸前期の俳人

但次　たんじ
但次　平安後期の刀工

丹次　たんじ
千田(せんだ)丹次　江戸時代の児玉郡阿那志村の名主

丹治　たんじ
尾添(おぞえ)丹治　1781～1860　江戸中期～末期の木彫家

端次　たんじ
美馬(みま)端次　1768～1818　江戸中期・後期の医家

暖子　だんし
源(みなもとの)暖子　平安中期の女性。醍醐天皇更衣

弾治　だんじ
松沢(まつざわ)弾治　1851～?　江戸後期・末期の新撰組隊士

丹舟　たんしゅう
丹舟　江戸中期の雑俳点者

湛秀　たんしゅう
湛秀　1067～1122　平安後期の法相宗の僧

潭住　たんじゅう
潭住　江戸中期の僧

団十郎　だんじゅうろう
市村(いちむら)団十郎　1827～1904　江戸後期～明治期の水路開発者

探春　たんしゅん
鹿島(かしま)探春　?～1778　江戸中期の儒者

探春斎　たんしゅんさい
小柴(こしば)探春斎　?～1760　江戸中期の画家

淡所　たんしょ
横井(よこい)淡所　1705～1768　江戸中期の茶人

澹所　たんしょ
松井(まつい)澹所　江戸後期の漢学者

湛助　たんじょ
湛助　南北朝時代の社僧・歌人

旦松　たんしょう
旦松　江戸後期の俳人

湛照　たんしょう
湛照　?～1291　鎌倉時代の律宗の僧

探定　たんじょう
山路(やまじ)探定　江戸前期の絵師

男昌　だんしょう
金(こん)男昌　平安前期の新羅人

弾正　だんじょう
浅香(あさか)弾正　江戸時代の教育者・医師
甘利(あまり)弾正　戦国時代の今川氏の給人
岩波(いわなみ)弾正　戦国時代の安房国丸郡宮下村(南房総市)惣大社・莫越山神社の祠官(社司)
大平(おおひら)弾正　南北朝時代の武将
小瀬(おせ)弾正　室町時代の武将
小山田(おやまだ)弾正　?～1535　戦国時代の武田氏の家臣。郡内小山田氏の一門、境弾正家の当主
気田(けた)弾正　?～1444　室町時代の武将
後藤(ごとう)弾正　?～1313　鎌倉後期の寺脇城主
讃井(さない)弾正　戦国時代の刀禰
椎名(しいな)弾正　戦国時代の上総国武射郡大台城(山武郡芝山町)主・井田因幡守の家臣
鶴見(つるみ)弾正　戦国時代の万喜土岐氏の家臣
徳永(とくなが)弾正　南北朝時代の南朝の忠臣
二方(ふたかた)弾正　江戸後期の神職
村上(むらかみ)弾正　?～1575　戦国時代の村上水軍の武将
村松(むらまつ)弾正　安土桃山時代の山梨郡上小河原村の熊野神社神主
茂呂(もろ)弾正　戦国時代の上野国衆

弾正左衛門　だんじょうざえもん
高橋(たかはし)弾正左衛門　江戸前期の剣術家
堤(つつみ)弾正左衛門　?～1585　戦国・安土桃山時代の横内城4代城主
広戸(ひろど)弾正左衛門　南北朝時代の美作国東部の那岐山麓の武士

弾正左衛門尉　だんじょうざえもんのじょう
島村(しまむら)弾正左衛門尉　室町時代の備前国の武将・邑久郡高取山城主

弾正少弼　だんじょうしょうひつ
薦野(こもの)弾正少弼　戦国時代の下野那須氏(資胤)の家臣

弾正忠　だんじょうちゅう　⇔だんじょうのじょう
春日(かすが)弾正忠　1526～1578　戦国時代の武将

弾正忠　だんじょうのじょう　⇔だんじょう

ちゅう
飯塚(いいづか)弾正忠　戦国・安土桃山時代の緑埜郡北谷琴辻の土豪
浦野(うらの)弾正忠　?～1581　戦国時代の上野国衆
小田切(おだぎり)弾正忠　戦国時代の葦名氏の家臣
小敷谷(こしきや)弾正忠　戦国時代の武士。北条氏家臣
真田(さなだ)弾正忠　戦国時代の内房正木氏の同心
相馬(そうま)弾正忠　戦国時代の因幡守の子。古河公方足利義氏に属した
山多(やまだ)弾正忠　戦国時代の千葉胤富の家臣
渡辺(わたなべ)弾正忠　戦国時代の北条氏の家臣

丹次郎　たんじろう
住吉(すみよし)丹次郎　江戸後期の大住郡曽屋村神事舞太夫
高橋(たかはし)丹次郎　1839～1902　江戸後期～明治期の実業家、政治家

丹治郎　たんじろう
中山(なかやま)丹治郎　1854～1900　江戸末期・明治期の代言人。栃木県自由党の領袖

団四郎　だんしろう
美濃部(みのべ)団四郎　1811～1874　江戸後期～明治期の剣術家。真心陰流
向井(むかい)団四郎　1819～1885　江戸末期・明治期の松山藩三津町大年寄

団糸郎　だんしろう
豊沢(とよざわ)団糸郎　1846～1907　江戸後期～明治期の盲目の浄瑠璃師

段四郎　だんしろう
榊山(さかきやま)段四郎　江戸中期の歌舞伎役者

坦晋　たんしん
操(みさお)坦晋　1800～1861　江戸後期・末期の沖永良部島の医師、与人

団人　だんじん
団人　江戸中期の雑俳点者

丹水　たんすい
丹水　江戸中期の雑俳点者

旦水　たんすい
旦水　江戸中期の俳人
旦水　?～1835　江戸後期の俳人

淡水　たんすい
淡水　江戸中期の俳人
柏木(かしわぎ)淡水　1823～1886　江戸後期～明治期の剣術家
北脇(きたわき)淡水　1803～1856　江戸後期・末期の漢学者
下条(しもじょう)淡水　1835～?　江戸後期～明治期の旧尾張藩士
恒川(つねかわ)淡水　1819～1909　江戸後期～明治期の鑑定家
中島(なかじま)淡水　1821～1895　江戸後期～明治期の書家、医師
中村(なかむら)淡水　1822～1884　江戸後期～明治期の官吏、医師
林(はやし)淡水　1701～1782　江戸中期の医者・漢学者

湛水　たんすい
小淵(おぶち)湛水　1778～1852　江戸中期・後期の医者・俳人

澹翠　たんすい
坂倉(さかくら)澹翠　江戸中期の漢詩人

湛水親方　たんすいうえーかた
湛水親方　1623～1683　江戸前期の古典音楽湛水流の創始者

丹精　たんせい
宇都宮(うつのみや)丹精　1822～1909　江戸末期・明治期の俳人

丹靖　たんせい
宇都宮(うつのみや)丹靖　1822～1909　江戸後期～明治期の俳人

弾誓　だんせい
弾誓　1551～1613　安土桃山・江戸前期の浄土宗の僧

端正院　たんせいいん
端正院　1794～1794　江戸後期の徳川家斉三男

淡節　たんせつ
内海(うつみ)淡節　1810～1874　江戸後期～明治期の俳人

淡叟　たんそう
八千房(はっせんぼう)淡叟　1792～1846　江戸後期の俳人

丹蔵　たんぞう
田鎖(たぐさり)丹蔵　1786～1865　江戸中期～末期の漁業家
橳島(ぬでじま)丹蔵　1788～1869　江戸後期～明治期の剣術家。馬庭念流

湛増　たんぞう
湛増　1130～1198　平安後期・鎌倉前期の僧

湛蔵　たんぞう
関口(せきぐち)湛蔵　1823～1898　江戸末期の茂木藩士、関口塾頭

端蔵　たんぞう
中島(なかじま)端蔵　1859～?　江戸末期・明治期の漢学者
三輪(みわ)端蔵　江戸末期の水戸藩士。1867年遣仏使節に随行しフランスに渡る

団蔵　だんぞう
荒木(あらき)団蔵　?～1773　江戸中期の剣客
大石(おおいし)団蔵　1831～1896　江戸末期・明治期の郷士、教育者
部奈(べな)団蔵　1787～1861　江戸後期の治水家
村上(むらかみ)団蔵　1758～1842　江戸中期・後期の武道家
本山(もとやま)団蔵　江戸末期の馬術家

弾蔵　だんぞう
物見山(ものみやま)弾蔵　?～1749　江戸中期の力士

坦々斎　たんたんさい
坦々斎　江戸後期の雑俳点者

丹千代　たんちよ
宮崎(みやざき)丹千代　戦国・安土桃山時代の大宮浅間神社の社人

探琲　たんちょう
狩野(かのう)探琲　1825〜1886　江戸後期〜明治期の絵師

端亭　たんてい
雨宮(あめのみや)端亭　1759〜1832　江戸中期・後期の藩士
辻(つじ)端亭　1624〜1668　江戸前期の儒者

単伝　たんでん
単伝　1542〜1638　江戸前期の京都妙心寺の僧

坦道　たんどう
機外(きがい)坦道　1809〜1857　江戸後期・末期の曹洞宗の僧
竺(じく)坦道　1806〜1874　江戸後期〜明治期の丹羽郡小淵村出身の僧侶・漢詩人

淡虎　たんとら
真野(まの)淡虎　1806〜1895　江戸後期〜明治期の料理研究家

団内　だんない
高橋(たかはし)団内　1785〜1861　江戸末期の臼杵藩の名工

澹寧　たんねい
平井(ひらい)澹寧　1822〜1881　江戸末期の医師

湛然　たんねん
湛然　?〜1680　江戸前期の禅僧

澹然　たんねん
高橋(たかはし)澹然　1776〜1839　江戸中期・後期の私塾経営者

団之進　だんのしん
石原(いしはら)団之進　江戸末期の剣士

丹波　たんば
上野(うえの)丹波　安土桃山・江戸前期の横田城代
大針(おおはり)丹波　江戸中期の畳屋
車(くるま)丹波　?〜1602　安土桃山時代の徳川支配に抵抗した佐竹氏旧臣
駒場(こまば)丹波　戦国時代の武将。武田家臣
佐々木(ささき)丹波　?〜1590?　戦国・安土桃山時代の寺沢城城主
深尾(ふかお)丹波　1841〜?　江戸後期の武士、迅衝隊総督
藤田(ふじた)丹波　江戸前期の最上氏遺臣
横沢(よこざわ)丹波　?〜1635　安土桃山・江戸前期の殉教した会津藩士

丹波郷保　たんばさとやす
朝日(あさひ)丹波郷保　1705〜1783　江戸中期の松江藩家老《朝日丹波茂保》

丹波重政　たんばしげまさ
朝日(あさひ)丹波重政　1556〜1641　戦国〜江戸前期の松江藩家老

丹波茂保　たんばしげやす
朝日(あさひ)丹波茂保　1705〜1783　江戸中期の松江藩家老

丹波守重正　たんばのかみしげまさ
祝(いわい)丹波守重正　戦国〜江戸前期の織田信長・豊臣秀吉・秀頼の家臣

丹楓　たんぷう
辻(つじ)丹楓　?〜1819　江戸中期・後期の漆工

湍兵衛　たんべえ
長瀬(ながせ)湍兵衛　?〜1708　江戸前期・中期の藩士

丹甫　たんぽ
辻(つじ)丹甫　1722〜1805　江戸中期・後期の漆工

丹峯　たんぽう
丹峯　室町時代の臨済宗の僧

端木　たんぼく　⇔はしき
井上(いのうえ)端木　1768〜1840　江戸末期の文人

断末魔　だんまつま
断末魔　安土桃山時代の能面師

探溟　たんめい
狩野(かの)探溟　1849〜1922　江戸末期〜大正期の画家

淡遊　たんゆう
弭間(はずま)淡遊　?〜1854　江戸後期・末期の俳人

探誉　たんよ
探誉　江戸後期の浄土宗の僧

湛誉　たんよ
湛誉　平安中期の僧侶

探容　たんよう
沖(おき)探容　?〜1839　江戸後期の鳥取藩絵師

探竜　たんりゅう
島田(しまだ)探竜　?〜1778　江戸中期の画家

探梁　たんりょう
松原(まつばら)探梁　江戸前期の画家

探良　たんりょう
伊達(だて)探良　1833〜1874　江戸後期〜明治期の絵師

団了　だんりょう
団了　?〜1682　江戸前期の浄土宗の僧

単嶺　たんれい
単嶺　江戸末期の俳人

単霊　たんれい
単霊　?〜1780　江戸中期の浄土宗の僧

探嶺　たんれい
鹿島(かしま)探嶺　?〜1851　江戸後期の絵師

【ち】

知　ち　⇔さとる, とも
福田(ふくだ)知　江戸末期の代官

千秋　ちあき　⇔せんしゅう
金沢(かねざわ)千秋　1765〜1822　江戸中期・後期の幕臣
神田(かんだ)千秋　江戸前期の伯家神道家

佐藤（さとう）千秋　？～1829　江戸末期の歌人
松田（まつだ）千秋　1838～1863　江戸後期・末期の歌人
万年（まんねん）千秋　1833～1907　江戸後期～明治期の幕臣
吉永（よしなが）千秋　1818～1904　江戸後期～明治期の歌人、書画家
吉村（よしむら）千秋　1838～1863　江戸後期・末期の国学者

智庵　ちあん
烏田（からすだ）智庵〔1代〕　1639～1698　江戸中期の医者
烏田（からすだ）智庵〔2代〕　1689～1768　江戸中期の医者・本草学者

千海　ちうみ
田中（たなか）千海　1797～1862　江戸後期の俳人、歌人

智云　ちうん
古雲（こうん）智云　1438～1488　室町時代の禅僧

痴雲　ちうん
古森（こもり）痴雲　1790～1858　江戸後期・末期の書家

知栄　ちえい
阿部（あべ）知栄　1781～1814　江戸中期・後期の和算家
桜井（さくらい）知栄　1724～1813　江戸中期の女流歌人

智栄　ちえい
智栄　江戸中期の曹洞宗の僧

智英　ちえい
上江洲（うえず）智英　江戸中期の具志川間切地頭代

致英　ちえい
仲村渠（なかんだかり）致英　1721～？　江戸中期の陶工、役人

千重子　ちえこ
松山（まつやま）千重子　1815～1874　江戸末期・明治期の歌人

智恵子　ちえこ
蓼沼（たでぬま）智恵子　1825～1922　江戸末期～大正期の女性。蓼沼家2代丈吉夫人

季重　ちえしげ　⇔すえしげ
中江（なかえ）季重　江戸前期の漢学者

千枝　ちえだ
千枝　平安中期の画家
大中臣（おおなかとみの）千枝　？～1013　平安中期の官人
紀（きの）千枝　平安前期の官人

千恵姫　ちえひめ
千恵姫　1835～1836　江戸後期の徳川家慶の八女《妙珠院》

智円　ちえん
智円　？～1851　江戸後期の浄土真宗大谷派の僧
性天（しょうてん）智円　江戸前期の曹洞宗の僧

智淵　ちえん　⇔ともひろ
智淵　882～963　平安前期・中期の天台僧
智淵　江戸中期の天台宗の僧

智応　ちおう
智応　1803～1857　江戸後期・末期の真言律宗の僧

智旺　ちおう
東嶺（とうれい）智旺　戦国時代の臨済宗の僧

痴王　ちおう
痴王　1794～1862　江戸後期・末期の漢詩人

池屋　ちおく
大窪（おおくぼ）池屋　1792～1854　江戸後期・末期の医者

智穏　ちおん
安竜（あんりゅう）智穏　江戸後期の曹洞宗の僧

致遠　ちおん　⇔むねとう, むねとお
致遠　1696～1761　江戸中期の浄土真宗の僧

智恩坊　ちおんぼう
智恩坊　戦国時代の能面師

ちか
稲生（いのう）ちか　1813～1861　江戸後期・末期の女性

千賀　ちか
清水（しみず）千賀　1837～1862　江戸後期・末期の俳人

和　ちか
大関（おおぜき）和　1858～1932　江戸末期～昭和期の女性。近代的な看護教育を受けた日本における初期の看護婦

親顕　ちかあき
今大路（いまおおじ）親顕　1675～1737　江戸前期・中期の医者

親秋　ちかあき
本多（ほんだ）親秋　1822～1895　江戸末期・明治期の教育者、公共事業家

親白　ちかあき
木原（きはら）親白　？～1798　江戸中期の旗本

知哲　ちかあき
横山（よこやま）知哲　江戸後期の幕臣

親厚　ちかあつ
三村（みむら）親厚　1830～1855　江戸末期の漢学者

誓　ちかい
正木（まさき）誓　1839～？　江戸後期～明治期の賃取橋架設者

智快　ちかい
曇秀（どんしゅう）智快　？～1737　江戸中期の臨済宗の僧

智海　ちかい
智海　鎌倉前期の天台宗の僧・歌人
心慧（しんえ）智海　？～1306　鎌倉後期の律僧。鎌倉覚園寺開山《智海心慧》

知涯　ちがい
城（じょう）知涯　江戸後期・末期の幕臣

智外　ちがい
禅利（ぜんり）智外　1724～1802　江戸中期・後期の曹洞宗の僧

智涯　ちがい
智涯　江戸中期の浄土真宗の僧
周家　ちかいえ
龍造寺(りゅうぞうじ)周家　1504〜1545　戦国時代の武将
親家　ちかいえ
大森(おおもり)親家　平安時代の下級貴族
小見(おみ)親家　鎌倉時代の武士
藤原(ふじわらの)親家　平安後期・鎌倉前期の公家
藤原(ふじわらの)親家　室町時代の公家
親氏　ちかうじ
徳川(とくがわ)親氏　?〜1467　室町時代の武将
三村(みむら)親氏　戦国時代の備中国の武将
親枝　ちかえだ
安藤(あんどう)親枝　1842〜1919　江戸後期〜大正期の幕臣
親臣　ちかおみ
児玉(こだま)親臣　1832〜1906　江戸後期〜明治期の萩藩寄組士
近景　ちかかげ
近景　鎌倉後期・南北朝時代の刀工
親景　ちかかげ
安部(あべ)親景　鎌倉時代の官人
親和　ちかかず
蜷川(にながわ)親和　1671〜1737　江戸前期・中期の幕臣
近方　ちかかた
西郷(さいごう)近方　1661〜1716　江戸前期・中期の藩士
親堅　ちかかた
上平(うえひら)親堅　戦国時代の松平一族
親賢　ちかかた
井関(いせき)親賢　1809?〜1865　江戸後期・末期の幕臣
橋本(はしもと)親賢　1819〜1865　江戸後期・末期の仙台藩士
舟橋(ふなはし)親賢　1721〜1768　江戸中期の公家
親方　ちかかた
源(みなもとの)親方　平安中期の官人
周勝　ちかかつ　⇔かねかつ
山下(やました)周勝　?〜1653　江戸前期の幕臣
親勝　ちかかつ
大橋(おおはし)親勝　1566〜1631　安土桃山・江戸前期の幕臣
杉浦(すぎうら)親勝　?〜1647　江戸前期の旗本
松平(まつだいら)親勝　戦国時代の人。岩津松平氏
親門　ちかかど
広瀬(ひろせ)親門　江戸前期の武芸家
近包　ちかかね
近包　鎌倉前期の古備前の刀工
親兼　ちかかね　⇔しんけん
安倍(あべの)親兼　平安中期の官人
大中臣(おおなかとみの)親兼　平安後期の官人
藤原(ふじわらの)親兼　平安後期の官人
水無瀬(みなせ)親兼　1172〜1246　平安後期・鎌倉前期の公家
源(みなもと)親兼　南北朝時代の官人・連歌作者
近清　ちかきよ
生駒(いこま)近清　安土桃山時代の織田信長の家臣
松平(まつだいら)近清　?〜1583　戦国・安土桃山時代の大沼城主
周清　ちかきよ
伴(とも)周清　?〜1384　南北朝時代の武家・歌人
舜清　ちかきよ　⇔しゅんせい
蒲生(かもう)舜清　平安時代の人。蒲生院領主
親清　ちかきよ
今大路(いまおおじ)親清　1577〜1626　安土桃山・江戸前期の幕臣
佐分(さぶり)親清　鎌倉時代の武士
杉原(すぎはら)親清　江戸前期の武将
平(たいら)親清　鎌倉時代の官人・歌人
中村(なかむら)親清　戦国時代の神職。駿府浅間社神主
新居(にい)親清　仁井親清に同じ
仁井(にい)親清　平安後期の武士
松平(まつだいら)親清　?〜1509　戦国時代の人。長沢松平氏
親精　ちかきよ
諏訪(すわ)親精　1641〜1719　江戸前期・中期の槍術家
智角　ちかく
智角　?〜1770　江戸中期の俳人・絵師
智郭　ちかく
智郭　1717〜1789　江戸中期・後期の宗教家
近国　ちかくに
丈部(はせつかべの)近国　平安後期の伊賀国名張郡司
親国　ちかくに
藤原(ふじわらの)親国　平安中期の官人
千蔭　ちかげ
杉田(すぎた)千蔭　1824〜1889　江戸後期〜明治期の神職
藤原(ふじわらの)千蔭　平安中期の人。「拾遺集」に一首入集
千影　ちかげ　⇔せんえい, せんけい
笹木(ささき)千影　1842〜?　江戸後期・末期の青森県出身の神官
千景　ちかげ
藤原(ふじわら)千景　平安前期の公家・歌人
周子　ちかこ　⇔かねこ, しゅうし
藤原(ふじわらの)周子　平安中期の女性。内大臣藤原伊周の二女
隣子　ちかこ
種子島(たねがしま)隣子　1799〜1865　江戸後期・末期の種子島の23代島主名跡
懐子内親王　ちかこないしんのう
懐子内親王　平安前期の女性。堀河天皇皇女
周定　ちかさだ
小田野(おだの)周定　戦国時代の北条氏照の家臣

親貞　ちかさだ
朝比奈（あさひな）親貞　戦国時代の今川氏の家臣
馬詰（うまづめ）親貞　?～1654　江戸前期の槍術家
大友（おおとも）親貞　?～1570　安土桃山時代の武将
藤原（ふじわらの）親貞　平安後期の官人
松平（まつだいら）親貞　1671～1725　江戸前期・中期の旗本

力里　ちかさと
綾部（あやべの）力里　平安後期の官人

近実　ちかざね
斎藤（さいとう）近実　安土桃山時代の武将

親実　ちかざね
平（たいら）親実　南北朝時代の連歌作者
武宮（たけみや）親実　?～1593　戦国時代の武将
藤原（ふじわらの）親実　平安後期の随身

親真　ちかざね
土肥（どひ）親真　?～1583　戦国・安土桃山時代の織田信長の家臣

近重　ちかしげ
秦（はたの）近重　平安中期・後期の随身

周茂　ちかしげ
岡崎（おかざき）周茂　1409～1461　室町時代の公家。岡崎範輔の子

親重　ちかしげ
安藤（あんどう）親重　1757～1834　江戸中期・後期の神職
生駒（いこま）親重　?～1570　戦国・安土桃山時代の織田信長の家臣
大中臣（おおなかとみの）親重　平安後期の官人
大橋（おおはし）親重　?～1666　江戸前期の代官
秦（はた）親重　鎌倉前期の神職。第19代筥崎宮大宮司
松平（まつだいら）親重　安土桃山・江戸前期の幕臣、代官
三村（みむら）親重　戦国時代の備中国の武将

親成　ちかしげ　⇔ちかなり
長野（ながの）親成　1560?～1576　安土桃山時代の織田信長の家臣
和気（わけの）親成　1181～1244　平安後期・鎌倉前期の医師

親茂　ちかしげ
松平（まつだいら）親茂　1615～1675　江戸前期の代官

親繁王　ちかしげおう
親繁王　平安中期の醍醐天皇第二皇子式明親王の二男

近末　ちかすえ
下毛野（しもつけぬの）近末　平安後期の近衛府の将監

親季　ちかすえ
海老名（えびな）親季　平安後期の武将

允資　ちかすけ
玉上（たまかみ）允資　江戸後期の歌人

近助　ちかすけ
中臣（なかとみの）近助　1045～1106　平安中期・後期の神宮権預

親資　ちかすけ
佐伯（さえきの）親資　平安後期の官人

親助　ちかすけ
親助　平安中期の画工

親相　ちかすけ
国司（くにし）親相　1842～1864　江戸後期・末期の藩士
松平（まつだいら）親相　1729～1748　江戸中期の旗本

親輔　ちかすけ
惟宗（これむねの）親輔　平安後期の源俊房家の家令

親祐　ちかすけ　⇔しんゆう
速水（はやみ）親祐　戦国時代の歌人

親亮　ちかすけ
永野（ながの）親亮　1840～1879　江戸後期～明治期の教育家

近住　ちかずみ
鎌倉（かまくら）近住　江戸後期の狂歌師

近澄　ちかずみ
清原（きよはらの）近澄　平安中期の官人

千風　ちかぜ
上田（うえだ）千風　1804～1869　江戸末期の国学者、歌人

近蔵　ちかぞう　⇔きんぞう
斎藤（さいとう）近蔵　1837～1902　江戸後期～明治期の篠塚村名主、長柄村初代村長

親孝　ちかたか
惟宗（これむね）親孝　南北朝時代の連歌作者

親隆　ちかたか
惟宗（これむねの）親隆　平安後期の源師房家の家司（令）

近武　ちかたけ
紀（きの）近武　平安後期の官人

周長　ちかたけ　⇔しゅうちょう
壬生（みぶ）周長　?～1579　室町時代の武将、鹿沼城主

親毅　ちかたけ
安岡（やすおか）親毅　1758～1828　江戸中期・後期の郷土史家

親武　ちかたけ
赤星（あかほし）親武　安土桃山・江戸前期の武士

幾忠　ちかただ
平（たいらの）幾忠　平安中期の官人

近忠　ちかただ
近忠　鎌倉時代の刀工
安倍（あべの）近忠　平安中期の大宮司

親忠　ちかただ
楡井（にれい）親忠　戦国時代の上杉謙信・景勝の家臣
平川（ひらかわ）親忠　江戸中期の郷土史家
藤原（ふじわらの）親忠　1095～1153　平安後期の

官人
坊門(ぼうもん)親忠　南北朝時代の公家・歌人

親辰　ちかたつ
本目(ほんめ)親辰　?～1736　江戸中期の書家

愛種　ちかたね
中園(なかぞの)愛種　1813～1887　江戸後期～明治期の国学者

親胤　ちかたね
千葉(ちば)親胤　1541～1557　戦国時代の武士。下総千葉氏当主、本佐倉城主

千賀太夫　ちかたゆう
竹本(たけもと)千賀太夫　江戸中期の浄瑠璃太夫

千勝　ちかつ
秦(はたの)千勝　平安中期の官人

近次　ちかつぐ
川口(かわぐち)近次　?～1619　江戸前期の旗本
内蔵(くらの)近次　平安後期の豊後の豪族

親継　ちかつぐ
藤原(ふじわら)親継　鎌倉前期の公家・歌人
三村(みむら)親継　?～1400　南北朝・室町時代の筑摩郡洗馬荘の地頭

親次　ちかつぐ
帆足(ほあし)親次　?～1737　江戸中期の剣術家
松平(まつだいら)親次　1503～1530　戦国時代の武将

親綱　ちかつな
阿曽沼(あそぬま)親綱　鎌倉前期の武将。遠野阿曽沼氏2代領主
後藤(ごとう)親綱　戦国時代の遠江国の国人
蜷川(にながわ)親綱　?～1224　鎌倉時代の在地領主
渡辺(わたなべ)親綱　1727～1789　江戸後期の武士

近常　ちかつね
本田(ほんだ)近常　?～1205　鎌倉前期の武蔵武士

周経　ちかつね
磯永(いそなが)周経　江戸後期の藩士

周常　ちかつね
清水(しみず)周常　江戸後期の和算家

親経　ちかつね
井関(いせき)親経　1792～1858　江戸後期・末期の幕臣
大中臣(おおなかとみの)親経　?～1178　平安後期の官人
賀茂県主(かものあがたぬし)親経　平安中期の神官。賀茂社禰宜
知間(ちま)親経　室町時代の武士
堀(ほり)親経　平安後期の武士

親常　ちかつね
田代(たしろ)親常　江戸後期の鹿児島城下士

親庸　ちかつね
平岩(ひらいわ)親庸　1765～1830　江戸中期・後期の幕臣

親行　ちかつら　⇔ちかゆき
山本(やまもと)親行　1696～1767　江戸中期の幕臣

近任　ちかとう
紀(きの)近任　平安後期の官人

親任　ちかとう
安倍(あべ)親任　1812～1878　江戸末期・明治期の庄内藩士
大蔵(おおくらの)親任　?～1080　平安中期・後期の讃岐国の人
藤原(ふじわらの)親任　平安後期の官人

近時　ちかとき
漢部(あやべの)近時　平安後期の官人
大中臣(おおなかとみの)近時　平安後期の随身
中臣(なかとみの)近時　平安後期の随身

周時　ちかとき
北条(ほうじょう)周時　?～1309　鎌倉後期の武士

親時　ちかとき
大友(おおとも)親時　1236～1295　鎌倉前期・後期の武将
北条(ほうじょう)親時　鎌倉時代の武士
北条(ほうじょう)親時　鎌倉後期の武士
山路(やまじ)親時　江戸末期・明治期の仙台藩士

近俊　ちかとし
安宅(あたぎ)近俊　南北朝時代の阿波守を号す
安宅(あたけ)近俊　安宅近俊に同じ

近利　ちかとし
服(はとりの)近利　平安中期の官人

親俊　ちかとし
狩野(かの)親俊　平安後期の武士
杉浦(すぎうら)親俊　1582～1661　安土桃山・江戸前期の幕臣

親富　ちかとみ
北条(きたじょう)親富　戦国・安土桃山時代の上野国衆厩橋北条氏の一族

近知　ちかとも
沢井(さわい)近知　1842～?　江戸後期～明治期の警察官

近友　ちかとも
紀(きの)近友　平安中期の相撲人
中臣(なかとみの)近友　?～1092　平安後期の官人。舞で高名

親具　ちかとも
水無瀬(みなせ)親具　1552～1632　戦国～江戸前期の公家

親知　ちかとも
小坂(おさか)親知　戦国時代の信濃国諏訪郡小坂郷の土豪
本堂(ほんどう)親知　1824～1909　江戸後期～明治期の藩士・国学者

親朝　ちかとも
塩谷(しおや)親朝　?～1250　鎌倉前期の武家・歌人

親友　ちかとも
三村(みむら)親友　戦国時代の備中国の武将

親倫　ちかとも
杉井(すぎい)親倫　江戸前期・中期の神道家

親豊　ちかとよ
落合(おちあい)親豊　安土桃山時代の織田信長の家臣《落合長貞》
木曽(きそ)親豊　1364〜1435　南北朝・室町時代の木曽路の開拓者
貴田(きだ)親豊　?〜1747　江戸中期の兵学者

近直　ちかなお
大宅(おおやけの)近直　平安前期の左京の人。仁和1年筑後守都御酉襲撃事件に関わる
間人(はしうど)近直　?〜1824　江戸中期・後期の寺子屋師匠

周直　ちかなお
恩田(おんだ)周直　江戸中期の藩士

親直　ちかなお
大中臣(おおなかとみの)親直　1323〜1350　鎌倉後期・南北朝時代の祭主(70代)
本田(ほんだ)親直　1847〜1868　江戸後期・末期の伊集院・郡山隊員
毛利(もうり)親直　1852〜1877　江戸末期の長州藩士

親仲　ちかなか
大中臣(おおなかとみの)親仲　1073〜1140　平安後期の神祇官人

近長　ちかなが
狛(こま)近長　1467〜1534　室町・戦国時代の楽人

親長　ちかなが
大中臣(おおなかとみの)親長　1017〜1100　平安中期・後期の祭主
鈴木(すずき)親長　1830〜1892　江戸後期〜明治期のキリスト教伝道者
松平(まつだいら)親長　戦国時代の室町幕府政所執事伊勢氏被官
松平(まつだいら)親長　戦国時代の武士
松平(まつだいら)親長　1521〜1564　戦国時代の武将
源(みなもと)親長　鎌倉時代の公家・歌人
村井(むらい)親長　1652〜1711　江戸前期・中期の藩士

近業　ちかなり
清原(きよはら)近業　1152〜1183　平安後期の儒学者大外記頼業の子《清原親業》

近成　ちかなり
紀(きの)近成　平安後期の官人

親業　ちかなり
清原(きよはらの)親業　1152〜1183　平安後期の儒学者大外記頼業の子

親成　ちかなり　⇔ちかしげ
安倍(あべ)親成　室町時代の官人
大中臣(おおなかとみの)親成　?〜1154　平安後期の神祇官人
紀(き)親成　1804〜1858　江戸後期・末期の公家
北畠(きたばたけ)親成　1560?〜1576　安土桃山時代の織田信長の家臣《長野親成》
祝部(はふりべ)親成　1142〜1230　平安後期・鎌倉前期の神職

千兼　ちかぬ
藤原(ふじわら)千兼　平安中期の公家・歌人

親之助　ちかのすけ
米山(よねやま)親之助　1826〜1902　江戸後期〜明治期の藤沢村肝入職。維新後は戸長

近言　ちかのぶ
松平(まつだいら)近言　1749〜1816　江戸中期・後期の幕臣

近信　ちかのぶ
賀島(かしま)近信　江戸後期の本草家
藤原(ふじわらの)近信　?〜1014　平安中期の官人
水野(みずの)近信　?〜1602　安土桃山時代の織田信長の家臣

周信　ちかのぶ　⇔しゅうしん
四王天(しおうてん)周信　?〜1756　江戸中期の藩士

親信　ちかのぶ
親信　江戸前期の俳諧作者
井関(いぜき)親信　戦国時代の能面師
角田(かくた)親信　?〜1818　江戸後期の和算家
川上(かわかみ)親信　江戸後期の「漂海紀聞」の著者
清内(きようちの)親信　平安中期の音博士
佐藤(さとう)親信　1707〜1777　江戸中期の藩士
藤原(ふじわらの)親信　?〜1103　平安後期の官人
本目(ほんめ)親信　1647〜1704　江戸前期・中期の書家
水野(みずの)親信　1652〜1726　江戸前期・中期の幕臣

親宣　ちかのぶ　⇔ちかのり
大中臣(おおなかとみの)親宣　1078〜1160　平安後期の神職。伊勢大神宮祭主親定の二男
三村(みむら)親宣　安土桃山時代の武士《三村親宣》

近義　ちかのり　⇔ちかよし
小野(おの)近義　1745〜1816　江戸中期・後期の幕臣

近則　ちかのり
紀(きの)近則　平安後期の武士

近徳　ちかのり
吉川(よしかわ)近徳　江戸後期の和算家、米沢藩士

近範　ちかのり
安倍(あべの)近範　平安中期の官人。藤原為光の雑色長

近悳　ちかのり
保科(ほしな)近悳　1830〜1903　江戸後期〜明治期の藩士・神職

周記　ちかのり
黒木(くろき)周記　1815〜1863　江戸後期・末期の和算家、笠間藩士

親敬　ちかのり
鈴木(すずき)親敬　江戸中期の藩士

親宣　ちかのり　⇔ちかのぶ
三村(みむら)親宣　安土桃山時代の武士

親則　ちかのり
松平（まつだいら）親則　1437～1461　室町時代の武将
親度　ちかのり
蜷川（にながわ）親度　戦国時代の武家・連歌作者
親徳　ちかのり
親徳　1800～1865　江戸後期・末期の薩摩国鹿児島諏方大明神神主
親範　ちかのり
金子（かねこ）親範　鎌倉前期の武蔵武士
藤原（ふじわら）親範　鎌倉後期の公家・歌人
源（みなもと）親範　？～1045　平安中期の公家・歌人
親法　ちかのり
気田（けた）親法　？～1415　南北朝・室町時代の気田氏の祖
用則　ちかのり
近藤（こんどう）用則　1610～1684　江戸前期の武士
周春　ちかはる
豊原（とよはら）周春　1848～？　江戸末期・明治期の画家
親春　ちかはる
清水（しみず）親春　1818～1875　江戸後期～明治期の第二奇兵隊総督
親彦　ちかひこ
毛利（もうり）親彦　1830～1873　江戸後期の萩藩奉行《毛利主計》
山田大路（やまだおおじ）親彦　1815～1869　江戸後期～明治期の勤皇家
近久　ちかひさ
多（おおの）近久　？～1211　平安後期・鎌倉前期の楽人
親久　ちかひさ
秋山（あきやま）親久　1562～1582　安土桃山時代の武士。武田家臣
大友（おおとも）親久　？～1804　江戸中期・後期の国学者
興津（おきつ）親久　戦国時代の今川氏の家臣。水運関係商業者
笠原（かさはら）親久　鎌倉前期の武士
佐多（さた）親久　1375～1458　南北朝・室町時代の武将
親尚　ちかひさ
藤原（ふじわら）親尚　南北朝・室町時代の公家・連歌作者
近秀　ちかひで
平塚（ひらつか）近秀　1668～1726　江戸前期・中期の幕臣
親英　ちかひで　⇔ちかふさ
広瀬（ひろせ）親英　江戸前期の武芸家
親秀　ちかひで
河西（かわにし）親秀　？～1649　江戸前期の代官
香宗我部（こうそかべ）親秀　戦国時代の武将
藤原（ふじわら）親秀　鎌倉後期・南北朝時代の武家・連歌作者
松田（まつだ）親秀　室町時代の武将
近人　ちかひと
御長（みながの）近人　平安前期の官人
近平　ちかひら
藤原（ふじわらの）近平　平安中期の官人
親衡　ちかひら
菅原（すがわらの）親衡　平安後期の官人
親平　ちかひら
加治木（かじき）親平　鎌倉時代の武将
幸田（こうだ）親平　1710～1791　江戸中期・後期の幕臣
中原（なかはらの）親平　平安後期の官人
親広　ちかひろ
蔭山（かげやま）親広　1651～1732　江戸前期・中期の武士
唐人（からと）親広　戦国時代の武将
唐人（かろうど）親広　唐人親広に同じ
松平（まつだいら）親広　？～1571　戦国・安土桃山時代の人。長沢松平氏
源（みなもとの）親広　鎌倉前期の武将
親熈　ちかひろ
蜷川（にながわ）親熈　1629～1701　江戸前期・中期の幕臣
千株　ちかぶ
小野（おのの）千株　平安前期の官人
近房　ちかふさ
近房　鎌倉前期の福岡一文字派の刀工
親英　ちかふさ　⇔ちかひで
蜷川（にながわ）親英　1662～1714　江戸前期・中期の幕臣
本目（ほんめ）親英　1705～1781　江戸中期の佐渡奉行
親房　ちかふさ
小井木（こいき）親房　安土桃山時代の信濃国伊那郡の武士
平（たいらの）親房　平安後期の官人
蜷川（にながわ）親房　？～1694　江戸前期の旗本
藤原（ふじわらの）親房　平安後期の官人
北条（ほうじょう）親房　鎌倉後期の武士
源（みなもと）親房　平安後期の公家・歌人
親文　ちかふみ　⇔ちかぶん
紀（きい）親文　南北朝時代の神職、歌人
親文　ちかぶん　⇔ちかふみ
蜷川（にながわ）親文　1740～1827　江戸中期・後期の幕臣
近昌　ちかまさ
近藤（こんどう）近昌　1733～？　江戸中期の幕臣
近正　ちかまさ
近江（おうみの）近正　平安中期の検非違使
親応　ちかまさ
中沢（なかざわ）親応　1714～1770　江戸中期の藩士
親昌　ちかまさ
熱田大宮司（あつただいぐうじ）親昌　南北朝時代

ち

の神職
高内（たかない）親昌　江戸前期の松山藩士。農政改革家
由良（ゆら）親昌　1783～1840　江戸後期の武士

親政　ちかまさ
千田（ちだ）親政　平安後期の下総国千田荘領家判官代
福富（ふくとみ）親政　1576～1656　安土桃山・江戸前期の藩士
藤原（ふじわら）親政　鎌倉前期の公家・連歌作者
藤原（ふじわらの）親政　平安後期の地方土着貴族
本田（ほんだ）親政　？～1639　安土桃山・江戸前期の島津家臣《本田親正》

親正　ちかまさ
本田（ほんだ）親正　？～1639　安土桃山・江戸前期の島津家臣
本田（ほんだ）親正　1843～1868　江戸後期・末期の島津家臣
松平（まつだいら）親正　1595～1669　安土桃山・江戸前期の代官、銀山奉行
湊（みなと）親正　安土桃山・江戸前期の武士

近松　ちかまつ
行懸（ゆきがけの）近松　平安後期の官人

親満　ちかまろ
松園（まつぞの）親満　江戸後期の歌人

近路　ちかみち
朝日（あさひ）近路　1549～1603　戦国～江戸前期の旗本《朝日受永》

親通　ちかみち
藤原（ふじわらの）親通　平安後期の受領貴族

近光　ちかみつ
忌部（いんべ）近光　平安時代の美好郡少領
勘解由小路（かでのこうじ）近光　1756～1784　江戸中期の公家

親盈　ちかみつ
堀越（ほりこし）親盈　？～1810　江戸中期・後期の歌人

親光　ちかみつ
新田（にいだ）親光　？～1417　南北朝・室町時代の新田家2代当主
真島（ましま）親光　？～1645　戦国～江戸前期の地士
源（みなもと）親光　南北朝時代の連歌作者

親宗　ちかむね
安倍（あべの）親宗　平安後期の陰陽師
大中臣（おおなかとみの）親宗　平安後期の歌人

親用　ちかもち
大林（おおばやし）親用　1735～1797　江戸中期・後期の幕臣

親幹　ちかもと
鹿島（かしま）親幹　戦国時代の常陸国鹿島城主
原（はら）親幹　戦国時代の武士。森山城将、千葉氏家臣

親基　ちかもと
斎藤（さいとう）親基　1426～？　室町時代の武家

親元　ちかもと
紀（きの）親元　平安後期の官人
源（みなもとの）親元　1038～1105　平安中期・後期の官吏

近守　ちかもり
県主（あがたぬしの）近守　平安中期の官人
水野（みずの）近守　？～1556　戦国時代の三河刈谷城主

親守　ちかもり
芋川（いもかわ）親守　？～1575　戦国・安土桃山時代の武田家臣
大中臣（おおなかとみ）親守　平安後期・鎌倉前期の神職・歌人
紀（きの）親守　平安後期の算師

親盛　ちかもり
伊丹（いたみ）親盛　鎌倉後期の摂津国の有力御家人
紀（きの）親盛　平安後期の文章生
藤原（ふじわらの）親盛　平安後期・鎌倉前期の武士、歌人
北条（ほうじょう）親盛　鎌倉時代の武士

近康　ちかやす
源（みなもとの）近康　？～1150　平安後期の武士

親安　ちかやす
北之川（きたのかわ）親安　？～1583　安土桃山時代の武将
松平（まつだいら）親安　1643～1702　江戸前期・中期の代官

親恭　ちかやす
松平（まつだいら）親恭　1738～？　江戸中期の漢学者

親康　ちかやす
大中臣（おおなかとみの）親康　平安後期の官人

親泰　ちかやす
飯沼（いいぬま）親泰　鎌倉後期の猪尾谷村東方地頭
田北（たきた）親泰　？～1287　鎌倉前期・後期の武将
成田（なりた）親泰　？～1545　戦国時代の武蔵国衆

近行　ちかゆき
下毛野（しもつけぬの）近行　平安後期の随身。藤原師実の随身
秦（はたの）近行　1043？～？　平安中期の官人

親行　ちかゆき　⇔ちかつら
楊梅（やまもも）親行　南北朝時代の公家・歌人

親之　ちかゆき
福島（ふくしま）親之　1837～1882　江戸後期～明治期の根付師
山高（やまたか）親之　1509～1566　戦国・安土桃山時代の武田家臣

親世　ちかよ
平（たいら）親世　鎌倉時代の官人・歌人

近義　ちかよし　⇔ちかのり
青木（あおき）近義　1762～1813　江戸後期の武士
鵜沢（うざわ）近義　1720～1791　江戸中期・後期の漢学者
津田（つだ）近義　1691～1762　江戸中期の儒者

近吉　ちかよし
安倍（あべの）近吉　平安前期の官人
紀（きの）近吉　平安中期の源済政の所従
平岩（ひらいわ）近吉　1576～1628　江戸前期の武士

近良　ちかよし
松平（まつだいら）近良　1646～1718　江戸前期・中期の幕臣

時良　ちかよし　⇔ときよし
横井（よこい）時良　1780～1812　江戸後期の武士

周義　ちかよし
福村（ふくむら）周義　1836～1877　江戸末期・明治期の砲術家、海軍軍人

親愛　ちかよし
秋保（あきほ）親愛　1823～1902　江戸後期～明治期の文人

親義　ちかよし
大橋（おおはし）親義　1706～1762　江戸中期の幕臣

親善　ちかよし
大橋（おおはし）親善　？～1667　江戸前期の旗本
志賀（しが）親善　1568～？　戦国時代の武将

親能　ちかよし
大中臣（おおなかとみの）親能　平安後期の造宮使

親美　ちかよし
本田（ほんだ）親美　1847～1909　江戸後期～明治期の旭川の開拓功労者

親懿　ちかよし
北川（きたがわ）親懿　1738～1818　江戸中期・後期の漢学者

親贇　ちかよし
蜷川（にながわ）親贇　1741～？　江戸中期の幕臣

周頼　ちかより
藤原（ふじわらの）周頼　？～1019　平安中期の官人

親依　ちかより
親依　鎌倉後期の新田庄の刀工

親頼　ちかより
大中臣（おおなかとみの）親頼　平安中期の医師
斎藤（さいとう）親頼　鎌倉前期の武将
毛利（もうり）親頼　1775～1835　江戸中期・後期の藩士

主税　ちから　⇔かずえ
塩屋（しおや）主税　1717～？　江戸中期の和算家
鹿内（しかうち）主税　江戸末期の新撰組隊士
寺井（てらい）主税　江戸末期の新撰組隊士
中川（なかがわ）主税　？～1603　安土桃山時代の代官
中村（なかむら）主税　江戸後期の秋田藩士・和算家
松本（まつもと）主税　江戸末期の新撰組隊士
渡部（わたなべ）主税　江戸中期の大阪天満宮神主
渡辺（わたなべ）主税　江戸後期の神職

千族　ちから
中里（なかざと）千族　1831～1915　江戸末期・明治期の宇都宮二荒山神社神官、歌人

千幹　ちから
野田（のだ）千幹　1809～1885　江戸後期～明治期の国学者

知可良　ちから
知可良　1779～1855　江戸中期～末期の俳人

力　ちから
安曇（あずみの）力　奈良時代の官人

主悦助　ちからのすけ
江戸（えど）主悦助　？～1581　安土桃山時代の高天神籠城衆

主税助　ちからのすけ
勝俣（かつまた）主税助　？～1581　安土桃山時代の高天神籠城衆
駒沢（こまざわ）主税助　？～1583　安土桃山時代の信濃国水内郡駒沢郷の土豪
佐野（さの）主税助　戦国時代の武将。武田家臣
三平（さんぺい）主税助　戦国時代の上総国天羽郡峯上城（嶺上城/富津市上後）の在番衆
下（しも）主税助　戦国時代の武士。北条氏家臣
諏方（すわ）主税助　戦国時代の信濃国諏訪郡の人
富岡（とみおか）主税助　戦国時代の上野国衆
向山（むかいやま）主税助　戦国時代の武田氏の家臣

主税之助　ちからのすけ
山崎（やまざき）主税之助　江戸時代の旗本

主税介正義　ちからのすけまさよし
細川（ほそかわ）主税介正義　1786～1858　江戸末期の鹿沼の刀工細川家2代

主税助元良　ちからのすけもとよし
芥川（あくたがわ）主税助元良　？～1615　江戸前期の豊臣秀頼の家臣

智冠　ちかん
鏡空（きょうくう）智冠　？～1567　戦国・安土桃山時代の善光寺（甲府）開山

智寛　ちかん　⇔ともひろ
智寛　江戸中期の天台宗の僧

智観　ちかん
智観　1710～？　江戸中期の天台宗の僧

智閑　ちかん
蒲生（がもう）智閑　1444～1514　戦国時代の武将・歌人・連歌作者

智関　ちかん
智関　？～1868　江戸後期・末期の子女教育に尽くした尼僧

智巌　ちがん
智巌　江戸中期の曹洞宗の僧

智観上人　ちかんしょうにん
智観上人　1743～1790　江戸中期の尼上人

千菊　ちぎく
由比（ゆい）千菊　戦国時代の北条氏の家臣

知卿　ちきょう
志野（しの）知卿　江戸末期の武士

智恭　ちきょう
鷲峰（わしみね）智恭　1858～1909　江戸末期・明治期の詩僧

智教　ちきょう
智教　1518〜1597　戦国・安土桃山時代の浄土宗の僧
智教　1715〜1791　江戸中期・後期の浄土真宗の僧

知蕘　ちぎょう
佐野（さの）知蕘　1687〜1769　江戸前期・中期の郷土研究家《佐野知堯》

知堯　ちぎょう
佐野（さの）知堯　1687〜1769　江戸前期・中期の郷土研究家

竹庵　ちくあん
岡本（おかもと）竹庵　1586〜1650　安土桃山・江戸前期の近習医
菊池（きくち）竹庵　1824〜1868　江戸末期・明治期の勤王僧
土橋（つちはし）竹庵　江戸前期の外科医
中井（なかい）竹庵　1589〜1660　安土桃山・江戸前期の儒学者
広瀬（ひろせ）竹庵　江戸末期の蘭学者

竹陰　ちくいん
足立（あだち）竹陰　1797〜1882　江戸後期〜明治期の医師
三好（みよし）竹陰　1816〜1889　江戸後期〜明治期の宇和島藩侍医・能書家

竹隠　ちくいん
竹隠　江戸前期の画家
石上（いしがみ）竹隠　1783〜1838　江戸中期・後期の駿河国安倍郡羽鳥村の名主
轟（とどろき）竹隠　？〜1730　江戸中期の医者

智空　ちくう
智空　江戸中期の天台宗の僧

竹宇　ちくう
竹宇　江戸中期の俳人

竹塢　ちくう
竹塢　江戸後期の俳人
佐藤（さとう）竹塢　1647〜1708　江戸前期・中期の漢学者
下条（しもじょう）竹塢　1804〜1880　江戸後期〜明治期の医者・国学者

竹影　ちくえい
服部（はっとり）竹影　1668〜1738　江戸前期・中期の盛岡藩士・鎗術家

竹園　ちくえん
松田（まつだ）竹園　1850〜1924　江戸末期〜大正期の耶馬渓画家

竹烟　ちくえん
坂上（さかがみ）竹烟　1795〜1862　江戸後期・末期の俳人

竹翁　ちくおう
竹翁　江戸前期の俳人
竹翁　1647〜1708　江戸前期・中期の雑俳点者
竹翁　江戸中期の俳人
阿部（あべ）竹翁　1839〜1912　江戸後期〜明治期の庄内竹塗創製者
佐羽（さば）竹翁　？〜1812　江戸中期・後期の商家

竹鴬　ちくおう
竹鴬　1834〜1888　江戸後期〜明治期の俳人

竹下　ちくか
小野（おの）竹下　1845〜1897　江戸後期〜明治期の画家
橋本（はしもと）竹下　1790〜1862　江戸後期・末期の漢学者

筑海　ちくかい
郡司（ぐんじ）筑海　1797〜1846　江戸後期の漢学者

竹外　ちくがい
竹外　江戸中期の俳人・幕臣
竹外　？〜1819　江戸後期の俳諧作者
野村（のむら）竹外　1820〜1866　江戸後期・末期の画家

竹涯　ちくがい
杉本（すぎもと）竹涯　1840〜1896　江戸後期〜明治期の日本画家
三宅（みやけ）竹涯　1827〜1860　江戸末期の画家

竹厓　ちくがい
中尾（なかお）竹厓　1825〜1881　江戸後期〜明治期の漢学者

竹澗　ちくかん
長島（ながしま）竹澗　1823〜1889　江戸後期〜明治期の僧、教育者

竹妓　ちくぎ
竹妓　1786〜1828　江戸中期・後期の俳人

竹琴　ちくきん
田村（たむら）竹琴　？〜1903　江戸末期・明治期の竹琴弾奏者

竹径　ちくけい
中村（なかむら）竹径　1816〜1892　江戸後期〜明治期の儒学者・国学者

竹逕　ちくけい
海保（かいほ）竹逕　1823〜1872　江戸後期〜明治期の漢学者
海保（かいぼ）竹逕　海保竹逕に同じ

竹渓山人　ちくけいさんじん
竹渓山人　江戸前期の金森家の儒臣

竹軒　ちくけん　⇔ちっけん
後藤（ごとう）竹軒　1838〜1905　江戸後期〜明治期の漢学者

竹戸　ちくこ
竹戸　江戸前期の刀鍛冶・俳人

筑後　ちくご
小山（おやま）筑後　戦国時代の武将。武田家臣
斎藤（さいとう）筑後　江戸前期の奉行
塀内（へいない）筑後　江戸中期の大工棟梁
宮城（みやぎ）筑後　？〜1622　江戸前期の武士
宮田（みやた）筑後　江戸前期の能面師

竹香　ちくこう　⇔ちっこう
岡（おか）竹香　？〜1880　江戸後期〜明治期の画家
小原（おはら）竹香　江戸末期の書家
金子（かねこ）竹香　1785〜1847　江戸中期・後期の儒者

竹香斎　ちくこうさい
中村(なかむら)竹香斎　1797〜1841　江戸後期の漢学者・藩士

筑後守忠徳　ちくごのかみただのり
水野(みずの)筑後守忠徳　1815〜1868　江戸後期・末期の107代・111代長崎奉行

竹斎　ちくさい
飯塚(いいづか)竹斎　1796〜1861　江戸末期の画家
小山(おやま)竹斎　1831〜1890　江戸後期〜明治期の能書家
加藤(かとう)竹斎　1818〜？　江戸後期の植物画家
柴野(しばの)竹斎　1816〜1875　江戸後期〜明治期の徳島藩儒者

竹山　ちくざん
松井(まつい)竹山　1804〜1862　江戸後期・末期の医者・漢詩人

竹子　ちくし
竹子　江戸後期の雑俳点者

竹之　ちくし
竹之　江戸後期の俳人

竹二坊　ちくじぼう
竹二坊　1760〜1835　江戸中期・後期の俳人・医者

竺洲　ちくしゅう
梵丁(ぼんちょう)竺洲　江戸後期の曹洞宗の僧

竹処　ちくしょ
竹処　1794〜1853　江戸末期の僧

竹所　ちくしょ
牧野(まきの)竹所　？〜1837　江戸後期の幕臣・漢詩人

竹嶼　ちくしょ
神岡(かみおか)竹嶼　1797〜1883　江戸後期〜明治期の医者・漢詩人

竹丈　ちくじょう
竹丈　江戸中期の雑俳点者

竹城　ちくじょう
太田(おおた)竹城　江戸末期・明治期の藩士

筑丈　ちくじょう
筑丈　江戸中期の雑俳点者

竹心　ちくしん
藪内(やぶのうち)竹心　1678〜1745　江戸前期の茶人

竹心紹智　ちくしんじょうち
藪内(やぶのうち)竹心紹智　1678〜1745　江戸前期の茶人《藪内竹心》

竹翠　ちくすい
吉沢(よしざわ)竹翠　1774〜1821　江戸中期・後期の儒者

竹瑞　ちくずい
大野(おおの)竹瑞　江戸中期の儒者、医師

筑石　ちくせき
日長(ひなが)筑石　1801〜1866　江戸末期の勤王家

竹仙　ちくせん
名嶋(なじま)竹仙　江戸末期の篆刻家

竹泉　ちくせん
竹泉　江戸中期の俳人
関(せき)竹泉　江戸中期・後期の茶人
茂庭(もにわ)竹泉　1833〜1922　江戸末期・明治期の画家

竹僊　ちくせん
相沢(あいざわ)竹僊　？〜1815　江戸中期・後期の医者

筑前　ちくぜん
筑前　平安後期の歌人
前田(まえだ)筑前　江戸後期の入間郡竹間沢村の陰陽師・神楽師
わこの(わこの)筑前　安土桃山時代の信濃国筑摩郡会田の土豪

筑前入道　ちくぜんにゅうどう
小山(こやま)筑前入道　戦国時代の小机領の検地奉行

筑前守直廉　ちくぜんのかみなおかど
永井(ながい)筑前守直廉　1739〜1792　江戸中期・後期の72代長崎奉行

筑前守信興　ちくぜんのかみのぶおき
間宮(まみや)筑前守信興　1769〜1823　江戸中期・後期の88代長崎奉行

筑前乳母　ちくぜんのめのと
筑前乳母　平安中期の女房・歌人

竹操　ちくそう
大高(おおたか)竹操　？〜1881　江戸後期〜明治期の藩士

竹窓　ちくそう
北小路(きたこうじ)竹窓　1763〜1844　江戸中期・後期の儒者
竹内(たけうち)竹窓　1742〜1804　江戸中期・後期の盲目の俳人

竹叟　ちくそう
永良(ながら)竹叟　安土桃山時代の武士
明正寺(みょうしょうじ)竹叟　1774〜1840　江戸中期・後期の僧

竹村　ちくそん
大橋(おおはし)竹村　1770〜1841　江戸後期の小山の歌人
富永(とみなが)竹村　1801〜1851　江戸後期の越後国の人《富永春部》

竹潭　ちくたん
北条(ほうじょう)竹潭　1831〜1883　江戸後期〜明治期の藩士

竹痴　ちくち
岡野(おかの)竹痴　？〜1889　江戸末期・明治期の画家、俳諧師

竹中　ちくちゅう
高橋(たかはし)竹中　江戸後期の漢学者

丈禎　ちくてい
木代(きしろ)丈禎　？〜1757　江戸中期の漢学者

竹亭　ちくてい
竹亭　江戸末期の俳人
片岡（かたおか）竹亭　1742〜1789　江戸中期・後期の漢学者・医者
加藤（かとう）竹亭　1715〜1790　江戸中期・後期の漢学者、書家
鈴木（すずき）竹亭　江戸後期の「織田家系」の著者
溝口（みぞぐち）竹亭　1658〜1692　江戸前期・中期の俳人

竹堂　ちくどう
今村（いまむら）竹堂　1763〜1805　江戸中期・後期の漢学者、教育者
紀（きの）竹堂　江戸後期の画家
楠原（くすはら）竹堂　江戸末期の画家
古賀（こが）竹堂　？〜1888　江戸後期〜明治期の漢学者
東（とう）竹堂　江戸中期の書家
宮沢（みやざわ）竹堂　江戸後期の漢詩人
室賀（むろが）竹堂　？〜1886　江戸末期・明治期の幕臣

竹童　ちくどう
土田（つちだ）竹童　？〜1751　江戸中期の俳人

竹道　ちくどう
中島（なかじま）竹道　1779〜1828　江戸中期・後期の武士、俳人

筑登之　ちくどうん　⇔ちくどん
赤嶺（あかみね）筑登之　江戸末期の西表島古見村の善行者
大山（おおやま）筑登之　江戸末期の竹富の耕地開発者
比嘉（ひが）筑登之　江戸末期の漂流民

筑登之　ちくどん　⇔ちくどうん
内間（うちま）筑登之　江戸末期の船頭
仲宗根（なかそね）筑登之　江戸後期の用水路開発者
西銘（にしめ）筑登之　江戸中期の進貢船の船頭

千邦　ちくに
小野（おのの）千邦　平安前期の官人

竹坡　ちくは
清水（しみず）竹坡　江戸時代の津山松平藩士・画人
西（にし）竹坡　1779〜1843　江戸中期・後期の画家
馬場（ばば）竹坡　1783〜1859　江戸中期〜末期の書家
馬場（ばば）竹坡　？〜1878　江戸後期〜明治期の漢学者
宮崎（みやざき）竹坡　江戸後期の画家

竹馬　ちくば
竹馬　？〜1843　江戸後期の俳人

竹比　ちくひ
竹比　江戸中期の俳人

竹夫　ちくふ
竹夫　江戸中期の俳人

筑兵衛　ちくべえ
新垣（あらかき）筑兵衛　？〜1808　江戸中期・後期の薩摩における唐紙製造の創始者

竹母　ちくぼ
竹母　1722〜1795　江戸中期・後期の俳人

竹苞　ちくほう　⇔たけしげ
小倉（おぐら）竹苞　江戸中期の儒者

竹茂　ちくも
竹茂　？〜1767　江戸中期の俳人

竹有　ちくゆう
円藤（えんどう）竹有　1811〜1862　江戸後期・末期の俳人
竹内（たけうち）竹有　1764〜1829　江戸中期・後期の医師、俳人

竹雄　ちくゆう
木村（きむら）竹雄　1797〜1854　江戸後期・末期の四条派の画家

千坐　ちくら
小原（おはら）千坐　1794〜1868　江戸末期の歌人

千座　ちくら　⇔ちおき
小原（おはら）千座　1794〜1868　江戸末期の歌人《小原千坐》

竹良　ちくら　⇔つくら
萩原（はぎわら）竹良　1825〜1897　江戸末期・明治期の俳人

竹里　ちくり
竹里　？〜1826　江戸中期・後期の俳人
大久保（おおくぼ）竹里　江戸後期の俳人
笹野（ささの）竹里　1820〜1850　江戸末期の医師《笹野隆泉》

竹両　ちくりょう
竹両　江戸後期の俳人

竹林　ちくりん
竹林　1760〜1800　江戸中期・後期の真言僧
石堂（いしどう）竹林　？〜1649　江戸前期の弓術家

竹林軒　ちくりんけん
竹林軒　江戸前期の雑俳点者

竹侶　ちくろ
菅原（すがわら）竹侶　1824〜1893　江戸後期〜明治期の武家出身の南宗派画人

竹老　ちくろう
臼田（うすだ）竹老　江戸中期の漢学者

竹郎　ちくろう
竹郎　江戸中期の俳人

智慶　ちけい
智慶　？〜1612　安土桃山・江戸前期の僧

致敬　ちけい
致敬　江戸中期の浄土真宗の僧

知賢　ちけん　⇔ともかた
知賢　江戸末期の画家

知元　ちげん
知元　？〜1732　江戸中期の出羽国の僧侶
早田（はいだ）知元　1811〜1874　江戸後期〜明治期の儒学者

智眼　ちげん
智眼　1195〜？　鎌倉前期の僧
智眼　1798〜1868　江戸後期・末期の浄土真宗西派の学僧

智元　ちげん
中野（なかの）智元　？～1191　鎌倉前期の下粕尾村の医師

智源　ちげん
上江洲（うえず）智源　1640～1709　江戸前期・中期の久米島具志川間切の地頭代

智幻院　ちげんいん
智幻院　1707～1707　江戸中期の徳川家宣の三男

知恒　ちこう
備瀬（びせ）知恒　？～1878　江戸後期～明治期の浄土真宗の布教者

智好　ちこう
智好　江戸前期の僧侶
智好　1711～1780　江戸中期の真言宗の僧

智膏　ちこう
梁有（りょうゆう）智膏　？～1762　江戸中期の僧

智翃　ちこう
一韓（いっかん）智翃　戦国時代の臨済宗の僧

稚篁　ちこう
稚篁　江戸後期の俳人

知高院　ちこういん
知高院　？～1694　江戸前期の出羽国の金森頼旹の妻

智光上人　ちこうしょうにん
智光上人　？～835　平安前期の真言僧

智轂　ちこく
智轂　江戸後期の浄土真宗の僧

癡兀　ちこつ
癡兀　1229～1312　鎌倉後期の西条保国寺（臨済宗東福寺派）の中興開山

智古比呂　ちこぴろ
木下（きのした）智古比呂　？～1887　江戸後期～明治期のアイヌの指導者

児哉　ちごや
赤羽（あかはね）児哉　1847～1919　江戸末期～大正期の教育者

智厳　ちごん
智厳　江戸中期の天台宗の僧
妙童（みょうどう）智厳　？～1736　江戸中期の曹洞宗の僧

千佐子　ちさこ
武村（たけむら）千佐子　1852～1915　江戸末期～大正期の美術教育者、画家

千郷　ちさと
田沢（たざわ）千郷　江戸後期の国学者

千里　ちさと　⇔せんり
因幡（いなばの）千里　？～1007　平安中期の因幡国の豪族
小田（おだ）千里　1816～1872　江戸後期の医師《小田春斎》
小野（おのの）千里　平安前期の官人
斎藤（さいとう）千里　1855～1895　江戸末期・明治期の社会事業家
中臣（なかとみの）千里　平安後期の官人

地山　ちざん
先憂斎（せんゆうさい）地山　江戸前期の兵法家

智山　ちざん
百済（くだら）智山　1807～1883　江戸後期～明治期の僧
中沢（なかざわ）智山　1829～1863　江戸後期・末期の漢学者

痴山　ちざん
痴山　江戸前期の天台宗の僧

千嶋　ちしま
榎本（えのもとの）千嶋　奈良時代の名草郡司

智治麻呂　ちじまろ
大中臣（おおなかとみの）智治麻呂　平安前期の官人

知若　ちじゃく
寺尾（てらお）知若　江戸後期の和算家

知寿　ちじゅ
桜井（さくらい）知寿　江戸末期の幕臣

知周　ちしゅう　⇔ともちか
知周　？～1743　江戸中期の僧侶

知十　ちじゅう
川瀬（かわせ）知十　1701～1771　江戸中期の俳人

知俊　ちしゅん　⇔ともとし
知俊　1680～1755　江戸前期・中期の浄土宗の僧

智俊　ちしゅん
上江洲（うえず）智俊　1795～1873　江戸後期～明治期の具志川間切地頭代、惣下知役

遅春　ちしゅん
遅春　？～1821　江戸後期の俳人

智準　ちじゅん
智準　江戸後期の浄土真宗の僧

致淳　ちじゅん
致淳　江戸後期の浄土真宗の僧

智璋　ちしょう
智璋　江戸後期の浄土真宗の僧

智韶　ちしょう
智韶　？～1748　江戸中期の天台宗の僧

稚笑　ちしょう
指峯堂（しほうどう）稚笑　江戸中期・後期の書肆

智城　ちじょう
千葉（ちば）智城　1792～1871　江戸後期～明治期の僧

智常　ちじょう
上江洲（うえず）智常　1727～1803　江戸中期・後期の具志川間切地頭代

智成　ちじょう
明石（あかし）智成　1829～1885　江戸末期・明治期の龍谷山東雲寺住職。教育者
浄覚寺（じょうかくじ）智成　？～1846　江戸後期の高山市の浄覚寺13世

智定　ちじょう
智定　江戸前期の黄檗宗の僧

智勝院　ちしょういん
智勝院　？～1655　江戸前期の女性。遠藤慶隆の妻

知新　ちしん
翠中軒（すいちゅうけん）知新　江戸中期の茶人
田中（たなか）知新　江戸中期の医者
知辰　ちしん
本島（もとじま）知辰　江戸後期の「月堂見聞集」の著者
智真　ちしん
智真　？～1200　平安後期・鎌倉前期の高野山僧
智稹　ちしん
智稹　戦国時代の安国寺首座
致身　ちしん
入江（いりえ）致身　1752～1822　江戸中期・後期の心学者
千仭　ちじん　⇔せんじん
山月堂（さんげつどう）千仭　1780～1863　江戸中期～末期の俳人
知真庵　ちしんあん
知真庵　江戸後期の心学者。真言宗の僧
池水　ちすい
池水　1792～1864　江戸後期・末期の俳人
智政　ちせい
文翁（ぶんのう）智政　？～1806　江戸中期の蝦夷（北海道）厚岸国泰寺開山
知昔　ちせき
美笑軒（びしょうけん）知昔　江戸後期の華道家
知石　ちせき
鈴鹿（すずか）知石　1681～1741　江戸前期・中期の俳人
治泉　ちせん
治泉　1755～1837　江戸中期・後期の俳人
智仙　ちせん
智仙　江戸後期の恩名村一乗尼寺の尼僧
智川　ちせん
智川　1698～？　江戸中期の天台宗の僧
智詮　ちせん
智詮　平安後期・鎌倉前期の僧
稚川　ちせん
岡本（おかもと）稚川　？～1792　江戸中期・後期の漢学者
知全　ちぜん
知全　1833～1919　江戸末期～大正期の人。石橋蘿窓に仕えた
智蔵　ちぞう
智蔵　江戸中期の天台宗の僧
智蔵　1743～1812　江戸中期・後期の浄土真宗の僧
知息　ちそく
山口（やまぐち）知息　1831～1914　江戸末期～大正期の学僧
知足　ちそく　⇔ともたり
知足　江戸中期の天台宗の僧
知足　江戸中期の日蓮宗の僧
木食（もくじき）知足　1788～1828　江戸後期の羽黒山行者
知足庵　ちそくあん
知足庵　江戸後期の教師
知足軒　ちそくけん
知足軒　江戸前期の浄土真宗の僧
智存　ちそん
智存　？～1815　江戸中期・後期の僧・俳人
智尊　ちそん
智尊　飛鳥時代の武人
智尊　1027～1114　平安中期・後期の興福寺僧
雉啄　ちたく
雉啄　1760～1844　江戸後期の俳人
智諾　ちだく
鰲潭（ごうたん）智諾　？～1721　江戸中期の僧。高山市の宗猷寺と上宝村の本覚寺中興。飛騨安国寺の住職を兼務
千丈　ちたけ　⇔せんじょう
古山（こやま）千丈　1805～1860　江戸後期・末期の国学者、歌人
智達　ちたつ
智達　1771～1822　江戸中期・後期の浄土真宗の僧
知脱　ちだつ
知脱　？～1780　江戸中期の真言宗の僧
智脱　ちだつ
隠渓（いんけい）智脱　江戸前期の臨済宗の僧
千足　ちたる
館松（たてまつ）千足　1834～1897　江戸後期～明治期の国学者・神官
額田（ぬかたの）千足　奈良時代の明経博士
智端　ちたん
智端　江戸前期の真言宗の僧
痴々　ちち
力石（ちからいし）痴々　1641～1693　江戸前期・中期の儒者
知知夫彦　ちちぶひこ
知知夫彦　上代の豪族。八意思兼命10世の孫とされる
知知夫彦命　ちちぶひこのみこと
知知夫彦命　上代の豪族。八意思兼命10世の孫とされる《知知夫彦》
智治麿　ちちまろ
卜部（うらべ）智治麿　779～816　奈良・平安前期の神職
千束　ちづか
浜田（はまだ）千束　1792～1844　江戸後期の庄屋、歌人
千継　ちつぐ
建部（たけべの）千継　上代の女官
竹渓　ちっけい
木村（きむら）竹渓　1808～1880　江戸後期～明治期の絵師
山本（やまもと）竹渓　1824～1894　江戸末期・明治期の教育者
竹軒　ちっけん　⇔ちくけん
塚谷（つかたに）竹軒　1826～1893　江戸後期～明

治期の陶工、陶磁商
竹香 ちっこう ⇔ちくこう
小原（おはら）竹香　江戸末期の書家《小原竹香》
秩山 ちつざん
樋口（ひぐち）秩山　江戸後期の漢学者
佚山 ちつざん ⇔いつざん
森（もり）佚山　江戸中期の画家
千常 ちつね ⇔せんつね
藤原（ふじわらの）千常　平安中期の地方軍事貴族
智積 ちづみ
丈部（はせつかべの）智積　奈良時代の相模足上郡の人
千鶴 ちづる ⇔せんづる
島津（しまづ）千鶴　安土桃山・江戸前期の女性。島津氏の第一七代当主義弘の娘
知底 ちてい
戸部（とべ）知底　江戸後期の私塾経営者
池亭 ちてい
山下（やました）池亭　1733～1813　江戸中期・後期の書家
致亭 ちてい
山内（やまうち）致亭　江戸末期の漢学者・藩士
智徹 ちてつ
見叟（けんそう）智徹　1613～1687　江戸前期の臨済宗の僧
悟庵（ごあん）智徹　？～1367　南北朝時代の禅僧
智典 ちてん
智典　？～1863　江戸後期・末期の僧
池天 ちてん
池天　？～1778　江戸中期の俳人
知電 ちでん
知電　江戸中期の浄土真宗の僧
智伝 ちでん
智伝　1680～1745　江戸前期・中期の浄土真宗の僧
チト
宇田（うだ）チト　江戸末期の賢夫人。西南戦争で戦死した熊本隊十四番半隊長宇田喜平の長女
智灯 ちとう
智灯　江戸前期の真言宗の僧
池東 ちとう
池東　江戸中期の俳人
知道 ちどう ⇔ともみち
知道　鎌倉時代の僧
知道　江戸後期の僧侶
恥堂 ちどう
伴（ばん）恥堂　1815～1867　江戸末期の漢学者《伴耻堂》
智洞 ちどう
智洞　江戸前期・中期の僧侶
智洞　？～1779　江戸中期の浄土真宗の僧
智幢 ちどう
智幢　1802～1869　江戸後期の真言宗の僧侶
痴堂 ちどう
荒木（あらき）痴堂　江戸中期の書家
松川（まつかわ）痴堂　1796～1849　江戸後期の漢学者
致道 ちどう
神山（かみやま）致道　1786～1857　江戸後期の日光の金工
耻堂 ちどう
天野（あまの）耻堂　1819～1879　江戸後期～明治期の佐渡相川町の地役人
伴（ばん）耻堂　1815～1867　江戸末期の漢学者
矢嶋（やしま）耻堂　1845～1912　江戸後期～明治期の地方政治家
智得 ちとく
内藤（ないとう）智得　1358～1438　南北朝・室町時代の長門守護代
智徳 ちとく
智徳　平安中期の陰陽師
智徳院 ちとくいん
山口（やまぐち）智徳院　江戸前期の紀伊根来衆
千十二 ちとじ
斎田（さいだ）千十二　江戸中期の加賀藩の御手役者
千登女 ちとじょ
山本（やまもと）千登女　江戸末期の歌人
千年 ちとせ ⇔せんねん
菅原（すがわら）千年　江戸中期の神職
千歳一 ちとせいち
小関（おぜき）千歳一　江戸後期・末期の検校
千歳太夫 ちとせたゆう
竹本（たけもと）千歳太夫　1839～1916　江戸末期～大正期の女義太夫
千虎 ちとら
川崎（かわさき）千虎　1835～1902　江戸後期～明治期の日本画家
千涛 ちなみ
石川（いしかわ）千涛　？～1866　江戸後期・末期の歌人
茅渟王 ちぬおう ⇔ちぬのおおきみ
茅渟王　飛鳥時代の押坂彦人大兄皇子（敏達天皇皇子）の子《茅渟王》
茅渟王 ちぬのおおきみ ⇔ちぬおう
茅渟王　飛鳥時代の押坂彦人大兄皇子（敏達天皇皇子）の子
智奴真人 ちぬのまひと
文室（ふんやの）智奴真人　奈良時代の官人。文室真人大原の父
治野法橋 ちのほうきょう
治野法橋　鎌倉後期の武士
千野法橋 ちのほうきょう
千野法橋　鎌倉後期の武士《治野法橋》
知白斎 ちはくさい
石田（いしだ）知白斎　？～1855　江戸後期の心学者
千葉助 ちばのすけ
枝松（えだまつ）千葉助　1835～1914　江戸末期の武術家

ち

千春　ちはる
千春　江戸前期・中期の俳人
阿多（あだの）千春　平安中期の修理職匠預
磯村（いそむら）千春　1817～1893　江戸後期～明治期の国学者
吉村（よしむら）千春　1810～1858　江戸後期・末期の国学者

智範　ちはん
智範　平安後期の小仏師

千平　ちひら
足羽（あすはの）千平　平安後期の官人
足羽（あすわ）千平　平安中期の医師

千広　ちひろ
菅原（すがわら）千広　1851～1924　江戸末期～大正期の教育者・書家

千弘　ちひろ
伊藤（いとう）千弘　江戸後期の国学者

千尋　ちひろ
木内（きのうち）千尋　1825～1908　江戸後期～明治期の国学者
進藤（しんどう）千尋　1817～1878　江戸後期～明治期の坊官
藤井（ふじい）千尋　1837～1900　江戸後期～明治期の奈良県権令
藤原（ふじわらの）千尋　奈良時代の美濃守
三浦（みうら）千尋　1824～1894　江戸後期～明治期の沼津藩士
遊座（ゆざ）千尋　1830～1894　江戸後期～明治期の歌人・書家

知風　ちふう
知風　江戸末期の俳人

千英　ちふさ
佐藤（さとう）千英　1832～1909　江戸後期～明治期の神職・国学者

千振　ちぶり
松尾（まつお）千振　1854～1892　江戸末期・明治期の水田開発者、衆議院議員

千古　ちふる
小野（おのの）千古　平安中期の官人
藤原（ふじわらの）千古　平安中期の女性。右大臣藤原実資の娘

知方　ちほう　⇔ともかた
知方　江戸前期の俳人

智逢　ちほう
弦外（げんがい）智逢　1627～1708　江戸前期・中期の臨済宗の僧

遅望　ちぼう
遅望　江戸前期の俳人

知法院　ちほういん
知法院　1697～1698　江戸中期の女性。徳川綱吉の養女

知木　ちぼく
鈴江（すずえ）知木　1697～1740　江戸中期の俳人

千間子　ちまこ
前田（まえだ）千間子　1745～1802　江戸中期・後期の歌人

千万太　ちまた
阿部（あべ）千万太　1821～1868　江戸後期・末期の志士

千町　ちまち
野田（のだ）千町　？～1838　江戸後期の国学者

知麻留女　ちまるめ
秦（はたの）知麻留女　上代の人。松尾社の神事を始めたとされる人物

千万呂　ちまろ
額田部（ぬかたべの）千万呂　奈良時代の戸主

智麻呂　ちまろ　⇔ともまろ
秦（はたの）智麻呂　奈良時代の官人
美奴（みぬの）智麻呂　奈良時代の文章博士

千道　ちみち
平岡（ひらおか）千道　1575～1623　安土桃山・江戸前期の代官

智明　ちみょう　⇔ちめい，よしあきら
智明　奈良時代の僧。香山薬師寺小寺主

智明房　ちみょうぼう
智明房　1174～1248　鎌倉時代の念仏信者

千村　ちむら
土師（はじの）千村　奈良時代の官人

千屯　ちむら
城戸（きど）千屯　江戸後期の国学者

智明　ちめい　⇔ちみょう，よしあきら
智明　平安後期の僧

知明坊　ちめいぼう
薗田（そのだ）知明坊　1173～1247　平安後期・鎌倉前期の武将、出家僧

千幹　ちもと
正木（まさき）千幹　1777～1823　江戸中期・後期の国学者

千守　ちもり
柿崎（かきざき）千守　1836～1915　江戸末期～大正期の国際交流の先駆者

智門尼　ちもんに
智門尼　1761～1816　江戸中期・後期の歌人

茶右衛門　ちゃえもん
茶右衛門　1799～？　江戸後期のアイヌ。農業発起人

茶烟　ちゃえん
茶烟　江戸後期の俳人

茶山　ちゃざん　⇔さざん
茶山　1794～1861　江戸後期・末期の俳人
奥村（おくむら）茶山　江戸中期・後期の儒者《奥村茶山》

茶酔軒　ちゃすいけん
茶酔軒　江戸後期の人。「枕返物語」の著者

茶静　ちゃせい
井上（いのうえ）茶静　江戸後期の俳人

北谷長老　ちゃたんちょうろう
北谷長老　？～1652　江戸前期の臨済宗の僧

茶々姫　ちゃちゃひめ
茶々姫　1603〜1637　安土桃山・江戸前期の女性。徳川義直の正室
茶町　ちゃちょう
蛙面坊(あめんぼう)茶町　江戸中期の郷土史家
茶深屋　ちゃふかや
茶深屋　安土桃山時代の陶工
茶雷　ちゃらい　⇔さらい
茶雷　?〜1772　江戸中期の俳人《山県茶雷》
茶雷　江戸後期の俳人
六外庵(ろくがいあん)茶雷　1794〜1862　江戸後期・末期の俳人
茶裡　ちゃり　⇔さり
茶裡　1735〜1807　江戸中期・後期の俳人
血鎗九郎　ちやりくろう
長坂(ながさか)血鎗九郎　戦国時代の武士
忠　ちゅう　⇔ただ, ただし, ほどこす
新山(にいやま)忠　1810〜1896　江戸後期〜明治期の藩士
人形(にんぎょう)忠　1840〜1912　江戸後期〜明治期の人形師
本間(ほんま)忠　江戸末期の漢学者
衷　ちゅう　⇔ただし
西坂(にしさか)衷　?〜1862　江戸後期・末期の加賀藩士
知有　ちゆう
知有　室町時代の臨済宗の僧
大応(だいおう)知有　?〜1790　江戸中期・後期の曹洞宗の僧
知雄　ちゆう　⇔ともお
柚木(ゆのき)知雄　1714〜1792　江戸中期・後期の儒者
智祐　ちゆう
智祐　江戸中期の天台宗の僧
智雄　ちゆう
智雄　1792〜1872　江戸後期〜明治期の僧侶
中安　ちゅうあん
砂沢(すなざわ)中安　江戸後期の眼科医
中庵　ちゅうあん
広瀬(ひろせ)中庵　1732〜1809　江戸中期・後期の医者
仲安　ちゅうあん
大津賀(おおつが)仲安　江戸中期の法印。「合食禁歌」を執筆
仲庵　ちゅうあん
本田(ほんだ)仲庵　1843〜1879　江戸後期〜明治期の眼科医
森(もり)仲庵　江戸後期の町医
中章　ちゅうい
急渓(きゅうけい)中章　南北朝・室町時代の臨済宗の僧
忠一　ちゅういち　⇔ただかず, ただかつ
土井(どい)忠一　1826〜1902　江戸後期〜明治期の戸長・養蚕家

忠右衛門　ちゅううえもん　⇔ちゅうえもん
石堤村(いしつつみむら)忠右衛門　江戸前期の十村肝煎
加藤(かとう)忠右衛門　1835〜1912　江戸後期〜明治期の志都呂焼の陶匠
中沢(なかざわ)忠右衛門　?〜1827　江戸中期・後期の慈善家・豪農
丸山(まるやま)忠右衛門　1733〜1792　江戸中期の慈善家
吉田(よしだ)忠右衛門　1785〜1868　江戸中期〜末期の灌漑の功労者
忠雲　ちゅううん
忠雲　?〜1185　平安後期の延暦寺僧
忠雲　南北朝時代の天台宗の僧・歌人
忠栄　ちゅうえい　⇔ただなか, ただなが, ただひで, ただよし
荒木(あらき)忠栄　1761〜1853　江戸中期・後期の馬術家
忠英　ちゅうえい　⇔ただてる, ただひで, ただふさ
宮崎(みやざき)忠英　1818〜?　江戸後期〜明治期の幕臣、官吏
中易　ちゅうえき
周鼎(しゅうてい)中易　?〜1519　戦国時代の曹洞宗の僧
仲右衛門　ちゅうえもん　⇔なかえもん
宮原(みやはら)仲右衛門　1698〜1781　江戸中期の館村の名主
忠右衛門　ちゅうえもん　⇔ちゅううえもん
忠右衛門　江戸後期の本脇村農民
岡部(おかべ)忠右衛門　安土桃山時代の織田信長の家臣
奥野(おくの)忠右衛門　?〜1712　江戸前期・中期の庄内藩家老
小山(おやま)忠右衛門　江戸後期の都筑郡勝田村民
加藤(かとう)忠右衛門　1835〜1912　江戸後期〜明治期の志都呂焼の陶匠《加藤忠右衛門》
河崎(かわさき)忠右衛門　?〜1615　江戸前期の伊東長次の家臣
菊池(きくち)忠右衛門　江戸中期の材木商人
木村(きむら)忠右衛門　江戸後期の飛島新田開発者
小泉(こいずみ)忠右衛門　江戸後期の九戸郡上館村の鋳物師
河野(こうの)忠右衛門　1768〜1836　江戸中期・後期の剣術家。新陰流
島田(しまだ)忠右衛門　江戸時代の上富村開発名主
鈴木(すずき)忠右衛門　江戸時代の西今井村の農民
高野(たかの)忠右衛門　1832〜1907　江戸後期〜明治期の魚問屋
竹野屋(たけのや)忠右衛門　1820〜?　江戸後期の薬種商
平田(ひらた)忠右衛門　江戸後期の窯業。細江嘉助と小糸焼を復活する
堀場(ほりば)忠右衛門　江戸末期の武士
松村(まつむら)忠右衛門　江戸後期・末期の武士。雷神隊頭取

丸山(まるやま)忠右衛門 1826～1890 江戸末期・明治期の人。丸石積を考案
水谷(みずたに)忠右衛門 戦国時代の上総国天羽郡湊川下流域の小領主・土豪
明神(みょうじん)忠右衛門 1593～1671 安土桃山・江戸前期の白浜開村者
最上(もがみ)忠右衛門 1826～1905 江戸末期・明治期の染色家
森村(もりむら)忠右衛門 戦国時代の武将。武田家臣
横尾(よこお)忠右衛門 1857～1909 江戸末期・明治期の地主
横道(よこみち)忠右衛門 ？～1676 江戸前期の大野毛利氏の平生開作の普請奉行
吉田(よしだ)忠右衛門 江戸中期の幡羅郡下奈良村の農民
吉田(よしだ)忠右衛門 1785～1868 江戸中期～末期の灌漑の功労者《吉田忠右衛門》

忠衛門 ちゅうえもん
忠衛門 安土桃山時代の信濃国筑摩郡小芹・大久保・花見の土豪

忠右衛門尉 ちゅうえもんのじょう
伊藤(いとう)忠右衛門尉 戦国・安土桃山時代の武田氏の家臣
吉野(よしの)忠右衛門尉 戦国時代の駿河国山本の土豪

忠右衛門信勝 ちゅうえもんのぶかつ
明神(みょうじん)忠右衛門信勝 1593～1671 安土桃山・江戸前期の武士。大坂の陣で籠城

忠円 ちゅうえん
忠円 平安後期の仏師
忠円 鎌倉後期の浄土僧

冲縁院 ちゅうえんいん
冲縁院 1798～1799 江戸後期の女性。徳川家斉の六女

仲応 ちゅうおう
仲応 ？～950 平安中期の真言僧

仲翁 ちゅうおう
仲翁 1379～1445 南北朝・室町時代の曹洞宗の僧

忠雅 ちゅうが ⇔ただまさ
雪(ゆき)忠雅 江戸中期の歌人

忠快 ちゅうかい
忠快 平安後期の天台宗の僧・歌人

中岳 ちゅうがく
守屋(もりや)中岳 ？～1880？ 江戸末期の画家

忠義 ちゅうぎ ⇔ただよし
忠義 1371～1443 南北朝・室町時代の真言宗の僧

忠吉 ちゅうきち ⇔ただよし
安部(あべ)忠吉 1839～1871 江戸末期の福岡藩士
原田(はらだ)忠吉 ？～1873 江戸後期～明治期の森田村の通称下原家10代

忠吉郎 ちゅうきちろう ⇔ちょうきちろう
彦部(ひこべ)忠吉郎 1842～1906 江戸後期～明治期の織物図案家《彦部忠吉郎》

中忻 ちゅうきん
中忻 南北朝時代以前の僧侶・歌人

中宮宣旨 ちゅうぐうのせんじ
中宮宣旨 平安前期の女房・歌人

忠慶 ちゅうけい
忠慶 南北朝・室町時代の天台宗の僧

忠潔 ちゅうけつ
中川(なかがわ)忠潔 ？～1857 江戸末期の佐渡奉行、作事奉行

仲賢 ちゅうけん
伊波(いは)仲賢 1456～1543 室町・戦国時代の5代目伊波按司

仲顕 ちゅうけん
仲顕 南北朝時代の僧侶・歌人

忠顕 ちゅうけん ⇔ただあき
高木(たかぎ)忠顕 1815～1849 江戸後期の長崎代官

中玄 ちゅうげん
村田(むらた)中玄 1817～1869 江戸後期～明治期の医者

忠源 ちゅうげん
忠源 鎌倉時代の僧
忠源 1246～1319 鎌倉前期・後期の天台宗の僧、歌人
忠源 鎌倉後期の僧

忠玄 ちゅうげん
忠玄 1137～1185 平安後期の天台宗延暦寺僧
村田(むらた)忠玄 ？～1869 江戸後期～明治期の新発田藩藩医、儒医
山本(やまもと)忠玄 ？～1583 戦国時代の武士

忠吾 ちゅうご
早川(はやかわ)忠吾 1849～1903 江戸後期～明治期の渡良瀬川猿田河岸回漕問屋「問忠」の11代目当主

仲興 ちゅうこう
千村(ちむら)仲興 1648～1688 江戸前期の幕府代官

忠興 ちゅうこう ⇔ただおき
本多(ほんだ)忠興 江戸後期の幕臣、駿府城代

忠高 ちゅうこう ⇔ただたか
伊奈(いな)忠高 1783～1842 江戸中期・後期の代官

仲五右衛門 ちゅうごうえもん
仲五右衛門 江戸中期の一向宗門徒

忠告 ちゅうこく ⇔ただとき, ただのり
竹内(たけうち)忠告 1847～1881 江戸後期～明治期の甲府学校教頭
山本(やまもと)忠告 江戸中期の神官、歌人

忠五郎 ちゅうごろう
石屋(いしや)忠五郎 江戸中期の鎌倉絵図板元
小泉(こいずみ)忠五郎 江戸中期の書肆
坂井(さかい)忠五郎 江戸前期の京極高知・豊臣秀頼の家臣
宗玄(そうげん)忠五郎 1814～1886 江戸後期～明治期の酒造業

晴山(はれやま)忠五郎　江戸後期の鉄山業者

忠厳　ちゅうごん

忠厳　江戸前期の曹洞宗の僧

中斎　ちゅうさい

高井(たかい)中斎　1774〜1854　江戸中期〜末期の漢学者

忠斎　ちゅうさい

大島(おおしま)忠斎　?〜1806　江戸後期の眼科医

仲左衛門　ちゅうざえもん

高城(たかき)仲左衛門　江戸前期の剣術家。新陰流

忠左衛門　ちゅうざえもん

忠左衛門　江戸後期の紙漉業

安藤(あんどう)忠左衛門　江戸後期の足柄上郡萱沼村民

伊藤(いとう)忠左衛門　江戸中期の穀物問屋

牛込(うしごめ)忠左衛門　1622〜1687　江戸前期の第23代長崎奉行《牛込忠左衛門勝登》

大梶(おおかじ)忠左衛門　1684〜1754　江戸前期・中期の治水家

岡田(おかだ)忠左衛門　江戸後期の韮山代官江川氏の手代

岸田(きしだ)忠左衛門　江戸前期の人。大坂の陣で籠城

久慈(くじ)忠左衛門　?〜1682　江戸前期の閉伊郡摂待村の知行主

笹倉(ささくら)忠左衛門　1782〜1851　江戸中期・後期の津万井堰の水利開発者

笹塚(ささづか)忠左衛門　江戸後期の算術家

仙石(せんごく)忠左衛門　?〜1671　江戸前期の豊臣秀頼・池田光政の家臣

田中(たなか)忠左衛門　江戸時代の庄内藩士

永原(ながはら)忠左衛門　?〜1615　江戸前期の豊臣秀吉・秀頼の家臣

中村(なかむら)忠左衛門　?〜1654　江戸前期の武士

長屋(ながや)忠左衛門　1586〜1673　安土桃山・江戸前期の弓術家

成瀬(なるせ)忠左衛門　江戸前期の検地役人

原(はら)忠左衛門　江戸前期の手代

堀口(ほりぐち)忠左衛門　戦国時代の里見忠義の家臣

増田(ますだ)忠左衛門　江戸後期の橘樹郡清沢村民

町野(まちの)忠左衛門　1797〜1864　江戸後期・末期の剣術家。一刀流溝口派

山中(やまなか)忠左衛門　江戸前期の華道家

横山(よこやま)忠左衛門　江戸後期の橘樹郡上菅生村名主

吉村(よしむら)忠左衛門　江戸時代の富山藩西猪谷関所番

和田(わだ)忠左衛門　江戸後期の飛州給木伐採川下に関する肝煎

忠左衛門勝登　ちゅうざえもんかつなり

牛込(うしごめ)忠左衛門勝登　1622〜1687　江戸前期の第23代長崎奉行

忠左衛門重高　ちゅうざえもんしげたか

井口(いぐち)忠左衛門重高　1753〜1824　江戸中期・後期の関前新田名主

忠左衛門重房　ちゅうざえもんしげふさ

安芸(あき)忠左衛門重房　安土桃山・江戸前期の医官。秀吉、豊臣秀保、秀頼に仕えた

忠左衛門重義　ちゅうざえもんしげよし

井口(いぐち)忠左衛門重義　1696〜1750　江戸中期の関前新田名主

忠左衛門尉　ちゅうざえもんのじょう

太田(おおた)忠左衛門尉　安土桃山時代の駿河国三宮の御穂神社の神主

忠左衛門義克　ちゅうざえもんよしかつ

井口(いぐち)忠左衛門義克　1811〜1870　江戸後期〜明治期の関前村名主

忠作　ちゅうさく

竹田(たけだ)忠作　1835〜1918　江戸末期〜大正期の実業家

忠三郎　ちゅうさぶろう　⇔ちゅうざぶろう

沖本(おきもと)忠三郎　1848〜1901　江戸末期の勤王家

寺嶋(てらしま)忠三郎　1843〜1864　江戸後期・末期の尊攘派

橋岡(はしおか)忠三郎　1831〜1910　江戸後期〜明治期の能楽師

忠三郎　ちゅうざぶろう　⇔ちゅうさぶろう

朝比奈(あさいな)忠三郎　江戸時代の庄内藩士

新井(あらい)忠三郎　安土桃山時代の男性。伊奈忠次が行った吉佐美村検地帳に連署

生田(いくた)忠三郎　江戸前期の豊臣秀頼の御膳番

多々納(ただの)忠三郎　江戸時代の松江藩算術師範

牧屋(まきや)忠三郎　江戸後期の木匠

横田(よこた)忠三郎　江戸末期の河和の在郷有力商人

仲算　ちゅうさん

仲算　?〜976?　平安中期の法相宗の僧

忠算　ちゅうさん

忠算　平安後期の絵仏師

中山　ちゅうざん

児島(こじま)中山　1779〜1848　江戸中期・後期の漢学者

仲山　ちゅうざん　⇔ちゅうせん

服部(はっとり)仲山　1736〜1808　江戸中期・後期の漢学者

籌山堂　ちゅうざんどう

籌山堂　江戸中期の和算家

仲之　ちゅうし　⇔なかゆき

小川(おがわ)仲之　江戸後期の田中大秀の師の1人

忠次　ちゅうじ　⇔ただつぐ

加藤(かとう)忠次　安土桃山時代の検地役人

寺田(てらだ)忠次　1809〜1868　江戸後期・末期の剣術家。大石神影流

森広(もりひろ)忠次　1808〜1881　江戸後期〜明治期の私塾経営者

忠治　ちゅうじ　⇔ただはる

井田(いだ)忠治　江戸後期の工匠

加藤(かとう)忠治　江戸後期の座間宿村名主

忠七　ちゅうしち
絵菱屋(えびしや)忠七　江戸中期の浮世絵師
小田(おだ)忠七　江戸後期の装剣金工
栗原(くりはら)忠七　1759～1829　江戸中期・後期の剣術家。荒木流ほか
田中(たなか)忠七　1829～1895　江戸後期～明治期の蚕種貿易業者
長崎屋(ながさきや)忠七　江戸前期の京都糸割符商人
山辺(やまべ)忠七　1811～1879　江戸後期～明治期の大屋刎橋架橋者
吉田(よしだ)忠七　1839～1874　江戸後期～明治期の工匠

仲実　ちゅうじつ　⇔なかざね
加藤(かとう)仲実　江戸中期の医者

忠実　ちゅうじつ　⇔ただされ, ただざね
大久保(おおくぼ)忠実　江戸後期の幕臣

中洲　ちゅうしゅう
中雄(なかお)中洲　1781～1836　江戸中期・後期の商家、天文学者
中島(なかじま)中洲　江戸時代の人。「武蔵国氷川神社祝詞」の著者
真勢(ませ)中洲　1754～1817　江戸後期の卜筮家
守屋(もりや)中洲　1808～1884　江戸後期～明治期の漢学者・藩士

忠重　ちゅうじゅう　⇔ただしげ
玻座真(はざま)忠重　1699～1752　江戸中期の彫刻家

忠粛　ちゅうしゅく
柏倉(かしわくら)忠粛　1815～1879　江戸後期～明治期の札幌の開業医第1号

忠春　ちゅうしゅん　⇔ただはる
忠春　1098～1149　平安後期の僧

中順　ちゅうじゅん
旭岡(あさひおか)中順　1844～1916　江戸末期～大正期の僧

仲惇　ちゅうじゅん
槙西(かさい)仲惇　江戸末期・明治期の蘭方医。緒方洪庵の門人

忠淳　ちゅうじゅん
忠淳　戦国時代の天台宗の僧

中所　ちゅうしょ
村上(むらかみ)中所　江戸後期の漢学者

中如　ちゅうじょ
諸葛(もろくず)中如　1804～1840　江戸後期の漢文学者

仲舒　ちゅうじょ　⇔なかのぶ
中里(なかざと)仲舒　江戸後期の幕臣

忠恕　ちゅうじょ　⇔ただあつ, ただくみ, たださと, ただひろ, ただよし
今川(いまがわ)忠恕　江戸後期の幕臣
米山(よねやま)忠恕　1753～1825　江戸中期・後期の名主、文人

忠承　ちゅうしょう
忠承　戦国時代の天台宗の僧

忠性　ちゅうしょう
忠性　1289～1356　鎌倉後期・南北朝時代の天台宗の僧・歌人

中将　ちゅうじょう
中将　平安中期の女流歌人
中将　平安中期の歌人
中将　平安後期の女官
中将　戦国時代の北条氏の家臣
石塚(いしづか)中将　？～1698　江戸前期・中期の女性。出雲大社巫女、神楽の名手。出雲大社注連職石塚壱岐の娘

中将尼　ちゅうじょうのあま
中将尼　平安中期の歌人

中将更衣　ちゅうじょうのこうい
中将更衣　平安前期の女房・歌人

中将内侍　ちゅうじょうのないし
中将内侍　平安前期の女房・歌人

中将乳母　ちゅうじょうのめのと
中将乳母　平安中期の女官。斎宮当子内親王(三条天皇皇女)の乳母

忠四郎　ちゅうしろう
北川(きたがわ)忠四郎　1805～1882　江戸後期～明治期の社会事業家
松村(まつむら)忠四郎　江戸末期・明治期の幕臣、武蔵知県事《松村長為》

仲次郎　ちゅうじろう
蔵田(くらた)仲次郎　江戸後期の阿武郡吉部上村の庄屋役

忠次郎　ちゅうじろう
井上(いのうえ)忠次郎　江戸中期の開拓者
岡部(おかべ)忠次郎　戦国時代の武将。武田家臣
小原(おばら)忠次郎　1850～1904　江戸後期～明治期の教育者・書家
木村(きむら)忠次郎　1849～？　江戸後期・末期の新撰組隊士
白井(しらい)忠次郎　江戸末期の武士
田辺(たなべ)忠次郎　1848～1916　江戸末期～大正期の尾上村松栄の富商
徳江(とくえ)忠次郎　？～1895　江戸末期・明治期の賃取橋架設者
橋本(はしもと)忠次郎　1856～1916　江戸末期～大正期の国光社印刷社長
福井(ふくい)忠次郎　1833～1906　江戸後期～明治期の毛利家家臣
松本(まつもと)忠次郎　1856～1905　江戸末期・明治期の北海道枝幸開拓の草分け
宮崎(みやざき)忠次郎　1832～1870　江戸末期・明治期の一揆指導者
若松(わかまつ)忠次郎　1839～1919　江戸末期～大正期の北海道の資産家

忠二郎　ちゅうじろう
渋川(しぶかわ)忠二郎　1848～1925　江戸末期～大正期の法学者。関西法律学校創立

中四郎維重　ちゅうしろうこれしげ
中四郎維重　平安後期・鎌倉前期の武士

仲真　ちゅうしん
屋富祖(やふそ)仲真　1646～1710　江戸前期・中期の能書家
忠信　ちゅうしん　⇔ただのぶ
広木(ひろき)忠信　?～1780　江戸中期の儒者
忠辰　ちゅうしん　⇔ただたつ, ただとき
内藤(ないとう)忠辰　?～1861　江戸末期の佐渡奉行、小普請奉行
仲助　ちゅうすけ　⇔なかすけ
下田(しもた)仲助　1831～?　江戸後期～明治期の出水郡高尾野郷大久保村の名主
忠介　ちゅうすけ
忠介　戦国時代の人。信濃小県郡の国衆小泉氏の被官。百姓層と思われる
忠助　ちゅうすけ　⇔ただすけ
沢(さわ)忠助　江戸末期の新撰組隊士
重野(じゅうの)忠助　江戸前期の豊臣秀頼・寺沢広高・片桐孝利の家臣
町野(まちの)忠助　1741～1831　江戸中期・後期の剣術家。一刀流溝口派
仲成　ちゅうせい　⇔なかなり
千村(ちむら)仲成　1669～1706　江戸前期・中期の幕府代官
忠成　ちゅうせい　⇔ただしげ, ただなり
坪井(つぼい)忠成　1845～1891　江戸後期～明治期の判事
仲山　ちゅうせん　⇔ちゅうざん
本田(ほんだ)仲山　1774～1841　江戸中期・後期の眼科医
忠善　ちゅうぜん　⇔ただよし
忠善　戦国時代の浅草寺大木屋住僧
忠漸　ちゅうぜん
竹林(たけばやし)忠漸　江戸後期の和算家
忠禅　ちゅうぜん
忠禅　鎌倉後期の僧
冲巣　ちゅうそう
林(はやし)冲巣　江戸中期の俳人
仲蔵　ちゅうぞう　⇔なかぞう
土肥(どひ)仲蔵　1833～1868　江戸後期・末期の武士、京都見廻組並
中世古(なかぜこ)仲蔵　1843～1867　江戸後期・末期の勇士
忠三　ちゅうぞう
坪田(つぼた)忠三　1843～?　江戸後期・末期の新撰組隊士《坪田忠蔵》
忠蔵　ちゅうぞう
忠蔵　江戸後期の大沼村庄屋
金原(かねはら)忠蔵　1838～1868　江戸後期・末期の赤報隊監察
川合(かわい)忠蔵　1728～1804　江戸中期・後期の備中国小田郡大江村の庄屋
木本(きのもと)忠蔵　江戸後期の木本村地士・貴志組大庄屋
楠本(くすもと)忠蔵　江戸後期の錦影絵の創始者
児玉(こだま)忠蔵　1797～1836　江戸後期の茶業家
佐藤(さとう)忠蔵　江戸後期の大原亀五郎郡代の国方手代
関(せき)忠蔵　江戸中期の鋳物師
多賀(たが)忠蔵　江戸末期の医者
坪田(つぼた)忠蔵　1843～?　江戸後期・末期の新撰組隊士
中井(なかい)忠蔵　安土桃山時代の織田信長の家臣
中西(なかにし)忠蔵　?～1785　江戸中期の剣術家。中西派一刀流
望月(もちづき)忠蔵　1826～1895　江戸後期～明治期の牧の越庄屋
横森(よこもり)忠蔵　1853～1925　江戸末期～大正期の教育者
忠村　ちゅうそん　⇔ただむら
田辺(たなべ)忠村　安土桃山・江戸前期の代官
中太　ちゅうた
越後(えちごの)中太　?～1184　平安後期の武士
仲太　ちゅうた
本荘(ほんじょう)仲太　1819～1869　江戸後期～明治期の久留米藩士
忠太　ちゅうた
中西(なかにし)忠太　1755～1801　江戸中期・後期の剣術家。中西派一刀流
忠岱　ちゅうたい
伊藤(いとう)忠岱　1778～1838　江戸後期の漢学者
忠袋　ちゅうたい
伊藤(いとう)忠袋　1778～1838　江戸後期の漢学者《伊藤忠岱》
中台　ちゅうだい
細井(ほそい)中台　江戸後期の漢学者
中太家光　ちゅうだいえみつ
越後(えちごの)中太家光　?～1184　平安後期の武士《越後中太》
中達　ちゅうたつ
九巌(きゅうがん)中達　?～1661　江戸前期の臨済宗の僧
仲達　ちゅうたつ
小圃(おばた)仲達　1746～1806　江戸中期の医者
小圃(しょうほ)仲達　江戸後期の天文・地理学者
忠太夫　ちゅうだゆう
岡本(おかもと)忠太夫　江戸後期の地士
白石(しらいし)忠太夫　1817～1898　江戸後期～明治期の幕臣
関(せき)忠太夫　1691～1744　江戸中期の大森代官
忠大夫　ちゅうだゆう
熊谷(くまがえ)忠大夫　?～1615　江戸前期の武士。大坂の陣で籠城
忠知　ちゅうち　⇔ただちか, ただとも
高木(たかぎ)忠知　1823～1873　江戸後期～明治期の長崎代官
仲徹　ちゅうてつ
菅(かん)仲徹　江戸前期の儒者

仲展　ちゅうてん
千村(ちむら)仲展　1811〜1883　江戸後期〜明治期の幕府代官
忠讜　ちゅうとう
酒井(さかい)忠讜　江戸後期・末期の幕臣
中道　ちゅうどう
中道　1812〜1873　江戸後期〜明治期の僧侶
忠徳　ちゅうとく　⇔ただのり
芳賀(はが)忠徳　1782〜1848　江戸中期・後期の医師
忠篤　ちゅうとく　⇔ただあつ
高木(たかぎ)忠篤　1796〜1848　江戸後期の代官
福王(ふくおう)忠篤　江戸後期の幕臣
中曇　ちゅうどん
一瑞(いちずい)中曇　室町時代の臨済宗の僧
中納言　ちゅうなごん
中納言　平安前期の歌人
中納言　平安後期の歌人
西坊(にしのぼう)中納言　戦国時代の武蔵・浅草の三社権現社の坊官
中納言女王　ちゅうなごんのにょおう
中納言女王　平安中期の歌人
忠之丞　ちゅうのじょう
北田(きただ)忠之丞　江戸中期の藩士
近藤(こんどう)忠之丞　江戸後期の足軽
忠之進　ちゅうのしん
猫塚(ねこづか)忠之進　1808〜1869　江戸後期〜明治期の稗貫・和賀二郡の川除用水普請奉行、胆沢川渡船奉行
町野(まちの)忠之進　1816〜1862　江戸後期・末期の剣術家。一刀流溝口派
忠之助　ちゅうのすけ
佐藤(さとう)忠之助　1819〜1889　江戸後期〜明治期の太物商
忠莫　ちゅうばく
伊藤(いとう)忠莫　?〜1895　江戸末期・明治期の金沢の俳人
忠八　ちゅうはち　⇔ただはち
河野(かわの)忠八　1845〜1892　江戸末期・明治期の治水家
土屋(つちや)忠八　1830〜?　江戸末期の妻良の人
元吉(もとよし)忠八　江戸後期の藩士
忠八郎　ちゅうはちろう
千田(せんだ)忠八郎　江戸末期の古手古道具商
忠兵衛　ちゅうひょうえ　⇔ちゅうびょうえ, ちゅうべい, ちゅうべえ
忠兵衛　安土桃山時代の信濃国筑摩郡刈谷原の土豪
忠兵衛　ちゅうびょうえ　⇔ちゅうひょうえ, ちゅうべい, ちゅうべえ
井上(いのうえ)忠兵衛　?〜1614　江戸前期の武士。大坂の陣で籠城
中孚　ちゅうふ
加藤(かとう)中孚　1672〜1722　江戸前期・中期の藩士
忠芬　ちゅうふん
忠芬　平安前期の僧
仲文　ちゅうぶん
江良(えら)仲文　1745〜1789　江戸中期・後期の漢学者
忠兵　ちゅうへい
及川(おいかわ)忠兵　1852〜1923　江戸末期〜大正期の遠野町役場書記
忠平　ちゅうへい　⇔ただひら
郡司(ぐんじ)忠平　1836〜1918　江戸末期〜大正期の開拓者
佐々木(ささき)忠平　1797〜1870　江戸後期〜明治期の俳人
中村(なかむら)忠平　1719〜1793　江戸中期・後期の人。安藤昌益の門弟
忠兵衛　ちゅうべい　⇔ちゅうひょうえ, ちゅうびょうえ, ちゅうべえ
阿武(あんの)忠兵衛　1849〜1919　江戸末期〜大正期の林業功労者
深谷(ふかや)忠兵衛　江戸前期の小野陣屋代官
松本(まつもと)忠兵衛　?〜1670　江戸前期の萩町人
忠兵衛　ちゅうべえ　⇔ちゅうひょうえ, ちゅうびょうえ, ちゅうべい
飯坂(いいざか)忠兵衛　1811〜1902　江戸後期〜明治期の漆栽培研究者
伊藤(いとう)忠兵衛　1658〜1724　江戸前期・中期の藩士、弓術家
伊藤(いとう)忠兵衛　1842〜1903　江戸末期・明治期の近江商人。伊藤忠商事、丸紅の基盤を築いた。初代
内田(うちだ)忠兵衛　?〜1813　江戸中期・後期の陶工
梅沢(うめざわ)忠兵衛　?〜1720　江戸前期・中期の剣術家。阿字一刀流
大谷(おおたに)忠兵衛　?〜1872　江戸後期〜明治期の大庄屋・観農大庄屋
金刺(かなざし)忠兵衛　?〜1848　江戸後期の宮大工、彫刻師
北村(きたむら)忠兵衛　江戸前期の浮世絵師
木村(きむら)忠兵衛　江戸時代の庄屋、鎌島新田開発者
暁山(ぎょうざん)忠兵衛　江戸中期の陶工
京屋(きょうや)忠兵衛　江戸後期〜明治期の船宿商
櫛田(くしだ)忠兵衛　安土桃山時代の織田信長の家臣
高力(こうりき)忠兵衛　?〜1655　江戸前期の町奉行
坂上(さかがみ)忠兵衛　江戸前期の薬種商
佐々木(ささき)忠兵衛　江戸時代の薬商
佐野(さの)忠兵衛　1741〜1795　江戸中期・後期の釜石村の肝入
塩屋(しおや)忠兵衛　江戸後期の書肆
鈴木(すずき)忠兵衛　1732〜1810　江戸後期の豪農・俳人
接待(せったい)忠兵衛　?〜1666　江戸前期の久

慈氏の流れの八戸藩士
高田(たかだ)忠兵衛　安土桃山時代の郷士
高野(たかの)忠兵衛　1821〜1890　江戸後期〜明治期の木ノ下流囃子創始者
竹内(たけうち)忠兵衛　1852〜1922　江戸後期〜大正期の工芸家
橘屋(たちばなや)忠兵衛　江戸後期の書肆
玉屋(たまや)忠兵衛　江戸前期の両替商
玉屋(たまや)忠兵衛　江戸前期の商人。江戸で初めて絹ごし豆腐を製造
辻(つじ)忠兵衛　1834〜1910　江戸後期〜明治期の京都府会議員
辻(つじ)忠兵衛　江戸前期の茶人
中里(なかざと)忠兵衛　1812〜1891　江戸後期〜明治期の糸繭商
中西(なかにし)忠兵衛　1780〜?　江戸中期・後期の剣術家。中西派一刀流
西松(にしまつ)忠兵衛　安土桃山時代の織田信長の家臣
二宮(にのみや)忠兵衛　1839〜1912　江戸末期・明治期の石灰業
松尾(まつお)忠兵衛　江戸後期の三刀屋の木綿取引業
門間(もんま)忠兵衛　1831〜1910　江戸後期〜明治期の酒麹業
万屋(よろずや)忠兵衛　江戸末期・明治期の京都の両替商

中本　ちゅうほん
中岩(ちゅうがん)中本　鎌倉時代の臨済宗の僧

忠命　ちゅうみょう
忠命　986〜1054　平安中期・後期の天台宗の僧・歌人

仲珉　ちゅうみん
小越(おごし)仲珉　1786〜1848　江戸中期・後期の漢方医

忠弥　ちゅうや
江原(えばら)忠弥　1829〜1902　江戸後期〜明治期の教育者

忠友　ちゅうゆう　⇔ただとも
溝上(みぞがみ)忠友　1840〜1922　江戸末期〜大正期の教育家

中葉　ちゅうよう
紀(きの)中葉　江戸後期の浄瑠璃作者

中立　ちゅうりつ
伊藤(いとう)中立　江戸後期の和算家

仲竜　ちゅうりゅう
後藤(ごとう)仲竜　江戸中期の弘前藩祐筆、書家

仲慮　ちゅうりょ
深堀(ふかぼり)仲慮　1714〜1794　江戸中期・後期の上野安中藩士・農家・歌人

忠良　ちゅうりょう　⇔ただかた, ただなが, ただよし
鈴木(すずき)忠良　1837〜1919　江戸末期〜大正期の新選組士
屋代(やしろ)忠良　1807〜?　江戸後期〜明治期の幕臣
藪(やぶ)忠良　1819〜?　江戸後期の幕臣《藪忠良》

忠倫　ちゅうりん　⇔ただとも
内藤(ないとう)忠倫　?〜1858　江戸末期の代官

仲礼　ちゅうれい
坂(さか)仲礼　1745〜1778　江戸中期の藩士

中蓮　ちゅうれん
西庵(せいあん)中蓮　?〜1465　室町時代の臨済宗の僧

忠郎　ちゅうろう
船樹(ふなき)忠郎　1840〜1903　江戸後期〜明治期の小樽の開発者

中和　ちゅうわ
喜多(きた)中和　江戸中期の俳人
西村(にしむら)中和　1758〜1835　江戸後期の絵師
的場(まとば)中和　1835〜1876　江戸後期〜明治期の人。西南戦争の知覧隊長

千之　ちゆき　⇔せんし
黒木(くろき)千之　1769〜1820　江戸中期・後期の医者

千代　ちよ
赤沢(あかざわ)千代　1839〜1926　江戸末期〜大正期の赤沢式甘藷栽培促進者
漢人部(あやひとべの)千代　奈良時代の甲斐国巨摩郡栗原郷戸主
梅田(うめだ)千代　1824〜1889　江戸末期・明治前の女性
細川(ほそかわ)千代　?〜1641　安土桃山・江戸前期の女性。細川忠隆の妻
松井(まつい)千代　1737〜1817　江戸中期・後期の俳人
森川(もりかわ)千代　1726〜1746　江戸中期の俳女

豬蛙　ちょあ
豬蛙　江戸中期の雑俳点者

樗庵　ちょあん
湯山(ゆやま)樗庵　?〜1858　江戸後期・末期の寺子屋師匠

千一丸　ちよいちまる
安東(あんどう)千一丸　南北朝時代の武士

チョウ
西本(にしもと)チョウ　?〜1758　江戸中期の人。夏ミカンの発見者

暢　ちょう
松本(まつもと)暢　1832〜1889　江戸末期の壬生藩士、東京株式取引所理事長
村山(むらやま)暢　江戸後期の国学者

朝愛　ちょうあい
北谷(ちゃたん)朝愛　1650〜1719　江戸前期・中期の人。琉球尚貞王代の摂政

張庵　ちょうあん
細合(ほそあい)張庵　1763〜1780　江戸中期の儒者

蝶庵　ちょうあん
一柳(ひとつやなぎ)蝶庵　1666～1724　江戸前期・中期の小松藩3代藩主《一柳直卿》
長安　ちょうあん　⇔ながやす
小林(こばやし)長安　江戸前期の金森頼業の連歌会の連中
四戸(しのへ)長安　江戸時代の神職
速水(はやみ)長安　?～1670　江戸前期の金森家臣
福田(ふくだ)長安　1811～?　江戸後期の医師
長庵　ちょうあん
古賀(こが)長庵　江戸末期の眼科医
遠田(とおだ)長庵　?～1889　江戸末期の医師
吉田(よしだ)長庵　1826～1894　江戸後期～明治期の医師
澄意　ちょうい
澄意　1250～1286　鎌倉後期の修験者
澄意　1637～1725　江戸前期・中期の社僧
澄意　江戸中期の真言宗の僧
暢意　ちょうい
暢意　1371～1438　南北朝・室町時代の浄土宗の僧
調唯　ちょうい
調唯　1715～1787　江戸中期の俳人
長為　ちょうい　⇔ながため
松村(まつむら)長為　江戸末期・明治期の幕臣、武蔵知県事
澄彧　ちょういく
天章(てんしょう)澄彧　1379～?　南北朝・室町時代の僧、漢詩人
澄一　ちょういち　⇔ちょういつ
澄一　江戸前期・中期の明からの渡来医僧《澄一》
澄一　ちょういつ　⇔ちょういち
澄一　江戸前期・中期の明からの渡来医僧
長允　ちょういん
西原(にしはら)長允　1759～1818　江戸後期の医者
長隠　ちょういん
長隠　江戸後期の俳人
山田(やまだ)長隠　江戸中期の俳人
聴雨　ちょうう
西村(にしむら)聴雨　?～1783　江戸中期の俳人
平井(ひらい)聴雨　1735～1790　江戸中期・後期の漢詩人
村上(むらかみ)聴雨　1794～1866　江戸後期・末期の漢学者
聴雨軒　ちょううけん
聴雨軒　江戸後期の戯作者
澄雲　ちょううん
澄雲　1108～?　平安後期の延暦寺僧
兆雲　ちょううん
兆雲　1748～1816　江戸中期・後期の俳諧作者
超雲　ちょううん
香道(こうどう)超雲　?～1657　江戸前期の僧。萩原町の禅昌寺7世
朝恵　ちょうえ
朝恵　平安後期の法相宗の僧・歌人
朝恵　南北朝時代の天台宗の僧
超会　ちょうえ
超会　平安中期の僧
長恵　ちょうえ
長恵　鎌倉前期の華厳宗の僧・歌人
重栄　ちょうえい　⇔しげひで, しげよし, じゅうえい
竹山(たけやま)重栄　江戸前期の俳人
重永　ちょうえい　⇔しげなが, じゅうえい
重永　?～1632　安土桃山・江戸前期の天台宗僧侶
澄栄　ちょうえい
澄栄　室町時代の白山本宮の長吏
彫栄　ちょうえい
彫栄　江戸後期の俳人
朝栄　ちょうえい
朝栄　室町時代の仏師
朝英　ちょうえい　⇔あさひで
浦添(うらそえ)朝英　1781～1808　江戸中期・後期の琉歌人
今帰仁(なきじん)朝英　1775～?　江戸中期・後期の向氏具志川御殿の12世
読谷山(ゆんたんざ)朝英　1767～1816　江戸中期・後期の国相(摂政)
朝衛　ちょうえい
東風平(こちんだ)朝衛　1701～1766　江戸中期の琉球の三司官、歌人
長栄　ちょうえい
長栄　平安後期の僧
尾方(おがた)長栄　1843～1925　江戸末期～大正期の勤王家・政治家
田村(たむら)長栄　戦国時代の医師
長英　ちょうえい　⇔ながひで
石川(いしかわ)長英　1767～1837　江戸中期・後期の画家
長衛　ちょうえい　⇔ながもり
武田(たけだ)長衛　1837～1906　江戸後期～明治期の経済人
晁英　ちょうえい
矢島(やじま)晁英　1832～?　江戸後期～明治期の教育者
長悦　ちょうえつ
長悦　戦国時代の金山町の長福寺の開基
長右衛門　ちょうえもん
朝倉(あさくら)長右衛門　1819～1896　江戸後期～明治期の和算家・医家
岡本(おかもと)長右衛門　江戸前期の塙団右衛門の家来
風井屋(かざいや)長右衛門　江戸中期の工匠
鎌倉屋(かまくらや)長右衛門　江戸中期の江戸町人
川崎(かわさき)長右衛門　?～1615　江戸前期の伊東長次の従弟
川村(かわむら)長右衛門　?～1658　江戸前期の麺屋
木嶋(きじま)長右衛門　?～1725　江戸中期の大工
木村(きむら)長右衛門　江戸前期の代官市川喜三

郎の手代。市川助右衛門の手代
木村(きむら)長右衛門　?～1712　江戸前期の陶工《木村重房》
熊沢(くまざわ)長右衛門　江戸後期の足柄上郡柳川村名主
小宮山(こみやま)長右衛門　1654～1721　江戸前期・中期の幕臣、代官
佐藤(さとう)長右衛門　1844～1883　江戸後期～明治期の人。大船渡市日頃市町長安寺本堂再建の寺世話人
三福寺村(さんふくじむら)長右衛門　江戸中期の三福寺村の百姓
渋谷(しぶや)長右衛門　安土桃山時代の武士
田部(たなべ)長右衛門〔21代〕　1850～1942　江戸後期～昭和期の山林地主、貴院議員
津田(つだ)長右衛門　江戸前期の武士。大坂の陣で籠城
長沼(ながぬま)長右衛門　戦国時代の武将。武田家臣
長紅屋(ながもみや)長右衛門　江戸中期の浄瑠璃太夫
二木(にき)長右衛門　1755～1814　江戸中期・後期の歴代酒造業の素封家
初川(はつかわ)長右衛門　?～1809　江戸中期・後期の駿府七間町の挽物師で6代目春躬の子
林(はやし)長右衛門　江戸前期の座間村名主
播磨屋(はりまや)長右衛門　江戸前期の薬種商
深川(ふかがわ)長右衛門　江戸末期の商人。1867年パリ万国博覧会出品のためフランスに渡る
深谷(ふかや)長右衛門　戦国・安土桃山時代の大府村開発者
藤野(ふじの)長右衛門　江戸前期の眼科医
堀田(ほった)長右衛門　江戸中期の廻間村の庄屋
矢篦原(やのはら)長右衛門　江戸中期の医師
山本(やまもと)長右衛門　1842～1887　江戸後期～明治期の茶業家

重円　ちょうえん
重円　南北朝・室町時代の天台宗の僧

澄円　ちょうえん
澄円　1218～?　鎌倉前期・後期の天台宗の僧
木橋(もっきょう)澄円　1651～1731　江戸前期・中期の曹洞宗の僧

暢園　ちょうえん
儀満(ぎま)暢園　1849～1926　江戸末期～大正期の日本画家

長円　ちょうえん
長円　平安後期の法相宗の僧
長円　鎌倉時代の僧侶・歌人
長円　江戸前期の天台宗の僧

朝央　ちょうおう
浦添(うらそえ)朝央　1762～1797　江戸中期・後期の国相、歌人

潮音　ちょうおん
潮音　?～1767　江戸中期の曹洞宗の僧
三枝坊(さんしぼう)潮音　?～1843　江戸後期の華道家

長遠　ちょうおん　⇔ながとお
韶陽(しょうよう)長遠　?～1393　南北朝・室町時代の臨済宗の僧

調柯　ちょうか
調柯　江戸中期の俳人

重賀　ちょうが　⇔しげよし, じゅうが
山川(やまかわ)重賀　?～1621　江戸前期の但馬国生野代官

重雅　ちょうが
大橋(おおはし)重雅　1760～1813　江戸中期・後期の書家

澄海　ちょうかい
澄海　?～1864　江戸後期・末期の僧

聴海　ちょうかい
聴海　南北朝時代以前の僧侶・連歌作者

超海　ちょうかい
超海　江戸中期の真言宗の僧

長海　ちょうかい
長海　江戸前期の真言宗の僧・連歌作者
長海　?～1830　江戸後期の僧

長覚　ちょうかく
長覚　?～1084　平安中期・後期の天台山門派の僧
長覚　1048～1106　平安中期・後期の天台宗園城寺の僧
長覚　平安後期の真言宗の僧・歌人
長覚　1346～1416　南北朝・室町時代の真言宗の僧

鳥角　ちょうかく
鳥角　江戸中期の俳人

鳥岳　ちょうがく
鳥岳　?～1868　江戸後期・末期の俳人

澄寛　ちょうかん
永井(ながい)澄寛　江戸中期の歌人

朝鑑　ちょうかん
朝鑑　?～998　平安中期の神職。石清水八幡宮別当

長幹　ちょうかん
祇園(ぎおん)長幹　1750～?　江戸後期の藩儒学者

長感　ちょうかん
長感　?～1624　安土桃山・江戸前期の浄土宗の僧

長鑑　ちょうかん
長鑑　戦国時代の鎌倉の仏師
小笠原(おがさわら)長鑑　1695～?　江戸中期の藩士

長閑斎　ちょうかんさい
今福(いまふく)長閑斎　?～1581　安土桃山時代の武田信玄・勝頼の重臣
長坂(ながさか)長閑斎　戦国時代の武将。武田家臣

澄基　ちょうき
澄基　鎌倉後期の僧侶・歌人

朝騎　ちょうき
北谷(ちゃたん)朝騎　1703～1739　江戸中期の国相、歌人

朝暉　ちょうき
朝暉　江戸後期の俳人

朝宜 ちょうぎ
義村(よしむら)朝宜 1763〜1821 江戸中期・後期の摂政

朝義 ちょうぎ ⇔ちょうざ, ともよし
伊江(いえ)朝義 1538〜1586 戦国・安土桃山時代の羽地間切総地頭職
今帰仁(なきじん)朝義 1702〜1787 江戸中期の人。琉球尚穆王代の摂政

長吉 ちょうきち ⇔ながよし
長吉 ?〜1689 江戸前期の殺された商家の丁稚
長吉 1742〜? 江戸中期の孝子
長吉 江戸後期の孝子
新井(あらい)長吉 1814〜1897 江戸後期〜明治期の三波川茶の元祖
大筏(おおいかだ)長吉 江戸後期の力士
大萱の(おおがやの)長吉 1826〜1904 江戸末期・明治期の篤信家
木鼠(きねずみ)長吉 江戸中期の盗賊
木下(きのした)長吉 江戸後期の肝属郡鹿屋の酒屋
熊谷(くまがい)長吉 1839〜? 江戸後期〜明治期の実業家
鈴木(すずき)長吉 1818〜1872 江戸末期・明治期の船大工。長崎海軍伝習所1期生
富樫(とがし)長吉 1844〜1925 江戸末期〜大正期の産業開発功労者
早雲(はやぐも)長吉 ?〜1704 江戸前期の歌舞伎芝居早雲座の櫓主

忠吉郎 ちょうきちろう ⇔ちゅうきちろう
彦部(ひこべ)忠吉郎 1842〜1906 江戸後期〜明治期の織物図案家

朝救 ちょうきゅう
本部(もとぶ)朝救 1741〜1814 江戸中期・後期の歌人

長久 ちょうきゅう ⇔ながひさ
長久 ?〜1702 江戸前期・中期の俳人
大野(おおの)長久 ?〜1702 江戸前期・中期の能登国鹿島郡七尾町の俳人

長休 ちょうきゅう ⇔ながのり
宮良(みやら)長休 1677〜1734 江戸前期・中期の石垣間切の頭職

長居 ちょうきょ ⇔ながおき
中井(なかい)長居 1807〜1859 江戸後期・末期の武士

澄経 ちょうきょう
澄経 南北朝時代の僧侶・歌人

朝喬 ちょうきょう ⇔ともたか
湧川(わくがわ)朝喬 1712〜1785 江戸中期の琉球の三司官

朝教 ちょうきょう
大里(おおざと)朝教 1815〜? 江戸後期・末期の人。琉球尚泰王代の摂政
喜屋武(きゃん)朝教 1756〜1820 江戸中期・後期の按司、琉歌人

長慶 ちょうきょう ⇔ちょうけい
長慶 南北朝・室町時代の天台宗の僧

頂行 ちょうぎょう
鈴木(すずき)頂行 1779〜1825 江戸中期・後期の神道家

鳥吟 ちょうぎん
鳥吟 江戸後期の俳人

澄空 ちょうくう
澄空 1319〜? 鎌倉後期・南北朝時代の天台宗の僧

超空 ちょうくう
超空 南北朝時代の浄土宗の僧・歌人

長久郎 ちょうくろう
宮崎(みやざき)長久郎 1844〜1905 江戸後期〜明治期の地方政治家

長九郎 ちょうくろう
井斎(いさい)長九郎 ?〜1869 江戸後期〜明治期の肝煎
田中(たなか)長九郎 ?〜1864 江戸後期・末期の尊攘運動家
津田(つだ)長九郎 江戸後期の鋳物師
牧ケ洞村(まきがほらむら)長九郎 江戸中期の飛騨の人。大原騒動の箱訴人
宮崎(みやざき)長九郎 1844〜1905 江戸後期〜明治期の地方政治家《宮崎長久郎》

重慶 ちょうけい ⇔しげのり, しげよし, じゅうけい
重慶 鎌倉前期の僧

朝慶 ちょうけい
朝慶 戦国時代の仏師

長啓 ちょうけい
松田(まつだ)長啓 江戸時代の漢方医、新発田藩医

長慶 ちょうけい ⇔ちょうきょう
長慶 ?〜1073 平安中期・後期の僧
心明院(しんみょういん)長慶 戦国時代の箱根神社別当

蔦蹊 ちょうけい
稲葉(いなば)蔦蹊 江戸末期の漢学者

奝芸 ちょうげい
奝芸 ?〜1571 戦国・安土桃山時代の天台宗の僧

澄月 ちょうげつ
澄月 鎌倉後期の僧侶・歌人
澄月 南北朝時代以前の僧侶・連歌作者

潮月 ちょうげつ
間瀬(ませ)潮月 江戸後期の俳人
山田(やまだ)潮月 1822〜1884 江戸後期〜明治期の彫刻家、根付師

長月 ちょうげつ
芦田(あしだ)長月 江戸末期の俳人
能勢(のせ)長月 江戸前期の画家

釣月 ちょうげつ
小山内(おさない)釣月 1844〜1925 江戸末期〜大正期の弘前の画家
明珠庵(みょうじゅあん)釣月 1659〜1729 江戸前期・中期の歌人

澄賢 ちょうけん
澄賢 室町時代の白山本宮の惣長吏

朝憲　ちょうけん
読谷山(ゆんたんざ)朝憲　1745〜1811　江戸中期・後期の琉球の国相(摂政)、歌人

朝賢　ちょうけん　⇔ともかた
観音寺(かんのんじ)朝賢　?〜1634　江戸前期の幕臣

朝顕　ちょうけん
義村(よしむら)朝顕　1805〜1836　江戸後期の歌人

超賢　ちょうけん
超賢　1512〜1603　戦国・安土桃山時代の僧。信濃越後本誓寺住持10世

長乾　ちょうけん
柳沢(やなぎさわ)長乾　1815〜1875　江戸後期〜明治期の僧侶

長兼　ちょうけん　⇔ながかね
長兼　?〜1145　平安後期の熊野別当

長験　ちょうけん
長験　?〜1359　鎌倉後期・南北朝時代の真言宗の僧・歌人・連歌作者

澄玄　ちょうげん
澄玄　1787〜1851　江戸中期・後期の浄土真宗の僧

長厳　ちょうげん
長厳　1152〜1228　鎌倉前期の仁和寺の僧

長玄　ちょうげん
長玄　安土桃山時代の備前焼陶工
海保(かいほ)長玄　戦国時代の北条氏の家臣
本間(ほんま)長玄　?〜1790　江戸中期・後期の医者

澄固　ちょうこ
澄固　1779〜1845　江戸中期・後期の社僧

朝呼　ちょうこ
朝呼　江戸中期の雑俳点者

長古　ちょうこ
藤井(ふじい)長古　1784〜1854　江戸中期〜末期の茶人

釣壺　ちょうこ
釣壺　?〜1730　江戸中期の俳人

朝伍　ちょうご
朝伍　1762〜1806　江戸中期・後期の俳人

朝恒　ちょうこう
小禄(おろく)朝恒　1790〜1835　江戸後期の按司、歌人

長興　ちょうこう　⇔おさおき, ながおき
神保(じんぼ)長興　江戸後期・末期の幕臣

長孝　ちょうこう　⇔ながたか
広沢(ひろさわ)長孝　1619〜1681　江戸前期の歌人

長幸　ちょうこう　⇔おさゆき
多々良(たたら)長幸　江戸時代の浪華の刀工

長庚　ちょうこう
館(たち)長庚　江戸後期の郷土史家

長虹　ちょうこう
長虹　江戸前期の俳人

肇功　ちょうこう
蔡(さい)肇功　1656〜1737　江戸前期・中期の造暦官、漢詩人

長郷　ちょうごう　⇔ながさと
足立(あだち)長郷　1844〜1920　江戸末期〜大正期の人。「共鶩社」創設者

長五郎　ちょうごろう
長五郎　1691〜1761　江戸中期の孝子
長五郎　1745〜?　江戸中期の水夫
浅羽(あさば)長五郎　江戸後期の三浦郡横須賀村民
折茂(おりも)長五郎　江戸後期の彫物師
猿島屋(さしまや)長五郎　江戸中期の江戸商人
佐渡嶋(さどがしま)長五郎　1700〜1757　江戸中期の佐渡島流舞踊の後継者
式守(しきもり)長五郎　江戸後期の三浦相撲行司
末吉(すえよし)長五郎　江戸前期の武士
南川(みなみかわ)長五郎　江戸後期の野崎組大庄屋・梶取村地士
山田(やまだ)長五郎　江戸中期の西条藩家臣

長五郎真秀　ちょうごろうしんしゅう
長五郎真秀　江戸中期の放火犯

長勤　ちょうごん
長勤　?〜1571?　戦国・安土桃山時代の仏師

朝義　ちょうざ　⇔ちょうぎ, ともよし
宜野湾(ぎのわん)朝義　江戸後期の按司地頭

暢斎　ちょうさい
蒔田(まきた)暢斎　1738〜1801　江戸中期・後期の書家

朝斉　ちょうさい
国頭(くにがみ)朝斉　1686〜1747　江戸前期・中期の歌人

超西　ちょうさい
竺原(ちくげん)超西　南北朝時代の曹洞宗の僧

長済　ちょうさい　⇔ちょうせい
長済　1024〜1082　平安中期・後期の三論宗の僧・歌人

長斎　ちょうさい
放雀庵(ほうじゃくあん)長斎　1756〜1824　江戸中期・後期の俳人

長西　ちょうさい
長西　1184〜1228　鎌倉前期の浄土宗の僧

鳥斎　ちょうさい
呉(ご)鳥斎　江戸後期の絵師

渫斎　ちょうさい
石津(いわづ)渫斎　1823〜1883　江戸末期・明治期の広島の教育者

長左衛門　ちょうさえもん　⇔ちょうざえもん
石堂(いしどう)長左衛門　江戸前期の代官河合作兵衛、手代

長佐衛門　ちょうざえもん
林(はやし)長佐衛門　江戸末期の場所請負人。余市周辺道路を開発した

長左衛門　ちょうざえもん　⇔ちょうさえもん
長左衛門　江戸前期の鮮魚仲買商人
長左衛門　江戸中期の高野山寺領鎌滝村庄屋

長左衛門　1706～1784　江戸中期の人。渡辺家第11代。肝入
長左衛門　江戸中期の庄屋
長左衛門　江戸後期の農民・農学者
長左衛門　江戸末期の高野山寺領杖ヶ藪村農民
明石（あかし）長左衛門　江戸前期の豊臣秀次・加藤嘉明の家臣
秋月（あきづき）長左衛門　？～1652　江戸前期の豆腐製造創業者
浅羽（あさば）長左衛門　江戸後期の三浦郡横須賀村役人
飯島（いいじま）長左衛門　室町・戦国時代の武士
伊佐（いさ）長左衛門　江戸前期の金座役人
泉野（いずみの）長左衛門　江戸前期の代官
糸屋（いとや）長左衛門　江戸末期・明治期の商人
大樋（おおひ）長左衛門〔1代〕　1630～1712　江戸前期の陶工。大樋焼の祖
大樋（おおひ）長左衛門〔2代〕　1661～1747　江戸前期・中期の陶工
岡部（おかべ）長左衛門　安土桃山時代の織田信長の家臣
奥山（おくやま）長左衛門　1836～1915　江戸末期～大正期の篤行家
小鳥屋（おどりや）長左衛門　江戸中期の高山の町人
小針屋（おばりや）長左衛門　1723～1808　江戸中期・後期の川内の検断。山師として活躍
海堀（かいぼり）長左衛門　江戸中期の高野山寺領慈尊院村農民
鎰屋（かぎや）長左衛門　江戸前期の京都糸割符商人
久和（きゅうわ）長左衛門　江戸前期の浦十村、浦年寄、浦肝煎
熊木（くまき）長左衛門　江戸前期の武士
倉賀野（くらがの）長左衛門　1604～？　江戸前期の庄内藩士
黒岩（くろいわ）長左衛門　？～1805　江戸中期・後期の大笹の問屋
黒崎（くろざき）長左衛門　1787～1840　江戸中期・後期の俳人
小西（こにし）長左衛門　江戸中期の本草家
米屋（こめや）長左衛門　江戸中期の生地の村役人
坂下村（さこれむら）長左衛門　1711～1784　江戸中期の養蚕功労者
篠田（しのだ）長左衛門　戦国時代の雅楽助の一族
柴宮（しばみや）長左衛門　1747～1800　江戸後期の宮大工《柴宮長左衛門矩重》
柴山（しばやま）長左衛門　？～1632　安土桃山・江戸前期のキリシタン
染屋（そめや）長左衛門　江戸前期の京都糸割符商人
呑海屋（どかや）長左衛門　江戸前期の三崎湊の魚仲買人
徳や（とくや）長左衛門　江戸前期の京都糸割符商人
内藤（ないとう）長左衛門　江戸後期の福王郡代
成沢（なるさわ）長左衛門　安土桃山時代の武田氏・真田昌幸の家臣
橋本（はしもと）長左衛門　江戸末期の人。三島宿にいた箱根山廻り
比企（ひき）長左衛門　1645～1715　江戸前期・中期の幕臣、関東代官
日野屋（ひのや）長左衛門　江戸前期の商人
松山（まつやま）長左衛門〔5代〕　1809～1871　江戸後期～明治期の板柳町井筒屋松山家の5代目
山本（やまもと）長左衛門　？～1669　江戸前期の新田開発者

長左衛門矩重　ちょうざえもんのりしげ
柴宮（しばみや）長左衛門矩重　1747～1800　江戸後期の宮大工

長作　ちょうさく
高室（たかむろ）長作　1795～1863　江戸後期・末期の開拓者

長三郎　ちょうざぶろう
石浦村（いしうらむら）長三郎　？～1773　江戸中期の石浦村名主
川澄（かわずみ）長三郎　1756～？　江戸中期・後期の剣術家。新陰流
武重（たけしげ）長三郎　？～1704　江戸前期・中期の堰開発者
竹永（たけなが）長三郎　江戸後期の三浦郡横須賀村民
松本村（まつもとむら）長三郎　江戸後期の義民。松本村の百姓
湯屋村（ゆやむら）長三郎　？～1775　江戸中期の義民。益田郡湯屋村の百姓
吉田（よしだ）長三郎　江戸中期の茶人

長三郎隆宣　ちょうざぶろうたかのぶ
野間（のま）長三郎隆宣　安土桃山・江戸前期の豊臣秀吉・秀頼の家臣

蝶左坊　ちょうさぼう
蝶左坊　江戸中期の俳人

長珊　ちょうさん
猪苗代（いなわしろ）長珊　戦国・安土桃山時代の連歌師

朝山　ちょうざん
朝山　江戸前期の曹洞宗の僧

丁士　ちょうし
秋沢（あきざわ）丁士　1848～1908　江戸後期～明治期の蚕糸業の草分け

朝四　ちょうし
佐藤（さとう）朝四　1731～1792　江戸中期・後期の俳人

蝶之　ちょうし
人見（ひとみ）蝶之　1718～1768　江戸中期の俳人

長之　ちょうし　⇔ながゆき
長之　江戸前期の俳人

兆而　ちょうじ
河上（かわかみ）兆而　1706～1775　江戸中期の鶴岡に住んでいた俳諧師

朝茲　ちょうじ
屋嘉比（やかび）朝茲　江戸前期の国頭間切総地頭職

潮路　ちょうじ
鈴木（すずき）潮路　1789～1837　江戸後期の俳人

蝶二　ちょうじ
蝶二　？～1855　江戸後期・末期の俳人
一夢庵（いちむあん）蝶二　1826～1893　江戸後期

〜明治期の俳人

長次 ちょうじ ⇔ながつぐ
宮木(みやぎ)長次 1554〜1620 戦国〜江戸前期の豊臣秀吉の家臣、のち幕臣

長治 ちょうじ ⇔ながはる
船山(ふなやま)長治 1841〜1925 江戸末期〜大正期の篤農家

長七 ちょうしち
瓜巣村(うりすむら)長七 江戸中期の義民。瓜巣村の百姓
四宮(しのみや)長七 江戸中期の加太浦の民
服部(はっとり)長七 1842〜1919 江戸後期〜大正期の土木技術者

長七郎 ちょうしちろう
尾高(おだか)長七郎 1836〜1868 江戸末期の剣術家、尊攘運動家
真砂(まさご)長七郎 1845〜1896 江戸後期〜明治期の教育者

長七郎弘忠 ちょうしちろうひろただ
尾高(おだか)長七郎弘忠 1836〜1868 江戸末期の剣術家、尊攘運動家《尾高長七郎》

長実 ちょうじつ ⇔ながざね
長実 平安後期の天台宗の僧

瑒子内親王 ちょうしないしんのう
瑒子内親王 鎌倉後期・南北朝時代の皇女

瑒子内親王家宰相 ちょうしないしんのうけのさいしょう
瑒子内親王家宰相 鎌倉後期・南北朝時代の女房、歌人

釣寂 ちょうじゃく ⇔ちょうせき
釣寂 江戸前期の俳人

澄守 ちょうしゅ
澄守 鎌倉後期の僧侶・歌人

朝首 ちょうしゅ
越来(ごえく)朝首 1558〜1629 戦国〜江戸前期の越来親方

長守 ちょうしゅ ⇔ながもり
長守 992〜1068 平安中期・後期の園城寺僧

朝寿 ちょうじゅ
朝寿 ?〜1017 平安中期の僧

朝周 ちょうしゅう
塩谷(えんこく)朝周 ?〜1651 江戸前期の武士

長周 ちょうしゅう
小林(こばやし)長周 1783〜1829 江戸後期の和漢学者

長洲 ちょうしゅう
岡(おか)長洲 ?〜1767 江戸中期の儒者
城(じょう)長洲 1804〜1866 江戸後期・末期の漢詩人・医者
富田(とみた)長洲 1718〜1794 江戸中期・後期の儒者

長秀 ちょうしゅう ⇔ながひで
長秀 平安中期の唐からの渡来僧
北爪(きたづめ)長秀 戦国時代の赤城山南麓の武将

長秋 ちょうしゅう ⇔ながあき
仲村(なかむら)長秋 1832〜1904 江戸後期〜明治期の書家

鳥秋 ちょうしゅう
伊東(いとう)鳥秋 伊藤鳥秋に同じ
伊藤(いとう)鳥秋 ?〜1782 江戸後期の俳人

鳥習 ちょうしゅう
桐谷(きりたに)鳥習 江戸後期の華道家

晁洲 ちょうしゅう
小沢(おざわ)晁洲 1811〜1877 江戸後期〜明治期の日本画家

朝住 ちょうじゅう
向裔氏(しょうえいうじ)朝住 1758〜1806 江戸中期・後期の新城村・塩川村の耕作筆者
新里(しんざと)朝住 1650〜1713 江戸前期・中期の琉球古典音楽湛水流の大家

朝充 ちょうじゅう
奥間(おくま)朝充 1608〜1663 江戸前期の浦添間切嘉数地頭職

朝重 ちょうじゅう ⇔ともしげ
伊江(いえ)朝重 ?〜1912 江戸末期・明治期の首里士族
仲田(なかだ)朝重 ?〜1702 江戸前期・中期の人。琉球尚貞王代の三司官

長十郎 ちょうじゅうろう
長十郎 江戸中期の孝子
足羽(あすわ)長十郎 江戸後期の商人
柏倉(かしわぐら)長十郎 1790〜1854 江戸後期・末期の上山藩に生まれ、卜我と号した砲術家
木村(きむら)長十郎 ?〜1729 江戸中期の備前焼窯元・御細工人
坂本(さかもと)長十郎 1841〜1905 江戸後期〜明治期の発明家
広井(ひろい)長十郎 江戸前期の足柄下郡根府川村名主
万年(まんねん)長十郎 1696〜1733 江戸中期の美作国倉敷代官
森(もり)長十郎 江戸末期の陶工

長寿斎 ちょうじゅさい
鈴木(すずき)長寿斎 1822〜1886 江戸末期・明治期の鍛金家

澄舜 ちょうしゅん
澄舜 鎌倉時代の天台宗の僧・歌人
澄舜 戦国・安土桃山時代の天台宗の僧

朝舜 ちょうしゅん
観音寺(かんのんじ)朝舜 ?〜1690 江戸中期の僧、代官、琵琶湖水船奉行

長俊 ちょうしゅん ⇔ながとし
安倍(あべ)長俊 1837〜1912 江戸後期〜明治期の医師・教育者

長舜 ちょうしゅん
長舜 鎌倉時代の歌人
長舜 戦国時代の天台宗の僧

長純 ちょうじゅん ⇔ながすみ, ながずみ
長純 戦国時代の北条氏の家臣

長順　ちょうじゅん
長順　平安後期の仏師
長順　1817〜1867　江戸後期・末期の修験者
兆如　ちょうじょ
兆如　江戸中期・後期の俳人
朝叙　ちょうじょ
伊江（いえ）朝叙　？〜1745　江戸中期の具志川間切総地頭職、伊江島総地頭職
長助　ちょうじょ　⇔ちょうすけ
長助　平安後期の仏師
長助　1278〜1304　鎌倉後期の僧
澄昌　ちょうしょう
澄昌　江戸中期の白山本宮の長吏
朝祥　ちょうしょう
宜野湾（ぎのわん）朝祥　1765〜1827　江戸中期・後期の国相、歌人
向裔氏（しょうえいうじ）朝祥　1803〜1876　江戸後期〜明治期の下地大首里大屋子
聴松　ちょうしょう
佐野（さの）聴松　1811〜1868　江戸後期の医者
松田（まつだ）聴松　？〜1888　江戸末期・明治期の俳人
吉沢（よしざわ）聴松　1813〜1860　江戸後期・末期の漢詩人
超清　ちょうしょう
超清　1198〜1236　鎌倉前期の社僧・歌人
長勝　ちょうしょう　⇔おさかつ，ながかつ
下条（げじょう）長勝　戦国時代の武田氏家臣
長昭　ちょうしょう　⇔ながあき
長昭　1018〜1073　平安中期・後期の僧
長松　ちょうしょう　⇔ちょうまつ
滋岡（しげおか）長松　1757〜1830　江戸後期の神職
長清　ちょうしょう　⇔ながきよ
長清　戦国・安土桃山時代の社僧
長嘯　ちょうしょう
長嘯　？〜1837　江戸後期の俳人
大井（おおい）長嘯　1820〜1864　江戸後期の医者
斎昭　ちょうしょう
斎昭　安土桃山・江戸前期の天台宗の僧
朝常　ちょうじょう　⇔ともつね
護得久（ごえく）朝常　1850〜1910　江戸後期〜明治期の歌人
長乗　ちょうじょう　⇔ながのり
後藤（ごとう）長乗　1562〜1616　安土桃山・江戸前期の装剣金工
長城　ちょうじょう　⇔ながしろ，ながなり
渡辺（わたなべ）長城　1771〜1827　江戸後期の儒者
長松院　ちょうしょういん
長松院　？〜1745　江戸中期の女性。5代仙台藩主伊達吉村夫人
長生院　ちょうしょういん
長生院　？〜1616　安土桃山・江戸前期の女性。浅野長政の正室
長松院殿　ちょうしょういんでん
長松院殿　戦国時代の女性。伊勢宗瑞（北条早雲）の娘。宗哲の姉
長松園　ちょうしょうえん
井上（いのうえ）長松園　江戸後期の狂歌師
寵松軒　ちょうしょうけん
福田（ふくだ）寵松軒　江戸中期の歌舞伎脚本家
長四郎　ちょうしろう
長四郎　1759〜1826　江戸後期の小豆島村農民
石井（いしい）長四郎　江戸後期の高座郡茅ヶ崎村民
渋江（しぶえ）長四郎　1854〜1929　江戸末期〜昭和期の仏師、人形師
高橋（たかはし）長四郎　1605〜1657　江戸前期の大肝煎
中井（なかい）長四郎　1827〜1897　江戸末期・明治期の岐阜県会議員
福士（ふくし）長四郎　江戸中期の接骨医
宮崎（みやざき）長四郎　1754〜？　江戸後期の御鉄砲町打場見廻役
長次朗　ちょうじろう
土屋（つちや）長次朗　1840〜1923　江戸末期〜大正期の軽井沢天然製氷の創始者
長次郎　ちょうじろう
石川（いしかわ）長次郎　江戸末期の和算家、旧福山藩士
伊藤（いとう）長次郎〔4代〕　1837〜1895　江戸後期〜明治期の金融産業功労者
漆垣内村（うるしがいとむら）長次郎　江戸後期の義民。漆垣内村の百姓
神崎屋（かんざきや）長次郎　江戸前期・中期の商人。はんぺん「神茂」の初代
木村（きむら）長次郎　江戸前期の豊臣秀頼・井伊直孝の家臣
小泉（こいずみ）長次郎〔1代〕　江戸中期・後期の長唄囃子方
柴山（しばやま）長次郎　安土桃山時代の織田信長の家臣
峯村（みねむら）長次郎　江戸後期の寺子屋師匠
吉田（よしだ）長次郎　1841〜1901　江戸後期〜明治期の産米改良の大先達
長治郎　ちょうじろう
大泉（おおいずみ）長治郎　1841〜？　江戸後期〜明治期の富豪
浜崎（はまさき）長治郎　1801〜1869　江戸後期〜明治期の蒔絵師
長次郎義春　ちょうじろうよしはる
木曽（きそ）長次郎義春　安土桃山・江戸前期の武士
澄心　ちょうしん
澄心　？〜1014　平安中期の大和東大寺の学僧
澄真　ちょうしん
澄真　1069〜1096　平安後期の天台僧
澄辰　ちょうしん
澄辰　室町時代の白山本宮の長吏
長真　ちょうしん
長真　1144〜？　平安後期の天台宗の僧・歌人
多門坊（たもんぼう）長真　戦国時代の神職。駿河

国須津荘中里の八幡宮別当
澄尋　ちょうじん
澄尋　鎌倉時代の天台宗の僧
聴心斎　ちょうしんさい
難波(なんば)聴心斎　1715〜1777　江戸中期の医師
朝睡　ちょうすい
中津(なかつ)朝睡　江戸前期の著述家
潮水　ちょうすい
潮水　1814〜1886　江戸後期〜明治期の俳人
佐々木(ささき)潮水　1820〜1896　江戸後期〜明治期の羽前山形五日町の開業医
聴水　ちょうすい
聴水　江戸後期の俳人
蝶酔　ちょうすい
蝶酔　1736〜1811　江戸中期・後期の俳人・商家
超翠　ちょうすい
杉野(すぎの)超翠　？〜1885　江戸後期〜明治期の金沢の俳人
長水　ちょうすい
長水　？〜1698　江戸前期・中期の俳人
竹内(たけうち)長水　1729〜1787　江戸中期の儒者
竹内(たけのうち)長水　竹内長水に同じ
藪(やぶ)長水　1814〜1867　江戸末期の画家
頂水　ちょうすい
松尾(まつお)頂水　1838〜1894　江戸後期〜明治期の俳諧連歌の俳人
鳥酔　ちょうすい
熊沢(くまざわ)鳥酔　1730〜1808　江戸中期・後期の俳人
澂水　ちょうすい
張(ちょう)澂水　江戸中期の漢学者
長助　ちょうすけ　⇔ちょうじょ
長助　江戸中期の漂流民
沢田(さわだ)長助〔2代〕　1827〜1911　江戸後期〜明治期の五所川原の資産家
高藤(たかふじ)長助　1848〜1924　江戸末期〜大正期の地域功労者
矢頭(やこうべ)長助　？〜1702　江戸前期・中期の赤穂浪士
澄世　ちょうせい
澄世　鎌倉後期の僧侶・歌人
澄成　ちょうせい
澄成　平安後期の真言宗の僧・歌人
澄盛　ちょうせい
澄盛　？〜1783　江戸中期の白山本宮の長吏
朝省　ちょうせい
宣果亭(せんかてい)朝省　江戸後期の狂歌作者
朝盛　ちょうせい
越来(ごえく)朝盛　1650〜1698　江戸前期・中期の人。尚貞王代の首里士族
朝誠　ちょうせい
越来(ごえく)朝誠　1621〜1695　江戸前期・中期の人。琉球尚貞王代の三司官
長済　ちょうせい　⇔ちょうさい
長済　1024〜1082　平安中期・後期の三論宗の僧・歌人《長済》
長成　ちょうせい　⇔ながなり
長成　1794〜1831　江戸後期の俳人
長盛　ちょうせい　⇔ながもり
長盛　？〜1855　江戸後期・末期の真言宗の僧・俳人
大蔵(おおくら)長盛　戦国時代の鎌倉の仏師
長生舎主人　ちょうせいしゃしゅじん
長生舎主人　江戸後期の本草家
釣寂　ちょうせき　⇔ちょうじゃく
細井(ほそい)釣寂　江戸中期の俳人
聴雪　ちょうせつ
桑原(くわばら)聴雪　1804〜1889　江戸末期・明治期の華道家
長雪　ちょうせつ
長雪　1688〜？　江戸前期・中期の俳人
釣雪　ちょうせつ
釣雪　江戸中期の俳人
釣雪老人　ちょうせつろうじん
釣雪老人　室町時代の奉行人・出家者
聴仙　ちょうせん
聴仙　戦国時代の僧
長川　ちょうせん　⇔ながかわ
池野(いけの)長川　1774〜1819　江戸中期・後期の漢学者
長泉　ちょうせん
長泉　戦国時代の人。鶴岡八幡宮内の神宮寺造営費勧進の本願主
澄全　ちょうぜん
澄全　南北朝時代の白山本宮の長吏
長善　ちょうぜん　⇔ながよし
大関(おおぜき)長善　江戸末期の蘭方医
潮鼠　ちょうそ
潮鼠　江戸中期の俳人
朝宗　ちょうそう　⇔ともむね
朝宗　江戸後期の曹洞宗の僧
朝叟　ちょうそう
石内(いしうち)朝叟　江戸前期・中期の俳人
潮叟　ちょうそう
石川(いしかわ)潮叟　？〜1880　江戸末期・明治期の幕臣
聴聡　ちょうそう
聴聡　南北朝時代の天台宗の僧
長宗　ちょうそう　⇔ながむね
長宗　平安後期の勧修寺・石山寺の僧
長宗　平安後期・鎌倉前期の園城寺僧
長三　ちょうぞう
土師(はじの)長三　平安前期・中期の陶工
長蔵　ちょうぞう
長蔵　1779〜1856　江戸中期〜末期の妙好人
石田(いしだ)長蔵　戦国時代の武田氏家臣
乙部(おとべ)長蔵　江戸前期の盛岡藩家臣

金子(かねこ)長蔵 1782〜1843 江戸中期・後期の宇田浦年寄役
剣持(けんもち)長蔵 1737〜1817 江戸中期・後期の名主
劔持(けんもち)長蔵 剣持長蔵に同じ
鈴木(すずき)長蔵 1834〜? 江戸後期・末期の新撰組隊士
高木(たかぎ)長蔵 1832〜1886 江戸後期〜明治期の東区元町開発の先駆者
三ツ谷村(みつだにむら)長蔵 ?〜1773 江戸中期の義民・三ツ谷村の名主
吉村(よしむら)長蔵 ?〜1673 江戸前期の天文学者

長造 ちょうぞう
宇苗(うなえ)長造 1838〜1916 江戸末期〜大正期の奥尻島開発功労者
平沢(ひらさわ)長造 1826〜1901 江戸後期〜明治期の製糸業者
楽(らく)長造 1797〜1860 江戸後期・末期の京焼の陶工

ち

挺三 ちょうぞう ⇔ていぞう
高畑(たかはた)挺三 1858〜1910 江戸末期・明治期の医師

超尊 ちょうそん
超尊 江戸中期の浄土真宗の僧

長尊 ちょうそん
長尊 平安後期の仏師
長尊 鎌倉前期以前の僧侶・歌人
長尊 室町時代の僧

長沢 ちょうたく
徳陰(とくいん)長沢 ?〜1739 江戸中期の僧

朝達 ちょうたつ
玉川(たまがわ)朝達 1826〜1862 江戸後期・末期の尚灝王第6王子

長太夫 ちょうだゆう
荒砂(あらすな)長太夫 江戸前期・中期の力士
大屋(おおや)長太夫 江戸前期の義人
鳥居(とりい)長太夫 戦国時代の武将。武田家臣
早雲(はやくも)長太夫 江戸前期の歌舞伎役者、名代
真木(まき)長太夫 江戸中期の豪商

長大夫 ちょうだゆう
星野(ほしの)長大夫 ?〜1658 江戸前期の石川康通・忠総の家臣

長太夫不伝 ちょうだゆうふでん
伊藤(いとう)長太夫不伝 ?〜1687 江戸前期の松江藩お抱え武術家

長太郎 ちょうたろう
阿部(あべ)長太郎 1807〜1874 江戸後期〜明治期の遠田郡南方肝入
内山(うちやま)長太郎 1804〜1883 江戸後期〜明治期の植木職人
関口(せきぐち)長太郎 1859〜1896 江戸末期・明治期の西尾藩士
初谷(はつがい)長太郎 1848〜1904 江戸後期〜明治期の織物器械の発明家

朝置 ちょうち
護得久(ごえく)朝置 1827〜1908 江戸後期〜明治期の歌人

朝致 ちょうち
国頭(くにがみ)朝致 ?〜1635 安土桃山・江戸前期の人。琉球尚豊王代の三司官

張著 ちょうちょ
上野(うえの)張著 江戸中期の和算家

朝暢 ちょうちょう
北谷(ちゃたん)朝暢 1607〜1667 江戸前期の人。琉球尚質王代の三司官

蝶々子 ちょうちょうし
蝶々子 江戸前期の俳人《神田貞宣》
蝶々子 江戸前期・中期の俳人

朝陳 ちょうちん
高良(たから)朝陳 1737〜1786 江戸中期の宜野湾間切高良地頭職

朝貞 ちょうてい ⇔あささだ, ともさだ
金武(きん)朝貞 1600〜1663 安土桃山・江戸前期の国相

長禎 ちょうてい
吉田(よしだ)長禎 江戸後期の医者

朝哲 ちょうてつ
今帰仁(なきじん)朝哲 1665〜1742 江戸前期・中期の今帰仁間切総地頭職

長哲 ちょうてつ
匠山(しょうざん)長哲 1517〜1582 戦国・安土桃山時代の甲斐広厳院の7世住職

朝典 ちょうてん
豊原(とよはら)朝典 1740〜1803 江戸中期・後期の琉球古典音楽家

長伝 ちょうでん
尾関(おぜき)長伝 江戸中期の茶人
相玉(そうぎょく)長伝 戦国時代の僧侶・歌人
田村(たむら)長伝 ?〜1591 戦国・安土桃山時代の医師

彫棠 ちょうとう
青地(あおち)彫棠 ?〜1713 江戸前期・中期の松山藩医師・俳人

長統 ちょうとう
清原(きよはらの)長統 平安前期の官人

長董 ちょうとう
長董 江戸前期の農民

暢道 ちょうどう
暢道 1748〜1790 江戸中期・後期の浄土真宗の僧

潮堂 ちょうどう
中山(なかやま)潮堂 1817〜1893 江戸末期・明治期の俳人

朝暾 ちょうとん
貴志(きし)朝暾 ?〜1857 江戸後期・末期の幕臣

長呑 ちょうどん
長呑 ?〜1414 室町時代の浄土宗の僧
長呑 ?〜1658 江戸前期の浄土宗の僧

澄仁　ちょうにん
澄仁　1066～1118　平安後期の僧

長仁　ちょうにん
長仁　？～920　平安前期・中期の熊野別当
長仁　平安後期の散楽法師

長任　ちょうにん
長任　1391～1483　室町時代の僧侶

澄然　ちょうねん
澄然　江戸中期の天台宗の僧

超然　ちょうねん
超然　？～1717　江戸前期・中期の浄土宗の僧

長年　ちょうねん　⇔ながとし
関(せき)長年　1813～1877　江戸後期～明治期の日本画家

奝然　ちょうねん
奝然　938～1016　平安中期の東大寺の僧

長之助　ちょうのすけ
菊池(きくち)長之助　江戸末期の和算家
小芝(こしば)長之助　1829～1916　江戸後期～大正期の将軍家御庭番
畠山(はたけやま)長之助　1837～1923　江戸末期～大正期の摂待村肝入

彫波　ちょうは
彫波　江戸中期の俳人

潮白　ちょうはく
潮白　江戸前期の俳人

長博　ちょうはく　⇔ながひろ
若林(わかばやし)長博　1719～1812　江戸後期の大蔵院12世。漢方医

長八　ちょうはち
甲村(かぶとむら)長八　江戸後期の阿多野郷甲村の人

朝範　ちょうはん
朝範　？～1078　平安中期・後期の天台宗の僧・歌人

長範　ちょうはん　⇔ながのり
長範　？～1141　平安後期の僧

長兵衛　ちょうびょうえ　⇔ちょうべい, ちょうべえ, ちょうべえい
高柿(たかがき)長兵衛　江戸前期の織田信包の家臣
森嶋(もりしま)長兵衛　？～1615　江戸前期の伊東長次の甥で猶子

長兵衛正次　ちょうびょうえまさつぐ
近藤(こんどう)長兵衛正次　1593～？　安土桃山時代の長宗我部盛親・森忠政の家臣

朝扶　ちょうふ
喜屋武(きゃん)朝扶　江戸末期・明治期の首里士族

朝敷　ちょうふ
今帰仁(なきじん)朝敷　1847～1915　江戸末期～大正期の琉球王族

長父　ちょうふ
長父　江戸前期の俳人

長風　ちょうふう
中野(なかの)長風　？～1850　江戸後期の幕臣

長諷　ちょうふう
稲垣(いながき)長諷　江戸中期の歌人

兆風子　ちょうふうし
辻堂(つじどう)兆風子　江戸前期の浮世草子作者

蝶風子　ちょうふうし
蝶風子　江戸中期の雑俳点者

調伏丸　ちょうぶくまろ
調伏丸　平安時代の盗人

朝平　ちょうへい
朝平　？～1844　江戸後期の俳人
伊江(いえ)朝平　1793～1835　江戸後期の按司。沖縄三十六歌仙の一人

調平　ちょうへい
栗須(くりす)調平　1782～1868　江戸中期～末期の篤農家
松本(まつもと)調平　1818～1889　江戸後期～明治期の黒羽藩士、勧農方の役人。『勧農教諭書』の著者

長平　ちょうへい　⇔ちょうべい
長平　1762～1821　江戸中期・後期の漂流民
及川(おいかわ)長平　1854～1894　江戸末期・明治期の地域振興功労者
野村(のむら)長平　1762～1821　江戸中期・後期の漂流者
湯川(ゆかわ)長平　1811～1884　江戸末期の家塾塾生

長兵衛　ちょうべい　⇔ちょうびょうえ, ちょうべえ, ちょうべえい
長兵衛　江戸後期の孝子
大河(おおかわ)長兵衛　江戸前期の改役人
千(せんの)長兵衛　？～1693　江戸前期・中期の阿波藩札の座元

長平　ちょうべい　⇔ちょうへい
岩崎(いわさき)長平　1819～1892　江戸後期～明治期の篤農家
笹沼(ささぬま)長平　1828～1894　江戸末期・明治期の庄屋、郷村取締役、栃木県議会議員
志摩(しま)長平　1851～1918　江戸末期～大正期の実業家
高橋(たかはし)長平　1839～1910　江戸末期・明治期の貿易商

調兵衛　ちょうべえ
永田(ながた)調兵衛　江戸時代の書肆

長兵衛　ちょうべえ　⇔ちょうびょうえ, ちょうべい, ちょうべえい
長兵衛　江戸前期の百姓
長兵衛　江戸前期の陶工
長兵衛　江戸中期の装剣金工
長兵衛　江戸後期の大川浦廻船業者
長兵衛　江戸末期の北湊村蜜柑積送人
荒川(あらかわ)長兵衛　？～1618　安土桃山・江戸前期の馬術家
池田屋(いけだや)長兵衛　江戸末期・明治期の大町人
伊予屋(いよや)長兵衛　1697～1769　江戸中期の商家

植村（うえむら）長兵衛　横田長兵衛に同じ
榎倉（えのくら）長兵衛　戦国時代の伊勢神宮の御師
及川（おいかわ）長兵衛　江戸中期の二子地域の干拓者
大坂屋（おおさかや）長兵衛　江戸中期の醸造家。大関の創始者
大橋（おおはし）長兵衛　安土桃山時代の織田信長の家臣
小川屋（おがわや）長兵衛　1791〜1840　江戸後期の黒江村漆器職人
蒲（かば）長兵衛　江戸末期の医師
川口（かわぐち）長兵衛　江戸中期の藩士
木村（きむら）長兵衛　1854〜1888　江戸末期・明治期の足尾鉱長
小泉（こいずみ）長兵衛　江戸時代の弘前藩士
小島（こじま）長兵衛　江戸中期の弘前城下の質屋、酒造業
堺屋（さかいや）長兵衛　江戸前期の京都糸割符商人
酒谷（さかや）長兵衛　1832〜？　江戸後期〜明治期の北前船主
塩屋（しおや）長兵衛　江戸後期・末期の版元
高橋（たかはし）長兵衛　1793〜1852　江戸後期の文人
田中（たなか）長兵衛　安土桃山時代の醸造家。醤油醸造の先駆者
花川戸の（はなかわどの）長兵衛　江戸前期の割元業
富士屋（ふじや）長兵衛　江戸中期の書肆
前野（まえの）長兵衛　？〜1561　安土桃山時代の織田信長の家臣
三留（みとめ）長兵衛　江戸後期の三浦郡横須賀村民
毛利（もうり）長兵衛　江戸時代の庄内藩士
奴（やっこ）長兵衛　江戸後期の木工
横田（よこた）長兵衛　？〜1863　江戸後期・末期の新撰組隊士？

長兵衛　ちょうべえい　⇔ちょうびょうえ, ちょうべい, ちょうべえ
大岡（おおおか）長兵衛　1802〜1882　江戸後期〜明治期の八戸商家の家記の著者

長兵衛重勝　ちょうべえしげかつ
大竹（おおたけ）長兵衛重勝　江戸時代の浜田藩の代官

長兵衛尉　ちょうべえのじょう
菊屋（きくや）長兵衛尉　江戸前期の商人

長弁　ちょうべん
長弁　鎌倉時代の僧
花光坊（かこうぼう）長弁　南北朝時代の僧侶

朝睦　ちょうぼく
伊江（いえ）朝睦　1731〜？　江戸中期の琉球の三司官
伊是名（いぜな）朝睦　1853〜1920　江戸末期〜大正期の尚家家扶
国場（こくば）朝睦　1661〜1722　江戸前期・中期の按司、歌人

長松　ちょうまつ　⇔ちょうしょう
熊木（くまき）長松　1681〜1775　江戸前期・中期の僧侶
小泊の（こどまりの）長松　1734〜？　江戸中期の漂流民

長民　ちょうみん
藤野（ふじの）長民　1806〜1876　江戸後期〜明治期の蘭医

忠明　ちょうめい　⇔ただあき, ただあきら
竹尾（たけお）忠明　？〜1847　江戸後期の幕臣《竹尾忠明》

暢明　ちょうめい
西蔵寺（さいぞうじ）暢明　1823〜1888　江戸後期〜明治期の歌僧

朝明　ちょうめい　⇔ともあきら
義村（よしむら）朝明　1830〜1898　江戸後期〜明治期の琉球の政治家

長明　ちょうめい　⇔ながあき, ながあきら
長明　？〜966　平安中期の火定した戸隠山の修験僧
幸若（こうわか）長明　1641〜1707　江戸前期・中期の舞曲大夫

澄有　ちょうゆう
澄有　鎌倉時代の山伏

澄融　ちょうゆう
澄融　江戸末期の天台宗の僧

朝猷　ちょうゆう
朝猷　平安後期の宇治平等院の供僧

朝由　ちょうゆう
田島（たじま）朝由　1655〜1737　江戸前期・中期の琉球の三司官

朝祐　ちょうゆう
金武（きん）朝祐　1685〜1732　江戸前期・中期の金武王子。唐名は尚永泰

長勇　ちょうゆう
長勇　905〜982　平安中期の天台僧

長有　ちょうゆう　⇔ながあり
伊藤（いとう）長有　1820〜1875　江戸後期〜明治期の漢学者

長祐　ちょうゆう　⇔ながすけ
宅間（たくま）長祐　沢間長祐に同じ
沢間（たくま）長祐　南北朝時代の画家

長裕　ちょうゆう　⇔ながひろ, ながみち
近藤（こんどう）長裕　？〜1807　江戸後期の剣術家

鳥友　ちょうゆう
鳥友　江戸前期の天台宗の僧

徴余　ちょうよ
篠原（しのはら）徴余　1788〜1855　江戸後期・末期の書家

朝誉　ちょうよ
朝誉　1229〜？　鎌倉前期・後期の天台宗の僧

超誉　ちょうよ
超誉　1625〜1696　江戸前期・中期の僧

澄遙　ちょうよう
澄遙　江戸後期〜明治期の長吏

朝陽　ちょうよう
朝陽　江戸前期の僧侶
古賀（こが）朝陽　1773〜1837　江戸中期・後期の医者、漢学者

田中（たなか）朝陽　1734〜1799　江戸中期・後期の酒造業。学徳兼備の人と称された

長容　ちょうよう　⇔ながかた，ながやす
岩崎（いわざき）長容　江戸時代の忍藩松平下総守家の勘定奉行

長雍　ちょうよう
脇（わき）長雍　江戸後期の画家

蝶羅　ちょうら
下里（しもざと）蝶羅　江戸中期の鳴海の俳人

長利　ちょうり　⇔ながとし
長利　飛鳥時代の僧

鯛鯉鮒　ちょうりふ
源語楼（げんごろう）鯛鯉鮒　江戸後期の川魚商、風流人

朝隆　ちょうりゅう
北谷（ちゃたん）朝隆　江戸後期の大宜味間切按司地頭

長竜　ちょうりゅう　⇔ながたつ
鵜殿（うどの）長竜　？〜1568　戦国・安土桃山時代の徳川氏の家臣

朝亮　ちょうりょう
大里（おおざと）朝亮　1647〜1686　江戸前期の人。琉球の尚質王の次子

長陵　ちょうりょう
小林（こばやし）長陵　1837〜1874　江戸後期〜明治期の画家

長林院　ちょうりんいん
長林院　戦国時代の女性。北条氏康の五女

朝嶺　ちょうれい
伊集（いじゅ）朝嶺　1773〜1802　江戸中期・後期の尚温王の官生

鳥路　ちょうろ
小見（おみ）鳥路　？〜1808　江戸中期・後期の俳人

蝶六　ちょうろく
蝶六　？〜1768　江戸中期の俳人

長六郎　ちょうろくろう
鶴瀬（つるせ）長六郎　1597〜1676　安土桃山・江戸前期の華道家

調和　ちょうわ
堀尾（ほりお）調和　？〜1743　江戸中期の俳人

樗雲　ちょうん
樗雲　江戸中期・後期の俳人
樗雲〔1代〕　江戸中期の俳人
樗雲〔2代〕　樗雲に同じ

千代江　ちよえ
内藤（ないとう）千代江　1844〜1895　江戸後期〜明治期の貞女

樗影　ちょえい
樗影　江戸末期の俳人

樗園　ちょえん
杉本（すぎもと）樗園　1770〜1836　江戸中期・後期の医者
長山（ながやま）樗園　江戸末期の幕臣

楮園　ちょえん
菅野（かんの）楮園　1769〜1819　江戸中期・後期の書家
角田（つのだ）楮園　江戸時代の姫路藩士

千代吉　ちよきち
堺（さかい）千代吉　1844〜1922　江戸末期〜大正期の北海道漁業開拓の先達

直　ちょく　⇔あたい，あたえ，すなお，ただし，なお
安藤（あんどう）直　江戸後期の高座郡一之宮寒川社大祝
岡田（おかだ）直　？〜1859　江戸後期・末期の国学者
倉内（くらうち）直　江戸後期の医者

直愛　ちょくあい
田付（たつけ）直愛　1810〜1879　江戸後期〜明治期の幕臣

直温　ちょくおん　⇔なおあつ，なおはる
太田（おおた）直温　？〜1830　江戸末期の数学者《太田直温》

直瑚　ちょくこ
伊部（いべ）直瑚　江戸後期の和算家

直宰　ちょくさい
中島（なかじま）直宰　？〜1856　江戸末期の佐渡奉行、鑓奉行

直斎　ちょくさい
中村（なかむら）直斎　1757〜1839　江戸中期・後期の藩士
御牧（みまき）直斎　1739〜1837　江戸中期・後期の儒学者

直山人　ちょくさんじん
唐沢（からさわ）直山人　？〜1863　江戸後期の地方狂歌作者

直識　ちょくしき
阿嘉（あか）直識　1721〜1784　江戸中期の大田親雲上、銭氏10世

直信　ちょくしん　⇔なおのぶ
袴田（はかまだ）直信　安土桃山・江戸前期の代官
山口（やまぐち）直信　江戸後期・末期の幕臣

直生　ちょくせい
直生　江戸中期の俳人

直増　ちょくぞう　⇔なおます
親泊（おやどまり）直増　1677〜1734　江戸前期・中期の平敷屋・友寄事件に連座して斬罪となった人

直道　ちょくどう　⇔なおみち
小田切（おだぎり）直道　1838〜？　江戸後期の幕臣《小田切直道》
竹垣（たけがき）直道　1807〜1869　江戸後期〜明治期の幕臣《竹垣直道》

直包　ちょくほう
幸若（こうわか）直包　1776〜1843　江戸中期・後期の舞曲大夫

直養　ちょくよう　⇔なおかい，なおやす
二見（ふたみ）直養　1657〜1733　江戸前期・中期

の漢学者

直良　ちょくりょう　⇔なおよし

黒田（くろだ）直良　江戸後期の幕臣

幸若（こうわか）直良　？～1727　江戸前期・中期の舞曲大夫

直林　ちょくりん

幸若（こうわか）直林　1640～1696　江戸前期・中期の舞曲大夫

樗軒　ちょけん

目々沢（めめざわ）樗軒　1746～1812　江戸中期・後期の漢学者

千代子　ちよこ

八戸（はちのへ）千代子　？～1615　安土桃山・江戸前期の女性。三戸城主（盛岡初代藩主）南部信直の長女

樗斎　ちょさい

武井（たけい）樗斎　江戸後期の漢学者

吉益（よします）樗斎　？～1854　江戸後期の医家

千代寿　ちよじゅ

井伊（いい）千代寿　戦国時代の遠江国人

井出（いで）千代寿　戦国時代の今川氏の家臣

樗洲　ちょしゅう

服部（はっとり）樗洲　？～1711　江戸前期・中期の儒者

千代寿丸　ちよじゅまる

北条（ほうじょう）千代寿丸　鎌倉後期の武士

千代女　ちよじょ

喜田川（きたがわ）千代女　江戸後期の絵師

千代蔵　ちよぞう

池田（いけだ）千代蔵　1822～1886　江戸後期～明治期の宗教家

千代大夫　ちよだゆう

千代大夫　戦国時代の伊豆の舞々

苧々　ちょちょ

上条（かみじょう）苧々　1804～1881　江戸後期～明治期の俳人

樗堂　ちょどう

平井（ひらい）樗堂　？～1830　江戸後期の藩士・漢学者

山田（やまだ）樗堂　江戸後期の画家

千世姫　ちよひめ

千世姫　1580～1641　安土桃山・江戸前期の女性。前田利家の七女、母は芳春院

樗平　ちょへい

樗平　1727～1791　江戸中期・後期の俳諧作者

千代松　ちよまつ

中村（なかむら）千代松　安土桃山時代の遠江国周智郡天宮郷にある天宮明神社の神主

千代丸　ちよまる

北条（ほうじょう）千代丸　鎌倉後期の武士

千世麻呂　ちよまろ

直（あたいの）千世麻呂　平安前期の官人

千世売　ちよめ

他田舎人（おさだのとねり）千世売　奈良時代の女性。信濃国伊那郡の人。貞節の人

千与本　ちよもと

他戸（おさべの）千与本　平安前期の官人

猪来　ちょらい

蓑虫庵（みのむしあん）猪来　江戸後期の俳人

樗路　ちょろ

樗路　江戸中期の俳諧作者

千世若　ちよわか

千世若　戦国時代の能面師

知来　ちらい

智教院（ちきょういん）知来　江戸末期の歌僧

地雷　ちらい

黙要（もくよう）地雷　江戸中期の曹洞宗の僧

智竜　ちりゅう

雲外（うんがい）智竜　江戸前期の曹洞宗の僧

遅流　ちりゅう

遅流　1779～1855　江戸中期～末期の俳諧師

智輪　ちりん

釈（しゃく）智輪　1819～1897　江戸後期～明治期の天台宗僧

智玲　ちれい

大蘇（だいそ）智玲　？～1793　江戸中期・後期の臨済宗の僧

智礼　ちれい

智礼　江戸中期の浄土真宗の僧

知緑　ちろく

野村（のむら）知緑　1834～1895　江戸後期～明治期の俳人

珍阿　ちんあ

珍阿　江戸中期の茶人

陳阿　ちんあ

陳阿　1778～1853　江戸中期・後期の浄土宗の僧

珍恵　ちんえ

珍恵　南北朝時代以前の僧侶・連歌作者

鎮栄　ちんえい

鎮栄　室町時代の修験僧

鎮衛　ちんえい

井関（いせき）鎮衛　1850～1925　江戸末期～大正期の村民から信頼された教育者

椿園　ちんえん

浦辺（うらべ）椿園　江戸中期の小説家

珍賀　ちんが

珍賀　平安後期の宿曜師

珍海　ちんかい

珍海　戦国時代の僧。那智山滝本執行

珍海　1502～？　戦国時代の天台宗の僧

鎮海　ちんかい

鎮海　？～1375　南北朝時代の僧侶

珍覚　ちんかく

珍覚　鎌倉前期の法相宗の僧・歌人

珍牛　ちんぎゅう

珍牛　1743～1822　江戸中期・後期の僧

沈空　ちんくう

沈空　南北朝時代の浄土宗の僧

珍慶　ちんけい
珍慶　平安後期の天台宗の僧
矢立(やたて)珍慶　1821～1894　江戸末期・明治期の金銀細工師

椿渓　ちんけい
酒井(さかい)椿渓　1851～1921　江戸末期～大正期の画家

珍兼　ちんけん
珍兼　平安後期の天台宗の僧

陳玄　ちんげん
寺島(てらしま)陳玄　1746～1818　江戸中期・後期の和算家

椿原　ちんげん
本覚寺(ほんがくじ)椿原　？～1853　江戸後期の僧。上宝村の本覚寺の住職

珍古楼主人　ちんころうしゅじん
珍古楼主人　江戸後期の書肆。「甘蔗百珍」の編者

椿山　ちんざん
金沢(かなざわ)椿山　1813～1882　江戸後期～明治期の商家
佐藤(さとう)椿山　江戸後期の医者

枕山　ちんざん
安部(あべ)枕山　1851～1911　江戸後期～明治期の画家

陳子　ちんし
氷室(ひむろ)陳子　1798～1867　江戸後期・末期の歌人

鎮秀　ちんしゅう
赤曽布(あかそふ)鎮秀　戦国時代の婦負郡斉藤氏の被官

鎮勝　ちんしょう　⇔しげかつ
窪田(くぼた)鎮勝　1808～？　江戸後期の武士《窪田治部右衛門》

陳人　ちんじん
越(えつ)陳人　1836～1916　江戸末期～大正期の画家

陳水　ちんすい
石原(いしはら)陳水　江戸後期の漢学者

椿宗　ちんそう
椿宗　1779～1853　江戸後期の上宝村の本覚寺15世

鎮増　ちんぞう
鎮増　1375～？　南北朝・室町時代の天台宗の僧

椿岱　ちんたい
椿岱　1807～1894　江戸後期～明治期の俳人

椿亭　ちんてい
鈴木(すずき)椿亭　1765～1829　江戸中期・後期の漢学者

椿唐　ちんとう
椿唐　江戸中期の作家

椿堂　ちんどう
阿部(あべ)椿堂　1795～1855　江戸後期・末期の文人
徳田(とくだ)椿堂　1758～1825　江戸中期・後期の俳人

珍平　ちんぺい
岸(きし)珍平　江戸末期の従者。1860年遣米使節に随行しアメリカに渡る

珍宝丸　ちんぽうまる
油川(あぶらかわ)珍宝丸　？～1508　戦国時代の武田氏の家臣

珍朴　ちんぼく
太田原(おおたはら)珍朴　1814～1891　江戸後期～明治期の不白流の茶人

珍苗　ちんみょう
山田(やまだ)珍苗　1778～1842　江戸中期・後期の和塾師匠、修験者

珍祐　ちんゆう
珍祐　1398～？　室町時代の社僧
珍祐　？～1504　戦国時代の浄土真宗の僧
珍祐　？～1643　江戸前期の天台宗の僧

鎮宥　ちんゆう
鎮宥　戦国時代の天台宗の僧

鎮祐　ちんゆう
鎮祐　江戸中期の天台宗の僧

枕楽　ちんらく
枕楽　江戸中期の雑俳点者

沈流　ちんりゅう
吉川(よしかわ)沈流　1708～1773　江戸中期の歌人

椿嶺　ちんれい
四景(しけい)椿嶺　江戸後期の俳人

椿齢　ちんれい
椿齢　江戸後期の俳人

【つ】

対山　ついざん　⇔たいざん
七尾(ななお)対山　1817～1897　江戸末期・明治期の日本画家

通庵　つうあん
東条(とうじょう)通庵　江戸時代の医者

通運　つううん
小沢(おざわ)通運　1800～1837　江戸後期の医師

通円　つうえん
通円　安土桃山時代の茶人

通海　つうかい
通海　1234～1305　鎌倉前期・後期の真言宗の僧
通海　鎌倉後期の真言宗の僧・歌人

通寛　つうかん
通寛　1757～1817　江戸中期・後期の僧侶
渡嘉敷(とかしき)通寛　1794～1849　江戸後期の医師

通起　つうき
渡嘉敷(とかしき)通起　？～1866　江戸後期・末期の種痘医

通卿　つうきょう
河野(こうの)通卿　1832～1899　江戸後期～明治

期の教育者
通暁　つうぎょう
通暁　南北朝時代の画家
通訓　つうくん　⇔みちくに
河野(こうの)通訓　江戸後期・末期の幕臣《河野通訓》
通憲　つうけん
顕令(けんれい)通憲　?〜1681　江戸前期の臨済宗の僧
通元　つうげん　⇔みちもと
通元　鎌倉後期以前の僧侶・歌人
通玄　つうげん
通玄　1635〜1704　江戸前期・中期の高僧
石黒(いしぐろ)通玄　1825〜?　江戸後期・末期の本草学者
斎藤(さいとう)通玄　?〜1802　江戸中期・後期の藩医
通故　つうこ　⇔みちひさ
山田(やまだ)通故　1732〜1786　江戸中期の連歌師
通光　つうこう　⇔みちてる,みちみつ
恵観(えかん)通光　1763〜1835　江戸中期・後期の僧
通孝　つうこう　⇔みちたか
山田(やまだ)通孝　江戸後期の連歌師
通子　つうし
藤原(ふじわらの)通子　平安後期の女官
通志　つうし
通志　1794〜1871　江戸後期〜明治期の俳人
桑原(くわはら)通志　1836〜1898　江戸後期〜明治期の司法官
通助　つうじょ　⇔みちすけ
通助　室町時代の僧侶・歌人
通仙　つうせん
有持(ありもち)通仙　?〜1873　江戸後期〜明治期の医師
小野(おの)通仙　江戸後期〜明治期の眼科医
通泉　つうせん
元亨(げんこう)通泉　室町時代の臨済宗の僧
通泰　つうたい　⇔みちやす
佐坂(ささか)通泰　1770〜1831　江戸中期・後期の忍藩儒官
通達　つうたつ
北富舎(ほくふしゃ)通達　江戸後期の商家・書家
通天　つうてん
通天　安土桃山時代の禅僧
通同　つうどう　⇔みちとも
通同　江戸後期・末期の天台宗の僧
通仁　つうにん
懐宗(かいじゅう)通仁　江戸後期の黄檗宗の僧
通民　つうみん
細井(ほそい)通民　?〜1787　江戸中期の眼科医
通珉　つうみん
宮島(みやじま)通珉　1801〜?　江戸後期の松代藩医学輪講頭取
通夢　つうむ
通夢　1777〜1850　江戸中期・後期の僧、書家、寺子屋師匠
通量　つうりょう
少室(しょうしつ)通量　?〜1409　南北朝・室町時代の臨済宗の僧
都恵　つえ
宇治(うじの)都恵　奈良時代の山背国宇治郡少領
津右衛門　つえもん
足軽(あしがる)津右衛門　江戸中期の足軽
黒谷(くろたに)津右衛門　1848〜1893　江戸後期〜明治期の象嵌・彫金師
津尾子　つおこ
湯地(ゆぢ)津尾子　1796〜1877　江戸末期・明治期の女性。賢婦貞女として敬慕された
仕　つかう
源(みなもとの)仕　平安中期の官人
事　つかう
小田(おだの)事　飛鳥時代の歌人
番　つがう
源(みなもとの)番　平安後期の武士
塚右衛門　つかえもん
土蜘蛛(つちぐも)塚右衛門　江戸中期の力士
司　つかさ
茨木(いばらき)司　?〜1867　江戸後期・末期の新撰組隊士
遠藤(えんどう)司　1833〜1903　江戸後期〜明治期の人。山形県活版印刷の創業者
松田(まつだ)司　1824〜1901　江戸後期〜明治期の涌谷伊達氏家中
三崎(みさき)司　江戸末期の従者。1860年遣米使節に随行しアメリカに渡る
束太郎　つかたろう
水島(みずしま)束太郎　1843〜1889　江戸後期〜明治期の庄屋・戸長
束根　つかね
高野(たかの)束根　?〜1850　江戸後期の歌人
津嘉久　つかひさ
猪飼(いかい)津嘉久　江戸中期の歌人
都川　つがわ
都川　江戸時代の八戸藩の老女
月雄　つきお
月雄　1817〜1887　江戸末期・明治期の俳人
卜部(うらべの)月雄　平安前期の官人
鎌田(かまだ)月雄　1798〜1850　江戸末期の俳人
次雄　つぎお
紀(きの)次雄　平安前期の官人
継興　つぎおき
神宮寺(じんぐうじ)継興　江戸後期の大住郡伊勢原村民
継子　つぎこ　⇔つじこ
高倉(たかくら)継子　戦国時代の女性。後柏原天皇の妃

嗣定　つぎさだ
藤原(ふじわら)嗣定　南北朝時代の公家・歌人
月里　つきさと
中原(なかはらの)月里　平安後期の官人
春米女王　つきしねのじょおう
春米女王　?〜643　飛鳥時代の女性。聖徳太子の女
次助　つぎすけ　⇔じすけ
林(はやし)次助　1817〜1868　江戸後期・末期の謡曲愛好者
次高　つぎたか
鹿又(かのまた)次高　1721〜1802　江戸中期・後期の兵法家
継足　つぎたり　⇔つぐたり
石上(いそのかみの)継足　奈良時代の官人
月直　つきなお
禰津(ねつ)月直　?〜1575　安土桃山時代の武田氏の家臣
継成　つぎなり　⇔けいじょう,つぐなり
大宅(おおやけの)継成　平安前期の官人
嗣成　つぎなり
和気(わけの)嗣成　1275〜1355　鎌倉後期・南北朝時代の医師
調使王　つきのつかいおう
調使王　奈良時代の官人
継彦　つぎひこ
松木(まつき)継彦　1639〜1700　江戸前期・中期の神職
月秀　つきひで　⇔げっしゅう
歌川(うたがわ)月秀　江戸後期の絵師
月人　つきひと
楓枝園(ふうしえん)月人　江戸後期の狂歌師
継平　つぎひら
藤原(ふじわら)継平　江戸中期の刀匠
次房　つぎふさ
下平(しもだいら)次房　1662〜1733　江戸前期・中期の藩士
月丸　つきまる
谷本(たにもと)月丸　江戸後期の絵師
月麿　つきまろ
谷本(たにもと)月麿　江戸後期の画家
継麻呂　つぎまろ　⇔つぐまろ
県犬養(あがたのいぬかいの)継麻呂　奈良時代の官人
迹(あとの)継麻呂　平安前期の官人
伊勢(いせの)継麻呂　平安前期の官人
大中臣(おおなかとみの)継麻呂　?〜850　奈良・平安前期の官人
大原(おおはらの)継麻呂　奈良時代の官人
宍人(ししひとの)継麻呂　奈良時代の官人
継麿　つぎまろ　⇔つぐまろ
大村(おおむらの)継麿　平安前期の官人
次麻呂　つぎまろ
河内(かわちの)次麻呂　飛鳥時代の画師司長上。河内国丹比郡土師里の戸主
月守　つきもり
月守　江戸後期の俳人
在明亭(ありあけてい)月守　1825〜1883　江戸末期・明治期の狂歌師
次賀　つぎよし
早井(はやい)次賀　江戸後期の和算家
月夜房　つきよぼう
月夜房　江戸後期の狂歌作者
続従　つぎより
中野(なかの)続従　1756〜1832　江戸中期・後期の和算家、金沢藩士
津久　つぐ
津久　?〜1614　安土桃山・江戸前期の北山一揆勢
次章　つぐあき
黒田(くろだ)次章　1764〜1816　江戸後期の桂園派の歌人
玉置(たまき)次章　江戸後期の藩士
次家　つぐいえ
次家　平安後期の刀工
続家　つぐいえ
続家　戦国時代の人。郡内の人物か
渡辺(わたなべ)続家　戦国時代の千葉胤直の家臣
次植　つぐうえ
次植　鎌倉時代の刀工
継兄　つぐえ
多治比(たじひの)継兄　?〜809　奈良・平安前期の神祇伯
継枝　つぐえ
大主(おおぬし)継枝　1782〜1837　江戸中期・後期の書家
継雄　つぐお
紀(きの)継雄　平安前期の官人
嗣興　つぐおき
安藤(あんどう)嗣興　江戸後期の和算家
中西(なかにし)嗣興　1809〜1878　江戸後期〜明治期の神職・博物学者
次興　つぐおき
藤沢(ふじさわ)次興　1703〜1726　江戸中期の旗本
紹芳　つぐか　⇔じょうほう
彦坂(ひこさか)紹芳　1752〜1825　江戸中期・後期の幕臣
継蔭　つぐかげ
藤原(ふじわらの)継蔭　平安前期の官人
嗣賢　つぐかた
藤井(ふじい)嗣賢　戦国時代の公家
続堅　つぐかた
伊丹(いたみ)続堅　?〜1553　戦国時代の能登畠山氏の家臣
次勝　つぐかつ
谷(たに)次勝　1630〜1716　江戸前期・中期の代官
告子　つぐこ
大江(おおえの)告子　平安前期の官人

継貞　つぐさだ
鴨(かもの)継貞　平安後期の河合社禰宜
次貞　つぐさだ
次貞　室町時代の刀工
次貞　戦国時代の刀工
次貞　安土桃山時代の刀工
筑紫　つくし
県犬養(あがたいぬかいの)筑紫　飛鳥時代の官人
筑紫雄　つくしお
浅井(あさいの)筑紫雄　平安前期の官人
筑紫川崎　つくしかわさき
筑紫川崎　安土桃山時代の織田信長の家臣
筑紫娘子　つくしのおとめ
筑紫娘子　奈良時代の遊行女婦
筑紫君　つくしのきみ
筑紫君　上代～飛鳥時代の筑紫国造
筑紫麻呂　つくしまろ
紀(きの)筑紫麻呂　平安前期の官人
都努(つぬの)筑紫麻呂　奈良・平安前期の官人
継助　つぐすけ
佐藤(さとう)継助　1842～1864　江戸末期の志士
次孝　つぐたか
曽根(そね)次孝　1776～1835　江戸中期・後期の幕臣
継忠　つぐただ
小原(おばら)継忠　?～1582　戦国・安土桃山時代の武田氏の家臣
次忠　つぐただ
次忠　鎌倉前期の備中青江の刀工
竹森(たけもり)次忠　1696～1780　江戸中期の武士
次大夫　つぐだゆう　⇔じだゆう
横井(よこい)次大夫　江戸末期の武士
継足　つぐたり　⇔つぎたり
紀(きの)継足　平安前期の官人
次綱　つぐつな
草川(くさかわ)次綱　江戸前期の藩士
次行　つぐつら
安藤(あんどう)次行　1663～1712　江戸前期・中期の幕臣
継俊　つぐとし
氏家(うじいえ)継俊　江戸後期の和算家
次俊　つぐとし
梶山(かじやま)次俊　1763～1804　江戸中期・後期の和算家
次利　つぐとし
谷(たに)次利　?～1671　江戸前期の幕臣
承祜　つぐとみ
津軽(つがる)承祜　1838～1855　江戸後期・末期の武士
次直　つぐなお
次直　南北朝時代の備中青江の刀工
嗣長　つぐなが
丹波(たんば)嗣長　鎌倉時代の医者
継成　つぐなり　⇔けいじょう, つぎなり
紀(きの)継成　奈良時代の官人
佐藤(さとう)継成　1570～1634　安土桃山・江戸前期の幕臣
継也　つぐなり
大石林(おおいしはやしの)継也　平安前期の官人。元慶4年淡路国の塩の代米50石を掠め取った事件に坐して下獄
従縄　つぐなわ
石川(いしかわ)従縄　江戸後期の和算家
継主　つぐぬし
大宅水取(おおやけのもいとりの)継主　?～843　平安前期の官女
木日佐(きおさの)継主　平安前期の官人
継野　つぐの
尾張(おわりの)継野　平安前期の官人
継述　つぐのぶ
山崎(やまざき)継述　1824～1881　江戸後期～明治期の沼津水野藩祐筆
継信　つぐのぶ
豊島(としま)継信　戦国時代の下総国布川城の城主
豊嶋(としま)継信　戦国時代の北条氏の他国衆
次信　つぐのぶ
間宮(まみや)次信　1673～1748　江戸前期・中期の代官
継則　つぐのり
紀(きの)継則　平安前期の官人
従徳　つぐのり
坪池(つぼいけ)従徳　江戸中期の詩文家・著述家
次久　つぐひさ
大森(おおもり)次久　江戸末期の武士
畠川(はたかわ)次久　安土桃山時代の駿府の商人
継人　つぐひと
阿倍(あべの)継人　奈良時代の官人
石川(いしかわの)継人　741～826　奈良・平安前期の官人
凡(おおしの)継人　奈良時代の官人
嗣広　つぐひろ
藤井(ふじい)嗣広　室町時代の公家・連歌作者
次広　つぐひろ
次広　江戸前期の刀工
重原(しげはら)次広　?～1221?　平安後期・鎌倉前期の三河の御家人
次弘　つぐひろ
次弘　戦国時代の刀工
次弘〔1代〕　室町時代の刀工
次弘〔2代〕　室町時代の刀工
継政　つぐまさ
岸本(きしもと)継政　安土桃山時代の武将
子正　つぐまさ
中西(なかにし)子正　?～1824　江戸中期・後期の武道家
次昌　つぐまさ
折井(おりい)次昌　?～1590　戦国・安土桃山時代の武田家臣

次政　つぐまさ
藤沢(ふじさわ)次政　1672〜1704　江戸中期の旗本

紹正　つぐまさ
大原(おおはら)紹正　1720〜1781　江戸中期の幕臣

継麻呂　つぐまろ　⇔つぎまろ
氷(ひの)継麻呂　781〜856　奈良・平安前期の算道の学者

継麿　つぐまろ　⇔つぎまろ
財部造(たからべのみやつこ)継麿　平安時代の加賀国能美郡の人

継道　つぐみち
他田(おさだの)継道　平安前期の肥後国葦北郡の人。私物をもって飢民を救済
神人(みわひとの)継道　平安前期の上野国の人

継光　つぐみつ
大石(おおいし)継光　戦国時代の土豪

継満　つぐみつ
諏訪(すわ)継満　1451〜？　室町・戦国時代の信濃国諏訪氏の一族

次充　つぐみつ
成田(なりた)次充　？〜1705　江戸前期・中期の藩士

嗣岑王　つぐみねおう
嗣岑王　平安前期の国司

継宗　つぐむね
諏訪(すわ)継宗　戦国時代の信濃国諏訪氏の一族

嗣宗　つぐむね
紀(きの)嗣宗　平安前期の紀伊国の人
吉原(よしはらの)嗣宗　平安前期の人

九十九　つくも
大野(おおの)九十九　江戸末期・明治期の医師
渡辺(わたなべ)九十九　1852〜1909　江戸後期〜明治期の自治功労者

承基　つぐもと
藤井(ふじい)承基　1787〜1838　江戸末期の歌人

白満　つくもまろ
木部(きべ)白満　1775〜1841　江戸中期・後期の国学者

継守　つぐもり
阿倍安積臣(あべのあさかのおみ)継守　奈良・平安前期の安積郡司

次康　つぐやす
次康　戦国時代の石見の刀匠

次泰　つぐやす
高階(たかしな)次泰　戦国時代の大工

継吉　つぐよし
継吉　戦国時代の武田氏家臣
大江(おおえの)継吉　平安前期の下級官人
大原(おおはらの)継吉　平安前期の五百井女王家家令

嗣良　つぐよし
高倉(たかくら)嗣良　1591〜1653　安土桃山・江戸前期の公家

次吉　つぐよし
次吉　南北朝時代の備中青江の刀工
安藤(あんどう)次吉　1569〜1654　安土桃山・江戸前期の代官

次芳　つぐよし
永井(ながい)次芳　1722〜1764　江戸中期の郷土史家

竹良　つくら　⇔ちくら
小野(おのの)竹良　？〜769　奈良時代の官人

継子　つじこ　⇔つぎこ
四辻(よつつじ)継子　江戸前期の女性。後水尾天皇の皇妃

対島　つしま
柴倉(しばくら)対島　江戸中期の建築家

対馬　つしま
対馬　江戸時代の遊女
うすい(うすい)対馬　安土桃山時代の信濃国筑摩郡麻績北条の土豪
榎本(えのもと)対馬　1833〜？　江戸後期〜明治期の旗本、開拓使官吏
佐藤(さとう)対馬　戦国〜江戸前期の名主
土方(ひじかた)対馬　江戸末期の新撰組隊士

対馬入道　つしまにゅうどう
鈴木(すずき)対馬入道　戦国時代の里見氏家臣
富岡(とみおか)対馬入道　戦国時代の上野国衆
山角(やまかく)対馬入道　戦国時代の北条氏の家臣

対馬守　つしまのかみ
出浦(いでうら)対馬守　安土桃山時代の村上義清の一族。更級郡上平の出浦城主《出浦盛清》
田宮(たみや)対馬守　？〜1645　江戸前期の武士、剣術家《田宮長勝》

対馬守景助　つしまのかみかげすけ
山岡(やまおか)対馬守景助　1624〜1705　江戸前期・中期の28代長崎奉行

対馬守国久　つしまのかみくにひさ
藤原(ふじわら)対馬守国久　江戸前期の釜師

対馬守覚弘　つしまのかみさだひろ
井戸(いど)対馬守覚弘　？〜1858　江戸後期・末期の99代長崎奉行

津多　つた
木沢(きざわ)津多　1802〜1836　江戸後期の歌人

津太夫　つだいう　⇔つだゆう
佐藤(さとう)津太夫　江戸後期の大住郡大山阿夫利神社祠官

伝　つたう　⇔つたえ, つとう
源(みなもとの)伝　1075〜1134　平安後期の武人《渡辺伝》

伝　つたえ　⇔つたう, つとう
津田(つだ)伝　1792〜1858　江戸後期・末期の剣術家。浅山一伝流

蔦子　つたこ
荒川(あらかわ)蔦子　1815〜1871　江戸後期〜明治期の女性。日向高鍋藩教授日高耳水の妻、「此花日記」を執筆

津太夫　つだゆう　⇔つだいう
津太夫　1744～？　江戸中期の漂流民
槌太郎　つちたろう
藤重(ふじしげ)槌太郎　江戸後期の武芸家
土麻呂　つちまろ
山田史(やまだのふひと)土麻呂　奈良時代の官人
土御門前斎院中将　つちみかどさきのさいいんのちゅうじょう
土御門前斎院中将　平安後期の女房・歌人
土御門御匣　つちみかどのみくしげ
土御門御匣　？～1026　平安中期の女房・歌人
槌村　つちむら
槌村　？～1829　江戸後期の俳諧師
胤　つづく
渡辺(わたなべ)胤　1758～1822　江戸中期・後期の幕臣
堤　つつみ
村田(むらた)堤　1840～1909　江戸後期～明治期の実業家
伝　つとう　⇔つたう，つたえ
渡辺(わたなべの)伝　1075～1134　平安後期の武人
勤　つとむ　⇔いそし
海野(うんの)勤　江戸後期の武士
勉　つとむ
久山(くやま)勉　1783～1837　江戸末期の医師
小暮(こぐれ)勉　1823～1881　江戸後期～明治期の名主
堤(つつみ)勉　江戸末期の医学者
三木(みき)勉　1838～1895　江戸後期～明治期の手稲開拓の功労者
務　つとむ
高田(たかだ)務　1808～1875　江戸後期～明治期の犬山藩大参事
中沢(なかざわ)務　1845～1915　江戸後期～明治期の新撰組隊士
綱　つな　⇔こう
源(みなもとの)綱　平安中期の武将
綱家　つないえ
綱家　戦国時代の刀鍛冶
河原(かわはら)綱家　河原綱家に同じ
河原(かわら)綱家　？～1634　江戸前期の真田氏の家臣
綱雄　つなお
岩崎(いわさき)綱雄　1788～1866　江戸後期・末期の国学者
紀(きの)綱雄　平安前期の官人
縄興　つなおき
河村(かわむら)縄興　戦国時代の人。信虎の側近家臣であろう
綱景　つなかげ
平山(ひらやま)綱景　戦国時代の武蔵国衆
綱賢　つなかた
松平(まつだいら)綱賢　1633～1674　江戸前期の高田藩主松平光長の長男
綱方　つなかた
遠山(とうやま)綱方　戦国時代の武将
綱勝　つなかつ
三田(みた)綱勝　？～1578　戦国・安土桃山時代の武将
綱清　つなきよ
大田原(おおたわら)綱清　？～1590　戦国・安土桃山時代の大田原氏当主
小井弖(こいで)綱清　戦国・安土桃山時代の信濃国伊那郡小出郷の土豪
村上(むらかみ)綱清　戦国時代の足利氏の根本家臣
維国　つなくに
石田(いしだ)維国　？～1776　江戸中期の武士
綱国　つなくに
松平(まつだいら)綱国　1662～1735　江戸前期・中期の津山藩主一族
綱子　つなこ
藤原(ふじわらの)綱子　平安後期・鎌倉前期の女官
源(みなもとの)綱子　平安後期の官女
綱維　つなこれ
橋本(はしもと)綱維　1841～1878　江戸後期～明治期の軍医
綱五郎　つなごろう
田村(たむら)綱五郎　江戸末期・明治期の瓦業
綱貞　つなさだ
綱貞　室町時代の刀工
大河内(おおこうち)綱貞　江戸時代の盛岡藩内で栄えた近江商人井筒屋の一族
渡辺(わたなべ)綱貞　1612～1682　江戸前期の幕臣
綱定　つなさだ
糟屋(かすや)綱定　戦国時代の安房吉浜周辺の在地領主
三山(さんやま)綱定　戦国時代の武士。北条氏家臣
三田(みた)綱定　？～1561　戦国・安土桃山時代の武蔵国多摩郡の豪族
綱真　つなざね
土肥(どい)綱真　戦国時代の人。和泉細川氏の被官だった丹治右京亮常直の名代
綱敷　つなしき
横田(よこた)綱敷　？～1857　江戸後期・末期の商人
綱重　つなしげ
宇留島(うるしま)綱重　室町時代の薩摩国加世田別府大浦の領主
北条(ほうじょう)綱重　？～1569　戦国時代の武将
壬生(みぶ)綱重　？～1516　戦国時代の鹿沼城(栃木県鹿沼市)の城主
綱三　つなぞう
石黒(いしぐろ)綱三　1811～1865　江戸後期・末期の比企郡新堀村の名主
綱蔵　つなぞう
森(もり)綱蔵　江戸後期の寺子屋の師匠
綱高　つなたか
藤田(ふじた)綱高　戦国時代の北条氏の家臣

綱堯　つなたか
朝比奈(あさひな)綱堯　戦国時代の北条氏の家臣
綱為　つなため
人見(ひとみ)綱為　1804～1873　江戸後期～明治期の神職
通南太郎　つなたろう
大町(おおまち)通南太郎　江戸末期の新撰組隊士
綱周　つなちか
大石(おおいし)綱周　戦国時代の武士。山内上杉氏家臣、のち北条氏家臣
綱千代　つなちよ
桃井(もものい)綱千代　戦国・安土桃山時代の武士
綱継　つなつぐ
多功(たこう)綱継　戦国時代の武士。多功城の城主
綱次　つなつぐ
大村(おおむら)綱次　?～1572　戦国・安土桃山時代の遠江の国衆
綱手　つなて
小野朝臣(おののあそみ)綱手　奈良時代の官人。内蔵頭
秦(はたの)綱手　?～680　飛鳥時代の武将
綱敏　つなとし
渡辺(わたなべ)綱敏　1791～1855　江戸後期の漢学者
綱利　つなとし
佐々木(ささき)綱利　南北朝時代の八幡山城主
綱富　つなとみ
常田(ときた)綱富　戦国時代の信濃小県郡の国衆
綱知　つなとも
多羅尾(たらお)綱知　安土桃山時代の三好氏の家臣《多羅尾常陸介》
縄直　つななお　⇔ただなお
曽禰(そね)縄直　?～1531　戦国時代の武田氏の家臣
縄長　つななが
曽根(そね)縄長　?～1531　戦国時代の甲斐武田信虎の家臣
綱主　つなぬし
上毛野(かみつけぬの)綱主　平安前期の官人
住吉(すみよしの)綱主　729～805　奈良・平安前期の官人
桧前公(ひのくまのきみ)綱主　平安前期の那波郡の人。上毛野朝臣
葛根　つなね
高須(たかす)葛根　1827～1892　江戸後期～明治期の国学者・歌人
綱根　つなね　⇔こうこん
宇都宮(うつのみや)綱根　?～1864　江戸後期・末期の神職、歌人
綱信　つなのぶ
笠原(かさはら)綱信　戦国時代の北条氏の家臣
渡辺(わたなべ)綱信　江戸中期の和算家
綱誠　つなのぶ
塩谷(しおのや)綱誠　1751～1801　江戸中期・後期の武芸家
綱紀　つなのり
田中(たなか)綱紀　江戸後期の洋学者
綱矩　つなのり
長坂(ながさか)綱矩　?～1880　江戸後期～明治期の藩士
綱師　つなのり
中継(なかつぐ)綱師　戦国時代の土岐為頼の家臣
綱範　つなのり
中村(なかむら)綱範　江戸末期の大隅郡小根占郷川北村の郷士年寄
綱治　つなはる
渡辺(わたなべ)綱治　?～1669　江戸前期の旗本
綱久　つなひさ
綱久　戦国時代の刀工
綱栄　つなひで
北条(ほうじょう)綱栄　鎌倉時代の武士
綱秀　つなひで
赤井(あかい)綱秀　戦国時代の上野国衆
近藤(こんどう)綱秀　?～1590　戦国・安土桃山時代の北条氏照重臣。下野国榎本城主
三田(みた)綱秀　1490?～1563　戦国・安土桃山時代の辛垣城主
本名(もとな)綱秀　戦国時代の里見氏の家臣
詔仁親王　つなひとしんのう
詔仁親王　1784～1845　江戸中期・後期の織仁親王の王子
綱宏　つなひろ
多田(ただ)綱宏　1855～1910　江戸末期・明治期の教育者
綱広　つなひろ
綱広　安土桃山・江戸前期の相模国鎌倉出身の刀鍛冶
山村(やまむら)綱広　戦国時代の相模国鎌倉の刀鍛冶
綱泰　つなひろ　⇔つなやす
朽木(くつき)綱泰　1769～1852　江戸中期・後期の幕臣
綱房　つなふさ
北条(ほうじょう)綱房　戦国時代の北条氏の家臣
壬生(みぶ)綱房　?～1555　戦国時代の鹿沼城(栃木県鹿沼市)の城主
綱正　つなまさ
池田(いけだ)綱正　?～1490　室町・戦国時代の連歌作者
偵真　つなまさ
富田(とみた)偵真　江戸時代の和算家、豊橋藩士
綱麻呂　つなまろ
阿倍(あべの)綱麻呂　奈良時代の官人
紀(きの)綱麻呂　平安前期の官人
前部(ぜんぽうの)綱麻呂　平安前期の信濃に住んだ渡来人
縄満　つなみつ
向山(むかいやま)縄満　戦国時代の武田氏の家臣
縄基　つなもと
内藤(ないとう)縄基　戦国時代の武田氏の家臣、

増利郷の地頭

綱泰　つなやす　⇔つなひろ
赤見(あかみ)綱泰　戦国時代の武将

綱吉　つなよし　⇔こうきち
狛(こま)綱吉　？～1601　安土桃山時代の織田信長の家臣
桜井(さくらい)綱吉　戦国時代の信濃小県郡の国衆
真田(さなだ)綱吉　戦国時代の信濃小県郡の国衆
清水(しみず)綱吉　戦国時代の後北条氏の家臣
西方(にしかた)綱吉　戦国時代の西方氏当主

綱良　つなよし
南条(なんじょう)綱良　戦国時代の北条氏の家臣

縄美　つなよし
岩手(いわで)縄美　？～1508　戦国時代の甲斐守護武田信昌の四男

綱頼　つなより
矢沢(やざわ)綱頼　？～1597　戦国・安土桃山時代の信濃国衆真田氏の家臣

斯頼　つなより
小貫(おぬき)斯頼　戦国時代の佐竹氏の家臣

つね
飯田(いいだ)つね　1798～1867　江戸後期・末期の歌人

ツネ
関口(せきぐち)ツネ　江戸後期の寺子屋の師匠

恒　つね　⇔ひさし
菅波(すがなみ)恒　江戸末期の遣仏使節の一員

常　つね　⇔じょう
中臣(なかとみの)常　奈良時代の官人

庸　つね　⇔よう
後藤(ごとう)庸　江戸中期の歌人

彝　つね
渡辺(わたなべ)彝　1781～1862　江戸後期の比企郡牛ヶ谷戸村の寺子屋の師匠

常逢　つねあい
深沢(ふかざわ)常逢　江戸後期の神職

経顕　つねあき
天野(あまの)経顕　？～1336　鎌倉時代の御家人
荒木田(あらきだ)経顕　鎌倉後期の神職・歌人

経秋　つねあき
吉川(きっかわ)経秋　南北朝時代の土佐国守護

経章　つねあき　⇔つねあきら
平(たいら)経章　？～1077　平安中期・後期の官人、歌人

経明　つねあき
安倍(あべの)経明　平安後期の陰陽師、漏刻博士
吉川(きっかわ)経明　南北朝時代の津淵村地頭

経晨　つねあき
中川(なかがわ)経晨　？～1670　江戸前期の神職

恒章　つねあき
速水(はやみ)恒章　？～1823　江戸後期の読本作者、画家《速水春暁斎》

恒明　つねあき
今枝(いまえだ)恒明　1700～1752　江戸中期の藩士

常顕　つねあき　⇔じょうけん
細川(ほそかわ)常顕　1753～1831　江戸中期・後期の官人

常秋　つねあき
辻本(つじもと)常秋　？～1692　江戸前期の官吏

常昭　つねあき
柴田(しばた)常昭　？～1796　江戸中期・後期の国学者
都志(つし)常昭　江戸中期の歌人

常詮　つねあき
小川(おがわ)常詮　江戸後期の和算家

常斌　つねあき
御薗(みその)常斌　1734～1801　江戸中期・後期の医者

常堯　つねあき
東(とうの)常堯　？～1585　安土桃山時代の人。白川郷の内島氏理の義甥

経章　つねあきら　⇔つねあき
平(たいらの)経章　？～1077　平安中期・後期の官人、歌人《平経章》

経晧　つねあきら
中川(なかがわ)経晧　1833～1858　江戸後期・末期の神職

恒明親王家按察　つねあきらしんのうけのあぜち
恒明親王家按察　鎌倉後期・南北朝時代の女房、歌人

経麻　つねあさ
粟野(あわの)経麻　1710～1752　江戸中期の神職

経厚　つねあつ　⇔きょうこう
鳥居小路(とりいこうじ)経厚　1479～1544　戦国時代の書家

常諄　つねあつ
久志本(くしもと)常諄　江戸前期の幕臣

経有　つねあり
大中臣(おおなかとみ)経有　1335～1358　南北朝時代の連歌作者
庭田(にわた)経有　？～1412　南北朝・室町時代の公家・歌人

常有　つねあり　⇔じょうゆう
神田(かんだ)常有　江戸後期の郷土史家
細川(ほそかわ)常有　？～1480　室町・戦国時代の和泉半国守護4代

経家　つねいえ
経家　室町時代の長船派の刀工
吉川(きっかわ)経家　鎌倉時代の御家人
藤原(ふじわらの)経家　平安後期の武士
水無瀬(みなせ)経家　1833～1874　江戸後期～明治期の公家

恒宅　つねいえ
赤井(あかい)恒宅　？～1671　江戸前期の旗本

常宇　つねいえ
長谷川(はせがわ)常宇　1723～1784　江戸中期の画家

恒一　つねいち
相川(あいかわ)恒一　1855〜1885　江戸末期・明治期の実業家

恒右衛門　つねうえもん　⇔つねえもん
小杉(こすぎ)恒右衛門　1856〜1923　江戸末期・明治期の従卒

常右衛門　つねうえもん　⇔つねえもん
勝又(かつまた)常右衛門　?〜1785　江戸中期の名主

経氏　つねうじ
田部井(ためがい)経氏　鎌倉時代の武人
細川(ほそかわ)経氏　鎌倉後期の武将・歌人

常氏　つねうじ
関口(せきぐち)常氏　鎌倉後期・南北朝時代の武将

常枝　つねえだ
藤井(ふじい)常枝　江戸中期の医者

恒右衛門　つねえもん　⇔つねうえもん
村瀬屋(むらせや)恒右衛門　江戸後期の私塾教師

常右衛門　つねえもん　⇔つねうえもん
常右衛門　?〜1816　江戸中期・後期の下役
大沢(おおさわ)常右衛門　1801〜1865　江戸末期の塩業改良家
岡部(おかべ)常右衛門　1824〜1859　江戸後期・末期の剣術家。気楽流
金谷(かなたに)常右衛門　1762〜1839　江戸後期の大庄屋・在方下役人
塚越(つかごし)常右衛門　?〜1830　江戸後期の庄内藩家老
中村(なかむら)常右衛門　1831〜1865　江戸後期・末期の新徴組士
山田(やまだ)常右衛門　1779〜?　江戸後期の備中国笠岡代官・美作国久世代官

恒雄　つねお
湯地(ゆぢ)恒雄　1853〜1919　江戸末期〜大正期の実業家

常生　つねお
桧垣(ひがき)常生　1633〜1672　江戸前期の神職
大和(やまとの)常生　平安中期の小舎人。合香の名手

常雄　つねお　⇔つねかつ
佐瀬(さぜ)常雄　1573〜1589　安土桃山時代の会津芦名氏四天王の一人
長谷川(はせがわ)常雄　?〜1757　江戸中期の画家

常岳　つねおか
中里(なかざと)常岳　1760?〜1813　江戸中期・後期の富商・歌人

恒興　つねおき
尾張(おわりの)恒興　平安中期の官人

常興　つねおき
久志本(くしもと)常興　1532〜1598　戦国・安土桃山時代の医師
関(せき)常興　江戸後期の和算家

経臣　つねおみ
藤原(ふじわら)経臣　900〜?　平安前期・中期の公家・歌人

常香　つねか
伊藤(いとう)常香　江戸末期の国学者

経蔭　つねかげ
大中臣(おおなかとみの)経蔭　鎌倉前期の祭主(62代)

経景　つねかげ
吉香(きっか)経景　鎌倉時代の武将
吉川(きっかわ)経景　南北朝時代の武士

恒蔭　つねかげ
坂上(さかのうえの)恒蔭　879〜?　平安前期・中期の歌人《坂上常景》
滋野(しげの)恒蔭　平安前期の受領

常蔭　つねかげ
井本(いもと)常蔭　1776〜1813　江戸中期・後期の郡奉行

常景　つねかげ
坂上(さかのうえ)常景　879〜?　平安前期・中期の歌人

経員　つねかず
大中臣(おおなかとみ)経員　1306〜1358　鎌倉後期・南北朝時代の神職・連歌作者

常和　つねかず　⇔じょうわ
東(とう)常和　1456〜1544　室町・戦国時代の武将、歌人

経賢　つねかた　⇔きょうけん, つねたか
舟橋(ふなはし)経賢　1640〜1708　江戸前期・中期の公家

経方　つねかた　⇔つねまさ
紀(きの)経方　平安後期の官人
平(たいらの)経方　平安後期の官人

恒固　つねかた　⇔つねふさ, つねもと
前田(まえだ)恒固　?〜1830　江戸後期の藩士

常方　つねかた　⇔つねみち
久志本(くしもと)常方　江戸前期の神職
服(はとりの)常方　平安後期の武蔵国の相撲人

恒箇　つねかつ
及川(おいかわ)恒箇　1779〜1832　江戸中期・後期の俳人、武士

常勝　つねかつ
久志本(くしもと)常勝　1647〜1719　江戸中期の旗本

常雄　つねかつ　⇔つねお
奥田(おくだ)常雄　1835〜1862　江戸後期・末期の藩士・国学者

経兼　つねかね
大井田(おおいだ)経兼　南北朝時代の武将
小野(おの)経兼　平安中期の武蔵国横山党の武士
吉香(きっか)経兼　鎌倉時代の武将
平(たいらの)経兼　平安後期の官人
源(みなもと)経兼　平安後期の官人、歌人
横山(よこやま)経兼　平安後期の豪族

恒兼　つねかね
北条(ほうじょう)恒兼　鎌倉後期の武士

経樹　つねき
賀茂(かも)経樹　1810〜1838　江戸後期の神職

常吉 つねきち
大出(おおいで)常吉 1849〜1941 江戸後期〜昭和期の彫物師
斉藤(さいとう)常吉 1811〜1891 江戸後期〜明治期の宮大工
道源(どうげん)常吉 1803〜1878 江戸後期〜明治期の永代庄屋格
西岡(にしおか)常吉 1853〜1933 江戸後期〜昭和期の宮大工

恒吉郎 つねきちろう
恩田(おんだ)恒吉郎 ?〜1865 江戸後期・末期の剣術家。神道無念流

経清 つねきよ
青木(あおき)経清 江戸後期の和算家
安倍(あべの)経清 ?〜1062 平安後期の陸奥の豪族
吉川(きっかわ)経清 ?〜1339 南北朝時代の武士
藤原(ふじわら)経清 鎌倉後期の公家・歌人
藤原(ふじわらの)経清 ?〜1062 平安中期・後期の陸奥国の官人、武将

恒清 つねきよ
櫟井(いちいの)恒清 平安中期の官人

常清 つねきよ ⇔じょうせい
平(たいらの)常清 平安後期の武士
橘(たちばなの)常清 平安後期の官人
仁岸(にぎし)常清 ?〜1488 室町・戦国時代の石見守
藤原(ふじわらの)常清 ?〜1062 平安中期・後期の陸奥国の官人、武将《藤原経清》

経国 つねくに
橘(たちばなの)経国 平安中期の官人
藤原(ふじわらの)経国 1002〜1093 平安中期・後期の官人

経邦 つねくに
湯浅(ゆあさ)経邦 1787〜1826 江戸中期・後期の国学者

経子 つねこ
藤原(ふじわらの)経子 平安後期の女性。高倉天皇の乳母

常子 つねこ
近衛(このえ)常子 1642〜1702 江戸前期・中期の女性。御水尾天皇の皇女、近衛基熙の室

直子 つねこ ⇔なおいこ, なおこ
一橋(ひとつばし)直子 1830〜1893 江戸後期〜明治期の歌人

通年子 つねこ
堀(ほり)通年子 江戸後期の歌人

恒五郎 つねごろう
大垣(おおがき)恒五郎 1845〜1906 江戸後期〜明治期の教育者、書家

常五郎 つねごろう
倉畑(くらはた)常五郎 1818〜1889 江戸末期・明治期の竹細工職人
桜井(さくらい)常五郎 1832〜1868 江戸後期・末期の赤報隊二番隊嚮導、軍監

常作 つねさく
高橋(たかはし)常作 1832〜1882 江戸後期〜明治期の雲州算盤作りの名工

経貞 つねさだ
吉川(きっかわ)経貞 南北朝時代の在地領主
多賀谷(たがや)経貞 江戸前期の和算家

経定 つねさだ ⇔けいてい, のりさだ
大江(おおえの)経定 平安後期の人。加賀国額田荘の案主と見える
辻(つじ)経定 江戸中期の国学者
中御門(なかみかど)経定 1779〜1817 江戸中期・後期の公家
藤原(ふじわら)経定 鎌倉時代の公家・歌人

恒貞 つねさだ
恒貞 戦国時代の刀工
安倍(あべの)恒貞 平安後期の官人
海(あまの)恒貞 平安中期の官人
紀(きの)恒貞 平安後期の相模国大庭御厨の神人
牧野(まきの)恒貞 ?〜1803 江戸中期・後期の弘前藩家老

常貞 つねさだ
印東(いんとう)常貞 戦国時代の鎌倉公方足利持氏の近臣。奉公衆
息長(おきながの)常貞 平安後期の紀伊国木本御厨検校職

常定 つねさだ
猪岡(いのおか)常定 1810〜1872 江戸後期〜明治期の歌人
大江(おおえの)常定 平安後期の人。養和2年平姉子田直米請取状に「請使」として署判している

庸貞 つねさだ
佐野(さの)庸貞 1756〜1837 江戸中期・後期の幕臣

恒真 つねざね
恒真 平安後期の古備前の刀工

常実 つねざね
小野(おのの)常実 平安中期の官人

恒三郎 つねさぶろう ⇔こうざぶろう
梶野(かじの)恒三郎 江戸後期・末期の幕臣

常三郎 つねさぶろう
常三郎 江戸後期の橘樹郡木月村名主

経治 つねじ
塩飽(しわく)経治 1822〜1836 江戸後期の和算家

恒二 つねじ
須賀(すが)恒二 1835〜1864 江戸末期の志士。野根山二十三士の一人

経重 つねしげ
河越(かわごえ)経重 鎌倉時代の武将
高階(たかしな)経重 平安後期の官人、歌人

経成 つねしげ ⇔つねなり
高階(たかしな)経成 1019〜1111 平安中期・後期の官人、歌人

経繁 つねしげ
平(たいらの)経繁 1083〜1180 平安後期の武士

経茂　つねしげ
大中臣(おおなかとみ)経茂　1247～？　鎌倉前期・後期の神職
吉川(きっかわ)経茂　鎌倉時代の在地領主、石見吉川氏祖

常重　つねしげ
平(たいらの)常重　1083～1180　平安後期の武士
千葉(ちば)常重　鎌倉前期の御家人
津田(つだ)常重　1698～1763　江戸中期の武士

常七　つねしち　⇔じょうしち
柳瀬(やなのせ)常七　1843～1868　江戸後期・末期の堺事件烈士

常嶋　つねしま
阿倍(あべの)常嶋　奈良時代の官人

恒次郎　つねじろう
三浦(みうら)恒次郎　？～1868　江戸後期・末期の新撰組隊士

常次郎　つねじろう
浅井(あさい)常次郎　1840～1864　江戸後期・末期の武士
尾崎(おざき)常次郎　江戸後期の足柄下郡永塚村の大工
佐藤(さとう)常次郎　1826～1888　江戸後期～明治期の剣術家。神道無念流
常盤(ときわ)常次郎　江戸末期の新撰組隊士
中山(なかやま)常次郎　1802～1859　江戸後期・末期の大庄屋、在方下役人、宗教家

経季　つねすえ
源(みなもとの)経季　平安中期の官人

常季　つねすえ
度会(わたらい)常季　1005～1088　平安中期・後期の外宮四禰宜

経佐　つねすけ
海(あまの)経佐　平安中期の官人

経助　つねすけ
紀(きの)経助　平安後期の官人

経相　つねすけ
源(みなもとの)経相　？～1039　平安中期の宇多源氏時中の子

恒佐　つねすけ
高橋(たかはし)恒佐　1677～1758　江戸前期・中期の幕臣

常副　つねすけ
桧垣(ひがき)常副　1639～1689　江戸前期・中期の神職

常祐　つねすけ
三品(みしな)常祐　江戸後期の和算家

経澄　つねずみ
高麗(こま)経澄　南北朝時代の武蔵武士

常純　つねずみ
服部(はっとり)常純　1815～1879　江戸後期～明治期の幕臣、静岡藩士

常澄　つねずみ
直(あたいの)常澄　平安中期の宮主
平(たいらの)常澄　平安後期の武士

常蔵　つねぞう
佐藤(さとう)常蔵　1817～1883　江戸後期～明治期の弘前藩士
松田(まつだ)常蔵　1757～1830　江戸中期・後期の進歩的な経学者

経賢　つねたか　⇔きょうけん, つねかた
岩淵(いわぶち)経賢　1787～1847　江戸中期・後期の教育者

経高　つねたか
津野(つの)経高　？～965　平安中期の高岡郡の豪族
中川(なかがわ)経高　1736～1810　江戸中期・後期の神職
中御門(なかみかど)経高　南北朝時代の公家・歌人

経隆　つねたか
松平(まつだいら)経隆　1694～1725　江戸中期の黒川藩藩祖
源(みなもと)経隆　999～1081　平安中期・後期の公家、歌人

恒隆　つねたか
松平(まつだいら)恒隆　1721～1787　江戸中期の幕臣

常高　つねたか
小野(おのの)常高　平安中期の人。博戯の罪を問われたが決罪を免ぜられた
茅野(かやの)常高　江戸前期の槍術家

常隆　つねたか
岩城(いわき)常隆　？～1530　戦国時代の大館城主
山室(やまむろ)常隆　戦国時代の上総国武射郡飯櫃城の初代城主

庸孝　つねたか
菊池(きくち)庸孝　1840～1917　江戸末期～大正期の地方自治功労者
関(せき)庸孝　1829～1911　江戸後期～明治期の教育者
福永(ふくなが)庸孝　江戸末期の歌人、徳島藩士

彜珍　つねたか
堀本(ほりもと)彜珍　1750～？　江戸中期の幕臣

恒尊親王　つねたかしんのう
恒尊親王　鎌倉時代の皇族

経武　つねたけ
吉見(よしみ)経武　1624～1706　江戸前期・中期の武士、弓術家《吉見台右衛門》

経忠　つねただ
多賀(たが)経忠　戦国時代の武士、尼子氏奉行人
藤原(ふじわらの)経忠　平安後期の官人

経覧　つねただ　⇔つねみ
阿保(あぼう)経覧　？～912　平安前期・中期の官吏《阿保経覧》

恒常　つねただ
内方(うちかた)恒常　1745～1816　江戸中期・後期の幕臣、代官《内方恒忠》

恒忠　つねただ
恒忠　江戸後期の鐔師
内方(うちかた)恒忠　1745～1816　江戸中期・後

期の幕臣、代官
須藤(すどう)恒忠　江戸後期の安中宿名主、本陣問屋主人
長谷川(はせがわ)恒忠　江戸前期の藩士・兵学者

恒能　つねただ
恒能　室町時代の刀工

常忠　つねただ
海(あまの)常忠　平安中期の官人
平(たいらの)常忠　平安後期の武士

常尹　つねただ
久志本(くしもと)常尹　1585～1646　安土桃山・江戸前期の幕臣

常辰　つねたつ　⇔じょうしん, つねとき
奥山(おくやま)常辰　1616～1689　江戸前期・中期の仙台藩奉行

常民　つねたみ
度会(わたらい)常民　江戸中期の本草家

恒足　つねたり
国友(くにとも)恒足　江戸後期の国学者

恒太郎　つねたろう
秋山(あきやま)恒太郎　1839～1911　江戸後期～明治期の教育者

経親　つねちか　⇔きょうしん
大江(おおえ)経親　南北朝時代の歌人
源(みなもとの)経親　平安中期の官人

恒親　つねちか
田代(たしろ)恒親　1767～1821　江戸中期・後期の鳥取藩医師

常親　つねちか
度会(わたらい)常親　？～1067　平安後期の外宮一禰宜

恒次　つねつぐ
恒次　平安中期の刀工
恒次　平安後期の刀工
及川(おいかわ)恒次　1640～1704　江戸前期・中期の人。名取沢金山を発見採掘

彝継　つねつぐ
野中(のなか)彝継　1649～1679　江戸前期の野中氏最後の家老

経綱　つねつな
宇都宮(うつのみや)経綱　鎌倉時代の武士

常綱　つねつな
田代(たしろ)常綱　？～1816　江戸中期・後期の藩士
東(とう)常綱　戦国時代の下総国東庄須賀山城(香取市/一部東庄町)主

常貫　つねつら
久志本(くしもと)常貫　1808～1872　江戸後期～明治期の神職・国学者

常連　つねつら　⇔じょうれん
赤穴(あかな)常連　1370～1405　南北朝・室町時代の飯石郡赤穴庄地頭

経輝　つねてる
宮川(みやがわ)経輝　1857～1936　江戸末期～昭和期の牧師

常人　つねと　⇔つねひと
荻山(おぎやま)常人　？～1821　江戸中期・後期の松山藩絵師

経任　つねとう
源(みなもと)経任　1000～1029　平安中期の公家・歌人

恒任　つねとう
平(たいらの)恒任　平安中期の官人
身人部(むとべの)恒任　平安後期の官人

経遠　つねとお
上村主(かみのすぐり)経遠　平安後期の官人
甘露寺(かんろじ)経遠　1576～1602　安土桃山時代の公家
田使(たつかいの)経遠　平安後期の武士。平清盛の郎等
難波(なんば)経遠　平安後期の武士

恒遠　つねとお
恒遠　平安中期の刀工

恒時　つねとき
立花(たちばな)恒時　平安後期の官人

常言　つねとき
御薗(みその)常言　1767～1809　江戸中期・後期の医者

常辰　つねとき　⇔じょうしん, つねたつ
常辰　？～1685　江戸前期の俳人

経寿　つねとし
相原(あいばら)経寿　1708頃～1774　江戸中期の篤農家

経俊　つねとし　⇔のりとし
橘(たちばなの)経俊　平安後期の官人
伴(ともの)経俊　平安後期の官人
中原(なかはらの)経俊　平安後期の官人
源(みなもとの)経俊　平安中期の官人

経利　つねとし
県(あがたの)経利　平安後期の相撲最手

恒利　つねとし
県(あがたの)恒利　平安後期の相撲最手
野田(のだ)恒利　1654～1718　江戸前期・中期の代官
藤原(ふじわらの)恒利　平安中期の武士。藤原純友軍の次将

常紀　つねとし
清水(しみず)常紀　1834～1908　江戸末期・明治期の愛媛県会議員

恒豊　つねとよ
田村(たむら)恒豊　1769～1845　江戸中期・後期の幕臣

経直　つねなお
荒木田(あらきだ)経直　？～1385　南北朝時代の神職・歌人
勅使河原(てしがわら)経直　南北朝時代の丹党の武士
難波(なんば)経直　1818～1884　江戸後期～明治期の医師

常尚　つねなお　⇔つねひさ
奥山(おくやま)常尚　1689〜1724　江戸中期の評定奉行

常直　つねなお
常直　江戸中期の装剣金工
紀(きの)常直　平安前期の官人
森(もり)常直　1796〜1859　江戸後期・末期の大庄屋

経仲　つねなか
藤原(ふじわらの)経仲　源経仲に同じ
藤原(ふじわらの)経仲　平安後期の検非違使庁官人
源(みなもと)経仲　平安中期・後期の公家、歌人

常仲　つねなか
伊北(いほくの)常仲　？〜1180　平安後期の房総の武士
平(たいらの)常仲　？〜1180　平安後期の武士

経長　つねなが
多賀(たが)経長　戦国時代の楢縫郡宇賀郷領主
丹波(たんば)経長　鎌倉前期の医者・歌人

常長　つねなが
大中臣(おおなかとみ)常長　戦国時代の神職
高力(こうりき)常長　1648〜1696　江戸前期・中期の世子(島原藩)

庸修　つねなが
平野(ひらの)庸修　？〜1776　江戸中期の医者・郷土史家

庸長　つねなが
川辺(かわべ)庸長　江戸後期の和算家

常夏　つねなつ
久志本(くしもと)常夏　1755〜1827　江戸中期・後期の和学者

経業　つねなり
紀(きの)経業　平安前期の官人
村上(むらかみ)経業　鎌倉前期の武人

経成　つねなり　⇔つねしげ
平(たいらの)経成　平安後期の官人
高階(たかしなの)経成　1019〜1111　平安中期・後期の官人、歌人《高階経成》
播磨(はりま)経成　平安後期の人。「三好郡司解」に署判を加えた一人

固成　つねなり
小泉(こいずみ)固成　1853〜1898　江戸後期〜明治期の医師

恒成　つねなり　⇔こうせい, つねよし
素速斎(そそくさい)恒成　江戸後期の戯作者

斎荘　つねなり
徳川(とくがわ)斎荘　江戸末期の第12代尾張名古屋藩主

常成　つねなり
辻(つじ)常成　江戸中期の装剣金工
速水(はやみ)常成　1749〜1797　江戸中期・後期の官人
和気(わけの)常成　1349〜1395　南北朝・室町時代の医師

常也　つねなり
小島(こじま)常也　？〜1718　江戸前期・中期の地誌作者

恒性皇子　つねなりおうじ　⇔こうしょうおうじ
恒性皇子　1305〜1333　鎌倉後期の後醍醐天皇の皇子

常之進　つねのしん
中井(なかい)常之進　江戸末期・明治期の人。戊辰戦争に参加

恒之助　つねのすけ
松本(まつもと)恒之助　1848〜1932　江戸末期・明治期の漢・蘭方医、教育者

常信　つねのぶ
常信　？〜1560　安土桃山時代の連歌作者
伊藤(いとう)常信　1676〜1759　江戸前期・中期の鞍手郡古門村の神官
黒沢(くろさわ)常信　1849〜1918　江戸末期〜大正期の教育者
武井(たけい)常信　1661〜？　江戸前期の幕臣
武田(たけだ)常信　戦国時代の守護代
桧垣(ひがき)常信　戦国時代の神職
山口(やまぐち)常信　？〜1631　安土桃山・江戸前期の初代日光目代

常誠　つねのぶ
大崎(おおさき)常誠　江戸後期の和算家

常宣　つねのぶ　⇔つねのり
茅野(かやの)常宣　江戸前期の武人
河内(こうち)常宣　江戸後期の幕臣

常庸　つねのぶ
久志本(くしもと)常庸　1817〜1888　江戸後期〜明治期の神職

経勲　つねのり
鈴木(すずき)経勲　1853〜1938　江戸後期〜昭和期の探検家

経憲　つねのり
藤原(ふじわらの)経憲　平安後期の越後への流人

経則　つねのり
越智(おちの)経則　平安後期の官人
紀(きの)経則　平安後期の官人
内蔵(くらの)経則　1035？〜？　平安中期・後期の検非違使
中原(なかはら)経則　平安後期の官人、歌人

経徳　つねのり
高階(たかしな)経徳　1834〜1889　江戸後期〜明治期の公家
立入(たてり)経徳　1755〜1824　江戸中期・後期の公家

経範　つねのり
佐伯(さえきの)経範　？〜1057　平安後期の武将
波多野(はたの)経範　佐伯経範に同じ

恒規　つねのり
源(みなもとの)恒規　平安中期の官人

恒敬　つねのり
前田(まえだ)恒敬　1829〜？　江戸後期・末期の藩士

恒憲　つねのり
志村（しむら）恒憲　1823～1898　江戸後期～明治期の和算家
恒孝　つねのり
北島（きたじま）恒孝　江戸前期の神職、第66世国造、出雲大社御杖代
恒則　つねのり
大宅（おおやけの）恒則　平安中期の官人
春日部（かすかべの）恒則　平安中期の画家
恒徳　つねのり
大野（おおの）恒徳　1829～1913　江戸末期～大正期の製糸業者
木梨（きなし）恒徳　江戸前期の藩士
三輪（みわ）恒徳　1820～1875　江戸後期～明治期の和算家
常央　つねのり
西（にし）常央　1843～1898　江戸後期～明治期の八重山役所長、首里役所長
常宣　つねのり　⇔つねのぶ
小町谷（こまちや）常宣　1819～1899　江戸後期～明治期の神職、歌人
常典　つねのり
久志本（くしもと）常典　?～1785　江戸中期の歌人
細川（ほそかわ）常典　1823～?　江戸後期・末期の官人
常範　つねのり
木内（きうち）常範　1149～1221　鎌倉前期の武士
度会（わたらい）常範　?～1069　平安後期の一員禰宜
典則　つねのり
根岸（ねぎし）典則　1758～1807　江戸中期・後期の学者
毎矩　つねのり
春田（はるた）毎矩　江戸後期の金工（鐔工）
庸徳　つねのり　⇔ようとく
堀内（ほりのうち）庸徳　1745～1790　江戸後期の武士
彝徳　つねのり　⇔いとく
秋山（あきやま）彝徳　江戸後期の和算家《秋山彝徳》
荒井（あらい）彝徳　江戸後期の和算家
彛範　つねのり
和気（わけの）彛範　平安前期の官僚
常八　つねはち　⇔じょうはち
常八　1802～1880　江戸後期～明治期の僧侶
常八郎　つねはちろう
中条（ちゅうじょう）常八郎　江戸末期の新撰組隊士
中条（なかじょう）常八郎　中条常八郎に同じ
経春　つねはる
片岡（かたおか）経春　?～1189　平安後期の武人
賀茂（かも）経春　1819～1880　江戸後期～明治期の神職・歌人
常治　つねはる
岡田（おかだ）常治　江戸後期の和算家
別所（べっしょ）常治　1645～1711　江戸前期・中期の幕臣
常春　つねはる　⇔じょうしゅん
荒川（あらかわ）常春　江戸後期・末期の漢詩人
大沢（おおさわ）常春　江戸中期の町役人。上州伊勢崎の人
小笠原（おがさわら）常春　鎌倉時代の武士
平（たいらの）常春　平安後期・鎌倉前期の武士
常晴　つねはる
紀（きの）常晴　平安中期の伊勢国丹生出山の住人
武（たけ）常晴　1202～1221　鎌倉前期の武士
常彦　つねひこ
岡本（おかもと）常彦　江戸末期・明治期の絵師
渡辺（わたなべ）常彦　1796～1828　江戸後期の坊官
卓彦　つねひこ
松木（まつき）卓彦　1710～1772　江戸中期の神職
経久　つねひさ
賀茂（かも）経久　鎌倉後期の神職・歌人
恒久　つねひさ
河井（かわい）恒久　江戸前期の藩士
清原（きよはらの）恒久　?～1105　平安後期の香椎宮権大宮司
組屋（くみや）恒久　江戸末期の国学者
常久　つねひさ
大島（おおしま）常久　1623～1696　江戸前期・中期の槍術家《大島草庵》
常尚　つねひさ　⇔つねなお
桧垣（ひがき）常尚　1251～1316　鎌倉後期の神職
常仙　つねひさ　⇔じょうせん
大堀（おおほり）常仙　江戸後期の和算家
経秀　つねひで
室賀（むろが）経秀　?～1583　安土桃山時代の信濃小県郡の国衆室賀盛清の二男
常栄　つねひで　⇔じょうえい
中西（なかにし）常栄　1819～1864　江戸後期・末期の国学者
常秀　つねひで
隼人佐（はやとのすけ）常秀　戦国時代の山内上杉家奉行人
常人　つねひと　⇔つねと
猪名部（いなべの）常人　奈良時代の官人
小長谷（おはつせの）常人　?～740　奈良時代の防人部領使大宰史生
財田直（たからだのあたい）常人　奈良時代の美作国の地方豪族
常比麻呂　つねひまろ
飯高（いいだかの）常比麻呂　平安前期の官人
経平　つねひら
加治木（かじき）経平　平安中期の人。加治木氏初代
児玉（こだま）経平　室町時代の鷹匠
松岡（まつおか）経平　1800～1886　江戸後期～明治期の医者・国学者
恒平　つねひら
加治木（かじき）恒平　鎌倉時代の薩摩国満家院郡山の領主

紀(きの)恒平　鎌倉前期の官人

常衡　つねひら

海上(うなかみ)常衡　鎌倉時代の武士

常坦　つねひら

宮地(みやぢ)常坦　1811〜1872　江戸後期の医師、儒者

経宏　つねひろ

経宏　南北朝時代の鋳物師

常広　つねひろ

匝瑳(そうさ)常広　平安後期の武士

常弘　つねひろ

野平(のひら)常弘　戦国時代の南玉造城城主

経房　つねふさ

大中臣(おおなかとみの)経房　平安後期の春日社神官

難波(なんばの)経房　平安後期の武将

恒固　つねふさ　⇔つねかた, つねもと

田中(たなか)恒固　1831〜1921　江戸末期〜大正期のビール醸造創業者

恒房　つねふさ

調所(ずしょ)恒房　戦国時代の在庁官人

常房　つねふさ

月出(つきで)常房　江戸末期の和算家

中島(なかじま)常房　1686〜1772　江戸前期・中期の幕臣

平沢(ひらさわ)常房　1769〜1842　江戸中期・後期の藩士・俳人

常藤　つねふじ

佐瀬(さぜ)常藤　安土桃山時代の蘆名四天宿老の1人

常書　つねふみ

畠山(はたけやま)常書　江戸後期の歌人

経正　つねまさ　⇔きょうじょう, けいしょう

矢吹(やぶき)経正　1827〜1881　江戸末期の歌人《矢吹経正》

経方　つねまさ　⇔つねかた

源(みなもとの)経方　1054〜1115　平安後期の佐々木宮神主

経和　つねまさ

高階(たかしな)経和　1672〜1736　江戸前期・中期の幕臣

経尹　つねまさ

藤原(ふじわら)経尹　平安後期の公家・歌人

恒昌　つねまさ

平(たいらの)恒昌　平安中期の官人

奈須(なす)恒昌　1593〜1679　江戸前期の医師

常将　つねまさ

平(たいらの)常将　?〜1031　平安中期の武士

本林(もとばやし)常将　1817〜1873　江戸後期〜明治期の大工

常昌　つねまさ

村田(むらた)常昌　江戸中期の医者・漢学者

常政　つねまさ

多賀(たが)常政　江戸中期の故実家

南条(なんじょう)常政　?〜1717　江戸中期の武士

常正　つねまさ

常正　江戸後期の刀工

内野(うちの)常正　江戸後期の国学者

大須賀(おおすが)常正　戦国時代の下総国松子城(成田市松子)の城主。憲康の子か

桑原(くわばら)常正　1734〜1789　江戸後期の俳人

森津(もりつ)常正　1844〜1916　江戸後期〜大正期の神職

職応　つねまさ

上林(かんばやし)職応　1707〜1782　江戸中期の郷土史家

庸昌　つねまさ

小笠原(おがさわら)庸昌　江戸後期の医者

香川(かがわ)庸昌　?〜1766　江戸中期の俳人

恒丸　つねまる　⇔つねまろ

今泉(いまいづみ)恒丸　1751〜1810　江戸中期・後期の俳人《今泉恒丸》

常丸　つねまる

鶴屋(つるや)常丸　?〜1889　江戸後期〜明治期の金沢の俳人

恒丸　つねまろ　⇔つねまる

今泉(いまいずみ)恒丸　1751〜1810　江戸中期・後期の俳人

常麻呂　つねまろ

安拝(あわの)常麻呂　奈良時代の左京六条二坊の人

大中臣(おおなかとみの)常麻呂　平安前期の官人

経覧　つねみ　⇔つねただ

阿保(あぼの)経覧　?〜912　平安前期・中期の官吏

恒身　つねみ

紀(きの)恒身　平安前期の官人

常見　つねみ

壬生(みぶの)常見　平安中期の群馬郡綱丁

常躬　つねみ

渋川(しぶかわ)常躬　1817〜1904　江戸後期〜明治期の仙台藩士

経道　つねみち

高階(たかしな)経道　1706〜1781　江戸中期の代官

恒道　つねみち

及川(おいかわ)恒道　1799〜1865　江戸後期・末期の遠野の郷学信成堂和算教授

高橋(たかはし)恒道　1830〜1896　江戸後期〜明治期の歌人・教育者

常達　つねみち

久志本(くしもと)常達　1788〜1850　江戸後期の神職・国学者

常道　つねみち

膳(かしわでの)常道　平安前期の官人

紺野(こんの)常道　江戸前期の武士

常方　つねみち　⇔つねかた

小笠原(おがさわら)常方　1748〜?　江戸中期・後期の幕臣・故実家

経光 つねみつ
経光 室町時代の鋳物師
粟田口(あわたぐち)経光 室町時代の画家
大江(おおえの)経光 平安後期の官人
紀(きの)経光 平安後期の官人
源(みなもとの)経光 ?～1146 平安後期の人。清和源氏

恒光 つねみつ
恒光 平安後期の刀工
恒光 室町時代の鋳物師
小川(おがわ)恒光 江戸中期の武士

恒充 つねみつ
小川(おがわ)恒充 江戸中期の藩士
木梨(きなし)恒充 ?～1855 江戸後期・末期の画家

序光 つねみつ
菊池(きくち)序光 江戸後期の装剣金工

常光 つねみつ ⇔じょうこう
小間(こま)常光 戦国時代の越中国人。新川郡守護代椎名家に仕えた
中条(ちゅうじょう)常光 平安時代の武蔵国司

常峯 つねみね
紀(きの)常峯 平安中期の鎮守府軍曹

常岑 つねみね
清原(きよはらの)常岑 平安前期の官人、領帰郷渤海客使

経宗 つねむね
藤原(ふじわらの)経宗 平安後期の官人
源(みなもとの)経宗 平安中期の官人

恒固 つねもと ⇔つねかた,つねふさ
及川(おいかわ)恒固 江戸後期の遠野の外山開拓者
寺島(てらしま)恒固 江戸後期の歌人

常基 つねもと
桧垣(ひがき)常基 ?～1670 江戸前期の神職

毎幹 つねもと ⇔まいかん
春田(はるた)毎幹 江戸中期の金工(鐔工)

恒基王 つねもとおう
恒基王 ?～883 平安前期の官人

常守 つねもり
中里(なかざと)常守 江戸中期の国学者

常盛 つねもり
常盛 南北朝時代の鋳物師

経安 つねやす
安部(あべの)経安 平安後期の官人

経康 つねやす
立入(たてり)経康 1731～1811 江戸中期・後期の公家
丹波(たんばの)経康 ?～1158 平安後期の医師

常安 つねやす ⇔じょうあん
大須賀(おおすか)常安 ?～1590 戦国・安土桃山時代の松子城主
清原(きよはらの)常安 平安後期の官人
埴原(はいばら)常安 ?～1598 安土桃山時代の織田信長の家臣
桧垣(ひがき)常安 1774～1842 江戸中期・後期の神職
山根(やまね)常安 戦国時代の石見国の鋳物師頭取

常保 つねやす
常保 平安中期の刀工
細川(ほそかわ)常保 1770～1834 江戸中期・後期の官人

毎保 つねやす
浦(うら)毎保 ?～1822 江戸中期・後期の志麻郡桜井神社の神主

常山 つねやま ⇔じょうざん
海部(あまの)常山 奈良時代の官人

経行 つねゆき
紀(きの)経行 平安後期の木工権大工
紀(きの)経行 平安後期の官人
南部(なんぶ)経行 室町・戦国時代の武家・連歌作者
藤原(ふじわらの)経行 平安後期の官人
源(みなもと)経行 南北朝時代の歌人

恒幸 つねゆき
吉見(よしみ)恒幸 1641～1697 江戸前期・中期の神職

恒行 つねゆき
大宅(おおやけの)恒行 平安後期の人。浄妙寺所領を押し取ったと訴えられる
紀(きの)恒行 平安後期の番匠

常行 つねゆき ⇔じょうこう
大原(おおはらの)常行 平安後期の官人
野矢(のや)常行 1747～1801 江戸中期・後期の藩士・歌人

常志 つねゆき
伴(ばん)常志 1803～? 江戸後期の公家

常征 つねゆき
彦坂(ひこさか)常征 1692～1765 江戸中期の神職

常之 つねゆき
井上(いのうえ)常之 1769～1840 江戸中期・後期の歌人、絵師
細川(ほそかわ)常之 1784～1851 江戸中期・後期の官人

庸行 つねゆき
黒田(くろだ)庸行 江戸後期の「庭訓往来精注鈔」の著者

恒世 つねよ
海(あまの)恒世 平安中期の丹後国の相撲人

常世 つねよ
越智(おちの)常世 961～? 平安中期の相撲の名手

雅珍 つねよし
神戸(かんべ)雅珍 1678～1742 江戸前期・中期の武士、勘定

経喜 つねよし
大蔵(おおくら)経喜 1637～1698 江戸前期・中期の能楽師

経義 つねよし
惟宗(これむねの)経義 ?～1024 平安中期の官人

経能 つねよし
藤原(ふじわらの)経能 平安後期の官人

経良 つねよし
葛野(くずの)経良 1839～1860 江戸後期・末期の医師
藤原(ふじわらの)経良 平安後期の官人
源(みなもとの)経良 平安後期の官人

恒吉 つねよし
伊勢(いせ)恒吉 平安後期の伊勢大神宮の神主の仮名か
及川(おいかわ)恒吉 1575～1651 安土桃山・江戸前期の遠野及川氏初代

恒成 つねよし ⇔こうせい, つねなり
高橋(たかはし)恒成 1746～? 江戸中期の幕臣

恒由 つねよし
宮坂(みやさか)恒由 1794～1858 江戸後期・末期の公共事業家

常義 つねよし
平(たいらの)常義 ?～1180 平安後期の武士

常慶 つねよし ⇔じょうけい
今村(いまむら)常慶 ?～1729 江戸中期の弘前藩お抱え絵師

常善 つねよし
上田(うえだ)常善 戦国時代の武士

常美 つねよし
山崎(やまざき)常美 1826～1886 江戸後期～明治期の国学者

常芳 つねよし
細川(ほそかわ)常芳 1729～1808 江戸中期・後期の官人

常良 つねよし
大宅(おおやけの)常良 平安前期の官人
奥山(おくやま)常良 ?～1645 江戸前期の村田館主
山田(やまだ)常良 1798～1859 江戸後期の日田の豪商、公益事業家

経頼 つねより
高梨(たかなし)経頼 南北朝時代の人。高梨家中興

常因 つねより ⇔じょういん
紀(き)常因 江戸中期の「怪談実録」の著者

角 つの
木(きの)角 上代の人。紀朝臣氏の祖とされる

募 つのる
山田(やまだ)募 江戸後期の藩士

椿守 つばきもり
紀(きの)椿守 776～853 奈良・平安前期の春宮亮白満の子

つばめ
柳家(やなぎや)つばめ 1858～1912 江戸末期・明治期の落語家

都布年 つぶね
都布年 ?～1851 江戸後期の俳僧

円 つぶら ⇔まどか
小林(こばやし)円 1761～1836 江戸中期・後期の武人

都麻里 つまり
加士伎県主(かしきのあがたぬし)都麻里 奈良時代の薩摩国阿多郡の主政

都麿 つまろ
岩村(いわむら)都麿 江戸後期の愛甲郡上古沢村五頭稲荷社務

積殖王 つみうえおう
積殖王 奈良時代の官人

廻毛 つむじ
丸子(わにこの)廻毛 平安前期の上総国へ移住させられた俘囚

つや
佐浦(さうら)つや 1779～1863 江戸中期～末期の女性。宮城郡塩釜村佐浦酒造店3代目の富右衛門の妻

婉子 つやこ
藤原(ふじわらの)婉子 平安中期の女官

露丸 つゆまる ⇔つゆまろ
露丸 江戸中期の雑俳作者《露丸》

露丸 つゆまろ ⇔つゆまる
露丸 江戸中期の雑俳作者

津与子 つよこ
植村(うえむら)津与子 1852～1869 江戸後期～明治期の孝女

都代志 つよし
運才(うんさい)都代志 江戸後期の狂歌師

連枝 つらえだ
在原(ありはらの)連枝 平安前期の人。筑後守都御酉襲撃事件に与同

連起 つらおき
長(ちょう)連起 1732～1800 江戸中期・後期の藩士

連兼 つらかね
土師(はじの)連兼 平安中期の官人

連忠 つらただ
秦(はたの)連忠 平安中期の陰陽権博士

列 つらね
戸伏(とぶし)列 1837～1901 江戸後期～明治期の教育者

列根 つらね
列根 1813～1856 江戸後期・末期の俳人・藩士

連久 つらひさ
森(もり)連久 1653～? 江戸前期・中期の神職

貫古 つらふる ⇔かんこ
佐香(さこう)貫古 1812～1870 江戸後期～明治期の画家

連雅 つらまさ
大秦(おおはたの)連雅 秦連雅に同じ
秦(はたの)連雅 平安中期の官人

連方 つらまさ
清原(きよはらの)連方 平安中期の官人

連理 つらまさ
秦(はたの)連理 平安中期の官人

貫道　つらみち　⇔かんどう
大神（おおが）貫道　江戸中期の国学者
連峯　つらみね
小野（おのの）連峯　平安前期の官人
綱端　つらもと
木村（きむら）綱端　江戸中期の藩士
連愛　つらよし
長（ちょう）連愛　1761〜1831　江戸中期・後期の藩士
連頼　つらより
度会（わたらい）連頼　1026〜？　平安中期の六位禰宜
鶴　つる
青木（あおき）鶴　安土桃山時代の織田信長の家臣
都留　つる
長尾（ながお）都留　1804〜？　江戸後期の女性。兵法家の妻
鶴右衛門　つるえもん
石田（いしだ）鶴右衛門　1621〜1681　江戸前期の岡山藩士・町奉行
鶴雄　つるお
滝村（たきむら）鶴雄　1839〜？　江戸後期・末期の幕臣・歌人
都留岐　つるき
吉弥侯部（きみこべの）都留岐　平安前期の豪族
鶴吉　つるきち
橋本（はしもと）鶴吉　江戸後期の工芸家
鶴子　つるこ
梅廼屋（うめのや）鶴子　1802〜1864　江戸後期・末期の狂歌作者
田中（たなか）鶴子　1845〜1912　江戸末期・明治期の歌人、書家
鶴五郎　つるごろう
市川（いちかわ）鶴五郎　1837〜1899　江戸後期の歌舞伎役者
鶴重　つるしげ
渡辺（わたなべ）鶴重　江戸後期の農民・画家
鶴寿　つるじゅ　⇔かくじゅ
判門田（はねだ）鶴寿　戦国時代の山内上杉氏の家臣
横地（よこち）鶴寿　戦国時代の遠江国の国人
つる女　つるじょ
稲垣（いながき）つる女　江戸後期の画家
鶴女　つるじょ
鶴女　江戸中期の女性。「鶴女の節操は婦女子の鑑」と書かれた
弦太郎　つるたろう
水筑（みずき）弦太郎　1844〜1868　江戸後期・末期の高鍋藩士
鶴千代　つるちよ
三浦（みうら）鶴千代　戦国時代の今川氏の家臣
鶴所　つるど
賀古（かこ）鶴所　1855〜1931　江戸末期〜昭和期の医師

敦徳　つるとく
敦徳　1720頃〜？　江戸中期の俳人
鶴之助　つるのすけ
朝日岳（あさひだけ）鶴之助　1838〜1881　江戸末期・明治期の力士
朝日獄（あさひだけ）鶴之助　朝日岳鶴之助に同じ
鶴彦　つるひこ
三橋（みつはし）鶴彦　1808〜1862　江戸後期・末期の歌人
鶴姫　つるひめ
鶴姫　戦国時代の女性。北条氏政の娘。里見義頼（初名義継）の正室
鶴平　つるへい
鶴平　江戸前期の俳人
鶴松　つるまつ
笠利（かさり）鶴松　1788〜1880　江戸後期〜明治期の奄美における幕末の女流歌唱者
豊臣（とよとみ）鶴松　1589〜1591　安土桃山時代の豊臣秀吉の二男。母は淀殿
鶴麻呂　つるまろ
松川（まつかわ）鶴麻呂　1791〜1831　江戸後期の伊達家の侍医
鶴群　つるむら
東海園（とうかいえん）鶴群　1835〜1895　江戸末期・明治期の狂歌師

【て】

貞　てい　⇔さだ，ただし，ただす
伊佐（いさ）貞　江戸後期の本草学者
中島（なかじま）貞　1839〜1904　江戸後期〜明治期の盛岡藩士
鼎　てい　⇔かなえ
岩瀬（いわせ）鼎　1768〜1800　江戸中期・後期の医者
津川（つがわ）鼎　江戸後期の詩文家
昵　でい　⇔むつる
三浦（みうら）昵　1802〜？　江戸末期の水泳家《三浦昵》
底阿　ていあ
底阿　1305〜1381　鎌倉後期・南北朝時代の時宗の僧・連歌作者
貞安　ていあん　⇔さだやす，じょうあん
臼井（うすい）貞安　1804〜1872　江戸末期の歌人
貞庵　ていあん
浅井（あさい）貞庵　1770〜1829　江戸中期・後期の医者
窪津（くぼつ）貞庵　江戸中期の医者
佐々木（ささき）貞庵　江戸末期・明治期の蘭学者
八十島（やそしま）貞庵　？〜1762　江戸中期の加賀藩医師
渡辺（わたなべ）貞庵　1763〜1810　江戸中期・後期の医者

定庵 ていあん
松岡(まつおか)定庵 江戸中期の本草家
底安 ていあん
底安 室町時代の連歌作者
挺庵 ていあん
神波(かんなみ)挺庵 江戸後期の本草学者
貞為 ていい
梅原(うめはら)貞為 1669〜1728 江戸前期・中期の俳人
貞居 ていい
猪刈(いかり)貞居 ?〜1815 江戸後期の戯作者
程巳 ていい
程巳 江戸中期の俳諧作者
貞因 ていいん
榎並(えなみ)貞因 1627〜1700 江戸前期・中期の俳人
永田(ながた)貞因 1621〜1700 江戸前期・中期の菓子匠
庭雨 ていう
庭雨 江戸後期の狂歌作者
停雲 ていうん
大道寺(だいどうじ)停雲 1795〜1857 江戸後期・末期の書家
貞運 ていうん
飯尾(いのう)貞運 戦国時代の幕府奉行人の飯尾氏の一族
隈雲 ていうん
山内(やまうち)隈雲 1838〜1923 江戸後期〜大正期の幌内鉄道建設の功労者
貞営 ていえい
入(いり)貞営 1692〜1752 江戸中期の地方和算家
定栄 ていえい ⇔さだてる
鳥飼(とりかい)定栄 1693〜1758 江戸中期の書肆
貞円 ていえん
貞円 戦国時代の天台宗の僧
貞屋 ていおく
熊谷(くまがい)貞屋 江戸中期の俳人
貞憶 ていおく
貞憶 1633〜1715 江戸前期・中期の浄土宗の僧
庭華 ていか
河七(かわしち)庭華 江戸時代の薬種屋
貞峨 ていが
貞峨 1663〜1742 江戸前期・中期の俳諧師・雑俳点者・浄瑠璃作者
貞賀 ていが
桐淵(きりぶち)貞賀 江戸中期の俳人
庭雅 ていが
庭雅 1793〜1873 江戸後期〜明治期の俳人
汀画 ていが
北市屋(きたいちや)汀画 江戸中期の加賀国能美郡小松町の俳人
貞寛 ていかん ⇔さだひろ
吉川(よしかわ)貞寛 1750〜1810 江戸中期・後期の幕臣
貞幹 ていかん ⇔さだみき, さだもと
赤崎(あかさき)貞幹 1742〜1805 江戸中期・後期の谷山郷士、城下士
浅井(あさい)貞幹 江戸末期の医者
井口(いぐち)貞幹 江戸後期の種芸家
神沢(かんざわ)貞幹 1710〜1795 江戸中期・後期の京都町奉行所の与力
古松(こまつ)貞幹 ?〜1830 江戸後期の書家
曽根(そね)貞幹 江戸中期の翻訳者
藤井(ふじい)貞幹 1732〜1797 江戸中期・後期の考証学者
宮村(みやむら)貞幹 1672〜1738 江戸前期・中期の漢学者
吉川(よしかわ)貞幹 ?〜1834 江戸後期の幕臣
貞煥 ていかん
晁(ちょう)貞煥 江戸中期の医者
諦観 ていかん ⇔たいかん
難波(なんば)諦観 1847〜1906 江戸後期〜明治期の教育者
貞紀 ていき
貞紀 1671〜1750 江戸前期・中期の真言宗の僧
貞暉 ていき ⇔さだてる
貞暉 ?〜1709 江戸前期・中期の浄土宗の僧
貞儀 ていぎ ⇔さだのり, さだよし
今泉(いまいずみ)貞儀 1831〜1867 江戸後期・末期の俳人
貞義 ていぎ ⇔さだよし
貞義 江戸前期の俳人
乏志堂(ぼうしどう)貞義 江戸中期の俳人
泥亀 でいき ⇔どろがめ
田川(たがわ)泥亀 1764〜1841 江戸後期の医師
永島(ながしま)泥亀 江戸中期の湯島聖堂儒官
貞吉 ていきち ⇔さだきち, さだよし
佐藤(さとう)貞吉 1832〜1902 江戸後期〜明治期の芋沢小学校世話掛
村田(むらた)貞吉 1846〜1898 江戸後期〜明治期の養蚕商
貞橘 ていきつ
貞橘 ?〜1760 江戸中期の俳人
定橘 ていきつ
細井(ほそい)定橘 江戸中期の茶人
貞久 ていきゅう ⇔さだひさ
深津(ふかつ)貞久 ?〜1613 江戸前期の代官
貞旭 ていきょく
貞旭 江戸中期の俳人
貞吟 ていぎん
晃誉(こうよ)貞吟 戦国時代の浄土宗寺の僧
貞恵 ていけい ⇔さだよし, じょうえ
土橋(つちはし)貞恵 1776〜1865 江戸中期〜末期の医師
禎卿 ていけい
三宅(みやけ)禎卿 江戸後期の漢学者

て

棹月　ていげつ
春定斎(しゅんていさい)棹月　戦国時代の武田氏の家臣、禰津常安の被官

貞兼　ていけん　⇔さだかね
藤谷(ふじたに)貞兼　1615～1701　江戸前期・中期の俳人

貞見　ていけん
神浦(かみうら)貞見　1854～1874　江戸末期・明治期の眼科医

樫軒　ていけん
大久保(おおくぼ)樫軒　？～1870　江戸末期・明治期の幕臣

貞元　ていげん　⇔さだもと
姫井(ひめい)貞元　1742～1816　江戸中期・後期の岡山藩医

貞源　ていげん
貞源　鎌倉時代の山門系の僧

て

貞固　ていこ　⇔ていご
蒲生(がもう)貞固　1742～1814　江戸中期・後期の私塾師匠
木村(きむら)貞固　1766～1828　江戸中期の陶工

貞子　ていこ　⇔さだこ
荘田(しょうだ)貞子　？～1852　江戸後期の女性。臼杵藩士の妻。賢女として知られた

悌子　ていこ
上田(うえだ)悌子　1855～？　江戸末期・明治期の女性。日本初の米国女子留学生の1人

鼎湖　ていこ
片桐(かたぎり)鼎湖　1786～1860　江戸中期～末期の俳人

貞固　ていご　⇔ていこ
中原(なかはら)貞固　1753～1838　江戸末期の漢学者

貞吾　ていご
神尾(かんお)貞吾　？～1782　江戸中期の俳人

貞悟　ていご
青木(あおき)貞悟　1653～1715　江戸中期の俳人

禎吾　ていご
多田(ただ)禎吾　1848～1870　江戸後期～明治期の藩士

貞江　ていこう
岸(きし)貞江　？～1798　江戸中期・後期の俳人

定興　ていこう　⇔さだおき
斉藤(さいとう)定興　1849～1909　江戸後期～明治期の盛岡における郵便事業の草分

定綱　ていこう　⇔さだつな
市川(いちかわ)定綱　？～1695　江戸中期の代官

廷高　ていこう
宮崎(みやざき)廷高　1726～1807　江戸中期・後期の医者

泥江　でいこう
平野(ひらの)泥江　1813～1878　江戸後期～明治期の画家

貞国　ていこく　⇔さだくに
栗本軒(くりのもとけん)貞国　1754～1833　江戸中期・後期の狂歌師

貞穀　ていこく　⇔さだよし
柴野(しばの)貞穀　江戸中期の儒者

定穀　ていこく
水沢(みずさわ)定穀　？～1848　江戸末期の庄屋

定五郎　ていごろう　⇔さだごろう
岡田(おかだ)定五郎　1849～1895　江戸後期～明治期の剣道家

貞厳　ていごん
貞厳　？～1827　江戸中期・後期の浄土宗の僧

貞佐　ていさ
貞佐　江戸中期の俳人
芥川(あくたがわ)貞佐　1699～1779　江戸中期の茶人

貞斎　ていさい
大野(おおの)貞斎　江戸後期の漢学者
河野(こうの)貞斎　1816～1877　江戸後期～明治期の医師
福田(ふくだ)貞斎　1661～1717　江戸前期・中期の漢学者

定斎　ていさい　⇔じょうさい
熊坂(くまさか)定斎　江戸中期の「易占秘訣」の著者

禎哉　ていさい
泉(いずみ)禎哉　1837～1895　江戸後期～明治期の早町村外16か村戸長
伊藤(いとう)禎哉　1806～1852　江戸後期の眼科医

禎斎　ていさい
阿部(あべ)禎斎　1786～1853　江戸中期・後期の医師

艇斎　ていさい
石川(いしかわ)艇斎　江戸後期・末期の漢学者

鼎斎　ていさい
大沢(おおさわ)鼎斎　1813～1873　江戸後期～明治期の儒者
樋口(ひぐち)鼎斎　江戸後期の漢詩人
綿貫(わたぬき)鼎斎　1825～1884　江戸後期～明治期の医師

鼎斉　ていさい
永井(ながい)鼎斉　？～1868　江戸末期の医師

酊斎　ていさい
松波(まつなみ)酊斎　1718～1793　江戸中期・後期の漢詩人

樫斎　ていさい
小川(おがわ)樫斎　江戸後期の医者
平井(ひらい)樫斎　1772～1829　江戸中期・後期の本草家

楨作　ていさく
大平(おおひら)楨作　1853～1921　江戸末期～大正期の医師

貞三郎　ていさぶろう
大塚(おおつか)貞三郎　1819～1899　江戸末期・

明治期の教育者

悌三郎 ていざぶろう

山県(やまがた)悌三郎 1858～1940 江戸末期～昭和期の社会教育家

禎三郎 ていざぶろう

神戸(かんべ)禎三郎 1842～1912 江戸後期～明治期の実業家、政治家

停山 ていざん

堀口(ほりぐち)停山 1649～1734 江戸前期・中期の剣術家《堀口貞勝》

貞山 ていざん

今川(いまがわ)貞山 1826～1905 江戸後期～明治期の僧

桐淵(きりぶち)貞山 1672～1749 江戸前期・中期の俳人

高津(たかづ)貞山 江戸中期の狂歌師

禎山 ていざん

禎山 江戸中期の臨済宗の僧

鼎山 ていざん

中村(なかむら)鼎山 1800～1874 江戸後期～明治期の篆刻家・俳人

貞至 ていし

中島(なかじま)貞至 江戸中期の俳人

貞之 ていし ⇔さだゆき

貞之 江戸前期の俳人

貞之 江戸後期の俳人

定子 ていし ⇔さだこ

藤原(ふじわらの)定子 ?～1680 江戸前期の女官

定之 ていし ⇔さだゆき

定之 1651～1700 江戸前期・中期の俳人

庭枝 ていし

庭枝 江戸後期の狂歌作者

貞治 ていじ ⇔さだじ

菅沼(すがぬま)貞治 1804～1863 江戸後期・末期の笹間村村老名役、肝入

武田(たけだ)貞治 1818～1888 江戸末期の柔道家

貞爾 ていじ

熱海(あづみ)貞爾 1836～1884 江戸後期～明治期の仙台藩士

定時 ていじ ⇔さだとき

定時 江戸前期の俳人《定時》

悌二 ていじ

佐久間(さくま)悌二 ?～1869 江戸末期・明治期の幕臣

媞子女王 ていしじょおう

媞子女王 平安前期の女性。光孝天皇の宮人

庭七郎 ていしちろう

堀越(ほりこし)庭七郎 1826～1899 江戸末期・明治期の本川俣村の名主

鼎実 ていじつ

野村(のむら)鼎実 1823～1888 江戸後期～明治期の神職

貞子内親王 ていしないしんのう

貞子内親王 南北朝時代の女性。後醍醐天皇の皇女

貞子内親王 ?～1423 南北朝・室町時代の皇女・歌人

庭樹院 ていじゅいん

庭樹院 ?～1704 江戸中期の金森頼旹の生母

聴秋 ていしゅう

伊藤(いとう)聴秋 1822～1895 江戸末期・明治期の勤王志士

貞秀 ていしゅう ⇔さだひで

横山(よこやま)貞秀 1833～1890 江戸後期～明治期の阿蘭陀通詞

諦洲 ていしゅう

諦洲 1774～1850 江戸中期・後期の臨済宗の僧

程十 ていじゅう

程十 江戸前期の俳人

定十郎 ていじゅうろう

伊黒(いぐろ)定十郎 1825～1858 江戸後期・末期の藩士

定瞬 ていしゅん

定瞬 1801～1875 江戸後期～明治期の大僧都

亭順 ていじゅん

亭順 1523～1600 戦国・安土桃山時代の天台宗の僧

貞順 ていじゅん ⇔さだみち

山田(やまだ)貞順 1833～1897 江戸後期～明治期の刑法者

貞勝 ていしょう ⇔さだかつ

新井(あらい)貞勝 1759～1835 江戸中期・後期の商家

貞昭 ていしょう

貞昭 1298～? 鎌倉後期・南北朝時代の僧

貞松 ていしょう

貞松 1759～1798 江戸中期・後期の俳人

小川(おがわ)貞松 1827～1900 江戸末期～明治期の医者

貞省 ていしょう ⇔ていせい

天野(あまの)貞省 1835～1906 江戸後期～明治期の幕臣

貞祥 ていしょう

伴野(ともの)貞祥 ?～1559 戦国時代の前山城城主

定昭 ていしょう ⇔さだあき

里見(さとみ)定昭 1793～1865 江戸後期・末期の代官

桯荘 ていしょう

佐々木(ささき)桯荘 ?～1889 江戸後期～明治期の南画家(文人画)

諦丈 ていじょう

伊藤(いとう)諦丈 江戸末期・明治期の教育者

貞次郎 ていじろう

鈴木(すずき)貞次郎 1843～1920 江戸後期～大正期の神職

高橋(たかはし)貞次郎 1831～1903 江戸後期～明治期の足柄上郡怒田村名主

天願(てんがん)貞次郎 1848～1923 江戸末期～大正期の農工銀行の重役資格人の株主、間切議員

林（はやし）貞次郎　1840～1921　江戸末期～大正期の農業功労者

貞二郎　ていじろう

中西（なかにし）貞二郎　1814～1868　江戸後期・末期の隠岐騒動の中心人物。漢学者

定次郎　ていじろう　⇔さだじろう

有馬（ありま）定次郎　江戸後期の和算家

定治郎　ていじろう　⇔さだじろう

布屋（ぬのや）定治郎　江戸後期の人。「世話千字文仮名付」の著者

悌次郎　ていじろう

西脇（にしわき）悌次郎　1858～1899　江戸末期・明治期の銀行家

禎次郎　ていじろう

市原（いちはら）禎次郎　？～1867　江戸後期・末期の弓術師範

て

禎二郎　ていじろう

高田（たかた）禎二郎　1808～1878　江戸末期の経済学者

貞心　ていしん

貞心　？～1588　戦国・安土桃山時代の下溝村天応院の中興開基

貞慎　ていしん

星島（ほしじま）貞慎　1803～1870　江戸末期の地方政治家《星島義兵衛》

貞晨　ていしん　⇔さだあき，さだとき

中島（なかじま）貞晨　江戸前期の俳人

定申　ていしん

松山（まつやま）定申　江戸前期の藩士・兵法家

弟臣　ていしん

粟凡直（あわのおうしのあたえ）弟臣　？～723　飛鳥・奈良時代の名方郡大領、阿波国造

程進儀　ていしんぎ

岡（おか）程進儀　1797～1869　江戸後期～明治期の唐通事与人

貞心尼　ていしんに

貞心尼　戦国時代の女性。北条氏照の娘

貞心尼　1798～1872　江戸末期・明治期の尼僧、歌人

鵜水　ていすい

星野（ほしの）鵜水　1783～1845　江戸中期・後期の漢学者

貞随　ていずい

小林（こばやし）貞随　1807～1869　江戸後期～明治期の医師

貞助　ていすけ　⇔さだすけ

梅沢（うめざわ）貞助　江戸末期の韮山代官江川氏の手代

岡安（おかやす）貞助　1827～1909　江戸後期～明治期の剣術家。柳剛流岡安派祖

栢森（かやもり）貞助　1841～1907　江戸後期～明治期の実業家

丸野（まるの）貞助　？～1858　江戸後期の高山御役所御出入医師

村上（むらかみ）貞助　江戸後期の幕臣

貞輔　ていすけ

伊藤（いとう）貞輔　？～1857　江戸後期の医者

戸塚（とつか）貞輔　1839～1892　江戸後期～明治期の富商

禎輔　ていすけ

久山（くやま）禎輔　1794～1853　江戸末期の医師

鼎介　ていすけ

本多（ほんだ）鼎介　1839～1898　江戸末期・明治期の武士、政治家

鼎輔　ていすけ

小林（こばやし）鼎輔　1827～？　江戸後期・末期の洋学者

楨介　ていすけ

大内（おおうち）楨介　1819～1897　江戸後期～明治期の松山藩医

貞省　ていせい　⇔ていしょう

天野（あまの）貞省　1835～1906　江戸後期～明治期の幕臣《天野貞省》

貞征　ていせい

横瀬（よこせ）貞征　1781～1842　江戸中期・後期の幕臣

貞清　ていせい　⇔さだきよ

藤本（ふじもと）貞清　江戸前期・中期の俳人

定政　ていせい　⇔さだまさ

木村（きむら）定政　江戸後期・末期の幕臣、代官

貞石　ていせき

星流舎（せいりゅうしゃ）貞石　江戸後期の狂歌作者

貞節　ていせつ

岡（おか）貞節　？～1867　江戸後期・末期の医者、教育者

閉伊（へい）貞節　1841～1895　江戸後期～明治期の教育者

貞仙　ていせん

貞仙　1549～1604　戦国～江戸前期の女性。葛西家第17代晴信の姉で、通称於貞御前

貞宣　ていせん　⇔さだのぶ

神田（かんだ）貞宣　江戸前期の俳人

貞扇　ていせん

北川（きたがわ）貞扇　1685～1748　江戸前期・中期の俳人

貞泉　ていせん

澄川（すみかわ）貞泉　江戸後期の狂歌師

澄川（すみがわ）貞泉　澄川貞泉に同じ

定曹　ていそう

金丸（かなまる）定曹　1673～1717　江戸前期・中期の代官

貞三　ていぞう

輪堂（りんどう）貞三　江戸末期の新撰組隊士《輪堂貞造》

貞蔵　ていぞう　⇔さだぞう

桜田（さくらだ）貞蔵　1810～1880　江戸後期～明治期の儒医

中島（なかじま）貞蔵　江戸後期の韮山代官江川氏の手代

橋村（はしむら）貞蔵　1831～1890　江戸後期～明

治期の人。田茂山市街の造成に取り組む
宮崎（みやざき）貞蔵　1843〜1914　江戸末期〜大正期の教育者

貞造　ていぞう
中谷（なかだに）貞造　1830〜1880　江戸末期・明治期の医師
林（はやし）貞造　1811〜1899　江戸末期の私塾師匠
輪堂（わどう）貞造　江戸末期の新撰組隊士

定蔵　ていぞう
安藤（あんどう）定蔵　1800〜1872　江戸後期〜明治期の新見藩領井原村の庄屋・鉄山経営者

挺三　ていぞう　⇔ちょうぞう
飯盛（いさかり）挺三　1851〜1916　江戸末期〜大正期の物理学者、教育家

禎蔵　ていぞう
柳田（やなぎだ）禎蔵　1795〜1855　江戸後期の医師

程造　ていぞう
黒田（くろだ）程造　1839〜1899　江戸末期〜明治期の医者

鼎蔵　ていぞう
柳田（やなぎた）鼎蔵　1795〜1855　江戸末期の医師《柳田楨蔵》

楨蔵　ていぞう
大淵（おおぶち）楨蔵　江戸末期の志士
柳田（やなぎた）楨蔵　1795〜1855　江戸末期の医師

稊三　ていぞう
浪江（なみえ）稊三　1848〜1910　江戸後期〜明治期の蚕業研究家、埼玉県議会議員

泥足　でいそく
泥足　1655？〜？　江戸前期・中期の俳人

貞大　ていだい
石河（いしこ）貞大　江戸後期・末期の幕臣

定代　ていだい
土橋（つちはし）定代　江戸前期の人。『諸家伝』より官階・没年などを抄録した略系図集『諸家知譜拙記』の編者

禎太郎　ていたろう
那須（なす）禎太郎　1848〜1899　江戸後期〜明治期の弁護士、政治家

丁知　ていち
丁知　？〜1855　江戸後期・末期の俳人

定智　ていち　⇔さだとも，じょうち
平本（ひらもと）定智　江戸前期の漢学者

貞竹　ていちく
貞竹　江戸前期の俳諧師

定中　ていちゅう　⇔さだなか
鈴木（すずき）定中　江戸後期の茶人

貞徴　ていちょう
丸野（まるの）貞徴　1819〜1893　江戸末期・明治期の医師

定重　ていちょう　⇔さだしげ
定重　江戸前期の俳諧師

定徴　ていちょう
富田（とみた）定徴　1789〜1826　江戸後期の国学者

貞直　ていちょく　⇔さだなお
大岡（おおおか）貞直　？〜1849　江戸後期の代官

定珍　ていちん　⇔さだよし，じょうちん
阿部（あべ）定珍　1779〜1838　江戸中期・後期の西蒲原郡渡部村の庄屋

亭々　ていてい
亭々　？〜1766　江戸中期の俳人

堤亭　ていてい
下村（しもむら）堤亭　1663〜1717　江戸前期・中期の俳人

て

貞伝　ていでん
貞伝　1690〜1731　江戸中期の僧侶

貞恕　ていにょ
乾（いぬい）貞恕　1619〜1702　江戸前期・中期の俳人

貞之進　ていのしん
住吉（すみよし）貞之進　1852〜1913　江戸末期〜大正期の教育者

錠之助　ていのすけ　⇔じょうのすけ
草野（くさの）錠之助　江戸末期の武士

亭之助　ていのすけ
高橋（たかはし）亭之助　1842〜1914　江戸末期〜大正期の教育者

貞之助　ていのすけ
田辺（たなべ）貞之助　1828〜1878　江戸後期〜明治期の剣術家。神道一心流
山内（やまのうち）貞之助　江戸時代の庄内藩付家老

諦之助　ていのすけ
松平（まつだいら）諦之助　1840〜？　江戸後期の幕臣

鼎梅　ていばい
井口（いぐち）鼎梅　1817〜1869　江戸末期の漢学者

貞柏　ていはく
光縁斎（こうえんさい）貞柏　江戸後期の狂歌作者

貞範　ていはん　⇔さだのり
下方（しもかた）貞範　1561〜1621　江戸前期の武士《下方貞範》

禎範　ていはん
禎範　1011〜1091　平安中期・後期の天台宗園城寺の僧

鼎丕　ていひ
鼎丕　？〜1850　江戸後期の俳人

泥尾　でいび
棚橋（たなはし）泥尾　江戸中期の天文家

貞富　ていふ　⇔ていふう
榎並（えなみ）貞富　？〜1712　江戸前期・中期の俳人
花実庵（かじつあん）貞富　1641〜1712　江戸前期・中期の狂歌作者
永田（ながた）貞富　1641〜1712　江戸前期・中期の菓子匠

貞富　ていふう　⇔ていふ
貞富　？～1712　江戸前期・中期の俳人《榎並貞富》
貞風　ていふう　⇔さだかぜ
榎並（えなみ）貞風　？～1770　江戸中期の狂歌師
程復　ていふく
程復　南北朝・室町時代の国相
貞文　ていぶん
山岸（やまぎし）貞文　1828～1886　江戸後期～明治期の銀行頭取
貞弁　ていべん
箕作（みつくり）貞弁　1669～1752　江戸中期の医家
亭甫　ていほ
沢（さわ）亭甫　江戸前期の儒者
貞甫　ていほ
庄村（しょうむら）貞甫　1813～1853　江戸後期の商家
呈甫　ていほ
河野（かわの）呈甫　江戸末期の医師
樫圃　ていほ
大橋（おおはし）樫圃　江戸末期の画家
貞木　ていぼく
出口（でぐち）貞木　1626～1696　江戸前期・中期の俳人
鼎美　ていみ
桑原（くわばら）鼎美　1817～1897　江戸後期～明治期の医師
定明　ていめい　⇔さだあき，さだあきら
定明　江戸前期の俳人
貞明院　ていめいいん
貞明院　1826～1840　江戸後期の女性。徳川家慶の六女
諦明院　ていめいいん
諦明院　1826～1826　江戸後期の女性。徳川家慶の五女
庭茂　ていも
繁樹亭（はんじゅてい）庭茂　江戸後期の狂歌作者
諦聞　ていもん
守山（もりやま）諦聞　1844～1913　江戸末期～大正期の僧、教育者
貞也　ていや
麦里坊（ばくりぼう）貞也　江戸中期の狂歌作者
貞璵　ていよ
貞璵　江戸後期の俳人
定用　ていよう　⇔さだもち
定用　江戸前期の俳人
提要　ていよう
菊池（きくち）提要　江戸前期の能登国鹿島郡七尾町の俳人
貞利　ていり　⇔さだとし
高山（たかやま）貞利　江戸後期の代官
庭李　ていり
庭李　江戸後期の狂歌作者

貞陸　ていりく
貞陸　1649～？　江戸前期・中期の俳人
貞柳　ていりゅう
芥川（あくたがわ）貞柳　1699～1779　江戸中期の茶人《芥川貞佐》
汀柳　ていりゅう
赤名（あかな）汀柳　1778～1862　江戸中期～末期の亀嵩村に住んだ俳人
定良　ていりょう　⇔さだよし
石丸（いしまる）定良　1659～1748　江戸中期の岡山藩士
程良　ていりょう
岡（おか）程良　1853～1894　江戸後期～明治期の奄美大島最初の司法官で悲劇的先覚者
丁林　ていりん
増茂（ますも）丁林　1806～1892　江戸後期～明治期の教育者
貞連　ていれん　⇔さだつら
三浦（みうら）貞連　？～1509　室町時代後期の武将《三浦貞連》
貞六　ていろく
栗陰軒（りついんけん）貞六　1758～1851　江戸中期・後期の狂歌師
貞和子　ていわし
森（もり）貞和子　1791～1852　江戸後期の西方・東方・住用間切の与人
手拍　てかしわ
大伴（おおともの）手拍　？～713　奈良時代の官人
でき
速水（はやみ）でき　？～1615　江戸前期の武士。大坂の陣で籠城
てき庵　てきあん
三浦（みうら）てき庵　江戸前期の武士。大坂の陣で籠城。大野治長組の組頭
迪庵　てきあん
森本（もりもと）迪庵　江戸前期の医者
惕軒　てきけん
鈴木（すずき）惕軒　1836～1896　江戸後期～明治期の儒者
適斎　てきさい
大久保（おおくぼ）適斎　1840～1911　江戸後期～明治期の教育者
塩野（しおの）適斎　1775～1847　江戸中期・後期の幕臣、武芸家
平沢（ひらさわ）適斎　1776～1834　江戸中期・後期の漢学者・医者
堀内（ほりのうち）適斎　江戸後期の医者
適斎　てきさい
高橋（たかはし）適斎　1804～1888　江戸後期～明治期の医師
適処　てきしょ
正墻（しょうがき）適処　1818～1875　江戸後期～明治期の志士、文人
荻人　てきじん
荻人　江戸中期の俳諧作者

滴水　てきすい
設楽(しだら)滴水　1724〜1808　江戸中期・後期の医者

廸粋　てきすい
荊林(けいりん)廸粋　1766〜1843　江戸中期・後期の臨済宗の僧

惕窓　てきそう
木崎(きざき)惕窓　1688〜1766　江戸中期の考証家、郷土史家

荻堂　てきどう
荻堂　江戸中期の雑俳点者

荻風　てきふう
園田(そのだ)荻風　江戸中期・後期の俳人

手越少将　てごしのしょうしょう
手越少将　平安後期・鎌倉前期の女性

天太　てだ
保里(ふさと)天太　南北朝時代の宮古の豪族

てつ
松木(まつき)てつ　戦国時代の女性。松木心道の母

哲　てつ　⇔さとし
相徳(あいとく)哲　1858〜1898　江戸末期・明治期の教員

鉄一　てついち
志村(しむら)鉄一　江戸末期・明治期の豊平川の渡守

哲夫　てつお
赤松(あかまつ)哲夫　江戸末期の医者
高橋(たかはし)哲夫　1830〜1876　江戸後期〜明治期の剣術家。無外流

鉄可　てっか
穴沢(あなざわ)鉄可　?〜1614　江戸前期の長刀の達人

鉄枴　てつかい
鉄枴　?〜1784　江戸中期の俳人

徹外　てつがい
徹外　江戸後期の僧侶

鉄崖　てつがい
鉄崖　1628〜1703　江戸前期・中期の僧
渡辺(わたなべ)鉄崖　1808〜1872　江戸後期〜明治期の儒者

鉄吉　てつきち
徳田(とくだ)鉄吉　1856〜1868　江戸末期の二本松少年隊士
安田(やすだ)鉄吉　1830〜1863　江戸後期・末期の武士

鉄研　てっけん
西森(にしもり)鉄研　1847〜1918　江戸末期〜大正期の書家

鉄巌　てつげん
東観音寺(とうかんのんじ)鉄巌　?〜1682　江戸前期の詩僧

鉄元　てつげん
林(はやし)鉄元　?〜1819　江戸中期・後期の囲碁棋士

鉄香　てっこう
塩田(しおた)鉄香　1850〜1889　江戸後期〜明治期の日本画家《塩田銕香》

銕香　てっこう
塩田(しおた)銕香　1850〜1889　江戸後期〜明治期の日本画家

哲五郎　てつごろう
井後(いご)哲五郎　1837〜1907　江戸後期〜明治期の剣術家。心形刀流

鉄五郎　てつごろう
伊藤(いとう)鉄五郎　1840〜1868　江戸後期・末期の新撰組隊士
片野(かたの)鉄五郎　1810〜1879　江戸後期の農商人
河合(かわい)鉄五郎　1846〜?　江戸後期・末期の新撰組隊士
堀(ほり)鉄五郎　1832〜?　江戸後期の幕臣
山口(やまぐち)鉄五郎　江戸後期の代官
山口(やまぐち)鉄五郎　?〜1838　江戸後期の幕臣《山口高品》

銕五郎　てつごろう
内方(うちかた)銕五郎　1716?〜1765　江戸中期の備中国笠岡代官

哲斎　てっさい
久我(くが)哲斎　1849〜1920　江戸末期〜大正期の千葉大医学部の前身である共立千葉病院の創立に尽くした医師
村山(むらやま)哲斎　1821〜1899　江戸後期〜明治期の刈羽郡岡野町村の大素封家

徹斎　てっさい
淡輪(たんのわ)徹斎　安土桃山時代の織田信長の家臣
畠中(はたなか)徹斎　江戸後期の文人

鉄斎　てっさい
鉄斎　1775〜1831　江戸中期・後期の俳人
犬山(いぬやま)鉄斎　戦国時代の武将。武田家臣

徹山　てつざん
武藤(むとう)徹山　江戸前期の武術家

徹士　てっし
室賀(むろが)徹士　?〜1707　江戸前期・中期の俳諧師

哲治　てつじ
根本(ねもと)哲治　1827〜1903　江戸後期〜明治期の角田邑主石川氏の儒臣

鉄次　てつじ
石原(いしはら)鉄次　江戸前期の浪士

徹周　てっしゅう
石叟(せきそう)徹周　?〜1768　江戸中期の曹洞宗の僧

鉄十郎　てつじゅうろう
千種(ちぐさ)鉄十郎　1758〜?　江戸中期の代官

徹定　てつじょう
鵜飼(うがい)徹定　1814〜1891　江戸末期・明治期の浄土宗の僧

徹定上人　てつじょうしょうにん
徹定上人　1814〜1891　江戸末期・明治期の漢詩人、宗教家

哲四郎　てつしろう
高梨（たかなし）哲四郎　1855〜1923　江戸末期〜大正期の政治家

鉄次郎　てつじろう
岩崎（いわさき）鉄次郎　江戸末期・明治期の大学館創業者
久保（くぼ）鉄次郎　1854〜1868　江戸末期の二本松少年隊士
小林（こばやし）鉄次郎　江戸後期〜明治期の版元
間宮（まみや）鉄次郎　1831〜1915　江戸後期〜大正期の小野派一刀流剣士

哲真　てっしん
哲真　1645〜1735　江戸前期・中期の学僧

哲辰　てっしん
哲辰　江戸中期の曹洞宗の僧

鉄心　てっしん
鉄心　1641〜1710　江戸前期・中期の長崎の聖福寺開山和僧（混血児）
実如（じつにょ）鉄心　？〜1828　江戸後期の僧侶

哲助　てつすけ
雨宮（あめみや）哲助　江戸末期の興譲館教授
山本（やまもと）哲助　1841〜1868　江戸後期・末期の堺事件烈士

鉄助　てつすけ
杉江（すぎえ）鉄助　1809〜1871　江戸後期〜明治期の剣術家。直心影流

鉄石　てっせき　⇔てつせき
川本（かわもと）鉄石　1826〜1896　江戸後期〜明治期の漢詩人、僧侶

鉄石　てつせき　⇔てっせき
川本（かわもと）鉄石　1826〜1896　江戸後期〜明治期の漢詩人、僧侶《川本鉄石》

鉄船　てっせん
鉄船　1755〜1798　江戸中期・後期の俳人・医者

哲蔵　てつぞう
片多（かたた）哲蔵　1817〜1891　江戸後期〜明治期の蘭学者

哲造　てつぞう
櫟木（いちき）哲造　江戸末期・明治期の陸軍歩兵曹長。西南政争の生き残り
須田（すだ）哲造　1848〜1894　江戸後期〜明治期の医学者、眼科医

轍蔵　てつぞう
安田（やすだ）轍蔵　江戸末期の薩摩藩士

鉄三　てつぞう
八丁（はっちょう）鉄三　1859〜1910　江戸末期・明治期の中津の荒瀬井出の初代管理者

鉄蔵　てつぞう
岡本（おかもと）鉄蔵　江戸後期の職人
上崎（かみざき）鉄蔵　1853〜1868　江戸後期・末期の二本松少年隊士

鉄太　てつた
木村（きむら）鉄太　1828〜1862　江戸後期の武士。遣米使節団に加わる。『航米記』著者

鉄太郎　てつたろう
秋山（あきやま）鉄太郎　1831〜？　江戸後期の幕臣
今井（いまい）鉄太郎　1846〜1904　江戸後期〜明治期の藩士、自由民権運動家
刑部（おさかべ）鉄太郎　江戸末期の幕臣・幕府徒目付。1860年遣米使節に随行しアメリカに渡る
本多（ほんだ）鉄太郎　江戸末期の新撰組隊士？

徹中　てっちゅう
三枝（さいぐさ）徹中　？〜1899　江戸末期・明治期の真宗大谷派の僧

鉄椎　てっつい
藤田（ふじた）鉄椎　1846〜1915　江戸末期〜大正期の僧侶・教育者

徹伝　てつでん
徹伝　？〜1677　江戸前期の臨済宗の僧

徹堂　てつどう
井村（いむら）徹堂　1777〜1853　江戸中期・後期の篆刻の名人

鉄忍　てつにん
智外（ちがい）鉄忍　江戸中期の曹洞宗の僧

鉄之丞　てつのじょう
伊藤（いとう）鉄之丞　1757〜1840　江戸中期・後期の荻野流増補新流砲術家
大久保（おおくぼ）鉄之丞　江戸後期の旗本。伊豆に知行地を持つ

銕之丞　てつのじょう
観世（かんぜ）銕之丞〔3代〕　？〜1820　江戸中期・後期の能役者シテ方

鉄之進　てつのしん
青山（あおやま）鉄之進　江戸中期の武士

鉄之助　てつのすけ
荒井（あらい）鉄之助　江戸末期・明治期の藩士
碇綱（いかりづな）鉄之助　江戸中期・後期の力士
伊東（いとう）鉄之助　1838〜1925　江戸末期〜大正期の俳人
井上（いのうえ）鉄之助　1832〜？　江戸後期の幕臣

鉄平　てっぺい
鉄平　江戸中期の中間

鉄磨　てつま
恒山（こうざん）鉄磨　？〜1839　江戸後期の曹洞宗の僧

てつ麿　てつまろ
てつ麿　江戸後期の雑俳点者

鉄麿　てつまろ
吉江（よしえ）鉄麿　？〜1892　江戸後期〜明治期の壮士

鉄文　てつもん
道樹（どうじゅ）鉄文　1710〜1781　江戸中期の青山村千松寺中興の開山

鉄門　てつもん
鉄門　？〜1771　江戸中期の僧侶

鉄矢 てつや
阿蘇(あそ)鉄矢 1802〜1886 江戸後期〜明治期の平佐北郷家の家臣
鉄与 てつよ
野中(のなか)鉄与 江戸時代の八戸藩士
鉄卵 てつらん
鉄卵 1662〜1689 江戸前期・中期の俳人
哲了 てつりょう
明菴(みょうあん)哲了 1705〜1779 江戸中期の曹洞宗の僧
天遊居 てゆい
中西(なかにし)天遊居 1844〜1917 江戸末期・明治期の俳人《中西源吉》
てる
青木(あおき)てる 1815〜1877 江戸後期〜明治期の女性
央 てる ⇔おう, なか
菊池(きくち)央 1847〜1868 江戸後期・末期の新撰組隊士
照明 てるあき
豊田(とよた)照明 江戸末期の和算家
英一 てるいち ⇔えいいち, てるかず, ひでかず
玉鱗子(ぎょくりんし)英一 1788〜1850 江戸後期の川越藩の刀工
輝氏 てるうじ
足利(あしかが)輝氏 戦国時代の古河公方の一族
大館(おおだち)輝氏 戦国時代の室町幕府の幕臣
光枝 てるえ ⇔みつえ, みつえだ
桜井(さくらい)光枝 江戸後期・末期の国学者、狂歌作者
花廼屋(はなのや)光枝 江戸後期の狂歌師
光条 てるえ
秋山(あきやま)光条 1843〜1902 江戸末期・明治期の国学者、神職
照恵 てるえ
上原(うえはら)照恵 1646〜1731 江戸前期・中期の国学者
輝景 てるかげ
長尾(ながお)輝景 戦国時代の上野国衆
英一 てるかず ⇔えいいち, てるいち, ひでかず
大森(おおもり)英一 江戸中期の装剣金工
照方 てるかた ⇔てるみち
高嶋(たかしま)照方 1838〜1915 江戸末期〜大正期の農業家
映門 てるかど
長谷部(はせべ)映門 1782〜1848 江戸中期・後期の俳人
照吉 てるきち
尾崎(おさき)照吉 1850〜1924 江戸末期〜大正期の医師。村民融和に貢献
輝清 てるきよ
三河口(みかわぐち)輝清 1772〜? 江戸中期の代官
照清 てるきよ
荻野(おぎの)照清 ?〜1747 江戸中期の砲術家
榊原(さかきばら)照清 1620〜1703 江戸前期・中期の幕臣
毛受(めんじょう)照清 安土桃山時代の武士
輝子 てるこ
赤井(あかい)輝子 1514〜1594 戦国・安土桃山時代の女性。由良成繁夫人《妙印尼》
照子 てるこ
大森(おおもり)照子 1808〜1877 江戸後期〜明治期の画家
輝定 てるさだ
井関(いせき)輝定 江戸前期の武士
輝実 てるざね
山根(やまね)輝実 1813〜1860 江戸後期・末期の国学者
英二 てるじ
鈴木(すずき)英二 江戸後期の刀工
輝殷 てるしげ
松木(まつき)輝殷 1843〜1911 江戸後期〜明治期の建築家
照成 てるしげ ⇔しょうせい
加藤(かとう)照成 江戸中期の和算家《加藤照成》
輝女 てるじょ
安藤(あんどう)輝女 江戸後期の女流歌人。安藤伊八の母
輝高 てるたか
松平(まつだいら)輝高 1725〜1781 江戸中期の第20代京都所司代
照隆 てるたか
子安(こやす)照隆 1831〜1907 江戸後期〜明治期の和算家
輝親 てるちか
松平(まつだいら)輝親 1667〜1747 江戸前期・中期の庄内藩家老
照親 てるちか
岡見(おかみ)照親 戦国時代の北条氏の家臣
民野(たみの)照親 1842〜? 江戸後期〜明治期の装飾金属工芸の名工
輝次 てるつぐ
大井(おおい)輝次 戦国時代の今川氏領国の皮革職人・商人頭
輝綱 てるつな
正木(まさき)輝綱 ?〜1604 安土桃山・江戸前期の里見氏の重臣
渡辺(わたなべ)輝綱 江戸後期・末期の幕臣
明麗 てるつら
小槻(おづき)明麗 1852〜1884 江戸後期〜明治期の公家
照登 てると
吉田(よしだ)照登 1838〜1907 江戸後期〜明治期の盲目の和算家
輝聲 てるな
大河内(おおこうち)輝聲 1847〜1882 江戸末期・

明治期の高崎藩最後の藩主

輝永　てるなが

栗田(くりた)輝永　1850〜1914　江戸末期〜大正期の北遠きっての事業家

輝長　てるなが

堤(つつみ)輝長　1653〜1691　江戸前期・中期の公家

輝延　てるのぶ

松平(まつだいら)輝延　1775〜1825　江戸中期・後期の高崎藩主、老中

照羽　てるのぶ

小笠原(おがさわら)照羽　1715〜1786　江戸中期の代官

照信　てるのぶ

一宮(いちのみや)照信　?〜1590　戦国・安土桃山時代の武田家臣

日吉廼舎(ひえのや)照信　江戸後期の天台宗の僧・狂歌作者

栄発　てるのり

奥村(おくむら)栄発　1780〜1821　江戸中期・後期の医者

輝規　てるのり

松平(まつだいら)輝規　1682〜1756　江戸前期・中期の高崎藩主

輝教　てるのり

葛城(かつらぎ)輝教　江戸中期の書肆

輝範　てるのり

大野(おおの)輝範　江戸時代の和算家

照矩　てるのり

安田(やすだ)照矩　1814〜?　江戸後期・末期の官人

輝速　てるはや

池上(いけがみ)輝速　1848〜1915　江戸末期〜大正期の実業家

輝秀　てるひで

輝秀　?〜1848　江戸後期の刀工、鉄砲鍛冶

弥屋(ねや)輝秀　安土桃山時代の武将

昭平　てるひら　⇔あきひら

横尾(よこお)昭平　1698〜1783　江戸中期の幕臣

照洋　てるひろ

高山(たかやま)照洋　1768〜1827　江戸中期・後期の兵法家

照房　てるふさ

金子(かねこ)照房　?〜1799　江戸中期・後期の寺子屋師匠

野口(のぐち)照房　戦国時代の北条氏照の臣

照馬　てるま

朝比奈(あさひな)照馬　?〜1850　江戸末期の弓術家

英昌　てるまさ　⇔ひでまさ

大森(おおもり)英昌　1705〜1772　江戸中期の装剣金工

輝昌　てるまさ

三河口(みかわぐち)輝昌　1742〜?　江戸中期の幕臣

輝政　てるまさ

関根(せきね)輝政　1518〜1598　戦国・安土桃山時代の武将

照昌　てるまさ

水野(みずの)照昌　戦国時代の武将

英道　てるみち　⇔ひでみち

小林(こばやし)英道　1841〜1923　江戸末期の刀匠

輝道　てるみち

戸田(とだ)輝道　1628〜1697　江戸前期・中期の幕臣

光道　てるみち　⇔こうどう

山上(やまがみ)光道　江戸末期の和算家

照道　てるみち

生花斎(せいかさい)照道　江戸後期の狂歌作者

照方　てるみち　⇔てるかた

小出(こいで)照方　?〜1805　江戸後期の幕臣

鑒通　てるみち

石上(いそのかみ)鑒通　江戸後期の国学者

栄充　てるみつ

服部(はっとり)栄充　江戸後期の和算家

英満　てるみつ

大森(おおもり)英満　江戸中期・後期の装剣金工

輝光　てるみつ

安東(あんどう)輝光　戦国・安土桃山時代の駿河国菖蒲谷の土豪。駿河衆

由比(ゆい)輝光　戦国時代の人。大宅氏

照光　てるみつ

江田(えだ)照光　1852〜1920　江戸末期〜大正期の水利功労者

照基　てるもと

大石(おおいし)照基　?〜1590?　戦国時代の北条氏の家臣

照守　てるもり

中山(なかやま)照守　1649〜1714　安土桃山・江戸前期の武将

輝和　てるやす

松平(まつだいら)輝和　1750〜1800　江戸中期・後期の高崎藩主

照康　てるやす

赤井(あかい)照康　戦国時代の武将

照泰　てるやす

金子(かねこ)照泰　1724〜1821　江戸中期・後期の郷土史家

豊由(とよよし)照泰　1815〜1887　江戸後期〜明治期の和算家

輝行　てるゆき

中島(なかしま)輝行　?〜1567　安土桃山時代の武将

章之　てるゆき

松井(まつい)章之　1813〜1887　江戸後期〜明治期の肥後藩家老

明之　てるゆき　⇔あきゆき, めいし

香取(かとり)明之　江戸後期の狂歌作者

輝義　てるよし
杉村（すぎむら）輝義　江戸後期の和算家
田中（たなか）輝義　南北朝時代の神職

輝美　てるよし
輝美　江戸末期の刀工、鉄砲鍛冶

照芳　てるよし
岡田（おかだ）照芳　江戸末期の和算家

出羽　でわ　⇔いでは
出羽　安土桃山時代の信濃国安曇郡しほ河原の人。一本木の土豪か。仁科氏の被官とみられる
加津野（かずの）出羽　安土桃山時代の武田氏の家臣
田所（たどころ）出羽　江戸中期の神職
中村（なかむら）出羽　江戸後期の愛甲郡八菅村の人
壬生（みぶ）出羽　江戸前期の武士。大坂の陣で籠城

出羽資久　でわすけひさ
会田（あいだ）出羽資久　？～1619　江戸前期の土豪《会田資久》

出羽入道　でわにゅうどう
篠窪（しのくぼ）出羽入道　戦国時代の北条氏の家臣

出羽守正申　でわのかみまさのぶ
稲葉（いなば）出羽守正申　1794～1848　江戸後期の101代長崎奉行

出羽守政容　でわのかみまさよし
米津（よねづ）出羽守政容　1682～1739　江戸前期・中期の久喜藩主

出羽正光包　でわのしょうみつかね
阿佐見（あさみ）出羽正光包　？～1832　江戸後期の宮大工

出羽介　でわのすけ
印東（いんとう）出羽介　戦国時代の古河公方の家臣

でん
木村（きむら）でん　江戸中期の心学者

田阿　でんあ
田阿　江戸中期・後期の画家

天愛　てんあい
天愛　江戸中期の天台宗の僧

恬庵　てんあん
天野（あまの）恬庵　1782～1849　江戸中期・後期の漢学者

天漪　てんい
高（こう）天漪　1648～1722　江戸前期・中期の漢学者、書家

伝一郎　でんいちろう
上川（うえかわ）伝一郎　江戸末期の幕臣

恬逸　てんいつ
荘（しょう）恬逸　荘田恬逸に同じ
荘田（しょうだ）恬逸　1660～1723　江戸前期・中期の儒者

伝右衛門　でんうえもん　⇔でんえもん
大出（おおいで）伝右衛門　江戸中期の日光目代山口氏の手代
鈴木（すずき）伝右衛門　1787～1838　江戸中期・後期の岡崎城下連尺町の木綿商いの豪商
富樫（とがし）伝右衛門　1844～1902　江戸後期～明治期の北区栄町地区の開拓功労者
初鹿野（はじかの）伝右衛門　1544～1624　戦国～江戸前期の武士
福原（ふくはら）伝右衛門　戦国時代の里見氏家臣

天運　てんうん
天運　戦国・安土桃山時代の僧侶

天慧　てんえ
天慧　江戸末期の浄土真宗の僧

伝右衛門　でんえもん　⇔でんうえもん
伝右衛門　江戸中期の橋本町年寄
青柳（あおやぎ）伝右衛門　江戸前期の青柳宿の問屋・庄屋
鵜飼（うかい）伝右衛門　1815～1884　江戸後期～明治期の藩士
岡田（おかだ）伝右衛門　江戸前期の検地役人
小倉屋（おぐらや）伝右衛門　1676～1740　江戸前期・中期の薬種商
河西（かさい）伝右衛門　戦国・安土桃山時代の在郷の紺屋職人頭
国吉（くによし）伝右衛門　1621～？　江戸前期の弘前藩お抱えの刀工
斎藤（さいとう）伝右衛門　江戸中期の商人。草団子を創製
斎藤（さいとう）伝右衛門　江戸後期の三浦郡公郷村の民
笹原（ささはら）伝右衛門　江戸前期の仙台藩士
左脇（さわき）伝右衛門　江戸前期の幕臣
渋谷（しぶや）伝右衛門　江戸前期の武士
下平（しもひら）伝右衛門　安土桃山時代の信濃国伊那郡の武士
辻（つじ）伝右衛門　江戸中期の京都銀座役人
鳥居（とりい）伝右衛門　江戸中期の水産物交易業
内藤（ないとう）伝右衛門　1844～1906　江戸後期～明治期の出版人
中村（なかむら）伝右衛門　江戸後期の足柄下郡酒匂村の神事舞太夫
西村（にしむら）伝右衛門　江戸中期の知多の木綿買継問屋
根来（ねごろ）伝右衛門　1765～1826　江戸中期・後期の剣術家。天心独明流
塙（はなわ）伝右衛門　1637～1717　江戸前期・中期の庄内藩家老
浜嶋（はまじま）伝右衛門　？～1720　江戸前期・中期の豪商
布施（ふせ）伝右衛門　江戸前期の武士。大坂の陣で籠城
堀口（ほりぐち）伝右衛門　江戸後期の比企郡日影村の名主
松風（まつかぜ）伝右衛門　江戸後期の大住郡片岡村神事舞太夫
松儀（まつぎ）伝右衛門　？～1645　江戸前期の豪農
丸山（まるやま）伝右衛門　1808～1868　江戸後期・末期の安曇郡小田多井村庄屋
三科（みしな）伝右衛門　安土桃山時代の武将
宮木（みやぎ）伝右衛門　？～1615　江戸前期の武士。大坂の陣で籠城
村井（むらい）伝右衛門　江戸末期の狂歌師
村川（むらかわ）伝右衛門　1590～？　安土桃山・

江戸前期の剣術家。新陰流
横井(よこい)伝右衛門　?～1850　江戸後期の開拓者
吉田屋(よしだや)伝右衛門　1752～1827　江戸中期・後期の加賀国江沼郡大聖寺町の豪商

伝衛門　でんえもん
竹屋(たけのや)伝衛門　江戸前期の京都糸割符商人

田右衛門　でんえもん
難波(なんば)田右衛門　安土桃山時代の備中国の武将
花井(はない)田右衛門　安土桃山時代の織田信長の家臣

伝右衛門定氏　でんえもんさだうじ
坂井(さかい)伝右衛門定氏　江戸前期の牢人。元小早川家の家臣

伝右衛門尉　でんえもんのじょう
井出(いで)伝右衛門尉　戦国時代の駿河国富士郡狩宿の土豪
初鹿野(はじかの)伝右衛門尉　?～1548　戦国時代の武田氏の家臣

天淵院　てんえんいん
天淵院　1803～1805　江戸後期の徳川家斉の八男

天円子　てんえんし
天円子　江戸後期の和算家

天翁　てんおう
天翁　1810～1895　江戸後期～明治期の俳人

典海　てんかい
典海　1725～1804　江戸中期・後期の浄土宗の僧

天海　てんかい
星見(ほしみ)天海　1833～1913　江戸末期～大正期の禅僧

天外　てんがい
福田(ふくた)天外　1839～1921　江戸末期～大正期の新聞記者、漢学者、画家

天涯　てんがい
朝比奈(あさひな)天涯　1810～1884　江戸後期～明治期の教育者

天楽　てんがく
小島(こじま)天楽　1787～1830　江戸末期の詩人

田楽　でんがく
椒芽(きのめ)田楽　江戸中期の医者・戯作者

天岳院　てんがくいん
天岳院　?～1738　江戸中期の女性。6代松江藩主宗衍の母

典寛　てんかん
平田(ひらた)典寛　1680～1765　江戸前期・中期の陶工

天関　てんかん
天関　?～1708　江戸前期・中期の僧侶

天喜　てんき
天喜　江戸後期の俳人

伝吉　でんきち
伝吉　江戸中期の窯業
伝吉　?～1860　江戸末期の英国公使館通訳
岡本(おかもと)伝吉　?～1717　江戸前期・中期の廻船問屋
金(こん)伝吉　江戸末期の硯彫り師
斎藤(さいとう)伝吉　1844～?　江戸後期～明治期の漁夫
永岡(ながおか)伝吉　1840～1917　江戸末期～大正期の彫刻師
中村(なかむら)伝吉　1840～1873　江戸後期～明治期の説教源氏節の大成者

天弓　てんきゅう
天弓　江戸前期の俳人

天球院尼　てんきゅういんに
天球院尼　?～1637　安土桃山・江戸前期の女性。池田信輝の娘、姫路藩初代藩主池田輝政の妹

天旭　てんきょく
天旭　江戸前期の浄土真宗の僧

伝九郎　でんくろう
池田(いけだ)伝九郎　?～1711　江戸前期の用水路開削者
野村(のむら)伝九郎　1832～1911　江戸後期～明治期の庄川堤防の見廻役人

天敬　てんけい
鈴木(すずき)天敬　1825～1906　江戸末期・明治期の僧侶

天芸　てんげい
天芸　?～1673　江戸前期の禅僧

天倪　てんげい
天倪　?～1789　江戸中期・後期の浄土真宗の僧

天冏　てんげい
天冏　?～1663　江戸前期の浄土宗の僧

天元　てんげん
佐々木(ささき)天元　江戸中期の読本作者

伝古　でんこ
伝古　江戸前期の画僧

天行　てんこう
山本(やまもと)天行　?～1869　江戸後期～明治期の加賀藩医師

伝五右衛門　でんごうえもん　⇔でんごえもん
高橋(たかはし)伝五右衛門　1736～1810　江戸中期の地方救済家

伝五右衛門　でんごえもん　⇔でんごうえもん
高橋(たかはし)伝五右衛門　1736～1810　江戸中期の地方救済家《高橋伝五右衛門》

伝五郎　でんごろう
村上(むらかみ)伝五郎　1845～1919　江戸末期～大正期の手習師匠
山岡(やまおか)伝五郎　?～1853　江戸後期の茶人
渡辺(わたなべ)伝五郎　江戸後期の三浦郡走水村民

恬斎　てんさい
高野(たかの)恬斎　1803～1857　江戸後期・末期の医者

伝斎　でんさい
武田(たけだ)伝斎　江戸中期の画家

伝左衛門　でんざえもん
伝左衛門　江戸前期の足柄下郡曽根村民
伝左衛門　1725～?　江戸中期の孝子

飯山(いいやま)伝左衛門　?～1670　江戸前期の大住郡小嶺村民
市橋(いちはし)伝左衛門　安土桃山時代の織田信長の家臣
大出(おおいで)伝左衛門　江戸中期の朝鮮種人参の試作人頭
大西(おおにし)伝左衛門　江戸後期の医師
落合(おちあい)伝左衛門　江戸後期の高座郡当麻村民
梶田(かじた)伝左衛門　1750～1814　江戸中期・後期の宇野津焼窯元
加藤(かとう)伝左衛門　江戸中期の庄内藩中老
加用(かよう)伝左衛門　?～1671　江戸前期の吉田流弓術家
熊谷(くまがい)伝左衛門　安土桃山時代の織田信長の家臣
笹田(ささだ)伝左衛門　江戸前期の醸造家。米酢を創製
佐藤(さとう)伝左衛門　戦国時代の北条氏の家臣
曽和(そわ)伝左衛門　1832～?　江戸後期～明治期の土佐勤王党員
谷(たに)伝左衛門　1606～1649　江戸前期の伊達忠宗の子光宗の侍講
原田(はらだ)伝左衛門　江戸中期の人
広瀬(ひろせ)伝左衛門　?～1715　江戸前期・中期の兵学家
藤岡(ふじおか)伝左衛門　1628～?　江戸前期の武士
三井(みつい)伝左衛門　?～1841　江戸後期の長尾村庄屋
行山(ゆきやま)伝左衛門　江戸中期の藩士

伝左衛門尉　でんざえもんのじょう
下平(しもひら)伝左衛門尉　安土桃山時代の信濃国伊那郡の武士。上穂郷の代官

伝左衛門正広　でんざえもんまさひろ
永田(ながた)伝左衛門正広　江戸前期の豊臣秀頼の家臣。宇多郡平井村の代官

伝作　でんさく
工藤(くどう)伝作　?～1813　江戸後期の本荘藩金浦郷赤石村の人。土木工事に優れていた

伝三郎　でんざぶろう
太田(おおた)伝三郎　?～1862　江戸後期・末期の越中最初の磁器制作者
奥村(おくむら)伝三郎　1639～1731　江戸前期・中期の今井窯の窯主
小針屋(おばりや)伝三郎　1756～1834　江戸中期・後期の商人
佐藤(さとう)伝三郎　江戸時代の八戸藩の豪農
庄子(しょうじ)伝三郎　1843～1868　江戸後期・末期の秋田藩に使節として派遣された仙台藩士内崎順治の従者
滝山(たきやま)伝三郎　?～1558　戦国時代の織田信長の家臣
内藤(ないとう)伝三郎　1781～?　江戸中期・後期の岡山藩の大庄屋・在方下役人
長塚(ながつか)伝三郎　江戸後期の三浦郡走水村民
野崎(のざき)伝三郎　江戸後期の寺子屋師匠
塙(ばん)伝三郎　?～1582　戦国・安土桃山時代の織田信長の家臣
堀田(ほった)伝三郎　江戸前期の武士。大坂の陣で籠城

天山　てんざん
天山　1776～1842　江戸中期・後期の俳人
大久保(おおくぼ)天山　1848～1916　江戸末期～大正期の漢学者
加藤(かとう)天山　1812～1878　江戸後期～明治期の漢学者
小牧(こまき)天山　1776～1853　江戸中期・後期の儒学者。五藤家の侍読
阪本(さかもと)天山　1745～1803　江戸中期・後期の荻野流砲術家
高田(たかた)天山　1856～1897　江戸末期・明治期の松江の陶芸家
和田(わだ)天山　1791～1865　江戸後期・末期の漢詩人

て

靛山　てんざん
原田(はらだ)靛山　江戸末期の漢学者

伝次　でんじ
高木(たかぎ)伝次　安土桃山時代の信濃国諏訪郡高木の土豪
松田(まつだ)伝次　江戸前期の杉森市兵衛信成の家来

伝次右衛門　でんじえもん
竹森(たけもり)伝次右衛門　1696～1780　江戸中期の剣術家。竹森流

伝七　でんしち
伊藤(いとう)伝七〔9代〕 1828～1883　江戸末期・明治期の実業家
片野村(かたのむら)伝七　?～1773　江戸中期の義民。片野村の百姓
桜木(さくらぎ)伝七　?～1582　戦国・安土桃山時代の織田信長の家臣

伝七郎　でんしちろう
小峰(こみね)伝七郎　?～1660　江戸前期の剣術家。自心流祖

天質　てんしつ
天質　?～1623　安土桃山・江戸前期の禅僧

伝次兵衛重利　でんじべえしげとし
小田(おだ)伝次兵衛重利　1671～1724　江戸前期・中期の実業家

田社　でんしゃ
田社　?～1765　江戸中期の俳人

天爵　てんしゃく
内藤(ないとう)天爵　?～1824　江戸中期・後期の盛岡藩世子の侍講

天錫　てんしゃく
島津(しまづ)天錫　1752～1809　江戸中期・後期の武士、漢詩人

田守　でんしゅ　⇔たもり
田守　江戸後期の俳人

伝寿　でんじゅ
伝昌院(でんしょういん)伝寿　江戸前期・中期の武道家

天従　てんじゅう
天従　1778〜1838　江戸中期・後期の浄土宗の僧
伝秀　でんしゅう
伝秀　江戸中期の浄土宗の僧
天十郎　てんじゅうろう
天十郎　戦国時代の舞々
天十郎　安土桃山時代の神事舞大夫・舞々大夫
伝十郎　でんじゅうろう
江名子村(えなこむら)伝十郎　江戸中期の義民。江名子村の百姓
大古井村(おおぶるいむら)伝十郎　?〜1774　江戸中期の義民。益田郡大古井村の百姓
戸田(とだ)伝十郎　?〜1569　戦国・安土桃山時代の三河国衆。戸田一族
内木(ないき)伝十郎　江戸前期の高山西之一色村の百姓。馬医
天叙　てんじょ
源(みなもと)天叙　江戸後期の眼科医
天序　てんじょ
天序　南北朝時代の飛州安国寺の住持
天籥　てんしょう
補陀落(ふだらく)天籥　1840〜1915　江戸末期〜大正期の仏教復興運動指導者
天常　てんじょう
臼杵(うすき)天常　1587〜1650　江戸前期の武士
大梅(たいばい)天常　1663〜1746　江戸前期・中期の曹洞宗の僧
天松院　てんしょういん
天松院　?〜1687　江戸前期の女性。金森重頼の娘
転笑舎　てんしょうしゃ
有吉(ありよし)転笑舎　1761〜1839　江戸末期の狂歌師
伝四郎　でんしろう
石川(いしかわ)伝四郎　江戸中期の狂言方大蔵流狂言師
扇面亭(せんめんてい)伝四郎　江戸後期の商家
千頭(ちかみ)伝四郎　1789〜1850　江戸後期の剣術家。小野派一刀流
坊方村(ぼうかたむら)伝四郎　江戸後期の坊方村組頭
松屋(まつや)伝四郎　江戸後期の佐井湊の大宿経営者
伝次郎　でんじろう
出雲屋(いずもや)伝次郎　江戸後期の浜田の廻船問屋
酒田(さかた)伝次郎　江戸後期の武芸家
須田(すだ)伝次郎　1838〜?　江戸後期〜明治期の事業家
添田(そえだ)伝次郎　1810〜?　江戸後期の呉服問屋
田草川(たぐさがわ)伝次郎　江戸後期の幕臣
竹屋(たけや)伝次郎　江戸中期の船問屋、旅館業
新張村(にいばりむら)伝次郎　江戸中期の大野郡新張村の名主
坊方村(ぼうかたむら)伝次郎　?〜1774　江戸中期の義民。坊方村の百姓
森田(もりた)伝次郎　江戸時代の滕子村名主
山中(やまなか)伝次郎　江戸後期の横浜商人伊勢屋当主
横山(よこやま)伝次郎　?〜1774　江戸中期の義民。坊方村の百姓
伝四郎景国　でんしろうかげくに
山岡(やまおか)伝四郎景国　江戸前期の豊臣秀頼の家臣
天心　てんしん
天心　江戸中期の浄土宗の僧
天真　てんしん
天真　1782〜1844　江戸中期・後期の僧侶
林(はやし)天真　1762〜1821　江戸中期・後期の書家
天神山御老母　てんじんやまごろうぼ
天神山御老母　戦国時代の女性。藤田泰邦の母
天垂　てんすい
天垂　江戸中期の俳人
天瑞　てんずい
天瑞　江戸後期の天台宗の僧
藤(とう)天瑞　1800〜1835　江戸後期の画家
伝助　でんすけ
稲村(いなむら)伝助　江戸末期・明治期の俳人、庄屋
立木(ついき)伝助　安土桃山時代の丹羽郡高屋村の郷士
山口(やまぐち)伝助　江戸後期の相楽郡林村の富農
山田(やまだ)伝助　江戸前期の細川忠興の家臣
典膳　てんぜん
伊藤(いとう)典膳　1602〜1649　安土桃山・江戸前期の剣術家
寺田(てらだ)典膳　江戸末期の藩士
天然　てんぜん　⇔てんねん
天然　1813〜1875　江戸後期〜明治期の僧
天竃　てんそう
松本(まつもと)天竃　?〜1835　江戸中期・後期の医師《松本安二郎》
伝蔵　でんぞう
伝蔵　1778〜1857　江戸中期の肝入
伝蔵　江戸中期・後期の速見郡藤原村の孝徳の農民
安藤(あんどう)伝蔵　江戸末期の幕臣
今頭(いまず)伝蔵　江戸中期の庄屋
奥平(おくだいら)伝蔵　江戸前期の武士
加賀(かが)伝蔵　1804〜1874　江戸末期・明治期のアイヌ語通訳者
加賀屋(かがや)伝蔵　1804〜1874　江戸後期〜明治期の通詞
加賀谷(かがや)伝蔵　1805?〜1874　江戸末期・明治期の根室野付支配人、アイヌ語通詞
加藤(かとう)伝蔵　1751〜1802　江戸中期・後期の商人
小斎(こさい)伝蔵　1815〜1897　江戸後期〜明治期の鰯網発明者
小森(こもり)伝蔵　?〜1721　江戸中期の剣術家《小森浅右衛門》
寺園(てらぞの)伝蔵　1832〜1915　江戸末期〜大

正期の河辺郡加世田郷益村村の農民。一向宗徒
堀内(ほりうち)伝蔵　1808〜1841　江戸後期の義僕
若山(わかやま)伝蔵　1812〜1851　江戸後期の涌谷伊達氏の御用木具師
渡辺(わたなべ)伝蔵　1768〜1838　江戸後期の篤行家

伝造　でんぞう
浜島(はましま)伝造　?〜1885　江戸後期〜明治期の庄屋、寺子屋師匠

殿造　でんぞう
吉岡(よしおか)殿造　江戸後期の書家

田蔵　でんぞう
杉本(すぎもと)田蔵　1803〜1861　江戸後期の足柄上郡中沼村名主

田造　でんぞう
杉本(すぎもと)田造　1803〜1861　江戸後期の足柄上郡中沼村名主《杉本田蔵》

田邨　でんそん
池辺(いけべ)田邨　1837〜1893　江戸後期〜明治期の勤皇家

伝乃　でんだい
岩藤(いわどう)伝乃　1766〜1822　江戸末期の調馬士

伝太夫　でんだゆう
岡崎(おかざき)伝太夫　1704〜1754　江戸中期の土木利水開拓者

伝太郎　でんたろう
五十嵐(いがらし)伝太郎　江戸後期〜明治期の人。金井ヶ沢で植林を行った

天中　てんちゅう
上藍(じょうらん)天中　1746〜1818　江戸中期・後期の曹洞宗の僧

天頂　てんちょう
天頂　江戸中期の浄土宗の僧

典直　てんちょく　⇔のりなお
貝塚(かいづか)典直　江戸後期・末期の幕臣

天童丸　てんどうまる
北畠(きたばたけ)天童丸　南北朝時代の天童市舞鶴山の城主

天徳院　てんとくいん
天徳院　戦国時代の医師

伝内　でんない
大脇(おおわき)伝内　安土桃山時代の織田信長の家臣
建部(たけべ)伝内　1522〜1590　安土桃山時代の書家
建部(たてべ)伝内　建部伝内に同じ
沼間(ぬまの)伝内　?〜1576　戦国・安土桃山時代の織田信長の家臣
舟木(ふなき)伝内〔1代〕　江戸前期・中期の料理人
舟木(ふなき)伝内〔2代〕　江戸中期の料理人

伝内包早　でんないかねはや
舟木(ふなき)伝内包早　1685(推定)〜1759(推定)　江戸中期の料理人。加賀藩5代藩主前田綱紀、6代吉徳らに仕えた

天爾　てんに
天爾　1640〜?　江戸前期の天台宗の僧

転入　てんにゅう
林(はやし)転入　?〜1757　江戸中期の囲碁棋士

伝入　でんにゅう
狩野(かのう)伝入　?〜1652　江戸前期の岡山藩絵師・岡山狩野派の始祖

天如　てんにょ
天如　1752〜1827　江戸中期・後期の真言宗の僧

天然　てんねん　⇔てんぜん
天然　1442〜1506　室町時代の僧

天年　てんねん
杉崎(すぎさき)天年　1796〜1877　江戸後期〜明治期の漢学者

伝之亟　でんのじょう
古藤(ことう)伝之亟　1839〜1894　江戸後期〜明治期の教育者

伝之進　でんのしん
中村(なかむら)伝之進　江戸後期の足柄下郡酒匂村住の神事舞太夫

転之助　てんのすけ
玉川(たまがわ)転之助　?〜1868　江戸末期の新撰組隊士

伝之助　でんのすけ
木村(きむら)伝之助　江戸末期の従者。1860年遣米使節に随行しアメリカに渡る
平田(ひらた)伝之助　江戸末期の宮大工棟梁

伝八　でんぱち
小黒(こぐろ)伝八　江戸後期の橘樹郡諏訪河原民
佐渡嶋(さどがしま)伝八　?〜1712　江戸前期・中期の舞踊家

伝八郎　でんぱちろう
多門(おかど)伝八郎　1659〜1723　江戸中期の旗本

伝兵衛　でんひょうえ　⇔でんべい, でんべえ
薄田(すすきだ)伝兵衛　?〜1614　江戸前期の武士。大坂の陣で籠城
竹田(たけだ)伝兵衛　江戸前期の人。大坂の陣で籠城
辰野(たつの)伝兵衛　安土桃山時代の諏訪大社社家衆

伝兵衛定治　でんひょうえさだはる
長井(ながい)伝兵衛定治　1591〜1667　安土桃山・江戸前期の武士。大坂の陣で籠城

伝兵衛義次　でんひょうえよしつぐ
薄田(すすきだ)伝兵衛義次　?〜1662　江戸前期の浅野長晟の児小姓、馬廻

伝兵衛　でんべい　⇔でんひょうえ, でんべえ
今泉(いまいずみ)伝兵衛　江戸時代の弘前藩の紙漉頭、今泉家の祖
児玉(こだま)伝兵衛　安土桃山時代の検地役人

伝平　でんべい　⇔でんぺい
藤生(ふじゅう)伝平　1844〜1897　江戸後期〜明治期の名主・戸長

伝平 でんぺい ⇔でんべい
寺島(てらしま)伝平 1829～1882 江戸後期～明治期の実業家、政治家
松風(まつかぜ)伝平 1677～1748 江戸前期・中期の力士

伝兵衛 でんべえ ⇔でんひょうえ, でんべい
石川(いしかわ)伝兵衛 1677～1728 江戸前期・中期の代官
市村(いちむら)伝兵衛 戦国時代の長草村開発者
井上(いのうえ)伝兵衛 江戸後期の直心影流藤川派の剣客
猪俣(いのまた)伝兵衛 ?～1664 江戸前期の通事・医者
大野(おおの)伝兵衛〔6代〕 1750～1825 江戸中期・後期の豪商
大野(おおの)伝兵衛〔8代〕 1830～1876 江戸後期～明治期の豪商
小川(おがわ)伝兵衛 江戸中期の名古屋の富商
荻原(おぎわら)伝兵衛 江戸後期の淘綾郡国府新宿の神事舞太夫
奥宮(おくのみや)伝兵衛 ?～1614 戦国～江戸前期の長宗我部氏の家臣
鍵屋(かぎや)伝兵衛 江戸後期の広恵新田の地主
加古(かこ)伝兵衛 江戸後期の堀之内村の庄屋
河原村(かわらむら)伝兵衛 戦国時代の武将。武田家臣
小林(こばやし)伝兵衛 ?～1803 江戸後期の大麻改良者
米屋(こめや)伝兵衛 江戸中期の粉河村の商人
坂本(さかもと)伝兵衛 1760～1805 江戸中期・後期の絹買宿商人
正阿弥(しょうあみ)伝兵衛 1651～1727 江戸前期・中期の装剣金工
鈴木(すずき)伝兵衛 ?～1727 江戸前期・中期の金工家
瀬戸物屋(せとものや)伝兵衛 江戸中期の書肆
高田(たかた)伝兵衛 1728～1807 江戸中期・後期の人。甘露醤油本舗「鞆屋」の5代目
田原屋(たはらや)伝兵衛 江戸中期の根付師
柘植(つげ)伝兵衛 江戸前期の初代大森代官
辻(つじ)伝兵衛 江戸前期の太鼓方石井流能楽師
寺田(てらだ)伝兵衛 江戸時代の豪商
徳田(とくだ)伝兵衛 江戸前期の金木新田開拓者
中台(なかだい)伝兵衛 1830～1914 江戸末期～大正期の画人
中初狩宿(なかはつかりじゅく)伝兵衛 ?～1837 江戸後期の義民
長山(ながやま)伝兵衛 安土桃山・江戸前期の武士
西村屋(にしむらや)伝兵衛 江戸中期の江戸の版元
花輪(はなわ)伝兵衛 1785～? 江戸中期・後期の和算家
三浦(みうら)伝兵衛 江戸時代の盛岡藩五戸村の豪商
森広(もりひろ)伝兵衛 1729～1787 江戸中期の村役人。「農作自得集」の著者
安原(やすはら)伝兵衛 ?～1623 安土桃山・江戸前期の銀山師
山田(やまだ)伝兵衛 江戸後期の愛甲郡煤ヶ谷村名主
吉野屋(よしのや)伝兵衛 江戸前期の京都糸割符商人
和田(わだ)伝兵衛 ?～1780 江戸中期の剣術家。新陰流
和田(わだ)伝兵衛 江戸末期の幕臣

伝平衛 でんべえ
明䚷屋(みょうかんや)伝平衛 ?～1829 江戸後期の関流算学者
村山(むらやま)伝兵衛 江戸時代の建設請負人。松前開拓に尽力

田兵衛 でんべえ
難波(なんば)田兵衛 ?～1582 江戸末期・明治期の長州(萩)藩寄組《難波伝兵衛尉》

伝兵衛尉 でんべえのじょう
難波(なんば)伝兵衛尉 ?～1582 江戸末期・明治期の長州(萩)藩寄組

天浦 てんぽ
吉川(よしかわ)天浦 1816～1859 江戸後期・末期の神職

田保 でんぽ
田口(たぐち)田保 江戸後期の俳人

天保 てんぽう
小川(おがわ)天保 江戸後期の儒者

転蓬 てんぽう
天狗堂(てんぐどう)転蓬 江戸中期の浮世草子作者

殿峰 でんぽう
広江(ひろえ)殿峰 1756～1822 江戸中期・後期の商家

田鳳 でんぽう
田鳳 1804～1840 江戸後期の俳人

天僕 てんぼく
設楽(したら)天僕 1841～1883 江戸後期～明治期の医師・教育者

天馬 てんま
明石(あかし)天馬 1828～1849 江戸後期の漢学者

天民 てんみん
但馬(たじま)天民 江戸後期の医者

天目 てんもく
天目 ?～1308 鎌倉後期の日蓮宗の僧
飯室(いいむろ)天目 1730～1791 江戸中期・後期の儒者
志村(しむら)天目 1746～1817 江戸中期・後期の心学者

典祐 てんゆう
石坂(いしざか)典祐 ?～1850 江戸後期の医師

天宥 てんゆう
天宥 1595～1675 江戸前期の天台宗の僧

天祐 てんゆう
天祐 ?～1708 江戸前期・中期の天台宗の僧
天祐 1651～1747 江戸中期の天台宗の僧
寺島(てらしま)天祐 1776～1849 江戸中期・後期の漢学者

天遊　てんゆう
島(しま)天遊　江戸中期の狂歌師
伝祐　でんゆう
伝祐　室町時代の天台宗の僧
伝雄　でんゆう
伝雄　?～1818　江戸中期・後期の社僧
伝誉　でんよ
伝誉　1587～1651　江戸前期の浄土宗の僧
光蓮社(こうれんしゃ)伝誉　安土桃山時代の浄土宗僧侶。永禄10(1567)年三宝山紹隆院勝楽寺開山
天用院　てんよういん
天用院　戦国時代の僧。北条氏康の使僧
天用院殿　てんよういんでん
天用院殿　?～1552　戦国時代の北条氏康長男
天来　てんらい
反故庵(ほぐあん)天来　1786～1861　江戸中期～末期の俳諧師
牧岡(まきおか)天来　1786～1861　江戸中期～末期の俳人
天籟　てんらい
市野(いちの)天籟　1830～1886　江戸後期～明治期の漢学者
野口(のぐち)天籟　1791～1842　江戸後期の尼瀬の名主
天暦御乳母少納言　てんりゃくのおおんめのとのしょうなごん
天暦御乳母少納言　江戸前期・中期の女房・歌人
天暦贈太皇太后宮　てんりゃくのぞうたいこうたいごうぐう
天暦贈太皇太后宮　927～964　平安中期の歌人
典隆　てんりゅう
願念寺(かんねんじ)典隆　1779～1857　江戸中期～末期の和算家。浄土真宗の寺の住職
天竜　てんりゅう
天竜　江戸前期の俳人
東林寺(とうりんじ)天竜　江戸中期の神岡町の東林寺の開基
本光坊(ほんこうぼう)天竜　江戸後期の僧。下呂町の桂林教会の開基
田竜　でんりゅう
稲垣(いながき)田竜　1732～1804　江戸後期の小野派一刀流剣術家
菅井(すがい)田竜　1820～1904　江戸後期～明治期の画人
天梁　てんりょう
吉田(よしだ)天梁　1800～1874　江戸後期～明治期の漢学者
天蓼　てんりょう
貫名(ぬきな)天蓼　1843～1902　江戸後期～明治期の画家
天鱗　てんりん
河野(こうの)天鱗　1807～1891　江戸後期～明治期の僧。真宗大谷派永泉寺住職《天麟》
天麟　てんりん
天麟　1807～1891　江戸後期～明治期の僧。真宗大谷派永泉寺住職
典礼　てんれい　⇔のりひろ
石坂(いしざか)典礼　?～1859　江戸後期の医師
門野(かどの)典礼　1800～1886　江戸後期～明治期の医者
天嶺　てんれい
天嶺　1666～1736　江戸前期・中期の高僧
天朗　てんろう
新井(あらい)天朗　江戸後期の俳人
天老　てんろう
小見山(こみやま)天老　?～1809　江戸中期・後期の俳人
天泐　てんろく
児島(こじま)天泐　?～1725　江戸前期・中期の儒者
伝六　でんろく
伝六　?～1819　江戸中期・後期の百姓一揆の首謀者
山本(やまもと)伝六　江戸前期の浮世絵師

【と】

戸市　といち
藤崎(ふじざき)戸市　1851～1925　江戸末期～大正期の初代下伊集院村農会長
登一郎　といちろう
皆川(みながわ)登一郎　1842～1919　江戸末期～大正期の旗本新城菅沼家臣
杜音　といん
杜音　1757～1806　江戸中期・後期の俳諧作者
鐙　とう
木村(きむら)鐙　1848～1886　江戸後期～明治期の教育者
迵　どう
鄭(てい)迵　?～1611　安土桃山・江戸前期の対馬侵入時の琉球の三司官、謝名親方
冬阿　とうあ
冬阿　江戸中期の僧侶
東阿　とうあ
東阿　江戸中期の俳人
加納(かのう)東阿　江戸後期の医者・俳人
菅原(すがわら)東阿　江戸中期の歌人
道阿　どうあ
江見(えみ)道阿　鎌倉後期の美作国東部の在地武士
桐庵　とうあん
井上(いのうえ)桐庵　江戸中期の医者
東庵　とうあん
東庵　江戸前期のキリシタン
青木(あおき)東庵　1650～1700　江戸前期・中期の医師、詩人
内野(うちの)東庵　1841～1926　江戸後期～大正期の医師
萱嶋(かやしま)東庵　江戸後期の眼科医
杉山(すぎやま)東庵　江戸中期の妻の仇討を記し

た「春女報讐記」の著者
林(はやし)東庵　江戸後期の医者
松井(まつい)東庵　江戸前期の製墨工
遊佐(ゆさ)東庵　?〜1829　江戸後期の医者
若山(わかやま)東庵　安土桃山時代の医師

桃庵　とうあん
北山(きたやま)桃庵　江戸時代の医者
白尾(しらお)桃庵　?〜1717　江戸前期・中期の島津光久の侍講
高田(たかだ)桃庵　江戸後期の眼科医
桃井(もものい)桃庵　江戸後期の医者

湯鞍　とうあん
平(たいら)湯鞍　江戸中期の国学者

等安　とうあん
等安　安土桃山時代の画家
心翁(しんのう)等安　1450〜1523　室町・戦国時代の臨済宗の僧
藤本(ふじもと)等安　江戸中期の医師

と

陶庵　とうあん
日向(ひなた)陶庵　江戸中期・後期の医師、本草学者
藤田(ふじた)陶庵　?〜1872　江戸後期〜明治期の漢学者

洞菴　とうあん
坂(さか)洞菴　1572〜1619　安土桃山・江戸前期の幕臣

洞庵　どうあん
橋本(はしもと)洞庵　江戸前期の藩医

道安　どうあん
道安　室町時代の商人
三井(みつい)道安　1665〜1745　江戸前期・中期の眼科医

道庵　どうあん
道庵　江戸時代の医師
西沢(にしざわ)道庵　1773〜1846　江戸後期の医者
古屋(ふるや)道庵　1818〜1878　江戸後期〜明治期の医師

道意　どうい
道意　江戸前期の漆工
賀来(かく)道意　?〜1695　江戸前期・中期の医者
栗崎(くりさき)道意　1724〜1793　江戸中期・後期の医者
野田(のだ)道意　1767〜1841　江戸中期・後期の武士、茶人
三浦(みうら)道意　1648〜1725　江戸前期の医師

東一　とういち
岩下(いわした)東一　1848〜1877　江戸後期〜明治期の戸長助。西南戦争の薩軍の一人
橘(たちばな)東一　江戸後期の医師

涛一　とういち
矢高(やたか)涛一　1820〜1897　江戸後期〜明治期の北遠の治山治水功労者

道一　どういち　⇔どういつ, みちかず
飯田(いいだ)道一　1832〜1909　江戸後期〜明治期の人。日清戦争下、梅干を陸海軍に献納した
寺島(てらしま)道一　1768〜1838　江戸後期の眼医

東市佑　とういちのすけ
津田(つだ)東市佑　安土桃山時代の織田信長の家臣

東一郎　とういちろう
中浜(なかはま)東一郎　1857〜1937　江戸末期〜昭和期の衛生学者、医師

藤一郎　とういちろう
千原(ちはら)藤一郎　1856〜1905　江戸末期・明治期の実業家
松永(まつなが)藤一郎　1810〜1891　江戸後期〜明治期の松永流珠算の創始者
矢野(やの)藤一郎　安土桃山時代の織田信長の家臣

東逸　とういつ
円山(まるやま)東逸　?〜1850　江戸後期の医師

桃逸　とういつ
上田(うえだ)桃逸　?〜1869　江戸後期〜明治期の画家

道一　どういつ　⇔どういち, みちかず
小野(おの)道一　1850〜1895　江戸後期〜明治期の官権派地方幹部
狩野(かのう)道一　戦国時代の伊豆の国人。山内上杉氏の被官
川室(かわむろ)道一　1842〜1912　江戸後期〜明治期の眼科医

東為坊　とういぼう
東為坊　江戸中期の俳人

桐蔭　とういん
新井(あらい)桐蔭　江戸末期の漢学塾師匠

桐陰　とういん
坂上(さかうえ)桐陰　江戸後期の伊丹の酒造家

桐隠　とういん
答島(こたじま)桐隠　1798〜1860　江戸後期・末期の儒官

東印　とういん
永原(ながはら)東印　?〜1791　江戸中期の医者

東寅　とういん
東(あずま)東寅　1793〜1853　江戸後期の画家

等因　とういん
窪田(くぼた)等因　?〜1615　江戸前期の窪田主馬の長男。大坂の陣で籠城

藤蔭　とういん
信原(のぶはら)藤蔭　1841〜1924　江戸末期〜大正期の漢学者

藤陰　とういん
松川(まつかわ)藤陰　1843〜1920　江戸末期〜大正期の画家

棠隠　とういん
西巻(にしまき)棠隠　1811〜1882　江戸後期〜明治期の柏崎の富豪

道印　どういん
祖父江(そふえ)道印　?〜1559　戦国時代の戦国武士

道胤　どういん　⇔みちたね
鈴木(すずき)道胤　戦国時代の海運業者

塘雨 とうう
百井(ももい)塘雨　?～1794　江戸中期・後期の俳人
東烏 とうう
東烏　江戸中期の俳人
東羽 とうう
各務(かがみ)東羽　?～1757　江戸中期の俳人
東塢 とうう
岡田(おかだ)東塢　1791～1833　江戸後期の丹南藩五十部陣屋郡代、漢詩人
橙雨 とうう
左橋(さはし)橙雨　1722～1785　江戸中期の俳人
藤右衛門 とううえもん　⇔とうえもん
遠藤(えんどう)藤右衛門　江戸末期の種子島の郷士
竹内(たけうち)藤右衛門　?～1644　江戸前期の船頭
東雲 とううん
北風(きたかぜ)東雲　江戸後期の彫工
長雄(ながお)東雲　江戸後期の書家
南渚亭(なんしょてい)東雲　江戸後期の俳人
本多(ほんだ)東雲　江戸後期の金工家
等運 とううん
等運　戦国時代の連歌作者
等運　江戸前期・中期の天台宗の僧
等雲 とううん
藤(ふじ)等雲　1852～1904　江戸後期～明治期の僧
洞雲 とううん
池田(いけだ)洞雲　江戸末期の医者
道運 どううん
道運　?～1766　江戸中期の六十六部。足利の架橋・坂の開さくに尽力
道雲 どううん
道雲　1600～1671　安土桃山・江戸前期の真言宗の僧
杉江(すぎえ)道雲　江戸中期の郷土史家
西尾(にしお)道雲　1645～1715　江戸前期・中期の僧侶
東雲斎 とううんさい
土屋(つちや)東雲斎　江戸後期の装剣金工
冬映 とうえい
牧(まき)冬映〔1代〕1721～1783　江戸中期の俳人
牧(まき)冬映〔2代〕　江戸中期・後期の俳人
牧(まき)冬映〔3代〕　1760～1849　江戸中期・後期の俳人
東栄 とうえい
鈴木(すずき)東栄　1763～1821　江戸中期・後期の俳人
東英 とうえい
松田(まつだ)東英　1784～1847　江戸後期の眼科医
茂詰(もづめ)東英　1776～?　江戸末期の漢学者
東鋭 とうえい
利峰(りほう)東鋭　?～1643　安土桃山・江戸前期の臨済宗の僧

当永 とうえい　⇔まさなが
横山(よこやま)当永　江戸中期の国学者
等栄 とうえい
秀田(しゅうでん)等栄　1330～1407　室町時代の臨済宗僧侶
道栄 どうえい　⇔みちひで
道栄　?～1852　江戸後期の僧
箕勾(みのわ)道栄　室町時代の武士
道永 どうえい
一宮(いちのみや)道永　戦国時代の甲斐国都留郡西原国衆
道盈 どうえい
道盈　1749～?　江戸中期・後期の真言宗の僧
道英 どうえい　⇔みちひで
道英　南北朝時代の僧侶・歌人
道益 どうえき　⇔みちます
辻(つじ)道益　江戸中期の藩医
坪井(つぼい)道益　1815～1871　江戸後期～明治期の医者・漢学者
松尾(まつお)道益　江戸前期の医者
道悦 どうえつ
道悦　1524～1605　戦国～江戸前期の武将・連歌作者
飯富(おぶ)道悦　?～1515　戦国時代の武田信虎の家臣
島(しま)道悦　1609～1653　江戸前期の治水家
西田(にしだ)道悦　1732～1797　江戸中期・後期の医家
山田(やまだ)道悦　江戸前期の軍法家
戸右衛門 とうえもん　⇔こえもん, とえもん
清水(しみず)戸右衛門　1543～1618　戦国～江戸前期の用水路開発者
藤右衛門 とうえもん　⇔とううえもん
藤右衛門　安土桃山時代の信濃国安曇郡の土豪
藤右衛門　江戸前期の檜物細工職人
藤右衛門　?～1626　江戸前期の茂田井新田の開発百姓
藤右衛門　江戸中期の沢村庄屋
市川(いちかわ)藤右衛門　江戸後期の久良岐郡宿村民
梅原(うめはら)藤右衛門　江戸前期の改役人
越前屋(えちぜんや)藤右衛門　江戸後期の横浜の商人
大貫(おおぬき)藤右衛門　?～1702　江戸前期・中期の義人
岡田の(おかだの)藤右衛門　1743～?　江戸中期の松館村の岡田観音堂の別当
押田(おしだ)藤右衛門　戦国時代の千葉氏家臣。森山衆。下総国匝瑳南条庄(匝瑳市)内の土豪・地侍
鹿磯の(かいその)藤右衛門　安土桃山時代の山廻り役
梶野(かじの)藤右衛門　1689～1767　江戸中期の新田開発者
菊池(きくち)藤右衛門　江戸後期の三浦郡大津村民
木谷(きだに)藤右衛門　江戸時代の加賀藩最大の

豪商
木屋(きや)藤右衛門　江戸時代の豪商
栗谷川(くりやがわ)藤右衛門　江戸後期の三戸の人。飢饉の供養塚を築いた
小林(こばやし)藤右衛門　江戸前期の津久井県小原宿底沢の人
小峯(こみね)藤右衛門　安土桃山時代の伊豆代官彦坂元正の手代
さかくち(さかぐち)藤右衛門　安土桃山時代の信濃国筑摩郡麻績北条の土豪
佐野(さの)藤右衛門　安土桃山・江戸前期の武士
佐脇(さわき)藤右衛門　安土桃山時代の織田信長の家臣
沢木(さわき)藤右衛門　江戸前期の武士
関(せき)藤右衛門　？～1699　江戸前期・中期の会津藩士
関口(せきぐち)藤右衛門　1764～1849　江戸中期・後期の豪農
竹中(たけなか)藤右衛門　1833～1908　江戸末期・明治期の大工棟梁
田代(たしろ)藤右衛門　1816～1872　江戸後期～明治期の剣術家。養勇流
樽(たる)藤右衛門　安土桃山・江戸前期の武士、町年寄
戸板(といた)藤右衛門　江戸後期の人。加賀藩主に駿馬を献上
土肥(どひ)藤右衛門　1754～1834　江戸中期・後期の武士・俳人《土肥秋窓》
中郷(なかさと)藤右衛門　？～1716　江戸前期・中期の八戸藩代官
菱屋(ひしや)藤右衛門　江戸前期の京都糸割符商人
深井(ふかい)藤右衛門　？～1605　安土桃山・江戸前期の岩付城主北条氏房の家臣
藤井(ふじい)藤右衛門　？～1672　江戸前期の十村肝煎役
藤曲(ふじまがり)藤右衛門　戦国・安土桃山時代の甲斐国八代郷の塗師職人頭
前原村(まえばらむら)藤右衛門　1733～1773　江戸中期の義民。前原村の百姓
松村(まつむら)藤右衛門　戦国時代の武将。武田家臣
森島(もりしま)藤右衛門　江戸前期の武士。大坂の陣で籠城
脇田(わきた)藤右衛門　?～1734　江戸中期の商家

と

藤衛門　とうえもん
布施(ふせ)藤衛門　戦国時代の千葉胤富の家臣

藤右衛門清春　とうえもんきよはる
横田(よこた)藤右衛門清春　江戸前期の武士。大坂の陣で籠城。返魂丹、疵薬を代々製作

藤右衛門尉　とうえもんのじょう
藤右衛門尉　戦国時代の信濃小県郡の国衆小泉氏の被官
有賀(あるが)藤右衛門尉　安土桃山時代の諏訪大社下社春宮の四の御柱負担の郷村真々部の代官
石井(いしい)藤右衛門尉　戦国時代の安房国山下郡大井村(館山市)大井宮手力雄大明神の神役大祝
鈴木(すずき)藤右衛門尉　戦国時代の仏師。伊豆の南部で活動
沼上(ぬまかみ)藤右衛門尉　戦国時代の北条家家臣笠原越前守信為の被官
深井(ふかい)藤右衛門尉　戦国時代の武将。太田氏資、北条氏房の家臣
船渡(ふなと)藤右衛門尉　安土桃山・江戸前期の甲斐国巨摩郡河内小丹原村の土豪

桐園　とうえん
桐園　？～1843　江戸後期の俳人
奥田(おくだ)桐園　1791～1852　江戸後期の漢学者

東園　とうえん
相原(あいはら)東園　江戸後期の俳人
尾関(おぜき)東園　1834～1903　江戸後期～明治期の画家
黒田(くろだ)東園　1790～1863　江戸後期・末期の漢学者
山田(やまだ)東園　江戸後期の漢学者

東淵　とうえん
高橋(たかはし)東淵　1826～1908　江戸末期・明治期の医者、数学者

桃園　とうえん
小泉(こいずみ)桃園　1841～1882　江戸後期～明治期の医師
渡辺(わたなべ)桃園　1790～1855　江戸後期・末期の儒者、医師

涛園　とうえん
新美(にいみ)涛園　1754～1792　江戸中期・後期の儒者、尾張藩黌明倫堂教授

当演　とうえん
宮良(みやら)当演　1775～1831　江戸中期・後期の封建制度下における八重山島宮良間切頭職

等淵　とうえん
山辺(やまのべ)等淵　江戸後期の茶道家、不昧門下

道円　どうえん
道円　？～1170　平安後期の天台宗寺門派の僧
道円　1200～1271　鎌倉前期・後期の歌人
桔梗屋(ききょうや)道円　江戸前期の商人・貿易家
木下(きのした)道円　1633～1717　江戸前期・中期の儒者、医師
近藤(こんどう)道円　江戸前期の漆工
原(はら)道円　？～1795　江戸中期・後期の医者、蘭学者
松井(まつい)道円　江戸前期の医者
山脇(やまわき)道円　江戸前期の漢学者

道遠　どうえん
郡山(こおりやま)道遠　1727～1796　江戸中期・後期の儒学者

冬央　とうおう
冬央　1674頃～？　江戸前期・中期の俳人

桃翁　とうおう
瀬尾(せお)桃翁　江戸中期の俳人
積口(せきぐち)桃翁　1817～1888　江戸後期～明治期の学者
塚越(つかごし)桃翁　1806～1882　江戸後期～明治期の教育者

当応　とうおう
黒島(くろしま)当応　1723～1790　江戸中期・後期の平得与人、新城与人、民謡の大家

道応　どうおう
道応　平安前期の僧
道応　南北朝時代以前の僧侶・歌人
道応　1806～1875　江戸後期～明治期の真言宗の僧

道翁　どうおう
武知(たけち)道翁　1810～1877　江戸後期～明治期の徳島藩儒者
山脇(やまわき)道翁　1787～1840　江戸中期・後期の医師

道億　どうおく
山中(やまなか)道億　1655～1736　江戸前期・中期の茶人

道音　どうおん
瑞光院(ずいこういん)道音　戦国時代の今川氏の家臣

桐華　とうか
大塚(おおつか)桐華　1694～1719　江戸中期の漢学者

冬夏　とうか
桑原(くわばら)冬夏　江戸後期の心学者

東歌　とうか
東歌　江戸中期の俳人

東柯　とうか
鷲見(すみ)東柯　1721～1776　江戸中期の漢学者

涛花　とうか
紅白庵(こうはくあん)涛花　1693～1751　江戸中期の津山城下の代表的な俳人

豆花　とうか
豆花　江戸中期の俳人

戇窩　とうか
平野(ひらの)戇窩　1814～1883　江戸後期～明治期の漢学者

東雅　とうが
竹堂(ちくどう)東雅　1647～1706　江戸前期・中期の僧
鶴見(つるみ)東雅　1780～1857　江戸中期～末期の俳人

東瓦　とうが
東瓦　?～1806　江戸後期の俳諧作者

東鵞　とうが
小野寺(おのでら)東鵞　1783～1838　江戸中期・後期の書道家、画家、医師

桃芽　とうが
野代谷(のしろや)桃芽　1850～?　江戸後期～明治期の俳人

道可　どうか
佐野(さの)道可　1566～1615　安土桃山・江戸前期の宍戸元秀の二男。毛利元就の曽孫《内藤元盛》
長谷川(はせがわ)道可　?～1704　江戸中期の旗本
吉田(よしだ)道可　1734～1802　江戸後期の富豪、雅人
渡部(わたなべ)道可　1772～1824　江戸中期・後期の儒医

道我　どうが
道我　1284～1343　鎌倉後期・南北朝時代の僧、歌人

道賀　どうが
道賀　室町・戦国時代の画家

道雅　どうが　⇔みちまさ
滝谷寺(たきだんじ)道雅　1812～1866　江戸後期・末期の僧

東海　とうかい
井川(いかわ)東海　1763～1825　江戸中期・後期の漢学者
太田(おおた)東海　1829～1875　江戸後期～明治期の医師
大竹(おおたけ)東海　1735～1803　江戸中期・後期の漢学者
斎藤(さいとう)東海　江戸中期・後期の漢学者
鈴木(すずき)東海　1821～1861　江戸後期・末期の医者・漢学者
寺尾(てらお)東海　江戸中期の漢学者
牧(まき)東海　1757～1835　江戸中期・後期の藩士
山脇(やまわき)東海　1757～1834　江戸中期・後期の医者

等海　とうかい
等海　南北朝時代の天台宗の僧
等海　1354～?　南北朝・室町時代の天台宗の僧
等海　江戸前期の天台宗の僧

東街　とうがい
山本(やまもと)東街　江戸後期の漢学者

東畡　とうがい
藤沢(ふじさわ)東畡　1794～1864　江戸後期の儒者・高松藩士

桃厓　とうがい
平野(ひらの)桃厓　1809～1869　江戸後期～明治期の俳人

灯外　とうがい
灯外　江戸前期の俳人

洞海　どうかい
林(はやし)洞海　1813～1895　江戸後期～明治期の医者

道快　どうかい
顕了(けんりょう)道快　1574～1643　安土桃山・江戸前期の僧
武田(たけだ)道快　顕了道快に同じ

道海　どうかい
芦屋(あしや)道海　1503～1580　戦国・安土桃山時代の陰陽家
大谷(おおや)道海　鎌倉後期の長楽寺檀那
竜龐(りゅうほう)道海　1764～1830　江戸中期・後期の曹洞宗の僧

道契　どうかい
道契　?～1846　江戸後期の曹洞宗の僧

道外　どうがい
仁科(にしな)道外　戦国時代の甲斐武田晴信の家臣

東格　とうかく
東格　江戸前期の雑俳点者
藤角　とうかく
藤角　？～1748　江戸中期の俳人
東壑　とうがく
伊東（いとう）東壑　1763～1843　江戸中期・後期の詩人、勝山藩士
小田（おだ）東壑　1798～1869　江戸後期～明治期の医者
棟岳　とうがく
蟠竜（ばんりゅう）棟岳　江戸後期の曹洞宗の僧
洞岳　とうがく
大谷（おおたに）洞岳　？～1907　江戸末期・明治期の隠岐の廃仏運動に抗した禅僧
道格　どうかく
菅野（かんの）道格　江戸後期の医者
道覚　どうかく
道覚　平安後期の園城寺僧
道覚　鎌倉後期の僧
佐河（さがわ）道覚　南北朝時代の武将
道角　どうかく
三浦（みうら）道角　？～1615　江戸前期の豊臣家の医臣
洞学　どうがく
狩野（かのう）洞学　？～1748　江戸中期の津山松平藩御用絵師
東岳斎　とうがくさい
鈴木（すずき）東岳斎　？～1828　江戸後期の画人
道蝸斎　どうかさい
桑島（くわしま）道蝸斎　安土桃山時代の馬医
桃花洞　とうかどう
白石（しらいし）桃花洞　？～1772　江戸中期の漢学者
等簡　とうかん
等簡　室町・戦国時代の画家
等観　とうかん
等観　江戸後期の浄土真宗の僧
透関　とうかん
三井（みつい）透関　1705～1794　江戸中期・後期の商人
東岸　とうがん
佐藤（さとう）東岸　1785～1864　江戸中期～末期の画家
東巌　とうがん
川上（かわかみ）東巌　1826～1898　江戸後期～明治期の医者
平賀（ひらが）東巌　1750～1838　江戸中期・後期の儒者
洞鑑　どうかん
吉岡（よしおか）洞鑑　1780～1837　江戸中期・後期の医者
道桓　どうかん
島田（しまだ）道桓　江戸中期の和算家
道甘　どうかん
道甘　1610～1691　江戸前期・中期の俳人
道鑑　どうかん
足利（あしかが）道鑑　1563～1642　安土桃山時代・江戸前期の将軍足利義輝の御落胤
齋藤（さいとう）道鑑　戦国時代の鍛冶
武田（たけだ）道鑑　？～1511　戦国時代の大名
武田（たけだ）道鑑　戦国時代の武士
道閑　どうかん
道閑　？～1667　江戸前期の鹿島半郡の十村頭
等閑斎　とうかんさい
谷（たに）等閑斎　江戸中期の画家
偸閑斎　とうかんさい
偸閑斎　室町・戦国時代の画家
道含斎　どうがんさい
三浦（みうら）道含斎　戦国時代の相模の豪族三浦時高の養嗣子
東暉　とうき
東暉　1623～1682　江戸前期の浄土宗の僧
等貴　とうき
等貴　奈良時代の東大寺の僧
宗山（しゅうざん）等貴　1464～1526　室町・戦国時代の臨済宗の僧
等亀　とうき
等亀　1695～1732　江戸中期の俳人
東儀　とうぎ
大江（たいこう）東儀　江戸中期の僧
林（はやし）東儀　1755～1828　江戸中期・後期の藩医・歌人
道喜　どうき
道喜　鎌倉後期の武家・歌人
国島（くにしま）道喜　江戸前期の豊臣秀長・松平忠明の家臣
栗崎（くりさき）道喜　？～1651　江戸前期の越前福井藩医
月峰（げっぽう）道喜　江戸前期の黄檗宗の僧
近藤（こんどう）道喜　江戸前期の漆工
高沢（たかさわ）道喜　？～1692　江戸前期・中期の富士川下流部森島地区の開発者
高沢（たかざわ）道喜　高沢道喜に同じ
道紀　どうき
石合（いしあい）道紀　1840～1887　江戸後期～明治期の医師
道記　どうき
林（はやし）道記　1844～1915　江戸末期～大正期の教育者。平原義塾の開設者
道僖　どうき
神田（かんだ）道僖　？～1711　江戸中期の古筆鑑定家
道儀　どうぎ
原（はら）道儀　戦国時代の武士。弥富原氏の祖
東吉　とうきち
四賀峰（しがのみね）東吉　四賀峯東吉に同じ
四賀峯（よつがみね）東吉　江戸中期・後期の力士

藤吉　とうきち
木下（きのした）藤吉　江戸末期の新撰組隊士
斎藤（さいとう）藤吉　江戸後期の大住郡伊勢原村工匠
清水（しみず）藤吉　1832～1886　江戸末期・明治期の医師
日野（ひの）藤吉　1848～1925　江戸末期～大正期の利府梨栽培の先駆者
福泉（ふくいずみ）藤吉　1766～1837　江戸中期・後期の将棋士
誉田屋（ほんだや）藤吉　江戸中期の書家
本屋（ほんや）藤吉　江戸後期の商家
森本（もりもと）藤吉　1845？～1921　江戸末期～大正期の実業家
柳田（やなぎだ）藤吉　1837～1909　江戸末期・明治期の殖産家

藤吉郎　とうきちろう
村松（むらまつ）藤吉郎　江戸後期の農民

桃久　とうきゅう
鈴木（すずき）桃久　1835～1886　江戸後期～明治期の俳人

陶丘　とうきゅう
内田（うちだ）陶丘　1761～1808　江戸中期・後期の画家

塘牛　とうぎゅう
一事庵（いちじあん）塘牛　1827～1906　江戸後期～明治期の俳人

道休　どうきゅう
太田（おおた）道休　1648～1702　江戸前期・中期の岡崎城下連尺町の豪商
木村（きむら）道休　江戸前期の陶工
林（はやし）道休　安土桃山時代の武家

道求　どうきゅう
佐々木（ささき）道求　1596～1673　安土桃山・江戸前期の藩士

道牛　どうぎゅう
山上（やまがみ）道牛　戦国時代の佐野氏の武将

東挙　とうきょ
梅川（うめかわ）東挙　江戸後期・末期の絵師

陶巨　とうきょ
陶巨　江戸中期の俳人

東漁　とうぎょ
河東（かわひがし）東漁　江戸後期の読本作者

桃魚　とうぎょ
桃魚　江戸中期の俳人

侗居　どうきょ
河本（こうもと）侗居　1728～1796　江戸中期の読書人

桃郷　とうきょう
石崎（いしざき）桃郷　？～1874　江戸後期の俳人

桃鏡　とうきょう
桃鏡　江戸中期の俳人

道教　どうきょう　⇔みちきよ
執印（しゅういん）道教　鎌倉時代の武将

道行　どうぎょう　⇔みちゆき
道行　飛鳥時代の僧

道堯　どうぎょう
常田（ときた）道堯　安土桃山時代の武田氏の家臣

東旭　とうきょく
村（むら）東旭　？～1851　江戸後期の画家

稲玉　とうぎょく
山本（やまもと）稲玉　1830～1897　江戸後期～明治期の日本画家

塔玉　とうぎょく
門脇（かどわき）塔玉　1828～1871　江戸後期～明治期の画家

道誾　どうぎん
道誾　安土桃山時代の天台宗の僧

と

淘空　とうくう
淘空　1755～1827　江戸中期・後期の浄土宗の僧

東寓　とうぐう
東寓　江戸中期の俳人

東嵎　とうぐう
渡（わたり）東嵎　1811～1887　江戸後期～明治期の八戸出身の儒学者

導空　どうくう
導空　1248～1332　鎌倉後期の僧

唐九郎　とうくろう
牧田（まきた）唐九郎　江戸中期の藩士

藤九郎　とうくろう
藤九郎　？～1582　戦国・安土桃山時代の織田信長の家臣
雷（いかづち）藤九郎　江戸中期の力士
周西（すさい）藤九郎　戦国時代の古河公方重臣簗田氏の家臣
長野（ながの）藤九郎　戦国時代の上野国衆。厩橋長野一族
日向（ひなた）藤九郎　？～1562　安土桃山時代の武田氏の家臣
水野（みずの）藤九郎　？～1560　安土桃山時代の織田信長の家臣
山家（やまべ）藤九郎　？～1575　安土桃山時代の信濃国筑摩郡山家城主

藤九郎忠政　とうくろうただまさ
矢部（やべ）藤九郎忠政　？～1665　江戸前期の武士

東郡　とうぐん
加藤（かとう）東郡　1732～1751　江戸中期の儒者

東渓　とうけい
飯田（いいだ）東渓　1660～1738　江戸前期・中期の儒者
小倉（おぐら）東渓　江戸後期の画家
小野（おの）東渓　江戸中期の医師
辛島（からしま）東渓　1777～1857　江戸中期～末期の中津藩の侍医
斎藤（さいとう）東渓　江戸中期の本草家
千葉（ちば）東渓　1843～1877　江戸後期～明治期の画家
森（もり）東渓　1793～1857　江戸後期・末期の画師

東鶏　とうけい
松浦（まつうら）東鶏　江戸後期の易占師
東谿　とうけい
市川（いちかわ）東谿　1765～1838　江戸中期・後期の絵師
亀井（かめい）東谿　1748～1816　江戸中期・後期の画家
桃渓　とうけい
桃渓　1675～1735　江戸中期の学僧
奥田（おくだ）桃渓　1841～1906　江戸後期～明治期の教育者
加藤（かとう）桃渓　？～1874　江戸後期～明治期の酒造家
高橋（たかはし）桃渓　1783～1859　江戸中期～末期の広島藩医
徳力（とくりき）桃渓　江戸中期の漢学者
林（はやし）桃渓　1731～1785　江戸中期の漢学者
桃蹊　とうけい
小野（おの）桃蹊　1820～1879　江戸末期・明治期の儒者
近藤（こんどう）桃蹊　1766～1826　江戸中期・後期の画家
等慶　とうけい
等慶　戦国・安土桃山時代の画家
陶渓　とうけい
谷口（たにぐち）陶渓　1792～1862　江戸後期・末期の藩士
等芸　とうげい
等芸　戦国時代の画家
道啓　どうけい　⇔みちひろ
清水（しみず）道啓　1754～1769　江戸中期の茶人
道圭　どうけい
道圭　江戸前期の黄檗宗の僧
道慶　どうけい
道慶　南北朝時代の阿闍梨
有持（ありもち）道慶　戦国時代の上浦城主
宇塚（うづか）道慶　室町時代の日光山政所
永田（ながた）道慶　1597～1664　江戸前期の儒者
村上（むらかみ）道慶　1559～1644　戦国～江戸前期の義人
道景　どうけい　⇔みちかげ
江戸（えど）道景　？～1455　室町時代の武蔵蒲田郷の領主
道渓　どうけい
林（はやし）道渓　？～1735　江戸中期の茶人
桐月　とうげつ
五藤（ごとう）桐月　1788～1858　江戸後期・末期の大目付、書家
宮原（みやはら）桐月　1769～1843　江戸中期・後期の漢学者
東月　とうげつ
東月　戦国時代の医者
桃月　とうげつ
桃月　江戸中期の俳人
等月　とうげつ
等月　戦国時代の能面師
波多野（はたの）等月　？～1739　江戸中期の画家
洞月　どうげつ
洞月　1717～1804　江戸中期・後期の曹洞宗の僧
荒川（あらかわ）洞月　？～1808　江戸中期・後期の仙台藩画員
桐軒　とうけん
鈴木（すずき）桐軒　？～1851　江戸後期の医師
東軒　とうけん
浅井（あさい）東軒　1672～1753　江戸前期・中期の医者
朝倉（あさくら）東軒　1680～1747　江戸前期・中期の藩士
清水（しみず）東軒　江戸中期の医師
等堅　とうけん
愚庵（ぐあん）等堅　戦国時代の禅僧
藤軒　とうけん
小田切（おだぎり）藤軒　江戸後期の漢学者
透軒　とうけん
鈴木（すずき）透軒　鱸透軒に同じ
鱸（すずき）透軒　1845～1865　江戸後期・末期の漢詩人
桐原　とうげん
桐原　江戸中期の俳人
東原　とうげん
山県（やまがた）東原　1746～1797　江戸中期・後期の漢学者
東源　とうげん
東源　江戸前期の天台宗の僧
東玄　とうげん
西川（にしかわ）東玄　1811～1872　江戸後期～明治期の医師
桃原　とうげん
人見（ひとみ）桃原　1670～1731　江戸前期・中期の幕臣・漢学者
桃源　とうげん
桃源　1716～1794　江戸中期・後期の俳人
小宮山（こみやま）桃源　？～1794　江戸中期・後期の漢方医
斎藤（さいとう）桃源　1688～1765　江戸前期・中期の漢学者
西川（にしかわ）桃源　江戸後期の武士
人見（ひとみ）桃源　1670～1731　江戸前期・中期の幕臣・漢学者《人見桃原》
行宗（ゆきむね）桃源　1823～1882　江戸後期～明治期の茶道宗匠
等元　とうげん
甫舟（ほしゅう）等元　室町・戦国時代の画家
透玄　とうげん
夏井（なつい）透玄　江戸前期の医者
洞軒　どうけん
松尾（まつお）洞軒　1825～1859　江戸後期・末期の医師、私塾師匠

道兼　どうけん
太田(おおた)道兼　?～1807　江戸中期・後期の加賀藩士

道堅　どうけん
岩山(いわやま)道堅　?～1532　戦国時代の武士、歌人

道建　どうけん
芦屋(あしや)道建　1528～1579　戦国・安土桃山時代の陰陽家

道謙　どうけん
道謙　南北朝時代の僧侶・歌人

道賢　どうけん
道賢　南北朝時代の武家、歌人
道賢　南北朝時代以前の武家・歌人
長野(ながの)道賢　戦国時代の上野国衆。厩橋長野一族

道顕　どうけん
道顕　鎌倉後期の天台宗寺門派の僧

道元　どうげん　⇔みちもと
堀江(ほりえ)道元　江戸中期の医者

道玄　どうげん
相沢(あいざわ)道玄　江戸後期・末期の眼科医
大和田(おおわだ)道玄　南北朝時代の盗賊
野元(のもと)道玄　1655～1714　江戸前期・中期の多芸多才な茶道家

桃源川　とうげんせん
桃源川　江戸前期の俳人

道源良海法印　どうげんりょうかいほういん
智見院(ちけんいん)道源良海法印　江戸時代の武道家

東湖　とうこ
東湖　?～1740　江戸中期の僧
南明(なんみん)東湖　1616～1684　江戸前期の臨済宗の僧

東虎　とうこ
岡田(おかだ)東虎　1755～1822　江戸中期・後期の画家

統虎　とうこ　⇔むねとら
渡辺(わたなべ)統虎　江戸中期の和算家

稲後　とうご
稲後　?～1790　江戸中期・後期の俳人

兎烏伍　とうご
伊藤(いとう)兎烏伍　?～1851　江戸後期の俳人

東吾　とうご
東吾　江戸中期の俳人
小川(おがわ)東吾　?～1803　江戸中期・後期の名主

当午　とうご
日輪(にちりん)当午　?～1789　江戸中期・後期の曹洞宗の僧

藤伍　とうご
新妻(にいづま)藤伍　1765～?　江戸中期・後期の会津藩士

洞虎　どうこ
起山(きざん)洞虎　?～1620　江戸前期の曹洞宗僧侶

道吾　どうご
大寂(だいじゃく)道吾　江戸後期の僧侶

稲光　とうこう
大田(おおた)稲光　1809～1866　江戸後期・末期の儒学者

桐江　とうこう
菊池(きくち)桐江　江戸中期の儒者

島岡　とうこう
白石(しらいし)島岡　1817～1887　江戸後期～明治期の幕臣、新聞人

東岡　とうこう
東岡　1742～?　江戸中期の俳人
梶川(かじかわ)東岡　江戸中期の医者
郷(ごう)東岡　1762～1843　江戸中期・後期の漢学者
高橋(たかはし)東岡　1764～1804　江戸中期・後期の人。天文学者高橋景保の父親

東江　とうこう　⇔とごう
石井(いしい)東江　1799～1874　江戸末期の絵師・歌人
河合(かわい)東江　江戸中期の漢詩人
名村(なむら)東江　?～1891　江戸後期～明治期の書道家
藤江(ふじえ)東江　1696～1746　江戸中期の儒者

東行　とうこう
東行　江戸中期の雑俳点者

東郊　とうこう
薄田(うすた)東郊　1754～1808　江戸中期・後期の弘前藩校創設御用掛の儒者
小出(こいで)東郊　1721～1788　江戸中期・後期の漢学者

東鴻　とうこう
小林(こばやし)東鴻　1775～1855　江戸中期～末期の医者・本草家

東皐　とうこう
浅見(あさみ)東皐　1715～1782　江戸中期の新発田藩の儒者
伊藤(いとう)東皐　1790～1810　江戸後期の漢学者
垣内(かきうち)東皐　1680～1732　江戸中期の古義学派藩儒学者
栃原(とちはら)東皐　1831～1882　江戸後期～明治期の教育者
中沢(なかざわ)東皐　1830～1904　江戸後期～明治期の漢学者
松原(まつばら)東皐　1780～?　江戸中期・後期の漢詩人
三輪(みわ)東皐　1725～1795　江戸中期・後期の私塾経営者

桃江　とうこう
近藤(こんどう)桃江　江戸末期の画家

当行　とうこう
大浜(おおはま)当行　1835～1909　江戸後期～明治期の新川尻開削に尽力。産業開発の恩人

等厚　とうこう
愚渓（ぐけい）等厚　1624〜1675　江戸前期の臨済宗の僧
等耕　とうこう
等耕　室町・戦国時代の画家
藤巷　とうこう
長久保（ながくぼ）藤巷　1839〜1900　江戸後期〜明治期の漢学者
棠功　とうこう
棠功　？〜1849　江戸後期の俳人
韜光　とうこう
日思（にっし）韜光　？〜1797　江戸中期・後期の曹洞宗の僧
道興　どうこう　⇔みちおき
聖護院（しょうごいん）道興　1430〜1503　室町・戦国時代の歌僧
道光　どうこう　⇔みちみつ
道光　室町時代の僧・連歌作者
道光　1746〜1829　江戸後期の僧。日蓮宗法恩寺12世
小林（こばやし）道光　？〜1535　戦国時代の船津の土豪
物部（もののべの）道光　鎌倉後期の鋳物師
道向　どうこう
加藤（かとう）道向　？〜1653　江戸前期の菅平の郷士
道弘　どうこう　⇔みちひろ
気比（けひ）道弘　平安後期の但馬国の武士
道洪　どうこう
道洪　1241〜1285　鎌倉前期・後期の武将、歌人
道考　どうこう
芦屋（あしや）道考　安土桃山時代の人。芦屋道満の裔、「古所伝聞志」に執筆
冬晃院　とうこういん
冬晃院　1658〜1661　江戸前期の女性。徳川家綱の養女
道興准后　どうこうじゅこう
道興准后　1430〜1501　室町・戦国時代の天台宗の僧《道興》
桐谷　とうこく
乾（いぬい）桐谷　？〜1858　江戸後期・末期の本草家
東谷　とうこく
沢辺（さわべ）東谷　1728〜1784　江戸中期の漢学者・医者
清水（しみず）東谷　1841〜1907　江戸末期・明治期の写真師
新美（にいみ）東谷　1801〜1874　江戸後期〜明治期の画家
林（はやし）東谷　1763〜1796　江戸中期・後期の漢学者
平林（ひらばやし）東谷　江戸後期の書家
宮浦（みやうら）東谷　1808〜1871　江戸後期〜明治期の西野手習所2代教授
当国　とうこく
稲川（いながわ）当国　江戸前期の俳人
騰谷　とうこく
矢部（やべ）騰谷　1774〜1838　江戸中期・後期の儒者
道黒　どうこく
道黒　江戸前期の曹洞宗の僧
東谷軒　とうこくけん
梶谷（かじたに）東谷軒　？〜1853　江戸末期の木工家。任俠も好む
東谷山人　とうこくさんじん
東谷山人　江戸中期・後期の画家
藤五左衛門　とうござえもん
東郷（とうごう）藤五左衛門　江戸中期の兵法家
東五郎　とうごろう
四戸（しのへ）東五郎　1823〜1859　江戸後期・末期の花巻郷学の教授、儒学者
藤五郎　とうごろう
藤五郎　？〜1867　江戸末期の義人
臼井（うすい）藤五郎　1815〜1900　江戸後期の浦賀奉行所同心
荻田（おぎた）藤五郎　江戸前期の越後の人。大坂籠城
風間（かざま）藤五郎　1833〜1912　江戸後期〜明治期の鍛冶職人
片岡（かたおか）藤五郎　安土桃山時代の織田信長の家臣
小西（こにし）藤五郎　江戸前期の京都糸割符商人
小嶺（こみね）藤五郎　安土桃山時代の代官
米井（こめのい）藤五郎　戦国時代の千葉胤直・宣胤（胤宣）の家臣
寺西（てらにし）藤五郎　江戸前期の武士
中村（なかむら）藤五郎　江戸後期の製茶技術者
三浦（みうら）藤五郎　江戸前期の寒湯口留御番所の御境目守
東佐　とうさ
十寸見（ますみ）東佐〔2代〕　1727〜1799　江戸中期・後期の浄瑠璃太夫
道佐　どうさ
小幡（おばた）道佐　戦国時代の上野国衆。小幡信真の一族
白倉（しらくら）道佐　戦国時代の武将。武田家臣
稲斎　とうさい
橋本（はしもと）稲斎　1784〜？　江戸中期・後期の藩士
三次（みよし）稲斎　1789〜？　江戸後期の医者
桐斎　とうさい
井上（いのうえ）桐斎　1791〜1861　江戸後期・末期の漢学者
西垣（にしがき）桐斎　1753〜1813　江戸中期・後期の漢学者
薫斎　とうさい
松本（まつもと）薫斎　？〜1870　江戸末期・明治期の書家

刀斎 とうさい
槇村(まきむら)刀斎 1808～1841 江戸後期の剣術家。鹿島新当流槇村派

東斎 とうさい
前田(まえだ)東斎 江戸後期の陰陽家

桃斎 とうさい
菅(かん)桃斎 1819～1844 江戸後期の医師・洋方医
藤(ふじ)桃斎 1752～1820 江戸中期・後期の画家
丸田(まるた)桃斎 1841～1871 江戸末期の医者

当済 とうさい
犬飼(いぬかい)当済 犬養当済に同じ
犬養(いぬかい)当済 1820～1868 江戸末期の官吏

等蔵 とうさい
等蔵 戦国時代の画僧

陶斎 とうさい
陶斎 江戸後期の陶工
梶山(かじやま)陶斎 江戸末期・明治期の教育者
野呂(のろ)陶斎 ?～1838 江戸後期の漢学者

洞哉 とうさい
洞哉 江戸中期の俳諧作者
神戸(かんべ)洞哉 1668～1697 江戸前期・中期の俳人

洞斎 どうさい
菅原(すがわら)洞斎 1772～1821 江戸中期・後期の絵師・鑑定家
鳥飼(とりかい)洞斎 江戸中期の眼科医

洞斉 どうさい
林(はやし)洞斉 1840～1877 江戸後期～明治期の医師

道斎 どうさい
入交(いりまじり)道斎 1766～1847 江戸中期・後期の医師
川口(かわぐち)道斎 江戸末期の医者
桐淵(きりふち)道斎 1834～1920 江戸後期～大正期の眼科医
田中(たなか)道斎 1722～1788 江戸中期・後期の漢学者
仲(なか)道斎 1722～1788 江戸中期・後期の町儒
新妻(にいづま)道斎 1789～1847 江戸後期の藩士・漢学者
服部(はっとり)道斎 ?～1807 江戸中期・後期の医者
松田(まつだ)道斎 1731～1776 江戸中期の医者・漢学者
松永(まつなが)道斎 江戸前期の「井上主計頭覚書」の著者
松原(まつばら)道斎 1753～1813 江戸後期の医者
山口(やまぐち)道斎 戦国・安土桃山時代の武将
渡辺(わたなべ)道斎 ?～1798 江戸後期の医師

道西 どうさい
道西 1399～1488 室町・戦国時代の蓮如の支援者

棠斎 どうさい
加藤(かとう)棠斎 1741～1815 江戸中期・後期の歌学者

僴斎 どうさい
大橋(おおはし)僴斎 1787～1860 江戸中期～末期の高岡藪内流の始祖

道材 どうざい
伊作田(いざくだ)道材 南北朝時代の武将

当左衛門 とうざえもん
森(もり)当左衛門 1605～1692 江戸前期・中期の藍作功労者

藤佐衛門 とうざえもん
岡崎(おかざき)藤佐衛門 江戸末期の幕臣・外国奉行支配調役並。1862年遣欧使節に随行しフランスに渡る

藤左衛門 とうざえもん
藤左衛門 江戸後期の橘樹郡下菅田村旗本酒依氏知行所名主
天野屋(あまのや)藤左衛門 江戸前期の細川家御用商人
石戸(いしど)藤左衛門 安土桃山・江戸前期の弓術家
稲垣(いながき)藤左衛門 1715～1782 江戸中期の備中倉敷代官
今見屋(いまみや)藤左衛門 江戸中期の高山町人
潮(うしお)藤左衛門 ?～1728 江戸前期・中期の義人
江間(えま)藤左衛門 戦国時代の鍛冶職人
大滝(おおたき)藤左衛門 江戸後期の利水家
大森(おおもり)藤左衛門 ?～1600 安土桃山時代の岡山城主宇喜多秀家の家臣
大谷木(おおやぎ)藤左衛門 ?～1856 江戸末期の幕臣
岡崎(おかざき)藤左衛門 江戸末期の幕臣・外国奉行支配調役並。1862年遣欧使節に随行しフランスに渡る《岡崎藤佐衛門》
奥平(おくだいら)藤左衛門 1703～1773 江戸中期の奥平藤左衛門家は松山藩松平家の筆頭家老の家柄
小倉(おぐら)藤左衛門 ?～1758 江戸中期の剣術家。梶派一刀流
織田(おだ)藤左衛門 戦国時代の尾張の武将
落合(おちあい)藤左衛門 戦国時代の武将・問屋商人
梶田(かじた)藤左衛門 1785～1856 江戸中期～末期の名主、作陶家
上西(かみにし)藤左衛門 1578?～1650 安土桃山・江戸前期の白石和紙の元祖
河野(こうの)藤左衛門 江戸前期の旗本
佐藤(さとう)藤左衛門 1692～1752 江戸中期の植林家
菅沼(すがぬま)藤左衛門 1808～1876 江戸後期～明治期の雑貨商・造酒業
須山(すやま)藤左衛門 江戸末期の武士
竹内(たけうち)藤左衛門 1826～1896 江戸後期～明治期の尾張八ツ屋新田の人
竹川(たけかわ)藤左衛門 室町時代の甲斐国武川村出身の金山衆
田山(たやま)藤左衛門 江戸時代の弘前藩士

千原（ちはら）藤左衛門　1817〜1892　江戸後期〜明治期の大庄屋
塔原（とうのはら）藤左衛門　戦国時代の武将。武田家臣
長沢（ながさわ）藤左衛門　？〜1649　江戸前期の土佐藩士
中田（なかだ）藤左衛門　江戸後期の都筑郡川島村名主
夏目（なつめ）藤左衛門　江戸中期の国学徒・神官
根岸（ねぎし）藤左衛門　戦国時代の里見氏家臣
畑山（はたやま）藤左衛門　室町時代の安喜郡畑山名の有力名主
馬場（ばば）藤左衛門　江戸前期の武家
舟木（ふなき）藤左衛門　安土桃山時代の備中国の武将
本田（ほんだ）藤左衛門　戦国時代の里見氏家臣
村松（むらまつ）藤左衛門　戦国時代の武将。武田家臣
山浦（やまうら）藤左衛門　1809〜1881　江戸後期〜明治期の地方自治功労者、俳人
山口屋（やまぐちや）藤左衛門　江戸中期の商人
山田（やまだ）藤左衛門　戦国時代の武将。武田家臣
山田（やまだ）藤左衛門　？〜1619　江戸前期の稲葉典通の家臣
吉田（よしだ）藤左衛門　戦国時代の大工。伊豆南部で活動

藤左衛門尉　とうざえもんのじょう
興津（おきつ）藤左衛門尉　？〜1576　安土桃山時代の駿河国駿東郡青野郷にある愛鷹明神社の神主
河合（かわい）藤左衛門尉　？〜1494　室町・戦国時代の加賀一向一揆の指導者の一人
立川（たちかわ）藤左衛門尉　戦国時代の岩付太田氏の家臣
土屋（つちや）藤左衛門尉　安土桃山時代の武田氏の家臣、菊姫の付家臣
戸田（とだ）藤左衛門尉　安土桃山・江戸前期の武士
伴野（ともの）藤左衛門尉　戦国・安土桃山時代の武田氏の家臣
平沢（ひらさわ）藤左衛門尉　？〜1582　安土桃山時代の信濃国伊那郡虎岩郷の土豪
望月（もちづき）藤左衛門尉　戦国時代の甲斐国河内新倉の土豪

東作　とうさく
小原（おはら）東作　1751〜1824　江戸中期の官吏
神崎（かんざき）東作　1785〜1863　江戸末期の官吏
橋爪（はしづめ）東作　1810〜1890　江戸後期〜明治期の養蚕指導者
平秩（へつち）東作　？〜1789　江戸中期・後期の狂歌師、紀行文作家
平秩（へづつ）東作　平秩東作に同じ
横尾（よこお）東作　1839〜1902　江戸末期・明治期の英語教授

道作　どうさく　⇔みつくり
伊達（だて）道作　江戸前期の茶人

道朔　どうさく
井上（いのうえ）道朔　？〜1678　江戸前期の町医者
宇山（うやま）道朔　1836〜1905　江戸末期〜明治期中期の医者
沢村（さわむら）道朔　1815〜1890　江戸後期〜明治期の医師

道策　どうさく
古郡（ふるごおり）道策　江戸時代の弘前藩医

藤三左門　とうざさもん
藤三左門　戦国時代の長草村開発者

道察　どうさつ
栗本（くりもと）道察　1679〜1758　江戸前期・中期の医師
栗本（くりもと）道察　？〜1810　江戸中期・後期の医師

藤三郎　とうさぶろう　⇔とうざぶろう, ふじさぶろう
大藤（おおふじ）藤三郎　1845〜1921　江戸後期〜明治期の漬物商

藤三郎　とうざぶろう　⇔とうさぶろう, ふじさぶろう
岩下（いわした）藤三郎　戦国時代の信濃国筑摩郡会田の国衆？
賀来（かく）藤三郎　1838〜1895　江戸後期〜明治期のしょうゆ醸造業
志村（しむら）藤三郎　安土桃山時代の甲斐国八代郡河内岩間庄中山の土豪
鷲見（すみ）藤三郎　安土桃山時代の織田信長の家臣
津田（つだ）藤三郎　江戸前期の武士。大坂の陣で籠城
伏見屋（ふしみや）藤三郎　江戸末期の名高浦の商人

道三郎　どうさぶろう
林（はやし）道三郎　1842〜1873　江戸後期〜明治期の唐通事

嗒山　とうさん
嗒山　江戸中期の俳諧作者

東山　とうざん
青木（あおき）東山　1826〜1884　江戸後期〜明治期の漢学者
井上（いのうえ）東山　？〜1810　江戸後期の医者
牧村（まきむら）東山　江戸前期の「猩猿行記」の著者
力丸（りきまる）東山　1757〜1815　江戸中期・後期の漢学者・武芸家

道三　どうさん
小平（こだいら）道三　1502〜1590　戦国・安土桃山時代の諏訪氏家臣

道讃　どうさん
道讃　993〜1052　平安中期・後期の興福寺僧

堂山　どうざん
上田（うえだ）堂山　1758〜1838　江戸中期・後期の庄屋・文人。「延齢松詩歌集」を編集
桜沢（さくらざわ）堂山　1821〜1907　江戸末期・明治期の僧侶

東山治兵衛　とうさんじへえ
楽（らく）東山治兵衛　江戸前期の陶工

桃之　とうし
桃之　1714～1793　江戸中期・後期の俳諧作者
藤子　とうし
藤原（ふじわら）藤子　鎌倉後期の女房・歌人
蓎枝　とうし
橋本（はしもと）蓎枝　江戸中期の俳人
涛治　とうじ
竹柴（たけしば）涛治　江戸末期の歌舞伎作者・合巻作者
藤次　とうじ
藤次　戦国時代の長草村開発者
寺尾（てらお）藤次　1650～1731　江戸前期・中期の剣術家。二天一流
藤治　とうじ
平（たいら）藤治　1784～1819　江戸中期・後期の義人
藤二　とうじ
片岡（かたおか）藤二　1832～1894　江戸後期～明治期の柔道家
同子　どうし
藤原（ふじわらの）同子　平安中期の女性。醍醐天皇更衣
道慈　どうじ
道慈　？～744　奈良時代の僧
道耳　どうじ
志野（しの）道耳　室町時代の茶人
道二　どうじ　⇔どうに
堀内（ほりうち）道二　1630～1732　江戸中期の俳人、藤原宿役人
藤治右衛門　とうじえもん
彭城（さかき）藤治右衛門　1666～1735　江戸前期・中期の人。唐通事劉焜臺を祖とする彭城本家3代
藤七　とうしち
藤七　江戸末期の彫金家
梅田（うめだ）藤七　1846～1919　江戸末期～大正期の人。河北郡内灘村向粟崎に水産製造所を設けた
小曽川（こそかわ）藤七　江戸後期の橘樹郡子母口村民
佐藤（さとう）藤七　江戸末期の名主。上野国権田村
高橋（たかはし）藤七　1836～1913　江戸末期～大正期の実業家
藤瀬村（ふじせむら）藤七　江戸中期の今谷新田の開拓者
水谷（みずたに）藤七　1831～？　江戸後期・末期の新撰組隊士
道七　どうしち
道七　安土桃山時代の茶人
藤七良　とうしちろう
荒井（あらい）藤七良　江戸前期の養鷹家
藤七郎　とうしちろう
伊賀（いが）藤七郎　戦国時代の古河公方の家臣
岩間（いわま）藤七郎　江戸前期の伊奈忠次の手代
大井田（おおいだ）藤七郎　戦国時代の越後の国人
下平（しもひら）藤七郎　安土桃山時代の信濃国伊那郡の武士。上穂郷の代官
諏方（すわ）藤七郎　戦国時代の諏訪大社社家衆
諏訪（すわ）藤七郎　戦国時代の武将。武田家臣
関山（せきやま）藤七郎　戦国時代の相模国当麻郷の問屋
原田（はらだ）藤七郎　安土桃山時代の武士
御宿（みしゅく）藤七郎　戦国時代の武士。今川氏家臣
桃室　とうしつ
二畳庵（にじょうあん）桃室　江戸後期の俳人
葉山（はやま）桃室　江戸後期・末期の俳諧師
等室　とうしつ
斎藤（さいとう）等室　？～1668　江戸前期の雲谷派の絵師
冬日　とうじつ
秋岡（あきおか）冬日　1762～1832　江戸中期・後期の江戸の学者
藤次平　とうじべい
小野（おの）藤次平　？～1833　江戸後期の陶工
藤次兵衛　とうじべえ
服部（はっとり）藤次兵衛　安土桃山・江戸前期の剣術家
桃舎　とうしゃ
桃舎　江戸後期の俳人
道者　どうしゃ
道者　1599～1663　安土桃山・江戸前期の唐僧
東朱　とうしゅ
東朱　室町時代の画家
藤寿　とうじゅ
藤寿　南北朝・室町時代の連歌作者
道珠　どうしゅ
佐々木（ささき）道珠　1640～1714　江戸前期・中期の茶人
洞寿　どうじゅ
狩野（かのう）洞寿　？～1777　江戸中期の画家
道寿　どうじゅ
石川（いしかわ）道寿　室町時代の備中守護代
太田（おおた）道寿　江戸中期の旗本
城所（きどころ）道寿　戦国時代の武将。武田家臣
藤林（ふじばやし）道寿　江戸中期の医者
登洲　とうしゅう
登洲　江戸中期の浄土真宗の僧
唐洲　とうしゅう
山東（さんとう）唐洲　江戸後期の戯作者
東州　とうしゅう
四十宮（よそみや）東州　1750～1822　江戸中期・後期の儒官
東洲　とうしゅう
川口（かわぐち）東洲　1839～1911　江戸末期・明治期の書家
高濃（たかの）東洲　江戸後期の藩士
長川（ながかわ）東洲　1814～1874　江戸後期～明治期の漢学者
橋（はし）東洲　1721～1748　江戸中期の書家
四十宮（よそみや）東洲　1750～1822　江戸中期・

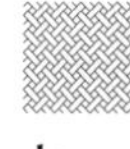

後期の儒官《四十宮東州》

東秀　とうしゅう

石村（いしむら）東秀　？～1872　江戸後期～明治期の画家

東緝　とうしゅう

嗣堂（しどう）東緝　？～1836　江戸後期の臨済宗の僧

桃州　とうしゅう

最勝院（さいしょういん）桃州　江戸中期の俳僧

桃洲　とうしゅう

藤（ふじ）桃洲　江戸後期の画家

桃秋　とうしゅう

桃秋　1751～1834　江戸中期・後期の俳人

等周　とうしゅう

長谷川（はせがわ）等周　江戸前期の画家

等舟　とうしゅう

等舟　江戸後期の浮世絵師

洞舟　とうしゅう

功甫（こうほ）洞舟　戦国時代の臨済宗の僧

棠洲　とうしゅう

玉手（たまて）棠洲　1795～1871　江戸後期～明治期の画家

到住　とうじゅう

床涛（とこなみ）到住　江戸前期の薩摩藩士

洞秀　どうしゅう

石黒（いしぐろ）洞秀　？～1785　江戸中期の狩野派画家

道宗　どうしゅう

赤尾（あかお）道宗　1462～1516　室町・戦国時代の妙好人

道修　どうしゅう　⇔みちのぶ

渋谷（しぶや）道修　？～1711　江戸中期の能楽シテ方渋谷流7世家元

道秀　どうしゅう　⇔みちひで

蘭洲（らんしゅう）道秀　江戸前期の黄檗宗の僧

道脩　どうしゅう

北山（きたやま）道脩　江戸中期の医師

道叶　どうじゅう

上杉（うえすぎ）道叶　戦国時代の伊豆国林際寺の外護者

東重斎　とうじゅうさい

大西（おおにし）東重斎　1838～1921　江戸末期～大正期の義太夫師匠

桐十郎　とうじゅうろう

中吉（なかよし）桐十郎　室町時代の武士《中吉十郎》

登十郎　とうじゅうろう　⇔とじゅうろう

松野（まつの）登十郎　1777～1825　江戸後期の代官

東十郎　とうじゅうろう

石原（いしはら）東十郎　1812～1886　江戸末期の庄屋

藤十郎　とうじゅうろう

臼井（うすい）藤十郎　1794～1864　江戸後期の浦賀奉行所同心

沢村（さわむら）藤十郎〔1代〕　江戸中期の歌舞伎俳優

品川（しながわ）藤十郎　1834～1886　江戸後期～明治期の通事

新宮村（しんぐうむら）藤十郎　？～1774　江戸中期の義民

都筑（つづき）藤十郎　江戸中期の幕吏

豊永（とよなが）藤十郎　江戸前期の武士。大坂の陣で籠城

内藤（ないとう）藤十郎　？～1613　安土桃山・江戸前期の武士

山口（やまぐち）藤十郎　1828～1886　江戸後期～明治期の剣術家

道叔　どうしゅく

姫井（ひめい）道叔　1820～1873　江戸末期の医師

東春　とうしゅん

東春　江戸中期の雑俳点者

東純　とうじゅん

東純　？～1495　室町・戦国時代の僧侶

等順　とうじゅん

等順　1742～1804　江戸中期・後期の善光寺別当、大勧進住職、大僧正

斎藤（さいとう）等順　？～1626　安土桃山・江戸前期の雲谷派の絵師

村上（むらかみ）等順　江戸後期の医者

同俊　どうしゅん

本田（ほんだ）同俊　1830～1892　江戸後期～明治期の眼科医

道俊　どうしゅん

大石（おおいし）道俊　戦国時代の武士。山内上杉氏家臣、のちに北条氏家臣

西（にし）道俊　1730～1802　江戸中期・後期の村医者

道春　どうしゅん

三上（みかみ）道春　江戸末期の弘前藩医

道淳　どうじゅん

道淳　鎌倉後期の真言宗の僧

道淳　1772～1835　江戸後期の画僧

道純　どうじゅん

道純　江戸前期・中期の僧侶

道順　どうじゅん　⇔みちのぶ

白井（しらい）道順　1650～1712　江戸前期・中期の医家

白瀬（しらせ）道順　1706～1776　江戸中期の内藤延岡藩儒医

鈴木（すずき）道順　1795～1869　江戸後期～明治期の眼科医

村上（むらかみ）道順　？～1702　江戸前期・中期の伊予吉田領内の町医

道珣　どうじゅん

中目（なかのめ）道珣　1808～？　江戸後期の医者

稲処　とうしょ

岸田（きしだ）稲処　1815～1903　江戸後期～明治期の俳人

東渚　とうしょ
植松(うえまつ)東渚　?～1806　江戸中期・後期の国学者

桃処　とうしょ
桃処　江戸後期の俳人

東恕　とうじょ
伊吹(いぶき)東恕　?～1734　江戸中期の俳人

桃如　とうじょ
桃如　?～1788　江戸中期・後期の俳人

道助　どうじょ　⇔みちすけ
平井(ひらい)道助　室町時代の武士、連歌師

道恕　どうじょ
岡(おか)道恕　1778～1831　江戸中期・後期の医者

稲升　とうしょう
小畑(おばた)稲升　1812～1886　江戸後期～明治期の鳥取藩絵師

東舛　とうしょう
東舛　江戸後期の俳人

等勝　とうしょう
文山(ぶんざん)等勝　戦国時代の邦高親王の王子

通乗　とうじょう
通乗　平安後期の相人

洞簫　どうしょう
尾形(おがた)洞簫　1725～1805　江戸中期・後期の儒者

洞霄　どうしょう
尾形(おがた)洞霄　江戸末期の画家

道昌　どうしょう
道昌　鎌倉後期・南北朝時代の僧侶・歌人

道昭　どうしょう
道昭　630～704　飛鳥時代の僧

道章　どうしょう　⇔みちあき
榎本(えのもと)道章　1833～?　江戸後期～明治期の旗本、開拓使官吏《榎本対馬》

道笑　どうしょう
道笑　江戸中期の戯作者

道証　どうしょう
道証　756～811　奈良・平安前期の学僧
道証　1114～1185　平安後期の天台寺門派の僧
無尽(ぶじん)道証　1234～1313　鎌倉前期・後期の地蔵寺の開山

道性　どうしょう　⇔どうせい
道性　鎌倉時代の漆工

道正　どうしょう　⇔みちふさ, みちまさ
平沢(ひらさわ)道正　戦国時代の土豪

道生　どうしょう　⇔どうせい, みちお
道生　鎌倉時代の連歌師

道聖　どうしょう
無己(むき)道聖　?～1391　南北朝時代の臨済宗の僧

道乗　どうじょう
道乗　平安中期の僧
道乗　1218～1284　鎌倉前期の僧

道場　どうじょう
道場　飛鳥時代の怪力の童子

道常　どうじょう
安東(あんどう)道常　鎌倉後期の武士
亘虚(せんきょ)道常　江戸前期の黄檗宗の僧

道成　どうじょう　⇔みちしげ, みちなり
道成　南北朝時代の僧侶・歌人

洞松院尼　とうしょういんに
洞松院尼　1461?～?　戦国時代の地方政治家

道助法親王　どうじょほっしんのう
道助法親王　1196～1249　鎌倉前期の皇族、真言宗の僧

東四郎　とうしろう
永楽屋(えいらくや)東四郎　江戸中期の名古屋の書林
永楽屋(えいらくや)東四郎〔2代〕　?～1836　江戸後期の版元
松川(まつかわ)東四郎　1766～1826　江戸中期・後期の儒学者・花巻郷学の先駆者

と

藤四郎　とうしろう　⇔ふじしろう
入江(いりえ)藤四郎　1766～1832　江戸中期・後期の剣術家。真天流
小山田(おやまだ)藤四郎　戦国時代の甲斐武田勝頼の家臣
小井弖(こいで)藤四郎　戦国時代の信濃国伊那郡小出郷の土豪
清水(しみず)藤四郎　1814～1886　江戸末期の米子の刀工
高山(たかやま)藤四郎　?～1254　鎌倉前期・後期の日置八幡宮高山家初代
竹迫(たけざこ)藤四郎　江戸中期の鹿児島城下士
中川(なかがわ)藤四郎　江戸後期の書肆
長浜(ながはま)藤四郎　1848～1906　江戸後期～明治期の弁護士
林(はやし)藤四郎　?～1615　安土桃山・江戸前期の武士
比企(ひき)藤四郎　戦国時代の岩付太田氏の家臣

等治郎　とうじろう
佐々木(ささき)等治郎　?～1885　江戸後期～明治期の和算家

藤次郎　とうじろう
鈴木(すずき)藤次郎　1843～1925　江戸末期～大正期の鋳物師
富中(とみなか)藤次郎　戦国時代の武田氏の家臣
野村(のむら)藤次郎　江戸中期・後期の一色村の廻船業者
樋口(ひぐち)藤次郎　1854～?　江戸末期の和算家
平野(ひらの)藤次郎　?～1690　江戸中期の代官
水野(みずの)藤次郎　安土桃山時代の織田信長の家臣

藤治郎　とうじろう
小池(こいけ)藤治郎　1847～1912　江戸後期～明治期の薬屋

藤二郎　とうじろう
今村(いまむら)藤二郎　?～1599　戦国・安土桃山時代の前田利家の家臣

関山（せきやま）藤二郎　戦国時代の道者坊経営者

藤次郎忠一　とうじろうただかつ

山中（やまなか）藤次郎忠一　江戸前期の武士。大坂の陣で籠城

藤二郎大夫　とうじろうたゆう

高河原（たかがわら）藤二郎大夫　鎌倉後期の武士

藤四郎吉幸　とうしろうよしゆき

清水（しみず）藤四郎吉幸　1814〜1886　江戸末期の米子の刀工《清水藤四郎》

陶仁　とうじん

金（きん）陶仁　安土桃山・江戸前期の長浜焼陶工

道真　どうしん

儀間（ぎま）道真　江戸前期の久米島具志川間切の地頭代

道人　どうじん

観益（かんえき）道人　江戸後期の僧侶

如禅（にょぜん）道人　1770〜？　江戸中期・後期の浄土宗の僧

道甚　どうじん

道甚　南北朝時代以前の僧侶・歌人

塘水　とうすい

塘水　1792〜？　江戸後期の俳人

東吹　とうすい

東吹　室町時代の俳人

東推　とうすい

東推　江戸前期の俳人

東水　とうすい

東水　江戸前期の修験僧・俳人

荒木（あらき）東水　？〜1793　江戸中期・後期の書家

桃水　とうすい

桃水　1604〜1683　江戸前期の曹洞宗の僧

桃水　？〜1801　江戸中期・後期の俳人・医者

桃睡　とうすい

桃睡　江戸後期の俳人

等水　とうすい

明田（あけた）等水　1809〜1873　江戸後期〜明治期の書家

侗睡　とうすい

勝授寺（しょうじゅじ）侗睡　1835〜1872　江戸後期〜明治期の浄土真宗の僧

蝀水　とうすい

三須（みす）蝀水　1751〜1807　江戸中期・後期の藩士

灯瑞　とうずい

万源（まんげん）灯瑞　江戸中期の曹洞宗の僧

等随　とうずい

五楽院（ごらくいん）等随　江戸後期の古河藩の御抱え絵師

洞水　どうすい

洞水　1727〜1803　江戸中期の僧、地福寺開山

道邃　どうすい

正覚房（しょうかくぼう）道邃　？〜1157　平安後期の姫路山称名寺（のちに正明寺と改む）開山、増位山随願寺第17代長吏

藤介　とうすけ

高木（たかぎ）藤介　安土桃山時代の信濃国諏訪郡高木の土豪

藤助　とうすけ

石原（いしわら）藤助　1841〜1868　江戸後期・末期の藩士

鵜殿（うどの）藤助　江戸前期の武士。堀内氏善の旗下

大沢（おおさわ）藤助　1839〜1912　江戸後期〜明治期の吉見百穴発掘者

豊田（とよだ）藤助　安土桃山時代の武士

中野（なかの）藤助　1843〜1916　江戸後期〜大正期の農事改良家

布引（ぬのびき）藤助　1839〜1916　江戸末期〜大正期の漁業家

野呂（のろ）藤助　1827〜1909　江戸後期〜明治期の興行師

福松（ふくまつ）藤助　1733〜1796　江戸中期・後期の浄瑠璃作者、俳人

松村（まつむら）藤助　江戸中期の京都銀座大黒常是役所の手代

藤助友于　とうすけともゆき

松井（まつい）藤助友于　？〜1619　江戸前期の豊臣秀吉の家臣

道寸　どうすん

八丈（はちじょう）道寸　1625〜1676　江戸前期の連歌・俳諧師

稲井　とうせい

稲井　1740〜1805　江戸中期・後期の俳人

桐栖　とうせい　⇔きりすみ

桐栖　1771〜？　江戸中期・後期の俳人

登正　とうせい

近藤（こんどう）登正　？〜1653　江戸前期の代官

東井　とうせい

松葉軒（しょうようけん）東井　江戸中期の「絵本濃会立」の著者

等清　とうせい

等清　戦国時代の画家

等誠　とうせい

顕室（けんしつ）等誠　戦国時代の臨済宗の僧

藤正　とうせい

長谷川（はせがわ）藤正　？〜1626　江戸前期の長崎奉行

道性　どうせい　⇔どうしょう

高津（たかつ）道性　鎌倉後期・南北朝時代の高津郷領主

道政　どうせい　⇔みちまさ

道政　南北朝時代以前の僧侶・歌人

道生　どうせい　⇔どうしょう, みちお

武石（たけいし）道生　1748〜1831　江戸中期・後期の医者

道盛　どうせい

道盛　？〜1491　室町・戦国時代の武将・連歌作者

道誠　どうせい
氏家（うじいえ）道誠　南北朝時代の斯波家兼の代官
等碩　とうせき
等碩　戦国時代の画僧
洞石　とうせき
岡野（おかの）洞石　？～1867　江戸後期・末期の津和野藩絵師
道昔　どうせき
美笑軒（びしょうけん）道昔　1736～1796　江戸中期・後期の華道家
道積　どうせき
市川（いちかわ）道積　江戸後期の大住郡真田村の医師
道碩　どうせき
河端（かわばた）道碩　江戸中期の和算家
衣関（きぬどめ）道碩　江戸時代の漢方医、蘭方医
佐藤（さとう）道碩　江戸後期・末期の奥医師
冬拙　とうせつ
冬拙　江戸後期の俳人
桃雪　とうせつ
浄法寺（じょうほうじ）桃雪　1661～1730　江戸中期の蕉門俳人、黒羽藩家老
等雪　とうせつ
桜井（さくらい）等雪　江戸中期の画家
長谷川（はせがわ）等雪　江戸前期の画家
洞雪　どうせつ
宮田（みやた）洞雪　1828～1898　江戸後期～明治期の日本画家
道節　どうせつ
美笑軒（びしょうけん）道節　1590～1667　安土桃山・江戸前期の華道家
道雪　どうせつ
岡村（おかむら）道雪　戦国時代の歌人。「赤松家袖記」を執筆
東川　とうせん
中山（なかやま）東川　江戸後期の医者
東泉　とうせん
小保内（おぼない）東泉　1825～1916　江戸末期～大正期の画家
蒲生（がもう）東泉　1680～1752　江戸前期・中期の医家
東佺　とうせん
峻厓（しゅんがい）東佺　江戸後期・末期の臨済宗の僧
桃仙　とうせん
内田（うちだ）桃仙　1681～1720　江戸前期・中期の漢詩人
中野（なかの）桃仙　1819～1885　江戸後期～明治期の絵師
桃川　とうせん
優遊斎（ゆうゆうさい）桃川　江戸後期の絵師
桃船　とうせん
渡辺（わたなべ）桃船　1815～？　江戸後期の蒔絵師
董詮　とうせん
山崎（やまさき）董詮　1817～1893　江戸後期～明治期の日本画家
陶仙　とうせん
加藤（かとう）陶仙　1857～1932　江戸末期～昭和期の陶工
李（り）陶仙　安土桃山・江戸前期の長浜焼陶工
洞仙　とうせん
寺田（てらだ）洞仙　1737～1797　江戸中期・後期の画人
洞遷　とうせん
広（ひろ）洞遷　？～1881　江戸後期～明治期の画家
等禅　とうぜん
甫雪（ほせつ）等禅　室町時代の画僧
嗒然　とうぜん
嗒然　1796～1861　江戸後期・末期の大山寺僧
道仙　どうせん
芦屋（あしや）道仙　安土桃山時代の陰陽家
入江（いりえ）道仙　江戸末期・明治期の陶工
但馬（たじま）道仙　室町時代の医師
道宣　どうせん
古林（こりん）道宣　？～1730　江戸中期の高山市の素玄寺8世で古川町の寿楽寺中興
道専　どうせん　⇔みちたか
二木（ふたぎ）道専　安土桃山時代の加賀国石川郡藤塚村の人
道詮　どうせん
道詮　797～876　平安前期の三論宗の僧
道善　どうぜん
大石（おおいし）道善　戦国時代の武士。朝比奈綱堯の被官、伊豆の岩科郷の在地支配者
新開（しんがい）道善　？～1582　戦国時代の武将
松山（まつやま）道善　1763～1818　江戸中期・後期の医者
道全　どうぜん
道全　鎌倉後期・南北朝時代の僧侶・歌人
道禅　どうぜん
塚田（つかだ）道禅　室町時代の武蔵国在住鋳物師
桃祖　とうそ
二階堂（にかいどう）桃祖　江戸中期の俳人
洞素　どうそ
柳本（やなぎもと）洞素　1830～1894　江戸後期～明治期の日本画家
東蔵　とうぞう
及川（おいかわ）東蔵　江戸中期の韮山代官江川氏の手代
中村（なかむら）東蔵〔4代〕　江戸後期の歌舞伎俳優
東造　とうぞう
三浦（みうら）東造　江戸末期の従者。1860年遣米使節に随行しアメリカに渡る
桃三　とうぞう
千葉（ちば）桃三　？～1794　江戸中期の和算家
藤三　とうぞう
藤三　戦国時代の信濃小県郡の国衆小泉氏の被官
跡部（あとべ）藤三　戦国時代の穴山梅雪の家臣
大月（おおつき）藤三　江戸末期の新撰組隊士
小坂（こさか）藤三　戦国時代の武将。武田家臣

佐野（さの）藤三　戦国時代の小弓公方足利義明・義純父子の近臣
渋谷（しぶや）藤三　戦国時代の鎌倉の番匠
諏方（すわ）藤三　安土桃山時代の諏訪大社社家衆
伊達（だて）藤三　戦国時代の今川氏の家臣
田原（たはら）藤三　1814〜1867　江戸末期の勤皇の志士
半田（はんだ）藤三　戦国時代の北条氏の吏僚
横倉（よこくら）藤三　？〜1585　戦国・安土桃山時代の小山秀綱の家臣

藤蔵　とうぞう
石原（いしはら）藤蔵　？〜1858　江戸後期・末期の伊豆国君沢郡戸田村入浜の船大工棟梁
生方（うぶかた）藤蔵　1799〜1870　江戸後期〜明治期の綾戸穴道切開の功労者
雲野（うんの）藤蔵　江戸後期の足柄下郡国府津村の工匠
菊沢（きくざわ）藤蔵　江戸前期・中期の暦師
北島（きたじま）藤蔵　1813〜1888　江戸後期〜明治期の徳島藩砲術指南
篠木（ささき）藤蔵　安土桃山時代の検地役人
始閣（しかく）藤蔵　平安前期の閉伊郡来内村の猟師
大黒屋（だいこくや）藤蔵　江戸前期の京都糸割符商人
矢島（やじま）藤蔵　江戸後期の代官
吉沢（よしざわ）藤蔵　1833〜1893　江戸後期〜明治期の泰阜村戸長

韜蔵　とうぞう
小松（こまつ）韜蔵　1833〜1912　江戸後期〜明治期のキリスト教伝道師

道聡　どうそう
宝洲（ほうしゅう）道聡　1644〜1719　江戸前期・中期の黄檗宗の僧

道霜　どうそう
美笑軒（びしょうけん）道霜　1562〜1649　安土桃山・江戸前期の華道家

東蔵義則　とうぞうよしのり
大谷（おおたに）東蔵義則　？〜1786　江戸中期の人。江崎村の大火と凶作の際に施粥を行った

桐村　とうそん
杉浦（すぎうら）桐村　1801〜1842　江戸後期の音曲家

道尊　どうそん
土佐阿闍梨（とさあじやり）道尊　南北朝・室町時代の八葉山天台寺僧侶

道存　どうぞん
新見（にいみ）道存　南北朝時代の備中国新見庄の地頭

東太　とうた
宇都宮（うつのみや）東太　1818〜1906　江戸後期〜明治期の肝属郡高山郷の噯役
大橋（おおはし）東太　1847〜1922　江戸末期〜大正期の養蚕家、絹村長

棟太　とうた
保田（やすだ）棟太　1856〜1919　江戸末期〜大正期の数学者

藤太　とうた
黒滝（くろたき）藤太　1786〜1852　江戸中期・後期の弘前藩の儒学者
佐瀬（さぜ）藤太　1706〜1781　江戸中期の剣術家。浅山一伝流
菅原（すがわら）藤太　1847〜1915　江戸後期〜大正期の宮大工
水野（みずの）藤太　安土桃山時代の検地役人
武藤（むとう）藤太　江戸後期の私塾経営者

騰太　とうた
宮本（みやもと）騰太　江戸末期の新撰組隊士

東岱　とうたい
鵜飼（うがい）東岱　1828〜1874　江戸後期〜明治期の三戸大神社の武者絵の画家

道岱　どうたい
雲崖（うんがい）道岱　江戸中期の臨済宗の僧

道怡　どうたい
亀井（かめい）道怡　江戸後期の大住郡下糟屋村の医師

道台　どうだい
栗原（くりはら）道台　戦国時代の甲斐東部の国衆栗原氏の一門

藤太夫　とうだいう　⇔とうだゆう
園田（そのだ）藤太夫　？〜1699　江戸前期の松山藩士、波止浜塩田創設の協力者

等沢　とうたく
雪深（せっしん）等沢　戦国時代の画家

道琢　どうたく
高原（たかはら）道琢　1694〜1762　江戸中期の外科医

東沢居士　とうたくこじ
東沢居士　戦国・安土桃山時代の画家

道達　どうたつ
重田（しげた）道達　1717〜1791　江戸中期・後期の庄内藩医

藤太夫　とうだゆう　⇔とうだいう
油井（あぶらい）藤太夫　？〜1581　安土桃山時代の高天神籠城衆
杉田（すぎた）藤太夫　1734〜1810　江戸中期・後期の宮大工
竹内（たけのうち）藤太夫　1645〜1728　江戸前期・中期の剣術家。竹内流
中野（なかの）藤太夫　1696〜1768　江戸中期の会津藩士

藤大夫　とうだゆう
神吉（かんき）藤大夫　安土桃山時代の織田信長の家臣
山中（やまなか）藤大夫　江戸前期の武士。大坂の陣で籠城。後藤又兵衛の従兄弟

棠太夫　とうだゆう
沼田（ぬまた）棠太夫　1770〜1828　江戸中期・後期の剣術家。実用流

籐太夫　とうだゆう
本島（もとじま）籐太夫　1812〜1888　江戸後期〜明治期の佐賀藩士・造兵家

鋳太郎　とうたろう
菊池(きくち)鋳太郎　1859～1945　江戸末期～昭和期の彫刻家

東太郎　とうたろう
小田(おだ)東太郎　1694～？　江戸中期の剣術家。小田応変流祖
斉藤(さいとう)東太郎　1825～1893　江戸後期～明治期の栃木県土木業の始祖

桃太郎　とうたろう
佐藤(さとう)桃太郎　1848～1869　江戸後期～明治期の幕臣

藤太郎　とうたろう
浅野(あさの)藤太郎　江戸末期の新撰組隊士
朝比奈(あさひな)藤太郎　1556～1575　戦国・安土桃山時代の武士
海上(うなかみ)藤太郎　戦国時代の千葉胤富の家臣。森山衆
大厩(おおまや)藤太郎　戦国時代の下総国臼井城(佐倉市)主・原胤貞の家臣。臼井衆
正木(まさき)藤太郎　戦国時代の上総一宮城主
三矢(みつや)藤太郎　1850～1921　江戸末期～大正期の篤学者

桃雫　とうだん
尾崎(おざき)桃雫　江戸末期・明治期の俳人

道端　どうたん
小笠原(おがさわら)道端　江戸末期の歌人

道潭　どうたん
安保(あぼ)道潭　？～1333　鎌倉後期の武士

道知　どうち
太田(おおた)道知　江戸中期の歌人

道智　どうち
道智　鎌倉前期の僧侶・歌人
道智　1542～1640　戦国～江戸前期の僧侶・歌人
尾山(おやま)道智　1542～1600　戦国・安土桃山時代の浄土真宗僧侶
願生寺(がんしょうじ)道智　？～1609　安土桃山時代・江戸前期の僧。高山市の願生寺10世

遠近　とうちか　⇔とおちか
遠近　平安中期の刀工

道竹　どうちく
石河(いしかわ)道竹　1687～1765　江戸前期・中期の漢学者

道筑　どうちく
成島(なるしま)道筑　1689～1760　江戸中期の儒者

道智斎　どうちさい
二鬼島(にきじま)道智斎　1565～1653　安土桃山・江戸前期の郷土史家

道忠　どうちゅう　⇔みちただ
道忠　奈良・平安前期の律僧
古屋(ふるや)道忠　戦国時代の武将。武田家臣

稲長　とうちょう　⇔いねなが
梨本(なしもと)稲長　1770～1841　江戸後期の俳人

等徴　とうちょう
雲谷(うんこく)等徴　1700～1776　江戸中期の画家

藤長　とうちょう
得(とく)藤長　江戸後期の龍郷の間切横目・宇検方与人

動潮　どうちょう
動潮　1709～1795　江戸中期の新義真言宗の僧

道澄　どうちょう
茶屋(ちゃや)道澄　1610～1631　江戸前期の豪商、貿易家

道張　どうちょう
立木(たちき)道張　江戸後期の医者
立木(たつぎ)道張　？～1801　江戸中期・後期の医師

道超　どうちょう
大前(おおくま)道超　南北朝時代の薩摩国東郷の在地領主
在国司(ざいこくし)道超　南北朝時代の武将

道昶　どうちょう
蘭山(らんざん)道昶　？～1756　江戸中期の僧

道琱　どうちょう
飯田(いいだ)道琱　1690～1751　江戸中期の医師・本草学者

道珍　どうちん
道珍　1276～1313　鎌倉後期の鶴岡八幡宮第13代の別当
道珍　南北朝時代の連歌作者

道通　どうつう
千(せんの)道通　？～1648　江戸前期の茶人
前田(まえだ)道通　1658～1700　江戸前期・中期の医者

稲亭　とうてい
新井(あらい)稲亭　？～1859　江戸後期の儒者

東亭　とうてい
三谷(みたに)東亭　江戸中期の商人
安田(やすだ)東亭　江戸後期の医者

東堤　とうてい
大橋(おおはし)東堤　江戸中期の書家

東隄　とうてい
石原(いしはら)東隄　江戸後期の儒者、医師

涛亭　とうてい
高松(たかまつ)涛亭　1807～1868　江戸後期・末期の西洋医師

洞庭　どうてい
加藤(かとう)洞庭　1702～1760　江戸中期の医者

道貞　どうてい　⇔みちさだ
井岡(いおか)道貞　江戸時代の津山松平藩侍医
在田軒(ざいでんけん)道貞　？～1695　江戸前期・中期の俳人、郷土史家

東滴　とうてき
東滴　？～1807　江戸中期・後期の臨済宗の僧・漢詩人

道哲　どうてつ
道哲　江戸前期の医者

道鉄　どうてつ
道鉄　?～1615　江戸前期の伊東長次の家来
透天　とうてん
透天　1733～1817　江戸中期・後期の良福寺の僧
洞天　とうてん
洞天　?～1777　江戸中期の時宗の僧
等伝　とうでん
等伝　江戸前期の画僧
洞伝　どうでん
豊国(とよくに)洞伝　1823～1906　江戸後期～明治期の僧侶・教育者
東々　とうとう
東々　江戸中期の俳人
東藤　とうとう
穂積(ほづみ)東藤　江戸前期の俳人
湯島　とうとう
日吉(ひよし)湯島　1799～1865　江戸後期・末期の漢学者
洞々　とうとう　⇔とうどう
洞々　1766～1835　江戸中期・後期の俳人
冬堂　とうどう
薬師寺(やくしじ)冬堂　1816～1882　江戸後期～明治期の医者
東堂　とうどう
平井(ひらい)東堂　1813～1872　江戸後期の弘前藩士、書家
桃堂　とうどう
武重(たけしげ)桃堂　1773～1853　江戸中期・後期の日本画家
桃洞　とうどう
桃洞　江戸後期の俳人
董堂　とうどう
中井(なかい)董堂　江戸後期の画家、狂歌師
洞々　とうどう　⇔とうとう
洞々　1767～1835　江戸中期・後期の俳人
道登　どうとう
道登　飛鳥時代の僧。高句麗留学僧か
登々庵　とうとうあん
武元(たけもと)登々庵　1767～1818　江戸後期の詩人
道頓　どうとん
成安(なりやす)道頓　?～1615　江戸前期の開削功労者。大阪の道頓堀川の名の由来となった人物
藤内　とうない
王(おう)藤内　?～1193　平安後期・鎌倉前期の備前吉備津宮の神職
川上(かわかみ)藤内　?～1771　江戸中期の義民
佐久間(さくま)藤内　戦国時代の西上総明金城(金谷城/富津市)の城主
東南　とうなん
梅川(うめかわ)東南　江戸後期の絵師
同二　とうに
同二　江戸後期の俳人
道二　どうに　⇔どうじ
下石(おろし)道二　江戸前期の武道家
堀内(ほりうち)道二　1630～1732　江戸中期の俳人、藤原宿役人《堀内道二》
東日　とうにち
東日　江戸中期の浄土宗の僧
道仁　どうにん
川畑(かわばた)道仁　1826～1892　江戸後期～明治期の鋳物師
東寧　とうねい
河野(こうの)東寧　1814～1888　江戸後期～明治期の武士、教育者
陶然　とうねん
陶然　1790～1841　江戸後期の俳人
道然　どうねん
道然　鎌倉前期の僧侶・歌人
道然　江戸後期の人。「三社明燈抄」の著者
藤之進　とうのしん
山本(やまもと)藤之進　1787頃～1866　江戸末期の西条藩士
藤之助　とうのすけ
小林(こばやし)藤之助　1785～?　江戸中期の代官
稲坡　とうは
稲坡　1808～1865　江戸後期・末期の俳人
東巴　とうは
喜多村(きたむら)東巴　江戸中期・後期の俳人
等破　とうは
等破　戦国時代の園林寺の画僧
道派　どうは
源底(げんてい)道派　江戸中期の臨済宗の僧
東搏　とうはく
鵬雲(ほううん)東搏　?～1703　江戸前期・中期の高僧
道伯　どうはく
秋山(あきやま)道伯　江戸前期の箱根塔ノ沢温泉開発者の一人
久河(こが)道伯　1826～1868　江戸後期・末期の忍藩の御典医
畑(はた)道伯　1785～?　江戸中期・後期の医者
村田(むらた)道伯　1650～1707　江戸前期・中期の医師
道博　どうはく　⇔みちひろ
坂本(さかもと)道博　江戸末期の卜占家
塩谷(しおや)道博　1843～1899　江戸後期～明治期の那須郡田野倉村の医師、栃木県議会議員
東坡軒　とうばけん
東坡軒　江戸前期の浮世絵師
藤八　とうはち
藤八　?～1582　戦国・安土桃山時代の織田信長の家臣
臼井(うすい)藤八　江戸後期の鎌倉郡上野庭村名主
大鐘(おおがね)藤八　?～1609　安土桃山・江戸前期の武士
藤八郎　とうはちろう
大野(おおの)藤八郎　江戸中期の大原騒動時の白

木方地役人
小沢(おざわ)藤八郎　江戸後期の足柄上郡内山村民
小野(おの)藤八郎　戦国時代の北条氏の家臣
田代(たしろ)藤八郎　1819～1879　江戸末期・明治期の商人
横山(よこやま)藤八郎　?～1711　江戸前期・中期の剣術家。新影松田方幕屋流

道伴　どうはん
中野(なかの)道伴　?～1639　江戸前期の本屋
村越(むらこし)道伴　1601～1681　安土桃山・江戸前期の武士

道範　どうはん
沢村(さわむら)道範　江戸中期の道標建立者
大機(だいき)道範　江戸前期の黄檗宗の僧

道美　どうび　⇔みちよし
山内(やまのうち)道美　?～1425　室町時代の武将

藤兵衛　とうひょうえ　⇔とうびょうえ, とうべい, とうべえ
堀内(ほりのうち)藤兵衛　安土桃山時代の信濃国筑摩郡会田の土豪
村松(むらまつ)藤兵衛　戦国・安土桃山時代の医師

藤兵衛　とうびょうえ　⇔とうひょうえ, とうべい, とうべえ
平山(ひらやま)藤兵衛　1588～1662　安土桃山・江戸前期の武士。大坂の陣で籠城
山本(やまもと)藤兵衛　江戸前期の豊臣秀頼・水野勝成の家臣

陶浜　とうひん
赤松(あかまつ)陶浜〔1代〕　1810～1868　江戸後期・末期の陶工

東玟　とうぶん
荊叟(けいそう)東玟　?～1886　江戸後期～明治期の臨済宗の僧

洞文　とうぶん
土岐(とき)洞文　戦国時代の画家

道文　どうぶん
松川(まつかわ)道文　安土桃山時代の信濃国安曇郡松川の土豪

東平　とうへい
谷(たに)東平　1774～1824　江戸中期・後期の測量家

藤平　とうへい
田窪(たくぼ)藤平　1828～?　江戸後期の塩業
平形(ひらかた)藤平　1840～?　江戸後期～明治期の実業家

藤兵衛　とうべい　⇔とうひょうえ, とうびょうえ, とうべえ
天野(あまの)藤兵衛　安土桃山時代の検地役人
加藤(かとう)藤兵衛　江戸前期の白山麓牛首谷の土豪
権田(ごんだ)藤兵衛　1783～1841　江戸中期・後期の長山村の庄屋

道平　どうへい　⇔みちひら, みちへい
道平　1781～1854　江戸中期～末期の赤絵師
本木(もとき)道平　江戸後期の蘭学者
湯浅(ゆあさ)道平　1798～1873　江戸後期～明治期の町儒

藤兵衛　とうべえ　⇔とうひょうえ, とうびょうえ, とうべい
藤兵衛　戦国時代の甲斐国八代郡成田郷の飛脚問屋
藤兵衛　江戸前期の商人
藤兵衛　?～1823　江戸後期の文政一揆の咎人
石上(いしがみ)藤兵衛　1724～1791　江戸中期・後期の羽鳥村の名主
上松(うえまつ)藤兵衛　?～1709　江戸前期・中期の商人
内田(うちだ)藤兵衛　江戸末期の木綿買継商人・問屋
大館(おおだて)藤兵衛　1643～1715　江戸前期・中期の公益家
大谷(おおたに)藤兵衛　1796～1880　江戸後期～明治期の豪農
小野(おの)藤兵衛　安土桃山・江戸前期の武士
桂(かつら)藤兵衛　1849～1902　江戸後期～明治期の落語家
木村(きむら)藤兵衛　安土桃山時代の織田信長の家臣
蔵ヶ原村(くらがはらむら)藤兵衛　江戸前期の十ヶ村肝煎
黒木屋(くろきや)藤兵衛　江戸後期の郡代の取次役
河野(こうの)藤兵衛　?～1600　安土桃山時代の長連竜の家臣
駒井(こまい)藤兵衛　?～1857　江戸後期・末期の酒造業
材木屋(ざいもくや)藤兵衛　江戸後期の商人
酒井(さかい)藤兵衛　1844～1911　江戸後期～明治期の浮世絵商
酒巻(さかまき)藤兵衛　?～1846　江戸後期の笠原村名主・報徳仕法推進者
渋谷(しぶや)藤兵衛　?～1853　江戸後期の石工
武田(たけだ)藤兵衛　戦国時代の里見氏家臣
竹中(たけなか)藤兵衛　安土桃山・江戸前期の名古屋の大工
竹中(たけなか)藤兵衛〔1代〕　安土桃山時代以降の大工
近岡の(ちかおかの)藤兵衛　江戸前期の加賀国石川郡近岡村の人。加賀藩主前田綱紀の鷹狩りで水主
津田(つだ)藤兵衛　江戸後期の足柄下郡板橋村の紺屋頭
坪野村(つぼのむら)藤兵衛　江戸前期の十村肝煎役
手塚(てづか)藤兵衛　江戸後期の宇都宮の商人、私塾経営者
徳差(とくさし)藤兵衛〔4代〕　1793～1873　江戸後期～明治期の東津軽軍筒井村の庄屋
はくらく(はくらく)藤兵衛　安土桃山時代の信濃国筑摩郡安坂の土豪
長谷川(はせがわ)藤兵衛　戦国時代の唐紙師。北条氏に所属
波多野(はたの)藤兵衛　1822～1896　江戸後期～明治期の長州藩士
花岡(はなおか)藤兵衛　戦国時代の武将。武田家臣

松平（まつだいら）藤兵衛　1634〜1720　江戸前期・中期の庄内藩家老
三浦（みうら）藤兵衛　1681〜1754　江戸前期・中期の剣術家。林崎夢想流
三輪（みわ）藤兵衛　江戸中期の藩士
山口屋（やまぐちや）藤兵衛　？〜1835　江戸後期の書肆・戯作者
和島屋（わじまや）藤兵衛　江戸後期の塗師
和耳（わに）藤兵衛　安土桃山時代の塩屋筑前守の家臣

藤兵衞　とうべえ
大谷（おおたに）藤兵衞　1796〜1880　江戸後期〜明治期の豪農《大谷藤兵衛》

藤兵衛元貞　とうべえもとさだ
大館（おおだて）藤兵衛元貞　1774〜1858　江戸中期〜末期の越中堰開削者

と

東圃　とうほ
馬場（ばば）東圃　1730〜1806　江戸後期の西条藩士・豊田流砲術指南
三角（みすみ）東圃　1787〜1855　江戸中期〜末期の医者

東逋　とうほ
梅仙（ばいせん）東逋　1529〜1608　戦国〜江戸前期の臨済宗の僧

道甫　どうほ　⇔みちすけ
五十嵐（いがらし）道甫　江戸時代の蒔絵師。加賀蒔絵の祖。加賀藩蒔絵御用
山脇（やまわき）道甫　1822〜1855　江戸後期・末期の医師

東峰　とうほう
田中（たなか）東峰　江戸後期の篆刻家

東峯　とうほう
伊藤（いとう）東峯　1799〜1845　江戸後期の儒者

東鳳　とうほう
藤尾（ふじお）東鳳　江戸後期の書家

桃方　とうほう
桃方　江戸中期の俳人

東房軒　とうぼうけん
東房軒　江戸中期の和算家

等牧　とうぼく
等牧　戦国時代の画家

等木　とうぼく
等木　安土桃山・江戸前期の画家

洞木　どうぼく
洞木　？〜1734　江戸中期の俳諧作者

道朴　どうぼく
西（にし）道朴　1760〜1832　江戸後期の医者

道本　どうほん
道本　1664〜1731　江戸前期・中期の唐僧
大護院（だいごいん）道本　1768〜1857　江戸中期〜末期の江戸大護院の主
山口（やまぐち）道本　安土桃山・江戸前期の医者

東馬　とうま
東馬　江戸中期の雑俳点者
竹内（たけのうち）東馬　？〜1828　江戸後期の庄内藩付家老
箱石（はこいし）東馬　1843〜1894　江戸後期〜明治期の酒造改良教師

当磨　とうま
禱（いのり）当磨　江戸後期の人。実久与人、東古見与人、役勝与人

藤馬　とうま
木村（きむら）藤馬　江戸後期の仙台藩士
柳沢（やなぎさわ）藤馬　江戸末期の新撰組隊士《柳沢騰馬》

騰馬　とうま
柳沢（やなぎさわ）騰馬　江戸末期の新撰組隊士

東丸　とうまる
東丸　1597〜1655　安土桃山時代・江戸前期の里見忠義の正室

道万　どうまん
藤木（ふじき）道万　江戸後期の盗賊

道満　どうまん　⇔みちまろ
今宮（いまみや）道満　？〜1357　南北朝時代の今見右衛門家の初代

道満丸　どうまんまる
上杉（うえすぎ）道満丸　1571〜1579　安土桃山時代の上杉景虎の子

道味　どうみ
道味　安土桃山時代の陶工

問道　とうみち
小野（おのの）問道　平安前期の官人

道密上人　どうみつしょうにん
道密上人　南北朝時代の僧

東民　とうみん
岸本（きしもと）東民　1820〜1872　江戸末期・明治期の村医師

東眠　とうみん
木村（きむら）東眠　1831〜1905　江戸後期〜明治期の医師
中島（なかじま）東眠　江戸後期の医師

東明　とうめい
栗本（くりもと）東明　1853〜1922　江戸末期〜大正期の医学者
漸々軒（ぜんぜんけん）東明　？〜1755　江戸中期の柳井正風美濃派の初代宗匠
長川（ながかわ）東明　1839〜1911　江戸後期〜明治期の漢学者

東溟　とうめい
伊藤（いとう）東溟　1826〜1866　江戸後期・末期の儒者
小栗（おぐり）東溟　江戸後期の漢学者
手塚（てづか）東溟　？〜1810　江戸中期・後期の9代弘前藩主津軽寧親のときの藩医

等明　とうめい
吾楽院（ごらくいん）等明　江戸後期の画人

桐茂　とうも
桐茂　江戸中期の俳人

東默　とうもく
一宙（いっちゅう）東默　1552〜1621　戦国〜江戸

前期の臨済宗の僧

東門 とうもん
松田(まつだ)東門 江戸中期の漢学者
森(もり)東門 ?〜1799 江戸中期・後期の漢学者

東野 とうや
秋月(あきづき)東野 1821〜1900 江戸後期〜明治期の医師
新井(あらい)東野 1751〜1800 江戸後期の豪農
大原(おおはら)東野 1771〜1840 江戸中期・後期の画家
千葉(ちば)東野 江戸後期〜明治期の眼科医

藤弥 とうや ⇔ふじや
水野(みずの)藤弥 1839〜1879 江戸後期〜明治期の中老

道冶 どうや
一無軒(いちむけん)道冶 江戸前期の医者・地誌作者
富山(とみやま)道冶 1584〜1634 安土桃山・江戸前期の仮名草子作者・医者

道瑜 どうゆ
道瑜 1256〜1309 鎌倉後期の天台宗の僧・歌人

東雄 とうゆう ⇔あずまお, はるお
菊地(きくち)東雄 1786〜1872 江戸後期〜明治期の和算学者

道友 どうゆう ⇔みちとも
堀田(ほった)道友 安土桃山時代の織田信長の家臣

道有 どうゆう
安見(やすみ)道有 安土桃山・江戸前期の鋳物師

道祐 どうゆう ⇔みちすけ
道祐 南北朝・室町時代の和泉堺の豪商

道雄 どうゆう ⇔みちお
道雄 ?〜851 平安前期の真言宗の僧
道雄 南北朝時代以前の僧侶・歌人

道融 どうゆう
扇子(おうぎ)道融 1836〜1895 江戸後期〜明治期の僧。教育者

道勇律師 どうゆうりっし
道勇律師 ?〜1319 鎌倉後期の天台宗の僧

豊見親 とぅゆみや ⇔とうゆみや, とうゆめ
金志川(きんすかー)豊見親 戦国時代の宮古島東部の豪族

豊見親 とうゆみや ⇔とぅゆみや, とうゆめ
大浦多志(うぶらたし)豊見親 南北朝時代の宮古島大浦地方の支配者
知利真良(ちりまら)豊見親 戦国時代の人。八重山の頭
目黒盛(めぐろもり)豊見親 南北朝時代の平良地域の支配者
与那覇勢頭(よなはせど)豊見親 室町時代の英雄

豊見親玄雅 とぅゆみやげんが
仲宗根(なかそね)豊見親玄雅 戦国時代の宮古の主長

豊見親 とうゆめ ⇔とぅゆみや, とうゆみや
土原(んたばる)豊見親 戦国時代の多良間島の主長

灯誉 とうよ
灯誉 1472〜1556 戦国時代の浄土宗の僧

等誉 とうよ
等誉 戦国時代の画僧
等誉 1590〜1658 安土桃山・江戸前期の天台宗の僧
長谷川(はせがわ)等誉 ?〜1636 安土桃山・江戸前期の長谷川派の絵師

到誉 とうよ
到誉 江戸中期の浄土宗の僧

道予 どうよ
佐藤(さとう)道予 江戸前期の仙台藩記録所編纂方

道与 どうよ
道与 江戸中期の蒔絵師
伊佐敷(いさしき)道与 江戸前期・中期の眼科医

道誉 どうよ
森下(もりした)道誉 戦国時代の武将

桐葉 とうよう
田島(たじま)桐葉 1771〜1823 江戸中期・後期の俳人

桐陽 とうよう
高橋(たかはし)桐陽 1817〜1886 江戸後期〜明治期の漢学者

東洋 とうよう
沢田(さわだ)東洋 1804〜1847 江戸後期の書家
服部(はっとり)東洋 江戸中期の漢学者
逸見(へんみ)東洋 1846〜1920 江戸後期〜大正期の工芸家

東陽 とうよう
東陽 室町・戦国時代の画家
東陽 江戸中期の俳人
東陽 江戸後期の俳人
高木(たかぎ)東陽 1743〜1790 江戸中期・後期の漢学者
津田(つだ)東陽 1702〜1754 江戸中期の儒者
林(はやし)東陽 1746〜? 江戸後期の儒医
細井(ほそい)東陽 ?〜1852 江戸後期の医者・本草家

桃妖 とうよう
和泉屋(いずみや)桃妖 1676〜1751 江戸前期・中期の俳人
長谷部(はせべ)桃妖 1676〜1752 江戸前期・中期の俳人

道庸 どうよう
梁田(やなだ)道庸 安土桃山・江戸前期の医師

道鏞 どうよう
公音(こうおん)道鏞 1701〜? 江戸中期の曹洞宗の僧

東萊 とうらい
松尾(まつお)東萊 江戸後期の漢学者
渡辺(わたなべ)東萊 江戸後期の和算家

陶楽 とうらく
永見(ながみ)陶楽 1846〜1921 江戸末期〜大正期の備前焼陶工

道楽　どうらく
柴田(しばた)道楽　安土桃山時代の織田信長の家臣
楽(らく)道楽　江戸前期の陶工
桐里　とうり
桐里　江戸中期の俳人
塘里　とうり
塘里　江戸中期の俳人
投李　とうり
投李　1717〜1786　江戸中期の俳人
東里　とうり
東里　江戸中期・後期の川柳作者
東里　江戸後期の俳人
市島(いちしま)東里　江戸末期・明治期の北蒲原郡水原町の富豪
沢田(さわだ)東里　1780〜1821　江戸中期・後期の書家
下河(しもかわ)東里　1746〜1800　江戸中期・後期の漢学者
田中(たなか)東里　1739〜1788　江戸中期・後期の医家
樋口(ひぐち)東里　1722〜1808　江戸中期・後期の漢学者
三浦(みうら)東里　1722〜1799　江戸中期・後期の儒医
東籬　とうり
東籬　江戸後期の商家
桃鯉　とうり
桃鯉　1680〜1758　江戸前期・中期の俳人
藤里　とうり
氷室(ひむろ)藤里　？〜1794　江戸中期・後期の漢詩人
陶里　とうり
陶里　1753〜1817　江戸中期・後期の俳人
棠里　とうり
生駒(いこま)棠里　1828〜1905　江戸末期・明治期の学者
洞里　どうり
小村(こむら)洞里　1820〜1891　江戸後期〜明治期の画家
道陸　どうりく
渋江(しぶえ)道陸　1764〜1837　江戸中期・後期の医者
東竜　とうりゅう
高坂(こうさか)東竜　1801〜1878　江戸末期・明治期の医師、画家
千葉(ちば)東竜　1794〜1863　江戸後期・末期の俳人・郷土史家
棟隆　とうりゅう
平井(ひらい)棟隆　？〜1820　江戸中期・後期の卜占家
洞流　とうりゅう　⇔どうりゅう
逆水(ぎゃくすい)洞流　1684〜1766　江戸前期・中期の曹洞宗の僧
洞流　どうりゅう　⇔とうりゅう
竜拈寺(りゅうねんじ)洞流　？〜1871　江戸後期〜明治期の歌僧
道立　どうりゅう
原田(はらだ)道立　江戸後期の大坂の心学者
道隆　どうりゅう
三上(みかみ)道隆　江戸時代の鍼医
道竜　どうりゅう
道竜　江戸後期の天台宗の僧
道竜　1822〜1907　江戸後期〜明治期の浄土真宗の僧
東陵　とうりょう
永井(ながい)東陵　1822〜1910　江戸後期〜明治期の私学教育の先覚者
藤陵　とうりょう
日高(ひだか)藤陵　江戸末期・明治期の栃木町の儒学者、筆子塾
道良　どうりょう
馬(ば)道良　？〜1801　江戸中期・後期の画家
東林　とうりん
東林　1786〜1841　江戸中期・後期の漢詩人
東隣　とうりん
菊本(きくもと)東隣　1830〜1909　江戸後期〜明治期の僧
桃隣　とうりん
桃隣〔5代〕　1779〜1821　江戸中期・後期の俳人
加藤(かとう)桃隣　1773〜1806　江戸中期・後期の俳人
切部(きりべ)桃隣　1696〜1777　江戸中期の俳人
村田(むらた)桃隣　1734〜1801　江戸中期・後期の俳人
等林　とうりん
長谷川(はせがわ)等林　江戸前期の画家
董琳　とうりん
阿部(あべ)董琳　江戸後期の画家
洞琳　どうりん
狩野(かのう)洞琳　1679〜1754　江戸前期・中期の画家
童麟　どうりん
石天(せきてん)童麟　？〜1825　江戸中期・後期の曹洞宗の僧
道林　どうりん
神林(かんばやし)道林　？〜1582　安土桃山時代の武士
道輪　どうりん
道輪　平安前期の僧侶
冬嶺　とうれい
村上(むらかみ)冬嶺　1624〜1705　江戸前期の儒医
東嶺　とうれい
東嶺　1721〜1792　江戸中期の僧
佐藤(さとう)東嶺　？〜1853　江戸後期の画工
関口(せきぐち)東嶺　？〜1782　江戸中期の藩士・歌人
桃路　とうろ
桃路　江戸中期の俳人

藤六 とうろく
青山（あおやま）藤六 安土桃山時代の織田信長の家臣
岡谷（おかや）藤六 戦国時代の駿河国稲葉郷の土豪
興津（おきつ）藤六 ？～1618 江戸前期の武田氏の家臣
奥津（おくつ）藤六 戦国時代の武将。武田家臣
佐野（さの）藤六 戦国時代の甲斐国巨摩郡薬袋の土豪
永嶋（ながしま）藤六 戦国時代の北条氏の家臣
細田（ほそだ）藤六 戦国・安土桃山時代の木曽氏の家臣
両角（もろずみ）藤六 戦国時代の信濃国諏訪郡の土豪

藤六郎 とうろくろう
長島（ながしま）藤六郎 1840～1921 江戸末期～大正期の地方官
八十内（やそうち）藤六郎 戦国時代の千葉胤富の家臣

灯篭竹 とうろだけ
灯篭竹 ？～1767 江戸中期の加賀藩士多羅尾氏の家臣

東倭 とうわ
丸橋（まるはし）東倭 1782～1869 江戸後期～明治期の和算家

道和 どうわ
平山（ひらやま）道和 1812～1898 江戸後期～明治期の医師

吐雲 とうん
吐雲 1740～1813 江戸中期・後期の俳諧作者

戸右衛門 とえもん ⇔こえもん, とうえもん
野田（のだ）戸右衛門 江戸後期の韮山代官江川氏の手代
柳田（やなぎだ）戸右衛門 江戸後期の淘綾郡国府本郷村民

斗遠 とえん
亀齢軒（きれいけん）斗遠 1778～？ 江戸中期・後期の華道家

遠明 とおあき ⇔とおあきら
大春日（おおかすがの）遠明 平安中期の官人

遠明 とおあきら ⇔とおあき
藤原（ふじわらの）遠明 1095～1169 平安後期の官人

融明 とおあきら
岡野（おかの）融明 江戸後期の幕臣

遠量 とおかず
藤原（ふじわらの）遠量 平安中期の官人

遠兼 とおかね
大江（おおえの）遠兼 平安中期の官人

遠包 とおかね
知久（ちく）遠包 戦国時代の信濃国伊那郡神之峯城主知久氏の一族

遠清 とおきよ
十市（といち）遠清 ？～1495 戦国時代の武将

遠貞 とおさだ
合田（あいだ）遠貞 鎌倉後期の武士
藤原（ふじわらの）遠貞 平安後期の官人
三善（みよしの）遠貞 平安後期の官人

遠実 とおざね
高階（たかしなの）遠実 平安後期の官人
中原（なかはら）遠実 南北朝時代以前の連歌作者

延栄 とおしげ
日野西（ひのにし）延栄 1827～1861 江戸後期・末期の公家

遠重 とおしげ
知久（ちく）遠重 戦国時代の信濃国伊那郡神之峯城主知久氏の一族

遠忠 とおただ
中臣（なかとみ）遠忠 1142～1223 平安後期・鎌倉前期の神職

遠近 とおちか ⇔とうちか
遠近 平安中期の刀工《遠近》

遠継 とおつぐ
卜部（うらべの）遠継 平安前期の下級官人

遠綱 とおつな
山鹿（やまが）遠綱 鎌倉前期の遠田郡地頭

遠江 とおとうみ
日下部（くさかべ）遠江 江戸末期の新撰組隊士
矢部（やべ）遠江 戦国時代の伊豆下田の小代官

遠江守長守 とおとうみのかみながもり
丹羽（にわ）遠江守長守 1643～1726 江戸前期・中期の31代長崎奉行

遠江守明啓 とおとうみのかみみつよし
大屋（おおや）遠江守明啓 ？～1850 江戸後期の102代長崎奉行

遠仲 とおなか
高階（たかしなの）遠仲 平安後期の官人
源（みなもとの）遠仲 平安後期の官人

遠業 とおなり
大江（おおえの）遠業 ？～1179 平安後期の後白河院の北面

遠成 とおなり
安倍（あべの）遠成 平安後期の官人
大江（おおえ）遠成 ？～1179 平安後期の検非違使

遠規 とおのり
藤原（ふじわらの）遠規 ？～953 平安中期の官人。南家右大臣三守の玄孫、少納言治方の子

遠範 とおのり
秦（はた）遠範 平安前期の神職。筥崎宮初代大宮司

十八 とおはち
逆瀬川（さかせがわ）十八 江戸後期の製塩指導者

遠晴 とおはる
大春日（おおかすがの）遠晴 平安中期の官人

遠久 とおひさ
賀茂（かも）遠久 ？～1309 鎌倉後期の神職・歌人

寛故 とおひさ
織田（おだ）寛故 ？～1550 戦国時代の藤左衛門尉・兵部大輔

遠衡　とおひら
三善(みよし)遠衡　鎌倉後期の官人・歌人
遠平　とおひら
小早川(こばやかわ)遠平　?～1237　鎌倉前期の武士
平(たいらの)遠平　平安後期・鎌倉前期の武士
寛広　とおひろ
織田(おだ)寛広　戦国時代の織田伊勢守家当主
遠房　とおふさ
橘(たちばな)遠房　室町時代の武家・歌人
遠藤　とおふじ
中原(なかはら)遠藤　南北朝時代以前の連歌作者
藤原(ふじわら)遠藤　南北朝時代の連歌作者
遠古　とおふる
源(みなもとの)遠古　平安中期の官人
遠政　とおまさ
天野(あまの)遠政　南北朝時代の能登守護吉見氏に属した武将
楢原(ならはら)遠政　1518～1583　安土桃山時代の織田信長の家臣《楢原右衛門尉》
遠理　とおまさ
藤原(ふじわらの)遠理　平安中期の篳篥の名手
源(みなもとの)遠理　平安中期の官人。のち出家
遠瞻　とおみ
在原(ありはらの)遠瞻　?～887　平安前期の官人
遠光　とおみつ
足立(あだち)遠光　鎌倉時代の武士
藤原(ふじわらの)遠光　?～1017　平安中期の官人
遠村　とおむら
矢野(やの)遠村　南北朝時代の武家・歌人
遠望　とおもち
尾張(おわりの)遠望　平安中期の官人
遠康　とおやす
中原(なかはら)遠康　南北朝時代以前の連歌作者
遠保　とおやす
橘(たちばなの)遠保　?～944　平安中期の官吏
遠賀　とおよし
清原(きよはらの)遠賀　平安前期の官人
亨　とおる　⇔きょう
笠間(かさま)亨　1768～1808　江戸中期・後期の加賀大聖寺藩士
吉井(よしい)亨　1837～1917　江戸末期～大正期の外国人居留地掛
享　とおる
白井(しらい)享　1783～?　江戸中期・後期の剣客
渡辺(わたなべ)享　1847～1899　江戸末期の書家
泰　とおる　⇔たい, やすし
橘(たちばな)泰　江戸後期の国学者・書肆
達　とおる　⇔たつ
小野(おの)達　1767～1832　江戸末期の詩人《小野招月》
通　とおる　⇔かよう
幡(はたの)通　飛鳥時代の官人。遣新羅大使

と

徹　とおる
都沢(みやこざわ)徹　1785～1858　江戸中期～末期の藩士・漢学者
渡辺(わたなべ)徹　1841～1913　江戸後期～大正期の酒造功労者
融　とおる
中西(なかにし)融　江戸後期の藩士
登嘉　とか
積清(せききよ)登嘉　1837～1877　江戸後期～明治期の黒砂糖自由売買嘆願の陳情団の一人
兎角之助　とかくのすけ
石上(いしがみ)兎角之助　戦国時代の武士《石上菟角之助》
菟角之助　とかくのすけ
石上(いしがみ)菟角之助　戦国時代の武士
土可通　どかつ
小川(おがわ)土可通　1816～1897　江戸後期～明治期の阿波浄瑠璃の太夫
敏鎌　とがま
北原(きたはら)敏鎌　江戸後期の国学者
都丸　とがん
都丸　1779～1857　江戸中期～末期の俳人
時顕　ときあき
北条(ほうじょう)時顕　鎌倉後期の武士
時章　ときあき
荻原(おぎわら)時章　江戸中期の和算家
萩原(はぎわら)時章　江戸前期の和算家
山田(やまだ)時章　江戸末期の書家
時明　ときあきら
源(みなもとの)時明　平安中期の官吏、歌人
時敦　ときあつ
北条(ほうじょう)時敦　1281～1320　鎌倉後期の武将・歌人
時有　ときあり
大中臣(おおなかとみ)時有　?～1423　南北朝・室町時代の神職
名越(なごえ)時有　?～1333　鎌倉後期の越中守護
北条(ほうじょう)時有　鎌倉時代の武士
北条(ほうじょう)時有　鎌倉後期の武将・歌人
北条(ほうじょう)時有　?～1333　鎌倉後期の武士
時家　ときいえ
市来(いちき)時家　鎌倉後期・南北朝時代の市来院領主
金子(かねこ)時家　鎌倉時代の武士
千竈(ちかま)時家　南北朝時代の武将
北条(ほうじょう)時家　平安後期の武士
北条(ほうじょう)時家　鎌倉時代の武士
北条(ほうじょう)時家　鎌倉後期の武士
説家　ときいえ
橘(たちばなの)説家　平安後期の官人
時氏　ときうじ
伊東(いとう)時氏　?～1468　室町・戦国時代の伊豆伊東郷の国人領主
下条(しもじょう)時氏　戦国時代の信濃国鈴岡小笠原氏の家臣

時枝　ときえだ
布施（ふせの）時枝　平安中期の山城国紀伊郡司
時雄　ときお　⇔ときかつ
伊丹（いたみ）時雄　江戸後期の金工家
岡田（おかだ）時雄　江戸後期の金工家
時香　ときか
北条（ほうじょう）時香　鎌倉後期の武士
北条（ほうじょう）時香　?～1333　鎌倉後期の武将・歌人
節香　ときか
六人部（むとべ）節香　?～1845　江戸末期の歌人・医家
時影　ときかげ
遠藤（えんどう）時影　1834～1888　江戸後期～明治期の弓道家、仙台藩射芸指南役
時景　ときかげ
安達（あだち）時景　?～1285　鎌倉前期・後期の武将、歌人
一万田（いちまんだ）時景　鎌倉時代の地頭
北条（ほうじょう）時景　鎌倉時代の武士
北条（ほうじょう）時景　1206～1243　鎌倉前期の武士
時一　ときかず
小池（こいけ）時一　江戸後期の鶴岡八幡宮の神楽方職掌
時員　ときかず
南条（なんじょう）時員　鎌倉前期の武士
野本（のもと）時員　鎌倉前期の武蔵武士
比企（ひき）時員　?～1203　鎌倉前期の武士
北条（ほうじょう）時員　鎌倉時代の武士
北条（ほうじょう）時員　鎌倉後期の武士
時数　ときかず
漢部（あやべの）時数　平安中期の官人
時和　ときかず
平（たいら）時和　江戸中期の神道家
時風　ときかぜ　⇔じふう
時風　1738～1796　江戸中期・後期の俳人
時賢　ときかた
北条（ほうじょう）時賢　鎌倉時代の武士
北条（ほうじょう）時賢　?～1333　鎌倉後期の武士
時方　ときかた
紀（きの）時方　平安後期の人。寿永2年大和国添上郡の田二段を売却
北条（ほうじょう）時方　平安後期の武士
北条（ほうじょう）時方　鎌倉後期の武士
源（みなもとの）時方　平安中期の官人
時雄　ときかつ　⇔ときお
北条（ほうじょう）時雄　鎌倉後期の武士
節克　ときかつ
六人部（むとべ）節克　1699～1769　江戸中期の向日神社の神官
縄葛　ときかづ
藤本（ふじもと）縄葛　1815～1890　江戸後期～明治期の蚕種業功労者
時廉　ときかど
豊原（とよはらの）時廉　1072～1117　平安後期の楽人
時兼　ときかね
岩松（いわまつ）時兼　鎌倉時代の武将
名越（なごえ）時兼　?～1335　鎌倉後期・南北朝時代の武将
北条（ほうじょう）時兼　平安後期の武士
北条（ほうじょう）時兼　?～1252　鎌倉前期・後期の武士
北条（ほうじょう）時兼　鎌倉後期の武士
北条（ほうじょう）時兼　1266～1296　鎌倉後期の評定衆
北条（ほうじょう）時兼　?～1335　鎌倉後期・南北朝時代の武士
時包　ときかね
細田（ほそだ）時包　?～1668　江戸前期の代官
説兼　ときかね
橘（たちばなの）説兼　平安後期の官人
十寸吉　とききち
海路（うみじ）十寸吉　1822～1865　江戸後期・末期の土佐勤王党員
時清　とききよ
北条（ほうじょう）時清　鎌倉後期の武士
山名（やまな）時清　室町時代の武士
時国　ときくに
漆間（うるまの）時国　?～1141　平安後期の法然房源空の父
紀（きの）時国　平安中期の官人
児玉（こだま）時国　鎌倉後期の豪族
平（たいらの）時国　?～1221　平安後期・鎌倉前期の武士
藤井（ふじいの）時国　平安後期の官人
北条（ほうじょう）時国　鎌倉後期の武士
時邦　ときくに
北条（ほうじょう）時邦　鎌倉後期の武将・歌人
時子　ときこ
島津（しまづ）時子　1824～1904　江戸後期～明治期の女性。花岡島津家6代久誠の室。一向宗徒
平（たいらの）時子　?～1196　平安後期・鎌倉前期の女性。北条（平）時政の娘。尼将軍政子の妹
説子　ときこ
藤原（ふじわらの）説子　1139～1175　平安後期の女性。二条天皇の内侍
時子姫　ときこひめ
時子姫　1824～1904　江戸後期～明治期の女性。花岡島津家6代久誠の室。一向宗徒《島津時子》
時五郎　ときごろう
大関（おおぜき）時五郎　1854～1908　江戸末期・明治期の花巻地域における自由民権運動の活動家
時貞　ときさだ
瀬名（せな）時貞　戦国時代の武士
北条（ほうじょう）時貞　鎌倉時代の武士
説貞　ときさだ
藤原（ふじわらの）説貞　平安中期の官人

時郡　ときさと
北条（ほうじょう）時郡　鎌倉後期の武士
時実　ときざね
中原（なかはら）時実　鎌倉後期の歌人
北条（ほうじょう）時実　1212～1227　鎌倉前期の武士
時真　ときざね
豊原（とよはらの）時真　平安後期の官人
豊原（とよはらの）時真　平安後期の官人、検非違使
辰真　ときざね
土橋（つちはし）辰真　江戸中期の浅野川架橋工事などに従事
時沢　ときさわ
出雲（いずもの）時沢　平安後期の下級官人
時重　ときしげ
安達（あだち）時重　南北朝時代の立矢沢城主
漆（うるま）時重　鎌倉後期の美作国の武士
惟宗（これむねの）時重　平安後期の官人
藤原（ふじわら）時重　平安時代の上総守
時成　ときしげ　⇔ときなり
小野（おの）時成　？～1221　鎌倉前期の武人
浜名（はまな）時成　戦国時代の武士。北条氏家臣
和気（わけの）時成　1159～1219　平安後期・鎌倉前期の医師
時茂　ときしげ　⇔ときもち
江馬（えま）時茂　戦国時代の引間城主飯尾氏の家臣
正木（まさき）時茂　？～1561　戦国・安土桃山時代の里見氏の重臣。安房国衙奉行
時十郎　ときじゅうろう
岩崎（いわさき）時十郎　江戸末期の武士、勘定公事方
時末　ときすえ
葛木（かつらぎの）時末　平安後期の開発領主
時助　ときすけ　⇔じじょ
曽我（そが）時助　鎌倉後期の連歌作者
時相　ときすけ
北条（ほうじょう）時相　鎌倉時代の武士
時輔　ときすけ
平（たいらの）時輔　平安後期の飛驒守
時亮　ときすけ
宮城（みやぎ）時亮　1835～1893　江戸後期～明治期の官吏
時澄　ときずみ
北条（ほうじょう）時澄　鎌倉後期の武士
時喬　ときたか
小林（こばやし）時喬　？～1655　江戸前期の幕臣
時孝　ときたか
大伴（おおとも）時孝　？～1612　安土桃山・江戸前期の神職。鶴岡八幡宮神主職
鷲田（わしだ）時孝　1776～1833　江戸中期・後期の金工家
時高　ときたか
紀（きの）時高　平安中期の相撲人
北条（ほうじょう）時高　鎌倉時代の武士
時隆　ときたか
北条（ほうじょう）時隆　鎌倉時代の武士
時雄　ときたか
北条（ほうじょう）時雄　鎌倉後期の武士
説孝　ときたか
藤原（ふじわらの）説孝　947～？　平安中期の官人
時武　ときたけ
清原（きよはらの）時武　平安中期の相撲人
清原（きよはらの）時武　平安後期の官人
時湛　ときただ
由良（ゆら）時湛　1767～1830　江戸後期の丹波亀山藩士
時忠　ときただ
紀（きの）時忠　平安中期の藤原実資家の雑色所の長
染屋（そめや）時忠　飛鳥時代の土豪か
豊原（とよはらの）時忠　1054～1117　平安後期の楽人
藤原（ふじわらの）時忠　？～1119　平安後期の官人
時胤　ときたね
大和田（おおわだ）時胤　1653～？　江戸前期・中期の藩士
小比賀（こひが）時胤　江戸後期の本草家・和算家
千葉（ちば）時胤　1218～1241　鎌倉前期の武士
千葉（ちば）時胤　？～1590　戦国・安土桃山時代の橘城城主
時足　ときたり
県犬養（あがたのいぬかいの）時足　奈良時代の官人
時太郎　ときたろう
岡田（おかだ）時太郎　1859～1926　江戸末期～大正期の建築家
山形（やまがた）時太郎　1846～？　江戸後期・末期の新撰組隊士
錤太郎　ときたろう
松本（まつもと）錤太郎　1835～1877　江戸後期～明治期の宇都宮藩士。坂下門外の変に関係
載周　ときちか
武田（たけだ）載周　1789～1869　江戸後期～明治期の郷土史家
時親　ときちか
安倍（あべの）時親　954？～1027　平安中期の陰陽博士
大岡（おおおか）時親　鎌倉前期の武士
大仏（おさらぎ）時親　鎌倉時代の武将・歌人
小島（こじま）時親　戦国時代の吉城郡小島郷の杉崎城主
隅田（すだ）時親　1295～1333　鎌倉後期の武将
藤原（ふじわら）時親　鎌倉時代の歌人
北条（ほうじょう）時親　鎌倉時代の武士
北条（ほうじょう）時親　？～1273　鎌倉前期・後期の武士
時睦　ときちか
大塚（おおつか）時睦　1695～1780　江戸中期の代官
松平（まつだいら）時睦　1696～1750　江戸中期の三日市藩藩祖

時鄰　ときちか
豊(ぶんの)時鄰　1836〜1909　江戸後期〜明治期の雅楽家
時継　ときつぐ
紀(きの)時継　平安中期の官人
時嗣　ときつぐ
北条(ほじょう)時嗣　鎌倉後期の武士
時次　ときつぐ
太田(おおた)時次　江戸前期の鋳物師
時綱　ときつな
赤堀(あかぼり)時綱　?〜1456　室町時代の上野国衆
朝山(あさやま)時綱　?〜1335　鎌倉後期の出雲国衙在庁官人、出雲国在国司、朝山郷地頭
塩冶(えんや)時綱　南北朝時代の武士、室町幕府奉公衆
小田(おだ)時綱　南北朝時代の武将・連歌作者
紀(きの)時綱　鎌倉時代の薩摩国伊集院土橋18町の名主
四方田(しほうでん)時綱　?〜1272　鎌倉前期・後期の武士
長崎(ながさき)時綱　鎌倉時代の武士
南条(なんじょう)時綱　?〜1341　鎌倉後期〜室町時代の駿河国富士郡上野郷の武士
尾藤(びとう)時綱　鎌倉後期の武士
北条(ほうじょう)時綱　平安後期の武士
北条(ほうじょう)時綱　鎌倉後期の武士
北条(ほうじょう)時綱　鎌倉後期の武将・歌人
正木(まさき)時綱　?〜1533　戦国時代の武将
源(みなもとの)時綱　平安中期・後期の官吏、漢詩人
時経　ときつね
大中臣(おおなかとみの)時経　?〜1104　平安後期の春日神主
平(たいら)時経　?〜1379　南北朝時代の公家・歌人
高橋(たかはしの)時経　平安後期の官人
丹治(たじひの)時経　平安後期・鎌倉前期の武士
藤原(ふじわらの)時経　?〜1076　平安後期の官人
北条(ほうじょう)時経　鎌倉時代の武士
三浦(みうら)時経　南北朝時代の武士
時常　ときつね
岡田(おかだ)時常　1459?〜1530　室町・戦国時代の川村城主
千葉(ちば)時常　?〜1247　鎌倉前期の武将
時庸　ときつね　⇔ときもち
中山(なかやま)時庸　1708〜1762　江戸中期の幕臣
怡顔　ときつら
南部(なんぶ)怡顔　1751〜1817　江戸中期・後期の藩士
春英　ときてる　⇔しゅんえい
馬島(ましま)春英　1771〜?　江戸中期の幕臣
時任　ときとう
紀(きの)時任　?〜1000　平安中期の相撲人
播磨(はりまの)時任　平安後期の官人
時遠　ときとお
北条(ほうじょう)時遠　鎌倉時代の武士
北条(ほうじょう)時遠　鎌倉後期の武将・歌人
時俊　ときとし
大中臣(おおなかとみ)時俊　1312〜?　鎌倉後期・南北朝時代の神職
惟宗(これむね)時俊　鎌倉後期の医者・歌人
北条(ほうじょう)時俊　鎌倉時代の武士
北条(ほうじょう)時俊　鎌倉後期の武士
北条(ほうじょう)時俊　?〜1334　鎌倉後期・南北朝時代の武士
源(みなもとの)時俊　平安後期の官人
時敏　ときとし
太田(おおた)時敏　1838〜1915　江戸末期〜大正期の南部家家令
黒谷(くろだに)時敏　1823〜1887　江戸後期〜明治期の郷土史家
西野(にしの)時敏　1768〜1849　江戸中期・後期の藩士、歌人
北条(ほうじょう)時敏　鎌倉後期の武士
細田(ほそだ)時敏　1711〜1759　江戸中期の幕臣
横井(よこい)時敏　1710〜1761　江戸中期の藩士
時利　ときとし
北条(ほうじょう)時利　鎌倉後期の武士
時富　ときとみ
細田(ほそだ)時富　1756〜1829　江戸中期・後期の幕臣
時知　ときとも
北条(ほうじょう)時知　鎌倉後期の武士
時朝　ときとも　⇔じちょう
笠間(かさま)時朝　1204〜1265　鎌倉前期・後期の笠間領主
北条(ほうじょう)時朝　鎌倉後期の武士
源(みなもと)時朝　南北朝時代の歌人
横井(よこい)時朝　?〜1603　安土桃山時代の武士
時友　ときとも
竹井(たけい)時友　戦国時代の部将
北条(ほうじょう)時友　鎌倉後期の武士
物部(もののべの)時友　平安後期の大工
時豊　ときとよ
下村(しもむら)時豊　室町時代の武士。種子島清時の家臣
時名　ときな
北条(ほうじょう)時名　鎌倉後期の武士
時直　ときなお
伴野(ともの)時直　鎌倉後期の伴野城城主
北条(ほうじょう)時直　鎌倉時代の武将・歌人
北条(ほうじょう)時直　鎌倉後期の武士
北条(ほうじょう)時直　1285〜1327　鎌倉後期の武士
松村(まつむら)時直　?〜1646　江戸前期の代官
時中　ときなか
小池(こいけ)時中　江戸後期の鎌倉鶴岡八幡宮の神楽小頭
俣野(またの)時中　1857〜1912　江戸末期・明治期の教育者

時仲　ときなか
小野沢（おのざわ）時仲　鎌倉時代の武士
北条（ほうじょう）時仲　鎌倉時代の武士
北条（ほうじょう）時仲　鎌倉後期の武将・歌人
北条（ほうじょう）時仲　鎌倉後期の武士
講修　ときなが
江沢（えざわ）講修　1781～1860　江戸中期～末期の国学者
時永　ときなが
大江（おおえの）時永　平安後期の官人
横井（よこい）時永　？～1519　戦国時代の人。赤目横井家の初代
時長　ときなが
小山（おやま）時長　1246～1276　鎌倉前期・後期の武将。下野守護
菅原（すがわら）時長　南北朝時代の公家・歌人
関（せき）時長　戦国時代の北条氏の家臣
伴野（ともの）時長　鎌倉前期の御家人。伴野荘地頭伴野氏の祖
北条（ほうじょう）時長　鎌倉時代の武士
北条（ほうじょう）時長　？～1252　鎌倉前期・後期の武士
本庄（ほんじょう）時長　？～1509　戦国時代の越後国小泉荘の国人
松村（まつむら）時長　？～1683　江戸前期の代官
和気（わけの）時長　平安後期・鎌倉前期の医師
時驕　ときなが
鳥山（とりやま）時驕　江戸中期の藩士
説長　ときなが
藤原（ふじわらの）説長　？～1112　平安後期の官人。後二条師通家の家司
辰長　ときなが
滋岡（しげおか）辰長　？～1759　江戸中期の神職
村上（むらかみ）辰長　江戸後期の和算家
時夏　ときなつ
名越（なごえ）時夏　鎌倉後期の武将・歌人
時業　ときなり
山内（やまのうち）時業　鎌倉時代の御家人
時就　ときなり
大中臣（おおなかとみ）時就　？～1527　戦国時代の神職・連歌作者
時成　ときなり　⇔ときしげ
鎰是（かぎぜ）時成　戦国時代の駿河国富士大宮社人
紀（きの）時成　平安中期の官人
鎖是（さぜ）時成　安土桃山時代の大宮浅間神社の社人
藤原（ふじわら）時成　平安後期の武士
北条（ほうじょう）時成　鎌倉時代の武士
北条（ほうじょう）時成　鎌倉後期の武士
豊（ゆたか）時成　江戸中期の戯作者
横井（よこい）時成　1702～1778　江戸中期の犬山町奉行、同心肝煎
若井（わかい）時成　江戸後期の戯作者
言信　ときのぶ　⇔げんしん
山口（やまぐち）言信　江戸後期の和算家《山口言信》
時延　ときのぶ
蔵原（くらはらの）時延　平安中期の肥後守高階成章の郎等
時言　ときのぶ
伊庭（いば）時言　1795～1854　江戸後期の国学者
時信　ときのぶ
大伴（おおとも）時信　？～1540　戦国時代の鶴岡八幡宮の神主
武田（たけだ）時信　？～1321　鎌倉後期の武川衆の祖
北条（ほうじょう）時信　鎌倉後期の武士
村上（むらかみ）時信　戦国時代の人。三繋を製作
横井（よこい）時信　江戸中期・後期の和算家、幕臣
節延　ときのぶ
紀（きの）節延　平安中期の官人
節信　ときのぶ　⇔としのぶ
藤原（ふじわらの）節信　平安中期の官吏
時矩　ときのり
細田（ほそだ）時矩　1657～1717　江戸前期・中期の代官
時升　ときのり
平松（ひらまつ）時升　1740～1757　江戸中期の公家
時徳　ときのり
細田（ほそだ）時徳　？～1707　江戸中期の代官
時範　ときのり
安倍（あべの）時範　平安中期の官人
猪俣（いのまた）時範　平安後期の武士。横山義孝の弟時資の子
時逸　ときはや
横井（よこい）時逸　1853～1917　江戸末期～大正期の歌人
言春　ときはる
小槻（おづき）言春　鎌倉後期の官人
時治　ときはる
北条（ほうじょう）時治　鎌倉時代の武士
北条（ほうじょう）時治　鎌倉後期の武士
北条（ほうじょう）時治　？～1333　鎌倉後期の武士
時春　ときはる　⇔じしゅん
中山（なかやま）時春　1652～1741　江戸前期・中期の幕臣
北条（ほうじょう）時春　鎌倉後期の武将・歌人
時彦　ときひこ
峯村（みねむら）時彦　1812～1890　江戸後期～明治期の俳人
晨彦　ときひこ
松木（まつき）晨彦　？～1567　戦国・安土桃山時代の神職
時久　ときひさ
時久　戦国時代の甲冑師。相模で活動
刑部（おさかべの）時久　平安中期の官人
交野（かたの）時久　1647～1670　江戸前期の公家
新納（にいろ）時久　南北朝時代の武将
北条（ほうじょう）時久　鎌倉時代の武士
北条（ほうじょう）時久　鎌倉後期の武士

横井(よこい)時久　1570〜1643　安土桃山・江戸前期の藩士

時尚　ときひさ

北条(ほうじょう)時尚　鎌倉時代の武士

時英　ときひで

岡野(おかの)時英　江戸後期の書院番
北条(ほうじょう)時英　?〜1333　鎌倉後期の武士
横井(よこい)時英　1637〜1716　江戸前期・中期の藩士、俳人

時秀　ときひで

赤堀(あかぼり)時秀　南北朝時代の武将
河村(かわむら)時秀　江戸中期の「瑞竜院源正公御行状略」の著者
鞍智(くらち)時秀　南北朝時代の武将・連歌作者
北条(ほうじょう)時秀　鎌倉時代の武士
北条(ほうじょう)時秀　鎌倉後期の武士
源(みなもと)時秀　鎌倉時代の武将・歌人

時衡　ときひら

横井(よこい)時衡　?〜1729　江戸中期の用人、大番頭

言弘　ときひろ

清原(きよはらの)言弘　平安後期の官人

時広　ときひろ

平松(ひらまつ)時広　1650〜1667　江戸前期の公家
北条(ほうじょう)時広　1222〜1275　鎌倉前期・後期の武将、歌人
矢島(やじま)時広　戦国・安土桃山時代の信濃国諏訪郡の社家衆

時熙　ときひろ

姉小路(あねがこうじ)時熙　戦国時代の飛驒国司家の姉小路時秀の子

時芳　ときふさ

原(はら)時芳　江戸中期の神職

時房　ときふさ

藤沼(ふじぬま)時房　1711〜1777　江戸中期の幕臣
細田(ほそだ)時房　?〜1684　江戸前期の幕臣、代官

説房　ときふさ

上杉(うえすぎ)説房　南北朝時代の武将・歌人

時藤　ときふじ

浦本(うらもと)時藤　江戸末期の従者。1864年遣仏使節に随行しフランスに渡る
二階堂(にかいどう)時藤　鎌倉後期の武家・歌人
北条(ほうじょう)時藤　鎌倉時代の武士
北条(ほうじょう)時藤　鎌倉後期の武将・歌人
北条(ほうじょう)時藤　鎌倉後期の武士

時文　ときふみ

横井(よこい)時文　江戸中期の藩士

時雨　ときふる

藤原(ふじわら)時雨　平安中期の公家・歌人

言政　ときまさ

向坂(さきさか)言政　1710〜1764　江戸中期の幕臣

時昌　ときまさ

大中臣(おおなかとみ)時昌　1587〜?　安土桃山・江戸前期の神職
藤原(ふじわら)時昌　平安後期の公家・歌人

時政　ときまさ

多治(たじひの)時政　平安中期の官人
宮(みや)時政　安土桃山時代の武将

時正　ときまさ

凡(おおしの)時正　平安中期の相撲人
大原(おおはらの)時正　平安中期の官人
神服(かんはとりの)時正　平安中期の官人
肥田(ひた)時正　1551〜1623　戦国〜江戸前期の代官
藤原(ふじわら)時正　平安後期の公家・歌人

時誠　ときまさ

佐野(さの)時誠　江戸末期の年寄

節麻呂　ときまろ

安倍(あべの)節麻呂　平安前期の官人

時見　ときみ

名越(なごえ)時見　鎌倉後期の武家・歌人
北条(ほうじょう)時見　鎌倉後期の武士

時躬　ときみ

北条(ほうじょう)時躬　鎌倉後期の武士

時通　ときみち

平(たいらの)時通　平安中期の官人
角鹿(つぬが)時通　平安中期の官人
北条(ほうじょう)時通　鎌倉時代の武士
北条(ほうじょう)時通　鎌倉後期の武士
源(みなもとの)時通　平安中期の官人

時光　ときみつ

豊原(とよはらの)時光　平安中期の雅楽家
藤原(ふじわらの)時光　平安後期の官人。中山中納言顕時の子
北条(ほうじょう)時光　鎌倉時代の武士
北条(ほうじょう)時光　鎌倉後期の武士

時宗　ときむね

平(たいら)時宗　平安後期の平時忠の子

時宗王　ときむねおう

時宗王　?〜858　平安前期の皇族

時最　ときも

北条(ほうじょう)時最　鎌倉後期の武士

時持　ときもち

飛鳥戸(あすかべの)時持　平安中期の官人

時茂　ときもち　⇔ときしげ

城(じょう)時茂　玉虫時茂に同じ
玉虫(たまむし)時茂　江戸前期の幕臣
北条(ほうじょう)時茂　鎌倉後期の武士

時庸　ときもち　⇔ときつね

清水(しみず)時庸　1712〜1772　江戸中期の幕臣
横井(よこい)時庸　1662〜1708　江戸前期・中期の藩士

時用　ときもち

赤染(あかぞめの)時用　平安中期の人
大和(おおやまとの)時用　平安中期の官人

時幹　ときもと
畑田(かまた)時幹　室町時代の武将

時基　ときもと
姉小路(あねがこうじ)時基　戦国時代の飛騨国司家の姉小路済尭の子
大河原(おおがわら)時基　鎌倉前期の鎌倉幕府御家人。武蔵七党の1つ丹党・中村氏の一族
大河原(おおがわら)時基　鎌倉後期の武士
紀(きの)時基　平安後期の官人
種子島(たねがしま)時基　南北朝時代の武将

時元　ときもと
小槻(おづき)時元　1471〜1520　戦国時代の公家
中原(なかはらの)時元　平安後期の地下歌人
北条(ほうじょう)時元　鎌倉時代の武士
北条(ほうじょう)時元　?〜1325　鎌倉後期の武士
北条(ほうじょう)時元　?〜1333　鎌倉後期の武将・歌人

時守　ときもり
北条(ほうじょう)時守　鎌倉後期の武士

時盛　ときもり
江馬(えま)時盛　?〜1573　戦国・安土桃山時代の飛騨国衆
大中臣(おおなかとみの)時盛　平安後期の春日社司
北条(ほうじょう)時盛　鎌倉時代の武士
正木(まさき)時盛　戦国時代の金谷城主

時哉　ときや　⇔じさい
村野(むらの)時哉　江戸時代の高山植物愛好家、愛書家

時安　ときやす
松村(まつむら)時安　?〜1614　江戸前期の代官
横井(よこい)時安　?〜1647　江戸前期の藩士

時泰　ときやす
横井(よこい)時泰　?〜1607　安土桃山時代の織田信長の家臣

斗及　ときゅう
松川(まつかわ)斗及　1777〜1849　江戸中期・後期の俳人

都牛　とぎゅう
高橋(たかはし)都牛　1706〜1749　江戸中期の俳人

時行　ときゆき
柿本(かきのもとの)時行　平安後期の官人
松枝(まつえだ)時行　1721〜1800　江戸中期・後期の申楽家

時如　ときゆき
北条(ほうじょう)時如　鎌倉後期の武士

杜旭　ときょく
杜旭　江戸前期の俳人

時吉　ときよし
伊東(いとう)時吉　江戸前期の徳川秀忠の旗本。伊東政世の嫡男
依智秦(えちはたの)時吉　平安前期の地方豪族

時良　ときよし　⇔ちかよし
清水(しみず)時良　1740〜1796　江戸中期・後期の幕臣

時以　ときより
細田(ほそだ)時以　1680〜1737　江戸前期・中期の幕臣

時頼　ときより
尾張(おわりの)時頼　?〜1031　平安中期の官人
高階(たかしなの)時頼　平安後期の官人

常盤　ときわ
島津(しまづ)常盤　戦国時代の女性。島津忠良の母

常盤園　ときわえん
松尾(まつお)常盤園　1810〜1886　江戸末期の狂歌師

常石麿　ときわまろ
松本(まつもと)常石麿　1850〜1927　江戸末期〜昭和期の神職

登久　とく
住友(すみとも)登久　1849〜1899　江戸後期〜明治期の女性。12代住友吉左衛門友親の妻

徳　とく
千野(ちの)徳　江戸後期の寺子屋師匠

得阿　とくあ
得阿　江戸末期の沼田藩領百姓一揆の鎮静功労者

徳尼　とくあま
徳尼　平安時代の女性。岩城則道の妻

徳阿弥　とくあみ
徳阿弥　?〜1533?　戦国時代の藤沢の客料(寮)25人の統率者

得庵　とくあん
青木(あおき)得庵　1814〜1866　江戸後期・末期の医師
市河(いちかわ)得庵　1834〜?　江戸後期・末期の書家

徳庵　とくあん
北尾(きたお)徳庵　?〜1873　江戸後期〜明治期の藩医
種市(たねいち)徳庵　?〜1733　江戸中期の側医
村山(むらやま)徳庵　?〜1619　安土桃山・江戸前期の人。長崎代官村山等安の長男。ドミニコ会の神父をかくまい、火刑により殉教
吉田(よしだ)徳庵　江戸中期の眼科医

篤庵　とくあん
高木(たかぎ)篤庵　1704〜1783　江戸中期の漢学者

徳一　とくいち　⇔とくいつ
徳一　749〜824　平安前期の僧。藤原仲麻呂の子とも《徳一》

得一郎　とくいちろう
和田(わだ)得一郎　1839〜1916　江戸末期〜大正期の俳人

徳一　とくいつ　⇔とくいち
徳一　749〜824　平安前期の僧。藤原仲麻呂の子とも
徳一　760?〜840?　平安前期の法相宗の僧

徳陰斎　とくいんさい
渋江(しぶえ)徳陰斎　戦国時代の古河公方の家臣

と

徳因上人　とくいんしょうにん
徳因上人　1785～1837　江戸後期の僧侶
徳雨　とくう
徳雨　江戸中期の俳人
得右衛門　とくえもん
屋代（やしろ）得右衛門　？～1839　江戸後期の庄内藩家老
徳右エ門　とくえもん
中村（なかむら）徳右エ門　江戸末期の医師
徳右衛門　とくえもん
徳右衛門　？～1727　江戸中期の義民
秋田屋（あきたや）徳右衛門　江戸中期の書肆
和泉屋（いずみや）徳右衛門　江戸末期の木綿買継商人・問屋
糸原（いとはら）徳右衛門　1791～1850　江戸後期の鉄師糸原家10代
川原（かわはら）徳右衛門　江戸後期の久良岐郡杉田村民
小嶋（こじま）徳右衛門　江戸前期の書肆
小林（こばやし）徳右衛門〔1代〕　江戸前期の陶工
小林（こばやし）徳右衛門〔2代〕　江戸前期・中期の陶工
佐藤（さとう）徳右衛門　1842～？　江戸後期～明治期の漁師
四十九坊村（しじゅうくぼうむら）徳右衛門　江戸前期の組才許十村肝煎
柴田（しばた）徳右衛門　1847～1922　江戸末期～大正期の豪農
田中（たなか）徳右衛門　？～1861　江戸後期・末期の素封家
中矢（なかや）徳右衛門　江戸前期の京都糸割符商人
西町屋（にしまちや）徳右衛門〔9代〕　1766～1838　江戸中期・後期の西町屋8代
野坂（のざか）徳右衛門　？～1636　安土桃山・江戸前期の町年寄
舟津町村（ふなつまちむら）徳右衛門　江戸後期の舟津町村の名主
徳左衛門　とくえもん　⇔とくざえもん
牧分（まきわけ）徳左衛門　？～1727　江戸中期の義民《徳右衛門》
得延　とくえん
古志（こし）得延　平安後期の越後国石井荘の住人
徳円　とくえん
徳円　1786～1842　江戸中期・後期の浄土宗の僧
安富（やすとみ）徳円　戦国・安土桃山時代の有馬晴純・晴信の家臣
篤焉　とくえん
市原（いちはら）篤焉　江戸後期の郷土史家
徳雄　とくお　⇔のりお
竹内（たけのうち）徳雄　江戸末期の新撰組隊士
徳翁　とくおう
左海（さかい）徳翁　？～1858　江戸後期・末期の九条村の豪農
独雄　どくおう　⇔どくゆう
独雄　？～1774　江戸中期の僧侶
徳恩　とくおん
徳恩　安土桃山時代の高山市の神通寺の中興
得峨　とくが
得峨　江戸後期の俳人・絵師
徳基　とくき
大業（だいごう）徳基　1337～1414　南北朝・室町時代の臨済宗の僧
徳義　とくぎ
徳義　1799～1855　江戸後期・末期の浄土真宗の僧
徳馨　とくけい　⇔のりよし
平栗（ひらぐり）徳馨　1767～1839　江戸中期・後期の庄屋
徳謙　とくけん　⇔のりかた
掛山（かけやま）徳謙　1788～1821　江戸後期の学者、歌人
徳吾　とくご
無隠（むい）徳吾　？～1469　室町・戦国時代の臨済宗の僧
徳厚　とくこう
竺源（じくげん）徳厚　1799～1875　江戸後期～明治期の臨済宗の僧
徳広　とくこう
徳広　1717～？　江戸中期の天台宗の僧
徳恒　とくこう
徳恒　江戸中期の俳人・書肆
徳香　とくこう
高橋（たかはし）徳香　江戸後期の漢学者
徳杲　とくこう
玉翁（ぎょくおう）徳杲　鎌倉後期・南北朝時代の臨済宗の僧
徳五郎　とくごろう
染谷（そめや）徳五郎　江戸末期・明治期の植物学研究者
得斎　とくさい
小川（おがわ）得斎　1785～1865　江戸中期～末期の陶工
中村（なかむら）得斎　江戸後期の漢学者
篤斎　とくさい
井上（いのうえ）篤斎　1810～1862　江戸後期・末期の高座郡上溝村の医師
徳左衛門　とくざえもん　⇔とくえもん
徳左衛門　江戸中期の足柄下郡根府川村民
金子（かねこ）徳左衛門　1848～1913　江戸末期～大正期の製糸業経営者
蔵柱村（くらばしらむら）徳左衛門　江戸中期の義民。吉城郡蔵柱村の人
大黒屋（だいこくや）徳左衛門　江戸前期の長崎問屋
東海（とうかい）徳左衛門　江戸中期の通事
林（はやし）徳左衛門　？～1675　江戸前期の義民
藤山（ふじやま）徳左衛門　1832～1896　江戸後期～明治期の一揆の首謀者
増田（ますだ）徳左衛門　江戸後期の三浦郡大津村民
安井（やすい）徳左衛門　江戸中期の北一色村の豪農
得貞　とくさだ
加藤（かとう）得貞　江戸後期の和算家

徳三郎　とくさぶろう
柴山(しばやま)徳三郎　芝山徳三郎に同じ
芝山(しばやま)徳三郎　江戸末期の新撰組隊士
高橋(たかはし)徳三郎　1816～1840　江戸後期の画家
中島(なかじま)徳三郎　1847～1918　江戸末期～大正期の農事改良者

得参　とくさん
新井(あらい)得参　1655～？　江戸前期・中期の狂歌作者

徳山　とくさん
誓行(せいぎょう)徳山　？～1832　江戸後期の宗教家

得山　とくざん
大橋(おおはし)得山　1775～1842　江戸中期・後期の藩士

と

特山　とくざん
特山　1753～1837　江戸中期・後期の僧、陶工

得芝　とくし
西行堂(さいぎょうどう)得芝　1780～1835　江戸中期・後期の俳人

得之　とくし
湯浅(ゆあさ)得之　江戸前期の和算家

徳師　とくし
徳師　戦国時代の時宗の僧・連歌作者

徳次　とくじ
任田屋(とうだや)徳次　？～1883　江戸後期～明治期の金沢の陶工

得重　とくしげ
津守(つもりの)得重　平安後期の神祇官人

徳室　とくしつ
村垣(むらがき)徳室　安土桃山時代の織田信長の家臣

徳樹　とくじゅ
徳樹　江戸後期の僧侶

得終　とくしゅう
得終　江戸後期の俳人

得住　とくじゅう
得住　1793～1874　江戸後期～明治期の浄土真宗の僧

徳十郎　とくじゅうろう
清水(しみず)徳十郎　1847～1919　江戸末期～大正期の畜牛家
山平(やまだいら)徳十郎　1830～1899　江戸後期～明治期の地域功労者

徳寿軒　とくじゅけん
徳寿軒　安土桃山時代の香山寺の僧

徳儁　とくしゅん
白英(はくえい)徳儁　？～1403　室町時代の武州生まれの臨済僧。円覚寺50世、建長寺60世

徳純　とくじゅん　⇔よしずみ
徳純　江戸中期の俳人

徳順　とくじゅん
徳順　戦国時代の連歌作者

得処　とくしょ
金子(かねこ)得処　江戸末期の上の山藩士

得照　とくしょう
得照　1817～1866　江戸後期・末期の浄土真宗の僧

徳昌　とくしょう
楊(よう)徳昌　1780～1842　江戸中期・後期の総理唐栄司

徳称　とくしょう
養宇(かいや)徳称　1813～1879　江戸後期～明治期の教育者

徳韶　とくしょう
無絃(むげん)徳韶　鎌倉時代の僧

徳成　とくじょう　⇔とくなり, のりなり
徳成　江戸後期の浄土真宗の僧

独笑　どくしょう
太嶺(たいりょう)独笑　？～1784　江戸中期の禅僧

独笑庵　どくしょうあん
独笑庵　江戸中期の雑俳点者

徳四郎　とくしろう
遠藤(えんどう)徳四郎　1841～1887　江戸後期～明治期の地域功労者
菅原(すがはら)徳四郎　？～1873　江戸後期～明治期の庄屋、大原郡下郡。櫨の増殖に尽力

徳次郎　とくじろう
市島(いちしま)徳次郎　1824～1893　江戸後期～明治期の北蒲原郡豊浦村の地主
島崎(しまざき)徳次郎　1760～1842　江戸中期・後期の佐久甲州道の改修に努力した農民
真刀(しんとう)徳次郎　？～1789　江戸中期・後期の盗賊
三枡(みます)徳次郎　1750～1812　江戸中期・後期の歌舞伎役者
渡辺(わたなべ)徳次郎　1848～1903　江戸後期～明治期の牧畜業、商人、地方政治家

徳治郎　とくじろう
山本(やまもと)徳治郎〔1代〕1815～1858　江戸後期・末期の商人。山本海苔店創業者
山本(やまもと)徳治郎〔2代〕1834～1900　江戸後期～明治期の商人。味付海苔を創製

篤次郎　とくじろう
岡山(おかやま)篤次郎　1856～1868　江戸末期の二本松少年隊士

得水　とくすい
赤井(あかい)得水　1690～1746　江戸中期の書家

得髄　とくずい
山崎(やまざき)得髄　1847～1914　江戸末期～大正期の書家

徳助　とくすけ
稲村(いなむら)徳助　1819～1879　江戸後期～明治期の南部杜氏
樋野(ひの)徳助　1847～1919　江戸末期～大正期の今市町の印刷業の草分け
望月(もちづき)徳助　江戸中期の翠簾屋

徳輔　とくすけ
今泉(いまいずみ)徳輔　1768～1812　江戸中期・

後期の学者

篤助　とくすけ

奈河(なかわ)篤助　1764〜1842　江戸中期・後期の歌舞伎脚本家

得声　とくせい

梁(りょう)得声　1663〜1702　江戸前期・中期の書家

独醒菴　どくせいあん

武嶋(たけしま)独醒菴　江戸後期の医者

特泉　とくせん

特泉　江戸中期の曹洞宗の僧

得全　とくぜん

永楽(えいらく)得全　1853〜1909　江戸後期〜明治期の土風炉師、焼物師

徳善　とくぜん

鏑木(かぶらき)徳善　?〜1504　室町・戦国時代の人。富樫助次郎の姉婿

徳聡　とくそう

徳聡　飛鳥時代の僧

得三　とくぞう

礒長(いそなが)得三　1849〜1923　江戸末期〜大正期の人。測量会社設立、私立図書館根占書籍館を創立

徳蔵　とくぞう

徳蔵　江戸後期の根付師

石田(いしだ)徳蔵　1839〜1918　江戸後期〜大正期の彫刻家《福田俊秀》

城戸(きど)徳蔵　1846〜1900　江戸後期〜明治期の陶芸家

小室(こむろ)徳蔵　1806〜1863　江戸後期の丹後与謝郡岩滝村の海運業者

竹腰(たけこし)徳蔵〔1代〕　1851〜1921　江戸後期〜大正期の殖産家

読糟　どくそう

村松(むらまつ)読糟　江戸前期の俳人

読騒　どくそう

曽谷(そたに)読騒　1738〜1797　江戸中期の篆刻家、儒者

徳蔵在次　とくぞうありつぐ

曽我部(そかべ)徳蔵在次　江戸前期の黒田長政・徳川頼宣の家臣

徳叟和尚　とくそうおしょう

徳叟和尚　1658〜1730　江戸前期・中期の臨済宗の僧

徳太夫　とくだいう

浜田(はまだ)徳太夫　江戸後期の大住郡大山阿夫利神社祠官

篤太夫　とくだゆう

重松(しげまつ)篤太夫　?〜1800　江戸中期・後期の藩士

得足　とくたり

当麻(たぎまの)得足　奈良時代の官人

徳太理　とくたり　⇔とこたり

若倭部臣(わかやまとべのおみ)徳太理　飛鳥時代の人。平田市鰐淵寺の観音菩薩像の銘文にみえる

得太郎　とくたろう

島崎(しまざき)得太郎　?〜1826　江戸後期の津久井郡根小屋村名主

徳太郎　とくたろう

大熊(おおくま)徳太郎　1849〜1921　江戸後期〜大正期の篤農家

千葉(ちば)徳太郎　?〜1902　江戸末期・明治期の警察官

永見(ながみ)徳太郎　江戸後期の商家

松井(まつい)徳太郎　1840〜?　江戸後期・末期の新撰組隊士

篤太郎　とくたろう

浅井(あさい)篤太郎　1848〜1903　江戸後期〜明治期の医者

穴山(あなやま)篤太郎　?〜1882　江戸後期〜明治期の有隣堂創業者

高尾(たかお)篤太郎　江戸後期の漢学者

和田(わだ)篤太郎　1857〜1899　江戸末期・明治期の春陽堂書店創業者

独湛　どくたん

独湛　?〜1782　江戸中期の僧侶

得近　とくちか

伴(ともの)得近　平安後期の官人

六人部(むとべの)得近　平安後期の官人

徳冲　とくちゅう

徳冲　江戸中期の天台宗の僧

髑冲　どくちゅう

洞雲(とううん)髑冲　1689〜1740　江戸中期の曹洞宗の僧

徳道　とくどう

徳道　656〜?　飛鳥時代の法相宗の僧

徳成　とくなり　⇔とくじょう, のりなり

伊勢朝臣(いせのあそん)徳成　平安前期の上野権介・上野介

得入　とくにゅう

小沢(おざわ)得入　1616〜1710　江戸前期・中期の俳人

小野崎(おのざき)得入　1665〜1745　江戸前期・中期の藩士

徳潤　とくにん

徳潤　1767〜1824　江戸中期・後期の浄土真宗の僧

徳之丞　とくのじょう

菅原(すがわら)徳之丞　1718〜1800　江戸中期・後期の磐井郡薄衣村の人

徳之進　とくのしん

今坂(いまさか)徳之進　江戸後期の神職

鈴木(すずき)徳之進　?〜1708　江戸中期の幕臣

津田(つだ)徳之進　1840〜1911　江戸後期〜明治期のハリストス正教伝道師

戸部(とべ)徳之進　江戸後期の漢学者

徳教　とくのり

小島(おじま)徳教　?〜1829　江戸後期の教育者、高知藩士

徳八郎　とくはちろう

渡辺(わたなべ)徳八郎　1819〜1889　江戸後期〜

明治期の教育者。幕末に開塾

徳美　とくび

中村(なかむら)徳美　1777～1842　江戸中期・後期の私塾経営者

徳英　とくひで

礒川(いそかわ)徳英　江戸末期の和算家

得平　とくひら

凡(おおしの)得平　平安中期の官人

徳布　とくふ

徳布　江戸中期の俳人

得蕪　とくぶ

井上(いのうえ)得蕪　？～1858　江戸後期・末期の俳人

徳風　とくふう

富田(とみた)徳風　1766～1817　江戸中期・後期の漢学者・国学者

と

独文　どくぶん

独文　江戸中期の唐僧

徳平　とくへい

吉村(よしむら)徳平　1843～1912　江戸後期～明治期の実業家、政治家

篤平　とくへい

竹内(たけうち)篤平　江戸末期の新撰組隊士
武内(たけうち)篤平　竹内篤平に同じ

徳瓶　とくべい

橋本(はしもと)徳瓶　1758～1825　江戸中期・後期の戯作者

徳平治　とくへいじ

児島(こじま)徳平治　1826～1883　江戸後期～明治期の篤志家

得兵衛　とくべえ

得兵衛　江戸末期の湯浅村庄屋

徳兵衛　とくべえ

稲玉(いなだま)徳兵衛　1822～1872　江戸後期～明治期の開拓者
梅木(うめき)徳兵衛　1812～1894　江戸後期～明治期の俳人
岡崎(おかざき)徳兵衛　江戸前期の十村役
小松原(こまつばら)徳兵衛　江戸中期の篤農家
原田(はらだ)徳兵衛　？～1711　江戸前期・中期の米原村の開拓者
福田屋(ふくだや)徳兵衛　江戸後期の人。石見国浜田外ノ浦に嘉永4年より入津
法木(ほうき)徳兵衛　1831～1908　江戸後期～明治期の法木書店創業者
牧(まき)徳兵衛　1712～1745　江戸中期の農民

徳弁　とくべん

徳弁　江戸後期の天台宗の僧

徳峰　とくほう

玄瑞(げんずい)徳峰　？～1746　江戸中期の八戸糠塚村の大慈寺9世和尚

徳法　とくほう

徳法　江戸後期の天台宗の僧

徳芳　とくほう

桂岩(けいがん)徳芳　戦国時代の臨済宗円蔵院2世住職

徳本上人　とくほんしょうにん

徳本上人　1758～1818　江戸中期の浄土宗の僧

徳松　とくまつ

坂本(さかもと)徳松　1817～1889　江戸末期・明治期の漁業家
松平(まつだいら)徳松　1615～1632　江戸前期の人。松平忠輝の庶子

徳松丸　とくまつまる

徳川(とくがわ)徳松丸　1679～1683　江戸前期の館林藩主

得道　とくみち

山村(やまむらの)得道　平安前期の陰陽博士

徳民　とくみん

増野(ましの)徳民　1842～1877　江戸末期・明治期の志士、医師

得聞　とくもん

得聞　1826～1906　江戸後期～明治期の浄土真宗の僧
梶浦(かじうら)得聞　1822～1891　江戸後期～明治期の僧
浄願寺(じょうがんじ)得聞　？～1779　江戸中期の丹生川村の浄願寺17世

徳恭　とくやす

中谷(なかたに)徳恭　1851～1922　江戸末期～大正期の地域社会奉仕家

独有　どくゆう

独有　？～1705　江戸中期の俳諧作者

独雄　どくゆう　⇔どくおう

独雄　1760～1800　江戸中期・後期の僧

徳輿　とくよ

荻野(おぎの)徳輿　1772～1840　江戸中期・後期の医者

得么　とくよう

子純(しじゅん)得么　戦国時代の鎌倉五山第1位の建長寺159世

得隣　とくりん

得隣　1822～1898　江戸後期～明治期の浄土真宗の僧

徳林　とくりん

岳英(がくえい)徳林　戦国時代の臨済宗の禅僧
靖叔(せいしゅく)徳林　1497～1574　戦国・安土桃山時代の臨済宗の僧

徳隣　とくりん

秦(はた)徳隣　1593～1631　江戸前期の医師

得魯　とくろ

曽(そう)得魯　江戸前期の中国からの亡命者

得楼　とくろう

佐久間(さくま)得楼　1840～1890　江戸後期～明治期の狩野派の画家

得老　とくろう

青山(あおやま)得老　江戸後期の俳人

独朗　どくろう

遊行(ゆぎょう)独朗　1615～1667　江戸前期の遊行41代他阿上人独朗、時宗

徳若　とくわか
徳若　安土桃山時代の織田信長の家臣

吐月　とげつ
吐月　1811～1894　江戸後期～明治期の浄土真宗の僧
原（はら）吐月　江戸末期・明治期の俳人

斗輿　とこう
斗輿　江戸後期の俳人

杜厚　とこう
杜厚　1757～1815　江戸中期・後期の俳人

都貢　とこう
都貢　？～1776　江戸中期の俳人

東江　とごう　⇔とうこう
東江　戦国時代の能面師

兎国　とこく
兎国　1799～1860　江戸後期・末期の俳人

得大理　とこたり
他田日奉（おさだのひまつりの）得大理　奈良時代の防人

徳太理　とこたり　⇔とくたり
太（おおの）徳太理　奈良時代の官吏

所兵衛　ところべえ　⇔しょへえ
平瀬（ひらせ）所兵衛　1823～1870　江戸後期～明治期の藩士

土佐　とさ
土佐　平安前期の女房・歌人《土左》
土佐　平安中期の女房、歌人
土佐　平安後期の女性。左大臣藤原頼長の乳母
稲葉（いなば）土佐　安土桃山時代の織田信長の家臣
上田（うえだ）土佐　安土桃山時代の武士
金野（こんの）土佐　戦国時代の千厩城主
平野（ひらの）土佐　？～1613　江戸前期の土豪
横井（よこい）土佐　室町時代の武将

土左　とさ
土左　平安前期の女房・歌人

杜哉　とさい
杜哉　1742～1809　江戸中期・後期の俳人

都西　とさい
都西　1782～1865　江戸中期～末期の浄土真宗の僧

土佐衛門　とさえもん
杉野（すぎの）土佐衛門　1809～1864　江戸後期・末期の陶工

外左衛門　とざえもん
岩崎（いわさき）外左衛門　？～1670　江戸前期の武士

土左衛門　どざえもん
成瀬川（なるせがわ）土左衛門　？～1748　江戸中期の力士
三ツ枝（みつえだ）土左衛門　江戸前期の藩士

土佐入道　とさにゅうどう
須賀（すが）土佐入道　？～1440　室町時代の須賀出身の武士

土佐守兼貞　とさのかみかねさだ
大庭（おおば）土佐守兼貞　？～1627　江戸前期の徳川家康・三好秀次・石田三成・山内忠義の家臣

土佐守兼能　とさのかみかねよし
大木（おおき）土佐守兼能　1552～1611　戦国～江戸前期の加藤清正の有力武将

土佐守忠朗　とさのかみただあきら
林（はやし）土佐守忠朗　1658～1705　江戸前期・中期の34代長崎奉行

土佐守忠与　とさのかみただとも
大久保（おおくぼ）土佐守忠与　1712～1778　江戸中期の58代長崎奉行

土佐守永元　とさのかみながもと
藤懸（ふじかけ）土佐守永元　？～1615　江戸前期の豊臣秀頼の家臣

土佐守政郷　とさのかみまささと
石河（いしこ）土佐守政郷　1659～1743　江戸前期・中期の42代長崎奉行

土佐内侍　とさのないし
土佐内侍　平安中期の女房・歌人

吐山　とざん
吐山　江戸後期の俳人

逸　とし
石坂（いしざか）逸　1814～1899　江戸後期～明治期の数学者

吐糸　とし
吐糸　江戸中期の俳人

年　とし　⇔みのる
植田（うえだ）年　1838～1919　江戸末期～大正期の地方自治功労者《植田年》

歳詮　としあき
斎藤（さいとう）歳詮　江戸後期の和算家

俊顕　としあき　⇔しゅんけん
藤原（ふじわら）俊顕　？～1391　南北朝時代の公家・歌人・連歌作者

俊章　としあき　⇔しゅんしょう
北小路（きたのこうじ）俊章　1706～1762　江戸中期の公家
滝川（たきがわ）俊章　1772～？　江戸中期・後期の藩士

俊明　としあき
伊藤（いとう）俊明　江戸時代の医者
三松（みまつ）俊明　1817～1877　江戸末期の武士

俊諒　としあき
万波（まんなみ）俊諒　江戸後期の藩士・漢学者

俊昞　としあき
東儀（とうぎ）俊昞　1766～1842　江戸中期・後期の楽人

敏明　としあき
荒井（あらい）敏明　1780～1855　江戸中期～末期の和算家

利秋　としあき
豊原（とよはらの）利秋　1155～1212　平安後期・鎌倉前期の楽人

利昭　としあき
外山（とやま）利昭　？～1726　江戸中期の武士

利章　としあき
勝(かつ)利章　江戸中期の「愛日余哀」の著者
黒田(くろだ)利章　江戸後期の武士
山下(やました)利章　江戸後期の藩士

利明　としあき　⇔としあきら
巨勢(こせの)利明　平安中期の官人
民(たみの)利明　平安中期の官人

順明　としあきら
筒井(つつい)順明　1683〜1743　江戸前期・中期の幕臣

年明　としあきら
古郡(ふるごおり)年明　1651〜1730　江戸前期・中期の代官

利明　としあきら　⇔としあき
大中臣(おおなかとみの)利明　平安中期の神祇官人

利陽　としあきら
土屋(つちや)利陽　？〜1691　江戸中期の代官

載明親王　としあきらしんのう
載明親王　平安前期の宇多天皇皇子

俊篤　としあつ
岩井(いわい)俊篤　1816〜1888　江戸後期〜明治期の文人

俊在　としあり
北小路(きたのこうじ)俊在　1672〜1725　江戸前期・中期の公家

利有　としあり
沖(おき)利有　江戸末期の与人、医師

俊氏　としうじ
入野(いりの)俊氏　鎌倉後期・南北朝時代の武将

利柯　としえだ
安倍(あべの)利柯　平安前期の官人

紀雄　としお
堀谷(ほりや)紀雄　1739〜？　江戸中期の幕臣

俊夫　としお
木下(きのした)俊夫　1810〜1869　江戸後期〜明治期の歌人

俊雄　としお
相馬(そうま)俊雄　1843〜1920　江戸末期〜大正期の素封家
豊福(とよふく)俊雄　1845〜1909　江戸後期〜明治期の地方名望家
芳川(よしかわ)俊雄　1844〜1924　江戸後期〜明治期の藩士・洋学者

年緒　としお
菅屋(すがや)年緒　？〜1844　江戸後期の金沢の俳人

年雄　としお
大宅(おおやけの)年雄　平安前期の官人

利央　としお
市村(いちむら)利央　1818〜1873　江戸後期の寺子屋師匠

利夫　としお
相良(さがら)利夫　1846〜1882　江戸後期〜明治期の洋学研究会の教師

利雄　としお
鈴木(すずき)利雄　1664〜1743　江戸前期・中期の幕臣
堀(ほり)利雄　1664〜1729　江戸中期の旗本

寿興　としおき
小熊(こぐま)寿興　江戸後期の装剣金工

利起　としおき
宇田(うだ)利起　江戸後期の漢学者

俊景　としかげ
長尾(ながお)俊景　？〜1512　戦国時代の越後国衆

俊葛　としかず
狛(こま)俊葛　南北朝時代の楽人

利和　としかず　⇔としとも
吉田(よしだ)利和　1831〜1905　江戸後期〜明治期の歌人

年風　としかぜ　⇔ねんぷう
年風　1791〜1846　江戸後期の俳人・絵師

俊堅　としかた
北小路(きたのこうじ)俊堅　1806〜？　江戸後期の公家

俊方　としかた
築山(つきやま)俊方　安土桃山時代の織田信長の家臣

利器　としかた
大村(おおむら)利器　1793〜1843　江戸末期の津山藩士
前田(まえだ)利器　江戸末期・明治期の幕臣

利方　としかた
荒木田(あらきだ)利方　平安中期の神宮禰宜

利容　としかた　⇔としひろ, りよう
渡辺(わたなべ)利容　江戸前期の藩士

俊勝　としかつ
奥野(おくの)俊勝　1665〜1737　江戸前期・中期の幕臣
志村(しむら)俊勝　1665〜1737　江戸前期・中期の幕臣
竹尾(たけお)俊勝　1573〜1639　安土桃山・江戸前期の幕臣
森川(もりかわ)俊勝　1663〜1732　江戸前期・中期の幕臣

利勝　としかつ
生駒(いこま)利勝　江戸前期の武士
塩見(しおみ)利勝　？〜1579　戦国時代の丹波の土豪

利戡　としかつ
南部(なんぶ)利戡　1683〜1712　江戸前期・中期の遠野南部氏4代

利廉　としかど
紀(きの)利廉　平安中期の官人

俊兼　としかね
北条(ほうじょう)俊兼　？〜1333　鎌倉後期の武士
源(みなもとの)俊兼　1060〜1112　平安後期の官人
源(みなもとの)俊兼　平安後期の官人

俊包　としかね
北小路(きたのこうじ)俊包　1673～1753　江戸前期・中期の公家

利兼　としかね
紀(きの)利兼　平安中期の官人
土師(はじの)利兼　平安中期の官人

敏樹　としき
山口(やまぐち)敏樹　1784～1859　江戸中期～末期の漢学者

利木　としき
島田(しまだ)利木　1624～1699　江戸前期・中期の幕臣

歳清　としきよ
小川(おがわ)歳清　?～1728　江戸中期の旗本

俊清　としきよ
安倍(あべの)俊清　1044～1129　平安中期・後期の書博士
池田(いけだ)俊清　1707～1765　江戸中期の武士
井上(いのうえ)俊清　南北朝時代の武将
橘(たちばなの)俊清　平安後期の官人。父は成経
中原(なかはらの)俊清　平安後期の官人
藤原(ふじわらの)俊清　平安後期の官人
村上(むらかみ)俊清　江戸中期の「三歳因縁辨疑」の著者
山内首藤(やまのうちすどう)俊清　南北朝時代の武士

利清　としきよ　⇔のりきよ
利清　江戸前期の俳人
石川(いしかわ)利清　?～1764　江戸中期の商人。八尾の郷学、環山楼の学生

とし国　としくに
寿陽堂(じゅようどう)とし国　江戸後期の画家

俊国　としくに
惟宗(これむねの)俊国　平安後期の官人

利国　としくに
利国　江戸中期の装剣金工
斎藤(さいとう)利国　?～1495　室町・戦国時代の武将
堀内(ほりうち)利国　1844～1895　江戸後期～明治期の陸軍軍医監
村(むらの)利国　平安後期の官人
吉田(よしだ)利国　江戸中期の藩士

俊子　としこ
畠山(はたけやま)俊子　?～1837　江戸後期の歌人

俊子内親王　としこないしんのう
俊子内親王　?～826　奈良・平安前期の女性。嵯峨天皇皇女

俊子内親王家河内　としこないしんのうけのかわち
俊子内親王家河内　平安後期の女官、歌人

俊貞　としさだ　⇔しゅんてい
安倍(あべの)俊貞　平安後期の官人
坂本(さかもと)俊貞　1791～1860　江戸後期・末期の砲術家

俊定　としさだ
青木(あおき)俊定　?～1653　江戸前期の代官
古藤田(ことうだ)俊定　江戸前期の武道家
難波(なんば)俊定　平安時代の武士
源(みなもと)俊定　?～1266　鎌倉前期・後期の公家、歌人
吉田(よしだ)俊定　戦国時代の伊豆横川の在地領主

敏定　としさだ
織田(おだ)敏定　?～1495　戦国時代の武将

利貞　としさだ　⇔りてい
利貞　江戸中期の装剣金工
県(あがたの)利貞　平安後期の相撲人
内海(うつみ)利貞　1830～?　江戸後期～明治期の幕臣、開拓使職員《内海利貞》
遠藤(えんどう)利貞　1843～1915　江戸後期～大正期の数学史家
紀(き)利貞　?～881　平安前期の歌人
酒井(さかい)利貞　安土桃山時代の眼科医
富沢(とみざわ)利貞　?～1711　江戸中期の幕臣
永山(ながやま)利貞　江戸中期の漢学者
成沢(なるさわ)利貞　1844～1913　江戸末期～大正期の教育者
宮村(みやむら)利貞　1846～1926　江戸末期～大正期の剣道家

俊郷　としさと
伊豆(いずの)俊郷　平安中期の官人

俊実　としざね
大江(おおえの)俊実　平安後期の官人
二宮(にのみや)俊実　1523～1603　戦国・安土桃山時代の武将
藤原(ふじわらの)俊実　平安中期の官人

俊孚　としざね
横田(よこた)俊孚　1704～1772　江戸中期の藩士・医者

利実　としざね
賀陽(かやの)利実　平安後期の官人

利真　としざね
櫛田(くしだ)利真　1831～1895　江戸後期～明治期の草奔の勤王家

敏三郎　としさぶろう
本多(ほんだ)敏三郎　1844～1921　江戸後期～大正期の彰義隊士

俊重　としじげ
荻野(おぎの)俊重　?～1180　平安後期の相模国愛甲郡荻野郷の武士
島村(しまむら)俊重　1649～1692　江戸前期・中期の関東代官
真山(まやま)俊重　1586～1663　安土桃山・江戸前期の藩士
源(みなもと)俊重　平安後期の官人、歌人
山森(やまもり)俊重　?～1705　江戸前期・中期の藩士

俊茂　としじげ
志村(しむら)俊茂　1632～1695　江戸前期・中期の幕臣

年繁　としじげ
風間（かざま）年繁　江戸後期・末期の国学者
利重　としじげ
秋尾（あきお）利重　1765～1791　江戸中期・後期の藩士
長井（ながい）利重　安土桃山時代の織田信長の家臣
原田（はらだ）利重　江戸前期・中期の剣術家
深沢（ふかざわ）利重　安土桃山時代の坂戸城将と伝えられる
本石（もといし）利重　江戸後期の和算家
利茂　としじげ
斎藤（さいとう）利茂　戦国時代の武士
敏十郎　としじゅうろう
荒岡（あらおか）敏十郎　1844～1906　江戸後期～明治期の勤王志士
理季　としすえ
後藤（ごとう）理季　室町時代の美作国塩湯郷の武将
季佐　としすけ
千葉（ちば）季佐　？～1734　江戸中期の旗本
俊助　としすけ　⇔しゅんすけ
安倍（あべの）俊助　平安後期の官人
俊輔　としすけ
大中臣（おおなかとみの）俊輔　？～1088　平安後期の官人
源（みなもとの）俊輔　1034～？　平安中期の官人
年助　としすけ
権田（ごんだ）年助　1836～1874　江戸後期～明治期の神官
利佐　としすけ
堀越（ほりこし）利佐　江戸末期・明治期の和算家
利助　としすけ　⇔りすけ
利助　室町時代の刀工《利助》
利亮　としすけ
酒井（さかい）利亮　1823～1888　江戸後期～明治期の文人
俊純　としずみ
岩松（いわまつ）俊純　1829～1894　江戸末期の武家・のち男爵
利純　としずみ
吉田（よしだ）利純　江戸後期の歌人
俊造　としぞう　⇔しゅんぞう
川島（かわしま）俊造　1848～1923　江戸末期～大正期の庄屋、戸長、村長
敏三　としぞう
新原（にいはら）敏三　1850～1919　江戸末期～大正期の人。芥川龍之介の実父
寿隆　としたか
河村（かわむら）寿隆　1779～1833　江戸後期の刀工
俊孝　としたか
橘（たちばなの）俊孝　平安中期の官人
俊隆　としたか
清原（きよはら）俊隆　1241～1290　鎌倉前期・後期の公家
聡隆　としたか
天野（あまの）聡隆　江戸末期の和算家
利敬　としたか
粟生（あお）利敬　1749～1814　江戸後期の武士
利堯　としたか
斎藤（さいとう）利堯　安土桃山時代の織田信長の家臣
利武　としたけ
紀（きの）利武　平安中期の官人
竪山（たてやま）利武　江戸末期の藩士
宗岡（むねおか）利武　平安後期の官人
識正　としただ
武田（たけだ）識正　1769～1844　江戸後期の歌人
俊惟　としただ
岡田（おかだ）俊惟　1697～1756　江戸中期の幕臣
俊忠　としただ
俊忠　鎌倉前期の備中青江の刀工
紀（きの）俊忠　平安中期の官人
清原（きよはらの）俊忠　平安後期の官人
惟宗（これむねの）俊忠　平安後期の女医博士
島津（しまづ）俊忠　鎌倉時代の武将
俊尹　としただ
森川（もりかわ）俊尹　1745～1810　江戸中期・後期の幕臣
敏忠　としただ
荒木田（あらきだ）敏忠　？～995　平安中期の官人
利質　としただ
中山（なかやま）利質　1819～1863　江戸後期・末期の幕臣
利忠　としただ　⇔りちゅう
飯田（いいだ）利忠　戦国時代の土豪
豊田（とよた）利忠　江戸後期の著述家・書画家
矢部（やべ）利忠　？～1605　江戸前期の旗本
六本木（ろっぽんぎ）利忠　江戸後期の和算家
俊胤　としたね
臼井（うすい）俊胤　戦国時代の武将。下総臼井城（佐倉市）の城主。教胤の子
敏稙　としたね
稲田（いなだ）敏稙　1767～1811　江戸中期・後期の徳島藩家老
利胤　としたね
千葉（ちば）利胤　1518～1547　戦国時代の下総国本佐倉城主。千葉昌胤の子
利民　としたみ
真島（まじま）利民　1840～1886　江戸後期～明治期の眼科医
年足　としたり　⇔としたる
安都宿禰（あとのすくね）年足　奈良時代の万葉歌人
小治田（おはりだの）年足　奈良時代の官人
栗原（くりはら）年足　奈良・平安前期の漢学者
田口（たぐちの）年足　奈良時代の官人
年足　としたる　⇔としたり
田中（たなか）年足　1782～1859　江戸末期の歌人
敏足　としたる
松田（まつだ）敏足　1838～1913　江戸後期～大正

期の神道家

寿親　としちか

寿親　1827～？　江戸末期・明治期の金工師

村田(むらた)寿親〔1代〕　1830～1895　江戸後期～明治期の松江藩金工

敏親　としちか

伊達(だて)敏親　1651～1721　江戸前期・中期の藩士

利愛　としちか

和泉(いずみ)利愛　江戸後期の国学者

寿次　としつぐ

寿次　江戸末期・明治期の刀工

平塚(ひらつか)寿次　1827～1902　江戸末期・明治期の刀工

俊継　としつぐ

馬渡(まわたり)俊継　江戸中期の佐賀藩士

俊次　としつぐ　⇔しゅんじ

俊次　鎌倉前期の備中青江の刀工

阿座見(あざみ)俊次　江戸中期の和算家

千村(ちむら)俊次　戦国・安土桃山時代の木曽氏の家臣

丸田(まるた)俊次　戦国時代の上杉景勝の家臣

年継　としつぐ

路(みちの)年継　758～827　奈良・平安前期の官人。姓は真人

利継　としつぐ

設楽(しだら)利継　？～1571　戦国・安土桃山時代の千葉氏の奉行人

利次　としつぐ

木下(きのした)利次　1607～1689　江戸前期・中期の幕臣

塩見(しおみ)利次　江戸後期の因幡鳥取藩主池田治道の家臣

長谷川(はせがわ)利次　？～1678　江戸前期の埴科郡坂木領5000石の代官

松岡(まつおか)利次　江戸後期の和算家

松田(まつだ)利次　？～1862　江戸末期の和算家

俊綱　としつな　⇔しゅんこう

亀田(かめだ)俊綱　安土桃山時代の武士

佐々木(ささき)俊綱　平安後期の武士

藤原(ふじわらの)俊綱　？～1159　平安後期の武士

俊経　としつね

荒木田(あらきだ)俊経　？～1119　平安後期の官人

小森(こもり)俊経　江戸時代の歌人

高橋(たかはしの)俊経　平安中期の官人

橘(たちばなの)俊経　平安中期の官人

俊常　としつね

安倍(あべの)俊常　平安後期の官人

利恒　としつね

利恒　平安中期の刀工

丸毛(まるも)利恒　1851～1905　江戸後期～明治期の彰義隊士

利常　としつね

土屋(つちや)利常　？～1640　江戸前期の旗本

和多田(わただ)利常　江戸中期の幕臣

利庸　としつね

黒須(くろす)利庸　江戸後期の和算家

白井(しらい)利庸　江戸中期・後期の幕臣

堀(ほり)利庸　1699～1767　江戸中期の幕臣

利連　としつら

紀(きの)利連　平安中期の大和国添上郡大岡中郷の刀禰

俊光　としてる　⇔としみつ

朝倉(あさくら)俊光　？～1847　江戸後期の幕臣

利任　としとう

紀(きの)利任　平安後期の紀伊国弘田荘司

俊遠　としとお

橘(たちばなの)俊遠　平安中期の藤原隆家の家司

平田(ひらた)俊遠　？～1184？　平安後期・鎌倉前期の武士

俊時　としとき

大江(おおえの)俊時　平安後期の官人

北条(ほうじょう)俊時　？～1333　鎌倉後期の評定衆

斉時　としとき　⇔なりとき

北条(ほうじょう)斉時　1262～1329　鎌倉後期の武将・歌人《北条斉時》

利辰　としとき

長谷川(はせがわ)利辰　江戸末期・明治期の和算家

歳徳　としとこ

物部(もののべの)歳徳　奈良時代の防人

寿朝　としとも

植村(うえむら)寿朝　1736～1753　江戸中期の武士

俊具　としとも

岡部(おかべ)俊具　？～1585　戦国時代の徳川氏の家臣

利及　としとも

中山(なかやま)利及　1714～1764　江戸中期の幕臣

利朝　としとも

若林(わかばやし)利朝　江戸前期の農学家

利友　としとも

安倍(あべの)利友　平安中期の官人

高田(たかだ)利友　江戸後期の国学者

利和　としとも　⇔としかず

堀(ほり)利和　江戸後期の旗本

俊豊　としとよ

紀(き)俊豊　室町時代の歌人

山名(やまな)俊豊　？～1499　室町時代の武将

利豊　としとよ

土井(どい)利豊　1697～1757　江戸中期の関東代官

俊名　としな

北小路(きたのこうじ)俊名　1740～1783　江戸中期の公家

歳直　としなお

村松(むらまつ)歳直　1670～1732　江戸前期・中期の幕臣

俊直　としなお
白幡(しらはた)俊直　?～1618　安土桃山・江戸前期の浅野家臣
鈴木(すずき)俊直　江戸後期の和算家
逸見(へんみ)俊直　戦国時代の武術家

利尚　としなお
吉田(よしだ)利尚　江戸後期の歌人

利直　としなお
高林(たかばやし)利直　1730～?　江戸中期の幕臣
武藤(むとう)利直　1838～1902　江戸後期～明治期の代言人

敏仲　としなか
橘(たちばな)敏仲　平安中期の官人、歌人

季長　としなが　⇔すえなが
皆木(みなき)季長　安土桃山時代の武士

歳長　としなが
歳長〔山城守系・2代〕　江戸前期の刀工
歳長〔山城守系・3代〕　江戸中期の刀工
歳長〔陸奥守系・2代〕　江戸前期・中期の刀工
歳長〔陸奥守系・3代〕　江戸中期の刀工

俊永　としなが
惟宗(これむねの)俊永　平安後期の医師
戸村(とむら)俊永　江戸中期の酒造業

俊長　としなが　⇔しゅんちょう, としなべ
浅田(あさだ)俊長　?～1668　江戸前期の武士

俊良　としなが　⇔しゅんりょう, としよし
井上(いのうえ)俊良　江戸前期・中期の医師

年永　としなが
小野(おの)年永　平安前期以前の漢詩人。「経国集」に入集

利永　としなが
紀(きの)利永　平安前期の官人
斎藤(さいとう)利永　?～1460　室町時代の武将
酒部(さかべの)利永　平安中期の官人
奈良(なら)利永　江戸前期の装剣金工

利長　としなが
北館(きただて)利長　1548～1625　戦国～江戸前期の利水家
末吉(すえよし)利長　1647～1686　江戸前期の幕臣
都築(つづき)利長　江戸末期・明治期の和算家

敏夏　としなつ
服部(はっとり)敏夏　?～1828　江戸後期の歌人

俊長　としなべ　⇔しゅんちょう, としなが
源(みなもとの)俊長　平安中期の官人

俊成　としなり
橘(たちばな)俊成　平安後期の官人、歌人

俊生　としなり
小野(おのの)俊生　平安前期の官吏

利成　としなり
竹田(たけだの)利成　平安中期の官人

利生　としなり
安倍(あべの)利生　平安中期の大和国添上郡楢中郷の保証刀禰

歳主　としぬし
多治比(たじひの)歳主　奈良時代の官人

登之野　としの
深見(ふかみ)登之野　1833～1911　江戸後期～明治期の歌人

利宇　としのき
芦屋(あしや)利宇　1758～1838?　江戸中期・後期の幕臣

老之助　としのすけ
小谷(こたに)老之助　江戸末期の武士

俊信　としのぶ
岡本(おかもと)俊信　1849～1923　江戸末期～大正期の浜野市後野町の豪農・屋号藪土居の第14代当主
狩野(かのう)俊信　1635～?　江戸前期・中期の狩野派の絵師
高橋(たかはし)俊信　1671～1762　江戸前期・中期の公家
藤原(ふじわらの)俊信　1055～1105　平安後期の人。広業の曽孫
間宮(まみや)俊信　1627～1703　江戸中期の旗本

俊宣　としのぶ
木造(こづくり)俊宣　?～1652　江戸前期の旗本

俊陳　としのぶ
岡田(おかだ)俊陳　1651～1726　江戸前期・中期の代官

節信　としのぶ　⇔ときのぶ
藤原(ふじわら)節信　平安中期の官吏《藤原節信》

年信　としのぶ
山崎(やまさき)年信　?～1885　江戸後期～明治期の浮世絵画家、挿絵画家

敏延　としのぶ
橘(たちばなの)敏延　平安中期の中級官人

利延　としのぶ
民(たみの)利延　平安中期の藤原道長の随人
山田(やまだ)利延　1701～1753　江戸中期の幕臣

利信　としのぶ
阿閇(あべ)利信　平安後期の官人
山田(やまだ)利信　江戸前期の代官

利述　としのぶ
国(くにの)利述　平安中期の官人

俊教　としのり
高市(たかいち)俊教　平安後期の武士

俊矩　としのり　⇔しゅんきょ
北小路(きたのこうじ)俊矩　1768～1832　江戸中期・後期の公家

俊則　としのり
惟宗(これむねの)俊則　平安後期の官人
高市(たかいち)俊則　平安後期の武将

俊徳　としのり　⇔しゅんとく
山中(やまなか)俊徳　江戸末期の武士

俊範　としのり　⇔しゅんぱん
藤原(ふじわらの)俊範　平安後期の官人

明慶　としのり　⇔あきよし, めいけい
高林(たかばやし)明慶　1710～1765　江戸中期の

幕臣

利教　としのり
山田(やまだ)利教　江戸末期の幕臣

利謹　としのり
南部(なんぶ)利謹　1746〜1814　江戸中期・後期の信濃守・俳諧師・有職家

利啓　としのり
巨勢(こせ)利啓　?〜1765　江戸中期の幕臣・歌人

利都　としのり
後藤(ごとう)利都　江戸中期の金森家臣

利徳　としのり
川村(かわむら)利徳　江戸中期の幕臣

祀則　としのり
黒崎(くろさき)祀則　1768〜1839　江戸中期・後期の和算家

載春　としはる
在原(ありはらの)載春　平安前期の官人

俊晴　としはる
横田(よこた)俊晴　1652〜1725　江戸前期・中期の漢学者

世温　としはる
浅岡(あさおか)世温　江戸後期の和算家

利治　としはる
岡田(おかだ)利治　1542〜1617　戦国〜江戸前期の幕臣
斎藤(さいとう)利治　?〜1582　戦国・安土桃山時代の織田信長の家臣《斎藤新五郎》
都築(つづき)利治　1851〜1925　江戸後期〜大正期の和算家
都筑(つづき)利治　1834〜1908　江戸後期〜明治期の教育者
奈良(なら)利治　江戸前期の装剣金工

利春　としはる
高林(たかばやし)利春　?〜1652　江戸前期の旗本
高向(たかむこ)利春　平安中期の官人、歌人

貴彦　としひこ
松木(まつき)貴彦　1519〜1593　戦国・安土桃山時代の神職

寿彦　としひこ
赤山(あかやま)寿彦　1794〜1872　江戸後期〜明治期の教育者

俊彦　としひこ
小栗(おぐり)俊彦　?〜1889　江戸後期〜明治期の画家

敏彦　としひこ
矢島(やじま)敏彦　1763〜1828　江戸後期の数学者

寿久　としひさ
高林(たかばやし)寿久　?〜1732　江戸中期の旗本

俊栄　としひさ　⇔しゅんえい
黒沢(くろさわ)俊栄　1680〜1749　江戸前期・中期の仙台藩士

俊寿　としひさ
高橋(たかはし)俊寿　1753〜1817　江戸中期・後期の公家

登寿　としひさ　⇔たかひさ
恒川(つねかわ)登寿　1795〜1862　江戸後期・末期の藩士

利久　としひさ
丸毛(まるも)利久　?〜1632　江戸前期の旗本

俊英　としひで
天野(あまの)俊英　江戸後期の医者
松浦(まつうら)俊英　江戸後期の和算家
松宮(まつみや)俊英　1720〜1756　江戸中期の国学者

俊秀　としひで　⇔しゅんしゅう
俊秀　江戸後期・末期の刀工
福田(ふくだ)俊秀　1839〜1918　江戸後期〜大正期の彫刻家
藤原(ふじわらの)俊秀　?〜1180　平安後期の武士
八木沢(やぎさわ)俊秀　1752〜1826　江戸後期の鹿沼出身の刀工、宇都宮藩士

利英　としひで
長沢(ながさわ)利英　1850〜1905　江戸後期〜明治期の植物研究家

利秀　としひで
柴谷(しばたに)利秀　江戸後期の「柴谷利秀譫録」の著者
秦(はたの)利秀　平安中期の官人
前田(まえだ)利秀　1577〜1593　安土桃山時代の今石動城城主

俊衡　としひら
藤原(ふじわらの)俊衡　平安後期の武将

俊平　としひら　⇔しゅんぺい
丘崎(おかざき)俊平　江戸中期・後期の国学者
忽那(くつな)俊平　鎌倉後期の忽那氏隆盛の端を築いた在地勢力
源(みなもと)俊平　?〜1265　鎌倉前期・後期の官人、歌人
八木原(やぎはら)俊平　?〜1564　戦国・安土桃山時代の戦国武将
吉原(よしはら)俊平　鎌倉前期・後期の武士

敏平　としひら
矢島(やじま)敏平　1831〜1900　江戸後期〜明治期の歌人、国学者

俊広　としひろ
俊広　江戸後期〜明治期の刀工
石倉(いしくら)俊広　1819〜?　江戸後期・末期の雲州藩お抱え刀匠
佐野(さの)俊広　1576〜1650　江戸前期の武士

俊弘　としひろ
惟宗(これむねの)俊弘　平安後期の官人

俊博　としひろ
岡田(おかだ)俊博　1710〜1758　江戸中期の代官

順広　としひろ
松前(まつまえ)順広　1714〜1792　江戸中期・後期の幕臣

敏広　としひろ
織田(おだ)敏広　?〜1481　戦国時代の尾張守護代

利恭　としひろ　⇔としやす, としゆき
櫛田(くしだ)利恭　?～1860　江戸後期・末期の向宿脇本陣主

利容　としひろ　⇔としかた, りよう
上田(うえだ)利容　1721～1788　江戸中期・後期の漢学者

利煕　としひろ
堀(ほり)利煕　?～1860　江戸末期の幕府外国奉行

俊房　としふさ
赤羽(あかばね)俊房　江戸前期の藩士

利房　としふさ
利房　江戸前期の連歌作者
出石(いずし)利房　江戸前期の槍術者
山本(やまもと)利房　1698～1746　江戸中期の官人

利藤　としふじ
斎藤(さいとう)利藤　?～1498　戦国時代の武将

敏文　としぶみ
青山(あおやま)敏文　1671～1754　江戸前期・中期の国学者

戸次兵衛　とじへい
亀山(かめやま)戸次兵衛　江戸後期の韮山代官江川氏の手代

稔兵衛　としべえ
坂口(さかぐち)稔兵衛　?～1884　江戸末期の水田開発者

寿昌　としまさ　⇔じゅしょう
戸田(とだ)寿昌　1823～?　江戸後期・末期の藩士、本草家

俊正　としまさ
権執印(ごんしゅういん)俊正　南北朝時代の北朝方の武将

敏昌　としまさ
永田(ながた)敏昌　1808～1880　江戸後期～明治期の和算家

敏政　としまさ
永田(ながた)敏政　1769～1836　江戸中期・後期の藩士、和算家《永田有功》

利賢　としまさ
伊藤(いとう)利賢　1674～1742　江戸前期・中期の幕臣

利政　としまさ
池田(いけだ)利政　1594～1639　江戸前期の武士
江川(えがわ)利政〔1代〕　1774～?　江戸中期・後期の装剣金工
桑山(くわやま)利政　1609～1679　江戸前期の武士
斎藤(さいとう)利政　1588～1658　安土桃山・江戸前期の幕臣
中村(なかむら)利政　1767～?　江戸中期の幕臣
堀(ほり)利政　1575～1638　安土桃山・江戸前期の幕臣

利正　としまさ
板坂(いたさか)利正　?～1638　安土桃山・江戸前期の武士
堀(ほり)利正　1735～1796　江戸中期・後期の幕臣

利益　とします
利益　江戸後期の刀匠

年麻呂　としまろ
大宅(おおやけの)年麻呂　平安前期の官人

年麿　としまろ
佐々木(ささき)年麿　1811～1876　江戸末期の国学者

閉丸　とじまろ
紀(きの)閉丸　平安後期の人

利見　としみ　⇔りけん
清原(きよはらの)利見　平安前期の官人

利美　としみ
高橋(たかはし)利美　1843～1902　江戸後期～明治期の和算家

利躬　としみ　⇔りきゅう
丸田(まるた)利躬　江戸後期の国学者

俊通　としみち
富小路(とみのこうじ)俊通　?～1513　戦国時代の公卿、歌人

利道　としみち
斎藤(さいとう)利道　1773～1834　江戸中期・後期の幕臣
永幡(ながはた)利道　?～1831　江戸後期の地方政治家

俊盈　としみつ
会田(あいだ)俊盈　1767～1833　江戸中期・後期の日光御成道大門宿の本陣、問屋兼名主、寺子屋師匠

俊光　としみつ　⇔としてる
北小路(きたのこうじ)俊光　1642～1718　江戸前期・中期の公家
田中(たなか)俊光　戦国時代の神職
中原(なかはらの)俊光　平安後期の官人

鎮盈　としみつ
遠藤(えんどう)鎮盈　1697～1769　江戸中期の関東代官

敏光　としみつ
甲斐(かい)敏光　戦国時代の斯波氏の家臣

利光　としみつ
石丸(いしまる)利光　室町時代の武士。斎藤氏の第一の家臣
越智(おちの)利光　平安中期の官人

俊宗　としむね　⇔しゅんそう
俊宗　江戸後期の刀工・土佐藩士
橘(たちばな)俊宗　?～1083　平安中期・後期の官人、歌人

利宗　としむね
奈良(なら)利宗　江戸前期の装剣金工
向山(むこうやま)利宗　鎌倉後期の武士

刀自売　とじめ
伴部(ともべの)刀自売　平安前期の女性。壱岐島の女子

年持　としもち
多治比(たじひの)年持　奈良時代の官人

俊幹 としもと
福田(ふくだ)俊幹 ?〜1569 戦国・安土桃山時代の常陸小田氏の家臣
俊基 としもと
五百木部(いおきべの)俊基 平安後期の官人
桜井(さくらい)俊基 15世紀後半〜16世紀 戦国時代の神官
俊元 としもと
坂本(さかもと)俊元 江戸後期の砲術家
利基 としもと
藤原(ふじわらの)利基 平安後期の官人
利求 としもと ⇔りきゅう
青木(あおき)利求 江戸中期の和算家《青木利求》
利元 としもと
紀(きの)利元 平安中期の官人
小島(こじま)利元 安土桃山・江戸前期の武士
俊盛 としもり ⇔しゅんしょう, しゅんせい
伴(ともの)俊盛 平安後期の官人
利盛 としもり
神戸(かんべ)利盛 安土桃山時代の武将
敏弥 としや
山西(やまにし)敏弥 1843〜1916 江戸末期・明治期の志士
利哉 としや
後藤(ごとう)利哉 1811〜1886 江戸後期〜明治期の歌人
都雀 とじゃく
高城(たかぎ)都雀 ?〜1799 江戸中期・後期の俳人
俊安 としやす ⇔しゅんあん
清原(きよはらの)俊安 平安後期の官人
俊易 としやす
岡田(おかだ)俊易 1648〜1725 江戸前期・中期の幕臣
俊休 としやす
万波(まんなみ)俊休 江戸中期の漢学者
利安 としやす ⇔りあん
斎藤(さいとう)利安 1623〜1672 江戸前期の幕臣
寺沢(てらさわ)利安 江戸後期の国学者
中井(なかい)利安 1751〜1793 江戸後期の心学者《中井利安》
利恭 としやす ⇔としひろ, としゆき
井上(いのうえ)利恭 1749〜? 江戸中期・後期の幕臣
利康 としやす
南部(なんぶ)利康 1608〜1631 江戸前期の武士
利泰 としやす
酒井(さかい)利泰 1853〜1921 江戸後期〜大正期の眼科医
斗周 としゅう
斗周 江戸中期の俳人
杜鷟 としゅう
北村(きたむら)杜鷟 1781〜1852 江戸後期の俳人
兎十 とじゅう
兎十 江戸中期の俳人
登十郎 とじゅうろう ⇔とうじゅうろう
松野(まつの)登十郎 1777〜1825 江戸後期の代官《松野登十郎》
俊行 としゆき
塚田(つかだ)俊行 戦国時代の小山氏の重臣
富来(とき)俊行 南北朝時代の武将
俊之 としゆき
山内(やまのうち)俊之 1562〜1628 安土桃山・江戸前期の村役
敏行 としゆき
信田(しだ)敏行 ?〜1868 江戸後期・末期の篤学者
鈴木(すずき)敏行 1839〜1908 江戸末期・明治期の勤王家
利往 としゆき
土井(どい)利往 1754〜? 江戸中期・後期の幕臣
利恭 としゆき ⇔としひろ, としやす
丸毛(まるも)利恭 江戸後期の旗本
利行 としゆき
安倍(あべの)利行 平安前期の官人
安倍(あべの)利行 平安後期・鎌倉前期の武士
斎藤(さいとう)利行 ?〜1326 鎌倉後期の武家・歌人
坂井(さかい)利行 1559〜? 戦国・安土桃山時代の織田信長の家臣《坂井隼人》
利随 としゆき
利随 江戸中期の装剣金工
利之 としゆき
高林(たかばやし)利之 1641〜1723 江戸前期・中期の武士
俊世 としよ
万波(まんなみ)俊世 1836〜1903 江戸末期・明治期の地方政治家、実業家
利世 としよ ⇔りせ
長田(おさだの)利世 平安前期の官人
佐伯(さえきの)利世 平安前期の官人
平(たいらの)利世 平安前期の貴族
都正 としょう
富士川(ふじかわ)都正 江戸末期・明治期の錦影絵師
兎城 とじょう
兎城 1662〜1730 江戸前期・中期の俳人
吐丈 とじょう
六不庵(ろっぽあん)吐丈 1758〜1829 江戸後期の俳人
斗丈 とじょう
斗丈 ?〜1856 江戸時代の俳諧師
俊賀 としよし
財部(たからべ)俊賀 室町時代の武家・連歌作者
俊美 としよし
高橋(たかはし)俊美 1840〜? 江戸後期・末期の公家

俊良　としよし　⇔しゅんりょう, としなが
北小路(きたのこうじ)俊良　1834～？　江戸後期・末期の公家
利宜　としよし
高畑(たかばたけ)利宜　1841～1922　江戸末期～大正期の内陸部開拓の先達
利吉　としよし　⇔りきち
野口(のぐち)利吉　1585～1663　江戸前期の武士
敏郎　としろう
世良(せら)敏郎　1844～？　江戸後期の武士、京都見廻組並
渡辺(わたなべ)敏郎　江戸末期の新撰組隊士
斗酔　とすい
斗酔　？～1803　江戸中期・後期の俳人
杜水　とすい
杜水　江戸後期の俳人
怒誰　どすい
怒誰　江戸前期の俳人
とせ
金光(こんこう)とせ　1819～1885　江戸後期～明治期の女性。金光教祖の妻
兎夕　とせき
兎夕　？～1784　江戸中期の俳人・僧侶
斗昔　とせき
斗昔　1728～1803　江戸中期・後期の俳人
吐屑　とせつ
吐屑　江戸中期の雑俳点者
斗雪　とせつ
斗雪　江戸後期の俳人
杜川　とせん
杜川　？～1779　江戸中期の俳人
渡船　とせん
渡船　1305～1381　鎌倉後期・南北朝時代の時宗第8代遊行上人
戸田助　とだのすけ
稲見(いなみ)戸田助　戦国時代の下総結城氏の家臣
外太夫　とだゆう
両角(もろずみ)外太夫　？～1673　江戸前期の新田開発者
戸太夫　とだゆう
青木(あおき)戸太夫　？～1751　江戸中期の剣術家。以心流
都蝶　とちょう
都蝶　江戸後期の落語家
訥庵　とつあん
訥庵　室町・戦国時代の画家
訥翁　とつおう
松原(まつばら)訥翁　1829～1904　江戸末期の医師
篤敬　とっけい　⇔あつのり
小田(おだ)篤敬　1848～1917　江戸末期～大正期の自治功労者
独国　どっこく
独国　1762～1830　江戸中期・後期の行者
訥斎　とっさい　⇔とつさい
多湖(たこ)訥斎　江戸後期の儒者
訥斎　とつさい　⇔とっさい
日下部(くさかべ)訥斎　江戸中期・後期の漢学者
山田(やまだ)訥斎　1814～1873　江戸後期～明治期の絵師
訥敏　とつとし
木村(きむら)訥敏　1775～1853　江戸末期の易学者
兎堂　とどう
兎堂　1758～1818　江戸中期・後期の俳人
整　ととのう　⇔ただし
源(みなもとの)整　？～935　平安前期・中期の公家、歌人
百々介　どどのすけ
岡村(おかむら)百々介　？～1614　江戸前期の豊臣秀頼の家臣
外内　とない
島村(しまむら)外内　江戸後期・末期の土佐藩郷士
唱　となう
源(みなもとの)唱　？～1180　平安後期の人。嵯峨源氏
渡辺(わたなべ)唱　源唱に同じ
図南　となん
鵜飼(うかい)図南　江戸中期の書家
越村(こしむら)図南　1759～1814　江戸中期・後期の医者
越村(こしむら)図南〔2代〕　1784～1826　江戸後期の医者
高橋(たかはし)図南　1703～1785　江戸中期の有職家
滝浪(たきなみ)図南　？～1902　江戸末期・明治期の洋方医
端山(はやま)図南　江戸中期の書家
劉(りゅう)図南　1722～1756　江戸中期の通事・漢詩人
斗南　となん
神河(かんがわ)斗南　1789～1837　江戸後期の医家
三丁目(さんちょうめ)斗南　1724～1771　江戸中期の富豪
谷(たに)斗南　江戸後期の医者・漢学者
斗入　とにゅう
斗入　？～1805　江戸後期の俳諧作者
刀禰　とね
筑紫(つくしの)刀禰　上代の茨城国造
舎人　とねり
大野(おおの)舎人　1717～1802　江戸中期・後期の松江藩家老、二条派歌人
鈴木(すずき)舎人　？～1833　江戸後期の八戸藩士
根岸(ねぎし)舎人　戦国時代の里見氏家臣
古田(ふるた)舎人　1729～1802　江戸中期・後期の剣術家。新陰流
松平(まつだいら)舎人　？～1814　江戸中期・後期の出羽庄内藩家老
松平(まつだいら)舎人　1769～1819　江戸中期・

後期の出羽庄内藩家老
三浦(みうら)舎人　?〜1868　江戸後期・末期の武士
安良岡(やすらおか)舎人　戦国時代の北条氏照の臣

兎農　とのう
兎農　1791〜1865　江戸後期・末期の俳諧作者

殿子　とのこ
紀(きの)殿子　平安前期の官人

土佐守　とのさかみ
小山(おやま)土佐守　戦国時代の小山一族

殿嗣　とのつぐ
高麗朝臣(こまのあそん)殿嗣　奈良時代の官人

殿主　とのぬし
秦(はたの)殿主　平安前期の山背国葛野郡高田郷の住人

主馬　とのめ　⇔かずま, しゅめ
篠崎(しのざき)主馬　1735〜1787　江戸中期の風流人

主殿　とのも
大田原(おおたわら)主殿　1792〜1868　江戸後期・末期の剣術家。一刀流
皆川(みながわ)主殿　江戸後期の高座郡一之宮寒川社社人
山本(やまもと)主殿　安土桃山時代の織田信長の家臣

主殿助　とのものすけ
浅原(あさはら)主殿助　戦国時代の遠江高薗城城主
三谷(みや)主殿助　戦国時代の千葉胤富の家臣

斗麦　とばく
五月庵(さつきあん)斗麦　1798〜1883　江戸末期・明治期の俳人

とばりあげの女王　とばりあげのじょおう
とばりあげの女王　平安中期の歌人

飛び安里　とびあさと
飛び安里　江戸後期の花火師

十七　とひち
大津(おおつ)十七　1836〜1918　江戸末期〜大正期の戊辰戦争の小隊長、岩川郷五拾町村・中之内村の戸長

飛鳥　とびとり
飛鳥　南北朝時代の西銘飛鳥城主

飛鳥爺　とびとりしゅう
飛鳥爺　南北朝時代の宮古の英雄

兎文　とぶん
門田(かどた)兎文　1747〜1809　江戸後期の庄屋・俳人

戸平　とへい
山獅子(やまじし)戸平　?〜1714　江戸前期・中期の力士

土平治　どへいじ
土平治　?〜1788　江戸中期・後期の人。土平治騒動の指導者

斗墨　とぼく
斗墨　江戸中期の俳人

トマス
談義者(だんぎしゃ)トマス　?〜1596　戦国・安土桃山時代のキリシタン。日本二十六聖人

とみ
大野(おおの)とみ　1805〜1892　江戸末期・明治期の大野重助(野麦峠お助け小屋の最初の番人)の妻
新島(にいじま)とみ　1807〜1896　江戸末期・明治期の女性。同志社の新島襄の母

トミ
布屋(ぬのや)トミ　1839〜?　江戸後期〜明治期の紙商の娘

富　とみ
人形(にんぎょう)富　1816〜1894　江戸後期〜明治期の木偶人形師

冨　とみ
武市(たけち)冨　1830〜1917　江戸末期〜大正期の女性。武市瑞山の妻

迹見　とみ
路(みちの)迹見　?〜702　飛鳥時代の官人

富秋　とみあき
渡辺(わたなべ)富秋　1684〜1764　江戸前期・中期の国学者

富章　とみあき
室(むろ)富章　1685〜1740　江戸前期・中期の代官

富明　とみあきら
池田(いけだ)富明　1672〜1751　江戸前期・中期の代官

富右衛門　とみえもん
有坂(ありさか)富右衛門　1855〜1904　江戸末期・明治期の鋳物師
雷(いかづち)富右衛門　江戸中期の力士
佐浦(さうら)富右衛門　1767〜1815　江戸中期・後期の宮城郡塩釜村佐浦酒造店3代目
桜井(さくらい)富右衛門　?〜1822　江戸中期・後期の堰開削者
宮崎(みやざき)富右衛門　1817〜1876　江戸後期の大住郡公所村名主

富雄　とみお
和(にぎ)富雄　江戸末期の与人役

富門　とみかど　⇔ふもん
神原(かんばら)富門　1624〜1720　江戸前期・中期の津久井領牧野村名主

とみ子　とみこ
田島(たじま)とみ子　1830〜1906　江戸末期・明治期の歌人。南岳の妻

富五郎　とみごろう
奥山(おくやま)富五郎　1832〜1890　江戸後期〜明治期の宮大工
河田(かわた)富五郎　?〜1179　平安後期の義民
清水(しみず)富五郎　1850〜1922　江戸末期〜大正期の酒造業者

冨五郎　とみごろう
尾崎(おざき)冨五郎　1822〜1883　江戸後期〜明治期の佐野屋錦誠堂主人

加島(かしま)冨五郎　1829〜1901　江戸後期〜明治期の製糸業経営者

富真　とみさね

大石(おおいしの)富真　平安中期の楽人

富三郎　とみさぶろう

池田(いけだ)富三郎　1831〜1911　江戸後期〜明治期の庄屋・文人

小倉(おぐら)富三郎　1815〜1870　江戸後期〜明治期の徳島藩士

富二　とみじ

平野(ひらの)富二　1846〜1892　江戸末期・明治期の実業家、印刷技術者

富重　とみしげ

霞(かすみ)富重　1798〜1835　江戸後期の熱心な武芸家

立川(たてかわ)富重　1815〜1873　江戸後期〜明治期の宮大工、彫刻師

富茂　とみしげ

県主(あがたぬしの)富茂　平安中期の官人

冨重　とみしげ

立川(たてかわ)冨重　1815〜1873　江戸後期〜明治期の彫刻家、建築家

富嶋　とみしま

富嶋　戦国時代の北条氏の家臣

富十郎　とみじゅうろう

島田(しまだ)富十郎　？〜1872　江戸後期〜明治期の大小切騒動の首謀者

富恕　とみじょ

興(おき)富恕　1841〜？　江戸後期〜明治期の黒砂糖自由売買嘆願の陳情団の一人

富四郎　とみしろう

佐藤(さとう)富四郎　1850〜1918　江戸末期〜大正期の西の原用水の開拓者

富次郎　とみじろう

辻(つじ)富次郎　江戸後期の代官、甲府勝手小普請

富介　とみすけ

溝口(みぞぐち)富介　？〜1569　戦国・安土桃山時代の織田信長の家臣

富蔵　とみぞう

木田(きだ)富蔵　江戸中期の「老媼茶話」の著者

西村(にしむら)富蔵　江戸後期の幕臣

樋口(ひぐち)富蔵〔2代〕　江戸末期の能茶山磁器の棟梁

富造　とみぞう

久保(くぼ)富造　1847〜1920　江戸末期〜大正期の安蘇郡小見村の和塾教師、小見村副戸長

富太夫　とみだいう

神崎(かんざき)富太夫　江戸後期の大住郡大山阿夫利神社祠官

富隆　とみたか

九鬼(くき)富隆　1643〜1699　江戸前期の武士

富忠　とみただ

安倍(あべの)富忠　平安中期の武将。前九年の役で活躍

富胤　とみたね

松岡(まつおか)富胤　1790〜1860　江戸後期の三浦郡久野谷村名主

富太郎　とみたろう

相馬(そうま)富太郎　1853〜1905　江戸後期〜明治期の大工

富嗣　とみつぐ

中西(なかにし)富嗣　1797〜？　江戸後期の神職・国学者

富伝　とみでん

藤井(ふじい)富伝　1827〜？　江戸後期・末期の諏訪之瀬島移住者

富朝　とみとも

宅間(たくま)富朝　戦国時代の北条氏の家臣

富直　とみなお

和田(わだ)富直　江戸後期の和算家・新発田藩士

富仲　とみなか

五辻(いつつじ)富仲　1461〜1502　室町・戦国時代の公家

富永　とみなが

県(あがたの)富永　平安中期の官人

富宣　とみのぶ

檜山(ひやま)富宣　1809〜1858　江戸後期・末期の暦法家

富春　とみはる

丹羽(にわ)富春　江戸末期・明治期の人。長州戦争に従軍

富久　とみひさ

戸張(とばり)富久　？〜1825　江戸中期・後期の装剣金工

富寿　とみひさ

伊原(いはら)富寿　1766〜1829　江戸後期の文人

冨久　とみひさ

小橋(こばし)冨久　1824〜1889　江戸後期〜明治期の勤王志士

富寛　とみひろ

長沼(ながぬま)富寛　1847〜？　江戸後期の和算家

富房　とみふさ

立川(たてかわ)富房　江戸中期の大工

富平　とみへい

中村(なかむら)富平　江戸中期の書肆

平井(ひらい)富平　江戸後期の国学徒・大工

富雅　とみまさ

夏秋(かしゅう)富雅　1789〜1850　江戸後期の漢学者

富基　とみもと

江沼(えぬまの)富基　平安中期の官人

富元　とみもと

宇仁(うに)富元　1779〜1841　江戸中期・後期の神職、占卜家

富哉　とみや

富哉　江戸後期の俳人

富雪　とみゆき

六花亭(りっかてい)富雪　江戸末期の絵師

富世　とみよ
県(あがたの)富世　平安前期の官人

富栄　とみよし
寺村(てらむら)富栄　1842〜1910　江戸後期〜明治期の弁護士

富俶　とみよし
石原(いしはら)富俶　江戸後期の藩士

とめ
市川(いちかわ)とめ　1817〜1854　江戸後期・末期の孝子
三神(みかみ)とめ　1802〜1899　江戸後期〜明治期の人。藩内の子女に機織上下の織り方を教育

とめい
宗貞(そうてい)とめい　江戸前期の時計師

土明　どめい
土明　江戸中期の俳人

留吉　とめきち
江川(えがわ)留吉　江戸後期の彫工

留三郎　とめさぶろう
高木(たかぎ)留三郎　江戸末期の遣仏使節の一員

留次郎　とめじろう
成田屋(なりたや)留次郎　1811〜1891　江戸後期の本草家

留蔵　とめぞう
斎藤(さいとう)留蔵　1844〜1917　江戸末期・明治期の咸臨丸乗組員
森田(もりた)留蔵　斎藤留蔵に同じ

留之介　とめのすけ
小川(おがわ)留之介　1826〜1886　江戸後期〜明治期の剣術家。神道無念流

留之助　とめのすけ
小川(おがわ)留之助　?〜1865　江戸後期・末期の武士

知　とも　⇔さとる, ち
田内(たうち)知　1839〜1867　江戸後期・末期の新撰組隊士

兎毛　とも　⇔ともう
谷(たに)兎毛　江戸末期の土佐藩士

具顕　ともあき
源(みなもとの)具顕　1260?〜1287　鎌倉後期の官吏、歌人

資章　ともあき
瀬山(せやま)資章　江戸時代の盛岡藩士

知影　ともあき
野田(のだ)知影　1803〜1879　江戸後期〜明治期の藩士・天文家

知顕　ともあき
橘(たちばな)知顕　鎌倉後期の官人

知彰　ともあき
名倉(なぐら)知彰　?〜1880　江戸末期・明治期の陸軍軍医

知明　ともあき
朝比奈(あさひな)知明　戦国時代の海賊。伊勢宗瑞の命で八丈島を征服
内田(うちだ)知明　?〜1870　江戸末期・明治期の和算家
富岡(とみおか)知明　?〜1790?　江戸中期・後期の藩士

友明　ともあき　⇔ともあきら
萩原(はぎわら)友明　1703〜1761　江戸中期の代官
堀(ほり)友明　1810〜1876　江戸後期〜明治期の藩士

倫秋　ともあき
豊原(とよはら)倫秋　1698〜1769　江戸中期の楽人

倫明　ともあき
壱志(いちしの)倫明　平安中期の官人

具章　ともあきら
滝川(たきがわ)具章　1644〜1712　江戸前期・中期の幕臣

誠晃　ともあきら
多田(ただ)誠晃　江戸中期の画人

知章　ともあきら
藤原(ふじわらの)知章　?〜1013　平安中期の官人

朝明　ともあきら　⇔ちょうめい
大中臣(おおなかとみの)朝明　平安中期の官人

朋理　ともあきら
杉浦(すぎうら)朋理　1710〜1733　江戸中期の国学者

友明　ともあきら　⇔ともあき
岡野(おかの)友明　?〜1699　江戸前期の旗本

知篤　ともあつ
辻(つじ)知篤　江戸後期の幕臣

友厚　ともあつ
五代(ごだい)友厚　1835〜1885　江戸後期〜明治期の鹿児島藩士、実業家

倫篤　ともあつ
三須(みす)倫篤　南北朝時代の武家・連歌作者

朋存　ともあり
星野(ほしの)朋存　1764〜1838　江戸中期・後期の人。水沼村星野家8代目。黒川18か村郡中取締役、足尾銅山吹所世話役

知家　ともいえ
藤原(ふじわらの)知家　1045〜1105　平安中期・後期の官人
茂木(もてぎ)知家　1144〜1218　平安後期・鎌倉前期の下野国茂木郡の地頭

友家　ともいえ
友家　江戸前期の刀工

兎毛　ともう　⇔とも
小田野(おだの)兎毛　江戸中期・後期の陶工

友右衛門　ともうえもん　⇔ともえもん, ゆうえもん
高橋(たかはし)友右衛門　1800〜1880　江戸後期〜明治期の教育者

具氏　ともうじ
北畠(きたばたけ)具氏　?〜1576　戦国・安土桃山時代の武士

中院(なかのいん)具氏　南北朝時代の公家・歌人
知氏　ともうじ
茂木(もてぎ)知氏　鎌倉後期の御家人
朝氏　ともうじ
朝氏　鎌倉時代の公家
小山(おやま)朝氏　?〜1346　南北朝時代の武士
北条(ほうじょう)朝氏　鎌倉時代の武士
友衛　ともえ
白戸(しらと)友衛　?〜1869　江戸後期〜明治期の新撰組隊士
友右衛門　ともえもん　⇔ともうえもん, ゆうえもん
友右衛門　江戸後期の足柄下郡酒匂村の長吏小頭
石原(いしわら)友右衛門　1829〜1870　江戸後期〜明治期の藩士
鵜匠(うしょう)友右衛門　1759〜?　江戸中期・後期の漁師、鵜匠
栗原(くりはら)友右衛門　?〜1806　江戸中期・後期の庄内藩付家老
永島(ながしま)友右衛門　江戸後期の三浦郡佐野村名主
知雄　ともお　⇔ちゆう
多田(ただ)知雄　1783〜1828　江戸中期・後期の東総地方の豪農、醤油醸造家
伴男　ともお
柴山(しばやま)伴男　1841〜1908　江戸後期〜明治期の犬山の尾張藩士成瀬家家臣
友雄　ともお　⇔ともかつ
古沢(ふるさわ)友雄　1832〜1914　江戸末期〜大正期の歌人
知興　ともおき
石塚(いしづか)知興　江戸後期〜明治期の彫物師
朝興　ともおき
小田(おだ)朝興　戦国時代の武将
友興　ともおき
葦田(あしだ)友興　戦国時代の武将・連歌作者
倫興　ともおき
秦(はた)倫興　江戸中期の郷土史家
朝音　ともおと
茂木(もてぎ)朝音　?〜1384　南北朝時代の武将、茂木氏惣領
伴鹿　ともか
山平(やまひら)伴鹿　1783〜1829　江戸後期の歌人
友綿　ともかお
青木(あおき)友綿　?〜1796　江戸中期の殖産開拓者《青木了雲》
友垣　ともかき
依智秦(えちはたの)友垣　平安後期の官人
伴蔭　ともかげ
三輪(みわ)伴蔭　1808〜1883　江戸後期〜明治期の国学者、神官
朝員　ともかず
内田(うちだ)朝員　鎌倉時代の長野庄内吉賀郡豊田郷・那賀郡貞松名地頭
北条(ほうじょう)朝員　鎌倉時代の武士
知賢　ともかた　⇔ちけん
茂木(もてぎ)知賢　江戸中期の藩士
知剛　ともかた
中村(なかむら)知剛　1747〜1843　江戸中期・後期の幕臣
知方　ともかた　⇔ちほう
立川(たてかわ)知方　1825〜1894　江戸末期・明治期の建築家
朝賢　ともかた　⇔ちょうけん
北条(ほうじょう)朝賢　鎌倉時代の武士
朝方　ともかた
大中臣(おおなかとみの)朝方　平安後期の官人
黒田(くろだ)朝方　江戸後期・末期の和算家
与方　ともかた
下河辺(しもこうべ)与方　江戸中期の和算家
知勝　ともかつ
猪野(いの)知勝　江戸前期の新田開発者
小野(おの)知勝　江戸後期の和算家
南(みなみ)知勝　?〜1647　江戸前期の浅野家臣
朝勝　ともかつ
宮後(みやじり)朝勝　南北朝時代の神職・歌人
友勝　ともかつ
遠山(とおやま)友勝　安土桃山時代の織田信長の家臣
宝生(ほうしょう)友勝　?〜1792　江戸中期・後期の能役者シテ方
山角(やまかど)友勝　江戸中期の神典研究者
友雄　ともかつ　⇔ともお
執印(しゅういん)友雄　鎌倉時代の薩摩国御家人
朝兼　ともかね
土師(はじの)朝兼　?〜1018　平安中期の官人
室(むろの)朝兼　南北朝時代の室津にいた武士
薮塚(やぶつか)朝兼　鎌倉後期の武士
友兼　ともかね
吉香(きっか)友兼　鎌倉前期の駿河武将
国分(こくぶ)友兼　鎌倉時代の武将
藤原(ふじわらの)友兼　平安後期の官人
友包　ともかね
紀(きの)友包　平安後期の伊勢神宮権別当
倫兼　ともかね
高野(たかの)倫兼　1701〜1782　江戸中期の藩士
朋吉　ともきち
吉田(よしだ)朋吉　1854〜1926　江戸末期〜大正期の機械技術者
友吉　ともきち
片山(かたやま)友吉　江戸末期の遣米使節の一員
川又(かわまた)友吉　?〜1888　江戸末期・明治期のつけ木(マッチ)売り
榊原(さかきばら)友吉　1856〜?　江戸末期の文盛堂創業者
知清　ともきよ
柘植(つげ)知清　1687〜1744　江戸前期・中期の歌人・幕臣
寺井(てらい)知清　室町時代の武家・連歌作者

奉清 ともきよ
大中臣(おおなかとみの)奉清 平安後期の漏刻博士
橘(たちばなの)奉清 平安後期の漏刻博士

友清 ともきよ
安倍(あべの)友清 平安後期の官人
岡嶋(おかじま)友清 江戸前期の和算家
岡山(おかやま)友清 1789～1878 江戸後期～明治期の農村指導者

知国 ともくに
吉田(よしだ)知国 江戸後期の和算家、尼崎藩士

友国 ともくに
大伴(おおともの)友国 ?～692 飛鳥時代の官吏
藤井(ふじいの)友国 平安後期の官人

友九郎 ともくろう
小谷屋(こたにや)友九郎 1800～1875 江戸末期・明治期の郡中十錦の創始者

具子 ともこ
日野(ひの)具子 戦国時代の女性。後奈良天皇の後宮

類子 ともこ
菅原(すがわらの)類子 平安前期の女性。光孝天皇の更衣

友五郎 ともごろう
鶴沢(つるさわ)友五郎 1829～1908 江戸後期～明治期の阿波浄瑠璃の三味線奏者

友左衛門 ともざえもん
友左衛門 江戸中期の人。廻船業者
若林(わかばやし)友左衛門 1806～1888 江戸後期～明治期の水内郡倉井村の庄屋

知貞 ともさだ
紀(きの)知貞 平安中期の藤原実資の家司
土屋(つちや)知貞 1594～1676 安土桃山・江戸前期の幕臣
物部(もののべの)知貞 平安中期の官人

知定 ともさだ
凡(おおしの)知定 平安中期の官人
藤原(ふじわらの)知定 平安後期の官人
養輪(みのわ)知定 江戸末期の和算家

朝貞 ともさだ ⇔あささだ, ちょうてい
北条(ほうじょう)朝貞 鎌倉時代の武士
北条(ほうじょう)朝貞 ?～1333 鎌倉後期の武士
宮後(みやじり)朝貞 1596～1682 安土桃山・江戸前期の神職

朝定 ともさだ
太田垣(おおたがき)朝定 戦国時代の武将・連歌作者
日下部(くさかべ)朝定 戦国時代の武将、連歌師
村上(むらかみ)朝定 奈良時代の人。千厩村上氏の祖

等定 ともさだ
青地(あおぢ)等定 ?～1665 江戸前期の加賀藩士

奉貞 ともさだ
紀(きの)奉貞 平安後期の官人

友貞 ともさだ
井上(いのうえ)友貞 1626～? 江戸前期の俳人、歌人
国分(こくぶ)友貞 鎌倉時代の薩摩国羽島の領主
秦(はたの)友貞 平安後期の官人
丸山(まるやま)友貞 ?～1710 江戸前期の旗本

友定 ともさだ
多比羅(たいら)友定 多比良友定に同じ
多比良(たいら)友定 戦国時代の新堀城主
服部(はっとり)友定 ?～1568 安土桃山時代の武将

友真 ともさね ⇔ともざね, ともまさ
渥美(あつみ)友真 1573～1641 江戸前期の武士

具実 ともざね
源(みなもとの)具実 1203～1277 鎌倉前期・後期の公卿

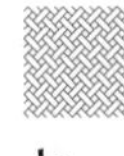

知実 ともざね
伴(ともの)知実 平安後期の官人

朝実 ともざね
源(みなもとの)朝実 平安後期の官人

奉実 ともざね
北沢(きたざわ)奉実 江戸中期・後期の和算家

友実 ともざね
藤原(ふじわら)友実 1062～1097 平安後期の漢詩人
藤原(ふじわらの)友実 平安後期の官人
吉井(よしい)友実 1828～1891 江戸末期の志士・政治家

友真 ともざね ⇔ともさね, ともまさ
紀(きの)友真 平安後期の伊勢神宮正検校

倫真 ともざね
佐伯(さえきの)倫真 平安後期の官人

友三郎 ともさぶろう
神谷(かみや)友三郎 1776～1833 江戸中期・後期の狂俳の宗匠
正野(しょうの)友三郎 1823～1891 江戸末期・明治期の和算家

友治 ともじ ⇔ともはる
蓮沼(はすぬま)友治 1844～1874 江戸後期～明治期の教育家

知重 ともしげ
沖杉(おきすぎ)知重 江戸後期の和算家
山口(やまぐち)知重 1850～1921 江戸後期～大正期の幕臣

朝重 ともしげ ⇔ちょうじゅう
秋鹿(あいか)朝重 1607～1680 江戸前期の代官
藤原(ふじわらの)朝重 平安後期・鎌倉前期の武士

朝繁 ともしげ
八条(はちじょう)朝繁 戦国時代の馬術家

備重 ともしげ
広瀬(ひろせ)備重 江戸中期の和算家

友重 ともしげ
友重〔3代〕 南北朝・室町時代の刀工
紀(きの)友重 平安中期の人
木村(きむら)友重 1585～1654 江戸前期の武士。剣術新陰流中興の祖
佐野(さの)友重 戦国時代の甲斐武田一族穴山信

君の家臣
塩津（しおづ）友重　戦国時代の穴山梅雪の家臣
蓼沼（たでぬま）友重　？〜1609　安土桃山・江戸前期の上杉景勝の家臣
遠山（とおやま）友重　安土桃山時代の織田信長の家臣

倫滋　ともしげ
藤原（ふじわらの）倫滋　平安前期の伊賀国名張郡内の私領主

友十　ともじゅう
友十　安土桃山時代の陶工

友女　ともじょ
石川（いしかわ）友女　江戸後期の歌人

朝次郎　ともじろう
穴水（あなみず）朝次郎　1838〜1900　江戸後期〜明治期の山梨県庁土木課長

友次郎　ともじろう
中村（なかむら）友次郎　1834〜1920　江戸末期〜大正期の歌舞伎役者

具季　ともすえ
藤原（ふじわらの）具季　平安後期の官人

朝季　ともすえ
大田（おおた）朝季　鎌倉前期の越中守護と見なされる人物

奉季　ともすえ
豊原（とよはらの）奉季　平安中期の官人

友季　ともすえ
藤原（ふじわらの）友季　平安後期の官人

友標　ともすえ
荻原（おぎわら）友標　1741〜1813　江戸中期・後期の幕臣、代官

知亮　ともすけ
茂木（もてぎ）知亮　1686〜1753　江戸前期・中期の藩士

朝資　ともすけ
中条（なかじょう）朝資　？〜1500　室町・戦国時代の越後奥山荘中条の国人

朝輔　ともすけ
藤原（ふじわらの）朝輔　平安後期の官人

友輔　ともすけ　⇔ゆうすけ
上田（うえだ）友輔　江戸末期の幕臣・幕府定役元締。1862年遣欧使節に随行しフランスに渡る
斎藤（さいとう）友輔　江戸末期の韮山代官江川氏の手代
齋藤（さいとう）友輔　斎藤友輔に同じ

友傅　ともすけ
賀茂（かも）友傅　1648〜1682　江戸前期の陰陽家・暦学者

与副　ともすけ
松平（まつだいら）与副　戦国時代の武将

倫祐　ともすけ
倫祐〔1代〕　安土桃山・江戸前期の刀工
倫祐〔2代〕　？〜1655？　江戸前期の刀工

知住　ともずみ
久山（くやま）知住　1818〜1877　江戸後期の里正

朝澄　ともずみ
土岐（とき）朝澄　1691〜1752　江戸中期の幕臣

伴蔵　ともぞう　⇔ばんぞう
佐藤（さとう）伴蔵　？〜1770　江戸中期の庄屋、新田開発者

友三　ともぞう　⇔ゆうさん, ゆうぞう
松尾（まつお）友三　1827〜1907　江戸後期〜明治期の開拓者

友蔵　ともぞう
碓氷（うすい）友蔵　江戸後期の大住郡田村大工
尾形（おがた）友蔵　1828〜1877　江戸後期〜明治期の剣術家。心形刀流

具隆　ともたか
小幡（おばた）具隆　戦国時代の上野国衆

知隆　ともたか
小塚（こづか）知隆　1787〜1842　江戸中期・後期の神職

朝喬　ともたか　⇔ちょうきょう
津軽（つがる）朝喬　1732〜1776　江戸中期の藩士

朝高　ともたか
高梨（たかなし）朝高　室町時代の武士

友孝　ともたか
芦沢（あしざわ）友孝　戦国時代の甲斐国南部の土豪

友高　ともたか
小野（おのの）友高　平安後期の相撲人
巨勢（こせの）友高　平安後期の唐通事

友隆　ともたか
阿蘇（あそ）友隆　？〜1718　江戸前期・中期の神職

朝豪　ともたけ
土岐（とき）朝豪　江戸後期の幕臣

朝雄　ともたけ
宮後（みやじり）朝雄　1570〜1644　安土桃山・江戸前期の神職

友竹　ともたけ
笹井（ささい）友竹　江戸末期の画人

友武　ともたけ
坂本（さかもとの）友武　平安中期の官人
民（たみの）友武　平安後期の官人

共忠　ともただ
海（あまの）共忠　平安中期の官人

倶忠　ともただ
金子（かねこ）倶忠　1747〜1832　江戸中期・後期の法神流剣士

知忠　ともただ
平（たいらの）知忠　1177〜1196　平安後期・鎌倉前期の武士。平知盛の子

朝忠　ともただ
中里（なかざと）朝忠　江戸末期の真岡中村八幡の神主

奉忠　ともただ
礒上（いそのかみの）奉忠　平安中期の仏師
小野（おのの）奉忠　平安中期の官人

友忠　ともただ
友忠　江戸中期の根付師

大中臣(おおなかとみの)友忠　1602〜1668　安土桃山・江戸前期の神宮祭主
藤井(ふじい)友忠　戦国・安土桃山時代の箕輪長野氏の重臣

有忠　ともただ　⇔ありただ
巨勢(こせの)有忠　鎌倉時代の画家

朝竜　ともたつ
片桐(かたぎり)朝竜　1700〜1781　江戸中期の藩士

智種　ともたね
安原(やすはら)智種　?〜1615　江戸前期の備中国出身の鉱山師

朝胤　ともたね
国分(こくぶ)朝胤　戦国時代の大崎城主
原(はら)朝胤　戦国時代の小弓城原氏の一族

友胤　ともたね
井田(いだ)友胤　?〜1565　戦国・安土桃山時代の大台城主
原(はら)友胤　戦国時代の伯耆守系原氏

友太夫　ともだゆう
伊奈(いな)友太夫　?〜1758　江戸中期の剣術家。円明流

知足　ともたり　⇔ちそく
太田垣(おおたがき)知足　?〜1880　江戸後期〜明治期の歌人
高橋(たかはし)知足　江戸後期の藩士・和算家
前田(まえだ)知足　江戸末期の藩士

友足　ともたり
伴(ともの)友足　778〜843　奈良・平安前期の官人

鞆足　ともたり
岡本(おかもと)鞆足　1787〜1835　江戸中期・後期の郷土史家

友太郎　ともたろう
高橋(たかはし)友太郎　1814〜1886　江戸後期〜明治期の文人

知至　ともちか
窪田(くぼた)知至　1773〜1838　江戸中期・後期の和算家、岡山藩士

知周　ともちか　⇔ちしゅう
岡見(おかみ)知周　1666〜1702　江戸前期・中期の藩士
前田(まえだ)知周　江戸後期の藩士

知親　ともちか
青山(あおやま)知親　?〜1802　江戸中期・後期の藩士・歌人
河内(こうち)知親　?〜1618　江戸前期の甲斐国代官
穂高(ほだか)知親　戦国・安土桃山時代の信濃国安曇郡穂高の国衆

知鄰　ともちか
岡野(おかの)知鄰　1762〜1817　江戸中期・後期の幕臣

奉親　ともちか
安倍(あべの)奉親　平安中期の陰陽家
大中臣(おおなかとみの)奉親　平安中期の官人
紀(きの)奉親　平安後期の官人
丹波(たんばの)奉親　平安中期の官人

友近　ともちか
越智(おちの)友近　平安中期の官人

友親　ともちか
島(しま)友親　1622〜1683　江戸前期の越後国高田代官

知嗣　ともつぐ
佐々木(ささき)知嗣　1788〜1863　江戸後期・末期の和算家

友次　ともつぐ
宇多(うだ)友次　南北朝時代の越中の刀工
太田(おおた)友次　?〜1691　江戸中期の代官
岡本(おかもと)友次　1675〜1754　江戸前期・中期の鐔工
紀(きの)友次　平安後期の官人
横山(よこやま)友次　安土桃山時代の穴山氏の家臣

知綱　ともつな
藤原(ふじわらの)知綱　1050〜1093　平安中期・後期の官人
藤原(ふじわらの)知綱　?〜1094　平安後期の官人。藤原師実家の家司

朝綱　ともつな
阿曽沼(あそぬま)朝綱　南北朝時代の武将。遠野阿曽沼氏6代領主
平(たいらの)朝綱　?〜1183　平安後期の武士
伊達(だて)朝綱　南北朝時代の但馬国の国人
藤原(ふじわらの)朝綱　1122〜1204　平安後期の武士

等綱　ともつな
土屋(つちや)等綱　戦国時代の上野国衆国峰小幡氏の家臣

奉綱　ともつな
伊岐(いきの)奉綱　平安後期の官人
尾張(おわりの)奉綱　平安後期の官人

友綱　ともつな
御宿(みしゅく)友綱　?〜1582　戦国・安土桃山時代の武田家臣《御宿監物》

五常　ともつね
高丘(たかおか)五常　平安前期の官人・漢詩人

知常　ともつね
大口(おおぐち)知常　?〜1822　江戸中期・後期の心学者
古宇田(こうだ)知常　江戸後期の医者
津田(つだ)知常　1762〜1846　江戸中期・後期の豪商

智恒　ともつね
藤井(ふじい)智恒　1687〜1740　江戸前期・中期の関東代官

朝経　ともつね
多賀谷(たがや)朝経　戦国時代の武士。下総結城氏の重臣
多賀谷(たがや)朝経　?〜1566　戦国・安土桃山時代の下総の国衆
豊島(としま)朝経　?〜1203　鎌倉前期の土佐国守護

朝常　ともつね　⇔ちょうじょう
津田（つだ）朝常　1638～1706　江戸前期・中期の藩士

友恒　ともつね
中井（なかい）友恒〔2代〕　1705～1779　江戸中期の彫金鐔師

倫経　ともつね
藤原（ふじわらの）倫経　平安後期の官人

知行　ともつら　⇔ともゆき
吉田（よしだ）知行　1843～1913　江戸後期～大正期の名古屋藩士

友鶴　ともづる
千歳軒（せんざいけん）友鶴　？～1824　江戸中期・後期の狂歌作者

友光　ともてる　⇔ともみつ
佐伯（さえき）友光　1847～1924　江戸末期～大正期の郷土開発先覚者

知時　ともとき
知時　平安後期の武士
早田（はやた）知時　1833～1904　江戸末期・明治期の愛媛県会議員

朝言　ともとき
北条（ほうじょう）朝言　鎌倉時代の武士

朝辰　ともとき
成田（なるた）朝辰　1759～1833　江戸中期・後期の卜占家

奉時　ともとき　⇔ほうじ
小野（おのの）奉時　平安中期の官人

奉節　ともとき
紀（きの）奉節　平安後期の官人

友時　ともとき
北条（ほうじょう）友時　？～1339　鎌倉後期・南北朝時代の武士

具俊　ともとし
惟宗（これむね）具俊　鎌倉後期の医者

知俊　ともとし　⇔ちしゅん
大中臣（おおなかとみの）知俊　平安後期の陰陽師

朝俊　ともとし
北条（ほうじょう）朝俊　鎌倉後期の武士
源（みなもとの）朝俊　平安後期の官人

朝利　ともとし
土岐（とき）朝利　1765～1829　江戸中期・後期の幕臣

友寿　ともとし　⇔ともなが, ともひさ
的場（まとば）友寿　江戸末期の武士

友俊　ともとし
太田（おおた）友俊　？～1665　江戸前期の代官
中原（なかはら）友俊　1684～1756　江戸前期・中期の官人
藤原（ふじわらの）友俊　平安後期の官人
山中（やまなか）友俊　1599～1672　江戸前期の武士

友年　ともとし
末貞（すえさだ）友年　1847～1922　江戸末期～大正期の中津銀行重役
田鶴（たづる）友年　1733～1824　江戸後期の地方狂歌作者、庄屋

友利　ともとし
石田（いしだ）友利　戦国時代の三河国の今川氏被官

倫俊　ともとし
惟宗（これむねの）倫俊　平安後期の官人

知虎　ともとら
土屋（つちや）知虎　1724～1794　江戸中期・後期の藩士

朝直　ともなお
土岐（とき）朝直　1695～1761　江戸中期の幕臣
北条（ほうじょう）朝直　1206～1264　鎌倉前期・後期の武将

友直　ともなお　⇔ゆうちょく
友直　江戸前期の俳人
小西（こにし）友直　？～1849　江戸後期の藩士
滝川（たきがわ）友直　1816～1862　江戸後期・末期の藩士・和算家
豊田（とよだ）友直　1805～1870　江戸後期の武士
狭間（はざま）友直　南北朝時代の武士
肱黒（ひじくろ）友直　1831～1887　江戸後期～明治期の出水郡出水郷麓の郷士
堀（ほり）友直　1816～1881　江戸後期～明治期の漢学者
桃井（もものい）友直　江戸中期の藩士

友仲　ともなか
伴（ともの）友仲　平安後期の官人

知永　ともなが
村上（むらかみ）知永　江戸時代の和算家

知修　ともなが
林（はやし）知修　江戸後期の下野佐久山の旗本福原氏の家臣

知長　ともなが
丹波（たんば）知長　鎌倉後期の医者・歌人

朝長　ともなが
色部（いろべ）朝長　戦国時代の越後小泉荘の国人
小山（おやま）朝長　1188～1229　平安後期・鎌倉前期の武将
北条（ほうじょう）朝長　鎌倉時代の武士

友寿　ともなが　⇔ともとし, ともひさ
伊能（いのう）友寿　1826～1909　江戸後期～明治期の漢学者、国学者、剣術指南

友長　ともなが
友長　戦国時代の刀工
大原（おおはらの）友長　平安後期の官人

誠成　ともなり
多田（ただ）誠成　1828～1887　江戸後期～明治期の地方行政官

知成　ともなり
大中臣（おおなかとみの）知成　平安後期の官人

朝業　ともなり
塩谷（しおや）朝業　？～1237　鎌倉前期の武士

友成　ともなり
宇治田（うじた）友成　1610～1689　江戸前期の武士、砲術宇治田流中興の祖

知愛　ともなる
岡見(おかみ)知愛　1701〜1749　江戸中期の藩士

伴主　ともぬし
潭雲斎(たいうんさい)伴主　1768〜1849　江戸中期・後期の華道家

友之助　ともの すけ
大畠(おおはた)友之助　江戸末期の新撰組隊士

知信　とものぶ
藤原(ふじわら)知信　1076〜?　平安後期の公家・歌人

知宣　とものぶ
藤原(ふじわらの)知宣　平安後期の武士

智信　とものぶ
恩田(おんだ)智信　1746〜1813　江戸中期・後期の名教館文武頭取

朝信　とものぶ
大須賀(おおすが)朝信　戦国時代の下総松子城主。助崎城主大須賀宗幸の子
斉藤(さいとう)朝信　戦国時代の上杉氏の重臣

朝宣　とものぶ
北条(ほうじょう)朝宣　鎌倉後期の武士
北条(ほうじょう)朝宣　?〜1334　鎌倉後期・南北朝時代の武士

朝脩　とものぶ
小峯(こみね)朝脩　?〜1510　戦国時代の武将・連歌作者

朋信　とものぶ
星野(ほしの)朋信　1823〜1886　江戸後期〜明治期の人。水沼村星野家10代目。上野国旧幕領の三総長の一人

友延　とものぶ
渥美(あつみ)友延　1661〜1723　江戸中期の旗本

友信　とものぶ
狩野(かのう)友信　1843〜1912　江戸後期〜明治期の日本画家
賀茂(かも)友信　1666〜1723　江戸前期・中期の陰陽家、暦学者
佐藤(さとう)友信　1819〜1883　江戸後期〜明治期の歌人
武田(たけだ)友信　江戸末期・明治期の藩士
遠山(とおやま)友信　?〜1582　安土桃山時代の織田信長の家臣
蓮田(はすだ)友信　江戸後期の和算家、米沢藩士

与信　とものぶ
穂積(ほづみ)与信　?〜1731　江戸中期の和算家

侶延　とものぶ
山尾(やまお)侶延　江戸末期・明治期の金工家

供憲　とものり
古坂(ふるさか)供憲　1671〜1743　江戸前期・中期の幕臣

具範　とものり
惟宗(これむねの)具範　平安前期の貴族

知紀　とものり
吉田(よしだ)知紀　1808〜1872　江戸後期〜明治期の尾張藩士

知規　とものり
天野(あまの)知規　1859〜1908　江戸末期・明治期の造林事業の恩人

知教　とものり
茂木(もてぎ)知教　?〜1810　江戸中期・後期の藩士

知徳　とものり
手島(てしま)知徳　1859〜1907　江戸末期・明治期の塩業家

聴訓　とものり
原島(はらしま)聴訓　1845〜1892　江戸後期〜明治期の今治藩の江戸家老・農村指導者

友憲　とものり
野本(のもと)友憲　?〜1647　江戸前期の武士

友徳　とものり
森脇(もりわき)友徳　1756〜1818　江戸中期・後期の岩国武門俳壇の2世宗匠

倫範　とものり
平(たいらの)倫範　平安中期の随身

相治　ともはる
外郎(ういろう)相治　江戸中期の小田原の薬舗

知春　ともはる
小田(おだ)知春　?〜1364　鎌倉後期・南北朝時代の武将・連歌作者
谷山(たにやま)知春　江戸後期の歌人

朝治　ともはる
秋鹿(あいか)朝治　南北朝時代の中泉の地頭職
小槻(おづき)朝治　1220〜1291　鎌倉前期・後期の官人。算博士
土岐(とき)朝治　1661〜1733　江戸中期の家臣、幕臣

友治　ともはる　⇔ともじ
岡本(おかもと)友治　?〜1675　江戸前期の鐔工

友春　ともはる
天川(あまかわ)友春　1678〜1754　江戸前期・中期の郷土史家
神足(こうたり)友春　室町時代の山城国乙訓郡神足の国人

備彦　ともひこ
松木(まつき)備彦　1483〜1563　戦国・安土桃山時代の神職

友彦　ともひこ
伴野(ともの)友彦　1747〜1834　江戸後期の心学者

知久　ともひさ
横山(よこやま)知久　江戸前期の京都糸割符商人

知尚　ともひさ
藤原(ふじわらの)知尚　?〜1221　鎌倉前期の武将

朝久　ともひさ
相田(あいだ)朝久　江戸後期の書家

朝尚　ともひさ
梶田(かじた)朝尚　?〜1688　江戸前期の銃術家
梶田(かじた)朝尚　1629〜1714　江戸前期・中期の岡山藩士

友久　ともひさ
浦野(うらの)友久　?～1568　安土桃山時代の小県郡の国衆浦野氏の一門
奥山(おくやま)友久　戦国時代の遠江国奥山郷国衆奥山氏の一族
河治(かわはる)友久　1687～1743　江戸前期・中期の装剣金工
島津(しまづ)友久　?～1493　室町・戦国時代の武将

友寿　ともひさ　⇔ともとし,ともなが
渡辺(わたなべ)友寿　江戸前期の渡辺近江守秀村の裔

友英　ともひで
寺田(てらだ)友英　江戸前期の書肆

友秀　ともひで　⇔ゆうしゅう
長野(ながの)友秀　?～1618　安土桃山・江戸前期の幕臣

と

知衡　ともひら
村井(むらい)知衡　1768～1857　江戸中期～末期の藩士・兵法家

奉平　ともひら
県(あがたの)奉平　平安中期の陰陽師・天文博士

友平　ともひら
平野(ひらの)友平　?～1676　江戸前期の代官

倶寛　ともひろ　⇔ぐかん
石井(いしい)倶寛　1848～1924　江戸末期～大正期の実業家

知弘　ともひろ
徳久(とくひさ)知弘　江戸末期の宇和島藩士・和算家
柳川(やながわ)知弘　江戸後期の和算家

知淵　ともひろ
小菅(こすげ)知淵　1832～1888　江戸後期～明治期の武士、軍人

知礼　ともひろ
渋谷(しぶや)知礼　江戸中期の和算家

智寛　ともひろ　⇔ちかん
市岡(いちおか)智寛　1731～1808　江戸中期の本草学者、考古学者

智淵　ともひろ　⇔ちえん
小菅(こすげ)智淵　1832～1888　江戸後期～明治期の武士、軍人《小菅知淵》

朝広　ともひろ
神代(こうじろ)朝広　1834～1892　江戸後期～明治期の神職、歌人
神白(こうじろ)朝広　神代朝広に同じ

備助　ともひろ
芦川(あしかわ)備助　1734～1804　江戸後期の武士

朋寛　ともひろ
星野(ほしの)朋寛　1791～1856　江戸後期・末期の人。水沼村星野家9代目。江戸城御用木伐採事業者

友広　ともひろ
有賀(ありが)友広　江戸中期の郷土史家
曽根(そね)友広　1654～1680　江戸前期の関東代官
藤原(ふじわら)友広　室町・戦国時代の神職

友弘　ともひろ
樹下(じゅげ)友弘　戦国時代の神職・連歌作者

知英　ともふさ
岡野(おかの)知英　?～1847　江戸後期の幕臣

知房　ともふさ
大中臣(おおなかとみの)知房　平安後期の神官
藤原(ふじわら)知房　1046～1112　平安中期・後期の公家・歌人・漢詩人

朝房　ともふさ
久利(くり)朝房　南北朝時代の久利郷一分地頭
豊島(としま)朝房　1593～1649　江戸前期の武士
北条(ほうじょう)朝房　鎌倉後期の武士

友房　ともふさ
小見山(こみやま)友房　江戸後期の国学者
佐佐(さっさ)友房　1854～1906　江戸末期・明治期の政治家
菱川(ひしかわ)友房　江戸前期・中期の浮世絵師
藤原(ふじわらの)友房　平安後期の官人

知文　ともふみ
名倉(なぐら)知文　?～1898　江戸末期・明治期の静岡藩士、陸軍軍医

友文　ともふみ
深尾(ふかお)友文　1823～1895　江戸後期～明治期の池田学問所の最後の師匠

共理　ともまさ
藤原(ふじわらの)共理　?～939　平安前期・中期の官人。北家内麻呂流長岡の曽孫、保高の子

知政　ともまさ
大中臣(おおなかとみの)知政　平安後期の官人

知正　ともまさ
森本(もりもと)知正　1736～1781　江戸後期の武士

朝昌　ともまさ
上杉(うえすぎ)朝昌　戦国時代の相模の武将
土岐(とき)朝昌　江戸後期・末期の幕臣

朝政　ともまさ
伊佐(いさ)朝政　鎌倉前期の武士
平子(たいらく)朝政　?～1507　室町・戦国時代の武士。越後守護上杉房定・房能の重臣
北条(ほうじょう)朝政　鎌倉時代の武士
北条(ほうじょう)朝政　鎌倉後期の武士

朝正　ともまさ
秋鹿(あいか)朝正　1580～1656　安土桃山・江戸前期の幕臣

同政　ともまさ
諸星(もろぼし)同政　1651～1721　江戸前期・中期の代官

奉政　ともまさ
宇治(うじの)奉政　平安中期の官人
小野(おのの)奉政　平安中期の官人

友真　ともまさ　⇔ともさね,ともざね
野間(のま)友真　江戸中期の医者

友政 ともまさ
宇佐美（うさみ）友政　1751～1820　江戸中期・後期の藩士
杉田（すぎた）友政　？～1630　安土桃山・江戸前期の浅野家臣
友正 ともまさ
紀（きの）友正　鎌倉前期の官人
友方 ともまさ
多治（たじひの）友方　平安後期の官人
与政 ともまさ
下嶋（しもしま）与政　1597～1665　安土桃山・江戸前期の幕臣
友益 ともます　⇔ゆうえき
速水（はやみ）友益　1557～1607　戦国～江戸前期の官人・連歌作者
友松 ともまつ　⇔ゆうしょう
荒木（あらきの）友松　平安後期の官人
知麻呂 ともまろ
宇治（うじの）知麻呂　奈良時代の道守荘の水守
知万呂 ともまろ
三家（みやけの）知万呂　奈良時代の人。金井沢碑を建立
智麻呂 ともまろ　⇔ちまろ
生江（いくえの）智麻呂　奈良時代の官人
能登臣（のとのおみ）智麻呂　奈良時代の越中国鳳至郡の大領
等母麻呂 ともまろ
藤原部（ふじわらべの）等母麻呂　奈良時代の防人
以道 ともみち　⇔もろみち
荒井（あらい）以道　江戸後期の和算家
具通 ともみち
星合（ほしあい）具通　1598～1679　安土桃山・江戸前期の幕臣
知通 ともみち
添田（そえだ）知通　1830～1896　江戸後期～明治期の神奈川県収税長
源（みなもとの）知通　平安中期の官人
知道 ともみち　⇔ちどう
岡野（おかの）知道　江戸後期・末期の幕臣
蓮見（はすみ）知道　江戸後期の人。富士講の一派丸参講の信者
朝通 ともみち
大江（おおえの）朝通　平安中期の文章生
小浦（こうら）朝通　？～1801　江戸中期・後期の藩士・歌人
友道 ともみち
平野（ひらの）友道　江戸後期の装剣金工
知光 ともみつ
藤原（ふじわらの）知光　平安中期の官人
細萱（ほそかや）知光　戦国時代の信濃国安曇郡細萱の国衆
朝光 ともみつ
赤坂（あかさか）朝光　1551～1615　戦国～江戸前期の南奥羽の国衆。佐竹氏家臣
浅香（あさか）朝光　安土桃山・江戸前期の砲術家
大井（おおい）朝光　1198～1225？　鎌倉前期の武将
奉光 ともみつ
紀（きの）奉光　1129～1181　平安後期の武士
友光 ともみつ　⇔ともてる
友光　戦国時代の武田義信の側近
佐野（さの）友光　戦国時代の穴山信友・信君の家臣
中原（なかはらの）友光　平安後期の医師
具致 ともむね
柚原（ゆはら）具致　1844～1903　江戸末期・明治期の武士、政治家
知宗 ともむね
伴（ともの）知宗　平安後期の官人
保田（やすだ）知宗　？～1576　戦国・安土桃山時代の織田信長の家臣
知棟 ともむね
永長（なかおさ）知棟　1806～1858　江戸後期・末期の和算家
朝旨 ともむね
土岐（とき）朝旨　1773～1838　江戸中期・後期の武士
朝宗 ともむね　⇔ちょうそう
大須賀（おおすが）朝宗　戦国時代の下総松子城主。勝秀（初名常康か）の子か
笠間（かさま）朝宗　鎌倉後期以前の歌人
中村（なかむら）朝宗　平安後期・鎌倉前期の武将。奥州伊達氏の祖
藤原（ふじわらの）朝宗　平安後期の武士
藤原（ふじわらの）朝宗　平安後期の武士。藤原光隆の子
北条（ほうじょう）朝宗　鎌倉後期の武士
三善（みよし）朝宗　1325～1385　戦国時代の武将で氷見市池田城城主
朝棟 ともむね
宮後（みやじり）朝棟　1269～1341　鎌倉後期・南北朝時代の神職、歌人
朝村 ともむら　⇔あさむら
網戸（あじと）朝村　鎌倉前期・後期の武将、関東御家人、寒河郡網戸郷地頭職
小山（おやま）朝村　鎌倉時代の武将
源（みなもとの）朝村　鎌倉後期の飛騨守
友村 ともむら
荻原（おぎわら）友村　江戸前期の旗本
朝望 ともも ち
大江（おおえの）朝望　平安中期の官人
笠（かさの）朝望　平安中期の官人
奉持 ともも ち
小野（おのの）奉持　平安中期の官人
友以 ともも ち
渡辺（わたなべ）友以　江戸前期の阿武隈川改修の功績者
知基 とももと
茂木（もてぎ）知基　？～1239　鎌倉前期の武将。茂木氏の祖
知守 とももり
秋山（あきやま）知守　？～1769　江戸中期の安芸

の神道家
共保 ともやす
井伊(いい)共保　平安時代の人。井伊氏の祖
知康 ともやす
丹波(たんば)知康　平安後期の医者
智康 ともやす
長田(おさだ)智康　1828～1904　江戸後期～明治期の亀沢学校創立者
中村(なかむら)智康　1806～1878　江戸後期～明治期の和算家
友安 ともやす
友安　平安時代の刀工
大江(おおえの)友安　平安後期の官人
友恭 ともやす
黒川(くろかわ)友恭　1830～1895　江戸後期～明治期の銀行家
友保 ともやす
西野(にしの)友保　1838～1887　江戸後期～明治期の立志社社長、銀行家
吃安 どもやす
竹居の(たけいの)吃安　1811～1862　江戸後期・末期の博徒
知行 ともゆき　⇔ともつら
大江(おおえ)知行　鎌倉時代の歌人
三浦(みうら)知行　江戸後期の和算家
茂木(もてぎ)知行　?～1499　室町・戦国時代の国人領主。茂木荘を拠点
知致 ともゆき
芳賀(はが)知致　江戸後期の和算家
朝行 ともゆき
内藤(ないとう)朝行　戦国時代の武士。扇谷上杉氏家臣、のち北条氏家臣
朋如 ともゆき
田中(たなか)朋如　1707～1770　江戸中期の藩士・国学者
朋之 ともゆき
団野(だんの)朋之　江戸前期の佐賀藩御用商人、俳人
友行 ともゆき
友行　戦国時代の刀工
渥美(あつみ)友行　1616～1688　江戸前期の武士
友之 ともゆき
別所(べっしょ)友之　1556?～1580　戦国・安土桃山時代の織田信長の家臣
若林(わかばやし)友之　1840～1866　江戸後期・末期の藩士、砲術家
友于 ともゆき
倉谷(くらたに)友于　1791～?　江戸後期の医者・歌人
具義 ともよし
坂内(さかない)具義　1558?～1576　戦国・安土桃山時代の織田信長の家臣
具良 ともよし
大河内(おおこうち)具良　?～1576　戦国・安土桃山時代の織田信長の家臣
大河内(おかわち)具良　大河内具良に同じ
節義 ともよし
桜井(さくらい)節義　江戸後期の和算家
知宜 ともよし
酒井(さかい)知宜　?～1823　江戸中期・後期の「見聞雑記」の著者
知義 ともよし
阿部(あべ)知義　1748～1811　江戸中期・後期の和算家
石井(いしい)知義　江戸後期の和算家
岡本(おかもと)知義　江戸中期の装剣金工
桐山(きりやま)知義　江戸後期の医者・書家
寺島(てらしま)知義　?～1888　江戸後期～明治期の藩士
室井(むろい)知義　江戸末期の和算家
知能 ともよし
藤塚(ふじつか)知能　?～1824　江戸中期・後期の神職
智義 ともよし
金田(かねた)智義　1785～1853　江戸中期・後期の国学者
智祥 ともよし
中山(なかやま)智祥　1771～1848　江戸末期の商人
朝義 ともよし　⇔ちょうぎ, ちょうざ
伊達(だて)朝義　?～1306　鎌倉後期の備中野山庄の地頭
土岐(とき)朝義　?～1859　江戸末期の幕臣
朝良 ともよし
吉村(よしむら)朝良　江戸前期の藩士
友義 ともよし
安原(やすはら)友義　1791～1847　江戸後期の彫刻家
友好 ともよし
吉田(よしだ)友好　1811～1865　江戸後期・末期の漢学者
友善 ともよし
白水(しらうず)友善　江戸後期の文人
一柳(ひとつやなぎ)友善〔2代〕　1744～1784　江戸中期の装剣金工
与叔 ともよし
小山田(おやまだ)与叔　1805～1868　江戸後期・末期の国学者
倫良 ともよし
三善(みよし)倫良　1609～?　江戸前期の国学者
知良王 ともよしおう
知良王　南北朝時代の後醍醐天皇の第17皇子
知頼 ともより
小川(おがわ)知頼　江戸前期の箱根塔の沢温泉開発者
菅原(すがわらの)知頼　平安後期の人。菅家党の祖
前田(まえだ)知頼　1662～1742　江戸前期・中期の藩士
友利の主 ともりのしゅー
友利の主　江戸中期の人。宮古の友利首里大屋子

忠導氏おやけ屋の大主

豊秋　とよあき

米原(よねはら)豊秋　江戸末期の歌人

豊章　とよあき　⇔とよあきら

山内(やまのうち)豊章　1843～1915　江戸後期～大正期の神道家

豊章　とよあきら　⇔とよあき

稲垣(いながき)豊章　1715～1782　江戸中期の代官

豊明　とよあきら

朝倉(あさくら)豊明　1609～1697　江戸前期・中期の幕臣

大中臣(おおなかとみの)豊明　平安中期の官人

長(おさの)豊明　平安中期の官人

紀(きの)豊明　平安中期の官人

豊氏　とようじ

一宮(いちのみや)豊氏　戦国時代の上野国衆

豊柄　とよえ

安倍(あべの)豊柄　平安前期の官人

豊右衛門　とよえもん　⇔ぶんえもん

友杉村(ともすぎむら)豊右衛門　江戸時代の富山藩の十村役

彦坂(ひこさか)豊右衛門　安土桃山時代の検地役人

豊雄　とよお

猪名部(いなべの)豊雄　奈良・平安前期の官人

豊興　とよおき

笠(かさの)豊興　平安前期の官人

豊香　とよか

森田(もりた)豊香　?～1828　江戸後期の歌人

豊蔭　とよかげ

賀陽(かやの)豊蔭　平安前期の地方豪族

豊景　とよかげ

加藤(かとう)豊景　戦国時代の里見義康の家臣

豊数　とよかず

山名(やまな)豊数　戦国時代の武将

豊風　とよかぜ

山口(やまぐち)豊風　江戸後期の歌人

豊強　とよかつ

稲垣(いながき)豊強　1743～?　江戸後期の幕臣

豊功　とよかつ

小沢(おざわ)豊功　1786～1855　江戸後期の名主・寺子屋師匠

豊勝　とよかつ

島(しま)豊勝　1698～1767　江戸中期の信濃国飯島代官

豊門　とよかど

粟田(あわたの)豊門　平安中期の官人

豊城　とよき　⇔ほうじょう

山内(やまうち)豊城　1802～1868　江戸後期・末期の和学者

豊吉　とよきち　⇔とよよし

豊吉　?～1785　江戸中期の東北で最初の死体解剖に使われた囚人

岩船(いわふね)豊吉　1852～1911　江戸後期～明治期の漁業家

小早川(こばやかわ)豊吉　1818～1894　江戸後期～明治期の片寄用水の発案・推進者

中城(なかしろ)豊吉　1782～1856　江戸中期～末期の新田裁許

山田(やまだ)豊吉　?～1857　江戸後期・末期の安曇郡鼠穴村の寺子屋師匠

豊清　とよきよ

歌川(うたがわ)豊清　1799～1820　江戸後期の絵師

隠岐(おき)豊清　戦国時代の隠岐国守護代

豊邑　とよくに

桜井(さくらい)豊邑　江戸後期の和算家

豊九郎　とよくろう

遠藤(えんどう)豊九郎　江戸前期の代官

とよ子　とよこ

吉田(よしだ)とよ子　?～1858　江戸後期・末期の寺子屋師匠

豊五郎　とよごろう

新井(あらい)豊五郎　?～1866　江戸末期の武州一揆頭取の一人

豊作　とよさく　⇔ほうさく

斉藤(さいとう)豊作　1810～1895　江戸後期～明治期の和算家

豊定　とよさだ

青木(あおき)豊定　安土桃山・江戸前期の代官

山内(やまうち)豊定　1638～1677　江戸前期の大名

豊郷　とよさと

小田臣(おだのおみ)豊郷　平安時代の郡司

豊里　とよさと

佐々木(ささき)豊里　?～1745　江戸中期の俳人

豊三郎　とよさぶろう

天野(あまの)豊三郎　1839～1869　江戸後期～明治期の幕臣

久保(くぼ)豊三郎　1857～1868　江戸末期の二本松少年隊士

針谷(はりや)豊三郎　江戸後期の韮山代官江川氏の手代

坂東(ばんどう)豊三郎　江戸中期の歌舞伎役者

豊次　とよじ　⇔とよつぐ

持永(もちなが)豊次　江戸前期の和算家《持永豊次》

豊治　とよじ　⇔とよはる

続(つづき)豊治　?～1880　江戸末期・明治期の船大工頭取

豊重　とよしげ

上林(かんばやし)豊重　1612～1665　江戸前期の山城国宇治郷代官、製茶業

斎藤(さいとう)豊重　江戸前期の藩士・武芸家

谷(たに)豊重　?～1792　江戸後期の松江藩金工

若名(わかな)豊重　江戸中期の剣術家

豊繁　とよしげ

埘和(はが)豊繁　戦国時代の北条氏の家臣

豊志智　とよしち
池田（いけだ）豊志智　1844～1918　江戸末期～大正期の教育者

とよ女　とよじょ
とよ女　1747～1829　江戸中期・後期の三谷の女流俳人

豊次郎　とよじろう
天野（あまの）豊次郎　1839～1869　江戸後期～明治期の烈士
猪飼（いがい）豊次郎　？～1741　江戸中期の天文暦学者
久保田（くぼた）豊次郎　江戸後期の大住郡大山工匠

豊助　とよすけ
浅井（あさい）豊助　江戸末期の新見内膳正功（最後の飛騨郡代）の手代
佐藤（さとう）豊助　1794～1857　江戸後期・末期の会津藩士
吉田（よしだ）豊助　1839～1921　江戸末期～大正期の画家

豊三　とよぞう
北村（きたむら）豊三　1844～1904　江戸後期～明治期の斗南藩士

豊蔵　とよぞう
池内（いけうち）豊蔵　1849～？　江戸後期～明治期の俊足家
太田（おおた）豊蔵　江戸末期の医者
香下（こうした）豊蔵　1847～1897　江戸後期～明治期の庄屋

豊孝　とよたか
山名（やまな）豊孝　江戸後期の旗本

豊高　とよたか
伊香（いかがの）豊高　平安中期の官人

豊鷹　とよたか
谷（たに）豊鷹　？～1864　江戸末期の松江藩金工

豊隆　とよたか
九鬼（くき）豊隆　1626～？　江戸前期の藩士
吉田（よしだ）豊隆　江戸前期の弓術家

豊忠　とよただ
片岡（かたおか）豊忠　江戸前期の和算家

豊民　とよたみ
国方（くにかた）豊民　1821～1903　江戸後期～明治期の国学者

豊足　とよたり
石川（いしかわの）豊足　奈良時代の官人
畝火（うねびの）豊足　奈良時代の官人
高市（たけちの）豊足　奈良時代の官人
建部（たけるべの）豊足　奈良時代の官人
中島（なかじま）豊足　江戸後期の国学者・医者

豊親　とよちか
谷（たに）豊親　？～1766　江戸中期の松江藩金工

豊継　とよつぐ
大岡（おおおかの）豊継　平安前期の官人
藤原（ふじわらの）豊継　平安前期の官人。藤原大継の子

豊次　とよつぐ　⇔とよじ
甘南備（かんなびの）豊次　奈良時代の官人
簀秦（すはたの）豊次　奈良時代の画師
谷（たに）豊次　？～1844頃　江戸後期の松江藩金工
持永（もちなが）豊次　江戸前期の和算家
山内（やまうち）豊次　1677～1689　江戸前期・中期の中村山内氏

豊綱　とよつな
佐野（さの）豊綱　？～1559　戦国時代の佐野氏当主
真野（まの）豊綱　？～1794　江戸中期・後期の神職・俳人
吉田（よしだ）豊綱　江戸前期の弓術家

豊矩　とよつね　⇔とよのり
山内（やまのうち）豊矩　1825～1849　江戸後期の藩士

豊経　とよつね
水無瀬（みなせ）豊経　1814～1897　江戸末期・明治期の神官、歌人

豊恒　とよつね
賀陽（かやの）豊恒　平安前期の神官

豊遠　とよとお
垣屋（かきや）豊遠　？～1485　戦国時代の山名政豊の家臣

豊年　とよとし
歌川（うたがわ）豊年　江戸後期の画家

豊直　とよなお
五味（ごみ）豊直　1583～1660　安土桃山・江戸前期の幕臣
菅原（すがわら）豊直　江戸末期の神職

豊仲　とよなか
賀陽（かやの）豊仲　平安前期の備中国賀夜郡の大領

豊永　とよなが
秦（はたの）豊永　上代の美作国久米郡の人

豊長　とよなが
高須（たかす）豊長　1801～1858　江戸後期の茶人

豊並　とよなみ
藤原（ふじわらの）豊並　？～839　平安前期の人。京家の祖麻呂の曽孫豊前介古（石）雄の子

豊成　とよなり
紀（きの）豊成　平安前期の紀伊国造
野地（のじ）豊成　江戸後期の奥州野地の人。嘉永3年算額を奉納
播磨（はりまの）豊成　平安中期の官人

豊庭　とよにわ
石上（いそのかみの）豊庭　？～718　飛鳥・奈良時代の官人
淡海（おうみの）豊庭　平安前期の官人
紀（きの）豊庭　奈良時代の官人

豊額　とよぬか
安堀（あずちの）豊額　平安前期の官人

豊貫　とよぬき
谷（たに）豊貫　江戸時代の松江藩金工

豊主　とよぬし
安倍（あべの）豊主　平安前期の官人
笠（かさの）豊主　平安前期の官人。笠宮子の父

豊子　とよね
油川（あぶらかわ）豊子　安土桃山時代の武田氏の家臣
斗養一　とよのいち
山田（やまだ）斗養一　江戸後期の人。山田流箏曲の祖
豊之助　とよのすけ
葉山（はやま）豊之助　江戸後期の人。三浦郡堀内村名主市郎右衛門の倅
豊延　とよのぶ
竹越（たけこし）豊延　?～1827　江戸後期の和算家
豊信　とよのぶ
安曇（あずみの）豊信　平安中期の播磨国赤穂郡有年荘の寄人
歌川（うたがわ）豊信　江戸中期の画家
早野（はやの）豊信　江戸後期の和算家
三隅（みすみ）豊信　室町時代の三隅郷領主
豊陳　とよのぶ
朝倉（あさくら）豊陳　1762～1778　江戸中期の幕臣
豊矩　とよのり　⇔とよつね
竹内（たけうち）豊矩　江戸後期の和算家
田辺（たなべ）豊矩　江戸中期の神道家
田村（たむら）豊矩　江戸中期の和算家
豊訓　とよのり
芝小路（しばこうじ）豊訓　1828～?　江戸後期・末期の神職
豊法　とよのり
五味（ごみ）豊法　江戸前期の代官
豊八　とよはち
加藤（かとう）豊八　1786～?　江戸中期の宮大工
豊浜　とよはま
多治比（たじひの）豊浜　奈良時代の官人
豊治　とよはる　⇔とよじ
山崎（やまざき）豊治　1619～1700　江戸前期・中期の幕臣
山名（やまな）豊治　?～1527　戦国時代の武将
豊春　とよはる
谷（たに）豊春　江戸後期の彫金家
豊彦　とよひこ
玉虫（たまむし）豊彦　1848～1877　江戸後期～明治期の陸軍軍人
豊彦王　とよひこおう
豊彦王　上代の皇族
豊久　とよひさ
歌川（うたがわ）豊久〔1代〕　江戸後期の浮世絵師
歌川（うたがわ）豊久〔2代〕　江戸後期の画家
谷（たに）豊久　?～1798　江戸後期の金工、谷派3代
谷（たに）豊久　江戸末期の彫金家
三木（みき）豊久　江戸後期～明治期の和算家
豊秀　とよひで
歌川（うたがわ）豊秀　江戸後期の絵師
北川（きたがわ）豊秀〔1代〕　江戸後期の画家
谷（たに）豊秀　?～1848～1854　江戸後期の松江藩金工
豊人　とよひと
石川（いしかわの）豊人　?～790　奈良時代の官人
為奈（いなの）豊人　奈良時代の官人
尾張（おわりの）豊人　奈良時代の官人
佐伯（さえきの）豊人　奈良時代の官人
豊平　とよひら
荒木田（あらきだ）豊平　平安後期の内宮権禰宜
木村（きむら）豊平　?～1832　江戸後期の国学者・医者
山中（やまなか）豊平　1788～1836　江戸後期の文人。『遠淡海地志』の編者
豊弘　とよひろ
豊弘　室町時代の刀工
豊弘　安土桃山時代の刀工
豊房　とよふさ
粟田（あわたの）豊房　平安後期の官人
和泉（いずみ）豊房　戦国時代の武将
谷（たに）豊房　?～1798　江戸中期・後期の金工家
豊藤　とよふじ
小槻（おづき）豊藤　?～1290　鎌倉後期の官人
豊穂　とよほ
粟凡直（あわのおうしのあたえ）豊穂　奈良・平安前期の国造
豊雅　とよまさ
石川（いしかわ）豊雅　江戸中期の浮世絵師
豊昌　とよまさ
高橋（たかはし）豊昌　1786～1842　江戸中期・後期の豪商
蓑（みの）豊昌　1756～1808　江戸中期・後期の幕臣、代官
師（もろ）豊昌　戦国時代の里見義頼の家臣
豊正　とよまさ
中山（なかやま）豊正　1810～1845　江戸後期の歌人
豊理　とよまさ
粟田（あわたの）豊理　?～1000?　平安中期の官人、検非違使
豊丸　とよまる
叢（くさむら）豊丸〔1代〕　?～1817　江戸中期・後期の絵師
叢（くさむら）豊丸〔2代〕　江戸後期の絵師
豊麻呂　とよまろ
石川（いしかわの）豊麻呂　奈良時代の官人
土師（はじの）豊麻呂　奈良時代の陶工、遣新羅使
平群（へぐりの）豊麻呂　奈良時代の官人
豊麿　とよまろ
歌川（うたがわ）豊麿　江戸後期の絵師
黒川（くろかわ）豊麿　1842～1904　江戸後期～明治期の壬生・雄琴神社神官、利鎌隊々長
豊通　とよみち
山内（やまのうち）豊通　戦国時代の武将
豊道　とよみち　⇔ほうどう
葛井（ふじいの）豊道　奈良時代の官人
山内（やまのうち）豊道　1795～1862　江戸後期・

末期の藩士

豊光　とよみつ

河根(かわね)豊光　江戸後期の「よねのよはひ」の著者

谷(たに)豊光　?～1813　江戸後期の松江藩金工

船(ふねの)豊光　平安中期の官人

豊充　とよみつ

谷(たに)豊充　江戸後期の金工家

豊耳　とよみみ

紀(きの)豊耳　上代の人。紀伊国造氏の祖とされる

豊旨　とよむね

五味(ごみ)豊旨　?～1680　江戸前期の京都代官

豊宗　とよむね

海直(あまのあたえ)豊宗　平安時代の人。従8位上

伊吉(いきの)豊宗　平安前期の河内国の人。承和2年(835)、滋生宿禰の姓を賜わる

大宅(おおやけの)豊宗　平安中期の後山階山陵の陵戸主

豊女　とよめ

川上(かわかみ)豊女　1745～1828　江戸後期の俳人

豊持　とよもち

伊部(いべの)豊持　平安前期の官人。越前国敦賀郡の人

豊元　とよもと

荒木田(あらきだ)豊元　平安後期の神官

毛利(もうり)豊元　戦国時代の因幡私部城主

豊職　とよもと

小寺(こでら)豊職　?～1491　戦国時代の赤松家家臣

豊盛　とよもり

沼本(ぬもと)豊盛　安土桃山時代の武将

豊垼　とよもり

島(しま)豊垼　1728～1787　江戸中期の信濃国飯島代官

豊安　とよやす

山本(やまもと)豊安　江戸中期の神道家

豊保　とよやす

諏訪(すわ)豊保　戦国時代の武将。武田家臣

豊之　とよゆき

渡辺(わたなべ)豊之　江戸後期の歌人

豊世　とよよ

麻続(おみの)豊世　平安前期の官人

豊吉　とよよし　⇔とよきち

山内(やまうち)豊吉　1610～1666　江戸前期の土佐藩重臣

虎　とら

松浦(まつら)虎　安土桃山時代の織田信長の家臣《松浦総五郎》

村瀬(むらせ)虎　?～1582　戦国・安土桃山時代の織田信長の家臣

刀良　とら

秦(はたの)刀良　奈良時代の下級官人

虎頭　とらあき

日向(ひなた)虎頭　?～1582　戦国・安土桃山時代の甲斐武田晴信・勝頼の家臣

虎在　とらあり

浅利(あさり)虎在　戦国時代の甲斐武田信虎・武田晴信の家臣

兎来　とらい

沢月堂(たくげつどう)兎来　1795～1866　江戸後期の都筑郡長津田村太白堂系俳人

斗雷　とらい

斗雷　江戸後期の浮世絵師

虎雄　とらお

岩村(いわむら)虎雄　1843～1919　江戸後期～大正期の日向高鍋藩士

寅雄　とらお

大島(おおしま)寅雄　1842～1916　江戸後期～明治期の新撰組隊士

紀(きの)寅雄　平安前期の官人

虎景　とらかげ

加藤(かとう)虎景　戦国時代の甲斐武田信虎・晴信の家臣

虎勝　とらかつ

幸福(こうぶく)虎勝　室町・戦国時代の伊勢大神宮外宮御師

虎城　とらき

両角(もろずみ)虎城　戦国時代の武田氏の家臣

虎吉　とらきち　⇔とらよし

虎吉　江戸後期の陶工

千住(せんじゅ)虎吉　1842～1910　江戸後期～明治期の教育家、実業家

松浦(まつうら)虎吉　1843～1887　江戸後期～明治期の維新の志士

寅吉　とらきち

新井(あらい)寅吉　1841～1903　江戸後期～明治期の人。秩父事件の活動家

大森(おおもり)寅吉　1838～1910　江戸後期～明治期の柔道家

小沢(おざわ)寅吉　1830～1891　江戸後期～明治期の剣術家。北辰一刀流

川口(かわぐち)寅吉　?～1814　江戸中期・後期の択捉島開拓の尽力者

小澤(こざわ)寅吉　1830～1891　江戸末期・明治期の水戸東武館創設者

高山(たかやま)寅吉　1806～?　江戸後期の国学者

西沢(にしざわ)寅吉　1809～1890　江戸後期～明治期の江州音頭の元祖

山田(やまだ)寅吉　1853～1927　江戸後期～昭和期の土木技術者

虎清　とらきよ

隠岐(おき)虎清　?～1539　戦国時代の信濃佐久郡の国衆

都楽　とらく

真笑亭(しんしょうてい)都楽　江戸後期の写し絵創始者

虎御前　とらごぜん

虎御前　1512～1568　戦国時代の女性。上杉謙信の母

虎五郎　とらごろう
江戸屋(えどや)虎五郎　1814〜1895　江戸後期〜明治期の侠客
織田(おだ)虎五郎　1830〜1875　江戸後期〜明治期の弘前藩士

寅五郎　とらごろう
広瀬(ひろせ)寅五郎　江戸後期の下野粟谷村の使用人
宮川(みやがわ)寅五郎　1844〜？　江戸後期〜明治期の人。明治17年に埼玉県でおこった秩父事件の参加者

寅作　とらさく
金原(かねはら)寅作　1843〜1908　江戸後期〜明治期の金原医籍店創業者

トラサケ
西牟田(にしむた)トラサケ　1767〜1843　江戸中期・後期の孝女

虎三郎　とらさぶろう
沼田(ぬまた)虎三郎　1828〜1891　江戸後期〜明治期の藩士

虎司　とらじ
矢内(やない)虎司　1842〜1900　江戸後期〜明治期の実業家、政治家

虎治　とらじ
中村(なかむら)虎治〔2代〕　1808〜1865　江戸後期・末期の舞踊家、振付師

虎繁　とらしげ
秋山(あきやま)虎繁　1527〜1575　戦国・安土桃山時代の甲斐武田晴信・勝頼の家臣

虎寿　とらじゅ
虎寿　戦国時代の興福寺四恩院の宮大工

虎寿丸　とらじゅまる
諏方(すわ)虎寿丸　安土桃山時代の諏訪大社社家衆

虎次郎　とらじろう
梅田(うめだ)虎次郎　1828〜1896　江戸末期の長州藩士

寅次郎　とらじろう
西村(にしむら)寅次郎　1855〜？　江戸末期の東雲堂書店創業者

虎甫　とらすけ
今井(いまい)虎甫　？〜1531　戦国時代の武士

虎太　とらた
三宅(みやけ)虎太　江戸末期・明治期の出版人

虎孝　とらたか
今福(いまふく)虎孝　？〜1582　戦国・安土桃山時代の甲斐武田晴信・勝頼の家臣

虎高　とらたか
小宮山(こみやま)虎高　戦国時代の武士

虎忠　とらただ
日向(ひなた)虎忠　戦国時代の甲斐武田信虎の家臣

虎達　とらたつ
帯金(おびがね)虎達　？〜1561　安土桃山時代の甲斐国八代郡帯金の国衆

虎太郎　とらたろう
花輪(はなわ)虎太郎　1857〜1911　江戸末期・明治期の英語学者
森末(もりすえ)虎太郎　1848〜1919　江戸末期〜大正期の剣道家

寅太郎　とらたろう
児島(こじま)寅太郎　1835〜1903　江戸後期〜明治期の剣術家。北辰一刀流

庯太郎　とらたろう
内田(うちだ)庯太郎　江戸末期の新撰組隊士

虎千世　とらちよ
諏方(すわ)虎千世　安土桃山時代の諏訪大社社家衆

虎千代　とらちよ
宮崎(みやざき)虎千代　戦国・安土桃山時代の大宮浅間神社の社人

虎継　とらつぐ
紀(き)虎継　平安前期の漢詩人
向山(むかいやま)虎継　戦国時代の武田氏の家臣

と

虎常　とらつね
楠浦(くすほ)虎常　戦国時代の武田氏の家臣
原(はら)虎常　戦国時代の武田氏の家臣

虎具　とらとも
羽中田(はなかだ)虎具　戦国時代の武田氏の家臣

虎長　とらなが
曽根(そね)虎長　戦国時代の甲斐武田晴信の家臣

虎登　とらなり
両角(もろずみ)虎登　戦国時代の甲斐武田晴信の家臣

虎之助　とらのすけ
猪瀬(いのせ)虎之助　1818〜1890　江戸後期〜明治期の剣術家。唯心一刀流
草刈(くさかり)虎之助　？〜1588　戦国・安土桃山時代の勇士
和高(わだか)虎之助　江戸末期の新撰組隊士

寅之介　とらのすけ
新田(にった)寅之介　江戸末期の新撰組隊士《新田寅之助》

寅之助　とらのすけ
小山(こやま)寅之助　1829〜1870　江戸後期〜明治期の高井郡志久見村名主
新田(にった)寅之助　江戸末期の新撰組隊士
山(やま)寅之助　1846〜？　江戸後期・末期の新撰組隊士

虎春　とらはる
河合(かわい)虎春　安土桃山時代の加賀一向一揆の首領

虎秀　とらひで
漆戸(うるしど)虎秀　安土桃山時代の武田勝頼の家臣

虎房　とらふさ
長坂(ながさか)虎房　戦国時代の甲斐の武将

虎房丸　とらふさまる
長尾(ながお)虎房丸　戦国時代の人。佐野昌綱の子

虎昌　とらまさ
大井(おおい)虎昌　1499〜1579　戦国・安土桃山時代の武士

虎松　とらまつ
陶山(すやま)虎松　1621〜1710　江戸前期・中期の庄内藩士
高橋(たかはし)虎松　?〜1582　戦国・安土桃山時代の織田信長の家臣
土屋(つちや)虎松　1788〜1811　江戸後期の武士

寅松　とらまつ
佐浦(さうら)寅松　1779〜1841　江戸中期・後期の宮城郡塩釜村佐浦酒造店5代目

虎麻呂　とらまろ
弓削部(ゆげべの)虎麻呂　平安前期の百姓

都良麻呂　とらまろ
大原(おおはらの)都良麻呂　奈良時代の官人

虎光　とらみつ　⇔ここう
漆戸(うるしど)虎光　安土桃山時代の武田氏の家臣

虎満　とらみつ
安西(あんざい)虎満　戦国・安土桃山時代の駿河府中浅間社の社人
小山田(おやまだ)虎満　?〜1579　安土桃山時代の武田氏の家臣
河西(かさい)虎満　戦国・安土桃山時代の信濃国諏訪大社奉行人

虎村　とらむら
矢野(やの)虎村　?〜1582　戦国・安土桃山時代の板野郡矢上城主

虎守　とらもり
鮎沢(あゆさわ)虎守　戦国時代の武田氏の家臣

虎盛　とらもり
曽禰(そね)虎盛　戦国時代の武田氏の家臣

虎安　とらやす
馬淵(まぶち)虎安　戦国・安土桃山時代の駿河府中浅間社の社人

虎康　とらやす
伊丹(いたみ)虎康　1560〜1630　安土桃山・江戸前期の武士。海賊衆

虎泰　とらやす
秋山(あきやま)虎泰　戦国時代の武将。武田家臣
小宮山(こみやま)虎泰　戦国時代の武田信虎の側近とみられる

虎吉　とらよし　⇔とらきち
平原(ひらはら)虎吉　戦国・安土桃山時代の信濃国諏訪大社奉行人

虎若　とらわか
虎若　?〜1582　戦国・安土桃山時代の織田信長の家臣

土籃　とらん
土籃　1794〜1845　江戸後期の俳人・官人

鳥居禅尼　とりいのぜんに
鳥居禅尼　平安後期の女性。源為義の娘

鳥兼　とりかね
平明亭(へいめいてい)鳥兼　江戸後期の狂歌作者

酉子　とりこ
大田部(おおたべの)酉子　奈良時代の女性。石見介忍海山下氏則の妻の侍女

鳥女　とりじょ
歌川(うたがわ)鳥女　江戸後期・末期の画家

取手介　とりでのすけ
山口(やまぐち)取手介　?〜1556　戦国時代の織田信長の家臣

鳥房丸　とりふさまる
長尾(ながお)鳥房丸　戦国時代の上野国衆

鳥麻呂　とりまろ
物部(もののべの)鳥麻呂　奈良時代の人。小野郷の戸主

鳥守　とりもり
武生(たけふの)鳥守　奈良時代の送渤海客使

兎柳　とりゅう
兎柳　江戸中期の俳人

菟留　とりゅう
菟留　江戸中期・後期の俳人

都竜軒　とりゅうけん
山本(やまもと)都竜軒　1818〜1877　江戸後期〜明治期の商家・狂歌作者

斗梁　とりょう
斗梁　1669〜1740　江戸前期・中期の俳諧作者

杜陵　とりょう
杜陵　江戸末期・明治期の俳人・医者
小野(おの)杜陵　江戸中期の漢学者

杜涼　とりょう
杜涼　江戸後期の俳人

杜蓼　とりょう
寺島(てらじま)杜蓼　?〜1857　江戸後期・末期の俳人

都良　とりょう
都良　江戸後期の俳人

杜苓　とれい
杜苓　江戸中期の俳諧作者
和田(わだ)杜苓　江戸後期の最上地方における美濃派の俳人

兎路　とろ
兎路　江戸中期の俳人

泥亀　どろがめ　⇔でいき
永島(ながしま)泥亀　?〜1677　江戸前期の開発者。泥亀新田などを開発

取石鹿文　とろしかや
取石鹿文　上代の熊襲の首長

泥之助　どろのすけ
土子(つちこ)泥之助　安土桃山・江戸前期の剣術家

頓阿弥　とんあみ
頓阿弥　江戸前期の豊臣秀頼の家臣

鈍永　どんえい
九如館(きゅうじょかん)鈍永　1723〜1767　江戸中期の狂歌師

遁翁　とんおう
長尾(ながお)遁翁　1714〜1774　江戸中期の漢学者

頓海　とんかい
頓海　江戸後期の浄土宗の僧

呑海　どんかい
呑海　江戸中期の曹洞宗の僧
源開（げんかい）呑海　江戸後期の曹洞宗の僧
鈍牛　どんぎゅう
鈍牛　？～1773　江戸中期の僧
鈍牛　？～1853　江戸後期の僧
呑空　どんくう
寂堂（じゃくどう）呑空　江戸中期の曹洞宗の僧
鈍苦斎　どんくさい
鈍苦斎　江戸中期の戯作者
鈍草子　どんくさし
舎楽斎（しゃらくさい）鈍草子　江戸中期の戯作者
曇華　どんげ
曇華　1695～1762　江戸中期の浄土真宗の僧
暾子　とんこ
伊達（だて）暾子　1772～1792　江戸中期・後期の歌人
呑江　どんこう
鼈山（べつざん）呑江　？～1784　江戸中期の曹洞宗の僧
遁斎　とんさい
磯辺（いそべ）遁斎　安土桃山時代の織田信長の家臣
鈍斎　どんさい
高橋（たかはし）鈍斎　1746～1778　江戸中期の儒学者
呑鷟　どんさく
鉄外（てつがい）呑鷟　1592～1679　安土桃山・江戸前期の曹洞宗の僧
敦子　とんし
敦子　南北朝時代の歌人
呑舟　どんしゅう
呑舟　江戸前期の俳人
呑水　とんすい　⇔どんすい
釈（しゃく）呑水　？～1729　江戸中期の犬山妙感寺の僧
呑水　どんすい　⇔とんすい
呑水　？～1729　江戸中期の俳人。日蓮宗の僧
呑雪　どんせつ
孤峰（こほう）呑雪　？～1594　戦国・安土桃山時代の曹洞宗僧侶
敦素　とんそ
大町（おおまち）敦素　1659～1729　江戸前期・中期の儒者、医師
頓宗　とんそう
頓宗　南北朝時代の僧侶・歌人
暾桑　とんそう
杉岡（すぎおか）暾桑　？～1822　江戸中期・後期の漢学者
曇蔵　どんぞう
曇蔵　？～1861　江戸後期・末期の浄土真宗の僧
雲鳥　どんちょう
寿阿弥（じゅあみ）雲鳥　江戸末期の連歌師
呑敵斎　どんてきさい
吉里（よしざと）呑敵斎　1770～？　江戸中期・後期の剣術家。呑敵流祖
呑湖　どんと
呑湖　江戸後期の俳人
呑吐　どんと
呑吐　1704～？　江戸中期の俳人
頓導　とんどう
頓導　南北朝時代以前の僧侶・連歌作者
曇如　どんにょ
曇如　1741～1801　江戸中期・後期の上人
頓了　とんりょう
無学（むがく）頓了　1768～1847　江戸中期・後期の曹洞宗の僧

【な】

内記　ないき
明石（あかし）内記　？～1640　江戸前期の武士
秋山（あきやま）内記　？～1582　戦国・安土桃山時代の武田氏の家臣
石毛（いしげ）内記　戦国時代の千葉胤富の家臣。森山衆。東下総の土豪・地侍
宇佐見（うさみ）内記　？～1600　安土桃山時代の金森家臣
川勝（かわかつ）内記　江戸時代の八戸藩士
栗原（くりはら）内記　江戸時代の大宮宿脇本陣・問屋
高木（たかぎ）内記　1582～1616　江戸前期の武士
高梨（たかなし）内記　？～1615　江戸前期の真田昌幸の家臣
中山（なかやま）内記　江戸後期の大住郡大山阿夫利神社祠官
花山（はなやま）内記　1570～？　安土桃山・江戸前期の武士
氷川（ひかわ）内記　江戸時代の神官
丸山（まるやま）内記　江戸末期の武士
内儀　ないぎ
才谷屋（さいたにや）内儀　1647～1740　江戸前期・中期の女性。商家の妻女、才谷屋八兵衛の妻
内記助　ないきのすけ
跡部（あとべ）内記助　戦国時代の武将。武田家臣
内左衛門入道　ないさえもんにゅうどう
尾藤（びとう）内左衛門入道　鎌倉後期の武士
内侍　ないし
内侍　平安後期の歌人
内甚蔵　ないじんぞう
諏訪（すわ）内甚蔵　1824～1891　江戸後期～明治期の三戸リンゴ栽培の創始者
内膳　ないぜん
赤星（あかぼし）内膳　安土桃山・江戸前期の武士
佐治（さじ）内膳　江戸前期の武士。大坂の陣で籠城。毛利吉政配下の鉄砲頭
佐野（さの）内膳　安土桃山時代の甲斐国河内井出村の土豪
嶋田（しまだ）内膳　戦国時代の武士。北条氏忠の

家臣
須藤(すどう)内膳　江戸後期・末期の神職
須藤(すどう)内膳　1826〜?　江戸後期・末期の神職
田中(たなか)内膳　室町時代の伊勢長氏(北条早雲)の外祖父横井掃部助の親族
戸川(とがわ)内膳　江戸中期の旗本
長野(ながの)内膳　江戸前期の長宗我部家の家臣
日戸(ひのと)内膳　安土桃山時代の南部家臣
平手(ひらて)内膳　安土桃山時代の織田信長の家臣
松平(まつだいら)内膳　?〜1767　江戸中期の庄内藩家老
室(むろ)内膳　江戸末期の武士

内膳正永成　ないぜんのかみながなり
赤座(あかざ)内膳正永成　江戸前期の豊臣氏・森忠政の家臣

内膳亮　ないぜんのすけ
佐野(さの)内膳亮　戦国時代の北条氏の家臣
相馬(そうま)内膳亮　戦国時代の古河公方足利義氏・北条氏に属した
庭林(ていりん)内膳亮　戦国〜江戸前期の商人

な

内三　ないぞう
藤(とう)内三　安土桃山時代の信濃国筑摩郡井堀・高の土豪

苗麻呂　なえまろ
巨勢(こせの)苗麻呂　?〜787　奈良時代の官人

直　なお　⇔あたい，あたえ，すなお，ただし，ちょく
麻田(あさだ)直　1781〜1848　江戸中期・後期の女子教育家

直会　なおあい
前田(まえだ)直会　1847〜1856　江戸後期・末期の加賀藩士

尚明　なおあき
穂積(ほづみ)尚明　江戸中期の書肆

直顕　なおあき
小畠(おばた)直顕　安土桃山時代の武将

直昭　なおあき
大谷(おおたに)直昭　?〜1767　江戸中期の儒者(崎門学派)
堀(ほり)直昭　?〜1652　江戸前期の旗本

直章　なおあき
磯野(いその)直章　?〜1840　江戸後期の歌人
古田(ふるた)直章　?〜1835　江戸末期の砲術家

直証　なおあき
成田(なりた)直証　江戸前期の武士

直詮　なおあき
堀(ほり)直詮　江戸中期の漢学者

直明　なおあき
奥田(おくだ)直明　1839〜1886　江戸後期〜明治期の最後(第14代)の須坂藩主

直諒　なおあき
前田(まえだ)直諒　1830〜?　江戸後期・末期の藩士

直朗　なおあき
真壁(まかべ)直朗　江戸後期の和算家

直明王　なおあきおう
直明王　室町時代の歌人

直卿　なおあきら
一柳(ひとつやなぎ)直卿　1666〜1724　江戸前期・中期の小松藩3代藩主

直煕　なおあきら
小田切(おだぎり)直煕　?〜1848　江戸後期の幕臣

直温　なおあつ　⇔ちょくおん，なおはる
今枝(いまえだ)直温　1683〜1712　江戸前期・中期の藩士
太田(おおた)直温　?〜1830　江戸末期の数学者
丸山(まるやま)直温　1810〜1887　江戸後期〜明治期の藩士・医者
和多田(わただ)直温　1754〜?　江戸中期の幕臣

直有　なおあり　⇔なおもち
直有　戦国時代の刀工

名負　なおい
大伴(おおともの)名負　奈良時代の官人
多治比(たじひの)名負　奈良時代の官人

直家　なおいえ
藤原(ふじわらの)直家　平安後期の官人

直子　なおいこ　⇔つねこ，なおこ
粟田(あわたの)直子　平安前期・中期の光孝天皇の後宮
滋野(しげのの)直子　837〜915　平安前期・中期の典侍
藤原(ふじわら)直子　平安前期・中期の女房・歌人

直一　なおいち
熊谷(くまがい)直一　1835〜1915　江戸末期〜大正期の人。古蹟保存会をつくり終生をその保存と顕彰に尽力
羽室(はむろ)直一　江戸末期の眼科医

直市　なおいち
柏木(かしわぎ)直市　江戸後期の韮山代官江川氏の手代

直一郎　なおいちろう
寿田(すだ)直一郎　1858〜1911　江戸末期・明治期の土田堰の監守
松本(まつもと)直一郎　1832〜?　江戸末期の代官

直氏　なおうじ
奥村(おくむら)直氏　1664〜1735　江戸前期・中期の藩士
新庄(しんじょう)直氏　1591〜1632　安土桃山・江戸前期の代官
堀(ほり)直氏　?〜1698　江戸前期の旗本

直衛　なおえ
久保(くぼ)直衛　江戸後期の藩士

直江　なおえ
伊藤(いとう)直江　1829〜1876　江戸後期〜明治期の神官・国学者

直枝　なおえ
植木(うえき)直枝　1817〜1893　江戸後期〜明治期の『万葉集古義』校閲者

千葉(ちば)直枝　1790〜1865　江戸後期・末期の藩士・漢学者
由比(ゆい)直枝　1834〜1911　江戸後期〜明治期の実業家

直篠　なおえだ
鍋島(なべしま)直篠　1655〜1705　江戸前期・中期の第4代鹿島藩主、文人

直条　なおえだ
柏村(かしむら)直条　江戸中期の神職
木村(きむら)直条　1771〜？　江戸中期・後期の藩士

直右衛門　なおえもん
内野(うちの)直右衛門　江戸前期の三島代官五味豊法の手代。東浦組支配
菅野(すがの)直右衛門　江戸末期の武士
土屋(つちや)直右衛門　1802〜1890　江戸後期〜明治期の人。役所事務や遺物発掘時の保存と破損部修復で活躍
中島(なかじま)直右衛門　1718〜1804　江戸中期・後期の漢学者

直衛門　なおえもん
伊藤(いとう)直衛門　江戸後期のからくり細工人

猶右衛門　なおえもん
春名(はるな)猶右衛門　江戸中期の篤志家

直興　なおおき
凡河内(おおしこうちの)直興　平安中期の人。天慶7年の競馬で勝つ

直息　なおおき
田丸(たまる)直息　1543〜1609　安土桃山時代の織田信長の家臣

猶興　なおおき
大沢(おおさわ)猶興　？〜1742　江戸中期の多賀家家老

直臣　なおおみ
黒神(くろかみ)直臣　1835〜1882　江戸後期〜明治期の神官

直香　なおか
服部(はっとり)直香　江戸中期の棋士・書家

直養　なおかい　⇔ちょくよう, なおやす
山口(やまぐち)直養　？〜1858　江戸後期・末期の幕臣

尚景　なおかげ
藤沼(ふじぬま)尚景　江戸中期の本草家

直景　なおかげ　⇔ただかげ
飯田(いいだ)直景　1565〜1632　安土桃山・江戸前期の武将
梶原(かじわら)直景　？〜1685　江戸前期の柔術家
寒川(そうがわ)直景　1544〜1624　安土桃山・江戸前期の地侍
中条(ちゅうじょう)直景　1650〜1731　江戸前期・中期の幕臣
遠山(とおやま)直景　？〜1587　戦国・安土桃山時代の北条氏の家臣

直員　なおかず
千々石(ちぢわ)直員　？〜1570　安土桃山時代の有馬晴純の三男。子は千々石ミゲル

尚賢　なおかた　⇔しょうけん, ひさかた
猪瀬(いのせ)尚賢　江戸後期の歌人・書家
岩本(いわもと)尚賢　1835〜1907　江戸後期〜明治期の神職
内藤(ないとう)尚賢　江戸後期の本草家
永田(ながた)尚賢　1757〜1841　江戸中期・後期の幕臣

尚方　なおかた　⇔ひさかた
永井(ながい)尚方　1703〜1753　江戸中期の幕臣
脇田(わきだ)尚方　江戸後期の藩士

直形　なおかた
杉本(すぎもと)直形　1839〜1924　江戸末期〜大正期の眼科医、高田盲学校長(2代)

直堅　なおかた
前田(まえだ)直堅　1683〜1729　江戸前期・中期の加賀藩士

直賢　なおかた　⇔なおよし
伊丹(いたみ)直賢　1696〜1766　江戸中期の幕臣
岡村(おかむら)直賢　1751〜1818　江戸中期・後期の幕臣
鈴木(すずき)直賢　江戸中期の和算家、龍野藩士

直方　なおかた
蟻川(ありかわ)直方　1832〜1891　江戸後期〜明治期の松代藩士
生駒(いこま)直方　1749〜1818　江戸中期・後期の会津藩主
伊丹(いたみ)直方　1696〜1766　江戸中期の武士、幕臣
今井(いまい)直方　1825〜？　江戸後期・末期の和算家
今堀(いまほり)直方　江戸後期の和算家
小野(おの)直方　1701〜？　江戸中期の幕臣
加藤(かとう)直方　1830〜1881　江戸後期〜明治期の海軍軍人
木部(きべ)直方　1571〜1633　安土桃山・江戸前期の関東代官
栗本(くりもと)直方　1649〜1729　江戸前期・中期の医師
黒田(くろだ)直方　1703〜1785　江戸中期の幕臣
黒田(くろだ)直方　江戸末期・明治期の陸奥国桑折代官
篠田(しのだ)直方　1825〜1898　江戸後期〜明治期の陣屋代官、紡績業功労者
瀬部(せべ)直方　江戸時代の地誌作者
中島(なかじま)直方　1693〜1738　江戸中期の漢学者
西村(にしむら)直方　1697〜1746　江戸中期の本草家
野口(のぐち)直方　1747〜？　江戸中期の幕臣
松平(まつだいら)直方　江戸後期の大名
丸山(まるやま)直方　1846〜1904　江戸後期〜明治期の洋方医
山崎(やまざき)直方　1765〜1800　江戸中期・後期の医者

直勝　なおかつ
荒川(あらかわ)直勝　1659～1742　江戸前期・中期の代官
浦野(うらの)直勝　1676～1758　江戸前期・中期の藩士
熊谷(くまがい)直勝　?～1221　鎌倉前期の武蔵武士・御家人
熊沢(くまざわ)直勝　安土桃山・江戸前期の武士
佐藤(さとう)直勝　江戸時代の和算家
高橋(たかはし)直勝　1849～1898　江戸後期～明治期の人。自由民権運動の指導者
野口(のぐち)直勝　?～1680　江戸前期の国学者
前田(まえだ)直勝　1630～1705　江戸前期・中期の幕臣
門奈(もんな)直勝　?～1633　江戸前期の旗本
山田(やまだ)直勝　?～1643　江戸前期の幕臣

な

直廉　なおかど
永井(ながい)直廉　1739～1792　江戸中期・後期の幕臣
松平(まつだいら)直廉　1836～?　江戸後期～明治期の糸魚川藩9代藩主

直兼　なおかね　⇔じきけん
一色(いっしき)直兼　?～1438　室町時代の武士
大崎(おおさき)直兼　室町時代の武将

直喜　なおき　⇔なおひろ, なおよし
遠藤(えんどう)直喜　1846～1916　江戸末期～大正期の自由民権運動家

直記　なおき
羽山(はやま)直記　1846～1902　江戸後期～明治期の医学者
原(はら)直記　1785～1860　江戸中期～末期の盛岡藩士
本間(ほんま)直記　江戸後期の彫物師
宮寺(みやでら)直記　江戸時代の八戸藩士

直樹　なおき
杉山(すぎやま)直樹　1832～1890　江戸後期～明治期の国学者

直城　なおき
小出(こいで)直城　1813～1876　江戸後期～明治期の国学者・歌人

直吉　なおきち　⇔なおよし
直吉　1812～1868　江戸後期・末期の美作国津山藩1866年(慶応2)百姓一揆(改政一揆)の発頭人
秋野(あきの)直吉　1850～1900　江戸後期～明治期の素封家
石塚(いしずか)直吉〔1代〕　江戸後期の彫物師
石塚(いしずか)直吉〔2代〕　1795～1868　江戸後期・末期の彫物師
柏木(かしわぎ)直吉　江戸後期の韮山代官江川氏の手代
久保田(くぼた)直吉　江戸後期の大住郡広川村民

尚清　なおきよ
小笠原(おがさわら)尚清　?～1502　室町・戦国時代の武将・故実家

直清　なおきよ
草野(くさの)直清　1514～1563　戦国・安土桃山時代の相馬顕胤の家臣
小林(こばやし)直清　1786～1860　江戸中期～末期の和算家、米沢藩士
多賀(たが)直清　1760～1821　江戸中期・後期の藩士
多田(ただ)直清　1800～1876　江戸後期～明治期の国学者
山口(やまぐち)直清　1759～1798　江戸中期・後期の幕臣

直国　なおくに　⇔ただくに
熊谷(くまがい)直国　?～1221　鎌倉前期の武蔵武士

直子　なおこ　⇔つねこ, なおいこ
小川(おがわ)直子　1840～1919　江戸末期・明治期の歌人、教育者

直事　なおこと
下道(しもつみちの)直事　奈良時代の官人

直左衛門　なおざえもん
柏木(かしわぎ)直左衛門　江戸中期の韮山代官江川氏の手代

直作　なおさく　⇔なおなり
宇野(うの)直作　1819～1875　江戸後期～明治期の藩士
正元(しょうげん)直作　江戸後期の陶工

尚貞　なおさだ　⇔しょうてい
安倍(あべの)尚貞　?～1002　平安中期の官人

直貞　なおさだ
直貞　室町時代の刀工
直貞〔1代〕　南北朝時代の刀工
直貞〔2代〕　室町時代の刀工
直貞〔3代〕　室町時代の刀工
直貞〔4代〕　戦国時代の刀工
金原(きんばら)直貞　江戸後期の藩金工師
久世(くぜ)直貞　?～1698　江戸前期の藩役者
下田(しもだ)直貞　?～1805　江戸後期の和算家
立入(たてり)直貞　1628～1699　江戸前期・中期の公家
富田(とだ)直貞　南北朝時代の隠岐国守護、美作国守護代
永井(ながい)直貞　1598～1668　安土桃山・江戸前期の幕臣
服部(はっとり)直貞　1628～1688　江戸前期の藩士・兵法家
水野(みずの)直貞　戦国時代の武田氏の家臣、禰津常安の被官

直定　なおさだ
竹井(たけい)直定　安土桃山時代の備中国の武将
遠山(とおやま)直定　?～1647　江戸前期の代官
前田(まえだ)直定　江戸後期の藩士
山田(やまだ)直定　?～1562　戦国時代の武士

直郷　なおさと
山口(やまぐち)直郷　1709～1778　江戸中期の幕臣

尚真　なおざね
小島(こじま)尚真　1829～1857　江戸後期・末期の幕臣・医者

直真　なおざね
直真　戦国時代の石見の刀匠
直三郎　なおさぶろう　⇔なおざぶろう
高力（こうりき）直三郎　1836～1886　江戸後期～明治期の幕臣
阪東（ばんどう）直三郎　1852～1909　江戸後期～明治期の調帯発明者
直三郎　なおざぶろう　⇔なおさぶろう
古田（ふるた）直三郎　江戸末期の武士
直治　なおじ　⇔なおはる
佐藤（さとう）直治　1793～？　江戸後期の宮村肝入
尚重　なおしげ　⇔ひさしげ
竹口（たけぐち）尚重　？～1798　江戸中期・後期の国学者
尚繁　なおしげ
馬場（ばば）尚繁　1697～1750　江戸中期の幕臣
直滋　なおしげ
井伊（いい）直滋　1612～1661　江戸前期の幕臣・歌人
直重　なおしげ
直重　南北朝時代の刀工
直重　室町時代の刀工
興津（おきつ）直重　？～1629　江戸前期の旗本
懸河（かけがわ）直重　戦国時代の上野国衆国峰小幡氏の家臣
河越（かわごえ）直重　南北朝時代の武将
庄（しょう）直重　江戸前期の旗本
高林（たかばやし）直重　？～1677　江戸前期の大坂船手奉行、代官
田中（たなか）直重　安土桃山時代の武将
玉置（たまき）直重　江戸末期の三山貸附所頭取
千葉（ちば）直重　？～1627　安土桃山・江戸前期の武士。下総千葉氏当主、本佐倉城主
内藤（ないとう）直重　？～1720　江戸前期の武士
狭間（はざま）直重　鎌倉時代の武将
平山（ひらやま）直重　戦国時代の武蔵国衆
北条（ほうじょう）直重　戦国時代の北条氏の家臣
門奈（もんな）直重　1647～1724　江戸前期・中期の幕臣
山口（やまぐち）直重　1650～1727　江戸前期・中期の幕臣
直昌　なおしげ　⇔なおまさ
大野（おおの）直昌　安土桃山時代の武将
大野（おおの）直昌　1718～？　江戸中期の武将
直成　なおしげ
村越（むらこし）直成　？～1703　江戸前期の旗本
直繁　なおしげ
曽谷（そや）直繁　戦国時代の武将。曽谷一族
大道寺（だいどうじ）直繁　安土桃山・江戸前期の武士。北条氏の家臣
広田（ひろた）直繁　戦国時代の羽生城主・館林城主
山角（やまかく）直繁　戦国時代の北条氏の家臣
直次郎　なおじろう
片岡（かたおか）直次郎　1747～1781　江戸中期の暦学者
佐々木（ささき）直次郎　江戸末期の新撰組隊士
寺西（てらにし）直次郎　1812～1885　江戸後期～明治期の幕臣
韮塚（にらづか）直次郎　1823～1898　江戸後期～明治期の製糸業者
山添（やまぞえ）直次郎　1839～？　江戸後期～明治期の人。京都陶器代表者
山村（やまむら）直次郎　1856～1910　江戸末期・明治期の医師
直季　なおすえ
熊谷（くまがい）直季　平安後期の熊谷郷出身の武蔵武士
本間（ほんま）直季　戦国時代の古河公方の家臣
直末　なおすえ
直末　戦国時代の刀工
尚祐　なおすけ
岡本（おかもと）尚祐　1615～1696　江戸前期・中期の藩士
尚翼　なおすけ
中島（なかじま）尚翼　1752～1813　江戸中期・後期の和算家
直資　なおすけ
神（じん）直資　南北朝時代の連歌作者
直助　なおすけ
直助　戦国時代の刀工
加川（かがわ）直助　1828～1916　江戸末期～大正期の地主、宮城県議会議員の伊具郡選出第一回当選者
楠瀬（くすのせ）直助　1763～1807　江戸後期の発明家
直弼　なおすけ
青島（あおしま）直弼　江戸後期の和算家、沼田藩士
直輔　なおすけ
奥田（おくだ）直輔　1757～1802　江戸中期・後期の儒者
直祐　なおすけ
吉崎（よしざき）直祐　1838～1898　江戸後期～明治期の熊毛郡室津浦の年寄
直亮　なおすけ
大橋（おおはし）直亮　？～1800　江戸中期・後期の医者・国学者
新美（にいみ）直亮　1846～1904　江戸後期～明治期の医師
直助尉兼次　なおすけのじょうかねつぐ
日置（ひおき）直助尉兼次　江戸末期の刀工
直澄　なおすみ　⇔なおずみ
浅岡（あさおか）直澄　1749～1812　江戸中期・後期の幕臣
尚澄　なおずみ
藤井（ふじい）尚澄　？～1850　江戸後期の歌人
松平（まつだいら）尚澄　1699～1747　江戸中期の旗本
直澄　なおずみ　⇔なおすみ
越智（おち）直澄　江戸後期の漢学者
加賀爪（かがづめ）直澄　1610～1685　江戸前期の土佐藩預人

金井（かない）直澄　戦国時代の武田氏の家臣
鈴木（すずき）直澄　？～1726　江戸中期の旗本
平（たいらの）直澄　？～1119　平安後期の武士

直三　なおぞう
元水（もとみず）直三　江戸末期の新撰組隊士

直曹　なおぞう
梅内（うめない）直曹　1845～1922　江戸末期～大正期の代言人、自由民権運動家

直蔵　なおぞう
鈴木（すずき）直蔵　江戸中期の韮山代官江川氏の手代
山成（やまなり）直蔵　1796～1876　江戸後期～明治期の庄屋

直喬　なおたか
渋谷（しぶたに）直喬　1836～1886　江戸後期～明治期の豪農、政治家

直孝　なおたか
直孝　？～1873　江戸後期～明治期の刀剣の装飾彫刻・おこり病治療者
小田切（おだぎり）直孝　江戸後期の和算家
熊谷（くまがい）直孝　1850～1942　江戸後期～昭和期の幕臣、造船技術者
鍋島（なべしま）直孝　？～1860　江戸後期・末期の幕臣
蜂須賀（はちすか）直孝　江戸時代の藩士

直高　なおたか
直高　戦国時代の信濃佐久郡国衆前山伴野氏の家臣
恩田（おんだ）直高　？～1696　江戸前期・中期の藩士
友成（ともなり）直高　？～1866　江戸末期の幕臣
一柳（ひとつやなぎ）直高　1529～1580　戦国・安土桃山時代の織田信長の家臣
丸部（わにべの）直高　平安中期の官人

直隆　なおたか
九鬼（くき）直隆　？～1639　江戸前期の武士
酒井（さかい）直隆　1681～1720　江戸前期・中期の庄内藩家老
塙（はなわ）直隆　1648～1693　江戸前期・中期の藩士
大日方（おびなた）直武　戦国時代の信濃国衆
戸田（とだ）直武　？～1689　江戸前期・中期の武士

直孟　なおたけ
杉田（すぎた）直孟　江戸後期の和算家

直雄　なおたけ　⇔すぐお，ただお
吉永（よしなが）直雄　？～1839　江戸後期の国学者・神職

尚忠　なおただ　⇔ひさただ
谷川（たにがわ）尚忠　江戸時代の漢学者
藤原（ふじわら）尚忠　平安中期の公家・歌人

直忠　なおただ
大日方（おびなた）直忠　戦国時代の武将。武田家臣
多喜（たき）直忠　？～1627　安土桃山・江戸前期の浅野家臣
鳥居（とりい）直忠　安土桃山時代の酒井忠尚・徳川家康の家臣

直内　なおただ
松島（まつしま）直内　？～1908　江戸末期の家塾塾主

直達　なおたつ
黒神（くろかみ）直達　江戸時代の俳人
武藤（むとう）直達　江戸中期の和算家

直楯　なおたて
中城（なかじょう）直楯　1841～1909　江戸後期～明治期の軍人、歌人

直胤　なおたね
加治（かじ）直胤　？～1641　江戸前期の代官
国分（こくぶ）直胤　戦国時代の国分氏庶流
庄司（しょうじ）直胤　荘司直胤に同じ
荘司（しょうじ）直胤　1778～1857　江戸末期の刀工
東（とう）直胤　戦国時代の東下総森山城の城将・海上氏の一族か

直種　なおたね
竹迫（たかば）直種　江戸前期の武士

直為　なおため
一色（いっしき）直為　？～1657　江戸前期の代官

直足　なおたり
波多野（はたの）直足　1825～1902　江戸後期～明治期の神職

直太郎　なおたろう
熊木（くまぎ）直太郎　1854～1907　江戸末期・明治期の教育者
滝（たき）直太郎　1853～1870　江戸後期～明治期の藩士
原嶋（はらしま）直太郎　1858～？　江戸末期・明治期の石工で篤農家
正木（まさき）直太郎　江戸末期の新撰組隊士？
正木（まさき）直太郎　1856～1934　江戸末期～昭和期の教育者

尚親　なおちか
大沢（おおさわ）尚親　1624～1681　江戸前期の幕臣

直允　なおちか
永井（ながい）直允　1673～1717　江戸前期・中期の幕臣

直親　なおちか
兄国（えくにの）直親　平安中期の官人
藤原（ふじわら）直親　室町時代の歌人

直隣　なおちか
川出（かわで）直隣　1746～1832　江戸後期の国学者・神官

直継　なおつぐ
野中（のなか）直継　1587～1636　安土桃山・江戸前期の土佐藩家老

直次　なおつぐ
直次　鎌倉後期・南北朝時代の備中青江の刀工
伊藤（いとう）直次　江戸後期の和算家
勝田（かつた）直次　江戸時代の彫金家
高林（たかばやし）直次　江戸前期の旗本
服部（はっとり）直次　？～1637　江戸前期の代官

松平(まつだいら)直次　?～1649　江戸前期の旗本
簗田(やなだ)直次　?～1683　江戸前期の旗本。山崎村を采地とした地頭
吉田(よしだ)直次　?～1870　江戸後期～明治期の鍔(つば)師

直紹　なおつぐ
世古(せこ)直紹　江戸中期の神職

尚綱　なおつな
宇都宮(うつのみや)尚綱　1690～1762　江戸中期の神職。津島神社神官

直綱　なおつな
直綱　江戸前期の刀工
直綱〔1代〕　南北朝時代の刀工
直綱〔2代〕　南北朝時代の刀工
直綱〔3代〕　室町時代の刀工
直綱〔4代〕　戦国時代の刀工
桜庭(さくらば)直綱　江戸前期の盛岡藩家臣
佐野(さの)直綱　戦国時代の上野国衆。桐生佐野氏

尚恒　なおつね　⇔ひさつね
納(おさめ)尚恒　?～1857　江戸末期の詩人《納尚恒》

尚庸　なおつね　⇔なおのぶ
綿屋(わたや)尚庸　1660～1722　江戸前期・中期の町相談人、本陣

直経　なおつね
小笠原(おがさわら)直経　?～1679　江戸前期の弓術家
大日方(おびなた)直経　?～1552　戦国時代の武将

直恒　なおつね
今枝(いまえだ)直恒　1587～1652　安土桃山・江戸前期の武士
熊谷(くまがい)直恒　1762～1802　江戸中期・後期の藩士
松永(まつなが)直恒　?～1869　江戸後期～明治期の和算家・藩士

直常　なおつね
加藤(かとう)直常　江戸中期の装剣金工

直庸　なおつね
永瀬(ながせ)直庸　江戸後期の国学者

直彜　なおつね
伊丹(いたみ)直彜　1737～1774　江戸中期の幕臣

直彛　なおつね
箕浦(みのうら)直彛　1730～1816　江戸中期・後期の土佐藩教授役(崎門学派)

直輝　なおてる
菅田(すがた)直輝　江戸末期の武士

直照　なおてる
竹垣(たけがき)直照　1712～1786　江戸中期の代官
一柳(ひとつやなぎ)直照　江戸前期の武士。西条藩2代一柳直重次子

直暠　なおてる
鍋島(なべしま)直暠　1832～1883　江戸末期・明治期の武士、士族

直人　なおと
小倉(おぐら)直人　1842～1893　江戸後期～明治期の共懃社米子支部長
志熊(しくま)直人　?～1902　江戸末期・明治期の神職

直義　なおとき　⇔ただよし, なおよし
曲淵(まがりぶち)直義　1773～?　江戸中期・後期の幕臣

直時　なおとき
円城寺(えんじょうじ)直時　戦国時代の初め千葉胤直の家臣。胤直の嫡子宣胤の乳母子(胤直の諱一字を拝領)。宣胤付きの家臣となった
島田(しまだ)直時　1570～1628　安土桃山・江戸前期の幕臣
永田(ながた)直時　?～1667　江戸前期の旗本
北条(ほうじょう)直時　鎌倉後期の武士
北条(ほうじょう)直時　?～1333　鎌倉後期の武士
前田(まえだ)直時　1794～1828　江戸後期の藩士
柳川(やながわ)直時　江戸中期・後期の装剣金工
山田(やまだ)直時　1569～1644　安土桃山・江戸前期の代官

直節　なおとき
美麻那(みまなの)直節　平安中期の明法博士

直辰　なおとき
山添(やまぞえ)直辰　1731～?　江戸中期の幕臣

直豊　なおとき　⇔なおとよ
酒井(さかい)直豊　1759～1805　江戸中期・後期の城代

直俊　なおとし
奥村(おくむら)直俊　安土桃山時代の織田信長の家臣《奥村秀正》
河間(かわま)直俊　1681～1731　江戸前期・中期の通事
北条(ほうじょう)直俊　鎌倉後期の武士

直年　なおとし
小田切(おだぎり)直年　1743～1811　江戸中期・後期の幕臣

直敏　なおとし
大川(おおかわ)直敏　江戸後期の和算家

直利　なおとし
小田切(おだぎり)直利　1650～1706　江戸前期・中期の幕臣
久徳(きゅうとく)直利　1732～1797　江戸中期・後期の藩士
鈴木(すずき)直利　1671～1743　江戸前期・中期の人。大乗妙典全33部を奥羽の名刹66か寺に奉納
長山(ながやま)直利　?～1714　江戸中期の旗本
根岸(ねぎし)直利　1633～1714　江戸前期・中期の幕臣

直富　なおとみ
稲葉(いなば)直富　?～1640　江戸前期の藩臣
新庄(しんじょう)直富　1747～?　江戸中期の幕臣

直知　なおとも
前田(まえだ)直知　1588～1630　安土桃山・江戸前期の加賀藩士
松平(まつだいら)直知　1684～1704　江戸前期・

中期の大名
直朝　なおとも
秋鹿（あいか）直朝　1556〜1609　戦国〜江戸前期の代官
大須賀（おおすが）直朝　戦国時代の下総松子城主。朝信の孫（朝胤の子）か
小峯（こみね）直朝　？〜1510　戦国時代の武将・連歌作者
源（みなもとの）直朝　戦国時代の武人画家
結城白川（ゆうきしらかわ）直朝　室町時代の武将。白川搦目城主
直友　なおとも
直友　戦国時代の石見の刀匠
直友　戦国時代の刀工
直豊　なおとよ　⇔なおとき
桜井（さくらい）直豊　1504〜1591　安土桃山時代の武将
千種（ちくさ）直豊　1689〜1767　江戸中期の幕臣
千種（ちぐさ）直豊　千種直豊に同じ
直虎　なおとら
青山（あおやま）直虎　1804〜1872　江戸後期〜明治期の神道家
尚長　なおなが
丹波（たんば）尚長　鎌倉後期の医者・歌人
祝部（はふりべ）尚長　南北朝・室町時代の神職・歌人・連歌作者
真長　なおなが　⇔さねなが, まなが
石塚（いしづか）真長　戦国時代の刀工
直長　なおなが
池田（いけだ）直長　1630〜1686　江戸前期の武士
熊谷（くまがい）直長　1558〜1609　戦国〜江戸前期の葛西氏の家臣
村上（むらかみ）直長　江戸後期の神職
尚成　なおなり
八幡（やわた）尚成　南北朝時代の加賀国御家人
直作　なおなり　⇔なおさく
前田（まえだ）直作　1642〜1689　江戸前期・中期の加賀藩士
直縄　なおなわ
佐和（さわ）直縄　？〜1855　江戸後期・末期の藩士
直之進　なおのしん
鈴木（すずき）直之進　？〜1871　江戸後期〜明治期の剣術家。天辰一刀流祖
尚宣　なおのぶ
平岡（ひらおか）尚宣　？〜1711　江戸中期の代官
尚陳　なおのぶ
永井（ながい）尚陳　1697〜1762　江戸中期の第11代加納城主
尚庸　なおのぶ　⇔なおつね
浦井（うらい）尚庸　江戸時代の和算家
直信　なおのぶ　⇔ちょくしん
橋本（はしもと）直信　？〜1815　江戸後期の和算家
三善（みよし）直信　南北朝時代の官人・歌人
直宣　なおのぶ
足立（あだち）直宣　江戸中期の和算家
大中臣（おおなかとみ）直宣　南北朝時代以前の歌人。「風雅和歌集」に入集
黒神（くろかみ）直宣　江戸前期・中期の神職
直暢　なおのぶ
田丸（たまる）直暢　江戸後期の幕臣・本草家
尚徳　なおのり　⇔しょうとく, ひさのり
雪仙斎（せっせんさい）尚徳　江戸中期の画家
宮川（みやがわ）尚徳　1688〜1757　江戸前期・中期の兵法家
尚伯　なおのり　⇔しょうはく
永井（ながい）尚伯　1680〜1754　江戸前期・中期の代官、二丸留守居
尚範　なおのり
藤原（ふじわら）尚範　平安中期の上野国司
直矩　なおのり
新居（にい）直矩　1721〜？　江戸中期の神職・郷土史家
直則　なおのり
菅原（すがわら）直則　戦国時代の羽生城将・山上城主
杉山（すぎやま）直則　江戸末期の剣客
若林（わかばやし）直則　？〜1626　江戸前期の旗本
直徳　なおのり
外山（とやま）直徳　1813〜1887　江戸後期〜明治期の歌人
直範　なおのり
安東（あんどう）直範　1815〜1874　江戸末期の剣客
中山（なかやま）直範　？〜1693　江戸前期の旗本
矢徳　なおのり
田中（たなか）矢徳　1853〜？　江戸後期〜明治期の数学者
直幡　なおはた
長山（ながやま）直幡　1712〜1784　江戸中期の火付盗賊改役、佐渡奉行
尚八　なおはち
岡田（おかだ）尚八　1834〜1891　江戸末期・明治期の陶工
尚春　なおはる
光井（みつい）尚春　？〜1597　安土桃山時代の武将
直温　なおはる　⇔ちょくおん, なおあつ
新庄（しんじょう）直温　1831〜？　江戸後期の幕臣
竹中（たけなか）直温　江戸後期の和算家
直玄　なおはる
前田（まえだ）直玄　1618〜1669　江戸前期の藩士
直治　なおはる　⇔なおじ
久慈（くじ）直治　1554〜1591　戦国・安土桃山時代の武士
逸見（へんみ）直治　1590〜1662　安土桃山・江戸前期の武術家
直春　なおはる
高橋（たかはし）直春　江戸中期の修験者
柳川（やながわ）直春　江戸後期の装剣金工
直遐　なおはる
熊谷（くまがい）直遐　1729〜1781　江戸中期の郷

土史家
尚久　なおひさ
河合（かわい）尚久　江戸中期の医者
尚旧　なおひさ
永井（ながい）尚旧　1768～1790　江戸中期・後期の第13代加納藩主
尚寿　なおひさ
佐藤（さとう）尚寿　江戸末期の医者
直久　なおひさ
直久　戦国時代の出雲吉井派の刀匠
井伊（いい）直久　戦国時代の遠江国人
歌川（うたがわ）直久　江戸末期の絵師
小田中（おだなか）直久　戦国時代の武田氏の家臣。禰津常安の被官
河原（かわはら）直久　安土桃山時代の武将
熊谷（くまがい）直久　南北朝時代の武将
原田（はらだ）直久　江戸中期の郷土史家
村田（むらた）直久　？～1625　安土桃山・江戸前期の玖珂郡由宇村の初代庄屋
直故　なおひさ
柳川（やながわ）直故　1716～1751　江戸中期の装剣金工
直英　なおひで
清水（しみず）直英　戦国時代の北条氏の家臣
松永（まつなが）直英　1777～1850　江戸中期・後期の和算家・藩士
直秀　なおひで
林（はやし）直秀　1655～1731　江戸前期・中期の幕臣・歌人
松田（まつだ）直秀　？～1614　戦国時代の北条氏の家臣
直救　なおひら
奥谷（おくや）直救　1693～1754　江戸中期の幕臣
直衡　なおひら
成吉（なりよし）直衡　戦国時代の丹後国の土豪
直平　なおひら
秋篠（あきしのの）直平　平安中期の左京七条の刀禰
井伊（いい）直平　戦国時代の遠江国人
直寛　なおひろ
酒井（さかい）直寛　1778～1830　江戸中期・後期の城代
直喜　なおひろ　⇔なおき，なおよし
赤井（あかい）直喜　江戸後期の藩士
直広　なおひろ
歌川（うたがわ）直広　江戸後期の画家
熊谷（くまがい）直広　平安後期の私市党の武士
直弘　なおひろ
花岡（はなおか）直弘　1830～1884　江戸末期の歌人
山田（やまだ）直弘　？～1641　江戸前期の代官
直裕　なおひろ
鈴木（すずき）直裕　1716～1786　江戸中期の幕臣
直熙　なおひろ
小田切（おだぎり）直熙　江戸後期の幕臣
直房　なおふさ
大中臣（おおなかとみ）直房　戦国時代の香取大宮司。憲房の子
斎藤（さいとう）直房　1672～1754　江戸前期・中期の幕臣、代官
高瀬（たかせ）直房　1634～1716　江戸前期・中期の廻船問屋
服部（はっとり）直房　？～1754　江戸中期の藩士・兵法家
北条（ほうじょう）直房　鎌倉時代の武士
尚文　なおふみ　⇔なおぶみ
当麻（とうま）尚文　1793～1858　江戸末期の歌人
尚文　なおぶみ　⇔なおふみ
当麻（とうま）尚文　1793～1858　江戸末期の歌人《当麻尚文》
直兵衛　なおべえ
福光屋（ふくみつや）直兵衛　江戸後期の算学者
尚政　なおまさ
永井（ながい）尚政　？～1607　江戸前期の関東代官
波切（なきり）尚政　？～1637　江戸前期の武士
尚正　なおまさ　⇔たかまさ
追川（おいかわ）尚正　江戸後期の鎌倉鶴岡八幡宮の社人
中島（なかじま）尚正　1682～1773　江戸中期の家臣、幕臣
直昌　なおまさ　⇔なおしげ
大岡（おおおか）直昌　江戸中期の書院番
小出（こいで）直昌　1668～1739　江戸前期・中期の武士。勘定組頭・関東筋新田場加役支配
杉田（すぎた）直昌　1613～1683　江戸前期の幕臣
大道寺（だいどうじ）直昌　戦国時代の武士。北条氏の家臣
多賀（たが）直昌　1792～1829　江戸後期の藩士・茶人
早川（はやかわ）直昌　1825～1898　江戸後期～明治期の剣術家。北辰一刀流
山角（やまかど）直昌　1607～1637　江戸前期の旗本
直政　なおまさ
安藤（あんどう）直政　1611～1687　江戸前期の幕臣
伊丹（いたみ）直政　江戸前期の弓術家
歌川（うたがわ）直政　江戸後期・末期の画家
大岡（おおおか）直政　？～1627　江戸前期の旗本
大日方（おびなた）直政　？～1555　戦国時代の武田家臣
小林（こばやし）直政　1637～1709　江戸前期・中期の幕臣
坂井（さかい）直政　安土桃山時代の織田信長の家臣
高田（たかだ）直政　1578～1660　安土桃山・江戸前期の代官
知久（ちく）直政　1603～1671　安土桃山・江戸前期の代官
徳山（とくのやま）直政　1589～1634　安土桃山・江戸前期の幕臣
富永（とみなが）直政　1721～1800　江戸中期・後

期の庄屋
内藤(ないとう)直政　?～1635　江戸前期の旗本
守能(もりよし)直政　江戸前期の藩士・武芸家

直正　なおまさ
一色(いっしき)直正　?～1662　江戸前期の代官
岡村(おかむら)直正　江戸前期の藩士
中井(なかい)直正　江戸後期～明治期の和算家
服部(はっとり)直正　1743～1816　江戸後期の武士
藤田(ふじた)直正　1805～1865　江戸後期・末期の剣術家。小野派一刀流
前田(まえだ)直正　1605～1631　江戸前期の加賀藩士
三浦(みうら)直正　1562～1614　安土桃山・江戸前期の代官
山田(やまだ)直正　江戸前期の「日留輪山論記」の編者
若林(わかばやし)直正　?～1684　江戸前期の旗本

直致　なおまさ
熊谷(くまがい)直致　1382～1432　南北朝・室町時代の本吉郡気仙沼郷赤岩城7代

直祇　なおます
奥村(おくむら)直祇　江戸後期の和算家

直増　なおます　⇔ちょくぞう
大柴(おおしば)直増　1628～1699　江戸前期・中期の代官

直躬　なおみ
中村(なかむら)直躬　江戸後期の国学者

直通　なおみち
氏家(うじいえ)直通　安土桃山時代の織田信長の家臣

直道　なおみち　⇔ちょくどう
安倍(あべの)直道　奈良時代の官人
安藤(あんどう)直道　1793～1880　江戸後期の武士
小田切(おだぎり)直道　1838～?　江戸後期の幕臣
片山(かたやま)直道　江戸後期の国学者
印牧(かねまき)直道　?～1760頃　江戸中期の漢学者
上毛野坂本朝臣(かみつけぬのさかもとのあそん)直道　平安前期の吾妻郡司
清滝(きよたきの)直道　平安前期の京戸
金原(きんばら)直道　江戸末期の藩金工師
庄田(しょうだ)直道　1835～1910　江戸後期～明治期の実業家
竹内(たけうち)直道　江戸後期の歌人
竹垣(たけがき)直道　1807～1869　江戸後期～明治期の幕臣
寺本(てらもと)直道　1774～1807　江戸中期・後期の漢学者
西(にし)直道　1770～1809　江戸中期・後期の清末藩家老
広田(ひろた)直道　江戸後期の庄屋・和算家
吉井(よしい)直道　1772～1857　江戸中期～末期の藩士

直満　なおみち　⇔なおみつ
後藤(ごとう)直満　?～1819　江戸中期・後期の米子の富豪、歌人

直猷　なおみち
樫田(かしだ)直猷　1731～1782　江戸中期の漢学者

直光　なおみつ
井伊(いい)直光　1838～1862　江戸後期・末期の大名
神谷(かみや)直光　1581～1663　安土桃山・江戸前期の剣術家
私市(きさいちの)直光　平安後期・鎌倉前期の武士
富岡(とみおか)直光　?～1523　室町時代の武将
不破(ふわ)直光　?～1598　安土桃山時代の織田信長の家臣
湯河(ゆかわ)直光　?～1562　戦国時代の武将

直満　なおみつ　⇔なおみち
熊谷(くまがい)直満　?～1319　鎌倉後期の武蔵武士
曽谷(そや)直満　戦国時代の武将
別府(べっぷ)直満　?～1575　安土桃山時代の武田氏の家臣、禰津常安の被官

直旨　なおむね
野田(のだ)直旨　?～1692　江戸前期の森岡藩家臣

直宗　なおむね
直宗　平安後期の古備前の刀工
直宗〔1代〕　平安後期の刀工
直宗〔2代〕　平安後期の刀工
沼田(ぬまた)直宗　1778～1842　江戸中期・後期の刀工
秦公(はたぎみの)直宗　平安前期の官人

直棟　なおむね
菅野(すがの)直棟　戦国時代の武田氏の家臣、禰津常安の被官

直有　なおもち　⇔なおあり
依田(よだ)直有　江戸前期の砲術家

直基　なおもと
平(たいら)直基　南北朝時代の歌人

直元　なおもと
足立(あだち)直元　?～1285　鎌倉時代の武蔵武士・御家人
北沢(きたざわ)直元　江戸時代の大宮宿新開者
庭屋(にわや)直元　?～1607　安土桃山・江戸前期の武将
堀(ほり)直元　?～1702　江戸中期の旗本
間宮(まみや)直元　1571～1614　戦国時代の北条氏の家臣

直源　なおもと
大岡(おおおか)直源　?～1725　江戸中期の小姓組。西城大奥修造の奉行

直職　なおもと
田丸(たまる)直職　1743～?　江戸中期の幕臣

直守　なおもり
直守　室町時代の刀工
中城(なかじょう)直守　1812～1878　江戸後期の国学者

直盛　なおもり
芦名(あしな)直盛　南北朝時代の武士
麻生野(あそうの)直盛　?～1563　安土桃山時代の飛騨国洞城主

直矢　なおや
加藤(かとう)直矢　1849～1892　江戸後期～明治期の治水功労者

尚易　なおやす
納(おさめ)尚易　江戸末期の詩人

直好　なおやす　⇔なおよし
藤井(ふじい)直好　江戸前期の和算家《藤井直好》

直康　なおやす
中野(なかの)直康　1553～1594　戦国～江戸前期の武士

直泰　なおやす
大井(おおい)直泰　安土桃山・江戸前期の武士
勅使川原(てしがわら)直泰　江戸中期の藩士

直養　なおやす　⇔ちょくよう, なおかい
人見(ひとみ)直養　江戸中期の医者
前田(まえだ)直養　1772～1805　江戸中期・後期の藩士

尚之　なおゆき
熊谷(くまがい)尚之　1729～1799　江戸中期の漢学者
見田(みた)尚之　?～1840　江戸後期の医者・国学者

直恭　なおゆき
酒井(さかい)直恭　1725～1777　江戸中期の庄内藩家老

直行　なおゆき
直行　戦国時代の刀工
秋山(あきやま)直行　1819～1869　江戸後期～明治期の幕臣
安積(あさか)直行　江戸前期の漢学者
奥田(おくだ)直行　江戸後期の眼科医
桂(かつら)直行　1771～1834　江戸中期・後期の書家
倉賀野(くらがの)直行　戦国時代の上野国衆
佐野(さの)直行　1656～1722　江戸前期・中期の武士
寺西(てらにし)直行　1613～1666　江戸前期の藩士
内藤(ないとう)直行　戦国時代の北条氏の家臣
中川(なかがわ)直行　1660～1722　江戸前期・中期の代官
永田(ながた)直行　1813～1875　江戸後期～明治期の国学者
土方(ひじかた)直行　1832～1922　江戸末期～大正期の勤王家

直随　なおゆき
浜野(はまの)直随　1745～1819　江戸中期・後期の装剣金工

直之　なおゆき
石橋(いしばし)直之　1656～1712　江戸前期・中期の歌人・俳人
猪山(いのやま)直之　1812～1878　江戸後期の御算用者
小幡(おばた)直之　1577～1648　安土桃山・江戸前期の幕臣
鈴木(すずき)直之　江戸後期の和算家
多喜(たき)直之　?～1664　江戸前期の六十人者与力
玉置(たまき)直之　1679～1746　江戸前期・中期の幕臣
矢島(やじま)直之　?～1727　江戸前期・中期の武士

直世　なおよ
藤原(ふじわらの)直世　平安前期の官人

尚栄　なおよし　⇔しょうえい
松平(まつだいら)尚栄　1571～1654　安土桃山・江戸前期の幕臣

尚義　なおよし　⇔しょうぎ, ひさよし
西山(にしやま)尚義　1845～1867　江戸後期・末期の勤皇家
桃井(もものい)尚義　?～1333　南北朝時代の武将

尚芳　なおよし　⇔ひさよし
原(はら)尚芳　江戸末期の和算家
原田(はらだ)尚芳　江戸後期・末期の和算家

直栄　なおよし
南部(なんぶ)直栄　1571～1595　安土桃山時代の根城南部家19代当主
南部(なんぶ)直栄　1602～1675　安土桃山・江戸前期の根城南部家22代当主

直喜　なおよし　⇔なおき, なおひろ
赤井(あかい)直喜　1810～?　江戸後期の藩士

直義　なおよし　⇔ただよし, なおとき
伊藤(いとう)直義　江戸末期の和算家
大岡(おおおか)直義　?～1783　江戸後期の小普請組頭
榊原(さかきばら)直義　1810～1896　江戸後期～明治期の祠掌、教導職権少講義
南部(なんぶ)直義　1602～1675　安土桃山・江戸前期の根城南部家22代当主《南部直栄》
松山(まつやま)直義　1737～1821　江戸中期・後期の幕臣
南(みなみ)直義　?～1626　安土桃山・江戸前期の南康義の3男
村山(むらやま)直義　戦国時代の武士
森(もり)直義　安土桃山・江戸前期の弓術家

直吉　なおよし　⇔なおきち
関(せき)直吉　?～1875　江戸後期～明治期の装剣金工
遠山(とおやま)直吉　1563?～1611　安土桃山・江戸前期の北条氏の家臣
禰津(ねつ)直吉　戦国時代の禰津常安の被官

直賢　なおよし　⇔なおかた
中村(なかむら)直賢　江戸末期の金工家

直候　なおよし
松平(まつだいら)直候　1839～1861　江戸末期の川越藩主

直好　なおよし　⇔なおやす
飯田(いいだ)直好　?～1765　江戸中期の商人

岡部(おかべ)直好 ?～1705 江戸前期の旗本
小野寺(おのでら)直好 1774～1841 江戸中期の医者
鈴木(すずき)直好 江戸中期の和算家
服部(はっとり)直好 1664～1738 江戸前期・中期の藩士・兵法家
藤井(ふじい)直好 江戸前期の和算家
朴沢(ほおざわ)直好 江戸中期の工匠

直能 なおよし
大柴(おおしば)直能 1599～1654 安土桃山・江戸前期の幕臣
大日方(おびなた)直能 戦国時代の武将。武田家臣
庄(しょう)直能 ?～1615 戦国時代の北条氏の家臣

直良 なおよし ⇔ちょくりょう
川村(かわむら)直良 1826～1868 江戸後期・末期の武士《川村榴窠》
村田(むらた)直良 江戸後期の和算家

直令 なおよし
永井(ながい)直令 1707～1781 江戸中期の幕臣

直愿 なおよし
重光(しげみつ)直愿 1849～1925 江戸末期～大正期の漢学者

直迪 なおよし
和多田(わただ)直迪 江戸中期・後期の幕臣

直米 なおよね
直米 戦国時代の刀工

直衣 なおより
谷(たに)直衣 1819～1887 江戸後期～明治期の国学者、歌人、狂歌師

直頼 なおより
渋川(しぶかわ)直頼 南北朝時代の武士
諏訪(すわ)直頼 南北朝時代の南朝方の武将
本郷(ほんごう)直頼 南北朝時代の武家・歌人
三木(みつき)直頼 1498～1554 戦国時代の武士。三仏寺城主、桜洞城主

直入 なおり
須賀(すが)直入 ?～1812 江戸中期・後期の医者・国学者

なか
杉山(すぎやま)なか ?～1896 江戸末期・明治期の女性。日本住血吸虫病患者として献体を申し出、山梨県最初の人体解剖の事例となった

央 なか ⇔おう, てる
渡辺(わたなべ)央 1837～1894 江戸後期～明治期の軍人・陸軍少将

仲 なか
石本(いしもと)仲 1840～1922 江戸末期～大正期の教育家
今瀬(いませ)仲 江戸末期の武茂郷健武山神社の宮司、馬頭郷校館守
大越(おおごえ)仲 1832～1916 江戸末期～大正期の仙台藩士

那加 なか
島田(しまだ)那加 1817～1861 江戸後期・末期の真庭郡勝山藩の人

仲章 なかあき ⇔なかあきら
高階(たかしな)仲章 1087～1107 平安後期の官人

永明 ながあき ⇔えいめい
内山(うちやま)永明 1804～1875 江戸後期～明治期の算学者

長穐 ながあき
佐々(さっさ)長穐 安土桃山時代の織田信長の家臣

長映 ながあき
布施田(ふせだ)長映 戦国時代の武士

長顕 ながあき
黒沢(くろさわ)長顕 江戸前期・中期の藩士

長秋 ながあき ⇔ちょうしゅう
久保(くぼ)長秋 1786～1860 江戸後期の医者・国学者

長昭 ながあき ⇔ちょうしょう
相場(あいば)長昭 江戸後期の国学者

長章 ながあき
土佐(とさ)長章 鎌倉後期・南北朝時代の画家
中根(なかね)長章 江戸時代の蔵書家
布施田(ふせだ)長章 ?～1590 戦国時代の武士

長明 ながあき ⇔ちょうめい, ながあきら
岩崎(いわさき)長明 1841～? 江戸後期～明治期の立志社壮士
村井(むらい)長明 1582～1644 安土桃山・江戸前期の藩士

仲章 なかあきら ⇔なかあき
高階(たかしなの)仲章 1087～1107 平安後期の官人《高階仲章》

仲明 なかあきら
大春日(おおかすがの)仲明 平安中期の官人

長明 ながあきら ⇔ちょうめい, ながあき
末吉(すえよし)長明 1609～1653 江戸前期の代官
藤原(ふじわらの)長明 1018～1099 平安中期・後期の官人
藤原(ふじわらの)長明 ?～1104 平安後期の官人

長有 ながあり ⇔ちょうゆう
丹波(たんば)長有 鎌倉後期の医者・歌人
山崎(やまさき)長有 1589～1667 安土桃山・江戸前期の武士

仲家 なかいえ
源(みなもとの)仲家 ?～1180 平安後期の武将

忠家 なかいえ ⇔ただいえ
源(みなもと)忠家 ?～1180 平安後期の武士。源義賢の嫡男

長家 ながいえ
飯田(いいだ)長家 戦国時代の上杉氏の家臣
植草(うえくさ)長家 戦国時代の武士。北条氏家臣

長舎 ながいえ
長舎 戦国時代の刀工

中井王 なかいおう
中井王 平安前期の地方官人

仲稲　なかいね
田島（たじま）仲稲　南北朝・室町時代の神職・連歌作者
仲氏　なかうじ
和気（わけ）仲氏　南北朝時代の官人・連歌作者
永氏　ながうじ
伊福部（いおきべ）永氏　平安前期の漢詩人
長氏　ながうじ
小笠原（おがさわら）長氏　南北朝時代の邑智郡川本郷領主
長江　ながえ
紀（き）長江　平安前期の官人、漢詩人
仲江麻呂　なかえまろ
大神（おおみわの）仲江麻呂　奈良・平安前期の官人
中右衛門　なかえもん
中右衛門　江戸後期の足柄下郡中里村名主
仲右衛門　なかえもん　⇔ちゅうえもん
砂田（すなだ）仲右衛門　1818～1877　江戸末期・明治期の高山県の吏員
仲雄　なかお
永井（ながい）仲雄　1671～1743　江戸前期・中期の郷土史家
永雄　ながお
飯高（いいだかの）永雄　平安前期の官人
錦鳳堂（きんぽうどう）永雄　江戸後期の狂歌作者
奈賀王　なかおう
奈賀王　奈良時代の官人
仲雄王　なかおおう　⇔なかおのおおきみ
仲雄王　平安前期の官吏、漢詩人
中興　なかおき　⇔なかき
平（たいらの）中興　？～930　平安前期・中期の官人、歌人《平中興》
長居　ながおき　⇔ちょうきょ
鵜殿（うどの）長居　1763～？　江戸中期の幕臣
長興　ながおき　⇔おさおき, ちょうこう
岡部（おかべ）長興　1663～1723　江戸中期の旗本
寺田（てらだ）長興　江戸後期の国学者
仲雄王　なかおのおおきみ　⇔なかおおう
仲雄王　平安前期の官吏、漢詩人《仲雄王》
仲男麻呂　なかおまろ
藤原（ふじわらの）仲男麻呂　奈良時代の官人
長景　ながかげ
安達（あだち）長景　？～1285　鎌倉前期・後期の武将、歌人
長尾（ながお）長景　戦国時代の越後国衆
仲和　なかかず
岩神（いわがみ）仲和　1743～1805　江戸中期・後期の武士、俳人
永主　ながかず　⇔ながぬし
中村（なかむら）永主　江戸後期の歌人
長員　ながかず
太田（おおた）長員　鎌倉時代の新川郡太田庄の在地領主
長猷　ながかず
源（みなもとの）長猷　854～918　平安前期の官人。清和天皇皇子《源長淵》
長量　ながかず
高辻（たかつじ）長量　1662～1695　江戸前期・中期の公家
長和　ながかず　⇔ながとも
小笠原（おがさわら）長和　戦国時代の信濃国伊那郡の武士
仲方　なかかた
平（たいらの）仲方　？～1021　平安中期の官人
長堅　ながかた
村井（むらい）長堅　1701～1756　江戸中期の藩士
長賢　ながかた
池田（いけだ）長賢　1604～1664　江戸前期の幕臣
花山院（かざんいん）長賢　？～1366　鎌倉後期・南北朝時代の公家、歌人
木村（きむら）長賢　江戸後期の和算家
藤原（ふじわらの）長賢　？～1133　平安後期の官人
長質　ながかた
山崎（やまざき）長質　1668～1727　江戸前期・中期の藩士
長容　ながかた　⇔ちょうよう, ながやす
岩崎（いわざき）長容　江戸時代の忍藩松平下総守家の勘定奉行《岩崎長容》
長勝　ながかつ　⇔おさかつ, ちょうしょう
浅野（あさの）長勝　？～1575　戦国・安土桃山時代の織田信長の家臣
榊原（さかきばら）長勝　？～1661　江戸前期の旗本
田宮（たみや）長勝　？～1645　江戸前期の武士、剣術家
坪井（つぼい）長勝　1550～？　江戸前期の旗本
壺井（つぼい）長勝　1549～1633　戦国～江戸前期の代官
長谷川（はせがわ）長勝　？～1655　江戸前期の代官
牧（まき）長勝　1562～1622　安土桃山・江戸前期の織田信長の家臣
松下（まつした）長勝　？～1627　江戸前期の旗本
松平（まつだいら）長勝　？～1493　戦国時代の武士
松平（まつだいら）長勝　1481～1562　戦国・安土桃山時代の人。五井松平氏
長雄　ながかつ
宍倉（ししくら）長雄　戦国時代の相模守護の扇谷上杉朝興の側近
仲兼　なかかね
高階（たかしなの）仲兼　平安後期の官人
永包　ながかね
永包　平安中期の刀工
永包　平安後期の刀工
長兼　ながかね　⇔ちょうけん
三条（さんじょう）長兼　1162～？　鎌倉前期の官人
長河　ながかわ
藤原（ふじわらの）長河　奈良時代の官人
長川　ながかわ　⇔ちょうせん
藤原（ふじわらの）長川　奈良時代の官人

氷河　ながかわ
息永(おきながの)氷河　平安前期の官人
中興　なかき　⇔なかおき
平(たいらの)中興　?～930　平安前期・中期の官人、歌人
長樹　ながき
向井(むかい)長樹　江戸後期の藩士
中清　なかきよ
木幡(こはた)中清　江戸前期の医師、俳人
仲清　なかきよ
紀(きの)仲清　平安後期の紀伊国の坂上氏の家人
源(みなもとの)仲清　平安後期の官人
永清　ながきよ　⇔ようせい
永清　江戸後期の刀工
内山(うちやま)永清　1722～?　江戸中期の徳川家治の近習
大中臣(おおなかとみの)永清　平安後期の祭使
勝木(かつき)永清　江戸前期の金工
木村(きむら)永清　1731～1801　江戸中期・後期の備前焼窯元
藤原(ふじわらの)永清　1031～1096　平安中期・後期の官人
長清　ながきよ　⇔ちょうしょう
勝田(かつだ)長清　鎌倉時代の歌人
蔵垣(くらがきの)長清　平安後期の官人
牧(まき)長清　?～1570　戦国・安土桃山時代の織田信長の家臣
仲国　なかくに
閑間(かんま)仲国　戦国時代の里見忠義の家臣
高階(たかしな)仲国　平安後期の官人
永国　ながくに
県(あがたの)永国　平安中期の官人
櫟井(いちいの)永国　平安中期の人。秦武重の馬を横領したと大春日淑孝に訴えられた
永邦　ながくに
安倍(あべの)永邦　平安中期の官人
長国　ながくに
相良(さがら)長国　1467～1546　室町・戦国時代の武将
神保(じんぼ)長国　神保長国に同じ
神保(じんぼう)長国　安土桃山時代の織田信長の家臣
中原(なかはら)長国　?～1054　平安中期・後期の官人、歌人
長邦　ながくに
県(あがたの)長邦　平安中期の官人
永蔵　ながくら
春道(はるみちの)永蔵　平安前期の官人
仲子　なかこ
大江(おおえの)仲子　平安後期の女性。従四位下公仲の娘
大野(おおの)仲子　?～781　奈良時代の女性。光仁天皇の宮人
平(たいらの)仲子　平安後期の女官、歌人
長子　ながこ
安倍(あべの)長子　976?～?　平安中期の女性。有親の娘
永言　ながこと
生駒(いこま)永言　1683～1746　江戸前期・中期の歌人・徳島藩士
長前　ながさき
野間(のま)長前　安土桃山時代の織田信長の家臣
永貞　ながさだ　⇔えいてい, のぶさだ
内山(うちやま)永貞　?～1708　江戸中期の代官
小池(こいけ)永貞　1674～1742　江戸前期・中期の幕臣
永定　ながさだ　⇔えいじょう
秋元(あきもと)永定　1759?～1847　江戸中期・後期の喜連川藩主侍講、良伯
長貞　ながさだ
雨宮(あめのみや)長貞　1770～?　江戸中期の幕臣
石生別公(いわなすのわけのきみ)長貞　平安前期の郡司
上杉(うえすぎ)長貞　1623～1662　江戸前期の幕臣
小笠原(おがさわら)長貞　1649～1716　江戸前期・中期の幕臣・故実家
落合(おちあい)長貞　安土桃山時代の織田信長の家臣
田沼(たぬま)長貞　戦国時代の足利長尾氏の家臣
古田(ふるた)長貞　1849～?　江戸末期の清見村の初代村長
三好(みよし)長貞　1823～?　江戸後期・末期の幕臣
村井(むらい)長貞　1812～1842　江戸後期の藩士
長定　ながさだ
神尾(かんお)長定　?～1613　江戸前期の代官
鈴江(すずえ)長定　江戸前期の武士
中川(なかがわ)長定　1675～1739　江戸前期・中期の藩士
前田(まえだ)長定　?～1584　戦国・安土桃山時代の武将
山角(やまかど)長定　1589～1635　江戸前期の旗本
永郷　ながさと
藤原(ふじわら)永郷　南北朝時代の連歌作者
長郷　ながさと　⇔ちょうごう
根来(ねごろ)長郷　1745～?　江戸中期の幕臣
長里　ながさと
大中臣(おおなかとみの)長里　平安後期の官人
秦(はたの)長里　平安後期の官人
仲実　なかざね　⇔ちゅうじつ
小野沢(おのざわ)仲実　鎌倉時代の武士
藤原(ふじわらの)仲実　1051～1108　平安後期の官人
永実　ながざね
藤原(ふじわら)永実　平安後期の公家・歌人
藤原(ふじわらの)永実　1062～1119　平安後期の学者

長実　ながざね　⇔ちょうじつ
漢部(あやべの)長実　平安中期の官人
仲三郎　なかさぶろう
久保(くぼ)仲三郎　1821～1883　江戸後期～明治期の医者
仲二　なかじ
吉田(よしだ)仲二　江戸中期の浄瑠璃作者。人形遣い
仲重　なかしげ
身人部(むとべの)仲重　?～1012　平安中期の官人
永重　ながしげ
奥田(おくだ)永重　江戸時代の富豪
野村(のむら)永重　1644～1702　江戸前期・中期の藩士
修成　ながしげ
菅原(すがわらの)修成　平安中期の官人
長滋　ながしげ
遊佐(ゆさ)長滋　?～1493　室町・戦国時代の武将・連歌作者
長重　ながしげ
長重　南北朝時代の長船派の刀工
甘糟(あまかす)長重　?～1604　安土桃山・江戸前期の武士。上杉氏家臣
天野(あまの)長重　1621～1705　江戸前期・中期の幕臣
大久保(おおくぼ)長重　?～1677　江戸前期の旗本
佐々(さっさ)長重　?～1614　江戸前期の幕臣
新免(しんめん)長重　?～1480　室町時代の美作国東部の武将
成田(なりた)長重　安土桃山時代の織田信長の家臣
長谷川(はせがわ)長重　1582～1648　安土桃山・江戸前期の代官
北条(ほうじょう)長重　鎌倉時代の武士
牧(まき)長重　?～1659　江戸前期の旗本
横地(よこち)長重　1162～1222　平安後期・鎌倉前期の遠江国城飼郡横地の在地領主
和気(わけの)長重　平安後期の医師
長繁　ながしげ
安中(あんなか)長繁　戦国時代の上野国衆
荻田(おぎた)長繁　1563～1642　安土桃山・江戸前期の上杉氏の家臣
平(たいらの)長繁　平安後期の官人
横瀬(よこせ)長繁　戦国時代の上野国衆由良氏の一族
依田(よだ)長繁　戦国時代の信濃佐久郡の国衆
長稠　ながしげ
木曽(きそ)長稠　戦国時代の武田氏の家臣、木曽一門
長鎮　ながしず
藤田(ふじた)長鎮　1818～1868　江戸後期・末期の武士
長城　ながしろ　⇔ちょうじょう, ながなり
神保(じんぼう)長城　安土桃山時代の越中増山城主《神保長城》
仲四郎　なかしろう
三倉(みくら)仲四郎　1854～1902　江戸末期・明治期の新田開発事業の功労者
仲季　なかすえ
菅原(すがわらの)仲季　平安後期の官人
藤原(ふじわらの)仲季　平安中期の人。前大和守藤原成資の三男
源(みなもとの)仲季　平安後期の官人
永季　ながすえ
大蔵(おおくらの)永季　平安後期の相撲人
日田(ひたの)永季　1056～1104　平安後期の豪族
長季　ながすえ
平(たいら)長季　鎌倉前期の歌人
源(みなもとの)長季　平安中期の官人
仲資　なかすけ
中原(なかはらの)仲資　平安後期の官人
仲助　なかすけ　⇔ちゅうすけ
谷(たに)仲助　1802～1870　江戸後期～明治期の煙草商・公益家
仲輔　なかすけ
久保(くぼ)仲輔　1753～1823?　江戸後期の医者
永資　ながすけ
甘南備(かんなびの)永資　平安中期の官人
日野(ひの)永資　1694～1712　江戸中期の公家
永相　ながすけ
藤原(ふじわらの)永相　平安中期の官人
永輔　ながすけ
大中臣(おおなかとみの)永輔　999～1071　平安中期・後期の祭主(33代)
御立(みたちの)永輔　平安中期の官人
長資　ながすけ
長資　南北朝時代の公家・歌人
小河(おがわ)長資　?～1551　戦国時代の越後国小泉荘の国人
寺島(てらしま)長資　?～1582　戦国・安土桃山時代の武士。神保氏家臣、のちに上杉氏家臣
吉江(よしえ)長資　戦国時代の長尾氏の家臣
長相　ながすけ
河田(かわだ)長相　?～1568　戦国・安土桃山時代の足利長尾氏の家臣
杉(すぎ)長相　?～1589　戦国・安土桃山時代の武将
長祐　ながすけ　⇔ちょうゆう
東坊城(ひがしぼうじょう)長祐　1644～1662　江戸前期の公家
長純　ながすみ　⇔ちょうじゅん, ながずみ
高辻(たかつじ)長純　1619～1648　江戸前期の公家
長澄　ながすみ　⇔ながずみ
若槻(わかつき)長澄　安土桃山時代の武将・連歌作者
長住　ながずみ
小笠原(おがさわら)長住　1629～1708　江戸前期・中期の幕臣
神保(じんぼ)長住　神保長住に同じ
神保(じんぼう)長住　安土桃山時代の織田信長の家臣

長純　ながずみ　⇔ちょうじゅん, ながすみ
佐々(さっさ)長純　1702～1776　江戸中期の代官

長澄　ながずみ　⇔ながすみ
石徹白(いとしろ)長澄　安土桃山時代の織田信長の家臣
間宮(まみや)長澄　?～1694　江戸中期の幕臣
溝江(みぞえ)長澄　?～1600　安土桃山時代の織田信長の家臣

仲蔵　なかぞう　⇔ちゅうぞう
公森(きみもり)仲蔵　江戸末期の事業家
中村(なかむら)仲蔵　江戸時代の歌舞伎役者

仲造　なかぞう
久保(くぼ)仲造　1799～1850　江戸後期の医者

永鷹　ながたか
玉田(たまだ)永鷹　1782～1861　江戸中期～末期の神道家

永隆　ながたか　⇔えいりゅう
香山(かやま)永隆　1840～1880　江戸後期～明治期の幕臣

長貴　ながたか　⇔ながとし
青山(あおやま)長貴　?～1865　江戸末期の幕臣
松宮(まつみや)長貴　1840～1915　江戸末期～大正期の中老

長喬　ながたか
池田(いけだ)長喬　1676～1723　江戸前期の武士

長孝　ながたか　⇔ちょうこう
河合(かわい)長孝　江戸後期の和算家
広沢(ひろさわ)長孝　1619～1681　江戸前期の歌人《広沢長孝》

長高　ながたか
岩下(いわした)長高　戦国時代の信濃国筑摩郡会田の国衆
岡部(おかべ)長高　1809～1888　江戸末期・明治期の刀工
坂野(さかの)長高　1650～1704　江戸前期・中期の藩士
牧(まき)長高　1629～1695　江戸前期・中期の幕臣

長隆　ながたか
飯塚(いいづか)長隆　1677～1725　江戸前期・中期の代官
小笠原(おがさわら)長隆　?～1542　戦国時代の邑智郡川本温湯城主
三上(みかみ)長隆　戦国時代の足利長尾氏の家臣
横山(よこやま)長隆　1539～1583　戦国・安土桃山時代の加賀藩老臣

長穹　ながたか
村井(むらい)長穹　1739～1790　江戸中期・後期の藩士

長堯　ながたか
河辺(かわべ)長堯　1740～1806　江戸中期・後期の神職

永武　ながたけ
上部(うわべ)永武　1757～1793　江戸中期・後期の神職

長武　ながたけ
浅野(あさの)長武　1663～1712　江戸前期・中期の幕臣

中正　なかただ
源(みなもと)中正　平安中期の公家・歌人

中尹　なかただ
藤原(ふじわらの)中尹　平安中期の官人

永忠　ながただ　⇔えいちゅう, ようちゅう
三村(みむら)永忠　江戸中期の藩士

長忠　ながただ
青島(あおしま)長忠　1553～1615　戦国時代の土豪
清水(しみず)長忠　?～1645　江戸前期の浅野家臣
坂西(ばんざい)長忠　?～1562　戦国時代の甲斐武田晴信・勝頼の家臣
藤原(ふじわらの)長忠　1057～1129　平安後期の公卿
吉江(よしえ)長忠　1566～1647　安土桃山・江戸前期の上杉景勝の家臣

脩忠　ながただ
多(おおの)脩忠　平安中期の官人

長竜　ながたつ　⇔ちょうりゅう
鵜殿(うどの)長竜　?～1568　戦国・安土桃山時代の徳川氏の家臣

長晨　ながたつ
新田(にいだ)長晨　江戸後期の遠野南部氏家老

永胤　ながたね　⇔えいいん, よういん
大中臣(おおなかとみ)永胤　鎌倉後期の神職・歌人
東条(とうじょう)永胤　江戸末期・明治期の漢学者

長種　ながたね
浦野(うらの)長種　戦国時代の信濃小県郡の国衆浦野氏の一門
中川(なかがわ)長種　?～1701　江戸前期・中期の藩士

仲為　なかため
琉(りゅう)仲為　1820～1870　江戸末期・明治期の役人

長為　ながため　⇔ちょうい
有坂(ありさか)長為　?～1855　江戸後期・末期の砲術家

中太夫　なかだゆう
竹本(たけもと)中太夫　1732～1811　江戸中期・後期の浄瑠璃太夫

仲太郎　なかたろう
小室(こむろ)仲太郎　1834～1916　江戸末期～大正期の歌舞伎役者

永太郎　ながたろう
永太郎　江戸末期・明治期の刀工

永親　ながちか
藤掛(ふじかけ)永親　?～1829　江戸後期の奇人
藤原(ふじわらの)永親　?～1083　平安後期の官人

長親　ながちか
小津(おづ)長親　1690～1760　江戸中期の商家・歌人
土御門(つちみかど)長親　鎌倉後期の公家・陰陽家

成田(なりた)長親　?〜1612?　江戸前期の武将
長谷川(はせがわ)長親　?〜1622　江戸前期の代官
三村(みむら)長親　?〜1555　戦国時代の武田家臣
柳田(やなぎた)長親　江戸末期の書家

永津　ながつ
石川(いしかわの)永津　785〜854　奈良・平安前期の官人
日置(へきの)永津　平安前期の官人

長津　ながつ
石川(いしかわの)長津　785〜854　奈良・平安前期の官人《石川永津》

中家　なかついえ
秦(はたの)中家　奈良時代の人。711年に社殿を創建した稲荷社を奉祀する人物

中務　なかつかさ
中務　平安中期の女官。平祐之の娘
小山(おやま)中務　戦国時代の小山一族
河上(かわかみ)中務　戦国時代の中地山城の城将
佐藤(さとう)中務　江戸後期の大住郡大山寺師職・神職
種市(たねいち)中務　安土桃山時代の種市城主
山田(やまだの)中務　平安中期の女房・歌人

中務少輔　なかつかさしょう　⇔なかつかさしょうゆう, なかつかさのしょう
薦野(こもの)中務少輔　戦国時代の里見義頼の家臣

中務少輔　なかつかさしょうゆう　⇔なかつかさしょう, なかつかさのしょう
大戸(おおど)中務少輔　戦国時代の武士

中務大輔　なかつかさたいふ　⇔なかつかさのたいふ, なかつかさのだいふ
二階堂(にかいどう)中務大輔　戦国時代の小弓公方足利義明の家臣

中務少輔　なかつかさのしょう　⇔なかつかさしょう, なかつかさしょうゆう
赤津(あかつ)中務少輔　安土桃山時代の遠江敷智郡入野の土豪
安保(あぼ)中務少輔　戦国時代の武士。古河公方・後北条氏の家臣
殖野(うえの)中務少輔　戦国時代の古河公方の家臣
春日(かすが)中務少輔　安土桃山時代の信濃水内郡の国衆
倉賀野(くらがの)中務少輔　戦国時代の山内上杉氏の家臣
土肥(どい)中務少輔　戦国時代の相模守護扇谷上杉持朝の家臣

中務丞　なかつかさのじょう
会田(あいだ)中務丞　戦国時代の北条氏家臣。江戸衆
伊勢(いせ)中務丞　戦国時代の信濃国諏訪郡の在郷商人
生石(おいし)中務丞　?〜1628　安土桃山時代の備中国の武将
神崎(こうざき)中務丞　安土桃山時代の織田信長の家臣
益木(ましき)中務丞　戦国時代の武将
丸山(まるやま)中務丞　?〜1465　室町時代の三河国領田郡一揆の中心人物の一人
向山(むかいやま)中務丞　?〜1580　安土桃山時代の武田氏の家臣

中務大輔　なかつかさのたいふ　⇔なかつかさたいふ, なかつかさのだいふ
佐々木(ささき)中務大輔　戦国時代の古河公方の家臣
武田(たけだ)中務大輔　安土桃山時代の織田信長の家臣
田代(たしろ)中務大輔　戦国時代の武士。宇都宮氏の重臣
土肥(どい)中務大輔　?〜1564　戦国・安土桃山時代の武士。古河公方の家臣
沼田(ぬまた)中務大輔　戦国時代の上野国衆

中務大輔　なかつかさのだいふ　⇔なかつかさたいふ, なかつかさのたいふ
海野(うんの)中務大輔　1544〜1581　戦国・安土桃山時代の上野吾妻郡の国衆

中務大夫　なかつかさのだいぶ
細谷(ほそや)中務大夫　戦国時代の上杉氏の家臣

中務命婦　なかつかさのみょうぶ
中務命婦　平安後期の女房・歌人

仲継　なかつぐ
藤原(ふじわらの)仲継　奈良時代の官人

仲襲　なかつぐ
春日(かすが)仲襲　1837〜1860　江戸後期・末期の儒者

永継　ながつぐ
紀(きの)永継　平安前期の官人
橘(たちばなの)永継　769〜821　奈良・平安前期の官人

永嗣　ながつぐ
出雲(いずもの)永嗣　平安前期の官人

永次　ながつぐ
勝尾(かつお)永次　江戸後期の鐙象眼師

長継　ながつぐ
石川(いしかわの)長継　奈良時代の官人
鴨(かもの)長継　?〜1172　平安後期の長明の父
藤原(ふじわらの)長継　奈良時代の官人

長次　ながつぐ　⇔ちょうじ
長次　戦国時代の刀工
浦田(うらた)長次　1604〜?　江戸前期の神職
佐々(さっさ)長次　1591〜1654　安土桃山・江戸前期の幕臣
志水(しみず)長次　安土桃山時代の織田信長の家臣
正阿弥(しょうあみ)長次　安土桃山時代の鐔工
鈴木(すずき)長次　戦国時代の幕府作事方配下
曽根(そね)長次　1549〜1613　戦国〜江戸前期の代官
千村(ちむら)長次　戦国時代の木曽氏の家臣
長谷川(はせがわ)長次　1549〜1610　戦国〜江戸前期の代官
本郷式部少輔(ほんごうしきぶのしょう)長次　?〜1653　江戸前期の武士。大坂の陣で籠城。上杉定勝に出仕
三尾(みお)長次　戦国・安土桃山時代の武将

宮部(みやべ)長次　?～1634　安土桃山・江戸前期の因幡国領主
森川(もりかわ)長次　1577～1633　安土桃山・江戸前期の代官

長渉　ながつぐ
曽根(そね)長渉　1674～1757　江戸前期・中期の代官

長世　ながつぐ　⇔ながよ
小笠原(おがさわら)長世　1765～1813　江戸中期・後期の幕臣

仲綱　なかつな
桑島(くわしま)仲綱　戦国時代の馬医

永綱　ながつな
岡部(おかべ)永綱　1596～1622　安土桃山・江戸前期の幕臣
高倉(たかくら)永綱　南北朝時代の公家・故実家

長綱　ながつな
長綱　室町時代の刀工
長綱　戦国時代の刀工
岡部(おかべ)長綱　?～1615　江戸前期の旗本
小野寺(おのでら)長綱　戦国時代の足利長尾氏の家臣
相良(さがら)長綱　1847～1904　江戸後期～明治期の文部省総務局長・沖縄県師範学校長、文部省視学官
平(たいらの)長綱　?～1183　平安後期の武士
高橋(たかはし)長綱　?～1183　平安後期の侍大将
藤原(ふじわら)長綱　鎌倉時代の公家・歌人
藤原(ふじわらの)長綱　鎌倉時代の歌人
藤原(ふじわらの)長綱　鎌倉時代の公家、歌人
北条(ほうじょう)長綱　1493～1589　戦国時代の武将
三処(みところ)長綱　鎌倉時代の三処郷地頭

仲経　なかつね
源(みなもとの)仲経　平安中期の官人

脩常　なかつね
川村(かわむら)脩常　1681～1758　江戸前期・中期の幕臣

永経　ながつね
山(やまの)永経　平安後期の官人

長経　ながつね
小笠原(おがさわら)長経　1179～1247　平安後期・鎌倉前期の守護
源(みなもと)長経　平安中期の公家

長恒　ながつね
小笠原(おがさわら)長恒　1715～1781　江戸中期の幕臣・故実家
杉原(すぎはら)長恒　1424～1481　室町・戦国時代の武将・連歌作者
二宮(にのみや)長恒　安土桃山時代の織田信長の家臣

長常　ながつね
椎名(しいな)長常　戦国時代の武将

仲彦　なかつひこ
仲彦　上代の豪族

長貫　ながつら
小槻(おつきの)長貫　平安中期の官人

長列　ながつら
時原(ときはらの)長列　平安中期の明経道の学者・暦博士

長輝　ながてる
中川(なかがわ)長輝　?～1700　江戸前期・中期の藩士

長熙　ながてる　⇔ながひろ
清岡(きよおか)長熙　1814～1873　江戸末期・明治期の公家

長門　ながと
及川(おいかわ)長門　?～1635　安土桃山・江戸前期の新田開発者
小野(おの)長門　戦国時代の武士。南条右京亮の部下
斎藤(さいとう)長門　戦国時代の婦負郡の土豪
下(しも)長門　1583～?　安土桃山・江戸前期の武士
恒岡(つねおか)長門　戦国時代の北条氏家臣
永井(ながい)長門　江戸後期の大住郡三之宮村比々多神社神主
福島(ふくしま)長門　?～1614　江戸前期の人。福島正則の家臣福島丹波守正澄の嫡男
若林(わかばやし)長門　戦国時代の石川郡剣城または倉光村殿の領主

永任　ながとう
丹波(たんばの)永任　平安中期の官人

仲遠　なかとお
卜部(うらべの)仲遠　平安後期の官人
橘(たちばな)仲遠　平安中期の官人、歌人
藤原(ふじわらの)仲遠　平安中期の官人

長遠　ながとお　⇔ちょうおん
小笠原(おがさわら)長遠　江戸後期・末期の旗本、新遊撃隊頭
藤原(ふじわら)長遠　鎌倉時代の歌人

仲節　なかとき
小槻(おつきの)仲節　平安中期の官人

永時　ながとき
米倉(よねくら)永時　1570～1624　安土桃山・江戸前期の代官

長時　ながとき
小松原(こまつばら)長時　江戸前期の俳人
橘(たちばなの)長時　平安中期の官人
村井(むらい)長時　1616～1691　江戸前期・中期の藩士

仲俊　なかとし
大江(おおえの)仲俊　平安後期の官人
橘(たちばなの)仲俊　平安後期の官人

仲敏　なかとし
藤原(ふじわら)仲敏　鎌倉時代の歌人

仲利　なかとし
北(きた)仲利　1721～1765　江戸中期の漢詩人

永俊　ながとし　⇔ようしゅん
内蔵(くらの)永俊　平安後期の官人

佐藤(さとう)永俊　1829〜1901　江戸後期〜明治期の実業家《佐藤栄八》
住吉(すみよし)永俊　鎌倉時代の画家
藤原(ふじわらの)永俊　平安後期の官人

永年　ながとし　⇔えいねん
石川(いしかわの)永年　奈良時代の官人
高木(たかぎ)永年　1691〜1748　江戸中期の伊勢・山田の人

延松　ながとし
横田(よこた)延松　1746〜1801　江戸中期・後期の佐渡奉行

長貴　ながとし　⇔ながたか
長谷川(はせがわ)長貴　1634〜1705　江戸前期・中期の代官

長考　ながとし
久田(ひさだ)長考　1749〜1808　江戸中期・後期の幕臣

長俊　ながとし　⇔ちょうしゅん
長俊　江戸末期の刀工
甘糟(あまかす)長俊　?〜1582　戦国時代の相模粟船郷の名主
有沢(ありさわ)長俊　戦国時代の土豪
沢路(さわじ)長俊　?〜1581　戦国・安土桃山時代の山科家の雑掌
前波(まえば)長俊　?〜1574　戦国・安土桃山時代の武士
源(みなもと)長俊　平安後期の公家・歌人
源(みなもとの)長俊　平安後期の官人
森川(もりかわ)長俊　1584〜1642　安土桃山・江戸前期の幕臣

長詮　ながとし
伊東(いとう)長詮　1844〜1900　江戸末期・明治期の大名。備中岡田藩主

長年　ながとし　⇔ちょうねん
清水(しみず)長年　江戸後期の藩士
松浦(まつうら)長年　1810〜1877　江戸後期〜明治期の国学者
山形(やまがた)長年　1763頃〜1853　江戸中期・後期の藩士

長敏　ながとし
恵美(えみ)長敏　江戸中期の漢詩人
鈴木(すずき)長敏　戦国時代の武将・連歌作者

長利　ながとし　⇔ちょうり
大島(おおしま)長利　?〜1575　安土桃山時代の信濃国伊那郡の国衆
長井(ながい)長利　?〜1571　安土桃山時代の武将
中島(なかしま)長利　南北朝時代の在庁官人系有力土豪
平野(ひらの)長利　?〜1667　江戸前期の幕臣
堀(ほり)長利　安土桃山時代の織田信長の家臣
三宅(みやけ)長利　?〜1657　江戸前期の駿府町奉行、駿府代官

長懋　ながとし
浅野(あさの)長懋　1787〜1836　江戸中期・後期の文人。「東雲日記」の著者、広島藩主の息子

万年　ながとし　⇔ばんねん，まんねん
坂尾(さかお)万年　1786〜1863　江戸中期〜末期の史家

長門太夫　ながとたゆう
竹本(たけもと)長門太夫　1828〜1905　江戸後期〜明治期の阿波浄瑠璃の太夫

長門守成文　ながとのかみしげふみ
牧野(まきの)長門守成文　?〜1837　江戸後期の93代長崎奉行

長門守常純　ながとのかみつねずみ
服部(はっとり)長門守常純　1815〜1879　江戸後期〜明治期の幕臣、静岡藩士《服部常純》

長門守正寔　ながとのかみまさたね
柘植(つげ)長門守正寔　1735〜?　江戸中期の64代長崎奉行

仲福　なかとみ
安蔵(やすくら)仲福　?〜1740　江戸中期の「華誕草」の著者

脩富　なかとみ
川村(かわむら)脩富　1761〜1837　江戸中期・後期の幕臣

永福　ながとみ
横山(よこやま)永福　江戸後期の藩士・国学者

長富　ながとみ
中里(なかざと)長富　江戸中期の医者
宮路(みやじ)長富　平安中期の赤坂の長者

中臣王　なかとみおう
中臣王　?〜807　奈良・平安前期の皇孫

中知　なかとも
土師(はじの)中知　飛鳥時代の官吏
土師臣(はじのおみ)中知　上代の人。宮戸川(現・隅田川)から浅草の観音像を引き上げた桧前浜成・竹成兄弟の主人

仲智　なかとも
車持(くるまもちの)仲智　奈良時代の右京五条二坊の戸主若足の戸口

仲奉　なかとも
田島(たじま)仲奉　戦国時代の神職・連歌作者

永配　ながとも
斎藤(さいとう)永配　1793〜1877　江戸後期〜明治期の藩士・歌人

永倫　ながとも
渡辺(わたなべ)永倫　1668〜1729　江戸前期・中期の幕臣

長知　ながとも
名取(なとり)長知　1607〜1667　江戸前期の幕臣、美濃郡代《名取長和》

長朝　ながとも
小笠原(おがさわら)長朝　1443〜1501　室町・戦国時代の武将
北条(ほうじょう)長朝　鎌倉後期の武士

長与　ながとも
跡部(あとべ)長与　?〜1562　戦国時代の甲斐武田晴信の家臣

長倫　ながとも
色部(いろべ)長倫　鎌倉後期・南北朝時代の色部氏惣領
長和　ながとも　⇔ながかず
名取(なとり)長和　1607～1667　江戸前期の幕臣、美濃郡代
永名　ながな
路(みち)永名　平安前期の漢詩人
永直　ながなお
紀(きの)永直　平安前期の官人
長巨　ながなお
小笠原(おがさわら)長巨　?～1634　安土桃山・江戸前期の旗本
長直　ながなお
鵜殿(うどの)長直　?～1633　江戸前期の幕臣
小笠原(おがさわら)長直　1587～1675　安土桃山・江戸前期の武将
小笠原(おがさわら)長直　1714～1796　江戸中期・後期の幕臣
一柳(ひとつやなぎ)長直　?～1646　江戸前期の浅野家臣
三好(みよし)長直　江戸前期の旗本
長央　ながなか　⇔ながひろ
村井(むらい)長央　?～1868　江戸後期・末期の藩士
仲業　なかなり
源(みなもと)仲業　鎌倉時代の官人・歌人
仲成　なかなり　⇔ちゅうせい
和気(わけ)仲成　南北朝時代の官人・医者・歌人
永業　ながなり
小槻(おづき)永業　?～1164　平安後期の官人
小槻(おつきの)永業　小槻永業に同じ
高階(たかしなの)永業　平安中期の官人
永成　ながなり　⇔えいじょう, ようじょう
紀(きの)永成　平安前期の官人
祝部(はふりべ)永成　1725～1795　江戸中期・後期の神職
長城　ながなり　⇔ちょうじょう, ながしろ
神保(じんぼ)長城　安土桃山時代の越中増山城主
長成　ながなり　⇔ちょうせい
藤原(ふじわらの)長成　平安後期の官人
布施(ふせ)長成　1854～1882　江戸末期・明治期の代言人
和気(わけの)長成　鎌倉時代の医師
中主　なかぬし
大伴(おおともの)中主　奈良時代の官人
永主　ながぬし　⇔ながかず
大伴(おおともの)永主　奈良時代の官人。延暦4年藤原種継暗殺事件で配流
仲塗　なかぬり
加陪(かべの)仲塗　江戸後期の狂歌師
長嶺　ながね
田中(たなか)長嶺　1849～1922　江戸後期～大正期の殖産家
永野　ながの
大枝(おおえ)永野　平安前期の漢詩人
長野　ながの
長野　?～1590　戦国・安土桃山時代の北条氏照の奉行人
長娘　ながのおとめ
長娘　奈良時代の歌人
長之丞　ながのじょう
岡本(おかもと)長之丞　江戸中期の剣術家。柳生当流
永信　なかのぶ
藤原(ふじわらの)永信　平安中期の官人
仲延　なかのぶ
塩川(しおかわ)仲延　安土桃山時代の織田信長の家臣
仲信　なかのぶ
惟宗(これむねの)仲信　平安後期の官人
源(みなもとの)仲信　鎌倉後期の飛騨守
仲宣　なかのぶ
源(みなもと)仲宣　平安中期の公家・歌人
仲暢　なかのぶ
馬淵(まぶち)仲暢　江戸前期・中期の藩士
仲舒　なかのぶ　⇔ちゅうじょ
田沢(たざわ)仲舒　?～1850　江戸後期の寄合医師
源(みなもとの)仲舒　平安中期の官人
長羽　ながのぶ
木村(きむら)長羽　1687～1751　江戸前期・中期の幕臣
長延　ながのぶ
荒木田(あらきだ)長延　鎌倉前期の神職・歌人
長信　ながのぶ
長信　室町時代の刀工
天野(あまの)長信　1587～1645　安土桃山・江戸前期の幕臣
池田(いけだ)長信　1622～1656　江戸前期の旗本・井原知行所池田氏の祖
今村(いまむら)長信　安土桃山時代の織田信長の家臣
刺賀(さっか)長信　?～1558　戦国時代の刺賀郷の領主
藤原(ふじわら)長信　鎌倉時代の公家・歌人
八木(やぎ)長信　?～1699　江戸中期の代官
長誠　ながのぶ
神保(じんぼ)長誠　?～1501　室町・戦国時代の武将
神保(じんぼう)長誠　神保長誠に同じ
長宣　ながのぶ
久世(くぜ)長宣　1540～1563　戦国・安土桃山時代の武士
菅原(すがわら)長宣　1271～1325　鎌倉後期の公家・歌人
山田(やまだ)長宣　?～1905　江戸末期・明治期の加賀藩士
長脩　ながのぶ
佐藤(さとう)長脩　1800～1885　江戸後期～明治

期の和算家
美羽　ながのぶ
関川(せきかわ)美羽　1720〜1795　江戸中期・後期の代官
仲教　なかのり
村上(むらかみ)仲教　南北朝時代の歌人
仲象　なかのり
川合(かわい)仲象　江戸中期の「本朝小説」の著者
永恭　ながのり
内山(うちやま)永恭　1749〜1823　江戸中期・後期の幕臣
永敬　ながのり
松林(まつばやし)永敬　江戸末期の剣術家
永図　ながのり
斎藤(さいとう)永図　1744〜1817　江戸中期・後期の藩士、歌人
増子(ましこ)永図　1838〜1898　江戸後期〜明治期の藩士
永則　ながのり
永則〔1代〕　室町時代の刀工
永則〔2代〕　戦国時代の刀工
常田(ときた)永則　?〜1575　安土桃山時代の武田氏の家臣
中原(なかはらの)永則　平安後期の官人
永範　ながのり　⇔ようはん
橘(たちばなの)永範　平安前期の官人
長記　ながのり
小笠原(おがさわら)長記　戦国時代の信濃国伊那郡の武士
長休　ながのり　⇔ちょうきゅう
池田(いけだ)長休　1784〜?　江戸中期の幕臣
長教　ながのり
今村(いまむら)長教　1798〜1858　江戸後期・末期の医者
楢村(ならむら)長教　江戸前期の著述家
長敬　ながのり
窪島(くぼしま)長敬　1639〜1712　江戸前期・中期の幕臣、代官
窪嶋(くぼしま)長敬　窪島長敬に同じ
長昇　ながのり
向井(むかい)長昇　1743〜1796　江戸中期・後期の藩士
長乗　ながのり　⇔ちょうじょう
亀田(かめだ)長乗　?〜1582　戦国・安土桃山時代の武士。上杉景勝の家臣
長則　ながのり
長則　平安後期の刀工
長則　鎌倉後期の福岡一文字派の刀工
長則　鎌倉後期の刀工
長則　室町時代の刀工
大神(おおがの)長則　平安後期の官人
大中臣(おおなかとみ)長則　1208〜1276　鎌倉前期・後期の神職
河辺(かわべ)長則　大中臣長則に同じ
長典　ながのり
丹波(たんば)長典　鎌倉後期の医者・歌人
長徳　ながのり
小笠原(おがさわら)長徳　?〜1547　戦国時代の邑智郡川本温湯城主
山本(やまもと)長徳　安土桃山時代の駿府の商人
長範　ながのり　⇔ちょうはん
荒木田(あらきだ)長範　南北朝時代以前の神職・連歌作者。伊勢神宮の神官
長令　ながのり
近藤(こんどう)長令　江戸中期の藩士・軍学者
半　なかば　⇔はん
宍野(ししの)半　1844〜1884　江戸末期・明治期の神道家
長橋局　ながはしのつぼね
長橋局　江戸後期の光格天皇の宮人
長浜　ながはま
長浜　戦国時代の刀工
赤染(あかぞめの)長浜　奈良時代の官人
永春　ながはる　⇔えいしゅん
荒木田(あらきだ)永春　江戸中期の神職
長治　ながはる　⇔ちょうじ
神保(じんぼう)長治　1641〜1715　江戸前期・中期の佐渡奉行
原田(はらだ)長治　?〜1627　安土桃山・江戸前期の薩摩郡隈之城郷の士
牧(まき)長治　安土桃山時代の織田信長の家臣
松田(まつだ)長治　1658〜1721　江戸前期・中期の幕臣
長春　ながはる
長谷川(はせがわ)長春　1626〜1677　江戸前期の代官
藤野(ふじの)長春　1765〜1831　江戸中期・後期の書家・篆刻家
長彦　ながひこ
中山(なかやま)長彦　1782〜1845　江戸中期・後期の神職・国学者
中久　なかひさ
金築(かねつき)中久　江戸後期の神職
仲久　なかひさ
三善(みよし)仲久　南北朝時代の連歌作者
永久　ながひさ
浅野(あさの)永久　1610〜1669　江戸前期の浅野家臣
平群(へぐりの)永久　平安後期の官人
長久　ながひさ　⇔ちょうきゅう
長久　戦国時代の刀工
小笠原(おがさわら)長久　鎌倉時代の御家人
荻原(おぎわら)長久　戦国時代の武士
山宮(やまみや)長久　戦国時代の武田氏の家臣
長尚　ながひさ
牛田(うしだ)長尚　安土桃山・江戸前期の大西城番
脩久　ながひさ
賀茂(かも)脩久　南北朝時代の神職・歌人

長久入道　ながひさにゅうどう
長久入道　戦国時代の伊豆小野の政所

永秀　ながひで　⇔ようしゅう
日田(ひた)永秀　1153〜?　平安後期・鎌倉前期の武将

長英　ながひで　⇔ちょうえい
逸見(へんみ)長英　1818〜1881　江戸後期〜明治期の剣術家。甲源一刀流

長秀　ながひで　⇔ちょうしゅう
長秀　江戸末期の刀工
穴沢(あなざわ)長秀　1774〜1834　江戸中期・後期の和算家
有楽斎(うらくさい)長秀　江戸後期の画家
大川(おおかわ)長秀　戦国時代の越後国小泉荘の国人。越後岩船郡藤懸城主
岡本(おかもと)長秀　戦国時代の北条氏の家臣
佐々木(ささき)長秀　1703〜1787　江戸中期の幕臣・天文家
山田(やまだ)長秀　戦国時代の武士。河田氏の年寄、越後上杉氏の家臣

な

長人　ながひと　⇔おさひと
安都(あとの)長人　奈良時代の官人《安都長人》
下道(しもつみちの)長人　奈良時代の官人

仲平　なかひら
在原(ありはらの)仲平　平安前期の官人

永衡　ながひら
平(たいらの)永衡　?〜1056　平安中期・後期の武将

永平　ながひら
神谷(かみや)永平　1813〜1887　江戸後期〜明治期の国学者

仲弘　なかひろ
大江(おおえの)仲弘　平安後期の官人

永弘　ながひろ
大蔵(おおくら)永弘　平安中期の武士

長演　ながひろ
竹添(たけぞえ)長演　1824〜1877　江戸後期〜明治期の出水郡出水郷の郷士

長央　ながひろ　⇔ながなか
村井(むらい)長央　?〜1868　江戸後期・末期の藩士《村井長央》

長寛　ながひろ
鵜殿(うどの)長寛　?〜1664　江戸前期の幕臣
増田(ますだ)長寛　江戸末期・明治期の弓道家・東京府士族・東京書籍館雇

長広　ながひろ
長広　戦国時代の刀工
長広　江戸末期の刀工
渡辺(わたなべ)長広　戦国時代の北条氏の家臣

長弘　ながひろ
大内(おおうち)長弘　?〜1351　南北朝時代の足利尊氏の家臣
小笠原(おがさわら)長弘　南北朝・室町時代の邑智郡河合郷・吉永郷地頭
鷲頭(わしず)長弘　室町時代の周防守護

長博　ながひろ　⇔ちょうはく
石原(いしはら)長博　1673〜1746　江戸前期・中期の幕臣

長裕　ながひろ　⇔ちょうゆう, ながみち
榎本(えのもと)長裕　1849〜1914　江戸後期〜大正期の幕臣、数学者《榎本長裕》
溝口(みぞくち)長裕　1756〜1819　江戸中期の藩士

長煕　ながひろ　⇔ながてる
小笠原(おがさわら)長煕　1690〜1752　江戸前期の岩槻藩主《小笠原長凞》
松平(まつだいら)長煕　1720〜1735　江戸中期の武将

長熈　ながひろ
小笠原(おがさわら)長熈　1690〜1752　江戸前期の岩槻藩主《小笠原長凞》

長凞　ながひろ
小笠原(おがさわら)長凞　1690〜1752　江戸前期の岩槻藩主

仲房　なかふさ
大中臣(おおなかとみの)仲房　平安後期の伊勢大神宮司

長房　ながふさ
小笠原(おがさわら)長房　平安後期・鎌倉前期の守護
小笠原(おがさわら)長房　?〜1655　江戸前期の幕臣
進藤(しんどう)長房　1642〜1718　江戸前期・中期の公家
平田(ひらた)長房　江戸後期の装剣金工

永藤　ながふじ
葛木(かつらぎの)永藤　平安前期の官人

永淵　ながふち
刑部(おさかべの)永淵　平安前期の人。私鋳銭の咎により処罰された

長淵　ながふち
源(みなもとの)長淵　854〜918　平安前期の官人。清和天皇皇子

長冬　ながふゆ
氷室(ひむろ)長冬　江戸末期の神官

仲兵衛　なかべえ
勝山(かつやま)仲兵衛　1844〜1904　江戸後期〜明治期のブドウの植栽者

長穂　ながほ　⇔ますほ
小笠原(おがさわら)長穂　戦国時代の信濃国伊那郡の武士

秀昌　なかまさ　⇔しゅうしょう
中原(なかはら)秀昌　1727〜1785　江戸中期の官人

仲政　なかまさ
源(みなもとの)仲政　?〜1136　平安後期の歌人、行政官

脩正　なかまさ　⇔ながまさ, のぶまさ
川村(かわむら)脩正　1821〜?　江戸後期の幕臣

永雅　ながまさ
藤原(ふじわらの)永雅　平安後期の官人
森(もり)永雅　江戸末期・明治期の画家

永昌　ながまさ　⇔えいしょう
大井(おおい)永昌　1772〜？　江戸中期の幕臣、飛騨郡代
清水(しみず)永昌　江戸時代の和算家
平(たいらの)永昌　平安中期の官人

永政　ながまさ
大中臣(おおなかとみの)永政　983〜1058　平安中期・後期の後一条朝の伊勢大神宮司
増田(ますだ)永政　？〜1743　江戸中期の代官
水島(みずしま)永政　1794〜？　江戸後期の音曲家・国学者

永正　ながまさ
石川(いしかわ)永正　1562〜1617　江戸前期の旗本
大中臣(おおなかとみの)永正　平安中期の官人

修正　ながまさ
多(おおの)修正　？〜966　平安中期の官人

長雅　ながまさ
岡部(おかべ)長雅　1692〜1758　江戸中期の幕臣

長将　ながまさ
鵜殿(うどの)長将　？〜1516　戦国時代の今川氏の家臣

長昌　ながまさ
大津(おおつ)長昌　？〜1579　戦国・安土桃山時代の織田信長の家臣
小笠原(おがさわら)長昌　？〜1714　江戸前期・中期の藩士
吉川(よしかわ)長昌　江戸前期の和算家
渡辺(わたなべ)長昌　江戸中期の兵法家

長政　ながまさ
大日方(おびなた)長政　戦国時代の武将。大日方氏の祖
木曽(きそ)長政　戦国時代の武田氏の家臣
小森沢(こもりざわ)長政　1843〜1917　江戸末期〜大正期の軍人
榊原(さかきばら)長政　?〜1562　戦国時代の武将
重清(しげきよ)長政　？〜1578　戦国・安土桃山時代の美馬郡重清城主
篠原(しのはら)長政　戦国時代の武将
恒河(つねかわ)長政　安土桃山時代の織田信長の家臣《恒河久蔵》
新田(にいだ)長政　江戸中期の遠野南部氏初代
仁木(にき)長政　安土桃山時代の織田信長の家臣
平手(ひらて)長政　安土桃山時代の織田信長の家臣
堀(ほり)長政　1713〜1787　江戸中期の幕臣

長正　ながまさ
長正　戦国時代の刀工
青山(あおやま)長正　？〜1615　安土桃山・江戸前期の前田氏家臣
小川(おがわ)長正　1555〜1582　戦国・安土桃山時代の織田信長の家臣
高根(たかねの)長正　平安中期の官人

長祇　ながまさ
滋岡(しげおか)長祇　江戸前期の神職

脩正　ながまさ　⇔なかまさ, のぶまさ
多(おおの)脩正　？〜966　平安中期の官人《多修正》

長益　ながます
本保(ほんぼ)長益　？〜1728　江戸前期・中期の藩士

仲麻呂　なかまろ
大神(おおみわの)仲麻呂　平安前期の大住郡大上郷の人

永見　ながみ
漢部(あやべの)永見　平安中期の官人《漢部長実》

長鑒　ながみ
源(みなもとの)長鑒　平安前期の清和天皇の皇子

仲道　なかみち
田島(たじま)仲道　1841〜1916　江戸末期〜大正期の神職
津川(つがわ)仲道　江戸後期の心学者

永通　ながみち
可児(かに)永通　1721〜1806　江戸中期の漢法医、歌人

永道　ながみち
小野(おのの)永道　平安前期の官人
藤原(ふじわらの)永道　平安中期の官人

長程　ながみち
吉川(きつかわ)長程　1695〜1735　江戸中期の岩国藩家老

長道　ながみち
藤原(ふじわらの)長道　奈良時代の官人
村井(むらい)長道　1796〜1836　江戸後期の藩士

長裕　ながみち　⇔ちょうゆう, ながひろ
榎本(えのもと)長裕　1849〜1914　江戸後期〜大正期の幕臣、数学者

長逵　ながみち
鵜殿(うどの)長逵　1709〜1771　江戸中期の幕臣

仲光　なかみつ
大中臣(おおなかとみの)仲光　鎌倉後期の飛騨守
源(みなもとの)仲光　？〜1180　平安後期の人。清和源氏

永光　ながみつ
藤原(ふじわら)永光　鎌倉前期の公家・歌人
源(みなもとの)永光　？〜1009　平安中期の官人

長光　ながみつ
長光〔1代〕　鎌倉時代の刀工
長光〔2代〕　鎌倉時代の刀工
大神(おおみわの)長光　平安中期の官人
神保(じんぼう)長光　1737〜1808　江戸中期・後期の幕臣
藤原(ふじわらの)長光　1101〜？　平安後期の官人

長満　ながみつ
塩河(しおかわ)長満　1538〜1586　安土桃山時代の織田信長の家臣

仲岑　なかみね
大宅(おおやけの)仲岑　平安中期の大和国葛下郡

の保証刀禰
永峯　ながみね
永峯　江戸中期の装剣金工
永岑　ながみね
秦（はたの）永岑　平安前期の山背国葛野郡高田郷の住人
仲宗　なかむね
大江（おおえの）仲宗　平安後期の流人
永宗　ながむね
阿倍（あべの）永宗　平安前期の官人
小長（こはせの）永宗　平安後期の官人
秦（はたの）永宗　平安前期の官人、音博士
長宗　ながむね　⇔ちょうそう
一宮（いちのみや）長宗　小笠原長宗に同じ
小笠原（おがさわら）長宗　1307～1363　鎌倉後期・南北朝時代の武将・勤王家
藤原（ふじわらの）長宗　1016～1085　平安中期・後期の官人
妻鹿（めが）長宗　南北朝時代の武将
長統王　ながむねおう
長統王　平安前期の上野介
中村　なかむら
中村　戦国時代の武蔵鉢形城主北条氏邦の家臣
中村　安土桃山時代の信濃国筑摩郡生野の土豪
長郡　ながむら
杉村（すぎむら）長郡　江戸中期の暦算家
長村　ながむら
大伴（おおともの）長村　平安前期の官人
小山（おやま）長村　1217～1269　鎌倉前期・後期の武将
三木（みき）長村　鎌倉後期の人。「忌部の契約」に加わった一人
難哥免　ながめ
森仰亭（しんぎょうてい）難哥免　江戸後期の狂歌作者
長以　ながもち
青山（あおやま）長以　1754～1805　江戸中期・後期の幕臣
永基　ながもと
仙上（せんじょう）永基　平安後期の官人
永職　ながもと
藤原（ふじわらの）永職　平安中期の官人
延基　ながもと　⇔のぶもと
平出（ひらで）延基　1835～1889　江戸後期～明治期の医者
長基　ながもと
橘（たちばなの）長基　平安後期の官人
丹波（たんば）長基　？～1230　平安後期・鎌倉前期の医者
森（もり）長基　？～1710　江戸前期・中期の津山森藩主一族
仲守　なかもり
笠（かさ）仲守　？～835　平安前期の漢詩人
仲盛　なかもり
仲盛　南北朝時代の公家・歌人
平（たいら）仲盛　平安後期の平頼盛の息子
永盛　ながもり
平（たいらの）永盛　平安中期の鎮守府将軍
中原（なかはらの）永盛　平安後期の蒔絵師
長谷部（はせべ）永盛　？～1033　平安中期の医師
長衛　ながもり　⇔ちょうえい
田村（たむら）長衛　1594～1647　江戸前期の旗本
遊佐（ゆさ）長衛　室町時代の武将・連歌作者
長護　ながもり
遊佐（ゆさ）長護　南北朝・室町時代の畠山家家臣
長守　ながもり　⇔ちょうしゅ
菅原（すがわら）長守　1129～1203　平安後期・鎌倉前期の公家
丹羽（にわ）長守　1643～1726　江戸前期・中期の幕臣
長谷川（はせがわ）長守　1612～1683　江戸前期の代官、銅漆奉行
依藤（よりふじ）長守　？～1657　江戸前期の中村氏家臣、鳥取藩士
長盛　ながもり　⇔ちょうせい
神戸（かんべ）長盛　？～1552？　戦国時代の武将
渋田見（しぶたみ）長盛　戦国時代の信濃国安曇郡渋田見の国衆
橘（たちばな）長盛　平安前期の官人、歌人
津守（つもりの）長盛　1139～1220　平安後期・鎌倉前期の神官
長谷川（はせがわ）長盛　？～1614　江戸前期の代官
武藤（むとう）長盛　鎌倉時代の大宝寺城主
永保　ながやす　⇔ひさやす
惟宗（これむねの）永保　平安中期の医師
三輪（みわ）永保　1848～1923　江戸末期～大正期の張子作家《三輪永保》
長安　ながやす　⇔ちょうあん
浅石（あさいし）長安　？～1874　江戸後期～明治期の軍学者
小野田（おのだ）長安　1358～1406　南北朝・室町時代の左近将監
木村（きむら）長安　江戸後期の医者
長康　ながやす
猪飼（いのがい）長康　江戸中期の漢学者
三善（みよし）長康　南北朝時代の歌人
長泰　ながやす
池田（いけだ）長泰　1626～1657　江戸前期の武将
小笠原（おがさわら）長泰　？～1724　江戸中期の幕臣
進藤（しんどう）長泰　戦国時代の公家・連歌作者
伴野（ともの）長泰　？～1285　鎌倉前期・後期の武将
藤原（ふじわら）長泰　1211～1262　鎌倉前期・後期の武家、連歌作者
前田（まえだ）長泰　1690～1763　江戸中期の幕臣
三輪（みわ）長泰　江戸後期の商家
長保　ながやす
大江（おおえの）長保　平安中期の官人
小笠原（おがさわら）長保　江戸後期の幕臣

長容 ながやす ⇔ちょうよう, ながかた
青山(あおやま)長容 ?~1855 江戸末期の幕臣

永山 ながやま
大枝(おおえの)永山 平安前期の官人

長山 ながやま
藤原(ふじわらの)長山 奈良時代の官人

中行 なかゆき
荒巻(あらまき)中行 江戸後期の国学者

中之 なかゆき
久世(くぜ)中之 江戸末期・明治期の和算家

仲行 なかゆき
宮道(みやじの)仲行 平安後期の官人

仲之 なかゆき ⇔ちゅうし
源(みなもと)仲之 江戸前期の神職

永幸 ながゆき
大坪(おおつぼ)永幸 ?~1454 室町時代の武将

長行 ながゆき
川合(かわい)長行 江戸中期の郷土史家
矢島(やしま)長行 1844~1868 江戸後期・末期の戊辰の役戦死者

長之 ながゆき ⇔ちょうし
榎村(えのむら)長之 1559~? 戦国・安土桃山時代の人。播磨二階町の小年寄役

長由 ながゆき
青木(あおき)長由 1669~1740 江戸前期・中期の和算家、仙台藩士

中世 なかよ
伊部(いべ)中世 1790~1848 江戸後期の歌人

永世 ながよ
麻続(おみの)永世 平安中期の相撲人

長世 ながよ ⇔ながつぐ
岩崎(いわさき)長世 1808~1879 江戸末期・明治期の国学者
村井(むらい)長世 1776~1827 江戸中期・後期の藩士
和気(わけの)長世 鎌倉時代の医師

仲能 なかよし
藤原(ふじわら)仲能 鎌倉前期の武家・歌人

永嘉 ながよし
近山(ちかやま)永嘉 ?~1683 江戸前期の代官

永義 ながよし
一場(いちば)永義 江戸時代の美作勝山三浦藩の剣術指南役

永吉 ながよし ⇔えいきち
村主(すぐり)永吉 平安後期の遠江国鎌田御厨惣検校
松林(まつばやし)永吉 1593~1667 安土桃山・江戸前期の剣術家
大和(やまとの)永吉 平安後期の官人

永賢 ながよし
松井(まつい)永賢 1839~1900 江戸後期~明治期の官人

永能 ながよし
星野(ほしの)永能 南北朝時代の武家・歌人

長快 ながよし
鵜殿(うどの)長快 ?~1819 江戸中期・後期の幕臣

長宜 ながよし
内池(うちいけ)長宜 1719~1795 江戸中期・後期の歌人

長義 ながよし
小笠原(おがさわら)長義 ?~1305 鎌倉後期の幕府の御家人
糟屋(かすや)長義 1271~1333 鎌倉後期の武士
榊原(さかきばら)長義 1739~1815 江戸中期・後期の幕臣

長吉 ながよし ⇔ちょうきち
長吉 戦国時代の武田氏家臣
浅野(あさの)長吉 1544~1611 戦国~江戸前期の五奉行筆頭
市橋(いちはし)長吉 ?~1647 江戸前期の幕臣
奥秋(おくあき)長吉 戦国時代の武田氏家臣
志村(しむら)長吉 戦国時代の武田氏家臣
南条(なんじょう)長吉 戦国時代の北条氏の家臣
藤原(ふじわらの)長吉 戦国時代の武田氏家臣
松平(まつだいら)長吉 ?~1641 江戸前期の旗本
桃川(ももかわ)長吉 南北朝時代の刀工

長侯 ながよし
片岡(かたおか)長侯 江戸中期の和算家

長好 ながよし
大田(おおた)長好 ?~1723 江戸前期・中期の漢学者
片山(かたやま)長好 江戸中期・後期の和算家

長善 ながよし ⇔ちょうぜん
宮田(みやた)長善 江戸時代の和算家

長能 ながよし
飯田(いいだ)長能 戦国時代の武田氏の家臣

長良 ながよし
毛利(もうり)長良 安土桃山時代の織田信長の家臣

長憙 ながよし
大橋(おおはし)長憙 ?~1896 江戸末期・明治期の歌人

良由 ながよし ⇔よしゆ
武藤(むとう)良由 1792~? 江戸後期の国学者・神官

仲頼 なかより
菅原(すがはら)仲頼 ?~1184 平安後期の武将

永頼 ながより
石母田(いしもだ)永頼 1640~1700 江戸前期・中期の加美郡宮崎領主
大中臣(おおなかとみの)永頼 ?~1000 平安中期の祭主(29代)。大中臣二門出身
大中臣(おおなかとみの)永頼 平安後期の神祇官人
小堀(こぼり)永頼 1684~1765 江戸前期・中期の藩士

長職 ながより
服部(はっとり)長職 江戸後期の和算家、米沢藩士

長頼 ながより
鈴木(すずき)長頼 江戸前期・中期の幕臣

永見(ながみ)長頼　1630〜1667　江戸前期の武士
仁木(にき)長頼　安土桃山時代の織田信長の家臣
能勢(のせ)長頼　鎌倉時代の御家人
藤原(ふじわらの)長頼　1177〜1254　平安後期の武士
北条(ほうじょう)長頼　鎌倉時代の武士

永良　ながら
呉綿堂(ごめんどう)永良　江戸後期の狂歌作者

今帰仁子　なきじんのしい
今帰仁子　鎌倉後期の初代伊波按司

ナギタツ
金志川(きんすかー)ナギタツ　安土桃山時代の宮古城地方の支配者

名首　なくび
生田(いくた)名首　奈良時代の農民

名幸　なこう
名幸　室町時代の人。今帰仁城主の嫡流千代松のことか

名実　なざね
矢田部(やたべ)名実　?〜900　平安前期の官人、歌人

名代　なしろ
息長(おきながの)名代　奈良時代の官人

灘右衛門　なだえもん
絵嶋潟(えしまがた)灘右衛門　1754〜1781　江戸中期の江戸相撲力士
伝地ノ関(でんちのせき)灘右衛門　江戸中期の力士

灘之助　なだのすけ
白浪(しらなみ)灘之助　江戸中期の藩御抱力士

那智　なち
三滝(みたき)那智　江戸前期の和算家《三滝郡智》

夏　なつ
夏　1725〜1787　江戸中期の女性。古見村の農夫只右衛門の下女

夏井　なつい
巨勢(こせの)夏井　平安前期の官人

夏蔭　なつかげ
川喜田(かわきた)夏蔭　1764〜1816　江戸中期・後期の国学者
毛野(けぬの)夏蔭　平安中期の官人

夏影　なつかげ
椋部(くらべ)夏影　平安前期の那賀郡の人

名継　なつぐ
阿倍(あべの)名継　奈良時代の官人
石川(いしかわの)名継　奈良時代の官人

夏貞　なつさだ
大野(おおのの)夏貞　平安前期の官人

夏繁　なつしげ
前田(まえだ)夏繁　1841〜1916　江戸後期〜明治期の幕臣

夏継　なつつぐ
刑部(おさかべの)夏継　平安前期の丹波国河鹿郡の人。従七位下。貞観6年姓豊階朝臣を賜う

夏嗣　なつつぐ
浄野(きよの)夏嗣　平安前期の漢詩人

夏時　なつとき
北条(ほうじょう)夏時　鎌倉後期の武士

夏久　なつひさ
賀茂(かも)夏久　室町時代の神職・歌人

魚都里　なつり
鈴木(すずき)魚都里　1773〜1850　江戸中期・後期の俳人

七百丸　なおまる
杉本(すぎもと)七百丸　1854〜1921　江戸末期〜大正期の翰香堂主人

七名七郎　なしちろう
紀(きの)七名七郎　?〜1869　江戸後期〜明治期の金工家

奈々美津　ななみつ
五実軒(ごじつけん)奈々美津　江戸後期の読本作者

何丸　なにまる
茂呂(もろ)何丸　1761〜1837　江戸中期・後期の俳人

奈爾毛売　なにもめ
県造(あがたのみやつこ)奈爾毛売　652〜?　飛鳥時代の女性。大宝2年に作成された御野国加毛郡半布里の戸籍にみえる

難波　なにわ
田辺(たなべの)難波　奈良時代の官人

難波麻呂　なにわまろ
石川(いしかわの)難波麻呂　奈良時代の官人
巨曽部(こそべの)難波麻呂　奈良時代の官人

名主　なぬし
石川(いしかわの)名主　奈良時代の官人

靡　なびく
靡　平安後期の歌人

名人　なひと
石川(いしかわの)名人　?〜764　奈良時代の官人

魚淵　なぶち
石黒(いしぐろ)魚淵　1817〜1890　江戸後期〜明治期の国学者
森(もり)魚淵　1830〜1909　江戸後期〜明治期の画家

那倍　なべ
伊藤(いとう)那倍　1609〜1673　江戸前期の女性。伊藤仁斎の母

名兵衛　なへえ
稲葉(いなば)名兵衛　1567〜1635　安土桃山・江戸前期の武士

奈遍子　なべこ
井上(いのうえ)奈遍子　江戸時代の歌人

鍋三郎　なべさぶろう
布施(ふせ)鍋三郎　江戸末期の新撰組隊士

鍋二郎　なべじろう
横山(よこやま)鍋二郎　?〜1868　江戸後期・末期の新撰組隊士

鍋之助　なべのすけ
波多野(はたの)鍋之助　1720〜?　江戸中期の幕臣

鍋丸　なべまる
柏原(かしわばら)鍋丸　?～1582　戦国・安土桃山時代の織田信長の家臣
鍋山　なべやま
仲村渠(なかんだかり)鍋山　1838～1913　江戸末期～大正期の名護按司側使
名麻呂　なまろ
笠(かさの)名麻呂　?～787　奈良時代の官人
ナミ
片野(かたの)ナミ　1815～1895　江戸後期～明治期の女性。別府村海門寺の農家の娘
浪魚　なみうお
三野臣(みののおみ)浪魚　奈良時代の津高郡の郡司
並枝　なみえ
河野(こうの)並枝　1813～1890　江戸後期～明治期の医者
浪江　なみえ
大谷(おおたに)浪江　江戸末期の下畑村の河内神社神官
平井(ひらい)浪江　1839～1911　江戸後期～明治期の医師
諾右衛門　なみえもん
濃錦里(のぎのさと)諾右衛門　江戸後期の力士
波右衛門　なみえもん
蟻川(ありかわ)波右衛門　江戸中期の吾妻郡蟻川村の刀鍛冶
高梨(たかなし)波右衛門　1828～1906　江戸後期～明治期の教育者
浪右衛門　なみえもん
秋津島(あきつしま)浪右衛門　1697～1743　江戸中期の力士
大灘(おおなだ)浪右衛門　江戸中期の力士
浪緒　なみお
藤田(ふじた)浪緒　1804～1849　江戸後期の藩士・歌人
波音　なみおと
朝霞亭(ちょうかてい)波音　江戸後期の狂歌作者
並木　なみき
並木　戦国時代の北条氏照の臣
高屋(たかやの)並木　奈良時代の官人
並清　なみきよ
安倍(あべの)並清　平安前期の官人
浪五郎　なみごろう
大蛇潟(おろちがた)浪五郎　?～1888　江戸後期～明治期の八戸藩お抱え力士
浪貞　なみさだ
浪貞　戦国時代の刀工
波四郎　なみしろう
里村(さとむら)波四郎　?～1869　江戸末期の新撰組隊士
浪四郎　なみしろう
松崎(まつざき)浪四郎　1833～1896　江戸後期～明治期の剣術家。神陰流
波次郎　なみじろう
大塚(おおつか)波次郎　?～1869　江戸後期～明治期の幕臣
浪次郎　なみじろう
大塚(おおつか)浪次郎　?～1869　江戸後期～明治期の幕臣《大塚波次郎》
浪助　なみすけ
白岩(しらいわ)浪助　安土桃山時代の武士
並高　なみたか
大原(おおはらの)並高　平安中期の武士
浪之介　なみのすけ
伊藤(いとう)浪之介　1846～1871　江戸後期～明治期の新撰組隊士
浪之助　なみのすけ
楯ケ崎(たてがさき)浪之助　1701～1770　江戸中期の力士
並彦　なみひこ
松木(まつき)並彦　1670～1759　江戸前期・中期の神職
浪平　なみへえ
広船(ひろふね)浪平　江戸末期の大工
双松　なみまつ
香山(かくやまの)双松　平安中期の宇佐八幡宮の上毛郡納所預
南無阿弥陀仏　なむあみだぶつ
南無阿弥陀仏　鎌倉後期の刀工
行方　なめかた
朝原(あさはらの)行方　平安後期の官人
済　ならう　⇔せい, わたる
源(みなもとの)済　平安前期の公家・歌人《源済》
斉　ならう　⇔ひとし, むごへ
源(みなもとの)斉　平安中期の官人
奈良定　ならさだ
橘(たちばなの)奈良定　鎌倉前期の山行事職
奈良別　ならのわけ
奈良別　上代の下毛野国造
奈良万呂　ならまろ
酒見君(さかみのきみ)奈良万呂　727～?　奈良時代の天平勝宝2年4月4日の「仕丁送文」に漢人根万呂の戸口として見える人物
就明　なりあき
内藤(ないとう)就明　1672～1732　江戸前期・中期の藩士
成章　なりあき　⇔しげあき, せいしょう
小島(おじま)成章　1802～1831　江戸後期の郷学大成館初代館長
菊池(きくち)成章　1744～1820　江戸中期・後期の歌人
岸本(きしもと)成章　江戸後期の歌人
黒田(くろだ)成章　1787～1828　江戸中期・後期の歌人
橘(たちばな)成章　?～1880　江戸後期～明治期の画家
玉田(たまだ)成章　江戸後期の書家
成詮　なりあき
祝部(はふりべ)成詮　南北朝・室町時代の神職・歌人

斉明　なりあき　⇔なりとし
清水(しみず)斉明　1810～1827　江戸後期の三卿清水家の4代当主

成明　なりあきら
半井(なからい)成明　1670～1745　江戸前期・中期の幕臣・医者

成麗　なりあきら
西池(にしいけ)成麗　?～1889　江戸後期～明治期の神職

斎厚　なりあつ
松平(まつだいら)斎厚　江戸後期の浜田藩主

斉敦　なりあつ
一橋(ひとつばし)斉敦　1780～1816　江戸中期・後期の三卿一橋家の3代

済家　なりいえ　⇔なるいえ
藤原(ふじわらの)済家　鎌倉後期の官人

成家　なりいえ　⇔しげいえ
成家　南北朝時代の長船小反派の刀工
紀(きの)成家　平安後期の官人《紀成家》
薗田(そのだ)成家　1174～1248　鎌倉時代の念仏信者《智明房》

成氏　なりうじ
山本(やまもと)成氏　戦国時代の徳川家奉行人

就興　なりおき
相良(さがら)就興　江戸前期の藩士

成景　なりかげ　⇔しげかげ
祝部(はふりべ)成景　南北朝・室町時代の神職・歌人

成種　なりかず　⇔しげかず
大江(おおえ)成種　南北朝時代の連歌作者

成量　なりかず
西(にし)成量　1811～1854　江戸後期・末期の通事

成賢　なりかた
祝部(はふりべ)成賢　?～1275　鎌倉前期・後期の神職、歌人

成方　なりかた　⇔なりみち
源(みなもとの)成方　平安中期の官人

斉賢　なりかた
青地(あおぢ)斉賢　1672～1728　江戸前期・中期の加賀藩士

成功　なりかつ
半沢(はんざわ)成功　1823～1886　江戸後期～明治期の武士

成兼　なりかね　⇔しげかね
莫禰(あくね)成兼　平安後期の薩摩国莫禰院の領主
高階(たかしな)成兼　鎌倉後期の官人・歌人

業清　なりきよ
藤原(ふじわら)業清　平安後期・鎌倉前期の公家・歌人
藤原(ふじわら)業清　南北朝時代の公家・歌人
源(みなもと)業清　室町時代の歌人

成清　なりきよ　⇔じょうしょう, じょうせい
成清　南北朝時代以前の公家・歌人
榛沢(はんざわ)成清　?～1205　鎌倉前期の武蔵武士

業国　なりくに
中野(なかの)業国　1813～1889　江戸末期・明治期の農民、教育者
用土(ようど)業国　戦国時代の北条氏の家臣。北武蔵の国人藤田氏一門

成国　なりくに　⇔しげくに
紀(きの)成国　平安中期の官人
祝部(はふりべ)成国　?～1363　鎌倉後期・南北朝時代の神職・歌人
藤原(ふじわら)成国　?～954　平安中期の公家・歌人

成邦　なりくに
岡島(おかじま)成邦　?～1732　江戸中期の神職

斉位　なりくら
一橋(ひとつばし)斉位　1818～1837　江戸後期の三卿一橋家の5代

成子　なりこ　⇔せいし
藤原(ふじわらの)成子　平安後期の官女
源(みなもとの)成子　平安後期の女官

就言　なりこと　⇔なりとも
平佐(ひらさ)就言　安土桃山時代の武将

成前　なりさき
祝部(はふりべ)成前　室町時代の神職・歌人

業貞　なりさだ
平(たいらの)業貞　平安中期の官人

斎省　なりさだ
松平(まつだいら)斎省　江戸末期の人。将軍徳川家斎の第24子

就貞　なりさだ
粟屋(あわや)就貞　1634～1701　江戸前期・中期の江戸当役
井上(いのうえ)就貞　?～1569　戦国・安土桃山時代の毛利氏の家臣

就楨　なりさだ
毛利(もうり)就楨　1745～1802　江戸中期・後期の後桜町天皇御即位幣賀の使者

成定　なりさだ
諏訪部(すわべ)成定　1628～1697　江戸前期・中期の幕臣
蜂屋(はちや)成定　1745～1808　江戸中期・後期の佐渡奉行、小普請奉行
堀江(ほりえ)成定　江戸前期の代官

生定　なりさだ
菅沼(すがぬま)生定　1681～1756　江戸前期・中期の幕臣

斉省　なりさだ
松平(まつだいら)斉省　1823～1841　江戸後期の徳川家斉の二十四男

業実　なりざね
藤原(ふじわらの)業実　平安後期・鎌倉前期の官吏、画家

成実　なりざね　⇔しげざね, じょうじつ
祝部(はふりべ)成実　鎌倉後期の神職・歌人

成真　なりざね　⇔しげざね, じょうしん
賀茂(かもの)成真　?～1048　平安中期の賀茂別

雷社神主

業繁　なりしげ

藤田(ふじた)業繁　戦国時代の武士。天神山城主

業茂　なりしげ

吉田(よしだ)業茂　安土桃山時代の弓術家

行重　なりしげ　⇔ゆきしげ

小山田(おやまだ)行重　鎌倉時代初期の武士。小山田有重の5男

成重　なりしげ

大江(おおえの)成重　平安後期の官人

尾張(おわり)成重　平安後期の人。尾張国日置荘の検田使を拒否

紀(きの)成重　平安中期の官人

秦(はたの)成重　平安後期の人。大名田堵として東大寺に抵抗した

成繁　なりしげ

祝部(はふりべ)成繁　鎌倉前期の神職・歌人

森山(もりやま)成繁　1555〜1613　戦国〜江戸前期の佐久郡森山の国衆

横瀬(よこせ)成繁　？〜1501　戦国時代の武将

成茂　なりしげ　⇔しげもち, なりもち

祝部(はふりべの)成茂　1180〜1254　平安後期〜鎌倉後期の神職、歌人

成季　なりすえ　⇔しげすえ, なるとき

惟宗(これむねの)成季　平安後期の官人

惟宗(これむねの)成季　平安後期の官人、検非違使

藤原(ふじわらの)成季　1027？〜？　平安中期・後期の官吏、漢詩人

星山(ほしやま)成季　江戸中期の神職

成助　なりすけ　⇔しげすけ

賀茂(かも)成助　1034〜1082　平安中期・後期の神職、歌人

成存　なりすみ

青山(あおやま)成存　1714〜1795　江戸中期・後期の幕臣

成澄　なりずみ

倉光(くらみつ)成澄　？〜1183　平安後期の加賀国の武士

藤原(ふじわらの)成澄　？〜1183　平安後期の武士。藤原利仁の裔

業孝　なりたか

藤原(ふじわらの)業孝　平安後期の官人

業隆　なりたか

大江(おおえの)業隆　平安中期の勘解由使

成敬　なりたか

甲田(こうだ)成敬　江戸中期の兵法家

成孝　なりたか

笠(かさの)成孝　平安後期の美作国の豪族

成高　なりたか　⇔しげたか

成高　平安後期の刀工

横瀬(よこせ)成高　？〜1593　戦国・安土桃山時代の上野国衆由良氏の一族

和気(わけ)成高　1723〜1803　江戸中期・後期の医者

業忠　なりただ

中原(なかはらの)業忠　平安後期の官人

業尹　なりただ

藤原(ふじわら)業尹　鎌倉後期の公家・歌人

成忠　なりただ

海(あまの)成忠　平安後期の宇佐宮の神官

丹波(たんば)成忠　室町時代の歌人

成直　なりただ　⇔しげなお, なりなお

救仁院(くにいん)成直　鎌倉時代の武士

成芳　なりただ

堀江(ほりえ)成芳　1672〜1720　江戸前期・中期の関東代官

成胤　なりたね

祝部(はふりべ)成胤　南北朝・室町時代の神職・歌人

成為　なりため

佐治(さじ)成為　1621〜1690　江戸前期・中期の武士

成近　なりちか

小田(おだ)成近　1636〜1672　江戸前期の神職

成親　なりちか

安倍(あべの)成親　平安後期の官人。摂政藤原忠通家の書吏

惟宗(これむねの)成親　平安中期の官人

成身　なりちか　⇔じょうしん, せいしん

宮崎(みやざき)成身　？〜1859　江戸後期の武士《宮崎成身》

成次　なりつぐ

青山(あおやま)成次　1593〜1639　安土桃山・江戸前期の幕臣

佐藤(さとう)成次　1599〜1675　安土桃山・江戸前期の武士

戸田(とだ)成次　戦国時代の三河国衆

業綱　なりつな

宇都宮(うつのみや)業綱　1166〜1192　平安後期の宇都宮家第4代当主

工藤(くどう)業綱　戦国時代の南部氏家臣

成綱　なりつな　⇔しげつな, せいこう

成綱　鎌倉時代の刀工

石黒(いしぐろ)成綱　？〜1581　戦国時代の木舟城主

佐々木(ささき)成綱　平安後期の武士

野三(やそう)成綱　鎌倉時代の御家人

業恒　なりつね

海(あまの)業恒　平安中期の官人

成経　なりつね　⇔しげつね

菅野(すがのの)成経　平安後期の官人

高階(たかしなの)成経　平安中期の官人

成恒　なりつね

半沢(はんざわ)成恒　1835〜1915　江戸後期〜明治期の剣術家。立身流

成常　なりつね

天野(あまの)成常　？〜1736　江戸中期の寄合

櫛比(くしひ)成常　鎌倉前期の能登国鳳至郡櫛比荘の荘官

業連　なりつら
藤原（ふじわら）業連　鎌倉後期の歌人

成烈　なりてる
三橋（みつはし）成烈　1726〜1791　江戸中期・後期の幕臣

斉輝　なりてる
池田（いけだ）斉輝　1797〜1819　江戸後期の人。池田斉政の長男

業任　なりとう
平（たいらの）業任　平安中期の官人

成任　なりとう　⇔しげとう
安曇（あずみの）成任　平安後期の東大寺領山城国玉井荘司
紀（きの）成任　平安後期の案主
高橋（たかはしの）成任　平安後期の東寺領伊勢国大国荘の荘官
祝部（はふりべ）成任　南北朝・室町時代の神職・歌人
源（みなもとの）成任　平安中期・後期の官人《源成任》

斉任　なりとう
大江（おおえの）斉任　平安中期の官人

登任　なりとう
藤原（ふじわらの）登任　988？〜？　平安中期の官人

成時　なりとき
菅野（すがのの）成時　平安後期の官人

斉時　なりとき　⇔としとき
北条（ほうじょう）斉時　1262〜1329　鎌倉後期の武将・歌人

業俊　なりとし
安倍（あべの）業俊　1139〜1192　平安後期の陰陽家

業敏　なりとし
高階（たかしなの）業敏　平安中期の官人

済俊　なりとし
姉小路（あねがこうじ）済俊　1506〜1527　戦国時代の公家・歌人

成俊　なりとし　⇔しげとし
河人（かわひとの）成俊　平安後期の人。阿波国一宮の祠官成高の舎弟

斉明　なりとし　⇔なりあき
徳川（とくがわ）斉明　1809〜1827　江戸後期の徳川家斉の十男

成富　なりとみ
鈴木（すずき）成富　江戸後期の「浅葱山奈四社見聞記」の著者

業智　なりとも
間宮（まみや）業智　1778〜1835　江戸中期・後期の茶人

業倫　なりとも
中原（なかはら）業倫　？〜1172　平安後期の明法家

斎朝　なりとも
徳川（とくがわ）斎朝　江戸後期の第10代尾張名古屋藩主

就言　なりとも　⇔なりこと
梨羽（なしは）就言　1614〜1651　江戸前期の毛利秀就の小姓

成節　なりとも
祝（はふり）成節　1808〜？　江戸後期の神官

成朝　なりとも　⇔しげとも
秋元（あきもと）成朝　1650〜1729　江戸前期の旗本
秋本（あきもと）成朝　秋元成朝に同じ
高階（たかしな）成朝　鎌倉後期の官人・歌人

成友　なりとも　⇔しげとも
荒木田（あらきだ）成友　？〜1720　江戸前期・中期の画家

成豊　なりとよ
祝部（はふりべ）成豊　南北朝・室町時代の神職・歌人

業尚　なりなお
長野（ながの）業尚　？〜1503　室町・戦国時代の上野国衆。箕輪長野一族

成直　なりなお　⇔しげなお, なりただ
粟田（あわたの）成直　？〜1197　平安後期・鎌倉前期の武士
源（みなもと）成直　南北朝時代の武将・歌人

業仲　なりなか
藤原（ふじわらの）業仲　平安後期の官人

成仲　なりなか
祝部（はふりべの）成仲　1099〜1191　平安後期の神職、歌人

成長　なりなが　⇔しげなが
荒木田（あらきだ）成長　1140〜1193　平安後期・鎌倉前期の神職、歌人

成良　なりなが　⇔なりよし
祝部（はふりべ）成良　鎌倉時代の神職・歌人

斉長　なりなが
藤原（ふじわらの）斉長　平安中期の官人

就信　なりのぶ
国司（くにし）就信　？〜1592　安土桃山時代の毛利氏の家臣
毛利（もうり）就信　1626〜1703　江戸前期・中期の萩藩加判役

成順　なりのぶ
高階（たかしなの）成順　？〜1040　平安中期の官人

成信　なりのぶ　⇔しげのぶ, じょうしん
半井（なからい）成信　？〜1638？　江戸前期の幕臣
菱田（ひしだ）成信　江戸前期の蒔絵師
牧野（まきの）成信　江戸前期の藩士

成則　なりのり　⇔しげのり, なるのり
成則　室町時代の刀工《成則》

生則　なりのり
菅野（すがのの）生則　平安後期の官人

斉礼　なりのり
一橋（ひとつばし）斉礼　1803〜1830　江戸後期の三卿一橋家の4代

斎温 なりはる
徳川(とくがわ)斎温 江戸末期の第11代尾張名古屋藩主

就治 なりはる
別所(べっしょ)就治 1502〜1563 戦国・安土桃山時代の武将

成治 なりはる
北条(ほうじょう)成治 鎌倉後期の武士

成春 なりはる ⇔しげはる
堀江(ほりえ)成春 1548〜1622 戦国〜江戸前期の代官

業久 なりひさ
富所(とみどころ)業久 戦国時代の上野国衆和田氏の家臣?

就久 なりひさ
児玉(こだま)就久 戦国時代の温泉津奉行

成久 なりひさ
紀(きの)成久 平安後期の官人
祝部(はふりべ)成久 鎌倉後期の神職・歌人

業秀 なりひで
細川(ほそかわ)業秀 室町時代の武士

成秀 なりひで
香取(かとり)成秀 戦国時代の下総国大戸庄内の在地領主・土豪。香取社人か

成人 なりひと ⇔しげひと
迹(あとの)成人 平安前期の官人

業平 なりひら
満家(みついえ)業平 鎌倉前期の薩摩国満家院郡司

成衡 なりひら ⇔しげひら
大江(おおえの)成衡 平安後期の官人。挙周の子《大江成衡》

成広 なりひろ
祝部(はふりべ)成広 南北朝・室町時代の神職・歌人

斉衆 なりひろ
池田(いけだ)斉衆 1812〜1826 江戸後期の徳川家斉の十二男

業房 なりふさ
高階(たかしなの)業房 ?〜1108 平安後期の官人
源(みなもとの)業房 平安後期の官人

就房 なりふさ
杉岡(すぎおか)就房 1624〜1706 江戸前期・中期の藩士

成房 なりふさ ⇔しげふさ
神尾(かんのお)成房 1533〜1608 戦国〜江戸前期の武田家の祐筆
藤原(ふじわらの)成房 982〜? 平安中期の官人

成藤 なりふじ ⇔しげふじ
二階堂(にかいどう)成藤 南北朝時代の武家・歌人
祝部(はふりべ)成藤 南北朝時代の神職・歌人

業政 なりまさ
和田(わだ)業政 戦国時代の上野国衆和田氏の家臣か

済政 なりまさ
源(みなもとの)済政 ?〜1041 平安中期の人。宇多源氏

就正 なりまさ
佐藤(さとう)就正 ?〜1747 江戸中期の儒者
長屋(ながや)就正 安土桃山・江戸前期の武将

成応 なりまさ
佐々(さっさ)成応 1696〜1747 江戸中期の佐渡奉行、小普請奉行

成雅 なりまさ
源(みなもとの)成雅 平安後期の近衛府官人

成修 なりまさ
鈴木(すずき)成修 ?〜1590 戦国・安土桃山時代の小田原北条氏の家臣で剛弓の名手

成正 なりまさ
来嶋(きじま)成正 1795〜1859 江戸後期・末期の酒屋

斉匡 なりまさ
田安(たやす)斉匡 1779〜1848 江戸中期・後期の人。三卿田安家の3代

斉政 なりまさ
北条(ほうじょう)斉政 鎌倉後期の武士

成益 なります
大江(おおえ)成益 南北朝時代以前の連歌作者。「菟玖波集」に入集

就道 なりみち
奥村(おくむら)就道 1751〜? 江戸中期・後期の藩士
丹(たん)就道 1778〜1825 江戸中期・後期の国学者

成通 なりみち ⇔しげみち, しげみつ
中原(なかはらの)成通 平安中期の明法家。平忠常の乱の追討使

成道 なりみち ⇔しげみち, せいどう
真髪部(まがみべの)成道 平安前期の備中国窪屋郡の人

成方 なりみち ⇔なりかた
三橋(みつはし)成方 1751〜? 江戸中期の幕臣

成允 なりみつ ⇔じょういん, せいいん
本田(ほんだ)成允 1847〜1917 江戸末期〜大正期のサクランボ栽培の普及者、歌人《本多成允》

成光 なりみつ ⇔しげみつ
成光 平安後期の歌人
一宮(いちのみや)成光 鎌倉後期・南北朝時代の武士
園田(そのだ)成光 ?〜1590 戦国時代の唐沢城主
祝部(はふりべ)成光 南北朝・室町時代の神職・歌人
藤原(ふじわらの)成光 1111〜1180 平安後期の敦光の子

成宗 なりむね ⇔しげむね
成宗 鎌倉時代の刀工
粟凡直(あわのおうしのあたえ)成宗 846〜? 平安前期の板野郡田上郷の戸主
一宮(いちのみや)成宗 鎌倉後期・南北朝時代の

武将
藤原(ふじわら)成宗　鎌倉前期の公家・歌人
成村　なりむら
真髪(まかみの)成村　平安中期の力士
成茂　なりもち　⇔しげもち, なりしげ
祝部(はふりべの)成茂　1180～1254　平安後期～鎌倉後期の神職、歌人《祝部成茂》
業基　なりもと
占部(うらべの)業基　平安前期の神官
成意　なりもと
佐々(さっさ)成意　1690～1746　江戸中期の武士
成基　なりもと　⇔しげもと
富士谷(ふじたに)成基　1774～?　江戸中期・後期の医者
成元　なりもと　⇔しげもと
橘(たちばな)成元　平安後期の官人、歌人
成盛　なりもり
紀(きの)成盛　平安後期の西伯耆の豪族
就安　なりやす　⇔じゅあん
武安(たけやす)就安　戦国時代の温泉津奉行
就泰　なりやす
毛利(もうり)就泰　1627～1689　江戸前期・中期の藩士
成安　なりやす　⇔じょうあん, せいあん
秦(はたの)成安　平安時代の地方官人
成保　なりやす
賀茂(かも)成保　平安後期の神職・歌人
登安　なりやす
軽沢(かるいざわ)登安　戦国・安土桃山時代の武田氏家臣
業幸　なりゆき
羽尾(はねお)業幸　戦国時代の上野国衆
就之　なりゆき
益田(ますだ)就之　江戸前期の寄組士
成行　なりゆき　⇔しげゆき
高階(たかしなの)成行　?～1031　平安中期の官人
成之　なりゆき　⇔しげゆき, せいし
小花和(おばなわ)成之　1672～1716　江戸前期・中期の幕臣
加藤(かとう)成之　?～1603　安土桃山時代の旗本
業吉　なりよし
小林(こばやし)業吉　戦国時代の武士
就美　なりよし
岸本(きしもと)就美　1742～1810　江戸中期の代官
成喜　なりよし
尾川(おがわ)成喜　1720～1795　江戸中期・後期の医師
成吉　なりよし　⇔しげよし
千葉(ちば)成吉　戦国時代の千葉氏の一族
成慶　なりよし
中川(なかがわ)成慶　1663～1721　江戸前期・中期の幕臣
成美　なりよし　⇔しげよし, せいび
水本(みずもと)成美　1831～1884　江戸後期～明治期の藩士・漢学者
和気(わけ)成美　1756～1820　江戸中期・後期の医者
成良　なりよし　⇔なりなが
荒木田(あらきだ)成良　1164～?　平安後期・鎌倉前期の神職、歌人
斉良　なりよし
松平(まつだいら)斉良　1819～1839　江戸後期の徳川家斉の十九男
斎頼　なりより
源(みなもとの)斎頼　平安後期の地方官
就頼　なりより
東条(とうじょう)就頼　1607～1670　江戸前期の代官、長州藩士
成頼　なりより
源(みなもとの)成頼　?～1003　平安中期の官人
斉頼　なりより　⇔ただより
源(みなもとの)斉頼　平安後期の中級貴族《源斉頼》
済堯　なるあき
姉小路(あねがこうじ)済堯　戦国時代の姉小路古河家の済俊の養子
済家　なるいえ　⇔なりいえ
姉小路(あねがこうじ)済家　鎌倉後期の飛驒国司家の姉小路信時の子
済氏　なるうじ
姉小路(あねがこうじ)済氏　1266～1327　鎌倉後期の姉小路済家の子
成質　なるただ
深尾(ふかお)成質　1841～?　江戸末期の土佐藩家老
成季　なるとき　⇔しげすえ, なりすえ
佐々木(ささき)成季　1668～1746　江戸中期の武士。砲術佐々木流中興の祖
功長　なるなが
滋岡(しげおか)功長　1804～1887　江戸後期～明治期の大阪天満宮神主、滋岡家第12代
成則　なるのり　⇔しげのり, なりのり
真隅田(ますだ)成則　1797～1873　江戸後期～明治期の赤城神社の神官
成彦　なるひこ　⇔しげひこ
妻木(つまき)成彦　1687～?　江戸前期・中期の悲運の学者
愛仁親王　なるひとしんのう
愛仁親王　1818～1842　江戸後期の孝仁親王の王子
準　なろう　⇔じゅん
前川(まえかわ)準　1830～1899　江戸後期～明治期の医師
縄正　なわまさ
相良(さがら)縄正　1739～1798　江戸中期・後期の藩士・武芸家

南陰　なんいん
杉浦(すぎうら)南陰　1848〜1888　江戸後期〜明治期の漢学者
南園　なんえん
兼松(かねまつ)南園　1818〜1884　江戸後期〜明治期の南画家
南翁軒　なんおうけん
南翁軒　江戸後期の相法家
南柯　なんか
亀山(かめやま)南柯　1822〜1874　江戸末期・明治期の安蘇郡下多田村の寺子屋師匠
細井(ほそい)南柯　1785〜1853　江戸中期・後期の暦学者
南海　なんかい
大高坂(おおたかさか)南海　1766〜1838　江戸中期・後期の松山藩士・画家
祇園(ぎおん)南海　1676〜1751　江戸中期の朱子学派藩儒学者・文人画家
丸山(まるやま)南海　？〜1801　江戸中期・後期の儒者
南涯　なんがい
岡田(おかだ)南涯　1763〜1836　江戸中期・後期の漢学者
園田(そのだ)南涯　1834〜1897　江戸後期〜明治期の僧、私塾経営者
浜口(はまぐち)南涯　1801〜1865　江戸後期・末期の医家・画家
南街　なんがい
中山(なかやま)南街　1749〜1810　江戸中期・後期の藩士・漢学者
南畡　なんがい
小田(おだ)南畡　1790〜1835　江戸後期の漢学者
南岳　なんがく
南岳　？〜1778　江戸中期の日蓮宗の僧
小野寺(おのでら)南岳　1841〜1910　江戸後期〜明治期の画家
南澗　なんかん
神谷(かみや)南澗　江戸中期の漢学者
南潤　なんかん
佐藤(さとう)南潤　1749〜1807　江戸中期・後期の画家
南嶠　なんきょう
崖(きし)南嶠　1769〜1834　江戸後期の折衷学派藩儒学者
南圭　なんけい
石懸(いしがかり)南圭　1804〜1866　江戸後期・末期の日本画家
南渓　なんけい
入間川(いるまがわ)南渓　1800〜1873　江戸後期〜明治期の一関藩士・画家
上野(うえの)南渓　1760〜1842　江戸中期・後期の儒学者
円城院(えんじょういん)南渓　1790〜1873　江戸後期〜明治期の僧侶
後藤田(ごとうだ)南渓　1807〜1866　江戸後期・末期の画家
高橋(たかはし)南渓　1803〜1876　江戸後期〜明治期の医者
永田(ながた)南渓　江戸後期の地誌家
西村(にしむら)南渓　江戸後期の画家
三浦(みうら)南渓　？〜1787　江戸中期の画家
鷲尾(わしのお)南渓　1727〜1788　江戸中期・後期の漢学者
南畦　なんけい
中野(なかの)南畦　1858〜1910　江戸末期・明治期の新聞記者
南源　なんげん
南源　1565〜1622　安土桃山・江戸前期の臨済宗の僧
南岡　なんこう
志賀(しが)南岡　1802〜1850　江戸末期の藩儒学者
南江　なんこう
友淵(ともぶち)南江　江戸中期の医者
南香　なんこう
南香　1781〜1846　江戸中期・後期の俳人
南皐　なんこう
浅井(あさい)南皐　1760〜1826　江戸中期・後期の医者
井上(いのうえ)南皐　江戸中期の儒者
土田(つちだ)南皐　？〜1887　江戸後期〜明治期の教育者
角田(つのだ)南皐　1829〜1893　江戸末期・明治期の画家
南濠　なんごう
枝吉(えだよし)南濠　1786〜1859　江戸中期〜末期の漢学者
南谷　なんこく
滝川(たきがわ)南谷　1760〜1820　江戸中期・後期の幕臣・漢詩人
山本(やまもと)南谷　江戸後期の画家
南山　なんざん
南山　1621〜1692　江戸前期の僧
南山　1756〜1839　江戸中期・後期の僧
内田(うちだ)南山　1729〜1800　江戸中期・後期の医者・漢学者
川治(かわじ)南山　江戸後期の漢学者
中川(なかがわ)南山　1754〜1825　江戸中期・後期の書家
長野(ながの)南山　1826〜1896　江戸後期〜明治期の画家
永原(ながはら)南山　？〜1786頃　江戸中期の儒者
横矢(よこや)南山　江戸末期の画家
亘理(わたり)南山　1766〜1842　江戸中期・後期の私塾経営者
南枝　なんし
南枝　江戸後期の俳人
幸田(こうだ)南枝　江戸後期の女流文人
南州　なんしゅう
近藤(こんどう)南州　1850〜1922　江戸末期〜大正期の漢学者

山内(やまうち)南州　1708～1770　江戸中期の医家

南舟　なんしゅう
南舟　1849～1908　江戸後期～明治期の俳人

南川　なんせん
藤沢(ふじさわ)南川　1703～1771　江戸中期の医者・漢学者

南楚　なんそ
南楚　1593～1672　安土桃山・江戸前期の僧

南素　なんそ
袴田(はかまた)南素　1717～1776　江戸中期の遠江国長上郡小松村の人。袴田家の祖

南窓　なんそう
久保(くぼ)南窓　1848～1917　江戸末期～大正期の画家
武村(たけむら)南窓　?～1795　江戸中期・後期の書家
三上(みかみ)南窓　1828～?　江戸後期・末期の漢詩人

南荘　なんそう
丹羽(にわ)南荘　1730～1785　江戸中期の藩士・漢学者

南村　なんそん
鷲野(わしの)南村　1805～1877　江戸後期～明治期の庄屋・漢学者

南岱　なんたい
松居(まつい)南岱　江戸後期の画家

南台　なんだい
南台　?～1817　江戸中期・後期の俳人

南兌羅法師　なんだらほうし
南兌羅法師　江戸中期の洒落本作者・狂歌作者

南竹　なんちく
市浦(いちうら)南竹　?～1785　江戸中期の儒者

南中　なんちゅう
石川(いしかわ)南中　1761～1861　江戸中期～末期の医師

南仲　なんちゅう
南仲　室町時代の禅僧。伊集院町の広済寺の開山

南亭　なんてい
南亭　1770～1835　江戸中期・後期の俳人

南図　なんと
川合(かわい)南図　江戸中期の詩人

南堵　なんと
小川(おがわ)南堵　1834～1896　江戸後期～明治期の漢詩人

南濤　なんとう
森田(もりた)南濤　1808～1872　江戸末期・明治期の絵師

楠堂　なんどう
井上(いのうえ)楠堂　1800～1856　江戸末期の画家

南々　なんなん
斎藤(さいとう)南々　1802～1857　江戸後期の俳諧作者

南謨　なんばく
他阿(たあ)南謨　1764～1835　江戸後期の俳人

南風　なんぷう
南風　江戸中期の俳人

南仏　なんぶつ
南仏　鎌倉後期の僧侶・連歌作者

南屏　なんぺい
座光寺(ざこうじ)南屏　1735～1818　江戸中期・後期の儒者

南甫　なんぽ
松籟軒(しょうらいけん)南甫　江戸中期の本草家

南峰　なんほう　⇔なんぽう
竹中(たけなか)南峰　1766～1836　江戸中期・後期の漢方医

南峰　なんぽう　⇔なんほう
竹中(たけなか)南峰　1766～1836　江戸中期・後期の漢方医《竹中南峰》

南峯　なんぽう
藤村(ふじむら)南峯　江戸後期の卜占家

南北　なんぼく
宮田(みやた)南北　江戸末期の読本作者

南冥　なんめい
木村(きむら)南冥　1703～1756　江戸中期の心学者

南明　なんめい
南明　1616～1684　江戸前期の臨済宗の僧

南溟　なんめい
南溟　江戸中期の浄土真宗の僧
浅井(あさい)南溟　1734～1781　江戸中期の医師
沖野(おきの)南溟　1684～1719　江戸前期・中期の藩士、漢学者

南門　なんもん
石黒(いしぐろ)南門　1790～1857　江戸末期の漢学者
近藤(こんどう)南門　江戸後期の漢学者

南洋　なんよう
近藤(こんどう)南洋　1839～1901　江戸末期・明治期の教育者
華岡(はなおか)南洋　1797～1865　江戸後期・末期の医者

南陽　なんよう
南陽　江戸後期の俳人
伊藤(いとう)南陽　江戸後期の幕府表御番医
高津(たかつ)南陽　?～1819　江戸中期・後期の私塾経営者
那波(なば)南陽　?～1761　江戸中期の漢学者

南陽院　なんよういん
南陽院　?～1506　室町時代の婦人

南里　なんり
久保田(くぼた)南里　1832～1876　江戸末期・明治期の学者、教育者、大区長

南龍　なんりゅう
賀川(かがわ)南龍　1781～1838　江戸中期・後期の産科医《賀川秀哲》

南陵　なんりょう
朝倉(あさくら)南陵　1756～1843　江戸中期・後期の徳山藩御用絵師
丹波(たんば)南陵　1730～1788　江戸中期の儒者

南嶺　なんれい
南嶺　江戸中期の彫刻家、僧侶
木村(きむら)南嶺　江戸後期の医家
酒井(さかい)南嶺　1828～1881　江戸後期～明治期の教育者、書道家
礫川(れきせん)南嶺　江戸後期の合巻作者

南廬　なんろ
武正(たけまさ)南廬　1787～1865　江戸後期の郷土画家

【に】

二一　にいち
吉田(よしだ)二一　江戸中期の浄瑠璃作者

仁右衛門　にえもん　⇔じんうえもん, じんえもん
仁右衛門　江戸後期の津久井県吉野宿民
朝倉(あさくら)仁右衛門　1829～1885　江戸後期～明治期の上細谷村床屋
浅葉(あさば)仁右衛門　？～1855　江戸後期の三浦郡大田和村名主
安部(あべ)仁右衛門　江戸前期の武士。大坂の陣で籠城
荒井(あらい)仁右衛門　江戸前期の和田河原村の名主
石山(いしやま)仁右衛門　江戸前期の最上氏遺臣
伊藤(いとう)仁右衛門　安土桃山～江戸時代の武士。最上氏遺臣
大沢(おおさわ)仁右衛門　江戸前期の根来の法師
木下(きのした)仁右衛門　江戸中期の酒造業
河面(こうも)仁右衛門　？～1695　江戸前期・中期の人。松屋河面家の9代
高木(たかぎ)仁右衛門　江戸中期の仏壇商
松岡(まつおか)仁右衛門　1837～1888　江戸末期・明治期の商人
山田(やまだ)仁右衛門　江戸中期の剣術家。梶派一刀流

二右衛門　にえもん
安部(あべ)二右衛門　安土桃山時代の織田信長の家臣

二右衛門尉　にえもんのじょう　⇔じえもんのじょう
青柳(あおやぎ)二右衛門尉　戦国時代の甲斐国巨摩郡下山の土豪

鳰江　におえ
岩波(いわなみ)鳰江　1847～1869　江戸後期～明治期の信州高島藩士

湖照　におてる　⇔こしょう
湖照　江戸中期の俳人《湖照》

和雄　にぎお　⇔かずお
市岡(いちおか)和雄　1808～1871　江戸後期～明治期の歌人

仁吉　にきち
吉良の(きらの)仁吉　1839～1866　江戸末期の侠客

二丘　にきゅう　⇔じきゅう
二丘　1778～1856　江戸中期～末期の俳人

二休　にきゅう　⇔じきゅう
山崎(やまざき)二休　1554～1631　戦国～江戸前期の首里葉氏渡名喜家の始祖

二橋　にきょう
二橋　1724～1796　江戸中期・後期の俳諧師

二鏡　にきょう
大串(おおぐし)二鏡　1765～1834　江戸中期・後期の安蘇郡田沼村の豪商、狂歌師、書家

二曲　にきょく
二曲　1735～1804　江戸中期・後期の俳人

礼久　にく
夏(か)礼久　室町時代の朝鮮への使者

に

仁左衛門　にざえもん　⇔じんざえもん
仁左衛門　江戸後期の小田原宿山角町の畳職棟梁
猪俣(いのまた)仁左衛門　？～1768　江戸中期の大住郡南金目村旗本曽谷氏知行所名主
太田(おおた)仁左衛門　1810～1876　江戸後期～明治期の教育者
沢屋(さわや)仁左衛門　江戸中期の加賀国江沼郡庄村の織物職人
桼(しとぎ)仁左衛門　1828～1869　江戸後期～明治期の義民
角岡(つのおか)仁左衛門　安土桃山・江戸前期の代官
永瀬(ながせ)仁左衛門　江戸後期の筑摩郡荻曽村の農民
横川(よこかわ)仁左衛門　江戸末期・明治期の人。戸隠村より栃原村に至るトンネルを開削
和栗(わくり)仁左衛門　？～1836　江戸末期の商人

仁三郎　にさぶろう
鹿島屋(かしまや)仁三郎　江戸末期の三島宿の定飛脚問屋

西風　にしかぜ
西風　1682～1754　江戸前期・中期の俳人

錦代皇女　にしきてのこうじょ
錦代皇女　飛鳥時代の女性。崇峻天皇の皇女

西塘　にしとう　⇔せいとう
西塘　戦国時代の人。法司官に仕えた

西光善　にしみつよし
日野(ひの)西光善　1849～1923　江戸後期～大正期の子爵、神職

西村　にしむら
西村　安土桃山時代の信濃国安曇郡草深の土豪

二字守　にじもり
堪忍舎(かんにんしゃ)二字守　江戸後期の狂歌作者

二州　にしゅう
吉村(よしむら)二州　江戸後期の医者

仁十郎　にじゅうろう
足立(あだち)仁十郎　1801～1881　江戸後期～明

治期の会津藩和人蔘御用達長崎貿易商

二承　にしょう

二承　1811～1879　江戸後期～明治期の画家・俳人

二城　にじょう

福田（ふくだ）二城　1806～1876　江戸後期～明治期の庄屋

二条院前皇后宮常陸　にじょういんのさきのこうごうぐうのひたち

二条院前皇后宮常陸　平安後期の女房・歌人

二条院中納言典侍　にじょういんのちゅうなごんのすけ

二条院中納言典侍　平安後期の女房・歌人

二条太皇太后宮式部　にじょうたいこうたいごうぐうのしきぶ

二条太皇太后宮式部　平安後期の女房・歌人

二条太皇太后宮摂津　にじょうたいこうたいごうぐうのせっつ

二条太皇太后宮摂津　平安後期の女房・歌人

二条太皇太后宮大弐　にじょうたいこうたいごうぐうのだいに

二条太皇太后宮大弐　平安後期の女房・歌人

二条太皇太后宮別当　にじょうたいこうたいごうぐうのべっとう

二条太皇太后宮別当　平安後期の女房・歌人

二条太皇太后宮堀河　にじょうたいこうたいごうぐうのほりかわ

二条太皇太后宮堀河　平安後期の女房・歌人

二条姫君　にじょうひめぎみ

二条姫君　1467～1487　室町時代の女性。公家一条冬良の妻

仁助　にすけ

内山（うちやま）仁助　1850～1912　江戸後期～明治期の人。肴町の「内山ガラス」の中興の祖

永崎（ながさき）仁助　1640～1690　江戸前期・中期の漆工、狂歌師

永沢（ながさわ）仁助　江戸前期の人。板柳町永沢家の祖

広瀬町村（ひろせまちむら）仁助　江戸中期の広瀬町村名主

二助　にすけ

二助　？～1575　安土桃山時代の武田氏の家臣、禰津月直の被官

二選　にせん

二選　江戸後期の俳人

二蔵　にぞう

岡島（おかじま）二蔵　？～1582　安土桃山時代の織田信長の家臣

坂野（さかの）二蔵　1774～1813　江戸中期・後期の地誌家

仁太夫　にだいう　⇔じんだゆう，にだゆう

長野（ながの）仁太夫　江戸後期の大住郡大山阿夫利神社祠官

辰兵衛　にたつべえ

渋谷（しぶた）辰兵衛　？～1649　江戸前期の豪農

仁太夫　にだゆう　⇔じんだゆう，にだいう

岡（おか）仁太夫　江戸後期の韮山代官江川氏の手代

仁王（におう）仁太夫　江戸前期の力士

仁太郎　にたろう

伊藤（いとう）仁太郎　1832～1887　江戸後期～明治期の出入船の水先案内人

日意　にちい

日意　？～1628　安土桃山・江戸前期の日蓮宗の僧

日意　1609～1689　江戸前期・中期の日蓮宗の僧

日因　にちいん

日因　1687～1769　江戸前期・中期の日蓮宗の僧

日尹　にちいん

日尹　？～1373　鎌倉後期・南北朝時代の日蓮宗の僧

日運　にちうん

日運　？～1642　江戸前期の日蓮宗の僧

日運　江戸中期の日蓮宗の僧

日運　1755～1833　江戸中期・後期の日蓮宗の僧

日運　1801～1878　江戸後期～明治期の日蓮宗の僧

日会　にちえ

日会　江戸時代の日蓮宗の僧

日恵　にちえ

日恵　1632～1699　江戸前期・中期の日蓮宗の僧

日慧　にちえ

日慧　1807～1868　江戸後期・末期の日蓮宗の僧

日叡　にちえい

日叡　1333～1397　南北朝・室町時代の日蓮宗の僧

日叡　？～1451　室町時代の日蓮宗の僧

日叡　？～1476　室町・戦国時代の日蓮宗の僧

日叡　？～1721　江戸前期・中期の日蓮宗の僧

日叡　？～1822　江戸中期・後期の日蓮宗の僧

日栄　にちえい

日栄　？～1401　南北朝・室町時代の日蓮宗の僧

法光坊（ほうこうぼう）日栄　戦国・安土桃山時代の法華宗の僧

日永　にちえい

日永　？～1460　室町時代の安房妙本寺の住職

日英　にちえい

日英　1344～1420　南北朝・室町時代の日蓮宗の僧

日英　？～1501　戦国時代の日蓮宗の僧

日鋭　にちえい

日鋭　1687～1748　江戸前期・中期の日蓮宗の僧

日楹　にちえい

日楹　1780～1858　江戸中期～末期の僧

日睿　にちえい

日睿　1309～1369　鎌倉後期・南北朝時代の日蓮宗の僧

日悦　にちえつ

日悦　戦国時代の日蓮宗の僧

日悦　江戸前期・中期の日蓮宗の僧

日悦　1651～1726　江戸前期・中期の日蓮宗の僧

日延　にちえん

日延　江戸後期の日蓮宗の僧

日演　にちえん

日演　1648～1728　江戸前期・中期の日蓮宗の僧

日縁　にちえん
日縁　1726〜1796　江戸中期・後期の日蓮宗不受不施派の僧侶

日応　にちおう
日応　？〜1614　安土桃山・江戸前期の日蓮宗の僧
日応　？〜1657　江戸前期の日蓮宗の僧
日応　江戸中期の日蓮宗の僧
日応　？〜1738　江戸中期の日蓮宗の僧

日翁　にちおう
日翁　江戸前期の日蓮宗の僧

日雄　にちおう
日雄　1509〜1571　戦国・安土桃山時代の日蓮宗の僧
日雄　1660〜1735　江戸前期・中期の日蓮宗の僧
日雄　？〜1753　江戸中期の日蓮宗の僧

日憶　にちおく
日憶　1692〜1765　江戸中期の日蓮宗不受不施派の僧侶

日恩　にちおん
日恩　1552〜1629　戦国〜江戸前期の日蓮宗の僧
日恩　江戸前期の日蓮宗の僧

日穏　にちおん
日穏　1716〜1774　江戸中期の日蓮宗の僧

日音　にちおん
日音　戦国時代の日蓮宗の僧

日荷　にちか
日荷　1261〜1353　鎌倉後期・南北朝時代の日蓮宗の僧

日我　にちが
日我　1508〜1586　戦国・安土桃山時代の僧。安房国北郡吉浜村中谷山妙本寺の住持

日雅　にちが
日雅　？〜1684　江戸前期の日蓮宗不受不施派の僧侶

日海　にちかい　⇔にっかい
日海　1478〜1519　戦国時代の日蓮宗僧

日覚　にちかく　⇔にちがく
日覚　1486〜1550　戦国時代の日蓮宗の僧

日鶴　にちかく
日鶴　？〜1771　江戸中期の日蓮宗の僧

日覚　にちがく　⇔にちかく
日覚　1486〜1560　戦国時代の陣門流法華宗の僧
日覚　1612〜1704　江戸中期の日蓮宗の僧
日覚　1716〜1778　江戸中期の日蓮宗の僧
日覚　江戸後期の日蓮宗の僧

日学　にちがく
日学　1384〜1459　室町時代の日蓮宗の僧

日侃　にちかん
日侃　1526〜1601　戦国・安土桃山時代の日蓮宗の僧

日感　にちかん
日感　1569〜1629　安土桃山・江戸前期の日蓮宗の僧
日感　？〜1709　江戸前期・中期の日蓮宗の僧

日歓　にちかん
日歓　江戸後期の日蓮宗の僧

日閑　にちかん　⇔にっかん
日閑　1641〜1668　江戸前期の日蓮宗の僧

日韓　にちかん
日韓　？〜1819　江戸中期・後期の日蓮宗の僧

日浣　にちかん
日浣　1616〜1676　江戸前期の日蓮宗の僧

日遺　にちかん　⇔にっかん
日遺　？〜1839　江戸後期の日蓮宗の僧

日玥　にちがん
日玥　1588〜1652　安土桃山・江戸前期の修験僧

日義　にちぎ
日義　？〜1701　江戸中期の僧
日義　1729〜1765　江戸中期の日蓮宗の僧
日義　1802〜1864　江戸後期の僧
日義　江戸後期の僧

日耆　にちぎ
日耆　？〜1779　江戸中期の日蓮宗の僧

日顗　にちぎ
日顗　1681〜1753　江戸前期・中期の日蓮宗の僧

日久　にちきゅう
日久　1791〜1863　江戸後期・末期の日蓮宗の僧

日境　にちきょう
日境　？〜1786　江戸中期の日蓮宗の僧

日教　にちきょう　⇔にっきょう
日教　1704〜1757　江戸中期の日蓮宗の僧
日教　1754〜1844　江戸中期・後期の日蓮宗の僧

日鏡　にちきょう
日鏡　1724〜1778　江戸中期の日蓮宗の僧

日凝　にちぎょう
日凝　1793〜1856　江戸後期・末期の日蓮宗の僧

日暁　にちぎょう
日暁　1707〜1764　江戸中期の日蓮宗の僧
日暁　1753〜1816　江戸中期・後期の日蓮宗の尼僧・歌人
鏡忍坊（きょうにんぼう）日暁　1202〜1264　鎌倉前期・後期の僧

日行　にちぎょう
日行　1269〜1330　鎌倉後期の日蓮宗の僧
日行　？〜1369　鎌倉後期・南北朝時代の日蓮宗の僧
日行　1689〜1743　江戸中期の日蓮宗の僧

日堯　にちぎょう
日堯　1543〜1572　安土桃山時代の日蓮宗の僧
日堯　1565〜1620　安土桃山・江戸前期の日蓮宗の僧
日堯　江戸前期の日蓮宗の僧
日堯　？〜1693　江戸前期・中期の日蓮宗の僧

二竹　にちく
中村（なかむら）二竹　江戸後期の俳人

二逐　にちく
二逐　1741〜1814　江戸後期の俳人。薬種商

日解　にちげ
日解　1694～1775　江戸中期の日蓮宗の僧
日啓　にちけい　⇔にっけい
日啓　1647～1707　江戸前期・中期の日蓮宗の僧
日慶　にちけい
日慶　？～1750　江戸中期の日蓮宗の僧
日兼　にちけん
日兼　1742～1804　江戸中期・後期の日蓮宗の僧
日堅　にちけん
日堅　1717～1791　江戸中期・後期の日蓮宗の僧
日憲　にちけん
日憲　1474～1525　戦国時代の日蓮宗の僧
日憲　1694～1770　江戸中期の日蓮宗の僧
日謙　にちけん　⇔にっけん
日謙　江戸中期の日蓮宗の僧
日賢　にちけん
日賢　1243～1338　鎌倉後期の日蓮宗の僧
日顕　にちけん
日顕　？～1448　室町時代の日蓮宗の僧
日顕　1716～1780　江戸中期の日蓮宗の僧
日眼　にちげん
日眼　？～1486　室町・戦国時代の日蓮宗の僧
日源　にちげん
日源　？～1368　鎌倉後期・南北朝時代の日蓮宗の僧
日源　室町・戦国時代の日蓮宗の僧
日源　1563～1622　安土桃山・江戸前期の日蓮宗の僧
常円院(じょうえんいん)日源　？～1609　安土桃山・江戸前期の日蓮宗の僧
日玄　にちげん
日玄　？～1704　江戸前期・中期の日蓮宗の僧
日現　にちげん
日現　1459～1514　室町・戦国時代の日蓮宗の僧
日現　1584～1633　安土桃山・江戸前期の日蓮宗の僧
日現　江戸後期の日蓮宗の僧
日悟　にちご
日悟　1551～1614　戦国～江戸前期の日蓮宗の僧
日悟　1588～1659　安土桃山・江戸前期の日蓮宗の僧
日護　にちご
日護　？～1703　江戸前期・中期の僧
日好　にちこう
日好　1739～1811　江戸中期・後期の日蓮宗の僧
日孝　にちこう
日孝　1673～1748　江戸前期・中期の日蓮宗の僧
日宏　にちこう
日宏　戦国時代の日蓮宗の僧
日巧　にちこう
日巧　1724～1795　江戸中期・後期の日蓮宗の僧
日幸　にちこう
日幸　？～1800　江戸中期・後期の日蓮宗の僧
日綱　にちこう
日綱　1754～1808　江戸中期・後期の日蓮宗の僧
日高　にちこう
日高　1601～1677　安土桃山・江戸前期の日蓮宗の僧
日皡　にちこう
日皡　1747～1801　江戸中期・後期の日蓮宗の僧
日郷　にちごう
日郷　1293～1353　鎌倉後期・南北朝時代の日蓮宗の僧
日国上人　にちこくしょうにん
日国上人　戦国時代の法華宗寺の僧
日近　にちごん
日近　？～1830　江戸前期・中期の日蓮宗の僧
日健　にちごん
日健　？～1602　室町時代の日蓮宗の僧
日建　にちごん
日建　江戸中期の日蓮宗の僧
日厳　にちごん
日厳　戦国時代の日蓮宗の僧
日厳　？～1838　江戸後期の日蓮宗の僧
日言　にちごん
日言　1478～1556　戦国時代の日蓮宗の僧
日侃　にちごん
日侃　1515～1598　戦国・安土桃山時代の日蓮宗の僧
日志　にちし
日志　1833～1882　江戸後期～明治期の日蓮宗の僧
日慈　にちじ
日慈　1509～1595　安土桃山時代の連歌を嗜んだ僧
日慈　1604～1669　江戸前期の日蓮宗の僧
日慈　1712～1774　江戸中期の日蓮宗の僧
日持　にちじ
日持　1250～？　鎌倉後期の日蓮宗の僧
日治　にちじ
日治　？～1605　安土桃山時代の日蓮宗の僧
日治　1797～1880　江戸後期～明治期の日蓮宗の僧
日実　にちじつ
日実　室町時代の日蓮宗の僧
日珠　にちじゅ　⇔にっしゅ
大蔵院(おおくらいん)日珠　戦国・安土桃山時代の武田氏の使僧
日受　にちじゅ
日受　？～1622　江戸前期の日蓮宗の僧
日寿　にちじゅ
日寿　戦国時代の日蓮宗の僧
日寿　1741～1805　江戸中期・後期の日蓮宗の僧
日寿　1789～1853　江戸後期の日蓮宗の僧
日樹　にちじゅ
日樹　？～1668　江戸前期の日蓮宗の僧
日就　にちじゅ
日就　？～1816　江戸中期・後期の日蓮宗の僧
日住　にちじゅう
日住　？～1655　江戸前期・中期の日蓮宗の僧

日住　1736〜1802　江戸中期・後期の日蓮宗の僧
日充　にちじゅう
日充　1667〜1744　江戸前期・中期の日蓮宗の僧
日従　にちじゅう
日従　？〜1708　江戸中期の日蓮宗の僧・俳人
日従　1713〜1779　江戸中期の日蓮宗の僧・俳人
日述　にちじゅつ
日述　1611〜1681　江戸前期の日蓮宗の僧
日淳　にちじゅん
日淳　？〜1708　安土桃山・江戸前期の日蓮宗の僧
日潤　にちじゅん
日潤　1759〜1838　江戸中期・後期の日蓮宗の僧
延命院（えんみょういん）日潤　江戸中期の僧。「日月星享和政談」のモデル
日純　にちじゅん
日純　江戸前期の僧
日純　1624〜1684　江戸前期の日蓮宗の僧
日純　1736〜1801　江戸中期・後期の日蓮宗の僧
日遵　にちじゅん
日遵　1592〜1659　安土桃山・江戸前期の日蓮宗の僧
日順　にちじゅん
日順　？〜1368　鎌倉後期・南北朝時代の法華宗の僧
日順　1294〜1354　鎌倉後期・南北朝時代の日蓮宗の僧
日順　1625〜1688　江戸前期・中期の日蓮宗の僧
日順　？〜1854　江戸後期・末期の日蓮宗の僧
日舒　にちじょ
日舒　1646〜1712　江戸前期・中期の日蓮宗の僧
日勝　にちしょう
日勝　？〜1530　戦国時代の日蓮宗僧
日承　にちじょう
日承　1501〜1579　戦国・安土桃山時代の日蓮宗の僧
日承　1614〜1681　江戸前期の日蓮宗の僧
日承　1676〜1738　江戸前期・中期の日蓮宗の僧
日乗　にちじょう
日乗　1221？〜1309　鎌倉後期の日蓮宗の僧
日乗　1270〜1380　鎌倉後期・南北朝時代の日蓮宗の僧
日乗　戦国・安土桃山時代の僧
日乗　1648〜1703　江戸前期・中期の僧
日情　にちじょう
日情　1784〜1867　江戸中期〜末期の高僧
日条　にちじょう
日条　？〜1650　江戸前期の日蓮宗の僧
日浄　にちじょう
日浄　？〜1684　江戸前期の日蓮宗の僧
日譲　にちじょう
日譲　？〜1828　江戸後期の日蓮宗の僧
日成　にちじょう
日成　？〜1415　南北朝・室町時代の日蓮宗の僧
日成　1570〜1640　安土桃山・江戸前期の日蓮宗の僧
日成　1664〜1743　江戸前期・中期の日蓮宗の僧
日成　1738〜1783　江戸中期の日蓮宗の僧
日誠　にちじょう
日誠　1593〜1664　安土桃山・江戸前期の日蓮宗の僧
日誠　江戸中期の日蓮宗の僧
日静　にちじょう
日静　？〜1301　鎌倉後期の日蓮宗の僧
日静　？〜1744　江戸前期・中期の日蓮宗の僧
日静　1742〜1788　江戸中期・後期の日蓮宗の僧
日肇　にちじょう
日肇　1794〜1853　江戸後期の日蓮宗の僧
日常上人　にちじょうしょうにん
日常上人　1216〜1299　鎌倉後期の日蓮宗の僧
日深　にちじん
日深　1652〜1715　江戸前期・中期の日蓮宗の僧
日迅　にちじん
日迅　？〜1661　江戸前期の日蓮宗の僧
日随　にちずい
日随　1728〜1806　江戸中期・後期の日蓮宗の僧
日瑞　にちずい
日瑞　1458〜1514　室町・戦国時代の日蓮宗の僧
日是　にちぜ
日是　？〜1786　江戸中期の日蓮宗の僧
日晟　にちせい
日晟　室町時代の連歌師
日扇　にちせん
日扇　1535〜1575　戦国・安土桃山時代の日蓮宗僧
日善　にちぜん
日善　？〜1617　安土桃山・江戸前期の日蓮宗の僧
日善　1581〜1656　安土桃山・江戸前期の日蓮宗の僧
日善　1686〜1764　江戸前期・中期の日蓮宗の僧
日善　1670〜1748　江戸中期の日蓮宗の僧
日善　？〜1745　江戸中期の日蓮宗の僧
日善　？〜1766　江戸中期の日蓮宗の僧
日善　1796〜1859　江戸後期・末期の日蓮宗の僧・国学者
日全　にちぜん
日全　？〜1624　江戸前期の日蓮宗の僧
日全　1726〜1808　江戸中期・後期の日蓮宗の僧
日全　？〜1815　江戸中期・後期の日蓮宗の僧
日禅　にちぜん
日禅　平安後期の真言宗の僧
日禅　？〜1677　江戸前期の日蓮宗の僧
日増　にちぞう
日増　？〜1503　室町・戦国時代の日蓮宗の僧
日慥　にちぞう
日慥　1756〜1830　江戸中期・後期の日蓮宗の僧
日存　にちぞん　⇔にっそん
日存　1370〜1447　南北朝・室町時代の日蓮宗の僧
日存　1436〜1480　室町・戦国時代の日蓮宗の僧
日尊　にちぞん
日尊　鎌倉後期・南北朝時代の日蓮宗の僧

日代　にちだい
日代　1294～1394　鎌倉後期～室町時代の日蓮宗の僧
日台　にちだい
日台　1719～1786　江戸中期の日蓮宗の僧
日大　にちだい
日大　1309～1369　鎌倉後期・南北朝時代の日蓮宗の僧
日醍　にちだい
日醍　1633～1714　江戸前期・中期の日蓮宗の僧
日達　にちだつ　⇔にったつ
日達　1572～1622　安土桃山・江戸前期の日蓮宗の僧
日達　1651～1708　江戸前期・中期の日蓮宗の僧
日達　1690～1768　江戸中期の日蓮宗の僧
日脱　にちだつ
日脱　1612～1698　江戸前期の日蓮宗の僧
日霑　にちてん
日霑　1817～1890　江戸後期～明治期の日蓮宗の僧
日典　にちでん　⇔にってん
日典　江戸後期の日蓮宗の僧
日伝　にちでん
日伝　1247～1341　鎌倉後期・南北朝時代の日蓮宗の僧
日伝　1340～1416　南北朝・室町時代の日蓮宗の僧
日伝　1421～1463　室町時代の日蓮宗の僧
日伝　？～1667　江戸前期の日蓮宗の僧
日導　にちどう
日導　1501～1555　戦国時代の日蓮宗の僧
日道　にちどう
日道　1283～1341　鎌倉後期・南北朝時代の日蓮宗の僧
日々坊　にちにちぼう
日々坊　1768～1851　江戸中期・後期の俳人
日如　にちにょ
日如　室町時代の日蓮宗の僧
日如　？～1665　江戸前期の俳諧作者
日鐃　にちにょう
日鐃　1624～1687　江戸前期の日蓮宗の僧
日仁　にちにん
日仁　？～1416　室町時代の日蓮宗の僧
日忍　にちにん
日忍　1601～1677　安土桃山・江戸前期の日蓮宗の僧
日忍　？～1699　江戸前期・中期の日蓮宗の僧
日忍　1708～1773　江戸中期の日蓮宗の僧
日然　にちねん
日然　？～1679　江戸前期の日蓮宗の僧
日然　1716～1754　江戸後期・末期の日蓮宗の僧
日然　1792～1862　江戸後期・末期の日蓮宗の僧
日念　にちねん
日念　1656～1732　江戸前期・中期の日蓮宗の僧
日能　にちのう
日能　戦国時代の日蓮宗の僧
日能　江戸前期の住職・俳人
日能　？～1652　江戸前期の僧、俳人
日曩　にちのう
法華寺（ほっけじ）日曩　？～1580　安土桃山時代の僧
日範　にちはん　⇔にっぱん
日範　？～1320　鎌倉後期の日蓮宗の僧
日鑁　にちばん
日鑁　？～1772　江戸中期の真言宗の僧
日普　にちふ
日普　1712～1785　江戸中期の日蓮宗の僧
日文　にちぶん
日文　？～1856　江戸後期・末期の日蓮宗の僧
日葆　にちほう
日葆　？～1755　江戸中期の日蓮宗の僧
日璞　にちぼく
日璞　江戸後期の日蓮宗の僧
日満　にちまん
日満　？～1343　鎌倉後期・南北朝時代の日蓮宗の僧
日妙　にちみょう
日妙　？～1709　江戸前期・中期の日蓮宗の僧
日妙　？～1711　江戸前期・中期の日蓮宗の僧
日妙　1747～1816　江戸中期・後期の日蓮宗の僧
日明　にちみょう
日明　1743～1814　江戸中期・後期の日蓮宗の僧
日門　にちもん
普伝（ふでん）日門　？～1579　安土桃山時代の日蓮宗の僧
日瑜　にちゆ
日瑜　戦国時代の真言宗僧
日勇　にちゆう
日勇　1639～1691　江戸前期・中期の日蓮宗の僧
日勇　1773～1849　江戸後期の日蓮宗の僧
日宥　にちゆう
日宥　1670～1729　江戸前期・中期の日蓮宗の僧
日幽　にちゆう
日幽　1645～1740　江戸前期・中期の日蓮宗の僧
日祐　にちゆう
日祐　1663～1737　江戸前期・中期の日蓮宗の僧
日祐　1726～1784　江戸中期の日蓮宗の僧
日与　にちよ
日与　1426～1491　室町・戦国時代の連歌師
日耀　にちよう
日耀　1445～1522　室町・戦国時代の日蓮宗の僧
日耀　？～1557　戦国時代の日蓮宗僧
日耀　1667～1739　江戸前期・中期の日蓮宗の僧
日耀　？～1853　江戸後期の日蓮宗の僧
日耀　1811～1863　江戸後期・末期の日蓮宗の僧
日要　にちよう
日要　1436～1514　室町・戦国時代の日蓮宗の僧
日遥　にちよう
日遥　1581～1659　江戸前期の僧。本妙寺三世住職。高麗上人

日陽　にちよう
日陽　1572～1638　安土桃山・江戸前期の日蓮宗の僧
日養　にちよう
日養　？～1459　室町時代の日蓮宗の僧
日養　？～1671　江戸前期の日蓮宗の僧
日養　？～1866　江戸末期の日蓮宗の僧
日遙　にちよう
日遙　？～1696　江戸前期の日蓮宗の僧
日瑤　にちよう
日瑤　1580～1639　安土桃山・江戸前期の日蓮宗の僧
日瑤　？～1686　江戸前期の日蓮宗の僧
耳鳥斎　にちょうさい
松屋（まつや）耳鳥斎　江戸中期・後期の絵師
日羅律師　にちらりつし
日羅律師　上代の僧侶
日理　にちり
日理　？～1655　江戸前期の日蓮宗の僧
日理　1781～1844　江戸中期・後期の日蓮宗の僧
日理　1782～1824　江戸中期・後期の日蓮宗の僧
日隆　にちりゅう
日隆　1502～1569　戦国・安土桃山時代の日蓮宗の僧
日隆　？～1827　江戸後期の日蓮宗の僧
日竜　にちりゅう
井上（いのうえ）日竜　1830～1903　江戸後期～明治期の日蓮宗僧侶
日了　にちりょう
日了　江戸前期・中期の日蓮宗の僧
日亮　にちりょう
日亮　？～1731　安土桃山・江戸前期の日蓮宗の僧
日亮　1573～1646　安土桃山・江戸前期の日蓮宗の僧
日良　にちりょう
日良　1726～1791　江戸中期・後期の日蓮宗の僧
日諒　にちりょう
工藤（くどう）日諒　1840～1922　江戸末期～大正期の高僧
日遼　にちりょう
日遼　？～1689　江戸前期の日蓮宗の僧
日量　にちりょう
日量　？～1775　江戸中期の日蓮宗の僧
日量　1771～1851　江戸中期・後期の日蓮宗の僧
日陵　にちりょう
日陵　1745～1819　江戸中期・後期の日蓮宗の僧
日領　にちりょう
日領　1679～1755　江戸前期・中期の日蓮宗の僧
日礼　にちれい
日礼　1753～1821　江戸中期・後期の日蓮宗の僧
日礼　？～1846　江戸後期の日蓮宗の僧
日朗　にちろう
日朗　1243～1320　鎌倉後期の日蓮宗の僧

日快　にっかい
日快　江戸中期の日蓮宗の僧
日海　にっかい　⇔にちかい
日海　？～1623　江戸前期の日蓮宗の僧
日海　1830～1871　江戸末期の日蓮宗の僧
日閑　にっかん　⇔にちかん
日閑　1641～1668　江戸前期の日蓮宗の僧《日閑》
日還　にっかん　⇔にちかん
妙泉寺（みょうせんじ）日還　1818～1886　江戸後期～明治期の歌・俳僧
日教　にっきょう　⇔にちきょう
日教　？～1313　鎌倉後期の日蓮宗の僧
日竟　にっきょう
日竟　1677～1734　江戸前期・中期の日蓮宗の僧
日啓　にっけい　⇔にちけい
日啓　江戸後期の僧
日経　にっけい
日経　1560～1620　安土桃山・江戸前期の日蓮宗の僧
日逕　にっけい
日逕　1547～1609　戦国～江戸前期の日蓮宗の僧
日見　にっけん
日見　1693～1769　江戸中期の僧
日謙　にっけん　⇔にちけん
道光上人（どうこうしょうにん）日謙　1746～1829　江戸後期の僧。日蓮宗法恩寺12世《道光》
日湖　にっこ
満川（みつかわ）日湖　1809～1883　江戸末期の真岡荒町の医師、私塾教師
日光　にっこう
日光　？～1752　江戸中期の神官
日広　にっこう
日広　？～1671　江戸前期の日蓮宗の僧
日耕　にっこう
日耕　1712～1773　江戸中期の日蓮宗の僧
日航　にっこう
日航　？～1663　江戸前期の日蓮宗の僧
日済上人　にっさいしょうにん
日済上人　1294～1368　鎌倉後期の僧侶
日薩　にっさつ
日薩　1830～1888　江戸後期～明治期の日蓮宗の僧
日山　にっさん
日山　1338～1381　南北朝時代の日蓮宗の僧
日産　にっさん
日産　1567～1612　安土桃山・江戸前期の日蓮宗の僧
日讃　にっさん
日讃　？～1631　安土桃山・江戸前期の僧侶
日視　にっし
日視　？～1693　江戸前期・中期の日蓮宗の僧
日守　にっしゅ
日守　1846～1906　江戸後期～明治期の日蓮宗の僧
日珠　にっしゅ　⇔にちじゅ
日珠　1763～1817　江戸中期・後期の日蓮宗の僧

日収　にっしゅう
日収　1579～1650　安土桃山・江戸前期の日蓮宗の僧
日収　1692～1755　江戸中期の日蓮宗の僧

日周　にっしゅう
日周　1595～1644　安土桃山・江戸前期の日蓮宗の僧
日周　1647～1716　江戸前期・中期の日蓮宗の僧

日秀　にっしゅう
日秀　？～1329　鎌倉後期の日蓮宗の僧
日秀　1503～1577　戦国・安土桃山時代の僧
日秀　江戸中期の日蓮宗の僧

日習　にっしゅう
日習　1582～1653　安土桃山・江戸前期の日蓮宗の僧
日習　？～1748　江戸中期の日蓮宗の僧

日啁　にっしゅう
日啁　1771～1845　江戸中期・後期の日蓮宗の僧

日賙　にっしゅう
日賙　1546～1608　戦国～江戸前期の日蓮宗の僧

日俊　にっしゅん
日俊　1636～1691　江戸前期・中期の日蓮宗の僧

日春　にっしゅん
日春　？～1611　安土桃山・江戸前期の日蓮宗の僧
日春　1622～？　江戸前期・中期の日蓮宗の僧

日唱　にっしょう
日唱　1723～1785　江戸中期の日蓮宗の僧

日将　にっしょう
日将　江戸中期の日蓮宗の僧

日掌　にっしょう
日掌　1798～1882　江戸後期～明治期の日蓮宗の僧

日昇　にっしょう
小林（こばやし）日昇　1832～1891　江戸後期～明治期の僧

日昌　にっしょう
日昌　1562～1622　安土桃山・江戸前期の日蓮宗の僧
日昌　江戸前期の日蓮宗の僧

日照　にっしょう
日照　？～1834　江戸後期の僧

日祥　にっしょう
日祥　1787～1872　江戸中期・後期の日蓮宗の僧
日祥　？～1790　江戸中期・後期の日蓮宗の僧

日称　にっしょう
日称　江戸中期の日蓮宗の僧

日証　にっしょう
日証　1670～1750　江戸前期・中期の日蓮宗の僧

日詳　にっしょう
日詳　1681～1734　江戸前期・中期の日蓮宗の僧

日正　にっしょう
日正　？～1507　室町・戦国時代の日蓮宗の僧
日正　？～1590　戦国・安土桃山時代の日蓮宗の僧
日正　江戸末期の日蓮宗の僧

日生　にっしょう
日生　江戸中期の日蓮宗の僧
日生　1817～1867　江戸後期・末期の日蓮宗の僧

日渉園　にっしょうえん
国方（くにかた）日渉園　1821～1903　江戸後期～明治期の国学者《国方豊民》

日信　にっしん
日信　南北朝・室町時代の日蓮宗の僧
日信　戦国時代の日蓮宗の僧
日信　1558～1626　戦国～江戸前期の日蓮宗の僧
日信　？～1731　江戸中期の日蓮宗の僧
日信　1822～1874　江戸末期の勤王家

日審　にっしん
日審　？～1725　江戸前期・中期の日蓮宗の僧

日心　にっしん
日心　？～1724　江戸前期・中期の日蓮宗の僧
日心　1720～1790　江戸中期・後期の日蓮宗の僧
日心　1853～1879　江戸末期・明治期の日蓮宗の僧

日慎　にっしん
日慎　1682～1741　江戸前期・中期の日蓮宗の僧

日真　にっしん
日真　？～1626　安土桃山・江戸前期の日蓮宗の僧
日真　1714～1765　江戸中期の日蓮宗の僧

日親　にっしん
日親　？～1524　戦国時代の日蓮宗の僧

日進　にっしん
日進　1583～1663　安土桃山・江戸前期の日蓮宗の僧
日進　？～1689　江戸前期・中期の日蓮宗の僧
日進　？～1698　江戸前期・中期の日蓮宗の僧
日進　1680～1751　江戸前期・中期の日蓮宗の僧
日進　1729～1787　江戸中期の日蓮宗の僧
日進　1761～1821　江戸中期・後期の日蓮宗の僧
日進　1782～1853　江戸中期・後期の日蓮宗の僧

日津　にっしん
日津　1655～1727　江戸前期・中期の日蓮宗の僧

日勢　にっせい
日勢　1629～1669　江戸前期の日蓮宗不受不施派の僧侶

日政　にっせい
日政　1804～1866　江戸後期・末期の日蓮宗の僧
加藤（かとう）日政　？～1878　江戸後期～明治期の日蓮宗の僧

日晴　にっせい
日晴　？～1664　江戸前期の日蓮宗の僧
日晴　1652～1726　江戸前期・中期の日蓮宗の僧

日栖　にっせい
日栖　1650～1698　江戸前期・中期の日蓮宗の僧

日清　にっせい
副田（そえだ）日清　？～1654　江戸前期の鍋島御道具山役人

日精　にっせい
日精　1600～1683　安土桃山・江戸前期の日蓮宗の僧
日精　1674～1739　江戸前期・中期の日蓮宗の僧

に

日精　1777～1852　江戸中期・後期の日蓮宗の僧

日仙　にっせん
日仙　？～1641　江戸前期の日蓮宗の尼僧

日宣　にっせん
日宣　1758～1826　江戸中期・後期の日蓮宗の僧
日宣　1763～1846　江戸中期・後期の日蓮宗の僧
立善院（りつぜんいん）日宣　？～1710　江戸前期・中期の八戸類家村の本寿寺4世和尚

日専　にっせん
日専　1724～1789　江戸中期・後期の日蓮宗の僧

日泉　にっせん
日泉　1739～1791　江戸中期・後期の日蓮宗の僧

日船　にっせん
日船　1593～1658　安土桃山・江戸前期の日蓮宗の僧
日船　江戸後期の日蓮宗の僧

日詮　にっせん
日詮　1612～1678　江戸前期の日蓮宗の僧

日暹　にっせん
日暹　？～1327　鎌倉後期の日蓮宗の僧

日瞻　にっせん
日瞻　1800～1867　江戸後期・末期の日蓮宗の僧

入素　にっそ
入素　江戸中期の俳人

日崇　にっそう
日崇　1615～1689　江戸前期・中期の日蓮宗の僧

日相　にっそう
日相　1618～1694　江戸前期・中期の日蓮宗の僧
日相　1634～1717　江戸前期・中期の日蓮宗の僧
日相　1689～1757　江戸中期の僧
日相　1805～1874　江戸後期～明治期の日蓮宗の僧

日荘　にっそう
日荘　？～1800　江戸中期・後期の日蓮宗の僧
日荘　1773～1830　江戸中期・後期の日蓮宗の僧

日蒼　にっそう
日蒼　1776～1838　江戸中期・後期の日蓮宗の僧

日藻　にっそう
日藻　1736～1784　江戸中期の日蓮宗の僧・俳人

日琮　にっそう
日琮　1734～1803　江戸中期・後期の日蓮宗の僧

日存　にっそん　⇔にちぞん
日存　？～1338　南北朝・室町時代の日蓮宗の僧

日体　にったい
日体　1668～1709　江戸前期・中期の日蓮宗の僧
日体　？～1733　江戸中期の日蓮宗の僧

日諦　にったい
日諦　1471～1558　戦国時代の日蓮宗の僧
日諦　？～1675　江戸前期の日蓮宗の僧
日諦　？～1781　江戸中期の日蓮宗の僧

日達　にったつ　⇔にちだつ
日達　？～1653　江戸中期の日蓮宗の僧

新田尼　にったのあま
新田尼　鎌倉前期の女性。新田義兼の妻で、夫の死後その所領を管理

日忠　にっちゅう
日忠　1536～1620　戦国～江戸前期の日蓮宗の僧

日澄　にっちょう
日澄　1546～1619　戦国～江戸前期の日蓮宗の僧

日徴　にっちょう
日徴　1768～1838　江戸中期・後期の日蓮宗の僧

日朝　にっちょう
日朝　1394～1467　室町時代の日蓮宗の僧

日潮　にっちょう
日潮　1674～1748　江戸中期の日蓮宗の僧

日聴　にっちょう
日聴　1671～1738　江戸前期・中期の日蓮宗の僧

日長　にっちょう
日長　1655～1731　江戸前期・中期の日蓮宗の僧
日長　1670～1728　江戸前期・中期の日蓮宗の僧
日長　1726～1809　江戸中期・後期の日蓮宗の僧

日頂　にっちょう
日頂　1252～1328　鎌倉後期の日蓮宗の僧

日珍　にっちん
日珍　南北朝時代の日蓮宗の僧

日鎮　にっちん
日鎮　？～1846　江戸後期の日蓮宗の僧

日陳　にっちん
日陳　1679～1743　江戸前期・中期の日蓮宗の僧

日通　にっつう
日通　？～1792？　江戸中期・後期の日蓮宗の僧
日通　江戸後期の日蓮宗の僧

日貞　にってい
日貞　1698～1764　江戸中期の日蓮宗の僧

日底　にってい
日底　1766～1818　江戸中期・後期の日蓮宗の僧

日庭　にってい
日庭　1623～1692　江戸前期・中期の日蓮宗不受不施派の僧侶

日逞　にってい
日逞　1740～1830　江戸前期・中期の日蓮宗の僧
日逞　？～1691　江戸前期・中期の日蓮宗の僧
日逞　？～1692　江戸前期・中期の日蓮宗の僧

日典　にってん　⇔にちでん
日典　1400～1463　室町時代の法華宗の僧
日典　？～1463　室町時代の法華宗の僧侶

日奠　にってん
日奠　？～1667　江戸前期の日蓮宗の僧

日塔　にっとう
日塔　1709～1776　江戸中期の日蓮宗の僧

日東　にっとう
日東　1606～1690　江戸前期・中期の日蓮宗の僧
日東　1725～1784　江戸中期の日蓮宗の僧
日東　1747～1824　江戸中期・後期の日蓮宗の僧

日棟　にっとう
日棟　1728～1800　江戸中期の日蓮宗僧侶

日涛　にっとう
日涛　？～1825　江戸中期・後期の日蓮宗の僧

日答　にっとう
日答　1678～1750　江戸前期・中期の日蓮宗の僧
日答　1794～1851　江戸後期の日蓮宗の僧

日統　にっとう
日統　1630～1677　江戸前期の日蓮宗の僧

日藤　にっとう
日藤　？～1582　戦国・安土桃山時代の僧

日透　にっとう
日透　？～1791　江戸中期・後期の日蓮宗の僧

日陶　にっとう
日陶　？～1716　江戸前期・中期の日蓮宗の僧

日騰　にっとう
日騰　1808～1855　江戸後期・末期の日蓮宗の僧

日徳　にっとく
日徳　？～1325　江戸前期の日蓮宗の僧

日範　にっぱん　⇔にちはん
日範　？～1320　鎌倉後期の日蓮宗の僧

日富　にっぷ
日富　1680～1749　江戸前期・中期の日蓮宗の僧
日富　1778～1840　江戸中期・後期の日蓮宗の僧

日福　にっぷく
日福　1679～1753　江戸中期の日蓮宗の僧

日逢　にっぽう
日逢　？～1719　江戸前期・中期の日蓮宗の僧
日逢　？～1786　江戸中期の日蓮宗の僧

日峰　にっぽう
日峰　1759～1831　江戸中期・後期の日蓮宗の僧
日峰　江戸後期の日蓮宗の僧

日芳　にっぽう
日芳　？～1640　安土桃山・江戸前期の日蓮宗の僧
日芳　1687～1743　江戸前期・中期の日蓮宗の僧
日芳　？～1749　江戸中期の日蓮宗の僧

日褒　にっぽう
日褒　1740～1824　江戸後期の僧

日豊　にっぽう
日豊　？～1663　江戸前期の日蓮宗の僧

日鳳　にっぽう
日鳳　？～1629　安土桃山・江戸前期の日蓮宗の僧

日鵬　にっぽう
日鵬　江戸末期・明治期の日蓮宗の僧

日苞　にっぽう
日苞　？～1609　安土桃山・江戸前期の僧侶

蜷川　にながわ
蜷川　戦国時代の北条氏の家臣

蜷淵　になぶち
物部(もののべの)蜷淵　奈良時代の甘楽郡の人。朔日物部公

仁八　にはち
大薄(おおすき)仁八　1835～1923　江戸末期～大正期の新田開拓者

仁兵衛　にひょうえ　⇔じんべえ，にへえ，にべえ
和田(わだ)仁兵衛　江戸前期の畠山家の家臣。秀頼の家臣遊佐新左衛門に仕えた

二兵衛　にひょうえ
高木(たかぎ)二兵衛　安土桃山時代の信濃国諏訪郡高木の土豪

仁兵衛重高　にひょうえしげたか
本間(ほんま)仁兵衛重高　？～1614　江戸前期の小田原北条家・加藤清正または加藤嘉明の家臣

二歩堂　にぶどう
二歩堂　江戸中期の浄瑠璃作者

仁平　にへい　⇔じんぺい
岡田(おかだ)仁平　1849～1911　江戸後期～明治期の林業家
滝沢(たきざわ)仁平　1777～1858　江戸中期～末期の手習師匠
山本(やまもと)仁平　1812～1878　江戸末期・明治期の鉱山技師

仁兵衛惟貞　にへいこれさだ
新岡(にいおか)仁兵衛惟貞〔6代〕　？～1817　江戸中期・後期の新田開発者

仁平次　にへいじ
今井(いまい)仁平次　江戸後期の三浦郡横須賀村民

仁平治　にへいじ
広崎(ひろさき)仁平治　？～1793　江戸中期・後期の本郷生まれの太鼓製作者

仁兵衛　にへえ　⇔じんべえ，にひょうえ，にべえ
飯沼(いいぬま)仁兵衛　江戸中期の湯浅組大庄屋・醤油屋
石川(いしかわ)仁兵衛　1790～1850　江戸後期の箱根細工職人
うすがね屋(うすがねや)仁兵衛　江戸前期の金銀細工師
科皮屋(しながわや)仁兵衛　1667～1752　江戸前期・中期の公益家
千田(ちだ)仁兵衛　江戸時代の仙台藩の御直為登五十集海草加入商人
中沢(なかざわ)仁兵衛　1849～1907　江戸後期～明治期の江曽原村の豪農
平野(ひらの)仁兵衛　？～1705　江戸前期・中期の用水路開削者
毛内(もうない)仁兵衛〔5代〕　？～1821　江戸中期・後期の五所川原の毛内林の造成者

仁兵衛　にべえ　⇔じんべえ，にひょうえ，にへえ
河本(こうもと)仁兵衛　1637～1668　江戸前期の人。矢田部六人衆の一人

二峰　にほう　⇔じほう
二峰　江戸後期の俳人

日本之助　にほんのすけ
奈佐(なさ)日本之助　戦国時代の武士

仁屋　にーや　⇔にや，にやー
大嵩(おおたけ)仁屋　江戸末期の篤農家
登川(のぼりかわ)仁屋　江戸後期の地域の水利事業の功労者

仁也　にーや
兼久(がねく)仁也　江戸末期の鳩間島の篤志家

仁屋　にや　⇔にーや, にやー
新里（しんざと）仁屋　江戸後期の水田改修の功労者
仁屋　にやー　⇔にーや, にや
内間（うちま）仁屋　江戸末期・明治期の王府飛船の漕手
入安　にゅうあん
入安　江戸中期の狂歌作者
入西　にゅうさい
入西　鎌倉時代の刀鍛冶
入道　にゅうどう
石賀（いしがの）入道　平安後期の備中国の武士
石田（いしだ）入道　江戸末期の新撰組隊士
伊東（いとう）入道　鎌倉前期の武士
伊予（いよ）入道　戦国時代の北条宗哲の代官
江見（えみの）入道　平安後期の美作国東部の在地武士
岡田（おかだ）入道　戦国時代の北条氏の家臣
長田（おさだ）入道　平安後期・鎌倉前期の武将
閑斎軒（かんさいけん）入道　戦国時代の木曽氏の家臣
香坂（こうさか）入道　戦国時代の信濃水内郡の国衆。牧之島城主
鈴木（すずき）入道　戦国時代の北条氏の家臣
平塚（ひらつか）入道　？～1251　鎌倉前期・後期の浄土真宗の僧
入道道願　にゅうどうどうがん
河内（かわち）入道道願　鎌倉後期の山城国紀伊郡拝師荘の有力名主
入道隆儀　にゅうどうりゅうぎ
遠山（とおやま）入道隆儀　安土桃山時代の御寮織手
如一尼　にょいつに
如一尼　平安前期の尼僧
如雲　にょうん　⇔じょうん
如雲　江戸前期の俳人
如円尼　にょえんに
如円尼　平安前期の尼僧
如円尼　鎌倉時代の尼僧
如音尼　にょおんに
如音尼　室町時代の女性。やや伝承的な人物
如海　にょかい
如海　1672～1735　江戸前期・中期の真言宗の僧
如海　1762～1838　江戸後期の浄土宗僧
如環　にょかん
如環　1695～1761　江戸中期の真言宗の僧
如牛　にょぎょう　⇔じょぎゅう
鮎田（あゆた）如牛　1823～1887　江戸後期～明治期の教育者、漢学者、歌人《鮎田如牛》
女狂人　にょきょうじん
二世連（にせれん）女狂人　江戸末期の戯作者
如圭　にょけい　⇔じょけい
流光斎（りゅうこうさい）如圭　江戸中期・後期の浮世絵師
如月　にょげつ
如月　南北朝時代以前の僧侶・歌人
如元　にょげん
千草（ちぐさ）如元　安土桃山時代の人。皇太神宮祭主大中臣慶忠に三重郡黒田領家米成半分を寄進
如幻　にょげん
如幻　戦国時代の寺子屋の師匠
如源　にょげん
如源　977？～1021　平安中期の天台宗延暦寺僧
如光　にょこう　⇔ゆきみつ
如光　1417～1468　室町時代の浄土真宗の僧
如山　にょざん　⇔じょさん, じょざん
如山　江戸中期の板山の俳人
如自　にょじ　⇔にょじょ
石井（いしい）如自　1635～1701　江戸前期の佐賀藩士
如周　にょしゅう
如周　？～1509　戦国時代の浄土真宗の僧
如春斎　にょしゅんさい　⇔じょしゅんさい
勝部（かつべ）如春斎　1721～1784　江戸中期の画家
如蕉　にょしょう
如蕉　1834～1898　江戸後期の俳人、僧侶
如乗　にょじょう
如乗　1411～1460　室町時代の僧
如信　にょしん
如信　1235～1300　鎌倉後期の真宗の僧
如水　にょすい　⇔じょすい
如水　江戸中期の雑俳点者
如晴　にょせい
如晴　1651～1722　江戸前期・中期の浄土真宗の僧
如石　にょせき　⇔じょせき
中原（なかはら）如石　1775～1851　江戸末期の俳人
如禅　にょぜん
新井（あらい）如禅　1811～1890　江戸後期～明治期の僧
如中　にょちゅう
鮎田（あゆた）如中　1823～1887　江戸後期～明治期の教育者、漢学者、歌人《鮎田如牛》
如道　にょどう
如道　1260～1340　鎌倉後期・南北朝時代の真宗の僧
如棠　にょどう
中山（なかやま）如棠　1771～1859　江戸中期～末期の医師・俳人
如得　にょとく
竜水（りゅうすい）如得　？～1787　江戸中期の曹洞宗の僧
如々　にょにょ
如々　？～1862　江戸後期の俳人、僧侶
如瓶　にょへい　⇔じょへい
如瓶　江戸中期の俳人
如雄　にょゆう
如雄　南北朝時代の僧侶・歌人

如来尼　にょらいに
如来尼　平安後期・鎌倉前期の尼僧、医師

如露　にょろ
如露　江戸中期の雑俳点者

二六　にろく
佐々木(ささき)二六〔1代〕　1857～1935　江戸末期～昭和期の陶工

仁和右衛門　にわえもん
土川(つちかわ)仁和右衛門　?～1776　江戸中期の剣術家。諸賞流

庭足　にわたり
船(ふねの)庭足　奈良時代の官人

庭麻呂　にわまろ
笠(かさの)庭麻呂　平安前期の官人

任阿　にんあ
任阿　江戸中期の浄土宗の僧

仁意　にんい
仁意　平安中期の仏師

仁海　にんかい　⇔じんかい, にんがい
仁海　954～1046　平安中期の真言宗の僧《仁海》

仁海　にんがい　⇔じんかい, にんかい
仁海　954～1046　平安中期の真言宗の僧

忍鎧　にんがい
忍鎧　1670～1752　江戸前期・中期の僧侶・香道家
忍鎧　1675～1747　江戸前期・中期の天台宗の僧

仁覚　にんかく　⇔にんかん
仁覚　平安後期の仏師

仁覚　にんかん　⇔にんかく
仁覚　平安後期の醍醐寺東院の僧

仁寛　にんかん
仁寛　平安後期の真言宗の醍醐寺僧

仁教　にんぎょう
仁教　平安前期の歌人・僧

忍継　にんけい
忍継　江戸後期の天台宗の僧

任賢　にんけん
任賢　平安後期・鎌倉前期の僧

任源　にんげん
任源　戦国時代の連歌作者

仁好　にんこう
仁好　平安前期の天台宗僧

仁孝　にんこう
仁孝　1769～1840　江戸後期の浄土宗の高僧。越前国運正寺21世

仁杲　にんこう
仁杲　鎌倉時代の真言宗の僧・歌人

仁翺　にんこう
仁翺　南北朝時代以前の僧侶・連歌作者

任幸　にんこう
岡部(おかべ)任幸　江戸前期の俳人

忍公　にんこう
忍公　1265～1326　鎌倉後期の極楽寺第3世長老《善願》

任斉　にんさい
大木(おおき)任斉　1823～1880　江戸後期の都賀郡松沼村の名主、剣術家

忍斎　にんさい
宮重(みやしげ)忍斎　1713～1777　江戸中期の国学者《宮重信義》

仁算　にんさん
仁算　平安前期の仏師

仁子　にんし　⇔ひとこ
源(みなもとの)仁子　?～1126　平安後期の女性。神祇伯康資王の娘《源仁子》

任守　にんしゅ
任守　鎌倉時代の天台宗の僧

仁秀　にんしゅう
仁秀　戦国時代の天台宗の僧

忍袖　にんしゅう
忍袖　江戸中期・後期の天台宗の僧

仁俊　にんしゅん
仁俊　平安後期の天台宗の僧・歌人

忍舜　にんしゅん
忍舜　江戸前期の天台宗の僧

仁昭　にんしょう
仁昭　平安後期の僧侶・歌人

仁証　にんしょう
仁証　1079～1134　平安後期の天台宗園城寺の僧

仁聖　にんしょう
仁聖　鎌倉前期以降の天台宗の僧

忍性　にんしょう　⇔にんせい
弁翁(べんおう)忍性　室町時代の曹洞宗の僧

仁上　にんじょう
仁上　平安後期の僧侶・歌人

忍随　にんずい
忍随　江戸後期の天台宗の僧

任世　にんせい
沼間(ぬまの)任世　安土桃山時代の織田信長の家臣

任清　にんせい
任清　1106～1151　平安後期の社僧

任誓　にんせい
任誓　1658～1724　江戸前期・中期の浄土真宗の僧

忍性　にんせい　⇔にんしょう
忍性　?～1588　安土桃山時代の僧

忍誓　にんぜい
忍誓　室町時代の連歌師

忍雪　にんせつ
忍雪　江戸後期の俳人

仁泉　にんせん
古礀(こかん)仁泉　1379～1458　室町時代の僧

仁暹　にんせん
仁暹　1000～1067　平安中期・後期の僧

忍善　にんぜん
忍善　江戸後期の天台宗の僧

仁操　にんそう
仁操　?～1153　平安後期の天台僧

忍宗　にんそう
忍宗　鎌倉後期の天台宗の僧
仁増　にんぞう
仁増　平安後期の仏師
仁蔵　にんぞう
津崎（つさき）仁蔵　江戸時代の大隅郡佐多郡郷伊座敷のレイシ繁殖功労者
任他　にんた
枝吉（えだよし）任他　1649～1703　江戸前期の佐賀藩士、俳人
忍達　にんたつ
忍達　1693～1780　江戸中期の天台宗の僧
任地斎　にんちさい
熊代（くましろ）任地斎　1762～1806　江戸末期の俳人
仁澄　にんちょう
仁澄　？～1318　鎌倉後期の僧、歌人
仁朝　にんちょう
仁朝　平安前期の僧侶
任超　にんちょう
泰山（たいざん）任超　1707～1777　江戸中期の僧
忍々斎　にんにんさい
谷（たに）忍々斎　江戸中期の人。「熟惟記」の著者
仁応　にんのう
大徹（だいてつ）仁応　江戸後期の曹洞宗の僧
仁範　にんはん
仁範　？～1054　平安中期・後期の天台宗の僧
任弁　にんべん
任弁　鎌倉前期以前の僧侶・歌人
仁鳳　にんぽう
仁鳳　？～1859　江戸後期・末期の曹洞宗の僧
仁祐　にんゆう
仁祐　平安後期の天台宗の僧・歌人
仁誉　にんよ
仁誉　平安中期の延暦寺僧
忍誉　にんよ
忍誉　戦国時代の浄土宗僧
仁亮　にんりょう
比留川（ひるかわ）仁亮　1846～1917　江戸末期～大正期の教育者
忍了　にんりょう
忍了　？～1745　江戸中期の浄土宗の僧
忍梁　にんりょう
忍梁　江戸後期の浄土真宗の僧
仁齢栄保大姉　にんれいようほうだいし
仁齢栄保大姉　1469～1536　戦国時代の女性。正親町三条実望室
忍廬　にんろ
友部（ともべ）忍廬　1818～1868　江戸後期・末期の儒者

【ぬ】

縫　ぬい
縫　1573～1643　安土桃山・江戸前期のキリシタン殉教者
石川（いしかわ）縫　1708～1758　江戸前期の歌人。加賀藩主・前田吉徳の側室の一人
縫殿　ぬい　⇔ぬいどの, ほうでん
川合（かわい）縫殿　江戸末期の武士
玉置（たまき）縫殿　1786～1861　江戸末期の三山貸附所頭取
平野（ひらの）縫殿　江戸時代の庄内藩士
和田（わだ）縫殿　？～1815　江戸中期・後期の剣術家。中条流
縫右衛門　ぬいえもん
栃屋（とちや）縫右衛門　安土桃山時代の織田信長の家臣
依田（よだ）縫右衛門　戦国時代の甲斐国河内下山の人
縫衛門　ぬいえもん
縫衛門　安土桃山時代の信濃国筑摩郡高の土豪
縫衛門　安土桃山時代の信濃国筑摩郡大久保の土豪
縫殿右衛門尉　ぬいえもんのじょう
天野（あまの）縫殿右衛門尉　安土桃山時代の甲斐国巨摩郡河内岩欠郷の土豪
佐野（さの）縫殿右衛門尉　戦国時代の穴山信友・信君（梅雪）の家臣
縫左衛門　ぬいざえもん
縫左衛門　安土桃山時代の信濃国筑摩郡会田の土豪
縫左衛門　安土桃山時代の信濃国筑摩郡生野の土豪
縫殿左衛門　ぬいざえもん
大薩摩（おおさつま）縫殿左衛門　江戸後期の水戸の人形浄瑠璃座元
縫殿三郎　ぬいざぶろう
大河内（おおこうち）縫殿三郎　1790～1871　江戸後期～明治期の剣術家。不二心流
縫女　ぬいじょ
大山（おおやま）縫女　1749～1811　江戸後期の歌人
縫太郎　ぬいたろう
北沢（きたざわ）縫太郎　1852～1895　江戸後期～明治期の教育家
縫殿　ぬいどの　⇔ぬい, ほうでん
村松（むらまつ）縫殿　戦国時代の武将。武田家臣
縫殿助　ぬいどのすけ　⇔ぬいどののすけ, ぬいのすけ
小久保（こくぼ）縫殿助　戦国時代の武将。岩付太田氏の家臣
綿延（わたのべ）縫殿助　戦国時代の武士
縫殿輔　ぬいどのすけ
田原（たはら）縫殿輔　江戸後期の眼科医
縫殿太郎　ぬいどのたろう
藤代（ふじしろ）縫殿太郎　戦国時代の千葉胤富の

家臣

縫殿助　ぬいどののすけ　⇔ぬいどのすけ, ぬいのすけ

大野（おおの）縫殿助　戦国時代の岩付城主北条氏房の家臣

小幡（おばた）縫殿助　戦国時代の上野国衆

杉山（すぎやま）縫殿助　戦国時代の今川氏の給人

本田（ほんだ）縫殿助　戦国時代の三河国衆

縫殿之助　ぬいどののすけ

中山（なかやま）縫殿之助　1811〜1882　江戸後期〜明治期の神職・国学者

縫殿丞　ぬいのじょう

雨宮（あめのみや）縫殿丞　戦国・安土桃山時代の人。上杉景勝に嫁いだ菊姫付家臣

大和（おわ）縫殿丞　戦国時代の信濃国諏訪郡大和郷の土豪

窪寺（くぼでら）縫殿丞　戦国時代の武将。武田家臣

縫之丞　ぬいのじょう

横地（よこち）縫之丞　江戸中期の漢学、国学の師匠

縫助　ぬいのすけ

縫助　安土桃山時代の信濃国筑摩郡安坂の土豪

縫殿介　ぬいのすけ

成田（なりた）縫殿介　江戸後期の大住郡大山阿夫利神社祠官

縫殿助　ぬいのすけ　⇔ぬいどのすけ, ぬいどののすけ

市川（いちかわ）縫殿助　戦国時代の土豪

岡田（おかだ）縫殿助　安土桃山・江戸前期の丹羽長重・山内忠義の家臣

小幡（おばた）縫殿助　戦国時代の上野国衆《小幡縫殿助》

坂口（さかぐち）縫殿助　？〜1570　戦国・安土桃山時代の織田信長の家臣

坪内（つぼうち）縫殿助　江戸前期の武士。大坂の陣で籠城

十市（とおち）縫殿助　江戸前期の長宗我部盛親旧臣。後、徳川頼宣に仕えた

平山（ひらやま）縫殿助　1624〜1692　江戸前期・中期の大船渡村の肝入

藤岡（ふじおか）縫殿助　江戸前期の武士。大坂の陣で籠城。後、土井利勝に仕えた

松野（まつの）縫殿助　戦国時代の武将。武田家臣

村田（むらた）縫殿助　戦国時代の上杉氏の幕下

物集女（もずめ）縫殿助　？〜1575　戦国・安土桃山時代の織田信長の家臣

森松（もりまつ）縫殿助　戦国時代の地侍

横地（よこち）縫殿助　1707〜1756　江戸中期の剣術家。随変流

縫之助　ぬいのすけ

縫之助　安土桃山時代の信濃国筑摩郡会田の土豪

宿（やど）縫之助　安土桃山時代の信濃国筑摩郡会田の土豪

縫殿蔵　ぬいのぞう

飯田（いいだ）縫殿蔵　江戸中期の韮山代官江川氏手代

額田部王　ぬかたべおう

額田部王　奈良時代の官人

糠虫　ぬかむし

舎人（とねりの）糠虫　？〜682　飛鳥時代の官吏

粳虫　ぬかむし

阿倍（あべの）粳虫　奈良時代の官人

刑部（おさかべの）粳虫　平安前期の尾張国海部郡の主政

粳売　ぬかめ

鴨君（かものきみ）粳売　飛鳥時代の女性。大倭国葛上郡の人

糠人　ぬかんど

糠人　1797〜1863　江戸後期・末期の俳人

貫名　ぬきな

荒井（あらい）貫名　江戸後期の文人

主知　ぬしとも

佐々（さっさ）主知　安土桃山時代の織田信長の家臣

主元　ぬしもと

村井（むらい）主元　1642〜1689　江戸前期・中期の商人

ヌタンメー

名護（なぐ）ヌタンメー　江戸末期の安里松尾原の治水用水事業指導者

鐸石別命　ぬでしわけのみこと

鐸石別命　上代の皇族

ヌペークー

潮平（すんざ）ヌペークー　江戸中期の人。進貢貿易に従事

沼之助　ぬまのすけ

太田（おおた）沼之助　安土桃山・江戸前期の武士

【ね】

寧斎　ねいさい

奥野（おくの）寧斎　1736〜1803　江戸中期・後期の漢学者

寧浦　ねいほ

岡本（おかもと）寧浦　1789〜1848　江戸末期の儒者

寧甫　ねいほ

岡本（おかもと）寧甫　1789〜1848　江戸末期の儒者《岡本寧浦》

禰宜　ねぎ

祝田（ほうだ）禰宜　戦国時代の神職。蜂前神社神主

猫丸　ねこまる

猫丸　平安中期の刀工

鼠小僧次郎吉　ねずみこぞうじろきち

鼠小僧次郎吉　1797〜1832　江戸後期の盗賊

根継　ねつぎ

阿刀（あとの）根継　平安前期の相撲人

根成　ねなり

小田（おだの）根成　奈良時代の官人

根主　ねぬし
葛井（ふじいの）根主　奈良時代の官人

祢々　ねね
祢々　1528～1543　戦国時代の女性。甲斐武田信虎の三女

禰夫人　ねふひと
阿倍（あべの）禰夫人　奈良時代の官人

根麻呂　ねまろ
下毛野（しもつけぬの）根麻呂　平安中期の官人
高田首（たかだのおびと）根麻呂　？～653　飛鳥時代の廷臣
藤原（ふじわらの）根麻呂　奈良時代の官人
矢田部（やたべの）根麻呂　奈良時代の淡甘郷の戸主

根万呂　ねまろ
漢人（あやひと）根万呂　奈良時代の渡来系氏族

禰麻呂　ねまろ
大舎人部（おおとねりべの）禰麻呂　奈良時代の防人

根道　ねみち
葛井（ふじいの）根道　奈良時代の官人

念覚　ねんかく
念覚　967～1030　平安中期の園城寺僧

拈橋　ねんきょう
拈橋　戦国時代の僧。景徳院開山

念救　ねんぐ
念救　平安後期の入宋僧

念光　ねんこう
念光　？～1646　安土桃山・江戸前期の浄土宗の僧

年采　ねんさい
久保田（くぼた）年采　江戸末期の和算家

念斎　ねんさい
府中屋（ふちゅうや）念斎　江戸前期の御用商人

念秀　ねんしゅう
念秀　平安中期の東大寺僧

念々　ねんねん
念々　江戸後期の俳人

年風　ねんぷう　⇔としかぜ
年風　1791～1846　江戸後期の俳人・絵師《年風》

年保　ねんぽ
小林（こばやし）年保　1848～1895　江戸後期～明治期の実業家

【の】

能阿　のうあ
能阿　鎌倉後期の僧侶・連歌作者

能運　のううん
能運　南北朝時代の天台宗の僧・歌人

能悦　のうえつ
町野（まちの）能悦　戦国時代の古河公方の家臣

能円　のうえん
能円　鎌倉後期の僧侶・歌人

能海　のうかい
能海　鎌倉時代の真言宗の僧・歌人
能海　戦国時代の天台宗の僧

能閑　のうかん
能閑　？～1620　安土桃山・江戸前期の社僧・連歌作者

納喜　のうき
納喜　1701～1776　江戸中期の代官所横目、納喜いろは歌作者

能喜　のうき
能喜　鎌倉後期・南北朝時代の僧侶・歌人

能慶　のうきょう　⇔のうけい
能慶　1127～？　平安後期の園城寺僧

能金　のうきん
能金　？～1643　安土桃山・江戸前期の社僧・連歌作者

能慶　のうけい　⇔のうきょう
能慶　1127～？　平安後期の園城寺僧《能慶》

能賢　のうけん
能賢　南北朝時代以前の僧侶・歌人

能光　のうこう
能光　平安後期の仏工

能札　のうさつ
能札　？～1622　安土桃山・江戸前期の社僧・連歌作者

能舜　のうしゅん
能舜　室町時代の天台宗の僧
能舜　江戸前期の社僧・連歌作者

能順　のうじゅん
能順　1629～1706　江戸前期・中期の連歌師

能除　のうじょ
能除　上代の6世紀頃の伝説的僧

能松　のうしょう
能松　？～1635　安土桃山・江戸前期の社僧・連歌作者

能進　のうしん
勝（かつ）能進〔2代〕　1844～1902　江戸後期～明治期の脚本家
河竹（かわたけ）能進　1820～1886　江戸末期・明治期の歌舞伎作者

能静　のうせい
佐藤（さとう）能静　1826～1899　江戸後期～明治期の和算家

能長　のうちょう
能長　安土桃山・江戸前期の社僧・連歌作者

能庭　のうてい
能庭　？～1591　戦国・安土桃山時代の社僧・連歌作者

能忍　のうにん
能忍　平安後期・鎌倉前期の禅僧
大日房（だいにちぼう）能忍　平安後期の僧

農夫　のうふ
山本（やまもと）農夫　江戸末期・明治期の本草家

能福　のうふく
能福　戦国・安土桃山時代の社僧・連歌作者

能遍　のうへん
能遍　1152～1206　平安後期・鎌倉前期の僧
能弁　のうべん
能弁　安土桃山時代の社僧・連歌作者
能也　のうや
能也　江戸前期の社僧
能祐　のうゆう
能祐　？～1552　戦国時代の社僧・連歌作者
能誉　のうよ
能誉　鎌倉時代の歌人
能誉　室町時代の天台宗の僧
能養　のうよう
能養　安土桃山・江戸前期の社僧・連歌作者
能楽　のうらく
能楽　江戸前期の社僧
能蓮　のうれん
能蓮　平安後期の僧侶・歌人
のゑ
伊賀（いが）のゑ　？～1834　江戸後期の歌人
野風　のかぜ
藤原（ふじわらの）野風　平安前期の官人
野上　のがみ
路（みちの）野上　奈良時代の官人
野三刑部丞成綱　のさんぎょうぶのじょうしげつな
成田（なりた）野三刑部丞成綱　平安後期の武士、武蔵七党横山党の族
野次広忠　のじひろただ
甘糟（あまかす）野次広忠　平安後期・鎌倉前期の児玉郡甘糟出身の武士
熨斗丸　のしまる
蝙蝠軒（こうもりけん）熨斗丸　？～1854　江戸後期・末期の狂歌師
野田院　のだいん
野田院　江戸前期の修験者
範胤　のたね
堀（ほり）範胤　1783～1851　江戸中期・後期の儒者
後生　のちおう
藤原（ふじわら）後生　909～970　平安中期の漢学者・漢詩人・歌人
後蔭　のちかげ
藤原（ふじわら）後蔭　？～921　平安前期・中期の公家・歌人
后雛丸　のちのひなまる
后雛丸　江戸後期の狂歌作者
能登　のと
坂（さか）能登　1772～1823　江戸中期・後期の剣術家。影山流
矢野（やの）能登　1840～1864　江戸後期・末期の藩中老
能登守高朗　のとのかみたかあき
京極（きょうごく）能登守高朗　1827～1864　江戸後期・末期の119代長崎奉行
能登守高好　のとのかみたかよし
大草（おおくさ）能登守高好　？～1840　江戸後期の92代長崎奉行
能登守範直　のとのかみのりただ
猪俣（いのまた）能登守範直　戦国時代の武将
能登守盛員　のとのかみもりかず
桑原（くわはら）能登守盛員　1721～1800　江戸中期・後期の63代長崎奉行
能登介　のとのすけ
山科（やましな）能登介　1825～1910　江戸後期～明治期の医師
野中　のなか
路（みちの）野中　奈良時代の官人
野長　のなが
紀（きの）野長　平安前期の官人
野主　のぬし
小野（おのの）野主　？～837　平安前期の官人
延明　のぶあき
荒木田（あらきだ）延明　平安後期の神宮権禰宜、稲木村刀禰
度会（わたらい）延明　？～1344　鎌倉後期・南北朝時代の神職・歌人
述明　のぶあき
江沢（えざわ）述明　1816～1894　江戸後期～明治期の和算家
伸秋　のぶあき
弘田（ひろた）伸秋　1825～1910　江戸後期～明治期の幡多勤王派グループの一人、地方政治家
信卿　のぶあき　⇔しんけい
岩井（いわい）信卿　江戸末期の和算家
信顕　のぶあき　⇔しんけん
佐藤（さとう）信顕　1765～1831　江戸中期・後期の幕臣
武田（たけだ）信顕　？～1582　戦国・安土桃山時代の武将
坊門（ぼうもん）信顕　鎌倉後期の公家・歌人
三善（みよし）信顕　南北朝時代の飛騨守
信昭　のぶあき　⇔しんしょう
風間（かざま）信昭　鎌倉後期の武将。本山村田妙法寺を開基
佐藤（さとう）信昭　1806～？　江戸後期の佐藤信淵の男
信章　のぶあき　⇔のぶあきら, のぶのり
小河（おごう）信章　1554～1593　戦国・安土桃山時代の武将
信精　のぶあき　⇔のぶきよ
板垣（いたがき）信精　？～1740　江戸中期の藩士
信詮　のぶあき　⇔のぶあきら, のぶのり
島崎（しまざき）信詮　江戸後期の歌人
信明　のぶあき　⇔しんめい, のぶあきら, のぶはる
浅田（あさだ）信明　江戸後期の医者
安藤（あんどう）信明　江戸中期の加納城主
栗原（くりはら）信明　？～1493　戦国時代の武田氏の家臣

阪倉(さかくら)信明　1759〜1836　江戸中期・後期の国学者、歌人
世良田(せらた)信明　江戸末期・明治期の世捨人
間宮(まみや)信明　?〜1740　江戸中期の旗本
竜鱗斎(りゅうりんさい)信明　1841〜1886　江戸末期・明治期の刀工

信要　のぶあき　⇔しんよう
佐藤(さとう)信要　江戸中期の地誌家

信晁　のぶあき
栗原(くりはら)信晁　?〜1869　江戸後期〜明治期の幕臣

宣秋　のぶあき　⇔のりあき
溝口(みぞくち)宣秋　1609〜1673　江戸前期の幕臣

宣昭　のぶあき　⇔せんしょう, のりあき
荒井(あらい)宣昭　1796〜1865　江戸後期・末期の藩士

宣明　のぶあき　⇔せんみょう, のぶあきら
紀(きの)宣明　?〜1032　平安中期の衛門府官人

宣陽　のぶあき
七尾(ななお)宣陽　1780〜1857　江戸中期〜末期の儒学者

演徴　のぶあきら
由比(ゆい)演徴　1748〜1812　江戸中期・後期の藩士・歌人

信章　のぶあきら　⇔のぶあき, のぶのり
源(みなもとの)信章　戦国時代の武田氏の家臣

信詮　のぶあきら　⇔のぶあき, のぶのり
六角(ろっかく)信詮　南北朝時代の武将・歌人・連歌作者

信明　のぶあきら　⇔しんめい, のぶあき, のぶはる
織田(おだ)信明　1662〜1736　江戸前期・中期の幕臣
源(みなもとの)信明　平安後期の官人

宣明　のぶあきら　⇔せんみょう, のぶあき
紀(きの)宣明　?〜1032　平安中期の衛門府官人《紀宣明》

信厚　のぶあつ
安倍(あべ)信厚　1647〜1728　江戸前期・中期の幕臣
矢野(やの)信厚　?〜1822　江戸中期・後期の藩士

信篤　のぶあつ
佐藤(さとう)信篤　?〜1825　江戸後期の和算家
鈴木(すずき)信篤　1839〜1864　江戸後期・末期の武士
土屋(つちや)信篤　江戸後期の和算家
山高(やまたか)信篤　1766〜1818　江戸中期・後期の藩士、武道家

延有　のぶあり
紀(きの)延有　平安中期の官人

信有　のぶあり
小山田(おやまだ)信有　?〜1541　戦国時代の甲斐武田信虎の家臣
小山田(おやまだ)信有　1540〜1565　戦国・安土桃山時代の甲斐武田晴信の家臣
小菅(こすげ)信有　戦国時代の武将。武田家臣
南部(なんぶ)信有　1702〜1735　江戸中期の遠野南部氏5代
彦部(ひこべ)信有　1766〜1832　江戸中期・後期の歌人

延家　のぶいえ
多田(ただ)延家　戦国時代の下総国香取社神領多田村(香取市)の在地領主

信家　のぶいえ
甘利(あまり)信家　戦国・安土桃山時代の武田遺臣
大曽根(おおそね)信家　戦国時代の上総国伊南庄万喜城主・土岐氏の有力家臣
岡本(おかもと)信家　戦国時代の石見国大祭天石門彦神社神主、三子山城主
興津(おきつ)信家　戦国時代の今川氏の家臣
織田(おだ)信家　?〜1582　戦国・安土桃山時代の織田信長の家臣
駒井(こまい)信家　戦国時代の武田氏の家臣
多賀(たが)信家　戦国時代の上総の国人領主

信氏　のぶうじ
織田(おだ)信氏　?〜1584　戦国・安土桃山時代の織田信長の家臣
千野(ちの)信氏　戦国時代の信濃国諏訪郡の国衆
藤原(ふじわら)信氏　鎌倉後期の武家・歌人

信枝　のぶえだ
紀(きの)信枝　平安後期の官人

誠夫　のぶお
白石(しらいし)誠夫　1837〜1910　江戸後期〜明治期の教育者

宣雄　のぶお
長谷川(はせがわ)宣雄　1719〜1773　江戸中期の幕臣

信意　のぶおき
今井(いまい)信意　戦国時代の武士。今井信慶の子

信興　のぶおき
伊藤(いとう)信興　江戸末期の易学家
小笠原(おがさわら)信興　?〜1590　戦国時代の今川氏・武田氏の家臣
武田(たけだ)信興　?〜1738　江戸中期の旗本
津軽(つがる)信興　1695〜1730　江戸中期の5代弘前藩主津軽信寿の世嗣
中村(なかむら)信興　1719〜1791　江戸中期・後期の幕臣
初鹿野(はしかの)信興　1744〜1791　江戸中期・後期の幕臣
間宮(まみや)信興　1769〜1823　江戸中期・後期の幕臣
山崎(やまざき)信興　1856〜1937　江戸末期〜昭和期の丸善社長

信置　のぶおき
朝比奈(あさひな)信置　1528〜1582　戦国・安土桃山時代の武田家臣
荒木田(あらきだ)信置　平安後期の人。康和4年伊勢豊受宮ならびに離宮院放火事件につき兄宣綱の嫌疑につき拷問をうける

信臣　のぶおみ
小栗（おぐり）信臣　戦国時代の松平氏の家臣
宣香　のぶか
伏原（ふしはら）宣香　1703～1733　江戸中期の公家
信影　のぶかげ
甘南備（かんなびの）信影　平安前期の官人
信景　のぶかげ
岩尾（いわお）信景　安土桃山時代の武田氏の家臣
岩手（いわで）信景　？～1582　安土桃山時代の武田氏の家臣
加藤（かとう）信景　？～1582　戦国・安土桃山時代の甲斐武田晴信・勝頼の家臣
小菅（こすげ）信景　室町・戦国時代の甲斐都留郡小菅の土豪
手中（てなか）信景　江戸中期の大山寺の工匠兼師職
宣景　のぶかげ
長尾（ながお）宣景　？～1639　安土桃山・江戸前期の足利長尾

の

信一　のぶかず　⇔しんいち
信一　江戸末期の刀工
信員　のぶかず
西郷（さいごう）信員　戦国時代の三河八名郡の国人
信風　のぶかぜ
土岐（どき）信風　1803～1883　江戸後期～明治期の国学者
延賢　のぶかた
橋本（はしもと）延賢　1750～1809　江戸中期・後期の仙台藩士
藤本（ふじもと）延賢　1676～1753　江戸前期・中期の神職
延方　のぶかた
紀（きの）延方　平安後期の番匠大工
宗禰倍（そねべ）延方　平安後期の官人
伴（ともの）延方　平安後期の番匠
信堅　のぶかた
津軽（つがる）信堅　？～1597　安土桃山時代の徳川家康の小姓、徳川秀忠近習
信賢　のぶかた　⇔しんけん
粟屋（あわや）信賢　江戸中期の和算家
尾島（おじま）信賢　1745～1831　江戸中期・後期の幕臣
織田（おだ）信賢　戦国時代の岩倉城城主
花山院（かざんいん）信賢　南北朝時代の公家・歌人
巨勢村（こせむら）信賢　？～1489　戦国時代の武田氏の家臣
佐藤（さとう）信賢　1746～1811　江戸中期・後期の植林家
藤原（ふじわら）信賢　平安中期の公家・歌人
松尾（まつお）信賢　戦国時代の甲斐守護武田信昌の四男
信片　のぶかた
前田（まえだ）信片　江戸中期の藩士
信方　のぶかた
信方　安土桃山時代の洋画家
武田（たけだ）信方　戦国時代の若狭の武将
藤井（ふじいの）信方　平安後期の官人
町野（まちの）信方　南北朝時代の武将・歌人
丸部（わにべの）信方　平安後期の官人
信乂　のぶかた
今井（いまい）信乂　？～1494　室町・戦国時代の武士。武田氏家臣、府中今井氏の祖
信競　のぶかた
木村（きむら）信競　1809～1877　江戸後期～明治期の松山城下の富豪
宣賢　のぶかた
岩井（いわい）宣賢　江戸後期の和算家
紀（きの）宣賢　平安後期の官人
宣方　のぶかた　⇔のぶまさ
庵原（いはら）宣方　？～1786　江戸中期の幕臣
紀（きの）宣方　平安後期の官人
延勝　のぶかつ
佐野（さの）延勝　1849～1915　江戸末期～大正期の陸軍軍人
信勝　のぶかつ
池山（いけやま）信勝　安土桃山時代の織田信長の家臣
上月（こうづき）信勝　江戸中期の医者
渋谷（しぶや）信勝　1740～1772　江戸中期の剣術家
林（はやし）信勝　安土桃山時代の織田信長の家臣
本多（ほんだ）信勝　？～1646　江戸前期の旗本
真里谷（まりやつ）信勝　?～1523　戦国時代の武将
柳沢（やなぎさわ）信勝　戦国時代の武士
信門　のぶかど
上倉（かみくら）信門　1701～1768　江戸中期の代官
信兼　のぶかね　⇔しんけん
白石（しらいし）信兼　江戸後期の暦算家
藤原（ふじわら）信兼　鎌倉後期の公家・歌人
三隅（みすみ）信兼　？～1455？　室町時代の武士
柳沢（やなぎさわ）信兼　？～1580　戦国・安土桃山時代の武田家臣
信包　のぶかね
神保（じんぼ）信包　戦国時代の武将
新兼　のぶかね
大江（おおえの）新兼　平安後期の官人
宣兼　のぶかね
荒木田（あらきだ）宣兼　平安後期の官人
信樹　のぶき
石原（いしはら）信樹　1833～1892　江戸末期・明治期の政治家。愛媛県会議員・衆議院議員
信意　のぶき
高尾（たかお）信意　1727～1797　江戸中期・後期の佐渡奉行
延喜久　のぶきく
高橋（たかはし）延喜久　1832～1909　江戸後期～明治期の清元の師匠
宣来子　のぶきこ
島田（しまだの）宣来子　850～？　平安前期の女

性。菅原道真の妻

延清 のぶきよ ⇔えんせい

荒木田(あらきだ)延清 平安後期の神官

小林(こばやし)延清 江戸中期の金工家

下井(しもい)延清 江戸中期の神職

高野(たかの)延清 江戸後期の漢詩人・文学者

矢作(やはぎの)延清 平安後期の官人

信舜 のぶきよ

大井(おおい)信舜 戦国時代の甲斐武田晴信の家臣

信清 のぶきよ ⇔しんせい

川島(かわしま)信清 江戸中期の画家

紀(きの)信清 平安後期の官人

三宮(さんのみや)信清 江戸後期の和算家

杉本(すぎもと)信清 1740～1801 江戸中期・後期の武士

中臣(なかとみ)信清 974～1052 平安中期・後期の神職

西条(にしじょう)信清 戦国時代の武将。武田家臣

村上(むらかみ)信清 ?～1626 江戸前期の旗本

吉江(よしえ)信清 安土桃山時代の上杉輝虎の旗本

信精 のぶきよ ⇔のぶあき

北村(きたむら)信精 1764～1833 江戸中期・後期の歌人

田中(たなか)信精 1761～? 江戸中期・後期の歌人

信程 のぶきよ

松浦(まつら)信程 1736～1785 江戸中期の幕臣

宣清 のぶきよ

浅井(あさい)宣清 ?～1689 江戸前期の武士

大江(おおえ)宣清 南北朝時代以前の連歌作者。「菟玖波集」に入集

蒲生(かもう)宣清 室町時代の大隈国蒲生の領主

延国 のぶくに

大原(おおはらの)延国 平安後期の官人

藤井(ふじいの)延国 平安後期の官人

信国 のぶくに

信国 南北朝時代の刀鍛冶

信国 室町時代の刀工

伴(ともの)信国 平安後期の官人

村上(むらかみ)信国 ?～1562 安土桃山時代の武将

信邦 のぶくに ⇔しんぽう

加藤(かとう)信邦 戦国時代の武将。武田家臣

信子 のぶこ

藤原(ふじわらの)信子 ?～1227 平安後期・鎌倉前期の女官

源(みなもとの)信子 ?～1178 平安後期の女性。権中納言国信の女

宣子 のぶこ ⇔せんし

日野(ひの)宣子 ?～1382 南北朝時代の女房・歌人《日野宣子》

暢子 のぶこ

前田(まえだ)暢子 1740～1798 江戸中期・後期の歌人

董子 のぶこ

近衛(このえ)董子 1759～1841 江戸中期・後期の女性。有栖川宮職仁親王の女

信子女王 のぶこじょおう

信子女王 平安後期の女官

信言 のぶこと ⇔のぶゆき

荷田(かだ)信言 1768～1790 江戸中期・後期の神職

姰子内親王 のぶこないしんのう

姰子内親王 ?～1132 平安後期の女性。白河天皇の皇女

信是 のぶこれ

今井(いまい)信是 戦国時代の浦氏当主

伴野(ともの)信是 ?～1578 戦国時代の信濃国衆

永貞 のぶさだ ⇔えいてい, ながさだ

名倉(なくら)永貞 1702～1751 江戸中期の武士

延貞 のぶさだ

延貞 平安後期の刀工

根岸(ねぎし)延貞 江戸後期の国学者

宜貞 のぶさだ

栗田(くりた)宜貞 江戸後期の幕臣・和算家

叙定 のぶさだ

斎藤(さいとう)叙定 1787～1865 江戸中期～末期の公家

昇貞 のぶさだ

猪飼野(いかいの)昇貞 ?～1582 戦国・安土桃山時代の織田信長の家臣

信処 のぶさだ

森(もり)信処 1791～1862 江戸後期・末期の藩士・国学者

信貞 のぶさだ

信貞 ?～1727 江戸中期の加賀の刀工

県(あがたの)信貞 平安後期の官人

油川(あぶらかわ)信貞 1557～1626 戦国～江戸前期の武田氏・徳川家康の家臣

安倍(あべの)信貞 平安後期の官人

河村(かわむら)信貞 室町・戦国時代の武田氏の家臣

関田(せきた)信貞 江戸後期の和算家

高橋(たかはし)信貞 1853～1923 江戸末期～大正期の蚕糸学者

武田(たけだ)信貞 安土桃山時代の武将

武田(たけだ)信貞 1631～1711 江戸前期・中期の武士

知久(ちく)信貞 鎌倉時代の武士、弓の名人

豊田(とよだ)信貞 江戸前期の漢学者

馬場(ばば)信貞 江戸前期の兵法家

播磨(はりまの)信貞 1058～1097 平安後期の官人

松平(まつだいら)信貞 ?～1525 戦国時代の人。岡崎松平氏(大草松平氏)

松浦(まつら)信貞 1607～1694 江戸前期・中期の幕臣

丸子(まりこ)信貞 戦国・安土桃山時代の小県郡の国衆

三善(みよしの)信貞 平安後期の官人

信定 のぶさだ

青木(あおき)信定 1481～1541 戦国時代の武士

市川(いちかわ)信定　?～1614　安土桃山・江戸前期の武士
大竹(おおたけ)信定　江戸後期の幕臣
小笠原(おがさわら)信定　1521～1569　戦国・安土桃山時代の武将・故実家
小幡(おばた)信定　1566～?　安土桃山・江戸前期の上野国衆。信真の養子
武田(たけだ)信定　1567～1582　安土桃山時代の武将
源(みなもと)信定　鎌倉時代の公家・歌人
和田(わだ)信定　江戸後期の故実家

宣貞　のぶさだ
梅原(うめはら)宣貞　戦国時代の伊豆の大見郷の在地領主

宣定　のぶさだ
烏丸(からすまる)宣定　1672～1692　江戸前期・中期の公家

諶貞　のぶさだ　⇔よりさだ
諶貞〔1代〕 戦国時代の刀工
諶貞〔2代〕 安土桃山時代の刀工

の

信郷　のぶさと
本居(もとおり)信郷　1824～1900　江戸後期～明治期の国学者

宣論　のぶさと
伏原(ふしはら)宣論　1823～1876　江戸末期の公家

信実　のぶざね　⇔しんじつ
織田(おだ)信実　戦国時代の織田信長の家臣
巨勢(こせの)信実　平安中期の官人
巨知(こちの)信実　平安中期の官人
中条(ちゅうじょう)信実　1676～1739　江戸前期・中期の幕臣
長井(ながい)信実　戦国時代の武将
守矢(もりや)信実　1533～1622　戦国～江戸前期の信濃国諏訪大社上社神長官

信真　のぶざね　⇔のぶまさ
岩手(いわで)信真　安土桃山時代の武田氏の家臣
小幡(おばた)信真　1540～1592　戦国・安土桃山時代の上野国衆

宣真　のぶざね
荒木田(あらきだ)宣真　平安中期の官人

延滋　のぶしげ
紀(きの)延滋　平安中期の随身

延重　のぶしげ
狛(こまの)延重　平安中期の人。永承1年強盗に財物や文書を奪われた

延成　のぶしげ　⇔のぶなり
荒木田(あらきだ)延成　1192～1278　平安後期～鎌倉後期の神職・歌人《荒木田延成》

信重　のぶしげ　⇔しんじゅう
宇田川(うだがわ)信重　戦国時代の江戸の鋳物師
大石(おおいし)信重　1336～1424　南北朝・室町時代の武将
尾崎(おざき)信重　?～1632　江戸前期の旗本
織田(おだ)信重　1832～?　江戸後期の幕臣
栗原(くりはら)信重　戦国時代の武田氏の家臣
白州(しらす)信重　戦国時代の武田氏家臣
武田(たけだ)信重　?～1541　戦国時代の武将
橘(たちばなの)信重　平安中期の官人
富士(ふじ)信重　?～1646　江戸前期の旗本
文(ふみの)信重　平安中期の官人
松田(まつだ)信重　南北朝時代の備前国の武士
松平(まつだいら)信重　?～1595　戦国・安土桃山時代の長沢松平氏庶流
松平(まつだいら)信重　1632～1714　江戸前期・中期の武士
間宮(まみや)信重　?～1685　江戸前期の旗本
御牧(みまき)信重　?～1663　江戸前期の浅野家臣
依田(よだ)信重　?～1678　江戸前期の旗本

信成　のぶしげ　⇔のぶなり
小笠原(おがさわら)信成　?～1816　江戸中期・後期の旗本
中島(なかじま)信成　1851～1905　江戸後期～明治期の銀行家
中村(なかむら)信成　江戸後期の和算家
牧野(まきの)信成　?～1532　戦国時代の武将、国人領主
源(みなもとの)信成　平安中期の官人

信繁　のぶしげ
平(たいら)信繁　鎌倉前期の官人・歌人
多賀(たが)信繁　戦国時代の信家の一族か
武田(たけだ)信繁　1390～1465　南北朝・室町時代の武将
間宮(まみや)信繁　1559～1617　江戸前期の旗本

信茂　のぶしげ　⇔のぶもち
武田(たけだ)信茂　戦国時代の上総国小櫃川下流域望西郡の笹子城(木更津市)の城主
正木(まさき)信茂　?～1564?　戦国・安土桃山時代の小田喜城主
渡辺(わたなべ)信茂　戦国時代の人。上総国長北郡藻原之郷の「領主真里谷隼人佑信長」に属したか

宣重　のぶしげ
小宮山(こみやま)宣重　?～1642　江戸前期の代官

宣茂　のぶしげ
大中臣(おおなかとみの)宣茂　959～1029　平安中期の官人

暢茂　のぶしげ
玉虫(たまむし)暢茂　江戸中期の藩士

信階　のぶしな
伊沢(いさわ)信階　1744～1807　江戸中期・後期の医者

信四郎　のぶしろう
樋口(ひぐち)信四郎　1776～1848　江戸中期・後期の剣術家

延季　のぶすえ
荒木田(あらきだ)延季　1200～1282　鎌倉前期・後期の神職、歌人

延末　のぶすえ
大神(おおみわの)延末　平安後期の大和国高殿荘職事
下毛野(しもつけぬの)延末　平安後期の官人

藤井(ふじいの)延末　平安後期の官人

信季　のぶすえ
平(たいらの)信季　平安後期の官人
田辺(たなべ)信季　江戸時代の兵法家
依田(よだ)信季　安土桃山時代の信濃佐久郡の国衆

宣季　のぶすえ
藤原(ふじわらの)宣季　平安後期の官人

延助　のぶすけ
伴(ともの)延助　平安中期の銅鍛治

所介　のぶすけ
日野(ひの)所介　江戸中期の藩士

信助　のぶすけ　⇔しんじょ
武田(たけだ)信助　戦国時代の上総国真里谷城代

信甫　のぶすけ
今井(いまい)信甫　戦国時代の武田信虎・晴信の近臣

信輔　のぶすけ
烏丸(からすまる)信輔　?～1296　鎌倉後期の公家
山口(やまぐち)信輔　1749～1824　江戸中期・後期の山口氏最後の日光目代

宣助　のぶすけ
松平(まつだいら)宣助　?～1655　江戸前期の武士

宣甫　のぶすけ
大谷(おおたに)宣甫　江戸時代の豪商、歌人

宣輔　のぶすけ
大中臣(おおなかとみの)宣輔　平安中期の官人
紀(きの)宣輔　平安後期の官人

宣祐　のぶすけ
伊東(いとう)宣祐　南北朝時代の備前国の武士

宜澄　のぶすみ
阿多(あた)宣澄　鎌倉時代の薩摩国阿多郡の郡司

信純　のぶすみ　⇔のぶずみ
蛎崎(かきざき)信純　1431～1494　室町・戦国時代の八戸根城南部氏の家臣
後閑(ごかん)信純　?～1579　戦国・安土桃山時代の上野国衆《後閑信純》

延純　のぶずみ
荷田(かだ)延純　1648～1720　江戸前期・中期の神職

信純　のぶずみ　⇔のぶすみ
後閑(ごかん)信純　?～1579　戦国・安土桃山時代の上野国衆

信澄　のぶずみ
遠藤(えんどう)信澄　?～1708　江戸中期の代官、奉行
大石(おおいし)信澄　江戸中期の武士
武田(たけだ)信澄　1560～1577　安土桃山時代の武士

信蔵　のぶぞう　⇔しんぞう
信蔵　江戸末期・明治期の刀工

延高　のぶたか
馬淵(まぶち)延高　戦国時代の駿府浅間社の社家

延隆　のぶたか
加藤(かとう)延隆　?～1571　安土桃山時代の織田信長の家臣

信喬　のぶたか
井上(いのうえ)信喬　?～1626　安土桃山・江戸前期の浅野家臣
武田(たけだ)信喬　戦国時代の武将

信敬　のぶたか　⇔しんけい, のぶのり, のぶゆき
上月(こうづき)信敬　?～1752　江戸中期の山本復斎の神道の弟子
小橋(こばし)信敬　1743～1788　江戸中期・後期の大庄屋

信孝　のぶたか
安部(あべ)信孝　?～1645　江戸前期の幕臣
安倍(あべの)信孝　平安中期の官人
紀(きの)信孝　平安中期の明法学生

信高　のぶたか
小幡(おばた)信高　1543～1569　戦国・安土桃山時代の上野国衆
佐伯(さえきの)信高　平安後期の官人
田井(たい)信高　室町時代の武士
武田(たけだ)信高　戦国時代の上総長南武田氏の初代
間宮(まみや)信高　?～1584　戦国・安土桃山時代の武田家臣。海賊衆

信崇　のぶたか
佐藤(さとう)信崇　江戸後期～明治期の幕臣

信尊　のぶたか　⇔しんそん
粟飯原(あいはら)信尊　戦国時代の千葉勝胤の家臣。歌人
栗原(くりはら)信尊　?～1506　戦国時代の甲斐東郡の国衆

信隆　のぶたか
武田(たけだ)信隆　?～1551　戦国時代の武士。峰上城主
津軽(つがる)信隆　1620～1658　江戸前期の3代弘前藩主津軽信義・4代藩主信政の家老
富塚(とみづか)信隆　?～1649　江戸前期の武士
真里谷(まりやつ)信隆　1496～?　戦国時代の房総の武将
諸沢(もろさわ)信隆　戦国時代の武田氏の家臣

信岑　のぶたか
太田(おおた)信岑　1834～1901　江戸後期～明治期の宮島組五八か村の十村役

信堯　のぶたか
大井(おおい)信堯　戦国時代の武将。武田家臣
武田(たけだ)信堯　1554～1582　戦国・安土桃山時代の武士
武藤(むとう)信堯　?～1550　戦国時代の武田氏の家臣

誠敬　のぶたか
神南(かんなみ)誠敬　1724～1788　江戸中期・後期の国学者

宣敬　のぶたか
林(はやし)宣敬　1818～1884　江戸後期～明治期の藩士・国学者

宣孝　のぶたか
大中臣(おおなかとみの)宣孝　平安後期の第80代

神宮司

宣高　のぶたか
一柳（ひとつやなぎ）宣高　戦国時代の武将

宣隆　のぶたか
馬場（ばば）宣隆　1616～1684　江戸前期の幕臣

布高　のぶたか
野中（のなか）布高　1739～1816　江戸後期の惣社の神官、剣術家

允武　のぶたけ　⇔まさたけ
小田島（おだじま）允武　1759～1826　江戸中期・後期の書籍商、著述家

延武　のぶたけ
小田（おだの）延武　平安後期の官人
紀（きの）延武　平安後期の大工
坂（さか）延武　平安後期の大工
平群（へぐりの）延武　平安中期の官人

信威　のぶたけ
浅井（あさい）信威　1848～1873　江戸後期～明治期の漢学者・洋学者

信武　のぶたけ
田口（たぐち）信武　1826～1893　江戸後期～明治期の和算家
馬場（ばば）信武　？～1715　江戸前期・中期の儒者
身人部（むとべの）信武　平安中期の随身

延忠　のぶただ
安倍（あべの）延忠　平安後期の官人
刑部（おさかべの）延忠　平安中期の官人

叙忠　のぶただ
平（たいらの）叙忠　平安後期の武人

信忠　のぶただ　⇔しんちゅう
甘利（あまり）信忠　1534～1567　戦国時代の甲斐武田晴信の家臣
大江（おおえの）信忠　平安後期の官人
大滝（おおたき）信忠　？～1599　安土桃山時代の信濃高井郡東大滝の国衆
息長（おきながの）信忠　平安中期の山城追補使
金子（かねこ）信忠　平安後期・鎌倉前期の人。兵庫頭
小瀬（こせ）信忠　戦国時代の武将。武田家臣
桜井（さくらい）信忠　1532？～1610？　戦国～江戸前期の甲斐武田晴信・勝頼の家臣
渋谷（しぶや）信忠　戦国時代の上総国長南城（長生郡長南町）主
南条（なんじょう）信忠　江戸後期の藩士
禰津（ねつ）信忠　安土桃山時代の武田氏の家臣
秦（はたの）信忠　平安後期の官人
別府（べっぷ）信忠　鎌倉時代の薩摩藩国谿山郡司
源（みなもとの）信忠　平安後期の官人

信尹　のぶただ
木村（きむら）信尹　？～1821　江戸中期・後期の藩士
柳沢（やなぎさわ）信尹　？～1724　江戸中期の旗本

宣尹　のぶただ
久須見（くすみ）宣尹　1704～1756　江戸中期の医者・神道家

信達　のぶたつ
春日（かすが）信達　高坂信達に同じ
高坂（こうさか）信達　？～1582　戦国・安土桃山時代の武将

信辰　のぶたつ　⇔のぶとき
下曽根（しもそね）信辰　戦国時代の武将。武田家臣

信立　のぶたつ
青木（あおき）信立　1518～1590　戦国・安土桃山時代の武士
渡辺（わたなべ）信立　江戸後期の茶人

信竜　のぶたつ　⇔しんりゅう，しんりょう
一条（いちじょう）信竜　？～1582　戦国・安土桃山時代の甲斐武田晴信・勝頼の一族

信牌　のぶたて
金成（かなり）信牌　？～1733　江戸中期の小田原藩の槍術家

叙胤　のぶたね
斎藤（さいとう）叙胤　1764～1831　江戸中期・後期の公家

信胤　のぶたね
飽浦（あくら）信胤　佐々木信胤に同じ
佐々木（ささき）信胤　南北朝時代の武将

宣胤　のぶたね
千葉（ちば）宣胤　1444～1455　戦国時代の人。千葉胤直の二男
桃井（もものい）宣胤　戦国時代の武家・連歌作者

信氓　のぶたみ
竹内（たけのうち）信氓　？～1824　江戸後期の幕臣

信為　のぶため
大井（おおい）信為　？～1549　戦国時代の甲斐武田晴信の家臣

言足　のぶたり　⇔ことたり
小池（こいけ）言足　江戸末期の国学者

信太郎　のぶたろう　⇔しんたろう
戸塚（とづか）信太郎　1852～1911　江戸後期～明治期の実業家、政治家

延親　のぶちか
荒木田（あらきだ）延親　平安中期の官人
江沼（えぬまの）延親　平安後期の官人

信近　のぶちか　⇔しんきん
生駒（いこま）信近　1845～1912　江戸後期～明治期の徳島藩の能役者
今井（いまい）信近　戦国時代の武田氏の家臣
川窪（かわくぼ）信近　1689～1725　江戸中期の幕臣
佐久間（さくま）信近　1756～1814　江戸中期・後期の幕臣
玉手（たまての）信近　平安中期の楽人
福王（ふくおう）信近　1693～1778　江戸中期の幕臣
水野（みずの）信近　？～1560　安土桃山時代の織田信長の家臣《水野藤九郎》
宮坂（みやさか）信近　1801～1872　江戸後期～明治期の藩士

信親　のぶちか
信親　江戸前期の俳人
紀(きの)信親　平安中期の官人
土屋(つちや)信親　?～1852　江戸末期の金工(刀装小道具)、黒羽藩工
内藤(ないとう)信親　1807～1869　江戸後期～明治期の第49代京都所司代
藤原(ふじわらの)信親　1155～?　平安後期・鎌倉前期の人。正三位権中納言信頼の子
間宮(まみや)信親　戦国時代の北条氏の家臣
和賀(わが)信親　?～1590?　戦国時代の武将

展親　のぶちか
三井(みつい)展親　1790～1852　江戸後期の眼科医

信次　のぶつぎ　⇔のぶつぐ
長坂(ながさか)信次　1584～1646　安土桃山・江戸前期の幕臣

延次　のぶつぐ
荷田(かだ)延次　1577～1651　安土桃山・江戸前期の神職
木下(きのした)延次　1610～1658　江戸前期の幕臣
小林(こばやし)延次　江戸中期の金工家

信継　のぶつぐ
木村(きむら)信継　?～1713　江戸中期の旗本
米倉(よねくら)信継　?～1636　江戸前期の旗本

信嗣　のぶつぐ
木村(きむら)信嗣　1834～?　江戸後期・末期の国学者
平(たいらの)信嗣　平安後期の官人
武田(たけだ)信嗣　戦国時代の上総国真里谷城(木更津市)の城主

信次　のぶつぐ　⇔のぶつぎ
油川(あぶらかわ)信次　?～1575　安土桃山時代の武田氏の家臣
椛沢(かばさわ)信次　1633～1692　江戸前期・中期の名主、問屋
曲淵(まがりぶち)信次　?～1627　江戸前期の旗本

信番　のぶつぐ
伴野(ともの)信番　安土桃山時代の信濃佐久郡の国衆

宣次　のぶつぐ
岡本(おかもと)宣次　?～1685　江戸前期の武士

宣続　のぶつぐ
石上(いそのかみ)宣続　1780～1810　江戸中期・後期の藩士

陳番　のぶつぐ
五百木部(いおきべの)陳番　平安中期の官人

信綱　のぶつな
木村(きむら)信綱　鎌倉時代の都賀郡木村保の領主、幕府御家人
土持(つちもち)信綱　鎌倉前期の日向の豪族
直江(なおえ)信綱　?～1581　戦国・安土桃山時代の上杉氏の家臣
新田(にいた)信綱　平安後期の武将。伊豆国田方郡畠郷に居住した
新田(にいた)信綱　鎌倉時代の武将
藤原(ふじわら)信綱　平安後期の公家・歌人
藤原(ふじわらの)信綱　1025?～?　平安中期・後期の僧侶、歌人《叡覚》
源(みなもとの)信綱　平安後期の雅楽家
源(みなもとの)信綱　平安後期の武士
湯原(ゆはら)信綱　?～1563　戦国時代の出雲の武士、満願寺城主

宣綱　のぶつな
荒木田(あらきだの)宣綱　?～1103　平安後期の神宮祠官
大中臣(おおなかとみの)宣綱　平安後期の人。寛治7年伊賀国名張郡周知郷の地一処を金峯山に寄進
源(みなもとの)宣綱　平安後期の官人

布綱　のぶつな
佐々木(ささき)布綱　1711～1789　江戸中期の武士

惟経　のぶつね　⇔これつね
藤原(ふじわらの)惟経　平安中期の官人

延経　のぶつね
小田(おだ)延経　1657～1714　江戸前期・中期の神職

延彝　のぶつね
青山(あおやま)延彝　1729～1801　江戸中期・後期の漢学者

信経　のぶつね
今井(いまい)信経　?～1490　戦国時代の武士
竹川(たけかわ)信経　安土桃山・江戸前期の代官
中臣(なかとみの)信経　?～1123　平安後期の春日社正預
藤原(ふじわらの)信経　平安中期の官人
二渡(ふたわたり)信経　1824～1894　江戸後期～明治期の事業家

信恒　のぶつね
甘利(あまり)信恒　1560～1576　安土桃山時代の武田氏の家臣

信常　のぶつね
大井(おおい)信常　?～1551　戦国時代の甲斐武田晴信の家臣
白井(しらい)信常　1791～1841　江戸後期の歌人

信庸　のぶつね　⇔しんよう
円山(まるやま)信庸　1847～1911　江戸後期～明治期の教育家

陳経　のぶつね
賀茂(かもの)陳経　平安中期の暦博士
菅原(すがわら)陳経　平安後期の官人

信連　のぶつら
油川(あぶらかわ)信連　?～1561　安土桃山時代の武田氏の家臣
田口(たぐち)信連　南北朝時代の武士
武田(たけだ)信連　戦国時代の武将。武田家臣

延暉　のぶてる
西村(にしむら)延暉　1784～1837　江戸中期・後期の立誠舎創立の学者

信輝　のぶてる
佐久間(さくま)信輝　1751〜？　江戸中期の幕臣
瀬名(せな)信輝　1544〜？　戦国時代の今川一門瀬名家当主

信照　のぶてる
中根(なかね)信照　1546〜1610　安土桃山時代の織田信長の家臣

宣輝　のぶてる
小池(こいけ)宣輝　江戸後期の神職

延任　のぶとう
紀(きの)延任　平安後期の摂津国水成瀬荘の荘預

信統　のぶとう
石川(いしかわ)信統　1667〜1734　江戸前期・中期の蔵奉行

信任　のぶとう　⇔しんにん
市川(いちかわ)信任　1828〜1886　江戸後期〜明治期の和算家
西尾(にしお)信任　江戸後期の和算家
人見(ひとみ)信任　1772〜？　江戸中期・後期の幕臣・医者

延遠　のぶとお
中臣(なかとみ)延遠　1115〜1176　平安後期の神職

信遠　のぶとお
大江(おおえの)信遠　平安後期の官人
岡田(おかだの)信遠　平安中期の随身
栗原(くりはら)信遠　？〜1501　戦国時代の甲斐東郡の国衆。武田庶流家

信懸　のぶとお
穴山(あなやま)信懸　？〜1513　戦国時代の穴山氏の当主

宣遠　のぶとお
北条(ほうじょう)宣遠　鎌倉後期の武士

信時　のぶとき
青木(あおき)信時　？〜1600　安土桃山時代の武士
姉小路(あねがこうじ)信時　1204〜1266　鎌倉後期の姉小路家時の子。飛騨国司師平の兄
安堂(あんどう)信時　江戸中期の装剣金工
小須賀(こすが)信時　江戸前期の「関原集」の著者
逸見(へんみ)信時　戦国時代の里見氏家臣
北条(ほうじょう)信時　鎌倉後期の武士

信辰　のぶとき　⇔のぶたつ
下曽禰(しもそね)信辰　戦国・安土桃山時代の武士

宣時　のぶとき
大仏(おさらぎ)宣時　北条宣時に同じ
紀(きの)宣時　平安中期の人。大原野神殿預を希望
北条(ほうじょう)宣時　1238〜1323　鎌倉前期・後期の武士

延年　のぶとし　⇔えんねん
勝野(かつの)延年　江戸中期の藩士・故実家
山本(やまもと)延年　1740〜1811　江戸後期の武士

延利　のぶとし
荒木田(あらきだの)延利　？〜1030　平安中期の神宮祠官

信俊　のぶとし　⇔しんしゅん
河窪(かわくぼ)信俊　1564〜1639　安土桃山・江戸前期の武士
川窪(かわくぼ)信俊　1564〜1639　江戸前期の旗本
下条(げじょう)信俊　安土桃山時代の武士。武田庶流家
墨田(すみだ)信俊　安土桃山時代の織田信長の家臣
伴(ともの)信俊　鎌倉前期の薩摩国入来院塔之原の名主
中原(なかはらの)信俊　平安後期の官人
藤原(ふじわらの)信俊　平安後期の官人
松尾(まつお)信俊　河窪信俊に同じ
丸五郎(まるごろう)信俊　鎌倉時代の安房国の武将
源(みなもとの)信俊　平安後期の人。藤原成親の侍
室賀(むろが)信俊　？〜1575　戦国・安土桃山時代の信濃国衆
柳沢(やなぎさわ)信俊　1548〜1614　戦国〜江戸前期の武士

信利　のぶとし
多門(おかど)信利　？〜1676　江戸前期の旗本
小野田(おのだ)信利　1753〜？　江戸中期・後期の幕臣、代官
斎藤(さいとう)信利　1554〜1610　戦国〜江戸前期の織田信長の家臣
匝瑳(そうさ)信利　戦国時代の北条氏の家臣

宣俊　のぶとし
北条(ほうじょう)宣俊　鎌倉後期の武士

乃不殿　のぶどの
乃不殿　？〜1615　江戸前期の女性。織田信秀の七女

信富　のぶとみ　⇔のぶよし
安部(あべ)信富　1730？〜？　江戸中期の武士
安藤(あんどう)信富　江戸前期の総社5000石の領主
桜井(さくらい)信富　戦国時代の武将。武田家臣
本郷(ほんごう)信富　1531〜1605　戦国〜江戸前期の織田信長の家臣

信福　のぶとみ
高尾(たかお)信福　1737〜？　江戸中期の武士

陳富　のぶとみ
三村(みむら)陳富　1691〜1762　江戸中期の尾張藩士、本草学者

延誠　のぶとも
度会(わたらい)延誠　鎌倉後期・南北朝時代の神職・歌人

延朝　のぶとも
中臣(なかとみ)延朝　1309〜1393　鎌倉後期〜室町時代の神職・歌人

述友　のぶとも
安曇(あずみの)述友　平安中期の播磨国赤穂郡有年荘の寄人

信供　のぶとも
山本(やまもと)信供　？〜1575　戦国・安土桃山時代の武田家臣

信知 のぶとも
古谷(ふるや)信知 江戸前期の武芸家
信朝 のぶとも
河内(こうち)信朝 1849〜1903 江戸後期〜明治期の教育者
信友 のぶとも
油川(あぶらかわ)信友 ?〜1550 戦国時代の武士
上原(うえはら)信友 江戸後期の和算家
小栗(おぐり)信友 ?〜1681 江戸前期の旗本
栗原(くりはら)信友 ?〜1529 戦国時代の甲斐東郡の国衆。武田庶流家
小森(こもり)信友 江戸中期の「家彪集」の著者
榊原(さかきばら)信友 江戸前期の神職
武田(たけだ)信友 ?〜1582 戦国・安土桃山時代の武士
宣智 のぶとも
本山(もとやま)宣智 江戸後期の和算家
宣朝 のぶとも
北条(ほうじょう)宣朝 鎌倉後期の武士
命朝 のぶとも
金子(かねこ)命朝 1680〜1756 江戸中期の学者、歌人《金子玄三》
延豊 のぶとよ
山口(やまぐち)延豊 江戸末期の金工家
敬豊 のぶとよ
瀬下(せじも)敬豊 1667〜1747 江戸中期の文人。佐久俳壇の先駆者
信豊 のぶとよ
大沢(おおさわ)信豊 ?〜1855 江戸後期・末期の幕臣
栗原(くりはら)信豊 戦国時代の武士
伴野(ともの)信豊 戦国時代の信濃国衆
久永(ひさなが)信豊 1670〜1736 江戸前期・中期の旗本領主
信名 のぶな
木下(きのした)信名 1680〜1754 江戸前期・中期の幕臣
羽倉(はくら)信名 1685〜1751 江戸前期・中期の神職、歌人
信尚 のぶなお ⇔のぶひさ
小幡(おばた)信尚 ?〜1582 戦国時代の上野国衆
信直 のぶなお
織田(おだ)信直 1546?〜1574 戦国・安土桃山時代の織田信長の家臣
小幡(おばた)信直 戦国時代の上野国衆
高橋(たかはし)信直 ?〜1867 江戸後期・末期の医者
外池(といけ)信直 1655〜1735 江戸前期・中期の弓術家
伴野(ともの)信直 戦国時代の信濃佐久郡の国衆
禰津(ねづ)信直 戦国・安土桃山時代の武将・鷹匠
逸見(へんみ)信直 安土桃山時代の武術家
信猶 のぶなお
岩手(いわて)信猶 1691〜1732 江戸中期の幕臣、関東代官
岩手(いわで)信猶 岩手信猶に同じ
宣直 のぶなお ⇔のりなお
吉良(きら)宣直 戦国時代の武将
北条(ほうじょう)宣直 鎌倉後期の武将・歌人
宣猶 のぶなお
櫛淵(くしぶち)宣猶 1780〜1852 江戸中期・後期の剣術家。神道一心流
信仲 のぶなか
今井(いまい)信仲 ?〜1582 戦国・安土桃山時代の甲斐武田勝頼の家臣
九戸(くのへ)信仲 ?〜1589 戦国・安土桃山時代の戦国武将
屋代(やしろ)信仲 室町時代の埴科郡屋代、船山郷の領主
養仲 のぶなか ⇔ようちゅう
小林(こばやし)養仲 1649〜1709 江戸前期・中期の剣術家
延長 のぶなが
荒木田(あらきだ)延長 平安中期の内宮権禰宜
信永 のぶなが ⇔しんえい
望月(もちづき)信永 1552?〜1575 戦国・安土桃山時代の甲斐武田晴信の家臣《望月左衛門尉》
信長 のぶなが
小山田(おやまだ)信長 室町・戦国時代の甲斐郡内の国衆
松平(まつだいら)信長 戦国時代の人。松平郷松平氏
松平(まつだいら)信長 1503〜1551 戦国時代の五井松平家3代。元心の子
延成 のぶなり ⇔のぶしげ
荒木田(あらきだ)延成 1192〜1278 平安後期〜鎌倉後期の神職・歌人
順業 のぶなり ⇔よりなり
高階(たかしなの)順業 平安中期の帯刀先生
信業 のぶなり
大井(おおい)信業 ?〜1531 戦国時代の甲斐武田信虎の家臣
平(たいらの)信業 1138〜1182 平安後期の武士。兵衛尉信重の子
信就 のぶなり
一条(いちじょう)信就 ?〜1582 戦国・安土桃山時代の甲斐武田晴信・勝頼の一族
大脇(おおわき)信就 江戸後期の武士。名古屋藩木曾代官山村家の臣
竹内(たけのうち)信就 1630〜1694 江戸前期・中期の幕臣
吉川(よしかわ)信就 江戸前期の藩士
信成 のぶなり ⇔のぶしげ
井上(いのうえ)信成 1803〜1876 江戸後期〜明治期の国学者・歌人
息長(おきながの)信成 平安後期の官人
佐草(さぐさ)信成 南北朝時代の杵築大社上官、上官佐草氏の祖
鈴木(すずき)信成 江戸後期の歌人
津田(つだ)信成 1803〜1844 江戸後期の藩士
広田(ひろた)信成 ?〜1842 江戸後期の能登国鳳至郡宇出津町の肝煎

水無瀬（みなせ）信成　1197～1262　鎌倉前期・後期の公家、歌人
山本（やまもと）信成　1845～1900　江戸後期～明治期の神職

信生　のぶなり　⇔しんしょう
吉田（よしだ）信生　戦国時代の甲斐武田晴信の家臣

信登　のぶなり
南部（なんぶ）信登　戦国時代の武田氏の家臣

信也　のぶなり　⇔しんや
南部（なんぶ）信也　1798～1835　江戸後期の歌人

宣成　のぶなり
大中臣（おおなかとみの）宣成　平安中期の検非違使
戸田（とだ）宣成　？～1546　戦国時代の三河国衆

信謹　のぶのり
吉井（よしい）信謹　1853～1890　江戸後期～明治期の吉井藩最後の藩主

信矩　のぶのり
千葉（ちば）信矩　江戸中期の有賀御田島村の肝入

信敬　のぶのり　⇔しんけい, のぶたか, のぶゆき
中嶋（なかじま）信敬　1767～？　江戸中期・後期の幕臣

信順　のぶのり　⇔のぶより
入江（いりえ）信順　？～1879　江戸後期～明治期の和算家

信章　のぶのり　⇔のぶあき, のぶあきら
荷田（かだ）信章　1707～1735　江戸中期の神職

信乗　のぶのり
巨勢（こせ）信乗　戦国時代の武田氏の家臣
松平（まつだいら）信乗　1742～1817　江戸中期・後期の旗本

信詮　のぶのり　⇔のぶあき, のぶあきら
大沢（おおさわ）信詮　1624～1692　江戸前期・中期の幕臣

信則　のぶのり
金（こん）信則　？～1609　安土桃山・江戸前期の津軽建広の家臣

宣教　のぶのり
中御門（なかみかど）宣教　1543～1578　戦国・安土桃山時代の公家

宣憲　のぶのり
刑部（おさかべの）宣憲　平安中期の官人
賀茂（かもの）宣憲　平安後期の暦博士

宣徳　のぶのり
吉村（よしむら）宣徳　1756～1836　江戸中期・後期の藩士

宣範　のぶのり
大中臣（おおなかとみの）宣範　平安中期の官人

致格　のぶのり
小林（こばやし）致格　江戸中期・後期の和算家

陳斯　のぶのり
堀（ほり）陳斯　江戸後期の和算家

延治　のぶはる
河崎（かわさき）延治　1670～1714　江戸前期・中期の神職

信治　のぶはる
薄井（うすい）信治　？～1540　戦国時代の下小山田町の薄井一族の総本家・薄井嘉夫家の初代
波吉（なみよし）信治　？～1657　江戸前期の加賀の能太夫
土方（ひじかた）信治　1536～1556　戦国時代の織田信長の家臣
山田（やまだ）信治　1614～1671　江戸前期の幕臣

信春　のぶはる
小島（おじま）信春　1701～？　江戸中期の藩士
嶋本（しまもと）信春　1703～1773　江戸中期の武士
遠山（とおやま）信春　江戸前期の著述家・歌人
西川（にしかわ）信春　江戸後期の絵師
馬場（ばば）信春　安土桃山時代の武将

信張　のぶはる
織田（おだ）信張　1527～1594　戦国・安土桃山時代の織田信長の家臣

信明　のぶはる　⇔しんめい, のぶあき, のぶあきら
夏目（なつめ）信明　？～1859　江戸末期の幕臣

宣治　のぶはる
堀越（ほりこし）宣治　1709～1800　江戸中期・後期の藩士・俳人

信彦　のぶひこ
南部（なんぶ）信彦　1720～1774　江戸中期の遠野南部氏6代

延久　のぶひさ
五百木部（いおきべの）延久　平安後期の官人

述久　のぶひさ　⇔じゅつきゅう
松下（まつした）述久　安土桃山・江戸前期の神職・連歌作者

信栄　のぶひさ
夏目（なつめ）信栄　1752～？　江戸中期の幕臣

信久　のぶひさ　⇔しんきゅう
県（あがたの）信久　平安後期の官人
江幡（えばた）信久　江戸後期の歌人
岡本（おかもと）信久　戦国時代の遠江の土豪
賀茂（かも）信久　南北朝時代の神職・歌人
神田（かんだ）信久　江戸末期の町人
小菅（こすげ）信久　室町・戦国時代の甲斐都留郡小菅の土豪
佐久間（さくま）信久　1835～1868　江戸後期・末期の旗本
佐藤（さとう）信久　1662～1719　江戸前期・中期の武士、勘定
墨田（すみだ）信久　安土桃山時代の織田信長の家臣
津田（つだ）信久　1762～1807　江戸中期・後期の幕臣
三善（みよしの）信久　平安後期の官人
柳沢（やなぎさわ）信久　？～1582　戦国・安土桃山時代の武田家臣

信尚　のぶひさ　⇔のぶなお
今井（いまい）信尚　安土桃山時代の武田氏の家臣

宣久　のぶひさ
狩野(かのう)宣久　戦国時代の武将
河合(かわい)宣久　?～1495　室町・戦国時代の加賀の一向一揆の首領
河島(かわしま)宣久　?～1500　戦国時代の丹後国の土豪
西園寺(さいおんじ)宣久　?～1580　戦国・安土桃山時代の公家

倫久　のぶひさ
尼子(あまこ)倫久　?～1623　安土桃山・江戸前期の武将

延秀　のぶひで
中臣(なかとみ)延秀　1229～1299　鎌倉前期・後期の神職

信英　のぶひで　⇔のぶふさ
佐久間(さくま)信英　1840～1903　江戸後期～明治期の幕臣
松浦(まつうら)信英　?～1724　江戸中期の旗本

信秀　のぶひで
信秀　戦国時代の武田義信の側近
信秀　1787～1864　江戸中期～末期の刀工
磯辺(いそべ)信秀　?～1781　江戸中期の彫刻師
海上(うなかみ)信秀　戦国時代の孝秀の子か(持秀・宗秀の弟か)
小幡(おばた)信秀　?～1590　戦国・安土桃山時代の上野国衆。信真の一族
清野(きよの)信秀　?～1565　安土桃山時代の信濃国埴科郡清野の国衆
栗原(くりはら)信秀　1815～1880　江戸後期～明治期の刀工・鏡工
佐々木(ささき)信秀　安土桃山時代の歌学者
塩田(しおだ)信秀　戦国時代の武田氏の家臣
長谷川(はせがわ)信秀　江戸後期の和算家
松平(まつだいら)信秀　戦国時代の武士。徳川氏家臣

延平　のぶひら　⇔えんぺい, えんぺえ
下里(しもさと)延平　1771～1835　江戸中期・後期の国学者

述平　のぶひら
安曇(あずみの)述平　平安中期の播磨国赤穂郡有年荘の寄人

信平　のぶひら　⇔しんぺい
夏目(なつめ)信平　?～1833　江戸後期の幕臣

宣衡　のぶひら
大中臣(おおなかとみの)宣衡　?～1090　平安後期の伊勢大宮司

宣平　のぶひら
津守(つもり)宣平　1254～1299頃　鎌倉後期の神職・歌人

信寛　のぶひろ　⇔しんかん
河口(かわぐち)信寛　1829～1906　江戸後期～明治期の蘭方医

信宏　のぶひろ
浅井(あさい)信宏　?～1581　安土桃山時代の織田信長の家臣《浅井新八郎》

信広　のぶひろ
信広　江戸末期・明治期の刀工
浅井(あさい)信広　?～1581　安土桃山時代の織田信長の家臣《浅井新八郎》
入沢(いりさわ)信広　?～1626　安土桃山・江戸前期の渋川の地侍
酒井(さかい)信広　戦国時代の松平氏の家臣
内藤(ないとう)信広　1592～1649　安土桃山・江戸前期の武士
長谷川(はせがわ)信広　江戸後期の画家
松平(まつだいら)信広　戦国時代の佐竹氏の家臣
松平(まつだいら)信広　?～1481　戦国時代の武将

信弘　のぶひろ
大江(おおえの)信弘　平安後期の官人
清原(きよはらの)信弘　平安後期の明経の学生
重松(しげまつ)信弘　江戸後期の「笛制考」の著者
津田(つだ)信弘　1750～1819　江戸中期・後期の藩士

信汎　のぶひろ
松平(まつだいら)信汎　1796～1873　江戸後期～明治期の旗本

信礼　のぶひろ
中条(ちゅうじょう)信礼　1816～?　江戸後期・末期の幕臣

延房　のぶふさ
延房　平安後期の福岡一文字派の刀工

信英　のぶふさ　⇔のぶひで
津軽(つがる)信英　?～1662　江戸前期の幕臣

信房　のぶふさ
市川(いちかわ)信房　?～1588　戦国・安土桃山時代の信濃国衆
今井(いまい)信房　?～1515　戦国時代の武田信虎の近臣
榎本(えのもと)信房　江戸後期の和算家、新発田藩士
奥村(おくむら)信房　江戸中期の画家
小佐手(おさで)信房　1565～1628　安土桃山・江戸前期の武田氏の家臣
惟宗(これむねの)信房　平安後期の後白河法皇の近習
関戸(せきど)信房　?～1830　江戸後期の商人
高井(たかい)信房　1708～1756　江戸中期の幕臣
伴(ともの)信房　平安後期の島津荘政所別当、薩摩国入来院の弁済使別当
源(みなもとの)信房　1026～?　平安中期の官人

信和　のぶふさ
松平(まつだいら)信和　1640～1702　江戸前期・中期の旗本

宣房　のぶふさ　⇔よりふさ
北条(ほうじょう)宣房　鎌倉後期の武士

延真　のぶまさ　⇔えんしん
延真　平安後期の刀工

延政　のぶまさ
美麻那(みまなの)延政　平安中期の官人

延正　のぶまさ
紀(きの)延正　平安中期の官人

信応　のぶまさ
武田(たけだ)信応　?～1552　戦国時代の大名
信将　のぶまさ
竹内(たけのうち)信将　1757～1813　江戸中期・後期の幕臣
信昌　のぶまさ
織田(おだ)信昌　?～1574?　安土桃山時代の織田信長の家臣
真田(さなだ)信昌　1547～1632　戦国～江戸前期の武田氏・徳川氏・蒲生氏の家臣《加津野昌春》
竹矢(たけや)信昌　?～1854　江戸後期・末期の富田八幡宮司
長谷(ながたに)信昌　戦国時代の杵築大社上官
山寺(やまでら)信昌　?～1591　戦国・安土桃山時代の武田家臣
信真　のぶまさ　⇔のぶざね
守矢(もりや)信真　1543～1623　戦国～江戸前期の神職
信政　のぶまさ
岩手(いわて)信政　1565～1624　江戸前期の武士
上原(うえはら)信政　?～1832　江戸後期の書道師匠
浦野(うらの)信政　戦国時代の武田氏の家臣
太田(おおた)信政　鎌倉前期・後期の但馬国に住んだ幕府御家人
大竹(おおたけ)信政　1664～1737　江戸前期・中期の幕臣
夏目(なつめ)信政　1712～1773　江戸中期の幕臣
初鹿野(はじかの)信政　江戸末期の日光奉行
水野(みずの)信政　?～1575　戦国・安土桃山時代の織田信長の家臣
安村(やすむら)信政　?～1711　江戸前期・中期の魚梁船事業家
柳川(やながわ)信政　江戸後期の画家
依田(よだ)信政　1570～1662　安土桃山・江戸前期の代官
信正　のぶまさ　⇔しんせい
信正　鎌倉時代の刀工
飯尾(いいのお)信正　江戸後期の絵師
岩手(いわで)信正　戦国時代の武田氏の家臣
大塚(おおつか)信正　?～1892　江戸末期・明治期の国学者・足次山神社祠官
刑部(おさかべの)信正　平安中期の官人
尾上(おのうえ)信正　?～1560　戦国・安土桃山時代の今川義元の家臣
金成(かなり)信正　?～1700　江戸前期の小田原藩槍術指南
下条(しもじょう)信正　?～1582　戦国・安土桃山時代の甲斐武田勝頼の家臣
鱸(すずき)信正　戦国時代の三河加茂郡の領主。今川氏に従属
曽我(そが)信正　?～1559　戦国時代の武士で相模曽我郷の人
津村(つむら)信正　1772～1848　江戸後期の家臣、歌人
利部(としべの)信正　平安中期の官人
南条(なんじょう)信正　安土桃山時代の武将
難波(なんば)信正　安土桃山時代の武士
松平(まつだいら)信正　1671～1691　江戸前期・中期の旗本
松浦(まつら)信正　1696～1769　江戸中期の幕臣
間宮(まみや)信正　?～1641　江戸前期の旗本
矢野(やの)信正　戦国時代の北条氏の家臣
宣雅　のぶまさ
蔵垣(くらがきの)宣雅　平安中期の官人
宣政　のぶまさ
大中臣(おおなかとみの)宣政　平安中期の検非違使
北条(ほうじょう)宣政　鎌倉後期の武士
宣正　のぶまさ　⇔せんしょう
小宮山(こみやま)宣正　?～1615　江戸前期の代官
惟宗(これむねの)宣正　平安後期の官人
宣方　のぶまさ　⇔のぶかた
源(みなもとの)宣方　?～998　平安中期の官人
宣理　のぶまさ
竹田(たけだの)宣理　平安中期の官人
脩正　のぶまさ　⇔なかまさ, ながまさ
神谷(かみや)脩正　1727～1796　江戸中期・後期の幕臣
惟通　のぶみち　⇔これみち
藤原(ふじわらの)惟通　?～1020　平安中期の官人。父は越前守為時
延通　のぶみち
中臣(なかとみ)延通　1581～1632　安土桃山・江戸前期の神職
信通　のぶみち　⇔しんつう
大井(おおい)信通　戦国時代の武田氏の家臣
藤原(ふじわらの)信通　平安中期の官人
文室(ふんやの)信通　平安中期の官人
信道　のぶみち　⇔しんどう
大井(おおい)信道　江戸後期・末期の幕臣
角田(つのだ)信道　1846～1884　江戸後期～明治期の信州岩村田藩士、神職
早川(はやかわ)信道　江戸後期の和算家
藤森(ふじもり)信道　江戸後期の和算家
前田(まえだ)信道　江戸末期の藩士
延満　のぶみつ
荒木田(あらきだ)延満　平安中期の官人
鳥沢(とりさわ)延満　戦国時代の番匠
信盈　のぶみつ
馬場(ばば)信盈　戦国時代の武田信豊の同心
信光　のぶみつ
奥平(おくだいら)信光　?～1630　戦国時代の武士。名倉奥平氏
駒田(こまだ)信光　江戸末期の田辺与力
延友(のぶとも)信光　戦国時代の美濃国衆岩村遠山氏の一門
三浦(みうら)信光　江戸末期の和算家
三隅(みすみ)信光　戦国時代の三隅氏老臣
源(みなもとの)信光　?～1248　鎌倉前期の武士
信満　のぶみつ
窪大夫(くぼたゆう)信満　?～1615　江戸前期の大和国川辺郡白石窪庄の人。大坂籠城

佐久間（さくま）信満　1728～1786　江戸中期の藩士
豊島（としま）信満　？～1628　安土桃山・江戸前期の武士

宣光　のぶみつ　⇔せんこう
大伴（おおとも）宣光　1811～1882　江戸後期～明治期の神職
戸田（とだ）宣光　戦国時代の三河国衆

信宗　のぶむね
栗原（くりはら）信宗　？～1509　戦国時代の武田氏の家臣
伴野（ともの）信宗　戦国・安土桃山時代の信濃佐久郡の国衆

信村　のぶむら
武田（たけだ）信村　1722～1781　江戸中期の武士

信茂　のぶもち　⇔のぶしげ
城（じょう）信茂　1578～1639　安土桃山・江戸前期の幕臣

延基　のぶもと　⇔ながもと
荒木田（あらきだの）延基　1013～1078　平安中期・後期の神宮祠官

順元　のぶもと
織田（おだ）順元　安土桃山時代の織田信長の家臣《織田頼元》

信因　のぶもと
金成（かなり）信因　？～1792　江戸中期の小田原藩槍術指南

信基　のぶもと
平（たいらの）信基　平安後期の廷臣
仁科（にしな）信基　安土桃山・江戸前期の武田氏の家臣

信元　のぶもと
井上（いのうえ）信元　江戸末期の藩士
今井（いまい）信元　戦国時代の浦氏当主、国人領主
浦（うらの）信元　室町時代の甲州の武士
大江（おおえの）信元　平安後期の官人
惟宗（これむねの）信元　平安後期の官人
佐藤（さとう）信元　？～1645　江戸前期の武士

信根　のぶもと
桑原（くわばら）信根　平安中期の官人

信資　のぶもと
荷田（かだ）信資　1788～1837　江戸後期の神職

信職　のぶもと
三善（みよしの）信職　平安後期の官人

宣基　のぶもと　⇔せんき
津守（つもりの）宣基　平安後期の官人

陳群　のぶもと
小槻（おづき）陳群　919～968　平安中期の官人。算博士

布旧　のぶもと
安田（やすだ）布旧　江戸後期の藩士

頼元　のぶもと　⇔よりもと, らいげん
織田（おだ）頼元　安土桃山時代の織田信長の家臣

順盛　のぶもり　⇔よりもり
遊佐（ゆさ）順盛　？～1511　戦国時代の武将

信守　のぶもり
芦田（あしだ）信守　？～1575　戦国・安土桃山時代の武田家臣
油川（あぶらかわ）信守　安土桃山時代の武田氏の家臣
岩出（いわで）信守　1652～1724　江戸前期・中期の蔵奉行、代官
伴野（ともの）信守　？～1582　安土桃山時代の信濃佐久郡の国衆
松平（まつだいら）信守　戦国時代の人。岩津松平氏
依田（よだ）信守　1567～1604　安土桃山・江戸前期の信濃国衆

信盛　のぶもり
信盛　戦国時代の武田義信の側近
秋庭（あきば）信盛　南北朝時代の武将
岩手（いわで）信盛　戦国時代の武田氏の家臣
海野（うんの）信盛　戦国時代の信濃国衆
小笠原（おがさわら）信盛　1680～1734　江戸中期の武士、幕臣
織田（おだ）信盛　安土桃山時代の織田信長の家臣
栗原（くりはら）信盛　？～1632　安土桃山・江戸前期の甲斐武田晴信・勝頼の家臣
藤原（ふじわらの）信盛　平安後期の武士。後白河法皇の近侍
依田（よだ）信盛　戦国時代の信濃国衆とみられる

宣盛　のぶもり
生嶋（いくしま）宣盛　1628～1695　江戸前期・中期の公家

延安　のぶやす
賀茂（かもの）延安　平安後期の伊賀国玉滝杣別当

延保　のぶやす
堀内（ほりうち）延保　1714～1794　江戸中期・後期の神職

信安　のぶやす　⇔しんあん
大滝（おおたき）信安　？～1581　安土桃山時代の信濃高井郡西大滝の国衆
織田（おだ）信安　1534～1611　安土桃山時代の武将
木内（きうち）信安　江戸後期の和算家
紀（きの）信安　平安後期の官人
松野（まつの）信安　安土桃山・江戸前期の津軽氏の家臣

信易　のぶやす
石黒（いしぐろ）信易　1789～1846　江戸後期の和算家、加賀藩士

信康　のぶやす
信康　戦国時代の武田義信の側近
甘利（あまり）信康　？～1575　戦国時代の武田氏の家臣
藤原（ふじわら）信康　平安後期の武士
和気（わけの）信康　平安後期・鎌倉前期の医師

信泰　のぶやす
板垣（いたがき）信泰　戦国時代の甲斐武田信虎の家臣
江草（えぐさ）信泰　室町時代の武士
栗原（くりはら）信泰　戦国時代の甲斐東部の国衆。

武田庶流家

信保　のぶやす

山高（やまたか）信保　1606～1670　江戸前期の石見銀山奉行

信廉　のぶやす　⇔しんれん

西島（にしじま）信廉　1795～1862　江戸後期・末期の商家

宣安　のぶやす

榊原（さかきばら）宣安　1819～1895　江戸後期～明治期の野田八幡宮の神主

延行　のぶゆき

荒木田（あらきだ）延行　？～1310　鎌倉後期の神職・歌人

左藤（さとう）延行　戦国時代の武士。伊豆岩科の一在地領主

中原（なかはらの）延行　平安後期の官人

播磨（はりまの）延行　平安中期の官人

延之　のぶゆき

河本（かわもと）延之　1813～1865　江戸後期・末期の歌人

長谷部（はせべ）延之　江戸後期の和算家

言行　のぶゆき

倉地（くらち）言行　江戸後期の歌人

修之　のぶゆき

栗原（くりはら）修之　江戸後期の和算家

信敬　のぶゆき　⇔しんけい, のぶたか, のぶのり

中条（ちゅうじょう）信敬　1727～1808　江戸中期・後期の幕臣

信言　のぶゆき　⇔のぶこと

松平（まつだいら）信言　1762～1830　江戸中期・後期の旗本

信行　のぶゆき　⇔しんぎょう

安倍（あべの）信行　平安中期の検非違使

大屋（おおや）信行　1684～1763　江戸前期・中期の代官

賀茂（かもの）信行　平安中期の官人

杉山（すぎやま）信行　1647～1725　江戸前期・中期の代官

中島（なかしま）信行　？～1669　江戸前期の農業家

藤原（ふじわらの）信行　？～1183　平安後期の官人。道隆の後裔信輔の子

松平（まつだいら）信行　1746～？　江戸中期の幕臣

間宮（まみや）信行　1834～1923　江戸後期～大正期の幕臣、陸軍軍人

山本（やまもと）信行　？～1904　江戸末期・明治期の武士、軍人

信征　のぶゆき

重田（しげた）信征　1752～？　江戸中期の幕臣

信雪　のぶゆき

中島（なかしま）信雪　江戸中期の画家

信如　のぶゆき

下曽根（しもそね）信如　？～1743　江戸中期の旗本

信之　のぶゆき

岩出（いわて）信之　1711～1780　江戸中期の代官

大蔵（おおくら）信之　？～1890　江戸後期～明治期の人。「浪花富士」を建てた

岸（きし）信之　江戸中期の漢学者

小須賀（こすが）信之　安土桃山・江戸前期の武将

下山（しもやま）信之　1841～1915　江戸末期～大正期の剣術家

高瀬（たかせ）信之　江戸後期の和算家

武田（たけだ）信之　戦国時代の武田信玄の三男

津田（つだ）信之　1741～？　江戸中期の幕臣

堀内（ほりうち）信之　？～1875　江戸末期・明治期の和算家、須坂藩士

間宮（まみや）信之　1586～1643　安土桃山・江戸前期の幕臣

水野（みずの）信之　1762～1835　江戸中期・後期の佐渡奉行、堺奉行

誠之　のぶゆき　⇔しげゆき

慶徳（けいとく）誠之　江戸中期の神職

信世　のぶよ

加藤（かとう）信世　戦国時代の奏者。徳川家康の家臣、石川日向守家成の家臣

延可　のぶよし

大神（おおがの）延可　平安後期の八幡宇佐宮権擬小宮司

延能　のぶよし

荒木田（あらきだ）延能　平安後期の神官

演義　のぶよし

由比（ゆい）演義　江戸後期の歌人

信嘉　のぶよし

穴山（あなやま）信嘉　？～1567　戦国・安土桃山時代の武士。穴山信友の二男

信賀　のぶよし

末近（すえちか）信賀　？～1582　安土桃山時代の武将

信喜　のぶよし

小笠原（おがさわら）信喜　1718～1791　江戸中期・後期の御側御用取次

信義　のぶよし

信義　江戸末期・明治期の刀工

在原（ありはらの）信義　平安中期の官人

石井（いしい）信義　1819～1887　江戸末期・明治期の蘭方医

太田（おおた）信義〔1代〕　1837～1897　江戸後期～明治期の太田胃散創業者

佐久間（さくま）信義　江戸後期・末期の幕臣

土屋（つちや）信義　江戸後期の和算家

戸塚（とつか）信義　1845～1896　江戸後期～明治期の医師

西岡（にしおか）信義　1815～1897　江戸後期の和算家

深沢（ふかざわ）信義　1759～？　江戸中期の幕臣

松沢（まつざわ）信義　江戸後期の和算家

宮重（みやしげ）信義　1713～1777　江戸中期の国学者

吉成（よしなり）信義　1812？～1868　江戸後期・末期の名主、蛭畑の開発者

信吉　のぶよし　⇔しんきち
信吉　江戸末期の刀工
岩手(いわて)信吉　1626〜1703　江戸前期・中期の代官
大島(おおしま)信吉　1594〜1682　安土桃山・江戸前期の豪農
鈴木(すずき)信吉　?〜1656　江戸前期の旗本
松平(まつだいら)信吉　?〜1542　戦国時代の武士

信恵　のぶよし　⇔しんけい
油川(あぶらかわ)信恵　武田信恵に同じ
武田(たけだ)信恵　?〜1508　戦国時代の武士。甲斐守護武田信昌の次子

信慶　のぶよし　⇔しんけい
今井(いまい)信慶　?〜1490　室町・戦国時代の逸見今井氏の祖
秦(はた)信慶　江戸前期の国学者

信好　のぶよし
大原(おおはら)信好　1751〜?　江戸中期の幕臣
柏原(かしわばら)信好　?〜1871　江戸後期〜明治期の博物学者
松田(まつだ)信好　江戸前期の和算家
間宮(まみや)信好　1746〜1797　江戸中期・後期の幕臣

信能　のぶよし
藤原(ふじわらの)信能　1190〜1221　平安後期・鎌倉前期の朝臣

信富　のぶよし　⇔のぶとみ
安井(やすい)信富　1773〜1845　江戸中期・後期の神職

信芳　のぶよし
斎藤(さいとう)信芳　1743〜1804　江戸中期・後期の和算家

信妙　のぶよし　⇔しんみょう
松長(まっちょう)信妙　1733〜?　江戸中期の幕臣

信由　のぶよし
小栗(おぐり)信由　1589〜1661　江戸前期の武芸家。旗本。小栗流和術の祖
栗原(くりはら)信由　戦国時代の武田氏の家臣
下曽根(しもそね)信由　?〜1683　江戸前期の旗本
武田(たけだ)信由　?〜1582　安土桃山時代の武将
野村(のむら)信由　1794〜1848　江戸後期の藩士
平岡(ひらおか)信由　1637〜1712　江戸前期・中期の代官

信与　のぶよし
川井(かわい)信与　1690〜1753　江戸中期の武士、幕臣

信良　のぶよし
朝比奈(あさひな)信良　?〜1582　安土桃山時代の武士
今井(いまい)信良　戦国時代の武田晴信の近臣
藤原(ふじわら)信良　南北朝時代の歌人
藤原(ふじわらの)信良　平安後期の官人
細川(ほそかわ)信良　1546?〜1592　戦国・安土桃山時代の織田信長の家臣

進良　のぶよし
湯浅(ゆあさ)進良　1761〜1824　江戸中期・後期の藩士

誠美　のぶよし　⇔しげよし
田中(たなか)誠美　江戸後期の和算家

宣義　のぶよし　⇔せんぎ
菅原(すがわらの)宣義　?〜1017　平安中期の漢詩人
林(はやし)宣義　1768〜1843　江戸中期・後期の藩士・歌人
桃井(もものい)宣義　?〜1423　室町時代の武士

宣慶　のぶよし
葛岡(くずおか)宣慶　1629〜1717　江戸前期・中期の歌人

宣誉　のぶよし
古川(ふるかわ)宣誉　1849〜1921　江戸後期〜大正期の陸軍軍人

陳好　のぶよし
渡辺(わたなべ)陳好　1806〜1892　江戸後期〜明治期の名主・大惣代

慶順　のぶより　⇔けいじゅん
細川(ほそかわ)慶順　1835〜1876　江戸後期の熊本藩主

信拠　のぶより
斎藤(さいとう)信拠　江戸後期の和算家

信順　のぶより　⇔のぶのり
郡司(ぐんじ)信順　江戸後期の「御筒数」の著者
山高(やまたか)信順　1736〜1813　江戸中期・後期の藩士、武道家

信随　のぶより
岩間(いわま)信随　1789〜1842　江戸後期の装剣金工

信頼　のぶより
甘利(あまり)信頼　戦国時代の甲斐武田勝頼の家臣
紀(きの)信頼　平安中期の官人
清水(しみず)信頼　?〜1855　江戸末期の和算家
須田(すだ)信頼　戦国時代の信濃国衆
高田(たかだ)信頼　1550〜1588　戦国・安土桃山時代の上野国衆
武田(たけだ)信頼　南北朝・室町時代の武将
藤原(ふじわらの)信頼　平安後期の官人
望月(もちづき)信頼　1547〜1564　戦国・安土桃山時代の甲斐武田晴信の家臣

信仍　のぶより
高尾(たかお)信仍　1641〜1713　江戸前期・中期の幕臣

宣頼　のぶより
大中臣(おおなかとみの)宣頼　平安中期の神官

信　のぶる　⇔まこと
松村(まつむら)信　1854〜1894　江戸末期・明治期の備前藩士

昇　のぼる
芦谷(あしや)昇　蘆谷昇に同じ
蘆谷(あしや)昇　江戸末期の新撰組隊士
岸(きし)昇　1824〜1885　江戸後期〜明治期の藩医
林(はやし)昇　1833〜1906　江戸後期〜明治期の

教育者・神官
松本(まつもと)昇 1804～1875 江戸後期の壬生藩剣術師範、剣術家

登 のぼる
金井(かない)登 ?～1888 江戸後期～明治期の日本聖公会伝道師
中西(なかにし)登 1842～? 江戸後期・末期の新撰組隊士
西館(にしだて)登 江戸末期の新撰組隊士
能川(のがわ)登 1851～1910 江戸後期～明治期の中正倶楽部の代議士
野呂(のろ)登 江戸時代の弘前藩士
向館(むかいだて)登 ?～1868 江戸後期・末期の新撰組隊士

騰 のぼる
宮地(みやぢ)騰 1790～1834 江戸後期の漢学者

昇 のぼる
松井(まつい)昇 1854～1933 江戸末期～昭和期の洋画家

登之助 のぼるのすけ
小林(こばやし)登之助 1828～1866 江戸後期・末期の大砲組頭

野宮 のみや
野宮 室町・戦国時代の画家

憲顕 のりあき
上杉(うえすぎ)憲顕 ?～1455 室町時代の武将。関東管領犬懸上杉氏憲(禅秀)の三男
高田(たかだ)憲顕 戦国時代の武将

憲章 のりあき
伊藤(いとう)憲章 江戸後期の和算家
八田(はった)憲章 1692～1755 江戸中期の武士

憲明 のりあき
長尾(ながお)憲明 室町時代の武将

宣秋 のりあき ⇔のぶあき
栗田(くりた)宣秋 江戸後期の神職・国学者

宣昭 のりあき ⇔せんしょう, のぶあき
清水(しみず)宣昭 1793～1868 江戸後期・末期の国学者
長谷川(はせがわ)宣昭 江戸後期の国学者

則秋 のりあき
高橋(たかはし)則秋 戦国時代の土豪

則明 のりあき ⇔のりあきら
藤原(ふじわらの)則明 平安後期の武士

則陽 のりあき
赤松(あかまつ)則陽 江戸後期の砲術家

則韶 のりあき
入江(いりえ)則韶 1738～1806 江戸中期・後期の公家

範顕 のりあき
赤松(あかまつ)範顕 室町時代の武将
中西(なかにし)範顕 ?～1336 室町時代の武士

範明 のりあき
荒木田(あらきだ)範明 平安後期の神宮権禰宜

了明 のりあき
酒井(さかい)了明 1817～1883 江戸後期～明治期の庄内藩家老

則詮 のりあきら
小長谷(こながや)則詮 ?～1322 鎌倉後期の駿河国志太郡藤川の小長谷城初代城主

則明 のりあきら ⇔のりあき
南条(なんじょう)則明 1669～1716 江戸前期・中期の代官

規敦 のりあつ
斎藤(さいとう)規敦 1745～1808 江戸中期の弘前藩士

章敦 のりあつ
勢多(せた)章敦 1701～? 江戸中期の明法家

章斐 のりあや
勢多(せた)章斐 1761～1825 江戸中期・後期の明法家

教家 のりいえ
富樫(とがし)教家 室町時代の加賀守護

憲家 のりいえ
上杉(うえすぎ)憲家 ?～1440 室町時代の武士
柿崎(かきざき)憲家 1576～1633 安土桃山・江戸前期の越後国頚城郡の国人

詮家 のりいえ
浮田(うきた)詮家 ?～1616 江戸前期の武将

範家 のりいえ
大中臣(おおなかとみの)範家 平安中期の官人
佐用(さよう)範家 1281～1334 鎌倉後期の赤松氏一族の武将
松崎(まつさき)範家 室町時代の武士
松崎(まつざき)範家 松崎範家に同じ

矩逸 のりいつ
岡崎(おかざき)矩逸 江戸後期の和算家

範氏 のりうじ
和田(わだ)範氏 室町時代の武士

則枝 のりえだ
安倍(あべの)則枝 平安後期の官人

則雄 のりお
有松(ありまつ)則雄 江戸後期の和算家
山崎(やまざき)則雄 1852～1874 江戸後期～明治期の赤坂喰違事件に参画

徳雄 のりお ⇔とくお
荒木田(あらきだ)徳雄 ?～913 平安前期・中期の神職

紀興 のりおき
手塚(てづか)紀興 ?～1746 江戸中期の藩士・和算家
手塚(てつか)紀興 手塚紀興に同じ

則興 のりおき
中臣(なかとみの)則興 戦国時代の鹿島社大宮司

徳意 のりおき
大熊(おおくま)徳意 江戸後期の和算家

則臣 のりおみ
星野(ほしの)則臣 ?～1783 江戸中期の藩士

教景 のりかげ
教景 1477～1555 戦国時代の連歌作者

憲蔭　のりかげ
山本(やまもと)憲蔭　1691〜1730　江戸中期の神職

憲景　のりかげ
粟田(あわたの)憲景　平安後期の官人

孝景　のりかげ　⇔たかかげ
向(むかい)孝景　南北朝時代の杵築大社上官、上官向氏初代

則景　のりかげ
宇野(うの)則景　鎌倉前期の武士

法景　のりかげ
都築(つづき)法景　1667〜1734　江戸前期・中期の代官

剰積　のりかず
矢口(やぐち)剰積　1794〜1854　江戸後期・末期の和算家

則員　のりかず
石野(いしの)則員　?〜1677　江戸前期の旗本
吉田(よしだ)則員　南北朝時代の玉若酢神社神主、隠岐国造

紀風　のりかぜ
村松(むらまつ)紀風　1763〜1841　江戸中期・後期の本草家

紀賢　のりかた
八田(はった)紀賢　1836〜1910　江戸後期〜明治期の和算家

憲方　のりかた
上杉(うえすぎ)憲方　?〜1417　南北朝時代の武将。氏憲(禅秀)の子
藤原(ふじわらの)憲方　1106〜1160　平安後期の官人

式賢　のりかた
宮道(みやじの)式賢　平安後期の検非違使

章賢　のりかた
中原(なかはら)章賢　南北朝時代の歌人《中原章言》

詮賢　のりかた
仙波(せんば)詮賢　1853〜1924　江戸末期〜大正期の大谷村生まれの教育者

則象　のりかた
遠山(とおやま)則象　1766〜?　江戸中期・後期の幕臣

則方　のりかた
大原(おおはらの)則方　平安中期の盗人。大和国城上郡の藤原為茂の私宅を襲った
豊嶋(としま)則方　平安後期の官人
松坂(まつざか)則方　江戸後期の代官

徳謙　のりかた　⇔とくけん
吉田(よしだ)徳謙　江戸後期の卜占家

徳方　のりかた
小牧(こまき)徳方　1776〜1853　江戸中期・後期の藩士

範賢　のりかた
大中臣(おおなかとみの)範賢　平安後期の官人

乗勝　のりかつ
松平(まつだいら)乗勝　1496〜1524　戦国時代の武将

則勝　のりかつ
赤松(あかまつ)則勝　?〜1543　安土桃山時代の武将
加藤(かとう)則勝　?〜1635　江戸前期の旗本
南条(なんじょう)則勝　1559〜1628　戦国〜江戸前期の代官

範勝　のりかつ
一色(いっしき)範勝　1581〜1633　江戸前期の武士

則門　のりかど
南条(なんじょう)則門　?〜1664　江戸前期の代官

儀兼　のりかね
源(みなもとの)儀兼　平安後期の官人

教兼　のりかね
藤原(ふじわら)教兼　鎌倉後期の公家・歌人

則包　のりかね
則包　鎌倉時代の刀工

徳兼　のりかね
神原(かんばら)徳兼　1541〜1605　戦国〜江戸前期の駿河国蒲原城城主

範兼　のりかね
大江(おおえの)範兼　平安後期の官人
平(たいらの)範兼　平安後期の官人

教清　のりきよ
山崎(やまさき)教清　安土桃山時代の干拓者

憲清　のりきよ
安倍(あべの)憲清　平安後期の官人
上杉(うえすぎ)憲清　戦国時代の武蔵国衆

乗清　のりきよ　⇔じょうせい
小田(おだ)乗清　安土桃山時代の備中国の武将

詮清　のりきよ
塩冶(えんや)詮清　室町時代の塩冶郷園村・波根保等の地頭

則清　のりきよ
則清　室町時代の刀工
忠津(ただつ)則清　戦国・安土桃山時代の武将

典清　のりきよ
木崎(きざき)典清　?〜1849　江戸後期の文人

徳歓　のりきよ
永寿坊(えいじゅぼう)徳歓　1793〜1884　江戸後期〜明治期の修験者

範清　のりきよ
蒲生(かもう)範清　戦国時代の武将

利清　のりきよ　⇔としきよ
利清　江戸前期の俳人《利清》

教国　のりくに
池田(いけだ)教国　1558〜1638　江戸前期の武士

矩邦　のりくに
村野(むらの)矩邦　1793〜1854　江戸後期の茶商・剣術師範

の

孝国　のりくに
森脇(もりわき)孝国　室町時代の杵築大社上官
乗邦　のりくに
近藤(こんどう)乗邦　1749～1807　江戸中期・後期の国学者、漢学者
則国　のりくに
浦上(うらかみ)則国　戦国時代の備前国の武将
大江(おおえの)則国　平安後期の検非違使
範国　のりくに　⇔はんこく
平(たいらの)範国　平安中期の貴族
平(たいらの)範国　平安後期の官人
のり子　のりこ
安斎(あんざい)のり子　1813～1899　江戸後期～明治期の歌人
教子　のりこ
藤原(ふじわらの)教子　平安後期の女官
憲子　のりこ
源(みなもとの)憲子　平安中期の女官
教尹　のりこれ
豊福(とよふく)教尹　？～1555　安土桃山時代の武士
軌定　のりさだ
竹内(たけのうち)軌定　1693～1746　江戸中期の藩士
矩貞　のりさだ
長坂(ながさか)矩貞　1695～1752　江戸中期の幕臣
経定　のりさだ　⇔けいてい, つねさだ
難波(なんば)経定　安土桃山時代の武将
則貞　のりさだ
則貞　室町時代の出雲吉井派の刀匠
赤松(あかまつ)則貞　戦国時代の武将
小野(おのの)則貞　平安後期の官人
則定　のりさだ
惟宗(これむねの)則定　平安後期の官人
清水(しみず)則定　1774～1851　江戸中期・後期の文人
根本(ねもと)則定　江戸後期の和算家
藤懸(ふじかけ)則定　江戸中期の藩士
範貞　のりさだ
射越(いこし)範貞　南北朝時代の武将
平(たいらの)範貞　平安後期の官人
豊福(とよふく)範貞　江戸中期の碁客
藤原(ふじわらの)範貞　1126～？　平安後期の人。式部大輔文章博士永範の一男
北条(ほうじょう)範貞　鎌倉後期の武将、越後守
命貞　のりさだ
有沢(ありさわ)命貞　1757～1794　江戸中期・後期の藩士・軍学者
憲真　のりざね
大部(おおぶの)憲真　平安中期の官人
則実　のりざね
則実　平安後期の刀工
赤松(あかまつ)則実　室町・戦国時代の武将、上野赤松家の当主
鷺坂(さぎさか)則実　平安時代の遠江国豊田郡社山城の城主
範真　のりざね
平(たいらの)範真　平安後期の官人
範三郎　のりさぶろう　⇔はんざぶろう
八重野(やえの)範三郎　1849～1922　江戸末期～大正期の教育者
則沢　のりさわ
紀(きの)則沢　平安後期の官人
教成　のりしげ
平(たいら)教成　994～1080　平安中期・後期の官人、歌人
矩蕃　のりしげ
浜野(はまの)矩蕃　江戸後期の装剣金工
矩稠　のりしげ
長山(ながやま)矩稠　1777～1866　江戸後期の足柄上郡柳川村工匠
憲重　のりしげ
大石(おおいし)憲重　1365～1429　室町時代の武将
尻高(しったか)憲重　南北朝時代の尻高城主
孝重　のりしげ　⇔たかしげ
秋上(あきあげ)孝重　戦国時代の神魂社神主。初代の正神主
修茂　のりしげ　⇔しげもち
大胡(おおご)修茂　室町・戦国時代の連歌作者
則重　のりしげ
則重　江戸前期の刀工
紀(きの)則重　平安後期の官人
惟宗(これむねの)則重　平安後期の官人
佐伯(さえき)則重　鎌倉後期・南北朝時代の越中の刀工
新免(しんめん)則重　？～1420　室町時代の武将
則成　のりしげ　⇔のりなり
源(みなもと)則成　平安中期の公家・歌人
宮田(みやた)則成　1795～？　江戸後期の歌人・吉田藩士
徳繁　のりしげ　⇔よししげ
鷹野(たかの)徳繁　1534～1613　戦国～江戸前期の武田氏の家臣《鷹野徳繁》
繁茂　のりしげ　⇔しげもち
平(たいら)繁茂　鎌倉時代の官人・歌人
範重　のりしげ
藤原(ふじわら)範重　鎌倉後期の公家・歌人
則季　のりすえ
小槻(おつきの)則季　平安後期の官人
後藤(ごとう)則季　室町時代の武士
王(こにきし)則季　平安後期の官人
狛(こまの)則季　平安後期の官人、楽人
則末　のりすえ
紀(きの)則末　平安後期の官人
藤井(ふじいの)則末　平安後期の摂津国採銅所預目代
範季　のりすえ
石野(いしのの)範季　平安後期の官人

木戸（きど）範季　南北朝時代の武将

法季　のりすえ

木戸（きど）法季　南北朝・室町時代の武士

敬典　のりすけ　⇔たかのり

平井（ひらい）敬典　1808～1845　江戸後期の儒者

憲輔　のりすけ

市川（いちかわ）憲輔　戦国時代の連歌作者

藤原（ふじわらの）憲輔　？～1079　平安後期の官人

則助　のりすけ

則助　平安中期の刀工

則助　鎌倉時代の刀工

狛（こまの）則助　1114～1155　平安後期の左近衛府の官人、楽人

惟宗（これむねの）則助　平安後期の陰陽師

則祐　のりすけ

浅利（あさり）則祐　1523～1562　戦国・安土桃山時代の国人

島田（しまだ）則祐　江戸中期の「花洛紀行」の著者

友野（ともの）則祐　1811～1892　江戸後期～明治期の和算家《友野則裕》

徳資　のりすけ

菅原（すがわら）徳資　江戸後期・末期の和算家

範祐　のりすけ

大中臣（おおなかとみの）範祐　平安後期の神官

教純　のりずみ

皆川（みながわ）教純　1716～1802　江戸中期・後期の藩士

憲純　のりずみ

頴娃（えい）憲純　鎌倉後期・南北朝時代の武将

章純　のりずみ

勢多（せた）章純　1734～1795　江戸中期・後期の明法家

章澄　のりずみ　⇔あきずみ

中原（なかはらの）章澄　1224～？　鎌倉前期・後期の明法家

紀隆　のりたか

福島（ふくしま）紀隆　1765～1813　江戸中期・後期の神職

三好（みよし）紀隆　1673～1725　江戸前期・中期の郷土史家

義孝　のりたか　⇔よしたか, よしのり

藤原（ふじわらの）義孝　平安中期の公家・歌人《藤原義孝》

教宝　のりたか

神矢（かみや）教宝　江戸末期の和算家、豊岡藩士

教隆　のりたか

大久保（おおくぼ）教隆　1586～1643　安土桃山・江戸前期の幕臣

乗高　のりたか

中村（なかむら）乗高　？～1827　江戸中期・後期の神職

則孝　のりたか

鹿島（かしま）則孝　1813～1892　江戸後期～明治期の神職

瀬川（せがわ）則孝　1853～1911　江戸末期・明治期の歌人

和田（わだ）則孝　江戸後期の医者

則高　のりたか

則高　平安後期の刀工

狛（こまの）則高　999～1076　平安中期・後期の雅楽家

則隆　のりたか

菊池（きくち）則隆　平安後期の郡司

橘（たちばなの）則隆　平安中期の官人

典孝　のりたか

斎藤（さいとう）典孝　1826～1894　江戸後期～明治期の大工

徳高　のりたか

都筑（つづき）徳高　江戸後期・末期の幕臣

範高　のりたか

猪俣（いのまた）範高　鎌倉前期の武士

福田（ふくだ）範高　平安後期の在地領主

藤原（ふじわら）範高　南北朝時代の連歌作者

範隆　のりたか

薬師寺（やくしじ）範隆　南北朝時代の歌人

章武　のりたけ

勢多（せた）章武　1792～？　江戸後期の明法家

則武　のりたけ

相坂（あいさか）則武　江戸中期の藩士

清原（きよはらの）則武　平安後期の官人

松浦（まつうら）則武　1780～1813　江戸中期・後期の儒学者・漢詩人

紀品　のりただ

本多（ほんだ）紀品　？～1786　江戸中期の旗本

教忠　のりただ

河原淵（かわらぶち）教忠　安土桃山時代の西園寺氏の部将

紀（きの）教忠　平安中期の官人

三浦（みうら）教忠　江戸後期の和算家

矩忠　のりただ

大森（おおもり）矩忠　江戸後期の歌人

乗紀　のりただ

石川（いしかわ）乗紀　1674～1716　江戸中期の小諸藩主

則正　のりただ　⇔のりまさ

小野（おの）則正　1686～1727　江戸前期・中期の代官

則忠　のりただ

紀（きの）則忠　平安後期の藤原師実家の知家事

児玉（こだま）則忠　江戸中期の藩士

富山（とやま）則忠　平安時代の在地領主

範忠　のりただ

清原（きよはら）範忠　江戸前期の「難波軍艦大全」の著者

熊谷（くまたに）範忠　1777～1843　江戸末期の歌人

藤原（ふじわら）範忠　鎌倉時代の公家・歌人

藤原（ふじわらの）範忠　平安後期の官人

徳立　のりたつ

河原（かわはら）徳立　1844～1914　江戸後期～大

正期の東京絵付（陶画）の中心人物

教胤　のりたね
臼井（うすい）教胤　戦国時代の下総臼井城主。之胤の子

憲胤　のりたね
千葉（ちば）憲胤　戦国時代の北条氏の家臣

孝胤　のりたね　⇔たかたね
千葉（ちば）孝胤　1443〜1505　室町・戦国時代の武将《千葉孝胤》

則胤　のりたね
阿埜（あの）則胤　1692〜1762　江戸中期の藩士
阿部（あべ）則胤　1691〜1762　江戸中期の代官

規親　のりちか
山岡（やまおか）規親　1847〜1911　江戸後期〜明治期の漁業功労者

儀懐　のりちか
橘（たちばなの）儀懐　平安中期の官人

教愛　のりちか
矢盛（やもり）教愛　1817〜1881　江戸後期〜明治期の国学者

教近　のりちか
大久保（おおくぼ）教近　1741〜1800　江戸中期の旗本

術親　のりちか
下条（しもじょう）術親　1855〜1918　江戸末期〜大正期の和算家

則親　のりちか
紀（きの）則親　平安後期の官人
山岡（やまおか）則親　1847〜1911　江戸後期〜明治期の漁業功労者《山岡規親》

範親　のりちか
一色（いっしき）範親　1609〜1650　江戸前期の幕臣

紀次　のりつぐ
朝山（あさやま）紀次　平安後期の在庁朝山家の一族

軌麗　のりつぐ
岡井（おかい）軌麗　1746〜1824　江戸後期の武士

乗次　のりつぐ
松平（まつだいら）乗次　安土桃山・江戸前期の武士

則継　のりつぐ
高草木（たかくさぎ）則継　戦国〜江戸前期の郷土

則次　のりつぐ
則次　鎌倉時代の刀工
都築（つづき）則次　1624〜1694　江戸前期・中期の代官

範序　のりつぐ　⇔はんじょ
近藤（こんどう）範序　江戸後期の地誌家

了次　のりつぐ
酒井（さかい）了次　1606〜1635　江戸前期の武士

祈綱　のりつな
横田（よこた）祈綱　1820〜1865　江戸後期・末期の草莽の志士として天狗党に加盟

教綱　のりつな
赤堀（あかほり）教綱　鎌倉時代の武人

孝綱　のりつな
出雲（いずも）孝綱　鎌倉前期の杵築大社国造

乗綱　のりつな
野村（のむら）乗綱　戦国時代の山状

則綱　のりつな
則綱　室町時代の刀工
則綱　戦国時代の刀工
金田（かねだ）則綱　室町時代の武将
南条（なんじょう）則綱　?〜1670　江戸前期の代官

徳綱　のりつな
佐々木（ささき）徳綱　?〜1834　江戸後期の医者・歌人

範綱　のりつな
猪俣（いのまた）範綱　平安後期の武士
藤原（ふじわら）範綱　平安後期の公家・歌人
藤原（ふじわらの）範綱　平安後期の官人

宣経　のりつね
藤原（ふじわらの）宣経　1203〜?　鎌倉前期の公卿

則経　のりつね
藤原（ふじわらの）則経　平安後期の官人
宮道（みやじの）則経　平安後期の官人

則恒　のりつね
中臣（なかとみの）則恒　戦国時代の鹿島社大宮司

則常　のりつね
石野（いしの）則常　江戸後期・末期の幕臣
伊豆（いず）則常　江戸前期の俳人

了恒　のりつね
酒井（さかい）了恒　1842〜1876　江戸後期〜明治期の庄内藩中老《酒井玄蕃》

矩貫　のりつら
前田（まえだ）矩貫　1748〜?　江戸中期・後期の幕臣

登人　のりと
佐久間（さくま）登人　1848〜?　江戸後期・末期の新撰組隊士《佐久間登介》

義任　のりとう
大中臣（おおなかとみの）義任　平安中期の伊勢大神宮司

則任　のりとう
石野（いしのの）則任　平安後期の官人
白鳥（しらとり）則任　平安時代の武将

範任　のりとう
大中臣（おおなかとみの）範任　?〜1074　平安後期の官人
藤原（ふじわらの）範任　平安中期の官人

則遠　のりとお
源（みなもとの）則遠　?〜1149　平安後期の下級官人

儀時　のりとき
忌部（いんべの）儀時　平安後期の神祇官人
卜部（うらべの）儀時　平安後期の官人

教時　のりとき
名越（なごえ）教時　1235〜1272　鎌倉後期の武将

憲説　のりとき
藤原（ふじわら）憲説　鎌倉時代の公家

乗時　のりとき
志摩(しま)乗時　1790〜1850　江戸後期の木彫師
経俊　のりとし　⇔つねとし
難波(なんば)経俊　平安時代の武士
憲俊　のりとし
藤原(ふじわらの)憲俊　平安後期の飛騨守
則俊　のりとし
大江(おおえの)則俊　平安後期の官人
大賀(おおが)則俊　平安後期の官人
藤原(ふじわら)則俊　鎌倉時代の公家・歌人・連歌作者
則敏　のりとし
坂本(さかもと)則敏　1838〜1895　江戸末期・明治期の飯山藩維新の功労者
典利　のりとし
海原(うなはらの)典利　平安後期の官人
規富　のりとみ
宅間(たくま)規富　?〜1621　安土桃山・江戸前期の北条氏の家臣
乗富　のりとみ
松平(まつだいら)乗富　1718〜1774　江戸中期の国学者
規冨　のりとみ
宅間(たくま)規冨　1559〜1621　江戸前期の旗本
紀知　のりとも
西村(にしむら)紀知　江戸後期の和算家、西尾藩士
業朝　のりとも
小林(こばやし)業朝　?〜1857　江戸後期・末期の歌人
矩佳　のりとも
内藤(ないとう)矩佳　1766〜1841　江戸中期・後期の幕臣
則友　のりとも
惟宗(これむねの)則友　平安後期の官人
了知　のりとも
酒井(さかい)了知　1750〜1820　江戸中期・後期の庄内藩家老
矩豊　のりとよ
前田(まえだ)矩豊　?〜1771　江戸中期の藩士
山名(やまな)矩豊　1620〜1698　江戸前期・中期の幕臣
教直　のりなお
渋川(しぶかわ)教直　1422〜1479　室町・戦国時代の九州探題
敬直　のりなお　⇔たかなお
熊谷(くまがい)敬直　1679〜1725　江戸前期・中期の藩士
憲直　のりなお
上杉(うえすぎ)憲直　?〜1440　室町時代の武士
宣直　のりなお　⇔のぶなお
藤木(ふじき)宣直　1616〜1683　江戸前期の神職
則直　のりなお
知久(ちく)則直　1578〜1644　安土桃山・江戸前期の幕臣
長(ちょう)則直　?〜1577　安土桃山時代の能登畠山氏の家臣
典直　のりなお　⇔てんちょく
桜山(さくらやま)典直　?〜1824頃?　江戸中期・後期の国学者
伯直　のりなお
戸塚(とつか)伯直　1594〜1650　安土桃山・江戸前期の代官
範直　のりなお
千秋(せんしゅう)範直　鎌倉前期の熱田大宮司
軌中　のりなか
吉田(よしだ)軌中　1670〜1741　江戸前期・中期の藩士
範仲　のりなか
今木(いまき)範仲　?〜1336　南北朝時代の武将
則長　のりなが
則長　鎌倉後期の長船派の刀工
橘(たちばな)則長　982〜1034　平安中期の官人、歌人
藤原(ふじわら)則長　平安後期の公家・歌人
徳長　のりなが
清(せい)徳長　戦国時代の徳川家奉行人
猷栄　のりなが
深河(ふかがわ)猷栄　1695〜1768　江戸中期の神道家
儀成　のりなり
牧野(まきの)儀成　?〜1660　江戸前期の旗本
憲業　のりなり
長野(ながの)憲業　?〜1514　戦国時代の上野国衆。箕輪長野一族
憲成　のりなり
臼井(うすい)憲成　?〜1886　江戸後期〜明治期の加賀藩士
則成　のりなり　⇔のりしげ
則成　鎌倉後期の刀工
源(みなもとの)則成　平安中期の公家・歌人《源則成》
徳成　のりなり　⇔とくじょう, とくなり
伊勢(いせの)徳成　平安前期の官人
溝口(みぞぐち)徳成　1775〜1844　江戸中期・後期の藩士
範成　のりなり
紀(きの)範成　平安後期の紀伊国直川保の刀禰
憲信　のりのぶ
上杉(うえすぎ)憲信　室町時代の武将
中田(なかだ)憲信　1835〜1910　江戸後期〜明治期の国学者
矢野(やの)憲信　戦国時代の惣社長尾氏年寄
乗延　のりのぶ
松平(まつだいら)乗延　?〜1694　江戸前期の旗本
詮信　のりのぶ　⇔あきのぶ
桃井(もものい)詮信　南北朝時代の武家・歌人
教春　のりはる
細川(ほそかわ)教春　1424〜1450　室町時代の和泉半国守護3代

憲治　のりはる
福沢（ふくざわ）憲治　1796～1847　江戸後期の歌人

孝玄　のりはる
北島（きたじま）孝玄　江戸中期の神職

則治　のりはる
別所（べっしょ）則治　？～1513？　戦国時代の別所氏中興の祖

範治　のりはる
別所（べっしょ）範治　江戸中期の剣術家

命彦　のりひこ
松木（まつき）命彦　1733～1798　江戸中期・後期の神職

教久　のりひさ
賀茂（かも）教久　1284～1351　鎌倉後期・南北朝時代の神職、歌人
松下（まつした）教久　江戸前期の神職・蹴鞠家

矩久　のりひさ　⇔くきゅう
松下（まつした）矩久　1602～1685　安土桃山・江戸前期の神職

憲古　のりひさ
宮路（みやじ）憲古　江戸末期～明治期の歌人。恒雄の子

憲尚　のりひさ
岡本（おかもと）憲尚　江戸後期の和算家

則久　のりひさ
中臣（なかとみの）則久　戦国時代の鹿島社大宮司
中村（なかむら）則久　安土桃山時代の武将

法古　のりひさ
高田（たかだ）法古　1811～1866　江戸後期・末期の藩士、国学者

敬英　のりひで
谷井（たにい）敬英　1763～？　江戸中期・後期の漢学者・医者
那須（なす）敬英　1807～1863　江戸後期・末期の国学者

憲英　のりひで　⇔のりふさ
上杉（うえすぎ）憲英　？～1404　南北朝・室町時代の武将《上杉憲英》

式秀　のりひで
久下（くげ）式秀　1683～1737　江戸前期・中期の幕臣

乗秀　のりひで
荻原（おぎわら）乗秀　1695～1735　江戸中期の幕臣、代官、佐渡奉行

則栄　のりひで
入江（いりえ）則栄　1727～1788　江戸中期・後期の歌人

則秀　のりひで
徳山（とくやま）則秀　？～1606　安土桃山・江戸前期の織田信長の家臣

範英　のりひで
吉良（きら）範英　1594～1661　安土桃山・江戸前期の幕臣

範秀　のりひで
今木（いまき）範秀　？～1336　南北朝時代の武将
小串（おぐし）範秀　？～1339　鎌倉後期・南北朝時代の武士、歌人

教平　のりひら
大久保（おおくぼ）教平　1708～1761　江戸中期の旗本

則平　のりひら
則平　江戸後期の刀工

記博　のりひろ
浅井（あさい）記博　1850～1912　江戸末期・明治期の政治家。愛媛県会議員、初代八幡浜町長

教寛　のりひろ
小川（おがわ）教寛　1818～1860　江戸後期・末期の大槌代官所給人

教弘　のりひろ
紀（きの）教弘　？～1063　平安後期の紀伊国造

憲広　のりひろ
上杉（うえすぎ）憲広　戦国時代の古河公方足利高基の二男で、関東管領上杉憲房の養子。関東管領

則広　のりひろ
鹿島（かしま）則広　1591～1653　安土桃山・江戸前期の神職

則弘　のりひろ
南条（なんじょう）則弘　？～1707　江戸中期の代官

則普　のりひろ
小笠原（おがさわら）則普　1743～？　江戸中期の幕臣、代官

則裕　のりひろ
友野（ともの）則裕　1811～1892　江戸後期～明治期の和算家

典礼　のりひろ　⇔てんれい
上原（うえはら）典礼　1832～1924　江戸末期～大正期の漁業功労者

模宏　のりひろ
津軽（つがる）模宏　1757～1831　江戸中期・後期の弘前藩家老

教房　のりふさ
上杉（うえすぎ）教房　？～1459　室町時代の武士。四条上杉氏当主

憲英　のりふさ　⇔のりひで
上杉（うえすぎ）憲英　？～1404　南北朝・室町時代の武将

憲房　のりふさ
藤原（ふじわらの）憲房　？～1073　平安後期の官人

孝房　のりふさ　⇔たかふさ
出雲（いずもの）孝房　鎌倉時代の神職

則英　のりふさ
遠山（とうやま）則英　？～1732　江戸中期の旗本

則房　のりふさ
則房　室町時代の刀工
倉林（くらばやし）則房　1551～1626　戦国～江戸前期の関東代官
中臣（なかとみの）則房　戦国時代の鹿島社大宮司

伯英 のりふさ ⇔はくえい
戸塚(とつか)伯英 1555～1629 戦国～江戸前期の代官

範房 のりふさ
堤(つつみ)範房 1750～1820 江戸中期・後期の藩士

範藤 のりふじ
高倉(たかくら)範藤 鎌倉時代の公卿、歌人

徳章 のりふみ
渋井(しぶい)徳章 江戸中期の漢学者

則録 のりぶみ
岡本(おかもと)則録 1847～1931 江戸後期～昭和期の数学者

規正 のりまさ
村井(むらい)規正 1755～1817 江戸中期・後期の和算家

教雅 のりまさ ⇔きょうが
飛鳥井(あすかい)教雅 ?～1230 平安後期・鎌倉前期の公家・歌人・蹴鞠家

教正 のりまさ
池田(いけだ)教正 南北朝時代の武将

矩政 のりまさ
奥村(おくむら)矩政 ?～1776 江戸中期の旗本

矩正 のりまさ
内藤(ないとう)矩正 1729～? 江戸中期の幕臣
前田(まえだ)矩正 江戸後期の藩士

憲将 のりまさ
上杉(うえすぎ)憲将 ?～1366 鎌倉後期・南北朝時代の武将

憲昌 のりまさ
平元(ひらもと)憲昌 1832～? 江戸後期～明治期の俳人・教育者

詮政 のりまさ ⇔あきまさ
斯波(しば)詮政 南北朝時代の歌人

則政 のりまさ
井出(いで)則政 江戸時代の馬術家
息長(おきながの)則政 平安中期の官人

則正 のりまさ ⇔のりただ
志摩(しま)則正 ?～1842 江戸後期の水主

則理 のりまさ
源(みなもとの)則理 平安中期の官人

典雅 のりまさ
菅原(すがわらの)典雅 平安中期の官人

徳正 のりまさ
伊藤(いとう)徳正 1771～1837 江戸中期・後期の書家
三宅(みやけ)徳正 1826～1902 江戸末期の医師

範将 のりまさ
今川(いまがわ)範将 ?～1459 室町時代の武将。遠江今川氏の当主

範政 のりまさ
大中臣(おおなかとみの)範政 平安中期の官人
坂上(さかのうえの)範政 平安後期の法曹官僚
中原(なかはらの)範政 1050～1106 平安中期・後期の明法博士

範正 のりまさ
飯田(いいだ)範正 1743～1802 江戸中期・後期の藩士・連歌作者
和田(わだ)範正 室町時代の武士

礼政 のりまさ
浅井(あさい)礼政 江戸後期の藩士

憲益 のります
梅沢(うめざわ)憲益 室町時代の武将

徳益 のります
大鹿(おおしかの)徳益 平安中期の官人

法麻呂 のりまろ
猪名(いなの)法麻呂 奈良時代の官人
田中朝臣(たなかのあそん)法麻呂 飛鳥時代の伊予国国司

典見 のりみ
荒井(あらい)典見 江戸中期の歌人

範美 のりみ
一色(いっしき)範美 1854～1904 江戸末期・明治期の政治家

紀道 のりみち
小林(こばやし)紀道 1769～1823 江戸中期・後期の和算家、米沢藩士

矩道 のりみち ⇔くどう
会沢(あいざわ)矩道 1820～1862 江戸後期・末期の和算家、水戸藩士
遠山(とおやま)矩道 1840～1888 江戸末期・明治期の蚕糸業功労者

宣道 のりみち
岩間(いわま)宣道 江戸後期の歌人

則通 のりみち
稲葉(いなば)則通 1671～1760 江戸前期・中期の国学者、兵学者

則道 のりみち
則道 江戸末期の刀工
木暮(こぐれ)則道 江戸末期の和算家

了道 のりみち ⇔りょうどう
丹羽(にわ)了道 1658～1715 江戸中期の武士

記通 のりみつ
伊藤(いとう)記通 1771～1824 江戸中期・後期の公益家

教盈 のりみつ
天谷(あまや)教盈 1787～1837 江戸中期・後期の和算家

矩満 のりみつ
梶野(かじの)矩満 1748～1816 江戸中期・後期の幕臣

憲光 のりみつ
安保(あぼ)憲光 室町時代の武士

式光 のりみつ
宮道(みやじの)式光 ?～1033 平安中期の官人

則光 のりみつ
則光 室町時代の長船派の刀工
則光 室町時代の石見の刀匠
則光 戦国時代の刀工

橘(たちばな)則光　平安中期の官人、歌人

則満　のりみつ

出目(でめ)則満　安土桃山時代の能面師

古山(ふるやま)則満　1716～1765　江戸中期の藩士

範満　のりみつ

今川(いまがわ)範満　?～1335　鎌倉後期・南北朝時代の武将

法光　のりみつ　⇔ほうこう

法光　1416～?　室町時代の長船(小反)派の刀工

則峰　のりみね

鹿島(かしま)則峰　1756～1804　江戸中期・後期の神職

慶宗　のりむね　⇔けいそう, よしむね

神保(じんぼ)慶宗　?～1521　戦国時代の越中国射水郡・婦負郡守護代《神保慶宗》

憲宗　のりむね

大中臣(おおなかとみ)憲宗　南北朝時代以前の連歌作者。「菟玖波集」に入集

則宗　のりむね

則宗　安土桃山時代の刀工

大中臣(おおなかとみの)則宗　鎌倉時代の東大寺領大井荘の荘官

佐伯(さえき)則宗　平安後期の官人

典宗　のりむね

海原(うなはらの)典宗　平安中期の典薬寮医師

範宗　のりむね

範宗　平安後期の絵師

津々(つつ)範宗　室町時代の武将

敬持　のりもち

内柴(うちしば)敬持　1848～1912　江戸後期～明治期の実業家

徳用　のりもち

近藤(こんどう)徳用　1661～1699　江戸前期・中期の幕臣

範以　のりもち

今川(いまがわ)範以　1570～1608　安土桃山・江戸前期の武将

教基　のりもと

二条(にじょう)教基　南北朝時代の公家・歌人

教泉　のりもと

林(はやし)教泉　江戸前期の武士

憲基　のりもと　⇔けんき

丹波(たんばの)憲基　1122～?　平安後期の医者

則基　のりもと

大江(おおえの)則基　平安後期の官人

則元　のりもと

上野(うえの)則元　平安後期の官人

平群(へぐりの)則元　平安後期の安芸国の相撲人

範基　のりもと

藤原(ふじわらの)範基　平安中期の官人

藤原(ふじわらの)範基　?～1066　平安中期・後期の廷臣

範本　のりもと

太田(おおた)範本　戦国時代の人。能登国鳳至郡道下村の宝泉寺へ二ケ村の「田役銭二貫文」を寄進

円盛　のりもり

御正山(みしょうやま)円盛　1778～1843　江戸後期の本山派修験僧侶

乗滝　のりもり

松平(まつだいら)乗滝　江戸時代の岩村藩主

則盛　のりもり

鹿島(かしま)則盛　1568～1614　安土桃山・江戸前期の神職

紀(きの)則盛　平安後期の藤原忠通家の家司

徳盛　のりもり

江馬(えま)徳盛　1367～1401　室町時代の江馬氏8代。時則の嫡男。高原諏訪城主

憲康　のりやす

大須賀(おおすが)憲康　戦国時代の下総松子城主。直朝の子

規行　のりゆき

高橋(たかはし)規行　江戸後期・末期の和算家

軌之　のりゆき

児玉(こだま)軌之　江戸時代の和算家

義行　のりゆき　⇔よしゆき

佐野(さの)義行　1757～1829　江戸中期・後期の幕臣

教幸　のりゆき

大内(おおうち)教幸　1430～1471　室町・戦国時代の武将

教行　のりゆき

東小路(ひがしこうじ)教行　戦国時代の土佐一条氏の一門、家老衆

教之　のりゆき

小崎(おざき)教之　1689～1766　江戸中期の藩士

訓之　のりゆき

荷田(かだ)訓之　羽倉訓之に同じ

羽倉(はくら)訓之　?～1823　江戸中期・後期の国学者、狂歌作者

憲行　のりゆき

小幡(おばた)憲行　戦国時代の上野国衆

識行　のりゆき

志村(しむら)識行　1723～1794　江戸中期・後期の藩士

宣行　のりゆき

西(にし)宣行　1764～1826　江戸中期・後期の書家

則行　のりゆき

物部(もののべの)則行　平安中期の官人

則之　のりゆき

小泉(こいずみ)則之　江戸後期の和算家

安井(やすい)則之　1840～1888　江戸後期～明治期の国学者・神職

典行　のりゆき

宇田川(うだがわ)典行　江戸後期の神職

範行 のりゆき
石野(いしのの)範行 平安後期の官人
小串(おぐし)範行 鎌倉後期の歌人
範之 のりゆき
上村(うえむら)範之 江戸後期の医者
美至 のりゆき
人見(ひとみ)美至 1723〜1786 江戸中期の幕臣・漢学者
約之 のりゆき
森(もり)約之 1835〜1871 江戸後期〜明治期の医者
教能 のりよし
田口(たぐちの)教能 ?〜1197 平安後期・鎌倉前期の阿波国の武将
教美 のりよし
臼井(うすい)教美 江戸中期・後期の医者
教由 のりよし
佐山(さやま)教由 1692〜1760 江戸中期の代官
教良 のりよし
笠(かさの)教良 平安後期の官人
憲儀 のりよし
大石(おおいし)憲儀 1392〜1440 室町時代の武将
憲義 のりよし
鬼柳(おにやなぎ)憲義 鎌倉後期・南北朝時代の武士
憲吉 のりよし
三井(みつい)憲吉 戦国時代の武田氏の家臣
憲能 のりよし
上杉(うえすぎ)憲能 戦国時代の宅間上杉氏の当主
憲美 のりよし
遠山(とおやま)憲美 1849〜? 江戸末期の盲唖教育家
憲良 のりよし
中田(なかた)憲良 1791〜1860 江戸後期の医者
載肥 のりよし
今井(いまい)載肥 1709〜1774 江戸中期の代官
升芳 のりよし
間宮(まみや)升芳 1779〜1841 江戸中期・後期の国学者
乗義 のりよし
伊藤(いとう)乗義 1829〜1912 江戸後期〜明治期の国学者、教育家
乗吉 のりよし
紀(きの)乗吉 平安中期の官人
宣能 のりよし
岩間(いわま)宣能 ?〜1867 江戸後期・末期の書家、歌人
則義 のりよし
平(たいらの)則義 平安中期の官人
高田(たかだ)則義 安土桃山時代の武将
則吉 のりよし
野々山(ののやま)則吉 1852〜1917 江戸末期〜大正期の松本藩最後の家老
則善 のりよし
大窪(おおくぼ)則善 平安中期の歌人
則徳 のりよし
楠美(くすみ)則徳 1754〜1819 江戸中期・後期の弘前町奉行
典愛 のりよし
勝田(かつた)典愛 ?〜1716 江戸中期の旗本
典義 のりよし
中川(なかがわ)典義 江戸後期の藩士
徳馨 のりよし ⇔とくけい
藤城(ふじしろ)徳馨 江戸後期の和算家
徳吉 のりよし
大原(おおはらの)徳吉 平安後期の官人
能芳 のりよし
吉田(よしだ)能芳 ?〜1861 江戸後期の武士
範善 のりよし
彦坂(ひこさか)範善 1803〜1879 江戸後期〜明治期の和算家
範能 のりよし
田口(たぐち)範能 ?〜1197 平安後期・鎌倉前期の田口成良の長男
教頼 のりより
少弐(しょうに)教頼 1425〜1467 室町時代の武士
東(とう)教頼 戦国時代の下総国東庄須賀山城主
二条(にじょう)教頼 南北朝時代の公家・歌人
憲頼 のりより
大森(おおもり)憲頼 ?〜1467 室町時代の西相模の武将

【は】

梅庵 ばいあん
池田(いけだ)梅庵 江戸後期の数奇者
木下(きのした)梅庵 江戸後期の狂詩作者
塩見坂(しおみざか)梅庵 江戸前期の料理人
森田(もりた)梅庵 1813〜1872 江戸後期〜明治期の舞木村名主、教育者
梅員 ばいいん
梅員 江戸前期の俳人
梅陰 ばいいん
大島(おおしま)梅陰 1825〜1892 江戸後期〜明治期の画家《大島梅隠》
梅隠 ばいいん
大島(おおしま)梅隠 1825〜1892 江戸後期〜明治期の画家
竹村(たけむら)梅隠 江戸中期の武士・詩文家
梅宇 ばいう
菅(かん)梅宇 1626〜1707 江戸前期・中期の儒者
佐藤(さとう)梅宇 ?〜1857 江戸後期・末期の絵師
梅雨 ばいう
梅雨 江戸後期の俳人

梅塢　ばいう　⇔ばいこう
中村（なかむら）梅塢　江戸後期の漢学者
梅雲　ばいうん
狩野（かのう）梅雲　1657～1715　江戸前期・中期の画家
梅栄　ばいえい
狩野（かのう）梅栄　1642～1700　江戸前期・中期の画家
梅英　ばいえい
梅英　江戸後期の俳人
文山（ぶんさん）梅英　江戸中期の曹洞宗の僧
梅園　ばいえん
杉山（すぎやま）梅園　1805～1844　江戸後期の漢学者
野里（のざと）梅園　江戸後期の博学者
森田（もりた）梅園　1784～1862　江戸中期～末期の用水路開発者、文人
山本（やまもと）梅園　江戸時代の津山松平藩士・画家

は

梅応　ばいおう
梅応　1737～1787　江戸中期の俳人
梅翁　ばいおう
梅翁　1623～1689　江戸前期・中期の連歌作者・俳人。浄土真宗の僧
梅翁　1757～1825　江戸中期・後期の俳人・商家《平角》
本庄（ほんじょう）梅翁　江戸末期・明治期の漢学者
梅屋　ばいおく
久座（きゅうざ）梅屋　1838～1889　江戸後期～明治期の日本画家
久座（くざ）梅屋　久座梅屋に同じ
松井（まつい）梅屋　1785～1826　江戸中期・後期の医者・漢詩人
梅温　ばいおん
梅温　江戸後期の俳人
媒柯　ばいか
媒柯　江戸中期の俳人
梅下　ばいか
薄井（うすい）梅下　？～1894　江戸末期・明治期の金沢の俳人
梅伽　ばいか
府川（ふかわ）梅伽　江戸中期の前句付・冠付の宗匠
梅可　ばいか
白井（しらい）梅可　？～1712　江戸前期・中期の俳人
梅花　ばいか
藤堂（とうどう）梅花　1770～1844　江戸中期・後期の儒者《藤堂竜山》
平塚（ひらつか）梅花　？～1877　江戸末期・明治期の漢詩人
楳華　ばいか
大野（おおの）楳華　1834～1884　江戸後期～明治期の儒者
梅峨　ばいが
梅峨　江戸後期の俳人
梅岳　ばいがく
村（むら）梅岳　江戸後期の画家
梅閑　ばいかん
御厨屋（みくりや）梅閑　戦国時代の画家
梅磵　ばいかん
水落（みずおち）梅磵　1829～1853　江戸後期の医者・漢詩人
梅巌　ばいがん
喜多（きた）梅巌　1829～1872　江戸後期～明治期の書家、文人
三井（みつい）梅巌　江戸後期の書家・画家
梅亀　ばいき
源（みなもと）梅亀　江戸時代の風流人
梅義　ばいぎ
伊藤（いとう）梅義　江戸中期の歌人
梅客　ばいきゃく
市川（いちかわ）梅客　？～1849　江戸後期の漢学者
梅居　ばいきょ
東海（とうかい）梅居　江戸時代の通事
俳狂　はいきょう
俳狂　1775～1819　江戸中期・後期の俳人・藩士
梅橋　ばいきょう
向陽軒（こうようけん）梅橋　江戸中期の華道家
梅暁　ばいぎょう
秋元（あきもと）梅暁　？～1858　江戸末期の画家
梅兄　ばいけい
峰島（みねじま）梅兄　？～1890　江戸後期～明治期の俳人
梅径　ばいけい
水野（みずの）梅径　1652～1714　江戸前期・中期の俳人
梅慶　ばいけい
本山（もとやま）梅慶　1508～1555　戦国時代の武将
梅渓　ばいけい
木下（きのした）梅渓　江戸中期の茶人
本山（もとやま）梅渓　1508～1555　戦国時代の武将《本山梅慶》
梅月　ばいげつ
梅月　1819～1883　江戸後期～明治期の俳人
伊東（いとう）梅月　1814～1846　江戸後期の絵師
梅軒　ばいけん
荻野（おぎの）梅軒　1702～1777　江戸中期の医者
狩野（かのう）梅軒　1685～1775　江戸前期・中期の画家
菊池（きくち）梅軒　江戸後期の漢学者
中山（なかやま）梅軒　1808～1880　江戸後期～明治期の尾張藩士
梅戸　ばいこ
梅戸　江戸中期の俳人
梅後　ばいご
梅後　江戸後期の俳人
梅好　ばいこう
白縁斎（はくえんさい）梅好　1737～1805　江戸中

期・後期の狂歌師
窓廼屋(まどのや)梅好　1802〜1849　江戸後期の狂歌師

梅香　ばいこう
梅香　江戸後期の曹洞宗の僧

梅塢　ばいこう　⇔ばいう
伊沢(いさわ)梅塢　江戸末期の画家

梅国　ばいこく　⇔うめくに
梅国　1662〜1720　江戸中期の真言宗の僧

梅谷　ばいこく
梅谷　江戸中期の浄土真宗の僧
松竹舎(しょうちくしゃ)梅谷　?〜1826　江戸後期の俳人
十時(ととき)梅谷　?〜1877　江戸後期の儒者
忍頂寺(にんちょうじ)梅谷　江戸末期の画家
正木(まさき)梅谷　1781〜1865　江戸中期〜末期の藩士・漢学者

梅左　ばいさ
梅左　江戸後期の俳人
徳弘(とくひろ)梅左　1843〜1909　江戸末期・明治期の俳人(美濃派)

梅斎　ばいさい
吉田(よしだ)梅斎　江戸後期の篆刻家

梅山　ばいさん　⇔ばいざん
梅山　1656〜1725　江戸中期の黄檗唐僧

梅山　ばいざん　⇔ばいさん
梅山　江戸前期の雑俳点者

楳山　ばいざん
楳山　江戸後期の俳人
矢部(やべ)楳山　1849〜1911　江戸後期〜明治期の日本画家

買山　ばいざん
買山　?〜1704　江戸中期の俳諧作者
買山　江戸後期の俳人

倍之　ばいし
保科(ほしな)倍之　1841〜1914　江戸末期〜大正期の俳人

梅指　ばいし
直翁(じきおう)梅指　江戸末期の曹洞宗の僧

梅枝　ばいし
碓井(うすい)梅枝　?〜1821　江戸中期・後期の加賀国石川郡鶴来村の俳人

梅至　ばいし
梅至　江戸中期の俳人

梅之　ばいし
植山(うえやま)梅之　江戸中期の歌人

禖子　ばいし
九条(くじょう)禖子　鎌倉後期の歌人
藤原(ふじわらの)禖子　鎌倉時代の女官

梅二　ばいじ
梅二　江戸後期の俳人

梅尺　ばいしゃく
梅尺　江戸中期の俳人

梅寿　ばいじゅ
梅寿　?〜1817　江戸中期・後期の俳人・書肆
狩野(かのう)梅寿　?〜1771　江戸中期の画家

梅州　ばいしゅう
梅州　江戸後期の雑俳点者

梅従　ばいじゅう
梅従　江戸中期の俳人・商家
後藤(ごとう)梅従　江戸中期の俳諧師

梅春　ばいしゅん
狩野(かのう)梅春　1684〜1743　江戸前期・中期の絵師
柚原(ゆはら)梅春　1814〜1851　江戸後期の御役所御出入医師

梅所　ばいしょ
川合(かわい)梅所　1794〜1871　江戸後期〜明治期の漢学者
山本(やまもと)梅所　?〜1873　江戸後期〜明治期の絵師

梅墅　ばいしょ
寒川(さむかわ)梅墅　1698〜1739　江戸中期の地誌家

梅助　ばいじょ
梅助　江戸後期の俳人

梅笑　ばいしょう
酔月(すいげつ)梅笑　江戸後期の戯作者

梅信　ばいしん　⇔うめのぶ
服部(はっとり)梅信　江戸中期の浮世絵師

梅心　ばいしん
梅心　?〜1613　安土桃山・江戸前期の禅僧
即安(そくあん)梅心　1581〜1582　安土桃山時代の人。細川幽斎の1子

梅臣　ばいしん
梅臣　1797〜1863　江戸後期・末期の俳人

梅塵　ばいじん
山岸(やまぎし)梅塵　1790〜1855　江戸後期の俳人

梅盛　ばいせい
高瀬(たかせ)梅盛　1611〜1699　江戸前期の俳人

拝石　はいせき
山本(やまもと)拝石　1829〜1912　江戸末期・明治期の篆刻家

梅石　ばいせき
岩永(いわなが)梅石　1774〜1846　江戸中期・後期の儒者

梅雪　ばいせつ
神墨(かみずみ)梅雪　?〜1879　江戸後期〜明治期の憂国の士
矢尾板(やおいた)梅雪　江戸後期の藩士

楳雪　ばいせつ
江野(えの)楳雪　1812〜1873　江戸末期・明治期の郷土画家

梅仙　ばいせん
鈴木(すずき)梅仙　1836〜1918　江戸末期〜大正期の製墨家

梅泉　ばいせん
中村(なかむら)梅泉　江戸前期の商人
劉(りゅう)梅泉　?〜1819　江戸中期・後期の画家

梅操　ばいそう
佐々原(ささはら)梅操　1834～1855　江戸後期・末期の儒学者
梅窓　ばいそう
梅窓　江戸後期の俳人
梅荘　ばいそう
北小路(きたこうじ)梅荘　1763～1844　江戸後期の漢学者
売炭　ばいたん
売炭　1646～1731　江戸前期・中期の俳諧師
梅痴　ばいち
梅痴　1785～1859　江戸中期～末期の学僧
梅中　ばいちゅう
梅中　江戸前期の俳人
梅朝　ばいちょう
林(はやし)梅朝　江戸前期の俳諧師
梅弟　ばいてい
梅弟　江戸後期の俳人
梅鼎　ばいてい
白山(しらやま)梅鼎　1828～1873　江戸後期～明治期の商人、俳人
梅点　ばいてん
珠光院(しゅこういん)梅点　江戸後期の歌僧
梅塘　ばいとう
梅塘　江戸後期の俳人・僧侶
梅動　ばいどう
花鳥庵(かちょうあん)梅動　江戸中期の俳人
梅堂　ばいどう
碓井(うすい)梅堂　?～1872　江戸後期～明治期の加賀国石川郡鶴来村の俳人
三土(みつち)梅堂　1844～1918　江戸末期～大正期の教育者
梅童　ばいどう
渡辺(わたなべ)梅童　1703～1781　江戸中期の俳人
梅坡　ばいは
金井(かない)梅坡　武居梅坡に同じ
武居(たけい)梅坡　1831～1905　江戸後期～明治期の日本画家
寺崎(てらざき)梅坡　1813～1891　江戸後期～明治期の漢学者
富本(とみもと)梅坡　1664～1713　江戸前期・中期の歌人
梅賓　ばいひん
曲江(いりえ)梅賓　江戸前期・中期の漢学者
梅夫　ばいふ
梅夫　江戸後期の俳人
碓井(うすい)梅夫　?～1775　江戸中期の加賀国石川郡鶴来村の俳人
梅斧　ばいふ
梅斧　江戸中期の俳人
売布　ばいふ
小森(こもり)売布　1697～1760　江戸中期の心学者
梅風　ばいふう
伯水堂(はくすいどう)梅風　江戸中期の歌人
梅仏　ばいふつ
梅仏　?～1817　江戸中期・後期の俳人
梅坪　ばいへい
真野(まの)梅坪　1817～1866　江戸末期の茶人
佩芳　はいほう
東(ひがし)佩芳　1799～1879　江戸後期～明治期の画家
貝峰　ばいほう
田中(たなか)貝峰　1757～1833　江戸中期・後期の画家
梅北　ばいほく
梅北　1700～?　江戸中期の俳人
培本　ばいほん
培本　?～1811　江戸中期・後期の僧
梅明　ばいめい
梅明　?～1786　江戸中期の俳人
梅明　1765～?　江戸中期・後期の俳人
買明　ばいめい
買明　1711～1784　江戸中期の俳人
梅門　ばいもん
梅門　江戸中期の俳人
稲木(いなき)梅門　江戸中期の俳諧師
稲本(いなもと)梅門　江戸中期の俳人
梅葉　ばいよう
梅葉　江戸後期の俳人
梅裡　ばいり
梅裡　1810～1873　江戸後期～明治期の俳人
梅里　ばいり
木下(きのした)梅里　1823～1897　江戸後期～明治期の漢学者
陶(とう)梅里　江戸後期の幕府の御瓦師
梅笠　ばいりゅう
梅笠　1805～1863　江戸後期・末期の俳人
貝陵　ばいりょう
高松(たかまつ)貝陵　江戸後期の漢学者
丸山(まるやま)貝陵　1817～1868　江戸後期・末期の漢学者
梅林　ばいりん
岡部(おかべ)梅林　江戸中期の医者
梅嶺　ばいれい
梅嶺　1800～1868　江戸後期・末期の俳人
森田(もりた)梅嶺　1820～1893　江戸後期～明治期の禅僧
少林(わかばやし)梅嶺　1823～1899　江戸後期～明治期の臨済禅僧。南禅寺派初代管長
梅輦　ばいれん
梅輦　?～1784　江戸中期の俳人
梅廊　ばいろう
梅廊　江戸後期の俳人
梅老　ばいろう
梅老　1785～1841　江戸中期・後期の俳人

馬肝　ばかん
馬肝　江戸後期の俳人
萩雄　はぎお
金光(こんこう)萩雄　1849〜1919　江戸末期〜大正期の宗教家・金光教初代管長
馬琴　ばきん
東流斎(とうりゅうさい)馬琴　江戸時代の講談師
東流斎(とうりゅうさい)馬琴〔3代〕　江戸末期の講釈師
莫　ばく
毛利(もうり)莫　1841〜1920　江戸末期〜大正期の代議士
麦鴉　ばくあ
鹿子田(かのこだ)麦鴉　1717〜1798　江戸中期の俳諧作者・川越藩士
伯庵　はくあん
宮田(みやた)伯庵　江戸後期の眼科医
伯似　はくい
村上(むらかみ)伯似　1799〜1857　江戸後期・末期の医師
帕陰　はくいん
堀(ほり)帕陰　1826〜1883　江戸後期〜明治期の藩士
泊烏　はくう
泊烏　1742〜？　江戸中期の俳人
白烏　はくう
西村(にしむら)白烏　？〜1783　江戸中期の随筆家・俳諧師
麦宇　ばくう
麦宇　1750〜1813　江戸中期・後期の俳人
白雲　はくうん
白雲　1223〜1297　鎌倉前期・後期の禅宗の高僧
白雲　1667〜1730　江戸前期・中期の俳諧師
白雲　1764〜1825　江戸中期・後期の仙北郡六郷町本覚寺の僧、洋画家
麦雲　ばくうん
山本(やまもと)麦雲　江戸後期の画家
白雲山人　はくうんさんじん
白雲山人　江戸後期の本草家
白雲子　はくうんし
白雲子　江戸前期の書家
伯英　はくえい　⇔のりふさ
林(はやし)伯英　1778〜1796　江戸中期・後期の漢詩人
柏栄　はくえい
林(はやし)柏栄　1805〜1864　江戸後期・末期の囲碁棋士
白栄　はくえい
岩淵(いわぶち)白栄　1646〜1719　江戸前期・中期の仙台藩の人。藩儒芦東山の祖父
白英　はくえい
雨後亭(うごてい)白英　1684〜？　江戸前期・中期の地誌作者
赤岩寺(せきがんじ)白英　江戸中期の書家
白江守　はくえのかみ
川地(かわち)白江守　1780〜1867　江戸中期〜末期の宮大工
伯円　はくえん
狩野(かのう)伯円　1642〜1726　江戸前期・中期の画家
柏園　はくえん
後藤(ごとう)柏園　1800〜1840　江戸後期の漢学者
白緑斎　はくえんさい
陰山(かげやま)白緑斎　江戸中期の狂歌作者
白応　はくおう
白応　江戸中期の俳人
白欧　はくおう
上村(かみむら)白欧　1754〜1832　江戸中期・後期の農家・製陶業
白翁　はくおう
池田(いけだ)白翁　1709〜1787　江戸中期の俳人
鴨田(かもた)白翁　1741〜1811　江戸中期・後期の漢学者
後藤(ごとう)白翁　1755〜1841　江戸中期・後期の水利開発者
白鷗　はくおう
白鷗　江戸前期の俳人
白鷗　？〜1864　江戸後期・末期の俳人
白鷗子　はくおうし
高井(たかい)白鷗子　1716〜1801　江戸中期・後期の国語学家
白化　はくか
白化　江戸中期の雑俳点者
白華　はくか
白華　？〜1865　江戸後期・末期の臨済宗の僧
駿華　はくか
杉野(すぎの)駿華　江戸後期の医者
白亥　はくがい
白亥　江戸後期の俳人
石坂(いしざか)白亥　1827〜？　江戸後期・末期の俳人
柏巌　はくがん
柏巌　？〜1678　江戸前期の僧。松前藩主に首を討たれた
白巌　はくがん
梅津(うめづ)白巌　1742〜1821　江戸中期・後期の漢学者
白義　はくぎ
白義　江戸後期の俳人
白牛　はくぎゅう
白牛　？〜1767　江戸中期の俳人・医者
白居　はくきょ
丈芝坊(じょうしぼう)白居　1724〜1800　江戸中期・後期の俳人
白近　はくきん
遠藤(えんどう)白近　江戸後期の画家

麦吟　ばくぎん
麦吟　江戸後期の俳人
伯圭　はくけい
小栗(おぐり)伯圭　1792〜1873　江戸後期〜明治期の半田の小栗半七家の6代目当主
中西(なかにし)伯圭　1763〜1839　江戸中期・後期の神職
柏渓　はくけい
服部(はっとり)柏渓　1849〜？　江戸後期〜明治期の文人
柏奚　はくけい
柏奚　江戸後期の俳人
柏軒　はくけん
伊沢(いさわ)柏軒　1810〜1863　江戸後期・末期の医者
白木(しらき)柏軒　1804〜1878　江戸末期・明治期の漢学者
伯元　はくげん
坂井(さかい)伯元　1630〜1703　江戸前期・中期の儒者
伯厳　はくげん
高戸(たかと)伯厳　1797〜1882　江戸末期・明治期の医師
柏子　はくこ
西川(にしかわ)柏子　1753〜1804　江戸中期・後期の歌人
柏光　はくこう
柏光　江戸後期の雑俳作者
白鵠　はくこう　⇔はっこう
白鵠　1668〜1746　江戸前期・中期の俳人《白鵠》
白皐　はくこう
斎藤(さいとう)白皐　1754〜1827　江戸中期・後期の漢学者
伯済　はくさい
千村(ちむら)伯済　？〜1754　江戸中期の藩士
伯齋　はくさい
萩野(はぎの)伯齋　1806〜1889　江戸末期・明治期の蘭方医。八幡来宮神社(旧郷社)神職
博斎　はくさい
広藤(ひろふじ)博斎　1754〜1832　江戸後期の医者
泊斎　はくさい
笹岡(ささおか)泊斎　江戸中期の神職
白才　はくさい
白才　？〜1792　江戸中期・後期の俳人
白斎　はくさい
峰村(みねむら)白斎　峯村白斎に同じ
峯村(みねむら)白斎　1772〜1851　江戸中期・後期の俳人
伯子　はくし
王(おう)伯子　安土桃山時代の儒者
伯芝　はくし
山田(やまだ)伯芝　1791〜1844　江戸後期の俳人
白支　はくし
白支　江戸前期の僧侶・俳人
白之　はくし
平田(ひらた)白之　？〜1750　江戸中期の俳人
薄帋　はくし
薄帋　江戸中期の俳人
柏二　はくじ
馬場(ばば)柏二　江戸後期の俳人
麦二　ばくじ　⇔ばくに
小島(こじま)麦二　？〜1810　江戸後期の俳人
伯寿　はくじゅ
狩野(かのう)伯寿　1678〜1766　江戸前期・中期の画家
津江(つえ)伯寿　江戸後期の医者
白就　はくじゅ
千村(ちむら)白就　1729〜1790　江戸中期・後期の陶芸家
栢舟　はくしゅう
栢舟　1707〜？　江戸中期の俳人
柏州　はくしゅう
柏州　1805〜1892　江戸末期・明治期の禅僧
柏洲　はくしゅう
水落(みずおち)柏洲　1825〜1904　江戸後期〜明治期の鉱山寮小令史
白秀　はくしゅう
白秀　江戸後期の時宗の僧
麦洲　ばくしゅう
麦洲　1726〜1804　江戸中期・後期の俳人・医者
伯珣　はくじゅん
伯珣　1695〜1776　江戸中期の唐僧
泊如　はくじょ
泊如　1614〜1693　江戸前期・中期の僧侶
白推　はくすい
白推　江戸中期の俳人
白水　はくすい
上田(うえだ)白水　1703〜1777　江戸中期の儒者
河添(かわそえ)白水　1816〜1849　江戸後期の教育者。耕読館を設立
上林(かんばやし)白水　1729〜1792　江戸中期・後期の儒学者
駒井(こまい)白水　1755〜1793　江戸中期・後期の漢学者
田中(たなか)白水　？〜1769　江戸中期の儒者
西河(にしかわ)白水　江戸後期の漢学者
白酔　はくすい
白酔　1746〜1814　江戸中期・後期の俳人
伯清　はくせい
狩野(かのう)伯清　江戸中期の画家
白石　はくせき
野田(のだ)白石　1771〜1834　江戸中期・後期の漢詩人
白節　はくせつ
市島(いちしま)白節　江戸後期の北蒲原郡水原町の富豪

伯先 はくせん
中村(なかむら)伯先 1756～1820 江戸中期・後期の儒医、俳人
白川 はくせん
白川 江戸前期の俳人
白扇 はくせん
村井(むらい)白扇 1718～1768 江戸中期の俳人
帛川 はくせん
藤田(ふじた)帛川 ?～1830 江戸後期の漢詩人・藩士
莫蔵 ばくぞう
山口(やまぐち)莫蔵 江戸末期の若柳村阿津の人。薩摩浪士結城四郎門人帳にみえる
麦村 ばくそん
小野(おの)麦村 1832～1901 江戸後期～明治期の無着庵5世、点者
麦太 ばくた
麦太 江戸後期の俳人
高(こうの)麦太 奈良時代の陰陽師
白太夫 はくだゆう
白太夫 平安前期の男性。菅原道真に仕えた
白痴 はくち
雪心(せっしん)白痴 1675～1741 江戸前期・中期の曹洞宗の僧
白雉 はくち
新木(あらき)白雉 ?～1740 江戸中期の与板の庄屋
白汀 はくてい
白汀 ?～1745 江戸中期の俳人
伯迪 はくてき
細谷(ほそや)伯迪 江戸後期の医者
麦天 ばくてん
麦天 ?～1755 江戸中期の俳人
伯兎 はくと
伯兎 ?～1727 江戸前期・中期の俳人
白桃 はくとう
白桃 江戸中期の絵師
白頭 はくとう
白頭 江戸中期の俳人
栢堂 はくどう
栢堂 1653～? 江戸前期・中期の歌人、僧侶
柏堂 はくどう
佐藤(さとう)柏堂 江戸後期の漢詩人
白堂 はくどう
小川(おがわ)白堂 1729～1804 江戸中期・後期の医者
璞堂 はくどう
田中(たなか)璞堂 1831～1908 江戸後期～明治期の書家、漢学者
白徳斎 はくとくさい
白徳斎 江戸中期の浄瑠璃座本
白豚 はくとん
白豚 江戸前期の俳人
麦二 ばくに ⇔ばくじ
麦二 1732～1810 江戸中期・後期の俳人
麦波 ばくは
太田(おおた)麦波 江戸時代の俳人
泊帆 はくはん
泊帆 江戸後期の俳人
白飛 はくひ
白飛 1794～1869 江戸後期～明治期の俳人
白賁 はくひ
田中(たなか)白賁 1739～1771 江戸中期の漢学者
白平 はくへい
名越(なごし)白平 1826～1908 江戸後期～明治期の地方政治家・実業家
白逢 はくほう
智顔(ちがん)白逢 1696～1787 江戸中期の曹洞宗の僧
白峰 はくほう
白峰 1672～1743 江戸中期の俳人
白峯 はくほう
青山(あおやま)白峯 江戸中期・後期の幕臣
勝田(かつた)白峯 ?～1887 江戸後期～明治期の教育者で文化人
白抱 はくほう
山本(やまもと)白抱 1821～? 江戸後期・末期の画家
白麻 はくま
白麻 江戸中期の俳人
伯麻呂 はくまろ ⇔おじまろ
文(ふみの)伯麻呂 奈良時代の官人《文伯麻呂》
白明 はくみょう ⇔きよあき
月海(げっかい)白明 1684～? 江戸前期・中期の臨済宗の僧
伯民 はくみん
有持(ありもち)伯民 1775～1848 江戸中期・後期の医師
伯明 はくめい
滝川(たきがわ)伯明 江戸時代の兵学者
白也 はくや
寺島(てらしま)白也 1801～1878 江戸後期～明治期の庄屋・俳人
伯友 はくゆう
常国(つねくに)伯友 江戸中期の備中庭瀬藩侍医
伯養 はくよう
淵(ふち)伯養 ?～1736 江戸中期の儒者
白葉 はくよう
柏尾(かしお)白葉 1838～1882 江戸後期～明治期の浄瑠璃太夫
麦羅 ばくら
麦羅 ?～1787 江戸中期の俳人・修験僧
羽栗 はぐり
羽栗 奈良時代の遣新羅使
麦里 ばくり
麦里 江戸後期の俳人

山田（やまだ）麦里 1838～1898 江戸後期～明治期の俳人

白竜 はくりゅう

橘湖斎（きっこさい）白竜 1736～1811 江戸中期・後期の華道家

工藤（くどう）白竜 江戸末期の津軽の商売

恒川（こうせん）白竜 江戸中期の曹洞宗の僧

睡翁（すいおう）白竜 ？～1725 江戸前期・中期の曹洞宗の僧

白嶺 はくれい

白嶺 江戸中期の僧

白露 はくろ

白露 ？～1766 江戸中期の書肆・浮世草子作者

白輅 はくろ

白輅 江戸中期の俳人・藩士

白老 はくろう

白老 江戸後期の真言宗の僧

白鹿 はくろく

寺島（てらじま）白鹿 1776～1849 江戸末期の儒者

巴兮 はけい

巴兮 1686～？ 江戸前期・中期の俳人

馬莧 ばけん

馬莧 1636～1694 江戸前期・中期の俳人

巴江 はこう

巴江 江戸中期の俳人

巴江 ？～1799 江戸中期・後期の俳人

波光 はこう

波光 ？～1771 江戸中期の俳人

運 はこぶ

立川（たちかわ）運 1847～1876 江戸後期～明治期の神職

場左衛門 ばざえもん

吉村（よしむら）場左衛門 ？～1697 江戸前期・中期の弘前藩士

灞山 はさん ⇔はざん

田阪（たさか）灞山 1720～1758 江戸中期の儒者《田阪灞山》

坡山 はざん

坡山 江戸前期の俳人

灞山 はざん ⇔はさん

田阪（たざか）灞山 1720～1758 江戸中期の儒者

端木 はしき ⇔たんぼく

井上（いのうえ）端木 1768～1840 江戸末期の文人《井上端木》

橋継 はしつぐ

石川（いしかわの）橋継 平安前期の官人

橋之助 はしのすけ

中村（なかむら）橋之助〔2代〕 1846～1892 江戸後期～明治期の歌舞伎俳優

間満 はしまろ

秦（はたの）間満 奈良時代の万葉歌人

一 はじめ

大谷木（おおやぎ）一 1830？～1902 江戸後期～明治期の園芸家

佐々木（ささき）一 1851～1926 江戸後期～明治期の新撰組隊士

田中（たなか）一 江戸末期の新撰組隊士

中川（なかがわ）一 1823～1892 江戸後期～明治期の新徴組士

元 はじめ ⇔げん

鮫島（さめじま）元 1833～1877 江戸後期～明治期の武士、士族

鈴木（すずき）元 江戸末期の新撰組隊士

中台（なかだい）元 1838～1888 江戸後期～明治期の漢学者

始 はじめ

八木（やぎ）始 1844～1921 江戸末期～大正期の学区取締

首 はじめ ⇔おびと

内田（うちだ）首 1841～1893 江戸後期～明治期の人。はじめ第二奇兵隊のち健武隊に属した

肇 はじめ

大脇（おおわき）肇 1848～？ 江戸末期の医師

金（こん）肇 1787～1833 江戸中期・後期の藩士

佐藤（さとう）肇 江戸末期・明治期の教育者

野田（のだ）肇 1836～1925 江戸後期～大正期の和算家

真野（まの）肇 ？～1918 江戸末期・明治期の和算家

山本（やまもと）肇 1854～1891 江戸末期・明治期の教育者

甫 はじめ

黒田（くろだ）甫 1814～1892 江戸後期～明治期の俳人

波自米女 はじめめ

高橋（たかはしの）波自米女 奈良時代の女性

橋基 はしもと

矢田部（やたべ）橋基 平安中期の人。「板野郡田上郷戸籍断簡」に散戸主として記されている

巴洲 はしゅう

渡辺（わたなべ）巴洲 1765～1824 江戸中期・後期の儒者

巴十 はじゅう

巴十 江戸中期の雑俳点者

覇充 はじゅう

覇充 江戸中期の俳人

馬洲 ばしゅう

榎本（えのもと）馬洲 1701～1763 江戸中期の俳人

勝瀬（かつせ）馬洲 1799～1855 江戸後期の儒者

馬十 ばじゅう

馬十 ？～1804 江戸中期・後期の俳人

巴笑 はしょう

巴笑 江戸中期の俳人

巴丈 はじょう

巴丈 ？～1796 江戸中期・後期の俳人

波浄 はじょう

酒井（さかい）波浄 1797～1870 江戸後期～明治

期の俳人
波静　はじょう
波静　江戸後期の俳人
永下堂（えいかどう）波静　江戸後期の随筆家
馬生　ばしょう　⇔ばせい
金原亭（きんげんてい）馬生〔1代〕　？～1838　江戸後期の落語家
金原亭（きんげんてい）馬生〔1代〕　？～1838　江戸後期の落語家
馬丈　ばじょう
馬丈　江戸後期の俳人
如月庵（きさらぎあん）馬丈　1751～1835　江戸中期・後期の華道家
馬城　ばじょう
馬城　？～1812　江戸中期・後期の俳人
巴水　はすい
巴水　江戸前期の俳人
小野里（おのざと）巴水　？～1819　江戸中期・後期の教育者
幡水　はすい
幡水　江戸中期の俳人
筈之助　はずのすけ
浅羽（あさば）筈之助　江戸後期の砲術家
波豆米　はずめ
辛島勝（からしまのすぐり）波豆米　奈良時代の宇佐宮禰宜
巴勢　はせい
巴勢　江戸後期の雑俳点者
馬生　ばせい　⇔ばしょう
増田（ますだ）馬生　江戸中期の絵師
長谷麻呂　はせまろ
橘（たちばなの）長谷麻呂　779～824　奈良・平安前期の官人
巴泉　はせん
巴泉　室町時代の画僧
馬宋　ばそう
松田（まつだ）馬宋　？～1834　江戸後期の春日山焼の窯元
馬曹　ばそう
西村（にしむら）馬曹　1745～1800　江戸中期・後期の歌人
坡仄　はそく
坡仄　1724～1801　江戸中期・後期の俳人
婆束　ばそく
桑原（くわばら）婆束　1728～1765　江戸中期の医師、俳人
畑庵　はたあん
杉本（すぎもと）畑庵　江戸後期の野菜温床栽培の元祖
畑右衛門　はたえもん
畑右衛門　江戸後期の足柄下郡畑宿名主
秦勝　はたかつ
船（ふねの）秦勝　飛鳥時代の官人
幡繁　はたしげ
小林（こばやし）幡繁　戦国時代の武田氏の家臣
秦寿命院　はたじゅみょういん
秦寿命院　江戸後期の奥医師
畑蔵　はたぞう
安井（やすい）畑蔵　江戸後期の幕臣
波多麻呂　はたまろ
文室（ふんやの）波多麻呂　？～810　奈良・平安前期の官人
葉太夫　はだゆう
竹本（たけもと）葉太夫　？～1799　江戸中期・後期の義太夫節太夫
豹　はだら
飯田（いいだ）豹　1742～1809　江戸中期・後期の漢詩人
幡郎　はたろう
小林（こばやし）幡郎　1850～1870　江戸後期～明治期の新整隊士
八右衛門　はちうえもん　⇔はちえもん
甘利（あまり）八右衛門　江戸後期の中之条御影陣屋の幕府代官
大野（おおの）八右衛門　江戸前期の人。幕府代官頭大久保長安の手代
木村（きむら）八右衛門　1716～？　江戸中期の庄屋
斉藤（さいとう）八右衛門　1829～1899　江戸末期・明治期の鶴川村草創期三輪の代表的指導者
鳥居（とりい）八右衛門　江戸後期の佐渡奉行
長崎（ながさき）八右衛門　江戸時代の藩役人
八右衛門　はちえもん　⇔はちうえもん
八右衛門　1831～1904　江戸後期～明治期の大工
甘利（あまり）八右衛門　江戸後期の中之条御影陣屋の幕府代官《甘利八右衛門》
伊藤（いとう）八右衛門　江戸中期の那賀郡粉河組大庄屋・地士
茨木屋（いばらきや）八右衛門　江戸前期の京都糸割符商人
遠藤（えんどう）八右衛門　江戸前期の武士。大坂の陣で籠城
大塚（おおつか）八右衛門　戦国時代の武将。武田家臣
岡本（おかもと）八右衛門　江戸末期・明治期の商人
加藤（かとう）八右衛門〔7代〕　江戸後期の郷士
河内屋（かわちや）八右衛門〔3代〕　1794～1836　江戸後期の八戸の商人
川俣（かわまた）八右衛門　1701～1788　江戸中期・後期の開拓功労者
菊地（きくち）八右衛門　江戸後期の三浦郡大津村民
北村（きたむら）八右衛門　江戸前期の大野治長・森長継の家臣
工藤（くどう）八右衛門　江戸後期の巡見使
黒沢（くろさわ）八右衛門　江戸中期の甘楽郡下山郷の肝煎名主
小島（こじま）八右衛門　？～1644　江戸前期の植田谷領、植田谷本村・三条町村・飯田村の割元名主
篠岡（ささおか）八右衛門　安土桃山時代の織田信

長の家臣
佐々(さっさ)八右衛門　江戸前期の武士。大坂の陣で籠城
清水(しみず)八右衛門　江戸時代の剣術家。家川念流の祖
白河(しらかわ)八右衛門　江戸前期の侍
高山(たかやま)八右衛門　江戸前期の弓術家
田村(たむら)八右衛門　?～1664　江戸前期の槍術師範
虎岩(とらいわ)八右衛門　1667～1743　江戸前期・中期の剣術家。一道流ほか
西方(にしかた)八右衛門　?～1658　江戸前期の富豪
早田(はやた)八右衛門　?～1738　江戸中期の「桜風呂五人斬」事件の主人公
半鐘(ばんしょう)八右衛門　江戸前期の侠客
依田(よだ)八右衛門　江戸後期の高座郡用田村民

八橋　はちきょう
鷲尾(わしお)八橋　?～1784　江戸中期の歌人

八悟　はちご
八悟　江戸後期の俳人

八左衛門　はちざえもん
安威(あい)八左衛門　?～1648　江戸前期の豊臣秀吉の家臣
青木(あおき)八左衛門　1792～1873　江戸後期～明治期の人。「四つ目」種桑の創成者
池田(いけだ)八左衛門　1641～1722　江戸前期・中期の剣術家。平常無敵流
伊藤(いとう)八左衛門　?～1840　江戸後期の無役惣年寄
岩間(いわま)八左衛門　安土桃山時代の織田信長の家臣
宇那蓋(うなぶた)八左衛門　1617～1658　江戸前期の農民・キリシタン
太田(おおた)八左衛門　?～1615　江戸前期の武士。大坂の陣で籠城
小川(おがわ)八左衛門　1824～1879　江戸後期～明治期の和木村庄屋。海岸荒蕪地を開発
勝田(かつた)八左衛門　戦国～江戸前期の松平正綱の家臣
小池(こいけ)八左衛門　江戸中期の遠江国敷知郡三ケ日宿の本陣
小宮山(こみやま)八左衛門　戦国・安土桃山時代の武田氏の家臣
五郎丸屋(ごろうまるや)八左衛門　江戸中期の菓子司
佐藤(さとう)八左衛門　江戸前期の木村重成の小姓。稲葉正則の家臣
新明(しんめい)八左衛門　江戸中期の三浦郡三崎町の魚仲買人
曽我(そが)八左衛門　江戸後期の足柄下郡曽我谷津村民
名村(なむら)八左衛門　江戸前期・中期のオランダ通詞
深尾(ふかお)八左衛門　1807～1889　江戸後期～明治期の開拓者
福井(ふくい)八左衛門　江戸中期の八左衛門新田、繰出新田の開発者
前原(まえばら)八左衛門　江戸後期の海運業者
森(もり)八左衛門　?～1853　江戸後期の大森代官

八左衛門尉　はちざえもんのじょう
小山田(おやまだ)八左衛門尉　?～1582　安土桃山時代の武田氏の家臣

八左衛門之信　はちざえもんゆきのぶ
関(せき)八左衛門之信　1595～1671　安土桃山・江戸前期の砲術師。関流砲術の祖

八三郎　はちさぶろう
浜中(はまなか)八三郎　江戸末期・明治期の加賀塩屋の北前船主

八十郎　はちじゅうろう
河内屋(かわちや)八十郎　1824～1879　江戸後期～明治期の八戸の商人で国学者
高倉(たかくら)八十郎　江戸後期の北郷肝入
橋本(はしもと)八十郎　1824～1879　江戸後期～明治期の商人、園芸家
若山(わかやま)八十郎　1808～1869　江戸後期～明治期の徳島藩砲術師範

八条院六条　はちじょういんのろくじょう
八条院六条　平安後期・鎌倉前期の女房・歌人

八条大君　はちじょうのおおいきみ　⇔はちじょうのおおいぎみ
八条大君　平安中期の歌人《八条大君》

八条大君　はちじょうのおおいぎみ　⇔はちじょうのおおいきみ
八条大君　平安中期の歌人

八助　はちすけ
八助　江戸時代の浅草の非人
八助　江戸前期の人。大石良雄の使用人
八助　1718～1784　江戸中期の忠僕
河田(かわだ)八助　安土桃山時代の武人
川田(かわだ)八助　江戸前期の武士
船橋(ふなばし)八助　江戸中期の庄屋、俳人

八蔵　はちぞう
沢田(さわだ)八蔵　1834～1918　江戸末期～大正期の矢作川での筏乗り
福井(ふくい)八蔵　1834～1920　江戸末期～大正期の鬼板師

八太夫　はちだいう　⇔はちだゆう
中村(なかむら)八太夫　?～1843　江戸後期の幕領代官

八太夫　はちだゆう　⇔はちだいう
中村(なかむら)八太夫　?～1843　江戸後期の幕領代官《中村八太夫》
久林(ひさばやし)八太夫　江戸時代の庄内藩士
平塚(ひらつか)八太夫　?～1866　江戸後期・末期の大商人

八大夫　はちだゆう
加藤(かとう)八大夫　安土桃山・江戸前期の長宗我部盛親の与力

八太郎　はちたろう
加藤(かとう)八太郎　江戸時代の庄内藩士

鉢太郎　はちたろう
森（もり）鉢太郎　江戸末期の幕臣・定役。1862年遣欧使節に随行しフランスに渡る
八太郎左衛門　はちたろうざえもん
堰（せき）八太郎左衛門　？～1609　安土桃山・江戸前期の堰の人柱となった人物
八太郎左衛門安高　はちたろうざえもんやすたか
堰（せき）八太郎左衛門安高　？～1609　安土桃山・江戸前期の堰の人柱となった人物《堰八太郎左衛門》
蜂友　はちとも
蜂友　江戸中期の俳人
八内　はちない
長屋（ながや）八内　1823～1903　江戸後期～明治期の高岡町奉行
蜂子皇子　はちのこのみこ
蜂子皇子　飛鳥時代の崇峻天皇皇子
八之助　はちのすけ
福田（ふくだ）八之助　1828～1879　江戸末期・明治期の柔術家
八之助源正儀　はちのすけみなもとのまさよし
福田（ふくだ）八之助源正儀　1828～1879　江戸末期・明治期の柔術家《福田八之助》
八兵衛　はちびょうえ　⇔はちべい，はちべえ
明石（あかし）八兵衛　江戸前期の武士
蜂房　はちふさ
坂上（さかがみ）蜂房　？～1780　江戸中期の俳人
八平　はちへい
飯岡（いいおか）八平　？～1763　江戸中期の八戸藩士
八兵衛　はちべい　⇔はちびょうえ，はちべえ
小宮山（こみやま）八兵衛　江戸前期の代官
杉山（すぎやま）八兵衛　江戸前期の陸奥弘前藩家老
八兵衛　はちべえ　⇔はちびょうえ，はちべい
八兵衛　江戸中期の絵師
石黒（いしぐろ）八兵衛　戦国時代の武将
石野（いしの）八兵衛　？～1667　江戸前期の第3代下田奉行
伊勢屋（いせや）八兵衛　1726～1817　江戸中期・後期の俳人
岩井（いわい）八兵衛　江戸末期・明治期の仙台国分町呉服太物卸商仲間の総元締
上野（うえの）八兵衛　江戸後期の大住郡真田村民
尾形（おがた）八兵衛　？～1682　江戸前期の大庄屋
加藤（かとう）八兵衛　1705～1743　江戸中期の刀差沢内御給人
岸（きし）八兵衛　江戸後期の俵物元請方商人の一人
紅林（くればやし）八兵衛　戦国時代の浜松の武士
駒木根（こまぎね）八兵衛　？～1644　江戸前期の砲術家
田村（たむら）八兵衛　江戸中期の宮大工
奈良屋（ならや）八兵衛　1613～1678　江戸前期の豪商
成瀬（なるせ）八兵衛　？～1708　江戸前期・中期の義民
二階堂（にかいどう）八兵衛　1815～1886　江戸後期～明治期の出水郡出水郷の組頭・噯
服部（はっとり）八兵衛　1737～1819　江戸中期・後期の郡代
林（はやし）八兵衛　江戸後期の加賀国能美郡若杉村の十村
半田（はんだ）八兵衛　1809～1896　江戸後期～明治期の剣士
彦坂（ひこさか）八兵衛　1624～1712　江戸前期・中期の剣術家。円明流
平野（ひらの）八兵衛　1831～1885　江戸後期～明治期の実業家
松平（まつだいら）八兵衛　江戸後期の鎌倉郡公田村民
宮村（みやむら）八兵衛　？～1789　江戸中期の義民。宮村の百姓
山本（やまもと）八兵衛　1726～1753　江戸中期の農民運動家
八丸　はちまる
名柄（ながら）八丸　戦国時代の人。尚清王による第2回大島征伐の原因となった
八麻呂　はちまろ
金刺舎人（かなさしのとねり）八麻呂　奈良時代の伊那郡司大領《金刺舎人八麿》
八麿　はちまろ　⇔やつまろ
金刺舎人（かなさしのとねり）八麿　奈良時代の伊那郡司大領
八万里　はちまんり
八万里　江戸中期の雑俳点者
八文字屋　はちもんじや
八文字屋　戦国時代の中使
八弥　はちや
水谷（みずたに）八弥　安土桃山時代の剣術家
八朗　はちろう
八朗　1793～1840　江戸後期の俳人
金井（かない）八朗　1813～1873　江戸後期～明治期の長崎府広間番役
八郎　はちろう
吾妻（あがつま）八郎　平安後期の武士
伊木（いぎ）八郎　江戸末期の新撰組隊士
伊佐治（いさじ）八郎　1847～1907　江戸後期～明治期の稲作改良実業教師
稲田（いなだ）八郎　稲田八郎に同じ
稲田（いねだ）八郎　1842～1913　江戸末期・明治期の柳剛流剣術家
今井（いまい）八郎　江戸時代の川越藩儒、述古塾開設者
井本（いもと）八郎　1837～1907　江戸後期～明治期の実業家、政治家
牛田（うしだ）八郎　1835～1899　江戸末期・明治期の実業家
宇野（うの）八郎　？～1863　江戸後期・末期の武士
小野寺（おのでら）八郎　南北朝時代の武士
柏原（かしわばる）八郎　1851～1914　江戸末期～大正期の伊佐郡黒木郷戸長
交野（かたのの）八郎　鎌倉時代の盗賊

吉良(きら)八郎　1813〜1872　江戸後期〜明治期の茂木藩士。二宮尊徳の門人
斎藤(さいとう)八郎　1849〜1922　江戸末期〜大正期の教育者
柴田(しばた)八郎　1847〜1868　江戸後期・末期の新撰組隊士
墨俣(すのまた)八郎　南北朝時代の南朝の武将
摂津(せっつ)八郎　1798〜1838　江戸後期の五反田縞の創始者
高島(たかしま)八郎　江戸末期の韮山代官江川氏の手代
双木(なみき)八郎　1853〜1923　江戸末期〜大正期の地方自治功労者
名和(なわ)八郎　江戸後期の文人
能勢(のせ)八郎　江戸時代の庄内藩士
舟阪(ふなさか)八郎　1846〜?　江戸末期の京都織物専務取締役
逸見(へんみ)八郎　戦国時代の小弓公方足利義明の家臣
宮崎(みやざき)八郎　1851〜1877　江戸後期〜明治期の肥後藩郷士の子。自由民権運動家
薬師寺(やくしじ)八郎　室町時代の武将
山田(やまだ)八郎　?〜1881　江戸後期〜明治期の幕臣・小人目付。1862年遣欧使節に同行しフランスに渡る
和田(わだ)八郎　1535〜1592　安土桃山時代の織田信長の家臣

八郎右衛門　はちろううえもん　⇔はちろうえもん

小出(こいで)八郎右衛門　1840〜1910　江戸後期〜明治期の銀行家《小出八郎右衛門》
佐藤(さとう)八郎右衛門　1846〜1909　江戸末期・明治期の蚕種家、政治家

八郎右衛門　はちろうえもん　⇔はちろううえもん

八郎右衛門　江戸後期の田名村名主
石川(いしかわ)八郎右衛門　1605〜1690　江戸前期・中期の塩浜開設者
石渡(いしわた)八郎右衛門　江戸後期の三浦郡大津村民
越後屋(えちごや)八郎右衛門　江戸後期の呉服商
金子(かねこ)八郎右衛門　江戸前期の鎌倉郡腰越村民
川上(かわかみ)八郎右衛門　1829〜1900　江戸末期・明治期の蚕種業者
小出(こいで)八郎右衛門　1840〜1910　江戸後期〜明治期の銀行家
駒崎(こまざき)八郎右衛門　1843〜1923　江戸末期〜大正期の農事改良家
昆野(こんの)八郎右衛門　1627〜1682　江戸前期の肝入
斎藤(さいとう)八郎右衛門　江戸中期の酒造業
坂口(さかぐち)八郎右衛門　?〜1689　江戸前期・中期の剣術家。東軍無敵流祖
佐藤(さとう)八郎右衛門　江戸前期の弘前藩士
佐藤(さとう)八郎右衛門　江戸前期の剣術家。一道流ほか
鋤柄(すきがら)八郎右衛門　江戸後期の鎌倉郡城廻村民
竹内(たけのうち)八郎右衛門　1773〜1830　江戸後期の庄内藩家老
竹内(たけのうち)八郎右衛門　1799〜1844　江戸後期の中老
冨塚(とみつか)八郎右衛門　江戸後期の三浦郡上山口村民
福田(ふくだ)八郎右衛門　1828〜?　江戸後期の撒兵隊隊長
水野(みずの)八郎右衛門　江戸中期の藩士
三井(みつい)八郎右衛門　1808〜1885　江戸末期・明治期の金融業者
村上(むらかみ)八郎右衛門　1712〜1776　江戸中期の剣術家。二天一流
室伏(むろふし)八郎右衛門　戦国時代の大工

八郎衛門　はちろうえもん

椎原(しいはら)八郎衛門　?〜1882　江戸後期〜明治期の曽於郡曽於郡(郷)の郷士
深津(ふかつ)八郎衛門　江戸中期の下田奉行

八郎右衛門尉　はちろうえもんのじょう

伊藤(いとう)八郎右衛門尉　戦国時代の上総国武射郡大台城(山武郡芝山町)主・井田因幡守の家臣。井田氏の軍団を形成した同心衆(寄子)の1人

八郎右衛門信忠　はちろうえもんのぶただ

井口(いぐち)八郎右衛門信忠　1592〜1672　安土桃山・江戸前期の関村名主

八郎右衛門春盛　はちろうえもんはるもり

井口(いぐち)八郎右衛門春盛　1660〜1745　江戸前期・中期の関村名主

八郎九郎　はちろうくろう

坂西(ばんざい)八郎九郎　?〜1575　安土桃山時代の武田氏の家臣

八郎左衛門　はちろうさえもん　⇔はちろうざえもん

小薗(こその)八郎左衛門　戦国時代の京都の商人

八郎左衛門　はちろうざえもん　⇔はちろうさえもん

八郎左衛門　安土桃山時代の信濃国安曇郡曽根原の土豪
宇野(うの)八郎左衛門　戦国時代の大工
江間(えま)八郎左衛門　戦国時代の鍛冶職人
勝間田(かつまた)八郎左衛門　1782〜1841　江戸中期・後期の駿河国駿東郡印野村の名主職
加藤(かとう)八郎左衛門　江戸前期の津久井郡中沢村名主
河合(かわい)八郎左衛門　戦国時代の加賀一向一揆の指導者の一人
河村(かわむら)八郎左衛門　江戸前期の遠江国榛原郡金谷宿の本陣・名主
高麗(こま)八郎左衛門　江戸前期の津久井上川尻村名主
斎藤(さいとう)八郎左衛門　1769〜1839　江戸中期・後期の弘前藩神学師範
鈴木(すずき)八郎左衛門　1847〜1919　江戸末期〜大正期の醸造業

は

土橋(どばし)八郎左衛門　戦国時代の武将。武田家臣
中川(なかがわ)八郎左衛門　?～1682　江戸前期の幕府代官
中西(なかにし)八郎左衛門　1648～1718　江戸前期・中期の新田開拓者
花井(はない)八郎左衛門　江戸中期の名古屋総町代
本郷(ほんごう)八郎左衛門　?～1561　戦国・安土桃山時代の武田家臣
本間(ほんま)八郎左衛門　江戸前期の大庄屋
三浦(みうら)八郎左衛門　1817～1870　江戸後期～明治期の藩士
水越(みずこし)八郎左衛門　1711～1774　江戸中期の藩士
村田(むらた)八郎左衛門　戦国時代の北条氏の家臣
百瀬(ももせ)八郎左衛門　?～1703　江戸前期・中期の新田開拓者

八郎左衛門尉　はちろうさえもんのじょう　⇔はちろうざえもんのじょう
榎下(えのきした)八郎左衛門尉　?～1575　安土桃山時代の武士
本郷(ほんごう)八郎左衛門尉　?～1569　安土桃山時代の武田家の足軽大将

八郎左衛門尉　はちろうざえもんのじょう　⇔はちろうさえもんのじょう
佐野(さの)八郎左衛門尉　戦国時代の駿河国の土豪
土橋(どばし)八郎左衛門尉　戦国時代の甲斐国河内西古関の土豪
保科(ほしな)八郎左衛門尉　戦国・安土桃山時代の信濃国伊那郡藤沢郷の武士

八郎三郎　はちろうさぶろう
中山(なかやま)八郎三郎　戦国時代の千葉氏家臣
本間(ほんま)八郎三郎　戦国時代の徳川・武田氏の家臣

八郎二　はちろうじ
八郎二　安土桃山時代の陶工

八郎大夫　はちろうだいぶ　⇔はちろうだゆう
橋村(はしむら)八郎大夫　戦国時代の伊勢国の御師

八郎大夫　はちろうだゆう　⇔はちろうだいぶ
木村(きむら)八郎大夫　江戸前期の藩在方役人

八郎太郎　はちろうたろう
中山(なかやま)八郎太郎　戦国時代の千葉氏家臣

八郎太郎重綱　はちろうたろうしげつな
河口(かわぐち)八郎太郎重綱　鎌倉前期の武士

八郎常年　はちろうつねとし
後藤(ごとう)八郎常年　江戸前期の武士。大坂の陣で籠城

八郎兵衛　はちろうひょうえ　⇔はちろうべえ, はちろべい, はちろべえ
安西(あんざい)八郎兵衛　?～1581　安土桃山時代の高天神籠城衆

八郎兵衛　はちろうべえ　⇔はちろうひょうえ, はちろべい, はちろべえ
上村(かみむら)八郎兵衛　1626～1704　江戸前期・中期の武士
才谷屋(さいたにや)八郎兵衛　1705～1779　江戸中期の商人《才谷屋八郎兵衛直益》
竹村(たけむら)八郎兵衛　1830～1890　江戸後期～明治期の芳賀郡祖母井村の醸造家
辰松(たつまつ)八郎兵衛　?～1734　江戸中期のおやま人形の名手
中村(なかむら)八郎兵衛　?～1725　江戸前期・中期の算学者

八郎兵衛直益　はちろうべえなおます
才谷屋(さいたにや)八郎兵衛直益　1705～1779　江戸中期の商人

八郎行元　はちろうゆきもと
春日(かすが)八郎行元　南北朝時代の北朝の武士

八郎兵衛　はちろべい　⇔はちろうひょうえ, はちろうべえ, はちろべえ
遠山(とおやま)八郎兵衛　江戸前期の三島代官伊奈忠公・忠易の手代。三島郡代
山崎(やまざき)八郎兵衛　江戸前期の三島代官伊奈忠公・忠易の手代
亘理(わたり)八郎兵衛　江戸前期・中期の代官

八郎兵衛　はちろべえ　⇔はちろうひょうえ, はちろうべえ, はちろべい
八郎兵衛　江戸後期の津久井県鳥屋村名主
刀屋(かたなや)八郎兵衛　江戸時代の長崎の糸割符商人
沢地(さわぢ)八郎兵衛　?～1792　江戸中期の大住郡城所村名主
辰松(たつまつ)八郎兵衛〔2代〕　1685～1750　江戸前期・中期の人形浄瑠璃作者
速水(はやみ)八郎兵衛　1713～1800　江戸中期・後期の剣術家。速水新陰流
平井(ひらい)八郎兵衛　江戸中期の剣術家。鹿島神道流の祖
船津(ふなづ)八郎兵衛　安土桃山・江戸前期の武術家
松尾(まつお)八郎兵衛　1763～1844　江戸中期・後期の台地開墾先駆者
毛呂(もろ)八郎兵衛　?～1776　江戸中期の剣術家。円輝流の祖
山中(やまなか)八郎兵衛　江戸時代の都賀郡乙女の河岸問屋

はつ
家馴(やなれ)はつ　1852～1885　江戸後期～明治期の孝女

初　はつ
兵庫屋(ひょうごや)初　1737～1817　江戸中期・後期の孝女
平井(ひらい)初　1826～1897　江戸末期・明治期の農民

初右衛門　はつえもん
石田(いしだ)初右衛門　1757～1826　江戸中期・後期の農学者、庄屋
吉田(よしだ)初右衛門　江戸前期の浪人

麦花　ばっか
濱田(はまだ)麦花　1804～1889　江戸末期・明治期の刀鍛冶。歌人

八海　はつかい
長(ちょう)八海　1811～1883　江戸後期～明治期の絵師
白鶴　はっかく
大橋(おおはし)白鶴　1773～1852　江戸中期・後期の漢学者
白亀　はっき
白亀　江戸中期の雑俳点者
白亀　1751～1819　江戸中期・後期の俳人・医者
有元(ありもと)白亀　1734～1801　江戸中期の俳人
八亀　はっき
八亀　？～1773　江戸中期の俳人
伯機　はつき
国分(こくぶ)伯機　1713～1785　江戸中期の豪商
初吉　はつきち
小野寺(おのでら)初吉　1858～1886　江戸末期・明治期のギリシャ正教の伝導師
八月麻呂　はつきまろ
田中(たなかの)八月麻呂　平安前期の官人
白芹　はっきん
関根(せきね)白芹　1756～1817　江戸中期・後期の俳人
はつ国　はつくに
芳花堂(ほうかどう)はつ国　江戸後期の画家
白圭　はっけい
日比野(ひびの)白圭　1825～1914　江戸後期～明治期の画家
白鵠　はっこう　⇔はくこう
大矢(おおや)白鵠　1668～1746　江戸前期・中期の俳人
八虹　はっこう
八虹　江戸中期の俳人
八朔房　はっさくぼう
三好(みよし)八朔房　1766～1814　江戸中期・後期の俳人
八松　はっしょう
宮本(みやもと)八松　1828～1896　江戸後期～明治期の画家
八水　はっすい
八水　1731～？　江戸中期の俳人
長谷　はつせ
安倍(あべの)長谷　平安前期の官人
初太郎　はつたろう
初太郎　江戸後期の漂流民、永住丸乗組員。1842年アメリカに渡る
東浦(あずまうら)初太郎　江戸後期の三浦相撲の力士
田村(たむら)初太郎　1852～1915　江戸末期・明治期の留学生
発太郎　はつたろう
宮(みや)発太郎　江戸後期の水泳師範
八八　はっぱ　⇔はっぱち
有乳山(あらちやま)八八　1690～1775　江戸中期の力士
八八　はっぱち　⇔はっぱ
山下(やました)八八　1690～1775　江戸中期の力士
八風　はっぷう
八風　江戸後期の俳人
馬場(ばば)八風　江戸後期の書家・俳人
初坊　はつぼう
荒川(あらかわ)初坊　1852～1924　江戸末期～大正期の農民
初丸　はつまる
原素館(げんそかん)初丸　江戸中期の狂歌作者
初若　はつわか
初若　鎌倉時代の遊女・歌人
波天　はてん
波天　江戸中期の雑俳点者
花　はな
諏訪(すわ)花　1547～1582　安土桃山時代の高遠城攻防戦の勇女
武元(たけもと)花　1745～1800　江戸中期・後期の女性。武元登々庵・君立兄弟の母
花氏　はなうじ
天竺(てんじく)花氏　戦国時代の長岡郡大津城主
華笠　はながさ
十帰庵(じゅうきあん)華笠　？～1811　江戸後期の俳人
花城親方　はなぐすくうえーかた
花城親方　室町時代の具志川間切花城地頭
花子　はなこ
猪飼(いかい)花子　？～1780　江戸中期の歌人
華子　はなこ
猪飼(いかい)華子　？～1780　江戸中期の歌人《猪飼花子》
花咲男　はなさきおとこ
昔語(むかしがたり)花咲男　江戸中期の大坂道頓堀の芸人
花園院一条　はなぞのいんのいちじょう
花園院一条　南北朝時代の女房・歌人
花園院別当　はなぞのいんのべっとう
花園院別当　南北朝時代の女房・歌人
花園院冷泉　はなぞのいんのれいぜい
花園院冷泉　南北朝時代の女房・歌人
花園左大臣家越後　はなぞのさだいじんけのえちご
花園左大臣家越後　平安後期の女房・歌人
花園左大臣家小大進　はなぞのさだいじんけのこだいしん
花園左大臣家小大進　平安後期の女房・歌人
花園宮　はなぞののみや
花園宮　南北朝時代の皇族。後醍醐天皇の皇子
鼻垂　はなたり
鼻垂　上代の人。「日本書紀」景行紀12年条に見える
花木隠居　はなのきいんきょ
花木隠居　戦国時代の北条氏の家臣

英　はなぶさ　⇔えい
原（はら）英　1853〜1892　江戸後期〜明治期の土木技術者
花丸　はなまる
春光園（しゅんこうえん）花丸　江戸後期の戯作者・狂歌作者
花盛　はなもり　⇔かせい
森雲亭（しんうんてい）花盛　江戸後期の狂歌人
馬耳　ばに　⇔ばみ
馬耳　？〜1750　江戸中期の俳人
怕尼芝　はにし
怕尼芝　？〜1392？　南北朝時代の山北（北山）王
土生　はにゅう
美和（みわの）土生　奈良時代の官人
馬年　ばねん
馬年　？〜1839　江戸後期の俳人
馬白　ばはく
馬白　江戸後期の俳人
葉々広　はばひろ
南亭（なんてい）葉々広　江戸後期の狂歌師
馬瓢　ばひょう
馬瓢　1732〜1801　江戸中期・後期の俳人
省　はぶく
源（みなもとの）省　？〜1180　平安後期の武士
吉村（よしむら）省　江戸前期の「自笑録」の著者
渡辺（わたなべの）省　源省に同じ
馬仏　ばぶつ
馬仏　？〜1696　江戸中期の俳諧作者
小野田（おのだ）馬仏　1796〜1874　江戸末期の俳人
巴文　はぶん
巴文　1729〜1802　江戸中期・後期の俳人
波文　はぶん
山本（やまもと）波文　1802〜1871　江戸後期〜明治期の竜田町庄屋、俳人
巴卜　はぼく
鳥山（とりやま）巴卜　江戸中期の俳人
はま
間宮（まみや）はま　1839〜1920　江戸末期〜大正期の社会事業家
バーマー
勝連（かっちん）バーマー　江戸中期の人。琉球尚敬〜尚穆王代の勝連間切の地頭代
破魔男　はまお
新井（あらい）破魔男　1843〜1868　江戸後期・末期の新撰組隊士
浜公　はまきみ
紀（きの）浜公　平安前期の官人
浜助　はますけ
浜助　江戸末期の芝村百姓
浜刀自女　はまとじめ
賀美能（かみのの）浜刀自女　奈良・平安前期の女性。嵯峨天皇の乳母
浜成　はまなり
安倍（あべの）浜成　平安前期の官人
多治比（たじひの）浜成　奈良時代の官人
浜王　はまぬし
御春（みはるの）浜王　平安前期の官人《御春浜主》
浜主　はまぬし
阿刀（あとの）浜主　奈良時代の官人
安倍（あべの）浜主　平安前期の官人
尾張連（おわりのむらじ）浜主　733？〜？　平安前期の舞楽の名人
藤原（ふじわらの）浜主　785〜845　奈良・平安前期の人。藤原園人男
御春（みはるの）浜主　平安前期の官人
浜藻　はまも
五十嵐（いがらし）浜藻　1772〜1848　江戸中期・後期の俳人
浜吉　はまよし
甘南備（かんなびの）浜吉　平安前期の官人
馬耳　ばみ　⇔ばに
佐藤（さとう）馬耳　？〜1750　江戸中期の俳人
巴紋　はもん
巴紋　1747〜1804　江戸中期・後期の俳人
隼雄　はやお
大石（おおいし）隼雄　1829〜1899　江戸末期の武士
近藤（こんどう）隼雄　江戸末期の新撰組隊士
渡辺（わたなべ）隼雄　1823〜1892　江戸後期〜明治期の歌人
早川殿　はやかわどの
早川殿　？〜1613　安土桃山・江戸前期の女性。今川氏真の室
敏　はやし　⇔さとし, びん
渡辺（わたなべ）敏　1847〜1930　江戸後期〜昭和期の教育家
林　はやし
古沢（ふるさわ）林　1831〜1902　江戸後期〜明治期の岩手リンゴの創始者
林王　はやしのおう　⇔はやしのおおきみ
林王　奈良時代の官人
林王　はやしのおおきみ　⇔はやしのおう
林王　奈良時代の官人
駿太　はやた
平川（ひらかわ）駿太　1815〜1883　江戸末期・明治期の時習館訓導、侍読
早太　はやた
井（いの）早太　平安後期の武士
猪鼻（いのはな）早太　平安後期の人
隼太　はやた　⇔しゅんた
相川（あいかわ）隼太　江戸後期の大住郡横野村の番匠
桂井（かつらい）隼太　1843〜1894　江戸後期〜明治期の勤王の志士
佐藤（さとう）隼太　安土桃山時代の日野用水開拓者
長野（ながの）隼太　1840〜1895　江戸後期〜明治期の人。西南戦争では外城小隊長、のち上名村・

下名村戸長

隼太郎　はやたろう　⇔しゅんたろう

山脇（やまわき）隼太郎　1849～1905　江戸後期～明治期の新撰組隊士《山脇隼太郎》

隼人　はやと

市原（いちはら）隼人　江戸前期の医師

魚住（うおずみ）隼人　安土桃山時代の武将

大川（おおかわ）隼人　戦国時代の北条氏御料所伊豆三津の有力百姓

大並（おおなみ）隼人　江戸時代の神主

鏑木（かぶらぎ）隼人　戦国時代の東下総鏑木城主・鏑木氏の一族・庶流

坂井（さかい）隼人　1559～？　戦国・安土桃山時代の織田信長の家臣

島野（しまの）隼人　安土桃山時代の金森長近の臣

杉本（すぎもと）隼人　1833～1887　江戸後期～明治期の眼科医

関山（せきやま）隼人　戦国時代の武将・問屋商人

瀬下（せしも）隼人　安土桃山時代の武田氏の家臣、上野国惣社領の領主

竹永（たけなが）隼人　江戸前期の剣術家。柳生心眼流の祖

竹松（たけまつ）隼人　江戸前期の武士

津田（つだ）隼人　安土桃山時代の茶人

中川（なかがわ）隼人　？～1615　安土桃山・江戸前期の大野治長の家臣

西尾（にしお）隼人　江戸中期の藩士

松本（まつもと）隼人　江戸後期の二ノ宮村神事舞太夫

宮内（みやうち）隼人　戦国時代の伊豆の筆頭村役人

屋崎（やさき）隼人　？～1697　江戸前期・中期の弓術家

横山（よこやま）隼人　江戸前期の長宗我部盛親の配下

笠（りゅう）隼人　1790～1874　江戸後期～明治期の篤学者

和田（わだ）隼人　江戸末期の新撰組隊士

渡部（わたなべ）隼人　江戸前期の大肝煎

渡辺（わたなべ）隼人　戦国時代の職人衆。古河公方足利義氏に仕えた

隼人正　はやとのかみ　⇔はやとのしょう

魚住（うおずみ）隼人正　安土桃山時代の織田信長の家臣

佐々（さっさ）隼人正　？～1560　戦国・安土桃山時代の織田信長の家臣《佐々隼人正》

隼人正　はやとのしょう　⇔はやとのかみ

魚住（うおずみ）隼人正　安土桃山時代の織田信長の家臣《魚住隼人正》

菊池（きくち）隼人正　戦国時代の日守郷の地侍。伊勢宗瑞（北条早雲）の家臣か

佐々（さっさ）隼人正　？～1560　戦国・安土桃山時代の織田信長の家臣

七戸（しちのへ）隼人正　？～1647　江戸前期の七戸南部家初代

隼人佐　はやとのすけ

安藤（あんどう）隼人佐　戦国時代の千葉胤富の家臣。森山衆。東下総の土豪・地侍

岡谷（おかや）隼人佐　戦国時代の武蔵鉢形城主北条氏邦の家臣

刑部（おさかべ）隼人佐　戦国時代の吉田の富士山御師

加治田（かじた）隼人佐　安土桃山時代の織田信長の家臣

香取（かとり）隼人佐　戦国時代の下総国大戸庄内の領主・土豪。臼井胤慶の家臣

佐々木（ささき）隼人佐　安土桃山時代の織田信長の家臣

島津（しまづ）隼人佐　戦国時代の小山持政・成長の家臣

庄田（しょうだ）隼人佐　戦国時代の上杉氏の家臣

丹波（たんば）隼人佐　戦国時代の今川氏の家臣

中村（なかむら）隼人佐　安土桃山時代の織田信長の家臣

宮内（みやうち）隼人佐　安土桃山時代の北条氏政・氏直の属した村役人の頭

隼人助　はやとのすけ

池田（いけだ）隼人助　戦国時代の薩摩国山川の豪族

小池（こいけ）隼人助　？～1597　江戸前期の岩付太田氏の旧臣

須田（すだ）隼人助　戦国時代の伊豆仁科の代官

福田（ふくだ）隼人助　1529～1600　江戸前期の北条氏邦旧臣

隼人佑　はやとのすけ

石巻（いしまき）隼人佑　戦国時代の北条氏の家臣

伊藤（いとう）隼人佑　戦国時代の上総国小櫃川下流域坂戸山の坂戸大明神社（袖ヶ浦市坂戸市場）の神主

佐々（さっさ）隼人佑　安土桃山時代の織田信長の家臣

鈴木（すずき）隼人佑　戦国時代の西上総湊川（天神山川）流域の天羽郡嶺下郷（富津市）付近の土豪・地侍

高階（たかしな）隼人佑　戦国時代の大工

難波田（なんばた）隼人佑　？～1537　戦国時代の扇谷上杉氏の家臣

二見（ふたみ）隼人佑　戦国時代の船主

隼人祐　はやとのすけ

原（はら）隼人祐　戦国時代の武将。武田家臣

早之助　はやのすけ

桂（かつら）早之助　1841～1868　江戸後期・末期の武士。京都見廻組並

隼之介　はやのすけ

朝倉（あさくら）隼之介　？～1869　江戸末期の新撰組隊士《里村波四郎》

隼之助　はやのすけ

赤沢（あかざわ）隼之助　1839～1867　江戸後期・末期の藩士

伊東（いとう）隼之助　1843～？　江戸後期・末期の新撰組隊士

稲田（いなだ）隼之助　1839～1872　江戸後期～明治期の新徴組士

樋口（ひぐち）隼之助　？～1881　江戸後期～明治期の剣術家。一刀流溝口派

速馬　はやま
浅井(あさい)速馬　1833〜1901　江戸後期〜明治期の和算家

速水　はやみ　⇔そくすい
田瀬(たせ)速水　1818〜?　江戸後期・末期の庄内藩士
長棹(ながさお)速水　1820〜1868　江戸後期・末期の黒羽藩下庄の郷方取締役

馬宥　ばゆう
馬宥　江戸後期の雑俳点者

馬遊　ばゆう
野辺地(のへぢ)馬遊　1776〜1839　江戸中期・後期の俳人

馬来　ばらい
上田(うえだ)馬来　?〜1792　江戸中期・後期の金沢の医師

針阿弥　はりあみ　⇔しんあみ
一雲斎(いちうんさい)針阿弥　?〜1582　戦国・安土桃山時代の織田信長の家臣《一雲斎針阿弥》

播摩　はりま
滝本(たきもと)播摩　安土桃山時代の大光寺城城代

播磨　はりま
播磨　平安後期の女房。関白藤原忠実の愛妾
春日(かすが)播磨　戦国時代の武将。武田家臣
加藤(かとう)播磨　江戸後期の高座郡座間宿村の菓子師

播磨守常治　はりまのかみつねはる
別所(べっしょ)播磨守常治　1645〜1711　江戸前期・中期の36代長崎奉行

播磨少掾　はりまのしょうじょう
竹本(たけもと)播磨少掾〔2代〕　江戸中期の浄瑠璃太夫

播磨藤原貞興　はりまふじわらさだおき
小林(こばやし)播磨藤原貞興〔1代〕　?〜1711　江戸前期・中期の工匠

巴竜　はりゅう
鳳来寺(ほうらいじ)巴竜　江戸中期の俳僧

破笠　はりゅう
雨月庵(うげつあん)破笠　?〜1790　江戸中期・後期の姫田川畔の荒神堂普門院10世の僧

張弓　はりゆみ
中臣(なかとみの)張弓　奈良時代の官人

巴凌　はりょう
巴凌　?〜1789　江戸中期・後期の俳人

巴陵　はりょう
藤堂(とうどう)巴陵　1724〜1797　江戸中期・後期の画家
本行坊(ほんぎょうぼう)巴陵　?〜1799　江戸中期の僧。高山御坊の輪番。京都六条の盛林寺の住職

坡良　はりょう
坡良　江戸後期の俳人

馬了　ばりょう
馬了　江戸後期の俳人

馬両　ばりょう
馬両　江戸後期の雑俳点者

馬陵　ばりょう
竹川(たけがわ)馬陵　?〜1768　江戸中期の漢学者・歌人

治察　はるあき　⇔はるあきら
田安(たやす)治察　1753〜1774　江戸中期の人。三卿田安家の2代

治秋　はるあき
豊原(とよはら)治秋　室町時代の楽人

春顕　はるあき
北条(ほうじょう)春顕　鎌倉後期の武士

玄明　はるあきら　⇔げんみょう
藤原(ふじわらの)玄明　?〜940　平安前期・中期の常陸国の住人

治察　はるあきら　⇔はるあき
田安(たやす)治察　1753〜1774　江戸中期の人。三卿田安家の2代《田安治察》

晴明　はるあきら
佐伯(さえきの)晴明　平安中期の官人

玄篤　はるあつ
角倉(すみのくら)玄篤　1716〜1745　江戸中期の幕臣

春篤　はるあつ
柴田(しばた)春篤　江戸末期の兵学者

春猪　はるい
坂本(さかもと)春猪　1843〜1915　江戸後期〜大正期の女性。坂本龍馬の姪

治家　はるいえ
吉良(きら)治家　南北朝時代の武士
式部丞(しきぶのじょう)治家　戦国時代の山内上杉家奉行人

春一　はるいち
片桐(かたぎり)春一　1818〜1866　江戸後期・末期の国学者

春江　はるえ　⇔しゅんこう
関(せき)春江　1798〜1835　江戸後期の女流歌人《関春江》

春枝　はるえ　⇔はるえだ, はるしげ
東条(とうじょう)春枝　江戸末期の幕臣

靖恵　はるえ
及川(おいかわ)靖恵　1764〜1831　江戸中期・後期の教育者

春枝　はるえだ　⇔はるえ, はるしげ
小野(おのの)春枝　平安前期の官人
紀(きの)春枝　平安前期の官人

治右衛門　はるえもん　⇔じうえもん, じえもん
倉知(くらち)治右衛門　1848〜1915　江戸末期〜大正期の養蚕業
鈴木(すずき)治右衛門　?〜1667　江戸前期の豪農

春緒　はるお
湯浅(ゆあさ)春緒　1842〜1892　江戸後期〜明治期の国学者、歌人

春男　はるお
梅園（うめぞの）春男　1818〜1891　江戸後期〜明治期の神職・国学者

春雄　はるお
大中臣（おおなかとみ）春雄　南北朝・室町時代の神職
刑部（おさかべの）春雄　平安前期の人。仁和1年父のため犯罪を訴えられる
小治田（おはりだの）春雄　平安前期の官人
河村（かわむら）春雄　江戸後期の国学者
隈川（くまがわ）春雄　1791〜1869　江戸後期〜明治期の歌人
伴（ともの）春雄　平安前期の官人
西村（にしむら）春雄　江戸後期の医者
松村（まつむら）春雄　江戸後期の国学者

晴雄　はるお　⇔はるを
水野（みずの）晴雄　1831〜1911　江戸後期〜明治期の神職

東雄　はるお　⇔あずまお, とうゆう
児島（こじま）東雄　1818〜1895　江戸末期・明治期の教育者
福嶋（ふくしま）東雄　1734〜1803　江戸中期・後期の名主

は

治意　はるおき
浅野（あさの）治意　江戸末期の和算家
須賀（すが）治意　江戸後期の和算家

治興　はるおき
徳川（とくがわ）治興　1756〜1776　江戸中期の武家・歌人

春発　はるおき
小野（おの）春発　1825〜1891　江戸末期の歌人

春蔭　はるかげ
隈川（くまかわ）春蔭　1801〜1837　江戸後期の歌人
菅原（すがはら）春蔭　1815〜1887　江戸後期〜明治期の神職、歌人
藤井（ふじい）春蔭　？〜1859　江戸後期の国学者、歌人

晴景　はるかげ
片岡（かたおか）晴景　江戸末期の和算家

治堅　はるかた
山田（やまだ）治堅　？〜1830　江戸後期の漢学者

治方　はるかた
藤原（ふじわら）治方　平安中期の公家・歌人

春賢　はるかた
丸子（まりこ）春賢　戦国時代の小県郡の国衆

治勝　はるかつ
中原（なかはら）治勝　1625〜1679　江戸前期の明法家

晴勝　はるかつ
佐久目（さくめ）晴勝　1627〜1701　江戸前期・中期の神職

春門　はるかど
三村（みむら）春門　江戸末期・明治期の名主

玄懐　はるかね
角倉（すみのくら）玄懐　1686〜1736　江戸前期・中期の京都代官、淀川過書船支配

春毅　はるき
井野（いの）春毅　1852〜1912　江戸後期〜明治期の歯科医師

春樹　はるき
梅園（うめぞの）春樹　1817〜1891　江戸後期〜明治期の歌人・国学者。関堀村に私塾梅園塾を開設
桜井（さくらい）春樹　1792〜1864　江戸後期の歌人
宮地（みやぢ）春樹　1728〜1785　江戸中期の藩士・国学者
森（もり）春樹　1771〜1834　江戸中期・後期の商家・俳人
山本（やまもと）春樹　江戸後期の書肆

春城　はるき　⇔しゅんじょう
千賀（ちが）春城　江戸中期の故実家

春吉　はるきち　⇔しゅんきち, はるよし
小柳（こやなぎ）春吉　1839〜1881　江戸後期〜明治期の大相撲関脇

治清　はるきよ
茂木（もてぎ）治清　？〜1573　戦国・安土桃山時代の国人領主。茂木荘を拠点

春清　はるきよ　⇔しゅんせい
春清　？〜1655　江戸前期の俳人

晴潔　はるきよ
大畑（おおはた）晴潔　江戸後期・末期の藩士・国学者

晴清　はるきよ
佐々木（ささき）晴清　鎌倉前期の出雲、隠岐守護
長江（ながえ）晴清　？〜1591　戦国・安土桃山時代の桃生郡深谷保領主

治国　はるくに
林（はやし）治国　江戸後期の和算家《林百輔》

治邦　はるくに
竹野（たけの）治邦　1770〜？　江戸中期・後期の医者・天文家
黛（まゆずみ）治邦　1840〜1895　江戸後期〜明治期の実業家、政治家

春国　はるくに　⇔しゅんこく
大畑（おおはた）春国　1818〜1875　江戸後期〜明治期の国学者

春熊　はるくま
木津（きづ）春熊　安土桃山時代の織田信長の家臣

玄子　はるこ　⇔げんし
藤原（ふじわらの）玄子　平安後期の女性。藤原伊通の妻

東子　はるこ
大中臣（おおなかとみの）東子　平安前期の人。山城国宇治郡の白田一町五段を賜わる

春貞　はるさだ　⇔しゅんてい
安部（あべ）春貞　江戸前期の歌人

春郷　はるさと　⇔しゅんきょう
家原（いえはらの）春郷　平安前期の官人

小林(こばやし)春郷　1697～1766　江戸中期の幕臣

春里　はるさと
阿刀(あとの)春里　平安中期の因幡国の書生
大春日(おおかすがの)春里　平安中期の官人

著邑　はるさと
勝田(かつた)著邑　1648～1714　江戸前期・中期の幕臣

春真　はるさね
穴太(あのうの)春真　平安中期の官人

治重　はるしげ
茂木(もてぎ)治重　戦国時代の国人領主。茂木荘が拠点
山梨(やまなし)治重　1707～1763　江戸中期の商家

治繁　はるしげ
海上(うなかみ)治繁　戦国時代の持繁の後継者(子か)。初め東下総中島城(海上城とも/銚子市中島町字要害・中城)の城主

治茂　はるしげ
富(とみ)治茂　戦国時代の下総国海上郡内の海上氏一族

春枝　はるしげ　⇔はるえ, はるえだ
玉井(たまい)春枝　1823～1871　江戸後期～明治期の神道家・歌人

春滋　はるしげ
安名(やすなの)春滋　平安中期の官人

春重　はるしげ
山田(やまだ)春重　?～1649　江戸前期の川越総鎮守氷川神社神主

春繁　はるしげ
浅翠庵(せんすいあん)春繁　江戸後期の狂歌師

春茂　はるしげ
柳川(やながわ)春茂　江戸後期の江戸の白銀師

春林　はるしげ　⇔しゅんりん
菊池(きくち)春林　江戸中期の国学者

晴重　はるしげ
山川(やまかわ)晴重　1566～1593　安土桃山時代の結城氏国衆。山川城主

春島　はるしま
足立(あだち)春島　1781～1856　江戸後期の国学者

晴季　はるすえ
菊亭(きくてい)晴季　1539～1617　安土桃山・江戸前期の公家

治資　はるすけ
岡見(おかみ)治資　?～1569　戦国・安土桃山時代の常陸小田氏の家臣

晴助　はるすけ
奈河(なかわ)晴助　1782～1826　江戸中期・後期の歌舞伎脚本家
両角(もろずみ)晴助　戦国時代の信濃国諏訪郡の土豪

晴澄　はるずみ
坂上(さかのうえの)晴澄　平安中期の武士

春園　はるその
田島(たじま)春園　1849～1925　江戸後期～大正期の郷土史家、歌人

治喬　はるたか
深沢(ふかざわ)治喬　1779～1864　江戸中期～末期の豪商

治孝　はるたか
安村(やすむら)治孝　1844～?　江戸末期・明治期の樺戸集治監典獄

春隆　はるたか
羽鳥(はとり)春隆　?～1884　江戸後期～明治期の津島神社の神官
山田(やまだ)春隆　江戸末期の新撰組隊士

晴孝　はるたか
木村(きむら)晴孝　1765～1835　江戸中期・後期の武士

春岳　はるたけ
他田日奉(おさだのひまつりの)春岳　平安前期の下総国海上郡大領

治忠　はるただ
三宅(みやけ)治忠　?～1580　安土桃山時代の別所氏の家臣

春忠　はるただ
井上(いのうえ)春忠　安土桃山時代の武将

晴忠　はるただ
安倍(あべの)晴忠　平安中期の官人
大村(おおむら)晴忠　戦国時代の武将。武田家臣

張忠　はるただ
松平(まつだいら)張忠　戦国時代の松平一族

春達　はるたつ　⇔しゅんたつ
吉田(よしだ)春達　1709～1764　江戸中期の代官

春種　はるたね
柳川(やながわ)春種　江戸後期の絵師
湯川(ゆかわ)春種　安土桃山・江戸前期の武士

晴胤　はるたね
安西(あんざい)晴胤　戦国時代の古河公方の家臣
葛西(かさい)晴胤　戦国時代の葛西家25代の当主。伊達晴宗の子

春足　はるたり
遠藤(えんどう)春足　1782～1834　江戸中期・後期の狂歌作者

玄親　はるちか
本堂(ほんどう)玄親　1654～1696　江戸前期・中期の幕臣

治親　はるちか
豊田(とよだ)治親　?～1578　戦国・安土桃山時代の下総の国人領主。豊田城主

晴近　はるちか
秋山(あきやま)晴近　?～1575　戦国・安土桃山時代の武将

姑継　はるつぐ
綾(あやの)姑継　平安前期の官人

春継　はるつぐ
香川(かがわ)春継　1545～1619　戦国～江戸前期の吉川氏の家臣

中臣志斐(なかとみのしいの)春継　?～870　平安前期の天文博士

春続　はるつぐ

中村(なかむら)春続　?～1581　安土桃山時代の武将

温綱　はるつな

渡辺(わたなべ)温綱　江戸末期の神職

治綱　はるつな

木村(きむら)治綱　?～1883　江戸後期の私塾南柯堂の開塾者、儒者

晴綱　はるつな

結城(ゆうき)晴綱　戦国時代の武将

玄恒　はるつね

角倉(すみのくら)玄恒　1660～1691　江戸前期・中期の京都代官

春恒　はるつね

河村(かわむら)春恒　江戸中期の医者

春常　はるつね

紀(きの)春常　平安前期の官人

晴遠　はるとお

大神(おおがの)晴遠　平安中期の雅楽家

は

晴任　はるとお

大神(おおみわの)晴任　平安時代の官人

治時　はるとき

鹿島(かしま)治時　?～1576　戦国・安土桃山時代の常陸国鹿島城主

北条(ほうじょう)治時　1318～1333　鎌倉後期の武士

茂木(もてぎ)治時　?～1479　室町・戦国時代の国人領主。茂木荘を拠点

春時　はるとき

北条(ほうじょう)春時　鎌倉後期の武将・歌人

春節　はるとき

立野(たつの)春節　江戸前期の漢学者

晴辰　はるとき

殿村(とのむら)晴辰　江戸中期の天文家

治敏　はるとし

松野(まつの)治敏　1851～1908　江戸後期～明治期の洋画家、政治家

春利　はるとし

白梼山(かしやま)春利　1816～1881　江戸後期～明治期の国学者

治具　はるとも

茂木(もてぎ)治具　1701～1785　江戸中期の藩士

春朝　はるとも　⇔しゅんちょう

北条(ほうじょう)春朝　鎌倉後期の武士

春友　はるとも　⇔しゅんゆう

伊勢(いせの)春友　平安前期の左京六条一坊の戸主

鈴木(すずき)春友　1825～1898　江戸末期・明治期の戯作者・俳人《鈴木春友》

玄寿　はるなが　⇔げんじゅ

角倉(すみのくら)玄寿　1733～1802　江戸中期・後期の京都代官

玄長　はるなが　⇔げんちょう

前田(まえだ)玄長　1686～1752　江戸前期・中期の幕臣

春成　はるなり

森(もり)春成　江戸後期の藩士

春主　はるぬし

紀(きの)春主　平安前期の遣唐使

春之　はるの　⇔はるゆき

河尻(かわじり)春之　1756～1815　江戸中期・後期の幕臣

川尻(かわじり)春之　河尻春之に同じ

春野　はるの

池田(いけだの)春野　757～838　奈良・平安前期の官人

多(おおの)春野　平安前期の官人

春之助　はるのすけ

稲次(いなつぎ)春之助　1838～?　江戸後期・末期の新撰組隊士

稲次(いなつぐ)春之助　稲次春之助に同じ

玄信　はるのぶ　⇔げんしん

角倉(すみのくら)玄信　1772～1840　江戸中期・後期の嵯峨代官

治信　はるのぶ

相沢(あいざわ)治信　江戸後期の測量家

春延　はるのぶ

竹島(たけしま)春延　?～1778　江戸中期の歌謡作者・俳人

春信　はるのぶ

竹田(たけだ)春信　江戸中期・後期の浮世絵師

辻(つじ)春信　江戸後期の歌人

延永(のぶなが)春信　戦国時代の武将

春宣　はるのぶ

内藤(ないとう)春宣　1816～1877　江戸後期～明治期の医師

晴信　はるのぶ

安倍(あべ)晴信　平安後期の陰陽博士

葛西(かさい)晴信　安土桃山時代の葛西領最後の当主

玄恂　はるのり

船橋(ふなばし)玄恂　1647～1706　江戸中期の旗本

春律　はるのり

石田(いしだ)春律　1757～1826　江戸中期・後期の農学者、庄屋《石田初右衛門》

春日　はるひ　⇔かすが

山辺(やまのべの)春日　?～793　奈良時代の内舎人

春彦　はるひこ

近藤(こんどう)春彦　江戸後期の国学者

度会(わたらい)春彦　862～944　平安前期・中期の伊勢外宮度会神主。松木氏の祖

春久　はるひさ

石川(いしかわ)春久　?～1596　江戸前期の旗本

金築(かねつき)春久　1804～1872　江戸後期～明治期の神職

二宮(にのみや)春久　1511〜1594　戦国・安土桃山時代の武士
媛姫　はるひめ
保科(ほしな)媛姫　1641〜1658　江戸前期の女性。保科正之の長女
春衡　はるひら
三善(みよし)春衡　鎌倉後期の官人、歌人
治広　はるひろ
岡見(おかみ)治広　1559〜1617　戦国〜江戸前期の北条氏の家臣
神谷(かみや)治広　戦国時代の人。勢州鈴鹿郡神谷村の士
治英　はるふさ
土岐(とき)治英　1521〜1584　戦国・安土桃山時代の土岐氏当主
治房　はるふさ
大中臣(おおなかとみ)治房　戦国時代の香取大宮司。清房の子
狛(こま)治房　室町時代の神職
茂木(もてぎ)治房　?〜1607　安土桃山・江戸前期の国人領主。茂木荘を拠点
春房　はるふさ
大井(おおい)春房　江戸末期・明治期の医師
春藤　はるふじ
常澄(つねずみの)春藤　平安中期の官人
春潭　はるふち　⇔しゅんたん
大江(おおえの)春潭　平安前期の官人
春部　はるべ
富永(とみなが)春部　1801〜1851　江戸後期の越後国の人
玄匡　はるまさ
角倉(すみのくら)玄匡　1766〜1806　江戸中期・後期の京都代官
玄政　はるまさ
丹羽(にわ)玄政　?〜1576　安土桃山時代の織田信長の家臣
治正　はるまさ
北沢(きたざわ)治正　1747〜1786　江戸中期の和算家
春昌　はるまさ　⇔しゅんしょう
紀(き)春昌　1730〜1811　江戸中期・後期の公家、神職
斎藤(さいとう)春昌　江戸後期の蘭学者
春政　はるまさ
春政　江戸前期の蒔絵師
勝尾(かつお)春政　江戸中期の絵師
塩見(しおみ)春政　江戸前期の蒔絵師
春正　はるまさ
阿刀(あとの)春正　平安前期の文人・貴族
晴正　はるまさ
油川(あぶらかわ)晴正　安土桃山時代の武士
春麿　はるまろ
川島(かわしま)春麿　1810〜1854　江戸後期の回漕業者
春海　はるみ　⇔しゅんかい
植田(うえだ)春海　?〜1805　江戸中期・後期の万葉集研究者
藤原(ふじわら)春海　平安前期の公家・漢学者・漢詩人
春見　はるみ
雪廼門(ゆきのと)春見　江戸後期〜明治期の狂歌師
玄通　はるみち　⇔げんつう
角倉(すみのくら)玄通　1639〜1708　江戸前期・中期の京都代官
春道　はるみち　⇔しゅんどう
上田(うえだ)春道　江戸中期の国学者
尾池(おいけ)春道　1779〜1854　江戸中期〜末期の国学者
紀(きの)春道　平安前期の人。貞観8年上総国に配流
春路　はるみち　⇔しゅんろ
村田(むらた)春路　江戸末期の歌人
治光　はるみつ
治光　室町時代の長船派の刀工
春光　はるみつ
彦坂(ひこさか)春光　?〜1649　江戸前期の武士
春三　はるみつ
新家(にいなみ)春三　1814〜1890　江戸後期〜明治期の淘宮家
晴光　はるみつ
大館(おおだち)晴光　?〜1565　戦国時代の室町幕府の幕臣
常澄(つねずみの)晴光　平安中期の官人
春岑　はるみね
有良(ありよしの)春岑　平安前期の人。有良朝臣を賜い、左京に貫附された
清原(きよはら)春岑　江戸時代の国学者
晴睦　はるむつ
七戸(しちのへ)晴睦　江戸後期の和算家
晴陸　はるむつ
七戸(しちのへ)晴陸　江戸後期の和算家《七戸晴睦》
玄棟　はるむね　⇔げんとう
丸山(まるやま)玄棟　1662〜1744　江戸前期・中期の幕臣
治宗　はるむね
益子(ましこ)治宗　戦国時代の益子氏当主
春宗　はるむね
興道(おきみちの)春宗　平安前期の官人
玄崇　はるもと
岡田(おかだ)玄崇　1657〜1728　江戸前期・中期の武士、勘定
治幹　はるもと
真壁(まかべ)治幹　1466〜1539　室町・戦国時代の常陸国真壁郡の国衆。真壁城主
治林　はるもと
武田(たけだ)治林　?〜1742　江戸中期の大井川下流部の新田開拓者

春幹　はるもと
藤原（ふじわらの）春幹　平安前期の貴族

春元　はるもと
伊藤（いとう）春元　江戸後期の国学者

春本　はるもと
播磨（はりまの）春本　平安中期の官人

春屋　はるや
村尾（むらお）春屋　江戸末期の画家

玄鼎　はるやす
船橋（ふなばし）玄鼎　1767〜1823　江戸中期・後期の幕臣

治易　はるやす
山口（やまぐち）治易　？〜1706　江戸前期・中期の藩士

春泰　はるやす
佐々木（ささき）春泰　1777〜1826　江戸中期・後期の大肝入

春保　はるやす
大脇（おおわき）春保　1824〜1884　江戸後期〜明治期の国学者

晴泰　はるやす
大内（おおうち）晴泰　戦国時代の武蔵国太田荘の鷲宮神社神主

玄之　はるゆき　⇔げんし
根本（ねもと）玄之　江戸後期の幕臣

治詣　はるゆき
伊奈（いな）治詣　？〜1659　江戸前期の関東代官

春幸　はるゆき　⇔しゅんこう
岨山（そばやま）春幸　江戸中期の国学者

春行　はるゆき
橘（たちばなの）春行　平安前期の神祇伯
山道（やまじ）春行　平安後期の官人

春之　はるゆき　⇔はるの
矢部（やべ）春之　1624〜1716　江戸前期・中期の幕臣

春世　はるよ
紀（きの）春世　平安前期の右京四条二坊の戸主従七位上少判事
島田（しまだ）春世　？〜1634　江戸前期の幕臣

玄義　はるよし
角倉（すみのくら）玄義　1728〜1753　江戸中期の京都代官

治喜　はるよし
金子（かねこ）治喜　1841〜1915　江戸末期・明治期の教育者

治愿　はるよし
黒川（くろかわ）治愿　1847〜1897　江戸後期〜明治期の愛知県吏

春義　はるよし
志駄（しだ）春義　？〜1563　戦国・安土桃山時代の上杉氏の家臣

春吉　はるよし　⇔しゅんきち, はるきち
犬上（いぬがみの）春吉　平安前期の近江国検非違使権主典前犬上郡大領
道元（みちもと）春吉　安土桃山時代の砲術家

春好　はるよし　⇔しゅんこう
小池（こいけ）春好　？〜1693　江戸中期の幕臣

春能　はるよし
福島（くしま）春能　戦国時代の今川氏の家臣

春宝　はるよし
飛鳥戸（あすかべの）春宝　平安前期の官人

晴吉　はるよし
秋田（あきた）晴吉　1812〜1880　江戸後期〜明治期の儒者

治頼　はるより
土岐原（ときはら）治頼　？〜1557　戦国時代の土岐原氏の当主

春和　はるわ
八木（やぎ）春和　1667〜1721　江戸前期・中期の幕臣、勘定

晴雄　はるを　⇔はるお
水野（みずの）晴雄　1831〜1911　江戸後期〜明治期の神職《水野晴雄》

馬六　ばろく
馬六　1709〜1788　江戸中期・後期の俳人

半　はん　⇔なかば
福田（ふくだ）半　1837〜1888　江戸後期〜明治期の数学者

鑁阿　ばんあ　⇔ばんな
鑁阿　？〜1207　平安後期・鎌倉前期の真言宗の僧《鑁阿》

万庵　ばんあん
赤沢（あかさわ）万庵　1796〜1852　江戸後期の漢詩人

萬安　ばんあん
三井（みつい）萬安　1696〜1745　江戸中期の眼科医

半隠　はんいん
大島（おおしま）半隠　1635〜1704　江戸前期・中期の儒者
中西（なかにし）半隠　1781〜1843　江戸中期・後期の書家

半雨　はんう
木村（きむら）半雨　1844〜1910　江戸末期・明治期の画僧

幡羽　ばんう
月岡（つきおか）幡羽　江戸後期・末期の画家

盤雨　ばんう
梅暁堂（ばいぎょうどう）盤雨　1709〜1779　江戸中期の郷土画家

半右衛門　はんうえもん　⇔はんえもん
井筒屋（いづつや）半右衛門　江戸中期の商人
久野（くの）半右衛門　1701〜1782　江戸中期の笠間焼の祖
恒川（つねかわ）半右衛門　江戸中期の畔頭
埜村（のむら）半右衛門　1777〜1853　江戸中期・後期の地方開発者
針谷（はりがい）半右衛門　1766〜1849　江戸中期・後期の和塾師匠

守永(もりなが)半右衛門　江戸中期の人。片俣八幡宮建立の際、米銀を寄進

繁右衛門　はんうえもん　⇔しげうえもん，しげえもん

大川(おおかわ)繁右衛門〔2代〕 1818～1888　江戸後期～明治期の機業家、元機(織元)。大川家中興の祖

伴右衛門　ばんうえもん　⇔ばんえもん

長谷川(はせがわ)伴右衛門　戦国時代の里見忠義の家臣

半雲　はんうん

橋井(はしい)半雲　1839～1904　江戸後期～明治期の地方開発者、文人

半右衛門　はんえもん　⇔はんうえもん

半右衛門　江戸後期の足柄下郡飯泉村名主

半右衛門　江戸末期の樫野浦の民

生駒(いこま)半右衛門　1621～1698　安土桃山・江戸前期の槍術家

生駒(いこま)半右衛門　1603～1677　安土桃山・江戸前期の槍術家

柿並(かきなみ)半右衛門　1767～1832　江戸中期・後期の藩士

窪田(くぼた)半右衛門　江戸時代の八戸藩士、俳人

上妻(こうづま)半右衛門　1798～1884　江戸後期～明治期の熊本藩名郡代

長野(ながの)半右衛門　1593～？　安土桃山時代の武士。大坂の陣で籠城

長谷川(はせがわ)半右衛門　江戸前期の六十人者与力

原(はら)半右衛門　1823～1864　江戸後期・末期の藩士

御木(みき)半右衛門　江戸前期の商人。紀州から網代に移住

宮崎(みやざき)半右衛門　江戸末期の武士

森田(もりた)半右衛門　江戸前期の大野道犬の家来

屋根屋(やねや)半右衛門　江戸時代の鉄砲鍛冶

力丸(りきまる)半右衛門　？～1841　江戸後期の剣術家。直心影流

繁右衛門　はんえもん

源氏森(げんじもり)繁右衛門　江戸中期の力士

伴右衛門　ばんえもん　⇔ばんうえもん

新倉(あらくら)伴右衛門　1800～1860　江戸後期・末期の筑摩郡小曽部村の名主・手習師匠

西郷(さいごう)伴右衛門　江戸末期の武士

茂見(しげみ)伴右衛門　1798～1881　江戸後期～明治期の大工

湯浅(ゆあさ)伴右衛門　江戸後期・末期の幕臣

半右衛門尉　はんえもんのじょう

半右衛門尉　戦国時代の信濃小県郡の国衆小泉氏の被官

飯島(いいじま)半右衛門尉　安土桃山時代の人。信濃国伊那郡国衆飯島氏の一族か

中沢(なかざわ)半右衛門尉　？～1612　江戸前期の上野沼田領猿ヶ京近辺の土豪

半烟　はんえん

成田(なりた)半烟　1795～1870　江戸末期の画家

範円　はんえん

範円　1155～？　平安後期・鎌倉前期の興福寺僧

伴欧　ばんおう

橋本(はしもと)伴欧　江戸中期の墨造

伴鷗　ばんおう

橋本(はしもと)伴鷗　江戸中期の商家

半海　はんかい

羽鳥(はとり)半海　1810～1882　江戸後期～明治期の俳人

磐海　ばんかい

小山(こやま)磐海　江戸後期の「勝地百盆」の著者

範覚　はんかく

範覚　戦国時代の僧。下総国小弓城主原胤隆の3男

坂額御前　はんがくごぜん

坂額御前　鎌倉前期の勇婦。越後の城資国の娘

半閑　はんかん

落合(おちあい)半閑　1811～1856　江戸後期の医家

伴完　ばんかん

島田(しまだ)伴完　1800～1884　江戸後期～明治期の寺子屋師匠・陰陽師

万亀　ばんき

木崎(きざき)万亀　1834～1895　江戸後期～明治期の陶芸家

万喜斎　ばんきさい

沼田(ぬまた)万喜斎　戦国時代の上野国衆

反求　はんきゅう

早野(はやの)反求　1778～1831　江戸中期・後期の儒者

斑鳩　はんきゅう

斑鳩　？～1807　江戸中期・後期の俳人

万休　ばんきゅう　⇔まんきゅう

慧重(えじゅう)万休　1603～1664　江戸前期の禅僧

万旧　ばんきゅう

万旧　江戸後期の俳人

晩牛　ばんぎゅう

晩牛　江戸中期の俳人

晩杏　ばんきょう

晩杏　？～1795　江戸中期・後期の俳諧師匠

盤玉　ばんぎょく

盤玉　江戸中期の浄土宗の僧

半九　はんく

五辺舎(ごへんしゃ)半九　？～1880　江戸後期の戯作者

範空　はんくう

範空　？～1353　鎌倉後期・南北朝時代の浄土宗の僧・歌人

半九郎　はんくろう

朝倉(あさくら)半九郎　1656～1725　江戸前期・中期の関東代官

大畑(おおはた)半九郎　戦国時代の下総国臼井城(佐倉市)主・原胤貞の家臣。臼井衆

田林(たばやし)半九郎　1839～1886　江戸後期～

明治期の富商
半九郎清範　はんくろうきよのり
祖父尼(そふに)半九郎清範　?～1856　江戸後期・末期の黒石藩江戸定府の家臣
半渓　はんけい
半渓　江戸中期の俳人
板渓　はんけい
伊藤(いとう)板渓　1767～1813　江戸中期・後期の儒者
汎兮　はんけい
石川(いしかわ)汎兮　江戸後期の商家
晩馨　ばんけい
幽谷(ゆうこく)晩馨　1808～1884　江戸後期～明治期の僧
蟠雞　ばんけい
蟠雞　鎌倉時代以降の浄土真宗の僧
半研　はんけん
国島(くにじま)半研　1814～1888　江戸後期～明治期の津山松平藩士、医師、画人
範玄　はんげん
範玄　1137～1199　平安後期・鎌倉前期の法相宗の僧・歌人
半古　はんこ
木内(きうち)半古　1855～1933　江戸末期～昭和期の木工芸家
半湖　はんこ
半湖　1810～1882　江戸後期～明治期の俳人
半子　はんこ
相川(あいかわ)半子　1843～1913　江戸末期～大正期の歌人
范吾　はんご
福田(ふくだ)范吾　江戸末期の寺子屋師匠
盤古　ばんこ
盤古　江戸前期の俳人
万戸　ばんこ
万戸　1770～1832　江戸中期・後期の俳人
伴語　ばんご
務台(むたい)伴語　1814～1887　江戸後期～明治期の塾主
半耕　はんこう
仙田(せんだ)半耕　1849～1920　江戸末期～大正期の文人
晩香　ばんこう
江鶏(えばた)晩香　1805～1881　江戸後期～明治期の儒者
辻(つじ)晩香　1850～1917　江戸末期～大正期の俳人
磐鴻　ばんこう
多賀(たが)磐鴻　江戸前期の武士
範国　はんこく　⇔のりくに
高(こう)範国　江戸後期の眼科医
盤谷　ばんこく
盤谷〔2代〕　?～1748　江戸中期の俳人
熊坂(くまさか)盤谷　1767～1830　江戸中期・後期の儒者、救貧事業家
磐石　ばんこく
大岡(おおか)磐石　1846～1921　江戸末期～大正期の養老館教授
磐谷　ばんこく
志水(しみず)磐谷　1679～1748　江戸前期・中期の俳人
幡五郎　はんごろう
岩田(いわた)幡五郎　1797～1830　江戸後期の新寄居村の名主
鐇五郎　はんごろう
佐久間(さくま)鐇五郎　?～1905　江戸末期・明治期の幕臣
伴五郎　ばんごろう
岩下(いわした)伴五郎　?～1894　江戸末期・明治期の「長野新報」の創刊者
富永(とみなが)伴五郎　?～1561　戦国・安土桃山時代の三河国衆
半蓑　はんさ
半蓑　1815～1866　江戸後期・末期の俳人
半斎　はんさい
片岡(かたおか)半斎　1561～1632　安土桃山・江戸前期の武士
勝田(かつた)半斎　1780～1831　江戸中期・後期の儒者
二本松(にほんまつ)半斎　江戸前期の武士。大坂の陣で籠城
范斎　はんさい
名越(なごや)范斎　1782～1843　江戸中期・後期の藩士
晩斎　ばんさい
三宅(みやけ)晩斎　1783～1842　江戸後期の漢学者
伴左衛門　はんざえもん
狭山(さやま)伴左衛門　江戸中期の武士
半左衛門　はんざえもん
半左衛門　江戸末期の平川村の民
足洗(あしあらい)半左衛門　?～1651　江戸前期の豪商、駿府足洗村名主
芦川(あしかわ)半左衛門　江戸後期の小田原宿本町民
男沢(おとこざわ)半左衛門　江戸中期の医師・町奉行
加納(かのう)半左衛門　江戸中期の起村庄屋
川崎(かわさき)半左衛門　?～1754　江戸中期の川崎流柔術の開祖
木々田(きぎた)半左衛門　江戸前期の武士。大坂の陣で籠城
斎藤(さいとう)半左衛門　江戸後期の人。砂が瀬用水、上ノ原用水の開削者
鈴木(すずき)半左衛門　江戸前期の武士。大坂の陣で籠城
千坂(ちさか)半左衛門　江戸中期の志戸田や舞野などの肝入、黒川大肝入
遠山(とおやま)半左衛門　?～1584　安土桃山時代の織田信長の家臣

日禰野（ひねの）半左衛門　安土桃山時代の織田信長の家臣
平山（ひらやま）半左衛門　1646～1712　江戸前期・中期の庄屋
平山（ひらやま）半左衛門〔6代〕　1778～1841　江戸中期・後期の平山日記の編者
藤田（ふじた）半左衛門　1784～1854　江戸中期～末期の酒造業
正木（まさき）半左衛門　江戸前期の江戸の商人
溝江（みぞえ）半左衛門　？～1691　江戸前期・中期の弘前4代藩主津軽信政に仕えた弓の名人
溝口（みぞぐち）半左衛門　？～1660　江戸前期の剣術家。小野派一刀流
山岡（やまおか）半左衛門　安土桃山時代の織田信長の家臣
山口（やまぐち）半左衛門　江戸後期の新宮領北山組大庄屋
淀屋（よどや）半左衛門　江戸前期の町人
和佐（わさ）半左衛門　江戸前期の紀伊国名草郡和佐の人和佐九郎大夫氏実の惣領

半左衛門資久　はんざえもんすけひさ
野間（のま）半左衛門資久　江戸前期の人。能勢城山麓の郷士野間久左衛門盛次の嫡男

半左衛門忠辰　はんざえもんただとき
伊奈（いな）半左衛門忠辰　？～1767　江戸中期の関東郡代

半左衛門忠敬　はんざえもんただひろ
伊奈（いな）半左衛門忠敬　1738～1777　江戸中期の関東郡代

半左衛門忠逵　はんざえもんただみち
伊奈（いな）半左衛門忠逵　？～1756　江戸中期の関東郡代《伊奈忠逵》

半左衛門尉　はんざえもんのじょう
千野（ちの）半左衛門尉　戦国時代の信濃国諏訪郡の国衆

半左衛門泰次　はんざえもんやすつぐ
岡田（おかだ）半左衛門泰次　江戸前期の実業家。尾張酢ブランドを築いたマルカン創業者

半三郎　はんざぶろう
岩井屋（いわいや）半三郎　1786～1863　江戸末期の篤信家
大橋（おおはし）半三郎　江戸末期の新撰組隊士
片山（かたやま）半三郎　江戸後期の幕臣
狩野（かりの）半三郎　1842～1921　江戸末期～大正期の篤農家
杉山（すぎやま）半三郎　江戸後期の人。岡崎宿伝馬町の旅篭桔梗屋の当主
高橋（たかはし）半三郎　？～1615　江戸前期の豊臣秀頼の小姓
津田（つだ）半三郎　江戸前期の武士。大坂の陣で籠城。後、酒井重澄に出仕
藤田（ふじた）半三郎　江戸末期の人。馬頭・小砂焼発展に尽力
三浦（みうら）半三郎　1832～1885　江戸後期～明治期の義民

範三郎　はんざぶろう　⇔のりさぶろう
中島（なかじま）範三郎　1847～？　江戸後期の白山堂村の戸長等を経て田方郡会議員

半山　はんざん
半山　？～1860　江戸後期・末期の俳人
伊藤（いとう）半山　江戸中期の郷土史家
浦田（うらた）半山　江戸末期の画家
白木（しらき）半山　江戸後期の漢学者
鈴木（すずき）半山　江戸後期の漢学者
二鐘亭（にしょうてい）半山　1714～1783　江戸中期の狂歌師
毛利（もうり）半山　江戸後期の儒者

繁山　はんざん
久野（くの）繁山　1809～1870　江戸後期～明治期の医者

潘山　はんざん　⇔ばんざん
潘山　江戸中期の狂歌作者・俳人
塘（つつみ）潘山　江戸中期の狂歌師、俳人

晩山　ばんざん
晩山〔2代〕　？～1733　江戸中期の俳人

盤山　ばんざん
萩原（はぎわら）盤山　1772～1846　江戸中期・後期の画家

万山　ばんざん
富松（とみまつ）万山　1791～1847　江戸後期の丹波亀山藩儒

潘山　ばんざん　⇔はんざん
百千堂（ひゃくせんどう）潘山　江戸中期の俳諧師

伴自　ばんじ
伴自　？～1717　江戸前期・中期の俳人

半七　はんしち
半七　安土桃山時代の陶工
白井（しらい）半七〔1代〕　江戸前期の陶工
白井（しらい）半七〔2代〕　江戸中期の陶工
白井（しらい）半七〔6代〕　江戸後期～明治期の陶工
多賀（たが）半七　江戸中期の武士
長谷川（はせがわ）半七　1822～1895　江戸後期～明治期の寺子屋の師匠
伏見（ふしみ）半七　1852～1893　江戸後期～明治期の貿易商
吉川（よしかわ）半七　1839～1902　江戸後期～明治期の出版人。吉川弘文館創業者

範七　はんしち
長谷川（はせがわ）範七　1839～1904　江戸後期～明治期の下伊那における蚕糸業の先駆者

伴七　ばんしち
伴七　江戸後期の高野山寺領福田村庄屋

半七丸　はんしちまる
佐山（さやま）半七丸　江戸後期の美容研究家

半七郎　はんしちろう
伊木（いぎ）半七郎　？～1637　江戸前期の武士。大坂の陣で籠城

伴七郎　ばんしちろう
松本（まつもと）伴七郎　1845～1915　江戸末期～大正期の養魚業経営者・民権運動家

半次元介　はんじもとすけ
大野（おおの）半次元介　江戸前期の武士。大坂の陣で籠城

反朱　はんしゅ
反朱　江戸中期の俳人

万樹　ばんじゅ
藤田（ふじた）万樹　江戸後期の「江戸現存名家一覧」の編者

範洲　はんしゅう
範洲　1709～？　江戸中期の天台宗の僧

半十　はんじゅう
打田（うちだ）半十　安土桃山時代の検地役人

万秋門院一条　ばんしゅうもんいんのいちじょう
万秋門院一条　鎌倉後期の女房・歌人

万秋門院少将　ばんしゅうもんいんのしょうしょう
万秋門院少将　鎌倉後期の女房・歌人

半十郎　はんじゅうろう
半十郎　江戸後期の日高郡沖船頭
佐々井（ささい）半十郎　江戸末期の備中倉敷代官
鈴木（すずき）半十郎　？～1836　江戸後期の代官
田村（たむら）半十郎　1847～1912　江戸後期～明治期の名主、政治家
辻（つじ）半十郎　1824～1876　江戸後期～明治期の時枝騒動の首謀者の一人
穂坂（ほさか）半十郎　？～1616　江戸前期の足柄下郡曽我別所村民

半重郎　はんじゅうろう
伊奈（いな）半重郎　江戸前期の検地奉行

範重郎　はんじゅうろう
関根（せきね）範重郎　1817～1904　江戸末期・明治期の教育者

半十郎忠常　はんじゅうろうただつね
伊奈（いな）半十郎忠常　1649～1680　江戸前期の関東郡代

範俊　はんしゅん
範俊　江戸中期の天台宗の僧

範助　はんじょ
範助　平安後期の仏師

範序　はんじょ　⇔のりつぐ
一色（いっしき）範序　1796～1863　江戸後期・末期の藩士

半笑　はんしょう
葛木（かずらぎ）半笑　？～1624　安土桃山・江戸前期の殉教したキリシタン

繁紹　はんしょう
繁紹　1449～1504　室町・戦国時代の曹洞宗の僧

鑁清　ばんしょう
鑁清　江戸中期の修験僧

万丈　ばんじょう　⇔まんじょう
万丈　？～1902　江戸末期・明治期の黄檗宗の僧

半笑斎　はんしょうさい
吉益（よします）半笑斎　安土桃山時代の医者

半四郎　はんしろう
遠藤（えんどう）半四郎　？～1826　江戸中期・後期の剣術家。柳生心眼流
菊地（きくち）半四郎　1843～1922　江戸末期～大正期の社会事業家
藤田屋（ふじたや）半四郎　？～1727　江戸中期の塗師。飛騨春慶塗の藤田流始祖
山口（やまぐち）半四郎　？～1582　戦国・安土桃山時代の織田信長の家臣

伴次郎　はんじろう　⇔ばんじろう
師岡（もろおか）伴次郎　安土桃山・江戸前期の石灰製造業

半次郎　はんじろう
半次郎　江戸末期の下男。1860年遣米使節に随行しアメリカに渡る
井上（いのうえ）半次郎　江戸後期の御家人
大野（おおの）半次郎　？～1862　江戸後期・末期の俳人

半二郎　はんじろう
望月（もちづき）半二郎　安土桃山・江戸前期の甲斐国巨摩郡河内西島村の土豪

繁次郎　はんじろう
増田（ますだ）繁次郎　1848～1926　江戸末期～大正期の釣竿技術改良者

伴四郎　ばんしろう
金坂（かねさか）伴四郎　1821～1904　江戸後期～明治期の大敷網の改良者

伴次郎　ばんじろう　⇔はんじろう
黒沢（くろさわ）伴次郎　1812～1891　江戸後期～明治期の名主
鈴木（すずき）伴次郎　1766～1824　江戸中期・後期の剣術家。起倒流
名迫（なさこ）伴次郎　江戸中期の高野山寺領東富貴村農民

範信　はんしん
範信　平安後期の仏師

万仭　ばんじん
万仭　1698～1775　江戸中期の曹洞宗の僧侶

半水　はんすい
木村（きむら）半水　1831～1909　江戸後期～明治期の俳人
杉原（すぎはら）半水　1813～1834　江戸後期の漢学者

半酔　はんすい
天野（あまの）半酔　1673～1746　江戸前期・中期の藩士

晩翠　ばんすい
晩翠　江戸前期の俳人
大草（おおくさ）晩翠　1804～1873　江戸後期～明治期の砲術家
大町（おおまち）晩翠　1819～1883　江戸末期・明治期の儒者、教育者
楠美（くすみ）晩翠　1837～1887　江戸後期～明治期の弘前藩軍事備方、平曲家
駒井（こまい）晩翠　1809～1834　江戸後期の漢学者

滝川(たきがわ)晩翠　江戸時代の兵学者
西川(にしかわ)晩翠　?〜1857　江戸後期・末期の心学者
橋本(はしもと)晩翠　1812〜1887　江戸後期〜明治期の儒家
林(はやし)晩翠　1804〜1861　江戸末期の勤皇派の豪商

盤水　ばんすい
盤水　江戸前期の俳人

万瑞　ばんずい
万瑞　江戸後期の曹洞宗の僧

鑁随　ばんずい
鑁随　1756〜1842　江戸後期の真言宗の僧侶・画家

半介　はんすけ
井上(いのうえ)半介　1842〜1910　江戸末期・明治期の教育者
柳田(やなぎだ)半介　江戸前期の槍術家

半助　はんすけ
榎本(えのもと)半助　江戸末期の武士、寺社吟味役
川村(かわむら)半助　江戸前期の武士
坂本(さかもと)半助　江戸前期の武士。大坂の陣で籠城。後、峰須賀至鎮に仕えた
中野(なかの)半助　1638〜?　江戸前期の柔道家
中村(なかむら)半助　1845〜1897　江戸後期〜明治期の柔術家
西郡(にしごおり)半助　江戸前期の人。細川幽斎の家臣西郡大炊介清忠の弟
服部(はっとり)半助　江戸末期の武士

範甫　はんすけ
脇(わき)範甫　1828〜1908　江戸後期〜明治期の漢学者、医師《脇範輔》

範輔　はんすけ
脇(わき)範輔　1828〜1908　江戸後期〜明治期の漢学者、医師

晩成　ばんせい
飯田(いいだ)晩成　江戸中期の歌人

晩成斎　ばんせいさい
晩成斎　江戸中期の俳人

半石　はんせき
手塚(てづか)半石　1799〜1818　江戸後期の画家

半仙　はんせん
古藤(ことう)半仙　1834〜1892　江戸後期〜明治期の画家
山田(やまだ)半仙　1787〜1860　江戸中期〜末期の柏崎の薬種商

半僊　はんせん
福田(ふくだ)半僊　1811〜1898　江戸後期〜明治期の教育者

樊川　はんせん
樊川　江戸中期の俳人
林(はやし)樊川　江戸後期の俳諧師

阪桑　はんそう
阪桑　?〜1781　江戸中期の俳人

半窓　はんそう
黒田(くろだ)半窓　1829〜1909　江戸末期の武士
陶(すえ)半窓　1799〜1873　江戸後期〜明治期の医者・漢学者

范曹　はんそう
津田(つだ)范曹　1789〜1872　江戸後期〜明治期の中津藩文武総裁

半蔵　はんぞう
半蔵　1802〜1851　江戸末期の漂流民
井上(いのうえ)半蔵　1852〜1903　江戸後期〜明治期の下駄小売店主
岩亀(いわかめ)半蔵　1836〜1907　江戸後期〜明治期の刻み煙草製造、葉煙草輸出、製糸事業
越後屋(えちごや)半蔵　江戸中期の江戸商人
岡戸(おかど)半蔵　1752〜1828　江戸中期・後期の古見妙楽寺13世山法師に協力した人物
加藤(かとう)半蔵　江戸時代の庄内藩士
芝田(しばた)半蔵　安土桃山時代の検地役人
奈須川(なすかわ)半蔵　江戸時代の八戸藩士
宮村(みやむら)半蔵　?〜1776　江戸中期の義民。宮村の百姓
武藤(むとう)半蔵　1824〜1889　江戸後期〜明治期の篤学者
室伏(むろふし)半蔵　?〜1846　江戸後期の農民
八島(やしま)半蔵　1688〜1763　江戸前期・中期の藩士・武芸家《八島為次》
山崎(やまざき)半蔵　?〜1656　江戸前期の土室村の地頭、市ノ堀開削の指導者
山崎(やまざき)半蔵　?〜1851　江戸後期の藩士

半造　はんぞう
久保(くぼ)半造　江戸後期の掘抜き井戸の技術者

斑象　はんぞう
斑象〔2代〕　?〜1779　江戸中期の俳人
斑象〔3代〕　江戸中期の俳人

繁三　はんぞう　⇔しげぞう
寺島(てらじま)繁三　1826〜?　江戸後期・末期の新撰組隊士
矢金(やがね)繁三　江戸末期の新撰組隊士

範蔵　はんぞう
志立(したち)範蔵　1838〜?　江戸後期〜明治期の松江藩士

胖蔵　はんぞう
山田(やまだ)胖蔵　1815〜1890　江戸後期〜明治期の剣術家。小野派一刀流

伴蔵　ばんぞう　⇔ともぞう
伴蔵　1758〜1778　江戸中期の打毀指導者
高橋(たかはし)伴蔵　江戸末期の歌人
蛇口(へびぐち)伴蔵　1810〜1866　江戸後期・末期の八戸における幕末の水利開発者

半村　はんそん
津田(つだ)半村　1797〜1871　江戸後期〜明治期の漢詩人

半邨　はんそん
三木(みき)半邨　江戸後期の漢学者

半田　はんだ
半田　戦国時代の鋳物師

飯岱　はんたい
中野(なかの)飯岱　1784〜1856　江戸中期〜末期

の俳人

半太夫　はんだいう　⇔はんだゆう

神崎（かんざき）半太夫　江戸後期の大住郡大山阿夫利神社祠官

半太夫　はんだゆう　⇔はんだいう

小出（こいで）半太夫　1656〜1726　江戸前期・中期の幕臣

玉川（たまがわ）半太夫　江戸中期の歌舞伎役者

半智　はんち

藤井（ふじい）半智　1628（推定）〜1710前後　江戸中期の絵図作者

範智　はんち

範智　平安後期の熊野別当

範智　平安後期の園城寺の僧

範長　はんちょう

範長　1145〜？　平安後期の禅師。藤原頼長の子

繁亭　はんてい

増田（ますだ）繁亭　江戸後期の園芸家

万貞　ばんてい　⇔まんてい

節外（せつがい）万貞　？〜1773　江戸中期の曹洞宗の僧

は

鑁阿　ばんな　⇔ばんあ

鑁阿　？〜1207　平安後期・鎌倉前期の真言宗の僧

半内　はんない

下山（しもやま）半内　安土桃山時代の武士

般若介　はんにゃのすけ

蜂屋（はちや）般若介　？〜1569？　安土桃山時代の織田信長の家臣

半入　はんにゅう

那須（なす）半入　安土桃山時代の商人

万年　ばんねん　⇔ながとし，まんねん

舟山（ふなやま）万年　1791〜1857　江戸後期・末期の郷土史家

半之右衛門　はんのうえもん

竹田（たけだ）半之右衛門　江戸末期の武士

半丞　はんのじょう

長江（ながえ）半丞　安土桃山時代の織田信長の家臣

半之丞　はんのじょう

田中（たなか）半之丞　1843〜1915　江戸末期・明治期の医師、殖産家

蜂屋（はちや）半之丞　江戸時代の旗本

繁之丞　はんのじょう　⇔しげのじょう，はんのすけ

宮崎（みやざき）繁之丞　江戸末期の新撰組隊士《宮崎繁之丞》

繁之進　はんのしん

鈴木（すずき）繁之進　江戸後期の韮山代官江川氏の手代

半之助　はんのすけ

大関（おおぜき）半之助　江戸末期の遣仏使節の一員

仙頭（せんとう）半之助〔1代〕　？〜1720　江戸前期・中期の開田治水功労者

繁之丞　はんのすけ　⇔しげのじょう，はんのじょう

宮崎（みやざき）繁之丞　江戸末期の新撰組隊士

範之助　はんのすけ

真田（さなだ）範之助　1834〜1864　江戸後期・末期の剣術家。北辰一刀流

胖之助　はんのすけ

小笠原（おがさわら）胖之助　1852〜1868　江戸後期・末期の新撰組隊士

半兵衛　はんひょうえ　⇔はんべい，はんべえ

辰野（たつの）半兵衛　？〜1572　安土桃山時代の諏訪大社社家衆

半兵衛季吉　はんひょうえすえよし

三上（みかみ）半兵衛季吉　1592〜1662　安土桃山・江戸前期の徳川秀忠の家臣。千姫の大坂入輿に随行

范孚　はんぷ

范孚　江戸前期の俳人

半兵衛　はんべい　⇔はんひょうえ，はんべえ

押上村（おしあげむら）半兵衛　江戸時代の富山藩の十ケ村肝煎

須藤（すとう）半兵衛　？〜1853　江戸後期の剣術家

半平　はんぺい　⇔はんぺい

井上（いのうえ）半平　？〜1709　江戸前期・中期の八戸藩家老

清水（しみず）半平　1704？〜1763　江戸中期の一揆指導者

綿貫（わたぬき）半平　江戸時代の入間郡入間川村の豪商

半兵　はんぺい

寺沢（てらざわ）半兵　江戸前期の武士

半平　はんぺい　⇔はんべい

遠藤（えんどう）半平　江戸末期・明治期の士族。美作血税一揆の指導者

黒田（くろだ）半平　安土桃山時代の織田信長の家臣

松井（まつい）半平　江戸中期の書家

松野（まつの）半平　江戸前期の武士。大坂の陣で籠城

半兵衛　はんべえ　⇔はんひょうえ，はんべい

半兵衛　江戸後期の高野山寺領山崎村庄屋

市川（いちかわ）半兵衛　江戸前期の砥山経営者

今熊（いまぐま）半兵衛　1671〜1761　江戸前期・中期の大隅郡大根占郷神川村今熊門の名頭

江渡（えと）半兵衛〔7代〕　1799〜1848　江戸後期の盛岡藩給人

笠井（かさい）半兵衛　戦国時代の武将。武田家臣

蒲（かば）半兵衛　江戸後期の彫刻家

木村（きむら）半兵衛〔2代〕　1816〜1869　江戸末期の足利の織物買継商

木村（きむら）半兵衛〔3代〕　1833〜1886　江戸後期〜明治期の実業家

小坂（こさか）半兵衛　1762〜1816　江戸中期・後期の織物図案家・紋工家

小崎（こざき）半兵衛　？〜1678　江戸前期の武士

昆（こん）半兵衛　1830〜1888　江戸後期〜明治期の大庄屋

三福寺村（さんふくじむら）半兵衛　江戸中期の義

民。三福寺村の百姓代
志方(しかた)半兵衛　1682～1756　江戸前期・中期の剣術家。二天一流
須子(すこ)半兵衛　?～1870　江戸後期～明治期の萩町人
須藤(すどう)半兵衛　1790～1853　江戸後期の剣術家。小野派一刀流
相馬(そうま)半兵衛　?～1684　江戸前期の義民
大工(だいくの)半兵衛　江戸前期の侠客
高梨(たかなし)半兵衛　戦国時代の正木大膳亮時茂(2代目/里見義頼の二男〈義康弟〉)の家臣
高橋(たかはし)半兵衛　1826～1872　江戸後期～明治期の和算家
畳屋(たたみや)半兵衛　江戸中期の町人
土田(つちだ)半兵衛　江戸中期の村役人
土屋村(つちやむら)半兵衛　江戸前期の十村役
戸張(とばり)半兵衛　?～1636　江戸前期の幕臣
内藤(ないとう)半兵衛　?～1817　江戸中期・後期の雑貨商
長岡(ながおか)半兵衛　1734～1766　江戸中期の盛岡の豪商
中野(なかの)半兵衛　?～1837　江戸後期の高座郡藤沢宿大久保町問屋
七崎屋(ならさきや)半兵衛　江戸後期の八戸の商人
林(はやし)半兵衛　?～1644　江戸前期の庄内藩士
平山(ひらやま)半兵衛　1813～1891　江戸後期～明治期の人。料亭「播半」の創業者
藤田(ふじた)半兵衛　江戸後期～明治期の陶工
本田(ほんだ)半兵衛　1581～1659　安土桃山・江戸前期の剣術家。示現流
松田(まつだ)半兵衛　1584～?　安土桃山・江戸前期の北原村の草分百姓
三浦(みうら)半兵衛　1822～1866　江戸末期の人。鉄山11か所を開く
溝口(みぞぐち)半兵衛　1756～1819　江戸中期・後期の武士
宮田(みやた)半兵衛　1731～?　江戸中期の村役。寒天製造の先覚者
森田(もりた)半兵衛　1802～1848　江戸後期の教育家
山田(やまだ)半兵衛　安土桃山時代の織田信長の家臣
吉田(よしだ)半兵衛　江戸末期の狂歌師

半兵衛富宅　はんべえとみたか
下田(しもだ)半兵衛富宅　1801～1860　江戸後期・末期の名主

半兵衛富永　はんべえとみなが
下田(しもだ)半兵衛富永　1778～1849　江戸中期・後期の名主

半兵衛富潤　はんべえとみひろ
下田(しもだ)半兵衛富潤　1819～1884　江戸後期～明治期の名主

半兵衛正勝　はんべえまさかつ
簗田(やなだ)半兵衛正勝　?～1652　江戸前期の旗本

万別　ばんべつ
千差(せんさ)万別　江戸中期・後期の戯作者

半峯　はんぽう
堀江(ほりえ)半峯　1819～1888　江戸後期～明治期の漢学者

伴鳳　ばんぽう
石原(いしはら)伴鳳　1802～1875　江戸後期～明治期の教育者

万明　ばんみょう
弘宗(こうじょう)万明　江戸時代の曹洞宗の僧

万弥　ばんや　⇔まんや
早乙女(さおとめ)万弥　1806～1892　江戸末期の剣術家

鑁也　ばんや
鑁也　1149～1230　平安後期・鎌倉前期の歌人

半来　はんらい
浦池(うらいけ)半来　江戸末期の書家

範莱　はんらい
範莱　江戸後期の雑俳点者

万籟　ばんらい
万籟　江戸後期の俳人
荒木(あらき)万籟　?～1842　江戸後期の俳人

釆蘭　はんらん
下郷(しもざと)釆蘭　1815～?　江戸後期・末期の鳴海宿村役人

万里　ばんり　⇔まんり
万里　江戸前期の俳人
万里　1758～1834　江戸中期・後期の俳人
江間(えま)万里　1840～1906　江戸後期～明治期の加賀藩医
社楽斎(しゃらくさい)万里　江戸中期の戯作者・狂歌作者

晩柳　ばんりゅう
晩柳　江戸前期の俳人

蟠竜洞　ばんりゅうどう
林(はやし)蟠竜洞　江戸後期の画家

璠良　はんりょう
外山(とやま)璠良　1791～1863　江戸後期・末期の和算家

半輪　はんりん
豊浦(とようら)半輪　?～1810　江戸中期・後期の俳人

範嶺　はんれい
服部(はっとり)範嶺　1853～1925　江戸末期～大正期の僧

晩鈴　ばんれい
晩鈴　江戸中期の俳人

万齢　ばんれい
玉置(たまき)万齢　1827～1890　江戸後期～明治期の商家

幡朗　ばんろう
幡朗　?～900　平安前期の石清水別当

半六　はんろく
半六　江戸前期の船大工町町人
半六　江戸中期の真島郡小童谷村日向の農民
飼沼(かいぬま)半六　?～1854　江戸後期・末期の愛知郡万場村の庄屋

佐伯（さえき）半六〔1代〕 1630～1682　江戸前期の陶工
中野（なかの）半六　江戸末期・明治期の半田の酒造家、実業家
平野屋（ひらのや）半六　江戸前期の京都糸割符商人
保谷（ほうや）半六　江戸中期の名主

万和　ばんわ　⇔まんわ
三露園（さんろえん）万和　1767～1827　江戸中期・後期の俳人
八日庵（ようかあん）万和　？～1827　江戸後期の俳人《八日庵万和》

【ひ】

飛一　ひいち
浜口（はまぐち）飛一　江戸末期の新撰組隊士

秀　ひいで　⇔しげる，しゅう，すぐる，ひで
小山（こやま）秀　1828～1898　江戸後期～明治期の大工

披雲　ひうん
披雲　？～1800　江戸中期・後期の俳人

美叡　びえい
美叡　814～892　平安前期の薬師寺の僧

冷川御前　ひえかわごぜん
冷川御前　1626～1707　江戸前期・中期の女性。伊勢の津藩主4代藤堂高睦の生母

稗守　ひえもり
大中臣（おおなかとみの）稗守　？～861　平安前期の祭主（19代）。父は三門の散位正七位上清山

桧垣　ひがき
桧垣　平安時代の女流歌人

飛鶴　ひかく
外崎（とのさき）飛鶴　？～1765　江戸中期の弘前藩士、書家

美角　びかく
美角　？～1779　江戸中期の俳人

東　ひがし
伊藤（いとう）東　1822～1897　江戸後期～明治期の中奈良村の富豪

東方　ひがしかた
生部（いくべ）東方　奈良時代の人。加賀郡武芸駅の駅子

東二条院半物河浪　ひがしにじょういんのはしたものかわなみ
東二条院半物河浪　鎌倉時代の歌人

東二条院兵衛佐　ひがしにじょういんのひょうえのすけ
東二条院兵衛佐　鎌倉時代の女房・歌人

東御方　ひがしのおんかた
東御方　1405～1473　室町時代の女性。公家一条兼良の妻

光　ひかる　⇔みつ
小山（おやま）光　江戸末期の宇都宮藩校助教、天狗党の参加者

備寛　びかん
高田（たかだ）備寛　江戸中期の佐渡奉行

羆　ひぐま　⇔たけし
加藤（かとう）羆　？～1867　江戸後期・末期の新撰組隊士

比隈満　ひくままろ
杉浦（すぎうら）比隈満　1813～1865　江戸後期・末期の神職・国学者

美啓　びけい
矢富（やとみ）美啓　江戸中期の歌人

微顕　びけん
中井（なかい）微顕　江戸後期の学者

肥後　ひご
肥後　江戸中期の根付師
福嶋（くしま）肥後　戦国時代の北条氏の家臣
轡田（くつわだ）肥後　戦国時代の上杉氏の武将

彦昭　ひこあき
岡野（おかの）彦昭　1772？～？　江戸中期・後期の漢学者

彦一　ひこいち
彦一　？～1582　戦国・安土桃山時代の織田信長の家臣

彦一郎　ひこいちろう
藤方（ふじかた）彦一郎　？～1855　江戸末期の代官

彦市郎　ひこいちろう
中村（なかむら）彦市郎　？～1614　江戸前期の人。土佐国高岡郡佐川村の丸山城主中村越前守信義の二男

彦五瀬命　ひこいつせのみこと
彦五瀬命　上代の皇族

日子坐王　ひこいますのみこ
日子坐王　上代の皇族

美孝　びこう
荻野（おぎの）美孝　1811～1870　江戸後期～明治期の柴町八幡宮神主・書家

彦右衛門尉　ひこうえもんのじょう　⇔ひこえもんのじょう
岩下（いわした）彦右衛門尉　安土桃山時代の信濃国筑摩郡会田の国衆
南（みなみ）彦右衛門尉　戦国時代の豊臣秀吉の家臣・検地奉行増田長盛配下

彦右衛門頼熊　ひこうえもんよりくま
妻木（つまき）彦右衛門頼熊　1604～1683　江戸前期の幕府役人《妻木頼熊》

彦右衛門　ひこえもん
彦右衛門　江戸中期の湯浅浦漁民
彦右衛門　江戸後期の足柄下郡井細田村名主
赤川（あかがわ）彦右衛門　安土桃山時代の織田信長の家臣
天野（あまの）彦右衛門　1559～1644　江戸前期の忍城城番
飴屋（あめや）彦右衛門　江戸時代の小倉藩商人
伊勢屋（いせや）彦右衛門　江戸前期の商人
今井（いまい）彦右衛門　江戸後期の三浦郡横須賀村民

柄川(えがわ)彦右衛門　1735～1799　江戸中期・後期の治水家
越前屋(えちぜんや)彦右衛門　江戸中期の商人
大釜(おおがま)彦右衛門　江戸前期の盛岡藩家臣
大西(おおにし)彦右衛門　1830～1914　江戸末期～大正期の漁業家
大湯(おおゆ)彦右衛門　江戸前期の新田開発の推進者
岸田(きしだ)彦右衛門　1822～1894　江戸後期～明治期の農事改良家
桑原(くわばら)彦右衛門　1788～1857　江戸後期・末期の剣術家。直心影流
佐藤(さとう)彦右衛門　江戸中期の御境古人
佐野(さの)彦右衛門　江戸前期の京都糸割符商人
山根(さんね)彦右衛門　安土桃山時代の戦国武士
四宮(しのみや)彦右衛門　安土桃山・江戸前期の代官
須藤(すとう)彦右衛門〔2代〕　江戸前期の新田開発功労者
清田(せいた)彦右衛門　江戸前期の新田開発者
清田(せいた)彦右衛門　？～1835　江戸後期の大住郡須賀村米穀肥料商
妹尾(せのお)彦右衛門　1844～1909　江戸後期～明治期の人。彦右衛門蔓牛を作った
瀬見(せみ)彦右衛門　江戸後期の日高郡江川組大庄屋
滝川(たきかわ)彦右衛門　安土桃山時代の織田信長の家臣
田中(たなか)彦右衛門　1785～1858　江戸後期・末期の実用流師範役
露木(つゆき)彦右衛門　1781～1848　江戸後期の大住郡平沢村民
冨塚(とみづか)彦右衛門　江戸前期の大肝煎
楢原(ならはら)彦右衛門　江戸時代の岡山藩の農兵
沼元(ぬもと)彦右衛門　？～1597　安土桃山時代の美作国の武将
福間(ふくま)彦右衛門　1592～1677　安土桃山・江戸前期の長州藩士
松木(まつき)彦右衛門〔4代〕　1851～1921　江戸末期～大正期の弘前の実業家
山村(やまむら)彦右衛門　江戸後期の海外出漁の先駆者
吉津(よしず)彦右衛門　安土桃山時代の関ケ原合戦豊臣方の落人
良波(りょうは)彦右衛門　安土桃山時代の信州大野川村の名主

彦右衛門貞親　ひこえもんさだちか
高木(たかき)彦右衛門貞親　？～1700　江戸前期・中期の貿易商

彦右衛門尉　ひこえもんのじょう　⇔ひこうえもんのじょう
大村(おおむら)彦右衛門尉　戦国時代の北条氏の家臣
佐野(さの)彦右衛門尉　戦国時代の武田氏の家臣

彦雄　ひこお
高山(たかやま)彦雄　1819～1894　江戸後期～明治期の歌人、寺子屋師匠

彦吉　ひこきち
彦吉　江戸末期の漂流民。イオ丸乗組員で1862年アメリカに渡る

彦公　ひこきみ
錦部(にしごり)彦公　平安前期の漢学者

尾谷　びこく
尾谷〔1代〕　1678～1748　江戸前期・中期の俳人
尾谷〔2代〕　江戸中期の俳人

彦国　ひこくに
あし川(あしかわ)彦国　江戸後期の画家

彦九郎　ひこくろう
穴山(あなやま)彦九郎　1547～1559　戦国時代の甲斐武田氏の一族穴山氏の人
大久保(おおくぼ)彦九郎　戦国・安土桃山時代の武士
神戸(かんべ)彦九郎　安土桃山時代の検地役人
菅野(すがの)彦九郎　？～1757　江戸中期の名主
竹尾(たけお)彦九郎　1839～1907　江戸後期～明治期の加茂村庄屋
逸見(へんみ)彦九郎　？～1824　江戸後期の甲源一刀流剣術家・宗家2代《逸見彦九郎義苗》
真壁(まかべ)彦九郎　安土桃山時代の武将
横田(よこた)彦九郎　？～1572　安土桃山時代の武田氏の家臣
綿屋(わたや)彦九郎　江戸後期の網元

彦九郎義苗　ひこくろうよしみつ
逸見(へんみ)彦九郎義苗　？～1824　江戸後期の甲源一刀流剣術家・宗家2代

彦五郎　ひこごろう
今川(いまがわ)彦五郎　？～1536　戦国時代の武将
太田屋(おおたや)彦五郎　江戸末期の商家
織田(おだ)彦五郎　？～1555　戦国時代の武士
角屋(かどや)彦五郎　安土桃山時代の廻船商人
佐藤(さとう)彦五郎　1828～1902　江戸末期・明治期の多摩郡日野宿名主
高木(たかぎ)彦五郎　戦国時代の信濃国諏訪郡高木の土豪
武田(たけだ)彦五郎〔1代〕　？～1549　戦国時代の信喬の子
武田(たけだ)彦五郎〔2代〕　安土桃山時代の武田氏の家臣
千葉(ちば)彦五郎　1790～1843　江戸後期の慈善家
中山(なかやま)彦五郎　戦国時代の連雀商人
坂東(ばんどう)彦五郎　？～1834　江戸後期の秩父歌舞伎の創始者
平賀(ひらが)彦五郎　安土桃山時代の部将
松風(まつかぜ)彦五郎　1685～1747　江戸中期の美作国倉敷代官
分部(わけべ)彦五郎　1850～1877　江戸後期～明治期の新徴組士

彦左衛門　ひこざえもん
彦左衛門　戦国時代の京都の番匠
彦左衛門　安土桃山時代の信濃国筑摩郡会田の土豪
彦左衛門　1553～1614　江戸前期の檜物細工職人
彦左衛門　江戸中期の高野山寺領安良見村農民

彦左衛門　江戸後期の漁民
阿部(あべ)彦左衛門　江戸前期の大江開削功労者
伊王野(いおの)彦左衛門　?～1642　安土桃山・江戸前期の総社藩主秋元泰朝の重臣
今井(いまい)彦左衛門　安土桃山時代の武士。武田親類衆今井氏の一門か
梅村(うめむら)彦左衛門　江戸前期の大工
大萱村(おおがやむら)彦左衛門　江戸中期の安永年代の丹生川村大萱の名主
小島(おじま)彦左衛門　戦国・安土桃山時代の下野佐野領天命の鋳物師商人
賀藤(かとう)彦左衛門　安土桃山時代の織田信長の家臣
金重(かねしげ)彦左衛門　江戸末期の陶工
川内(かわうち)彦左衛門　江戸末期の鹿児島郡吉田郷の儒者
川原(かわはら)彦左衛門　江戸前期の三島代官。竹内信就の手代。三島代官五味豊法の手代
河村(かわむら)彦左衛門　安土桃山時代の武士。直江兼続の家臣
来生(きすぎ)彦左衛門　1659～1748　江戸前期・中期の植林功労者
来生(きすぎ)彦左衛門　?～1907　江戸末期・明治期の植林功労者
窪田(くぼた)彦左衛門　近世初期の番匠
小泉(こいずみ)彦左衛門　1655～1736　江戸中期の水利開拓者
篠崎(しのざき)彦左衛門　1836～1907　江戸後期～明治期の幡羅郡秦村日向の人。自治功労者
園田(そのだ)彦左衛門　1819～1883　江戸後期～明治期の薩摩藩士
寺尾(てらお)彦左衛門　戦国・安土桃山時代の駿河国庵原郡江尻宿の宿問屋商人
原(はら)彦左衛門　江戸中期の藩士
肥田(ひだ)彦左衛門　安土桃山時代の織田信長の家臣
日比野(ひびの)彦左衛門　安土桃山時代の織田信長の家臣
平野(ひらの)彦左衛門　安土桃山・江戸前期の代官
比留川(ひるかわ)彦左衛門　江戸後期の深谷村名主
安原(やすはら)彦左衛門　安土桃山時代の武士
山室(やまむろ)彦左衛門　?～1614　安土桃山・江戸前期の大和河井村の北山一揆勢
若槻(わかつき)彦左衛門　1779～1847　江戸中期・後期の俳人、薬種業、庄屋《若槻虎渓》

彦左衛門重梁　ひこざえもんしげむね
中村(なかむら)彦左衛門重梁　1728～1807　江戸中期の瓦曽根村の名主

彦左衛門尉　ひこざえもんのじょう
磯(いそ)彦左衛門尉　戦国時代の北条氏の家臣
大村(おおむら)彦左衛門尉　戦国時代の北条氏の家臣
河田(かわだ)彦左衛門尉　戦国時代の大工職人
森(もり)彦左衛門尉　戦国時代の今川氏給人。駿河国橋上の土豪

彦作　ひこさく
伊藤(いとう)彦作　?～1582　戦国・安土桃山時代の織田信長の家臣
北山(きたやま)彦作　1845～1920　江戸末期～大正期の浅瀬石村の大地主
小井弖(こいで)彦作　戦国時代の信濃国伊那郡小出郷の土豪
佐々木(ささき)彦作　1819～1880　江戸後期～明治期の農事功労者
渡辺(わたなべ)彦作　江戸後期の旗本家相役

彦三郎　ひこさぶろう　⇔ひこざぶろう
彦三郎　安土桃山時代の信濃国筑摩郡会田の土豪
彦三郎　安土桃山時代の人。今井彦十郎信忠の子か。天正5年頃駿河富士大宮に神馬を奉納
雨森(あめのもり)彦三郎　安土桃山時代の武士。前田利家の家臣
市森(いちもり)彦三郎　?～1733　江戸前期の弓・馬術家
大金(おおがね)彦三郎　1793～1867　江戸後期・末期の小砂焼の創始者
大島(おおしま)彦三郎　江戸後期の高座郡中新田村名主
小笠原(おがさわら)彦三郎　?～1582　安土桃山時代の信濃国伊那郡の武士
石生(おしこ)彦三郎　南北朝時代の備前国の武士
小武(おたけ)彦三郎　安土桃山時代の織田信長の家臣
小幡(おばた)彦三郎　?～1618　安土桃山・江戸前期の上野国衆
小山田(おやまだ)彦三郎　戦国時代の武田氏の家臣
片岡(かたおか)彦三郎　?～1879　江戸後期～明治期の仙台藩松前十人組頭
清(きよ)彦三郎　安土桃山時代の代官
後藤(ごとう)彦三郎　?～1828　江戸後期の技術者。金沢城の再建事業で石工事を担当した
守随(しゅずい)彦三郎　?～1703　江戸前期・中期の高崎秤座初代
高松(たかまつ)彦三郎　1818～1863　江戸末期の幕臣・小人目付。1862年遣欧使節に随行しフランスに渡る
富永(とみなが)彦三郎　1721～1800　江戸後期の庄屋。『大洲旧記』の編者
中村(なかむら)彦三郎　江戸中期の水田開発の先駆者
坂東(ばんどう)彦三郎　江戸時代の歌舞伎俳優
前島(まえじま)彦三郎　戦国・安土桃山時代の大宮浅間神社の社人
牧屋(まきや)彦三郎　江戸後期の木匠
六笠(むかさ)彦三郎　?～1581　安土桃山時代の高天神籠城衆
村上(むらかみ)彦三郎　?～1791　江戸中期・後期の農政家

彦三郎　ひこざぶろう　⇔ひこさぶろう
斎藤(さいとう)彦三郎　1831～1907　江戸後期～明治期の漁業家
多田(ただ)彦三郎　戦国時代の下総国香取神領多田村の在地領主

彦次　ひこじ
参木(みつぎ)彦次　1847～1920　江戸末期～大正

期の銀行家

彦七　ひこしち　⇔ひこひち

渥美(あつみ)彦七　1782～1843　江戸中期・後期の篤農家

佐々木(ささき)彦七　?～1856　江戸後期・末期の盛岡藩最大の鉄山経営者

佐藤(さとう)彦七　江戸後期の大住郡須賀村民

武藤(むとう)彦七　?～1683　江戸前期の肝煎

山崎(やまざき)彦七　1826～1894　江戸末期・明治期の医師

若松屋(わかまつや)彦七　江戸末期・明治期の旅館主人

彦七郎　ひこしちろう

加藤(かとう)彦七郎　1845～1910　江戸後期～明治期の実業家

上条(じょうじょう)彦七郎　?～1509　戦国時代の武士

高木(たかぎ)彦七郎　戦国時代の信濃国諏訪郡高木の土豪

長野(ながの)彦七郎　戦国時代の上野国衆。厩橋長野一族

宮の下(みやのした)彦七郎　安土桃山時代の信濃国筑摩郡安坂の土豪

守屋(もりや)彦七郎　戦国時代の武将。武田家臣

守矢(もりや)彦七郎　戦国時代の信濃国諏訪郡の武士

彦十　ひこじゅう

小島(こじま)彦十　安土桃山時代の検地役人

彦十郎　ひこじゅうろう

加藤(かとう)彦十郎　1555～1642　戦国～江戸前期の代官

上柳(かみやなぎ)彦十郎　江戸前期の京都糸割符商人

木内(きのうち)彦十郎　戦国時代の千葉胤直・宣胤(胤宣)の家臣

木村(きむら)彦十郎　1839～1920　江戸末期～大正期の備前焼窯元

平松(ひらまつ)彦十郎　1805～1864　江戸後期・末期の赤坂宿本陣家

山本(やまもと)彦十郎　江戸末期の武士

彦四郎　ひこしろう

彦四郎　安土桃山時代の信濃国筑摩郡会田の土豪

粟田(あわた)彦四郎　戦国時代の今川氏の給人

伊東(いとう)彦四郎　1758～1834　江戸中期・後期の治水家

宇部(うべ)彦四郎　戦国時代の里見氏家臣。家老番頭衆のうちの二十人衆之頭

大原(おおはら)彦四郎　?～1779　江戸中期の飛騨郡代。大原騒動の原因をつくった

尾崎(おざき)彦四郎　江戸中期の津久井県又野村の名主

男谷(おたに)彦四郎　1777～1840　江戸中期・後期の幕臣

乙骨(おっこつ)彦四郎　1806～1859　江戸後期・末期の漢詩人

竹子屋(たけこや)彦四郎　1622～1623　江戸前期のキリシタン

立岩(たていわ)彦四郎　戦国時代の武士

塚原(つかはら)彦四郎　戦国時代の人。父は塚原卜伝。家督を相続後新当流の刀術を受け継ぐ

猫塚(ねこづか)彦四郎　1784～1853　江戸中期・後期の開墾家

平野(ひらの)彦四郎　1781～?　江戸後期の藤沢宿坂戸町名主

増田(ますだ)彦四郎　1854～1894　江戸末期・明治期の実業家・社会事業家

水野(みずの)彦四郎　1695～1767　江戸中期の美作国土居代官

三輪(みわ)彦四郎　江戸後期の須ケ口村庄屋

簗田(やなだ)彦四郎　安土桃山時代の織田信長の家臣

山本(やまもと)彦四郎　江戸中期の金沢の算学者

彦次郎　ひこじろう

浅利(あさり)彦次郎　戦国・安土桃山時代の武田氏・徳川家康・本多忠勝の家臣

今見(いまみ)彦次郎　安土桃山時代の飛騨の人。金森長近が土地1町6段を与えた

大谷(おおたに)彦次郎　1825～1903　江戸後期～明治期の製織業者

北村(きたむら)彦次郎　1825～1871　江戸後期～明治期の駿府茶町の豪商

五味(ごみ)彦次郎　?～1581　安土桃山時代の武士

斎藤(さいとう)彦次郎　戦国時代の畠山氏の臣

篠本(ささもと)彦次郎　江戸後期・末期の幕臣

塩沢(しおざわ)彦次郎　江戸末期の幕臣・幕府小人目付。1860年遣米使節に随行しアメリカに渡る

四条(しじょう)彦次郎　戦国時代の武将。成瀬城に関係した

高山(たかやま)彦次郎　南北朝時代の美作国北部の在地武士

種村(たねむら)彦次郎　?～1582　戦国・安土桃山時代の織田信長の家臣

藤沢(ふじさわ)彦次郎　江戸末期の新撰組隊士

松田(まつだ)彦次郎　安土桃山時代の武将

宮田(みやた)彦次郎　?～1582　戦国・安土桃山時代の織田信長の家臣

彦二郎　ひこじろう

彦二郎　安土桃山時代の信濃国筑摩郡小芹・大久保・花見の土豪

石黒(いしぐろ)彦二郎　?～1582　戦国・安土桃山時代の織田信長の家臣

栗原(くりはら)彦二郎　?～1501　戦国時代の甲斐東部国衆栗原氏の一族

皆島(みなしま)彦二郎　安土桃山時代の金森家臣

彦介　ひこすけ

国香(くにか)彦介　1851～1926　江戸末期～大正期の医師・考古学者

彦助　ひこすけ

荒木(あらき)彦助　1852～1918　江戸末期～大正期の米穀商

岩田(いわた)彦助　?～1734　江戸中期の川越藩主秋元但馬守喬知の家老

大橋(おおはし)彦助　?～1884　江戸後期～明治期の和算家

落合（おちあい）彦助　戦国時代の武将。武田家臣
加藤（かとう）彦助　1669〜1724　江戸前期・中期の文人
寺島（てらしま）彦助　江戸中期の俳人
松井（まつい）彦助　江戸中期の京都銀座大黒常是役所の手代
村瀬（むらせ）彦助　江戸末期の横須賀村町方の商人
安沢（やすざわ）彦助　戦国時代の武将。武田家臣

彦弼　ひこすけ
宮田（みやた）彦弼　江戸後期の絵師

彦輔　ひこすけ
大沢（おおさわ）彦輔　1831〜1884　江戸後期〜明治期の伴野村外4か村連合の戸長
片岡（かたおか）彦輔　1761〜1843　江戸後期の文人
中山（なかやま）彦輔　1846〜1890　江戸後期〜明治期の銀行家

彦三　ひこぞう
枝村（えだむら）彦三　？〜1888　江戸後期〜明治期の私塾師匠
関口（せきぐち）彦三　1857〜？　江戸末期・明治期の魚津町の酒造家

彦蔵　ひこぞう
大竹（おおたけ）彦蔵　江戸時代の庄内藩職人

彦大夫　ひこだいふ　⇔ひこだゆう
芋川（いもがわ）彦大夫　？〜1575　安土桃山時代の武田氏の家臣

彦玉　ひこたま
彦玉　江戸後期の戯作者

彦太夫　ひこだゆう
荒川（あらかわ）彦太夫　江戸前期の槍術家
大隅（おおすみ）彦太夫　安土桃山時代の検地役人

彦大夫　ひこだゆう　⇔ひこだいふ
大石（おおいし）彦大夫　？〜1729　江戸中期の家臣、大番
大島（おおしま）彦大夫　安土桃山時代の検地役人
伴（ばん）彦大夫　江戸前期の武士

彦大夫秀重　ひこだゆうひでしげ
岸（きし）彦大夫秀重　江戸前期の美濃国武儀郡西神野の地侍

彦太郎　ひこたろう
彦太郎　江戸末期の加太浦渡海船業者
穴山（あなやま）彦太郎　安土桃山時代の甲斐国河内波高島の人
石垣（いしがき）彦太郎　1837〜1904　江戸後期〜明治期の関山街道の開削に尽力
大村（おおむら）彦太郎　1636〜1689　江戸前期の豪商。「白木屋」を創業
菊屋（きくや）彦太郎　？〜1790　江戸中期・後期の商家
熊野屋（くまのや）彦太郎　江戸前期の銅吹屋
柴（しば）彦太郎　1646〜1718　江戸前期・中期の剣術家。一刀流
守随（しゅずい）彦太郎　江戸時代の江戸秤座の頭人
白木屋（しらきや）彦太郎　1636〜1689　江戸前期・中期の江戸店持京商人
土岐（とき）彦太郎　南北朝時代の武士
成瀬（なるせ）彦太郎　1736〜1784　江戸中期の旗本
三浦（みうら）彦太郎　江戸前期の武士。大坂の陣で籠城後、徳川頼宣に仕えた
山田（やまだ）彦太郎　戦国時代の北条氏の家臣
吉川（よしかわ）彦太郎　？〜1608　安土桃山・江戸前期の武田氏の秤座役人

彦常　ひこつね
度会（わたらい）彦常　1040〜？　平安中期の外宮権禰宜

肥後入道　ひごにゅうどう
早川（はやかわ）肥後入道　？〜1558　戦国時代の甲斐国山梨郡米倉の土豪

肥後守康勝　ひごのかみやすかつ
石川（いしかわ）肥後守康勝　江戸前期の豊臣秀吉家臣

彦尉　ひこのじょう
馬場（ばば）彦尉　戦国時代の甲斐武田一族穴山信君の家臣

彦丞　ひこのじょう
粟蔵の（あわぐらの）彦丞　安土桃山時代の能登国奥二郡の船裁許、十村役

彦之丞　ひこのじょう
森田屋（もりたや）彦之丞　1775〜1831　江戸中期・後期の浜名湖（舞阪）の海苔養殖法の祖

彦之助　ひこのすけ
藤本（ふじもと）彦之助　江戸末期の新撰組隊士

彦八　ひこはち
彦八　戦国時代の今川氏領国の皮革職人
彦八　戦国時代の八代郡寺尾郷在住の漆職人頭
大田（おおた）彦八　室町時代の武士
岡本（おかもと）彦八　戦国時代の千葉胤直・宣胤（胤宣）の家臣
小沢（おざわ）彦八　？〜1608　江戸前期の津山森藩士
酒井（さかい）彦八　1774〜1856　江戸後期の侠客
寿命（じゅみょう）彦八　江戸時代の尾張藩の御用刀工
栂野（とがの）彦八　1762〜1807　江戸中期・後期の町年寄
餅屋（もちや）彦八　？〜1744　江戸中期の加賀国江沼郡庄村の絹織物屋
横井（よこい）彦八　江戸後期の名古屋近郊枇杷島村の富家
米沢（よねざわ）彦八　？〜1714　江戸前期・中期の芸人

彦八郎　ひこはちろう
榎下（えのきした）彦八郎　1561〜1633　安土桃山・江戸前期の武田氏の家臣
栗島（くりしま）彦八郎　江戸末期の幕臣・小人目付。1860年遣米使節に随行しアメリカに渡る
竹中（たけなか）彦八郎　1565？〜1582　安土桃山時代の織田信長の家臣
多米（ため）彦八郎　戦国時代の北条氏の家臣
東平（とうへい）彦八郎　戦国時代の里見氏家臣

彦治　ひこはる
杉本(すぎもと)彦治　1842～1900　江戸後期～明治期の教育者
彦晴　ひこはる
荒木田(あらきだ)彦晴　952～1027　平安中期の神宮禰宜
彦七　ひこひち　⇔ひこしち
内木(ないき)彦七　江戸中期の美濃国加子母村の郷豪
萩原(はぎわら)彦七　1850～？　江戸後期～明治期の実業家
彦人大兄　ひこひとのおおえ
彦人大兄　上代の記・紀にみえる景行天皇の皇子
彦兵衛　ひこひょうえ　⇔ひこべい，ひこべえ
栗田(くりた)彦兵衛　？～1581　安土桃山時代の高天神籠城衆
彦兵衛国宗　ひこびょうえくにむね
松岡(まつおか)彦兵衛国宗　？～1615　江戸前期の紀伊国伊都郡の隅田党の一員。松岡右京進国忠の子
彦兵衛尉　ひこひょうえのじょう　⇔ひこべえのじょう
小中(こなか)彦兵衛尉　戦国・安土桃山時代の上野国衆
彦文　ひこぶみ
道工(どうく)彦文　1694～1735　江戸中期の歌人
彦兵衛　ひこべい　⇔ひこひょうえ，ひこべえ
窪田(くぼた)彦兵衛　安土桃山時代の検地役人
彦平　ひこべい
佐野(さの)彦平　安土桃山時代の検地役人
彦兵衛　ひこべえ　⇔ひこひょうえ，ひこべい
彦兵衛　江戸前期の溝口村の百姓
雨宮(あめみや)彦兵衛　1839～1894　江戸後期～明治期の蚕糸功労者
伊丹屋(いたみや)彦兵衛　江戸前期の京都糸割符商人
伊藤(いとう)彦兵衛　安土桃山時代の織田信長の家臣
岩出(いわで)彦兵衛　？～1724　江戸中期の美作国土居代官
大島(おおしま)彦兵衛　江戸時代の屏風収集家
大野屋(おおのや)彦兵衛　江戸末期の高山三之町組頭
久保(くぼ)彦兵衛　1840～1915　江戸末期～大正期の北前船主会リーダー
小寺(こでら)彦兵衛　1809～1880　江戸後期～明治期の兵庫のつり針の始祖
柴屋(しばや)彦兵衛　1349～1410　南北朝・室町時代の網元専業
杉崎屋(すぎさきや)彦兵衛　江戸後期の古川町の人
竹谷(たけや)彦兵衛　江戸前期の砲術家
田辺(たなべ)彦兵衛　江戸中期の本草家
寺西(てらにし)彦兵衛　江戸中期の廻船業
徳武(とくたけ)彦兵衛　江戸中期の竹細工技術者
富田(とみた)彦兵衛　江戸前期の代官
冨田(とみた)彦兵衛　江戸前期の古見村の豪商
永原(ながはら)彦兵衛　江戸前期の京都糸割符商人
野口(のぐち)彦兵衛　1848～1925　江戸後期～大正期の染色家
野中(のなか)彦兵衛　1774～1859　江戸中期～末期の中奈良村の名主
橋本(はしもと)彦兵衛　江戸末期の武士
平岡(ひらおか)彦兵衛　1713～1790　江戸中期の美作国久世代官・美作国倉敷代官
細田(ほそだ)彦兵衛　江戸時代の広瀬藩士。麦作技術を開発
宮津村(みやづむら)彦兵衛　江戸前期の十村役
村瀬(むらせ)彦兵衛　江戸時代の堀之内村の兼帯庄屋
村瀬(むらせ)彦兵衛　江戸前期の神道家
山本村(やまもとむら)彦兵衛　？～1773　江戸中期の義民。山本村の百姓
湯之島村(ゆのしまむら)彦兵衛　江戸末期の湯之島村の人
彦兵衛尉　ひこべえのじょう　⇔ひこひょうえのじょう
安西(あんざい)彦兵衛尉　戦国時代の北条氏の家臣
篠岡(しのおか)彦兵衛尉　戦国時代の北条一族の北条幻庵・同氏隆の家臣
彦馬　ひこま
上野(うえの)彦馬　1838～1904　江戸末期・明治期の写真家
彦松　ひこまつ
荒木田(あらきだ)彦松　平安後期の伊介神社の祝
彦湯産隅命　ひこゆむすみのみこと
彦湯産隅命　上代の開化天皇の皇子
彦富　ひこよし
吉川(よしかわ)彦富　江戸中期の国学者
彦六　ひころく
安間(あんま)彦六　？～1564　戦国・安土桃山時代の武将
石川(いしかわ)彦六　戦国時代の古河公方重臣簗田氏の家臣
稲葉(いなば)彦六　安土桃山時代の織田信長の家臣
井波村(いなみむら)彦六　江戸後期の十村
小崎(おざき)彦六　戦国時代の北条氏直の家臣
熊野屋(くまのや)彦六　江戸末期の加太浦渡海船業者
野沢(のさわ)彦六　江戸中期の人。階上岳の灯明堂や五重塔建立の願主
間(はざま)彦六　？～1711　江戸中期の仕置役
服部(はっとり)彦六　江戸後期の久良岐郡永田村名主
谷田部(やたべ)彦六　江戸中期の工芸家
彦六郎　ひころくろう
大村(おおむら)彦六郎　戦国時代の駿河国安部郡湯島の土豪
吉田(よしだ)彦六郎　1859～1929　江戸末期～昭和期の化学者
久　ひさ　⇔ひさし
天狗(てんぐ)久　1858～1943　江戸末期～昭和期の人形師

久顕　ひさあき
佐藤（さとう）久顕　江戸後期の神道家
久章　ひさあき　⇔ひさふみ
島津（しまづ）久章　1615〜1645　江戸前期の武将
久明　ひさあき
小野（おの）久明　1775〜1830　江戸中期・後期の公家
徳岡（とくおか）久明　1775〜1830　江戸後期の和学者
久鑒　ひさあき
真髪部（まかみべの）久鑒　平安中期の官人
寿章　ひさあき
城井（しろい）寿章　1840〜？　江戸後期・末期の神職
久琢　ひさあきら
長田（ながた）久琢　1527〜1612　安土桃山時代の織田信長の家臣《長田弥右衛門》
古明　ひさあきら
風祭（かざまつり）古明　1748〜？　江戸中期の代官
長敷　ひさあつ
窪島（くぼしま）長敷　1670〜1739　江戸前期・中期の代官
久在　ひさあり
竹内（たけうち）久在　？〜1908　江戸末期・明治期の柔道師範
久有　ひさあり
多（おおの）久有　1646頃〜1689　江戸前期・中期の楽人
久井　ひさい
白井（しらい）久井　1849〜1912　江戸後期〜明治期の教育者
比斉　ひさい
中川（なかがわ）比斉　1844〜1923　江戸末期〜大正期の記者
美済　びさい
土村（どむら）美済　江戸後期の木匠
久家　ひさいえ
市来（いちき）久家　室町時代の武将
今井（いまい）久家　戦国時代の直江氏の家臣
宇喜多（うきた）久家　室町時代の武人
沼本（ぬもと）久家　安土桃山時代の武将
長稲　ひさいな
久米（くめ）長稲　1667〜1749　江戸前期・中期の神職
故厳　ひさいわ
渋谷（しぶや）故厳　江戸前期の藩士
尚氏　ひさうじ
大館（おおだて）尚氏　1836〜？　江戸後期・末期の神職
寿右衛門　ひさえもん
安東（あんどう）寿右衛門　1804〜？　江戸後期の村役人
久雄　ひさお
大林（おおばやし）久雄　？〜1838　江戸後期の竹内流柔術家・相撲取り

寿雄　ひさお
斎藤（さいとう）寿雄　1847〜1938　江戸末期〜昭和期の医師、政治家
尚織　ひさおり
岩井田（いわいだ）尚織　戦国時代の神職・連歌作者
久景　ひさかげ
多（おおの）久景　鎌倉後期・南北朝時代の楽人
酒匂（さこう）久景　南北朝時代の武将
久品　ひさかず
神山（かみやま）久品　江戸後期の和算家
古風　ひさかぜ
冷泉（れいぜ）古風　1801〜1854　江戸後期・末期の医者・国学者
久鑑　ひさかた
真髪部（まがみべの）久鑑　平安中期の下級官人
尚謙　ひさかた
栗木（くりき）尚謙　1753〜1815　江戸中期・後期の鳥取藩士。『樵濯集』の著者
尚賢　ひさかた　⇔しょうけん, なおかた
井上（いのうえ）尚賢　江戸後期の藩士
岩本（いわもと）尚賢　1835〜1907　江戸後期〜明治期の神職《岩本尚賢》
尚方　ひさかた　⇔なおかた
利根川（とねがわ）尚方　1817〜1896　江戸後期〜明治期の医者・国漢学者
久功　ひさかつ　⇔ひさよし
仙石（せんごく）久功　？〜1823　江戸中期・後期の第21代伏見奉行
久勝　ひさかつ
小栗（おぐり）久勝　？〜1629　江戸前期の旗本
小野（おの）久勝　1641〜1691　江戸前期・中期の公家
竹内（たけのうち）久勝　1567〜1663　江戸前期の剣客
三輪（みわ）久勝　1541〜1605　戦国〜江戸前期の幕臣
久兼　ひさかね
大江（おおえの）久兼　鎌倉時代の幕府官僚
肝付（きもつき）久兼　江戸前期の薩摩国給黎郡喜入郷の領主
久樹　ひさき
荒木田（あらきだ）久樹　1694〜1750　江戸中期の神職
久吉　ひさきち　⇔きゅうきち, ひさよし
竹内（たけのうち）久吉　1603〜1671　江戸前期の剣客
林（はやし）久吉　江戸末期の新撰組隊士
平戸（ひらと）久吉　江戸後期の韮山代官江川氏の手代
久清　ひさきよ
大蔵（おおくら）久清　安土桃山時代の武将
他戸（おさべの）久清　平安中期の相撲人
白石（しらいし）久清　1801〜1870　江戸後期〜明治期の名主
都万（つま）久清　戦国時代の隠岐国都万院一分領主

西村(にしむら)久清　?～1641　江戸前期の武士
禰寝(ねじめ)久清　?～1383　室町時代の武士

久国　ひさくに
久国　江戸時代の刀工
久国　?～1741　江戸中期の刀工

久邦　ひさくに
和気(わけの)久邦　平安中期の陰陽師・天文博士

尚国　ひさくに
荒木田(あらきだ)尚国　鎌倉時代の神職

久子　ひさこ
奥田(おくだ)久子　江戸末期・明治期の女性。裁縫学校を開き教師を養成した
間宮(まみや)久子　1570～1617　安土桃山・江戸前期の女性。徳川家康の側室
横山(よこやま)久子　?～1890　江戸後期～明治期の教育者

尚子　ひさこ
在原(ありはらの)尚子　平安中期の女官

飛左子　ひさこ
柏木(かしわぎ)飛左子　1825～1892　江戸末期・明治期の柏木酒の母

久五郎　ひさごろう　⇔きゅうごろう
杉山(すぎやま)久五郎　1807～1882　江戸後期の大住郡馬入村農兼薬種販売

久貞　ひささだ
五十嵐(いがらし)久貞　1733～1799　江戸中期・後期の神道家
塩川(しおかわ)久貞　1646～1733　江戸前期・中期の藩士
仙石(せんごく)久貞　1767～?　江戸中期の幕臣
藤原(ふじわら)久貞　平安前期の官人

久郷　ひささと
曽小川(そうかわ)久郷　1828～1875　江戸後期～明治期の佐土原藩士

久実　ひさざね
紀(きの)久実　平安後期の官人

久真　ひさざね　⇔きゅうしん
山口(やまぐち)久真　江戸後期の和算家、麻田藩士

久　ひさし　⇔ひさ
二宮(にのみや)久　1850～1925　江戸末期～大正期の剣道家
宮崎(みやざき)久　1847～1910　江戸後期～明治期の教育家

恒　ひさし　⇔つね
満藤(まんどう)恒　1850～1897　江戸後期～明治期の地方政治家

寿　ひさし　⇔じゅ
大松沢(おおまつさわ)寿　1848～1924　江戸末期～大正期の教育家
渋山(しぶやま)寿　1843～1906　江戸末期～明治期の医者
手島(てじま)寿　1832～1872　江戸後期～明治期の書家

尚　ひさし　⇔しょう
田中(たなか)尚　1851～1917　江戸末期～大正期の教育者

久重　ひさしげ
安黒(あぐろ)久重　?～1578　戦国・安土桃山時代の美作国苫北郡大篠村の臺山城主
江馬(えま)久重　江戸中期の和算家
応島(おじま)久重　戦国時代の遠江国蒲御厨代官
紀(きの)久重　?～1181　平安後期の武士
香志田(こうした)久重　南北朝時代の神官武士
山内(やまのうち)久重　安土桃山・江戸前期の砲術家
山本(やまもと)久重　1798～1863　江戸後期・末期の新田開発者

久稠　ひさしげ
岡松(おかまつ)久稠　1755～1813　江戸中期・後期の佐渡奉行

尚重　ひさしげ　⇔なおしげ
岩井田(いわいだ)尚重　1432～?　室町・戦国時代の神職

久七　ひさしち　⇔きゅうしち, きゅうひち
田山地(たやまぢ)久七　1850～?　江戸後期～明治期の農民、木遣歌の歌い手

久次郎　ひさじろう　⇔きゅうじろう
中村(なかむら)久次郎　1852～1868　江戸後期・末期の二本松少年隊士

久季　ひさすえ
本間(ほんま)久季　戦国時代の遠江国人

久末　ひさすえ
尾張(おわりの)久末　平安後期の伊勢正神主

久右　ひさすけ
安藤(あんどう)久右　戦国時代の佐竹の家臣

久助　ひさすけ　⇔きゅうすけ
千代(ちよ)久助　江戸前期の装剣金工

古祐　ひさすけ
曽我(そが)古祐　1586～1658　安土桃山・江戸前期の大坂町奉行

久住　ひさずみ
麻田(あさだ)久住　1782～1857　江戸中期～末期の藩士・歌人

久澄　ひさずみ
泉(いずみ)久澄　1801～1870　江戸後期～明治期の歌人

尚純　ひさずみ
新田(にった)尚純　室町時代の武将・連歌作者

久敬　ひさたか　⇔ひさよし
瀬戸(せと)久敬　江戸後期の藩士・歌人
古橋(ふるはし)久敬　1750～1813?　江戸中期・後期の幕臣

久孝　ひさたか　⇔ひさのり
織田(おだ)久孝　?～1506　室町・戦国時代の小田井城初代城主

久高　ひさたか
喜入(きいれ)久高　江戸末期の河辺郡鹿篭郷の私領主

久隆　ひさたか
小浜(おはま)久隆　1672～1727　江戸前期・中期

の幕臣
小浜（おばま）久隆　小浜久隆に同じ
仙石（せんごく）久隆　1594〜1645　安土桃山・江戸前期の幕臣

尚高　ひさたか
児玉（こだま）尚高　1809〜1884　江戸後期〜明治期の神職・国学者

久建　ひさたけ
上林（かんばやし）久建　1783〜1831　江戸中期・後期の山城国宇治郷代官、製茶業

久竹　ひさたけ
島津（しまづ）久竹　1635〜1693　江戸前期・中期の武士

久武　ひさたけ
建部（たけるべの）久武　平安後期の官人

古武　ひさたけ
野田（のだ）古武　1683〜1749　江戸前期・中期の幕臣、代官

久忠　ひさただ
渥美（あつみ）久忠　江戸中期の武士
安倍（あべの）久忠　平安後期の検非違使
石井（いしい）久忠　1570〜1623　安土桃山・江戸前期の佐竹氏の家臣
上林（かんばやし）久忠　1756〜1816　江戸中期・後期の山城国宇治郷代官、製茶業
永岡（ながおか）久忠　？〜1759　江戸中期の藩士
山中（やまなか）久忠　江戸中期の代官

尚忠　ひさただ　⇔なおただ
山田（やまだ）尚忠　1802〜1879　江戸後期〜明治期の藩士・歌人

昔尹　ひさただ
保井（やすい）昔尹　1683〜1715　江戸前期・中期の天文家

久達　ひさたつ
島津（しまづ）久達　1651〜1719　江戸前期・中期の薩摩藩城代

久胤　ひさたね
公津（こうづ）久胤　戦国時代の下総国印東庄公津村（成田市台方・下方など）の領主
立石（たていし）久胤　安土桃山時代の武士

尚足　ひさたり
小田切（おだぎり）尚足　江戸時代の松江藩中老
小田切（おだきり）尚足　小田切尚足に同じ

久親　ひさちか
後庁（ごちょう）久親　戦国時代の武将。武田家臣
斎藤（さいとう）久親　1553〜1583　安土桃山時代の武将
田崎（たざき）久親　？〜1618　安土桃山・江戸前期の佐竹氏の家臣

久次　ひさつぐ　⇔きゅうじ
赤川（あかがわ）久次　戦国時代の土豪
天野（あまの）久次　1548〜1621　江戸前期の武士
石川（いしかわ）久次　？〜1542　安土桃山時代の武将
今村（いまむら）久次　1520〜1600　戦国・安土桃山時代の徳川家奉行人
江見（えみ）久次　安土桃山時代の武士
小栗（おぐり）久次　1549〜1627　戦国〜江戸前期の幕臣
金丸（かなまる）久次　戦国時代の武将。武田家臣
近山（ちかやま）久次　？〜1643　江戸前期の代官
長瀬（ながせ）久次　江戸前期の川口宿の鋳物師
星野（ほしの）久次　安土桃山時代の駿府の商人
森（もり）久次　1797〜1864　江戸末期の用水路開削の功労者・豪農
渡辺（わたなべ）久次　1611〜1666　江戸前期の駿府町奉行、駿府代官

久受　ひさつぐ
中西（なかにし）久受　1821〜1900　江戸後期〜明治期の神職

尚次　ひさつぐ
長浜（ながはま）尚次　1797〜1878　江戸後期〜明治期の連歌作者

久綱　ひさつな
久綱　江戸末期の刀工
大河内（おおこうち）久綱　1570〜1646　安土桃山・江戸前期の幕臣
岡部（おかべ）久綱　？〜1548　戦国時代の今川氏の重臣
下枝田（しもえだ）久綱　戦国時代の信濃国伊那郡の武士
波根（はね）久綱　戦国時代の波根保の領主

久経　ひさつね
伊福部（いおきべの）久経　平安後期の祀官
稲所（さいしょ）久経　安土桃山時代の武将
稲所（さっしょ）久経　稲所久経に同じ

寿恒　ひさつね
菊田（きくた）寿恒　？〜1837　江戸後期の藩士・兵法家

尚恒　ひさつね　⇔なおつね
納（おさめ）尚恒　？〜1857　江戸末期の詩人

久津姫　ひさつひめ
久津姫　上代の女性。「豊後国風土記」日田郡条に見える

久葛　ひさつら
藤本（ふじもと）久葛　1765〜1829　江戸中期・後期の国学者

久連　ひさつら
佐川（さがわ）久連　1830〜？　江戸後期・末期の藩士

久英　ひさてる　⇔ひさひで, ひさふさ
菊川（きくかわ）久英　江戸中期・後期の装剣金工

久任　ひさとう
多（おおの）久任　1749〜1788　江戸中期・後期の楽人
紀（きの）久任　平安後期の官人
三嶋（みしまの）久任　平安後期の官人
源（みなもとの）久任　平安後期の官人

久遐　ひさとう
島津（しまづ）久遐　1637〜？　江戸前期の武士

久遠　ひさとお
大石（おおみぎの）久遠　平安中期の官人
刑部（おさかべの）久遠　平安中期の官人
酒井（さかいの）久遠　平安中期の官人

久啓　ひさとお
春田（はるた）久啓　1762～？　江戸中期・後期の幕臣

久時　ひさとき
大江（おおえの）久時　平安後期の官人
多（おおの）久時　戦国時代の楽人
清原（きよはらの）久時　平安中期の官人

久辰　ひさとき
大江（おおえの）久辰　平安後期の官人
村田（むらた）久辰　1657～1724　江戸前期・中期の剣術家

久寿　ひさとし
久保田（くぼた）久寿　1743～1819　江戸後期の武士

久俊　ひさとし
今給黎（いまぎいれ）久俊　室町時代の豪族
紀（きの）久俊　平安後期の武士。父は頼季
小軽米（こがるまい）久俊　戦国～江戸前期の武将

久敏　ひさとし
飯塚（いいづか）久敏　1809～1864　江戸後期・末期の歌人

久利　ひさとし
飯塚（いいづか）久利　江戸末期の歌人
大江（おおえの）久利　平安中期の藤原実資の家人
大秦（おおはたの）久利　平安後期の官人
加納（かのう）久利　？～1620　江戸前期の武士
洲崎（すさき）久利　江戸前期の「菅生石部神社縁起書」の著者

寿俊　ひさとし
近藤（こんどう）寿俊　1704～1784　江戸中期の武士、馬術家

久富　ひさとみ
大口（おおぐち）久富　江戸末期の歌人
倉橋（くらはし）久富　1680～1750　江戸中期の旗本
山本（やまもと）久富　江戸中期の和算家

久冨　ひさとみ
久嶋（くしま）久冨　1735～1806　江戸後期の武士

久福　ひさとみ
田中（たなか）久福　1533～？　江戸後期の狂歌作者

旧富　ひさとみ
園原（そのはら）旧富　江戸時代の神道家で木曽三留野神社の神主、国学者

久知　ひさとも
大田（おおた）久知　？～1672　江戸前期の藩士
望月（もちづき）久知　1848～1912　江戸後期～明治期の教育者

久備　ひさとも
北村（きたむら）久備　江戸後期の藩士・国学者

久友　ひさとも
毛野（けぬの）久友　平安後期の官人
中原（なかはらの）久友　平安後期の官人

久倫　ひさとも
粟田（あわたの）久倫　平安後期の官人
島津（しまづ）久倫　1759～1821　江戸中期・後期の都城領主

尚智　ひさとも
沢（さわ）尚智　江戸中期の和算家

尚友　ひさとも　⇔しょうゆう
岩井田（いわいだ）尚友　1728～1794　江戸中期・後期の神職

久豊　ひさとよ
上林（かんばやし）久豊　1675～1744　江戸前期・中期の山城国宇治郷代官、製茶業
山本（やまもと）久豊　1668～1733　江戸前期・中期の幕臣

尚豊　ひさとよ
後藤（ごとう）尚豊　1839～1914　江戸後期～明治期の庄屋

久尚　ひさなお
西郷（さいごう）久尚　戦国時代の徳川氏の家臣
仙石（せんごく）久尚　1652～1735　江戸前期・中期の幕臣

ひ

久直　ひさなお
加納（かのう）久直　？～1616　安土桃山・江戸前期の駿河国益津郡坂本村の領主
知覧（ちらん）久直　南北朝時代の薩摩国知覧院地頭

久永　ひさなが　⇔きゅうえい
伴（ともの）久永　869～933　平安前期・中期の官人
伴（ともの）久永　平安後期の官人

久長　ひさなが
伊作（いざく）久長　鎌倉時代の薩摩国伊作郡伊作荘の総地頭
多（おおの）久長　1708～1787　江戸中期の楽人
紀（きの）久長　平安後期の官人
小林（こばやし）久長　1783～1863　江戸中期～末期の利根郡利根村根利の人
松平（まつだいら）久長　江戸中期の藩士
三俣（みつまた）久長　江戸前期の和算家

故長　ひさなが
河辺（かわべ）故長　江戸前期の神職

久成　ひさなり
大島（おおしま）久成　江戸時代の尾張藩士
菊池（きくち）久成　1811～1858　江戸後期・末期の豪商
庄司（しょうじ）久成　江戸中期・後期の和算家、庄内藩士
村上（むらかみ）久成　？～1579　安土桃山時代の武士

久徴　ひさなる　⇔きゅうちょう，ひさよし
島津（しまづ）久徴　1752～1809　江戸中期・後期の始羅郡加治木郷の領主

久之丞　ひさのじょう　⇔きゅうのじょう，ひさのすけ
大岡（おおおか）久之丞　1760～？　江戸後期の備中倉敷代官

故石(ふるいし)久之丞　室町時代の江州多賀氏の家臣

久之助　ひさのすけ
桜井(さくらい)久之助　江戸末期の備中倉敷代官

久之丞　ひさのすけ　⇔きゅうのじょう, ひさのじょう
大久保(おおくぼ)久之丞　江戸末期の新撰組隊士

久延　ひさのぶ
坂上(さかのうえの)久延　平安後期の官人

久信　ひさのぶ
島津(しまづ)久信　1585～1637　安土桃山・江戸前期の武将

久陣　ひさのぶ
北郷(ほんごう)久陣　1735～1793　江戸中期・後期の薩摩郡平佐郷領主

久暢　ひさのぶ
橋本(はしもと)久暢　1844～1927　江戸後期～明治期の和算家《橋本啓三郎》

久孝　ひさのり　⇔ひさたか
北島(きたじま)久孝　？～1593　戦国時代の杵築大社国造

ひ

久徳　ひさのり
島津(しまづ)久徳　1798～1850　江戸後期の加治木島津家の8代

久範　ひさのり
紀(きの)久範　平安後期の官人
五弓(ごきゅう)久範　江戸後期の神職

尚教　ひさのり
並河(なみかわ)尚教　1812～1893　江戸後期～明治期の医者

尚則　ひさのり
大森(おおもり)尚則　1753～1850　江戸末期の政治家

尚徳　ひさのり　⇔しょうとく, なおのり
小西(こにし)尚徳　江戸中期の「御条目之謄」の著者
津軽(つがる)尚徳　1746～1806　江戸中期・後期の8代藩主津軽信明の家老

尚武　ひさのり
三善(みよし)尚武　南北朝時代の連歌作者

久玄　ひさはる
小栗(おぐり)久玄　？～1657　江戸前期の幕臣

久初　ひさはる
樺山(かばやま)久初　1695～1750　江戸中期の伊佐郡蔺牟田郷の領主

久東　ひさはる
伊集院(いじゅういん)久東　？～1756　江戸中期の薩摩藩士

英彦　ひさひこ
上代(じょうだい)英彦　1819～1883　江戸後期～明治期の日本画家

久映　ひさひで
松平(まつだいら)久映　1711～1760　江戸中期の藩士

久英　ひさひで　⇔ひさてる, ひさふさ
磯谷(いそがい)久英　1657～1718　江戸前期・中期の藩士、兵法家

久熈　ひさひろ
中川(なかがわ)久熈　1825～1871　江戸後期～明治期の豊後岡藩家老

尚広　ひさひろ
蓬莱(ほうらい)尚広　1816～1861　江戸後期・末期の神職

久音　ひさぶえ
穎娃(えい)久音　1583～？　安土桃山・江戸前期の武将

久英　ひさふさ　⇔ひさてる, ひさひで
藤本(ふじもと)久英　1710～1777　江戸中期の代官

久章　ひさふみ　⇔ひさあき
山崎(やまざき)久章　1711～1786　江戸中期の国学者

久政　ひさまさ
佐多(さた)久政　1546～1487　戦国・安土桃山時代の武将

久正　ひさまさ
川井(かわい)久正　？～1619　江戸前期の旗本

寿正　ひさまさ
池田(いけだ)寿正　室町時代の連歌作者

尚誠　ひさまさ
畠山(はたけやま)尚誠　1531～？　戦国時代の武将

久麿　ひさまろ
野田(のだ)久麿　1814～1877　江戸末期の柔道家

久通　ひさみち
喜入(きいれ)久通　1796～1852　江戸後期の喜入氏17代
原田(はらだ)久通　江戸後期の佐渡奉行所役人
柳生(やぎゅう)久通　1745～1828　江戸中期・後期の幕臣

久道　ひさみち　⇔きゅうどう
樺山(かばやま)久道　1801～1825　江戸後期の伊佐郡蔺牟田領主
喜入(きいれ)久道　戦国時代の薩摩国給黎郡の領主
堀池(ほりいけ)久道　1803～1878　江戸後期～明治期の和算家

尚道　ひさみち
並河(なみかわ)尚道　1727～1790　江戸中期・後期の歌人

尚迪　ひさみち
陶山(すやま)尚迪　1758～1845　江戸中期・後期の医者

久光　ひさみつ
安倍(あべの)久光　平安中期の相撲人
生江(いくえの)久光　平安後期の官人
大窪(おおくぼ)久光　1570？～1602　安土桃山・江戸前期の8代大窪城主《大窪久三》

久三　ひさみつ　⇔きゅうぞう
大窪(おおくぼ)久三　1570？～1602　安土桃山・江戸前期の8代大窪城主

久峰　ひさみね
島津（しまづ）久峰　1732〜1773　江戸中期の薩摩藩家老座、能書家

久岑　ひさみね
宇津木（うつぎ）久岑　1835〜1896　江戸後期〜明治期の神職

久宗　ひさむね
安倍（あべの）久宗　平安後期の官人
賀茂（かも）久宗　鎌倉時代の神職・歌人
紀（きの）久宗　平安後期の官人
伴（ともの）久宗　平安後期の官人
北条（ほうじょう）久宗　鎌倉後期の武士

久村　ひさむら
仙石（せんごく）久村　1567〜1583　安土桃山時代の武将

久持　ひさもち
薬師寺（やくしじ）久持　安土桃山時代の武士

久茂　ひさもち
坂合部（さかいべの）久茂　平安中期の官人

久幹　ひさもと
真壁（まかべ）久幹　1522〜1589　戦国・安土桃山時代の常陸国真壁郡の国衆。佐竹氏の家臣

久基　ひさもと
種子島（たねがしま）久基　1664〜1741　江戸前期・中期の種子島島主。甘藷を日本本土に導入

久守　ひさもり
須藤（すどう）久守　戦国時代の上野国衆

久盛　ひさもり
粟田（あわた）久盛　南北朝時代の歌人
倉橋（くらはし）久盛　1613〜1682　江戸前期の旗本
須田（すだ）久盛　戦国時代の伊豆国那賀郡仁科地方の武将
多胡（たご）久盛　戦国時代の武士

永保　ひさやす　⇔ながやす
三輪（みわ）永保　1848〜1923　江戸末期〜大正期の張子作家

久安　ひさやす
大原（おおはらの）久安　平安中期の官人

久逸　ひさやす
島津（しまづ）久逸　？〜1500　室町・戦国時代の伊作島津家7代、日向国櫛間城の城主

久慶　ひさやす　⇔ひさよし
島津（しまづ）久慶　江戸後期の藩士

久術　ひさやす
檜山（ひやま）久術　1717〜1793　江戸中期・後期の公家

久泰　ひさやす
立石（たていし）久泰　戦国時代の美作国中央部の在地武士

久愷　ひさやす
尾崎（おざき）久愷　1825〜1892　江戸後期〜明治期の漢学者

寿安　ひさやす　⇔じゅあん
埴原（はいばら）寿安　安土桃山時代の織田信長・信忠の家臣

久安方雲　ひさやすほううん
久保（くぼ）久安方雲　1816〜1879　江戸後期〜明治期初期の医者

久安方卿　ひさやすほうぎょう
久保（くぼ）久安方卿　？〜1834　江戸後期の医者

久安方堅　ひさやすほうけん
久保（くぼ）久安方堅　1739〜1795　江戸中期の医者

久幸　ひさゆき
尼子（あまこ）久幸　？〜1541　戦国時代の武将
尼子（あまご）久幸　尼子久幸に同じ
多賀（たが）久幸　戦国時代の武士、尼子氏奉行人

久行　ひさゆき
多（おおの）久行　1181〜1261　平安後期〜鎌倉後期の楽人
置始（おきそめの）久行　平安後期の大和国平田荘専当
下毛野（しもつけぬの）久行　平安後期の官人

尚行　ひさゆき
岩井田（いわいだ）尚行　1839〜1896　江戸後期〜明治期の神職

久世　ひさよ
賀茂（かも）久世　1243〜？　鎌倉前期・後期の神職、歌人
紀（きの）久世　平安中期の京都冷泉院東保の刀禰、木工長上

久嘉　ひさよし
林（はやし）久嘉　江戸中期の茶道家。三斎流

久宜　ひさよし
永岡（ながおか）久宜　？〜1784　江戸中期の神職

久吉　ひさよし　⇔きゅうきち, ひさきち
菊池（きくち）久吉　戦国時代の高根神社宝殿新造。本願人
竹内（たけのうち）久吉　1603〜1671　江戸前期の剣客《竹内久吉》
辻（つじ）久吉　？〜1615　江戸前期の旗本
溝呂木（みぞろぎ）久吉　戦国時代の相模厚木郷の住人
壬生（みぶ）久吉　戦国時代の松崎町岩科の国柱命神社の禰宜

久慶　ひさよし　⇔ひさやす
島津（しまづ）久慶　1609〜1651　江戸後期の藩士

久敬　ひさよし　⇔ひさたか
神谷（かみや）久敬　1682〜1749　江戸前期・中期の幕臣
瀬崎（せざき）久敬　？〜1887　江戸末期・明治期の歌人

久功　ひさよし　⇔ひさかつ
仙石（せんごく）久功　？〜1823　江戸中期・後期の第21代伏見奉行《仙石久功》

久徴　ひさよし　⇔きゅうちょう, ひさなる
喜多川（きたがわ）久徴　1841〜1921　江戸末期〜大正期の私学功労者
野中（のなか）久徴　1846〜1903　江戸末期・明治

期の教育者
松平(まつだいら)久徴　?～1867　江戸後期・末期の藩士

尚嘉　ひさよし
松野(まつの)尚嘉　江戸末期の奈良県出身の神職

尚義　ひさよし　⇔しょうぎ, なおよし
桃井(もものい)尚義　?～1333　南北朝時代の武将《桃井尚義》

尚芳　ひさよし　⇔なおよし
小本(おもと)尚芳　1742～1814　江戸中期・後期の歌人

長温　ひさよし
鈴木(すずき)長温　1774～1845　江戸後期の歌人

久頼　ひさより
安曇(あずみの)久頼　平安中期の播磨国赤穂郡有年荘の寄人
万年(まんねん)久頼　1570～1637　安土桃山・江戸前期の幕臣
三嶋(みしまの)久頼　平安中期の官人
山本(やまもと)久頼　江戸後期の幕臣・武芸家
六角(ろっかく)久頼　?～1456　室町時代の武将

尚頼　ひさより
紀(きの)尚頼　平安中期の官人

眉山　びざん
眉山　江戸後期の俳人
眉山〔1代〕　?～1813　江戸中期・後期の俳人
眉山〔2代〕　江戸後期の俳人
安芸(あき)眉山　江戸後期の医者
大坂屋(おおさかや)眉山　?～1813　江戸中期・後期の金沢の俳人
神河(かみかわ)眉山　1746～1822　江戸中期・後期の医者
小西(こにし)眉山　1807～1855　江戸後期・末期の画家
沢田(さわだ)眉山　1798～1853　江戸後期の儒者、書家
三井(みつい)眉山　1733～1784　江戸中期の眼科医《三井元孺》

土形娘子　ひじかたのおとめ
土形娘子　奈良時代の女性

肱主　ひじぬし
安倍(あべの)肱主　平安前期の官人

土麿　ひじまろ
三神(みかみ)土麿　江戸後期の歌人・医者

ひし屋　ひしや
ひし屋　安土桃山時代の織田信長の家臣

聖　ひじり
渡辺(わたなべ)聖　鎌倉前期の歌僧

非吹　ひすい
非吹　江戸中期の俳人・藩士

美崇　びすう
山口(やまぐち)美崇　江戸後期の絵師

駈刀自　ひずめとじ
物部君(もののべのきみ)駈刀自　奈良時代の下賛郷高田里の人。金井沢碑を建立

匪石　ひせき
沢皐(さわおか)匪石　1740～?　江戸中期の木彫師

微席　びせき
関(せき)微席　?～1821　江戸後期の俳人

飛川　ひせん
飛川　江戸中期・後期の俳人

肥前　ひぜん
肥前　?～1007　平安中期の女房・歌人《藤原共政妻肥前》
新谷(あらや)肥前　安土桃山時代の狐崎城城主
遠田(えんた)肥前　江戸前期の肝煎
北須(きたす)肥前　安土桃山時代の信濃国伊那郡の武士。伊那部衆
三津(みと)肥前　戦国時代の武士。北条氏忠の家臣
宮島(みやじま)肥前　安土桃山時代の信濃国筑摩郡青柳の土豪

備前　びぜん
伊藤(いとう)備前　?～1600　安土桃山時代の金森家臣
押切(おしきり)備前　安土桃山時代の丸岡館主

肥前入道　ひぜんにゅうどう
仙波(せんば)肥前入道　戦国時代の北条氏の家臣

備前守清相　びぜんのかみきよすけ
大岡(おおおか)備前守清相　1679～1717　江戸前期・中期の41代長崎奉行

肥前守忠任　ひぜんのかみただとう
窪田(くぼた)肥前守忠任　1674～1753　江戸前期・中期の48代長崎奉行

備前守時重　びぜんのかみときしげ
宮崎(みやざき)備前守時重　1590～1656　安土桃山・江戸前期の旗本

備前守友興　びぜんのかみともおき
万歳(まんざい)備前守友興　江戸前期の筒井定次・豊臣秀長の家臣

備前守春時　びぜんのかみはるとき
馬屋原(まやはら)備前守春時　安土桃山・江戸前期の武士。毛利輝元の家臣馬屋原備中元正の子

備前守正信　びぜんのかみまさのぶ
松平(まつだいら)備前守正信　?～1692　江戸前期・中期の比企地方の領主

備前守元勝　びぜんのかみもとかつ
神尾(かんお)備前守元勝　1589～1667　安土桃山・江戸前期の10代長崎奉行

備前典侍　びぜんのすけ
備前典侍　平安中期の女房・歌人

備前命婦　びぜんのみょうぶ
備前命婦　平安中期の女官。朱雀天皇の乳母、琴の名手

密　ひそか
前島(まえじま)密　1835～1919　江戸末期・明治期の幕臣、政治家

飛驒　ひだ
安藤(あんどう)飛驒　江戸後期の橘樹郡子母口村大工
小俣(おまた)飛驒　戦国時代の甲斐都留郡の小国衆

常陸　ひたち
江間（えま）常陸　戦国時代の武将。武田家臣
小谷（こたに）常陸　戦国時代の西下総松戸の在地小領主
常陸入道　ひたちにゅうどう
片穂（かたほ）常陸入道　戦国時代の阿波国上郡地方の武士、細川氏被官
川守田（かわもりた）常陸入道　？～1572　戦国・安土桃山時代の川守田館の館主
常陸介　ひたちのすけ
跡部（あとべ）常陸介　戦国時代の武田氏の家臣
岩堀（いわぼり）常陸介　戦国時代の古河公方の家臣
荻原（おぎわら）常陸介　？～1535　戦国時代の武田氏の重臣《荻原昌勝》
春日（かすが）常陸介　安土桃山時代の信濃水内郡の国衆
木村（きむら）常陸介　？～1595　安土桃山時代の武士《木村常陸介重茲》
多羅尾（たらお）常陸介　安土桃山時代の三好氏の家臣
松原（まつばら）常陸介　戦国時代の武蔵吉良頼康の家臣
常陸介重茲　ひたちのすけしげとも
木村（きむら）常陸介重茲　？～1595　安土桃山時代の武士
常陸乳母　ひたちのめのと
常陸乳母　平安後期の女房・歌人
斐太都　ひたつ　⇔ひだつ
上道臣（かみつみちのおみ）斐太都　？～767　奈良時代の律令制下の官人《上道臣斐太都》
斐太都　ひだつ　⇔ひたつ
上道臣（かみつみちのおみ）斐太都　？～767　奈良時代の律令制下の官人
飛騨入道　ひだにゅうどう
南条（なんじょう）飛騨入道　戦国時代の北条氏の家臣
斐太朝臣　ひだのあそみ
巨勢（こせの）斐太朝臣　奈良時代の官人。巨勢斐太朝臣島村の子
斐太乃大黒　ひだのおおぐろ
斐太乃大黒　奈良時代の官人。巨勢斐太島村の男
飛騨守重治　ひだのかみしげはる
永原（ながはら）飛騨守重治　安土桃山・江戸前期の織田信長・豊臣秀吉の家臣
飛騨守忠英　ひだのかみただてる
中川（なかがわ）飛騨守忠英　1753～1830　江戸中期・後期の75代長崎奉行
斐太島村　ひだのしまむら
巨勢（こせの）斐太島村　奈良時代の官吏
斐太麻呂　ひだまろ
坂合部（さかいべの）斐太麻呂　奈良時代の官人
大和（やまとの）斐太麻呂　奈良時代の官人
披長　ひちょう
披長　江戸中期の俳人
七郎兵衛　ひちろうべえ　⇔しちろうべえ，しちろべえ
馬居（うまい）七郎兵衛　？～1625　安土桃山・江戸前期の製塩技術者
必賀　ひつが
五島（ごとう）必賀　江戸中期・後期の漢学者
必観　ひっかん
必観　江戸中期の俳人
羊　ひつじ
勾（まがりの）羊　奈良時代の飛騨匠
若麻積部（わかおみべの）羊　奈良時代の防人
必醇　ひつじゅん
可（か）必醇　江戸中期の篆刻家・漢詩人。「豆腐百珍」の著者
備中　びっちゅう
大和（おわ）備中　戦国時代の信濃国諏訪郡大和郷の土豪
水島（みずしま）備中　？～1581　安土桃山時代の高天神籠城衆
森川（もりかわ）備中　？～1581　安土桃山時代の高天神籠城衆
備中入道　びっちゅうにゅうどう
大原（おおはら）備中入道　室町時代の領主
備中守用章　びっちゅうのかみもちあきら
近藤（こんどう）備中守用章　1645～1705　江戸前期・中期の30代長崎奉行
備中内侍　びっちゅうのないし
備中内侍　1165～？　平安後期・鎌倉前期の女性。高倉天皇の内侍
筆馬　ひつば
筆馬　1718～1778　江戸中期の俳諧師
必夢　ひつむ
必夢　江戸前期の僧
必明　ひつめい
野村（のむら）必明　1739～1818　江戸後期の官吏
匹竜　ひつりょう
藤重（ふじしげ）匹竜　江戸後期の「掌中古言梯」の著者
秀　ひで　⇔しげる，しゅう，すぐる，ひいで
守部（もりべの）秀　平安前期の貞婦
英映　ひであき
松本（まつもと）英映　1767～1830　江戸中期・後期の和算家、笠間藩士
英明　ひであき　⇔えいみょう，えいめい，ひであきら
佐久間（さくま）英明　江戸末期の新撰組隊士
英暉　ひであき　⇔ひでてる
栗本（くりもと）英暉　江戸中期の国学者
秀照　ひであき　⇔ひでてる
江見（えみ）秀照　？～1534　安土桃山時代の武士
秀詮　ひであき　⇔しゅうせん，ひであきら
寺西（てらにし）秀詮　江戸後期の藩士
秀明　ひであき　⇔しゅうめい，ひであきら
大高（おおたか）秀明　江戸後期の国学者
太（おおの）秀明　平安中期の官人

ひ

永倉(ながくら)秀明　1850～1928　江戸末期の彰義隊士

英彰　ひであきら
江川(えがわ)英彰　1713～1758　江戸中期の伊豆韮山代官

英明　ひであきら　⇔えいみょう, えいめい, ひであき
岡野(おかの)英明　1600～1663　江戸前期の旗本

秀詮　ひであきら　⇔しゅうせん, ひであき
大巻(おおまき)秀詮　1740～1801　江戸中期・後期の藩士

秀明　ひであきら　⇔しゅうめい, ひであき
建部(たけべ)秀明　？～1576　戦国・安土桃山時代の織田信長の家臣

秀存　ひであり　⇔しゅうそん, ひでまさ
革島(かわしま)秀存　1528？～1582　戦国・安土桃山時代の織田信長の家臣

美邸　びてい
中林(なかばやし)美邸　江戸後期の歌人

秀栄　ひでいえ　⇔しゅうえい, ひでなが
徳山(とくのやま)秀栄　1690～1757　江戸中期の幕臣

秀家　ひでいえ
芦田(あしだ)秀家　安土桃山時代の武将

英氏　ひでうじ
石野(いしの)英氏　1786～1835　江戸中期・後期の藩士

秀氏　ひでうじ
阿曽沼(あそぬま)秀氏　室町時代の武将。遠野阿曽沼氏9代領主
小槻(おづき)秀氏　？～1292　鎌倉後期の公家
藤原(ふじわら)秀氏　鎌倉時代の連歌作者

ひでを
大竹(おおたけ)ひでを　1837～1895　江戸後期～明治期の和宮家の女官

秀雄　ひでお
江見(えみ)秀雄　安土桃山時代の武士
岡崎(おかざき)秀雄　1816～1862　江戸末期の歌人
小早川(こばやかわ)秀雄　1802～1853　江戸後期の藩士・郷土史家

秀崇　ひでおか　⇔ひでたか
良岑(よしみね)秀崇　平安前期の官人、歌人

秀興　ひでおき
相浦(あいうら)秀興　江戸末期の藩士
小槻(おづき)秀興　1811～？　江戸後期の公家

秀臣　ひでおみ
飯田(いいだ)秀臣　1815～1849　江戸後期の神職

秀馨　ひでか
今井(いまい)秀馨　1754～1831　江戸中期・後期の国学者

秀穎　ひでかい
川田(かわた)秀穎　1826～1897　江戸後期～明治期の国学者・歌人

英景　ひでかげ
江川(えがわ)英景　？～1532　戦国時代の酒屋。北条早雲の誘いで関東に下る

秀影　ひでかげ
河村(かわむら)秀影　？～1562　安土桃山時代の織田信長の家臣

秀景　ひでかげ
朝井(あさい)秀景　江戸後期の武士
山口(やまぐち)秀景　？～1583　安土桃山時代の織田信長の家臣

英一　ひでかず　⇔えいいち, てるいち, てるかず
高井(たかい)英一　江戸後期の藩士

秀一　ひでかず
磯野(いその)秀一　江戸後期の和算家
小野寺(おのでら)秀一　江戸後期・末期の和算家
宮川(みやかわ)秀一　1813～1887　江戸後期～明治期の刀工

秀員　ひでかず
妻屋(つまや)秀員　1684～1765　江戸前期・中期の歌人

栄賢　ひでかた
吉田(よしだ)栄賢　1697～1770　江戸中期の藩士・漢学者

英賢　ひでかた　⇔えいけん
大川(おおかわ)英賢　1835～1885　江戸後期～明治期の和算家

秀形　ひでかた
小川(おがわ)秀形　1606～1669　江戸前期の松江藩金工《小川秀方》

秀堅　ひでかた　⇔しゅうけん
青山(あおやま)秀堅　？～1863　江戸末期の幕臣
徳山(とくのやま)秀堅　？～1870　江戸末期・明治期の幕臣
豊住(とよずみ)秀堅　1845～1900　江戸後期～明治期の医師
吉田(よしだ)秀堅　？～1884　江戸末期～明治期の学者

秀賢　ひでかた
大屋(おおや)秀賢　鎌倉後期の歌人
寺西(てらにし)秀賢　1625～1709　江戸前期・中期の藩士

秀方　ひでかた
小川(おがわ)秀方　1606～1669　江戸前期の松江藩金工

英勝　ひでかつ
江川(えがわ)英勝　1688～1731　江戸前期・中期の伊豆韮山代官

秀勝　ひでかつ
北川(きたがわ)秀勝　江戸後期の和算家
羽柴(はしば)秀勝　？～1576　安土桃山時代の豊臣秀吉長男とされる
森川(もりかわ)秀勝　1545～1598　戦国・安土桃山時代の徳川家奉行人

秀包　ひでかね
紀(きの)秀包　平安後期の官人
秀樹　ひでき
梅(うめ)秀樹　江戸後期の狂歌作者
永峰(ながみね)秀樹　1848～1927　江戸後期～昭和期の和算家、海軍兵学校教官
永峯(ながみね)秀樹　永峰秀樹に同じ
秀吉　ひできち　⇔ひでよし
藤原(ふじわら)秀吉　鎌倉後期の鋳物師
栄清　ひできよ
村田(むらた)栄清　江戸前期の和算家
秀清　ひできよ　⇔しゅうせい
江見(えみ)秀清　安土桃山時代の武士
兼松(かねまつ)秀清　？～1597　安土桃山時代の織田信長の家臣
山佐(やまさ)秀清　鎌倉後期の能義郡富田庄内山佐村地頭
英国　ひでくに
加島(かしま)英国　1782～1854　江戸中期～末期の臼杵城下町の学者
豊川(とよかわ)英国　江戸後期の画家
秀国　ひでくに　⇔しゅうこく
梅原(うめはら)秀国　戦国時代の伊豆の大見郷の在地領主
河村(かわむら)秀国　南北朝時代の武将、河村城の城主
須子(すこ)秀国　戦国時代の阿武郡奈古村浦西櫛ヶ崎城城主
鯰江(なまずえ)秀国　？～1574　安土桃山時代の力士《鯰江又一郎》
秀五郎　ひでごろう
小野川(おのがわ)秀五郎　？～1867　江戸末期の相撲力士
秀作　ひでさく
久保村(くぼむら)秀作　江戸時代の庄内藩士
栄貞　ひでさだ　⇔えいてい
小川(おがわ)栄貞　1763～1827　江戸末期の歌人
英貞　ひでさだ
山澄(やまずみ)英貞　1688～1773　江戸前期・中期の藩士
秀貞　ひでさだ
秀貞　戦国時代の刀工
安倍(あべ)秀貞　室町時代の武士
猪飼野(いかいの)秀貞　1555～1596　戦国・安土桃山時代の織田信長の家臣
高柳(たかやなぎ)秀貞　1831～1917　江戸末期～大正期の文人
富田(とだ)秀貞　南北朝時代の南朝方出雲国守護、幕府方美作国守護
林(はやし)秀貞　？～1580？　戦国・安土桃山時代の武将
秀定　ひでさだ
苅田(かりたの)秀定　？～1102　平安後期の讃岐国の相撲人
檜垣(ひがき)秀定　戦国時代の大須賀信濃守の家臣
秀実　ひでざね　⇔しゅうじつ, ひでみ
永沼(ながぬま)秀実　1837～1916　江戸末期～大正期の儒者
秀真　ひでざね
高木(たかぎ)秀真　？～1859　江戸後期・末期の藩士
英茂　ひでしげ
藤田(ふじた)英茂　江戸後期の漢学者
秀重　ひでしげ
井芹(いぜり)秀重　1192～？　鎌倉後期の肥後国の御家人
江見(えみ)秀重　安土桃山時代の武士
瓦林(かわらばやし)秀重　安土桃山時代の松永久秀・久通の奉行人
来海(きまち)秀重　南北朝・室町時代の隠岐国守護代
窪田(くぼた)秀重　戦国時代の武士。北条氏家臣・伊豆郡代笠原綱信の手代
笹川(ささかわ)秀重　安土桃山時代の火薬生産者
篠河(しのかわ)秀重　戦国時代の種子島氏家臣
秀成　ひでしげ　⇔ひでなり
野田(のだ)秀成　1640～1724　江戸前期・中期の幕臣、代官
秀茂　ひでしげ　⇔しゅうも, ひでもち
美努(みぬの)秀茂　平安中期の官人
村松(むらまつ)秀茂　1842～1923　江戸末期～大正期の狂歌師
秀澄　ひですみ　⇔ひでずみ
藤原(ふじわらの)秀澄　？～1221　鎌倉前期の武将《藤原秀澄》
秀純　ひでずみ
岩松(いわまつ)秀純　1620～1676　江戸前期の幕臣
福士(ふくし)秀純　？～1617　江戸前期の森岡藩家臣
秀澄　ひでずみ　⇔ひですみ
寺西(てらにし)秀澄　1559～1641　戦国～江戸前期の藩士
藤原(ふじわらの)秀澄　？～1221　鎌倉前期の武将
秀蔵　ひでぞう
小森(こもり)秀蔵　江戸末期の高山の富商。小森家5代目
栄尊　ひでたか
常泉院(じょうせいいん)栄尊　？～1695　江戸前期・中期の八戸藩修験の総録(総支配頭)
秀孝　ひでたか
織田(おだ)秀孝　？～1555　戦国時代の織田信長の家臣
秀高　ひでたか　⇔しゅうこう
河村(かわむら)秀高　平安後期の武将
富岡(とみおか)秀高　安土桃山時代の上野国衆
富谷(とみがや)秀高　鎌倉後期の武士
本間(ほんま)秀高　安土桃山時代の潟上地頭
秀崇　ひでたか　⇔ひでおか
良岑(よしみねの)秀崇　平安前期の官人、歌人《良

岑秀崇》

秀隆　ひでたか
東（あずま）秀隆　安土桃山時代の織田信長の家臣
東（ひがし）秀隆　東秀隆に同じ

秀堯　ひでたか
五代（ごだい）秀堯　江戸後期の漢学者

英武　ひでたけ
江川（えがわ）英武　1853～1933　江戸後期～昭和期の幕臣
小野里（おのざと）英武　1809～1870　江戸末期の絹商人

秀武　ひでたけ
吉彦（きみこの）秀武　平安中期の出羽の在地豪族
吉彦侯（きみこの）秀武　吉彦秀武に同じ

栄忠　ひでただ
惟宗（これむねの）栄忠　平安後期の官人

秀忠　ひでただ
阿閇（あべの）秀忠　平安中期の官人
市野（いちの）秀忠　戦国・安土桃山時代の駿府の商人
大中臣（おおなかとみの）秀忠　？～1491　室町・戦国時代の神宮祭主
越尾（こしお）秀忠　室町時代の武士
平（たいらの）秀忠　鎌倉前期の薩摩国山門院の領主
当麻（たぎまの）秀忠　平安中期の官人
根岸（ねぎし）秀忠　戦国時代の佐竹氏の家臣
藤波（ふじなみ）秀忠　大中臣秀忠に同じ
水野（みずの）秀忠　戦国時代の徳川家奉行人

栄種　ひでたね
大春日（おおかすがの）栄種　平安中期の暦博士

英胤　ひでたね
松山（まつやま）英胤　1847～1904　江戸後期～明治期の神職

秀胤　ひでたね　⇔しゅういん
片山（かたやま）秀胤　戦国時代の美作国中央部の在地武士
茂庭（もにわ）秀胤　江戸後期の名取郡茂庭村邑主

秀種　ひでたね
中山（なかやま）秀種　1745～1808　江戸中期・後期の床屋、文人
横地（よこち）秀種　？～1584　戦国・安土桃山時代の植田城主

秀民　ひでたみ　⇔しゅうみん，ひでひと
岡崎（おかざき）秀民　江戸前期の医師

豪為　ひでため
上野（うえの）豪為　安土桃山時代の織田信長の家臣

英太郎　ひでたろう　⇔えいたろう
藤原（ふじわら）英太郎　1854～1883　江戸末期・明治期の教育者、郡長

秀太郎　ひでたろう
下江（しもえ）秀太郎　1848～1904　江戸後期～明治期の剣術家。北辰一刀流
星野（ほしの）秀太郎　1859～1888　江戸末期・明治期の医師

栄親　ひでちか
大中臣（おおなかとみの）栄親　平安中期の官人
北（きた）栄親　1577～1666　安土桃山・江戸前期の武将

英元　ひでちか
曲淵（まがりぶち）英元　1699～1773　江戸中期の幕臣

秀近　ひでちか
秀近　鎌倉前期の古備前の刀工

秀親　ひでちか
小川（おがわ）秀親　1647～1704　江戸前期・中期の松江藩金工
波多野（はたの）秀親　戦国時代の武将
藤原（ふじわら）秀親　？～1748　江戸中期の医師

秀継　ひでつぐ
尾崎（おざき）秀継　江戸前期の六十人者与力

秀次　ひでつぐ
跡部（あとべ）秀次　安土桃山時代の織田信長の家臣
江馬（えま）秀次　1601～1647　江戸前期の武士
鷹取（たかとり）秀次　安土桃山時代の医者
野呂瀬（のろせ）秀次　安土桃山時代の武田氏の検地奉行
三沢（みさわ）秀次　？～1582　戦国・安土桃山時代の織田信長の家臣

英綱　ひでつな
渡辺（わたなべ）英綱　江戸中期の和算家

秀綱　ひでつな
姉小路（あねがこうじ）秀綱　？～1585　戦国・安土桃山時代の武将
亀井（かめい）秀綱　戦国時代の武士。尼子経久の側近
河村（かわむら）秀綱　？～1574　安土桃山時代の織田信長の家臣
黒田（くろだ）秀綱　戦国時代の小山秀綱の家臣
小泉（こいずみ）秀綱　鎌倉時代の武将
狛（こま）秀綱　1545～1584　戦国時代の相楽郡狛野荘の在地領主
佐野（さの）秀綱　1472～1546　戦国時代の佐野氏当主

英常　ひでつね
山崎（やまざき）英常　江戸後期の藩士

秀経　ひでつね
宇垣（うがき）秀経　戦国時代の佐竹氏の家臣
海老名（えびな）秀経　？～1305　鎌倉後期の武士
大屋（おおや）秀経　南北朝時代の歌人

秀貫　ひでつら
持永（もちなが）秀貫　1831～1902　江戸後期～明治期の地方行政家、教育家

英暉　ひでてる　⇔ひであき
江川（えがわ）英暉　1652～1704　江戸前期・中期の伊豆韮山代官

秀照　ひでてる　⇔ひであき
福井（ふくい）秀照　戦国時代の大工

秀任　ひでとう
尾張（おわりの）秀任　平安後期の官人

松田(まつだ)秀任　江戸前期の兵法家

秀遠　ひでとお

藤原(ふじわらの)秀遠　平安後期の武士。壇ノ浦の合戦における平家方の先陣

英時　ひでとき

瀬戸(せと)英時　?～1831　江戸後期の大庄屋

秀時　ひでとき

江馬(えま)秀時　?～1560　安土桃山時代の高原城主の江馬修理亮知時(時正・重正か)の子

児仁井(こにい)秀時　1763～1846　江戸後期の神官

中川(なかがわ)秀時　?～1682　江戸前期の代官

北条(ほうじょう)秀時　鎌倉後期の武士

茂庭(もにわ)秀時　1724～1791　江戸中期・後期の花道家

秀辰　ひでとき

河村(かわむら)秀辰　?～1751　江戸中期の藩士・国学者

英利　ひでとし

江川(えがわ)英利　1625～1666　江戸前期の代官

秀俊　ひでとし

江見(えみ)秀俊　安土桃山時代の武士

河村(かわむら)秀俊　1761～1791　江戸中期・後期の藩士、国学者

桧垣(ひがき)秀俊　1804～1842　江戸後期の神職

秀敏　ひでとし

織田(おだ)秀敏　?～1560　戦国・安土桃山時代の織田信長の家臣

秀富　ひでとみ

広岡(ひろおか)秀富　江戸中期の医者

秀福　ひでとみ

三輪(みわ)秀福　1762～1836　江戸中期・後期の藩士、歌人

秀萃　ひでとみ

奈良井(ならい)秀萃　1770～1837　江戸中期・後期の歌人、寺子屋師匠

栄倫　ひでとも

里見(さとみ)栄倫　江戸後期の料理人

秀友　ひでとも

小川(おがわ)秀友　1581～1648　安土桃山・江戸前期の松江藩金工

秀彪　ひでとら

太田(おおた)秀彪　1780～1838　江戸後期の神官

秀尚　ひでなお　⇔ひでひさ

波多野(はたの)秀尚　?～1579　戦国・安土桃山時代の織田信長の家臣

秀直　ひでなお

天利(あまり)秀直　江戸末期の人。旧庄内藩士

宇垣(うがき)秀直　?～1616　安土桃山・江戸前期の佐竹氏の家臣

児仁井(こにい)秀直　?～1876　江戸末期・明治期の神官

土屋(つちや)秀直　1687～1754　江戸前期・中期の幕臣

英永　ひでなが

温泉(ゆの)英永　戦国時代の石見国温泉郷領主、温泉津串山城主

英長　ひでなが　⇔ふさなが

内堀(うちぼり)英長　1774～1832　江戸中期・後期の漢学者

江川(えがわ)英長　1561～1632　安土桃山時代の代官

駒井(こまい)英長　戦国時代の武田氏の家臣

英脩　ひでなが

神(じん)英脩　南北朝時代の連歌作者

秀栄　ひでなが　⇔しゅうえい, ひでいえ

岩橋(いわはし)秀栄　江戸中期の歌人

秀永　ひでなが

大森(おおもり)秀永　江戸中期の装剣金工

小林(こばやし)秀永　戦国時代の武士

秀長　ひでなが

犬飼(いぬかい)秀長　安土桃山時代の人。秀吉の影武者

植木(うえき)秀長　?～1570　安土桃山時代の武将

梅田(うめだ)秀長　?～1544　戦国時代の武将

佐藤(さとう)秀長　1823～?　江戸後期・末期の藩士

佐藤(さとう)秀長　1820～1905　江戸後期～明治期の杵築藩士

中条(ちゅうじょう)秀長　南北朝時代の武将

藤原(ふじわら)秀長　鎌倉後期の武家・歌人

秀業　ひでなり

松本(まつもと)秀業　1838～1917　江戸後期～明治期の神職

秀斎　ひでなり　⇔しゅうさい

藤田(ふじた)秀斎　1825～1881　江戸後期～明治期の和算家・測量家《藤田秀斎》

秀成　ひでなり　⇔ひでしげ

有賀(あるが)秀成　1836～1885　江戸後期～明治期の生糸商・教育者

赤松亭(せきしょうてい)秀成　江戸中期・後期の絵師・狂歌作者

波多野(はたの)秀成　江戸前期の兵法家

和気(わけの)秀成　1080～1143　平安後期の医師

秀之助　ひでのすけ

粟屋(あわや)秀之助　江戸末期・明治期の人。第二次幕長戦争に際し奇兵隊に参加

岡田(おかだ)秀之助　1843?～?　江戸末期・明治期の加賀藩留学生

栄信　ひでのぶ　⇔えいしん, まさのぶ

田中(たなか)栄信　江戸中期の医者

英信　ひでのぶ　⇔えいしん

佐藤(さとう)英信　1796～1868　江戸後期・末期の漢学者

雪鯨斎(せつげいさい)英信　江戸中期・後期の浮世絵師

秀延　ひでのぶ

結城(ゆうき)秀延　1750～1803　江戸中期・後期の官人、故実家

秀叙　ひでのぶ
生嶋(いくしま)秀叙　1791〜1856　江戸後期・末期の公家

秀信　ひでのぶ　⇔しゅうしん
大石(おおいし)秀信　戦国時代の北条氏の家臣
河瀬(かわせ)秀信　?〜1487　戦国時代の飛騨小坂村の吉田観音堂を再興
菊川(きくかわ)秀信　江戸中期の浮世絵師
巨勢(こせ)秀信　江戸後期の絵師
栂井(とがのい)秀信　江戸中期の書肆
松平(まつだいら)秀信　1460〜1527　室町・戦国時代の人。竹谷松平氏

秀紀　ひでのり
蒲生(がもう)秀紀　?〜1525　戦国時代の武将

秀憲　ひでのり　⇔しゅうけん
河崎(かわさき)秀憲　1663〜1726　江戸前期・中期の神職、俳人
沼波(ぬなみ)秀憲　江戸後期の医者

秀乗　ひでのり
佐々木(ささき)秀乗　1621〜1691　江戸前期・中期の兵法家

秀奏　ひでのり
三輪(みわ)秀奏　1712〜1784　江戸中期の藩士・歌人

秀則　ひでのり
秀則　室町時代の出雲吉井派の刀匠
秀則　室町時代の石見の刀匠
秀則　室町時代の刀工
倉林(くらばやし)秀則　1551〜1626　江戸前期の旗本

秀八　ひではち
大坂屋(おおさかや)秀八　江戸後期の書肆

秀華　ひではな
秀華　江戸末期の刀工

栄春　ひではる
井口(いぐち)栄春　江戸末期の医者

英春　ひではる　⇔えいしゅん
大村(おおむら)英春　1844〜1916　江戸末期〜大正期の実業家

秀治　ひではる　⇔しゅうじ
秀治　1624〜1688　江戸前期の鴨社社家
大屋(おおや)秀治　南北朝時代の歌人
狩野(かのう)秀治　戦国時代の武士。出雲尼子氏の家臣

秀春　ひではる
京極(きょうごく)秀春　南北朝時代の武家・歌人

秀晴　ひではる
木村(きむら)秀晴　?〜1704　江戸前期・中期の盛岡藩五戸代官

秀久　ひでひさ
賀茂(かも)秀久　室町時代の神職・歌人

秀寿　ひでひさ
三輪(みわ)秀寿　1686〜1764　江戸前期・中期の藩士、歌人

秀尚　ひでひさ　⇔ひでなお
波多野(はたの)秀尚　?〜1579　戦国・安土桃山時代の織田信長の家臣《波多野秀尚》

秀民　ひでひと　⇔しゅうみん, ひでたみ
吉田(よしだ)秀民　江戸後期の幕臣

秀広　ひでひろ
毛利(もうり)秀広　?〜1581　戦国・安土桃山時代の上杉氏の家臣

秀弘　ひでひろ
秀弘　1827〜1885　江戸後期〜明治期の刀工

英房　ひでふさ
橋本(はしもと)英房　?〜1726　江戸中期の家臣、幕臣

秀房　ひでふさ
江見(えみ)秀房　安土桃山時代の武士
川口(かわぐち)秀房　安土桃山時代の人。小田原北条氏直の家士
狛(こま)秀房　鎌倉後期の神職・歌人
野口(のぐち)秀房　1537〜1629　戦国〜江戸前期の武士

秀文　ひでふみ
鴨脚(いちょう)秀文　江戸末期の神職

英昌　ひでまさ　⇔てるまさ
高橋(たかはし)英昌　江戸後期の和算家

英政　ひでまさ
江川(えがわ)英政　1595〜1633　安土桃山・江戸前期の代官
茂山(しげやま)英政　1740〜1821　江戸中期・後期の能楽師

秀雅　ひでまさ
篠沢(しのざわ)秀雅　江戸後期の文人。会津で活躍

秀政　ひでまさ　⇔しゅうせい
小山(おやま)秀政　南北朝時代の南朝方の武将
下(しも)秀政　1578〜1646　安土桃山・江戸前期の武士
中坊(なかのぼう)秀政　1575〜1638　安土桃山・江戸前期の幕臣
前島(まえじま)秀政　江戸前期の医者
山県(やまがた)秀政　安土桃山時代の織田信長の家臣
吉野(よしの)秀政　1724〜1788　江戸中期・後期の神職

秀正　ひでまさ
奥村(おくむら)秀正　安土桃山時代の織田信長の家臣
小塚(こづか)秀正　?〜1618　安土桃山・江戸前期の前田氏家臣

秀存　ひでまさ　⇔しゅうそん, ひであり
革島(かわしま)秀存　1528?〜1582　戦国・安土桃山時代の織田信長の家臣《革島秀存》

秀倡　ひでまさ
奥村(おくむら)秀倡　安土桃山時代の織田信長の家臣

秀益　ひでます
大枝(おおえの)秀益　平安前期の官人

上遠野(かどおの)秀益　戦国時代の佐竹氏の家臣
秀松　ひでまつ
市橋(いちはし)秀松　1849～?　江戸後期・末期の新撰組隊士
清原(きよはらの)秀松　平安中期の官人
高橋(たかはし)秀松　1854～1914　江戸末期～大正期の薬学者
秀麿　ひでまる　⇔ひでまろ
秀麿　江戸後期の画家
秀麿　ひでまろ　⇔ひでまる
喜多川(きたがわ)秀麿　江戸後期の絵師
秀満　ひでまろ　⇔ひでみつ
斎藤(さいとう)秀満　江戸中期の国学者
秀実　ひでみ　⇔しゅうじつ，ひでざね
富田(とみた)秀実　1826～1881　江戸後期～明治期の上野原村の人。通称吉右衛門
英道　ひでみち　⇔てるみち
小出(こいで)英道　江戸後期・末期の幕臣
秀通　ひでみち
河村(かわむら)秀通　鎌倉後期の荒河保の地頭
秀道　ひでみち
江見(えみ)秀道　?～1587　安土桃山時代の武士
桜井(さくらい)秀道　1772～1860　江戸中期～末期の歌人
皆川(みながわ)秀道　江戸中期の幕臣
吉川(よしかわ)秀道　江戸中期の探検家
栄光　ひでみつ　⇔えいこう
大日置(おおへきの)栄光　平安中期の官人
藤原(ふじわらの)栄光　平安中期の官人
秀光　ひでみつ
秀光　南北朝時代の長船小反派の刀工
師岡(もろおか)秀光　戦国時代の北条氏照の臣
矢田部(やたべの)秀光　平安後期の官人
秀三　ひでみつ
木下(きのした)秀三　1681～1725　江戸前期・中期の幕臣
秀満　ひでみつ　⇔ひでまろ
京極(きょうごく)秀満　室町時代の武士
塩川(しおかわ)秀満　1430～1500　室町・戦国時代の武将、連歌作者
英致　ひでむね
松田(まつだ)英致　室町時代の武家
英棟　ひでむね
平松(ひらまつ)英棟　江戸後期の国学者・歌人
秀宗　ひでむね
秀宗　戦国時代の刀工
加藤(かとう)秀宗　江戸中期の春日井・丹羽・葉栗三郡の山廻小頭役
好田(こうだ)秀宗　戦国時代の大工。武蔵国南部で活動
秀村　ひでむら　⇔しゅうそん
堀(ほり)秀村　1557?～1599　戦国・安土桃山時代の織田信長の家臣
秀茂　ひでもち　⇔しゅうも，ひでしげ
木村(きむら)秀茂　江戸中期・後期の本草家
藤原(ふじわら)秀茂　1205～1268　鎌倉前期・後期の武家、歌人
英幹　ひでもと
浜口(はまぐち)英幹　1829～1894　江戸後期～明治期の海軍技術者
英基　ひでもと
布施(ふせ)英基　?～1485　室町時代の武将
秀幹　ひでもと
芹沢(せりざわ)秀幹　?～1553　戦国時代の古河公方の家臣
秀元　ひでもと
大河内(おおこうち)秀元　1576～1666　安土桃山・江戸前期の武将
秀素　ひでもと
藤田(ふじた)秀素　江戸中期の浮世絵師
栄盛　ひでもり
小松(こまつ)栄盛　1786～1851　江戸中期・後期の藩士
秀守　ひでもり
徳山(とくやま)秀守　江戸後期の武士
秀盛　ひでもり
梶川(かじかわ)秀盛　安土桃山時代の織田信長の家臣
斉藤(さいとう)秀盛　戦国時代の小代加
祖父江(そぶえ)秀盛　?～1569　戦国・安土桃山時代の織田信長の家臣
梨本(なしもと)秀盛　江戸後期の和算家
諸山(もろやま)秀盛　戦国時代の佐久郡国衆・大井貞清の家臣
英安　ひでやす　⇔えいあん
野村(のむら)英安　1848～1906　江戸後期～明治期の医師
秀安　ひでやす
勝俣(かつまた)秀安　1820～1881　江戸後期～明治期の医師
田中(たなか)秀安　江戸末期の医師。1860年咸臨丸の医師としてアメリカに渡る
秀康　ひでやす
山口(やまぐち)秀康　?～1583　戦国時代の武将
英至　ひでゆき
野村(のむら)英至　江戸時代の人。「山陽道美作国図」の著者
英征　ひでゆき
江川(えがわ)英征　1739～1791　江戸中期・後期の武士
秀幸　ひでゆき　⇔しゅうこう
秀幸　室町時代の長船小反派の刀工
東(あずま)秀幸　?～1815　江戸後期の和算家
高橋(たかはし)秀幸　江戸後期の和算家
万年(まんねん)秀幸　鎌倉時代の武士
秀行　ひでゆき
安倍(あべの)秀行　平安中期の官人
大河戸(おおかわどの)秀行　平安後期の武蔵国大河戸御厨の武士
小串(おぐし)秀行　鎌倉後期・南北朝時代の歌人

鴨（かも）秀行　1517〜？　戦国時代の神職
紀（きの）秀行　平安中期の官人
清久（きよく）秀行　鎌倉前期の武蔵武士
山門（やまと）秀行　1858〜1908　江戸末期・明治期の医師

秀之　ひでゆき
及川（おいかわ）秀之　江戸後期の和算家
山中（やまなか）秀之　1805〜1875　江戸後期〜明治期の医者・歌人

秀代　ひでよ
坂東（ばんどう）秀代　1827〜1900　江戸末期・明治期の舞踊家、女優

英悦　ひでよし
尾形（おがた）英悦　江戸末期の和算家

英吉　ひでよし　⇔えいきち
英吉　？〜1839　江戸後期の刀工、鉄砲鍛冶

秀吉　ひでよし　⇔ひできち
岡崎（おかざき）秀吉　戦国時代の大工
毛利（もうり）秀吉　1846〜1868　江戸後期・末期の彰義隊士

秀能　ひでよし
山岸（やまぎし）秀能　戦国時代の上杉景勝の家臣

秀良　ひでよし
池貝（いけがい）秀良　1822〜1900　江戸末期・明治期の和算家、都賀郡下生井村村役人

秀頼　ひでより
粟（あわの）秀頼　平安後期の官人

秀頼王　ひでよりおう
秀頼王　平安中期の神祇伯

人　ひと
采女（うねめの）人　奈良時代の官人

比等　ひと
阿倍（あべの）比等　奈良時代の官人

必登　ひと
中臣（なかとみの）必登　奈良時代の官人

人会　ひとあい
物部（もののべの）人会　奈良時代の官人

一市　ひといち
板場（いたば）一市　安土桃山時代の信濃国筑摩郡会田の土豪

尾頭　びとう
尾頭　？〜1710　江戸前期・中期の俳人

人長　ひとおさ
出雲（いずもの）人長　奈良・平安前期の豪族

人数　ひとかず　⇔さねかず
藤原（ふじわらの）人数　？〜809　奈良・平安前期の女性。桓武朝の官女《藤原人数》

人上　ひとかみ　⇔ひとがみ
馬養造（うまかいのみやつこ）人上　上代の地方豪族
酒人真人（さかひとのまひと）人上　平安前期の上野大掾
丈部（はせつかべの）人上　奈良時代の東国で栄えた氏族

人上　ひとがみ　⇔ひとかみ
阿保（あぼの）人上　奈良・平安前期の官人

人公　ひときみ
石川（いしかわの）人公　奈良時代の官人

人斬り長兵衛　ひときりちょうべえ
人斬り長兵衛　？〜1862　江戸後期・末期の博徒

非得　ひとく
思恩堂（しおんどう）非得　江戸後期の心学者

仁子　ひとこ　⇔にんし
源（みなもとの）仁子　？〜1126　平安後期の女性。神祇伯康資王の娘

一声　ひとこえ
鶴（つるの）一声　江戸中期の戯作者

人真　ひとざね
酒井（さかい）人真　？〜917　平安前期・中期の官人、歌人

均　ひとし
三宅（みやけ）均　1829〜1910　江戸後期〜明治期の真言宗の僧、教育者

斉　ひとし　⇔ならう, むごへ
杉谷（すぎたに）斉　1843〜1921　江戸後期〜大正期の神職
中目（なかのめ）斉　1835〜1921　江戸末期〜大正期の医師

等　ひとし
県（あがたの）等　平安後期の相撲人

彝　ひとし
足立（あだち）彝　江戸時代の和算家

均郎　ひとしろう
藤枝（ふじえだ）均郎　1840〜1887　江戸末期・明治期の神職。水無神社主典。式内社調査官

人足　ひとたり　⇔ひとたる
阿倍（あべの）人足　奈良時代の官人
阿牟（あむの）人足　平安前期の大安寺の僧
春日戸（かすかべの）人足　奈良時代の官人
上道（かみつみちの）人足　奈良時代の画師
宗我部（そがべの）人足　奈良時代の優婆塞
高橋（たかはしの）人足　奈良時代の官人
高向（たかむこの）人足　奈良時代の官人
多治比（たじひの）人足　奈良時代の官人
平群（へぐりの）人足　奈良時代の官人

人足　ひとたる　⇔ひとたり
額田（ぬかたの）人足　飛鳥時代の遣新羅使

一貫　ひとつら　⇔いっかん, かずつら
在原（ありはらの）一貫　平安前期の官人

人成　ひとなり
粟田（あわたの）人成　奈良時代の官人
石川（いしかわの）人成　奈良時代の官人
大宅（おおやけの）人成　奈良時代の官人
押海（おしのうみの）人成　飛鳥時代の官
百済（くだらの）人成　奈良時代の官人

人主　ひとぬし
於（うえの）人主　奈良時代の官人
下道朝臣（しもつみちのあそん）人主　奈良時代の地方官人
竪部（たてべの）人主　奈良時代の官人
布勢朝臣（ふせのあそみ）人主　奈良時代の官人。

遣唐使の一員

人益　ひとます

大伴（おおともの）人益　平安前期の官人

人麻呂　ひとまろ

石川（いしかわの）人麻呂　奈良時代の官人
出雲臣（いずものおみ）人麻呂　上代の地方豪族
賀茂（かもの）人麻呂　奈良時代の官人
丈部（はせつかべ）人麻呂　奈良時代の会津地方の有力者
丈部造（はせつかべのみやつこ）人麻呂　奈良時代の防人

囚獄　ひとや

阿部（あべ）囚獄　江戸前期の普請奉行
臼井（うすい）囚獄　安土桃山時代の金山師、天台宗浄土寺を開基

雛子　ひなこ

加藤（かとう）雛子　江戸末期・明治期の女性。女優養成所副所長

雛丸　ひなまる

弥生庵（やよいあん）雛丸　江戸後期の武士、狂歌師

日並皇子宮舎人　ひなみしのみこのみやのとねり

日並皇子宮舎人　飛鳥時代の舎人。草壁皇子に仕官、万葉歌人

ひの

大日方（おびなた）ひの　1830～1909　江戸後期～明治期の女性

桧前君　ひのくまのきみ

桧前君　上代の豪族

桧前女王　ひのくまのひめみこ

桧前女王　飛鳥・奈良時代の皇族

未白　びはく　⇔みはく

高田（たかだ）未白　1630～1716　江戸前期・中期の国学者

美備　びび

沼田（ぬまた）美備　江戸後期の馬術家

響　ひびき

磯野（いその）響　江戸後期～明治期の和算家

一二三　ひふみ

神崎（かんざき）一二三　1823～？　江戸後期・末期の新撰組隊士

眉峰　びほう

眉峰　江戸末期の俳人

日氷　ひみ

日氷　室町時代の能面作家

日向襲津彦皇子　ひむかのそつひこのみこ

日向襲津彦皇子　上代の景行天皇の皇子

姫子　ひめこ

藤原（ふじわらの）姫子　1113～1131　平安後期の女性。式部大輔敦光女

紐児　ひものこ

紐児　奈良時代の女性

比屋　ひや

堂之（どうの）比屋　室町時代の久米島中城間切堂村の人

白恵　びゃくえ

白恵　江戸前期の著述家

百淵　ひゃくえん

鈴木（すずき）百淵　江戸中期の心学者

百花　ひゃくか　⇔ひゃっか

蝶々庵（ちょうちょうあん）百花　1716～1779　江戸中期の俳人

百合　ひゃくごう

百合　1666～1733　江戸前期・中期の俳人

百合坊　ひゃくごうぼう

百合坊　1734～1805　江戸中期・後期の俳人

百左衛門　ひゃくざえもん

百左衛門　江戸時代の農民

百三　ひゃくさん

百三　江戸前期の俳人

百山　ひゃくざん

新倉（あらくら）百山　？～1837　江戸後期の筑摩郡小曽部村の名主

百慈　ひゃくじ

百慈　？～1836　江戸後期の俳人・商家

ひ

百爾　ひゃくじ

青山（あおやま）百爾　1777？～1832　江戸中期・後期の俳人

百二　ひゃくじ

百二　江戸後期の俳人・商家

百洲　ひゃくしゅう

百洲　？～1746　江戸中期の俳人

百十郎　ひゃくじゅうろう

林（はやし）百十郎　1771～？　江戸中期・後期の通事

百次郎　ひゃくじろう

大家（おおいえ）百次郎　1852～1915　江戸後期～大正期の園芸家
山崎（やまさき）百次郎　1855～1886　江戸末期・明治期のノルマントン号事件犠牲者

百助　ひゃくすけ

中島屋（なかじまや）百助　江戸時代の髪油商
松本（まつもと）百助　1830～1915　江戸末期・明治期の人。江島小麦の名を高める

百輔　ひゃくすけ

林（はやし）百輔　江戸後期の和算家

百済　ひゃくせい　⇔くだら

辻葩（つじはな）百済　？～1813　江戸中期・後期の漢学者

百川　ひゃくせん

百川　江戸後期の俳人

百太夫　ひゃくだゆう

石原（いしわら）百太夫　江戸時代の庄内藩士

百堂　ひゃくどう

百堂　？～1814　江戸中期・後期の俳人・商家
百堂　江戸後期の俳人・商家
田辺（たなべ）百堂〔1代〕　江戸中期・後期の俳人
田辺（たなべ）百堂〔2代〕　江戸後期の俳人

百童　ひゃくどう
百童　1763～1821　江戸中期・後期の俳諧師
白道　びゃくどう
木食(もくじき)白道　1755～1825　江戸後期の木食僧
百年　ひゃくねん
木舗(きしく)百年　1768～1821　江戸後期の文人
木(ぼく)百年　1768～1821　江戸中期・後期の漢詩人
百馬　ひゃくば
立川(たてかわ)百馬　江戸後期の落語家
百梅　ひゃくばい
百梅　?～1747　江戸中期の俳人
新居(にい)百梅　?～1839　江戸後期の漢学者・医者
山田(やまだ)百梅　?～1747　江戸中期の俳諧作者
百非　ひゃくひ
百非　江戸後期の俳人・僧侶
百兵衛　ひゃくべえ
親(しん)百兵衛　江戸末期の武士
百木　ひゃくぼく
百木　江戸中期の俳人・僧侶
百万　ひゃくまん
百万　鎌倉後期の女性。女曲舞の名手
百雄　ひゃくゆう
百雄　江戸中期の俳人
花月堂(かげつどう)百雄　江戸後期の狂歌作者
百羅　ひゃくら　⇔びゃくら
百羅　1733～1803　江戸中期・後期の俳諧作者
百羅　びゃくら　⇔ひゃくら
広瀬(ひろせ)百羅　1731頃～1803　江戸後期の俳人
百霊　ひゃくりょう
百霊　江戸中期・後期の僧侶
百可　ひゃっか
百可　?～1889　江戸後期～明治期の俳人
百花　ひゃっか　⇔ひゃくか
百花　1716～1779　江戸中期の俳人
百喜　ひゃっき
百喜　江戸後期の絵師
洞露斎(どうろさい)百喜　江戸後期の錺屋・著述家
百記　ひゃっき
億川(おくがわ)百記　江戸末期の蘭方医
百亀　ひゃっき
伊勢屋(いせや)百亀　江戸時代の俳人
百汲　ひゃっきゅう
虎杖庵(いたどりあん)百汲　1815～1893　江戸後期～明治期の俳人
百古　ひゃっこ
百古　江戸末期の俳人
非有　ひゆう
非有　戦国時代の僧
日向　ひゅうが
松田(まつだ)日向　江戸前期の芸能者
森(もり)日向　1757～1842　江戸中期・後期の幕末肥前杵島郡芦原熊野神社祠官
山口(やまぐち)日向　江戸中期の国学者・神官
日向泉長愛　ひゅうがのいずみながひめ
日向泉長愛　上代の女性。応神天皇の妃
日向髪長大田根　ひゅうがのかみながおおたね
日向髪長大田根　上代の女性。景行天皇の妃、阿牟君の祖
日向介　ひゅうがのすけ
軍荼利(ぐんだり)日向介　江戸後期の津久井県佐野川村式内社石楯尾神社の神主
薇陽　びよう
三宅(みやけ)薇陽　?～1884　江戸後期～明治期の漢学者
兵衛　ひょうえ
兵衛　平安前期の女房・歌人
兵衛　平安中期の歌人
兵衛　平安後期の歌人
家本(いえもと)兵衛　安土桃山時代の弓術家
柏木(かしわぎ)兵衛　1823～1885　江戸末期・明治期の剣術家
千田(せんだ)兵衛　1846～1868　江戸後期・末期の新撰組隊士
根岸(ねぎし)兵衛　1702～1780　江戸中期の剣術家。戸田流
八尾村(やつおむら)兵衛　江戸時代の富山藩の十村役
山領(やまりょう)兵衛　江戸後期の剣術家。タイ捨流
和佐保(わさほ)兵衛　戦国時代の鉱山業
平衛　ひょうえ
稲垣(いながき)平衛　1846～1906　江戸後期～明治期の耐火煉瓦製造業者
兵衛三郎　ひょうえさぶろう
新井(あらい)兵衛三郎　戦国時代の下総布川の廻船商人
兵衛次郎　ひょうえじろう
三木(みつき)兵衛次郎　戦国時代の益田郡の人
兵衛太郎　ひょうえたろう
字(あざ)兵衛太郎　鎌倉前期・後期の御家人
玉井(たまい)兵衛太郎　鎌倉前期の武士
兵衛太郎助家　ひょうえたろうすけいえ
玉井(たまい)兵衛太郎助家　鎌倉前期の武士
兵衛入道　ひょうえにゅうどう
田方(たかた)兵衛入道　鎌倉後期の武士
兵衛尉　ひょうえのじょう
多賀谷(たがや)兵衛尉　鎌倉前期・後期の武蔵武士
兵衛尉資泰　ひょうえのじょうすけやす
成田(なりた)兵衛尉資泰　鎌倉時代の武士
兵衛佐　ひょうえのすけ
兵衛佐　平安後期の女性。「源平盛衰記」に登場。平清盛の生母とされる
兵衛輔　ひょうえのすけ
中原(なかはら)兵衛輔　戦国時代の伊豆の番匠

兵衛内侍　ひょうえのないし
兵衛内侍　平安中期の歌人

兵右衛門　ひょうえもん　⇔へいうえもん，へいえもん
窪田（くぼだ）兵右衛門　？～1774　江戸中期の伊予郡砥部村下麻生の組頭
四分一（しぶいち）兵右衛門　？～1864　江戸後期・末期の剣術家。馬庭念流
杉村（すぎむら）兵右衛門　1828～1886　江戸後期・末期の大目付
滝（たき）兵右衛門　1843～1918　江戸末期～大正期の人。瀧兵4代目
塚田（つかだ）兵右衛門　1797～1854　江戸末期の真岡木綿問屋。4代目兵右衛門
野尻（のじり）兵右衛門　1830～？　江戸末期の忠僕。50余年間にわたって野尻文衛家4代に仕え、主家をもり立てた
福井（ふくい）兵右衛門　1702～1782　江戸中期の剣術家。神道無念流祖
村上（むらかみ）兵右衛門　？～1834　江戸後期の商人
山中（やまなか）兵右衛門　1685～1774　江戸中期の商人
山本（やまもと）兵右衛門　江戸前期の長宗我部盛親の家臣
和田（わだ）兵右衛門　江戸末期の駒形新宿の名主

兵衛門　ひょうえもん
柚原（ゆはら）兵衛門　？～1709　江戸中期の医師

兵之右衛門　ひょうえもん
三上（みかみ）兵之右衛門　1659～1717　江戸中期の武士

兵右衛門俊矩　ひょうえもんとしのり
久万（くま）兵右衛門俊矩　？～1615　江戸前期の武士

兵右衛門正次　ひょうえもんまさつぐ
朝比奈（あさひな）兵右衛門正次　江戸前期の京都所司代板倉勝重の間諜

氷花　ひょうか
氷花　江戸前期の俳人

氷解　ひょうかい
遷喬亭（せんきょうてい）氷解　江戸後期の狂歌作者

氷几　ひょうき
氷几　江戸後期の俳人

豹吉　ひょうきち
渡辺（わたなべ）豹吉　？～1868　江戸末期の長岡藩士の従者

兵吉　ひょうきち　⇔へいきち
安藤（あんどう）兵吉　？～1864　江戸後期・末期の尊攘運動家
越中屋（えっちゅうや）兵吉　1790～1856　江戸後期・末期の陶工
小嶋（こじま）兵吉　江戸前期の紀伊国伊都郡上田の住人

平救　びょうぐ
平救　平安時代の仁和寺子院池上寺の僧
平救　958～？　平安中期の僧

氷固　ひょうこ
松本（まつもと）氷固　？～1723　江戸前期・中期の俳人

氷壺　ひょうこ
高階（たかしな）氷壺　江戸中期の漢学者

兵庫　ひょうご
兵庫　平安中期の女房・歌人
有馬（ありま）兵庫　江戸後期の眼科医
井上（いのうえ）兵庫　？～1615　江戸前期の大友義統・豊臣秀頼の家臣
上山（うえやま）兵庫　安土桃山時代の武将
梅沢（うめざわ）兵庫　戦国時代の武士。北条氏忠家臣
小沢（おざわ）兵庫　江戸後期の淘綾郡国府新宿の神事舞太夫
小谷（おたに）兵庫　江戸後期の高座郡小谷村稲荷大明神神主
熊沢（くまさわ）兵庫　江戸前期の加賀藩士
栗原（くりはら）兵庫　？～1531　戦国時代の武士
斎城（さいき）兵庫　江戸前期の新田開発者
斎藤（さいとう）兵庫　江戸後期の高座郡国分村日月大明神宮守
酒井（さかい）兵庫　江戸末期の新撰組隊士
桜井（さくらい）兵庫　戦国時代の武将。武田家臣
鈴木（すずき）兵庫　江戸後期の大住郡大山阿夫利神社祠官
竹田（たけだ）兵庫　？～1614　江戸前期の武士。大坂の陣で籠城
武田（たけだ）兵庫　？～1638　江戸前期の武士。大坂の陣で籠城。藤堂高次に出仕
戸田（とだ）兵庫　？～1615　江戸前期の人。秀吉の家臣戸田孫太郎義春の子
長洲（ながす）兵庫　安土桃山時代の織田信長の家臣
長谷部（はせべ）兵庫　戦国時代の武士
波多（はた）兵庫　？～1615　江戸前期の武士。大坂の陣で籠城
判（ばんの）兵庫　戦国・安土桃山時代の陰陽師
牧（まき）兵庫　安土桃山時代の武将
真崎（まさき）兵庫　1828～1880　江戸後期・末期の大番頭兼砲術支配
三武（みたけ）兵庫　江戸後期の大住郡曽屋村民
室賀（むろが）兵庫　江戸末期の旗本
柳沢（やなぎさわ）兵庫　安土桃山時代の武田氏の家臣

兵吾　ひょうご
野田（のだ）兵吾　江戸末期の商人。日本人初のパン店を開業
矢部（やべ）兵吾　1853頃～？　江戸後期・末期の新撰組隊士

平興　ひょうこう
平興　平安中期の延暦寺僧

兵庫茂安　ひょうごしげやす
成富（なりとみ）兵庫茂安　1560～1634　安土桃山・江戸前期の武将

兵庫富次　ひょうごとみつぐ
神谷（かみや）兵庫富次　1593～1660　安土桃山・江戸前期の松江藩家老

兵庫頭勝静　ひょうごのかみかつしず
杉浦（すぎうら）兵庫頭勝静　1826～1900　江戸後期～明治期の118代長崎奉行

兵庫頭定治　ひょうごのかみさだはる
佐々木（ささき）兵庫頭定治　1596～1673　安土桃山・江戸前期の豊臣秀頼の家臣

兵庫允　ひょうごのじょう
槻橋（つきはし）兵庫允　室町時代の加賀国石川郡林郷槻橋村の領主

兵庫助　ひょうごのすけ
一檪（いちき）兵庫助　戦国時代の伊勢豊受大神宮（外宮）の神官
江沢（えざわ）兵庫助　戦国時代の僧。上総国夷隅郡串浜村日蓮宗恵日寺の寺司か
円城寺（えんじょうじ）兵庫助　戦国時代の千葉胤富の家臣。東下総の森山衆
大川（おおかわ）兵庫助　戦国時代の北条氏御料所長浜の有力百姓
大喜多（おおきた）兵庫助　？～1575　戦国・安土桃山時代の織田信長の家臣
大原（おおはら）兵庫助　戦国時代の下総国千田庄大原郷（香取郡多古町）の土豪・地侍。大原城主か。上総国飯櫃城（山武郡芝山町）主・山室氏勝の家臣
遅川（おそかわ）兵庫助　戦国時代の鋳物師
小山（おやま）兵庫助　戦国時代の小領主・土豪。嶺下郷岩坂村小山
久下（くげ）兵庫助　戦国時代の武士。三田氏、のち北条氏照家臣
国富（くにとみ）兵庫助　室町時代の丹後国の武将
鞍川（くらかわ）兵庫助　戦国時代の武将
後藤（ごとう）兵庫助　戦国時代の上総国小櫃川下流域の笹子城（木更津市）主・武田信茂の家臣
財川（さいかわ）兵庫助　戦国時代の北条氏の家臣
佐藤（さとう）兵庫助　南北朝時代の塩釜湊領主
三平（さんぺい）兵庫助　戦国時代の里見義継（義頼）の家臣
完倉（ししくら）兵庫助　戦国時代の下総国臼井城（佐倉市）主・原胤貞の家臣
新免（しんめん）兵庫助　室町時代の美作国東部の在地武士
高滝（たかだき）兵庫助　戦国時代の足利家国の近臣
二宮（にのみや）兵庫助　南北朝時代の武将
野島（のじま）兵庫助　江戸前期の福生郷の実力者
長谷部（はせべ）兵庫助　戦国時代の人。武蔵鉢形領小前田衆の筆頭
広瀬（ひろせ）兵庫助　安土桃山時代の織田信長の家臣
矢野（やの）兵庫助　戦国時代の武士。武蔵小机の城主

兵庫亮　ひょうごのすけ
大日方（おびなた）兵庫亮　？～1575　安土桃山時代の武田氏の家臣
竹田（たけだ）兵庫亮　？～1615　江戸前期の豊臣秀吉・秀頼の家臣
西山（にしやま）兵庫亮　南北朝時代の祖谷山の土豪

兵庫助祐昌　ひょうごのすけすけまさ
曽我（そが）兵庫助祐昌　室町時代の忍城主成田氏の家人

兵庫大夫　ひょうごのだいふ
布施（ふせ）兵庫大夫　戦国時代の北条氏照の奉行人

兵左　ひょうざ　⇔へいざ
吉沢（よしざわ）兵左　1846～1905　江戸後期～明治期の実業家、政治家

兵斎　ひょうさい
和田（わだ）兵斎　安土桃山・江戸前期の剣術家

兵左衛門　ひょうざえもん　⇔へいざえもん
浅井（あざい）兵左衛門　？～1641　江戸前期の興福寺僧坊窪転経院の主人
鈴木（すずき）兵左衛門　？～1690　江戸前期・中期の剣術家。以心流祖
高梨（たかなし）兵左衛門〔19代〕　江戸前期の醤油醸造家
徳島（とくしま）兵左衛門　？～1684　江戸前期の治水家
古沢（ふるさわ）兵左衛門　？～1659　江戸前期の藤堂高虎・本多忠利の家臣
山崎（やまさき）兵左衛門　江戸前期の剣術家

兵三郎　ひょうざぶろう
石垣（いしがき）兵三郎　？～1723　江戸前期・中期の新田開拓者

兵七　ひょうしち　⇔へいしち
千石（せんごく）兵七　江戸前期の武士。大坂の陣で籠城

氷室　ひょうしつ
岡井（おかい）氷室　？～1739　江戸中期の漢学者

平秀　ひょうしゅう
平秀　平安前期の渡来僧
平秀　平安中期の僧

兵四郎　ひょうしろう　⇔へいしろう
鎌田（かまだ）兵四郎　1611～1642　江戸前期の侍臣

兵次郎昌義　ひょうじろうまさよし
久次米（くじめ）兵次郎昌義　1697～1770　江戸中期の藍商

兵次郎義簡　ひょうじろうよしひろ
久次米（くじめ）兵次郎義簡　1798～1869　江戸後期～明治期の関東売藍商、材木商、酒造業

兵次郎義峰　ひょうじろうよしみね
久次米（くじめ）兵次郎義峰　1733～1793　江戸中期・後期の関東売藍商、材木商

兵次郎義恭　ひょうじろうよしやす
久次米（くじめ）兵次郎義恭　1764～1815　江戸中期・後期の藍商

平崇　ひょうすう
平崇　926～1002　平安中期の東大寺僧

兵介　ひょうすけ
飯野（いいの）兵介　戦国時代の千葉胤富の家臣。森山衆

兵助　ひょうすけ　⇔へいすけ
犬目宿の（いぬめじゅくの）兵助　？～1869　江戸

後期～明治期の甲斐国郡内騒動の首謀者
猪子(いのこ)兵助　?～1582　戦国・安土桃山時代の武士
竹田(たけだ)兵助　?～1614　江戸前期の豊臣秀頼の同朋竹田大阿弥の父
土門(どもん)兵助　1738～1814　江戸中期・後期の篤農家
畑(はた)兵助　江戸前期の丹波黒井城の赤井氏の家臣
吉村(よしむら)兵助　江戸前期の柔術家

兵輔　ひょうすけ
八木(やぎ)兵輔　1828～1895　江戸後期～明治期の上川尻村村内佐原木町の開拓者

兵助正奉　ひょうすけまさとも
池田(いけだ)兵助正奉　?～1615　江戸前期の武士。大坂の陣で籠城

氷川　ひょうせん
池田(いけだ)氷川　1737～1781　江戸中期の漢学者

豹蔵　ひょうぞう
喰代(ほおじろ)豹蔵　1842～?　江戸後期～明治期の教育者

兵蔵　ひょうぞう
板屋(いたや)兵蔵　江戸中期の富豪
古賀(こが)兵蔵　江戸後期の心学者
橋本(はしもと)兵蔵　江戸前期の但馬国出石郡久畑村の人。大坂の陣で籠城

表太　ひょうた
表太　江戸前期の表具師

兵太夫　ひょうだゆう　⇔へいだゆう
伊東(いとう)兵太夫　1702～1773　江戸中期の産業開発者
伊藤(いとう)兵太夫　江戸前期の伊奈忠公の手代
諸田(もろた)兵太夫　1842～1909　江戸後期～明治期の川根茶の振興に貢献

氷虫　ひょうちゅう
氷虫　江戸中期の俳人

瓢長　ひょうちょう
為永(ためなが)瓢長　江戸後期の戯作者

平伝　ひょうでん
平伝　921～1004　平安中期の興福寺僧

氷堂　ひょうどう
宮沢(みやざわ)氷堂　1835～1904　江戸後期～明治期の漂白の画人

豹徳軒　ひょうとくけん
豹徳軒　戦国時代の扇谷上杉氏・北条氏の家臣

兵内　ひょうない　⇔へいない
関村の(せきむらの)兵内　1722～1766　江戸中期の伝馬騒動の発頭人
飛田(ひだ)兵内　?～1793　江戸中期・後期の人。閉伊郡金沢村の一部が蔵入地から知行地に替地となる際、反対請願の越訴を指導

平内　ひょうない　⇔へいない
加藤(かとう)平内　安土桃山時代の武士。豊臣氏の家臣

兵内朝安　ひょうないともやす
山口(やまぐち)兵内朝安　1581～?　安土桃山時代の人。山口喜内重安の嫡男。大坂の陣で籠城

平仁　ひょうにん
平仁　?～938　平安前期・中期の天台宗延暦寺僧

兵之進　ひょうのしん
小尾(おび)兵之進　1792～1844　江戸後期の俳人

兵八　ひょうはち　⇔へいはち
坂東(ばんどう)兵八　1733～1823　江戸中期・後期の公益家

兵部　ひょうぶ
井出(いで)兵部　戦国時代の武将
上杉(うえすぎ)兵部　?～1694　江戸前期・中期の南部藩士。上杉憲政の曾孫
大沼(おおぬま)兵部　1582～1645　安土桃山・江戸前期の開拓者
金子(かねこ)兵部　戦国時代の小園村領主、下総国小金城城主
高流(こうるい)兵部　戦国時代の武将。武田家臣
酒井(さかい)兵部　江戸末期の庄内藩中老
高城(たかぎ)兵部　戦国時代の下総小金城主高城氏の一族
高橋(たかはし)兵部　1609～?　江戸前期の仏師
千坂(ちさか)兵部　江戸中期の上杉家江戸家老
土屋(つちや)兵部　?～1582　安土桃山時代の武士
福富(ふくずみ)兵部　江戸前期の豊臣家の家臣と思われる
古屋(ふるや)兵部　戦国時代の武将。武田家臣
町田(まちだ)兵部　1729～1802　江戸中期・後期の宮大工
真野(まの)兵部　安土桃山時代の織田信長の家臣
若杉(わかすぎ)兵部　江戸後期の大住郡土屋村神事舞太夫

憑武　ひょうぶ
大見武(おおみたけ)憑武　1642～1713　江戸前期・中期の紙漉き、漆器などの技術導入者

兵部左衛門尉　ひょうぶさえもんのじょう　⇔ひょうぶざえもんのじょう
牛奥(うしおく)兵部左衛門尉　?～1575　安土桃山時代の武田氏の家臣、石森の地頭

兵部左衛門尉　ひょうぶざえもんのじょう　⇔ひょうぶさえもんのじょう
芦沢(あしざわ)兵部左衛門尉　戦国・安土桃山時代の金山衆

兵部少輔　ひょうぶしょう　⇔ひょうぶしょうゆう, ひょうぶのしょう
坂戸(さかど)兵部少輔　戦国時代の千葉勝胤・昌胤の家臣
原(はら)兵部少輔　戦国時代の原胤栄の家臣

兵部丞　ひょうぶじょう　⇔ひょうぶのじょう
渡辺(わたなべ)兵部丞　戦国・安土桃山時代の甲斐国巨摩郡秋山村在郷の番匠

兵部少輔　ひょうぶしょうゆう　⇔ひょうぶしょう, ひょうぶのしょう
工藤(くどう)兵部少輔　戦国時代の南部家家臣

村岡(むらおか)兵部少輔　室町時代の人。大崎氏の軍奉行

兵部助　ひょうぶすけ
三浦(みうら)兵部助　?〜1579　安土桃山時代の武士

兵部太輔　ひょうぶたいふ
一色(いっしき)兵部太輔　戦国時代の古河公方足利高基の家臣

兵部大輔　ひょうぶたいふ　⇔ひょうぶのたいふ
古尾谷(ふるおや)兵部大輔　南北朝時代の北朝の武士

兵部永光　ひょうぶながみつ
大柿(おおがき)兵部永光　江戸前期の豊臣秀頼・浅野長晟の家臣

兵部入道　ひょうぶにゅうどう
鏑木(かぶらぎ)兵部入道　戦国時代の鏑木氏の一族

兵部少輔　ひょうぶのしょう　⇔ひょうぶしょう, ひょうぶしょうゆう
入江(いりえ)兵部少輔　安土桃山時代の土佐一条家家臣
内田(うちだ)兵部少輔　戦国時代の岩付太田氏の家臣
梶田(かじた)兵部少輔　江戸前期の武士。大坂の陣で籠城。後、浅野長晟に仕えた
加藤(かとう)兵部少輔　?〜1494　戦国時代の武田氏の家臣
河東田(かとうだ)兵部少輔　戦国時代の佐竹氏の家臣
鏑木(かぶらぎ)兵部少輔　戦国時代の山内上杉氏の家臣
下条(げじょう)兵部少輔　戦国時代の武田氏の家臣。武田庶流家
小島(こじま)兵部少輔　安土桃山時代の織田信長の家臣

兵部丞　ひょうぶのじょう　⇔ひょうぶじょう
安藤(あんどう)兵部丞　戦国時代の北条氏の家臣
今福(いまふく)兵部丞　戦国時代の武将。武田家臣
金子(かねこ)兵部丞　戦国時代の下総国小金城主・高城胤則の家臣
川村(かわむら)兵部丞　戦国時代の北条氏の家臣
信濃(しなの)兵部丞　安土桃山時代の織田信長の家臣
杉原(すぎのはら)兵部丞　?〜1576　戦国・安土桃山時代の織田信長の家臣
松田(まつだ)兵部丞　戦国時代の北条氏の家臣
大和(やまと)兵部丞　戦国時代の北条氏の家臣
山室(やまむろ)兵部丞　戦国時代の千葉胤富の家臣

兵部少輔正鎮　ひょうぶのしょうまさしげ
福島(ふくしま)兵部少輔正鎮　?〜1616　江戸前期の大和豊臣家・豊臣秀吉の家臣

兵部介　ひょうぶのすけ
坂西(ばんざい)兵部介　?〜1575　安土桃山時代の武田氏の家臣

兵部大輔　ひょうぶのたいふ　⇔ひょうぶたいふ
沢(さわ)兵部大輔　安土桃山時代の織田信長の家臣

兵部墨渓　ひょうぶぼつけい
曽我(そがの)兵部墨渓　?〜1473　室町時代の絵師

兵部政貞　ひょうぶまささだ
鎌田(かまだ)兵部政貞　?〜1624　江戸前期の豊臣秀頼の家臣

兵馬　ひょうま
山口(やまぐち)兵馬　江戸末期の武士

兵弥　ひょうや
根岸(ねぎし)兵弥　1702〜1777　江戸中期の剣客

瓢六　ひょうろく
瓢六　?〜1880　江戸後期〜明治期の俳人

日吉法印　ひよしほういん
大行(だいぎょう)日吉法印　?〜1597　戦国・安土桃山時代の万歳師の統率者

衡氏　ひらうじ
金子(かなこ)衡氏　室町時代の新見庄の庄官

平緒　ひらお
阿刀(あとの)平緒　平安中期の官人

平臣　ひらおみ　⇔へいしん
松岡(まつおか)平臣　1786〜1849　江戸後期の国学者、俳人

枚床　ひらとこ
小田(おだの)枚床　奈良時代の官人

枚成　ひらなり
紀(きの)枚成　平安前期の人。紀伊国名草郡真川郷墾田売券に署判

枚野　ひらの
茨田(まんだの)枚野　奈良時代の官人

平林　ひらばやし
平林　安土桃山時代の信濃国筑摩郡明科の土豪

枚人　ひらひと
当麻(たぎまの)枚人　奈良時代の官人

牧夫　ひらふ　⇔まきお
石川(いしかわの)牧夫　奈良時代の官人

比羅夫　ひらぶ
荒田井直(あらたいのあたい)比羅夫　飛鳥時代の工人

平麻呂　ひらまろ
卜部宿禰(うらべのすくね)平麻呂　807〜881　平安前期の伊豆三島大社の神祇官

枚麻呂　ひらまろ
茨田(まんだの)枚麻呂　奈良時代の官人

枚虫　ひらむし
猪名部(いなべの)枚虫　奈良時代の官人

平保　ひらやす
岡(おか)平保　1810〜1882　江戸後期〜明治期の神職・国学者

飛竜斎　ひりゅうさい
山脇(やまわき)飛竜斎　?〜1837　江戸後期の装剣金工

飛良　ひりょう
飛良　1712〜1762　江戸中期の俳人

美領　びりょう　⇔みりょう
滝口(たきぐち)美領　?〜1775　江戸中期の歌人

《滝口美領》

比礼雄 ひれお
野口(のぐち)比礼雄 江戸後期の歌人

広 ひろ ⇔ひろし
渡辺(わたなべ)広 1718〜1768 江戸中期の代官

比呂 ひろ
漢人(あやひと)比呂 奈良時代の渡来系氏族

広明 ひろあき ⇔ひろあきら
宇夫方(うぶかた)広明 1830〜1900 江戸後期〜明治期の神職
大貫(おおぬき)広明 江戸後期の人。大住郡三宮村比々多神社神主氏胤の子

弘章 ひろあき
平賀(ひらが)弘章 ?〜1412 室町時代の武士

弘詮 ひろあき
右田(みぎた)弘詮 ?〜1523 戦国時代の大内氏部将

博章 ひろあき
八木(やぎ)博章 1688〜1754 江戸前期・中期の武道家

広明 ひろあきら ⇔ひろあき
紀(きの)広明 平安中期の人

博杲 ひろあきら
山上(やまがみ)博杲 1740〜1797 江戸中期・後期の関東代官

寛厚 ひろあつ
阿部(あべ)寛厚 1819〜1879 江戸後期〜明治期の藩士

弘篤 ひろあつ
浅野(あさの)弘篤 江戸中期の書肆
三井(みつい)弘篤 江戸中期の藩士

博篤 ひろあつ
入沢(いりさわ)博篤 ?〜1835 江戸後期の和算家

広家 ひろいえ
藤原(ふじわら)広家 室町時代の水軍の頭目
藤原(ふじわらの)広家 鎌倉後期の飛騨守

弘家 ひろいえ
弘家 室町時代の刀工
安間(あんま)弘家 戦国時代の武将。武田家臣

広泉 ひろいずみ
物部首(もののべのおびと)広泉 785〜860 平安前期の医博士兼典薬允

広右衛門 ひろうえもん ⇔こううえもん, こうえもん, ひろえもん
羽石(はねいし)広右衛門 1829〜1908 江戸後期〜明治期の荒川分水開鑿者

寛氏 ひろうじ
石野(いしの)寛氏 ?〜1808 江戸中期・後期の藩士

弘氏 ひろうじ
足代(あじろ)弘氏 1640〜1683 江戸前期の神職・俳人

広海 ひろうみ ⇔こうかい, ひろみ
越智(おち)広海 ?〜1796 江戸中期・後期の国学者

広江 ひろえ
越智直(おちのあたえ)広江 奈良時代の学識者

広右衛門 ひろえもん ⇔こううえもん, こうえもん, ひろうえもん
大谷(おおたに)広右衛門 1666〜1721 江戸前期・中期の俳優
土生(はぶ)広右衛門 江戸末期の武士、勘定奉行

弘右衛門 ひろえもん
疋田(ひきだ)弘右衛門 ?〜1873 江戸後期〜明治期の庄内藩付家老

海雄 ひろお ⇔かいゆう
早尾(はやお)海雄 1843〜? 江戸後期・末期の神職

寛雄 ひろお ⇔かんゆう
佐藤(さとう)寛雄 江戸中期・後期の神職

広雄 ひろお ⇔ひろたか
風山(かざやま)広雄 1846〜1916 江戸末期〜大正期の芳賀郡小山村の社掌・塾頭
坂(ばん)広雄 1840〜1901 江戸後期〜明治期の横須賀町方の神官

弘雄 ひろお
桑原(くわばら)弘雄 江戸中期の神道家

弘興 ひろおき
小峯(こみね)弘興 江戸前期・中期の兵法家

広臣 ひろおみ
橋本(はしもと)広臣 1826〜1874 江戸後期〜明治期の歌人

弘臣 ひろおみ
足代(あじろ)弘臣 1750〜1798 江戸中期・後期の神職・俳人

寛蔭 ひろかげ
白井(しらい)寛蔭 ?〜1870頃 江戸後期〜明治期の国学者
宮下(みやした)寛蔭 江戸後期の音韻学者

広景 ひろかげ
朝倉(あさくら)広景 ?〜1352 南北朝時代の武将
歌川(うたがわ)広景 江戸末期の画家

弘景 ひろかげ
在原(ありはらの)弘景 平安前期の官人
小早川(こばやかわ)弘景 室町・戦国時代の竹原小早川家当主

弘運 ひろかず ⇔こううん
孫福(まごふく)弘運 1800〜1866 江戸後期・末期の神職

弘風 ひろかぜ
伊藤(いとう)弘風 江戸中期の国学者

広賢 ひろかた
安倍(あべの)広賢 1107〜1162 平安後期の陰陽家
林(はやし)広賢 1815〜? 江戸後期・末期の楽人

弘方 ひろかた
板倉(いたくら)弘方 安土桃山時代の人。御所落雁の創製者

ひ

祐賢　ひろかた　⇔すけかた, ゆうけん
西浦（にしうら）祐賢　江戸後期の著述家

広勝　ひろかつ
大蔵（おおくらの）広勝　平安前期の藤原氏宗の家令
膳大伴部（かしわでのおおともべの）広勝　平安前期の国司
皆川（みながわ）広勝　1563～1576　安土桃山時代の皆川城（栃木市）の城主

広門　ひろかど　⇔ひろと
井野辺（いのべ）広門　1799～1849　江戸後期の歌人、土佐藩家老・福岡家の家臣
大宅（おおやけの）広門　平安中期の山城国後山階陵の陵戸主

広上王　ひろかみおう
広上王　奈良時代の鍛冶正

広河　ひろかわ
紀（きの）広河　平安前期の官人

広川　ひろかわ
越智直（おちのあたえ）広川　奈良時代の人。『続日本紀』に見える

宏材　ひろき
小野（おのの）宏材　平安前期の官人

広喜　ひろき
売先（うれさき）広喜　江戸後期の狂歌師

広城　ひろき
便原亭（べんげんてい）広城　江戸後期の狂歌作者
堀内（ほりうち）広城　1794～1856　江戸後期・末期の国学者

比呂伎　ひろき
山本（やまもと）比呂伎　1827～1907　江戸後期～明治期の国学者

広吉　ひろきち　⇔ひろよし
剣持（けんもち）広吉　江戸後期の足柄上郡曽比村名主

弘吉　ひろきち　⇔ひろよし
柴（しば）弘吉　江戸後期の幕臣

広公　ひろきみ
韓部（からべの）広公　平安前期の学者

広清　ひろきよ
長谷川（はせがわ）広清　？～1645　江戸前期の旗本

広精　ひろきよ
高橋（たかはし）広精　1808～1869　江戸後期～明治期の神職

大潔　ひろきよ
宇都宮（うつのみや）大潔　1805～1875　江戸後期～明治期の文人。土御門家の陰陽師、「播磨奇人伝」の編者

宥清　ひろきよ
上月（こうづき）宥清　江戸前期の武士

広漢　ひろくに
毛利（もうり）広漢　1723～1759　江戸中期の藩士

広国　ひろくに
大江（おおえの）広国　平安中期の官人
膳（かしわでの）広国　？～705　飛鳥時代の官人

弘国　ひろくに
豊原（とよはらの）弘国　平安後期の官人

弘子　ひろこ
紀（きの）弘子　平安中期の官人

寛子内親王　ひろこないしんのう
寛子内親王　？～869　平安前期の女性。淳和天皇の皇女

広五郎　ひろごろう
杉本（すぎもと）広五郎　1835～1868　江戸後期・末期の堺事件烈士

広埼　ひろさき
勝（かちの）広埼　奈良時代の写経所経師

寛定　ひろさだ
南（みなみ）寛定　江戸後期の和算家

広貞　ひろさだ
大井（おおい）広貞　江戸前期の儒者
五粽亭（ごそうてい）広貞　江戸後期の浮世絵師
寿庵（ことぶきあん）広貞　江戸後期の狂歌作者
伴（ともの）広貞　平安後期の官人

広定　ひろさだ
岡部（おかべ）広定　戦国時代の代官。三田氏家臣

博貞　ひろさだ
日下部（くさかべ）博貞　1658～1734　江戸前期・中期の幕臣

博定　ひろさだ
藤原（ふじわらの）博定　？～1103　平安後期の人。兵庫頭知定の猶子

宥貞　ひろさだ
有元（ありもと）宥貞　1750～1820　江戸中期・後期の教育者

広郷　ひろさと
阿曽沼（あそぬま）広郷　戦国時代の武将

広庄　ひろさと
須田（すだ）広庄　1573～1633　安土桃山・江戸前期の代官、郡代

広実　ひろざね
遠藤（えんどう）広実　1784～1862　江戸中期～末期の松山藩絵師
清原（きよはらの）広実　平安後期の官人
熊谷（くまがい）広実　1538～1570　戦国時代の須佐高矢倉城城督

広猶　ひろざね
林（はやし）広猶　1750～1817　江戸中期・後期の楽人

弘実　ひろざね
富田（とみだ）弘実　1790～1863　江戸後期・末期の藩士・兵法家

弘真　ひろざね　⇔ひろまさ
飛鳥部（あすかべの）弘真　平安中期の官人

弘孚　ひろざね
孫福（まごふく）弘孚　1830～1905　江戸後期～明治期の神職

寛　ひろし　⇔かん, ゆたか
大村（おおむら）寛　江戸後期の医者
清川（きよかわ）寛　1843～1911　江戸後期～明治

期の教育者
佐治(さじ)寛 1848～1868 江戸後期・末期の新撰組隊士
渋谷(しぶや)寛 1849～1922 江戸末期～大正期の教育者
船越(ふなこし)寛 江戸時代の八戸藩士
堀川(ほりかわ)寛 1858～? 江戸末期の眼科医
和気(わけ)寛 ?～1858 江戸後期・末期の藩士
渡辺(わたなべ)寛 1768～1855 江戸中期～末期の郷土史家

宏 ひろし
今藤(いまふじ)宏 1835～1878 江戸後期～明治期の教育者、鹿児島県庁第一課長
矢田(やだ)宏 1844～1913 江戸末期～大正期の勤王家

広 ひろし ⇔ひろ
三瓶(さんぺい)広 1822～1892 江戸後期～明治期の教育家
長谷川(はせがわ)広 1842～1878 江戸後期～明治期の和算家

弘 ひろし ⇔こう, ひろむ
岡田(おかだ)弘 1839～? 江戸後期・末期の神職

博 ひろし
渡辺(わたなべ)博 1700～1783 江戸中期の幕臣

容 ひろし
尾崎(おざき)容 1852～1916 江戸末期～大正期のロシア正教伝教者

溥 ひろし
佐々木(ささき)溥 1823～1896 江戸後期～明治期の教育者

浩次 ひろじ
斎藤(さいとう)浩次 1846～1919 江戸末期～大正期の岡崎藩山方手永最後の庄屋

広滋 ひろしげ
衣川(きぬがわ)広滋 ?～1844 江戸後期の国学者

広重 ひろしげ
歌川(うたがわ)広重〔4代〕 1849～1925 江戸末期～大正期の画家
太郎左衛門尉(たろうざえもんのじょう)広重 戦国時代の鍛冶職人

広茂 ひろしげ
大江(おおえ)広茂 鎌倉後期の歌人
坂本(さかもとの)広茂 平安中期の官人

広林 ひろしげ
小畠(おばた)広林 ?～1768 江戸中期の藩士
西永(にしなが)広林 ?～1725 江戸中期の算学者

弘重 ひろしげ
諏訪(すわ)弘重 ?～1333 鎌倉後期の武将
壬生(みぶの)弘重 平安中期の官人

広七 ひろしち
望月(もちづき)広七 1837～1871 江戸後期～明治期の製茶、養蚕業

広島 ひろしま
出雲臣(いずものおみ)広島 奈良時代の意宇郡大領、出雲国造。「出雲国風土記」編纂の責任者
雀部(さざきべの)広島 奈良時代の防人
高橋(たかはしの)広島 奈良時代の官人
当摩(たぎまの)広島 ?～672 飛鳥時代の吉備国の総領
当麻(たぎまの)広島 当摩広島に同じ

広季 ひろすえ
中原(なかはら)広季 平安後期の飛騨国司

弘季 ひろすえ
正木(まさき)弘季 戦国時代の安房国長狭郡金山城の城主

弘末 ひろすえ
弘末 戦国時代の刀工

広助 ひろすけ
依知秦(えちはたの)広助 平安中期の渤海客使

広相 ひろすけ
大江(おおえの)広相 平安中期の官人

広亮 ひろすけ
山中(やまなか)広亮 1700～1770 江戸中期の幕臣

弘佐 ひろすけ
中西(なかにし)弘佐 1722～1790 江戸中期・後期の神職

弘資 ひろすけ
佐井(さい)弘資 ?～1181 平安後期の上野国の武士

広住 ひろすみ
流霞窓(りゅうかそう)広住 江戸後期の戯作者

広純 ひろずみ
那波(なわ)広純 平安後期の上野国那波郡の武士

広澄 ひろずみ
那波(なわの)広澄 平安後期の武士
藤原(ふじわらの)広澄 平安後期・鎌倉前期の武士

広蔵 ひろぞう
岡村(おかむら)広蔵 江戸後期の義人
安田(やすだ)広蔵 1836～1918 江戸末期～大正期の三味線・浄瑠璃の師匠

広太 ひろた
木村(きむら)広太 1846～? 江戸後期・末期の新撰組隊士

広田 ひろた ⇔こうでん
文(ふみの)広田 奈良時代の和琴師

広田王 ひろたおう
広田王 奈良時代の官人

寛喬 ひろたか
高栗(たかぐり)寛喬 江戸時代の人。小諸藩の藩学明倫堂の創立者、講師

寛隆 ひろたか ⇔かんりゅう
鷲田(わしだ)寛隆 1813～1873 江戸後期～明治期の国学者

広高 ひろたか
石野(いしの)広高 1656～1722 江戸中期の旗本
小出(こいで)広高 1579～1641 江戸前期の武士
巨勢(こせの)広高 平安後期の巨勢派の絵師
春枝(はるえだ)広高 江戸後期の国学者
日向(ひなた)広高 1736～1818 江戸中期・後期

の刀匠

広雄　ひろたか　⇔ひろお
林(はやし)広雄　1677〜1743　江戸前期・中期の楽人

広隆　ひろたか
宇夫方(うぶかた)広隆　1688〜1768　江戸前期・中期の藩士
九鬼(くき)広隆　1551〜1641　江戸前期の武士
沼間(ぬま)広隆　?〜1724　江戸中期の旗本
松前(まつまえ)広隆　1692〜1740　江戸中期の幕臣
三木(みき)広隆　江戸後期の神道家

弘高　ひろたか
巨勢(こせの)弘高　平安後期の巨勢派の絵師《巨勢広高》
中原(なかはらの)弘高　平安時代の力士

弘隆　ひろたか
井戸(いど)弘隆　1686〜1742　江戸前期・中期の佐渡奉行、作事奉行

思孝　ひろたか　⇔しこう
男谷(おたに)思孝　1777〜1840　江戸中期・後期の代官、能筆家

博高　ひろたか
久米(くめ)博高　1792〜1854　江戸後期・末期の国学者

広豪　ひろたけ
渡辺(わたなべ)広豪　戦国時代の千葉胤直の家臣

弘毅　ひろたけ　⇔こうき
岩淵(いわぶち)弘毅　1779〜?　江戸中期・後期の国学者

弘武　ひろたけ
葛西(かさい)弘武　1651〜1675　江戸前期の武士
多田(ただ)弘武　江戸中期の和算家
本間(ほんま)弘武　1835〜1868　江戸後期・末期の武術家

広忠　ひろただ
会田(あいだ)広忠　?〜1582　戦国・安土桃山時代の武将
甘糟(あまかす)広忠　平安後期の武蔵国那珂郡甘糟の武士。源頼朝の家人
黒沢(くろさわ)広忠　1611〜1678　江戸前期の神道家
曽我(そが)広忠　鎌倉時代の御家人
中原(なかはらの)広忠　平安後期の官人

弘忠　ひろただ
安部(あべ)弘忠　1612〜1678　江戸前期の漢学者
鴇田(ときた)弘忠　戦国時代の上総国小櫃谷の土豪・地侍
鷲頭(わしず)弘忠　?〜1448　室町時代の長門守護代

浩忠　ひろただ
星野(ほしの)浩忠　1680〜1747　江戸前期・中期の藩士・歌人

広竜　ひろたつ
肥君(ひのきみ)広竜　奈良時代の薩摩国薩摩郡の主帳

広立　ひろたて
大野(おおのの)広立　奈良時代の官人

寛胤　ひろたね
白井(しらい)寛胤　江戸前期の藩士

広胤　ひろたね
千葉(ちば)広胤　1278〜1326　鎌倉後期の気仙千葉氏の祖

弘胤　ひろたね
大原(おおはらの)弘胤　平安中期の官人

広田麻呂　ひろたまろ
桑原(くわばら)広田麻呂　平安前期の漢詩人
都(みやこの)広田麻呂　平安前期の詩人

広為　ひろため
林(はやし)広為　1638〜1717　江戸前期・中期の雅楽家

寛足　ひろたり
藤田(ふじた)寛足　1761〜1810　江戸中期・後期の下級藩吏、シイタケ栽培功労者、文人

広足　ひろたり
大宅(おおやけの)広足　奈良時代の画師
河内(かわちの)広足　奈良時代の官人
巨勢(こせの)広足　奈良時代の官人
田辺史(たなべのふひと)広足　奈良時代の甲斐国司
波多(はたの)広足　飛鳥時代の遣新羅大使
物部(もののべの)広足　奈良時代の防人

広太郎　ひろたろう
頓野(とんの)広太郎　1859〜1898　江戸末期・明治期の科学者、教育者

広千　ひろち
小治田(おはりだの)広千　奈良時代の官人

央周　ひろちか
加藤(かとう)央周　江戸後期の和算家

寛近　ひろちか
大坪(おおつぼ)寛近　1831〜1892　江戸末期・明治期の高山の地役人

寛親　ひろちか
池田(いけだ)寛親　1779?〜1833　江戸中期・後期の武士
榎本(えのもと)寛親　?〜1833　江戸後期の和学者

広幾　ひろちか
薗(その)広幾　1740〜1802　江戸中期・後期の楽人

広近　ひろちか
織田(おだ)広近　?〜1491　室町・戦国時代の武将

広親　ひろちか
瀬下(せしも)広親　平安後期の武士
伴(ともの)広親　平安後期の官人
茨田(まんだの)広親　平安中期の官人

博愛　ひろちか
惟宗(これむねの)博愛　平安中期の官人、検非違使

広津　ひろつ
弓削(ゆげの)広津　奈良時代の官人

広継　ひろつぐ
林(はやし)広継　1845〜1917　江戸末期〜大正期の雅楽家

広次　ひろつぐ
広次　室町時代の石見の刀匠
忍海(おしのうみの)広次　奈良時代の写経所経師
久世(くぜ)広次　?～1721　江戸中期の旗本
建部(たけべ)広次　1671～1739　江戸前期・中期の幕臣
米村(よねむら)広次　1643～1727　江戸中期の民政家

広続　ひろつぐ
宇夫方(うぶかた)広続　1607～1687　江戸前期の下郷百姓代官

弘次　ひろつぐ
弘次　室町時代の刀工
弘次　江戸前期の刀工
古青江(こあおえ)弘次　鎌倉前期の刀工
里見(さとみ)弘次　戦国時代の人。忠弘の嫡子

全継　ひろつぐ　⇔またつぐ
蝮臣(たじひのおみ)全継　平安前期の郡司

広綱　ひろつな
広綱　南北朝時代の刀工
広綱　室町時代の刀工
広綱　安土桃山時代の上野国衆厩橋北条氏の家臣
阿曽沼(あそぬま)広綱　鎌倉前期の御家人。藤姓足利氏流阿曽沼氏の祖
大江(おおえの)広綱　室町時代の山城国乙訓郡下久世荘下司
伏見(ふしみ)広綱　鎌倉前期の源頼朝の家臣、右筆
藤原(ふじわら)広綱　平安後期の公家・漢詩人
源(みなもとの)広綱　1048～1108　平安中期・後期の官人

弘綱　ひろつな
弘綱　室町時代の石見の刀匠

弘縄　ひろつな
中西(なかにし)弘縄　1822～1916　江戸末期・明治期の国学者、神職

熙綱　ひろつな
姉小路(あねがこうじ)熙綱　戦国時代の姉小路3家の1つ向家の之綱の子

寛経　ひろつね
成沢(なるさわ)寛経　1797～1868　江戸後期・末期の商家・国学者

寛恒　ひろつね
富永(とみなが)寛恒　江戸後期～明治期の幕臣

広経　ひろつね
大江(おおえ)広経　平安中期・後期の歌人
西山(にしやま)広経　1807～1878　江戸後期～明治期の松江藩医

広恒　ひろつね
歌川(うたがわ)広恒　江戸後期の画家
児玉(こだま)広恒　1673～1741　江戸前期・中期の阿武郡惣郷村一村支配の領主

広常　ひろつね
上総(かずさ)広常　?～1183　平安後期の上総国一帯および下総国の一部を支配した在地領主

弘矩　ひろつね
中山(なかやま)弘矩　1752～1810　江戸中期・後期の藩士、国学者

弘恒　ひろつね
弘恒　鎌倉時代の刀工

大経　ひろつね
函館(はこだて)大経　1847～1907　江戸後期～明治期の馬術家

博経　ひろつね
華頂宮(かちょうのみや)博経　1851～1876　江戸後期～明治期の皇族。伏見宮邦家親王の第12皇子

広津麻呂　ひろつまろ
安倍(あべの)広津麻呂　奈良時代の官人

弘連　ひろつら
忍足(おしだり)弘連　戦国時代の上総国三直城(君津市三直字宇曽貝)の城主。初め里見義弘の家臣(義弘の諱一字を拝領か)。のち里見義頼の家臣

広輝　ひろてる
渡辺(わたなべ)広輝　1778～1838　江戸中期・後期の絵師

広門　ひろと　⇔ひろかど
千頭(ちかみ)広門　1769～1829　江戸中期・後期の文人

ひ

弘人　ひろと
田所(たどころ)弘人　江戸末期の新撰組隊士

弘任　ひろとう
小野(おの)弘任　1756～1826　江戸中期・後期の医者・文人
膳(かしわでの)弘任　平安後期の官人
紀(きの)弘任　平安後期の人。日向国柏原牟田の開発を申請

広遠　ひろとお
阿蘇(あその)広遠　平安前期の官人
上毛野(かみつけぬの)広遠　平安中期の官人

広迢　ひろとお
蔭山(かげやま)広迢　1722～1787　江戸中期の幕臣

広時　ひろとき
大江(おおえ)広時　鎌倉時代の武士

広床　ひろとこ
寺(てらの)広床　奈良時代の津高郡郷長

広俊　ひろとし
清原(きよはらの)広俊　中原広俊に同じ
惟宗(これむねの)広俊　平安後期の官人
中原(なかはらの)広俊　1062～?　平安後期の官吏、漢詩人

広利　ひろとし
坂部(さかべ)広利　1611～1691　江戸前期・中期の幕臣

弘早　ひろとし
足代(あじろ)弘早　1756～1800　江戸中期・後期の神職

広福　ひろとみ
隠岐(おき)広福　1741～1785　江戸中期の公家・漢学者

寛伴 ひろとも
角田(つのだ)寛伴 江戸末期の歌人
広智 ひろとも ⇔こうち
長谷川(はせがわ)広智 江戸前期の代官
広友 ひろとも
土師部(はじべ)広友 奈良時代の名方郡土師郷の人
広儔 ひろとも
佐藤(さとう)広儔 江戸末期の和算家
弘朝 ひろとも
野田(のだ)弘朝 戦国時代の古河公方の家臣
広名 ひろな
当麻(たぎまの)広名 奈良時代の官人
御方(みかたの)広名 奈良時代の官人
三方宿禰(みかたのすくね)広名 奈良時代の上野守
弘魚 ひろな
足代(あじろ)弘魚 1787〜1817 江戸中期・後期の神職・国学者
弘直 ひろなお
大内(おおうち)弘直 ?〜1336 鎌倉後期・南北朝時代の武将
博尚 ひろなお
瀬木(せき)博尚 1852〜1939 江戸後期〜昭和期の実業家
博直 ひろなお
関(せき)博直 1854〜1923 江戸末期の武将
広仲 ひろなか
大江(おおえの)広仲 平安後期の藤原宗忠の家令
寛長 ひろなが
雨宮(あめのみや)寛長 雨宮寛長に同じ
雨宮(あめみや)寛長 1630〜1712 江戸前期・中期の幕臣
広永 ひろなが
大原(おおはらの)広永 平安前期の官人
広長 ひろなが
息長(おきながの)広長 奈良時代の画師
奥村(おくむら)広長 江戸中期の装剣金工
久世(くぜ)広長 ?〜1546 戦国時代の武士
氷室(ひむろ)広長 安土桃山時代の織田信長の家臣
増田(ますだ)広長 江戸後期の藩士
松原(まつばら)広長 戦国時代の尾州今村城城主
弘永 ひろなが ⇔こうえい
紀(きの)弘永 平安中期の石清水八幡宮権俗別当
弘長 ひろなが
足代(あじろ)弘長 1828〜1879 江戸後期〜明治期の国学者
四方田(しほうでん)弘長 鎌倉時代の御家人
助永 ひろなが ⇔すけなが
小夫(おぶ)助永 ?〜1694 江戸前期の武士。剣術新陰流中興の祖
光夏 ひろなつ
小槻(おづき)光夏 鎌倉後期の官人
広夏 ひろなつ
住吉(すみよし)広夏 1641〜1730 江戸前期・中期の画家

寛柔 ひろなり
大塚(おおつか)寛柔 江戸中期・後期の歌人
広成 ひろなり
安宿(あすかの)広成 733〜? 奈良時代の写経所経師
阿保(あぼの)広成 平安前期の官人。尾張国権掾
大伴部(おおともべの)広成 奈良時代の防人
越智(おちの)広成 781〜? 奈良時代の伊予国越智郡の人。正六位上
上道(かみつみちの)広成 奈良・平安前期の備前国の豪族
藤井連(ふじいのむらじ)広成 奈良時代の官人で万葉歌人
三家史(みやけのふひと)広成 854〜? 平安前期の人。屯倉の記録をつかさどったウジの子孫
物部(もののべの)広成 奈良時代の官人
弘業 ひろなり
紀(き)弘業 1689〜1729 江戸中期の公家
堤(つつみ)弘業 江戸末期の神職
弘成 ひろなり
安曇(あずみの)弘成 平安後期の山城国玉井荘の荘司
礼成 ひろなり
今村(いまむら)礼成 江戸後期の和算家
広庭 ひろには ⇔ひろにわ
笠(かさの)広庭 ?〜841 平安前期の官人
広庭 ひろにわ ⇔ひろには
波多(はたの)広庭 飛鳥時代の征新羅軍副将軍
広主 ひろぬし
安倍(あべの)広主 平安前期の官人
石川(いしかわ)広主 平安前期の漢詩人
刑部(おさかべの)広主 平安前期の武蔵国多磨郡狛江郷の人
壬生(みぶの)広主 平安前期の相模大住郡の豪族
森(もり)広主 ?〜1825 江戸中期・後期の医者・国学者
広野 ひろの
大神(おおみわの)広野 平安前期の官人
吉弥侯(きみこの)広野 平安前期の伴龍男の従者
広之助 ひろのすけ
田辺(たなべ)広之助 江戸末期の新撰組隊士
寛信 ひろのぶ ⇔かんじん
源(みなもと)寛信 平安中期の公家・歌人
寛綽 ひろのぶ
河村(かわむら)寛綽 川村寛綽に同じ
川村(かわむら)寛綽 1787〜1851 江戸中期・後期の和算家
広延 ひろのぶ ⇔こうえん
小治田(おはりだの)広延 平安中期の官人
広信 ひろのぶ
綾織(あやおり)広信 1541〜1613 戦国〜江戸前期の武将。阿曽沼広行の長男
太田(おおた)広信 1850〜1882 江戸後期〜明治期の和算家
加藤(かとう)広信 ?〜1590 戦国・安土桃山時

代の小田原北条氏に仕えた。吉岡村の浄土宗正福寺の開基
垂水(たるみ)広信　1260～1356　鎌倉後期・南北朝時代の著述家。河内守
伴(ともの)広信　平安後期の官人
長井(ながい)広信　1838～1891　江戸後期～明治期の幕臣

弘延　ひろのぶ
佐伯(さえきの)弘延　平安中期の官人
財部(たからべの)弘延　平安中期の武官

弘伸　ひろのぶ
猿渡(さるわたり)弘伸　1841～1876　江戸後期～明治期の神職

弘信　ひろのぶ
高向(たかむこの)弘信　平安中期の信濃国府の在庁官人か
弘中(ひろなか)弘信　室町時代の武士
正木(まさき)弘信　1647～1726　江戸前期・中期の幕臣
吉見(よしみ)弘信　室町時代の津和野城主

弘宣　ひろのぶ
久保倉(くぼくら)弘宣　1620～1680　江戸前期の歌人

弘敷　ひろのぶ
足代(あじろ)弘敷　1809～1833　江戸後期の神職

広野麿　ひろのまろ
坂上(さかのうえ)広野麿　787～828　平安前期の武官

寛則　ひろのり
小泉(こいずみ)寛則　1848～1909　江戸後期～明治期の埼玉県官吏

寛得　ひろのり
谷(たに)寛得　1791～1865　江戸後期・末期の漢学者

広則　ひろのり
藤(とう)広則　1748～1807　江戸中期・後期の暦算家

広典　ひろのり
吉田(よしだ)広典　戦国時代の但馬守護山名家の臣・歌人

広範　ひろのり
林(はやし)広範　1792～?　江戸後期の楽人

広法　ひろのり
河原(かわはらの)広法　平安前期の官人

弘乗　ひろのり　⇔こうじょう
中西(なかにし)弘乗　1674～1729　江戸前期・中期の神職

弘度　ひろのり
小野(おの)弘度　江戸後期の心学者
小野(おの)弘度　?～1861　江戸後期・末期の窪屋郡倉敷村の絹商人

弘徳　ひろのり　⇔こうとく
斎藤(さいとう)弘徳　江戸末期の和算家、白河藩士

弘範　ひろのり
大春日(おおかすがの)弘範　平安中期の暦博士
神吉(かんき)弘範　1784～1857　江戸中期～末期の国学者
甘南備(かんなびの)弘範　平安前期の官人

弘令　ひろのり
中西(なかにし)弘令　1801～1845　江戸後期の神職

広葉　ひろは
広葉　安土桃山時代の織田信長の家臣

広八　ひろはち
高野(たかの)広八　1822～1890　江戸後期～明治期の興行師。帝国日本芸人一座後見役

広浜　ひろはま
百済部(くだらべ)広浜　平安前期の人。弘仁2年4月26日朝廷から百済公姓を与えられる

広羽女　ひろはめ
上道臣(かみつみちのおみ)広羽女　奈良時代の女官

広治　ひろはり　⇔ひろはる
粟田(あわた)広治　1834～1872　江戸後期～明治期の神職

広温　ひろはる
石野(いしの)広温　1746～?　江戸中期の幕臣・歌人

広治　ひろはる　⇔ひろはり
鳥居(とりい)広治　1630～1674　江戸中期の武士
林(はやし)広治　1808～?　江戸後期の楽人
安田(やすだ)広治　1768～1832　江戸中期・後期の国学者
六角(ろっかく)広治　1650～1719　江戸前期・中期の幕臣

広春　ひろはる
毛利(もうり)広春　戦国時代の越後国刈羽郡の国人

弘春　ひろはる
大原(おおはらの)弘春　平安中期の京から尾張に下った従類・不善の輩

裕春　ひろはる　⇔ゆうしゅん
伊藤(いとう)裕春　1794～1871　江戸後期～明治期の和算家

広彦　ひろひこ
岩田(いわた)広彦　江戸後期の医者

寛久　ひろひさ　⇔かんきゅう
栗田(くりた)寛久　?～1581　戦国・安土桃山時代の武田家臣

広久　ひろひさ
宇夫方(うぶかた)広久　江戸前期の武将。宇夫方広本の三男

広英　ひろひで
石野(いしの)広英　1577～1643　江戸前期の武士

広秀　ひろひで
海上(うなかみ)広秀　戦国時代の下総国海上郡・猿田神社神主
大江(おおえ)広秀　南北朝時代の歌人
薗(その)広秀　1632～1703　江戸前期・中期の楽人

弘秀　ひろひで
小谷(こたに)弘秀　戦国時代の里見氏家臣

広人　ひろひと　⇔ひろんど
阿倍（あべの）広人　奈良時代の官人
大田（おおたの）広人　奈良時代の官人
小野（おのの）広人　飛鳥時代の官人
上毛野（かみつけぬの）広人　？～720　奈良時代の陸奥出羽按察使
高橋（たかはしの）広人　奈良時代の官人
当麻（たぎまの）広人　奈良時代の官人
豊宗（とよむねの）広人　平安前期の官人
山田（やまだの）広人　奈良時代の官人

広房　ひろふさ
宇夫方（うぶかた）広房　鎌倉前期の阿曽沼広綱の家臣
大江（おおえ）広房　南北朝時代の歌人
大神（おおがの）広房　平安後期の由原八幡宮の大宮司、官長
橘（たちばな）広房　平安後期の官人、歌人
林（はやし）広房　1669～1747　江戸前期・中期の楽人

弘房　ひろふさ
窪田（くぼた）弘房　1660～1712　江戸前期・中期の代官
陶（すえ）弘房　？～1468　室町時代の武士
中西（なかにし）弘房　1638～1698　江戸前期・中期の神職

博文　ひろふみ
藤原（ふじわら）博文　？～929　平安前期・中期の公家・漢学者・漢詩人

広古　ひろふる
遠藤（えんどう）広古　1748～1824　江戸中期・後期の松山藩絵師

広栄　ひろまさ
安藤（あんどう）広栄　1772～1827　江戸中期・後期の幕臣

広雅　ひろまさ
度会（わたらい）広雅　1018～1091　平安中期・後期の外宮禰宜

広政　ひろまさ
峰（みね）広政　？～1573　戦国・安土桃山時代の織田信長の家臣

広正　ひろまさ　⇔こうせい
吉川（きっかわ）広正　1601～1666　安土桃山・江戸前期の岩国領主
戸次（へつぎ）広正　安土桃山時代の武将

広当　ひろまさ
高木（たかぎ）広当　江戸後期の和算家

弘昌　ひろまさ
東平（とうへい）弘昌　戦国時代の里見義弘の家臣

弘真　ひろまさ　⇔ひろざね
弘真　鎌倉時代の刀工

弘政　ひろまさ
久保倉（くぼくら）弘政　江戸後期の歌人

弘正　ひろまさ
米沢（よねざわ）弘正　1851～1923　江戸後期～大正期の象嵌師
与村（よむら）弘正　1554～？　戦国・安土桃山時代の祠官
与村（よむら）弘正　？～1659　江戸前期の神職

広益　ひろます
長門（ながと）広益　戦国時代の武将
堀川（ほりかわ）広益　1694～1756　江戸中期の幕臣

広麻呂　ひろまろ
犬養（いぬかいの）広麻呂　飛鳥時代の河内国錦部郡の人
大伴部（おおともべの）広麻呂　奈良時代の相模鎌倉郡沼浜郷の戸主
当麻（たいまの）広麻呂　？～685　飛鳥時代の官吏
田口（たぐちの）広麻呂　飛鳥時代の官人。万葉歌人

広満　ひろまろ　⇔ひろみつ
羽倉（はくら）広満　江戸前期の神職

広海　ひろみ　⇔こうかい，ひろうみ
鎌田（かまた）広海　1773～1841　江戸中期・後期の国学者
増岡（ますおか）広海　1809～1893　江戸末期・明治期の寺子屋師匠、歌人、国学者

広見　ひろみ
中臣（なかとみの）広見　奈良時代の神祇伯
三国（みくに）広見　平安時代の能登守

広視　ひろみ
鈴木（すずき）広視　1765～1826　江戸中期・後期の神職・歌人

広博　ひろみ
清水（しみず）広博　江戸末期・明治期の藩士

弘省　ひろみ
馬場（ばば）弘省　1719～1746　江戸中期の大蔵少輔馬場弘篤の子

寛道　ひろみち
石井（いしい）寛道　1763～1843　江戸中期・後期の国学者・和算家
松岡（まつおか）寛道　1785～1867　江戸中期～末期の神職

広通　ひろみち
梅沢（うめざわ）広通　江戸前期・中期の武芸家

広道　ひろみち
大網（おおあみの）広道　奈良時代の官人
岡村（おかむら）広道　1579～1652　江戸前期の武士
久世（くぜ）広道　江戸後期・末期の幕臣
薗（その）広道　1838～1897　江戸後期～明治期の楽人
田中（たなか）広道　1796～？　江戸後期の神職
筑紫（つくし）広道　？～1769　江戸後期の武士
吉田（よしだ）広道　江戸後期の心学者

広逵　ひろみち
皆川（みながわ）広逵　1665～1718　江戸前期・中期の幕臣

弘通　ひろみち
中西（なかにし）弘通　1803～1852　江戸後期の神職

ひ

弘道 ひろみち ⇔こうどう
弘道 江戸前期の刀工
秋山（あきやま）弘道 1776～1848 江戸中期・後期の国学者
勝屋（かつや）弘道 1842～1911 江戸後期～明治期の久米島役所長兼警部
加藤（かとう）弘道 江戸後期の和算家
執行（しゅぎょう）弘道 1853～1927 江戸後期～昭和期の美術鑑識家、浮世絵蒐集家
橋本（はしもと）弘道 1834～1895 江戸後期～明治期の歌人
腹巻（はらまき）弘道 江戸末期の神職
藤原（ふじわらの）弘道 954～1008 平安中期の官人
村松（むらまつ）弘道 1795～1862 江戸後期・末期の画人、国学者
吉川（よしかわ）弘道 1837～1918 江戸後期～明治期の画家

浩道 ひろみち
黒江（くろえ）浩道 江戸後期の医者

都通 ひろみち
青山（あおやま）都通 江戸中期の和算家

寛光 ひろみつ
高橋（たかはし）寛光 江戸後期の藩士

寛満 ひろみつ
町野（まちの）寛満 1711～1763 江戸中期の代官

広看 ひろみつ
中坊（なかのぼう）広看 1742～1804 江戸中期・後期の幕臣

広光 ひろみつ ⇔こうこう
雨宮（あめみや）広光 1830～1909 江戸後期～明治期の人。生糸共同揚枠場を設立
坂本（さかもとの）広光 平安中期の官人
多治（たじひの）広光 平安中期の但馬国博士
毛利（もうり）広光 ？～1247 鎌倉前期の武士

広充 ひろみつ
建部（たけべ）広充 ？～1753 江戸中期の旗本

広満 ひろみつ ⇔ひろまろ
山本（やまもと）広満 江戸中期の国学者

弘光 ひろみつ
弘光 江戸前期の石見の刀匠
越智（おちの）弘光 平安後期の肥前国の相撲人

博光 ひろみつ
藤原（ふじわらの）博光 平安前期の飛驒守

広峯 ひろみね
越智（おちの）広峯 平安前期の伊予国越智郡の人。貞観13年（871）本居を左京に移した

広岑 ひろみね
凡直（おうしのあたえ）広岑 827～？ 平安前期の板野郡田上郷の戸主

弘岑 ひろみね
淡海（おうみの）弘岑 平安前期の官人
紀（きの）弘岑 平安前期の官人

弘 ひろむ ⇔こう，ひろし
竹下（たけした）弘 1849～1924 江戸末期～大正期の農事改良家

広虫女 ひろむしめ
田中（たなかの）広虫女 奈良時代の「日本霊異記」にみえる女性

広宗 ひろむね
石口（いしぐち）広宗 ？～1582 戦国・安土桃山時代の上杉氏の家臣
紀（きの）広宗 平安中期の官人。越中国史生
中原（なかはらの）広宗 ？～1123 平安後期の学者
力丸（りきまる）広宗 南北朝時代の力丸城主

洪宗 ひろむね
木造（こづくり）洪宗 1714～1783 江戸中期の画家

広目 ひろめ
引田（ひけたの）広目 飛鳥時代の官人

寛持 ひろもち
百樹園（ひゃくじゅえん）寛持 江戸末期の狂歌作者

寛茂 ひろもち
金（こん）寛茂 1681～1760 江戸前期・中期の儒者

寛台 ひろもと
佐久間（さくま）寛台 1761～1818 江戸中期・後期の藩士、国学者

広幹 ひろもと
平（たいらの）広幹 ？～1193 平安後期・鎌倉前期の武士

広基 ひろもと ⇔こうき
安倍（あべの）広基 平安後期の天文博士、陰陽師
林（はやし）広基 1705～1774 江戸中期の楽人
藤原（ふじわらの）広基 ？～875 平安前期の人。南家助川男

広本 ひろもと
宇夫方（うぶかた）広本 ？～1557 戦国時代の西風館館主
秦人（はたひとの）広本 平安中期の周防国玖珂郡玖珂郷の戸主

弘原 ひろもと
大原（おおはらの）弘原 平安前期の官人

洞元 ひろもと
阿部（あべ）洞元 1839～1868 江戸後期・末期の土佐勤王党員

礼初 ひろもと
伊林（いばやし）礼初 江戸後期の歌人

広盛 ひろもり
平（たいら）広盛 平安後期の官人

弘守 ひろもり
葛目（くずめ）弘守 1794～1830 江戸後期の国学者

広宅 ひろやか
小槻山（おつきやまの）広宅 平安前期の官人

寛安 ひろやす
栗田（くりた）寛安 戦国時代の武将。武田家臣

広居 ひろやす ⇔こうきょ
清水（しみず）広居 江戸後期の国学者

広康 ひろやす
清原（きよはらの）広康 平安後期の下級官人

広胖　ひろやす　⇔こうはん
林(はやし)広胖　1784～？　江戸中期・後期の楽人
弘安　ひろやす
紀(きの)弘安　平安中期の官人
弘康　ひろやす
見島(みしま)弘康　戦国時代の大内氏家臣。奉行衆の一人
弘泰　ひろやす
山崎(やまざき)弘泰　1797～1862　江戸後期・末期の国学者
広山　ひろやま　⇔こうざん
辛国(からくにの)広山　739～？　奈良時代の画師
巨勢(こせの)広山　奈良時代の官人
林(はやし)広山　奈良時代の官人
完之　ひろゆき　⇔さだゆき
小寺(こでら)完之　1813～1865　江戸末期の国学者《小寺完之》
寛之　ひろゆき
土屋(つちや)寛之　1845～1906　江戸末期～明治期の医者
敬之　ひろゆき　⇔けいし, けいすけ, たかゆき
田中(たなか)敬之　1657～1677　江戸前期の漢学者
広行　ひろゆき
大河戸(おおかわど)広行　鎌倉前期の武蔵武士
大河土(おおかわど)広行　大河戸広行に同じ
藤原(ふじわらの)広行　平安後期の武士
吉見(よしみ)広行　？～1618　安土桃山・江戸前期の武将
弘幸　ひろゆき
御子神(みこがみ)弘幸　戦国時代の里見義康の家臣
南倉(みなみくら)弘幸　戦国時代の御師
弘行　ひろゆき
安倍(あべの)弘行　平安前期の官人
恕行　ひろゆき
松原(まつばら)恕行　1760～1841　江戸中期・後期の医者
祐之　ひろゆき　⇔すけゆき, ゆうし
大野(おおの)祐之　1782～1844　江戸後期の和算家
村上(むらかみ)祐之　江戸中期の「見憎草」の著者
広世　ひろよ
高円朝臣(たかまどのあそん)広世　奈良時代の伊予守
福原(ふくはら)広世　南北朝・室町時代の武将
寛美　ひろよし　⇔かんび
加川(かがわ)寛美　江戸時代の彫金家
広吉　ひろよし　⇔ひろきち
坂部(さかべ)広吉　1742～1805　江戸中期・後期の幕臣
広慶　ひろよし
小川(おがわ)広慶　1695～1773　江戸中期の武士
小川(おがわ)広慶　江戸中期の和算家
広好　ひろよし
浅裏庵(あさうらあん)広好　江戸末期の狂歌作者
広能　ひろよし
大橋(おおはし)広能　江戸中期の神道家
広良　ひろよし
織田(おだ)広良　？～1561　戦国・安土桃山時代の織田信長の家臣
広懿　ひろよし
大橋(おおはし)広懿　1782～1836　江戸後期の粟宮の名主
弘義　ひろよし
田中(たなか)弘義　1847～1888　江戸後期～明治期のフランス語教師
弘吉　ひろよし　⇔ひろきち
奈若(いかがの)弘吉　平安中期の官人
中野(なかの)弘吉　？～1703　江戸中期の但馬国生野代官
弘良　ひろよし　⇔こうりょう
桑村(くわむら)弘良　江戸前期の装剣金工
広頼　ひろより
佐藤(さとう)広頼　戦国時代の伊豆大見郷の土豪
薗(その)広頼　1584～1672　安土桃山・江戸前期の楽人
弘頼　ひろより
友主(ともぬしの)弘頼　平安中期の官人
広人　ひろんど　⇔ひろひと
垂水(たるみの)広人　飛鳥時代の官吏
枇杷皇太后宮少将　びわこうたいごうぐうのしょうしょう
枇杷皇太后宮少将　平安中期の女房・歌人
枇杷殿皇太后宮五節　びわどのこうたいごうぐうのごせち
枇杷殿皇太后宮五節　平安中期の女房・歌人
彬　ひん
蔡(さい)彬　1642～1681　江戸前期の浦添間切喜友名地頭職
敏　びん　⇔さとし, はやし
梅沢(うめざわ)敏　1847～1899　江戸後期～明治期の幕臣
木村(きむら)敏　1850～1908　江戸末期・明治期の教育家
松平(まつだいら)敏　1744～1790　江戸中期・後期の藩士
若林(わかばやし)敏　江戸後期～明治期の寺子屋経営者
珉　びん
珉　？～1396　南北朝・室町時代の山北(北山)王
備後　びんご
神谷(かみや)備後　江戸中期の妙好人
栗栖(くりす)備後　？～1582　安土桃山時代の織田信長の家臣
山本(やまもと)備後　？～1581　安土桃山時代の高天神籠城衆
備後守清昌　びんごのかみきよまさ
石谷(いしがや)備後守清昌　1715～1782　江戸中期の59代長崎奉行

備後局　びんごのつぼね
備後局　鎌倉時代の女性
彬斎　ひんさい
市川（いちかわ）彬斎　江戸末期の儒者
敏造　びんぞう
藤原（ふじわら）敏造　1827〜1885　江戸末期の村吏
蘋亭　ひんてい
宇佐美（うさみ）蘋亭　1781〜1826　江戸中期・後期の漢学者
便誉　びんよ
便誉　？〜1532　戦国時代の僧侶

【ふ】

富阿弥　ふあみ
富阿弥　室町時代の華道家
普安　ふあん
普安　1667〜1738　江戸前期・中期の俳人
池田（いけだ）普安　江戸中期の俳諧宗匠、鰺ケ沢の回船問屋
孚伊　ふい
森（もり）孚伊　1805〜1888　江戸後期〜明治期の一関藩右筆
阜一　ふいち
岡村（おかむら）阜一　1839〜1913　江戸末期〜大正期の御嶽教大教正、歌人
風庵　ふうあん
風庵　？〜1648　江戸前期の連歌作者
風逸　ふういつ
風逸　1751〜1802　江戸中期・後期の俳人
風翁　ふうおう
細谷（ほそや）風翁　1807〜1882　江戸後期〜明治期の医師、文人画家
風外　ふうがい
香積寺（こうしゃくじ）風外　1779〜1847　江戸中期・後期の画僧
楓渓　ふうけい
赤川（あかがわ）楓渓　江戸後期の画家
木山（きやま）楓渓　1788〜1865　江戸後期・末期の藩士・漢学者
風圭　ふうけい
風圭　1757〜1831　江戸中期・後期の俳人・藩士
風月　ふうげつ
雲晴（うんせい）風月　？〜1636　江戸前期の大住郡伊勢原村照見山神宮寺の開基
楓古　ふうこ
斎藤（さいとう）楓古　1829〜1880　江戸末期の漢学者
風五　ふうご
小林（こばやし）風五　？〜1791　江戸中期の山形の俳人
風悟　ふうご
風悟　1732〜1815　江戸中期・後期の俳人・藩士
風香　ふうこう
風香　1814〜1882　江戸後期〜明治期の俳人・藩士
風篁　ふうこう
風篁　江戸後期の俳人
風黒　ふうこく
風黒　江戸前期の俳人
風谷　ふうこく
風谷　1778〜1836　江戸中期・後期の俳人
楓斎　ふうさい
奥田（おくだ）楓斎　1774〜1838　江戸後期の美濃派俳諧の大宗匠
加藤（かとう）楓斎　1826〜1879　江戸後期〜明治期の画家
森（もり）楓斎　江戸末期の書家・漢学者
風斎　ふうさい
風斎　江戸中期の俳人
夷曲庵（いきょくあん）風斎　？〜1800　江戸中期・後期の狂歌作者
風紫　ふうし
風紫　？〜1799　江戸中期・後期の俳人。浄土真宗の僧
風之　ふうし
額田（ぬかだ）風之　1687〜1747　江戸前期・中期の版元、俳人
風松　ふうしょう
風松　江戸後期の俳人
楓城　ふうじょう
山鹿（やまが）楓城　1829〜1900　江戸後期〜明治期の俳人
風丈　ふうじょう
風丈　江戸中期の雑俳点者
風水　ふうすい
風水　？〜1709　江戸前期・中期の俳人・神職
日置（ひおき）風水　？〜1709　江戸中期の俳人、歌人、神道家
風睡　ふうすい
浅井（あさい）風睡　？〜1701　江戸前期・中期の俳人
風石　ふうせき
風石　1723〜1785　江戸中期の俳人・藩士
織田（おだ）風石　？〜1877　江戸後期〜明治期の俳人
風草　ふうそう
林（はやし）風草　？〜1761　江戸中期の美濃派出羽国初代宗匠
富則　ふうそく
石川（いしかわ）富則　江戸後期の数学者
楓村　ふうそん
池永（いけなが）楓村　1802〜1831　江戸後期の漢学者
風竹　ふうちく
風竹　江戸中期の俳人

風徳　ふうとく
風徳　江戸中期の俳人
風瀑　ふうばく
風瀑　?～1707　江戸前期・中期の俳人
風瓢子　ふうひょうし
風瓢子　江戸前期の浮世草子作者
風鳴　ふうめい
風鳴　江戸中期の俳人・僧侶
風也　ふうや
甲田(こうだ)風也　江戸中期・後期の音曲家
風葉　ふうよう
風葉　江戸中期の俳人
風陽　ふうよう
風陽　江戸中期の俳人
風和　ふうわ
風和　1652～1712　江戸前期・中期の俳人・神職
平井(ひらい)風和　1748～1815　江戸中期・後期の俳人
風話　ふうわ
風話　江戸中期の俳人
武悦　ぶえつ　⇔たけえつ
千葉(ちば)武悦　江戸後期の和算家
武曰　ぶえつ
武曰　1769～1834頃　江戸中期・後期の俳人
宮沢(みやざわ)武曰　1783～1843　江戸中期・後期の俳人
武右衛門　ぶえもん　⇔たけえもん
飯島(いいじま)武右衛門　江戸時代の同心
植田(うえだ)武右衛門　1796～1870　江戸後期の豪商《植田方正》
高野(たかの)武右衛門　江戸前期の最上氏遺臣
田中(たなか)武右衛門　?～1756　江戸中期の漁民
中川(なかがわ)武右衛門　1834～1893　江戸末期・明治期の下呂の富裕商人
中村屋(なかむらや)武右衛門　1774～1846　江戸中期・後期のたばこ商人
野沢(のざわ)武右衛門　1790～1862　江戸後期・末期の遠野南部家の家士・教師
米田(まいた)武右衛門　江戸末期の三戸代官所与力
松平(まつだいら)武右衛門　1711～1760　江戸中期の庄内藩家老
松平(まつだいら)武右衛門　1773～1839　江戸中期・後期の庄内藩家老
松平(まつだいら)武右衛門　?～1867　江戸後期・末期の歴史家
宮入(みやいり)武右衛門　1742～1813　江戸中期・後期の和算家
森(もり)武右衛門　江戸後期の高座郡高田村名主
吉村(よしむら)武右衛門　1592～1675　安土桃山・江戸前期の黒田長政の家臣。後に牢人
武衛門　ぶえもん
八日町村(ようかまちむら)武衛門　江戸後期の八日町村の人
部右衛門　ぶえもん
松本(まつもと)部右衛門　戦国時代の新井町の商人

普応　ふおう
普応　南北朝時代の僧
富屋　ふおく
富屋　?～1806　江戸中期・後期の俳人
平野(ひらの)富屋　1779～1849　江戸中期・後期の俳人
深秋　ふかあき
畠山(はたけやま)深秋　南北朝時代の尾張守護
浚明　ふかあきら
不破(ふわ)浚明　江戸後期の藩士・漢学者
深井　ふかい
深井　戦国時代の北条氏の家臣
布界　ふかい
布界　江戸後期の浄土真宗の僧
父戒　ふかい
孝巌(こうがん)父戒　江戸中期の臨済宗の僧
孚介　ふかい
孚介　1702～?　江戸中期の天台宗の僧
富涯　ふがい
森山(もりやま)富涯　江戸後期の兵法家
深臣　ふかおみ
大沢(おおさわ)深臣　江戸末期の国学者
不覚　ふかく
不覚　?～1756　江戸中期の僧侶・俳人
缶楽　ふがく
加藤(かとう)缶楽　1673～1738　江戸前期・中期の漢学者
武岳　ぶがく
関(せき)武岳　1823～1898　江戸後期～明治期の日本画家
深四　ふかし
飯塚(いいづか)深四　1848～1886　江戸末期・明治期の農民
濬継　ふかつぐ
忌部(いんべの)濬継　平安前期の明法博士
富賀満　ふかまろ
丈部(はせつかべの)富賀満　平安前期の人。伊豆国の孝子
普観　ふかん
虚庵(きょあん)普観　1670～1736　江戸前期・中期の曹洞宗の僧
普願　ふがん
鉄崖(てつがい)普願　?～1747　江戸中期の曹洞宗の僧
傅巌　ふがん
服部(はっとり)傅巌　1771～1851　江戸中期・後期の学者
不干　ぶかん
矢島(やじま)不干　江戸後期の内牧村の南蔵院修験者
不羈　ふき
不羈　江戸中期の詩僧
布幾　ふき
布幾　?～1793　江戸中期・後期の節婦孝女

武吉　ぶきち　⇔たけよし
中村(なかむら)武吉　1815〜1871　江戸後期〜明治期の薩摩藩御用商人。藩政・国政の参画者
西沢(にしざわ)武吉　江戸末期の新撰組隊士

普求　ふきゅう
普求　1693〜1771　江戸中期の俳人

不及子　ふきゅうし
服部(はっとり)不及子　江戸中期の俳人

不玉　ふぎょく
伊東(いとう)不玉　1648〜1697　江戸前期・中期の俳人

舞巾　ぶきん
舞巾　1721〜？　江戸中期の俳人

ふく
円融院(えんゆういん)ふく　安土桃山時代の女性。宇喜多秀家の母

福　ふく
福　戦国時代の女性。北条氏家臣賀藤源左衛門尉の娘

福阿弥入道　ふくあみにゅうどう
板津(いたつ)福阿弥入道　戦国時代の木曽氏の家臣

福貴　ふくき
忍坂(おしさかの)福貴　奈良時代の伎楽面師

復軒　ふくけん　⇔ふっけん
西山(にしやま)復軒　1761〜1840　江戸後期の漢学者

復斎　ふくさい
井上(いのうえ)復斎　1841〜1908　江戸末期・明治期の漢学者
佐藤(さとう)復斎　1749〜1791　江戸中期・後期の儒者
高橋(たかはし)復斎　1788〜1834　江戸後期の漢学者
平井(ひらい)復斎　1804〜1870　江戸後期〜明治期の加賀大聖寺藩士
水野(みずの)復斎　1836〜1906　江戸後期〜明治期の鍋屋町の鋳物業者

馥斎　ふくさい
花岡(はなおか)馥斎　1833〜1908　江戸後期〜明治期の経学者、学医取締

福郷　ふくさと
二村(ふたむら)福郷　？〜1804　江戸後期の水戸藩の御用山師

復所　ふくしょ
江村(えむら)復所　江戸中期の漢学者

福女　ふくじょ
福女　？〜1814　江戸中期・後期の節婦

福助　ふくすけ
中村(なかむら)福助〔3代〕　1846〜1888　江戸後期〜明治期の歌舞伎役者

福蔵院　ふくぞういん
福蔵院　江戸前期の奈良福蔵院の僧

福足君　ふくたりきみ
福足君　？〜989　平安中期の人。藤原道兼の一男

福太郎　ふくたろう
大原(おおはら)福太郎　1843〜1921　江戸末期〜大正期の和算家

福智王　ふくちおう
福智王　奈良時代の百済からの亡命王。禎嘉王の子

福智丸　ふくちまろ
大江(おおえの)福智丸　平安後期の人。長治1年父から近江国愛智郡御香荘を譲与された

福千世　ふくちよ
清水(しみず)福千世　戦国時代の北条氏の家臣清水淡路守(英吉)の実子

福亭　ふくてい
北川(きたがわ)福亭　1841〜1916　江戸末期〜大正期の陶印家

復堂　ふくどう
萩野(はぎの)復堂　江戸前期の医者
芳野(よしの)復堂　1830〜1845　江戸後期の儒者

福童丸　ふくどうまろ
大神(おおがの)福童丸　平安中期の官人
大神(おおみわの)福童丸　大神福童丸に同じ

福徳　ふくとく
肖奈(しょうな)福徳　上代の高句麗系渡来氏族

福刀自子　ふくとじこ
平田(ひらたの)福刀自子　平安前期の女性

福都理　ふくとり
佐伯(さえきの)福都理　奈良時代の官人

福成　ふくなり　⇔さきなり
牡丹花(ぼたんか)福成　江戸後期の狂歌作者

福憲　ふくのり
平(たいら)福憲　1800〜1849　江戸後期の徳之島与人惣横目

福旧　ふくひさ
松本(まつもと)福旧　江戸中期の藩士・馬術家

福人　ふくひと
都努(つぬの)福人　平安前期の周防守

福馬　ふくま
桜木(さくらぎ)福馬　1702〜？　江戸中期の見聞録『大海集』の著者

福正　ふくまさ
壬生吉志(みぶのきしの)福正　飛鳥時代の男衾郡の大領

福松　ふくまつ
戸村(とむら)福松　江戸時代の武士

福麻呂　ふくまろ　⇔さきまろ
下道朝臣(しもつみちのあそん)福麻呂　奈良時代の官人・造東大寺司の史生

含　ふくむ
原(はら)含　江戸時代の漢詩人

福山　ふくやま
大俣(おおまたの)福山　平安前期の官人

福悠　ふくゆう
海(かい)福悠　1858〜1909　江戸末期・明治期の窯業技術者

福良麻呂　ふくらまろ
淡路(あわじの)福良麻呂　奈良・平安前期の官人
淡海(おうみの)福良麻呂　平安前期の官人

福良満　ふくらまろ
淡海(おうみ)福良満　奈良・平安前期の漢詩人

不扃　ふけい
立羽(たちば)不扃　江戸中期の俳人

富馨　ふけい
徳林(とくりん)富馨　?～1764　江戸中期の曹洞宗の僧

斧月　ふげつ
芦田(あしだ)斧月　1724～1796　江戸中期・後期の俳人
左礼園(されいえん)斧月　1735～1796　江戸時代の蕉風俳人

歩月　ぶげつ　⇔ほげつ
奥川(おくがわ)歩月　?～1843　江戸後期の俳人

浮月斎　ふげつさい
山田(やまだ)浮月斎　安土桃山・江戸前期の剣術家

不賢　ふけん
内田(うちだ)不賢　1833～1910　江戸後期～明治期の書家、教育者

不騫　ふけん
松平(まつだいら)不騫　1755～1840　江戸中期・後期の第6代府内藩主

不言　ふげん
不言　?～1791　江戸中期の俳人
不言　江戸後期の俳人
水村(みずむら)不言　江戸中期・後期の茶人

普眼　ふげん
普眼　江戸後期の天台宗の僧

不言斎　ふげんさい
不言斎　1751～1825　江戸中期・後期の僧。日蓮宗一妙院日導の弟子

普誥　ふこく
普誥　南北朝時代の僧侶・歌人

賦国　ふこく
他阿(たあ)賦国　1656～1711　江戸中期の遊行48代上人

阜谷　ふこく
岡田(おかだ)阜谷　江戸時代の漢学者

不崑　ふこん
仙掌亭(せんしょうてい)不崑　江戸後期の狂歌作者

普厳　ふごん
普厳　1744～?　江戸中期の浄土真宗の僧
普厳　1775～1835　江戸中期・後期の浄土真宗の僧

ふさ
大坪(おおつぼ)ふさ　江戸後期の仏師
三草(みくさ)ふさ　1760～1849　江戸中期・後期の孝女

房顕　ふさあき
棚守(たなもり)房顕　1495～1590　戦国時代の厳島神社の神官

房明　ふさあき
岡野(おかの)房明　1626～1705　江戸中期の年寄

普済　ふさい
普済　江戸後期の浄土真宗の僧

孚斎　ふさい
大岡(おおおか)孚斎　江戸前期・中期の書家

普在　ふざい
普在　?～1376　南北朝時代の禅僧

総氏　ふさうじ
石川(いしかわ)総氏　1626～1702　江戸前期・中期の旗本

武左衛門　ぶざえもん　⇔たけざえもん
犬伏(いぬぶし)武左衛門　1781～1863　江戸中期～末期の藍商、造酒業
宇野(うの)武左衛門　江戸後期の三浦郡走水村名主
加藤(かとう)武左衛門　?～1831　江戸後期の名主
鎌田(かまた)武左衛門　1811～1876　江戸後期～明治期の茂庭氏の家臣
後藤(ごとう)武左衛門　江戸前期の幕府の小細工方御扶持人
真田(さなだ)武左衛門　1844～1911　江戸後期～明治期の事業家
白井(しらい)武左衛門　江戸時代の武士
関口(せきぐち)武左衛門　1647～1724　江戸前期・中期の剣術家。影山流
千葉(ちば)武左衛門　1801～1866　江戸後期・末期の気仙郡田茂山村の肝入
新沼(にいぬま)武左衛門　1765～1854　江戸後期～明治期の漁業家
村上(むらかみ)武左衛門　?～1674　江戸前期のバタビア在住日本人移民
脇山(わきやま)武左衛門　江戸後期の書家、遠野南部氏家臣

豊左衛門　ぶざえもん　⇔ぶんざえもん
斎藤(さいとう)豊左衛門　安土桃山時代の織田信長の家臣
永井(ながい)豊左衛門　1687～1746　江戸前期・中期の庄内藩家老

無左衛門　ぶざえもん
太田(おおた)無左衛門　?～1615　江戸前期の高橋鑑種の家臣

房方　ふさかた
上杉(うえすぎ)房方　?～1421　室町時代の越後国守護

房勝　ふさかつ
津田(つだ)房勝　1629～1701　江戸前期・中期の藩士

房兼　ふさかね
長野(ながの)房兼　?～1504　室町・戦国時代の上野国衆。箕輪長野一族

房上　ふさかみ　⇔ふさがみ
安倍(あべの)房上　平安前期の官人

房上　ふさがみ　⇔ふさかみ
安倍(あべの)房上　平安前期の官人《安倍房上》

房吉　ふさきち　⇔ふさよし
石田(いしだ)房吉　1853～1916　江戸末期～大正期の伊豆の漁業振興貢献者
星野(ほしの)房吉　1789～1831　江戸後期の法神流剣士

房清　ふさきよ
千野(ちの)房清　戦国時代の武将。武田家臣
長尾(ながお)房清　戦国時代の山内上杉氏の家臣
馬場(ばば)房清　？～1656　江戸前期の旗本
矢崎(やざき)房清　戦国・安土桃山時代の信濃国諏訪郡の社家衆

維子　ふさこ
徳大寺(とくだいじ)維子　1481～1566　戦国時代の女性。公家徳大寺実淳の娘

房子　ふさこ　⇔ぼうし
福田(ふくだ)房子　1770～1831　江戸中期・後期の歌人
藤原(ふじわらの)房子　？～1581　戦国・安土桃山時代の女官、正親町天皇の后《清光院》
万里小路(までのこうじ)房子　？～1581　戦国・安土桃山時代の女官、正親町天皇の后《清光院》

房貞　ふささだ
菱田(ひしだ)房貞　江戸前期の蒔絵師
北条(ほうじょう)房貞　鎌倉後期の武士

房実　ふさざね
上杉(うえすぎ)房実　戦国時代の人。越後国刈羽郡の上条上杉氏
小林(こばやし)房実　？～1580　安土桃山時代の船津の土豪
北条(ほうじょう)房実　鎌倉後期の武士
守矢(もりや)房実　戦国時代の信濃国諏訪郡の神官

房次　ふさじ　⇔ふさつぐ
鎌田(かまだ)房次　1840～1920　江戸末期～大正期の実業家

房重　ふさしげ
大石(おおいし)房重　1420～1455　室町時代の武将
福島(くしま)房重　戦国時代の岩付城主北条氏房の家臣

房繁　ふさしげ
松本(まつもと)房繁　戦国時代の上杉氏の家臣

房次郎　ふさじろう
安達(あだち)房次郎　1838～1923　江戸末期～大正期の木匠
兼松(かねまつ)房次郎　1845～1913　江戸末期～大正期の濠洲翁
関口(せきぐち)房次郎　江戸末期の新撰組隊士《関口作蔵》
松島(まつしま)房次郎　江戸後期の彫師

房治郎　ふさじろう
兼松(かねまつ)房治郎　1845～1913　江戸末期～大正期の濠洲翁《兼松房次郎》

房二郎　ふさじろう
辻井(つじい)房二郎　江戸前期の人形師

房資　ふさすけ
中条(なかじょう)房資　室町時代の武将

房澄　ふさすみ
卜部(うらべ)房澄　江戸末期の和算家

房三　ふさぞう
久我(くが)房三　1853～1903　江戸後期～明治期の実業家

房蔵　ふさぞう
吉沢(よしざわ)房蔵　江戸後期の「深津邑案内」の著者

房造　ふさぞう
永見(ながみ)房造　？～1820　江戸後期の永見焼の大成者
永見(ながみ)房造〔1代〕　安土桃山・江戸前期の陶工

房隆　ふさたか
川上(かわのぼり)房隆　鎌倉後期の川上郷地頭
八条(はちじょう)房隆　戦国時代の馬術家
深野(ふかの)房隆　？～1551　戦国時代の武将

房忠　ふさただ　⇔ぼうちゅう
宇佐美(うさみ)房忠　？～1514　戦国時代の武将
野上(のがみ)房忠　？～1556　戦国時代の武将
北条(ほうじょう)房忠　鎌倉後期の武士

房種　ふさたね
歌川(うたがわ)房種　江戸末期の絵師
河北(かわきた)房種　江戸後期の棋士

房太郎　ふさたろう
佐藤(さとう)房太郎　1853～？　江戸後期・末期の新撰組隊士

総継　ふさつぐ
藤原(ふじわらの)総継　平安前期の官人

房継　ふさつぐ
荒木田(あらきだ)房継　？～1376　南北朝時代の神職・歌人

房次　ふさつぐ　⇔ふさじ
金井(かない)房次　戦国時代の信濃小県郡の国衆

房綱　ふさつな
小井弖(こいで)房綱　戦国・安土桃山時代の信濃国伊那郡小出郷の土豪
竹俣(たけのまた)房綱　戦国時代の武士。越後揚北の国人竹俣氏の一族

房縄　ふさつな
源(みなもとの)房縄　戦国時代の伊豆湯賀野の領主

房恒　ふさつね
岡野(おかの)房恒　1570～1658　江戸前期の旗本。岡野(板部岡)江雪長男

房常　ふさつね
橘川(きっかわ)房常　江戸中期の藩士

房輝　ふさてる
臼井(うすい)房輝　江戸後期の幕臣

房供　ふさとも
佐賀(さが)房供　？～1673　江戸前期の遠田郡三高野村邑主

房朝　ふさとも　⇔ぼうちょう
上杉(うえすぎ)房朝　？～1449　室町時代の越後国守護
多功(たこう)房朝　1503～1589　戦国・安土桃山

時代の宇都宮氏の重臣
毛利(もうり)房朝　?～1471　室町・戦国時代の越後国刈羽郡の国人

房友　ふさとも
神尾(かんのお)房友　戦国時代の信濃小県郡の国衆

房仲　ふさなか
市岡(いちおか)房仲　1739～1814　江戸中期・後期の幕臣

英長　ふさなが　⇔ひでなが
飯塚(いいづか)英長　1726～1794　江戸中期・後期の幕臣

房長　ふさなが
河辺(かわべ)房長　1666～1709　江戸前期・中期の大中臣姓
平子(たいらこ)房長　戦国時代の武将
長尾(ながお)房長　?～1552　戦国時代の武士。長尾氏当主
本庄(ほんじょう)房長　?～1540　戦国時代の越後国小泉荘の国人
宮川(みやかわ)房長　?～1554　戦国時代の大内氏の武将

総成　ふさなり
大枝(おおえの)総成　平安前期の官人

房之丞　ふさのじょう
市川(いちかわ)房之丞　江戸時代の一揆指導者

房之助　ふさのすけ
房之助　江戸末期の刀匠

房信　ふさのぶ
鳥居(とりい)房信　江戸中期の画家
八木(やぎ)房信　江戸中期・後期の和算家

房宣　ふさのぶ
北条(ほうじょう)房宣　鎌倉後期の武士

総乗　ふさのり
石川(いしかわ)総乗　1663～1720　江戸前期・中期の第7代伏見奉行

房矩　ふさのり
村瀬(むらせ)房矩　1672～1727　江戸前期・中期の幕臣

房憲　ふさのり
上杉(うえすぎ)房憲　戦国時代の武蔵国衆

房法　ふさのり
紀(きの)房法　平安中期の官人

房栄　ふさひで
江良(えら)房栄　1515～1554　戦国時代の武将

房秀　ふさひで
河村(かわむら)房秀　戦国時代の武田氏の家臣

房平　ふさひら
置始(おきそめの)房平　平安中期の官人
鈴木(すずき)房平　1700～1763　江戸中期の佐渡奉行

総博　ふさひろ
藤井(ふじい)総博　1780～?　江戸中期・後期の有職家

房転　ふさひろ
倉林(くらばやし)房転　1754～1830　江戸中期・後期の幕臣

斧三郎信重　ふさぶろうのぶしげ
金井(かない)斧三郎信重　1816～1888　江戸後期～明治期の刀工

総昌　ふさまさ
石川(いしかわ)総昌　江戸中期の旗本領主

房昌　ふさまさ
鈴木(すずき)房昌　1743～?　江戸中期の出羽国尾花沢代官

総麻呂　ふさまろ
民(たみの)総麻呂　奈良時代の官人

房充　ふさみち
窪田(くぼた)房充　?～1709　江戸中期の代官

房光　ふさみつ
春木(はるき)房光　1752～1808　江戸中期・後期の神職

房満　ふさみつ
沢(さわ)房満　安土桃山時代の織田信長の家臣

房宗　ふさむね
房宗　戦国時代の甲冑師
明珍(みょうちん)房宗　戦国時代の甲冑師

房元　ふさもと
北条(ほうじょう)房元　鎌倉後期の武士

房安　ふさやす
窪田(くぼた)房安　戦国時代の人

房吉　ふさよし　⇔ふさきち
奥秋(おくあき)房吉　戦国時代の武田氏の家臣

房仍　ふさより
守山(もりやま)房仍　1764～?　江戸中期の幕臣

布山　ふざん
長尾(ながお)布山　1831～1882　江戸後期～明治期の陸奥会津藩士

普山　ふざん
山崎(やまざき)普山　1729～1809　江戸中期・後期の医者、俳人

鳧山　ふざん
織部(おりべ)鳧山　1750?～1840?　江戸中期・後期の鳧山流の書家

璷山　ふざん
高橋(たかはし)璷山　江戸末期の商家・俳人

蔀山　ぶざん
宮原(みやはら)蔀山　1784～1849　江戸中期・後期の漢学者、医者

撫山　ぶざん
中島(なかじま)撫山　1829～1911　江戸末期・明治期の儒者

夫子　ふし
石川(いしかわの)夫子　奈良時代の官人

藤　ふじ
高橋(たかはし)藤　?～1582　戦国・安土桃山時代の織田信長の家臣
山口(やまぐち)藤　1819～1840　江戸後期の女性。飯田藩士の娘

富士　ふじ
富士　戦国時代の北条幻庵の家臣
藤氏　ふじうじ
足利(あしかが)藤氏　戦国時代の古河公方の一族
藤夫　ふじお
日置(ひき)藤夫　1856～?　江戸末期・明治期の内務省官吏・実業家
藤雄　ふじお
他田舎人(おさだのとねり)藤雄　平安前期の信濃国小県郡権少領
藤王丸　ふじおうまる
上杉(うえすぎ)藤王丸　1518～1532　戦国時代の人。扇谷上杉朝良の子
葛起　ふじおき
芝(しば)葛起　1770～1817　江戸中期・後期の楽人
藤景　ふじかげ
長尾(ながお)藤景　戦国時代の上杉氏の家臣
藤清　ふじきよ
藤原(ふじわら)藤清　南北朝時代の公家・歌人
藤三郎　ふじさぶろう　⇔とうさぶろう，とうざぶろう
藤屋(ふじや)藤三郎　1798～1866　江戸後期・末期の呉服・生糸商
藤茂　ふじしげ
藤原(ふじわら)藤茂　南北朝時代の武家・歌人
藤四郎　ふじしろう　⇔とうしろう
河本(かわもと)藤四郎　江戸後期の陶工
不二心斎　ふじしんさい
吉松(よしまつ)不二心斎　1789～1849　江戸後期の儒者、教育者
不二三　ふじぞう
鈴木(すずき)不二三　1828～1912　江戸末期・明治期の水利事業家
不二鷹　ふじたか
不二鷹　江戸後期の俳人
藤武　ふじたけ
石作(いしつくりの)藤武　平安後期の官人
富士太郎　ふじたろう
平出(ひらいで)富士太郎　1845～1923　江戸末期～大正期の蚕種製造・醤油醸造業
武七　ぶしち
下和田村の(しもわだむらの)武七　1767～1836　江戸中期・後期の郡内騒動の首謀者
藤経　ふじつね
藤原(ふじわら)藤経　南北朝時代の歌人
源(みなもと)藤経　南北朝時代の歌人・連歌作者
葛絃　ふじつる
小野(おのの)葛絃　平安前期の官人
藤鶴姫　ふじつるひめ
藤鶴姫　?～1566　戦国・安土桃山時代の女性。箕輪城主長野業政夫人
藤時　ふじとき
内藤(ないとう)藤時　南北朝時代の武士
北条(ほうじょう)藤時　?～1333　鎌倉後期の武士
藤利　ふじとし
三淵(みぶち)藤利　1604～1657　江戸前期の幕臣
藤朝　ふじとも
上杉(うえすぎ)藤朝　?～1455　室町時代の小山田上杉氏の当主
藤虎　ふじとら
揚本(やなぎもと)藤虎　安土桃山時代の織田信長の家臣
楊本(やなぎもと)藤虎　揚本藤虎に同じ
藤成　ふじなり
藤原(ふじわらの)藤成　776～822　奈良・平安前期の官吏
葛裙　ふじね
小野(おのの)葛裙　平安前期の官人
藤根　ふじね
清滝(きよたきの)藤根　平安前期の官人
藤野　ふじの
上毛野(かみつけぬの)藤野　平安前期の官人
藤延　ふじのぶ
岡田(おかだの)藤延　平安中期の官人
藤信　ふじのぶ
山本(やまもと)藤信　江戸中期の絵師
藤彦　ふじひこ
千歳園(ちとせえん)藤彦　江戸後期の俳諧師
葛永　ふじひさ
芝(しば)葛永　1801～1832　江戸後期の楽人
藤部　ふじべ
藤部　戦国時代の北条氏照の奉行人
藤曲　ふじまがり
藤曲　戦国時代の北条氏照の奉行人
藤政　ふじまさ
足利(あしかが)藤政　戦国時代の古河公方の一族
藤丸　ふじまる
平(たいらの)藤丸　戦国時代の小山田氏の家臣
高橋(たかはし)藤丸　?～1582　戦国・安土桃山時代の織田信長の家臣《高橋藤》
節磨　ふしまろ
大伴部(おおともべの)節磨　奈良時代の防人
藤麻呂　ふじまろ
佐伯(さえきの)藤麻呂　奈良時代の官人
伏見院中納言典侍　ふしみいんのちゅうなごんのすけ
伏見院中納言典侍　鎌倉後期の女房・歌人
葛元　ふじもと
芝(しば)葛元　1808～1841　江戸後期の楽人
藤元　ふじもと
河北(かわきた)藤元　安土桃山時代の織田信長の家臣
藤守　ふじもり
藤守　戦国時代の伊豆の小代官
藤弥　ふじや　⇔とうや
多田(ただ)藤弥　江戸前期の武士。大坂の陣で籠城
府尺　ふしゃく
府尺　1786～1837　江戸中期・後期の俳人

藤安　ふじやす
大館(おおだち)藤安　戦国時代の室町幕府の幕臣
敷地(しきぢ)藤安　?～1540　戦国時代の敷地村城主

藤泰　ふじやす
桑原(くわばら)藤泰　1767～1832　江戸中期・後期の駿河奉行による地誌編集に参加

布舟　ふしゅう
布舟　1734～1808　江戸中期・後期の俳人

普宗　ふしゅう
普宗　1702～1762　江戸中期の雲洞庵32世

藤之　ふじゆき
生駒(いこま)藤之　1843～1919　江戸末期～大正期の教育者

富春堂　ふしゅんどう
富春堂　1579～1661　安土桃山・江戸前期の出版者

普照　ふしょう
長野(ながの)普照　1841～1894　江戸後期～明治期の宗教家

浮生　ふしょう　⇔ふせい
浮生　1655～1717　江戸前期・中期の俳人

ふ

撫松　ぶしょう
岡崎(おかざき)撫松　1837～1898　江戸後期～明治期の幕臣

藤好　ふじよし
田口(たぐち)藤好　?～1716　江戸前期・中期の漢学者

無事老　ぶじろう
恒松(つねまつ)無事老　1805～1883　江戸後期～明治期の文化人《恒松与吉郎忠利》

藤原伊衡女今木　ふじわらこれひらのむすめいまき
藤原伊衡女今木　平安中期の女房・歌人

藤原氏　ふじわらし
藤原氏　鎌倉前期の女性。後嵯峨天皇の後宮

藤原共政妻肥前　ふじわらともまさのつまひぜん
藤原共政妻肥前　?～1007　平安中期の女房・歌人

藤原公保女　ふじわらのきんやすのむすめ
藤原公保女　平安後期の女房。後白河法皇の後宮《近衛》

不心斎　ふしんさい
丸毛(まるも)不心斎　?～1595　戦国・安土桃山時代の織田信長の家臣

不睡　ふすい
土田(つちだ)不睡　?～1884　江戸後期～明治期の加賀国能美郡小松町の俳人

不誰　ふすい
渡辺(わたなべ)不誰　?～1693　江戸前期・中期の渡辺吉光の裔

富水　ふすい
富水　1830～1885　江戸後期～明治期の俳諧師

布水　ふすい
小代(こじろ)布水　?～1847　江戸後期の漢学者

普随　ふずい
普随　江戸中期の浄土真宗の僧

武介　ぶすけ
大森(おおもり)武介　1710～1773　江戸中期の酒造家、富豪、義徳家

武助　ぶすけ　⇔たけすけ
雨宮(あめみや)武助　江戸後期の橘樹郡神奈川宿伝馬町民
伊多波(いたば)武助　1685～1772　江戸前期・中期の鉱山師
稲葉(いなば)武助　1849～1919　江戸末期～大正期の那賀郡仁科村の漁業功労者
井上(いのうえ)武助　江戸後期の土人形制作者
小泉(こいずみ)武助　江戸中期の豪商
小出(こいで)武助　江戸末期の韮山代官江川氏の手代
杉本(すぎもと)武助　1802～1875　江戸後期～明治期の殖産家
左右田(そうだ)武助　1664～1729　江戸前期・中期の兵法家《左右田易重》
中川(なかがわ)武助　1811～1867　江戸末期の下呂の富裕商人
西沢(にしざわ)武助　1854～?　江戸末期・明治期の実業家
藤田屋(ふじたや)武助　江戸中期の小間物屋
堀田(ほった)武助　江戸前期の武士。大坂の陣で籠城

普須古　ふすこ
普須古　室町時代の朝鮮への使節

不成　ふせい
石川(いしかわ)不成　1833～1901　江戸後期～明治期の画家

布精　ふせい
高木(たかぎ)布精　1812～1884　江戸後期～明治期の俳人

普成　ふせい
普成　1747～1829　江戸中期・後期の俳人

浮生　ふせい　⇔ふしょう
北藤(ほくどう)浮生　1670～1717　江戸前期・中期の俳人

武清　ぶせい　⇔たけきよ
武清　江戸前期の俳諧師

布勢王　ふせおう
布勢王　奈良時代の官人

不石　ふせき
不石　江戸後期の俳人

布席　ふせき
楳窓(ばいそう)布席　1760～1840　江戸中期・後期の俳人

布磧　ふせき
布磧　1720～1786　江戸中期の俳人

孚石　ふせき
孚石　江戸中期の俳人

舞雪　ぶせつ
舞雪　江戸中期の俳人

布勢色布智　ふせのしこふち
布勢色布智　奈良時代の官人
布世丸　ふせまる
布世丸　?～1829　江戸後期の俳人
伏万呂　ふせまろ
新羅人(しらぎひと)伏万呂　奈良時代の画工司画師
ふせり行者　ふせりぎょうじゃ
ふせり行者　奈良時代の行者。泰澄大師の弟子
不染　ふせん
不染　江戸中期の雑俳点者
不染　?～1868　江戸後期・末期の俳人
不荃　ふせん
不荃　江戸中期の俳人
布川　ふせん
布川　1751～?　江戸中期・後期の俳人
布泉　ふせん
布泉　江戸後期の俳人
賦泉　ふせん
賦泉　1720～1776　江戸中期の俳人
溥泉　ふせん
溥泉　江戸中期の八宗兼学の高僧
山県(やまがた)溥泉　1751～1805　江戸中期・後期の漢学者
普然　ふぜん
普然　江戸後期の俳人
武膳　ぶぜん
石井(いしい)武膳　1819～1881　江戸後期～明治期の旧藩士
豊前　ぶぜん
近松(ちかまつ)豊前　?～1569　戦国・安土桃山時代の織田信長の家臣
前田(まえだ)豊前　江戸前期の揖宿郡指宿郷の郷士
横倉(よこくら)豊前　戦国時代の小山秀綱の家臣
豊前助　ぶぜんすけ
豊前助　戦国時代の古河公方の家臣
豊前入道　ぶぜんにゅうどう
窪田(くぼた)豊前入道　戦国時代の武士。北条為昌の家臣
豊前守一唯　ぶぜんのかみかずただ
山内(やまのうち)豊前守一唯　1600～1663　江戸前期の旗本《山内一唯》
豊前守重宗　ぶぜんのかみしげむね
木村(きむら)豊前守重宗　?～1631　江戸前期の武士。大坂の陣で籠城
豊前守信成　ぶぜんのかみのぶなり
牧野(まきの)豊前守信成　江戸前期の足立郡石戸領領主
不争軒　ふそうけん
櫛淵(くしぶち)不争軒　1819～1869　江戸後期～明治期の剣術家。神道一心流
賦存　ふそん
賦存　1681～1756　江戸前期・中期の宗教家。遊行51代、藤沢28代上人
舞村　ぶそん
三宅(みやけ)舞村　1834～1908　江戸後期～明治期の医家
二葉　ふたば
栴檀楼(せんだんろう)二葉　江戸後期・末期の狂歌師
武太夫　ぶだゆう　⇔たけだゆう
岸本(きしもと)武太夫　1742～1810　江戸中期の代官《岸本就美》
木村(きむら)武太夫　1705～?　江戸中期の剣術家。木村流祖
滝沢(たきざわ)武太夫　1759～1833　江戸中期・後期の剣術家。直伝本流
山角(やまかど)武太夫　江戸後期の藩士
武大夫　ぶだゆう
岸本(きしもと)武大夫　1742～1810　江戸中期の代官《岸本就美》
豊太夫　ぶだゆう
永井(ながい)豊太夫　1659～1738　江戸前期・中期の郡代
淵　ふち　⇔えん
大国(おおくにの)淵　上代の山城国の豪族
淵右衛門　ふちえもん
杣ヶ花(そばがはな)淵右衛門　?～1849　江戸後期の力士
淵子　ふちこ
難波(なにわの)淵子　平安前期の女性。大納言国経・従四位上右大弁遠経の母
武中　ぶちゅう
飯室(いいむろ)武中　?～1791　江戸中期の漢学者
武仲　ぶちゅう　⇔たけなか
飯室(いいむろ)武仲　?～1791　江戸中期の漢学者《飯室武中》
武仲太　ぶちゅうた
井上(いのうえ)武仲太　1788～1851　江戸末期の富豪
武珍　ぶちん
武珍　江戸前期の俳諧作者
仏庵　ぶつあん
中村(なかむら)仏庵　1751～1834　江戸中期・後期の書家
弗隠　ふついん
弗隠　1763～1837　江戸中期・後期の真言宗の僧
仏応禅師　ぶつおうぜんじ
仏応禅師　1276～1327　鎌倉後期の臨済僧。那須雲巌寺2世
仏海　ぶっかい
木喰(もくじき)仏海　1710～1769　江戸中期の四国遍路の篤信者
物外　ぶつがい　⇔もつがい
谷川(たにがわ)物外　1732～1810　江戸中期・後期の心学者
仏厳　ぶつがん
三浦(みうら)仏厳　1829～1910　江戸後期～明治期の漢学者

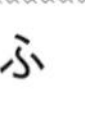

仏牛　ぶつぎゅう
仏牛　江戸後期の俳人・藩士
復軒　ふっけん　⇔ふくけん
西山(にしやま)復軒　1761〜1840　江戸後期の漢学者《西山復軒》
仏光房　ぶつこうぼう
仏光房　平安後期の仏師
仏朔　ぶっさく
仏朔　?〜1843　江戸後期の社僧
仏性　ぶっしょう
仏性　飛鳥時代の僧
仏乗　ぶつじょう
仏乗　1799〜1870　江戸後期〜明治期の大田
金山(かなやま)仏乗　1825〜1902　江戸後期〜明治期の僧
仏成　ぶつじょう
仏成　鎌倉時代の蒔絵師
仏水　ふつすい
仏水　1766〜1827　江戸中期・後期の俳諧師
仏仙　ぶつせん
黒瀬屋(くろせや)仏仙　1721〜1790　江戸中期・後期の俳人
仏通　ぶっつう
仏通　1229〜1312　鎌倉前期・後期の臨済宗の僧
仏忍　ぶつにん
仏忍　平安後期の仏師
仏白　ぶっぱく
芦田(あしだ)仏白　1749〜1784　江戸中期の俳人
仏平　ぶっぺい
江戸屋(えどや)仏平　?〜1822　江戸中期・後期の町人俳人
仏母尼　ぶつぼに
仏母尼　鎌倉前期の女性。仁科盛家の妻
生津麿　ふつまろ
堀尾(ほりお)生津麿　江戸後期の国学者
ふで
最上(もがみ)ふで　1769〜1840　江戸中期・後期の女性。有名な蝦夷地探検家、最上徳内の妻
筆子　ふでこ
笠原(かさはら)筆子　1800〜1891　江戸後期〜明治期の女塾指導者
普徹　ふてつ
普徹　江戸後期の日蓮宗の僧
筆之都　ふでのいち
菊長(きくなが)筆之都　1791〜1859　江戸末期の音楽家
筆之助　ふでのすけ
菊永(きくなが)筆之助　1791〜1859　江戸末期の音楽家《菊長筆之都》
不転　ふてん
不転　1780〜1845　江戸中期・後期の俳人・僧侶
富天　ふてん
浦川(うらかわ)富天　1701〜1767　江戸中期の松瀬淡々門の俳人
不伝　ふでん
伊藤(いとう)不伝　江戸前期の武芸家
普東　ふとう
普東　江戸中期の俳人
布登吉　ふとき
文室(ふんやの)布登吉　奈良時代の女孺
不登根　ふとね
岡田(おかだ)不登根　1760〜1830　江戸後期の俳人
船井王　ふないおう
船井王　奈良時代の官人
船城王　ふなきおう
船城王　奈良時代の官人
船足　ふなたり
下毛野(しもつけぬの)船足　奈良時代の官人
船主　ふなぬし
敢(あえの)船主　奈良時代の尾張国中島郡の人。天応1年敢臣の姓を賜わる
鮒主　ふなぬし
明田(あけた)鮒主　1769〜1831　江戸後期の狂歌師
船人　ふなひと
大津(おおつの)船人　奈良時代の官人
大神朝臣(おおみわのあそん)船人　平安前期の上野守
船道　ふなみち
阿倍(あべの)船道　奈良時代の官人
船守　ふなもり
阿倍(あべの)船守　奈良時代の官人
度会(わたらいの)船守　江戸時代の狂歌作者
富南　ふなん
秋山(あきやま)富南　1723〜1808　江戸中期・後期の安久村郷士
文仁演　ぶにえん
文仁演　江戸時代の瀬戸内東間切渡連方の与人
不入　ふにゅう
松江(まつえ)不入　江戸後期の漆工家
夫人　ぶにん
石川(いしかわの)夫人　飛鳥時代の万葉歌人
石川(いしかわの)夫人　飛鳥時代の人。朱鳥1年伊勢神宮に遣わされた
普寧　ふねい
普寧　江戸前期の真言宗の僧
豊然　ぶねん
豊然　平安前期の真言宗の僧
不能　ふのう
不能　?〜1762　江戸中期の浄土宗の僧
武之助　ぶのすけ　⇔たけのすけ
今橋(いまはし)武之助　1839〜?　江戸後期〜明治期の土佐勤王党員
黒田(くろだ)武之助　1824〜1871　江戸末期の棋士
不盃　ふはい
氷室(ひむろ)不盃　?〜1776　江戸中期の医師

不白　ふはく　⇔ふばく
不白　江戸末期の胆沢郡前沢の僧侶
川上（かわかみ）不白　1719〜1807　江戸中期・後期の茶人
中野（なかの）不白　？〜1730　江戸中期の飯山の禅僧

普白　ふはく
万巌（まんがん）普白　江戸中期の曹洞宗の僧

不白　ふばく　⇔ふはく
川上（かわかみ）不白　1719〜1807　江戸中期・後期の茶人《川上不白》

武八　ぶはち
瀬木屋（せぎや）武八　江戸後期の高山の地役人で取次役
湯浅（ゆあさ）武八　江戸後期の商家

武八郎　ぶはちろう　⇔たけはちろう
岡本（おかもと）武八郎　1801〜1891　江戸後期〜明治期の大庄屋
小泉（こいずみ）武八郎　1845〜1913　江戸末期〜大正期の人。足利の渡良瀬川北岸北猿田河岸の回漕問屋。両毛鉄道開通後の県南陸運近代化に貢献
平島（ひらじま）武八郎　江戸末期の志士

武兵衛　ぶひょうえ　⇔ぶへい，ぶへえ
依田（よだ）武兵衛　？〜1581　安土桃山時代の高天神籠城衆

扶風　ふふう
栗山（くりやま）扶風　1832〜1884　江戸末期の歌人

浮風　ふふう
湖白庵（こはくあん）浮風　1701〜1762　江戸中期の俳人

武福　ぶふく
力石（ちからいし）武福　1738〜1788　江戸中期・後期の代官

武兵衛　ぶへい　⇔ぶひょうえ，ぶへえ
藤田（ふじた）武兵衛　1765〜1847　江戸中期・後期の宮古新道の開設者

武平　ぶへい　⇔たつなり
石川（いしかわ）武平　1831〜？　江戸後期〜明治期の教育者
繁田（はんだ）武平　1845〜1920　江戸末期〜大正期の製茶業経営者
松屋（まつや）武平　江戸時代の加賀藩塩専売制の塩問屋ならびに蔵宿

武平次　ぶへいじ
矢内（やない）武平次　江戸中期の浪人

武平治　ぶへいじ
山崎（やまざき）武平治　1764〜1826　江戸中期・後期の俳人、旅篭経営者、教育者

武兵衛　ぶへえ　⇔ぶひょうえ，ぶへい
石坂（いしざか）武兵衛　1773〜？　江戸中期・後期の幕臣・千人同心
井上（いのうえ）武兵衛　江戸末期の人
岩崎（いわさき）武兵衛　江戸後期の大住郡石田村民
江原（えはら）武兵衛　江戸末期の大庄屋
篠田（しのだ）武兵衛　？〜1842　江戸後期の心学者
天満屋（てんまや）武兵衛　江戸後期の出版・書店業
野村（のむら）武兵衛　江戸末期の人。児玉親臣の家臣
はだか（はだか）武兵衛　江戸後期の中山道の雲助
花田（はなだ）武兵衛　江戸後期の幕臣
原田（はらだ）武兵衛　江戸末期の三ツ瀬村名主
藤田（ふじた）武兵衛　1765〜1847　江戸中期・後期の宮古新道の開設者《藤田武兵衛》
古館（ふるだて）武兵衛　1845〜1909　江戸後期〜明治期の漁業改良家
松井（まつい）武兵衛　？〜1623　安土桃山・江戸前期の普請奉行
間宮（まみや）武兵衛　戦国時代の武将。武田家臣
山根（やまね）武兵衛　江戸前期の剣術家
八日町村（ようかまちむら）武兵衛　？〜1775　江戸中期の義民。八日町村の百姓
吉田（よしだ）武兵衛　江戸前期の土方河内守雄次の家臣

武兵衛重信　ぶへえしげよし
住谷（すみや）武兵衛重信　1777〜1844　江戸中期・後期の前橋藩の勧農付属

扶邦　ふほう
扶邦　986〜？　平安中期の興福寺・元興寺の僧

夫木　ふぼく
宇都宮（うつのみや）夫木　1782〜1844　江戸中期・後期の津島神社の神官

浮木　ふぼく
亀水軒（きすいけん）浮木　江戸後期の戯作者

扶卜　ふぼく
森岡（もりおか）扶卜　1729〜1799　江戸中期・後期の俳人

負米　ふまい
棗由亭（そうゆうてい）負米　江戸後期の狂歌作者

文明　ふみあき　⇔ぶんみょう，ぶんめい
小槻（おづき）文明　南北朝時代の官人

文邸　ふみいえ
馬淵（まぶち）文邸　？〜1830　江戸後期の和算家

文江　ふみえ　⇔ぶんこう
三善（みよしの）文江　平安中期の官人

文緒　ふみお
野尻（のじり）文緒　江戸後期の幕臣

文雄　ふみお　⇔あやお，もんおう
文雄　江戸中期の俳人・神職
味酒（うまさけの）文雄　平安前期の官人
多治比（たじひ）文雄　平安前期の官人・漢詩人

文景　ふみかげ　⇔ぶんけい
袖岡（そでおか）文景　1799〜1855　江戸後期・末期の公家

文静　ふみきよ　⇔ぶんせい
東儀（とうぎ）文静　1824〜？　江戸後期・末期の楽人

文子　ふみこ　⇔ぶんし
二宮（にのみや）文子　1824〜1853　江戸後期の女

性。二宮尊徳の娘

文貞 ふみさだ ⇔ぶんてい
藤原(ふじわらの)文貞 866～927 平安前期・中期の官人

文佐 ふみすけ
平(たいらの)文佐 平安中期の春日祭使

文相 ふみすけ
紀(きの)文相 平安中期の官人

文高 ふみたか
惟宗(これむねの)文高 平安中期の陰陽寮の官人

文武 ふみたけ
強矢(すねや)文武 ?～1868 江戸末期の彰義隊剣士

文惟 ふみただ
一志(いっし)文惟 1620～1695 江戸前期・中期の神職

文忠 ふみただ ⇔ぶんちゅう
紀(きの)文忠 平安中期の官人

文辰 ふみたつ
倉永(くらなが)文辰 1839～1907 江戸後期～明治期の佐賀県内養蚕業の創始者

文躬 ふみちか
朴木(ほおのき)文躬 戦国時代の武家・連歌作者

文継 ふみつぐ
息長(おきながの)文継 平安前期の官人で嵯峨天皇の側近

文常 ふみつね
飯島(いいじま)文常 ?～1866 江戸後期・末期の絵師

文暉 ふみてる
東儀(とうぎ)文暉 1777～1843 江戸中期・後期の楽人

文任 ふみとう
巨勢(こせの)文任 平安中期の官人

文遠 ふみとお
紀(きの)文遠 平安中期の官人

文言 ふみとき
東儀(とうぎ)文言 1847～1876 江戸後期～明治期の楽人

文時 ふみとき
大鹿(おおしかの)文時 平安中期の相撲人

文敵 ふみとし
南川(みなみかわ)文敵 戦国時代の地侍

文利 ふみとし
大江(おおえの)文利 平安中期の藤原実資の家司
内蔵(くらの)文利 平安中期の官人

文友 ふみとも ⇔ぶんゆう
樫内(かしうち)文友 江戸時代の医者

文豊 ふみとよ
長瀬(ながせ)文豊 ?～1880 江戸後期～明治期の国学者

文脩 ふみなが
藤原(ふじわらの)文脩 平安中期の軍事貴族

文均 ふみなり
東儀(とうぎ)文均 1811～1873 江戸後期～明治期の楽人

文成 ふみなり ⇔ぶんせい
橘宿禰(たちばなのすくね)文成 奈良時代の公卿。佐為王の子

書薬 ふみのくすり
書薬 飛鳥時代の武人

文信 ふみのぶ ⇔ぶんしん
石城(いわきの)文信 平安中期の下級官人
菅野(すがのの)文信 平安中期の官人

書麻呂 ふみのまろ
書麻呂 飛鳥時代の官人

文礼 ふみのり ⇔ぶんれい
稲葉(いなば)文礼 江戸後期の医者
大竹(おおたけ)文礼 1789～1852 江戸後期の和算家《大竹文礼》

文彦 ふみひこ
安部(あべ)文彦 江戸時代の医者

文房 ふみふさ ⇔ぶんぽう
万里小路(までのこうじ)文房 1759～1783 江戸中期の公家

文正 ふみまさ
藤原(ふじわらの)文正 平安中期の官人。下野守藤原忠紀の子

履正 ふみまさ
福村(ふくむら)履正 1818～1868 江戸後期・末期の画家

文丸 ふみまる
石王(いしおう)文丸 1748～1810 江戸後期の歌人

文麿 ふみまろ
狂蝶子(きょうちょうし)文麿 ?～1821 江戸中期・後期の狂歌作者

文海 ふみみ ⇔ぶんかい, もんかい
石井(いしい)文海 1804～1849 江戸後期の画家

文道 ふみみち
小野(おのの)文道 平安後期の明法博士

文幹 ふみもと
紀(き)文幹 ?～944 平安中期の歌人

文元 ふみもと
藤原(ふじわらの)文元 ?～941 平安中期の官人。藤原純友の郎等

文素 ふみもと ⇔ぶんそ
小林(こばやし)文素 ?～1826 江戸中期・後期の解体学者

文康 ふみやす ⇔ぶんこう
小林(こばやし)文康 1790～1857 江戸後期・末期の国学者

文泰 ふみやす
文泰 江戸中期の俳人

文行 ふみゆき ⇔ぶんこう
紀(きの)文行 平安中期の官人
藤原(ふじわらの)文行 平安中期の軍事貴族

文之　ふみゆき　⇔ぶんし
日夏(ひなつ)文之　江戸中期の神道家
文義　ふみよし
小野(おのの)文義　平安中期の外記局の官人
文祥　ふみよし
山田(やまだ)文祥　?～1881　江戸後期～明治期の教育者
文良　ふみよし　⇔ぶんりょう
高橋(たかはし)文良　?～1867　江戸後期の医者
藤田(ふじた)文良　1834～1882　江戸末期～明治期の医者
附明　ふめい
土屋(つちや)附明　1831～1892　江戸後期～明治期の和算家、須坂藩士
麓　ふもと
土屋(つちや)麓　1837～1907　江戸末期・明治期の都賀町大柿の私塾経営者
富門　ふもん　⇔とみかど
富門　江戸中期の雑俳点者
布門　ふもん
井上(いのうえ)布門　?～1756　江戸中期の俳人
普文　ふもん
普文　南北朝・室町時代の天台宗の僧
普聞　ふもん
普聞　1812～1876　江戸後期～明治期の浄土真宗の僧
普門　ふもん
普門　安土桃山時代の禅僧。白鹿城下の曹洞宗常福寺住僧
フユ
中野(なかの)フユ　1848～1910　江戸後期～明治期の女性。貧苦の中、病夫に仕え、子女2人を養育した
不雄　ふゆう
不雄　江戸中期の俳人
普雄　ふゆう
普雄　1675～1743　江戸前期・中期の僧侶・歌人
浮遊　ふゆう
関岡(せきおか)浮遊　江戸前期の武将
文遊　ふゆう
文遊　?～1718　江戸前期・中期の俳人
冬雄　ふゆお
大和(おおやまとの)冬雄　平安前期の官人
紀(きの)冬雄　平安前期の官人
甚目(はだめ)冬雄　平安前期の医師
冬実　ふゆざね
二条(にじょう)冬実　南北朝時代の公家・歌人
冬隆　ふゆたか
藤原(ふじわら)冬隆　?～1345　鎌倉後期・南北朝時代の公家・歌人・連歌作者
冬綱　ふゆつな
藤原(ふじわら)冬綱　鎌倉後期の公家・歌人
冬時　ふゆとき
大江(おおえ)冬時　鎌倉後期の歌人
北条(ほうじょう)冬時　鎌倉後期の武士
冬名　ふゆな
大中臣(おおなかとみの)冬名　平安前期の官人
冬仲　ふゆなか
慈光寺(じこうじ)冬仲　1629～1691　江戸前期・中期の公家
冬長　ふゆなが
藤原(ふじわら)冬長　鎌倉後期・南北朝時代の公家・歌人
冬之助　ふゆのすけ
藤田(ふじた)冬之助　1832～1868　江戸後期・末期の人。隠岐騒動で戦死
冬広　ふゆひろ
冬広　戦国時代の出雲の刀匠
冬広　江戸中期の刀匠
冬広〔古刀1代〕　戦国時代の刀工
冬広〔古刀2代〕　安土桃山時代の刀工
冬広〔新刀1代〕　江戸前期の刀工
冬広〔新刀2代〕　江戸中期の刀工
冬広〔新刀3代〕　江戸中期の刀工
冬広〔新刀4代〕　江戸中期の刀工
冬広〔新刀5代〕　江戸後期の刀工
冬基　ふゆもと
一条(いちじょう)冬基　1648～1697　江戸前期の公家
冬頼　ふゆより
藤原(ふじわら)冬頼　?～1383　南北朝時代の公家・歌人
芙蓉　ふよう
服部(はっとり)芙蓉　1814～1901　江戸末期の漢学者
山地(やまぢ)芙蓉　?～1797　江戸中期・後期の書家
武陽　ぶよう
大竹(おおたけ)武陽　?～1846　江戸後期の漢学者
ぶらぶら山人　ぶらぶらさんじん
ぶらぶら山人　江戸後期の人。「津具往来」の著者
フランシスコ
村山(むらやま)フランシスコ　?～1615　安土桃山・江戸前期の人。村山等安の三男。司祭
浮流　ぶりゅう
浮流　?～1782　江戸中期の俳人
武陵　ぶりょう
武陵　1766～1838　江戸中期・後期の俳人
富田(とみた)武陵　1742～1812　江戸中期・後期の教育家
古香　ふるか
秋園(あきぞの)古香　江戸後期の歌人
古城　ふるき
三宅(みやけ)古城　1843～1926　江戸後期～大正期の国学者、神道家
古着　ふるき
紫檀楼(したんろう)古着　江戸後期の羅宇問屋、俳人

古根　ふるね
古根　江戸前期の俳人
古日　ふるひ
古日　奈良時代の人
古麻呂　ふるまろ　⇔こまろ
県犬養(あがたのいぬかいの)古麻呂　奈良時代の官人《県犬養古麻呂》
古逵　ふるみち
近藤(こんどう)古逵　1835〜1909　江戸後期〜明治期の神職
古康　ふるやす
泉山(いずみやま)古康　戦国時代の武将
古泰　ふるやす
国枝(くにえだ)古泰　安土桃山時代の織田信長の家臣
不老　ふろう
不老　江戸後期の俳人
不破麻呂　ふわまろ
大伴(おおともの)不破麻呂　奈良時代の官人
笠(かさの)不破麻呂　奈良時代の官人
紀(きの)不破麻呂　平安前期の官人
文安　ぶんあん
永井(ながい)文安　1799〜1857　江戸中期の香道家
永井(ながい)文安　1717〜1775　江戸中期の香道家
文庵　ぶんあん
飯塚(いいづか)文庵　1818〜1902　江戸後期〜明治期の松江藩医
神沢(かんざわ)文庵　1685〜1758　江戸前期・中期の儒医
村上(むらかみ)文庵　1824〜1892　江戸後期〜明治期の洲本の医師
森田(もりた)文庵　1773〜1821　江戸中期・後期の医師
聞庵　ぶんあん
佐井(さい)聞庵　江戸後期の医者
文蔚　ぶんい　⇔ぶんじょう
佐々木(ささき)文蔚　1852〜1892　江戸後期〜明治期の東大医学部出身の軍医《佐々木文蔚》
文昱　ぶんいく
東岳(とうがく)文昱　?〜1416　室町時代の禅僧
文一郎　ぶんいちろう
谷(たに)文一郎　江戸末期の従者。1860年遣米使節に随行しアメリカに渡る
文右衛門　ぶんうえもん　⇔ぶんえもん
岡戸(おかど)文右衛門　?〜1906　江戸後期〜明治期の学校創設者・産業功労者《岡戸文右衛門》
小川(おがわ)文右衛門　江戸後期の人。天保9年藩府より賞詞を受けた
文右衛門尉　ぶんうえもんのじょう　⇔ぶんえもんのじょう
江上(えがみ)文右衛門尉　戦国時代の甲斐国下山の人。穴山家臣か
文栄　ぶんえい
須田(すだ)文栄　1830〜1907　江戸後期〜明治期の医師
文瑛　ぶんえい
安中(あんなか)文瑛　1811〜1875　江戸後期〜明治期の保渡田村の医師
文穎　ぶんえい
沼野(ぬまの)文穎　1800〜1836　江戸後期の画家
文益　ぶんえき
原口(はらぐち)文益　1816〜1867　江戸後期・末期の安蘇郡下永野村に開塾した教育者、医師
文悦　ぶんえつ
文悦　江戸後期の大住郡石田村鉦叩き
文右衛門　ぶんえもん　⇔ぶんうえもん
文右衛門　江戸中期の紀三井寺村庄屋
阿部(あべ)文右衛門　江戸後期の教育者
今井(いまい)文右衛門　江戸後期の神職
近江屋(おおみや)文右衛門　江戸中期の大住郡曽屋村の酒造業
岡戸(おかど)文右衛門　?〜1906　江戸後期〜明治期の学校創設者・産業功労者
小沢(おざわ)文右衛門　戦国時代の武将。武田家臣
工藤(くどう)文右衛門　1847〜?　江戸後期〜明治期の乗合馬車屋
国友(くにとも)文右衛門　江戸時代の弘前藩お抱え鉄砲師
後藤(ごとう)文右衛門　江戸末期の庄屋
佐藤(さとう)文右衛門　安土桃山時代の検地役人
沢(さわ)文右衛門　?〜1642　安土桃山・江戸前期の浅野家臣
薄田(すすきだ)文右衛門　?〜1642　江戸前期の豊臣秀頼・浅野長晟の家臣
瀬戸(せと)文右衛門　江戸前期の足柄上郡千津島村名主
永井(ながい)文右衛門　1759〜1786　江戸中期の孝子
中川(なかがわ)文右衛門　1828〜1901　江戸後期〜明治期の剣術家。林崎夢想流
根津(ねづ)文右衛門　江戸時代の武士
橋田(はしだ)文右衛門　戦国時代の武将。武田家臣
古川町方村(ふるかわまちかたむら)文右衛門　江戸後期の古川町方村の人
古郡(ふるこおり)文右衛門　1651〜1730　江戸中期の備中倉敷代官
堀越(ほりこし)文右衛門　1767〜1851　江戸中期・後期の吉井宿の豪商
森(もり)文右衛門　1776〜1832　江戸後期の大住郡南金目村旗本中条氏知行所名主
文衛門　ぶんえもん
文衛門　安土桃山時代の信濃国筑摩郡会田の土豪
豊右衛門　ぶんえもん　⇔とよえもん
山葉(やまは)豊右衛門　江戸前期の武士。大坂の陣で籠城
文右衛門尉　ぶんえもんのじょう　⇔ぶんうえもんのじょう
佐野(さの)文右衛門尉　安土桃山時代の甲斐国下

部の土豪
文円　ぶんえん
文円　986～？　平安中期の阿闍梨。普門寺に住す
文淵　ぶんえん
岩谷（いわや）文淵　？～1791　江戸中期・後期の医者、漢学者
河崎（かわさき）文淵　？～1858　江戸後期・末期の国学者
文瓜　ぶんか
文瓜　江戸中期の僧侶・俳人
文下　ぶんか
文下　？～1775　江戸中期の俳人・書肆
文化　ぶんか
河上（かわかみ）文化　1743～1802　江戸中期・後期の俳人
文可　ぶんか
大道（だいどう）文可　1680～1752　江戸前期・中期の臨済宗の僧
文架　ぶんか
賀古（かこ）文架　？～1894　江戸末期・明治期の金沢の俳人
文河　ぶんか　⇔ぶんが
角田（つのだ）文河　1817～1890　江戸後期～明治期の俳人
文河　ぶんが　⇔ぶんか
蔡（さい）文河　1683～1750　江戸前期・中期の久米村蔡氏11世で仲井間家の初代
角田（つのだ）文河　1820～1890　江戸後期～明治期の俳人
文賀　ぶんが
覚翁（かくおう）文賀　？～1655　江戸前期の上宝村の永照庵（永昌寺）6世
文鵞　ぶんが
鈴木（すずき）文鵞　？～1849　江戸後期の俳人
文海　ぶんかい　⇔ふみみ，もんかい
文海　？～1355　鎌倉後期・南北朝時代の真言宗の僧
文海　江戸後期の日蓮宗の僧
文海　？～1879　江戸後期～明治期の俳人
分外　ぶんがい
分外　江戸中期の俳人・書肆
文角　ぶんかく
文角　1763～1831　江戸中期・後期の俳人
文煥　ぶんかん
賀川（かがわ）文煥　1811～1873　江戸後期～明治期の医者
文熙　ぶんき
文熙　江戸後期の俳人
文祇　ぶんぎ
文祇　江戸中期の戯作者
文暉菴　ぶんきあん
文暉菴　江戸時代の俳人
文吉　ぶんきち
荒川（あらかわ）文吉　1807～1878　江戸後期～明治期の教育者
下田（しもだ）文吉　江戸末期・明治期の芝居小屋主
下田屋（しもだや）文吉　江戸末期・明治期の歌舞伎劇場の座主
津向の（つむぎの）文吉　1810～1883　江戸後期～明治期のばくち打ち
渡辺（わたなべ）文吉　1828～1894　江戸後期～明治期の教育家
文久　ぶんきゅう
斎藤（さいとう）文久　1832～1888　江戸後期～明治期の教育者・文人
文魚　ぶんぎょ
大和屋（やまとや）文魚　江戸後期の河東節の名手
文京　ぶんきょう
文京　江戸中期の医師、作陶家
花笠（はながさ）文京　江戸後期の書店主
文匡　ぶんきょう
林（はやし）文匡　？～1876　江戸後期～明治期の絵師
文喬　ぶんきょう
夫木庵（つまきあん）文喬　？～1860　江戸後期・末期の町人俳人
文恭　ぶんきょう
工藤（くどう）文恭　1800～1887　江戸後期～明治期の内科医
芳賀（はが）文恭　？～1880　江戸後期～明治期の医師
文竅　ぶんきょう
植田（うえだ）文竅　江戸中期の書家
文暁　ぶんぎょう
文暁　1734～1816　江戸中期・後期の僧。八代市正教寺第10世住職
文堯　ぶんぎょう
徳岩（とくいわ）文堯　江戸前期の曹洞宗の僧
文錦堂　ぶんきんどう
白崎（しらさき）文錦堂　？～1811　江戸後期の木彫師
文卿　ぶんけい
矢代（やしろ）文卿　江戸後期・末期の漢方医
文啓　ぶんけい
谷（たに）文啓　1778～1840　江戸中期・後期の藩士・画家
文圭　ぶんけい
竹園（たけぞの）文圭　1808～1884　江戸後期～明治期の文人
文珪　ぶんけい
田中（たなか）文珪　江戸後期の絵師
文慶　ぶんけい
小林（こばやし）文慶　1795～1861　江戸後期・末期の医院「耕霊堂」主宰
文敬　ぶんけい
山中（やまなか）文敬　？～1836　江戸後期の医者
文景　ぶんけい　⇔ふみかげ
長崎（ながさき）文景　江戸後期の医師

文桂　ぶんけい
加納(かのう)文桂　1849～1881　江戸末期・明治期の高山で初めて種痘を実施した医師

文渓　ぶんけい
大淵(おおぶち)文渓　?～1897　江戸末期・明治期の画人

文芸　ぶんげい
文芸　安土桃山時代の曹洞宗の僧侶

文賢　ぶんけん
頤生軒(いしょうけん)文賢　戦国時代の古河公方の家臣

文五　ぶんご
文五　?～1782　江戸中期の俳人
舟坂(ふなさか)文五　安土桃山時代の金森家臣

文吾　ぶんご
宇夫方(うぶかた)文吾　1830～1900　江戸後期～明治期の国学者
白洲(しらす)文吾　1841～1871　江戸後期～明治期の生野鉱山開発功労者
成瀬(なるせ)文吾　?～1866　江戸後期・末期の剣術家。石巻心行流祖

豊後　ぶんご
榎本(えのもと)豊後　江戸後期の大住郡曽屋村天王宮祠官
轡田(くつわだ)豊後　戦国時代の武将
佐久間(さくま)豊後　戦国時代の里見義康の家臣
島津(しまづ)豊後　?～1896　江戸末期・明治期の鹿児島藩士
島津(しまづ)豊後　1802～1873　江戸末期・明治期の薩摩藩島津家一門加治木領主、城代家老
二宮(にのみや)豊後　?～1659　江戸前期の武士
萩原(はぎわら)豊後　江戸後期の橘樹郡市場村民
町井(まちい)豊後　?～1688　江戸前期の小深村の郷士。義民と称される郷士十八傑のリーダー
まちのすまや(まちのすまや)豊後　安土桃山時代の信濃国筑摩郡会田の土豪
森(もり)豊後　戦国時代の鋳物師

文興　ぶんこう
川上(かわかみ)文興　?～1875　江戸後期の医者

文孝　ぶんこう
福岡(ふくおか)文孝　1787～1847　江戸中期・後期の仏師

文康　ぶんこう　⇔ふみやす
文康　江戸後期の浮世絵師
柳(やなぎ)文康　江戸後期の浮世絵師

文江　ぶんこう　⇔ふみえ
文江　?～1777　江戸中期の俳人
文江　1766～1842　江戸中期・後期の臨済宗の僧

文行　ぶんこう　⇔ふみゆき
山崎(やまざき)文行　1748～1806　江戸中期の俳人

文篁　ぶんこう
文篁　江戸中期の俳人・書肆

汶光　ぶんこう
汶光　江戸中期の俳人

文郷　ぶんごう
佐々木(ささき)文郷　1820～1897　江戸後期～明治期の一関藩御典医

文国　ぶんこく
武田(たけだ)文国　1841～1902　江戸末期の臨済宗の僧

文谷　ぶんこく
文谷　?～1868　江戸後期・末期の俳人
伊沢(いさわ)文谷　1818～1878　江戸後期～明治期の藩士・画家

豊後俊朝　ぶんごとしとも
久万(くま)豊後俊朝　?～1615　江戸前期の藤堂高虎の家臣

豊後入道　ぶんごにゅうどう
粟飯原(あいばら)豊後入道　戦国時代の印東荘伊篠の領主
逸見(いつみ)豊後入道　室町時代の代官

豊後入道浄泉　ぶんごにゅうどうじょうせん
粟飯原(あいはら)豊後入道浄泉　戦国時代の千葉孝胤(法号常輝)の家臣

豊後守　ぶんごのかみ
座間(ざま)豊後守　戦国時代の北条氏の家臣

豊後守乗哲　ぶんごのかみのりあき
大沢(おおさわ)豊後守乗哲　1808～1883　江戸後期～明治期の106代長崎奉行

豊後守宗広　ぶんごのかみむねひろ
甲良(こうら)豊後守宗広　1572～1646　戦国時代の工匠。日光東照宮造替の大棟梁

豊後守頼常　ぶんごのかみよりつね
肥田(ひだ)豊後守頼常　1739～?　江戸中期の78代長崎奉行

文五郎　ぶんごろう
岡本(おかもと)文五郎　江戸中期の武士、幕臣
築城(つづき)文五郎　江戸後期の剣術家

文沙　ぶんさ
文沙　江戸中期の俳人

文三　ぶんざ　⇔ぶんぞう
赤井(あかい)文三　室町時代の佐貫荘の在地領主

文哉　ぶんさい
文哉　江戸後期の俳人
堀(ほり)文哉　1827～1893　江戸後期～明治期の洋方医

文斎　ぶんさい
石津(いしづ)文斎　1844～1921　江戸末期～大正期の塩田村の勘場医
福川(ふくかわ)文斎　江戸後期の医師
宮沢(みやざわ)文斎　1817～1886　江戸後期～明治期の日本画家

文左衛門　ぶんざえもん
文左衛門　江戸中期の陶工
井上(いのうえ)文左衛門　戦国時代の武将。武田家臣
大沢(おおさわ)文左衛門　江戸後期の武士
来間屋(くるまや)文左衛門　1722～1808　江戸中期・後期の生姜糖の考案者

菅原（すがわら）文左衛門　江戸中期の三迫大肝入
杉若（すぎわか）文左衛門　江戸中期の藩士
袖山（そでやま）文左衛門　1842～1919　江戸末期～大正期の自治功労者
知久（ちく）文左衛門　江戸時代の幸手宿の名主
野村（のむら）文左衛門　？～1791　江戸後期の橘樹郡上丸子の干鰯肥料問屋
三須（みす）文左衛門　江戸前期の修善寺紙の紙漉棟梁
宮田（みやた）文左衛門　？～1861　江戸後期の大住郡南金目村旗本船橋氏知行所名主
宮田（みやた）文左衛門　？～1896　江戸末期の名主

豊左衛門　ぶんざえもん　⇔ぶざえもん
川手（かわて）豊左衛門　戦国時代の武将。武田家臣

文左衛門尉　ぶんざえもんのじょう
窪田（くぼた）文左衛門尉　戦国時代の武士

文作　ぶんさく
佐倉（さくら）文作　江戸中期の歌舞伎作者
立木（たつぎ）文作　？～1831　江戸後期の医師
森（もり）文作　1734～1800　江戸中期・後期の書家

文三郎　ぶんざぶろう
小山（おやま）文三郎　1816～1896　江戸後期～明治期の文人

文山　ぶんざん
文山　江戸後期の陶工
千葉（ちば）文山　1826～1906　江戸後期～明治期の僧
富田（とみた）文山　1785～1832　江戸中期・後期の藩士
綿引（わたひき）文山　江戸後期の医者

文四　ぶんし
竹田（たけだ）文四　江戸中期の浄瑠璃作者

文子　ぶんし　⇔ふみこ
在原（ありはらの）文子　平安前期の女性。清和天皇の更衣
在原（ありわらの）文子　在原文子に同じ
吉田（よしだ）文子　江戸中期の浄瑠璃作者

文志　ぶんし
片野（かたの）文志　1788～1863　江戸後期・末期の書家
野村（のむら）文志　？～1723　江戸前期・中期の俳人

文枝　ぶんし
竹本（たけもと）文枝　1859～1906　江戸末期・明治期の義太夫語り

文之　ぶんし　⇔ふみゆき
白坂（しらさか）文之　江戸中期の白坂斎藤氏の当主、俳人
南浦（なんぽ）文之　1555～1620　戦国～江戸前期の僧、儒学者
南浦（なんぽ）文之　南浦文之に同じ

文翅　ぶんし
文翅　江戸後期の俳人

分字　ぶんじ
分字　？～1801　江戸後期の俳諧作者

文司　ぶんじ
笠原（かさはら）文司　1842～？　江戸後期の仙台藩士（亘理家中）

文治　ぶんじ
加茂屋（かもや）文治　？～1868　江戸後期・末期の義民
川上（かわかみ）文治　1791～1847　江戸後期の小田原藩士
工藤（くどう）文治　1779～1835　江戸中期・後期の儒学者
鶴沢（つるさわ）文治　江戸中期の義太夫節三味線方
鶴沢（つるざわ）文治　鶴沢文治に同じ
矢野（やの）文治　1841～1895　江戸後期～明治期の社会運動家

文二　ぶんじ
地主（じぬし）文二　1756～1825　江戸中期・後期の鶴岡の俳人
板東（ばんどう）文二　？～1787　江戸中期の加賀藩の改作役、十村役
吉川（よしかわ）文二　1846～？　江戸末期の医師

文次右衛門　ぶんじえもん
豊嶋屋（としまや）文次右衛門　江戸中期の長崎版画の版元

文七　ぶんしち
雁金（かりがね）文七　1676～1702　江戸前期・中期の無頼者
桜井（さくらい）文七　1684～1753　江戸前期・中期の飯田元結の創始者と伝えられる商人
立花（たちばな）文七　1825～1895　江戸後期～明治期の政治家
成井（なるい）文七　？～1843　江戸後期の紙漉き職人

文七郎　ぶんしちろう
小池（こいけ）文七郎　1828～1895　江戸後期～明治期の医師

文質　ぶんしつ
文質　江戸後期の俳人

文洲　ぶんしゅう
砂金（いさご）文洲　1818～1871　江戸後期～明治期の武家出身の画人

文十　ぶんじゅう
文十　江戸中期の俳人
高橋（たかはし）文十　江戸中期の俳諧師

文十郎　ぶんじゅうろう　⇔もんじゅうろう
芦（あし）文十郎　1810～1868　江戸後期・末期の人。岩鉄を原料とする高炉製鉄法の開発を考究
荒木（あらき）文十郎　1757～1787　江戸中期の義人
菅井（すがい）文十郎　江戸後期の宮大工

文叔　ぶんしゅく
伊東（いとう）文叔　1790～1860　江戸後期・末期の医師

文昇　ぶんしょう
秦（はた）文昇　1818～1857　江戸後期・末期の画家

文松　ぶんしょう
石川（いしかわ）文松　1798～1857　江戸後期の郷

土画家

文章　ぶんしょう

小川(おがわ)文章　1764〜1838　江戸中期・後期の女流根付彫刻師(2代目巌)

文紹　ぶんしょう

野村(のむら)文紹　1816〜？　江戸後期・末期の幕臣・画家

文嘯　ぶんしょう

五味(ごみ)文嘯　？〜1822　江戸中期・後期の心学者

蚊丈　ぶんじょう

蚊丈　1820〜1881　江戸後期〜明治期の俳人・神職

文蔚　ぶんじょう　⇔ぶんい

佐々木(ささき)文蔚　1852〜1892　江戸後期〜明治期の東大医学部出身の軍医

文譲　ぶんじょう

津久井(つくい)文譲　1807〜1870　江戸末期の医師

汶上　ぶんじょう

石塚(いしづか)汶上　江戸後期の医者

文鐘軒　ぶんしょうけん

文鐘軒　江戸中期の浄瑠璃作者

文四郎　ぶんしろう

江田(えだ)文四郎〔1代〕　1564〜1602　江戸前期の勇士

岡(おか)文四郎　？〜1831　江戸後期の郡中港築港功労者

晴山(はれやま)文四郎　江戸中期の鉄山経営者

松井(まつい)文四郎　江戸後期の前橋町年寄

溝辺(みぞべ)文四郎　1853〜1918　江戸末期〜大正期の平城宮跡保存者

文次郎　ぶんじろう

朝田(あさだ)文次郎　江戸中期の乙訓郡向日町の人

尾久村の(おぐむらの)文次郎　江戸後期の阿部領の名主利右衛門の養子

後藤(ごとう)文次郎　1842〜1897　江戸後期〜明治期の行司

中野(なかの)文次郎　江戸後期の医師

中山(なかやま)文次郎　1770〜1845　江戸中期・後期の岡山藩の大庄屋・在方下役人

松本(まつもと)文次郎　1762〜1829　江戸後期の高座郡藤沢宿の人

山久知(やまくち)文次郎　？〜1885　江戸後期〜明治期の新撰組隊士

文治郎　ぶんじろう

浅井(あさい)文治郎　？〜1888　江戸後期〜明治期の人。甘藷を持ち帰った

鎌田(かまた)文治郎　1848〜1898　江戸後期〜明治期の東奥義塾創設者の1人

関口(せきぐち)文治郎　1731〜1807　江戸中期・後期の彫刻師

平岡(ひらおか)文治郎　？〜1853　江戸後期の代官

文二郎　ぶんじろう

高田(たかだ)文二郎　1838〜1868　江戸後期・末期の新撰組隊士

文信　ぶんしん　⇔ふみのぶ

目賀田(めがた)文信　江戸末期の画家

文推　ぶんすい

文推　江戸中期の俳人

文水　ぶんすい

文水　江戸中期の俳人

新井(あらい)文水　1814〜1895　江戸後期〜明治期の俳人

文誰　ぶんすい

文誰　江戸中期の俳人

汶水　ぶんすい

中島(なかじま)汶水　1698〜1769　江戸中期の儒者

聞崇　ぶんすう

聞崇　奈良時代の新薬師寺の僧

文助　ぶんすけ

荻野(おぎの)文助　1840〜1900　江戸末期・明治期の教育者

黒川(くろかわ)文助　？〜1805　江戸中期・後期の藩士、地誌家

立花(たちばな)文助　江戸時代の八戸藩士

辻岡屋(つじおかや)文助　江戸後期〜明治期の版元

西田(にしだ)文助　江戸後期の宮野用水開削者

脇坂(わきさか)文助　1842〜1892　江戸末期・明治期の治水家

文輔　ぶんすけ　⇔ぶんぽ

三輪(みわ)文輔　江戸後期〜明治期の和算家

文成　ぶんせい　⇔ふみなり

山名(やまな)文成　江戸中期の農民

文静　ぶんせい　⇔ふみきよ

古山(ふるやま)文静　1845〜1907　江戸後期〜明治期の豪農

汶栖　ぶんせい

佐藤(さとう)汶栖　1793〜1867　江戸後期の町医者

文石　ぶんせき

文石　1755〜1807　江戸中期・後期の俳人

島影(しまかげ)文石　江戸中期の漢学者

文碩　ぶんせき

葛野(くずの)文碩　1847〜1870　江戸後期〜明治期の医師

文節　ぶんせつ

木脇(きわき)文節　1823〜1884　江戸末期〜明治期の医者

林(はやし)文節　江戸後期の医者

文仙　ぶんせん

田中(たなか)文仙　1800〜1869　江戸後期の土佐藩儒医

文川　ぶんせん

関根(せきね)文川　江戸後期・末期の画家

万亀(ばんき)文川　江戸中期の僧侶・漢詩人

文筌　ぶんせん

三上(みかみ)文筌　江戸後期の画家

文素　ぶんそ　⇔ふみもと

文素　？〜1768　江戸中期の俳人

文草　ぶんそう
文草　江戸後期の俳人
文三　ぶんぞう　⇔ぶんざ
粟飯原（あいはら）文三　戦国時代の千葉昌胤の家臣。佐倉衆
佐野（さの）文三　戦国時代の甲斐国下部の土豪
篠塚（しのづか）文三　?～1886　江戸後期～明治期の舞踊家
文蔵　ぶんぞう
飯野（いいの）文蔵　江戸末期の遣米使節の一員
雲林院（うんりんいん）文蔵　江戸後期の陶工。京都粟田口焼の基礎を築いた
大川（おおかわ）文蔵　江戸中期の松山藩士、石手川の改修者
桂島（かつらしま）文蔵　1762～1834　江戸中期・後期の剣術家。影山流ほか
河毛（かわけ）文蔵　1830～1891　江戸後期～明治期の行政官吏
倉橋（くらはし）文蔵　安土桃山時代の検地役人
近藤（こんどう）文蔵　1819～1901　江戸後期～明治期の加東郡太郎太夫村の豪農近藤家の7代目当主
佐川（さがわ）文蔵　?～1725　江戸前期・中期の歌舞伎役者
下瀬（しもせ）文蔵　1839～1893　江戸後期～明治期の漢方医、医師
早川（はやかわ）文蔵　1853～1868　江戸後期・末期の人。最年少で奇兵隊に所属
宝山（ほうざん）文蔵〔9代〕　?～1723　江戸前期・中期の陶工
宝山（ほうざん）文蔵〔11代〕　?～1769　江戸中期の陶工
宝山（ほうざん）文蔵〔15代〕　?～1843　江戸後期の陶工
三木（みつぎの）文蔵　江戸後期の侠客
柳谷（やなぎや）文蔵〔2代〕　1852～?　江戸後期～明治期の漁場経営者
文造　ぶんぞう
内野（うちの）文造　1820～1889　江戸後期～明治期の教育家
文岱　ぶんたい
遠坂（とおざか）文岱　?～1873　江戸後期～明治期の画家
真嶋（まじま）文岱　江戸後期・末期の眼科医
文台　ぶんだい
広岡（ひろおか）文台　?～1810　江戸中期・後期の医者
文太夫　ぶんだいう　⇔ぶんだゆう
佐々木（ささき）文太夫　江戸後期の大住郡大山阿夫利神社祠官
文達　ぶんたつ
斧屋（ふおく）文達　1499～1556　戦国時代の曹洞宗僧侶
文太夫　ぶんだゆう　⇔ぶんだいう
藍屋（あいや）文太夫　?～1736　江戸中期の関東売藍商
杉村（すぎむら）文太夫　1588～1672　安土桃山・江戸前期の武士
永井（ながい）文太夫　?～1772　江戸中期の庄内藩家老
北条（ほうじょう）文太夫　1714～1799　江戸中期・後期の剣術家。当流
文大夫　ぶんだゆう
伊地知（いじち）文大夫　江戸前期の武士。大坂の陣で籠城
伊知地（いちぢ）文大夫　?～1589　戦国・安土桃山時代の織田信長の家臣
芬陀利花院前関白内大臣家新少将　ふんだりけいんのさきのかんぱくないだいじんけのしんしょうしょう
芬陀利花院前関白内大臣家新少将　鎌倉後期の女房・歌人
文太郎　ぶんたろう
小沢（おざわ）文太郎　1826～1888　江戸後期～明治期の豪商
佐藤（さとう）文太郎　1844～1911　江戸後期～明治期の人。湯原村稲子の福島県への帰属が決まった時、反対派住民の中心になって運動
楯林（たてばやし）文太郎　?～1881　江戸末期・明治期の力士
文螭　ぶんち
文螭　1782～1852　江戸中期・後期の画家・俳人
文沖　ぶんちゅう
新妻（にいづま）文沖　1767～1846　江戸中期・後期の医者
文中　ぶんちゅう
明石（あかし）文中　1814～1879　江戸後期～明治期の医師
安達（あだち）文中　1726～1792　江戸中期・後期の儒学者
谷（たに）文中　1817～1876　江戸後期～明治期の絵師
的翁（てきおう）文中　?～1585　戦国・安土桃山時代の曹洞宗僧侶
文仲　ぶんちゅう
文仲　江戸後期の医師
伊東（いとう）文仲　1779～1829　江戸中期・後期の詩人
坂口（さかぐち）文仲　1780～1846　江戸中期・後期の医家
中条（ちゅうじょう）文仲　江戸末期の医者
中島（なかじま）文仲　1742～1800　江戸中期・後期の漢学者
中村（なかむら）文仲　1813～1895　江戸後期～明治期の私塾紅暁岱の手習師匠
原沢（はらさわ）文仲　1764～1839　江戸中期・後期の医者
文忠　ぶんちゅう　⇔ふみただ
福井（ふくい）文忠　1814～1870　江戸後期～明治期の教育者《福井雪水》
松原（まつばら）文忠　?～1865　江戸後期・末期の画家

分潮　ぶんちょう
揚(あげ)分潮　1765～1835　江戸中期・後期の資産家

文兆　ぶんちょう
岩下(いわした)文兆　1728～1804　江戸中期の俳人

文貞　ぶんてい　⇔ふみさだ
恒川(つねかわ)文貞　?～1877　江戸後期～明治期の医師

分哲　ぶんてつ
長尾(ながお)分哲　1672～1740　江戸前期・中期の医者

文哲　ぶんてつ
黒川(くろかわ)文哲　1848～1916　江戸末期～大正期の医師
原(はら)文哲　江戸中期の画家
広瀬(ひろせ)文哲　?～1902　江戸末期・明治期の教育者

文東　ぶんとう
文東　江戸中期の俳人

文涛　ぶんとう
米川(よねかわ)文涛　1792～1850　江戸後期の篆刻家

文堂　ぶんどう
横山(よこやま)文堂　?～1856　江戸後期の画人・吉田藩御用達画師

文内　ぶんない
木幡(こはた)文内　江戸時代の八戸藩家老

文之進　ぶんのしん
吉田(よしだ)文之進　1801～1863　江戸後期・末期の熊毛郡室津浦年寄

文之介　ぶんのすけ
徳山(とくやま)文之介　1795～1845　江戸後期の備前藩士・弓道家

文之助　ぶんのすけ
熊谷(くまがい)文之助　1831～1887　江戸後期～明治期の酒造家
牟田(むた)文之助　1830～1890　江戸後期～明治期の剣術家。鉄人流

文波　ぶんぱ
林(はやし)文波　1786～1845　江戸中期・後期の画家

文坡　ぶんぱ
大江(おおえ)文坡　?～1790　江戸中期・後期の戯作者、神道家

文伯　ぶんぱく
叔応(しゅくおう)文伯　?～1582　安土桃山時代の曹洞宗の僧

文八　ぶんぱち
佐野(さの)文八　江戸末期・明治期の具足師
永江(ながえ)文八　1830～1878　江戸後期～明治期の陶器楠焼窯元
毛利(もうり)文八　江戸前期の書肆

分尾　ぶんび
青木(あおき)分尾　1800～1857　江戸後期・末期の俳人

文皮　ぶんぴ
岡井(おかい)文皮　?～1822　江戸中期・後期の漢学者

文溥　ぶんぷ　⇔ぶんぷ
蔡(さい)文溥　1671～1745　江戸前期・中期の文人

文溥　ぶんぷ　⇔ぶんぶ
蔡(さい)文溥　1671～1745　江戸前期・中期の文人《蔡文溥》

文炳　ぶんへい
中桐(なかぎり)文炳　1804～1877　江戸後期～明治期初期の医者

文平　ぶんぺい
笠原(かさはら)文平　江戸中期の韮山代官江川氏の手代
河南(かわなみ)文平　1785～1847　江戸中期・後期の漢学者
鈴木(すずき)文平　江戸中期の見沼通船差配役
鈴木(すずき)文平　1796～1866　江戸後期の画家
田村(たむら)文平　?～1820　江戸後期の多摩郡中野島村民
戸川(とがわ)文平　江戸後期の鎌倉鶴岡八幡宮社人
西村(にしむら)文平　?～1677　江戸前期の武士
松本(まつもと)文平　江戸後期の画家
森田(もりた)文平　江戸後期の韮山代官江川氏の手代
吉成(よしなり)文平　江戸末期・明治期の富士川用水開削者

文兵衛　ぶんべえ
文兵衛　江戸末期の小峠村庄屋

文輔　ぶんぽ　⇔ぶんすけ
文輔　1713～1801　江戸中期・後期の俳人

文宝　ぶんぽう　⇔あやよし
文宝亭(ぶんぽうてい)文宝　1768～1829　江戸中期・後期の狂歌師

文鳳　ぶんぽう
原(はら)文鳳　1810～1865　江戸後期・末期の医師
楊(よう)文鳳　1747?～1806　江戸中期・後期の詩人

文房　ぶんぽう　⇔ふみふさ
文房　江戸中期の俳人

文妙　ぶんみょう
文妙　江戸後期の日蓮宗の僧

文明　ぶんみょう　⇔ふみあき, ぶんめい
光山(こうざん)文明　1763～1834　江戸中期・後期の僧

文明　ぶんめい　⇔ふみあき, ぶんみょう
文明　江戸時代の僧
文明　?～1831　江戸後期の俳人
木村(きむら)文明　1852～1921　江戸末期～大正期の僧侶
富沢(とみざわ)文明　1747～1825　江戸中期・後期の儒学者・書家
平田(ひらた)文明　?～1831　江戸後期の俳人
本多(ほんだ)文明　1813～1870　江戸後期～明治

期の漢方医
三浦(みうら)文明　江戸後期の医師

文鳴　ぶんめい
文鳴　1706〜1766　江戸中期の俳人

文弥　ぶんや
佐藤(さとう)文弥　1836〜1916　江戸末期の仙台藩士
田中(たなか)文弥　1844〜1925　江戸後期〜大正期の彫刻家

文友　ぶんゆう　⇔ふみとも
文友　江戸後期の俳人

文祐　ぶんゆう
結城(ゆうき)文祐　1813〜1870　江戸後期〜明治期の町医

文囿　ぶんゆう
大川(おおかわ)文囿　1807〜1833　江戸後期の絵師

文養斎　ぶんようさい
大橋(おおはし)文養斎　1794〜1870　江戸後期〜明治期の大洲藩家老

文翼　ぶんよく
林(はやし)文翼　江戸中期の漢学者

文鯉　ぶんり
文鯉　江戸後期の俳人

文狸　ぶんり
文狸　江戸中期の俳人

文里　ぶんり
文里　1729〜？　江戸中期の俳人

文笠　ぶんりつ
稲田(いなだ)文笠　1808〜1873　江戸後期〜明治期の吉田藩画師

分柳　ぶんりゅう
松本(まつもと)分柳　1771〜1843　江戸中期の埼玉郡南河原村の修験者

分竜　ぶんりゅう
分竜　？〜1640　江戸前期の浄土真宗の僧

文竜　ぶんりゅう　⇔ぶんりょう
石井(いしい)文竜　1746〜1819　江戸中期・後期の医者・俳人
立木(たつき)文竜　江戸末期・明治期の医師
中根(なかね)文竜　？〜1854　江戸後期・末期の画人
野口(のぐち)文竜　江戸後期の長崎の著述家
松岡(まつおか)文竜　江戸後期の医者
安岡(やすおか)文竜　江戸後期の医者

文龍　ぶんりゅう
蟠翁(ばんおう)文龍　？〜1614　江戸前期の僧

文竜　ぶんりょう　⇔ぶんりゅう
浅野(あさの)文竜　1724〜1784　江戸中期の医者

文良　ぶんりょう　⇔ふみよし
星野(ほしの)文良　1798〜1846　江戸後期の絵師

文琳　ぶんりん
八木(やぎ)文琳　？〜1815　江戸中期・後期の藩士

文隣　ぶんりん
文隣　1800〜1863　江戸後期・末期の僧侶

文鱗　ぶんりん
文鱗　江戸前期の俳諧作者

文嶺　ぶんれい
東翁(とうおう)文嶺　江戸後期の書家
早坂(はやさか)文嶺　江戸後期の絵師

文礼　ぶんれい　⇔ふみのり
荒川(あらかわ)文礼　1754〜1805　江戸後期の私塾教育者
大竹(おおたけ)文礼　1789〜1852　江戸後期の和算家
難波(なんば)文礼　1823〜1859　江戸後期・末期の医師・武術家
服部(はっとり)文礼　1810〜1878　江戸末期の官吏
森(もり)文礼　1829〜1867　江戸後期・末期の画家

文路　ぶんろ
上原(うえはら)文路　1779〜1843　江戸後期の俳人

文楼　ぶんろう
大文字屋(だいもんじや)文楼〔1代〕　？〜1780　江戸中期の町人

文郎　ぶんろう
入江(いりえ)文郎　1834〜1878　江戸末期・明治期のフランス語学者

文六　ぶんろく
文六　安土桃山時代の甲斐国巨摩郡青柳村在郷の番匠
文六　安土桃山時代の信濃国筑摩郡会田の土豪
赤井(あかい)文六　戦国時代の上野国衆
今井(いまい)文六　江戸後期・末期の農事功労者
木村(きむら)文六　江戸後期の行司
下村(しもむら)文六　？〜1708　江戸前期・中期の穢多頭。京都二条城の掃除役
増屋(ますや)文六　江戸後期の傘問屋

文六郎　ぶんろくろう
片山(かたやま)文六郎　江戸末期の殖産家

文和　ぶんわ
文和　？〜1803　江戸中期・後期の俳人
川上(かわかみ)文和　？〜1812　江戸中期・後期の医者

【へ】

平　へい　⇔たいら
両国(りょうごく)平　江戸後期の画家

平庵　へいあん
磯田(いそだ)平庵　1795〜1860　江戸後期・末期の国学者《磯田玉秋》

平一　へいいち
坂田(さかた)平一　1843〜1908　江戸末期・明治期の漆工

兵右衛門　へいうえもん　⇔ひょうえもん, へいえもん
本保(ほんぼ)兵右衛門　1842〜1907　江戸後期〜

明治期の仏師

平右衛門　へいうえもん　⇔へいえもん
長坂（ながさか）平右衛門　戦国時代の鳥居忠政の家老
中村（なかむら）平右衛門　1775〜1856　江戸中期〜末期の名主
武藤（むとう）平右衛門　安土桃山時代の武士。のち原町田村名主

兵右衛門　へいえもん　⇔ひょうえもん，へいうえもん
石浦村（いしうらむら）兵右衛門　江戸中期の石浦村名主名代
加納（かのう）兵右衛門　1590〜1634　江戸前期の武士
吉沢（よしざわ）兵右衛門　江戸後期の橘樹郡高石村名主

平右衛門　へいえもん　⇔へいうえもん
平右衛門　安土桃山時代の信濃国筑摩郡刈谷原の土豪
平右衛門　？〜1731　江戸中期の「カンザヤ」の初代
青山（あおやま）平右衛門　江戸後期の銀山方地役人
安西（あんざい）平右衛門　？〜1581　安土桃山時代の武田氏家臣
石原（いしわら）平右衛門　？〜1631　江戸前期の出羽庄内藩家老
石原（いしわら）平右衛門　？〜1632　江戸前期の出羽庄内藩家老
石原（いしわら）平右衛門　？〜1649　江戸前期の出羽庄内藩家老
石原（いしわら）平右衛門　1678〜1732　江戸中期の出羽庄内藩家老
石原（いしわら）平右衛門　1698〜1757　江戸中期の出羽庄内藩家老
石原（いしわら）平右衛門　1723〜1783　江戸中期の出羽庄内藩家老
石原（いしわら）平右衛門　1757〜1817　江戸後期の出羽庄内藩家老
石原（いしわら）平右衛門　1819〜1881　江戸末期の出羽庄内藩家老
今泉（いまいずみ）平右衛門　安土桃山時代の彦坂元正の手代
上田（うえだ）平右衛門　1804〜1869　江戸末期の国学者、歌人《上田千風》
大井田（おおいだ）平右衛門　？〜1590　戦国・安土桃山時代の武士。上杉景勝家臣
太田（おおた）平右衛門　1852〜1925　江戸末期〜大正期の殖産興業家
大森（おおもり）平右衛門　安土桃山時代の織田信長の家臣
長田（おさだ）平右衛門　江戸前期の旗本
梶原（かじわら）平右衛門　安土桃山時代の織田信長の家臣
綛田屋（かせたや）平右衛門　江戸末期の書物屋
金屋（かなや）平右衛門　江戸中期の書肆
木村（きむら）平右衛門　江戸後期の鳥居村の商人
小堀（こぼり）平右衛門　1779〜1860　江戸中期〜末期の剣術家。二天一流
金万（こんま）平右衛門　江戸前期の後藤又兵衛の配下
坪内（つぼうち）平右衛門　1812〜1882　江戸後期〜明治期の藩士
寺町村（てらまちむら）平右衛門　江戸時代の加賀藩の十村役
富樫（とがし）平右衛門　1845〜1914　江戸末期〜大正期の画人
殿村（とのむら）平右衛門〔8代〕　1833〜1874　江戸後期〜明治期の商人
中川（なかがわ）平右衛門　江戸中期の京都銀座大黒常是役所の手代
中村（なかむら）平右衛門　戦国時代の武将。武田家臣
中村（なかむら）平右衛門　？〜1653　江戸前期の飯島新田の開発百姓
中山（なかやま）平右衛門　江戸中期の国学徒・神官
早川（はやかわ）平右衛門　江戸後期の加木屋村の庄屋
菱屋（ひしや）平右衛門　江戸前期の京都糸割符商人
日吉（ひよし）平右衛門　江戸前期の三島代官五味豊法の手代
平原（ひらはら）平右衛門　？〜1885　江戸後期〜明治期の廻船業
堀江（ほりえ）平右衛門　江戸前期の六十人者与力
升屋（ますや）平右衛門〔1代〕　？〜1748　江戸中期の商人
松村（まつむら）平右衛門　江戸前期の検地役人
三浦（みうら）平右衛門　？〜1866　江戸末期の武士
水野（みずの）平右衛門　1589〜1654　安土桃山・江戸前期の藩士
三木（みつぎ）平右衛門　江戸後期の佐野天明鋳物師
森（もり）平右衛門　江戸前期の人。大坂八町目の者。大坂城中で長宗我部所へ奉公に出た
山口（やまぐち）平右衛門　1838〜1915　江戸末期〜大正期の焼津水産翁の一人
横山（よこやま）平右衛門　江戸末期の庄屋
吉田（よしだ）平右衛門　戦国時代の北条氏の家臣
若林（わかばやし）平右衛門　？〜1615　江戸前期の大友義統の家臣

平右衛門勝忠　へいえもんかつただ
大桑（おおくわ）平右衛門勝忠　江戸前期の豊臣秀頼の家臣

平右衛門尉　へいえもんのじょう
岸（きし）平右衛門尉　戦国時代の遠江国城東郡中村の土豪
高木（たかぎ）平右衛門尉　安土桃山時代の信濃国諏訪郡高木の土豪
豊嶋（としま）平右衛門尉　？〜1477　室町・戦国時代の武士

平右衛門正時　へいえもんまさとき
柘植（つげ）平右衛門正時　1584〜1642　安土桃山・江戸前期の14代長崎奉行

平右衛門宗俊　へいえもんむねとし
北村（きたむら）平右衛門宗俊　1560〜1615　安土桃山・江戸前期の長宗我部元親の家臣

平貨　へいか
守谷（もりや）平貨　？～1806　江戸後期の都筑郡川和村名主
平格　へいかく
上野（うえの）平格　1685～1757　江戸前期・中期の俳人
児玉（こだま）平格　1791～1875　江戸後期～明治期の旧佐土原藩士で藩校学習館の教主
平角　へいかく
平野（ひらの）平角　1757～1825　江戸中期・後期の俳人
平願　へいがん
平願　平安中期の天台宗の僧
斃己斎　へいきさい
荻野（おぎの）斃己斎　江戸中期の漢学者
兵吉　へいきち　⇔ひょうきち
竹本（たけもと）兵吉　江戸後期の酒造業
本保（ほんぽ）兵吉　1853～1934　江戸後期～昭和期の仏師
平吉　へいきち
荒井（あらい）平吉　？～1798　江戸中期の大住郡須賀村名主
石田（いしだ）平吉　1801～1870　江戸後期～明治期の陶工
大坂屋（おおさかや）平吉　江戸中期の薬種商。ズボートウ（現在のドロップ）を販売
小峠（ことうげ）平吉　江戸後期の工匠
斎藤（さいとう）平吉　江戸前期の豊臣秀頼の家臣
志茂（しも）平吉　江戸後期の大原郡代の手代
長浜（ながはま）平吉　1733～1757　江戸中期の硫黄島の人。琉球からカライモをもたらした
英（はなぶさ）平吉　1780～1830　江戸中期・後期の版元
山本（やまもと）平吉　江戸後期・末期の錦絵、草紙問屋
渡辺（わたなべ）平吉　1763～1833　江戸中期・後期の藩士
米牛　べいぎゅう
米牛　1813～1861　江戸後期・末期の俳人
平九郎　へいくろう
上木（うわぎ）平九郎　南北朝時代の土豪
鎌倉（かまくら）平九郎　江戸中期の歌舞伎敵役の名手
川澄（かわずみ）平九郎　？～1855　江戸後期・末期の剣術家。温故知新流祖
服部（はっとり）平九郎　1837～1898　江戸後期～明治期の地主・銀行家
彦坂（ひこさか）平九郎　江戸前期の代官
福島（ふくしま）平九郎　江戸前期の柔術家
藤川（ふじかわ）平九郎〔1代〕　？～1729　江戸中期の歌舞伎俳優
平九郎重国　へいくろうしげくに
鈴木（すずき）平九郎重国〔11代〕　？～1864　江戸後期・末期の名主・公私日記筆者
瓶吾　へいご
橘香亭（きっこうてい）瓶吾　江戸中期の噺本作者
平吾　へいご
岩松（いわまつ）平吾　1827～1890　江戸後期～明治期の陶業家
平五郎　へいごろう
高瀬（たかせ）平五郎　1846～1917　江戸末期～大正期の篤農家
成川（なりかわ）平五郎　江戸後期～明治期の横浜商人
福本（ふくもと）平五郎　江戸後期の人足差配賄方付
藤森（ふじもり）平五郎　1839～1890　江戸後期～明治期のジャーナリスト
三浦（みうら）平五郎　戦国時代の里見氏家臣
世安（よやす）平五郎　江戸後期の三浦郡上平作村民
平砂　へいさ
皐月（さつき）平砂〔3代〕　1736～1813　江戸中期・後期の俳人
兵左　へいざ　⇔ひょうざ
松永屋（まつながや）兵左　江戸中期の商人
平斎　へいさい
平斎　江戸後期の俳人
兵左衛門　へいざえもん　⇔ひょうざえもん
兵左衛門　江戸後期の大住郡曽屋村の長吏
兵左衛門　江戸後期の津久井県青山村民
青木（あおき）兵左衛門　？～1647　江戸前期の弘前藩士
飯島（いいじま）兵左衛門　江戸後期の座間入谷村名主
井上（いのうえ）兵左衛門　江戸前期の商人。干瓢を創製
加藤（かとう）兵左衛門　1590～1654　安土桃山・江戸前期の加藤・三好家第3代当主
窪田（くぼた）兵左衛門　安土桃山時代の八王子千人頭
界村（さかいむら）兵左衛門　？～1722　江戸前期・中期の南山御蔵入地百姓一揆の主謀者
白石（しらいし）兵左衛門　1794～1870　江戸後期～明治期の名主・藍玉商人
直井（なおい）兵左衛門　江戸後期の地役人で榑木方
宮田（みやた）兵左衛門　？～1864　江戸後期の大住郡南金目村旗本船橋氏知行所名主
平左衛門　へいざえもん
平左衛門　？～1658　江戸前期の古切支丹
会田（あいだ）平左衛門　？～1663　江戸前期の日光御成道大門宿本陣・問屋兼名主
生駒（いこま）平左衛門　安土桃山時代の織田信長の家臣
内田（うちだ）平左衛門　江戸前期の御餌指
大塩（おおしお）平左衛門　？～1686　江戸前期の雄国新田の開発者
小沢（おざわ）平左衛門　1589？～？　安土桃山・江戸前期の黒沢尻の肝入役
小野沢（おのざわ）平左衛門　1791～1848　江戸後期の農政家・名主
香取（かとり）平左衛門　安土桃山時代の武人
川澄（かわすみ）平左衛門　1597～1676　安土桃山・江戸前期の町奉行・国奉行
斎藤（さいとう）平左衛門　1836～1910　江戸後期

へ

〜明治期の人工造林の創始者
須田（すだ）平左衛門　1841〜1878　江戸後期〜明治期の有志家
関（せき）平左衛門　戦国時代の駿河国石田の土豪
田原（たばら）平左衛門　1835〜1866　江戸後期・末期の岡山藩家老土倉氏（佐伯陣屋）の家臣
千野（ちの）平左衛門　安土桃山時代の信濃国諏訪郡の国衆
寺田（てらだ）平左衛門　江戸前期の柔術家
徳生（とくしょう）平左衛門　1802〜1858　江戸後期の新座郡膝折村の針金・銅板製造業者
外山（とやま）平左衛門　？〜1885　江戸後期〜明治期の和算家
中村（なかむら）平左衛門　1793〜1867　江戸後期・末期の治水家
渾川（にごりかわ）平左衛門　1748〜1804　江戸中期・後期の好古家
仁科（にしな）平左衛門　江戸中期の武士
服部（はっとり）平左衛門　安土桃山時代の織田信長の家臣
福王（ふくおう）平左衛門　江戸後期・末期の幕臣
福富（ふくずみ）平左衛門　安土桃山・江戸前期の豊臣秀吉の家臣
二村（ふたむら）平左衛門　1845〜1882　江戸末期・明治期の学務委員
不破（ふわ）平左衛門　江戸前期の豊臣秀頼の家臣
真壁（まかべ）平左衛門　1774〜1859　江戸後期の剣道師範
南出（みなみで）平左衛門　江戸末期の武士
宮島（みやじま）平左衛門　？〜1668　江戸前期の鉱山師
宮の（みやの）平左衛門　戦国・安土桃山時代の信濃国筑摩郡安坂の土豪
安井（やすい）平左衛門　江戸前期の大鼓方葛野流能楽師
山崎（やまざき）平左衛門　戦国時代の北条氏の家臣
遊佐（ゆざ）平左衛門　江戸中期の鳴子村肝入・検断
吉田（よしだ）平左衛門　1591〜？　安土桃山時代の長宗我部元親の家臣吉田市左衛門政重の嫡男

平左衛門景房　へいざえもんかげふさ
桑田（くわだ）平左衛門景房　？〜1639　江戸前期の毛利輝元の家臣。大坂の陣で籠城

平左衛門郷家　へいざえもんさといえ
山崎（やまざき）平左衛門郷家　？〜1634　江戸前期の豊臣秀頼・伊達政宗の家臣

平左衛門尉　へいざえもんのじょう
大森（おおもり）平左衛門尉　戦国時代の織田信長の家臣
小山田（おやまだ）平左衛門尉　？〜1582　戦国・安土桃山時代の武田氏の家臣
笠原（かさはら）平左衛門尉　？〜1581　戦国時代の北条氏の家臣
原（はら）平左衛門尉　戦国・安土桃山時代の木曽氏の家臣

兵作　へいさく
井出（いで）兵作　江戸前期の武士
河上（かわかみ）兵作　1712〜1784　江戸中期の今治藩々士、総社川改修の功労者

平作　へいさく
安藤（あんどう）平作　江戸後期の橘樹郡小杉村民
生熊（いぐま）平作　江戸後期の藩士
岩田（いわた）平作　1828〜？　江戸後期・末期の浦賀奉行所同心
小峠（ことうげ）平作　？〜1864　江戸末期の工匠
斎藤（さいとう）平作　1810〜1881　江戸後期〜明治期の西船生村庄屋、安政堀（平作堀）開削の指導者、西船生河岸開設者
森下（もりした）平作　1839〜？　江戸後期・末期の新撰組隊士

平三郎　へいさぶろう　⇔へいざぶろう
佐藤（さとう）平三郎　戦国・安土桃山時代の吉田の富士山御師か

平三郎　へいざぶろう　⇔へいさぶろう
天野（あまの）平三郎　安土桃山時代の北条宗哲に付属した北条氏の家臣
市原（いちはら）平三郎　1767〜1851　江戸中期・後期の富豪
加藤（かとう）平三郎　江戸前期の駿河国志太郡小川村の人
金丸（かねまる）平三郎　戦国時代の武田氏の家臣
小泉（こいずみ）平三郎　？〜1652　江戸前期の代官
小路（こうじ）平三郎　江戸末期の新撰組隊士
関（せき）平三郎　安土桃山時代の検地役人
田近屋（たぢかや）平三郎　江戸中期の高山の人
夏目（なつめ）平三郎　江戸末期の一色村の廻船業者
松井（まつい）平三郎　江戸前期のワキ方春藤流能楽師
茂木（もてぎ）平三郎　1850〜1902　江戸末期・明治期の日本組合教会伝道者
山際（やまぎわ）平三郎　1846〜1894　江戸後期〜明治期の新撰組隊士
山崎（やまざき）平三郎　安土桃山時代の織田信長の家臣

平三郎信貫　へいざぶろうのぶつら
津田（つだ）平三郎信貫　江戸前期の武士。大坂の陣で籠城

瓶山　へいざん
田中（たなか）瓶山　？〜1847　江戸後期の日本画家
三浦（みうら）瓶山　1725〜1795　江戸中期の富山藩の儒者。富山藩藩校広徳館の初代学頭

平山　へいざん
平山　1800〜1843　江戸後期の俳人
鎌田（かまだ）平山　？〜1892　江戸後期〜明治期の漢学者
鳥山（とりやま）平山　江戸後期の俳人

屏山　へいざん
市島（いちしま）屏山　江戸後期の北蒲原郡水原町の富豪
水足（みずたり）屏山　1671〜1732　江戸前期・中期の儒者

米山　べいざん
細谷（ほそや）米山　1837〜1885　江戸後期〜明治期の医師・南画家

萍子　へいし
竜光寺(りゅうこうじ)萍子　江戸後期の俳僧

兵治　へいじ
小池(こいけ)兵治　1854～?　江戸末期・明治期の営業写真師

平次　へいじ
跡部(あとべ)平次　戦国時代の武将。武田家臣
白須(しらす)平次　戦国時代の武将。武田家臣
土橋(つちはし)平次　?～1582　安土桃山時代の土豪
矢部(やべ)平次　鎌倉時代の武士

平治　へいじ
土橋(つちはし)平治　安土桃山・江戸前期の武士
簗田(やなた)平治　?～1797　江戸中期・後期の八戸藩の剣客

米史　べいし
隠岐(おき)米史　1704～1748　江戸中期の俳人

平次右衛門　へいじえもん
新井(あらい)平次右衛門　江戸中期の忍藩秩父領の割役
門田(もんでん)平次右衛門　1650～1721　江戸前期・中期の米穀問屋

平治右衛門　へいじえもん
小林(こばやし)平治右衛門　1815～1872　江戸後期～明治期の庄内藩家老

平次左衛門　へいじざえもん
鈴木(すずき)平次左衛門　戦国時代の上総国天羽郡湊川(天神山川)下流域に拠った小領主・土豪
鈴木(すずき)平次左衛門　江戸後期の都筑郡東方村民

平次左　へいじすけ
河下(かわした)平次左　安土桃山時代の検地役人

兵七　へいしち　⇔ひょうしち
和田(わだ)兵七　江戸中期の京都銀座大黒常是役所の手代

平七　へいしち
赤川(あかがわ)平七　安土桃山時代の織田信長の家臣
稲生(いのう)平七　?～1657　江戸前期の新田開発者
井上(いのうえ)平七　江戸前期の前田家鷹場の鳥見
宇田川(うだがわ)平七　江戸後期・末期の幕臣
高山町方村(たかやままちかたむら)平七　?～1795　江戸中期の義民。高山町方村名主
竹田(たけだ)平七　江戸中期の浄瑠璃脚本家
坪内(つぼうち)平七　1689～1767　江戸中期の石工
豊田(とよだ)平七　江戸時代の前橋藩儒
菱屋(ひしや)平七　江戸後期の尾張国の商人
町方村(まちかたむら)平七　1759～1795　江戸中期の義民。高山町方村の名主
宮田(みやた)平七　江戸前期の大野治長の家臣
山田(やまだ)平七　1725～1766　江戸中期の准西国稲毛33か所巡礼札所創始者

平七郎　へいしちろう
那須(なす)平七郎　1847～1917　江戸末期～大正期の酒造業
西形(にしかた)平七郎　1847～1904　江戸後期～明治期の中山村戸長

平次兵衛　へいじひょうえ
田村(たむら)平次兵衛　江戸後期の飛騨代官の国元手代

平治兵衛　へいじべい
安井(やすい)平治兵衛　江戸中期の韮山代官江川氏の手代

平次兵衛孝始　へいじべえたかもと
元木(もとき)平次兵衛孝始　1761～1835　江戸中期・後期の関東売藍商

平次兵衛暢発　へいじべえのぶなり
元木(もとき)平次兵衛暢発　1790～1858　江戸後期・末期の関東売藍商

平次弥　へいじや
安間(あんま)平次弥　安土桃山時代の代官

平十　へいじゅう
二村(にむら)平十　戦国時代の検地役人

平十郎　へいじゅうろう
黒川(くろかわ)平十郎　江戸前期の京都糸割符商人
鈴木(すずき)平十郎　?～1738　江戸中期の代官
田辺屋(たなべや)平十郎　江戸前期の商人
堆朱(ついしゅ)平十郎　江戸前期の彫漆工

平重郎　へいじゅうろう
平重郎　江戸後期の高野山寺領横座村農民

平寿王　へいじゅおう
平寿王　江戸時代の播州明石藩士

平潤　へいじゅん
居相(いあい)平潤　江戸後期の画家

瓶城　へいじょう
原(はら)瓶城　1834～1896　江戸後期～明治期の儒学者・教育者

米嶂　べいしょう
高桑(たかくわ)米嶂　?～1852　江戸後期の漢方医

兵四郎　へいしろう　⇔ひょうしろう
高橋(たかはし)兵四郎　江戸後期の幕臣
高山(たかやま)兵四郎　江戸後期の暦算家
森(もり)兵四郎　江戸後期の久良岐郡宿村名主

平四郎　へいしろう
牛込(うしごめ)平四郎　戦国時代の北条氏の家臣
大久保(おおくぼ)平四郎　江戸後期の百姓一揆指導者
北国(きたくに)平四郎　1819～1884　江戸後期～明治期の米子の新開川開発者の1人
気仙(けせん)平四郎　?～1826　江戸中期・後期の事業家
小林(こばやし)平四郎　戦国時代の上野国衆
下青出村(しもあおいでむら)平四郎　江戸後期の十村分役
新(しん)平四郎　安土桃山時代の検地役人
高橋(たかはし)平四郎　1834～1889　江戸後期～明治期の製糸業界の先駆者
服部(はっとり)平四郎　江戸中期の陶工
備前(びぜん)平四郎　?～1189　鎌倉前期の武将

町井（まちい）平四郎　1839～1921　江戸末期～大正期の富農、地方政治家
宮垣（みやがき）平四郎　江戸末期の木匠
村瀬（むらせ）平四郎　？～1840　江戸後期の幕臣
山村（やまむら）平四郎　1638～1709　江戸前期・中期の陶工

兵次郎　へいじろう
井上（いのうえ）兵次郎　？～1839　江戸末期の武士

兵治郎　へいじろう
中村（なかむら）兵治郎　？～1767　江戸中期の鉄山中興の祖

平次郎　へいじろう
平次郎　江戸後期の高野山寺領市場村農民
石川（いしかわ）平次郎　江戸末期の新撰組隊士
加賀山（かがやま）平次郎　1770～1844　江戸中期・後期の人。愛媛県で最初に温州ミカンを導入した功労者
幸福（こうぶく）平次郎　室町・戦国時代の武田氏の家臣
榊原（さかきはら）平次郎　1831～1883　江戸後期～明治期の津山松平藩越州流軍学師役
佐藤（さとう）平次郎　江戸時代の川崎村の名主
竹原（たけはら）平次郎　江戸末期の洋学者
平井（ひらい）平次郎　1774～1843　江戸中期・後期の町吏
吉田（よしだ）平次郎　江戸前期の十村

平二郎　へいじろう
相磯（あいそ）平二郎　戦国時代の在郷被官
朝倉（あさくら）平二郎　江戸前期の江戸城城代遠山氏の家臣

平次郎利宗　へいじろうとしむね
郡（こおり）平次郎利宗　1601～1656　安土桃山・江戸前期の豊臣秀頼の小姓

平臣　へいしん　⇔ひらおみ
松岡（まつおか）平臣　1786～1849　江戸後期の国学者、俳人《松岡平臣》

平人　へいじん
山田（やまだ）平人　1814～1849　江戸後期の医師

秉仁　へいじん
奥間（おくま）秉仁　1765～1820　江戸中期・後期の屋良の水釜屋取の草分け

兵助　へいすけ　⇔ひょうすけ
兵助　江戸後期の津久井県上川尻村名主
大久保（おおくぼ）兵助　1814～1882　江戸後期～明治期の俳人。阿波の人
寺家村（じけむら）兵助　江戸前期の十村役
辻（つじ）兵助　？～1618　江戸前期の旗本
藤木（ふじき）兵助　江戸後期の剣豪
堀（ほり）兵助　江戸時代の大砲鋳造家
八日町村（ようかまちむら）兵助　江戸末期の塩肴荷物中継問屋

平介　へいすけ
平介　戦国時代の信濃小県郡の国衆小泉氏の被官
松野（まつの）平介　？～1582　戦国・安土桃山時代の織田信長の家臣

平助　へいすけ
今井（いまい）平助　？～1600　安土桃山時代の金森家士
勝木（かつき）平助　？～1725　江戸前期・中期の庄内藩士
兼沢（かねざわ）平助　？～1855　江戸後期・末期の山師
小峠（ことうげ）平助　？～1818　江戸後期の工匠
杉原（すぎはら）平助　？～1868　江戸末期の幕臣
象ヶ鼻（ぞうがはな）平助　1837～1890　江戸後期～明治期の大相撲大関
高橋（たかはし）平助　1746？～1807　江戸中期・後期の民俗芸能伝承者
高橋（たかはし）平助　1769～1832　江戸後期の医師
平井（ひらい）平助　江戸末期・明治期の実業家
藤原（ふじわら）平助　？～1811　江戸中期・後期の相原の農民
法力村（ほうりきむら）平助　？～1790　江戸中期の義民。法力村の百姓
堀（ほり）平助　安土桃山・江戸前期の武士
松尾（まつお）平助　江戸後期の和算家、篠山藩士

平三　へいぞう
今井（いまい）平三　？～1509　戦国時代の武田氏の家臣
小山田（おやまだ）平三　戦国時代の甲斐都留郡の国衆
河合（かわい）平三　1835～1878　江戸後期～明治期の教育者
川津（かわづ）平三　1837～？　江戸後期・末期の新撰組隊士
坂本（さかもと）平三　？～1868　江戸後期・末期の新撰組隊士
吉沢（よしざわ）平三　1835～？　江戸後期・末期の新撰組隊士《吉沢平造》
李（り）平三　1810～1868　江戸後期・末期の唐通事

平蔵　へいぞう
飯島（いいじま）平蔵　江戸中期の人。「上野国志」を執筆
伊沢（いさわ）平蔵　1838～1911　江戸後期～明治期の酒造業
板沢（いたざわ）平蔵　江戸前期の人。板沢村を領し、板沢氏を名乗った
井出（いで）平蔵　安土桃山時代の検地役人
大橋（おおはし）平蔵　1810～1887　江戸末期の篤行家
岡（おか）平蔵　江戸後期～明治期の陶工
小栗（おぐり）平蔵　江戸後期の酒造業
草場（くさば）平蔵　1832～1910　江戸後期～明治期の商人
小峠（ことうげ）平蔵　1829～1893　江戸末期・明治期の工匠
佐野（さの）平蔵　安土桃山時代の検地役人
田原（たはら）平蔵　1858～1907　江戸末期・明治期の養蚕伝習所設立
多羅尾（たらお）平蔵　江戸前期の武士
新張村（にいばりむら）平蔵　江戸後期の大野郡新

張村の名主
古沢（ふるさわ）平蔵　戦国時代の武将。武田家臣
宮内（みやうち）平蔵　江戸後期の海商
矢部（やべ）平蔵　？～1852　江戸後期の俳人
吉田（よしだ）平蔵　江戸前期の十村

平造　へいぞう
吉沢（よしざわ）平造　1835～？　江戸後期・末期の新撰組隊士

平蔵氏成　へいぞううじなり
佐々（さっさ）平蔵氏成　江戸前期の豊臣秀頼の家臣

平蔵常政　へいぞうつねまさ
後藤（ごとう）平蔵常政　？～1646　江戸前期の武士。大坂の陣で籠城

平蔵兵衛　へいぞうひょうえ
佐方（さかた）平蔵兵衛　江戸前期の武士。大坂の陣で籠城

平三兵衛　へいぞべえ
梶原（かじわら）平三兵衛　安土桃山時代の織田信長の家臣

平太　へいた
小沢（おざわ）平太　？～1575　安土桃山時代の武田氏の家臣、禰津月直の被官
佐々（さっさ）平太　安土桃山時代の織田信長の家臣
城（じょう）平太　平安後期の伊豆の住人。源頼朝挙兵より従う
鈴木（すずき）平太　安土桃山時代の検地役人
山崎（やまざき）平太　1748～1808　江戸中期・後期の剣術家。影山流

平太夫　へいだいう　⇔へいだゆう
宮本（みやもと）平太夫　江戸後期の大住郡大山阿夫利神社祠官

兵太夫　へいだゆう　⇔ひょうだゆう
大崎（おおさき）兵太夫　？～1682　江戸前期の内宮の別宮・伊雑宮の神人
蒲原（かんばら）兵太夫　戦国時代の武将。武田家臣
下川（しもかわ）兵太夫　安土桃山時代の加藤清正の祐筆

兵大夫　へいだゆう
佐久間（さくま）兵大夫　？～1582　安土桃山時代の織田信長の家臣
高木（たかぎ）兵大夫　江戸後期の武士
宮本（みやもと）兵大夫　安土桃山時代の織田信長の家臣

平太夫　へいだゆう　⇔へいだいう
荒木（あらき）平太夫　？～1600　安土桃山時代の若桜城主
大坂（おおさか）平太夫　江戸時代の本吉郡歌津村泊崎におかれた唐船番所の常駐番人
柏木（かしわぎ）平太夫　江戸後期の韮山代官江川氏の手代
御所ケ浦（ごしょがうら）平太夫　江戸中期の力士
白河（しらかわ）平太夫　平安時代の人。加賀国能美郡原村の花山法皇建立と伝える五重塔の塔守
曽我（そが）平太夫　江戸前期・中期の弓術家
二俣（ふたまた）平太夫　江戸中期の兵学者
堀（ほり）平太夫　？～1868　江戸後期・末期の勇士
本間（ほんま）平太夫　江戸後期の神楽師
松木（まつき）平太夫　江戸後期の韮山代官江川氏の手代

平大夫　へいだゆう
上野（うえの）平大夫　江戸前期の長宗我部家・立花宗茂・忠茂の家臣
小出（こいで）平大夫　1656～1726　江戸中期の武士、幕臣
長屋（ながや）平大夫　江戸前期の木村重成の家来

平太郎　へいたろう
石川（いしかわ）平太郎　江戸末期の藩士

平旦　へいたん
平旦　江戸中期の俳人

平仲　へいちゅう
山梨（やまなし）平仲　？～1805　江戸中期・後期の画家

平忠　へいちゅう
平忠　？～956　平安中期の僧

米中　べいちゅう
米中　江戸中期の俳人
小倉（おぐら）米中　江戸後期の絵師

米都　べいと
米都　江戸中期の俳人・狂歌作者

兵内　へいない　⇔ひょうない
小野（おの）兵内　戦国時代の武将。武田家臣

平内　へいない　⇔ひょうない
大森（おおもり）平内　江戸中期の三島代官齋藤直房の手代
加藤（かとう）平内　？～1904　江戸末期・明治期の旗本
北村（きたむら）平内　江戸中期の無組扶持人
千石（せんごく）平内　1595～1615　安土桃山・江戸前期の伊東長次の家臣
辻（つじ）平内　1763～1815　江戸中期・後期の武士
丸子（まるこ）平内　安土桃山時代の真田氏の家臣
村上（むらかみ）平内　？～1739　江戸中期の剣術家。二天一流
吉田（よしだ）平内　安土桃山時代の織田信長の家臣

平内次　へいないじ
渡部（わたなべ）平内次　戦国時代の三河国今橋（吉田）馬見塚の土豪

平内太夫　へいないだゆう
平内太夫　江戸末期の三葛村船運業者

平内利晴　へいないとしはる
岡（おか）平内利晴　？～1615　江戸前期の明石掃部頭の婿

平内兵衛　へいないひょうえ　⇔へいないびょうえ
江馬（えま）平内兵衛　鎌倉後期の武士

平内兵衛　へいないびょうえ　⇔へいないひょうえ
原子（はらこ）平内兵衛　安土桃山時代の原子館主

平入　へいにゅう
原田（はらだ）平入〔2代〕　江戸後期の幕臣・茶人

へ

平之丞　へいのじょう
柄沢（からさわ）平之丞　1839〜1907　江戸後期〜明治期の伊那郡上村の人
佐賀（さが）平之丞　1826〜1893　江戸末期・明治期の漁業家、開拓者
辻（つじ）平之丞　？〜1657　江戸前期の藩士

平之進　へいのしん
山口（やまぐち）平之進　江戸前期の賀美郡渡瀬村のキリシタン

兵八　へいはち　⇔ひょうはち
佐藤（さとう）兵八　？〜1900　江戸後期〜明治期の実業家

平八　へいはち
曽我（そが）平八　？〜1600　安土桃山時代の金森家臣
西村（にしむら）平八　江戸中期の書肆
馬淵（まぶち）平八　？〜1615　江戸前期の伊東長次の家来
茂木（もてぎ）平八　1837〜？　江戸後期〜明治期の篤農家
森本（もりもと）平八　江戸末期の新撰組隊士

兵八郎　へいはちろう
須藤（すどう）兵八郎　1651〜1732　江戸前期・中期の剣術家。心地流祖

平八郎　へいはちろう
渥美（あつみ）平八郎　？〜1859　江戸後期・末期の剣術家。渥美念流
飯河（いいかわ）平八郎　江戸時代の備中鴨方藩士・剣術家
飯川（いいかわ）平八郎　江戸末期の剣士
片岡（かたおか）平八郎　1651〜1670　江戸前期の義士
菊地（きくち）平八郎　江戸末期の水戸藩士・小姓頭取。1867年遣仏使節に随行しフランスに渡る
田中（たなか）平八郎　安土桃山時代の武士
西山（にしやま）平八郎　1841〜1892　江戸後期〜明治期の御家人
増田（ますだ）平八郎　1833〜1887　江戸後期〜明治期の地域功労者
山田（やまだ）平八郎　1830〜1898　江戸後期〜明治期の実業家、政治家

平八郎景義　へいはちろうかげよし
沼田（ぬまた）平八郎景義　1540〜1581　戦国・安土桃山時代の武士

平兵衛　へいびょうえ　⇔へいべい，へいべえ
岡田（おかだ）平兵衛　？〜1614　江戸前期の武士。大坂の陣で籠城

米夫　べいふ
今井（いまい）米夫　1813〜1889　江戸後期〜明治期の俳人

米布　べいふ
米布　江戸中期の俳人・商家

平兵衛　へいべい　⇔へいびょうえ，へいべえ
詫間（たくま）平兵衛　1704〜1793　江戸中期・後期の事業家であり公益家
山崎（やまざき）平兵衛　1848〜1900　江戸後期〜明治期の地方自治功労者

兵平衛　へいべえ
高橋（たかはし）兵平衛　1718〜1802　江戸中期の庄屋、救済家

平兵衛　へいべえ　⇔へいびょうえ，へいべい
平兵衛　江戸後期の橘樹郡上菅生村民
平兵衛　江戸末期の高野山寺領河根村庄屋
油屋（あぶらや）平兵衛　江戸末期の木綿買継商人・問屋
庵の（あんの）平兵衛　？〜1702　江戸前期・中期の無頼者
生駒（いこま）平兵衛　安土桃山・江戸前期の武士
石本（いしもと）平兵衛　1787〜1843　江戸後期の幕府御用商人、豪商
岩手屋（いわでや）平兵衛　江戸末期の問屋
遠藤（えんどう）平兵衛　江戸後期の関東売藍商
大久保（おおくぼ）平兵衛　江戸前期の関東代官
大久保（おおくぼ）平兵衛　江戸後期の大住郡伊勢原村の菓子師
片岡（かたおか）平兵衛　安土桃山時代の織田信長の家臣
神谷（かみや）平兵衛　江戸後期の高座郡和田村民
河内屋（かわちや）平兵衛　？〜1768　江戸中期の廻船業
桑原（くわばら）平兵衛　？〜1570　戦国・安土桃山時代の織田信長の家臣
郷古（ごうご）平兵衛　江戸前期の肝入
小嶋（こじま）平兵衛　1809〜1874　江戸後期〜明治期の西大平藩領七か村の割元庄屋
小林（こばやし）平兵衛　1779〜1849　江戸中期・後期の農政家
鮫屋（さめや）平兵衛　江戸前期の京都糸割符商人
下岡本村（しもおかもとむら）平兵衛　？〜1775　江戸中期の義民。下岡本村名主
新屋（しんや）平兵衛　江戸中期の日高廻船年行司
高橋（たかはし）平兵衛　1718〜1802　江戸中期の庄屋、救済家《高橋兵平衛》
高橋（たかはし）平兵衛　江戸後期の扶持人十村役
高橋（たかはし）平兵衛　江戸後期の大住郡出縄村民
田宮（たみや）平兵衛　安土桃山時代の剣術家
辻（つじ）平兵衛　1790〜1857　江戸後期の船乗り。プチャーチン帰国船ヘダ号の造船御用係
津曲（つまがり）平兵衛　1829〜1897　江戸後期〜明治期の本願寺開教の恩人の1人
長尾（ながお）平兵衛　江戸前期の書肆
原（はら）平兵衛　1705〜1792　江戸中期・後期の盛岡藩士
平野（ひらの）平兵衛　1830〜1895　江戸後期〜明治期の実業家
福田（ふくだ）平兵衛　1831〜1908　江戸後期〜明治期の幡豆町造船業の先駆け
福本（ふくもと）平兵衛　江戸末期の江南村庄屋
細越村（ほそごえむら）平兵衛　江戸中期の細越村の名主
松浦（まつうら）平兵衛　江戸前期の温泉津湊の廻船問屋、老中衆
山口（やまぐち）平兵衛　1849〜1914　江戸末期〜

大正期の茂木銀行創設、初代頭取
湯本（ゆもと）平兵衛　江戸前期の草津温泉の湯宿経営者
綿貫（わたぬき）平兵衛　江戸後期の久良岐郡戸部村民

米峰　べいほう
奥畑（おくはた）米峰　1850～1912　江戸後期～明治期の村松藩士
高野（たかの）米峰　1821～1909　江戸末期・明治期の文人

平馬　へいま
川田（かわだ）平馬　1744～1814　江戸中期・後期の竹林派弓術家
白井（しらい）平馬　1825～1894　江戸末期～明治期の医者
向井（むかい）平馬　1743～1796　江戸後期の俳人
山田（やまだ）平馬　江戸後期の大住郡大山阿夫利神社祠官

餅夢　へいむ
山田（やまだ）餅夢　1737～1789　江戸中期の俳人

平兪　へいゆ
平兪　江戸中期の漢学者

米友　べいゆう
米友　1790～1870　江戸後期～明治期の俳人・書肆

平亮　へいりょう
飯塚（いいづか）平亮　1755～1826　江戸後期の佐野代官所役人、剣術家

平六　へいろく
雨夜（あまよ）平六　江戸中期の加賀大聖寺藩士
小林（こばやし）平六　江戸中期の浪人
真田（さなだ）平六　？～1615？　江戸前期の武士。大坂の陣で籠城
道島村（どうじまむら）平六　江戸時代の富山藩の十村役
新渡戸（にとべ）平六　？～1845　江戸後期の盛岡藩士
服部（はっとり）平六　平安後期の武士
深井（ふかい）平六　江戸中期の書家
矢延（やのべ）平六　1610～1685　江戸前期の武士、治水家

平六左衛門　へいろくざえもん
大槻（おおつき）平六左衛門　1791？～1865　江戸後期・末期の塩田開発者

碧庵　へきあん
岡井（おかい）碧庵　1626～1698　江戸前期・中期の儒者

日置王　へきおう
日置王　飛鳥時代の聖徳太子の子

碧於亭　へきおてい
池永（いけなが）碧於亭　1786～1861　江戸中期～末期の武士、儒者

碧巌　へきがん
岡本（おかもと）碧巌　1836～1922　江戸末期～大正期の勤王家、書道家

碧湖　へきこ
小豆沢（あずきざわ）碧湖　1848～1887　江戸後期～明治期の画家
小豆沢（あずきさわ）碧湖　小豆沢碧湖に同じ

碧山　へきざん
碧山　1604～1653　江戸前期の浄土宗の僧

碧水　へきすい
上田（うえだ）碧水　1809～1889　江戸後期～明治期の漢学者

僻惰　へきだ
森田（もりた）僻惰　1782～1834　江戸後期の画人

碧湛　へきたん
碧湛　江戸時代の禅僧

碧潭　へきたん
奥野（おくの）碧潭　1790～1853　江戸後期の画家

碧峰　へきほう
稲垣（いながき）碧峰　1813～1879　江戸後期～明治期の文人画家

平群氏女郎　へぐりうじのいらつめ
平群氏女郎　奈良時代の女性。万葉歌人

臍守　へそもり
可笑亭（かしょうてい）臍守　江戸後期の吉田の狂歌人

ノ桓　へちかん
ノ桓　室町時代の茶人

親雲上　ぺーちん
嘉手苅（かでかる）親雲上　1649～1733　江戸前期・中期の久米島仲里間切の地頭代
健堅（きんきん）親雲上　1779～1859　江戸中期～末期の地頭代
久志（くし）親雲上　江戸中期の人か
座安（ざあ）親雲上　江戸後期の地頭代
座嘉比（ざかび）親雲上　江戸末期の具志頭間切の地頭代
島袋（しまぶく）親雲上　江戸後期の善行者
数明（すみょう）親雲上　1510～1585　戦国・安土桃山時代の最初のおもろ主取
沢岻掟（たくしうっち）親雲上　？～1747　江戸中期の紅型三宗家のうちもっとも古い沢岻家の三世
辺名（ひなじ）親雲上　江戸中期の人。渡久地橋架橋工事の功労者
富着（ふちゃく）親雲上　1489～1554　戦国時代の治水・植栽功労者
前東江（まえのあがりえ）親雲上　1686～1760　江戸前期・中期の人。屋部ウェーキの基礎を築いた
松永（まつなが）親雲上　1755～1809　江戸中期・後期の久米村総横目、中議大夫、王舅

親雲上絜時　ぺーちんけいじ
宇根（うね）親雲上絜時　江戸中期の久米島の公孫氏

親雲上昌述　ぺーちんしょうじゅつ
浜川（はまがわ）親雲上昌述　1661～1727　江戸前期・中期の具志川間切地頭代

親雲上昌敷　ぺーちんしょうふ
山城（やましろ）親雲上昌敷　1679～1734　江戸前期・中期の具志川間切西銘村間切地頭代

親雲上智囿　ぺーちんちゆう
西平（にしひら）親雲上智囿　1613～1664　江戸前

へ

期の具志川間切地頭代
別眼　べつがん
別眼　江戸中期の曹洞宗の僧
丿左　へっさ
丸山(まるやま)丿左　1801〜1891　江戸後期〜明治期の俳人
丿松　べっしょう
丿松　？〜1736　江戸中期の俳人
丿身　べっしん
丿身　江戸前期の俳諧作者
別当　べっとう
別当　平安後期の歌人
宮本(みやもと)別当　安土桃山時代の信濃国安曇郡宮本の人。仁科神明宮の別当寺金峯山神宮寺の人物
別当典侍　べっとうのすけ　⇔べっとうのてんじ
別当典侍　平安後期の女官《別当典侍》
別当典侍　べっとうのてんじ　⇔べっとうのすけ
別当典侍　平安後期の女官
紅姫　べにひめ
紅姫　平安前期の女性。菅原道真が大宰権帥として筑紫に西下した際随伴した
弁　べん
弁　鎌倉前期の女房・歌人
弁　？〜1585　安土桃山時代の女性。三木三沢の娘
弁安　べんあん
浅井(あさい)弁安　1822〜1887　江戸後期〜明治期の医師
弁庵　べんあん
鳥越(とりごえ)弁庵　1831〜1900　江戸後期〜明治期の鹿沼の医師、慈善医療、貝島の開田事業
片雲　へんうん
片雲　1778〜1847　江戸中期・後期の浄土真宗の僧
尾崎(おざき)片雲　1840〜1916　江戸末期〜大正期の画家
片雲戸　へんうんこ
片雲戸　江戸後期の俳人
片海　へんかい
片海　江戸前期の俳人
弁海　べんかい
浅井(あさい)弁海　？〜1888　江戸後期〜明治期の真宗大谷派、加賀国能美郡北浅井村の妙永寺の僧
弁覚　べんかく　⇔べんがく
弁覚　平安後期・鎌倉前期の僧《弁覚》
弁覚　1377〜？　南北朝・室町時代の天台宗の僧
宮下(みやした)弁覚　1796〜1859　江戸後期・末期の医者、歌人
弁覚　べんがく　⇔べんかく
弁覚　平安後期・鎌倉前期の僧
弁覚　1377〜？　南北朝・室町時代の天台宗の僧《弁覚》
弁基　べんき
弁基　1299〜？　鎌倉後期・南北朝時代の僧
弁吉　べんきち
庄司(しょうじ)弁吉　1819〜1864　江戸後期・末期の剣術家。北辰一刀流
日景(ひかげ)弁吉　1848〜1919　江戸末期〜大正期の地域振興、青少年教育功労者
鞭牛　べんぎゅう
鞭牛　1710〜1782　江戸中期の閉伊街道開削者
勉強　べんきょう
大善(たいぜん)勉強　1820〜1902　江戸後期〜明治期の僧侶
弁教　べんきょう
弁教　南北朝時代の僧侶・歌人
弁空　べんくう
弁空　1344〜？　南北朝時代の天台宗の僧
弁光　べんこう
三津田(みつだ)弁光　1843〜1920　江戸末期〜大正期の僧侶
勉斎　べんさい
浦部(うらべ)勉斎　1836〜1873　江戸後期〜明治期の儒学者
布田(ぬのだ)勉斎　？〜1714　江戸前期・中期の医師
弁才　べんさい
弁才　1770〜1824　江戸中期・後期の浄土宗の僧
弁斎　べんさい
人見(ひとみ)弁斎　江戸前期の武芸家
弁作　べんさく
津田(つだ)弁作　江戸前期の画家
便山　べんざん
太田(おおた)便山　1681〜1752　江戸前期・中期の商人
弁次　べんじ
弁次　江戸中期の二川村庄屋
弁住　べんじゅう
弁住　戦国時代の天台宗の僧
弁成　べんじょう
弁成　江戸中期の日蓮宗の僧
片水　へんすい
片水　江戸中期の俳人
弁瑞　べんずい
弁瑞　？〜1825　江戸中期・後期の浄土宗の僧
弁助　べんすけ
小山田(おやまだ)弁助　江戸末期・明治期の旧黒羽藩士。地方政治家
片石　へんせき
片石　1685〜1757　江戸前期・中期の俳人・藩士
木村(きむら)片石　江戸後期の画家
弁蔵　べんぞう
栖原屋(すはらや)弁蔵　江戸末期の布引村商人
千疋屋(せんびきや)弁蔵　江戸後期の商人。千疋屋の創始者
春山(はるやま)弁蔵　1817〜1868　江戸後期・末期の浦賀奉行所同心

弁千代　べんちよ
福島（くしま）弁千代　戦国時代の武将
遍澄　へんちょう
遍澄　1802～1876　江戸後期～明治期の僧
偏典　へんてん
偏典　江戸後期の天台宗の僧
偏道　へんどう
偏道　江戸末期・明治期の天台宗の僧
弁日　べんにち
弁日　平安前期の天台僧
東溟（とうめい）弁日　？～1743　江戸中期の曹洞宗の僧
弁之助　べんのすけ
新免（しんめん）弁之助　？～1777　江戸中期の剣術家。二天一流
弁内侍　べんのないし
弁内侍　平安後期の女性。筑前守高階泰兼の娘
弁の御息所　べんのみやすんどころ
弁の御息所　平安前期の女性。清和天皇の妻
弁瓢　べんひょう
矢島（やじま）弁瓢　安土桃山時代の信濃国諏訪郡の社家衆
弁明　べんみょう
弁明　江戸中期の浄土真宗の僧
偏明　へんめい
偏明　江戸中期の天台宗の僧
弁了　べんりょう
暎芳寺（えいほうじ）弁了　？～1866　江戸末期の僧。高山市の暎芳寺16世。天亮の子

【ほ】

母阿　ぼあ
母阿　南北朝時代の時宗の僧・連歌作者
浦安　ほあん
日々庵（にちにちあん）浦安　江戸中期の俳人
広瀬（ひろせ）浦安　1765～1846　江戸後期の俳人
蒲庵　ほあん
森本（もりもと）蒲庵　戦国時代の甲斐武田晴信・勝頼の家臣
保庵　ほあん
能条（のうじょう）保庵　?～1826　江戸後期の医者
甫庵　ほあん
岡（おか）甫庵　1654～1737　江戸前期・中期の幕臣
寺島（てらしま）甫庵　戦国時代の武田信玄御伽衆
疋田（ひきた）甫庵　？～1655　江戸前期の医者、歌人
穂積（ほづみ）甫庵　江戸前期の医者
補庵　ほあん
長屋（ながや）補庵　江戸中期の医師
慕庵　ぼあん
後藤（ごとう）慕庵　1736～1788　江戸中期・後期の医者
暮庵　ぼあん
藤井（ふじい）暮庵　江戸後期の漢詩人
穂一郎　ほいちろう
田中（たなか）穂一郎　1841～1887　江戸後期～明治期の隠岐騒動の正義党代表の一人
邦　ほう　⇔くに
三宅（みやけ）邦　？～1819　江戸中期・後期の人。著書に『助語審象』
法阿弥陀仏　ほうあみだぶつ
法阿弥陀仏　鎌倉時代の女性。肥前国御家人宇野御厨内小値賀島住人山代三郎固の後家
放庵　ほうあん
安田（やすだ）放庵　江戸後期の漢学者
法庵　ほうあん
笈禎（きゅうてい）法庵　？～1618　安土桃山・江戸前期の弘前の浄土宗貞昌寺
芳安　ほうあん
北尾（きたお）芳安　1629～1698　江戸前期の医師
芳庵　ほうあん
青木（あおき）芳庵　江戸中期の眼科医
真子（まこ）芳庵　1794～1868　江戸後期・末期の医家
棒庵　ぼうあん
下津（しもつ）棒庵　？～1631　安土桃山・江戸前期の加藤清正・忠広に仕えた政治顧問的重臣
奉尹　ほういん
木村（きむら）奉尹　1731～1798　江戸中期・後期の儒者
法印　ほういん
赤松（あかまつ）法印　江戸前期の軍書読み
快弁（かいべん）法印　戦国時代の駿河国久能寺の住職
弘智（こうち）法印　1282～1363　鎌倉後期・南北朝時代の仏教の僧
三等（さんとう）法印　1678～1746　江戸前期・中期の僧侶
頼重（らいじゅう）法印　？～1384　南北朝時代の真言宗の僧
鳳羽　ほうう
大竹（おおたけ）鳳羽　1819～1896　江戸後期～明治期の漢学者
森山（もりやま）鳳羽　1842～1919　江戸後期～大正期の連句作者
法雲　ほううん
法雲　1638～1706　江戸前期・中期の禅宗黄檗派僧
鵬雲　ほううん
鵬雲　江戸後期の俳人
卯雲　ぼううん
白鯉館（はくりかん）卯雲〔2代〕 1744～1830　江戸中期・後期の狂歌師
法雲院　ほううんいん
法雲院　？～1654　江戸前期の女性。本多忠義の娘、金森頼直の妻
法慧　ほうえ
法慧　平安前期の経師

宝栄　ほうえい
宝栄　江戸前期の石見の刀匠
宝永　ほうえい
芦沢(あしざわ)宝永　戦国時代の甲斐国下山の土豪
邦英　ほうえい
劉(りゅう)邦英　1784～1833　江戸後期の医者
法円　ほうえん
宝円寺(ほうえんじ)法円　安土桃山時代の僧。高山市の宝円寺の開基
法衍　ほうえん
天徳寺(てんとくじ)法衍　?～1601　安土桃山時代の武士。佐野氏当主
芳畹　ほうえん
斎川(さいかわ)芳畹　1797～1885　江戸後期～明治期の画家
蓬王院　ほうおういん
蓬王院　1842～1843　江戸後期の女性。徳川家慶の十一女
豊翁丸義直　ほうおうまるよしなお
新田(にった)豊翁丸義直　?～1615　江戸前期の豊臣秀頼の家臣
ほ
報恩　ほうおん
報恩　?～795　奈良・平安前期の法相宗の僧
放過　ほうか
即吟舎(そくぎんしゃ)放過　江戸中期の狂歌作者
房快　ぼうかい
房快　鎌倉時代の僧
房海　ぼうかい
房海　1245～1316　鎌倉後期の天台宗の僧
法海坊　ほうかいぼう
法海坊　1652～1708　江戸前期・中期の僧侶
鳳郭　ほうかく
木村(きむら)鳳郭　江戸後期の仏画師
鳳岳　ほうがく
内藤(ないとう)鳳岳　1804～1871　江戸後期～明治期の絵師
房覚　ぼうかく
房覚　1102～1184　平安後期の天台僧
房覚　平安後期の醍醐寺・壺坂寺の学僧
宝月　ほうがつ
宝月　1737～1805　江戸中期・後期の学僧
宝観　ほうかん
宝観　1812～1881　江戸後期～明治期の浄土真宗の僧
宝鑑　ほうかん
大円(だいえん)宝鑑　?～1789　江戸中期・後期の曹洞宗の僧
方寛　ほうかん
崎山(さきやま)方寛　1825～1891　江戸後期～明治期の幕臣
方閑　ほうかん
柴野(しばの)方閑　江戸後期の漢詩人
藤岡(ふじおか)方閑　1825～1891　江戸後期～明治期の画家
邦諫　ほうかん
邦諫　戦国時代の浄土宗の僧・連歌作者
方厳　ほうがん
売茶(ばいさ)方厳　1760～1828　江戸中期・後期の煎茶道売茶流2代
法厳　ほうがん
法厳　?～1857　江戸後期・末期の真宗大谷派の僧
法願　ほうがん
法願　1805～1858　江戸後期・末期の真言律宗の僧
房観　ぼうかん
房観　鎌倉時代の天台宗の僧・歌人
伯耆　ほうき
伯耆　平安後期の官女
神戸(かんべ)伯耆　?～1569　戦国・安土桃山時代の織田信長の家臣
坪坂(つぼさか)伯耆　戦国時代の金沢御堂の御蔵方衆
古畑(ふるはた)伯耆　戦国時代の武将。武田家臣
鳳岐　ほうき
劉(りゅう)鳳岐　?～1627　安土桃山・江戸前期の人。彭城本家の初代
抱儀　ほうぎ
守村(もりむら)抱儀　1805～1862　江戸後期・末期の俳人
伯耆守久安　ほうきのかみひさやす
片山(かたやま)伯耆守久安　1575～1650　安土桃山・江戸前期の剣豪
伯耆守美雅　ほうきのかみよしまさ
萩原(はぎわら)伯耆守美雅　1669～1745　江戸前期・中期の49代長崎奉行
方久　ほうきゅう　⇔まさひさ
瀬戸(せと)方久　戦国時代の遠江国引佐郡の銭主・代官
放牛　ほうぎゅう
放牛　?～1732　江戸中期の僧侶
鵬居　ほうきょ
鵬居　江戸末期・明治期の俳人
宝篋　ほうきょう
宝篋　1189～?　平安後期・鎌倉前期の真言宗の僧
邦教　ほうきょう　⇔くにのり
邦教　1702～1761　江戸中期の天台宗の僧
彭旭　ほうきょく
三浦(みうら)彭旭　江戸中期の漢学者
豊玉　ほうぎょく
雪譚(せったん)豊玉　江戸前期の臨済宗の僧
法昕　ほうきん
大喜(だいき)法昕　?～1368　南北朝時代の禅僧
法空　ほうくう
法空　鎌倉後期の僧侶
方啓　ほうけい
須藤(すどう)方啓　1790～1855　江戸後期・末期の一関藩家老
芳桂　ほうけい
一色(いっしき)芳桂　1678～1748　江戸前期・中

期の儒者
鳳渓　ほうけい
鳳渓　江戸中期の浄土真宗の僧
河辺（かわべ）鳳渓　1787～1822　江戸中期・後期の漢学者
高田（たかだ）鳳渓　1847～1918　江戸末期～大正期の書家
鳳兮　ほうけい
松下（まつした）鳳兮　1839～1918　江戸末期～大正期の教育者、易学者
芳桂院殿　ほうけいいんでん
芳桂院殿　戦国時代の女性。千葉邦胤の正室
法賢　ほうけん
法賢　1770～1849　江戸中期・後期の浄土真宗の僧
匏軒　ほうけん
駒井（こまい）匏軒　1824～1879　江戸末期の漢学者
逢原　ほうげん
岡野（おかの）逢原　1775～1820　江戸中期・後期の漢学者
法眼　ほうげん
越後（えちご）法眼　室町時代の画家
大蔵（おおくら）法眼　室町～安土桃山時代の鎌倉仏師
庁務（ちょうむ）法眼　安土桃山時代の京都・曼殊院座主
松井（まつい）法眼　戦国時代の北条氏に仕えた医師
法源　ほうげん
法源　鎌倉後期・南北朝時代の僧侶・歌人
鳳原　ほうげん
鳳原　1712～1784　江戸中期の俳人
方壺　ほうこ
方壺　江戸中期の俳人
竹村（たけむら）方壺　1756～1796　江戸中期・後期の俳人
渡辺（わたなべ）方壺　？～1833　江戸後期の文人
保悟　ほうご
奥野（おくの）保悟　？～1758　江戸中期の歌人
法護　ほうご
法護　1736～1801　江戸中期・後期の真言宗の僧
峯斅　ほうこう
峯斅　835～908　平安前期・中期の真言宗の僧
法光　ほうこう　⇔のりみつ
法光　平安前期の越後国分尼寺の僧
芳工　ほうこう
芳工　？～1798　江戸中期・後期の龍門司焼の陶工。加治木島津家の臣
鳳岡　ほうこう
鳳岡　1680～1756　江戸前期・中期の俳人
葆光　ほうこう　⇔ほこう，やすみつ
大武（おおたけ）葆光　1738～1801　江戸中期・後期の漢学者
葆晃　ほうこう
香川（かがわ）葆晃　1835～1898　江戸後期～明治期の僧
忘光　ぼうこう
慧亮（えりょう）忘光　江戸末期の曹洞宗の僧
法光院　ほうこういん
法光院　江戸前期の女性。徳川家康の側室
方穀　ほうこく
牧田（まきた）方穀　江戸中期の藩士
蜂谷　ほうこく
古屋（ふるや）蜂谷　？～1871　江戸後期～明治期の神職、私塾経営者
宝厳　ほうごん
宝厳　江戸中期の真言律宗の僧
宝厳　1793～1863　江戸後期・末期の真言律宗の僧
房厳　ぼうごん
房厳　鎌倉後期の僧侶・歌人
抱臍　ほうさい
含笑舎（がんしょうしゃ）抱臍　？～1807　江戸中期・後期の狂歌作者
方斎　ほうさい
田子（たご）方斎　江戸後期の漢学者
林（はやし）方斎　1795～1846　江戸後期の漢学者
芳斎　ほうさい
今井（いまい）芳斎　1828～1901　江戸後期～明治期の医師
富取（とみとり）芳斎　1808～1880　江戸後期～明治期の画家
罛斎　ほうさい
井上（いのうえ）罛斎　1769～1827　江戸中期・後期の漢学者
裒斎　ほうさい
長戸（ながと）裒斎　1834～1863　江戸後期・末期の漢学者
法策　ほうさく
仲上（なかがみ）法策　1657～1725　江戸前期・中期の俳人
馬田江（まだえ）法策　？～1755　江戸中期の俳人
豊作　ほうさく　⇔とよさく
坂井（さかい）豊作　江戸末期の医者
豊策　ほうさく
福島（ふくしま）豊策　1838～1903　江戸後期・末期の医師
鳳作　ほうさく
今野（こんの）鳳作　1809～1878　江戸後期～明治期の医師、教育者
報三　ほうさん
桂（かつら）報三　1842～1874　江戸後期～明治期の眼科医
宝山　ほうざん
宝生（ほうしょう）宝山　？～1572　戦国・安土桃山時代の能役者シテ方
抱山　ほうざん
鈴木（すずき）抱山　1833～1898　江戸後期～明治期の医者・漢学者
芳山　ほうざん
芳山　1698～1775　江戸中期の浄土真宗本願寺派の学僧

芳山　江戸中期の俳人
小野原(おのはら)芳山　1782～1850　江戸中期・後期の肝属郡高山郷の幕末の儒者

蓬山　ほうざん
蓬山　江戸後期の俳人
太田(おおた)蓬山　1742～1814　江戸末期の医者・歌人
小出(こいで)蓬山　？～1695　江戸前期・中期の儒者

豊山　ほうざん
林(はやし)豊山　1811～1876　江戸後期～明治期の花道家
山口(やまぐち)豊山　江戸末期・明治期の東都掃墓会の幹事

鳳山　ほうざん
鳳山　江戸後期の融通念仏宗の僧
鳳山　江戸後期の俳人
小尾(おび)鳳山　1792～1844　江戸後期の著述家。「人道俗説弁義」を執筆
仙岳堂(せんがくどう)鳳山　1777～1862　江戸中期～末期の僧、青家
辻(つじ)鳳山　1794～1850　江戸後期の画家
林(りん)鳳山　江戸中期の人。中国明朝に仕えた

茅山　ぼうさん　⇔ぼうざん
万波(まんなみ)茅山　？～1832　江戸後期の漢学者

房算　ぼうさん
房算　899～967　平安前期・中期の園城寺僧

茅山　ぼうざん　⇔ぼうさん
衢(ちまた)茅山　1736～1766　江戸中期の儒学者、詩人
衢(みち)茅山　衢茅山に同じ

泡子　ほうし
甘露(かんろ)泡子　江戸後期の曹洞宗の僧

芳之　ほうし
芳之　江戸後期の俳人

奉時　ほうじ　⇔ともとき
松本(まつもと)奉時　江戸後期の画家

房子　ぼうし　⇔ふさこ
中院(なかのいん)房子　鎌倉時代の歌人

法二斎　ほうじさい
高木(たかぎ)法二斎　安土桃山時代の蜂須賀家臣

芳室　ほうしつ
椎本(しいのもと)芳室　1664～1747　江戸前期・中期の俳諧師

保寿　ほうじゅ
河原(かわはら)保寿　1714～1783　江戸中期の書家、画家

包寿　ほうじゅ
包寿　1775～？　江戸中期・後期の俳人・商家

方堅　ほうじゅ
酢屋(すや)方堅　1688～1736　江戸前期・中期の俳人

方竪　ほうじゅ
方竪　江戸中期の俳人

芳樹　ほうじゅ
芳樹　1764～1828　江戸中期・後期の浄土真宗の僧

鳳樹　ほうじゅ
大賢(だいけん)鳳樹　1758～1822　江戸中期・後期の曹洞宗の僧

宝寿院　ほうじゅいん
宝寿院　？～1632　安土桃山・江戸前期の女性。佐竹義重正室

宝洲　ほうしゅう　⇔ほうじゅう
宝洲　1317～1385　南北朝時代の臨済宗の僧
宝洲　1644～1719　江戸前期・中期の僧

方秀　ほうしゅう
菊地(きくち)方秀　江戸中期の和算家
東条(とうじょう)方秀　？～1696　江戸前期・中期の会津藤樹学者

方舟　ほうしゅう
方舟　江戸後期の俳人

芳州　ほうしゅう
歌川(うたがわ)芳州　江戸末期の絵師

芳洲　ほうしゅう
小黒(おぐろ)芳洲　？～1852　江戸後期の儒者
松村(まつむら)芳洲　1700～1757　江戸中期の漢学者・藩士
山田(やまだ)芳洲　江戸後期の画家

蓬州　ほうしゅう
益田(ますだ)蓬州　1805～1873　江戸末期の医師

蓬洲　ほうしゅう
神屋(かみや)蓬洲　1776～1832　江戸中期・後期の戯作者、浮世絵師
小山(こやま)蓬洲　1807～1862　江戸末期の医師

豊洲　ほうしゅう
武藤(むとう)豊洲　江戸後期の医者

鳳洲　ほうしゅう
鳳洲　江戸中期の浄土真宗の僧

宝洲　ほうじゅう　⇔ほうしゅう
宝洲　1801～1864　江戸後期・末期の真言宗の僧

法住　ほうじゅう
法住　1724～1800　江戸中期・後期の真言宗の僧
法住　1802～1876　江戸末期・明治期の真宗大谷派学僧

帽重　ぼうじゅう
帽重　戦国時代の刀工

峯宿　ほうしゅく
峯宿　平安中期の僧侶

方叔　ほうしゅく
小坂(こさか)方叔　江戸後期の鎌倉鶴岡八幡宮の神楽職

法俊　ほうしゅん
英仲(えいちゅう)法俊　1340～？　南北朝・室町時代の禅僧

法春　ほうしゅん
谷口(たにぐち)法春　江戸中期の尼僧

豊舜　ほうしゅん
観音寺(かんのんじ)豊舜　？～1665　江戸前期の

僧、代官、琵琶湖水船奉行

法淳 ほうじゅん
法淳 戦国時代の岩付城主北条氏房の家臣

芳純 ほうじゅん
芳純 戦国時代の連歌作者

芳順 ほうじゅん
芳順 江戸中期の天台宗の僧

豊純 ほうじゅん
永宝寺(えいほうじ)豊純 江戸後期の歌人・修験僧

芳春院殿 ほうしゅんいんでん
芳春院殿 戦国時代の女性。古河公方足利義氏の母。北条氏綱の娘

蓬渚 ほうしょ
木村(きむら)蓬渚 1731～1797 江戸後期の古義学派藩儒学者

豊嶼 ほうしょ
片山(かたやま)豊嶼 1815～1872 江戸後期～明治期の漢学者

方絮 ほうじょ
方絮 江戸中期の俳人

法恕 ほうじょ
法恕 1744～1811 江戸中期・後期の根来寺蓮華院学頭

歩簫 ほうしょう ⇔ほしょう
加藤(かとう)歩簫 1743～1827 江戸中期・後期の俳人

宝性 ほうしょう
猿屋(さるや)宝性 戦国・安土桃山時代の川口の富士山御師

法祥 ほうしょう
瑞山(ずいざん)法祥 ?～1588 戦国・安土桃山時代の鎌倉尼五山第2位の東慶寺18世

法性 ほうしょう
法性 ?～1245 鎌倉前期の高野山の僧

芳章 ほうしょう ⇔よしあき
吉田(よしだ)芳章 1757～1831 江戸後期の歌人

鳳翔 ほうしょう
長尾(ながお)鳳翔 江戸後期の漢学者

彭章 ほうしょう
添田(そえだ)彭章 ?～1847 江戸後期の代官

宝城 ほうじょう
宝城 南北朝・室町時代の僧侶・歌人
安富(やすとみ)宝城 室町時代の備中国新見荘領家方代官

宝成 ほうじょう
宝成 江戸後期の浄土真宗の僧

方乗 ほうじょう
後藤(ごとう)方乗 1816～1856 江戸後期・末期の装剣金工

法城 ほうじょう
宝蓮寺(ほうれんじ)法城 江戸後期の僧。宝蓮寺義覚の5男

豊城 ほうじょう ⇔とよき
繁沢(はんざわ)豊城 1732～1806 江戸後期の儒者

北条院 ほうじょういん
北条院 1564～1582 戦国時代の女性

鳳翔院殿 ほうしょういんでん
鳳翔院殿 ?～1590 安土桃山時代の女性。北条氏政の後室

鳳章斎 ほうしょうさい
神原(かんばら)鳳章斎 1786?～1854 江戸中期～末期の画家

法昌寺殿 ほうしょうじでん
法昌寺殿 ?～1515 戦国時代の女性。大森氏頼の娘、三浦義同の母

峯真 ほうしん
小峰(こみね)峯真 1729～1801 江戸中期・後期の書家

法神 ほうしん
楳本(うめもと)法神 ?～1830 江戸後期の剣豪、法神流の祖。加賀藩士の子

方人 ほうじん
方人 江戸中期の狂歌師・俳人

法心院 ほうしんいん
法心院 1682～1766 江戸前期・中期の女性。徳川家宣の側室《おこんの方》

宝水 ほうすい
鈴木(すずき)宝水 1756～1837 江戸後期の俳人

朋水 ほうすい
朋水 1661～1718 江戸前期・中期の俳人

芳水 ほうすい
芳水 江戸前期の俳人

豊水 ほうすい
小栗(おぐり)豊水 1812～1847 江戸後期の人。半田の小栗半七家の7代目
淵本(ふちもと)豊水 1850～1925 江戸末期～大正期の画家、書家
宮崎(みやざき)豊水 江戸中期の坊官

澧水 ほうすい ⇔れいすい
澧水 1744～1821 江戸中期・後期の俳人

法瑞 ほうずい
法瑞 1708～1789 江戸中期・後期の真言律宗の僧

蓬輔 ほうすけ
池内(いけうち)蓬輔 1801～1856 江戸後期・末期の医者

鳳助 ほうすけ
糸井(いとい)鳳助 ?～1854 江戸後期・末期の戯作者

抱清 ほうせい
七条(しちじょう)抱清 1849～1921 江戸末期～大正期の俳人

方正 ほうせい ⇔みちまさ
植田(うえだ)方正 1796～1870 江戸後期の豪商《植田方正》
薬師寺(やくしじ)方正 江戸前期の書家
和田(わだ)方正 1852～1895 江戸後期～明治期の戸長、政治家(改進党員)

鳳井　ほうせい
桑原(くわばら)鳳井　1793～1841　江戸末期の四条派画家

鳳棲　ほうせい
翠松亭(すいしょうてい)鳳棲　江戸時代の俳人・徳島藩中老

鳳声　ほうせい
鳳声　江戸中期・後期の俳人・藩士

鳳石　ほうせき
鳳石　江戸後期の俳人

䶧石　ぼうせき
竹内(たけうち)䶧石〔7代〕　?～1756　江戸中期の眼科医

方設　ほうせつ
方設　1667～1746　江戸前期・中期の俳諧師

宝船　ほうせん
宝船　?～1844　江戸後期の僧

法泉　ほうせん
奇巌(きがん)法泉　?～1829　江戸後期の曹洞宗の僧

芳泉　ほうせん
永良(ながら)芳泉　安土桃山時代の武士

彭僊　ほうせん
竜拈寺(りゅうねんじ)彭僊　1747～1820　江戸後期の学僧

法鮮尼　ほうせんに
法鮮尼　安土桃山時代の女性。宇喜多秀家の母《円融院ふく》

芳草　ほうそう
芳草　?～1885　江戸後期～明治期の俳人

法蔵　ほうぞう
法蔵　奈良時代の僧

鳳台　ほうだい
石川(いしかわ)鳳台　1767～1838　江戸中期・後期の藩士

豊沢　ほうたく
八重樫(やえがし)豊沢　1763～1843　江戸中期・後期の画家・書家

夢沢　ぼうたく
千村(ちむら)夢沢　1694～1773　江戸中期の儒者

鳳潭　ほうたん
鳳潭　?～1738　江戸前期・中期の華厳宗の学僧

法竹　ほうちく
法竹　江戸中期の俳人

芳竹　ほうちく
芳竹　1767～1819　江戸中期・後期の俳人

宝冑　ほうちゅう
宝冑　江戸中期の真言宗の僧

抱中　ほうちゅう
保井(やすい)抱中　?～1922　江戸末期～大正の蒔絵師

鳳沖　ほうちゅう
植田(うえだ)鳳沖　江戸末期の画家

房忠　ぼうちゅう　⇔ふさただ
房忠　?～1331　鎌倉後期の僧

方長　ほうちょう　⇔まさなが
大橋(おおはし)方長　江戸時代の文人

房朝　ぼうちょう　⇔ふさとも
房朝　鎌倉後期の僧

抱亭　ほうてい
砂山(すなやま)抱亭　江戸後期の日本画家

方亭　ほうてい
富山(とみやま)方亭　1820～1870　江戸後期～明治期の医者・漢詩人

方鼎　ほうてい
宍戸(ししど)方鼎　1772～1832　江戸中期・後期の医者

芳汀　ほうてい
堀田(ほった)芳汀　1781～1847　江戸後期の俳人

芳哲　ほうてつ
岩切(いわきり)芳哲　1729～1800　江戸中期・後期の医師

縫殿　ほうでん　⇔ぬい, ぬいどの
石本(いしもと)縫殿　1671～1740　江戸前期・中期の版元

鳳度　ほうど
星野(ほしの)鳳度　1819～1875　江戸後期～明治期の西洋砲術家

法道　ほうどう
法道　1804～1862　江戸末期の浄土宗の僧

法幢　ほうどう
法幢　1813～1880　江戸後期の浄土真宗の僧

豊道　ほうどう　⇔とよみち
善忠院(ぜんちゅういん)豊道　1827～1899　江戸後期～明治期の歌僧

鳳堂　ほうどう
秋田(あきた)鳳堂　江戸後期の和算家

葆堂　ほうどう
戸田(とだ)葆堂　1851～1908　江戸後期～明治期の藩士・漢詩人

法曇　ほうどん
呉雲(ごうん)法曇　1654～1720　江戸前期・中期の曹洞宗の僧

芳南　ほうなん
前塚(まえづか)芳南　1847～1895　江戸後期～明治期の漢詩人

法爾　ほうに
無隠(むいん)法爾　南北朝時代の臨済宗の僧

法如　ほうにょ
実際(じっさい)法如　1731～1821　江戸中期・後期の僧

法如院　ほうにょいん
法如院　?～1802　江戸後期の徳川家斉の男子

法忍　ほうにん
法忍　?～995　平安中期の天台山門派の僧
法忍　1833～1886　江戸後期～明治期の真言宗の僧
祖山(そざん)法忍　1672～1740　江戸前期・中期

の臨済宗の僧
朴室古 ほうのむろこ
菟田(うだの)朴室古 飛鳥時代の武将
宝馬 ほうば
吉成(よしなり)宝馬 1739〜1798 江戸中期・後期の俳人
法本 ほうほん
大棟(だいとう)法本 ?〜1839 江戸後期の曹洞宗の僧
宝密 ほうみつ
宝密 室町時代の僧侶・歌人
法明 ほうみょう ⇔ほうめい
法明 1279〜1349 鎌倉後期・南北朝時代の念仏宗の僧侶
方明 ほうめい ⇔まさあき
方明 ?〜1822 江戸中期・後期の俳人
法明 ほうめい ⇔ほうみょう
了因寺(りょういんじ)法明 1444〜1516 戦国時代の清見村の了因寺の開基
鳳鳴 ほうめい
岡(おか)鳳鳴 ?〜1781 江戸中期の儒者
荻生(おぎゅう)鳳鳴 ?〜1805 江戸中期・後期の儒者
奥山(おくやま)鳳鳴 江戸後期の漢学者
鳳毛 ほうもう
鳳毛 江戸中期の俳人
青木(あおき)鳳毛 1812〜1859 江戸後期・末期の漢学者
坊門 ぼうもん
坊門 ?〜1200? 平安後期・鎌倉前期の女房
坊門尼上 ぼうもんのあまうえ
坊門尼上 ?〜1150 平安後期の女性。民部卿藤原宗通妻
法薬 ほうやく
法薬 平安後期の女性入道者
芳猷 ほうゆう
芳猷 江戸中期の浄土真宗の僧
蓬陽 ほうよう
蓬陽 ?〜1856 江戸後期・末期の俳人
鳳洋 ほうよう
結城(ゆうき)鳳洋 1716〜1784 江戸中期の儒学者
法蘭 ほうらん
法蘭 1725〜1794 江戸中期の僧
芳律 ほうりつ
大館(おおだて)芳律 1849〜1903 江戸後期〜明治期の俳諧作者
宝竜 ほうりゅう
宝竜 江戸前期の刀工
法竜 ほうりゅう
法竜 江戸末期の天台宗の僧
芳滝 ほうりゅう ⇔よしたき
一養亭(いちようてい)芳滝 1841〜1899 江戸末期・明治期の画家
芳柳 ほうりゅう
五姓田(ごせだ)芳柳 1827〜1892 江戸末期〜明治期の画家
芳隆 ほうりゅう ⇔よしたか
三宅(みやけ)芳隆 1718〜1801 江戸中期の俳人《三宅芳隆》
芳竜 ほうりゅう
上柿(うえがき)芳竜 江戸中期の絵師
豊流 ほうりゅう
岩橋(いわはし)豊流 江戸前期の俳諧師
法梁 ほうりょう
上野(うえの)法梁 ?〜1874 江戸後期〜明治期の真宗大谷派の僧
豊亮 ほうりょう
土肥(どい)豊亮 1850〜1920 江戸末期〜大正期の篤農家
法量院 ほうりょういん
法量院 1811〜1811 江戸後期の女性。徳川家斉の十八女
法霖 ほうりん
梅叔(ばいしゅく)法霖 戦国時代の臨済宗の僧
芳林 ほうりん
佐伯(さえき)芳林 1848〜1901 江戸後期〜明治期の画家
芳林院 ほうりんいん
芳林院 ?〜1580 戦国・安土桃山時代の女性。北条氏政の娘
法輪小院 ほうりんしょういん
法輪小院 平安中期の仏師
法澧 ほうれい
天湫(てんしゅう)法澧 1659〜1735 江戸前期・中期の曹洞宗の僧
芳蓮 ほうれん
斎藤(さいとう)芳蓮 室町時代の馬術家
鳳朗 ほうろう
田川(たがわ)鳳朗 1762〜1845 江戸中期・後期の俳人
馮六 ほうろく
馮六 ?〜1624 安土桃山・江戸前期の唐通事
甫寛 ほかん
近藤(こんどう)甫寛 1766〜1848 江戸中期・後期の漢学者
甫記 ほき
竹内(たけのうち)甫記 江戸中期の画家
歩牛 ほぎゅう
歩牛 1755〜1811 江戸中期・後期の俳人
北庵 ほくあん
三浦(みうら)北庵 1803〜1874 江戸後期〜明治期の医者、歌人
朴安 ぼくあん
佐々城(ささき)朴安 1785〜1861 江戸中期〜末期の儒医
朴庵 ぼくあん
佐藤(さとう)朴庵 ?〜1837 江戸後期の「独笑

庵選集」の著者
牧庵　ぼくあん　⇔もくあん
牧庵　安土桃山時代の医者
北為　ほくい
葛飾(かつしか)北為　江戸末期・明治期の絵師
卜意　ぼくい
浅山(あさやま)卜意　江戸時代の八戸藩主の養育係
卜一　ぼくいつ
菊岡(きくおか)卜一　江戸前期の俳人
北因　ほくいん
北因　江戸末期の俳人
卜胤　ぼくいん
卜胤　1741～1817　江戸中期・後期の俳人
墨雨　ぼくう
花輪(はなわ)墨雨　1835～1910　江戸後期～明治期の俳人
牧雨　ぼくう
木村(きむら)牧雨　？～1776年　江戸中期の俳人
墨雲　ぼくうん
墨雲　1824～1892　江戸後期～明治期の僧、南画家
中島(なかじま)墨雲　1824～1889　江戸後期～明治期の画家
北英　ほくえい
春梅斎(しゅんばいさい)北英　？～1837頃　江戸後期の浮世絵師
墨烟　ぼくえん
田中(たなか)墨烟　1817～1878　江戸末期の詩人
朴円　ぼくえん
大田(おおた)朴円　江戸前期・中期の画家
墨翁　ぼくおう
平栗(ひらぐり)墨翁　1767～1839　江戸後期の文人
朴翁　ぼくおう
朴翁　江戸前期の雑俳点者
穆応　ぼくおう
瑞谷(ずいこく)穆応　？～1857　江戸後期・末期の曹洞宗の僧
木蓊　ぼくおう
木蓊　1749～1814　江戸中期・後期の俳人
北涯　ほくがい
鵜沼(うぬま)北涯　江戸中期の漢学者
北岳　ほくがく
岩田(いわた)北岳　1822～1885　江戸末期の画家
津島(つしま)北岳　江戸後期の著述家
朴巌　ぼくがん
瓦礫舎(がれきしゃ)朴巌　江戸中期の社僧
北牛　ほくぎゅう
葛飾(かつしか)北牛　江戸後期の画家
卜琴　ぼくきん
卜琴　江戸前期の俳人
北敬　ほくけい　⇔ほっけい
春陽斎(しゅんようさい)北敬　江戸後期の絵師
樸軒　ぼくけん
河本(こうもと)樸軒　1752～1779　江戸中期の読書人
朴元　ぼくげん
今村(いまむら)朴元　？～1727　江戸前期・中期の画家
業言　ぼくげん
寺島(てらしま)業言　1646～1736　江戸前期・中期の俳人
西尾(にしお)業言　江戸中期の鳴海宿本陣、俳人
北固　ほくこ
波多(はた)北固　1726～1755　江戸中期の儒者《波多守節》
北幸　ほくこう
北幸　江戸中期の画家
北皐　ほくこう
小林(こばやし)北皐　1783～1827　江戸中期・後期の漢学者
北斎　ほくさい
北斎　江戸後期の俳人
僕斎　ぼくさい
村上(むらかみ)僕斎　1727～1783　江戸中期の儒学者
卜斎　ぼくさい
板坂(いたさか)卜斎　1578～1655　安土桃山・江戸前期の医師
板阪(いたさか)卜斎　板坂卜斎に同じ
小川(おがわ)卜斎　江戸前期の茶人
墨斎　ぼくさい
墨斎　？～1876　江戸後期～明治期の僧侶
朴斎　ぼくさい
藍沢(あいざわ)朴斎　1818～1880　江戸後期～明治期の漢学者
松田(まつだ)朴斎　1779～1830　江戸中期・後期の漢学者
牧斎　ぼくさい
田中(たなか)牧斎　1686～1752　江戸前期・中期の漢学者
牧西　ぼくさい
岡本(おかもと)牧西　戦国時代の武将
睦済　ぼくさい
須藤(すどう)睦済　1732～1802　江戸中期・後期の武芸家
穆斎　ぼくさい
八角(やすみ)穆斎　1807～1863　江戸後期・末期の医者
樸斎　ぼくさい
尾島(おじま)樸斎　江戸後期の藩士
北山　ほくざん
北山　1767～1845　江戸中期・後期の浄土真宗の僧
滝(たき)北山　1710～1727　江戸中期の漢学者
伊達(だて)北山　？～1816　江戸中期・後期の儒学者
卜山　ぼくざん
相良(さがら)卜山　？～1729　江戸中期の漢学者
墨山　ぼくざん
北堂(ほくどう)墨山　江戸後期の絵師

牧山　ぼくざん
油井(ゆい)牧山　1799〜1861　江戸後期・末期の漢学者

卜志　ぼくし
卜志　江戸中期の半田亀崎の俳人

木子　ぼくし
木子　江戸後期の俳人・商家

木之　ぼくし
木之　江戸後期の俳人

牧二　ぼくじ
牧(まき)牧二　?〜1862　江戸後期・末期の能楽師

木而　ぼくじ
木而　1669〜1751　江戸前期・中期の俳人。浄土宗の僧

北寿　ほくじゅ
春松斎(しゅんしょうさい)北寿　江戸後期の画家

北樹　ほくじゅ
葛飾(かつしか)北樹　江戸後期の絵師

北州　ほくしゅう
浅野屋(あさのや)北州　江戸後期の金沢石浦町の俳人

北洲　ほくしゅう
吉益(よします)北洲　1786〜1857　江戸中期〜末期の医者

木洲　ぼくしゅう
村上(むらかみ)木洲　1822〜1882　江戸後期〜明治期の医学者

木舟　ぼくしゅう
黒崎(くろさき)木舟　1835〜1923　江戸末期〜大正期の画家

卜純　ぼくじゅん
卜純　戦国時代の連歌作者

北松　ほくしょう
岡本(おかもと)北松　1667〜1741　江戸前期・中期の儒学者

墨樵　ぼくしょう
岡田(おかだ)墨樵　1742〜1810　江戸中期・後期の儒者、画家

北信　ほくしん
春完斎(しゅんかんさい)北信　江戸後期の画家

卜星　ぼくしん
卜星　安土桃山時代の僧。大洲市西山根大禅寺再興の祖

牧人　ぼくじん
梨本(なしもと)牧人　1748〜1827　江戸後期の俳人

北水　ほくすい
朝野(あさの)北水　江戸後期の幕臣・天文家

卜水　ぼくすい
山本(やまもと)卜水　1820〜1887　江戸末期・明治期の俳人

朴水　ぼくすい
村田(むらた)朴水　江戸中期の画家

牧水　ぼくすい
鈴木(すずき)牧水　1737〜1807　江戸中期・後期の商家

北政　ほくせい
葛飾(かつしか)北政　江戸後期の絵師

北正　ほくせい
星霜庵(せいそうあん)北正　1826〜1910　江戸後期〜明治期の俳人

木石　ぼくせき
宮原(みやはら)木石　1827〜1887　江戸末期の漢学者

北雪　ほくせつ
春勇斎(しゅんゆうさい)北雪　江戸後期の画家

北川　ほくせん
角田(すみだ)北川　1819〜1881　江戸末期の画家

卜仙　ぼくせん
大岡(おおおか)卜仙　1680〜1738　江戸中期の国学者

墨川　ぼくせん
狩野(かのう)墨川　江戸後期・末期の絵師

樸仙　ぼくせん
宇佐美(うさみ)樸仙　江戸後期の医者・漢学者

卜千　ぼくぜん
土岐(とき)卜千　戦国時代の久野土岐氏当主

卜全　ぼくぜん
卜全　江戸中期の俳人

牧泉斎　ぼくせんさい
上田(うえだ)牧泉斎　安土桃山・江戸前期の甲斐国巨摩郡河内三沢の人。穴山家臣か

北荘　ほくそう
深町(ふかまち)北荘　1802〜1870　江戸後期〜明治期の商家

墨巣　ぼくそう
墨巣　?〜1843　江戸後期の俳人

北邨　ほくそん
四十宮(よそみや)北邨　1845〜1882　江戸後期〜明治期の儒学者・教育者

卜宅　ぼくたく
卜宅　1657〜1748　江戸中期の俳人

墨沢　ぼくたく
墨沢　戦国時代の画家

北潮　ほくちょう
春明斎(しゅんめいさい)北潮　江戸後期の画家

北鼎　ほくてい
北鼎　江戸後期の絵師

北天　ほくてん
北天　1734〜1804　江戸中期・後期の浄土真宗の僧

木天　ぼくてん
木天　江戸後期の俳人

北倒　ほくとう
春好斎(しゅんこうさい)北倒　江戸後期の画家

朴堂　ぼくどう
安井(やすい)朴堂　1858〜1938　江戸末期〜昭和期の教育者

穆堂　ぼくどう
岡本(おかもと)穆堂　江戸後期の藩士
穂国　ほくに
沢田(さわだ)穂国　1827～1902　江戸後期～明治期の国学者歌人
卜入　ぼくにゅう
卜入　?～1675　江戸前期の俳人
朴入　ぼくにゅう
林(はやし)朴入　1670～1740　江戸前期・中期の囲碁棋士
牧馬　ぼくば
草間亭(くさまてい)牧馬　江戸後期の狂歌人
卜仏　ぼくぶつ
卜仏　江戸中期の医師・俳人
北文　ほくぶん
中島(なかじま)北文　江戸後期の和算家
卜圃　ぼくほ
卜圃　江戸前期の俳人
墨芳　ぼくほう
羽田(はた)墨芳　1814～1858　江戸後期の俳人
北妙　ほくみょう
春婦斎(しゅんぷさい)北妙　江戸後期の画家
北明　ほくめい
春旭斎(しゅんきょくさい)北明　江戸後期の画家
北鳴　ほくめい
葛飾(かつしか)北鳴　江戸後期の絵師
北溟　ほくめい
北溟　江戸中期の俳人
藍沢(あいざわ)北溟　1756～1797　江戸中期・後期の漢学者
岩間(いわま)北溟　1779～1837　江戸中期・後期の俳人
加藤(かとう)北溟　1741～1819　江戸中期・後期の漢学者
児玉(こだま)北溟　江戸末期・明治期の漢詩人
沢辺(さわべ)北溟　1764～1852　江戸後期の宮津藩儒者
卜友　ぼくゆう
五大坊(ごだいぼう)卜友　江戸後期の華道家
和光庵(わこうあん)卜友　1733～1809　江戸中期・後期の華道家
卜有　ぼくゆう
卜有　戦国時代の画家
北洋　ほくよう
葛飾(かつしか)北洋　江戸後期の絵師
志賀(しが)北洋　?～1865　江戸後期・末期の画家
北葉　ほくよう
宮森(みやもり)北葉　?～1903　江戸末期・明治期の金沢の俳人
牧羊　ぼくよう
三宅(みやけ)牧羊　1711～1758　江戸中期の儒者
北莱　ほくらい
水上(みずかみ)北莱　江戸時代の金沢藩士
北李　ほくり
大山(おおやま)北李　?～1826　江戸中期・後期の絵師
牧陵　ぼくりょう
牧野(まきの)牧陵　1805～1884　江戸末期・明治期の喜連川宿の画家
北林　ほくりん
井上(いのうえ)北林　江戸後期の鷹匠
桑原(くわばら)北林　1790～1844　江戸後期の儒者
蒲渓　ほけい
小林(こばやし)蒲渓　1775～1831　江戸中期・後期の医者
保恵　ほけい
荒井(あらい)保恵　?～1830　江戸後期の関東代官
歩月　ほげつ　⇔ぶげつ
歩月　江戸中期の俳人
保考　ほこう　⇔やすたか
落合(おちあい)保考　1651～1733　江戸中期の剣術家
保高　ほこう　⇔やすたか
松野(まつの)保高　江戸前期の漢学者
甫紅　ほこう
甫紅　1756～1821　江戸中期・後期の俳人
葆光　ほこう　⇔ほうこう, やすみつ
大武(おおたけ)葆光　1738～1801　江戸中期・後期の漢学者《大武葆光》
甫斎　ほさい
山本(やまもと)甫斎　1787～1841　江戸中期・後期の蘭方外科医
甫三　ほさん
林(はやし)甫三　1812～1890　江戸後期～明治期の小諸藩医
森田(もりた)甫三　1767～1828　江戸中期・後期の医者
甫山　ほざん
甫山　江戸中期の俳人
母山　ぼざん
田口(たぐち)母山　1829～1884　江戸後期～明治期の僧
暮四　ぼし
石井(いしい)暮四　1666～1734　江戸前期・中期の俳人
干則　ほしのり
桑楊庵(そうようあん)干則　?～1819　江戸中期・後期の狂歌作者
法師丸　ほしまろ
安吉(あきの)法師丸　平安前期の近江国蒲生郡安吉郷の人
浦十　ほじゅう
浦十　江戸中期の俳人
保順　ほじゅん
辻(つじ)保順　1735～1810　江戸中期・後期の医師

歩簫　ほしょう　⇔ほうしょう
加藤(かとう)歩簫　1743～1827　江戸中期・後期の俳人《加藤歩簫》

蒲丈　ほじょう
蒲丈　江戸中期の俳人

圃丈　ほじょう
圃丈　1759～1831　江戸中期・後期の俳人・医者

輔静　ほじょう
輔静　970～1037　平安中期の薬師寺の僧

浦人　ほじん
浦人　1763～1831　江戸中期・後期の俳人

甫人　ほじん
甫人　江戸中期の俳人

蒲水　ほすい
蒲水　江戸末期・明治期の俳人

甫尺　ほせき
甫尺　?～1804　江戸中期・後期の俳人・書肆

保雪　ほせつ
辻(つじ)保雪　江戸中期の装剣金工

甫雪　ほせつ
伊達(だて)甫雪　江戸時代の眼科医

保宣　ほせん
関口(せきぐち)保宣　1755～1830　江戸中期の心学者

甫仙　ほせん
杉田(すぎた)甫仙　?～1717　江戸前期・中期の新発田藩医

甫僊　ほせん
山口(やまぐち)甫僊　江戸後期の医者

晡扇　ほせん
晡扇　?～1713　江戸前期・中期の俳人

保全　ほぜん　⇔やすとも
宮川(みやがわ)保全　1852～1922　江戸後期～大正期の教育家

保艸　ほそう
保艸　江戸中期の雑俳点者

圃叟　ほそう
大槻(おおつき)圃叟　1785～1836　江戸末期の詩人

細麻呂　ほそまろ
曽君(そのきみ)細麻呂　飛鳥時代の日向隼人

細道　ほそみち
浅竜庵(せんりゅうあん)細道　1765～1841　江戸中期・後期の狂歌作者・医者

穂高　ほだか
穂高　安土桃山時代の信濃国安曇郡穂高の国衆

保闥　ほたつ
大河内(おおかわち)保闥　南北朝時代の武士

蒲池　ほち
赤石(あかいし)蒲池　1706～1764　江戸中期の藩士

甫忠　ほちゅう
山内(やまうち)甫忠　江戸中期の医者
山内(やまのうち)甫忠　江戸時代の新発田藩医・漢蘭折衷外科医

秀枝　ほつえ
青木(あおき)秀枝　1833～1864　江戸後期・末期の加賀藩士

北海　ほっかい
北海　江戸後期の俳人
大野(おおの)北海　江戸中期の兵法家、儒者
木村(きむら)北海　江戸中期の高田在住の医師
山田(やまだ)北海　1755～1820　江戸中期・後期の漢学者

墨海　ぼっかい
探古堂(たんこどう)墨海　江戸後期の地誌家

渤海翁　ぼっかいおう
渤海翁　1704～1773　江戸中期の書家《渤海保》

北郭　ほっかく
伊地知(いぢち)北郭　江戸後期の漢詩人

木居　ぼっきょ
木居　1808～1869　江戸後期～明治期の俳諧作者

木琚　ぼっきょ　⇔もくきょ
石原(いしはら)木琚　1809～1879　江戸末期の俳人《石原木琚》

北敬　ほっけい　⇔ほくけい
春陽斎(しゅんようさい)北敬　江戸後期の絵師《春陽斎北敬》

北渓　ほっけい
津島(つしま)北渓　1813～1862　江戸後期・末期の漢学者・医者

北経　ほっけい
北経　江戸中期の俳人

北茎　ほっけい
北茎　江戸後期の俳人

北湖　ほっこ
鈴木(すずき)北湖　1716～1788　江戸中期・後期の詩人・俳人

墨湖　ぼっこ
山川(やまかわ)墨湖　1740～1800　江戸中期・後期の画家

北江　ほっこう
箕浦(みのうら)北江　1745～1819　江戸中期・後期の漢学者・藩士

墨香　ぼっこう
北尾(きたお)墨香　1809～1853　江戸後期の書肆

北鯤　ほっこん
北鯤　江戸中期の俳人

法性院　ほっしょういん
法性院　1543～1588　戦国・安土桃山時代の女性。太田康資の室

法正院　ほっしょういん
法正院　?～1651　江戸前期の女性。金森重頼の妻で内藤若狭守清次の娘

法性寺入道前関白家三河　ほっしょうじにゅうどうさきのかんぱくけのみかわ
法性寺入道前関白家三河　平安後期の女房・歌人

ほ

法心　ほっしん
性西（せいせい）法心　1184～1274　平安後期～鎌倉後期の名僧。瑞巌寺開山

法身国師　ほっしんこくし
法身国師　1189～1273　平安後期～鎌倉後期の僧

発仙　ほっせん
発仙　戦国時代の北条氏家臣松田憲秀の被官

穂積　ほづみ
津田（つだ）穂積　1811～1882　江戸後期～明治期の和算家

補天　ほてん
一寧（いちねい）補天　？～1835　江戸後期の僧。羽布村光照寺の住職

甫田　ほでん
香川（かがわ）甫田　1813～1883　江戸後期～明治期の私塾経営者

甫逷　ほとう
奈良輪（ならわ）甫逷　江戸後期の和算家

蒲堂　ほどう
青木（あおき）蒲堂　1810～1872　江戸後期～明治期の画家

ほ

保道　ほどう　⇔やすみち
松原（まつばら）保道　1712～1795　江戸後期の藩医師

忠　ほどこす　⇔ただ, ただし, ちゅう
源（みなもと）忠　？～931　平安前期・中期の公家、歌人

穂並　ほなみ
永田（ながた）穂並　？～1871　江戸後期～明治期の花巻城下川口町の商人

甫邦　ほほう
小野（おの）甫邦　？～1837　江戸後期の関流の和算家

品治　ほむじ
多臣（おおのおみ）品治　飛鳥時代の湯沐邑の長官

誉屋別皇子　ほむやわけのみこ
誉屋別皇子　上代の仲哀天皇の皇子

保友　ほゆう　⇔やすとも
梶山（かじやま）保友　江戸前期の俳人

暮来　ぼらい
暮来　1746～1812　江戸中期・後期の俳人

浦里　ほり
高楊（たかやなぎ）浦里　1766～1820　江戸中期・後期の儒者

堀井軒　ほりいけん
堀井軒　江戸中期の押絵細工師

堀雅　ほりが
堀雅　？～1859　江戸後期・末期の加賀藩家老今枝氏の右筆

堀河　ほりかわ
堀河　平安後期の女流歌人

堀河院中宮上総　ほりかわいんちゅうぐうのかずさ
堀河院中宮上総　平安後期の女官、歌人

堀河院中宮御匣殿　ほりかわいんのちゅうぐうのみくしげどの
堀河院中宮御匣殿　平安後期の女房・歌人

甫立　ほりゅう
島林（しまばやし）甫立　？～1908　江戸末期・明治期の金沢の俳人

本阿　ほんあ
本阿　鎌倉前期の廻船商人
本阿　南北朝時代の僧侶・連歌作者

梵阿　ぼんあ　⇔ぼんな
梵阿　室町時代の僧、連歌師

笨庵　ほんあん
内藤（ないとう）笨庵　1787～1853　江戸中期・後期の漢学者

梵意　ぼんい
柏堂（はくどう）梵意　1357～1434　南北朝・室町時代の臨済宗の僧

本院右京　ほんいんのうきょう
本院右京　平安中期の女房・歌人

本院蔵　ほんいんのくら
本院蔵　平安中期の女房・歌人

本院兵衛　ほんいんのひょうえ
本院兵衛　平安中期の女房・歌人

梵益　ぼんえき
梵益　江戸前期の俳諧作者

本右衛門　ほんえもん　⇔もとえもん
本堀（もとぼり）本右衛門　1786～1823　江戸中期・後期の肝入

本円　ほんえん
本円　1301～？　鎌倉後期・南北朝時代の真言宗の僧

本覚　ほんかく
伊達（だて）本覚　？～1789　江戸後期の眼科医

本学　ほんがく
伊達（だて）本学　江戸前期・中期の眼科医

梵鶴　ぼんかく
貫之（かんし）梵鶴　戦国・安土桃山時代の曹洞宗の僧

梵萼　ぼんがく
竺華（じくか）梵萼　？～1465　室町時代の臨済宗の僧

梵崟　ぼんきん
雪岑（せっしん）梵崟　？～1663　江戸前期の臨済宗の僧

凡化　ぼんげ
凡化　江戸後期の俳人

本玄　ほんげん
伊達（だて）本玄　江戸中期・後期の眼科医

本孝　ほんこう　⇔もとたか
本孝　？～1695　江戸前期・中期の天台宗の僧

梵材　ぼんざい
用林（ようりん）梵材　1447～1483　室町・戦国時代の臨済宗の僧

本実　ほんじつ
本実　南北朝・室町時代の日蓮宗の僧
本寂　ほんじゃく
本寂　1682～1734　江戸前期・中期の真言宗の僧
梵守　ぼんしゅ
梵守　1407～1482　室町時代の禅僧
本宗　ほんしゅう
本宗　1673～1747　江戸前期・中期の禅僧
本秀　ほんしゅう
三栄（さんえい）本秀　？～1659　江戸前期の曹洞宗の僧侶
凡十　ぼんじゅう
凡十　1748～1831　江戸中期・後期の俳人・藩士
梵俊　ぼんしゅん
志山（しざん）梵俊　1775～1833　江戸中期・後期の臨済宗の僧
梵舜　ぼんしゅん
天外（てんがい）梵舜　？～1653　江戸前期の僧
本初　ほんじょ
本初　1719～1788　江戸中期・後期の真言宗の僧
梵初　ぼんしょ
梵初　室町時代の曹洞宗の僧
梵恕　ぼんじょ
梵恕　戦国時代の臨済宗の僧
本照　ほんしょう
本照　南北朝時代の僧侶・連歌作者
本照　1804～1877　江戸後期～明治期の浄土真宗の僧
本丞　ほんじょう
柳田（やなぎだ）本丞　江戸後期の淘綾郡国府本郷村民
梵詔　ぼんしょう
梵詔　江戸中期の天台宗の僧
本乗院　ほんじょういん
本乗院　？～1704　江戸中期の徳川家宣の養女
本浄院　ほんじょういん
本浄院　？～1662　江戸前期の女性。金森重頼の娘で名は辻
本瑞　ほんずい
伊達（だて）本瑞　江戸時代の眼科医
本碩　ほんせき
熊谷（くまがい）本碩　江戸前期の囲碁棋士
践立　ほんたち
穴門直（あなこのあたい）践立　上代の穴門直の祖
凡兆　ぼんちょう
野沢（のざわ）凡兆　？～1714　江戸中期の俳人
本定　ほんてい
海野（うんの）本定　？～1617　江戸前期の旧武田家家臣、代官
梵丁　ぼんてい
雲縁（うんえん）梵丁　？～1841　江戸後期の高山市の雲竜寺26世
梵貞　ぼんてい
梵貞　戦国時代の曹洞宗僧
品騰　ほんとう
伝翁（でんおう）品騰　1424～1492　室町・戦国時代の僧
梵灯庵　ぼんとうあん
朝山（あさやま）梵灯庵　1349～1417？　室町時代の歌人・連歌師
本虎　ほんとら
金雁堂（きんがんどう）本虎　1784～1842　江戸中期・後期の俄師
梵阿　ぼんな　⇔ぼんあ
梵阿　室町時代の僧、連歌師《梵阿》
本如　ほんにょ
本如　鎌倉後期の僧侶・歌人
凡夫　ぼんぷ
凡夫　江戸中期の俳人
本弁　ほんべん
本弁　？～1848　江戸後期の僧
本明　ほんみょう
慧実（えじつ）本明　？～1758　江戸中期の曹洞宗の僧
本目斎　ほんめさい
福島（ふくしま）本目斎　？～1581　安土桃山時代の高天神籠城衆
梵竜　ぼんりゅう
梵竜　江戸前期の僧。高山市の雲竜寺12世。能州の本山・総持寺の輪住職

【ま】

毎延　まいえん
毎延　江戸前期の俳人
毎幹　まいかん　⇔つねもと
春田（はるた）毎幹　江戸中期の金工（鐔工）《春田毎幹》
味淳　まいじゅん
白（はく）味淳　飛鳥時代の百済の鑪盤博士
邁宗　まいぞう
加藤（かとう）邁宗　江戸末期・明治期の僧、教育者
蒔田殿　まいたどの
蒔田殿　戦国時代の女性。吉良頼康室。北条氏綱の娘
舞太夫　まいだゆう
舞太夫　戦国時代の武田家の舞師
真乙姥　まいつば
真乙姥　戦国時代の女性。長田大主の妹
真妹　まいも
大枝（おおえの）真妹　奈良時代の女性。光仁天皇夫人高野新笠の母、桓武天皇の外祖父和乙継の妻
土師（はじの）真妹　奈良時代の女性。桓武天皇の外祖母
真卯　まう
日置（へきの）真卯　奈良時代の官人

真海　まうみ　⇔しんかい
紀(きの)真海　江戸末期の諸国放浪の書家
卿　まえつきみ
石川(いしかわの)卿　奈良時代の万葉歌人
紀(きの)卿　奈良時代の公卿。大納言正三位麻呂の子
太夫　まえつきみ　⇔たゆう
島村(しまむらの)太夫　奈良時代の官吏。巨勢斐太朝臣某の父
大夫　まえつきみ　⇔たいふ, だいぶ, だゆう
粟田(あわたの)大夫　奈良時代の官人
石川(いしかわの)大夫　飛鳥時代の万葉歌人
石上(いそのかみの)大夫　奈良時代の万葉歌人
大伴(おおともの)大夫　奈良時代の万葉歌人
丹比(たじひの)大夫　奈良時代の万葉歌人
真恵美　まえみ
菊廼屋(きくのや)真恵美　江戸後期の狂歌作者
真大刀自女　まおおとじめ
小長谷(おはせの)真大刀自女　平安前期の女性。近江国の人。姓は造
真岡　まおか
清友(きよともの)真岡　平安前期の官人
真丘　まおか
紀(きの)真丘　平安前期の官人
最弟　まおと　⇔たかと
浄野(きよのの)最弟　平安前期の官人
真乙　まおと
紀(きの)真乙　奈良時代の官人
真臣　まおみ　⇔さねおみ
大枝(おおえ)真臣　平安前期の漢詩人
摩祖　まおや
紀(きの)摩祖　奈良時代の紀伊国造
真老　まおゆ
文室(ふんやの)真老　奈良時代の官人
真垣　まかき
岡庭(おかにわ)真垣　江戸後期の国学者
まがき
堤(つつみ)まがき　?～1872　江戸後期～明治期の俳人
真蔭　まかげ
高木(たかぎ)真蔭　1837～1878　江戸後期～明治期の医者・神道家
真数　まかず
甘南備(かんなびの)真数　平安前期の仁明天皇の後宮
真風　まかぜ
市川(いちかわ)真風　1792～1847　江戸後期の国学者
沢(さわ)真風　江戸後期の国学者
馬権度　まかと
馬権度　室町時代の明への使者
荷塘　まかとう
遠山(とおや)荷塘　1795～1831　江戸後期の僧

真金　まかね
土岐(とき)真金　1840～1922　江戸末期～大正期の勤王の志士
真鉄　まがね
片岡(かたおか)真鉄　江戸後期・末期の国学者
真髪部津守　まかべのつもり
賀茂禰宜(かもねぎ)真髪部津守　奈良時代の上賀茂神社の神官
真鎌　まかま
津嶋(つしまの)真鎌　奈良時代の官人
真上　まがみ
久米(くめの)真上　奈良時代の官人
真賀茂　まかも
紀(きの)真賀茂　平安前期の官人
麻貫　まかん
麻貫　江戸後期の雑俳点者
真樹　まき
他田(おさだの)真樹　?～938　平安前期・中期の信濃の武士
真木　まき
大宅(おおやけの)真木　奈良時代の官人
牧　まき
牧　室町時代の女性
巻雄　まきお
紀(きの)巻雄　平安前期の官人
牧夫　まきお　⇔ひらふ
百済(くだら)牧夫　奈良時代の那賀郡原郷の戸主
万喜子　まきこ
亀井(かめい)万喜子　1855～1927　江戸末期～昭和期の三省堂創業者
巻三郎　まきさぶろう
速水(はやみ)巻三郎　江戸末期の洋学者
牧太　まきた
佐野(さの)牧太　1842～1865　江戸後期・末期の新撰組隊士《佐野牧太郎》
篠永(しのなが)牧太　1845～1902　江戸末期・明治期の戸長、愛媛県会議員
巻太夫　まきたゆう
豊竹(とよたけ)巻太夫　1796～1865　江戸後期・末期の浄瑠璃太夫
牧太夫　まきだゆう
青柳(あおやぎ)牧太夫　1838～1868　江戸後期・末期の新撰組隊士
牧太郎　まきたろう
佐野(さの)牧太郎　1842～1865　江戸後期・末期の新撰組隊士
花田(はなだ)牧太郎　1839～1922　江戸末期～大正期の漁業者
巻成　まきなり
紀(きの)巻成　平安前期の官人
槇之輔　まきのすけ
佐藤(さとう)槇之輔　1770～1838　江戸中期・後期の剣術家。願立流

真城麻呂　まきまろ
大伴（おおともの）真城麻呂　平安前期の官人
真君　まきみ
阿倍（あべの）真君　飛鳥時代の官人
阿部（あべの）真君　安倍真君に同じ
安倍（あべの）真君　飛鳥・奈良時代の官人
真浄　まきよ
麻田（あさだの）真浄　奈良時代の僧
淡海（おうみの）真浄　平安前期の官人
丹比（たじひの）真浄　奈良時代の官人
真浄麻呂　まきよまろ
刑部（おさかべの）真浄麻呂　平安前期の近江国大原郷の郷長
麻斤　まきん
麻斤　江戸中期の俳人
真咋　まくい
丹羽（にわの）真咋　奈良時代の官人
真葛　まくず
真葛　江戸後期の俳人
鶩垣（こもがき）真葛　？～1857　江戸後期・末期の狂歌作者
藤原（ふじわらの）真葛　奈良時代の官人
真葛坊　まくずぼう
真葛坊　1778～1838　江戸後期の俳人
真邦　まくに　⇔まさくに
佐倉（さくら）真邦　1785～1862　江戸中期～末期の国学者
万邦　まくに
青木（あおき）万邦　？～1841　江戸後期の医者・漢学者
真五郎　まぐらー
阿波根（あはごん）真五郎　1479～1543　戦国時代の武将。オヤケ・アカハチの乱に出兵
御茶多理（うちゃたい）真五郎　室町時代の武勇家
真畔　まくろ
泉崎（いずみざき）真畔　1788～1857　江戸後期・末期の国学者
磨渓　まけい
小原（おばら）磨渓　1830～1917　江戸末期～大正期の医師
真子　まこ　⇔さねこ, しんし
紀（きの）真子　奈良時代の官人
孫　まご
祖父江（そぶえ）孫　？～1582　戦国・安土桃山時代の織田信長の家臣
孫一　まごいち
雑賀（さいか）孫一　戦国時代の紀伊一向一揆雑賀衆の指導者
鈴木（すずき）孫一　安土桃山時代の土豪
日比野（ひびの）孫一　安土桃山時代の織田信長の家臣
孫市　まごいち
石坂（いしざか）孫市　1847～1912　江戸後期～明治期の実業家
加藤（かとう）孫市　1777～1854　江戸後期の天竜川通船の創始者
林（はやし）孫市　？～1879　江戸後期～明治期の加賀国能美郡若杉村の十村
平岡（ひらおか）孫市　江戸中期の美作国土居代官
孫一郎　まごいちろう
朝比奈（あさひな）孫一郎　戦国時代の今川氏の家臣
平田（ひらた）孫一郎　1847～1921　江戸末期～大正期の養蚕業指導者
布施（ふせ）孫一郎　1847～1911　江戸後期～明治期の蚕業開発者
孫右衛門　まごえもん
孫右衛門　戦国時代の甲斐国巨摩郡駒沢郷の番匠大工
孫右衛門　戦国時代の山梨郡和田平の細工番匠頭
孫右衛門　江戸前期の人。浦上キリシタン潜伏組織の創始者
赤木（あかぎ）孫右衛門　1766～1834　江戸中期・後期の剣術家。東軍流
浅沼（あさぬま）孫右衛門　1821～1900　江戸後期～明治期の肝入
雨宮（あめみや）孫右衛門　江戸中期の雨畑硯の創作者
猪飼野（いかいの）孫右衛門　安土桃山時代の織田信長の家臣
石渡（いしわた）孫右衛門　江戸後期の三浦郡公郷民
石渡（いしわた）孫右衛門　？～1850　江戸後期の三浦郡桜山村名主
石原（いしわら）孫右衛門　？～1650　江戸前期の藩士
市川（いちかわ）孫右衛門　？～1715　江戸中期の代官
薄衣（うすぎぬ）孫右衛門　1827～1893　江戸後期～明治期の事業家
浦野（うらの）孫右衛門　？～1667　江戸前期の前田氏の与力大名長氏の家老
小沢（おざわ）孫右衛門　？～1575　安土桃山時代の武田氏の家臣、禰津月直の被官
川崎屋（かわさきや）孫右衛門　？～1867　江戸後期の大磯宿米問屋
黒内村（くろうちむら）孫右衛門　江戸中期の農民
佐野（さの）孫右衛門〔4代〕 1840～1889　江戸末期・明治期の場所請負
島村（しまむら）孫右衛門　1675～1739　江戸前期・中期の剣術家。新田宮流
高田（たかだ）孫右衛門　安土桃山時代の織田信長の家臣
道明村（どうみょうむら）孫右衛門　江戸前期の十村肝煎役
菱沢（ひしざわ）孫右衛門　1842～1907　江戸末期・明治期の村長
増野（ましの）孫右衛門　1635～1716　江戸前期・中期の人。「山代三老」の一人
町方村（まちかたむら）孫右衛門　江戸中期の義民。小八賀町方村の百姓
三日町村（みっかまちむら）孫右衛門　江戸中期の義民。三日町村の人
向原（むこうはら）孫右衛門　江戸後期の足柄上郡

川村向原民
孫衛門　まごえもん
孫衛門　安土桃山時代の信濃国筑摩郡刈谷原の土豪
佐野（さの）孫衛門　戦国時代の甲斐国大崩の土豪
孫右衛門長徳　まごえもんながのり
円尾（まるお）孫右衛門長徳　江戸前期の醸造家。薄口醤油の創始者
孫右衛門長村　まごえもんながむら
円尾（まるお）孫右衛門長村　安土桃山時代の醸造家。竜野醤油の創始者
孫右衛門尉　まごえもんのじょう
佐野（さの）孫右衛門尉　安土桃山時代の穴山信君の家臣
孫右衛門吉次　まごえもんよしつぐ
平野（ひらの）孫右衛門吉次　？～1652　江戸前期の武士。大坂の陣で籠城
孫九郎　まごくろう
大森（おおもり）孫九郎　江戸時代の篤志家
周東（すとう）孫九郎　戦国時代の千葉胤直の家臣
千野（ちの）孫九郎　戦国時代の信濃国諏訪郡の国衆
三好（みよし）孫九郎　安土桃山時代の織田信長の家臣
孫九郎貞明　まごくろうさだあきら
岡野（おかの）孫九郎貞明　1622～1690　江戸前期・中期の24代長崎奉行
孫五郎　まごごろう
池田（いけだ）孫五郎　？～1590　戦国・安土桃山時代の北条氏の家臣
加藤（かとう）孫五郎　戦国時代の弘景の子
島津（しまづ）孫五郎　？～1646　江戸前期の北信濃の国衆
長谷川（はせがわ）孫五郎　安土桃山時代の検地役人
一鍬田（ひとくわだ）孫五郎　戦国時代の千葉邦胤の近習
孫左衛門　まござえもん
孫左衛門　戦国時代の紙漉職人
石田（いしだ）孫左衛門　？～1582　戦国・安土桃山時代の織田信長の家臣
上野（うえの）孫左衛門　戦国時代の武士。石巻家貞の被官、伊豆櫟山村の在地支配者
太田（おおた）孫左衛門　安土桃山時代の織田信長の家臣
片岡（かたおか）孫左衛門　室町時代の武将
小島（こじま）孫左衛門　？～1747　江戸中期の大住郡中原上宿名主
笹川村（ささかわむら）孫左衛門　江戸時代の加賀藩の十村肝煎役
鈴木（すずき）孫左衛門　？～1644　江戸前期の隠れキリシタン
砂坂（すなさか）孫左衛門　1826～？　江戸後期・末期の新道開通者
征矢野（そやの）孫左衛門　1597～1686　江戸前期の新田開発者
多賀（たが）孫左衛門　江戸前期の人。兄の敵討ちをした
高橋（たかはし）孫左衛門　江戸前期の槍術家
高橋（たかはし）孫左衛門　？～1858　江戸後期の大住郡根坂間村名主
千葉（ちば）孫左衛門　1829～1898　江戸後期～明治期の肝入・郷土史家
十時（ととき）孫左衛門〔1代〕　？～1643　安土桃山・江戸前期の陶工
十時（ととき）孫左衛門〔4代〕　？～1757　江戸中期の陶工
十時（ととき）孫左衛門〔5代〕　江戸後期の陶工
土肥（どひ）孫左衛門　安土桃山時代の織田信長の家臣
永島（ながしま）孫左衛門　江戸中期の三浦郡横須賀村民
萩原（はぎわら）孫左衛門　？～1865　江戸後期・末期の石積みの名人
肥後（ひご）孫左衛門　1845～1909　江戸後期～明治期の寄留商人、運漕業者
藤沢（ふじさわ）孫左衛門　戦国時代の大工
丸山（まるやま）孫左衛門　安土桃山時代の信濃国安曇郡中之郷の土豪
宮の下（みやのした）孫左衛門　安土桃山時代の信濃国筑摩郡安坂の土豪
村上（むらかみ）孫左衛門　江戸前期の代官
湯川（ゆかわ）孫左衛門　江戸前期の紀伊の侍。大野治長の家臣
余語（よご）孫左衛門　安土桃山時代の織田信長の家臣
孫左衛門尉　まごさえもんのじょう　⇔まござえもんのじょう
朝比奈（あさひな）孫左衛門尉　戦国時代の武士
孫左衛門尉　まござえもんのじょう　⇔まごさえもんのじょう
植木（うえき）孫左衛門尉　安土桃山時代の武将
小草野（おぐさの）孫左衛門尉　戦国時代の信濃小県郡の国衆
桜（さくら）孫左衛門尉　戦国時代の武士
杉崎（すぎさき）孫左衛門尉　戦国時代の伊豆国平井郷の名主・問屋
疋田（ひきだ）孫左衛門尉　室町時代の奉公衆か
両角（もろずみ）孫左衛門尉　安土桃山時代の信濃国諏訪郡の土豪
孫左衛門守時　まござえもんもりとき
諸岡（もろおか）孫左衛門守時　？～1625　江戸前期の人。鍋島直茂の家臣鍋島新左衛門種巻の三男
孫左衛門義澄　まござえもんよしずみ
萱野（かやの）孫左衛門義澄　江戸前期の相賀荘清水村の大庄屋。大坂の陣で籠城
孫左衛門吉康　まござえもんよしやす
末吉（すえよし）孫左衛門吉康　1570～1617　江戸前期の朱印船貿易立役者。大坂の陣で徳川に加勢
孫作　まごさく
田中（たなか）孫作　？～1628　安土桃山・江戸前期の山内一豊の臣
孫三郎　まごさぶろう　⇔まござぶろう
孫三郎　戦国時代の石切（石工）。北条氏の被官
孫三郎　戦国時代の甲斐府中六方小路の番匠大工

職人
鮎川(あゆかわ)孫三郎 戦国時代の武将。武田家臣
石川(いしかわ)孫三郎 鎌倉後期の御家人、駿河国富士郡上方重須郷等の地頭
伊丹(いたみ)孫三郎 ?～1581 戦国・安土桃山時代の織田信長の家臣
市川(いちかわ)孫三郎 戦国時代の信濃国高井郡志久見郷の国衆
大条(おおえだ)孫三郎 江戸末期の仙台藩奉行
大槌(おおづち)孫三郎 安土桃山・江戸前期の大槌城城主
岡村(おかむら)孫三郎 ?～1784 江戸中期の農民書家・算術家
坂戸(さかど)孫三郎 戦国時代の千葉勝胤・昌胤の家臣
佐野(さの)孫三郎 安土桃山時代の穴山信君の家臣
副田(そえだ)孫三郎 1688～1768 江戸前期・中期の陶業家
玉井(たまい)孫三郎 戦国時代の北条氏の家臣
田谷(たや)孫三郎 1849～1924 江戸末期～大正期の十村役・山廻役
戸張中臺(とばりなかだい)孫三郎 戦国時代の千葉実胤・自胤に属した。戸張氏の一族
頓宮(とんぐう)孫三郎 ?～1333 室町時代の武士
中野(なかの)孫三郎 1806～1857 江戸末期の吉井燧鍛冶職
仁科(にしな)孫三郎 戦国時代の武田氏の家臣
長谷川(はせがわ)孫三郎 ?～1723 江戸前期・中期の玉造温泉の湯之助
原(はら)孫三郎 戦国時代の下総国臼井城主原胤栄の家臣
卜蔵(ぼくら)孫三郎 1693～1755 江戸中期の実業家
宮内(みやうち)孫三郎 戦国時代の廻船商人宮内氏の一族
結城(ゆうき)孫三郎〔1代〕 江戸前期の人形芝居の座元

孫三郎 まござぶろう ⇔まごさぶろう
広野(ひろの)孫三郎 安土桃山時代の織田信長の家臣

孫次 まごじ
小井弖(こいで)孫次 戦国時代の信濃国伊那郡小出郷の土豪
古酒屋(こざかや)孫次 ?～1859 江戸後期・末期の陶工
次郎島村(じろうじまむら)孫次 江戸前期の十ケ村肝煎

孫七 まごしち
榊原(さかきばら)孫七 戦国時代の松平氏の家臣
鈴木(すずき)孫七 1845～1911 江戸後期～明治期の小田急相模原開拓の祖
田村(たむら)孫七 戦国時代の甲府城下の紺屋職人頭
原(はら)孫七 戦国時代の千葉勝胤・昌胤の家臣
堀田(ほった)孫七 戦国・安土桃山時代の織田信長の家臣
町田(まちだ)孫七 江戸時代の薩摩藩士

孫七郎 まごしちろう
孫七郎 安土桃山時代の信濃国筑摩郡小立野の土豪
天野(あまの)孫七郎 戦国時代の松平氏の家臣
井上(いのうえ)孫七郎 戦国時代の武蔵鉢形城主北条氏邦の家臣
小川(おがわ)孫七郎 1806～1874 江戸後期～明治期の剣術家。直心影流

孫十 まごじゅう
桑原(くわばら)孫十 江戸後期の算学者

孫十良 まごじゅうろう
安竹(やすたけ)孫十良 安土桃山時代の検地役人

孫十郎 まごじゅうろう
明智(あけち)孫十郎 ?～1582 戦国・安土桃山時代の織田信長の家臣
今津屋(いまづや)孫十郎 ?～1800 江戸後期の町人
織田(おだ)孫十郎 安土桃山時代の織田信長の家臣
高橋(たかはし)孫十郎 1738～1810 江戸中期・後期の酒屋
野原(のはら)孫十郎 安土桃山時代の検地役人

孫十郎信政 まごじゅうろうのぶまさ
津田(つだ)孫十郎信政 ?～1615 江戸前期の織田孫十郎信次の子。豊臣秀吉の家臣

孫四郎 まごしろう
孫四郎 江戸中期の田原村庄屋
大森(おおもり)孫四郎 1841～1912 江戸後期～明治期の水漆の全国移出に尽力
小林(こばやし)孫四郎 ?～1740 江戸中期の備中国倉敷代官、同笠岡代官、美作国下町代官
小林(こばやし)孫四郎 1719～1781 江戸中期の美作国久世代官
斎藤(さいとう)孫四郎 ?～1555 戦国時代の斎藤道三(利政)の二男
佐野(さの)孫四郎 戦国時代の駿河国の土豪
多功(たこう)孫四郎 戦国時代の武士
徳田(とくだ)孫四郎 1752～1802 江戸中期・後期の治水家
舎人(とねり)孫四郎 戦国時代の岩付太田氏の家臣
堀切屋(ほりきりや)孫四郎 ?～1790 江戸中期・後期の加賀国石川郡宮腰村の商人
本間(ほんま)孫四郎 南北朝時代の南朝方の武士
松橋(まつはし)孫四郎 江戸中期の八戸の商人
山室(やまむろ)孫四郎 戦国時代の千葉勝胤・昌胤の家臣
吉田(よしだ)孫四郎 ?～1600 安土桃山時代の金森家臣

孫次郎 まごじろう
石毛(いしげ)孫次郎 戦国時代の千葉胤富の家臣。森山衆。東総の土豪・地侍
清水(しみず)孫次郎 ?～1862 江戸末期の代官
遠山(とおやま)孫次郎 戦国時代の信濃国伊那郡和田城主
馬場(ばば)孫次郎 安土桃山時代の織田信長の家臣
藤井(ふじい)孫次郎 1847～1907 江戸後期～明治期の新聞先覚者

孫二郎　まごじろう
青地（あおぢ）孫二郎　安土桃山時代の織田信長の家臣
今川（いまがわ）孫二郎　？～1582　戦国・安土桃山時代の織田信長の家臣
日根野（ひねの）孫二郎　安土桃山時代の織田信長の家臣
福本（ふくもと）孫二郎　戦国時代の鍛冶職人
三須（みす）孫二郎　戦国時代の伊豆の牧之郷の百姓

孫次郎貞義　まごじろうさだよし
赤松（あかまつ）孫次郎貞義　1588～1625　安土桃山・江戸前期の武士

孫次郎入道　まごじろうにゅうどう
小原（おはら）孫次郎入道　南北朝時代の美作国の武士

孫介　まごすけ
佐々（さっさ）孫介　1526？～1556　戦国時代の織田信長の家臣《佐々孫助》

孫助　まごすけ
四十物屋（あいものや）孫助　江戸後期の回漕業者
新井（あらい）孫助　1736～1780　江戸中期の慈善家
大屋（おおや）孫助　江戸前期の伊那郡木沢村の庄屋
佐々（さっさ）孫助　1526？～1556　戦国時代の織田信長の家臣
佐々（さっさ）孫助　安土桃山・江戸前期の豊臣秀頼の鷹匠頭。牢人
佐野（さの）孫助　安土桃山時代の検地役人
古畠（ふるはた）孫助　安土桃山時代の信州黒川村の郷士
松橋（まつはし）孫助　江戸中期の八戸の商人

孫惣　まごそう
生田（いくた）孫惣　江戸中期の兵法学者
島田（しまだ）孫惣　1745～1803　江戸中期・後期の藍商、肥料商

孫三　まごぞう
犬飼（いぬかい）孫三　？～1582　戦国・安土桃山時代の織田信長の家臣
大塚（おおつか）孫三　？～1582　戦国・安土桃山時代の織田信長の家臣
小川（おがわ）孫三　？～1596　戦国・安土桃山時代の農民
芝崎（しばざき）孫三　安土桃山時代の織田信長の家臣

孫蔵　まごぞう
板花（いたはな）孫蔵　1833～1902　江戸後期～明治期の人。掘廻し堰への揚水に成功
住吉（すみよし）孫蔵　1830～1894　江戸後期～明治期の細入村最初の郵便局長

孫左右衛門　まごぞうえもん
浅野（あさの）孫左右衛門　1589～1640　安土桃山・江戸前期の開発者

孫太夫　まごだゆう
阿部（あべ）孫太夫　？～1685　江戸前期の庄内藩家老
阿部（あべ）孫太夫　？～1726　江戸前期・中期の藩士
小野（おの）孫太夫　1675～1735　江戸前期の俳人
味方（みかた）孫太夫　1563～1623　安土桃山・江戸前期の佐渡銀山の大山主

孫大夫　まごだゆう
伊藤（いとう）孫大夫　安土桃山時代の織田信長の家臣
松浦（まつら）孫大夫　江戸前期の有馬豊氏の家臣

孫太郎　まごたろう
粟飯原（あいはら）孫太郎　戦国時代の千葉勝胤の家臣
朝比奈（あさひな）孫太郎　戦国時代の相模国玉縄城城主北条綱成家臣。朝比奈綱堯の嫡男か
生島（いくしま）孫太郎　江戸末期の幕臣・外国奉行支配並出役。1867年遣仏使節に随行しフランスに渡る
一野（いちの）孫太郎　戦国時代の紀伊国熊野の御師
菊屋（きくや）孫太郎　？～1886　江戸後期～明治期の萩町人
渋江（しぶえ）孫太郎　戦国時代の武蔵国衆
平子（たいらく）孫太郎　戦国時代の越後の国人。蒲生城主
長条（ちょうじょう）孫太郎　1733～1791　江戸中期の豪商
時吉（ときよし）孫太郎　鎌倉後期の薩摩国祁答院時吉名領主
戸田（とだ）孫太郎　戦国時代の駿河国入山瀬の土豪
前波（まえば）孫太郎　安土桃山時代の織田信長の家臣
水野（みずの）孫太郎　安土桃山時代の織田信長の家臣
水原（みずはら）孫太郎　安土桃山時代の織田信長の家臣

允　まこと
福武（ふくたけ）允　1752～1823　江戸中期・後期の歌人

信　まこと　⇔のぶる
清水（しみず）信　？～1815　江戸中期・後期の大庄屋

慎　まこと　⇔しん
豊島（としま）慎　江戸時代の和算家
渡辺（わたなべ）慎　江戸後期の測量家・和算家《渡辺慎》

真　まこと
赤松（あかまつ）真　江戸後期の陶工
衣笠（きぬがさ）真　江戸末期・明治期の漢学者

真事　まこと
下道朝臣（しもつみちのあそん）真事　奈良時代の官人
久永（ひさなが）真事　1758～1821　江戸中期・後期の幕臣、歌人

誠　まこと
阿部（あべ）誠　江戸時代の和算家
上林（かんばやし）誠　1764～1796　江戸中期・後期の篤学者
長野（ながの）誠　1807～1891　江戸末期・明治期

の筑前福岡藩士、郷土史家
望月(もちずき)誠　江戸末期・明治期の実業家

孚　まこと　⇔たかし
岩井(いわい)孚　江戸末期の和算家

愿　まこと
中村(なかむら)愿　1835～?　江戸後期の数学者
松岡(まつおか)愿　江戸後期の和算家

孫人　まごと
斎藤(さいとう)孫人　1835～1896　江戸後期～明治期の安曇郡大野川村の庄屋・元締

孫藤次　まごとうじ
鶴若(つるわか)孫藤次　江戸後期の大住郡平塚宿の神事舞太夫

孫之丞　まごのじょう
坂手(さかて)孫之丞　1739～1818　江戸中期・後期の剣客
長条(ちょうじょう)孫之丞　1774～1831　江戸中期・後期の藍商、文人
鶴居(つるい)孫之丞　1834～?　江戸後期～明治期の野尻五香散の薬舗
寺尾(てらお)孫之丞　1613～1672　江戸前期の剣術家。二天一流

孫之進　まごのしん
坂本(さかもと)孫之進　1759～1840　江戸中期・後期の幕臣、砲術家
西村(にしむら)孫之進　1595～1656　安土桃山・江戸前期の武士。大坂の陣で籠城

孫八　まごはち
上森合(かみもりあい)孫八　1832～1898　江戸後期～明治期の地域功労者
坂本(さかもと)孫八　1745～1803　江戸中期・後期の荻野流砲術家《阪本天山》
椎名(しいな)孫八　南北朝時代の武将
高城(たかぎ)孫八　戦国時代の下総国馬橋(松戸市)に拠った高城氏一族か
高田(たかだ)孫八　戦国時代の千葉胤直・宣胤の家臣
高橋(たかはし)孫八　1801～1884　江戸後期～明治期の大工
多田(ただ)孫八　戦国時代の千葉胤直・宣胤(胤宣とも)の家臣
福田(ふくだ)孫八　安土桃山時代の武将

孫八郎　まごはちろう
漆垣内村(うるしがいとむら)孫八郎　江戸中期の義民。漆垣内村の百姓
大草(おおぐさ)孫八郎　戦国時代の古河公方の家臣
原(はら)孫八郎　戦国時代の原胤栄の家臣
福田(ふくだ)孫八郎　安土桃山時代の織田信長の家臣
松浦(まつら)孫八郎　安土桃山時代の織田信長の家臣
渡辺(わたなべ)孫八郎　戦国時代の北条氏の家臣

孫彦　まごひこ
子子(このこの)孫彦　江戸中期の狂歌師

孫兵衛　まごびょうえ　⇔まごべえ
孫兵衛　江戸前期の美濃国多芸郡大塚町一揆の首魁
埔坂(はねさか)孫兵衛　江戸前期の紀伊国伊都郡の名族

孫右兵衛尉　まごひょうえのじょう
佐野(さの)孫右兵衛尉　戦国・安土桃山時代の駿河国富士郡の土豪

孫兵衛光茂　まごびょうえみつしげ
牟礼(むれい)孫兵衛光茂　1563～1615　安土桃山・江戸前期の豊臣秀頼の家臣

孫平　まごへい　⇔まごべい
天野(あまの)孫平　?～1615　江戸前期の代官
五十嵐(いがらし)孫平　江戸時代の和算家
滝川(たきがわ)孫平　?～1582　安土桃山時代の織田信長の家臣

孫平　まごべい　⇔まごへい
宮下(みやした)孫平　1807～1883　江戸後期～明治期の村役人・商人

孫兵治　まごへいじ
山形(やまがた)孫兵治　1751～1830　江戸後期の鋳物師

孫平次　まごへいじ
坂井(さかい)孫平次　安土桃山時代の織田信長の家臣

孫平治　まごへいじ
持田(もちだ)孫平治　1806～1882　江戸後期の名主

孫平太　まごへいた
町(まち)孫平太　1743～1825　江戸中期・後期の熊本藩士

孫兵衛　まごべえ　⇔まごびょうえ
石賀(いしが)孫兵衛　安土桃山時代の武将
伊藤(いとう)孫兵衛　1808～1893　江戸後期～明治期の伊那郡非持村の名主
岩間(いわま)孫兵衛　1803～1870　江戸後期～明治期の算盤教師
遠藤(えんどう)孫兵衛　?～1600　安土桃山時代の武士
大倉(おおくら)孫兵衛　1843～1921　江戸後期～大正期の実業家
小田(おだ)孫兵衛　安土桃山時代の備中国の武将
柿崎(かきざき)孫兵衛　江戸後期の豪商
桂川(かつらがわ)孫兵衛　?～1593　安土桃山時代の宮大工
神園(かみその)孫兵衛　江戸中期の河辺郡鹿篭の石工
紙屋(かみや)孫兵衛　?～1837　江戸後期の加賀国能美郡宮竹新村の紙漉き業者
久保(くぼ)孫兵衛　戦国時代の北条氏の家臣
高松屋(たかまつや)孫兵衛　江戸後期の武士
竹尾(たけお)孫兵衛　?～1646　江戸前期の庄内藩士
塚本(つかもと)孫兵衛　1641～1724　江戸前期・中期の俳人《塚本如舟》
虎尾(とらお)孫兵衛　江戸前期の槍術家
長島(ながしま)孫兵衛　江戸後期の鎌倉郡小菅谷村組頭
長野(ながの)孫兵衛　?～1654　江戸前期の庄屋

永原（ながはら）孫兵衛　江戸前期の京都糸割符商人
楢村（ならむら）孫兵衛　江戸前期の代官
沼間（ぬま）孫兵衛　？～1582　安土桃山時代の織田信長の家臣
野畑（のばた）孫兵衛　江戸末期の横須賀村の商人
野間（のま）孫兵衛　安土桃山時代の織田信長の家臣
萩原（はぎわら）孫兵衛〔1代〕　江戸前期の医者
日夏（ひなつ）孫兵衛　1818～1893　江戸後期～明治期の剣術家。小野派一刀流
布施（ふせ）孫兵衛　江戸前期・中期の茶人
村上（むらかみ）孫兵衛　？～1804　江戸中期・後期の馬方
村杉村（むらすぎむら）孫兵衛　江戸後期の富山藩の十村格
万屋（よろずや）孫兵衛　1843～1921　江戸後期～大正期の出版人

孫兵衛重吉　まごへえしげよし
川村（かわむら）孫兵衛重吉　1574～1648　安土桃山・江戸前期の伊達家家臣

孫丸　まごまる
祖父江（そぶえ）孫丸　？～1582　戦国・安土桃山時代の織田信長の家臣《祖父江孫》

孫陸　まごりく
小保内（おぼない）孫陸　1812～1891　江戸後期～明治期の神職

ま

孫六　まごろく
伊久美（いくみ）孫六　戦国時代の駿河国志太郡の土豪
石倉（いしくら）孫六　安土桃山時代の那波郡沼之上村の土豪？
伊藤（いとう）孫六　1765～1841　江戸中期・後期の剣術家。円明流
鶏冠井（かえでい）孫六　安土桃山時代の織田信長の家臣
梶原（かじわら）孫六　南北朝時代の武将
加瀬（かせ）孫六　戦国時代の北条氏の家臣。河越衆
鎌田（かまた）孫六　戦国時代の大津城（大戸城）の守将
近藤（こんどう）孫六　戦国時代の北条氏の家臣
さこや（さこや）孫六　江戸中期の材木問屋
矢野（やの）孫六　安土桃山時代の武士

孫六左衛門　まごろくざえもん
福井（ふくい）孫六左衛門　安土桃山時代の武将

孫六郎　まごろくろう
小谷（こたに）孫六郎　1688～1759　江戸中期の岡山藩士・弓術家
西村（にしむら）孫六郎　1842～1903　江戸後期～明治期の実業家

麻佐　まさ
三宅連（みやけのむらじ）麻佐　奈良時代の地方豪族

雅昭　まさあき
桧山（ひやま）雅昭　1743～1824　江戸中期・後期の藩士

雅明　まさあき　⇔まさあきら
藤原（ふじわら）雅明　室町時代の公家・歌人

昌卿　まさあき
鷹野（たかの）昌卿　戦国時代の武田氏の家臣

昌章　まさあき
馬場（ばば）昌章　？～1730　江戸中期の兵法家
宮坂（みやさか）昌章　江戸中期の和算家

昌符　まさあき
飯室（いいむろ）昌符　1753～？　江戸中期・後期の幕臣・漢学者

昌明　まさあき　⇔しょうめい
石原（いしはら）昌明　1530～1607　戦国～江戸前期の武田氏・徳川氏の家臣
木村（きむら）昌明　江戸前期の「木村咄」の著者

真章　まさあき
古田（ふるた）真章　1772～1834　江戸後期の岡山藩士・砲術家

政秋　まさあき
豊原（とよはら）政秋　1228～1295　鎌倉前期・後期の楽人、歌人

政章　まさあき
安井（やすい）政章　1787～1853　江戸後期の川越藩郡奉行・治水功労者

政明　まさあき　⇔まさあきら
揖斐（いび）政明　1844～1881　江戸後期～明治期の幕臣
鹿児島（かごしま）政明　1735～1807　江戸中期・後期の国学者
近藤（こんどう）政明　1743～？　江戸中期の幕臣
種子田（たねだ）政明　1837～1876　江戸後期～明治期の薩摩藩士

正秋　まさあき
広岡（ひろおか）正秋　1844～1910　江戸後期～明治期の豪商

正彰　まさあき
荒木（あらき）正彰　？～1877　江戸後期～明治期の十村

正昭　まさあき　⇔まさてる
朝倉（あさくら）正昭　江戸時代の和算家
西郷（さいごう）正昭　？～1746　江戸中期の武士
佐藤（さとう）正昭　江戸後期の医者
鶴（つる）正昭　江戸前期の幕府作事方大棟梁

正章　まさあき　⇔せいしょう, まさあきら, まさよし
石河（いしこ）正章　1684～1753　江戸前期・中期の武士
小林（こばやし）正章　江戸中期の藩士

正明　まさあき　⇔しょうめい, まさあきら
伊藤（いとう）正明　1825～1877　江戸末期・明治期の歌人
小沢（おざわ）正明　1727～1781　江戸中期の国学者
栗本（くりもと）正明　1830～1863　江戸後期・末期の和算家、津和野藩士
小堀（こぼり）正明　江戸後期・末期の京都代官
惟宗（これむねの）正明　平安中期の官人
金剛（こんごう）正明　1449～1529　室町・戦国時

代の能役者シテ方
七条(しちじょう)正明　1665～1723　江戸前期・中期の儒者
田村(たむら)正明　1764～1841　江戸中期・後期の武士

方明　まさあき　⇔ほうめい
中井(なかい)方明　1782～1830　江戸中期・後期の暦算家

雅明　まさあきら　⇔まさあき
刑部(おさかべの)雅明　平安中期の官人

義章　まさあきら　⇔ぎしょう, よしあき, よしあきら
里見(さとみ)義章　江戸中期・後期の幕臣

政明　まさあきら　⇔まさあき
大草(おおくさ)政明　1714～1757　江戸中期の代官
前島(まえしま)政明　1668～1754　江戸前期・中期の代官

政晟　まさあきら
野田(のだ)政晟　?～1819　江戸中期・後期の幕臣、代官

正顕　まさあきら　⇔しょうけん
石原(いしはら)正顕　1694～1776　江戸中期の代官

正章　まさあきら　⇔せいしょう, まさあき, まさよし
井上(いのうえ)正章　1758～1841　江戸中期・後期の幕臣

正明　まさあきら　⇔しょうめい, まさあき
小林(こばやし)正明　?～1689　江戸中期の代官、大番
末吉(すえよし)正明　江戸前期の代官

正陽　まさあきら　⇔まさてる, まさはる
小幡(おばた)正陽　1700～1768　江戸中期の関東代官、大番

正亮　まさあきら　⇔しょうりょう, まさすけ
松下(まつした)正亮　1752～?　江戸中期・後期の幕臣、美濃郡代

正朗　まさあきら
小島(こじま)正朗　1619～1704　江戸前期・中期の代官、大番

正晁　まさあきら　⇔せいちょう
若林(わかばやし)正晁　1758～1826　江戸後期の歌人《若林正晁》

理明　まさあきら
大中臣(おおなかとみの)理明　平安中期の官人

尹明　まさあきら　⇔ただあき
藤原(ふじわらの)尹明　平安後期の廷臣

政淳　まさあつ
恒岡(つねおか)政淳　江戸中期の藩士

政醇　まさあつ
桑島(くわしま)政醇　1721～1762　江戸中期の佐渡奉行

正温　まさあつ　⇔まさはる
竹内(たけうち)正温　江戸後期の神職

正厚　まさあつ
小田(おだ)正厚　江戸後期の和算家

正当　まさあつ
鈴木(すずき)正当　1642～1730　江戸前期・中期の幕臣
平岩(ひらいわ)正当　?～1615　江戸前期の旗本

正篤　まさあつ
桑原(くわばら)正篤　1838～1925　江戸末期～大正期の剣客

正敦　まさあつ
成瀬(なるせ)正敦　江戸後期の藩士

正彬　まさあや
花村(はなむら)正彬　1763～?　江戸中期の幕臣

将在　まさあり
長嶺(ながみね)将在　1813～1881　江戸後期～明治期の国学者・歌人

政有　まさあり
北条(ほうじょう)政有　鎌倉時代の武士
細川(ほそかわ)政有　1449～1480　室町・戦国時代の武士

正在　まさあり
安陪(あべ)正在　?～1731　江戸中期の小姓組
井上(いのうえ)正在　1731～1787　江戸中期の幕臣

正存　まさあり
池田(いけだ)正存　戦国時代の連歌作者

正有　まさあり
車持(くるまもちの)正有　平安中期の官人

正居　まさい
成瀬(なるせ)正居　1828～1902　江戸後期～明治期の藩士

昌家　まさいえ
富樫(とがし)昌家　?～1387　南北朝時代の武将・歌人

真家　まさいえ
大河内(おおこうち)真家　戦国時代の吉良氏の家臣

政家　まさいえ
政家　戦国時代の木曽家臣か
市来(いちき)政家　鎌倉時代の薩摩国市来院郡司
大草(おおくさ)政家　?～1619　江戸前期の代官
水原(すいばら)政家　戦国時代の越後白河荘の国人
富永(とみなが)政家　1554?～1607　戦国時代の武士。北条氏家臣
北条(ほうじょう)政家　鎌倉後期の武士

正家　まさいえ
芦田(あしだ)正家　安土桃山時代の武将
紀(きの)正家　鎌倉前期の名主・郷司
平(たいら)正家　?～1073?　平安中期・後期の官人、歌人
塚田(つかだ)正家　?～1635　江戸前期の小田原城主稲葉正勝臣
平林(ひらばやし)正家　?～1569　戦国・安土桃山時代の武田家臣

藤原(ふじわらの)正家　平安後期の官人
本田(ほんだ)正家　1558〜1619　戦国〜江戸前期の北条氏の家臣

雅一　まさいち
豊田(とよだ)雅一　?〜1745　江戸中期の平曲の江戸第3世宗匠

政一郎　まさいちろう
大西(おおにし)政一郎　1825〜1878　江戸後期〜明治期の隠岐騒動の中心人物

昌出　まさいで
跡部(あとべ)昌出　?〜1582　戦国時代の甲斐武田勝頼の家臣

政右衛門　まさうえもん　⇔せいえもん, まさえもん
板橋(いたばし)政右衛門　1831〜1918　江戸後期・末期の烏山藩領農民一揆の指導者
鵜木(うのき)政右衛門　江戸末期・明治期の後半の商人
原田(はらだ)政右衛門　江戸後期の金鉱採掘者
松下(まつした)政右衛門　1845〜1909　江戸後期〜明治期の養蚕家《松下政右衛門》

正右衛門　まさうえもん　⇔しょうえもん
小佐(こさ)正右衛門　?〜1703　江戸前期・中期の薩摩郡樋脇郷の年寄役

雅氏　まさうじ
児玉(こだま)雅氏　1798〜1862　江戸後期・末期の藩士

政氏　まさうじ
大須賀(おおすが)政氏　戦国時代の下総松子城最後の城主。北条氏に帰属。常安(尾張守)の子
木田(きだ)政氏　鎌倉後期・南北朝時代の武将
北条(ほうじょう)政氏　鎌倉時代の武士
武藤(むとう)政氏　戦国時代の別当
薬師寺(やくしじ)政氏　鎌倉時代の御家人

正氏　まさうじ
石原(いしはら)正氏　?〜1710　江戸中期の代官
里村(さとむら)正氏　江戸中期の武道家
永嶋(ながしま)正氏　戦国時代の相模の有力者
原田(はらだ)正氏　江戸前期の幕臣
細川(ほそかわ)正氏　南北朝時代の武士

昌海　まさうみ
高出(たかいで)昌海　戦国時代の武士

真佐得　まさえ
坪内(つぼうち)真佐得　江戸中期の神道家

政栄　まさえ　⇔まさひで, まさよし
丹羽(にわ)政栄　1821〜1891　江戸後期〜明治期の庄屋

正衛　まさえ
橋村(はしむら)正衛　1827〜1856　江戸後期・末期の神職

政右衛門　まさえもん　⇔せいえもん, まさうえもん
政右衛門　江戸後期の橘樹郡矢向村旗本松波五郎右衛門知行地民
政右衛門　江戸後期の高座郡本郷村民
猪名川(いながわ)政右衛門　?〜1800　江戸中期の大坂相撲の力士
岡部(おかべ)政右衛門　江戸後期の津久井県日連村勝瀬の質屋、富農
佐々木(ささき)政右衛門　江戸後期の上津具村名主
末松(すえまつ)政右衛門　1774〜1850　江戸末期の商人
鈴木(すずき)政右衛門　1826〜1905　江戸末期の下菅田村名主
松下(まつした)政右衛門　1845〜1909　江戸後期〜明治期の養蚕家
吉田(よしだ)政右衛門　江戸中期の町奉行与力

雅雄　まさお
西山(にしやま)雅雄　1756〜1816　江戸後期の歌人

真雄　まさお　⇔さねお
横田(よこた)真雄　1853〜1876　江戸後期〜明治期の神職

真棹　まさお
成川(なるかわ)真棹　1753〜1814　江戸中期・後期の医師・国学者

正尾　まさお
兼松(かねまつ)正尾　1605〜1674　江戸前期の幕臣

正雄　まさお
片岡(かたおか)正雄　1844〜1906　江戸後期〜明治期の土佐勤王党員、官権派幹部
草間(くさま)正雄　1818〜1882　江戸後期〜明治期の藩士
長谷川(はせがわ)正雄　1838〜1907　江戸後期〜明治期の和算家
淵井(ふちい)正雄　1805〜1886　江戸後期の地方狂歌作者
山根(やまね)正雄　1840〜1925　江戸末期〜大正期の剣道範士

方雄　まさお
山田(やまだ)方雄　1832?〜1918　江戸末期〜大正期の富山藩士

雅興　まさおき
伊丹(いたみ)雅興　?〜1573　戦国・安土桃山時代の武将。伊丹城主
木崎(きざき)雅興　1718〜1798　江戸中期・後期の商家・国学者

将興　まさおき
九里(くのり)将興　?〜1706　江戸前期・中期の藩士

昌興　まさおき　⇔しょうこう
賀島(かしま)昌興　江戸中期の「犬山城主考」の著者

真興　まさおき　⇔しんこう
武田(たけだ)真興　江戸後期の和算家《武田真興》

政興　まさおき　⇔まさよし
戸塚(とつか)政興　江戸後期の歌人

政陽　まさおき
江繋(えつぎ)政陽　1813〜1863　江戸後期・末期の藩士

ま

正起　まさおき
成瀬（なるせ）正起　1675〜1721　江戸前期・中期の武士
正興　まさおき
稲生（いのう）正興　1782〜1863　江戸中期〜末期の幕臣
岡山（おかやま）正興　1761〜1836　江戸中期・後期の国学者
鈴木（すずき）正興　1676〜1753　江戸前期・中期の幕臣
高嶋（たかしま）正興　1799〜1856　江戸末期の岩室の文人
比留間（ひるま）正興　1753〜1805　江戸中期・後期の幕臣
柳本（やなぎもと）正興　？〜1732　江戸中期の俳人
昌音　まさおと
樗木（おてき）昌音　1713〜1787　江戸中期の船大工頭（惣船大工）
政己　まさおの
田辺（たなべ）政己　1753〜1823　江戸中期・後期の藩士
正修　まさおみ　⇔せいしゅう，まさなが，まさのぶ
南条（なんじょう）正修　1655〜1724　江戸前期・中期の藩士
正臣　まさおみ
佐伯（さえき）正臣　1760〜1836　江戸中期・後期の国学者
廷臣　まさおみ
平内（へいのうち）廷臣　江戸後期の幕臣・工匠・和算家
真坂　まさか
小倉（おぐら）真坂　1807〜1878　江戸後期〜明治期の国学者
真阪　まさか
小倉（おぐら）真阪　1807〜1878　江戸後期〜明治期の国学者《小倉真坂》
政香　まさか
向井（むかい）政香　1740〜？　江戸中期の船手組旗本
昌寿　まさが　⇔まさとし
小宮山（こみやま）昌寿　1842〜1895　江戸後期〜明治期の陸軍軍人
雅穎　まさかい
石井（いしい）雅穎　江戸中期の和算家
政養　まさかい　⇔まさきよ
佐分（さぶり）政養　江戸後期の藩士
将景　まさかげ　⇔ゆきかげ
師岡（もろおか）将景　戦国時代の武将
昌蔭　まさかげ
山本（やまもと）昌蔭　1769〜1854　江戸中期〜末期の国学者
政景　まさかげ
天野（あまの）政景　鎌倉前期の武士
揖斐（いび）政景　？〜1641　江戸前期の幕臣
揖斐（いひ）政景　揖斐政景に同じ
大井（おおい）政景　1583〜1652　安土桃山・江戸前期の幕臣
梶原（かじわら）政景　戦国時代の古河公方の家臣
梶原（かじわら）政景　1548〜1623　戦国〜江戸前期の武将
小早川（こばやかわ）政景　鎌倉時代の御家人
正蔭　まさかげ　⇔おおかげ
小西（こにし）正蔭　1828〜1891　江戸後期〜明治期の薬舗
正影　まさかげ
大江（おおえの）正影　平安後期の人。嘉応2年先祖相伝の大和国平群郡坂門郷の地と、秦仲子相伝所領伊賀垣内を交換した
正景　まさかげ　⇔しょうけい
正景　戦国時代の刀工
天野（あまの）正景　1702〜1788　江戸中期の幕臣
井上（いのうえ）正景　？〜1683　江戸前期の旗本
楠奥（くすおく）正景　1798〜1857　江戸後期・末期の文人
杉浦（すぎうら）正景　江戸前期の藩士・武芸家
田付（たつけ）正景　1596〜1669　安土桃山・江戸前期の藩士・砲術家
成瀬（なるせ）正景　1632〜1704　江戸前期・中期の尾張徳川家初代義直・2代光友に仕えた老中
雅量　まさかず
飛鳥井（あすかい）雅量　戦国時代の公家
藤原（ふじわらの）雅量　？〜951　平安中期の官人
昌運　まさかず　⇔しょううん
渡辺（わたなべ）昌運　1830〜？　江戸後期・末期の医者
政運　まさかず
宮川（みやがわ）政運　1796〜？　江戸後期の随筆家
政数　まさかず
猪野（いの）政数　江戸後期の和算家
政和　まさかず
仙石（せんごく）政和　1766〜1824　江戸中期・後期の幕臣
本多（ほんだ）政和　1813〜1847　江戸後期の藩士
水野（みずの）政和　1769〜1820　江戸中期・後期の鋳物師・和算家
正一　まさかず　⇔しょういち
成瀬（なるせ）正一　1519〜1601　戦国・安土桃山時代の徳川家奉行人
正員　まさかず
井出（いで）正員　1600〜1665　安土桃山・江戸前期の幕臣
稲葉（いなば）正員　1649〜1728　江戸前期・中期の武士
正算　まさかず　⇔しょうさん
金谷（かなや）正算　1588〜1651　安土桃山・江戸前期の頼宣代官
正万　まさかず
間宮（まみや）正万　1831〜1902　江戸後期〜明治期の尾張徳川家家士

正和　まさかず
坂井（さかい）正和　1794～1824　江戸後期の藩士、歌人

正萬　まさかず
刑部（おさかべの）正萬　平安中期の因幡国高草郡検校
間宮（まみや）正萬　1831～1902　江戸後期～明治期の尾張徳川家家士《間宮正万》

正風　まさかぜ
小谷（おだに）正風　1785～1850　江戸後期の藩士、有職故実家

雅方　まさかた
楽厳寺（がくがんじ）雅方　戦国時代の武田氏の家臣

昌堅　まさかた
小宮山（こみやま）昌堅　江戸後期の藩士

昌方　まさかた
岡（おか）昌方　1674～1753　江戸前期・中期の楽人
金田（かねだ）昌方　江戸中期の高山の町人
畑（はた）昌方　戦国・安土桃山時代の武田氏の家臣

真賢　まさかた
赤塚（あかつか）真賢　1542～1633　戦国～江戸前期の島津義弘の重臣

政形　まさかた
上坂（うえさか）政形　1695～1759　江戸中期の幕臣

政賢　まさかた　⇔まさたか
桜井（さくらい）政賢　1813～1898　江戸末期・明治期の伊勢神宮祠官
竹下（たけした）政賢　江戸中期の測量家
横山（よこやま）政賢　1738～1809　江戸中期・後期の藩士

政方　まさかた　⇔まさのり, まさみち
駒木根（こまきね）政方　1672～1747　江戸前期・中期の幕臣
辻（つじ）政方　？～1761　江戸中期の装剣金工
北条（ほうじょう）政方　鎌倉後期の武士

政良　まさかた　⇔まさなが, まさよし
丸毛（まるも）政良　1738～？　江戸中期の幕臣

正鑑　まさかた
北山（きたやま）正鑑　江戸後期の医者

正堅　まさかた
山本（やまもと）正堅　1663～1737　江戸前期・中期の幕臣

正方　まさかた
安倍（あべ）正方　？～1720　江戸中期の書院番
岩室（いわむろ）正方　1685～1733　江戸前期・中期の代官
植原（うえはら）正方　1816～1868　江戸末期の水泳家
大塚（おおつか）正方　江戸中期の和算家
小川（おがわ）正方　？～1846　江戸後期の医者・歌人
紀（きの）正方　平安中期の官人
久貝（くがい）正方　1648～1714　江戸前期・中期の幕臣
桑沢（くわさわ）正方　1754～1828　江戸中期・後期の神道家
佐藤（さとう）正方　江戸後期の和算家
高田（たかだ）正方　1630～1715　江戸前期・中期の国学者
土屋（つちや）正方　1709～1768　江戸中期の幕臣
戸田（とだ）正方　1699～1751　江戸中期の代官
保坂（ほさか）正方　？～1849　江戸後期の七日市藩家老
向井（むかい）正方　1620～1674　江戸前期の旗本

正容　まさかた　⇔せいよう, まさやす, まさよし, まざやす
木村（きむら）正容　江戸中期の歌人

将勝　まさかつ
遠藤（えんどう）将勝　1680～1748　江戸前期・中期の幕臣

昌勝　まさかつ　⇔しょうしょう
荻原（おぎはら）昌勝　？～1535　戦国時代の武田氏の重臣
楠浦（くすほ）昌勝　戦国時代の武田氏の近臣。信昌・信縄・信虎に仕えた
須藤（すどう）昌勝　江戸前期の兵法家
徳永（とくなが）昌勝　1605～1654　江戸前期の武士
弓気多（ゆけた）昌勝　？～1676　江戸前期の旗本

真勝　まさかつ
尾関（おぜき）真勝　1783～1839　江戸中期・後期の国学者

政克　まさかつ
村松（むらまつ）政克　1851～1878　江戸末期・明治期の武士、教員

政勝　まさかつ
石川（いしかわ）政勝　1577～1659　江戸初期の武人
石川（いしかわ）政勝　江戸末期の幕臣
伊東（いとう）政勝　1596～1662　安土桃山・江戸前期の幕臣
遠藤（えんどう）政勝　1786～1858　江戸後期の庵原郡内房村の名主
倉橋（くらはし）政勝　1570～1615　安土桃山・江戸前期の幕臣
近藤（こんどう）政勝　安土桃山・江戸前期の武士
近藤（こんどう）政勝　？～1695　江戸中期の幕臣
榊原（さかきばら）政勝　？～1758　江戸中期の旗本
下田（しもだ）政勝　？～1566　戦国・安土桃山時代の箕輪城主長野氏の家老
仙石（せんごく）政勝　1623～1704　江戸中期の旗本。矢沢知行所仙石氏の初代領主
東（ひがし）政勝　？～1590　戦国・安土桃山時代の武士
丸山（まるやま）政勝　1541～1615　戦国～江戸前期の安曇郡吉野郷の郷士
目時（めとき）政勝　？～1687　江戸前期の盛岡藩士

政雄　まさかつ
北条（ほうじょう）政雄　鎌倉時代の武士

正功 まさかつ ⇔せいこう
新見(しんみ)正功 1823〜? 江戸後期〜明治期の飛騨郡代《新見正功》

正克 まさかつ
橋村(はしむら)正克 1831〜1875 江戸後期〜明治期の神職

正勝 まさかつ
渥美(あつみ)正勝 1584〜1643 江戸前期の武士
石原(いしはら)正勝 1679〜1747 江戸前期・中期の幕臣
井出(いで)正勝 1599〜1652 安土桃山・江戸前期の代官
大河内(おおこうち)正勝 1579〜1640 安土桃山・江戸前期の幕臣
大沢(おおさわ)正勝 1645〜1728 江戸前期・中期の国学者、歴史家
凡部(おおしべの)正勝 平安中期の相撲人
岡田(おかだ)正勝 ?〜1765 江戸中期の軍学者
小栗(おぐり)正勝 1554〜1626 戦国〜江戸前期の武蔵国忍領代官
越智(おち)正勝 1699頃〜? 江戸中期の神職
小幡(おばた)正勝 ?〜1701 江戸前期の旗本
貴志(きし)正勝 1604〜1685 江戸前期の幕臣
楠(くすのき)正勝 ?〜1411 南北朝・室町時代の忠臣
楠木(くすのき)正勝 楠正勝に同じ
郷(ごう)正勝 ?〜1731 江戸中期の槍術家
坂部(さかべ)正勝 ?〜1669 江戸前期の旗本
佐野(さの)正勝 江戸前期の代官
新見(しんみ)正勝 1539〜1642 江戸前期の旗本
菅沼(すがぬま)正勝 ?〜1642 江戸前期の武士
杉浦(すぎうら)正勝 1733〜1806 江戸中期・後期の幕臣
鈴木(すずき)正勝 1746〜1805 江戸中期・後期の幕臣
諏訪部(すわべ)正勝 1586〜1640 江戸前期の武士
仙石(せんごく)正勝 1620〜1700 江戸前期・中期の幕臣
伊達(だて)正勝 1596〜1678 江戸前期の武士
田中(たなか)正勝 1760〜1829 江戸中期・後期の歌人
中田(なかた)正勝 ?〜1686 江戸前期の幕臣
成瀬(なるせ)正勝 1607〜1676 江戸前期の幕臣
肥田(ひだ)正勝 ?〜1634 江戸前期の代官
福島(ふくしま)正勝 1662〜1696 江戸前期・中期の幕臣
福田(ふくだ)正勝 江戸後期の武士
堀(ほり)正勝 ?〜1717 江戸中期の旗本
本田(ほんだ)正勝 1530〜1569 戦国・安土桃山時代の太田氏・北条氏の家臣
松風(まつかぜ)正勝 ?〜1726 江戸中期の旗本
松平(まつだいら)正勝 ?〜1615 安土桃山・江戸前期の徳川家康の臣
的場(まとば)正勝 ?〜1684 江戸前期の武士
万年(まんねん)正勝 1541〜1606 戦国〜江戸前期の代官
三宅(みやけ)正勝 ?〜1664 江戸前期の旗本
梁田(やなだ)正勝 ?〜1652 江戸前期の旗本
山角(やまかど)正勝 1573〜1649 江戸前期の旗本
横山(よこやま)正勝 ?〜1612 江戸前期の旗本

正昉 まさかつ
曲木(まがき)正昉 1741〜? 江戸中期の幕臣

正門 まさかど
森(もり)正門 江戸後期の和算家

正廉 まさかど
大中臣(おおなかとみの)正廉 平安中期の神祇官人

政兼 まさかね
波多野(はたの)政兼 ?〜1439? 室町時代の土豪

政周 まさかね ⇔せいしゅう, まさとき, まさよし
宇夫方(うぶかた)政周 ?〜1723 江戸前期・中期の歴史家

正金 まさかね
増田(ますだ)正金 ?〜1425 室町時代の槍鍛冶

正矩 まさかね ⇔まさのり
飯塚(いいつか)正矩 江戸時代の和算家

正兼 まさかね
飛鳥戸(あすかべの)正兼 平安中期の官人
清原(きよはらの)正兼 平安後期の官人
藤田(ふじた)正兼 1791〜1869 江戸後期〜明治期の歌人

正謙 まさかね
富永(とみなが)正謙 江戸中期の人。「逍遙楼文集」の編者

正包 まさかね
中根(なかね)正包 1661〜1716 江戸前期・中期の幕臣
三浦(みうら)正包 ?〜1721 江戸中期の武士

理兼 まさかね
藤原(ふじわらの)理兼 平安中期の官人

雅材 まさき
藤原(ふじわら)雅材 平安中期の公家・漢詩人

真佐喜 まさき
入江(いりえ)真佐喜 1846〜1890 江戸後期〜明治期の神職

真砂岐 まさき
小佐野(こさの)真砂岐 1762〜1840 江戸中期の俳人

真咲 まさき
芳賀(はが)真咲 1841〜1906 江戸末期・明治期の国学者、神職

真福 まさき ⇔さねよし, しんぷく
大原(おおはらの)真福 平安前期の官人《大原真福》

正樹 まさき
浅島(あさじま)正樹 1822〜1863 江戸後期・末期の国学者
池田(いけだ)正樹 江戸中期の藩士
木村(きむら)正樹 江戸後期の国学者
中山(なかやま)正樹 1736〜1794 江戸中期・後

期の神職・歌人
林(はやし)正樹　1754〜1779　江戸中期の郷土史家
堀家(ほっけ)正樹　堀家正樹に同じ
堀家(ほりけ)正樹　?〜1876　江戸末期の神道家

政吉　まさきち　⇔せいきち, まさよし
新井(あらい)政吉　1853〜1922　江戸末期〜大正期の機械大工
大坪(おおつぼ)政吉　安土桃山時代の篤志家。飛州荒城郷の河伯大明神の大鐘を鋳造した施主
村上(むらかみ)政吉　1798〜1854　江戸末期の真岡の精耕堂塾主
渡辺(わたなべ)政吉　1847〜1924　江戸末期〜大正期の紙業改良家

正吉　まさきち　⇔しょうきち, しょうきつ, まさよし
小林(こばやし)正吉　?〜1661　江戸前期の旗本
高橋(たかはし)正吉　1603〜1672　安土桃山・江戸前期の盛岡藩の豪商

政公　まさきみ　⇔せいこう
北条(ほうじょう)政公　鎌倉後期の武士

栄君　まさぎみ
栄君　1693〜1748　江戸中期の女性。加賀藩主前田綱紀の6女

ま

真公　まさぎみ
垂水(たるみの)真公　飛鳥時代の人

雅清　まさきよ
多治(たじひの)雅清　平安中期の官人
富士名(ふじな)雅清　?〜1336　南北朝時代の意宇郡湯郷内富士名地頭、若狭国守護

昌清　まさきよ
徳永(とくなが)昌清　1638〜1714　江戸前期・中期の幕臣
友野(ともの)昌清　安土桃山・江戸前期の駿府の町年寄、商人

政清　まさきよ
石谷(いしがや)政清　1503〜1574　戦国時代の武将
大草(おおくさ)政清　1662〜1727　江戸前期・中期の代官
大塚(おおつか)政清　江戸前期の画家
小田(おだ)政清　安土桃山時代の武将
喜多村(きたむら)政清　1584〜1653　江戸前期の武士
小林(こばやし)政清　江戸中期の金工家
杉浦(すぎうら)政清　1616〜1697　江戸前期・中期の幕臣
村上(むらかみ)政清　戦国時代の信濃国衆。坂木城主

政白　まさきよ
永田(ながた)政白　1696〜1757　江戸中期の代官

政養　まさきよ　⇔まさかい
三嶋(みしま)政養　1821〜1886　江戸後期〜明治期の幕臣

正潔　まさきよ
取田(とりだ)正潔　?〜1772　江戸中期の国学者

正清　まさきよ　⇔しょうせい, せいせい
正清　戦国時代の刀工
正清　1813〜1875　江戸後期〜明治期の刀工
赤須(あかす)正清　戦国時代の武将。武田家臣
井上(いのうえ)正清　1776〜?　江戸中期・後期の幕臣、砲術家
大草(おおくさ)正清　?〜1727　江戸前期・中期の幕臣
多(おおの)正清　平安後期の楽人
大原(おおはらの)正清　平安中期の相撲人
紀(きの)正清　平安後期の散位
久留(くる)正清　?〜1727　江戸中期の旗本
佐久間(さくま)正清　1786〜1854　江戸中期〜末期の和算家
篠原(しのはら)正清　江戸前期の馬術家
新宮(しんぐう)正清　戦国・安土桃山時代の駿河府中浅間社の富士新宮神主
長谷川(はせがわ)正清　?〜1675　江戸前期の上方代官
林(はやし)正清　?〜1753　江戸中期の宮大工

当清　まさきよ
柳川(やながわ)当清　1836〜?　江戸後期・末期の遣米使節団の一員

馬作　まさく　⇔うまさく
印具(いんぐ)馬作　1843〜1900　江戸後期〜明治期の新撰組隊士

雅国　まさくに
外山(とやま)雅国　1646〜1711　江戸前期・中期の代官

雅邦　まさくに
大泉(おおいずみ)雅邦　1810〜?　江戸後期の藩士、歌人、和算家

昌国　まさくに　⇔しょうこく
長坂(ながさか)昌国　?〜1582　戦国時代の甲斐武田晴信・勝頼の家臣
夜交(よませ)昌国　戦国・安土桃山時代の信濃国高井郡の国衆

昌邦　まさくに
島村(しまむら)昌邦　江戸後期の武芸家
山田(やまだ)昌邦　1848〜1926　江戸後期〜大正期の数学者、海軍兵学校教師、実業家

真邦　まさくに　⇔まくに
佐倉(さくら)真邦　1785〜1862　江戸中期〜末期の国学者《佐倉真邦》

政国　まさくに
政国　江戸前期の刀工
大江(おおえの)政国　平安後期の官人
寿鶴亭(じゅかくてい)政国　江戸後期の画家
北条(ほうじょう)政国　鎌倉後期の武士
虫追(むそう)政国　南北朝時代の美濃郡長野庄内飯多・高津・白上・市原郷地頭

政都　まさくに
藤原(ふじわら)政都　1803〜?　江戸後期の藩士

政邦　まさくに　⇔せいほう
久保田(くぼた)政邦　1719〜1799　江戸中期・後期の幕臣、勘定奉行

正国　まさくに
正国　室町時代の刀工
正国　戦国時代の刀工
安倍(あべの)正国　平安中期の人。永祚1年尾張守藤原文信の金峯山よりの帰途を襲う
上田(うえだ)正国　1851〜？　江戸後期〜明治期の郷土史家
橋口(はしぐち)正国　平安中期の刀工
山本(やまもと)正国　1550〜1629　江戸前期の武士

正邦　まさくに
村上(むらかみ)正邦　？〜1730　江戸中期の旗本

正邑　まさくに　⇔まさむら
稲葉(いなば)正邑　？〜1783　江戸中期の旗本

理国　まさくに
丹生(にうの)理国　平安中期の官人

政九郎　まさくろう
佐藤(さとう)政九郎　1805〜1874　江戸後期〜明治期の書家

まさ子　まさこ
高杉(たかすぎ)まさ子　江戸末期〜大正期の女性。高杉晋作の妻

雅子　まさこ
北小路(きたのこうじ)雅子　江戸中期の歌人

順子　まさこ　⇔じゅんこ
山内(やまうち)順子　1774〜1817　江戸中期・後期の歌人、土佐藩10代豊策夫人

政子　まさこ
岡村(おかむら)政子　1858〜1936　江戸末期〜昭和期の版画家
平(たいらの)政子　平安後期の女房。建春門院乳母
林崎(はやしざき)政子　1853〜1913　江戸末期〜大正期の教育者

方子　まさこ
源(みなもとの)方子　1066〜1152　平安後期の女性。中納言藤原長実の妻

雅子女王　まさこじょおう
雅子女王　平安前期の女御か

昌言　まさこと　⇔しょうげん, まさとき, まさのぶ
長井(ながい)昌言　江戸後期・末期の幕臣
原(はら)昌言　1820〜1886　江戸後期〜明治期の歌人

政固　まさこと
新田(にいだ)政固　1746〜？　江戸中期の藩士

政寿　まさこと　⇔まさひさ, まさほぎ
大河内(おおこうち)政寿　1758〜1804　江戸中期・後期の幕臣

昌是　まさこれ
朝比奈(あさひな)昌是　？〜1575　戦国・安土桃山時代の武田家臣

正斯　まさこれ
田沢(たざわ)正斯　1721〜？　江戸中期の幕臣

政五郎　まさごろう
政五郎　江戸後期の侠客
神山(かみやま)政五郎　1808〜1892　江戸後期〜明治期の彫物師
八陣(はちじん)政五郎　1848〜？　江戸後期〜明治期の力士

雅定　まささだ
紀(きの)雅定　平安後期の官人

将貞　まささだ
西郷(さいごう)将貞　戦国時代の三河八名郡の国人

昌貞　まささだ
昌貞　戦国時代の刀工
三枝(さいぐさ)昌貞　？〜1575　戦国・安土桃山時代の武田家臣
高室(たかむろ)昌貞　？〜1689　江戸中期の代官

昌定　まささだ
小幡(おばた)昌定　？〜1573　戦国・安土桃山時代の上野国衆

政貞　まささだ
池田(いけだ)政貞　1748〜1817　江戸中期・後期の幕臣
小俣(おまた)政貞　？〜1649　江戸前期の旗本
北条(ほうじょう)政貞　鎌倉後期の武士

政定　まささだ
政定　江戸前期の俳人
裏多(うらた)政定　鎌倉後期の神職
三田(みた)政定　戦国時代の武蔵国衆

正貞　まささだ
井上(いのうえ)正貞　1630〜1690　江戸前期・中期の武士
日下部(くさかべ)正貞　？〜1659　江戸前期の旗本
久保(くぼ)正貞　？〜1677　江戸前期の幕臣
中島(なかじま)正貞　1791〜1874　江戸後期〜明治期の長州藩の通訳
行弘(ゆきひろ)正貞　1774〜1840　江戸中期・後期の神職

正定　まささだ
岡室(おかむろ)正定　1723〜1792　江戸中期・後期の代官
成瀬(なるせ)正定　1751〜1806　江戸中期・後期の幕臣
堀田(ほった)正定　？〜1587　安土桃山時代の織田信長の家臣

正登　まささだ
新見(しんみ)正登　1766〜？　江戸中期・後期の幕臣

昌郷　まささと
鷹野(たかの)昌郷　安土桃山時代の武田氏の家臣、駿河国の代官
堀内(ほりうち)昌郷　1791〜1846　江戸後期の国学者

政郷　まささと
大草(おおぐさ)政郷　1778〜1828　江戸中期・後期の幕臣
大草(おおくさ)政郷　大草政郷に同じ

正郷　まささと
久貝(くがい)正郷　1729〜1770　江戸中期の幕臣

昌実　まさざね
河内山（こうちやま）昌実　？～1687　江戸前期の藩士
山部（やまべ）昌実　戦国時代の武将。武田家臣

昌信　まさざね　⇔しょうしん，まさのぶ
塚原（つかはら）昌信　？～1658　江戸前期の旗本

真実　まさざね
折野（おりの）真実　戦国時代の信濃国伊那郡の武士

政実　まさざね
永井（ながい）政実　戦国時代の武士
長井（ながい）政実　？～1590　戦国時代の武蔵・上野国衆

政真　まさざね　⇔せいしん，まさちか
下島（しもじま）政真　1597～1655　安土桃山・江戸前期の幕臣、代官
下嶋（しもじま）政真　下島政真に同じ

正真　まさざね
正真　鎌倉前期の古備前の刀工
伊岐（いきの）正真　平安中期の神祇官人
河原（かわら）正真　1660～1726　江戸前期・中期の代官
鈴木（すずき）正真　1646～1721　江戸前期・中期の書家

正誠　まさざね　⇔まさなり，まさのぶ
稲次（いなつぐ）正誠　1702～1736　江戸中期の久留米藩家老

ま

真指　まさし
斎藤（さいとう）真指　1822～1904　江戸末期・明治期の歴史家

正至　まさし
山本（やまもと）正至　1835～1905　江戸後期～明治期の和算家

正懿　まさし
兵頭（ひょうどう）正懿　1847～1910　江戸末期・明治期の志士。千葉県知事

雅重　まさしげ
岩井（いわい）雅重　1851～1886　江戸後期～明治期の和算家
国（くにの）雅重　？～996？　平安中期の官人
源（みなもと）雅重　？～1163　平安後期の公家・歌人

昌重　まさしげ
油川（あぶらかわ）昌重　安土桃山時代の武田氏の家臣
荻原（おぎわら）昌重　1563～1641　安土桃山・江戸前期の幕臣
三枝（さいぐさ）昌重　？～1624　安土桃山・江戸前期の武田家臣
高室（たかむろ）昌重　？～1645　江戸前期の幕臣
長田（ながた）昌重　？～1304　鎌倉時代の長田西郷一分地頭
馬場（ばば）昌重　1639～1706　江戸前期・中期の代官

昌松　まさしげ
小田切（おだぎり）昌松　？～1590　安土桃山時代の武田氏の家臣

昌成　まさしげ　⇔しょうせい，まさなり
秋山（あきやま）昌成　？～1582　戦国・安土桃山時代の武田氏の家臣《秋山昌成》
日向（ひなた）昌成　？～1564　戦国・安土桃山時代の甲斐武田晴信の家臣

昌繁　まさしげ
和田（わだ）昌繁　？～1614　戦国時代の上野国衆

政重　まさしげ　⇔せいちょう
小槻（おつきの）政重　1093～1144　平安後期の官人
賀嶋（かしま）政重　1598～1660　安土桃山・江戸前期の徳島藩家老
片岡（かたおか）政重　？～1527　戦国時代の佐竹の家臣
桜井（さくらい）政重　1819～1891　江戸後期～明治期の神道家
佐野（さの）政重　？～1628　江戸前期の旗本
平子（たいらく）政重　戦国時代の武士。上杉氏の家臣
田中（たなか）政重　？～1642　江戸前期の甲斐国代官
戸田（とだ）政重　？～1657　江戸前期の旗本

政成　まさしげ　⇔せいせい，まさなり
源（みなもと）政成　平安中期・後期の公家、歌人

政繁　まさしげ
塩田（しおだ）政繁　1554～1589　戦国・安土桃山時代の二階堂氏の家臣

政蕃　まさしげ
桜井（さくらい）政蕃　1645～1720　江戸前期・中期の武士

政茂　まさしげ　⇔まさもち
酒井（さかい）政茂　戦国時代の上総土気城主酒井胤治の嫡子
下島（しもじま）政茂　1553～1627　戦国～江戸前期の代官
野村（のむら）政茂　江戸前期の和算家

正栄　まさしげ　⇔しょうえい，まさてる，まさなが，まさよし
可児（かに）正栄　？～1664　江戸前期の武士

正重　まさしげ
秋山（あきやま）正重　1586～1640　安土桃山・江戸前期の幕臣
朝比奈（あさひな）正重　1575～1653　安土桃山・江戸前期の幕臣
伊沢（いざわ）正重　？～1608　江戸前期の旗本
石原（いしはら）正重　1615～1656　江戸前期の代官
沖浦（おきうら）正重　?～1687　江戸前期の鳥見役
加藤（かとう）正重　1583～1633　安土桃山・江戸前期の幕臣
紀（きの）正重　平安後期の官人
窪田（くぼた）正重　？～1621　江戸前期の旗本
小林（こばやし）正重　？～1639　江戸前期の幕臣
酒井（さかい）正重　安土桃山・江戸前期の砲術家
佐野（さの）正重　？～1641　江戸前期の代官

渋谷(しぶや)正重　?～1618　安土桃山・江戸前期の僧
末木(すえき)正重　戦国時代の甲斐八田村居住の商人
平(たいらの)正重　平安後期・鎌倉前期の武士
津田(つだ)正重　1603～1661　安土桃山・江戸前期の幕臣
津田(つだ)正重　1617～1702　江戸前期・中期の藩士
土屋(つちや)正重　?～1667　江戸前期の旗本
内藤(ないとう)正重　1578～1663　安土桃山・江戸前期の幕臣
藤井(ふじい)正重　鎌倉後期の飛驒椽
本位田(ほんいでん)正重　1520～1615　江戸前期の武士
松平(まつだいら)正重　?～1626　江戸前期の武士
間宮(まみや)正重　江戸前期の旗本
向井(むかい)正重　1519～1579　戦国・安土桃山時代の海賊衆
村越(むらこし)正重　1589～1654　安土桃山・江戸前期の幕臣
八木(やぎ)正重　安土桃山・江戸前期の代官
山本(やまもと)正重　江戸前期の歌人
和田(わだ)正重　?～1680　江戸前期の剣術家

正茂　まさしげ　⇔まさもち
漆戸(うるしど)正茂　1603～1667　安土桃山・江戸前期の盛岡藩士、兵学者
伴(ともの)正茂　平安後期の官人

正翼　まさしげ
富永(とみなが)正翼　1698～1771　江戸中期の儒者、医師

増重　まさしげ　⇔ますしげ
増重　戦国時代の刀工

正七　まさしち
新居(にいおり)正七　1832～1909　江戸後期～明治期の讃岐における活版印刷業の第一号

政四郎　まさしろう　⇔せいしろう
門倉(かどくら)政四郎　江戸後期の高座郡上溝村民

雅次郎　まさじろう
安藤(あんどう)雅次郎　江戸末期の新撰組隊士

政次郎　まさじろう
奥田(おくだ)政次郎　江戸後期の愛甲郡温水村春日社神主

賢陶　まさすえ
矢沢(やざわ)賢陶　1811～1875　江戸後期～明治期の国学者

正季　まさすえ
藤原(ふじわら)正季　平安後期の公家・歌人

正末　まさすえ
清原(きよはらの)正末　平安後期の官人

雅輔　まさすけ
多治(たじひの)雅輔　平安中期の官人

雅亮　まさすけ
瀬川(せがわ)雅亮　1855～1929　江戸末期～昭和期の社司

昌助　まさすけ
佐伯(さえきの)昌助　平安後期の筑前国住吉社の神官

昌相　まさすけ　⇔しょうすけ
出浦(いでうら)昌相　1546～1623　戦国～江戸前期の武士

昌輔　まさすけ
有泉(ありいずみ)昌輔　1549～1598　戦国時代の武士。甲斐穴山信君・勝千代の家臣

昌祐　まさすけ
工藤(くどう)昌祐　戦国時代の武田信縄の近臣

政介　まさすけ
服部(はっとり)政介　江戸末期の海外渡航者

政資　まさすけ
太田(おおた)政資　1675～1713　江戸中期の旗本
那須(なす)政資　?～1546　戦国時代の那須氏当主

政助　まさすけ　⇔せいじょ
簗田(やなだ)政助　戦国時代の古河公方足利政氏の家臣

政昌　まさすけ　⇔まさよし
磯野(いその)政昌　1772～?　江戸中期の幕臣

政甫　まさすけ
桜井(さくらい)政甫　1711～?　江戸中期の幕臣

政輔　まさすけ　⇔せいほ
佐伯(さえきの)政輔　平安後期の官人

政祐　まさすけ
梅田(うめだ)政祐　江戸後期の和算家、名古屋藩士

正相　まさすけ
今村(いまむら)正相　1663～1728　江戸前期・中期の兵法家

正甫　まさすけ　⇔しょうほう, せいほ, まさもと
正甫　江戸末期の刀工
秋山(あきやま)正甫　?～1639　江戸前期の代官
土屋(つちや)正甫　1745～1799　江戸中期・後期の幕臣

正輔　まさすけ　⇔しょうすけ
大江(おおえの)正輔　平安後期の官人
平(たいらの)正輔　平安中期の軍事貴族
多米(ため)正輔　平安後期の官人

正亮　まさすけ　⇔しょうりょう, まさあきら
村山(むらやま)正亮　江戸中期の武芸家

誠扶　まさすけ
三刀屋(みとや)誠扶　戦国時代の飯石郡三刀屋郷の領主

備資　まさすけ
中条(ちゅうじょう)備資　1732～1807　江戸中期・後期の藩士

方祐　まさすけ
諏訪(すわ)方祐　1646～1741　江戸前期・中期の神職・歌人

政宇　まさすみ
石黒(いしぐろ)政宇　1690～1756　江戸中期の代官

政澄　まさすみ　⇔せいちょう, まさずみ
石黒(いしぐろ)政澄　1625〜1704　江戸前期・中期の幕臣、関東代官

雅純　まさずみ
庭田(にわた)雅純　1627〜1663　江戸前期の公家

昌純　まさずみ
長井(ながい)昌純　1773〜1856　江戸中期〜末期の幕臣

昌澄　まさずみ　⇔しょうちょう
川辺(かわなべ)昌澄　平安時代の武人

政純　まさずみ
池田(いけだ)政純　1706〜？　江戸中期の武士
田島(たじま)政純　江戸中期の故実家

政澄　まさずみ　⇔せいちょう, まさすみ
駒木根(こまきね)政澄　？〜1644　江戸前期の武士。砲術駒木根流開祖
森(もり)政澄　江戸末期の幕臣、代官《森政澄》

正純　まさずみ　⇔せいじゅん
大原(おおはら)正純　1764〜1823　江戸中期・後期の幕臣
岡崎(おかざき)正純　1836〜1886　江戸後期〜明治期の宗教家
巨勢(こせ)正純　江戸前期・中期の工匠
高橋(たかはし)正純　1813〜1880　江戸後期〜明治期の国学者
田中(たなか)正純　1754〜？　江戸中期の幕臣
堀(ほり)正純　江戸中期の漢学者
丸淵(まるふち)正純　江戸後期の医者
村井(むらい)正純　1810〜1856　江戸後期・末期の漢学者
依田(よだ)正純　1681〜1749　江戸前期・中期の国学者

正澄　まさずみ
天野(あまの)正澄　1709〜1763　江戸中期の代官
清原(きよはらの)正澄　平安中期の官人
名取(なとり)正澄　？〜1708　江戸前期・中期の兵法家
宮城(みやぎ)正澄　1788〜？　江戸後期の歌人
竜斎(りゅうさい)正澄　江戸後期の絵師

当純　まさずみ
源(みなもと)当純　平安前期の公家・歌人

和澄　まさずみ
宮城(みやぎ)和澄　1637〜1696　江戸前期・中期の幕臣

政蔵　まさぞう
滝沢(たきざわ)政蔵　1854〜1927　江戸末期〜昭和期の左官

正蔵　まさぞう　⇔しょうぞう
小幡(おばた)正蔵　江戸中期の山代紙見取役

昌副　まさそえ
跡部(あとべ)昌副　？〜1580　戦国時代の武田氏の家臣

真貞　まさだ　⇔さねさだ
安部(あべ)真貞　1819〜1893　江戸後期〜明治期の国学者

雅宝　まさたか
源(みなもとの)雅宝　鎌倉前期の英比郷乙川村の地頭職

昌孝　まさたか
都築(つづき)昌孝　？〜1698　江戸中期の幕臣
名越(なごし)昌孝　江戸後期の釜師
山本(やまもと)昌孝　1706〜1784　江戸中期の武士

昌高　まさたか
小幡(おばた)昌高　戦国時代の上野国衆

昌隆　まさたか　⇔しょうりゅう
酒依(さかより)昌隆　？〜1704　江戸中期の旗本
杉山(すぎやま)昌隆　1811〜1888　江戸後期〜明治期の医師、歌人
中嶋(なかじま)昌隆　？〜1769　江戸中期の藩士
兵頭(ひょうどう)昌隆　1852〜1911　江戸末期・明治期の政治家・実業家
曲淵(まがりぶち)昌隆　1645〜1704　江戸前期・中期の代官
山口(やまぐち)昌隆　1820〜1883　江戸後期〜明治期の教育者

政喬　まさたか
池田(いけだ)政喬　1739〜1794　江戸中期の散楽の名手
揖斐(いひ)政喬　1764〜1786　江戸中期の西国筋郡代

政敬　まさたか
片山(かたやま)政敬　1827〜1896　江戸末期・明治期の産業振興功労者

政賢　まさたか　⇔まさかた
白須(しらす)政賢　1722〜1773　江戸中期の幕臣

政孝　まさたか
小野(おのの)政孝　平安後期の官人
鈎田(かぎた)政孝　江戸後期の和算家
賀嶋(かしま)政孝　1738〜1795　江戸中期・後期の徳島藩家老
惟宗(これむねの)政孝　平安後期の官人
橋本(はしもと)政孝　1822〜1886　江戸後期〜明治期の勤王家

政高　まさたか
高梨(たかなし)政高　戦国時代の武士
日置(ひおき)政高　南北朝時代の秋鹿郡大野庄内加治屋村地頭。日御崎神社検校の一族
北条(ほうじょう)政高　鎌倉後期の武士
和楽(わらく)政高　室町時代の僧侶

政堯　まさたか
奥(おく)政堯　安土桃山時代の加賀一向一揆の首領
笠原(かさはら)政堯　？〜1590　安土桃山時代の武将

正位　まさたか
神谷(かみや)正位　？〜1730　江戸中期の幕臣

正喬　まさたか
本多(ほんだ)正喬　江戸中期の西の丸書院の番士
松平(まつだいら)正喬　1741〜1805　江戸中期・後期の庄屋
蓑(みの)正喬　1744〜1785　江戸中期の代官

ま

正敬　まさたか　⇔しょうけい, まさよし
沢田(さわだ)正敬　江戸後期の和算家
土屋(つちや)正敬　?～1712　江戸前期の旗本
原(はら)正敬　江戸後期の和算家

正孝　まさたか
長尾(ながお)正孝　1797～1838　江戸後期の藩士
根木谷(ねぎや)正孝　江戸後期の国学者
松風(まつかぜ)正孝　?～1614　江戸前期の旗本

正高　まさたか
神田(かんだ)正高　?～1620　江戸前期の旗本
衣縫(きぬぬいの)正高　平安中期の官人
武元(たけもと)正高　?～1630　江戸前期の庄屋役
富永(とみなが)正高　1767～1825　江戸中期・後期の神職・歌人
宮永(みやなが)正高　江戸前期の俳人

正上　まさたか
湯川(ゆかわ)正上　1684～1764　江戸中期の武士

正模　まさたか
荒木(あらき)正模　江戸中期・後期の十村

正隆　まさたか
正隆　江戸末期の刀工
清原(きよはらの)正隆　平安後期の官人
和田(わだ)正隆　?～1336　鎌倉後期・南北朝時代の武将

蔵隆　まさたか
藤原(ふじわらの)蔵隆　平安中期の武士

当高　まさたか
内方(うちかた)当高　1716～1765　江戸中期の代官

雅喬王　まさたかおう
雅喬王　1621～1688　江戸前期の公卿

允武　まさたけ　⇔のぶたけ
明楽(あけら)允武　1722～?　江戸中期の幕臣

雅丈　まさたけ
塚田(つかだ)雅丈　1848～1922　江戸末期～大正期の姨捨山顕彰者

将武　まさたけ
平(たいらの)将武　平安中期の武将。平将門の弟

昌武　まさたけ
谷(たに)昌武　1848～1901　江戸後期～明治期の新撰組隊士

真武　まさたけ
原(はら)真武　1744～1826　江戸中期・後期の槍術家

政武　まさたけ　⇔せいぶ
磯野(いその)政武　1717～1776　江戸中期の幕臣・歌人
上林(かんばやし)政武　1674～1753　江戸前期・中期の幕臣
北川(きたがわ)政武　1823～1859　江戸後期・末期の国学者
下島(しもじま)政武　1653～1717　江戸前期・中期の代官
松本(まつもと)政武　1842～1924　江戸後期～大正期の神職
横地(よこち)政武　1749～?　江戸中期の幕臣

正健　まさたけ
藤(ふじ)正健　1841～1884　江戸後期～明治期の医師

正竹　まさたけ
橋村(はしむら)正竹　1638～1714　江戸前期・中期の神職

正武　まさたけ
正武　江戸末期の刀工
磯野(いその)正武　1717～1776　江戸中期の幕臣・歌人《磯野政武》
稲生(いのう)正武　1683～?　江戸前期の幕臣
大江(おおえ)正武　1770～1795　江戸中期・後期の公家
大国(おおくに)正武　1818～1883　江戸後期～明治期の国学者
大坪(おおつぼ)正武　1849～1913　江戸末期～大正期の教育者
岡(おか)正武　1774～?　江戸中期・後期の国学者
小野(おの)正武　1704～1785　江戸中期の代官
清井(きよいの)正武　平安中期の官人
酒井(さかいの)正武　平安中期の随身
船津(ふなつ)正武　1832～1898　江戸後期～明治期の和算家
真髪(まかみの)正武　平安後期の官人
宮本(みやもと)正武　1792～1834　江戸後期の藩士・和算家
室賀(むろが)正武　?～1584　安土桃山時代の信濃小県郡の国衆

正孟　まさたけ
寺村(てらむら)正孟　?～1725　江戸前期・中期の新田開拓者

正猛　まさたけ
祝(いわい)正猛　江戸後期の和算家、麻田藩士

真貞子　まさだこ
忌部(いんべの)真貞子　平安前期の女性。阿波国名方郷の人

応忠　まさただ
入江(いりえ)応忠　江戸中期の和算家

雅正　まさただ
藤原(ふじわら)雅正　?～961　平安中期の公家・歌人

雅忠　まさただ
小野(おのの)雅忠　平安中期の官人

昌世　まさただ　⇔まさよ
加津野(かずの)昌世　戦国時代の武田氏の家臣
曽根(そね)昌世　戦国時代の武士。武田信玄・勝頼の臣

昌忠　まさただ　⇔しょうちゅう
片切(かたぎり)昌忠　安土桃山時代の信濃国伊那郡の国衆片切氏の一族か
新宮(しんぐう)昌忠　戦国・安土桃山時代の駿河府中浅間社の富士新宮神主
竹田(たけだ)昌忠　1696～1765　江戸中期の藩士

政正　まさただ
大竹(おおたけ)政正　1830～1883　江戸後期～明

ま

治期の教育者
政忠　まさただ
小野(おの)政忠　戦国時代の日御崎社検校
片桐(かたぎり)政忠　?～1582　戦国・安土桃山時代の武田家臣
川井(かわい)政忠　安土桃山・江戸前期の代官
篠田(しのだ)政忠　1825～1911　江戸後期～明治期の私塾の教師
嶋津(しまづ)政忠　室町時代の都賀郡戸矢子保の土豪
竹川(たけがわ)政忠　江戸中期の歌人
中村(なかむら)政忠　1565～1613　安土桃山時代の水軍家
北条(ほうじょう)政忠　鎌倉後期の武士
松平(まつだいら)政忠　?～1560　安土桃山時代の武将
政董　まさただ
大草(おおくさ)政董　1743～1819　江戸中期・後期の代官
正雅　まさただ　⇔まさもと
鷲見(すみ)正雅　安土桃山時代の楢谷村の郷士
正格　まさただ
前田(まえだ)正格　江戸末期の海外渡航者
正糾　まさただ
大藤(おおふじ)正糾　?～1802　江戸中期・後期の藩士
正忠　まさただ
海(あまの)正忠　平安中期の官人
上田(うえだ)正忠　?～1520　戦国時代の扇谷上杉氏の家臣。相模守護代
大中臣(おおなかとみの)正忠　平安中期の官人
大宅(おおやけの)正忠　平安中期の相撲人
興津(おきつ)正忠　?～1597　江戸前期の旗本
小栗(おぐり)正忠　?～1628　江戸前期の旗本
芝(しば)正忠　?～1617　安土桃山・江戸前期の浅野家臣
平(たいらの)正忠　平安中期の官人
辻(つじ)正忠　1543～1604　戦国時代の美国作西部の武将
土師(はじの)正忠　平安中期の典薬寮医師
益田(ましだ)正忠　?～1604　安土桃山・江戸前期の徳島藩家老
矢島(やじま)正忠　?～1355　南北朝時代の武士
安井(やすい)正忠　安土桃山・江戸前期の武士。浅野家家臣
理忠　まさただ
藤原(ふじわらの)理忠　?～1019　平安中期の地方官
尹員　まさただ
小出(こいで)尹員　1610～1665　江戸前期の第2代京都代官奉行
正達　まさたつ　⇔しょうたつ, まさみち
人見(ひとみ)正達　江戸中期の儒者
正立　まさたつ
橋村(はしむら)正立　1809～1889　江戸後期～明治期の神職
雅種　まさたね
飛鳥井(あすかい)雅種　1479～1495　戦国時代の公家・歌人
昌胤　まさたね
跡部(あとべ)昌胤　戦国時代の諏方春芳軒宗富の縁者か
千葉(ちば)昌胤　1496～1546　戦国時代の武士。下総千葉氏当主、本佐倉城主
松井(まつい)昌胤　1715～1760　江戸中期の医者
森(もり)昌胤　1716～1785　江戸中期の神道家
昌種　まさたね
栗原(くりはら)昌種　?～1508　戦国時代の甲斐国東部の有力国人
真胤　まさたね
山田(やまだ)真胤　?～1762　江戸中期の徳島藩家老
真種　まさたね
桧垣(ひがき)真種　江戸後期の「浪華風流繁昌記」の撰者
政胤　まさたね
安西(あんざい)政胤　戦国時代の古河公方の家臣
片岡(かたおか)政胤　?～1610　安土桃山・江戸前期の佐竹氏の家臣
黒杉(くろすぎ)政胤　1705～1754　江戸中期の心学者
白井(しらい)政胤　安土桃山時代の織田信長の家臣
北条(ほうじょう)政胤　鎌倉時代の武士
整胤　まさたね
相馬(そうま)整胤　1544～1566　戦国時代の守谷城主
正胤　まさたね　⇔せいいん
荒木(あらき)正胤　?～1806　江戸中期・後期の十村
安藤(あんどう)正胤　1847～1926　江戸後期～大正期の眼科医
猪飼(いがい)正胤　1737～?　江戸中期の幕臣
伊岐(いきの)正胤　平安中期の官人
加治(かじ)正胤　?～1612　江戸前期の代官
原(はら)正胤　?～1662　江戸前期の旗本
正種　まさたね
池田(いけだ)正種　戦国時代の連歌作者
石原(いしはら)正種　?～1667　江戸前期の代官
新見(しんみ)正種　?～1670　江戸前期の旗本
高野(たかの)正種　1641～1726　江戸前期・中期の軍貝術家
原田(はらだ)正種　?～1667　江戸前期の旗本
正寔　まさたね
柘植(つげ)正寔　1735～?　江戸中期の長崎奉行
政民　まさたみ　⇔せいみん
福島(ふくしま)政民　江戸後期の農家
昌為　まさため
赤須(あかず)昌為　戦国時代の信濃国伊那郡の国衆
片切(かたぎり)昌為　戦国時代の信濃国伊那郡の国衆
政為　まさため
竹田(たけだ)政為　1658～1732　江戸前期・中期

の幕臣、代官

正足　まさたり
黒田（くろだ）正足　江戸前期・中期の藩士

真幸　まさち
斎藤（さいとう）真幸　1797〜1859　江戸後期・末期の名主

惟良　まさちか　⇔これよし
田辺（たなべ）惟良　1587〜1658　安土桃山・江戸前期の武士

応周　まさちか
福井（ふくい）応周　江戸後期の書家

応親　まさちか
田島（たじま）応親　1851〜1934　江戸後期〜昭和期の幕臣

雅哉　まさちか
岡田（おかだ）雅哉　江戸末期の金工家

雅充　まさちか
下瀬（しもせ）雅充　1859〜1911　江戸末期・明治期の下瀬火薬の発明者

雅親　まさちか
阿刀（あとの）雅親　平安中期の官人
桜島（さくらじまの）雅親　平安中期の官人

匡周　まさちか
大江（おおえの）匡周　平安後期の官人

昌親　まさちか
朝比奈（あさひな）昌親　戦国時代の徳川氏の家臣
桜田（さくらだ）昌親　戦国時代の武将。武田家臣
西山（にしやま）昌親　1631〜1692　江戸前期・中期の関東代官

政愛　まさちか　⇔まさよし
小笠原（おがさわら）政愛　1816〜？　江戸後期の幕臣

政近　まさちか
北条（ほうじょう）政近　鎌倉後期の武士

政真　まさちか　⇔せいしん, まさざね
花房（はなぶさ）政真　？〜1627　江戸前期の武士

政親　まさちか
一条（いちじょう）政親　江戸前期の人。土佐一条家の裔
豊田（とよだ）政親　江戸後期の装剣金工
野口（のぐち）政親　戦国時代の仁科氏の家臣
野田（のだ）政親　戦国〜江戸前期の武士
堀江（ほりえ）政親　1674〜1742　江戸中期の西富岡村名主
三村（みむら）政親　安土桃山時代の武将

政用　まさちか
小林（こばやし）政用　1719〜1781　江戸中期の代官

政隣　まさちか
斎藤（さいとう）政隣　江戸後期の神職
津田（つだ）政隣　1756〜1814　江戸中期・後期の藩士

政雍　まさちか
白須（しらす）政雍　江戸中期の旗本

正局　まさちか
村上（むらかみ）正局　1828〜1888　江戸後期〜明治期の大柴原の油田発見者

正近　まさちか
高原（たかはら）正近　江戸中期の武士

正周　まさちか
佐野（さの）正周　1618〜1690　江戸前期・中期の武士
松平（まつだいら）正周　？〜1683　江戸前期の代官
八木（やぎ）正周　？〜1747　江戸中期の旗本

正親　まさちか　⇔しょうしん
秋山（あきやま）正親　1658〜1723　江戸前期・中期の幕臣
甲斐庄（かいのしょう）正親　？〜1691　江戸前期・中期の武士
神谷（かみや）正親　1675〜1753　江戸前期・中期の幕臣
惟宗（これむねの）正親　平安中期の官人
高木（たかぎ）正親　江戸前期の商家
秦（はたの）正親　平安中期の随身
平田（ひらた）正親　江戸中期の装剣金工
益田（ますだ）正親　1542〜1611　戦国〜江戸前期の黒田氏の家臣
松平（まつだいら）正親　1512〜1560　戦国・安土桃山時代の武将

正比　まさちか
岡本（おかもと）正比　？〜1656　江戸前期の武士

正隣　まさちか
種田（おいだ）正隣　？〜1585　戦国・安土桃山時代の織田信長の家臣

方親　まさちか
諏訪（すわ）方親　1767〜1807　江戸中期・後期の神職

允胤　まさつぐ　⇔みつたね
高木（たかぎ）允胤　江戸後期の和算家《高木允胤》

将続　まさつぐ
長嶺（ながみね）将続　1789〜1853　江戸後期の絵師

昌継　まさつぐ　⇔しょうけい
内記（ないき）昌継　安土桃山時代の武田氏・徳川氏の家臣

昌次　まさつぐ
倉橋（くらはし）昌次　？〜1613　安土桃山・江戸前期の徳川家奉行人
中沢（なかざわ）昌次　江戸中期の和算家、米沢藩士
山県（やまがた）昌次　？〜1575　戦国・安土桃山時代の武田家臣

昌続　まさつぐ
土屋（つちや）昌続　1545〜1575　戦国・安土桃山時代の甲斐武田信玄の家臣

政継　まさつぐ
大田原（おおたわら）政継　1605〜1675　江戸前期の幕臣

政次　まさつぐ
秋元（あきもと）政次　戦国時代の上総小糸城主

浅井(あさい)政次　？～1684　江戸前期の武士
石川(いしかわ)政次　1583～1662　安土桃山・江戸前期の幕臣
大草(おおくさ)政次　？～1625　江戸前期の代官
筧(かけひ)政次　？～1648　江戸前期の旗本
上林(かんばやし)政次　1621～1656　江戸前期の山城国宇治郷代官、茶頭取
倉林(くらばやし)政次　安土桃山時代の上野国衆長井政実の家臣
駒木根(こまきね)政次　1590～1672　安土桃山・江戸前期の幕臣
桜井(さくらい)政次　江戸中期の地誌家
菅原(すがわら)政次　江戸前期の地侍
鈴木(すずき)政次　？～1633　江戸前期の旗本
仙石(せんごく)政次　安土桃山・江戸前期の武士
戸田(とだ)政次　？～1672　江戸前期の旗本
細井(ほそい)政次　？～1700　江戸中期の代官
諸星(もろぼし)政次　安土桃山時代の代官
柳川(やながわ)政次　1671～1721　江戸前期・中期の装剣金工
依田(よだ)政次　1703～1783　江戸中期の武士

政続　まさつぐ

田辺(たなべ)政続　1666～1745　江戸前期・中期の市原村名主

政賡　まさつぐ

多賀谷(たがや)政賡　戦国時代の大名結城氏の宿老

正卿　まさつぐ　⇔まさのり

近藤(こんどう)正卿　1819～1879　江戸後期～明治期の国学者

正継　まさつぐ

臼井(うすい)正継　戦国時代の伊豆下田の大工

正次　まさつぐ　⇔せいじ

跡部(あとべ)正次　1573～1612　江戸前期の旗本
阿部(あべ)正次　1550～1602　戦国・安土桃山時代の徳川家奉行人
安藤(あんどう)正次　1565～1615　安土桃山・江戸前期の幕臣
市岡(いちおか)正次　？～1664　江戸前期の幕臣
井手(いで)正次　1552～1609　戦国～江戸前期の徳川家奉行人
井出(いで)正次　井手正次に同じ
岩室(いわむろ)正次　1651～1728　江戸前期・中期の代官
植村(うえむら)正次　？～1672　江戸前期の旗本
内田(うちだ)正次　1547～1606　戦国～江戸前期の武将・連歌作者
江原(えはら)正次　1592～1639　江戸前期の旗本
大草(おおくさ)正次　？～1625　安土桃山・江戸前期の徳川家康の家臣
岡垣(おかがき)正次　江戸前期の俳人
梶川(かじかわ)正次　？～1638　江戸前期の旗本
加藤(かとう)正次　安土桃山・江戸前期の加藤清正の家臣
神谷(かみや)正次　？～1629　江戸前期の旗本
窪田(くぼた)正次　？～1653　江戸前期の代官
榊原(さかきばら)正次　？～1686　江戸前期の旗本
桜井(さくらい)正次　安土桃山時代の織田信長の家臣
下山(しもやま)正次　1543～1604　戦国～江戸前期の甲斐国代官
高橋(たかはし)正次　江戸前期の幕臣
土屋(つちや)正次　？～1659　江戸前期の旗本
内藤(ないとう)正次　1565～1633　江戸前期の旗本
中根(なかね)正次　？～1656　江戸前期の幕臣
長谷川(はせがわ)正次　？～1660　江戸前期の旗本
蜂屋(はちや)正次　？～1649　江戸前期の旗本
平井(ひらい)正次　1580～1657　江戸前期の和歌山町方与力
本田(ほんだ)正次　戦国時代の徳川秀忠家臣
松平(まつだいら)正次　1584～1637　安土桃山・江戸前期の武将
真野(まの)正次　江戸前期の鷹匠
間宮(まみや)正次　1643～1720　江戸前期・中期の代官
三浦(みうら)正次　？～1628　江戸前期の旗本
山田(やまだ)正次　1575～1638　安土桃山・江戸前期の代官
山本(やまもと)正次　戦国時代の北条氏規の家臣

正紹　まさつぐ

志和(しわ)又之丞正次　？～1647　江戸前期の毛利吉政の近習
取田(とりだ)正紹　江戸後期の藩士
林(はやし)正紹　1670～1744　江戸前期・中期の幕臣、代官
松浦(まつら)正紹　1773～1844　江戸中期・後期の幕臣

将綱　まさつな

楠川(くすかわ)将綱　戦国時代の上杉氏の家臣

昌綱　まさつな

朝山(あさやま)昌綱　？～1267　鎌倉時代の出雲国衙在庁官人、神門郡朝山郷地頭
磯部(いそべ)昌綱　江戸中期の国学者
岡部(おかべ)昌綱　？～1633　江戸前期の旗本
神余(かなまり)昌綱　？～1532　戦国時代の京都雑掌。越後上杉氏家臣
近藤(こんどう)昌綱　？～1894　江戸末期・明治期の幕臣、洋学者
平(たいらの)昌綱　平安後期の官人
祢津(ねづ)昌綱　？～1618　安土桃山・江戸前期の信濃国衆
横田(よこた)昌綱　1841～1862　江戸後期・末期の草莽の志士

章綱　まさつな　⇔あきつな

平(たいらの)章綱　平安後期の官人。後白河院の近臣
藤原(ふじわら)章綱　平安後期の武士。藤原有信の養子

政綱　まさつな

政綱　江戸末期の刀工
赤堀(あかほり)政綱　戦国時代の上野国衆
大河内(おおこうち)政綱　1545～1627　戦国～江戸前期の武将
小槻(おつきの)政綱　平安後期の官人

武田（たけだ）政綱　鎌倉時代の武士
内藤（ないとう）政綱　？～1664　江戸前期の旗本
御宿（みしゅく）政綱　？～1623　戦国～江戸前期の北条氏の家臣
源（みなもとの）政綱　平安後期の官人
向井（むかい）政綱　1557～1625　戦国～江戸前期の武将《向井正綱》
矢島（やじま）政綱　戦国時代の信濃国諏訪郡の社家衆

正綱　まさつな
正綱　室町時代の刀工
正綱　戦国時代の石見の刀匠
正綱　江戸後期の刀工
正綱　江戸後期の石見の刀匠
安藤（あんどう）正綱　？～1667　江戸前期の武士
宇都宮（うつのみや）正綱　1447～1477　室町・戦国時代の下野の大名
小長谷（こながや）正綱　1647～1718　江戸前期・中期の代官
高木（たかぎ）正綱　1567～1632　安土桃山・江戸前期の代官
播磨大椽（はりまだいじょう）正綱　江戸前期の刀工
向井（むかい）正綱　1557～1625　戦国～江戸前期の武将

正綏　まさつな
大島（おおしま）正綏　1853～1888　江戸後期～明治期の中新田生まれの教育者

雅経　まさつね
藤原（ふじわらの）雅経　平安中期の官人

将恒　まさつね
平（たいらの）将恒　平安時代の武将

将常　まさつね
平（たいらの）将常　平安中期の官人
秩父（ちちぶ）将常　平安中期の武士

昌恒　まさつね
飯室（いいむろ）昌恒　？～1618　江戸前期の旗本

昌常　まさつね
飯塚（いいつか）昌常　江戸中期の和算家

政経　まさつね　⇔せいきょう
秋元（あきもと）政経　鎌倉時代の御家人
南部（なんぶ）政経　1457～？　室町・戦国時代の根城南部家13代当主

政恒　まさつね
揖斐（いび）政恒　1766～1794　江戸中期・後期の西国筋郡代
蛇沼（じゃぬま）政恒　1845～1920　江戸末期～大正期の畜産家
外山（とやま）政恒　江戸後期の歌人
本多（ほんだ）政恒　1705～1760　江戸中期の藩士
依田（よだ）政恒　1717～1780　江戸中期の佐渡奉行

政常　まさつね
大須賀（おおすが）政常　戦国時代の下総松子城主。常正の子
多賀（たが）政常　？～1721　江戸中期の幕臣

政職　まさつね　⇔まさのり, まさもと
高室（たかむろ）政職　1609～1678　江戸前期の代官

政彝　まさつね
宍戸（ししど）政彝　1782～1865　江戸中期～末期の和算家

正経　まさつね
中原（なかはら）正経　1797～1888　江戸後期～明治期の新市の権現社、角山の日吉社の神職

正恒　まさつね
海上（うなかみ）正恒　戦国時代の胤秀の二男か
新見（しんみ）正恒　1738～1785　江戸中期の幕臣
鈴木（すずき）正恒　1773～1836　江戸中期・後期の幕臣
鈴木（すずき）正恒　江戸後期の医者

正識　まさつね　⇔まさのぶ, まさのり
天野（あまの）正識　？～1854　江戸後期・末期の幕臣

正常　まさつね
伊保内（いぼない）正常　安土桃山時代の武士
佐藤（さとう）正常　江戸中期の漆木植立奉行
藤原（ふじわら）正常　江戸中期の神職
社（やしろ）正常　江戸中期の和算家

正長　まさつね　⇔せいちょう, まさなが
中根（なかね）正長　1754～1802　江戸中期・後期の幕臣

正庸　まさつね　⇔まさのぶ
今大路（いまおおじ）正庸　1778～1841　江戸中期・後期の医者
土師（はじ）正庸　？～1698　江戸前期・中期の書家・藩士

当恒　まさつね
松下（まつした）当恒　1684～1734　江戸前期・中期の幕臣

督恒　まさつね
岩間（いわま）督恒　1834～1908　江戸後期～明治期の旧藩士

雅連　まさつら
丸（まろ）雅連　戦国時代の武将・連歌作者

勝貫　まさつら　⇔しょうかん
日野西（ひのにし）勝貫　1755～1781　江戸中期の公家

政連　まさつら
多（おおの）政連　平安後期の人。舞人多資忠父子を殺害した
藤原（ふじわら）政連　鎌倉後期の歌人
三浦（みうら）政連　鎌倉後期の武士

正貫　まさつら
山村（やまむらの）正貫　平安後期の舞人

正連　まさつら　⇔しょうれん
長（ちょう）正連　南北朝時代の武将

栄輝　まさてる
太田（おおた）栄輝　1742～1792　江戸中期・後期の代官

雅光 まさてる ⇔まさみつ
源(みなもと)雅光 1089〜1127 平安後期の官吏、歌人《源雅光》

政照 まさてる
北尾(きたお)政照 江戸中期の絵師
諸星(もろぼし)政照 ?〜1693 江戸中期の代官

政暉 まさてる
向井(むかい)政暉 1684〜1739 江戸前期・中期の幕臣

正栄 まさてる ⇔しょうえい, まさしげ, まさなが, まさよし
鈴木(すずき)正栄 1725〜1769 江戸中期の代官

正英 まさてる ⇔しょうえい, せいえい, まさひで, まさふさ
中根(なかね)正英 1779〜1812 江戸中期・後期の幕臣

正輝 まさてる
津田(つだ)正輝 戦国時代の紺屋の棟梁

正昭 まさてる ⇔まさあき
杉浦(すぎうら)正昭 1614〜1701 江戸前期・中期の幕臣

正照 まさてる
稲生(いのう)正照 1641〜1725 江戸前期・中期の幕臣
高木(たかぎ)正照 1774〜1861 江戸中期〜末期の俳人
中根(なかね)正照 ?〜1573 戦国・安土桃山時代の武将

正陽 まさてる ⇔まさあきら, まさはる
渋川(しぶかわ)正陽 1771〜1821 江戸中期・後期の幕臣

正璆 まさてる
曲直瀬(まなせ)正璆 1642〜1727 江戸前期・中期の医師

真人 まさと ⇔さねひと, まひと
山崎(やまざき)真人 1735〜1810 江戸中期・後期の法橋

尚任 まさとう
円城寺(えんじょうじ)尚任 ?〜1455 室町時代の武将。千葉胤直の重臣

昌任 まさとう
大屋(おおや)昌任 1674〜1746 江戸前期・中期の幕臣

政任 まさとう
菅野(すがのの)政任 平安後期の官人

正任 まさとう
曽我部(そがべ)正任 平安中期の官人

政遠 まさとお
大江(おおえの)政遠 平安後期の官人

理遠 まさとお
船(ふねの)理遠 平安中期の官人

雅言 まさとき
広安(ひろやす)雅言 1787〜1868 江戸中期〜末期の歌人

匡時 まさとき
大江(おおえの)匡時 平安後期の儒者

昌言 まさとき ⇔しょうげん, まさこと, まさのぶ
宇佐(うさの)昌言 平安後期の官人
小宮山(こみやま)昌言 1668〜1721 江戸前期・中期の幕臣

昌時 まさとき
須藤(すどう)昌時 江戸中期の兵法家
徳永(とくなが)昌時 1549〜1612 戦国〜江戸前期の美濃松の木城・高須城主

政時 まさとき
酒井(さかい)政時 1604〜1630 江戸前期の庄内藩士
原(はら)政時 安土桃山・江戸前期の武士

政周 まさとき ⇔せいしゅう, まさかね, まさよし
松平(まつだいら)政周 ?〜1847 江戸後期の幕臣

政辰 まさとき
浅井(あさい)政辰 1765〜1836 江戸中期・後期の藩士
清水(しみず)政辰 江戸中期の歌人
鈴木(すずき)政辰 江戸末期・明治期の和算家

正言 まさとき ⇔まさのぶ
大江(おおえ)正言 平安中期の歌人

正時 まさとき
安倍(あべの)正時 平安中期の官人
大部(おおぶの)正時 平安中期の相撲人
大宅(おおやけの)正時 平安後期の官人
来島(くるしま)正時 1859〜1945 江戸末期〜昭和期の山海堂創業者
竹本(たけもと)正時 ?〜1658 江戸前期の幕臣
柘植(つげ)正時 1584〜1643 安土桃山・江戸前期の長崎奉行
野村(のむら)正時 1617〜1679 江戸前期の金工家
原田(はらだ)正時 1810〜1883 江戸後期〜明治期の文人
三木(みき)正時 江戸後期の和算家

正収 まさとき
本多(ほんだ)正収 1786〜? 江戸中期の幕臣

正辰 まさとき ⇔せいしん
正辰 江戸前期の俳人
興津(おきつ)正辰 1683〜1738 江戸中期の国学者、兵学者
楠木(くすのき)正辰 安土桃山時代の織田信長の家臣

正晨 まさとき
松風(まつかぜ)正晨 1685〜1747 江戸前期・中期の代官

雅辰王 まさときおう
白川(しらかわ)雅辰王 1727〜1747 江戸中期の神祇伯。父は神祇伯白川雅富王

雅寿 まさとし
白川(しらかわ)雅寿 1807〜1834 江戸後期の

公家

雅俊　まさとし

万波(まんなみ)雅俊　1765〜?　江戸中期・後期の国学者

昌寿　まさとし　⇔まさが

朝比奈(あさひな)昌寿　1804〜?　江戸後期の幕臣

金子(かねこ)昌寿　江戸後期・末期の和算家

昌俊　まさとし　⇔しょうしゅん

西山(にしやま)昌俊　1538〜1614　戦国〜江戸前期の武田家臣

原(はら)昌俊　?〜1549　戦国時代の武将

米倉(よねくら)昌俊　1784〜1812　江戸後期の六浦藩9代藩主

昌利　まさとし

松平(まつだいら)昌利　1560〜1613　安土桃山・江戸前期の武将。伏見城番

昌耆　まさとし

瀬川(せがわ)昌耆　1856〜1920　江戸末期〜大正期の医師

政均　まさとし

田中(たなか)政均　1728〜1797　江戸中期・後期の和算家

政俊　まさとし

揖斐(いび)政俊　1731〜1772　江戸中期の代官

北条(ほうじょう)政俊　鎌倉時代の武士

北条(ほうじょう)政俊　?〜1309　鎌倉後期の武士

政敏　まさとし

小島(こじま)政敏　1812〜1848　江戸後期の歌人

西尾(にしお)政敏　1648〜1717　江戸前期・中期の幕臣

渡辺(わたなべ)政敏　?〜1684　江戸前期の弘前藩家老

正俊　まさとし

秋山(あきやま)正俊　1623〜1692　江戸前期・中期の武士

石原(いしはら)正俊　江戸後期の国学者

小幡(おばた)正俊　?〜1642　江戸前期の旗本

川合(かわい)正俊　江戸前期の地誌家

神田(かんだ)正俊　1555〜1624　戦国〜江戸前期の幕臣

久貝(くがい)正俊　1573〜1648　安土桃山・江戸前期の幕臣

久保(くぼ)正俊　?〜1629　江戸前期の旗本

菅谷(すがや)正俊　1853〜1908　江戸後期〜明治期の医師

竹内(たけうち)正俊　1847〜1880　江戸後期〜明治期の教育者

内藤(ないとう)正俊　1614〜1687　江戸前期の武士

林(はやし)正俊　?〜1561　戦国・安土桃山時代の井田城城主

森(もり)正俊　安土桃山・江戸前期の武士

正春　まさとし　⇔せいしゅん, まさはる

西尾(にしお)正春　江戸後期の旗本

正聡　まさとし

宮里(みやざと)正聡　戦国時代の入来院重聡の重臣

正敏　まさとし

木崎(きざき)正敏　1689〜1766　江戸中期の商家

堤(つつみ)正敏　江戸後期の漢学者

宮本(みやもと)正敏　1783〜1857　江戸中期〜末期の医師

正利　まさとし

正利　室町時代の刀工

正利　江戸末期の美作の刀工

浅井(あさい)正利　1634〜1706　江戸前期の武士

石田(いしだ)正利　1532〜1618　戦国〜江戸前期の三河国の今川氏被官

石原(いしはら)正利　1659〜1738　江戸前期・中期の代官

稲葉(いなば)正利　1603〜1676　安土桃山・江戸前期の幕臣

岩本(いわもと)正利　1724〜1806　江戸中期・後期の幕臣

菅(かん)正利　1567〜1625　安土桃山・江戸前期の黒田孝高の家臣

小林(こばやし)正利　1635〜1711　江戸前期・中期の旗本

伴(ともの)正利　平安中期の官人

林(はやし)正利　1563〜1608　安土桃山・江戸前期の代官

古市(ふるいち)正利　1802〜?　江戸後期の和算家

堀田(ほった)正利　1574〜1632　安土桃山・江戸前期の武将

藪(やぶ)正利　1596〜1649　江戸前期の武士

渡辺(わたなべ)正利　江戸末期の農民

雅寿王　まさとしおう

白川(しらかわ)雅寿王　1807〜1834　江戸後期の公家《白川雅寿》

雅富　まさとみ

白川(しらかわ)雅富　1692〜1759　江戸中期の公家

昌富　まさとみ

大井(おおい)昌富　1758〜?　江戸中期の幕臣

政富　まさとみ　⇔せいふ

伊佐(いさ)政富　江戸中期の和算家

伊丹(いたみ)政富　1548〜1610　戦国〜江戸前期の北条氏の家臣

河上(かわかみ)政富　?〜1707　江戸中期の船津町村の支配役

上林(かんばやし)政富　1647〜1665　江戸前期の山城国宇治郷代官、茶頭取

島田(しまだ)政富　?〜1863　江戸末期の幕臣、代官、書物奉行

正富　まさとみ

荒木田(あらきだ)正富　平安後期の神官

賀茂(かもの)正富　平安中期の官人

三橋(みはし)正富　江戸中期の和算家

山木(やまき)正富　1764〜1808　江戸中期・後期の幕臣

正福　まさとみ

北川(きたがわ)正福　1796〜1879　江戸後期〜明治期の修験

野村（のむら）正福　1756～1800？　江戸中期・後期の幕臣

正留　まさとめ

坂本（さかもと）正留　1669～1734　江戸前期・中期の代官

雅智　まさとも

春田（はるた）雅智　江戸中期の金工（鐔工）

雅朝　まさとも

飛鳥井（あすかい）雅朝　鎌倉後期・南北朝時代の公家・歌人

斎藤（さいとう）雅朝　江戸後期の豪農・代官

昌朝　まさとも

相木（あいき）昌朝　戦国時代の武将。武田家臣

平尾（ひらお）昌朝　安土桃山時代の信濃佐久郡の国衆

政知　まさとも

小宮（こみや）政知　戦国時代の武将。武田家臣

関屋（せきや）政知　1647～1731　江戸前期・中期の藩士

千村（ちむら）政知　戦国時代の木曽氏の家臣

政智　まさとも

南部（なんぶ）政智　？～1825　江戸中期・後期の藩士

政朝　まさとも

大須賀（おおすか）政朝　？～1581　戦国・安土桃山時代の松子城主

賀嶋（かしま）政朝　1706～1733　江戸中期の徳島藩家老

小峯（こみね）政朝　？～1510　戦国時代の武将・連歌作者

土屋（つちや）政朝　江戸末期・明治期の洋学者

藤原（ふじわらの）政朝　825～889　平安前期の官吏。四条流の開祖

政友　まさとも

藤原（ふじわらの）政友　平安後期の尾張国目代

堀（ほり）政友　江戸後期の和算家

正知　まさとも

田村（たむら）正知　1815～1886　江戸後期～明治期の和算家

村山（むらやま）正知　江戸前期の武芸家

正朝　まさとも

進藤（しんどう）正朝　1819～1869　江戸後期～明治期の教育功労者

新見（しんみ）正朝　1651～1742　江戸前期・中期の幕臣

勝（すぐる）正朝　1760～1840　江戸中期・後期の佐渡奉行、普請奉行、鑓奉行

高木（たかぎ）正朝　江戸後期の武道家

津田（つだ）正朝　？～1504　室町・戦国時代の小田原の染師

永嶋（ながしま）正朝　戦国時代の相模の有力者・浜代官

中根（なかね）正朝　1617～1696　江戸前期・中期の旗本

野崎（のざき）正朝　1841～1904　江戸後期～明治期の迅衝隊員、鉱山経営者

松平（まつだいら）正朝　安土桃山・江戸前期の武将

渡辺（わたなべ）正朝　？～1701　江戸前期の武士

正朋　まさとも　⇔せいほう

室賀（むろが）正朋　1726～1803　江戸中期・後期の佐渡奉行

正友　まさとも　⇔しょうゆう，せいゆう

杉木（すぎき）正友　1597～1676　安土桃山・江戸前期の俳人

近山（ちかやま）正友　1639～1696　江戸前期・中期の代官

野村（のむら）正友　1766～1823　江戸中期・後期の眼科医

正倫　まさとも　⇔まさやす

稲生（いのう）正倫　1626～1666　江戸前期の幕臣

矢野（やの）正倫　？～1614　安土桃山・江戸前期の武将

正儔　まさとも

堀（ほり）正儔　？～1636　安土桃山・江戸前期の黒田氏・稲葉正勝の家臣

正鞆　まさとも

竹尾（たけお）正鞆　1781～1862　江戸中期～末期の神職

雅豊　まさとよ

藤原（ふじわらの）雅豊　室町時代の公家

昌豊　まさとよ

高林（たかばやし）昌豊　？～1725　江戸中期の旗本

政豊　まさとよ

松井（まつい）政豊　1678～1746　江戸前期・中期の医者・歌人

正豊　まさとよ

久保（くぼ）正豊　1751～？　江戸中期の幕臣

橘（たちばな）正豊　安土桃山・江戸前期の兵学者

昌虎　まさとら

跡部（あとべ）昌虎　1555～1573　戦国・安土桃山時代の武田氏の家臣。跡部惣右衛門尉の子

政兕　まさとら

津軽（つがる）政兕　1667～1743　江戸前期・中期の黒石3代領主

正虎　まさとら

江守（えもり）正虎　1670～1741　江戸前期・中期の代官

前田（まえだ）正虎　江戸前期の藩士

正寅　まさとら

蓑（みの）正寅　1721～1775　江戸中期の関東代官

政名　まさな

松田（まつだ）政名　江戸前期の馬術家・藩士

正名　まさな

葦園（あしぞの）正名　江戸末期の狂歌作者

野村（のむら）正名　1725～1784　江戸中期の代官

松平（まつだいら）正名　1774～1847　江戸中期・後期の幕臣

松原（まつばら）正名　1808～1870　江戸後期～明治期の藩士

矢島（やじま）正名　江戸後期の藩士・国学者

雅直 まさなお
飛鳥井(あすかい)雅直 1635～1662 江戸前期の公家
木全(きまた)雅直 ?～1761 江戸中期の歌人

昌直 まさなお
今井(いまい)昌直 ?～1561 戦国・安土桃山時代の武田家臣
金丸(かなまる)昌直 1540～1560 戦国・安土桃山時代の武田家臣
知久(ちく)昌直 1651～1697 江戸前期・中期の武士、伊那郡の関所預支配
西条(にしじょう)昌直 ?～1592 安土桃山時代の北信濃の国衆
松村(まつむら)昌直 1765～1834 江戸中期・後期の藩士

政直 まさなお ⇔せいちょく
荒井(あらい)政直 戦国時代の相模国三浦新井城主・三浦義同(入道道寸)の末子
鎌田(かまだ)政直 1826～1882 江戸末期・明治期の薩摩藩士
末次(すえつぐ)政直 1546～1630 戦国～江戸前期の幕臣
関(せき)政直 戦国時代の仁科氏の家臣
福村(ふくむら)政直 江戸前期の代官
北条(ほうじょう)政直 鎌倉後期の武士
鷲尾(わしお)政直 1841～1912 江戸後期～明治期の土地改良事業の先覚者

正直 まさなお ⇔せいちょく, まなお
正直 戦国時代の刀工
生駒(いこま)正直 1778～1825 江戸中期・後期の岡山藩士
伊東(いとう)正直 ?～1885 江戸後期～明治期の備前藩士
伊藤(いとう)正直 伊東正直に同じ
稲葉(いなば)正直 ?～1725 江戸中期の旗本
太田(おおた)正直 ?～1611 江戸前期の旗本
大中臣(おおなかとみの)正直 平安中期の神祇官人
兼松(かねまつ)正直 1589～1666 安土桃山・江戸前期の幕臣
紀(きの)正直 平安前期の官人
高橋(たかはし)正直 1843～1921 江戸後期～大正期の医師
立田(たつた)正直 ?～1864 江戸末期の幕臣
土屋(つちや)正直 1555～1619 戦国～江戸前期の武田家臣
土屋(つちや)正直 1833頃～? 江戸後期・末期の旗本
鶴見(つるみ)正直 江戸後期の和算家
中野(なかの)正直 ?～1859 江戸後期・末期の教育者
難波田(なんばた)正直 ?～1546 戦国時代の扇谷上杉氏の重臣
贄(にえ)正直 1691～1718 江戸中期の家臣、幕臣
日幡(ひばた)正直 1857～1903 江戸末期・明治期の備前焼陶工・伊部天津神社神官
三宅(みやけ)正直 江戸中期の藩士
村上(むらかみ)正直 ?～1745 江戸中期の旗本
毛利(もうり)正直 1761～1803 江戸中期・後期の国学者
山本(やまもと)正直 ?～1577 戦国・安土桃山時代の北条氏規の家臣
吉田(よしだ)正直 1740～1807 江戸中期・後期の神道家

允仲 まさなか
祝部(はふりべ)允仲 平安後期・鎌倉前期の神職・歌人

雅仲 まさなか
三善(みよしの)雅仲 平安後期の官人

昌仲 まさなか
米倉(よねくら)昌仲 ?～1703 江戸前期の旗本

正央 まさなか
横山(よこやま)正央 1728～1763 江戸中期の幕臣

正秀 まさなか ⇔しょうしゅう, せいしゅう, まさひで
喜多村(きたむら)正秀 1758～1820 江戸中期・後期の幕臣

正仲 まさなか
竹本(たけもと)正仲 1682～1742 江戸前期・中期の幕臣

匡長 まさなが
祝部(はふりべ)匡長 鎌倉後期の神職・歌人

将長 まさなが
大河(おおかわ)将長 南北朝時代の土豪

昌永 まさなが ⇔しょうえい
田沢(たざわ)昌永 1838～? 江戸後期～明治期の和算家

昌長 まさなが
跡部(あとべ)昌長 戦国時代の甲斐武田晴信・勝頼の家臣
有馬(ありま)昌長 1822～1868 江戸末期の家老
色部(いろべ)昌長 戦国時代の越後小泉荘の国人
佐伯(さえきの)昌長 平安後期の筑前国住吉社の神官
辻(つじ)昌長 江戸前期の和算家

政永 まさなが
大草(おおくさ)政永 1715～1748 江戸中期の代官
小池(こいけ)政永 1698～1777 江戸中期の藩士
堀江(ほりえ)政永 1564～1659 江戸前期の西富岡村名主

政長 まさなが
政長 1599～1648 安土桃山・江戸前期の刀匠
飯塚(いいづか)政長 1758～1825 江戸中期・後期の幕臣、代官、佐渡奉行
石黒(いしぐろ)政長 安土桃山時代の加賀一向一揆の首領
卜部(うらべの)政長 平安後期の神祇官人
片岡(かたおか)政長 ?～1603 安土桃山時代の佐竹氏の家臣
賀茂(かも)政長 1670～1741 江戸前期・中期の藩士
菊池(きくち)政長 江戸末期の田沼の金工

倉橋(くらはし)政長 1574〜1645 安土桃山・江戸前期の代官
酒井(さかい)政長 1770〜1837 江戸中期・後期の幕臣
田中(たなか)政長 ?〜1628 江戸前期の代官
椿井(つばい)政長 1548?〜1631 戦国〜江戸前期の織田信長の家臣
長尾(ながお)政長 戦国時代の武士
福村(ふくむら)政長 江戸前期の代官
北条(ほうじょう)政長 1250〜1301 鎌倉前期・後期の武将、歌人
堀(ほり)政長 1681〜1746 江戸前期・中期の武士
三潴(みづま)政長 戦国時代の越後岩船郡上関城主
諸星(もろぼし)政長 ?〜1670 江戸前期の代官

政良 まさなが ⇔まさかた, まさよし
小長谷(こながや)政良 1765〜1814 江戸中期・後期の幕臣
小堀(こぼり)政良 1683〜1764 江戸前期・中期の京都代官

正栄 まさなが ⇔しょうえい, まさしげ, まさてる, まさよし
新見(しんみ)正栄 1718〜1776 江戸中期の幕臣

正永 まさなが
正永 室町時代の刀工
正永 江戸後期の刀工《正長》
正永 江戸末期の刀工
石原(いしはら)正永 1641〜1674 江戸前期の代官
久保(くぼ)正永 1622〜? 江戸前期の幕臣
小林(こばやし)正永 1685〜1735 江戸前期・中期の幕臣
杉原(すぎはら)正永 1596〜1670 安土桃山・江戸前期の幕臣

正修 まさなが ⇔せいしゅう, まさおみ, まさのぶ
山田(やまだ)正修 江戸中期の医者・漢学者

正祥 まさなが
野呂(のろ)正祥 1762〜1788 江戸中期・後期の弓術家

正長 まさなが ⇔せいちょう, まさつね
正長 江戸後期の刀工
宇津野(うつの)正長 ?〜1663 江戸前期の旗本
小川(おがわ)正長 ?〜1655 江戸前期の幕臣
金刺舎人(かなさしのとねり)正長 平安時代の埴科郡の大領(郡司)
楠木(くすのき)正長 1372〜1468 南北朝〜戦国時代の武士。楠木正儀の三男
古保木(こぼおき)正長 ?〜1877 江戸末期・明治期の津和野藩金工
島津(しまづ)正長 1839〜1901 江戸後期〜明治期の歌人・神官
進藤(しんどう)正長 江戸後期の幕臣
奈良(なら)正長 江戸中期の装剣金工
拝村(はいむら)正長 江戸中期の暦算家
林(はやし)正長 1635〜1714 江戸前期・中期の代官
樋口(ひぐち)正長 ?〜1629 安土桃山・江戸前期の徳島藩家老
松平(まつだいら)正長 ?〜1646 江戸前期の武士
水野(みずの)正長 1752〜1825 江戸末期の官吏
蓑(みの)正長 ?〜1657 江戸前期の代官
屋代(やしろ)正長 ?〜1575 安土桃山時代の信濃埴科郡の国衆

当永 まさなが ⇔とうえい
横山(よこやま)当永 江戸中期の国学者《横山当永》

方長 まさなが ⇔ほうちょう
大橋(おおはし)方長 江戸時代の文人《大橋方長》

昌業 まさなり
大井(おおい)昌業 戦国時代の武田氏の家臣
大地(おおち)昌業 1732〜1783 江戸中期の藩士

昌成 まさなり ⇔しょうせい, まさしげ
秋山(あきやま)昌成 ?〜1582 戦国・安土桃山時代の武田氏の家臣
小山田(おやまだ)昌成 ?〜1582 戦国・安土桃山時代の甲斐武田晴信・勝頼の家臣
高室(たかむろ)昌成 ?〜1650 江戸前期の代官
日向(ひなた)昌成 ?〜1564 戦国・安土桃山時代の甲斐武田晴信の家臣

真成 まさなり ⇔しんせい, まなり
西田(にしだ)真成 1849〜1893 江戸末期・明治期の僧・教育者

政業 まさなり
肥田(ひだ)政業 1676〜1734 江戸前期・中期の武士

政成 まさなり ⇔せいせい, まさしげ
鎌田(かまた)政成 戦国時代の武士
日向(ひなた)政成 1565〜1643 安土桃山・江戸前期の山田奉行、甲斐国奉行
源(みなもとの)政成 ?〜1082 平安中期・後期の人。光孝源氏

正業 まさなり
剣持(けんもち)正業 江戸中期の高山彦九郎の叔父
和気(わけの)正業 ?〜994 平安中期の医家

正済 まさなり ⇔せいさい
平(たいらの)正済 平安中期の官人
松井(まつい)正済 室町時代の医師

正就 まさなり
服部(はっとり)正就 ?〜1615 江戸前期の幕臣

正成 まさなり
安部(あべ)正成 1589〜1669 安土桃山・江戸前期の三崎奉行
庵原(いはら)正成 江戸前期の幕臣
岡本(おかもと)正成 1767〜1850 江戸中期・後期の勘定奉行、鑓奉行
加藤(かとう)正成 ?〜1665 江戸前期の旗本
貴志(きし)正成 ?〜1603 戦国時代の武士
窪田(くぼた)正成 ?〜1629 江戸前期の代官
斎藤(さいとう)正成 1707〜1763 江戸中期の代官
内藤(ないとう)正成 1564〜1606 安土桃山・江戸前期の武将

中根(なかね)正成　1587〜1671　安土桃山・江戸前期の幕臣
野々村(ののむら)正成　?〜1582　戦国・安土桃山時代の織田信長の家臣
長谷川(はせがわ)正成　1564〜1638　江戸前期の旗本
東(ひがし)正成　江戸前期の刀工

正誠　まさなり　⇔まささざね,まさのぶ
鈴木(すずき)正誠　1671〜1738　江戸前期・中期の代官

正則　まさなり　⇔まさのり
野辺(のんべ)正則　?〜1574　戦国・安土桃山時代の織田信長の家臣

正備　まさなり　⇔まさよし
後藤(ごとう)正備　1684〜1734　江戸前期・中期の代官、勘定吟味役

方成　まさなり
林(はやし)方成　江戸中期の漢学者

正縄　まさなわ
根来(ねごろ)正縄　1650〜1700　江戸前期・中期の幕臣

正根　まさね　⇔しょうこん
賀島(かしま)正根　江戸後期の国学者

正野　まさの
坂上(さかのうえの)正野　平安前期の官人

政之亟　まさのじょう
河崎(かわさき)政之亟　江戸末期の米子城請取役

雅之進　まさのしん
小杉(こすぎ)雅之進　1843〜1909　江戸後期〜明治期の船舶技術者

正之進　まさのしん
餅原(もちはら)正之進　1845〜1877　江戸後期〜明治期の河辺郡加世田郷区長。西南戦争では薩軍行進隊砲隊長

政之助　まさのすけ
石河(いしかわ)政之助　江戸末期の韮山代官江川氏の手代
粂川(くめかわ)政之助　1766〜1853　江戸中期・後期の剣術家。一円流
富永(とみなが)政之助　江戸末期の新撰組隊士

政之丞　まさのすけ
長沢(ながさわ)政之丞　1849〜?　江戸後期・末期の新撰組隊士《松平栄助》

栄信　まさのぶ　⇔えいしん,ひでのぶ
大野(おおの)栄信　江戸時代の和算家

雅信　まさのぶ
渡部(わたなべ)雅信　?〜1875　江戸後期〜明治期の金工家

匡信　まさのぶ
狩野(かのう)匡信　?〜1836　江戸後期の画家

順信　まさのぶ　⇔よりのぶ
佐藤(さとう)順信　1669〜1716　江戸前期・中期の槍奉行、小姓頭、江戸番頭

昌延　まさのぶ
壬生(みぶ)昌延　1839〜1909　江戸後期〜明治期の神職

昌言　まさのぶ　⇔しょうげん,まさこと,まさとき
鎌田(かまた)昌言　1798〜1859　江戸後期・末期の医者、歌人

昌信　まさのぶ　⇔しょうしん,まさざね
斎藤(さいとう)昌信　戦国時代の越後国刈羽郡の国人
平川(ひらかわ)昌信　1812〜1875　江戸後期〜明治期の国学者
山田(やまだ)昌信　江戸中期の和算家

政延　まさのぶ
宇部(うべ)政延　戦国時代の里見氏家臣
賀嶋(かしま)政延　1798〜1866　江戸後期・末期の徳島藩家老

政信　まさのぶ
伊沢(いざわ)政信　1595〜1670　安土桃山・江戸前期の幕臣
石川(いしかわ)政信　1556〜1588　戦国・安土桃山時代の武将
大草(おおくさ)政信　1607〜1690　江戸前期・中期の代官
大蔵(おおくら)政信　室町時代の能役者狂言方
上林(かんばやし)政信　?〜1642　江戸前期の代官
近藤(こんどう)政信　1850〜1903　江戸後期〜明治期の教育者
関藤(せきとう)政信　1751〜1808　江戸中期・後期の医者、神職
竹川(たけがわ)政信　1770〜1834　江戸中期・後期の商家・国学者
武田(たけだ)政信　室町時代の武士
田中(たなか)政信　1809〜1880　江戸後期〜明治期の和算家
鶴(つる)政信　1832〜1880　江戸後期〜明治期の与論島初代民選戸長
出口(でぐち)政信　?〜1705　江戸前期・中期の兵学者
南部(なんぶ)政信　?〜1588　戦国・安土桃山時代の石川城主
畠山(はたけやま)政信　江戸前期の武士
浜野(はまの)政信　1773〜?　江戸中期・後期の装剣金工
山中(やまなか)政信　戦国時代の北条氏の家臣

政誠　まさのぶ
伊藤(いとう)政誠　安土桃山時代の加賀一向一揆の首領

政宣　まさのぶ
明智(あけち)政宣　戦国時代の連歌作者
石坂(いしざか)政宣　?〜1792　江戸中期の小田原の武道家
中川(なかがわ)政宣　江戸前期の弓術家

正延　まさのぶ
稲生(いのう)正延　1701〜1777　江戸中期の旗本、日光奉行
戸部(こべの)正延　平安中期の笛師
土屋(つちや)正延　1736〜1785　江戸中期の幕臣

中根(なかね)正延　1637～1707　江戸前期・中期の幕臣
林(はやし)正延　江戸前期の暦算家

正言　まさのぶ　⇔まさとき
新見(しんみ)正言　？～1744　江戸中期の旗本

正識　まさのぶ　⇔まさつね, まさのり
山本(やまもと)正識　1692～1754　江戸中期の幕臣

正修　まさのぶ　⇔せいしゅう, まさおみ, まさなが
石原(いしはら)正修　？～1854　江戸末期の代官
加藤(かとう)正修　1745～1838　江戸中期・後期の藩士

正伸　まさのぶ
八田(はった)正伸　1637～1713　江戸中期の兵学者

正信　まさのぶ　⇔せいしん
正信　室町時代の石見の刀匠
正信　戦国時代の刀工
正信　江戸前期の刀工
有松(ありまつ)正信　江戸中期の和算家
池田(いけだ)正信　1724～1787　江戸中期の加賀藩の「天明の御改法」担当者
一楊斎(いちようさい)正信　江戸後期の絵師
井出(いで)正信　1568～1635　安土桃山・江戸前期の代官
稲生(いのう)正信　？～1645　江戸前期の旗本、下田波目村等の領主
今村(いまむら)正信　？～1645　江戸前期の幕臣
多(おおの)正信　平安後期の楽人
岡部(おかべ)正信　1541～1582　戦国・安土桃山時代の駿河今川氏家臣
小川(おがわ)正信　江戸前期の代官
小倉(おぐら)正信　1688～1757　江戸前期・中期の国学者
織田(おだ)正信　1568～1613　安土桃山・江戸前期の織田信長の家臣
勝部(かつべ)正信　？～1593　江戸前期の旗本
金田(かねだ)正信　戦国時代の上総岩井城主
鎌田(かまだ)正信　1799～1884　江戸後期～明治期の児島郡上村の庄屋
佐藤(さとう)正信　1336～1397　南北朝・室町時代の中山館主
竹内(たけのうち)正信　1836～1894　江戸末期～明治期の医者
中原(なかはら)正信　1776～1837　江戸中期・後期の神職
成瀬(なるせ)正信　江戸末期の田辺与力
平元(ひらもと)正信　1713～1755　江戸中期の藩士
古市(ふるいち)正信　江戸中期の和算家
間宮(まみや)正信　？～1651　江戸前期の代官
水野(みずの)正信　1805～1869　江戸後期～明治期の国学者
八木(やぎ)正信　江戸前期の島津家の右筆
山口(やまぐち)正信　1805～？　江戸後期の官人
山崎(やまざき)正信　1593～1650　安土桃山・江戸前期の幕臣
山村(やまむら)正信　南北朝時代の刀工、土豪

正申　まさのぶ
稲葉(いなば)正申　1794～1848　江戸後期の幕臣

正誠　まさのぶ　⇔まさざね, まさなり
小堀(こぼり)正誠　1711～1741　江戸中期の代官
矢吹(やぶき)正誠　1859～1910　江戸末期・明治期の鉱山事業家・啓蒙家

正宣　まさのぶ　⇔しょうせん, まさのり
正宣　1661～1718　江戸前期・中期の俳人《香田正宣》
正宣　？～1888　江戸後期～明治期の刀工
山川(やまかわ)正宣　1790～1863　江戸後期の文人《山川正宣》

正庸　まさのぶ　⇔まさつね
長野(ながの)正庸　江戸中期の和算家

方信　まさのぶ
寺井(てらい)方信　？～1789　江戸中期・後期の心学者

理信　まさのぶ
大中臣(おおなかとみの)理信　平安中期の大宮司

允則　まさのり
宮地(みやじ)允則　江戸末期・明治期の七宝工

雅規　まさのり
菅原(すがわら)雅規　919～979　平安中期の官人、漢詩人

雅矩　まさのり
大井(おおい)雅矩　江戸後期の著述家。「清厨全書」を執筆
室田(むろた)雅矩　1687～1768　江戸前期・中期の武士。勘定組頭

雅孝　まさのり
北島(きたじま)雅孝　戦国時代の杵築大社国造

雅則　まさのり
秋月(あきづき)雅則　江戸後期の武士
渡部(わたなべ)雅則　1778～1836　江戸中期・後期の工芸家

雅伯　まさのり
野崎(のざき)雅伯　江戸中期の藩士

雅範　まさのり
穎川(えがわ)雅範　1822～1862　江戸後期・末期の通事

義矩　まさのり
新村(しんむら)義矩　1769～1842？　江戸中期・後期の幕臣

匡範　まさのり
大江(おおえの)匡範　1140～1203　平安後期・鎌倉前期の官吏

将応　まさのり
稲垣(いながき)将応　江戸後期の田沼の刀工

昌矩　まさのり
武藤(むとう)昌矩　1842～1881　江戸後期～明治期の自治功労者

昌則　まさのり
昌則　室町時代の刀工

鈴木(すずき)昌則　江戸中期の兵法家

昌徳　まさのり
大串(おおぐし)昌徳　江戸前期の農民

真紀　まさのり
木村(きむら)真紀　1837～1899　江戸末期・明治期の和算家

真則　まさのり　⇔さねのり
武田(たけだ)真則　江戸後期の和算家

政紀　まさのり
後藤(ごとう)政紀　1830～1891　江戸後期～明治期の和算家

政軌　まさのり
揖斐(いび)政軌　？～1660　江戸前期の旗本

政教　まさのり
藤原(ふじわら)政教　江戸末期の神職

政矩　まさのり
石原(いしはら)政矩　？～1730　江戸中期の幕府御蔵奉行

政憲　まさのり
上杉(うえすぎ)政憲　戦国時代の堀越公方足利政知の重臣
大河内(おおこうち)政憲　？～1671　江戸前期の旗本
菅谷(すげのや)政憲　1656～1730　江戸中期の旗本
北条(ほうじょう)政憲　鎌倉後期の武士

政職　まさのり　⇔まさつね, まさもと
小寺(こでら)政職　？～1582？　戦国・安土桃山時代の織田信長の家臣

政則　まさのり
山田(やまだ)政則　1834～？　江戸後期・末期の武士、官吏

政徳　まさのり　⇔まさよし
大塚(おおつか)政徳　？～1870　江戸後期～明治期の中野騒動の犠牲者
小河原(おがわら)政徳　1818～1868　江戸後期・末期の前橋藩家老、武者奉行
賀嶋(かしま)政徳　？～1812　江戸中期・後期の徳島藩家老
桑木(くわき)政徳　1795～？　江戸後期の藩士
白須(しらす)政徳　？～1843　江戸後期の幕臣
田中(たなか)政徳　1780～1821　江戸中期・後期の名主
長川(ながかわ)政徳　1826～1893　江戸後期～明治期の漢学者
堀(ほり)政徳　1740～1763　江戸中期の和算家

政範　まさのり　⇔せいはん
倉橋(くらはし)政範　？～1613　江戸前期の旗本
千秋(せんしゅう)政範　鎌倉後期の武家・歌人
北条(ほうじょう)政範　1189～1204　平安後期・鎌倉前期の武士
北条(ほうじょう)政範　鎌倉後期の武士

政方　まさのり　⇔まさかた, まさみち
柴田(しばた)政方　1776～1854　江戸中期～末期の幕臣、美濃郡代

政法　まさのり
山本(やまもと)政法　？～1612　江戸前期の旗本

政礼　まさのり　⇔せいれい
本多(ほんだ)政礼　1789～1820　江戸後期の藩士
横山(よこやま)政礼　1742～1783　江戸中期の藩士

正紀　まさのり
玉江(たまえ)正紀　江戸後期の医者

正卿　まさのり　⇔まさつぐ
河島(かわしま)正卿　江戸中期の金沢の商人

正教　まさのり
大崎(おおさき)正教　江戸時代の和算家

正矩　まさのり　⇔まさかね
今木(いまき)正矩　江戸後期の和算家
宇佐美(うさみ)正矩　江戸末期の武士
奥貫(おくぬき)正矩　江戸末期の国学者
香川(かがわ)正矩　？～1660　江戸前期の藩士・軍記作者
加藤(かとう)正矩　1839～1905　江戸末期・明治期の教育者
喜多村(きたむら)正矩　1694～1756　江戸中期の武士、幕臣
花房(はなぶさ)正矩　1649～1724　江戸前期・中期の幕臣

正憲　まさのり
小堀(こぼり)正憲　1627～1692　江戸前期・中期の幕臣
佐藤(さとう)正憲　1813～1879　江戸末期・明治期の上図師名主

正識　まさのり　⇔まさつね, まさのぶ
大野(おおの)正識　1697～1769　江戸中期の代官

正升　まさのり
大河内(おおこうち)正升　1742～1804　江戸中期・後期の大名

正宣　まさのり　⇔しょうせん, まさのぶ
山川(やまかわ)正宣　1790～1863　江戸後期の文人

正則　まさのり　⇔まさなり
正則　室町時代の刀工
葦浦(あしうらの)正則　平安中期の官人
井出(いで)正則　1643～1719　江戸前期の武士
太田(おおた)正則　？～1718　江戸前期・中期の幕臣
大原(おおはらの)正則　平安後期の官人
息長(おきながの)正則　平安中期の官人
小林(こばやし)正則　1853～1894　江戸後期～明治期の私塾経営者
清水(しみず)正則　1806～？　江戸後期の兵学者
谷田(たにだ)正則　1719～1790　江戸中期・後期の幕臣
都守(つのもり)正則　？～1780　江戸中期の書家
中西(なかにし)正則　江戸前期の和算家
野辺(のんべ)正則　？～1574　戦国・安土桃山時代の織田信長の家臣《野辺正則》
松田(まつだ)正則　江戸前期の和算家
松平(まつだいら)正則　？～1525　戦国時代の人。

岩津松平氏
三村（みむらの）正則　平安中期の上野大掾
村上（むらかみ）正則　江戸中期・後期の装剣金工

正典　まさのり
新見（しんみ）正典　1834～1890　江戸後期～明治期の幕臣

正度　まさのり
平（たいらの）正度　平安中期の軍事貴族

正徳　まさのり　⇔しょうとく
小堀（こぼり）正徳　？～1826　江戸後期の京都代官
津田（つだ）正徳　1620～1693　江戸前期の武士
徳善（とくぜん）正徳　1843～1920　江戸末期～大正期の農村指導者
村上（むらかみ）正徳　江戸後期の医者
山田（やまだ）正徳　江戸後期の和算家

正範　まさのり
石原（いしはら）正範　1730～1794　江戸中期・後期の近江国大津代官

正法　まさのり
高橋（たかはし）正法　1840～1916　江戸後期～大正期の幕臣

正理　まさのり
小野（おのの）正理　平安中期の官人

正礼　まさのり　⇔せいれい
堀（ほり）正礼　？～1784　江戸中期の武士

方教　まさのり
藤枝（ふじえだ）方教　？～1725　江戸中期の旗本

理則　まさのり
沢田（さわだ）理則　江戸後期の和算家

正羽　まさは
荒木（あらき）正羽　1662～1732　江戸前期・中期の幕臣

政毅　まさはた
新井（あらい）政毅　1827～1902　江戸後期～明治期の国学者

政隼　まさはや
池田（いけだ）政隼　1707～1784　江戸中期の幕臣

雅春　まさはる
渡辺（わたなべ）雅春　1832～1915　江戸後期～大正期の和算家

昌治　まさはる　⇔しょうじ
栗原（くりはら）昌治　戦国時代の武将。武田家臣

昌春　まさはる
岡田（おかだ）昌春　江戸末期・明治期の本草学者
加津野（かづの）昌春　1547～1632　戦国～江戸前期の武田氏・徳川氏・蒲生氏の家臣
長坂（ながさか）昌春　安土桃山時代の武田氏の家臣
西山（にしやま）昌春　1633～1702　江戸前期・中期の幕臣

政春　まさはる　⇔しょうしゅん
北条（ほうじょう）政春　鎌倉後期の武士
細川（ほそかわ）政春　1456～1518　室町・戦国時代の武将
三浦（みうら）政春　？～1705　江戸前期の武士
湯河（ゆかわ）政春　室町時代の武士
湯川（ゆかわ）政春　室町時代の武将・連歌作者

正温　まさはる　⇔まさあつ
古林（ふるばやし）正温　1596～1657　安土桃山・江戸前期の医師

正玄　まさはる　⇔しょうげん
青木（あおき）正玄　？～1632　安土桃山・江戸前期の加賀藩士
小林（こばやし）正玄　？～1656　江戸前期の旗本
関（せき）正玄　江戸前期の幕臣

正治　まさはる　⇔しょうじ
刀禰（とね）正治　江戸後期の神職

正春　まさはる　⇔せいしゅん, まさとし
小堀（こぼり）正春　1595～1672　安土桃山・江戸前期の代官
毛利（もうり）正春　1810～1878　江戸後期～明治期の祠官
矢部（やべ）正春　1683～1749　江戸中期の武士、幕臣
山本（やまもと）正春　？～1659　江戸前期の武士

正晴　まさはる
粟井（あわい）正晴　安土桃山時代の美作国の武将
寺田（てらだ）正晴　江戸中期の書肆
日野（ひの）正晴　1669～1744　江戸前期・中期の代官

正陽　まさはる　⇔まさあきら, まさてる
青山（あおやま）正陽　1723～1792　江戸中期・後期の代官

正穀　まさはる
猪飼（いかい）正穀　江戸後期の故実家・歌人

真三郎　まさばる
屋者（やじゃ）真三郎　室町時代の人。永良部島を支配した世之主の四天王の一人

真彦　まさひこ　⇔まひこ
中村（なかむら）真彦　1841～1869　江戸末期・明治期の大洲藩士

正彦　まさひこ
土倉（とくら）正彦　1849～1874　江戸後期～明治期の岡山藩家老
山下（やました）正彦　1768～1840　江戸中期・後期の藩士

雅久　まさひさ
小槻（おづき）雅久　戦国時代の公家
賀茂（かも）雅久　1298～1353　鎌倉後期・南北朝時代の神職、歌人
平（たいらの）雅久　平安後期の官人
村田（むらた）雅久　安土桃山時代の信濃佐久郡国衆・望月氏の家臣

匡久　まさひさ
隈江（くまえ）匡久　戦国時代の武家・連歌作者

順久　まさひさ
松下（まつした）順久　1651～1720　江戸前期・中期の神職

昌久　まさひさ
高室（たかむろ）昌久　？～1667　江戸前期の代官
松平（まつだいら）昌久　戦国・安土桃山時代の武将

昌向　まさひさ
簗瀬(やなせ)昌向　江戸中期の藩士

昌尚　まさひさ
鮎川(あゆかわ)昌尚　戦国時代の武田氏の家臣

真久　まさひさ　⇔さねひさ
大河原(おおがわら)真久　戦国時代の美作国久米郡の在地武士

政久　まさひさ
尼子(あまご)政久　1488〜1518　戦国時代の武将
天野(あまの)政久　？〜1658　江戸前期の武士
石原(いしはら)政久　1678〜1761　江戸前期・中期の代官
加納(かのう)政久　？〜1464　室町時代の駿河国益津郡坂本村の地頭
原(はら)政久　1683〜1752　江戸前期・中期の幕臣
山吉(やまよし)政久　戦国時代の越後国三条城主

政寿　まさひさ　⇔まさこと, まさほぎ
佐分(さぶり)政寿　江戸後期の藩士

正久　まさひさ
小川(おがわ)正久　？〜1701　江戸中期の代官
倉地(くらち)正久　1827〜1909　江戸後期〜明治期の剣術家。直心影流
竹尾(たけお)正久　1834〜1904　江戸後期〜明治期の神職・歌人
中嶋(なかじま)正久　1656〜1733　江戸前期・中期の幕臣
服部(はっとり)正久　？〜1690　江戸中期の代官
原(はら)正久　？〜1651　江戸前期の旗本
村松(むらまつ)正久　戦国時代の遠江国榛原郡の土豪
村松(むらまつ)正久　1801〜1885　江戸後期〜明治期の医師、寺子屋師匠

正尚　まさひさ
中川(なかがわ)正尚　江戸前期の兵学者

方久　まさひさ　⇔ほうきゅう
橋野(はしの)方久　1779〜1840　江戸中期・後期の商家

雅秀　まさひで
小島(こじま)雅秀　戦国時代の吉城郡小島郷の杉崎城主

昌栄　まさひで　⇔しょうえい
原(はら)昌栄　？〜1580　戦国・安土桃山時代の甲斐武田勝頼の家臣

昌秀　まさひで
跡部(あとべ)昌秀　？〜1597　戦国・安土桃山時代の甲斐武田晴信・勝頼の家臣
飯田(いいだ)昌秀　1793〜1832　江戸後期の国学者
石川(いしかわ)昌秀　室町時代の備中守護代
高木(たかぎ)昌秀　江戸前期の武術家
長井(ながい)昌秀　安土桃山時代の武田氏の家臣、菊姫の付家臣の筆頭

政栄　まさひで　⇔まさえ, まさよし
南部(なんぶ)政栄　1544〜1610　戦国〜江戸前期の武士《南部政栄》

政英　まさひで　⇔まさふさ
桜井(さくらい)政英　1669〜1739　江戸前期・中期の幕臣
清水(しみず)政英　江戸後期の和算家

政秀　まさひで
大熊(おおくま)政秀　戦国時代の越後守護上杉氏の家臣
小笠原(おがさわら)政秀　？〜1493　室町・戦国時代の信濃国鈴岡小笠原氏の当主
岡本(おかもと)政秀　戦国時代の北条氏の家臣
児島(こじま)政秀　1734〜1824　江戸中期・後期の文人
小森沢(こもりざわ)政秀　？〜1581　戦国・安土桃山時代の越後国波多岐荘の国人
高室(たかむろ)政秀　？〜1561　戦国・安土桃山時代の武士
竹川(たけがわ)政秀　江戸中期の歌人
遠山(とおやま)政秀　戦国時代の北条氏の家臣
服部(はっとり)政秀　？〜1748　江戸中期の旗本
戸来(へらい)政秀　？〜1487　室町・戦国時代の三戸南部氏の家臣
向原(むこうはら)政秀　戦国時代の北条氏の家臣

正英　まさひで　⇔しょうえい, せいえい, まさてる, まさふさ
東(あずま)正英　江戸中期の槍術家
高山(たかやま)正英　1717〜1789　江戸中期・後期の兵法家
畑井(はたい)正英　1729〜1790　江戸中期・後期の国学者
日向(ひなた)正英　？〜1779　江戸中期の旗本
堀田(ほった)正英　？〜1605　安土桃山・江戸前期の織田信長の家臣

正秀　まさひで　⇔しょうしゅう, せいしゅう, まさなか
大森(おおもり)正秀　戦国時代の連歌師、旅行家
黒川(くろかわ)正秀　1547〜1609　戦国〜江戸前期の武蔵国代官
後藤(ごとう)正秀　1772〜1842　江戸中期・後期の彫物師
設楽(しだら)正秀　1652〜1700　江戸前期・中期の伊豆国三島の代官
祖父江(そふえ)正秀　1692〜1761　江戸中期の武士、勘定
波多野(はたの)正秀　1694〜1774　江戸中期の神職

当栄　まさひで
成瀬(なるせ)当栄　1667〜1733　江戸前期・中期の藩士

政等　まさひと
花木(はなき)政等　1720〜1778　江戸中期の代官

当人　まさひと　⇔あてひと
久米部(くめべの)当人　？〜816？　奈良・平安前期の上総国夷灊郡の税長《久米部当人》

当仁　まさひと
紀(きの)当仁　平安前期の医師

政姫　まさひめ
政姫　?～1704　江戸中期の徳川家宣の養女《本乗院》

雅衡　まさひら
三善(みよし)雅衡　鎌倉前期の官人

匡衡　まさひら
佐藤(さとう)匡衡　江戸中期の「東西相撲全書」の著者

昌衡　まさひら
市川(いちかわ)昌衡　戦国時代の武将。武田家臣

政平　まさひら　⇔せいべい, まさへい
石川(いしかわ)政平　江戸後期の旗本
賀茂(かも)政平　?～1176　平安後期の神職・歌人
川口(かわぐち)政平　?～1693　江戸中期の旗本
北条(ほうじょう)政平　鎌倉後期の武士

正衡　まさひら
平(たいらの)正衡　平安後期の検非違使
皆川(みなかわ)正衡　江戸後期の和算家

正平　まさひら　⇔しょうへい
正平　江戸末期・明治期の刀工
柿並(かきなみ)正平　江戸後期の藩士
黒田(くろだ)正平　江戸前期の俳人
小林(こばやし)正平　?～1695　江戸前期の旗本
細川(ほそかわ)正平　1794～1868　江戸末期の刀工

ま

当平　まさひら
阿保(あぼう)当平　?～929　平安中期の官人

理平　まさひら　⇔りへい
大中臣(おおなかとみの)理平　平安中期の春日正神主

雅広　まさひろ
藤原(ふじわら)雅広　南北朝時代の連歌作者

昌弘　まさひろ
中溝(なかみぞ)昌弘　1841～?　江戸後期～明治期の教育・政治家
原(はら)昌弘　1555～1573　戦国・安土桃山時代の甲斐武田晴信の家臣
三沢(みさわ)昌弘　?～1309　鎌倉後期の日蓮宗の大檀越
宮腰(みやこし)昌弘　室町・戦国時代の木曽氏の家臣か

昌丕　まさひろ
葛西(かさい)昌丕　1765～1836　江戸中期・後期の天文暦学者

真弘　まさひろ　⇔さねひろ
広川(ひろかわ)真弘　1820～1886　江戸後期～明治期の国学者・神職

政寛　まさひろ
市原(いちはら)政寛　1803～1881　江戸後期～明治期の画家
横山(よこやま)政寛　1770～1801　江戸中期・後期の藩士

政啓　まさひろ
野田(のだ)政啓　1731～1780　江戸中期の代官

政広　まさひろ
政広　江戸末期の石見の刀匠
片見(かたみ)政広　戦国時代の小山氏の重臣
松枝(まつえだ)政広　江戸後期の和算家

政恕　まさひろ
富沢(とみざわ)政恕　1824～1907　江戸末期の名主

政博　まさひろ
土持(つちもち)政博　?～1735　江戸中期の宮之城島津家の家臣

政綽　まさひろ
賀嶋(かしま)政綽　1818～1882　江戸後期～明治期の徳島藩家老

政濮　まさひろ
小倉(おぐら)政濮　?～1600　安土桃山時代の堀秀治の武将

政沆　まさひろ
一色(いっしき)政沆　1690～1770　江戸中期の幕臣

正寛　まさひろ
竹尾(たけお)正寛　1806～1857　江戸後期・末期の神職

正広　まさひろ
正広　江戸後期の刀工
中島(なかじま)正広　1690～1731　江戸中期の代官

正弘　まさひろ
正弘　室町時代の刀工
正弘　戦国時代の刀工
雨森(あめのもり)正弘　1784～1842　江戸後期の医師、篆刻家
平(たいらの)正弘　平安後期の軍事貴族
内藤(ないとう)正弘　?～1822　江戸後期の幕臣

正博　まさひろ
沢(さわ)正博　1778～1841　江戸中期・後期の平法家

当広　まさひろ
松前(まつまえ)当広　?～1718　江戸中期の旗本

方弘　まさひろ
城崎(しろさき)方弘　江戸後期の和算家
源(みなもとの)方弘　975～1015　平安中期の官人

雅房　まさふさ
源(みなもと)雅房　1262～1302　鎌倉後期の公家
源(みなもとの)雅房　?～1077　平安後期の官人
村上(むらかみ)雅房　室町時代の武将
村田(むらた)雅房　戦国・安土桃山時代の信濃佐久郡国衆・望月氏の家臣

昌房　まさふさ
昌房　?～1730　江戸中期の俳人
市川(いちかわ)昌房　?～1575　戦国・安土桃山時代の甲斐武田晴信・勝頼の家臣
岡本(おかもと)昌房　江戸中期の画家
千野(ちの)昌房　戦国時代の信濃国諏訪氏の家臣
中川(なかがわ)昌房　江戸後期の読本作家

征房 まさふさ
水上(みなかみ)征房 1752～1831 江戸中期・後期の藩士・歌人

政英 まさふさ ⇔まさひで
大草(おおくさ)政英 1693～1729 江戸中期の代官

政房 まさふさ
赤見(あかみ)政房 ？～1643 江戸前期の武士
阿久津(あくつ)政房 ？～1784 江戸中期の藩士
伊藤(いとう)政房 ？～1738 江戸中期の武士、幕臣
大蔵(おおくら)政房 奈良時代の薩摩国市来郡司
奥村(おくむら)政房 江戸中期の浮世絵師
小林(こばやし)政房 1683～1740 江戸前期・中期の代官
能美(のうみ)政房 ？～1612 安土桃山・江戸前期の武士、佐渡守
野口(のぐち)政房 1711～1856 江戸中期～末期の人。三宅川に灌漑用水を完成させた
北条(ほうじょう)政房 ？～1265 鎌倉前期・後期の武士
北条(ほうじょう)政房 鎌倉後期の武士
本多(ほんだ)政房 ？～1814 江戸中期・後期の第19代伏見奉行
前田(まえだ)政房 1682～1726 江戸前期・中期の幕臣
山田(やまだ)政房 江戸後期の和算家

正英 まさふさ ⇔しょうえい, せいえい, まさてる, まさひで
稲生(いのう)正英 1715～1760 江戸中期の幕臣
伊予田(いよだ)正英 ？～1716 江戸中期の旗本
近藤(こんどう)正英 1851～1915 江戸末期～大正期の弁護士、教育家

正芳 まさふさ ⇔まさよし
小田切(おだぎり)正芳 1673～1740 江戸前期・中期の幕臣

正房 まさふさ
浮島(うきしま)正房 江戸中期の幕臣
大田(おおた)正房 1714～1778 江戸中期の幕臣
小菅(こすげ)正房 ？～1751 江戸中期の書院番
笹井(ささい)正房 1632～1713 江戸前期・中期の改作奉行
清水(しみず)正房 ？～1612 江戸前期の小田原宿本陣初代清水金左衛門
鳥居(とりい)正房 江戸後期の佐渡奉行
北条(ほうじょう)正房 ?～1670 江戸前期の旗本
前田(まえだ)正房 江戸後期の藩士
松波(まつなみ)正房 1683～1746 江戸前期・中期の幕臣
丸田(まるた)正房 ？～1649 江戸前期の刀鍛冶
横山(よこやま)正房 ？～1693 江戸前期・中期の藩士

雅藤 まさふじ
藤原(ふじわらの)雅藤 ?～1435 室町時代の公家

政藤 まさふじ
安東(あんどう)政藤 室町時代の武家

雅文 まさふみ
栗田(くりた)雅文 江戸後期の商家

正文 まさぶみ
田中(たなか)正文 1783～1861 江戸中期～末期の歌人

雅冬 まさふゆ
飛鳥井(あすかい)雅冬 南北朝時代の公家・歌人

政平 まさへい ⇔せいべい, まさひら
小笠原(おがさわら)政平 1796～1861 江戸後期・末期の伊那郡下殿島村生まれの石工

政寿 まさほぎ ⇔まさこと, まさひさ
竹川(たけがわ)政寿 1792～1862 江戸後期・末期の商家

昌雅 まさまさ
依田(よだ)昌雅 戦国時代の信濃佐久郡の国衆か

昌丸 まさまる
一橋(ひとつばし)昌丸 1846～1847 江戸後期の三卿一橋家の8代

正麿 まさまろ
卜部(うらべの)正麿 平安前期の神祇大史兼宮主

政美 まさみ ⇔まさよし
大草(おおくさ)政美 1721～1754 江戸中期の代官
春日亀(かすがき)政美 1734～1818 江戸中期の漢学者

正観 まさみ ⇔しょうかん
成瀬(なるせ)正観 1838～1900 江戸後期～明治期の藩士・漢学者

正身 まさみ
五藤(ごとう)正身 1822～1875 江戸末期の安芸土居付き家老

正弼 まさみ
前島(まえしま)正弼 1801～1864 江戸後期の神官

正巳 まさみ
大屋(おおや)正巳 1745～？ 江戸中期の幕臣
萩原(はぎわら)正巳 江戸後期の書家

正躬 まさみ
磯谷(いそがい)正躬 江戸後期の国学者
田岡(たおか)正躬 1835～1906 江戸後期～明治期の土佐勤王党員、新聞記者

昌瑞 まさみず
志村(しむら)昌瑞 戦国時代の武士。北条氏家臣

正瑞 まさみず
桑原(くわばら)正瑞 1784～1837 江戸中期・後期の駿河国志太郡島田宿の名主

雅通 まさみち
源(みなもと)雅通 ？～1017 平安中期の公家・歌人

修融 まさみち
石井(いしい)修融 江戸中期・後期の連歌作者

昌通 まさみち ⇔しょうつう
武藤(むとう)昌通 1800～1868 江戸後期・末期の神職

政通 まさみち
大田原(おおたわら)政通 1690～1752 江戸中期の馬術家
鎌田(かまだ)政通 1835～1896 江戸後期～明治期の青森県政界で長く活躍
北条(ほうじょう)政通 鎌倉時代の武士
北条(ほうじょう)政通 鎌倉後期の武士
松野(まつの)政通 戦国時代の松野城主
渡部(わたなべ)政通 1785～1848 江戸中期・後期の藩士

政道 まさみち
安達(あだち)政道 1716～1784 江戸中期の武士
大橋(おおはし)政道 江戸中期の足柄下郡荻窪村の舞太夫
戸田(とだ)政道 1649～1679 江戸前期の旗本

政方 まさみち ⇔まさかた, まさのり
橋本(はしもと)政方 1792～1852 江戸後期の奈良奉行所与力

政弥 まさみち
森(もり)政弥 1687～1769 江戸前期・中期の幕臣

正盈 まさみち ⇔まさみつ
間島(まじま)正盈 1800～1832 江戸後期の藩士

正達 まさみち ⇔しょうたつ, まさたつ
足達(あだち)正達 1832～1908 江戸後期～明治期の剣術家

ま

正通 まさみち ⇔まさゆき
網干屋(あぼしや)正通 安土桃山・江戸前期の豪商
丸田(まるた)正通 1779～1833 江戸後期の藩士・和算家
三木(みき)正通 ？～1613 安土桃山・江戸前期の徳島藩士

正徹 まさみち
西沢(にしざわ)正徹 1825～1894 江戸後期～明治期の和算家

正導 まさみち
山崎(やまざき)正導 1721～1793 江戸中期・後期の幕臣

正道 まさみち
越知(おちの)正道 平安後期の筑前国観世音寺領山口村の住人
筧(かけひ)正道 ？～1734 江戸中期の旗本
永田(ながた)正道 1752～1819 江戸中期・後期の幕臣
難波(なんば)正道 ？～1902 江戸末期・明治期の書家
新居(にい)正道 1821～1885 江戸後期～明治期の神職・国学者
三浦(みうら)正道 1829～1887 江戸末期・明治期の神職
武藤(むとう)正道 1779～1838 江戸中期・後期の商家
山崎(やまざき)正道 ？～1606 安土桃山・江戸前期の織田信長の家臣

正路 まさみち ⇔しょうじ, せいじ, せいろ
正路 江戸末期の刀工
安宅(あたか)正路 江戸時代の盛岡藩主南部利剛の代の家老
井上(いのうえ)正路 ？～1855 江戸後期・末期の幕臣、砲術家
上野(うえの)正路 江戸時代の和算家
河原(かわはら)正路 1712～1788 江戸中期・後期の藩士
鈴鹿(すずか)正路 1781～1847 江戸後期の神官・歌人
中田(なかだ)正路 江戸後期の幕臣
根津(ねづ)正路 江戸後期の国学者

正迪 まさみち
西島(にしじま)正迪 江戸後期の蘭学者

方道 まさみち
安田(やすだ)方道 1748～1807 江戸中期の農村指導者

旁通 まさみち
守田(もりた)旁通 1779～1854 江戸中期～末期の金屋の油商「むろや」の4代目

正道王 まさみちおう
正道王 822～841 平安前期の三品中務卿恒世親王の一男

雅光 まさみつ ⇔まさてる
源(みなもとの)雅光 1089～1127 平安後期の官吏、歌人
八木(やぎ)雅光 平安中期の官人

昌光 まさみつ
跡部(あとべ)昌光 安土桃山時代の武田氏の家臣。諏方春芳軒宗富の息子
神保(じんぼ)昌光 戦国時代の上野国衆小幡縫殿助の家臣？
御船(みふねの)昌光 平安中期の官人

昌充 まさみつ
岡(おか)昌充 1704～1782 江戸中期の楽人

昌満 まさみつ
秋山(あきやま)昌満 戦国時代の武田氏の家臣
山県(やまがた)昌満 ？～1582 戦国・安土桃山時代の甲斐武田勝頼の家臣

政光 まさみつ
政光 南北朝時代の長船派の刀工
小国(おぐに)政光 南北朝時代の武将
小野(おの)政光 平安後期の神職
戸田(とだ)政光 ？～1548 戦国時代の田原城主
南部(なんぶ)政光 1412～？ 室町時代の根城南部家8代当主
藤原(ふじわらの)政光 平安後期・鎌倉前期の武士
間宮(まみや)政光 戦国時代の北条氏の家臣
和田(わだ)政光 1759～1832 江戸中期・後期の開拓者

政満 まさみつ
諏訪(すわ)政満 ？～1483 室町・戦国時代の信濃国諏訪氏の惣領

正盈 まさみつ ⇔まさみち
石山(いしやま)正盈 1654～1717 江戸中期の和算家
坂(ばん)正盈 ？～1775 江戸中期の横須賀の商人

正光　まさみつ　⇔しょうこう
正光　江戸末期の刀工
池(いけ)正光　1754〜1805　江戸中期・後期の始羅郡加治木郷の刀鍛冶
生駒(いこま)正光　1629〜1685　江戸前期の土佐藩家老
卜部(うらべの)正光　平安後期の太神宮司
加賀美(かがみ)正光　1573〜1629　安土桃山・江戸前期の武士
木越(きごし)正光　1784〜1845　江戸中期・後期の鋳物師
窪寺(くぼでら)正光　?〜1707　江戸中期の幕臣
小八木(こやぎ)正光　1556〜?　江戸前期の土佐藩士
宮川(みやがわ)正光　?〜1863　江戸後期・末期の幕臣

正満　まさみつ　⇔せいまん
川守田(かわもりた)正満　江戸前期の盛岡藩家臣
津田(つだ)正満　?〜1566　戦国・安土桃山時代の紺屋の棟梁

方光　まさみつ
酒部(さかべの)方光　平安中期の官人

緝光　まさみつ
深栖(ふかす)緝光　江戸中期の漢学者

正峰　まさみね
鳥海(とりのうみ)正峰　1835〜1903　江戸後期〜明治期の刀工

正峯　まさみね　⇔せいほう
青野(あおの)正峯　1673〜1732　江戸中期の武士、幕臣
立野(たつのの)正峯　?〜857　平安前期の下級官人

正岑　まさみね
加藤(かとう)正岑　?〜1720　江戸中期の旗本

雅致　まさむね
大江(おおえの)雅致　平安中期の官人

将旨　まさむね
曽谷(そや)将旨　戦国時代の武将

昌宗　まさむね
小泉(こいずみ)昌宗　戦国・安土桃山時代の信濃小県郡の国衆

政宗　まさむね
政宗　鎌倉時代の刀工
北条(ほうじょう)政宗　鎌倉後期の武士

政致　まさむね
河田(かわだ)政致　江戸時代の藩士

政棟　まさむね
世木(せぎ)政棟　安土桃山時代の織田信長の家臣《世木弥左衛門》

正宗　まさむね
壬生(みぶ)正宗　戦国時代の伊豆の大工

正統　まさむね
菅野(すがのの)正統　平安中期の外記

当宗　まさむね
浅井(あさいの)当宗　平安中期の官人、近江筑摩御厨長

政村　まさむら
赤松(あかまつ)政村　?〜1522　室町時代の武将
北条(ほうじょう)政村　鎌倉後期の武士

正村　まさむら　⇔せいそん
印南(いなみの)正村　平安中期の官人

正邑　まさむら　⇔まさくに
井川(いがわ)正邑　1711〜1745　江戸中期の俳人
柘植(つげ)正邑　1667〜1727　江戸前期・中期の代官

雅藻　まさも
小川(おがわ)雅藻　1799〜1825　江戸末期の歌人

雅茂　まさもち
尾張(おわりの)雅茂　平安中期の官人

政茂　まさもち　⇔まさしげ
北条(ほうじょう)政茂　鎌倉時代の武士
北条(ほうじょう)政茂　鎌倉後期の武士

正茂　まさもち　⇔まさしげ
尾張(おわりの)正茂　平安中期の官人
車持(くるまもちの)正茂　平安中期の官人

正用　まさもち
鎌田(かまた)正用　?〜1643　江戸前期の旗本

理望　まさもち
大中臣(おおなかとみの)理望　平安中期の神祇権少副

昌始　まさもと
朝比奈(あさひな)昌始　1743〜1827　江戸中期・後期の幕臣

政幹　まさもと
平(たいらの)政幹　平安後期・鎌倉前期の武士

政基　まさもと
北条(ほうじょう)政基　鎌倉時代の武士
北条(ほうじょう)政基　鎌倉後期の武士

政元　まさもと
藤原(ふじわら)政元　南北朝時代の歌人

政職　まさもと　⇔まさつね, まさのり
小寺(こでら)政職　?〜1582?　戦国・安土桃山時代の織田信長の家臣《小寺政職》
菅沼(すがぬま)政職　江戸後期の武士
丹波(たんば)政職　南北朝時代以前の連歌作者
源(みなもとの)政職　?〜1020　平安中期の光孝源氏播磨守正四位下国盛の子

政本　まさもと
津田(つだ)政本　?〜1829　江戸後期の藩士

正雅　まさもと　⇔まさただ
井出(いで)正雅　1666〜1714　江戸前期・中期の幕臣

正基　まさもと
飯田(いいだ)正基　安土桃山・江戸前期の代官
井出(いで)正基　?〜1692　江戸中期の幕臣
平井(ひらい)正基　1694〜1750　江戸中期の幕臣

正元　まさもと
正元　戦国時代の刀工
植村(うえむら)正元　江戸前期の旗本
卜部(うらべの)正元　平安後期の太神宮司

種田(おいだ)正元　?～1571　戦国・安土桃山時代の織田信長の家臣
久保(くぼ)正元　1602～1678　安土桃山・江戸前期の幕臣
田(でん)正元　江戸後期の藩士
中原(なかはらの)正元　平安後期の官人
蜂須賀(はちすか)正元　?～1571　戦国・安土桃山時代の織田信長の家臣
比留(ひる)正元　?～1577　戦国・安土桃山時代の織田信長の家臣

正主　まさもと
和田(わだ)正主　1763～1833　江戸後期の金貸業者

正職　まさもと
源(みなもとの)正職　平安中期の下級貴族

正心　まさもと　⇔しょうしん
山本(やまもと)正心　1817～?　江戸末期の田辺与力

正府　まさもと
小林(こばやし)正府　1655～1739　江戸前期・中期の代官

正甫　まさもと　⇔しょうほう, せいほ, まさすけ
日比(ひび)正甫　江戸前期の歌人

当職　まさもと
成瀬(なるせ)当職　1792～1865　江戸後期・末期の藩士

方基　まさもと
今大路(いまおおじ)方基　1714～1749　江戸中期の医者

昌守　まさもり
両角(もろずみ)昌守　戦国時代の甲斐武田晴信の家臣

昌盛　まさもり
小山田(おやまだ)昌盛　戦国時代の甲斐武田勝頼の家臣

政守　まさもり
片岡(かたおか)政守　?～1544　戦国時代の佐竹氏の家臣

政盛　まさもり
伊藤(いとう)政盛　1632～1683　江戸前期の開拓者
上田(うえだ)政盛　戦国時代の扇谷上杉朝良の家臣
平(たいらの)政盛　?～1320　鎌倉後期の飛州高原の人。権守。飛州江馬の祖
新田(にいだ)政盛　1547～1603　戦国・安土桃山時代の新田家10代当主
二階堂(にかいどう)政盛　戦国時代の古河公方の家臣
三好(みよし)政盛　1624～1699　江戸前期・中期の幕臣

正守　まさもり
紀(きの)正守　平安前期の官人
鈴木(すずき)正守　1656～1711　江戸前期・中期の代官
細川(ほそかわ)正守　1822～1896　江戸末期の刀工

正森　まさもり
池田(いけだ)正森　1682～1719　江戸前期・中期の福本藩主

正盛　まさもり
正盛　江戸前期の俳人
正盛　江戸末期の刀工
池田(いけだ)正盛　戦国時代の連歌作者
江馬(えま)正盛　?～1525　戦国時代の江馬氏支流の人
芝(しば)正盛　1759～?　江戸中期の幕臣、飛驒郡代
新見(しんみ)正盛　?～1643　江戸前期の旗本
花房(はなふさ)正盛　1586～1663　安土桃山・江戸前期の幕臣
花房(はなぶさ)正盛　花房正盛に同じ
原(はら)正盛　江戸中期の兵法家
本多(ほんだ)正盛　1577～1617　安土桃山・江戸前期の幕臣
向山(むこうやま)正盛　1566～1662　安土桃山・江戸前期の代官

雅康　まさやす
平(たいら)雅康　平安中期の官人、歌人

匡保　まさやす
小沢(おざわ)匡保　1751～1834　江戸後期の歌人

将泰　まさやす
藪(やぶ)将泰　江戸中期・後期の藩士

昌安　まさやす　⇔しょうあん
今井(いまい)昌安　?～1648　江戸前期の代官

昌昆　まさやす
助川(すけがわ)昌昆　江戸後期の和算家

昌泰　まさやす
荻原(おぎわら)昌泰　?～1641　江戸前期の旗本
仙仁(せんに)昌泰　安土桃山時代の信濃高井郡の国衆

昌保　まさやす
高村(たかむら)昌保　江戸後期の小山町菅沼の日吉神社第14代宮司
東福寺(とうふくじ)昌保　1821～1901　江戸後期～明治期の和算家、松代藩士

真保　まさやす
吉野(よしの)真保　1820～1870　江戸後期～明治期の「嘉永明治年間録」の編者

政安　まさやす
今田(いまだ)政安　江戸後期・末期の和算家
椿井(つばい)政安　?～1670　江戸前期の旗本

政泰　まさやす　⇔しげなり
加々爪(かがづめ)政泰　戦国時代の今川氏の給人
深沢(ふかざわ)政泰　1767～1836　江戸中期・後期の民生事業功労者《深沢安兵衛》

政寧　まさやす　⇔せいねい
赤見(あかみ)政寧　?～1685　江戸前期の武士
小栗(おぐり)政寧　1817～1899　江戸後期～明治期の幕臣《小栗政寧》

政保 まさやす
和泉(いずみ)政保 南北朝時代の薩摩国出水地方の豪族
野田(のだ)政保 戦国時代の武士
正安 まさやす ⇔せいあん
糸原(いとはら)正安 ?～1617 江戸前期の代官
種田(おいだ)正安 ?～1571 戦国・安土桃山時代の織田信長の家臣
竹内(たけうち)正安 ?～1605 安土桃山・江戸前期の水野分長に仕え、関ケ原の戦で戦功
竹生(たけお)正安 1558～1610 戦国～江戸前期の橋屋村庄屋
正慰 まさやす
福村(ふくむら)正慰 1744～1819 江戸中期・後期の幕臣
正宴 まさやす
雨宮(あめみや)正宴 1752～? 江戸中期の幕臣
正休 まさやす
河田(かわだ)正休 江戸後期の「燕君夜話」の著者
宮本(みやもと)正休 ?～1794 江戸後期の和算家、松代藩士
正恭 まさやす ⇔せいきょう,まさゆき,まさよし
鶴田(つるた)正恭 戦国・安土桃山時代の甲斐山梨郡八幡北村の窪八幡神社の大宮司
正静 まさやす
保科(ほしな)正静 1653～1712 江戸前期・中期の幕臣
正靖 まさやす
村尾(むらお)正靖 1762～? 江戸中期・後期の文人
正容 まさやす ⇔せいよう,まさかた,まさよし,まざやす
小沢(おざわ)正容 1767～1806 江戸中期・後期の和算家
正倫 まさやす ⇔まさとも
横浜(よこはま)正倫 ?～1785 江戸中期の藩士
正祇 まさやす
井出(いで)正祇 ?～1680 江戸前期の代官
正容 まざやす ⇔せいよう,まさかた,まさやす,まさよし
小沢(こざわ)正容 1767～1806 江戸中期・後期の和算家《小沢正容》
正尤 まさゆう
池(いけ)正尤 1682～1762 江戸前期・中期の歌人
応進 まさゆき
黒瀬(くろせ)応進 1787～1846 江戸中期・後期の国学者
雅行 まさゆき
菅原(すがわらの)雅行 平安中期の医師
源(みなもとの)雅行 平安中期の官人
度会(わたらい)雅行 1042～1114 平安中期・後期の外宮一禰宜
雅之 まさゆき
穎川(えがわ)雅之 1794～1858 江戸後期・末期の通事
昌行 まさゆき
鮎川(あゆかわ)昌行 江戸中期の兵法家
中島(なかしま)昌行 ?～1662 江戸前期の武士
西山(にしやま)昌行 安土桃山時代の美濃国の代官
昌之 まさゆき
猪俣(いのまた)昌之 ?～1829 江戸後期の通事
山田(やまだ)昌之 1816～1878 江戸後期～明治期の藩士・歌人
真行 まさゆき ⇔さねゆき
新開(しんがい)真行 南北朝時代の武将
政幸 まさゆき
林(はやし)政幸 1771～? 江戸中期の代官
北条(ほうじょう)政幸 鎌倉時代の武士
政行 まさゆき
政行 安土桃山時代の刀工
植村(うえむら)政行 1662～1688 江戸前期の幕臣
多(おおの)政行 平安中期の三鼓師
小俣(おまた)政行 ?～1658 江戸前期の旗本
佐野(さの)政行 江戸後期・末期の幕臣
菅野(すがのの)政行 平安後期の官人
二階堂(にかいどう)政行 ?～1503 室町・戦国時代の武家・連歌作者
本多(ほんだ)政行 1728～1797 江戸中期・後期の藩士
三島(みしま)政行 1780～1856 江戸中期～末期の幕臣
政之 まさゆき
賀嶋(かしま)政之 1676～1732 江戸前期・中期の徳島藩家老
宍草(ししくさ)政之 室町時代の武士
日向(ひなた)政之 1565～1643 安土桃山・江戸前期の山田奉行、甲斐国奉行《日向政成》
正恭 まさゆき ⇔せいきょう,まさやす,まさよし
江坂(えさか)正恭 1720～1784 江戸中期の幕臣
正幸 まさゆき
正幸 江戸後期の刀工
宮川(みやがわ)正幸 江戸中期の浮世絵師
森(もり)正幸 1782～? 江戸中期・後期の幕臣・鷹匠
正行 まさゆき
正行 江戸末期・明治期の刀工
加藤(かとう)正行 江戸後期の幕臣
鎌田(かまだ)正行 1847～1904 江戸後期～明治期の神官
木上(きのかみの)正行 平安中期の大和国の人。野辺園の屋焼亡事件の犯人と疑われた
高田(たかだ)正行 ?～1631 安土桃山・江戸前期の浅野家臣
永嶋(ながしま)正行 戦国時代の相模の有力者
野鳥(のとり)正行 ?～1894 江戸末期・明治期の和算家
正通 まさゆき ⇔まさみち
石原(いしはら)正通 1757～1821 江戸中期・後

期の代官
正之　まさゆき
上村（うえむら）正之　1707～1766　江戸中期の藩士
甲斐庄（かいのしょう）正之　？～1689　江戸中期の美濃郡代
加藤（かとう）正之　1833～1899　江戸後期～明治期の商家
服部（はっとり）正之　安土桃山・江戸前期の武士
室賀（むろが）正之　1720～1786　江戸中期の幕臣
方之　まさゆき
斎藤（さいとう）方之　江戸後期の和算家
理以　まさゆき
田中（たなか）理以　1712～1766　江戸中期の幕臣
理行　まさゆき
山名（やまな）理行　戦国時代の鎌倉府奉公衆
昌世　まさよ　⇔まさただ
曽祢（そね）昌世　戦国時代の武士。武田信玄・勝頼の臣《曽根昌世》
政代　まさよ
安木田（やすきだ）政代　江戸後期の金沢の人
正世　まさよ
和気（わけの）正世　933～1013　平安中期の医師
雅能　まさよし
飛鳥井（あすかい）雅能　南北朝・室町時代の公家・歌人
雅良　まさよし
藤林（ふじばやし）雅良　1613～1672　江戸前期の代官
匡富　まさよし
荒川（あらかわ）匡富　1701～1762　江戸中期の佐渡奉行
将昌　まさよし
河村（かわむら）将昌　？～1581　安土桃山時代の織田信長の家臣《河村久五郎》
将芳　まさよし
工藤（くどう）将芳　？～1872　江戸後期～明治期の信成堂教授
昌快　まさよし
小田切（おだぎり）昌快　？～1685　江戸前期の旗本
昌義　まさよし　⇔しょうぎ
金丸（かなまる）昌義　？～1582　戦国・安土桃山時代の武田家臣
源（みなもとの）昌義　平安後期の武士
昌吉　まさよし　⇔しょうきち
今井（いまい）昌吉　？～1613　安土桃山・江戸前期の武田家臣
今井（いまい）昌吉　？～1613　江戸前期の代官
小田切（おだぎり）昌吉　戦国時代の武将。武田家臣
春日（かすが）昌吉　？～1582　戦国・安土桃山時代の武将
酒依（さかより）昌吉　？～1619　江戸前期の旗本
松平（まつだいら）昌吉　1590～1659　江戸前期の旗本
山寺（やまでら）昌吉　戦国時代の武士
弓気多（ゆけた）昌吉　1571～1626　安土桃山・江戸前期の幕臣
昌新　まさよし　⇔しょうしん
徳永（とくなが）昌新　1834～？　江戸後期の長崎奉行《徳永昌新》
昌能　まさよし
岩井（いわい）昌能　？～1584　戦国・安土桃山時代の信濃国衆
大柴（おおしば）昌能　江戸前期の代官
千秋（せんしゅう）昌能　南北朝時代の熱田大宮司
昌芳　まさよし
岡（おか）昌芳　1734～1817　江戸中期・後期の楽人
黒坂（くろさか）昌芳　1830～1904　江戸後期～明治期の漢学者
藤原（ふじわら）昌芳　江戸中期の歌人
昌良　まさよし
今井（いまい）昌良　戦国時代の武田氏の重臣
金子（かねこ）昌良　江戸末期の和算家
慎初　まさよし
保木（ほき）慎初　1687～1738　江戸前期・中期の代官
政愛　まさよし　⇔まさちか
杉（すぎ）政愛　江戸中期の「養真堂遺稿」の著者
政栄　まさよし　⇔まさえ, まさひで
南部（なんぶ）政栄　1544～1610　戦国～江戸前期の武士
八戸（はちのへ）政栄　1543～1610　戦国～江戸前期の武将
政義　まさよし
大艸（おおくさ）政義　？～1836　江戸後期の砲術家
大橋（おおはし）政義　戦国時代の小田原北条氏抱えの音曲舞太夫
諏訪部（すわべ）政義　？～1581　安土桃山時代の駿河国の土豪
中原（なかはら）政義　平安中期の官人、歌人
藤原（ふじわらの）政義　平安後期の武士
北条（ほうじょう）政義　鎌倉後期の武士
政吉　まさよし　⇔せいきち, まさきち
赤尾（あかお）政吉　1780～1844　江戸後期の武士
浅利（あさり）政吉　戦国・安土桃山時代の画家
安部（あべ）政吉　？～1582　戦国・安土桃山時代の上杉景勝の家臣
蟻川（ありかわ）政吉　1695～1761　江戸中期の刀工
浦野（うらの）政吉　戦国時代の信濃小県郡の国衆浦野氏の一門
竹田（たけだ）政吉　戦国時代の里見氏家臣
内藤（ないとう）政吉　1588～1659　安土桃山・江戸前期の幕臣
政興　まさよし　⇔まさおき
高室（たかむろ）政興　1650～1692　江戸前期・中期の代官
政慶　まさよし
賀嶋（かしま）政慶　1572～1627　安土桃山・江戸前期の徳島藩家老
宍道（しんじ）政慶　戦国時代の宍道郷・大野荘等

の領主

政穀 まさよし

松平(まつだいら)政穀　1667〜1743　江戸前期・中期の幕臣

政殊 まさよし

榊原(さかきばら)政殊　?〜1722　江戸中期の幕臣

政周 まさよし　⇔せいしゅう, まさかね, まさとき

桑嶋(くわしま)政周　?〜1723　江戸中期の武士、幕臣

政昌 まさよし　⇔まさすけ

本多(ほんだ)政昌　1689〜1748　江戸中期の藩士

政徳 まさよし　⇔まさのり

早川(はやかわ)政徳　1687〜1744　江戸前期・中期の関東代官

政能 まさよし

金親(かのおや)政能　戦国時代の下総小弓(生実)城主・原胤清の家臣

本間(ほんま)政能　戦国時代の古河公方の家臣

政美 まさよし　⇔まさみ

島田(しまだ)政美　1758〜1834　江戸中期・後期の幕臣、代官

政芳 まさよし

土屋(つちや)政芳　?〜1821　江戸中期・後期の布志名焼陶工

政良 まさよし　⇔まさかた, まさなが

賀嶋(かしま)政良　1715〜?　江戸中期の徳島藩家老

下村(しもむら)政良　江戸後期の暦算家

大徳(だいとく)政良　江戸時代の武道家

永野(ながの)政良　1653〜1743　江戸前期・中期の剣術家

溝口(みぞぐち)政良　?〜1683　江戸前期の大名

室田(むろた)政良　1729〜?　江戸中期の幕臣・兵法家

正栄 まさよし　⇔しょうえい, まさしげ, まさてる, まさなが

大久保(おおくぼ)正栄　1590〜1645　安土桃山・江戸前期の幕臣

花房(はなふさ)正栄　1594〜1639　安土桃山・江戸前期の幕臣

正賀 まさよし

正賀　1772〜1843　江戸中期・後期の弘前藩の刀工

金子(かねこ)正賀　1704〜1763　江戸中期の幕臣

正喜 まさよし　⇔しょうき

正喜　室町時代の刀工

正義 まさよし

正義　江戸後期の津山松平藩のお抱え刀工

井上(いのうえ)正義　1853〜1909　江戸後期〜明治期の地方自治功労者

岡嶋(おかじま)正義　1784〜1859　江戸中期〜末期の修史家

尾関(おぜき)正義　1755〜1798　江戸中期・後期の国学者

惟宗(これむねの)正義　平安後期の藤原師実家の家令

坂本(さかもと)正義　1751〜1840　江戸中期・後期の和算家

鈴木(すずき)正義　1747〜1827　江戸中期・後期の代官

田沢(たざわ)正義　1601〜1654　江戸前期の旗本

伊達(だて)正義　江戸末期の年寄

殿村(とのむら)正義　江戸中期の篆刻家

西城戸(にしきど)正義　1778〜1859　江戸中期〜末期の相模守・神官

平井(ひらい)正義　江戸後期の和算家、関宿藩士

細川(ほそかわ)正義　1758〜1814　江戸後期の鹿沼の刀工細川一門の創始者

正誼 まさよし

甲斐(かい)正誼　?〜1873　江戸後期〜明治期の武士

正吉 まさよし　⇔しょうきち, しょうきつ, まさきち

正吉　室町時代の刀工

芦川(あしかわ)正吉　?〜1636　江戸前期の武士

井出(いで)正吉　1599〜1636　安土桃山・江戸前期の代官

稲葉(いなば)正吉　1618〜1656　江戸前期の幕臣

岩田(いわた)正吉　安土桃山時代の織田信長の家臣

大竹(おおたけ)正吉　?〜1635　江戸前期の旗本

大宅(おおやけの)正吉　平安後期の官人

小川(おがわ)正吉　1524〜1607　戦国〜江戸前期の織田信長の家臣

加賀美(かがみ)正吉　1597〜1667　安土桃山・江戸前期の武士

加藤(かとう)正吉　?〜1653　江戸前期の旗本

貴志(きし)正吉　?〜1610　江戸前期の旗本

紀(きの)正吉　平安中期の官人

榊原(さかきばら)正吉　?〜1642　安土桃山時代の武士

三家(さんけ)正吉　江戸後期の刀工

竹本(たけもと)正吉　?〜1624　江戸前期の武士

西尾(にしお)正吉　?〜1617　安土桃山・江戸前期の徳島藩家老

彦五郎(ひこごろう)正吉　戦国時代の鋳物師

深津(ふかつ)正吉　1556〜1627　戦国〜江戸前期の幕臣

堀田(ほった)正吉　1571〜1629　安土桃山・江戸前期の武将

室賀(むろが)正吉　?〜1568　安土桃山時代の信濃小県郡の国衆室賀盛清の三男

由比(ゆい)正吉　?〜1622　江戸前期の武士

正恭 まさよし　⇔せいきょう, まさやす, まさゆき

本多(ほんだ)正恭　江戸後期の本多氏一族

正慶 まさよし　⇔しょうけい

池田(いけだ)正慶　江戸末期の和算家

森(もり)正慶　?〜1721　江戸中期の旗本

正敬 まさよし　⇔しょうけい, まさたか

片山(かたやま)正敬　1827〜1896　江戸末期・明治期の殖産家

正好 まさよし
小野（おの）正好 ?～1689 江戸中期の代官
戸田（とだ）正好 ?～1659 江戸前期の旗本
宮永（みやなが）正好 江戸後期の加賀金沢藩士・漢詩人

正章 まさよし ⇔せいしょう, まさあき, まさあきら
中根（なかね）正章 ?～1696 江戸中期の旗本

正是 まさよし
本田（ほんだ）正是 1824～1879 江戸後期～明治期の尾張藩士で藩校明倫堂の監生

正致 まさよし
浅井（あさい）正致 1720～1772 江戸中期の武士

正珍 まさよし ⇔せいちん
安藤（あんどう）正珍 1604～1666 江戸前期の幕臣

正督 まさよし
石毛（いしげ）正督 1766～1820 江戸中期・後期の下総国海上郡猿田神社神主

正能 まさよし
池田（いけだ）正能 室町・戦国時代の連歌作者
稲葉（いなば）正能 1654～1725 江戸前期・中期の武士

正備 まさよし ⇔まさなり
土屋（つちや）正備 1758～1827 江戸中期・後期の佐渡奉行、日光奉行、鎗奉行

正美 まさよし
石原（いしはら）正美 江戸後期・末期の代官

正芳 まさよし ⇔まさふさ
石川（いしかわ）正芳 江戸末期の和算家
小堀（こぼり）正芳 ?～1843 江戸後期の京都代官
高井（たかい）正芳 江戸後期の本草家
野田（のだ）正芳 1802～1831 江戸後期の歌人

正容 まさよし ⇔せいよう, まさかた, まさやす, まざやす
杉原（すぎはら）正容 1820～1846 江戸後期の川越藩士

正良 まさよし
上原（うえはら）正良 江戸時代の出水郡出水向江竹之山の刀鍛冶
永井（ながい）正良 1643～1720 江戸前期・中期の藩士

全昌 まさよし ⇔ぜんしょう
富永（とみなが）全昌 1687～1764 江戸前期・中期の藩士

方好 まさよし
不破（ふわ）方好 1643～1727 江戸前期・中期の藩士

方剛 まさよし
山本（やまもと）方剛 江戸後期の和算家、新発田藩士

方淑 まさよし
中村（なかむら）方淑 江戸中期の本草家

方良 まさよし
江口（えぐち）方良 1651～1718 江戸前期・中期の機巧家

理義 まさよし
平（たいらの）理義 平安中期の官人

和甫 まさよし
宮城（みやぎ）和甫 ?～1655 江戸前期の幕臣

尹祥 まさよし
森（もり）尹祥 1740～1798 江戸中期・後期の和学者

雅頼 まさより
三善（みよし）雅頼 平安中期の官人

匡頼 まさより
都努（つぬの）匡頼 平安中期の官人

昌頼 まさより
牛奥（うしおく）昌頼 ?～1575 戦国・安土桃山時代の武田家臣
望月（もちづき）昌頼 戦国時代の信濃国衆

昌倚 まさより
市川（いちかわ）昌倚 安土桃山時代の武田氏の家臣。駒井肥前守の子

政頼 まさより
太田（おおた）政頼 鎌倉前期・後期の但馬国に住んだ幕府御家人
河匂（かわわ）政頼 鎌倉前期の武蔵武士
栗林（くりばやし）政頼 ?～1599 戦国・安土桃山時代の上田庄樺沢城将
北条（ほうじょう）政頼 鎌倉時代の武士
北条（ほうじょう）政頼 鎌倉後期の武士

正因 まさより
前波（まえなみ）正因 1679～1750 江戸前期・中期の藩士
山田（やまだ）正因 江戸後期の「山田随筆」の編者

正従 まさより
加藤（かとう）正従 1771～1834 江戸中期・後期の藩士
横山（よこやま）正従 江戸中期の藩士

正頼 まさより
依智秦（えちはたの）正頼 平安中期の官人
瓦林（かわらばやし）正頼 ?～1520 戦国時代の国衆
久野（くの）正頼 1821～1891 江戸後期～明治期の藩士・歌人
平（たいらの）正頼 1059～1131 平安後期の美作地方の豪族
成瀬（なるせ）正頼 ?～1540 戦国時代の武将
万年（まんねん）正頼 1588～1664 安土桃山・江戸前期の幕臣
室賀（むろが）正頼 1754～1828 江戸中期・後期の幕臣

正倚 まさより
都築（つづき）正倚 1665～1729 江戸前期・中期の代官

益 まさる ⇔えき, すすむ, ます
筑紫（つくしの）益 飛鳥時代の学者

格 まさる ⇔いたる
佐久間（さくま）格 1848～1878 江戸末期・明治

期の愛媛県官吏

勝　まさる　⇔かつ, すぐる
源(みなもとの)勝　平安後期の肥前国宇野御厨検校源久の三男
渡辺(わたなべ)勝　1854～1922　江戸末期～大正期の北海道開拓の功労者、晩成社幹事

正郎　まさろう　⇔せいろう
弘田(ひろた)正郎　1852～1922　江戸末期～大正期の教育者《弘田正郎》

麻自　まじ　⇔あさじ
金刺舎人(かなさしのとねり)麻自　奈良時代の人

真鎮　ましず
田内(たのうち)真鎮　江戸中期・後期の国学者

益人　ましと　⇔ますひと
中臣(なかとみの)益人　奈良時代の祭主。大中臣一門出身

真柴　ましば
楢廼屋(ならのや)真柴　江戸後期の狂歌作者

真辛人　ましひと
田部(たべの)真辛人　奈良時代の人。調布として白布一端を貢進

真島　ましま
物部(もののべの)真島　奈良時代の防人

万志羅　ましら
万志羅　江戸後期の俳人

猿の文吉　ましらのぶんきち
猿の文吉　？～1862　江戸末期の目明し。安政の大獄で、尊王攘夷派の摘発に活躍

末志良比女　ましらひめ
紀(きの)末志良比女　平安後期の山城国石垣荘の住人

益　ます　⇔えき, すすむ, まさる
車持(くるまもちの)益　奈良時代の官人

満寿　ます
内藤(ないとう)満寿　1823～1901　江戸後期～明治期の女子教育の先駆者
古屋(ふるや)満寿　1850～1907　江戸末期・明治期の商人

長祥　ますあきら
逸見(へんみ)長祥　1761～1810　江戸中期・後期の幕臣

真酔　ますい
真酔　1774～1846　江戸中期・後期の戯作者・俳諧作者・雑俳点者

益一　ますいち
島浦(しまうら)益一　江戸中期の鍼医

増右衛門　ますうえもん　⇔ますえもん
緒方(おがた)増右衛門　1801～1883　江戸後期～明治期の農民
平林(ひらばやし)増右衛門　1842～1898　江戸後期～明治期の製糸業者、自由民権運動家

益材　ますえだ
小槻(おづき)益材　鎌倉後期の官人

増右衛門　ますえもん　⇔ますうえもん
渦ヶ崎(うずがさき)増右衛門　1712～1759　江戸中期の力士
鏡ケ岳(かがみがたけ)増右衛門　江戸中期の力士
小瀬(こせ)増右衛門　江戸中期の義民

益男　ますお
岩松(いわまつ)益男　1821～1873　江戸後期～明治期の神官。私塾「岩松塾」経営

益雄　ますお
県主(あがたぬしの)益雄　平安前期の遣唐使准録事
紀(きの)益雄　平安前期の官人

増夫　ますお
石松(いしまつ)増夫　江戸後期の歌人

真清　ますが　⇔ますみ
本多(ほんだ)真清　江戸後期の国学者
守屋(もりや)真清　1836～1911　江戸後期～明治期の報徳思想家

益門　ますかど
有宗(ありむね)益門　平安前期の算博士

真鋤　ますき
近藤(こんどう)真鋤　1840～1892　江戸末期・明治期の医師、外交官

益吉　ますきち
長尾(ながお)益吉　1842～1897　江戸後期～明治期の医師・教育者

増吉　ますきち
片井(かたい)増吉　江戸末期・明治期の数学者

益国　ますくに
紀(きの)益国　平安前期の官人

真菅　ますげ
大野(おおのの)真菅　平安前期の官人
栗田(くりた)真菅　？～1806　江戸中期・後期の国学者

在子　ますこ
一橋(ひとつばし)在子　1756～1770　江戸中期の歌人。京極宮公仁親王の女、一橋治済の室

升子　ますこ
神方(かみかた)升子　江戸末期・明治期の歌人

益郷　ますさと
進藤(しんどう)益郷　1719～1780　江戸中期の坊官

増三郎　ますさぶろう
後藤田(ごとうだ)増三郎　1852～1923　江戸末期～大正期の藍商

升治　ますじ
青沼(あおぬま)升治　1827～1903　江戸後期～明治期の酒造業

益重　ますしげ
田口(たぐち)益重　安土桃山時代の武士

増重　ますしげ　⇔まさしげ
増重　戦国時代の刀工《増重》

末須女　ますじょ
西村(にしむら)末須女　？～1889　江戸後期～明治期の歌人

増次郎　ますじろう
小倉(おぐら)増次郎　?～1879　江戸後期～明治期の鶉新田町名主

真篠　ますず
宮本(みやもと)真篠　1829～1874　江戸後期～明治期の俳人

真篶　ますず
真篶　1829～1874　江戸後期～明治期の俳人

増助　ますすけ
武市(たけいち)増助　1797～1861　江戸後期・末期の関東売藍商、造酒業

益太　ますた
甲斐原(かいばら)益太　1855～1899　江戸末期・明治期の宇佐郡木裳村の山中病院の医師

増太夫　ますだいう
和田(わだ)増太夫　江戸後期の大住郡大山阿夫利神社祠官

益敬　ますたか
鷲尾(わしのお)益敬　1647～1718　江戸前期・中期の藩士

愈忠　ますただ
井沢(いざわ)愈忠　1781～1859　江戸中期～末期の人。十返舎一九を招き書画会を開いた

益足　ますたり
大中臣(おおなかとみの)益足　平安中期の伊勢神宮大司
矢田部(やたべの)益足　奈良時代の備中国下道郡八田郷の郷長

益庶　ますちか
星野(ほしの)益庶　1756～1832　江戸中期・後期の幕臣

益親　ますちか
松平(まつだいら)益親　戦国時代の日野家領近江国菅浦・大浦両庄の代官

益継　ますつぐ
益継　室町時代の画家
釆女(うねめの)益継　平安前期の左近衛府の近衛
紀(きの)益継　平安前期の紀伊国名草郡真川郷の刀禰
野中(のなか)益継　1562～1623　江戸前期の土佐藩重臣

松庸　ますつね
安倍(あべ)松庸　1722～1794　江戸中期・後期の仙台藩の出入司

益時　ますとき
北条(ほうじょう)益時　?～1333　鎌倉後期の武士

加辰　ますとき
酒井(さかい)加辰　江戸後期の藩士

益朝　ますとも
野山(のやま)益朝　?～1595　安土桃山時代の備中国の武将

益直　ますなお
島田(しまだ)益直　室町時代の公家

益成　ますなり
安倍(あべの)益成　平安前期の官人

増之助　ますのすけ
屋代(やしろ)増之助　江戸末期の第25代美濃国代官

益徳　ますのり
三浦(みうら)益徳　1784～1861　江戸中期～末期の藩士

増春　ますはる　⇔ぞうしゅん
吉松(よしまつ)増春　1777～1815　江戸中期・後期の藩士、国学者

益久　ますひさ
賀茂(かも)益久　?～1471　室町・戦国時代の神職、歌人

益人　ますひと　⇔ましと
益人　奈良時代の紀寺の奴
安倍(あべの)益人　平安前期の官人
大中臣(おおなかとみの)益人　平安後期の神宮祭主
中臣(なかとみの)益人　奈良時代の祭主。大中臣一門出身《中臣益人》
平群文屋朝臣(へぐりのふみやのあそみ)益人　奈良時代の官人。武内宿禰の子孫

益裕　ますひろ
早崎(はやざき)益裕　1748～1816　江戸中期の藩士・文人

増兵衛　ますべえ
萩原(はぎわら)増兵衛　1788～1868　江戸後期・末期の寺子屋師匠

長穂　ますほ　⇔ながほ
安田(やすだ)長穂　1796～1856　江戸末期の雑賀屋主人・歌人

益政　ますまさ
神(じん)益政　?～1466　室町時代の武家・連歌作者

益麻呂　ますまろ
伊吉(いきの)益麻呂　奈良時代の官人。遣渤海副使

益万呂　ますまろ
馬(うまの)益万呂　奈良時代の官人

鱒麻呂　ますまろ
粟凡直(あわのおうしのあたえ)鱒麻呂　平安時代の役人

益躬　ますみ
越智(おちの)益躬　飛鳥時代の越智郡の大領

真純　ますみ　⇔しんじゅん
葛城(かつらぎ)真純　1843～1905　江戸末期・明治期の国学者、神職

真澄　ますみ　⇔さねずみ
朝日(あさひ)真澄　1817～1887　江戸後期～明治期の俳人
小川(おがわ)真澄　1796～1854　江戸末期の歌人
古松洞(こしょうどう)真澄　1847～1911　江戸後期～明治期の俳人
堀(ほり)真澄　1826～1880　江戸末期・明治期の写真師
宮崎(みやざき)真澄　1805～?　江戸後期の神職
村上(むらかみ)真澄　江戸後期の藩士

真清　ますみ　⇔ますが
石川(いしかわ)真清　1828～1898　江戸後期～明

治期の国学者

満済　ますみ

倉地（くらち）満済　1741〜？　江戸中期の幕臣

益光　ますみつ

丹生（にうの）益光　平安中期の官人

益満　ますみつ

大春日（おおかすがの）益満　平安中期の官人

増宗　ますむね

平田（ひらた）増宗　1566〜1610　安土桃山・江戸前期の武士

益子（ましこ）増宗　戦国時代の益子氏当主

益盛　ますもり

山田（やまだ）益盛　1851〜1921　江戸末期〜大正期の教育者

益之　ますゆき

山県（やまがた）益之　江戸後期の和算家

益福　ますよし

乙訓（おとくにの）益福　平安中期の東寺領丹波国大山荘の荘官

マセ子　ませこ

吉野（よしの）マセ子　？〜1902　江戸末期・明治期の救世軍活動家

善爾　ぜんじ

園山（そのや）善爾　1614〜1694　江戸前期・中期の貿易商

麻蘇比　まぞひ

江沼臣（えぬのおみ）麻蘇比　奈良時代の女性。後宮に仕えた

麻多　また

曽県主（そのあがたぬし）麻多　奈良時代の薩摩国薩摩郡の主帳

又一　またいち

白須（しらす）又一　戦国時代の武将。武田家臣

萩野（はぎの）又一　安土桃山・江戸前期の武士

山崎（やまざき）又一　1853〜1935　江戸後期〜昭和期の漆器商人。山中漆器同業組合長

又市　またいち

清見潟（きよみがた）又市〔3代〕　？〜1862　江戸後期・末期の力士

須藤（すとう）又市　1856〜1933　江戸末期・明治期の越名河岸船問屋、下野石灰会社専務取締役

根本（ねもと）又市　江戸後期の韮山代官江川氏の手代

深沢（ふかざわ）又市　江戸前期の柔術家

山崎（やまざき）又市　1843〜1887　江戸後期〜明治期の天竜市船明の筏師

吉田（よしだ）又市　？〜1836　江戸後期の陶工

脇（わき）又市　戦国時代の武将。武田家臣

又一忠政　またいちただまさ

小栗（おぐり）又一忠政　1555〜1616　江戸前期の足立郡内の領主

又一郎　またいちろう

大塚（おおつか）又一郎　？〜1582　戦国・安土桃山時代の織田信長の家臣

大塚（おおつか）又一郎　江戸前期の大庄屋

桑原（くわばら）又一郎　1845〜1926　江戸末期〜大正期の日置流竹林派の弓術家

鯰江（なまずえ）又一郎　？〜1574　安土桃山時代の力士

楊（よう）又一郎　？〜1831　江戸後期の人。唐通事楊嗚悟を祖とする楊家の6代

又市郎　またいちろう

鯰江（なまずえ）又市郎　？〜1574　安土桃山時代の力士《鯰江又一郎》

脇（わき）又市郎　1556〜？　戦国時代の武士

亦右衛門　またうえもん　⇔またえもん

窪田（くぼた）亦右衛門　？〜1624　安土桃山・江戸前期の小布施六斎市の創始者

又右衛門　またうえもん　⇔またえもん

月岡（つきおか）又右衛門　？〜1853　江戸末期の新田開発功労者《月岡又右衛門》

又右衛門尉　またうえもんのじょう　⇔またえもんのじょう

窪田（くぼた）又右衛門尉　戦国時代の松田憲秀に属した松田衆

亦右衛門　またえもん　⇔またうえもん

阿部（あべ）亦右衛門　江戸時代の弘前藩飯詰組・広田組の代官

又右衛門　またえもん　⇔またうえもん

又右衛門　江戸中期の根付師

生駒（いこま）又右衛門　江戸前期の武士。大坂の陣で籠城

永徳屋（えいとくや）又右衛門　安土桃山・江戸前期の人。マルボーロの製造者

小野（おの）又右衛門　1586〜？　安土桃山・江戸前期の武士

柏木（かしわぎ）又右衛門　？〜1881　江戸後期〜明治期の篤農家

亀田（かめだ）又右衛門　1852〜1925　江戸末期〜大正期の土建業者

榧森（かやのもり）又右衛門　1562〜1641　安土桃山・江戸前期の城内定詰御酒御用

川合（かわい）又右衛門　1551〜1640　戦国〜江戸前期の十村

国分（こくぶん）又右衛門　1783〜1868　江戸中期〜末期の御給人

鮫屋（さめや）又右衛門　江戸前期の京都糸割符商人

篠原（しのはら）又右衛門　？〜1615　江戸前期の豊臣秀頼の右筆

諏訪（すわ）又右衛門　戦国時代の里見氏家臣

塚越（つかごし）又右衛門　1789〜1858　江戸後期・末期の剣術家。小野派一刀流

月岡（つきおか）又右衛門　？〜1853　江戸末期の新田開発功労者

角井（つのい）又右衛門　江戸前期の大工

出口（でぐち）又右衛門　1801〜1880　江戸後期〜明治期の大足村庄屋

戸出村（といでむら）又右衛門　川合又右衛門に同じ

野々村（ののむら）又右衛門　安土桃山時代の織田信長の家臣

浜田（はまだ）又右衛門　1813〜1905　江戸後期〜明治期のカツオ一本釣りの名人

浜屋（はまや）又右衛門　江戸後期の越中砺波郡城端町の算用方
藤田（ふじた）又右衛門　1804〜1873　江戸末期の水田開拓者
増田（ますだ）又右衛門　1825〜1906　江戸後期〜明治期の北前船主
湊屋（みなとや）又右衛門　江戸前期の廻船業者
三宅（みやけ）又右衛門　江戸末期の足軽組頭
矢崎（やざき）又右衛門　1637〜1685　江戸前期の徳島堰完成の功労者
山中（やまなか）又右衛門　江戸中期・後期の人。又右衛門新田の開発者
杠（ゆずりは）又右衛門　1695〜1748　江戸中期のたたら経営者
渡辺（わたなべ）又右衛門　1804〜1877　江戸後期〜明治期の剣術家。家川念流

又衛門　またえもん
白石（しらいし）又衛門　1753〜1826　江戸中期・後期の藩士
吉成（よしなり）又衛門　1798〜1851　江戸後期の水戸藩士

又右衛門尉　またえもんのじょう　⇔またうえもんのじょう
大橋（おおはし）又右衛門尉　安土桃山・江戸前期の甲斐国岩間庄瀬戸の人。穴山家臣か
大和（おわ）又右衛門尉　安土桃山時代の信濃国諏訪郡大和郷の土豪
田村（たむら）又右衛門尉　戦国時代の甲斐府中新紺屋町の紺屋
依田（よだ）又右衛門尉　安土桃山・江戸前期の甲斐国巨摩郡河内下部村の土豪

全雄　またお
大神（おおみわの）全雄　平安前期の官人

復雄　またお
島津（しまづ）復雄　1809〜1878　江戸後期〜明治期の中津藩政改革者

又吉　またきち
田村（たむら）又吉　1842〜1921　江戸後期〜大正期の篤農家
二木（ふたぎ）又吉　？〜1829　江戸後期の今江村戸長

又玄　またくろ　⇔ゆうげん
竹内（たけうち）又玄　1826〜1882　江戸後期〜明治期の医者

又九郎　またくろう
狩野（かのう）又九郎　？〜1582　戦国・安土桃山時代の織田信長の家臣

又五郎　またごろう
又五郎　？〜1720　江戸前期・中期の百姓一揆の由宇村の中心的指導者
又五郎　江戸後期の足柄上郡鬼柳村名主格
大沼（おおぬま）又五郎　1824〜1889　江戸後期〜明治期の玉造郡鳴子村湯元の木地師
呉服（ごふく）又五郎　1565〜1653　安土桃山・江戸前期の紺屋司
中島（なかじま）又五郎　1851〜？　江戸後期〜明治期の弁護士、政治家

又左衛門　またざえもん
又左衛門　江戸前期の古座組樫野浦庄屋
荒川（あらかわ）又左衛門　1817〜1896　江戸後期〜明治期の剣術家。天流
生間（いかま）又左衛門　江戸中期の料理人
石倉（いしくら）又左衛門　1848〜1909　江戸後期〜明治期の醸造業経営者・銀行創立者
江村（えむら）又左衛門　江戸前期の大坂城士
蒲谷（かばや）又左衛門　江戸後期の三浦郡浦之郷村民
黒河内（くろごうち）又左衛門　？〜1874　江戸後期〜明治期の入野谷騒動の首謀者
小谷村（こだにむら）又左衛門　江戸後期の孝子。吉城郡小谷村の弥七郎の子
桜庭（さくらば）又左衛門　江戸時代の弘前藩の槍術師範
猿丸（さるまる）又左衛門　1804〜1880　江戸後期〜明治期の芦屋地方開発者
志村（しむら）又左衛門　戦国時代の武士
滝（たき）又左衛門　江戸時代の大谷村名主
柘植（つげ）又左衛門　1750〜？　江戸後期の備中倉敷代官
長曽（ながそ）又左衛門　江戸中期の武芸家
中野（なかの）又左衛門〔1代〕　1756〜1827　江戸中期・後期の醸造家。製酢業を開始
中野（なかの）又左衛門〔3代〕　1808〜1867　江戸後期・末期の醸造家。製酢業の先覚者
中村（なかむら）又左衛門　江戸前期の小代官
林（はやし）又左衛門　？〜1729　江戸中期の庄屋
益富（ますとみ）又左衛門　江戸時代の平戸藩生月島に本拠を置いた鯨組の経営主
町方村（まちかたむら）又左衛門　江戸中期の義民。小八賀町方村の百姓
松本（まつもと）又左衛門　1792〜1865　江戸後期・末期の筑後久留米藩士
村井（むらい）又左衛門　安土桃山時代の織田信長の家臣
森下（もりした）又左衛門　戦国時代の地侍
八木（やぎ）又左衛門　1840〜1910　江戸末期・明治期の政治家
安田（やすだ）又左衛門　江戸前期の土佐国安芸郡安田の城主
柳瀬（やなせ）又左衛門　江戸前期の武士。大坂の陣で籠城

又左衛門尉　またざえもんのじょう
又左衛門尉　安土桃山・江戸前期の甲斐国巨摩郡河内清沢郷の人。穴山家臣か
日暮（ひぐらし）又左衛門尉　戦国時代の下総国小金城主高城胤則の家臣
森下（もりした）又左衛門尉　安土桃山時代の武田氏の家臣
両角（もろずみ）又左衛門尉　戦国時代の信濃国諏訪郡の土豪
山下（やました）又左衛門尉　戦国・安土桃山時代の武田（海野）龍芳の家臣とみられる

又左衛門古祐　またざえもんひさすけ
曽我(そが)又左衛門古祐　1586～1658　安土桃山・江戸前期の大坂町奉行《曽我古祐》
又左衛門正家　またざえもんまさいえ
長塩(ながしお)又左衛門正家　1598～1658　安土桃山・江戸前期の熊川村地頭
又左衛門正勝　またざえもんまさかつ
益富(ますとみ)又左衛門正勝　1690～1749　江戸中期の生月の捕鯨家
亦三郎　またさぶろう
露木(つゆき)亦三郎　1814～1890　江戸後期～明治期の剣術家。自鏡流
又三郎　またさぶろう
又三郎　戦国時代の甲斐国山梨郡湯之平郷の有力百姓
又三郎　戦国時代の京都の番匠大工
円城寺(えんじょうじ)又三郎　戦国時代の千葉宣胤(胤宣とも)の家臣
太田(おおた)又三郎　戦国時代の北条氏の家臣
大庭(おおば)又三郎　?～1778　江戸中期の農業土木工事の功績者
渋谷(しぶや)又三郎　1672～1729　江戸前期・中期の剣術家。新蔭流
諏訪部(すわべ)又三郎　戦国時代の甲斐国河内谷の土豪
千福(せんぷく)又三郎　安土桃山時代の織田信長の家臣
武本(たけもと)又三郎　安土桃山時代の武士
寺町(てらまち)又三郎　室町時代の備中国北部の在地武士
中藤(なかとう)又三郎　1742～1788　江戸中期の庄屋
西方(にしかた)又三郎　戦国時代の西方氏当主
馬淵(まぶち)又三郎　戦国時代の駿府浅間社の社家
武藤(むとう)又三郎　江戸末期の新撰組隊士
吉岡(よしおか)又三郎　安土桃山・江戸前期の剣術家
又三郎顕理　またさぶろうあきまさ
千種(ちぐさ)又三郎顕理　?～1615　江戸前期の織田信雄・豊臣秀吉・秀頼の家臣
完　またし
波多(はた)完　?～1838　江戸後期の国学者
又次　またじ
村上(むらかみ)又次　江戸中期の職人
又七　またしち
住田(すみた)又七〔3代〕　?～1897　江戸末期・明治期の歌舞伎囃子方
早川(はやかわ)又七　戦国時代の里見義康・忠義の家臣
柳屋(やなぎや)又七　?～1801　江戸中期・後期の人。わが国初の海苔種付け法を開発
又七郎　またしちろう
小田(おだ)又七郎　江戸後期・末期の代官
清(せい)又七郎　戦国・安土桃山時代の桂林院殿の付家臣
土屋(つちや)又七郎　戦国時代の武士
向山(むかいやま)又七郎　向山又七郎に同じ
向山(むこやま)又七郎　戦国時代の甲斐武田晴信の家臣
又七郎牛次　またしちろううしつぐ
太田(おおた)又七郎牛次　1564～?　安土桃山・江戸前期の豊臣秀吉・秀頼の家臣
又十　またじゅう
成瀬(なるせ)又十　安土桃山時代の検地役人
又十郎　またじゅうろう
直原(じきはら)又十郎　1836～1894　江戸後期～明治期の地方政治家・民権運動家
庄(しょう)又十郎　1842～1921　江戸末期～大正期の明治維新時の播磨国山崎藩の高下組大庄屋
蜂須賀(はちすか)又十郎　安土桃山時代の織田信長の家臣
速見(はやみ)又十郎　江戸前期の豊臣秀頼の家臣
富士(ふじ)又十郎　戦国・安土桃山時代の大宮浅間神社の案主
又重郎　またじゅうろう
中田(なかた)又重郎　1795～1852　江戸後期の小倉—飛騨新道の開削者
松崎(まつざき)又重郎　1843～1897　江戸後期～明治期の比企横見郡書記
亦四郎　またしろう
万屋(よろずや)亦四郎　江戸中期の荒物屋
又四郎　またしろう
糟谷(かすや)又四郎　戦国時代の里見氏家臣。組頭衆のうちの足軽十人衆・足軽小頭
金丸(かねまる)又四郎　?～1575　安土桃山時代の武士
河原者(かわらもの)又四郎　室町時代の作庭家
鈴木(すずき)又四郎　室町時代の刀匠
高塩(たかしお)又四郎　1837～1883　江戸末期の喜連川藩士
高田(たかだ)又四郎　1847～1915　江戸後期～大正期の仏師
豊田(とよた)又四郎　1672～1749　江戸前期・中期の剣術家。二天一流
浜田(はまだ)又四郎　1813～1905　江戸後期～明治期の土佐清水のカツオ漁民。擬餌針の発案者
速水(はやみ)又四郎　江戸後期・末期の武士、京都見廻組与頭勤方
分部(わけべ)又四郎　1599～?　安土桃山時代の伊勢国安濃郡分部村の人。大坂の陣で籠城
又次郎　またじろう
飯村(いいむら)又次郎　江戸中期の地役人
石黒(いしぐろ)又次郎　戦国時代の武将
居初(いそめ)又次郎　安土桃山時代の織田信長の家臣
佐野(さの)又次郎　戦国時代の上野国衆。桐生佐野氏
瀬戸(せと)又次郎　江戸末期の日高郡天田組大庄屋
頓宮(とんぐう)又次郎　?～1333　室町時代の武将
中山(なかやま)又次郎　1700～1778　江戸中期の岡山藩士の大庄屋・在方下役人
広瀬(ひろせ)又次郎　戦国時代の甲斐国山梨郡下於曽の向岳寺抱えの鍛冶職人

深尾（ふかお）又次郎　安土桃山時代の織田信長の家臣

又二郎　またじろう

円城寺（えんじょうじ）又二郎　戦国時代の千葉胤富の家臣。東下総の森山衆

小田（おだ）又二郎　室町時代の幕府奉公衆

河村（かわむら）又二郎　南北朝時代の武士

亦助　またすけ

高橋（たかはし）亦助　1853～1918　江戸末期～大正期の技術者

山田（やまだ）亦助　1810～1864　江戸後期・末期の萩藩士

又助　またすけ

又助　1730～1784　江戸中期の行山流山口派鹿踊りの総庭元

又蔵　またぞう

井上（いのうえ）又蔵　？～1582　戦国・安土桃山時代の織田信長の家臣

大久保（おおくぼ）又蔵　江戸末期の武士・幕臣、小姓

小野田（おのだ）又蔵　1855～1939　江戸末期～昭和期の宮大工

嘉屋（かや）又蔵　？～1669　江戸前期の和木村庄屋

高山（たかやま）又蔵　江戸後期の備中倉敷代官

布勢（ふせ）又蔵　1818～？　江戸後期の製糸業

丸屋（まるや）又蔵　江戸前期の京都糸割符商人

也足　またたる

遊座（ゆざ）也足　1840～1921　江戸末期～大正期の郷先生

又太郎　またたろう

又太郎　江戸中期の橋本町年寄

赤堀（あかぼり）又太郎　戦国時代の上野国衆

朝比奈（あさひな）又太郎　戦国時代の今川氏の家臣

新井（あらい）又太郎　戦国時代の上野国衆国峰小幡氏の家臣。甘楽郡高瀬村の土豪

大川（おおかわ）又太郎　戦国時代の北条氏御料所長浜の有力百姓

武田（たけだ）又太郎　戦国時代の真里谷武田氏の一族

千葉（ちば）又太郎　戦国時代の千田氏の一族

成瀬（なるせ）又太郎　戦国時代の松平氏の家臣

西島（にしじま）又太郎　安土桃山時代の検地役人

垪和（はが）又太郎　戦国時代の北条氏の家臣

原川（はらかわ）又太郎　戦国時代の今川氏の家臣

坂東（ばんどう）又太郎　1849～1909　江戸後期～明治期の歌舞伎役者

山下（やました）又太郎〔2代〕　江戸中期の歌舞伎役者

真立　またち

城上（きのかみの）真立　奈良時代の方士

真竜　またつ　⇔しんりゅう

内山（うちやま）真竜　1740～1821　江戸中期の国学者

湯沢（ゆざわ）真竜　1760～1837　江戸中期・後期の国学者

全継　またつぐ　⇔ひろつぐ

秋篠（あきしのの）全継　平安前期の官人

岸田（きしだの）全継　平安前期の官人

佐伯（さえきの）全継　？～838　平安前期の遣唐使随員

全連　またつら

直（あたえの）全連　平安中期の春宮宮主

真楯　またて

勝部（かつべ）真楯　1820～1897　江戸後期～明治期の篆刻家

全成　またなり　⇔うつなり，みななり

五百木部（いおきべの）全成　平安前期の医師《五百木部全成》

大中臣（おおなかとみの）全成　平安前期の官人

又之丞　またのじょう

安部井（あべい）又之丞　1804～1868　江戸後期・末期の二本松藩士。勘定奉行

中村（なかむら）又之丞　1627～？　江戸前期の漢学者

波田野（はたの）又之丞　江戸前期の木村重成の家来

全法　またのり

紀（きの）全法　平安前期の官人

復礼　またのり

今村（いまむら）復礼　江戸後期の前田伊勢守の給人

亦八　またはち

岸（きし）亦八　1797～1877　江戸後期～明治期の彫刻家

又八　またはち

川合（かわい）又八　？～1698　江戸前期の十村役。富山藩最大の新田開発に成功

尾藤（びとう）又八　？～1570　戦国・安土桃山時代の織田信長の家臣

龍造寺（りゅうぞうじ）又八　安土桃山・江戸前期の武将

又八郎　またはちろう

朝比奈（あさひな）又八郎　戦国時代の今川氏の重臣

大島（おおしま）又八郎　？～1675　江戸前期の又八新田の開発者

香坂（こうさか）又八郎　？～1575　安土桃山時代の武田氏の家臣

坂本（さかもと）又八郎　1837？～1901　江戸末期・明治期の建築家

正阿弥（しょうあみ）又八郎　？～1692　江戸前期・中期の金工家

上条（じょうじょう）又八郎　安土桃山・江戸前期の織田信雄・森忠政・浅野長晟の家臣

須田（すだ）又八郎　1849～1897　江戸後期～明治期の実業家、政治家

高松（たかまつ）又八郎　？～1769　江戸中期の彫物師

又久　またひさ

前田（まえだ）又久　江戸時代の藩士

又兵衛　またびょうえ　⇔またべい，またべえ

渡部（わたべ）又兵衛　？～1615　江戸前期の豊臣秀長・秀頼の家臣。忍の者を預かった

又兵衛正次　またびょうえまさつぐ
太田（おおた）又兵衛正次　？～1667　江戸前期の武士。大坂の陣で籠城

真達勃　まだふつ
真達勃　室町時代の久米島の按司

又平　またへい
又平　？～1578　安土桃山時代の飛騨の人。江馬輝盛の家臣の麻生野浅之進慶盛に仕えた

又兵衛　またべい　⇔またびょうえ，またべえ
広瀬（ひろせ）又兵衛　安土桃山時代の検地役人

又兵衛　またべえ　⇔またびょうえ，またべい
又兵衛　1579～？　安土桃山・江戸前期の「虎倉物語」の著者
赤羽（あかはね）又兵衛　1549～1619　戦国～江戸前期の高遠領主保科氏の家臣
浅沼（あさぬま）又兵衛　安土桃山時代の備前国の武士
今泉（いまいずみ）又兵衛　？～1656　江戸前期の剣術家。山口流祖
植田（うえだ）又兵衛　1846～1914　江戸後期～大正期の和算家
宇野（うの）又兵衛　江戸後期の三浦郡走水村民
遠州屋（えんしゅうや）又兵衛　江戸後期の版元
大和（おおわ）又兵衛　1701～1784　江戸中期の豪農、大名貸
尾関（おぜき）又兵衛　江戸後期の富商
加藤（かとう）又兵衛　？～1740　江戸中期の豪農
木原（きはら）又兵衛　江戸末期の新撰組隊士
黒田（くろだ）又兵衛　江戸後期～明治期の実業家
小松（こまつ）又兵衛　戦国時代の武将。武田家臣
小村（こむら）又兵衛　1584～1656　安土桃山・江戸前期の筆司
坂上（さかがみ）又兵衛　江戸前期の剣術家。富田流
塩村（しおむら）又兵衛　江戸前期の十村役
重田（しげた）又兵衛　1752～？　江戸後期の美作国久世代官・備中国笠岡代官
中条（ちゅうじょう）又兵衛　安土桃山時代の織田信長の家臣
冨田（とみだ）又兵衛　江戸前期の商人
樋口（ひぐち）又兵衛　江戸前期の代官
福島（ふくしま）又兵衛　1835～1920　江戸末期～大正期の布志名焼陶工
伏見屋（ふしみや）又兵衛　江戸中期の商人、新田開発者
水無（みずなし）又兵衛　江戸前期の山賊強盗
宮脇（みやわき）又兵衛　安土桃山時代の織田信長の家臣
和田（わだ）又兵衛　江戸後期の足柄上郡下大井村民

又兵衛重長　またべえしげなが
広兼（ひろかね）又兵衛重長　？～1662　江戸前期の浜田藩御用紙漉

又法師　またほうし
田儀（たぎ）又法師　室町時代の人。日御崎神社検校貞政の娘婿

全棟　またむね
清科（きよしなの）全棟　平安前期の官人

全吉　またよし
紀（きの）全吉　平安前期の官人

復義　またよし
五味（ごみ）復義　江戸末期の和算家

真足　またり
阿刀（あとの）真足　奈良時代の官人。安都とも
石上（いそのかみの）真足　奈良時代の官人
笠（かさの）真足　奈良時代の官人
高内（たかうち）真足　江戸後期の神職

又郎　またろう
中村（なかむら）又郎　安土桃山時代の後北条氏の家臣。中村宗兵衛の一族か

又六　またろく
神宮司（じんぐうじ）又六　戦国時代の伴姓穎娃氏の奉行か
津田（つだ）又六　？～1574　戦国・安土桃山時代の織田信長の家臣
津田（つだの）又六　1596～1624　戦国・安土桃山時代の織田信長の家臣
津田の（つだの）又六　津田又六に同じ
中山（なかやま）又六　戦国時代の武士
野崎（のざき）又六　1845～1921　江戸末期～大正期の教育者・新聞人

又六郎　またろくろう
諏訪部（すわべ）又六郎　戦国時代の武田氏の家臣
幡谷（はたや）又六郎　戦国時代の下総本佐倉城主千葉勝胤の家臣

満智　まち
入江（いりえ）満智　1804～1893　江戸末期・明治期の女性。吉田松陰門下入江杉蔵・和作の母

町尻子　まちじりのこ
町尻子　平安中期の女房・歌人

町丸　まちまる
建興亭（けんこうてい）町丸　江戸後期の狂歌作者

麻中　まちゅう
麻中　江戸後期の俳人

マツ
村尾（むらお）マツ　1840～1919　江戸末期～大正期の教育者

松江　まつえ　⇔しょうこう
松江　1796～1813　江戸後期の女性。婦女教育の模範とされた

松右衛門　まつえもん
河井（かわい）松右衛門　江戸末期・明治期の大工

松雄　まつお
鴈高（かりたかの）松雄　平安前期の官人

松王　まつおう
黒川（くろかわ）松王　江戸後期の鎌倉鶴岡八幡宮の巫女

松王小児　まつおうこんでい
松王小児　？～1177　平安後期の平清盛の僕使

松岡　まつおか
松岡　？～1855　江戸後期・末期の山内家老女
疋田（ひきだ）松岡　1726～1752　江戸中期の才女

松尾老母　まつおろうぼ
松尾老母　戦国時代の女性。甲斐武田信虎の側室

真束　まつか
甲可(こうがの)真束　奈良時代の人。天平20年大仏に銭一千貫文を進めて外従五位下に叙された

真継　まつぎ　⇔さねつぐ, まつぐ
大中臣(おおなかとみ)真継　?～807　奈良・平安前期の神職

松吉　まつきち
大岡(おおおか)松吉　江戸末期の幕府留学生

真継　まつぐ　⇔さねつぐ, まつぎ
大橋(おおはし)真継　1764～?　江戸中期・後期の歌人
清原(きよはらの)真継　平安後期の官人

真嗣　まつぐ
丹比(たじひの)真嗣　奈良時代の官人

まつくす
平の(たいらの)まつくす　戦国時代の女性。遠山綱景の母、遠山直景の妻

松子　まつこ　⇔しょうし
広瀬(ひろせ)松子　1816～1844　江戸後期の女性。広瀬旭荘の妻

松五郎　まつごろう　⇔しょうごろう
相生(あいおい)松五郎　?～1850　江戸後期の力士
安居院(あごい)松五郎　江戸後期の大住郡曽屋村民
井上(いのうえ)松五郎　1826～1871　江戸後期～明治期の千人同心
遠藤(えんどう)松五郎　江戸中期の画家
大貫(おおぬき)松五郎　1850～1890　江戸後期～明治期の自治功労者
柏屋(かしわや)松五郎　江戸後期の商人。握りずしの元祖
木村(きむら)松五郎　江戸時代の相撲行司
小坂(こさか)松五郎　1852～?　江戸後期～明治期の東山油田開発の祖
三浦(みうら)松五郎　1850～?　江戸後期・末期の新撰組隊士

松真　まつさね
上毛野(かみつけぬの)松真　平安後期の官人

松三郎　まつさぶろう　⇔しょうざぶろう
金須(きす)松三郎　1843～1894　江戸後期～明治期の金融業
只野(ただの)松三郎　1853～1903　江戸後期～明治期の篤志家
中野(なかの)松三郎　1848～?　江戸後期～明治期の実業家
吉村(よしむら)松三郎　1817～1898　江戸後期～明治期の造船業者

末次　まつじ　⇔すえじ
上田(うえだ)末次　1846～?　江戸後期・末期の新撰組隊士《上田末次》

松下禅尼　まつしたぜんに　⇔まつしたのぜんに
松下禅尼　鎌倉前期の女性。北条時頼の母

松下禅尼　まつしたのぜんに　⇔まつしたぜんに
松下禅尼　鎌倉前期の女性。北条時頼の母《松下禅尼》

松寿　まつじゅ　⇔しょうじゅ
小倉(おぐら)松寿　?～1582　戦国・安土桃山時代の織田信長の家臣

松十　まつじゅう　⇔しょうじゅう
長江(ながえ)松十　1838～1917　江戸末期～大正期の陶芸家
夜琴亭(やきんてい)松十　1733～1805　江戸中期・後期の事業家、文人《池田松十》

松次郎　まつじろう
矢橋(やはせ)松次郎　?～1817　江戸後期の代官

松治郎　まつじろう
一力(いちりき)松治郎　1829～1888　江戸後期～明治期の茶商

松二郎　まつじろう
野田(のだ)松二郎　1831～?　江戸後期～明治期の教育者

松助　まつすけ
松助　?～1853　江戸後期の石工

松蔵　まつぞう
押上(おしがみ)松蔵　1854～1903　江戸末期・明治期の海部郡三岐田村の人。人命救助により表彰される
木川(きかわ)松蔵　1839～1919　江戸後期～大正期の長岡藩士の従者
鈴木(すずき)松蔵　江戸後期の武士

松太夫　まつだいう　⇔まつだゆう
反田(そりだ)松太夫　江戸後期の大住郡大山阿夫利神社祠官

松太夫　まつだゆう　⇔まつだいう
典屋(てんや)松太夫〔1代〕　江戸時代の八戸藩の典屋頭

松千代　まつちよ
井出(いで)松千代　戦国時代の女性。井出堯吉の娘
梶原(かじわら)松千代　1570?～1582　安土桃山時代の織田信長の家臣
徳川(とくがわ)松千代　1595?～1600　安土桃山時代の徳川家康の八男

松与　まつとも
佐伯(さえきの)松与　平安後期の官人

真綱　まつな　⇔さねつな
大伴(おおともの)真綱　奈良時代の官人

松苗　まつなえ
岩垣(いわがき)松苗　1774～1849　江戸後期の漢学者

松永　まつなが
紀(きの)松永　平安前期の官人

松長　まつなが
海(あまの)松長　平安後期の官人

真常　まつね　⇔しんじょう
忌部(いんべ)真常　平安時代の人

松之助　まつのすけ
河野(こうの)松之助　1805～1858　江戸後期の三浦郡佐野村民
豊田屋(とよだや)松之助　江戸中期の商人。イノ

ま

シシ料理屋を開業
峯（みね）松之助　江戸末期の新撰組隊士

松之坊　まつのぼう
松之坊　江戸前期の豊臣秀頼の家臣

松葉太夫　まつばたゆう
松葉太夫　江戸中期の御師

松久　まつひさ
丹波（たんばの）松久　平安後期の官人

松姫　まつひめ
松姫　1595〜1598　安土桃山時代の徳川家康の四女
武田（たけだ）松姫　1516〜1597　戦国・安土桃山時代の尼僧

松兵衛　まつべえ　⇔しょうべえ
小野寺（おのでら）松兵衛　1840〜1917　江戸末期〜大正期の豪商・篤志家
竹之下（たけのした）松兵衛　江戸後期の酢製造業者。福山酢の製造を始めた
原田（はらだ）松兵衛　1831〜1904　江戸後期〜明治期の郵便事業者

松丸　まつまる
佩香園（はいこうえん）松丸　江戸後期の狂歌師

松丸殿　まつまるどの
松丸殿　？〜1634　安土桃山・江戸前期の女性。豊臣秀吉の側室

松弥　まつや
堀（ほり）松弥　1827〜1874　江戸後期〜明治期の庄内藩士

松安　まつやす　⇔しょうあん
紀（きの）松安　平安後期の但馬国の雑掌

松山　まつやま　⇔しょうざん
松山　江戸前期の大奥女中

松浦介　まつらのすけ
伊勢（いせ）松浦介　？〜1708　江戸前期・中期の剣術家。松浦流祖

真釣　まつり
板持（いたもちの）真釣　奈良時代の官人

真鶴　まつる
山本（やまもと）真鶴　？〜1840　江戸後期の歌人

円　まどか　⇔つぶら
泉（いずみ）円　和泉円に同じ
和泉（いずみ）円　1773〜1837　江戸後期の歌人
土方（ひじかた）円　1830〜1900　江戸後期〜明治期の町政寄与

円方　まどかた
村上（むらかみ）円方　1769〜1823　江戸中期・後期の国学者

模都古　まとく
模都古　室町時代の官生出身の使者

真伴　まとも
淡海（おうみの）真伴　平安前期の官人

真虎　まとら
犬養（いぬかいの）真虎　平安前期の新田郡の人。丈部臣

真鳥　まとり
斎藤（さいとう）真鳥　江戸後期の国学者

真直　まなお　⇔さねなお
淡海（おうみの）真直　平安前期の官人
橘（たちばなの）真直　816〜852　平安前期の公卿
三上（みかみの）真直　平安中期の官人

正直　まなお　⇔せいちょく，まさなお
一条（いちじょう）正直　1805〜1888　江戸後期〜明治期の藩士

真中　まなか
小林（こばやし）真中　1838〜1885　江戸後期〜明治期の神職

真永　まなが　⇔しんえい
石川（いしかわの）真永　奈良時代の官人

真長　まなが　⇔さねなが，なおなが
大坂（おおさかの）真長　平安前期の人。外少初位上・佐久郡主政

学　まなぶ　⇔がく
吉田（よしだ）学　1854〜1882　江戸末期・明治期の薬学者

真成　まなり　⇔しんせい，まさなり
秦（はたの）真成　奈良時代の官人

マニヨク樽按司　まによくたるあじ
マニヨク樽按司　室町時代の久米島の按司

真根　まね
物部（もののべの）真根　奈良時代の防人

真野　まの
小野（おのの）真野　平安前期の官人
甘南備（かんなびの）真野　平安前期の官人

真伯　まはく
県犬養（あがたのいぬかいの）真伯　奈良時代の官人

真婆行　まばゆき
山旭亭（さんきょくてい）真婆行　江戸中期・後期の戯作者

真彦　まひこ　⇔まさひこ
真彦　江戸後期の俳人、神職

麻比古　まひこ
甑隼人（こしきのはやと）麻比古　奈良時代の薩摩国甑島郡の豪族

万彦　まひこ
佐々木（ささき）万彦　1751〜1821　江戸中期・後期の和学者

真人　まひと　⇔さねひと，まさと
飽田（あくたの）真人　奈良時代の河内国渋川郡賀美郷の戸主
石川（いしかわの）真人　奈良時代の官人
小野（おのの）真人　平安前期の官人
清原（きよはらの）真人　？〜1335　南北朝時代の信濃国司
丹比（たじひの）真人　飛鳥時代の官人。万葉歌人

真枚　まひら
池田朝臣（いけだのあそん）真枚　奈良時代の上野介

麻父　まふ
麻父　？〜1774　江戸中期の俳人
麻父　江戸後期の俳人

間兵衛　まへい
井伊(いい)間兵衛　江戸時代の蟹寺村の富豪

間平　まへい
室崎(むろざき)間平　1850～1924　江戸末期～大正期の実業家

真保那璃　まぼなり
仲屋(なかや)真保那璃　戦国・安土桃山時代の女性。中山王府に仕える

真麻呂　ままろ　⇔さねまろ
津(つの)真麻呂　奈良時代の官人《津真麻呂》

真道　まみち　⇔しんどう
安吉(あきの)真道　平安前期の官人
阿倍(あべの)真道　奈良時代の官人

真虫　まむし
阿須波(あすはの)真虫　奈良時代の官人

馬身竜　まむたつ
能登臣(のとのおみ)馬身竜　飛鳥時代の武士

真宗　まむね　⇔さねむね, しんそう
伊豆直(いずのあたい)真宗　平安前期の伊豆国田方郡主政
大原(おおはらの)真宗　平安前期の官人
賀陽(かやの)真宗　平安時代の官僚

真村　まむら　⇔さねむら
富廼門(とみのかど)真村　江戸後期の地方狂歌作者、医師

ま

真室　まむろ
大原(おおはらの)真室　平安前期の官人
文室(ふんや)真室　平安前期の漢詩人

豆人　まめんど
吉野(よしの)豆人　1788～1865　江戸後期・末期の俳人

真本　まもと
大野(おおのの)真本　奈良時代の武官

衛　まもる
北見(きたみ)衛　江戸後期の和算家
中西(なかにし)衛　江戸後期の藩士

護　まもる
源(みなもとの)護　平安中期の武士

守　まもる　⇔もり
三守(みもり)守　1859～1932　江戸末期～昭和期の数学者
渡辺(わたなべ)守　?～1591　戦国・安土桃山時代の徳川家の家臣《渡辺守》

鎮　まもる
村山(むらやま)鎮　江戸末期・明治期の幕臣、商務省技師

眉住　まゆずみ
風月庵(ふうげつあん)眉住　江戸後期の狂歌作者

真弓　まゆみ
鴨部(かべ)真弓　奈良時代の農民
熊谷(くまがい)真弓　1816～1890　江戸後期～明治期の和学者・政治家
森本(もりもと)真弓　1788～1854　江戸後期の文人

マルチノ
マルチノ　1567～1596　安土桃山時代のフランシスコ会司祭。日本二十六聖人

丸麿　まるまろ
四角亭(しかくてい)丸麿　江戸後期の戯作者

希賢　まれかた　⇔きけん
宮下(みやした)希賢　江戸中期の薩摩藩校造士館助教

希烈　まれつら
梅辻(うめつじ)希烈　1784～1862　江戸中期～末期の神職・漢学者

希信　まれのぶ
岡田(おかだ)希信　1835～1912　江戸後期～明治期の医師

希道　まれみち
田辺(たなべ)希道　1782～1831　江戸中期・後期の漢学者

麻呂　まろ
赤染(あかぞめの)麻呂　奈良時代の官人
阿刀(あとの)麻呂　奈良時代の官人
粟凡直(あわのおうしのあたえ)麻呂　奈良時代の評督
石川(いしかわの)麻呂　奈良時代の官人
出雲(いずもの)麻呂　687～?　飛鳥・奈良時代の山背国愛宕郡出雲郷雲下里の戸主、官人
井上忌寸(いのうえいみき)麻呂　飛鳥時代の紀伊国の国司
井上(いのうえの)麻呂　奈良時代の官人
大伴(おおともの)麻呂　?～759　奈良時代の官人
大原(おおはらの)麻呂　奈良時代の官人
大宅(おおやけの)麻呂　飛鳥時代の官人
笠朝臣(かさのあそん)麻呂　飛鳥時代の美濃守。中央貴族笠朝臣氏の一族
木(きの)麻呂　飛鳥・奈良時代の中央豪族
久米(くめの)麻呂　奈良時代の官人
佐伯(さえきの)麻呂　?～723　奈良時代の官人
丹比公(たじひのきみ)麻呂　飛鳥時代の官人
丹氏(たんじの)麻呂　奈良時代の官人。万葉歌人
三国(みくにの)麻呂　飛鳥時代の豪族
陽侯(やこの)麻呂　奈良時代の官吏

麿　まろ
高市(たけち)麿　?～705　飛鳥時代の朝臣

万呂　まろ
巨勢(こせ)万呂　?～717　飛鳥・奈良時代の武官

理在　まろあり
高向(たかむこの)理在　平安後期の官人

客人　まろうど
津守(つもり)客人　奈良時代の神職

真稚　まわか
加袁乃(かおの)真稚　上代の豪族

真鷲　まわし
藤原(ふじわらの)真鷲　奈良時代の官吏

まん
杉原(すぎわら)まん　?～1582　安土桃山時代の織田信長の家臣

万阿弥　まんあみ
万阿弥　戦国時代の北条氏の家臣

満意　まんい
満意　1386～1465　南北朝・室町時代の天台宗の僧・歌人・連歌作者

万羽　まんう
万羽　江戸後期の俳人

万右衛門　まんうえもん　⇔まんえもん
小貫(おぬき)万右衛門　1762～1837　江戸中期の老農、芳賀郡小貫村の名主
牧野(まきの)万右衛門　1847～1921　江戸末期～大正期の落花生栽培導入者

万栄　まんえい
近藤(こんどう)万栄　戦国時代の鉄砲玉薬の製造技術者

万右衛門　まんえもん　⇔まんうえもん
万右衛門　?～1761　江戸中期の漁師
石川(いしかわ)万右衛門　1680～?　江戸前期・中期の大肝入
小貫(おぬき)万右衛門　1762～1837　江戸中期の老農、芳賀郡小貫村の名主《小貫万右衛門》
片野(かたの)万右衛門　1809～1885　江戸後期～明治期の治水家
勝間田(かつまた)万右衛門　江戸前期の箱根芦の湯温泉開発者の一人
上村(かみむら)万右衛門　?～1715　江戸前期・中期の陶工
楠美(くすみ)万右衛門　?～1778　江戸中期の郷士
高橋(たかはし)万右衛門　1825～1888　江戸末期・明治期の玉造郡鳴子村の百姓、湯守
常盤(ときわ)万右衛門　戦国時代の武将。武田家臣
根来(ねごろ)万右衛門　?～1674　江戸前期の武士
松本(まつもと)万右衛門　江戸前期の大宮宿の問屋、脇本陣

万翁　まんおう
万翁　1712～1785　江戸中期の俳人

満海　まんかい
満海　戦国時代の僧侶

卍凱　まんがい
卍凱　?～1864　江戸後期・末期の僧侶

満客　まんがく
小林(こばやし)満客　1822～1885　江戸後期～明治期の地頭米倉氏の用達、名主役

万可斎　まんかさい
秋山(あきやま)万可斎　?～1582　安土桃山時代の武田氏の家臣。元尾張浪人

万巻　まんかん　⇔まんがん
万巻　720～816　奈良・平安前期の僧《万巻》

万巻　まんがん　⇔まんかん
万巻　720～816　奈良・平安前期の僧

万吉　まんきち
万吉　1776～1861　江戸中期～末期の人
万吉　江戸後期の都筑郡勝田村民
尾崎(おざき)万吉　江戸後期の足柄下郡中里村の大工
黒田(くろだ)万吉　1663～1702　江戸前期の武士
沢藤(さわふじ)万吉　1843～1883　江戸後期～明治期の雑貨商
中川(なかがわ)万吉　江戸後期の京都御所御用車師
吉田(よしだ)万吉　江戸末期の新撰組隊士

万久　まんきゅう
原田(はらだ)万久　1847～1910　江戸後期～明治期の煙草製造業

万休　まんきゅう　⇔ばんきゅう
武藤(むとう)万休　?～1621　江戸前期の武士

満郷　まんきょう
賀川(かがわ)満郷　1734～1793　江戸中期の産科医

万空　まんくう
万空　1775～1831　江戸中期・後期の僧

摱空　まんくう
摱空　平安中期の仏師

万九郎　まんくろう
小野寺(おのでら)万九郎　?～1828　江戸後期の馬医

満継　まんけい　⇔みつつぐ
関口(せきぐち)満継　?～1652　江戸前期の代官

万元　まんげん
万元　1659～1718　江戸前期・中期の国上寺の高僧

卍元　まんげん
師蛮(しばん)卍元　1626～1710　江戸前期・中期の人。延宝伝燈録と日本高僧伝の著者

卍源　まんげん
曹州(そうしゅう)卍源　江戸後期の曹洞宗の僧

万光　まんこう
柏源(はくげん)万光　1769～1830　江戸中期・後期の曹洞宗の僧

満香　まんこう
尾山屋(おやまや)満香　?～1860　江戸後期・末期の経師職

万劫御前　まんごうごぜん
万劫御前　?～1199　平安後期・鎌倉前期の女性。曽我兄弟の母

万五郎　まんごろう
中村(なかむら)万五郎　1784～1860　江戸中期～末期の剣術家。神道無念流
日吉(ひえ)万五郎　室町時代の狂言師

満五郎　まんごろう　⇔みつごろう
渋江(しぶえ)満五郎　室町時代の武蔵国の鋳物師《渋江満五郎》

満佐　まんさ　⇔みちすけ
満佐　1762～1860　江戸中期～末期の孝子

万左衛門　まんざえもん
阿部(あべ)万左衛門　1749～1806　江戸後期の赤坂泉開削者

万作　まんさく
上野(うえの)万作　?～1877　江戸後期～明治期の黄波戸浦の給庄屋
遠藤(えんどう)万作　1819～1892　江戸後期～明治期の製糸家

安井(やすい)万作　江戸後期の韮山代官江川氏の手代
万三郎　まんざぶろう
今春(こんぱる)万三郎　江戸中期の能役者
万次(まんじ)万三郎　平安前期の人。マタギの祖
万四　まんし
佐藤(さとう)万四　1834〜1894　江戸後期〜明治期の田子一揆の中心者
万子　まんし
生駒(いこま)万子　1658〜1719　江戸中期の加賀藩士。加賀蕉門の支援者
萬之　まんし
谷(たに)萬之　?〜1835　江戸後期の眼科医
万次　まんじ
小花(おばな)万次　1852〜1920　江戸後期〜大正期の海軍教官
万治　まんじ
石橋(いしばし)万治〔2代〕　1850〜1909　江戸後期〜明治期の実業家
万守　まんしゅ
白毛舎(はくもうしゃ)万守　江戸後期の狂歌作者
万寿　まんじゅ
伊藤(いとう)万寿　1855〜1914　江戸末期〜大正期の俳人
北条(ほうじょう)万寿　鎌倉後期の武士

ま

満酒亭　まんしゅてい
満酒亭　江戸後期の人。『へた栗毛』の著者
万寿宮　まんじゅのみや
万寿宮　1820〜1831　江戸後期の伏見宮貞敬親王の王子
万丈　まんじょう　⇔ばんじょう
菊地(きくち)万丈　1776〜1848　江戸中期・後期の「寝覚の友」の著者
卍定　まんじょう
卍定　江戸後期の曹洞宗の僧
万四郎　まんしろう
大矢(おおや)万四郎　江戸後期の愛甲郡田代村名主
蓬田(よもぎだ)万四郎　1810〜1864　江戸後期・末期の侠客
万次郎　まんじろう
岡戸(おかど)万次郎　1846〜?　江戸後期・末期の新撰組隊士
岡戸(おかと)万次郎　岡戸万次郎に同じ
土屋(つちや)万次郎　1784〜1806　江戸中期・後期の庄内藩士
野口(のぐち)万次郎　江戸末期の毛塚村の名主、馬医
東(ひがし)万次郎　1840〜1919　江戸末期〜大正期の人。蠟燭の大量生産を行った
村上(むらかみ)万次郎　1846〜?　江戸後期・末期の新撰組隊士
満次郎俊純　まんじろうとしずみ
岩松(いわまつ)満次郎俊純　1829〜1894　江戸末期・明治期の交代寄合格の旗本

満穂　まんすい　⇔まんぽ, みつほ
大野(おおの)満穂　1814〜1892　江戸末期・明治期の大野原村の医師
万助　まんすけ
万助　江戸後期の妙好人
大村(おおむら)万助　?〜1789　江戸中期の義民。小鷹利郷大村の名主
万成　まんせい
万成　?〜1855　江戸後期・末期の僧、漢詩人
万歳門　まんぜいもん
若松(わかまつ)万歳門　江戸中期の黄表紙作者
万象　まんぞう
松井(まつい)万象　1810〜1884　江戸後期〜明治期の尻高村名主・戸長
万蔵　まんぞう
万蔵　江戸末期の橋本町の商人
菅原(すがわら)万蔵　1825〜1895　江戸後期〜明治期の北村山地方の著名な漢学者
常盤(ときわ)万蔵　?〜1900　江戸末期・明治期のミカン生産者
畑屋(はたけや)万蔵　江戸末期の橋本町の商人
依田(よだ)万蔵　1767〜1809　江戸中期・後期の剣術家。長谷川英信流
万造　まんぞう
金井(かない)万造　1823〜1900　江戸後期〜明治期の医師・教育者
満蔵　まんぞう
坂東(ばんどう)満蔵　江戸中期・後期の歌舞伎役者
万貞　まんてい　⇔ばんてい
槐国(かいこく)万貞　1652〜1727　江戸前期・中期の曹洞宗の僧
万得　まんとく
藤浪(ふじなみ)万得　1842〜1915　江戸末期〜大正期の外科医
万徳　まんとく
藤浪(ふじなみ)万徳　1798〜1867　江戸後期・末期の医師
万年　まんねん　⇔ながとし, ばんねん
万年　1741〜1816　江戸中期・後期の臨済宗の僧
伊原(いはら)万年　1766〜1829　江戸後期の文人《伊原富寿》
竹林(たけばやし)万年　江戸後期の商家
長(ちょう)万年　江戸中期の儒者
万能　まんのう
万能　江戸前期の俳人
万之助　まんのすけ
朝比奈(あさひな)万之助　江戸中期の旗本
岩木川(いわきがわ)万之助　1846〜1880　江戸末期・明治期の力士
菊池(きくち)万之助　1849〜1897　江戸後期〜明治期の農業のかたわら大工職
溝手(みぞて)万之助　1816〜1874　江戸末期の実業家
万姫　まんひめ
万姫　1638〜1672　江戸前期の女性。第3代喜連川

藩主尊信の長女、喜連川騒動の原告

万平　まんぺい

上田（うえだ）万平　1841～1917　江戸末期～大正期の札幌市中央区円山地域の開拓者

大手（おおて）万平　1830～1919　江戸末期～大正期の旅館経営者

加賀屋（かがや）万平　1813～1842　江戸後期の商人

中島（なかじま）万平　1838～1894　江戸後期～明治期の用水開削者

不破（ふわ）万平　？～1810　江戸後期の熊本藩士

満平　まんぺい

大石沢（おおいしざわ）満平　1643～1717　江戸前期・中期の公益家

万兵衛　まんべえ

松田（まつだ）万兵衛　1837～？　江戸後期～明治期の測量家

的場（まとば）万兵衛　？～1705　江戸前期の武士

万米　まんべえ

田中（たなか）万米〔1代〕　1844～1920　江戸末期～大正期の地方産業功労者

満穂　まんぽ　⇔まんすい, みつほ

大野（おおの）満穂　1814～1892　江戸末期・明治期の大野原村の医師《大野満穂》

満丸　まんまる

柳条亭（りゅうじょうてい）満丸　江戸後期の狂歌師

漫々　まんまん

早川（はやかわ）漫々　1775～1830　江戸中期・後期の俳人

万無　まんむ

玄誉（げんよ）万無　1607～1681　江戸前期の浄土宗の僧

万弥　まんや　⇔ばんや

吉松（よしまつ）万弥　1838～1879　江戸後期～明治期の司法官

万里　まんり　⇔ばんり

万里　1758～1834　江戸中期・後期の俳人《万里》

満霊　まんれい

満霊　江戸前期の浄土宗の僧

万和　まんわ　⇔ばんわ

八日庵（ようかあん）万和　？～1827　江戸後期の俳人

【み】

御県　みあがた

阿倍（あべの）御県　奈良時代の官人

御形宣旨　みあれのせんじ

御形宣旨　平安中期の女官、歌人

みい

小山（こやま）みい　1821～1892　江戸後期～明治期の遠州織物発展の定礎者

豊田（とよだ）みい　1853～？　江戸後期～明治期の孝子

美園　みえ

丹（たん）美園　1825～1875　江戸末期・明治期の教育者

美恵子　みえこ

栗田（くりた）美恵子　？～1836　江戸後期の歌人

美江女　みえじょ

加藤（かとう）美江女　？～1825　江戸後期の女性。加藤広当の妻

三枝臣　みえだのおみ

笠（かさの）三枝臣　上代の吉備の豪族

美恵太夫　みえだゆう

岡本（おかもと）美恵太夫　1830～1888　江戸後期～明治期の説経源氏節師匠

味右衛門　みえもん

鈴木（すずき）味右衛門　1846～1909　江戸後期～明治期の実業家

長坂（ながさか）味右衛門　江戸時代の庄内藩付家老

万年（まんねん）味右衛門　？～1862　江戸後期・末期の焔硝師

薬園　みえん

山本（やまもと）薬園　1789～1855　江戸後期・末期の漢学者

三尾女　みおじょ

石川（いしかわ）三尾女　江戸後期の女流歌人

御母　みおも

山田史（やまだのふひと）御母　奈良時代の女性。孝謙天皇の乳母

未可　みか

未可　江戸中期の俳人

甕雄　みかお

林（はやし）甕雄　？～1862　江戸後期・末期の国学者

御牆　みかき

布施（ふせ）御牆　1799～1856　江戸後期・末期の藩士

未角　みかく

未角　1727～1793　江戸中期・後期の俳人。浄土真宗の僧

御笠　みかさ

安倍（あべの）御笠　平安前期の官人

大伴（おおともの）御笠　奈良時代の遣唐判官

御形　みかた

佐伯（さえきの）御形　奈良時代の官人

御方　みかた

山田史（やまだのふひと）御方　奈良時代の官人、学者

三上　みかみ

多治比（たじひの）三上　飛鳥時代の官人

三かわ　みかわ

三かわ　戦国・安土桃山時代の女性。信濃小県郡の国衆、室賀信俊の弟経秀の妻

三河　みかわ

三河　平安中期の女房・歌人

三河　平安後期の歌人

七里（しちり）三河　？～1580　戦国・安土桃山時

代の本願寺の坊官

参河　みかわ
篠崎(しのざき)参河　?～1590　戦国・安土桃山時代の南小梨城城主

三河王　みかわおう
三河王　奈良時代の官人

三河入道　みかわにゅうどう
神庭(かにわ)三河入道　戦国時代の上野国衆白井長尾氏重臣
佐藤(さとう)三河入道　安土桃山時代の織田信長の家臣
長野(ながの)三河入道　?～1566　戦国・安土桃山時代の上野国衆。箕輪長野一族
松波(まつなみ)三河入道　安土桃山時代の織田信長の家臣

三河守親　みかわのかみちかし
波多(はた)三河守親　戦国時代の岸岳城主

幹　みき　⇔かん, こわし
小笠原(おがさわら)幹　1825～1894　江戸後期～明治期の入間県参事
森田(もりた)幹　1845～1917　江戸末期～大正期の郡長、旧鳥取藩士

造酒　みき
小野崎(おのざき)造酒　江戸前期の剣術家。武蔵丸二刀流の祖

美喜　みき
池野(いけの)美喜　江戸後期の孝子

美岐　みき
川内(かわうち)美岐　?～1868　江戸末期・明治期の女性。靖国神社に祭られた。松前藩士の妻

造酒右衛門　みきえもん
水野(みずの)造酒右衛門　江戸中期の韮山代官江川氏の手代

造酒助　みきすけ
南部(なんぶ)造酒助　1811～1830　江戸後期の八戸藩主の子

右太夫　みぎだゆう　⇔うだゆう
岡本(おかもと)右太夫　?～1817　江戸中期・後期の武士

酒造丞　みきのじょう
宮島(みやじま)酒造丞　安土桃山時代の信濃国筑摩郡青柳の土豪

造酒尉　みきのじょう
門田(かどた)造酒尉　安土桃山・江戸前期の武士

造酒丞　みきのじょう
高村(たかむら)造酒丞　1802～1860　江戸後期・末期の砲術家

造酒之丞　みきのじょう　⇔みきのすけ
小島(こじま)造酒之丞　1836～?　江戸末期の新撰組隊士《小島造酒之丞》

造酒之助　みきのすけ
亀井(かめい)造酒之助　江戸末期の新撰組隊士

造酒之丞　みきのすけ　⇔みきのじょう
小島(こじま)造酒之丞　1836～?　江戸末期の新撰組隊士
間宮(まみや)造酒之丞　江戸時代の人

造酒久恒　みきひさつね
仙石(せんごく)造酒久恒　1766～1826　江戸後期の仙石騒動において、筆頭家老仙石左京に対立した家老陣の中心人物

右宗　みぎむね　⇔すけむね
安藤(あんどう)右宗　平安後期・鎌倉前期の右馬大夫《安藤右宗》

美貴女　みきめ
桂(かつら)美貴女　江戸末期の画家

三丘　みきゅう
横地(よこち)三丘　1774～1857　江戸中期～末期の画家

御匣殿　みくしげどの
御匣殿　平安後期の女官

観国　みくに
井上(いのうえ)観国　江戸後期の醍醐家の臣、大坂の易学者

三国　みくに
安墨宿禰(あずみのすくね)三国　奈良時代の武蔵国司(掾)

三国王　みくにのおおきみ
三国王　飛鳥時代の山城大兄王の使者

三国町　みくにのまち
三国町　平安前期の女性。仁明天皇の更衣

三国命　みくにのみこと
三国命　上代の越前の豪族

睍　みくま　⇔むつる
三浦(みうら)睍　1802～?　江戸末期の水泳家

水分　みくまり
黄文(きぶみの)水分　奈良時代の官人

美庫　みくら
新納(にひろ)美庫　?～1885　江戸後期～明治期の神職

三稜　みくり
堀内(ほりうち)三稜　1767～1843　江戸中期・後期の国学者

美気　みけ
大原(おおはらの)美気　奈良時代の官人

ミゲル
小崎(こざき)ミゲル　?～1597　戦国・安土桃山時代のキリシタン

御子姫君　みこひめぎみ
御子姫君　平安後期の女性。厳島内侍の娘

味左衛門政保　みざえもんまさやす
川村(かわむら)味左衛門政保　1597～1615　安土桃山・江戸前期の人。大坂の陣で籠城。川村伊右衛門房良の子

操　みさお
岸上(きしがみ)操　?～1907　江戸末期・明治期の編集者
斎藤(さいとう)操　1834～1917　江戸後期～大正期の神職

三尺　みさか
本郷(ほんごう)三尺　江戸中期の剣術家。初実剣理方一流

美砂子　みさこ
岡久(おかひさ)美砂子　1824～1857　江戸後期・末期の書家

みさご
小池(こいけ)みさご　1797～1868　江戸後期・末期の寺子屋師匠

美佐吾　みさご
小野(おのの)美佐吾　奈良時代の武蔵守

美郷　みさと　⇔よしさと
森寺(もりでら)美郷　1800～1861　江戸末期の歌人

美狭松　みさまつ
岡本(おかもと)美狭松　1856～1909　江戸末期・明治期の説経源氏節女芝居中興の祖

三沢局　みさわのつぼね
三沢局　1611～1656　江戸前期の女性。徳川家綱の乳母

美志印命　みしいのみこと
美志印命　上代の素賀国造

美志子　みしこ
村上(むらかみ)美志子　江戸末期の歌人

未塵　みじん
未塵　江戸中期の俳人

美須　みす
西村(にしむら)美須　？～1874　江戸末期の文人

瑞枝　みずえ
倉知(くらち)瑞枝　1809～1906　江戸後期～明治期の歌人
斎木(さいき)瑞枝　1810～1874　江戸後期～明治期の神職・歌人
布山(ふやま)瑞枝　1838～1911　江戸後期～明治期の地域功労者

御助麻呂　みすけまろ
味真(あじまの)御助麻呂　平安前期の官人

瑞子　みずこ
平(たいらの)瑞子　平安後期の官女
高橋(たかはし)瑞子　1852～1927　江戸後期～昭和期の医師

美篶　みすず
岩波(いわなみ)美篶　？～1900　江戸末期の武士

水之助　みずのすけ
沢井(さわい)水之助　1783～1850　江戸中期・後期の剣術家。流名不詳

水穂　みずほ
前田(まえだ)水穂　1823～1898　江戸末期の藩国学者

瑞穂　みずほ
生島(いくしま)瑞穂　？～1896　江戸末期・明治期の国学者、神官
高沢(たかざわ)瑞穂　1822～1897　江戸末期・明治期の神官

水丸　みずまる
山月楼(さんげつろう)水丸　？～1831　江戸後期の狂歌作者

水也　みずや
土居(どい)水也　？～1654　江戸前期の神職

味足斎　みそくさい
味足斎　江戸後期の雑俳作者

御園　みその
橘(たちばな)御園　江戸中期の歌人

御国　みその
紀(きの)御国　奈良・平安前期の官人

御田　みた
闘鶏(つげの)御田　上代の木工。「日本書紀」に登場

未琢　みたく
石田(いしだ)未琢　？～1682　江戸前期の俳人

三田次　みたすき
食(みけの)三田次　奈良時代の官人

御助　みたすけ
大伴(おおともの)御助　奈良時代の官人

三立麻呂　みたちまろ
河内(かわちの)三立麻呂　奈良時代の官人

三田麻呂　みたまろ
坂合部(さかいべの)三田麻呂　飛鳥時代の官人

御民　みたみ
泉(いずみ)御民　江戸末期の歌人

味太夫　みだゆう
渋谷(しぶや)味太夫　江戸時代の庄内藩付家老

巳太郎　みたろう
山田(やまだ)巳太郎　江戸後期の韮山代官江川氏の手代

みち
滝沢(たきざわ)みち　江戸後期の女性。滝沢馬琴の長男宗伯の妻

三千　みち
上毛野君(かみつけぬのきみ)三千　？～681　飛鳥時代の官人

道　みち
井上(いのうえ)道　江戸後期の漢学者
岡本(おかもと)道　？～1724　江戸前期・中期の歌舞伎「鏡山旧錦絵」の尾上のモデル

通顕　みちあき
河村(かわむら)通顕　1665～1721　江戸前期・中期の小普請方、関東代官

通秋　みちあき
豊原(とよはら)通秋　1654～1715　江戸前期・中期の楽人

通昭　みちあき
重見(しげみ)通昭　戦国時代の武将で河野氏の重臣
寺町(てらまち)通昭　安土桃山時代の著述家

通明　みちあき
築山(つきやま)通明　江戸後期の藩士
林(はやし)通明　1796～1850　江戸後期の藩士

道章　みちあき　⇔どうしょう
飯島(いいじま)道章　1827～?　江戸末期の浜松藩士

通詮　みちあきら
度会(わたらい)通詮　南北朝時代の神職・歌人

道多　みちあま　⇔みちしげ
浅井(あさい)道多　1553～1634　戦国～江戸前期の徳川家奉行人

通礼　みちあや
河野(こうの)通礼　1772～1810　江戸中期・後期の暦算家

通有　みちあり
河野(こうの)通有　1250～1311　鎌倉時代の武将《河野通之》
源(みなもと)通有　鎌倉前期の公家・歌人

通家　みちいえ
藤原(ふじわらの)通家　?～1077　平安後期の官人

道一郎　みちいちろう
松田(まつだ)道一郎　1824～1893　江戸末期・明治期の教育者

三千雄　みちお
松田(まつだ)三千雄　1785～1842　江戸中期・後期の商家・俳人

道生　みちお　⇔どうしょう, どうせい
平岡(ひらおか)道生　1856～1933　江戸末期～昭和期の数学者
三浦(みうら)道生　?～1879　江戸末期・明治期の眼科医

道雄　みちお　⇔どうゆう
太田(おおた)道雄　1671～1751　江戸前期・中期の歌人
直山(なおやま)道雄　?～1873　江戸後期～明治期の金沢の俳人

途興　みちおき
斎藤(さいとう)途興　1799～1867　江戸後期・末期の文人

道起　みちおき
菅生(すがう)道起　江戸前期の桑田郡宮島村の人

道興　みちおき　⇔どうこう
岩本(いわもと)道興　戦国時代の徳川家奉行人
笠(かさの)道興　平安前期の官人
樋口(ひぐち)道興　江戸前期の医者

道香　みちか
清水(しみず)道香　江戸後期の和算家

通景　みちかげ
大江(おおえの)通景　平安後期の官人

道景　みちかげ　⇔どうけい
阿部(あべ)道景　1447～1521　室町時代の武士
江戸(えど)道景　?～1455　室町時代の武蔵蒲田郷の領主《江戸道景》

通員　みちかず
大江(おおえの)通員　平安後期の官人

通和　みちかず
河野(こうの)通和　江戸後期・末期の幕臣

道一　みちかず　⇔どういち, どういつ
太田(おおた)道一　1798～1875　江戸後期の医師

通賢　みちかた
屋代(やしろ)通賢　1757～?　江戸中期・後期の園芸家

通方　みちかた
南(みなみ)通方　?～1582　戦国時代の風早郡(現北条市)の領主

道形　みちかた
黒沢(くろさわ)道形　1767～1829　江戸中期・後期の郷土史家

道勝　みちかつ
内藤(ないとう)道勝　南北朝時代の丹波の武士

通清　みちきよ　⇔ゆききよ
大江(おおえの)通清　平安後期の官人
越智(おちの)通清　平安後期の豪族
唐橋(からはし)通清　鎌倉前期の公家
善法寺(ぜんぽうじ)通清　1296～1341　鎌倉後期・南北朝時代の石清水八幡宮の祠官
源(みなもと)通清　1123～?　平安後期の公家・歌人

道教　みちきよ　⇔どうきょう
猪野(いの)道教　1837～1878　江戸後期～明治期の和算家

道潔　みちきよ
羽生(はぶ)道潔　1768～1845　江戸後期の藩士

道清　みちきよ
賀茂(かもの)道清　平安後期の陰陽家
田代(たしろ)道清　南北朝時代の武将
平岡(ひらおか)道清　1646～1718　江戸前期・中期の代官

方清　みちきよ
植田(うえだ)方清　1796～1870　江戸後期～明治期の歌人

通訓　みちくに　⇔つうくん
河野(こうの)通訓　江戸後期・末期の幕臣

通国　みちくに
大江(おおえの)通国　1049～1112　平安中期・後期の官人
平戸(ひらと)通国　戦国時代の水戸城主江戸氏の家臣

みち子　みちこ
松岡(まつおか)みち子　1832～1911　江戸末期・明治期の教育家

道子　みちこ
沼沢(ぬまざわ)道子　1817～1868　江戸後期・末期の女性。会津藩士木本蔵登の二女

美知子　みちこ
松岡(まつおか)美知子　1832～1911　江戸末期・明治期の教育家《松岡みち子》

通功　みちこと
天野(あまの)通功　江戸後期の人。「松前陣日記」を執筆

通貞　みちさだ　⇔ゆきさだ
久留嶋(くるしま)通貞　1633～1718　江戸前期・

中期の幕臣

通定 みちさだ
清原（きよはら）通定 鎌倉後期の公家・歌人
児玉（こだま）通定 江戸時代の人。萩藩手廻組700石
多賀山（たがやま）通定 戦国時代の横田庄領主
森田（もりた）通定 江戸中期の治水功労者

道貞 みちさだ ⇔どうてい
井出（いで）道貞 1757～1842 江戸中期・後期の神職
大倉（おおくら）道貞 1762～1831 江戸中期・後期の商人
高橋（たかはし）道貞 江戸末期の和算家
山田（やまだ）道貞 江戸後期の「嘉永雑談」の著者

通郷 みちさと
河野（こうの）通郷 1556～1598 戦国・安土桃山時代の武田氏の家臣
波多野（はたの）通郷 南北朝・室町時代の武将、連歌師

通識 みちさと
三木（みき）通識 1687～？ 江戸前期・中期の郷土史家

道郷 みちさと
浅加（あさか）道郷 ？～1727 江戸前期・中期の加賀藩士

光真 みちざね ⇔こうしん, みつざね
光真 安土桃山時代の刀工《光真》

通真 みちざね
河野（こうの）通真 1664～1723 江戸前期・中期の幕臣

通重 みちしげ
河野（こうの）通重 1510～1595 戦国・安土桃山時代の甲斐国山梨郡和戸郷の土豪
河野（こうの）通重 江戸後期の和算家
佐藤（さとう）通重 戦国時代の佐竹氏の家臣
土居（どい）通重 ？～1339 鎌倉後期・南北朝時代の武将
村上（むらかみ）通重 ？～1656 江戸前期の武士

道重 みちしげ
秋鹿（あいか）道重 1642～1697 江戸前期・中期の幕臣

道成 みちしげ ⇔どうじょう, みちなり
源（みなもと）道成 ？～1036 平安中期の公家・歌人

道多 みちしげ ⇔みちあま
浅井（あさい）道多 1553～1634 戦国～江戸前期の徳川家奉行人《浅井道多》

道茂 みちしげ
新田目（あらため）道茂 1800～1855 江戸後期・末期の藩士
紀（きの）道茂 平安前期の官人

三千女 みちじょ
田中（たなか）三千女 1738～1818 江戸後期の俳人

通季 みちすえ
源（みなもとの）通季 平安後期の官人

通末 みちすえ
河野（こうの）通末 鎌倉前期の武士

通資 みちすけ ⇔みちもと
橘（たちばなの）通資 平安後期の官人。民部丞

通助 みちすけ ⇔つうじょ
大前（おおさきの）通助 平安後期の官人

通輔 みちすけ
岡本（おかもと）通輔 戦国時代の里見義通の弟。岡本氏元の養子
橘（たちばなの）通輔 平安後期の官人
藤原（ふじわらの）通輔 1060～1095 平安後期の官人

道資 みちすけ
道資 平安後期の長門国目代
小笠原（おがさわら）道資 ？～1465 室町時代の武将

道助 みちすけ ⇔どうじょ
大前（おおくま）道助 平安後期の薩摩国祁答院郡司

道甫 みちすけ ⇔どうほ
西岡（にしおか）道甫 江戸中期・後期の眼科医

道輔 みちすけ
岡本（おかもと）道輔 1848～1912 江戸後期～明治期の教育者
松浦（まつうら）道輔 1801～1866 江戸後期・末期の国学者

道祐 みちすけ ⇔どうゆう
平岡（ひらおか）道祐 1647～1720 江戸前期・中期の代官

満佐 みちすけ ⇔まんさ
菅原（すがはら）満佐 1183～1234 鎌倉前期の武将

路祐 みちすけ
桂（かつら）路祐 1836～1891 江戸末期の長州藩士。行政家

三千太 みちた
井上（いのうえ）三千太 1839～1907 江戸後期～明治期の実業家

通喬 みちたか
河野（こうの）通喬 1693～1756 江戸中期の武士
馬場（ばば）通喬 1745～？ 江戸中期の幕臣

通孝 みちたか ⇔つうこう
久留島（くるしま）通孝 1827～1889 江戸後期～明治期の勤皇の志士

通高 みちたか
関山（せきやま）通高 戦国時代の相模国当麻郷の問屋

通魏 みちたか
宮沢（みやざわ）通魏 江戸中期の国学者・医者

通堯 みちたか
黒川（くろかわ）通堯 戦国時代の周敷郡領主
河野（こうの）通堯 ？～1379 南北朝時代の武将。通朝の子
正木（まさき）通堯 1800～1843 江戸後期の藩士・

歌人
道貴　みちたか
太田(おおた)道貴　江戸末期の歌人
道高　みちたか
南条(なんじょう)道高　室町時代の武士
道専　みちたか　⇔どうせん
吉田(よしだ)道専　?〜1713　江戸中期の武士
通欽　みちただ
築山(つきやま)通欽　江戸中期の藩士
通薫　みちただ
細川(ほそかわ)通薫　1535〜1587　戦国・安土桃山時代の武将
通忠　みちただ
穴太(あのうの)通忠　平安中期の官人
山内首藤(やまのうちすどう)通忠　南北朝・室町時代の武将
道薫　みちただ
細川(ほそかわ)道薫　1535〜1587　安土桃山時代の武将
道忠　みちただ　⇔どうちゅう
浅井(あさい)道忠　安土桃山時代の織田信長の家臣
大樋(おおひ)道忠　1836〜1896　江戸末期・明治期の陶工
道尹　みちただ
浅井(あさい)道尹　1703〜1770　江戸中期の代官
通種　みちたね
谷田部(やたべ)通種　?〜1582　戦国・安土桃山時代の水戸城主江戸氏の宿老
道胤　みちたね　⇔どういん
大前(おおくま)道胤　平安後期・鎌倉前期の薩摩国東郷の在地領主
道為　みちため
滑川(なめかわ)道為　戦国時代の佐竹氏の家臣
道足　みちたり
大伴宿祢(おおとものすくね)道足　飛鳥・奈良時代の讃岐の国司
息長(おきながの)道足　奈良時代の官人
玉手(たまての)道足　奈良時代の官人
美知足　みちたり　⇔みちたる
篠田(しのだ)美知足　江戸後期の神官・国学者
美知足　みちたる　⇔みちたり
篠田(しのだ)美知足　江戸後期の神官・国学者《篠田美知足》
道太郎　みちたろう
神津(こうづ)道太郎　1846〜1890　江戸後期〜明治期の数学者
通親　みちちか
土御門(つちみかど)通親　源通親に同じ
源(みなもとの)通親　1149〜1202　平安後期・鎌倉前期の公家
通繫　みちつぐ
中院(なかのいん)通繫　1789〜1863　江戸後期・末期の公家
通継　みちつぐ
山内首藤(やまのうちすどう)通継　1343〜1367　南北朝時代の武士
通嗣　みちつぐ
大江(おおえの)通嗣　平安後期の官人。院主典代
通次　みちつぐ
河野(こうの)通次　江戸前期の旗本
道次　みちつぐ
落合(おちあい)道次　?〜1652　江戸前期の代官
宮崎(みやざき)道次　1605〜1668　江戸前期の幕臣
通綱　みちつな
天方(あまがた)通綱　?〜1624　戦国時代の武将、遠州天方城主
道綱　みちつな
天方(あまがた)道綱　?〜1624　戦国時代の武将、遠州天方城主《天方通綱》
河辺(かわなべ)道綱　鎌倉時代の武将
川辺(かわなべ)道綱　鎌倉時代の武将
藤原(ふじわらの)道綱　平安後期の武士
道経　みちつね
藤原(ふじわらの)道経　1060頃〜?　平安後期の歌人
逵経　みちつね
古坂(ふるさか)逵経　1706〜1768　江戸中期の幕臣
通貫　みちつら
越智(おち)通貫　?〜1880　江戸後期〜明治期の国学者
河野(こうの)通貫　1661〜1718　江戸前期・中期の幕臣、代官
道貫　みちつら
仁井田(にいだ)道貫　江戸中期の藩士
通赫　みちてる
宮脇(みやわき)通赫　1835〜1914　江戸末期〜大正期の地方史研究家
通光　みちてる　⇔つうこう, みちみつ
大江(おおえの)通光　平安後期の人。天永3年父から近江国御香園を譲られる
通時　みちとき
大中臣(おおなかとみの)通時　平安中期の神官
唐橋(からはし)通時　?〜1233　鎌倉前期の公家
北条(ほうじょう)通時　鎌倉時代の武士
北条(ほうじょう)通時　鎌倉時代の武将・歌人
北条(ほうじょう)通時　鎌倉後期の武士
通辰　みちとき
那珂(なか)通辰　?〜1336　南北朝時代の常陸地方の南朝方豪族
道言　みちとき
賀茂(かもの)道言　平安後期の陰陽・暦家
道時　みちとき
源(みなもと)道時　1045〜1120　平安中期・後期の公家、歌人
通俊　みちとし
赤塚(あかつか)通俊　戦国時代の杵築大社上官
小野宮(おののみや)通俊　鎌倉時代の公家

通敏　みちとし
中院(なかのいん)通敏　南北朝時代の公家・歌人
守田(もりた)通敏　1822～1894　江戸後期～明治期の藩士
通利　みちとし
河野(こうの)通利　?～1631　江戸前期の旗本
三千歳　みちとせ
大口屋(おおぐちや)三千歳　江戸末期の遊女
麟馬亭(りんばてい)三千歳　江戸後期の戯作者
道富　みちとみ
平岡(ひらおか)道富　1643～?　江戸前期の代官
逵富　みちとみ
戸川(とがわ)逵富　1672～1729　江戸前期・中期の幕臣
通知　みちとも
篠原(しのはら)通知　戦国時代の水戸城主江戸氏の宿老
通同　みちとも　⇔つうどう
村上(むらかみ)通同　1631～1710　江戸中期の武士
通倫　みちとも
稲葉(いなば)通倫　?～1708　江戸中期の旗本
道友　みちとも　⇔どうゆう
大前(おおくま)道友　鎌倉前期の薩摩国の上席者
逵和　みちとも
戸川(とがわ)逵和　1720～1798　江戸中期・後期の武士
通虎　みちとら
嶋(しま)通虎　1746～1817　江戸中期・後期の医者
通直　みちなお
青山(あおやま)通直　?～1630　江戸前期の旗本
天方(あまかた)通直　1589～1630　安土桃山・江戸前期の幕臣
天方(あまかた)通直　江戸前期の茶人
大江(おおえの)通直　?～1029　平安中期の官人
河野(こおの)通直　?～1572　戦国時代の武将。河野家正系を継承した。弾正少弼
道直　みちなお
富小路(とみのこうじ)道直　南北朝時代の公家
野口(のぐち)道直　1785～1865　江戸中期～末期の国学者
春科(はるしなの)道直　奈良・平安前期の官人
藤原(ふじわら)道直　南北朝時代の公家・連歌作者
通央　みちなか
竹村(たけむら)通央　1783～1853　江戸中期・後期の藩士・故実家
通長　みちなが
江戸(えど)通長　戦国時代の水戸城主江戸氏の一門の重臣
通脩　みちなが
赤須(あかす)通脩　戦国時代の佐竹氏の家臣
道済　みちなり
前田(まえだ)道済　?～1830　江戸後期の藩士
道成　みちなり　⇔どうじょう, みちしげ
石川(いしかわの)道成　奈良時代の官人
紀(きの)道成　平安前期の官人
滋原宿禰(しげはらのすくね)道成　平安前期の肥前国司(権少目)
高田(たかだの)道成　?～789　奈良時代の進士
平岡(ひらおか)道成　1554～1623　戦国～江戸前期の代官
北条(ほうじょう)道成　鎌倉時代の武士
令宗(よしむねの)道成　平安中期の官吏
道主　みちぬし
肩野(かたのの)道主　平安前期の右京の人
名草(なくさの)道主　平安前期の大学寮の教官
道伊羅都売　みちのいらつめ
道伊羅都売　奈良時代の女性。天智天皇の妻の1人
陸奥　みちのく
陸奥　平安前期の女房・歌人
陸奥　平安中期の女流歌人
道之丞　みちのじょう
寒川(かんがわ)道之丞　1750～1819　江戸中期・後期の豪農
通延　みちのぶ
河野(こうの)通延　1693～1766　江戸中期の幕臣
通信　みちのぶ
土居(どい)通信　1844～1903　江戸後期～明治期の大庄屋・実業家
富田(とみた)通信　1833～1898　江戸後期～明治期の佐土原藩士
道修　みちのぶ　⇔どうしゅう
永山(ながやま)道修　江戸後期の藩士
道順　みちのぶ　⇔どうじゅん
高階(たかしなの)道順　平安中期の官人
道信　みちのぶ
大岡(おおおか)道信　江戸中期の浮世絵師
桂(かつら)道信　江戸中期の藩士
武田(たけだ)道信　戦国時代の上総国長南城(長生郡長南町)の城主
通規　みちのり
三木(みき)通規　1456～1530　戦国時代の英賀城主と称せられる武将
通載　みちのり
岡田(おかだ)通載　江戸後期の郷土史家
通徳　みちのり
岩田(いわた)通徳　1826～1907　江戸末期の旗本
道憲　みちのり
道憲　戦国時代の刀工
道則　みちのり
道則　江戸末期の刀工
羽生(はぶ)道則　1826～1901　江戸後期～明治期の華道家
廸教　みちのり
関(せき)廸教　?～1895　江戸末期・明治期の幕臣、陸軍軍人
逵索　みちのり
戸川(とがわ)逵索　1699～1749　江戸中期の武士
通春　みちはる
山本(やまもと)通春　江戸前期の漢学者

道治　みちはる
梅沢（うめざわ）道治　1852～1924　江戸後期～大正期の仙台藩士
平野（ひらの）道治　江戸末期の俳人

道引　みちびき
笠（かさの）道引　奈良時代の官人

三千彦　みちひこ
小林（こばやし）三千彦　1806～1874　江戸後期～明治期の安曇郡二重村の庄屋

道彦　みちひこ
磯村（いそむら）道彦　江戸中期・後期の国学者

通久　みちひさ
大川（おおかわ）通久　1847～1897　江戸後期～明治期の幕臣
関山（せきやま）通久　1696～1773　江戸中期の高座郡当麻宿用水開さく者

通故　みちひさ　⇔つうこ
稲葉（いなば）通故　江戸中期の藩士・兵法家

通尚　みちひさ
一尾（いちお）通尚　1599～1689　安土桃山・江戸前期の幕臣

道久　みちひさ
谷（たに）道久　？～1723　江戸中期の富商

道旧　みちひさ
清原（きよはら）道旧　江戸後期の国学者・俳人

み

道栄　みちひで　⇔どうえい
賀茂（かもの）道栄　平安後期の暦博士

道英　みちひで　⇔どうえい
上原（うえはら）道英　1800～1867　江戸後期・末期の和算家

道秀　みちひで　⇔どうしゅう
岩波（いわなみ）道秀　江戸前期・中期の幕臣、代官
大前（おおくま）道秀　平安後期・鎌倉前期の薩摩国祁答院郡司

通平　みちひら
源（みなもとの）通平　1203～1226　鎌倉前期の公卿

登平　みちひら
源（みなもと）登平　平安中期の公家・歌人

道平　みちひら　⇔どうへい，みちへい
賀茂（かもの）道平　平安中期・後期の陰陽、暦家
川辺（かわなべ）道平　1135～？　鎌倉時代の武将

通弘　みちひろ
小笠原（おがさわら）通弘　鎌倉後期の武将

通博　みちひろ
那珂（なか）通博　1748～1817　江戸中期・後期の漢学者

通贇　みちひろ
林（はやし）通贇　1814～1890　江戸後期～明治期の起宿脇本陣職

道啓　みちひろ　⇔どうけい
田村（たむら）道啓　1752～1800　江戸中期・後期の歌人

道弘　みちひろ　⇔どうこう
村井（むらい）道弘　1652～1716　江戸前期・中期の郷土史家・俳人

道博　みちひろ　⇔どうはく
浅井（あさい）道博　1843～1885　江戸後期～明治期の数学者

道熙　みちひろ
渋谷（しぶや）道熙　1751～1830　江戸中期・後期の和算家

通房　みちふさ
宇都宮（うつのみや）通房　1213～？　鎌倉前期・後期の武将

道正　みちふさ　⇔どうしょう，みちまさ
田沢（たざわ）道正　1765～1832　江戸中期・後期の佐渡奉行

道房　みちふさ
川辺（かわなべ）道房　1118～1137　鎌倉前期の薩摩国河辺郡の領主
岸浪（きしなみ）道房　江戸後期の和算家
滝聞（たきぎ）道房　平安後期・鎌倉前期の薩摩国祁答院倉丸の領主

通文　みちふみ
高野（こうの）通文　1841～1897　江戸後期～明治期の神官

通古　みちふる
川野（かわの）通古　？～1687　江戸前期の藩士
得能（とくのう）通古　江戸末期・明治期の藩士

道古　みちふる
山内（やまうち）道古　？～1846　江戸後期の国学者・歌人

道平　みちへい　⇔どうへい，みちひら
今井（いまい）道平　1818～1894　江戸後期～明治期の陶芸家
今田（こんた）道平　1810～1877　江戸後期～明治期の画人

条理　みちまさ
川村（かわむら）条理　1754～？　江戸中期の幕臣

通温　みちまさ
松平（まつだいら）通温　1696～1730　江戸中期の武士

通昌　みちまさ
師（もろ）通昌　戦国時代の里見義通・義豊の家臣

通政　みちまさ
小野崎（おのざき）通政　戦国時代の佐竹氏の家臣
河野（かわの）通政　1818～1890　江戸後期～明治期の川曲村の庄屋
河野（こうの）通政　？～1221　平安後期・鎌倉前期の武士
河野（こうの）通政　？～1544　戦国時代の武将
土居（どい）通政　1827～1900　江戸後期～明治期の大庄屋頭取
藤原（ふじわらの）通政　平安中期の官人
細川（ほそかわ）通政　戦国時代の武将

通正　みちまさ
窪田（くぼた）通正　江戸前期の幕臣

栗上(くりがみ)通正　室町・戦国時代の武将。河野氏の重臣
佐野(さの)通正　1847～1916　江戸末期～大正期の私塾経営者

通理　みちまさ
大江(おおえの)通理　平安中期の官人
岡本(おかもと)通理　江戸後期～明治期の儒者

道雅　みちまさ　⇔どうが
河村(かわむら)道雅　？～1582　安土桃山時代の武田氏の家臣、落合村の地頭

道政　みちまさ　⇔どうせい
伊藤(いとう)道政　江戸前期の前橋藩儒

道正　みちまさ　⇔どうしょう, みちふさ
島田(しまだ)道正　1675～1719　江戸前期・中期の幕臣、勘定
塚越(つかごし)道正　江戸末期・明治期の事業家

方正　みちまさ　⇔ほうせい
植田(うえだ)方正　1796～1870　江戸後期の豪商

通兄　みちます
長山(ながやま)通兄　戦国時代の佐竹氏の家臣

道益　みちます　⇔どうえき
石川(いしかわの)道益　763～805　奈良・平安前期の官人
平岩(ひらいわ)道益　1630～1694　江戸前期・中期の幕臣
平岡(ひらおか)道益　1630～1694　江戸前期・中期の代官

道間戸　みちまど
栞園(かんえん)道間戸　江戸後期の狂歌作者

道麻呂　みちまろ
荒木(あらきの)道麻呂　奈良時代の人。神護景雲元年(767)墾田100町、稲1万2500束、庄3区を西大寺に献じた

道麿　みちまろ
喜多川(きたがわ)道麿　江戸中期の絵師
末田(すえだ)道麿　1801～1870　江戸後期～明治期の国学者

道満　みちまろ　⇔どうまん
生田(いくた)道満　1801～1836　江戸後期の国学者

通光　みちみつ　⇔つうこう, みちてる
忽那(くつな)通光　室町・戦国時代の在地勢力
弘(ひろ)通光　1829～1903　江戸後期～明治期の和算家

道光　みちみつ　⇔どうこう
文(ふみの)道光　平安中期の陰陽博士

道充　みちみつ
庄(しょう)道充　室町時代の備中国の武将

通宗　みちむね
藤原(ふじわらの)通宗　？～1084　平安中期・後期の官吏、歌人

道棟　みちむね
野仲(のなか)道棟　南北朝時代の武士

道統　みちむね
三善(みよし)道統　平安中期の官吏、漢詩人

通元　みちもと　⇔つうげん
河野(こうの)通元　室町時代の武将
戸田(とだ)通元　江戸後期の天文家

通資　みちもと　⇔みちすけ
三木(みき)通資　江戸中期の郷土史家

道元　みちもと　⇔どうげん
毛利(もうり)道元　戦国時代の越後国刈羽郡の国人

通森　みちもり
戒能(かいのう)通森　戦国時代の久米郡南方、則之内、浮穴郡井内(いずれも現川内町)地域を支配した領主

通盛　みちもり
大江(おおえの)通盛　平安後期の官人
河野(こうの)通盛　1353～？　南北朝・室町時代の武将

道守　みちもり
朝野(あさのの)道守　平安前期の官人
仁義(じんぎの)道守　1767～1835　江戸中期・後期の狂歌作者・絵師

道弥　みちや
多田(ただ)道弥　1850～1910　江戸後期～明治期の蚕種改良家

通安　みちやす
北之川(きたのかわ)通安　？～1583　安土桃山時代の西園寺氏の部将
土居(どい)通安　室町時代の武家・連歌作者

通康　みちやす
村上(むらかみ)通康　？～1567　戦国時代の越智郡の海賊衆で河野氏の重臣

通泰　みちやす　⇔つうたい
河野(こうの)通泰　1763～1832　江戸中期・後期の幕臣、歌人
穂積(ほづみ)通泰　江戸中期の歌人

道寧　みちやす
道寧　戦国時代の刀工

道保　みちやす
伊藤(いとう)道保　1791～1871　江戸後期～明治期の神職・国学者

通幸　みちゆき
林(はやし)通幸　江戸後期の林子平の甥

通之　みちゆき
来島(くるしま)通之　1558～1593　安土桃山時代の武将
河野(こうの)通之　1250～1311　鎌倉時代の武将

道行　みちゆき　⇔どうぎょう
小野寺(おのでら)道行　1529～1591　戦国・安土桃山時代の伊達家臣
藤原(ふじわらの)道行　平安時代の立野牧の別当

弼幸　みちゆき
海野(うんの)弼幸　1679～1740　江戸前期・中期の幕臣

慶好　みちよし
北畠(きたばたけ)慶好　安土桃山時代の武将

済美　みちよし　⇔せいび
三宅(みやけ)済美　1702～1782　江戸中期の幕臣

通賀　みちよし
岡（おか）通賀　江戸後期の和算家
通喜　みちよし
山内（やまうち）通喜　1842～1864　江戸後期・末期の維新の志士
通慶　みちよし
津田（つだ）通慶　江戸前期の藩士
通能　みちよし
大中臣（おおなかとみの）通能　平安後期の神官
源（みなもと）通能　？～1174　平安後期の公家・歌人
道義　みちよし
今宮（いまみや）道義　1573～1619　安土桃山・江戸前期の佐竹氏の一族
川崎（かわさき）道義　1789～1864　江戸後期・末期の商家
道能　みちよし
岩波（いわなみ）道能　安土桃山時代の代官
道美　みちよし　⇔どうび
長田（おさだ）道美　鎌倉時代の神職
通頼　みちより
藤原（ふじわら）通頼　平安中期の公家・歌人
通倚　みちより
平岡（ひらおか）通倚　安土桃山時代の武将
道依　みちより
森田（もりた）道依　1820～1881　江戸後期～明治期の国学者
道頼　みちより
大条（おおえだ）道頼　1699～1762　江戸中期の仙台藩奉行
道等　みちら
北野（きたの）道等　1791～1863　江戸後期・末期の俳人
ミツ
中野（なかの）ミツ　1847～1926　江戸後期～大正期の双松堂中野書林創業者
光　みつ　⇔ひかる
渡辺（わたなべ）光　1538～1603　戦国・安土桃山時代の徳川家奉行人
三津　みつ
紀（きの）三津　平安前期の官人
美津　みつ
河村（かわむら）美津　江戸末期の歌人、書家
光顕　みつあき
田中（たなか）光顕　1843～1939　江戸後期～昭和期の高知藩士、政治家、子爵
光頭　みつあき
多羅尾（たらお）光頭　1674～1732　江戸前期・中期の代官
光明　みつあき　⇔みつあきら
石生（いしおの）光明　平安中期の官人
小里（おり）光明　1536～1601　戦国・安土桃山時代の織田信長の家臣
清岳（きよたけの）光明　平安中期の官人
充章　みつあき
安達（あだち）充章　江戸後期の和算家、出羽新庄藩士
光昭　みつあきら
藤原（ふじわらの）光昭　？～982　平安中期の官人、歌人
光明　みつあきら　⇔みつあき
土岐（とき）光明　南北朝時代の武将・歌人
林（はやし）光明　平安後期の加賀国の武士
光昱　みつあきら
上部（うわべ）光昱　1717～1772　江戸中期の神職
光有　みつあり
堀川（ほりかわ）光有　？～1383　南北朝時代の公家・歌人
光家　みついえ
橘（たちばな）光家　平安後期・鎌倉前期の備後国大田荘下司、地頭
中条（ちゅうじょう）光家　鎌倉時代の武士
二宮（にのみや）光家　南北朝時代の美作国中央部の在地武士
林（はやし）光家　？～1154　平安後期の北加賀の武士団の棟梁
満家　みついえ
英田（あがた）満家　？～1391　南北朝時代の足利義満の臣
吉良（きら）満家　南北朝時代の武将
満糸　みついと
柳園（やなぎぞの）満糸　1832～1892　江戸末期・明治期の武士、狂歌師
光右衛門　みつうえもん　⇔みつえもん
小野（おの）光右衛門　1785～1858　江戸末期の数学者《小野光右衛門》
光氏　みつうじ
源（みなもと）光氏　鎌倉時代の高杉村の豪族
密雲　みつうん
密雲　？～1884　江戸後期～明治期の僧
光枝　みつえ　⇔てるえ, みつえだ
大村（おおむら）光枝　1753～1816　江戸中期・後期の歌人
三津江　みつえ
坂東（ばんどう）三津江〔1代〕　？～1882　江戸末期・明治期の坂東流のお狂言師
光枝　みつえだ　⇔てるえ, みつえ
和邇部（わにべの）光枝　平安後期の楽人、篳篥奏者
光右衛門　みつえもん　⇔みつうえもん
小野（おの）光右衛門　1785～1858　江戸末期の数学者
不知火（しらぬい）光右衛門　1825～1879　江戸末期・明治期の力士
三右衛門　みつえもん　⇔さんうえもん, さんえもん
高橋（たかはし）三右衛門　江戸前期のキリシタン
光雄　みつお
笠原（かさはら）光雄　1838～1925　江戸末期～大正期の西尾藩士

柏村(かしわむら)光雄　江戸末期の人。国司信濃親相の侍従
高谷(たかや)光雄　1849～1924　江戸末期～大正期の実業家
多羅尾(たらお)光雄　1738～1799　江戸中期・後期の代官
戸田(とだ)光雄　1716～1756　江戸中期の戸田氏第2代松本藩主
伴林(ともばやし)光雄　1847～1881　江戸後期～明治期の志士
平瀬(ひらせ)光雄　江戸後期の弓術家

三雄　みつお　⇔さんゆう
阿曇(あずみの)三雄　奈良時代の官人

満雄　みつお
野口(のぐち)満雄　1853～1876　江戸後期～明治期の神職

密応　みつおう
密応　1828～1900　江戸末期～明治期の僧
藤村(ふじむら)密応　1842～1915　江戸末期～大正期の僧侶

光起　みつおき
芳賀(はが)光起　江戸後期の藩士

光興　みつおき
松波(まつなみ)光興　1718～1793　江戸中期・後期の漢詩人《松波酊斎》

光業　みつおき　⇔みつなり
勘解由小路(かげゆこうじ)光業　1287～1361　鎌倉後期・南北朝時代の公家《広橋光業》

光臣　みつおみ
本多(ほんだ)光臣　1803～1874　江戸後期～明治期の国学者・神官

舜臣　みつおみ
浅井(あさい)舜臣　江戸中期の漢詩人

三使王　みつかいおう
三使王　?～760　奈良時代の官人

光景　みつかげ
清原(きよはらの)光景　平安中期の官人
六動(ろくどう)光景　平安後期の加賀の林光明の郎党

満景　みつかげ
長尾(ながお)満景　戦国時代の上杉氏の家臣
藤原(ふじわら)満景　平安時代の人。阿南市福井町椿地にある板碑の願主

光員　みつかず
藤原(ふじわらの)光員　平安後期・鎌倉前期の武士
閉伊(へい)光員　?～1290　鎌倉後期の御家人

光賢　みつかた　⇔こうけん
加賀美(かがみ)光賢　1846～1907　江戸後期～明治期の海軍軍医総監

光方　みつかた
光方　江戸前期の俳人
紀(きの)光方　平安中期の官人

光勝　みつかつ　⇔こうしょう
水谷(みずのや)光勝　安土桃山・江戸前期の幕臣
由比(ゆい)光勝　?～1628　江戸前期の旗本

光倜　みつかど
岡田(おかだ)光倜　1696～1774　江戸中期の歌人

允懐　みつかね
朝生(あそう)允懐　江戸末期の歌人

光兼　みつかね
鴨(かも)光兼　鎌倉前期の神職・歌人
小室(こむろ)光兼　鎌倉時代の小諸の土豪

光包　みつかね
阿佐見(あさみ)光包　?～1832　江戸後期の宮大工

満包　みつかね
有賀(ありが)満包　1701～1768　江戸中期の藩士

美継　みつぎ
菅原(すがわら)美継　1843～1884　江戸後期～明治期の公益家

光清　みつきよ　⇔あききよ, こうしょう, こうせい
塩冶(えんや)光清　室町時代の武士、室町幕府奉公衆
林(はやし)光清　戦国時代の三河国御油宿の商人
源(みなもとの)光清　平安中期の官人
村井(むらい)光清　安土桃山時代の織田信長の家臣《村井将監》

三清　みつきよ
亀田(かめだ)三清　1697～1770　江戸中期の代官
中西(なかにし)三清　1563～1634　安土桃山・江戸前期の代官

満清　みつきよ
松島(まつしま)満清　戦国時代の武田氏の家臣
吉崎(よしざき)満清　1797～?　江戸後期の母里藩士、理財家

貢　みつぐ
新井(あらい)貢　江戸末期の給人。1860年遣米使節に随行しアメリカに渡る
伊東(いとう)貢　1853～1900　江戸後期～明治期の教育者
塩路(しおじ)貢　1788～1829　江戸後期の国学者・医者
高橋(たかはし)貢　1788～1871　江戸後期・末期の出羽国湯沢ヶ池出身の武士
田所(たどころ)貢　1857～1891　江戸末期・明治期の教育者
中田(なかた)貢　1845～1903　江戸後期～明治期の奨匡社結成前のリーダー
和多田(わただ)貢　1846～1868　江戸後期・末期の岡崎藩士

光国　みつくに　⇔こうこく
阿部(あべ)光国　江戸中期の装剣金工
賀茂(かもの)光国　平安中期の天文博士
藤井(ふじいの)光国　平安後期の官人
藤原(ふじわらの)光国　室町時代の画家
源(みなもとの)光国　1063～1147　平安後期の美濃国の武士。清和源氏

光邦　みつくに
梅谷(うめたに)光邦　1830～1890　江戸後期～明治期の国学者

み

道作　みつくり　⇔どうさく
礪杵（ときの）道作　飛鳥時代の帳内。大津皇子が起こした謀反事件に連座した罪で伊豆下田箕作に流刑

箕造　みつくり
秦（はたの）箕造　奈良時代の山背国葛野郡の住人

満慶山英極　みつけいまえいぎょく
仲間（なかま）満慶山英極　戦国時代の憲章氏一門の大宗

密源　みつげん
密源　？～1737　江戸中期の真言律宗の僧
滾庵（こんあん）密源　？～1830　江戸後期の曹洞宗の僧

光子　みつこ
典侍（すけの）光子　鎌倉時代の女房・歌人
藤原（ふじわらの）光子　？～1026　平安中期の女性。大蔵卿正光女

美津子　みつこ
毛利（もうり）美津子　1789～1856　江戸後期・末期の歌人

満子　みつこ
大江（おおえの）満子　平安中期の女官、掌侍

光五郎　みつごろう
不知火（しらぬい）光五郎　1847～1882　江戸後期～明治期の関西方横綱
三枡（みます）光五郎　江戸中期の歌舞伎役者

満五郎　みつごろう　⇔まんごろう
渋江（しぶえ）満五郎　室町時代の武蔵国の鋳物師

密厳　みつごん
密厳　1763～1819　江戸中期・後期の僧
密厳　1781～1845　江戸中期・後期の真言宗の僧

光左衛門　みつざえもん
勝田（かつた）光左衛門　1839～1898　江戸末期・明治期の農民武術家

光忠　みつさだ　⇔みつただ
本間（ほんま）光忠　1851～1919　江戸後期～大正期の和算家

光貞　みつさだ　⇔こうてい
麻績（おみ）光貞　戦国時代の信濃国筑摩郡青柳の土豪
清原（きよはらの）光貞　平安後期の官人
惟宗（これむねの）光貞　平安後期の官人
杉木（すぎき）光貞　江戸前期の神職
前沢（まえざわ）光貞　1760～1813　江戸中期・後期の幕臣
由比（ゆい）光貞　1755～1843　江戸中期・後期の幕臣

光定　みつさだ
光定　戦国時代の連歌作者
土岐（とき）光定　鎌倉後期の武士
戸田（とだ）光定　1537～1620　戦国～江戸前期の武将

満貞　みつさだ
奥寺（おくでら）満貞　江戸中期の和算家
金刺（かなさし）満貞　1270～1330　鎌倉後期の諏訪下社大祝慈雲寺創建の優婆塞
高橋（たかはし）満貞　1807～1885　江戸後期～明治期の和算家

満定　みつさだ
御薗（みその）満定　安土桃山時代の信濃国伊那郡の武士

光郷　みつさと
都筑（つづき）光郷　1759～？　江戸中期の幕臣

光実　みつざね
光実　南北朝時代の公家・歌人

光真　みつざね　⇔こうしん, みちざね
光真　安土桃山時代の刀工

充真　みつざね
岩田（いわた）充真　1839～1905　江戸後期～明治期の国学者・歌人

満実　みつざね
梶野（かじの）満実　江戸中期の幕臣
守矢（もりや）満実　室町時代の神職

満真　みつざね
出目（でめ）満真　1733～1812　江戸中期・後期の能面師

光治　みつじ　⇔みつはる
宮守（みやのかみ）光治　南北朝時代の南朝方の武士

光重　みつしげ
光重　戦国時代の刀工
光重　江戸前期の刀工
安倍（あべの）光重　平安中期の相撲人
猪飼（いかい）光重　？～1656　江戸前期の代官
石幡（いしはた）光重　1827～1903　江戸後期～明治期の養蚕家
加部（かべ）光重　1743～1814　江戸中期・後期の豪農、在郷商人
川合（かわい）光重　1563～1641　江戸前期の武士
河辺（かわべ）光重　1654～1710　江戸前期・中期の十村役
佐原（さわら）光重　1591～1661　安土桃山・江戸前期の大組頭
渋谷（しぶや）光重　鎌倉時代の御家人
下毛野（しもつけぬの）光重　平安後期の官人
鈴木（すずき）光重　1837～？　江戸後期・末期の神職・国学者
高山（たかやま）光重　江戸後期の和算家、幕臣
田口（たぐち）光重　安土桃山時代の武将
戸田（とだ）光重　1622～1668　江戸前期の第5代加納城主
深須（ふかす）光重　平安後期・鎌倉前期の武士
福武（ふくたけ）光重　1741～1815　江戸中期・後期の国学者
牧村（まきむら）光重　安土桃山・江戸前期の武士
茨田（まんだの）光重　平安中期の官人
御手洗（みたらい）光重　1846～1866　江戸後期・末期の農民

光増　みつしげ
石黒（いしぐろ）光増　？～1639　江戸前期の武士

光林　みつしげ　⇔こうりん
網野（あみの）光林　？～1736　江戸中期の武士

満重　みつしげ
高山（たかやま）満重　戦国時代の武将。武田家臣
満繁　みつしげ
猿渡（さわたり）満繁　戦国時代の上野国衆和田氏の家臣？
森山（もりやま）満繁　？～1593　安土桃山時代の佐久郡森山の国衆
満茂　みつしげ
諏方（すわ）満茂　戦国時代の諏方高遠氏の家臣
出目（でめ）満茂　？～1719　江戸前期・中期の能面師
本城（ほんじょう）満茂　1556～1639　戦国～江戸前期の最上義光の老臣のち厩橋城代
明薫　みつしげ
大屋（おおや）明薫　1713～1793　江戸中期・後期の幕臣
密成　みつじょう
密成　1777～1852　江戸末期の僧
三津次郎　みつじろう
稲辺（いなべ）三津次郎　1837？～？　江戸後期～明治期の和算家
満次郎　みつじろう
山本（やまもと）満次郎　？～1871　江戸後期～明治期の剣術家。天然理心流
光季　みつすえ
荒田（あらたの）光季　平安後期の官吏
国（くにの）光季　平安後期の修理大工
土佐（とさ）光季　室町時代の画家
光陶　みつすえ
荻野（おぎの）光陶　1780～1856　江戸中期～末期の神職
光末　みつすえ
藤井（ふじいの）光末　平安後期の官人
満季　みつすえ
源（みなもとの）満季　平安中期の官人
光資　みつすけ
伊賀（いが）光資　？～1224　平安後期・鎌倉前期の武士
葉室（はむろ）光資　南北朝時代の公家・歌人
由比（ゆい）光資　戦国時代の今川氏の家臣
光助　みつすけ
狛（こまの）光助　1139～？　平安後期の左近衛府の官人、楽人
関岡（せきおか）光助　戦国時代の信濃国筑摩郡青柳の土豪
光輔　みつすけ
賀茂（かもの）光輔　平安中期の官人
土佐（とさ）光輔　室町時代の画家
藤原（ふじわらの）光輔　平安後期・鎌倉前期の官人
源（みなもと）光輔　平安後期の武士
光祐　みつすけ　⇔こうゆう
小林（こばやし）光祐　1719～1783　江戸中期の公家
真辺（まなべ）光祐　？～1709　江戸前期・中期の槍術家
光傅　みつすけ
堀江（ほりえ）光傅　戦国時代の武家・連歌作者
満資　みつすけ
成田（なりた）満資　鎌倉時代の来海荘・宍道郷の地頭
満助　みつすけ
簗田（やなだ）満助　？～1438　室町時代の武士
光純　みつずみ　⇔こうじゅん
土佐（とさ）光純　安土桃山・江戸前期の画家
光澄　みつずみ
由比（ゆい）光澄　戦国時代の今川氏の家臣
実純　みつずみ
片岡（かたおか）実純　1833～1902　江戸後期～明治期の土佐勤王党員・進修社員
光蔵　みつぞう
金子（かねこ）光蔵　1837～1888　江戸後期～明治期の浦年寄
光貴　みつたか
麻田（あさだの）光貴　平安中期の官人
光高　みつたか
曽我（そが）光高　鎌倉後期・南北朝時代の津軽平賀郷の地頭代
吉村（よしむら）光高　？～1801　江戸中期・後期の藩士
光崇　みつたか
多羅尾（たらお）光崇　1765～？　江戸中期の代官
光隆　みつたか
石垣（いしがき）光隆　江戸後期の和算家、長岡藩士
小浜（おはま）光隆　1580～1642　安土桃山・江戸前期の幕臣
川角（かわすみ）光隆　江戸中期の「活花極秘伝法」の著者
幸田（こうだ）光隆　1725～1799　江戸中期・後期の神職
満高　みつたか
大蔵（おおくらの）満高　平安中期の官人
満隆　みつたか
諏方（すわ）満隆　諏訪満隆に同じ
諏訪（すわ）満隆　？～1546　戦国時代の信濃国諏訪氏の一族
満堯　みつたか
小笠原（おがさわら）満堯　江戸後期の藩士・歌人
光武　みつたけ
浅野（あさの）光武　江戸後期の藩士・歌人
小山（こやま）光武　江戸中期の心学者、心学講舎博習舎創設者
下毛野（しもつけぬの）光武　平安中期の随身。藤原道長の随身
光忠　みつただ　⇔みつさだ
大井（おおい）光忠　？～1525　戦国時代の武将
大宅（おおやけの）光忠　平安中期の官人
兼子（かねこ）光忠　江戸末期の和算家
木下（きのした）光忠　1797～1870　江戸後期の歌人
狛（こまの）光忠　平安後期の楽人

佐原(さわら)光忠　1635〜1684　江戸前期の新田開発者
多羅尾(たらお)光忠　1644〜1725　江戸前期・中期の代官
福岡(ふくおか)光忠　?〜1666　江戸前期の武士
町田(まちだ)光忠　1729〜1805　江戸中期・後期の藩士
森田(もりた)光忠　江戸後期の歌人・神官
山上(やまがみ)光忠　鎌倉後期の人。加賀国能美郡能美荘山上郷の領主か
米倉(よねくら)光忠　戦国・安土桃山時代の武田氏の家臣

充均　みつただ
小島(こじま)充均　江戸末期・明治期の明治政府の役人

満忠　みつただ
出目(でめ)満忠　1778〜1833　江戸中期・後期の能面師

允胤　みつたね　⇔まさつぐ
高木(たかぎ)允胤　江戸後期の和算家

光胤　みつたね　⇔こういん
粟飯原(あいはら)光胤　戦国時代の小見川城主。森山城将・但馬守胤次の養子
板屋(いたや)光胤　戦国時代の上杉景勝の家臣
鈴木(すずき)光胤　1828〜1848　江戸後期の篤学者
原(はら)光胤　戦国時代の千葉輔胤の家臣。下総国八幡庄大野城の城主
横田(よこた)光胤　?〜1635　安土桃山・江戸前期の武田家臣

み

充太郎　みつたろう
滝川(たきがわ)充太郎　1846〜1877　江戸末期の幕臣

光慈　みつちか
戸田(とだ)光慈　1712〜1732　江戸中期の戸田氏初代松本藩主
松平(まつだいら)光慈　戸田光慈に同じ

光周　みつちか
土佐(とさ)光周　室町時代の画家

光親　みつちか
播磨(はりまの)光親　平安後期の官人
松平(まつだいら)光親　?〜1536　戦国時代の武将
三井(みつい)光親　?〜1662　江戸前期の武士
鷲田(わしだ)光親　1824〜1902　江戸後期〜明治期の金工家
度会(わたらい)光親　鎌倉前期の神職

満隣　みつちか
諏方(すわ)満隣　諏訪満隣に同じ
諏訪(すわ)満隣　戦国時代の信濃国諏訪氏の一族

光継　みつつぐ
堀河(ほりかわ)光継　?〜1338　南北朝時代の公家、信濃国司

光次　みつつぐ
小里(おり)光次　?〜1572　戦国・安土桃山時代の織田信長の家臣

満継　みつつぐ　⇔まんけい
諏訪(すわ)満継　戦国時代の信濃国諏訪氏の一族

光綱　みつつな
光綱　鎌倉前期の高野山領宍喰荘の地頭
大宅(おおやけの)光綱　平安後期の官人
河間(かわま)光綱　南北朝時代の武将
水野(みずの)光綱　1601〜1630　安土桃山・江戸前期の幕臣

三綱　みつつな　⇔みつな
高橋(たかはしの)三綱　奈良時代の官人

満綱　みつつな
宇都宮(うつのみや)満綱　1377〜1407　南北朝時代の武将、宇都宮家第12代当主

光経　みつつね
多賀谷(たがや)光経　?〜1554　戦国時代の下総の国衆
長浜(ながはま)光経　鎌倉後期・南北朝時代の武蔵武士
南部(なんぶ)光経　1432〜?　室町・戦国時代の根城南部家10代当主

光恒　みつつね
由比(ゆい)光恒　戦国時代の今川氏の家臣

光常　みつつね
三野(みぬの)光常　平安後期の官人

光尋　みつつね
森田(もりた)光尋　1825〜1898　江戸後期〜明治期の神職・国学者

三経　みつつね
多賀谷(たがや)三経　1578〜1607　安土桃山・江戸前期の下総の大名

満経　みつつね
荒木田(あらきだ)満経　平安後期の神官

光年　みつつら
戸田(とだ)光年　1781〜1837　江戸中期・後期の大名

光連　みつつら
藤原(ふじわら)光連　1332〜1365　鎌倉後期・南北朝時代の公家・連歌作者
物部(もののべの)光連　鎌倉後期・南北朝時代の鋳物師

光輝　みつてる
畑中(はたなか)光輝　1818〜1870　江戸後期〜明治期の歌人

光暉　みつてる　⇔こうき
源(みなもと)光暉　1748〜1827　江戸中期・後期の歌人

光瓊　みつてる
八幡(やわた)光瓊　1771〜1846　江戸中期・後期の神職

三照　みつてる
菅沼(すがぬま)三照　1541〜1615　戦国〜江戸前期の幕臣

光任　みつとう
大宅(おおやけの)光任　平安後期の武士で源頼義の郎等

高橋（たかはしの）光任　平安後期の官人
中御門（なかみかど）光任　南北朝時代の公家・歌人

密道　みつどう
密道　？～1590　戦国・安土桃山時代の浄土宗の僧

光遠　みつとお
大井（おおいの）光遠　平安中期の相撲の名手
平（たいらの）光遠　？～102　上代の多武峯妙楽寺領大西為司

光通　みつとお　⇔あきみち
小畑（おばた）光通　？～1576　安土桃山時代の織田信長の家臣

満遠　みつとお
小川（おがわ）満遠　1586～1659　江戸前期の干拓者

光時　みつとき
江馬（えま）光時　鎌倉前期・後期の武将
紀（きの）光時　平安中期の相撲人
北条（ほうじょう）光時　鎌倉後期の武士
鷲田（わしだ）光時　1743～1803　江戸後期・末期の金工家
鷲田（わしだ）光時　1801～1862　江戸後期・末期の金工

光俊　みつとし　⇔こうしゅん
大中臣（おおなかとみの）光俊　平安後期の陰陽師
清原（きよはらの）光俊　平安後期の官人
平（たいら）光俊　南北朝時代の官人・歌人
和田（わだ）光俊　室町時代の武士

光甫　みつとし
吉村（よしむら）光甫　1771～1848　江戸中期・後期の国学者

光利　みつとし
福井（ふくい）光利　江戸末期・明治期の幕臣

満俊　みつとし
室賀（むろが）満俊　1560～1626　安土桃山・江戸前期の信濃国衆

光福　みつとみ
森（もり）光福　江戸後期の漢学者

光朝　みつとも
菊岡（きくおか）光朝　1776～1813　江戸中期・後期の装剣金工
北条（ほうじょう）光朝　鎌倉時代の武士
由比（ゆい）光朝　戦国時代の人。大宅氏

光友　みつとも
小雀部（こがらべ）光友　南北朝時代の小木曽荘の郷司

光倫　みつとも
度会（わたらいの）光倫　平安後期の豊受宮権禰宜

三知　みつとも　⇔さんち
長坂（ながさか）三知　？～1863　江戸後期・末期の武士

三友　みつとも　⇔さんゆう
斎藤（さいとう）三友　？～1654　江戸前期の旗本

満知　みつとも
茂木（もてぎ）満知　？～1430　室町時代の武将、茂木氏惣領

満友　みつとも
市川（いちかわ）満友　1571～1637　安土桃山・江戸前期の代官

光豊　みつとよ　⇔こうほう
大貫（おおぬき）光豊　1756～？　江戸中期の幕臣
多羅尾（たらお）光豊　1711～1771　江戸中期の幕臣
東条（とうじょう）光豊　？～1570　戦国時代の武将、那賀郡西潟（方）城主

充豊　みつとよ
岸（きし）充豊　1843～1895　江戸後期～明治期の和算家
後藤（ごとう）充豊　江戸後期の和算家

御綱　みつな
木村（きむら）御綱　1815～1869　江戸後期～明治期の国学者

三綱　みつな　⇔みつつな
難波（なにわの）三綱　飛鳥時代の武将

光直　みつなお
紀（きの）光直　平安後期の官人

光猶　みつなお
小田切（おだぎり）光猶　？～1614　江戸前期の旗本

満直　みつなお
井上（いのうえ）満直　戦国時代の小柳郷の地頭

光中　みつなか
猪飼（いかい）光中　？～1695　江戸中期の代官
伊藤（いとう）光中　？～1834　江戸後期の国学者
渡部（わたなべ）光中　1830～1889　江戸後期～明治期の金工家

光仲　みつなか
丹野（たんの）光仲　江戸後期～明治期の和算家

三脩　みつなか
亀田（かめだ）三脩　1654～1728　江戸前期・中期の代官

充央　みつなか
水谷（みずたに）充央　1712～1795　江戸中期・後期の代官

盈長　みつなが
小川（おがわ）盈長　1686～1767　江戸前期・中期の幕臣

光永　みつなが
戸田（とだ）光永　1643～1705　江戸前期・中期の第6代加納藩主
中原（なかはらの）光永　平安後期の絵師

光長　みつなが
光長　室町時代の刀工
大井（おおい）光長　鎌倉時代の武将
常磐（ときわ）光長　平安後期の画家
豊川（とよかわ）光長〔2代〕　1851～1923　江戸後期～大正期の彫金家
堀田（ほった）光長　江戸後期の藩士・和算家
源（みなもとの）光長　？～1183　平安後期の衛門府官人

光脩　みつなが
下河辺（しもこうべ）光脩　鎌倉前期の武士

三存　みつなが
斎藤（さいとう）三存　1570～1625　安土桃山・江戸前期の幕臣
充長　みつなが
仁木（にっき）充長　？～1737　江戸中期の歌人
満長　みつなが
大江（おおえの）満長　平安中期の千葉国造
小笠原（おがさわら）満長　南北朝・室町時代の武将・故実家
北村（きたむら）満長　江戸前期の新田開発者
光業　みつなり　⇔みつおき
広橋（ひろはし）光業　1287～1361　鎌倉後期・南北朝時代の公家
光成　みつなり
安東（あんどう）光成　鎌倉前期の武士
大野（おおの）光成　南北朝時代の大野荘地頭
垣屋（かきや）光成　？～1582　戦国・安土桃山時代の織田信長の家臣
神辺（かんべ）光成　戦国時代の下総結城氏の家臣
清科（きよしなの）光成　平安後期の官人
塩田（しおだ）光成　1749～1831　江戸中期・後期の国学者、医者
源（みなもと）光成　平安後期の官人、歌人
由比（ゆい）光成　戦国時代の人。大宅氏
満成　みつなり
清野（きよの）満成　1565～1629　戦国時代の武将
冷泉（れいぜい）満成　江戸中期の都濃宰判代官
光庭　みつにわ
惟宗（これむね）光庭　南北朝時代の医者・歌人
文忌寸（ふみのいみき）光庭　奈良時代の人。平城宮出土木簡に見える
満主　みつぬし
阿刀（あとの）満主　奈良時代の官人
光延　みつのぶ
大宅（おおや）光延　鎌倉時代の武士
紀（きの）光延　平安中期の犯罪人
高楯（たかだて）光延　平安後期の在地領主
藤原（ふじわらの）光延　鎌倉後期の木匠
物部（もののべの）光延　平安後期の官人
光伸　みつのぶ
平川（ひらかわ）光伸　1835～1891　江戸末期の志士
光信　みつのぶ　⇔こうしん
大宅（おおや）光信　鎌倉前期の松尾社領丹波国雀部荘地頭
後藤（ごとう）光信　1589～1656　安土桃山・江戸前期の装剣金工《後藤覚乗》
渋谷（しぶや）光信　1839～1909　江戸後期～明治期の歌人
荘司（しょうじ）光信　江戸前期の大肝煎
長野（ながの）光信　南北朝時代の能登の得江季員の家士
細見（ほそみ）光信　室町時代の武将・連歌作者
間宮（まみや）光信　安土桃山・江戸前期の代官
光誠　みつのぶ
藤堂（とうどう）光誠　？～1664　江戸前期の武士
充信　みつのぶ
牲川（にえかわ）充信　江戸中期の画家
満信　みつのぶ
紀（きの）満信　平安中期の官人
村上（むらかみ）満信　室町時代の武士
光矩　みつのり
大井（おおい）光矩　鎌倉時代の武将
光訓　みつのり
藤堂（とうどう）光訓　江戸後期の藩士
光憲　みつのり　⇔こうけん
源（みなもと）光憲　南北朝時代の連歌作者
由比（ゆい）光憲　？～1710　江戸中期の幕臣
光則　みつのり
光則　戦国時代の刀工
惟宗（これむねの）光則　平安後期の官人
宿谷（しゅくや）光則　1262～1325　鎌倉時代の幕府に仕えた武士
松平（まつだいら）光則　戦国時代の人。岩津松平氏
宿屋（やどや）光則　鎌倉時代の武士
光度　みつのり
榎本（えのもと）光度　1801～1844　江戸後期の俳人
光得　みつのり
中村（なかむら）光得　？～1728　江戸前期・中期の藩士
光徳　みつのり　⇔みつやす
東平（とうへい）光徳　戦国時代の里見義弘の家臣
光範　みつのり
漆戸（うるしど）光範　？～1545　戦国時代の武士
満範　みつのり
千秋（せんしゅう）満範　室町時代の神職・連歌作者
光治　みつはる　⇔みつじ
猪飼（いかい）光治　？～1632　江戸前期の代官
光春　みつはる
坂元（さかもと）光春　江戸中期の装剣金工
土屋（つちや）光春　1848～1920　江戸後期～大正期の岡崎藩士
光東　みつはる
汾陽（かわみなみ）光東　江戸時代の薩摩藩士
満晴　みつはる
平山（ひらやま）満晴　1756～1837　江戸中期・後期の国学者
光彦　みつひこ
立斎（りゅうさい）光彦　江戸後期の戯作者
満彦　みつひこ
松木（まつき）満彦　1616～1682　江戸前期の神職
盈久　みつひさ
森（もり）盈久　1604～1666　江戸前期の神職
光久　みつひさ
光久　？～1845　江戸後期の俳人
愛甲（あいこう）光久　？～1592　戦国・安土桃山時代の僧
大久保（おおくぼ）光久　江戸後期の歌人
小里（おり）光久　？～1582　戦国・安土桃山時代の織田信長の家臣

高階(たかしな)光久　1817～?　江戸後期・末期の歌人

光尚　みつひさ
加藤(かとう)光尚　江戸前期の武芸家
鈴木(すずき)光尚　江戸後期の歌人
孕石(はらみいし)光尚　戦国時代の遠江の国衆

三久　みつひさ
北郷(ほんごう)三久　1573～1620　安土桃山・江戸前期の武将
森脇(もりわき)三久　1653～1727　江戸前期・中期の神道家

満久　みつひさ
細川(ほそかわ)満久　?～1430　南北朝・室町時代の武士

光英　みつひで　⇔こうえい
勝軍木庵(ぬるであん)光英　1802～1871　江戸末期の蒔絵師《勝軍木庵光英》
由比(ゆい)光英　戦国時代の今川氏の家臣

光秀　みつひで　⇔こうしゅう
衣斐(えび)光秀　江戸前期の剣客
高木(たかぎ)光秀　1559?～1574?　戦国・安土桃山時代の武士。織田信長家臣

満栄　みつひで
鳥屋尾(とやのお)満栄　安土桃山時代の織田信長の家臣
鳥屋尾(とりやお)満栄　鳥屋尾満栄に同じ

満英　みつひで
大井(おおい)満英　1692～1769　江戸中期の幕臣

満秀　みつひで
河西(かさい)満秀　?～1575　戦国・安土桃山時代の武田家臣
清野(きよの)満秀　?～1592　戦国時代の信濃国衆

光衡　みつひら
土岐(とき)光衡　鎌倉前期の武将

光平　みつひら
賀茂(かもの)光平　1071～1125　平安後期の陰陽・暦家
林(はやし)光平　?～1183　平安後期の武士
本多(ほんだ)光平　?～1622　江戸前期の旗本
三宅(みやけの)光平　平安中期の官人

光寛　みつひろ
柴田(しばた)光寛　1729～1811　江戸中期・後期の商家
前沢(まえざわ)光寛　1712～1797　江戸中期・後期の代官

光広　みつひろ
幸福(こうぶく)光広　戦国時代の武田氏の家臣
千野(ちの)光広　?～1184　平安後期の信濃国の武士
野田(のだ)光広　江戸後期の彫り物師
由比(ゆい)光広　戦国時代の人。大宅氏

光弘　みつひろ
光弘　室町時代の刀工
石黒(いしぐろ)光弘　平安後期・鎌倉前期の武将

光裕　みつひろ
北原(きたはら)光裕　江戸中期の藩士

光熙　みつひろ
中井(なかい)光熙　江戸後期の商家
松平(まつだいら)光熙　1674～1717　江戸前期の大名《戸田光煕》

光煕　みつひろ
戸田(とだ)光煕　1674～1717　江戸前期の大名

満啓　みつひろ
栗原(くりはら)満啓　江戸後期の「武州川越善行録」の著者

満広　みつひろ
真下(ましも)満広　?～1458　室町時代の武士、連歌師

満弘　みつひろ
赤松(あかまつ)満弘　1344～1391　室町時代の武将
大内(おおうち)満弘　?～1397　室町時代の武士

光房　みつふさ
大家(おおえ)光房　鎌倉時代の大家荘東郷地頭
大宅(おおやけの)光房　平安後期の相撲人
狛(こま)光房　鎌倉後期の神職・歌人
関口(せきぐち)光房　1818～1885　江戸末期・明治期の新徴組剣術世話心得
禰屋(ねや)光房　1787～1866　江戸末期の歌人
藤原(ふじわらの)光房　1109～1154　平安後期の官人

満総　みつふさ
出目(でめ)満総　?～1758　江戸中期の能面師

満房　みつふさ
橋本(はしもと)満房　江戸末期の和算家

盈文　みつふみ　⇔えいぶん
細野(ほその)盈文　1839～1909　江戸後期～明治期の和算家

光文　みつふみ
小左治(こさじ)光文　1792～?　江戸後期の公家

光穂　みつほ
八羽(はちは)光穂　1801～1871　江戸後期～明治期の国学者・神職

満穂　みつほ　⇔まんすい, まんぽ
太田(おおた)満穂　1829～1889　江戸末期の藩士、国学者

満孫　みつまご
深田(ふかだ)満孫　1757～1828　江戸中期・後期の棒の手三河鎌田流の創始者

盈政　みつまさ
森(もり)盈政　江戸後期の和算家

光尉　みつまさ
岡田(おかだ)光尉　?～1800　江戸中期・後期の歌人

光昌　みつまさ
北垣(きたがき)光昌　南北朝時代の秋鹿郡大野庄内祢宇村地頭

光政　みつまさ
石谷(いしがい)光政　室町時代の将軍側近

小椋(おぐら)光政　安土桃山時代の木地師
片岡(かたおか)光政　?～1586　安土桃山時代の武士
菊岡(きくおか)光政　1759～1824　江戸中期・後期の装剣金工
竹本(たけもと)光政　1574～?　安土桃山時代の代官
八木(やぎ)光政　?～1621　江戸前期の旗本

光正　みつまさ
飛鳥戸(あすかべの)光正　平安中期の官人
稲生(いのう)光正　?～1612　安土桃山・江戸前期の徳川家康に勤士
土岐(とき)光正　南北朝時代の武将・歌人
戸田(とだ)光正　1570～1613　安土桃山・江戸前期の武士
本多(ほんだ)光正　?～1672　江戸前期の新田開拓者
三井(みつい)光正　1576～1631　江戸前期の武士
脇野(わきの)光正　江戸前期の和算家

光当　みつまさ
坂川(さかがわ)光当　1662～1729　江戸前期・中期の武士、勘定

光和　みつまさ　⇔こうわ
戸田(とだ)光和　1744～1775　江戸中期の戸田氏第4代松本藩主

み

満政　みつまさ
小峰(こみね)満政　室町時代前期の武士
福島(ふくしま)満政　江戸中期の藩士

満正　みつまさ
室賀(むろが)満正　?～1582　戦国・安土桃山時代の信濃国衆

栄益　みつます
土橋(つちはし)栄益　?～1553　戦国時代の村中龍造寺家の胤栄の臣

光益　みつます
土佐(とさ)光益　安土桃山時代の画家

光倍　みつます
由比(ゆい)光倍　1835～?　江戸後期の幕臣

光満　みつまろ
小田(おだ)光満　江戸後期の国学者

三麿　みつまろ
淡海(おうみ)三麿　江戸中期の戯作者

光宗　みつむね
奥田(おくだ)光宗　?～1581　安土桃山時代の武将
伊達(だて)光宗　1627～1645　江戸前期の武士
中条(ちゅうじょう)光宗　鎌倉時代の武士

光持　みつもち
土佐(とさ)光持　戦国時代の画家

盈株　みつもと
大島(おおしま)盈株　1842～1925　江戸末期～大正期の建築家

光基　みつもと
源(みなもとの)光基　平安後期の武将
山田(やまだ)光基　1804～1869　江戸後期～明治期の和算家、安中藩士

光元　みつもと
草間(くさま)光元　戦国時代の武将。武田家臣

光守　みつもり
光守　鎌倉時代の漆工
常(じょう)光守　平安前期の漢詩人

光盛　みつもり　⇔こうせい
井上(いのうえ)光盛　?～1184　平安後期の信濃国高井郡の武士
金刺(かなさしの)光盛　手塚光盛に同じ
角坊(すみのぼう)光盛　安土桃山時代の能面師
手塚(てづか)光盛　?～1184　平安後期の武将
藤原(ふじわら)光盛　鎌倉後期の歌人
源(みなもとの)光盛　手塚光盛に同じ

密門　みつもん
密門　江戸中期の僧侶

三弥　みつや　⇔さんや
玉木(たまき)三弥　江戸末期の幕臣。1864年遣仏使節に随行しフランスに渡る

光安　みつやす
荒田部(あらたべの)光安　上代の軍人
荒田部(あらたべの)光安　平安中期の官吏
粟田(あわたの)光安　平安中期の官人
今中(いまなか)光安　安土桃山・江戸前期の武士
紀(きの)光安　平安後期の官人
紀(きの)光安　平安後期の東大寺領摂津国水成瀬荘散所雑色

光凱　みつやす
野口(のぐち)光凱　1819～1894　江戸末期・明治期の神職

光休　みつやす
木村(きむら)光休　1745～?　江戸中期の幕臣

光康　みつやす
小笠原(おがさわら)光康　1415～1461　室町時代の武将
桜庭(さくらば)光康　戦国～江戸前期の武士
水野(みずの)光康　?～1666　江戸前期の河和村地頭

光精　みつやす
丹下(たんげ)光精　1824～1896　江戸末期・明治期の歌人

光泰　みつやす　⇔こうたい
安保(あんぼ)光泰　南北朝時代の足利尊氏の家臣
工藤(くどう)光泰　鎌倉時代の武士

光徳　みつやす　⇔みつのり
戸田(とだ)光徳　1736～1759　江戸中期の戸田氏第3代松本藩主

光保　みつやす
息長(おきながの)光保　平安中期の近江国筑摩御厨長
小泉(こいずみ)光保　江戸前期の和算家

三安　みつやす
嶋(しま)三安　?～1644　江戸前期の幕臣
町野(まちの)三安　?～1718　江戸中期の旗本

満安　みつやす
臼田(うすだ)満安　戦国時代の武田氏の家臣

大井(おおい)満安　1542～1627　戦国～江戸前期の信濃国衆

満康　みつやす

東(とう)満康　室町時代の武将

密雄　みつゆう

密雄　江戸末期の僧

盈之　みつゆき

司馬(しば)盈之　1839～1879　江戸後期～明治期の医師

松井(まつい)盈之　1843～1916　江戸後期～大正期の肥後藩家老

光行　みつゆき

大桑(おおくわ)光行　鎌倉時代の白山本宮の神主

土岐(とき)光行　鎌倉前期の武将

戸田(とだ)光行　1769～1839　江戸後期の戸田氏第6代松本藩主

人見(ひとみ)光行　1261～1333　鎌倉後期・南北朝時代の武士

三淵(みつぶち)光行　1571～1623　安土桃山・江戸前期の武士

源(みなもとの)光行　?～1236　鎌倉前期の武士

光之　みつゆき

惟宗(これむね)光之　南北朝時代の医者・歌人

充行　みつゆき

馬場(ばば)充行　1713～1786　江戸中期の幕臣

満幸　みつゆき

下村(しもむら)満幸　戦国時代の武田氏の家臣

満之　みつゆき

細川(ほそかわ)満之　?～1405　南北朝・室町時代の武将

光世　みつよ

蜂屋(はちや)光世　江戸後期の歌人

光与　みつよ

有光(ありみつ)光与　1851～1910　江戸後期～明治期の産業、地方自治功労者

光儀　みつよし

田中(たなか)光儀　1828～?　江戸後期の幕臣

多納(たのう)光儀　1803～1883　江戸後期～明治期の眼科医

光義　みつよし

石黒(いしぐろ)光義　?～1481　戦国時代の武将

井口(いのくち)光義　平安後期の豪族

鬼柳(おにやなぎ)光義　?～1297　鎌倉後期の御家人

中平(なかひら)光義　1565～1642　安土桃山時代の武将、庄屋

光吉　みつよし

石川(いしかわ)光吉　?～1600　江戸前期の大名

黒沢(くろさわ)光吉　戦国時代の上野国衆国峰小幡氏の家臣

荘司(しょうじ)光吉　?～1681　江戸前期の大肝煎

関(せき)光吉　戦国時代の信濃国筑摩郡青柳の土豪

津田(つだ)光吉　1635～1702　江戸前期・中期の藩士

平岩(ひらいわ)光吉　戦国時代の武士。松平氏家臣

光恭　みつよし

大滝(おおたき)光恭　江戸後期の和算家

光慶　みつよし　⇔こうけい

依田(よだ)光慶　戦国時代の武将。武田家臣

光好　みつよし

多羅尾(たらお)光好　1605～1674　江戸前期の代官

藤木(ふじき)光好　?～1836　江戸中期の歌人、寺子屋師匠

吉田(よしだ)光好　江戸後期の和算家

光悌　みつよし

戸田(とだ)光悌　1752～1786　江戸中期の戸田氏第5代松本藩主

光能　みつよし

中山(なかやま)光能　安土桃山時代の武将

光美　みつよし

上田(うえだ)光美　1811～1872　江戸後期～明治期の国学者

中臣(なかとみ)光美　1831～1896　江戸後期～明治期の神職

光禄　みつよし

小田切(おだぎり)光禄　1696～1774　江戸中期の代官

三由　みつよし

若林(わかばやし)三由　1610～1683　江戸前期の佐渡奉行

満義　みつよし

繁田(はんだ)満義　1845～1920　江戸末期～大正期の製茶業経営者《繁田武平》

満好　みつよし

筏井(いかだい)満好　?～1835　江戸後期の和算家

明啓　みつよし　⇔めいけい

大屋(おおや)明啓　?～1850　江戸後期の幕臣

光順　みつより

大蔵(おおくらの)光順　平安中期の官人

光頼　みつより

麻続(おみの)光頼　平安中期の官人

清原(きよはらの)光頼　平安中期の出羽国の豪族

高橋(たかはし)光頼　?～1704　江戸前期・中期の越後国弥彦神社祠官

閉伊(へい)光頼　?～1344　鎌倉後期・南北朝時代の地頭職

満頼　みつより

多田(ただ)満頼　?～1563　戦国・安土桃山時代の武将

盈　みつる

安達(あだち)盈　江戸後期の国学者

未徹　みてつ

大脇(おおわき)未徹　江戸後期の武士。名古屋藩木曽代官山村家の臣

御年　みとし　⇔みとせ

木内(きうち)御年　江戸後期の国学者

御年　みとせ　⇔みとし

内田(うちだ)御年　1788～1818　江戸末期の医師

御豊　みとよ
紀（きの）御豊　平安前期の石清水八幡宮第一代神主
三寅　みとら
安倍（あべの）三寅　平安前期の官人
御酉　みとり
都（みやこの）御酉　？～883　平安前期の官人。宿禰姓、のち朝臣姓
碧　みどり
杉下（すぎした）碧　1831～1905　江戸後期～明治期の俳人
皆右衛門　みなえもん
荒馬（あらうま）皆右衛門　？～1784　江戸中期の小田原の力士
見直　みなお
辻橋（つじはし）見直　？～1876　江戸後期～明治期の神職
御直　みなお
田口（たぐちの）御直　奈良時代の官人
皆足　みなたり
秦（はたの）皆足　上代の豪族
御夏　みなつ
輿石（こしいし）御夏　江戸中期・後期の歌人
皆月の彦　みなづきのひこ
皆月の彦　安土桃山時代の山廻役、御塩懸相見人
み
皆富　みなとみ
八十島（やそしま）皆富　1835～？　江戸後期・末期の医者
全成　みななり　⇔うつなり，またなり
和気（わけ）全成　鎌倉後期の官人・医者・歌人
皆之丞　みなのじょう
藤田（ふじた）皆之丞　江戸前期の歌舞伎役者
南淵麻呂　みなふちまろ
大伴（おおともの）南淵麻呂　奈良時代の官人
美奈麻呂　みなまろ
石上（いそのかみの）美奈麻呂　平安前期の官人
美波　みなみ
南向堂（なんこうどう）美波　江戸後期の狂歌作者
水通　みなみち　⇔みみち
伊勢（いせの）水通　奈良時代の官吏
濃宜（のぎの）水通　奈良時代の官人
南御方　みなみのおんかた
南御方　1443～1490　室町時代の女性。公家一条兼良の妻
南麻呂　みなみまろ
紀（きの）南麻呂　平安前期の官人
峯　みね
沼野（ぬまの）峯　1771～1828　江戸後期の文筆家
峯章　みねあき
海老沢（えびさわ）峯章　1851～1918　江戸末期～大正期の医師
峯緒　みねお
高階（たかしなの）峯緒　平安前期の官人
岑緒　みねお
高階（たかしな）岑緒　平安前期の神祇伯
岑生　みねお
紀（きの）岑生　平安前期の紀伊国名草郡の刀禰
岑雄　みねお
大中臣（おおなかとみの）岑雄　平安前期の官人
笠（かさの）岑雄　平安前期の官人
上毛野（かみつけぬの）岑雄　平安前期の歌人
上野（かむつけ）岑雄　平安前期の歌人
賀茂朝臣（かものあそん）岑雄　平安前期の官人
峯吉　みねきち
赤堀（あかぼり）峯吉　江戸末期・明治期の料理家
岑子　みねこ
紀（きの）岑子　平安前期の女官
峯三郎　みねさぶろう
小林（こばやし）峯三郎　1843～1868　江戸後期・末期の新撰組隊士
峰三郎　みねざぶろう
高山（たかやま）峰三郎　1835～1899　江戸後期～明治期の剣術家。直心影流
峰次郎　みねじろう
川崎（かわさき）峰次郎　1838～1904　江戸後期～明治期の久留米籃胎漆器髹漆の創始者
峰蔵　みねぞう
篠塚（ささづか）峰蔵　江戸末期の新撰組隊士《篠塚峯蔵》
峯蔵　みねぞう
篠塚（ささづか）峯蔵　江戸末期の新撰組隊士
峰太　みねた
木内（きうち）峰太　江戸末期の新撰組隊士
峯太　みねた
木内（きうち）峯太　江戸末期の新撰組隊士《木内峰太》
峯隆　みねたか
栗木（くりき）峯隆　江戸中期の神職・国学者
峰太郎　みねたろう
小林（こばやし）峰太郎　1843～1868　江戸後期・末期の新撰組隊士《小林峯三郎》
岑嗣　みねつぐ
出雲（いずもの）岑嗣　平安前期の官人
岑成　みねなり
清滝（きよたきの）岑成　平安前期の官人
岑範　みねのり
依知秦（えちはたの）岑範　平安中期の官人
岑久　みねひさ
西岡（にしおか）岑久　？～1757　江戸中期の藩士
峯松　みねまつ
刑部（おさかべの）峯松　平安後期の官人
峰丸　みねまる
高山（たかやま）峰丸　江戸後期の俳人
峰麻呂　みねまろ
大伴（おおともの）峰麻呂　平安前期の官人
峯麿　みねまろ
桜井（さくらい）峯麿　1822～？　江戸後期・末期の画家、彫刻家

岑満　みねみつ
伊佐（いさ）岑満　1811〜1891　江戸後期〜明治期の幕臣

峰宗　みねむね
伊達（だて）峰宗　1712〜1783　江戸中期の藩士

峰行　みねゆき
青木（あおき）峰行　江戸後期の歌人

峰代　みねよ
中村（なかむら）峰代　1859〜1908　江戸末期・明治期の貞女

岑吉　みねよし
忌部（いんべの）岑吉　平安前期の官人

美濃　みの
美濃　1041〜1129　平安中期・後期の女性。源頼国の女
美濃　平安後期の女性。源為義の娘
美濃　平安後期の女官・歌人
小曲（おまがり）美濃　？〜1501　戦国時代の武田氏の家臣
高橋（たかはし）美濃　安土桃山・江戸前期の肝入
原（はら）美濃　安土桃山時代の代官

巳之吉　みのきち
小泉（こいずみ）巳之吉　1833〜1906　江戸末期・明治期の彫師

美濃左衛門　みのざえもん
柳（やなぎ）美濃左衛門　江戸時代の徳山藩士で俳人

巳濃次郎　みのじろう
石川（いしかわ）巳濃次郎　1851〜1922　江戸末期〜大正期の豪商

巳之助　みのすけ
高橋（たかはし）巳之助　江戸末期の新撰組隊士？

美濃入道　みのにゅうどう
薄衣（うすぎぬ）美濃入道　室町時代の武士

美濃守忠移　みののかみただより
大岡（おおおか）美濃守忠移　1720〜1764　江戸中期の60代長崎奉行

美濃守寿格　みののかみとしのり
浜部（はまべ）美濃守寿格　江戸中期の刀工

美濃守泰清　みののかみやすきよ
金子（かねこ）美濃守泰清　戦国時代の沼田城城代《金子泰清》

美濃局　みののつぼね
美濃局　鎌倉時代の女性

巳之松　みのまつ
及川（おいかわ）巳之松　1758〜1828　江戸中期・後期の鹿踊師匠

蓑麻呂　みのまろ
大伴（おおともの）蓑麻呂　719〜？　奈良時代の写経生
笠（かさの）蓑麻呂　奈良時代の官人

簑麻呂　みのまろ
大石（おおいしの）簑麻呂　奈良時代の官吏

衰麻呂　みのまろ
大石（おおいしの）衰麻呂　奈良時代の官吏《大石簑麻呂》

蓑虫山人　みのむしさんじん
蓑虫山人　1836〜1900　江戸末期・明治期の画家《土岐源吾》

実弼　みのり
香取（かとり）実弼　1813〜1877　江戸後期〜明治期の神職

実　みのる　⇔さね，じつ
高桑（たかくわ）実　1838〜1905　江戸末期〜明治期の医者
源（みなもとの）実　？〜900　平安前期の公家・歌人《源実》
桃川（ももかわ）実　江戸末期・明治期の講釈師

年　みのる　⇔とし
植田（うえだ）年　1838〜1919　江戸末期〜大正期の地方自治功労者

未白　みはく　⇔びはく
酒井（さかい）未白　？〜1845　江戸後期の俳人

三春　みはる
清水（しみず）三春　1818〜1868　江戸後期・末期の宗教家、富士講布教者
水野（みずの）三春　1800〜1862　江戸後期・末期の神職

美澄　みはる
松井（まつい）美澄　1794〜1866　江戸後期・末期の国学者

未仏　みぶつ
未仏　？〜1878　江戸後期〜明治期の俳人

三冬　みふゆ
紀（き）三冬　1769〜1825　江戸中期・後期の国学者

みほ子　みほこ
伊藤（いとう）みほ子　1790〜1865　江戸後期・末期の歌人

三保子　みほこ
鈴木（すずき）三保子　江戸時代の歌人

三保女　みほじょ
鈴木（すずき）三保女　江戸中期の女性

御牧　みまき
草野（くさの）御牧　1818〜1868　江戸後期・末期の歌人

美作　みまさか
美作　平安中期の歌人。出羽弁の娘
飽浦（あくら）美作　安土桃山時代の武士
里見（さとみ）美作　安土桃山・江戸前期の武士。大坂の陣で籠城
本郷（ほんごう）美作　江戸前期の武士。大坂の陣で籠城

美作守和貫　みまさかのかみかずつら
高橋（たかはし）美作守和貫　江戸中期の114代長崎奉行

美作守則守　みまさかのかみのりもり
速水（はやみ）美作守則守　？〜1615　江戸前期の人。速水甲斐守守之の長男

美作守広運　みまさかのかみひろかず
川勝（かわかつ）美作守広運　1827〜1875　江戸後期〜明治期の122代長崎奉行

美作三位　みまさかのさんみ
美作三位　平安中期の女房・歌人
身麿　みまろ
若倭部（わかやまとべの）身麿　飛鳥時代の遠江国鹿玉郡の主帳の丁
耳風　みみかぜ　⇔じふう
右馬（うまの）耳風　江戸後期の狂歌作者
耳四郎　みみしろう
初音（はつね）耳四郎　江戸後期の珍芸家
耳次郎　みみじろう
初音（はつね）耳次郎　江戸中期の芸人
耳垂　みみたり
耳垂　上代の人。「日本書紀」景行紀12年条に見える
水通　みみち　⇔みなみち
阿刀（あとの）水通　奈良時代の官人
文室（ふんやの）水通　奈良時代の官人
耳麻呂　みみまろ
布勢（ふせの）耳麻呂　飛鳥時代の官人
御諸別王　みもろわけのおう
御諸別王　上代の彦狭島王の王子。上毛野君の祖
みや
小笠原（おがさわら）みや　？～1635　江戸前期のキリシタン
み
三屋　みや
中山（なかやま）三屋　1840～1874　江戸末期・明治期の歌人、尼僧
宮廬麻呂　みやいおまろ
大宅（おおやけの）宮廬麻呂　平安前期の官人
宮王　みやおう
大沢（おおさわ）宮王　江戸後期の鎌倉鶴岡八幡宮の巫女
三弥記　みやき
佐藤（さとう）三弥記　1793～1860　江戸後期・末期の武芸者
宮城　みやぎ
宮城　鎌倉前期の遊女
宮清　みやきよ　⇔ぐうせい
善法寺（ぜんぽうじ）宮清　1226～1276　鎌倉前期・後期の石清水八幡宮の祠官
宮国　みやくに
一宮（いちのみやの）宮国　戦国時代の美作一宮中山神社に属した神楽座座元
藤井（ふじいの）宮国　平安後期の官人
畿　みやこ
千坂（ちさか）畿　1787～1864　江戸中期～末期の幕臣・漢学者
宮子　みやこ
笠（かさの）宮子　平安前期の官人
中山（なかやま）宮子　1840～1874　江戸末期・明治期の歌人、尼僧《中山三屋》
京子　みやこ　⇔けいこ
秋篠（あきしのの）京子　平安前期の女性。嵯峨天皇の更衣《秋篠高子》
三屋子　みやこ
中山（なかやま）三屋子　1840～1874　江戸末期・明治期の歌人、尼僧《中山三屋》
宮処王　みやこのおおきみ
宮処王　飛鳥時代の皇族
宮猿　みやさる
鎖是（さぜ）宮猿　戦国・安土桃山時代の大宮浅間神社の社人
宮澄　みやずみ
宮澄　江戸中期の徳之島の役人
宮千代　みやちよ
宮千代　室町時代の手猿楽者
鎖是（さぜ）宮千代　戦国時代の大宮浅間神社の社人
宮継　みやつぐ
清瀬（きよせ）宮継　平安前期の雅楽家
道守（ちかもり）宮継　平安前期の漢詩人
宮作　みやつくり
桑原（くわばら）宮作　平安前期の漢詩人
宮常　みやつね　⇔きゅうじょう，ぐうじょう
荒木田（あらきだ）宮常　平安中期の官人
山田（やまだ）宮常　1747～1793　江戸中期・後期の画家
宮登喜　みやとき
志村（しむら）宮登喜　江戸後期の奄美大島龍郷の人。西郷隆盛の妻子の世話人
宮富鷲意弥命　みやとみわしおみのみこと
宮富鷲意弥命　上代の師長国造
宮友　みやとも
大江（おおえの）宮友　平安後期の官人
宮成　みやなり
百済（くだらの）宮成　平安後期の官人
嶋田臣（しまだのおみ）宮成　奈良時代の官人
宮の大夫　みやのだいぶ
宮の大夫　安土桃山時代の信濃国筑摩郡安坂の土豪
宮延　みやのぶ
坂上（さかのうえの）宮延　平安後期の官人
宮人　みやひと
河辺（かわべの）宮人　奈良時代の万葉歌人
紀（きの）宮人　奈良時代の官人
宮松　みやまつ
飯河（いこう）宮松　？～1582　安土桃山時代の織田信長の家臣
宮麻呂　みやまろ
吉田（きちだの）宮麻呂　平安前期の官人
宮道　みやみち
安倍（あべの）宮道　奈良時代の官人
宮守　みやもり
尾張（おわりの）宮守　平安前期の官人
宮保　みややす
大神（おおがの）宮保　平安後期の八幡宇佐宮の祝
宮若　みやわか
富士（ふじ）宮若　戦国時代の今川氏の馬廻衆
三行　みゆき
大住（おおすみの）三行　奈良時代の大隅国の隼人

大隅忌寸(おおすみのいみき)三行　奈良時代の畿内隼人、隼人正

妙阿　みょうあ
妙阿　鎌倉後期の勝浦郡櫛淵荘地頭の一人
妙阿　南北朝時代の石大工

明阿　みょうあ　⇔めいあ
明阿　?～1366　鎌倉後期・南北朝時代の女性。高師泰の娘で師冬の妻。所領三河国額田郡菅生郷内に総持寺を建立

妙庵　みょうあん
妙庵　江戸前期の僧

妙菴　みょうあん
妙菴　1745～1823　江戸中期・後期の黄檗宗の僧

妙意　みょうい
慈運(じうん)妙意　1274～1345　南北朝時代の禅僧。越中に国泰寺を開山

妙怡　みょうい
悦叟(えっそう)妙怡　1793～1861　江戸後期・末期の臨済宗の僧

明胤　みょういん
明胤　平安後期の天台宗の僧

妙印尼　みょういんに
妙印尼　1514～1594　戦国・安土桃山時代の女性。由良成繁夫人

明雲　みょううん
明雲　1115～1183　平安後期の天台宗の僧

妙恵　みょうえ
妙恵　?～1298　鎌倉後期の僧

妙永　みょうえい
寿春(じゅしゅん)妙永　戦国時代の臨済宗の僧

妙英　みょうえい
湯本(ゆもと)妙英　1742～1805　江戸中期・後期の医師

明右衛門　みょうえもん
中根(なかね)明右衛門　1771～1853　江戸中期・後期の島川原開発発起人

明円　みょうえん
明円　平安中期の天台宗の僧・歌人

妙円尼　みょうえんに
妙円尼　?～1817　江戸中期・後期の僧侶

明円房　みょうえんぼう
明円房　平安後期の仏師

妙音　みょうおん
妙音　?～1313　鎌倉後期の女性。横田荘地頭、北条時輔の母

妙音院　みょうおんいん
妙音院　?～1590?　戦国・安土桃山時代の人。羽柴秀吉に仕える
妙音院　?～1855　江戸後期・末期の女性。徳川家慶の側室《お琴の方》

明可　みょうか
大国寺(だいこくじ)明可　?～1515　戦国時代の神岡町の大国寺(明智坊)4世

妙海　みょうかい
堀部(ほりべ)妙海　江戸中期の尼僧

明海　みょうかい　⇔あきみ
跡部(あとべ)明海　?～1464　室町時代の武士

妙覚　みょうかく
小野(おの)妙覚　室町時代の富商

明覚　みょうかく
明覚　1056～1106　平安後期の天台宗の僧、音韻学者

明岳　みょうがく
明岳　1560～1632　安土桃山・江戸前期の僧侶

妙覚尼　みょうかくに
妙覚尼　鎌倉前期・後期の婦人

妙観　みょうかん
妙観　?～1361　鎌倉後期・南北朝時代の浄土宗の僧

名喚　みょうかん
名喚　?～1781　江戸中期の僧侶

明閑　みょうかん
大国寺(だいこくじ)明閑　?～1460　室町時代の神岡町の大国寺(明智坊)3世

妙祁　みょうき
叔京(しゅくきょう)妙祁　1372～1436　南北朝・室町時代の臨済宗の僧

明魏　みょうぎ
子晋(ししん)明魏　?～1429　室町時代の僧侶

明教　みょうきょう　⇔あきたか
明教　鎌倉前期の天台宗の僧・歌人
照蓮寺(しょうれんじ)明教　?～1488　戦国時代の白川村にあった照蓮寺9世

明空　みょうくう
明空　1340～?　南北朝時代の天台僧・浄土僧
明空　1645～1730　江戸前期・中期の浄土宗の僧

明軍　みょうぐん
余(よ)明軍　奈良時代の歌人

明堅　みょうけん
専念寺(せんねんじ)明堅　1488～1582　安土桃山時代の高山市の専念寺の開基

明賢　みょうけん　⇔あきかた
明賢　室町時代の天台宗の僧

妙源　みょうげん
石川(いしかわ)妙源　鎌倉時代の駿河国富士郡重須郷の地頭

妙瑚　みょうこ
妙瑚　戦国時代の禅僧。越後守護上杉房定に仕えた

妙悟　みょうご
妙悟　?～1566　戦国・安土桃山時代の女性。蔭山家広の妻

明光　みょうこう　⇔めいこう
明光　1285～1353　鎌倉後期・南北朝時代の浄土真宗の僧

明豪　みょうごう
明豪　?～1002　平安中期の天台僧

妙光尼　みょうこうに
妙光尼　安土桃山時代の女性。秀門の姉
妙西　みょうさい
妙西　戦国時代の鉄砲鍛冶
妙西　1514～1598　戦国・安土桃山時代の女性。家康の生母於大の妹。領地内の平地村に本宗寺を再建
妙寿　みょうじゅ
妙寿　戦国時代の武士。上杉氏の奉行をつとめる
妙寿　戦国時代の女性。戦国大名毛利隆元の妻
明珠　みょうじゅ
大国寺（だいこくじ）明珠　？～1615　江戸前期の神岡町の大国寺（明智坊）6世
妙珠院　みょうじゅいん
妙珠院　1835～1836　江戸後期の徳川家慶の八女
妙性　みょうしゅう
妙性　？～1351？　鎌倉後期・南北朝時代の若狭国太良荘の預所
明宗　みょうしゅう　⇔あきむね
明宗　1469～1540　戦国時代の浄土真宗の僧
妙什　みょうじゅう
妙什　南北朝時代の僧
妙春　みょうしゅん
伊藤（いとう）妙春　江戸前期の女性。伊藤仁斎の祖父了慶の継室
明春　みょうしゅん
明春　平安後期の仏師
妙純　みょうじゅん
斎藤（さいとう）妙純　？～1497　戦国時代の武将
明順　みょうじゅん　⇔あきのぶ
明順　戦国時代の浄土真宗の僧
妙勝　みょうしょう
妙勝　？～1574　戦国時代の越中・勝興寺と本願寺結んだ女性。蓮如の6男蓮淳の長女
妙昭　みょうしょう
妙昭　戦国時代の武士。上杉氏の奉行をつとめる
妙清　みょうしょう
妙清　1239～1305　鎌倉前期・後期の社僧
明貞　みょうじょう
明貞　戦国時代の天台宗の僧
明定　みょうじょう
明定　平安中期の仏師
妙性尼　みょうしょうに
妙性尼　？～1805　江戸中期・後期の女性。市木浄泉寺の娘「たまき」の乳母
妙身　みょうしん
妙身　江戸時代の流人
明信　みょうしん　⇔あきのぶ
明信　江戸中期の浄土真宗の僧
百済王（くだらのこにきし）明信　？～815　奈良・平安前期の桓武朝の後宮女官
妙真斎　みょうしんさい
矢島（やじま）妙真斎　戦国時代の信濃国諏訪郡の社家衆

妙誠　みょうせい
妙誠　1300～1384　鎌倉後期・南北朝時代の禅僧
命清　みょうせい
命清　1142～？　平安後期の石清水僧
明誓　みょうせい
大国寺（だいこくじ）明誓　？～1660　江戸前期の神岡町の大国寺（明智坊）7世
妙千　みょうせん
妙千　南北朝時代の僧侶・連歌作者
妙泉　みょうせん
今泉入道（いまいずみにゅうどう）妙泉　戦国時代の東下総東庄今泉（東庄町東今泉）の在地領主。今泉城主
明専　みょうせん
明専　1603～1652　安土桃山・江戸前期の浄土真宗の僧
明詮　みょうせん
明詮　809～868　平安前期の法相宗の僧
明善　みょうぜん　⇔めいぜん
大国寺（だいこくじ）明善　？～1707　江戸中期の神岡町の大国寺8世
妙宗　みょうそう
妙宗　南北朝時代の僧侶・歌人
妙相　みょうそう
長雲軒（ちょううんけん）妙相　安土桃山時代の織田信長の家臣
明窓　みょうそう
大国寺（だいこくじ）明窓　？～1565　安土桃山時代の神岡町の大国寺（明智坊）5世
妙達　みょうたつ
妙達　？～958　平安中期の僧
妙智　みょうち
妙智　南北朝時代の僧侶・連歌作者
妙智尼　みょうちに
稲垣（いながき）妙智尼　1795～1869　江戸後期～明治期の歌人
明肇　みょうちょう
明肇　946～1014　平安中期の中納言藤原文範の子
明通　みょうつう　⇔あきみち
明通　南北朝時代の僧侶・歌人
妙貞　みょうてい
長谷川（はせがわ）妙貞　江戸中期の書家
妙哲行者　みょうてつぎょうじゃ
妙哲行者　1836～1907　江戸後期～明治期の芳賀郡市塙の尼僧、念仏行者
妙田　みょうでん
知詷（ちし）妙田　江戸後期の曹洞宗の僧
明伝　みょうでん
明伝　江戸前期の浄土真宗の僧
妙嶋　みょうとう
児島（こじま）妙嶋　戦国時代の千葉実胤・自胤に属した
妙藤　みょうとう
妙藤　南北朝時代の僧侶・歌人

明道　みょうどう
真恵(しんけい)明道　?～1882　江戸後期～明治期の僧
通方(つうほう)明道　?～1395　南北朝・室町時代の臨済宗の僧
蓮受寺(れんじゅじじ)明道　戦国時代の白川村の蓮受寺の開基

明堂禅師　みょうどうぜんじ
明堂禅師　1768～1837　江戸中期・後期の高僧

妙仁　みょうにん
妙仁　安土桃山時代の織田信長の家臣

命婦乳母　みょうぶのめのと
命婦乳母　平安中期の女房・歌人

妙峰　みょうほう
妙峰　1764～1829　江戸末期の僧

妙峯　みょうほう
妙峯　1764～1829　江戸末期の僧《妙峰》

妙法　みょうほう
妙法　鎌倉時代の玉工

明宝院　みょうほういん　⇔めいほういん
明宝院　?～1754　江戸中期の大原村東岳院の修験者

妙法尼　みょうほうに
妙法尼　?～1306　鎌倉後期の禅僧

明祐　みょうゆう
明祐　室町時代の学僧

妙立　みょうりゅう
妙立　1637～1690　江戸前期の僧

妙享　みょうりょう
妙享　鎌倉後期の禅僧

妙了尼　みょうりょうに
妙了尼　江戸中期の女性。中島川に古町橋を架橋した

妙蓮　みょうれん
妙蓮　鎌倉時代の蒔絵師

妙蓮院　みょうれんいん
妙蓮院　江戸中期の小鎚村組頭

未雷　みらい
未雷　?～1739　江戸中期の俳人

美領　みりょう　⇔びりょう
滝口(たきぐち)美領　?～1775　江戸中期の歌人

未了　みりょう
井上(いのうえ)未了　1730～1817　江戸中期・後期の俳諧作者

未両　みりょう
未両　江戸後期の俳人

見市　みるいち
見市　?～1646　江戸前期の農夫

身禄　みろく
伊藤(いとう)身禄　1671～1733　江戸前期・中期の富士行者異端派6世

三輪　みわ
大倉(おおくら)三輪　1827～1919　江戸後期～明治期の歌人

三輪女　みわじょ
松坂(まつさか)三輪女　1807～1884　江戸後期～明治期の歌人

三和良　みわら
三和良　江戸前期の奄美大島の製糖家

珉恵　みんえ
珉恵　江戸後期の曹洞宗の僧

眠翁　みんおう
伊勢(いせ)眠翁　1756～1841　江戸中期・後期の茶人

眠我　みんが
眠我　江戸中期の俳人

眠牛　みんぎゅう
増田(ますだ)眠牛　1719～1771　江戸中期の俳人

眠居　みんきょ
井上(いのうえ)眠居　半二庵眠居に同じ
半二庵(はんじあん)眠居　1797～1879　江戸末期の俳人

莨乎　みんこ
莨乎　1767～1833　江戸中期・後期の俳人

珉江　みんこう
珉江　江戸後期の木彫工

眠才　みんさい
銀湖堂(ぎんこどう)眠才　1842～1913　江戸末期～大正期の駿河国富士郡阿幸地村中村の村役人

珉山　みんざん
珉山　江戸中期・後期の陶工

民治　みんじ
足立(あだち)民治　1847～1919　江戸末期～大正期の養蚕振興家
菅原(すがわら)民治　1797～1872　江戸後期～明治期の東山南方大肝入

民瑞　みんずい
大応(だいおう)民瑞　江戸中期の僧侶

岷雪　みんせつ
河村(かわむら)岷雪　江戸中期の絵師

民泰　みんたい
筒井(つつい)民泰　1805～1890　江戸後期～明治期の藩医

明太　みんたい
明太　江戸中期の俳諧師

明徹　みんてつ
明徹　?～1672　江戸前期の足利学校第11世庠主。臨済宗の僧

民部　みんぶ
秋葉(あきば)民部　戦国時代の上総東金城主・酒井政辰の家臣
安西(あんざい)民部　戦国時代の里見義豊の家臣。天文の里見氏内訌で義豊に帰属
久世(くぜ)民部　戦国時代の徳川家康の家臣
小宮山(こみやま)民部　安土桃山・江戸前期の代官
下里(しもざと)民部　戦国時代の武蔵国南部の熊野御師
高田(たかだ)民部　戦国時代の武将
長宗我部(ちょうすがめ)民部　江戸前期の長宗我

部盛親の弟
内藤(ないとう)民部　?～1871　江戸末期の剣術家
永井(ながい)民部　江戸後期の大住郡三之宮村比々多神社神主
名島(なじま)民部　江戸前期の武士。大坂の陣で籠城
西山(にしやま)民部　南北朝時代の祖谷山の土豪
丹生(にぶ)民部　安土桃山時代の武将
氷室(ひむろ)民部　?～1728　江戸前期・中期の神職
逸見(へんみ)民部　江戸後期の大住郡大山阿夫利神社祠官
星野(ほしの)民部　戦国時代の武士。北条氏忠家臣

民部右衛門　みんぶえもん
横内(よこうち)民部右衛門　戦国時代の武将。武田家臣

民部右衛門尉　みんぶえもんのじょう
浦野(うらの)民部右衛門尉　?～1569　戦国・安土桃山時代の上野国衆

民部少輔　みんぶしょう　⇔みんぶしょうゆう,みんぶのしょう
里見(さとみ)民部少輔　戦国時代の安房白浜城(南房総市)の城主
高城(たかぎ)民部少輔　戦国時代の下総国深井城(流山市)の城主か

む

民部少輔　みんぶしょうゆう　⇔みんぶしょう,みんぶのしょう
小田切(おだぎり)民部少輔　戦国時代の武将。武田家臣

民部太夫入道　みんぶたいふゅうどう
有元(ありもと)民部太夫入道　南北朝時代の武士

民部大夫　みんぶだゆう
森(もり)民部大夫　安土桃山時代の駿河国有渡郡草薙にある草薙神社の神主

民部入道　みんぶにゅうどう
遠山(とおやま)民部入道　戦国時代の武田氏の家臣
仁科(にしな)民部入道　戦国時代の武田氏の家臣

民部少輔　みんぶのしょう　⇔みんぶしょう,みんぶしょうゆう
小口(おぐち)民部少輔　戦国時代の信濃国諏訪郡小口の土豪?
小島(おじま)民部少輔　?～1610　江戸前期の織田信長の家臣
鞍谷(くらたに)民部少輔　安土桃山時代の織田信長の家臣
下条(げじょう)民部少輔　戦国時代の武士
佐藤(さとう)民部少輔　戦国時代の武田氏の家臣
白井(しらい)民部少輔　安土桃山時代の織田信長の家臣
戸田(とだ)民部少輔　江戸前期の武将。大坂の陣で籠城
馬場(ばば)民部少輔　?～1582　戦国・安土桃山時代の甲斐武田勝頼の家臣
福田(ふくだ)民部少輔　戦国時代の古河公方の家臣
本間(ほんま)民部少輔　戦国時代の古河公方の家臣
丸岡(まるおか)民部少輔　安土桃山時代の織田信長の家臣

民部丞　みんぶのじょう
青柳(あおやぎ)民部丞　安土桃山時代の甲斐国山梨郡万力の土豪
有元(ありもと)民部丞　室町時代の武士
飯島(いいじま)民部丞　?～1575　安土桃山時代の信濃国伊那郡の国衆。飯島城主
板橋(いたばし)民部丞　戦国時代の北条氏の家臣
小口(おぐち)民部丞　安土桃山時代の信濃国諏訪郡小口の土豪?
小倉(おぐら)民部丞　安土桃山時代の甲斐国八代郡石和郷の土豪
小井弖(こいで)民部丞　戦国・安土桃山時代の信濃国伊那郡小出郷の土豪
下条(しもじょう)民部丞　戦国時代の武将。武田家臣
二見(ふたみ)民部丞　戦国時代の北条氏の家臣

民部助　みんぶのすけ
秋山(あきやま)民部助　?～1582　安土桃山時代の武田氏の家臣
大井(おおい)民部助　1549～1603　戦国・安土桃山時代の信濃佐久郡の国衆

民部大輔　みんぶのたいふ
里見(さとみ)民部大輔　1507～?　戦国時代の里見氏嫡流
佐渡(さわたり)民部大輔　?～1574　戦国・安土桃山時代の織田信長の家臣

民部内侍　みんぶのないし
民部内侍　平安中期の女房・歌人

民部信勝　みんぶのぶかつ
久世(くぜ)民部信勝　江戸前期の武士。大坂の陣で籠城。後、伊達政宗に出仕

民部元隆　みんぶもとたか
森岡(もりおか)民部元隆　?～1712　江戸前期・中期の弘前藩家老

珉里　みんり
珉里　江戸中期の俳諧師

民亮　みんりょう
堀越(ほりこし)民亮　1717～1797　江戸中期の俳人、歌人

眠郎　みんろう
佐藤(さとう)眠郎　1711～1784　江戸中期の俳人

【む】

夢庵　むあん
如幻(にょげん)夢庵　1660～1739　江戸前期・中期の臨済宗の僧

無為斎　むいさい
浅見(あさみ)無為斎　1785～1870　江戸後期～明治期の儒学者・書家

無為真　むいしん
無為真　鎌倉時代の僧

無因斎　むいんさい
竹内(たけうち)無因斎　1758〜1828　江戸中期・後期の漢学者

無外　むがい
大塩(おおしお)無外　1819〜1893　江戸後期〜明治期の詩人
孤山堂(こざんどう)無外　1819〜1893　江戸後期〜明治期の俳人

夢岳　むがく
沓掛(くつかけ)夢岳　1803〜1854　江戸後期・末期の医者

無関　むかん
原田(はらだ)無関　1744〜1807　江戸中期・後期の医者

夢巌　むがん
夢巌　？〜1374　南北朝時代の代表的五山学芸僧《夢岩祖応》

無休　むきゅう
上原(うえはら)無休　？〜1806　江戸中期・後期の心学者
髭の(ひげの)無休　江戸前期の幇間

無窮　むきゅう
植木(うえき)無窮　1770〜1838　江戸中期・後期の漢詩人
三浦(みうら)無窮　1737〜1816　江戸中期・後期の医者

無求庵　むきゅうあん
無求庵　江戸末期の漢詩人

武鏡　むきょう
百済王(くだらのこにきし)武鏡　奈良時代の官人

無空　むくう
無空　？〜918　平安前期・中期の真言宗の僧

椋政　むくまさ
椋政　江戸前期の画家、もしくは工房

夢月院　むげついん
夢月院　1699〜1699　江戸中期の徳川家宣の長男

夢研　むけん
亀山(かめやま)夢研　1797〜1863　江戸後期・末期の書画家

夢軒　むけん
奥村(おくむら)夢軒　1799〜1852　江戸後期の学者

無幻　むげん
角田(つのだ)無幻　1743〜1809　江戸中期・後期の書家

無弦　むげん
森田(もりた)無弦　？〜1896　江戸末期・明治期の女性。森田節斎の妻

夢江　むこう
柏(かしわ)夢江　1756〜1824　江戸中期・後期の漢学者

聟千世　むこちよ
遠山(とおやま)聟千世　戦国時代の北条氏の家臣

無骨　むこつ
無骨　平安中期の芸能者

斉　むごへ　⇔ならう, ひとし
羽田(はたの)斉　飛鳥時代の官人

務左衛門　むざえもん
小泉(こいずみ)務左衛門　1610〜1680　江戸前期の剣術家

武蔵　むさし　⇔たけぞう
武蔵　平安前期の歌人。班子女王の女房
武蔵　安土桃山時代の信濃国筑摩郡青柳の土豪
野間(のま)武蔵　？〜1592　戦国・安土桃山時代の野間城の城主
布施(ふせ)武蔵　安土桃山・江戸前期の小田原の人。布施刑部の兄弟

六鯖　むさば
六鯖　奈良時代の遣新羅使。万葉歌人

無三　むさん
無三　？〜1800　江戸中期・後期の俳人

毋必　むしつ
毋必　1719〜1785　江戸中期の俳諧師

虫名　むしな
石川(いしかわの)虫名　飛鳥時代の官人

虫麻呂　むしまろ
大神(おおみわ)虫麻呂　奈良時代の漢学者
勝部臣(すぐりべのおみ)虫麻呂　奈良時代の大原郡の大領
宗我部(そがべの)虫麻呂　奈良時代の人。蘇我氏の部民
中臣酒人(なかとみのさかひとの)虫麻呂　奈良時代の官人
船(ふねの)虫麻呂　奈良時代の官人
平群(へぐりの)虫麻呂　奈良時代の官人
路(みちの)虫麻呂　奈良時代の官人
大和(やまとの)虫麻呂　奈良時代の官人

虫万呂　むしまろ
波太(はたの)虫万呂　奈良時代の上野掾

無邪　むじゃ
小倉(おぐら)無邪　1690〜？　江戸中期の儒者

武者右衛門　むしゃえもん
内池(うちいけ)武者右衛門　江戸時代の川越藩士

無著　むじゃく
無著　江戸後期の浄土真宗の僧

無住　むじゅう
無住　？〜1647　江戸前期の浄土宗の僧

無住坊　むじゅうぼう
無住坊　江戸中期の俳人

無生　むしょう
無生　鎌倉時代の僧、連歌師

無所得　むしょとく
無所得　江戸中期の真言宗の僧

無尽　むじん
無尽　1266〜1386　鎌倉後期・南北朝時代の僧

無尽蔵　むじんぞう
無尽蔵　江戸中期の本草家

武手右衛門　むずえもん
掘(ほり)武手右衛門　戦国時代の武将。武田家臣

無善　むぜん
山崎（やまざき）無善　1669～1743　江戸前期・中期の剣術家。景之流

無禅　むぜん
無禅　？～1846　江戸後期の僧侶

無相　むそう
無相　？～1825　江戸後期の新義真言宗の僧

無諍　むそう
無諍　江戸後期の俳人

六郵　むそん
栗山（くりやま）六郵　1853～1920　江戸末期～大正期の篆刻家

夢大　むだい
宇都宮（うつのみや）夢大　1822～1909　江戸後期～明治期の俳人

夢宅　むたく
有川（ありかわ）夢宅　江戸前期の鹿篭郷士

鞭太　むちた
守屋（もりや）鞭太　1817～1879　江戸末期・明治期の大庄屋、漢学者、維新の文化人

無着　むちゃく
劉（みずき）無着　？～1871　江戸末期の漢学者、僧侶

道奥　むつ
雀部（ささきべの）道奥　奈良時代の官人

陸奥清彦　むつきよひこ
中川（なかがわ）陸奥清彦　1829～1906　江戸後期～明治期の神職

睦子　むつこ
藤原（ふじわらの）睦子　？～1114　平安後期の女性。大宰大弐経平女

睦の御方　むつのおかた
睦の御方　？～1615　江戸前期の女性。大坂城の女房衆

睦奥八郎　むつはちろう
塩田（しおだ）睦奥八郎　鎌倉後期の武士

睦芳　むつよし
坂井（さかい）睦芳　江戸後期の鎌倉鶴岡八幡宮神楽職

昵　むつる　⇔でい
渡辺（わたなべ）昵　平安後期の武士

昵　むつる　⇔みくま
源（みなもとの）昵　平安後期の武士。建礼門院を救助

無伝仁公尼　むでんにこうに
無伝仁公尼　南北朝時代の尼僧

無等　むとう
無等　？～1764　江戸中期の新義真言宗の僧

宗形王　むなかたおう
宗形王　奈良時代の官人

無南　むなん
無南　江戸中期の僧

無二　むに
坂井（さかい）無二　江戸前期の土佐藩士

無忍　むにん
三田（みた）無忍　？～1873　江戸後期～明治期の医師

無人斎　むにんさい
荒木（あらき）無人斎　安土桃山・江戸前期の武術家

牟禰　むね
黄文（きぶみの）牟禰　奈良時代の官人

宗顕　むねあき　⇔そうけん
安達（あだち）宗顕　1265～1285　鎌倉後期の武士
荒尾（あらお）宗顕　鎌倉後期・南北朝時代の国人
高階（たかしな）宗顕　南北朝時代の官人・歌人
北条（ほうじょう）宗顕　？～1333　鎌倉後期の武士

宗彰　むねあき
堀江（ほりえ）宗彰　1828～？　江戸後期・末期の国学者

宗明　むねあき　⇔そうめい
安倍（あべの）宗明　平安後期の陰陽師、天文博士
板原（いたはら）宗明　江戸前期の俳人
久保田（くぼた）宗明　1831～1888　江戸後期～明治期の一関藩刀匠
山田（やまだ）宗明　？～1717　江戸前期・中期の徳島藩家老

致明　むねあき
遠藤（えんどう）致明　江戸末期の和算家
斎藤（さいとう）致明　江戸末期の和算家

宗章　むねあきら
高階（たかしなの）宗章　平安後期の官人。高階為章の子

宗詮　むねあきら　⇔そうせん
藤原（ふじわら）宗詮　南北朝時代の連歌作者

宗篤　むねあつ
藤原（ふじわら）宗篤　南北朝時代の連歌作者

宗敦　むねあつ
藤原（ふじわらの）宗敦　平安後期の官人

宗有　むねあり
精壮斎（せいそうさい）宗有　江戸時代の八戸藩お抱えの刀鍛冶
彦坂（ひこさか）宗有　1561～1631　安土桃山・江戸前期の上方代官
北条（ほうじょう）宗有　？～1333　鎌倉後期の武士

宗家　むねいえ
宗家　江戸後期の刀匠
宇喜多（うきた）宗家　戦国時代の備前国の武将
紀（きの）宗家　平安後期の官人
近藤（こんどう）宗家　戦国時代の佐竹氏の家臣
鮫島（さめじま）宗家　鎌倉前期の武家
鮫島（さめしま）宗家　鮫島宗家に同じ
沢（さわ）宗家　平安後期・鎌倉前期の伊豆の武士
斯波（しば）宗家　鎌倉後期の武士

統家　むねいえ
橘（たちばなの）統家　平安後期の官人

宗氏　むねうじ
大衡（おおひら）宗氏　1526？～1593　戦国時代の大衡越路館の領主
京極（きょうごく）宗氏　1269～1329　鎌倉後期の

武将
北条(ほうじょう)宗氏　?～1272　鎌倉前期・後期の武士
若林(わかばやし)宗氏　江戸前期の農学家

宗生　むねお
安倍(あべの)宗生　平安後期の官人

宗雄　むねお　⇔そうゆう
印南野(いなみの)宗雄　平安前期の官人
大神(おおみわの)宗雄　平安前期の官人

致雄　むねお
源(みなもと)致雄　南北朝時代の歌人

棟雄　むねお
各務(かがみの)棟雄　平安中期の官人

宗興　むねおき　⇔そうこう, むねき
滋野(しげの)宗興　南北朝時代の歌人
高橋(たかはし)宗興　室町・戦国時代の公家
中原(なかはら)宗興　平安前期の歌人

宗景　むねかげ
安達(あだち)宗景　1259～1285　鎌倉後期の武将。泰盛の嫡子で秋田城介
大江(おおえの)宗景　平安後期の官人
片倉(かたくら)宗景　1798～1871　江戸後期～明治期の白石城主10世
田中(たなか)宗景　室町時代の神職

致景　むねかげ
内田(うちだ)致景　鎌倉後期・南北朝時代の吉賀郡豊田郷・那賀郡貞松名地頭

宗算　むねかず　⇔そうさん
藤原(ふじわら)宗算　江戸中期の神職

宗賢　むねかた　⇔しゅうけん, そうけん, むねかね
高田(たかだ)宗賢　江戸前期の国学者・俳人
玉祖(たまおやの)宗賢　平安後期の官人

致方　むねかた
平(たいらの)致方　平安中期の官人
源(みなもと)致方　951～989　平安中期の公家・歌人・連歌作者

宗勝　むねかつ
相原(あいばら)宗勝　1735～1794　江戸中期・後期の神官
青山(あおやま)宗勝　安土桃山時代の織田信長の家臣《青山小助》
生駒(いこま)宗勝　?～1700　江戸前期・中期の武士
柘植(つげ)宗勝　江戸前期の砲術家
南条(なんじょう)宗勝　1497～1575　戦国・安土桃山時代の武将
門奈(もんな)宗勝　1555～1634　戦国～江戸前期の駿府町奉行、駿府代官
簗(やな)宗勝　戦国時代の大名結城氏の家臣
山田(やまだ)宗勝　1821～1887　江戸後期～明治期の和算家

宗兼　むねかぬ　⇔むねかね
紀(き)宗兼　平安後期の歌人

宗兼　むねかね　⇔むねかぬ
鹿屋(かのや)宗兼　鎌倉後期の武士
藤原(ふじわら)宗兼　平安後期の公家・歌人
藤原(ふじわらの)宗兼　平安後期の官人
北条(ほうじょう)宗兼　鎌倉時代の武士
北条(ほうじょう)宗兼　鎌倉後期の武士
益田(ますだ)宗兼　?～1544　戦国時代の豪族

宗賢　むねかね　⇔しゅうけん, そうけん, むねかた
橘(たちばなの)宗賢　平安後期の官人

宗粛　むねかね　⇔そうしゅく
村崎(むらさき)宗粛　1810～1869　江戸後期～明治期の茶人・歌人

宗包　むねかね
宗包　平安後期の刀工

致兼　むねかね
伊岐(いきの)致兼　平安後期の官人

宗興　むねき　⇔そうこう, むねおき
中原(なかはらの)宗興　平安前期の歌人《中原宗興》

宗公　むねきみ
大原(おおはらの)宗公　平安前期の官人
葛木(かつらぎの)宗公　平安中期の暦博士

宗清　むねきよ　⇔そうせい
隠岐(おき)宗清　?～1544　戦国時代の尼子氏家臣
小野(おの)宗清　1644～1699　江戸前期・中期の幕臣
伊達(だて)宗清　1599～1634　安土桃山時代の武将
千葉(ちば)宗清　?～1569　戦国・安土桃山時代の北条領下川入郷の惣代
中(なか)宗清　戦国時代の杵築大社上官
夏栗(なつくり)宗清　江戸前期の地方政治家
長谷川(はせがわ)宗清　江戸中期の画家
平田(ひらた)宗清　戦国時代の武将
富士名(ふじな)宗清　1278～1357　鎌倉後期・南北朝時代の湯郷一分(富士名)地頭
藤原(ふじわら)宗清　戦国時代の大工。伊豆で活動
松木(まつき)宗清　戦国時代の今川領国の商人

宗域　むねくに
広瀬(ひろせ)宗域　戦国時代の武将

宗国　むねくに
相見(あいみ)宗国　南北朝時代の伯耆国の武士
高橋(たかはし)宗国　1459～1543　室町・戦国時代の公家
藤原(ふじわら)宗国　平安後期の公家・歌人
水野(みずの)宗国　戦国時代の武将

棟国　むねくに
津守(つもり)棟国　1253～?　鎌倉後期の神職・歌人

宗子　むねこ　⇔そうし
藤原(ふじわらの)宗子　平安後期の女性
藤原(ふじわらの)宗子　平安後期の女官、歌人
藤原(ふじわらの)宗子　?～1129　平安後期の女性。近江守隆宗女

宗是　むねこれ
大間（おおま）宗是　戦国時代の人。天文13年大蔵経寺堂宇を檀那として建立。同地の地頭か。鎮日氏の代官か

宗貞　むねさだ　⇔そうてい
宗貞　鎌倉前期の備中妹尾の刀工
安倍（あべ）宗貞　？～1582　戦国・安土桃山時代の甲斐武田晴信・勝頼の家臣
井口（いぐち）宗貞　？～1620　江戸前期の代官
大江（おおえの）宗貞　平安後期の官人
紀（きの）宗貞　平安後期の官人
小泉（こいずみ）宗貞　戦国時代の信濃小県郡の国衆
七条（しちじょう）宗貞　江戸中期の漢学者
白石（しらいし）宗貞　1596～1644　安土桃山・江戸前期の家格一門、寺池邑主
新免（しんめん）宗貞　？～1592　安土桃山時代の武将
中牧（なかまき）宗貞　戦国時代の信濃更級郡中牧の土豪
萩中（はぎなか）宗貞　1816～1873　江戸後期～明治期の医師、漢学者
波多野（はたの）宗貞　？～1579　戦国・安土桃山時代の織田信長の家臣

宗定　むねさだ
高橋（たかはし）宗定　1610～1653　江戸前期の公家
塔原（とうのはら）宗定　戦国時代の武士

致貞　むねさだ
有沢（ありさわ）致貞　1689～1752　江戸中期の藩士・軍学者
賀陽（かやの）致貞　平安中期の人
清原（きよはらの）致貞　平安後期の官人
惟宗（これむねの）致貞　平安後期の官人

宗郷　むねさと　⇔そうきょう
保田（やすだ）宗郷　1646～1712　江戸前期・中期の幕臣

宗実　むねざね　⇔そうじつ
佐竹（さたけ）宗実　？～1590　安土桃山時代の織田信長の家臣
平（たいらの）宗実　平安後期の官人
伊達（だて）宗実　1613～1665　江戸前期の藩士
長沼（ながぬま）宗実　鎌倉後期の奈良原郷の地頭領主
藤原（ふじわらの）宗実　1041～1090　平安中期・後期の官人

宗城　むねざね
源（みなもとの）宗城　？～933　平安前期・中期の宇多天皇の孫

致真　むねざね
秦（はた）致真　平安後期の画工

宗重　むねしげ　⇔そうじゅう
阿部（あべ）宗重　1591～1653　安土桃山・江戸前期の幕臣
安倍（あべの）宗重　平安後期の官人
井狩（いかり）宗重　江戸前期の代官
井口（いのくち）宗重　安土桃山時代の織田信長の家臣
川口（かわぐち）宗重　1587～1654　安土桃山・江戸前期の幕臣
香坂（こうさか）宗重　？～1561　戦国・安土桃山時代の武田家臣
下間（しもつま）宗重　？～1278　鎌倉前期・後期の僧
精光斎（せいこうさい）宗重　1832～1907　江戸後期～明治期の刀鍛冶
奈子（なご）宗重　鎌倉後期の法喜荘御内村一分地頭
藤原（ふじわらの）宗重　平安後期の在地豪族
堀篭（ほりごめ）宗重　南北朝時代の武将
山田（やまだ）宗重　1538～1618　戦国～江戸前期の徳島藩和食城代

宗成　むねしげ　⇔そうせい, むねなり
中原（なかはらの）宗成　平安後期の官人
本庄（ほんじょう）宗成　？～1389　室町時代の武士

宗繁　むねしげ
安保（あぼ）宗繁　室町時代の武士。憲光の子

宗茂　むねしげ　⇔むねもち
内田（うちだ）宗茂　？～1236　鎌倉時代の長野庄内吉賀郡豊田郷・那賀郡貞松名地頭
中尾（なかお）宗茂　1672～？　江戸前期・中期の神道家

致成　むねしげ
丹波（たんばの）致成　平安後期の官人

宗季　むねすえ　⇔むねすき
安東（あんどう）宗季　安藤宗季に同じ
安藤（あんどう）宗季　鎌倉時代の武将
清原（きよはら）宗季　1323～1383　鎌倉後期・南北朝時代の公家・漢学者
橘（たちばなの）宗季　平安後期の官人
本間（ほんま）宗季　戦国時代の今川氏の家臣

致季　むねすえ
橘（たちばなの）致季　平安後期の官人

宗季　むねすき　⇔むねすえ
藤原（ふじわらの）宗季　平安後期の官人

宗介　むねすけ　⇔そうすけ
明珍（みょうちん）宗介　1642～1726　江戸前期・中期の甲冑師

宗佐　むねすけ　⇔しゅうさ, そうさ, そうすけ
藤原（ふじわらの）宗佐　？～1112　平安後期の官人

宗資　むねすけ
中原（なかはらの）宗資　平安後期の官人

宗助　むねすけ　⇔そうすけ
浦上（うらがみ）宗助　戦国時代の武将
浦上（うらかみ）宗助　戦国時代の武将《浦上宗助》

宗相　むねすけ　⇔そうそう
藤原（ふじわらの）宗相　平安中期の官人

宗輔　むねすけ　⇔そうゆう
倉田（くらた）宗輔　江戸末期の郷勇隊員

宗祐　むねすけ　⇔そうゆう
宗祐　江戸前期の刀剣研ぎ師

宗亮　むねすけ
田中（たなか）宗亮　1496～1568　戦国・安土桃山

時代の日下部村の草分

至孝　むねたか

大江(おおえの)至孝　平安中期の人。長和5年威儀師観峯の女の宅に押し入り追補

宗恭　むねたか　⇔そうきょう, むねやす

宮下(みやした)宗恭　1812〜1848　江戸後期の医者

宗敬　むねたか　⇔むねのり

吉田(よしだ)宗敬　1739〜1813　江戸中期の下奈良村名主・酒造家

宗孝　むねたか　⇔そうこう

出雲(いずもの)宗孝　平安後期の出雲国造職
加久見(かぐみ)宗孝　戦国時代の幡多郡以南村国人、土佐守
高橋(たかはし)宗孝　1762〜1815　江戸中期・後期の公家

宗高　むねたか

石上(いしがみ)宗高　南北朝時代の武士
金光(かなみつ)宗高　?〜1570　安土桃山時代の武将
清原(きよはらの)宗高　平安中期の官人
伊達(だて)宗高　1607〜1626　江戸前期の村田館主。伊達政宗の7男
藤原(ふじわらの)宗高　鎌倉前期の武士

宗隆　むねたか

宗隆　鎌倉時代の刀工
浦上(うらかみ)宗隆　南北朝時代の武将
大江(おおえの)宗隆　平安後期の官人
松木(まつき)宗隆　1578〜1628　安土桃山・江戸前期の公家

致貴　むねたか

惟宗(これむねの)致貴　平安中期の官人
三国(みくにの)致貴　平安中期の官人

致孝　むねたか

紀(きの)致孝　平安中期の官人
津守(つもりの)致孝　平安中期の官人

宗尊親王家右衛門督　むねたかしんのうけのえもんのかみ

宗尊親王家右衛門督　鎌倉時代の女房・歌人

宗尊親王家小督　むねたかしんのうけのこごう

宗尊親王家小督　鎌倉時代の女房・歌人

宗尊親王家新右衛門督　むねたかしんのうけのしんえもんのかみ

宗尊親王家新右衛門督　鎌倉時代の女房・歌人

宗尊親王家備前　むねたかしんのうけのびぜん

宗尊親王家備前　鎌倉時代の女房・歌人

宗尊親王家三河　むねたかしんのうけのみかわ

宗尊親王家三河　鎌倉時代の女房・歌人

旨武　むねたけ

津村(つむら)旨武　1756〜1828　江戸中期・後期の国学者

宗忠　むねただ　⇔そうちゅう

宗忠　鎌倉時代の刀工
石川(いしかわ)宗忠　1215〜1287　鎌倉時代の武家
平林(ひらばやし)宗忠　安土桃山時代の武田氏の家臣

致忠　むねただ

大中臣(おおなかとみの)致忠　平安中期の医師
長(おさの)致忠　平安中期の官人
藤原(ふじわらの)致忠　平安中期の官人

棟忠　むねただ

平(たいらの)棟忠　平安後期の官人

宗親　むねちか　⇔そうしん

大江(おおえの)宗親　平安後期の官人
刑部(おさかべの)宗親　平安中期の相撲人
長沼(ながぬま)宗親　?〜1383　南北朝時代の武家・歌人

致親　むねちか

海(あまの)致親　平安中期の官人
刑部(おさかべの)致親　平安後期の官人
紀(きの)致親　?〜1069　平安後期の伊勢国河俣山の強盗
平(たいら)致親　平安中期の官人・歌人
源(みなもとの)致親　平安中期の下級貴族

宗継　むねつぐ

宗継〔1代〕　戦国時代の刀工
宗継〔2代〕　戦国時代の刀工
石川(いしかわの)宗継　平安前期の官人
殖栗(えくりの)宗継　平安前期の官人
清原(きよはらの)宗継　平安前期の浪人。貞観12年追禁された
香坂(こうさか)宗継　戦国時代の武将、念仏行者
平田(ひらた)宗継　江戸前期の下七島宝島の郡司
南(みなみ)宗継　?〜1371　南北朝時代の武将。足利尊氏の執事

宗嗣　むねつぐ

海(あまの)宗嗣　平安後期の学生
藤原(ふじわらの)宗嗣　奈良時代の官人

宗次　むねつぐ　⇔そうじ

井狩(いかり)宗次　安土桃山・江戸前期の代官
柘植(つげ)宗次　?〜1655　江戸前期の幕臣
方積(まさづみ)宗次　戦国時代の大工。北条氏綱に仕えた
溝呂木(みぞろき)宗次　江戸前期の厚木村の人

宗綱　むねつな

宇都宮(うつのみや)宗綱　?〜1162　平安後期の武士
国分(こくぶん)宗綱　戦国時代の宮城郡の国人
平(たいら)宗綱　鎌倉後期の武士
平(たいらの)宗綱　鎌倉後期の武士
伊達(だて)宗綱　戦国・安土桃山時代の武士。遠江国衆
土屋(つちや)宗綱　鎌倉時代の末次荘地頭
藤原(ふじわらの)宗綱　平安後期の武士
渡辺(わたなべ)宗綱　1579〜1665　安土桃山・江戸前期の幕臣

致綱　むねつな

橘(たちばな)致綱　平安後期の官人

棟綱　むねつな

海野(うんの)棟綱　戦国時代の信濃国衆

藤原（ふじわらの）棟綱　平安後期の官人

宗経　むねつね　⇔そうけい
南条（なんじょう）宗経　1798～1846　江戸後期の藩士

宗恒　むねつね
宗恒　平安後期の刀工
川口（かわぐち）宗恒　1630～1704　江戸前期・中期の幕臣
伊達（だて）宗恒　1803～1861　江戸後期・末期の藩士

宗連　むねつら
平（たいら）宗連　鎌倉時代の武士

宗照　むねてる
並河（なみかわ）宗照　？～1668　江戸前期の山内家家老

宗登　むねと
山田（やまだ）宗登　？～1681　江戸前期の徳島藩家老

至任　むねとう
紀（きの）至任　平安後期の官人

宗遠　むねとう　⇔むねとお
紀（きの）宗遠　平安後期の紀伊国在庁宮人

宗任　むねとう
在原（ありはらの）宗任　平安中期の官人

む

致遠　むねとう　⇔ちおん，むねとお
伊岐（いきの）致遠　平安後期の官僚

致任　むねとう
宗我部（そがべ）致任　平安後期の人。「三好郡司解」に署判を加えた一人
源（みなもとの）致任　平安中期の官人

宗遠　むねとお　⇔むねとう
塩飽（しあく）宗遠　鎌倉後期の武士
平（たいらの）宗遠　？～1213　平安後期の武士
北条（ほうじょう）宗遠　鎌倉後期の武士

致遠　むねとお　⇔ちおん，むねとう
源（みなもとの）致遠　平安中期の官人

宗時　むねとき
安倍（あべ）宗時　南北朝時代の公家・歌人
大和（おおやまとの）宗時　平安後期の大和国大宅荘の荘官
平（たいらの）宗時　北条宗時に同じ
多久（たく）宗時　戦国時代の武将
北条（ほうじょう）宗時　？～1180　平安後期の武士
北条（ほうじょう）宗時　鎌倉時代の武士
北条（ほうじょう）宗時　鎌倉後期の武士

宗辰　むねとき
浦上（うらがみ）宗辰　1549～1577　戦国・安土桃山時代の武将
柘植（つげ）宗辰　1691～1762　江戸中期の藩士

致時　むねとき
中原（なかはら）致時　960～1011　平安中期の官人、歌人
中原（なかはらの）致時　平安中期の歌人。「後拾遺」に名がある
藤原（ふじわら）致時　平安後期の公家・歌人

向念　むねとし
甲良（こうら）向念　1639～1717　江戸前期・中期の大工

宗俊　むねとし　⇔そうしゅん
宗俊　戦国時代の刀工
高階（たかしな）宗俊　鎌倉後期の官人・歌人
那波（なわ）宗俊　戦国時代の上野国衆
結城（ゆうき）宗俊　室町時代の加賀国石川郡福岡村の土豪

宗敏　むねとし
飯原（いいはら）宗敏　江戸時代の和算家
吉田（よしだ）宗敏　1783～1844　江戸後期の下奈良村名主

宗利　むねとし
宗利　室町時代の刀工
朝比奈（あさひな）宗利　？～1647　江戸前期の武田家臣
留守（るす）宗利　1589～1638　安土桃山・江戸前期の宮城郡利府城城主

宗富　むねとみ　⇔そうふ
皆川（みながわ）宗富　1603～1647　江戸前期の旗本

宗以　むねとも　⇔そうい
吉田（よしだ）宗以　1703～1792　江戸中期の下奈良村の在郷商人

宗朝　むねとも
井上（いのうえ）宗朝　？～1856　江戸末期の和算家
小山（おやま）宗朝　鎌倉後期の武将・歌人
藤井（ふじい）宗朝　鎌倉後期の小山一族の御家人
北条（ほうじょう）宗朝　鎌倉後期の武士

宗備　むねとも
関（せき）宗備　江戸後期の和算家

宗友　むねとも　⇔そうゆう
桑原（くわばら）宗友　？～1676　江戸前期の与力
杉村（すぎむら）宗友　？～1858　江戸後期・末期の神職

宗倫　むねとも　⇔むねみち
伊達（だて）宗倫　1640～1670　江戸前期の武士。登米伊達氏

致知　むねとも　⇔ゆきとも
坂野（さなの）致知　1728～1799　江戸中期・後期の商家、歌人
高柳（たかやなぎ）致知　江戸末期の田辺安藤家家臣・明光丸船長

宗虎　むねとら　⇔そうこ
岩武（いわたけ）宗虎　戦国時代の武士

統虎　むねとら　⇔とうこ
戸次（べっき）統虎　1569～1642　戦国～江戸前期の武将

今名　むねな
紀（きの）今名　平安前期の官人

宗名　むねな
山田（やまだ）宗名　？～1700　江戸前期・中期の徳島藩家老

至直　むねなお
朝井(あさい)至直　1696～1750　江戸中期の武士
宗直　むねなお
大仏(おさらぎ)宗直　鎌倉後期の武将・歌人
川崎(かわさき)宗直　?～1618　安土桃山・江戸前期の浅野家臣
熊谷(くまがい)宗直　南北朝時代の武士
塩森(しおもり)宗直　江戸時代の仙台藩家臣
多久(たく)宗直　1167～1243　平安後期・鎌倉前期の武将
肥田(ひだ)宗直　鎌倉前期の武人・蹴鞠の名手
北条(ほうじょう)宗直　鎌倉時代の武士
北条(ほうじょう)宗直　?～1333　鎌倉後期の武士
八木(やぎ)宗直　1603～1665　安土桃山・江戸前期の幕臣
宗仲　むねなか　⇔そうちゅう
宗仲　平安時代の刀工
香取(かとり)宗仲　戦国時代の宗師の後継者(子息か)。香取要害(香取字要害)に居した香取社検杖職
藤原(ふじわらの)宗仲　?～1111　平安後期の官人
宗愔　むねなか
吉田(よしだ)宗愔　1762～?　江戸中期・後期の医者
宗永　むねなが
大宅(おおやけの)宗永　816～?　平安前期の左京の人。仁和1年筑後守都御酉襲撃事件に関わる
藤原(ふじわらの)宗永　平安後期の武士
宗長　むねなが　⇔そうちょう
宗長　戦国時代の刀工
安倍(あべ)宗長　南北朝時代の公家・歌人
大中臣(おおなかとみの)宗長　平安後期の官人
紀(き)宗長　鎌倉後期の公家
波多野(はたの)宗長　?～1579　戦国・安土桃山時代の武将
藤原(ふじわらの)宗長　平安後期の官人
北条(ほうじょう)宗長　鎌倉後期の武士
宗良親王家京極　むねながしんのうけのきょうごく
宗良親王家京極　南北朝時代の女房・歌人
宗成　むねなり　⇔そうせい, むねしげ
阿倍陸奥臣(あべのむつのおみ)宗成　平安時代の岩瀬郡司
石川(いしかわの)宗成　平安前期の官人
小野(おのの)宗成　平安前期の官人
賀陽(かやの)宗成　平安前期の官人
高階(たかしな)宗成　鎌倉後期の官人・歌人
藤原(ふじわらの)宗成　785～858　奈良・平安前期の官人
致業　むねなり
紀(きの)致業　平安後期の官人
宗愛　むねなる
高橋(たかはし)宗愛　1819～?　江戸後期・末期の公家
棟貫　むねぬき
隈元(くまもと)棟貫　1829～1902　江戸後期～明治期の都城島津家家臣
宗主　むねぬし
石川(いしかわの)宗主　平安前期の官人
宗喜　むねのぶ
長谷川(はせがわ)宗喜　安土桃山時代の剣術家
宗信　むねのぶ　⇔そうしん
浅羽(あさば)宗信　平安後期・鎌倉前期の武士・浅羽荘司
浅羽(あさばの)宗信　浅羽宗信に同じ
海部(あまべ)宗信　南北朝時代の連歌作者
春日(かすが)宗信　1824～1890　江戸後期～明治期の寺子屋師匠、政治家
桂(かつら)宗信　1735～1790　江戸中期の画家
古志(こし)宗信　戦国時代の古志郷領主
高柳(たかやなぎ)宗信　鎌倉時代の御家人
武田(たけだ)宗信　戦国時代の長南城主
箸尾(はしお)宗信　?～1467　室町時代の武将
藤原(ふじわらの)宗信　平安後期の官人。以仁王の乳母子
水野(みずの)宗信　安土桃山時代の織田信長の家臣
村井(むらい)宗信　?～1582　戦国・安土桃山時代の織田信長の家臣《村井新右衛門》
桃井(ももい)宗信　江戸後期の和算家
致延　むねのぶ
大江(おおえの)致延　平安中期の官人
致信　むねのぶ
清原(きよはらの)致信　?～1017　平安中期の官人
宗規　むねのり
岩城(いわき)宗規　1644～1685　江戸前期の仙台藩領岩谷堂要害要害主
伊達(だて)宗規　1644～1685　江戸前期の武士。第2代仙台藩主伊達忠宗の七男
宗教　むねのり
高橋(たかはし)宗教　?～1570　戦国・安土桃山時代の公家
北条(ほうじょう)宗教　?～1333　鎌倉後期の武士
宗敬　むねのり　⇔むねたか
石川(いしかわ)宗敬　1607～1668　江戸前期の伊具郡角田第3代邑主
宗憲　むねのり
賀茂(かもの)宗憲　1080～1138　平安後期の陰陽・暦家
宗則　むねのり
紀(きの)宗則　平安後期の官人
清水(しみず)宗則　室町～安土桃山時代の武将
宗典　むねのり　⇔そうてん
喜多川(きたがわ)宗典　江戸中期の金工家
宗徳　むねのり　⇔そうとく
寺師(てらし)宗徳　1856～1912　江戸末期・明治期の藩士
宗範　むねのり　⇔そうはん
赤松(あかまつ)宗範　南北朝時代の武将・歌人
森本(もりもと)宗範　江戸前期の国学者・医者
安原(やすはら)宗範　?～1418　南北朝・室町時代の武将

宗模　むねのり　⇔そうも
浅香（あさか）宗模　1846～？　江戸後期～明治期の教育者、政治家
致令　むねのり
津田（つだ）致令　江戸末期の漢学者
棟教　むねのり
藤原（ふじわら）棟教　安土桃山時代の木匠
宗梁　むねはり
水原（みずはら）宗梁　江戸後期・末期の神職
宗治　むねはる　⇔そうじ
高橋（たかはし）宗治　1555～1589　戦国・安土桃山時代の公家
宗春　むねはる　⇔そうしゅん
宗春　鎌倉前期の官人
池田（いけだ）宗春　1653～1685　江戸前期の武士
北条（ほうじょう）宗春　鎌倉後期の武士
山田（やまだ）宗春　？～1684　江戸前期の徳島藩家老
宗晴　むねはる
紀（きの）宗晴　？～1780　江戸中期の甲冑師、鐔工
中村（なかむら）宗晴　戦国時代の北条氏の家臣
宗久　むねひさ　⇔そうきゅう
浦上（うらがみ）宗久　室町時代の武将
浦上（うらかみ）宗久　浦上宗久に同じ
北条（ほうじょう）宗久　鎌倉後期の武士
増田（ますだ）宗久　？～1626　安土桃山・江戸前期の轡（くつわ）師
明珍（みょうちん）宗久　室町時代の足利の甲冑師
山本（やまもと）宗久　江戸前期の武術家
宗怡　むねひさ　⇔そうい
吉田（よしだ）宗怡　1689～1724　江戸中期の医者
宗秀　むねひで　⇔しゅうしゅう，そうしゅう
海上（うなかみ）宗秀　戦国時代の持秀の弟か。東下総中島城主
宗人　むねひと
西（かわちの）宗人　800～863　平安前期の官人
宗衡　むねひら
高橋（たかはし）宗衡　1525～1583　戦国・安土桃山時代の公家
宗平　むねひら　⇔そうへい
安曇（あずみの）宗平　平安中期の相撲人
私市（きさいちの）宗平　平安中期の相撲人
平（たいらの）宗平　平安後期の武士
藤原（ふじわらの）宗平　平安後期の官人
宗広　むねひろ
清原（きよはら）宗広　南北朝時代の鋳物師
長谷川（はせがわ）宗広　江戸後期の画家
宗弘　むねひろ
宗弘　室町時代の刀工
石川（いしかわ）宗弘　1630～1691　江戸前期・中期の藩士
大伴（おおとも）宗弘　鎌倉時代の木工
那波（なわ）宗弘　鎌倉時代の御家人
棟広　むねひろ
奈良本（ならもと）棟広　戦国時代の信濃小県郡の国衆
宗房　むねふさ
井狩（いかり）宗房　安土桃山時代の代官。織田家旧臣
崎山（さきやま）宗房　江戸前期の地侍・六十人者与力
伊達（だて）宗房　1646～1686　江戸前期の武士。2代仙台藩主伊達忠宗の8男
建部（たてべ）宗房　平安後期の大隅国在庁官人
北条（ほうじょう）宗房　鎌倉後期の武士
北条（ほうじょう）宗房　鎌倉後期の引付衆
安見（やすみ）宗房　？～1572　安土桃山時代の畠山高政の家臣
宗藤　むねふじ　⇔そうとう
高橋（たかはし）宗藤　南北朝時代の公家
宗文　むねふみ　⇔そうぶん
坂本（さかもと）宗文　江戸後期の医者
宗殖　むねふゆ
村田（むらた）宗殖　1534～1596　安土桃山時代の武将
懐古王　むねふるおう
懐古王　平安中期の神祇伯
宗政　むねまさ　⇔そうせい
井狩（いかり）宗政　江戸前期・中期の代官
紀（きの）宗政　？～1107　平安後期の官人
国分（こくぶん）宗政　1492～？　戦国時代の陸奥千代城主
鮫島（さめしま）宗政　？～1658　江戸前期の貿易商。秀吉の朝鮮出兵に従軍
鷹取（たかとり）宗政　？～1569　安土桃山時代の武将
中原（なかはらの）宗政　平安後期の官人
藤原（ふじわら）宗政　平安後期の萱島西荘の下司職
北条（ほうじょう）宗政　鎌倉後期の武士
宗正　むねまさ
藍原（あいはら）宗正　江戸時代の剣術家
清原（きよはらの）宗正　平安中期の官人
隈元（くまもと）宗正　1857～1904　江戸末期・明治期の蓬原台地の用水路普及者
柘植（つげ）宗正　？～1694　江戸中期の代官
三倉（みくら）宗正　？～1641？　安土桃山・江戸前期の武士
宗理　むねまさ　⇔そうり
大江（おおえの）宗理　平安中期の官人
荘正　むねまさ
宮永（みやなが）荘正　1832～1899　江戸後期～明治期の幕臣
致政　むねまさ
伊岐（いきの）致政　平安後期の官人
棟昌　むねまさ
桜井（さくらい）棟昌　戦国時代の信濃小県郡の国衆
統理　むねまさ
藤原（ふじわら）統理　平安中期の公家・歌人
宗益　むねます　⇔そうえき
石川（いしかわの）宗益　平安前期の官人
立入（たてり）宗益　1674～1743　江戸前期・中期

の公家

宗増　むねます
大関(おおぜき)宗増　?～1544　戦国時代の武将

宗倫　むねみち　⇔むねとも
倉田(くらた)宗倫　江戸前期の武芸家

致通　むねみち
源(みなもとの)致通　平安後期の官人

至光　むねみつ　⇔ゆきみつ
源(みなもとの)至光　平安中期の官人、雅楽家《源至光》

宗光　むねみつ　⇔そうこう
宗光　1437～?　室町・戦国時代の長船派の刀工
大江(おおえの)宗光　鎌倉前期の武士
越智(おちの)宗光　平安後期の官人
北野(きたの)宗光　鎌倉後期の武士
帖佐(ちょうさ)宗光　1560～1616　安土桃山・江戸前期の武将
戸田(とだ)宗光　?～1547　戦国時代の田原城主
藤原(ふじわらの)宗光　鎌倉前期の武士。藤原宗重の子
柳原(やなぎわら)宗光　1322～1347　鎌倉後期・南北朝時代の公家・歌人
山田(やまだ)宗光　1831～1908　江戸後期～明治期の鍛金家

宗満　むねみつ
黒田(くろだ)宗満　1279～1357　鎌倉後期・南北朝時代の歌人

棟満　むねみつ
源(みなもとの)棟満　戦国時代の伊那郡の国衆とみられる

宗村　むねむら
山城(やましろ)宗村　?～1341　鎌倉後期・南北朝時代の武士

宗茂　むねもち　⇔むねしげ
玉虫(たまむし)宗茂　?～1667　江戸前期の旗本
藤原(ふじわらの)宗茂　平安後期・鎌倉前期の武士

宗意　むねもと　⇔しゅうい, そうい
柴田(しばた)宗意　1637～1706　江戸前期・中期の奉行

宗幹　むねもと
大中臣(おおなかとみの)宗幹　平安中期の春日神主
真壁(まかべ)宗幹　1496～1565　戦国・安土桃山時代の常陸国の国衆。真壁城主

宗基　むねもと
紀(き)宗基　鎌倉後期・南北朝時代の歌人
藤原(ふじわらの)宗基　平安後期の官人
北条(ほうじょう)宗基　鎌倉時代の武士

宗元　むねもと　⇔そうげん
清原(きよはらの)宗元　平安後期の官人

宗職　むねもと
福住(ふくすみ)宗職　戦国・安土桃山時代の武将

致幹　むねもと
平(たいらの)致幹　平安後期の武士。常陸国大掾平国香六代の孫

致元　むねもと
伊岐(いきの)致元　平安後期の官人。姓は宿禰

宗守　むねもり
紀(きの)宗守　平安前期の官人
塔原(とうのはら)宗守　?～1583　安土桃山時代の信濃国筑摩郡塔原城主

宗盛　むねもり　⇔しゅうせい, そうせい
平(たいらの)宗盛　?～1114　平安後期の官人

宗安　むねやす　⇔そうあん
宗安　平安時代の刀工
宗安　江戸末期の刀匠
浦上(うらかみ)宗安　?～1441　室町時代の武将
名和(なわ)宗安　?～1575　戦国・安土桃山時代の武田家臣

宗恭　むねやす　⇔そうきょう, むねたか
伊達(だて)宗恭　江戸後期の和算家

宗康　むねやす
小笠原(おがさわら)宗康　?～1446　室町時代の武将
瀬尾(せのお)宗康　平安後期の武士
妹尾(せのおの)宗康　?～1183　平安後期の武将
平(たいらの)宗康　平安後期の武士
立入(たてり)宗康　?～1515　戦国時代の武将
丹波(たんば)宗康　1505～1529　戦国時代の医者
藤原(ふじわらの)宗康　平安後期の官人
前野(まえの)宗康　1489～1560　戦国・安土桃山時代の織田信長の家臣

宗太　むねやす　⇔そうた
増田(ますだ)宗太　?～1873　江戸後期～明治期の金工家

宗泰　むねやす
大仏(おさらぎ)宗泰　鎌倉後期の武将・歌人
加治(かじ)宗泰　鎌倉後期の武蔵武士
高岡(たかおか)宗泰　鎌倉時代の隠岐国守護代
立入(たてり)宗泰　安土桃山・江戸前期の公家
北条(ほうじょう)宗泰　鎌倉後期の引付頭人

宗保　むねやす
郡主馬首(こおりしゅめのかみ)宗保　1545～1615　戦国～江戸前期の豊臣秀吉の家臣
松木(まつき)宗保　1786～1845　江戸後期の医者

宗恬　むねやす
吉田(よしだ)宗恬　1657～1720　江戸前期・中期の医者

宗幸　むねゆき
大須賀(おおすが)宗幸　戦国時代の下総国助崎城(成田市名古屋)の城主。宗正の子
伊達(だて)宗幸　南北朝時代の但馬国養父郡小佐郷の国人
平田(ひらた)宗幸　1851～1920　江戸後期～大正期の鍛金家
別符(べっぷ)宗幸　室町時代の武蔵武士
簗田(やなだ)宗幸　?～1582　戦国・安土桃山時代の会津の商人司。藤左衛門ともいう

宗行　むねゆき
安倍(あべの)宗行　平安前期の官人
井上(いのうえ)宗行　江戸末期の彫刻家

大中臣(おおなかとみの)宗行　平安中期の神祇官人
平(たいら)宗行　南北朝時代の連歌作者
中原(なかはらの)宗行　平安後期の医師
明珍(みょうちん)宗行　鎌倉時代の甲冑師

宗之　むねゆき
三井(みつい)宗之　1821～1875　江戸後期～明治期の医者・歌人

致之　むねゆき
三上(みかみ)致之　江戸中期の藩士・兵法家

統之　むねゆき
吉弘(よしひろ)統之　1563～1600　戦国時代の武将

宗嘉　むねよし
生田(いくた)宗嘉　江戸末期の癸未義塾教員

宗賀　むねよし　⇔そうが
山田(やまだ)宗賀　?～1751　江戸中期の徳島藩家老

宗儀　むねよし
国光(くにみつ)宗儀　1694～1774　江戸中期の岩田村の庄屋・大庄屋

宗義　むねよし
宗義　平安後期の刀工か
宗義　江戸後期の刀工
宗義　江戸末期の刀工
伊丹(いたみ)宗義　南北朝時代の武将
手島(てしま)宗義　江戸中期の心学者
春田(はるた)宗義　江戸末期の金工(鐔工)

宗吉　むねよし　⇔そうきち
宗吉　鎌倉時代の刀工
宗吉　戦国時代の刀工
宗吉　安土桃山時代の刀工
宗吉　江戸前期の装剣金工
大江(おおえの)宗吉　平安中期の修理職小工
大秦(おおはたの)宗吉　平安前期の人。筑後守都御酉の館を囲み射殺した事件に加わり近流に処された
大原(おおはらの)宗吉　平安前期の官人
川口(かわぐち)宗吉　1520～1582　戦国・安土桃山時代の織田信長の家臣
小林(こばやし)宗吉　戦国時代の長尾(上杉)氏の家臣
榛原(はいばら)宗吉　戦国時代の大工。伊豆南部で活動
三浦(みうら)宗吉　戦国時代の大工。伊豆で活動

宗慶　むねよし　⇔そうけい
小田(おだ)宗慶　室町時代の幕府奉公衆

宗好　むねよし　⇔そうこう
岡本(おかもと)宗好　?～1681　江戸前期の歌人
日下部(くさかべ)宗好　1574～1633　安土桃山・江戸前期の幕臣
高橋(たかはし)宗好　1589～1647　安土桃山・江戸前期の公家
間宮(まみや)宗好　1762頃～1836　江戸中期・後期の国学者

宗能　むねよし
興津(おきつ)宗能　?～1674　江戸前期の旗本
久野(くの)宗能　1527～1609　戦国・安土桃山時代の武士

宗芳　むねよし
高橋(たかはし)宗芳　1794～1843　江戸後期の公家

宗良　むねよし
斎藤(さいとう)宗良　1830～1894　江戸後期～明治期の大庄屋

宗郁　むねよし
中曽根(なかそね)宗郁　1825～1906　江戸末期・明治期の和算家

致義　むねよし
俣賀(またが)致義　?～1340　南北朝時代の長野庄内吉賀郡豊田郷上俣賀村地頭

致美　むねよし
山本(やまもと)致美　江戸後期の医者

棟喜　むねよし
石井(いしい)棟喜　戦国時代の信濃小県郡の国衆

棟義　むねよし
石橋(いしばし)棟義　南北朝時代の武将
斯波(しば)棟義　南北朝時代の武将・歌人

棟吉　むねよし
下屋(しもや)棟吉　戦国時代の信濃小県郡の国衆

宗頼　むねより
上(かみの)宗頼　戦国時代の紀伊国熊野の御師
紀(きの)宗頼　平安後期の官人
高橋(たかはし)宗頼　1494～1546　戦国時代の公家
中原(なかはらの)宗頼　平安後期の官人
日奉(ひまつり)宗頼　平安前期の豪族

致頼　むねより
紀(きの)致頼　平安中期の官人

無能　むのう
無能　?～1719　江戸中期の浄土宗の僧

務敏　むびん
戸田(とだ)務敏　1834～1884　江戸後期～明治期の旧藩士

夢仏　むぶつ
夢仏　江戸中期の俳人

無物　むぶつ
飯田(いいだ)無物　1769～1820　江戸中期・後期の俳人
富永(とみなが)無物　江戸後期の漢方眼科医

無辺　むべん
平井(ひらい)無辺　安土桃山時代の郷士

無方　むほう
平林(ひらばやし)無方　1782～1837　江戸後期の僧侶

無卜　むぼく
無卜　?～1720　江戸前期・中期の俳人

無文　むもん
無文　江戸前期の俳人

夢遊　むゆう
俳優堂(やくしゃどう)夢遊　江戸後期の歌舞伎研究家

無用　むよう
大用(だいよう)無用　室町時代の臨済宗の僧・漢詩人
村右衛門　むらえもん
今見(いまみ)村右衛門　安土桃山時代の今見右衛門家5代
中園(なかぞの)村右衛門　1771〜1858　江戸中期〜末期の高城郡高城郷城上村の篤農家
村景　むらかげ
紀(きの)村景　平安中期の勧学院の案主
村一　むらかず
新原(しんばら)村一　戦国時代の武将
村吉　むらきち
小口(おぐち)村吉　1847〜1917　江戸末期〜大正期の製糸家
村君　むらきみ
高志連(こしのむらじ)村君　飛鳥時代の越前守
むらく
朝寝坊(あさねぼう)むらく　江戸後期の落語家
無楽斎　むらくさい
長野(ながの)無楽斎　安土桃山・江戸前期の剣術家
村国　むらくに
浦上(うらかみ)村国　戦国時代の播磨国の武将
紫珊瑚　むらさきさんご
紫珊瑚　江戸前期の雑俳点者
村貞　むらさだ
村貞　江戸後期の刀工
村貞　江戸末期の刀工
武良士　むらじ
藤原(ふじわらの)武良士　奈良時代の官人
武良自　むらじ
中臣(なかとみの)武良自　奈良時代の公卿。万葉歌人
連　むらじ
青木(あおき)連　？〜1868　江戸後期・末期の新撰組隊士
富田(とみた)連　？〜1846　江戸後期の剣術家。直心影流
藤井(ふじいの)連　奈良時代の官人。万葉歌人
吉井(よしいの)連　上代の帰化人
村成　むらしげ
伊達(だて)村成　1686〜1726　江戸前期・中期の藩士
村七　むらしち
上廻(かみさこ)村七　？〜1869　江戸後期〜明治期の木匠
群女　むらじょ
群女　江戸後期の雑俳点者
村次郎　むらじろう
港屋(みなとや)村次郎　1796〜1859　江戸後期・末期の蒔絵師
村椙　むらすぎ
藤原(ふじわらの)村椙　平安前期の官人
村輔　むらすけ
浜(はま)村輔　江戸後期の歌舞伎作者・戯作者
邑三　むらぞう
真下(ましも)邑三　1850〜1914　江戸末期〜大正期の実業家
村竹　むらたけ
窓(まどの)村竹　1743〜1825　江戸中期・後期の狂歌師
村胤　むらたね
伊達(だて)村胤　1707〜1731　江戸中期の藩士
村継　むらつぐ
宮原(みやはら)村継　平安前期の官人、漢詩人
村与　むらとも
森(もり)村与　1851〜1915　江戸末期・明治期の藩士
村壽　むらなが
伊達(だて)村壽　1763〜1836　江戸後期の宇和島藩第6代藩主
村倫　むらのり
伊達(だて)村倫　江戸中期の藩士
邨彦　むらひこ
佐藤(さとう)邨彦　1826〜1882　江戸後期〜明治期の速見郡南鉄輪村の庄屋
村秀　むらひで
赤松(あかまつ)村秀　1480〜1540　戦国時代の武将
村文　むらぶみ
石川(いしかわ)村文　1746〜1800　江戸中期・後期の藩士
村松　むらまつ
紀(きの)村松　平安中期の右馬医師
村盈　むらみち
北風(きたかぜ)村盈　江戸中期の歌人
村径　むらみち
村径　1711〜1782　江戸中期の俳人
村満　むらみつ
石川(いしかわ)村満　1705〜1749　江戸中期の伊具郡角田第7代邑主
村望　むらもち
伊達(だて)村望　1697〜1765　江戸中期の藩士
村盛　むらもり
坂井(さかい)村盛　戦国時代の武将・連歌作者
無理助　むりのすけ
縄(なわ)無理助　？〜1575　安土桃山時代の関東の牢人衆頭
無倫　むりん
無倫　1655〜1723　江戸前期・中期の僧侶・俳人
志村(しむら)無倫　1655〜1717　江戸前期・中期の俳人
無隣　むりん
小倉(おぐら)無隣　1690〜？　江戸中期の儒者《小倉無邪》
無暦　むれき
清原(きよはら)無暦　1830〜1904　江戸後期〜明

治期の勤皇家
樫生　むろお
小野(おのの)樫生　平安前期の官人
室女王　むろのじょおう
室女王　?～759　奈良時代の女性。父は舎人親王

【め】

明阿　めいあ　⇔みょうあ
明阿　?～1836　江戸後期の歌人
明穎　めいえい
異忠(いちゅう)明穎　室町時代の三木雲竜寺の開山
明遠　めいえん
山田(やまだ)明遠　1737～1802　江戸中期・後期の薩摩藩士
明王院　めいおういん
明王院　江戸時代の上白岩村に在住した当山派里修験
鳴崖　めいがい
小川(おがわ)鳴崖　1838～1906　江戸後期～明治期の書道家・教育者
鳴鶴　めいかく
井後(いご)鳴鶴　江戸中期の女性
明学院　めいがくいん
明学院　江戸時代の網代村に在住した当山派里修験
明機　めいき
用堂(ようどう)明機　1304～1384　鎌倉後期・南北朝時代の漢陽寺開山
明挙　めいきょ
明挙　江戸中期の評論家
明馨　めいきょう
津田(つだ)明馨　江戸後期の藩士
明郷　めいきょう
日高(ひだか)明郷　1825～1879　江戸末期・明治期の儒学者
明卿　めいけい
藤沢(ふじさわ)明卿　1782～1854　江戸中期～末期の蘭方医
明啓　めいけい　⇔みつよし
大屋(おおや)明啓　?～1850　江戸後期の幕臣《大屋明啓》
木村(きむら)明啓　1793～1860　江戸後期の読本作家・絵師
明慶　めいけい　⇔あきよし, としのり
小野(おの)明慶　江戸前期の人。盛岡藩領内の井筒屋系近江商人の始祖
明渓　めいけい
千葉(ちば)明渓　1789～1860　江戸後期・末期の医師
明月　めいげつ
明月　1727～1797　江戸中期・後期の僧侶
鳴悟　めいご
楊(よう)鳴悟　?～1682　江戸前期の人。楊鳴悟を祖とする楊家の始祖
明光　めいこう　⇔みょうこう
明光　鎌倉後期・南北朝時代の浄土真宗の僧
冥斎　めいさい
牧江(まきえ)冥斎　江戸後期の漢詩人
明西　めいさい
了宗寺(りょうしゅうじ)明西　戦国時代の荘川村の了宗寺の開基
明之　めいし　⇔あきゆき, てるゆき
明之　1775～1841　江戸中期・後期の俳人
明秀　めいしゅう
明秀　平安後期の僧
光雲(こううん)明秀　室町時代の僧侶
鳴州　めいしゅう
鳴州　?～1806　江戸中期・後期の木偶人形師
名順　めいじゅん
野口(のぐち)名順　1807～1877　江戸後期～明治期の医師・教育者
命順　めいじゅん
富松(とみまつ)命順　江戸後期の丹波亀山藩儒
鳴石　めいせき
大野(おおの)鳴石　1810～1897　江戸後期～明治期の幕臣
明善　めいぜん　⇔みょうぜん
石河(いしかわ)明善　1819～1868　江戸後期・末期の漢学者
金原(きんばら)明善　1832～1923　江戸後期～大正期の実業家
明投　めいとう
巌竇(がんとう)明投　鎌倉時代の臨済宗の僧
明堂　めいどう
朝日(あさひ)明堂　江戸末期・明治期の牙彫作家
木村(きむら)明堂　1810～1855　江戸後期・末期の漢学者
明徳　めいとく　⇔あきのり
岡野(おかの)明徳　江戸時代の医者
馬稲　めいね
額田部君(ぬかたべのきみ)馬稲　奈良時代の小野郷の戸主
明之助　めいのすけ
大塚(おおつか)明之助　1838～1903　江戸後期～明治期の航海学校の経営者
明浦　めいほ
篠田(しのだ)明浦　1728～1780　江戸中期の書家
鳴鳳　めいほう
一観亭(いっかんてい)鳴鳳　1738～1795　江戸中期の狂歌師
明宝院　めいほういん　⇔みょうほういん
明宝院　江戸末期の田方郡大平村に居住した修験
鳴門　めいもん
井川(いかわ)鳴門　1751～1806　江戸中期・後期の画家、書家
進(しん)鳴門　1840～1877　江戸末期の漢学者
鈴木(すずき)鳴門　?～1840　江戸後期の画家

鈴木(すずき)鳴門　?〜1840　江戸後期の画家

明猷　めいゆう

明猷　室町時代の社僧・連歌作者

明蓮　めいれん

明蓮　897〜930　平安前期の法相宗の僧。信貴山歓喜院朝護孫子寺の中興

目吉　めきち

泉(いずみ)目吉　江戸中期の人形細工の名人

め組の辰五郎　めぐみのたつごろう

め組の辰五郎　江戸後期の江戸の町火消し

目辟　めさき

石作(いしつくりの)目辟　736〜?　奈良時代の画師

目頬刀自　めずらとじ

他田君(おさだのきみ)目頬刀自　奈良時代の下賛郷高田里の人。金井沢碑を建立

馬手　めて

嶋名部(しまなべの)馬手　奈良時代の嶋名郷の戸主

女寅　めとら

市川(いちかわ)女寅　江戸末期・明治期の歌舞伎役者

女媒　めばい

桑原(くわばら)女媒　1734〜1789　江戸後期の俳人《桑原常正》

免孔　めんこう

免孔　1748〜1799　江戸中期・後期の俳人

井本(いもと)免孔　1747〜1799　江戸中期・後期の戸田家の郡奉行

面庄　めんしょう

面庄　江戸中期の人形師

面松斎　めんしょうさい

沼田(ぬまた)面松斎　?〜1612　安土桃山・江戸前期の弘前藩祖津軽為信家臣

棉衲　めんのう

棉衲　1735〜1801　江戸中期の歌人

面平　めんぺい

今村(いまむら)面平　?〜1862　江戸後期・末期の彫りもの師

【も】

茂　も　⇔しげる

王(おう)茂　室町時代の琉球の国相

茂庵　もあん

生田(いくた)茂庵　江戸前期の大坂城士

佐々井(ささい)茂庵　江戸中期・後期の医者

茂市　もいち

茂市　江戸末期の陶工

茂一郎　もいちろう

沼賀(ぬまが)茂一郎　1830〜1894　江戸後期〜明治期の実業家、政治家

蒙　もう

石原(いしはら)蒙　江戸時代の医者

蒙庵　もうあん

志村(しむら)蒙庵　1769〜1845　江戸中期・後期の儒者

武田(たけだ)蒙庵　1561?〜1619?　安土桃山・江戸前期の儒医

孟栄　もうえい

陳(ちん)孟栄　南北朝時代の印刷彫工

茂右衛門　もうえもん　⇔しげうえもん, しげえもん, もえもん

高田(たかだ)茂右衛門　江戸中期の紀州和歌山の郷士《高田茂右衛門》

野村(のむら)茂右衛門　?〜1754　江戸中期の木曽川治水工事従事者

丸山(まるやま)茂右衛門　?〜1665　江戸前期の新田開発者

耄翁　もうおう

行田(ぎょうだ)耄翁　江戸中期の地誌作者

毛越　もうおつ

毛越　江戸中期の俳人

蒙窩　もうか

堀(ほり)蒙窩　1655〜1700　江戸前期・中期の漢学者

毛紈　もうがん

毛紈　江戸中期の俳諧作者

孟郷斎　もうきょうさい

西山(にしやま)孟郷斎　1799〜1870　江戸後期〜明治期の日本画家

孟虎　もうこ

北川(きたがわ)孟虎　?〜1833　江戸後期の和算家

蒙斎　もうさい

多田(ただ)蒙斎　1702〜1764　江戸中期の儒者

土田(つちだ)蒙斎　1765〜1837　江戸中期・後期の医者

真牛　もうし

真牛　江戸時代の奄美大島笠利の大親

孟縉　もうしん

植田(うえだ)孟縉　1757〜1843　江戸中期・後期の和学者

蒙陸　もうろく

自辞矛斎(じじむさい)蒙陸　江戸中期の通俗本作者

茂右衛門　もえもん　⇔しげうえもん, しげえもん, もうえもん

秋野(あきの)茂右衛門　1771〜1833　江戸中期・後期の豪商

加藤(かとう)茂右衛門　?〜1763　江戸中期の古川の名主

金田(かねだ)茂右衛門　江戸後期の鉄山師

酒井(さかい)茂右衛門　1836〜1895　江戸後期〜明治期の大工棟梁

高田(たかだ)茂右衛門　江戸中期の紀州和歌山の郷士

津田(つだ)茂右衛門　江戸前期の後藤又兵衛の家来

永田(ながた)茂右衛門〔2代〕　?〜1693　江戸前期・中期の治水家

弭間(はずま)茂右衛門　江戸後期の商家・俳人

藤江（ふじえ）茂右衛門　江戸中期の橘樹郡芝生村名主
毛内（もうない）茂右衛門〔1代〕　？～1687　江戸前期の新田開発者
由井（ゆい）茂右衛門　1718～1797　江戸中期・後期の名主、能書家

茂右衛門政貞　もえもんまささだ
大橋（おおはし）茂右衛門政貞　？～1654　江戸前期の松江藩家老

茂吉　もきち
茂吉　江戸後期の大瀧川村の民
江渡（えと）茂吉　1830～1902　江戸後期～明治期の道路開発の先駆者
千葉（ちば）茂吉　1831～1913　江戸末期～大正期の西根村肝入、副戸長、戸長、村長
村上（むらかみ）茂吉　？～1862　江戸末期の椀舟漆器行商
村松（むらまつ）茂吉　？～1856　江戸後期・末期の人。伊豆国那賀郡安良里村書役、また百姓惣代
森本（もりもと）茂吉　1830～1868　江戸後期・末期の堺事件烈士

茂教　もきょう
金子（かねこ）茂教　1808～1868　江戸後期・末期の漢学者、俳人

黙　もく
河鰭（かわばた）黙　1826～1889　江戸後期～明治期の浜田・鶴田藩士

嘿　もく
吉田（よしだ）嘿　1822～？　江戸後期・末期の神職

牧庵　もくあん　⇔ぼくあん
牧庵　安土桃山時代の医者《牧庵》

黙隠　もくいん
佚山（いつざん）黙隠　1702～1778　江戸中期の僧、書家

杢右衛門　もくうえもん　⇔もくえもん
最首（さいしゅ）杢右衛門　1709～1750　江戸中期の上総の義民として有名

目云　もくうん
目云　1784～1841　江戸中期・後期の浄土真宗の僧

黙慧　もくえ
黙慧　江戸後期の浄土真宗の僧

杢衛　もくえ
萩原（はぎわら）杢衛　？～1899　江戸末期・明治期の蚕糸改良家

木工右衛門　もくえもん
江畑（えばた）木工右衛門　江戸前期の柔術家

杢右衛門　もくえもん　⇔もくうえもん
石渡（いしわた）杢右衛門　江戸後期の三浦郡公郷村組頭
河合（かわい）杢右衛門　？～1615　江戸前期の武士。中村一氏の家臣河合宗善の弟
木嶋（きじま）杢右衛門　?～1686　江戸前期の大工
最首（さいしゅう）杢右衛門　1709～1750　江戸中期の上総の義民として有名《最首杢右衛門》
鈴木（すずき）杢右衛門　江戸時代の藩士・武芸家
成瀬（なるせ）杢右衛門　1826～1902　江戸後期～明治期の新撰組隊士
広田（ひろた）杢右衛門　江戸末期の武士、城代

杢右衛門一晟　もくえもんかつあきら
中村（なかむら）杢右衛門一晟　江戸前期の穢多崎砦の船奉行

黙翁　もくおう
大畠（おおはた）黙翁　1703～1775　江戸中期の明石藩士、同藩大坂留守居役
倉田（くらた）黙翁　1825～1885　江戸後期～明治期の寺子屋師匠

木芽　もくが
木芽　1788～1844　江戸後期の俳人

黙我　もくが
黙我　江戸中期の俳人

黙亀　もくき
牧野（まきの）黙亀　1812～1902　江戸末期・明治期の俳人

木琚　もくきょ　⇔ぼっきょ
石原（いしはら）木琚　1809～1879　江戸末期の俳人

黙軒　もくけん
前波（まえば）黙軒　1745～1818　江戸中期・後期の歌人《前波敬儀》

木吾　もくご
堀田（ほった）木吾　？～1797　江戸中期・後期の俳人

黙斎　もくさい
大場（おおば）黙斎　1708～1798　江戸中期・後期の儒者・医師
楠（くすのき）黙斎　江戸中期の書家
桑名（くわな）黙斎　1662～1731　江戸前期・中期の漢学者
後藤（ごとう）黙斎　1759～1815　江戸中期・後期の漢学者

黙斉　もくさい
阿部（あべ）黙斉　1828～1892　江戸後期～明治期の私塾経営者
山村（やまむら）黙斉　1788～1859　江戸後期・末期の漢学者

木工左衛門　もくざえもん
井上（いのうえ）木工左衛門　江戸後期の高座郡下溝村民

杢左衛門　もくざえもん
加藤（かとう）杢左衛門〔2代〕　1832～1900　江戸後期～明治期の陶工
設楽（しだら）杢左衛門　1617～1688　江戸前期の治水・土木家
坪部（つぼべ）杢左衛門　江戸前期の島原の町役人
新倉（にいくら）杢左衛門　？～1811　江戸後期の大住郡四之宮村旗本松平氏知行地名主
根岸（ねぎし）杢左衛門　1696～1745　江戸中期の美作国土居代官・倉敷代官
増田（ますだ）杢左衛門　江戸中期の水子村の百姓
山崎（やまざき）杢左衛門　1713～1754　江戸中期の人。水沢地方にかくし念仏を布教
依田（よだ）杢左衛門　？～1581　安土桃山時代の

高天神籠城衆

木工左衛門尉　もくさえもんのじょう

土屋（つちや）木工左衛門尉　戦国・安土桃山時代の海賊衆

長崎（ながさき）木工左衛門尉　鎌倉後期の武士

黙三郎　もくさぶろう

洞口（ほらぐち）黙三郎　1792？～1858　江戸後期・末期の儒者

木寿軒　もくじゅけん

岸（きし）木寿軒　江戸前期の儒医

黙招　もくしょう

宝山（ほうざん）黙招　江戸後期の曹洞宗の僧

黙助　もくすけ

笹田（ささだ）黙助　1846～1925　江戸末期～大正期の埼玉県官吏

黙輔　もくすけ

横田（よこた）黙輔　1836～1916　江戸末期～大正期の私塾経営者

杢助　もくすけ　⇔もくのすけ

木村（きむら）杢助　？～1604　安土桃山・江戸前期の五戸代官

木僊　もくせん

五竹庵（ごちくあん）木僊　？～1815　江戸後期の俳人

黙仙　もくせん

薬翁（らいおう）黙仙　江戸中期の曹洞宗の僧

木朶　もくだ

古市（ふるいち）木朶　1727～1810　江戸中期・後期の俳人

杢太郎　もくたろう

小沢（おざわ）杢太郎　1838～1897　江戸後期～明治期の大住郡友牛村農・酒造業

木鎮　もくちん

木鎮　南北朝時代の僧侶・連歌作者

杢人　もくと

中里（なかさと）杢人　江戸時代の八戸藩士

木仝　もくどう

木仝　江戸中期の俳人

黙堂　もくどう

菊池（きくち）黙堂　1835～1899　江戸後期～明治期の画家

中里（なかざと）黙堂　江戸後期の篆刻家

木然　もくねん

木然　江戸中期の俳人

杢丞　もくのじょう

小沢（おざわ）杢丞　安土桃山時代の信濃国筑摩郡会田郷の番匠頭

杢之允　もくのじょう

伊藤（いとう）杢之允　1772～1853　江戸中期・後期の下関の大年寄

杢之丞　もくのじょう

梶浦（かじうら）杢之丞　？～1663　江戸前期の大力家

杢之進　もくのしん

安藤（あんどう）杢之進　1831～1865　江戸後期・末期の武士

小宮山（こみやま）杢之進　？～1773　江戸中期の幕臣

木工助　もくのすけ

木工助　安土桃山時代の信濃国筑摩郡刈谷原の土豪

種田（たねだ）木工助　江戸前期の砲術家

長越（ながこし）木工助　安土桃山時代の信濃国筑摩郡会田の土豪

中山（なかやま）木工助　戦国時代の北条氏の家臣

森（もり）木工助　戦国時代の大鋸引頭。相模の藤沢の客料（寮）25人の触口

山下（やました）木工助　？～1582　安土桃山時代の御徒歩衆

木工之助　もくのすけ

重田（しげた）木工之助　戦国時代の北条氏の家臣

杢助　もくのすけ　⇔もくすけ

秋山（あきやま）杢助　？～1582　安土桃山時代の武士

杢之介　もくのすけ

戸川（とがわ）杢之介　江戸前期の武士

杢之助　もくのすけ

狩野（かのう）杢之助　江戸前期の画家

菅野（かんの）杢之助　1617～1671　江戸前期の豪商

木村（きむら）杢之助　？～1604　安土桃山・江戸前期の五戸代官《木村杢助》

木村（きむら）杢之助　？～1710　江戸前期の陸奥弘前藩士

小林（こばやし）杢之助　1795～1858　江戸後期の棟梁

佐藤（さとう）杢之助　江戸後期の大住郡曽谷村金毘羅権現祠官

松島（まつしま）杢之助　1802～？　江戸末期の武士

諸星（もろほし）杢之助　江戸後期の大住郡渋沢村惣社（八幡社）神主

杢之助政友　もくのすけまさとも

奥（おく）杢之助政友　？～1615　江戸前期の紀伊国那賀郡安楽川荘の住人

木兵　もくへい

木兵　？～1698　江戸前期・中期の俳人

黙平　もくへい

黙平　1832～1890　江戸後期～明治期の俳人

杢平　もくへい

加集（かしゅう）杢平　江戸中期の装剣金工

杢兵衛　もくべい　⇔もくべえ

中村（なかむら）杢兵衛　江戸後期の韮山代官江川氏の手代

木工兵衛　もくべえ

石河（いしこ）木工兵衛　？～1568　戦国・安土桃山時代の織田信長の家臣

杢兵衛　もくべえ　⇔もくべい

岡田（おかだ）杢兵衛　江戸後期の忍藩家老

副田（そえだ）杢兵衛　1687～1768　江戸前期・中期の陶工

西海（にしがい）杢兵衛　1599〜1660　安土桃山・江戸前期の宮大工
林（はやし）杢兵衛　江戸中期の開拓者
匹田屋（ひきだや）杢兵衛　江戸中期の外国商品扱い店主人

木甫　もくほ
木甫　江戸後期の俳諧師
太田（おおた）木甫　1818〜1900　江戸後期〜明治期の俳人

黙雷　もくらい
稲木（いなぎ）黙雷　1801〜1875　江戸後期〜明治期の宇都宮浄土真宗稲木山開華院観専寺第22代、文人画家、勤王思想家

黙了　もくりょう
黙了　？〜1845　江戸後期の真宗大谷派の僧

木麟　もくりん
浜崎（はまざき）木麟　1842〜1911　江戸後期〜明治期の日本画家

茂兮　もけい
茂兮　江戸後期の俳人

茂左衛門　もざえもん　⇔しげざえもん
一谷（いちたに）茂左衛門　？〜1788　江戸中期の人。国分寺の中興の祖
牛越（うしこし）茂左衛門　1781〜1852　江戸後期の新田開発功労者
大橋（おおはし）茂左衛門　1833〜1918　江戸末期〜大正期の大野村戸長
斎藤（さいとう）茂左衛門　江戸前期の武士
坂（さか）茂左衛門　1583〜？　安土桃山・江戸前期の武士
高辺（たかべ）茂左衛門　江戸後期の橘樹郡鳥山村民
丹下（たんげ）茂左衛門　江戸前期の竹村弥太郎の手代
築山（つきやま）茂左衛門　？〜1849　江戸後期の代官
長瀬（ながせ）茂左衛門　江戸後期の三浦郡森崎村民
福富（ふくずみ）茂左衛門　江戸前期の堀直寄・松平信綱の家臣
正木（まさき）茂左衛門　江戸前期の海運業者
三品（みしな）茂左衛門　江戸中期・後期の簞笥職人
毛受（めんじょう）茂左衛門　？〜1583　戦国・安土桃山時代の武将
山田（やまだ）茂左衛門　？〜1839　江戸後期の関東代官

茂左衛門尉　もざえもんのじょう
毛受（めんじゅ）茂左衛門尉　？〜1583　戦国・安土桃山時代の武将《毛受茂左衛門》

茂左衛門政高　もざえもんまさたか
田屋（たや）茂左衛門政高　？〜1615　安土桃山・江戸前期の豊臣秀吉・秀頼の家臣

茂作　もさく
今野（こんの）茂作　1818〜1882　江戸後期〜明治期の治水功労者
豊泉（とよいずみ）茂作　江戸末期・明治期の桑苗改良者

も

茂三郎　もさぶろう　⇔しげさぶろう
市野（いちの）茂三郎　1801〜？　江戸後期の幕府の検地役人
熊谷（くまがい）茂三郎　1849〜1924　江戸末期〜大正期の林業振興者
篠田（しのだ）茂三郎　1837〜1895　江戸後期〜明治期の陶工
高橋（たかはし）茂三郎　1773〜1844　江戸中期・後期の人形職人。今市土天神を考案
竹脇（たけわき）茂三郎　1830〜1887　江戸後期〜明治期の新川郡十村下条組才許、堀岡村ほか11か村戸長

母志　もし
遠胆沢公（とおいさわのきみ）母志　平安前期の蝦夷族長

茂七　もしち
内田（うちだ）茂七　江戸時代の黒谷村の農民
中沢（なかざわ）茂七　1797〜1855　江戸後期・末期の商家
宮村（みやむら）茂七　江戸中期の義民。宮村の百姓

茂重　もじゅう　⇔もちしげ
小村（おむら）茂重　？〜1833　江戸後期の松江藩の薬用人参栽培創始者

茂十郎　もじゅうろう
雨宮（あめみや）茂十郎　江戸後期の韮山代官江川氏の手代
神宮（じんぐう）茂十郎　1846〜1901　江戸後期〜明治期の群馬事件の活動家
萩原（はぎわら）茂十郎　1831〜1909　江戸後期〜明治期の実業家、政治家
宮本（みやもと）茂十郎　江戸後期の人。十日町透綾織を発明
柳田（やなぎだ）茂十郎　1833〜1899　江戸後期〜明治期の商人

茂四郎　もしろう
徳見（とくみ）茂四郎　1789〜1813　江戸後期の長崎の宿老

茂介　もすけ
丸山（まるやま）茂介　江戸中期の武士

茂助　もすけ
茂助　1734〜？　江戸中期の農民
小槻（おづき）茂助　？〜958　平安中期の官人
白枝屋（しろえだや）茂助　1689〜1740　江戸中期の出雲平野の開拓者
平元（ひらもと）茂助　江戸中期の能代奉行
堀田（ほった）茂助　江戸前期の豊臣秀頼の家臣

茂祐　もすけ
山本（やまもと）茂祐　江戸末期・明治期の仏師

茂節　もせつ
斎藤（さいとう）茂節　1839〜1914　江戸末期〜大正期の俳人

茂村　もそん　⇔しげむら
菊島（きくしま）茂村　1820〜1892　江戸後期〜明治期の漢学者で教育家

茂太夫　もだいう　⇔しげたゆう, しげだゆう
神崎（かんざき）茂太夫　江戸後期の大住郡大山阿

夫利神社祠官
小林(こばやし)茂太夫　江戸後期の大住郡田村神事舞太夫

茂太郎　もたろう
川原塚(かわらづか)茂太郎　1830〜1876　江戸後期〜明治期の土佐勤王党員

蔚明　もちあき
丸山(まるやま)蔚明　?〜1816　江戸中期・後期の藩士

持審　もちあきら
石井(いしい)持審　江戸後期の和算家

茂明　もちあきら　⇔しげあき, しげあきら
藤原(ふじわらの)茂明　1093頃〜?　平安後期の官吏・漢詩人

持有　もちあり
細川(ほそかわ)持有　1395〜1438　室町時代の武士

持家　もちいえ
余目(あまるめ)持家　南北朝時代の武将
一色(いっしき)持家　室町時代の武将

以一　もちかず
小林(こばやし)以一　江戸中期の和算家

用賢　もちかた
近藤(こんどう)用賢　?〜1709　江戸前期の旗本

以兼　もちかね
藤原(ふじわらの)以兼　平安後期の官人

望樹　もちき
満藤(まんどう)望樹　1790〜1837　江戸後期の歌人

以清　もちきよ
安倍(あべの)以清　平安中期の官人
清川(きよかわ)以清　1806〜1887　江戸末期・明治期の村役人

持清　もちきよ
佐々木(ささき)持清　室町時代の太田窪塁の武蔵武士

茂竹　もちく
広瀬(ひろせ)茂竹　1818〜1867　江戸末期の俳人

以貞　もちさだ　⇔いてい
薄田(すすきだ)以貞　?〜1705　江戸前期・中期の兵法家・神道家

持定　もちさだ
北条(ほうじょう)持定　鎌倉時代の武士

持里　もちさと
宍戸(ししど)持里　?〜1442　室町時代の武士

茂孫　もちざね　⇔しげざね
山本(やまもと)茂孫　1751〜1819　江戸中期・後期の幕臣

茂重　もちしげ　⇔もじゅう
大江(おおえ)茂重　鎌倉後期の歌人

持季　もちすえ
海老名(えびな)持季　?〜1433　室町時代の武士

持助　もちすけ
簗田(やなだ)持助　1546〜1587　戦国・安土桃山時代の古河公方足利義氏の宿老

持高　もちたか
京極(きょうごく)持高　1401〜1439　室町時代の武将

用高　もちたか
近藤(こんどう)用高　1645〜1705　江戸前期・中期の幕臣

持忠　もちただ
野田(のだ)持忠　戦国時代の古河公方足利成氏の重臣

持胤　もちたね
臼井(うすい)持胤　戦国時代の下総臼井城主。千葉孝胤の二男とも。臼井教胤の養子

望足　もちたり
石川(いしかわの)望足　奈良時代の官人
木使主(きのおみ)望足　奈良時代の官吏

以親　もちちか　⇔いしん, ゆきちか
藤原(ふじわらの)以親　平安中期の官人

茂承　もちつぐ　⇔しげつぐ
佐野(さの)茂承　1703〜1786　江戸中期の幕臣

以綱　もちつな
橘(たちばなの)以綱　?〜1115　平安後期の官人

持常　もちつね
細川(ほそかわ)持常　1409〜1450　室町時代の阿波・三河守護

持遠　もちとお
伊藤(いとう)持遠　江戸前期の人。行山流鹿踊の祖

以時　もちとき
多(おおの)以時　江戸後期の鎌倉鶴岡八幡宮の楽人

持時　もちとき
姉小路(あねがこうじ)持時　戦国時代の飛騨国司
大伴(おおとも)持時　戦国時代の鶴岡八幡宮神主

持知　もちとも
茂木(もてぎ)持知　?〜1518　戦国時代の武将・連歌作者

持朝　もちとも
結城(ゆうき)持朝　1421〜1441　室町時代の武将

持僚　もちとも
蘆野(あしの)持僚　江戸後期の漢学者

庸名　もちな
井上(いのうえ)庸名　1593〜1642　江戸前期の旗本

以直　もちなお
富岡(とみおか)以直　1717〜1787　江戸中期の心学者

持直　もちなお
大友(おおとも)持直　?〜1445　室町時代の武将

以長　もちなが
橘(たちばなの)以長　?〜1169　平安後期の官人、武士
長谷川(はせがわ)以長　戦国時代の今川氏の家臣

持永　もちなが
畠山(はたけやま)持永　?〜1441　室町時代の武将

望成 もちなり
犬上(いぬかみの)望成　平安前期の官人
持信 もちのぶ
安倍(あべの)持信　平安後期の官人
持春 もちはる
細川(ほそかわ)持春　1400～1466　室町時代の武将・歌人
持久 もちひさ
尼子(あまご)持久　室町時代の出雲国守護代
用久 もちひさ
森(もり)用久　1599～1655　安土桃山・江戸前期の神職
以秀 もちひで
長村(ながむら)以秀　戦国時代の武田氏の家臣、岩殿郷の代官
持秀 もちひで
海上(うなかみ)持秀　戦国時代の千葉氏一族海上氏当主
角屋(すみや)持秀　戦国時代の伊勢大湊の廻船問屋。流通商人
以平 もちひら
大江(おおえの)以平　平安後期の官人
持広 もちひろ
小笠原(おがさわら)持広　1685～1759　江戸前期・中期の幕臣・故実家
舞木(まいぎ)持広　？～1440　室町時代の武将
持熙 もちひろ
山名(やまな)持熙　？～1437　室町時代の武将
持房 もちふさ
北畠(きたばたけ)持房　1296～1351　鎌倉後期・南北朝時代の公家・歌人
以正 もちまさ
藤井(ふじい)以正　江戸中期の茶人
持政 もちまさ
持政　室町時代の連歌師
浜名(はまな)持政　室町時代の人。伊勢国の所領霜野御厨を伊勢神宮に寄進
用丑 もちまさ
近藤(こんどう)用丑　？～1663　江戸前期の旗本
用将 もちまさ
近藤(こんどう)用将　？～1694　江戸前期の旗本
持麿 もちまろ
田畑(たはた)持麿　1738～1805　江戸後期の狂歌師・俳諧師
持光 もちみつ
大井(おおい)持光　室町時代の武士
持元 もちもと
細川(ほそかわ)持元　1398～1429　室町時代の武将・歌人
持盛 もちもり
大内(おおうち)持盛　1397～1433　室町時代の武将
以燕 もちやす　⇔いえん
谷(たに)以燕　1774～1824　江戸後期の暦算家《谷以燕》
以康 もちやす
大江(おおえ)以康　鎌倉前期の問注所奉行
平(たいらの)以康　平安中期の官人
持易 もちやす
小笠原(おがさわら)持易　1740～1776　江戸中期の幕臣・故実家
持之 もちゆき
岸大路(きしおおじ)持之　江戸中期の国学者
茂行 もちゆき
紀(き)茂行　平安前期の歌人
紀(きの)茂行　平安中期の官人
用行 もちゆき
近藤(こんどう)用行　？～1664　江戸前期の旗本
茂朝 もちょう
末次(すえつぐ)茂朝　江戸前期の長崎代官
以義 もちよし
清水(しみず)以義　江戸中期の神道家
持芳 もちよし
森堅亭(しんけんてい)持芳　江戸後期の藤沢宿民
抱義 もちよし　⇔かねよし
小出(こいで)抱義　1815～？　江戸末期の田辺与力
茂嘉 もちよし
玉虫(たまむし)茂嘉　1678～1747　江戸前期・中期の幕臣、京都代官
茂喜 もちよし
玉虫(たまむし)茂喜　1678～1747　江戸前期・中期の幕臣、京都代官《玉虫茂嘉》
用吉 もちよし
県(あがたの)用吉　平安後期の伊勢国大国荘の岡前村の刀禰
茂椎 もつい
茂椎　1778～1847　江戸中期・後期の俳人
木海 もっかい
木海　1760～1823　江戸中期・後期の俳人
物外 もつがい　⇔ぶつがい
物外　1794頃～1867　江戸末期の曹洞宗の僧
木公 もっこう
木公　1780～1863　江戸中期～末期の俳人
茂貞 もてい　⇔しげさだ
末次(すえつぐ)茂貞　？～1651　江戸前期の長崎代官
本 もと
紀(きの)本　奈良時代の官人
茂登 もと
岩本(いわもと)茂登　1795～1869　江戸後期～明治期の女性。渡辺崋山の実妹
基明 もとあき　⇔もとあきら
北条(ほうじょう)基明　鎌倉後期の武士
元秋 もとあき
毛利(もうり)元秋　1552～1585　戦国・安土桃山時代の毛利元就の五男
横田(よこた)元秋　1805～1880　江戸後期～明治期の民政家

元章　もとあき　⇔げんしょう
桑名(くわな)元章　1715〜1747　江戸中期の漢学者
中島(なかじま)元章　江戸中期・後期の庄屋・郷土史家
元明　もとあき　⇔げんみょう
秋庭(あきば)元明　？〜1475　室町時代の備中国の武将
元鑒　もとあき
大中臣(おおなかとみの)元鑒　平安中期の鹿島宮司
元昕　もとあき
多紀(たき)元昕　1806〜1857　江戸後期・末期の幕臣・医者
資昭　もとあき
野口(のぐち)資昭　1591〜1663　安土桃山・江戸前期の隅田組与力
其章　もとあき
谷(たに)其章　江戸後期の医者
基章　もとあきら
高階(たかしなの)基章　平安中期・後期の官人
基明　もとあきら　⇔もとあき
大沢(おおさわ)基明　1648〜1691　江戸前期・中期の幕臣
斎藤(さいとう)基明　鎌倉後期の武家・歌人
元朝　もとあきら　⇔がんちょう, もととも
水野(みずの)元朝　？〜1737　江戸中期の旗本
職厚　もとあつ
平田(ひらた)職厚　1774〜1820　江戸中期・後期の官人・故実家
素淳　もとあつ
脇(わき)素淳　江戸後期の漢学者
基有　もとあり
斎藤(さいとう)基有　鎌倉後期の武家・歌人
職在　もとあり
平田(ひらた)職在　1601〜1686　安土桃山・江戸前期の官人・故実家
基　もとい　⇔もとき
岡田(おかだ)基　1858〜1908　江戸末期・明治期の漁業功労者
田島(たじま)基　江戸末期の和算家
基家　もといえ
河崎(かわさき)基家　平安後期の武将
後藤(ごとう)基家　？〜1615　安土桃山時代の武士
藤原(ふじわらの)基家　？〜1093　平安後期の官人
北条(ほうじょう)基家　鎌倉後期の武士
基宿　もといえ
大沢(おおさわ)基宿　1565〜1640　安土桃山・江戸前期の幕臣
元家　もといえ
小田(おだ)元家　安土桃山時代の武将
宍戸(ししど)元家　1434〜1509　室町・戦国時代の武将
元宅　もといえ
金子(かねこ)元宅　？〜1585　安土桃山時代の伊予国金子城主
基王　もといおう
基王　727〜728　奈良時代の聖武天皇の皇子
茂東　もとう
茂東　江戸後期の俳人・医者
基氏　もとうじ
今川(いまがわ)基氏　1261〜1323　鎌倉後期の武士
元氏　もとうじ
足立(あだち)元氏　鎌倉時代の武蔵武士・御家人
北条(ほうじょう)元氏　1638〜1702　江戸前期・中期の幕臣
松田(まつだ)元氏　戦国時代の武士
本枝　もとえ　⇔もとえだ
菅原(すがわら)本枝　1837〜1920　江戸末期〜大正期の国学者
本枝　もとえだ　⇔もとえ
賀茂(かもの)本枝　平安前期の官人
基右衛門　もとえもん
佐土原(さどはら)基右衛門　1801〜1841　江戸後期の臼杵藩領大野郡黍野組の大庄屋
元右衛門　もとえもん　⇔げんえもん
茶問屋(ちゃどんや)元右衛門　平安前期〜後期の茶問屋
丸毛(まるも)元右衛門　1645〜1715　江戸前期の武士
本右衛門　もとえもん　⇔ほんえもん
勝部(かつべ)本右衛門　1796〜1886　江戸後期〜明治期の豪農。松江城を解体から救う《勝部本右衛門栄忠》
倉田(くらた)本右衛門　1649〜？　江戸前期・中期の剣術家。克己流祖
本右衛門景浜　もとえもんかげはま
勝部(かつべ)本右衛門景浜　1823〜1881　江戸末期・明治期の開発事業家
本右衛門栄忠　もとえもんしげただ
勝部(かつべ)本右衛門栄忠　1796〜1886　江戸後期〜明治期の豪農。松江城を解体から救う
基雄　もとお
後藤(ごとう)基雄　鎌倉後期・南北朝時代の武家、歌人
元雄　もとお
田村(たむら)元雄　江戸中期の医者・本草家
本男　もとお
紀(きの)本男　平安前期の大和国某郡某郷の刀禰
本雄　もとお
佐伯(さえき)本雄　1625〜？　江戸前期の神職
職修　もとおさ
平田(ひらた)職修　1817〜？　江戸後期・末期の官人
基景　もとかげ
浦上(うらかみ)基景　室町・戦国時代の備前国の武将
大江(おおえの)基景　平安後期の官人
乾一　もとかず
松本(まつもと)乾一　1850〜1915　江戸末期〜大

正期の新聞記者

幹員　もとかず

佐藤（さとう）幹員　江戸後期の漢詩人

基員　もとかず

成田（なりた）基員　鎌倉後期・南北朝時代の武蔵武士

野本（のもと）基員　1140～1232　平安後期・鎌倉前期の武士

基数　もとかず

持明院（じみょういん）基数　戦国時代の公家・連歌作者

元一　もとかず　⇔げんいち

大竹（おおたけ）元一　1828～1903　江戸後期～明治期の歌人

元数　もとかず

若槻（わかつき）元数　戦国時代の武将・連歌作者

元籌　もとかず

神尾（かんお）元籌　1707～1764　江戸中期の幕臣

職員　もとかず

中原（なかはら）職員　鎌倉後期の官人

躬風　もとかぜ

谷口（たにぐち）躬風　？～1838　江戸後期の国学者

元賢　もとかた

松田（まつだ）元賢　？～1568　安土桃山時代の武将

元方　もとかた

藤原（ふじわら）元方　平安後期の武人

松田（まつだ）元方　？～1394　南北朝時代の備前国の武士

職方　もとかた

平田（ひらた）職方　1740～1778　江戸中期の官人・故実家

元勝　もとかつ

岡（おか）元勝　？～1689　江戸前期の武士

斎田（さいた）元勝　？～1657　江戸前期の幕臣

松田（まつだ）元勝　1442～1510　室町時代の武将

水野（みずの）元勝　江戸前期の園芸家

安見（やすみ）元勝　江戸前期の銃術家

克敬　もとかつ

小堀（こぼり）克敬　1674～1719　江戸前期・中期の京都代官

元門　もとかど

三輪（みわ）元門　1722～1802　江戸中期・後期の藩士

基兼　もとかね

大江（おおえの）基兼　平安後期の官人

藤原（ふじわらの）基兼　？～1104　平安後期の官人

元兼　もとかね

楢崎（ならさき）元兼　安土桃山時代の武将

三浦（みうら）元兼　安土桃山時代の武将

元包　もとかね

毛利（もうり）元包　1607～1676　江戸前期の武士

職周　もとかね

平田（ひらた）職周　1698～1720　江戸中期の官人

基　もとき　⇔もとい

菅（すげ）基　1780～1819　江戸中期・後期の漢学者

元吉　もときち　⇔もとよし

朝倉（あさくら）元吉　1839～1901　江戸後期～明治期の人。足柄下郡岩村近郷六か村惣名主二郎の長男

吉雄（よしお）元吉　江戸後期の蘭方医

基清　もときよ

大坪（おおつぼ）基清　戦国時代の関東足利氏の根本被官

源（みなもとの）基清　？～1086　平安後期の官人

元清　もときよ

十河（そごう）元清　鎌倉時代の武士

多根（たね）元清　戦国時代の大東庄領主

野田（のだ）元清　1737～1801　江戸中期・後期の幕臣

職清　もときよ

平田（ひらた）職清　1550～1607　戦国～江戸前期の官人

基国　もとくに

吾妻（あがつま）基国　戦国時代の岩櫃城主

橘（たちばなの）基国　平安後期の官人

藤原（ふじわらの）基国　1039～？　平安中期の官人

源（みなもとの）基国　平安後期の武士

元国　もとくに

漆（うるまの）元国　平安前期の美作国の豪族

大平（おおひら）元国　戦国時代の武将

藤井（ふじいの）元国　平安後期の官人

松田（まつだ）元国　1278～1340　室町時代の武将

もと子　もとこ

村野（むらの）もと子　？～1837　江戸後期の歌人

基子　もとこ

安倍（あべの）基子　平安前期の官人

元子　もとこ

藤原（ふじわらの）元子　平安前期の女性。光孝天皇更衣

本子　もとこ

内山（うちやま）本子　？～1829　江戸後期の歌人・能書家。内山知澄の母

妧子　もとこ

源（みなもとの）妧子　1027～1108　平安中期・後期の女性。右大将藤原通房の室

元越　もとこし

幽月庵（ゆうげつあん）元越　江戸後期の戯作者

元五郎　もとごろう

浅尾（あさお）元五郎　江戸中期の歌舞伎役者、若女形

元左衛門　もとざえもん

成瀬（なるせ）元左衛門　江戸中期の中野村村役人

元作　もとさく

村井（むらい）元作　？～1859　江戸後期の喜久右衛門の養子。養父が持ち帰った桑の苗を栽培

基貞　もとさだ

藤原（ふじわらの）基貞　平安後期の官人

基定　もとさだ

辻本（つじもと）基定　1778～1852　江戸中期・後期の書肆・狂歌作者

藤原（ふじわらの）基定　南北朝時代の飛騨守

茎貞　もとさだ　⇔くきさだ

荒木田（あらきだ）茎貞　？～923　平安前期・中期の神職

元貞　もとさだ　⇔げんてい

元貞　戦国時代の刀工
大野（おおの）元貞　戦国時代の武将。武田家臣
大野（おおの）元貞　？～1621　江戸前期の代官
岡（おか）元貞　1804～1883　江戸末期の志士
熊谷（くまがい）元貞　江戸前期の藩士
高橋（たかはし）元貞　1800～1872　江戸後期～明治期の医者
寺西（てらにし）元貞　江戸後期の幕臣
豊浦（とようら）元貞　？～1812　江戸中期・後期の医者
中山（なかやま）元貞　江戸後期の商家
長谷川（はせがわ）元貞　1796～1858　江戸後期・末期の国学者
松田（まつだ）元貞　1417～1484　室町時代の武将

元定　もとさだ

荒木田（あらきだの）元定　平安後期の神宮祠官
大江（おおえ）元定　1743～1799　江戸中期の武芸家
小笠原（おがさわら）元定　？～1658　江戸前期の旗本

元禎　もとさだ　⇔げんてい

小平（こだいら）元禎　？～1850　江戸後期の藩士

職定　もとさだ

寺島（てらしま）職定　安土桃山時代の武将
寺嶋（てらしま）職定　戦国時代の武将
平田（ひらた）職定　1528～1583　戦国・安土桃山時代の官人

元知　もとさと　⇔げんち，もととも

尼子（あまご）元知　？～1622　安土桃山・江戸前期の武将

基実　もとざね

高階（たかしなの）基実　平安後期の官人
藤原（ふじわらの）基実　1045～1108　平安中期・後期の官人

元実　もとざね

出羽（いずは）元実　戦国時代の邑智郡出羽上下郷・矢上等の領主

元真　もとざね　⇔がんしん

藤原（ふじわらの）元真　平安後期の官人

元孚　もとざね

泰山（おおやま）元孚〔1代〕　1741～1830　江戸中期・後期の装剣金工
泰山（おおやま）元孚〔2代〕　？～1851　江戸後期の装剣金工
泰山（おおやま）元孚〔3代〕　？～1865　江戸後期・末期の装剣金工

元三郎　もとさぶろう

町切（ちょうぎり）元三郎　江戸後期の上松浦幕領一揆の指導者

元治　もとじ　⇔げんじ，もとはる

金井（かない）元治　1837～1924　江戸末期～大正期の煉瓦工場設立協力者、村長
菰田（こもた）元治　江戸末期の新撰組隊士
吉村（よしむら）元治　1853～1888　江戸後期～明治期の人。富山藩西猪谷関所の最後の関所番

基重　もとしげ

惟宗（これむねの）基重　平安後期の官人
紺野（こんの）基重　江戸後期の藩士

基繁　もとしげ

泉（いずみ）基繁　戦国時代の上野国衆横瀬氏の一族

元重　もとしげ　⇔げんじゅう

元重　室町時代の刀工
秋庭（あきば）元重　？～1509　戦国時代の武将
秋庭（あきば）元重　？～1509　戦国時代の武将
大江（おおえの）元重　平安後期の官人
岡本（おかもと）元重　1586～1620　安土桃山時代・江戸前期の里見忠義の家臣。のち徳川譜代家臣永井直勝・尚政の家臣
平岩（ひらいわ）元重　1534～1619　戦国～江戸前期の武将
間宮（まみや）元重　1561～1645　安土桃山・江戸前期の幕臣

元鎮　もとしげ

毛利（もうり）元鎮　1589～1670　安土桃山・江戸前期の武将

元茂　もとしげ

水野（みずの）元茂　？～1575　戦国・安土桃山時代の織田信長の家臣《水野信政》

元咸　もとしげ

茂庭（もにわ）元咸　1684～1731　江戸前期・中期の志田郡平渡村茂庭氏初代

元稠　もとしげ

桑山（くわやま）元稠　1648～1728　江戸前期・中期の茶人《桑山貞代》

職重　もとしげ

紀（きの）職重　平安後期の官人

元七　もとしち

渡辺（わたなべ）元七　1833～1871　江戸後期～明治期の料理屋経営者

元十郎　もとじゅうろう

村田（むらた）元十郎　1841～1906　江戸後期～明治期の煙草商人

もと女　もとじょ

今泉（いまいずみ）もと女　1759～1819　江戸中期・後期の女性。今泉恒丸の側室、俳人

元次郎　もとじろう

内山（うちやま）元次郎　江戸末期の新撰組隊士
端山（はやま）元次郎　？～1847　江戸後期の大住郡公所村名主

本次郎　もとじろう

千谷（ちや）本次郎　1853～1917　江戸末期～大正期の自治功労者

基相　もとすけ

源（みなもとの）基相　平安中期の官人

基祐　もとすけ

斎藤（さいとう）基祐　鎌倉後期の武家・歌人

元助　もとすけ
元助　1680〜1732　江戸前期・中期の赤穂浪士片岡源五右衛門の忠僕

元輔　もとすけ　⇔げんぽ
橘（たちばなの）元輔　平安後期の官人

元祐　もとすけ　⇔げんゆう
岡崎（おかざき）元祐　1839〜1918　江戸末期〜大正期の武道家、博学者
佐藤（さとう）元祐　戦国時代の青森県出身の神主
庄（しょう）元祐　？〜1567　室町時代の武将
穂田（ほいだ）元祐　？〜1571　戦国時代の備中国の武将・備中猿懸（掛）城主

職資　もとすけ
平田（ひらた）職資　江戸前期の故実家

職甫　もとすけ
平田（ひらた）職甫　1709〜1748　江戸中期の官人

元澄　もとずみ　⇔げんちょう
松田（まつだ）元澄　？〜1473　室町時代の備前国の武士
三浦（みうら）元澄　安土桃山・江戸前期の武士

元三　もとぞう　⇔げんぞう
熊沢（くまざわ）元三　江戸末期の新撰組隊士

元蔵　もとぞう
元蔵　安土桃山時代の陶工
熊沢（くまざわ）元蔵　江戸末期の新撰組隊士《熊沢元三》

元造　もとぞう　⇔げんぞう
神田（かんだ）元造　1842〜1897　江戸後期〜明治期の武道家

基高　もとたか
大河内（おおこうち）基高　1515〜1613　戦国〜江戸前期の武士
津野（つの）基高　？〜1553　戦国時代の武将
松殿（まつどの）基高　？〜1463　室町時代の公家

基隆　もとたか
児島（こじま）基隆　1818〜1887　江戸末期・明治期の画家、神職
後藤（ごとう）基隆　鎌倉時代の武家・歌人
長坂（ながさか）基隆　1642〜1724　江戸前期・中期の幕臣

元貴　もとたか
長崎（ながさき）元貴　1764〜？　江戸中期の幕臣
三宅（みやけ）元貴　1716〜1789　江戸中期の大庄屋

元及　もとたか
粟津（あわづ）元及　1710〜1767　江戸中期の公家。浄土真宗の僧

元喬　もとたか
松田（まつだ）元喬　1297〜1344　室町時代の武将

元敬　もとたか　⇔げんけい
滝野（たきの）元敬　江戸前期の本草家

元孝　もとたか　⇔げんこう
朝比奈（あさひな）元孝　1643〜1715　江戸前期・中期の土佐藩家老
内海（うつみ）元孝　1772〜1835　江戸後期の画師
神尾（かんお）元孝　1775〜1845　江戸中期・後期の幕臣
新海（しんかい）元孝　？〜1895　江戸末期・明治期の医師
藤崎（ふじさき）元孝　江戸中期の鷹匠

元高　もとたか
安曇（あずみの）元高　平安中期の相撲人

元珍　もとたか　⇔げんちん，もとつら，もとよし
青地（あおぢ）元珍　？〜1633　安土桃山・江戸前期の織田信長の家臣《青地元珍》

元隆　もとたか　⇔げんりゅう
加藤（かとう）元隆　安土桃山時代の織田信長の家臣
細川（ほそかわ）元隆　江戸前期・中期の幕臣、医者
松田（まつだ）元隆　？〜1473　室町時代の武将
松田（まつだ）元隆　？〜1535　室町時代の武将。3代金川城主

元堯　もとたか
大森（おおもり）元堯　1713〜1763　江戸中期の文人・勧進元

職隆　もとたか
黒田（くろだ）職隆　1524〜1585　安土桃山時代の武将

本孝　もとたか　⇔ほんこう
磯野（いその）本孝　江戸中期の藩士
田中（たなか）本孝　1741〜1803　江戸中期・後期の国学者

元彊　もとたけ
上田（うえだ）元彊　江戸後期の歌人

元武　もとたけ
桑山（くわやま）元武　1680〜1754　江戸前期・中期の幕臣
村上（むらかみ）元武　1595〜1649　安土桃山・江戸前期の萩藩御船手組頭

基忠　もとただ
粟田（あわたの）基忠　平安中期の官人。姓は宿禰

元忠　もとただ　⇔げんちゅう
浅井（あさい）元忠　？〜1645　江戸前期の旗本
北条（きたじょう）元忠　？〜1578　戦国・安土桃山時代の上杉氏の家臣
中平（なかひら）元忠　1495〜1572　戦国時代の武将で津野氏の臣
平賀（ひらが）元忠　江戸前期の武士
本間（ほんま）元忠　鎌倉時代の武士
源（みなもとの）元忠　平安中期の官人

元佶　もとただ
多紀（たき）元佶　1825〜1863　江戸後期・末期の幕臣・医者

職尹　もとただ
榊原（さかきばら）職尹　1708〜1774　江戸中期の幕臣

元辰　もとたつ
原（はら）元辰　1647〜1703　江戸前期・中期の赤穂浪士

基胤　もとたね
大沢（おおさわ）基胤　1526～1605　戦国～江戸前期の武将
原（はら）基胤　戦国時代の武将。原胤隆の長子

元苗　もとたね　⇔もとひで
三浦（みうら）元苗　1774～1806　江戸中期・後期の藩士、国学者

大備　もとたり
町田（まちだ）大備　1824～1886　江戸後期～明治期の医師

元太郎　もとたろう　⇔げんたろう
竹内（たけうち）元太郎　江戸末期の新撰組隊士

基近　もとちか
基近　鎌倉前期・後期の福岡一文字派の刀工

基親　もとちか
紀（きの）基親　平安中期の官人
惟宗（これむねの）基親　平安後期の官人
源（みなもとの）基親　平安後期の官人

元近　もとちか
元近　戦国時代の甲斐国都留郡駒橋郷在郷の鍛冶職人、刀匠
松浦（まつうら）元近　1731～1813　江戸中期・後期の小幡藩士

元周　もとちか　⇔げんしゅう
橘（たちばな）元周　1728～？　江戸中期の医者・幕臣
戸田（とだ）元周　1663？～1737　江戸中期の歌人

元親　もとちか
粟屋（あわや）元親　？～1561　安土桃山時代の武将。毛利氏家臣
伊丹（いたみ）元親　室町時代の連歌作者
松田（まつだ）元親　？～1484　室町時代の武将
山田（やまだ）元親　？～1682　江戸前期の代官

元隣　もとちか
長田（おさだ）元隣　1678～1732　江戸前期・中期の幕臣
松村（まつむら）元隣　1685～1757　江戸前期・中期の幕臣

基継　もとつぐ
園（その）基継　1526～1602　戦国・安土桃山時代の公家、歌人

元継　もとつぐ　⇔げんけい
木村（きむら）元継　？～1686　江戸前期の旗本
宍戸（ししど）元継　江戸前期の武将

元次　もとつぐ
岡田（おかだ）元次　1521～？　戦国・安土桃山時代の武将
岡田（おかだ）元次　1539～1616　戦国～江戸前期の松井松平家宿老
忍足（おしだり）元次　戦国時代の里見義堯の家臣
望月（もちづき）元次　？～1643　江戸前期の武士

元紹　もとつぐ
古川（ふるかわ）元紹　1811～1870　江戸後期～明治期の医者

本継　もとつぐ
刑坂（おさかの）本継　平安前期の官人

基綱　もとつな
宇都宮（うつのみや）基綱　1350～1380　南北朝時代の武将
平（たいら）基綱　平安後期の官人、歌人
藤原（ふじわらの）基綱　平安後期の官人
矢島（やじま）基綱　戦国時代の信濃国諏訪郡の社家衆

元綱　もとつな
相合（あいおう）元綱　毛利元綱に同じ
大石（おおいし）元綱　？～1601　安土桃山時代の山内上杉氏・越後上杉氏の家臣
大河内（おおこうち）元綱　？～1533？　戦国時代の武将
毛利（もうり）元綱　？～1523　戦国時代の武将
横田（よこた）元綱　1847～1864　江戸後期・末期の草莽の志士

元恒　もとつね
膳伴（かしわでのとも）元恒　平安後期の豊後国大分郡荏隈郷司権介

元常　もとつね
上原（うえはら）元常　1705～1751　江戸中期の幕臣
佐野（さの）元常　1696～1756　江戸中期の儒者・医師

元庸　もとつね　⇔げんよう
吉井（よしい）元庸　？～1776　江戸中期の国学者

元貫　もとつら
津田（つだ）元貫　1734～1815　江戸中期・後期の医者・狂歌作者

元珍　もとつら　⇔げんちん，もとたか，もとよし
芥川（あくたがわ）元珍　1735～1814　江戸中期・後期の幕臣

元連　もとつら
蔵田（くらた）元連　江戸時代の萩藩士
長（ちょう）元連　1628～1697　江戸前期・中期の長連頼の嫡男

基輝　もとてる
石原（いしはら）基輝　1844～1886　江戸末期・明治期の警察官

元照　もとてる　⇔げんしょう
桜園（さくらのその）元照　江戸後期の吉田（豊橋市）の人。浅草菴市人系の狂歌人

元暉　もとてる
松平（まつだいら）元暉　？～1698　江戸前期の武士

基任　もととう
斎藤（さいとう）基任　鎌倉後期の武家・歌人

元任　もととう
橘（たちばな）元任　平安中期の官人、歌人

職任　もととう
源（みなもとの）職任　平安後期の官人

基言　もととき
惟宗（これむねの）基言　平安後期の官人

基時　もとときき

押垂(おしたれ)基時　鎌倉時代の武蔵武士・御家人
藤原(ふじわらの)基時　平安後期の官人
堀川(ほりかわ)基時　鎌倉後期の公家・歌人

元時　もとときき

飯尾(いのう)元時　戦国時代の今川氏の家臣

職辰　もとときき

平田(ひらた)職辰　1681～？　江戸前期・中期の官人

基俊　もととし

源(みなもとの)基俊　平安後期の官人

元寿　もととし　⇔げんじゅ

勝田(かつた)元寿　江戸後期の幕臣

元俊　もととし

上田(うえだ)元俊　1529～1609　江戸前期の旗本
春若(はるわか)元俊　1533～1607　戦国～江戸前期の萩町人

元利　もととし

島(しま)元利　？～1653　江戸前期の旗本
八嶋(やしま)元利　1830～1892　江戸後期～明治期の医師

職俊　もととし

平田(ひらた)職俊　1633～1711　江戸前期・中期の官吏、有職家
平田(ひらた)職俊　1760～？　江戸中期・後期の官人

基具　もととも

源(みなもとの)基具　1232～1297　鎌倉前期・後期の公卿

元倶　もととも

出羽(いずは)元倶　1555～1571　戦国・安土桃山時代の武将
毛利(もうり)元倶　1585～1645　安土桃山・江戸前期の武将

元知　もととも　⇔げんち, もとさと

佐藤(さとう)元知　1768～1839　江戸中期・後期の藩士

元智　もととも　⇔げんち

小境(こざかい)元智　？～1374　南北朝時代の小境郷一分地頭

元朝　もととも　⇔がんちょう, もとあきら

岡本(おかもと)元朝　1661～1712　江戸前期・中期の藩士

元倫　もととも

和気(わけの)元倫　平安中期の官人

職朝　もととも

花房(はなぶさ)職朝　1716～1765　江戸中期の幕臣

元豊　もととよ

冷泉(れいぜい)元豊　戦国・安土桃山時代の武士

職寅　もととら

平田(ひらた)職寅　1787～？　江戸中期・後期の官人

基名　もとな

斎藤(さいとう)基名　南北朝時代の武家・歌人

基直　もとなお

紀(きの)基直　平安前期の真川郷の刀禰

元尚　もとなお　⇔げんしょう

高須(たかす)元尚　1756～1830　江戸後期の国学者

元直　もとなお

島津(しまづ)元直　1738～1807　江戸中期・後期の藩士
奈和良(なわら)元直　？～1782　江戸中期の東名塩田開設者
禰津(ねつ)元直　戦国時代の信濃小県郡の国衆
袮津(ねづ)元直　安土桃山時代の武将

職直　もとなお

職直　鎌倉時代の武士
平田(ひらた)職直　1649～1742　江戸前期・中期の官人

基仲　もとなか

橘(たちばなの)基仲　平安後期の官人
藤原(ふじわらの)基仲　？～1072　平安後期の官人

元仲　もとなか　⇔げんちゅう

越(こし)元仲　江戸中期の漢学者

根心　もとなか

河南(かわみなみ)根心　1812～1885　江戸後期～明治期の出水郡阿久根の豪商

資央　もとなか

福原(ふくはら)資央　1678～1731　江戸前期・中期の藩士・兵法家

職央　もとなか

平田(ひらた)職央　1620～1698　江戸前期・中期の官人・故実家

基永　もとなが

野与(のよ)基永　平安後期の武士

基長　もとなが

小笠原(おがさわら)基長　江戸中期の藩士
森本(もりもと)基長　南北朝時代の武将

元永　もとなが

朝比奈(あさひな)元永　戦国時代の武将。武田家臣

元長　もとなが　⇔げんちょう

赤石(あかいし)元長　1819～1880　江戸後期～明治期の漢学者、医家。代々総社神社の社家
今泉(いまいずみ)元長　1818～1892　江戸後期～明治期の幕臣
小笠原(おがさわら)元長　1433～1503　室町・戦国時代の武将・故実家
滝川(たきがわ)元長　1662～1747　江戸前期・中期の幕臣
長島(ながしま)元長　1793～1871　江戸後期～明治期の藩士
福島(ふくしま)元長　？～1597　戦国時代の武士
村尾(むらお)元長　1859～1908　江戸末期・明治期の官吏、北海道史家
山田大路(ようだおおじ)元長　1392～？　南北朝・室町時代の神職

元脩　もとなが　⇔げんしゅう

近藤(こんどう)元脩　1839～1901　江戸後期～明

治期の儒学者
松田(まつだ)元脩　安土桃山時代の武将

基夏　もとなつ
斎藤(さいとう)基夏　鎌倉後期の武家・歌人

基成　もとなり
藤原(ふじわらの)基成　平安後期の官人

元業　もとなり
林(はやし)元業　江戸中期の医者

元就　もとなり
千村(ちむら)元就　戦国時代の木曽氏の家臣

元成　もとなり
浅井(あさい)元成　?～1634　江戸前期の旗本
上田(うえだ)元成　戦国時代の松平氏の家臣
紀(きの)元成　平安中期の随身
竹尾(たけお)元成　1558～1594　江戸前期の旗本
東花(とうがの)元成　江戸後期の戯作者
浜嶋(はましま)元成　江戸中期の文人
孕石(はらみいし)元成　1563～1632　安土桃山・江戸前期の武士
彦坂(ひこさか)元成　戦国時代の徳川家康の家臣
松田(まつだ)元成　?～1484　室町・戦国時代の武将

甫成　もとなり
加藤(かとう)甫成　1650～1739　江戸前期・中期の旗本

本主　もとぬし
大江(おおえの)本主　平安前期の官人
大枝(おおえの)本主　平安前期の貴族

本之丞　もとのじょう
日野(ひの)本之丞　江戸末期の新撰組隊士

元之進　もとのしん
鈴木(すずき)元之進　江戸末期の新撰組隊士

基之輔　もとのすけ
奥村(おくむら)基之輔　1814～1858　江戸後期・末期の暦学者、長久館教授

元之助　もとのすけ
蘆田(あしだ)元之助　1844～1914　江戸末期の松江藩御典医

素之輔　もとのすけ
村田(むらた)素之輔　?～1820　江戸中期・後期の教育者

意誠　もとのぶ　⇔おきのぶ
三宅(みやけ)意誠　1788～1837　江戸後期の官人・歌人

基信　もとのぶ
紀(きの)基信　平安後期の官人
藤原(ふじわらの)基信　平安後期の官人

求宣　もとのぶ
増山(ますやま)求宣　江戸前期の歌人

元信　もとのぶ
元信　鎌倉時代の刀工
天野(あまの)元信　?～1605　安土桃山時代の武将
紀(きの)元信　平安後期・鎌倉前期の役人
土岐(とき)元信　1733～1793　江戸中期の医師
三井(みい)元信　江戸時代の萩藩士
三島(みしま)元信　?～1684　江戸前期の武士
三宅(みやけ)元信　江戸中期の漢学者
八木(やぎ)元信　江戸前期の薩摩藩士

元宣　もとのぶ
三村(みむら)元宣　?～1575　戦国・安土桃山時代の武将

元陳　もとのぶ
粟津(あわづ)元陳　1776～1821　江戸中期・後期の公家。浄土真宗の僧
犬塚(いぬづか)元陳　江戸後期の国学者
田井(たい)元陳　江戸後期の藩士
多賀谷(たがや)元陳　江戸中期の和算家

元寅　もとのぶ
原(はら)元寅　1651～1728　江戸前期・中期の藩士

意徳　もとのり　⇔いとく
中嶋(なかじま)意徳　1838～1908　江戸後期～明治期の仙台藩士上口内要害最後の領主

基則　もとのり
石川(いしかわ)基則　1773～1845　江戸中期・後期の書家

基哲　もとのり
大沢(おおさわ)基哲　1623～1687　江戸前期の幕臣

基徳　もとのり
田近(たぢか)基徳　1848～1908　江戸末期・明治期の吉城郡細江村戸長

も

基範　もとのり
加藤(かとう)基範　安土桃山時代の陶工
後藤(ごとう)基範　1842～1916　江戸末期～大正期の養蚕普及の先駆者

元意　もとのり
倉次(くらつぎ)元意　江戸末期の蘭学者・医者

元簡　もとのり
三浦(みうら)元簡　1778～1838　江戸中期・後期の藩士、歌人

元規　もとのり
平(たいら)元規　?～908　平安前期・中期の官人、歌人

元儀　もとのり
横山(よこやま)元儀　江戸後期の藩士

元教　もとのり
朝倉(あさくら)元教　1807～1859　江戸後期・末期の武士
大山(おおやま)元教　?～1773　江戸中期の装剣金工

元矩　もとのり
野田(のだ)元矩　1769～1846　江戸中期・後期の幕臣

元勲　もとのり
今大路(いまおおじ)元勲　1710～1759　江戸中期の医者

元徳　もとのり　⇔げんとく
富沢(とみざわ)元徳　1808～1866　江戸後期・末期の医師・教育者

元範　もとのり
大中臣(おおなかとみの)元範　995～1071　平安中期・後期の祭主(34代)
藤原(ふじわらの)元範　?～1065　平安後期の官人
三村(みむら)元範　?～1575　戦国・安土桃山時代の武将

職教　もとのり
平田(ひらた)職教　1847～?　江戸後期・末期の官人

職則　もとのり
花房(はなふさ)職則　1580～1620　安土桃山・江戸前期の武将

元八郎　もとはちろう
田口(たぐち)元八郎　江戸後期の庄内藩家老

意春　もとはる
小泉(こいずみ)意春　戦国時代の代官。北条氏家臣

基玄　もとはる
畠山(はたけやま)基玄　1636～1710　江戸前期・中期の幕臣

基治　もとはる
佐藤(さとう)基治　平安後期の武将

元治　もとはる　⇔げんじ, もとじ
東(とう)元治　安土桃山・江戸前期の剣術家
藤原(ふじわらの)元治　平安後期の武士

も

元春　もとはる　⇔げんしゅん
足立(あだち)元春　鎌倉時代の武蔵武士・御家人
穴沢(あなざわ)元春　1716～?　江戸中期の会津藤樹学者
押川(おしかわ)元春　江戸中期の木村探元の高弟
黒川(くろかわ)元春　戦国時代の武将
佐藤(さとう)元春　江戸中期の「修身一助」の著者

本春　もとはる
本春　江戸前期の俳人・書肆

元彦　もとひこ
春原(はるはら)元彦　1800～1855　江戸後期・末期の歌人
宮崎(みやざき)元彦　1785～1865　江戸中期～末期の神職・教育者

基久　もとひさ
佐藤(さとう)基久　1306～1348　鎌倉後期・南北朝時代の武士

元久　もとひさ
元久　江戸末期・明治期の刀工
榎本(えのもと)元久　1680～1746　江戸前期・中期の寄組士
賀茂(かも)元久　1555～1623　戦国～江戸前期の神職・連歌作者
疋田(ひきた)元久　安土桃山時代の武将

源藤　もとひさ
柏木(かしわぎ)源藤　安土桃山時代の島津義弘家臣川上忠兄の郎党

職久　もとひさ
梅辻(うめつじ)職久　1641～1701　江戸前期・中期の神職。上賀茂神主氏久の系統

素久　もとひさ
出目(でめ)素久　1843～1903　江戸後期～明治期の能面師

基栄　もとひで
賀茂(かもの)基栄　平安後期の陰陽師

元英　もとひで　⇔げんえい
中嶋(なかじま)元英　1796～1853　江戸後期の幕臣

元秀　もとひで　⇔がんしゅう, げんしゅう
壱志(いちしの)元秀　平安中期の官人
高安(たかやす)元秀　室町時代の武家・歌人
波多野(はたの)元秀　戦国・安土桃山時代の武将

元苗　もとひで　⇔もとたね
毛利(もうり)元苗　1765～?　江戸中期・後期の幕臣

職平　もとひら
中原(なかはら)職平　1790～1834　江戸後期の官人

意広　もとひろ
柴田(しばた)意広　1832～1868　江戸後期・末期の武士。柴田城主

基寛　もとひろ
千村(ちむら)基寛　1628～1686　江戸前期の幕府代官

基弘　もとひろ
後藤(ごとう)基弘　1810～1850　江戸後期の国学者

元啓　もとひろ　⇔げんけい
石松(いしまつ)元啓　1797～1883　江戸後期～明治期の歌人

元広　もとひろ
富士谷(ふじたに)元広　1821～1905　江戸後期～明治期の国学者

元弘　もとひろ　⇔げんこう
近藤(こんどう)元弘　1847～1896　江戸後期～明治期の教育家

元浩　もとひろ
稲田(いなだ)元浩　1769～1842　江戸中期・後期の国学者、歌人

基房　もとふさ
上野(うえの)基房　1777～1834　江戸後期の宇都宮の郷土史家、狂歌師
藤原(ふじわらの)基房　?～1064　平安中期・後期の公家・歌人
山本(やまもと)基房　?～1784　江戸中期の藩士

元房　もとふさ
大中臣(おおなかとみの)元房　899～972　平安前期・中期の祭主。大中臣二門出身
中原(なかはら)元房　江戸後期の和算家
松田(まつだ)元房　?～1380　南北朝時代の備前国の武士

元文　もとぶみ
西山(にしやま)元文　江戸中期の漢学者

素履　もとふむ
荒木(あらき)素履　1754～1811　江戸中期・後期

の書家、国学者

幹正 もとまさ
菅原(すがわらの)幹正 平安中期の官人

基政 もとまさ
高階(たかしな)基政 鎌倉後期の官人・歌人
中沢(なかざわ)基政 鎌倉前期の武蔵武士

基方 もとまさ
大沢(おおさわ)基方 ?~1703 江戸前期の武士

求政 もとまさ
米田(こめだ)求政 1526~1590 戦国・安土桃山時代の武将

元政 もとまさ
荒木(あらき)元政 1599~1671 安土桃山・江戸前期の幕臣
後藤(ごとう)元政 ?~1579 戦国・安土桃山時代の織田信長の家臣

元正 もとまさ
木村(きむら)元正 1570~1617 江戸前期の旗本

元理 もとまさ ⇔げんり
安藤(あんどう)元理 ?~1333 室町時代の武将

職正 もとまさ
平田(ひらた)職正 1639~1681 江戸前期の官人

基躬 もとみ
大沢(おおさわ)基躬 1659~1728 江戸前期・中期の幕臣

元幹 もとみき
山科(やましな)元幹 江戸後期の官人・歌人・医者

元通 もとみち
細川(ほそかわ)元通 安土桃山時代の武将

元道 もとみち ⇔げんどう
竹尾(たけお)元道 ?~1674 江戸前期の旗本
益田(ますだ)元道 1702~1742 江戸中期の毛利藩永代家老

職実 もとみち
小野(おの)職実 ?~1873 江戸後期~明治期の本草家

本道 もとみち
紀(きの)本道 平安前期の官人

基光 もとみつ
基光 南北朝時代の長船派の刀工
石川(いしかわ)基光 平安後期の石川郡の豪族

元光 もとみつ
大秦(おおはたの)元光 平安後期の薩摩国牛屎郡の相撲人

原福 もとみつ
守屋(もりや)原福 1725~? 江戸中期の代官

元陸 もとむつ
指宿(いぶすき)元陸 江戸中期の鹿篭領主の菩提寺長善寺の住職か

基宗 もとむね
基宗 平安後期の武士
上毛野(かみつけぬの)基宗 平安中期の信濃国の人

元心 もとむね
松平(まつだいら)元心 1481~1562 戦国・安土桃山時代の人。五井松平氏《松平長勝》

元致 もとむね
三輪(みわ)元致 戦国・安土桃山時代の武士

元棟 もとむね ⇔げんとう
仁保(にほ)元棟 ?~1631 戦国~江戸前期の武将

基村 もとむら
加藤(かとう)基村 戦国時代の陶工

基邑 もとむら
後藤(ごとう)基邑 1698~1776 江戸中期の郷土史家

求馬 もとめ ⇔きゅうま
木村(きむら)求馬 江戸末期の新撰組隊士
村上(むらかみ)求馬 1823~1868 江戸後期・末期の旗本

求女助 もとめのすけ
今福(いまふく)求女助 戦国時代の武将。武田家臣

求馬助 もとめのすけ
寺尾(てらお)求馬助 1621~1688 江戸前期の剣術家。二天一流

元目助 もとめのすけ
柳沢(やなぎさわ)元目助 安土桃山時代の武田氏の家臣

基盛 もともり
持明院(じみょういん)基盛 鎌倉後期の公家・歌人

元盛 もともり
内藤(ないとう)元盛 1566~1615 安土桃山・江戸前期の宍戸元秀の二男。毛利元就の曽孫
松田(まつだ)元盛 ?~1558 安土桃山時代の武将

職盛 もともり
平田(ひらた)職盛 1469~? 戦国時代の官人

元弥 もとや
加藤(かとう)元弥 1851~1901 江戸後期~明治期の教育者

基康 もとやす
小鴨(おがもの)基康 平安後期の豪族
平(たいら)基康 鎌倉前期の官人
丹波(たんばの)基康 ?~1160 平安後期の医師
和気(わけの)基康 平安後期の医師

基泰 もとやす
後藤(ごとう)基泰 安土桃山時代の地頭領主
多賀谷(たがや)基泰 戦国時代の下総の国衆

元安 もとやす
岡(おか)元安 ?~1728 江戸中期の武士
山田大路(やまだおおじ)元安 1843~1914 江戸後期~大正期の神道家

元恭 もとやす
岡田(おかだ)元恭 江戸時代の和算家

元康 もとやす
藤原(ふじわら)元康 室町時代の歌人

元泰 もとやす ⇔げんたい
松田(まつだ)元泰 ?~1372 南北朝時代の備前国の武士

元愷 もとやす ⇔げんがい
橘(たちばなの)元愷 平安中期の官人

基幸　もとゆき
源(みなもと)基幸　南北朝時代の歌人
基行　もとゆき
大中臣(おおなかとみの)基行　平安後期の神祇官人
源(みなもとの)基行　?～1080　平安後期の官人
基之　もとゆき
鈴木(すずき)基之　江戸後期の歌人
細川(ほそかわ)基之　?～1448　室町時代の武将・歌人
元行　もとゆき
中島(なかじま)元行　?～1614　安土桃山・江戸前期の武将
二階堂(にかいどう)元行　1199～1240　鎌倉前期・後期の武将
元之　もとゆき
小鴨(おがも)元之　平安後期の在庁官人
山名(やまな)元之　室町時代の武将
索行　もとゆき
塩田(しおた)索行　江戸末期の和算家
基世　もとよ
斎藤(さいとう)基世　鎌倉後期の武家・歌人
元代　もとよ
野沢(のざわ)元代　1835～1891　江戸後期～明治期の貞婦
本与　もとよ
物部宿禰(もののべのすくね)本与　平安中期の中級貴族
意備　もとよし
大林(おおばやし)意備　1836～1916　江戸末期～大正期の人。平井稲荷山遺跡を発見
基義　もとよし
四極田(しわすだ)基義　?～1822　江戸後期の俳人
和賀(わが)基義　南北朝時代の武士
基良　もとよし
粟田口(あわたぐち)基良　1187～1276　平安後期～鎌倉後期の公家・歌人
義蕃　もとよし　⇔ぎはん, よししげ
平賀(ひらが)義蕃　1800～1865　江戸後期の漢学者
元嘉　もとよし
元嘉　江戸前期の刀工
津田(つだ)元嘉　?～1582　戦国・安土桃山時代の織田信長の家臣
元凱　もとよし
横川(よこかわ)元凱　江戸中期の漢学者
元喜　もとよし
上原(うえはら)元喜　?～1747　江戸中期の旗本
海老江(えびえ)元喜　戦国時代の今川氏の給人
元義　もとよし
榊原(さかきばら)元義　1582～1655　安土桃山・江戸前期の幕臣
中津(なかつ)元義　?～1831　江戸後期の国学者
山田(やまだ)元義　戦国時代の武将
元吉　もとよし　⇔もときち
植栗(うえぐり)元吉　戦国時代の植栗城主
榎本(えのもと)元吉　1554～1629　戦国～江戸前期の毛利輝元の家臣
水野(みずの)元吉　?～1669　江戸前期の幕臣
薬師寺(やくしじ)元吉　室町時代の武家・歌人
柳沢(やなぎさわ)元吉　?～1646　江戸前期の旗本
山中(やまなか)元吉　?～1645　江戸前期の幕臣
元源　もとよし
宍戸(ししど)元源　?～1542　戦国時代の武将
元好　もとよし　⇔げんこう
粟津(あわづ)元好　1801～?　江戸後期の公家。浄土真宗の僧
元善　もとよし
上原(うえはら)元善　江戸中期の武士
鈴木(すずき)元善　1838～1904　江戸後期～明治期の旧藩士
元兆　もとよし
松田(まつだ)元兆　1801～1884　江戸後期～明治期の国学者
元珍　もとよし　⇔げんちん, もとたか, もとつら
青地(あおぢ)元珍　?～1633　安土桃山・江戸前期の織田信長の家臣
元美　もとよし
毛利(もうり)元美　1811～1885　江戸後期～明治期の毛利一門厚狭毛利家当主
元良　もとよし　⇔げんりょう
岡部(おかべ)元良　1709～1762　江戸中期の幕臣
近藤(こんどう)元良　1800～1868　江戸後期・末期の石門心学講師、六行舎2代舎主兼教授
始芳　もとよし
北沢(きたざわ)始芳　江戸後期の養蚕家
資美　もとよし
石井(いしい)資美　1761～1802　江戸中期・後期の和算家
尤最　もとよし
山崎(やまざき)尤最　江戸中期の「世説愚案問答」の著者
基頼　もとより
足利(あしかが)基頼　?～1538　戦国時代の武将
元頼　もとより
吉見(よしみ)元頼　?～1594　安土桃山時代の吉賀郷領主
物四郎　ものしろう
守屋(もりや)物四郎　1857～1907　江戸末期・明治期の林学者
物次郎　ものじろう
山本(やまもと)物次郎　?～1868　江戸後期・末期の砲術家
茂延　ものぶ　⇔しげのぶ
山内(やまうち)茂延　1840～?　江戸後期～明治期の土佐藩家老
茂八　もはち
玉置(たまき)茂八　1694～1768　江戸中期の書家
吉田(よしだ)茂八　1825～?　江戸後期・末期の札幌に定住した和人の第1号で創成川の開削者

吉田(よしだ)茂八 1830〜1879 江戸後期〜明治期の宮古港海戦関係者

茂八郎 もはちろう

高橋(たかはし)茂八郎 ?〜1868 江戸後期・末期の銭屋五兵衛船番頭

浜屋(はまや)茂八郎 1768〜1824 江戸中期・後期の八戸藩の鉄山師

茂兵衛 もひょうえ ⇔もへい, もへえ

小室(こむろ)茂兵衛 ?〜1615 江戸前期の豊臣秀頼の家臣

茂兵衛正元 もひょうえまさもと

平子(ひらこ)茂兵衛正元 ?〜1614 江戸前期の人。平子主膳信正の長男

茂兵 もへい

鈴木(すずき)茂兵 安土桃山時代の検地役人

茂兵衛 もへい ⇔もひょうえ, もへえ

北畠(きたばたけ)茂兵衛 1731〜1782 江戸後期の商人

関名(せきな)茂兵衛 安土桃山時代の彦坂元正の手代

竹村屋(たけむらや)茂兵衛 1783〜1833 江戸中期・後期の実業家

茂平 もへい

掃部屋(かもんや)茂平 ?〜1846 江戸後期の妹尾・児島漁場紛争の児島郡漁師総代

栗原(くりはら)茂平 1821〜1891 江戸末期・明治期の蚕種業家

佐藤(さとう)茂平 ?〜1740 江戸中期の出羽新庄藩士

林(はやし)茂平 1839〜1875 江戸後期〜明治期の名東権令

福島(ふくしま)茂平 1842〜1917 江戸末期〜大正期の駿河国有渡郡中島村の名主

油井(ゆい)茂平 1839〜1902 江戸後期〜明治期の医師、名主

茂平次 もへいじ

野村(のむら)茂平次 1844〜1916 江戸末期〜大正期の瀧山寺の寺侍

茂兵衛 もへえ ⇔もひょうえ, もへい

秋田(あきた)茂兵衛 1793〜1886 江戸後期〜明治期の教育者

足達(あだち)茂兵衛 1683〜1766 江戸前期・中期の剣術家。小栗流

安藤(あんどう)茂兵衛 江戸後期の町石工

五十嵐(いからし)茂兵衛 1772〜1832 江戸中期・後期の商人

石川(いしかわ)茂兵衛 1839〜1913 江戸末期〜大正期の肥料業界の先達

江口(えぐち)茂兵衛 1812〜1879 江戸後期〜明治期の阿知須浦の庄屋

小野(おの)茂兵衛 1837〜1884 江戸後期〜明治期の実業家、政治家

小泉(こいずみ)茂兵衛 ?〜1854 江戸後期の高座郡下九沢村民

小島(こじま)茂兵衛 江戸時代の知多郡松原村の庄屋

竹村屋(たけむらや)茂兵衛 1783〜1833 江戸中期・後期の実業家《竹村屋茂兵衛》

辰巳屋(たつみや)茂兵衛 江戸中期の漢学者

中務(なかつか)茂兵衛 1847〜1922 江戸末期〜大正期の篤信の四国遍礼者

半田(はんだ)茂兵衛 1824〜1897 江戸後期〜明治期の実業家

平瀬(ひらせ)茂兵衛 江戸後期の蔵柱新町の人。天保飢饉の死者の供養塔を建立

武藤(むとう)茂兵衛 安土桃山・江戸前期の横山館主

安光(やすみつ)茂兵衛 ?〜1693 江戸前期・中期の秋穂地方の水田開発者

山本(やまもと)茂兵衛 江戸中期の武士

横田(よこた)茂兵衛 1848〜1915 江戸末期〜大正期の在郷商人

渡辺(わたなべ)茂兵衛 1759〜1826 江戸中期・後期の口内傘の創始者

茂平衛 もへえ

幸手屋(さつてや)茂平衛 江戸時代の薬商

茂房 もぼう ⇔しげふさ

末次(すえつぐ)茂房 ?〜1669 江戸前期の長崎代官

紅子 もみこ

紅子 江戸中期の女流歌人、奥女中

小曽根(こそね)紅子 江戸中期の歌人

莫武 もむ

福寿坊(ふくじゅぼう)莫武 1752〜1831 江戸中期・後期の教育者

百興 ももき

高丘(たかおかの)百興 平安前期の遣唐使

百太郎 ももたろう

佐藤(さとう)百太郎 1852〜1910 江戸後期〜明治期の実業家

百千 ももち

末田(すえだ)百千 1843〜1921 江戸後期〜大正期の神職

桃千代 ももちよ

寺坂(てらさか)桃千代 安土桃山時代の武士

百継 ももつぐ

神奴(かんどの)百継 奈良時代の官人

百十 ももとお

加茂(かも)百十 1810〜1894 江戸末期・明治期の神職

百度踏揚 ももとふみあがり

百度踏揚 室町時代の女性。琉球尚泰久王の王女

百鳥 ももとり

安曇部(あづみべの)百鳥 奈良時代の安曇郡の郡司

桃彦 ももひこ

桃彦 ?〜1797 江戸中期・後期の俳人《晋我〔2代〕》

百村 ももむら

土師(はじの)百村 奈良時代の官吏

百行 ももゆき

粟(あわの)百行 平安中期の官人

百世　ももよ
太田(おおた)百世　1832～1904　江戸後期～明治期の神道家

百代　ももよ
諏訪部(すわべ)百代　安土桃山時代の駿河国の土豪

茂蘭　もらん
茂蘭〔2代〕　?～1790　江戸中期・後期の俳人。真言宗の僧

守　もり　⇔まもる
渡辺(わたなべ)守　?～1591　戦国・安土桃山時代の徳川家の家臣

盛　もり　⇔さかり, せい
日禰野(ひねの)盛　安土桃山時代の織田信長の家臣《日禰野勘右衛門》

守秋　もりあき
藤井(ふじいの)守秋　平安後期の官人

守明　もりあき　⇔しゅめい
泉(いずみ)守明　?～1842　江戸後期の絵師

盛晃　もりあき
長山(ながやま)盛晃　江戸後期の藩士

盛秋　もりあき
豊原(とよはら)盛秋　戦国時代の地下楽人

盛昭　もりあき
須田(すだ)盛昭　?～1838　江戸後期の第26代京都西町奉行

盛彬　もりあき　⇔もりしげ
中原(なかはら)盛彬　江戸後期の国学者

盛明　もりあき　⇔もりあきら
松田(まつだ)盛明　?～1616　安土桃山時代の武士

守全　もりあきら
三枝(さいぐさ)守全　1610～1680　江戸前期の幕臣

盛章　もりあきら
高階(たかしなの)盛章　?～1156　平安後期の院司受領

盛明　もりあきら　⇔もりあき
諸星(もろぼし)盛明　1663～1725　江戸前期・中期の幕臣

守篤　もりあつ
林(はやし)守篤　江戸前期の絵師

守有　もりあり
大隅(おおすみ)守有　戦国時代の料理方

衛居　もりい
山田(やまだ)衛居　1849～1907　江戸末期・明治期の神官

守家　もりいえ
安芸(あき)守家　室町時代の婦人科医
林(はやし)守家　1559～1621　戦国～江戸前期の浅野家臣
藤原(ふじわらの)守家　鎌倉前期の武蔵国鋳物師
松平(まつだいら)守家　?～1503　室町・戦国時代の松平本家。3代信光の長男で竹谷松平家の祖

盛家　もりいえ
浅井(あさい)盛家　安土桃山時代の織田信長の家臣
大江(おおえの)盛家　平安後期の官人
太田(おおた)盛家　安土桃山時代の駿府の豪商
大中臣(おおなかとみの)盛家　1134～?　平安後期の第92代伊勢大神宮司
紀(き)盛家　南北朝時代の歌人
来原(くるばら)盛家　鎌倉時代の在地領主。田村氏
仁科(にしな)盛家　平安後期の地方豪族
肥後(ひご)盛家　?～1536　戦国時代の武将
源(みなもとの)盛家　1070～1125　平安後期の下級官人

守一　もりいち　⇔しゅいち, もりかず
内田(うちだ)守一　1855～?　江戸末期・明治期の医学者

守氏　もりうじ
守氏　鎌倉時代の漆工
荒木田(あらきだ)守氏　室町・戦国時代の神職、連歌作者

盛氏　もりうじ
芦名(あしな)盛氏　1521～1580　戦国時代の会津黒川城主
安積(あづみ)盛氏　南北朝時代の播磨の武将
新居(にい)盛氏　鎌倉時代の武士
正木(まさき)盛氏　戦国時代の内房総正木氏の一族

守衛　もりえ
阿部(あべ)守衛　1845～1907　江戸末期の剣客

盛愛　もりえ
猿渡(さわたり)盛愛　1844～1905　江戸後期～明治期の神職・歌人

守右衛門　もりえもん
小山(こやま)守右衛門　1656～1674　江戸前期の武士

森右衛門　もりえもん
西国(さいごく)森右衛門　江戸中期の力士
新庄(しんじょう)森右衛門　江戸前期の三島代官伊奈忠易の手代
藤島(ふじしま)森右衛門　?～1772?　江戸中期の力士
山口(やまぐち)森右衛門　江戸前期の三島代官竹内信成の手代

守雄　もりお
大堀(おおほり)守雄　1793～?　江戸後期の国学者・歌人
書上(かきあげ)守雄　1827～1897　江戸後期～明治期の歌人
辻(つじ)守雄　1687～1735　江戸前期・中期の美濃郡代
仲野(なかの)守雄　1846～1899　江戸後期～明治期の大地主。仲野家家学の伝承者

守王　もりおう
山崎(やまざき)守王　江戸後期の鶴岡八幡宮の巫女

森王　もりおう
小坂(こさか)森王　江戸後期の鎌倉鶴岡八幡宮の巫女

盛香　もりか　⇔せいこう
柴村(しばむら)盛香　1693～1760　江戸中期の幕臣

守蔭　もりかげ
目賀田(めがた)守蔭　1807～?　江戸後期の幕臣
守景　もりかげ
守景　鎌倉時代の刀工
北河原(きたがわら)守景　1802～1866　江戸後期・末期の藩士
盛陰　もりかげ
辻(つじ)盛陰　1703～1784　江戸中期の代官、勘定吟味役
盛景　もりかげ
盛景　南北朝時代の長船大宮派の刀工
小早川(こばやかわ)盛景　室町時代の武将
長野(ながの)盛景　鎌倉時代の加賀国能美郡長野保の在地領主
守一　もりかず　⇔しゅいち, もりいち
伊藤(いとう)守一　1797～1849　江戸後期の和算家
高井(たかい)守一　1758～1829　江戸中期・後期の群馬郡中大類村の名主
沼間(ぬま)守一　1843～1890　江戸後期～明治期の幕臣、ジャーナリスト
盛員　もりかず
芦名(あしな)盛員　?～1335　鎌倉後期・南北朝時代の武将
桑原(くわばら)盛員　1721～1800　江戸中期・後期の幕臣
宗(そう)盛員　鎌倉時代の医師
高田(たかだ)盛員　鎌倉前期の武将
友安(ともやす)盛員　1594～1659　安土桃山・江戸前期の神職
仁科(にしな)盛員　戦国・安土桃山時代の信濃・仁科領主の一族
盛数　もりかず
遠藤(えんどう)盛数　?～1562　戦国・安土桃山時代の郡上郡全体の領主
盛和　もりかず
矢田部(やたべ)盛和　1533?～1605　戦国～江戸前期の伊豆三嶋社神主
守堅　もりかた
鈴木(すずき)守堅　1614～1672　江戸前期の武士、西条藩家老
守賢　もりかた　⇔しゅけん
伊藤(いとう)守賢　?～1847　江戸末期の武士
盛賢　もりかた
大江(おおえの)盛賢　平安後期の官人
盛方　もりかた　⇔せいほう, もりみち
江見(えみ)盛方　平安後期の平家の侍大将
桑原(くわばら)盛方　1755～?　江戸中期の幕臣
平(たいら)盛方　平安中期の武士
守勝　もりかつ
高木(たかぎ)守勝　1640～1699　江戸前期・中期の武士
戸田(とだ)守勝　1703～1779　江戸中期の藩士
六島(ろくしま)守勝　戦国時代の鉄砲衆
盛克　もりかつ
依田(よだ)盛克　?～1898　江戸末期・明治期の幕臣
盛勝　もりかつ
須田(すだ)盛勝　1696～1756　江戸中期の盛庸の男
盛門　もりかど
佐野(さの)盛門　江戸後期の和算家
盛兼　もりかね
安積(あづみ)盛兼　南北朝時代の播磨の武将
紀(きの)盛兼　平安後期の院使
田中(たなか)盛兼　?～1333　室町時代の武将
中原(なかはらの)盛兼　平安後期の官人
埴生(はにゅう)盛兼　?～1181　平安後期の武士
伴(ばん)盛兼　1547～1584　戦国・安土桃山時代の織田信長の家臣
守樹　もりき
紀(きの)守樹　平安中期の官人
守城　もりき
井面(いのも)守城　江戸後期の神職
盛興　もりき　⇔せいこう
柴村(しばむら)盛興　1654～1723　江戸前期・中期の幕臣、代官
盛公　もりきみ
藤原(ふじわらの)盛公　平安後期の官人
守清　もりきよ
三枝(さいぐさ)守清　1639～1711　江戸前期の旗本
緑園(りょくえん)守清　?～1835　江戸後期の狂歌作者
盛舜　もりきよ
芦名(あしな)盛舜　1489～1553　戦国時代の会津黒川城主
盛清　もりきよ　⇔せいせい
出浦(いでうら)盛清　安土桃山時代の村上義清の一族。更級郡上平の出浦城主
福田(ふくだ)盛清　安土桃山時代の武士
源(みなもと)盛清　平安後期の歌人
源(みなもとの)盛清　平安後期の官人
護国　もりくに
護国　江戸後期の刀工
護都　もりくに
臼井(うすい)護都　1717～1784　江戸中期の代官
守国　もりくに
伊勢(いせの)守国　平安後期の官人
三枝(さえぐさ)守国　平安中期の甲斐の名族。三枝氏の祖とされる
盛国　もりくに
大江(おおえの)盛国　平安後期の伊賀国の在庁官人
平(たいらの)盛国　1056～1127　平安後期の官人
仁科(にしな)盛国　室町時代の仁科神明官の造営奉仕者
守子　もりこ
保坂(ほさか)守子　1806～1885　江戸後期～明治期の歌人

盛子　もりこ
藤原(ふじわらの)盛子　?～943　平安中期の女性。右大臣藤原師輔の室
藤原(ふじわらの)盛子　平安中期の女性
源(みなもとの)盛子　平安後期の女房・歌人《皇嘉門院治部卿》

秦子内親王　もりこないしんのう
秦子内親王　1824～1842　江戸後期の女性。富小路貞直卿の女

守貞　もりさだ
守貞　戦国時代の刀工
守貞〔2代〕　戦国時代の刀工
県(あがたの)守貞　平安後期の官人
辻(つじ)守貞　1751～1805　江戸中期・後期の美濃郡代
常澄(つねずみ)守貞　平安後期の官人
藤井(ふじいの)守貞　平安後期の讃岐国の相撲人
藤原(ふじわらの)守貞　平安後期の官人

盛貞　もりさだ
有沢(ありさわ)盛貞　?～1759　江戸中期の藩士
磯部(いそべの)盛貞　平安後期の官人
島田(しまだ)盛貞　1688～1766　江戸前期・中期の佐渡奉行、留守居番
花前(はなざき)盛貞　?～1584　戦国・安土桃山時代の神職。越後国居多社の社家

も

盛定　もりさだ
伊勢(いせ)盛定　?～1508　室町時代の備中国の武将・後月郡高越山城主
宇久(うく)盛定　戦国時代の武将
大江(おおえの)盛定　平安後期の官人
高野(たかの)盛定　安土桃山・江戸前期の武士
藤原(ふじわら)盛定　?～1197　鎌倉前期の官人

守郷　もりさと
輿石(こしいし)守郷　1837～1910　江戸後期～明治期の神職

守里　もりさと
小出(こいで)守里　1649～1699　江戸前期・中期の幕臣

盛郷　もりさと
波々伯部(ほおかべ)盛郷　?～1507　室町・戦国時代の武将・歌人・連歌作者

守実　もりざね
常磐井(ときわい)守実　?～1817　江戸中期・後期の伊予阿蔵八幡神社神主

盛実　もりざね
尾野(おのの)盛実　平安後期の検非違使
金上(かながみ)盛実　安土桃山時代の武士
黒川(くろかわ)盛実　戦国時代の越後奥山荘北条の国人
島村(しまむら)盛実　1509～1559　戦国時代の武将
藤原(ふじわらの)盛実　平安後期の官人
源(みなもと)盛実　南北朝時代の歌人

守沢　もりさわ
清原(きよはらの)守沢　平安後期の官人

盛沢　もりさわ
紀(きの)盛沢　平安後期の官人

森三　もりさん
森三　戦国・安土桃山時代の武田氏の奉行人

盛治　もりじ　⇔もりはる
木村(きむら)盛治　?～1762　江戸中期の和算家

守重　もりしげ
守重　鎌倉時代の刀工
井面(いのも)守重　1826～1870　江戸後期～明治期の神職
太田(おおた)守重　安土桃山時代の武田氏の家臣
尾山(おやま)守重　戦国時代の信濃小県郡の国衆
三枝(さいぐさ)守重　?～1651　江戸前期の土佐守
栃畑系(とちはたけい)守重　江戸時代の金工
福地(ふくち)守重　安土桃山・江戸前期の武士
船(ふねの)守重　平安中期の官人
山崎(やまざき)守重　戦国時代の大工

守繁　もりしげ
石原(いしはら)守繁　?～1583　戦国・安土桃山時代の武田家臣

森重　もりしげ
山田(やまだ)森重　江戸後期の砲術家

盛重　もりしげ
安芸(あき)盛重　戦国時代の美作国真嶋郡藤森村の飯山城主
菊池(きくち)盛重　1816～1878　江戸後期～明治期の地域功労者
国分(こくぶん)盛重　1558～1615　戦国時代の宮城郡国分の領主
小林(こばやし)盛重　戦国時代の武士
根来(ねごろ)盛重　1556～1641　戦国～江戸前期の代官
深谷(ふかや)盛重　?～1743　江戸中期の旗本
藤原(ふじわらの)盛重　平安中期の官人
別府(べっぷ)盛重　?～1832　江戸後期の和算家

盛森　もりしげ
須田(すだ)盛森　1606～1680　江戸前期の幕臣

盛繁　もりしげ
飯篠(いいざさ)盛繁　戦国時代の神道流の刀槍術を継承。香取新福寺住持秀繁代。飯篠盛秀の子
石河(いしかわ)盛繁　戦国時代の大工
山角(やまかど)盛繁　1566～1614　江戸前期の旗本

盛彬　もりしげ　⇔もりあき
中(なか)盛彬　?～1858　江戸後期の文人

盛随　もりずい
奥田(おくだ)盛随　江戸前期の海運業者

盛季　もりすえ
糟屋(かすや)盛季　平安後期の糟屋荘荘司
清科(きよしなの)盛季　平安後期の陰陽師
藤原(ふじわらの)盛季　平安後期の官人

護助　もりすけ
生原(いくはら)護助　1838～1911　江戸後期～明治期の土佐勤王党の協力者

守介 もりすけ
名井(みょうい)守介 1833～1911 江戸後期～明治期の教育家
守助 もりすけ
守助 鎌倉時代の刀工
安倍(あべの)守助 ?～1017 平安中期の官人
守相 もりすけ
三枝(さいぐさ)守相 1656～1727 江戸前期・中期の幕臣
守典 もりすけ
篠本(しのもと)守典 江戸中期の和算家
守輔 もりすけ
紀(きの)守輔 平安中期の官人
盛資 もりすけ ⇔せいし
川田(かわだ)盛資 鎌倉時代の比志島氏代官
盛輔 もりすけ
大中臣(おおなかとみの)盛輔 平安後期の官人
須田(すだ)盛輔 1632～1717 江戸前期・中期の幕臣
盛純 もりずみ
矢上(やがみ)盛純 鎌倉時代の鹿児島郡司
盛澄 もりずみ ⇔もろずみ
金刺(かなさしの)盛澄 平安後期の武士
平(たいらの)盛澄 平安後期の武将
森蔵 もりぞう
堀口(ほりぐち)森蔵 1836～1902 江戸末期・明治期の弓術家
衛万 もりたか
谷(たに)衛万 1796～1816 江戸後期の大名
守恭 もりたか
三枝(さいぐさ)守恭 1747～1787 江戸中期の幕臣
守孝 もりたか
文(あやの)守孝 平安後期の官人
大中臣(おおなかとみの)守孝 971～1031 平安中期の神祇官人
山口(やまぐち)守孝 1535?～1565 安土桃山時代の織田信長の家臣
守高 もりたか
青地(あおじ)守高 青地守高に同じ
青地(あおぢ)守高 1690～1759 江戸中期の岡山藩士
小野(おのの)守高 平安中期の官人
守隆 もりたか
水野(みずの)守隆 ?～1598 戦国・安土桃山時代の織田信長の家臣
源(みなもとの)守隆 平安中期の官人
森隆 もりたか
平(たいら)森隆 鎌倉時代の三好郡の武士
盛孝 もりたか
宮原(みやはら)盛孝 戦国時代の武将・連歌作者
盛高 もりたか
小笠原(おがさわら)盛高 ?～1620 江戸前期の武士
紫村(しむら)盛高 江戸中期の第9代飛騨国代官
諏訪(すわ)盛高 鎌倉後期の武将
盛隆 もりたか
芦名(あしな)盛隆 1561～1584 戦国時代の武将
白土(しらつち)盛隆 江戸中期の藩士
古厩(ふるまや)盛隆 ?～1583 安土桃山時代の信濃国安曇郡古厩の国衆
盛膺 もりたか
柴村(しばむら)盛膺 1714～1788 江戸中期・後期の代官
衛忠 もりただ
根岸(ねぎし)衛忠 1696～1745 江戸中期の代官
守正 もりただ ⇔もりまさ
藤原(ふじわら)守正 ?～946 平安中期の公家・歌人
守忠 もりただ ⇔しゅちゅう
海(あまの)守忠 平安中期の暦博士
小川(おがわ)守忠 ?～1727 江戸中期の武士、幕臣
坂田(さかたの)守忠 平安中期の官人
真髪部(まかみべの)守忠 平安中期の官人
横地(よこち)守忠 江戸中期の医者
盛忠 もりただ
惟宗(これむねの)盛忠 平安後期の官人
沢田(さわだ)盛忠 1820～1866 江戸後期・末期の藩士
西俣(にしまた)盛忠 鎌倉時代の比志島氏代官
野辺(のべ)盛忠 南北朝時代の武将
幡生(はたぶ)盛忠 室町時代の人。秋穂荘の田8反を氷上山興隆寺の定灯料に寄進
間宮(まみや)盛忠 1605～1659 江戸前期の武士
渡辺(わたなべ)盛忠 戦国・安土桃山時代の信濃国諏訪大社の奉行人
盛伝 もりただ
犬塚(いぬづか)盛伝 1719～1743 江戸中期の藩士
盛品 もりただ
淀川(よどがわ)盛品 1760～1818 江戸中期・後期の藩士
守胤 もりたね
青山(あおやま)守胤 1777～1872 江戸中期～明治期の神職・歌人
千葉(ちば)守胤 戦国時代の武士。武蔵国足立郡淵江城主
守種 もりたね
守種 安土桃山・江戸前期の加賀の刀工
盛胤 もりたね
須田(すだ)盛胤 1784～? 江戸中期・後期の盛興の男
関(せき)盛胤 ?～1769 江戸中期の郷土史家・俳人
太陽寺(たいようじ)盛胤 江戸時代の川越藩秋元家の家臣
大陽寺(だいようじ)盛胤 江戸中期の藩士
千葉(ちば)盛胤 戦国時代の人。千葉実胤の子。武蔵千葉氏の家督を継承した
東(とうの)盛胤 ?～1312 鎌倉後期の武将

原（はら）盛胤　？〜1575　戦国・安土桃山時代の武田家臣
簗田（やなだ）盛胤　1332〜？　南北朝時代の商人

盛種　もりたね
渋田見（しぶたみ）盛種　安土桃山時代の信濃国安曇郡渋田見の国衆

守太郎　もりたろう
村上（むらかみ）守太郎　1819〜1850　江戸後期の久留米藩士

守近　もりちか
守近　平安後期の刀工
守近　鎌倉時代の漆工
清原（きよはらの）守近　平安後期の官人
梅香園（ばいこうえん）守近　江戸後期の狂歌作者

守親　もりちか
斎部（いんべの）守親　平安中期の神祇大史
北畠（きたばたけ）守親　南北朝時代の公家・歌人
紀（きの）守親　平安中期の官人

盛近　もりちか
須田（すだ）盛近　1580〜1613　江戸前期の旗本

盛親　もりちか
惟宗（これむねの）盛親　平安後期の官人
楊梅（やまもも）盛親　鎌倉後期・南北朝時代の公家・歌人

衡継　もりつぐ
草苅（くさかり）衡継　？〜1569　戦国時代の美作国北部の武将

守次　もりつぐ
守次　平安後期の刀工
藤井（ふじいの）守次　平安後期の官人

盛継　もりつぐ
遠藤（えんどう）盛継　1360〜1435　南北朝・室町時代の遠藤氏11代

盛次　もりつぐ
盛次　江戸前期の刀工
鮎貝（あゆかい）盛次　？〜1745　江戸中期の武士。仙台藩一家の筆頭
河原田（かわらだ）盛次　？〜1591　戦国・安土桃山時代の南会津郡伊南河原田氏最後の領主
佐久間（さくま）盛次　安土桃山時代の織田信長の家臣
関（せき）盛次　？〜1624　江戸前期の武士
辻（つじ）盛次　戦国時代の武将。武田家臣
日岐（ひき）盛次　戦国時代の信濃国安曇郡日岐国衆
諸星（もろぼし）盛次　安土桃山・江戸前期の代官

盛従　もりつぐ
荒井（あらい）盛従　江戸中期の藩士

盛綱　もりつな　⇔せいこう
盛綱　鎌倉後期の刀工
盛綱　南北朝時代の刀工
飯篠（いいざさ）盛綱　戦国時代の神道流の刀槍術継承者。飯篠盛信の子
逆瀬川（さかせがわ）盛綱　1852〜1892　江戸後期〜明治期の軍人
佐野（さの）盛綱　戦国時代の佐野氏当主
佐野（さの）盛綱　1626〜1688　江戸前期の武士
塩谷（しおのや）盛綱　戦国時代の佐竹氏の家臣

守経　もりつね
小野（おのの）守経　平安中期の伊賀守

守恒　もりつね
守恒　平安時代の刀工
二宮（にのみや）守恒　1743〜1821　江戸後期の神職・国学者

守常　もりつね
磯部（いそべ）守常　1807〜1874　江戸後期〜明治期の国学者
岡田（おかだ）守常　1774〜1838　江戸中期・後期の藩士

盛経　もりつね
紀（きの）盛経　平安中期の官人
諏訪（すわ）盛経　鎌倉時代の武士
藤原（ふじわら）盛経　鎌倉時代の公家・歌人

盛常　もりつね
赤木（あかぎ）盛常　？〜1873　江戸後期〜明治期の神主・実業家
汾陽（かわみなみ）盛常　江戸中期の薩摩藩士

守諸　もりつら
薗田（そのだ）守諸　1758〜1812　江戸中期・後期の神職

盛連　もりつら
長（ちょう）盛連　南北朝時代の武将

守照　もりてる
佐藤（さとう）守照　1725〜1812　江戸中期・後期の狩野派の画家《佐藤探雲》

盛照　もりてる
須田（すだ）盛照　1781〜1838　江戸中期・後期の幕臣
富田（とみだ）盛照　1828〜1894　江戸後期〜明治期の勤王の志士
依田（よだ）盛照　1632〜1712　江戸前期・中期の幕臣、代官

守任　もりとう
紀（きの）守任　平安中期の帯刀

守咸　もりとう
目賀田（めがた）守咸　1695〜1768　江戸中期の武士、幕臣

守遠　もりとお
紀（きの）守遠　平安後期の官人
宮地（みやぢ）守遠　1822〜1858　江戸後期の神主

守時　もりとき
岡田（おかだ）守時　1615〜1682　江戸前期の園部藩士

盛言　もりとき
紀（きの）盛言　平安後期の官人

盛時　もりとき
石井（いしい）盛時　1778〜1859　江戸中期〜末期の幕臣
門崎（かんざき）盛時　1721〜1779　江戸中期の兵学家
清原（きよはらの）盛時　平安後期の官人
北条（ほうじょう）盛時　鎌倉時代の武士

北条(ほうじょう)盛時　鎌倉後期の武士
三浦(みうら)盛時　鎌倉時代の武士

守俊　もりとし
水野(みずの)守俊　1754～？　江戸中期・後期の藩士

守利　もりとし
守利　鎌倉前期の備中青江の刀工
守利　南北朝時代の刀工

守祀　もりとし
薗田(そのだ)守祀　1794～？　江戸後期の神職

盛俊　もりとし　⇔じょうしゅん
新宮(しんぐう)盛俊　1348～1420　南北朝・室町時代の地頭職
伴(ともの)盛俊　平安後期の医師

盛稔　もりとし
勝間田(かつまた)盛稔　1801～1880　江戸後期～明治期の藩士・歌人

盛筹　もりとし
大森(おおもり)盛筹　1819～1903　江戸末期・明治期の戸長、栗井坂の開削に功があった

杜俊　もりとし
橘(たちばな)杜俊　1802～1877　江戸後期～明治期の国学者

守富　もりとみ
安倍(あべの)守富　平安後期の人。伊勢国三重郡内の郷々に名田を領知
庵原(いおはら)守富　1726？～1800　江戸中期・後期の藩士
薗田(そのだ)守富　江戸中期の神職

盛富　もりとみ　⇔せいふ
清水(きよみず)盛富　江戸中期の鹿児島城下士

盛艮　もりとめ
長井(ながい)盛艮　1831～1880　江戸後期～明治期の熱田神宮の神官

守朝　もりとも
薗田(そのだ)守朝　1437～1505　室町・戦国時代の神職

守友　もりとも
大宅(おおやけの)守友　平安後期の官人

盛朝　もりとも　⇔せいちょう
松田(まつだ)盛朝　鎌倉時代の武将
守部(もりべ)盛朝　？～1322　鎌倉後期の白山本宮の神主

盛倫　もりとも
桑原(くわばら)盛倫　1746～1811　江戸中期・後期の幕臣

守愚　もりなお　⇔しゅぐ
船越(ふなこし)守愚　1805～1862　江戸後期・末期の学者

守尚　もりなお
吉田(よしだ)守尚　江戸中期の藩士

守直　もりなお
小柴(こしば)守直　1705～1762　江戸中期の画家
塩入(しおいり)守直　安土桃山時代の佐久郡国衆蘆田依田氏の家臣？
土屋(つちや)守直　1734～1784　江戸中期の武士

盛直　もりなお
江見(えみ)盛直　1543～1592　安土桃山時代の武将
大森(おおもり)盛直　南北朝時代の北朝方の武将
私市(きさいちの)盛直　平安後期・鎌倉前期の武士
高谷(こうや)盛直　？～1727　江戸中期の幕臣
中西(なかにし)盛直　戦国時代の金工家

執中　もりなか
広田(ひろた)執中　1840～1864　江戸後期・末期の宇都宮藩士。禁門の変に参加

盛仲　もりなか
小槻(おつきの)盛仲　？～1122　平安後期の官人

守永　もりなが
守永　戦国時代の刀工
文(ふみの)守永　平安中期の官人

守長　もりなが
丹波(たんば)守長　南北朝時代の医者・連歌作者

盛永　もりなが
伊藤(いとう)盛永　1782～1853　江戸中期・後期の本陣、大年寄
須藤(すどう)盛永　戦国時代の銀師
寺崎(てらさき)盛永　？～1581　戦国・安土桃山時代の織田信長の家臣

盛長　もりなが
青山(あおやま)盛長　1625～1685　江戸前期の幕臣
安倍(あべの)盛長　平安後期の医師
後藤(ごとう)盛長　平安後期の武士
惟宗(これむね)盛長　鎌倉時代の歌人
橘(たちばな)盛長　平安時代の官人・歌人
源(みなもとの)盛長　平安中期の下級官人
諸星(もろぼし)盛長　？～1653　江戸前期の代官
安富(やすとみ)盛長　室町時代の武将・連歌作者

守永親王　もりながしんのう
守永親王　南北朝時代の尊良親王の子・歌人

守成　もりなり
能登(のとの)守成　平安中期の官人

盛業　もりなり　⇔せいぎょう
大国(おおくに)盛業　1777～1844　江戸中期・後期の神職
高階(たかしなの)盛業　平安後期の舞人、検非違使

盛就　もりなり
日禰野(ひねの)盛就　？～1585　戦国・安土桃山時代の織田信長の家臣

盛成　もりなり
小野(おのの)盛成　平安後期の官人
宮内(みやうち)盛成　1849～1867　江戸後期・末期の戊辰戦争の従軍者

守之丞　もりのじょう
浜田(はまだ)守之丞　1830～？　江戸後期～明治期の勤王党の協力者

守之助　もりのすけ
林(はやし)守之助　江戸末期の新撰組隊士？

森之助　もりのすけ
高橋（たかはし）森之助　江戸末期の従者。1860年遣米使節に随行しアメリカに渡る

守延　もりのぶ
太田（おおた）守延　？～1333　鎌倉後期の勤皇家
平（たいらの）守延　平安後期の人。応徳1年絹1200疋で真源から大和国檜牧荘を買得した

守信　もりのぶ
宇治（うじの）守信　平安中期の官人
紀（きの）守信　平安中期の官人
佐々木（ささき）守信　1815～1870　江戸後期～明治期の諏訪神社の神官
林（はやし）守信　戦国・安土桃山時代の武将
播磨（はりまの）守信　平安中期の官人
水島（みずしま）守信　南北朝時代の白山本宮の大宮司
水野（みずの）守信　1577～1636　安土桃山・江戸前期の幕臣

守誠　もりのぶ
辻（つじ）守誠　1657～1717　江戸前期・中期の代官

守約　もりのぶ
塙（はなわ）守約　？～1834　江戸後期の兵法家

盛信　もりのぶ
葦名（あしな）盛信　？～1777　江戸中期の歌人
飯篠（いいざさ）盛信　戦国時代の天真正伝神道流（香取神道流）刀術及び槍術継承者。飯篠盛近の子
大浦（おおうら）盛信　1483～1538　戦国時代の武将
平（たいらの）盛信　平安後期の武門官人、左衛門尉盛国男
中原（なかはらの）盛信　平安後期の官人
北条（ほうじょう）盛信　鎌倉後期の武士
吉川（よしかわ）盛信　江戸中期の浮世絵師
淀川（よどがわ）盛信　1812～？　江戸後期の国学者

守憲　もりのり
賀茂（かもの）守憲　？～1148　平安後期の陰陽家
紀（きの）守憲　平安中期の官人

守則　もりのり
荒木田（あらきだ）守則　1446～1516　室町・戦国時代の神職、連歌作者

盛教　もりのり
吉田（よしだ）盛教　1668～1695　江戸前期・中期の幕臣

盛矩　もりのり
神戸（かんべ）盛矩　江戸後期の藩士

盛憲　もりのり　⇔じょうけん
藤原（ふじわらの）盛憲　平安後期の廷臣

盛則　もりのり　⇔せいそく
盛則　室町時代の刀工
沢渡（さわど）盛則　？～1570　安土桃山時代の信濃国安曇郡沢渡郷の国衆

盛徳　もりのり
門崎（かんざき）盛徳　1749～1820　江戸中期・後期の剣術家。影山流
藤原（ふじわら）盛徳　鎌倉後期・南北朝時代の歌人

守治　もりはる
三浦（みうら）守治　1857～1916　江戸末期～大正期の病理学者、歌人

守春　もりはる
安藤（あんどう）守春　戦国時代の人。駒山山頂の小馬寺を明応9年に建立

盛治　もりはる　⇔もりじ
秋穂（あいほ）盛治　安土桃山時代の秋穂地方を領していた秋穂氏当主の一人
黒川（くろかわ）盛治　1552～1617　戦国～江戸前期の織田信長の家臣

盛春　もりはる
飯森（いいもり）盛春　？～1557　戦国時代の北安曇の武将
関（せき）盛春　1384～1453　南北朝・室町時代の伊那郡新野村の開拓者

盛彦　もりひこ
松木（まつき）盛彦　1588～1666　安土桃山・江戸前期の神職

守久　もりひさ
喜入（きいれ）守久　？～1668　江戸前期の大隅国国分郷の地頭
高木（たかぎ）守久　1599～1679　安土桃山・江戸前期の武士
長瀬（ながせ）守久　江戸前期の川口宿の鋳物師
森本（もりもと）守久　？～1730　江戸中期の兵学者

盛久　もりひさ
糟屋（かすや）盛久　平安後期の相模国衙の在庁官人
金刺（かなさし）盛久　鎌倉後期の神職・歌人
小松（こまつ）盛久　1852～？　江戸後期～明治期の事業家
平（たいらの）盛久　平安後期の武将
三宅（みやけ）盛久　南北朝時代の武士

守栄　もりひで
賀茂（かもの）守栄　平安後期の陰陽師

守英　もりひで
三枝（さえぐさ）守英　1565～1638　安土桃山・江戸前期の代官

守秀　もりひで
小出（こいで）守秀　1649～1699　江戸前期の幕臣

盛秀　もりひで　⇔せいしゅう
飯篠（いいざさ）盛秀　戦国時代の神道流の刀槍術継承者。香取新福寺住持秀鑑和尚代。飯篠盛綱の子
長沼（ながぬま）盛秀　？～1590　戦国・安土桃山時代の武士
二階堂（にかいどう）盛秀　室町時代の武士
松田（まつだ）盛秀　戦国時代の北条氏の家臣

守平　もりひら
荒木田（あらきだ）守平　？～1597　戦国・安土桃山時代の神職、連歌作者

盛衡　もりひら
堤（つつみ）盛衡　？～1760　江戸中期の神職・国学者

守広　もりひろ
依田（よだ）守広　安土桃山・江戸前期の鷹匠
守宥　もりひろ
鈴木（すずき）守宥　江戸後期の武士
守熙　もりひろ
粟阪（あわさか）守熙　江戸中期の藩士
盛広　もりひろ
盛広　江戸中期の刀工
大中臣（おおなかとみの）盛広　平安後期の官人
福島（くしま）盛広　戦国時代の今川氏の家臣
堀金（ほりかね）盛広　戦国時代の信濃国安曇郡堀金の国衆
盛弘　もりひろ　⇔しょうこう
桑村（くわむら）盛弘　江戸前期の装剣金工
守房　もりふさ
吉田（よしだ）守房　南北朝時代の公家・歌人
森房　もりふさ
森房　平安中期の刀工
盛房　もりふさ
有川（ありかわ）盛房　江戸時代の下七島悪石島の社家
市河（いちかわ）盛房　鎌倉時代の武将
平（たいらの）盛房　平安後期の官人
多々良（たたらの）盛房　平安後期の周防国在庁官人
出淵（でぶち）盛房　江戸前期の武芸家
仁科（にしな）盛房　室町時代の武将
深谷（ふかや）盛房　1767～1854　江戸中期～末期の幕臣
北条（ほうじょう）盛房　鎌倉後期の武士
守藤　もりふじ　⇔しゅとう
荒木田（あらきだ）守藤　南北朝時代の神職・歌人
杜藤　もりふじ
紀（きの）杜藤　平安前期の河内国河内郡の刀禰
守文　もりふみ
藤原（ふじわら）守文　？～951　平安中期の公家・歌人
衛冬　もりふゆ
谷（たに）衛冬　1616～1640？　江戸前期の幕臣
執冬　もりふゆ
吉松（よしまつ）執冬　1746～1818　江戸中期・後期の藩士、歌人
森平　もりへい
上中（かみなか）森平　1843～1912　江戸後期～明治期の大田の篤農家（畜産）
森兵衛　もりべえ
三好（みよし）森兵衛　1843～1916　江戸末期～大正期の碩学
森豊　もりほう
森豊　戦国・安土桃山時代の武田氏の奉行人
守政　もりまさ
林（はやし）守政　1663～1732　江戸前期・中期の居合術家、故実家
守正　もりまさ　⇔もりただ
大島（おおしま）守正　？～1737　江戸中期の武士
野間（のま）守正　1663～1726　江戸前期・中期の武士
水野（みずの）守正　？～1693　江戸中期の幕臣
盛雅　もりまさ
藤原（ふじわら）盛雅　平安後期の公家・歌人
源（みなもとの）盛雅　平安後期の官人
盛昌　もりまさ
福田（ふくだ）盛昌　安土桃山時代の武士
森田（もりた）盛昌　1667～1732　江戸前期・中期の藩士
盛政　もりまさ　⇔せいせい
飯河（いいかわ）盛政　1586～1658　江戸前期の旗本
桑山（くわやま）盛政　1653～1723　江戸中期の武士、幕臣
須田（すだ）盛政　1606～1659　江戸前期の旗本
仁科（にしな）盛政　戦国時代の甲斐武田晴信の家臣
諸星（もろぼし）盛政　？～1639　江戸前期の幕臣
盛正　もりまさ
桑原（くわばら）盛正　戦国時代の北条氏の家臣
根来（ねごろ）盛正　1591～1654　安土桃山・江戸前期の幕臣
元利万呂　もりまろ
藤原（ふじわらの）元利万呂　平安前期の官人
盛麿　もりまろ
紀（きの）盛麿　平安前期の官人
守拙　もりみ　⇔しゅせつ
薗田（そのだ）守拙　1811～1878　江戸後期～明治期の神職
衛衝　もりみち
谷（たに）衛衝　1700～1763　江戸中期の大名
護道　もりみち
内藤（ないとう）護道　室町時代の武家・連歌作者
守通　もりみち
薗田（そのだ）守通　1521～1601　戦国・安土桃山時代の神職
守道　もりみち　⇔しゅどう
守道　鎌倉時代の刀工
粟田（あわた）守道　江戸後期・末期の神職
賀茂（かもの）守道　986～1030　平安中期の暦博士
藤原（ふじわらの）守道　平安後期の武蔵国在住鋳物師
盛道　もりみち
猿渡（さわたろ）盛道　1577～1628　安土桃山・江戸前期の神職
橋爪（はしづめ）盛道　1805～1880　江戸後期～明治期の藩士・漢学者
盛方　もりみち　⇔せいほう，もりかた
柴村（しばむら）盛方　1722～？　江戸中期の幕臣
茂道　もりみち
武嶋（たけしま）茂道　1767～？　江戸中期・後期の幕臣
守光　もりみつ
守光　室町時代の刀工
紀（きの）守光　平安中期の官人
清川（きよかわ）守光　江戸後期の蒔絵師

三枝（さいぐさ）守光　？～1575　戦国・安土桃山時代の武田家臣
矢野（やの）守光　江戸後期の神道講釈者

守三　もりみつ
守三　1777～1860　江戸中期～末期の俳人

守参　もりみつ
辻（つじ）守参　江戸中期の第8代美濃国代官

守満　もりみつ
神宮（じんぐう）守満　1769～1844　江戸中期・後期の画家

盛光　もりみつ
西条（さいじょう）盛光　鎌倉後期の武士
野々見（ののみ）盛光　1835～1901　江戸後期～明治期の彫金家
度会（わたらい）盛光　？～1336　鎌倉後期・南北朝時代の神職

盛満　もりみつ
須田（すだ）盛満　1563～1638　安土桃山・江戸前期の代官、材木奉行

守宮　もりみや
大神（おおがの）守宮　平安中期の武士

森宗　もりむね
森宗　戦国時代の越前来一派千代鶴系の刀工。森宗系の始祖

盛宗　もりむね
大国（おおくに）盛宗　1807～1865　江戸後期・末期の神職
紀（きの）盛宗　平安後期の官人
仁科（にしな）盛宗　南北朝時代の南朝方の武将

盛棟　もりむね
仁科（にしな）盛棟　戦国時代の信濃仁科領主の一族
穂高（ほだか）盛棟　戦国時代の武将。武田家臣

社女　もりめ
大神朝臣（おおがのあそん）社女　奈良時代の八幡宇佐宮禰宜

杜女　もりめ
大神朝臣（おおがのあそん）杜女　奈良時代の八幡宇佐宮禰宜《大神朝臣社女》

盛基　もりもと
大江（おおえの）盛基　鎌倉前期の官人
平（たいらの）盛基　平安後期の官人
藤原（ふじわらの）盛基　平安後期の官人

盛元　もりもと　⇔せいげん
大江（おおえの）盛元　平安後期の官人
角館（かくのだて）盛元　安土桃山時代の茶人
脇田（わきた）盛元　？～1556　戦国時代の麻生野家の一族

守舎　もりや
大垣（おおがき）守舎　1777～1830　江戸中期・後期の文人・狂歌師

盛哉　もりや
村井（むらい）盛哉　1778～1858　江戸中期～末期の人。藩学明倫堂創立の功労者

守安　もりやす
小出（こいで）守安　？～1758　江戸中期の書院番
佐伯（さえき）守安　室町時代の名西郡大粟山の代官

守易　もりやす
井面（いのも）守易　江戸中期の神職
木俣（きまた）守易　江戸後期の武士

守保　もりやす
多田（ただ）守保　1739～1806　江戸中期・後期の藩士・武芸家
樋口（ひぐち）守保　1822～1897　江戸後期～明治期の絵師

盛康　もりやす
笠原（かさわら）盛康　1604～1676　江戸前期の仙台藩士
纐纈（こうけつ）盛康　平安後期の朝臣
仁科（にしな）盛康　戦国時代の甲斐武田晴信の家臣

盛泰　もりやす
伊奈（いな）盛泰　戦国時代の武士。北条早雲の家臣
田中（たなか）盛泰　？～1333　室町時代の武士

盛保　もりやす　⇔せいほ
林（はやし）盛保　江戸後期の和算家

林泰　もりやす
林泰　室町時代の刀工

守行　もりゆき
守行　江戸前期の刀工
清原（きよはらの）守行　平安後期の官人
橘（たちばな）守行　1750～1804　江戸後期の画人
成田（なりた）守行　1705～1785　江戸中期の武士

守如　もりゆき
目加多（めがた）守如　江戸前期の絵師

守之　もりゆき
布施（ふせ）守之　江戸前期の藩士・兵法家

盛行　もりゆき
石川（いしかわ）盛行　？～1730　江戸中期の旗本
藤原（ふじわらの）盛行　鎌倉前期の飛騨守
源（みなもとの）盛行　？～1152　平安後期の下級官人
度会（わたらい）盛行　南北朝時代の神職・歌人

盛征　もりゆき
河内（かわうち）盛征　1813～？　江戸後期の国学者

盛之　もりゆき
盛之　江戸末期の刀工
草薙（くさなぎ）盛之　1658～1719　江戸前期・中期の兵法家

守世　もりよ
神尾（かんお）守世　1574～1633　安土桃山・江戸前期の幕臣

茂良　もりょう
茂良　江戸後期の俳人

茂陵　もりょう
古川（ふるかわ）茂陵　1753～1817　江戸中期・後期の国学者

護美　もりよし
長岡（ながおか）護美　1842～1906　江戸後期～明治期の武士、外交官

守賀　もりよし
薗田（そのだ）守賀　江戸後期の神宮祠官

守儀　もりよし
飯沼(いいぬま)守儀　江戸前期の藩士
宇夫方(うぶかた)守儀　室町時代の武将
守義　もりよし
国枝(くにえだ)守義　江戸中期の漢詩人
三枝(さいぐさ)守義　?〜1575　戦国・安土桃山時代の武田家臣
鈴木(すずき)守義　1650〜1742　江戸中期の武士
田中(たなか)守義　江戸後期の画家
西谷(にしのや)守義　戦国時代の上野国衆岩松氏一族
細川(ほそかわ)守義　江戸時代の工匠
守吉　もりよし
守吉　南北朝時代の備中青江の刀工
守敬　もりよし
長沼(ながぬま)守敬　1857〜1942　江戸末期〜昭和期の彫刻家
兵頭(ひょうどう)守敬　1709〜1757　江戸中期の神職
守是　もりよし
薗田(そのだ)守是　1535〜1608　戦国〜江戸前期の神職
守能　もりよし
山崎(やまざき)守能　戦国時代の番匠
守眉　もりよし
辻(つじ)守眉　1765〜1828　江戸中期・後期の代官
守美　もりよし
応真斎(おうしんさい)守美　1824〜1886　江戸後期〜明治期の画家
松浦(まつうら)守美　1824〜1886　江戸後期〜明治期の絵師
水野(みずの)守美　1664〜1728　江戸前期・中期の幕臣
守芳　もりよし
平尾(ひらお)守芳　1539〜1637　戦国〜江戸前期の平尾氏5代の武将。平尾氏中興の祖
守良　もりよし　⇔もりより
三田(みた)守良　1632〜1701　江戸前期・中期の代官
山島(やましま)守良　江戸末期の和算家
盛喜　もりよし
斉藤(さいとう)盛喜　1782〜1850　江戸中期・後期の文人
新発田(しばた)盛喜　?〜1586　戦国・安土桃山時代の越後豊田荘・加地荘の国人。新潟城主
盛義　もりよし
平賀(ひらが)盛義　平安後期の武士
源(みなもとの)盛義　平安後期の武士
村山(むらやま)盛義　?〜1509　戦国時代の武士
桃井(もものい)盛義　南北朝時代の能登守護
盛吉　もりよし
葦川(あしかわ)盛吉　戦国時代の大工
深谷(ふかや)盛吉　1574〜1656　安土桃山・江戸前期の代官
宮田(みやた)盛吉　室町時代の武士。備中国新見庄の庄官
盛至　もりよし
黒川(くろかわ)盛至　1583〜1657　安土桃山・江戸前期の幕臣
盛能　もりよし
須賀(すが)盛能　戦国時代の上杉氏の家臣・越中在番衆
仁科(にしな)盛能　戦国時代の信濃国安曇郡仁科領の領主
盛美　もりよし
山中(やまなか)盛美　江戸後期の幕臣
盛良　もりよし　⇔せいりょう
安倍(あべの)盛良　平安後期の医師
桑村(くわむら)盛良　?〜1711　江戸前期・中期の装剣金工
須藤(すどう)盛良　1526〜1601　室町時代の工匠
楊井(やない)盛良　1797〜1860　江戸後期・末期の藩士
林喜　もりよし
林喜　戦国時代の刀工
林祥　もりよし
林祥　戦国時代の刀工
林善　もりよし
林善　戦国・安土桃山時代の石見の刀匠
守良　もりより　⇔もりよし
山島(やましま)守良　江戸末期の和算家《山島守良》
茂林禅師　もりんぜんじ
茂林禅師　戦国時代の臨済宗妙心寺派の僧
母礼　もれ
磐具公(いわぐのきみ)母礼　平安時代の蝦夷の首長の1人
師顕　もろあき
北条(ほうじょう)師顕　鎌倉後期の武士
諸明　もろあきら
清原(きよはらの)諸明　平安中期の官人
師充　もろあつ
押小路(おしこうじ)師充　1730〜1754　江戸中期の公家
師淳　もろあつ　⇔もろきよ
大中臣(おおなかとみ)師淳　1433〜1504　室町・戦国時代の神職
中原(なかはら)師淳　鎌倉後期の官人
師有　もろあり
高(こうの)師有　?〜1364　南北朝時代の関東管領
師家　もろいえ
中原(なかはらの)師家　1148〜1191　平安後期の明経道の学者
藤原(ふじわらの)師家　1027〜1058　平安中期・後期の官人
諸石　もろいわ
海部(あまの)諸石　奈良時代の官人
諸魚　もろうお
高賀茂(たかかもの)諸魚　奈良時代の官人
師氏　もろうじ
武藤(むとう)師氏　南北朝時代の部将

衆海　もろうみ
藤原(ふじわら)衆海　平安中期の大学寮学生
諸雄　もろお
賀茂(かもの)諸雄　奈良時代の官人
諸興　もろおき
小野(おの)諸興　平安中期の小野牧の別当
師香　もろか
中原(なかはら)師香　?～1389　南北朝時代の官人
師景　もろかげ
師景　南北朝・室町時代の長船大宮派の刀工
諸蔭　もろかげ
藤原(ふじわら)諸蔭　平安前期の公家
師象　もろかた
押小路(おしこうじ)師象　1482～1531　戦国時代の公家
諸勝　もろかつ
巧(こう)諸勝　平安前期の漢詩人
広根(ひろねの)諸勝　奈良・平安前期の官人
師兼　もろかね
花山院(かざんいん)師兼　1349～1393　南北朝・室町時代の公家、歌人
諸上　もろがみ
安倍(あべの)諸上　奈良時代の官人
石生別公(いわなすのわけのきみ)諸上　平安前期の下級官人
諸会　もろき
藤井(ふじいの)諸会　奈良時代の官人
諸君　もろきみ
磐余忌寸(いわれのいみ)諸君　奈良時代の官人。昔年の防人歌八首を抄写
師淳　もろきよ　⇔もろあつ
大中臣(おおなかとみ)師淳　1433～1504　室町・戦国時代の神職《大中臣師淳》
師清　もろきよ
原(はら)師清　?～1098　平安後期の遠江の原氏の祖
諸久曽　もろくそ
藤原(ふじわらの)諸久曽　鎌倉後期・南北朝時代の女性。初期の武雄神社(佐賀県武雄市)の女大宮司
師国　もろくに
藤原(ふじわらの)師国　平安後期の官人
諸国　もろくに
坂上(さかのうえの)諸国　平安後期の官人
師子　もろこ
藤原(ふじわらの)師子　平安後期の官女
師貞　もろさだ
有沢(ありさわ)師貞　江戸後期の藩士・軍学者
師定　もろさだ
押小路(おしこうじ)師定　1620～1676　江戸前期の公家
師郷　もろさと
中原(なかはら)師郷　1387～1460　南北朝・室町時代の官人・歌人
師実　もろざね
師実　平安後期・鎌倉前期の刀工
師真　もろざね
久米(くめの)師真　奈良・平安前期の僧侶
諸実　もろざね　⇔もろみ
清原(きよはらの)諸実　平安中期の歌人《清原諸実》
師重　もろしげ
恩田(おんだ)師重　?～1184　平安後期の武蔵国の武士
中原(なかはらの)師重　平安中期の官人
師成　もろしげ　⇔もろなり
大江(おおえの)師成　平安後期の官人
師茂　もろしげ
木造(こづくり)師茂　?～1497　戦国時代の武将
諸重　もろしげ
大村(おおむら)諸重　室町時代の薩摩国大村領主
諸成　もろしげ　⇔もろなり
狛(こま)諸成　1722～1802　江戸中期・後期の国学者
師季　もろすえ
安東(あんどう)師季　室町時代の十三安東氏の一族か
大江(おおえの)師季　平安時代の官人
平(たいら)師季　平安後期の官人、歌人
中原(なかはら)師季　1175～1239　平安後期・鎌倉前期の官人・歌人
藤原(ふじわらの)師季　1059～1120　平安後期の官人
師澄　もろずみ
中原(なかはら)師澄　平安後期の官人
中原(なかはらの)師澄　平安後期・鎌倉前期の官人。大内記
盛澄　もろずみ　⇔もりずみ
金刺(かなさしの)盛澄　平安後期の武士《金刺盛澄》
師高　もろたか
藤原(ふじわらの)師高　?～1177　平安後期の人。後白河院の近習西光(藤原師光)の嫡男
師隆　もろたか
源(みなもとの)師隆　平安後期の官人
師武　もろたけ
押小路(おしこうじ)師武　1770～1806　江戸中期・後期の公家
衆忠　もろただ
大鹿(おおしかの)衆忠　平安中期の官人
諸立　もろたち
庵(いおりの)諸立　奈良時代の歌人
師胤　もろたね
海上(うなかみ)師胤　戦国時代の東下総飯沼城(銚子市)の城主
諸足　もろたり
石川(いしかわの)諸足　奈良時代の官人
高向(たかむこの)諸足　奈良時代の官人

諸垂　もろたる
諸垂　平安中期の画家
師親　もろちか
大江(おおえの)師親　1323～？　鎌倉後期・南北朝時代の豪族
大中臣(おおなかとみの)師親　1101～？　平安後期の祭主(42代)
押小路(おしこうじ)師親　1828～？　江戸後期～明治期の公家
平(たいら)師親　鎌倉後期の歌人
諸近　もろちか
長岑(ながみねの)諸近　平安中期の官人
諸継　もろつぐ
安曇(あずみの)諸継　奈良時代の官人
伊勢(いせの)諸継　平安前期の検非違使
諸綱　もろつな
紀(きの)諸綱　平安前期の官人
師経　もろつね
小槻(おつきの)師経　？～1157　平安後期の常陸吉田社の社務
藤原(ふじわら)師経　？～1177　平安後期の後白河院の寵臣
師常　もろつね
岩根(いわね)師常　1716～1786　江戸中期の武士
師庸　もろつね
押小路(おしこうじ)師庸　1650～1725　江戸前期・中期の公家
諸人　もろと　⇔もろひと
大中臣(おおなかとみの)諸人　793～？　奈良・平安前期の祭主(14代)
諸弟　もろと
石上部君(いそのかみべのきみ)諸弟　上代の豪族
師任　もろとう
中原(なかはらの)師任　983～1062　平安中期・後期の官人、明経家。大外記
師言　もろとき　⇔しげん
姉小路(あねがこうじ)師言　室町時代の飛騨国司の姉小路家綱の子。参議
衆説　もろとき
安倍(あべの)衆説　平安中期の官人
師俊　もろとし
清原(きよはらの)師俊　平安後期の官人
源(みなもとの)師俊　平安中期・後期の官人
諸利　もろとし
屋形(やかた)諸利　南北朝時代の神官武士
師富　もろとみ
押小路(おしこうじ)師富　中原師富に同じ
中原(なかはら)師富　1434～1508　室町・戦国時代の官人・連歌作者
師智　もろとも
志村(しむら)師智　1715～1766　江戸中期の代官
師朝　もろとも
北条(ほうじょう)師朝　鎌倉後期の武士
師豊　もろとよ
中原(なかはら)師豊　1345～？　南北朝時代の官人
師順　もろなお
大中臣(おおなかとみ)師順　1464～1531　室町・戦国時代の神職
師仲　もろなか
藤原(ふじわらの)師仲　1036～1093　平安中期・後期の官人
師永　もろなが
武光(たけみつ)師永　鎌倉時代の在地領主
師長　もろなが
菅原(すがわら)師長　平安中期の官人、漢学者
師良　もろなが
源(みなもとの)師良　？～1081　平安後期の官人
師夏　もろなつ
中原(なかはら)師夏　南北朝時代の官人
師業　もろなり
高(こうの)師業　南北朝時代の武将
中原(なかはらの)師業　平安後期の官人
師成　もろなり　⇔もろしげ
和気(わけの)師成　鎌倉時代の医師
師生　もろなり
押小路(おしこうじ)師生　1581～1646　安土桃山・江戸前期の公家
諸成　もろなり　⇔もろしげ
巫部(かんなぎべの)諸成　平安前期の官人
狛(こま)諸成　1722～1802　江戸中期・後期の国学者《狛諸成》
野田(のだ)諸成　1722～？　江戸中期の幕臣
諸根　もろね
安倍(あべの)諸根　平安前期の官人
諸野　もろの
小野(おのの)諸野　平安前期の官人
師信　もろのぶ
久我(くが)師信　江戸後期の和算家
藤原(ふじわらの)師信　1041～1094　平安中期・後期の官人
師宣　もろのぶ
春川(はるかわ)師宣　江戸中期の画家
衆延　もろのぶ
大部(おおぶの)衆延　平安中期の官人
諸延　もろのぶ
刑部(おさかべの)諸延　平安中期の官人
師教　もろのり
源(みなもと)師教　平安後期の公家・歌人
師範　もろのり
大春日(おおかすが)師範　平安中期の歌人
中原(なかはらの)師範　1013～？　平安中期の官人。長久2年内匠助高階成棟を殺害
師久　もろひさ
賀茂(かも)師久　鎌倉後期の神職・歌人
高(こう)師久　戦国時代の古河公方の家臣
師古　もろひさ
下田(しもだ)師古　1692～1728　江戸前期・中期の国学者

師尚　もろひさ
高階（たかしなの）師尚　866～？　平安前期・中期の官吏

師栄　もろひで
中原（なかはら）師栄　南北朝時代の官人

師英　もろひで
押小路（おしこうじ）師英　1679～1718　江戸前期・中期の公家

師秀　もろひで
中原（なかはら）師秀　南北朝時代の官人

諸人　もろひと　⇔もろと
伊勢（いせの）諸人　奈良時代の官人
小田朝臣（おだのあそみ）諸人　奈良時代の官人
小治田朝臣（おはりだのあそん）諸人　奈良時代の豊後国守
釧（くしろの）諸人　奈良時代の官人

師衡　もろひら
三善（みよし）師衡　鎌倉後期の官人

師平　もろひら
荒木田（あらきだ）師平　平安後期の神官
藤原（ふじわらの）師平　？～1177　平安後期の後白河上皇の近臣西光（藤原師光）の子

師弘　もろひろ
中原（なかはら）師弘　鎌倉時代の官人

も

師周　もろひろ
大中臣（おおなかとみ）師周　1700～1755　江戸中期の神職

師房　もろふさ
小川（おがわ）師房　江戸後期・末期の和算家、桑名藩士

師政　もろまさ
北条（ほうじょう）師政　鎌倉後期の武士
箕勾（みのわ）師政　鎌倉時代の伊豆出身の武士
箕勾（みのわ）師政　鎌倉時代の武蔵武士

師身　もろみ
押小路（おしこうじ）師身　1819～？　江戸後期・末期の公家

諸実　もろみ　⇔もろざね
清原（きよはら）諸実　平安中期の歌人

以道　もろみち　⇔ともみち
藤原（ふじわらの）以道　平安中期の官人

師道　もろみち
大前（おおくま）師道　平安後期の薩摩国祢答院郡司

師光　もろみつ
師光　南北朝・室町時代の長船派の刀工
中原（なかはら）師光　1206～1265　鎌倉前期・後期の官人、歌人
藤原（ふじわら）師光　？～1177　平安後期の廷臣、僧《西光》
源（みなもと）師光　平安中期・後期の武将、歌人、漢詩人
山背（やましろの）師光　平安中期の官人

師岑　もろみね
押小路（おしこうじ）師岑　1690～1724　江戸中期の公家

師宗　もろむね
中原（なかはら）師宗　1239～1319　鎌倉前期・後期の官人、歌人

師村　もろむら
北条（ほうじょう）師村　鎌倉後期の武士

師基　もろもと
藤原（ふじわらの）師基　1031～1077　平安中期・後期の官人

師元　もろもと
中原（なかはら）師元　1109～1175　平安後期の官人

師守　もろもり
押小路（おしこうじ）師守　1714～1744　江戸中期の公家

師安　もろやす
葛原（くずはらの）師安　平安後期の官人
中原（なかはら）師安　1088～1154　平安後期の官人

師保　もろやす
藤原（ふじわらの）師保　平安後期の官人

師梁　もろやな
中原（なかはら）師梁　？～1326　鎌倉後期の官人

師行　もろゆき
源（みなもとの）師行　平安中期の官人
源（みなもとの）師行　？～1172　平安後期の官人

師贇　もろよし
押小路（おしこうじ）師贇　1798～1810　江戸後期の公家

師頼　もろより
北条（ほうじょう）師頼　鎌倉後期の武士

紋阿　もんあ
田中（たなか）紋阿　1820～1884　江戸末期・明治期の仏師

悶意　もんい
等（とう）悶意　戦国時代の朝鮮への使者

門悦　もんえつ
林（はやし）門悦　？～1817　江戸中期・後期の囲碁棋士

門越　もんえつ
格翁（かくおう）門越　？～1630　江戸前期の僧侶

紋右衛門　もんえもん
井野（いの）紋右衛門　1797～1860　江戸後期・末期の教育家
加藤（かとう）紋右衛門〔6代〕　1853～1911　江戸後期～明治期の窯屋

門右衛門　もんえもん
久保田（くぼた）門右衛門　1616～1699　江戸前期の岡山藩士・弓術家
中村（なかむら）門右衛門　？～1616　安土桃山・江戸前期の盛岡藩家臣

文雄　もんおう　⇔あやお, ふみお
無相（むそう）文雄　1700～1763　江戸中期の僧侶

文海　もんかい　⇔ふみみ, ぶんかい
竜洲（りょうしゅう）文海　1480～1541　戦国時代

の曹洞宗の僧

文閑　もんかん

文閑　戦国時代の時宗の僧・連歌作者

門吉　もんきち

丁字屋(ちょうじや)門吉　江戸後期の本屋

門及　もんきゅう

門及　?～1796　江戸中期・後期の深浦湊の荘厳寺にいた義僧

文猊　もんげい

日辰(にっしん)文猊　?～1671　江戸前期の曹洞宗の僧

問厚　もんこう

象山(しょうざん)問厚　?～1776　江戸中期の曹洞宗の僧

紋左衛門　もんざえもん

月原(つきはら)紋左衛門　1772～1835　江戸中期・後期の桜井漆器の創始者

松尾(まつお)紋左衛門　1760～1815　江戸中期・後期の漢籍に通じた野馬奉行

門左衛門　もんざえもん

片山(かたやま)門左衛門　江戸後期の幕臣

黒宮(くろみや)門左衛門　江戸後期の豪農

鈴木(すずき)門左衛門　戦国時代の大工

紋作　もんさく

紋作　1739～?　江戸中期の孝子

門作　もんさく

柏倉(かしわぐら)門作　?～1846　江戸後期の鋳物師

紋次　もんじ

桐山(きりやま)紋次〔3代〕江戸後期の歌舞伎役者

百々(どうど)紋次　江戸後期の侠客

門治　もんじ

瀬山(せやま)門治　1817～1853　江戸後期の東条一堂学派の儒学者

紋七　もんしち

松崎(まつざき)紋七　江戸後期の三浦郡二町屋村民

門瑟　もんしつ

門瑟　?～1790　江戸中期・後期の俳人

文朱　もんじゅ

文朱　江戸中期の僧侶

文寿　もんじゅ

文寿　平安中期の刀工

聞秀　もんしゅう

聞秀　?～1582　安土桃山時代の浄土宗の僧

紋十　もんじゅう

門脇(かどわき)紋十　1791～1878　江戸後期～明治期の密貿易者

門十　もんじゅう

長山(ながやま)門十　1811～1885　江戸後期～明治期の閉伊郡遠野一日市町の染屋

文十郎　もんじゅうろう　⇔ぶんじゅうろう

喜多(きた)文十郎　1834～1890　江戸後期～明治期の能楽師

聞生　もんしょう

聞生　1792～1859　江戸後期・末期の浄土真宗の僧

紋四郎　もんしろう

飯田(いいだ)紋四郎　江戸後期の三浦郡鴨居村民

紋次郎　もんじろう

島田(しまだ)紋次郎　?～1866　江戸末期の武州一揆発頭人の一人

広江(ひろえ)紋次郎　1832～1901　江戸後期～明治期の漆芸家

堀切(ほりきり)紋次郎〔2代〕江戸後期の醸造家

聞随　もんずい

聞随　江戸後期の浄土真宗の僧

文選　もんぜん

長谷部(はせべ)文選　奈良時代の人。神護景雲2年、朝廷に白鳥を献上した

聞霜　もんそう

印東(いんどう)聞霜　1824～1897　江戸後期～明治期の俳人

紋蔵　もんぞう

荒馬(あらうま)紋蔵　1793～1849　江戸後期の大相撲関脇

門三　もんぞう

桐竹(きりたけ)門三　?～1853　江戸後期の黒田人形の人形遣い

門蔵　もんぞう

門蔵　江戸後期の塗師

紋太夫　もんだゆう

藤井(ふじい)紋太夫　?～1695　江戸前期・中期の武士

門太夫　もんだゆう

阿蘇ケ森(あそがもり)門太夫　1758～1799?　江戸中期・後期の力士

文智　もんち

文智　鎌倉後期の僧侶・歌人

聞中　もんちゅう

聞中　1739～1829　江戸中期の禅僧

聞哲　もんてつ

聞哲　1684～1766　江戸前期・中期の僧侶

主人　もんど

谷島(たにじま)主人　江戸前期の歌舞伎役者

主水　もんど

青木(あおき)主水　江戸前期の人。越前北ノ庄城主青木紀伊守の二男

安部(あべ)主水　戦国時代の武士。北条氏忠家臣

伊集院(いじゅういん)主水　1632～1713　江戸前期・中期の剣術家。示現流

鵜山(うやま)主水　戦国時代の北条氏忠の家臣・御蔵奉行

大久保(おおくぼ)主水　江戸時代の糸割符商人

大西(おおにし)主水　江戸後期の医師

梶山(かじやま)主水　1763～1804　江戸中期・後期の和算家《梶山次俊》

川崎(かわさき)主水　?～1615　江戸前期の武士。大坂の陣で籠城

栗原(くりはら)主水　江戸後期の大住郡今泉村白

笹稲荷社神主
輿石(こしいし)主水　戦国時代の武将。武田家臣
小島(こじま)主水　江戸前期の足柄下郡酒匂村民
塩野井(しおのい)主水　戦国時代の白沢用水開削工事総奉行
芝山(しばやま)主水　戦国時代の武士。北条氏忠の家臣
渋田見(しぶたみ)主水　安土桃山時代の信濃国安曇郡渋田見の国衆
新見(しんみ)主水　?～1615　江戸前期の豊臣秀頼の目代
千田(せんだ)主水　江戸前期の武士。大坂の陣で籠城。木村重成組の組頭
高樋(たかひ)主水　江戸前期の大和の住人。増田長盛に属した
多胡(たこ)主水　?～1665　江戸前期の津和野藩家老《多胡主水真益》
田中(たなか)主水　1857～1917　江戸末期～大正期の仏師
千賀(ちが)主水　1579～1652　安土桃山・江戸前期の庄内藩士
内藤(ないとう)主水　戦国時代の武士。北条氏忠の家臣
中井(なかい)主水　江戸中期の大工
孕石(はらみいし)主水　1521～1581　戦国・安土桃山時代の武田の武将
前田(まえだ)主水　江戸前期の尾張の人。大坂の陣で籠城
松山(まつやま)主水　?～1635　江戸前期の剣士
安田(やすだ)主水　江戸前期の高井郡奥山田村蕨平の農民
山中(やまなか)主水　戦国時代の武将。武田家臣

や

主水氏久　もんどうじひさ
堀内(ほりうち)主水氏久　1595～1657　安土桃山・江戸前期の武将《堀内氏久》

主水貞親　もんどさだちか
奈良(なら)主水貞親　?～1526　戦国時代の神官

主水真益　もんどさねます
多胡(たご)主水真益　?～1665　江戸前期の津和野藩家老

主水重勝　もんどしげかつ
松田(まつだ)主水重勝　1581～1668　安土桃山・江戸前期の富田信高・福島正則・酒井忠勝の家臣

主水重則　もんどしげのり
鈴木(すずき)主水重則　1548～1589　戦国・安土桃山時代の名胡桃城代
望月(もちづき)主水重則　?～1615　江戸前期の真田昌幸・信繁の家臣《望月重則》

主水近吉　もんどちかよし
長宗我部(ちょうすがめ)主水近吉　江戸前期の武士。大坂の陣で籠城。後、藤堂高虎に仕えた

主水佑　もんどのじょう　⇔もんどのすけ
荒木(あらき)主水佑　安土桃山時代の上野国衆白井長尾氏の家臣。群馬郡上白井内伊久間郷の土豪
高山(たかやま)主水佑　戦国時代の武田氏の家臣

主水佐　もんどのすけ
原(はら)主水佐　戦国時代の武将。原佐五右衛門の子。キリシタン

主水助　もんどのすけ
麻生(あそう)主水助　戦国時代の上総土岐市の家臣。矢竹城(矢岳城/いすみ市桑田字矢竹)の城主
樋口(ひぐち)主水助　戦国時代の上杉景勝の家臣

主水佑　もんどのすけ　⇔もんどのじょう
佐藤(さとう)主水佑　戦国時代の武士。北条氏家臣
原(はら)主水佑　戦国時代の漆原の領主

主水昌澄　もんどまさずみ
津田(つだ)主水昌澄　1579～1641　安土桃山・江戸前期の藤堂高虎・豊臣秀頼・徳川秀忠の家臣

主水寧都　もんどやすくに　⇔もんどやすと
津軽(つがる)主水寧都　1718～1770　江戸中期の6代弘前藩主津軽信著・7代藩主信寧の家老

主水寧都　もんどやすと　⇔もんどやすくに
津軽(つがる)主水寧都　1718～1770　江戸中期の6代弘前藩主津軽信著・7代藩主信寧の家老《津軽主水寧都》

紋之助　もんのすけ
高田(たかだ)紋之助　江戸後期の鎌倉郡公田村名主

門之助　もんのすけ
塩野(しおの)門之助　1853～1933　江戸後期～昭和期の鉱業技術者

門平　もんぺい
池田(いけだ)門平〔1代〕　江戸後期の陶工
池田(いけだ)門平〔2代〕　江戸後期～明治期の陶工
和田(わだ)門平　江戸前期の葺師

紋兵衛　もんべえ
内田(うちだ)紋兵衛　1772～1829　江戸中期・後期の地方行政家
加藤(かとう)紋兵衛　?～1618　江戸前期の長氏の家臣

聞名　もんみょう
信行寺(しんぎょうじ)聞名　1834～1899　江戸末期・明治期の古川町の信行寺教英の養子

紋弥　もんや
真塩(ましお)紋弥　1838～1911　江戸後期～明治期の社会運動家

【や】

弥市　やいち
大矢(おおや)弥市　1834～1861　江戸後期の高座郡栗原村民
小川(おがわ)弥市　?～1751　江戸中期の新田開発者
西川(にしかわ)弥市　江戸後期の東福田村の農民
長谷川(はせがわ)弥市　江戸中期の佐野天明鋳物師
藤井(ふじい)弥市　?～1881　江戸後期～明治期のあやつり人形師
堀(ほり)弥市　江戸末期の武士

彌一　やいち

竹迫(たけさこ)彌一　1839～？　江戸後期の水産業。雑誌業。市漁業組合長、鹿児島県下漁業組合総取締など歴任。竹迫温泉の開発者

弥一右衛門　やいちえもん

来野(きの)弥一右衛門　安土桃山時代の武士

田中(たなか)弥一右衛門　江戸時代の上野国沼田藩美作領分福本組の世話役・大地主

中林(なかばやし)弥一右衛門　1658～1731　江戸前期・中期の剣術家。太子流祖

野秋(のあき)弥一右衛門　1828～1900　江戸後期～明治期の新整隊士

弥一左衛門　やいちざえもん

森(もり)弥一左衛門　1826～1869　江戸後期～明治期の新撰組隊士

弥一郎　やいちろう

金井(かない)弥一郎　1770～1835　江戸後期の高座郡藤沢宿大久保町民

島田(しまだ)弥一郎　1837～？　江戸後期・末期の新撰組隊士

嶋田(しまだ)弥一郎　島田弥一郎に同じ

添田(そえた)弥一郎　1839～1922　江戸後期～大正期の宮大工

高林(たかばやし)弥一郎　江戸前期の下田奉行

長山(ながやま)弥一郎　1830～1899　江戸後期～明治期の剣術家。気楽流

保々(ほぼ)弥一郎　1829～1886　江戸後期～明治期の剣術家。直心影流

弥市郎　やいちろう

弥市郎　？～1778　江戸中期の安永一揆の中心人物

野逸　やいつ

野逸　江戸末期の俳人

弥右衛門　やうえもん　⇔やえもん

弥右衛門　江戸後期の天保一揆の中心人物

中尾(なかお)弥右衛門　1858～1909　江戸末期・明治期の廻船問屋

東山(ひがしやま)弥右衛門　？～1789　江戸中期・後期の名塩製紙の元祖

松尾(まつお)弥右衛門　江戸前期の前橋藩儒

森(もり)弥右衛門　1771～1833　江戸中期・後期の関東売藍商、江戸木材商、新田開発者

八重喜　やえき

伊藤(いとう)八重喜　江戸末期・明治期の遠江国豊田郡敷地村野辺神社(山王社)の神官

八重菊　やえぎく

吉田(よしだ)八重菊　平安後期の土豪の吉田左兵衛尉の娘で源義平の妾

八重桐　やえぎり

萩野(はぎの)八重桐〔1代〕　江戸中期の上方の歌舞伎俳優

八重子　やえこ

松野(まつの)八重子　1844～1914　江戸末期～大正期の私塾経営者

八重太夫　やえたゆう

豊竹(とよたけ)八重太夫　？～1821　江戸中期・後期の浄瑠璃太夫

八重姫　やえひめ

八重姫　鎌倉前期の女性。伊東祐親の娘。伊豆流人時代の源頼朝の妻

弥右衛門　やえもん　⇔やうえもん

弥右衛門　戦国時代の甲斐国志摩庄千塚郷の大工職人

弥右衛門　安土桃山時代の信濃国筑摩郡明科の土豪

甘利(あまり)弥右衛門　江戸前期の甲州浪人

庵原(いはら)弥右衛門　戦国時代の武将。武田家臣

上野(うえの)弥右衛門　？～1649　江戸前期の武士

賀島(かしま)弥右衛門　？～1588　安土桃山時代の織田信長の家臣

国家(くにか)弥右衛門　江戸前期の剣術家

紅林(くればやし)弥右衛門　江戸前期の幕臣

後藤(ごとう)弥右衛門　安土桃山時代の武将

斎藤(さいとう)弥右衛門　？～1815　江戸中期・後期の素封家

斎藤(さいとう)弥右衛門　？～1881　江戸後期～明治期の素封家

佐野(さの)弥右衛門　戦国時代の駿河国富士郡の土豪

七方(しちかた)弥右衛門　江戸後期の淘綾郡虫窪村民

清水(しみず)弥右衛門　1778～1832　江戸中期・後期の埼玉郡町場村の名主・豪商

菅原(すがわら)弥右衛門　1847～1904　江戸後期～明治期の農事功労者

陶山(すやま)弥右衛門　江戸後期の大住郡真田村民

旅川(たびかわ)弥右衛門　？～1720　江戸前期・中期の槍術家

鳥居(とりい)弥右衛門　安土桃山時代の検地役人

中河原(なかがわら)弥右衛門　戦国時代の信濃国伊那郡の細工職人頭か

長田(ながた)弥右衛門　1527～1612　安土桃山時代の織田信長の家臣

中村(なかむら)弥右衛門　江戸前期の幕臣

夏目(なつめ)弥右衛門　江戸末期の藩士

西尾(にしお)弥右衛門　安土桃山時代の武士。金森家士か

納所(のうそ)弥右衛門　1553～1637　安土桃山時代の備前国の武将

袴屋(はかまや)弥右衛門　江戸中期の律守新田開発者

橋本(はしもと)弥右衛門　江戸前期の人。大野治房の船を預かった

浜野(はまの)弥右衛門　1817～1891　江戸後期～明治期の名主・寺子屋師匠

比留間(ひるま)弥右衛門　？～1681　江戸前期の組頭

堀田(ほった)弥右衛門　安土桃山時代の織田信長の家臣

宗岡(むねおか)弥右衛門　？～1638　江戸前期の代官

村井(むらい)弥右衛門　安土桃山時代の商人

本吉屋(もとよしや)弥右衛門　？～1709　江戸前期・中期の金沢の町人

門奈(もんな)弥右衛門　？～1717　江戸前期の武士

楊井(やない)弥右衛門　江戸中期の玖珂郡根笠村庄屋
矢野(やの)弥右衛門　安土桃山時代の織田信長の家臣
山崎(やまさき)弥右衛門　江戸前期の開拓者
山田(やまだ)弥右衛門　安土桃山時代の豪農・窯業
山田(やまだ)弥右衛門　?～1730　江戸中期の三ヶ日のミカン功労者
山本(やまもと)弥右衛門　江戸前期の京都糸割符商人
吉田(よしだ)弥右衛門　江戸中期の名主。川越イモを導入
若杉(わかすぎ)弥右衛門　江戸後期の陶工
和田(わだ)弥右衛門　江戸後期の関守。牛首番所の常番
和田(わだ)弥右衛門　1846～1900　江戸末期・明治期の白川村の初代村長

矢右衛門　やえもん
旅川(たびかわ)矢右衛門　?～1736　江戸中期の槍術師範

弥右衛門重親　やえもんしげちか
吉田(よしだ)弥右衛門重親　?～1615　江戸前期の長宗我部元親の家老上座吉田次郎左衛門貞重の子

弥右衛門尉　やえもんのじょう
相馬(そうま)弥右衛門尉　戦国時代の上総国池和田城(市原市)の在城衆
千野(ちの)弥右衛門尉　戦国・安土桃山時代の信濃国諏訪郡の国衆
渡辺(わたなべ)弥右衛門尉　戦国時代の甲斐国八代郡西海郷の土豪

夜燕　やえん
大須賀(おおすか)夜燕　1757～1782　江戸中期の女流俳人・画人

八百作　やおさく
加藤(かとう)八百作　1844～1919　江戸末期～大正期の謡曲家

八百次郎　やおじろう
平戸(ひらど)八百次郎　江戸中期の韮山代官江川氏の手代

八百蔵　やおぞう
羽山(はやま)八百蔵　1853～1912　江戸後期～明治期の教育者

八百八　やおはち
植田(うえだ)八百八　江戸後期の橘樹郡獺郷村民
墨(すみ)八百八　1790～?　江戸後期の諸村の庄屋後見役、兼帯庄屋
月館(つきだて)八百八　1801～1887　江戸末期の彫り物師

八百彦　やおひこ
八百彦　1697～1777　江戸中期の俳人

埜鶴　やかく
埜鶴　?～1873　江戸後期～明治期の僧侶

野角　やかく
野角　江戸中期の俳人

宅子　やかこ
紀(きの)宅子　平安前期の官人
伴(ともの)宅子　平安前期の女性

宅足　やかたり
阿刀(あとの)宅足　奈良時代の官人

宅成　やかなり
中臣(なかとみの)宅成　奈良時代の官人

家主　やかぬし　⇔いえぬし, やぬし
大蔵(おおくらの)家主　奈良時代の官人
大原(おおはらの)家主　奈良時代の官人《大原家主》

宅主　やかぬし
布勢(ふせの)宅主　奈良時代の官人

家麿　やかまろ
安倍(あべの)家麿　奈良時代の上野守《安倍家麻呂》

宅麻呂　やかまろ
安倍(あべの)宅麻呂　平安前期の官人

八上王　やがみおう
八上王　奈良時代の官人

宅持　やかもち
小治田(おはりだの)宅持　奈良時代の人。和銅元年、従五位下信濃守となる

家守　やかもり
安倍(あべの)家守　平安前期の官人

宅守　やかもり
太秦公(うずまさぎみの)宅守　平安前期の官人
采女(うねめの)宅守　奈良時代の官人
大秦(おおはたの)宅守　平安前期の官人

宅美　やかよし
藤原(ふじわらの)宅美　奈良時代の官人

八木右衛門　やぎえもん
大塚(おおつか)八木右衛門　安土桃山時代の一条氏の家臣

弥儀太夫　やぎだゆう
弥儀太夫　江戸後期の浄瑠璃語り

弥吉　やきち
弥吉　1780～1823　江戸中期・後期の文政一揆の咎人
榎本(えのもと)弥吉　?～1890　江戸後期～明治期の海運業者
瀬戸(せと)弥吉　江戸後期の陶工
永峰(ながみね)弥吉　1839～1895　江戸後期～明治期の幕臣
山田(やまだ)弥吉　1844～1893　江戸後期～明治期の宮大工

弥吉高宗　やきちたかむね
永田(ながた)弥吉高宗　?～1615　江戸前期の豊臣秀吉の家臣

弥吉郎　やきちろう
高田(たかだ)弥吉郎　安土桃山時代の武士

野橘　やきつ
野橘　江戸中期の医者・俳人

約庵　やくあん
大野(おおの)約庵　1788～1864　江戸後期・末期

の松山藩士・能書家

薬源　やくげん

薬源　平安後期の天台僧

薬恒　やくこう

薬恒　平安前期・中期の天台宗の僧

約斎　やくさい

大館(おおだて)約斎　？～1816　江戸中期・後期の文人

薬師堂殿　やくしどうどの

薬師堂殿　鎌倉後期の女性

益性法親王　やくしょうほうしんのう

益性法親王　鎌倉後期・南北朝時代の亀山天皇の皇子

矢口王　やぐちおう

矢口王　奈良時代の官人

矢国　やくに

羽田公(はたのきみ)矢国　？～686　飛鳥時代の壬申の乱の功臣

薬仁　やくにん

薬仁　鎌倉時代の天台宗の僧

弥九郎　やくろう

油川(あぶらかわ)弥九郎　？～1508　戦国時代の武田氏の家臣

飯川(いいかわ)弥九郎　室町時代の幕府奉公衆か

川島(かわしま)弥九郎　1799～？　江戸末期の俳人。野木・小山に句碑

米谷(こめや)弥九郎　戦国時代の遠江見付府の商人

寺沢(てらさわ)弥九郎　？～1569　戦国・安土桃山時代の織田信長の家臣

大和(やまと)弥九郎　戦国時代の丹後国の土豪

野径　やけい

野径　江戸中期の俳人

夜気王　やけおう

夜気王　飛鳥・奈良時代の官人

野月　やげつ

野月　1757～1830　江戸中期・後期の俳人

弥源治　やげんじ

安藤(あんどう)弥源治　江戸後期の足柄上郡萱沼村名主

埜行　やこう

埜行　江戸中期の俳人

也好　やこう

也好　江戸後期の俳人

野紅　やこう

長野(ながの)野紅　1660～1740　江戸前期・中期の俳人

弥厚　やこう

都築(つづき)弥厚　1765～1833　江戸中期・後期の農業と清酒醸造業

弥五右衛門　やごうえもん　⇔やごえもん

倉沢(くらさわ)弥五右衛門　？～1804　江戸中期・後期の蚕卵台紙の厚紙製造の創始者

弥五右衛門　やごえもん　⇔やごうえもん

忍穂(おしほ)弥五右衛門　？～1665　江戸前期の武士

志村(しむら)弥五右衛門　？～1848　江戸後期の都筑郡王禅寺村名主

千野(ちの)弥五右衛門　戦国・安土桃山時代の信濃国諏訪郡の国衆

浜名(はまな)弥五右衛門　江戸前期の前田利長の家臣富田越後重政の若党。後に牢人

陽侯王　やこおう

陽侯王　奈良時代の官人

弥五左衛門　やござえもん

石原(いしわら)弥五左衛門　1580～1660　安土桃山・江戸前期の開拓者

玉置(たまき)弥五左衛門　1844～？　江戸後期の岡崎藩士

中内(なかうち)弥五左衛門　？～1615　江戸前期の武士

増井(ますい)弥五左衛門　1682～1730　江戸前期・中期の代官

弥五助　やごすけ

井関(いせき)弥五助　江戸末期の武士

弥五八　やごはち

服部(はっとり)弥五八　安土桃山時代の織田信長の家臣

弥五八郎　やごはちろう

森(もり)弥五八郎　？～1582　戦国・安土桃山時代の織田信長の家臣

弥五兵衛　やごへえ　⇔やごべえ

切牛(きりうし)弥五兵衛　？～1848　江戸後期の義民

弥五兵衛　やごべえ　⇔やごへえ

斎藤(さいとう)弥五兵衛　江戸後期の橘樹郡上菅生村民

弥五兵衛尉　やごべえのじょう

河橋(かわはし)弥五兵衛尉　戦国時代の武将

弥五郎　やごろう

弥五郎　戦国時代の武士。北条氏に仕えた舟番匠

荒尾(あらお)弥五郎　鎌倉後期・南北朝時代の尾張の武士

飯坂(いいざか)弥五郎　1808～1890　江戸後期～明治期の宮大工

石比地(いしひじ)弥五郎　戦国時代の下総佐原宿の有徳人。蔵本。弥三郎の子か

井出(いで)弥五郎　戦国時代の北条氏の家臣

小山田(おやまだ)弥五郎　戦国時代の甲斐武田晴信の家臣

川原(かわはら)弥五郎　江戸中期・後期の陶工

菅谷(すげのや)弥五郎　1734～1800　江戸後期の備中倉敷代官

鈴木(すずき)弥五郎　戦国時代の相模国座間の鍛冶

長尾(ながお)弥五郎　？～1505　室町・戦国時代の山内上杉氏重臣

那古屋(なごや)弥五郎　安土桃山時代の織田信長の家臣

梨本(なしもと)弥五郎　1814～1867　江戸後期・末期の武士

前波(まえば)弥五郎　安土桃山時代の織田信長の家臣

正木(まさき)弥五郎　戦国時代の内房正木氏の中心的な人物
真継(まつぎ)弥五郎　戦国時代の京鋳物師
山形屋(やまがたや)弥五郎　1735～1794　江戸中期・後期の鯵ケ沢湊米町の御用達
山下(やました)弥五郎　江戸時代の諸県郡志布志の廻船業者
横山(よこやま)弥五郎　1842～1897　江戸後期の教育者

弥五郎実光　やごろうさねみつ
鮎瀬(あゆがせ)弥五郎実光　戦国時代の武将、伊王野氏家臣

弥三右衛門　やさえもん　⇔やざえもん, やそうえもん, やそえもん, やぞうえもん
小幡(おばた)弥三右衛門　戦国時代の武将。武田家臣

弥左衛門　やざえもん
弥左衛門　戦国時代の畳刺の棟梁
弥左衛門　安土桃山時代の信濃国筑摩郡会田の土豪
弥左衛門　安土桃山時代の信濃国筑摩郡野口の土豪
青岡(あおおか)弥左衛門　江戸前期の槍術家
赤池(あかいけ)弥左衛門　安土桃山時代の甲斐国巨摩郡河内瀬戸の土豪
浅賀(あさか)弥左衛門　1643～1711　江戸前期・中期の剣術家。浅賀流祖

や

新井(あらい)弥左衛門　江戸中期の人。「埼玉郡広田村開発誌」を執筆
伊東(いとう)弥左衛門　？～1659　江戸前期の素封家
稲葉(いなば)弥左衛門　江戸末期の武士
大島(おおしま)弥左衛門　？～1688　江戸前期の干拓者
加賀屋(かがや)弥左衛門　1795～1844　江戸後期の富商
柿崎(かきざき)弥左衛門　1785～1853　江戸中期・後期の庄屋
加島(かしま)弥左衛門　江戸前期の駿河国富士郡加島村の人
柏木(かしわぎ)弥左衛門　？～1722　江戸中期の大住郡南金目村民
河本(かわもと)弥左衛門　？～1741　江戸中期の浦年寄から浦庄屋
神戸(かんど)弥左衛門〔1代〕　？～1623　江戸前期の運輸業者
紀伊国屋(きのくにや)弥左衛門　江戸中期の糸問屋
木村(きむら)弥左衛門　安土桃山時代の織田信長の家臣
釘本(くぎもと)弥左衛門　江戸中期の須古の鐔工
小林(こばやし)弥左衛門　1543～1630　戦国～江戸前期の福原新田の開拓者
今(こん)弥左衛門　江戸前期の最上氏遺臣
七文字屋(しちもんじや)弥左衛門　江戸前期の京都糸割符商人
鈴木(すずき)弥左衛門　？～1740　江戸中期の庄内藩士
鈴木(すずき)弥左衛門　江戸後期の三浦郡久里浜村民
諏訪(すわ)弥左衛門　戦国時代の武将。武田家臣
世木(せぎ)弥左衛門　安土桃山時代の織田信長の家臣
知見寺(ちけんじ)弥左衛門　？～1548　戦国時代の武士
塚田(つかだ)弥左衛門　？～1847　江戸後期の真岡木綿問屋
鐘(つりがね)弥左衛門　江戸前期の侠客
当麻(とうま)弥左衛門　江戸中期の新田開拓者
服部(はっとり)弥左衛門　？～1627　安土桃山・江戸前期の庄屋
深津(ふかつ)弥左衛門　江戸後期・末期の幕臣
福王(ふくおう)弥左衛門　江戸後期の三木の心学者
誉田屋(ほんだや)弥左衛門　江戸中期の富商、御蔵紙関係者
真館(まだち)弥左衛門　？～1859　江戸後期・末期の名主
松浦(まつら)弥左衛門　江戸前期の豊臣秀頼の家臣
森(もり)弥左衛門　江戸前期の備前焼陶工
山本(やまもと)弥左衛門　江戸前期の京都糸割符商人
渡辺(わたなべ)弥左衛門　江戸前期の隠岐島前公文棟梁の一人

弥三右衛門　やざえもん　⇔やさえもん, やそうえもん, やそえもん, やぞうえもん
岡田(おかだ)弥三右衛門　1568～1650　安土桃山・江戸前期の豪商

彌三右衛門　やざえもん
岡田(おかだ)彌三右衛門　1573～1650　江戸前期の小樽場所請負人

弥左衛門勝泰　やざえもんかつやす
甲田(こうだ)弥左衛門勝泰　江戸前期の武士

弥左衛門重正　やざえもんしげまさ
木村(きむら)弥左衛門重正　？～1650　江戸前期の豊臣秀頼の家臣

弥左衛門孝茂　やざえもんたかしげ
横山(よこやま)弥左衛門孝茂　？～1879　江戸後期～明治期の銅器職人

弥左衛門孝純　やざえもんたかすみ
横山(よこやま)弥左衛門孝純　1845～1903　江戸後期～明治期の銅器職人

弥左衛門尉　やざえもんのじょう
赤池(あかいけ)弥左衛門尉　安土桃山・江戸前期の甲斐国巨摩郡河内瀬戸の土豪
佐野(さの)弥左衛門尉　戦国・安土桃山時代の駿河国富士郡内房郷の土豪
柴田(しばた)弥左衛門尉　安土桃山時代の織田信長の家臣
下曽禰(しもそね)弥左衛門尉　？～1575　安土桃山時代の武田氏の家臣
諏方(すわ)弥左衛門尉　戦国時代の信濃国諏訪郡の人。武田氏に訴えた社家衆のひとり

谷左衛門大夫　やさえもんのだいぶ
水野(みずの)谷左衛門大夫　戦国時代の小山氏の一族

弥三衛門元武　やざえもんもとたけ
木村（きむら）弥三衛門元武　？～1817　江戸中期・後期の下郡役で趣味人
弥三吉　やさきち
池上（いけがみ）弥三吉　1831～1868　江戸後期・末期の堺事件烈士
弥作　やさく
弥作　江戸前期の庄屋
橋本（はしもと）弥作　1831～1888　江戸後期～明治期の実業家、政治家
弥三左衛門尉　やさざえもんのじょう
矢島（やじま）弥三左衛門尉　安土桃山時代の信濃国諏訪郡の社家衆
弥三郎　やさぶろう
弥三郎　1796～1823　江戸後期の文政一揆の咎人
朝比奈（あさひな）弥三郎　室町時代の伊勢宗瑞（北条早雲）の家臣
朝比奈（あさひな）弥三郎　？～1515　戦国時代の三浦道寸（義同）の八丈島代官
石比地（いしひじ）弥三郎　戦国時代の下総佐原宿の有徳人。蔵本
祝（いわい）弥三郎　江戸前期の武士。大坂の陣で籠城
江川（えがわ）弥三郎　1830～1890　江戸後期～明治期の彫工
海老江（えびえ）弥三郎　戦国時代の今川氏の給人
岡田（おかだ）弥三郎〔10代〕　？～1913　江戸末期・明治期の商人
小武（おぶ）弥三郎　安土桃山時代の織田信長の家臣
小山田（おやまだ）弥三郎　戦国時代の武将
亀岡（かめおか）弥三郎　江戸前期の高野山付近の寺領を支配する四所庄官
河合（かわい）弥三郎　江戸末期の新撰組隊士
木下（きのした）弥三郎　1843～？　江戸後期の新撰組隊士
斎藤（さいとう）弥三郎　戦国時代の上野国衆
斎藤（さいとう）弥三郎　江戸前期の旗本
佐々（さっさ）弥三郎　安土桃山時代の織田信長の家臣
志賀（しが）弥三郎　戦国時代の上総国小西城（山武郡大網白里町）主・原能登守（法名日源）の家臣
鈴木（すずき）弥三郎　江戸前期の人。熊野新宮の住人鈴木弥三右衛門の子
関（せき）弥三郎　戦国時代の北条氏の家臣
武井（たけい）弥三郎　1821～1885　江戸末期・明治期の老農、橋本村組頭
竹内（たけのうち）弥三郎　安土桃山時代の武士
豊嶋（としま）弥三郎　戦国時代の関東管領山内上杉氏の家臣
鳥海（とりのうみ）弥三郎　1761～1832　江戸中期・後期の石工
中野（なかの）弥三郎　江戸時代の名主
中村（なかむら）弥三郎　戦国時代の北条氏の家臣
舟守（ふなもり）弥三郎　鎌倉時代の漁師
不破（ふわ）弥三郎　1773～1851　江戸中期・後期の商人
堀池（ほりけ）弥三郎　？～1837　江戸後期の土佐藩御抱喜多流能役者
前田（まえだ）弥三郎　1806～1887　江戸後期～明治期の商人
宮川（みやがわ）弥三郎　戦国時代の北条氏の家臣
宮崎（みやざき）弥三郎　1848～1906　江戸後期～明治期の実業家
森村（もりむら）弥三郎　戦国時代の画家
矢野（やの）弥三郎　安土桃山時代の織田信長の家臣
矢部（やべ）弥三郎　戦国時代の武将。武田家臣
山川（やまかわ）弥三郎　戦国時代の小山秀綱の家臣
山田屋（やまだや）弥三郎　江戸前期の京都糸割符商人
弥三郎左衛門　やさぶろうざえもん
堤（つつみ）弥三郎左衛門　戦国時代の代官
弥三兵衛　やさべえ
工藤（くどう）弥三兵衛　？～1676　江戸前期の庄屋
矢師　やし
市川の（いちかわの）矢師　戦国時代の矢師職人頭
矢次右衛門　やじうえもん
阿蘇（あそ）矢次右衛門　？～1886　江戸後期～明治期の大工
弥次右衛門　やじえもん
弥次右衛門　安土桃山時代の信濃国筑摩郡光郷の土豪
跡部（あとべ）弥次右衛門　江戸前期の最上氏遺臣
石川（いしかわ）弥次右衛門　江戸時代の数学者
鈴木（すずき）弥次右衛門　戦国時代の武将。武田家臣
多田（ただ）弥次右衛門　1786～1846　江戸中期・後期の伊豆国田方郡多田村の報徳仕法家
中里（なかさと）弥次右衛門〔5代〕　？～1817　江戸中期・後期の八戸藩家老
舟坂（ふなさか）弥次右衛門　安土桃山時代の織田信長の家臣
前田（まえだ）弥次右衛門　江戸前期の最上氏遺臣
簗田（やなだ）弥次右衛門　安土桃山時代の織田信長の家臣
吉原（よしはら）弥次右衛門　？～1673　江戸前期の遠州敷知郡利木村の豪農
弥次衛門　やじえもん
中村（なかむら）弥次衛門　江戸中期の庄屋、新田開発者
柳原（やなぎはら）弥次衛門　安土桃山時代の信濃国筑摩郡麻績北条の土豪
弥治右衛門　やじえもん
大田（おおた）弥治右衛門　南北朝時代の実業家。岡崎市で味噌醸造業を始める
小泉（こいずみ）弥治右衛門　？～1649　江戸前期の義民
関川（せきがわ）弥治右衛門　1811～1866　江戸後期・末期の寺子屋師匠
高司（たかじ）弥治右衛門　1543～1616　戦国～江戸前期の尺間信仰の開祖
弥二右衛門　やじえもん
角屋（かどや）弥二右衛門　江戸前期の町年寄

弥次右衛門時宗　やじえもんときむね
中川（なかがわ）弥次右衛門時宗　？～1644　江戸前期の豊臣秀吉・徳川頼宣の家臣

弥四右衛門尉　やしえもんのじょう
井伊（いい）弥四右衛門尉　？～1575　安土桃山時代の牢人衆頭
飯尾（いのお）弥四右衛門尉　？～1575　安土桃山時代の武士

夜潮　やしお　⇔やちょう
矢野（やの）夜潮　1782～1829　江戸中期・後期の画家

弥次左衛門　やじざえもん
金子（かねこ）弥次左衛門　1637～1704　江戸前期・中期の剣術家。法心流祖

弥七　やしち
弥七　戦国時代の奈良の宮大工の棟梁
弥七　1778～1823　江戸中期・後期の文政一揆の咎人
太田屋（おおたや）弥七　江戸中期の江戸の町人
谷口（たにぐち）弥七　安土桃山・江戸前期の武士
中里（なかざと）弥七　戦国時代の里見氏家臣
奈良（なら）弥七　戦国時代の大工。北条氏に仕えた
秦（はた）弥七　江戸後期の桑田郡宮島村島の人
松村（まつむら）弥七　1817～1885　江戸末期・明治期の寺子屋師匠
丸山（まるやま）弥七　？～1841　江戸後期の奈川村上郷庄屋

や

弥七左衛門　やしちざえもん
佐野（さの）弥七左衛門　江戸前期の藩士

弥七郎　やしちろう
弥七郎　戦国時代の武田晴信の寵童
弥七郎　戦国時代の白壁師の棟梁
弥七郎　安土桃山時代の武田氏の家臣
赤井（あかい）弥七郎　江戸前期の豊臣秀吉・秀頼の家臣
浅岡（あさおか）弥七郎　1819～1892　江戸後期～明治期の慈善家
安保（あぼ）弥七郎　戦国時代の古河公方足利氏の家臣
今井（いまい）弥七郎　安土桃山時代の上野国衆長井政実の家臣
小山田（おやまだ）弥七郎　戦国時代の武田氏の家臣
河井（かわい）弥七郎　？～1635　江戸前期の河井清正二男。岩戸村（狛江市）開発
北村（きたむら）弥七郎　江戸末期の医師
関山（せきやま）弥七郎　戦国時代の相模国当麻郷の問屋
沼田（ぬまた）弥七郎　戦国時代の上野国衆
原（はら）弥七郎　戦国時代の武田氏の家臣
琵琶島（びわじま）弥七郎　戦国時代の越後国刈羽郡の領主
藤田（ふじた）弥七郎　戦国時代の北条氏の家臣
布施（ふせ）弥七郎　江戸前期の武士。大坂の陣で籠城。布施左京と同一人物と思われる
牧（まき）弥七郎　？～1634　安土桃山・江戸前期の庄内藩士
三浦（みうら）弥七郎　戦国時代の大嵐（山梨県）の土豪
三谷（みたに）弥七郎　室町時代の武将
山口（やまぐち）弥七郎　安土桃山時代の織田信長の家臣
山下（やました）弥七郎　安土桃山時代の検地役人

弥七郎朝憲　やしちろうとものり
沼田（ぬまた）弥七郎朝憲　1533～1569　戦国時代の武人

弥次兵衛　やじびょうえ　⇔やじへい，やじべえ
片山（かたやま）弥次兵衛　江戸前期の銃術家
辻（つじ）弥次兵衛　？～1615　江戸前期の人。大坂の陣で籠城

弥次兵衛尉　やじひょうえのじょう
三宅（みやけ）弥次兵衛尉　1558？～1597　戦国・安土桃山時代の徳川家の家臣

弥次兵衛　やじへい　⇔やじびょうえ，やじべえ
和泉屋（いずみや）弥次兵衛　江戸時代の天領本庄の富商
大浜（おおはま）弥次兵衛　江戸前期の伊奈忠公の手代

弥治兵衛　やじへえ　⇔やじべえ
浅野（あさの）弥治兵衛　？～1779　江戸中期の備中杜氏の草分け

弥次兵衛　やじべえ　⇔やじびょうえ，やじへい
大畑（おおはた）弥次兵衛　1839～1921　江戸末期～大正期の教育者
城生村（じょうのうむら）弥次兵衛　江戸時代の富山藩の十ケ村肝煎

弥治兵衛　やじべえ　⇔やじへえ
真垣（まがき）弥治兵衛　江戸中期の町役人

八嶋　やしま
台（うてなの）八嶋　飛鳥時代の官人
文室（ふんやの）八嶋　奈良時代の官人

矢島　やじま
矢島　戦国時代の佐久郡の国衆望月氏の一門

八島冠者　やしまかじゃ
八島冠者　鎌倉時代の隠岐国守護佐々木政義の代官

夜叉　やしゃ
山家（やまべ）夜叉　安土桃山時代の武田氏の家臣

弥十郎　やじゅうろう
赤川（あかがわ）弥十郎　安土桃山時代の織田信長の家臣
磯谷（いそがい）弥十郎　安土桃山時代の検地役人
伊東（いとう）弥十郎　1732～1788　江戸中期・後期の素封家
今川（いまがわ）弥十郎　？～1679　江戸前期の今川義元の家臣
岩瀬（いわせ）弥十郎　江戸後期の通事
大野（おおの）弥十郎　？～1615　江戸前期の大野治長の二男
大村（おおむら）弥十郎　戦国時代の遠江の国衆
丹波（たんば）弥十郎　江戸前期の上方出身のキリシタン、鉱山師
中山（なかやま）弥十郎　江戸後期の幕臣
原（はら）弥十郎　？～1862　江戸後期・末期の第34代京都西町奉行

樋口(ひぐち)弥十郎　1762〜1818　江戸中期・後期の槍術家
平野(ひらの)弥十郎　1823〜1889　江戸後期〜明治期の土木請負業者
星野(ほしの)弥十郎　1805〜1858　江戸後期・末期の米商人
深山(みやま)弥十郎　戦国時代の千葉胤直・宣胤の家臣
山角(やまかく)弥十郎　安土桃山時代の山角康定の一族。北条氏康・氏政の家臣、奉者
山下(やました)弥十郎　安土桃山時代の検地役人
山田(やまだ)弥十郎　?〜1827　江戸後期の事業家
和田(わだ)弥十郎　安土桃山時代の織田信長の家臣

野松　やしょう
野松　江戸中期の俳人
工藤(くどう)野松　1752〜1818　江戸中期・後期の俳人

夜食時分　やしょくじぶん
夜食時分　江戸前期の浮世草子作者

弥四郎　やしろう
弥四郎　江戸末期の東松江村庄屋
青木(あおき)弥四郎　江戸後期の三浦郡鴨居村名主
朝比奈(あさひな)弥四郎　?〜1582　安土桃山時代の武田信豊の近臣(若衆)
上田(うえだ)弥四郎　1768〜1839　江戸中期・後期の花巻郷学教授
大賀(おおが)弥四郎　?〜1575　戦国・安土桃山時代の徳川家康の家臣
岡部(おかべ)弥四郎　江戸末期・明治期の陶工
金子(かねこ)弥四郎　?〜1901　江戸末期・明治期の篤農家
昆(こん)弥四郎　1814〜1891　江戸後期〜明治期の向中野通代官所の御物書役、寺子屋師匠
向坂(さきさか)弥四郎　江戸中期の旗本
佐藤(さとう)弥四郎　江戸時代の一関藩流郷大肝入
志村(しむら)弥四郎　戦国時代の北条氏の家臣
神(じん)弥四郎　江戸前期の庄屋
但見(ただみ)弥四郎　江戸中期の浄瑠璃作者
平野(ひらの)弥四郎　戦国時代の今川氏の給人
山上(やまがみ)弥四郎　江戸前期の旗本

弥次郎　やじろう
弥次郎　?〜1727　江戸前期・中期の義人
伊勢(いせ)弥次郎　戦国時代の武士。北条早雲の弟
大井(おおい)弥次郎　戦国時代の武田氏家臣
小川(おがわ)弥次郎　江戸中期の名主
加藤(かとう)弥次郎　戦国時代の北条氏の家臣。伊豆郡代笠原綱信の代官
大門(だいもん)弥次郎　戦国時代の武士。宇都宮氏の家臣
多米(ため)弥次郎　戦国時代の北条氏康・氏政の家臣。多米長宗、多米時信の一族
日比野(ひびの)弥次郎　安土桃山時代の織田信長の家臣
馬淵(まぶち)弥次郎　戦国時代の駿府浅間社の社家
三谷(みや)弥次郎　戦国時代の千葉胤富の家臣
桃井(ももい)弥次郎　?〜1541　戦国時代の部将

弥治郎　やじろう
安部(あべ)弥治郎　1833〜1871　江戸後期〜明治期の人。隠岐騒動で郡代と交渉

弥二郎　やじろう
有坂(ありさか)弥二郎　鎌倉時代の幕府御家人
関根(せきね)弥二郎　江戸中期の剣術家
内藤(ないとう)弥二郎　南北朝時代の備前国の武士
馬場(ばば)弥二郎　?〜1600　安土桃山時代の金森家臣
村越(むらこし)弥二郎　戦国時代の伊豆中条郷の人。庚甲講の代表

野人　やじん
鳥飼(とりかい)野人　?〜1800　江戸中期・後期の俳人

安章　やすあき　⇔あんしょう
根岸(ねぎし)安章　?〜1863　江戸末期の和算家

康顕　やすあき
中原(なかはら)康顕　戦国時代の官人

康明　やすあき
松平(まつだいら)康明　?〜1685　江戸前期の邑智郡八色石2000石の領主

康晟　やすあき
大脇(おおわき)康晟　1830〜?　江戸後期・末期の藩士

泰顕　やすあき
江馬(えま)泰顕　戦国時代の引間城主飯尾氏の家臣

泰行　やすあき　⇔やすゆき
本郷(ほんごう)泰行　1745〜?　江戸中期の御側御用取次

泰明　やすあき
河尻(かわしり)泰明　?〜1298　鎌倉後期の河尻氏武士団の惣領
島倉(しまくら)泰明　?〜1579　戦国・安土桃山時代の上杉謙信の家臣
豊島(としま)泰明　戦国時代の武士

保章　やすあき
賀茂(かも)保章　1847〜?　江戸後期・末期の陰陽家、暦学者
橋爪(はしづめ)保章　江戸後期の和算家
橋爪(はしつめ)保章　橋爪保章に同じ

安卿　やすあきら
長谷川(はせがわ)安卿　1719〜1779　江戸中期の和学者

安明　やすあきら
細井(ほそい)安明　1670〜1736　江戸前期・中期の幕臣

保明　やすあきら
鷲見(すみ)保明　1750〜1808　江戸中期・後期の歌人
水原(みずはら)保明　1722〜1792　江戸中期・後期の幕臣

恭厚　やすあつ
菅野(かんの)恭厚　1730〜1810　江戸中期・後期の漢学者

保篤　やすあつ
賀茂(かも)保篤　1702〜1748　江戸中期の陰陽家・暦学者

康有　やすあり
三善(みよし)康有　1228〜1290　鎌倉前期・後期の幕府の問注所執事

安居　やすい　⇔やすすえ
橋本(はしもと)安居　1752〜1795　江戸中期・後期の神職、国学者

安家　やすいえ
安家　平安後期の伯耆国の刀工
大原(おおはら)安家　平安中期の刀工

安宅　やすいえ　⇔あたか, あんたく, やすおり
大村(おおむら)安宅　1841〜1864　江戸後期・末期の新撰組隊士《大村安宅》
谷口(たにぐち)安宅　江戸後期の藩士・和算家《谷口安宅》

康家　やすいえ
今村(いまむら)康家　?〜1625　江戸前期の武士
植村(うえむら)康家　戦国時代の松平家奉行人
清原(きよはらの)康家　平安後期の官人
酒井(さかい)康家　戦国時代の松平氏の家臣

保家　やすいえ
藤原(ふじわらの)保家　?〜1064　平安中期・後期の人。太政大臣為光孫

安氏　やすうじ
江沼(えぬまの)安氏　平安中期の官人

や

泰氏　やすうじ
平(たいら)泰氏　鎌倉後期の歌人
北条(ほうじょう)泰氏　鎌倉後期の武士

保氏　やすうじ
水原(みはら)保氏　1673〜1743　江戸前期・中期の幕臣

保江　やすえ
岡本(おかもと)保江　1675〜1736　江戸前期・中期の幕臣

安右衛門　やすえもん
安右衛門　安土桃山時代の信濃国筑摩郡刈谷原の土豪
笠間(かさま)安右衛門　?〜1745　江戸中期の加賀藩士
河原(かわら)安右衛門　1673〜1724　江戸前期・中期の武士、勘定
北(きた)安右衛門　1571〜1664　安土桃山・江戸前期の土豪、政所
君ヶ浜(きみがはま)安右衛門　1818〜1890　江戸後期の足柄下郡早川村出身の力士
小原(こばら)安右衛門　1853〜1909　江戸後期〜明治期の漁業者
斎藤(さいとう)安右衛門　?〜1828　江戸後期の新河岸川の河岸問屋
鈴木(すずき)安右衛門　1830〜1886　江戸後期〜明治期の日本初の献体
鈴木田(すずきだ)安右衛門　江戸前期の人。大坂の陣で籠城
都築(つづき)安右衛門　江戸前期の剣術家。去水流の祖
畑田(はただ)安右衛門　?〜1879　江戸後期〜明治期の勤王家
蜂屋(はちや)安右衛門　江戸後期の粉河村の鋳物師
東(ひがし)安右衛門　1812〜1877　江戸後期〜明治期の加賀国石川郡平加村の人。算額・測量をよくした
馬淵(まぶち)安右衛門　江戸前期の金森藩士

安衛門　やすえもん
安衛門　安土桃山時代の信濃国筑摩郡安坂の土豪
安衛門　安土桃山時代の信濃国筑摩郡野口の土豪

泰右衛門　やすえもん
岡野(おかの)泰右衛門　江戸後期の韮山代官江川氏の手代

保右衛門　やすえもん
小泉(こいずみ)保右衛門　江戸末期の池田長発の家来。1864年遣仏使節に随行しフランスに渡る

安雄　やすお
大原(おおはらの)安雄　平安前期の官人
藤原(ふじわらの)安雄　平安前期の公卿

泰夫　やすお
島田(しまだ)泰夫　1828〜1890　江戸末期・明治期の藩士、医師

寧雄　やすお
細井(ほそい)寧雄　1802〜1873　江戸後期〜明治期の和算家

安興　やすおき　⇔あんこう
奥野(おくの)安興　1810〜1877　江戸後期〜明治期の歌人
加藤(かとう)安興　1845〜1883　江戸後期〜明治期の開拓功労者

易興　やすおき
神野(じんの)易興　江戸後期・末期の藩士・国学者

泰興　やすおき
生長(いくなが)泰興　1781〜1832　江戸中期・後期の小田郡笠岡村の宿老・歌人

寧気　やすおき
御船(みふね)寧気　1821〜?　江戸後期・末期の歌人

保興　やすおき
北(きた)保興　1820〜?　江戸後期・末期の幕臣

安臣　やすおみ
朝見(あさみ)安臣　1833〜1892　江戸後期〜明治期の渋川神社の神職

安宅　やすおり　⇔あたか, あんたく, やすいえ
大村(おおむら)安宅　1841〜1864　江戸後期・末期の新撰組隊士

安影　やすかげ
小野(おのの)安影　平安前期の官人

康景　やすかげ
富永(とみなが)康景　?〜1564　戦国・安土桃山時代の江戸城本城の城番

泰景　やすかげ
佐田(さだ)泰景　戦国時代の武士

保景　やすかげ
野呂(のろ)保景　1685～1757　江戸前期・中期の代官

安一　やすかず
籠手田(こてだ)安一　安土桃山時代の武将、キリシタン

泰和　やすかず
神保(じんぼ)泰和　江戸後期の地誌家・和算家
神保(しんぽ)泰和　神保泰和に同じ

寧一　やすかず
南小柿(みながき)寧一　1785～1825　江戸中期・後期の医者・画家

安賢　やすかた
増子(ますこ)安賢　江戸後期の和算家

安豪　やすかた
垣見(かきみ)安豪　？～1805　江戸後期の刀剣鑑定家

康賢　やすかた
東儀(とうぎ)康賢　1707～1772　江戸中期の楽人

康方　やすかた
渥美(あつみ)康方　1831～？　江戸後期の和算家

泰堅　やすかた
加藤(かとう)泰堅　江戸前期の幕臣

泰固　やすかた
本郷(ほんごう)泰固　江戸後期の幕臣

泰方　やすかた
大中臣(おおなかとみ)泰方　鎌倉時代以前の神職・歌人。「玉葉和歌集」に入集

保方　やすかた
紀(きの)保方　平安中期の随身

安勝　やすかつ
田部井(たべい)安勝　?～1829　江戸後期の和算家
前田(まえだ)安勝　?～1594　安土桃山時代の武将
望月(もちづき)安勝　1611～1686　江戸前期の剣術家

康勝　やすかつ
天野(あまの)康勝　？～1650　江戸前期の旗本

泰勝　やすかつ
朝岡(あさおか)泰勝　1574～1630　安土桃山・江戸前期の幕臣

安金　やすかね
大石(おおいし)安金　1822～1883　江戸後期～明治期の和算家

安兼　やすかね
越智(おちの)安兼　平安中期の第9代大祝職

泰兼　やすかね
大江(おおえ)泰兼　鎌倉時代の下級貴族

保兼　やすかね
石城(いわき)保兼　平安中期の下級役人

保謙　やすかね
仁科(にしな)保謙　1749～1828　江戸中期・後期の歌人

安河　やすかわ
賀島(かしま)安河　江戸後期の国学者

安材　やすき
平松(ひらまつ)安材　1777～1837　江戸末期の歌人

泰樹　やすき
山本(やまもと)泰樹　1789～1831　江戸後期の良寛の甥

保吉　やすきち　⇔やすよし
川原(かわはら)保吉　江戸後期の和算家

安浄　やすきよ
大内(おおうち)安浄　南北朝時代の駿河国富士郡西山の地頭

安清　やすきよ
青木(あおき)安清　1686～1766　江戸前期・中期の幕臣
大石(おおいし)安清　1614～1705　江戸前期の武士
大江(おおえの)安清　平安後期の官人
中村(なかむら)安清　江戸中期の和算家
松原(まつばら)安清　安土桃山・江戸前期の武士

安精　やすきよ
新藤(しんどう)安精　江戸後期の藩士

康清　やすきよ
佐藤(さとう)康清　平安後期の官人
萩野(はぎの)康清　戦国時代の馬術家
藤原(ふじわらの)康清　平安後期の官人

泰清　やすきよ　⇔たいせい
小笠原(おがさわら)泰清　？～1285　鎌倉前期・後期の阿波国守護小笠原氏の一族
金子(かねこ)泰清　戦国時代の沼田城城代
玉村(たまむら)泰清　鎌倉後期の武士
吉沢(よしざわ)泰清　戦国時代の刀工

安国　やすくに
安倍(あべの)安国　平安後期の官人
吉志(きしの)安国　平安中期の人。天元2年左京の宅地を買得
毛野(けぬの)安国　平安後期の官人
藤原(ふじわら)安国　？～979？　平安中期の公家・歌人

康国　やすくに
康国　戦国時代の相模国の刀鍛冶
村上(むらかみ)康国　鎌倉前期の武士

八輔　やすけ
松平(まつだいら)八輔　江戸末期の武士、大寄合

弥介　やすけ
弥介　安土桃山時代の信濃国筑摩郡会田の土豪
久楽(きゅうらく)弥介　江戸末期の楽焼の陶工

弥助　やすけ
弥助　安土桃山時代の信濃国筑摩郡光郷の土豪
岩田(いわた)弥助　安土桃山時代の金森長近の家臣
太田(おおた)弥助　？～1552　戦国時代の筑摩郡刈谷原の苅屋原城主
小沼(おぬま)弥助　江戸前期の検地役人
小山田(おやまだ)弥助　？～1582　戦国・安土桃山時代の武田家臣
栗田(くりた)弥助　安土桃山時代の検地役人
伊達(だて)弥助　1839～1892　江戸後期～明治期

の機業家
玉屋(たまや)弥助　1794～1845　江戸後期の玉作り商
林(はやし)弥助　戦国時代の狩宿城城主
藤田(ふじた)弥助　1848～1901　江戸後期～明治期の漁業功労者
仏生寺(ぶっしょうじ)弥助　1831～1863　江戸後期・末期の剣客
宮沢(みやざわ)弥助　安土桃山・江戸前期の甲斐国八代郡河内岩間庄ツムキ村の土豪
森田(もりた)弥助　江戸末期の従者。1864年遣仏使節に随行しフランスに渡る

安子　やすこ
大神(おおがの)安子　平安後期の八幡宇佐宮女禰宜

康子　やすこ
大江(おおえの)康子　平安中期の女官

保子　やすこ
紀(きの)保子　平安中期の官人
藤原(ふじわらの)保子　平安後期の歌人。白河院の女房
藤原(ふじわらの)保子　平安後期の女性。後鳥羽天皇の乳母

廉子　やすこ　⇔かとこ, れんし
源(みなもとの)廉子　平安中期の女房・歌人《源廉子》

廉子女王　やすこじょおう
廉子女王　?～935　平安前期・中期の仁明天皇の孫

や

安五郎　やすごろう
秋本(あきもと)安五郎　1781～1866　江戸中期～末期の冨士講の大先達
佐藤(さとう)安五郎　?～1874　江戸後期の大住郡曽屋村製油業
竹居(たけいの)安五郎　1821～1862　江戸後期・末期の侠客
冨沢(とみさわ)安五郎　1849～1904　江戸後期～明治期の葉煙草輸出業、経木商

安左衛門　やすざえもん　⇔あんざえもん
浅野(あさの)安左衛門　江戸中期の生坂藩士
上坂(うえさか)安左衛門　1696～1759　江戸中期の幕府代官
上田(うえだ)安左衛門　江戸後期の橘樹郡溝ノ口村の醤油醸造家
臼井(うすい)安左衛門　?～1639　安土桃山・江戸前期の天正11年末森の戦に出陣
金田(かねだ)安左衛門　?～1653　江戸前期の国学者
加部(かべ)安左衛門　江戸時代の吾妻郡大戸村の豪農
岸(きし)安左衛門　江戸後期のアミダ江開発者
田代(たしろ)安左衛門　?～1726　江戸中期の大住郡入山瀬村旗本知行所名主
鶴瀬(つるせ)安左衛門　戦国時代の武将。武田家臣
長屋(ながや)安左衛門　江戸前期の細川忠利の家臣
能条(のうじょう)安左衛門　江戸後期の大住郡下糟屋村民
樋口(ひぐち)安左衛門　1756～1808　江戸中期・後期の道路改修の施主
毛利(もり)安左衛門　江戸前期の大坂城士。3者が見られるが同一人物と思われる

安貞　やすさだ　⇔あんてい
安貞　戦国時代の刀工
岡田(おかだ)安貞　江戸中期の物産収集家
佐野(さの)安貞　江戸中期の医者
鈴木(すずき)安貞　1682～1755　江戸前期・中期の幕臣
高戸(たかと)安貞　1749～1815　江戸中期・後期の商家、歌人
田村(たむら)安貞　1786～?　江戸後期の安蘇郡の画家
藤田(ふじた)安貞　?～1818　江戸中期・後期の藩士
真板(まいた)安貞　江戸後期の津久井県日連村鎮守蔵王権現社神主

安定　やすさだ　⇔あんじょう
朝比奈(あさひな)安定　戦国時代の駿河国の武士
河島(かわしま)安定　室町時代の土豪
北原(きたはら)安定　1820～1897　江戸後期～明治期の伊那郡高遠城下の寺子屋師匠
紀(きの)安定　平安後期の官人
木村(きむら)安定　1739～1795　江戸中期・後期の金工家
清原(きよはらの)安定　平安後期の官人
小泉(こいずみ)安定　江戸前期の藩士・歌人
高畠(たかばたけ)安定　1688～1763　江戸前期・中期の藩士
野井(のい)安定　1757～1799　江戸中期・後期の国学者
長谷川(はせがわ)安定　1636～1724　江戸前期・中期の代官
樋口(ひぐち)安定　?～1670　江戸前期の代官
藤田(ふじた)安定　?～1869　江戸後期～明治期の藩士
細井(ほそい)安定　1687～1758　江戸前期・中期の幕臣
米竹(よねたけ)安定　?～1903　江戸末期・明治期の生糸商

易貞　やすさだ
上原(うえはら)易貞　?～1846　江戸後期の和算家

康貞　やすさだ
大江(おおえの)康貞　平安後期の官人
依田(よだ)康貞　1574～1653　安土桃山・江戸前期の藤岡城主

康定　やすさだ
康定　戦国時代の古河公方の奉行人
松平(まつだいら)康定　?～1592　戦国・安土桃山時代の武士。深溝松平氏の族臣

泰定　やすさだ
青木(あおき)泰定　戦国時代の武田氏の家臣
朝比奈(あさひな)泰定　江戸末期の武士
加々爪(かがづめ)泰定　戦国時代の今川氏の給人
中原(なかはらの)泰定　平安後期・鎌倉前期の官人。左史生
西野(にしの)泰定　?～1731　江戸中期の藩士

保貞　やすさだ
神谷（かみや）保貞　江戸中期の和算家
紀（きの）保貞　平安後期の官人

保定　やすさだ
宇野（うの）保定　1771～1843　江戸中期・後期の故実家
越智（おち）保定　江戸後期の国学者
神谷（かみや）保定　江戸中期の和算家《神谷保貞》
斎藤（さいとう）保定　1776～1857　江戸中期～末期の和算家
羽田（はねだ）保定　1751～？　江戸中期の幕臣
福士（ふくし）保定　室町時代の山田村・飯岡村・大沢村・織笠村の領主
藤原（ふじわらの）保定　平安後期の官人

康郷　やすさと
松平（まつだいら）康郷　1693～1789　江戸中期・後期の御側御用取次

保実　やすざね
家原（いえはらの）保実　平安中期の官人
須賀（すが）保実　1833～1918　江戸末期～大正期の水利事業推進者
皆木（みなぎ）保実　江戸後期の美作国東部の人

遜志　やすし
郡山（こおりやま）遜志　？～1781　江戸中期の藩士

泰　やすし　⇔たい, とおる
磯部（いそべ）泰　1836～1912　江戸後期～明治期の和算家

靖　やすし　⇔せい
中島（なかじま）靖　1852～1906　江戸後期～明治期の教育者

綏　やすし
志賀（しが）綏　1795～1846　江戸後期の藩士・国学者

愷　やすし
石原（いしはら）愷　江戸末期の本草学者

安次　やすじ　⇔やすつぐ
小谷（おだに）安次　1683～1750　江戸前期・中期の医師

安治　やすじ　⇔あんち, やすはる
小野寺（おのでら）安治　？～1877　江戸後期～明治期の西南の役出征者
熊谷（くまがい）安治　1839～1906　江戸後期～明治期の医師

安重　やすしげ　⇔あんじゅう
石川（いしかわ）安重　？～1621　江戸前期の旗本
紀（きの）安重　平安後期の官人
志謙（しかた）安重　1853～1936　江戸後期～昭和期の和算家
宮崎（みやざき）安重　1559～1621　戦国～江戸前期の代官
向井（むかい）安重　江戸後期の漢学者

安繁　やすしげ
脇坂（わきさか）安繁　1705～1784　江戸中期の佐渡奉行

易重　やすしげ
左右田（そうだ）易重　1664～1729　江戸前期・中期の兵法家

康重　やすしげ
太田（おおた）康重　江戸中期の武芸の達人
細野（ほその）康重　戦国時代の里見忠義の家臣

康成　やすしげ　⇔やすなり
松浦（まつら）康成　戦国時代の岩付城主北条氏房の家臣

泰重　やすしげ
朝比奈（あさひな）泰重　？～1575　戦国・安土桃山時代の武田家臣
河越（かわごえ）泰重　鎌倉前期・後期の武蔵武士
高山（たかやま）泰重　戦国時代の武田氏の家臣
蓼沼（たでぬま）泰重　1544？～1582　戦国・安土桃山時代の上杉謙信・景勝の家臣

保重　やすしげ
飯山（いいやま）保重　平安後期の武士
神尾（かみお）保重　？～1671　江戸前期の旗本
清科（きよしなの）保重　平安中期の官人
都野（つの）保重　室町時代の都野郷領主、多鳩神社神主

保成　やすしげ　⇔やすなり
丈部（はせつかべの）保成　平安後期の官人、検非違使

連成　やすしげ
水野（みずの）連成　1568～1638　江戸前期の武士

や

安次郎　やすじろう
相原（あいはら）安次郎　1842～1910　江戸後期～明治期の幕臣
猪俣（いのまた）安次郎　江戸後期の大住郡南金目村大工
須原屋（すはらや）安次郎　江戸後期の水戸城下の書肆
高橋（たかはし）安次郎　1842～1868　江戸後期・末期の武士。京都見廻組御雇
柱野（はしらの）安次郎　1852～1884　江戸後期～明治期の警部
増田（ますだ）安次郎　1819～1858　江戸後期の川口鋳物師
山本（やまもと）安次郎　1805～1876　江戸後期～明治期の高浜村の寺子屋師匠

安二郎　やすじろう
佐藤（さとう）安二郎　江戸末期の新撰組隊士？
松本（まつもと）安二郎　？～1835　江戸中期・後期の医師

保次郎　やすじろう
安岡（やすおか）保次郎　1831～1907　江戸後期～明治期の実業家

安季　やすすえ
藤原（ふじわらの）安季　平安後期の官人

安居　やすすえ　⇔やすい
尾張（おわりの）安居　平安中期の官人

康季　やすすえ
安倍（あべ）康季　室町時代の十三安東氏の武将
後藤（ごとう）康季　南北朝時代の美作国塩湯郷の

武将
源(みなもとの)康季　1067～1130　平安後期の武士

泰季　やすすえ
三条(さんじょう)泰季　南北朝時代の公家
成田(なりた)泰季　1516～1590　戦国時代の武将

保季　やすすえ
橘(たちばなの)保季　平安後期の官人

保末　やすすえ
杉(すぎ)保末　南北朝時代の武将

安資　やすすけ
中原(なかはらの)安資　平安後期・鎌倉前期の尾張国の御家人

安助　やすすけ
飯島(いいじま)安助　戦国時代の信濃国伊那郡の国衆
前田(まえだ)安助　1838～1886　江戸後期～明治期の実業家

康資　やすすけ
太田(おおた)康資　1531～1581　戦国・安土桃山時代の江戸城主・扇谷上杉朝興の家臣

泰介　やすすけ　⇔たいすけ
平山(ひらやま)泰介　1847～1877　江戸後期～明治期の踊郷戸長

泰助　やすすけ　⇔たいすけ
鈴木(すずき)泰助　1837～1920　江戸末期～大正期の柑橘業功労者

や

泰亮　やすすけ　⇔たいりょう
朝比奈(あさひな)泰亮　?～1772　江戸中期の文人

保資　やすすけ
甘南備(かんなびの)保資　平安中期の官人

保祐　やすすけ
田中(たなか)保祐　江戸後期の歌人

保敞　やすすけ
野口(のぐち)保敞　?～1814　江戸中期・後期の和算家

康輔　やすすけ
平(たいらの)康輔　平安後期の官人

康資王　やすすけおう
康資王　?～1090　平安中期・後期の神祇伯。父は源延信

安住　やすずみ
佐脇(さわき)安住　1684～1761　江戸前期・中期の幕臣

安処　やすずみ
藤田(ふじた)安処　?～1834　江戸後期の藩士

安澄　やすずみ
平野(ひらの)安澄　1753～1811　江戸中期・後期の絵師

安蔵　やすぞう
田辺(たなべ)安蔵　江戸後期の武士、松前奉行支払調役
松橋(まつはし)安蔵　江戸後期の和算家

鎮三　やすぞう
近藤(こんどう)鎮三　?～1894　江戸末期・明治期の幕臣、洋学者《近藤昌綱》

保造　やすぞう
大谷(おおたに)保造　1831～1913　江戸末期～大正期の実業家
大野(おおの)保造　1822～1885　江戸後期～明治期の和算家

安太　やすた
東馬(とうま)安太　1837～1919　江戸末期の槍術家

安敬　やすたか　⇔やすよし
前田(まえだ)安敬　1741～?　江戸中期の幕臣

安孝　やすたか　⇔あんこう
丸子(まりこ)安孝　1829～1894　江戸後期～明治期の和算家

安高　やすたか
阿閇(あべの)安高　平安中期の藤原良信の従者
伊予(いよの)安高　平安中期の官人
近山(ちかやま)安高　?～1671　江戸前期の代官
水巻(みずまき)安高　平安後期の在地領主

安隆　やすたか
藤原(ふじわらの)安隆　平安中期の官人

恭孝　やすたか
川瀬(かわせ)恭孝　江戸時代の和算家

康敬　やすたか
三宅(みやけ)康敬　1678～1751　江戸前期・中期の幕臣

康棟　やすたか　⇔やすむね
松平(まつだいら)康棟　1696～1752　江戸中期の幕臣

康隆　やすたか
松田(まつだ)康隆　戦国時代の北条氏の家臣

保喬　やすたか
伊藤(いとう)保喬　江戸後期の和算家

保敬　やすたか
小泉(こいずみ)保敬　1798～1852　江戸後期の国学者

保孝　やすたか
原田(はらだ)保孝　江戸末期・明治期の和算家

保考　やすたか　⇔ほこう
賀茂(かも)保考　1749～1817　江戸中期・後期の神職、書家

保高　やすたか　⇔ほこう
服部(はっとり)保高　?～1726　江戸中期の旗本

保隆　やすたか
藤原(ふじわらの)保隆　平安後期の官人

庸隆　やすたか
出目(でめ)庸隆　江戸中期・後期の能面師

安武　やすたけ
鈴木(すずき)安武　1837～1899　江戸後期～明治期の開拓功労者

保武　やすたけ
藤林(ふじばやし)保武　江戸前期の武芸家

安但　やすただ
堀内(ほりのうち)安但　1677～1766　江戸前期・

中期の幕臣

安忠　やすただ　⇔あんちゅう
平(たいらの)安忠　平安中期の官人
長沼(なかぬま)安忠　1837〜1913　江戸後期〜大正期の数学者
三善(みよし)安忠　鎌倉後期の地頭
柳沢(やなぎさわ)安忠　1602〜1687　安土桃山・江戸前期の武士

恭忠　やすただ
菅野(すがの)恭忠　江戸中期の「謡要律」の著者

康忠　やすただ
大中臣(おおなかとみの)康忠　1532〜1572　戦国・安土桃山時代の神宮祭主
水走(みずはや)康忠　鎌倉前期の武士

泰忠　やすただ
跡部(あとべ)泰忠　戦国時代の甲斐武田晴信の家臣
島倉(しまくら)泰忠　戦国時代の上杉景勝の家臣
島津(しまづ)泰忠　戦国時代の信濃国衆
野田(のだ)泰忠　室町時代の西岡被官衆の中心的な土豪
宮沢(みやざわ)泰忠　戦国時代の信濃国筑摩郡の会田岩下下野守の被官・岩下衆の一員

保矯　やすただ
名和(なわ)保矯　1773〜1821　江戸中期・後期の和算家

保忠　やすただ
加々爪(かがつめ)保忠　?〜1675　江戸前期の旗本
平(たいらの)保忠　平安中期の官人

安立　やすたつ
安倍(あべの)安立　平安前期の官人

康建　やすたて
天野(あまの)康建　?〜1770　江戸中期の西城先鉄炮の頭

安種　やすたね
石原(いしはら)安種　江戸前期・中期の画家
松村(まつむら)安種　1840〜1879　江戸末期・明治初期の佐賀藩士、海軍軍人

康胤　やすたね
馬加(まくわり)康胤　1374〜1456　室町時代の房総の武将

康種　やすたね
高橋(たかはし)康種　1540〜1616　戦国〜江戸前期の牟礼の開祖

泰胤　やすたね
土御門(つちみかど)泰胤　1782〜?　江戸中期・後期の公家

康民　やすたみ
淡川(あわかわ)康民　1776〜1842　江戸後期の国学者

保民　やすたみ
森(もり)保民　江戸末期の漢詩人

安太夫　やすだゆう
茨木(いばらぎ)安太夫　1638〜1709　江戸前期・中期の剣術家。新影流

安大夫　やすだゆう
赤枝(あかえだ)安大夫　?〜1641　江戸前期の武士
松浦(まつら)安大夫　安土桃山時代の織田信長の家臣

安足　やすたり
土屋(つちや)安足　1757〜1819　江戸中期・後期の国学者・藩士

保足　やすたり
岡本(おかもと)保足　江戸中期・後期の神職、書家

安近　やすちか
浅原(あさはら)安近　1529〜1616　戦国〜江戸前期の代官

安親　やすちか
河田(かわだ)安親　1759〜1849　江戸中期・後期の藩士、歌人
西松(にしまつ)安親　安土桃山時代の連歌作者
祝(はふり)安親　鎌倉後期・南北朝時代の武将
若尾(わかお)安親　1601〜1675　江戸前期の武士

安悌　やすちか
戸川(とがわ)安悌　1770〜1824　江戸中期・後期の旗本で早島戸川家9代

恭周　やすちか
吉沢(よしざわ)恭周　1726〜1816　江戸中期・後期の和算家

康親　やすちか
天野(あまの)康親　戦国時代の松平氏の家臣
行方(なめかた)康親　戦国時代の北条氏の家臣
蜷川(にながわ)康親　戦国時代の北条氏の家臣

泰親　やすちか
河田(かわだ)泰親　戦国時代の上杉謙信の家臣
成田(なりた)泰親　?〜1616　戦国時代の武将

安継　やすつぐ
阿岐奈(あきなの)安継　平安前期の官人

安嗣　やすつぐ
内田(うちだ)安嗣　1832〜1907　江戸後期〜明治期の和算家

安次　やすつぐ　⇔やすじ
安次　平安中期の刀工
安次　平安後期の刀工
浅原(あさはら)安次　?〜1614　江戸前期の代官
江馬(えま)安次　1646〜1697　江戸前期の武士
後藤(ごとう)安次　1836〜1917　江戸後期〜大正期の和算家
小宮山(こみやま)安次　江戸前期の幕臣

易続　やすつぐ
遠藤(えんどう)易続　1680〜1751　江戸前期・中期の勘定奉行

康嗣　やすつぐ
刀利(とりの)康嗣　飛鳥時代の官人

康次　やすつぐ
康次　鎌倉前期の備中古青江の刀工

泰次　やすつぐ
波根(はね)泰次　戦国時代の石見国波根郷の領主

泰倫　やすつぐ
朝比奈(あさひな)泰倫　1547〜1633　江戸前期の

武士

保紹　やすつぐ

服部(はっとり)保紹　1771〜1848　江戸中期・後期の幕臣

安綱　やすつな

大原(おおはら)安綱　平安中期の刀工

松下(まつした)安綱　1558〜1624　戦国〜江戸前期の代官

康綱　やすつな

岡部(おかべ)康綱　戦国時代の徳川家の家臣

源(みなもとの)康綱　1132〜1199　平安後期・鎌倉前期の在京武者

泰綱　やすつな

岡部(おかべの)泰綱　平安後期の駿河国志太郡岡部郷の武士。源頼朝の家人

佐々木(ささき)泰綱　?〜1527　戦国時代の鎌倉幕府の武将

佐野(さの)泰綱　1482〜1560　戦国・安土桃山時代の佐野氏当主

沢田(さわだ)泰綱　1830〜1916　江戸後期〜明治期の神職

藤原(ふじわらの)泰綱　平安後期・鎌倉前期の武士

保綱　やすつな

松下(まつした)保綱　1755〜1838　江戸中期・後期の幕臣

源(みなもと)保綱　平安後期・鎌倉前期の歌人

康恒　やすつね

正木(まさき)康恒　1710〜1787　江戸中期の幕臣

康躬　やすつね

凡(おおしの)康躬　平安前期の官人

泰経　やすつね

阿吾(あご)泰経　戦国時代の杵築大社上官

豊島(としま)泰経　?〜1478?　室町時代の武士

泰恒　やすつね

秋元(あきもと)泰恒　鎌倉時代の御家人

保経　やすつね

松平(まつだいら)保経　1706〜1760　江戸中期の三日市藩第2代藩主

保行　やすつら

賀茂(かも)保行　1808〜?　江戸後期の陰陽家・暦学者

藤木(ふじき)保行　1787〜1842　江戸中期・後期の神職

安照　やすてる

庄田(しょうだ)安照　1590〜1656　安土桃山・江戸前期の幕臣

安任　やすとう

桑原(くわばらの)安任　平安後期の官人

保遠　やすとう　⇔やすとお

紀(きの)保遠　平安後期の官人

保任　やすとう

源(みなもとの)保任　平安中期の官人

安遠　やすとお　⇔あんえん

紀(きの)安遠　平安中期の官人

康遠　やすとお

高津(たかつ)康遠　1714〜1796　江戸中期・後期の公家

保遠　やすとお　⇔やすとう

賀茂(かも)保遠　1824〜1889　江戸後期〜明治期の神職

安辰　やすとき

長谷川(はせがわ)安辰　1753〜?　江戸中期・後期の幕臣

康時　やすとき

度会(わたらい)康時　1028〜?　平安中期の外宮権禰宜

泰時　やすとき

大中臣(おおなかとみの)泰時　平安後期の春日権神主

孕石(はらみいし)泰時　?〜1615　江戸前期の武士

泰辰　やすとき

大江(おおえの)泰辰　平安後期の官人

安俊　やすとし

梅津(うめづ)安俊　1721〜1811　江戸中期・後期の町見術師範

近山(ちかやま)安俊　?〜1656　江戸前期の代官

安年　やすとし

吉田(よしだ)安年　1790〜1855　江戸後期・末期の国学者

安利　やすとし

多湖(たこ)安利　江戸後期の藩士

戸川(とがわ)安利　1616〜1664　江戸前期の旗本で帯江戸川家初代

康載　やすとし

松平(まつだいら)康載　1854〜1923　江戸末期の大名

康利　やすとし

幡野(はたの)康利　1837〜1890　江戸後期〜明治期の人。郡内織の改良を志し、広幅杉あや織りの洋傘地の製織を完成

泰利　やすとし

小林(こばやし)泰利　1806〜1859　江戸後期の和算家

寧利　やすとし

細井(ほそい)寧利　1847〜1918　江戸後期〜大正期の和算家

保俊　やすとし

服部(はっとり)保俊　?〜1651?　江戸前期の幕臣

藤原(ふじわらの)保俊　平安後期の官人

保年　やすとし

凡河内(おおしこうちの)保年　平安中期の官人

安富　やすとみ

紀(きの)安富　平安中期の盗賊

安智　やすとも

染川(そめかわ)安智　1790〜1874　江戸後期〜明治期の宮ケ浜三日月型突堤築造の相談役

安友　やすとも

津守(つもりの)安友　平安中期の官人

秦(はたの)安友　平安後期の官人

安倫　やすとも
木村(きむら)安倫　1765〜1830　江戸中期・後期の金工家

康朝　やすとも
笠原(かさはら)康朝　戦国・安土桃山時代の北条氏の家臣
布施(ふせ)康朝　戦国時代の北条氏の家臣

康友　やすとも
鹿児島(かごしま)康友　鎌倉時代の武将

泰朝　やすとも
小山(おやま)泰朝　南北朝・室町時代の武将
塩谷(しおや)泰朝　鎌倉前期の武家・歌人

泰友　やすとも
朝比奈(あさひな)泰友　?〜1561　戦国・安土桃山時代の武田家臣

保具　やすとも
鷹見(たかみ)保具　1709〜1784　江戸中期の商家

保全　やすとも　⇔ほぜん
宮川(みやかわ)保全　1852〜1922　江戸後期〜大正期の教育家《宮川保全》

保知　やすとも
川田(かわだ)保知　江戸後期の和算家

保友　やすとも　⇔ほゆう
保友　江戸前期・中期の俳人《保友》
身人部(むとべの)保友　?〜1005　平安中期の随身

保倫　やすとも
小野(おのの)保倫　平安中期の官人

安豊　やすとよ　⇔あんぽう
会田(あいた)安豊　江戸中期・後期の和算家

康豊　やすとよ
山中(やまなか)康豊　戦国時代の北条氏の家臣

安名　やすな
大春日(おおかすがの)安名　平安前期の官人

安直　やすなお
大岡(おおおか)安直　?〜1744　江戸中期の小姓組
大宅(おおやけの)安直　平安中期の官人
荻野(おぎの)安直　1613〜1690　江戸前期の砲術家
里見(さとみ)安直　江戸中期の故実家
田辺(たなべ)安直　1587〜1658　安土桃山・江戸前期の代官

康直　やすなお
柴田(しばた)康直　1780〜?　江戸中期の幕臣
戸田(とだ)康直　1617〜1634　江戸前期の松本藩主

泰直　やすなお
朝岡(あさおか)泰直　1601〜1652　安土桃山・江戸前期の幕臣

保尚　やすなお
園村(そのむら)保尚　1739〜1812　江戸中期・後期の歌人

保直　やすなお
猪崎(いざき)保直　1853〜1910　江戸末期・明治期のかつお漁業。かつお節製造
百竹(ももたけ)保直　1768〜1833　江戸中期・後期の商家

泰仲　やすなか　⇔たいちゅう
五辻(いつつじ)泰仲　1425〜1490　室町・戦国時代の公家
高階(たかしなの)泰仲　平安中期の官人

安永　やすなが
大県(おおあがたの)安永　平安後期の官人
大春日(おおかすがの)安永　平安前期の官人
凡河内(おおしこうちの)安永　平安後期の官人
柿本(かきのもとの)安永　平安前期の人。「利口之人」と称された

安長　やすなが
内田(うちだ)安長　江戸後期の装剣金工
大中臣(おおなかとみの)安長　平安後期の尾張国で書写された七寺一切経の願主
佐藤(さとう)安長　江戸後期の和算家、二本松藩士

康長　やすなが
石井(いしい)康長　室町・戦国時代の武家
下条(しもじょう)康長　1575〜?　安土桃山・江戸前期の甲斐武田勝頼の家臣
正木(まさき)康長　戦国時代の徳川家旗本

康命　やすなが
松平(まつだいら)康命　?〜1649　江戸前期の佐用郡長谷領3000石の領主

泰永　やすなが
疋田(ひきた)泰永　1690〜1763　江戸中期の代官

泰長　やすなが
安倍(あべの)泰長　平安後期の陰陽師
飯田(いいだ)泰長　戦国時代の武士。狩野介の被官、伊豆松瀬村在地支配者
権太(ごんだ)泰長　権田泰長に同じ
権田(ごんだ)泰長　1522〜1595　戦国・安土桃山時代の徳川氏の家臣

保永　やすなが　⇔やすひさ
高橋(たかはし)保永　江戸後期の和算家

保長　やすなが
飯島(いいじま)保長　1822〜1906　江戸後期〜明治期の和算家
杉本(すぎもと)保長　江戸中期の武道家

安成　やすなり
椋部(くらべ)安成　平安前期の那賀郡の人
桜井(さくらい)安成　江戸前期の能楽師
滋野(しげのの)安成　801〜868　平安前期の官人。紀伊国名草郡の豪族出身
近山(ちかやま)安成　?〜1675　江戸前期の代官
戸川(とがわ)安成　1650〜1708　江戸前期・中期の旗本で妹尾戸川家初代
名草(なぐさの)安成　平安前期の官人
野田(のだ)安成　?〜1664　江戸前期の代官
武藤(むとう)安成　1556〜1624　戦国〜江戸前期の幕臣

康業　やすなり
長野(ながの)康業　鎌倉前期・後期の武士

康哉　やすなり
茶室(ちゃしつ)康哉　1757頃〜?　江戸中期・後期の暦算家・歌人

康済　やすなり
松平(まつだいら)康済　1713〜1783　江戸中期の藩士

康成　やすなり　⇔やすしげ
服部(はっとり)康成　安土桃山・江戸前期の武将
松平(まつだいら)康成　1773〜1839　江戸中期・後期の藩士・漢学者・歌人

保救　やすなり　⇔やすひら
大森(おおもり)保救　1787〜1846　江戸末期の政治家

保成　やすなり　⇔やすしげ
牧野(まきの)保成　?〜1563　戦国時代の三河国牛久保の国衆

倫成　やすなり
西河(にしかわ)倫成　江戸後期の画家

安縄　やすなわ　⇔あんじょう
安縄　鎌倉前期の古備前の刀工

安庭　やすにわ
久世(くぜ)安庭　1806〜1887　江戸後期〜明治期の歌人

安野　やすの
小野(おのの)安野　平安前期の官人

安之右衛門　やすのえもん
吉川(よしかわ)安之右衛門　江戸中期の幕臣

や

安延　やすのぶ
淡海(おうみの)安延　平安中期の官人、厨家案主
大中臣(おおなかとみの)安延　平安後期の東寺領伊勢国大国荘の領預

安信　やすのぶ　⇔あんしん
安曇(あずみの)安信　平安中期の播磨国赤穂郡有年荘の荘官
大神(おおみわの)安信　平安中期の官人
木村(きむら)安信　?〜1533　戦国時代の大沼城城主
夏目(なつめ)安信　?〜1648　江戸前期の旗本
南部(なんぶ)安信　?〜1508?　戦国時代の武将
松尾(まつお)安信　江戸後期の和算家
武藤(むとう)安信　?〜1666　江戸前期の幕臣
脇坂(わきざか)安信　?〜1637　安土桃山・江戸前期の大名

懐宣　やすのぶ
藤原(ふじわらの)懐宣　鎌倉後期の飛騨守

康延　やすのぶ　⇔こうえん
荒木田(あらきだ)康延　平安後期の官人

康信　やすのぶ
伊丹(いたみ)康信　?〜1564?　戦国・安土桃山時代の北条氏の家臣
服部(はっとり)康信　安土桃山時代の織田信長の家臣《服部平左衛門》
服部(はっとり)康信　?〜1664　江戸前期の旗本
依田(よだ)康信　戦国時代の北条氏の家臣

泰信　やすのぶ　⇔たいしん
佐草(さぐさ)泰信　戦国時代の杵築大社上官
竹内(たけうち)泰信　1843〜1897　江戸後期〜明治期の地方自治功労者、啓蒙家
武田(たけだ)泰信　1802〜?　江戸後期の武芸家
湯(ゆ)泰信　鎌倉後期の意宇郡湯郷地頭

泰誠　やすのぶ
土御門(つちみかど)泰誠　1677〜1691　江戸前期・中期の公家

泰宣　やすのぶ
本間(ほんま)泰宣　鎌倉後期の武将

泰官　やすのぶ
加藤(かとう)泰官　1737〜1771　江戸中期の伊予新谷藩1万石加藤家第5代当主

保円　やすのぶ
安倍(あべ)保円　江戸末期・明治期の和算家

保延　やすのぶ
綾部(あやべの)保延　平安中期の官人

保信　やすのぶ
穴太(あのうの)保信　平安中期の官人
飯島(いいじま)保信　1801〜1883　江戸後期〜明治期の和算家
後藤(ごとう)保信　江戸末期の和算家
播磨(はりまの)保信　955〜1015　平安中期の官人

良順　やすのぶ　⇔りょうじゅん
瓦林(かわらばやし)良順　江戸後期の旗本

安儀　やすのり
由比(ゆい)安儀　1576〜1670　江戸前期の武士

安則　やすのり
安則　鎌倉時代の刀工
大中臣(おおなかとみ)安則　?〜928　平安前期・中期の神職
柏木(かしわぎ)安則　1760〜1834　江戸中期・後期の大工
遠山(とうやま)安則　?〜1610　江戸前期の旗本

安代　やすのり
真野(まの)安代　?〜1764　江戸中期の藩士・故実家
山岸(やまぎし)安代　?〜1730　江戸中期の和算家、米沢藩士

恭譲　やすのり
田上(たがみ)恭譲　江戸末期の幕臣・和算家

康教　やすのり
八木(やきの)康教　平安前期の豪族

康伯　やすのり
古沢(ふるさわ)康伯　?〜1792　江戸中期・後期の藩士、槍術家

泰規　やすのり
安保(あぼ)泰規　南北朝時代の武士。光泰の嫡子

泰孝　やすのり
出雲(いずも)泰孝　鎌倉後期の杵築大社国造

保規　やすのり
凡河内(おおしこうちの)保規　平安中期の官人

保教　やすのり
大塚(おおつか)保教　江戸後期の和算家
大森(おおもり)保教　1766〜1823　江戸末期の政治家
桃井(もものい)保教　1658〜1730　江戸前期の諏訪神社下社の神官で国学者

渡辺(わたなべ)保教　江戸後期の商家
保憲　やすのり
金子(かねこ)保憲　1779～1847　江戸中期・後期の屋号「美濃屋」四代目
保範　やすのり
紀(きの)保範　平安中期の書生
安八　やすはち
藤井(ふじい)安八　1840～？　江戸後期・末期の新撰組隊士
安治　やすはる　⇔あんち, やすじ
別所(べっしょ)安治　1532～1570　戦国・安土桃山時代の武将
易治　やすはる
高橋(たかはし)易治　1828～1891　江戸後期～明治期の藩士
康春　やすはる
康春　戦国時代の相模国の刀工
康爻　やすはる
松平(まつだいら)康爻　1786～1805　江戸中期の武将
泰治　やすはる
長坂(ながさか)泰治　1707～1779　江戸中期の能書家
泰春　やすはる
宮崎(みやざき)泰春　？～1650　江戸前期の武士
泰晴　やすはる
堀尾(ほりお)泰晴　1517～1599　戦国・安土桃山時代の織田信長の家臣
安彦　やすひこ
朝見(あさみ)安彦　1794～1843　江戸後期の学者
泰彦　やすひこ
朝野(あさの)泰彦　1826～1902　江戸後期～明治期の神職
草刈(くさかり)泰彦　1779～？　江戸中期・後期の藩士
安久　やすひさ
三池(みいけ)安久　平安後期の随身
安尚　やすひさ
河田(かわだ)安尚　1814～1907　江戸後期～明治期の藩士
泰久　やすひさ
加藤(かとう)泰久　1854～？　江戸末期・明治期の静岡藩士、軍人
保永　やすひさ　⇔やすなが
賀茂(かも)保永　1760～1832　江戸中期・後期の神職
保久　やすひさ
賀茂(かも)保久　江戸後期の易学者
服部(はっとり)保久　？～1675　江戸前期の旗本
保旧　やすひさ
木内(きうち)保旧　1810～1875　江戸後期～明治期の神職
安英　やすひで　⇔あんえい, やすふさ
武広(たけひろ)安英　？～1843　江戸後期の藩士・刀工
茂木(もぎ)安英　1829～1878　江戸後期～明治期の和算家
安秀　やすひで
歌川(うたがわ)安秀　江戸後期の絵師
味酒(うまさけの)安秀　平安中期の満盛院味酒家の始祖。味酒安行の長男
康英　やすひで
遠山(とおやま)康英　戦国時代の北条氏の家臣
康秀　やすひで　⇔こうしゅう
後藤(ごとう)康秀　？～1481　室町時代の武士
武藤(むとう)康秀　安土桃山時代の織田信長の家臣
茂呂(もろ)康秀　戦国時代の上野国衆
泰秀　やすひで
大内(おおうち)泰秀　1552～1602　戦国・安土桃山時代の鷲宮神社神主
保秀　やすひで
丸山(まるやま)保秀　1796～1868　江戸後期・末期の歌人
安平　やすひら　⇔あんぺい, やすへい
林(はやし)安平　江戸前期の武芸家
康衡　やすひら
三善(みよし)康衡　1241～1315　鎌倉前期・後期の官人、歌人
康平　やすひら
康平　戦国時代の刀工
泰平　やすひら
山田(やまだ)泰平　江戸後期の歌人
秘救　やすひら
羽倉(はくら)秘救　1748～1808　江戸中期・後期の幕臣、代官
保救　やすひら　⇔やすなり
賀茂(かも)保救　1791～1852　江戸後期の陰陽家・暦学者
保平　やすひら
大海(おおあまの)保平　平安中期の官人
賀茂(かもの)保平　平安後期の官人
安寛　やすひろ
鈴木(すずき)安寛　江戸後期の歌人
安広　やすひろ
板倉(いたくら)安広　戦国時代の武士。松平氏家臣
岩田(いわた)安広　？～1565　戦国・安土桃山時代の長尾城主
安弘　やすひろ
安弘　鎌倉時代の螺鈿工
塙(ばん)安弘　？～1576　戦国・安土桃山時代の織田信長の家臣
安熈　やすひろ
宮川(みやかわ)安熈　安土桃山時代の織田信長の家臣
休広　やすひろ
村上(むらかみ)休広　1636～1718　江戸前期・中期の農事改良家
恭寛　やすひろ　⇔きょうかん
和田(わだ)恭寛　江戸後期の和算家《和田恭寛》

泰広　やすひろ
田原（たわら）泰広　鎌倉時代の武将
保広　やすひろ
深谷（ふかや）保広　戦国時代の御用商人。佐竹氏家臣
安英　やすふさ　⇔あんえい, やすひで
花井（はない）安英　？～1741　江戸中期の代官
康房　やすふさ
康房　鎌倉時代の画家
泰房　やすふさ
大中臣（おおなかとみの）泰房　平安後期の官人
北条（ほうじょう）泰房　鎌倉後期の武士
保房　やすふさ
藤原（ふじわらの）保房　平安後期の官人
泰藤　やすふじ
武茂（むも）泰藤　鎌倉後期・南北朝時代の武将
恭文　やすふみ　⇔やすぶみ
細田（ほそだ）恭文　1792～1854　江戸後期・末期の和算家
恭文　やすぶみ　⇔やすふみ
細田（ほそだ）恭文　1792～1854　江戸後期・末期の和算家《細田恭文》
泰冬　やすふゆ
四宮（しのみや）泰冬　？～1569　戦国・安土桃山時代の今川氏の家臣
安平　やすへい　⇔あんぺい, やすひら
尾形（おがた）安平　1832～1897　江戸後期～明治期の公益家
篠崎（しのざき）安平　1849～？　江戸後期～明治期の実業家
長岡（ながおか）安平　1842～1925　江戸末期～大正期の造園家
易平　やすへい
亀田（かめだ）易平　1852～1926　江戸末期～大正期の旧帝国ホテルに使用された大谷石の採掘と石工事の施工
弥須平　やすへい
武内（たけのうち）弥須平　江戸中期の根付師
安兵衛　やすべえ
安兵衛　江戸後期の三浦郡上平作村名主
安兵衛　江戸後期の布引村庄屋
石田（いしだ）安兵衛　1853～1916　江戸末期～大正期の人。輸出織物同業組合を結成
蛭子屋（えびすや）安兵衛　江戸後期の塩商
奥田（おくだ）安兵衛　江戸後期の地役人で町廻方
菊屋（きくや）安兵衛　江戸中期の京都の版元
北見（きたみ）安兵衛　江戸後期の久良岐郡上大岡村名主
五味（ごみ）安兵衛　？～1818　江戸中期・後期の長百姓
菅原屋（すがわらや）安兵衛　江戸後期の書肆の主人
丹波屋（たんばや）安兵衛　江戸中期の京都の陶工
飛田（ひだ）安兵衛　1727～1816　江戸中期・後期の播州織の始祖
深沢（ふかさわ）安兵衛　1767～1836　江戸中期・後期の民生事業功労者
細田（ほそだ）安兵衛　1832～1893　江戸後期～明治期の製菓業者
松尾（まつお）安兵衛　1837～1916　江戸末期～大正期の松尾組の創設者
武蔵（むさし）安兵衛　1757～1827　江戸中期・後期の華道家
八木沢（やぎさわ）安兵衛　江戸後期の漁業家
保田（やすだ）安兵衛　？～1752　江戸中期の寺子屋手習師匠
湯本（ゆもと）安兵衛　江戸前期の草津温泉湯宿経営者
渡瀬（わたせ）安兵衛　江戸末期の田辺領四番組大庄屋
渡辺（わたなべ）安兵衛　江戸後期の八戸の木綿商人
保馬　やすま
小笠原（おがさわら）保馬　1842～1883　江戸後期～明治期の土佐勤王党員
安昌　やすまさ　⇔あんしょう
小島（こじま）安昌　？～1837　江戸後期の幕臣
籠手田（こてだ）安昌　戦国・安土桃山時代の武将
戸川（とがわ）安昌　1699～1785　江戸中期の幕臣
安政　やすまさ
加藤（かとう）安政　？～1626　安土桃山・江戸前期の武士
百々（どど）安政　1617～1668　江戸前期の土佐藩家老
安正　やすまさ　⇔あんせい
安倍（あべの）安正　平安前期の官人
一方井（いつかたい）安正　安土桃山時代の武将
太田（おおた）安正　1579～1641　安土桃山・江戸前期の代官
大和（おおやまとの）安正　平安後期の官人
福島（ふくしま）安正　1852～1919　江戸後期～大正期の陸軍軍人
藤田（ふじた）安正　1784～1830　江戸中期・後期の宇都宮藩士、文人
康政　やすまさ
一条（いちじょう）康政　戦国時代の土佐一条氏の家司
落合（おちあい）康政　？～1560？　戦国・安土桃山時代の武術家
千村（ちむら）康政　戦国時代の木曽氏の家臣
細田（ほそだ）康政　1570～1622　安土桃山・江戸前期の幕臣
源（みなもとの）康政　戦国時代の土佐一条家諸大夫
康正　やすまさ
板倉（いたくら）康正　戦国時代の武士。松平氏家臣
大石（おおいし）康正　？～1619　江戸前期の代官
酒井（さかい）康正　戦国時代の松平氏の家臣
松平（まつだいら）康正　1823～1864　江戸後期・末期の藩士
松平（まつだいら）康正　1821～？　江戸末期の初代京都見廻役
康当　やすまさ
千村（ちむら）康当　戦国時代の木曽氏の家臣

泰雅　やすまさ
吉尾（よしお）泰雅　江戸後期の華道家
泰政　やすまさ　⇔たいせい
朝比奈（あさひな）泰政　江戸時代の和算家
伊岐（いきの）泰政　平安後期の官人
北条（ほうじょう）泰政　鎌倉後期の武士
保政　やすまさ
服部（はっとり）保政　江戸前期の武士
保正　やすまさ
石部（いしべの）保正　平安中期の官人、藤原道長家の知家事
保理　やすまさ
日下部（くさかべの）保理　平安中期の官人
甫昌　やすまさ
松平（まつだいら）甫昌　?～1702　江戸前期の旗本
康又　やすまた
松平（まつだいら）康又　1786～1805　江戸中期の武将《松平康爻》
安麻呂　やすまろ
石川（いしかわの）安麻呂　奈良時代の官人
大神（おおみわの）安麻呂　?～714　奈良時代の官人
上毛野（かみつけぬの）安麻呂　奈良時代の官人
田口（たぐちの）安麻呂　奈良時代の官人
平群朝臣（へぐりのあそん）安麻呂　奈良時代の上野守
三田（みたの）安麻呂　奈良時代の官人
村（むらの）安麻呂　713～?　奈良時代の写経生
安万侶　やすまろ
小治田朝臣（おはるたのあそん）安万侶　?～729　飛鳥・奈良時代の朝臣
安海　やすみ　⇔あんかい
沖（おき）安海　1783～1857　江戸中期～末期の国学者
安見　やすみ
穴師（あなしの）安見　平安中期の衛門府鎰取
安実　やすみ
西尾（にしお）安実　?～1861　江戸後期・末期の藩士
安道　やすみち　⇔あんどう
池上（いけがみ）安道　1688～1767　江戸前期・中期の会津藩士
橘（たちばな）安道　江戸中期の装剣金工
戸川（とがわ）安道　1668～1740　江戸前期・中期の旗本で中島戸川家初代
堀（ほり）安道　1829～1875　江戸後期～明治期の国学者
宮沢（みやざわ）安道　1774～1852　江戸中期・後期の神官、文人
易達　やすみち
五味（ごみ）易達　?～1702　江戸中期の幕臣
泰通　やすみち
藤原（ふじわらの）泰通　平安中期の官人
山方（やまがた）泰通　江戸後期の藩士
泰道　やすみち　⇔たいどう
中山（なかやま）泰道　1842～1874　江戸後期～明治期の赤坂喰違事件に参画
保通　やすみち
賀茂（かもの）保通　平安後期の官人
保道　やすみち　⇔ほどう
高橋（たかはし）保道　江戸中期の幕臣
安光　やすみつ
安倍（あべの）安光　平安後期の官人
漆（うるしの）安光　平安後期の官人
清原（きよはらの）安光　平安後期の官人
雀部（さざきべの）安光　平安中期の官人
田使（たつかいの）安光　平安後期の官人
康光　やすみつ
野沢（のざわ）康光　戦国時代の武田氏の家臣、伴野信是の被官
藤原（ふじわら）康光　鎌倉前期の公家・歌人
泰光　やすみつ
朝比奈（あさひな）泰光　戦国時代の遠江国の武士
安倍（あべ）泰光　南北朝時代の公家・歌人
飯田（いいだ）泰光　戦国時代の北条氏御料所の小代官
佐野（さの）泰光　戦国時代の甲斐武田一族穴山信君の家臣
長崎（ながさき）泰光　鎌倉後期の武士
保光　やすみつ
市村（いちむら）保光　1753～1870　江戸後期の歌人
漣光　やすみつ
小野沢（おのざわ）漣光　江戸後期の和算家
葆光　やすみつ　⇔ほうこう, ほこう
松波（まつなみ）葆光　1756～1810　江戸中期・後期の官人
安宗　やすむね
遠山（とうやま）安宗　?～1688　江戸前期の旗本
安致　やすむね
近山（ちかやま）安致　?～1696　江戸中期の代官
吉岡（よしおか）安致　江戸後期の藩士
康宗　やすむね
石巻（いしまき）康宗　1649～1711　江戸前期・中期の幕臣
紀（き）康宗　平安後期の歌人
康棟　やすむね　⇔やすたか
野沢（のざわ）康棟　戦国・安土桃山時代の武田氏の家臣
泰宗　やすむね
宇都宮（うつのみや）泰宗　?～1327　鎌倉後期の武将・歌人
大室（おおむろ）泰宗　鎌倉時代の武士
北条（ほうじょう）泰宗　鎌倉後期の武士
武茂（むも）泰宗　鎌倉前期・後期の武将、那須郡武茂城主、歌人
保宗　やすむね
粟飯原（あいはら）保宗　戦国時代の小見川城主

安村　やすむら
三木(みき)安村　鎌倉後期の麻植郡種野山三木名の名主
安邑　やすむら
多(おおの)安邑　平安中期の楽人。大歌所の琴歌を伝習
康村　やすむら
大久保(おおくぼ)康村　?～1632　江戸前期の旗本
康保　やすもち
松平(まつだいら)康保　1782～1861　江戸中期～末期の幕臣・歌人
康用　やすもち
近藤(こんどう)康用　1517～1588　戦国・安土桃山時代の井伊谷3人衆
泰茂　やすもち
北条(ほうじょう)泰茂　鎌倉時代の武士
保望　やすもち
賀茂(かも)保望　1538～1630　戦国～江戸前期の神職
安元　やすもと
大中臣(おおなかとみの)安元　平安後期の東寺領伊勢国大国荘の荘官
安尤　やすもと
戸川(とがわ)安尤　?～1650　江戸前期の旗本で早島戸川家初代
康幹　やすもと
武(たけ)康幹　鎌倉後期の武士
泰基　やすもと
大江(おおえの)泰基　平安後期の官人
大野(おおの)泰基　?～1196　平安後期・鎌倉前期の武将
後藤(ごとう)泰基　鎌倉後期の武家・歌人
泰元　やすもと
山崎(やまざき)泰元　江戸後期の医師
保基　やすもと
田坂(たさか)保基　1821～1900　江戸後期～明治期の教育家
保源　やすもと
賀茂(かも)保源　1816～1872　江戸後期～明治期の陰陽家・暦学者
安守　やすもり
大春日(おおかすがの)安守　平安前期の官人
上毛野(かみつけぬの)安守　平安前期の官人
康盛　やすもり
桑原(くわばら)康盛　戦国時代の信濃国筑摩郡塔原城主塔原海野三河守幸貞の家臣
仁科(にしな)康盛　鎌倉前期の安曇の武士
松平(まつだいら)康盛　1601～1671　安土桃山・江戸前期の幕臣
松平(まつだいら)康盛　1749～1839　江戸中期・後期の幕臣
泰盛　やすもり
藤原(ふじわらの)泰盛　平安後期の官人
吉田(よしだ)泰盛　安土桃山時代の北条氏の家臣

安行　やすゆき
味酒(うまさけの)安行　?～964　平安中期の菅原道真門弟。太宰府天満宮の基礎を築いた
尾張(おわりの)安行　平安中期の官人、楽人
清原(きよはらの)安行　平安後期の源義朝の郎従
高如(こうじょ)安行　高如安行に同じ
下毛野(しもつけぬの)安行　平安中期の随身。藤原頼通の随身
高如(たかじょ)安行　鎌倉後期の武士。「忌部の契約」に加わった一人
南雲(なぐも)安行　江戸後期の和算家、米沢藩士
安之　やすゆき　⇔あんし
安之　江戸前期の神職・俳人
岡崎(おかざき)安之　江戸中期の和算家
柏(かしわ)安之　1820～1880　江戸後期～明治期の水戸の弘道管庫役
栗田(くりた)安之　江戸中期の和算家
谷(たに)安之　1770頃～1814　江戸中期・後期の書家
堀内(ほりのうち)安之　1654～1742　江戸前期・中期の代官
康行　やすゆき
藤原(ふじわら)康行　鎌倉後期の歌人
泰行　やすゆき　⇔やすあき
清久(きよく)泰行　南北朝時代の武士
泰之　やすゆき
朝比奈(あさひな)泰之　戦国時代の北条氏の家臣
保之　やすゆき
奥村(おくむら)保之　江戸中期の藩士
小原(おばら)保之　1838?～1915　江戸末期～大正期の仙台鎮台外科の軍医
木間(このま)保之　1789～1854　江戸後期・末期の歌人
坪内(つぼうち)保之　1823～?　江戸後期の幕臣
靖之　やすゆき
並河(なみかわ)靖之　1845～1927　江戸後期～昭和期の七宝作家
安世　やすよ
上田(うえだ)安世　江戸後期の藩士
良峯(よしみねの)安世　785～830　平安前期の政治家
安義　やすよし
青山(あおやま)安義　1846～1920　江戸後期～大正期の和算家
平(たいらの)安義　平安中期の官人
藤田(ふじた)安義　1833～1906　江戸後期～明治期の宇都宮藩家老、歌人
安吉　やすよし
凡河内(おおしこうちの)安吉　平安中期の官人
遠山(とうやま)安吉　?～1593　江戸前期の旗本
藤井(ふじいの)安吉　平安中期の摂津国水成瀬荘官
安慶　やすよし　⇔あんけい
米竹(よねたけ)安慶　1771?～1843　江戸中期・後期の篤志家
安敬　やすよし　⇔やすたか
近山(ちかやま)安敬　1678～1735　江戸前期・中

期の代官

安順　やすよし
植村(うえむら)安順　江戸時代の和算家

安善　やすよし
中臣志斐(なかとみのしいの)安善　837〜881　平安前期の天文博士

安美　やすよし　⇔あんび
松本(まつもと)安美　1722〜1764　江戸中期の儒者《松本安美》

安良　やすよし　⇔あんりょう
深山(みやま)安良　?〜1754　江戸中期の与力、文人
山口(やまぐち)安良　1781〜1865　江戸中期〜末期の国学者

易全　やすよし
遠藤(えんどう)易全　1756〜1805　江戸中期・後期の幕臣

康吉　やすよし
平山(ひらやま)康吉　江戸中期の剣術家
松田(まつだ)康吉　戦国時代の北条氏家臣

康兆　やすよし
松平(まつだいら)康兆　1657〜1695　江戸前期・中期の幕臣

康能　やすよし
天野(あまの)康能　江戸前期の旗本
柴田(しばた)康能　1639〜1722　江戸前期・中期の幕臣
布施(ふせ)康能　?〜1585　戦国時代の北条氏の家臣

泰吉　やすよし　⇔たいきち, たいきつ
朝比奈(あさいな)泰吉　1821〜1884　江戸後期〜明治期の歌人
朝比奈(あさいな)泰吉　1832〜1904　江戸後期〜明治期の歌人
川幡(かわはた)泰吉　江戸時代の和算家
寺田(てらだ)泰吉　戦国時代の徳川家奉行人

泰好　やすよし
宮田(みやた)泰好　江戸中期の神職

泰能　やすよし
須々木(すすき)泰能　南北朝時代の武士

保可　やすよし
岡本(おかもと)保可　1625〜1683　江戸前期の神職

保義　やすよし
桜井(さくらい)保義　江戸中期の藩士

保吉　やすよし　⇔やすきち
川原(かわはら)保吉　江戸後期の和算家《川原保吉》

保好　やすよし
小泉(こいずみ)保好　?〜1688　江戸前期の武士

保能　やすよし
星野(ほしの)保能　鎌倉後期・南北朝時代の武家・歌人

保美　やすよし
安斎(あんざい)保美　1808〜1867　江戸後期・末期の国学者

保良　やすよし
石川(いしかわ)保良　江戸後期・末期の和算家

庸吉　やすよし
出目(でめ)庸吉　?〜1774　江戸中期の能面師

安吉雄　やすよしお
橘朝臣(たちばなのあそん)安吉雄　平安前期の官人

安依　やすより　⇔あんい
三宅(みやけの)安依　平安中期の官人

安頼　やすより　⇔あんらい
藤原(ふじわらの)安頼　平安後期の官人
山城(やましろの)安頼　平安後期の官人

泰寄　やすより
朝比奈(あさひな)泰寄　戦国時代の北条氏の家臣

泰従　やすより
権太(ごんた)泰従　?〜1861　江戸後期・末期の幕臣

康楽　やすら
琴通舎(きんつうしゃ)康楽　1831〜1886　江戸末期・明治期の狂歌師

野井　やせい
浅見(あさみ)野井　1814〜1876　江戸後期〜明治期の俳人

夜雪　やせつ
夜雪　江戸前期の雑俳点者

野巣　やそう
野巣　江戸後期の俳人

野草　やそう
野草　?〜1853　江戸後期の俳人

弥惣　やそう
小田切(おだぎり)弥惣　?〜1575　安土桃山時代の武田氏の家臣

弥三　やぞう
鈴木(すずき)弥三　戦国時代の北条氏の家臣
波多野(はたの)弥三　?〜1569　戦国・安土桃山時代の織田信長の家臣

弥蔵　やぞう
井上(いのうえ)弥蔵　?〜1866　江戸後期・末期の一宮新用水開削者
金子(かねこ)弥蔵　江戸中期の韮山代官江川氏の手代
塚田(つかだ)弥蔵　?〜1834　江戸後期の義侠家
半田(はんだ)弥蔵　安土桃山時代の検地役人

弥惣右衛門　やそううえもん　⇔やそうえもん, やそえもん
青木(あおき)弥惣右衛門　江戸時代の藩士

弥三右衛門　やそうえもん　⇔やさえもん, やざえもん, やそえもん, やぞうえもん
鈴木(すずき)弥三右衛門　江戸前期の熊野新宮の住人。大坂の陣で籠城
平岡(ひらおか)弥三右衛門　?〜1722　江戸前期・中期の剣術家。新蔭柳生当流

弥惣右衛門　やそうえもん　⇔やそううえもん,

や

やそえもん
伊藤(いとう)弥惣右衛門　1824～1903　江戸後期～明治期の地方政治家
大川(おおかわ)弥惣右衛門　?～1647　江戸前期の新田開発者
村上(むらかみ)弥惣右衛門　1843～1906　江戸後期～明治期の自治功労者

弥三右衛門　やぞうえもん　⇔やさえもん, やざえもん, やそうえもん, やそえもん
杉田(すぎた)弥三右衛門　江戸中期の小川村の絹買宿
藤沢(ふじさわ)弥三右衛門　戦国時代の土豪

弥惣左衛門　やそうざえもん　⇔やそざえもん
鈴木(すずき)弥惣左衛門　1721～1802　江戸中期・後期の剣術家。無楽流

弥三衛門尉　やそうざえもんのじょう
早川(はやかわ)弥三衛門尉　戦国・安土桃山時代の武田氏の家臣、山県昌景の同心

弥惣次　やそうじ
飯村(いいむら)弥惣次　江戸後期の大原彦四郎郡代の時の地役人
木村(きむら)弥惣次　戦国・安土桃山時代の開発功労者

弥三太　やそうた
細野(ほその)弥三太　?～1831　江戸後期の剣術家。山口流

八十右衛門　やそえもん
岡島(おかじま)八十右衛門　1666～1703　江戸前期・中期の武士
河村(かわむら)八十右衛門　1828～?　江戸後期・末期の新撰組隊士

弥三右衛門　やそえもん　⇔やさえもん, やざえもん, やそうえもん, やぞうえもん
芳我(はが)弥三右衛門　1801～1867　江戸後期・末期の晒蠟法改良家・本芳我の初代

弥惣右衛門　やそえもん　⇔やそううえもん, やそうえもん
衣笠(きぬがさ)弥惣右衛門　江戸時代の姫路藩領、飾西郡町村組の大庄屋
守屋(もりや)弥惣右衛門　1725～?　江戸中期の備中国倉敷代官・美作国久世代官

八十吉　やそきち
小林(こばやし)八十吉　1790～1877　江戸後期～明治期の地方和算家
竹内(たけうち)八十吉　1813～1898　江戸後期～明治期の彫刻家、宮大工
伴(ばん)八十吉　江戸後期～明治期の人。安曇郡大久保村の庄屋
松本(まつもと)八十吉　1849～1923　江戸末期～大正期の金光教浦和教会教師

八十五郎　やそごろう
藤井(ふじい)八十五郎　江戸末期の弓術家

弥惣左衛門　やそざえもん　⇔やそうざえもん
市原(いちはら)弥惣左衛門　江戸中期の眼科医

八十次郎　やそじろう
佐山(さやま)八十次郎　江戸後期・末期の幕臣

八十助　やそすけ
瀬戸(せと)八十助　江戸末期の武士

八十八　やそはち
米林(よねばやし)八十八　1813～1889　江戸後期～明治期の加賀藩御用の器械師

弥惣八　やそはち
小原(おばら)弥惣八　1858～1887　江戸末期・明治期の国会開設請願者
村垣(むらがき)弥惣八　1749～1820　江戸後期の段新田百姓

八十八郎　やそはちろう
奥山(おくやま)八十八郎　1839～1869　江戸後期～明治期の幕臣
内藤(ないとう)八十八郎　江戸末期の韮山代官江川氏の手代

弥惣兵衛　やそべえ
小沢(おざわ)弥惣兵衛　江戸後期の三浦郡横須賀村民

八十六　やそろく
石田(いしだ)八十六　江戸中期の韮山代官江川氏の手代

八田　やた
土蜘蛛(つちぐも)八田　上代の豊後の首長

弥太右衛門　やたえもん
湯山(ゆやま)弥太右衛門　?～1822　江戸後期の足柄上郡川村山北名主

矢太三　やたぞう
横山(よこやま)矢太三　1810～1876　江戸後期～明治期の狸塚村名主

矢田姫　やだひめ
矢田姫　1547～1603　戦国・安土桃山時代の女性。徳川家康の異母妹

弥太夫　やだゆう
大久保(おおくぼ)弥太夫　江戸時代の男衾郡赤浜村の名主
大野(おおの)弥太夫　1573～?　安土桃山・江戸前期の武士
高力(こうりき)弥太夫　江戸時代の庄内藩付家老
瀬古(せこ)弥太夫　江戸前期の三島代官伊奈忠公・忠易の手代で戸田の役人
野本(のもと)弥太夫　?～1705　江戸中期の武士

弥大夫　やだゆう
岸本(きしもと)弥大夫　江戸後期の石見国大森代官

弥太郎　やたろう
弥太郎　安土桃山時代の信濃国筑摩郡生野の土豪
秋鹿(あいか)弥太郎　戦国時代の遠江国府八幡宮の神主
青木(あおき)弥太郎　江戸末期の盗賊
小山田(おやまだ)弥太郎　?～1582　戦国・安土桃山時代の織田信長の家臣
片岡(かたおか)弥太郎　安土桃山時代の織田信長の家臣
斎藤(さいとう)弥太郎　1853～1917　江戸末期～

大正期の自治功労者
佐久間(さくま)弥太郎　安土桃山時代の織田信長の家臣
篠崎(しのざき)弥太郎　1614～1641　江戸前期の庄内藩士
鈴木(すずき)弥太郎　?～1314　鎌倉後期の座間市入谷の日蓮宗円教寺の開基
其田(そのた)弥太郎　江戸後期の新田開発者、郷土人寄役
土肥(どい)弥太郎　戦国時代の堀江城城主
羽島(はしま)弥太郎　1673～1756　江戸前期・中期の剣術家。無楽流ほか
原(はら)弥太郎　戦国時代の原胤貞の家臣
水野(みずの)弥太郎　1805～1868　江戸後期・末期の侠客
矢部(やべ)弥太郎　戦国時代の北条氏の家臣
山田(やまだ)弥太郎　安土桃山時代の織田信長の家臣
利光(りこう)弥太郎　江戸末期の加太浦の民

弥太郎春之　やたろうはるゆき
片岡(かたおか)弥太郎春之　江戸前期の人。下牧村片岡城主片岡新助春利の子。豊臣秀長に仕えた

野竹　やちく
野竹　?～1845　江戸後期の俳人

八千島　やちしま
秦(はたの)八千島　奈良時代の越中国大目
秦忌寸(はたのいみき)八千嶋　奈良時代の官人。万葉歌人

千寛　やちひろ
茅舎(かやの)千寛　江戸後期の狂歌作者

弥忠治　やちゅうじ
新井(あらい)弥忠治　1820～1877　江戸後期～明治期の俳人

八千代　やちよ
村上(むらかみ)八千代　1841～1862　江戸後期・末期の歌人

夜潮　やちょう　⇔やしお
矢野(やの)夜潮　1782～1829　江戸中期・後期の画家《矢野夜潮》

弥長治　やちょうじ
北沢(きたざわ)弥長治　1731～1819　江戸後期の心学者

八尾　やつお
泰寿院(たいじゅいん)八尾　1627～1696　江戸前期・中期の女性。富山初代藩主前田利次の側室、2代正甫の生母

やつがれ
忍岡(しのぶがおか)やつがれ　江戸中期の浮世草子作者

奴の小万　やっこのこまん
奴の小万　1729～1806　江戸中期・後期の女性。小説「奴の小万」のモデルになった人物

八綱田　やつなた
八綱田　上代の上毛野君の遠祖

八生　やつなり
平(たいらの)八生　平安中期の官人

八原　やつはら
紀(きの)八原　平安前期の官人

八麿　やつまろ　⇔はちまろ
金刺舎人(かねざしのとねり)八麿　奈良時代の伊那郡司大領《金刺舎人八麿》

弥都麻呂　やつまろ
紀(きの)弥都麻呂　平安前期の官人

冶天　やてん
冶天　1691～1747　江戸中期の俳人

夜兎　やと
夜兎　江戸中期の俳人

野渡　やと
野渡　1736～1812　江戸中期・後期の俳人

弥藤次　やとうじ
太田(おおた)弥藤次　江戸末期の讃岐高松の商人
鈴木(すずき)弥藤次　?～1784　江戸中期の剣術家。直心影流

弥藤治　やとうじ
伊藤(いとう)弥藤治　1825～1885　江戸後期～明治期の武芸者

宿成　やどなり
雪木庵(せつぼくあん)宿成　江戸後期の狂歌作者

弥内　やない
林(はやし)弥内　1815～1839　江戸後期の庄内藩士

柳殿　やなぎどの
柳殿　鎌倉後期の女性。後嵯峨天皇皇女

胡籙局　やなぐいのつぼね
胡籙局　?～1352　南北朝時代の女性。後醍醐天皇の皇子・孫皇子の養育係

梁麻呂　やなまろ
笠(かさの)梁麻呂　778～842　奈良・平安前期の官人

梁満　やなまろ
鈴木(すずき)梁満　1731～1817　江戸中期・後期の吉田魚町熊野権現の神主

家主　やぬし　⇔いえぬし, やかぬし
当宗(まさむねの)家主　平安時代の武蔵国司

屋主真人　やぬしのまひと
丹比(たじひの)屋主真人　奈良時代の官人。万葉歌人

養年富　やねほ
田口(たぐちの)養年富　奈良時代の官人

弥之吉　やのきち
殿内(とのうち)弥之吉　1855～?　江戸末期・明治期のハワイ移民第1号

弥ノ助　やのすけ
内田(うちだ)弥ノ助　安土桃山時代の検地役人

弥之助　やのすけ
近藤(こんどう)弥之助　1801～?　江戸後期の剣術家。忠也派一刀流
杉山(すぎやま)弥之助　1825～1904　江戸末期・明治期の林業家
藤牧(ふじまき)弥之助　?～1757　江戸中期の和

算家

夜白　やはく

夜白　1803～1845　江戸後期の俳人

弥白　やはく

梅村(うめむら)弥白　江戸前期の書肆

弥八　やはち

中吉(なかぎり)弥八　南北朝時代の備前国の武士

藤谷(ふじたに)弥八　1792～1843　江戸後期の庄屋

弥八郎　やはちろう

阿部(あべ)弥八郎　?～1860　江戸後期・末期の村役人

五十嵐(いがらし)弥八郎　安土桃山時代の検地役人

石川(いしかわ)弥八郎　1813～1886　江戸後期～明治期の熊川村名主・水田開拓功労者

小笠原(おがさわら)弥八郎　1833～1874　江戸後期～明治期の幕臣

佐野(さの)弥八郎　戦国時代の駿河国富士郡の土豪

市藤(しとう)弥八郎　戦国時代の上総国東金城主・酒井左衛門尉胤敏(敏房とも)の家臣

滝並(たきなみ)弥八郎　1598～1646　安土桃山・江戸前期の堀秀治・木村重成の家臣

中吉(なかよし)弥八郎　室町時代の武士

福士(ふくし)弥八郎　江戸中期の屏風山仕立役

藤枝(ふじえだ)弥八郎　戦国時代の檀那藤枝氏の一族

横田(よこた)弥八郎　安土桃山時代の検地役人

弥八郎秀望　やはちろうひでもち

加賀野井(かがのい)弥八郎秀望　1561～1600　安土桃山時代の武将

や

弥兵衛　やひょうえ　⇔やへい, やへえ

有賀(あるが)弥兵衛　安土桃山時代の信濃国伊那郡手良郷・福与などの徴収役

佐藤(さとう)弥兵衛　?～1799　江戸中期・後期の河内村名主

星野(ほしの)弥兵衛　江戸前期の武士。大坂の陣で籠城。後、松平直政に仕えた

由井(ゆい)弥兵衛　戦国時代の武将。武田家臣

弥兵衛尉　やひょうえのじょう

須田(すだ)弥兵衛尉　戦国時代の上杉輝虎(謙信)の家臣

弥兵衛元清　やひょうえもときよ

網代(あじろ)弥兵衛元清　1564～1615　安土桃山・江戸前期の大野治長の使番

弥兵衛元房　やひょうえもとふさ

桑田(くわだ)弥兵衛元房　?～1672　江戸前期の毛利秀元の家臣桑田平左衛門景房の子

野夫　やふ

野夫　江戸前期の俳人

無名(むめい)野夫　江戸前期の評論家

弥兵衛　やへい　⇔やひょうえ, やへえ

氏家(うじえ)弥兵衛　1576～?　安土桃山・江戸前期の武士

海野(うみの)弥兵衛　安土桃山時代の検地役人

岡田(おかだ)弥兵衛　1813～1882　江戸後期～明治期の富商、廻船問屋

岡本(おかもと)弥兵衛　江戸前期の竹内信就の手代

弥平　やへい　⇔やへえ

弥平　1780～?　江戸中期・後期の河内郡下岡本村の農民、孝行者

大沢(おおさわ)弥平　江戸末期の製茶業

小西(こにし)弥平　1831～1900　江戸後期～明治期の実業家・阿摂間汽船創業者

小林(こばやし)弥平　1831～1895　江戸末期・明治期の農事改良家、地域開発者

根方村(ごんぼうむら)弥平　?～1814　江戸後期の根方村の人

藤谷(ふじたに)弥平　江戸末期の人。洪水で流された千歳橋を再架橋した

星野(ほしの)弥平　1824～1886　江戸後期～明治期の豪農・製糸業者

山田(やまだ)弥平　?～1907　江戸末期・明治期の畳表の改良に尽力

矢兵衛　やへい　⇔やへえ

糟屋(かすや)矢兵衛　江戸前期の代官

弥兵治　やへいじ

岡島(おかじま)弥兵治　1799～1876　江戸後期～明治期の剣術家。小柴山口流

弥平次　やへいじ

弥平次　江戸後期の高野山寺領中筒香村庄屋

明智(あけち)弥平次　?～1582　戦国時代の武士

伊奈(いな)弥平次　安土桃山時代の検地筆取

植山(うえやま)弥平次　江戸前期・中期の人。日光山の絵図を版行

加藤(かとう)弥平次　?～1575　安土桃山時代の郡内上野原の国衆加藤駿河守虎景の子

武部(たけべ)弥平次　1834～1918　江戸末期～大正期の検地縄張役

角田(つのだ)弥平次　鎌倉前期・後期の美作国中央部の在地武士

西山(にしやま)弥平次　江戸後期～明治期の和算家、山崎藩士

怒栗(ぬぐり)弥平次　安土桃山時代の検地役人

弥平治　やへいじ

田村(たむら)弥平治　江戸中期の京都銀座大黒常是役所の手代

西村(にしむら)弥平治　1839～1898　江戸後期～明治期の実業家、政治家

山田(やまだ)弥平治　江戸後期の名主

八平太　やへいた

児玉(こだま)八平太　1642～1730　江戸前期・中期の剣術家。新陰流

弥平太　やへいた

加藤(かとう)弥平太　1830～1906　江戸後期～明治期の黒羽藩下の庄の勧農役

香取(かとり)弥平太　戦国時代の上杉氏の家臣

弥平太尚長　やへいだなおなが

加藤(かとう)弥平太尚長　?～1615　江戸前期の織田信長・豊臣秀吉の家臣

弥兵衛　やへえ　⇔やひょうえ, やへい

弥兵衛　江戸前期の陶工

藍屋(あいや)弥兵衛　1694～1737　江戸中期の関

東売藍商
蘆沢（あしざわ）弥兵衛　？～1660　江戸前期の剣術家。無楽流
石井（いしい）弥兵衛　江戸前期のワキ方高安流能楽師
今村（いまむら）弥兵衛　江戸末期・明治期の商人
上奥（うえおく）弥兵衛　？～1818　江戸中期・後期の石見銀山銀銅荷継越訴惣代
及川（おいかわ）弥兵衛　平安後期の江刺郡横瀬郷沼尻城城主
大谷（おおたに）弥兵衛　江戸後期の著述家。「一代光陰密録」を執筆
大西（おおにし）弥兵衛　江戸時代の新明神村の網元
小野（おの）弥兵衛　1827～1896　江戸後期～明治期の実業家
鍵屋（かぎや）弥兵衛〔1代〕　江戸中期の花火製造業者
片野村（かたのむら）弥兵衛　？～1791　江戸中期の義民。片野村の百姓
河橋（かわはし）弥兵衛　安土桃山時代の武将
工藤（くどう）弥兵衛　？～1719　江戸前期・中期の開発・植林者
駒井（こまい）弥兵衛　1833～1921　江戸末期～大正期の漁場開発者
坂井（さかい）弥兵衛　戦国時代の印場城城主
坂本（さかもと）弥兵衛　江戸中期の幕府の駒場薬園同心
白幡（しらはた）弥兵衛　？～1906　江戸末期・明治期の漁師
新賀（しんが）弥兵衛　江戸後期の三浦郡大津村民
高橋（たかはし）弥兵衛　1842～1926　江戸末期～大正期の木勺子職人
鳥養（とりかい）弥兵衛　江戸後期の橘樹郡塚越村民
中里（なかさと）弥兵衛　江戸中期の八戸藩家老
長瀬屋（ながせや）弥兵衛　江戸中期の高山二之町の人
中村（なかむら）弥兵衛　江戸後期の人。五十五貫の力石を持ち上げて評判をとった
野田（のだ）弥兵衛　江戸前期の書肆、版元
藤屋（ふじや）弥兵衛　江戸前期の版元
松村（まつむら）弥兵衛　江戸中期の版元
森（もり）弥兵衛　？～1716　江戸前期・中期の人。薩摩国鹿篭に鰹節の燻製法を伝えた
矢口（やぐち）弥兵衛　江戸後期・末期の側用人
山下（やました）弥兵衛　1826～1907　江戸末期・明治期の荘川村戸長

弥平　やへえ　⇔やへい
辻（つじ）弥平　江戸後期の砲術家

弥平衛　やへえ
櫛淵（くしぶち）弥平衛　江戸後期の神道一心流道場主

矢兵衛　やへえ　⇔やへい
矢野（やの）矢兵衛　1849～1911　江戸後期～明治期の山林経営者

也卜斎　やぼくさい
千野（ちの）也卜斎　戦国・安土桃山時代の信濃国諏訪郡の国衆

八穂子　やほこ
菊屋（きくや）八穂子　1740～1827　江戸中期・後期の歌人

山氏女　やまうじめ
山氏女　鎌倉前期の布施社の在地領主

山口王　やまぐちおう
山口王　奈良時代の鍛冶正

山三郎　やまさぶろう　⇔さんさぶろう，さんざぶろう
大橋（おおはし）山三郎　1832～？　江戸後期・末期の新撰組隊士《大橋山三郎》
斉藤（さいとう）山三郎　1849～1899　江戸後期～明治期の人。稲垣村にキリスト教会を建てた

山城　やましろ
池田（いけだ）山城　江戸後期の大住郡神戸村の大工
磯前（いそざき）山城　江戸後期の神職
大塚（おおつか）山城　江戸中期の神職
蜂須賀（はちすか）山城　1606～1673　江戸前期の武士
本間（ほんま）山城　鎌倉時代の武将

山城入道　やましろにゅうどう
曽谷（そや）山城入道　戦国時代の曽谷氏の残党

山背皇子　やましろのおうじ
山背皇子　上代の欽明天皇の皇子

山城守時長　やましろのかみときなが
大森（おおもり）山城守時長　1690～1761　江戸中期の47代長崎奉行

山住　やまずみ
清川（きよかわ）山住　江戸後期の戯作者

山田女　やまだめ
山田女　平安中期の佃請負経営者

太和　やまと
糟屋（かすや）太和　戦国時代の安房国長狭郡池田村（鴨川市）八幡神社の神主

大倭　やまと
式部（しきぶの）大倭　奈良時代の歌人

大和　やまと
県（あがた）大和　江戸末期・明治期の神職
浮田（うきた）大和　？～1549　安土桃山時代の武将
大貫（おおぬき）大和　戦国時代の北条氏忠の家臣。佐野衆
神田（こうだ）大和　1793～1857　江戸末期の神官
関（せき）大和　？～1849　江戸後期の国学者
徳永（とくなが）大和　1824～1875　江戸末期・明治期の尊攘派の神官。浪士組一番組隊長

夜麻等久久売　やまとくくめ
佐須岐君（さすきのきみ）夜麻等久久売　奈良時代の大隅隼人

大和守直侯　やまとのかみなおよし
松平（まつだいら）大和守直侯　1839～1861　江戸末期の川越藩主《松平直侯》

大和守久隆　やまとのかみひさたか
仙石（せんごく）大和守久隆　1594～1645　安土桃山・江戸前期の11代長崎奉行

大和太夫　やまとのだゆう
竹本(たけもと)大和太夫　?～1733　江戸中期の浄瑠璃太夫

養徳麻呂　やまとまろ
秦常(はたつねの)養徳麻呂　奈良時代の官人

倭麻呂　やまとまろ
榎井(えのいの)倭麻呂　飛鳥時代の官人
宍人(ししひとの)倭麻呂　奈良時代の官人

和麻呂　やまとまろ
高志(こしの)和麻呂　奈良時代の官人
土師(はじの)和麻呂　奈良時代の官人

山鳥太夫　やまどりたゆう　⇔やまどりだゆう
竹本(たけもと)山鳥太夫　1845～1905　江戸後期～明治期の義太夫家《竹本山鳥太夫》

山鳥太夫　やまどりだゆう　⇔やまどりたゆう
竹本(たけもと)山鳥太夫　1845～1905　江戸後期～明治期の義太夫家

山主　やまぬし
林(はやしの)山主　749～832　奈良・平安前期の官人

山上王　やまのうえのおう
山上王　奈良時代の官人

山辺王　やまのべおう
山辺王　奈良時代の官人

山比子　やまひこ
建部(たけべ)山比子　1778～1839　江戸中期・後期の書家、歌人

ゆ

山吹　やまぶき
山吹　?～1187　平安後期の木曽義仲に従った勇婦

山孫六郎　やままごろくろう
佐野(さの)山孫六郎　安土桃山時代の武士

山道　やまみち
宇自賀(うじかの)山道　奈良時代の官人

山守　やまもり
佐味(さみの)山守　奈良時代の官人
中臣習宜(なかとみのすげの)山守　奈良時代の伊勢神宮大宮司

屋麻呂　やまろ
出雲(いずもの)屋麻呂　奈良時代の官人

屋守　やもり
高市(たけちの)屋守　奈良時代の大和国高市郡擬大領

弥門　やもん
菊池(きくち)弥門　江戸中期の幕臣

野楊　やよう
野楊　?～1839　江戸後期の俳人・藩士
軽森(かるもり)野楊　1770～1839　江戸後期の俳人

やよ子　やよこ
桑原(くわばら)やよ子　江戸中期の女性。仙台藩医桑原如璋の妻

也来　やらい
三宅(みやけ)也来　江戸中期の浮世草子作者

夜来　やらい
翁堂(おうどう)夜来　江戸後期の俳諧師
林(はやし)夜来　江戸後期の俳諧師

鎗之介　やりのすけ
大内(おおうち)鎗之介　江戸末期の新撰組隊士

鎗之助　やりのすけ
大内(おおうち)鎗之助　江戸末期の新撰組隊士《大内鎗之介》

也柳　やりゅう
也柳　江戸中期の俳人・修験僧

也寥　やりょう
也寥　?～1784?　江戸中期の禅師《也廖》

也廖　やりょう
也廖　?～1784?　江戸中期の禅師

夜涼　やりょう
夜涼　江戸後期の俳人

弥六　やろく
弥六　戦国時代の白壁師職人の棟梁
弥六　?～1582　戦国・安土桃山時代の織田信長の家臣
相神の(あいかみの)弥六　安土桃山・江戸前期の十村役
朝比奈(あさひな)弥六　?～1581　安土桃山時代の高天神籠城衆
佐藤(さとう)弥六　1842～1923　江戸後期～大正期の農業指導者

弥六郎　やろくろう
弥六郎　戦国時代の信濃小県郡の国衆小泉氏の被官
海上(うなかみ)弥六郎　戦国時代の千葉胤富の家臣。森山衆。東下総の土豪・地侍
小沢(おざわ)弥六郎　江戸後期の足柄上郡栢山村名主
遠野(とおの)弥六郎　1602～1675　安土桃山・江戸前期の遠野南部家初代
服部(はっとり)弥六郎　安土桃山時代の織田信長の家臣
浜野(はまの)弥六郎　戦国時代の北条氏の家臣
町屋(まちや)弥六郎　安土桃山時代の織田信長の家臣

【ゆ】

瑜　ゆ
林(はやし)瑜　?～1836　江戸後期の加賀藩校明倫堂助教・藩主侍講

湯浅尼　ゆあさのあま
湯浅尼　?～1259?　鎌倉後期の女性。湯浅党の中核的存在

唯一　ゆいいつ　⇔ただいち
木川(きがわ)唯一　1834～1897　江戸末期・明治期の俳人

唯右衛門　ゆいえもん
吉川(よしかわ)唯右衛門　江戸後期の考古学研究者

唯円 ゆいえん
唯円 鎌倉後期の真宗の僧
維懐 ゆいかい
維懐 ?～1090 平安中期・後期の興福寺僧
維覚 ゆいかく
維覚 平安後期の延暦寺の僧
唯教 ゆいきょう
唯教 鎌倉後期の僧侶・歌人
惟賢 ゆいけん ⇔いけん, これかた
惟賢 1284～1378 鎌倉後期の天台宗の僧
惟賢 1289～? 鎌倉後期・南北朝時代の天台宗の僧
唯松 ゆいしょう
木原(きはら)唯松 1853～1918 江戸末期～大正期の両替商
唯称 ゆいしょう
冨雪斎(ふせつさい)唯称 安土桃山時代の表具師
唯浄 ゆいじょう
唯浄 江戸中期・後期の天台宗の僧
唯浄 江戸後期の浄土真宗の僧
唯乗院 ゆいじょういん
唯乗院 1801～1802 江戸後期の女性。徳川家斉の九女
唯信 ゆいしん
唯信 鎌倉時代の僧。二十四輩の第二十三
唯信 室町時代の浄土真宗の僧
唯信 戦国時代の小鷹利村の善行寺の開基
唯心 ゆいしん
唯心 ?～1708 江戸前期・中期の真言宗の僧
由助 ゆいすけ ⇔よしすけ
神山(かみやま)由助 ?～1859 江戸後期・末期の和算家の八戸藩士
惟済 ゆいせい ⇔いさい
惟済 平安前期の僧侶・歌人《惟済》
唯善 ゆいぜん
唯善 1266～? 鎌倉後期の真宗の僧
唯然 ゆいぜん ⇔ゆいねん
友山(ともやま)唯然 1830～1895 江戸後期～明治期の僧
唯諾 ゆいだく
瑞巌(ずいがん)唯諾 1720～1797 江戸中期・後期の臨済宗の僧
唯然 ゆいねん ⇔ゆいぜん
唯然 江戸中期の天台宗の僧
唯念 ゆいねん
滝沢(たきざわ)唯念 1791～1880 江戸後期～明治期の浄土宗系の専修念仏行者
由之進 ゆいのしん
洞内(ほらない)由之進 鎌倉後期の豪族
維範 ゆいはん
維範 ?～1096 平安中期・後期の真言宗の僧
ゆう
井筒屋(いづつや)ゆう 江戸後期の孝女
橋本(はしもと)ゆう 1797～? 江戸後期の女性。大塩平八郎の妾
宥 ゆう
徳永(とくなが)宥 江戸後期の漢学者
有 ゆう
酒井(さかい)有 1846～1891 江戸後期～明治期の大津の弁護士、民権家
猷 ゆう
松山(まつやま)猷 江戸中期の儒者
裕 ゆう
永見(ながみ)裕 1839～? 江戸後期～明治期の官吏
遊 ゆう
武部(たけべ)遊 1782～1842 江戸中期・後期の医者・蘭学者《武部游》
游 ゆう
武部(たけべ)游 1782～1842 江戸中期・後期の医者・蘭学者
祐阿 ゆうあ
祐阿 南北朝時代の僧侶・連歌作者
祐阿 1719～1799 江戸中期・後期の俳人
水原(すいばら)祐阿 戦国時代の足利義昭の使者
友庵 ゆうあん
能美(のうみ)友庵 1771～1831 江戸中期・後期の医者
幽安 ゆうあん
北村(きたむら)幽安 1648～1719 江戸前期・中期の茶人
祐庵 ゆうあん
高島(たかしま)祐庵 江戸末期の医者
裕庵 ゆうあん
佐々井(ささい)裕庵 1754～1794 江戸中期・後期の医家
友意 ゆうい
友意 江戸前期の俳人
祐意 ゆうい
祐意 戦国時代の浄土真宗の僧
西条(にしじょう)祐意 戦国時代の信濃国埴科郡西条の国衆
霊雲寺(れいうんじ)祐意 ?～1745 江戸中期の高山市の霊雲寺2世
勇一 ゆういち
上村(かみむら)勇一 1843～1914 江戸末期～大正期の宇生賀村の庄屋
有一 ゆういち ⇔ありかず
有一 1792～1863 江戸後期・末期の俳人
祐市郎 ゆういちろう
犬塚(いぬづか)祐市郎 江戸後期の幕府普請役人
雄一郎 ゆういちろう
猪木(いぎ)雄一郎 猪木雄一郎に同じ
猪木(いのき)雄一郎 1845～1917 江戸末期～大正期の高梁川河口干拓者
神山(かみやま)雄一郎 1843～? 江戸後期～明治期の製糸家
右一 ゆういつ
右一 ?～1833 江戸後期の俳人

宥印 ゆういん
宥印 ？～1591 戦国・安土桃山時代の僧
宥印 ？～1591 戦国・安土桃山時代の僧

祐胤 ゆういん
祐胤 江戸中期の浄土真宗の僧

右運 ゆううん
右運 安土桃山時代の連歌作者

祐運 ゆううん
祐運 1560～？ 安土桃山時代の天台宗の僧

雄運 ゆううん
雄運 室町時代の僧侶・歌人

宥恵 ゆうえ
宥恵 1760～1837 江戸中期・後期の真言宗の僧

祐恵 ゆうえ
祐恵 安土桃山・江戸前期の浄土真宗の僧・連歌作者
一念寺(いちねんじ)祐恵 1784～1842 江戸後期の清見村の一念寺12世

融恵 ゆうえ
融恵 1440～1482 室町・戦国時代の真言宗の僧

宥栄 ゆうえい
宥栄 ？～1511 戦国時代の修験僧

宥永 ゆうえい
宥永 江戸中期の別当

幽塋 ゆうえい
狩山(かりやま)幽塋 1812～1883 江戸末期の画家

ゆ

祐栄 ゆうえい ⇔すけしげ, すけよし
祐栄 ？～1689 江戸前期・中期の天台宗の僧

融永 ゆうえい
得翁(とくおう)融永 室町時代の僧

友益 ゆうえき ⇔ともます
狩野(かのう)友益 江戸前期の画家
平田(ひらた)友益 江戸中期の眼科医
渡辺(わたなべ)友益 江戸前期の歌人

由益 ゆうえき
菅(かん)由益 ？～1695 江戸前期・中期の漢学者

友悦 ゆうえつ
友悦 1641～1719 江戸前期・中期の俳人

有悦 ゆうえつ
有悦 江戸前期の真言宗の僧

勇右衛門 ゆうえもん
佐藤(さとう)勇右衛門 1770～1849 江戸中期・後期の地理学者
佐羽内(さわうち)勇右衛門 1807～1855 江戸後期・末期の馬術家

友右衛門 ゆうえもん ⇔ともうえもん, ともえもん
永山(ながやま)友右衛門 1846～1899 江戸後期～明治期の薩摩藩士

宥円 ゆうえん
宥円 江戸後期の真言宗の僧

柚園 ゆうえん
中井(なかい)柚園 1782～1834 江戸中期・後期の漢学者

祐円 ゆうえん
祐円 ？～1870 江戸後期～明治期の真言宗の僧・歌人
池頭(いけがしら)祐円 戦国時代の熊野比丘尼。武蔵国南部が檀那場
太田(おおた)祐円 1841～1916 江戸末期～大正期の僧
斎藤(さいとう)祐円 1798～1870 江戸末期・明治期の修験者、歌人

融円 ゆうえん
融円 平安後期の僧
融円 鎌倉後期の真言宗の僧

游淵 ゆうえん
太宰(だざい)游淵 ？～1638 江戸前期の中山池を掘設

友旺 ゆうおう
楊(よう)友旺 1823～1915 江戸末期～大正期の台湾で起きた宮古島民遭難事件の救助者

友欧 ゆうおう
伊能(いのう)友欧 1817～1875 江戸後期～明治期の宇和島藩士

宥雄 ゆうおう ⇔ゆうゆう
宥雄 ？～1866 江戸後期・末期の僧

祐応 ゆうおう
祐応 江戸中期の浄土真宗の僧

遊翁 ゆうおう
二山(ふたやま)遊翁 1678～1744 江戸前期・中期の儒者

祐恩 ゆうおん
吉野や(よしのや)祐恩 江戸前期の京都糸割符商人

祐可 ゆうか
祐可 ？～1849 江戸後期の浄土真宗の僧

友我 ゆうが
友我 1663～1729 江戸前期・中期の俳人
狩野(かのう)友我 江戸前期の画家
山本(やまもと)友我 ？～1669 江戸前期の絵師

宥雅 ゆうが
宥雅 1467～1544 戦国時代の僧侶

幽雅 ゆうが
高田(たかだ)幽雅 江戸後期の俳人

有雅 ゆうが
有雅 南北朝時代の僧侶・歌人
有雅 1634～1728 江戸前期・中期の真言宗の僧
元賡(げんこう)有雅 江戸前期の臨済宗の僧
水谷(みずたに)有雅 江戸後期の華道家

宥海 ゆうかい
宥海 1645～？ 江戸前期の僧侶
坂部(さかべ)宥海 1577？～1694 安土桃山～江戸中期の知立神社神宮寺堂主

有快 ゆうかい
稙田(わさだ)有快 南北朝時代の僧

祐海 ゆうかい
祐海 鎌倉後期の天台宗の僧
祐海 江戸前期の社僧

祐海　？～1765　江戸前期・中期の僧侶・歌人
祐海　？～1689　江戸前期・中期の僧侶・歌人

雄海　ゆうかい
雄海　戦国時代の天台宗の僧

有涯　ゆうがい
伊東（いとう）有涯　1815～1885　江戸末期の志士

有覚　ゆうかく
有覚　江戸前期の天台宗の僧

有恪　ゆうかく
土井（どい）有恪　1818～1880　江戸後期～明治期の文人

祐覚　ゆうかく
霊雲寺（れいうんじ）祐覚　？～1665　江戸前期の高山市の霊雲寺の開基

遊鶴　ゆうかく
池田（いけだ）遊鶴　1735頃～1811　江戸中期の戯作者

熊岳　ゆうがく
岡（おか）熊岳　1762～1833　江戸中期・後期の画家
星野（ほしの）熊岳　江戸中期・後期の儒者

宥岳　ゆうがく
宥岳　1528～？　戦国・安土桃山時代の真言宗僧

友花坊　ゆうかぼう
右田（みぎた）友花坊　？～1834　江戸後期の益田の宿老、俳人

友閑　ゆうかん
友閑　1585～1651　安土桃山・江戸前期の俳諧作者

有観　ゆうかん
有観　1080～1159　平安後期の天台宗園城寺僧

有閑　ゆうかん
清水（しみず）有閑　？～1665　江戸前期の儒者

祐貫　ゆうかん
松永（まつなが）祐貫　？～1862　江戸末期の代官

祐顔　ゆうがん
祐顔　江戸中期の浄土真宗の僧

友閑斎　ゆうかんさい
小原（おはら）友閑斎　江戸前期の絵師

幽閑斎　ゆうかんさい
幽閑斎　江戸前期の華道家

有磯　ゆうき
妹尾（せのお）有磯　？～1796　江戸中期の俳人

有輝　ゆうき
晁（ちょう）有輝　？～1811　江戸中期・後期の画家

由己　ゆうき　⇔ゆうこ, よしき
木戸（きど）由己　1675～1744　江戸前期・中期の儒学者

遊喜　ゆうき
野村（のむら）遊喜　1848～？　江戸後期・末期の新撰組隊士

遊機　ゆうき
遊機　江戸前期の俳人

融記　ゆうき
長谷川（はせがわ）融記　1772～1844　江戸後期の画家

由儀　ゆうぎ
由儀　江戸後期の俳人

祐義　ゆうぎ　⇔すけよし
菊池（きくち）祐義　1815～1882　江戸後期～明治期の僧・教育者

猶麹　ゆうきく
猶麹　1768～1834　江戸中期・後期の俳人

右吉　ゆうきち
小野寺（おのでら）右吉　1748～1799　江戸中期・後期の北郷の名肝入

勇吉　ゆうきち
石垣（いしがき）勇吉　江戸後期の公益家
佐々木（ささき）勇吉　1850～1914　江戸末期～大正期の実業家
佐藤（さとう）勇吉　1821～1872　江戸後期～明治期の和算家
庄子（しょうじ）勇吉　1789～1855　江戸後期・末期の瓦師
高橋（たかはし）勇吉　？～1868　江戸後期・末期の篤農家。水田干拓に尽力
二階堂（にかいどう）勇吉　1756～1834　江戸中期・後期の仏師
堀内（ほりうち）勇吉　？～1810　江戸中期・後期の義民

由吉　ゆうきち
中村（なかむら）由吉　江戸後期の韮山代官江川氏の手代

祐吉　ゆうきち　⇔すけよし
犬塚（いぬづか）祐吉　1769～1823　江戸中期・後期の藩士
岡田（おかだ）祐吉　1807～1882　江戸末期の足利・五十部邑宰、歌人

夕霧　ゆうぎり
夕霧　？～1711　江戸前期の女性。大坂新町の遊女
中院右大臣家（なかのいんうだいじんけの）夕霧　平安後期の女房・歌人

夕霧太夫　ゆうぎりだゆう
夕霧太夫　1652？～1678　江戸中期の大坂・新町の遊女

右琴　ゆうきん
右琴　？～1862　江戸後期・末期の俳人

有琴　ゆうきん
有琴　江戸中期の俳人

猶空　ゆうくう
猶空　鎌倉後期の浄土宗の僧

雄九郎　ゆうくろう
丹羽（にわ）雄九郎　江戸末期・明治期の旧小城藩士、造船技師

友慶　ゆうけい
竹内（たけうち）友慶〔6代〕　？～1740　江戸中期の眼科医

友敬　ゆうけい
倉井（くらい）友敬　1817～1898　江戸後期の雀宮針ヶ谷村に開塾

友継　ゆうけい
友継　安土桃山・江戸前期の連歌作者
宥圭　ゆうけい
宥圭　1806～？　江戸後期の真言宗の僧
宥慶　ゆうけい
宥慶　室町時代の真言宗僧侶
有慶　ゆうけい
佐藤（さとう）有慶　江戸前期の京都糸割符商人
有景　ゆうけい　⇔ありかげ
宮脇（みやわき）有景　江戸後期の画家
祐慶　ゆうけい
祐慶　平安後期の比叡山延暦寺西塔の悪僧
町田（まちだ）祐慶　？～1617　戦国時代の武将
雄慶　ゆうけい
田近（たぢか）雄慶　江戸後期の高山の地役人で榑木方
雄敬　ゆうけい
岡田（おかだ）雄敬　？～1834　江戸後期の医者
融珪　ゆうけい
璋山（しょうざん）融珪　1334～1416　室町時代の曹洞宗の僧
友月　ゆうげつ
武田（たけだ）友月　？～1844　江戸後期の木彫師、陶工

祐月　ゆうげつ
祐月　？～1784　江戸中期の僧
ゆ
遊月　ゆうげつ
遊月　鎌倉後期の曹洞宗の僧
友賢　ゆうけん
伊東（いとう）友賢　1843～1901　江戸後期～明治期の仙台藩医
稲葉（いなば）友賢　1823～1915　江戸末期～大正期の漢蘭折衷医、村上藩医
大宮（おおみや）友賢　江戸末期の新撰組隊士
別所（べっしょ）友賢　江戸中期の画家
宥健　ゆうけん
宥健　1558～1620　戦国～江戸前期の僧侶
幽軒　ゆうけん
菊地（きくち）幽軒　1799～1830　江戸後期の儒者
溝口（みぞぐち）幽軒　1732～1777　江戸中期の藩士・漢学者
由健　ゆうけん
由健　江戸前期の俳人
祐堅　ゆうけん
土屋（つちや）祐堅　江戸後期の教育者、僧侶
祐見　ゆうけん
平野（ひらの）祐見　江戸前期の両替商
祐賢　ゆうけん　⇔すけかた，ひろかた
祐賢　戦国時代の天台宗の僧
甲賀（こうが）祐賢　江戸中期の医者
祐軒　ゆうけん
丸山（まるやま）祐軒　1796～1847　江戸後期の医師

又玄　ゆうげん　⇔またくろ
植村（うえむら）又玄　1785～1849　江戸中期・後期の犬山の成瀬家の御典医
小林（こばやし）又玄　1781～1850　江戸中期・後期の医者
瀬尾（せのお）又玄　1829～1896　江戸後期～明治期の医師
富田（とみた）又玄　？～1865　江戸末期の眼科医
古橋（ふるはし）又玄　江戸前期の武将
友元　ゆうげん
目賀田（めがた）友元　江戸前期の画家
宥源　ゆうげん
宥源　安土桃山時代の社僧・連歌作者
祐元　ゆうげん
判門田（はねだ）祐元　戦国時代の山内上杉氏の家臣
遊原　ゆうげん
笹川（ささがわ）遊原　1829～1881　江戸末期・明治期の画家
融源　ゆうげん
融源　平安後期・鎌倉前期の真言宗の僧
由己　ゆうこ　⇔ゆうき，よしき
山内（やまうち）由己　江戸中期の詩人
遊子　ゆうこ
松平（まつだいら）遊子　1721～1789　江戸中期・後期の歌人
雄吾　ゆうご
石塚（いしづか）雄吾　江戸末期の新撰組隊士
有功　ゆうこう
永田（ながた）有功　1769～1836　江戸中期・後期の藩士、和算家
有杲　ゆうこう
有杲　鎌倉前期の僧侶・歌人
祐高　ゆうこう　⇔すけたか
祐高　南北朝時代の画家
融光　ゆうこう
融光　江戸前期の浄土宗の僧
邕興　ゆうこう
徳田（とくだ）邕興　1738～？　江戸中期・後期の兵学者、合伝流兵学者、薩摩藩士
幽香亭　ゆうこうてい
幽香亭　江戸後期の本草家
幽谷　ゆうこく
荒井（あらい）幽谷　1790～1860　江戸後期・末期の和算家
岡本（おかもと）幽谷　江戸中期の画家
倉田（くらた）幽谷　1827～1900　江戸末期・明治期の漢学者
正木（まさき）幽谷　江戸後期の漢学者
幽谷斎　ゆうこくさい
橋本（はしもと）幽谷斎　？～1812　江戸中期・後期の医師
勇五郎　ゆうごろう
宮川（みやがわ）勇五郎　1851～1933　江戸後期～昭和期の剣術家、天然理心流5代目

祐五郎　ゆうごろう
岩井(いわい)祐五郎　1858～？　江戸末期の新聞発行人。「大北新報」を創刊

祐厳　ゆうごん
祐厳　1711～1786　江戸中期の真言宗の僧

有佐　ゆうさ　⇔ありすけ
富岡(とみおか)有佐　？～1758　江戸中期の俳人

祐佐　ゆうさ　⇔ゆさ
伴(ばん)祐佐　江戸中期の書肆・浮世草子作者

右斎　ゆうさい
佐藤(さとう)右斎　江戸中期の藩士・弓術家

友西　ゆうさい
金屋(かなや)友西　江戸前期の京都糸割符商人

幽斎　ゆうさい
梅田(うめだ)幽斎　1808～1870　江戸後期～明治期の医師

悠哉　ゆうさい
進藤(しんどう)悠哉　？～1896　江戸末期・明治期の医師

悠斎　ゆうさい
高村(たかむら)悠斎　江戸後期の医者・心学者

有斎　ゆうさい
春廼家(はるのや)有斎　江戸後期の浄瑠璃作者
春野家(はるのや)有斎　春廼家有斎に同じ

由哉　ゆうさい
伊藤(いとう)由哉　1833～1881　江戸後期～明治期の私塾経営者

由斎　ゆうさい
清水(しみず)由斎　1828～1906　江戸後期～明治期の医者

祐斎　ゆうさい
堀井(ほりい)祐斎　1817～1837　江戸後期の儒学者
吉田(よしだ)祐斎　江戸後期の眼科医

裕斎　ゆうさい
小池(こいけ)裕斎　1832～1911　江戸後期～明治期の医師儒者

雄斎　ゆうさい
小嶋(こじま)雄斎　江戸末期の洋学者
佐々木(ささき)雄斎　江戸後期の医者
降松(ふるまつ)雄斎　1843～1908　江戸末期・明治期の医者

雄斉　ゆうさい
小辰(こたつ)雄斉　江戸後期の医師

熊在　ゆうざい
藤原(ふじわら)熊在　江戸中期の「詞草小苑」の著者

勇左衛門　ゆうざえもん
欅田(くにきだ)勇左衛門　1788～1859　江戸後期・末期の陶業家
集堂(しゅうどう)勇左衛門　1746～1809　江戸中期・後期の徳島藩士

遊左衛門　ゆうざえもん
宮西(みやにし)遊左衛門　安土桃山時代の織田信長の家臣

勇作　ゆうさく
桜井(さくらい)勇作　1848～1886　江戸後期～明治期のドイツ語研究者、会社員

勇策　ゆうさく
酒井(さかい)勇策　1830～？　江戸末期の医師

有作　ゆうさく
滋賀(しが)有作　1835～1895　江戸後期～明治期の教育家

雄策　ゆうさく
二宮(にのみや)雄策　1833～1901　江戸後期～明治期の医師、漢学者

雄三郎　ゆうざぶろう
稲芳(いなよし)雄三郎　1845～？　江戸後期・末期の新撰組隊士

友左坊　ゆうさぼう
友左坊　1757～1846　江戸中期・後期の俳人

友三　ゆうさん　⇔ともぞう, ゆうぞう
奥西(おくにし)友三　江戸前期の俳人

宥算　ゆうさん
宥算　？～1689　江戸前期・中期の真言宗の僧

友山　ゆうざん
川瀬(かわせ)友山　江戸後期の心学者
行徳(ぎょうとく)友山　江戸後期の眼科医
笹田(ささだ)友山　1840～1914　江戸後期～大正期の陶画工

幽山　ゆうざん
入交(いりまじり)幽山　1750～1824　江戸中期・後期の算法家

雄山　ゆうざん
加藤(かとう)雄山　1749～1798　江戸中期・後期の神道家
菅(すが)雄山　？～1827　江戸中期・後期の藩医
菅(すげ)雄山　？～1827　江戸後期の医者
西川(にしかわ)雄山　1711～1759　江戸中期の漢学者

融山　ゆうざん
融山　1490～1563　戦国・安土桃山時代の僧。相模の箱根権現別当、金剛王院の院主

友志　ゆうし
堀内(ほりうち)友志　1746～1803　江戸中期の俳人

由至　ゆうし
由至　江戸中期の俳人

祐之　ゆうし　⇔すけゆき, ひろゆき
柑本(こうじもと)祐之　？～1835　江戸後期の代官、勘定吟味役
田(でん)祐之　江戸中期の画家

酉治　ゆうじ
筒井(つつい)酉治　1837～1893　江戸後期～明治期の神職

勇治　ゆうじ
後藤(ごとう)勇治　1776～1837　江戸中期・後期の公共事業家

友自　ゆうじ
友自　江戸中期の書店主・俳人《有自》

有次　ゆうじ
有次　江戸前期の俳人

有耳　ゆうじ
無心亭(むしんてい)有耳　江戸後期の狂歌作者

有自　ゆうじ
有自　江戸中期の書店主・俳人

邑治　ゆうじ
小川(おがわ)邑治　1858～？　江戸末期・明治期の自由民権運動活動家

雄七郎　ゆうしちろう
小林(こばやし)雄七郎　1844～1891　江戸後期～明治期の教育者、著述家

木綿四手　ゆうしで
木綿四手　平安後期の女流歌人

祐子内親王家駿河　ゆうしないしんのうけのするが
祐子内親王家駿河　平安後期の女房・歌人

宥寿　ゆうじゅ
宥寿　南北朝時代の真言宗の僧

祐寿　ゆうじゅ　⇔すけとし
池野(いけの)祐寿　1794～1860　江戸後期・末期の商人

友秀　ゆうしゅう　⇔ともひで
長野(ながの)友秀　？～1618　安土桃山・江戸前期の幕臣《長野友秀》

有終　ゆうしゅう
伊藤(いとう)有終　？～1876　江戸後期～明治期の俳人
太田(おおた)有終　1829～1902　江戸後期～明治期の遠州の教育者

ゆ

猷秀　ゆうしゅう
猷秀　室町時代の比叡山延暦寺の僧

祐秀　ゆうしゅう　⇔すけひで
祐秀　戦国時代の紀伊国熊野の先達
祐秀　1508～？　戦国時代の天台宗の僧

祐重　ゆうじゅう　⇔すけしげ
祐重　室町時代の真言宗僧侶

宥俊　ゆうしゅん
宥俊　1580～1661　安土桃山・江戸前期の羽黒山執行・別当

宥舜　ゆうしゅん
宥舜　戦国時代の天台宗の僧

有俊　ゆうしゅん　⇔ありとし
有俊　戦国時代の天台宗の僧

祐舜　ゆうしゅん
祐舜　戦国時代の天台宗の僧

裕春　ゆうしゅん　⇔ひろはる
伊東(いとう)裕春　江戸後期の和算家

雄舜　ゆうしゅん
雄舜　南北朝時代の僧侶・歌人

有淳　ゆうじゅん
有淳　南北朝時代の僧侶・歌人

祐順　ゆうじゅん　⇔すけのぶ
祐順　江戸後期の僧侶・歌人
伊東(いとう)祐順　1843～1924　江戸末期～大正期の医師、謡曲家
佐藤(さとう)祐順　1792～1866　江戸後期・末期の三戸給人

有所　ゆうしょ
山本(やまもと)有所　1837～1901　江戸後期～明治期の文人

猷助　ゆうじょ
猷助　戦国時代の天台宗の僧

友昇　ゆうしょう
友昇　？～1885　江戸末期・明治期の俳諧師

友松　ゆうしょう　⇔ともまつ
友松　江戸中期の俳人

友章　ゆうしょう
向井(むかい)友章　1759～1812　江戸中期・後期の薩摩藩士

宥証　ゆうしょう
宥証　1715～1788　江戸中期・後期の真言宗の僧

宥敞　ゆうしょう
青木(あおき)宥敞　1814～1862　江戸後期・末期の僧

幽章　ゆうしょう
宮田(みやた)幽章　江戸後期の商家

幽嘯　ゆうしょう
幽嘯　江戸後期の俳人

祐勝　ゆうしょう
伊東(いとう)祐勝　1659～1725　江戸前期・中期の俳人

祐章　ゆうしょう
平野(ひらの)祐章　1692～1749　江戸中期の唐通事

祐性　ゆうしょう
祐性　室町時代の僧侶・歌人

祐正　ゆうしょう　⇔すけまさ
白藤(はくとう)祐正　1600～1730　安土桃山～江戸中期の加賀の長寿者

祐盛　ゆうしょう　⇔すけもり, ゆうじょう, ゆうせい
祐盛　1118～？　平安後期の天台宗の僧・歌人

有常　ゆうじょう　⇔ありつね
小出(こいで)有常　1835～？　江戸後期の幕臣《小出有常》

祐乗　ゆうじょう
祐乗　戦国時代の真宗大谷派の僧

祐浄　ゆうじょう
法正寺(ほうしょうじ)祐浄　？～1787　江戸中期の僧。朝日村の法正寺の中興で8世

祐盛　ゆうじょう　⇔すけもり, ゆうしょう, ゆうせい
祐盛　1118～？　平安後期の天台宗の僧・歌人《祐盛》

祐誠　ゆうじょう
祐誠　江戸中期の修験僧

友松庵　ゆうしょうあん
天羽(あもう)友松庵　?～1835　江戸後期の茶人
有松庵　ゆうしょうあん
有松庵　江戸後期の伝記作家
友松軒　ゆうしょうけん
長(ちょう)友松軒　1718～1787　江戸中期の往来物作者
勇四郎　ゆうしろう
吉沢(よしざわ)勇四郎　?～1869　江戸末期・明治期の幕臣
祐四郎　ゆうしろう
木村(きむら)祐四郎　江戸後期の庄屋、石見銀山継荷助郷軽減嘆願惣代
勇次郎　ゆうじろう
勇次郎　1794～1823　江戸後期の文政一揆の咎人
赤絵(あかえ)勇次郎　江戸後期の陶工
安藤(あんどう)勇次郎　?～1868　江戸後期・末期の新撰組隊士
石井(いしい)勇次郎　1846～1903　江戸後期～明治期の新撰組隊士
木村(きむら)勇次郎　1831～?　江戸後期～明治期の朝鮮人参の栽培模範者
実川(じつかわ)勇次郎　?～1868　江戸後期・末期の歌舞伎役者
清水(しみず)勇次郎　江戸後期の都筑郡今井村名主
曽田(そだ)勇次郎　江戸後期の兵学者
中村(なかむら)勇次郎　江戸末期の新撰組隊士
武一(ぶいち)勇次郎　江戸後期の陶画工
勇二郎　ゆうじろう
勇二郎　江戸末期・明治期の新撰組隊士
祐次郎　ゆうじろう
今井(いまい)祐次郎　1844～1868　江戸後期・末期の新撰組隊士
小島(こじま)祐次郎　江戸中期の「明孝賀集」の編者
雄次郎　ゆうじろう
大庭(おおば)雄次郎　1840～?　江戸後期～明治期の埼玉県官吏
岡田(おかだ)雄次郎　1836～1897　江戸後期～明治期の航海学教授・官吏
渡辺(わたなべ)雄次郎　1859～1900　江戸末期・明治期の銀行家
雄二郎　ゆうじろう
鈴木(すずき)雄二郎　1848～?　江戸後期～明治期の教育者
勇心　ゆうしん
勇心　1721～1802　江戸中期・後期の真言律宗の僧
宥信　ゆうしん
宥信　?～1432　南北朝・室町時代の僧
宥信　江戸前期の僧侶
宥真　ゆうしん
宥真　安土桃山時代の真言宗の僧
有真　ゆうしん　⇔ありざね
有真　1109～1189　平安後期の仁和寺僧

祐真　ゆうしん
祐真　1807～1883　江戸後期～明治期の僧侶
雄津　ゆうしん
金(きん)雄津　平安前期の漢詩人
有侭　ゆうじん
有侭　?～1788　江戸中期・後期の俳人
幽心斎　ゆうしんさい
難波(なんば)幽心斎　1739～1813　江戸中期の医師
勇水　ゆうすい
竹内(たけうち)勇水　1728～1812　江戸後期の俳人
友水　ゆうすい
渡辺(わたなべ)友水　1792～1864　江戸後期・末期の武術家・俳人
祐水　ゆうすい
祐水　?～1815　江戸中期・後期の浄土宗の僧
友水子　ゆうすいし
田中(たなか)友水子　江戸中期の著述家
勇助　ゆうすけ
石井(いしい)勇助〔2代〕1843～1897　江戸末期・明治期の漆芸作家。高岡勇助塗の大成者
大野(おおの)勇助　1700～1777　江戸中期の剣術家。真天流
楠美(くすみ)勇助　?～1877　江戸後期～明治期の篤農家
勇輔　ゆうすけ
菅沼(すがぬま)勇輔　1800～1870　江戸後期～明治期の柔術家・気楽流12代
友輔　ゆうすけ　⇔ともすけ
今泉(いまいずみ)友輔　江戸末期の歌人
祐資　ゆうすけ
藤波(ふじなみ)祐資　1773～1850　江戸中期・後期の名主
祐助　ゆうすけ
河西(かさい)祐助　江戸後期の千人隊組頭
裕助　ゆうすけ
田中(たなか)裕助　江戸中期の韮山代官江川氏の手代
雄介　ゆうすけ
根本(ねもと)雄介　1758～1822　江戸中期・後期の漢学者
雄助　ゆうすけ
加藤(かとう)雄助　江戸後期の三浦郡浦賀村民
友野(ともの)雄助　?～1849　江戸後期の江戸の人、幕臣
由豆流　ゆうずる
由豆流　江戸中期の俳人
友世　ゆうせい
坂(さか)友世　?～1647　江戸前期の旗本
友盛　ゆうせい
深沢(ふかさわ)友盛　江戸中期の医師
友静　ゆうせい
友静　江戸前期の俳諧作者

宥喔　ゆうせい
金毘羅多聞院(こんぴらたもんいん)宥喔　1586〜1659　安土桃山・江戸前期の修験者

幽栖　ゆうせい
坂尾(さかお)幽栖　1786〜1863　江戸中期〜末期の藩士・漢学者

有成　ゆうせい　⇔ありなり
宮崎(みやざき)有成　1774〜1843　江戸中期・後期の儒者

祐済　ゆうせい
祐済　室町時代の天台宗の僧・連歌作者

祐成　ゆうせい　⇔すけしげ
祐成　1386〜?　南北朝・室町時代の僧侶

祐清　ゆうせい　⇔すけきよ
祐清　?〜1463　室町時代の律僧。京都東寺領備中国新見荘の直務代官

祐盛　ゆうせい　⇔すけもり, ゆうしょう, ゆうじょう
祐盛　鎌倉後期・南北朝時代の僧侶
祐盛　1309〜?　鎌倉後期・南北朝時代の僧侶
祐盛　室町時代の天台宗の僧

祐西　ゆうせい
村川(むらかわ)祐西　1541〜1615　戦国〜江戸前期の人。河内国若江郡高井田村の人村川佐直の子。諱は好元

雄盛　ゆうせい
雄盛　1533〜1605　戦国〜江戸前期の天台宗の僧

ゆ

融清　ゆうせい
田中(たなか)融清　室町時代の石清水八幡宮検校

祐磧　ゆうせき
曽根(そね)祐磧　安土桃山時代の医師

遊石　ゆうせき
赤岩寺(せきがんじ)遊石　江戸前期の俳僧

融石　ゆうせき
天性(てんしょう)融石　?〜1427　南北朝・室町時代の曹洞宗の僧

融碩　ゆうせき
融碩　?〜1033　平安中期の興福寺僧

勇節　ゆうせつ
本多(ほんだ)勇節　江戸時代の佐渡相川町の医師、漢蘭折衷外科医

友節　ゆうせつ
堀江(ほりえ)友節　1841〜1876　江戸後期〜明治期の画家

友雪　ゆうせつ
青木(あおき)友雪　江戸前期の俳人
雲谷(うんこく)友雪　?〜1635　安土桃山・江戸前期の画家

幽雪　ゆうせつ
松本(まつもと)幽雪　江戸時代の俳人

有節　ゆうせつ
沢(さわ)有節　1805〜1872　江戸後期の俳人
堤(つつみ)有節　江戸中期の漢学者

祐雪　ゆうせつ
狩野(かのう)祐雪　?〜1545　戦国時代の画家

遊節　ゆうせつ
滝田(たきた)遊節　江戸前期の兵法家

幽雪斎　ゆうせつさい
井上(いのうえ)幽雪斎　1815〜1892　江戸後期〜明治期の彫刻家

友仙　ゆうせん
友仙　江戸前期の俳諧作者
天羽(あもう)友仙　江戸中期の医者
井岡(いおか)友仙　江戸時代の津山松平藩医
山崎(やまざき)友仙　1810〜1882　江戸後期〜明治期の医師

友扇　ゆうせん
友扇　1661〜1730　江戸前期・中期の俳人

宥仟　ゆうせん
宥仟　安土桃山・江戸前期の真言宗の僧

幽泉　ゆうせん
真砂(まなご)幽泉　1770〜1835　江戸後期の画家

有詮　ゆうせん
有詮　江戸前期の修験僧

猶川　ゆうせん
大田垣(おおたがき)猶川　?〜1819　江戸中期・後期の心学者

祐仙　ゆうせん
祐仙　江戸後期の天台宗の僧
平井(ひらい)祐仙　?〜1707　江戸前期・中期の摂津国麻田藩の藩医

祐専　ゆうせん
上田(うえだ)祐専　?〜1782　江戸中期の医師

祐川　ゆうせん
池井(いけい)祐川　江戸後期の画家

雄仙　ゆうせん
三宅(みやけ)雄仙　1816〜1887　江戸後期〜明治期の蘭方医
森(もり)雄仙　1780〜1851　江戸後期の画家

融仙　ゆうせん
石雲(せきうん)融仙　江戸前期の曹洞宗の僧

有禅　ゆうぜん
有禅　1084〜1126　平安後期の法相宗の僧・歌人

祐善　ゆうぜん　⇔すけよし
東林寺(とうりんじ)祐善　?〜1526　戦国時代の金山町の東林寺の中興

祐全　ゆうぜん
祐全　江戸中期の浄土宗の僧

猷祖　ゆうそ
中尾(なかお)猷祖　1799〜1869　江戸後期〜明治期の医者

宥宗　ゆうそう
宥宗　江戸前期の真言宗の僧

宥相　ゆうそう
金輪寺(こんりんじ)宥相　江戸中期の僧侶

祐崇　ゆうそう
祐崇　?〜1509　戦国時代の観誉祐崇。浄土宗の僧

祐聡　ゆうそう
伊東（いとう）祐聡　？～1348　鎌倉後期・南北朝時代の武将

勇三　ゆうぞう
牧田（まきた）勇三　1842～1900　江戸後期～明治期の報徳運動家

勇象　ゆうぞう
隠明寺（おんみょうじ）勇象　1844～1915　江戸末期～大正期の隠明寺凧の創始者

勇蔵　ゆうぞう
勇蔵　1780～1865？　江戸中期～末期の五十集屋
勇蔵　江戸後期の紙漉業
中田（なかだ）勇蔵　1764～1834　江戸中期・後期の弘前藩士・暦算家
星加（ほしか）勇蔵　1841～1907　江戸後期～明治期の西条の銘菓「ゆべし」創始者

勇造　ゆうぞう
餝屋（かざりや）勇造　1839～？　江戸後期～明治期の俳人

友三　ゆうぞう　⇔ともぞう，ゆうさん
海北（かいほう）友三　1740～1781　江戸中期の画家

有増　ゆうぞう
毛（もう）有増　？～1862　江戸末期の久米村士族

猶蔵　ゆうぞう
長谷川（はせがわ）猶蔵　江戸後期の飛騨郡代大原亀五郎の手代

猶造　ゆうぞう
今村（いまむら）猶造　1851～1922　江戸末期～大正期の志士

猷蔵　ゆうぞう
細井（ほそい）猷蔵　1847～1912　江戸後期～明治期の篤学者

雄蔵　ゆうぞう
加賀山（かがやま）雄蔵　1833～1857　江戸後期・末期の戦士
佐々木（ささき）雄蔵　1818～1889　江戸後期～明治期の大肝入格
白鳥（しらとり）雄蔵　？～1852　江戸後期の医師

有則　ゆうそく
石尾（いしお）有則　1776～？　江戸中期の神道家・謡曲家

宥尊　ゆうそん
宥尊　？～1655　江戸前期の真言宗智山派の僧侶

祐存　ゆうそん
望月（もちづき）祐存　1806～1877　江戸後期～明治期の高僧

祐尊　ゆうそん
祐尊　1293～？　鎌倉後期の画家

融存　ゆうそん
竹翁（ちくおう）融存　？～1617　江戸前期の高山市の素玄寺6世で古川町の慈眼寺の中興

勇太　ゆうた
奥寺（おくでら）勇太　1841～1904　江戸後期～明治期の教育者

有陀　ゆうだ
丁（てい）有陀　飛鳥時代の採薬師。百済渡来人

熊台　ゆうだい
杉山（すぎやま）熊台　1755～1822　江戸中期・後期の儒者

勇大　ゆうだい
勇大　江戸前期の浄土宗の僧

幽琢　ゆうたく
幽琢　戦国・安土桃山時代の茶人

猶太郎　ゆうたろう
中村（なかむら）猶太郎　1827～1883　江戸後期～明治期の民政家

雄太郎　ゆうたろう
千葉（ちば）雄太郎　1845～1865　江戸後期・末期の新徴組士

游湛　ゆうたん
游湛　1639～1710　江戸前期・中期の真言律宗の僧

宥智　ゆうち
宥智　1519～1569　戦国・安土桃山時代の真言宗の僧

由池　ゆうち
勝見（かつみ）由池　1822～1901　江戸後期～明治期の俳人

祐知　ゆうち　⇔すけとも
原（はら）祐知　1827～1893　江戸後期～明治期の水利開拓者

幽竹　ゆうちく
幽竹　江戸前期の俳人

有竹　ゆうちく
有竹　江戸後期の画家

友竹斎　ゆうちくさい
三木（みき）友竹斎　1653～1719　江戸中期の医者

有中　ゆうちゅう
有中　江戸中期の俳人。浄土真宗の僧

祐朝　ゆうちょう
祐朝　鎌倉時代の天台宗の僧

祐長　ゆうちょう　⇔すけなが
祐長　？～1628　江戸前期の真言宗智山派の僧侶

友直　ゆうちょく　⇔ともなお
豊田（とよた）友直　1805～1870　江戸後期の武士《豊田友直》

幽直　ゆうちょく
狩野（かのう）幽直　1630～1704　江戸前期・中期の狩野派の岡山藩絵師

宥鎮　ゆうちん
宥鎮　室町時代の新義真言宗僧侶

勇貞　ゆうてい
高橋（たかはし）勇貞　1800～1878　江戸後期～明治期の医師

有汀　ゆうてい
石田（いしだ）有汀　江戸後期の画家

猷貞　ゆうてい
福井（ふくい）猷貞　1769～1822　江戸中期・後期の宿役人

雄貞　ゆうてい　⇔たかさだ
樋口(ひぐち)雄貞　1781～1841　江戸中期・後期の人。『勧殖桑養蚕書』を刊行
有的　ゆうてき
早矢仕(はやし)有的　1837～1901　江戸後期～明治期の実業家
勇哲　ゆうてつ
勇哲　江戸後期の浄土真宗の僧
雄伝　ゆうでん
増田(ますだ)雄伝　1693～1769　江戸中期の医者・幕臣
有兎　ゆうと
有兎　1737～1801　江戸中期・後期の俳人
祐登　ゆうと
祐登　1837～1901　江戸後期～明治期の僧侶
遊刀　ゆうとう
遊刀　江戸中期の俳人《游刀》
游刀　ゆうとう
游刀　江戸中期の俳人
宥道　ゆうどう
宥道　江戸前期の真言僧
雄道　ゆうどう
府貫(ふかん)雄道　1724～1787　江戸中期の曹洞宗の僧
有徳　ゆうとく
滝沢(たきざわ)有徳　1847～1921　江戸後期の神道家、書家
祐徳　ゆうとく
伊藤(いとう)祐徳　1826～1906　江戸後期～明治期の出水郡出水郷の郷士
三島屋(みしまや)祐徳　江戸前期の呉服商
祐篤　ゆうとく　⇔すけあつ
丹生(たんじょう)祐篤　1848～1917　江戸末期～大正期の僧
有徳斎　ゆうとくさい
有徳斎　江戸前期の陶工
有南斎　ゆうなんさい
鈴木(すずき)有南斎　江戸後期の医者
有仁　ゆうにん
有仁　1820～1866　江戸後期・末期の尊攘運動家
祐念　ゆうねん
真宗寺(しんしゅうじ)祐念　?～1502　戦国時代の古川町の真宗寺の開基
祐能　ゆうのう
祐能　?～1602　安土桃山時代の天台宗の僧
祐之丞　ゆうのじょう
珍田(ちんだ)祐之丞　1791～1865　江戸後期・末期の藩士
勇之進　ゆうのしん
鹿野(かの)勇之進　1851～1914　江戸末期～大正期の軍人
桜井(さくらい)勇之進　1840～1865　江戸後期・末期の新撰組隊士
増田(ますだ)勇之進　1845～1909　江戸後期～明治期の東郷ミカン栽培の先覚者
猶之進　ゆうのしん
福田(ふくだ)猶之進　江戸後期の町年寄
勇之助　ゆうのすけ
小野寺(おのでら)勇之助　江戸末期の新撰組隊士
有之助　ゆうのすけ
関口(せきぐち)有之助　1849～1869　江戸後期～明治期の岡崎藩士
雄之助　ゆうのすけ
梶原(かじわら)雄之助　1841～?　江戸後期の徳川亀之助家来火消同心
真島(ましま)雄之助　1825～1858　江戸後期・末期の砲術家
友梅　ゆうばい
慶松(けいしょう)友梅　1655～1734　江戸前期・中期の歌人
仁木(にき)友梅　安土桃山時代の織田信長の家臣
三村(みむら)友梅　?～1574　安土桃山時代の武士
友伯　ゆうはく
小田(おだ)友伯　江戸前期・中期の眼科医
結城(ゆうき)友伯　1697～1759　江戸中期の医師
猶白　ゆうはく
伊藤(いとう)猶白　1747～1871　江戸後期～明治期の医師
右麦　ゆうばく
右麦　1807～1856　江戸後期・末期の俳人
友麦　ゆうばく
友麦　1807～1856　江戸後期・末期の俳人《右麦》
囿八　ゆうはち
山田(やまだ)囿八　1808～1877　江戸後期～明治期の筑摩郡乱橋村の庄屋
雄八郎　ゆうはちろう
手島(てしま)雄八郎　1849～1901　江戸後期～明治期の公益家
右範　ゆうはん
右範　?～1752　江戸中期の俳人
宥範　ゆうはん
宥範　鎌倉後期・南北朝時代の真言宗の僧
祐範　ゆうはん　⇔すけのり
祐範　平安後期の僧
祐範　安土桃山・江戸前期の連歌作者
狩野(かのう)祐範　?～1617　戦国時代の長井坂城主
宥鑁　ゆうばん
宥鑁　江戸前期の天台僧・修験僧
宥鍐　ゆうばん
宥鍐　1624～1702　江戸後期の真言宗の僧
融鑁　ゆうばん
融鑁　江戸前期の修験僧
熊斐　ゆうひ
神代(くましろ)熊斐　1711～1772　江戸中期の画家
有斐　ゆうひ
石原(いしはら)有斐　?～1819　江戸中期・後期の俳人

永井(ながい)有斐　1820～1886　江戸末期の俳人

雄飛　ゆうひ
浅野(あさの)雄飛　1813～1880　江戸末期・明治期の画人
加藤(かとう)雄飛　1839～？　江戸後期～明治期の画家
安田(やすだ)雄飛　1799～1849　江戸後期の俳人
横山(よこやま)雄飛　1743～1789　江戸中期の漢詩人

友尾　ゆうび
友尾　戦国時代の歌人

雄尾　ゆうび
本島(もとじま)雄尾　1778～1845　江戸後期の本陣、俳人

有孚　ゆうふ　⇔ありざね
太田(おおた)有孚　1830～1879　江戸後期～明治期の教育家

有文　ゆうぶん　⇔ありふん, ありぶみ
明(めい)有文　江戸中期の人。首里の士族。宮古の故事を『宮古島記事仕次』としてまとめた

勇平　ゆうへい
吉岡(よしおか)勇平　1830～1870　江戸後期～明治期の操練所勤番公用方。1860年咸臨丸の操練所勤番公用方としてアメリカに渡る

祐平　ゆうへい　⇔すけひら
鈴村(すずむら)祐平　江戸後期・末期の隠岐郡代

遊平　ゆうへい
吉野(よしの)遊平　1811～1885　江戸後期～明治期の庄内藩士

宥遍　ゆうへん
宥遍　江戸前期の僧

祐遍　ゆうへん
祐遍　鎌倉後期の真言宗の僧
祐遍　？～1627　安土桃山・江戸前期の僧侶

宥弁　ゆうべん
宥弁　江戸前期の真言宗の僧

宥忭　ゆうべん
宥忭　江戸後期の真言宗の僧

融弁　ゆうべん
融弁　1443～1524　室町・戦国時代の真言宗の僧

友甫　ゆうほ
友甫　江戸後期の俳人
狩野(かのう)友甫　？～1762　江戸中期の画家
室(むろ)友甫〔1代〕1735～1803　江戸中期の茶人
室(むろ)友甫〔2代〕江戸後期の茶人

有方　ゆうほう　⇔ありかた
大橋(おおはし)有方　？～1874　江戸後期～明治期の官吏

雄峰　ゆうほう
円竜寺(えんりゅうじ)雄峰　戦国時代の僧
坂本(さかもと)雄峰　？～1833　江戸後期の雲州茶道

雄峯　ゆうほう
大覚院(だいかくいん)雄峯　1810～1866　江戸後期・末期の修験者

融峰　ゆうほう
田坂(たざか)融峰　1811～1882　江戸末期・明治期の僧侶

有本　ゆうほん
鈴木(すずき)有本　？～1896　江戸末期・明治期の儒医

雄馬　ゆうま
加藤(かとう)雄馬　？～1868　江戸末期の武士、雷神隊頭取

友味　ゆうみ
菊屋(きくや)友味　？～1618　安土桃山・江戸前期の萩町人

又夢　ゆうむ
風後庵(ふうごあん)又夢　江戸中期の茶人

友務　ゆうむ
友務　江戸前期の連歌作者

遊夢　ゆうむ
胡蝶庵(こちょうあん)遊夢　？～1866　江戸後期・末期の俳人

熊野　ゆうや　⇔ゆや
岸(きし)熊野　1734～1813　江戸中期・後期の漢学者

優游　ゆうゆう
原田(はらだ)優游　1778～1851　江戸中期・後期の医者、漢学者

宥雄　ゆうゆう　⇔ゆうおう
宥雄　1603～？　安土桃山・江戸前期の真言宗の僧

悠々　ゆうゆう
悠々　1776～1856　江戸中期～末期の俳人・藩士

祐雄　ゆうゆう　⇔すけお, すけたけ
真鍋(まなべ)祐雄　江戸中期の藩士

優々斎　ゆうゆうさい
武嶋(たけしま)優々斎　?～1840　江戸後期の医者

幽蘭　ゆうらん
本秀(ほんしゅう)幽蘭　？～1847　江戸後期の曹洞宗の僧
松尾(まつお)幽蘭　1818～1893　江戸後期～明治期の女性。私塾師匠、松尾洞軒の妻

宥竜　ゆうりゅう
宥竜　江戸後期・末期の真言宗の僧

有柳　ゆうりゅう　⇔うりゅう
有柳　江戸後期の俳人

融隆　ゆうりゅう
融隆　？～1595　戦国・安土桃山時代の浄土宗の僧

友諒　ゆうりょう
内山(うちやま)友諒　江戸後期の心学者

有良　ゆうりょう　⇔ありよし
元甫(げんぽ)有良　戦国時代の臨済宗の僧。幕府の使僧

右嶙　ゆうりん
垣内(かいと)右嶙　1825～1891　江戸後期～明治期の日本画家

幽林　ゆうりん
鷲津(わしづ)幽林　1726～1798　江戸中期・後期

の丹羽村出身の漢学者

有隣　ゆうりん　⇔ありちか
有隣　江戸前期の俳人
有隣　江戸中期の俳人
有隣　？～1741　江戸中期の俳人・医者
有隣　1742～1821　江戸中期・後期の俳人・藩士
大久保(おおくぼ)有隣　1741～1821　江戸後期の小田原藩家老
大渡(おおわたり)有隣　1751～1814　江戸末期の儒医
小沢(おざわ)有隣　1793～1869　江戸後期～明治期の地場産業の振興に貢献
野田(のだ)有隣　1832～1909　江戸後期～明治期の医師

有鄰　ゆうりん
大原(おおはら)有鄰　1826～1896　江戸後期～明治期の学者
西村(にしむら)有鄰　江戸前期の国学者

由林　ゆうりん
由林　？～1767　江戸中期の俳人

祐倫　ゆうりん
祐倫　室町時代の連歌師、尼僧
祐倫　1805～1856　江戸後期・末期の浄土宗の僧・歌人

遊林　ゆうりん
遊林　江戸中期の浄土真宗の僧

遊麟　ゆうりん
遊麟　戦国時代の武田氏の家臣。武田晴信初期の使僧とみられる

ゆ

有隣斎　ゆうりんさい
三浦(みうら)有隣斎　1674～1754　江戸前期・中期の庄屋

遊林子　ゆうりんし
遊林子　江戸前期の俳人

由加麿　ゆかまろ
桧前舎人(ひのくまのとねり)由加麿　平安時代の賀美郡の人。散位正7位上勲七等

ゆき
渡辺(わたなべ)ゆき　1846～1914　江戸末期～大正期の茶人

由記　ゆき
陶山(すやま)由記　1758～1845　江戸中期・後期の医師

幸秋　ゆきあき
豊原(とよはら)幸秋　室町時代の楽人

幸明　ゆきあき　⇔こうみょう
三井(みつい)幸明　？～1696　江戸前期の武士

行徴　ゆきあき
上村(かみむら)行徴　1827～？　江戸後期～明治期の鹿児島市初代市長。第百四十七銀行頭取

行明　ゆきあき
源(みなもとの)行明　平安中期の官人

幸敦　ゆきあつ
木崎(きざき)幸敦　江戸後期の国学者

行篤　ゆきあつ　⇔ぎょうとく
入沢(いりさわ)行篤　江戸後期の和算家

行敦　ゆきあつ
二階堂(にかいどう)行敦　1308～？　鎌倉後期・南北朝時代の武士、僧

之淳　ゆきあつ
陸原(くがはら)之淳　江戸後期の漢学者

行礼　ゆきあや
熊懐(くまだき)行礼　1805～1858　江戸後期・末期の祠官

幸家　ゆきいえ
幸家　戦国時代の武田氏の家臣
中島(なかしま)幸家　南北朝時代の美作国の在地武士

行家　ゆきいえ
近藤(こんどう)行家　戦国時代の佐竹氏の家臣
藤原(ふじわら)行家　1029～1106　平安中期・後期の公家・漢詩人・歌人
藤原(ふじわら)行家　平安後期の公家・歌人
藤原(ふじわらの)行家　1223～1275　鎌倉後期の歌人
夜須(やす)行家　平安後期の武将
湯浅(ゆあさ)行家　戦国時代の上野国衆国峰小幡氏の家臣

幸氏　ゆきうじ
伊藤(いとう)幸氏　江戸前期の故実家

行氏　ゆきうじ
八幡(はつま)行氏　鎌倉前期の工藤祐経郎等
祝部(はふりべ)行氏　鎌倉後期の神職・歌人

ゆきえ
水口(みずぐち)ゆきえ　1737～1752　江戸中期の用水路開削者

幸恵　ゆきえ
神谷(かみや)幸恵　1836～1910　江戸後期～明治期の神職

靭負　ゆきえ　⇔ゆぎえ
赤山(あかやま)靭負　1823～1850　江戸後期の薩摩藩士
相馬(そうま)靭負　戦国時代の古河公方足利義氏の家臣
森重(もりしげ)靭負　1759～1816　江戸中期・後期の合武三島流砲術の祖
吉田(よしだ)靭負　江戸中期の神道家
和田(わだ)靭負　江戸後期の大住郡大山阿夫利神社祠官

靱負　ゆきえ
川勝(かわかつ)靱負　？～1615　江戸前期の武士。大坂の陣で籠城
丸毛(まるも)靱負　1851～1905　江戸後期～明治期の彰義隊士《丸毛利恒》
皆川(みながわ)靱負　江戸中期の医師

靭負　ゆぎえ　⇔ゆきえ
船木(ふなき)靭負　江戸前期の開拓者

靱負尉　ゆきえのじょう
大熊(おおくま)靱負尉　安土桃山時代の真田氏の

家臣
桜(さくら)靫負尉　安土桃山時代の武田氏・上杉景勝の家臣

靭負助　ゆきえのすけ
薬袋(みない)靭負助　戦国時代の武将。武田家臣

靭負広庸　ゆきえひろつね
津軽(つがる)靭負広庸　1644〜1713　江戸前期・中期の4代弘前藩主津軽信政の家老

幸雄　ゆきお
鹿取(かとり)幸雄　1797〜？　江戸後期の歌人
荘司(しょうじ)幸雄　1789〜1857　江戸後期・末期の弓術家

行雄　ゆきお
明石(あかし)行雄　安土桃山時代の武将
根井(ねのい)行雄　1811〜1881　江戸後期〜明治期の剣術家・地方指導者

雪雄　ゆきお
伊伎(いきの)雪雄　？〜922　平安中期の神官。松尾月読社長官

幸景　ゆきかげ
幸景　室町時代の長船小反派の刀工

行景　ゆきかげ
須々木(すすき)行景　室町時代の武士

将景　ゆきかげ　⇔まさかげ
朝倉(あさくら)将景　？〜1459　室町時代の武将

随景　ゆきかげ
小林(こばやし)随景　江戸中期の漢学者

行名　ゆきかた
三宅(みやけ)行名　1599〜1660　安土桃山・江戸前期の茂木藩祖細川興元股肱の臣

雪方　ゆきかた
山本(やまもと)雪方　1710〜1786　江戸中期の西伊豆の木炭製法普及者

幸勝　ゆきかつ
浅羽(あさば)幸勝　1834〜1897　江戸後期〜明治期の海軍軍人
吉見(よしみ)幸勝　1615〜1676　江戸前期の藩士・神職

雪勝　ゆきかつ　⇔せっしょう
奈良(なら)雪勝　江戸前期の蒔絵師

之勝　ゆきかつ
松下(まつした)之勝　1572〜1644　安土桃山・江戸前期の幕臣

行廉　ゆきかど
藤原(ふじわらの)行廉　平安後期の官人

于門　ゆきかど
筑紫(つくし)于門　？〜1789　江戸後期の使番

行兼　ゆきかね　⇔ぎょうけん
滋生(しげお)行兼　平安後期の随身

幸清　ゆききよ　⇔ぎょうしょう, こうじょう
真田(さなだ)幸清　1800〜1871　江戸後期〜明治期の私塾経営者

通清　ゆききよ　⇔みちきよ
天方(あまかた)通清　1607〜1664　江戸前期の武士

之清　ゆききよ
桂(かつら)之清　1824〜？　江戸後期・末期の藩士

行葛　ゆきくず
藤原(ふじわら)行葛　平安中期の官人・漢詩人

行国　ゆきくに
行国　鎌倉時代の刀工
清科(きよしなの)行国　平安中期の陰陽師
高橋(たかはしの)行国　平安後期の官人
秦(はたの)行国　平安後期の官人

雪子　ゆきこ
神保(じんぼ)雪子　？〜1868　江戸後期・末期の女性。神保修理の妻

幸貞　ゆきさだ
海野(うんの)幸貞　塔原幸貞に同じ
塔原(とうのはら)幸貞　？〜1583　戦国・安土桃山時代の武田家臣

幸定　ゆきさだ
鎌原(かんばら)幸定　戦国時代の武士。真田幸隆の3番目の弟という
反町(そりまち)幸定　戦国時代の武将
反町(そりまち)幸定　江戸前期の武将

行貞　ゆきさだ
行貞　室町時代の刀工
坂上(さかのうえの)行貞　平安後期の官人
藤原(ふじわらの)行貞　平安後期の官人
本多(ほんだ)行貞　1715〜1781　江戸中期の幕臣

行定　ゆきさだ
斎藤(さいとう)行定　戦国時代の武士。藤田泰邦の家臣、のち北条氏邦の家臣
松本(まつもと)行定　戦国時代の上野国衆

通貞　ゆきさだ　⇔みちさだ
大江(おおえの)通貞　平安後期の官人

之貞　ゆきさだ
窪田(くぼた)之貞　江戸中期の漢学者

行郷　ゆきさと
中村(なかむら)行郷　鎌倉後期の武蔵武士

以守　ゆきざね
本保(ほんぼ)以守　1725〜1794　江戸中期・後期の藩士

幸実　ゆきざね
岩下(いわした)幸実　戦国時代の信濃国筑摩郡会田の国衆
別符(べっぷ)幸実　？〜1360　南北朝時代の武蔵武士
別符(べっぷ)幸実　室町時代の武将
守矢(もりや)幸実　戦国時代の信濃国諏訪郡の武士

行実　ゆきざね　⇔ぎょうじつ
小幡(おばた)行実　戦国時代の上野国衆。信真の一族
友松(ともまつ)行実　戦国時代の上野国衆国峰小幡氏の家臣
中原(なかはら)行実　鎌倉時代の歌人
藤原(ふじわらの)行実　？〜1103　平安後期の官人
北条(ほうじょう)行実　南北朝時代の武士。実泰流

源(みなもとの)行実　平安後期の官人

行真　ゆきざね　⇔ぎょうしん, ゆきまさ

行真　鎌倉時代の刀工

行真　室町時代の刀匠

荒木田(あらきだ)行真　?～973　平安中期の神官

惟宗(これむねの)行真　平安後期の官人

之実　ゆきざね

新開(しんがい)之実　?～1465　室町時代の細川勝元の有力被官

之真　ゆきざね

上道(かみつみちの)之真　平安後期の官人

幸重　ゆきしげ　⇔こうじゅう

大河原(おおかわら)幸重　1635～1699　江戸前期・中期の会津藤樹学の始祖

行重　ゆきしげ　⇔なりしげ

行重　平安中期の刀工

浦上(うらかみ)行重　?～1523　戦国時代の美作国の武将

大江(おおえ)行重　平安後期の歌人

小沢(おざわ)行重　戦国時代の上野国衆国峰小幡氏の家臣

高井(たかい)行重　?～1596　戦国・安土桃山時代の高崎柴崎の進雄神社社人

高山(たかやま)行重　1503～1571　戦国時代の上野国衆

入善(にゅうぜんの)行重　1166～?　平安後期・鎌倉前期の人。宮崎太郎の嫡男《入善小太郎行重》

馬場(ばば)行重　戦国時代の番匠。伊豆で活動

孕石(はらみいし)行重　1462～1546　室町・戦国時代の遠江国孕石の国衆

守屋(もりや)行重　?～1604　戦国時代の北条氏の家臣

行茂　ゆきしげ

祝部(はふりべ)行茂　1653～1737　江戸前期・中期の神職

征成　ゆきしげ

滝川(たきがわ)征成　1650～1705　江戸前期・中期の藩士

之重　ゆきしげ

中村(なかむら)之重　江戸前期の代官、銀山奉行

雪寿　ゆきじゅ　⇔せつじゅ

水川(みずかわ)雪寿　1828～1895　江戸後期～明治期の箏曲家

幸女　ゆきじょ

菅沼(すがぬま)幸女　江戸末期の歌人

行季　ゆきすえ

大江(おおえの)行季　平安後期の官人

大中臣(おおなかとみの)行季　平安後期の官人

行夫　ゆきすけ

行夫　戦国時代の刀工

行輔　ゆきすけ

九条(くじょう)行輔　南北朝時代の公家・歌人

幸澄　ゆきずみ

北条(ほうじょう)幸澄　鎌倉後期の武士

行澄　ゆきずみ

坂上(さかのうえの)行澄　平安後期の武士

幸喬　ゆきたか

横屋(よこや)幸喬　1831～1896　江戸末期の武士

幸卓　ゆきたか

桐間(きりま)幸卓　1630～1708　江戸前期の奉行職

幸隆　ゆきたか

細川(ほそかわ)幸隆　安土桃山時代の武家

行高　ゆきたか

下毛野(しもつけぬの)行高　平安後期の随身。藤原忠実の随身番長

人見(ひとみ)行高　1670～1744　江戸前期・中期の幕臣・医者

行尊　ゆきたか　⇔ぎょうそん

太田(おおた)行尊　平安後期の武士

行隆　ゆきたか

松平(まつだいら)行隆　1590～1653　安土桃山・江戸前期の幕臣

于喬　ゆきたか

谷川(たにがわ)于喬　1767～?　江戸中期・後期の医者・国学者

行武　ゆきたけ

紀(きの)行武　平安中期の官人

幸忠　ゆきただ

泉本(いずみもと)幸忠　?～1756　江戸中期の代官

海野(うんの)幸忠　戦国時代の信濃国衆

金子(かねこ)幸忠　江戸末期の藩士

種田(たねだ)幸忠　江戸中期の槍術家

別符(べっぷ)幸忠　室町時代の武蔵武士

山中(やまなか)幸忠　江戸時代の歌人

山中(やまなか)幸忠　?～1883　江戸後期～明治期の戯作者・『大洲名所図』の著者

行忠　ゆきただ　⇔ぎょうちゅう

大沢(おおさわ)行忠　?～1546　戦国時代の豪族

賀茂(かもの)行忠　平安後期の官人

滋生(しげお)行忠　平安後期の官人

下毛野(しもつけぬの)行忠　平安後期の官人

中神(なかがみ)行忠　?～1779　江戸中期の地誌家

中原(なかはらの)行忠　平安後期の官人

堀(ほり)行忠　江戸中期の兵学者

之只　ゆきただ　⇔これただ

岡(おか)之只　1791～?　江戸後期の和算家

往忠　ゆきだた

大久保(おおくぼ)往忠　1700～1763　江戸中期の幕臣

之辰　ゆきたつ

豊島(としま)之辰　江戸中期の和算家

幸胤　ゆきたね

臼井(うすい)幸胤　戦国時代の下総臼井城主。持胤の二男

湯本(ゆもと)幸胤　戦国時代の武士

行種　ゆきたね

二階堂(にかいどう)行種　南北朝時代の鎌倉府政所執事

以親 ゆきちか ⇔いしん, もちちか
渡辺(わたなべ)以親 1795〜? 江戸後期の測量家・和算家
幸周 ゆきちか
種田(たねだ)幸周 江戸末期の武術家
幸親 ゆきちか
海野(うんの)幸親 平安後期の土豪
滋野(しげの)幸親 ?〜1184 平安後期の信濃国の武士
行近 ゆきちか
紀(きの)行近 平安後期の官人
行親 ゆきちか
尾張(おわりの)行親 平安中期の官人
平(たいら)行親 平安中期の貴族
根井(ねのい)行親 ?〜1184 平安後期の佐久の武士
祝部(はふりべ)行親 鎌倉後期・南北朝時代の神職・歌人・連歌作者
藤原(ふじわら)行親 1380〜? 南北朝・室町時代の八戸の悪虫郷の領主
水哉 ゆきちか ⇔すいさい
渡辺(わたなべ)水哉 1852〜1927 江戸後期〜昭和期の軍人、教育者
之親 ゆきちか ⇔これちか
伊丹(いたみ)之親 室町時代の連歌作者
権太(ごんた)之親 江戸前期の代官
摂津(せっつ)之親 1426〜1480 戦国時代の武将
幸千代 ゆきちよ ⇔こうちよ
富樫(とがし)幸千代 戦国時代の武将
幸継 ゆきつぐ
北条(ほうじょう)幸継 鎌倉時代の武士
幸次 ゆきつぐ ⇔よしつぐ
花房(はなぶさ)幸次 1582〜1641 安土桃山・江戸前期の四日市代官、山田奉行
行嗣 ゆきつぐ
大沢(おおさわ)行嗣 室町時代の豪族
行次 ゆきつぐ
行次 鎌倉時代の刀工
住次 ゆきつぐ
石川(いしかわ)住次 1706〜1748 江戸中期の神道家
之紹 ゆきつぐ
斎藤(さいとう)之紹 ?〜1781 江戸中期の鉄砲奉行、改作奉行、郡奉行
恭綱 ゆきつな
渡辺(わたなべ)恭綱 1658〜1737 江戸中期の武士
幸綱 ゆきつな
湯本(ゆもと)幸綱 ?〜1626 安土桃山・江戸前期の草津の領主
行綱 ゆきつな
行綱 平安後期の歌人
後藤(ごとう)行綱 1678〜? 江戸前期・中期の神職
藤原(ふじわらの)行綱 平安後期の官人
透綱 ゆきつな
小池(こいけ)透綱 江戸後期の和算家
幸恒 ゆきつね
沢池(さわいけ)幸恒 江戸末期・明治期の和算家
幸常 ゆきつね ⇔よしつね
湯本(ゆもと)幸常 ?〜1669 江戸前期の医師
行経 ゆきつね ⇔ぎょうきょう
惟宗(これむね)行経 鎌倉時代の歌人
行恒 ゆきつね
井野(いの)行恒 鎌倉後期の石大工
于恒 ゆきつね
小槻(おづき)于恒 1495〜1542 戦国時代の公家
千連 ゆきつら
津田(つだ)千連 1584〜1636 安土桃山・江戸前期の藩士
行輝 ゆきてる
河野(こうの)行輝 江戸後期の武芸家
幸任 ゆきとう
小野(おのの)幸任 平安後期の武士。源斉頼の郎従
行任 ゆきとう
長(おさの)行任 平安中期の人。紀伊国宮省符荘の住人。僧範勝の父
紀(きの)行任 平安中期の官人
行遠 ゆきとお
源(みなもとの)行遠 平安後期の官人
幸時 ゆきとき
別符(べっぷ)幸時 南北朝時代の武蔵武士
北条(ほうじょう)幸時 鎌倉後期の武士
幸辰 ゆきとき
伊藤(いとう)幸辰 江戸中期の故実家
行時 ゆきとき
阿閇(あべの)行時 平安中期の相撲人
下毛野(しもつけぬの)行時 平安後期の官人
宿谷(しゅくや)行時 ?〜1293 鎌倉後期の左衛門尉。法号は最信
平(たいら)行時 平安中期の官人、歌人
随時 ゆきとき
北条(ほうじょう)随時 鎌倉後期の武士
如時 ゆきとき
尾張(おわりの)如時 平安中期の官人
滋野(しげのの)如時 平安中期の官人
幸俊 ゆきとし
古幡(ふるはた)幸俊 戦国時代の信濃国筑摩郡の会田岩下下野守の被官・岩下衆の一員
行俊 ゆきとし
大江(おおえの)行俊 平安後期の官人
紀(きの)行俊 平安後期の官人
清原(きよはら)行俊 鎌倉前期の飛騨守
秦(はたの)行俊 平安後期の随身
行利 ゆきとし
行利 鎌倉時代の刀工
惟宗(これむねの)行利 平安中期の官人
千俊 ゆきとし
中原(なかはら)千俊 1707〜1763 江戸中期の

官人

僮俊　ゆきとし
揖斐(いひ)僮俊　1753〜1777　江戸中期の西国筋郡代

幸知　ゆきとも
塔原(とうのはら)幸知　戦国時代の武士

行知　ゆきとも
浅田(あさだ)行知　1813〜1870　江戸後期〜明治期の数学者

行朝　ゆきとも
太田(おおた)行朝　鎌倉前期の武蔵武士
紀(きの)行朝　平安中期の官人

行朋　ゆきとも
後藤(ごとう)行朋　1769〜1840　江戸中期・後期の幕臣

致知　ゆきとも　⇔むねとも
二宮(にのみや)致知　1839〜1901　江戸末期・明治期の篤農家・政治家

幸豊　ゆきとよ
青山(あおやま)幸豊　1656〜1720　江戸前期・中期の第5代伏見奉行
池上(いけがみ)幸豊　1718〜1798　江戸中期・後期の橘樹郡大師河原村名主

行豊　ゆきとよ
難波(なんば)行豊　室町時代の武将

幸尚　ゆきなお
浅野(あさの)幸尚　1843〜1906　江戸後期〜明治期の剣術師範

幸直　ゆきなお
別符(べっぷ)幸直　南北朝時代の武蔵武士

行直　ゆきなお
桜間(さくらま)行直　平安後期の名東郡桜間郷の領主
杉谷(すぎたに)行直　1790〜1845　江戸後期の熊本藩御抱え絵師
祝部(はふりべ)行直　南北朝時代の神職・歌人

之直　ゆきなお
土屋(つちや)之直　1611〜1679　江戸前期の武士

行仲　ゆきなか
藤原(ふじわらの)行仲　平安後期の官人

恭長　ゆきなが
亀山(かめやま)恭長　江戸後期の心学者

行長　ゆきなが
小野(おのの)行長　平安後期の官人
紀(き)行長　室町時代の歌人
丹波(たんば)行長　鎌倉後期の医者
松本(まつもと)行長　戦国時代の武将。武田家臣

以成　ゆきなり　⇔いせい
林(はやし)以成　1720〜1795　江戸中期・後期の藩士

行形　ゆきなり
水(みずの)行形　1754〜1824　江戸中期・後期の狂歌作者

行成　ゆきなり
業亭(ぎょうてい)行成　江戸後期の人情本作者

雪成　ゆきなり
雪成　江戸中期の俳人

敬惟　ゆきのぶ
橋本(はしもと)敬惟　1723〜1789　江戸中期・後期の幕臣

幸信　ゆきのぶ
大久保(おおくぼ)幸信　1587〜1642　安土桃山・江戸前期の幕臣
仁杉(ひとすぎ)幸信　?〜1842　江戸後期の幕臣

行信　ゆきのぶ　⇔ぎょうしん
石塚(いしつか)行信　江戸時代の和算家
石野(いしのの)行信　平安中期の官人
紀(きの)行信　平安中期の官人
佐藤(さとう)行信　江戸中期の幕臣
世尊寺(せそんじ)行信　鎌倉後期の公家・書家・歌人
源(みなもとの)行信　平安後期の官人

至信　ゆきのぶ
巨勢(こせ)至信　1696〜1754　江戸中期の幕臣

征信　ゆきのぶ
狩野(かのう)征信　江戸前期の画家

之信　ゆきのぶ
伊丹(いたみ)之信　1579〜1663　安土桃山・江戸前期の代官

于宣　ゆきのぶ
小槻(おづき)于宣　?〜1323　鎌倉後期の公家・連歌作者

幸範　ゆきのり　⇔よしのり
大富(おおとみ)幸範　南北朝時代の武将

行教　ゆきのり　⇔ぎょうきょう
稲山(いなやま)行教　?〜1805　江戸中期・後期の国学者

行憲　ゆきのり
二階堂(にかいどう)行憲　江戸前期の藩士

行乗　ゆきのり　⇔ぎょうじょう
松崎(まつざき)行乗　江戸後期の和算家

行則　ゆきのり
行則　鎌倉時代の漆工
狛(こまの)行則　1102〜1163　平安後期の官人、舞人
藤原(ふじわらの)行則　平安中期の官人

行範　ゆきのり
惟宗(これむね)行範　室町時代の歌人
中原(なかはら)行範　鎌倉時代の歌人

之於　ゆきのり
岡山(おかやま)之於　?〜1738　江戸中期の武士、幕臣

行治　ゆきはる
度会(わたらい)行治　南北朝時代の神職・歌人

行春　ゆきはる　⇔ぎょうしゅん
紀(き)行春　鎌倉後期の歌人
二階堂(にかいどう)行春　南北朝時代の武家・歌人

如春　ゆきはる
尾張(おわりの)如春　平安中期の官人

幸彦　ゆきひこ
小沼(おぬま)幸彦　1746～1822　江戸中期・後期の国学者
以久　ゆきひさ
松下(まつした)以久　?～1653　江戸前期の神職・蹴鞠家
吉久　ゆきひさ　⇔よしひさ
松本(まつもと)吉久　戦国時代の上野国衆国峰小幡氏の家臣
幸久　ゆきひさ
湯本(ゆもと)幸久　平安後期・鎌倉前期の武士
行久　ゆきひさ
行久　鎌倉後期の刀工
行久　戦国時代の刀工
賀茂(かも)行久　鎌倉後期の神職・歌人
如寿　ゆきひさ
東儀(とうぎ)如寿　1793～1849　江戸後期の楽人
幸英　ゆきひで　⇔こうえい
仁杉(ひとすぎ)幸英　1853～1921　江戸後期～大正期の幕臣
幸秀　ゆきひで
久岡(ひさおか)幸秀　1820～1893　江戸後期～明治期の藩士・歌人
行秀　ゆきひで
行秀　鎌倉時代の古備前の刀工
安積(あづみ)行秀　?～1441　室町時代の播磨の武将
荒川(あらかわ)行秀　1810～1884　江戸末期の刀工
下河辺(しもこうべ)行秀　?～1233　鎌倉前期の武士
之英　ゆきひで
久保(くぼ)之英　江戸中期の「御家兵法純粋附録」の著者
之秀　ゆきひで
河西(かわにし)之秀　?～1578　安土桃山時代の武将
川西(かわにし)之秀　河西之秀に同じ
幸平　ゆきひら　⇔こうへい
賀茂(かも)幸平　1142～1214　平安後期・鎌倉前期の神職、歌人
行衡　ゆきひら
丹波(たんばの)行衡　平安中期の官人
三善(みよしの)行衡　平安後期・鎌倉前期の官人
行平　ゆきひら
大河戸(おおかわどの)行平　平安後期の武蔵国大河戸御厨の武士
葛浜(くずはま)行平　鎌倉前期の武蔵武士
小代(しょうだい)行平　鎌倉前期の武蔵武士
橘(たちばなの)行平　平安中期の受領
藤原(ふじわらの)行平　平安後期・鎌倉前期の武士
幸寛　ゆきひろ
吉見(よしみ)幸寛　1670～1717　江戸前期・中期の神道家
幸広　ゆきひろ
幸広　江戸後期の刀工
池上(いけがみ)幸広　1583～1650　江戸前期の橘樹郡大師河原村名主
岩下(いわした)幸広　戦国時代の信濃国筑摩郡会田の国衆
海野(うんの)幸広　?～1183　平安後期の武将
行寛　ゆきひろ　⇔ぎょうかん
知覧(ちらん)行寛　1775～1848　江戸中期・後期の鹿児島詰めの定府家老
行簡　ゆきひろ
中矢(なかや)行簡　1794～1841　江戸後期の藩士
行広　ゆきひろ
行広　江戸前期の刀工
海野(うんの)行広　?～1183　平安後期の武将《海野幸広》
大中臣(おおなかとみ)行広　南北朝時代の歌人
小川(おがわ)行広　江戸前期の豊後国日田・高松代官
工藤(くどう)行広　江戸後期の藩士
佐藤(さとう)行広　戦国時代の伊豆大見郷の土豪
守屋(もりや)行広　1571～1627　安土桃山・江戸前期の代官
順宏　ゆきひろ
津軽(つがる)順宏　1779～1846　江戸中期・後期の10代弘前藩主津軽信順の家老
幸房　ゆきふさ　⇔こうぼう
海野(うんの)幸房　戦国時代の信濃小県郡の国衆
行房　ゆきふさ
市河(いちかわ)行房　平安後期の武士
橘(たちばなの)行房　平安後期の官人
藤原(ふじわらの)行房　1028～1101　平安中期・後期の官人。藤原師実家の家司
之房　ゆきふさ
中平(なかひら)之房　1518～1605　戦国時代の武将
行藤　ゆきふじ
祝部(はふりべ)行藤　南北朝・室町時代の神職・歌人
保土原(ほどわら)行藤　1538～1620　戦国～江戸前期の仙台藩士
行文　ゆきふみ　⇔こうぶん, ゆきぶみ
田河(たがわ)行文　?～1189　平安後期の豪族。奥州藤原氏の郎従
行文　ゆきぶみ　⇔こうぶん, ゆきふみ
田河(たがわ)行文　?～1189　平安後期の豪族。奥州藤原氏の郎従《田河行文》
行冬　ゆきふゆ
惟宗(これむね)行冬　南北朝時代の歌人
敬周　ゆきまさ　⇔けいしゅう
橋本(はしもと)敬周　1693～1758　江戸中期の幕臣
幸政　ゆきまさ
革島(かわしま)幸政　鎌倉後期～室町時代の近衛家領山城国葛野郡革島南荘の下司

真田(さなだ)幸政 ?～1653 江戸前期の幕臣
東野(ひがしの)幸政 ?～1640 江戸前期の武将

幸正 ゆきまさ ⇔たかまさ
近藤(こんどう)幸正 江戸末期の亀山藩留学生。留学のためアメリカに渡る
安田(やすだ)幸正 1844～1895 江戸後期～明治期の実業家

行真 ゆきまさ ⇔ぎょうしん, ゆきざね
行真 鎌倉時代の刀工《行真》

行政 ゆきまさ
行政 鎌倉後期の刀工
尾崎(おざき)行政 1833～1916 江戸後期の八王子千人同心
惟宗(これむね)行政 鎌倉時代の歌人
壇上(だんじょう)行政 鎌倉後期～室町時代の山城国乙訓郡上久世荘の土豪
藤原(ふじわらの)行政 平安後期の美濃国司

行正 ゆきまさ
尾崎(おざき)行正 1833～1916 江戸後期の八王子千人同心《尾崎行政》
菅原(すがわらの)行正 平安中期の官人
津田(つだ)行正 江戸後期の天文家
藤井(ふじいの)行正 平安後期の相撲人

順正 ゆきまさ ⇔じゅんしょう, じゅんせい, よりまさ
大道寺(だいどうじ)順正 江戸後期の弘前藩家老

如正 ゆきまさ
文室(ふんや)如正 平安中期の漢学者・漢詩人

之昌 ゆきまさ
内山(うちやま)之昌 1797～1864 江戸後期・末期の幕臣
佐方(さかた)之昌 安土桃山・江戸前期の歌人、連歌作者

之政 ゆきまさ
寺西(てらにし)之政 安土桃山・江戸前期の武士

ゆき町 ゆきまち
恋川(こいかわ)ゆき町 ?～1831頃 江戸後期の戯作者、浮世絵師

行町 ゆきまち
恋川(こいかわ)行町 ?～1831頃 江戸後期の戯作者、浮世絵師《恋川ゆき町》

雪丸 ゆきまる
雪丸 江戸前期の俳人
雪丸 江戸中期の雑俳点者

行丸 ゆきまろ
祝部(はふりべ)行丸 1512～1592 戦国・安土桃山時代の神職

行麿 ゆきまろ
喜多川(きたがわ)行麿 江戸中期の絵師

雪麿 ゆきまろ
阿部(あべ)雪麿 1802～1881 江戸後期～明治期の俳人

由伎麿 ゆきまろ
中臣(なかとみ)由伎麿 江戸中期の国学者

幸見 ゆきみ
海(あまの)幸見 平安中期の官人

幸通 ゆきみち
青山(あおやま)幸通 1619～1676 江戸前期の幕臣
岩田(いわた)幸通 江戸末期・明治期の和算家

行通 ゆきみち
大野(おおの)行通 戦国時代の武士。北条氏家臣
惟宗(これむねの)行通 平安後期の官人

行道 ゆきみち
藤原(ふじわらの)行道 789～854 奈良・平安前期の官人。従五位上藤原城主の長子

至方 ゆきみち
筧(かけい)至方 1701～1750 江戸中期の陸奥国塙代官

遵路 ゆきみち
小寺(こでら)遵路 1689～1733 江戸中期の藩士・漢学者

如迪 ゆきみち
田中(たなか)如迪 ?～1883 江戸後期～明治期の歌人

幸盈 ゆきみつ
浦野(うらの)幸盈 江戸後期の和算家・狂歌作者

幸光 ゆきみつ
海野(うんの)幸光 戦国時代の信濃国衆
桑原(くわはら)幸光 室町時代の更級郡の地頭

幸充 ゆきみつ
伊藤(いとう)幸充 江戸前期の故実家
山口(やまぐち)幸充 江戸中期の随筆家

行光 ゆきみつ
行光 鎌倉前期の古備前の刀工
行光 戦国時代の刀工
惟宗(これむねの)行光 平安後期の官人

行充 ゆきみつ
大河戸(おおかわどの)行充 平安後期の武蔵国大河土御厨の武士

至光 ゆきみつ ⇔むねみつ
源(みなもとの)至光 平安中期の官人、雅楽家

如光 ゆきみつ ⇔にょこう
身人部(むとべの)如光 平安中期の官人

幸宗 ゆきむね
湯本(ゆもと)幸宗 1618～1665 江戸前期の沼田藩家老

行宗 ゆきむね
行宗 鎌倉時代の刀工
天神林(てんじんばやし)行宗 戦国時代の武士。佐竹氏の一族

幸混 ゆきむら
吉見(よしみ)幸混 1715～1763 江戸中期の神職

之邑 ゆきむら
堀田(ほった)之邑 1706～1773 江戸中期の神職

行持 ゆきもち
文屋(ふんや)行持 南北朝時代の連歌作者

ゆ

幸元　ゆきもと
中島（なかしま）幸元　江戸前期の武士
山中（やまなか）幸元　1570〜1650　安土桃山・江戸前期の商人
行元　ゆきもと
大江（おおえ）行元　南北朝時代以前の歌人。「新千載和歌集」に入集
高柳（たかやなぎ）行元　鎌倉前期の武蔵武士
二階堂（にかいどう）行元　南北朝時代の鎌倉府政所執事
文室（ふんやの）行元　平安後期の官人
行職　ゆきもと
大江（おおえの）行職　平安後期の官人
宮道（みやじの）行職　平安後期の官人
行本　ゆきもと　⇔ぎょうほん
大中臣（おおなかとみの）行本　平安後期の官人
之幹　ゆきもと　⇔しかん
三木（みき）之幹　1660〜1734　江戸前期・中期の藩士
之基　ゆきもと
小鴨（おがも）之基　室町時代の連歌作者
幸守　ゆきもり
浦野（うらの）幸守　？〜1581　安土桃山時代の信濃小県郡の国衆浦野氏の一門
幸盛　ゆきもり
岡内（おかうち）幸盛　1784〜1845　江戸後期の医師、郷土史家
小松（こまつ）幸盛　江戸後期の「椴山風土記」の著者
行敬　ゆきもり
青木（あおき）行敬　1779〜1841　江戸中期・後期の歌人
行盛　ゆきもり
吾妻（あがつま）行盛　？〜1349　鎌倉後期・南北朝時代の吾妻郡の武士
斎藤（さいとう）行盛　戦国時代の鍛冶
藤原（ふじわら）行盛　1074〜1134　平安後期の公家・歌人・漢詩人
之盛　ゆきもり
紀（き）之盛　南北朝時代の歌人
幸夜叉丸　ゆきやしゃまる
北条（ほうじょう）幸夜叉丸　1267〜1295　鎌倉後期の武将
敬簡　ゆきやす
橋本（はしもと）敬簡　1777〜？　江戸中期・後期の幕臣
幸安　ゆきやす
島田（しまだ）幸安　江戸後期の「島田幸安幽界物語」の著者
森（もり）幸安　1701〜？　江戸中期の地図作成者
行安　ゆきやす
橋口（はしぐち）行安　1810〜1882　江戸後期〜明治期の波平派の刀匠
行易　ゆきやす
松野（まつの）行易　1212〜1280　鎌倉前期・後期の松野村邑主（地頭）
行康　ゆきやす　⇔ぎょうこう
井上（いのうえ）行康　？〜1538　戦国時代の武士
大秦（おおはたの）行康　平安中期の右京三条四坊戸主前豊後大目従六位上大秦公宿禰相益の戸口
小野（おのの）行康　？〜1184　平安後期の武士。猪俣党に属する
三善（みよし）行康　平安後期の官人
敬義　ゆきよし　⇔けいぎ, たかよし
小槻（おづき）敬義　1757〜1801　江戸中期・後期の公家
壬生（みぶ）敬義　小槻敬義に同じ
幸義　ゆきよし
海野（うんの）幸義　？〜1541　戦国時代の信濃国衆
海野（うんの）幸義　？〜1624　安土桃山・江戸前期の真田氏の家臣
幸吉　ゆきよし　⇔こうきち
湯本（ゆもと）幸吉　1582〜1673　安土桃山・江戸前期の沼田藩士
行喜　ゆきよし　⇔ぎょうき
甲田（こうだ）行喜　？〜1812　江戸後期の医師《甲田行喜》
行義　ゆきよし
大江（おおえの）行義　平安後期の官人
下河辺（しもこうべ）行義　平安後期の武士
平（たいらの）行義　平安中期の官人
橘（たちばなの）行義　平安後期の官人
度会（わたらい）行義　南北朝時代の神職・歌人
行吉　ゆきよし　⇔ゆくよし
行吉　平安後期の刀工
置始（おきそめの）行吉　平安後期の人。大和国平田荘の荘官か
紀（きの）行吉　平安後期の官人
守屋（もりや）行吉　？〜1644　江戸前期の代官
行良　ゆきよし
大中臣（おおなかとみの）行良　平安後期の官人
至義　ゆきよし
伊東（いとう）至義　1744〜？　江戸中期の幕臣
之吉　ゆきよし
堀田（ほった）之吉　戦国時代の信濃小県郡の国衆室賀氏の被官
尹良親王　ゆきよししんのう　⇔ただながしんのう
尹良親王　？〜1424　南北朝・室町時代の皇族
行頼　ゆきより
岩尾（いわお）行頼　1509〜1572　戦国・安土桃山時代の武将
紀（き）行頼　南北朝時代の歌人
清原（きよはらの）行頼　平安中期の武士、官人
橘（たちばな）行頼　平安中期の官人、歌人
源（みなもと）行頼　？〜1179　平安後期の公家・歌人
行吉　ゆくよし　⇔ゆきよし
渡辺（わたなべ）行吉　戦国時代の北条氏の家臣

弓削王　ゆげのおう
弓削王　飛鳥時代の皇族

弓削女王　ゆげのじょおう
弓削女王　奈良時代の女性。天平宝字3年従四位下に叙された

祐源　ゆげん
法華堂（ほっけどう）祐源　戦国時代の信濃国佐久郡岩村田の大井法華堂の住職

祐佐　ゆさ　⇔ゆうさ
萩原（はぎわら）祐佐　?～1677　江戸前期のろう型鋳物師

由豆伎　ゆずき
朝田（あさだ）由豆伎　1821～1851　江戸後期の歌人

由豆枝　ゆずき
朝田（あさだ）由豆枝　1821～1851　江戸後期の歌人《朝田由豆伎》

譲　ゆずる　⇔じょう
浅野（あさの）譲　1792～1859　江戸後期・末期の医・歌人《浅野譲》
木平（きひら）譲　?～1893　江戸末期・明治期の幕臣
桑原（くわばら）譲　?～1873　江戸末期・明治期の剣士
高須（たかす）譲　1850～1878　江戸後期～明治期の豊浦郡小串村戸長
深井（ふかい）譲　1837～1905　江戸後期～明治期の教育者
馬島（まじま）譲　1838～1902　江戸後期～明治期の医師

寛　ゆたか　⇔かん, ひろし
中村（なかむら）寛　1778～1842　江戸後期の国学者・歌人

豊　ゆたか
小佐野（おさの）豊　1791～1843　江戸後期の歌人
御代田（みよだ）豊　1851～1905　江戸後期～明治期の教育者

綽　ゆたか
榊（さかき）綽　1823～1894　江戸後期～明治期の幕臣

弓束　ゆづか
山崎（やまざき）弓束　1854～1910　江戸末期・明治期の教育者。上枝村などの戸長

世之主　ゆのぬし
世之主　室町時代の沖永良部の島主

由布姫　ゆふひめ
由布姫　?～1555　戦国時代の女性。諏訪頼重の娘、武田晴信の側室《諏訪御料人》

弓　ゆみ
新田部（にいたべの）弓　奈良時代の人

弓雄　ゆみお
山崎（やまざき）弓雄　1835～1897　江戸後期～明治期の国学者

弓主　ゆみぬし
藤原（ふじわらの）弓主　奈良時代の官人

弓張　ゆみはり
小塞（おせきの）弓張　奈良時代の官人
尾張（おわりの）弓張　平安前期の官人

夢助　ゆめすけ
夢中（むちゅう）夢助　江戸中期の戯作者

熊野　ゆや　⇔ゆうや
熊野　平安後期・鎌倉前期の遠江国池田宿の長者
崖（きし）熊野　1734～1813　江戸後期の折衷学派藩儒学者《崖熊野》

由良右衛門　ゆらえもん
湊（みなと）由良右衛門　1854～1910　江戸中期の力士
湊（みなと）由良右衛門　?～1758　江戸中期の力士

由良御前　ゆらごぜん
由良御前　?～1159　平安後期の源頼朝の生母

由良平　ゆらへえ
中平（なかひら）由良平　?～1876　江戸後期～明治期のサンゴ漁場開拓者

由利　ゆり　⇔よしとし
由利　1655～1726　江戸前期・中期の女性。徳川吉宗の生母

由里　ゆり
由里　1758～?　江戸中期・後期の孝婦

百合蔵　ゆりぞう
中村（なかむら）百合蔵　?～1895　江戸末期・明治期の教育者

由利局　ゆりのつぼね
由利局　?～1615　江戸前期の女性。大坂城の女房衆

百合房　ゆりぼう
武長（たけなが）百合房　1734～1805　江戸中期・後期の俳人

【よ】

与一　よいち
小井弖（こいで）与一　戦国・安土桃山時代の信濃国伊那郡小出郷の土豪
佐奈田（さなだ）与一　1156～1180　平安後期の武将。石橋山合戦にて源頼朝に従い奮戦
関（せき）与一　戦国時代の北条氏の家臣
根山（ねやま）与一　江戸中期の侠客
花篭（はなかご）与一　?～1818　江戸中期・後期の力士
福田（ふくだ）与一　安土桃山時代の織田信長の家臣
三浦（みうら）与一　戦国時代の武士

与市　よいち
与市　平安前期の猟師。一畑寺薬師堂の開基とされる
与市　江戸中期の高野山寺領西富貴村農民
与市　?～1815　江戸中期・後期のカツオ節製造の技術者
小川（おがわ）与市　?～1598　安土桃山時代の土豪
春日（かすが）与市　1835～1900　江戸末期の水田

開発者
平(たいら)与市　1839～1870　江戸後期～明治期の飫肥藩士
長谷川(はせがわ)与市　1831～1875　江戸末期・明治期の実業家、蚕糸業功労者
久光(ひさみつ)与市　1843～1913　江戸末期～大正期の薬屋
八木(やぎ)与市　?～1784　江戸中期の藩士
若狭屋(わかさや)与市　江戸後期～明治期の版元

與一　よいち
伊集院(いじゅういん)與一　?～1868　江戸末期の薩摩藩士

与一右衛門　よいちえもん
小豆沢(あずきざわ)与一右衛門　?～1797　江戸中期・後期の貧民救済につとめた下郡役
小豆屋(あずきや)与一右衛門　?～1797　江戸後期の窮民救済者
蟻川(ありかわ)与一右衛門　江戸時代の川越藩家老
岡崎(おかざき)与一右衛門　1722～1799　江戸中期・後期の岡山藩の大庄屋、在方下役人

与一右衛門尉　よいちえもんのじょう
篠原(しのはら)与一右衛門尉　戦国時代の駿河国富士郡下稲子の土豪

与一左衛門　よいちざえもん
佐藤(さとう)与一左衛門　1723～1793　江戸中期・後期の剣術家。安光流
平田(ひらた)与一左衛門　?～1657　江戸前期の経世家
三間(みつま)与一左衛門　1577～1665　安土桃山・江戸前期の剣術家。水鷗流祖

与一左衛門悦国　よいちざえもんよしくに
河辺(かわべ)与一左衛門悦国　?～1615　江戸前期の人。大坂の陣で籠城

与一助　よいちのすけ
小林(こばやし)与一助　戦国時代の信濃佐久郡の国衆

与市之助　よいちのすけ
曽根(そね)与市之助　戦国時代の武将。武田家臣

与一兵衛　よいちびょうえ　⇔よいちべえ
片山(かたやま)与一兵衛　安土桃山時代の武将

与市兵衛　よいちべい
朝岡(あさおか)与市兵衛　1718～1780　江戸中期の中老

与一兵衛　よいちべえ　⇔よいちびょうえ
梅沢(うめざわ)与一兵衛　江戸前期・中期の砲術家
片山(かたやま)与一兵衛　安土桃山時代の武将《片山与一兵衛》
神谷(かみたに)与一兵衛　江戸中期の武士
高野(たかの)与一兵衛　?～1747　江戸中期の剣術家。一宮流

与一郎　よいちろう
大村(おおむら)与一郎　1544～1649　戦国～江戸前期の武田氏の家臣。栃本の関守
押田(おしだ)与一郎　戦国時代の千葉氏に属する国人領主
小原(おはら)与一郎　1804～1890　江戸末期の上士中の勤王家
斎藤(さいとう)与一郎　1821～1886　江戸後期～明治期の隠岐騒動の自治政府軍事頭取
野呂瀬(のろせ)与一郎　1762～1821　江戸中期・後期の藩士
向笠(むかさ)与一郎　?～1547　戦国時代の武田家臣

与市郎　よいちろう
角谷(かどや)与市郎　1743～1819　江戸中期・後期の加賀大聖寺藩士

庸　よう　⇔つね
木村(きむら)庸　1841～1883　江戸後期～明治期の素封家

養　よう
津田(つだ)養　1742～1813　江戸中期・後期の医者・俳人
森(もり)養　1746～1822　江戸中期・後期の医者

養阿　ようあ
養阿　鎌倉時代の念仏僧

容安　ようあん
滝本(たきもと)容安　江戸中期の地誌家

葉庵　ようあん
前田(まえだ)葉庵　1677～1752　江戸前期・中期の漢学者・医者

養安　ようあん
門屋(かどや)養安　1792～1873　江戸後期～明治期の医師
坂本(さかもと)養安　江戸中期の医者

養庵　ようあん
五十嵐(いがらし)養庵　1641～1708　江戸前期・中期の会津藤樹学者
岩永(いわなが)養庵　1811～1873　江戸後期～明治期の眼科医
牛尾(うしお)養庵　江戸後期の医者・国学者
高屋(たかや)養庵　1777～1859　江戸後期の仙台藩の医師。国後島警備に従軍
田原(たばら)養庵　1845～1910　江戸後期～明治期の茶道宗匠

容安斎　ようあんさい
奥田(おくだ)容安斎　1756～1781　江戸中期の漢学者

永意　ようい
永意　平安後期の延暦寺の僧

用一　よういち
和田(わだ)用一　1844～1918　江戸末期～大正期の上甑島麓村郵便局初代局長

要弌　よういち
森田(もりた)要弌　1855～?　江戸末期・明治期の宇佐美村長。田方郡会議員。静岡県会議員

洋一郎　よういちろう
照井(てるい)洋一郎　1846～1905　江戸後期～明治期の地域功労者

永胤　よういん　⇔えいいん, ながたね
永胤　平安中期の天台宗の僧・歌人《永胤》

要右衛門　ようえもん　⇔ようえもん
石田（いしだ）要右衛門　？～1785　江戸後期の農民運動指導者
小林（こばやし）要右衛門　1829～1901　江戸末期の須坂藩士

永雲　ようん
永雲　平安後期の延暦寺の僧

養雲　ようん
石坂（いしざか）養雲　江戸時代の眼科医

曜慧　ようえ
曜慧　江戸後期の浄土真宗の僧

栄睿　ようえい
栄睿　？～749　飛鳥・奈良時代の高僧

養益　ようえき
桜井（さくらい）養益　1738～1799　江戸中期・後期の医者

与右衛門　ようえもん　⇔よえもん
板垣（いたがき）与右衛門　江戸後期の高城郡水引郷水引村の豪商
大橋（おおはし）与右衛門　1789～1862　江戸後期の剣術家
大見（おおみ）与右衛門　江戸中期の開拓者
鴻野（こうの）与右衛門　1769～？　江戸中期・後期の関東売藍商
斎藤（さいとう）与右衛門　？～1800　江戸中期・後期の孝子
須賀（すが）与右衛門　？～1861　江戸後期・末期の庄屋
吹田（ふきた）与右衛門　1721～1798　江戸中期・後期の質屋

よ

要右衛門　ようえもん　⇔ようえもん
石田（いしだ）要右衛門　？～1785　江戸後期の農民運動指導者《石田要右衛門》
井手（いで）要右衛門　江戸中期の武士、豪商か。太宰府天満宮にコーヒーをもたらした人物
岡島（おかじま）要右衛門　1721～1816　江戸中期・後期の剣術家。二天一流
菅沼（すがぬま）要右衛門　江戸後期の給人、商人

楊園　ようえん
竹内（たけうち）楊園　江戸後期の漢学者

陽宴　ようえん
陽宴　平安後期の天台宗の僧

蝿翁　ようおう
松井（まつい）蝿翁　1742～1819　江戸中期・後期の医者

陽翁　ようおう
陽翁　1560～1622　安土桃山・江戸前期の日蓮宗の僧・兵法家

永賀　ようが
永賀　鎌倉前期の仏師

永覚　ようがく　⇔えいかく
永覚　平安後期の僧。奈良七大寺・十五大寺きっての悪僧

鷹岳　ようがく
鷹岳　1411～1492　室町・戦国時代の用津院開山

陽関　ようかん
陽関　1775～1857　江戸中期～末期の僧侶

養環　ようかん
笠原（かさはら）養環　江戸時代の眼科医

要吉　ようきち
桜井（さくらい）要吉　1834～1885　江戸後期～明治期の黒川郡中村郵便局長

陽救　ようきゅう
陽救　平安後期の天台宗の僧

要卿　ようきょう
柏倉（かしわぐら）要卿　江戸中期・後期の富家

耀空　ようくう
耀空　鎌倉時代の浄土宗の僧・歌人

楊渓　ようけい
楊渓　室町・戦国時代の画僧

養慶　ようけい
麻生野（あそや）養慶　？～1663　江戸前期の高山大成院（一本杉白山神社）の開祖・修験者。麻生野慶盛の二男。飛州修験頭

暘卿　ようけい
谷（たに）暘卿　1815～1885　江戸末期・明治期の漢蘭折衷産科、眼科医

養月斎　ようげっさい
養月斎　室町時代の画家

容軒　ようけん
河本（こうもと）容軒　1816～1878　江戸末期の画家

庸軒　ようけん
佐久間（さくま）庸軒　1819～1896　江戸後期～明治期の和算学者

楊軒　ようけん
宇田川（うだがわ）楊軒　1735～1793　江戸中期・後期の川之江儒医

陽賢　ようけん
猪木（いのき）陽賢　江戸後期の眼科医

養健　ようけん
恵美（えみ）養健　1827～1886　江戸末期～明治期の医者

養軒　ようけん
佃（つくだ）養軒　江戸前期の漢学者
畑（はた）養軒　江戸前期の漢学者
八木（やぎ）養軒　江戸前期の漢学者
吉田（よしだ）養軒　江戸末期・明治期の眼科医

雍軒　ようけん
加藤（かとう）雍軒　1841～1898　江戸後期～明治期の儒者

永源　ようげん　⇔えいげん
永源　平安中期・後期の三論宗の僧、歌人《永源》

永愿　ようげん
永愿　1620～1684　江戸前期の真言宗の僧

要玄　ようげん
三洞（さんどう）要玄　安土桃山時代の尼僧
老山（ろうさん）要玄　？～1719　江戸前期・中期の曹洞宗の僧

養元　ようげん
綾(あや)養元　?～1848　江戸後期の医者
北川(きたがわ)養元　1839～1898　江戸末期・明治期の医師
木村(きむら)養元　江戸前期の画家
杉山(すぎやま)養元　1854～?　江戸末期の大場村の医師
田島(たじま)養元　江戸後期の医者
若林(わかばやし)養元　1703～1782　江戸中期の藩医師

養玄　ようげん
笠原(かさはら)養玄　江戸後期の眼科医

養彦　ようげん
大橋(おおはし)養彦　1797～?　江戸後期の国学者。本朝三字経の著者

楊江　ようこう
柳川(やながわ)楊江　江戸後期の「与物為春」の編者

用恒　ようこう
波照間(はてるま)用恒　江戸中期の古見首里大屋子職

蓉香院　ようこういん
蓉香院　1803～1804　江戸後期の女性。徳川家斉の十一女

暘谷　ようこく
今大路(いまおおじ)暘谷　1751～1793　江戸中期・後期の医者
坂川(さかがわ)暘谷　1778～1849　江戸中期・後期の書家
多田(ただ)暘谷　1691～1764　江戸中期の漢学者
塚村(つかむら)暘谷　?～1900　江戸末期～明治期の画家
中茎(なかくき)暘谷　江戸後期の漢学者・医者
長久保(ながくぼ)暘谷　1748～1796　江戸中期・後期の漢学者

要五郎　ようごろう
小池(こいけ)要五郎　江戸後期の心学者

要言　ようごん
深見(ふかみ)要言　江戸後期の日蓮宗徒

養佐　ようさ
堀部(ほりべ)養佐　1632～1710　江戸前期・中期の医者

容斎　ようさい
赤沢(あかざわ)容斎　1760～1808　江戸中期・後期の医師
阿部(あべ)容斎　1833～1888　江戸後期～明治期の漢方医

楊斎　ようさい
池添(いけぞえ)楊斎　1791～1841　江戸後期の絵師

洋斎　ようさい
中瀬(なかせ)洋斎　1841～1910　江戸後期～明治期の医師

葉斎　ようさい
紅(こう)葉斎　安土桃山時代の武田氏の家臣

要斎　ようさい
坂本(さかもと)要斎　1784～1847　江戸中期・後期の漢方医、寺子屋師匠
竹本(たけもと)要斎　1831～1899　江戸末期・明治期の俳人《竹本素琴》
溜谷(ためたに)要斎　江戸後期～明治期の和算家

養斎　ようさい
鷲山(わしやま)養斎　1842～1911　江戸後期～明治期の医師

慵斎　ようさい
小野寺(おのでら)慵斎　1792～1861　江戸後期・末期の兵法家

庸左衛門　ようざえもん
関山(せきやま)庸左衛門　1696～1773　江戸中期の旗本三枝氏の執事

要左衛門　ようざえもん
丸山(まるやま)要左衛門　1825～1895　江戸後期～明治期の千曲川開削者

要作　ようさく
今川(いまがわ)要作　江戸末期の幕府代官

養作　ようさく
鈴木(すずき)養作　?～1809　江戸中期・後期の下胆沢の大肝入職、文人

庸山　ようざん
小野(おの)庸山　江戸中期の茶人

暘山　ようざん
暘山　1778～1859　江戸後期の僧侶

要子　ようし
原田(はらだ)要子　1819～1895　江戸後期～明治期の女性。原田重助(正時)の妻

腰司　ようじ
杉山(すぎやま)腰司　江戸末期の新撰組隊士

養寿　ようじゅ
柴田(しばた)養寿　江戸後期の眼科医

養珠院殿　ようしゅいんでん
養珠院殿　?～1527　戦国時代の女性。小田原城主北条氏綱の正室

永秀　ようしゅう　⇔ながひで
永秀　1153～?　平安後期・鎌倉前期の仏師

揺舟　ようしゅう
福原(ふくはら)揺舟　江戸後期の画家・書家

陽州　ようしゅう
陽州　1622～1679　江戸前期の禅僧

陽洲　ようしゅう
安藤(あんどう)陽洲　1718～1783　江戸中期の宇和島藩儒者
稲本(いなもと)陽洲　江戸末期の漢詩人

養宗　ようしゅう
恩智(おんち)養宗　1821～1891　江戸後期～明治期の僧

雍洲　ようしゅう
上田(うえだ)雍洲　1792～1858　江戸後期・末期の医者

容粛　ようしゅく
容粛　?～1852　江戸後期の俳人
永俊　ようしゅん　⇔ながとし
永俊　奈良時代の僧、興福寺寺主
養準　ようじゅん
草野(くさの)養準　江戸後期の天文家・医者
養純　ようじゅん
村上(むらかみ)養純　?～1737　江戸中期の医者
養順　ようじゅん
佐渡(さど)養順　1820～1878　江戸後期～明治期の医師
養春院　ようしゅんいん
養春院　江戸前期の女性。徳川家光の側室
用緒　ようしょ　⇔ようちょ
慶来慶田城(けらいけだぐすく)用緒　1457～?　室町・戦国時代の人。八重山の錦芳氏慶田城家を創建したとされる《慶来慶田城用緒》
榕所　ようしょ
山県(やまがた)榕所　1795～1827　江戸後期の漢学者
永助　ようじょ　⇔えいじょ, えいすけ
永助　平安時代の僧《永助》
耀清　ようしょう
耀清　1202～1255　鎌倉前期・後期の社僧、歌人
陽勝　ようしょう
陽勝　867～901　平安前期の行者
陽生　ようしょう
陽生　?～993　平安中期の天台宗の僧
養松　ようしょう
養松　1496～?　戦国時代の連歌作者
永成　ようじょう　⇔えいじょう, ながなり
永成　平安中期の僧侶・歌人《永成》
鷹城　ようじょう
園田(そのだ)鷹城　1834～1890　江戸後期～明治期の森藩の儒者
楊城　ようじょう
大村(おおむら)楊城　1846～1913　江戸末期～大正期の軍人
養勝院殿　ようしょういんでん
養勝院殿　?～1542　戦国時代の女性。北条為昌の正室
要次郎　ようじろう
酒井(さかい)要次郎　1845～?　江戸後期・末期の新撰組隊士
永真　ようしん
永真　平安前期の真言僧
庸慎　ようしん
平井(ひらい)庸慎　1775～1849　江戸中期・後期の医者
庸森　ようしん
漢那(かんな)庸森　江戸末期の歌人
養真　ようしん
上田(うえだ)養真　1780～1816　江戸中期・後期の商家
川内(かわうち)養真　?～1883　江戸後期～明治期の絵師
要人　ようじん　⇔かなと, かなめ
西林(にしばやし)要人　1768～1828　江戸末期の国学者
細井(ほそい)要人〔1代〕　?～1862　江戸末期の眼科医
細井(ほそい)要人〔2代〕　江戸末期・明治期の眼科医
容介　ようすけ
中村(なかむら)容介　1794～1848　江戸後期の浦賀奉行所同心
用助　ようすけ
後藤(ごとう)用助　安土桃山・江戸前期の人。銀座・吹座を務めた
紅粉屋(べにや)用助　?～1629　江戸前期の神岡町の洞雲寺の開基檀那
要助　ようすけ
要助　1760～?　江戸中期・後期の芳賀郡祖母井町の農民、孝行者
遠藤(えんどう)要助　江戸中期の韮山代官江川氏の手代
岡本(おかもと)要助　1820～1877　江戸末期の大庄屋
角地(かくち)要助　1799～1873　江戸後期～明治期の開拓士
田中(たなか)要助　江戸中期の大原亀五郎郡代の元締
中井(なかい)要助　江戸後期の武士
真柄(まがら)要助　1843～1918　江戸後期～大正期の真柄建設創業者
要輔　ようすけ
佐藤(さとう)要輔　江戸後期の尼崎藩木綿交易会所の交易懸屋、銀札預かり元締懸屋
養助　ようすけ
石田(いしだ)養助　1812～1899　江戸後期～明治期の俳人
永清　ようせい　⇔ながきよ
永清　1033～1120　平安中期・後期の天台宗延暦寺僧
養正　ようせい　⇔よしまさ
大谷(おおたに)養正　1662～1716　江戸中期の朱子学者
鏡島(かがみしま)養正　江戸後期の藩士・故実家
養清　ようせい
堆朱(ついしゅ)養清　江戸中期の彫漆工
楊成　ようぜい
堆朱(ついしゅ)楊成〔2代〕　室町時代の彫漆工
堆朱(ついしゅ)楊成〔3代〕　室町時代の彫漆工
堆朱(ついしゅ)楊成〔4代〕　室町時代の彫漆工
堆朱(ついしゅ)楊成〔5代〕　戦国時代の彫漆工
堆朱(ついしゅ)楊成〔6代〕　戦国時代の彫漆工
堆朱(ついしゅ)楊成〔7代〕　安土桃山・江戸前期の彫漆工
堆朱(ついしゅ)楊成〔9代〕　?～1680　江戸前期の彫漆工

堆朱（ついしゅ）楊成〔10代〕　？～1719　江戸前期・中期の彫漆工
堆朱（ついしゅ）楊成〔11代〕　？～1735　江戸中期の彫漆工
堆朱（ついしゅ）楊成〔12代〕　？～1765　江戸中期の彫漆工
堆朱（ついしゅ）楊成〔13代〕　？～1779　江戸中期の彫漆工
堆朱（ついしゅ）楊成〔14代〕　？～1791　江戸中期・後期の彫漆工
堆朱（ついしゅ）楊成〔15代〕　？～1812　江戸中期・後期の彫漆工
堆朱（ついしゅ）楊成〔16代〕　？～1848　江戸後期の彫漆工
堆朱（ついしゅ）楊成〔18代〕　？～1890　江戸末期・明治期の彫漆工

羊石　ようせき
田原（たわら）羊石　1828～1918　江戸末期～大正期の戸長として公共事業に尽力。和歌俳句の宗匠

用拙　ようせつ
武居（たけい）用拙　1816～1892　江戸後期～明治期の漢学者

養拙　ようせつ
寺井（てらい）養拙　1640～1711　江戸中期の書家
塙（はなわ）養拙　1801～1855　江戸後期・末期の庄内藩医

養節　ようせつ
斎藤（さいとう）養節　1820～1891　江戸末期・明治期の大内川村の医師

養雪　ようせつ
新井（あらい）養雪　江戸後期の画家
秦（はた）養雪　江戸時代の弘前藩のお抱え絵師

永仙　ようせん
永仙　奈良時代の僧、山階寺佐官僧

養仙　ようせん
加々美（かがみ）養仙　1791～1863　江戸後期・末期の医師
笠原（かさはら）養仙　江戸前期・中期の眼科医
桜井（さくらい）養仙　江戸中期の暦算家
高屋（たかや）養仙　1829～1902　江戸後期～明治期の医師
山本（やまもと）養仙　江戸前期の画家

養僊　ようせん
中井（なかい）養僊　1626～1711　江戸前期・中期の医者

夭仙　ようせん
芳村（よしむら）夭仙　江戸前期・中期の医師

栄全　ようぜん
栄全　1123～？　平安後期の比叡山の僧

養全　ようぜん
白井（しらい）養全　江戸前期の眼科医

羊素　ようそ
鈴木（すずき）羊素　1693～1751　江戸中期の俳人

要蔵　ようぞう
天野（あまの）要蔵　？～1904　江戸末期・明治期の甲陽鎮撫隊・侠客
富田（とみた）要蔵　江戸末期の新撰組隊士
橋野（はしの）要蔵　1745～1827　江戸中期の商人
前田（まえだ）要蔵　1842～1902　江戸末期の志士
正木（まさき）要蔵　江戸末期の新撰組隊士
渡辺（わたなべ）要蔵　1851～1915　江戸末期～大正期の岡藩士

要造　ようぞう
末藤（すえふじ）要造　江戸末期の画家

養存　ようそん
徳巌（とくがん）養存　1632～1703　江戸前期・中期の曹洞宗の僧

瑤台院　ようだいいん
瑤台院　1824～1829　江戸後期の女性。徳川家慶の四女

要太輔　ようだいすけ
丸山（まるやま）要太輔　江戸後期の大住郡大山阿夫利神社祠官

養琢　ようたく
笠原（かさはら）養琢　江戸前期・中期の眼科医

永智　ようち
永智　平安後期の僧

永忠　ようちゅう　⇔えいちゅう，ながただ
永忠　742～816　奈良・平安前期の三論集の入唐僧《永忠》

養仲　ようちゅう　⇔のぶなか
泉（いずみ）養仲　江戸後期の眼科医

用緒　ようちょ　⇔ようしょ
慶来慶田城（けらいけだぐすく）用緒　1457～？　室町・戦国時代の人。八重山の錦芳氏慶田城家を創建したとされる

永朝　ようちょう
永朝　平安中期の仏師

洋椿　ようちん
百々（どど）洋椿　江戸後期の医者

用通　ようつう
用通　南北朝時代の社僧・連歌作者

養亭　ようてい
中沢（なかざわ）養亭　江戸中期の医者・本草家

養貞　ようてい
石川（いしかわ）養貞　1837～1894　江戸後期～明治期の医師
山上（やまがみ）養貞　？～1789　江戸中期・後期の漢方医。白河藩医

養哲　ようてつ
松川（まつかわ）養哲　1732～1840　江戸中期・後期の医師
森（もり）養哲　江戸後期の蘭方医

養鉄　ようてつ
荒川（あらかわ）養鉄　江戸前期・中期の画家

洋渡　ようと
今村（いまむら）洋渡　1848～1918　江戸末期～大正期の漆匠

蓉塘　ようとう
橋本（はしもと）蓉塘　1845～1884　江戸後期～明治期の官僚

庸徳　ようとく　⇔つねのり
佐々木(ささき)庸徳　1815～1858　江戸後期の儒者
釈(しゃく)庸徳　江戸後期の赤坂宿の華僧

陽徳　ようとく
報恩(ほうおん)陽徳　南北朝時代の僧

養徳　ようとく
若宮(わかみや)養徳　1754～1834　江戸中期・後期の絵師

養徳斎　ようとくさい
竹廼家(たけのや)養徳斎　1851～1915　江戸末期～大正期の浪曲家

陽徳門院少将　ようとくもんいんのしょうしょう
陽徳門院少将　南北朝時代の女房・歌人

陽徳門院中将　ようとくもんいんのちゅうじょう
陽徳門院中将　南北朝時代の女房・歌人

永念　ようねん
永念　奈良・平安前期の東大寺僧

用能　ようのう
大浜(おおはま)用能　1841～1916　江戸末期の石垣頭職

用之助　ようのすけ
佐藤(さとう)用之助　江戸時代の儒学者

要之助　ようのすけ
中島(なかじま)要之助　江戸末期の漁師

養巴　ようは
鷹取(たかとり)養巴　江戸前期の医者

養伯　ようはく
後藤(ごとう)養伯　1824～1880　江戸末期の医者
坂本(さかもと)養伯　1662～1730　江戸前期・中期の薩摩の画家

養白　ようはく
井上(いのうえ)養白　江戸前期の医師

永範　ようはん　⇔ながのり
永範　平安後期の仏師

楊富　ようふ
楊富　室町・戦国時代の画僧

羊歩　ようぶ
羊歩　1608～？　江戸前期の浄土真宗の僧

要平　ようへい
荒木(あらき)要平　1815～1875　江戸後期～明治期の剣術家。神道無念流

陽平　ようへい
中村(なかむら)陽平　1835～1894　江戸後期～明治期の教育者

永弁　ようべん　⇔えいべん
永弁　1103～？　平安後期の延暦寺僧

楊甫　ようほ
住山(すみやま)楊甫〔1代〕　江戸中期の茶人

養邦　ようほう
鈴木(すずき)養邦　1810～1913　江戸末期～大正期の社会奉仕の先達

養法院　ようほういん
養法院　1631～1707　江戸前期・中期の女性。松江藩2代藩主綱隆側室

養朴　ようぼく
田原(たわら)養朴　1838～1911　江戸末期・明治期の医者

養珉　ようみん
千賀(ちが)養珉　江戸時代の医師

要門　ようもん
万智(ばんち)要門　1667～1740　江戸前期・中期の曹洞宗の僧

楊々子　ようようし
楊々子　江戸前期の俳人

用倫　ようりん
大浜(おおはま)用倫　1743～1796　江戸中期・後期の音楽家、書家

養倫　ようりん
杉原(すぎはら)養倫　江戸中期の医者

涌蓮　ようれん
涌蓮　？～1774　江戸中期の浄土真宗の隠逸僧

養老　ようろう
中根(なかね)養老　1657～1735　江戸中期の俳人

陽和軒　ようわけん
溝口(みぞぐち)陽和軒　1741～1808　江戸中期・後期の漢学者、医師

与右衛門　よえもん　⇔ようえもん
与右衛門　江戸前期の高家村農民
与右衛門　江戸後期の足柄上郡曽比村名主格
与右衛門　江戸後期の足柄下郡井細田村名主
青木(あおき)与右衛門　江戸中期の出雲の人。瓦製造の祖
安藤(あんどう)与右衛門　江戸後期の足柄下郡大平台村名主
池田(いけだ)与右衛門　？～1648　江戸前期の人。著書に「元和航海書」
稲垣(いながき)与右衛門　江戸前期の真田信繁の配下
井上(いのうえ)与右衛門　江戸前期の武士。大坂の陣で籠城
猪子(いのこ)与右衛門　？～1689　江戸前期・中期の代官
内山(うちやま)与右衛門　？～1641　安土桃山・江戸前期の徳川家康家臣坂崎出羽守の旧臣
太多(おおた)与右衛門　江戸前期の開拓者
小山田(おやまだ)与右衛門　1835～1910　江戸後期～明治期の実業家
改田屋(かいだや)与右衛門　江戸中期の狂歌師
河村(かわむら)与右衛門　？～1729　江戸中期の武士
川村(かわむら)与右衛門　1543～1635　戦国～江戸前期の浅野家臣
剣持(けんもち)与右衛門　江戸後期の足柄上郡曽比村名主格
小松(こまつ)与右衛門　1845～1911　江戸後期～明治期の酒造家、民権運動家、高知県議会議員
堺(さかい)与右衛門　江戸前期の武士。大坂の陣で籠城
真田(さなだ)与右衛門　江戸前期の武士。大坂の

陣で籠城
下村（しもむら）与右衛門　江戸後期の愛甲郡煤ヶ谷村の杣職
生田（しょうだ）与右衛門　江戸前期の幸流小鼓の名手
高桑屋（たかくわや）与右衛門　江戸中期の高山二之町の人
竹内（たけうち）与右衛門　1837～1929　江戸末期の黒石藩御用商人
竹村（たけむら）与右衛門　1603～1678　安土桃山・江戸前期の剣術家。円明流
玉置（たまき）与右衛門　江戸前期の六十人者与力
中西（なかにし）与右衛門　？～1690　江戸前期・中期の酒問屋
新島（にいじま）与右衛門　江戸中期の三島代官大屋杢之助の手代
服部（はっとり）与右衛門　1844～1922　江戸末期～大正期の人。名古屋絞の創設者
浜口（はまぐち）与右衛門　江戸末期の運用方。1860年咸臨丸の運用方としてアメリカに渡る
浜田（はまだ）与右衛門　安土桃山時代の織田信長の家臣
桧物屋（ひものや）与右衛門　？～1635　安土桃山・江戸前期の貿易商人、本博多町住
松田（まつだ）与右衛門　1743～1821　江戸中期・後期の剣術家。東軍流
松村（まつむら）与右衛門　安土桃山時代の織田信長の家臣
宮村（みやむら）与右衛門　江戸中期の宮村の百姓
山内（やまうち）与右衛門　？～1733　江戸中期の松山藩士

与右衛門金全　よえもんかねたけ
江原（えはら）与右衛門金全　？～1617　江戸前期の徳川家康の家臣

与右衛門国政　よえもんくにまさ
小出（こいで）与右衛門国政　江戸前期の森忠政の家臣

与右衛門友次　よえもんともつぐ
大橋（おおはし）与右衛門友次　？～1671　江戸前期の豊臣秀頼の小姓

与右衛門尉　よえもんのじょう
与右衛門尉　安土桃山時代の駿府の細工職人か

与衛門尉　よえもんのじょう
登坂（とさか）与衛門尉　？～1578　戦国・安土桃山時代の上杉景勝の家臣

世数　よかず
藤原（ふじわらの）世数　平安前期の官人

予可人　よかひと
名倉（なくら）予可人　江戸末期の従者。1864年遣仏使節に随行しフランスに渡る

与企　よき
文室（ぶんやの）与企　奈良・平安前期の官人

余射　よぎ
波多（はたの）余射　奈良時代の官人

与吉　よきち
小俣（こまた）与吉　？～1582　戦国・安土桃山時代の織田信長の家臣

与吉兵衛　よきちべえ　⇔よきつひょうえ
四宮（しのみや）与吉兵衛　戦国時代の武士

与吉郎忠利　よきちろうただとし
恒松（つねまつ）与吉郎忠利　1805～1883　江戸後期～明治期の文化人

与吉兵衛　よきつひょうえ　⇔よきちべえ
四宮（しのみや）与吉兵衛　戦国時代の武士

運久　よきひさ
島津（しまづ）運久　？～1539　戦国時代の相州島津家2代

翼　よく
赤松（あかまつ）翼　江戸中期・後期の儒者
久野（くの）翼　1787～1846　江戸中期・後期の医師
林（はやし）翼　1744～1797　江戸中期・後期の加賀藩校明倫堂助教

慾斎　よくさい
飯沼（いいぬま）慾斎　1783～1865　江戸後期の蘭方医、植物学者

沃地　よくち
三宅（みやけ）沃地　1645～1692　江戸前期・中期の漢学者

浴風　よくふう　⇔きよかぜ
妹尾（せのお）浴風　1798～1870　江戸末期の書家

与九郎　よくろう
与九郎　安土桃山時代の陶工
浅井（あさい）与九郎　戦国時代の井田城主
渥美（あつみ）与九郎　安土桃山時代の検地役人
酒井（さかい）与九郎　江戸中期の下田奉行
西尾（にしお）与九郎　安土桃山時代の武士

余慶　よけい
余慶　？～991　平安中期の天台宗の僧

与賢　よけん
松本（まつもと）与賢　1821～1908　江戸後期～明治期の教育者

誉好　よこう
誉好　922～989　平安中期の僧

与五右衛門　よごえもん
秋元（あきもと）与五右衛門　江戸後期の三浦郡沼村名主
帯金（おびがね）与五右衛門　戦国時代の甲斐国八代郡帯金の国衆？
川島（かわしま）与五右衛門　1776～1814　江戸中期・後期の会津藩蠟漆改役
倉沢（くらさわ）与五右衛門　戦国時代の川口の番匠
笹原（ささはら）与五右衛門　江戸時代の人。会津藩物頭笹原伊三郎忠義の嫡男

与五衛門　よごえもん
与五衛門　安土桃山時代の信濃国筑摩郡生野の土豪
与五衛門　安土桃山時代の信濃国筑摩郡矢倉の土豪
うすい（うすい）与五衛門　安土桃山時代の信濃国筑摩郡麻績北条の土豪

与五左衛門　よござえもん
竹内（たけのうち）与五左衛門　戦国時代の武将。武田家臣

長谷川（はせがわ）与五左衛門　1540～1626　戦国～江戸前期の武士
深沢（ふかさわ）与五左衛門　戦国時代の大工

与五兵衛　よごべえ

青木（あおき）与五兵衛　江戸前期の武士
千賀（せんが）与五兵衛　戦国時代の三河国の今川氏家臣

与五郎　よごろう

与五郎　室町時代の茶人
渥美（あつみ）与五郎　安土桃山時代の伊奈忠次が行った吉佐美村検地帳に、冨田吉右衛門・渥美与五郎・新井忠三郎、筆西島又太郎と連署されている
大野（おおの）与五郎　戦国時代の千葉胤直の家臣
川口（かわぐち）与五郎　1842～1920　江戸末期～大正期の駿河国駿東郡鳥谷村の豪農・地主
薄田（すすきだ）与五郎　？～1582　戦国・安土桃山時代の織田信長の家臣
瀬戸（せと）与五郎　江戸末期・明治期の下の茗温泉の開発者
登坂（とさか）与五郎　？～1601　安土桃山時代の上杉景勝の家臣
中島（なかじま）与五郎　安土桃山時代の織田信長の家臣
長瀬（ながせ）与五郎　安土桃山時代の武士
藤橋村（ふじはしむら）与五郎　江戸中期の山廻並
山内（やまうち）与五郎　？～1750　江戸中期の新田開拓者

よ

山田（やまだ）与五郎　江戸後期の殖産家
湯浅（ゆあさ）与五郎　江戸前期・中期の官吏

与五郎国重　よごろうくにしげ

大月（おおつき）与五郎国重　安土桃山時代の刀工

予斎　よさい

中島（なかじま）予斎　1800～1848　江戸後期の漢学者
渡辺（わたなべ）予斎　1806～1859　江戸後期・末期の漢学者

与三右衛門尉　よさうえもんのじょう　⇔よさえもんのじょう，よそうえもんのじょう

佐野（さの）与三右衛門尉　戦国時代の駿河国富士郡の土豪

与三右衛門　よさえもん　⇔よそうえもん，よそえもん

梶山（かじやま）与三右衛門　戦国・安土桃山時代の高崎宿問屋

与三衛門　よさえもん　⇔よそうえもん

与三衛門　安土桃山時代の信濃国筑摩郡会田の土豪
鳥羽（とば）与三衛門　安土桃山時代の信濃国筑摩郡会田の土豪

与左衛門　よざえもん

与左衛門　安土桃山時代の上野鹿の湯の発見者
与左衛門　江戸末期の田辺領大工棟梁
麻口（あさぐち）与左衛門　安土桃山時代の信濃国筑摩郡会田の土豪
市岡（いちおか）与左衛門　江戸中期の事業家
猪衛（いのえ）与左衛門　戦国時代の武将。武田家臣
猪瀬（いのせ）与左衛門　戦国時代の人。武田信玄に従属
内田（うちだ）与左衛門　江戸末期の木綿買継商人・問屋
大角（おおすみ）与左衛門　戦国～江戸前期の豊臣秀吉・秀頼の家臣。台所頭
小川（おがわ）与左衛門　1743～1814　江戸中期・後期の剣術家。新陰待舎流
小野寺（おのでら）与左衛門　1714～1787　江戸中期の肝入
金屋（かなや）与左衛門　江戸前期の京都糸割符商人
菊池（きくち）与左衛門　江戸後期の大畑の廻船問屋、商人
紀伊国屋（きのくにや）与左衛門　江戸中期の鉱山業
小出（こいで）与左衛門　安土桃山時代の開拓者
市東（しとう）与左衛門　戦国時代の上総国東金城主・酒井政辰の家臣
田沢（たざわ）与左衛門　1824～1883　江戸末期・明治期の治水家
辰馬（たつうま）与左衛門　江戸後期の摂津武庫郡鳴尾村の酒造家
中内（ちゅうない）与左衛門　安土桃山時代の製紙開拓者
外村（とのむら）与左衛門〔5代〕　1682～1765　江戸前期・中期の商人
外村（とのむら）与左衛門〔9代〕　1788～1842　江戸後期の商人
中沢（なかざわ）与左衛門　1847～1915　江戸末期～大正期の人。中牛馬会社頭取、長野商業会議所の初代会頭
中村（なかむら）与左衛門　江戸前期の和算家
花房（はなふさ）与左衛門　安土桃山時代の武将
平河（ひらかわ）与左衛門　江戸前期の代官
広瀬（ひろせ）与左衛門　？～1553　安土桃山時代の武将
袋屋（ふくろや）与左衛門　江戸前期の商人
本間（ほんま）与左衛門　1557～1641　戦国～江戸前期の大工
まちのすまや（まちのすまや）与左衛門　安土桃山時代の信濃国筑摩郡会田の土豪
松浦屋（まつうらや）与左衛門　江戸中期の甘藷貯蔵の発見者
松田（まつだ）与左衛門　？～1634　江戸前期の人。香宗我部親泰の家臣松田神左衛門の三男
宮戸（みやと）与左衛門　江戸後期の淘綾郡山西村名主
山口（やまぐち）与左衛門　1827～1911　江戸後期～明治期の戸長
山田（やまだ）与左衛門　江戸前期の薬商
山本（やまもと）与左衛門　安土桃山時代の武士
涌井（わくい）与左衛門　1800～1875　江戸後期～明治期の都賀郡葛生町の名主、豪商、館林藩御用達

與左衛門　よざえもん

外村（とのむら）與左衛門　1788～1842　江戸後期の五個荘商人

与左衛門明次　よざえもんあきつぐ
森（もり）与左衛門明次　安土桃山・江戸前期の羽柴秀長の家臣
与左衛門佐義　よざえもんすけよし
山本（やまもと）与左衛門佐義　江戸前期の美作国勝田郡山本の人。代官
与左衛門尉　よさえもんのじょう　⇔よざえもんのじょう
石川（いしかわ）与左衛門尉　安土桃山時代の甲斐国巨摩郡下山在住の大工頭
岩間（いわま）与左衛門尉　戦国時代の番匠頭
与三右衛門尉　よさえもんのじょう　⇔よさうえもんのじょう，よそうえもんのじょう
大和（おわ）与三右衛門尉　戦国時代の信濃国諏訪郡大和郷の土豪
梶山（かじやま）与三右衛門尉　戦国時代の上野和田宿の商人
与左衛門尉　よざえもんのじょう　⇔よさえもんのじょう
笠井（かさい）与左衛門尉　安土桃山・江戸前期の甲斐国巨摩郡河内西島村の土豪
原（はら）与左衛門尉　？～1581　安土桃山時代の武田氏の家臣
與左衛門政章　よざえもんまさあき
安井（やすい）與左衛門政章　1786～1853　江戸後期の川越藩松平家の藩士
与作　よさく
木村（きむら）与作　1851～1926　江戸末期～大正期の農業振興者
小林（こばやし）与作　1824～1896　江戸後期～明治期の鉱山師
高木（たかき）与作　1840～1925　江戸末期～大正期の銀行家
中野（なかの）与作　1853～1903　江戸後期～明治期の漁業家
名張村（なばりむら）与作　江戸後期の名張村の百姓
与三兵衛重景　よさひょうえしげかげ
与三兵衛重景　1158～1184　平安後期の平維盛の家臣
与三郎　よさぶろう
与三郎　戦国時代の興福寺四恩院の宮大工
江口（えぐち）与三郎　戦国時代の越後の国人
金子（かねこ）与三郎　戦国時代の人。上野国衆国峰小幡氏の家臣とみられる
木村（きむら）与三郎　戦国・安土桃山時代の武田氏の家臣、菊姫の付家臣
栗本（くりもと）与三郎　安土桃山時代の検地役人
鈴木（すずき）与三郎　戦国時代の千葉胤富の家臣
津田（つだ）与三郎　1549～1634　安土桃山時代の織田信長の家臣
山崎（やまざき）与三郎　江戸中期の高山の地役人
横地（よこち）与三郎　？～1590　戦国・安土桃山時代の北条氏照の奉行人
与三兵衛　よさべえ　⇔よそうひょうえ，よそうびょうえ，よそべい，よそべえ
熊沢（くまざわ）与三兵衛　江戸前期の茶菓業
野村（のむら）与三兵衛　江戸中期の藩士
与佐美　よさみ
阿刀（あとの）与佐美　奈良時代の造東大寺案主
依羅王　よさみのおう
依羅王　奈良時代の官人
吉従　よさゆ
興田（おきた）吉従　江戸後期の漢学者・国学者
余参　よさん
余参　戦国時代の漆工
よし
二宮（にのみや）よし　1767～1802　江戸中期の女性。二宮尊徳の母
義　よし
長坂（ながさか）義　？～1873　江戸後期～明治期の才女
善　よし　⇔ぜん
源（みなもと）善　平安前期の官人、歌人
渡辺（わたなべ）善　1604～1650　江戸前期の幕臣
予四　よし
佐々木（ささき）予四　1691～1762　江戸中期の俳人
与之　よし
溝口（みぞぐち）与之　江戸中期の女性
与次　よじ
高山（たかやま）与次　戦国時代の武田氏の家臣
長谷川（はせがわ）与次　安土桃山時代の織田信長の家臣
福田村（ふくだむら）与次　江戸前期の十村肝煎役
喜斎　よしあき　⇔きさい
新田（にった）喜斎　1525～1607　戦国～江戸前期の武将
義鏡　よしあき　⇔ぎきょう
三浦（みうら）義鏡　？～1580　戦国・安土桃山時代の武田家臣
義見　よしあき
戸村（とむら）義見　1697～1744　江戸中期の藩士
義顕　よしあき
渋川（しぶかわ）義顕　鎌倉時代の武士
結城（ゆうき）義顕　安土桃山時代の武将
義彰　よしあき
松井（まつい）義彰　江戸中期・後期の儒者
義章　よしあき　⇔ぎしょう，まさあきら，よしあきら
岡崎（おかざき）義章　江戸後期の和算家、水戸藩士
田沢（たざわ）義章　江戸中期の歌人
中村（なかむら）義章　1818～1875　江戸後期の名主・寺子屋師匠
森田（もりた）義章　1773～1843　江戸中期・後期の医者
義著　よしあき
桜井（さくらい）義著　江戸末期の和算家
義明　よしあき
伊藤（いとう）義明　？～1341　南北朝時代の小境郷一分地頭
大高坂（おおたかさか）義明　江戸前期の漢学者

加茂(かも)義明　江戸中期の和算家
冨山(とやま)義明　鎌倉前期の武士
源(みなもとの)義明　?～1109　平安後期の武将
茂木(もてき)義明　1729～1808　江戸中期・後期の藩士

吉明　よしあき
小栗(おぐり)吉明　江戸前期の代官
小泉(こいずみ)吉明　1579～1615　安土桃山・江戸前期の代官
竹村(たけむら)吉明　1761～1819　江戸中期・後期の郷土史家

敬明　よしあき　⇔たかあき
安場(やすば)敬明　江戸後期の藩士

孔章　よしあき
山田(やまだ)孔章　?～1834　江戸後期の古銭学者

克明　よしあき　⇔かつあき
大立目(おおだつめ)克明　1793～1847　江戸後期の漢学者

美章　よしあき
矢定(やさだ)美章　1816～1876　江戸後期～明治期の歌人

芳章　よしあき　⇔ほうしょう
田中(たなか)芳章　江戸中期・後期の装剣金工
吉田(よしだ)芳章　1757～1831　江戸後期の歌人

由章　よしあき
下村(しもむら)由章　?～1691　江戸前期・中期の藩士
高宮(たかみや)由章　江戸後期の漢学者

由明　よしあき
神山(かみやま)由明　1696～1751　江戸中期の代官

良昭　よしあき　⇔りょうしょう
安倍(あべの)良昭　平安後期の奥羽の豪族
大石(おおいし)良昭　1639～1673　江戸前期の武士

良明　よしあき　⇔りょうめい
宇治(うじの)良明　平安中期の官人
野中(のなか)良明　1573～1618　安土桃山・江戸前期の土佐藩重臣

令明　よしあき
藤原(ふじわらの)令明　1074～1143　平安後期の文人

義章　よしあきら　⇔ぎしょう,まさあきら,よしあき
片山(かたやま)義章　江戸時代の広瀬藩家老

吉晟　よしあきら
臼田(うすだ)吉晟　戦国時代の武士。佐久郡北方衆

智明　よしあきら　⇔ちみょう,ちめい
沢井(さわい)智明　江戸中期・後期の商人

能明　よしあきら
源(みなもとの)能明　1081～1118　平安後期の官人

可篤　よしあつ
宮地(みやち)可篤　江戸前期・中期の和算家

嘉敦　よしあつ
荒井(あらい)嘉敦　江戸中期の好事家。江戸の神社を歴訪し「江府神社略記」等を著す

義淳　よしあつ
宮部(みやべ)義淳　江戸中期の藩士

義篤　よしあつ
杉本(すぎもと)義篤　1780～1826　江戸中期・後期の医者

義敦　よしあつ
南部(なんぶ)義敦　1853～1872　江戸末期・明治期の遠野藩主

能敦　よしあつ
新発田(しばた)能敦　戦国時代の越後豊田荘・加地荘の国人

愷敔　よしあつ
大屋(おおや)愷敔　1839～1901　江戸末期・明治前期の加賀藩士、洋学者、教育者

嘉有　よしあり
竹村(たけむら)嘉有　?～1683　江戸前期の関東代官

義在　よしあり
木曽(きそ)義在　1493～1554　戦国時代の武将。木曽家17代

好井　よしい
谷(たに)好井　1742～1805　江戸中期・後期の藩士・漢学者・国学者

芳居　よしい
山田(やまだ)芳居　1830～1893　江戸後期～明治期の八幡宮の神職

吉家　よしいえ
吉家　鎌倉前期の福岡一文字派の刀工
吉家　江戸前期の加賀の刀工
尾崎(おざき)吉家　江戸前期の六十人者与力

慶家　よしいえ
三好(みよし)慶家　戦国時代の上杉氏の家臣

由一　よしいち
榊原(さかきばら)由一　1852～1910　江戸後期～明治期の事業家

芳右衛門　よしうえもん　⇔よしえもん
江原(えばら)芳右衛門　1813～1873　江戸末期・明治期の前橋の代表的生糸商人《江原芳右衛門》

与次右衛門　よじうえもん　⇔よじえもん
岩崎(いわさき)与次右衛門　戦国時代の安房里見氏の居城館山城下・新井町の豪商の1人。町中肝煎(町名主)

義氏　よしうじ
井口(いのぐち)義氏　?～1517　戦国時代の武士
貴志(きし)義氏　?～1355　鎌倉後期・南北朝時代の武将
中大路(なかおおじ)義氏　1731～1787　江戸中期の神職

吉氏　よしうじ
吉氏　鎌倉時代の刀工

淑氏　よしうじ
紀(き)淑氏　1271～?　鎌倉後期の歌人

能氏　よしうじ
大蔵(おおくら)能氏　?～1544　戦国時代の能役者大鼓方

義衛　よしえ　⇔よしもり
岩藤(いわどう)義衛　1821～1883　江戸末期の漢学者

義方　よしえ　⇔ぎほう, よしかた
植田(うえだ)義方　1734～1806　江戸中期・後期の商家・俳人

吉恵　よしえ
菅沼(すがぬま)吉恵　江戸後期の「坂柿一統記」の著者

良幹　よしえだ　⇔よしもと
白洲(しらす)良幹　1658～1739　江戸中期の漢学者

良枝　よしえだ
清原(きよはら)良枝　1253～1331　鎌倉後期の公家・漢学者

芳右衛門　よしえもん　⇔よしうえもん
江原(えばら)芳右衛門　1813～1873　江戸末期・明治期の前橋の代表的生糸商人
菊池(きくち)芳右衛門　1852～1915　江戸末期～大正期の川内の農村建設に尽くした事業家

与四右衛門　よしえもん
下田(しもだ)与四右衛門　江戸前期の代官

与次右衛門　よじえもん　⇔よじうえもん
伊勢屋(いせや)与次右衛門　?～1663　江戸前期の御用商人
梅沢(うめざわ)与次右衛門　江戸後期の鎌倉郡小菅谷村名主
佐羽内(さわうち)与次右衛門　江戸末期の馬術家
土川屋(つちかわや)与次右衛門　江戸中期の高山の人
額田(ぬかだ)与次右衛門　?～1575　安土桃山時代の武将《額田与治右衛門》
原田(はらだ)与次右衛門　江戸前期の船頭
星野(ほしの)与次右衛門　江戸前期の足柄上郡古怒田村の農民
山地(やまぢ)与次右衛門　1635～1715　江戸前期・中期の山ノ目の豪商阿部随波の手代

与治右衛門　よじえもん
梅原屋(うめはらや)与治右衛門　?～1701　江戸前期・中期の豪商
額田(ぬかだ)与治右衛門　?～1575　安土桃山時代の武将
山下(やました)与治右衛門　戦国時代の人。高座郡福田村子ノ社の寄進者の一人

与二右衛門　よじえもん
与二右衛門　1599～1665　安土桃山・江戸前期のキリシタン殉教者

義生　よしお　⇔よしなお
和田(わだ)義生　江戸時代の安中藩士

義夫　よしお
小林(こばやし)義夫　1850～1904　江戸後期～明治期の判事

義雄　よしお　⇔よしかつ
斯波(しば)義雄　戦国時代の斯波氏一族
屋代(やしろ)義雄　1848～1893　江戸後期～明治期の医師

吉男　よしお
県犬養宿禰(あがたのいぬかいのすくね)吉男　奈良時代の上野介

吉雄　よしお
五島(ごとう)吉雄　江戸中期・後期の国学者
山田(やまだ)吉雄　1839～1911　江戸後期～明治期の島根県警察の初代警部長

好雄　よしお
紀(きの)好雄　平安前期の官人

是雄　よしお
藤原(ふじわら)是雄　?～831　奈良・平安前期の公家・漢詩人

善雄　よしお　⇔ぜんゆう
仲科(なかしな)善雄　平安前期の漢詩人
中科(なかしなの)善雄　平安前期の学者・勅撰詩集作者

良男　よしお
田使首(たづかいのおびと)良男　平安時代の地方豪族

令緒　よしお
藤原(ふじわら)令緒　平安前期の公家・漢詩人

吉岡　よしおか
安倍(あべの)吉岡　平安前期の人。大逆を誣告する罪により、元慶4年佐渡島に配流

義師　よしおさ
大庭(おおば)義師　1839～?　江戸後期・末期の神職。鶴岡八幡宮に奉仕した

義臣　よしおみ
淵泉(ふちいずみ)義臣　1835～?　江戸後期～明治期の神官

良臣　よしおみ
島田(しまだの)良臣　832?～882?　平安前期の文人
高階(たかしなの)良臣　?～980　平安中期の官人、右少将師尚男

好香　よしか
大中臣(おおなかとみの)好香　平安中期の官人

好芳　よしか
石川(いしかわ)好芳　1777～1836　江戸中期・後期の幕臣

義景　よしかげ
義景　南北朝時代の長船派の刀工
朝山(あさやま)義景　南北朝時代の幕府方武士、出雲国在国司
吉香(きっか)義景　鎌倉時代の武将
平(たいらの)義景　平安後期の武士
鳩井(はとい)義景　南北朝時代の武蔵武士

吉蔭　よしかげ
板津(いたつ)吉蔭　1820～1896　江戸後期～明治期の岡山藩家老日置家の家臣

吉景　よしかげ
小堺（こさかい）吉景　？～1614　安土桃山・江戸前期の浅野家臣
子部（こべの）吉景　平安中期の官人
曲淵（まがりぶち）吉景　1518～1593　江戸前期の旗本

芳景　よしかげ
歌川（うたがわ）芳景　？～1892　江戸後期～明治期の浮世絵師

良景　よしかげ　⇔たかかげ
堀田（ほった）良景　1852～1921　江戸末期～大正期の蚕種業者

令影　よしかげ
紀（きの）令影　平安前期の官人

良檝　よしかじ
中臣（なかとみ）良檝　平安前期の官人・漢詩人

嘉員　よしかず
平木（ひらき）嘉員　1694～1733　江戸中期の医者

義一　よしかず
子安（こやす）義一　江戸後期～大正期の和算家
山鹿（やまが）義一　江戸中期の藩士・兵学者

義量　よしかず
足利（あしかが）義量　1616～1697　江戸前期・中期の藩主。平島公方第5代当主
平島（ひらしま）義量　足利義量に同じ

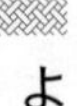

義和　よしかず　⇔ぎわ
新谷（あらや）義和　江戸中期・後期の和算家
高田（たかだ）義和　江戸後期の国学者
戸村（とむら）義和　？～1534　戦国時代の佐竹氏の一族

よ

敬一　よしかず　⇔きょういつ
鹿野（しかの）敬一　？～1868　江戸後期・末期の藩士

敬和　よしかず
矢野（やの）敬和　江戸後期の和算家

克一　よしかず
小島（こじま）克一　？～1818　江戸後期の刀工

善可　よしかず
平賀（ひらが）善可　？～1590　戦国・安土桃山時代の土豪

善功　よしかず
久世（くぜ）善功　1799～1868　江戸後期・末期の松平不昧の養子

僖一　よしかず
佐野（さの）僖一　1812～1869　江戸後期～明治期の神職

義風　よしかぜ
水野（みずの）義風　1702～1783　江戸中期の藩士・歌人

吉風　よしかぜ
山田（やまだ）吉風　1804～1862　江戸後期・末期の神職、歌人

好風　よしかぜ
藤原（ふじわら）好風　平安前期の公家・歌人

義堅　よしかた
佐竹（さたけ）義堅　1692～1742　江戸中期の大名

義賢　よしかた
石田（いしだ）義賢　戦国時代の遠江国蒲御厨代官
惟宗（これむねの）義賢　平安中期の官人

義質　よしかた　⇔よしもと
岩井（いわい）義質　江戸時代の和算家
那須（なす）義質　江戸後期の藩士・馬術家

義方　よしかた　⇔ぎほう，よしえ
朝倉（あさくら）義方　？～1840　江戸後期の和算家
植田（うえだ）義方　1739～1806　江戸中期・後期の商家・俳人
黒野（くろの）義方　？～1848　江戸後期の幕臣・兵学家
讃岐（さぬきの）義方　平安中期の官人
杉浦（すぎうら）義方　江戸末期の歴史家
竹内（たけうち）義方　1758～1838　江戸中期・後期の画家
角田（つのだ）義方　戦国時代の里見氏家臣
林（はやし）義方　江戸中期の医者
福田（ふくだ）義方　江戸時代の郷士
三浦（みうら）義方　？～1676　江戸前期の旗本
村上（むらかみ）義方　1711～1782　江戸中期の幕臣
山野辺（やまのべ）義方　？～1704　江戸前期・中期の藩士
吉見（よしみ）義方　1780～1841　江戸中期・後期の幕臣

義容　よしかた
布施（ふせ）義容　1738～？　江戸中期の幕臣

吉方　よしかた
豊原（とよはらの）吉方　平安後期の官人

好謙　よしかた　⇔こうけん，たかあき，よしかね
吉成（よしなり）好謙　1799～1862　江戸後期・末期の神職

善方　よしかた
磯村（いそむら）善方　江戸時代の和算家

芳形　よしかた
歌川（うたがわ）芳形　1841～1864　江戸後期の画家

芳方　よしかた
土屋（つちや）芳方　？～1786　江戸中期の布志名焼陶工

良賢　よしかた　⇔りょうけん
久原（くはら）良賢　1639～1720　江戸中期の外科医

良方　よしかた
徳田（とくだ）良方　1695～1761　江戸中期の藩士・故実家
藤原（ふじわら）良方　平安後期の受領

義方坦海　よしかたたんかい
秋山（あきやま）義方坦海　1779～1857　江戸中期～末期の蘭医

栄勝 よしかつ
蜂屋(はちや)栄勝 ?〜1556 戦国時代の織田信長の家臣

嘉勝 よしかつ
竹村(たけむら)嘉勝 1600〜1641 安土桃山・江戸前期の佐渡奉行、伊豆銀山奉行

義克 よしかつ
松崎(まつざき)義克 江戸中期の国学者

義勝 よしかつ
芦名(あしな)義勝 1575〜1631 安土桃山・江戸前期の常陸太田城主佐竹義重の二男《芦名義広》
櫟木(いちき)義勝 江戸前期の砲術家
大岡(おおおか)義勝 ?〜1598 江戸前期の旗本
大田和(おおたわ)義勝 鎌倉後期の武将
鬼柳(おにやなぎ)義勝 南北朝時代の武士
望月(もちづき)義勝 1552〜1575 戦国・安土桃山時代の武田家臣

義雄 よしかつ ⇔よしお
三浦(みうら)義雄 1593〜1634 江戸前期の武士
村上(むらかみ)義雄 1773〜1838 江戸中期・後期の幕臣

吉勝 よしかつ
岩(いわ)吉勝 安土桃山時代の織田信長の家臣
小泉(こいずみ)吉勝 1596〜1629 安土桃山・江戸前期の代官
中村(なかむら)吉勝 戦国時代の北条氏の家臣
中山(なかやま)吉勝 1618〜1699 江戸前期・中期の幕臣
野間(のま)吉勝 安土桃山時代の織田信長の家臣
藤田(ふじた)吉勝 江戸前期の和算家
村越(むらこし)吉勝 1601〜1681 安土桃山・江戸前期の武士《村越道伴》

慶勝 よしかつ
千家(せんげ)慶勝 1517〜1563 戦国時代の杵築大社国造

敬勝 よしかつ
村田(むらた)敬勝 ?〜1856 江戸末期の和算家、庄内藩士

好勝 よしかつ
早川(はやかわ)好勝 ?〜1659 江戸前期の旗本

芳勝 よしかつ
歌川(うたがわ)芳勝 江戸後期の絵師

良勝 よしかつ
加藤(かとう)良勝 1594〜1640 安土桃山・江戸前期の幕臣
壺井(つぼい)良勝 ?〜1637 江戸前期の代官
矢野(やの)良勝 1760〜1821 江戸中期・後期の細川家の絵師

義門 よしかど
佐伯(さえき)義門 1841〜1907 江戸後期〜明治期の和算家
佐伯(さえき)義門 江戸末期・明治期の本草家
横山(よこやま)義門 江戸末期の藩士

吉門 よしかど ⇔きつもん
飯室(いいむろ)吉門 戦国時代の武田氏の家臣
曲淵(まがりぶち)吉門 ?〜1656 江戸前期の旗本

芳廉 よしかど
歌川(うたがわ)芳廉 江戸末期・明治期の絵師

良門 よしかど
紀(きの)良門 平安前期の官人
藤原(ふじわらの)良門 平安前期の官人

良廉 よしかど
大中臣(おおなかとみの)良廉 平安中期の官人

義兼 よしかね
柏木(かしわぎ)義兼 平安後期・鎌倉前期の武将
牧野(まきの)義兼 江戸後期の和算家
源(みなもとの)義兼 平安後期の武士
山本(やまもとの)義兼 源義兼に同じ

吉金 よしかね
佐橋(さはせ)吉金 ?〜1653 江戸前期の旗本

吉包 よしかね
吉包 平安中期の刀工

好謙 よしかね ⇔こうけん, たかあき, よしかた
森部(もりべ)好謙 江戸末期の武士

順兼 よしかね ⇔よりかね
紀(きの)順兼 平安後期の官人

美兼 よしかね
宮(みや)美兼 室町時代の武将

良兼 よしかね
大中臣(おおなかとみの)良兼 平安中期の官人
大中臣(おおなかとみの)良兼 平安後期の官人
大中臣(おおなかとみの)良兼 平安後期の神祇官人
清原(きよはら)良兼 1307〜1361 鎌倉後期・南北朝時代の公家・歌人
中原(なかはらの)良兼 平安後期の官人

嘉樹 よしき
飛鳥戸(あすかべの)嘉樹 平安中期の官人
長野(ながの)嘉樹 1733〜1806 江戸中期・後期の医者

吉樹 よしき
秦(はたの)吉樹 平安中期の官人

美樹 よしき
八木(やぎ)美樹 ?〜1900 江戸末期・明治期の国学者

美城 よしき
大原(おおはら)美城 江戸時代の神職

芳材 よしき
森(もり)芳材 ?〜1807 江戸中期・後期の藩士

由己 よしき ⇔ゆうき, ゆうこ
小泉(こいずみ)由己 江戸前期の儒者

良材 よしき
小槻(おつきの)良材 976?〜1005 平安中期の肥後守為愷の郎等
林(はやし)良材 江戸後期の藩士

善澂 よしきみ
大井(おおい)善澂 江戸後期の歴史家

能公 よしきみ
大江(おおえの)能公 平安中期の官人

可清 よしきよ
永田(ながた)可清 ?〜1614 江戸前期の幕府代官頭伊奈忠次の家臣

義磬 よしきよ
佐藤(さとう)義磬 江戸後期の和算家

義潔 よしきよ
宮原(みやはら)義潔 1747〜1809 江戸中期・後期の幕臣

義清 よしきよ ⇔よしのり
粟津(あわづ)義清 1750〜1829 江戸中期・後期の公家
飯川(いがわ)義清 ?〜1577 戦国・安土桃山時代の武士
新見(しんみ)義清 ?〜1608 江戸前期の旗本
橘(たちばなの)義清 平安中期の歌人・官人
沼間(ぬまの)義清 ?〜1576 戦国・安土桃山時代の織田信長の家臣
美甘(みかも)義清 安土桃山時代の武将
村上(むらかみ)義清 1563〜1638 戦国時代の信濃の武将

義精 よしきよ
青木(あおき)義精 1596〜1628 安土桃山・江戸前期の幕臣

吉清 よしきよ
太田(おおた)吉清 1558〜1616 戦国〜江戸前期の伊勢桑名の人。「慶長自記」の著者
織田(おだ)吉清 安土桃山時代の織田信長の家臣
曲淵(まがりぶち)吉清 ?〜1619 江戸前期の旗本

由清 よしきよ
村井(むらい)由清 1752〜1813 江戸中期・後期の心学者
横山(よこやま)由清 1826〜1879 江戸末期・明治期の歌人、国学者

良清 よしきよ ⇔りょうしょう, りょうせい
藤原(ふじわら)良清 平安後期の公家・歌人

佳国 よしくに
吉田(よしだ)佳国 1697〜1767 江戸中期の代官

義国 よしくに
佐々木(ささき)義国 戦国時代の砲術家
戸村(とむら)義国 1591〜1671 安土桃山・江戸前期の武士
和田(わだ)義国 鎌倉前期の武士

義都 よしくに
佐竹(さたけ)義都 1665〜1725 江戸前期・中期の大名
山鹿(やまが)義都 江戸中期の藩士・兵学者

吉国 よしくに
吉国 江戸前期の刀工
延寿(えんじゅ)吉国 ?〜1814 江戸中期・後期の刀工

吉邦 よしくに
佐藤(さとう)吉邦 ?〜1856 江戸末期の和算家
美弩(みぬの)吉邦 平安後期の官人

善邦 よしくに
若江(わかえの)善邦 平安中期の右衛門府の官人

篤邦 よしくに
小幡(おばた)篤邦 江戸後期の和算家、伊勢志摩藩士

能国 よしくに
藤田(ふじた)能国 鎌倉前期の武蔵武士

美国 よしくに
北尾(きたお)美国 江戸後期の絵師

芳国 よしくに
野村(のむら)芳国〔1代〕 ?〜1898 江戸末期・明治期の画家

栄子 よしこ ⇔えいこ, えいし
藤原(ふじわらの)栄子 ?〜895 平安前期の女性。清和天皇女御高子付きの官女

義子 よしこ
藤原(ふじわらの)義子 平安中期の女官

吉子 よしこ ⇔きっし, きつし
小野(おのの)吉子 平安前期の女性。仁明天皇の更衣

慶子 よしこ
大江(おおえの)慶子 平安中期の官人

祉子 よしこ
藤原(ふじわらの)祉子 平安中期の女性。大納言藤原能信の室

美子 よしこ
久我(こが)美子 1787〜1847 江戸中期・後期の歌人
藤原(ふじわらの)美子 平安中期の女官

芳子 よしこ
藤原(ふじわらの)芳子 平安中期の内裏女房

懿子 よしこ ⇔いし
藤原(ふじわらの)懿子 1116〜1143 平安後期の女性。後白河天皇の妃《藤原懿子》

姣子女王 よしこじょおう
姣子女王 平安中期の女性。陽成天皇の後宮

嘉言 よしこと ⇔かげん
豊田(とよだ)嘉言 1781〜1841 江戸中期・後期の歌人

義言 よしこと
福島(ふくしま)義言 1842〜? 江戸後期・末期の幕府監察従者

栄子内親王 よしこないしんのう
栄子内親王 平安中期の女性。敦明親王の女

由五郎 よしごろう
竜門(りゅうもん)由五郎 1804〜1833 江戸後期の力士

由左衛門 よしざえもん
広田(ひろた)由左衛門 ?〜1819 江戸中期・後期の人。深浦湊広幡屋広田家の初代

吉作 よしさく
岡谷(おかや)吉作 江戸後期の和算家

義断 よしさだ
正木(まさき)義断 戦国時代の里見忠義の御一門衆

義貞 よしさだ ⇔ぎてい
岡田(おかだ)義貞 1826〜1896 江戸後期〜明治

期の剣術家。関口玉心流
河井(かわい)義貞　戦国時代の佐竹氏の家臣
小森(こもり)義貞　?～1909　江戸末期・明治期の和算家
橘(たちばな)義貞　南北朝時代の医者・歌人
中原(なかはらの)義貞　平安後期の官人
本間(ほんま)義貞　1623～1678　江戸前期の幕臣

義定　よしさだ
小野(おのの)義定　平安後期の官人
上野(かみつけぬの)義定　平安後期の官人
吉良(きら)義定　1564～1627　安土桃山・江戸前期の武将
藤原(ふじわら)義定　平安中期の公家・歌人
藤原(ふじわらの)義定　平安後期の官人

吉貞　よしさだ
吉貞　室町時代の刀工
有田(ありた)吉貞　?～1608　江戸前期の旗本
小倉(おぐら)吉貞　江戸後期の和算家
山村(やまむらの)吉貞　平安中期・後期の楽人

吉定　よしさだ
青木(あおき)吉定　?～1653　江戸前期の代官
息長(おきながの)吉定　平安後期の官人
長谷(ながたに)吉定　鎌倉後期の武士

慶定　よしさだ
関山(せきやま)慶定　江戸後期の養蚕家

祥貞　よしさだ
祥貞　戦国時代の刀工

善定　よしさだ　⇔ぜんてい
清原(きよはらの)善定　平安後期の官人

能定　よしさだ
恩田(おんだ)能定　戦国・安土桃山時代の沼田氏の部将

芳貞　よしさだ
歌川(うたがわ)芳貞　江戸末期・明治期の絵師

由貞　よしさだ
田中(たなか)由貞　1569～1638　江戸前期の武士

良貞　よしさだ　⇔りょうてい
大江(おおえの)良貞　平安後期の官人
紀(きの)良貞　平安後期の官人
富沢(とみざわ)良貞　1747～1825　江戸中期・後期の儒学者・書家《富沢文明》
藤原(ふじわらの)良貞　平安中期の官人

良定　よしさだ　⇔りょうじょう
中院(なかのいん)良定　南北朝時代の能登国司

吉貞　よしさだ
小宮山(こみやま)吉貞　?～1607　江戸前期の旗本

義郷　よしさと
石井(いしい)義郷　1812～1859　江戸後期・末期の歌人
上泉(かみいずみ)義郷　1592～1672　安土桃山・江戸前期の軍学者

義里　よしさと
畠山(はたけやま)義里　1621～1691　江戸前期・中期の幕臣

吉舜　よしさと
広瀬(ひろせ)吉舜　1730～1794　江戸中期・後期の代官

吉里　よしさと　⇔よしのり
本多(ほんだ)吉里　?～1651　江戸前期の旗本

慶郷　よしさと
田口(たぐち)慶郷　1798～1866　江戸後期・末期の治水家

好里　よしさと
小板橋(こいたばし)好里　1810～1875　江戸後期～明治期の国学者

美郷　よしさと　⇔みさと
藤牧(ふじまき)美郷　1686～1752　江戸前期・中期の和算家
森寺(もりてら)美郷　1800～1861　江戸末期の歌人《森寺美郷》
柳田(やなぎだ)美郷　江戸後期の歌人

良郷　よしさと
平岡(ひらおか)良郷　1782～1830　江戸中期・後期の代官

喜実　よしざね
宇野(うの)喜実　1658～1734　江戸前期・中期の歌人

義実　よしざね
飯川(いがわ)義実　?～1574　戦国・安土桃山時代の武士
楢山(ならやま)義実　1527～1603　戦国～江戸前期の武士

義真　よしざね
内河(うちこう)義真　南北朝時代の八代荘地頭代官、八代城主
小泉(こいずみ)義真　1658～1738　江戸前期・中期の代官
甲田(こうだ)義真　江戸後期の公益社会事業家
上条(じょうじょう)義真　1579～1674　安土桃山・江戸前期の越後上杉氏一門

吉真　よしざね　⇔よしまさ
吉真　平安後期の刀工《吉真》
田口(たぐち)吉真　1531～1614　戦国～江戸前期の武士

好実　よしざね
多(おおの)好実　?～1045　平安中期の官人

淳子　よしざね
飯島(いいじま)淳子　1782～1863　江戸中期～末期の国学者

能真　よしざね
設楽(しだら)能真　1604～1667　江戸前期の代官

美実　よしざね
村田(むらた)美実　?～1880　江戸後期～明治期の画家

福真　よしざね
紀(きの)福真　?～996?　平安中期の人。囚監されていたが、長徳2年釈放

良実　よしざね　⇔りょうじつ
大蔵(おおくらの)良実　平安中期の官人

大中臣（おおなかとみの）良実　平安中期の大和国菟足社の神主
香山（かやま）良実　1838〜1885　江戸後期〜明治期の神職

良真　よしざね　⇔りょうしん
小槻（おつきの）良真　平安前期の官人

芳三郎　よしさぶろう
中根（なかね）芳三郎　1825〜？　江戸後期・末期の剣術家。直心影流

由三郎　よしさぶろう
湊川（みなとがわ）由三郎　1794〜1852　江戸後期の幕内力士

可重　よししげ
加藤（かとう）可重　？〜1604　安土桃山・江戸前期の武士

嘉重　よししげ　⇔かじゅう
嘉重　江戸前期の刀工
石井（いしい）嘉重　1815〜1883　江戸後期〜明治期の料理人

嘉成　よししげ　⇔よしなり
牧野（まきの）嘉成　？〜1724　江戸中期の旗本

嘉茂　よししげ
竹村（たけむら）嘉茂　1651〜1721　江戸前期・中期の代官

義重　よししげ
葛西（かさい）義重　安土桃山時代の武将
小林（こばやし）義重　上代の金工家
長谷川（はせがわ）義重　江戸中期の画家
彦坂（ひこさか）義重　？〜1675　江戸前期の代官
水野（みずの）義重　1589〜1654　江戸前期の武士
梁田（やなだ）義重　1696〜1750　江戸中期の盛岡藩士
山本（やまもと）義重　1817〜1869　江戸末期の地方政治家

よ

義成　よししげ　⇔よしなり
源（みなもとの）義成　平安後期の武士

義繁　よししげ
小林（こばやし）義繁　?〜1392　南北朝時代の武将

義蕃　よししげ　⇔ぎはん, もとよし
甲斐（かい）義蕃　？〜1813　江戸後期の和算家、笠間藩士

義茂　よししげ　⇔よしもち
佐竹（さたけ）義茂　1812〜1868　江戸後期・末期の藩士
野村（のむら）義茂　1657〜1724　江戸中期の家臣、幕臣

吉重　よししげ　⇔きちじゅう
吉重　戦国時代の出雲の刀匠
吉重　戦国時代の石見の刀匠
吉重　戦国時代の刀工
吉重　江戸後期の刀工
大中臣（おおなかとみの）吉重　平安中期の官人
曽根（そね）吉重　1601〜1649　安土桃山・江戸前期の代官
筒井（つつい）吉重　江戸前期の旗本
村山（むらやま）吉重　江戸前期の和算家
渡辺（わたなべ）吉重　？〜1624　江戸前期の旗本

吉蕃　よししげ
中西（なかにし）吉蕃　？〜1613　戦国時代の美作国北部の在地武士

吉茂　よししげ　⇔よしもち
多（おおの）吉茂　934〜1015　平安中期の衛府の官人《多吉茂》
田村（たむら）吉茂　江戸後期の農民・農学者

好重　よししげ
大田（おおた）好重　？〜1688　江戸前期の代官

徳繁　よししげ　⇔のりしげ
鷹野（たかの）徳繁　1534〜1613　戦国〜江戸前期の武田氏の家臣

能重　よししげ
大石（おおいし）能重　南北朝時代の武将

能成　よししげ　⇔よしなり
藤原（ふじわらの）能成　平安中期の官人

美茂　よししげ
国（くにの）美茂　平安中期の官人

芳重　よししげ
歌川（うたがわ）芳重　江戸後期の絵師

芳叢　よししげ
谷（たに）芳叢　1849〜1870　江戸後期〜明治期の維新の志士

良重　よししげ　⇔りょうじゅう
興津（おきつ）良重　1633〜1697　江戸前期・中期の代官
壺井（つぼい）良重　？〜1676　江戸前期の代官
藤堂（とうどう）良重　？〜1615　安土桃山・江戸前期の武将

良茂　よししげ　⇔よしもち
奥山（おくやま）良茂　戦国時代の今川氏親の家臣
鈴木（すずき）良茂　江戸末期の和算家

吉嶋　よししま　⇔きちじま
当麻（たぎまの）吉嶋　奈良時代の官人

吉次郎　よしじろう　⇔きちじろう
松山（まつやま）吉次郎　1802〜1869　江戸後期〜明治期の従者

芳次郎　よしじろう
畠山（はたけやま）芳次郎　江戸末期の新撰組隊士

義季　よしすえ
苅田（かりた）義季　鎌倉前期の武士
紀（き）義季　鎌倉前期の平浜別宮惣検校
後藤（ごとう）義季　南北朝時代の美作国塩湯郷の武将
世良田（せらだ）義季　?〜1247　鎌倉前期の御家人
徳河（とくがわ）義季　平安後期・鎌倉前期の武将。新田義重の4男
徳川（とくがわ）義季　?〜1246　鎌倉前期の御家人

吉末　よしすえ
吉末　戦国時代の刀工

祥末　よしすえ
祥末〔1代〕　室町時代の刀工
祥末〔2代〕　戦国時代の刀工

祥末〔3代〕 安土桃山時代の刀工

良季 よしすえ ⇔りょうき

清原(きよはら)良季 1221〜1291 鎌倉前期・後期の公家、漢学者

義資 よしすけ ⇔よしたか

大宅(おおやけの)義資 平安後期の官人

尾張(おわりの)義資 平安後期の官人

菅原(すがわらの)義資 平安後期の官人

日野(ひの)義資 1397〜1434 室町時代の公家

源(みなもとの)義資 平安後期の武将

義助 よしすけ

足利(あしかが)義助 ?〜1221 平安後期・鎌倉前期の武将

島田(しまだ)義助 戦国時代の駿河国島田の刀鍛冶

逸見(へんみ)義助 1571〜1624 江戸前期の旗本

義甫 よしすけ

山鹿(やまが)義甫 ?〜1769 江戸中期の藩士・兵学者

義祐 よしすけ

有馬(ありま)義祐 ?〜1421 室町時代の守護大名

色部(いろべ)義祐 1810〜1888 江戸後期〜明治期の社会事業家

税所(さいしょ)義祐 鎌倉時代の武将

義亮 よしすけ ⇔ぎりょう

池田(いけだ)義亮 1858〜? 江戸末期・明治期の人。白木綿の朝鮮半島輸出に成功

義良 よしすけ

斯波(しば)義良 1457〜? 室町・戦国時代の越前・尾張・遠江守護

吉官 よしすけ

田中(たなか)吉官 1600〜1658 安土桃山・江戸前期の幕臣

吉佐 よしすけ

酒井(さかい)吉佐 1582〜1632 江戸前期の政治家

吉資 よしすけ

曲淵(まがりぶち)吉資 江戸前期の旗本

吉助 よしすけ ⇔きちすけ

清原(きよはらの)吉助 平安後期の官人

高津(こうづ)吉助 江戸中期の植木商

慶輔 よしすけ ⇔けいすけ

佐々布(さそう)慶輔 戦国時代の武士。宍道氏の奉行人

能佐 よしすけ

鷹取(たかとり)能佐 安土桃山時代の武将

芳助 よしすけ

近藤(こんどう)芳助 1843〜1922 江戸後期〜明治期の新撰組隊士

由助 よしすけ ⇔ゆいすけ

伊藤(いとう)由助 1781〜1863 江戸中期〜末期の土木家

富谷(とみや)由助 ?〜1846 江戸後期の宮大工

納富(のうどみ)由助 江戸中期の名尾紙の開祖

良佐 よしすけ ⇔りょうさ

紀(きの)良佐 平安後期の国造

良扶 よしすけ

大中臣(おおなかとみの)良扶 平安中期の大宮司

良亮 よしすけ

赤堀(あかぼり)良亮 ?〜1798 江戸中期・後期の藩士

可澄 よしずみ

森(もり)可澄 1585〜1638 安土桃山・江戸前期の幕臣

喜住 よしずみ ⇔きじゅう

大熊(おおくま)喜住 ?〜1853 江戸後期の幕臣

義純 よしずみ ⇔ぎじゅん

足利(あしかが)義純 戦国時代の小弓公方足利義明の嫡子

石井(いしい)義純 1776〜1850 江戸中期・後期の新田開発名主

山本(やまもと)義純 戦国・安土桃山時代の武将

義処 よしずみ

鳥居(とりい)義処 1845〜? 江戸末期〜大正期の御牧ヶ原の開拓者

善澄 よしずみ

清原(きよはらの)善澄 943〜1010 平安中期の民法博士

徳純 よしずみ ⇔とくじゅん

岩松(いわまつ)徳純 1777〜1825 江戸中期・後期の武士

美清 よしずみ

井関(いぜき)美清 1830〜1924 江戸後期〜明治期の藩士・歌人

良住 よしずみ

安倍(あべの)良住 平安中期の官人

良澄 よしずみ

玉沢(たまさわ)良澄 江戸時代の藩士

可三 よしぞう

三宅(みやけ)可三 江戸前期の詩人

吉蔵 よしぞう ⇔きちぞう

桑原(くわばら)吉蔵 ?〜1582 戦国・安土桃山時代の織田信長の家臣

山下(やました)吉蔵 1799〜1864 江戸後期・末期の陶工

好三 よしぞう

吉田(よしだ)好三 江戸末期の従者。1860年遣米使節に随行しアメリカに渡る

宣蔵 よしぞう

大林(おおばやし)宣蔵 ?〜1827 江戸中期・後期の教育者

由蔵 よしぞう

会津屋(あいづや)由蔵 江戸後期の蒔絵師

由造 よしぞう

河西(かさい)由造 1845〜1911 江戸後期〜明治期の厚別区の開祖

好堪 よしたう

御長(みたけの)好堪 平安中期の官人

愛敬 よしたか

藤原(ふじわら)愛敬 1766〜1841 江戸中期・後期の公家

佳孝 よしたか
無事庵(ふじあん)佳孝 江戸後期の茶人
可隆 よしたか ⇔よりたか
森(もり)可隆 1552～1570 戦国・安土桃山時代の織田信長の家臣《森可隆》
嘉孝 よしたか
石井(いしい)嘉孝 1789～1837 江戸後期の料理人
嘉高 よしたか
大橋(おおはし)嘉高 戦国時代の舞人
喜隆 よしたか
村上(むらかみ)喜隆 江戸中期の和算家
義貴 よしたか
後藤(ごとう)義貴 1694～? 江戸中期の仏師
千本(せんぼん)義貴 戦国時代の下野千本城城主
義喬 よしたか
田中(たなか)義喬 江戸後期の和算家
義敬 よしたか ⇔よしのり
静間(しずま)義敬 1809～1867 江戸後期・末期の郷土史家
義孝 よしたか ⇔のりたか, よしのり
義孝 江戸末期の刀工
氏家(うじいえ)義孝 1672～1743 江戸中期の武士
大友(おおとも)義孝 1641～1711 江戸前期・中期の武士
紀(きの)義孝 平安中期の紀伊国造
藤井(ふじい)義孝 江戸後期・末期の幕臣
藤原(ふじわら)義孝 平安中期の公家・歌人
桃井(もものい)義孝 ?～1578 戦国・安土桃山時代の越後国衆
横山(よこやま)義孝 平安中期の小野牧の別当《小野諸興》

よ

義高 よしたか
大塚(おおつか)義高 1833～1909 江戸後期～明治期の和算家
木曽(きそ)義高 ?～1185 平安後期の木曾義仲の長男
斯波(しば)義高 南北朝時代の武将・歌人
菅野(すがのの)義高 平安後期の官人
陶山(すやま)義高 室町時代の武将
奈良井(ならい)義高 ?～1590 戦国・安土桃山時代の武士
服部(はっとり)義高 江戸後期の官船(御用船)の船頭
前野(まえの)義高 1515～1561 戦国・安土桃山時代の織田信長の家臣
源(みなもとの)義高 平安後期の武士
森(もり)義高 1838～1913 江戸末期～大正期の剣術家
山本(やまもと)義高 平安後期の近江国の武士
義資 よしたか ⇔よしすけ
柴(しば)義資 1803～1877 江戸末期の薩摩郡樋脇郷の曖役
義尊 よしたか
足利(あしかが)義尊 1413～1442 室町時代の武士
大内(おおうち)義尊 1545～1551 戦国時代の武将
義珍 よしたか
牧(まき)義珍 1767～? 江戸中期の幕臣
義彬 よしたか
布施(ふせ)義彬 1762～? 江戸中期の代官
義平 よしたか ⇔ぎへい
水崎(みずさき)義平 1711～1776 江戸中期の武士
義隆 よしたか
源(みなもとの)義隆 ?～1160 平安後期の武将
陸奥(むつ)義隆 ?～1159 平安後期の武士
村山(むらやま)義隆 ?～1453 室町時代の武士
義堯 よしたか ⇔ぎぎょう
畠山(はたけやま)義堯 ?～1532 戦国時代の武将
松平(まつだいら)義堯 1717～1779 江戸中期の幕臣
吉孝 よしたか
石原(いしはら)吉孝 江戸時代の尾張藩士
小町谷(こまちや)吉孝 1793～1885 江戸後期～明治期の歌人
篠田(しのだ)吉孝 ?～1785 江戸中期の商家
谷合(たにあい)吉孝 江戸後期の名主・文人
吉高 よしたか
花井(はない)吉高 1562～1639 安土桃山・江戸前期の幕臣
吉隆 よしたか
谷岡(たにおか)吉隆 江戸中期の歌人
好栄 よしたか
水野(みずの)好栄 ?～1649 江戸前期の装剣金工
好孝 よしたか
膳(ぜん)好孝 1838～1896 江戸後期～明治期の歌人
親固 よしたか
水谷(みずたに)親固 1754～1835 江戸後期の武士
善隆 よしたか
浅井(あさいの)善隆 平安中期の官人
能高 よしたか
大江(おおえの)能高 平安中期の官人
能隆 よしたか
河越(かわごえ)能隆 平安後期の武士
福隆 よしたか
千本(せんぼん)福隆 千本福隆に同じ
千本(せんもと)福隆 1854～1918 江戸末期～大正期の科学教育家
芳隆 よしたか ⇔ほうりゅう
三宅(みやけ)芳隆 1718～1801 江戸中期の俳人
由隆 よしたか
浅野(あさの)由隆 江戸中期の藩士・歌人
良孝 よしたか
秋岡(あきおか)良孝 江戸末期の和算家
高橋(たかはしの)良孝 平安後期の官人

良隆 よしたか
跡部(あとべ)良隆 1631〜1685 江戸前期の武士

芳滝 よしたき ⇔ほうりゅう
一養亭(いちようてい)芳滝 1841〜1899 江戸末期・明治期の画家《一養亭芳滝》

佳武 よしたけ
佐橋(さはせ)佳武 ?〜1693 江戸前期の旗本

義剛 よしたけ
河東(かわひがし)義剛 江戸後期の「松浦記集成」の著者

義武 よしたけ
足利(あしかが)義武 1678〜1761 江戸前期・中期の平島公方第7代当主
厚東(ことう)義武 南北朝時代の長門守護
鷹橋(たかはし)義武 江戸中期の地誌作者
名須川(なすかわ)義武 1790〜1856 江戸後期・末期の文人・画人
平島(ひらしま)義武 足利義武に同じ

吉武 よしたけ
紀(きの)吉武 平安中期の官人
清原(きよはらの)吉武 平安後期の官人
蜂須賀(はちすか)吉武 1692〜1725 江戸中期の歌人
山(やまの)吉武 平安後期の官人

善武 よしたけ
唐木(からき)善武 1833〜1919 江戸末期〜大正期の歌人、実業家

美武 よしたけ
中山(なかやま)美武 1654〜1729 江戸前期・中期の馬術家

良毅 よしたけ ⇔りょうき
村岡(むらおか)良毅 江戸後期の藩士

能武 よしだけ
設楽(しだら)能武 1652〜1700 江戸前期・中期の越後国出雲崎の代官

伊忠 よしただ ⇔これただ
藤波(ふじなみ)伊忠 1458〜1522 室町・戦国時代の神宮祭主《大中臣伊忠》

嘉忠 よしただ
船(ふねの)嘉忠 平安中期の官人

義忠 よしただ
紀(きの)義忠 平安中期の官人
黒川(くろかわ)義忠 1598〜1664 安土桃山・江戸前期の藩士
西村(にしむら)義忠 1728〜1798 江戸中期・後期の国学者
源(みなもとの)義忠 1084〜1109 平安後期の武将
武藤(むとう)義忠 1591〜1672 安土桃山・江戸前期の武士

吉忠 よしただ
宇自可(うじかの)吉忠 ?〜1028? 平安中期の官人。頗る射芸に秀でる
浦野(うらの)吉忠 室町・戦国時代の信濃小県郡の国衆浦野氏の一門
多(おおの)吉忠 平安中期の官人
大原(おおはらの)吉忠 平安中期の随身
加藤(かとう)吉忠 1555〜1602 戦国・安土桃山時代の織田信長の家臣
酒井(さかいの)吉忠 平安中期の官人
篠原(しのはら)吉忠 戦国時代の武田氏の家臣。信濃国諏訪大社の奉公人

慶忠 よしただ ⇔きょうちゅう, けいちゅう
大中臣(おおなかとみの)慶忠 1558〜1599 戦国・安土桃山時代の神宮祭主
高嶺(たかみね)慶忠 江戸中期の藩士・地誌家
藤波(ふじなみ)慶忠 1558〜1598 戦国・安土桃山時代の神職

敬忠 よしただ ⇔けいちゅう, たかただ
梅津(うめづ)敬忠 1645〜1710 江戸前期・中期の藩士・兵法家

好忠 よしただ
曽禰(そねの)好忠 平安中期の歌人

善忠 よしただ
伴野(ともの)善忠 戦国時代の武田信玄方の部将

能忠 よしただ
石川(いしかわ)能忠 ?〜1328 鎌倉後期の駿河国富士郡重須郷などの地頭

良忠 よしただ ⇔りょうちゅう
阿久根(あくね)良忠 室町時代の薩摩国莫禰の領主
安倍(あべの)良忠 平安中期の官人。真弘の父
大関(おおぜき)良忠 ?〜1892 江戸後期〜明治期の修験僧、真岡の算法塾西光院塾主
島津(しまづ)良忠 戦国時代の武将。武田家臣
平岡(ひらおか)良忠 1806〜1855 江戸後期・末期の幕臣、代官《平岡良忠》

良縄 よしただ
阿刀(あとの)良縄 平安前期の官人

綏忠 よしただ
山岡(やまおか)綏忠 江戸後期の和算家

義達 よしたつ
柳瀬(やなせ)義達 1720〜1777 江戸中期の今治綿業の祖、綿替木綿の創始者

良竜 よしたつ
三井(みつい)良竜 1698〜1751 江戸中期の第11代京都西町奉行

良龍 よしたつ
三井(みつい)良龍 1698〜1751 江戸中期の幕臣

嘉胤 よしたね
若桜部(わかさくらべ)嘉胤 平安中期の村上天皇の算生

嘉種 よしたね
源(みなもと)嘉種 平安前期の歌人

義胤 よしたね
重松(しげまつ)義胤 1826〜1895 江戸後期〜明治期の志士、歌人
富野(とみの)義胤 1733〜1791 江戸中期・後期の医者
平賀(ひらが)義胤 1628〜1722 江戸前期の兵学者

桃井(もものい)義胤　鎌倉前期・後期の武士

義種　よしたね
足利(あしかが)義種　1574〜1600　安土桃山時代の平島公方第3代当主

吉種　よしたね
仙波(せんば)吉種　1564〜1626　江戸前期の旗本

吉埴　よしたね
中山(なかやま)吉埴　1756〜1835　江戸中期・後期の神職・国学者

慶胤　よしたね
椎名(しいな)慶胤　戦国時代の武将

好胤　よしたね
石井(いしい)好胤　江戸中期の郷土史家

珍胤　よしたね
依田(よだ)珍胤　1804〜1879　江戸後期の国学者、歌人

能胤　よしたね
安西(あんざい)能胤　戦国時代の古河公方の家臣

良胤　よしたね
海上(うなかみ)良胤　1689〜1750　江戸中期の代官
千葉(ちば)良胤　1525〜1583　戦国・安土桃山時代の葛西晴信の家臣
森(もり)良胤　1809〜？　江戸後期の国学者

良種　よしたね
粟田(あわたの)良種　平安中期の東大寺杣別当
神(みわの)良種　平安中期の近江比良宮の禰宜

宜民　よしたみ
八戸(はちのへ)宜民　1850〜1896　江戸後期〜明治期の教育者

義民　よしたみ
山田(やまだ)義民　1852〜1914　江戸末期〜大正期の自治功労者

吉為　よしため
岸(きし)吉為　1761〜1803　江戸中期・後期の歌人
日高(ひだか)吉為　鎌倉後期の黒島島宰

吉大夫　よしだゆう
柴崎(しばざき)吉大夫　1761〜1829　江戸中期・後期の剣術家。玉刀流

義足　よしたり
伊藤(いとう)義足　1798〜1876　江戸後期〜明治期の歌人

吉足　よしたり
紀(きの)吉足　？〜785？　平安前期の武士
羽咋(はくいの)吉足　？〜9世紀　平安前期の学者

芳太郎　よしたろう
岸島(きしじま)芳太郎　江戸末期の新撰組隊士
斉藤(さいとう)芳太郎　1859〜1920　江戸末期〜大正期の宮大工
吉村(よしむら)芳太郎　1839〜1917　江戸後期〜明治期の新撰組隊士

与七　よしち
鈴木(すずき)与七　1824〜1901　江戸後期〜明治期の農医

愛親　よしちか
穴太(あのうの)愛親　平安中期の弁官局の官人

可近　よしちか
本間(ほんま)可近　1599〜1655　江戸前期の武士

宜周　よしちか
森(もり)宜周　1786〜1821　江戸後期の歌人

義局　よしちか
小川(おがわ)義局　1795〜1858　江戸後期・末期の神職

義近　よしちか
猿橋(さるはし)義近　1729〜1801　江戸中期・後期の書家
田中(たなか)義近　1831〜1877　江戸後期〜明治期の武士・著述家
和田(わだ)義近　？〜1871　江戸末期の文人、医家

義周　よしちか
寺門(てらかど)義周　江戸後期の藩士
古内(ふるうち)義周　江戸時代の仙台藩士
古橋(ふるはし)義周　1831〜1910　江戸後期〜明治期の段戸種蓄場長
宮原(みやはら)義周　？〜1858　江戸後期・末期の幕臣

義親　よしちか
大友(おおとも)義親　1593〜1619　安土桃山・江戸前期の武士
白川(しらかわ)義親　1541〜1626　安土桃山時代の武将
山田(やまだ)義親　1792〜1858　江戸後期・末期の医者

義鄰　よしちか
杉本(すぎもと)義鄰　江戸前期・中期の藩士

吉近　よしちか
藤井(ふじいの)吉近　平安後期の官人
山田(やまだ)吉近　1636〜1712　江戸前期の武士

吉親　よしちか
深井(ふかい)吉親　1586〜1650　安土桃山・江戸前期の武将
別所(べっしょ)吉親　？〜1580　戦国・安土桃山時代の織田信長の家臣

吉昵　よしちか
杉木(すぎき)吉昵　江戸後期の神職

慶親　よしちか
遊佐(ゆさ)慶親　戦国時代の越中国礪波郡守護代

好親　よしちか
今井(いまい)好親　1646〜1694　江戸前期・中期の代官

善親　よしちか
大和(おわ)善親　安土桃山時代の信濃国諏訪郡大和郷の土豪

良近　よしちか
小栗(おぐり)良近　？〜1859　江戸後期・末期の装剣金工
神田(かんだ)良近　1685〜1735　江戸前期・中期の藩士

良周　よしちか
永岡(なかおか)良周　江戸後期の和算家
良親　よしちか
大井(おおいの)良親　平安後期の官人
岡野(おかの)良親　1796～1836　江戸後期の保土ヶ谷宿民
佐太(さたの)良親　平安中期の下級官人。障子絵を得意とした
与七郎　よしちろう
与七郎　江戸前期の伊都郡四郷大窪村の農民
大坂(おおさか)与七郎　江戸前期の大坂説教浄瑠璃の太夫
小川(おがわ)与七郎　安土桃山時代の御寮織手
上代(かじろ)与七郎　戦国時代の千葉胤富の家臣。東下総森山城(香取市)の城衆。森山衆。東庄上代郷(東庄町)の在地領主・地侍
諏方(すわ)与七郎　戦国時代の武士
西山(にしやま)与七郎　1784～1852　江戸末期の武士
禰屋(ねや)与七郎　安土桃山時代の備中国の武将
宮寺(みやでら)与七郎　戦国時代の北条氏照の臣
室住(もろずみ)与七郎　戦国時代の信濃国諏訪郡の土豪
与七郎清正　よしちろうきよまさ
神谷(かみや)与七郎清正　1568～1647　江戸前期の地頭
能津　よしつ
民(たみの)能津　平安前期の下級官人
良津　よしつ
紀(きの)良津　平安前期の官人
義嗣　よしつぎ　⇔よしつぐ
源(みなもとの)義嗣　?～1184　平安後期の人。清和源氏
可継　よしつぐ
北(きた)可継　1671～1732　江戸前期・中期の藩士
可次　よしつぐ
永田(ながた)可次　?～1658　江戸前期の幕府代官頭伊奈忠治の家臣
義継　よしつぐ
青木(あおき)義継. 1609～1694　江戸前期・中期の幕臣
石川(いしかわ)義継　?～1331　鎌倉後期の飛驒守。吉野朝の武人
佐竹(さたけ)義継　鎌倉後期の武士
畠山(はたけやま)義継　1552～1585　戦国時代の二本松城主
義嗣　よしつぐ　⇔よしつぎ
源(みなもとの)義嗣　?～1184　平安後期の人。清和源氏《源義嗣》
義次　よしつぐ
義次　戦国時代の刀工
足利(あしかが)義次　1596～1680　安土桃山・江戸前期の平島公方第4代当主
落合(おちあい)義次　?～1663　江戸前期の武士
薄田(すすきだ)義次　?～1662　江戸前期の浅野家臣
足沢(たるさわ)義次　1609～1663　江戸前期の盛岡藩士
平島(ひらしま)義次　足利義次に同じ
吉見(よしみ)義次　1845～1916　江戸末期～大正期の静岡藩士、書店主
義従　よしつぐ
三浦(みうら)義従　1743～1819　江戸中期・後期の歌人
吉継　よしつぐ
朝宗(あさむねの)吉継　平安前期の官人
吉次　よしつぐ　⇔きちじ
吉次　鎌倉時代の刀工
吉次　戦国時代の刀匠
吉次　江戸前期の刀工
吉次　江戸後期の刀工
赤尾(あかお)吉次〔1代〕　江戸中期の装剣金工
井上(いのうえ)吉次　江戸前期の幕臣《井上吉次》
井口(いのくち)吉次　1565～1621　安土桃山・江戸前期の黒田氏の家臣
大田(おおた)吉次　1613～1680　江戸前期の旗本
小沢(おざわ)吉次　安土桃山時代の織田信長の家臣
上坂(かみさか)吉次　?～1650　江戸前期の浅野家臣
木原(きはら)吉次　?～1610　戦国時代の武将
国領(こくりょう)吉次　?～1667　江戸前期の旗本
小沢(こざわ)吉次　小沢吉次に同じ
佐橋(さはせ)吉次　?～1657　江戸前期の旗本
曽根(そね)吉次　1591～1664　安土桃山・江戸前期の幕臣
寺田(てらだ)吉次　安土桃山・江戸前期の武士
羽田(はた)吉次　戦国時代の人。土豪層か。永禄3年保持する田地を珍書記に売り渡した
春田(はるた)吉次　?～1614　江戸前期の旗本
水野(みずの)吉次　?～1677　江戸前期の槍術家
宮沢(みやさわ)吉次　戦国時代の武田氏家臣
村井(むらい)吉次　安土桃山時代の織田信長の家臣《村井助左衛門》
慶次　よしつぐ　⇔けいじ
正亀(しょうかめ)慶次　1651～1725　江戸前期・中期の「神地名勝方角集」の著者
慶蔵　よしつぐ
徳川(とくがわ)慶蔵　江戸末期の第13代尾張名古屋藩主
幸次　よしつぐ　⇔ゆきつぐ
町野(まちの)幸次　?～1725　江戸中期の旗本
善次　よしつぐ　⇔ぜんじ
荒尾(あらお)善次　1508～1590　戦国・安土桃山時代の織田信長の家臣
寺山(てらやま)善次　1847～1868　江戸後期・末期の農民。振武隊所属
良次　よしつぐ
海野(うんの)良次　?～1642　江戸前期の武士
興津(おきつ)良次　安土桃山・江戸前期の代官
壺井(つぼい)良次　江戸前期の代官
義綱　よしつな
鬼柳(おにやなぎ)義綱　南北朝時代の武士

古志(こし)義綱　南北朝時代の古志郷領主
金野(こんの)義綱　鎌倉時代の人。源頼朝より磐井郡東山を拝領
塩谷(しおのや)義綱　戦国時代の宇都宮氏の重臣「御宿老中」の1人
伊達(だて)義綱　南北朝時代の但馬国の国人
田所(たどころ)義綱　鎌倉時代の隠岐国在庁官人
藤原(ふじわらの)義綱　平安中期の官人

吉綱　よしつな
垣屋(かきや)吉綱　1597〜1646　江戸前期の武士
小泉(こいずみ)吉綱　1601〜1650　安土桃山・江戸前期の飛騨郡代
佐野(さの)吉綱　1587〜1621　安土桃山・江戸前期の幕臣

慶綱　よしつな
村山(むらやま)慶綱　戦国時代の越後国衆

善綱　よしつな
菅原(すがわらの)善綱　平安前期の宇多天皇の侍臣

芳綱　よしつな
大石(おおいし)芳綱　戦国時代の山内上杉・越後上杉氏の家臣

良綱　よしつな
藤原(ふじわらの)良綱　平安後期の官人

義経　よしつね
中原(なかはらの)義経　平安後期の官人

義芸　よしつね
山野辺(やまのべ)義芸　1831〜1886　江戸後期の第三代助川城主

義常　よしつね
松田(まつだ)義常　?〜1180　鎌倉前期の武将

吉常　よしつね
参河(みかわ)吉常　平安後期の官人

幸常　よしつね　⇔ゆきつね
秋山(あきやま)幸常　1653〜1731　江戸前期・中期の代官

良経　よしつね　⇔りょうけい
紀(きの)良経　平安後期の官人
藤原(ふじわら)良経　?〜1058　平安中期・後期の公家・歌人

義貫　よしつら
志田(しだ)義貫　1798〜1876　江戸後期〜明治期の歌人

義顔　よしつら
南部(なんぶ)義顔　1726〜1785　江戸中期の藩士

義連　よしつら
佐原(さはら)義連　佐原義連に同じ
佐原(さわら)義連　?〜1203　平安後期・鎌倉前期の武将
平(たいらの)義連　平安後期の武士

吉連　よしつら　⇔きちれん
山田(やまだ)吉連　?〜1760　江戸中期の神職

好貫　よしつら
多(おおの)好貫　平安中期の高麗舞師

芳鶴　よしつる
歌川(うたがわ)芳鶴　江戸後期の絵師

義輝　よしてる
比志島(ひししま)義輝　1847〜?　江戸末期・明治期の陸軍中将

義照　よしてる
源(みなもとの)義照　戦国時代の武田氏の家臣

吉照　よしてる
鈴村(すずむら)吉照　江戸時代の和算家

良照　よしてる
阿久根(あくね)良照　江戸時代の地頭

淑人　よしと
福永(ふくなが)淑人　1828〜1888　江戸後期〜明治期の漢学者

嘉遐　よしとう
加藤(かとう)嘉遐　1631〜1697　江戸時代の建長寺の有力檀那

喜任　よしとう
阿部(あべ)喜任　1805〜1870　江戸末期・明治期の本草家

吉任　よしとう
紀(きの)吉任　平安後期の官人

好任　よしとう
射水(いみず)好任　平安後期の官人

順任　よしとう
小槻(おづき)順任　鎌倉後期の官人

世孺　よしとう
岡(おか)世孺　1739〜1816　江戸中期の藩儒(崎門学派)

能任　よしとう
岡屋(おかのやの)能任　平安後期の官人

良任　よしとう
後醍院(ごだいいん)良任　1524〜1597　戦国・安土桃山時代の武将
藤原(ふじわらの)良任　平安後期の官人

義遠　よしとお
高田(たかだ)義遠　南北朝時代の武将

能遠　よしとお
高階(たかしなの)能遠　平安後期の官人

良遠　よしとお　⇔りょうえん
各務(かがみの)良遠　平安後期の官人
田口(たぐちの)良遠　平安後期の阿波国の武将

可時　よしとき
西尾(にしお)可時　?〜1706　江戸前期・中期の藩士

義時　よしとき
笠(かさの)義時　平安後期の官人

義辰　よしとき
足利(あしかが)義辰　1616〜1728　江戸前期・中期の平島公方第6代当主
平島(ひらしま)義辰　足利義辰に同じ

義論　よしとき
南部(なんぶ)義論　1616〜1699　江戸前期・中期の遠野藩主

吉時　よしとき
浅野(あさの)吉時　?〜1619　安土桃山・江戸前

期の浅野家臣
細田(ほそだ)吉時　?～1610　江戸前期の代官
山田(やまだ)吉時　?～1744　江戸中期の幕臣

吉辰　よしとき
須賀(すが)吉辰　江戸後期の和算家

善言　よしとき
滋野(しげのの)善言　947～?　平安中期の人。もと小槻氏

嘉年　よしとし
山田(やまだ)嘉年　?～1890　江戸後期～明治期の自治功労者

儀俊　よしとし
三浦(みうら)儀俊　?～1618　江戸前期の旗本

宜歳　よしとし
和田(わだ)宜歳　?～1873　江戸後期～明治期の商家・国学者

義威　よしとし
西野(にしの)義威　1831～1894　江戸末期・明治期の武士、官吏

義俊　よしとし　⇔ぎしゅん
吉良(きら)義俊　1670～1742　江戸前期・中期の武士
佐竹(さたけ)義俊　1420～1477　室町・戦国時代の佐竹氏15代当主
山名(やまな)義俊　鎌倉後期の武士

義年　よしとし
津久井(つくい)義年　1725～1787　江戸中期の藩士・和算家

義利　よしとし　⇔ぎり
宍戸(ししど)義利　戦国時代の常陸国人
千萱(ちがや)義利　1809～1856　江戸後期・末期の国学者
鳥居(とりい)義利　1775～1856　江戸中期～末期の小諸藩の藩学明倫堂の創立功労者
吉沢(よしざわ)義利　江戸後期の和算家

吉年　よしとし
三俣(みつまた)吉年　江戸後期の著作家

吉敏　よしとし
行本(ゆきもと)吉敏　1808～1868　江戸末期の数学者《行本健左衛門》

吉利　よしとし
吉利　南北朝時代の刀工
高林(たかばやし)吉利　1525～1596　戦国・安土桃山時代の代官

慶寿　よしとし　⇔けいじゅ, よしひさ
戸部(とべ)慶寿　1841～1890　江戸後期～明治期の酪農家
一橋(ひとつばし)慶寿　1823～1847　江戸後期の三卿一橋家の7代

淑俊　よしとし
紀(き)淑俊　南北朝時代の歌人

善利　よしとし
丹沢(たんざわ)善利〔1代〕　1855～1908　江戸末期・明治期の実業家、生盛薬館創業者

由利　よしとし　⇔ゆり
巨勢(こせ)由利　1663～1719　江戸中期の武士、幕臣
戸田(とだ)由利　江戸前期の旗本

良俊　よしとし　⇔りょうしゅん
小槻(おつきの)良俊　平安後期の官人

良利　よしとし
多治(たじひの)良利　平安中期の官人
山村(やまむら)良利　1514～1599　戦国時代の信濃木曽氏・甲斐武田氏両属の重臣

佳富　よしとみ
佐橋(さはせ)佳富　1776～?　江戸中期の幕臣

善富　よしとみ
篠原(しのはら)善富　江戸後期の和算家

芳富　よしとみ
一芸斎(いちげいさい)芳富　江戸後期の浮世絵師

良富　よしとみ　⇔りょうふ
増田(ますだ)良富　?～1719　江戸中期の旗本

義知　よしとも
磯部(いそべ)義知　?～1788　江戸後期の桑田郡平屋村の人
茂木(もてき)義知　?～1746　江戸中期の藩士

義智　よしとも
朝夷(あさい)義智　江戸前期・中期の幕臣
石井(いしい)義智　1708～1776　江戸中期の商人
塚田(つかだ)義智　?～1859　江戸末期の和算家
藤川(ふじかわ)義智　江戸後期の佐賀藩士・和算家

義比　よしとも　⇔ぎひ
牧(まき)義比　1741～1805　江戸中期・後期の官人

義友　よしとも
藤原(ふじわら)義友　江戸後期の神職

吉共　よしとも
出(いずるの)吉共　平安後期の官人

吉知　よしとも
一場(いちば)吉知　?～1687　江戸前期の沼田藩士
布施(ふせ)吉知　江戸後期の神職

吉友　よしとも
我孫(あびこの)吉友　平安後期の官人
凡(おおしの)吉友　平安後期の官人

善友　よしとも
文室(ふんやの)善友　平安前期の官人

良知　よしとも
瀬戸山(せどやま)良知　1847～1877　江戸後期～明治期の始羅郡山田の人
平岡(ひらおか)良知　1542～1619　戦国～江戸前期の代官

良朝　よしとも
紀(きの)良朝　平安中期の山城国紀伊郡中村の刀禰

嘉豊　よしとよ
吉田(よしだ)嘉豊　江戸時代の和算家

義豊　よしとよ
上松(あげまつ)義豊　戦国時代の武将

吉豊　よしとよ
種田(たねだ)吉豊　江戸前期の著述家

慶豊　よしとよ
曽谷(そだに)慶豊　?～1728　江戸中期の旗本
芳豊　よしとよ
歌川(うたがわ)芳豊　江戸後期の画家
良豊　よしとよ　⇔りょうほう
平岡(ひらおか)良豊　?～1635　江戸前期の代官
叔虎　よしとら
和久田(わくだ)叔虎　1768～1824　江戸中期・後期の漢学者・医者
芳鳥　よしとり
歌川(うたがわ)芳鳥　江戸末期の絵師《歌川芳鳥女》
芳鳥女　よしとりじょ
歌川(うたがわ)芳鳥女　江戸末期の絵師
良名　よしな
物部(もののべの)良名　平安前期の歌人
令名　よしな
忍海(おしのうみの)令名　平安前期の官人
温直　よしなお
土屋(つちや)温直　1782～1852　江戸中期・後期の幕臣
義生　よしなお　⇔よしお
畠山(はたけやま)義生　鎌倉時代の武士
義直　よしなお
一色(いっしき)義直　?～1643　安土桃山・江戸前期の古河公方足利義氏の家臣
一色宮内(いっしきくない)義直　一色義直に同じ
小林(こばやし)義直　1844～1905　江戸後期～明治期の蘭学者
竹下(たけした)義直　1759～1810　江戸中期・後期の庄屋
源(みなもとの)義直　平安後期・鎌倉前期の武士
宮原(みやばら)義直　1809～1881　江戸後期～明治期の武士
宮部(みやべ)義直　1759～1794　江戸中期・後期の藩士、歌人
吉直　よしなお
曽原(そはら)吉直　江戸前期の神職
三井(みつい)吉直　?～1688　江戸前期の旗本
好直　よしなお
片岡(かたおか)好直　1818～1873　江戸後期～明治期の土佐勤王党員
善直　よしなお
山辺(やまのべの)善直　平安前期の官吏
山辺(やまべの)善直　山辺善直に同じ
芳直　よしなお
歌川(うたがわ)芳直　江戸末期の絵師
良直　よしなお
岩月(いわつき)良直　1766～1838　江戸末期の文人
小栗(おぐり)良直　江戸後期の装剣金工
富小路(とみのこうじ)良直　?～1615　江戸前期の公家。延臣富小路秀直の長男
義仲　よしなか
佐伯(さえきの)義仲　平安中期の官人
吉仲　よしなか
酒井(さかいの)吉仲　平安後期の官人
恭仲　よしなか
秦(はた)恭仲　1820～1901　江戸後期～明治期の神職
能仲　よしなか　⇔よしなが
藤原(ふじわらの)能仲　平安後期の官人。右大臣藤原頼宗の曽孫
良仲　よしなか　⇔りょうちゅう
粟田(あわたの)良仲　平安中期の官人
可永　よしなが
原(はら)可永　安土桃山・江戸前期の武士
可長　よしなが
奥井(おくい)可長　1739～1804　江戸中期・後期の新田開拓者
喜長　よしなが
袴田(はかまた)喜長　1718～1791　江戸中期・後期の自治、治水功労者
宜長　よしなが
武(たけ)宜長　1772～1856　江戸中期～末期の広瀬川水運の開拓者
義長　よしなが
南部(なんぶ)義長　1641～1688　江戸前期の遠野藩主
二山(ふたつやま)義長　1623～1709　江戸前期・中期の浜田出身の儒学者
吉永　よしなが　⇔きちえい
木村(きむら)吉永　?～1876　江戸後期～明治期の下荻野村の鋳物師としては最後の人
佐伯(さえきの)吉永　平安中期の備前国鹿田荘の梶取
深谷(ふかや)吉永　1644～1692　江戸前期・中期の関東代官
吉長　よしなが
沢(さわ)吉長　戦国時代の武田氏の家臣
沢井(さわい)吉長　?～1608　安土桃山・江戸前期の織田信長の家臣《沢井雄重》
壬生(みぶ)吉長　戦国時代の伊豆の大工
吉田(よしだ)吉長　戦国時代の北条氏の家臣
恵長　よしなが
源(みなもとの)恵長　戦国時代の武田氏家臣
好長　よしなが
大森(おおもり)好長　?～1644　江戸前期の旗本
幸長　よしなが
町野(まちの)幸長　?～1701　江戸中期の幕臣
宣長　よしなが
武(たけ)宣長　1772～1856　江戸中期～末期の広瀬川水運の開拓者《武宜長》
善永　よしなが
滋野(しげの)善永　平安前期の漢詩人
善長　よしなが
岡田(おかだ)善長　1858～1912　江戸末期・明治期の人。新撰組の近藤勇を捕らえた一人
増田(ますだ)善長　江戸末期の弓道家

能仲 よしなが ⇔よしなか
藤原(ふじわらの)能仲 平安後期の官人。右大臣藤原頼宗の曽孫《藤原能仲》

福永 よしなが
紀(きの)福永 平安後期の官人

芳長 よしなが
滋岡(しげおか)芳長 江戸後期の神職

良永 よしなが ⇔りょうえい
宇佐美(うさみ)良永 1634〜1713 江戸前期・中期の兵法家

良長 よしなが ⇔りょうちょう
村岡(むらおか)良長 1723〜1802 江戸後期の武士

佳成 よしなり
日暮(ひぐらし)佳成 江戸末期の和算家

嘉成 よしなり ⇔よししげ
惟宗(これむねの)嘉成 平安後期の医師

喜生 よしなり
松平(まつだいら)喜生 江戸中期の旗本

義業 よしなり
源(みなもとの)義業 平安後期の武将

義済 よしなり
橘(たちばなの)義済 平安後期の官人

義成 よしなり ⇔よししげ
伊岐(いきの)義成 平安後期の官人
伊部(いべ)義成 ?〜1864 江戸後期・末期の藩士、歌人
大熊(おおくま)義成 戦国時代の武将
平(たいらの)義成 平安後期の武士
天神林(てんじんばやし)義成 ?〜1502 室町・戦国時代の武士。佐竹氏の一族
土岐(とき)義成 戦国時代の上総の万喜城主
蒔田(まいた)義成 1629〜1691 江戸前期・中期の高家
三浦(みうら)義成 1651〜1692 江戸前期の武士

義也 よしなり
大嶋(おおしま)義也 1660〜1723 江戸前期・中期の幕臣
南部(なんぶ)義也 ?〜1683 江戸前期の附馬牛南部氏初代
野崎(のざき)義也 1773〜1834 江戸中期・後期の文人

吉成 よしなり
浅山(あさやま)吉成 ?〜1691 江戸前期・中期の神職。島根佐陀大社正神主
大宅(おおやけの)吉成 奈良時代の官人
小野(おのの)吉成 平安中期の官人
紀(きの)吉成 平安中期の官人
杉浦(すぎうら)吉成 ?〜1635 江戸前期の旗本
速水(はやみ)吉成 ?〜1640 江戸前期の旗本
彦坂(ひこさか)吉成 1600〜? 安土桃山時代の代官
堀田(ほった)吉成 江戸前期の和算家

慶成 よしなり
高畠(たかばたけ)慶成 江戸中期の藩士

好成 よしなり
石渡(いしわたり)好成 1758〜1838 江戸中期・後期の和算家
伊瀬知(いせち)好成 1848〜1922 江戸末期〜大正期の留守近衛団長、貴族院議員、男爵

善成 よしなり
浅井(あさい)善成 1647〜1694 江戸中期の武士
蜂屋(はちや)善成 ?〜1616 江戸前期の旗本

適成 よしなり
辻葩(つじはな)適成 ?〜1813 江戸中期・後期の岡崎藩本多家の在所岡崎詰の儒者

能該 よしなり
設楽(しだら)能該 1706〜1770 江戸中期の代官

能業 よしなり
設楽(しだら)能業 1560〜1647 安土桃山・江戸前期の代官
高瀬(たかせ)能業 戦国時代の上野国衆国峰小幡氏の家臣

能成 よしなり ⇔よししげ
紀(きの)能成 平安後期の官人

美成 よしなり
河合(かわい)美成 ?〜1874 江戸後期〜明治期の通弁、佐渡英学校英学教授

良成 よしなり ⇔りょうせい
高橋(たかはし)良成 平安中期の官人、歌人

良生 よしなり
大蔵(おおくらの)良生 平安中期の官人

吉主 よしぬし
紀(きの)吉主 平安前期の紀伊国名草郡真川郷の郷長

義根 よしね
足利(あしかが)義根 1747〜1826 江戸中期・後期の漢詩人

善根 よしね
石野(いしのの)善根 平安中期の官人

吉野 よしの
壱志(いちしの)吉野 平安前期の官人
大春日(おおかすがの)吉野 平安前期の官人

良之助 よしのすけ ⇔りょうのすけ
木村(きむら)良之助 ?〜1866 江戸後期・末期の新撰組隊士
高橋(たかはし)良之助 江戸末期の新撰組隊士

可信 よしのぶ
磯矢(いそや)可信 1806〜1857 江戸後期・末期の東町奉行所与力

宜陳 よしのぶ
岡崎(おかざき)宜陳 江戸後期の藩士

義信 よしのぶ
石田(いしだ)義信 江戸後期〜明治期の和算家
長(おさの)義信 平安中期の医師
近藤(こんどう)義信 ?〜1755 江戸中期の書家
筒井(つつい)義信 1846〜1900 江戸後期〜明治期の陸軍軍人
中島(なかしま)義信 1828〜1872 江戸後期〜明治期の里正

畑（はた）義信　江戸時代の会津藩吏
畠山（はたけやま）義信　1841～1894　江戸末期の藩政家
藤井（ふじい）義信　江戸時代の「中山道伝馬騒動実録」の著者
三ヶ島（みかじま）義信　1792～1855　江戸後期・末期の神職
宮島（みやじま）義信　1837～1920　江戸末期～大正期の洋方医
村上（むらかみ）義信　？～1333　鎌倉後期の武将
和田（わだ）義信　南北朝時代の武将、和田城主

義誠　よしのぶ
神谷（かみや）義誠　江戸中期の「黒髪山紀行」の著者

義宣　よしのぶ　⇔ぎせん，よしのり
三戸（みと）義宣　戦国時代の扇谷上杉氏の家臣

義陳　よしのぶ
大井（おおい）義陳　江戸中期の藩士・歌人
戸田（とだ）義陳　？～1699　江戸中期の旗本

吉延　よしのぶ
紀（きの）吉延　平安中期の官人
長浜（ながはま）吉延　1550～1617　戦国～江戸前期の武士

吉叙　よしのぶ
大島（おおしま）吉叙　江戸末期の和算家、谷田部藩士

吉信　よしのぶ
吉信　室町時代の刀工
飯塚（いいづか）吉信　戦国時代の土豪、白井長尾氏の家臣
紀（き）吉信　江戸中期の絵師
関戸（せきど）吉信　？～1498　室町・戦国時代の武士。伊豆深根城城主
武田（たけだ）吉信　戦国時代の長南城主
田村（たむら）吉信　江戸中期の絵師
津茂（つも）吉信　鎌倉後期の名西郡童学寺の堂舎一宇の大願主
水野（みずの）吉信　江戸前期の槍術家

吉宣　よしのぶ
吉宣　戦国時代の甲冑師。相模国で活動

好信　よしのぶ
小宮（こみや）好信　？～1889頃　江戸後期～明治期の画家
佐藤（さとう）好信　1511～1565　戦国・安土桃山時代の武将

淑信　よしのぶ
橘（たちばな）淑信　平安中期の官人・漢詩人

祥信　よしのぶ
中村（なかむら）祥信　1675～1752　江戸前期・中期の幕臣

世順　よしのぶ
川勝（かわかつ）世順　江戸中期の漢学者

善信　よしのぶ　⇔ぜんしん
伴（ともの）善信　平安中期の官人

美信　よしのぶ
三坂（みさか）美信　1778～1843　江戸中期・後期の心学者

芳信　よしのぶ
歌川（うたがわ）芳信　江戸末期の絵師
田中（たなか）芳信　江戸中期の装剣金工

由信　よしのぶ
狩野（かのう）由信　？～1814　江戸中期・後期の日本画家《狩野如水》
砂川（すながわ）由信　江戸後期の漢学者

良信　よしのぶ　⇔りょうしん
宇保（うおの）良信　平安中期の美濃国紙屋の長上
興津（おきつ）良信　1542～1624　戦国～江戸前期の代官
笠（かさの）良信　平安中期の官人
狩野（かのう）良信　？～1716　江戸前期・中期の絵師
吉井（よしい）良信　1675～1742　江戸前期・中期の三社の神主

可敬　よしのり　⇔かけい
蜂屋（はちや）可敬　1661～1727　江戸前期・中期の藩士・漢学者

嘉功　よしのり
神野（じんの）嘉功　1798～1895　江戸後期～明治期の藩士

嘉典　よしのり
菊池（きくち）嘉典　？～1768　江戸中期の神職

嘉伯　よしのり
勝部（かつべ）嘉伯　1791～1863　江戸後期・末期の神職

賀度　よしのり
原（はら）賀度　1790～1860　江戸後期・末期の和算家

喜乗　よしのり
田中（たなか）喜乗　1691～1740　江戸中期の幕臣

喜典　よしのり
鹿内（しかない）喜典　1843～1918　江戸末期～大正期の漢学者

義規　よしのり
細川（ほそかわ）義規　1814～1888　江戸末期・明治期の刀工

義卿　よしのり
毛呂（もろ）義卿　1724～1792　江戸中期・後期の国学者

義教　よしのり
真島（ましま）義教　1800～1874　江戸後期～明治期の素封家

義訓　よしのり
川口（かわぐち）義訓　？～1882　江戸後期～明治期の和算家

義敬　よしのり　⇔よしたか
藤井（ふじい）義敬　1817～？　江戸後期・末期の官人

義憲　よしのり
義憲　平安時代の刀工

阿部(あべ)義憲 江戸後期の漢蘭折衷医
石塔(いしどう)義憲 南北朝時代の武将
源(みなもと)義憲 ?～1184 平安後期の武士

義権 よしのり
杉浦(すぎうら)義権 江戸後期の歴史家

義孝 よしのり ⇔のりたか, よしたか
出雲(いずも)義孝 鎌倉時代の杵築大社国造

義式 よしのり
宮道(みやじの)義式 平安後期の官人

義制 よしのり
近藤(こんどう)義制 1798～1876 江戸後期～明治期の藩士

義清 よしのり ⇔よしきよ
菊池(きくち)義清 江戸末期の「こころのちしほ集」の著者

義宣 よしのり ⇔ぎせん, よしのぶ
足利(あしかが)義宣 1709～1778 江戸中期の平島公方第8代当主
平島(ひらしま)義宣 足利義宣に同じ

義典 よしのり
三木(みき)義典 江戸後期の和算家

義則 よしのり
小林(こばやし)義則 1847～1925 江戸後期～大正期の文学社創業者

義徳 よしのり
新田(にった)義徳 1822～1883 江戸後期～明治期の邑主沼辺氏の家老

義範 よしのり ⇔ぎはん
荒川(あらかわ)義範 南北朝時代の武将
大宅(おおやけの)義範 平安後期の官人
源(みなもとの)義範 ?～1184 平安後期の武士

吉規 よしのり
大野(おおの)吉規 江戸中期の砲術家

吉教 よしのり
小橋(こばし)吉教 1807～1870 江戸末期の武士

吉憲 よしのり
小町谷(こまちや)吉憲 1782～1857 江戸中期～末期の歌人

吉則 よしのり
吉則〔1代〕 室町時代の刀工
吉則〔2代〕 室町時代の刀工
阿比古(あびこの)吉則 平安後期の官人

吉徳 よしのり
三須(みす)吉徳 1807～1854 江戸後期・末期の和算家

吉里 よしのり ⇔よしさと
勝野(かつの)吉里 江戸前期の武士

恵規 よしのり
岩原(いわはら)恵規 江戸末期の藩士

慶儀 よしのり
南(みなみ)慶儀 ?～1591 戦国・安土桃山時代の南部信直の重臣

敬儀 よしのり ⇔たかよし
前波(まえば)敬儀 1745～1818 江戸中期・後期の歌人《前波敬儀》

敬徳 よしのり ⇔けいとく, たかのり
黒沢(くろさわ)敬徳 ?～1883 江戸後期～明治期の官史

好徳 よしのり
西(にし)好徳 江戸末期の和算家

好礼 よしのり
阪部(さかべ)好礼 江戸末期の書家・画家・茶人
富田(とだ)好礼 富田好礼に同じ
富田(とみた)好礼 1746～1823 江戸中期・後期の加賀藩士

幸範 よしのり ⇔ゆきのり
大富(おおどみ)幸範 南北朝時代の武将《大富幸範》

善教 よしのり ⇔ぜんきょう
久保(くぼ)善教 江戸後期の漢学者

善徳 よしのり ⇔ぜんとく
小松原(こまつばら)善徳 1768～1840 江戸中期・後期の小鼓製作の名手

美乗 よしのり
安原(やすはら)美乗 江戸末期の彫刻家

由譲 よしのり
永田(ながた)由譲 ?～1877 江戸後期～明治期の陸軍軍人

誉志乃理 よしのり
源(みなもと)誉志乃理 江戸後期の近衛権中将・因幡守

良矩 よしのり ⇔りょうく
板倉(いたくら)良矩 ?～1749 江戸中期の郷土史家

良則 よしのり
佐々(さっさ)良則 安土桃山時代の織田信長の家臣《佐々主知》
中原(なかはらの)良則 平安後期の官人
渡部(わたなべ)良則 江戸時代の槍師

良範 よしのり ⇔りょうはん
藤原(ふじわらの)良範 平安前期の官人。藤原純友の父

懋徳 よしのり
佐藤(さとう)懋徳 1761～1817 江戸中期・後期の漢学者

佳春 よしはる
浅井(あさい)佳春 ?～1761 江戸中期の武士
吉田(よしだ)佳春 江戸後期の鶴岡八幡宮の神楽方職掌

可春 よしはる ⇔かしゅん
小西(こにし)可春 ?～1719 江戸前期・中期の藩士

喜春 よしはる
平松(ひらまつ)喜春 ?～1842 江戸後期の人。芭蕉150回忌に際し国府観音堂に紅梅墳を建立

宜珍 よしはる
上田(うえだ)宜珍 1755～1829 江戸中期の床屋・陶芸家

義治　よしはる
佐竹（さたけ）義治　1443〜1490　室町・戦国時代の佐竹氏16代当主
脇田（わきた）義治　1324〜1396　南北朝時代の武将
渡辺（わたなべ）義治　江戸末期の佐倉藩士・和算家

義春　よしはる
渋川（しぶかわ）義春　鎌倉時代の武士
上条（じょうじょう）義春　1563〜1643　安土桃山・江戸前期の上杉氏の一門
畠山（はたけやま）義春　1572〜1577　安土桃山時代の武士。畠山義隆の子
源（みなもと）義春　南北朝時代の歌人

吉亨　よしはる
藤田（ふじた）吉亨　1839〜1923　江戸末期〜大正期の大田原藩士、政治家

吉治　よしはる
安藤（あんどう）吉治　江戸前期の和算家
外郎（ういろう）吉治　？〜1613　戦国〜江戸前期の商人
宇野（うの）吉治　？〜1613　安土桃山・江戸前期の武士。北条氏家臣

吉春　よしはる
安倍（あべの）吉春　平安中期の官人
佐々木（ささき）吉春　？〜1885　江戸末期・明治期の和算家
横山（よこやま）吉春　江戸前期の兵法家

よ

吉晴　よしはる
桜井（さくらい）吉晴　戦国時代の地侍

好春　よしはる　⇔こうしゅん
井上（いのうえ）好春　1756〜1835　江戸中期・後期の歌人
長谷川（はせがわ）好春　江戸中期の装剣金工
武藤（むとう）好春　江戸末期の土佐藩校文武館頭取

美春　よしはる
前原（まえはら）美春　1804〜1880　江戸後期〜明治期の神職

由晴　よしはる
遠藤（えんどう）由晴　1759〜1841　江戸末期の教育者

良温　よしはる　⇔りょうおん
河合（かわい）良温　江戸後期の医者・漢学者
水田（みずた）良温　？〜1880　江戸末期・明治期の和算家

良玄　よしはる　⇔りょうげん
丸山（まるやま）良玄　1757〜1816　江戸中期・後期の和算家

良春　よしはる　⇔りょうしゅん
水野（みずの）良春　？〜1373　鎌倉後期・南北朝時代の新居城主。退養寺の開基

佳彦　よしひこ
亀田（かめだ）佳彦　1703〜1774　江戸中期の神職

可彦　よしひこ
陸（くが）可彦　江戸後期の医者

義彦　よしひこ
斎藤（さいとう）義彦　1785〜1841　江戸中期・後期の神道家
政田（まさだ）義彦　江戸後期の「浪速人傑談」の著者
横山（よこやま）義彦　1803〜1873　江戸後期〜明治期の歌人
渡辺（わたなべ）義彦　1831〜1881　江戸末期の画家

吉彦　よしひこ　⇔えひこ
赤沢（あかざわ）吉彦　1825〜1891　江戸後期〜明治期の和算家、盛岡藩士
加藤（かとう）吉彦　1762〜？　江戸中期・後期の国学者《加藤吉彦》
塚本（つかもと）吉彦　1839〜1916　江戸末期〜大正期の歴史学者

慶彦　よしひこ
松木（まつき）慶彦　1616〜1683　江戸前期の神職

侯彦　よしひこ
関口（せきぐち）侯彦　1838〜1891　江戸末期・明治期の筑摩、長野両県の吏員

贇彦　よしひこ
前田河（まえだこ）贇彦　1853〜1883　江戸後期〜明治期の伊達氏家臣

可久　よしひさ
梶川（かじかわ）可久　?〜1741　江戸中期の漢学者

義久　よしひさ
大田和（おおたわ）義久　平安後期・鎌倉前期の武士
平（たいらの）義久　平安後期の武士
平（たいらの）義久　？〜1189　平安後期の人。幼名熊王
北郷（ほんごう）義久　南北朝時代の島津家家臣
源（みなもとの）義久　？〜1184　平安後期の武士
鷲尾（わしお）義久　平義久に同じ

義寿　よしひさ
清水（しみず）義寿　1836〜1923　江戸末期〜大正期の「信飛新聞」の編集者、考古学者

吉久　よしひさ　⇔ゆきひさ
吉久　江戸末期の刀工
足羽（あすはの）吉久　平安後期の加賀国額田荘の番頭
岩越（いわこし）吉久　安土桃山時代の織田信長の家臣
大西（おおにし）吉久　江戸前期の馬術家
大山（おおやま）吉久　戦国時代の仏師
河村（かわむら）吉久　？〜1603　安土桃山時代の佐渡国の金山経営者、代官
須賀（すが）吉久　戦国時代の上野国群馬郡倉賀野の土豪
玉井（たまい）吉久　1846〜1911　江戸末期・明治期の戸長、愛媛県会議員
中原（なかはらの）吉久　平安後期・鎌倉前期の画家
野村（のむら）吉久　1761〜1848　江戸中期・後期の和算家
桧垣本（ひがいもと）吉久　1483〜1518　戦国時代の能役者小鼓方

三井（みつい）吉久　？～1649　江戸前期の旗本
明珍（みょうちん）吉久　？～1664　江戸前期の装剣金工
室賀（むろが）吉久　？～1582　安土桃山時代の信濃小県郡の国衆室賀盛清の四男
簗賀（やなが）吉久　安土桃山時代の武士

吉古　よしひさ
佐々（さっさ）吉古　？～1679　江戸前期の浅野家臣

慶久　よしひさ
神保（じんぼ）慶久　室町時代の足利庄代官

慶寿　よしひさ　⇔けいじゅ，よしとし
一橋（ひとつばし）慶寿　1823～1847　江戸後期の三卿一橋家の7代《一橋慶寿》

好久　よしひさ
真館（まだち）好久　？～1428　南北朝・室町時代の能登国羽咋郡土田荘館の土豪

善久　よしひさ
荒尾（あらお）善久　1539～1572　戦国・安土桃山時代の織田信長の家臣

能久　よしひさ
小早川（こばやかわ）能久　江戸前期の兵法家
設楽（しだら）能久　？～1700　江戸中期の代官

良久　よしひさ
跡部（あとべ）良久　1741～？　江戸中期の幕臣
平岡（ひらおか）良久　1678～1736　江戸前期・中期の代官

良尚　よしひさ
凡河内（おおしこうちの）良尚　平安中期の官人
丹波（たんば）良尚　南北朝時代の医者・連歌作者

可英　よしひで
本間（ほんま）可英　？～1699　江戸前期の武士

義英　よしひで
三好（みよし）義英　江戸後期の国学者

義秀　よしひで　⇔ぎしゅう
朝夷名（あさいな）義秀　1176～？　鎌倉前期の武士
石川（いしかわ）義秀　江戸末期の土佐勤王党員
一色（いっしき）義秀　？～1498　室町時代の武将。義直の子
長沼（ながぬま）義秀　室町時代の武士
波多野（はたの）義秀　南北朝時代の長野庄内美濃郡美濃地・黒谷郷地頭
藤原（ふじわらの）義秀　平安後期の武士
水島（みずしま）義秀　？～1872　江戸後期の淘綾郡中里村名主

吉英　よしひで
小町谷（こまちや）吉英　1759～1811　江戸中期・後期の歌人

慶英　よしひで
篠原（しのはら）慶英　1785～1860　江戸中期～末期の武芸家

慶秀　よしひで　⇔きょうしゅう，けいしゅう
河西（かわにし）慶秀　安土桃山・江戸前期の代官
本庄（ほんじょう）慶秀　1497～1578　戦国・安土桃山時代の武将

能秀　よしひで
小佐野（おさの）能秀　戦国時代の冨士御室浅間社の神主
摂津（せっつ）能秀　南北朝・室町時代の美作国内の庄園領主
門司（もじ）能秀　室町時代の武将・連歌作者

美英　よしひで
西田（にしだ）美英　江戸中期の郷土史家

芳英　よしひで
牛山（うしやま）芳英　江戸後期の藩士

由英　よしひで
池田（いけだ）由英　1606～1673　江戸前期の徳島藩家老

良秀　よしひで　⇔りょうしゅう
上田（うえだ）良秀　江戸中期の武士

義仁　よしひと
余（よの）義仁　奈良時代の橘諸兄家の家令

義倫　よしひと
小川（おがわ）義倫　1825～1874　江戸後期～明治期の神職

吉人　よしひと
安倍（あべの）吉人　781～838　奈良・平安前期の官人
笠（かさの）吉人　平安前期の官人

吉仁　よしひと
笠（かさの）吉仁　平安中期の官人

善人　よしひと
大私部（おおきさいべの）善人　平安前期の千葉国造
土師（はじの）善人　奈良時代の官人

能仁　よしひと
秦（はた）能仁　平安前期の弩師

良人　よしひと
大中臣（おおなかとみの）良人　平安前期の官人

与次兵衛　よじびょうえ　⇔よじへえ，よじべえ
真野（まの）与次兵衛　江戸前期の豊臣秀頼の家臣

嘉平　よしひら　⇔かへい
福井（ふくい）嘉平　1700～1782　江戸中期の剣術家

宜平　よしひら　⇔ぎへえ
岡崎（おかざき）宜平　江戸後期の藩士

吉平　よしひら　⇔きちへい，きちべい，よしへい
加治木（かじき）吉平　鎌倉前期の武士

詮平　よしひら
鳥居大路（とりいおおじ）詮平　1552～1619　戦国～江戸前期の神職・連歌作者

善平　よしひら　⇔ぜんべい，ぜんぺい
和田（わだ）善平　1844～1908　江戸後期～明治期の建築家

可弘　よしひろ
黒瀬（くろせ）可弘　1731～1820　江戸中期・後期の神職

嘉寛　よしひろ
門間（もんま）嘉寛　江戸中期の医者

嘉広 よしひろ
竹村(たけむら)嘉広 1637〜1695 江戸前期・中期の代官
松前(まつまえ)嘉広 1652〜1731 江戸前期・中期の幕臣
嘉博 よしひろ
亀原(かめはら)嘉博 1799〜1870 江戸後期〜明治期の大工
喜広 よしひろ
小川地(おがわぢ)喜広 1808〜1872 江戸後期〜明治期の神職
山上(やまがみ)喜広 江戸前期の加賀藩の大工
喜煕 よしひろ
酒井(さかい)喜煕 江戸後期の藩士
宜弘 よしひろ
柴崎(しばざき)宜弘 1838〜1912 江戸後期〜明治期の神職
義寛 よしひろ ⇔ぎかん
斯波(しば)義寛 1458〜1514 室町・戦国時代の武将
義広 よしひろ
芦名(あしな)義広 1575〜1631 安土桃山・江戸前期の常陸太田城主佐竹義重の二男
蛎崎(かきざき)義広 1479〜1545 戦国時代の蛎崎氏(のちの松前氏)第3世
木曽(きそ)義広 1792〜1868 江戸後期・末期の文人
志田(しだ)義広 ?〜1184 平安後期・鎌倉前期の武将
逸見(へんみ)義広 1830〜1904 江戸後期〜明治期の神職
義弘 よしひろ
根岸(ねぎし)義弘 江戸中期の地誌家
和賀(わが)義弘 1589〜1646 安土桃山・江戸前期の仙台藩士
義博 よしひろ
淵辺(ふちのべ)義博 ?〜1335 南北朝時代の武将
吉栄 よしひろ
奥村(おくむら)吉栄 江戸後期の和算家
吉寛 よしひろ
佐羽内(さはうち)吉寛 江戸後期の和算家
椎名(しいな)吉寛 江戸中期の鋳物師
吉広 よしひろ
吉広 江戸後期の刀工
吉広 1816〜1878 江戸後期〜明治期の刀匠
大川(おおかわ)吉広 戦国時代の北条氏御料所の小代官
曽根(そね)吉広 1626〜1675 江戸前期の代官
長谷川(はせがわ)吉広 戦国時代の徳川家奉行人
渡辺(わたなべ)吉広 戦国時代の北条氏の家臣
吉弘 よしひろ
吉弘 江戸末期の刀工
黒岩(くろいわ)吉弘 安土桃山時代の武士
好敬 よしひろ
大田(おおた)好敬 1650〜1727 江戸前期・中期の幕臣
好博 よしひろ
竹村(たけむら)好博 ?〜1886 江戸末期の藩士・和算家
祥弘 よしひろ
祥弘 戦国時代の刀工
賞礼 よしひろ
金崎(かねざき)賞礼 1833〜1873 江戸後期〜明治期の大槌代官所給人
善弘 よしひろ
浅井(あさい)善弘 1833〜1901 江戸後期〜明治期の和算家
能寛 よしひろ
林田(はやしだ)能寛 1817〜1885 江戸後期〜明治期の公益事業功労者
頼汎 よしひろ
山崎(やまざき)頼汎 1678〜1745 江戸中期の武士
良寛 よしひろ
平岡(ひらおか)良寛 1713〜1790 江戸中期・後期の幕臣
良広 よしひろ
中村(なかむら)良広 1824〜1876 江戸後期〜明治期の書家・歌人
良弘 よしひろ ⇔りょうこう
稲葉(いなば)良弘 ?〜1571 戦国・安土桃山時代の織田信長の家臣
吉広 よしひろ
長田(おさだ)吉広 ?〜1671 江戸前期の旗本
義房 よしふさ
大内(おおうち)義房 1524〜1543 戦国時代の武将
矢島(やじま)義房 戦国時代の信濃国諏訪郡の社家衆
吉房 よしふさ
吉房 平安後期の刀工
曲淵(まがりぶち)吉房 ?〜1624 江戸前期の旗本
好房 よしふさ
小寺(こでら)好房 ?〜1885 江戸後期〜明治期の祠官・勤王家
善房 よしふさ
山家(やまや)善房 1747〜1823 江戸中期・後期の和算家
芳房 よしふさ
朝山(あさやま)芳房 1672〜1727 江戸前期・中期の神職・歌人
小泉(こいずみ)芳房 1778〜? 江戸後期の武士
義藤 よしふじ
山入(やまいり)義藤 ?〜1492 室町・戦国時代の武士。佐竹義舜と家督を争う
良藤 よしふじ
賀陽(かやの)良藤 平安時代の備中国賀夜郡富豪賀陽氏の一族
善淵 よしふち
在原(ありはらの)善淵 在原善淵に同じ

在原（ありわらの）善淵　816～875　平安前期の神祇伯

良舟　よしふね
紀（きの）良舟　平安前期の官人
中富（なかとみ）良舟　平安前期の官人・漢詩人

義文　よしふみ
倉鹿野（くらかの）義文　江戸後期の歌人

淑文　よしふみ
紀（き）淑文　1242～？　鎌倉前期・後期の歌人

能文　よしふみ
坂上（さかのうえの）能文　平安前期の官人

芳文　よしぶみ
松会（まつえ）芳文　1741～1813　江戸中期・後期の書家

良文　よしぶみ
村岡（むらおかの）良文　平安中期の貴族

吉冬　よしふゆ
松村（まつむら）吉冬　江戸後期の国学者

喜古　よしふる
田口（たぐち）喜古　1750～1811　江戸中期・後期の幕臣

好古　よしふる
矢田（やだ）好古　江戸中期の坊官

美古　よしふる
佐香（さこう）美古　1839～1910　江戸後期～明治期の画家

良古　よしふる
井岡（いおか）良古　1792～1849　江戸後期の国学者

吉平　よしへい　⇔きちへい，きちべい，よしひら
藤岡（ふじおか）吉平　1846～1906　江戸後期～明治期の社会運動家

由平　よしへい
大和屋（やまとや）由平　江戸後期・末期の長崎版画の版元

与四兵衛　よしへい　⇔よしべい，よしべえ
大浜（おおはま）与四兵衛　江戸前期の伊奈忠公・忠易の手代、弥次兵衛の子か

与四兵衛　よしべい　⇔よしへい，よしべえ
平野屋（ひらのや）与四兵衛　江戸前期の町年寄、御旅屋

由兵衛　よしべえ
神谷（かみや）由兵衛　1822～1907　江戸末期・明治期の狂俳宗匠
須永（すなが）由兵衛〔7代〕　1803～1865　江戸後期の機業家、足利町年寄

与四兵衛　よしべえ　⇔よしへい，よしべい
石丸（いしまる）与四兵衛　1842～？　江戸後期～明治期の浄瑠璃の歌い手
村田（むらた）与四兵衛　江戸中期の豪商

与次兵衛　よじへえ　⇔よじびょうえ，よじべえ
黒田屋（くろだや）与次兵衛　江戸前期の城端町町年寄

与次兵衛　よじべえ　⇔よじびょうえ，よじへえ
与次兵衛　江戸前期の大崎浦漁民
上滝村（かみだきむら）与次兵衛　江戸時代の加賀藩の山廻役
田広（たひろ）与次兵衛　江戸前期の漁業家
久富（ひさとみ）与次兵衛　？～1878　江戸末期・明治期の商人

与次兵衛村政　よじべえむらまさ
舩木（ふなき）与次兵衛村政　江戸中期の陶工。布志名焼の祖

宜麻　よしま
細井（ほそい）宜麻　江戸中期の勧農家

嘉理　よしまさ
竹村（たけむら）嘉理　1566～1631　安土桃山・江戸前期の武士

喜昌　よしまさ
宮坂（みやさか）喜昌　1805～1890　江戸後期～明治期の和算家

喜政　よしまさ
榊原（さかきばら）喜政　1850～1902　江戸後期～明治期の自治功労者

宜昌　よしまさ
革嶋（かわしま）宜昌　江戸後期の絵師

義雅　よしまさ
赤松（あかまつ）義雅　1396？～1441　室町時代の武士

義昌　よしまさ
大中臣（おおなかとみの）義昌　平安中期の暦博士
木曽（きそ）義昌　1540～1595　戦国時代の武将
佐武（さたけ）義昌　江戸前期の土豪・浅野家臣

義政　よしまさ
秋元（あきもと）義政　戦国時代の上総国周東郡秋元庄の秋元氏
小野崎（おのざき）義政　1543～1586　戦国・安土桃山時代の佐竹氏の家臣
勝山（かつやま）義政　1773～1852　江戸中期・後期の和算家
里見（さとみ）義政　戦国時代の上総久留里城主
野々山（ののやま）義政　？～1635　江戸前期の武士
北条（ほうじょう）義政　鎌倉後期の武士

義正　よしまさ　⇔ぎせい
赤祖父（あかそふ）義正　1830～1890　江戸末期～明治期の医者
須田（すだ）義正　江戸時代の和算家、篠山藩士

義備　よしまさ　⇔ぎび
木暮（こぐれ）義備　？～1875　江戸後期～明治期の和算家《木暮義備》

義芳　よしまさ
伊奈（いな）義芳　1751～1825　江戸中期・後期の土呂陣屋代官

吉昌　よしまさ
山田（やまだ）吉昌　1791～1852　江戸後期の鑑定家

吉真　よしまさ　⇔よしざね
吉真　平安後期の刀工

吉政　よしまさ
久保田(くぼた)吉政　?～1597　江戸前期の旗本
清水(しみず)吉政　?～1575　戦国・安土桃山時代の後北条氏の家臣
夏目(なつめ)吉政　1641～1722　江戸前期の武士
深谷(ふかや)吉政　1604～1676　江戸前期の幕臣、代官

吉正　よしまさ
太田(おおた)吉正　?～1638　江戸前期の旗本
長田(おさだ)吉正　1554～1615　戦国～江戸前期の伏見町奉行、代官
清原(きよはらの)吉正　平安中期の官人
曽根(そね)吉正　1623～1697　江戸前期・中期の佐渡奉行
田畑(たばた)吉正　1770～1845　江戸中期・後期の幕臣
三井(みつい)吉正　?～1625　江戸前期の旗本
村上(むらかみ)吉正　1564～1635　安土桃山・江戸前期の幕臣
依田(よだ)吉正　?～1676　江戸前期の旗本

吉当　よしまさ
奥村(おくむら)吉当　1814～1858　江戸後期・末期の和算家、徳島藩士

吉理　よしまさ
大秦(おおはたの)吉理　平安中期の官人

慶昌　よしまさ
徳川(とくがわ)慶昌　一橋慶昌に同じ
一橋(ひとつばし)慶昌　1825～1838　江戸後期の三卿一橋家の6代

善政　よしまさ
伊岐(いきの)善政　平安中期の官人
大秦(おおはた)善政　平安後期の官人
岡田(おかだ)善政　江戸前期の第3代美濃国代官
駒井(こまい)善政　1751～1834　江戸中期・後期の郷土史家

善正　よしまさ　⇔ぜんしょう, ぜんせい
田中(たなか)善正　1772～1822　江戸中期・後期の和算家

善理　よしまさ　⇔よしまろ
紀(きの)善理　平安中期の官人

能政　よしまさ
設楽(しだら)能政　?～1678　江戸前期の代官

能正　よしまさ
源(みなもと)能正　平安中期の公家・連歌作者

美真　よしまさ
小野(おの)美真　江戸中期の神職

彦理　よしまさ
尾張(おわりの)彦理　平安中期の官人

芳政　よしまさ
歌川(うたがわ)芳政　江戸末期の絵師

雄政　よしまさ
中島(なかしま)雄政　?～1627　江戸前期の剣柔道家

養正　よしまさ　⇔ようせい
小泉(こいずみ)養正　1655～1730　江戸前期・中期の幕臣・茶人

良将　よしまさ
平(たいらの)良将　平安中期の鎮守府将軍

良政　よしまさ　⇔りょうせい
興津(おきつ)良政　1672～1743　江戸前期・中期の武士、勘定
神戸(かんべ)良政　1609～1666　江戸前期の蒲生氏郷の旧家臣
中村(なかむら)良政　安土桃山時代の織田信長の家臣《中村隼人佐》
平岡(ひらおか)良政　1803～1834　江戸後期の代官

良正　よしまさ　⇔りょうせい
平(たいらの)良正　平安中期の武将
錦(にしきの)良正　平安中期の官人

良端　よしまさ
藤堂(とうどう)良端　1686～1753　江戸前期・中期の武士

良当　よしまさ
太田原(おおたはら)良当　1836～1917　江戸末期～大正期の歌人

良容　よしまさ
羽生(はにゅう)良容　江戸後期の医者

良尹　よしまさ
月輪(つきのわ)良尹　鎌倉後期・南北朝時代の公家、歌人

令正　よしまさ
九里(くのり)令正　江戸後期の藩士

義増　よします
大宝寺(だいほうじ)義増　1522～1569　戦国時代の出羽国衆
武藤(むとう)義増　?～1581　戦国・安土桃山時代の尾浦城主

吉益　よします
中川(なかがわ)吉益　江戸中期の神職

吉町　よしまち
恋川(こいかわ)吉町　江戸中期・後期の絵師

吉松　よしまつ
吉松　戦国時代の地役人。伊豆奥郡代清水康英の手代
岩崎(いわさき)吉松　1858～?　江戸末期・明治期の慈善家
大原(おおはらの)吉松　平安中期の官人
万屋(よろずや)吉松　戦国時代の茶人

四島の主　よしまのしゅー
四島の主　戦国時代の宮古島の人

美丸　よしまる
北川(きたがわ)美丸　1792～?　江戸後期の浮世絵師

吉麻呂　よしまろ
椋部(くらべ)吉麻呂　平安前期の那賀郡の人
羽栗(はぐりの)吉麻呂　奈良時代の人。阿部仲麻呂の傔人として入唐

善理　よしまろ　⇔よしまさ
丈部(はせつかべの)善理　?～789　平安前期の磐

城郡の豪族

芳麿 よしまろ
芳麿 江戸中期の俳人
福居（ふくい）芳麿 江戸後期の国学者

嘉 よしみ
菅原（すがわら）嘉 江戸時代の博物学者

嘉躬 よしみ
竹村（たけむら）嘉躬 1655～1732 江戸前期・中期の代官

義観 よしみ ⇔ぎかん
山野辺（やまのべ）義観 1801～1859 江戸後期・末期の水戸藩家老

吉見 よしみ
大中臣（おおなかとみの）吉見 ?～992? 平安中期の大和国添上郡の菟足社神主

好 よしみ
源（みなもとの）好 平安中期の官人
横川（よこかわ）好 1827～1899 江戸末期・明治期の俳人

韜美 よしみ
松山（まつやま）韜美 江戸後期の和算家

愛道 よしみち
小川（おがわ）愛道 1707～1766 江戸中期の和算家

嘉通 よしみち
竹村（たけむら）嘉通 ?～1733 江戸中期の幕臣

喜道 よしみち
竹垣（たけがき）喜道 1689～1755 江戸中期の代官
田中（たなか）喜道 1721～1798 江戸中期・後期の代官

義通 よしみち ⇔ぎつう
橘（たちばな）義通 ?～1067 平安中期・後期の官人、歌人
波多野（はたの）義通 1108～1169 平安後期の武将
藤原（ふじわらの）義通 1108～1169 平安後期の武士

義道 よしみち
丹羽（にわ）義道 1756～1835 江戸中期・後期の寺野村庄屋
牧（まき）義道 1828～1880 江戸後期～明治期の幕臣

義陸 よしみち
天神林（てんじんばやし）義陸 戦国時代の武士。佐竹氏の一族

吉道 よしみち
吉道 江戸後期の刀工
平岡（ひらおか）吉道 1603～1651 安土桃山・江戸前期の代官

吉倫 よしみち
志賀（しが）吉倫 1765～1836 江戸後期の和算家

吉迪 よしみち
花房（はなぶさ）吉迪 江戸後期の和算家

善通 よしみち
南条（なんじょう）善通 1562～1638 安土桃山・江戸前期の商人

善道 よしみち
岩田（いわた）善道 1841～1869 江戸後期～明治期の備前藩士
大春日（おおかすがの）善道 平安前期の官人
大中臣（おおなかとみの）善道 平安中期の造伊勢神宮使
高橋（たかはし）善道 江戸後期の和算家・幕臣
高橋（たかはしの）善道 平安中期の官人

善倫 よしみち
小野（おのの）善倫 平安中期の官人

能通 よしみち
富士（ふじ）能通 1572～1652 安土桃山・江戸前期の公文職
藤原（ふじわら）能通 平安中期の公家・歌人

由道 よしみち
神戸（かんべ）由道 江戸中期の漢詩人

良通 よしみち
岡村（おかむら）良通 1700～1767 江戸中期の幕臣
林（はやし）良通 1700～1767 江戸中期の儒者《林笠翁》

良道 よしみち ⇔りょうどう
朝原（あさはらの）良道 平安前期の官人
内蔵（くらの）良道 平安後期の官人

宜満 よしみつ
杉山（すぎやま）宜満 1794～1873 江戸後期～明治期の庄内藩家老

義光 よしみつ
義光 鎌倉後期・南北朝時代の長船派の刀工
大中臣（おおなかとみの）義光 平安中期の陰陽権助
後藤（ごとう）義光 1815～1902 江戸後期～明治期の彫刻家
新羅（しんら）義光 1045?～1127 平安後期の武将
富山（とやま）義光 1167～1183 平安後期の弁済使、鳥浜の高城の城主
中原（なかはらの）義光 平安中期の官人
和賀（わが）義光 南北朝時代の武士

吉光 よしみつ
磯谷（いそや）吉光 1831～1890 江戸末期の刀工・剣術家
大江（おおえ）吉光 1809～1890 江戸後期～明治期の柔道家
凡（おおしの）吉光 平安中期の藤原道長家の出納

好光 よしみつ
石井（いしい）好光 安土桃山時代の武将

淑光 よしみつ
大江（おおえの）淑光 平安中期の大学寮の直講
大春日（おおかすがの）淑光 平安中期の官人

善満 よしみつ
斎藤（さいとう）善満 江戸末期・明治期の和算家

能満 よしみつ
児玉（こだま）能満 江戸中期の能面師

良光 よしみつ ⇔りょうこう
青柳(あおやぎ)良光 江戸中期・後期の装剣金工
佐藤(さとう)良光 1828?～1899 江戸後期～明治期の和算家

義峰 よしみね ⇔ぎほう
佐竹(さたけ)義峰 1690～1749 江戸中期の5代秋田藩主

義峯 よしみね
熊倉(くまくら)義峯 ?～1791 江戸後期の和算家

善岑 よしみね
紀(きの)善岑 ?～837 平安前期の官人

良峯 よしみね
馬場(ばば)良峯 1694～1728 江戸中期の代官

吉見尼 よしみのあま
吉見尼 鎌倉前期の女性。文暦2年7月6日付の鎌倉幕府の裁許状にみえる

吉睦 よしむつ
山田(やまだ)吉睦 ?～1823 江戸中期・後期の鑑定家

義宗 よしむね
飯川(いがわ)義宗 ?～1574 戦国・安土桃山時代の武士
杉本(すぎもと)義宗 1126～1163 平安後期の武将
平(たいらの)義宗 1126～1164 平安後期の武士
藤原(ふじわらの)義宗 平安後期の官人
北条(ほうじょう)義宗 1253～1277 鎌倉後期の六波羅探題北方
三浦(みうら)義宗 平義宗に同じ
源(みなもとの)義宗 平安後期の武将

義致 よしむね
佐野(さの)義致 江戸後期の和算家

義胷 よしむね
義胷 安土桃山時代の刀工

吉宗 よしむね
吉宗 鎌倉後期の福岡一文字派の刀工
太田(おおた)吉宗 ?～1640 江戸前期の旗本
壬生(みぶ)吉宗 戦国時代の大工
三輪(みわ)吉宗 ?～1618 安土桃山・江戸前期の所口町奉行

慶宗 よしむね ⇔けいそう, のりむね
神保(じんぼ)慶宗 ?～1521 戦国時代の越中国射水郡・婦負郡守護代
神保(じんぼう)慶宗 神保慶宗に同じ

能宗 よしむね
平(たいら)能宗 1180?～1185 平安後期の官人

福宗 よしむね
紀(きの)福宗 平安前期の紀伊国名草郡真川郷の刀禰

良宗 よしむね ⇔りょうそう
大江(おおえの)良宗 平安後期の東市佐
水野(みずの)良宗 安土桃山時代の新居城城主
源(みなもとの)良宗 平安中期の侍従

良致 よしむね
遠藤(えんどう)良致 1719～1788 江戸中期・後期の代官

良棟 よしむね
安墀(あずちの)良棟 平安前期の遣唐使。槻本氏
大春日(おおかすがの)良棟 平安前期の暦博士

義村 よしむら
岡崎(おかざき)義村 室町時代の武将
北条(ほうじょう)義村 鎌倉後期の武士

能村 よしむら
藤原(ふじわら)能村 鎌倉前期の萱島西荘下司職

芳村 よしむら
芳村 ?～1801 江戸中期の老女

吉売 よしめ
阿多君(あたのきみ)吉売 奈良時代の畿内隼人

義茂 よしもち ⇔よししげ
平(たいらの)義茂 平安後期の武士

吉茂 よしもち ⇔よししげ
多(おおの)吉茂 934～1015 平安中期の衛府の官人

吉用 よしもち
吉用 鎌倉後期の福岡一文字派の刀工
岡田(おかだの)吉用 平安後期の官人

能茂 よしもち
藤原(ふじわらの)能茂 1205～1268 鎌倉前期・後期の武家、歌人《藤原秀茂》

良持 よしもち
平(たいらの)良持 平安中期の地方軍事貴族

良茂 よしもち ⇔よししげ
紀(きの)良茂 平安中期の大和国平群郡の刀禰

嘉基 よしもと
森(もり)嘉基 ?～1824 江戸中期・後期の藩士・国学者

宜元 よしもと
杉山(すぎやま)宜元 1666～1753 江戸前期・中期の中老

義基 よしもと
石川(いしかわ)義基 ?～1181 平安後期の河内国石川郡石川庄の武士
源(みなもとの)義基 ?～1181 平安後期の武士

義元 よしもと ⇔ぎげん
木曽(きそ)義元 1472～1504 戦国時代の信濃国衆
相馬(そうま)義元 1350～1408 南北朝・室町時代の剣術家

義故 よしもと
山崎(やまざき)義故 1756～1841 江戸中期・後期の藩士、書家

義質 よしもと ⇔よしかた
西(にし)義質 1837～1874 江戸末期・明治期の武士、官吏

吉元 よしもと
紀(きの)吉元 平安後期の官人

慶幹 よしもと
大掾(だいじょう)慶幹 戦国時代の常陸の国衆。府中城主

能基 よしもと
一条(いちじょう)能基 1221～1285 鎌倉前期・後期の公卿
藤原(ふじわらの)能基 一条能基に同じ

能元 よしもと
橘(たちばな)能元 平安後期の官人、歌人

能本 よしもと
比企(ひき)能本 1202？～1286？ 鎌倉前期・後期の儒者、能書家

美基 よしもと
春海(はるみ)美基 ？～1895 江戸末期・明治期の神職

良幹 よしもと ⇔よしえだ
白洲(しらす)良幹 江戸中期の漢学者

良元 よしもと ⇔りょうげん
茂庭(もにわ)良元 1579～1663 安土桃山・江戸前期の伊達氏家臣

義衛 よしもり ⇔よしえ
伊丹(いたみ)義衛 1872～1894 江戸末期・明治期の歌人

義守 よしもり
阿久沢(あくさわ)義守 1760～1821 江戸中期・後期の幕臣

義盛 よしもり
小笠原(おがさわら)義盛 1303～1352 鎌倉後期・南北朝時代の大西城主

吉盛 よしもり
新宮(いまみや)吉盛 戦国時代の紀伊国新宮の御師
河村(かわむら)吉盛 安土桃山時代の織田信長の家臣

是盛 よしもり ⇔これもり
和気(わけ)是盛 江戸末期の歌人

能盛 よしもり
藤原(ふじわらの)能盛 平安後期の平清盛の家司
山吉(やまよし)能盛 戦国時代の越後国三条城主

富守 よしもり
辻(つじ)富守 1709～1796 江戸中期・後期の代官

賀保 よしやす
菊本(きくもと)賀保 江戸中期の地誌家

義休 よしやす
近藤(こんどう)義休 1693～1773 江戸中期の幕臣・地誌作者
吉岡(よしおか)義休 1767～1821 江戸中期・後期の幕臣、代官

義恭 よしやす ⇔よしゆき
越野(こしの)義恭 江戸後期の和算家
多紀(たき)義恭 1759～1828 江戸中期・後期の藩士・国学者

義泰 よしやす
早川(はやかわ)義泰 1619～1686 江戸前期の武頭、給主奉行町奉行

義保 よしやす
九嶋(くじま)義保 江戸後期の神道家
佐伯(さえきの)義保 平安後期の官人
千村(ちむら)義保 江戸中期の著述家

吉康 よしやす
吉田(よしだ)吉康 戦国時代の伊豆の横川の在地領主

吉泰 よしやす
小山田(おやまだ)吉泰 江戸中期・後期の和算家
仙仁(せんに)吉泰 戦国時代の信濃高井郡の国衆

好安 よしやす
小川(おがわ)好安 ？～1639 安土桃山・江戸前期の真田氏の家臣

至易 よしやす
鈴木(すずき)至易 ？～1835 江戸後期の藩士

善恭 よしやす
鈴木(すずき)善恭 1845～1907 江戸後期～明治期の製糸業経営者、埼玉県議会議員

能泰 よしやす
野津原(のつはる)能泰 鎌倉時代の武将

良安 よしやす ⇔りょうあん
遠藤(えんどう)良安 1702～1755 江戸中期の関東代官

良休 よしやす
平岡(ひらおか)良休 1750～1804 江戸中期・後期の幕臣

良恭 よしやす ⇔りょうきょう
遠藤(えんどう)良恭 1743～1791 江戸中期・後期の代官
増尾(ますお)良恭 1781～1820 江戸中期・後期の和算家

良泰 よしやす ⇔りょうたい
熊沢(くまざわ)良泰 江戸前期の代官

良保 よしやす ⇔りょうほ
跡部(あとべ)良保 1582～1642 安土桃山・江戸前期の幕臣

懿恭 よしやす
紀(きの)懿恭 1805～1885 江戸後期～明治期の歌人

良由 よしゆ ⇔ながよし
武藤(むとう)良由 1813～1882 江戸末期・明治期の教育者

余十郎 よじゅうろう
加藤(かとう)余十郎 江戸末期の幕臣、代官、勘定奉行

与十郎 よじゅうろう
与十郎 ？～1624 江戸前期の三浦郡上平作村名主
雨宮(あめのみや)与十郎 1558～1603 戦国・安土桃山時代の武田氏の家臣
荒川(あらかわ)与十郎 ？～1552 戦国時代の織田信長の家臣
井尻(いじり)与十郎 戦国時代の甲斐国山梨郡下井尻村の土豪
牛丸(うしまる)与十郎 ？～1531 戦国時代の志野比城主
加藤(かとう)与十郎 安土桃山時代の織田信長の家臣
真田(さなだ)与十郎 戦国時代の上総小田喜城主正木憲時の家臣。のち里見義頼に属した

建部（たけべ）与十郎　江戸前期の代官
豊瀬（とよせ）与十郎　安土桃山時代の織田信長の家臣
前田（まえだ）与十郎　安土桃山時代の織田信長の家臣
真木（まき）与十郎　安土桃山時代の織田信長の家臣
宮崎（みやざき）与十郎　戦国・安土桃山時代の武田氏の家臣
山口（やまぐち）与十郎　江戸中期の農民

与十郎俊平　よじゅうろうとしひら
八木原（やぎわら）与十郎俊平　？～1564　戦国・安土桃山時代の戦国武将《八木原俊平》

佳如　よしゆき
佐橋（さはせ）佳如　1740～？　江戸中期の幕臣

嘉之　よしゆき
野村（のむら）嘉之　江戸前期の蒔絵師
山本（やまもと）嘉之　1800～1845　江戸後期の歌人

喜運　よしゆき
広瀬（ひろせ）喜運　1761～1833　江戸中期・後期の郷土史家

喜之　よしゆき
堤（つつみ）喜之　江戸後期の歌人

儀之　よしゆき
矢野（やの）儀之　江戸時代の飫肥藩士

義恭　よしゆき　⇔よしやす
野一色（のいっしき）義恭　1749～？　江戸中期の幕臣

義幸　よしゆき
一色（いっしき）義幸　戦国時代の武将

義行　よしゆき　⇔のりゆき
義行　戦国時代の古河公方の奉行人
荒川（あらかわ）義行　1775～1836　江戸中期・後期の幕臣
在原（ありはらの）義行　？～968　平安中期の官人
今井（いまい）義行　江戸中期の和算家
賀茂（かもの）義行　平安中期の暦博士
惟宗（これむねの）義行　平安後期の官人
平（たいらの）義行　平安後期の武士
津久井（つくい）義行　鎌倉前期の武将
中島（なかしま）義行　安土桃山時代の備中国の武将
奈胡（なご）義行　1147？～1203　鎌倉前期の武将
速水（はやみ）義行　江戸後期の漢学者
源（みなもと）義行　鎌倉時代の歌人
宮道（みやじの）義行　957～1013　平安中期の官人
山県（やまがた）義行　戦国時代の佐竹氏の譜代側近家臣
和賀（わが）義行　？～1243　鎌倉前期・後期の御家人

義之　よしゆき
佐竹（さたけ）義之　戦国時代の武将
細川（ほそかわ）義之　1363～1422　南北朝・室町時代の武将

吉享　よしゆき
郡山（こおりやま）吉享　江戸後期の故実家

吉幸　よしゆき
吉幸　江戸後期～明治期の刀工

吉行　よしゆき
吉行　鎌倉時代の漆工
吉行　1650～1710　江戸前期・中期の刀工
菅野（すがのの）吉行　平安後期の官人

吉循　よしゆき
鷹尾（たかお）吉循　1826～1893　江戸末期・明治期の老農

好之　よしゆき
桑山（くわやま）好之　？～1854　江戸後期・末期の郷土史家
森（もり）好之　1519～1581　戦国・安土桃山時代の武将

淑行　よしゆき
紀（きの）淑行　平安中期の官人

淑如　よしゆき
紀（きの）淑如　平安中期の藤原実資の家司

善之　よしゆき
家崎（いえさき）善之　江戸後期の和算家
家崎（いえざき）善之　家崎善之に同じ

能幸　よしゆき
鈴木（すずき）能幸　江戸後期の橘樹郡堀之内村山王社神職

能行　よしゆき
別符（べっぷ）能行　鎌倉前期の武蔵武士

由之　よしゆき
前嶋（まえじま）由之　江戸末期の和算家
山本（やまもと）由之　1762～1834　江戸中期・後期の歌人

良行　よしゆき
安倍（あべの）良行　平安前期の官人
市川（いちかわ）良行　1832～1893　江戸後期～明治期の土佐勤王党員、進修社長
衛藤（えとう）良行　1760～1823　江戸中期・後期の細川藩の絵師
清科（きよしなの）良行　平安前期の官人
源（みなもとの）良行　平安後期の官人

良之　よしゆき
金井（かない）良之　1785～1850　江戸中期・後期の和算家、書家

韜之　よしゆき
中原（なかはら）韜之　江戸末期の和算家

義寄　よしより
村上（むらかみ）義寄　江戸前期・中期の和算家、備中松山藩士

慶頼　よしより
田安（たやす）慶頼　1828～1876　江戸後期～明治期の大名、華族

良因　よしより
藤原（ふじわらの）良因　奈良時代の官人

良頼　よしより
三木（みつき）良頼　？～1572　戦国・安土桃山時代の武将

由郎　よしろう
長屋（ながや）由郎　1850～？　江戸後期～明治期の教育者

与四郎　よしろう
与四郎　安土桃山時代の庭師
朝倉（あさくら）与四郎　戦国時代の北条氏の家臣
倉橋（くらはし）与四郎　1723～1786　江戸中期の旗本
長沢（ながさわ）与四郎　？～1861　江戸末期の韮山代官江川氏の手代
則武（のりたけ）与四郎　1636～1696　江戸前期の土木家

与次郎　よじろう
大藤（だいとう）与次郎　戦国時代の武士。北条氏の家臣
戸田（とだ）与次郎　安土桃山時代の織田信長の家臣
奈良（なら）与次郎　戦国時代の大工の棟梁
長谷河（はせがわ）与次郎　安土桃山時代の検地役人
矢野（やの）与次郎　戦国時代の武士。享徳の乱で活躍

与治郎　よじろう
鈴木（すずき）与治郎　安土桃山時代の甲府在住の秤職人

与次郎正次　よじろうまさつぐ
松井（まつい）与次郎正次　安土桃山・江戸前期の武田信玄父子・真田信繁の家臣

与次郎兵衛　よじろべえ
村上（むらかみ）与次郎兵衛　江戸後期の農民

与人　よじん
根本（ねもと）与人　1769～1838　江戸中期・後期の俳人

予助　よすけ
松浦（まつうら）予助　1816～1861　江戸後期・末期の金融業、新田名主

与介　よすけ
河崎（かわさき）与介　？～1582　戦国・安土桃山時代の織田信長の家臣《河崎与助》
山崎（やまざき）与介　江戸前期の長宗我部元親・長宗我部盛親の家臣

与助　よすけ
与助　江戸後期の農民
岡村（おかむら）与助　江戸前期の丹波国桑田郡奥条村の郷士
織田（おだ）与助　？～1579　戦国・安土桃山時代の織田信長の家臣
尾本（おもと）与助　江戸前期の町人
加賀屋（かがや）与助　安土桃山・江戸前期の豪商
河崎（かわさき）与助　？～1582　戦国・安土桃山時代の織田信長の家臣
紀伊国屋（きいのくにや）与助　江戸前期の豪商
笹井（ささい）与助　江戸後期の足柄下郡荻窪村民
志田垣（しだがき）与助　江戸中期の画家
白井（しらい）与助　？～1623　安土桃山・江戸前期の但馬の義民
鱸（すずき）与助　戦国時代の武士
澄川（すみがわ）与助　江戸前期の紙漉き指導者、名主
原田（はらだ）与助　安土桃山時代の織田信長の家臣
平賀（ひらか）与助　1828～1879　江戸後期～明治期の俳人
まちの（まちの）与助　安土桃山時代の信濃国筑摩郡刈谷原の土豪

与三　よぞう
青山（あおやま）与三　1542？～1612？　安土桃山時代の織田信長の家臣
朝倉（あさくら）与三　安土桃山時代の織田信長の家臣
桜井（さくらい）与三　戦国時代の武士
村田（むらた）与三　江戸前期の剣術家

与蔵　よぞう
永原（ながはら）与蔵〔3代〕　1831～1891　江戸末期・明治期の陶工

与相右衛門　よそううえもん
菊地（きくち）与相右衛門　？～1639？　安土桃山・江戸前期の塩業家《菊地与惣右衛門》

与三右衛門　よそうえもん　⇔よさえもん, よそえもん
与三右衛門　安土桃山時代の信濃国筑摩郡小芹・大久保・花見の土豪
河村（かわむら）与三右衛門　？～1615　江戸前期の京都の町人
二宮（にのみや）与三右衛門　？～1615　江戸前期の織田信雄・小早川秀秋の家臣

与三衛門　よそうえもん　⇔よさえもん
小滝（おたき）与三衛門　1604～1666　江戸前期の剣術家。鏡見流祖

与壮衛門　よそうえもん
網屋（あみや）与壮衛門　戦国時代の薩摩国山川船頭衆の一人

与惣右衛門　よそうえもん　⇔よそえもん
菊地（きくち）与惣右衛門　？～1639？　安土桃山・江戸前期の塩業家
中村（なかむら）与惣右衛門　？～1637　安土桃山・江戸前期の素封家
深沢（ふかざわ）与惣右衛門　？～1625　安土桃山・江戸前期の富豪

与三右衛門尉　よそうえもんのじょう　⇔よさうえもんのじょう, よさえもんのじょう
春日（かすが）与三右衛門尉　安土桃山時代の北信濃水内郡の国衆

与三左衛門　よそうざえもん　⇔よぞうざえもん
与三左衛門　安土桃山時代の信濃国筑摩郡小立野の土豪
与三左衛門　安土桃山時代の信濃国筑摩郡生野の土豪
伊藤（いとう）与三左衛門　？～1578　安土桃山時代の織田信長の家臣
白井（しらい）与三左衛門　？～1582　安土桃山時代の武士
出口（でぐち）与三左衛門　江戸中期の書家
村瀬（むらせ）与三左衛門　江戸前期の人。豊臣秀吉の家臣村瀬忠左衛門の子

与惣左衛門 よそうざえもん ⇔よそざえもん
与惣左衛門 江戸前期の足柄下郡中島村名主
与惣左衛門 江戸前期の小瀬川河口の開拓者
与惣左衛門 1682〜? 江戸前期・中期の孝子

与三左衛門 よぞうざえもん ⇔よそうざえもん
与三左衛門 戦国時代の伊豆那賀郷の藪主

与左衛門親基 よそうざえもんちかもと
宇野(うの)与左衛門親基 江戸前期の武士。大坂の陣で籠城

与三左衛門尉 よそうさえもんのじょう ⇔よそうざえもんのじょう, よそざえもんのじょう, よぞうさえもんのじょう
牛奥(うしおく)与三左衛門尉 安土桃山時代の武田氏の家臣

与三左衛門尉 よそうざえもんのじょう ⇔よそうさえもんのじょう, よそざえもんのじょう, よぞうさえもんのじょう
上原(うえはら)与三左衛門尉 戦国時代の武田氏の家臣

与三左衛門尉 よぞうさえもんのじょう ⇔よそうさえもんのじょう, よそうざえもんのじょう, よそざえもんのじょう
田村(たむら)与三左衛門尉 戦国時代の北条氏の家臣

与惣治 よそうじ ⇔よそじ
三春屋(みはるや)与惣治 江戸末期の八戸の商人

与惣之助 よそうのすけ
和久屋(わくや)与惣之助 江戸前期の京都糸割符商人

与三兵衛 よそうひょうえ ⇔よさべえ, よそうびょうえ, よそべい, よそべえ
木村(きむら)与三兵衛 戦国・安土桃山時代の武田氏の家臣、菊姫の付家臣

与三兵衛 よそうびょうえ ⇔よさべえ, よそうひょうえ, よそべい, よそべえ
五味(ごみ)与三兵衛 ?〜1575 安土桃山時代の武田氏の家臣

与三兵衛尉 よそうひょうえのじょう ⇔よぞうひょうえのじょう
春日(かすが)与三兵衛尉 安土桃山時代の信濃水内郡の国衆

与惣兵衛尉 よそうひょうえのじょう
松本(まつもと)与惣兵衛尉 戦国時代の上野国衆国峰小幡氏の家臣

与三兵衛尉 よぞうひょうえのじょう ⇔よそうひょうえのじょう
望月(もちづき)与三兵衛尉 戦国時代の甲斐武田一族穴山信君の家臣

与惣兵衛 よそうべえ ⇔よそべえ
梶川(かじかわ)与惣兵衛 江戸中期の武士

与三右衛門 よそえもん ⇔よさえもん, よそうえもん
鶴屋(つるや)与三右衛門 江戸中期の著述家

与惣右衛門 よそえもん ⇔よそうえもん
加藤(かとう)与惣右衛門 江戸後期の壚下村名主

粧 よそおい
粧 江戸後期の遊女

与惣左衛門 よそざえもん ⇔よそうざえもん
与惣左衛門 戦国時代の国府町の南春寺の開基

与三左衛門尉 よそざえもんのじょう ⇔よそうさえもんのじょう, よそうざえもんのじょう, よぞうさえもんのじょう
松木(まつき)与三左衛門尉 戦国時代の今川領国の商人

与三次 よそじ
大岡(おおおか)与三次 1851〜1919 江戸末期〜大正期の輪島漆器の改良に尽力

与惣治 よそじ ⇔よそうじ
島田(しまだ)与惣治 1784〜1829 江戸後期の豪農・画家

与曽布 よそふ
今奉部(いままつりべの)与曽布 奈良時代の万葉集に見える防人、下野国の壮丁

与三兵衛 よそべい ⇔よさべえ, よそうひょうえ, よそうびょうえ, よそべえ
守屋(もりや)与三兵衛 ?〜1671 江戸前期の代官

与三兵衛 よそべえ ⇔よさべえ, よそうひょうえ, よそうびょうえ, よそべい
池田(いけだ)与三兵衛 江戸時代の漁民
白井(しらい)与三兵衛 ?〜1679 江戸前期の庄内藩士

与惣兵衛 よそべえ ⇔よそうべえ
杉浦(すぎうら)与惣兵衛 1697〜1771 江戸中期の剣術家。唯心一刀流

与曽売 よそめ
辛島勝(からしまのすぐり)与曽売 奈良時代の宇佐八幡宮称宜兼酒井社司祝部

与多王 よたおう
与多王 飛鳥時代の弘文天皇の皇子

与太夫 よだゆう
明石(あかし)与太夫 江戸前期・中期の刀装金工
中村(なかむら)与太夫 戦国時代の遠江国気賀郷吉村新町の代官
舟坂(ふなさか)与太夫 江戸前期の宮大工
増田(ますだ)与太夫 1800〜1866 江戸後期・末期の駿河国志太郡中新田村の増田家8代
由比(ゆい)与太夫 ?〜1719 江戸前期の武士

与大夫 よだゆう
滝(たき)与大夫 江戸前期の武士。大坂の陣で籠城

与太郎 よたろう
安藤(あんどう)与太郎 戦国時代の座間郷新戸村の名主
多部田(たべた)与太郎 戦国時代の千葉胤富の家臣
西原(にしはら)与太郎 戦国時代の北条氏の家臣
望月(もちづき)与太郎 戦国時代の駿河国安倍郡の土豪。駿河衆
安田(やすだ)与太郎 戦国時代の里見義弘の家臣

余丹坊　よたんぼう
糟句斎（かすくさい）余丹坊　江戸時代の絵師、狂歌師

与智麻呂　よちまろ
吉備（きびの）与智麻呂　平安前期の官人

四上　よつかみ
朝原（あさはらの）四上　平安前期の官人

世経　よつね
生江（いくえの）世経　平安中期の官人

世常　よつね
朝原（あさはらの）世常　平安中期の官人

与藤次　よとうじ
桐野（きりの）与藤次　1831～1904　江戸後期～明治期の薩摩郡樋脇郷塔之原村戸長、樋脇小学校校長
法力村（ほうりきむら）与藤次　江戸後期の法力村の人

淀川　よどがわ
倉椀家（くらわんか）淀川　江戸後期の俄師

与那嶺　よなみね
与那嶺　江戸中期の徳之島面縄間切喜念の与人

与仁右衛門　よにえもん
羽根（はね）与仁右衛門　1668～1731　江戸前期・中期の下田町名主

よね
押山（おしやま）よね　1718～1776　江戸中期の孝女

米　よね
米　1791～1852　江戸後期の女性

米王　よねおう
小池（こいけ）米王　江戸後期の鎌倉鶴岡八幡宮の巫女

米吉　よねきち
小泉（こいずみ）米吉　江戸後期の都筑郡池辺村民
林（はやし）米吉　1855～1945　江戸末期～昭和期の眼科医

米十郎　よねじゅうろう
横地（よこち）米十郎　江戸中期の武士

米女　よねじょ
米女　1806～1862　江戸後期・末期の俳人

米次郎　よねじろう
野津（のつ）米次郎　1853～1923　江戸末期～大正期の加茂絞り染め織り考案製作者

米蔵　よねぞう
伊藤（いとう）米蔵　1853～1919　江戸末期～大正期の地方自治功労者

米太郎　よねたろう
岡田（おかだ）米太郎　江戸末期の新撰組隊士
坂内（ばんない）米太郎　1852～1903　江戸後期～明治期の医師

米積　よねつみ
高畠（たかばたけ）米積　？～1877　江戸後期～明治期の多太神社・小坂神社の祠官

与之助　よのすけ
阿部（あべ）与之助　1842～1913　江戸後期～大正期の北海道開拓者

与八　よはち
木村（きむら）与八　江戸前期の備前焼窯元、御細工人
黒崎（くろさき）与八　江戸時代の庄内藩士
西村屋（にしむらや）与八〔1代〕　江戸中期の版元

与八郎　よはちろう
相蘇（あいそ）与八郎　1844～1902　江戸後期～明治期の地方自治功労者
伊藤（いとう）与八郎　江戸末期の新撰組隊士
下斗米（しもとまい）与八郎　1844～1924　江戸末期～大正期の二戸郡役所書記、郷土史家
平田（ひらた）与八郎　江戸前期の豪商、金工
逸見（へんみ）与八郎　戦国時代の武士。北条氏邦の家臣、秩父衆
増川屋（ますかわや）与八郎　江戸後期の俳人、文芸家
松井（まつい）与八郎　1576～1593　安土桃山時代の武将

与八郎守貞　よはちろうもりさだ
田村（たむら）与八郎守貞　1832～1886　江戸後期～明治期の彫刻師

与八郎吉通　よはちろうよしみち
石井（いしい）与八郎吉通　？～1630　江戸前期の豊臣秀頼の家臣

与兵衛　よひょうえ　⇔よへい，よへえ
進藤（しんどう）与兵衛　？～1581　安土桃山時代の武士
津守（つもり）与兵衛　江戸前期の紀伊国在田郡広村の大百姓
林（はやし）与兵衛　安土桃山時代の武田氏の家臣、菊姫の付家臣
宮沢（みやざわ）与兵衛　安土桃山時代の甲斐国八代郡河内岩間庄ツムキ村の土豪

与兵衛尉　よひょうえのじょう
三輪（みわ）与兵衛尉　戦国時代の駿河葛山氏の家臣

与布禰　よふね
白河（しらかわ）与布禰　江戸中期の戯作者・狂歌作者

世古　よふる
佐伯（さえきの）世古　平安中期の官人

与兵衛　よへい　⇔よひょうえ，よへえ
大門（おおかど）与兵衛　江戸前期の高田藩主松平光長の家臣
大坂屋（おおさかや）与兵衛　1826～1880　江戸末期・明治期の写真師《大坂屋与兵衛》
小神野（おがの）与兵衛　江戸中期の藩士
亀屋（かめや）与兵衛　江戸後期の興行主
木目田（きめだ）与兵衛　江戸末期の医師
宍倉（ししくら）与兵衛　1652～1719　江戸前期・中期の代官、蔵奉行
千（せんの）与兵衛　戦国時代の蜂須賀正勝の臣
千（せんの）与兵衛　？～1681　江戸前期の貞光代官2代目

竹元(たけもと)与兵衛　江戸前期の三島代官伊奈忠公の手代
都筑(つづき)与兵衛　安土桃山時代の検地役人
村上(むらかみ)与兵衛　江戸末期の武士
山田(やまだ)与兵衛　安土桃山時代の織田信長の家臣《山田与兵衛》

与平　よへい
久米(くめ)与平　1853～1892　江戸後期～明治期の農政家
山沢(やまざわ)与平　1812～？　江戸末期・明治期の画家
吉田(よしだ)与平　1820～1893　江戸後期～明治期の鰹節製造業者

与平治　よへいじ
金田(きんだ)与平治　1837～1890　江戸後期～明治期の田尻村肝煎
高橋屋(たかはしや)与平治　江戸前期の商人

与平太　よへいた
宮島(みやじま)与平太　1818～1890　江戸後期～明治期の地域文化向上に寄与

与兵衛　よへえ　⇔よひょうえ, よへい
与兵衛　江戸前期の侠客
与兵衛　江戸中期の河内(大阪府)の人
青木(あおき)与兵衛　1706～1763　江戸中期の剣術家。陰流
有松(ありまつ)与兵衛　安土桃山時代の武士
上原(うえはら)与兵衛〔1代〕　江戸前期の酒造家
上村(うえむら)与兵衛　江戸後期の版元
大越(おおこし)与兵衛　江戸後期の商人。麦落雁を創製
大坂屋(おおさかや)与兵衛　1826～1880　江戸末期・明治期の写真師
大塚(おおつか)与兵衛　1683～1763　江戸前期・中期の岡山藩の大庄屋
大村(おおむら)与兵衛　江戸時代の秩父郡古大滝村の栃本関所番
梶谷(かじたに)与兵衛　1738～1793　江戸中期・後期の加賀大聖寺藩士
神田(かんだ)与兵衛　戦国時代の武蔵国多摩郡勝沼城主三田綱定の臣
金野(きんの)与兵衛　？～1785　江戸中期の気仙郡猪川村の肝入
小林(こばやし)与兵衛　江戸後期の三浦郡横須賀村民
紺屋(こんや)与兵衛　江戸時代の紺屋業
島(しま)与兵衛　？～1889　江戸後期～明治期の算学者
庄林(しょうばやし)与兵衛　江戸中期の京都銀座大黒常是役所の手代
鈴木(すずき)与兵衛　1622～1676　江戸前期の治水家
総州屋(そうしゅうや)与兵衛　江戸後期の版元
帯山(たいざん)与兵衛〔1代〕　江戸前期・中期の陶工
帯山(たいざん)与兵衛〔2代〕　江戸中期の陶工
帯山(たいざん)与兵衛〔3代〕　江戸中期の陶工
帯山(たいざん)与兵衛〔4代〕　江戸中期・後期の陶工
帯山(たいざん)与兵衛〔5代〕　江戸後期の陶工
帯山(たいざん)与兵衛〔6代〕　江戸後期の陶工
帯山(たいざん)与兵衛〔7代〕　？～1862　江戸後期・末期の陶工
高堀村(たかほりむら)与兵衛　江戸時代の加賀藩十村役
寺岡(てらおか)与兵衛　江戸前期の藩士
中村(なかむら)与兵衛　安土桃山時代の商人、駿府の魚座代官
名取(なとり)与兵衛　江戸後期の心学者
西岡(にしおか)与兵衛　江戸中期の武士
西村(にしむら)与兵衛　江戸後期の商人
野間(のま)与兵衛　安土桃山時代の織田信長の家臣
長谷川(はせがわ)与兵衛〔2代〕　1853～1909　江戸後期～明治期の実業家
秦(はた)与兵衛　戦国～江戸前期の豪商
花屋(はなや)与兵衛　1799～1858　江戸後期・末期のすし職人
華屋(はなや)与兵衛　花屋与兵衛に同じ
広瀬町村(ひろせまちむら)与兵衛　江戸中期の百姓
深沢(ふかざわ)与兵衛　1814～1882　江戸後期～明治期の文人
藤村(ふじむら)与兵衛　江戸前期の京都糸割符商人
船越(ふなこし)与兵衛　江戸前期の盛岡藩家臣
古川(ふるかわ)与兵衛　江戸後期の算学者
松浦屋(まつうらや)与兵衛　江戸中期の人。甘藷貯蔵法の発見者
三木(みき)与兵衛　1595～1643　江戸前期の出雲平野の開拓者
山田(やまだ)与兵衛　安土桃山時代の織田信長の家臣

与兵衛房実　よへえふさざね
伊達(だて)与兵衛房実　戦国時代の武士。岩付太田氏の家臣

与穂三兵屋　よほのひやー
伊鬼(いき)与穂三兵屋　戦国・安土桃山時代の加計呂麻島諸鈍の掟司

与茂佐　よもさ
小林(こばやし)与茂佐　江戸後期の水源村の一部の兼帯名主。平湯温泉の開発に尽力

四方作　よもさく
土方(ひじかた)四方作　1806～1876　江戸後期～明治期の名主
武藤(むとう)四方作　1716～1799　江戸中期・後期の藩士・武芸家

四方助　よものすけ
大石(おおいし)四方助　戦国時代の武将。武田家臣

世泰親王家右京大夫　よやすしんのうけのうきょうのだいぶ
世泰親王家右京大夫　南北朝時代の女房・歌人

与々軒　よよけん
草加(くさか)与々軒　？～1817　江戸末期の茶人

与里　より
与里　1782～1867　江戸中期～末期の武士

順秋　よりあき
豊原(とよはら)順秋　1737～1804　江戸中期・後期の楽人
頼顕　よりあき
吉見(よしみ)頼顕　南北朝時代の能登守護
頼章　よりあき
北条(ほうじょう)頼章　1245～1256　鎌倉前期・後期の武士
頼明　よりあき
大森(おおもり)頼明　?～1405　室町時代の武将
よりあきら
三上(みかみ)よりあきら　江戸後期の神職
頼篤　よりあつ
諏訪(すわ)頼篤　1661～1753　江戸前期・中期の幕臣
諏訪(すわ)頼篤　1769～1844　江戸中期・後期の幕臣
頼家　よりいえ
安田(やすだ)頼家　戦国時代の上杉氏の家臣
頼一　よりいち　⇔よりかず
安村(やすむら)頼一　1706～1779　江戸中期の音曲家
頼氏　よりうじ
足利(あしかが)頼氏　1580～1630　安土桃山時代・江戸前期の小弓公方足利義明の遺児・頼淳(頼純)の子。国朝の弟
上野(うえの)頼氏　?～1533　戦国時代の備中国の武将
塩見(しおみ)頼氏　?～1569　戦国時代の丹波の土豪
下条(しもじょう)頼氏　1367～1423　南北朝・室町時代の伊那下条氏の祖
知久(ちく)頼氏　1541～1585　戦国・安土桃山時代の武士
新田(にった)頼氏　鎌倉時代の武士
尾藤(びとう)頼氏　鎌倉後期の武将・歌人
自雄　よりお
谷村(たにむら)自雄　1800～1862　江戸後期・末期の剣術家
頼雄　よりお　⇔よりかつ
土岐(とき)頼雄　?～1380　南北朝時代の武将
頼意　よりおき　⇔らいい
徳山(とくやま)頼意　江戸中期の武士
頼起　よりおき
安村(やすむら)頼起　?～1800　江戸中期・後期の音曲家
頼熙　よりおき
土岐(とき)頼熙　1719～1755　江戸中期の沼田城主
頼易　よりおさ
錦小路(にしきのこうじ)頼易　1803～1851　江戸後期の公家
頼香　よりか
土岐(とき)頼香　1752～1794　江戸中期・後期の武士
頼蔭　よりかげ
梶田(かじた)頼蔭　江戸後期の鎌倉鶴岡八幡宮社人
諏訪(すわ)頼蔭　1643～1725　江戸前期・中期の幕臣
頼景　よりかげ　⇔らいけい
安達(あだち)頼景　1229～1292　鎌倉前期・後期の歌人
相良(さがら)頼景　?～1207　平安後期・鎌倉前期の多良木荘地頭
縁数　よりかず
東(とう)縁数　戦国時代の武士
頼一　よりかず　⇔よりいち
能勢(のせ)頼一　1690～1755　江戸中期の幕臣
頼員　よりかず
伊丹(いたみ)頼員　南北朝時代の武将
土岐(とき)頼員　鎌倉後期の武士
得江(とくえ)頼員　南北朝時代の能登の武将
南条(なんじょう)頼員　鎌倉時代の武士
頼和　よりかず
細川(ほそかわ)頼和　南北朝時代の越中守護
頼風　よりかぜ
源(みなもとの)頼風　平安後期の官人
頼堅　よりかた
遠藤(えんどう)頼堅　南北朝時代の人。種子島野間村中山の百姓一揆平定者
頼賢　よりかた　⇔らいけん
遠藤(えんどう)頼賢　平安後期の武士
大中臣(おおなかとみの)頼賢　平安後期の官人
頼方　よりかた
小森(こもり)頼方　1693～1726　江戸中期の公家・医者
中原(なかはらの)頼方　平安後期の官人
藤原(ふじわらの)頼方　平安中期の貴族
藤原(ふじわらの)頼方　平安中期の在地領主
万年(まんねん)頼方　江戸前期の軍記作者
随勝　よりかつ
早川(はやかわ)随勝　1827～?　江戸後期・末期の藩士
頼勝　よりかつ
小川(おがわ)頼勝　1595～1656　安土桃山・江戸前期の幕臣
仁木(にき)頼勝　南北朝時代の武将
村上(むらかみ)頼勝　1543～?　戦国・安土桃山時代の村上城主
頼雄　よりかつ　⇔よりお
松平(まつだいら)頼雄　1668～1718　江戸前期・中期の西条藩初代藩主頼純の世子
従門　よりかど
筑紫(つくし)従門　1682～1744　江戸前期・中期の幕臣・神道家
順兼　よりかね　⇔よしかね
高階(たかしなの)順兼　平安後期の官人
頼錦　よりかね
金森(かなもり)頼錦〔2代〕　江戸中期の郡上藩金森家の2代目。1736(元文元)年藩主となる

頼兼 よりかね
紀(き)頼兼 鎌倉後期の連歌作者
高橋(たかはしの)頼兼 平安後期の官人、算師
橘(たちばなの)頼兼 平安後期の官人
野々山(ののやま)頼兼 ?～1604 江戸前期の旗本
藤原(ふじわら)頼兼 南北朝時代の武家・歌人
村田(むらた)頼兼 鎌倉後期の武士

頼謙 よりかね
知久(ちく)頼謙 1835～1897 江戸後期～明治期の武士

馮銃 よりかね
加藤(かとう)馮銃 江戸中期の武州横川村の鋳物師

頼清 よりきよ ⇔らいせい
朝日(あさひ)頼清 鎌倉前期の武将
小笠原(おがさわら)頼清 南北朝時代の武将
小槻(おづき)頼清 鎌倉後期の官人
木庭袋(きばくら)頼清 戦国時代の人。深浦町神明宮の先祖
金(こんの)頼清 鎌倉後期・南北朝時代の武士
都万(つま)頼清 南北朝時代の隠岐国都万院一分地頭
藤原(ふじわら)頼清 鎌倉後期・南北朝時代の公家・歌人
源(みなもとの)頼清 平安中期の官吏
村上(むらかみ)頼清 室町時代の武士
湯(ゆ)頼清 1251～1307 鎌倉後期の意宇郡湯・拝志郷、大原郡佐世郷地頭

よ

頼国 よりくに
源(みなもとの)頼国 ?～1058 平安中期・後期の人。清和源氏
村上(むらかみ)頼国 ?～1450 南北朝時代の武将

頼熊 よりくま
妻木(つまき)頼熊 1604～1683 江戸前期の幕府役人

頼子 よりこ ⇔らいこ, らいし
紀(きの)頼子 平安後期の官女
源(みなもとの)頼子 平安後期の女官

頼貞 よりさだ
多田(ただ)頼貞 ?～1343 室町時代の武士
藤原(ふじわらの)頼貞 平安後期の人。嘉承2年佐渡に配流
細川(ほそかわ)頼貞 ?～1335 鎌倉後期・南北朝時代の武将
松岡(まつおか)頼貞 戦国時代の甲斐武田晴信・勝頼の家臣
矢沢(やざわ)頼貞 1551～1626 戦国～江戸前期の真田氏の家臣《矢沢頼幸》

頼定 よりさだ
小笠原(おがさわら)頼定 戦国時代の武将。武田家臣
諏訪(すわ)頼定 1675～1732 江戸中期の旗本

倚貞 よりさだ
有沢(ありさわ)倚貞 1747～1770 江戸中期の藩士

諶貞 よりさだ ⇔のぶさだ
諶貞 戦国時代の石見の刀匠

頼郷 よりさと
大野(おおの)頼郷 江戸中期の旗本大谷近藤氏の陣屋役人

頼里 よりさと
安室(あむろの)頼里 平安後期の官人

依真 よりざね
依真 鎌倉前期の刀工

順実 よりざね
四宮(しのみや)順実 江戸後期の和算家

頼実 よりざね ⇔らいじつ
黒川(くろかわ)頼実 戦国時代の越後奥山荘北条の国人
沢(さわ)頼実 ?～1582 戦国・安土桃山時代の織田信長の家臣
丹波(たんばの)頼実 平安後期の官人
守矢(もりや)頼実 1505～1597 戦国・安土桃山時代の信濃国諏訪大社上社神長官

頼重 よりしげ
安倍(あべの)頼重 平安後期の検非違使
宇津(うつ)頼重 安土桃山時代の織田信長の家臣
大江(おおえ)頼重 鎌倉時代の歌人
大江(おおえの)頼重 平安後期の官人
岡本(おかもと)頼重 1580～1611 安土桃山時代・江戸前期の里見忠義の家臣。頼元の嫡子
下石(おろし)頼重 ?～1582 戦国・安土桃山時代の織田信長の家臣
紀(きの)頼重 平安後期の石清水権俗別当
土岐(とき)頼重 鎌倉後期・南北朝時代の武士
楡井(にれい)頼重 ?～1357 鎌倉後期・南北朝時代の武将
能勢(のせ)頼重 1587～1650 安土桃山・江戸前期の幕臣
舟木(ふなき)頼重 鎌倉後期の武将
細川(ほそかわ)頼重 ?～1442 室町時代の備中国守護
源(みなもとの)頼重 平安後期の官人

頼成 よりしげ ⇔よりなり
上杉(うえすぎ)頼成 ?～1346 鎌倉後期・南北朝時代の武将・歌人
中原(なかはら)頼成 ?～1084 平安中期・後期の官人、歌人
源(みなもとの)頼成 平安後期の官人

頼茂 よりしげ
多禰(たね)頼茂 鎌倉後期・南北朝時代の出雲大社造営奉行、多禰郷の地頭

頼季 よりすえ
大蔵(おおくら)頼季 ?～1272 鎌倉前期・後期の武蔵武士
紀(きの)頼季 平安後期の官人
小寺(こてら)頼季 1290～1352 南北朝時代の赤松一族の武士
源(みなもとの)頼季 平安中期の武人
物部(もののべ)頼季 平安後期の検非違使
和気(わけの)頼季 鎌倉時代の医師

従弼 よりすけ
吉川(よしかわ)従弼 1728～1797 江戸中期・後

期の幕臣

頼佐 よりすけ
清原(きよはらの)頼佐 平安中期の官人

頼資 よりすけ
板倉(いたくら)頼資 戦国時代の武士。渋川義鏡の重臣
太田(おおた)頼資 ?～1807 江戸中期・後期の地誌家
平(たいらの)頼資 鎌倉時代の武将
源(みなもと)頼資 南北朝時代の歌人
源(みなもとの)頼資 ?～1066 平安中期・後期の官人

頼助 よりすけ ⇔らいじょ, らいすけ
凡(おおしの)頼助 平安後期の官人
紀(きの)頼助 平安後期の安芸国の相撲人
惟宗(これむねの)頼助 平安中期の医師

頼亮 よりすけ ⇔らいりょう
松田(まつだ)頼亮 ?～1511 室町時代の幕府奉行人

頼淳 よりずみ ⇔らいじゅん
足利(あしかが)頼淳 1535～1601 戦国・安土桃山時代の小弓公方足利義明の子

頼純 よりずみ
知久(ちく)頼純 安土桃山時代の信濃国伊那郡神之峯城主知久氏の一族

頼澄 よりずみ
坂上(さかのうえ)頼澄 南北朝時代の武家・歌人

依堪 よりたえ
藤原(ふじわらの)依堪 平安後期の飛騨国目代

可隆 よりたか ⇔よしたか
森(もり)可隆 1552～1570 戦国・安土桃山時代の織田信長の家臣

頼孝 よりたか
大中臣(おおなかとみの)頼孝 平安中期・後期の官人
刑部(おさかべの)頼孝 平安中期の官人
紀(きの)頼孝 平安後期の官人
藤原(ふじわら)頼孝 平安中期の公家・歌人

頼高 よりたか
大中臣(おおなかとみの)頼高 平安中期の官人
諏訪(すわ)頼高 1528～1542 戦国時代の信濃国諏訪氏の大祝
綱島(つなしま)頼高 ?～1615 戦国時代の地侍
藤原(ふじわらの)頼高 平安後期の官人

頼隆 よりたか
頼隆 平安後期の可真郷の惣官
大中臣(おおなかとみの)頼隆 平安後期の神官
清原(きよはらの)頼隆 979～1053 平安中期・後期の儒臣
諏訪(すわ)頼隆 1499～1530 戦国時代の信濃国諏訪氏の惣領・大祝
妻木(つまぎ)頼隆 1669～1745 江戸前期・中期の武士
能勢(のせ)頼隆 1588～1657 安土桃山・江戸前期の幕臣
源(みなもとの)頼隆 1159～? 平安後期・鎌倉前期の武将

依武 よりたけ
紀(きの)依武 平安後期の官人
伴(ともの)依武 平安後期の官人

寄猛 よりたけ
取田(とりだ)寄猛 ?～1772 江戸中期の藩士

順武 よりたけ
坂井(さかい)順武 1727～? 江戸中期の人。加賀藩士小堀牛右衛門に仕えた

頼武 よりたけ
安倍(あべの)頼武 平安後期の官人
今田(いまだ)頼武 1765～1837 江戸中期・後期の藩士
大西(おおにし)頼武 安土桃山時代の武将
土岐(とき)頼武 1499?～1547 戦国時代の武将、美濃国主
波多野(はだの)頼武 戦国時代の武士
吉見(よしみ)頼武 南北朝時代の武将・歌人

籍侃 よりただ
山崎(やまざき)籍侃 江戸後期の藩士

頼忠 よりただ ⇔らいちゅう
牛島(うしじま)頼忠 1821～1898 江戸後期～明治期の和算家、熊本藩士
江戸(えど)頼忠 戦国時代の武蔵吉良氏の家臣
藤原(ふじわらの)頼忠 平安後期の薩摩国入来院の地頭
北条(ほうじょう)頼忠 鎌倉時代の武士
万年(まんねん)頼忠 1668～1739 江戸前期・中期の代官

頼辰 よりたつ ⇔よりとき
諏方(すわ)頼辰 ?～1575 安土桃山時代の武田氏の家臣
中原(なかはら)頼辰 鎌倉時代の出雲国衙在庁官人

頼竜 よりたつ
知久(ちく)頼竜 戦国時代の武士

自胤 よりたね ⇔これたね
千葉(ちば)自胤 ?～1494 室町・戦国時代の武将

順胤 よりたね
椎名(しいな)順胤 室町時代の武将

頼胤 よりたね
海上(うなかみ)頼胤 戦国時代の憲胤の子。鎌倉公方足利持氏の近臣として鎌倉在府。御所奉行
野瀬(のせ)頼胤 ?～1744 江戸中期の甲府城勤番

頼為 よりため
吉見(よしみ)頼為 南北朝時代の武将・歌人

頼近 よりちか
座光寺(ざこうじ)頼近 ?～1575 戦国・安土桃山時代の武田家臣

頼周 よりちか
馬場(ばば)頼周 ?～1546 戦国時代の肥前三根郡中野城主

頼親 よりちか
荒木田(あらきだ)頼親 平安中期の神官
藤原(ふじわらの)頼親 972～1010 平安中期の官人

順承 よりつぐ
松田(まつだ)順承 江戸前期の暦算家
頼継 よりつぐ
頼継 江戸末期の石見の刀匠
頼継〔1代〕 室町時代の刀工
頼継〔2代〕 室町時代の刀工
鷹司(たかつかさ)頼継 室町時代の公家
頼次 よりつぐ
上(かみの)頼次 戦国時代の紀伊国熊野の御師
平(たいらの)頼次 平安後期の武士
間宮(まみや)頼次 ?～1609 江戸前期の旗本
頼世 よりつぐ ⇔よりつね, よりよ
救仁郷(くにごう)頼世 ?～1538 戦国時代の新納氏の支城蓬原城の城主
頼弐 よりつぐ
安倍(あべの)頼弐 平安後期の官人
沿綱 よりつな
渡辺(わたなべ)沿綱 1796～? 江戸末期の紀州藩家臣
自綱 よりつな
三木(みつき)自綱 1540～1587 室町～安土桃山時代の武将
頼綱 よりつな
頼綱 南北朝時代の石見の刀匠
頼綱 南北朝時代の刀工
頼綱 室町時代の刀工
馬場(ばば)頼綱 江戸中期の藩士
源(みなもとの)頼綱 1025?～1097 平安中期・後期の官吏、歌人
頼経 よりつね
頼経 南北朝時代の刀工
大中臣(おおなかとみの)頼経 1000?～? 平安中期の守孝の子
大中臣(おおなかとみの)頼経 平安後期の紀伝道学生
紀(きの)頼経 平安後期の官人
藤原(ふじわらの)頼経 平安後期の官人
頼常 よりつね
肥田(ひだ)頼常 1740～? 江戸後期の武士
頼世 よりつね ⇔よりつぐ, よりよ
吉見(よしみ)頼世 室町時代の津和野城主
頼庸 よりつね
諏訪(すわ)頼庸 江戸中期の漢学者
錦小路(にしきのこうじ)頼庸 1667～1735 江戸前期・中期の公家
頼照 よりてる
梶川(かじかわ)頼照 1647～1723 江戸前期・中期の幕臣
三箇(さんか)頼照 ?～1595 戦国・安土桃山時代の織田信長の家臣
頼人 よりと
鈴木(すずき)頼人 江戸時代の八戸藩士
頼遠 よりとう ⇔よりとお
紀(きの)頼遠 平安後期の石清水権俗別当

よ

頼任 よりとう ⇔らいにん
安倍(あべ)頼任 1624～1693 江戸前期・中期の剣術家
小野(おのの)頼任 平安後期の伊賀国簗瀬村の刀禰
紀(きの)頼任 平安後期の官人
藤原(ふじわらの)頼任 ?～1030 平安中期の人。藤原時明男
頼遠 よりとお ⇔よりとう
五条(ごじょう)頼遠 南北朝時代の南朝方の公家
新田(にいだ)頼遠 戦国時代の玉造郡新田の領主
藤原(ふじわら)頼遠 平安中期の東国の豪族
頼言 よりとき ⇔よりのぶ
源(みなもと)頼言 南北朝時代の歌人
頼時 よりとき
奈古屋(なごや)頼時 平安後期の奈古谷村の人。源頼朝挙兵に従う
戸次(べっき)頼時 鎌倉後期の武将・歌人
頼辰 よりとき ⇔よりたつ
石谷(いしがい)頼辰 ?～1586 戦国・安土桃山時代の長宗我部氏の家臣
頼俊 よりとし ⇔らいしゅん
頼俊 平安後期の絵師
伊沢(いさわ)頼俊 戦国時代の武将
源(みなもとの)頼俊 平安中期・後期の武人
頼年 よりとし
江戸(えど)頼年 戦国時代の武蔵吉良氏朝の家臣
頼利 よりとし
凡(おおしの)頼利 平安後期の官人
妻木(つまぎ)頼利 1585～1653 安土桃山・江戸前期の武士
妻木(つまき)頼利 妻木頼利に同じ
頼富 よりとみ
宗通(むねみち)頼富 戦国時代の御師
頼友 よりとも
高山(たかやま)頼友 平安後期の東寺領本田荘下司
頼倫 よりとも
若江(わかえ)頼倫 平安後期の官人
頼豊 よりとよ
土岐(とき)頼豊 南北朝時代の武将・歌人
従直 よりなお
藤木(ふじき)従直 1629～1678 江戸前期の神職
頼直 よりなお
安倍(あべの)頼直 平安後期の官人
笠原(かさはら)頼直 1129～? 平安後期の信濃国の武士
下瀬(しもせ)頼直 ?～1642 安土桃山・江戸前期の武士。「朝鮮渡海日記」を残す
知久(ちく)頼直 1698～1775 江戸中期の武士、伊那郡の関所預支配
北条(ほうじょう)頼直 鎌倉時代の武士
山下(やました)頼直 南北朝時代の飛騨地方の地頭
頼央 よりなか
藤田(ふじた)頼央 江戸後期の暦算家
頼仲 よりなか ⇔らいちゅう
大中臣(おおなかとみの)頼仲 平安後期の官人

土岐（とき）頼仲　南北朝時代の武将・歌人
楡井（にれい）頼仲　1301～1357　南北朝時代の救仁院・救仁郷の在地領主。南朝側の武将
源（みなもとの）頼仲　平安後期の官人

従長　よりなが
吉川（よしかわ）従長　1654～1730　江戸前期・中期の神道家

頼栄　よりなが
妻木（つまぎ）頼栄　1722～1797　江戸中期・後期の武士

頼永　よりなが　⇔よりひさ
丹波（たんば）頼永　1808～1848　江戸後期の医者
遠山（とおやま）頼永　江戸前期の歌人

頼長　よりなが　⇔らいちょう
頼長　江戸前期の俳人
伊藤（いとう）頼長　1688～1765　江戸中期の藩士
円城寺（えんじょうじ）頼長　戦国時代の武蔵吉良氏の家臣
大江（おおえの）頼長　平安後期の官人
大中臣（おおなかとみの）頼長　平安後期の官人
麻績（おみ）頼長　？～1587　戦国・安土桃山時代の信濃国衆
紀（きの）頼長　平安後期の石清水八幡宮俗別当
平岡（ひらおか）頼長　1735～1816　江戸中期・後期の幕臣
細川（ほそかわ）頼長　1373～1411　南北朝・室町時代の備後半国守護

順業　よりなり　⇔のぶなり
高階（たかしなの）順業　平安中期の帯刀先生《高階順業》

順成　よりなり　⇔じゅんせい
清原（きよはらの）順成　平安中期の帯刀

頼業　よりなり
宇都宮（うつのみや）頼業　1194～？　鎌倉前期の武将・歌人
横田（よこた）頼業　1194～1277　鎌倉前期の武将。上三川城主

頼成　よりなり　⇔よりしげ
藤原（ふじわらの）頼成　平安後期の官人

依信　よりのぶ
塩谷（えんや）依信　1850～1908　江戸後期～明治期の教育者

因信　よりのぶ
北原（きたはら）因信　1790～1862　江戸後期・末期の歌人

縁信　よりのぶ
東（とう）縁信　1716～？　江戸中期の国学者

自延　よりのぶ
遠田（とおだ）自延　江戸後期の藩士

順信　よりのぶ　⇔まさのぶ
伊庭（いば）順信　江戸末期の漢学者

頼延　よりのぶ
菅野（すがのの）頼延　平安後期の官人
三野（みのの）頼延　平安後期の田原庄の開発領主

頼言　よりのぶ　⇔よりとき
高岳（たかおか）頼言　平安中期の官人、歌人

頼信　よりのぶ
鏑木（かぶらぎ）頼信　戦国時代の松任城主
鏑木（かぶらき）頼信　鏑木頼信に同じ
斎藤（さいとう）頼信　戦国時代の越後国刈羽郡の国人
藤原（ふじわらの）頼信　平安中期の衛門府官人

頼宣　よりのぶ
大中臣（おおなかとみの）頼宣　平安中期の官人
大中臣（おおなかとみの）頼宣　997～1091　平安中期・後期の祭主（36代）
大中臣（おおなかとみの）頼宣　平安後期の官人

順則　よりのり　⇔じゅんそく
三崎（みさき）順則　1826～1885　江戸後期～明治期の丹波の豪商

頼紀　よりのり
井上（いのうえ）頼紀　1781～？　江戸中期の幕臣、代官
松平（まつだいら）頼紀　1751～1811　江戸中期・後期の藩士

頼矩　よりのり
妻木（つまき）頼矩　1816～1891　江戸後期～明治期の幕臣

頼載　よりのり
松平（まつだいら）頼載　1818～1866　江戸後期・末期の旗本

頼徳　よりのり
土岐（とき）頼徳　1843～1911　江戸後期～明治期の陸軍軍医
土岐（とき）頼徳　江戸末期の幕臣
能勢（のせ）頼徳　？～1827　江戸後期の旗本

頼礼　よりのり
武田（たけだ）頼礼　1852～1887　江戸後期～明治期の教育者

頼治　よりはる
万年（まんねん）頼治　1647～1715　江戸前期・中期の代官
源（みなもとの）頼治　平安後期の武人
和田（わだ）頼治　江戸前期の太地村漁民

頼春　よりはる
大森（おおもり）頼春　？～1469　室町・戦国時代の駿河・相模国境地域の国人
竜神（りゅうじん）頼春　安土桃山・江戸前期の武士

依久　よりひさ
大神（おおみわの）依久　平安後期の円成寺領河内国星田荘の荘官

代向　よりひさ
芳賀（はが）代向　江戸後期の和算家、白河藩士

頼永　よりひさ　⇔よりなが
諏訪（すわ）頼永　江戸後期の幕臣

頼久　よりひさ　⇔らいきゅう
上野（うえの）頼久　？～1521　安土桃山時代の武将
川上（かわかみ）頼久　南北朝時代の武将
喜入（きいれ）頼久　室町時代の薩摩国給黎郡の領主

島津（しまづ）頼久　？～1498　戦国時代の薩摩国指宿城の城主
諏訪（すわ）頼久　1644～1725　江戸中期・後期の幕臣
諏訪（すわ）頼久　1765～？　江戸中期・後期の幕臣
知久（ちく）頼久　1677～1744　江戸前期・中期の武士、伊那郡の関所預支配
土岐（とき）頼久　？～1672　江戸前期の旗本
平岡（ひらおか）頼久　？～1717　江戸中期の代官
細川（ほそかわ）頼久　室町時代の武将・歌人・連歌作者

頼秀　よりひで
飯尾（いいのお）頼秀　室町時代の武将・歌人
丹波（たんば）頼秀　室町時代の医者
松田（まつだ）頼秀　戦国時代の相模の国人領主
万年（まんねん）頼秀　？～1606　江戸前期の代官

頼衡　よりひら
三善（みよし）頼衡　南北朝時代の官人・歌人

頼平　よりひら
浅利（あさり）頼平　？～1598　安土桃山時代の陸奥比内郡の領主
郡山（こおりやま）頼平　南北朝時代の薩摩国満家院の郡山城城主
橘（たちばなの）頼平　平安中期の官人

倚平　よりひら
橘（たちばな）倚平　平安中期の官人、漢詩人、歌人

よ

頼寛　よりひろ
能勢（のせ）頼寛　1640～1697　江戸前期・中期の幕臣

頼広　よりひろ　⇔らいこう
頼広　江戸前期の俳人
金子（かねこ）頼広　鎌倉時代の武士
狩野（かの）頼広　南北朝時代の地頭
山家（やまべ）頼広　戦国時代の武田氏の家臣

頼弘　よりひろ
紀（き）頼弘　鎌倉時代の公家
八田（はったの）頼弘　平安後期の官人
源（みなもとの）頼弘　平安中期の官人、武人
源（みなもとの）頼弘　1091～1143　平安後期の武人

頼部　よりひろ
能勢（のせ）頼部　？～1578　戦国・安土桃山時代の織田信長の家臣

頼裕　よりひろ
成田（なりた）頼裕　1784～1825　江戸中期・後期の藩士

頼福　よりふく
徳山（とくやま）頼福　江戸中期の武士

宣房　よりふさ　⇔のぶふさ
田中（たなか）宣房　1713～1796　江戸中期・後期の田中明神神主

頼英　よりふさ　⇔らいえい
万年（まんねん）頼英　1719～1787　江戸中期の代官

頼房　よりふさ
市河（いちかわ）頼房　南北朝・室町時代の武将
千野（ちの）頼房　戦国時代の信濃国諏訪郡の国衆
日笠（ひかさ）頼房　1518～1582　安土桃山時代の武将
肥田（ひだ）頼房　1644～1714　江戸前期・中期の幕臣
北条（ほうじょう）頼房　鎌倉時代の武士
正木（まさき）頼房　戦国時代の里見義頼・義康・忠義の家臣
源（みなもとの）頼房　1024～1123　平安中期・後期の武人
依田（よだ）頼房　戦国時代の武田氏の家臣
度会（わたらい）頼房　1017～1089　平安中期・後期の外宮禰宜

仍房　よりふさ
仍房　室町時代の刀工

順政　よりまさ
加藤（かとう）順政　1535～1599　戦国・安土桃山時代の織田信長の家臣

順正　よりまさ　⇔じゅんしょう，じゅんせい，ゆきまさ
杉田（すぎた）順正　1655～1721　江戸前期・中期の「古今雑節論」の著者

頼真　よりまさ　⇔らいしん
守矢（もりや）頼真　1505～1597　戦国・安土桃山時代の信濃国諏訪大社上社神長官《守矢頼実》

頼正　よりまさ
井上（いのうえ）頼正　1809～1879　江戸後期～明治期の医者
山村（やまむらの）頼正　平安後期の人。天喜3年伊賀守小野守経に追捕される

頼益　よります
細川（ほそかわ）頼益　南北朝時代の武将・歌人

自省　よりみ
遠田（とおだ）自省　1670～1750　江戸前期・中期の藩士

頼運　よりみち　⇔よりゆき
諏訪（すわ）頼運　戦国時代の武将。武田家臣

頼途　よりみち
諏方（すわ）頼途　安土桃山時代の諏訪大社社家衆

頼道　よりみち
能勢（のせ）頼道　？～1580　戦国・安土桃山時代の織田信長の家臣

依光　よりみつ
物部（もののべの）依光　鎌倉後期の鋳物師

頼光　よりみつ　⇔らいこう
荒木田（あらきだ）頼光　978～1021　平安中期の神官
桃井（もものい）頼光　戦国時代の武田氏の家臣

頼旨　よりむね
万年（まんねん）頼旨　1622～1698　江戸前期・中期の大坂代官

頼宗　よりむね
能勢（のせ）頼宗　1614～1678　江戸前期の幕臣
野津（のつ）頼宗　？～1305　鎌倉後期の地頭
平林（ひらばやし）頼宗　？～1240　鎌倉前期の武将

吉見（よしみ）頼宗　鎌倉後期の武士

頼望　よりもち
丹波（たんば）頼望　1769〜1803　江戸中期・後期の医者

頼基　よりもと　⇔らいき
太田（おおた）頼基　源頼基に同じ
紀（きの）頼基　平安後期の官人
四条（しじょう）頼基　？〜1300　鎌倉前期・後期の武士《四条金吾》
丹波（たんばの）頼基　1136〜1201　平安後期・鎌倉前期の医者
天童（てんどう）頼基　室町時代の天童家当主
土岐（とき）頼基　南北朝時代の武将・連歌作者
源（みなもとの）頼基　平安中期の武人
源（みなもとの）頼基　平安後期の武士

頼元　よりもと　⇔のぶもと, らいげん
岡本（おかもと）頼元　戦国時代の里見氏の家臣
清原（きよはら）頼元　1290〜1367　鎌倉後期・南北朝時代の公家・漢学者
土岐（とき）頼元　1640〜1722　江戸前期・中期の幕臣
山中（やまなか）頼元　戦国時代の北条氏の家臣。河越衆
度会（わたらい）頼元　1025〜1107　平安中期・後期の外宮一禰宜

頼職　よりもと
佐伯（さえきの）頼職　平安後期の官人

順盛　よりもり　⇔のぶもり
加藤（かとう）順盛　1514〜1588　戦国・安土桃山時代の織田信長の家臣

頼盛　よりもり
大江（おおえの）頼盛　平安後期の散位
紀（きの）頼盛　平安後期の官人
下間（しもつま）頼盛　？〜1539　戦国時代の本願寺の坊官
源（みなもとの）頼盛　平安後期の武将

頼屋　よりや
徳山（とくやま）頼屋　江戸中期の武士

従安　よりやす
吉川（よしかわ）従安　1704〜1770　江戸中期の神道学者

頼安　よりやす
牛田（うしだ）頼安　1688〜1757　江戸前期・中期の幕臣
紀（きの）頼安　平安中期の石清水八幡宮権俗別当
下条（しもじょう）頼安　1556〜1584　戦国・安土桃山時代の甲斐武田勝頼の家臣
新藤（しんどう）頼安　？〜1561　戦国・安土桃山時代の北条氏の家臣。河越衆
能勢（のせ）頼安　？〜1645　江戸前期の幕臣
藤原（ふじわらの）頼安　平安後期の官人
万年（まんねん）頼安　1636〜1704　江戸前期・中期の代官

頼康　よりやす
知久（ちく）頼康　戦国時代の武士

頼泰　よりやす
赤須（あかず）頼泰　戦国時代の信濃国伊那郡の国衆
飯沼（いいぬま）頼泰　戦国時代の上杉房定の重臣
塩冶（えんや）頼泰　鎌倉後期の出雲、隠岐守護
藤原（ふじわら）頼泰　鎌倉後期の歌人
本郷（ほんごう）頼泰　1564〜1598　安土桃山時代の織田信長の家臣
南（みなみ）頼泰　戦国時代の紀伊国の御師

頼保　よりやす
安倍（あべの）頼保　1565〜1613　安土桃山・江戸前期の別当
諏訪（すわ）頼保　1744〜1783　江戸中期の高島藩お家騒動（二之丸騒動）で切腹となった家老
藤原（ふじわら）頼保　？〜1179　平安後期の公家・歌人

頼宝　よりやす
諏訪（すわ）頼宝　江戸中期の幕臣

良康　よりやす
吉良（きら）良康　室町時代の世田谷城主

寄之　よりゆき
松井（まつい）寄之　1616〜1666　江戸前期の8代城主

順行　よりゆき
増田（ますだ）順行　江戸後期の藩士

頼運　よりゆき　⇔よりみち
諏方（すわ）頼運　戦国時代の諏訪大社社家衆

頼幸　よりゆき
矢沢（やざわ）頼幸　1551〜1626　戦国〜江戸前期の真田氏の家臣

頼行　よりゆき
大中臣（おおなかとみの）頼行　平安中期の伊勢大神宮司
清原（きよはら）頼行　平安後期の久利郷郷司
土岐（とき）頼行　1570〜？　安土桃山・江戸前期の久野土岐氏当主
藤原（ふじわらの）頼行　平安中期の軍事貴族
万年（まんねん）頼行　1731〜1787　江戸中期の代官
源（みなもとの）頼行　？〜1157　平安後期の武士
吉見（よしみ）頼行　？〜1336　鎌倉後期の武将

頼之　よりゆき
鈴木（すずき）頼之　江戸後期の和算家
知久（ちく）頼之　戦国時代の武将。武田家臣
能勢（のせ）頼之　江戸末期の幕臣。長崎奉行

頼僮　よりゆき
有馬（ありま）頼僮　1712〜1783　江戸中期の和算家、大名

頼世　よりよ　⇔よりつぐ, よりつね
土岐（とき）頼世　1323〜1397　室町時代の武士

頼義　よりよし
平群（へぐりの）頼義　993〜1060　平安中期・後期の官人

頼穀　よりよし
万年（まんねん）頼穀　1686〜1733　江戸前期・中期の代官

頼致　よりよし
松平(まつだいら)頼致　1682〜1757　江戸中期の藩主。松平西条藩2代目当主
夜行　よるゆき
遊数里(ゆすり)夜行　江戸後期の戯作者
与鹿　よろく
与鹿　1822〜1864　江戸後期・末期の俳諧作者
与陸　よろく
中村(なかむら)与陸　江戸末期の金工家
与六　よろく
四宮(しのみや)与六　安土桃山時代の武士
与六郎　よろくろう
北村(きたむら)与六郎　1837〜1868　江戸後期・末期の旗本竹中丹後守重固の家臣
早川(はやかわ)与六郎　江戸前期の郷士
和田(わだ)与六郎　江戸前期の土豪
悦　よろこぶ
県(あがたの)悦　平安後期の相撲人
万　よろず
河合(かわい)万　江戸後期〜明治期の漢学者
富士(ふじ)万　1838〜1905　江戸後期〜明治期の国学者、神道家
万緒　よろずお
藤原(ふじわらの)万緒　平安前期の人。参議藤原保則の子
万雄　よろずお
難波(なにわ)万雄　平安中期の官人・歌人

ら

【ら】

莱　らい
杉原(すぎはら)莱　江戸後期の学者
来安　らいあん
進藤(しんどう)来安　江戸後期の眼科医
頼意　らいい　⇔よりおき
頼意　1614〜1675　江戸前期の新義真言宗の僧
頼逸　らいいつ
頼逸　戦国時代の秦地中頼逸
頼英　らいえい　⇔よりふさ
頼英　南北朝時代の僧侶・歌人
念西坊(ねんさいぼう)頼英　安土桃山時代の油川明行寺の僧侶
頼円　らいえん
頼円　平安後期の天台宗の僧・歌人
頼円　？〜1403　南北朝・室町時代の真言宗の僧
頼宴　らいえん
頼宴　1272〜1325　鎌倉後期〜室町時代の僧侶
頼縁　らいえん
頼縁　平安後期の入宋僧
雷淵　らいえん
雷淵　？〜1713　江戸前期・中期の僧侶
頼快　らいかい
浄国院(じょうこくいん)頼快　1624〜？　江戸前期の鎌倉鶴岡の浄国院の僧
頼覚　らいかく
頼覚　1032〜1088　平安中期・後期の延暦寺僧
頼覚　？〜1330　鎌倉後期の僧
頼覚　戦国時代の駿河大津郷慶寿寺の住持
頼基　らいき　⇔よりもと
頼基　1051〜1134　平安後期の天台宗の僧・歌人
来儀　らいぎ
来儀　江戸中期の俳人
頼久　らいきゅう　⇔よりひさ
千村(ちむら)頼久　1737〜1810　江戸中期・後期の幕府代官
莱橋　らいきょう
滋賀(しが)莱橋　1835〜1895　江戸後期〜明治期の教育家《滋賀有作》
頼啓　らいけい
平岡(ひらおか)頼啓　？〜1858　江戸末期の幕臣
頼慶　らいけい
頼慶　平安中期の天台宗の僧・歌人
頼慶　戦国時代の越後国居多神社の30代社務(神官)
頼景　らいけい　⇔よりかげ
頼景　1625〜1666　江戸前期の真言宗の僧
頼賢　らいけん　⇔よりかた
頼賢　1002〜1052　平安中期・後期の延暦寺僧
頼賢　1226〜1307　鎌倉時代の法華経の行者
頼巌　らいげん
頼巌　平安後期の僧
頼元　らいげん　⇔のぶもと, よりもと
牧(まき)頼元　1844〜1923　江戸後期〜明治期の書家・詩人
頼玄　らいげん
頼玄　1506〜1584　戦国・安土桃山時代の真言宗の学僧
頼子　らいこ　⇔よりこ, らいし
矢定(やさだ)頼子　1827〜1895　江戸後期〜明治期の歌人
頼興　らいこう
増田(ますだ)頼興　1800〜？　江戸後期の幕臣、代官、勘定吟味役
頼光　らいこう　⇔よりみつ
頼光　奈良時代の僧
頼広　らいこう　⇔よりひろ
下間(しもづま)頼広　1586〜1631　安土桃山・江戸前期の坊官
雷五郎　らいごろう
秀の山(ひでのやま)雷五郎　1808〜1862　江戸中期の力士
秀ノ山(ひでのやま)雷五郎　秀の山雷五郎に同じ
頼厳　らいごん
頼厳　平安後期の仏師
頼済　らいさい
頼済　鎌倉後期の真言宗の僧

頼算　らいさん
頼算　平安後期の僧侶・歌人
来山　らいざん
巣見(すみ)来山　1753〜1821　江戸中期・後期の画家
但馬(たじま)来山　1789〜1834　江戸後期の医者
雷山　らいざん
斎藤(さいとう)雷山　1810〜1871　江戸後期〜明治期の文人
来之　らいし
来之　?〜1795　江戸中期・後期の俳人
頼子　らいし　⇔よりこ, らいこ
頼子　南北朝時代の歌人
雷枝　らいし
雷枝　江戸前期の俳人
耒耜　らいし
耒耜　1758〜1846　江戸中期・後期の俳人
来治　らいじ
井上(いのうえ)来治　江戸末期の温泉津の瓦窯業家
頼実　らいじつ　⇔よりざね
頼実　1049〜1142　平安中期・後期の興福寺僧
雷首　らいしゅ
清水(しみず)雷首　1755〜1836　江戸中期・後期の儒者
耒首　らいしゅ
夏炉庵(かろあん)耒首　1753〜?　江戸中期・後期の「寝覚の蛍」の著者
頼寿　らいじゅ
頼寿　988〜1041　平安中期の天台僧
雷周　らいしゅう
葛飾(かつしか)雷周　江戸後期の浮世絵師
頼充　らいじゅう
下間(しもつま)頼充　戦国時代の本願寺の内衆
頼俊　らいしゅん　⇔よりとし
頼俊　南北朝時代の社僧・歌人
頼淳　らいじゅん　⇔よりずみ
頼淳　鎌倉後期の真言宗の僧
頼順　らいじゅん
徳川(とくがわ)頼順　1727〜1774　江戸中期の武士・詩文家
頼助　らいじょ　⇔よりすけ, らいすけ
頼助　平安後期の絵仏師
頼聖　らいしょう
頼聖　平安中期の絵仏師
頼乗　らいじょう
頼乗　?〜1765　江戸中期の真言宗の僧侶・倉敷村の地蔵院の住職(9世)
頼審　らいしん
頼審　鎌倉後期・南北朝時代の真言宗の僧
頼心　らいしん
頼心　南北朝時代の真言宗の僧
頼真　らいしん　⇔よりまさ
辻坊(つじのぼう)頼真　戦国時代の僧。村山浅間社別当
頼尋　らいじん
頼尋　1015〜1092　平安中期・後期の天台宗の僧
来助　らいすけ
市川(いちかわ)来助　江戸後期の韮山代官江川氏の手代
多久(たく)来助　江戸後期の韮山代官江川氏の手代
新井(にい)来助　1766〜1845　江戸中期・後期の名本
松屋(まつや)来助　江戸中期の歌舞伎脚本家
頼助　らいすけ　⇔よりすけ, らいじょ
山田(やまだ)頼助　江戸末期の韮山代官江川氏の手代
頼勢　らいせい
頼勢　平安後期の仏師
頼勢　1576〜1648　安土桃山・江戸前期の真言宗の僧
頼清　らいせい　⇔よりきよ
頼清　1039〜1101　平安中期・後期の石清水の僧
頼清　1632〜?　江戸前期の鎌倉鶴岡八幡宮供僧
雷石　らいせき
雷石　1804〜1883　江戸後期〜明治期の俳諧師
来川　らいせん
来川　?〜1736　江戸中期の俳人
頼暹　らいせん
頼暹　平安後期の絵仏師
頼暹　?〜1385　南北朝時代の僧侶
雷川　らいせん
葛飾(かつしか)雷川　江戸後期の絵師
頼全　らいぜん
頼全　平安後期の絵仏師
来三　らいぞう
守田(もりた)来三　江戸末期・明治期の写真師
来蔵　らいぞう
守田(もりた)来蔵　1830〜1889　江戸末期・明治期の写真家
頼増　らいぞう
頼増　平安後期の絵仏師
磊蔵　らいぞう
原田(はらだ)磊蔵　1831〜1918　江戸末期・明治期の医師
頼尊　らいそん
頼尊　998〜1064　平安中期・後期の天台宗の僧
頼尊　1026〜1100　平安中期・後期の興福寺の僧
来太　らいた
前川(まえかわ)来太　江戸中期の書肆・戯作者
雷沢　らいたく
宇野(うの)雷沢　?〜1792　江戸中期の小田原藩儒官
礼智阿　らいちあ
礼智阿　1253〜1325　鎌倉後期の時宗の僧
頼仲　らいちゅう　⇔よりなか
頼仲　1266〜1355　鎌倉後期・南北朝時代の社僧・歌人

頼忠　らいちゅう　⇔よりただ
頼忠　戦国時代の僧。遍照光寺住持
頼超　らいちょう
頼超　平安後期の華厳宗の僧
頼長　らいちょう　⇔よりなが
不動院(ふどういん)頼長　?～1597　戦国・安土桃山時代の僧。不動院第2代門主
磊堂　らいどう
江邨(えむら)磊堂　1818～1877　江戸後期～明治期の医者
頼仁　らいにん
頼仁　?～1564　戦国・安土桃山時代の真言宗の僧
頼任　らいにん　⇔よりとう
頼任　鎌倉時代の僧
頼任　鎌倉後期の僧
頼任　安土桃山時代の真言宗の僧
浄国院(じょうこくいん)頼任　1604～1689　江戸前期・中期の鎌倉浄国院の住持
頼八　らいはち
戸部(とべ)頼八　?～1815　江戸中期・後期の土佐藩御抱喜多流能役者(シテ方)
雷八　らいはち
黒雲(くろくも)雷八　?～1775　江戸中期の力士
頼範　らいはん
頼範　1006～1081　平安中期・後期の天台僧
頼宥　らいゆう
岩松(いわまつ)頼宥　南北朝時代の備後国守護
頼有　らいゆう
岩松(いわまつ)頼有　南北朝時代の伊予国守護
頼与　らいよ
頼与　平安後期の仏師
来々　らいらい
来々　1727～1780　江戸中期の俳人
頼亮　らいりょう　⇔よりすけ
下間(しもつま)頼亮　戦国時代の興正寺門跡顕尊の内衆、奏者
羅院　らいん
羅院　1709～1779　江戸中期の俳人
楽阿　らくあ
楽阿　南北朝時代の社僧・歌人・連歌作者
楽一　らくいち
野川(のがわ)楽一　江戸中期の人。野川流三絃の始祖
楽艾　らくがい
山本(やまもと)楽艾　1780～1839　江戸中期・後期の漢学者
楽軒　らくけん　⇔がくけん
佐々(さき)楽軒　1810～1868　江戸後期の川越藩校長善館教授
佐々(さっさ)楽軒　佐々楽軒に同じ
楽乎　らくこ
清金屋(きよかねや)楽乎　江戸中期の金沢の俳人
楽郊　らくこう
橋本(はしもと)楽郊　?～1765　江戸中期の儒者
楽斎　らくさい
高橋(たかはし)楽斎　1783～1839　江戸後期の儒医
多久顔(たくがん)楽斎　1648～1737　江戸前期・中期の儒者
山岸(やまぎし)楽斎　1782～1851　江戸中期・後期の漢方医、僧良寛の知友
楽山　らくさん　⇔らくざん
新井(あらい)楽山　1736～1775　江戸中期の新田開発者
楽山　らくざん　⇔らくさん
新井(あらい)楽山　1736～1775　江戸中期の新田開発者《新井楽山》
有本(ありもと)楽山　江戸末期の藩士
井口(いぐち)楽山　江戸末期の医者
高戸(たかと)楽山　1749～1815　江戸後期の歌人
高浜(たかはま)楽山　江戸時代の姫路藩士
築山(つきやま)楽山　?～1837　江戸後期の画家
本間(ほんま)楽山　1812～1872　江戸後期～明治期の漢学者
楽樹　らくじゅ
楽樹　1783～1841　江戸中期・後期の真言宗の僧
楽春院　らくしゅんいん
多紀(たき)楽春院　江戸後期の医師
楽水　らくすい
楽水　1731～1772　江戸中期の代官《揖斐政俊》
黄花亭(こうかてい)楽水　江戸後期の戯作者
楽太郎　らくたろう
水品(みずしな)楽太郎　1831～?　江戸末期の幕臣・外国奉行支配調役並(書翰係)。1862年遣欧使節に随行しフランスに渡る
楽淡　らくたん
奥田(おくだ)楽淡　1821～1884　江戸末期の漢学者
楽亭　らくてい
萩原(はぎわら)楽亭　1790～1829　江戸後期の儒者
楽圃　らくほ
仁井(にい)楽圃　1809～1870　江戸後期～明治期の商人・書家
羅江　らこう　⇔らんこう
羅江　1720～1785　江戸中期の俳人
良佐閉　らさべ
吉弥侯部(きにこべの)良佐閉　平安時代の豊後国の俘囚
羅山　らざん
羅山　江戸末期・明治期の雑俳点者
田中(たなか)羅山　江戸中期の絵本作者・咄本作者
羅洲　らしゅう
松井(まつい)羅洲　1751～1822　江戸中期・後期の真勢流易学の後継者
羅城　らじょう
円珠庵(えんしゅあん)羅城　1734～1807　江戸中期・後期の俳人

羅川　らせん
山本(やまもと)羅川　?～1776　江戸中期の俳諧師
螺窓　らそう
螺窓　?～1849　江戸後期の俳人
蘿窓　らそう
石橋(いしばし)蘿窓　1814～1900　江戸後期～明治期の国学者
辣堂　らつどう
篠沢(しのざわ)辣堂　?～1869　江戸後期～明治期の藩士
蘿亭　らてい
竹田(たけだ)蘿亭　1694～1769　江戸中期の漢学者
蘿道　らどう
蘿道　1756～1826　江戸中期・後期の俳人
蘿父　らふ
蘿父　1736～1780　江戸中期の俳人
羅文　らぶん
羅文　1759～1798　江戸中期・後期の俳人
乱　らん
建部(たけべ)乱　奈良時代の阿波郡香美郷の人
蘭阿坊　らんあぼう
蘭阿坊　1791～1854　江戸後期・末期の俳人・僧侶
蘭園　らんえん
池田(いけだ)蘭園　江戸時代の医者
鈴木(すずき)蘭園　1741～1790　江戸中期・後期の医者・音曲家
蘭畹　らんえん
野中(のなか)蘭畹　1831～1888　江戸後期～明治期の漢学者
樋口(ひぐち)蘭畹　1753～1818　江戸中期・後期の藩士
巒化　らんか
巒化　1800～1880　江戸後期～明治期の俳人
蘭雅　らんが
林(はやし)蘭雅　1821～1869　江戸後期～明治期の画家
藍海　らんかい
藍海　?～1835　江戸後期の俳人
蘭崖　らんがい
石(せき)蘭崖　1820～1883　江戸後期～明治期の僧
堀(ほり)蘭崖　1796～1859　江戸後期・末期の書家
蘭嶠　らんきょう
崖(きし)蘭嶠　1801～1867　江戸末期の折衷学派藩儒学者
藍玉長老　らんぎょくちょうろう
藍玉長老　?～1630　安土桃山・江戸前期の臨済宗の僧侶
蘭窟　らんくつ
梶並(かじなみ)蘭窟　1806～1881　江戸末期の画家
藍卿　らんけい
清田(せいた)藍卿　1706～1793　江戸中期・後期の儒者
藍渓　らんけい
渡辺(わたなべ)藍渓　1809～1894　江戸末期の漢学者
蘭卿　らんけい
須田(すだ)蘭卿　江戸時代の俳人、医師
蘭桂　らんけい
蘭桂　江戸中期の俳人
森田(もりた)蘭桂　1840～?　江戸後期～明治期の洋方医
蘭渓　らんけい
板倉(いたくら)蘭渓　1697～?　江戸中期の儒者
伊藤(いとう)蘭渓　1845～1872　江戸後期～明治期の漢学者
内海(うつみ)蘭渓　1739～1819　江戸中期・後期の本草学者
宇野(うの)蘭渓　1771～1822　江戸末期の画家
重田(しげた)蘭渓　1799～1857　江戸後期の漢学者
白木(しらき)蘭渓　?～1784　江戸中期の漢学者
立原(たちはら)蘭渓　1713～1771　江戸中期の儒者
中庭(なかにわ)蘭渓　1816～1883　江戸後期～明治期の自由党員・漢学者
西門(にしかど)蘭渓　1786～?　江戸中期・後期の医者
久方(ひさかた)蘭渓　1721～1785　江戸中期の藩士
巒古　らんこ
巒古　江戸中期の俳人
羅江　らんこう　⇔らこう
羅江　?～1848　江戸後期の俳人
蘭香　らんこう
吉田(よしだ)蘭香　1725～1799　江戸中期・後期の絵師
蘭皐　らんこう
木村(きむら)蘭皐　1773～1849　江戸中期・後期の医師《木村尚栄》
蘭臯　らんこう
杉本(すぎもと)蘭臯　?～1872　江戸後期～明治期の書家
蘭谷　らんこく
三田村(みたむら)蘭谷　1787～1855　江戸中期～末期の漢学者
森(もり)蘭谷　1835～1903　江戸末期・明治期の教育者、吉田藩の儒者
嵐斎　らんさい
須永(すなが)嵐斎　1779～1852　江戸後期の俳人、機業
藍斎　らんさい
宮杜(みやもり)藍斎　江戸後期の医者・漢学者
蘭斎　らんさい
伊藤(いとう)蘭斎　1762～1833　江戸中期の播磨姫路藩士
宇野(うの)蘭斎　江戸後期の医者
岡本(おかもと)蘭斎　?～1762　江戸中期の医家

高橋(たかはし)蘭斎　1799〜1882　江戸後期〜明治期の蘭方医・教育者
田中(たなか)蘭斎　1714〜1785　江戸中期の藩士・書家
三上(みかみ)蘭斎　1808〜1886　江戸後期〜明治期の儒医・一関藩士
山崎(やまざき)蘭斎　江戸中期の漢学者
山田(やまだ)蘭斎　江戸中期の茶人

懶斎　らんさい
満田(みつだ)懶斎　安土桃山・江戸前期の漢学者

鸞斎　らんさい
阿部(あべ)鸞斎　1803〜1870　江戸後期の書家

蘭山　らんざん
蘭山　1718〜1797　江戸中期・後期の小倉の禅僧
加藤(かとう)蘭山　1701〜1782　江戸中期の藩士
佐藤(さとう)蘭山　1759〜1800　江戸中期・後期の漢学者
船津(ふなつ)蘭山　1811〜1873　江戸末期の川越藩御用絵師

纜山　らんざん
竹鼻(たけはな)纜山　江戸後期の漢詩人

嵐枝　らんし
嵐枝　1676〜1751　江戸前期・中期の俳人・藩士

藍紫　らんし
豊竹(とよたけ)藍紫　1828〜1884　江戸後期〜明治期の阿波浄瑠璃の太夫

嵐児　らんじ
嵐児　？〜1814　江戸中期・後期の俳人

蘭二　らんじ
野原(のはら)蘭二　1755〜1803　江戸中期の俳人

ら

嵐七　らんしち
深沢(ふかざわ)嵐七　1703〜1733　江戸中期の庄内鶴岡の俳人

蘭室　らんしつ
蘭室　江戸中期・後期の琴曲家
大内(おおうち)蘭室　江戸中期の儒者
臥林庵(がりんあん)蘭室　1760〜1841　江戸中期・後期の俳人
本堂(ほんどう)蘭室　1779〜1843　江戸後期の画家

蘭渚　らんしゃ
安然(あんねん)蘭渚　江戸前期の曹洞宗の僧

嵐秋　らんしゅう
嵐秋　江戸後期の俳人

藍州　らんしゅう
小寺(こてら)藍州　1787〜1858　江戸中期〜末期の町儒

藍洲　らんしゅう
門屋(かどや)藍洲　1803〜1843　江戸後期の漢学者

蘭州　らんしゅう
有吉(ありよし)蘭州　江戸後期の医師
長尾(ながお)蘭州　江戸中期の漢学者
蜂谷(はちや)蘭州　1756〜1814　江戸中期・後期の日本画家
久田(ひさだ)蘭州　1731〜1802　江戸中期・後期の漢学者

蘭洲　らんしゅう
伊東(いとう)蘭洲　江戸後期の漢学者・戯作者
春日亀(かすがき)蘭洲　1734〜1818　江戸中期の漢学者《春日亀政美》
川島(かわしま)蘭洲　1820〜1877　江戸後期〜明治期の書家
原田(はらだ)蘭洲　？〜1742　江戸中期の漢学者
山内(やまうち)蘭洲　1793〜1833　江戸後期の医者
吉村(よしむら)蘭洲　1739〜1817　江戸中期・後期の画家

蘭秀　らんしゅう
前島(まえしま)蘭秀　江戸後期の俳諧師

嵐翠　らんすい
柳下亭(りゅうかてい)嵐翠　1767〜？　江戸中期・後期の翻訳家・奇石収集家

濫吹　らんすい
濫吹　江戸中期の俳人

藍水　らんすい
藍水　江戸後期の俳人

覧水　らんすい
安田(やすだ)覧水　1727〜1800　江戸中期の談林派俳人

蘭瑞　らんずい
蘭瑞　1772〜1830　江戸中期・後期の浄土真宗の僧

藍石　らんせき
三好(みよし)藍石　1838〜1923　江戸末期〜大正期の南画家

蘭石　らんせき
蘭石〔1代〕　？〜1534　戦国時代の俳人
蘭石〔2代〕　？〜1782　江戸中期の俳人
山口(やまぐち)蘭石　江戸後期の画家

蘭雪　らんせつ
井口(いぐち)蘭雪　1719〜1771　江戸中期の儒者

巒遷　らんせん
五条(ごじょう)巒遷　1815〜1887　江戸後期〜明治期の画家

鸞太　らんた　⇔らんたい
鸞太　江戸後期の俳人《鸞太》

蘭黛　らんたい
蘭黛　江戸中期の雑俳点者

鸞太　らんたい　⇔らんた
鸞太　江戸後期の俳人

鸞岱　らんたい
宇佐美(うさみ)鸞岱　1737〜1801　江戸中期・後期の医師

蘭台　らんだい
蘭台　1670〜1738　江戸前期・中期の大名・俳人
蘭台　江戸中期の僧、俳人
飯田(いいだ)蘭台　江戸時代の医者
市河(いちかわ)蘭台　1702〜1763　江戸中期の書家
松村(まつむら)蘭台　1760〜1820　江戸中期・後

期の南画家
山内(やまうち)蘭台　1774〜1814　江戸中期・後期の儒者

蘭沢　らんたく
井上(いのうえ)蘭沢　1719〜1781　江戸中期の儒者
堀(ほり)蘭沢　江戸中期の漢学者

蘭腸　らんちょう
山岸(やまぎし)蘭腸　1767〜1837　江戸後期の文人

蘭鳥　らんちょう
安藤(あんどう)蘭鳥　1708〜1771　江戸中期の河村郡大庄屋、俳人

嬾徴　らんちょう
兀庵(ごったん)嬾徴　?〜1829　江戸後期の臨済宗の僧

覧陳　らんちん
覧陳　江戸中期の俳人

蘭亭　らんてい
有秀斎(ゆうしゅうさい)蘭亭　1764〜?　江戸中期・後期の絵師

蘭庭　らんてい
後素軒(こうそけん)蘭庭　江戸中期の噺本作者

蘭汀　らんてい
秦(はた)蘭汀　江戸時代の漢学者

鸞亭　らんてい
鸞亭　江戸末期の陶工

藍田　らんでん
佐々木(ささき)藍田　?〜1865　江戸後期・末期の染色業、絵師
古山(ふるやま)藍田　1780〜1835　江戸中期・後期の医者
股野(またの)藍田　1837〜1921　江戸末期〜大正期の文官
若城(わかき)藍田　江戸中期の画家

蘭田　らんでん
奥(おく)蘭田　1836〜1897　江戸後期〜明治期の地誌「塩渓紀勝」の著者

蘭堂　らんどう
蘭堂　?〜1862　江戸後期・末期の俳人
芳泉(よしいずみ)蘭堂　1841〜1895　江戸後期〜明治期の裁判官

蘭道　らんどう
蘭道　江戸前期の俳人

懶翁　らんのう
懶翁　1612〜1676　江戸前期の臨済宗の僧

乱之助　らんのすけ
佐橋(さばし)乱之助　安土桃山時代の武将

蘭風　らんぷう
蘭風　江戸前期の俳人

蘭平　らんぺい
近田(こんだ)蘭平　1827〜1899　江戸後期〜明治期の実業家

嵐歩　らんぽ
嵐歩　江戸後期の俳人

蘭圃　らんぽ
蘭圃　江戸中期の俳人

蘭宝　らんぽう
蘭宝　江戸後期の刀工

蘭丸　らんまる
佩香園(はいこうえん)蘭丸　江戸後期の狂歌師

嵐々　らんらん
嵐々　江戸中期の俳人

蘭里　らんり
蘭里　1742〜1776　江戸中期の俳諧作者

藍梁　らんりょう
関(せき)藍梁　1805〜1863　江戸後期・末期の漢学者

蘭陵　らんりょう
千葉(ちば)蘭陵　1814〜1887　江戸後期〜明治期の儒医
西沢(にしざわ)蘭陵　1766〜1851　江戸中期・後期の儒学者

蘭林　らんりん
伊藤(いとう)蘭林　1814〜1895　江戸後期〜明治期の教育者。郷校「名教館」教授

蘭林斎　らんりんさい
須賀(すが)蘭林斎　?〜1806　江戸中期・後期の画家

【り】

利阿　りあ
利阿　南北朝時代の連歌師

狸庵　りあん
成田(なるた)狸庵　江戸後期の占い師

利安　りあん　⇔としやす
中井(なかい)利安　1751〜1793　江戸後期の心学者

利庵　りあん
河内(かわうち)利庵　?〜1831　江戸後期の医師、製薬家

李杏　りあん
野中(のなか)李杏　江戸中期・後期の眼科医

里あん　りあん
久助(ひさすけ)里あん　江戸前期のキリシタン絵師

利市　りいち
渡辺(わたなべ)利市　1847〜1882　江戸後期〜明治期の教育者

鸝一　りいち
鸝一　江戸前期の俳人

利一郎　りいちろう
正田(しょうだ)利一郎　1811〜1891　江戸後期〜明治期の天明鋳物師

理一郎　りいちろう
酒井(さかい)理一郎　1844〜1922　江戸後期〜明治期の実業家

李雨　りう
李雨　江戸中期の俳人
利右衛門　りうえもん　⇔りえもん
前田（まえだ）利右衛門　1683～1707　江戸中期の薩摩国の甘藷栽培・普及の功労者
理右衛門　りうえもん　⇔りえもん
横田（よこた）理右衛門　江戸前期の新田開発者
理雲　りうん
西村（にしむら）理雲　1733～1811　江戸中期・後期の医者
梨影　りえ
小石（こいし）梨影　1797～1855　江戸後期・末期の女性。頼山陽の妻
里恵　りえ
三上（みかみ）里恵　1753～1837　江戸中期・後期の俳諧作者
理英　りえい
理英　戦国時代の武田氏の家臣
里枝女　りえじょ
島田（しまだ）里枝女　江戸末期の歌人
利右衛門　りえもん　⇔りうえもん
利右衛門　江戸中期の窯業
利右衛門　江戸後期の小田原台宿町民
利右衛門　江戸後期の足柄下郡中島村民
伊丹屋（いたみや）利右衛門　江戸前期の京都糸割符商人
岡部（おかべ）利右衛門　江戸後期の足柄上郡川村岸民
奥野（おくの）利右衛門　1750～1837　江戸後期の大磯宿北組名主

り

金屋村（かなやむら）利右衛門　江戸前期の十ヶ村肝煎
金重（かねしげ）利右衛門　？～1771　江戸中期の備前焼窯元
河田（かわだ）利右衛門　江戸前期の剣客
木村（きむら）利右衛門　？～1660　江戸前期の加藤光正の家老
倉下（くらした）利右衛門　1824～1904　江戸後期～明治期の和算家
貞方（さだかた）利右衛門　江戸前期のオランダ東インド会社の日本人通詞
高橋（たかはし）利右衛門　？～1706　江戸前期・中期の大庄屋
高橋（たかはし）利右衛門　1804～？　江戸後期の安政年間に道路・橋梁工事に着手
武市（たけち）利右衛門　？～1859　江戸後期・末期の尾長鶏作出者
田中（たなか）利右衛門　江戸後期の陶工
辻（つじ）利右衛門　1844～1928　江戸後期～昭和期の宇治茶製造業者
津田（つだ）利右衛門　安土桃山時代の織田信長の家臣
西川（にしかわ）利右衛門　1591～1646　安土桃山・江戸前期の商人
二宮（にのみや）利右衛門　1752～1800　江戸後期の足柄上郡栢山村民
広瀬町村（ひろせまちむら）利右衛門　江戸後期の広瀬町村の人
山田（やまだ）利右衛門　江戸後期の玖珂郡宇佐郷村畔頭
山中（やまなか）利右衛門　1856～1899　江戸後期～明治期の商人
山本（やまもと）利右衛門　江戸前期の仙台藩鉱山支配役
理右衛門　りえもん　⇔りうえもん
生駒（いこま）理右衛門　1809～1863　江戸後期・末期の商人
小浜屋（おばまや）理右衛門〔3代〕　1759～1812　江戸中期・後期の深浦湊の船問屋
木田（きだ）理右衛門　江戸前期の商人・貿易家
蘇我（そが）理右衛門　1572～1636　安土桃山時代の事業家
丁字屋（ちょうじや）理右衛門　江戸時代の糸割符商人
早田（はいだ）理右衛門　江戸前期の最上氏遺臣
三上（みかみ）理右衛門　1671～1746　江戸中期の織物師
村井（むらい）理右衛門　安土桃山・江戸前期の素封家
森下（もりした）理右衛門　江戸後期の武道家
林右衛門　りえもん　⇔りんえもん
佐瀬（させ）林右衛門　1651～1727　江戸前期・中期の勧農家
理右衛門為家　りえもんためいえ
横地（よこち）理右衛門為家　江戸前期の大野治房の与力
理右衛門八勝　りえもんはちかつ
神沢（かんさわ）理右衛門八勝　江戸前期の黒田長政方の浪客。大坂の陣で籠城
理円　りえん
理円　1662～1751　江戸前期・中期の浄土真宗の僧
理円房　りえんぼう
理円房　鎌倉前期の女性。平宗親の妹
理翁　りおう
川端（かわばた）理翁　江戸後期の郷土史家
李下　りか
李下　江戸前期・中期の俳人
李角　りかく
政田（まさだ）李角　1775～1816　江戸中期・後期の俳諧師
李郭　りかく
李郭　1728～1775　江戸中期の俳人
璃珏　りかく
嵐（あらし）璃珏〔2代〕　1812～1864　江戸後期・末期の歌舞伎役者
嵐（あらし）璃珏〔4代〕　1853～1918　江戸末期～大正期の歌舞伎役者
籬角　りかく
籬角　江戸中期の俳人
李完　りかん
李完　江戸中期の俳人

理閑　りかん
勝田(かつた)理閑　1641〜1721　江戸前期・中期の医者
理岸院　りがんいん
理岸院　1708〜1710　江戸中期の徳川家宣の四男
理観上人　りかんしょうにん
理観上人　1635〜1693　江戸前期・中期の高僧
力寿　りきじゅ
力寿　平安中期の女性。赤坂の長者宮路弥太郎長富の娘
力所　りきしょ
桐山(きりやま)力所　1810〜1858　江戸後期・末期の郷土史家
理喜造　りきぞう
森屋(もりや)理喜造　江戸後期の愛甲郡上荻野村番匠
力蔵　りきぞう
松枝(まつえだ)力蔵　1833〜1908　江戸後期〜明治期の能楽師
利吉　りきち　⇔としよし
金子(かねこ)利吉　1823〜1896　江戸後期〜明治期の北海道建材業の先駆者
金重(かねしげ)利吉　1792〜1853　江戸末期の陶工
川本(かわもと)利吉　江戸末期・明治期の陶工
栗岡(くりおか)利吉　1840〜1901　江戸後期〜明治期の長崎の豪商
理吉　りきち
竹中(たけなか)理吉　1838〜1910　江戸後期〜明治期の篭細工職人
力之助　りきのすけ
鵜殿(うどの)力之助　1821〜1854　江戸後期・末期の剣術家。北辰一刀流
力丸　りきまる
鬼拉亭(きろうてい)力丸　1774〜1848　江戸中期・後期の狂歌作者
利求　りきゅう　⇔としもと
青木(あおき)利求　江戸中期の和算家
利躬　りきゅう　⇔としみ
利躬　1747〜1811　江戸中期・後期の俳人
李喬　りきょう
中山(なかやま)李喬　？〜1852　江戸後期の金沢城下横堤町の紙商
李郷　りきょう
李郷　1749〜1785　江戸中期の俳人
水谷(みずたに)李郷　江戸中期の狂歌作者
里橋　りきょう
一柳庵(いちりゅうあん)里橋　江戸末期・明治期の佐野川村の俳人
里郷　りきょう　⇔りごう
松村(まつむら)里郷　1715〜1789　江戸中期の俳諧作者・剣術家
里旭　りきょく
里旭　江戸後期の俳人
理玉　りぎょく
理玉　鎌倉後期の天台宗の僧
六合　りくごう
六合　1723〜1802　江戸中期・後期の俳人
陸渾　りくこん
深山(みやま)陸渾　？〜1754　江戸中期の漢詩人
陸史　りくし
陸史　江戸中期の俳人
陸舟　りくしゅう
上田(うえだ)陸舟　？〜1852　江戸後期の漢学者
中西(なかにし)陸舟　江戸末期・明治期の算学者
中村(なかむら)陸舟　？〜1873　江戸後期〜明治期の軍人
陸叟　りくそう
妻木(つまき)陸叟　1768〜1842　江戸中期・後期の医者、本草家
陸沈　りくちん
水野(みずの)陸沈　1783〜1854　江戸中期〜末期の藩士・漢学者
陸馬　りくば
陸馬　江戸中期の俳人
陸文斉　りくぶんさい
陸文斉　江戸中期の医師
陸夜　りくや
陸夜　江戸中期の俳人
理九郎　りくろう
谷(たに)理九郎　？〜1817　江戸中期・後期の篆刻家・好古家・本草学者
狸兄　りけい
高月(たかつき)狸兄　？〜1762　江戸中期の俳人。商人
利慶　りけい
加藤(かとう)利慶　？〜1796　江戸中期・後期の陶工
李径　りけい
李径　？〜1852　江戸後期の俳人
李渓　りけい
阿部(あべ)李渓　1770〜1841　江戸中期・後期の藩士
黒瀬(くろせ)李渓　？〜1821　江戸末期の謡曲家《黒瀬李蹊》
林(はやし)李渓　1796〜1886　江戸末期の漢学者
李谿　りけい
荒木(あらき)李谿　1736〜1807　江戸中期・後期の漢学者
李蹊　りけい
黒瀬(くろせ)李蹊　？〜1821　江戸末期の謡曲家
里桂　りけい
里桂　江戸中期の俳人
竹越(たけこし)里桂　？〜1801　江戸中期・後期の加賀の千代らと交友した有名俳人
里渓　りけい
里渓　1768〜1845　江戸中期・後期の俳人・藩士

李鯨　りげい
李鯨　江戸後期の俳人

理圭坊　りけいぼう
偕楽庵(かいらくあん)理圭坊　1799〜1869　江戸後期〜明治期の柳井俳壇6世宗匠

利見　りけん　⇔としみ
羽田(はねだ)利見　1789〜1854　江戸後期・末期の佐渡奉行

履軒　りけん
木村(きむら)履軒　1818〜1893　江戸後期〜明治期の漢学者

里賢　りけん
宮良(みやら)里賢　1721〜1773　江戸中期の宮良間切の頭職

利原　りげん
利原　平安中期の宿曜師

李原　りげん
李原　江戸中期の俳人

理元　りげん
湖海(こかい)理元　1370〜1432　南北朝・室町時代の僧侶

離言　りげん
離言　江戸中期の真言宗の僧

吏舡　りこう
吏舡　1749〜1819　江戸中期・後期の神職・俳人

李岡　りこう
石川(いしかわ)李岡　1814〜1889　江戸後期〜明治期の俳人

李曠　りこう
李曠　？〜1865　江戸後期・末期の俳人

理交　りこう
理交　江戸中期の俳人

里恒　りこう
古波津(こはつ)里恒　1663〜1753　江戸前期・中期の奉行役

里郷　りごう　⇔りきょう
松村(まつむら)里郷　1715〜1789　江戸中期の俳諧作者・剣術家《松村里郷》

李佐　りさ
伊藤(いとう)李佐　江戸中期の歌人

履斎　りさい
栗崎(くりさき)履斎　1700〜1781　江戸中期の漢学者
山口(やまぐち)履斎　1726〜1797　江戸中期・後期の漢学者、藩士

理斎　りさい
中島(なかじま)理斎　？〜1885　江戸後期〜明治期の南蒲原郡見附町の医師、漢方医

利左衛門　りざえもん
利左衛門　江戸中期の高野山寺領向副村農民
利左衛門　？〜1788　江戸中期・後期の人。半原村伝重郎の打毀を指導
利左衛門　江戸後期の西庄村漁師
大石(おおいし)利左衛門　1829〜1868　江戸末期の志士
大橋(おおはし)利左衛門　1852〜1888　江戸後期〜明治期の公共事業家
岡田(おかだ)利左衛門　江戸中期の小石川御薬園奉行
小泉(こいずみ)利左衛門　1765〜1849　江戸後期の橘樹郡登戸村の社会事業家
須藤(すとう)利左衛門　江戸中期・後期の絹買宿商人
湯田(ゆた)利左衛門　江戸後期の大隅郡大根占郷の郷士年寄

理左衛門　りざえもん
理左衛門　江戸中期の川村山北の名主
塩屋(しおや)理左衛門〔1代〕　？〜1859　江戸後期・末期の船問屋
野呂(のろ)理左衛門　？〜1719　江戸前期・中期の植林家
山本(やまもと)理左衛門　江戸中期の長崎俵物元締の富商

利左衛門重広　りざえもんしげひろ
鈴木(すずき)利左衛門重広　1681〜1725　江戸前期・中期の新田開発の名主

利作　りさく
久保(くぼ)利作　1841〜1906　江戸後期〜明治期の「香西浦鯛網元始由来」の著者

理作　りさく
杉(すぎ)理作　1796〜1854　江戸後期・末期の大庄屋
舞田屋(まいたや)理作　江戸末期の活躍した盛岡城下の印判彫刻師

里作　りさく
野尻(のじり)里作　1819〜1907　江戸後期〜明治期の伊座敷の薬草園管理人

利三朗　りさぶろう
昆野(こんの)利三朗　江戸後期の人。野手崎から岩谷堂への道筋に万橋を架橋

利三郎　りさぶろう
加藤(かとう)利三郎　1841〜1900　江戸後期〜明治期の実業家、政治家
原田(はらだ)利三郎　1804〜1895　江戸後期〜明治期の豊後茸(なば)師

里三郎　りさぶろう
清岡(きよおか)里三郎　1803〜1878　江戸後期〜明治期の国学者

理珊　りさん
佐藤(さとう)理珊　1807〜1866　江戸後期・末期の医者

利山　りざん
利山　江戸前期・中期の僧。浄土宗善知鳥山一念寺の開基

李山　りざん
伊藤(いとう)李山　1696〜1764　江戸中期の俳人

履視　りし
履視　1753〜1827　江戸中期・後期の俳人・藩士

理子　りし
理子　南北朝時代の歌人

利七　りしち
瓜田村(うりだむら)利七　?～1822　江戸後期の百姓。江戸時代の飛驒で2人目の火刑者
及川(おいかわ)利七　1702～1776　江戸中期の藤沢本郷の肝入

李七郎　りしちろう
馬篭(まごめ)李七郎　1852～1902　江戸後期～明治期の教育者。地域産業教育に貢献

利修　りしゅう
利修　飛鳥時代の人。大宝3年鳳来寺を建てたと伝えられる

李州　りしゅう
花月堂(かげつどう)李州　江戸後期の女性。俳人

李充　りじゅう
李充　1778～1849　江戸中期・後期の俳人

利寿家　りじゅか
綱沢(つなざわ)利寿家　1837～1884　江戸末期・明治期の実業家

里松　りしょう
里松　江戸後期の俳人

履信　りしん
酒井(さかい)履信　江戸後期の名主

履仁　りじん
履仁　1743～1810　江戸中期・後期の俳諧作者・儒者

里人　りじん
森節亭(しんせつてい)里人　江戸後期の狂歌師

里翠　りすい
里翠　江戸後期の俳人
菅(すが)里翠　1752～1830　江戸後期の美作国勝山(当時の呼称は高田)の俳人

利助　りすけ　⇔としすけ
利助　室町時代の刀工
利助　戦国時代の出雲の刀匠
磯貝(いそがい)利助　?～1846　江戸後期の西尾藩の御用達
植村(うえむら)利助　江戸中期の装剣金工
扇屋(おうぎや)利助　江戸後期の狂歌師
高橋(たかはし)利助　?～1868　江戸後期・末期の木彫家
野里(のざと)利助　1815～1899　江戸後期～明治期の材木商
長谷川(はせがわ)利助　1826～1896　江戸後期～明治期の郷土開発の恩人

理助　りすけ
五十嵐(いからし)理助　?～1705　江戸前期・中期の鞘師
佐々木(ささき)理助　1758?～1810　江戸中期・後期の鉄山経営者

利助秀友　りすけひでとも
松田(まつだ)利助秀友　?～1648頃　江戸前期の伊達政宗の小姓

りせ
大木(おおき)りせ　1774?～1820　江戸中期・後期の孝婦の鑑として徳川幕府から受彰

利世　りせ　⇔としよ
高島(たかしま)利世　1784?～1805　江戸中期・後期の鍬ケ崎の妓楼高島屋の酌婦

李井　りせい
李井　?～1803　江戸中期・後期の俳人

李夕　りせき
佐川(さがわ)李夕　江戸前期・中期の俳人

梨雪　りせつ
服部(はっとり)梨雪　1791～1850　江戸後期の俳人

里仙　りせん
里仙　江戸中期の俳人
里仙　?～1704　江戸中期の俳諧作者
下村(しもむら)里仙　1830～1894　江戸後期～明治期の文人

里川　りせん
里川　1734～1815　江戸中期・後期の俳諧師

里泉　りせん
里泉　江戸中期の俳人
安形(あがた)里泉　?～1710　江戸中期の俳人

驪川　りせん
草加(くさか)驪川　草加驪川に同じ
草加(そうか)驪川　?～1790　江戸中期・後期の儒者

利善　りぜん
百済王(くだらのこにきし)利善　?～784　奈良時代の官人

吏全　りぜん
吏全　江戸中期の俳諧作者

李窓　りそう
一林舎(いちりんしゃ)李窓　?～1809　江戸後期の俳人

李大　りだい
野口(のぐち)李大　?～1784　江戸中期の豪商・俳人

利太郎　りたろう
上岡(かみおか)利太郎　1835～1909　江戸後期～明治期の呉服商、公共事業家

利旦　りたん
喜多村(きたむら)利旦　江戸前期の医者

里竹　りちく
里竹　江戸中期の俳人

利忠　りちゅう　⇔としただ
屋良(やら)利忠　1679～1734　江戸前期・中期の棋士

李中　りちゅう
李中　江戸後期の俳人

里沖　りちゅう
高木(たかぎ)里沖　江戸中期の歌舞伎脚本家

里仲　りちゅう
里仲　江戸中期の俳人

栗　りつ
綱嶋(つなしま)栗　江戸後期の眼科医

律　りつ
重田(しげた)律　?〜1801　江戸中期・後期の烈婦
立　りつ
畠山(はたけやま)立　江戸後期の漢学者
立安　りつあん　⇔りゅうあん
中村(なかむら)立安〔2代〕　?〜1800　江戸中期の医家
立庵　りつあん
堀(ほり)立庵　1610〜1662　江戸前期の漢学者
栗隠　りついん
中原(なかはら)栗隠　1792〜1871　江戸後期〜明治期の医家
立宇　りつう　⇔りゅうう
島田(しまだ)立宇　1787〜1866　江戸中期〜末期の俳人
栗園　りつえん
細貝(ほそがい)栗園　?〜1862　江戸後期・末期の国学者
宮(みや)栗園　1796〜1847　江戸後期の神職・国学者
栗翁　りつおう
大森(おおもり)栗翁　1822〜1905　江戸後期〜明治期の俳人
立華　りっか
水原(みずはら)立華　1800〜1877　江戸後期〜明治期の真言宗の僧・医師
立閑　りっかん
孝橋(たかはし)立閑　?〜1694　江戸前期・中期の医者
栗毬　りっきゅう
楊果亭(ようかてい)栗毬　江戸中期の狂歌作者
立恵　りっけい
長尾(ながお)立恵　江戸中期の本道医師
栗軒　りっけん
宮崎(みやざき)栗軒　?〜1859　江戸後期・末期の漢学者
立賢　りっけん　⇔りゅうけん
東(あずま)立賢　?〜1891　江戸後期〜明治期の医師
立軒　りっけん　⇔りゅうけん
窪田(くぼた)立軒　1644〜1717　江戸中期の漢学者
栗原　りつげん
野呂(のろ)栗原　江戸後期の幕臣
栗谷　りっこく
姫井(ひめい)栗谷　1797〜1867　江戸後期・末期の漢学者
律五郎　りつごろう
神保(じんぼ)律五郎　1804〜1874　江戸末期の材木問屋
立砂　りつさ　⇔りゅうさ
大川(おおかわ)立砂　?〜1799　江戸中期・後期の油問屋主人で俳人
笠斎　りっさい
村松(むらまつ)笠斎　1772〜1839　江戸末期の画家
栗斎　りっさい　⇔りつさい
内山(うちやま)栗斎　江戸後期の大坂西町奉行所与力
大岡(おおおか)栗斎　1799〜1836　江戸後期の儒者
川島(かわしま)栗斎　1755〜1811　江戸中期・後期の漢学者
律斎　りっさい
中沢(なかざわ)律斎　1789〜1829　江戸後期の漢学者
立斎　りっさい　⇔りゅうさい
伊藤(いとう)立斎　1822〜1885　江戸末期の医師
川井(かわい)立斎　江戸中期・後期の医者・歌人
坂本(さかもと)立斎　江戸後期の和算家
柴田(しばた)立斎　江戸後期の眼科医
銭田(ぜにた)立斎　1771〜1832　江戸中期・後期の商家
林(はやし)立斎　江戸前期の漢学者
福井(ふくい)立斎　1702〜1768　江戸中期の医師
古森(ふるもり)立斎　1739〜?　江戸中期の医家
村瀬(むらせ)立斎　1792〜1851　江戸後期の医者
栗斎　りつさい　⇔りっさい
内山(うちやま)栗斎　江戸中期の漢学者
立策　りっさく
佐井(さい)立策　江戸中期の医者
藤本(ふじもと)立策　1789〜1873　江戸後期〜明治期の藩医
立山　りつざん
奥村(おくむら)立山　1814〜1858　江戸後期・末期の和算家
葎宿　りっしゅく
葎宿　江戸前期の俳人
立真斎　りっしんさい
立真斎　江戸中期の「挫日蓮笑解」の著者
立西　りっせい
松長(まつなが)立西　1850〜1919　江戸末期〜大正期の俳人
立誠　りっせい
合田(ごうだ)立誠　?〜1847　江戸後期の漢学者
立石　りっせき
末包(すえかね)立石　江戸後期の漢学者
立節　りっせつ
川井(かわい)立節　?〜1730　江戸中期の医者・歌人
栗窓　りっそう
桃季園(とうりえん)栗窓　江戸後期の狂歌師
律蔵　りつぞう
小野沢(おのざわ)律蔵　1814〜1878　江戸後期〜明治期の飯山藩校の儒員《小野沢恵斎》
律造　りつぞう
田中(たなか)律造　江戸末期の新撰組隊士

栗村　りっそん
河合(かわい)栗村　1852～1908　江戸後期～明治期の画家

栗邨　りっそん
河合(かわい)栗邨　1852～1908　江戸後期～明治期の画家《河合栗村》

立兆　りっちょう
巻(まき)立兆　1791～1857　江戸後期の南画家

立哲　りってつ　⇔りつてつ
岡(おか)立哲　？～1754　江戸中期の藩儒(崎門学派)

立哲　りつてつ　⇔りってつ
和気(わけ)立哲　1813～1889　江戸末期・明治期の医師

栗堂　りつどう　⇔りどう
桜井(さくらい)栗堂　？～1803　江戸中期・後期の俳人
戸部(とべ)栗堂　？～1842　江戸後期の俳人

栗飯　りっぱん
翠柳軒(すいりゅうけん)栗飯　江戸後期の狂歌作者

律平　りっぺい　⇔りつへい
吉武(よしたけ)律平　1809～1899　江戸後期～明治期の漢学者、教育者

律平　りつへい　⇔りっぺい
原(はら)律平　1840～1896　江戸後期～明治期の教育者

栗野　りつや
小野(おの)栗野　1783～1826　江戸中期・後期の漢学者

律友　りつゆう
律友　江戸前期の俳人
萩原(はぎはら)律友　江戸中期の俳人

立誉　りつよ
立誉　1789～1858　江戸後期・末期の僧

利貞　りてい　⇔としさだ
内海(うつみ)利貞　1830～？　江戸後期～明治期の幕臣、開拓使職員
幸田(こうだ)利貞　？～1871　江戸末期・明治期の幕臣

理貞　りてい
松秀斎(しょうしゅうさい)理貞　江戸後期の華道家

李天　りてん
河本(かわもと)李天　江戸中期の俳諧師

李東　りとう
近藤(こんどう)李東　江戸前期・中期の俳人

里冬　りとう
里冬　江戸前期の俳人
和泉屋(いずみや)里冬　江戸中期の加賀国能美郡小松町の俳人

里東　りとう
里東　江戸中期の俳諧作者

栗堂　りどう　⇔りつどう
石坂(いしざか)栗堂　？～1873　江戸後期～明治期の蘭方医

履堂　りどう
猪飼(いかい)履堂　江戸末期の漢学者
神(じん)履堂　1834～1904　江戸後期～明治期の漢学者
田中(たなか)履堂　1785～1830　江戸中期・後期の漢学者

理堂　りどう
清水(しみず)理堂　江戸後期の画家

李坡　りは
李坡　江戸中期の俳人

李梅　りばい
李梅　江戸前期の俳人

李伯　りはく
小石(こいし)李伯　？～1764　江戸中期の医家

理伯　りはく
百済王(くだらのこにきし)理伯　？～776　奈良時代の官人

利八　りはち
利八　1717～？　江戸中期の芳賀郡西高橋村の農民、孝行者
伊勢屋(いせや)利八　江戸後期の園芸家。聖護院かぶを創成
金内(かなうち)利八　江戸後期の糸師
黒沢(くろさわ)利八　1849～1919　江戸末期～大正期の土瀝青(天然アスファルト)利用開発振興の祖
吉沢(よしざわ)利八　1852～1918　江戸末期～大正期の製糸業者

理八　りはち
千歳川(ちとせがわ)理八　江戸中期の力士
宮本屋(みやもとや)理八　？～1837　江戸後期の陶工
山岡(やまおか)理八　1837～1908　江戸後期～明治期の加賀国江沼郡山中温泉の漆器商

利八郎　りはちろう
後藤(ごとう)利八郎　1758～1853　江戸中期・後期の関東売藍商

李夫　りふ
李夫　江戸中期・後期の俳人

利風　りふう
利風　江戸中期の雑俳点者
利風　1713～1763　江戸中期の俳人

梨風　りふう
梨風　？～1772　江戸中期の俳人
梨風　1713～1763　江戸中期の俳人《利風》

里風　りふう
里風　江戸中期の俳人
東川堂(とうせんどう)里風　江戸中期の画家

利兵衛　りへい　⇔りへえ
小西(こにし)利兵衛　1807～1881　江戸後期～明治期の実業家
丹野(たんの)利兵衛　1797～1851　江戸後期の町奉行
吉金(よしかね)利兵衛　？～1936　江戸末期・明治期の宮大工

利平　りへい
中村(なかむら)利平　1819～1891　江戸後期～明治期の商人

理兵衛　りへい　⇔りへえ
竹内(たけうち)理兵衛　1789～1857　江戸後期・末期の邑美郡宗旨庄屋
原(はら)理兵衛　江戸中期の用水池築造者

理平　りへい　⇔まさひら
石川(いしかわ)理平　1806～1871　江戸後期～明治期の高浜村の床屋
市田(いちた)理平　1844～1909　江戸後期～明治期の木造町の人

理平太　りへいた
長尾(ながお)理平太　1810～1863　江戸後期・末期の剣術家。神道無念流

利兵衛　りへえ　⇔りへい
利兵衛　江戸中期の高野山寺領中筒香村庄屋
利兵衛　江戸後期の西庄村農民
利兵衛　1790～1823　江戸後期の文政一揆の咎人
天川屋(あまかわや)利兵衛　江戸中期の商人。赤穂浪士の討ち入りを支援した天野屋利兵衛のモデルと思われた人物
伊勢屋(いせや)利兵衛　江戸後期の浮世絵の版元
大坪屋(おおつぼや)利兵衛　江戸中期の高山の町人
上総屋(かずさや)利兵衛　江戸中期・後期の版元
木村(きむら)利兵衛　？～1658　江戸前期のキリシタン
小西(こにし)利兵衛　1807～1881　江戸後期～明治期の実業家《小西利兵衛》
島(しま)利兵衛　？～1740　江戸中期の農民。京都にサツマイモを普及
関根(せきね)利兵衛　1720～1800？　江戸中期・後期の仙台藩御林山守
大黒屋(だいこくや)利兵衛　江戸前期の商人・貿易家
高橋(たかはし)利兵衛　1799～1870　江戸後期・末期の川連漆器の興隆者
丁字屋(ちょうじや)利兵衛　江戸前期の京都糸割符商人
中井(なかい)利兵衛　江戸末期の村役人

理兵衛　りへえ　⇔りへい
石川(いしかわ)理兵衛　1668～1741　江戸前期・中期の藩士
岡(おか)理兵衛　安土桃山時代の豪商
岡田(おかだ)理兵衛　江戸後期の人。石黒信由の門人筏井満好に関流算学を学ぶ
源中(げんなか)理兵衛　江戸後期の米仲買商
河本(こうもと)理兵衛　1745～1811　江戸後期の大庄屋、在方下役人、俳人
小花(こばな)理兵衛　？～1636　安土桃山・江戸前期の功臣
津金(つがね)理兵衛　1680～1740　江戸前期・中期の剣術家。浦部流
真野(まの)理兵衛　1821～1892　江戸後期～明治期の須賀村庄屋、佐屋の戸長
溝口(みぞぐち)理兵衛　安土桃山・江戸前期の武士
山本(やまもと)理兵衛　1592～1655　江戸前期の津久井県下川尻村名主
山本(やまもと)理兵衛　江戸前期の画家

里圃　りほ
里圃　江戸前期の俳人

李峰　りほう
李峰　1790～1867　江戸後期・末期の俳人

里朴　りぼく
古森(こもり)里朴　？～1806　江戸中期・後期の俳人

りや
尼崎(あまがさき)りや　江戸中期の女性。讃岐丸亀藩の人。仇討ちで知られる

暦雅　りゃくが
暦雅　？～995　平安中期の石清水別当

竜　りゅう　⇔たつ, りょう
直海(なおみ)竜　江戸時代の本草学者

利勇　りゆう
利勇　平安後期の人。天孫氏25世を弑した

李由　りゆう
李由　1660～1705　江戸前期・中期の僧、俳人

里雄　りゆう
里雄　江戸中期の俳人

立阿　りゅうあ
立阿　南北朝時代の連歌作者

柳庵　りゅうあん
栗原(くりはら)柳庵　1794～1870　江戸後期～明治期の国学者
栗原(くりばら)柳庵　栗原柳庵に同じ
馬嶋(まじま)柳庵　江戸中期の眼科医

立安　りゅうあん　⇔りつあん
富田(とみた)立安　江戸後期の眼科医
山口(やまぐち)立安　1745～1820　江戸中期・後期の医者

隆庵　りゅうあん
今道(いまみち)隆庵　？～1859　江戸末期の眼科医
神谷(かみや)隆庵　？～1866　江戸後期・末期の医師

隆莽　りゅうあん
石井(いしい)隆莽　1811～1884　江戸後期～明治期の医家

竜庵　りゅうあん
中村(なかむら)竜庵　江戸後期の医者

柳意　りゅうい
柳意　1665～1736　江戸前期・中期の浄土真宗の僧

立以　りゅうい
立以　江戸前期の俳人

立意　りゅうい
立意　1828～1916　江戸後期～明治期の俳人
若山(わかやま)立意　？～1793　江戸中期・後期の漢学者、医者

柳一郎　りゅういちろう
馬島(まじま)柳一郎　1825～1904　江戸後期～明治期の眼科医

り

柳蔭　りゅういん
滝本（たきもと）柳蔭　1717～1785　江戸中期の歌人

隆胤　りゅういん
樋越（ひごし）隆胤　1844～1900　江戸後期～明治期の収集家

立宇　りゅうう　⇔りつう
立宇　1779～1866　江戸中期～末期の俳人

竜右衛門　りゅううえもん　⇔りゅうえもん
西郷（さいごう）竜右衛門　？～1852　江戸後期の薩摩藩士

留雲　りゅううん
対馬（つしま）留雲　1796～1858　江戸後期・末期の漢詩人

竜雲　りゅううん
竜雲　？～1627　安土桃山・江戸前期の僧
法天（ほうてん）竜雲　1774～1841　江戸中期・後期の曹洞宗の僧

隆恵　りゅうえ
隆恵　平安前期の僧
隆恵　平安後期の天台宗の僧・歌人

立栄　りゅうえい
高井（たかい）立栄　江戸前期の俳人
野村（のむら）立栄〔2代〕　？～1846　江戸後期の医者

立詠　りゅうえい
立詠　江戸前期の俳人

隆英　りゅうえい
隆英　1820～1903　江戸後期～明治期の浄土真宗の僧

立悦　りゅうえつ
三井（みつい）立悦　？～1737　江戸中期の眼科医

柳右衛門　りゅうえもん
友松（ともまつ）柳右衛門　？～1892　江戸後期～明治期の人。柳衛松と呼ばれる根上がり松の盆栽を考案
福岡（ふくおか）柳右衛門　1825～1900　江戸後期～明治期の人。月夜岳の中腹を掘り抜いて引水を計画

竜右衛門　りゅうえもん　⇔りゅううえもん
階ケ岳（かいがたけ）竜右衛門　1817～1868　江戸後期・末期の八戸藩お抱え力士
階ケ岳（はしがだけ）竜右衛門　階ケ岳竜右衛門に同じ

柳園　りゅうえん
狩野（かのう）柳園　江戸中期の画家

隆円　りゅうえん
隆円　980～1015　平安中期の僧
隆円　平安後期の僧
隆円　平安後期の仏師
隆円　鎌倉時代の僧
隆円　南北朝時代の真言宗の僧・連歌作者

隆縁　りゅうえん
隆縁　平安後期の天台宗の僧・歌人
隆縁　南北朝時代の僧侶・歌人

隆淵　りゅうえん
隆淵　鎌倉後期の僧侶・歌人

竜円　りゅうえん
村上（むらかみ）竜円　江戸前期の土佐藩お抱え絵師

竜淵　りゅうえん
竜淵　江戸後期の高野山華蔵院の僧侶
尾本（おもと）竜淵　1742～1827　江戸中期・後期の藩士・漢学者
武田（たけだ）竜淵　1789～1835　江戸後期の剣術家
中浜（なかはま）竜淵　1827～1897　江戸後期～明治期の絵師

竜渕　りゅうえん
武田（たけだ）竜渕　1789～1835　江戸後期の剣術家《武田竜淵》

龍淵　りゅうえん
龍淵　1772～1837　江戸後期の僧。立山大縁起や立山曼荼羅を改訂

竜淵斎　りゅうえんさい
磯部（いそべ）竜淵斎　？～1575　安土桃山時代の甲斐国三宮の国玉神社宮司

笠翁　りゅうおう
賽（さい）笠翁　江戸後期の「瑠璃天狗」の著者
林（はやし）笠翁　1700～1767　江戸中期の儒者

隆応　りゅうおう
旭（あさひ）隆応　1828～1888　江戸後期～明治期の学僧

竜翁　りゅうおう
近藤（こんどう）竜翁　江戸中期の神職

竜音　りゅうおん
竜音　江戸後期の浄土真宗の僧

留柯　りゅうか
中村（なかむら）留柯　江戸後期の俳人

榴窠　りゅうか
川村（かわむら）榴窠　1826～1868　江戸後期・末期の武士

笠界　りゅうかい
笠界　江戸後期の俳人

流海　りゅうかい
流海　江戸後期の浄土真宗の僧

隆海　りゅうかい
隆海　室町・戦国時代の天台宗の僧

竜海　りゅうかい
竜海　鎌倉時代以降の浄土真宗の僧
竜海　江戸前期の浄土真宗の僧
竜海　江戸後期の浄土真宗の僧
竜海　？～1859　江戸後期・末期の僧
大沢（おおさわ）竜海　？～1844　江戸後期の修験者
松平（まつだいら）竜海　？～1879　江戸後期～明治期の僧

柳外　りゅうがい
堀池（ほりいけ）柳外　江戸後期・末期の漢学者

柳崖　りゅうがい
郡田（むらた）柳崖　1812～1889　江戸後期～明治期の商人、文人

柳涯　りゅうがい
曽根（そね）柳涯　江戸後期の篆刻家
隆覚　りゅうかく
隆覚　平安後期の僧、歌人
竜岳　りゅうがく
大津山（おおつやま）竜岳　1766～1850　江戸中期・後期の医師
隆観　りゅうかん
隆観　平安後期の興福寺の僧
竜澗　りゅうかん
徳力（とくりき）竜澗　1707～1777　江戸中期の儒者
柳貴　りゅうき
王（おう）柳貴　飛鳥時代の五経博士。百済渡来人
柳几　りゅうき
横田（よこた）柳几　1716～1788　江戸中期の俳諧作者
立器　りゅうき
金森（かなもり）立器　1807～1882　江戸後期～明治期の俳人
留器　りゅうき
村尾（むらお）留器　1789～1854　江戸後期・末期の医師
竜喜　りゅうき
煕春（きしゅん）竜喜　1511～1594　戦国・安土桃山時代の僧
竜記　りゅうき
上島（うえじま）竜記　1827～1914　江戸末期～大正期の養蚕・製糸の先駆者
竜義　りゅうぎ
竜義　江戸中期の俳人
竜吉　りゅうきち
添田（そえだ）竜吉　1838～1913　江戸末期～大正期の室蘭開拓の功労者
竜暁　りゅうぎょう
竜暁　江戸末期の浄土真宗の僧
柳吟　りゅうぎん
柳吟　江戸前期の俳人
立吟　りゅうぎん
小野川（おのがわ）立吟　江戸前期の俳人
竜吟　りゅうぎん
岡田（おかだ）竜吟　？～1904　江戸末期・明治期の俳人
竜華　りゅうけ
竜華　江戸後期の浄土真宗の僧
柳啓　りゅうけい
畑（はた）柳啓　1756～1827　江戸後期の医師
柳渓　りゅうけい
石川（いしかわ）柳渓　1798～1864　江戸後期・末期の漢学者
安川（やすかわ）柳渓　1820～1898　江戸後期～明治期の漢詩人
柳谿　りゅうけい
小川（おがわ）柳谿　1694～1756　江戸中期の漢学者
立慶　りゅうけい
依田（よだ）立慶　？～1581　安土桃山時代の信濃佐久郡の国衆
流憩　りゅうけい
野尻（のじり）流憩　1640～1713　江戸前期・中期の儒者
隆景　りゅうけい　⇔たかかげ
高階（たかしな）隆景　鎌倉時代の絵師
竜渓　りゅうけい
竜渓　江戸中期の浄土真宗の僧
氏家（うじえ）竜渓　1775～1834　江戸中期・後期の藩士
奥田（おくだ）竜渓　江戸中期の藩士
股野（またの）竜渓　江戸中期の漢学者
山田（やまだ）竜渓　1810～1877　江戸後期～明治期の私塾師匠
竜冏　りゅうけい
竜冏　？～1782　江戸中期の浄土宗の僧
龍溪　りゅうけい
龍溪　江戸前期の臨済宗の僧
隆慶上人　りゅうけいしょうにん
隆慶上人　飛鳥・奈良時代の三論宗の僧
柳軒　りゅうけん
藤田（ふじた）柳軒　1649～1730　江戸前期・中期の剣術家。一刀流
黛（まゆずみ）柳軒　1803～1874　江戸後期～明治期の七日市藩医
立賢　りゅうけん　⇔りっけん
菊池（きくち）立賢　1834～1883　江戸後期～明治期の医師
立軒　りゅうけん　⇔りっけん
渡辺（わたなべ）立軒　1747～？　江戸中期・後期の幕臣《渡辺蕃久》
隆健　りゅうけん
深瀬（ふかせ）隆健　1831～1913　江戸末期～大正期の川崎大師平間寺第39世山主
隆見　りゅうけん　⇔たかみ
吉田（よしだ）隆見　江戸中期の医者
隆賢　りゅうけん　⇔りゅうげん
巨勢（こせの）隆賢　鎌倉時代の画家
酒井（さかい）隆賢　戦国時代の上総土気城主
竜賢　りゅうけん
竜賢　？～1700　江戸前期・中期の真言宗の僧
隆賢　りゅうげん　⇔りゅうけん
隆賢　平安後期の僧
柳湖　りゅうこ
野代（のしろ）柳湖　江戸後期の彫師、摺師
柳壺　りゅうこ
宇野（うの）柳壺　？～1874　江戸後期～明治期の金沢森下町の俳人
竜湖　りゅうこ
阿久津（あくつ）竜湖　1799～1825　江戸後期の漢学者
岡島（おかじま）竜湖　1771～1807　江戸中期・後

期の漢学者
霊鏡(れいきょう)竜湖　？～1696　江戸前期・中期の宮古山常安寺第7世住職・浄土ケ浜の命名者

竜護　りゅうご
長光寺(ちょうこうじ)竜護　1793～1856　江戸後期・末期の僧侶

柳岡　りゅうこう
柳岡　江戸前期の俳人

柳江　りゅうこう
柳江　戦国時代の連歌師

柳郊　りゅうこう
柳郊　1749～1818　江戸中期・後期の私塾経営者
柳郊　1761～1829　江戸中期・後期の俳人
式上亭(しきじょうてい)柳郊　江戸中期の絵師

柳舫　りゅうこう
洲脇(すわき)柳舫　江戸末期の画家

隆杲　りゅうこう
輝岳(きがく)隆杲　江戸中期の曹洞宗の僧

竜光　りゅうこう
竜光　江戸中期の真言宗の僧

竜剛　りゅうごう
竜剛　1701～1788　江戸中期・後期の真言宗の僧

流光斎　りゅうこうさい
多賀(たが)流光斎　江戸後期の画家

柳谷　りゅうこく
西田(にしだ)柳谷　江戸中期の医者

柳陸　りゅうこく
柳陸　江戸中期の雑俳点者

立国　りゅうこく
立国　江戸中期の俳人

竜谷　りゅうこく
竜谷　江戸前期の俳人

隆五郎　りゅうごろう
入間田(いりまだ)隆五郎　1849～1885　江戸後期～明治期の柴田刈田郡役所の書記

竜五郎　りゅうごろう　⇔たつごろう
大谷内(おおやうち)竜五郎　1833～1870　江戸後期～明治期の幕臣、剣術家

竜巌　りゅうごん
竜巌　？～1622　安土桃山・江戸前期の僧侶

竜厳　りゅうごん　⇔りょうげん
竜厳　江戸前期の真言宗の僧

立砂　りゅうさ　⇔りつさ
立砂　？～1799　江戸中期・後期の俳人

柳斎　りゅうさい
松本(まつもと)柳斎　？～1814　江戸中期・後期の国学者
茂木(もてぎ)柳斎　1818～1902　江戸末期・明治期の和算家

柳斉　りゅうさい
遠藤(えんどう)柳斉　1830～1910　江戸後期～明治期の画家

立斎　りゅうさい　⇔りっさい
渡辺(わたなべ)立斎　江戸中期・後期の眼科医

流斎　りゅうさい
山内(やまうち)流斎　1612～1673　江戸前期の武芸者。日蓮宗の僧

隆哉　りゅうさい
阪本(さかもと)隆哉　1852～1908　江戸後期～明治期の医師

竜斎　りゅうさい
高橋(たかはし)竜斎　江戸後期の武士

隆作　りゅうさく
大河内(おおかわち)隆作　1786～1865　江戸中期～末期の都城島津家家士

龍三郎　りゅうさぶろう
松井(まつい)龍三郎　江戸末期の新撰組隊士《松井龍二郎》

竜三郎　りゅうざぶろう
東使(とうし)竜三郎　1840～1873　江戸末期の武士

笠山　りゅうざん
斎藤(さいとう)笠山　江戸後期の漢学者

竜山　りゅうざん
竜山　江戸中期の雑俳点者
竜山　？～1850　江戸後期の浄土真宗の僧
浦田(うらた)竜山　？～1799　江戸中期・後期の都宇郡妹尾村の庄屋
魏(ぎ)竜山　1757～1834　江戸中期・後期の通事
岸(きし)竜山　1816～1889　江戸後期～明治期の朝廷画用
左合(さごう)竜山　1729～1754　江戸中期の漢詩人
谷川(たにがわ)竜山　1774～1831　江戸中期・後期の易学者
藤堂(とうどう)竜山　1770～1844　江戸中期・後期の儒者
山田(やまだ)竜山　1812～1891　江戸末期・明治期の画家

柳士　りゅうし
柳士　江戸前期の俳人

柳枝　りゅうし
柳枝　？～1721　江戸前期・中期の雑俳点者
柳枝　江戸中期の陶工

柳糸　りゅうし
滝川(たきかわ)柳糸　1758～1824　江戸中期・後期の寺子屋師匠
夜養庵(やようあん)柳糸　1836～1895　江戸後期～明治期の足利での俳諧宗匠第1号

柳之　りゅうし
藤(とう)柳之　江戸後期の画家

立志　りゅうし
浅見(あさみ)立志　江戸中期の俳人
関(せき)立志　江戸中期の俳人

流芝　りゅうし
流芝　？～1848　江戸後期の俳人

留止　りゅうし
中村(なかむら)留止　江戸中期の俳人

り

隆志　りゅうし
隆志〔2代〕 ？～1782　江戸中期の俳人
北村(きたむら)隆志　1695～1764　江戸中期の俳人

竜子　りゅうし
竹斎(ちくさい)竜子　江戸後期の絵師

立似　りゅうじ
喜多村(きたむら)立似　江戸前期の俳諧師

柳糸堂　りゅうしどう
柳糸堂　江戸前期の浮世草子作者

竜寿院　りゅうじゅいん
竜寿院　？～1579　戦国・安土桃山時代の女性。北条氏政の娘

柳舟　りゅうしゅう
柳舟　1676～？　江戸前期・中期の俳人

竜洲　りゅうしゅう　⇔りょうしゅう
高木(たかぎ)竜洲　江戸後期の漢詩人
柘植(つげ)竜洲　？～1820　江戸後期の医家

竜湫　りゅうしゅう
奥田(おくだ)竜湫　1841～1884　江戸後期～明治期の漢学者
木村(きむら)竜湫　1842～1910　江戸後期～明治期の遠江国榛原郡金谷河原町の西照寺11世

隆重　りゅうじゅう　⇔たかしげ
戸田(とだ)隆重　？～1640　江戸前期の代官

竜潤　りゅうじゅん
安沢(あんざわ)竜潤　1845～1899　江戸後期～明治期の医師

柳処　りゅうしょ
伊坂(いさか)柳処　1847～1881　江戸後期～明治期の新聞記者

柳所　りゅうしょ
藤井(ふじい)柳所　？～1867　江戸後期・末期の漢学者

柳昌　りゅうしょう
朝岡(あさおか)柳昌　1823～1889　江戸後期～明治期の漢学者

隆昭　りゅうしょう
隆昭　鎌倉時代の真言宗の僧・歌人

隆性　りゅうしょう
隆性　？～1819　江戸中期・後期の浄土真宗の僧

隆聖　りゅうしょう
隆聖　平安後期・鎌倉前期の僧侶・歌人

竜叔　りゅうしょう
小島(こじま)竜叔　？～1887　江戸後期～明治期の三多摩壮士

竜菖　りゅうしょう
石霜(せきそう)竜菖　1678～1728　江戸前期・中期の臨済宗の僧

竜嶂　りゅうしょう
泉(いずみ)竜嶂　1795～1851　江戸後期の高松藩御抱絵師・御室御所絵師

笠城　りゅうじょう
村丘(むらおか)笠城　1830～1880　江戸後期～明治期の教育者

柳条　りゅうじょう
柳条　江戸中期の俳人
江見(えみ)柳条　1729～1787　江戸中期の俳人

立乗　りゅうじょう
後藤(ごとう)立乗　1586～1630　安土桃山・江戸前期の装剣金工

隆乗　りゅうじょう
後藤(ごとう)隆乗　？～1723　江戸前期・中期の装剣金工

竜乗　りゅうじょう
竜乗　1774～1844　江戸中期・後期の真言宗の僧

竜城　りゅうじょう
浄福寺(じょうふくじ)竜城　1754～？　江戸後期の小坂町の浄福寺9世
三木(みつき)竜城　1754～？　江戸後期の小坂町の浄福寺9世

竜勝院殿　りゅうしょういんでん
竜勝院殿　？～1571　戦国・安土桃山時代の女性。織田信長の養女

竜章堂　りゅうしょうどう
西川(にしかわ)竜章堂　江戸後期の書家

竜四郎　りゅうしろう
小沢(おざわ)竜四郎　江戸後期の久下鍛冶師

龍二郎　りゅうじろう
松井(まつい)龍二郎　江戸末期の新撰組隊士

柳津　りゅうしん
小野寺(おのでら)柳津　1774～1839　江戸中期・後期の蘭方医

立心　りゅうしん
立心　江戸前期の俳人

立真　りゅうしん
円城寺(えんじょうじ)立真　鎌倉後期の神岡町の円城寺の僧

隆信　りゅうしん　⇔たかのぶ
隆信　1055～1132　平安後期の興福寺僧

柳水　りゅうすい
柳水　江戸前期の俳人
柳水　江戸中期の雑俳点者

流水　りゅうすい
流水　江戸前期の俳人
流水　江戸後期の俳人

流翠　りゅうすい
流翠　1836～1877　江戸後期～明治期の俳人

柳助　りゅうすけ
市川(いちかわ)柳助　？～1890　江戸後期～明治期の獅子舞の開祖

竜介　りゅうすけ
十文字(じゅうもんじ)竜介　1806～1882　江戸後期～明治期の人。戊辰戦争時、薩摩・長州藩との折衝にあたった

竜輔　りゅうすけ
黒木(くろき)竜輔　1844～1894　江戸後期～明治期の揖宿郡揖宿郷の郷士

隆政 りゅうせい ⇔たかまさ
隆政 1241～1263 鎌倉前期・後期の僧
竜正 りゅうせい ⇔たつまさ
酒井(さかい)竜正 1846～1888 江戸後期～明治期の文人、教育者
隆碩 りゅうせき
大森(おおもり)隆碩 1846～1903 江戸末期・明治期の医師、教育者
中島(なかじま)隆碩 江戸中期の医師
竜石 りゅうせき
黒田(くろだ)竜石 1825～1887 江戸後期～明治期の俳人
柳雪 りゅうせつ
狩野(かのう)柳雪 1647～1712 江戸前期・中期の画家
柳仙 りゅうせん
室(むろ)柳仙 1784～1837 江戸後期の医者
柳川 りゅうせん
宮川(みやがわ)柳川 江戸後期の画家
隆仙 りゅうせん
高野(たかの)隆仙 江戸後期の蘭法医。高野長英を匿う
高野(たかの)隆仙 1810～1859 江戸後期の蘭学者
隆宣 りゅうせん
隆宣 鎌倉時代の僧
隆専 りゅうせん
隆専 鎌倉時代の天台宗の僧・歌人
隆泉 りゅうせん
笹野(ささの)隆泉 1820～1850 江戸末期の医師
竜仙 りゅうせん
郡山(こおりやま)竜仙 1829～1889 江戸後期～明治期の西洋医
隆禅 りゅうぜん
隆禅 鎌倉時代の山伏
隆禅 鎌倉時代の僧
隆禅 1260～? 鎌倉後期の天台宗の僧
法眼(ほうげん)隆禅 鎌倉時代の荘官・高野山金剛三昧院の2代目長老
竜泉斎 りゅうせんさい
神田(かんだ)竜泉斎 1788～1850 江戸後期の剣術家。流名不詳
柳窓 りゅうそう
春名(はるな)柳窓 1793～1829 江戸後期の医家
榴荘 りゅうそう
井口(いぐち)榴荘 1822～1903 江戸後期～明治期の漢学者
柳三 りゅうぞう
清水(しみず)柳三 江戸末期・明治期の彫師
隆三 りゅうぞう
伊藤(いとう)隆三 江戸末期の新撰組隊士
隆蔵 りゅうぞう
成瀬(なるせ)隆蔵 1856～? 江戸末期・明治期の静岡藩士、実業家
竜蔵 りゅうぞう
疋田(ひきだ)竜蔵 ?～1900 江戸末期・明治期の旧藩士
隆尊 りゅうそん
隆尊 1028～1110 平安中期・後期の天台宗寺門派の僧
隆尊 1689～1764 江戸中期の法相宗の僧
柳沱 りゅうた
八代(やしろ)柳沱 1814～1904 江戸後期～明治期の漢学者
竜堆 りゅうたい
阿部(あべ)竜堆 江戸末期の能登国鳳至郡門前村の酒造業者
竜台 りゅうだい
竜台 1751～1843 江戸中期・後期の僧侶(真言宗)
笠沢 りゅうたく
岩井(いわい)笠沢 江戸中期の漢学者
立沢 りゅうたく
藁科(わらしな)立沢 ?～1773 江戸中期の医者・漢学者
竜沢 りゅうたく ⇔りょうたく
天陰(てんいん)竜沢 1423～1500 室町・戦国時代の詩僧
松本(まつもと)竜沢 1760～1834 江戸中期・後期の書家
立達 りゅうたつ
菊池(きくち)立達 1805～1870 江戸後期～明治期の医師
柳太郎 りゅうたろう
馬詰(まづめ)柳太郎 江戸末期の新撰組隊士
竜潭 りゅうたん
竜潭 江戸中期の僧侶
立竹 りゅうちく
関(せき)立竹 1727～1783 江戸中期の安藤昌益の門弟
流長軒 りゅうちょうけん
堀(ほり)流長軒 江戸中期の「増続商売往来」の著者
隆鎮 りゅうちん
隆鎮 1783～1854 江戸中期～末期の真言宗の僧
柳亭 りゅうてい
山本(やまもと)柳亭 ?～1837 江戸後期の教育者、数学者
隆亭 りゅうてい
高野(たかの)隆亭 江戸後期・末期の蘭方医
立的 りゅうてき
海老沢(えびさわ)立的 1760～1826 江戸中期・後期の眼科医
柳滴斎 りゅうてきさい
水野(みずの)柳滴斎 ?～1659 江戸前期の剣術家。水野流祖
竜哲 りゅうてつ
竜哲 江戸前期の浄土宗の僧

流天　りゅうてん
野崎(のざき)流天　1851～1922　江戸末期～大正期の僧

隆典　りゅうてん
青竜寺(せいりゅうじ)隆典　1826～1881　江戸後期～明治期の歌僧

竜天　りゅうてん
平野(ひらの)竜天　江戸後期の僧

竜登　りゅうとう
竜登　室町・戦国時代の画家

竜統　りゅうとう
竜統　1663～1746　江戸前期・中期の禅僧。黄檗山万福寺の第14世住職

竜堂　りゅうどう
竜堂　江戸中期の天台宗の僧

竜道　りゅうどう
竜道　？～1635　安土桃山・江戸前期の浄土宗の僧
竜道　江戸後期の天台宗の僧

隆徳　りゅうとく　⇔たかのり
伊(い)隆徳　戦国時代の琉球王府の役人
加門(かもん)隆徳　？～1855　江戸後期の医者《加門隆徳》
申斎(しんさい)隆徳　江戸中期の歌人

竜徳　りゅうとく
明庵(みょうあん)竜徳　江戸後期の曹洞宗の僧

竜呑　りゅうどん
竜呑　？～1645　江戸前期の僧

柳呑和尚　りゅうどんおしょう
柳呑和尚　江戸時代の僧侶

り

柳之都　りゅうのいち
吉沢(よしざわ)柳之都　1844～1920　江戸末期～大正期の箏曲家、大検校

竜之進　りゅうのしん
金子(かねこ)竜之進　江戸末期の浪士

笠之助　りゅうのすけ
内藤(ないとう)笠之助　戦国時代の長草村の開発者

柳之助　りゅうのすけ
青柳(あおやぎ)柳之助　戦国時代の武将。武田家臣

竜之助　りゅうのすけ
大淵(おおぶち)竜之助　？～1855　江戸後期・末期の庄内藩士

柳坡　りゅうは
柳坡　江戸中期の俳人
川那部(かわなべ)柳坡　江戸後期の漢詩人
中村(なかむら)柳坡　1822～1880　江戸後期～明治期の漢学者

竜波　りゅうは
竜波　戦国時代の曹洞宗僧

隆珀　りゅうはく
菅(すが)隆珀　1699～1772　江戸中期の医者

竜攀　りゅうはん
慕哲(ぼてつ)竜攀　室町時代の臨済宗の僧

柳尾　りゅうび
柳尾　江戸中期の俳人

流美　りゅうび
八千房(はっせんぼう)流美　1829～1892　江戸末期・明治期の俳人

竜瀕　りゅうひん
増田(ますだ)竜瀕　1828～1866　江戸後期・末期の儒者

龍瀕　りゅうひん
増田(ますだ)龍瀕　1828～1866　江戸後期・末期の儒者《増田竜瀕》

柳風　りゅうふう
村上(むらかみ)柳風　江戸中期の医者

隆福院殿　りゅうふくいんでん
隆福院殿　？～1550　戦国時代の女性。今川義元の娘

隆平　りゅうへい
沖(おき)隆平　？～1855　江戸後期・末期の眼科医

竜平　りゅうへい
重成(しげなり)竜平　1844～1890　江戸後期～明治期の地方政治家・和算家

蛠平　りゅうへい
蛠平　江戸前期の俳人

竜遍　りゅうへん
竜遍　？～1840　江戸後期の真言宗の僧

隆弁　りゅうべん
隆弁　1200～？　鎌倉前期の華厳宗の僧

柳圃　りゅうほ
須藤(すどう)柳圃　1719～？　江戸中期の漢学者

隆甫　りゅうほ
千葉(ちば)隆甫　1844～？　江戸末期の医師

竜甫　りゅうほ　⇔たつお
竜甫　江戸前期の浄土真宗の僧

立芳　りゅうほう
杉浦(すぎうら)立芳　？～1880　江戸後期～明治期の金沢の俳人

流芳　りゅうほう
流芳　江戸後期の俳人

隆法　りゅうほう
隆法　南北朝・室町時代の真言宗の僧

竜峰　りゅうほう
竜峰　江戸前期・中期の藩士

立朴　りゅうぼく
山崎(やまざき)立朴　1747～1805　江戸中期・後期の医者

立牧　りゅうぼく
川井(かわい)立牧　1708～1766　江戸中期の歌人・漢詩人

留木　りゅうぼく
留木　江戸後期の俳人

竜馬　りゅうま　⇔りょうま
竜馬　？～1851　江戸後期の講談師・俳人

竜眠　りゅうみん　⇔りょうみん
箕手(みて)竜眠　江戸後期の町医者
村上(むらかみ)竜眠　1797～1835　江戸後期の医者

隆明霊人　りゅうめいれいじん
隆明霊人　1809～1886　江戸後期～明治期の御嶽講の先達
柳門　りゅうもん
柳門　江戸中期の俳人
竜門　りゅうもん
水野(みずの)竜門　1826～1883　江戸後期～明治期の今治藩士・教育家
渡辺(わたなべ)竜門　1764～1831　江戸中期・後期の藩士
柳也　りゅうや
柳也　？～1803　江戸中期・後期の俳人
隆有　りゅうゆう
隆有　鎌倉時代の児島五流の山伏
隆誉　りゅうよ
隆誉　1653～1711　江戸前期・中期の真言宗の僧
竜陽　りゅうよう
竜陽　1796～1855　江戸後期・末期の文学僧
柳良　りゅうりょう
柳良　1714～1778　江戸中期の俳人
留倫　りゅうりん
留倫　江戸中期の俳人
竜鱗　りゅうりん
中原(なかはら)竜鱗　1825～1901　江戸末期の画家
柳廬　りゅうろ
上条(かみじょう)柳廬　1755～1820　江戸中期・後期の漢詩人
柳浪　りゅうろう
馬田(うまた)柳浪　江戸後期の戯作者
立和　りゅうわ
立和　1691～1767　江戸中期の俳人
立和　江戸後期の俳人
りよ
山本(やまもと)りよ　江戸後期の女性。父の敵討ちをした
竜　りょう　⇔たつ, りゅう
竜　平安前期の「新撰姓氏録」にみえる画家
亮　りょう
渋谷(しぶや)亮　江戸末期の学者
良　りょう
木脇(きわき)良　1849～1918　江戸末期～大正期の医師
告森(こつもり)良　1853～？　江戸後期～明治期の行政官
告森(つげもり)良　告森良に同じ
利容　りよう　⇔としかた, としひろ
児玉(こだま)利容　1688～1741　江戸前期・中期の武士
利用　りよう
土井(どい)利用　江戸後期・末期の幕臣
了阿　りょうあ
了阿　南北朝時代の僧侶・連歌作者
小泉(こいずみ)了阿　江戸中期の武士、茶人
亮阿　りょうあ
実戒(じつかい)亮阿　江戸末期・明治期の僧
陵阿　りょうあ
陵阿　南北朝時代の僧侶・歌人
凉阿　りょうあ
凉阿　江戸中期の俳人
蓼阿　りょうあ
蓼阿　江戸中期の俳人
亮庵　りょうあん
時岡(ときおか)亮庵　？～1804　江戸後期の医者・教育家
良安　りょうあん　⇔よしやす
寺嶋(てらしま)良安　江戸中期の人。『倭漢三才図会』編者
良庵　りょうあん
宇佐美(うさみ)良庵　江戸時代の医者
岡田(おかだ)良庵　1799～1881　江戸後期～明治期の種痘医
河口(かわぐち)良庵　1670～1746　江戸前期・中期の医者
杉山(すぎやま)良庵　1821～1887　江戸後期～明治期の医者
高田(たかだ)良庵　1651～1740　江戸中期の医家
凉庵　りょうあん
児玉(こだま)凉庵　1804～1878　江戸末期の医師
中村(なかむら)凉庵　1809～1877　江戸後期～明治期初期の医者
了意　りょうい
了意　戦国時代の僧
了意　安土桃山時代の連歌作者
了為　りょうい
絶学(ぜつがく)了為　？～1726　江戸前期・中期の曹洞宗の僧
了怡　りょうい
鳥羽(とば)了怡　江戸中期の故実家
亮意　りょうい
亮意　1463～1542　室町・戦国時代の千妙寺9世
良意　りょうい
栗本(くりもと)良意　1821～1876　江戸後期～明治期の医師
良怡　りょうい
大文字屋(だいもんじや)良怡　江戸前期の仙台藩蔵元
亮一　りょういち
大地(おおち)亮一　1825～1898　江戸後期～明治期の金沢生まれの漢学者・教育者
了因　りょういん
藤木(ふじき)了因　1633～1704　江戸前期・中期の文筆家
良允　りょういん
岡(おか)良允　1815～1893　江戸後期～明治期の幕臣
良隠　りょういん
良隠　1748～1797　江戸中期・後期の篆刻家。曹洞宗の僧

了雨　りょうう
吉田(よしだ)了雨　江戸中期の俳諧師
了雲　りょううん
了雲　鎌倉後期・南北朝時代の僧侶・歌人
了雲　江戸中期の浄土真宗の僧
青木(あおき)了雲　?～1796　江戸中期の殖産開拓者
小栗(おぐり)了雲　?～1729　江戸中期の普化宗の僧か
亮運　りょううん
亮運　江戸前期の天台宗の僧
泰成(たいせい)亮運　1749～1827　江戸中期・後期の僧
亮雲　りょううん
矢野(やの)亮雲　1818～1900　江戸後期～明治期の医師
亮吽　りょううん
亮吽　江戸中期・後期の天台宗の僧
凌雲　りょううん
羽生(はにゅう)凌雲　1823～1900　江戸後期～明治期の医者
柳田(やなぎだ)凌雲　1797～1859　江戸後期・末期の医者
良運　りょううん
良運　1635～1704　江戸前期・中期の天台宗の僧
良雲　りょううん
良雲　鎌倉後期の僧侶・歌人
凌雲和尚　りょううんおしょう
凌雲和尚　江戸中期の僧侶
了恵　りょうえ
了恵　南北朝時代の天台宗の僧
亮恵　りょうえ
亮恵　江戸後期の浄土真宗の僧
良恵　りょうえ　⇔りょうけい
良恵　奈良時代の東大寺の僧
了栄　りょうえい
原田(はらだ)了栄　戦国時代の武将
広陵(ひろおか)了栄　1817～1900　江戸後期～明治期の僧侶
了英　りょうえい
松林(まつばやし)了英　1816～1880　江戸後期～明治期の浄土真宗の僧侶
亮英　りょうえい
亮英　江戸中期・後期の天台宗の僧
良栄　りょうえい
良栄　1347～1428　南北朝・室町時代の浄土宗の僧
鈴木(すずき)良栄　江戸中期・後期の装剣金工
良永　りょうえい　⇔よしなが
土肥原(どひはら)良永　1849～1920　江戸末期～大正期の剣客・陸軍軍人
了益　りょうえき
赤松(あかまつ)了益　1534～1595　戦国・安土桃山時代の医者
南(みなみ)了益〔1代〕　江戸時代の松前藩主松前邦広の御殿医、軍医、薬種専門店主

り

良益　りょうえき
丸尾(まるお)良益　江戸後期の眼科医
了悦　りょうえつ
丸山(まるやま)了悦　江戸後期の医者
良悦　りょうえつ
室(むろ)良悦　江戸時代の津和野藩医
良右衛門　りょうえもん
良右衛門　?～1862　江戸後期・末期の手習の師匠
高野(たかの)良右衛門　江戸末期の新撰組隊士
了縁　りょうえん
絵所(えどころ)了縁　江戸時代の絵仏師
亮円　りょうえん
神山(かみやま)亮円　1818?～1882　江戸後期～明治期の僧
亮衍　りょうえん
二階堂(にかいどう)亮衍　1705～1772　江戸中期の僧侶
良円　りょうえん
良円　983～1050　平安中期の僧
良円　鎌倉時代の僧
良円　鎌倉時代の蒔絵師
良円　南北朝時代の画僧
良縁　りょうえん
良縁　1366～1421　南北朝・室町時代の修験僧
良遠　りょうえん　⇔よしとお
良遠　戦国時代の鋳物師。伊豆国で活動
了翁　りょうおう
了翁　1630～1707　江戸前期・中期の黄檗宗の名僧
了睢　りょうおう
了睢　?～1826　江戸中期・後期の浄土真宗の僧
良応　りょうおう
良応　?～1786　江戸中期の真言宗の僧
与那原(よなばる)良応　1761～1820　江戸中期・後期の琉球の政治家
良翁　りょうおう
良翁　江戸後期の真言宗の僧
亮恩　りょうおん
亮恩　?～1871　江戸後期～明治期の僧侶
良温　りょうおん　⇔よしはる
良温　戦国時代の連歌作者
了可　りょうか
了可　鎌倉時代の浄土真宗の僧
凉化　りょうか
平野(ひらの)凉化　1734～1802　江戸中期の俳諧作者
凉花　りょうか
凉花　?～1786　江戸中期の俳人
蓼花　りょうか
蓼花　1770～1840　江戸中期・後期の俳人・藩士
綾河　りょうが
綾河　?～1849　江戸後期の禅僧
竜臥　りょうが
村上(むらかみ)竜臥　江戸前期の土佐藩お抱え絵師

両賀 りょうが
柴山(しばやま)両賀 ?～1600 安土桃山時代の岡藩の初代藩主中川秀成に仕えた船奉行

良賀 りょうが
宅磨(たくま)良賀 鎌倉時代の画家

了海 りょうかい
了海 1663～1719 江戸前期・中期の浄土宗の僧

了界 りょうかい
桂林寺(けいりんじ)了界 1749～1796 江戸中期の僧。馬瀬村の桂林寺21世

亮海 りょうかい
亮海 1326～1399 鎌倉後期～室町時代の天台宗の僧
亮海 江戸前期の天台宗の僧
亮海 1647～? 江戸前期の天台宗の僧
亮海 1708～? 江戸中期の天台宗の僧
亮海 江戸後期の天台宗の僧

凌海 りょうかい
前田(まえだ)凌海 江戸後期～明治期初期の医者

良海 りょうかい
良海 平安後期・鎌倉前期の僧侶・歌人

良偕 りょうかい
南堂(なんどう)良偕 南北朝時代の僧

菱涯 りょうがい
長山(ながやま)菱涯 江戸後期の人。「秋城花街竹枝詞」の著者

梁涯 りょうがい
毛利(もうり)梁涯 1845～1919 江戸末期～大正期の書家、島根県官吏

良覚 りょうかく
良覚 平安後期の仏師
良覚 ?～1259 鎌倉前期の僧

廖廓 りょうかく
飯川(いいかわ)廖廓 1838～1902 江戸後期～明治期の医者

梁岳 りょうがく
梁岳 1748～1821 江戸中期・後期の歌人・僧侶

了冠 りょうかん
本光寺(ほんこうじ)了冠 1827～1885 江戸末期・明治期の僧。古川町の本光寺16世

了寛 りょうかん
久保(くぼ)了寛 1829～1898 江戸後期～明治期の僧

了観 りょうかん
永尾(ながお)了観 1852～1905 江戸後期～明治期の僧。皆満寺住職

亮寛 りょうかん
亮寛 江戸中期の天台宗の僧

亮桓 りょうかん
亮桓 江戸中期の天台宗の僧

亮歓 りょうかん
亮歓 江戸中期の天台宗の僧

良観 りょうかん
良観 南北朝・室町時代の天台宗の僧
良観 江戸中期の天台宗の僧

良鑑 りょうかん
中叟(ちゅうそう)良鑑 1354～1437 南北朝・室町時代の臨済宗の僧

良鑒 りょうかん
良鑒 平安後期の仏師

量観 りょうかん
量観 江戸後期の真言宗の僧

了願 りょうがん
了願 1766～1822 江戸中期・後期の浄土真宗の僧

良含 りょうがん
良含 鎌倉時代の天台宗の僧

了基 りょうき
了基 戦国時代の朝日村の長円寺の開祖

亮輝 りょうき
亮輝 ?～1615 江戸前期の丹生川村の千光寺を再興したとされる塔頭・普門院の僧

良喜 りょうき
良喜 1150～1231 鎌倉後期の真言僧
小井弖(こいで)良喜 戦国時代の信濃国伊那郡小出郷の土豪

良基 りょうき
良基 1802～1877 江戸末期・明治期の真言宗僧侶
関島(せきじま)良基 1759～1833 江戸中期・後期の医者

良毅 りょうき ⇔よしたけ
村岡(むらおか)良毅 江戸後期の藩士

良季 りょうき ⇔よしすえ
良季 1251～? 鎌倉後期の真言宗の僧

了義 りょうぎ
了義 1315～? 鎌倉後期・南北朝時代の天台宗の僧
了義 1832～1879 江戸後期～明治期の浄土真宗の僧
藤原(ふじわら)了義 1832～1905 江戸後期～明治期の僧

良義 りょうぎ
良義 ?～1768 江戸中期の浄土宗の僧
仁忠(にんちゅう)良義 ?～1524 室町時代の禅僧

霊義 りょうぎ
霊義 奈良時代の東大寺第6代別当

良菊 りょうきく
金堂(きんどう)良菊 1408～1477 室町・戦国時代の曹洞宗の僧

亮吉 りょうきち
帆足(ほあし)亮吉 1835～1885 江戸末期・明治期の地方議員
保岡(やすおか)亮吉 1851～1919 江戸末期～大正期の教育者

良吉 りょうきち
中田(なかだ)良吉 ?～1873 江戸末期・明治期の新整隊士

良恭 りょうきょう ⇔よしやす
小禄(おろく)良恭 1798～1859 江戸後期・末期の人。琉球尚育王代の三司官

園部(そのべ)良恭　1845〜1908　江戸後期〜明治期の私立育材館設立の功労者

良堯　りょうきょう

天川(てんせん)良堯　?〜1611　江戸前期の丹生川村の正宗寺の中興

亮顒　りょうぎょう

亮顒　江戸中期の天台宗の僧

良暁　りょうぎょう

寂慧(じゃくけい)良暁　1251〜1328　鎌倉後期の浄土宗の僧

諒鏡院　りょうきょういん

佐竹(さたけ)諒鏡院　1841〜1916　江戸末期〜大正期の女性。秋田11代藩主佐竹義睦の妻

亮謹　りょうきん

亮謹　江戸後期の天台宗の僧

良矩　りょうく　⇔よしのり

与那原(よなばる)良矩　1718〜1797　江戸中期・後期の琉球の三司官、歌人

了倶　りょうぐ

了倶　江戸前期の連歌作者

了空　りょうくう

了空　江戸中期の浄土真宗の僧

了空　1750〜1814　江戸中期・後期の浄土真宗の僧

良空　りょうくう

良空　南北朝時代の浄土宗の僧・歌人

良空　南北朝時代の僧侶

良訓　りょうくん

良訓　江戸中期の僧侶

了珪　りょうけい

石井(いしい)了珪　江戸後期の連歌師

了敬　りょうけい

永養寺(えいようじ)了敬　戦国時代の僧。萩原町の永養寺の開基

亮慶　りょうけい

亮慶　?〜1685　江戸前期の天台宗の僧

良啓　りょうけい　⇔たかひら

伊藤(いとう)良啓　1806〜1845　江戸後期の医師

戸田(とだ)良啓　1828〜?　江戸後期・末期の仙台藩士

良恵　りょうけい　⇔りょうえ

良恵　1659〜1711　江戸前期・中期の俳人・連歌作者

良慶　りょうけい

良慶　1269〜1336　鎌倉後期・南北朝時代の浄土宗の僧

池田(いけだ)良慶　1793〜1861　江戸後期・末期の僧侶

黒島(くろしま)良慶　1828〜1906　江戸後期〜明治期の彫刻家

横浜(よこはま)良慶　1550〜1596　安土桃山時代の武士

良敬　りょうけい

沢田(さわだ)良敬　?〜1871　江戸後期〜明治期の医者

良桂　りょうけい

小林(こばやし)良桂　江戸末期の医者

良経　りょうけい　⇔よしつね

勝連(かつれん)良経　1576〜1649　安土桃山・江戸前期の人。琉球尚豊王代の三司官

亮倪　りょうげい

無涯(むがい)亮倪　室町時代の臨済宗大応派の僧

良芸　りょうげい

良芸　1353〜?　南北朝・室町時代の天台宗の僧

了顕　りょうけん

本光坊(ほんこうぼう)了顕　1448〜1474　室町・戦国時代の浄土真宗本願寺派の僧。美山町市波本向寺の第5世

亮研　りょうけん

亮研　1626〜1691　江戸前期・中期の天台宗の僧

良堅　りょうけん

猪(ちょ)良堅　江戸後期の著述家・漢詩文家

良憲　りょうけん

良憲　?〜1635　安土桃山・江戸前期の僧

浦添(うらそえ)良憲　?〜1566　戦国・安土桃山時代の人。琉球尚元王代の三司官

良賢　りょうけん　⇔よしかた

長久寺(ちょうきゅうじ)良賢　?〜1816　江戸後期の権大僧都。高山の桜山八幡神社々僧で長久寺10世・松泰寺の中興

竜厳　りょうげん　⇔りゅうごん

竜厳　江戸前期の真言宗の僧

了元　りょうげん

服部(はっとり)了元　江戸後期・末期の医師

了源　りょうげん

了源　1295〜1335　鎌倉後期・南北朝時代の真宗の僧

了玄　りょうげん

了玄　1786〜1866　江戸中期〜末期の浄土真宗の僧

常蓮寺(じょうれんじ)了玄　?〜1628　江戸前期の神岡町の常蓮寺9世

亮元　りょうげん

亮元　1631〜1706　江戸前期・中期の真言宗の僧

良元　りょうげん　⇔よしもと

良元　平安後期の仏師

篠原(しのはら)良元　1810〜1863　江戸後期・末期の漢方医

村上(むらかみ)良元　江戸中期の医者

良厳　りょうげん

柴田(しばた)良厳　1650〜1680　江戸前期の儒者

良玄　りょうげん　⇔よしはる

良玄　1730〜1785　江戸中期の曹洞宗の僧

加古(かこ)良玄　江戸後期の医家

古璞(こぼく)良玄　江戸中期の曹洞宗の僧

霊玄　りょうげん

霊玄　1619〜1698　江戸前期の浄土宗の僧

良元院　りょうげんいん

良元院　1798〜1798　江戸後期の徳川家斉の六男

良眼坊　りょうげんぼう
堀之内（ほりのうち）良眼坊　？～1861　江戸後期の河川改修工事功労者
綾湖　りょうこ
寺沢（てらさわ）綾湖　1804～1877　江戸後期～明治期の南画家
了古　りょうこ
叟斎（そうさい）了古　江戸末期・明治期の絵師
亮子　りょうこ
陸奥（むつ）亮子　1856～1900　江戸末期・明治期の女性。陸奥宗光の妻
量子　りょうこ
高倉（たかくら）量子　戦国時代の女性。後奈良天皇の後宮
凉乎　りょうこ
満藤（まんどう）凉乎　？～1884　江戸末期の俳人
了悟　りょうご
了悟　鎌倉時代の僧侶
了伍　りょうご
飯富（いいとみ）了伍　1813～1864　江戸後期・末期の医師
綾江　りょうこう
岡本（おかもと）綾江　1778～1859　江戸末期の画家
了江　りょうこう
石川（いしかわ）了江　江戸前期の塔の沢温泉開発者の一人
亮光　りょうこう
下郷（しもざと）亮光　1811～1884　江戸後期～明治期の文人
亮幸　りょうこう
亮幸　江戸中期の天台宗の僧
梁香　りょうこう
都丸（とまる）梁香　1843～1907　江戸後期～明治期の医師
良興　りょうこう
良興　奈良時代の僧
良交　りょうこう
良交　江戸中期の俳人
良光　りょうこう　⇔よしみつ
定山（じょうざん）良光　？～1736　江戸中期の曹洞宗の僧
良弘　りょうこう　⇔よしひろ
良弘　1635～？　江戸前期・中期の俳人
了厳　りょうごん
了厳　1811～1866　江戸後期・末期の浄土真宗の僧
亮厳　りょうごん
亮厳　江戸中期の天台宗の僧
良佐　りょうさ　⇔よしすけ
汝霖（にょりん）良佐　南北朝時代の曹洞宗の僧
凉莎　りょうさ
凉莎　江戸後期の俳人
了最　りょうさい
常蓮寺（じょうれんじ）了最　？～1579　安土桃山時代の神岡町の常蓮寺8世
了斎　りょうさい
竹村（たけむら）了斎　？～1767　江戸中期の詩文家・歌人
中村（なかむら）了斎　江戸末期の絵師
吉村（よしむら）了斎　1793～1864　江戸後期・末期の画家
了西　りょうさい
西方寺（さいほうじ）了西　戦国時代の僧。清見村の西方寺の開基
亮哉　りょうさい
植田（うえだ）亮哉　1815～1871　江戸末期の医師
亮済　りょうさい
亮済　江戸前期の真言宗の僧
亮斎　りょうさい
平山（ひらやま）亮斎　江戸後期の「鳩民迩言」の著者
瞭斎　りょうさい
稲田（いなだ）瞭斎　江戸末期の眼科医
良斎　りょうさい
小泉（こいずみ）良斎　江戸時代の漢学者
中村（なかむら）良斎　1673～1732　江戸中期の商人
布施（ふせ）良斎　1807～1883　江戸後期～明治期の漢方医、漢学者
良西　りょうさい
良西　鎌倉時代の刀鍛冶
了左衛門　りょうざえもん
土田（つちだ）了左衛門　江戸前期の蒔絵師
亮左衛門　りょうざえもん
鳥井（とりい）亮左衛門　？～1810　江戸中期・後期の儒者
良左衛門　りょうざえもん
大塚（おおつか）良左衛門　1707～1801　江戸中期・後期の儒者《大塚松処》
小山（こやま）良左衛門　江戸後期・末期の加賀藩士
中村（なかむら）良左衛門　1817～1892　江戸後期～明治期の学制発布の際学区取締
了策　りょうさく
了策　江戸後期の鎌倉円覚寺の僧
良作　りょうさく
小野寺（おのでら）良作　1822～1892　江戸後期～明治期の磐井郡孤禅寺村肝入
司馬（しば）良作　1841～？　江戸後期・末期の新撰組隊士
白鳥（しろとり）良作　1695～1760　江戸中期の儒者、医師
浜田（はまだ）良作　江戸末期の土佐勤王党員
松澤（まつざわ）良作　1819～1879　江戸末期・明治期の浪士組四番隊長
良策　りょうさく
小野（おの）良策　1799～1853　江戸後期の医師
進藤（しんどう）良策　1825～1878　江戸後期～明治期の津和野藩医

亮三郎　りょうざぶろう
原(はら)亮三郎　1848～1919　江戸後期～大正期の出版人

良三郎　りょうざぶろう
薮内(やぶのうち)良三郎　1841～1903　江戸後期～明治期の新湊町収入役

鐐三郎　りょうざぶろう
窪田(くぼた)鐐三郎　1813～1893　江戸後期～明治期の剣術家。直心影流

了珊　りょうさん
神保(じんぼ)了珊　戦国時代の北条氏の家臣

良算　りょうさん
良算　平安時代の法華経信者
良算　鎌倉前期の天台宗の僧・歌人

龍山　りょうざん
岸(きし)龍山　1813～1890　江戸後期～明治期の画家

亮山　りょうざん　⇔りょうぜん
亮山　戦国時代の僧。箱根権現別当、金剛王院の院主

梁山　りょうざん
小西(こにし)梁山　江戸中期の儒者

良山　りょうざん
良山　？～1797　江戸時代の俳諧師
亀谷(かめがい)良山　1815～1881　江戸後期～明治期の医師兼漢学者

霊山　りょうざん
霊山　江戸中期の浄土宗の僧

良治　りょうじ
首藤(しゅとう)良治　1810～1881　江戸後期～明治期の酒造店

り

良七　りょうしち
歌原(うたはら)良七　1829～1893　江戸後期～明治期の能楽の功労者

了実　りょうじつ
浄円寺(じょうえんじ)了実　1783～1844　江戸後期の歌僧

良実　りょうじつ　⇔よしざね
良実　1089～1132　平安後期の真言僧
水間(みずま)良実　？～1795　江戸中期・後期の薩摩藩士

良守　りょうしゅ
良守　鎌倉前期の天台宗の僧・歌人
良守　南北朝時代の真言宗の僧・歌人

了寿　りょうじゅ
了寿　江戸前期の歌人

菱舟　りょうしゅう
直江(なおえ)菱舟　？～1894　江戸後期～明治期の教育者

竜洲　りょうしゅう　⇔りゅうしゅう
板倉(いたくら)竜洲　江戸中期の儒者

亮周　りょうしゅう
亮周　江戸中期・後期の天台宗の僧

良修　りょうしゅう
良修　1076～？　平安後期の天台宗園城寺僧

良秀　りょうしゅう　⇔よしひで
良秀　1004～1075　平安中期・後期の天台僧
良秀　1414～？　室町時代の天台宗の僧
良秀　戦国時代の新義真言宗僧侶
樋田(とよだ)良秀　？～1859　江戸後期・末期の僧侶

了重　りょうじゅう
了重　？～1752　江戸中期の僧侶

良重　りょうじゅう　⇔よししげ
良重　室町・戦国時代の真言宗の僧

良蕭　りょうしゅく
村松(むらまつ)良蕭　1827～1879　江戸後期～明治期の医師

良俊　りょうしゅん　⇔よしとし
良俊　1100～1185　平安後期の天台宗園城寺僧
良俊　平安後期の仏師
良俊　？～1821　江戸中期・後期の真言宗の僧

良春　りょうしゅん　⇔よしはる
良春　南北朝時代の僧侶・歌人

良舜　りょうしゅん
良舜　平安後期の僧侶
良舜　戦国・安土桃山時代の天台宗の僧

了準　りょうじゅん
伊月(いつき)了準　1757～1836　江戸中期・後期の医師

了順　りょうじゅん
了順　江戸時代の浄土真宗の僧
北村(きたむら)了順　江戸前期の塗師
後藤(ごとう)了順　江戸前期のキリシタン

亮順　りょうじゅん
亮順　鎌倉後期の真言僧

良準　りょうじゅん
永野(ながの)良準　1852～1902　江戸後期～明治期の医師

良潤　りょうじゅん
良潤　江戸後期の浄土真宗の僧

良純　りょうじゅん
千葉(ちば)良純　1845～1915　江戸末期～大正期の教育者

良順　りょうじゅん　⇔やすのぶ
良順　1328～1409　鎌倉後期～室町時代の浄土宗の僧
良順　1463～？　室町・戦国時代の浄土宗の僧
松田(まつだ)良順　1805～？　江戸後期の沼部氏の侍医
横瀬(よこせ)良順　？～1456　室町時代の上野国衆岩松氏重臣

良春法印　りょうしゅんほういん
役(えんの)良春法印　1777～1852　江戸中期・後期の僧侶・文人

亮恕　りょうじょ
亮恕　江戸中期の真言宗の僧

了昌 りょうしょう
青山(あおやま)了昌 江戸前期の画家
了祥 りょうしょう
円竜寺(えんりゅうじ)了祥 1842〜1911 江戸末期・明治期の僧。高山市の円竜寺7世
了性 りょうしょう
藤原(ふじわら)了性 室町時代の鋳物師
了證 りょうしょう
正法寺(しょうほうじ)了證 1821〜1894 江戸後期〜明治期の歌僧
亮照 りょうしょう
亮照 1382〜? 南北朝・室町時代の天台宗の僧
梁清 りょうしょう
梁清 鎌倉後期・南北朝時代の社僧・歌人
良昭 りょうしょう ⇔よしあき
良昭 平安中期の武将
良昭 平安後期の奥羽の豪族《安倍良昭》
良証 りょうしょう
良証 室町・戦国時代の天台宗の僧
良清 りょうしょう ⇔よしきよ, りょうせい
良清 1258〜1299 鎌倉後期の社僧
良聖 りょうしょう
良聖 1299〜? 鎌倉後期・南北朝時代の天台宗の僧・歌人
凉松 りょうしょう
明石屋(あかしや)凉松 江戸後期の俳人
廖松 りょうしょう
一宮(いちのみや)廖松 江戸後期の神職
亮譲 りょうじょう
亮譲 江戸後期の天台宗の僧
良定 りょうじょう ⇔よしさだ
良定 1552〜1639 安土桃山・江戸前期の浄土宗の学僧
良尚法親王 りょうしょうほっしんのう
良尚法親王 1622〜1693 江戸前期の天台宗の僧侶
量次郎 りょうじろう
川口(かわぐち)量次郎 1818〜1890 江戸後期〜明治期の書家
了心 りょうしん
慈雲寺(じうんじ)了心 戦国時代の萩原町の慈雲寺3世
亮信 りょうしん
亮信 1535〜1592 戦国・安土桃山時代の天台宗の僧
良信 りょうしん ⇔よしのぶ
良信 安土桃山時代の天台宗の僧
良信 江戸中期の浄土宗の僧
天木(あまき)良信 1849〜1874 江戸末期・明治期の医師
良心 りょうしん
良心 鎌倉時代の僧侶・歌人・連歌作者
良心 ?〜1314 鎌倉後期の浄土宗の僧
竹内(たけうち)良心〔4代〕 ?〜1726 江戸中期の眼科医
良真 りょうしん ⇔よしざね
良真 鎌倉前期の僧
良真 1519〜1536 戦国時代の僧
桑江(くわえ)良真 1831〜1914 江戸末期〜大正期の琉球古典音楽家
良辰 りょうしん
鈴木(すずき)良辰 江戸中期の兵学者
良諶 りょうしん ⇔りょうたん
良諶 1713〜1803 江戸中期・後期の天台宗の僧
良尋 りょうじん
良尋 南北朝時代の僧侶・連歌作者
梁塵軒 りょうじんけん
梁塵軒 1689〜1772 江戸中期の脚本家
綾水 りょうすい
池田(いけだ)綾水 1748〜1813 江戸中期・後期の医家
竜水 りょうすい
勝間(かつま)竜水 1697〜1773 江戸中期の書家
梁水 りょうすい
広瀬(ひろせ)梁水 江戸末期の画家
良水 りょうすい
稲田(いなだ)良水 1747〜1808 江戸中期・後期の僧
量水 りょうすい
堤(つつみ)量水 江戸後期の和算家
亮邃 りょうずい
亮邃 江戸後期の天台宗の僧
良介 りょうすけ
斎藤(さいとう)良介 江戸中期の川越藩の儒者
関(せき)良介 1800〜1822 江戸後期の相馬大作の弟子。大作の弘前藩主襲撃計画に連座し死罪
民(たみ)良介 ?〜1858 江戸後期・末期の前田図書に仕え、子弟にも教授
得納(とくのう)良介 1834〜1883 江戸末期・明治期の薩摩藩士、官僚。初代印刷局長
良助 りょうすけ
秋田屋(あきたや)良助 江戸後期の書肆
石川(いしかわ)良助 1806〜1868 江戸後期・末期の文人
田中(たなか)良助 1820〜1877 江戸末期・明治期の坂本山の山番の息子
得能(とくのう)良助 1825〜1882 江戸後期〜明治期の志士
中川(なかがわ)良助 1823〜1878 江戸後期〜明治期の札幌初の飲食店経営者
中野(なかの)良助 1799〜1864 江戸後期・末期の鳥取藩士、国産方長役
弘田(ひろた)良助 江戸中期の土佐藩の郷士
和田(わだ)良助 江戸後期の韮山代官江川氏の手代
渡辺(わたなべ)良助 1831〜1890 江戸後期〜明治期の宇都宮藩郷村取締役
良輔 りょうすけ
大谷(おおたに)良輔 1836〜1865 江戸後期・末期の新撰組隊士
坂井(さかい)良輔 ?〜1883 江戸後期〜明治期

の算学者
強矢(すねや)良輔 1795～1876 江戸後期～明治期の剣術家。天真武甲流祖
田辺(たなべ)良輔 江戸末期・明治期の幕臣
原口(はらぐち)良輔 1837～? 江戸後期～明治期の米穀商
松木(まつき)良輔 ?～1878 江戸後期の大住郡真土村佐倉領名主

良佑 りょうすけ ⇔りょうゆう
酒井(さかい)良佑 1792～1837 江戸後期の剣術家。直心影流

量介 りょうすけ
木場(こば)量介 1825～1880 江戸後期～明治期の都城島津家の家士

量輔 りょうすけ
別府(べっぷ)量輔 1843～1877 江戸後期～明治期の人。西南戦争中、官軍巡査に協力したとして処刑された

領介 りょうすけ
毛受(めんじょう)領介 1781～1859 江戸中期～末期の彫刻家

了正 りょうせい
善教寺(ぜんきょうじ)了正 戦国時代の河合村の善教寺の開基

了清 りょうせい
平山(ひらやま)了清 鎌倉時代の武士

亮盛 りょうせい
亮盛 江戸中期の真言宗の僧

梁盛 りょうせい
梁盛 戦国時代の歌人

り

良済 りょうせい
良済 1298～? 鎌倉後期・南北朝時代の真言宗の僧

良勢 りょうせい
良勢 平安中期の天台宗の僧・歌人

良成 りょうせい ⇔よしなり
池田(いけだ)良成 江戸後期の鎌倉鶴岡八幡宮の楽人

良政 りょうせい ⇔よしまさ
明院(みょういん)良政 安土桃山時代の織田信長の家臣

良正 りょうせい ⇔よしまさ
進藤(しんどう)良正 1837～1905 江戸後期～明治期の学者

良清 りょうせい ⇔よしきよ, りょうしょう
幸阿弥(こうあみ)良清 ?～1661 江戸前期の蒔絵師

陵正 りょうせい
長嶺(ながみね)陵正 室町時代の人。製糖技術を琉球に伝えた

了碩 りょうせき
了碩 江戸中期の僧

良碩 りょうせき
大仙(だいせん)良碩 ?～1458 室町時代の曹洞宗の僧
三宅(みやけ)良碩 1850～1906 江戸後期～明治期の眼科医

良雪 りょうせつ
関(せき)良雪 1703～1775 江戸中期の画家

涼仙 りょうせん
富坂(とみざか)涼仙 江戸中期の医者

良仙 りょうせん
菊池(きくち)良仙 1824～1863 江戸後期・末期の一関藩の医学館館長
佐津川(さつかわ)良仙 1819～1906 江戸後期～明治期の僧

良筌 りょうせん
羽山(はやま)良筌 1799～1846 江戸後期の茶人、羽山宗休の子

了善 りょうぜん
了善 戦国時代の宮川村の宝林寺の開基
了心寺(りょうしんじ)了善 戦国時代の高山市の了心寺の開基

了禅 りょうぜん
了禅 1221～? 鎌倉前期・後期の真言僧

亮山 りょうぜん ⇔りょうざん
亮山 江戸後期の僧

亮善 りょうぜん
中野(なかの)亮善 1853～1900 江戸後期～明治期の僧侶・倉敷市円乗院第36世

亮禅 りょうぜん
亮禅 戦国時代の天台宗の僧
鳳来寺(ほうらいじ)亮禅 江戸末期の歌僧

良善 りょうぜん
良善 ?～1672 室町時代の浄土宗の僧

良全 りょうぜん
良全 1507～1531 戦国時代の経師
豊平(とよひら)良全 1786～1848 江戸中期・後期の首里出身の官生

良暹 りょうぜん
良暹 平安後期・鎌倉前期の僧
権執印(ごんしゅういん)良暹 南北朝時代の武将

良然法印 りょうぜんほういん
智見院(ちけんいん)良然法印 江戸時代の武道家

亮素 りょうそ
亮素 江戸後期の天台宗の僧

良礎 りょうそ
良礎 ?～1834 江戸後期の俳人・医者

鶉鼠 りょうそ
鶉鼠 1700～1764 江戸中期の俳人・幕臣

了叟 りょうそう
渡辺(わたなべ)了叟 ?～1868 江戸後期・末期の小田原藩家老

良宗 りょうそう ⇔よしむね
小禄(おろく)良宗 1582～1656 安土桃山・江戸前期の八重山キリシタン事件の查問・処刑執行者か

良宋 りょうそう
良宋 鎌倉後期の僧侶・歌人

良三 りょうぞう
群馬(ぐんま)良三 1826〜1898 江戸後期〜明治期の医師

良蔵 りょうぞう
伊藤(いとう)良蔵 1850〜? 江戸後期の眼科医
内村(うちむら)良蔵 1849〜1910 江戸後期〜明治期の米沢藩士
金谷橋(かなやばし)良蔵 ?〜1862 江戸後期・末期の代官
後藤(ごとう)良蔵 1837〜1917 江戸末期〜大正期の教育者
宿院(しゅくいん)良蔵 1822頃〜1868 江戸後期・末期の新撰組隊士
高槻(たかつき)良蔵 1721〜1793 江戸中期の篤農家
玉置(たまおき)良蔵 1855〜1869 江戸末期・明治期の新撰組隊士
道本(どうもと)良蔵 1838〜1907 江戸後期〜明治期の実業家
藤井(ふじい)良蔵 1817〜1876 江戸後期〜明治期の諏訪神社神職
馬野(まの)良蔵 江戸末期の韮山代官江川氏の手代

良造 りょうぞう
木下(きのした)良造 1823〜1905 江戸末期・明治期の医師
林(はやし)良造 1840〜1917 江戸末期〜大正期の医師、教育者

量蔵 りょうぞう
渡井(わたい)量蔵 1830〜? 江戸後期〜明治期の新聞人

了尊 りょうそん
了尊 鎌倉後期の僧侶

亮尊 りょうそん
亮尊 1557〜1666 戦国〜江戸前期の天台宗の僧

良尊 りょうそん
良尊 室町時代の真言宗の僧
良尊 1522〜1602 戦国・安土桃山時代の真言宗の僧
良尊 ?〜1616 安土桃山・江戸前期の真言宗の僧

蓼村 りょうそん
椿(つばき)蓼村 1806〜1853 江戸後期の書家
仲田(なかた)蓼村 1794〜1863 江戸後期・末期の俳諧宗匠

良存 りょうぞん
丸子(まりこ)良存 戦国・安土桃山時代の小県郡の国衆

亮太 りょうた
相良(さがら)亮太 江戸末期の神職

量太 りょうた
河上(かわかみ)量太 1825〜1886 江戸後期〜明治期の数学者

良岱 りょうたい
小山(こやま)良岱 ?〜1872 江戸後期〜明治期の長岡藩医。江戸小山の分家の2代目
千野(せんの)良岱 1750〜1816 江戸中期・後期の医者

良泰 りょうたい ⇔よしやす
林(はやし)良泰 1852〜1918 江戸末期〜大正期の医師
藤野(ふじの)良泰 1827〜1887 江戸末期の医者

良大 りょうたい
良大 1834〜1892 江戸後期〜明治期の俳諧師

寥岱 りょうたい
惟草庵(いそうあん)寥岱 ?〜1853 江戸後期の俳人

竜沢 りょうたく ⇔りゅうたく
天陰(てんいん)竜沢 1423〜1500 室町・戦国時代の詩僧《天陰竜沢》

了琢 りょうたく
木村(きむら)了琢 江戸時代の絵師

良沢 りょうたく
沢岻(たくし)良沢 1653〜1702 江戸前期・中期の琉球古典音楽湛水流の大家

良琢 りょうたく
鳥海(とりのうみ)良琢 1609〜1690 江戸前期・中期の庄内藩医

良達 りょうたつ
伊藤(いとう)良達 1793〜1871 江戸後期の医者
利根山(とねやま)良達 江戸後期の眼科医

良太夫 りょうだゆう
岩淵(いわぶち)良太夫 1850〜1912 江戸後期〜明治期の宮城県実業界の先覚者

菱潭 りょうたん
布川(ぬのかわ)菱潭 江戸後期の漢学者

亮湛 りょうたん
亮湛 ?〜1632 安土桃山・江戸前期の天台宗の僧
梅小路(うめこうじ)亮湛 1831〜1894 江戸後期〜明治期の高僧

良旦 りょうたん
良旦 江戸中期の俳人

良諶 りょうたん ⇔りょうしん
良諶 ?〜1702 江戸前期・中期の僧侶

了湛院 りょうたんいん
了湛院 1809〜1813 江戸後期の徳川家斉の十男

了智 りょうち
了智 鎌倉前期の僧
了智 江戸前期の浄土宗の僧

了仲 りょうちゅう
古筆(こひつ)了仲 1820〜1891 江戸後期〜明治期の鑑定家

亮忠 りょうちゅう
亮忠 ?〜1375 南北朝時代の真言宗の僧

良仲 りょうちゅう ⇔よしなか
秋元(あきもと)良仲 ?〜1834 江戸後期の寺子屋師匠・医師

良忠 りょうちゅう ⇔よしただ
良忠 鎌倉後期の延暦寺の僧
平岡(ひらおか)良忠 1806〜1855 江戸後期・末期の幕臣、代官

凌頂　りょうちょう
箕田(みのだ)凌頂　1840〜1909　江戸末期・明治期の俳人

良長　りょうちょう　⇔よしなが
良長　安土桃山・江戸前期の天台宗の僧

良肇　りょうちょう
良肇　奈良時代の弘福寺の僧

聊朝　りょうちょう
聊朝　江戸前期の修験僧

竜椿　りょうちん
松川(まつかわ)竜椿　江戸後期の画家

了珍　りょうちん
石井(いしい)了珍　?〜1752　江戸中期の連歌作者

亮珍　りょうちん
亮珍　1660〜1741　江戸前期・中期の天台宗の僧

亮弥　りょうちん
亮弥　1483〜1558　戦国時代の千妙寺10世

良珍　りょうちん
良珍　鎌倉時代の天台宗の僧・歌人

良鎮　りょうちん
良鎮　?〜1516　戦国時代の天台宗の僧・歌人

良椿　りょうちん
寿雲(じゅうん)良椿　?〜1516　戦国時代の曹洞宗の僧

椋亭　りょうてい
阿部(あべ)椋亭　1787〜1870　江戸中期〜明治期の漢学者

了貞　りょうてい
了貞　江戸後期の浄土真宗の僧

亮貞　りょうてい
窪田(くぼた)亮貞　1801〜1877　江戸後期〜明治期初期の医者

涼亭　りょうてい
小野(おの)涼亭　1829〜1889　江戸後期〜明治期の種痘医

良貞　りょうてい　⇔よしさだ
後藤(ごとう)良貞　室町時代の美作国塩湯郷の国人領主
松下(まつした)良貞　1831〜?　江戸末期・明治期の歯科医師

良的　りょうてき
鈴木(すずき)良的　1836〜1913　江戸末期〜大正期の村医

了徹　りょうてつ
山梨(やまなし)了徹　1707〜1753　江戸中期の地域発展功労者

良哲　りょうてつ
村山(むらやま)良哲　江戸後期の医者

涼哲　りょうてつ
新宮(しんぐう)涼哲　1832〜1862　江戸後期・末期の医者

了典　りょうてん
了典　1801〜1876　江戸末期・明治期の僧。光楽寺住職

亮天　りょうてん
亮天　?〜1760　江戸中期の僧侶
海外(かいげ)亮天　1726〜1800　江戸中期・後期の曹洞宗の僧

遼天　りょうてん
遼天　1728〜1803　江戸中期・後期の僧侶
木食(もくじき)遼天　1735〜1803　江戸中期・後期の僧

良図　りょうと
石井(いしい)良図　1827〜1903　江戸後期〜明治期の教育者

菱塘　りょうとう
島方(しまかた)菱塘　江戸後期の島方松蔭の男

凌冬　りょうとう
馬場(ばば)凌冬　1842〜1902　江戸後期〜明治期の俳人・連句作者

凌涛　りょうとう
犬山(いぬやま)凌涛　1819〜1895　江戸後期〜明治期の画家

了道　りょうどう　⇔のりみち
了道　戦国時代の高山市の福成寺の開基
了道　1804〜1876　江戸後期〜明治期の浄土真宗の僧

亮堂　りょうどう
亮堂　1703〜1755　江戸中期の天台宗の僧

良道　りょうどう　⇔よしみち
良道　江戸前期の曹洞宗の僧
良道　江戸中期の天台宗の僧
高田(たかだ)良道　1756〜1823　江戸中期・後期の下野蘭学、西洋医の始祖

了頓　りょうとん
広野(ひろの)了頓　安土桃山時代の京都市井の茶人

了南　りょうなん
奥山(おくやま)了南　1792〜1835　江戸末期の狂歌師

了任　りょうにん
了任　安土桃山・江戸前期の医者・連歌作者

了忍　りょうにん
了忍　?〜1578　安土桃山時代の白川照蓮寺善了の妻

亮仁　りょうにん
鳳来寺(ほうらいじ)亮仁　江戸末期の歌僧

良忍　りょうにん
良忍　1072〜1132　平安後期の浄土教の僧

霊仁　りょうにん
霊仁　奈良時代の三論宗の僧

了然　りょうねん
谷(たに)了然　1844〜1919　江戸末期〜大正期の真宗大谷派の僧

良然　りょうねん
良然　1842〜1876　江戸末期・明治期の僧

了然尼　りょうねんに
武田(たけだ)了然尼　江戸中期の尼僧

り

良能 りょうのう
良能 江戸中期の俳人
大庭(おおば)良能 ?～1540 戦国時代の鶴岡八幡宮の小別当
前田(まえだ)良能 江戸後期の俳諧師

亮之介 りょうのすけ
松本(まつもと)亮之介 江戸後期の藩士

亮之輔 りょうのすけ
相羽(あいば)亮之輔 1833～1900 江戸後期～明治期の医師

両之助 りょうのすけ
田中(たなか)両之助 江戸末期の地主

良之助 りょうのすけ ⇔よしのすけ
宇都(うと)良之助 1836～1918 江戸末期～大正期の伊作郷横目
服部(はっとり)良之助 江戸末期・明治期の人。西南戦争の薩軍分隊長(のち小隊長)、のち教師

量之助 りょうのすけ
坂井(さかい)量之助 1859～1905 江戸末期・明治期の人。戸倉温泉を開いた

良之助貞祗 りょうのすけさだまさ
中沢(なかざわ)良之助貞祗 1837～1899 江戸後期～明治期の剣士

了派 りょうは
了派 ?～1559 戦国時代の連歌師
如宗(にょじゅう)了派 ?～1765 江戸中期の曹洞宗の僧

凌波 りょうは
松本(まつもと)凌波 1820～1875 江戸後期～明治期の日本画家

良波 りょうは
良波 ?～1645 江戸前期の人。青森市油川浄満寺の再建者

良伯 りょうはく
相沢(あいざわ)良伯 1837～1891 江戸末期～明治期の医者
木村(きむら)良伯 江戸後期の眼科医
瀬戸(せと)良伯 1749～1805 江戸後期の医師
藤林(ふじばやし)良伯 江戸後期の医者
安田(やすだ)良伯 江戸後期の眼科医

良博 りょうはく
岡(おか)良博 江戸時代の眼科医

良八 りょうはち
比留間(ひるま)良八 1840～1912 江戸末期・明治期の剣術家

良八利衆 りょうはちりしゅう
比留間(ひるま)良八利衆 1840～1912 江戸末期・明治期の剣術家《比留間良八》

亮範 りょうはん
亮範 江戸中期の天台宗の僧

良範 りょうはん ⇔よしのり
良範 ?～1442 室町時代の僧
良範 ?～1625 安土桃山・江戸前期の天台宗の僧
山田(やまだ)良範 江戸前期の佐渡の地役人・歌人

良弼 りょうひつ
鄭(てい)良弼 1789～1851 江戸後期の大清律研究の留学生

良弼 りょうひつ
菅(かん)良弼 1826～1873 江戸末期・明治期の松山藩家老

鐐姫 りょうひめ
徳川(とくがわ)鐐姫 1808～1890 江戸後期～明治期の女性。庄内藩主夫人

良敏 りょうびん
良敏 室町時代の画家

良富 りょうふ ⇔よしとみ
良富 室町・戦国時代の画僧

令富 りょうふ
鶏冠井(かえでい)令富 江戸前期の俳人、歌人

了聞 りょうぶん ⇔りょうもん
天誉(てんよ)了聞 ?～1505 室町・戦国時代の僧

亮平 りょうへい
庵原(いはら)亮平 江戸後期の幕臣

良平 りょうへい
石川(いしかわ)良平 1826～1907 江戸後期～明治期の大庄屋
崎(さき)良平 1826～1904 江戸後期～明治期の教育者
鈴木(すずき)良平 1854～1932 江戸末期～昭和期の農業改良・報徳思想の啓発者
名須川(なすかわ)良平 1830～1899 江戸末期・明治期の漢学者。教育者
星島(ほしじま)良平 1834～1878 江戸末期の漢学者
宮原(みやはら)良平 1842～1911 江戸後期～明治期の教育者
横山(よこやま)良平 1819～1893 江戸後期～明治期の医者

量平 りょうへい
伊東(いとう)量平 ?～1866 江戸後期・末期の寺小屋師匠
鈴木(すずき)量平 1846～? 江戸後期・末期の新撰組隊士
中塚(なかつか)量平 1812～1886 江戸後期～明治期の庄屋
中村(なかむら)量平 ?～1882 江戸後期～明治期の能書家
松崎(まつざき)量平 1827～1905 江戸後期～明治期の伊那地方の教育功労者

量兵衛 りょうへえ
渡辺(わたなべ)量兵衛 1818～1902 江戸末期・明治期の剣術家、宇都宮藩剣術師範

良兵衛 りょうべえ
良兵衛 江戸後期の漆芸家

亮遍 りょうへん
亮遍 ?～1517 戦国時代の真言宗の僧

了弁 りょうべん
了弁 江戸中期の天台宗の僧

亮弁　りょうべん
亮弁　安土桃山時代の天台宗の僧
良弁　りょうべん
尊観(そんかん)良弁　1239～1316　鎌倉前期・後期の浄土宗の僧
竜父　りょうほ
峰岸(みねぎし)竜父　江戸後期の書家
了輔　りょうほ
了輔　1755～1836　江戸中期・後期の俳人
梁甫　りょうほ
尾崎(おざき)梁甫　江戸後期の漢学者
良保　りょうほ　⇔よしやす
片桐(かたぎり)良保　江戸前期の俳人
良甫　りょうほ
中神(なかがみ)良甫　1791～1869　江戸末期の医師・寺子屋師匠
渡辺(わたなべ)良甫　江戸中期の医師
良補　りょうほ
中山(なかやま)良補　1770～1830　江戸中期・後期の蘭医
了法　りょうほう
院林(いんばやし)了法　鎌倉後期・南北朝時代の在地領主
亮豊　りょうほう
亮豊　？～1778　江戸中期の僧侶
良宝　りょうほう
良宝　鎌倉時代の真言宗の僧・歌人
良豊　りょうほう　⇔よしとよ
名護(なご)良豊　1551～1617　戦国～江戸前期の薩摩侵入時の三司官
良邦　りょうほう
良邦　江戸後期の曹洞宗の僧
良房　りょうぼう
国吉(くによし)良房　1793～？　江戸後期の宜野湾間切検者
了本　りょうほん
乗誉(じょうよ)了本　室町時代の僧
馬場(ばば)了本　1764～1855　江戸後期の心学者
良品　りょうぼん
友田(ともだ)良品　1666～1730　江戸前期・中期の俳人
竜馬　りょうま　⇔りゅうま
稲吉(いなよし)竜馬　1846～1876　江戸後期～明治期の新撰組隊士
良馬　りょうま
遠藤(えんどう)良馬　？～1822　江戸中期・後期の篤学者
亮明　りょうみょう
亮明　？～1826　江戸中期・後期の僧侶
竜眠　りょうみん　⇔りゅうみん
竜眠　江戸後期の武士
亮珉　りょうみん
石澗(せきかん)亮珉　1837～1874　江戸後期～明治期の臨済宗の僧
良珉　りょうみん
塩田(しおだ)良珉　？～1825　江戸中期・後期の医者
良明　りょうめい　⇔よしあき
竹村(たけむら)良明　江戸後期の画家
了聞　りょうもん　⇔りょうぶん
了聞　？～1508　戦国時代の浄土宗の僧
良弥　りょうや
白崎(しらさき)良弥　1846～1891　江戸後期～明治期の消防功労者
亮輸　りょうゆ
亮輸　南北朝時代の天台宗の僧
了祐　りょうゆう
由良(ゆら)了祐　1807～1886　江戸末期・明治期の茶人
了游　りょうゆう
浄円寺(じょうえんじ)了游　1814～1865　江戸末期の歌僧
亮勇　りょうゆう
義山(ぎさん)亮勇　江戸末期の曹洞宗の僧
亮雄　りょうゆう
亮雄　1740～1802　江戸中期・後期の天台宗の僧
良右　りょうゆう
上村(うえむら)良右　1834～1892　江戸後期～明治期の茶人
良佑　りょうゆう　⇔りょうすけ
吉川(よしかわ)良佑　江戸後期の蘭学者
良猷　りょうゆう
良猷　江戸中期の真言宗の僧
良祐　りょうゆう
良祐　鎌倉時代の僧
良祐　1159～1231　鎌倉前期の僧
量与　りょうよ
量与　江戸中期の僧侶
涼葉　りょうよう
涼葉　江戸中期の大垣藩士・俳人
量容　りょうよう
鴛海(おしのうみ)量容　1819～1896　江戸後期～明治期の涵養舎(北豊唯一の学舎)で子弟の教育に当った人
良梁　りょうりょう
岡崎(おかざき)良梁　1722～1798　江戸中期・後期の兵法家
了和　りょうわ
古市(ふるいち)了和　？～1657　江戸前期の茶人
寥和　りょうわ
寥和〔5代〕　1794～1858　江戸後期・末期の俳人
浅井(あさい)寥和　1761～1803　江戸中期・後期の俳人
旅翁　りょおう
長谷部(はせべ)旅翁　1807～1883　江戸後期～明治期の漢学者
侶業　りょぎょう
水鯉亭(すいりてい)侶業　江戸後期の狂歌作者

緑陰　りょくいん
山本(やまもと)緑陰　1777〜1837　江戸中期・後期の儒者

緑塢　りょくお
尾見(おみ)緑塢　1806〜1866　江戸後期・末期の儒者

緑泉　りょくせん
中村(なかむら)緑泉　1747〜1805　江戸中期・後期の漢詩人

緑亭　りょくてい
緑亭　？〜1858　江戸後期・末期の俳人

緑峰　りょくほう
吉川(よしかわ)緑峰　1808〜1884　江戸末期・明治期の絵師

緑野　りょくや
萩原(はぎわら)緑野　1796〜1854　江戸後期・末期の儒者

慮呂　りょろ
慮呂　1756〜1825　江戸中期・後期の俳人

梨里　りり
梨里　江戸前期の俳人

李流　りりゅう
李流　江戸後期の俳人

李亮　りりょう
李亮　江戸中期の俳人

李朗　りろう
李朗　1797〜1865　江戸後期・末期の俳人

琳阿　りんあ
琳阿　南北朝時代の連歌作者・曲舞作者

臨阿　りんあ
臨阿　室町時代の時宗の僧・連歌作者

林阿弥　りんあみ
林阿弥　江戸後期の大住郡岡田村鉦叩き

臨阿弥陀仏　りんあみだぶつ
臨阿弥陀仏　？〜1384　南北朝時代の丹後の時宗僧

林庵　りんあん
吉田(よしだ)林庵　1636〜1722　江戸前期・中期の医師

林衛　りんえ
竹内(たけうち)林衛　1835〜1873　江戸後期〜明治期の下重原村の勤王家

林右衛門　りんえもん　⇔りえもん
内田(うちだ)林右衛門　1724〜1773　江戸中期の高座郡上溝村出身の力士
久下(くげ)林右衛門　1733〜1806　江戸中期・後期の剣術家。神明流ほか
高梨(たかなし)林右衛門　？〜1891　江戸後期の久良岐郡金井村名主
伊達(だて)林右衛門〔7代〕　1822〜1837　江戸後期の富商。場所請負人
伊達(だて)林右衛門〔8代〕　江戸後期の富商。場所請負人
伊達(だて)林右衛門〔9代〕　1798〜1820　江戸後期の富商。場所請負人
伊達(だて)林右衛門〔10代〕　1856〜1866　江戸末期の富商。場所請負人

林可　りんか
林可　？〜1785　江戸中期の俳人

琳賀　りんが
琳賀　？〜1150　平安後期の僧

琳海　りんかい
琳海　1137〜1202　平安後期・鎌倉前期の上醍醐准胝堂阿闍梨

麟岳　りんがく
大竜寺(だいりゅうじ)麟岳　？〜1582　安土桃山時代の大竜寺の住持

倫完　りんかん
上江洲(うえず)倫完　1732〜1812　江戸中期・後期の医師

林居　りんきょ
林居　戦国時代の画家

林喬　りんきょう
林喬　南北朝時代の僧侶・連歌作者

臨空　りんくう
臨空　室町時代の天台宗の僧

林卿　りんけい
溝口(みぞぐち)林卿　江戸後期の工匠

林慶　りんけい
伊藤(いとう)林慶　安土桃山・江戸前期の大野治房の家来
伊達(だて)林慶　江戸後期の眼科医

琳冏　りんげい
琳冏　？〜1834　江戸後期の浄土宗の僧

林賢　りんけん
林賢　平安後期の庭造りの名手

琳賢　りんけん
琳賢　平安後期の天台宗の僧・歌人

林紅　りんこう
林紅　江戸中期の俳人

林鴻　りんこう
雲風子(うんぷうし)林鴻　江戸中期の京都の俳諧点者
堀江(ほりえ)林鴻　江戸前期の俳人

林篁　りんこう
林篁　1724〜1787　江戸中期の俳人。浄土真宗の僧

琳光　りんこう
日整(にっせい)琳光　1502〜1578　戦国・安土桃山時代の日蓮宗の僧。日蓮宗身延山久遠寺16世主座

臨皐　りんこう
伊藤(いとう)臨皐　1796〜1851　江戸後期の漢学者

稟公　りんこう
稟公　江戸前期・中期の天台宗の僧

臨谷　りんこく
跡部(あとべ)臨谷　1774〜1830　江戸中期・後期の藩士

林五郎　りんごろう
山崎(やまざき)林五郎　1850〜1914　江戸後期〜

明治期の新撰組隊士

林斎　りんさい

林斎　江戸前期の工芸家

田中(たなか)林斎　江戸前期の武将。藤堂高虎に仕えた

細川(ほそかわ)林斎　1815〜1873　江戸後期〜明治期の篆刻家

山内(やまのうち)林斎　1827〜1899　江戸末期・明治期の画家

綸斎　りんさい

菅野(すがの)綸斎　?〜1799　江戸中期・後期の漢学者

林左衛門　りんざえもん

川崎(かわさき)林左衛門　江戸時代の河辺郡加世田郷大浦村野町の糀商

坂井(さかい)林左衛門　1737〜1810　江戸中期・後期の俳人

林策　りんさく

秋山(あきやま)林策　1831〜1907　江戸後期〜明治期の旗本佐野家用人

琳策　りんさく

長井(ながい)琳策　1789〜1863　江戸後期・末期の医者・本草家

林三郎　りんさぶろう

竹田(たけだ)林三郎　1836〜1910　江戸後期〜明治期の人。総紺白抜絞り養老簀絞を発明

麟三　りんさん

鈴木(すずき)麟三　1854〜1904　江戸末期・明治期の医師

淋山　りんざん

淋山　江戸後期の俳人・僧侶

隣山　りんざん

河合(かわい)隣山　川合隣山に同じ

川合(かわい)隣山　?〜1763　江戸中期の漢学者

麟子　りんし

麟子　江戸前期の俳人

臨招　りんしょう

臨招　室町時代の浄土宗の僧・連歌作者

鄰松　りんしょう

鈴木(すずき)鄰松　1732〜1803　江戸中期・後期の画家

林乗　りんじょう

後藤(ごとう)林乗　?〜1676　江戸前期の装剣金工

臨清院　りんしょういん

臨清院　?〜1672　江戸前期の女性。金森重頼の妻

琳聖太子　りんしょうたいし

琳聖太子　飛鳥時代の人。百済の聖明王の第3子で、大内氏の始祖とされる

臨書堂　りんしょどう

蛇口(へびぐち)臨書堂　1774〜1849　江戸中期・後期の寺子屋師匠

林次郎　りんじろう

川村(かわむら)林次郎　1841〜?　江戸後期・末期の新撰組隊士

麟次郎　りんじろう

塩沢(しおざわ)麟次郎　1841〜?　江戸後期・末期の新撰組隊士

林真　りんしん

羽賀(はが)林真　江戸中期の画家

隣水　りんすい

隣水　江戸中期の雑俳点者

林助　りんすけ

林助　江戸中期の孝子

外山(とやま)林助　?〜1890　江戸後期〜明治期の新潟県立新潟医学校教諭

林盛　りんせい

全巌(ぜんがん)林盛　?〜1765　江戸中期の曹洞宗の僧

林石　りんせき

林石　1690〜1752　江戸中期の俳人

輪雪　りんせつ

杉山(すぎやま)輪雪　1670〜1711　江戸中期の俳人

臨川　りんせん

井手(いで)臨川　1733〜1813　江戸中期・後期の医者

谷(たに)臨川　江戸後期の画家

皆川(みながわ)臨川　1825〜1896　江戸後期〜明治期の南蒲原郡帯織村の農民

林曹　りんそう

麻野(あさの)林曹　1791〜1851　江戸後期の漢学者

比良城(ひらき)林曹　江戸後期の俳諧師

林叟　りんそう

林叟　?〜1890　江戸末期の禅僧

林三　りんぞう

曽根原(そねはら)林三　1842〜1887　江戸後期〜明治期の天柞蚕開発者

林蔵　りんぞう

中島(なかじま)林蔵　?〜1702　江戸前期・中期の治水家

針生(はりゅう)林蔵　1786〜1855　江戸中期〜末期の篤志家

真中(まなか)林蔵　江戸後期の飛騨郡代の飯塚常之丞の元締手代

緑川(みどりかわ)林蔵　1814〜?　江戸末期の力士

山崎(やまざき)林蔵　1779〜1804　江戸中期・後期の博徒

琳三　りんぞう

森(もり)琳三　?〜1912　江戸後期〜明治期の備前焼窯元

林蔵院　りんぞういん

田村(たむら)林蔵院　江戸前期の高野山の僧坊衆

林太郎　りんたろう

足立(あだち)林太郎　1847〜1919　江戸後期〜明治期の新撰組隊士

麟那　りんな

麟那　江戸中期の俳人

り

輪応　りんのう
輪応　江戸中期の真言宗の僧

林之丞　りんのじょう
末永（すえなが）林之丞　1841～1919　江戸末期～大正期の万石浦の牡蠣養殖および海苔養殖の改良に尽力

林之助　りんのすけ
柏木（かしわぎ）林之助　江戸後期の韮山代官江川氏の手代

輪之助　りんのすけ
杉村（すぎむら）輪之助　江戸時代の儒学者

隣之助　りんのすけ
渡辺（わたなべ）隣之助　1817～1875　江戸末期の狂歌師

麟之助　りんのすけ
浅田（あさだ）麟之助　江戸末期の幕臣、幕府陸軍兵隊指図役頭取《浅田惟季》
梶谷（かじたに）麟之助　1841～？　江戸後期・末期の新撰組隊士

林玻　りんぱ
浅野屋（あさのや）林玻　？～1869　江戸後期～明治期の金沢堤町の俳人

麟風　りんぷう
高橋（たかはし）麟風　江戸後期の俳人

林兵衛　りんべい
悪戸村（あくどむら）林兵衛〔1代〕　？～1855　江戸後期・末期の悪戸焼の祖

林平　りんぺい
川口（かわぐち）林平　江戸後期の橘樹郡上駒林村民
早川（はやかわ）林平　江戸末期の新撰組隊士
宮部（みやべ）林平　江戸後期の藩士

隣兵衛　りんべえ
森村（もりむら）隣兵衛　1809～1892　江戸後期～明治期の剣術家。直心影流

麟芳　りんぽう
鳳宿（ほうしゅく）麟芳　？～1499　戦国時代の僧。上宝村の永昌寺の中興

琳猷　りんゆう
琳猷　平安後期・鎌倉前期の僧侶

林来　りんらい
林来　江戸後期の俳人

倫里　りんり
倫里　？～1737　江戸中期の俳人

【る】

留伊　るい
佐々木（ささき）留伊　江戸前期の女性。武芸に秀でた

類右衛門　るいえもん
新渡戸（にとべ）類右衛門　江戸時代の八戸藩目付格

類右衛門勝茂　るいえもんかつしげ
荒川（あらかわ）類右衛門勝茂　1835～？　江戸後期～明治期の会津藩筆頭家老北原采女の家臣

類左衛門　るいざえもん
榊（さかき）類左衛門　1811～1894　江戸後期～明治期の能楽家

類長　るいちょう
渥美（あつみ）類長　江戸後期の漢学者

留志女　るしめ
吉弥侯部（きみこべの）留志女　平安前期の女性。陸奥国の俘囚

留兵衛　るへえ
小沢（おざわ）留兵衛　？～1872　江戸後期～明治期の大小切騒動の指導者

瑠璃太夫　るりだいう
豊竹（とよたけ）瑠璃太夫　1830～1915　江戸末期～大正期の浄瑠璃の名人

【れ】

レアン
清水（しみず）レアン　安土桃山時代の京都のキリシタン

レイ
大条（おおえだ）レイ　1843～1888　江戸後期～明治期の孝婦

霊印　れいいん
弁誉（べんよ）霊印　？～1551　戦国時代の浄土宗の僧

冷雲　れいうん
石田（いしだ）冷雲　1822～1885　江戸末期の僧

嶺雲　れいうん
嶺雲　1701頃～1784　江戸中期の俳諧師

霊雲　れいうん
霊雲　江戸前期の浄土宗の僧

麗娟院　れいえいいん
麗娟院　1833～1834　江戸後期の女性。徳川家慶の七女

茘閲　れいえつ
茘閲　江戸前期の画家

霊応　れいおう
霊応　江戸中期の浄土宗の僧

霊旺　れいおう
霊旺　1775～1851　江戸後期の浄土真宗の僧

嶺休　れいきゅう
嶺休　室町時代の僧

玲璆　れいきゅう
陽胡（やこの）玲璆　奈良時代の官人

励慶　れいきょう
励慶　？～1859　江戸後期・末期の真宗大谷派の僧

麗玉院　れいぎょくいん
麗玉院　1796～1798　江戸後期の女性。徳川家斉の四女

令敬　れいけい
令敬　江戸前期の俳人

麗景殿前女御　れいけいでんのさきのにょうご
麗景殿前女御　1016〜1095　平安中期・後期の歌人

麗景殿宮君　れいけいでんのみやのきみ
麗景殿宮君　平安中期の女房・歌人

令公　れいこう
別宗（べっそう）令公　南北朝時代の画家

令哉　れいさい
柴田（しばた）令哉　1850〜1915　江戸後期〜大正期の蒔絵師

礼斎　れいさい
戸塚（とつか）礼斎　1773〜1853　江戸中期・後期の遠江掛川藩医

礼斉　れいさい
久保田（くぼた）礼斉　江戸後期の盛岡藩主の御役医

茘斎　れいさい
熊谷（くまがい）茘斎　？〜1695　江戸前期・中期の儒者

礼作　れいさく
後藤（ごとう）礼作　1853〜1910　江戸後期〜明治期の大分県地域開発の草分け

霊三　れいさん
玄圃（げんぽ）霊三　1535〜1608　戦国〜江戸前期の臨済宗の僧

砺山　れいざん
寺田（てらだ）砺山　1784〜1862　江戸中期〜末期の俳人

麗山　れいざん
神戸（かんべ）麗山　1802〜1862　江戸後期の画家
斎藤（さいとう）麗山　1835〜1880　江戸後期の俳人
田中（たなか）麗山　江戸中期の漢学者

礼司　れいじ
田辺（たなべ）礼司　1810〜1859　江戸末期の富農

霊秀　れいしゅう
霊秀　？〜1818　江戸中期・後期の浄土真宗の僧

蠡洲　れいしゅう
寺崎（てらさき）蠡洲　1761〜1822　江戸中期・後期の漢学者

令柔　れいじゅう
剛外（ごうがい）令柔　1563〜1627　安土桃山・江戸前期の臨済宗の僧

霊重　れいじゅう
華梁（けりょう）霊重　？〜1694　江戸前期・中期の曹洞宗の僧

礼春　れいしゅん
寺尾（てらお）礼春　戦国時代の守護代

霊順　れいじゅん
霊順　？〜1751　江戸中期の浄土宗の僧

齢順　れいじゅん
二宮（にのみや）齢順　1745〜1813　江戸中期・後期の眼科医

霊勝　れいしょう
霊勝　江戸前期の浄土真宗の僧

霊沼　れいしょう
霊沼　1762〜1852　江戸中期・後期の真宗大谷派の僧

霊照　れいしょう
霊照　1679〜1750　江戸前期・中期の真言律宗の僧
霊照　江戸後期の浄土真宗の僧

霊城　れいじょう
霊城　1789〜1868　江戸後期・末期の浄土真宗の僧

霊松院　れいしょういん
霊松院　1634〜1713　江戸前期・中期の女性。八戸初代藩主直房の正室

霊照院　れいしょういん
霊照院　？〜1516　戦国時代の女性

嶺松院殿　れいしょういんでん
嶺松院殿　？〜1612　安土桃山・江戸前期の女性。今川義元の長女、武田義信の正室

礼次郎　れいじろう
浅水（あさみず）礼次郎　1852〜1923　江戸末期〜大正期の人。八戸の政治結社の創始者

齢真院　れいしんいん
齢真院　1648〜1648　江戸前期の徳川家光の五男

澧水　れいすい　⇔ほうすい
竹原（たけはら）澧水　？〜1822　江戸中期・後期の医者・篆刻家

霊随　れいずい
霊随　1764〜1835　江戸中期・後期の僧

霊瑞　れいずい
霊瑞　1751〜1827　江戸中期・後期の真言宗の僧
大津（おおつ）霊瑞　1815〜？　江戸後期・末期の僧
竜（りゅう）霊瑞　1740〜1804　江戸中期・後期の僧

冷石　れいせき
大井（おおい）冷石　1693〜1773　江戸中期の俳人

霊仙　れいせん
霊仙　奈良・平安前期の密教僧

醴泉　れいせん
亀山（かめやま）醴泉　1785〜1810　江戸末期の画家

冷窓　れいそう
劉（りゅう）冷窓　1824〜1870　江戸後期〜明治期の儒者

礼三　れいぞう
大森（おおもり）礼三　江戸中期・後期の茶人

礼蔵　れいぞう
福田（ふくだ）礼蔵　1838〜1890　江戸後期〜明治期の自治功労者
堀（ほり）礼蔵　江戸後期の医者

麗台院　れいだいいん
麗台院　1836〜1837　江戸後期の女性。徳川家慶の九女

霊沢　れいたく
霊沢　江戸中期の浄土宗の僧

麗沢　れいたく
合田（こうだ）麗沢　江戸中期の播磨姫路藩士
志村（しむら）麗沢　1793〜1850　江戸後期の漢

学者

霊潭　れいたん
霊潭　1689〜1769　江戸中期の僧

礼中　れいちゅう
富沢(とみざわ)礼中　1811〜1873　江戸後期〜明治期の宇和島藩の蘭方医

霊長　れいちょう
規外(きがい)霊長　？〜1756　江戸中期の曹洞宗の僧

令道　れいどう
藤枝(ふじえだ)令道　1814〜1892　江戸後期〜明治期の浄土真宗本願寺派の学僧

茘墩　れいとん
豊岡(とよおか)茘墩　1808〜1880　江戸後期〜明治期の庄屋

嶺南　れいなん
関屋(せきや)嶺南　？〜1831　江戸後期の医者

礼忍　れいにん
梅嶺(ばいれい)礼忍　？〜1437　室町時代の臨済宗の僧

澧波　れいは
澧波　江戸後期の俳人

冷風子　れいふうし
冷風子　江戸中期の雑俳点者

霊鳳　れいほう
霊鳳　1695〜1744　江戸中期の浄土真宗の僧

霊苗　れいみょう
独産(どくさん)霊苗　？〜1760　江戸中期の曹洞宗の僧

令裕　れいゆう
小栗(おぐり)令裕　江戸末期・明治期の彫刻家

櫟園　れきえん
松原(まつばら)櫟園　1794〜1863　江戸後期・末期の漢学者
村瀬(むらせ)櫟園　1753〜1797　江戸中期・後期の儒者

櫟翁　れきおう
小野(おの)櫟翁　1759〜1816　江戸中期・後期の歌人

櫟斎　れきさい
川上(かわかみ)櫟斎　1699〜1732　江戸中期の藩士

歴山　れきざん
牧田(ひらた)歴山　1778〜1827　江戸中期・後期の盛岡藩士・牧田家第6世

櫟山　れきざん
堀(ほり)櫟山　1856〜1909　江戸末期・明治期の洋画家
万年(まんねん)櫟山　江戸末期の医者

礫川　れきせん
礫川　1748〜？　江戸中期・後期の川柳作者
小林(こばやし)礫川　1833〜1904　江戸後期〜明治期の画家

櫟亭　れきてい
足立(あだち)櫟亭　江戸後期の蘭学者

檪亭　れきてい
笹沢(ささざわ)檪亭　1855〜1935　江戸末期〜昭和期の日本画家

冽斎　れっさい
堀(ほり)冽斎　江戸時代の与力、篆刻家

列山　れつざん
列山　1790〜1826　江戸後期の俳人

れん
有村(ありむら)れん　1808〜1895　江戸後期〜明治期の女性。薩摩藩医森元高見の娘
清水坂(しんざか)れん　？〜1868　江戸後期・末期の女性。小田為綱の後妻

廉　れん　⇔すなお
井上(いのうえ)廉　1846〜1914　江戸後期〜大正期の幕臣
竹内(たけのうち)廉　1838〜1902　江戸後期〜明治期の教育家・津山藩士

孌　れん
孌　江戸中期の孝女

蓮阿　れんあ
蓮阿　1700〜1757　江戸中期の浄土宗の僧
革島(かわしま)蓮阿　1768〜1835　江戸中期・後期の国学者

廉一　れんいち
安部(あべ)廉一　1847〜1918　江戸末期〜大正期の人。隠岐騒動で活躍

蓮翁　れんおう
蓮翁　江戸後期の日蓮宗の僧

蓮雅　れんが
蓮雅　江戸中期の僧侶

連歌尼　れんがあま
連歌尼　1187〜1230　平安後期・鎌倉前期の連歌作者

聯海　れんかい
聯海　南北朝時代の僧侶・連歌作者

蓮覚　れんかく
蓮覚　室町時代の修験僧
熊谷(くまがい)蓮覚　？〜1335　鎌倉後期・南北朝時代の安芸国三入新庄一部地頭

蓮覚院　れんかくいん
蓮覚院　1561〜1594　安土桃山時代の女性。北条氏勝の正室。上田朝直の娘

蓮基　れんぎ
蓮基　平安後期の僧侶・医者

蓮行　れんぎょう
蓮行　鎌倉時代の画家

蓮欽　れんきん
蓮欽　1469〜1496　戦国時代の僧

蓮渓　れんけい
樺島(かばしま)蓮渓　1776〜1834　江戸中期・後期の漢学者

蓮芸　れんげい
蓮芸　1484〜？　戦国時代の僧。姉小路基綱の娘と本願寺蓮如との間に生まれた男子

連渓庵　れんけいあん
連渓庵　江戸後期の俳人

蓮馨尼　れんけいに
蓮馨尼　?～1567　戦国時代の尼僧

蓮月　れんげつ
蓮月　鎌倉時代の蒔絵師

蓮顕　れんけん
蓮顕　平安後期・鎌倉前期の醍醐寺釈迦堂阿闍梨

蓮子　れんこ
有村(ありむら)蓮子　1809～1895　江戸後期～明治期の歌人

蓮悟　れんご
本泉寺(ほんせんじ)蓮悟　1468～1543　戦国時代の僧。一向一揆を指揮した

蓮光　れんこう
蓮光　江戸中期の真言律宗の僧
竹内(たけうち)蓮光　1578～1658　安土桃山・江戸前期の指宿新宮別当千手院の座主

蓮綱　れんこう
松岡寺(しょうこうじ)蓮綱　1450～1531　戦国時代の賀州三カ寺の僧。本願寺8代宗主蓮如の3男

蓮谷　れんこく
蓮谷　江戸中期の俳人

廉斎　れんさい
千坂(ちさか)廉斎　1787～1864　江戸中期～末期の幕臣・漢学者《千坂譏》
長嶋(ながじま)廉斎　?～1822　江戸中期・後期の留守居役

蓮斎　れんさい
長谷川(はせがわ)蓮斎　江戸前期の眼科医

れ

練三郎　れんざぶろう
鈴木(すずき)練三郎　1848～1868　江戸後期・末期の新撰組隊士

廉山　れんざん
月下庵(げっかあん)廉山　1735～1779　江戸中期の俳人

聯山　れんざん
祖芳(そほう)聯山　1775～1847　江戸中期・後期の曹洞宗の僧

連山　れんざん
種玉庵(しゅぎょくあん)連山　1809～1868　江戸後期・末期の俳諧師

廉子　れんし　⇔かとこ, やすこ
源(みなもと)廉子　平安中期の女房・歌人

蓮周　れんしゅう
蓮周　1482～?　戦国時代の僧。姉小路基綱の娘と本願寺蓮如との間に生まれた女子

蓮洲　れんしゅう
蓮洲　?～1805　江戸後期の僧

連州　れんしゅう
連州　?～1757　江戸中期の時宗の僧・連歌作者

蓮照　れんしょう
蓮照　?～1048　平安中期の天台宗の僧
蓮照　?～1503　室町・戦国時代の真宗大谷派の僧

廉乗　れんじょう
後藤(ごとう)廉乗　1628～1709　江戸前期・中期の装剣金工

蓮上　れんじょう
蓮上　1164～?　平安後期・鎌倉前期の神職。荒木田成長の子

蓮浄　れんじょう
蓮浄　平安後期の後白河院近臣

連常　れんじょう
連常　江戸後期の天台宗の僧

廉士郎　れんしろう
狩野(かのう)廉士郎　江戸末期・明治期の数学者

蓮真　れんしん
山田(やまだ)蓮真　江戸前期の剣客

簾水　れんすい
簾水　江戸後期の俳人

蓮誓　れんせい
蓮誓　1455～1521　室町・戦国時代の僧

廉節　れんせつ
千葉原(ちばはら)廉節　1833～1889　江戸後期～明治期の眼科医

廉泉　れんせん
小谷(こだに)廉泉　1657～1720　江戸前期・中期の漢学者

廉造　れんぞう
横山(よこやま)廉造　1828～1884　江戸後期～明治期の在村蘭方医

連蔵　れんぞう
下田(しもだ)連蔵　1831～1908　江戸後期～明治期の代官

錬蔵　れんぞう
尾崎(おざき)錬蔵　江戸末期の槍術家

蓮待　れんたい
蓮待　1013～1098　平安中期・後期の真言宗の僧

廉太郎　れんたろう
田中(たなか)廉太郎　江戸末期の幕臣・勘定格調役。1864年遣仏使節に随行しフランスに渡る

蓮智　れんち
蓮智　南北朝時代の僧侶・歌人・連歌作者

蓮池　れんち
蓮池　?～1715　江戸前期・中期の僧侶

蓮仲　れんちゅう
蓮仲　平安中期の天台宗の僧・歌人

廉貞院　れんていいん
廉貞院　1618～1671　江戸前期の女性。徳川家光の養女

連的　れんてき
連的　?～1685　江戸前期の浄土宗の僧

蓮堂　れんどう
蓮堂　1736～1831　江戸中期・後期の僧
成瀬(なるせ)蓮堂　1821～1906　江戸後期～明治期の書家

蓮道　れんどう
蓮道　南北朝時代の僧侶・歌人

廉仁王　れんにんおう
廉仁王　南北朝時代の邦省親王の子、後二条天皇の孫

蓮能　れんのう
蓮能　？～1518　戦国時代の女性。本願寺蓮如の室

連之助　れんのすけ
佐藤（さとう）連之助　？～1884　江戸後期～明治期の戊辰戦争の砲術家

廉八　れんぱち
井上（いのうえ）廉八　1846～1914　江戸後期～大正期の幕臣《井上廉》

連敏　れんびん
連敏　平安中期の僧侶・歌人

廉平　れんぺい
大岡（おおおか）廉平　1799～1836　江戸後期の儒者
別府（べっぷ）廉平　1813～1884　江戸後期～明治期の岸井手永大庄屋

連平　れんぺい
佐藤（さとう）連平　1850～？　江戸後期～明治期の八戸の鮫神楽の台本作成者

蓮浦　れんぽ
草鹿（くさか）蓮浦　1834～1867　江戸後期・末期の加賀大聖寺藩医

連甫　れんぽ
森（もり）連甫　1838～1909　江戸後期～明治期の俳人・米穀商

蓮明　れんみょう
沙弥（しゃみ）蓮明　南北朝時代の僧侶

蓮茂　れんも
蓮茂　平安中期の僧

蓮輦　れんよ
蓮輦　平安中期の仏師

蓮養坊　れんようぼう
蓮養坊　安土桃山時代の織田信長の家臣

蓮了　れんりょう
蓮了　江戸後期の社僧

【ろ】

鷺庵　ろあん
竹村（たけむら）鷺庵　江戸中期の茶人

魯庵　ろあん
阿部（あべ）魯庵　江戸後期の医者
市川（いちかわ）魯庵　1781～1837　江戸中期・後期の医師
小田（おだ）魯庵　1809～1870　江戸後期～明治期の外科医
小原（おはら）魯庵　1745～1797　江戸中期の漢学者
佐々木（ささき）魯庵　1733～1782　江戸中期の漢詩人
曽根（そね）魯庵　1814～1868　江戸末期の米沢藩儒者

露庵　ろあん
西垣（にしがき）露庵　1720～1800　江戸中期・後期の漢学者

盧庵　ろあん
半井（なからい）盧庵　？～1638？　江戸前期の幕臣

魯一　ろいち
樋田（ひだ）魯一　1839～1915　江戸末期～大正期の農政指導者

蘆一　ろいち
佐々木（ささき）蘆一　1835～1886　江戸後期～明治期の俳人

驢一　ろいち
驢一　1810～1874　江戸後期～明治期の俳諧作者

魯因　ろいん
久道（ひさみち）魯因　1797～1855　江戸後期・末期の俳人

魯隠　ろいん
魯隠　江戸後期の俳人

朗庵　ろうあん
虚竹（こちく）朗庵　室町時代の普化宗の僧

弄花　ろうか
弄花　江戸中期の俳人

老愚　ろうぐ
麻谷（あさたに）老愚　江戸後期の「己丑記」に執筆

朗慶　ろうけい
朗慶　？～1324　鎌倉後期の日蓮宗の僧

弄幻子　ろうげんし
弄幻子　江戸中期の僧

弄斎　ろうさい
弄斎　江戸前期の音曲師

老山　ろうざん
老山　江戸前期の俳人

郎子　ろうし
李（り）郎子　？～1661　江戸前期の唐人窯陶工

浪松　ろうしょう
浪松　室町時代の画家

楼川　ろうせん
楼川〔2代〕　江戸後期の俳諧師

老泉　ろうせん
井沢（いざわ）老泉　1775～1832　江戸後期の医者
司馬（しば）老泉　？～1910　江戸後期～明治期の画工、俳人

老樗　ろうちょ
青木（あおき）老樗　1827～1889　江戸後期～明治期の医者・漢学者

朗澄　ろうちょう
朗澄　1131～1208　平安後期・鎌倉前期の真言宗の僧

朗典　ろうてん
狩野（かのう）朗典　？～1455　室町時代の人。実名不詳

朗然　ろうねん
朗然　1628～1673　江戸前期の真言宗の僧

廊御方　ろうのおんかた
廊御方　平安後期の女性。権中納言藤原通季の娘
老梅　ろうばい
老梅　1701～1768　江戸中期の俳人・幕臣
滝尾　ろうび
坂田(さかた)滝尾　江戸後期の眼科医
老父　ろうふ　⇔ろうほ
桑原(くわばら)老父　1691～1756　江戸中期の俳人
老父　ろうほ　⇔ろうふ
桑原(くわばら)老父　1690～1756　江戸中期の俳人
廊誉　ろうよ
専宗(せんしゅう)廊誉　江戸前期の高山市の洞雲院の開基
老卵　ろうらん
父幼(ふよう)老卵　1724～1805　江戸中期・後期の曹洞宗の僧
魯雲　ろうん
魯雲　1743～1823　江戸中期・後期の普願寺14世住職
芦屋　ろおく
高安(たかやす)芦屋　江戸後期の塩魚商、文人
宗像(むなかた)芦屋　江戸後期の書家
呂笳　ろか
呂笳　1663～1751　江戸前期・中期の修験者にして俳人
芦涯　ろがい
芦涯　江戸中期の俳人
芦角　ろかく
芦角　江戸前期・中期の俳人
芦角　江戸後期の俳人
芦鶴　ろかく
芦鶴　江戸中期の俳人
鷺貫　ろかん
鷺貫　江戸中期の俳人
蘆岸　ろがん
伊藤(いとう)蘆岸　1805～1861　江戸後期・末期の漢学者
露鳩　ろきゅう
佐藤(さとう)露鳩　江戸時代の俳人
路牛　ろぎゅう
路牛　江戸後期の俳人
露牛　ろぎゅう
露牛　？～1622　江戸前期の浄土宗の僧
露牛　1774～1822　江戸中期・後期の俳人
赤荻(あかおぎ)露牛　江戸中期の俳人
鷺喬　ろきょう
鷺喬　江戸中期の俳人
鷺橋　ろきょう
鷺橋　江戸後期の俳人
金浦(かなうら)鷺橋　？～1880　江戸後期～明治期の金沢の俳人
魯恭　ろきょう
小山(こやま)魯恭　1776～1833　江戸後期の俳人
路喬　ろきょう
家田(いえだ)路喬　1723～1789　江戸中期・後期の俳人
魯玉　ろぎょく
魯玉　江戸中期の俳人
路玉　ろぎょく
路玉　江戸後期の俳人
六　ろく
六　江戸中期の女性。お六櫛を売り出した
斎藤(さいとう)六　1167～？　平安後期・鎌倉前期の武士
禄　ろく
禄　江戸中期の孝女
六右衛門　ろくうえもん　⇔ろくえもん
六右衛門　江戸前期の農民
六右衛門　江戸中期の阿武郡下小川村松原の畔頭役
大久保(おおくぼ)六右衛門　戦国時代の徳川幕府代官
猿谷(さるや)六右衛門　江戸前期の地侍
原(はら)六右衛門　1837～1911　江戸後期～明治期の蚕種改良家
六衛　ろくえ
楠瀬(くすのせ)六衛　1842～1868　江戸後期・末期の土佐勤王党員
六右衛門　ろくえもん　⇔ろくうえもん
六右衛門　安土桃山時代の皮革職人頭
六右衛門　安土桃山時代の信濃国筑摩郡永井の人
青木(あおき)六右衛門　？～1721　江戸中期の武士、幕臣
新井(あらい)六右衛門　1784～1858　江戸中期～末期の高井郡湯田中村の豪農
安東(あんどう)六右衛門　江戸前期の武士。大坂の陣で籠城
池田(いけだ)六右衛門　？～1615　江戸前期の長宗我部盛親の家臣
岩倉(いわくら)六右衛門　1817～1896　江戸後期～明治期の畜産家
植木(うえき)六右衛門　江戸前期の武士。大坂の陣で籠城
梅沢(うめざわ)六右衛門　安土桃山時代の検地役人
越前屋(えちぜんや)六右衛門　1789～1856　江戸後期・末期の加賀国江沼郡山中村の蒔絵師
大津(おおつ)六右衛門　江戸後期の大住郡下子安村民
小塩(おしお)六右衛門　戦国時代の武将。武田家臣
軽部(かるべ)六右衛門　1666～1741　江戸前期・中期の農業土木者
北風(きたかぜ)六右衛門　1602～1670　安土桃山・江戸前期の豪商
幾度(きど)六右衛門　1644～1714　江戸前期・中期の剣術家。東軍流
堺屋(さかいや)六右衛門　江戸前期の京都糸割符商人
酒屋(さかや)六右衛門　江戸中期の遠江国長上郡

木船新田村の平野家の当主、在郷商人
鷹羽(たかば)六右衛門　?～1240　鎌倉前期の尾張大府村鷹羽氏先祖
塚原(つかはら)六右衛門　戦国時代の武将。武田家臣
鳥養(とりかい)六右衛門　江戸後期の橘樹郡塚越村の酒造業
中屋(なかや)六右衛門　江戸後期の千住宿の人
野呂(のろ)六右衛門　?～1615　江戸前期の人。池田輝澄の家臣野呂源六の従兄
八田屋(はったや)六右衛門　江戸時代の社会事業家
原(はら)六右衛門　1837～1911　江戸後期～明治期の蚕種改良家《原六右衛門》
藤井(ふじい)六右衛門　江戸後期の橘樹郡小机村民
三井(みつい)六右衛門　江戸前期の商人
宮地(みやじ)六右衛門　江戸中期の幕臣
宮田(みやた)六右衛門　江戸後期の淘綾郡一色村民
木綿屋(もめんや)六右衛門　?～1746　江戸中期の丹後縮緬始祖の1人
森(もり)六右衛門　江戸中期の桑原村名主
和田(わだ)六右衛門　戦国時代の問屋。伝馬宿送の割当てを行なう

六右衛門尉　ろくえもんのじょう
小窪(こくぼ)六右衛門尉　戦国時代の北条氏の家臣。御馬廻衆山角定勝の同心

六翁　ろくおう
宗(そう)六翁　1819～1896　江戸後期～明治期の国学者

鹿銜　ろくがん
紀(き)鹿銜　江戸中期の篆刻家
西村(にしむら)鹿銜　江戸後期～明治期の篆刻家

六甲　ろくこう
高間(たかま)六甲　江戸後期の画家

六五郎　ろくごろう
堀江(ほりえ)六五郎　江戸末期の幕臣・小人頭役・小人目付。1864年遣仏使節に随行しフランスに渡る

録五郎　ろくごろう
田村(たむら)録五郎　1846～?　江戸後期・末期の新撰組隊士

六左　ろくざ
波多腰(はたごし)六左　1839～1900　江戸後期～明治期の波多堰開削者
波多腰(はたこし)六左　波多腰六左に同じ

六斎　ろくさい
岩瀬(いわせ)六斎　江戸後期の狂歌作者

禄斎　ろくさい
宮川(みやがわ)禄斎　1784～1845　江戸中期・後期の農家

六左衛門　ろくざえもん
六左衛門　江戸前期の新宮廻船業組頭
朝倉(あさくら)六左衛門　?～1867　江戸後期・末期の前沢村の地主
上村(うえむら)六左衛門　?～1583　戦国・安土桃山時代の織田信長の家臣
大谷(おおや)六左衛門　江戸時代の桜沢村の農民
小国(おぐに)六左衛門　安土桃山時代の史家
小田(おだ)六左衛門　1745～1812　江戸中期・後期の油商
加藤(かとう)六左衛門　江戸時代の寿能城主潮田氏の家臣
菅(かん)六左衛門　安土桃山時代の織田信長の家臣
北村(きたむら)六左衛門　1836～1908　江戸後期～明治期の古墳発掘者
塩野谷(しおのや)六左衛門　江戸前期の人。深沢堰開削者
清(せい)六左衛門　戦国・安土桃山時代の桂林院殿の付家臣
銭屋(ぜにや)六左衛門　1628～1672　江戸前期の人。日本で最初に明国流の白粉を製造販売した
高木(たかぎ)六左衛門　江戸中期の五十里湖水抜き工事責任者
田中(たなか)六左衛門　江戸後期の三浦郡浦郷村民
椨木(たぶき)六左衛門　1828～1884　江戸後期～明治期の篤志家
出張(ではり)六左衛門　江戸中期の組頭、水田開拓者
中黒(なかぐろ)六左衛門　江戸前期の氷見町奉行
長瀬(ながせ)六左衛門　?～1661　江戸前期の伊東長次の家来
中村(なかむら)六左衛門　?～1712　江戸前期・中期の柏原本陣
土方(ひじかた)六左衛門　江戸前期の有馬豊氏・加藤嘉明の家臣
藤岡(ふじおか)六左衛門　1579～1633　安土桃山時代の武士
藤岡(ふじおか)六左衛門　1669～1732　江戸中期の岡山藩士、鉄砲・砲術家
前川(まえかわ)六左衛門　江戸後期の書肆
前田(まえだ)六左衛門　江戸前期の豊臣秀頼・藤堂高虎の家臣
松永(まつなが)六左衛門　江戸中期の歌舞伎役者、脚本家
水内(みずうち)六左衛門　?～1766　江戸中期の加賀国石川郡村井村の十村役

六左衛門尉　ろくざえもんのじょう
飯塚(いいづか)六左衛門尉　安土桃山時代の緑埜郡北谷琴辻の土豪

六左衛門吉兼　ろくざえもんよしかね
伊尾木(いおき)六左衛門吉兼　江戸前期の長宗我部氏の家臣

六朔　ろくさく
菊池(きくち)六朔　1810～1902　江戸後期～明治期の農政家

六三郎　ろくさぶろう
田近(たぢか)六三郎　1821～?　江戸後期の高山県の吏員
浜(はま)六三郎　?～1849　江戸末期の富農

録三郎　ろくさぶろう
沢(さわ)録三郎　1842～?　江戸末期の幕臣、遊撃隊隊長

鹿山　ろくざん
鹿山　1754～1827　江戸中期・後期の俳人

禄山　ろくざん
禄山　江戸中期の陶工
六芝　ろくし
六芝　？～1753　江戸中期の俳人
六車　ろくしゃ
梅津（うめづ）六車　1755～1829　江戸中期・後期の書家・俳人・歌人
六条　ろくじょう
六条　平安後期の女性。藤原成経の乳母
六条　平安後期の女性。平通盛の乳母
六浄　ろくじょう
一仏庵（いちぶつあん）六浄　1783～1864　江戸後期の俳人
中村（なかむら）六浄　一仏庵六浄に同じ
六条院宣旨　ろくじょういんのせんじ
六条院宣旨　平安後期の女房・歌人
録四郎　ろくしろう
川村（かわむら）録四郎　1835～？　江戸後期の幕臣
六次郎　ろくじろう
浦野（うらの）六次郎　1815～1898　江戸後期～明治期の西原村庄屋
六助　ろくすけ
原田（はらだ）六助　江戸前期の一宮村大工
竜神（りゅうじん）六助　？～1675　江戸前期の浅野家臣
泐石　ろくせき
森（もり）泐石　江戸中期の篆刻家
六窓　ろくそう
六窓　1702～1772　江戸中期の俳人
六蔵　ろくぞう
釜ノ口の（かまのくちの）六蔵　1642～1718　江戸前期・中期の新本義民騒動の直訴人
玉の森（たまのもり）六蔵　江戸中期の力士
中村（なかむら）六蔵　1846～1918　江戸末期の志士
野間（のま）六蔵　安土桃山時代の織田信長の家臣
録三　ろくぞう
水田（みずた）録三　1843～1864　江戸後期・末期の志士
録造　ろくぞう
荻生（おぎゅう）録造　1859～1914　江戸末期～大正期の医学者、眼科医
緑邨　ろくそん
岡本（おかもと）緑邨　1811～1881　江戸末期・明治期の画家
鹿太　ろくた
鹿太　1777～1836　江戸中期・後期の俳人
六太夫　ろくだいう　⇔ろくだゆう
大橋（おおはし）六太夫　江戸後期の足柄下郡荻窪村の神事舞太夫
六太夫　ろくだゆう　⇔ろくだいう
中島（なかじま）六太夫　1773～1840　江戸中期・後期の藩士
林（はやし）六太夫　1663～1732　江戸前期・中期の剣術家。長谷川英信流

六大夫　ろくだゆう
斎藤（さいとう）六大夫　安土桃山時代の織田信長の家臣
難波（なんば）六大夫　江戸前期の武士。大坂の陣で籠城
日比野（ひびの）六大夫　安土桃山時代の織田信長の家臣
六大夫範一　ろくだゆうのりかつ
貴志（きし）六大夫範一　1576～1646　安土桃山・江戸前期の脇坂安治・豊臣秀頼の家臣
六太郎　ろくたろう
森田（もりた）六太郎　1854～1905　江戸末期・明治期の果樹農家
六親家　ろくちかいえ
近藤（こんどう）六親家　平安後期の板西城主
六内　ろくない
石栗（いしぐり）六内　1855～1908　江戸末期・明治期の自治功労者
六之丈　ろくのじょう
神原（かんばら）六之丈　江戸後期～明治期の教育者
六之丞　ろくのじょう
黒沢（くろさわ）六之丞　1762～1841　江戸中期・後期の商人
六之進　ろくのしん
鴨島（かもじま）六之進　？～1579　戦国時代の武将
緑之助　ろくのすけ
斯波（しば）緑之助　1840～？　江戸後期・末期の新撰組隊士
六之介　ろくのすけ
森庵（もりあん）六之介　江戸末期の新撰組隊士
六之助　ろくのすけ
長坂（ながさか）六之助　1814～1902　江戸後期～明治期の棋士
森庵（もりあん）六之助　江戸末期の新撰組隊士《森庵六之介》
六馬　ろくば
六馬　江戸中期の俳人
六兵衛　ろくびょうえ　⇔ろくべえ
久万（くま）六兵衛　江戸前期の武士。大坂の陣で籠城。土佐国土佐郡久万村の領主久万俊宗の一族
米村（よねむら）六兵衛　江戸前期の大野治長の家老
六兵衛重次　ろくびょうえしげつぐ
河副（かわぞえ）六兵衛重次　1584～1636　安土桃山・江戸前期の豊臣秀頼・徳川秀忠の家臣
六平　ろくへい　⇔ろくべい
浅田（あさだ）六平　1858～？　江戸末期の酒造業。田方郡会議員
禄平　ろくへい
青山（あおやま）禄平　？～1863　江戸末期の幕臣
六平　ろくべい　⇔ろくへい
品川（しながわ）六平　江戸中期の面打
六兵衛尉　ろくべいのじょう
下田（しもだ）六兵衛尉　江戸前期の代官
六兵衛　ろくべえ　⇔ろくびょうえ
六兵衛　安土桃山時代の茶人、陶工

ろ

六兵衛　江戸後期の三葛村船運業者
石川屋（いしかわや）六兵衛　江戸前期の商人
大谷（おおたに）六兵衛　？～1732　江戸中期の人。享保17年の大飢饉に際し難儀者救済に尽くした
大橋（おおはし）六兵衛　江戸前期の寺本村の豪農
荻野（おぎの）六兵衛　1819～1888　江戸後期～明治期の砲術家
城戸屋（きどや）六兵衛　？～1862　江戸後期・末期の金沢河南町の呉服商人
鈴木（すずき）六兵衛　江戸時代の二郷半領皿沼村の農民
谷元（たにもと）六兵衛　江戸末期の薩摩藩士
土橋（つちばし）六兵衛　江戸前期の弓術家
富岡（とみおか）六兵衛　江戸末期の豪商
沼野（ぬまの）六兵衛〔8代〕　？～1778　江戸後期の質商
八丁堀の（はっちょうぼりの）六兵衛　江戸前期の町人
服部（はっとり）六兵衛　？～1582　戦国・安土桃山時代の織田信長の家臣
蛭川（ひるかわ）六兵衛　江戸後期の高座郡深谷村民
仏（ほとけ）六兵衛　江戸中期の篤心家
堀内（ほりうち）六兵衛　1850～1917　江戸末期～大正期の豪農・自治功労者
三日月（みかづき）六兵衛　安土桃山時代の陶工
村田（むらた）六兵衛　1804～1881　江戸後期～明治期の金融業、御用宿屋
盛（もり）六兵衛　？～1742　江戸中期の関東売藍商、廻船業
四本（よつもと）六兵衛　江戸前期の枕崎の豪商

六兵衛照清　ろくべえてるきよ
荻野（おぎの）六兵衛照清　？～1747　江戸中期の砲術家《荻野照清》

六松　ろくまつ
六松　1734～1816　江戸中期・後期の農民三右衛門の下僕
六松　江戸後期の御倩紙漉

六味　ろくみ
六味　江戸中期の俳人

鹿鳴　ろくめい
加波（かば）鹿鳴　江戸中期の能登国鳳至郡輪島町の商人
小蓑庵（こみのあん）鹿鳴　？～1860　江戸末期の俳人

六盛家　ろくもりいえ
内藤（ないとう）六盛家　鎌倉時代の御家人

鹿門　ろくもん
鹿門　江戸後期の俳人
岡（おか）鹿門　1802～1837　江戸後期の詩人
河合（かわい）鹿門　江戸時代の漢学者
鴇矢（ときや）鹿門　1798～1862　江戸後期・末期の儒者

鹿野　ろくや　⇔かの
鹿野　江戸後期の俳人・藩士

六弥太　ろくやた
岡部（おかべ）六弥太　鎌倉前期の武将。一の谷で平忠度を討ち取る

六弥太忠澄　ろくやたただずみ
岡部（おかべ）六弥太忠澄　？～1197　平安後期・鎌倉前期の武蔵武士

鹿里　ろくり
伊藤（いとう）鹿里　1778～1838　江戸中期・後期の儒者、医師

六郎　ろくろう
赤見（あかみ）六郎　戦国時代の北条氏忠の家臣。佐野衆
一色（いっしき）六郎　戦国時代の氏久の子か。古河公方足利義氏の家臣。下総国下幸嶋の借宿郷（茨城県坂東市）の領主
井口（いのくち）六郎　南北朝時代の武将
海野（うんの）六郎　1571～1615　安土桃山・江戸前期の武将
太田（おおた）六郎　戦国時代の扇谷上杉氏家臣太田氏の一族
河村（かわむら）六郎　南北朝時代の武士
菅野（すがの）六郎　江戸末期の新撰組隊士
東（とう）六郎　戦国時代の千葉氏家臣
鞆（ともの）六郎　？～1185　平安後期の武将
長井（ながい）六郎　戦国時代の山内上杉氏の家臣
中西（なかにし）六郎　室町時代の手猿楽者
橋爪（はしづめ）六郎　戦国時代の熊野御師
八幡（はちまん）六郎　？～1341　鎌倉後期・南北朝時代の武士
福田（ふくだ）六郎　1718～1777　江戸中期の八戸藩士
細（ほそ）六郎　1820～1871　江戸後期～明治期の剣術家
本多（ほんだ）六郎　？～1802　江戸中期・後期の庄内藩士
松田（まつだ）六郎　？～1869　江戸後期～明治期の新撰組隊士
望月（もちづき）六郎　1572？～1615？　安土桃山・江戸前期の武将
森（もり）六郎　江戸末期の新撰組隊士
和田（わだ）六郎　江戸末期の新撰組隊士

六郎右衛門　ろくろううえもん　⇔ろくろうえもん
井田村（いだむら）六郎右衛門　江戸前期の十村肝煎
土谷（つちたに）六郎右衛門　江戸前期の陶芸家
平倉（ひらくら）六郎右衛門　1755～1841　江戸中期・後期の勘左衛門堰、十ヶ堰開削者
山口（やまぐち）六郎右衛門　江戸前期の義人

六郎右衛門　ろくろうえもん　⇔ろくろううえもん
六郎右衛門　安土桃山時代の信濃国安曇郡の土豪
六郎右衛門　安土桃山時代の信濃国筑摩郡小芹・大久保・花見の土豪
井上（いのうえ）六郎右衛門　江戸末期の吉田島村の組頭
川岸（かわぎし）六郎右衛門　1816～1867　江戸後期・末期の廻船問屋、山師
河原（かわはら）六郎右衛門　安土桃山時代の武将《河原直久》

強瀬（こわぜ）六郎右衛門　室町・戦国時代の岩殿山南山麓の強瀬の土豪
多田（ただ）六郎右衛門　？～1729　江戸中期の能登国鳳至郡鵜川村の十村役
中屋敷（なかやしき）六郎右衛門　江戸中期の義民
根津（ねづ）六郎右衛門　1705～1793　江戸中期・後期の幕臣
土生津（はぶつ）六郎右衛門　江戸時代の葛飾郡上金崎村名主
平倉（ひらくら）六郎右衛門　1755～1841　江戸中期・後期の勘左衛門堰、十ヶ堰開削者《平倉六郎右衛門》
盛（もり）六郎右衛門　1687～1766　江戸前期・中期の関東売藍商、廻船業
湯浅（ゆあさ）六郎右衛門　江戸中期の京都銀座役人

六郎右衛門尉　ろくろうえもんのじょう
太田（おおた）六郎右衛門尉　？～1505　室町・戦国時代の扇谷上杉氏の家宰太田氏の当主
笠井（かさい）六郎右衛門尉　安土桃山・江戸前期の甲斐国巨摩郡河内西島郷の土豪
桜井（さくらい）六郎右衛門尉　戦国時代の上総国武射郡大台城（山武郡芝山町）主・井田因幡守の家臣
発智（ほっち）六郎右衛門尉　戦国時代の越後藪神の国人。守護上杉氏家臣

六郎右衛門道良　ろくろうえもんみちよし
盛（もり）六郎右衛門道良　1737～1799　江戸中期・後期の関東藍商、江戸材木商

六郎左衛門　ろくろうざえもん　⇔ろくろざえもん
六郎左衛門　安土桃山時代の信濃国筑摩郡会田の土豪
六郎左衛門　？～1626　安土桃山・江戸前期の田万村の給領庄屋役
麻生（あそう）六郎左衛門　戦国時代の下総埴生庄麻生（印旛郡栄町）を本貫とする麻生氏の一族か。本佐倉城主千葉勝胤・昌胤の家臣
荒井（あらい）六郎左衛門　江戸前期の養鷹家
市川（いちかわ）六郎左衛門　？～1811　江戸中期・後期の剣術家。円明流
上野（うえの）六郎左衛門　1755～？　江戸中期・後期の揖宿郡頴娃郷士
植原（うえはら）六郎左衛門　1816～1868　江戸末期の水泳家《植原正方》
組屋（くみや）六郎左衛門　安土桃山・江戸前期の若狭小浜の豪商
沢木（さわき）六郎左衛門　戦国時代の遠江万石の百姓職・名主職所持者
菅野（すがの）六郎左衛門　江戸中期の武士
辻（つじ）六郎左衛門　江戸後期の飛騨臨時代官
西宮（にしみや）六郎左衛門　安土桃山時代の信濃国筑摩郡会田の土豪
橋本（はしもと）六郎左衛門　江戸末期の年寄
長谷川（はせがわ）六郎左衛門　戦国時代の鋳物師
日禰野（ひねの）六郎左衛門　安土桃山時代の織田信長の家臣
福留の（ふくとめの）六郎左衛門　安土桃山時代の加賀国石川郡福留村の十村
堀内（ほりのうち）六郎左衛門　安土桃山時代の信濃国筑摩郡会田の土豪
山内（やまうち）六郎左衛門　戦国時代の大工

六郎左衛門尉　ろくろうざえもんのじょう
林（はやし）六郎左衛門尉　戦国時代の北条氏の家臣
松田（まつだ）六郎左衛門尉　戦国時代の北条氏の家臣

六郎三郎　ろくろうさぶろう　⇔ろくろさぶろう
北（きた）六郎三郎　1550～1635　戦国～江戸前期の土豪
木全（きまた）六郎三郎　安土桃山時代の織田信長の家臣《木全六郎三郎》

六良次　ろくろうじ
平松（ひらまつ）六良次　1630～1704　江戸前期・中期の茶商

六郎次　ろくろうじ
志茂（しも）六郎次　江戸後期の大原郡代の元締

六郎四郎　ろくろうしろう　⇔ろくろしろう
富岡（とみおか）六郎四郎　戦国時代の上野国衆

六郎次郎　ろくろうじろう
六郎次郎　室町時代の対馬商人
小松（こまつ）六郎次郎　戦国時代の大工
桃井（もものい）六郎次郎　？～1564　安土桃山時代の武田氏の家臣

六郎太　ろくろうた
前田（まえだ）六郎太　江戸時代の大隅郡大根占郷の郷士年寄

六郎太夫　ろくろうだゆう
千原（ちはら）六郎太夫　安土桃山時代の医師

六郎兵衛　ろくろうびょうえ　⇔ろくろうべえ，ろくろべえ
辻（つじ）六郎兵衛　？～1561　戦国・安土桃山時代の武田家臣

六郎兵衛尉　ろくろうひょうえのじょう
水上（みずかみ）六郎兵衛尉　戦国時代の武士

六郎兵衛　ろくろうべえ　⇔ろくろうびょうえ，ろくろべえ
石塚（いしづか）六郎兵衛　1808～1843　江戸後期の算学者《石塚六郎兵衛》
淡輪（たんのわ）六郎兵衛　？～1615　安土桃山・江戸前期の大坂の陣、大坂方の武将
花井（はない）六郎兵衛　1775～1856　江戸中期～末期の人。『日誌花井安列筆記』を残す
日幡（ひばた）六郎兵衛　？～1582　安土桃山時代の備中国の武将
深沢（ふかさわ）六郎兵衛　江戸中期の土豪

碌々　ろくろく
棚橋（たなはし）碌々　1818～1896　江戸後期～明治期の俳人

六郎左衛門　ろくろざえもん　⇔ろくろうざえもん
川瀬（かわせ）六郎左衛門　1574～？　江戸前期の土豪
巨勢（こせ）六郎左衛門　江戸中期の武士、幕臣

法行(ほうぎょう)六郎左衛門　安土桃山時代の武将

六郎三郎　ろくろさぶろう　⇔ろくろうさぶろう
小沢(おざわ)六郎三郎　?～1582　戦国・安土桃山時代の織田信長の家臣
木全(きまた)六郎三郎　安土桃山時代の織田信長の家臣

六郎四郎　ろくろしろう　⇔ろくろうしろう
鹿伏兎(かぶと)六郎四郎　?～1574　戦国・安土桃山時代の織田信長の家臣

六郎兵衛　ろくろべえ　⇔ろくろうびょうえ, ろくろうべえ
石塚(いしづか)六郎兵衛　1808～1843　江戸後期の算学者
土井(どい)六郎兵衛　安土桃山時代の庄屋
富永(とみなが)六郎兵衛　江戸後期の三浦郡久野谷村名主
堀内(ほりうち)六郎兵衛　江戸末期の武士
堀内(ほりのうち)六郎兵衛　1654～1742　江戸中期の美作国倉敷代官
山田(やまだ)六郎兵衛　江戸前期の気仙郡の大肝入

呂圭　ろけい
中沢(なかざわ)呂圭　江戸前期の人。「亀島眺望集」の著者

魯卿　ろけい
曽根原(そねはら)魯卿　1749～1811　江戸中期・後期の漢詩人、医師

魯鶏　ろけい
魯鶏　江戸前期の俳人

路圭　ろけい
路圭　江戸中期の俳人

蘆渓　ろけい
浅山(あさやま)蘆渓　江戸後期の絵師

魯軒　ろけん
片岡(かたおか)魯軒　1782～1829　江戸末期の書家

露言　ろげん
露言〔2代〕　江戸中期の俳人
福田(ふくだ)露言〔1代〕　1630～1691　江戸前期・中期の俳人

芦江　ろこう
茶袋園(ちゃたいえん)芦江　?～1777　江戸中期の俳人。養父郡建屋村佐谷三郎兵衛門春継の3男

路好　ろこう
後藤(ごとう)路好　江戸中期の俳人

路考　ろこう
若月(わかつき)路考　1734～1797　江戸中期・後期の阿井村に在住した俳人

露光　ろこう
神田(かんだ)露光　江戸後期の画家

露厚　ろこう
露厚　江戸後期の雑俳点者

芦国　ろこく
浅山(あさやま)芦国　?～1818　江戸後期の画家《浅山蘆国》
稲葉(いなば)芦国　1843～1917　江戸末期～大正期の看板絵師

鷺谷　ろこく
鷺谷　江戸前期・中期の俳人

盧谷　ろこく
川原(かわはら)盧谷　?～1872　江戸末期・明治期の画家

魯斎　ろさい
魯斎　江戸後期の俳人
菊池(きくち)魯斎　1718～1800　江戸中期・後期の漢学者
鴇田(ときた)魯斎　?～1793　江戸中期・後期の漢学者
馬嶋(まじま)魯斎　1766～1836　江戸中期・後期の歌人・医者
宮田(みやた)魯斎　江戸末期～明治期の医者

魯山　ろざん
古家(ふるや)魯山　1822～1843　江戸後期の漢詩人

廬山　ろざん
深見(ふかみ)廬山　江戸後期の博物家

ろじ健　ろじけん
ろじ健　江戸末期の桜田門外の変の目撃者

芦尺　ろしゃく
芦尺　1748～1825　江戸中期・後期の俳人

鷺洲　ろしゅう
鷺洲　1691～1763　江戸中期の俳人
上村(うえむら)鷺洲　1827～1871　江戸後期～明治期の漢学者

鷺秋　ろしゅう
鷺秋　江戸後期の俳人

鷺舟　ろしゅう
長野(ながの)鷺舟　1691～1763　江戸中期の俳人

魯宗　ろしゅう
洞岳(とうがく)魯宗　1821～1884　江戸後期～明治期の曹洞宗の僧

魯洲　ろしゅう
愚公(ぐこう)魯洲　1735～1779　江戸中期の臨済宗の僧

露秀　ろしゅう
佐々木(ささき)露秀　1735～1807　江戸中期・後期の俳人

盧舟　ろしゅう
盧舟　1814～1854　江戸後期・末期の俳人

蘆洲　ろしゅう
井上(いのうえ)蘆洲　1800～?　江戸後期の漢学者
木下(きのした)蘆洲　1807～1879　江戸後期～明治期の画家
元木(もとき)蘆洲　江戸後期の人。『燈下録』の作者

鷺十　ろじゅう
鷺十　?～1790　江戸中期の丹後橋立真照寺の僧、俳人

露十　ろじゅう
露十　江戸中期の俳人

露宿　ろしゅく
河久（かわひさ）露宿　江戸中期の戯作者
路春　ろしゅん
柴田（しばた）路春　江戸後期の狩野派の画家
蕗丈　ろじょう
蕗丈　江戸後期の俳人
路丈　ろじょう
路丈　江戸後期の俳人
蘆丈　ろじょう
蘆丈　？～1790　江戸中期・後期の俳人
蘆城　ろじょう
蘆城　1831～1891　江戸後期～明治期の俳人
露心　ろしん
露心　？～1874　江戸後期～明治期の俳人
路人　ろじん
馬島（ましま）路人　？～1817　江戸後期の俳人
芦錐　ろすい
竹内（たけのうち）芦錐　江戸中期の俳人
蘆水　ろすい
蘆水　江戸中期の雑俳点者
路青　ろせい
路青　江戸中期の俳人
魯石　ろせき
魯石　江戸中期の俳人
魯石　1752～1814　江戸中期・後期の俳人
露石　ろせき
露石　江戸中期の雑俳点者
芦雪　ろせつ
芦雪　戦国時代の禅門
魯仙　ろせん
魯仙　？～1880　江戸後期～明治期の俳人
大忍（だいにん）魯仙　1781～1811　江戸中期・後期の曹洞宗の僧
露泉　ろせん
露泉　？～1699　江戸前期・中期の俳人。真言宗の僧
蘆川　ろせん
高橋（たかはし）蘆川　江戸中期の彫師
呂叟　ろそう
呂叟　1769～1848　江戸中期・後期の俳人
路宅　ろたく
路宅　江戸後期の俳人
呂太夫　ろだゆう
豊竹（とよたけ）呂太夫　江戸中期の浄瑠璃太夫
露竹　ろちく
近藤（こんどう）露竹　？～1629　安土桃山・江戸前期の萩町人
芦仲　ろちゅう
芦仲　？～1789　江戸中期・後期の俳人
魯忠　ろちゅう
百瀬（ももせ）魯忠　1826～1902　江戸後期～明治期の僧侶
蘆中　ろちゅう
蘆中　1701～1744　江戸中期の俳人
路蝶　ろちょう
瀬川（せがわ）路蝶　江戸後期の歌舞伎役者
魯直　ろちょく
岡橋（おかはし）魯直　1734～1769　江戸中期の詩人
中島（なかじま）魯直　江戸中期の郷土史家
六花　ろっか
渋谷（しぶや）六花　1671～1750　江戸前期・中期の俳人
鹿裘　ろっきゅう
木村（きむら）鹿裘　江戸末期・明治期の金沢の俳人
芦汀　ろてい
小川（おがわ）芦汀　江戸後期の画家
河辺（かわべ）芦汀　江戸末期の商家、文人
蕗亭　ろてい
菊池（きくち）蕗亭　1837～1900　江戸後期～明治期の藩士・医者
芦笛　ろてき
芦笛　？～1733　江戸中期の俳人
芦笛　江戸後期の雑俳点者
平山（ひらやま）芦笛　江戸中期の俳人
魯荻　ろてき
南（みなみ）魯荻　1766～1830　江戸末期の俳人
芦道　ろどう
芦道　江戸中期の俳人
魯堂　ろどう
橋本（はしもと）魯堂　1836～1918　江戸末期～大正期の教育者
魯道　ろどう
魯道　江戸後期の絵師
露堂　ろどう
小野（おの）露堂　1658～1728　江戸前期の俳人《小野助右衛門〔1代〕》
驢童　ろどう
驢童　1765～？　江戸中期・後期の俳人
盧然　ろねん
山崎（やまさき）盧然　1752～1819　江戸中期・後期の俳人
蘆然　ろねん
蘆然　1752～1819　江戸中期・後期の俳人《山崎盧然》
鷺白　ろはく
黒岩（くろいわ）鷺白　1748～1824　江戸中期・後期の俳人
魯白　ろはく
魯白　1744～1823　江戸中期・後期の俳人
芦帆　ろはん
芦帆　江戸中期の俳人
魯彦　ろひこ
山県（やまがた）魯彦　1716？～1754　江戸中期の漢学者
呂風　ろふう
呂風　江戸中期の俳諧作者

露吹庵　ろふきあん
露吹庵　?～1692　江戸前期・中期の俳人

芦文　ろぶん
芦文　?～1728頃　江戸前期・中期の俳人

魯平　ろへい
内田(うちだ)魯平　1839～1922　江戸末期～大正期の謡曲家

呂芳　ろほう
立花(たちばな)呂芳　?～1830　江戸後期の俳人

路芳　ろほう
養老館(ようろうかん)路芳　1737～1790　江戸中期・後期の狂歌作者

鷺眠　ろみん
鷺眠　江戸末期の俳人

廬門　ろもん
岡崎(おかざき)廬門　1734～1787　江戸中期の漢学者《岡崎盧門》

盧門　ろもん
岡崎(おかざき)盧門　1734～1787　江戸中期の漢学者

路友　ろゆう
路友　江戸末期の俳人

露融　ろゆう
露融　1711～1791　江戸中期・後期の俳人

露葉　ろよう
露葉　江戸後期の俳人

呂律　ろりつ
川田(かわた)呂律　?～1841　江戸後期の俳諧作者

芦路　ろろ
芦路　1701～1773　江戸中期の俳人

論地様　ろんちさま
論地様　?～1697　江戸前期・中期の弓木村庄屋

【わ】

和庵　わあん
手島(てしま)和庵　1747～1791　江戸中期・後期の心学者

和一　わいち
杉山(すぎやま)和一　1610～1694　江戸前期の鍼医。検校

和一斎　わいちさい
和田(わだ)和一斎　1851～1901　江戸後期～明治期の竹細工の名人

和一郎　わいちろう
平戸(ひらと)和一郎　江戸後期の韮山代官江川氏の手代
元井(もとい)和一郎　1843～?　江戸後期・末期の新撰組隊士

隈南　わいなん
杉浦(すぎうら)隈南　1801～1842　江戸後期の画家

和英　わえい
岸本(きしもと)和英　?～1717　江戸前期・中期の俳人

和海　わかい
和海　1669～1728　江戸前期・中期の俳人

若江王　わかえおう
若江王　奈良時代の写一切経次官

若右衛門　わかえもん
鳥居(とりい)若右衛門　江戸後期の栗栖村

若雄　わかお
後藤(ごとう)若雄　1802～1873　江戸後期～明治期の歌人

若王　わかおう
大石(おおいし)若王　江戸後期の鎌倉鶴岡八幡宮の巫女

若子　わかこ
粟凡直(あわのおうしのあたえ)若子　奈良時代の采女

若狭　わかさ
若狭　平安前期の歌人。藤原忠行の娘
飯尾(いのう)若狭　戦国時代の今川氏の奉行人
大川(おおかわ)若狭　戦国時代の北条氏御料所の在郷被官
小野(おの)若狭　1683～1754　江戸前期・中期の立花柳川藩家老
佐枝(さえだ)若狭　戦国時代の武士
田沢(たざわ)若狭　安土桃山時代の信濃国筑摩郡明科の土豪
藤森(ふじもり)若狭　戦国時代の武将。武田家臣
堀内(ほりのうち)若狭　安土桃山時代の信濃国筑摩郡会田の土豪
松尾(まつお)若狭　?～1581　安土桃山時代の高天神籠城衆

稚狭王　わかさのおおきみ
稚狭王　?～678　飛鳥時代の皇族

若狭守忠通　わかさのかみただゆき
水野(みずの)若狭守忠通　1747～1823　江戸中期・後期の70代長崎奉行

若狭掾　わかさのじょう
鶴賀(つるが)若狭掾　江戸中期の新内作者

若三郎　わかさぶろう
間宮(まみや)若三郎　江戸後期の足柄上郡金子村名主

若嶋　わかしま
金刺舎人連(かなさしのとねりのむらじ)若嶋　奈良時代の女官

獲加多支鹵大王　わかたけるのおおきみ
獲加多支鹵大王　上代の大王。稲荷山古墳出土の鉄剣銘文中に記載

若大夫　わかだゆう
若大夫　戦国時代の相模の舞々

若足　わかたり
安倍(あべの)若足　奈良時代の官人

若按司　わかちゃら
笠末(かさす)若按司　戦国時代の人。久米島伊敷

索按司の子

若茶良　わかちゃら

笠末(かさす)若茶良　室町時代の久米島の按司

和歌前　わかのまえ

和歌前　平安後期の女性

明光宮　わかのみや

明光宮　南北朝時代の皇族

若人　わかひと　⇔じゃくじん

内蔵(くらの)若人　奈良時代の官人

若麻呂　わかまろ

和爾部臣(わにべのおみ)若麻呂　奈良時代の知多郡司

稚臣　わかみ

大分君(おおきだきみ)稚臣　?～679　飛鳥時代の人。「日本書紀」天武紀にみえる

若光　わかみつ　⇔じゃっこう

越知(おちの)若光　平安中期の大神宮使使部

若満　わかみつ

二階堂(にかいどう)若満　江戸後期の大住郡大山阿夫利神社祠官

若虫　わかむし

日置(へきの)若虫　奈良時代の官人

和貫　わかん

高橋(たかはし)和貫　江戸後期・末期の幕臣

和喜　わき

加藤(かとう)和喜　1733～1800　江戸中期・後期の孝女

和吉　わきち

清水(しみず)和吉　1816～1840　江戸後期の農民運動「雨山六人衆」の主になった人

森(もり)和吉　江戸後期の韮山代官江川氏の手代

和及　わきゅう

三上(みかみ)和及　1649～1692　江戸前期・中期の俳人

和橋　わきょう

市川(いちかわ)和橋　1700～1748　江戸中期の俳人

或斎　わくさい

永阪(ながさか)或斎　1827～1901　江戸後期～明治期の漢学者

或静　わくじょう

或静　江戸中期・後期の俳人

和月　わげつ

和月　江戸後期の俳人

和気麻呂　わけまろ

紀(きの)和気麻呂　平安前期の官人

和期局　わこのつぼね

和期局　?～1615　江戸前期の女性。大坂城の女房衆

和五郎兵衛　わごろうひょうえ

太田(おおた)和五郎兵衛　戦国時代の武将。武田家臣

和最　わさい

金城(かなぐすく)和最　1696～1765　江戸中期の農業指導者

和左衛門　わざえもん

野田(のだ)和左衛門　1786～1853　江戸末期の柔道家

和作　わさく

阿部(あべ)和作　1834～1883　江戸後期～明治期の和算家

和三郎　わさぶろう

鶴田(つるた)和三郎　1843～1921　江戸後期～大正期の漆芸家

藤原(ふじわら)和三郎　1830～1900?　江戸後期～明治期の新撰組隊士

喰代(ほおじろ)和三郎　?～1898　江戸末期・明治期の幕臣

和七　わしち

橋本屋(はしもとや)和七　江戸後期の商人、地主

和七郎　わしちろう

浅部(あさべ)和七郎　1843～1883　江戸後期～明治期の実業家

鮫島(さめじま)和七郎　1842～1886　江戸後期～明治期の糖業者

武元(たけもと)和七郎　1738～1803　江戸後期の俳人

好本(よしもと)和七郎　1797～1871　江戸末期・明治期の大庄屋、和算家

鷲取　わしとり

藤原(ふじわらの)鷲取　773～817　奈良・平安前期の官人

鷲之助　わしのすけ

戸田川(とだがわ)鷲之助　?～1795　江戸中期の力士

和重　わじゅう　⇔かずしげ

堤(つつみ)和重　1849～1913　江戸末期～大正期の地方自治功労者

和祥　わしょう

和祥　江戸中期の戯作者

鷲郎　わしろう

島田(しまだ)鷲郎　1811～1894　江戸後期～明治期の剣術家。直心影流

和二郎　わじろう

秋田(あきた)和二郎　江戸末期の武士

和吹　わすい

和吹　江戸中期の俳人

和推　わすい

和推　1662～1743　江戸前期・中期の俳人

和水　わすい

和水　江戸中期の俳人

荒井(あらい)和水　1801～1859　江戸後期・末期の心学者

倭助　わすけ

斎藤(さいとう)倭助　?～1852　江戸後期の棚尾村庄屋として前浜新田開拓の中心

和助　わすけ

市岡(いちおか)和助　江戸後期の歌舞伎作者

殿村屋(とのむらや)和助　江戸時代の考古学研究者

和汐　わせき
和汐　江戸中期の俳人
和切　わせつ
和切　1762〜1841　江戸中期・後期の俳人
倭泉　わせん
倭泉　江戸後期の俳人
和善　わぜん
石崎（いしざき）和善　1848〜1906　江戸後期〜明治期の実業家
和蔵　わぞう
主藤（しゅどう）和蔵　1756〜1832　江戸中期・後期の登米郡吉田村桜岡の富豪
和惣次　わそじ
古郡（ふるごおり）和惣次　？〜1784　江戸中期の飛驒の人。郡代・大原亀五郎の元締
綿犬丸　わたいぬまる
安倍（あべの）綿犬丸　平安後期の東大寺領大和国櫟荘の荘官
和多五郎　わたごろう
松崎（まつざき）和多五郎　1816〜1889　江戸末期・明治期の剣術家
和太治　わたじ
豊原（とよはら）和太治　1747〜1801　江戸中期・後期の教育者
綿裳　わたも
橘（たちばなの）綿裳　？〜809　奈良・平安前期の貴族
渡理　わたり
梅田（うめだ）渡理　戦国時代の里見氏家臣。里見忠義公御一門衆。御隠居附人
和多利　わたり
加志君（かしのきみ）和多利　奈良時代の大隅隼人
亘理　わたり
堀（ほり）亘理　江戸時代の庄内藩士
済　わたる　⇔せい, ならう
岡田（おかだ）済　江戸後期の漢学者
賀陽（かや）済　1822〜1895　江戸末期・明治期の教育者
上里（こうざと）済　1820〜1904　江戸後期〜明治期の神職
源（みなもと）済　平安前期の公家・歌人
渉　わたる
大淵（おおぶち）渉　1855〜1907　江戸末期・明治期の駸々堂創業者
渡　わたる
高橋（たかはし）渡　？〜1868　江戸後期・末期の新撰組隊士
亘　わたる
町田（まちだ）亘　江戸後期の韮山代官江川氏の手代
町田（まちだ）亘　1833〜1888　江戸末期・明治期の教育者
和太郎　わたろう　⇔かずたろう
浅野（あさの）和太郎　1850〜1886　江戸後期〜明治期の実業家、政治家
和竹　わちく
亀谷（かめたに）和竹　1661〜1734　江戸前期・中期の藩士、和算家
和笛　わてき
和笛　江戸中期・後期の川柳作者
和同　わどう
市川（いちかわ）和同　1662〜1734　江戸前期・中期の俳人
和年　わねん
和年　江戸前期の俳人
和風軒　わふうけん
橋本（はしもと）和風軒　江戸中期の陶工
和平　わへい
和平　江戸後期の橋本町の商人
飯田（いいだ）和平　？〜1876　江戸後期〜明治期の神職
椎名（しいな）和平　1847〜1885　江戸後期〜明治期の旧一関藩士
堀（ほり）和平　1841〜1892　江戸後期〜明治期の画人・実業家
向井（むかい）和平〔1代〕　？〜1860　江戸後期・末期の陶工
向井（むかい）和平〔2代〕　1842〜1904　江戸後期〜明治期の陶業家
和平次　わへいじ
渋谷（しぶや）和平次　1740〜1772　江戸中期の剣術家。長谷川英信流
和兵衛　わへえ
岩田（いわた）和兵衛　1740〜1827　江戸中期・後期の開拓者
清水（しみず）和兵衛　1841〜1891　江戸後期〜明治期の実業家

和彭　わほう
和彭　江戸中期の雑俳点者
和武多麻呂　わむたまろ
大伴（おおともの）和武多麻呂　平安前期の官人
和葉　わよう
和葉　江戸中期の俳人
和来亭　わらいてい
和来亭　江戸末期の雑俳点者
和楽　わらく
加藤（かとう）和楽　1740〜？　江戸中期の神道家
童木　わらわぎ
童木　平安後期の女房・歌人
吾人　われひと
安倍（あべの）吾人　奈良時代の官人
碗右衛門　わんうえもん　⇔わんえもん
山元（やまもと）碗右衛門　1633〜1726　江戸前期・中期の龍門司焼陶工
碗右衛門　わんえもん　⇔わんうえもん
山元（やまもと）碗右衛門　1633〜1726　江戸前期・中期の龍門司焼陶工《山元碗右衛門》

新訂増補 名前から引く人名辞典 2

2018年10月25日　第1刷発行

発 行 者／大高利夫
編集・発行／日外アソシエーツ株式会社
〒140-0013 東京都品川区南大井6-16-16 鈴中ビル大森アネックス
電話 (03)3763-5241（代表） FAX(03)3764-0845
URL http://www.nichigai.co.jp/
発 売 元／株式会社紀伊國屋書店
〒163-8636 東京都新宿区新宿 3-17-7
電話 (03)3354-0131（代表）
ホールセール部（営業）電話 (03)6910-0519

電算漢字処理／日外アソシエーツ株式会社
印刷・製本／株式会社平河工業社

《中性紙三菱クリームエレガ使用》

ISBN978-4-8169-2743-0　*Printed in Japan,2018*

本書はディジタルデータでご利用いただくことができます。詳細はお問い合わせください。